Curso de

Processo Penal e Execução Penal

Nestor Távora
Rosmar Rodrigues Alencar

Curso de

Processo Penal e Execução Penal

16ª Edição

revista
atualizada
ampliada

2021

EDITORA *Jus*PODIVM
www.editorajuspodivm.com.br

EDITORA
*Jus*PODIVM
www.editorajuspodivm.com.br

Rua Território Rio Branco, 87 – Pituba – CEP: 41830-530 – Salvador – Bahia
Tel: (71) 3045.9051
• Contato: https://www.editorajuspodivm.com.br/sac

Diagramação: Luiz Fernando Romeu *(lfnando_38@hotmail.com)*

Capa: Ana Caquetti

T231c Távora, Nestor

Curso de Processo Penal e Execução Penal / Nestor Távora, Rosmar Rodrigues Alencar – 16. ed. reestrut., revis. e atual. – Salvador: Ed. JusPodivm, 2021.
1.696 p.

Bibliografia.
ISBN 978-65-5680-338-8.

1. Direito processual. 2. Direito processual penal. I. Título.

CDD 341.43

Nota à 16ª edição

É com grande satisfação que entregamos ao público a 16ª Edição do *Novo Curso de Direito Processual Penal.*

Esta obra tem sido reescrita ao longo dos anos.

Apresentamos um diferencial que ousamos empreender, não sem muito trabalho e dedicação. A estrutura do livro foi cuidadosamente repartida por assuntos para permitir o estudo agradável e o aprendizado eficaz.

Os assuntos vêm distribuídos em trinta e oito capítulos. A separação dos temas considerou a sua inserção em seis partes que compõem o sistema de processo penal. O sumário do livro vem detalhado, situando a disciplina conforme os eixos que conectam cada um dos pontos estudados.

Buscamos, com o aperfeiçoamento didático, tornar cada vez mais prazerosa a leitura, bem como possibilitar o encontro rápido dos assuntos pelo nosso leitor. O amadurecimento da obra, acompanhado pelas nossas aulas nesses mais de quinze anos de sua ideia inicial, exigiu, notadamente após o advento das últimas reformas, um reposicionamento dos conteúdos.

Seguimos com a revisão contínua das referências de jurisprudência dos tribunais superiores, buscando o que há de mais atual nesse âmbito.

Nessa toada, focamos no propósito, sempre muito difícil diante de tantas mudanças nos últimos anos, de apresentar ao leitor um texto harmônico, com narrativa dogmática, mas preocupada com o permeio da crítica doutrinária.

Dessa maneira nosso cuidado com os temas de nossa disciplina e nosso compromisso com ensino são, novamente, reafirmados, com a abordagem dos assuntos de maneira completa, sem, contudo, exceder em extensão.

O desenvolvimento em um maior número de capítulos, com recorte metodológico objetivo, linguagem clara, precisa e convidativa, segue sendo nossa principal meta, para que a leitura flua e a compreensão do assunto seja obtida, com melhor aproveitamento de tempo.

Nosso fito maior é que professores, profissionais das carreiras jurídicas, juristas, acadêmicos de direito, candidatos a concursos jurídicos e os interessados no processo penal encontrem o material necessário e seguro para seus objetivos.

A grande receptividade das edições passadas, que rapidamente se esgotaram, depois de sucessivas tiragens, deu-nos fôlego para continuarmos com o método que escolhemos para otimização de resultados.

Seguimos com um conteúdo formado por exposição doutrinária, quadro sinóptico, súmulas da jurisprudência, bem como questões atuais de concursos públicos.

Além das questões objetivas, trazemos questões discursivas comentadas, extraídas de concursos públicos estaduais e federais para ingresso nos cargos de magistrado, de membro do Ministério Público, de membro da Defensoria Pública e de delegado de polícia, reunidas em cada capítulo. A aprendizagem é, desse modo, complementada com o desenvolvimento da capacidade do leitor de resolver problemas práticos forenses que são explorados nesses certames.

A 16ª edição vem, destarte, atualizada de acordo com súmulas e legislação que repercutiram recentemente no Direito Processual Penal. Atentos à evolução da jurisprudência do Supremo Tribunal Federal e do Superior Tribunal de Justiça, o livro vem sendo reescrito e reestruturado de forma analítica, de acordo com a legislação comum, especial e, sobretudo, em compasso com a Constituição de 1988.

Objetiva-se, prioritariamente, facilitar o acesso ao conhecimento do Direito Processual Penal.

Como nos preocupamos com a necessidade de conferir, ao processo penal brasileiro, o seu papel de escudo da democracia, apresentamos, ao lado da dogmática – indispensável ao saber da matéria –, também reflexões próprias de estudos críticos, aptas a potencializar aqueles conteúdos e a fortalecer a estrutura de garantias da nossa disciplina, ainda que diante de seguidas tentativas de desviá-la de sua função mais autêntica. O leitor encontrará os diversos entendimentos, de variadas correntes doutrinárias e jurisprudenciais. No entanto, perceberá o nosso posicionamento de enfrentamento a práticas autoritárias e de deferência à Constituição.

Agradecemos aos nossos alunos e a todos pela generosa acolhida, pelas sugestões e pelo apoio, sempre fundamental. Esse *feedback* constitui alicerce do papel pragmático do livro, ao lado do seu teor teórico.

Rogamos que não poupem críticas, que podem ser enviadas à Editora. Continuamos, assim, com a ideia que inspirou o Curso desde seu primeiro momento, qual seja, a de ser fonte atualizada dos estudos do Direito Processual Penal.

NESTOR TÁVORA | **ROSMAR RODRIGUES ALENCAR**

Prefácio

O Brasil vive hoje tempos de inquietação e, talvez por isso mesmo, de efervescência acadêmica. No entanto, nem sempre as razões ou as motivações têm a mesma origem. No mundo, vasto mundo, do Direito, muitos são os interesses que movimentam a respectiva produção literária, e bem assim a denominada produção científica.

Não temos rubores em nos referir à natureza científica da produção, e, tampouco, de ajuntar a ela expressão designativa de um certo tipo de saber/conhecimento, outras e ainda mais específicas características, tais as hipóteses da metodologia e da técnica. Pode-se não acreditar em nenhum tipo de conhecimento verdadeiro, como sói ocorrer hoje nos bastidores das Academias Brasileiras, nas quais afora o reconhecimento da primazia do papel desempenhado pelos Direitos Humanos na epistemologia jurídica, tudo o mais parece permanentemente incerto. Mas, ainda assim, a precariedade de todo conhecimento não pode obscurecer as vantagens da técnica e da metodologia do ensino e da pesquisa. Se é verdade que não existe o método para a definição do método científico, também é igualmente verdadeira a conclusão no sentido de que aquele que tem por precária toda ciência deve submeter à dúvida a própria afirmação.

Mas, a propósito de quê, tudo isso?

Trata-se do seguinte: em um ambiente acadêmico ou profissional verdadeiramente democrático, os destinos e os propósitos pessoais de cada um devem ser recebidos com a mesma atenção que dedicamos àqueles (propósitos) que reputamos os melhores. No Brasil, verifica-se, com pesar, que as obras jurídicas de maior abrangência temática, geralmente dirigidas a um público não exatamente, ou não necessariamente, interessado nas mesmas problematizações de boa parte dos grupos de pesquisa das Universidades, geralmente não recebem o tratamento destinado às produções integradas às diversas linhas de pesquisa. Evidentemente, obras didáticas têm perfil diferente das investigações monográficas. Mas nada justifica a atitude de desconfiança, a desigualdade de tratamento, de preconceito, enfim, fundada unicamente na escolha temática do autor.

Esse é um trabalho didático. Cuida de abordar o processo penal brasileiro, tarefa essa a exigir fôlego, dedicação e prudência, sobretudo porque destinada a abranger uma grande área do conhecimento jurídico.

E é uma obra destinada a quem quer que se disponha a conhecer o processo penal brasileiro, seja aluno, seja profissional do Direito (advogado, juiz, membro do Ministério Público, delegado etc.), seja aluno de curso preparatório, seja, enfim e também, pesquisador acadêmico.

Seus autores, ao contrário de tantos outros (a corrida pela reprodução de literatura jurídica é alarmante!), acumulam conhecimentos teóricos, como é óbvio, mas também aliados à práxis do Direito e do Processo Penal, seja no foro do magistério seja no foro judiciário. Tais experiências nos parecem indispensáveis à boa e comprometida reflexão. Quem pensa que o universo dos cursos preparatórios destinados aos concursos públicos não oferece espaço para a reflexão mais aprofundada está fora de seu tempo. Pior: pode estar com a visão obscurecida pela busca de uma excelência acadêmica que sequer é privativa das academias.

O processo penal brasileiro não é mais o mesmo do texto, puro e simples, do Código de Processo Penal.

Desde a Constituição da República, em 1988, o aprofundamento constitucional das questões ligadas às garantias individuais é fato consumado e indiscutível. A visão garantista do processo penal não é mais novidade, e, pelo menos no mundo acadêmico, nem é mais minoria. Basta ver também a maior parte das decisões emanadas de nossos Tribunais Superiores, para ficarmos apenas com o Superior Tribunal de Justiça e com a Suprema Corte, revelando a introjeção, na jurisprudência, da necessidade de uma mais efetiva tutela das liberdades públicas.

Por outro lado, a pauta garantista, e como não poderia deixar de ser, não garante (escolha proposital) interpretações idênticas sobre a extensão de cada garantia constitucional, tampouco unidade ou uniformidade de propósitos quanto à aplicação do Direito. Enquanto a prática do Direito continuar sendo obra humana, continuaremos a encontrar (visões de) humanidades distintas; mas, nem por isso, arbitrárias ou não garantistas, quando divergentes da nossa leitura. É dizer: muitas são as interpretações até mesmo do sentido de humanidade, quando não da melhor maneira de promover a realização dos direitos humanos. Para não irmos longe: nossa Constituição, que é eminentemente garantista, contempla a proteção penal dos direitos humanos, o que, para aqueles que professam o abolicionismo penal pode parecer inaceitável, se e desde que com os olhos postos unicamente no sistema penitenciário ainda em curso.

Nestor e Rosmar são também garantistas. Veem o processo penal sob as exigências constitucionais do devido processo legal, daí porque, por exemplo, sustentam que, ao menos em tese, o Ministério Público há de ser imparcial, a ele incumbindo a defesa da ordem jurídica. Nesse sentido, na configuração de um processo com tais características, não se pode pensar em um Ministério Público acusador. Dizer que o "uso do cachimbo (acusar) pode fazer a boca torta (acusador)" tanto pode ser verdadeiro quanto falso, na prática, tudo a depender da experiência humana envolvida. No plano da filosofia, a afirmação equivaleria ao equívoco da falácia naturalista...

No entanto, a concepção garantista do trabalho, que rigorosamente tem essas feições, não implica a deslegitimação permanente do processo penal, como se vê por aí em muitos estudos, e, pior, nem sempre com motivações acadêmicas – embora assim intitulados.

A obra, como logo verá o leitor, é didática, mas não é superficial; é original em muitos aspectos, mas respeita a divergência, e, mais que isso, faz questão de registrar o pensamento divergente, permitindo, com isso, que o leitor possa fazer livremente a sua escolha teórica.

Não há muito a se dizer sobre um trabalho que tem por objeto uma área de conhecimento tão grande como acontece com os chamados Manuais de Direito, na medida em que não se trata de uma tese ou de um estudo monográfico, com maior ênfase na verticalidade do aprofundamento temático. Nada obstante, pode-se deixar assentadas duas questões essenciais, a saber:

a) a estrutura do trabalho é constitucional, dialogando, portanto, com a interpretação jurídica contemporânea, e

b) o trabalho tem compromisso com o leitor, permitindo uma interlocução de acordo com os interesses, acadêmicos ou profissionais, de cada um. E isso, a nosso aviso, não é pouco.

EUGÊNIO PACELLI DE OLIVEIRA

Mestre e Doutor em Direito.
Professor da Escola Superior do Ministério Público da União.

Sumário

PRIMEIRA PARTE
Fundamentos

CAPÍTULO I
LINHAS INTRODUTÓRIAS

CAPÍTULO II
PRINCÍPIOS INFORMADORES DO DIREITO PROCESSUAL PENAL

CAPÍTULO III
SISTEMAS DE INVESTIGAÇÃO PRELIMINAR

CAPÍTULO IV
INQUÉRITO POLICIAL

CAPÍTULO V
JUIZ DAS GARANTIAS

SEGUNDA PARTE
Elementos Estruturais

CAPÍTULO VI
AÇÃO PENAL

CAPÍTULO VII
AÇÃO CIVIL *EX DELICTO*

CAPÍTULO VIII
JURISDIÇÃO

CAPÍTULO IX
COMPETÊNCIA

CAPÍTULO X
COMPETÊNCIA EM RAZÃO DA MATÉRIA

CAPÍTULO XI
COMPETÊNCIA EM RAZÃO DO LUGAR

CAPÍTULO XII COMPETÊNCIA EM RAZÃO DA FUNÇÃO

CAPÍTULO XIII QUESTÕES COMPLEMENTARES EM MATÉRIA DE COMPETÊNCIA

CAPÍTULO XIV QUESTÕES PREJUDICIAIS

CAPÍTULO XV PROCESSOS INCIDENTES

CAPÍTULO XVI
SUJEITOS NO PROCESSO

CAPÍTULO XVII
ATOS DE COMUNICAÇÃO PROCESSUAL

CAPÍTULO XVIII PRAZOS E DISPOSIÇÕES GERAIS

CAPÍTULO XIX SENTENÇA

TERCEIRA PARTE
Direito Probatório

CAPÍTULO XX
TEORIA DA PROVA

CAPÍTULO XXI PROVAS EM ESPÉCIE

CAPÍTULO XXII
MEIOS DE OBTENÇÃO DE PROVA

QUARTA PARTE
Liberdade e Procedimentos

CAPÍTULO XXIII
ELEMENTOS CONSENSUAIS DE PROVA

CAPÍTULO XXIV
TEORIA DA MEDIDA CAUTELAR

CAPÍTULO XXV PRISÕES

CAPÍTULO XXVI
LIBERDADE PROVISÓRIA E FIANÇA

CAPÍTULO XXVII
MEDIDAS CAUTELARES ALTERNATIVAS À PRISÃO

CAPÍTULO XXVIII PROCEDIMENTOS

CAPÍTULO XXIX PROCEDIMENTO COMUM

CAPÍTULO XXX
PROCEDIMENTOS ESPECIAIS

CAPÍTULO XXXI PROCEDIMENTO ESPECIAL DO JÚRI

CAPÍTULO XXXII PROCEDIMENTOS NOS ESPAÇOS DE CONSENSO

QUINTA PARTE
Controle dos Atos Processuais

CAPÍTULO XXXIII
TEORIA DOS RECURSOS

CAPÍTULO XXXIV
RECURSOS EM ESPÉCIE

CAPÍTULO XXXV AÇÕES AUTÔNOMAS DE IMPUGNAÇÃO

CAPÍTULO XXXVI
TEORIA DA NULIDADE

CAPÍTULO XXXVII
NULIDADES EM ESPÉCIE

SEXTA PARTE
Processo de Execução

CAPÍTULO XXXVIII
EXECUÇÃO PENAL

PRIMEIRA PARTE

Fundamentos

Capítulo I

Linhas Introdutórias

1. DIREITO PROCESSUAL PENAL

O direito é um só e é constituído pela linguagem. A linguagem é a tessitura constitutiva do mundo, dentro de um prisma fenomenológico-existencialista[1]. No ponto, pode-se anuir com Edvaldo Brito quando enfatiza que "a realidade do direito é, em si, linguagem"[2]. Esse modo de enxergar o direito é importantíssimo para sua aplicação contextualizada socialmente.

É assim que o direito processual penal compreenderá a aplicação normativa penal sem descurar da Constituição e dos fatos da atualidade. De acordo com a lição de Frederico Marques, o direito processual penal "é o conjunto de princípios e normas que regulam a aplicação jurisdicional do direito penal, bem como as atividades persecutórias da Polícia Judiciária, e a estruturação dos órgãos da função jurisdicional e respectivos auxiliares"[3].

As disposições constitucionais sobre matéria criminal fazem parte desse conjunto e a sua interpretação, nas palavras de Thiago Bomfim, não se trata de "uma atividade puramente mecânica", porém deve convergir para uma "atividade criadora, responsável por

1. STRECK, Lenio Luiz. *Jurisdição constitucional e hermenêutica*. 2. ed. Rio de Janeiro: Forense, 2004. p. 5.
2. BRITO, Edvaldo. *Limites da revisão constitucional*. Porto Alegre: Sergio Antonio Fabris, 1993. p. 16.
3. MARQUES, José Frederico. *Elementos de direito processual penal*. 2. ed. Campinas: Millennium, 2003. v.1. p. 16.

reconhecer como sendo parte integrante do sistema valores que até então se apresentavam sob uma perspectiva eminentemente filosófica, sociológica e ética"[4].

O processo penal deve conferir efetividade às garantias fundamentais constitucionais, fornecendo os meios e o caminho para materializá-las no caso concreto. Deve-se ter em vista que o *jus puniendi* concentra-se na figura do Estado e que deve se submeter a limites. Essa característica não se modifica quando se cuida de ação penal privada, que tem o querelante como substituto processual.

Outrossim, estando a vingança privada banida, como regra, do estado democrático de direito, com a tipificação criminal do exercício arbitrário das próprias razões como crime contra a administração da justiça (art. 345 do CP), resta confiar ao direito processual penal a solução das demandas criminais, delineando toda a persecução penal do Estado, já que se cuida daquela "parte do direito que regula a atividade tutelar do direito penal"[5].

No que tange à finalidade do direito processual penal, ela pode ser dividida em mediata e imediata: aquela diz respeito à própria pacificação social obtida com a solução do conflito, enquanto a última está ligada ao fato de que o direito processual penal viabiliza a aplicação do direito penal, concretizando-o.

Acima de ambas, temos a finalidade de sobreposição: o processo criminal tem o propósito de **tutelar a liberdade**, pois somente seguindo o seu devido procedimento será possível cerceá-la. O processo penal é condição indispensável à punição, sem a observância de seus trilhos rígidos, toda aplicação de pena será arbitrária.

FINALIDADE DO DIREITO PROCESSUAL PENAL	
Mediata	**Imediata**
alcançar a pacificação social com a solução do conflito	viabilizar a aplicação do direito penal, concretizando-o

2. CARACTERÍSTICAS

A doutrina costuma discorrer sobre três características do direito processual penal. Vejamos.

(1) **Autonomia:** o direito processual não é submisso ao direito material, isto porque tem princípios e regras próprias e especializantes.

(2) **Instrumentalidade:** é o meio para fazer atuar o direito material penal, consubstanciando o caminho a ser seguido para a obtenção de um provimento jurisdicional válido. Em outros termos, como aduz Rubens Casara, o processo penal surge "como resposta à exigência de racionalidade da aplicação do direito material", vale dizer, como instrumento, o processo criminal é garantia de provimento penal racional.[6]

4. BOMFIM, Thiago. *Os princípios constitucionais e sua força normativa*: análise da prática jurisprudencial. Salvador: JusPODIVM, 2008. p. 103.
5. BELING, Ernst *apud* TOURINHO FILHO, Fernando da Costa. *Processo penal*. São Paulo: Saraiva, 2003. v.1. p. 26.
6. CASARA, Rubens. *Interpretação retrospectiva:* sociedade brasileira e processo penal. Rio de janeiro: Lumen Juris, 2004. p. 100.

(3) **Normatividade:** é uma disciplina normativa, de caráter dogmático, inclusive com codificação própria (Código de Processo Penal: Dec-Lei nº 3.689/1941).

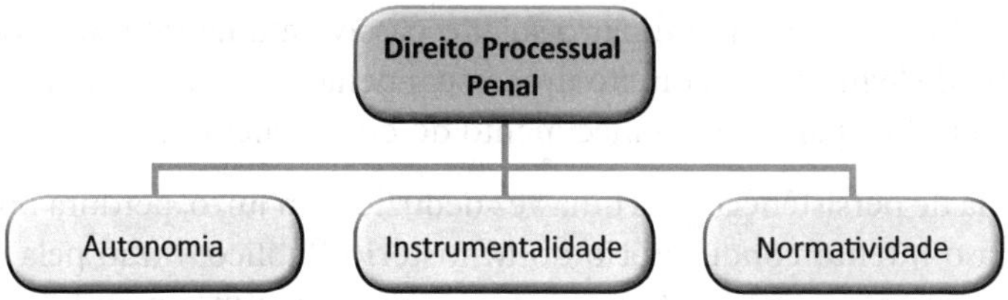

3. POSIÇÃO ENCICLOPÉDICA

Há uma crítica atual à dicotomia romana entre ***jus publicum et jus privatum***, notadamente porque a distinção não explica perfeitamente todas as nuances de cada uma das esferas do direito. Não obstante, o direito processual penal é reconhecido como um dos ramos do direito público. O fundamento é que um dos sujeitos é o Estado e a finalidade das normas é obter a repressão dos delitos, através do exercício do ***jus puniendi***, intrínseco àquele.

4. ENTENDENDO O TEMA

Passaremos aqui, de forma sucinta, a identificar alguns conceitos fundamentais para o estudo da matéria, levando-nos a relembrar tópicos da teoria geral do processo, enfrentados embrionariamente.

5. INTERESSE

É o desejo, a cobiça, a vontade de conquistar algo. É um conceito extrajurídico, que desperta aquilo que se quer alcançar. O interesse indica uma relação entre as necessidades humanas (que são de variadas ordens) e os bens da vida aptos a satisfazê-las.

Nas palavras de Moacyr Amaral Santos, "a razão entre o homem e os bens, ora maior, ora menor, é o que se chama interesse. Assim, aquilata-se o interesse da posição do homem, em relação a um bem, variável conforme suas necessidades. Sujeito do interesse é o homem; o bem é o seu objeto"[7].

Nesse sentido, Francisco Wildo destaca que "quando existe uma necessidade que pode ser satisfeita por um determinado bem da vida, dizemos que há um interesse por esse bem. Desde Carnelutti, define-se o interesse como uma situação favorável à satisfação de uma necessidade"[8].

6. PRETENSÃO

É a intenção de subordinar interesse alheio ao próprio. A beleza da busca do que se pretende é o prazer da conquista, que muitas vezes envolve a submissão de um bem jurídico alheio para que prevaleça o nosso.

7. SANTOS, Moacyr Amaral. *Primeiras linhas de direito processual civil*. 21. ed. São Paulo: Saraiva, 2008. v.1. p. 3-4.
8. DANTAS, Francisco Wildo Lacerda. *Teoria geral do processo*: jurisdição, ação (defesa), processo. 2. ed. São Paulo: Método, 2007. p. 41.

Pretensão, em direito processual, é conceito formado pelos seguintes elementos:

(1) é intencional, vale dizer, dirige-se a um fim, de cunho teleológico, expressando a vontade do sujeito ativo em subordinar o sujeito passivo a uma satisfação de necessidade que aquele entende legítima (em direito processual penal, a pretensão punitiva estatal tem seu início deflagrado a partir do conhecimento do cometimento do crime);

(2) é dotada de persistência, pois uma vez deduzida em juízo, perdura no tempo, ainda que desapareça o intento condenatório do Ministério Público, razão pela qual, ao final, o que a rigor se julga improcedente não é a pretensão, porém o pedido condenatório (é possível ao juiz, segundo o ordenamento jurídico brasileiro, julgar procedente o pedido condenatório, mesmo que o Ministério Público tenha requerido absolvição); e

(3) é exteriorizada pela ação penal, eis que esta veicula o ***jus puniendi*** do Estado.

7. LIDE

Como a prevalência de nosso interesse não se faz sem resistência, e no âmbito dos conflitos penais, a resistência à pretensão punitiva do Estado é de rigor (princípio da ampla defesa, consagrado no art. 5º, inciso LV, da Carta Magna); a lide surge do conflito de interesses qualificado pela pretensão resistida[9]. No embate criminal, teremos, de um lado, a pretensão do Estado de fazer valer o direito material, aplicando a pena ao caso concreto, e, do outro, o ***status libertatis*** do imputado, que só pode ser apenado após o devido processo legal. Pressupõe-se, portanto, uma resistência necessária do réu, tal como consagra expressamente a Carta Magna, em seu art. 133, ao afirmar que o advogado é peça essencial à administração da justiça –, bem como o verbete nº 523, da Súmula, do STF, que enfatiza que a falta de defesa constitui nulidade absoluta do processo.

É bastante controvertida a questão sobre a existência de lide no processo penal. Isso porque a presença de interesses antagônicos seria precipitada, já que a acusação e a defesa estariam em busca do mesmo interesse, que é a realização de justiça. No processo criminal a figura do Ministério Público, preocupada com o justo provimento, e não com a condenação desmedida, estaria no mesmo sentido da pretensão defensiva, buscando a adequada aplicação da lei penal[10].

Ademais, na esfera penal o conflito entre as partes é irrelevante, pois o bem em jogo é indisponível, ao passo que no processo civil, de regra, há poder de disposição das partes em face dos respectivos interesses. Na seara penal há o interesse público prevalente na realização da justiça, o que é contemporizado nas ações de iniciativa privada, pois a vítima é movida pelos princípios da oportunidade, podendo exercer ou não a ação, e da disponibilidade, podendo desistir da demanda, seja perdoando o réu, ou através da perempção.

Gustavo Badaró apregoa que a lide não é condição essencial para o surgimento e desenvolvimento do processo. Ela pode até existir quando o acusado resiste à pretensão

9. CARNELUTTI, Francesco. *Sistema de direito processual civil*. Tradução: Hiltomar Martins Oliveira. São Paulo: ClassicBook, 2000. v.1. p. 93.

10. BIZZOTTO, Alexandre; RODRIGUES, Andreia de Brito. *Julgamento antecipado civil e penal*. Goiânia: AB, 1999.p. 120. Também fazem registro, preferindo a expressão *controvérsia penal*: ARAÚJO CINTRA. Antonio Carlos de; GRINOVER. Ada Pellegrini; DINAMARCO. Cândido R. *Teoria geral do processo*. 13.ed. Malheiros: São Paulo, 1997. p. 132.

formulada pela acusação, mas é "absolutamente irrelevante para o desenvolvimento e a decisão do processo". Em razão da ***nulla poena sine iudicio***, o processo penal é ferramenta necessária e incontornável, já que os interessados têm no judiciário o órgão canalizador da aplicação do direito punitivo, e a "necessidade do contraditório como meio mais eficiente para a descoberta da verdade" acaba por ratificar a dependência processual para resolver a pretensão que nasce insatisfeita[11]. Por essa razão, a ação penal é uma ação necessária, quando se pensa na efetivação da pretensão punitiva.

O réu não pode voluntariamente submeter-se à pretensão acusatória, ressalvada a possibilidade da transação penal, no âmbito da **justiça consensual**, assim como do acordo de não persecução penal, regulado no art. 28-A do CPP. Da mesma maneira, se o réu confessar o crime, ou se o Ministério Público requer a absolvição, isso não é suficiente para que o processo chegue ao seu final de maneira precipitada. É necessária cognição exauriente do manancial probatório para formação do convencimento do julgador, já que estamos diante de bens jurídicos indisponíveis, e a lide deve ser vista de forma acidental, secundária, e despicienda para o exercício jurisdicional em matéria criminal. Não é outra a posição de Afrânio Silva Jardim, que entende que a lide é prescindível ao processo; o que é indispensável é "a pretensão do autor manifestada em juízo, exteriorizada pelo pedido e delimitada pela causa de pedir"[12].

8. AÇÃO

Gerindo, o Estado, a administração da própria justiça, evitando com isso que nós, anuentes do Pacto Social, façamos "justiça" com as próprias mãos, não pode aquele se omitir (***non liquet***). Tem o dever de agir, cabendo-nos o direito público subjetivo de obter uma decisão acerca do fato objeto do processo. Desta forma, enquanto o poder-dever de punir é do Estado, a nós cabe o direito de exigir esta punição, que é o direito à tutela jurisdicional.

Na senda da doutrina processual majoritária, José Antônio Paganella Boschi sustenta que "a ação é o direito 'subjetivo' público de 'mover' a jurisdição", explicando que o "'poder' de mover a jurisdição pode ter natureza de 'direito subjetivo público' nas ações de iniciativa privada ou de 'dever jurídico' nas ações públicas"[13].

Interessa anotar, todavia, a crítica de Ovídio Baptista, com a qual concordamos, consistente em enfatizar que a doutrina processual, na realidade, confunde "ação" processual com o direito subjetivo público do litigante de obter prestação jurisdicional. "Ação" (processual), dessa forma, é agir em juízo – e não direito subjetivo público –, não sendo adequado mesclar o conceito de ação, "qualquer que seja o nível em que o conceito seja tomado, e o conceito de direito subjetivo que lhe serve de suporte", ou mesmo confundir "direito público subjetivo de ação" com a atuação "desse direito através da ação processual"[14].

---

11. BADARÓ, Gustavo Henrique Righi Ivahy. *Ônus da prova no processo penal*. São Paulo: RT, 2003. p. 205-206.
12. JARDIM, Afrânio Silva. *Direito processual penal*. Rio de Janeiro: Forense, 2005. p. 161.
13. BOSCHI, José Antonio Paganella. *Ação penal*: denúncia, queixa e aditamento. 3. ed. Rio de Janeiro: AIDE, 2002. p. 21-22.
14. SILVA, Ovídio Araújo Baptista da. Direito subjetivo, pretensão de direito material e ação. In: *Polêmica sobre a ação: a tutela jurisdicional na perspectiva das relações entre direito e processo*. Fábio Cardoso Machado; Guilherme Rizzo Amaral (orgs.). Porto Alegre: Livraria do Advogado, 2006. p. 31.

9. TEORIAS DA AÇÃO

No curso da história da teoria da ação, várias concepções sobre sua natureza jurídica foram construídas. A diferença entre elas fica por conta de elementos relacionados ao ordenamento jurídico vigente, ao ponto de vista do teórico ou ao estado da arte do conceito. Dentre as teorias em torno da ação, podem ser alinhadas, a partir do momento em que inexistia monopólio estatal da jurisdição.

10. AÇÃO COMO VINGANÇA PRIVADA

Quando o Estado não exercia jurisdição penal, cabia ao ofendido exercer a denominada vingança privada. Era o exercício direto da tutela retributiva por meio de ação material da vítima, atualmente vedada. Só excepcionalmente o Estado autoriza o atuar direto do ofendido, a exemplo dos casos de excludentes de ilicitude (art. 23, do Código Penal).

11. AÇÃO CIVILISTA OU IMANENTISTA

A ação manejada pelo interessado retrata o seu próprio direito. A ideia de ação decorre do direito material que a assegura, onde este caracteriza a natureza jurídica daquela (Savigny). A partir da polêmica entre Bernhard Windscheid e Theodor Muther, teve início a distinção entre a ação material e a ação processual. Para Windscheid, a ação moderna seria o direito de exigir algo que deriva, necessariamente, do direito material. Tomava em consideração, para tanto, que a ***actio*** romana era o próprio direito. De outro lado, Muther, para quem ação e direito são distintos, isto é, a ação como direito subjetivo público, de um lado, e, do outro, o direito subjetivo material a ser protegido[15].

12. AÇÃO COMO DIREITO CONCRETO

A ação, para essa concepção, é entendida como direito a uma sentença favorável, malgrado entendida como direito autônomo (Wach, Chiovenda, Bülow)[16].

13. AÇÃO COMO DIREITO POTESTATIVO

De acordo com a teoria de Chiovenda (incluído também na teoria da ação como direito concreto), a ação também se caracteriza como poder jurídico necessário à atuação da vontade da lei.

14. AÇÃO COMO DIREITO ABSTRATO

Liebman, nessa linha, entende a ação como direito subjetivo diverso daquele do direito substancial, estabelecendo as condições da ação como a espécie de ponto de tangência entre a ação e o direito material[17]. Nessa senda, a ação se cuida de um direito de iniciativa e impulso, através do qual se põe em movimento o exercício de uma função pública[18].

15. LOPES JÚNIOR, Aury. (Re) descobrindo as teorias acerca da natureza jurídica do processo (penal). *Revista Brasileira de Ciências Criminais*, São Paulo, nº 75, p. 102-105, dez. 2008.
16. NICOLITT, André. *Manual de processo penal*. 5. ed. São Paulo: RT, 2014. p. 65-67.
17. *Idem*. p. 66.
18. LIEBMAN, Enrico Tullio. *Manuale di diritto processuale civile*: I. 4. ed. Milano: Giuffrè, 1980. p. 135.

15. PROCESSO

É o instrumento de atuação da jurisdição. É a principal ferramenta para solucionar os conflitos de interesse que se apresentam. No léxico, a palavra processo significa "ato de proceder ou de andar". Contempla um elemento constitutivo objetivo, qual seja, o procedimento, que é a sequência de atos concatenados a um objetivo final, é dizer, o provimento jurisdicional, e um elemento constitutivo subjetivo, que é a relação jurídica processual entre os sujeitos que integram o processo.

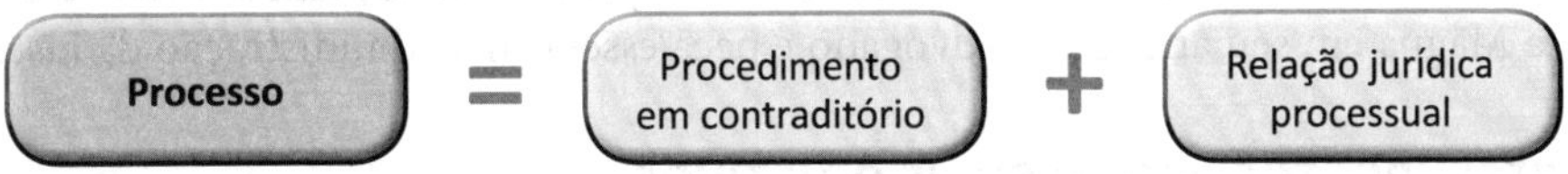

16. PROCEDIMENTO

É a sequência de atos praticados no processo. Cuida-se do aspecto objetivo do processo.

17. RELAÇÃO JURÍDICA PROCESSUAL

Consiste no aspecto subjetivo do processo. É o nexo que une e disciplina a conduta dos sujeitos processuais em suas ligações recíprocas durante o desenrolar do procedimento. Vejamos seus elementos identificadores.

(1) **Sujeitos processuais**

(a) Partes: autor, réu e assistente.

(b) Juiz ou tribunal.

(2) **Objeto da relação**

(a) Aspecto material: bem da vida.

(b) Aspecto processual: provimento jurisdicional desejado.

18. PRESSUPOSTOS PROCESSUAIS SUBJETIVOS

(1) **Relativos ao juiz**

(a) Investidura: é a necessidade de estar investido no cargo em conformidade com a Constituição e a legislação em vigor.

(b) Competência: é a medida da jurisdição. É o limite legal dentro do qual o órgão jurisdicional poderá atuar.

(c) Ausência de suspeição: é a imparcialidade necessária para o exercício da jurisdição. As hipóteses que levam a suspeição e ao impedimento do magistrado estão listadas nos artigos 252, 253 e 254 do CPP.

(2) **Relativos às partes**

(a) Capacidade de ser parte: é a capacidade de contrair obrigações e exercer direitos. A capacidade de ser parte refere-se a todas as pessoas, salientando-se que para haver capacidade de ser parte passiva no processo penal, é preciso que o agente tenha idade igual ou superior a dezoito anos, considerada à época da ocorrência dos fatos narrados na inicial acusatória.

(b) Capacidade de estar em juízo "sozinho": refere-se à necessidade de assistência e representação daqueles que não gozam da plena capacidade.

(c) Capacidade postulatória: necessária para o pleito judicial, afinal, como consagra a Carta Magna em seu art. 133, o advogado é peça essencial à administração da justiça.

19. PRESSUPOSTOS PROCESSUAIS OBJETIVOS

(1) Extrínsecos: ausência de fatos impeditivos para o regular tramitar procedimental, a exemplo da inexistência de coisa julgada ou de litispendência.

(2) Intrínsecos: regularidade formal, ou melhor, respeito à disciplina normativa do processo, ao devido processo legal ou ao chamado processo tipificado, isto é, aquele previsto em lei.

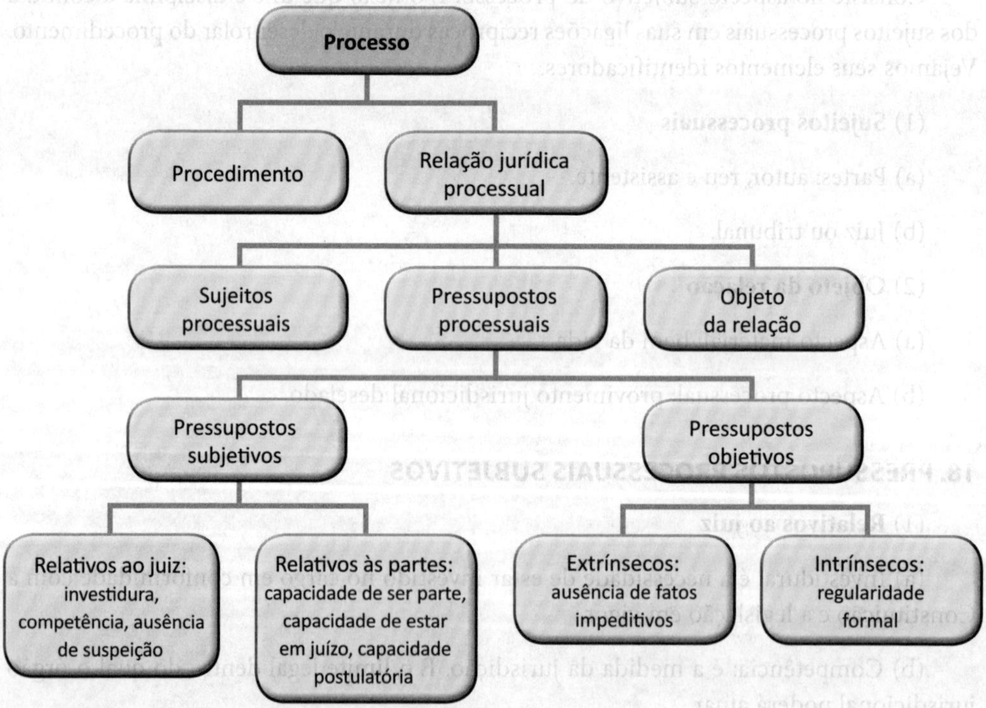

20. NATUREZA JURÍDICA DO PROCESSO

Há intensa controvérsia doutrinária sobre a natureza jurídica do processo.

A distinção entre os aspectos objetivo (procedimento) e subjetivo (relação jurídica processual) como formadora do conceito de processo é criticada por parte da doutrina. Para esse setor, a relação jurídica processual não integra o conceito de processo, pois é somente após o processo ser deflagrado que será possível falar em algo distinto, consistente na relação jurídica processual. Em outros termos, o processo cria a relação jurídica processual, mas não é, ele próprio, essa relação.

De certa forma, a diferença apresentada conta com a contribuição de Oskar Von Bülow[19], que passou a ver o processo não restritamente ao seu aspecto evidente (procedimento), mas como relação jurídica processual, entendida esta como a que se dá entre as partes e o juiz. Nasce relação jurídica quando o autor ajuíza a ação em face do Estado-juiz. Em outros termos, o juiz deve ordenar citação do réu, realizar vários atos e prestar a tutela jurisdicional. Nesse sentido, não lhe é facultado dizer o direito, sendo-lhe exigida uma resposta estatal. De outro lado, aquela relação é distinta da outra, de natureza material, decorrente da incidência de normas penais. Essa concepção, adotada em larga medida, pelo direito brasileiro, enxerga o processo (inclusive o penal) como relação de direito público, desenvolvida progressivamente com o envolvimento das partes e do órgão do Poder Judiciário.

Outros autores clássicos do direito processual apontam diversas naturezas e finalidades na tentativa de definir a função do processo.

Para James Goldschmidt, processualista alemão, "el proceso es el procedimiento cuyo fin es la constitución de la cosa juzgada". A função de constituição de coisa julgada como finalidade do processo, retrata o modo peculiar desse procedimento. O autor vê o processo como situação jurídica necessária à constituição da imutabilidade do julgado submetido em juízo. Não se resume o processo à definição de relação jurídica, sendo antes espaço para a deflagração de um modo para o exercício de ônus e expectativas[20].

Partindo dessa concepção, a possibilidade de coisa julgada material, levada a efeito por meio do processo, é a nota de sua distinção relativamente ao inquérito policial. Este é procedimento administrativo, porém não tem por finalidade produzir a imutabilidade, como advertem Afrânio Silva Jardim e Pierre Souto Maior Coutinho de Amorim[21].

A natureza jurídica do processo é apontada ainda como contrato, quase-contrato, serviço público, instituição jurídica e procedimento[22], variando a concepção relativamente ao ordenamento em vigor ou ao ponto de vista do teórico.

21. PROCESSO COMO CONTRATO

Atividade particular, exercida no âmbito privado, onde poderia haver a escolha de cláusulas e de juiz.

---

19. BÜLOW, Oskar Von. *Teoria das exceções e dos pressupostos processuais*. Tradução: Ricardo Rodrigues Gama. 2. ed. Campinas: LZN, 2005. p. 11-15.
20. GOLDSCHMIDT, James. *Principios generales del proceso*: teoria general del proceso. 2. ed. Buenos Aires: EJEA, 1961. p. 37.
21. JARDIM, Afrânio Silva; AMORIM, Pierre Souto Maior Coutinho de. *Direito processual penal*: Estudos e pareceres. 13. ed. Rio de Janeiro: Lumen Juris, 2014. p. 560-561.
22. LOPES JÚNIOR, Aury. (Re) descobrindo as teorias acerca da natureza jurídica do processo (penal). *Revista Brasileira de Ciências Criminais*, São Paulo, nº 75, p. 101-129, dez. 2008.

22. PROCESSO COMO QUASE-CONTRATO

A vontade das partes tem lugar de forma indireta, decorrendo as obrigações mais da lei do que do consenso (Savigny).

23. PROCESSO COMO SERVIÇO PÚBLICO

Entende a jurisdição como forma de prestação levada a cabo pelo poder público, sendo mera relação de fato.

24. PROCESSO COMO INSTITUIÇÃO JURÍDICA

Vê o processo como relação jurídica disciplinada normativamente (Guasp), vale dizer, incluindo as teorias da norma jurídica e da relação jurídica. De acordo com o jurista espanhol, o processo não é instrumento do direito material, porém o inverso, pois é o direito material que proporciona os instrumentos necessários ao labor processual, embora isso não signifique dizer que o direito material não exista por si.

Daí entender Guasp que a preponderância do direito material ou processual relativamente ao processo é questão de ponto de vista. Para que haja o enlace entre eles, indispensável é o respeito às regras de competência, de imputação, dentre outras, que ocorrem no âmbito da instituição de conexões entre as diversas disciplinas, caracterizando, assim, o processo (instituição jurídica)[23].

25. PROCESSO COMO PROCEDIMENTO

Entende o processo como uma concatenação de atos, organizados em ordem sucessiva.

26. SISTEMAS PROCESSUAIS

A depender dos princípios que venham a informá-lo, o processo penal, na sua estrutura, pode ser inquisitivo, acusatório e misto. É o que Tourinho Filho enquadra como tipos de processo penal[24].

A principal função da estrutura processual, como aponta Geraldo Prado, é a de garantia contra o arbítrio estatal, conformando-se o processo penal à Constituição Federal, de sorte que o sistema processual penal estaria contido dentro do sistema judiciário, que por sua vez é espécie do sistema constitucional, que deriva do sistema político[25].

27. SISTEMA INQUISITIVO

O princípio inquisitivo é caracterizado pela inexistência de contraditório e de ampla defesa, com concentração das funções de acusar, defender e julgar em uma figura única (juiz). O procedimento é escrito e sigiloso, com o início da persecução,

23. GUASP, Jaime. *Derecho procesal civil*: tomo primeiro [introduccion y parte general]. Madrid: IEP, 1968. p. 34.
24. TOURINHO FILHO, Fernando da Costa. *Processo penal*. São Paulo: Saraiva, 2003. v. 1. p. 88.
25. PRADO, Geraldo. *Sistema acusatório. A conformidade constitucional das leis processuais penais*. 4. ed. Rio de Janeiro: Lumen Juris, 2006. p. 55.

produção da prova e prolação de decisão pelo magistrado. Esse sistema, como observa Aury Lopes Jr., "foi desacreditado – principalmente por incidir em um erro psicológico: crer que uma mesma pessoa possa exercer funções tão antagônicas como investigar, acusar, defender e julgar"[26].

No sistema inquisitivo (ou inquisitório), permeado que é pelo princípio inquisitivo, o que se vê é a mitigação dos direitos e garantias individuais, em favor de um pretenso interesse coletivo de ver o acusado punido. É justificada a pretensão punitiva estatal com lastro na necessidade de não serem outorgadas excessivas garantias fundamentais.

O discurso de fundo é a efetividade da prestação jurisdicional, a celeridade e a necessidade de segurança, razão pela qual o réu, mero figurante, submete-se ao processo numa condição de absoluta sujeição, sendo em verdade mais um objeto da persecução do que sujeito de direitos. É que, conforme esse sistema, os direitos de um indivíduo não podem se sobrepor ao interesse maior, o coletivo.

O Código de Processo Penal brasileiro, de 1941, seguiu essa linha de raciocínio, inspirado que foi, em sua maior parte, no Código Rocco, da Itália, de inspiração fascista. Preponderava a ideia que colocava o juiz em uma posição hierarquicamente superior às partes da relação jurídica processual, como uma espécie de superparte, sem cautelas para preservar eficazmente sua imparcialidade.

O Código então centralizou no juiz a gestão da prova, com a possibilidade de sua produção sem necessidade de provocação das partes, conferindo-lhe poderes como os de iniciar ação penal através do procedimento denominado judicialiforme (sem observar o princípio ***ne procedat iudex ex officio***), de controlar a função investigatória mediante a fiscalização do arquivamento do inquérito policial e de modificar não só a capitulação dada ao fato imputado pelo Ministério Público (***emendatio libelli***), mas também o de tomar a iniciativa para dar novo enquadramento jurídico ao fato narrado, provocando o órgão acusatório a aditar a inicial (***mutatio libelli***).

Essas características do sistema inquisitório ainda encontram ressonância nas reformas que sofreu o Código de Processo Penal a partir de 2008, notadamente no que se refere à gestão probatória, eis que o seu art. 156, inciso I, confere ao magistrado, notadamente, a possibilidade de ordenar, de ofício, mesmo antes de iniciada a ação penal, a produção de provas consideradas urgentes e relevantes, observando a necessidade, adequação e proporcionalidade da medida.

O dispositivo mencionado é de duvidosa constitucionalidade, consoante vem se manifestando parcela considerável da doutrina, mormente porque não passa pelo filtro norteado pelo modelo constitucional de processo traçado pela Constituição de 1988. Assentadas as ideias do sistema inquisitivo e verificada sua presença na sistemática do Código de Processo Penal, cabe o exame do sistema oposto, o acusatório, com o fito de adequar a interpretação do seu texto com a Lei Maior.

---

26. LOPES Jr, Aury. *Direito processual penal e sua conformidade constitucional*: volume I. Rio de Janeiro: Lúmen Júris, 2007. p. 68.

28. SISTEMA ACUSATÓRIO

Com origem que remonta ao Direito grego[27], o sistema acusatório é o adotado no Brasil, de acordo com o modelo plasmado na Constituição Federal de 1988. Com efeito, ao estabelecer como função privativa do Ministério Público a promoção da ação penal (art. 129, I, CF/88), a Carta Magna deixou nítida a preferência por esse modelo que tem como característica fundamental a separação entre as funções de acusar, defender e julgar, conferidas a personagens distintos. Os princípios do contraditório, da ampla defesa e da publicidade regem todo o processo; o órgão julgador é dotado de imparcialidade; o sistema de apreciação das provas é o do livre convencimento motivado. Nota-se que o que efetivamente diferencia o sistema inquisitorial do acusatório é a posição dos sujeitos processuais e a **gestão de prova**, não sendo mais o juiz, por excelência, o seu gestor.[28] Não foi outro o ímpeto da reforma promovida pela Lei nº 13.964/2019, inserindo o art. 3º-A ao Código de Processo Penal, garantindo estrutura acusatória ao processo penal, vedando a iniciativa do juiz na fase de investigação, assim como a atuação probatória em substituição ao órgão de acusação[29].

O CPC acolhe o princípio do convencimento motivado. Não inclui o termo "livre", ao assentar que o juiz dará as razões de seu convencimento que, por sua vez, deve ser exposto de forma clara e precisa (art. 371). O legislador quer dizer que o juiz tem limites para fundamentar. Não pode se arrimar em argumentos fora do sistema jurídico. Isso significa que a "liberdade" do magistrado para motivar o julgado é regrada, ou seja, deve ter reconhecimento do ordenamento jurídico.

Nesse contexto, lembramos que o art. 155, CPP, averba que o juiz formará seu convencimento pela "livre apreciação da prova". Permanece nosso sistema sendo o da persuasão racional, que exige convencimento motivado. Pensamos que o CPC não trouxe maior repercussão ao CPP com a supressão do termo "livre", salvo quando explicita novos cânones ao magistrado no seu dever de fundamentar (art. 93, IX, CF/1988). De tal modo, plausível concluir que a liberdade no convencimento não deve ser ilimitada. Nesse sentido, o CPC tem importantes contornos para que o convencimento seja fundamentado da melhor maneira, estatuindo o que não deve se entender por fundamentação (art. 489 e § 1º). Em técnica similar, adequando o processo penal ao que já se vinha exigindo no processo civil, o § 2º do art. 315 do CPP estabelece quando a decisão judicial não estará motivada, seja ela sentença, interlocutória ou acórdão.

É de se ressaltar, contudo, que não adotamos o sistema acusatório puro, e sim o não ortodoxo, pois o magistrado não é um espectador estático na persecução, tendo, ainda que excepcionalmente, iniciativa probatória, e podendo, de outra banda, conceder ***habeas corpus*** de ofício. É essa também a linha expressamente afirmada pela relatoria da Comissão do Projeto de Código de Processo Penal, sugerindo uma leitura não radical do princípio acusatório.

27. LOPES Jr, Aury. *Direito processual penal e sua conformidade constitucional*: volume I. Rio de Janeiro: Lúmen Júris, 2007. p. 58.
28. LIMA, Renato Brasileiro de. *Manual de Processo Penal*. Vol. 1. Niterói: Impetus, 2011. p. 6.
29. Dispositivo com eficácia suspensa, nos termos de decisão monocrática do Supremo Tribunal Federal (STF – ADI 6298/DF – Medida Cautelar – Rel. Min. Luiz Fux – 22 jan. 2020).

De outro lado, a existência do inquérito policial não descaracteriza o sistema acusatório, pois se trata de uma fase pré-processual, que visa dar embasamento à formação da ***opinio delicti*** pelo titular da ação penal, onde não há partes, contraditório ou ampla defesa. Contudo, essa regra de ser o inquérito puramente inquisitivo deve ser aplicada com cautela, máxime quando se está diante de produção de prova que não seja passível de repetição em juízo, ou quando pensamos nas prerrogativas do advogado na fase investigativa, englobando o acesso aos autos da investigação e o acompanhamento do investigado no momento de sua oitiva (art. 7º, incisos XIV e XXI, Lei nº 8.906/1994).

Deveras, em casos como tais, impende que a autoridade policial, mediante ato fundamentado, assegure a participação do indiciado – quando possível – na produção probatória, conferindo efetividade a direitos fundamentais constitucionais no âmbito do inquérito policial.

Como se depreende, embora o Código de Processo Penal brasileiro seja inspirado preponderantemente em princípios inquisitivos – conquanto existam dispositivos inseridos pelas sucessivas reformas que prestigiam o sistema acusatório –, a sua leitura deve ser feita à luz da Constituição, pelo que seu modelo de processo deve se adequar ao **constitucional acusatório,** corrigindo os excessos inquisitivos (interpretação conforme à Constituição).

29. SISTEMA MISTO OU ACUSATÓRIO FORMAL

O sistema misto tem raízes na Revolução Francesa, conjunto de movimentos político-sociais cujos ideais se disseminaram pela Europa continental, e possui, como marco legal, o ***Code d'Instruction criminelle*** francês de 1808. Caracteriza-se por uma **instrução preliminar**, secreta e escrita, a cargo do juiz, com poderes inquisitivos, no intuito da colheita de provas, e por uma **fase contraditória (judicial)** em que se dá o julgamento, admitindo-se o exercício da ampla defesa e de todos os direitos dela decorrentes. Dissecando toda a persecução no sistema misto, temos:

(1) investigação preliminar, a cargo da polícia judiciária;

(2) instrução preparatória, patrocinada pelo juiz instrutor;

(3) julgamento: só este último, contudo, sob o crivo do contraditório e da ampla defesa;

(4) recurso: normalmente há o "recurso de cassação", no qual se impugnam apenas as questões de direito, mas também é possível o "recurso de apelação", no qual são impugnadas as questões de fato e de direito[30].

Como se depreende, trata-se de sistema que se afasta de um modelo puro, aproximando-se por vezes mais de um sistema inquisitivo e, por outras, de um sistema acusatório. Daí a menção, por parte da doutrina, a um sistema inquisitivo-garantista, espécie de modelo intermediário, caracterizado pelo atendimento de garantias constitucionais – a exemplo do contraditório, da ampla defesa, da presunção de inocência e da publicidade –, porém com poderes instrutórios fortes nas mãos do juiz (gestão de prova ***ex officio***). Embora haja posição minoritária que sustente a inexistência de sistema misto – argumentando

30. FEITOZA, Denilson. *Direito processual penal*: teoria, crítica e práxis. 7. ed. Niterói: Impetus, 2011. p. 62.

que o sistema ou é acusatório ou não o é (quando resvala para a classificação inquisitória) –, cremos plenamente possível a existência de sistema misto, eclético ou híbrido, como classificação apta a definir modelos cujo processo se estrutura basicamente em duas etapas:

(1) uma inquisitorial, sem contraditório, com rito instrutório secreto e com prevalência da palavra escrita; e

(2) outra acusatória, com imputação certa, garantia do contraditório e procedimento regido pela publicidade e pela prevalência do princípio da oralidade.

30. FONTES

É tudo aquilo de onde provém um preceito jurídico. É a origem do próprio direito.

31. FONTE DE PRODUÇÃO OU MATERIAL

É aquela que elabora a norma. No Brasil, a competência para legislar sobre direito processual penal é da União. Lembre-se, contudo, que o parágrafo único, do art. 22, da CF, permite que através de lei complementar seja atribuída aos Estados-membros a competência para legislarem sobre processo penal, em questões específicas de direito local.

Já em relação ao direito penitenciário e procedimentos, a competência para legislar é concorrente da União, Estados e Distrito Federal (art. 24, I e XI, CF). Nesse contexto, fonte material ou de produção pode ser o órgão legiferante ou, ainda, a atividade deste órgão, como pondera Robson Maia Lins, ao asseverar que fonte é "a atividade humana de produção de enunciados prescritivos".[31]

Vale destacar ainda que o Presidente da República pode legislar, via Decreto, sobre o indulto (art. 84, XII, CF), sendo-lhe vedado, entretanto, por medida provisória, legislar acerca de direito penal e processual penal (art. 62, I, "b", CF). Restaria a pergunta: e se o Presidente, ignorando a imposição constitucional, editar medida provisória em favor do réu? Nesse caso, consoante Luiz Flávio Gomes[32], deve se aplicar normalmente o novel diploma, rejeitando somente a medida provisória em desfavor do imputado. Todavia, não concordamos com a conclusão do autor, bastando imaginar que seria um despropósito considerar válida a edição de medida provisória em matéria criminal beneficiando pessoa ligada ao Presidente da República.

Na realidade, a ideia de que todo e qualquer fato deve ser interpretado favoravelmente ao acusado é um dogma que tem a pretensão de suplantar a efetividade da Constituição e que confunde vigência com validade. Se um enunciado normativo é promulgado em descompasso com aquela, é porque é inválido, não obstante vigente. O controle de constitucionalidade não pode ser recusado pelo juiz que, antes, tem o dever de exercê-lo.

32. FONTE FORMAL OU DE COGNIÇÃO

É aquela que revela a norma. Pode ser fonte de cognição imediata ou mediata.

31. LINS, Robson Maia. *Curso de direito tributário brasileiro.* São Paulo: Noeses, 2019. p. 47.
32. GOMES, Luiz Flávio. *Direito processual penal.* São Paulo: RT, 2005. p. 46.

33. FONTE DE COGNIÇÃO IMEDIATA OU DIRETA

São as leis e tratados (art. 5º, §§ 2º e 3º, e art. 22, I, CF). Nos termos do § 3º do art. 5º da CF, inserido pela EC nº 45/2004, os tratados e convenções internacionais sobre direitos humanos que forem aprovados, em cada Casa do Congresso Nacional, em dois turnos, por três quintos dos votos dos respectivos membros, serão equivalentes às emendas constitucionais.

34. FONTES DE COGNIÇÃO MEDIATA, INDIRETA OU SUPLETIVA

Desdobram-se em costumes e princípios gerais do direito.

35. COSTUME

É o que se costuma chamar de praxe forense e está gizado no art. 4º, da LINDB. É uma regra de conduta praticada de modo geral, constante e uniforme, com a consciência de sua obrigatoriedade. É justamente a consciência da obrigação de cumprimento que diferencia o costume do mero hábito. Os costumes classificam-se em:

(1) ***secundum legem:*** ratificam e sedimentam o disposto em lei;

(2) ***praeter legem:*** viabilizam a supressão de lacunas na lei;

(3) ***contra legem:*** são aqueles que contrariam a lei. Em outras palavras, o costume passa a considerar a lei revogada. Lembre-se, contudo, que o costume, apesar da classificação esboçada, não tem o condão de revogar dispositivos legais.

36. PRINCÍPIOS GERAIS DO DIREITO

São premissas éticas extraídas da legislação e do ordenamento jurídico em geral (art. 3º, CPP). São estabelecidos de acordo com a consciência ética do povo.

Dissertando sobre as fontes formais do Direito Penal, Luiz Flávio Gomes e Antonio García-Pablos Molina[33] pontuam que o tema merece releitura após a EC nº 45/2004. Segue a classificação por eles esboçada:

	FONTES FORMAIS	
	Imediatas	**Mediatas**
Antes da EC 45/2004	Lei.	Costumes; e Princípios gerais de direito.
Depois da EC 45/2004	Lei – fonte única do Direito penal incriminador interno; Constituição; Tratados internacionais de direitos humanos; Medidas provisórias; Jurisprudência.	Doutrina (explica ou interpreta as fontes formais imediatas). Note: os costumes figuram como fontes informais de direito.

O raciocínio dos autores é perfeitamente aplicável ao direito processual penal.

33. GOMES, Luiz Flávio; CUNHA, Rogério Sanches (org.). *Direito Penal: parte geral.* 2. ed. São Paulo: RT, 2009. p.110.

37. ANALOGIA

A analogia é forma de autointegração da lei (art. 3º, CPP e 4º, LINDB). Pela analogia, aplicamos a um fato não regido pela norma jurídica, disposição legal aplicada a fato semelhante (***ubi eadem ratio, ubi idem ius***). Afinal, onde existe a mesma razão, deve ser aplicado o mesmo direito.

Assim, em face da omissão involuntária da lei, aplicamos norma que disciplina fato análogo. Ao contrário do que acontece no direito penal, no âmbito do qual a analogia não pode ser utilizada em prejuízo do réu, na esfera processual ela goza de ampla aplicação. Todavia, deve-se interpretar com reservas a admissibilidade da analogia quando se trata da restrição cautelar da liberdade, ou quando importe em flexibilização de garantias, o que seria intolerável à luz da Constituição Federal.

A analogia pode se apresentar como analogia *legis* e analogia *juris*.

38. ANALOGIA *LEGIS*

Em face da lacuna da lei, aplicamos a norma positivada que rege caso semelhante.

Norberto Bobbio explica que a ***analogia legis*** é a analogia propriamente dita (interpretação analógica), através da qual se constitui uma nova norma, similar a uma já existente, visando regular uma hipótese não prevista nesta, mas semelhante a essa já disciplinada. Funda-se, portanto, no raciocínio por analogia e é concebida a partir do pressuposto de que o positivismo jurídico admite a existência das lacunas compreendidas em certo sentido como formulação incompleta da vontade do legislador. Neste sentido se fala de **interpretação integrativa**, para indicar que a integração ocorre no interior do ordenamento, com meios predispostos pelo próprio ordenamento (autointegração).

Com a interpretação integrativa estende-se a casos não expressamente previstos a mesma disciplina estabelecida por uma norma que prevê casos similares[34].

39. ANALOGIA *JURIS*

São aplicados princípios jurídicos ante a omissão da lei. Em outras palavras, a partir dos princípios gerais de direito, o interprete forma indutivamente uma regra geral, para aplicá-la a um caso concreto que não conta com norma expressa ou semelhante para regulá-lo. No processo penal, o princípio geral ***favor rei*** possibilita a construção indutiva de regras gerais para a solução de casos não regulados expressamente.

40. INTERPRETAÇÃO DA LEI PROCESSUAL PENAL

Está ultrapassado o entendimento de que a interpretação seria a atividade de extrair o sentido exato da "norma". Não podem ser confundidos norma jurídica e enunciado normativo. O enunciado é texto a partir do qual se construirá a norma jurídica. Esta, por sua vez, é construída pelo intérprete/aplicador diante de uma situação jurídica.

34. BOBBIO, Norberto. *O positivismo jurídico*: lições de filosofia do direito. Tradução: Márcio Pugliesi; Edson Bini; Carlos E. Rodrigues. São Paulo: Ícone, 2006. p. 215.

A interpretação da lei processual é a sua aplicação em determinado momento, salientando-se, com Gabriel Ivo, a indispensabilidade "da presença do homem", não sendo "exagerado dizer que o homem constitui em linguagem a incidência"[35].

Como adverte Paulo Machado Cordeiro, é preciso evitar a vinculação mecânica e "total do juiz à lei, sem qualquer preocupação com a ideia de que a lei faz parte de um sistema que tem a Constituição como fundamento de legitimidade das decisões proferidas", impondo-se que o juiz tenha "poderes para completar o ordenamento jurídico ou interpretá-lo de modo a viabilizar os direitos fundamentais"[36].

A partir de tais advertências – indispensáveis para que o direito seja compreendido em seu contexto atual –, será esposada a classificação tradicional, conforme os tópicos seguintes, sem descurar do enfoque crítico que permeia este livro.

41. CLASSIFICAÇÃO QUANTO À ORIGEM OU AO SUJEITO QUE REALIZA A INTERPRETAÇÃO

A interpretação/aplicação do direito, quanto à origem, é classificada doutrinariamente em autêntica, doutrinária e judicial.

(1) **Autêntica ou legislativa**: é a realizada pelo próprio legislador que, através de outro texto de lei, faz os esclarecimentos necessários sobre determinado assunto, podendo ser contextual, leia-se, aquela realizada no corpo do próprio texto interpretado, ou posterior, é dizer, em outro diploma subsequente à norma interpretada. É importante ressaltar que a norma interpretativa, dando a devida acepção ao conteúdo da norma interpretada, tem efeito retroativo.

Ex.: o CPP, no seu art. 302, traz a acepção daquilo que se entende por prisão em flagrante.

(2) **Doutrinária ou científica**: é aquela realizada pelos estudiosos do direito. Atente-se que a exposição de motivos do Código é forma de interpretação doutrinária, pois não tem conteúdo de lei.

(3) **Judicial ou jurisprudencial**: é a interpretação/aplicação do direito conferida pelos juízes e tribunais. É de se ressaltar que a EC nº 45/2004 introduziu o art. 103-A na Carta Magna, prevendo a Súmula Vinculante no direito brasileiro. Destarte, o Supremo Tribunal Federal poderá, de ofício ou por provocação, mediante decisão de dois terços dos seus membros, após reiteradas decisões sobre matéria constitucional, aprovar enunciado sumular que, a partir de sua publicação na imprensa oficial, terá efeito vinculante em relação aos demais órgãos do Poder Judiciário e à administração pública direta e indireta, nas esferas federal, estadual e municipal, bem como proceder à sua revisão ou cancelamento, na forma estabelecida em lei. Ademais, a súmula terá por objetivo a validade, a interpretação e a eficácia de normas determinadas, acerca das quais haja controvérsia atual entre órgãos

35. IVO, Gabriel. *Norma jurídica*: produção e controle. São Paulo: Noeses, 2006. p. 48.
36. CORDEIRO, Paulo Machado. *A responsabilidade social dos juízes e a aplicação dos direitos fundamentais*. Salvador: JusPODIVM, 2007. p. 41.

judiciários ou entre esses e a administração pública que acarrete grave insegurança jurídica e relevante multiplicação de processos sobre questão idêntica.

No texto constitucional também se vê a possibilidade de aprovação, revisão ou cancelamento de súmula provocada por aqueles que podem propor ação direta de inconstitucionalidade, e ainda, a ressalva de que do ato administrativo ou decisão judicial que contrariar a súmula aplicável ou que indevidamente a aplicar, caberá reclamação ao Supremo Tribunal Federal que, julgando-a procedente, anulará o ato administrativo ou cassará a decisão judicial reclamada, e determinará que outra seja proferida com ou sem aplicação da súmula, conforme o caso.

Sem entrar no mérito do acerto do instituto, certo é que foi inserido mecanismo tendente a afetar de perto a interpretação jurisdicional: a Súmula Vinculante, chancelando o que se denomina "direito sumular". Dirley da Cunha Júnior e Carlos Rátis afirmam que o direito sumular "representa o direito emanado de súmulas de um tribunal". Em outras palavras, "a súmula reflete a jurisprudência de um tribunal ou de uma seção especializada autorizada a emitir uma consolidação sobre determinada matéria em litígio", passando tal súmula "a ter efeitos vinculantes, pois ela serve como orientação precedente para se evitar o julgamento de causas repetitivas, embora diversas as partes e seus patronos"[37].

A disposição constitucional trazida pela EC nº 45/2004 reclamou regulamentação legislativa. Foi assim que se deu o advento da Lei nº 11.417/2006, com o fito de disciplinar o aspecto procedimental para a edição, revisão e cancelamento de enunciado da Súmula Vinculante, cumprindo assim a exigência constitucional que remetia a matéria à lei ordinária.

42. CLASSIFICAÇÃO QUANTO AO MODO OU AOS MEIOS EMPREGADOS NA INTERPRETAÇÃO

A doutrina tradicional entende a interpretação como subdividida em espécies ou em métodos:

(1) **literal**, **gramatical** ou **sintática**: é a forma mais simples de interpretar. Leva-se em conta o texto da lei e a significação das palavras empregadas, leia-se, o seu sentido literal;

(2) **teleológica**: busca-se a finalidade da norma, a vontade da lei;

(3) **lógica**: vale-se das regras de raciocínio e conclusão para compreender o espírito da lei;

(4) **histórica**: analisa o contexto da votação do diploma legislativo, os debates, as emendas propostas, etc.;

(5) **sistemática**: as normas fazem parte de uma comunidade, inter-relacionando-se. Assim, a interpretação sistemática leva em conta a norma colocada num todo, é dizer, como integrante de um ordenamento jurídico. Afinal, como leciona Bobbio, "as normas

37. CUNHA JÚNIOR, Dirley; RATIS, Carlos. *Emenda Constitucional 45/2004*: comentários à reforma do Poder Judiciário. Salvador: JusPODIVM, 2005. p. 47.

jurídicas nunca existem isoladamente, mas sempre em um contexto de normas com relações particulares entre si"[38].

43. CLASSIFICAÇÃO QUANTO AO RESULTADO DA INTERPRETAÇÃO

Seguindo a mesma linha, a interpretação ainda pode ser:

(1) **declarativa**: há uma exata correspondência entre o texto da lei e aquilo que ela desejou externar.

(2) **restritiva**: a norma disse mais do que desejava, cabendo ao intérprete aparar as arestas, para aferir o seu real alcance.

(3) **extensiva** ou **ampliativa**: o texto da lei ficou aquém do que desejava. Necessita-se ampliar o seu alcance, para que assim possamos atingir o seu significado.

(4) **progressiva**, **adaptativa** ou **evolutiva**: o direito é dinâmico e os fenômenos sociais não são estanques, exigindo do intérprete o esmero na atualização dos diplomas normativos, pois a realidade o impõe, dando-se efetividade à norma não trabalhada ou não modernizada pelo legislador.

INTERPRETAÇÃO DA LEI PROCESSUAL		
Quanto à origem ou ao sujeito que a realiza	**Quanto ao modo ou aos meios empregados**	**Quanto ao resultado**
▸ Autêntica ou legislativa; ▸ Doutrinária ou científica; ▸ Judicial ou jurisprudencial.	▸ Literal, gramatical ou sintática; ▸ Teleológica; ▸ Lógica; ▸ Histórica; ▸ Sistemática.	▸ Declarativa; ▸ Restritiva; ▸ Extensiva ou ampliativa; ▸ Progressista, adaptativa ou evolutiva.

44. A LEI PROCESSUAL PENAL NO TEMPO

A lei processual penal, uma vez inserida no mundo jurídico, tem aplicação imediata, atingindo inclusive os processos que já estão em curso, pouco importando se traz ou não situação gravosa ao imputado, em virtude do princípio do efeito imediato ou da aplicação imediata. Destarte, os atos anteriores, em decorrência do princípio do ***tempus regit actum***, continuam válidos e, com o advento de nova lei, os atos futuros realizar-se-ão pautados pelos ditames do novo diploma. Logo, a regra é bastante simples quanto à aplicação da lei processual: esta tem aplicação imediata, pouco importa se gravosa ou não à situação do réu. Os atos já praticados antes da vigência da nova norma continuam válidos. Por imperativo constitucional, há de ser respeitado o direito adquirido, o ato jurídico perfeito e a coisa julgada (art. 5º, XXXVI, CF).

A lei processual penal nova envolve problemas de direito intertemporal, relativamente ao rito do processo. Nesse caso, a regra no Brasil, como se disse, é a do ***tempus regit actum***,

38. BOBBIO. Norberto. *Teoria do ordenamento jurídico*. Tradução: Maria Celeste Cordeiro Leite dos Santos. 10. ed. Brasília: UnB, 1997. p. 19.

ou seja, os atos processuais já praticados são tratados como atos jurídicos perfeitos, só se aplicando a nova lei ao procedimento em curso relativamente aos atos processuais que se seguirão. É a dicção do art. 2º, do CPP, que estatui que a lei processual penal aplicar-se-á desde logo, sem prejuízo da validade dos atos realizados sob a vigência da lei anterior, seguindo o legislador o **sistema do isolamento dos atos processuais**, dentre três sistemas possíveis.

45. SISTEMA DA UNIDADE PROCESSUAL

O processo só pode ser regulado por uma única lei, razão pela qual a lei nova não se aplica ao rito já iniciado, evitando-se efeito retroativo da lei nova e conferindo efeito ultrativo à lei anterior.

46. SISTEMA DAS FASES PROCESSUAIS

As fases processuais de um mesmo processo podem ser reguladas por leis distintas promulgadas sucessivamente no tempo. Foi o sistema adotado, excepcionalmente, pela Lei de Introdução ao Código de Processo Penal, na norma de transição do seu art. 6º, que rezava que as ações penais, em que já se tivesse iniciado a produção de prova testemunhal, deveriam prosseguir, até a sentença de primeira instância, com o rito estabelecido na lei anterior.

47. SISTEMA DO ISOLAMENTO DOS ATOS PROCESSUAIS

Adotado expressamente pelo sistema processual penal brasileiro (art. 2º, do CPP), consubstancia o princípio do ***tempus regit actum***, razão pela qual, de um lado, os atos praticados sob a vigência da lei anterior são perfeitos, enquanto os atos ainda não praticados devem ser editados consoante a lei nova, de forma integral.

Já a lei penal, ou seja, aquela que interfere diretamente no direito de punir do Estado, teve disciplina temporal na Carta Magna, asseverando o art. 5º, inciso XL, que a lei penal não retroagirá, salvo para beneficiar o réu. Segundo os tribunais superiores, a aplicação do princípio da retroatividade da lei penal benéfica não autoriza a composição de mais de uma norma (ou ***lex tertia***), devendo ser aplicado, na íntegra, o diploma que mais favorece o réu, seja ele o anterior (revogado) ou o posterior (vigente). Nesse sentido, o enunciado nº 501, da Súmula, do STJ, cujo teor verbera ser cabível a aplicação retroativa da Lei nº 11.343/2006, desde que o resultado da incidência das suas disposições, na íntegra, seja mais favorável ao réu do que o advindo da aplicação da Lei nº 6.368/1976, sendo vedada a combinação de leis.

Ainda no que toca à aplicação da lei penal no tempo, pontue-se que se a sentença condenatória já tiver transitado em julgado, caberá ao juízo das execuções a aplicação da lei nova mais benigna, conforme o verbete nº 611, da Súmula, do STF.

Fazendo uma digressão em auxílio ao leitor, ressaltamos que o período de vigência da norma é chamado período de atividade desta. Assim, uma vez publicada, e não havendo ***vacatio legis*** (que é o período eventualmente existente para que a sociedade tenha conhecimento da nova lei), a norma entra em vigor, atua, enquanto não for revogada.

Excepcionalmente a lei faz valer os seus efeitos mesmo em período anterior ou posterior à sua vigência (extratividade), tendo assim atuação pretérita (retroatividade) ou futura (ultratividade).

E se a lei for híbrida? É a hipótese em que pode surgir o fenômeno das normas heterotópicas (heterotopia é o fato de uma norma com conteúdo processual penal se situar, topicamente, em diploma de natureza penal, substancial). Em outras palavras, como deve ser aplicado um enunciado novo que traz, a um só tempo, normas tanto de direito processual quanto de direito material? Como não pode haver cisão, deve prevalecer o aspecto penal. Se este for benéfico, a lei será aplicada às infrações ocorridas antes da sua vigência. O aspecto penal retroage, e o processual terá aplicação imediata, preservando-se os atos praticados quando da vigência da norma anterior.

Já se a parte penal for maléfica, a nova norma não terá nenhuma incidência aos crimes ocorridos antes de sua vigência e o processo iniciado, todo ele, será regido pelos preceitos processuais previstos na antiga lei.

Uma observação se faz necessária: a lei pode ser revogada ainda que esteja em curso o período de ***vacatio legis***. Como exemplo, pode ser citada a revogação do Código Penal de 1969 que ocorreu antes mesmo de se operar sua vigência.

LEI PROCESSUAL PENAL NO TEMPO			
Regra: lei estritamente processual		**Exceção: lei mista ou híbrida**	
Noção	‣ É a lei que contém apenas preceitos de direito processual	**Noção**	‣ É a lei que traz preceitos de direito processual e de direito penal
Como se aplica	‣ Aplicação imediata com preservação dos atos anteriores ‣ Princípio do efeito imediato ou da aplicação imediata	**Como se aplica**	‣ Não pode haver cisão ‣ Prevalece o aspecto penal: se este for benéfico, a lei é aplicada por completo; se for maléfico, a lei não retroage.

CONCEITOS IMPORTANTES	
Ab-rogação	**Derrogação**
É a revogação total de uma lei por outra.	É a revogação parcial.

Objetivando uma interpretação consentânea à Constituição Federal, Paulo Queiroz e Antonio Vieira, em posição minoritária, defendem que a irretroatividade da lei penal mais gravosa também deve ser aplicada à norma processual, de sorte a potencializar as garantias inerentes ao imputado. Por essa razão, o sistema não deve ser visto de forma estanque, e as normas penais e processuais penais devem ser colocadas no mesmo patamar. Nessa linha, o dogma da aplicação imediata da lei processual (benéfica ou maléfica), consagrado no art. 2º, do CPP, estaria ultrapassado, de forma que a norma processual mais gravosa só seria aplicada aos delitos consumados após sua entrada em vigor.

Já a lei processual mais benéfica poderia retroagir, implicando inclusive na renovação de atos processuais, a depender da fase em que o processo se achar.

Por outro lado, as normas estritamente procedimentais, que não afetem garantias, teriam aplicação imediata, em conformidade com o art. 2º, do CPP.

48. A LEI PROCESSUAL PENAL NO ESPAÇO

A aplicação da lei processual penal pátria é informada pelo **princípio da territorialidade absoluta.** Logo, tem aplicação a todos os processos em trâmite no território nacional (***locus regit actum***). A matéria vem tratada no art. 1º, do CPP, destacando a aplicação da lei pátria aos processos que aqui tramitem. Devem ser aplicados/interpretados no Brasil tanto as disposições do Código de Processo Penal, quanto os enunciados da legislação processual extravagante. Excepcionalmente, porém, a lei autoriza a incidência de outros diplomas normativos, senão vejamos.

> Art. 1º. O processo penal reger-se-á, em todo território brasileiro, por este Código, ressalvados:
>
> I – os tratados, as convenções e as regras de direito internacional;

A peculiaridade do inciso I é que o mesmo trata de uma hipótese de exclusão da jurisdição pátria, em atenção aos tratados, convenções e regras de direito internacional, dando prevalência à própria ordem internacional, onde infrações aqui ocorridas não serão julgadas em território nacional, como acontece com a imunidade diplomática, positivada na Convenção de Viena, aprovada pelo Decreto Legislativo nº 103, do ano de 1964.

Assim, agentes diplomáticos aqui acreditados, como embaixadores, secretários de embaixada, bem como seus familiares, além dos funcionários de organizações internacionais, tal qual a ONU, terão a aplicação da lei material do seu respectivo país, e por via de consequência, o processo lá tramitará.

Já o cônsul, segundo entendimento do Supremo Tribunal Federal, só tem direito a imunidade se os fatos delitivos decorrerem do desempenho de suas funções.

Vale destacar que a EC nº 45/2004 acrescentou os parágrafos ao art. 5º, do texto constitucional, prevendo, no seu § 3º, que os tratados e convenções internacionais sobre direitos humanos que forem aprovados, em cada casa do Congresso Nacional, em dois turnos, por três quintos dos votos dos respectivos membros, serão equivalentes às emendas constitucionais; e, no seu § 4º, que o Brasil se submete à jurisdição de Tribunal Penal Internacional a cuja criação tenha manifestado adesão.

É de se observar que o § 3º deve ser interpretado em consonância com o § 2º do mesmo artigo, de sorte que a atual ordem jurídica consagra tratados que versam sobre direitos humanos com ***status*** material e formal constitucional, justamente pela aprovação do ***quorum*** de três quintos, e outros desprovidos desta formalidade. Há aqui "o reconhecimento da materialidade constitucional dos tratados internacionais que versam sobre direitos humanos", exigindo-se "a observância de ***quorum*** específico para seu assento formal, enquanto emenda constitucional". De tal forma, "a partir da publicação da EC nº 45/2004, passam a existir duas categorias de tratados que versam sobre direitos humanos":

(1) os tratados internacionais apenas materialmente constitucionais, por força do § 2º do art. 5º; e,

(2) aqueles que são material e formalmente constitucionais, equiparando-se às emendas constitucionais.

Já o Tribunal Penal Internacional, cujo berço é o Estatuto de Roma, assinado em 17 de julho de 1998, aprovado no Brasil pelo Decreto Legislativo nº 112/2002 e promulgado pelo Decreto Presidencial nº 4.388/2002, tem jurisdição subsidiária, apenas quando o país competente não faça valer a lei penal, especialmente nos crimes de guerra e contra a humanidade. Resta saber se é possível a entrega pelo governo brasileiro de nacionais ao TPI, ou se este ato implica extradição, o que violentaria o art. 5º, inc. LI, ao prescrever que "nenhum brasileiro será extraditado, salvo o naturalizado, em caso de crime comum, praticado antes da naturalização, ou de comprovado envolvimento em tráfico ilícito de entorpecentes e drogas afins, na forma da lei" ou ainda, quanto ao estrangeiro, a previsão do inciso LII, ao indicar que não será concedida a extradição de estrangeiro por crime político ou de opinião.

A nosso ver, a entrega ao TPI não se confunde com a extradição, já que esta última é a entrega da pessoa ao país estrangeiro com jurisdição para imprimir a reprimenda ao caso concreto, por ter atribuição para tanto. Já o TPI integra a própria Justiça brasileira, sendo um órgão especial da tessitura do nosso Judiciário. É o que conclui Saulo Casali Bahia, aduzindo que nada mais seria que "submeter o acusado ou condenado à própria justiça, ainda que em grau ou instância internacional, pois a previsão do artigo 7º, do ADCT (relativa ao tribunal internacional de direitos humanos), consubstancia a criação de um órgão que passa a integrar a estrutura judiciária brasileira, como instância última".

> II – as prerrogativas do Presidente da República, dos Ministros de Estado, nos crimes conexos com os do Presidente da República, e dos Ministros do Supremo Tribunal Federal, nos crimes de responsabilidade (Constituição Federal, arts. 86, 89 – § 2º e 100);

A jurisdição política foi tratada no inciso II, lembrando que os crimes de responsabilidade invocam, como regra, apreciação na esfera do Poder Legislativo, como professa a Constituição Federal, exemplificativamente, no inciso I do art. 52, positivando que cabe ao Senado Federal processar e julgar o Presidente e o Vice-Presidente da República nos crimes de responsabilidade, bem como os Ministros de Estado e os Comandantes da Marinha, do Exército e da Aeronáutica nos crimes da mesma natureza conexos com aqueles.

> III – os processos de competência da Justiça Militar;

O inciso III trata da Justiça Especializada Militar, que tem codificação própria tanto na esfera material, Código Penal Militar, que define os crimes militares (Decreto-lei nº 1.001/69), quanto na processual, com o Código de Processo Penal Militar (Decreto-lei nº 1.102/69). Não se deve olvidar que a Justiça Eleitoral, também especializada, tem competência para apreciação dos crimes eleitorais e conexos, possuindo codificação própria (Lei nº 4.737/1965, Código Eleitoral).

> IV – os processos da competência do tribunal especial (Constituição Federal, art. 122, nº 17);

O tribunal especial a que faz menção o inciso IV é o antigo Tribunal de Segurança Nacional, que não mais existe, previsto que era na Carta outorgada de 1937, que, em seu art. 122, nº 17, estatuía que "os crimes que atentarem contra a existência, a segurança e a integridade do

Estado, a guarda e o emprego da economia popular serão submetidos a processo e julgamento perante tribunal especial, na forma que a lei instituir". Hoje, os crimes contra a segurança nacional estão previstos na Lei nº 7.170/1983, sendo afetos à Justiça Federal (art. 109, inc. IV da Constituição Federal). Sob a égide da Constituição do Brasil de 1988, segurança nacional deixa de ser entendida como segurança do Estado (conceito de índole fascista), para ser concebida como segurança da nação, do povo (conceito de cariz democrático).

V – os processos por crime de imprensa.

Os crimes de imprensa, lembrados pelo inciso V, tramitarão na justiça comum. Tinham o procedimento disciplinado pela Lei nº 5.250/1967 (Lei de Imprensa). O STF, entretanto, apreciando a ADPF nº 130-7, declarou não recepcionada a referida lei. Isso não significa, todavia, que eventuais abusos perpetrados pela imprensa sejam tolerados. A matéria passa à disciplina do Código Penal e do Código de Processo Penal.

É de se destacar que, pelo princípio adotado (territorialidade estrita), a lei processual brasileira não tem, ao contrário do que ocorre com a lei penal, extraterritorialidade (art. 7º, CP). Contudo, Tourinho Filho, indicando vasta doutrina, aponta exceções a esta possibilidade, quais sejam:

(1) aplicação da lei processual brasileira em território ***nullius***;

(2) em havendo autorização de um determinado país, para que o ato processual a ser praticado em seu território o fosse de acordo com a lei brasileira; e

(3) nos casos de território ocupado em tempo de guerra.

Atenção! Não podemos esquecer que o CPP é de 1941, e a alusão a dispositivos da CF que o artigo transcrito acima faz não guarda correspondência com a atual Constituição Federal de 1988.

49. QUADRO SINÓTICO

CAPÍTULO I – LINHAS INTRODUTÓRIAS		
DIREITO PROCESSUAL PENAL		
Conjunto de normas que regula e limita a atuação do *jus puniendi* estatal, fornecendo meios para conferir efetividade às garantias fundamentais constitucionais.		1
Características	Autonomia; Instrumentalidade; Normatividade	2
Posição enciclopédica	Um dos ramos do direito público.	3
ENTENDENDO O TEMA		
Interesse	Vontade de conquistar algo. Indica uma relação entre as necessidades humanas e os bens da vida.	5
Pretensão	Intenção de subordinar interesse alheio ao próprio.	6
Lide	Conflito entre *jus puniendi* e o *status libertatis* do imputado.	7
Ação	Agir em juízo em que se busca a tutela jurisdicional.	8

CAPÍTULO I – LINHAS INTRODUTÓRIAS		
Teorias da Ação	**10.** Vingança privada; **11.** Civilista ou imanentista; **12.** Direito concreto; **13.** Direito potestativo; **14.** Direito abstrato.	**9 a 14**
Processo	Contempla um elemento constitutivo objetivo (o procedimento) e um elemento constitutivo subjetivo (relação jurídica processual).	**15**
Procedimento	Sequência de atos praticados no processo (aspecto objetivo).	**16**
Relação jurídica processual e Pressupostos processuais subjetivos	**17. Relação jurídica processual:** nexo entre sujeitos processuais que gira em torno do objeto da relação. **18. Pressupostos processuais Subjetivos**: 1. Relativos ao juiz: a) Investidura; b) Competência; c) Ausência de suspeição. 2. Relativos às partes: a) Capacidade de ser parte; b) Capacidade de estar em juízo "sozinho; c) Capacidade postulatória. **19. Pressupostos processuais Objetivos:** 1. Extrínsecos; 2. Intrínsecos.	**17 e 19**
Natureza Jurídica do Processo	Contrato (**21**), quase-contrato (**22**), serviço público (**23**), instituição jurídica (**24**) e procedimento (**25**).	**20 a 25**
SISTEMAS PROCESSUAIS		
Varia de acordo com os princípios que venham a informá-lo (tipos de processo penal).		**26**
Inquisitivo	Há intensa concentração de poderes processuais.	**27**
Acusatório	Há nítida separação dos poderes processuais.	**28**
Misto	Caracteriza-se por uma fase inquisitorial e outra acusatória.	**29**
FONTES		
Tudo aquilo de onde provém um preceito jurídico. É a origem do próprio direito.		**30**
Produção	Elabora a norma (material).	**31**
Cognição	Revela a norma (formal). Podendo ser imediata ou mediata.	**32**
Imediata	Leis e tratados.	**33**
Mediata	Desdobra-se em costumes e princípios gerais do direito.	**34**
Costumes	Prática reiterada com a consciência de sua obrigatoriedade.	**35**
Princípios gerais do direito	Premissas éticas extraídas do ordenamento jurídico em geral.	**36**
ANALOGIA		
Forma de autointegração da lei em que se aplica a um fato não regido por lei disposição legal aplicada a fato semelhante (com reservas no âmbito criminal).		**37**
Espécies	**38.** Analogia *legis*: aplica-se a norma positivada; **39.** Analogia *juris*: aplicam-se princípios jurídicos.	**38 e 39**
INTERPRETAÇÃO DA LEI PROCESSUAL PENAL		
A interpretação da lei processual é a aplicação, em determinado momento, da norma jurídica construída a partir de um dado enunciado normativo.		**40**

CAPÍTULO I – LINHAS INTRODUTÓRIAS		
Quanto à origem ou ao sujeito que a realiza	**1.** Autêntica ou legislativa: realizada pelo próprio legislador; **2.** Doutrinária ou científica: realizada pelos estudiosos do direito; **3.** Judicial ou jurisprudencial: realizada pelos juízes e tribunais.	**41**
Quanto ao modo ou aos meios empregados na interpretação	**1.** Literal, gramatical ou sintática: leva-se em conta o texto da lei e o sentido literal das palavras; **2.** Teleológica: busca-se a finalidade da norma, a vontade da lei; **3.** Lógica: objetiva-se a compreensão do espírito da lei, por meio das regras de raciocínio e conclusão; **4.** Histórica: analisa-se o contexto da votação do diploma; **5.** Sistemática: leva-se em conta a norma colocada num todo.	**41**
Quanto ao resultado da interpretação	**1.** Declarativa: o enunciado disse exatamente o que desejava; **2.** Restritiva: o enunciado disse mais do que desejava; **3.** Extensiva ou ampliativa: o disse menos do que desejava; **4.** Progressiva, adaptativa ou evolutiva: exige-se do intérprete o esmero na atualização dos diplomas normativos.	**43**
A LEI PROCESSUAL PENAL NO TEMPO		
Possui aplicação imediata. Os atos já praticados continuam válidos. Sistemas **45**. Unidade processual; **46**. Fases processuais; **47**. Isolamento dos atos processuais.		**43 a 47**
A LEI PROCESSUAL PENAL NO ESPAÇO		
Informada pelo ***princípio da territorialidade absoluta.*** Logo, tem aplicação a todos os processos em trâmite no território nacional (***locus regit actum***).		**48**

50. SÚMULAS DO STJ

Súmula nº 21: Pronunciado o réu, fica superada a alegação do constrangimento ilegal da prisão por excesso de prazo na instrução.

Súmula nº 52: Encerrada a instrução criminal, fica superada a alegação de constrangimento por excesso de prazo.

Súmula nº 64: Não constitui constrangimento ilegal o excesso de prazo na instrução, provocado pela defesa.

Súmula nº 501: É cabível a aplicação retroativa da Lei nº 11.343/2006, desde que o resultado da incidência das suas disposições, na íntegra, seja mais favorável ao réu do que o advindo da aplicação da Lei nº 6.368/1976, sendo vedada a combinação de leis.

51. SÚMULAS DO STF

Súmula Vinculante nº 14. É direito do defensor, no interesse do representado, ter acesso amplo aos elementos de prova que, já documentados em procedimento investigatório realizado por órgão com competência de polícia judiciária, digam respeito ao exercício do direito de defesa.

Súmula nº 523: No processo penal, a falta da defesa constitui nulidade absoluta, mas a sua deficiência só o anulará se houver prova de prejuízo para o réu.

Súmula nº 611: Transitada em julgada a sentença condenatória, compete ao juízo das execuções a aplicação da lei mais benigna.

Súmula nº 697: A proibição de liberdade provisória nos processos por crimes hediondos não veda o relaxamento da prisão processual por excesso de prazo.

Súmula nº 708: É nulo o julgamento da apelação se, após a manifestação nos autos da renúncia do único defensor, o réu não foi previamente intimado para constituir outro.

Súmula nº 716: Admite-se a progressão de regime de cumprimento da pena ou a aplicação imediata do regime menos severo nela determinada, antes do trânsito em julgado da sentença condenatória.

Súmula nº 717: Não impede a progressão de regime de execução da pena, fixada em sentença não transitada em julgado, o fato de o réu se encontrar em prisão especial.

52. QUESTÕES DE CONCURSOS PÚBLICOS

01. (2016 – UFMT – DPE-MT – Defensor Público) Quanto à eficácia temporal, a lei processual penal

(A) aplica-se somente a fatos criminosos ocorridos após a sua vigência.
(B) tem aplicação imediata, sem prejuízo da validade dos atos já realizados.
(C) vigora desde logo, tendo sempre efeito retroativo.
(D) tem aplicação imediata nos processos ainda não instruídos.
(E) não tem aplicação imediata, salvo para beneficiar o acusado.

02. (2015 - FCC - DPE-MA - Defensor Público) O modelo processual acusatório tem sido entendido como o adequado a um Estado Democrático de Direito por ser o mais garantista. Tem-se como um pressuposto estrutural e lógico do modelo a

(A) possibilidade de ***emendatio libelli*** e ***mutatio libelli***.
(B) existência de uma investigação prévia por delegado de polícia.
(C) possibilidade da prova ser colhida pelo próprio juiz.
(D) previsão legal de prisões processuais.
(E) separação entre juiz e acusação.

03. (2015 - FCC - TJ-RR - Juiz Substituto) A lei processual penal brasileira

(A) admite interpretação extensiva e aplicação analógica, bem como o suplemento dos princípios gerais de direito.
(B) aplica-se desde logo, em prejuízo da validade dos atos realizados sob a vigência da lei anterior.
(C) retroage no tempo para obrigar a refeitura dos atos processuais, caso seja mais benéfica ao réu.
(D) não admite definição de prazo de ***vacatio legis***.
(E) será aplicada nos atos processuais praticados em outro território que não o brasileiro, em casos de extraterritorialidade da lei penal.

04. (MPE-SC - Promotor de Justiça - SC/2014 - Adaptada) São efeitos do princípio tempus regit actum, previsto no Código de Processo Penal: a) os atos processuais realizados sob a égide da lei anterior são considerados válidos; b) as normas processuais têm aplicação imediata, pouco importando se o fato que deu origem ao processo é anterior à sua entrada em vigor.

05. (MPE-SC - Promotor de Justiça - SC/2014 - Adaptada) Segundo o Código de Processo Penal, a lei processual penal admitirá interpretação extensiva e aplicação analógica.

06. (FCC - DPE-AP - Defensor Público - 2018) O sistema acusatório

(A) se caracteriza por separar as funções de acusar e julgar e por deixar a iniciativa probatória com as partes.
(B) se verifica quando a Constituição prevê garantias ao acusado.
(C) tem sua raiz na motivação das decisões judiciais.
(D) vigora em sua plenitude no direito brasileiro.
(E) privilegia a acusação, sedo próprio dos regimes autoritários.

53. GABARITO ANOTADO

01 - B

Vide:

- Art. 2º, do CPP.

02 - E

Vide:

- Sistema acusatório.

03 - A

Vide:

- Art. 3º do CPP.
- Interpretação da Lei processual.

04 - C

Vide:

- Art. 2º, CPP.
- A Lei Processual Penal no Tempo.

05 - C

Vide:

- Art. 3º, CPP.

06 - A

Vide:

- Sistema acusatório.

54. QUESTÕES DISCURSIVAS COM COMENTÁRIOS

01. (Promotor de Justiça MPE-PR - 2014 - MPE-PR) Discorra sobre a seguinte assertiva: "Com as últimas reformas legislativas, alguns artigos do CPP, com traços do sistema penal inquisitório, foram revogados ou alterados, mas persistem dispositivos em descompasso com o sistema constitucional acusatório". (máximo de 20 linhas)

Resposta

Nessa questão, o candidato deve diferenciar o sistema inquisitório daquele que lhe é oposto, o sistema acusatório, bem como indicar o modelo adotado pelo CPP (se acusatório, se inquisitorial ou misto, fundamentando a posição) e seu eventual contraste com o sistema da Constituição Federal. Os sistemas processuais foram estudados ao longo do presente capítulo, tendo sido ressaltado que a leitura dos dispositivos do CPP deve ser feita à luz da Constituição, adequando-se o nosso sistema processual ao constitucional acusatório. Importante mencionar as alterações legislativas, a partir de 2008, por meio das quais foi reduzida a atuação de ofício do juízo. Em especial, deve ser realçada a introdução do juiz das garantias, pela Lei nº 13.964/2019, adequando melhor o texto do Código à nossa

Constituição. Nesse sentido, o art. 3º-A, do CPP[39]*, é explícito ao assegurar que o processo penal deve ter estrutura acusatória. Outrossim, necessário comentar dispositivos legais que mantiveram traço inquisitório, como a manutenção da possibilidade de o juiz determinar a produção de provas urgentes antes de iniciada a ação penal e ordenar diligências de ofício para esclarecimento de ponto relevante durante o processo (art. 156, I e II, do CPP), quando o ônus probatório é do MP. Sobre o ponto, há entendimentos de que o art. 156, na parte que ordena atuação de ofício pelo juiz e na parte que distribui igualmente o ônus da prova, incorre em inconstitucionalidade e estaria revogado tacitamente por aquele diploma legal de 2019. É indispensável, ainda, que seja abordada a alteração do interrogatório como primeiro ato – lembrando que no sistema inquisitório valoriza-se a confissão como a rainha das provas – meio de prova –, passando para depois da instrução – meio de defesa, podendo o acusado permanecer em silêncio (norma constitucional) e deixar de comparecer ao ato e ao julgamento no júri. Deve ser valorizado o sistema acusatório, comentando-se pelo menos um dispositivo do CPP alterado pela minirreforma de 2008 ou pela lei de medidas cautelares pessoais, tais como a possibilidade das partes fazerem indagações diretamente à testemunha, antes do magistrado (art. 212, do CPP) ou a impossibilidade do juiz aplicar de ofício medidas cautelares pessoais durante a investigação (art. 282, § 2º e 4º, do CPP – Lei nº 12.403/11).*

02. (MPE-SP – Promotor de Justiça – SP/2012) Dissertação: PRINCÍPIOS CONSTITUCIONAIS DO PROCESSO E SEUS REFLEXOS NA LEGISLAÇÃO PROCESSUAL PENAL

Resposta

Tratando-se de questão aberta, sem limites de linhas, o candidato deve demonstrar todo domínio possível do assunto. Estudamos os princípios processuais penais no curso deste capítulo, para onde remetemos o leitor.

03. (MPE-PR – Promotor de Justiça – PR/2011) (Máximo 10 linhas). O art. 387, inciso IV do Código de Processo Penal recebeu nova redação pela lei 11.719, de 20 de junho de 2008. É possível sua aplicação na sentença ou acórdão lavrados hoje, relativo a casos cuja instrução tenha terminado antes da entrada em vigor da lei? Explique.

Resposta

O inciso referido dispõe que o juiz fixará o valor mínimo para reparação dos danos causados pela infração, considerando os prejuízos causados pelo acusado.

Para responder a questão, devemos ter em conta que o problema se trata de direito intertemporal e que a regra em tela é de natureza não só processual, mas também de cunho material.

Se a norma fosse só de direito processual, não haveria óbice a sua aplicação imediata, desde que formulado pedido nesse sentido pelo legitimado e fosse assegurado o contraditório. Teria lugar, no caso, o art. 2º, CPP – aplicação desde logo –, sem se perquirir a respeito do encerramento ou não da instrução (tempus regit actum). A lei processual aplicável é aquela vigente à época da prolação da sentença.

Como a norma tem forte teor material – pois fixação de valor do dano é matéria de natureza civil, ainda que se trate de quantum mínimo –, não é possível a sua incidência retroativa para alcançar os fatos cometidos em data anterior à vigência do novel inciso IV, do art. 387, CPP.

04. (MPE-PR – Promotor de Justiça – PR/2012) (Máximo de 20 linhas). Considere a seguinte sequência de atos processuais:

O réu foi interrogado, sua defesa recebeu os autos e apresentou a defesa inicial por escrito; a seguir, foram ouvidas testemunhas do Ministério Público num ato processual e noutra audiência as testemunhas de defesa (nas inquirições o juiz questionou primeiro as testemunhas e em seguida as partes fizeram indagações); depois os autos seguiram primeiro à promotoria e depois para a defesa, que ofereceram alegações escritas; por fim, o juiz recebeu o processo e emitiu sentença. Tendo em pauta os sistemas processuais penais, qual deles é mais consentâneo com o procedimento acima? Justifique.

Resposta

O procedimento retratado é de índole mais inquisitória. Isso porque foram seguidas as seguintes regras: (a) interrogatório no início do procedimento, mitigando maior possibilidade de contraditório e ampla defesa se comparada sua realização ao final; (b) prevalência de manifestações escritas, contrariamente ao procedimento filiado ao sistema acusatório que dá ênfase à palavra falada (processo oral); (c) produção de provas em várias audiências (o sistema acusatório prestigia a concentração dos atos processuais em uma única audiência, assegurando maior possibilidade de um processo oral); (d) juiz teve iniciativa probatória, sendo o primeiro a formular perguntas às testemunhas (o sistema inquisitório retira a iniciativa do juiz alusiva à gestão da prova).

39. Dispositivo com eficácia suspensa, nos termos de ded cisão monocrática do Supremo Tribunal Federal (STF – ADI 6298/DF – Medida Cautelar – Rel. Min. Luiz Fux – 22 jan. 2020).

Capítulo II

Princípios Informadores do Direito Processual Penal

Sumário • 1. Princípios processuais penais – 2. Princípio da presunção de inocência ou da não culpabilidade – 3. Princípio da imparcialidade do juiz – 4. Princípio da igualdade processual (princípio da paridade de armas e sua distinção) – 5. Princípio do contraditório ou bilateralidade da audiência – 6. Princípio da ampla defesa – 7. Princípio da ação, demanda ou iniciativa das partes – 8. Princípio da oficialidade – 9. Princípio da oficiosidade – 10. Princípio da verdade real – 11. Princípio da obrigatoriedade – 12. Princípio da indisponibilidade – 13. Princípio do impulso oficial – 14. Princípio da motivação das decisões – 15. Princípio da publicidade – 16.Princípio do duplo grau de jurisdição – 17. Princípio do juiz natural – 18. Princípio do promotor natural ou do promotor legal – 19. Princípio do defensor natural – 20. Princípio do devido processo legal – 21. Princípio do *favor rei* ou favor réu – 22. Princípio da economia processual – 23. Princípio da oralidade – 24. Princípio da autoritariedade – 25. Princípio da duração razoável do processo penal – 26. Princípio da proporcionalidade – 27. Princípio da inexigibilidade de autoincriminação – 28. Princípio da cooperação processual – 29. Quadro sinótico – 30. Súmulas do STJ – 31. Súmulas do STF – 32. Questões de concursos públicos – 33. Gabarito anotado – 34. Questões discursivas com comentários

1. PRINCÍPIOS PROCESSUAIS PENAIS

O processo penal deve estar pautado e ter por vetor principal a Constituição Federal. O processo, enquanto tal, deve ser sinônimo de garantia aos imputados contra as arbitrariedades estatais, sem perder de vista a necessidade de efetividade da prestação jurisdicional. Aliás, o processo é uma das previsões constitucionais de garantia do atendimento ao texto da Constituição do Brasil.

Nesse aspecto, os princípios que irrigam a nossa disciplina são fundamentais, muitos deles encontrando respaldo expresso na própria Constituição da República. Os princípios não estão no sistema em um rol taxativo. Em verdade, diante da atividade do jurista para a construção da norma jurídica, serão possíveis aplicações que evidenciem tanto princípios constitucionais expressos como princípios constitucionais decorrentes do sistema constitucional.

Vejamos, então, os princípios constitucionais e infraconstitucionais que incidem na disciplina do direito processual penal.

2. PRINCÍPIO DA PRESUNÇÃO DE INOCÊNCIA OU DA NÃO CULPABILIDADE

Presunção de inocência, presunção de não culpabilidade e estado de inocência são denominações tratadas como sinônimas pela mais recente doutrina. Não há utilidade prática na distinção. Trata-se de princípio que foi inserido expressamente no ordenamento jurídico brasileiro pela Constituição de 1988. Antes, já se invocava sua aplicação, por decorrer do sistema, de forma implícita. A CF/1988 cuidou do estado de inocência de forma ampla, isto é, de modo mais abrangente que a Convenção Americana de Direitos Humanos (ratificada pelo Brasil: Decreto nº 678/1992), na medida em que esta estabeleceu que "toda pessoa acusada de um delito tem direito a que se presuma sua inocência, enquanto não for legalmente comprovada sua culpa" (art. 8º, 2), enquanto aquela dispôs como limite da presunção de não culpabilidade o trânsito em julgado da sentença penal condenatória.

De tal sorte, o reconhecimento da autoria de uma infração criminal pressupõe sentença condenatória transitada em julgado (art. 5º, LVII, da CF/1988). Antes deste marco, somos presumivelmente inocentes, cabendo à acusação o ônus probatório desta demonstração, além do que o cerceamento cautelar da liberdade só pode ocorrer em situações excepcionais e de estrita necessidade. Neste contexto, a regra é a liberdade e o encarceramento, antes de transitar em julgado a sentença condenatória, deve figurar como medida de estrita exceção.

Questão tormentosa envolveu a chamada execução provisória da pena, também rotulada como prisão em segunda instância. É que o Pleno do STF, no julgamento do HC nº 126.292, admitiu o início do cumprimento da pena após a confirmação da condenação por um tribunal, uma vez esgotadas as vias ordinárias. Para tanto, amparou-se na ausência de efeito suspensivo dos recursos especial e extraordinário, contemporizando a presunção de inocência.

Mais recentemente, voltando ao tema no julgamento das ADC´s 43, 44 e 54, o Pleno da Suprema Corte sepultou a prisão em segunda instância, reconhecendo que antes do trânsito em julgado o art. 283 do CPP admite tão somente o flagrante, a preventiva e a prisão temporária. Entretanio, em arriscada aventura de duvidosa constitucionalidade, a alínea "e", do inciso I, do art. 492, do CPP, tratando das condenações do júri a uma pena igual ou superior a quinze anos de reclusão, autoriza a execução provisória da sentença de primeiro grau, retirando, para tanto, o efeito suspensivo do recurso de apelação em tais hipóteses.

Em outro giro, pela presunção de inocência, as medidas cautelares durante a persecução estão a exigir redobrado cuidado. Quebra de sigilo fiscal, bancário, telefônico, busca e apreensão domiciliar, ou a própria exposição da figura do indiciado ou réu na imprensa através da apresentação da imagem ou de informações conseguidas no esforço investigatório podem causar prejuízos irreversíveis à sua pessoa. O Supremo Tribunal Federal julgou, por maioria, improcedentes os pedidos de ações diretas de inconstitucionalidade movidas contra, notadamente, dispositivos da Lei Complementar nº 105/2001 (que dispõe sobre o sigilo de operações financeiras) e da Lei Complementar nº 104/2001 (que alterou o Código Tributário Nacional, para admitir o compartilhamento de informações sigilosas entre órgãos da administração pública, para fins penais e de inscrição em dívida ativa tributária). As ações se baseavam na necessidade de ordem judicial para o afastamento dos sigilos bancário, financeiro e tributário[1].

Ao dispensar ordem judicial para o denominado **compartilhamento de informações** entre órgãos da Administração Pública, limitando o âmbito de incidência do art. 5º, XII, da Constituição Federal, o STF ampliou possibilidade de investigação preliminar, inclusive sem notícia-crime prévia.

1. STF – Primeira Turma – RE 1058429 AgR – Rel. Min. Alexandre de Moraes – 06 mar. 2018.

Entendeu-se que a previsão de compartilhamento de informações bancárias e financeiras entre diversos órgãos da Administração Pública não mitiga o direito aos sigilos bancário e financeiro, bem como não constituem violação ao direito à intimidade. Isso porque a legislação, ao lado de possibilitar o acesso direto a dados sigilosos e comunicação aos órgãos da Fazenda Pública, preconiza que esses mesmos órgãos estarão obrigados a guardar sigilo sobre as informações objeto de acesso.

Nesse contexto, não haveria "quebra de sigilo", vedada, mas "transferência de sigilo" dos bancos à Administração Pública (Fisco), regida pela mais estrita legalidade. Por outro lado, argumentou o STF que, na hipótese, fica compatibilizada a relação entre o dever fundamental de pagar tributos e o dever da Administração de fiscalizar tributos, em compasso com os compromissos assumidos pelo Brasil internacionalmente. Ao lado da regulamentação, por decreto, do proceder da União para compartilhamento de dados sigilosos, estados-membros e municípios, para que possam se valer da transferência de dados sigilosos, devem, conforme a decisão referida, conter regramento análogo ao Decreto nº 3.724/2001, observando como parâmetros, a necessidade de:

(1) pertinência temática entre a obtenção das informações bancárias e o tributo objeto de cobrança no procedimento administrativo instaurado;

(2) prévia notificação do contribuinte quanto à instauração do processo e a todos os demais atos, garantido o mais amplo acesso do contribuinte aos autos, permitindo-lhe tirar cópias, não apenas de documentos, mas também de decisões;

(3) sujeição do pedido de acesso a um superior hierárquico;

(4) existência de sistemas eletrônicos de segurança que fossem certificados e com o registro de acesso; e

(5) estabelecimento de mecanismos efetivos de apuração e correção de desvios.

Mais recentemente, o STF ratificou a possibilidade de compartilhamento, sendo fixada a seguinte tese, em sede de repercussão geral:

(1) primeiramente, a de que é constitucional o compartilhamento, para fins criminais, dos relatórios de inteligência financeira da UIF (COAF) e da íntegra do procedimento fiscalizatório da Receita Federal do Brasil, que define o lançamento do tributo, com os órgãos de persecução penal, "sem a obrigatoriedade de prévia autorização judicial, devendo ser resguardado o sigilo das informações em procedimentos formalmente instaurados e sujeitos a posterior controle jurisdicional"; e

(2) em complemento, que tal compartilhamento pela UIF (COAF) e pela Receita Federal do Brasil, "deve ser feito unicamente por meio de comunicações formais, com garantia de sigilo, certificação do destinatário e estabelecimento de instrumentos efetivos de apuração e correção de eventuais desvios"[2].

Do princípio da presunção de inocência derivam duas regras fundamentais: a regra probatória, ou de juízo, segundo a qual a parte acusadora tem o ônus de demonstrar a culpabilidade do acusado – e não este de provar sua inocência – e a regra de tratamento, segundo

2. STF – RE 1055941 – Repercussão Geral – Rel. Min. Dias Toffoli – julgamento em 04 dez. 2019.

a qual ninguém pode ser considerado culpado senão depois de sentença com trânsito em julgado, o que impede qualquer antecipação de juízo condenatório ou de culpabilidade.

A propósito da dimensão do princípio da presunção de inocência, George Sarmento enfatiza a necessidade de "cristalizar a presunção de inocência como um direito fundamental multifacetário, que se manifesta como regra de julgamento, regra de processo e regra de tratamento". Cria-se assim "um amplo espectro de garantias processuais que beneficiam o acusado durante as investigações e a tramitação da ação penal", porém, "sem impedir que o Estado cumpra sua missão de investigar e punir os criminosos, fazendo uso de todos os instrumentos de persecução penal previstos em lei", assegurando o combate legítimo e efetivo da criminalidade[3].

Vale destacar ainda que o princípio da presunção de inocência tem sido encarado como sinônimo de presunção de não culpabilidade. São expressões equivalentes. Esta é a nossa posição. Não podemos desmerecer, contudo, que em face da redação esboçada no inciso LVII, do art. 5º, da CF/1988, ensaiou-se uma distinção entre presunção de inocência e presunção de não culpabilidade.

Ao tratarmos do tema em livro específico, juntamente com Alex Sampaio, alertamos que "a redação que demos ao princípio levou ao equivocado raciocínio de que em face daquele contra o qual há instaurada uma ação penal", seria presumível sua culpabilidade, mercê de contra ele existir "suporte probatório mínimo, que impediria a presunção de sua inocência"[4]. Em síntese, a presunção de inocência duraria até o início do processo. Após, o réu, em face do lastro probatório contra si angariado, poderia ter tratamento similar àqueles já definitivamente condenados. Segundo Simone Schreiber, esquadrinhando o histórico italiano, "só se poderia admitir a presunção de inocência do delinquente ocasional que houvesse negado a prática do crime, e mesmo assim enquanto não se reunisse a prova indiciária contra ele", haja vista que "a própria instauração do processo criminal autorizava que se presumisse a culpa do imputado, e não sua inocência"[5].

É certo que na atual ordem constitucional, não podemos admitir uma distinção dessa ordem. Enquanto não transitar em julgado a sentença condenatória, a culpa não se estabelece. Ainda assim, o STF, nos verbetes sumulares nº 716 e nº 717, admite a aplicação dos benefícios da Lei de Execuções Penais, como a progressão de regime, àqueles que ainda não estejam definitivamente condenados. O STF, aliás, mitigando a abrangência da presunção de inocência, por maioria, reconheceu a constitucionalidade da regra do art. 305, do Código de Trânsito Brasileiro, que tipifica como crime a conduta de "afastar-se o condutor do veículo do local do acidente, para fugir à responsabilidade penal ou civil que lhe possa ser atribuída". Entendemos que o dispositivo viola a Constituição, pelo que não concordamos com a flexibilização dos direitos fundamentais em jogo. Entretanto, diferentemente, a decisão majoritária da Suprema Corte considerou que não há restrição ao princípio da

3. SARMENTO, George. A presunção de inocência no sistema constitucional brasileiro. In: *Direitos fundamentais na Constituição de 1988*: estudos comemorativos aos seus vinte anos. Rosmar Antonni Rodrigues Cavalcanti de Alencar (org.). Porto Alegre: Núria Fabris, 2008. p. 217-243.
4. SAMPAIO, Alex; TÁVORA, Nestor. Princípio da presunção de inocência. In: *Princípios penais constitucionais*. Ricardo Augusto Schmitt (org.). Salvador: JusPodivm, 2007. p. 171-190.
5. SCHREIBER, Simone. O princípio da presunção de inocência. *Revista Jus Navegandi*. Teresina, ano 10, nº 790. 1 set. 2005. Disponível em: <https://jus.com.br/artigos/7198>. Acesso em: 9 dez. 2016.

não incriminação, porquanto garantido o direito ao silêncio e ressalvadas as hipóteses de exclusão da tipicidade e da antijuridicidade. De compasso com o afirmado durante o julgamento, seria "admissível a flexibilização do princípio da vedação à autoincriminação proporcionada pela opção do legislador de criminalizar a conduta de fugir do local do acidente". Em acréscimo, reputou que tal procedimento não afetaria "o núcleo irredutível daquela garantia enquanto direito fundamental, qual seja, jamais obrigar o investigado ou réu a agir ativamente na produção de prova contra si próprio".[6]

3. PRINCÍPIO DA IMPARCIALIDADE DO JUIZ

A imparcialidade – denominada por alguns de **alheiabilidade** – é entendida como característica essencial do perfil do juiz consistente em não poder ter vínculos subjetivos com o processo de modo a lhe tirar o afastamento necessário para conduzi-lo com isenção. Trata-se de decorrência imediata da CF/1988, que veda o juízo ou tribunal de exceção (art. 5º, XXXVII) e garante que o processo e a sentença sejam conduzidos pela autoridade competente (art. 5º, LIII), representando exigência indeclinável no Estado Democrático de Direito. Com tal ideal, preservando a imparcialidade do juiz que preside a instrução e atua como sentenciante, afastando-o da fase investigativa, temos a atuação do juiz das garantias, desenvolvendo suas atividades na fase preliminar (art. 3º-B, CPP), despachando com a autoridade policial e com o órgão ministerial, mas com o necessário afastamento da fase processual. Ademais, o magistrado não poderá substituir o órgão acusatório na atuação probatória, agindo como inquisidor disfarçado, o que também fere de morte a imparcialidade (art. 3º-A, CPP)[7].

Observa-se que tanto o impedimento como a suspeição devem ser reconhecidos ***ex officio*** pelo juiz, afastando-se voluntariamente de oficiar no processo e encaminhando-o ao seu substituto legal. A CF/1988 confere ao magistrado as garantias da vitaliciedade, inamovibilidade e irredutibilidade de subsídios (art. 95) para que ele possa atuar com isenção – o que inclui declarar-se suspeito ou impedido. De todo modo, caso não reconheça a situação de imparcialidade, o juiz interessado deve ser recusado, e os permissivos legais para tanto se encontram no art. 254 (hipóteses de suspeição) e no art. 252 (hipóteses de impedimento), do CPP.

Cabe notar que a imparcialidade deve ser indicativa de honestidade. É que o magistrado leva consigo os valores de sua formação, que acabam por justificar entendimentos distintos em relação a uma pluralidade de situações fáticas, o que não significa, a princípio, que seja parcial.

Deveras, o ideal do juiz imparcial é de ser concebido aproximativamente. Vale dizer, a isenção preconizada pelo ordenamento jurídico implica na postura de um magistrado que cumpra a Constituição, de maneira honesta, prolatando decisões suficientemente motivadas. Isso não induz que o juiz se abstraia de seus valores para que exerça seu mister.

6. STF – Pleno – RE 971.959/RS – Repercussão Geral – Tema 907 – Rel. Min. Luiz Fux – j. 14.11.2018.
7. Dispositivo com eficácia suspensa, nos termos de decisão monocrática do Supremo Tribunal Federal (STF – ADI 6298/DF – Medida Cautelar – Rel. Min. Luiz Fux – 22 jan. 2020).

4. PRINCÍPIO DA IGUALDADE PROCESSUAL (PRINCÍPIO DA PARIDADE DE ARMAS E SUA DISTINÇÃO)

Também tratado como princípio da paridade de armas, consagra o tratamento isonômico das partes no transcorrer processual, em decorrência do próprio art. 5º, *caput*, da Constituição Federal. O que deve prevalecer é a chamada igualdade material, leia-se, os desiguais devem ser tratados desigualmente, na medida de suas desigualdades.

O referido princípio ganha força com as alterações introduzidas no art. 134, da Constituição Federal, assegurando a autonomia da Defensoria Pública. Seria fictícia a paridade, se o órgão ministerial, acusador oficial, desfrutasse da estrutura e condição digna e necessária de trabalho, ao passo que os defensores, assoberbados pelas demandas que se acumulam, ficassem na condição de pedintes, subjugados a boa vontade do Executivo para que pudessem galgar um mínimo de estrutura para desempenhar as suas funções. Foi um pequeno passo, porém ainda há muito a se fazer.

Embora a regra seja a isonomia processual, em situações específicas deverá haver uma preponderância do interesse do acusado, consoante se depreende do princípio do ***favor rei***, ou favor réu, a seguir estudado (item 9.20).

O princípio da paridade de armas, malgrado seja tratado como sinônimo de igualdade ou isonomia no processo penal, tem conteúdo mais rico, indicando o direito da defesa de desempenhar um papel proativo, mormente na produção de prova e no exercício de poderes que possibilitem a plena igualdade, tal como consta do art. 8, do Pacto de São José da Costa Rica.

Sob esse prisma, não basta a outorga de prazos iguais, de contraditório e de defesa ampla. A paridade de armas impõe um ***plus***, consistente no poder do acusado atuar com os mesmos instrumentos garantidos à acusação, a exemplo de formulação de pedidos de interceptações telefônicas e de busca e apreensão, bem como da admissibilidade de assistente de defesa, possibilitando uma real igualdade.

Na doutrina, Welton Roberto fundamenta a diferença entre igualdade e paridade de armas, a fim de evitar que o investigado ou acusado seja tratado como convidado de prata[8]. Concordamos integralmente com o autor. Na jurisprudência, o Supremo Tribunal Federal dá realce a essa norma de ***status*** constitucional, sendo possível já verificar que ali se apresenta a distinção aqui referida, relacionando o direito à prova com a paridade de armas[9].

Com efeito, melhor delimitar cada um dos princípios, evidenciando o conteúdo proativo da paridade de armas, a fim de melhor concretizar os pilares do sistema acusatório e dos demais princípios que constituem o núcleo duro de direito processual penal constitucional. Em outras palavras, definir o sentido e o alcance da paridade de armas representa modo de conferir maior efetividade a sua função tendente a prevenir contra a possibilidade de que o imputado e a sua defesa se reduzam a objetos decorativos da persecução penal.

8. ROBERTO, Welton. *Paridade de armas no processo penal*. Belo Horizonte: Fórum, 2011. p. 88.
9. STF – Segunda Turma – HC 166694 – Rel. Min. Gilmar Mendes – 22 mar. 2019.

5. PRINCÍPIO DO CONTRADITÓRIO OU BILATERALIDADE DA AUDIÊNCIA

Traduzido no binômio ciência e participação, e de respaldo constitucional (art. 5º, LV, CF/1988), impõe que às partes deve ser dada a possibilidade de influir no convencimento do magistrado, oportunizando-se a participação e manifestação sobre os atos que constituem a evolução processual. O princípio do contraditório, ao qual está aliado o da ampla defesa, estudado no tópico seguinte, já existia de forma implícita no ordenamento jurídico brasileiro vigente sob a égide das Constituições anteriores a 1988. No entanto, sua positivação expressa se deu com o advento da atual Carta, reconhecendo-lhe a qualidade de direito de primeira geração, de proteção à liberdade.

Numa visão macroscópica, o contraditório vai abranger a garantia de influir em processo com repercussão na esfera jurídica do agente, independente do polo da relação processual em que se encontre. Como afirma Elio Fazzalari, a "própria essência do contraditório exige que dele participem ao menos dois sujeitos, um 'interessado' e um 'contra-interessado', sobre um dos quais o ato final é destinado a desenvolver efeitos favoráveis, e, sobre o outro, efeitos prejudiciais". O agente, autor ou réu, será admitido a influenciar o conteúdo da decisão judicial, o que abrange o direito de produzir prova, o direito de alegar, de se manifestar, de ser cientificado, dentre outros.

De modo diverso ao que ocorre no âmbito processual civil, no processo penal não é suficiente assegurar ao acusado apenas o direito à informação e à reação em um plano formal. "Estando em discussão a liberdade de locomoção, ainda que o acusado não tenha interesse em oferecer reação à pretensão acusatória, o próprio ordenamento jurídico impõe a obrigatoriedade de assistência técnica de um defensor". Nesse sentido o Código de Processo Penal assegura o contraditório em sua acepção material, como ocorre no art. 261, que estabelece a necessidade de defensor que exerça "manifestação fundamentada" e o art. 497, V, que confere ao juiz presidente do Tribunal do Júri o dever de atribuir novo defensor, caso considere o acusado "indefeso".

Em algumas hipóteses, terá lugar o que se denomina "contraditório diferido ou postergado". É o caso, em particular, das medidas cautelares reais, a exemplo do sequestro de bens imóveis, previsto no art. 125, CPP, e da interceptação das comunicações telefônicas (Lei nº 9.296/1996). Quanto às medidas cautelares de natureza pessoal, impõe-se o contraditório como regra, de modo que a parte contrária somente deixará de ser intimada em "casos de urgência ou perigo de ineficácia da medida", justificando-se a exceção com elementos do caso concreto que evidenciem a necessidade (art. 282, § 3º, CPP).

Com base na forma como se manifesta o contraditório – que tem como consectário lógico o direito à informação –, a doutrina classifica esse princípio em:

(1) **contraditório para a prova** ou **contraditório real**, que nada mais é do que a atuação das partes de forma contemporânea à produção da prova, cientificando-lhes previamente para o fim de possibilitar a participação ampla na constituição da prova, tal como se dá com a oitiva de testemunhas, acareações e reconhecimento de pessoas; e

(2) **contraditório sobre a prova** ou **contraditório postergado** ou **diferido**, consistente na ciência das partes posteriormente à produção da prova, ou seja, a parte tem oportunidade de se manifestar, mas em momento posterior, em razão do fito de evitar que sejam

frustrados os objetivos da formação de prova específica, a exemplo do que ocorre com o deferimento de interceptação telefônica.

Por fim, importante ressaltar o entendimento majoritário segundo o qual não é exigível o direito ao contraditório em sede de inquérito policial, já que se trata de procedimento administrativo de caráter informativo. Não obstante, assegura-se o direito à publicidade, permitindo o "acesso amplo aos elementos de prova" colhidos no procedimento investigatório, nos termos do enunciado nº 14, da Súmula Vinculante, e do art. 7º, XIV, da Lei nº 8.906/1994. Mitigando substancialmente a inquisitoriedade da investigação, em se tratando de apuração relacionada a fatos envolvendo o emprego de força letal, o Código de Processo Penal e o Código de Processo Penal Militar estabelecem a citação do investigado quanto a instauração do procedimento apuratório, podendo constituir defensor em até quarenta e oito horas. Não o fazendo, a instituição a qual estava vinculado à época do ocorrido será intimada, para que em quarenta e oito horas indique defensor para assistir o investigado (art. 14-A, CPP c/c art. 16-A, CPPM).

O princípio do contraditório, no direito processual penal, está bem arraigado nos fundamentos do sistema acusatório. O CPC, inclusive, estabelece regras que dão concreção ao contraditório enquanto princípio constitucional, assegurando às partes a paridade de tratamento no curso do processo e declarando competir ao juiz velar pelo efetivo contraditório. No processo penal, temos exemplos colhidos na jurisprudência que enfatizam a necessidade de paridade de armas, como a que delimitou o direito do Ministério Público à intimação pessoal, considerando-o intimado quando da entrada dos autos na respectiva repartição ministerial.

O juiz não deve prolatar decisão contra uma das partes sem que antes seja previamente ouvida, salvo nos casos de urgência (artigos 9º, parágrafo único e 10, CPC). Em certa medida, o CPP contém disposição semelhante, mas de abrangência mais restrita às regras de decretação de medidas cautelares diversas da prisão (§ 3º, do art. 282, CPP). A aplicação da norma mais abrangente do CPC /2015 evidencia a necessidade de participação dos interessados, toda vez que se estiver diante da possibilidade de providência jurisdicional que lhes afetem.

No âmbito do processo penal, regras que informam os lindes da acusação e a impossibilidade do atuar de ofício em desfavor da defesa recomendam, ao contrário, a aplicação da novel disposição em favor do acusado (***favor rei***). Tal determina que, em qualquer grau de jurisdição, o órgão jurisdicional não pode decidir com base em fundamento a respeito do qual não se tenha oportunizado manifestação das partes, ainda que se trate de matéria apreciável de ofício.

A incidência da aludida regra é de relevo quando cotejada com a disposição da ***emendatio libelli***, do art. 383, do CPP. Aplicando o contraditório disposto no CPC, entendemos que o juiz não deve se restringir à regra de que o réu se defende dos fatos, e não da capitulação legal dada a eles. Ao que nos parece, verificando o magistrado que poderá haver incidência de tipo penal mais gravoso ao acusado, cujos fundamentos não foram objeto de debate, deverá declarar essa possibilidade e abrir oportunidade para as partes se pronunciarem a respeito, invocando, para tanto, dispositivo do CPC por analogia (art. 3º, CPP). Tal solução se coaduna perfeitamente com o sistema acusatório.

6. PRINCÍPIO DA AMPLA DEFESA

Enquanto o contraditório é princípio protetivo de ambas as partes (autor e réu), a ampla defesa – que com o contraditório não se confunde – é garantia com destinatário certo: o acusado.

A defesa pode ser subdividida em:

(1) **defesa técnica** (**defesa processual** ou **específica**), efetuada por profissional habilitado; e

(2) **autodefesa** (**defesa material** ou **genérica**), realizada pelo próprio imputado. A primeira é sempre obrigatória. A segunda está no âmbito de conveniência do réu, que pode optar por permanecer inerte, invocando inclusive o silêncio. A autodefesa comporta também subdivisão, representada pelo direito de audiência, "oportunidade de influir na defesa por intermédio do interrogatório", e no direito de presença, "consistente na possibilidade de o réu tomar posição, a todo momento, sobre o material produzido, sendo-lhe garantida a imediação com o defensor, o juiz e as provas".

Deve ser assegurada a ampla possibilidade de defesa, lançando-se mão dos meios e recursos disponíveis e a ela inerentes (art. 5º, LV, CF/1988), sendo, ademais, dever do Estado prestar assistência jurídica integral e gratuita aos que comprovarem insuficiência de recursos (art. 5º, LXXIV, CF/1988).

O STF consagra no verbete sumular nº 523, ao tratar da defesa técnica, que no "processo penal, a falta de defesa constitui nulidade absoluta, mas a sua deficiência só o anulará se houver prova de prejuízo para o réu". Também do Pretório Excelso é o verbete segundo o qual "é nulo o julgamento da apelação se, após a manifestação nos autos da renúncia do único defensor, o réu não foi previamente intimado para constituir outro", *ex vi* do enunciado nº 708, de sua Súmula.

É também em homenagem ao princípio da ampla defesa que o Código de Processo Penal prevê a necessidade de nomeação de defensor para oferecimento da resposta à acusação, quando o acusado não a apresentar no prazo legal (art. 396, § 2º, CPP). Idêntica previsão consta da Lei de Drogas, conforme art. 55, § 3º deste diploma.

Por fim, assinale-se que a ampla defesa não se confunde com a "plenitude de defesa", estabelecida como garantia própria do Tribunal do Júri no art. 5º, inciso XXXVIII, alínea "a", da CF. É que o exercício da ampla defesa é focado nos argumentos jurídicos (normativos) a serem invocados pela parte no intuito de rebater as imputações formuladas, enquanto que a plenitude de defesa autoriza a utilização não só de argumentos técnicos, mas também metajurídicos, no intuito de convencer o corpo de jurados.

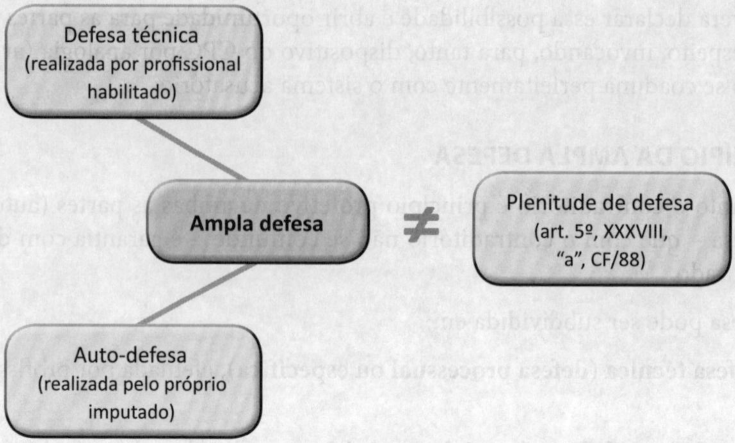

7. PRINCÍPIO DA AÇÃO, DEMANDA OU INICIATIVA DAS PARTES

Também conhecido como ***ne procedat judex ex officio***, este princípio significa que, sendo a jurisdição inerte, cabe às partes a provocação do Poder Judiciário, exercendo o direito de ação, no intuito da obtenção do provimento jurisdicional. Neste contexto, o artigo 26 do CPP não foi recepcionado pela Constituição de 1988, não se admitindo mais que nas contravenções a ação penal tenha início por portaria baixada pelo delegado ou pelo magistrado (que se chamava de **processo judicialiforme**). De fato, a partir da nova ordem constitucional, a titularidade da ação penal foi, desde então, conferida privativamente ao Ministério Público (art. 129, I), admitindo-se, nos casos previstos, a iniciativa privada (ação penal privada exclusiva, personalíssima e subsidiária da pública).

Mesmo diante da inércia jurisdicional, em homenagem ao ***status libertatis***, nada impede que os juízes e tribunais concedam ***habeas corpus*** de ofício, sempre que tenham notícia de que exista ameaça ou lesão à liberdade de locomoção (art. 654, § 2º, CPP).

8. PRINCÍPIO DA OFICIALIDADE

Os órgãos incumbidos da persecução criminal (soma do inquérito policial e do processo), atividade eminentemente pública, são órgãos oficiais por excelência, tendo a Constituição Federal consagrado a titularidade da ação penal pública ao Ministério Público (art. 129, I), e disciplinado a polícia judiciária no § 4º, do seu art. 144.

9. PRINCÍPIO DA OFICIOSIDADE

A atuação oficial na persecução criminal, como regra, ocorre sem necessidade de autorização, isto é, prescinde de qualquer condição para agir, desempenhando suas atividades *ex officio*. Excepcionalmente, o início da persecução penal pressupõe autorização do legítimo interessado, como se dá na ação penal pública condicionada à representação da vítima ou à requisição do Ministro da Justiça (art. 24, CPP).

10. PRINCÍPIO DA VERDADE REAL

Conforme tradicional entendimento, o processo penal não se conforma com ilações fictícias ou afastadas da realidade. O magistrado pauta o seu trabalho na reconstrução da verdade dos fatos, superando eventual desídia das partes na colheita probatória, como forma de exarar um provimento jurisdicional mais próximo possível do ideal de justiça. Todavia, a proatividade judicial na produção probatória encontra forte resistência doutrinária em razão do filtro constitucional desempenhado pela adoção do sistema acusatório, limitando a atuação do julgador, como veremos oportunamente ao tratarmos da iniciativa instrutória do magistrado, que também não poderá substituir a atuação do órgão de acusação, por expressa vedação do art. 3º-A do CPP[10].

O princípio da verdade real (ou substancial, de acordo com termologia adotada pelo art. 566, CPP) também é conhecido como princípio da livre-investigação da prova no interior do pedido, princípio da imparcialidade do juiz na direção e apreciação da prova, princípio da investigação, princípio inquisitivo e princípio da investigação judicial da prova[11]. Independentemente da denominação que se lhe dê, é de se observar que a verdade real, em termos absolutos, pode se revelar inatingível. Afinal, a revitalização no seio do processo, dentro do fórum, numa sala de audiência, daquilo que ocorreu muitas vezes anos atrás, é, em verdade, a materialização formal daquilo que se imagina ter acontecido.

Ao disporem sobre as provas ilícitas, a Constituição Federal de 1988 (art. 5º, LVI) e o Código de Processo Penal (art. 157) estabeleceram limites ao alcance da verdade real. Ao prescrever que "são inadmissíveis, no processo, as provas obtidas por meios ilícitos", o legislador vedou as provas obtidas com violação à norma constitucional ou legal, ainda que elas retratem a "verdade real".

Ferrajoli afirma que a "impossibilidade de formular um critério seguro de verdade das teses judiciais depende do fato de que a verdade 'certa', 'objetiva' ou 'absoluta' representa sempre a 'expressão de um ideal inalcançável'"[12].

A própria definição da verdade é algo que atormenta o homem ao longo dos séculos, não havendo um conceito que possa traduzir com segurança o vocábulo. Originária do latim ***veritate***, aproxima-se de exatidão, conformidade com o real, ou como sugere Marco Antônio de Barros, conformidade do **objeto** com a **inteligência**[13].

Devemos buscar a verdade processual, identificada como verossimilhança[14] (verdade aproximada), extraída de um processo pautado no devido procedimento, respeitando-se o contraditório, a ampla defesa, a paridade de armas e conduzido por magistrado imparcial. O resultado almejado é a prolação de decisão que reflita o convencimento do julgador, construído com equilíbrio e que se reveste como a justa medida, seja por sentença condenatória ou absolutória.

---

10. Dispositivo com eficácia suspensa, nos termos de decisão monocrática do Supremo Tribunal Federal (STF – ADI 6298/DF – Medida Cautelar – Rel. Min. Luiz Fux – 22 jan. 2020).
11. LIMA, Renato Brasileiro de. *Manual de Processo Penal*. Vol. 1. Niterói: Impetus, 2011. p. 49.
12. ERRAJOLI. Luigi. *Direito e Razão. Teoria do Garantismo Penal*. 2. ed. São Paulo: RT, 2006. p. 52.
13. BARROS, Marco Antonio de. *A busca da verdade no processo penal*. São Paulo: RT, 2002.p. 15.
14. KHALED JR. Salah H. *Ambição de verdade no processo penal*. Salvador: Juspodivm, 2009. p. 33.

Aury Lopes Jr. reputa um grave erro se falar em **verdade real**, não só porque a própria noção de verdade é excessiva e difícil de ser apreendida, mas também pelo fato de não se poder atribuir o adjetivo de **real** a um fato passado, que só existe no imaginário. Para o autor, o real está vinculado à ideia de presente, e o crime, como fato necessariamente da história, será reconstruído no processo. É fundamental compreender o ritual do processo, para se perceber que a verdade na decisão é um mito, negando-se que a obtenção da verdade seja o objetivo do processo ou adjetivo da sentença. A sentença seria então um ato de crença, de convencimento, um sentimento declarado pelo juiz, e a verdade é tomada como algo contingencial, e não como fator estruturante do processo[15].

11. PRINCÍPIO DA OBRIGATORIEDADE

Os órgãos incumbidos da persecução criminal, estando presentes os permissivos legais, estão obrigados a atuar. A persecução criminal é de ordem pública, e não cabe juízo de conveniência ou oportunidade. Assim, o delegado de polícia e o promotor de justiça, como regra, estão obrigados a agir, não podendo exercer juízo de conveniência quanto ao início da persecução.

Vale ressaltar que a Lei nº 9.099/1995, objetivando mitigar a sanha penalizadora do Estado, instituiu uma contemporização ao princípio da obrigatoriedade, que ganhou o nome de princípio da obrigatoriedade mitigada ou da discricionariedade regrada, que nada mais é que, nas infrações de menor potencial ofensivo, a possibilidade, com base no art. 76 da Lei dos Juizados, da oferta de transação penal, ou seja, a submissão do suposto autor da infração a uma medida alternativa, não privativa de liberdade, em troca do não início do processo.

Por meio da Lei nº 12.850/2013, foi detalhado o procedimento para formalização de acordo de colaboração premiada, bem como prevista, no § 4º, do seu art. 4º, a possibilidade de não oferecimento de denúncia pelo Ministério Público, quando o delator não for líder da organização criminosa e quando tiver sido o primeiro a colaborar. Por sua vez, o Conselho Nacional do Ministério Público emitiu a Resolução nº 181/2017, logo alterada pela de nº 183/2018, com o propósito de reger o acordo de não persecução penal, evitando-se, mediante a assunção de condições, a oferta da denúncia, ampliando significativamente o âmbito do consenso na esfera penal. Mais recentemente o acordo foi expressamente regulado no art. 28-A do CPP, aplicável a crimes com pena mínima inferior a quatro anos.

A possibilidade de "acordo de não persecução penal, a semelhança da transação penal, seria uma inserção de mais uma hipótese de princípio da obrigatoriedade mitigada ou da discricionariedade regrada em sede de ação penal pública". Nesse sentido, Mara Lina do Carmo aduz que "o benefício denominado pacto de impunidade – ou pacto/cláusula de não persecução penal –, previsto no artigo 4º, § 4º, da Lei 12.850/2013, indubitavelmente, evidencia uma mitigação ao princípio da obrigatoriedade da ação penal pública que vigora no sistema jurídico brasileiro"[16].

---

15. LOPES JR, Aury. *Direito processual penal e sua conformidade constitucional.* Rio de Janeiro: Lumen Juris, 2007. v.1. p. 540-550.
16. CARMO, Mara Lina Silva do. *Ampla defesa e colaboração premiada no estado democrático de direito.* 2018. 136 f. Dissertação (Mestrado), Pontifícia Universidade Católica de São Paulo, São Paulo. p.114.

Não anuímos com tal ampliação de espaço de consenso, por considerá-la inconstitucional material e formalmente. No ponto, seguimos o magistério de Geraldo Prado, que destaca a incompatibilidade com o sistema de garantias, anotando que o prestígio da justiça penal negociada tem relação com a "defasagem de um sistema que emperrou em grande parte pela inflação de leis incriminadoras", bem como "pela falta de ousadia de descriminalizar"[17].

Atenção! Nos crimes de *ação penal privada*, quais sejam, naqueles em que a titularidade da ação foi conferida à própria vítima ou ao seu representante legal, o que vigora é o princípio oposto, ou seja, o da oportunidade, pois cabe a ela ou ao seu representante escolher entre dar início à persecução criminal ou não.

Princípio da obrigatoriedade	Princípio da obrigatoriedade limitada	Princípio da oportunidade
Diante dos permissivos legais, delegado e MP estão obrigados a atuar	Mesmo diante dos permissivos legais é possível deixar de oferecer a denúncia, oferecendo a transação penal, ou o acordo de não persecução penal	Cabe a vítima ou seu representante optar pelo início ou não da persecução
Aplicado na ação penal pública	Aplicado às infrações de menor potencial ofensivo (art. 76, Lei nº 9.099/95). Já o acordo de não persecução é cabível nos crimes com pena mínima inferior a 4 anos (art. 28-A, CPP)	Aplicado na ação penal privada

12. PRINCÍPIO DA INDISPONIBILIDADE

O princípio da indisponibilidade é uma decorrência do princípio da obrigatoriedade, rezando que, uma vez iniciado o inquérito policial ou o processo penal, os órgãos incumbidos da persecução criminal não podem dele dispor.

Com efeito, o delegado não pode arquivar os autos do inquérito policial (art. 17, CPP) e o promotor não pode desistir da ação interposta (art. 42, CPP). Caso o membro do Ministério Público esteja convencido, após a instrução probatória, da inocência do réu, deve manifestar-se, como guardião da sociedade e fiscal da justa aplicação da lei, em sede de alegações finais, pela absolvição do imputado, o que não significa disponibilidade do processo.

É de se destacar que os recursos criminais são essencialmente voluntários, cabendo a parte avaliar a conveniência de interpor o recurso, diante da correspondente estratégia. Todavia, caso o órgão ministerial tenha apresentado recurso, não poderá dele desistir, já que o recurso é um desdobramento do direito de ação (art. 576, CPP).

A Lei nº 9.099/1995 também mitigou o princípio da indisponibilidade, trazendo o instituto da suspensão condicional do processo (art. 89). Assim, nos crimes com pena mínima não superior a um ano, preenchidos os requisitos legais, o Ministério Público, ao

17. PRADO, Geraldo. *Transação penal*. 2. ed. Rio de Janeiro: Lumen Juris, 2006. p. 158.

oferecer denúncia, poderá propor a suspensão do processo, por dois a quatro anos. Uma vez expirado o prazo sem que tenha ocorrido revogação da suspensão, será declarada extinta a punibilidade. Em outro giro, diante da colaboração premiada, o acordo pode ocasionar o perdão judicial, com a consequente extinção da punibilidade, mitigando-se a indisponibilidade da demanda pública.

Atenção! Não se pode olvidar que nas ações de iniciativa privada, a vítima ou o seu representante podem dispor da ação iniciada, é dizer, desistir da mesma, seja perdoando o autor da infração, seja pela ocorrência da perempção (art. 60 do CPP), o que leva ao reconhecimento de que o princípio reitor é o da *disponibilidade*.

Princípio da indisponibilidade	Mitigação à indisponibilidade	Princípio da disponibilidade
Iniciado o inquérito ou o processo, delegado e MP não podem dele desistir	Ao oferecer a denúncia, o MP pode propor a suspensão condicional do processo. Também pode ocorrer o acordo diante da colaboração premiada	Vítima ou seu representante podem dispor da ação iniciada
Aplicado na ação penal pública	Ocorre nas infrações com pena mínima igual ou inferir a um ano (art. 89 da Lei nº 9.099/95). Já a colaboração premiada é regida na Lei de Crime Organizado (Lei nº 12.850/013)	Aplicado na ação penal privada

13. PRINCÍPIO DO IMPULSO OFICIAL

Apesar da inércia da jurisdição, é imperativo afirmar que, uma vez iniciado o processo, com o recebimento da inicial acusatória, cabe ao magistrado velar para que este chegue ao seu final, marcando audiências, estipulando prazos, determinando intimações, enfim, impulsionando o andamento do próprio procedimento.

14. PRINCÍPIO DA MOTIVAÇÃO DAS DECISÕES

O princípio da motivação das decisões judiciais é uma decorrência expressa do art. 93, inciso IX, da Carta Magna, asseverando que o juiz é livre para decidir, desde que o faça de forma motivada, sob pena de nulidade insanável. Trata-se de autêntica garantia fundamental, decorrendo da fundamentação da decisão judicial o alicerce necessário para a segurança jurídica do caso submetido ao judiciário.

Do princípio da fundamentação das decisões judiciais decorrem outras garantias, tal como a da cláusula do devido processo legal que, por sua vez, também alberga outros direitos fundamentais incidentes tanto no âmbito procedimental quanto na esfera material.

Existe direta relação entre a obrigatoriedade de motivação das decisões e o sistema do livre convencimento do juiz, adotado pelo art. 155, ***caput***, do CPP. Deste modo, a fundamentação, no processo penal, deve se apoiar nos elementos produzidos perante o contraditório judicial, "ressalvando-se desta exigência tão somente as provas cautelares, realizadas antecipadamente e não sujeitas à repetição"[18].

Indispensável referir a histórica admissibilidade, pelos Tribunais Superiores[19-20], a nosso sentir superada, da motivação ***per relationem***, caracterizada pela indicação na decisão judicial, de que as razões do *decisum* devem ser extraídas do requerimento apresentado pelo Ministério Público ou pela representação formulada pelo delegado de polícia, sem qualquer outra consideração. Com técnica similar a adotada pelo CPC, o § 2º, do art. 315, do CPP, indica quando uma decisão judicial não será considerada motivada, apresentando os parâmetros para a adequada construção dos alicerces do julgado, evitando desvios ou vícios. Por conseguinte, identificamos o vício quando a decisão:

(1) se limitar à indicação, à reprodução ou à paráfrase de ato normativo, sem explicar sua relação com a causa ou a questão decidida;

(2) empregar conceitos jurídicos indeterminados, sem explicar o motivo concreto de sua incidência no caso;

(3) invocar motivos que se prestariam a justificar qualquer outra decisão;

(4) não enfrentar todos os argumentos deduzidos no processo capazes de, em tese, infirmar a conclusão adotada pelo julgador;

(5) limitar-se a invocar precedente ou enunciado de súmula, sem identificar seus fundamentos determinantes nem demonstrar que o caso sob julgamento se ajusta àqueles fundamentos;

(6) deixar de seguir enunciado de súmula, jurisprudência ou precedente invocado pela parte, sem demonstrar a existência de distinção no caso em julgamento ou a superação do entendimento.

15. PRINCÍPIO DA PUBLICIDADE

A publicidade dos atos processuais é a regra. Publicidade é a permissibilidade de acesso aos autos processuais conferida a todos os interessados. Os limites à publicidade devem, por exceção, estar formalmente delimitados por fonte formal de direito (Constituição ou lei) O sigilo é, nesses termos, admissível, notadamente quando a defesa da intimidade ou o interesse social o exigirem (art. 5º, LX, CF). O art. 792, § 1º, do CPP, prevê o sigilo se da publicidade do ato puder ocorrer escândalo, inconveniente grave ou perigo de perturbação da ordem.

O art. 93, inciso IX, também da Constituição do Brasil, alterado pela EC nº 45/2004, assegura que todos os julgamentos dos órgãos do Poder Judiciário serão públicos, e fundamentadas todas as decisões, sob pena de nulidade. A lei, todavia, pode limitar a presença, em determinados atos, às próprias partes e a seus advogados, ou somente a estes, em casos

18. AVENA, Norberto. *Direito processual penal esquematizado*. 3. ed. São Paulo: Método, 2011. p. 49.
19. STF – Primeira Turma – HC 126608 AgR-ED – Rel. Min. Rosa Weber –11 dez. 2019.
20. STJ – Sexta Turma – HC 432.468/RJ – Rel. Min. Antonio Saldanha Palheiro – DJe 11 fev. 2020.

nos quais a preservação do direito à intimidade do interessado no sigilo não prejudique o interesse público à informação.

A publicidade comporta classificação, conforme os seguintes critérios:

(1) quanto ao sigilo do **conteúdo do ato** processual:

(a) publicidade interna, relativa às partes, restrita ou específica: é aquela que reveste ato cujo conhecimento é privativo das partes ou de sujeitos processuais específicos. Como exemplos, temos: a publicidade mitigada na votação feita no âmbito do Tribunal do Júri, realizada em sala especial (art. 485, ***caput***, do CPP – antiga "sala secreta"), amparada constitucionalmente pelo sigilo das votações estabelecido no art. 5º, inciso XXXVIII, alínea "b", da Constituição de 1988. Os casos de "segredo de justiça", tal como se vê da restrição criada com a Lei nº 12.015/2009, que prevê a tramitação sob segredo de justiça dos processos em que se apure crime contra a dignidade sexual (art. 234-B, Código Penal);

(b) publicidade externa, relativa ao público externo ou geral: é a regra. É a liberdade sem peias, sem restrições, isto é, o ato processual pode ser objeto de acesso pleno e está preconizada no art. 93, IX, da Constituição Federal, eis que todos os atos do Poder Judiciário serão públicos, salvo exceções expressas;

(2) quanto à **voluntariedade** do conhecimento do ato:

(a) publicidade ativa: determinados atos do processo chegam ao conhecimento do público de forma involuntária;

(b) publicidade passiva: a iniciativa para conhecimento do ato processual é do público que vai ao seu encontro para tomar ciência do ato;

(3) quanto à **acessibilidade** do ato processual:

(a) publicidade imediata: ocorre quando a publicidade dos atos processuais este disponível a todos, indistintamente;

(b) publicidade mediata: a ciência dos atos processuais se dá, exclusivamente, pela imprensa (***mass media***), certidão, ou cópia (nesse sentido: Rogério Lauria Tucci e Renato Brasileiro Lima[21]).

No que se refere às partes, a publicidade dos atos na fase processual deve permanecer intocada, justamente porque ela permitirá a materialização do contraditório e a participação no processo. O máximo que se poderia autorizar é a realização de ato sem a cientificação momentânea e, por sua vez, sem a publicidade imediata, o que se fará em momento posterior, uma vez cumprida a diligência, a exemplo do que acontece com a realização de interceptação telefônica na fase processual.

Já quanto ao inquérito policial, por se tratar de fase pré-processual, é regido pelo princípio da sigilação, assegurando-se ao advogado, contudo, por força do art. 7º, inciso XIV, da Lei nº 8.906/1994 (Estatuto da OAB), a consulta aos autos correspondentes, o que foi corroborado pelo enunciado nº 14, da Súmula Vinculante, do STF, de sorte que é direito do defensor, no interesse do representado, ter acesso amplo aos elementos de prova que,

21. LIMA, Renato Brasileiro. *Curso de processo penal*. Niterói: Impetus, 2013. p. 30-31.

já documentados em procedimento investigatório por órgão com competência de polícia judiciária, digam respeito ao exercício do direito de defesa.

Por sua vez, para preservar o ofendido, é possível a decretação judicial do segredo de justiça, que pode atingir toda a persecução penal, englobando dados, depoimentos e demais informações constantes dos autos, de forma a não expor a vítima aos meios de comunicação (art. 201, § 6º, CPP).

Devemos anotar que a publicidade, importante garantia constitucional que permeia o processo acusatório (art. 93, IX, CF), pode ser desvirtuada. O desvio de finalidade da garantia da publicidade dos atos processuais pode se apresentar quando colide com outros direitos individuais fundamentais, não raras vezes, revelando-se prejudicial ao direito do imputado, em sua intimidade e em sua vida privada. É possível, destarte, dividir efeitos antijurídicos, não desejados, por implicarem risco ao devido processo legal e à presunção de inocência:

(1) o primeiro seria a manifestação de algum interesse privado, de setores da população, no desfecho da demanda penal, com o intuito de influenciar a tomada da decisão judicial ou mesmo visando reformá-la, sem necessariamente seguir a via legal recursal. Algo semelhante ao **efeito *backlash***, tomado dos norte-americanos, como reação da sociedade – institucionais ou sociais –, força política, oposição e/ou pressão contra deliberações de maior visibilidade, proferidas pelo Poder Judiciário. O conceito de ***backlash*** não se associa a decisões boas ou ruins, podendo se dirigir contra uma ou outra;

(2) o segundo, não necessariamente vinculado ao primeiro, mas que dele pode decorrer é o prejuízo que pode advir da **publicidade opressiva**, dificultando um julgamento criminal justo, diante do embate entre a liberdade de expressão e o direito à informação. Como realça Simone Schreiber, "se os meios de comunicação promoverem um noticiário intenso, subjetivo, parcial e dedicado a reclamar a 'punição exemplar' de determinado indivíduo acusado de um crime, certamente o ambiente de serenidade em que esse julgamento deve ocorrer será afetado"[22].

Ainda sobre o efeito *backlash*, tomamos de Mariana Pimentel que esse fenômeno "não é novidade no cenário internacional e tem merecido especial aprofundamento na doutrina americana. Na história dos Estados Unidos, despontam reações de toda ordem", em decorrência de julgamento de casos conhecidos e "que provocaram intensa discussão acerca do poder da Suprema Corte de dar respostas a questões de ordem social e institucional tão caras à população. Neste ponto, esclarece-se que o conceito de ***backlash*** não se associa com erro ou acerto da decisão objeto da reação. Não há, por assim dizer, um liame inexorável entre a reação social e a correção da decisão"[23].

16. PRINCÍPIO DO DUPLO GRAU DE JURISDIÇÃO

Tal princípio assegura a possibilidade de revisão das decisões judiciais, através do sistema recursal, onde as decisões do juízo ***a quo*** podem ser reapreciadas pelos tribunais.

22. SCHREIBER, Simone. *A publicidade opressiva de julgamentos criminais*. Rio de Janeiro: Renovar, 2008. p. 4.
23. PIMENTEL, Mariana Barsaglia. 'Backlash' às decisões do Supremo Tribunal Federal sobre união homoafetiva. *Revista de Informação Legislativa*. Brasília, a.54, n.214, p.193, abr./jun. 2017.

É uma decorrência da própria estrutura do Judiciário, vazada na CF/1988 que, em vários dispositivos, atribui competência recursal aos diversos tribunais do país.

Todavia, interessa sublinhar que o duplo grau de jurisdição não é princípio contemplado na Constituição, haja vista que processos existem sem que esse duplo grau incida, a exemplo daqueles de competência originária do Supremo Tribunal Federal. O duplo grau de jurisdição não é um enunciado normativo que incide indistintamente em todos os processos penais.

Por sua vez, o Pacto de São José da Costa Rica, em seu art. 8º, item 2, alínea "h", dispõe acerca do direito de recorrer das decisões judiciais. Entendemos que o referido Pacto, neste ponto, é recebido como lei ordinária, já que o direito ao recurso não pode ser enquadrado como expressão de direito fundamental, encontrando-se, por consequência, fragilizado, dentro das várias exceções existentes no sistema de decisões simplesmente irrecorríveis.

Sob outro prisma, as garantias do devido processo legal (art. 5º, LIV, CF), do contraditório e da ampla defesa, com os meios e recursos a ela inerentes, "aos litigantes, em processo judicial ou administrativo, e aos acusados em geral" (art. 5º, LV, CF), não implica no reconhecimento da existência do princípio do duplo grau de jurisdição a nível constitucional. É de se notar, de mais a mais, que esse princípio subsiste respaldado na tradição de uma política legislativa com raízes iluministas e que permeia a cultura forense brasileira.

17. PRINCÍPIO DO JUIZ NATURAL

O princípio do juiz natural consagra o direito de ser processado pelo magistrado competente (art. 5º, LIII, CF) e a vedação constitucional à criação de juízos ou tribunais de exceção (art. 5º, XXXVII, CF). Em outras palavras, tal princípio impede a criação casuística de tribunais pós-fato, para apreciar um determinado caso.

A Lei Orgânica da Magistratura prevê a possibilidade de convocação de juízes de primeiro grau para a composição de turma julgadora, isto na hipótese do membro do tribunal se afastar por mais de trinta dias ou ter sido criada uma vaga (art. 118, LC 35/1979). Em razão deste expediente, sói ocorrerem julgamentos por turmas compostas majoritariamente de juízes convocados, o que conduzia à recorrente alegação de nulidade, até que o Supremo Tribunal Federal pacificou a matéria declarando que não ofende o postulado constitucional do juiz natural o julgamento de apelação por órgão composto majoritariamente por juízes convocados, nos termos da Lei nº 9.788/1999, que disciplina a questão no âmbito da justiça federal[24].

18. PRINCÍPIO DO PROMOTOR NATURAL OU DO PROMOTOR LEGAL

Este princípio veda a designação arbitrária, pela Chefia da Instituição, de promotor para patrocinar caso específico, vale dizer, o promotor natural há de ser, sempre, aquele previamente estatuído em lei. Como ensina Hugo Nigro Mazzilli, "o princípio do promotor natural é decorrência do princípio da independência funcional. Consiste na existência de

24. STF – Primeira Turma – ARE 806489 AgR-segundo – Rel. Min. Rosa Weber – publicado em 12 jun. 2018.

um órgão do Ministério Público investido nas suas atribuições por critérios legais prévios. É o oposto do promotor de encomenda"[25].

Adotam o princípio do promotor natural, dentre outros, os Professores Sérgio Demoro Hamilton, Paulo Rangel, Marcelo Navarro Ribeiro Dantas. Eugênio Pacelli de Oliveira, a seu turno, aviva que "a exigência do promotor natural está relacionada com a necessidade de preservação da independência funcional e da inamovibilidade dos membros do ***Parquet***", de sorte "a impedir toda e qualquer substituição e/ou designação que não atendam a critérios fundados em motivações estritamente impessoais, e desde que em situações previstas em lei", a exemplo "de férias, licenças, suspeições, impedimentos, rodízio na distribuição de tarefas etc. O promotor natural é a proibição "do promotor (ou acusador) de exceção"[26].

Nelson Nery Junior salienta que, para ser respeitado, o princípio do promotor natural exige a presença dos seguintes requisitos:

(1) a investidura no cargo de Promotor de Justiça;

(2) a existência de órgão de execução;

(3) a lotação por titularidade e inamovibilidade do Promotor de Justiça no órgão de execução, exceto as hipóteses legais de substituição e remoção;

(4) a definição em lei das atribuições do órgão.[27]

O princípio em comento tem ressonância nos tribunais superiores. No Superior Tribunal de Justiça, o tema é pacificamente aceito, em ambas as turmas, embora dificilmente acolha, no caso concreto, a violação alegada[28]. No Supremo Tribunal Federal, por sua vez, o seu órgão plenário, igualmente, reconheceu expressamente a existência do princípio do promotor natural[29].

Decerto, razão assiste a essa posição, pois a Constituição da República, ao estampar em seu art. 5º, inciso XXXVII, a vedação de juízos ou de tribunais de exceção, não admite, a toda evidência, os acusadores por indicação.

A abrangência de aplicação desse princípio é limitada ao processo criminal, excluído, portanto, o inquérito policial. Deste modo, eventuais diligências realizadas na fase das investigações policiais a partir de determinação (requisição) de promotor distinto daquele que seja quem deva atuar não desnaturam o princípio.[30] É o que se tem visto, inclusive, em casos de grande repercussão nos Estados, quando não raro ocorre a designação de membros do ***Parquet*** para o acompanhamento e fiscalização dos procedimentos investigatórios preliminares.

25. MAZZILLI, Hugo Nigro. *A defesa dos interesses difusos em juízo*. 20. ed. São Paulo: Saraiva, 2007. p. 33.
26. OLIVEIRA, Eugênio Pacelli. *Curso de processo penal*. 3. ed. Belo Horizonte: Del Rey, 2004. p. 462.
27. NERY JUNIOR, Nelson. *Princípios do processo civil na Constituição Federal*. 6. ed. São Paulo: RT, 2000. p. 92.
28. STJ – Quinta Turma – HC 460.262/BA – Rel. Min. Joel Ilan Paciornik – DJe 09 dez. 2019.
29. STF – Pleno – ADI 2958 – Rel. Min. Gilmar Mendes – publicado em 16 out. 2019.
30. AVENA, Norberto. *Direito processual penal esquematizado*. 3. ed. São Paulo: Método, 2011. p. 49.

19. PRINCÍPIO DO DEFENSOR NATURAL

A noção de "defensor natural" é inferida por analogia ao "princípio do juiz natural", como também o foi o "princípio do promotor natural". A ideia do defensor natural consiste na vedação de nomeação de defensor diverso daquele defensor público que tem atribuição legal para atuar na causa.

Trata-se de uma proteção contra o arbítrio em razão da possibilidade de nomeação de defensor dativo por parte do juiz ou contra designações do defensor público geral que desatendam as normas que traçam as atribuições das defensorias públicas, cujos membros são revestidos de inamovibilidade.

Como o Supremo Tribunal Federal somente reconheceu o promotor natural depois de alguma divergência em torno do tema, é possível que o "princípio do defensor natural" siga o mesmo caminho até ser, finalmente, chancelado.

Mas não é por isso que devemos negar a existência do "princípio do defensor natural", como também não concordamos com quem negue a do "princípio do promotor natural". Tal sustentação principiológica prestigia o sistema acusatório, com definição precisa das funções de acusar, defender e julgar.

Sob outra vertente, a noção de um "defensor natural" implica o reforço da defesa do acusado, recusando a validação de defesas deficitárias, notadamente quando nomeações casuísticas comprometem decisivamente a atuação técnica, já que segundo o STF, no verbete nº 523, de sua Súmula, a deficiência da defesa leva à nulidade do processo.

Isso quer dizer que existem regras para que a escolha recaia sobre pessoa com a aptidão necessária à defesa técnica do acusado, evitando surpresas (como ocorre com as designações/nomeações às vésperas da prática de determinado ato processual que, por seu turno, demandaria mais tempo para o advogado/defensor verdadeiramente conhecer importantes detalhes do processo)[31].

20. PRINCÍPIO DO DEVIDO PROCESSO LEGAL

O art. 5º, inciso LIV, da CF, assegura que ninguém será privado da liberdade ou de seus bens sem o devido processo legal. O devido processo legal é o estabelecido em lei, devendo traduzir-se em sinônimo de garantia, atendendo assim aos ditames constitucionais. Com isto, consagra-se a necessidade do processo tipificado, sem a supressão e/ou desvirtuamento de atos essenciais. Em se tratando de aplicação da sanção penal, é necessário que a reprimenda pretendida seja submetida ao crivo do Poder Judiciário, pois ***nulla poena sine judicio***. Mas não é só. A pretensão punitiva deve perfazer-se dentro de um procedimento regular, perante a autoridade competente, tendo por alicerce provas validamente colhidas, respeitando-se o contraditório e a ampla defesa.

Com José Herval Sampaio Júnior, "vê-se que esse princípio assume dentro do processo penal uma importância transcendental e que delineia todo o seu agir, limitando inclusive a atividade do legislador", porquanto "deve a lei se conformar com os direitos e garantias

31. SANTIAGO, Nestor Eduardo Araruna. O princípio do defensor natural no processo penal brasileiro. In: *A Renovação Processual Penal após a Constituição de 1988*: estudos em homenagem ao Professor José Barcelos de Souza. Nestor Eduardo Araruna Santiago; Marcellus Polastri Lima (orgs.). Rio de Janeiro: Lumen Juris, 2009. p. 240-242.

fundamentais do cidadão", não havendo lugar para a interferência no núcleo protetivo da liberdade do agente, sem que sejam observados os condicionamentos e limites que decorrem da cláusula ***due process of law***[32].

O devido processo legal deve ser analisado em duas perspectivas: a primeira, **processual**, que assegura a tutela de bens jurídicos por meio do devido procedimento (***procedural due process***); a segunda, **material**, reclama, no campo da aplicação e elaboração normativa, uma atuação substancialmente adequada, correta, razoável (***substantive due process of law***).

Portanto, não basta só a boa preleção das normas. É também imprescindível um adequado instrumento para sua aplicação, isto é, o processo jurisdicional (***judicial process***). Como indica Tucci, o ***substantive due process of law*** reclama "um instrumento hábil à determinação exegética das preceituações disciplinadoras dos relacionamentos jurídicos entre os membros da comunidade"[33]. O processo deve ser instrumento de garantia contra os excessos do Estado, visto como ferramenta de implementação da Constituição Federal, como garantia suprema do ***jus libertatis***[34].

21. PRINCÍPIO DO *FAVOR REI* OU FAVOR RÉU

A dúvida sempre milita em favor do acusado (***in dubio pro reo***). Em verdade, na ponderação entre o direito de punir do Estado e o ***status libertatis*** do imputado, este último deve prevalecer. Como mencionado, este princípio mitiga, em parte, o princípio da isonomia processual, o que se justifica em razão do direito à liberdade envolvido – e dos riscos advindos de eventual condenação equivocada. Nesse contexto, o inciso VII, do art. 386, CPP, prevê como hipótese de absolvição do réu a ausência de provas suficientes a corroborar a imputação formulada pelo órgão acusador, típica positivação do ***favor rei*** (também denominado ***favor inocentiae*** e ***favor libertatis***).

22. PRINCÍPIO DA ECONOMIA PROCESSUAL

Deve-se buscar a maior efetividade, com a produção da menor quantidade de atos possível. A Lei nº 9.099/1995 (Lei dos Juizados Especiais) asseverou em seu art. 62 o princípio em estudo, além do princípio da celeridade e da informalidade, como forma de imprimir a rápida solução dos conflitos, sem apego ao rigor formal, e tendo em mente que a procrastinação desarrazoada é asilo de injustiças não só à vítima, mas também ao imputado.

Preocupado com a morosidade processual, o novel legislador, através da EC nº 45/2004, acrescentou o inciso LXXVIII, ao art. 5º, da Carta Magna, professando que a todos, no âmbito judicial e administrativo, são assegurados a razoável tramitação do processo e os meios que garantam a celeridade de sua tramitação.

Deve-se lembrar, contudo, que a celeridade a desbravar os matizes arcaicos da persecução penal deve exigir do legislador ordinário um enfrentamento racional e equilibrado da estrutura procedimental, eliminando-se expedientes de cunho meramente procrastinatório,

---

32. SAMPAIO JÚNIOR, José Herval. *Processo constitucional*: nova concepção de jurisdição. São Paulo: Método, 2008. p. 137.
33. TUCCI, Rogério Lauria. *Direitos e garantias individuais no processo penal brasileiro*. 2.ed. São Paulo: RT, 2004. p. 63.
34. MARQUES, José Frederico. *Elementos de direito processual penal*. 2.ed. Campinas: Milenium, 2003. v.1. p. 83.

mas jamais se distanciando das garantias fundamentais do processo ético e provido de ferramentas que tragam segurança ao imputado. A celeridade não pode se afastar da qualidade na prestação jurisdicional, afinal, a reflexão é salutar e necessária à justa composição dos conflitos.

23. PRINCÍPIO DA ORALIDADE

O princípio da oralidade assegura a produção dos atos processuais de viva voz, de forma verbal, sem impedimento da redução a termo dos atos mais relevantes, o que vai refletir na maneira de conduzir o procedimento. Isto porque, com a oralidade, a tendência é a realização dos atos de instrução perante o magistrado, em audiência única, que se encerra com a prolação de decisão, vinculando o magistrado que conduziu a audiência instrutória a decidir a causa.

Como leciona Francisco Morato, em lição clássica, a oralidade se caracteriza "pelas circumstancias de serem as discussões travadas e as conclusões deduzidas de viva voz em audiência do juiz singular ou collectivo; da promptidão com que pronuncia a sentença o mesmo juiz que assistiu á instrucção e debates do feito; da concentração de toda a actividade processual, attinente á instrucção e tratamento da causa, em uma só audiência ou em audiencias immediatas"[35].

O princípio da oralidade ganhou força com o advento da Lei nº 9.099/1995 que, em seu art. 62, o assegurou expressamente, dando prevalência à palavra falada. Foi também o que aconteceu com a reforma, dando-se ênfase aos debates orais, em preferência aos memoriais, que terão cabimento quando a complexidade do caso os justificar (art. 403, § 3º, CPP). Do princípio da oralidade, decorrem os princípios da imediatidade, da concentração e da identidade física do julgador.

Pelo princípio da imediatidade, da imediação ou do imediatismo, o ideal é que a instrução probatória se desenvolva perante o magistrado, para que ele possa colher todas as impressões na formação do seu convencimento, sem a existência de intermediários. Muitas vezes mil palavras não são suficientes para traduzir com perfeição um ato ou uma expressão colhida em audiência.

Já a concentração é o desejo de que os atos da instrução sejam reunidos em uma só audiência, ou no menor número possível, imprimindo celeridade ao procedimento (art. 400, § 1º, do CPP). Deve haver proximidade entre a data da ocorrência das audiências e a decisão final, para que tudo ainda esteja "vivo" na memória do julgador.

Quanto ao princípio da identidade física do juiz, temos que o magistrado que conduziu a instrução deve obrigatoriamente julgar a causa, de sorte a assegurar o real contato do juiz que irá proferir a sentença com o material probatório produzido nos autos.

A formação do convencimento é um processo de lapidação, e a presidência da instrução acaba contribuindo decisivamente para tanto, já que a prova é produzida perante aquele que irá decidir. Até então, tal princípio não era reconhecido na esfera criminal, sendo

35. MORATO, Francisco. *A oralidade*. In: *Processo oral*. Rio de Janeiro: Forense, 1940. p. 2.

aplicado, pela peculiaridade dos procedimentos, nos juizados especiais e na segunda fase do júri, mesmo sem previsão legal neste sentido.

Sensível aos reclamos doutrinários, o legislador, por intermédio da Lei nº 11.719/08, inseriu o § 2º ao art. 399, do CPP, reconhecendo expressamente a identidade física do juiz, de sorte que "o juiz que presidiu a instrução deverá proferir sentença". Desta forma, e como regra geral, caberá ao presidente da instrução sentenciar, não sendo dado à lei de organização judiciária excepcionar a regra, sob pena de nulidade processual. Só nos casos devidamente justificados, como promoção, aposentadoria, falecimento, dentre outros, é que a regra poderá ser excepcionada. O CPC não dispôs de maneira detalhada sobre o princípio da identidade física do juiz. Entendemos, no entanto, que o seu art. 366 o contemplou, devendo ser conjugado com o enunciado do § 2º, do art. 399, do CPP. Pensamos que se deve assegurar mais efetividade ao princípio da identidade física do juiz, só possibilitando sua flexibilização em último caso, repetindo-se as provas, se for necessário.

Sendo possível que o processo seja julgado pelo juiz que conduziu a instrução (nos termos do art. 366, CPC), a exemplo do caso de afastamento temporário e de curta duração desse magistrado, não estará configurada situação apta a obrigar que o juiz que o substituiu nesse interregno profira a sentença.

A ***contrario sensu***, também não lhe será permitido, nesse breve tempo de afastamento, proferir sentença no feito que não instruiu, mormente porque o juiz titular não estará, a rigor, incurso nas condições suficientes para tanto. Vale registrar que há quem entenda que o CPC suprimiu o princípio da identidade física do juiz, por conta de não dispor de maneira expressa nesse sentido.

No entanto, o princípio da identidade física, a nosso ver, continua presente no sistema jurídico, seja pela mencionada previsão no corpo do CPP, seja mesmo pela dicção do aludido art. 366, do CPC, que prevê que, uma vez encerrado o debate ou oferecidas as razões finais, o juiz proferirá sentença em audiência ou no prazo de trinta dias.

24. PRINCÍPIO DA AUTORITARIEDADE

O princípio da autoritariedade consagra que as pessoas incumbidas da persecução penal estatal são autoridades públicas. Não se pode perder de vista, entretanto, que a vontade da autoridade pública estará sempre limitada pela lei e pela Constituição, de modo que qualquer excesso é passível de responsabilização, inclusive por abuso de autoridade.

25. PRINCÍPIO DA DURAÇÃO RAZOÁVEL DO PROCESSO PENAL

A prestação da jurisdição envolve a tensão entre necessidade de segurança e de prestação célere. A partir da Emenda à Constituição de nº 45/2004, a CF/1988 passou a dispor que a todos, no âmbito judicial e administrativo, devem ser assegurados a razoável duração do processo e os meios que garantam a celeridade de sua tramitação (art. 5º, LXXVIII).

Para a edição da mencionada Emenda, foram considerados os efeitos deletérios do processo e que o direito à celeridade pertence tanto à vítima como ao réu. Objetiva-se assim evitar a procrastinação indeterminada de uma persecução estigmatizadora e cruel, que simboliza, no mais das vezes, verdadeira antecipação de pena.

Também é verdade que a persecução penal equilibrada demanda reflexão. Desse modo, pode-se constatar que o advento de institutos eminentemente pragmáticos, como o acordo de não persecução penal, coloca em segundo plano a efetiva análise da causa, levando-se a que os fins justifiquem os meios.

A razoável duração do processo implica decisivamente na legalidade da manutenção da prisão cautelar, afinal, o excesso prazal da custódia provisória leva à ilegalidade da segregação, entendimento consagrado inclusive no âmbito do STF, eis que o seu enunciado sumular de nº 697 reconheceu que a "proibição de liberdade provisória nos processos por crimes hediondos não veda o relaxamento da prisão processual por excesso de prazo". Note-se que tal súmula perdeu sua utilidade prática, pois com o advento da Lei nº 11.464/2007, alterando o inciso II do art. 2º da Lei nº 8.072/1990, os crimes hediondos passaram a admitir liberdade provisória. Porém a ideia continua, qual seja: o excesso de prazo leva à ilegalidade da prisão cautelar, independente de qual seja a infração. A seu turno, o parágrafo único do art. 316 do CPP indica que o órgão que decretou a prisão preventiva deve revisitar a necessidade de sua manutenção **a cada noventa dias**, sob pena de que ela se reverta em prisão ilegal, consagrando-se o direito ao não esquecimento daquele que está encarcerado cautelarmente.

O STJ tem sido prodigioso em refratar o reconhecimento do excesso de prazo da prisão cautelar em algumas situações, tentando com isso estabelecer critérios objetivos onde não haveria a possibilidade de alegação da ilegalidade por excesso de prazo. Para tanto, foram editados verbetes nº 21, nº 52 e nº 64, de sua Súmula, assegurando, respectivamente, que:

(1) pronunciado o réu, fica superada a alegação do constrangimento ilegal da prisão por excesso de prazo;

(2) encerrada a instrução, fica superada a alegação de constrangimento por excesso de prazo; e

(3) não constitui constrangimento ilegal o excesso de prazo na instrução, provocado pela defesa.

Apesar da contundência do entendimento do Superior Tribunal de Justiça, esses enunciados sumulares não podem ser encarados como verdade inconteste e, havendo excesso na prisão, que perdura por tempo desarrazoado, o relaxamento é obrigatório.

Não se pode descurar que o processo penal é também ferramenta de verbalização da Constituição Federal, sendo instrumento de contenção do abuso estatal. Assinala Aury Lopes Jr. que o processo, "como instrumento para a realização do Direito Penal, deve realizar sua dupla função: de um lado, tornar viável a aplicação da pena, e, de outro, servir como **efetivo instrumento de garantia dos direitos e liberdades individuais**", de forma a assegurar os indivíduos dos excessos do Estado. Por isso, "o processo penal deve servir como instrumento de limitação da atividade estatal, estruturando-se de modo a garantir plena efetividade aos direitos individuais constitucionalmente previstos"[36].

36. LOPES JR. Aury. *Introdução crítica ao processo penal*. 4.ed. Rio de Janeiro: Lumen Juris, 2006. p. 38.

O processo não se impõe, e pronto. É necessário que venha a legitimar-se, e isso só é possível quando ele se apresenta também como garantia de respeito aos preceitos primários fundamentais estabelecidos na Carta Magna, notadamente no seu art. 5º. É o processo que tem que se adequar às exigências constitucionais, e não o inverso. Não se tem como exigir do processo que ele forneça resultados adequados, céleres, seguros, se não há estrutura para que se desenvolva a reflexão e maturação necessária sobre os fatos.

O alicerce do processo é a instrução contraditória, que permitirá ao magistrado cognição plena acerca da imputação e da contraimputação, na dialética necessária a toda discussão em juízo, como residência segura do provimento almejado. Sem o alicerce, as bases certamente irão ruir, não servindo de nada a construção açodada, se ao final o resultado obtido virá abaixo. Processo às pressas descura não só da preservação das prerrogativas constitucionais básicas, mas também estará, muitas vezes, despido de lastro probatório idôneo, o que lhe retira toda a credibilidade.

Ao estabelecer, no art. 5º, inciso LXXVIII, da Carta Magna, o princípio da razoável duração do processo, almeja-se evitar dilações processuais indevidas, criando-se uma espécie de **tempo virtual**, como parâmetro para a extensão do processo. Inspirado pelo princípio em voga, o legislador estabeleceu em lei limites para o elastério da instrução, de sessenta dias no procedimento comum ordinário (art. 400, CPP), e de noventa, para o encerramento da primeira fase do júri (art. 412, CPP). Por sua vez, a Lei nº 12.850/2013 definiu o conceito de organização criminosa e, disciplinando meios de prova, infrações e procedimento, estabeleceu o prazo máximo de cento e vinte dias para o encerramento da instrução, quando o réu estiver preso, prazo prorrogável por até igual período por decisão motivada pela complexidade da causa ou por fato procrastinatório atribuível ao réu (art. 22, parágrafo único).

Em que pese a adoção explícita do princípio da razoável duração do processo, depreende-se do sistema processual penal brasileiro ter sido adotada a denominada **teoria do não prazo** (em contraponto à **teoria do prazo fixo**)[37]. Com efeito, a leitura da Constituição Federal e da própria Convenção Americana de Direitos Humanos permitem verificar que, na ausência de parâmetros temporais pré-estabelecidos, o controle acerca da razoabilidade da duração do processo será feito a partir da observação concreta identificada pelo juiz da causa. Note-se, inclusive, que a fixação de prazos (como os acima apontados) para a conclusão da instrução processual não descaracteriza a teoria adotada, tendo em vista que não foram estabelecidas sanções para o seu descumprimento.

O tempo do processo, qualquer que seja ele, deve ser visto como garantia, e não como meta, vinculado à cláusula do ***due process of law***[38], pois correlato ao processo justo. Evita excessos, pois a existência do processo já traz desastrosas consequências ao réu, inclusive de caráter econômico, e, por essa razão, é induvidoso que existe interesse do imputado na solução da incerteza. Como observa Ricardo Jacobsen, o "razoável pode ser entendido como um ponto entre dois irrazoáveis". Portanto, "o razoável é a negação, antítese da

37. GOMES, Décio Alonso. *Desaceleração processual penal:* abordagens sobre dromologia na busca de tempo razoável do processo penal. Rio de Janeiro, 2007. p.109.

38. LOPES JR. Aury; BADARÓ, Gustavo Henrique. *Direito ao processo penal no prazo razoável*. Rio de Janeiro: Lumen Juris, 2006.p. 17.

irrazoabilidade da aceleração e da demora. Encontra-se como um entre-lugar que, como tal, somente pode ser conhecido através da negação de dois lócus antagônicos"[39].

Deve ser lida com reparos a afirmação de que a dilação processual interessa necessariamente à defesa, que busca na prescrição o respaldo para procrastinar o procedimento[40]. O retardo aproveita a quem não tem razão, independente do polo da relação processual. Sendo o réu inocente, tem total interesse na solução imediata do conflito, retirando o peso de carregar consigo uma imputação injusta.

A seu turno, a resposta punitiva deslocada no tempo pode soar como sinônimo de injustiça, que é aquela feita a destempo[41]. É que, consoante salientado por Francisco Rosito, "o processo deve demorar exatamente o tempo necessário para atender a sua finalidade de resolver o conflito com justiça", resolvendo "o direito material a quem efetivamente o tem, sem deixar de respeitar o contraditório, a ampla defesa, a igualdade entre as partes e o dever de adequada fundamentação, sob pena de violarmos garantias transcendentais do nosso sistema"[42].

Por outro lado, o tempo do processo não pode ter por indicador o **tempo social**[43]. O tempo da sociedade tem por parâmetro o imediato, a rapidez, a eficiência, o que, não raro, é incompatível com o grau de reflexão exigido no processo criminal, para que as garantias mínimas do réu não sejam atropeladas (em alta velocidade!). Como preleciona Augusto Jobim do Amaral, legitimam-se "arbitrariedades e atropelos processuais a partir de termos a que tudo se aplica, porque aludem a uma razão autofundada e não intersubjetiva"[44]. É o que Aury Lopes Jr. entende por eficiência antigarantista[45].

26. PRINCÍPIO DA PROPORCIONALIDADE

O princípio da proporcionalidade tem campo de estudo aprofundado no direito constitucional, apesar de não estar positivado expressamente na Constituição de 1988. Não há uniformidade em sua apresentação doutrinária, havendo divergência sobre se ele é sinônimo do princípio da razoabilidade ou se não se confunde com este. Não obstante sua sede mais fértil seja encontrada no direito constitucional, sua importância é realçada no direito processual penal, tanto porque os ramos do direito se inter-relacionam, como porque o direito processual penal é constituído de vasta enunciação normativa na Constituição do Brasil.

Há entendimento de que o princípio da proporcionalidade não se identifica com o princípio da razoabilidade. Enquanto o princípio da razoabilidade é denominação que representa uma norma jurídica consistente em um cânone interpretativo que conduza

39. GLOECKNER, Ricardo Jacobsen. *Risco e processo penal*. Salvador: Juspodivm, 2009. p. 348.
40. MARINONI, Luiz Guilherme. *Tutela antecipatória, julgamento antecipado e execução imediata da sentença*. 2.ed. São Paulo: RT, 1998. p. 21.
41. CARVALHO, Luciana Jordão da Motta Armiliato de. *Julgamento antecipado da lide penal: uma possibilidade constitucional*. 2005. 181 f. Dissertação (Mestrado), Universidade Paranaense – UNIPAR, Umuarama. p. 69.
42. ROSITO, Francisco. Princípio da duração razoável do processo. *Revista de Processo*, a.33, nº 161, p. 36, jul. 2008.
43. MESSUTI, Ana. Tradução: Tadeu Antonio Dix Silva e Maria Clara Veronesi de Toledo. *O tempo como pena*. São Paulo: RT, 2003. p. 41.
44. AMARAL, Augusto Jobim do. *Violência e processo penal*. Rio de Janeiro: Lumen Juris, 2008. p. 151.
45. LOPES JR. Aury. *Introdução crítica ao processo penal*. 4.ed. Rio de Janeiro: Lumen Juris, 2006. p. 37.

o jurista a decisões aceitáveis, o princípio da proporcionalidade, de origem germânica[46], representa um procedimento de aplicação/interpretação de norma jurídica tendente a concretizar um direito fundamental em dado caso concreto.

Os que entendem razoabilidade e proporcionalidade como expressões sinônimas, contornam a diferença entre um fenômeno de aplicação do direito que requer o perpassar por três etapas (proporcionalidade = necessidade, adequação e proporcionalidade em sentido estrito), de outro fenômeno que assim não exige, haja vista que tem o condão de orientar o intérprete a não aceitar como válidas soluções jurídicas que conduzam a absurdos (razoabilidade). De todo modo, pode-se dizer que o princípio da proporcionalidade é constituído por dois pressupostos: (1) o primeiro, formal, ponto de partida lastreado no princípio da legalidade, que limita a restrição às liberdades individuais; (2) o segundo, material, norteador do ponto de chegada do intérprete, consistente no princípio da justificação teleológica, que direciona a solução do caso concreto em compasso com uma finalidade que, por sua vez, deve ser justificada racionalmente, através de fundamentação suficiente.

O campo de atuação do princípio da proporcionalidade é polarizado. Tem-se admitido que ele deve ser tratado como um superprincípio, talhando a estratégia de composição no aparente "conflito principiológico" (ex.: proteção à intimidade ***versus*** quebra de sigilo). Por sua vez, deve ser visto também na sua faceta da **proibição de excesso**, limitando os arbítrios da atividade estatal, já que os fins da persecução penal nem sempre justificam os meios, vedando-se a atuação abusiva do Estado ao encampar a bandeira do combate ao crime.

Deve-se destacar ainda, com Edilson Mougenot Bonfim, outra modalidade do princípio da proporcionalidade, que é a **proibição de infraproteção** ou **proibição de proteção deficiente.** O campo de proteção do cidadão deve ser visto de forma ampla. Existe a "proteção vertical", contra os arbítrios do próprio Estado, evitando-se assim excessos, como visto acima, e a "proteção horizontal", que é a garantia contra agressão de terceiros, "no qual o Estado atua como garante eficaz dos cidadãos, impedindo tais agressões". Portanto, a atividade estatal protetiva não pode ser deficitária, o que pode desaguar em nulidade do ato[47]. Cite-se como exemplo o verbete nº 523, da Súmula, do STF, assegurando que a ausência de defesa implica na nulidade absoluta do processo, e a deficiência, em nulidade relativa.

O princípio da proporcionalidade tem especial aplicação no direito processual penal, tal como se dá na disciplina legal da validade da prova. Se a utilização do princípio da proporcionalidade em favor do réu para o acatamento de prova que seria ilícita é pacífica, essa mesma utilização contra o réu para o fim de garantir valores como o da segurança coletiva é bastante controvertida no Brasil. Pode-se dizer que é minoritário o setor da doutrina e da jurisprudência que defende a aplicação excepcional do princípio da proporcionalidade contra o acusado, para satisfazer pretensões do "movimento da lei e da ordem".

A origem histórica da utilização do princípio da proporcionalidade em matéria probatória pode ser encontrada nos Estados Unidos da América, em razão da inexistência de regramento na Constituição daquele país sobre a regra de exclusão das provas obtidas ilicitamente e as que dela são derivadas, o que ensejou a teoria da ***exclusionary rule*** e suas

46. SAMPAIO JÚNIOR, José Herval. *Processo constitucional*: nova concepção de jurisdição. São Paulo: Método. p. 154.

47. BONFIM, Edilson Mougenot. *Curso de processo penal*. São Paulo: Saraiva, 2006. p. 64.

respectivas exceções, dentre elas o princípio da proporcionalidade ou ***balancing test***, assim explicitado por Walter Nunes da Silva Júnior, referindo-se, no ponto, a estudo específico de Manuel da Costa Andrade.

De acordo com aquele autor, "faz parte do direito judicial americano a cláusula de exceção à regra da ***exclusionary rule*** identificada como ***balancing test***, que corresponde à versão adaptada do princípio da proporcionalidade criado no sistema jurídico alemão". Para mitigar o rigor da regra de exclusão, "tem-se aceitado que o juiz, em cada caso concreto, faça a ponderação de valores assegurados pela Constituição, tendo em consideração a intensidade e quantidade da violação ao direito fundamental e o dano que poderá advir caso a prova não seja admitida". Nessa órbita – prossegue o processualista –, "a proibição da valoração da prova adquirida de forma ilícita, sob a batuta do princípio da proporcionalidade, deve ser o resultado de apreciação judicial" que, por sua vez, deve considerar quatro elementos:

(1) o concreto interesse da persecução penal;

(2) a gravidade da ofensa normativa;

(3) o bem jurídico protegido pela norma constitucional lesionada; e

(4) a baixa tutela do interesse violado[48].

Ainda cabe frisar que o princípio da proporcionalidade não pode ser invocado para se sobrepor a garantias e direitos individuais do acusado, especialmente no Brasil (país com histórico peculiar de violações aos direitos humanos), não obstante a Corte Suprema brasileira tenha admitido, no ***Habeas Corpus*** 80949/RJ, a possibilidade remota de sua aplicação "em caso extremo de necessidade inadiável e incontornável, situação que deve ser considerada tendo em conta o caso concreto"[49].

27. PRINCÍPIO DA INEXIGIBILIDADE DE AUTOINCRIMINAÇÃO

O princípio da inexigibilidade de autoincriminação ou ***nemo tenetur se detegere*** (também denominado de princípio da autodefesa pelos Tribunais), que assegura que ninguém pode ser compelido a produzir prova contra si mesmo, tem pontos de contato com o princípio da presunção de inocência e com o direito ao silêncio assegurado pela Constituição. A ideia é a de limitação do poder de punir do Estado, importando, sob esse enfoque, em caracterização de certa desigualdade processual penal.

Decerto, consoante salienta Francisco das Neves Baptista, "associada ao ***nemo tenetur se detegere***, a presunção de inocência aprofunda a desigualdade no processo, facultando ao imputado ocultar as informações de que se valerá em sua defesa e compelindo a acusação a dar-lhe acesso a tudo quanto pretenda contra ele usar". Tal entendimento é largamente difundido "nos sistemas jurídicos ocidentais"[50].

48. SILVA JÚNIOR, Walter Nunes da. *Curso de direito processual penal*: teoria (constitucional) do processo penal. Rio de Janeiro: Renovar, 2008. p. 516-517.
49. SILVA JÚNIOR, Walter Nunes da. *Curso de direito processual penal*: teoria (constitucional) do processo penal. Rio de Janeiro: Renovar, 2008. p. 519.
50. BAPTISTA, Francisco das Neves. *O mito da verdade real na dogmática do processo penal*. Rio de Janeiro: Renovar, 2001. p. 174.

Na esteira conhecido ***Miranda warnings*** (Aviso de Miranda), originado do julgamento Miranda ***versus*** Arizona, nos Estados Unidos, o princípio da vedação à autoincriminação se liga à necessidade de comunicar ao preso, ao indiciado ou ao acusado (ou mesmo a qualquer pessoa que, potencialmente, possa se incriminar, ainda que na condição de testemunha) sobre o conteúdo de seus direitos, que constituem o núcleo de garantia fundamentais disposto na Constituição Federal. Fala-se de leitura de direitos constitucionais de forma prévia a qualquer procedimento, de nota de ciência das garantias constitucionais (um ***plus*** prévio e que antecede muito a conhecida nota de culpa, entregue após a formalização da prisão). Daí que é ilícita a gravação de conversa informal entre agentes da polícia e o conduzido preso em flagrante, se realizado o registro do diálogo quando da lavratura do auto, sem que tenha havido a necessária e prévia comunicação do direito ao silêncio.

De tal modo, o conteúdo do ***nemo tenetur se detegere*** envolve os direitos do imputado de:

(1) silêncio ou permanecer calado;

(2) não ser compelido a confessar o cometimento da infração penal;

(3) inexigibilidade de dizer a verdade;

(4) não adotar conduta ativa que possa causar-lhe incriminação;

(5) não produzir prova incriminadora invasiva ou que imponham penetração em seu organismo (as constatações não invasivas são admitidas, a exemplo do exame da saliva deixada em copo para verificação de DNA)[51].

Como se infere, o princípio ***nemo tenetur se detegere*** tem incidência específica relativamente ao mérito do interrogatório, das declarações ou do depoimento, haja vista que, como tem prevalecido, o indiciado, conduzido, réu, declarante e testemunhas têm o dever de informar seu nome, seu endereço e demais dados de sua qualificação, não sendo aplicável no ponto o direito ao silêncio.

No entanto, em que pese a posição dominante, entendemos que o direito ao silêncio do imputado deve ser irrestrito. Tanto assim é que foi reconhecida a inconstitucionalidade de ser exigida a sua presença perante à autoridade policial ou judiciária, com a vedação das conduções coercitivas. Em suma, pode-se vincar que é inconstitucional qualquer ameaça de lesão ao direito de ficar calado[52].

A jurisprudência brasileira, retratada em decisões do Supremo Tribunal Federal, rechaça a possibilidade de obrigar o acusado (ou mesmo testemunha que corra o risco de admitir fato que possa acarretar processo criminal contra si) a praticar ato tendente a servir como prova contra si próprio. Com efeito, em mais de uma oportunidade, a Corte Suprema brasileira reafirmou a existência do princípio da inexigibilidade de autoincriminação no direito pátrio. Fiel aos postulados constitucionais que norteiam a atuação das instituições estatais, ratificou que qualquer indivíduo tem, dentre as suas garantias, o direito

51. LIMA, Renato Brasileiro. *Curso de processo penal*. Niterói: Impetus, 2013. p. 42-45.

52. STF – Pleno – ADPF's 395/444-DF – Rel. Min. Gilmar Mendes – julgado em 13 e 14 jun. 2018.

de permanecer em silêncio e o direito a não ser constrangido a confessar a prática de um ilícito penal (***nemo tenetur se detegere***)[53].

Não obstante reconheçam o princípio da autodefesa, os tribunais lhe têm imposto limites. É o que tem ocorrido de maneira reiterada quando se discute a possibilidade do conduzido pela autoridade policial apresentar documentos falsos para burlar a sua identificação. Nestes casos, os Tribunais Superiores[54] têm afastado a aplicação do princípio do ***nemo tenetur se detegere***, concluindo pela tipicidade da conduta.

O direito de não produzir provas contra si mesmo adquiriu notável relevo com recentes alterações sofridas pelo Código de Trânsito Brasileiro. Num primeiro momento, o art. 306 do CTB foi modificado pela Lei nº 11.705/2008 (conhecida como "Lei Seca"), passando a prever o crime de conduzir veículo automotor estando com a "concentração de álcool por litro de sangue igual ou superior a 6 decigramas". Dada a redação do dispositivo, restava inviabilizada a presunção acerca deste ***quantum***, sendo indispensável a realização do popular "teste do bafômetro" (etilômetro) ou do exame de sangue para que houvesse adequação típica.

Ocorre que, à luz do princípio da autodefesa, o condutor do veículo não podia ser compelido a soprar o etilômetro, devendo-se afastar, inclusive, os posicionamentos doutrinários que afirmam que a recusa configuraria o crime de desobediência (art. 330, CP) – em razão do desrespeito a ordem de funcionário público –, já que o condutor estaria amparado pela excludente do exercício regular de um direito – de não produzir prova contra si mesmo.

Dada a potencial ineficácia da lei, que esbarrava no princípio constitucional sob comento, o legislador inovou mais uma vez, reeditando a figura típica constante do art. 306 do CTB. Com a Lei nº 12.760/2012, o crime de trânsito passou a prever a conduta de dirigir "com a capacidade psicomotora alterada", o que pode ser constatado por meio do popular "teste do bafômetro" (art. 306, § 1º, I, segunda parte), teste toxicológico (art. 306, § 2º, com alteração dada pela Lei nº 12.971/2014) ou de outras maneiras, como a prova testemunhal (art. 306, II e § 2º, ***in fine***). Apesar da dicção de tal via probatória, deve-se pontuar que a realização do exame clínico, toxicológico ou a constatação por meio do etilômetro continuam devendo respeito ao direito a não autoincriminação – podendo as demais constatações, todavia, serem feitas mesmo sem a autorização do condutor.

28. PRINCÍPIO DA COOPERAÇÃO PROCESSUAL

O contraditório reconhece a necessidade de participação das partes. No processo penal, as peculiaridades do sistema acusatório e das regras quanto ao ônus probatório, mitigam, em certa medida, a ideia de um princípio da cooperação processual, adotado expressamente pelo CPC (art. 6º). Não é de se esperar que o acusado, no processo penal, coopere alertando sobre eventuais irregularidades de atos processuais, mesmo estando ciente que, ao final, haverá probabilidade de prolação de decisão contrária aos seus direitos ou mesmo que cerceie sua liberdade. Ao contrário, a defesa do acusado tem interesse tanto em refutar

53. STF – Segunda Turma – HC 136331, Rel. Min. Ricardo Lewandowski – 27 jun. 2017.
54. STJ – Quinta Turma – AgRg no REsp 1816580/SC – Rel. Min. Leopoldo de Arruda Raposo (Des. Conv. do TJ/PE) – DJe 21 out. 2019.

o mérito da ação condenatória, quanto em apresentar objeções protelatórias, mormente em face do princípio consistente no fato de que ninguém deve ser compelido a se ficar descoberto, descortinar-se (***nemo tenetur se detegere*** ou vedação à autoincriminação).

Mas, na linha do que se tem verificado na jurisprudência em matéria criminal, notadamente diante da relativização de nulidades processuais provocadas ou não suscitadas oportunamente pelas partes, tem-se entendido pela necessidade de cooperação mútua de todos os envolvidos, tal qual um sistema de corresponsabilidade (art. 5º e 6º, CPC). No ponto, registramos nossa discordância quanto a essa tendência pretoriana, em razão de findar por também relativizar as garantias processuais do acusado.

Sem embargo, diante da jurisprudência que tem tratado como nulidade relativa vícios que outrora eram considerados nulidade absoluta, tem-se entendido cabível a aplicação analógica do princípio da cooperação processual, ao processo penal.

Parte-se da ideia de que, verificando vício processual, a parte prejudicada não pode, por exemplo, retardar o momento de sua alegação, para futuramente sustentar uma nulidade absoluta, requerendo a invalidação de todo o processo. Nessa senda, afirma-se que não é possível mais tolerar omissões propositais que fujam do escopo da regra do ***duty to mitigate the loss*** (dever de reduzir o prejuízo). Daí que o CPC ordena que todos os sujeitos do processo têm o dever de cooperar entre si para que se obtenha, em tempo razoável, decisão de mérito justa e efetiva. A disposição encontra sintonia com o princípio constitucional da razoável duração do processo e da boa-fé objetiva.

Outros dois enunciados do CPC que respaldam essa conclusão são:

(1) o que declara que as partes têm o direito de obter, em prazo razoável, a solução integral do mérito, incluída a atividade satisfativa (art. 4º); e

(2) o que determina que aquele que de qualquer forma participa do processo deve comportar-se de acordo com a boa-fé (art. 5º). Tais regras, diante da melhor precisão do que aquelas de objetivo semelhante do CPP, têm perfeita incidência no direito processual penal, colmatando as lacunas existentes.

Entendemos que o princípio da cooperação processual não deve ter aplicação para mitigar as garantias do imputado.

29. QUADRO SINÓTICO

CAPÍTULO II – PRINCÍPIOS INFORMADORES DO DIREITO PROCESSUAL PENAL		
PRINCÍPIOS PROCESSUAIS PENAIS		
Os princípios que irrigam o Direito Processual Penal são fundamentais, muitos deles encontrando respaldo expresso na própria Constituição da República.		**1**
Presunção de inocência ou da não culpabilidade	O reconhecimento da autoria de uma infração criminal pressupõe sentença condenatória transitada em julgado (art. 5º, LVII da CF/88).	**2**
Imparcialidade do juiz	Entendida como característica essencial do perfil do juiz, consistente em não poder ter vínculos subjetivos com o processo de modo a lhe tirar o afastamento necessário para conduzir com isenção.	**3**

CAPÍTULO II – PRINCÍPIOS INFORMADORES DO DIREITO PROCESSUAL PENAL		
Igualdade processual	Consagra o tratamento isonômico das partes no transcorrer processual, muito embora tenha conteúdo mais rico, indicando o direito da defesa de desempenhar um papel proativo.	**4**
Contraditório ou bilateralidade da audiência	Impõe que às partes deve ser dada a possibilidade de influir no convencimento do magistrado, oportunizando-se a participação e manifestação sobre os atos processuais.	**5**
Ampla defesa	Deve ser assegurada a ampla possibilidade de defesa, lançando-se mão dos meios e recursos disponíveis e a ela inerentes. São duas as possibilidades: 1) técnica; 2) autodefesa.	**6**
Ação, demanda ou iniciativa das partes	Cabe às partes a provocação, exercendo o direito de ação, no intuito da obtenção do provimento jurisdicional.	**7**
Oficialidade	Os órgãos incumbidos da persecução criminal são órgãos oficiais por excelência.	**8**
Oficiosidade	A atuação oficial na persecução criminal, como regra, ocorre sem necessidade de autorização.	**9**
Verdade real	O magistrado pauta o seu trabalho na reconstrução da verdade dos fatos, superando eventual desídia das partes na colheita probatória.	**10**
Obrigatoriedade	A persecução criminal é de ordem pública e, em regra, não cabe juízo de conveniência ou oportunidade quanto ao seu início.	**11**
Indisponibilidade	Iniciado o inquérito policial ou o processo penal, os órgãos incumbidos da persecução criminal não podem deles dispor.	**12**
Impulso oficial	Uma vez iniciado o processo, com o recebimento da inicial acusatória, cabe ao magistrado velar para que o mesmo chegue ao seu final.	**13**
Motivação das decisões	Assevera que o juiz é livre para decidir, desde que o faça de forma motivada, sob pena de nulidade insanável.	**14**
Publicidade	Publicidade é a permissibilidade de acesso aos autos processuais conferida a todos os interessados. É a regra. O sigilo é, nesses termos, admissível, notadamente quando a defesa da intimidade ou o interesse social o exigirem. Em relação ao inquérito policial, por se tratar de fase pré-processual, é regido pelo princípio da sigilação.	**15**
Duplo grau de jurisdição	Assegura a possibilidade de revisão das decisões judiciais, através do sistema recursal, onde as decisões do juízo a quo podem ser reapreciadas pelos tribunais.	**16**
Juiz natural	Consagra o direito de ser processado pelo magistrado competente e a vedação constitucional à criação de juízos ou tribunais de exceção.	**17**
Promotor natural ou do promotor legal	Veda a designação arbitrária, pela Chefia da Instituição, de promotor para patrocinar caso específico. Há divergências sobre a sua existência.	**18**

CAPÍTULO II – PRINCÍPIOS INFORMADORES DO DIREITO PROCESSUAL PENAL		
Defensor natural	Consiste na vedação de nomeação de defensor diverso daquele defensor público que tem atribuição legal para atuar na causa.	**19**
Devido processo legal	A pretensão punitiva deve perfazer-se dentro de um procedimento regular, perante a autoridade competente, tendo por alicerce provas validamente colhidas, respeitando-se o contraditório e a ampla defesa. Deve ser analisado em duas perspectivas: processual (*procedural due process*) e material (substantive d*ue process of law*).	**20**
Favor rei **ou favor réu**	A dúvida sempre milita em favor do acusado (*in dubio pro reo*).	**21**
Economia processual	Deve-se buscar a maior efetividade, com a produção da menor quantidade de atos possível.	**22**
Oralidade	Assegura a produção dos atos processuais de viva voz, de forma verbal, sem impedimento da redução a termo dos atos mais relevantes.	**23**
Autoritariedade	Consagra que os órgãos incumbidos da persecução penal estatal são autoridades públicas.	**24**
Duração razoável do processo penal	A todos, no âmbito judicial e administrativo, devem ser assegurados a razoável duração do processo e os meios que garantam a celeridade de sua tramitação.	**25**
Proporcionalidade	Requer o perpassar do intérprete por três etapas: necessidade, adequação e proporcionalidade em sentido estrito). Deve ser visto, ainda, na vertente da proibição do excesso e da proteção deficiente.	**26**
Inexigibilidade de autoincriminação	Também conhecido como *nemo tenetur se detegere* assegura que ninguém pode ser compelido a produzir prova contra si mesmo.	**27**
Cooperação processual	Diante da relativização de nulidades processuais provocadas ou não suscitadas oportunamente pelas partes, na linha do que se tem verificado na jurisprudência em matéria criminal, tem-se entendido pela necessidade de cooperação mútua, de todos os envolvidos, tal qual um sistema de corresponsabilidade.	**28**

30. SÚMULAS DO STJ

Súmula nº 21: Pronunciado o réu, fica superada a alegação do constrangimento ilegal da prisão por excesso de prazo na instrução.

Súmula nº 52: Encerrada a instrução criminal, fica superada a alegação de constrangimento por excesso de prazo.

Súmula nº 64: Não constitui constrangimento ilegal o excesso de prazo na instrução, provocado pela defesa.

Súmula nº 501: É cabível a aplicação retroativa da Lei nº 11.343/2006, desde que o resultado da incidência das suas disposições, na íntegra, seja mais favorável ao réu do que o advindo da aplicação da Lei nº 6.368/1976, sendo vedada a combinação de leis.

31. SÚMULAS DO STF

Súmula Vinculante nº 14. É direito do defensor, no interesse do representado, ter acesso amplo aos elementos de prova que, já documentados em procedimento investigatório realizado por órgão com competência de polícia judiciária, digam respeito ao exercício do direito de defesa.

Súmula nº 523: No processo penal, a falta da defesa constitui nulidade absoluta, mas a sua deficiência só o anulará se houver prova de prejuízo para o réu.

Súmula nº 611: Transitada em julgada a sentença condenatória, compete ao juízo das execuções a aplicação da lei mais benigna.

Súmula nº 697: A proibição de liberdade provisória nos processos por crimes hediondos não veda o relaxamento da prisão processual por excesso de prazo.

Súmula nº 708: É nulo o julgamento da apelação se, após a manifestação nos autos da renúncia do único defensor, o réu não foi previamente intimado para constituir outro.

Súmula nº 716: Admite-se a progressão de regime de cumprimento da pena ou a aplicação imediata do regime menos severo nela determinada, antes do trânsito em julgado da sentença condenatória.

Súmula nº 717: Não impede a progressão de regime de execução da pena, fixada em sentença não transitada em julgado, o fato de o réu se encontrar em prisão especial.

32. QUESTÕES DE CONCURSOS PÚBLICOS

01. (2015 – FCC – DPE-SP – Defensor Público) "Paridade de armas no processo penal é a igual distribuição, durante o processo penal (...) aos envolvidos que defendem interesses contrapostos, de oportunidades para apresentação de argumentos orais ou escritos e de provas com vistas a fazer prevalecer suas respectivas teses perante a autoridade judicial" (Renato Stanziola Vieira, Paridade de armas no processo penal, Gazeta Jurídica, Brasília, 2014, p. 236).

Com base no texto acima, é situação de NÃO violação ao princípio da paridade de armas:

(A) Oferecimento de parecer do Ministério Público em recurso decorrente de ação penal de iniciativa pública.
(B) Sustentação oral no Ministério Público após a defesa, em julgamento de recurso exclusivo da acusação.
(C) Sigilo das medidas cautelares em curso na investigação preliminar, cuja ciência ao investigado ou defensor possa prejudicar a eficácia do ato.
(D) Abertura de vista ao Ministério Público após oferecimento de resposta à acusação, onde se alega atipicidade pela incidência do princípio da insignificância.
(E) Distribuição dos espaços físicos entre as partes nos julgamentos populares.

02. (2015 – FCC – DPE-MA – Defensor Público) A necessidade de assegurar que as partes gozem das mesmas oportunidades e faculdades processuais consiste o conteúdo do princípio processual

(A) da paridade de armas.
(B) do contraditório.
(C) da ampla defesa.
(D) da identidade física do juiz.
(E) do estado de inocência.

03. (2015 – VUNESP – TJ-MS – Juiz Substituto) Com relação ao Princípio Constitucional da Publicidade, com correspondência no Código de Processo Penal, é correto afirmar que

(A) a publicidade ampla e a publicidade restrita não constituem regras de maior ou menor valor no processo penal, cabendo ao poder discricionário do juiz a preservação da intimidade dos sujeitos processuais.
(B) a publicidade restrita tem regramento pela legislação infraconstitucional e não foi recepcionada pela Constituição Federal, que normatiza a publicidade ampla dos atos processuais como garantia absoluta do indivíduo.
(C) de acordo com o artigo 93, inciso IX, da Constituição Federal, com nova redação dada pela EC 45/2004, os atos processuais serão públicos, sob pena de nulidade, cabendo ao juiz limitar a presença, nas audiências, de partes e advogados.
(D) a publicidade restrita é regra geral dos atos processuais, ao passo que a publicidade ampla é exceção e ocorre nas situações expressas em lei, dependendo de decisão judicial no caso concreto.
(E) a publicidade ampla é regra geral dos atos processuais, ao passo que a publicidade restrita é exceção e ocorre nas situações expressas em lei, dependendo de decisão judicial no caso concreto.

04. (2015 – VUNESP – MPE-SP – Analista de Promotoria) De acordo com o princípio da presunção de inocência, previsto no artigo 5º, inciso LVII, da Constituição Federal, explícito no processo penal,

(A) iniciada a ação penal e feita a citação, o réu não é obrigado a comparecer em Juízo e se autoacusar, mas, comparecendo, não tem direito ao silêncio.
(B) em caso de dúvida, por aplicação do princípio da prevalência do interesse da sociedade (***in dubio pro societate***), condena-se o acusado.
(C) o ônus da prova de inocência cabe à defesa, após recebimento da denúncia ou queixa-crime e consequente início da ação penal.

(D) surge como sua decorrência lógica, a indispensabilidade da medida cautelar extrema, de prisão, ainda que desnecessária à instrução e à ordem pública

(E) presume-se inocente o acusado até pronunciamento de culpa, por sentença condenatória, transitada em julgado.

---

05. (2015 - FCC - TJ-RR - Juiz Substituto) O princípio internacionalmente consagrado do Duplo Grau de Jurisdição é reconhecido por várias legislações ocidentais. No Brasil, o princípio também é reconhecido e, segundo o Supremo Tribunal Federal, decorre

(A) diretamente do texto constitucional brasileiro e está previsto no artigo 5º como uma garantia fundamental.

(B) diretamente do texto constitucional brasileiro, mas não está previsto no artigo 5º.

(C) do Pacto de Direitos Civis e Políticos e tem previsão na Constituição Federal do Brasil.

(D) do Pacto de São José da Costa Rica e não tem previsão Constitucional.

(E) diretamente dos pactos internacionais de direitos humanos e tem previsão expressa na Constituição Federal do Brasil.

---

06. (Cespe - Juiz de Direito - TJ - CE/2018) Acerca dos princípios penais constitucionais e dos direitos fundamentais do cidadão à luz da CF, julgue os itens a seguir.

I São princípios processuais penais expressos na CF a presunção de não culpabilidade, o devido processo legal e o direito do suspeito ou indiciado ao silêncio.

II O direito processual penal compreende o conjunto de normas jurídicas destinadas a regular o modo, os meios e os órgãos do Estado encarregados do exercício do jus puniendi.

III A CF determina que o Brasil se submeta à jurisdição do Tribunal Penal Internacional, porém veda absolutamente a entrega de brasileiro naturalizado a jurisdição estrangeira.

IV De acordo com o princípio da irretroatividade da lei processual penal, a regra nova não pode retroagir, mesmo quando eventualmente beneficiar o réu.

Estão certos apenas os itens

(A) I e II.

(B) I e IV.

(C) II e III.

(D) I, III e IV.

(E) II, III e IV.

33. GABARITO ANOTADO

01 - C

Vide:

- Súmula vinculante 14.
- Princípio da igualdade processual" (princípio da paridade de armas e sua distinção).

02 - A

Vide:

- Art. 5º, ***caput***, da CF/88.
- Princípio da igualdade processual" (princípio da paridade de armas e sua distinção).

03 - E

Vide:

- Art. 5º, LX, da CF/88.
- Princípio da publicidade.

04 - E

Vide:

- - Art. 5º, LVII, da CF/88.
- Art. 8º, 2, da Convenção Americana de Direitos Humanos.
- Princípio da presunção de inocência ou da não culpabilidade.

05 - D

Vide:

- Art. 8º, 2, "h", do Pacto de São José da Costa Rica.
- Princípio do duplo grau de jurisdição.

06 - A

Vide:

- Princípios Processuais Penais.

34. QUESTÕES DISCURSIVAS COM COMENTÁRIOS

---

01. (Promotor de Justiça MPE-PR - 2014 - MPE-PR) Discorra sobre o princípio do Juiz Natural no processo penal brasileiro, abrangendo: a) conceituação e sua previsão no ordenamento jurídico e b) explicite como se efetiva a distribuição de competência a partir do referido princípio. (máximo de 20 linhas)

Resposta

O princípio do juiz natural expressa o direito de ser processado pelo magistrado competente, assim como a vedação constitucional à criação de juízos ou tribunais de exceção. Conforme destacado pelo espelho de correção, compreende-se o direito que cada cidadão tem em saber previamente, por meio de fontes constitucionais, qual autoridade irá processá-lo e julgá-lo, sendo este juízo constituído antes do fato delituoso a ser julgado e mediante regras taxativas de competência. O princípio está consagrado no art. 5º, incisos XXXVII e LIII, da CF: no primeiro inciso indicado é estabelecida a vedação aos tribunais de exceção, juízo ad hoc (criados para julgamento de determinado fato), bem como juízo ex post factum (criados após a prática dos fatos postos a julgamento). Quanto ao segundo inciso apontado, diz respeito aos julgamentos pelo juízo competente, isto é, ninguém será processado nem sentenciado senão pelo juízo competente, dotado de todas as garantias institucionais e pessoais previstas constitucionalmente. Por fim, quanto aos critérios de distribuição de competência a partir do referido princípio, o espelho de correção pontuou que a Constituição Federal estabelece:

- *Competência ratione personae, em razão das funções (foro por prerrogativa de função), art. 102, 105, 108 e 96, III da CRFB.*
- *Competência ratione materiae, especializada por matéria, conforme a titularidade do bem e à natureza do crime (Justiça Comum: Federal (expressa) e Estadual (residual); Justiça Especializada: Justiça Militar e Justiça Eleitoral; Julgamento pelo Tribunal do Júri: crimes contra a vida, art. 5º, XXXVIII da CRFB).*

Capítulo III

Sistemas de Investigação Preliminar

1. A PERSECUÇÃO CRIMINAL

A persecução criminal para a apuração das infrações penais e sua respectiva autoria comporta duas fases bem delineadas. A primeira, preliminar, inquisitiva, e objeto do presente capítulo, é a investigação inicial. A segunda, submissa ao contraditório e à ampla defesa, é denominada de fase processual. Assim, materializado o dever de punir do Estado com a ocorrência de um suposto fato delituoso, cabe a ele, Estado, como regra, iniciar a ***persecutio criminis*** para apurar, processar e, enfim, fazer valer a punição, solucionando as demandas e aplicando a lei ao caso concreto.

Como leciona Frederico Marques, "a ***persecutio criminis*** apresenta dois momentos distintos: o da investigação e o da ação penal. Esta consiste no pedido de julgamento da pretensão punitiva, enquanto a primeira é atividade preparatória da ação penal, de caráter preliminar e informativo: ***inquisitio nihil est quam informatio delicti***"[1]. Em outros termos, a persecução penal estatal se constitui de duas etapas:

(1) a investigação preliminar, gênero do qual é espécie o inquérito policial, objeto deste capítulo, cujo objetivo é formar lastro probatório mínimo para a deflagração válida da fase seguinte; e

1. MARQUES, José Frederico. *Elementos de direito processual penal.* 2. ed. Campinas: Millennium, 2003. v.1. p. 138.

(2) o processo penal, que é desencadeado pela propositura de ação penal perante o Judiciário.

Entendemos ser necessária uma advertência quanto às investigações preliminares em geral: urge que seja feita uma regulamentação mais detalhada de seu procedimento e, em especial, da divisão de atribuições entre os órgãos que exercem alguma fatia do poder de polícia. A excessiva discricionariedade nesse âmbito mitiga, em tese, a proteção de garantias fundamentais da pessoa imputada, porquanto acaba por resvalar em carência de controle das formas dos procedimentos investigativos.

2. POLÍCIA JUDICIÁRIA E POLÍCIA ADMINISTRATIVA

A polícia tem a incumbência de preservar a paz social e intervir nos conflitos mediante atividade investigativa tendente a apurar infrações que venham a ocorrer.

Basicamente, podemos subdividir o papel da polícia em preventiva e repressiva. Vejamos.

3. POLÍCIA ADMINISTRATIVA OU DE SEGURANÇA

De caráter eminentemente preventivo, visa, com o seu papel ostensivo de atuação, impedir a ocorrência de infrações. Ex.: a polícia militar dos estados-membros.

4. POLÍCIA JUDICIÁRIA

De atuação repressiva, que age, em regra, após a ocorrência de infrações, visando angariar elementos para apuração da autoria e constatação da materialidade delitiva. Neste aspecto, destacamos o papel da Polícia Civil que deflui do art. 144, § 4º, da CF/1988, que, às polícias civis, dirigidas por delegados de polícia de carreira, incumbem, ressalvada a competência da União, as funções de polícia judiciária e a apuração de infrações penais, exceto as militares. No que nos interessa, a polícia judiciária tem a missão primordial de elaboração do inquérito policial. Incumbirá ainda à autoridade policial fornecer às autoridades judiciárias as informações necessárias à instrução e julgamento dos processos; realizar as diligências requisitadas pelo juiz ou pelo Ministério Público; cumprir os mandados de prisão e representar, se necessário for, pela decretação de prisão cautelar (art. 13, CPP).

Cumpre registrar a distinção feita por parte da doutrina, capitaneada por Denilson Feitoza[2], que, à luz do art. 144 da CF/1988, sustenta a existência de polícias judiciária e investigativa, adotando nítida diferenciação. Nesse contexto, as diligências referentes à persecução preliminar da infração penal seriam realizadas pela polícia investigativa, enquanto que a função de auxiliar o Poder Judiciário (executar mandado de busca e apreensão, por exemplo) recairia sobre a polícia judiciária. A Lei nº 12.830/2013, no seu artigo 2º, parece adotar esta concepção, ao dispor que "as funções de polícia judiciária **e** a apuração de infrações penais exercidas pelo delegado de polícia são de natureza jurídica".

2. FEITOZA, Denilson. *Direito processual penal*: teoria, crítica e práxis. 7. ed. Niterói: Impetus, 2011. p. 202-203.

5. INVESTIGAÇÕES PRELIMINARES DIVERSAS DO INQUÉRITO POLICIAL

A titularidade das investigações não está concentrada somente nas mãos das polícias civil e federal. Compulsando o teor do art. 4º, parágrafo único, do CPP, vemos que este consagra a possibilidade de inquéritos não policiais (ou **extrapoliciais**). Certamente não desejou o nosso legislador, nem mesmo o constituinte, que as investigações criminais fossem exclusivas da polícia. Tanto é verdade que existe a possibilidade do desenvolvimento de procedimentos administrativos, fora da seara policial, destinados à apuração de infrações penais e que podem perfeitamente viabilizar a propositura da ação criminal.

Também constatamos que a polícia pode conduzir outros procedimentos investigativos que não se acomodam ao conceito de inquérito policial, mas que podem ostentar igual natureza. A seguir, abordaremos as diversas espécies de investigações preliminares, à exceção do inquérito policial, eis que este será estudado no capítulo autônomo.

6. VERIFICAÇÃO DE PROCEDÊNCIA DAS INFORMAÇÕES (VPI)

A verificação de procedência de informações recebidas pela autoridade policial é procedimento simplificado, iniciado de forma prévia ao inquérito policial. O dispositivo legal que possibilita a instauração dessa espécie de sindicância preliminar ao inquérito é o § 3º, do artigo 5º, do Código de Processo Penal. De acordo com o teor desse enunciado, a partir de notícia-crime levada ao conhecimento da autoridade policial, esta, **verificada a procedência das informações**, ordenará a instauração de inquérito.

Vale dizer, a verificação de procedência é a forma preliminar de constatação dos elementos mínimos necessários para que um inquérito policial não seja instaurado temerariamente. André Nicolitt aponta que a "Verificação Preliminar de Inquérito" ou "Verificação da Procedência das Informações" (VPI) é um procedimento investigatório, independentemente do nome que se lhe dê. Decerto, uma vez iniciado tal procedimento, não sendo caso de deflagração do processo, ela passa a se sujeitar ao mecanismo de controle de arquivamento previsto no art. 28, *caput*, do CPP[3], com redação dada pela Lei nº 13.964/2019, por se tratar de uma peça de informação conduzida pela polícia[4].

7. INQUÉRITOS PARLAMENTARES

Patrocinados pelas Comissões Parlamentares de Inquérito (CPIs), e que por força do art. 1º da Lei nº 10.001/2000, remeterão os respectivos relatórios com a resolução que o aprovar aos chefes do Ministério Público da União ou dos Estados, ou ainda às autoridades administrativas ou judiciais com poder de decisão, conforme o caso, para prática de atos de sua competência. O inquérito parlamentar deve ser instaurado por prazo certo, como deliberação de um terço dos membros da Câmara dos Deputados ou do Senado.

Nos termos do ***caput***, do art. 1º, da Lei 1.579/1952, com redação dada pela Lei nº 13.367/2016, as Comissões Parlamentares de Inquérito, criadas na forma do § 3º, do art. 58, da Constituição Federal, terão poderes de investigação próprios das autoridades judiciais,

3. Dispositivo com eficácia suspensa, nos termos de decisão monocrática do Supremo Tribunal Federal (STF – ADI 6298/DF – Medida Cautelar – Rel. Min. Luiz Fux – 22 jan. 2020).
4. NICOLITT, André. *Manual de processo penal*. 5. ed. São Paulo: RT, 2014. p. 190.

além de outros previstos nos regimentos da Câmara dos Deputados e do Senado Federal, com ampla ação nas pesquisas destinadas a apurar fato determinado e por prazo certo. O parágrafo único, daquele enunciado, complementa que a criação de Comissão Parlamentar de Inquérito dependerá de requerimento de um terço da totalidade dos membros da Câmara dos Deputados e do Senado Federal, em conjunto ou separadamente.

Por sua vez, o inquérito parlamentar será analisado prioritariamente, cabendo à autoridade a quem foi encaminhado informar à respectiva comissão, em trinta dias, quais as providências adotadas. Havendo instauração de procedimento investigativo ou de processo judicial em razão do inquérito parlamentar, a autoridade que o presidir, a cada seis meses, deverá informar à CPI em que fase se encontra o procedimento, estabelecendo assim perene acompanhamento pelo Poder Legislativo (art. 2º, *caput* e parágrafo único, Lei nº 10.001/2000). O próprio STF, no verbete nº 397, de sua Súmula, assevera que o poder de polícia da Câmara dos Deputados e do Senado Federal, em caso de crime cometido nas suas dependências, compreende, consoante o regimento, a prisão em flagrante do acusado e a realização do inquérito.

Sobre esse ponto, em divergência, Rômulo Moreira anota que aquele teor da Súmula conflita com as atribuições da polícia federal, haja vista que entende não caber à polícia legislativa mais do que a simples voz e efetivação da prisão em flagrante do autor do fato. Em outros termos, pondera que a lavratura de auto de prisão em flagrante e a realização de inquérito por delito ocorrido nas dependências das casas legislativas da União são atribuições da polícia federal. O processualista argumenta que aquele enunciado é anterior à Constituição de 1988, eis que editada em 3 de abril de 1964, indicando as hipóteses cuja atribuição da polícia federal é apontada pelo ordenamento jurídico[5].

As Comissões Parlamentares de Inquérito poderão determinar diligências que reputarem necessárias e requerer a convocação de Ministros de Estado, tomar o depoimento de quaisquer autoridades federais, estaduais ou municipais, ouvir os indiciados, inquirir testemunhas sob compromisso, requisitar da administração pública direta, indireta ou fundacional informações e documentos, e transportar-se aos lugares onde se fizer mister a sua presença. Entrementes, em caso de não comparecimento da testemunha sem motivo justificado, a sua intimação será solicitada ao juiz criminal da localidade em que resida ou se encontre, a teor dos arts. 218 e 219, do CPP. Vale dizer, o poder de condução coercitiva é reservado ao Poder Judiciário, exigindo-se decisão fundamentada que evidencie o atendimento dos pressupostos legais.

Também submetida à cláusula de reserva jurisdicional está a possibilidade de imposição de medidas cautelares restritivas de direito dos investigados em inquérito parlamentar, cabendo ao presidente da Comissão Parlamentar de Inquérito, por deliberação desta, solicitar, em qualquer fase da investigação, ao juízo criminal competente medida cautelar necessária, quando se verificar a existência de indícios veementes da proveniência ilícita de bens (art. 3º-A, Lei nº 1.579/52).

5. MOREIRA, Rômulo de Andrade. Polícia Legislativa pode realizar investigação criminal?. *Revista Jus Navigandi*, Teresina, ano 20, nº 4467, 24 set. 2015. Disponível em: <http://jus.com.br/artigos/42640>. Acesso em: 15 fev. 2020.

8. INQUÉRITOS POLICIAIS MILITARES

A teor do art. 8º, do Código de Processo Penal Militar, estão a cargo da polícia judiciária militar, composta por integrantes da carreira. Nada impede que sejam requisitados à polícia civil e respectivas repartições técnicas pesquisas e os exames necessários a subsidiar o inquérito militar. Quanto aos crimes dolosos contra a vida praticados por militar contra civil, mesmo sendo delitos comuns, de competência do tribunal do júri, por força do art. 82, § 2º, do CPPM, são passíveis de inquérito militar, que servirá para embasar futura denúncia. Nada impede que seja também instaurado inquérito policial no âmbito da polícia civil, coexistindo os procedimentos.

9. INQUÉRITO CIVIL

Disciplinado no art. 8º, § 1º, da Lei nº 7.347/1985, é presidido pelo Ministério Público e objetiva reunir elementos para a propositura da ação civil pública. Pode perfeitamente embasar ação de âmbito criminal.

10. INQUÉRITO JUDICIAL

Tratado na antiga Lei de Falências (Dec-Lei nº 7.661/1945) –, consistia em um procedimento preparatório para a ação penal, presidido pelo juiz de direito, e irrigado pelo princípio do contraditório e da ampla defesa. A atual Lei de Falências, contudo, revogando o diploma anterior, não disciplinou o instituto, de sorte que, a nosso sentir, e sem ingressar no aspecto da constitucionalidade de se admitir um inquérito presidido pelo magistrado, em frontal violação ao sistema acusatório, nos inclinamos pelo entendimento de que o inquérito judicial se encontra revogado pela atual Lei de Falências (Lei nº 11.101/2005). Por outro lado, o art. 3º, da revogada Lei nº 9.034/1995 (crime organizado), que autorizava que as diligências investigatórias no âmbito das organizações criminosas fossem realizadas diretamente pelo magistrado, ensejando a figura do juiz inquisidor, também ficou para trás, sendo que o atual diploma regulando a criminalidade organizada não apresenta algo similar (Lei nº 12.850/2013).

11. INQUÉRITOS POR CRIMES PRATICADOS POR MAGISTRADOS OU PROMOTORES

São as investigações presididas pelos órgãos de cúpula de cada carreira, de acordo com o que dispõe o art. 33, parágrafo único, da LOMAN (Lei Orgânica da Magistratura Nacional), e art. 41, parágrafo único, da LONMP (Lei Orgânica Nacional do Ministério Público).

12. INVESTIGAÇÕES ENVOLVENDO AUTORIDADES QUE GOZAM DE FORO POR PRERROGATIVA DE FUNÇÃO

Em tais hipóteses, o delegado de polícia não poderá indiciar tais autoridades, nem instaurar inquérito para apuração de eventual infração, pois as investigações vão tramitar perante o tribunal onde a referida autoridade desfruta do foro privilegiado. Ex.: caso um senador venha a praticar infração penal, as investigações vão se desenvolver sob a presidência de um Ministro do STF.

Desse modo, entendemos que se um deputado federal for encontrado em flagrante, a solução legal/constitucional é a prisão em flagrante, seguida de comunicação imediata ao STF, a quem compete a presidência investigativa.

No Supremo Tribunal Federal, temos decisões em dois sentidos:

(1) a primeira que concluiu que, para instauração de inquérito policial contra parlamentar, não precisa que o delegado de polícia obtenha prévia autorização da Câmara dos Deputados, nem do Supremo Tribunal Federal, bastando submeter o inquérito, no prazo legal, ao STF, já que é perante este que eventual ação penal naquele baseada poderá ser processada e julgada, consoante precedente consignado nos autos do HC 80592;

(2) a segunda, posterior àquela, e que respalda nosso entendimento, reputou nulo o indiciamento de senador pelo delegado de polícia, ao fundamento de que a prerrogativa de foro tem por fito garantir o livre exercício da função do agente público e, para sua efetividade, a supervisão judicial constitucional pelo STF deve ser desempenhada durante toda a tramitação das investigações, sob pena de esvaziamento da ideia de prerrogativa, conforme exposto no HC 2411 QO.

13. INVESTIGAÇÕES DE OFÍCIO PELO STF

A atuação do Judiciário deve depender de provocação. A exceção admitida constitucionalmente é a competência para salvaguardar os direitos individuais cuja franquia tenha sido reservada à sua autorização prévia, como, aliás, estipula o art. 3º-B[6], do CPP. É fomentado pelo ordenamento jurídico o dever-poder de relaxar prisões ilegais (art. 5º, LXV, CF) e de coibir o seu risco, mediante a conjugação da disposição que contempla o habeas corpus preventivo (art. 5º, LXVIII, CF).

No entanto, o STF considerou legal e constitucional a abertura de inquérito policial, de ofício por intermédio de portaria emitida pelo Presidente da Corte, "com objetivo de investigar a existência de notícias fraudulentas (*fake news*), denunciações caluniosas e ameaças contra a Corte, seus ministros e familiares".

Nos autos de ação de descumprimento de preceito fundamental, o Supremo Tribunal Federal frisou que, "diante de incitamento ao fechamento do STF, de ameaça de morte ou de prisão de seus membros e de apregoada desobediência a decisões judiciais", estaria correta a instauração *ex officio* da investigação, reunindo como argumentos, de um lado, os indícios de terrorismo, a necessidade de autodefesa e de defesa do sistema, bem como, de outro, a possibilidade de contraditório e de acesso dos advogados às informações.

Os argumentos aludidos, em torno da defesa do sistema, podem conduzir, inversamente, a uma patologia de sua estrutura acusatória. Há órgãos da persecução penal responsáveis por apurar condutas delituosas, abjetas e inconcebíveis a um mundo civilizado. Entretanto, é fulcral que não se permita ingressar em uma álea prejudicial ao valor da imparcialidade dos órgãos do Poder Judiciário (art. 5º, LIII, CF). A nosso ver, agiu equivocadamente a Corte

6. Dispositivo com eficácia suspensa, nos termos de decisão monocrática do Supremo Tribunal Federal (STF – ADI 6298/DF – Medida Cautelar – Rel. Min. Luiz Fux – 22 jan. 2020).

quando se afastou dos contornos da racionalidade do sistema constitucional de processo penal para fazer às vezes de órgão com atribuições investigativas.

14. INVESTIGAÇÕES PARTICULARES E INVESTIGAÇÃO CRIMINAL DEFENSIVA

Podem embasar a ação penal, contudo encontram ampla limitação em razão dos parcos recursos do cidadão para a colheita de elementos probatórios. A disciplina legal existente é parca e se refere aos detetives particulares (Lei nº 3.099/1957). A profissão do detetive particular é reconhecida pela Lei nº 13.432/2017, cujo art. 2º prevê sua atuação na coleta de dados de natureza não criminal. Embora carente a regulamentação no âmbito do processo penal, pensamos que não há óbice à condução paralela de investigação pela defesa do indiciado (**investigação criminal defensiva**), desde que não ofenda direitos individuais fundamentais, como a intimidade, a honra e a vida privada.

O Projeto de Código de Processo Penal (Projeto nº 156/2009), a propósito, prevê disciplina específica para a **investigação criminal defensiva** conduzida pelo investigado, assistido por seu advogado, por defensor público ou por outros mandatários com poderes expressos. O artigo 13, do Projeto, dispõe que será facultado ao investigado tomar iniciativa de investigar, identificando fontes de prova em favor de sua defesa, inclusive entrevistando pessoas. Trata-se de enunciado que objetiva instituir, expressamente, permissão legal para investigar, muito embora o sistema já admita tal possibilidade implicitamente, eis que não há incompatibilidade, nem, muito menos, vedação. A investigação defensiva, no entanto, poderá ser controlada pelo Judiciário, mormente se houver excesso.

O citado projeto tem a virtude de prevê regulamentação mínima para a investigação defensiva, destacando que:

(1) as entrevistas no curso dessa investigação deverão ser precedidas de esclarecimentos sobre seus objetivos e do consentimento formal das pessoas ouvidas;

(2) a suposta vítima não poderá ser interpelada para os fins de investigação defensiva, salvo se houver autorização do chamado juiz das garantias, sempre resguardado o seu consentimento;

(3) nesse caso, o juiz das garantias poderá, sendo necessário, fixar condições para a realização da entrevista;

(4) os pedidos de entrevista deverão ser feitos com discrição e reserva necessárias, em dias úteis e com observância do horário comercial;

(5) o material produzido poderá ser juntado aos autos do inquérito, a critério da autoridade policial, na senda da discricionariedade que caracteriza este procedimento de investigação preliminar; e

(6) os condutores da investigação criminal defensiva estarão sujeitos à responsabilidade civil, criminal e disciplinar por eventuais excessos cometidos.

15. INVESTIGAÇÕES A CARGO DO MINISTÉRIO PÚBLICO

É perfeitamente possível ao Ministério Público a realização de investigações no âmbito criminal. Perceba que não se deseja a presidência do inquérito policial pelo Ministério

Público, pois isto, por reclamo constitucional (art. 144, § 4º, da CF/1988), é atribuição da autoridade policial (art. 2º, § 1º, Lei nº 12.830/013). O que se pretende, sendo plenamente possível por decorrência do texto constitucional e com base na teoria dos poderes implícitos (***implied powers theory***), é a possibilidade do órgão ministerial promover, por força própria, a colheita de material probatório para viabilizar o futuro processo.

Poderia, assim, o promotor de justiça instaurar procedimento administrativo investigatório (inquérito ministerial ou PIC – procedimento investigativo criminal), e colher os elementos que repute indispensáveis, dentro das suas atribuições, para viabilizar a propositura da ação penal. Eventuais temores pelos excessos possíveis não devem objetar a posição aqui assumida, pois não se ilide a responsabilidade administrativa, civil e criminal do membro do Ministério Público incauto na presidência da investigação preliminar. Nesse sentido manifesta-se o Superior Tribunal de Justiça, segundo o qual a polícia judiciária não possui o monopólio da investigação criminal[7]. Corroborando o entendimento, o verbete sumular de nº 234, do STJ, dispõe que a participação de membro do Ministério Público na fase investigatória criminal não acarreta o seu impedimento ou suspeição para o oferecimento da denúncia.

Superando entendimento refratário à investigação ministerial, o STF passou a ser favorável àquela iniciativa, afinal, quem tem atribuição constitucional para exercer a ação, também deve possuir as ferramentas para levantar subsídios para esse mister (teoria dos poderes implícitos). Consolidou-se a tese, fixada em repercussão geral, sublinhando que o Ministério Público dispõe de competência para promover, por autoridade própria, e por prazo razoável, investigações de natureza criminal, desde que respeitados os direitos e garantias que assistem a qualquer indiciado ou a qualquer pessoa sob investigação do Estado. Igualmente, devem ser respeitados os casos de reserva constitucional de jurisdição, bem como as prerrogativas profissionais estabelecidas em lei. Note-se que o STF, ao cuidar desse tema de nº 184, além de reconhecer a iniciativa investigativa do Ministério Público, estabeleceu alguns parâmetros a serem observados pelo *Parquet* para que a investigação seja legítima[8].

16. INVESTIGAÇÕES PELOS DEMAIS ÓRGÃOS PÚBLICOS

Como se depreende, a atividade investigativa não é exclusiva da polícia. Peças de informação podem ser suficientes para a propositura da ação penal, eis que o inquérito policial é dispensável. Daí ser possível que a autoridade administrativa que conduz procedimento para apurar faltas disciplinares, diante da notícia de crime de ação penal pública incondicionada, extraia cópias e remeta ao órgão do Ministério Público, podendo este valer-se de tais peças para oferecer denúncia.

O Conselho de Controle de Atividades Financeiras (COAF) tem, dentre suas atribuições, a de identificar as operações suspeitas de práticas ilícitas referentes à lavagem de capitais, sem prejuízo da atuação concorrente de outros órgãos. O poder de controle e fiscalização do COAF/UIF (Unidade de Inteligência Financeira) é concretizado com a adoção da política de conhecer o cliente (***know your customer*** – KYC) e pode ser inferida

7. STJ – Quinta Turma – HC 459.186/AP – Rel. Min. Ribeiro Dantas – DJe 07 out. 2019.
8. STF – Segunda Turma – ARE 1151032 AgR – Rel. Min. Ricardo Lewandowski – Publicado em 23 set. 2019.

pela conjugação dos artigos 9º, 10, III, e 14, § 3º, da Lei de Lavagem de Capitais (branqueamento de capitais, em Portugal).

O fito é compelir instituições financeiras e similares a conhecer o perfil do cliente, o costume do correntista, detectando operações incompatíveis, suspeitas de lavagem de dinheiro. Naturalmente, ciente o COAF/UIF de indícios de crime, deve encaminhar peças de informação ao órgão do Ministério Público para as providências penais cabíveis.

17. TERMO CIRCUNSTANCIADO DE OCORRÊNCIA

Nas infrações de menor potencial ofensivo, quais sejam, os crimes com pena máxima não superior a dois anos e todas as contravenções penais comuns, tratadas pela Lei nº 9.099/1995 (Lei dos Juizados), o legislador, visando imprimir celeridade, prevê, como regra, no art. 69, a substituição do inquérito policial pela elaboração do termo circunstanciado de ocorrência (TCO), que é uma peça despida de rigor formal, contendo breve e sucinta narrativa que descreve sumamente os fatos e indica os envolvidos e eventuais testemunhas, devendo ser remetido, ***incontinenti***, aos Juizados Especiais Criminais.

É mera irregularidade a realização de inquérito policial ao invés do termo circunstanciado. Em algumas situações, como na hipótese da autoria da infração ser desconhecida ou da alta complexidade do fato, restará à autoridade policial, como alternativa, a elaboração do inquérito.

A legitimidade para presidência do TCO é da autoridade policial, afinal, é ferramenta de investigação preliminar, estando circunscrita a margem de atribuição da polícia judiciária. Todavia, já se tem admitido a elaboração do TCO pela polícia militar, em razão da baixa complexidade da peça[9]. No particular, somos obrigados a discordar. A apuração das infrações penais é atribuída constitucionalmente à polícia civil, e o TCO é a peça preliminar correspondente no âmbito dos juizados. Ademais, de regra, ele é o supedâneo para a proposta de transação penal e até mesmo da denúncia, no procedimento dos juizados especiais, exigindo a colheita de lastro probatório idôneo, por autoridade legítima, o que não pode ser generalizado. O papel da polícia militar, de relevância inconteste para a segurança social, não se confunde com a atuação da polícia civil, nem é direcionado a esse objetivo.

Por sua vez, a Lei nº 11.343/2006 (Lei de tóxicos), prevê a presidência da lavratura do TCO pelo magistrado, nos delitos de porte para uso de substância entorpecente e cultivo ou semeio para consumo (art. 48). Na falta do magistrado, a lavratura será realizada pela autoridade policial. Na atual ordem constitucional, não cabe ao magistrado esse papel, razão pela qual entendemos que a previsão é flagrantemente inconstitucional.

Nos autos de ação direta de inconstitucionalidade (ADI) que questionou a constitucionalidade dos do § 3º, do art. 48, da Lei de Drogas, o STF avivou não ter definido, anteriormente, "a lavratura de termo circunstanciado como ato de polícia judiciária". Cotejado o § 3º com o § 2º, do aludido dispositivo, pode-se extrair a conclusão de que o TCO pode ser lavrado por juiz. A ADI foi julgada improcedente, reconhecendo a constitucionalidade do artigo sob debate.

9. TOURINHO FILHO, Fernando da Costa. *Comentários à lei dos juizados especiais criminais*. 2. ed. São Paulo: Saraiva, 2002. p. 71-72.

Dentre as justificativas para essa conclusão, foi dito que "a lavratura de termo circunstanciado de ocorrência não configura ato de investigação", ainda que "substitua o inquérito policial como principal peça informativa dos processos penais que tramitam nos juizados especiais". Para o Supremo Tribunal Federal, o TCO não é procedimento investigativo, mas um apenas um boletim de ocorrência mais elaborado, pelo que não haveria vedação para outros órgãos registrarem o fato[10].

No entanto, a questão envolve mais de um ponto de vista, porquanto o ato de registro de uma ocorrência pressupõe fatos anteriores, retratando essência similar a um inquérito ou a qualquer outro nome que se lhe dê. Para ser lavrado um TCO, pode ser necessário ouvir pessoas. De outro lado, se preciso demonstrar materialidade, deve ser juntado exame correspondente, ainda que simplificado. Trata-se de produção de elementos de informação, inserido no gênero probatório.

Então, a luz de um olhar mais apurado, o TCO documenta:

(1) **procedimento** de apuração do fato considerado, em tese, delito, com a realização de registros probatórios que viabilizem autoria e materialidade;

(2) **norma jurídica** que direciona como devem ser coligidas as marcas deixadas pelo suposto cometimento de infração penal de menor potencial ofensivo;

(3) **ato** de registro da atuação vinculada do órgão público responsável, verificado pela lavratura de um termo como, aliás, acontece em toda a atuação da persecução penal estatal, por ser preciso reduzir tudo a escrito, indispensáveis à produção de efeitos jurídicos.

Com essa percepção, mais ampla, entendemos ser injustificável considerar o termo circunstanciado de ocorrência um procedimento não investigativo, ainda que dotado de simplicidade. Também indevido justificar sua lavratura pelo Poder Judiciário, situando-o em permeio a um boletim de ocorrência (que seria menos detalhado) e um inquérito policial (reputado mais aprofundado).

Veja-se, ainda, que o vocábulo investigar expressa função que o TCO deve ter: pesquisar, buscar, reunir unilateralmente (sem contraditório), fazer diligências para descobrir algo, inquirir, indagar ou atuar organizadamente para encontrar o motivo de uma infração penal.

18. INVESTIGAÇÕES CONJUNTAS

É possível a reunião, formal (por convênio, por exemplo) ou informal (ocasional), de esforços de órgãos para investigar determinados delitos, a exemplo do que ocorre com a formação de forças tarefas (***task forces***). Para tanto, deve haver permissivo legal, delimitando as atribuições dos órgãos envolvidos. A Lei nº 13.344/2016, que dispõe sobre a prevenção e a repressão do tráfico interno e internacional de pessoas, bem como sobre a proteção às vítimas, prevê a formação de equipes conjuntas de investigação em seu art. 5º, III, ao lado da possibilidade de cooperação entre órgãos do sistema de justiça e segurança, nacionais e estrangeiros (inciso I) e da integração de políticas e ações de repressão aos crimes correlatos e da responsabilização dos seus autores (inciso III).

10. STF – Pleno – ADI 3807/DF – Rel. Min. Cármen Lúcia – julgado em: 20 jun. 2020.

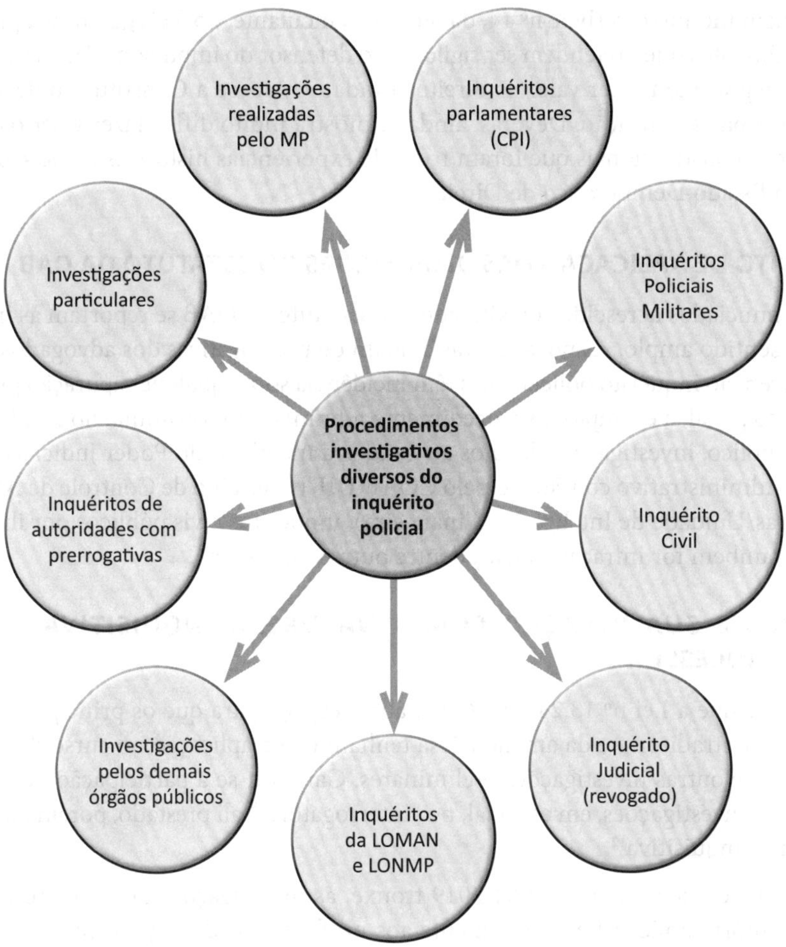

19. AMPLIAÇÃO DO ACESSO AOS AUTOS DE INVESTIGAÇÃO PRELIMINAR PELO ADVOGADO

O sigilo dos autos inseridos nos sistemas de investigação preliminar se relaciona, muito proximamente, com a necessidade de proteção das garantias individuais do imputado. Sob essa ótica, o acesso aos autos pelo advogado do investigado não conflita com o segredo, que deve ser direcionado, corretamente, aos não envolvidos na investigação. De tal sorte, o procedimento que apura infração penal não pode ser equivalente a perseguições secretas, tendentes a surpreender alguém que, por exemplo, por anos a fio, é mantido como investigado, sem o saber.

Desse olhar constitucional sobre o sigilo que recai sobre algumas providências investigativas urgentes e relevantes para o enfrentamento da questão criminal, também nasceu a importância de se assegurar maior acesso às investigações criminais: não com o fito de constranger o imputado, com divulgações midiáticas açodadas, porém com o propósito de tutelar direitos fundamentais, também afetados nessa fase pré-processual.

As disposições que asseguram o direito de acesso aos autos do inquérito policial e de outras investigações criminais pelo advogado não se mostraram suficientes para conter abusos. Nem mesmo o verbete nº 14, da Súmula Vinculante, do STF, garantiu a proscrição de procedimentos que pretendem ser sigilosos ao defensor do imputado. Não precisaríamos de tantas regras para fazer valer os direitos fundamentais se a Constituição de 1988 não tivesse uma baixa aplicação. Deveras, ainda se mostra muito difícil fazer valer o conjunto de garantias constitucionais que foram fruto de experiências históricas e que são um dos pilares do Estado Democrático de Direito.

20. ÂMBITO DE APLICAÇÃO DAS DISPOSIÇÕES DO ESTATUTO DA OAB

Os enunciados acrescidos ou alterados no Estatuto da OAB se reportam às investigações, em sentido amplo. As novas regras cuidam de prerrogativas dos advogados que não se restringem ao inquérito policial, mas têm incidência sobre qualquer apuração preliminar ao processo penal, a exemplo do procedimento administrativo criminal no âmbito do Ministério Público, investigações de fatos atribuídos a membros do Poder Judiciário, Procedimento Administrativo conduzido pelo COAF/UIF (Conselho de Controle de Atividades Financeiras/Unidade de Inteligência Financeira), inquéritos civis públicos por ilícito cível (quando também for infração penal), dentre outras hipóteses[11].

21. SIGILO E SUA RELAÇÃO COM A NATUREZA INQUISITIVA DA FASE PRÉ-PROCESSUAL

Note-se que a Lei nº 13.245/2016 não abriu espaço para que os princípios da publicidade, do contraditório e da ampla defesa tenham plena aplicação no curso do inquérito policial ou de outras investigações preliminares. Garantiu-se a participação do advogado nos atos das investigações, em especial, no "interrogatório" ali prestado, porém não afastou sua essência inquisitiva[12].

É verdade que a Lei nº 13.964/2019 trouxe, às investigações preliminares, previsão de contraditório aplicável exclusivamente aos profissionais de segurança pública que se envolvam em uso de força legal, como se vê do art. 14-A, do CPP. Essa possibilidade é de duvidosa constitucionalidade, por ser restritas àqueles funcionários estatais. Melhor seria que ela fosse garantida aos investigados em geral.

A Constituição assegura o contraditório e a ampla defesa aos litigantes em processos judiciais e administrativos. A investigação pré-processual, por sua natureza prévia, não se acomoda àquele conceito constitucional, apesar de ser "procedimento administrativo". O seu desenvolvimento sob a égide da publicidade e do contraditório pleno tornaria a investigação similar ao processo penal, sem que fosse conduzida por magistrado.

Afrânio Silva Jardim tocou no cerne da questão, apontando a fragilidade de tratar a investigação preliminar como se processo fosse, pois se aquela viesse a ter contraditório,

---

11. MOREIRA, Rômulo de Andrade; ROSA, Alexandre Morais da. Lei nova 13.245/2016: saiba quando, onde e como o advogado deve ter vista da investigação preliminar. *Empório do Direito*. Disponível em: <http://emporiododireito.com.br/lei-nova-13-24516-saiba-quando-onde-e-como-o-advogado-deve-ter-vista-da-investigacao-preliminar-por-romulo-de-andrade-moreira-e-alexandre-morais-da-rosa/>. Acesso em: 18 jan. 2016.
12. Em sentido contrário: SUMARIVA, Paulo Henrique. Inquérito policial deixa de ser inquisitivo: Lei 13.245/2016 altera as regras da investigação criminal. *JusBrasil*. Disponível em: <http://paulosumariva.jusbrasil.com.br/artigos/296224010/inquerito-policial-deixa-de-ser-inquisitivo-lei-13245-2016-altera-as-regras-da-investigacao-criminal>. Acesso em: 19 jan. 2016.

passaria a ser uma primeira fase do processo penal: "a prova ali produzida poderia lastrear um juízo condenatório. O que pode parecer liberal, na verdade, de liberal não tem nada. O nosso sistema processual penal restaria totalmente descaracterizado e esta primeira fase do processo seria instaurada sem qualquer lastro probatório mínimo"[13].

Com efeito, entendemos que a lei nova não aboliu a natureza inquisitiva do inquérito, mas trouxe a possibilidade de incidência regrada de porção do contraditório e da defesa (sem ser ampla), assegurando a essencial "paridade de armas" à defesa técnica. A previsão para intervenção do advogado na produção dos elementos de informação das investigações é similar a uma investigação defensiva, no bojo dos próprios autos do inquérito ou de outra apuração. Essa possibilidade está descrita na previsão do advogado "apresentar razões e quesitos" no curso da investigação (art. 7º, XXI, "a", Estatuto da OAB). A previsão legal é medida importante para limitar o risco de recortes de versões do fato ou de condução intencional do resultado das investigações. De todo modo, deve ser interpretada na sua exata dimensão, para que não se deseje, ao arrepio do *caput* do art. 155 do CPP, justificar futuras condenações amparadas substancialmente em tais elementos.

Argumentação similar é esposada por Henrique Castro e Adriano Sousa Costa: "A justificativa da natureza inquisitorial é de fácil entendimento. Afinal, caso os atos investigatórios dependessem de prévia comunicação à defesa, restaria frustrada a localização de fontes de prova e comprometida a eficácia da Polícia Judiciária, em grande parte calcada no elemento surpresa. [...] Isso não significa que não haja incidência dos princípios do contraditório e da ampla defesa, que são perfeitamente aplicáveis durante a fase pré-processual, ainda que de forma mais tênue do que na fase processual"[14].

22. DIREITO DO ADVOGADO DO REPRESENTADO DE EXAMINAR OS AUTOS DA INVESTIGAÇÃO

É garantido ao advogado o direito de examinar, em qualquer instituição responsável por conduzir investigação, mesmo sem procuração, autos de flagrante e de investigações de qualquer natureza, findos ou em andamento, ainda que conclusos à autoridade, podendo copiar peças e tomar apontamentos, em meio físico ou digital (art. 7°, XIV, Lei 8.906/94).

Tal disposição foi expressa no sentido de dispensar a apresentação da procuração, que é o documento formal que materializa o contrato de mandato. Para consultar os autos de investigação criminal, basta ao advogado apresentar-se como tal e que está agindo no interesse do representado (investigado ou indiciado).

No entanto, se houver sujeição dos autos da investigação a alguma espécie de sigilo, deve o advogado apresentar a procuração, haja vista que se tutela aqui tanto a eficiência da apuração, quanto os direitos do imputado (§ 10, art. 7º, Lei 8.906/94).

13. JARDIM, Afrânio Silva. Algumas reflexões sobre as investigações de condutas delituosas e a atuação dos advogados. *Empório do Direito*. Disponível em: <http://emporiododireito.com.br/algumas-reflexoes/>. Acesso em: 18 jan. 2016.

14. CASTRO, Henrique Hoffmann Monteiro de; COSTA, Adriano Sousa. Advogado é importante no inquérito, mas não obrigatório. *Consultor jurídico*. Disponível em: <http://www.conjur.com.br/2016-jan-14/advogado-importante-inquerito-policial-nao-obrigatorio>. Acesso em: 15 fev. 2020.

Caso se verifique que o advogado não está agindo em proveito da defesa ou que está se valendo da sua condição para divulgar informações das investigações à imprensa, a autoridade policial deve indeferir o acesso aos autos. Fora dessas hipóteses, a negativa indevida sujeitará o encarregado da apuração à responsabilidade por delito de abuso de autoridade (Lei nº 13.869/2019)[15].

23. SIGILO DOS AUTOS DE INVESTIGAÇÃO E AUTORIDADE RESPONSÁVEL PELOS SEUS LIMITES

Primeira premissa que deve ficar bem vincada é a de que o sigilo de autos de inquérito policial, investigação criminal ou processo não deve ter como destinatário o advogado. O que está documentado nesses autos é plenamente acessível pelo advogado que age, legalmente, em favor dos interesses do imputado.

No entanto, a autoridade investigante poderá delimitar o acesso do advogado aos elementos de prova relacionados a diligências em andamento e ainda não documentados. Veja-se que o legislador, embora regulando prerrogativas do advogado, findou por prever restrições ao seu acesso a elementos de prova relacionados a diligências em andamento e ainda não documentados.

O enunciado legal refere "autoridade competente", sem indicar qual a autoridade com o poder de circunscrever o acesso do advogado: delegado de polícia, membro do Ministério Público ou juiz. Valeu-se da expressão "autoridade competente" que, tecnicamente, seria designativo do poder dos magistrados, haja vista que para as demais autoridades reserva-se, doutrinariamente, a locução "autoridade com atribuição".

Duas vertentes doutrinárias se formam em torno de qual autoridade que tem a atribuição ou a competência para delimitar o acesso do advogado aos elementos de prova relacionados a diligências em andamento e ainda não documentados.

A primeira, com tendência majoritária, reputa que a autoridade responsável é a policial ou a encarregada de outras investigações preliminares. Em outras palavras, segundo esta concepção, cabe à autoridade policial, ministerial ou encarregada das investigações obstar o acesso do advogado àqueles elementos que ainda não foram documentados no inquérito policial ou em outros autos de investigação preliminar, de forma fundamentada.

Defendendo ser a autoridade investigativa a responsável para delimitar o acesso do advogado aos elementos de informação e criticando o legislador pela falta de técnica na diferenciação entre ato de prova e ato de investigação, Rômulo de Andrade Moreira e Alexandre Morais da Rosa pontificam que "apenas justifica-se a restrição quanto às diligências em andamento (nunca em relação aquelas já realizadas, ainda que não documentadas) e quando houver risco efetivo (e sério) de comprometimento da eficácia ou da finalidade das diligências". Havendo, efetivamente, real comprometimento à eficácia ou à finalidade do ato de investigação, "parece-nos razoável que não tenha, ainda, o advogado acesso a este ato procedimental, protelando-se o acesso. Tudo deve ser, como dito acima, também

15. MOREIRA, Rômulo de Andrade; ROSA, Alexandre Morais da. Lei nova 13.245/2016: saiba quando, onde e como o advogado deve ter vista da investigação preliminar. *Empório do Direito*. Disponível em: <http://emporiododireito.com.br/lei-nova-13-24516-saiba-quando-onde-e-como-o-advogado-deve-ter-vista-da-investigacao-preliminar-por-romulo-de-andrade-moreira-e-alexandre-morais-da-rosa/>. Acesso em: 18 jan. 2016.

justificado, em conformidade com o art. 2º, § 6º., da Lei nº 12.830/2013, por analogia. A motivação da exceção precisa de motivação pela autoridade condutora da investigação”[16].

A segunda corrente, a qual propugnamos ***ad legem ferenda***, sustenta a necessidade de decisão judicial para que haja restrição de acesso a elementos de prova relacionados a diligências em andamento e não documentados. É o que na prática forense se dá com a aposição de sigilo aos requerimentos de busca e apreensão, de interceptação telefônica ou de quaisquer diligências cuja preservação de segredo seja essencial ao seu êxito. Todos são formados em autos apartados aos da investigação preliminar e submetidos à apreciação do juiz. A gravidade da limitação a direito fundamental impõe decisão judicial.

De acordo com essa segunda orientação, no que concerne às diligências não documentadas, diante da possibilidade de frustração de seus objetivos por conta do acesso ao seu conteúdo pelo advogado, a autoridade competente deve descrever, de maneira fundamentada nos autos, a parte que deve o advogado ter acesso.

Na esteira dessa nossa posição, se a autoridade policial se deparar com questão dessa natureza, e não detiver atribuição para resolvê-la, deverá enviá-la ao juiz competente para que a examine e decida motivadamente. A parte final do aludido § 11, do art. 7º, do Estatuto da Ordem, expressa essa atribuição (competência) da autoridade responsável (juiz), averbando que deve ela observar os limites relativos a risco de comprometimento da eficiência, da eficácia ou da finalidade das diligências.

Na realidade, compreendemos ser desnecessário o teor do § 11, do art. 7º, ora estudado. Afinal, tudo o que está nos autos das investigações preliminares é acessível ao advogado do representado. O que não está naqueles autos, por outro lado, não é passível de acesso, simplesmente por não estar ainda documentado.

Melhor seria que a lei dispusesse expressamente sobre a indispensabilidade de decisão judicial pormenorizada para resolver sobre os limites do segredo das investigações e sobre o dever da autoridade investigativa remeter ao juiz a questão quando suscitado óbice de acesso do advogado ao conteúdo de diligências não fundamentadas ou documentadas. Isso porque, a rigor, o delegado de polícia não deveria ter atribuição para resolver limites do sigilo de inquérito ou de diligências em andamento relativamente ao advogado do imputado, como sujeito passivo do segredo, a fim de não conflitar com as prerrogativas da advocacia na tutela dos direitos fundamentais dos investigados.

O § 12, do art. 7º, do Estatuto da OAB, foi acrescido para estabelecer sanção pelo descumprimento da regra enunciada no seu inciso XIV. Em outras palavras, a negativa de acesso aos autos pelo advogado, em desacordo com os direitos gizados naquele inciso, “o fornecimento incompleto de autos ou o fornecimento de autos em que houve a retirada de peças já incluídas no caderno investigativo implicará responsabilização criminal e funcional por abuso de autoridade do responsável que impedir o acesso do advogado com o intuito de prejudicar o exercício da defesa, sem prejuízo do direito subjetivo do advogado de requerer acesso aos autos ao juiz competente”.

---

16. MOREIRA, Rômulo de Andrade; ROSA, Alexandre Morais da. Lei nova 13.245/2016: saiba quando, onde e como o advogado deve ter vista da investigação preliminar. *Empório do Direito*. Disponível em: <http://emporiododireito.com.br/lei-nova-13-24516-saiba-quando-onde-e-como-o-advogado-deve-ter-vista-da-investigacao-preliminar-por--romulo-de-andrade-moreira-e-alexandre-morais-da-rosa/>. Acesso em: 18 jan. 2016.

Em suma, o direito ao acesso pelo advogado com procuração é pleno em relação aos autos de investigação submetidos a sigilo, porquanto já inclusa a documentação. O sigilo deve ser oposto restrita e relativamente a terceiros, estranhos à apuração. No que concerne aos elementos pendentes de documentação, por conta de diligências em andamento, tem cabimento as observações acima tecidas.

Ressalte-se, novamente, que havendo arbítrio por parte da autoridade, admite-se o manejo do mandado de segurança, da reclamação constitucional ao STF (para fazer valer o mandamento do enunciado nº 14, da Súmula Vinculante) e até mesmo de ***habeas corpus***, já admitido em diversos precedentes. Ainda, conforme se extrai do § 12, do art. 7º, ora estudado, autoriza-se o requerimento ao juiz competente (das garantias – a teor do art. 3º-B, CPP[17]), por meio de petição simples, no intuito da consecução do fim almejado.

24. DIREITO DO ADVOGADO DE SE FAZER PRESENTE ÀS DECLARAÇÕES DO INVESTIGADO

Programas de televisão noticiam variadas violações a direitos humanos, a exemplo do ferimento à garantia fundamental que tem o agente de permanecer em silêncio. Não é incomum a existência de reportagens nas quais se vê a autoridade instando o investigado a dizer a verdade. Muitas das vezes, não se tem a presença de advogado ou, quando há, ela fica mais no plano decorativo, em afronta também às prerrogativas dos causídicos.

Com efeito, é direito do advogado se fazer presente e assistir o cliente perante qualquer autoridade investigante, podendo apresentar razões e formular quesitos (art. 7º, XXI, Lei 8.906/94). Ademais, o obstáculo ao acesso do advogado é fato gerador de nulidade (absoluta), não só do ato realizado, como também dos demais que dele decorrem, por força do princípio da consequencialidade (art. 573, § 1º, CPP).

Pensamos que a disposição é salutar, necessária, compatível com a Constituição e não ofensiva aos propósitos da investigação preliminar. Confere-se ao advogado a paridade de armas necessária para que o inquérito policial ou outro procedimento investigativo estatal seja corroborado por uma parcela investigativa de natureza defensiva.

Isso não significa, é bom que se diga, que o advogado será intimado para comparecimento, afinal, a inquisitoriedade permanece. No entanto, tal traço inquisitivo da investigação preliminar não autoriza interrogatório travestido de entrevista, em ambiente intimidatório, em violação à garantia do direito de ficar em silêncio e à de vedação à autoincriminação[18].

Situação distinta ocorre no interrogatório judicial, durante a instrução processual, onde não só a intimação do advogado para comparecimento é necessária, como a sua presença é imprescindível, sob pena de nulidade absoluta, por ausência de defesa técnica (enunciado nº 523, Súmula, STF).

17. Dispositivo com eficácia suspensa, nos termos de decisão monocrática do Supremo Tribunal Federal (STF – ADI 6298/DF – Medida Cautelar – Rel. Min. Luiz Fux – 22 jan. 2020).
18. STF – Segunda Turma – Rcl 33711/SP – Rel. Min. Gilmar Mendes – julgamento em 11 jun. 2019.

25. NULIDADE DO ATO INVESTIGATIVO SEM QUE SEJA ASSEGURADO OU PERMITIDO ADVOGADO

Como já consignado, o obstáculo ou boicote à presença do advogado gera nulidade do interrogatório ou depoimento, que se irradia aos atos subsequentes com vínculo direto ou indireto. Se o suspeito comparecer sozinho, será ouvido normalmente, inexistindo vício.

O ordenamento jurídico passa a reconhecer, expressamente, a aplicação do sistema das nulidades processuais à investigação preliminar. Com essa ferramenta, dissipam-se as dúvidas, injustificáveis, sobre a possibilidade de controle sobre a higidez dos atos do inquérito policial e dos demais procedimentos investigatórios. Como o vício é classificado pelo legislador como "nulidade absoluta", a presunção legal de prejuízo deve compelir o juiz à indispensável invalidação dos atos investigatórios defeituosos, bem como aos que dele dependam.

Veja-se que a nulidade dos atos subsequentes fica estritamente condicionado à relação de dependência. A propósito, Afrânio Silva Jardim elucida que "a nulidade de algum ato do procedimento investigatório prévio jamais pode levar à nulidade do processo penal. Pode sim, se for a única prova a legitimar o exercício da ação penal, levar à extinção desta relação processual sem resolução do mérito, por falta de suporte probatório mínimo que legitime a acusação penal (condição da ação que chamávamos de 'justa causa')"[19].

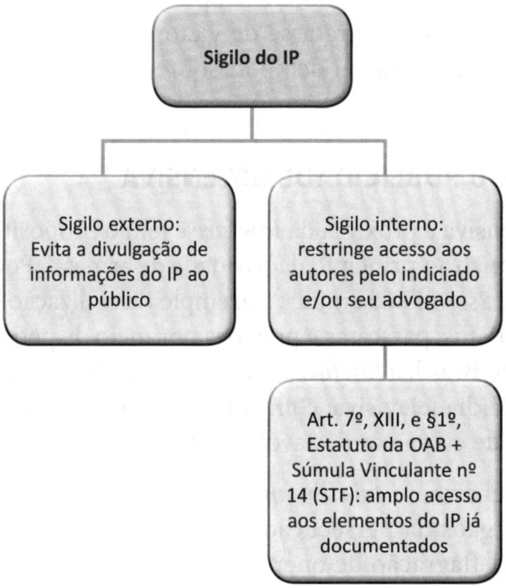

26. *LAWFARE* NA INVESTIGAÇÃO PRELIMINAR

Lawfare é termo que designa estratégia jurídica de dominação de um sujeito em detrimento do outro, mediante manipulação de meios legais disponíveis para mitigar o sigilo das investigações em detrimento das garantias do investigado. Trata-se de abuso de direito que, em tese, pode ser usado pela parte acusadora (Ministério Público ou querelante) ou pelo imputado (defesa). A palavra tem origem inglesa e é formada pela junção

19. JARDIM, Afrânio Silva. Algumas reflexões sobre as investigações de condutas delituosas e a atuação dos advogados. *Empório do Direito*. Disponível em: <http://emporiododireito.com.br/algumas-reflexoes/>. Acesso em: 18 jan. 2016.

de duas outras: ***law*** (direito) e ***warfare*** (guerra), indicando o sentido de uma disputa desigual. No direito internacional, ***lawfare*** pode designar o conjunto de procedimentos aparentemente legais para um Estado, mais forte, constranger e minar a legitimidade de outro Estado, mais fraco, notadamente quando envolvidos assuntos de segurança nacional ou internacional[20].

No direito processual penal, a estratégia ***lawfare***, geralmente, é inferida pela constatação de auxílio dos meios de comunicação (mídia) aos órgãos de persecução penal estatal. Com a divulgação sistemática do caso penal pela mídia, o órgão acusador se agiganta relativamente ao réu. Aliás, entendemos que o acusado, frente aos órgãos de persecução penal, é hipossuficiente, considerando a existência de forte estrutura policial (investigação preliminar), ministerial (promoção de ação penal e de produção probatória) e judicial (condução do processo penal).

Quando, além desses três atores, agrega-se a força da mídia, completa-se a desproporção da parte acusadora relativamente à defesa, eis que a técnica da ***lawfare***, enquanto ilegítima guerra jurídica, tende a enfraquecer, ainda mais, a imagem do acusado, fragilizando-o. Em acréscimo, essa estratégia pode significar tentativa de pressionar ou influenciar negativamente o julgamento, a exemplo de casos emblemáticos julgados pelo júri popular. Como se depreende, trata-se de vício que inquina a persecução penal de nulidade (absoluta), por suprimir ou debilitar sobremodo o direito à ampla defesa e ao contraditório[21].

27. *TRIAL BY MEDIA* OU PUBLICIDADE OSTENSIVA

A publicidade ostensiva é próxima da ***lawfare*** e tem o propósito de afastar o sigilo das investigações, com prejuízo ao princípio da paridade de armas[22]. Pode-se imaginar ***lawfare*** sem que necessariamente se valha da mídia, a exemplo da realização de manifestos públicos, com divulgação de panfletos, passeatas e pressões por meio de petições a órgãos públicos e privados. No entanto, no Brasil, a ***lawfare***, em regra, está associada à publicidade ostensiva (***trial by media***), pela mídia televisiva, com abuso do direito à informação para se formar antecipadamente juízo de culpa em desfavor do imputado.

A publicidade ostensiva ou ***trial by media*** consiste em estratégia que conta com a atuação conjunta de órgãos da persecução penal (Ministério Público e polícia investigativa), a exemplo da deflagração de operação policial ou de processo penal que, sistematicamente, trabalha com o envio à imprensa de informações relacionadas aos fatos (documentos, depoimentos), para divulgação. Tal articulação, como regra, tende a desaguar em ***lawfare***.

Rubens Casara denomina "processo penal do espetáculo" ao fato de casos emblemáticos do processo criminal brasileiro terem se tornado "objeto privilegiado de entretenimento".

20. GOLDSTEIN, Brooke; MEYER, Aaron Eitan. *Lawfare*: the war against free speech. EUA: Createspace Pub, 2011. 240p.
21. ROSA; Alexandre Morais da; KHALED JR., Salah. *In dubio pro hell* I: profanando o sistema penal. 2. ed. Florianópolis: Empório do Direito, 2015. p. 33.
22. MENDONÇA, Tabata Cassenote; ROCHA, Álvaro Filipe Oxley da. A deturpação do princípio da publicidade pela mídia durante a investigação policial: perspectivas críticas. *Mídias e direitos da sociedade em rede*. Santa Maria (RS), 29 mai. 2015. Disponível em: <http://coral.ufsm.br/congressodireito/anais/2015/2-15.pdf>. Acesso em: 25 dez. 2016.

Contrastando com a ideia do processo penal ter sido posto como um "instrumento de racionalização do poder penal", vê-se, não raras vezes, o seu uso para "entreter", com profunda transformação[23].

De forma similar, embora em contexto diverso, Alexandre Morais da Rosa pondera que o direito à informação não deve transferir a sede da jurisdição à mídia que, em conhecida operação de investigação criminal, valeu-se do "uso fragmentado de informações vazadas" como tática "com a finalidade de sustentar a legitimação da operação e das ações dos jogadores" [24].

28. CONTROLE EXTERNO DA ATIVIDADE POLICIAL

Controle externo da atividade policial, na dicção de Paulo Cláudio e João Batista Tovo, "é o controle que vem de fora e se exerce no âmbito do processo penal, sobre a polícia judiciária". Trata-se de "fiscalização exercida sobre as atividades de pessoas, órgãos, departamentos", a fim de que não ocorram desvios de conduta, relativamente à ordem normativa pré-estabelecida[25].

Dispõe o inciso VII, do art. 129, da CF/1988, que caberá ao Ministério Público exercer o controle externo da atividade policial, na forma da lei complementar, de iniciativa dos respectivos Procuradores-Gerais da União e dos Estados. Este controle nada tem a ver com subordinação hierárquica, e sim como forma de fiscalização externa salutar ao desempenho da atividade da polícia judiciária.

Nesta linha, conclui Afrânio Silva Jardim ser "inerente à ideia de Estado de Direito Democrático um sistema de controle de atividades públicas, seja através da sociedade civil organizada, seja através do chamado controle externo, a ser realizado por órgãos estatais que gozem de alguma independência administrativa". E arremata dizendo que "o controle externo da atividade de polícia judiciária pelo Ministério Público prescinde de qualquer vinculação administrativa ou hierárquica entre as duas instituições[26]".

23. CASARA, Rubens R. R. *Estado pós-democrático*: neo-obscurantismo e gestão dos indesejáveis. Rio de Janeiro: Civilização Brasileira, 2017. p.159-160.
24. ROSA, Alexandre Morais da. *Guia compacto do processo penal conforme a teoria dos jogos*. 3. ed. Florianópolis: Empório do Direito, 2016. p.186-187.
25. TOVO, Paulo Cláudio; TOVO, João Baptista. *Primeiras linhas sobre o processo penal em face da nova Constituição*. Porto Alegre: Safe, 1989. p. 41.
26. JARDIM, Afrânio Silva. *Direito processual penal*. 11. ed. Rio de Janeiro: Forense, 2002. p. 333.

29. QUADRO SINÓTICO

CAPÍTULO III – SISTEMA DE INVESTIGAÇÃO PRELIMINAR	
A PERSECUÇÃO CRIMINAL	
Comporta duas fases bem delineadas: inquisitiva, é a investigação preliminar, e a processual, submissa ao contraditório e à ampla defesa.	**1**
POLÍCIA JUDICIÁRIA E POLÍCIA ADMINISTRATIVA	
A polícia tem a incumbência de preservar a paz social e intervir nos conflitos mediante atividade investigativa tendente a apurar infrações que venham a ocorrer. Pode ser, de caráter preventivo (administrativa), ou de atuação repressiva, visando angariar elementos para apuração da autoria e da materialidade delitiva (judiciária).	**2 a 4**
INVESTIGAÇÕES PRELIMINARES DIVERSAS DO INQUÉRITO POLICIAL	
A titularidade das investigações não está concentrada somente nas mãos das polícias.	**5**
VERIFICAÇÃO DE PROCEDÊNCIA DAS INFORMAÇÕES (VPI)	
Procedimento simplificado, iniciado antes do inquérito policial (art. 5º, § 3º, do CPP).	**6**
INQUÉRITOS PARLAMENTARES	
Procedimento investigativo, com prazo certo, realizado pelas Comissões Parlamentares de Inquérito, destinado a apurar fato determinado.	**7**
INQUÉRITOS POLICIAIS MILITARES	
Procedimento investigativo a cargo da polícia judiciária militar.	**8**
INQUÉRITO CIVIL	
Disciplinado no art. 8º, § 1º, da Lei nº 7.347/1985, é presidido pelo MP e objetiva reunir elementos para a propositura da ação civil pública.	**9**
INQUÉRITO JUDICIAL	
Consistiam em procedimento preparatório presidido pelo juiz de direito, tratado na antiga Lei de Falências (Dec-Lei nº 7.661/1945) e, também, no art. 3º, da revogada Lei nº 9.034/1995 (crime organizado).	**10**
INQUÉRITOS POR CRIMES PRATICADOS POR MAGISTRADOS OU PROMOTORES	
São as investigações presididas pelos órgãos de cúpula de cada carreira.	**11**
INVESTIGAÇÕES ENVOLVENDO AUTORIDADES QUE GOZAM DE FORO POR PRERROGATIVA DE FUNÇÃO	
Tramitam perante o tribunal onde a referida autoridade desfruta do foro privilegiado.	**12**
INVESTIGAÇÕES DE OFÍCIO PELO STF	
O STF considerou legal e constitucional a abertura de inquérito policial, de ofício por intermédio de portaria emitida pelo Presidente da Corte, "com objetivo de investigar a existência de notícias fraudulentas (fake news), denunciações caluniosas e ameaças contra a Corte, seus ministros e familiares".	**13**

CAPÍTULO III -SISTEMA DE INVESTIGAÇÃO PRELIMINAR	
INVESTIGAÇÕES PARTICULARES E INVESTIGAÇÃO CRIMINAL DEFENSIVA	
Podem embasar a ação penal (detetives particulares - Lei nº 3.099/1957).	**14**
INVESTIGAÇÕES A CARGO DO MP (PROCEDIMENTO INVESTIGATÓRIO CRIMINAL)	
Possibilidade do órgão ministerial promover, por força própria, a colheita de material probatório para viabilizar o futuro processo.	**15**
INVESTIGAÇÕES PELOS DEMAIS ÓRGÃOS PÚBLICOS	
Como a atividade investigativa não é exclusiva da polícia, peças de informação podem ser suficientes para a propositura da ação penal, eis que o inquérito policial é dispensável.	**16**
TERMO CIRCUNSTANCIADO DE OCORRÊNCIA	
Substituto do inquérito policial no âmbito das infrações de menor potencial ofensivo.	**17**
INVESTIGAÇÕES CONJUNTAS	
Reunião de esforços de órgãos para investigar determinados delitos.	**18**
AMPLIAÇÃO DO ACESSO AOS AUTOS DE INVESTIGAÇÃO PRELIMINAR PELO ADVOGADO	
O acesso aos autos pelo advogado do investigado não conflita com o segredo, que deve ser direcionado, corretamente, aos não envolvidos na investigação.	**19**
ÂMBITO DE APLICAÇÃO DAS DISPOSIÇÕES DO ESTATUTO DA OAB	
Reportam-se às investigações, em sentido amplo, e cuidam de prerrogativas dos advogados.	**20**
SIGILO E SUA RELAÇÃO COM A NATUREZA INQUISITIVA DA FASE PRÉ-PROCESSUAL	
O seu desenvolvimento sob a égide da publicidade e do contraditório pleno tornaria a investigação similar ao processo penal, sem que fosse conduzida por magistrado.	**21**
DIREITO DO ADVOGADO DO REPRESENTADO DE EXAMINAR OS AUTOS DA INVESTIGAÇÃO	
Para consultar os autos de investigação criminal, basta ao advogado apresentar-se como tal e que está agindo no interesse do representado (investigado ou indiciado).	**22**
SIGILO DOS AUTOS DE INVESTIGAÇÃO E AUTORIDADE RESPONSÁVEL PELOS SEUS LIMITES	
O que está documentado nos autos da investigação é plenamente acessível pelo advogado. No entanto, a autoridade investigante poderá delimitar o acesso do advogado aos elementos de prova relacionados a diligências em andamento e ainda não documentados.	**23**
DIREITO DO ADVOGADO DE SE FAZER PRESENTE ÀS DECLARAÇÕES DO INVESTIGADO	
É direito do advogado se fazer presente e assistir o cliente perante qualquer autoridade investigante, podendo apresentar razões e formular quesitos.	**24**
NULIDADE DO ATO INVESTIGATIVO SEM QUE SEJA ASSEGURADO OU PERMITIDO ADVOGADO	
O obstáculo à presença do advogado gera nulidade do interrogatório ou depoimento, que se irradia aos atos subsequentes. Se o suspeito comparecer sozinho, será ouvido normalmente, inexistindo vício.	**25**

CAPÍTULO III –SISTEMA DE INVESTIGAÇÃO PRELIMINAR	
LAWFARE NA INVESTIGAÇÃO PRELIMINAR	
Termo que designa estratégia jurídica de dominação de um sujeito em detrimento do outro, mediante manipulação de meios legais disponíveis para mitigar o sigilo das investigações em detrimento das garantias do investigado.	26
TRIAL BY MEDIA OU PUBLICIDADE OSTENSIVA	
A publicidade ostensiva é próxima da *lawfare* e tem o propósito de afastar o sigilo das investigações, com prejuízo ao princípio da paridade de armas.	27
CONTROLE EXTERNO DA ATIVIDADE POLICIAL	
Trata-se de fiscalização exercida pelo MP sobre as atividades de pessoas, órgãos e departamentos da polícia judiciária.	28

30. SÚMULAS DO STJ

234. A participação de membro do Ministério Público na fase investigatória criminal não acarreta seu impedimento ou suspeição para o oferecimento de denúncia.

444. É vedada a utilização de inquéritos policiais e ações penais em curso para agravar a pena-base.

522. A conduta de atribuir-se falsa identidade perante autoridade policial é típica, ainda que em situação de alegada autodefesa.

636. A folha de antecedentes criminais é documento suficiente a comprovar os maus antecedentes e a reincidência.

31. SÚMULAS DO STF

Súmula Vinculante nº 14. É direito do defensor, no interesse do representado, ter acesso amplo aos elementos de prova que, já documentados em procedimento investigatório realizado por órgão com competência de polícia judiciária, digam respeito ao exercício do direito de defesa.

397. O poder de polícia da Câmara dos Deputados e do Senado Federal, em caso de crime cometido nas suas dependências, compreende, consoante o regimento, a prisão em flagrante do acusado e a realização do inquérito.

524. Arquivado o inquérito policial, por despacho do juiz, a requerimento do promotor de justiça, não pode a ação penal ser iniciada sem novas provas.

32. QUESTÕES DE CONCURSOS PÚBLICOS

01. (2017 – CESPE – TRE-BA – Analista Judiciário – Área Administrativa) Indiciado em determinado inquérito policial, Pedro requereu, por meio de seu advogado, acesso aos autos da investigação. O requerimento foi negado pelo delegado de polícia. Nessa situação hipotética, a decisão da autoridade policial está

(A) correta, pois, sendo procedimento inquisitório, não há de se falar em assistência de advogado no curso do inquérito policial.

(B) incorreta, pois o exercício do direito de defesa e contraditório são plenamente aplicáveis ao inquérito policial.

(C) incorreta, pois afronta o princípio da publicidade, igualmente aplicável às ações penais em curso e aos inquéritos policiais.

(D) correta, pois o inquérito policial, sendo procedimento inquisitório, deve ser mantido em sigilo até o ajuizamento da ação penal.

(E) incorreta, pois o acesso do indiciado, por meio de seu advogado, aos autos do procedimento investigatório é garantia de seu direito de defesa.

02. (2017 – VUNESP – TJ-SP – Juiz Substituto) Durante o inquérito, o advogado

(A) pode assistir a seus clientes investigados durante a apuração de infrações, sob pena de nulidade absoluta do respectivo interrogatório ou depoimento e, subsequentemente, de todos os elementos investigatórios e probatórios dele decorrentes ou derivados, direta ou indiretamente, mas não pode apresentar razões e quesitos.

(B) não precisa apresentar procuração para examinar autos sujeitos a sigilo, desde que ainda não conclusos à autoridade.

(C) pode ter delimitado, pela autoridade competente, o acesso aos elementos de prova relacionados a diligências em andamento e ainda não documentadas nos autos, quando houver risco de comprometimento da eficiência, da eficácia ou da finalidade das diligências.

(D) pode examinar, em qualquer instituição responsável por conduzir a investigação, mesmo sem procuração, autos de flagrante e de investigações de qualquer natureza, findos ou em andamento, ainda que conclusos à autoridade, mas não pode copiar peças e tomar apontamentos por meio digital.

03. (2016 - FUNCAB - PC-PA - Delegado de Polícia Civil) Sobre inquérito, assinale a opção correta.

(A) Por ser o inquérito sigiloso, quando por imperiosa razão de ordem pública for, fundamentadamente, decretado o segredo, o advogado não terá acesso às diligências documentadas nos autos do inquérito.

(B) O inquérito é um procedimento administrativo, que embora admita o exercício de alguns direitos de defesa e de informação ao indiciado, tem natureza acusatória, é sigiloso e desprovido de ampla defesa e contraditório.

(C) A Constituição de 1988 institui o sistema acusatório, impondo a separação das funções de investigar, acusar, defender e julgar. Porém, isso não faz da polícia judiciária uma função essencial à justiça por não ser da essência e estrutura do sistema acusatório.

(D) O indiciamento é ato privativo da autoridade policial, ou seja, delegado de polícia, não cabendo ao Ministério Público, mesmo nos casos de requisição de sua instauração por parte do Parquet, definir o indiciamento.

(E) Nos casos de indiciado solto, o inquérito policial, nos termos do código de processo penal, deverá ser encerrado em 90 dias.

04. (2015 - CESPE - TJ-DFT - Juiz de Direito Substituto) Em relação ao inquérito policial, assinale a opção correta.

(A) Lavrado o auto de prisão em flagrante de crime de adulteração de produto destinado a fins terapêuticos, a autoridade policial poderá conceder ao preso a liberdade provisória mediante o pagamento de fiança.

(B) Segundo interpretação do STF, a participação de procurador da República na fase de investigação policial acarreta o seu impedimento para o subsequente oferecimento da denúncia

(C) O superior hierárquico do delegado pode determinar a redistribuição de inquérito policial por motivo de interesse público e mediante despacho fundamentado.

(D) A colaboração premiada é admitida na fase policial, quando pode ser concedida pela autoridade policial, e na fase processual, quando é concedida pela autoridade judicial.

(E) Havendo indícios de crime praticado por organização criminosa, a autoridade policial poderá autorizar, de ofício, a infiltração de seus agentes de polícia em tarefa de investigação.

33. GABARITO ANOTADO

01 - E

Vide:

- Súmula vinculante 14.

02 - C

Vide:

- Art. 7º, § 11, da Lei 8.906/1994 (Estatuto da OAB).
- Súmula vinculante 14.

03 - D

Vide:

- Art. 2º, § 6º, da Lei 12.830/2013.

04 - C

Vide:

- Art. 2º, § 4º, da Lei 12.830/13.

34. QUESTÕES DISCURSIVAS COM COMENTÁRIOS

01. (Promotor de Justiça - GO - 2014 - MPE-GO) No que consiste a investigação criminal defensiva? É aplicável ao sistema processual penal brasileiro? Justifique.

Resposta

Conforme constou do espelho de resposta, deveriam ser abordados os seguintes tópicos:

a) investigação criminal;

b) investigação realizada por particular;

c) princípios da paridade de armas e da ampla defesa;

d) investigação criminal defensiva e suas consequências jurídicas;

e) previsão do instituto no anteprojeto do novo CPP.

*A investigação criminal defensiva nada mais é do que a possibilidade de o investigado realizar diretamente a investigação do crime, por meio de seu defensor, objetivando reunir os elementos de convicção que lhe sejam favoráveis. Está intimamente relacionada aos princípios da igualdade e da ampla defesa, representando a investigação defensiva, ainda, uma forma de equilibrar o atual movimento de atribuir poderes investigatórios ao Ministério Público, tal como ressaltado pela banca. Trata-se, portanto, de atividades investigatórias desenvolvidas pelo defensor em qualquer fase da persecução penal, com ou sem assistência de investigador particular, tendo por finalidade a colheita de elementos informativos que possam beneficiar o investigado. Ressalte-se que, apesar de poder ser realizada, o particular não é dotado de poderes coercitivos, assim como também não lhe é permitido violar direitos e garantias fundamentais. Por fim, registre-se que o projeto do novo Código de Processo Penal (Projeto de Lei nº 156/2009) prevê, de forma expressa, o instituto da "inves**tigação criminal defensiva**".*

Capítulo IV

Inquérito Policial

Sumário • 1. Conceito e finalidade do inquérito policial – 2. Natureza jurídica do inquérito policial – 3. Destinatários do inquérito policial – 4. Características do inquérito policial – 5. Discricionariedade – 6. Escrito – 7. Sigiloso – 8. Oficialidade – 9. Oficiosidade – 10. Indisponibilidade – 11. Inquisitivo – 12. Autoritariedade – 13. Dispensabilidade – 14. Competência (atribuição) – 15. Critério territorial – 16. Critério material – 17. Critério em razão da pessoa – 18. Prazos – 19. Regra geral – 20. Prazos especiais – 21. Prazos para inquéritos a cargo da polícia federal – 22. Prazo para inquéritos policiais por crimes contra a economia popular – 23. Prazos para inquéritos policiais por crimes de tráfico de drogas – 24. Prazos para inquéritos policiais militares – 25. Contagem do prazo – 26. Valor probatório – 27. Vícios – 28. *Notitia criminis* (notícia do crime ou notícia do fato) – 29. Espécies de notícia-crime – 30. Notícia-crime espontânea (cognição imediata) – 32. Notícia-crime provocada (cognição mediata) – 33. Notícia do crime por requisição do Ministério Público – 34. Notícia-crime por requerimento da vítima – 35. Notícia-crime por delação – 36. Notícia-crime por representação da vítima (*delatio criminis* postulatória) – 37. Notícia-crime por requisição do Ministro da Justiça – 39. Peças inaugurais do inquérito policial – 40. Incomunicabilidade – 41. Providências – 42. Reprodução simulada dos fatos – 43. Indiciamento – 44. Indiciado incapaz – 45. Desindiciamento – 46. Vedações ao indiciamento – 47. Afastamento do servidor público indiciado em crimes de lavagem de dinheiro – 48. Limites ao indiciamento – 49. Encerramento do inquérito policial – 50. Procedimento para o inquérito policial que apura crime de ação penal pública – 51. Quais são as hipóteses que autorizariam o pedido de arquivamento? – 52. Arquivamento por falta de pressuposto processual ou condição para o exercício da ação penal – 53. Arquivamento por falta de justa causa – 54. Arquivamento fundado em hipóteses de mérito – 55. Legitimidade para o arquivamento, consequências jurídicas e coisa julgada – 56. Recurso e ação privada subsidiária da pública – 57. Divergência do magistrado quanto ao pedido de arquivamento do inquérito policial e distinções do procedimento conforme a competência da Justiça – 58. Divergência do juiz de direito quanto ao pedido de arquivamento – 59. Divergência quanto ao pedido de arquivamento na justiça federal – 60. Arquivamento no âmbito do STF – 61. Arquivamento no âmbito dos tribunais de justiça – 62. Arquivamento e divergência no âmbito do órgão revisional do Ministério Público – 63. Desarquivamento – 64. Arquivamento implícito – 65. Arquivamento indireto – 66. Arquivamento originário – 67. Arquivamento provisório – 68. Procedimento para o inquérito policial que apura crime de ação penal privada – 69. Arquivamento do inquérito policial sem requerimento do Ministério Público – 70. Quadro sinótico – 71. Súmulas do STJ – 72. Súmulas do STF – 73. Questões de concursos públicos – 74. Gabarito anotado – 75. Questões discursivas com comentários

1. CONCEITO E FINALIDADE DO INQUÉRITO POLICIAL

O inquérito policial é um procedimento de caráter instrumental – uma instrumentalidade preliminar se vista diante da natural instrumentalidade do processo penal em face do direito penal material –, cujo fito é o de esclarecer previamente os fatos tidos por delituosos antes de ser ajuizada a ação penal. Sua importância verifica-se pelo fato de ser cediço que o processo penal fere o *status dignitatis* do acusado. Daí que de sua instrumentalidade decorrem duas funções:

(1) **preservadora**: embora seja o inquérito policial peça prescindível – pois a ação penal pode ser movida com base em simples peças de informação –, fato é que sua instauração é apta à precaução contra ações penais temerárias, sem justa causa ou infundadas, com vantagens à economia processual;

(2) **preparatória**: colige elementos de informação, protegendo a prova contra a ação do tempo e conferindo robustez à justa causa para a ação penal[1].

Como ensina Tourinho Filho, o inquérito é "o conjunto de diligências realizadas pela Polícia Judiciária para a apuração de uma infração penal e sua autoria, a fim de que o titular da ação penal possa ingressar em juízo"[2].

Com a ocorrência da infração, é salutar que se investigue com o fito de coligir elementos que demonstrem a autoria e a materialidade do delito, viabilizando-se o início da ação penal. Vale destacar que o inquérito visa carrear elementos de informação. A rigor, elementos de informação se distinguem de prova. Isso porque a prova – tal como será estudada no capítulo específico sobre direito probatório – é constituída formalmente quando sua formação perpassa por todas as suas etapas, em especial, o crivo do contraditório perante juízo competente.

Com efeito, a prova se completa quando há postulação pelas partes, admissão pelo juiz, produção com participação das partes e valoração por decisão fundamentada. Como as "provas" colhidas no inquérito policial não são produzidas por juiz, porém pela autoridade policial, assim como não há contraditório ou procedimento dialético – salvo, excepcionalmente, quando se vislumbra a irrepetibilidade da prova –, tecnicamente são chamadas de elementos de informação, não sendo científico chamar-lhes de "provas".

Essa distinção, doutrinária, é depreendida, inclusive, do teor do art. 155, *caput*, do CPP, consignando que o juiz formará sua convicção pela livre apreciação da prova produzida em contraditório judicial, não podendo fundamentar sua decisão exclusivamente nos elementos informativos colhidos na investigação, ressalvadas as provas cautelares, não repetíveis e antecipadas.

O inquérito policial vem a ser o procedimento administrativo, preliminar, presidido pelo delegado de polícia, no intuito de identificar o autor do ilícito, as circunstâncias do fato e os elementos que atestem a sua materialidade (existência), contribuindo para a formação da opinião delitiva do titular da ação penal, ou seja, fornecendo elementos para convencer o titular da ação penal se o processo deve ou não ser deflagrado (art. 2º, § 1º, Lei nº 12.830/2013).

Não se pode negar que o inquérito policial também contribui para a decretação de medidas cautelares no decorrer da persecução penal, onde o magistrado pode tomá-lo como base para proferir decisões ainda antes de iniciado o processo, como por exemplo, a decretação de prisão preventiva ou a determinação de interceptação telefônica.

Com a verbete sumular nº 444, do STJ, firmou-se o entendimento segundo o qual é vedada a utilização de inquéritos policiais e ações penais em curso para agravar a pena-base, prestigiando o princípio da presunção de inocência e reforçando o caráter preparatório próprio do inquérito.

1. LIMA, Renato Brasileiro. *Curso de processo penal*. Niterói: Impetus, 2013. p. 71.
2. TOURINHO FILHO, Fernando da Costa. *Processo penal*. São Paulo: Saraiva, 2003. v.1. p. 192.

2. NATUREZA JURÍDICA DO INQUÉRITO POLICIAL

O inquérito é um procedimento de índole eminentemente administrativa, de caráter informativo, preparatório da ação penal. Rege-se pelas regras do ato administrativo em geral.

3. DESTINATÁRIOS DO INQUÉRITO POLICIAL

Os elementos de informação coligidos servem à formação da ***opinio delicti***. Em outras palavras, diretamente, a reunião de documentos, laudos e depoimentos serão suporte probatório ao exercício da ação penal, pública ou privada. De tal sorte, os destinatários imediatos ou diretos do inquérito serão o Ministério Público ou o ofendido (e, eventualmente, os sucessores processuais deste). Por outra via, o juiz será, restritamente, destinatário mediato ou indireto.

Com a atual sistemática, o juiz das garantias, que tem competência para atuar na fase preliminar, será informado da instauração da investigação, recebendo os autos do inquérito concluído, que ficarão armazenados na secretaria do juízo, à disposição do Ministério Público e da defesa, mas não acompanham os autos do processo que segue ao juiz da instrução. Excepcionalmente, acompanham o processo, apensos em apartado, os documentos inerentes às provas irrepetíveis, medidas de obtenção ou antecipação de provas.

Como é o juiz das garantias que vai deliberar sobre a admissibilidade da inicial acusatória, assim como despachar com a autoridade investigante, com o Ministério Público e com a defesa, resolvendo sobre toda e qualquer medida da fase investigativa (art. 3º-B, CPP), nos parece ser ele o destinatário indireto ou mediato da investigação[3].

Analisando o Tribunal do Júri, entendemos, juntamente com André Nicolitt, que os jurados não são destinatários, sequer indiretos ou mediatos, dos elementos de informação do inquérito policial, a não ser de forma limitada às provas periciais irrepetíveis. Nas palavras do processualista, "no procedimento do júri, muito embora vigore o princípio da íntima convicção e não seja exigida fundamentação na decisão do júri, o julgamento deste órgão não está dispensado de observar o princípio do contraditório. Desta forma, a decisão dos jurados não pode ser influenciada pelo inquérito policial"[4].

4. CARACTERÍSTICAS DO INQUÉRITO POLICIAL

O inquérito, como procedimento administrativo preliminar, é regido por características que o diferenciam, em substância, do processo. Ele é discricionário, escrito, sigiloso, oficial, oficioso, indisponível, inquisitivo, regido pela autoritariedade e dispensável. Analisemos, separadamente, cada uma delas.

5. DISCRICIONARIEDADE

A fase pré-processual não tem o rigor procedimental da persecução em juízo. O delegado de polícia conduz as investigações da forma que melhor lhe aprouver. O rumo das

3. Dispositivo com eficácia suspensa, nos termos de decisão monocrática do Supremo Tribunal Federal (STF – ADI 6298/DF – Medida Cautelar – Rel. Min. Luiz Fux – 22 jan. 2020).
4. NICOLITT, André. *Manual de processo penal*. 5. ed. São Paulo: RT, 2014. p. 181.

diligências está a cargo do delegado, e os arts. 6º e 7º, do CPP, indicam as diligências que podem ou devem ser desenvolvidas por ele, de forma que o inquérito não possui uma ritualística rígida e engessada.

A autoridade policial pode atender ou não aos requerimentos patrocinados pelo indiciado ou pela própria vítima (art. 14, CPP), fazendo um juízo de conveniência e oportunidade quanto à relevância daquilo que lhe foi solicitado. Só não poderá indeferir a realização do exame de corpo de delito, quando a infração praticada deixar vestígios, pelo que se pode afirmar que a discricionariedade do inquérito não é absoluta (art. 184, CPP). Havendo denegação da diligência requerida, nada impede que seja apresentado recurso administrativo ao Chefe de Polícia, por analogia ao art. 5º, § 2º, CPP. Sempre é bom lembrar que apesar de não haver hierarquia entre juízes, promotores e delegados, caso os dois primeiros emitam requisições ao último, este está obrigado a atender, por imposição legal (art. 13, II, CPP).

6. ESCRITO

Sendo procedimento administrativo destinado a fornecer elementos ao titular da ação penal, o inquérito, por exigência legal, deve ser escrito, prescrevendo o art. 9º, do CPP, que todas as peças do inquérito policial serão, num só processado, reduzidas a escrito ou datilografadas e, neste caso, rubricadas pela autoridade. Os atos produzidos oralmente serão reduzidos a termo. Nada impede, com base em interpretação progressiva da lei, que outras formas de documentação sejam utilizadas, de maneira a imprimir maior fidelidade ao ato, funcionando como ferramenta complementar à forma documental, como a gravação de som e/ou imagem na oitiva dos suspeitos, testemunhas e ofendidos na fase preliminar (art. 405, § 1º, CPP), por meio de sistema audiovisual.

7. SIGILOSO

Ao contrário do que ocorre no processo, o inquérito não comporta publicidade, sendo procedimento essencialmente sigiloso, disciplinando o art. 20, do CPP, que a autoridade assegurará no inquérito o sigilo necessário à elucidação do fato ou exigido pelo interesse da sociedade. Este sigilo, contudo, não se estende, por uma razão lógica, nem ao magistrado, nem ao membro do Ministério Público.

Devemos diferenciar o sigilo ou segredo externo das investigações, que é aquele imposto para evitar a divulgação de informações essenciais do inquérito ao público em geral, por intermédio do sistema midiático, do segredo ou sigilo interno, que é aquele imposto para restringir o acesso aos autos do procedimento por parte do indiciado e/ou do seu advogado.

Na dimensão do segredo interno da investigação, afirma Fauzi Hassan Choukr, que tal "diz respeito ao acesso limitado aos autos tal como concebido na forma inquisitiva do processo penal, e configura verdadeira restrição a que o investigado e mesmo seu defensor possam consultar o produto da investigação". A restrição de acesso aos autos é acentuada "pelo fato das investigações serem produzidas unilateralmente por agências públicas, haver escassa previsão legal de participação efetiva da defesa técnica – mesmo nas situações de constrição da liberdade ou de outros direitos fundamentais – e, sobretudo, pela própria cultura inquisitiva que permeia nosso sistema"[5].

O advogado do indiciado pode consultar os autos do inquérito policial, conforme preceito legal estampado no art. 7º, XIII a XV, e § 1º, do Estatuto da OAB. Como lembra Aury Lopes Jr., "não existe sigilo para o advogado no inquérito policial e não lhe pode ser negado o acesso às suas peças nem ser negado o direito à extração de cópias ou fazer apontamentos"[6]. Como se depreende, o Estatuto da Ordem, na redação dada ao inciso XIV, do seu art. 7º, assegura a prerrogativa do advogado de examinar, em qualquer instituição responsável por conduzir investigação, mesmo sem procuração, autos de flagrante e de investigações de qualquer natureza, findos ou em andamento, ainda que conclusos à autoridade, podendo copiar peças e tomar apontamentos, em meio físico ou digital.

De todo modo, a prerrogativa não deve ser invocada por advogado que não esteja atuando no interesse de suspeito, investigado ou indiciado. Para prevenir abusos, deve a autoridade policial ou encarregado registrar os acessos aos autos da investigação preliminar pelos advogados, viabilizando controle e preservação do sigilo em favor dos direitos do imputado, evitando-se a exposição de sua imagem ou intimidade.

O sigilo do inquérito é o estritamente necessário ao êxito das investigações e à preservação da figura do indiciado, evitando-se um desgaste daquele que é presumivelmente inocente. Objetiva-se assim o sigilo aos terceiros estranhos à persecução e principalmente

5. CHOUKR, Fauzi Hassan. *Código de processo penal*: comentários consolidados e crítica jurisprudencial. 2.ed. Rio de Janeiro: Lumen Juris, 2007. p. 84.
6. LOPES JR., Aury. *Sistemas de investigação preliminar no processo penal*. Rio de Janeiro: Lumen Juris, 2001. p. 312.

à imprensa, no intuito de serem evitadas condenações sumárias pela opinião pública, com a publicação de informações prelibatórias, que muitas vezes não se sustentam na fase processual.

Já há posição, contudo, sustentando o sigilo absoluto do inquérito policial, determinado pelo magistrado, a impedir até mesmo o acesso do advogado aos autos do procedimento, devendo-se dar prevalência ao interesse público sobre o privado, em face da relevância do sigilo investigatório. Este entendimento nega o Estatuto da OAB, na conveniência casuística de desconsiderar a vigência da norma, o que não é dado ao intérprete.

Pacificando a matéria, e consagrando o acesso do advogado aos autos do procedimento investigativo, o Supremo Tribunal Federal editou o enunciado nº 14, de sua Súmula Vinculante, que assegura ser direito do defensor, no interesse do representado, ter acesso amplo aos elementos de prova que, já documentados em procedimento investigatório realizado por órgão com competência de polícia judiciária, digam respeito ao exercício do direito de defesa.

Acaba, assim, a conveniência arbitrária do sigilo. Havendo documentação do material probatório, que já faz parte dos autos do inquérito, não há razão para impedir o acesso. Aquilo que já integra o corpo do inquérito, sendo fruto da diligência empreendida, como, por exemplo, a degravação da interceptação telefônica, os dados bancários ou fiscais do sigilo regularmente quebrado, os documentos levantados em busca e apreensão, o laudo pericial, estarão no espectro de acesso da defesa.

Havendo arbítrio por parte da autoridade, admite-se o manejo do mandado de segurança, da reclamação constitucional ao STF (para fazer valer o mandamento da Súmula Vinculante) e até mesmo de ***habeas corpus***, caso se possa constatar, mesmo que indiretamente, risco de ofensa à liberdade do indiciado, sem prejuízo da responsabilidade por abuso de autoridade (Lei nº 13.869/2019). Nada impede que seja manejada uma petição simples ao juiz (das garantias), para que conceda o acesso (art. 3º-B, XV, CPP[7]).

Como decorrência do sigilo, preconiza o parágrafo único do art. 20, do CPP, que nos atestados de antecedentes que lhe forem solicitados, a autoridade policial não poderá mencionar quaisquer anotações referentes à instauração de inquérito contra os requerentes.

A preservação do estado de inocência está a exigir esta conduta. Os efeitos estigmatizantes causados pela certidão de antecedentes levam a uma publicidade negativa e deletéria da imagem do indiciado. Assim, afora as condenações definitivas, quaisquer outras informações de inquéritos em curso só serão certificadas se requisitadas por magistrado, membro do Ministério Público, autoridade policial ou agente do Estado, em pedido devidamente motivado, explicitando o uso do documento.

Existe corrente, minoritária, que entende que a regra é a publicidade dos atos do inquérito policial, diante do princípio da publicidade dos atos processuais (art. 93, IX, CF/1988). Aduz que toda investigação preliminar com fins penais deve ser conduzida sob a égide da publicidade, seja interna, seja externa, pelo que só seria justificado o sigilo

7. Dispositivo com eficácia suspensa, nos termos de decisão monocrática do Supremo Tribunal Federal (STF – ADI 6298/DF – Medida Cautelar – Rel. Min. Luiz Fux – 22 jan. 2020).

externo em situações excepcionais e suficientemente motivadas, com o intuito de proteger a honra, privacidade, imagem dos investigados e a preservação do estado de inocência. Para essa posição, as regras legais que afirmam o sigilo de forma automática do inquérito – ainda que só externamente –, não guardam compatibilidade com o regime democrático constitucional[8].

8. OFICIALIDADE

O delegado de polícia de carreira, autoridade que preside o inquérito policial, constitui-se em órgão oficial do Estado (art. 144, § 4º, CF/1988 c/c art. 2º, § 1º, Lei nº 12.830/013).

9. OFICIOSIDADE

Havendo crime de ação penal pública **incondicionada**, a autoridade policial deve atuar de ofício, instaurando o inquérito e apurando prontamente os fatos, haja vista que, na hipótese, sua atuação decorre de imperativo legal (art. 5º, I, CPP) dispensando, pois, qualquer autorização para agir.

Já nos crimes de ação penal pública condicionada e ação penal privada, isto é, naqueles que ofendem de tal modo a vítima em sua intimidade que o legislador achou por bem condicionar a persecução criminal à autorização desta, ou conferir-lhe a própria iniciativa do exercício da ação, a autoridade policial depende daquela permissão para poder atuar, eis que a própria legislação condicionou o início do inquérito a este requisito (art. 5º, parágrafos 4º e 5º, CPP). Havendo delação anônima em crime de ação penal privada, não poderá a autoridade policial iniciar o inquérito sem a prévia autorização da vítima. Da mesma forma, se terceiro for à delegacia no lugar do ofendido, o inquérito não será deflagrado.

OFICIOSIDADE	
Atuação da autoridade policial	
Crimes de ação penal pública incondicionada	Crimes de ação pública condicionada ou ação privada
Atuação de ofício	Atuação condicionada à manifestação da vítima ou do legítimo interessado

10. INDISPONIBILIDADE

A persecução criminal é de ordem pública, e uma vez iniciado o inquérito, não pode o delegado de polícia dele dispor. Se diante de uma circunstância fática, o delegado percebe que não houve crime, nem em tese, não deve iniciar o inquérito policial. Daí que a autoridade policial não está, a princípio obrigada a instaurar de qualquer modo o inquérito policial, devendo antes se precaver, aferindo a plausibilidade da notícia do crime, notadamente aquelas de natureza apócrifa (notícia anônima). Contudo, uma vez iniciado o procedimento investigativo, deve levá-lo até o final, não podendo arquivá-lo, em virtude de expressa vedação contida no art. 17, do CPP.

8. CAVALCANTI, Danielle Souza de Andrade e Silva. *A investigação preliminar nos delitos de competência originária de tribunais*. Niterói: Lúmen Júris, 2011. p. 283-284.

11. INQUISITIVO

O inquérito é inquisitivo: as atividades persecutórias ficam concentradas nas mãos de uma única autoridade e não há oportunidade para o exercício do contraditório ou da ampla defesa. Na fase pré-processual não existem partes, apenas uma autoridade investigando e o suposto autor da infração normalmente na condição de indiciado.

A inquisitoriedade permite agilidade nas investigações, otimizando a atuação da autoridade policial. Contudo, como não houve a participação do indiciado ou suspeito no transcorrer do procedimento, defendendo-se e exercendo contraditório, não poderá o magistrado, na fase processual, valer-se apenas do inquérito para proferir sentença condenatória, pois incorreria em clara violação ao texto constitucional.

Admitindo a possibilidade de defesa na fase inquisitorial, porém em posição francamente minoritária, Marta Saad, aduz que "se não se mostra apropriado falar em contraditório no curso do inquérito policial, seja porque não há acusação formal, seja porque, na opinião de alguns, sequer há procedimento, não se pode afirmar que não se admite o exercício do direito de defesa, porque esta tem lugar 'em todos os crimes e em qualquer tempo, e estado da causa', e se trata de oposição ou resistência à imputação informal, pela ocorrência de lesão ou ameaça de lesão"[9].

Uma nota explicativa: a ideia de que contraditório exige partes é um dogma falso. Há contraditório, por exemplo, na jurisdição voluntária[10]. Contraditório é o direito de participar de um procedimento que lhe possa trazer alguma espécie de repercussão jurídica; não tem como pressuposto a existência de partes adversárias. Se há possibilidade de defesa, é porque há exercício do contraditório; se eu me defendo, estou participando do procedimento; estou, portanto, exercitando o meu direito de participação.

Tem-se que assegurar ao indiciado não só a assistência de advogado, como direito fundamental, mas também a realização efetiva da defesa necessária no próprio inquérito, além da produção de elementos que terão força probatória ao longo da persecução penal, seja para convencer o magistrado que a inicial acusatória deve ser rejeitada, seja para lastrear ***habeas corpus*** trancativo do próprio inquérito, ou, à luz da atual perspectiva procedimental, embasar a defesa preliminar no intuito do êxito na obtenção do julgamento antecipado do mérito.

A atuação da defesa na fase preliminar tem sido colocada com um desvio de percepção evidente. Tenta-se afastar o direito de defesa (e o contraditório) da fase preliminar, na pressuposição de que eles militariam contra a necessidade da eficiência investigativa, em verdadeiro obstáculo a boa atuação da polícia judiciária.

Atenuar o contraditório e o direito de defesa na fase preliminar, por suas próprias características, não pode significar integral eliminação. O inquérito deve funcionar como procedimento de filtro, viabilizando a deflagração do processo quando exista justa causa, mas também contribuindo para que pessoas nitidamente inocentes não sejam processadas. Vivemos numa fase de "processualização dos procedimentos"[11], e estes, como "métodos

---

9. SAAD, Marta. *O direito de defesa no inquérito policial*. São Paulo: RT, 2004. p. 221-222.
10. DIDIER JR., Fredie. *Curso de direito processual civil*. 11.ed. Salvador: Juspodivm, 2009. p. 100.
11. DANTAS, Miguel Calmon. *Direito fundamental à processualização*. In: *Constituição e processo*. DIDIER JR.; WAMBIER, Luiz Rodrigues; GOMES JR., Luiz Manoel (coord.). Salvador: Juspodivm, 2007.p. 368; 416-417.

de exercício de poder, vêm sendo modulados com a previsão de respeito ao princípio do contraditório", ampliando-se o espectro horizontal de incidência dos direitos e garantias fundamentais[12].

Nesse sentido, há quem sustente a existência de ampla defesa no inquérito policial. Trata-se de posição minoritária que inclusive diferencia duas formas de exercício do direito de defesa:

(1) **exercício exógeno** (o etmo "exo" significa topicamente "fora" do inquérito policial). Trata-se de manejo de técnica paralela ao inquérito, mediante o ajuizamento, por exemplo, de ação autônoma de impugnação com o fito de obter o trancamento da investigação preliminar (***habeas corpus*** trancativo);

(2) **exercício endógeno**, cujo etmo "endo" dá ideia de ato praticado no curso da investigação, de forma incidente e dependente, tal como requerimentos dirigidos à autoridade policial, declarações do acusado ou intervenção do advogado em situação excepcional, para garantir o acatamento às garantias individuais[13].

Mitigando ainda mais a inquisitoriedade do inquérito (policial ou não), os artigos 14-A do CPP e 16-A do CPPM, tratando dos servidores das instituições dispostas no art. 144, da CF (forças policiais, bombeiros militares), assim como dos servidores militares pertencentes às instituições do art. 142, da Constituição, e vinculados a missões para a **garantia da lei e da ordem**, investigados por fatos envolvendo o emprego de força letal, tentados ou consumados, no desempenho das funções, exigem que o investigado seja citado (melhor seria intimado) da instauração do procedimento apuratório, para que possa constituir defensor em até 48 (quarenta e oito) horas.

Não o fazendo, a instituição a que estava vinculado na época dos acontecimentos será intimada, para que indique defensor para representar os interesses do investigado no prazo de 48 (quarenta e oito) horas. Parece-nos que a constituição de advogado em tais investigações passa a ser obrigatória, sob pena de nulidade absoluta, por ausência de defesa técnica, aplicando-se o enunciado n° 523, do STF. Entretanto, não se exige que o advogado constituído seja intimado a participar de todos os termos da investigação, nem a sua presença na oitiva do suspeito foi dada como imprescindível. De todo modo, a previsão é anti-isonômica e, portanto, de duvidosa constitucionalidade porque restrita a uma certa qualidade de investigados (funcionário vinculado à segurança pública).

Em complemento, existem outros inquéritos onde a defesa é de rigor, como no inquérito para a decretação da expulsão de estrangeiro e aquele instaurado para apurar falta administrativa. Este último, todavia, enfrenta resistência na jurisprudência do STF, ao editar o enunciado nº 5, de natureza vinculante, averbando que a falta de defesa técnica por advogado no processo administrativo disciplinar não ofende a Constituição. Já o inquérito judicial, tratado nos arts. 103, e seguintes, da antiga Lei de Falências (Dec.-Lei nº 7.661/1945), que também admitia contraditório e ampla defesa, encontra-se revogado.

---

12. DIDIER JR., Fredie; ZANETI JR., Hermes. *Curso de direito processual civil.* 4.ed. Salvador: Juspodivm, 2009. p. 221-222.
13. SAAD, Marta. *O direito de defesa no inquérito policial.* São Paulo: RT, 2004. p. 221-222. Cf. também: LIMA, Renato Brasileiro. *Curso de processo penal.* Niterói: Impetus, 2013. p. 84.

12. AUTORITARIEDADE

O delegado de polícia, presidente do inquérito policial, é autoridade pública (art. 144, § 4º, CF).

A Lei nº 12.830/2013 dispõe sobre a investigação criminal conduzida pelo Delegado de Polícia. Dentre os dispositivos legais pertinentes à característica em tela, especial relevo tem o § 4º, do seu art. 2º, que suscita a ideia de um **princípio do delegado natural**, na esteira da noção mais geral de um **princípio da autoridade natural** (juiz natural, promotor natural e defensor natural). O dispositivo reza que o inquérito policial ou outro procedimento previsto em lei somente poderá ser avocado ou redistribuído por superior hierárquico, mediante despacho fundamentado, por motivo de interesse público ou nas hipóteses de inobservância dos procedimentos previstos em regulamento da corporação que prejudique a eficácia da investigação.

A necessidade de despacho fundamentado para que a condução do inquérito policial não permaneça sob a presidência do delegado de polícia indicado por lei e a indispensabilidade de motivação lastreada em critério de interesse público ou por razão de irregularidade são limites à excessiva discricionariedade que havia tanto na edição de ato tendente a avocar os autos de subordinado a superior, quanto na designação de delegado diverso do previsto nas normas de regência sem justificativa plausível. Conquanto haja resistência da jurisprudência e da doutrina majoritária em admitir o princípio do delegado de polícia natural, entendemos que já se trata de princípio positivado no sistema.

Corolário do princípio do delegado natural, é a imposição de limites à remoção da autoridade policial, que só poderá ocorrer por ato fundamentado (§ 5º, art. 2º, Lei nº 12.830/2013). O art. 3º, por outro prisma, dá realce a este princípio e à característica de autoritariedade do delegado de polícia, quando averba que esse cargo é privativo de bacharel em Direito, devendo-lhe ser dispensado o mesmo tratamento protocolar que recebem os magistrados, os membros da Defensoria Pública, do Ministério Público e os advogados.

13. DISPENSABILIDADE

Da leitura de dispositivos que regem a persecução penal preliminar, a exemplo art. 39, § 5º, CPP, podemos concluir que o inquérito não é imprescindível para a propositura da ação penal. Se os elementos que venham lastrear a inicial acusatória forem colhidos de outra forma, não se exige a instauração do inquérito. Tanto é verdade que a denúncia ou a queixa podem ter por base, como já ressaltado, inquéritos não policiais, dispensando-se a atuação da polícia judiciária.

Embora não seja recomendável, nada obsta, de igual maneira, que as medidas cautelares sejam decretadas independente de inquérito. Neste caso, será necessária a produção de elementos informativos suficientes à decretação da medida, devendo estes serem analisados de forma cuidadosa, já que dispensado o procedimento formal preliminar.

E se o inquérito serviu de base para a oferta da inicial acusatória? De acordo com a dicção do art. 12, do CPP, ele deve acompanhar a peça. Todavia, nos parece que tal entendimento não pode mais prosperar, sem filtros. Isso porque os autos que compõem matéria de competência do juiz das garantias devem ficar acautelados na secretaria deste juízo, à disposição do Ministério Público e da defesa, de forma que não serão apensados aos autos do processo encaminhado ao juiz da instrução e julgamento (art. 3º-C, § 3º, CPP[14]). Por consequência, temos a exclusão física do inquérito da estrutura que compõe a peça acusatória (nessa matéria), evitando-se que o juiz da instrução seja sugestionado por tais elementos. Ressalva, entretanto, aos documentos relativos às provas irrepetíveis, assim como as medidas de obtenção ou antecipação de provas, que seguem ao juiz da instrução, com apensamento em apartado.

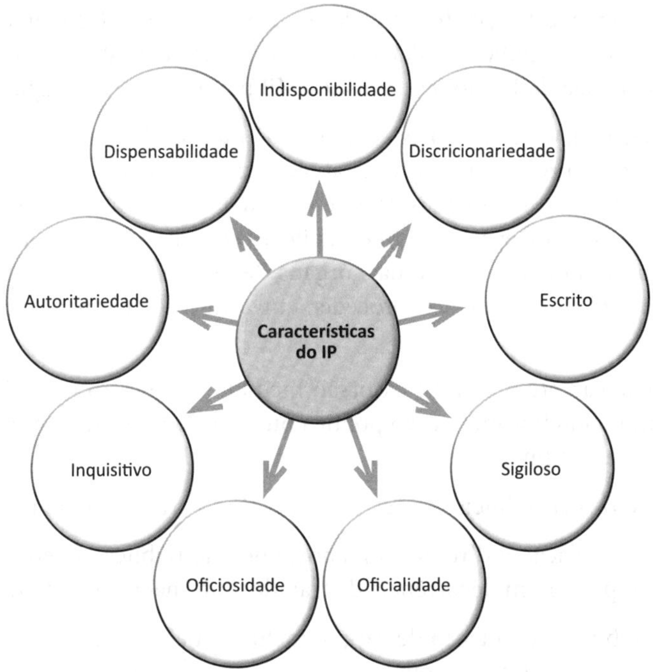

14. COMPETÊNCIA (ATRIBUIÇÃO)

Apesar do parágrafo único do art. 4º, do CPP, referir-se à competência, é certo que os delegados têm atribuição. Afinal, o termo competência é afeto aos juízes, significando a delimitação da jurisdição. Para sabermos então qual o delegado com atribuição para atuar em um determinado caso, ou seja, quem vai investigar uma certa infração, podemos nos valer dos seguintes critérios, que se complementam:

15. CRITÉRIO TERRITORIAL

Por este critério, delegado com atribuição é aquele que exerce suas funções na circunscrição em que se consumou a infração (art. 4º, ***caput***, CPP). **Circunscrição** significa a delimitação territorial na qual o delegado exerce as suas atividades.

14. Dispositivo com eficácia suspensa, nos termos de decisão monocrática do Supremo Tribunal Federal (STF – ADI 6298/DF – Medida Cautelar – Rel. Min. Luiz Fux – 22 jan. 2020).

16. CRITÉRIO MATERIAL

Pelo critério material, temos a segmentação da atuação da polícia, com delegacias especializadas na investigação e apuração de determinado tipo de infração, a exemplo das delegacias especializadas em homicídios, entorpecentes, furtos e roubos, etc.

O sistema de segurança pública está delineado no art. 144, da Constituição do Brasil, onde se vê a definição das tarefas dos diversos órgãos que o compõem, em especial: **(1)** a polícia federal, com atribuição definida de forma específica referente a delitos federais e a tráfico de entorpecentes e drogas afins, contrabando e descaminho (sem prejuízo da atuação de outros órgãos); e **(2)** a polícia civil, com atribuição residual, isto é, todo delito que não for afeto à competência da União ou da Justiça Militar, incumbe a ela apurar.

É de ver que, além do que já dispõe expressamente a CF/1988 (art. 144, § 1º, I), a Lei nº 10.446/2002 prevê a regulamentação da atuação da polícia federal no tocante a outras infrações cuja prática tenha repercussão interestadual ou internacional e exija repressão uniforme, ao autorizar o Departamento de Polícia Federal do Ministério da Justiça, sem prejuízo da responsabilidade dos demais órgãos de segurança pública, em especial das Polícias Militares e Civis dos Estados, proceder à investigação, dentre outras, das seguintes infrações penais:

(1) sequestro, cárcere privado e extorsão mediante sequestro (arts. 148 e 159, CP), se o agente foi impelido por motivação política ou quando praticado em razão da função pública exercida pela vítima;

(2) formação de cartel (incisos I, "a", II, III e VII, do art. 4º, da Lei nº 8.137/1990);

(3) alusivas à violação a direitos humanos, que a República Federativa do Brasil se comprometeu a reprimir em decorrência de tratados internacionais de que seja parte;

(4) furto, roubo ou receptação de cargas, inclusive bens e valores, transportadas em operação interestadual ou internacional, quando houver indícios da atuação de associação criminosa em mais de um Estado da Federação;

(5) falsificação, corrupção, adulteração ou alteração de produto destinado a fins terapêuticos ou medicinais e venda, inclusive pela internet, depósito ou distribuição do produto falsificado, corrompido, adulterado ou alterado (art. 273 do Código Penal);

(6) furto, roubo ou dano contra instituições financeiras, incluindo agências bancárias ou caixas eletrônicos, quando houver indícios da atuação de associação criminosa em mais de um Estado da Federação;

(7) quaisquer crimes cometidos por meio da rede mundial de computadores que têm a aptidão de difundir conteúdo misógino, definidos como aqueles que propagam o ódio ou a aversão às mulheres.

Além desses casos, que evidenciam que a investigação preliminar de crimes de competência da Justiça Estadual não é de exclusividade da polícia civil, cabendo a atuação concorrente da polícia federal, o Departamento de Polícia Federal, quando constatados os seguintes pressupostos:

(1) repercussão interestadual ou internacional; e

(2) da exigência de repressão uniforme, procederá à apuração de outras hipóteses, desde que tal providência seja autorizada ou determinada pelo Ministro de Estado da Justiça.

17. CRITÉRIO EM RAZÃO DA PESSOA

Leva-se em consideração a figura da vítima, tais como as delegacias da mulher, do turista, do idoso, dentre outras.

Nada impede, nas comarcas em que exista mais de uma circunscrição policial, que a autoridade com exercício em uma delas ordene diligências em outra, independentemente de precatórias ou requisições, podendo ainda prontamente atuar em razão de fatos que venham a ocorrer em sua presença (art. 22, CPP).

É também mera irregularidade o fato do inquérito tramitar em local diverso do da consumação da infração, afinal, a violação dos critérios de atribuição não tem o condão de macular o futuro processo. O advogado do indiciado, entretanto, poderá impetrar ***habeas corpus*** para trancar o inquérito que tramita irregularmente, por desrespeito à fixação da atribuição. A não contaminação do futuro processo não é obstáculo ao combate do inquérito irregular.

ATRIBUIÇÃO PARA O IP		
Critério territorial	**Critério material**	**Critério em razão da pessoa**
Ex.: circunscrição policial	Ex.: natureza da infração	Ex.: delegacia do idoso

18. PRAZOS

O inquérito policial não pode se estender indefinidamente, dispondo o Código de Processo Penal e a legislação extravagante acerca dos prazos de sua conclusão. Alguns procedimentos terão prioridade na tramitação, a exemplo do que prevê o art. 19-A, da Lei de Proteção a Vítimas e Testemunhas, assim como o art. 71, do Estatuto do Idoso (Lei nº 10.741/2003).

Vejamos quais são os prazos para conclusão do inquérito policial.

19. REGRA GERAL

Como regra geral, para os crimes da atribuição da polícia civil estadual, o prazo para a conclusão do inquérito é de **dez dias**, com o indiciado preso, e de **trinta dias**, se o agente está solto.

Se investigado está preso, o prazo pode ser **prorrogado** por **até quinze dias**, uma única vez, pressupondo representação da autoridade policial ao juiz das garantias, que decidirá ouvindo o Ministério Público. Findo o prazo sem conclusão da investigação, impõe-se o relaxamento da prisão (art. 3º-B, VIII e § 2º, CPP[15]).

15. Dispositivo com eficácia suspensa, nos termos de decisão monocrática do Supremo Tribunal Federal (STF – ADI 6298/DF – Medida Cautelar – Rel. Min. Luiz Fux – 22 jan. 2020).

Inexistindo prisão, não há limitação quanto ao número de prorrogações. Também não se define o tempo de cada prorrogação. Assim, cabe ao juiz das garantias deliberar, ouvindo-se o Ministério Público, diante da provocação formulada pela autoridade policial (art. 10, § 3º, CPP).

20. PRAZOS ESPECIAIS

A legislação extravagante consagra limites especiais de conclusão do inquérito policial. As principais regras são para inquéritos policiais que apurem crimes a cargo da polícia federal, contra a economia popular, de tráfico de drogas e militares. Vejamos a seguir.

21. PRAZOS PARA INQUÉRITOS A CARGO DA POLÍCIA FEDERAL

Se o indiciado estiver preso, o prazo para conclusão do inquérito é de **quinze dias**, prorrogável por igual período, pressupondo autorização judicial (art. 66 da Lei nº 5.010/1966). Estando solto o indiciado, seguimos a regra geral, ou seja, **trinta dias** para a conclusão, **prorrogáveis** mediante solicitação do delegado e autorização do juiz, cabendo a este estipular o prazo, haja vista o silêncio da lei sobre o quanto de prorrogação. Nada impede, a toda evidência, que ocorra mais de uma prorrogação.

22. PRAZO PARA INQUÉRITOS POLICIAIS POR CRIMES CONTRA A ECONOMIA POPULAR

O § 1º do art. 10 da Lei nº 1.521/1951 prevê o prazo de **dez dias** para a conclusão do inquérito policial. Todavia, não faz distinção entre indiciado preso ou solto, logo o prazo é único, não contemplando prorrogação.

23. PRAZOS PARA INQUÉRITOS POLICIAIS POR CRIMES DE TRÁFICO DE DROGAS

O prazo é de **trinta dias**, duplicáveis, estando o indiciado preso, e de **noventa dias**, também duplicáveis, se solto estiver, por deliberação judicial, ouvindo-se o Ministério Público, mediante pedido justificado da autoridade de polícia judiciária (art. 51, Lei 11.343/06).

24. PRAZOS PARA INQUÉRITOS POLICIAIS MILITARES

Com o indiciado preso, o encerramento do inquérito policial militar deve ocorrer em **vinte dias**. Se solto estiver, o prazo é de **quarenta dias**, prorrogável por mais vinte dias pela autoridade militar superior, desde que não estejam concluídos exames ou perícias já iniciados, ou haja necessidade de diligências indispensáveis à elucidação do fato (art. 20, ***caput***, § 1º, CPPM).

HIPÓTESE	PRAZO PARA CONCLUSÃO DO INQUÉRITO POLICIAL	
	Indiciado preso	**Indiciado solto**
Regra Geral – CPP	10 dias (+15)	30 dias
Polícia Federal	15 dias (+15)	30 dias
Crimes contra a Economia Popular	10 dias	10 dias

Lei antitóxicos	30 dias (+30)	90 dias (+90)
Inquéritos militares	20 dias	40 dias (+20)

25. CONTAGEM DO PRAZO

Vistas as regras gerais de fixação dos prazos para o encerramento do inquérito policial, vejamos como fixar os marcos inicial e final da contagem. Mirabete entende que o prazo deve ser contado atendendo aos ditames do Código de Processo Penal, ou seja, excluindo-se o dia do começo e incluindo-se o último dia, sem fazer distinção entre indiciado preso ou solto (art. 798, § 1º, CPP).

Não obstante, reputamos que se o indiciado estiver preso, o prazo do inquérito deve ser contado na forma do art. 10, do Código Penal, ou seja, incluindo-se o dia do começo e excluindo-se o do vencimento. Em estando solto, segue-se a regra insculpida no § 1º, do art. 798, do CPP, a qual explicitamos acima. Não é outra a posição de Guilherme de Souza Nucci, salientando que se cuida "de norma processual penal material, que lida com o direito à liberdade, logo, não deixa de ter cristalino fundo de direito material. Por isso, entendemos deva ser contado como se faz com qualquer prazo penal, nos termos do art. 10, do Código Penal, incluindo-se o primeiro dia (data da prisão) e excluindo o dia do final"[16].

Se o prazo do inquérito encerrar-se em dia onde não há expediente forense, não cabe falar-se em prorrogação para o primeiro dia útil subsequente, assim como se a prisão em flagrante ocorreu no final de semana, o inquérito terá o seu início imediatamente, afinal as delegacias de polícia atuam em sistema de plantão.

Lembra Nucci que a jurisprudência pátria tem admitido um sistema de compensação caso ocorra excesso prazal na conclusão do inquérito, levando em conta o prazo de que dispõe o Ministério Público para ofertar denúncia. Assim, caso o delegado, estando o indiciado preso, conclua o inquérito em doze dias, mas o promotor oferte a denúncia em dois dias, apesar de dispor de 5 dias, não há de se falar em constrangimento ilegal a viabilizar o relaxamento da prisão, concluindo que o Estado-investigação e o Estado-acusação dispõem, juntos, de 15 dias para manter o suposto autor do fato preso (dez dias para conclusão do inquérito e 5 dias para a oferta da denúncia).

26. VALOR PROBATÓRIO

O inquérito policial tem valor probatório relativo, pois carece de confirmação por outros elementos colhidos durante a instrução processual. O inquérito, já sabemos, objetiva angariar subsídios para contribuir na formação da opinião delitiva do titular da ação penal, não havendo usualmente contraditório ou ampla defesa. Não pode o magistrado condenar o réu com base tão somente em elementos colhidos durante o inquérito. É essencial que a instrução probatória em juízo, regida pelo contraditório e pela ampla defesa, oportunize colher elementos convincentes e robustos a fundamentar um decreto condenatório.

A relatividade do valor dos elementos de informação do inquérito policial se deve a mais de um motivo:

16. NUCCI, Guilherme de Souza. *Código de processo penal comentado*. 3. ed. São Paulo: RT, 2004. p. 141.

(1) os elementos colhidos não são submetidos à formação contraditória;

(2) o juiz não poderá tomar decisões fundadas apenas nos elementos de informação, ressalvadas as provas cautelares, antecipadas e irrepetíveis;

(3) os elementos de informação devem ser interpretados em conjunto com as provas carreadas em juízo, sendo relativos justamente porque são vistos conjuntamente com vistas à compatibilidade com a prova constituída durante o trâmite do processo penal, sob o crivo do contraditório.

Como leciona Aury Lopes Jr., "podemos afirmar que o inquérito somente gera atos de investigação, com uma função endoprocedimental, no sentido de que sua eficácia probatória é limitada, interna à fase. Servem para fundamentar as decisões interlocutórias tomadas no seu curso (como fundamentar o pedido de prisão temporária ou preventiva) e para fundamentar a probabilidade do ***fumus commissi delicti*** que justificará o processo ou o não processo"[17].

Não deve haver **extensibilidade jurisdicional** ou **onipresença** do inquérito policial durante todo o processo e graus recursais. Coibindo essa prática, o STJ pôs óbice ao uso desmedido dos elementos informativos do inquérito policial no curso do processo condenatório, eis que comum a práticas autoritárias. Em um Estado Democrático de Direito, "a força argumentativa das convicções dos magistrados deve ser extraída de provas submetidas ao contraditório e à ampla defesa". De acordo com a Corte Superior, "o mínimo flerte com decisões despóticas não é tolerado, e a liberdade do cidadão só pode ser restringida após a superação do princípio da presunção de inocência, medida que se dá por meio de procedimento realizado sob o crivo do devido processo legal". Ademais, ficou sublinhado, ainda, que "a prova produzida extrajudicialmente é elemento cognitivo destituído do devido processo legal, princípio garantidor das liberdades públicas e limitador do arbítrio estatal"[18].

Não sem razão, os autos da investigação que integram matéria de competência do juiz das garantias devem ficar confinados na secretaria da vara deste juízo, sem remessa ao juiz da instrução e julgamento, ressalvando-se os documentos inerentes às provas irrepetíveis, medidas de obtenção ou de antecipação de provas (art. 3º-C, § 3º, CPP, na redação da Lei nº 13.964/2019[19]).

A regra é que os elementos probatórios, reunidos na fase pré-processual, que Aury Lopes Jr. aponta como atos de investigação, devem ser repetidos na fase processual, leia-se, colhidos perante o magistrado, numa instrução dialética, sob o crivo do contraditório e da ampla defesa, pois só então poderão embasar uma sentença condenatória.

Vale ressaltar, contudo, que existem provas não repetíveis, também chamadas de não renováveis, que devem ser realizadas imediatamente, pois caso contrário perecerão e não poderão mais ser produzidas, de forma a prejudicar substancialmente a demonstração da verdade. Como então equalizar tal situação: a produção de elementos probatórios na fase inquisitorial, passíveis de valoração numa sentença condenatória, tendo, contudo, de

17. LOPES JR., Aury. *Sistemas de investigação preliminar no processo penal*. Rio de Janeiro: Lumen Juris, 2001. p. 190.
18. STJ – Quinta Turma – Agr.REsp. 1.740.921/GO – Rel. Min. Ribeiro Dantas – j. 19 nov. 2018.
19. Dispositivo com eficácia suspensa, nos termos de decisão monocrática do Supremo Tribunal Federal (STF – ADI 6298/DF – Medida Cautelar – Rel. Min. Luiz Fux – 22 jan. 2020).

preservar os princípios do contraditório e ampla defesa, princípios inaplicáveis, grosso modo, no inquérito policial?

Além de ser recomendável que a autoridade policial, em tais casos, autorize fundamentadamente que o indiciado e/ou seu advogado acompanhe a produção da prova não repetível, a solução encontra guarida no incidente de produção antecipada de prova, em que ainda durante o inquérito, instaura-se um procedimento, perante o magistrado, sob o crivo do contraditório e da ampla defesa, com a participação das futuras partes do processo, desde que determinada prova seja imprescindível para a prolação de futura sentença, e haja indícios a demonstrar que o perecimento da mesma é provável.

É necessário que nossa legislação de forma mais clara discipline a produção antecipada de provas, medida cautelar das mais relevantes e que encontra parca ressonância no art. 225, do CPP.

Calha por fim destacar que as provas de caráter eminentemente técnico realizadas na fase do inquérito, a exemplo das perícias, têm sido comumente utilizadas na fase processual como prova de valor similar às colhidas em juízo, sobretudo pela isenção e profissionalismo atribuídos aos peritos. Melhor seria, como já tem sido implementado, porém de forma minoritária, que durante o inquérito fosse permitido ao defensor do indiciado, quando da produção de exames periciais, formular quesitos aos peritos, no intuito da demonstração de fatos relevantes à futura tese defensiva. Corroborando esse entendimento, o interessado poderá requerer ao juiz das garantias a admissão de assistente técnico para acompanhar a produção da perícia[20].

Da mesma forma, os documentos colhidos na fase preliminar, interceptações telefônicas, objetos conseguidos mediante busca e apreensão, têm sido valorados na fase processual, quando serão submetidos à manifestação da defesa, num contraditório ***diferido*** ou ***postergado.*** O atual enunciado do art. 155, do CPP, estabelece que o juiz formará sua convicção pela livre apreciação da prova produzida em contraditório judicial, não podendo fundamentar sua decisão exclusivamente nos elementos informativos colhidos na investigação, ressalvadas as provas cautelares, não repetíveis e antecipadas.

Percebe-se que a prova deverá ser o elemento colhido em **instrução judicial**, sob o crivo do contraditório e da ampla defesa, a viabilizar sua valoração como sustentáculo de futura sentença. Somente prova plena em sentido estrito pode ensejar condenação. Os elementos de informação reunidos na investigação preliminar, endemicamente destituídos de contraditório ou ampla defesa, não podem lastrear eventual sentença condenatória. A ressalva foi feita quanto às provas cautelares, não repetíveis e antecipadas.

As cautelares determinadas na fase inquisitorial e que permitem a produção probatória, como a medida de busca e apreensão ou a interceptação telefônica, se justificam por sua necessidade e urgência, para que os elementos não venham a se esvair. A persecução criminal, em alguns momentos, exige rapidez e pronta eficiência, de sorte que tais ferramentas acabam sendo úteis à elucidação dos fatos e captação de elementos para desvendar a verdade. Já as provas irrepetíveis, como aquelas obtidas através de exame pericial cujos

20. Dispositivo com eficácia suspensa, nos termos de decisão monocrática do Supremo Tribunal Federal (STF – ADI 6298/DF – Medida Cautelar – Rel. Min. Luiz Fux – 22 jan. 2020).

vestígios tendem a desaparecer, e por isso a impossibilidade do seu refazimento, também serão aproveitadas na fase processual.

Advirta-se, por oportuno, que tais elementos ganham o ***status*** de prova a ser valorada na sentença após a submissão ao contraditório e a manifestação da defesa, o que se dá, em regra, na fase processual (contraditório diferido ou postergado). Já o incidente de produção antecipada de prova, como já visto, deve tramitar perante o magistrado, com a presença das futuras partes e, por conseguinte, assegura-se ao material colhido o justo título de prova, a ser aproveitada na fase processual.

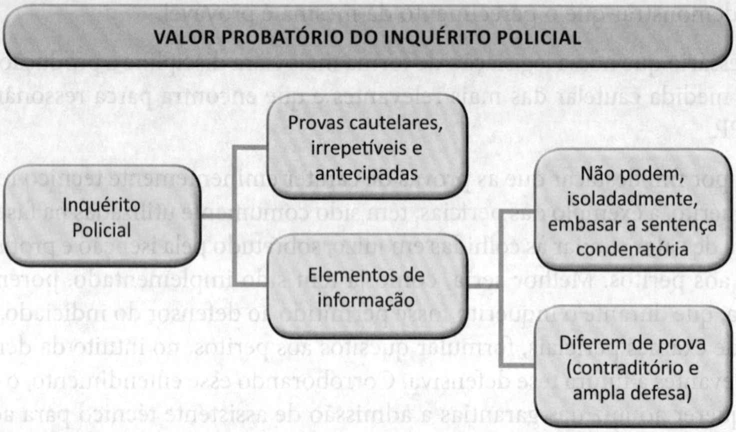

27. VÍCIOS

Os vícios ocorridos no inquérito policial não atingem a ação penal.

Tem prevalecido tanto nos tribunais como na doutrina que, sendo o inquérito dispensável, algo que não é essencial ao processo, não tem o condão de, uma vez viciado, contaminar a ação penal. Em outras palavras, os males ocorridos no inquérito não têm a força de macular a fase judicial. A irregularidade ocorrida durante o inquérito poderá gerar a invalidade ou ineficácia do ato inquinado, todavia, sem levar à nulidade processual. Ex.: havendo prisão em flagrante ilegal durante o inquérito, ela deve ser relaxada; todavia, este fato não leva à nulidade do futuro processo contra o suposto autor do fato.

No mesmo sentido, as lições de Paulo Rangel, que conclui poder "haver ilegalidade nos atos praticados no curso do inquérito policial, a ponto de acarretar seu desfazimento pelo judiciário, pois os atos nele praticados estão sujeitos à disciplina dos atos administrativos em geral". No entanto, "não há que se falar em contaminação da ação penal em face de defeitos ocorridos na prática dos atos do inquérito, pois este é peça meramente de informação e, como tal, serve de base à denúncia"[21].

Não é outro o entendimento dos tribunais superiores[22-23], que têm se manifestado endossando a tese de que eventuais vícios no inquérito policial não contaminam, necessariamente, o processo penal.

21. RANGEL, Paulo. *Direito processual penal*. 7. ed. Rio de Janeiro: Lumen Juris, 2003. p. 87.
22. STF – Primeira Turma – Inq 3621 ED-segundos – Rel. Min. Rosa Weber – publicado em 22 out. 2019.
23. STJ – Sexta Turma – AgRg no HC 495.749/RJ – Rel. Min. Antonio Saldanha Palheiro – DJe 23 out. 2019.

Não podemos deixar de destacar, contudo, apesar de posição francamente minoritária, as lições de Aury Lopes Jr., reconhecendo a possibilidade de contaminação do processo pelos vícios ocorridos no inquérito policial, principalmente pelo mau vezo de alguns magistrados em valorar os elementos colhidos no inquérito como prova em suas sentenças, advertindo que "o rançoso discurso de que as irregularidades do inquérito não contaminam o processo não é uma verdade absoluta e tampouco deve ser considerada uma regra geral. Todo o contrário, exige-se do juiz uma diligência tal na condução do processo que o leve a verificar se, no curso do IP, não foi cometida alguma nulidade absoluta ou relativa (quando alegada). Verificada, o ato deverá ser repetido e excluída a respectiva peça que o materializa, sob pena de contaminação dos atos que dele derivem. Caso o ato não seja repetido, ainda que por impossibilidade, **a sua valoração na sentença ensejará a nulidade do processo**"[24].

A despeito desta divergência, podemos facilmente concluir que caso a inicial acusatória esteja embasada tão somente em elementos viciados extraídos do inquérito, deverá ser rejeitada por falta de justa causa, diga-se, pela ausência de lastro probatório mínimo e idôneo ao início do processo, com fundamento no art. 395, inciso III, do CPP. Já se durante o inquérito obtivermos, por exemplo, uma confissão mediante tortura, e dela decorra todo o material probatório em detrimento do suposto autor do fato, como uma busca e apreensão na residência do confitente, apreendendo-se drogas, é de se reconhecer a aplicação da teoria dos frutos da árvore envenenada ou da ilicitude por derivação, isto é, todas as provas obtidas em virtude da ilicitude precedente deverão ser reputadas inválidas, havendo assim clara influência na fase processual.

28. *NOTITIA CRIMINIS* (NOTÍCIA DO CRIME OU NOTÍCIA DO FATO)

É o conhecimento pela autoridade, espontâneo ou provocado, de um fato aparentemente criminoso. A ciência da infração penal pode ocorrer de diversas maneiras, e esta comunicação, provocada ou por força própria, é chamada de notícia do crime ou notícia do fato.

Normalmente é endereçada à autoridade policial, ao membro do Ministério Público ou ao magistrado. Caberá ao delegado, diante do fato aparentemente típico que lhe é apresentado, iniciar as investigações. O Ministério Público, diante de notícia-crime que contenha em si elementos suficientes revelando a autoria e a materialidade, dispensará a elaboração do inquérito, oferecendo de pronto denúncia, dispondo de **quinze dias** contados da correspondente provocação; diante de notícia-crime deficiente, poderá requisitar a instauração de inquérito policial ou iniciar, por força própria, um PIC – procedimento investigativo criminal. Já o magistrado, em face da notícia crime que lhe é apresentada, poderá remetê-la ao MP, para providências cabíveis, ou requisitar a instauração do inquérito policial.

O Código não estipula um prazo geral para a instauração do inquérito policial a contar da ciência da notícia do fato. Todavia, tratando dos crimes relacionados ao tráfico de pessoas onde exista requisição às empresas prestadoras de serviço de telecomunicações e/ou telemática para a localização da vítima ou suspeito, temos o prazo de **setenta e duas horas** para o início do inquérito, fluindo do registro da ocorrência policial (art. 13-B, § 3º, CPP).

24. LOPES JR., Aury. *Sistemas de investigação preliminar no processo penal*. Rio de Janeiro: Lumen Juris, 2001. p. 201.

NOTITIA CRIMINIS **(CONHECIMENTO, PELA AUTORIDADE, DE UM FATO APARENTEMENTE CRIMINOSO)**	
Endereçamento	**Providência**
Autoridade policial	Procede a investigações
Ministério Público	Oferece denúncia, requisita instauração de IP ou inicia PIC
Juiz	Remete ao Ministério Público ou requisita instauração de IP

29. ESPÉCIES DE NOTÍCIA-CRIME

A notícia do fato poderá de ser espontânea, provocada ou revestida de forma coercitiva.

A **notícia-crime espontânea**, de cognição imediata, subdivide-se em:

(1) informal; e

(2) anônima.

A ***notitia criminis*** **provocada** pode ser de cinco subespécies:

(1) requisição do Ministério Público;

(2) requerimento da vítima;

(3) delação;

(4) representação da vítima; e

(5) requisição do Ministro da Justiça.

A **notícia do fato revestida de forma coercitiva** é una, ou seja, não comporta repartição.

Veremos cada uma delas.

30. NOTÍCIA-CRIME ESPONTÂNEA (COGNIÇÃO IMEDIATA)

É o conhecimento direto dos fatos pela autoridade policial ou através de **comunicação informal**. Ex.: a autoridade tem notícia da infração através de suas investigações ou pela imprensa.

31. NOTÍCIA-CRIME INQUALIFICADA OU DELAÇÃO ANÔNIMA (*WHISTLEBLOWER*)

A chamada **delação apócrifa** ou ***notitia criminis*** **inqualificada** é o que vulgarmente chamamos de denúncia anônima e se insere como subespécie de notícia-crime espontânea ou de cognição imediata.

Em que pese a Constituição Federal consagrar a livre manifestação de pensamento, vedando o anonimato (art. 5º, IV), certo é que a polícia deve, de forma **espontânea**, acautelar-se diante da notícia anônima, e proceder às investigações com cuidado redobrado. Nesse sentido é que STF e STJ têm admitido a denúncia anônima apenas quando precedida de diligências preliminares que atestem a verossimilhança dos fatos noticiados[25-26].

25. STJ – Quinta Turma – HC 475.524/MT – Rel. Min. Ribeiro Dantas – DJe 02 set. 2019.
26. STF – Primeira Turma – HC 141157 AgR – Rel. Min. Rosa Weber – publicado em 11 dez. 2019.

Indo além da tradicional notícia do fato meramente apócrifa, a Lei nº 13.608/2018 previu a possibilidade de, por meio telefônico, qualquer pessoa reportar anonimamente um fato delituoso. A proposta do legislador seguiu com o estabelecimento da possibilidade de recebimento de dinheiro em troca da informação prestada, em compasso com a sua eficácia. A novidade tem inspiração estrangeira, monetarizando a notícia crime, o que pode resvalar, perigosamente, em eventual denuncismo.

Não se trata de hipótese de colaboração premiada. A previsão de um noticiador anônimo e alheio ao protagonismo do suposto delito noticiado é instituto diverso, mais amplo e sem requisitos rígidos, com semelhanças com o reportante do direito norte americano. A autoridade recebedora das informações agirá com as cautelas recomendadas para os casos de notícia anônima, a fim de aferir a sua procedência.

O diploma legal segue a linha de incentivo a que qualquer pessoa denuncie infrações penais, de forma similar à "meta 4/2016", da ENCCLA (Estratégia Nacional de Combate à Corrupção e à Lavagem de Dinheiro), que propõe a elaboração de "diagnóstico e proposição de aprimoramento do sistema brasileiro de proteção e incentivo ao denunciante e ***whistleblower***".

Whistleblower significa, literalmente, soprador de apito. Reportante do bem é o designativo para quem, espontaneamente, noticia um ilícito civil ou penal a uma autoridade, com informações importantes acerca do fato. O conteúdo reportado pelo ***whistleblower*** é livre, isto é, pode consistir em crimes de lavagem de capitais, delitos contra a fé pública, contra a vida, contra o patrimônio público, dentre outros. O reportante pode ser qualquer pessoa, não havendo necessidade de ser coautor do delito. A ele é assegurada proteção na forma do art. 4º-C, da Lei nº 13.608/2018, com redação da Lei nº 13.964/2019.

32. NOTÍCIA-CRIME PROVOCADA (COGNIÇÃO MEDIATA)

É o conhecimento da infração pela autoridade mediante provocação de terceiros. Vejamos.

33. NOTÍCIA DO CRIME POR REQUISIÇÃO DO MINISTÉRIO PÚBLICO

Entendemos que não há cabimento de *notitia criminis* por requisição do juiz, apesar da previsão contida no art. 5º, inciso II, do CPP. Queremos crer que não mais subsiste essa possibilidade, seja pelo sistema acusatório sufragado na Constituição, seja por ter sido essa estrutura acusatória expressamente consagrada no art. 3º-A, do nosso Código, pela Lei nº 13.964/2019[27].

Destarte, nos crimes de ação penal pública, o promotor de justiça pode determinar a instauração do inquérito policial através da requisição. Aqui, requisição é sinônimo de imposição, devendo a autoridade dar início ao inquérito policial.

Se o procedimento instaurado é visivelmente arbitrário, a autoridade requisitante deve ser indicada como coatora, o que vai direcionar a competência para apreciar eventual ***habeas***

27. Dispositivo com eficácia suspensa, nos termos de decisão monocrática do Supremo Tribunal Federal (STF – ADI 6298/DF – Medida Cautelar – Rel. Min. Luiz Fux – 22 jan. 2020).

corpus trancativo, é dizer, o tribunal de justiça, se a autoridade é estadual, ou o tribunal regional federal, se é da União. Não nos parece ser competência do juiz das garantias, que é responsável para apreciar o *habeas corpus* quando o coator é a autoridade policial, na adequada exegese do inciso XII, art. 3º-B, do CPP[28].

34. NOTÍCIA-CRIME POR REQUERIMENTO DA VÍTIMA

A vítima da infração ou o seu representante legal noticiam o fato à autoridade policial através de **requerimento,** devendo conter a narrativa dos fatos e suas circunstâncias; a individualização do suposto autor da infração, ou seus sinais característicos e razões de convicção de ser o mesmo o sujeito ativo do delito; a nomeação de testemunhas, com indicação da profissão e das respectivas residências (art. 5º, § 1º, CPP).

Caso o delegado de polícia indefira o requerimento do ofendido para instauração do inquérito policial, por entender que não há infração penal a apurar, caberá recurso **administrativo** ao chefe de polícia (art. 5º, § 2º, CPP). É de se destacar que a autoridade policial, ao analisar os fatos que lhe são trazidos, deve exercer um juízo de tipicidade para aferir o enquadramento legal da possível infração. Se o fato não é previsto em lei como crime, com muita razão, não há de se falar em instauração de inquérito policial, devendo a autoridade negar-se a iniciá-lo. Não se cogita, na hipótese, de violação a direito líquido e certo da vítima a dar ensejo à impetração de mandado de segurança, afinal, o enquadramento legal é feito pela autoridade policial, e convencendo-se o delegado de que o fato é atípico, restaria ao eventual prejudicado o manejo de recurso administrativo à instância superior da polícia.

Resta a provocação: pode a autoridade policial invocar o princípio da insignificância para deixar de instaurar o inquérito policial? A posição francamente majoritária tem se inclinado pela impossibilidade do delegado de polícia invocar o princípio da insignificância para deixar de atuar, pois estaria movido pelo princípio da obrigatoriedade. A análise crítica quanto à insignificância da conduta (tipicidade material) caberia ao titular da ação penal, que na hipótese, com base no inquérito elaborado, teria maiores elementos para promover o arquivamento, já que a insignificância demonstrada é fator que leva à atipicidade da conduta. Assim, deve o delegado instaurar o inquérito policial, concluí-lo e encaminhá-lo ao juízo, evitando, contudo, o indiciamento. A manifestação acerca da insignificância deve ficar com o titular da ação penal. Nada impede, porém, que instaurado o inquérito policial, possa o suposto autor da conduta insignificante, diante do constrangimento ilegal, impetrar ***habeas corpus*** para trancar o procedimento investigatório iniciado.

Em outro giro, merece destaque a Lei 13.239/2015 que dispõe sobre a oferta e a realização, no âmbito do Sistema Único de Saúde – SUS, de cirurgia plástica reparadora de sequelas de lesões causadas por atos de violência contra a mulher. De acordo com o art. 3º, hospitais e os centros de saúde pública, ao receberem vítimas de violência, deverão informá-las da possibilidade de acesso gratuito à cirurgia plástica para reparação das lesões ou sequelas de agressão comprovada. Para tanto, a mulher deve portar **registro oficial de ocorrência da agressão**, realçando importância da notícia-crime.

---

28. Dispositivo com eficácia suspensa, nos termos de decisão monocrática do Supremo Tribunal Federal (STF – ADI 6298/DF – Medida Cautelar – Rel. Min. Luiz Fux – 22 jan. 2020).

Ainda no enfoque à notícia apresentada pela vítima, temos importante e surpreendente previsão na Lei Maria da Penha, instituindo a possibilidade da autoridade policial impor medida protetiva contra o agressor da mulher em situação de violência doméstica e familiar. No ponto, há delegação de poderes próprios de juiz ao delegado ou ao policial. Portanto, se for verificada a existência de risco atual ou iminente à vida ou à integridade física da mulher em situação de violência doméstica e familiar, ou de seus dependentes, o agressor será imediatamente afastado do lar, domicílio ou local de convivência com a ofendida pelo delegado de polícia, quando o Município não for sede de comarca, ou pelo policial, quando o Município não for sede de comarca e não houver delegado disponível no momento da "denúncia" (art. 12-C, II e III, Lei 11.340/2006). Em ambos os casos o juiz será comunicado no prazo máximo de vinte e quatro horas e decidirá, em igual prazo, sobre a manutenção ou revogação da medida aplicada, devendo dar ciência ao Ministério Público concomitantemente (art. 12-C, § 1º). Ressalte-se que, nos casos de risco à integridade física da ofendida ou à efetividade da medida protetiva de urgência, veda-se a liberdade provisória (art. 12-C, § 2º).

35. NOTÍCIA-CRIME POR DELAÇÃO

Qualquer do povo, nos crimes de ação penal pública incondicionada, pode, validamente, noticiar o fato delituoso à autoridade policial, dando ensejo à instauração do inquérito, através da delação. Esta não tem cabimento nos crimes de ação privada e pública condicionada, já que nestas hipóteses o inquérito, para ser iniciado, pressupõe manifestação do legítimo interessado.

36. NOTÍCIA-CRIME POR REPRESENTAÇÃO DA VÍTIMA (*DELATIO CRIMINIS* POSTULATÓRIA)

Nos crimes de ação penal pública condicionada à representação, ou seja, naqueles em que o legislador, por uma questão de política criminal, conferiu à vítima o poder de autorizar ou não a persecução criminal, se ela resolve fazê-lo, noticiando o fato para que o inquérito seja instaurado, estará representando. A representação funciona como verdadeira condição de procedibilidade, e sem ela, o inquérito não poderá ser instaurado. E se for? A vítima poderá impetrar **mandado de segurança** para trancá-lo, afinal, é latente a violação de direito líquido e certo do ofendido de não ver iniciada a investigação sem a sua autorização.

37. NOTÍCIA-CRIME POR REQUISIÇÃO DO MINISTRO DA JUSTIÇA

Em alguns crimes, ditos de ação pública condicionada, a persecução criminal está a depender de autorização do Ministro da Justiça, também chamada de **requisição**. O que é sempre conveniente distinguir é que esta requisição, apresentada pelo Ministro da Justiça, ao contrário da requisição emanada dos juízes e promotores, não é sinônimo de ordem, e sim uma mera autorização para o início da persecução criminal em algumas infrações que a exigem.

38. NOTÍCIA-CRIME REVESTIDA DE FORMA COERCITIVA

É aquela apresentada juntamente com o infrator preso em flagrante. Pode representar hipótese de notícia crime espontânea, quando quem realiza a prisão é a própria autoridade policial ou seus agentes, ou provocada, quando quem efetiva a prisão é uma pessoa comum do provo (art. 301, CPP).

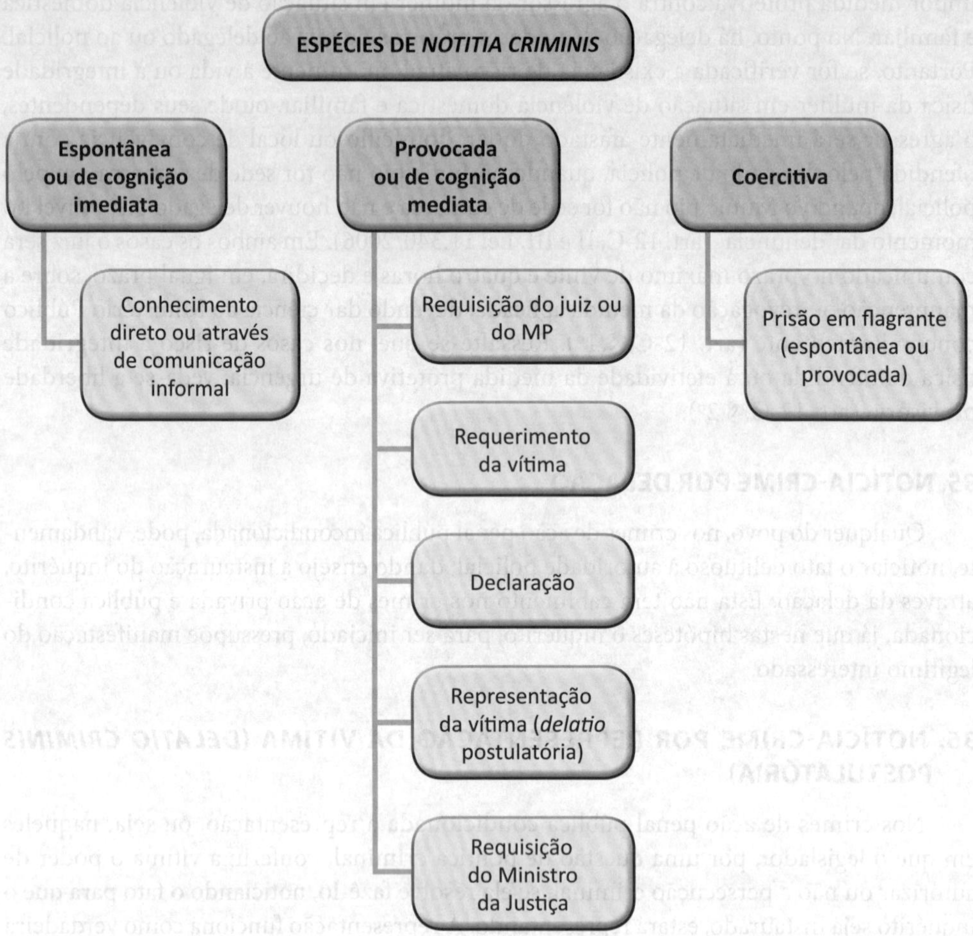

39. PEÇAS INAUGURAIS DO INQUÉRITO POLICIAL

O auto de prisão em flagrante, as requisições e os requerimentos se materializam na peça inaugural do inquérito policial. Nos demais casos, a autoridade policial baixa portaria para o início do procedimento. Esta nada mais é do que uma peça sucinta, indicando, sempre que possível, o nome e o prenome do suposto autor da infração e da vítima, o dia, local e hora do fato delituoso, tendo por desfecho a determinação de instauração da investigação. Na prática, mesmo diante de requisições ou requerimentos, os delegados têm baixado portaria para o início do inquérito. Apesar de desnecessário, não há qualquer problema em tal expediente.

40. INCOMUNICABILIDADE

O art. 21, do CPP, contempla a possibilidade de decretação da incomunicabilidade do preso durante o inquérito policial, por conveniência da investigação ou quando o interesse da sociedade o exigisse, por deliberação judicial, mediante requerimento da autoridade policial ou do Ministério Público, e por até três dias. Ocorre que, este dispositivo, em face do disposto no art. 136, § 3º, inciso IV, da CF, que não admite a incomunicabilidade até mesmo durante o Estado de Defesa, não foi recepcionado pela Carta Magna. Ora, se em momentos de grave instabilidade institucional, ensejadores da decretação do Estado de Defesa, não poderá ser determinada a incomunicabilidade, também não será viável nos períodos de normalidade. No mesmo sentido, a doutrina majoritária, nos ensinamentos, dentre outros, de Tourinho Filho[29] e Rômulo Moreira[30]. Esta, certamente, a melhor posição.

Contra a posição prevalente, admitindo a incomunicabilidade, Damásio E. de Jesus aduz "que o art. 21 do CPP não foi revogado pelo art. 136, § 3º, IV, da CF. Em primeiro lugar, a proibição diz respeito ao período em que ocorrer a decretação do estado de defesa (art. 136, ***caput***, da CF), aplicável à 'prisão por crime contra o Estado' (§ 3º, I), infração de natureza política. Em segundo lugar, o legislador constituinte, se quisesse elevar tal proibição à categoria de princípio geral, certamente a teria inserido no art. 5º, ao lado de outros mandamentos que procuram resguardar os direitos do preso. Não o fez, relacionando a medida com os direitos políticos. Daí porque, segundo nosso entendimento, o art. 21, do CPP, continua em vigor"[31].

Calha ressaltar, contudo, que ainda quando em vigor o art. 21, do CPP – e para aqueles que o admitem até hoje –, a incomunicabilidade não é/era extensível ao advogado do indiciado (parágrafo único), ratificando a inutilidade do instituto.

O regime disciplinar diferenciado (RDD) conferiu tratamento carcerário mais áspero, mas não instituiu a incomunicabilidade. Os presos submetidos a tal disciplina usufruem de visitas quinzenais, de duas pessoas por vez, em instalações preparadas para impedir o contato físico e a passagem de objetos. As visitas têm duração de duas horas, por familiares ou por terceiros, sendo que os terceiros devem estar autorizados judicialmente. Ademais, as entrevistas serão sempre monitoradas, salvo as com o defensor (art. 52, III e V, Lei nº 7.210/1984, com texto da Lei nº 13.964/2019).

41. PROVIDÊNCIAS

Os artigos 6º e 7º, do CPP, indicam as providências a serem tomadas pela autoridade policial na condução das investigações. Apesar da discricionariedade do inquérito policial, o legislador achou por bem elencar as diligências que podem, e outras que devem ser realizadas pela autoridade policial no decorrer do inquérito. Além das providências listadas no Código, o § 2º, do art. 2º, da Lei nº 12.830/2013, estabelece o poder de requisitar perícia, informações, documentos e dados que interessem à apuração dos fatos.

São as diligências previstas nos artigos 6º e 7º, do CPP:

I – Dirigir-se ao local dos fatos, isolando a área para atuação dos peritos;

29. TOURINHO FILHO, Fernando da Costa. *Processo penal*. São Paulo: Saraiva, 2003. v.1. p. 210.
30. MOREIRA, Rômulo de Andrade. *Direito processual penal*. Salvador: JusPODIVM, 2007. p. 9.
31. JESUS, Damásio E. de. *Código de processo penal anotado*. 10. ed. São Paulo: Saraiva, 2003. p. 25.

A Lei nº 8.862/1994, que conferiu tal redação a esse dispositivo, tornou tal diligência obrigatória, justamente pela importância da atuação dos peritos para desvendar a infração, colhendo elementos e as impressões necessárias para a elaboração do laudo. Só após a liberação dos peritos, é que os objetos poderão ser apreendidos e a cena do crime poderá ser alterada. Excepcionalmente, a Lei nº 5.970/1973 prevê, no seu art. 1º, que em caso de acidente de trânsito, a autoridade ou agente policial que primeiro tomar conhecimento do fato poderá autorizar, independentemente de exame do local, a imediata remoção das pessoas que tenham sofrido lesão, se estiverem no leito da via pública e prejudicarem o tráfego. Isso se deve não só para segurança dos acidentados e de terceiros, como também para a boa fluidez do trânsito.

II – Apreender objetos;

A apreensão dos objetos ligados à infração penal vem disciplinada nos arts. 240 ***usque*** 250, do CPP. É de grande valia a captação de tais elementos, que vão enriquecer a instrução em juízo, já que, como versa o art. 11, do CPP, "os instrumentos do crime, bem como os objetos que interessem à prova, acompanharão os autos do inquérito". Em relação aos instrumentos utilizados para a realização da infração, devem ser periciados a fim de se lhes verificar a natureza e a eficiência (art. 175, CPP). Convém destacar que segundo o STJ, a autoridade policial poderá apreender os objetos relacionados com a infração, mesmo antes da instauração do respectivo inquérito[32].

III – Colher todas as provas;

Como norma genérica, é recomendável que a autoridade policial esteja atenta para que não venham a perecer os elementos necessários à elucidação dos fatos. Assim, deverá proceder à colheita de todo material probatório não só que demonstre a autoria e a materialidade da infração, revelando os seus reais autores, mas também que elimine, por exclusão, o vínculo equivocado de pessoas inocentes à prática do crime. Os elementos colhidos na fase pré-processual não devem ter via única, ou seja, restringir-se à seara acusatória. O inquérito deve estar comprometido com a apuração da verdade, e os elementos em prol da defesa não podem ser desconsiderados.

Quanto a requisição e acesso pela autoridade de dados e informações, importante consignar as seguintes especificidades.

(1) Para os crimes de tráfico de pessoas, previstos nos arts. 148, 149 e 149-A, no § 3º, do art. 158, e no art. 159, do Código Penal, e no art. 239, do Estatuto da Criança e do Adolescente, temos que:

(a) o membro do Ministério Público ou o delegado de polícia poderão requisitar, de quaisquer órgãos do poder público ou de empresas da iniciativa privada, dados e informações cadastrais da vítima ou de suspeitos (art. 13-A, *caput*, do CPP). Ademais, a requisição, que será atendida no prazo de vinte e quatro horas, conterá, o nome da autoridade requisitante, o número do inquérito policial e a identificação da unidade de polícia judiciária responsável pela investigação. Como se depreende, esse autorizativo legal pode envolver dados protegidos por sigilo constitucional com reserva de jurisdição. Caso isso ocorra no

32. STJ – Quinta Turma – AgRg no HC 214.917/SP – Rel. Min. Joel Ilan Paciornik – DJe 29 jun. 2018.

plano concreto, o delegado de polícia ou o Ministério Público devem requerer ao juiz o acesso (art. 5º, XII, XIV e XXXIII, CF/1988);

(b) se necessário à prevenção e à repressão dos crimes relacionados ao tráfico de pessoas, o membro do Ministério Público ou o delegado de polícia poderão requisitar, mediante autorização judicial, às empresas prestadoras de serviço de telecomunicações e/ou telemática que disponibilizem imediatamente os meios técnicos adequados – como sinais, informações e outros – que permitam a localização da vítima ou dos suspeitos do delito em curso.

Incialmente, temos um equívoco terminológico incontornável. É que promotores e delegados não requisitam o ato ao juiz. O membro do Ministério Público requer. O delegado representa. Ademais, sobre os dados sob responsabilidade de provedores de ***internet*** e análogos, o sigilo somente deve ser afastado judicialmente, na forma estatuída na Lei nº 12.965/2014. Nesse passo, entendemos ser totalmente inconstitucional o § 4º, do art. 13-B, do CPP, que reza que se não houver manifestação judicial no prazo de doze horas, a requisição será formulada diretamente pelo membro do MP ou pelo delegado à operadora. Isso porque, no ponto, a **cláusula de reserva de jurisdição** é expressa no inciso XII, do art. 5º, da CF/1988. Pensamos ser desproporcional e inconcebível a autorização da fixação do poder de afastamento do sigilo em degraus (primeiro o juiz e depois o MP ou autoridade policial). A previsão, em outras palavras, despreza a garantia do sigilo das comunicações telefônicas e de dados.

(2) Para os crimes relacionados a organizações criminosas, o art. 15, da Lei nº 12.850/2013, preconiza que o delegado de polícia e o Ministério Público terão acesso, independentemente de autorização judicial, apenas aos dados cadastrais do investigado que informem exclusivamente a qualificação pessoal, a filiação e o endereço mantidos pela Justiça Eleitoral, empresas telefônicas, instituições financeiras, provedores de ***internet*** e administradoras de cartão de crédito.

(3) Para os crimes de lavagem de capitais, o art. 17-B, da Lei nº 12.683/2012, reza que a autoridade policial e o Ministério Público terão acesso, exclusivamente, aos dados cadastrais do investigado que informam qualificação pessoal, filiação e endereço, independentemente de autorização judicial, mantidos pela Justiça Eleitoral, pelas empresas telefônicas, pelas instituições financeiras, pelos provedores de internet e pelas administradoras de cartão de crédito.

IV – Ouvir o ofendido;

As declarações da vítima devem ser tomadas com resguardo, afinal, é pessoa intimamente interessada no deslinde da persecução penal. Contudo, as informações trazidas pela vítima podem ser de fundamental importância para a apuração dos fatos, trazendo elementos que norteiem o rumo das investigações. O ofendido não será compromissado a dizer a verdade, pois não é testemunha, e caso dê causa à instauração de investigação ou do processo imputando infração a alguém sabidamente inocente, incorrerá no crime de denunciação caluniosa (art. 339, CP).

Se o ofendido, devidamente notificado, injustificadamente não comparecer para ser ouvido, poderá ser conduzido coercitivamente à presença da autoridade (art. 201, § 1º, CPP). Ao que parece, deve o delegado representar ao juiz (das garantidas), para que autorize a condução.

Recomenda-se especial atenção com pessoas ofendidas hipossuficientes, tais como crianças, mulheres em situação de violência familiar e idosos, seguindo-se regras específicas de tomada de depoimentos e de proteção, instituídas pelas Leis nº 13.431/2017 e 13.505/2017, que trataremos no Capítulo sobre Provas.

V – Ouvir o indiciado;

A oitiva do suspeito na fase do inquérito deve observar, no que for aplicável, os artigos 185 a 196, do CPP, que tratam do interrogatório na fase judicial, sendo-lhe assegurado o direito ao silêncio (art. 5º, LXIII, CF).

Os regramentos do interrogatório judicial serão aplicados com restrições ao inquérito, já que este é regido pela inquisitoriedade. O CPP prevê, em seu art. 187, que o interrogatório seja realizado em duas partes:

(1) a primeira destinada a perguntas relativas à pessoa do agente;
(2) a segunda atinente aos fatos.

Na fase do inquérito, a autoridade policial não formulará perguntas sobre a pessoa do imputado, até porque são questões que dizem respeito à aplicação das circunstâncias judiciais do art. 59, do CP. Como se trata de procedimento inquisitivo, a presença do advogado é facultativa. Todavia, se o causídico se fizer presente, não pode ser impedido de participar, sob pena de nulidade do ato e dos demais que dele decorrem.

O termo de oitiva do suspeito/indiciado será assinado por duas testemunhas que tenham ouvido a sua leitura, na presença do indiciado, como forma de evitar distorções entre aquilo que foi dito e o que ficou registrado pelo escrivão. A omissão desta formalidade acarreta mera irregularidade, não tendo o cunho de descredibilizar, por si só, a realização do ato.

Caso o indiciado não atenda à notificação para comparecer, nem justifique a ausência, não poderá ser conduzido coercitivamente à presença da autoridade. A condução coercitiva do indiciado, para seu interrogatório, teve a inconstitucionalidade reconhecida pelo Supremo Tribunal Federal, em sede de ação de arguição de preceito fundamental[33]. A previsão da garantia fundamental ao silêncio torna sem propósito a condução daquele que não deseja participar do interrogatório. Não há sentido em conduzir o imputado que, perante a autoridade, deseja ficar calado. Nem se fale em decretação de prisão temporária para forçar o trazimento, por suposta imprescindibilidade para a investigação. Tal proceder revela típico abuso de autoridade.

Por outro lado, entendemos que o indiciado, caso queira, tem direito a ser ouvido nos autos do inquérito policial ou da investigação preliminar, antes do seu respectivo encerramento pelo delegado de polícia. Caso seja possível oportunizar a oitiva, pensamos que se trata de diligência indispensável, já que é uma forma de exercer a autodefesa, podendo, inclusive, ser decisivo para evitar a deflagração de um futuro processo criminal.

Coerente com o caráter de meio de defesa do interrogatório do indiciado, somos partidários da posição de que ele não comete delito na hipótese de apresentar falsa identidade perante a autoridade policial. Afinal, se o investigado não pode ser conduzido coercitivamente e se lhe é assegurado o direito ao silêncio, natural concluir que ele não pode ser compelido a contribuir para o êxito da persecução penal que, ao cabo, poderá resultar no cerceamento da liberdade. Incide na espécie o princípio do ***nemo tenetur se detegere***

33. STF – Pleno – ADPFs 395/444-DF – Rel. Min. Gilmar Mendes – julgado em 13 e 14 jun. 2019.

(ninguém pode ser compelido a se "descobrir"/revelar, sendo vedada coerção para que alguém se autoincrimine).

Todavia, não é essa a posição dominante, havendo o Superior Tribunal de Justiça, inclusive, editado o enunciado nº 522, de sua Súmula, para frisar que "a conduta de atribuir-se falsa identidade perante autoridade policial é típica, ainda que em situação de alegada autodefesa".

VI – Proceder ao reconhecimento de pessoas e coisas e a acareações;

O reconhecimento é tratado nos artigos 226 a 228, do CPP, objetivando que alguém, na presença da autoridade, identifique pessoa ou objeto que já tenha visto em momento anterior[34]. Já a acareação é possível sempre que exista divergência entre as declarações prestadas por aqueles que têm conhecimento dos fatos delitivos apurados no inquérito, estando disciplinada nos artigos 229 e 230, do CPP. São ferramentas probatórias importantes no desvendamento dos fatos, e que compõem o manancial à disposição da autoridade de polícia.

VII – Realização do exame de corpo de delito e outras perícias;

Sempre que a infração deixar vestígios, a materialidade delitiva será demonstrada pela realização do exame de corpo de delito (art. 158, CPP). A existência da infração é demonstrada pela elaboração do competente exame e a ausência da perícia não pode ser suprida, nem mesmo, pela confissão do suspeito. Eventualmente, frustrado o exame, a materialidade será demonstrada pela prova testemunhal (art. 167, CPP) – também denominada de prova indireta –, mas nunca pela confissão. A autoridade policial não poderá negar a realização do exame quando o crime deixe vestígios (art. 184, CPP).

Além do exame de corpo de delito, outras perícias podem ser necessárias, devendo a autoridade acautelar-se para que sejam realizadas (art. 2º, § 2º, da Lei nº 12.830/2013). O seu estudo detalhado está disposto no nosso capítulo sobre provas em espécie, onde descrevemos a necessidade de se preservar a cadeia de custódia do vestígio (art. 158-A a 158-F, CPP, com redação da Lei nº 13.964/2019).

Em atenção especial aos crimes de violência sexual, temos o atendimento obrigatório e integral às vítimas. Por ocasião do atendimento nos hospitais do Sistema Único de Saúde (SUS), o médico deverá preservar materiais que possam ser coletados no exame médico legal, cabendo ao órgão de medicina legal o exame de DNA para identificação do agressor. Trata-se de previsão salutar voltada à colheita de elementos que futuramente poderão ser utilizados na formação da ***opinio delicti***, tanto da autoria quanto da materialidade delitiva (Lei nº 12.845/2013).

VIII – Ordenar a identificação datiloscópica do indiciado e fazer juntar sua folha de antecedentes.

A identificação do indiciado objetiva diferenciá-lo das demais pessoas. Como lembra Heráclito Mossin, "significa estabelecer sua identidade por intermédio de seus sinais e dados pessoais: deformidades, cicatrizes, tatuagens, peculiaridades, compleição, cútis, cor dos olhos, cor de cabelos, altura, alcunha, bem como outras qualidades sociais e morais que possam também identificá-lo"[35]. Somam-se a estes elementos a qualificação, levando em conta o prenome, sobrenome, filiação, naturalidade, estado civil, profissão, etc.

34. Sobre o tema, importante decisão do STJ pode ser verificada no Capítulo XXI – Provas em Espécie.

35. MOSSIN, Heráclito Antônio. *Comentários ao código de processo penal*. São Paulo: Manole, 2005. p. 34.

Fator que já levou a acaloradas discussões diz respeito à necessidade da identificação criminal, já que o STF, no seu verbete sumular de nº 568, consagrou o entendimento de que a identificação criminal não constitui constrangimento ilegal, ainda que o indiciado já tenha sido identificado civilmente.

O referido enunciado, da Súmula, do STF, perdeu a razão de existir, já que, com o advento da Constituição Federal, o seu art. 5º, inciso LVIII, chancelou que o civilmente identificado não será submetido a identificação criminal, salvo nas hipóteses previstas em lei. Com a atual Carta Magna, a identificação criminal é exceção, tendo cabimento nas hipóteses expressamente autorizadas pela legislação.

É a Lei nº 12.037/2009 que apresenta as hipóteses de cabimento da identificação criminal, incluindo o processo datiloscópico e fotográfico. Nada impede que sejam utilizados outros processos na identificação criminal, como a utilização do material genético ou da íris ocular, preservando-se, naturalmente, o direito a não autoincriminação[36]. Releva destacar os principais pontos da disciplina legal.

(1) O civilmente identificado, de regra, não será identificado criminalmente, servindo como documentos idôneos de identificação civil a carteira de identidade, de trabalho, profissional, passaporte, identificação funcional (civil ou militar), além de qualquer outro documento público que permita a identificação, como a CNH (carteira nacional de habilitação).

(2) As hipóteses de admissibilidade, que podem dar margem à identificação criminal, mesmo diante da apresentação de documentação civil (cuja cópia necessariamente será anexada aos autos do procedimento), passam a ser as seguintes (art. 3º, Lei nº 12.037/2009):

(a) o documento apresentar rasura ou tiver indício de falsificação;

(b) o documento apresentado for insuficiente para identificar cabalmente o indiciado;

(c) o indiciado portar documentos de identidade distintos, com informações conflitantes entre si;

(d) a identificação criminal for essencial às investigações policiais, segundo despacho da autoridade judiciária competente, que decidirá de ofício ou mediante representação da autoridade policial, do Ministério Público ou da defesa;

(e) constar de registros policiais o uso de outros nomes ou diferentes qualificações;

(f) o estado de conservação ou a distância temporal ou da localidade da expedição do documento apresentado impossibilite a completa identificação dos caracteres essenciais.

Percebe-se que não se fez escolha casuística de delitos que por sua especial gravidade obrigariam a identificação criminal. Andou bem o legislador, prestigiando o fator necessidade como decisivo para justificar a excepcionalidade da medida. A seu turno, caso o indiciado ou o capturado em flagrante não esteja com o documento de identificação civil em mãos, deve a autoridade conceder prazo razoável para que o apresente, ou para que pessoa de sua confiança o traga, já que a imediata identificação criminal seria precipitada.

Por força da edição da Lei nº 12.654/2012, nos casos do art. 3º, IV, da Lei nº 12.037/2009 (a identificação criminal é essencial às investigações), está autorizada a coleta de material biológico para obtenção de perfil genético. A inovação deve ser lida à luz do princípio da

---

36. MOREIRA, Rômulo. *A nova lei de identificação criminal*. Disponível em: www.romulomoreira.com.br. Acesso em 15/12/2009.

vedação à autoincriminação, de maneira que, havendo recusa do capturado ou indiciado, não se poderá obrigá-lo ao fornecimento.

Os dados relacionados à coleta do perfil genético são sigilosos, devendo ser armazenados em bancos de dados gerenciados por unidade oficial de perícia. As informações colhidas, ressalva-se, não poderão revelar traços somáticos ou comportamentais das pessoas, exceto determinação genética de gênero (art. 5º-A, da Lei nº 12.037/2009).

(3) A determinação para a identificação criminal normalmente é originada da autoridade policial, aferida a real necessidade. Já o juiz, na fase processual ou sendo essencial para a investigação preliminar, e por decisão motivada (e não despacho, como sugere a lei), poderá autorizar a medida ***ex officio*** ou por provocação do MP, da defesa ou da autoridade policial (art. 3º, IV, Lei nº 12.037/2009). A determinação da identificação sem amparo legal caracteriza abuso de autoridade.

(4) O resultado da identificação, com a colheita das impressões digitais e fotografia, será acostado aos autos da persecução penal (flagrante, termo circunstanciado, inquérito e/ou processo). Deve-se evitar ao máximo a exposição do identificado, notadamente a exploração midiática da imagem ou do material colhido. Como é presumivelmente inocente, a identificação não constará de certidões ou atestado de antecedentes, enquanto não transitar em julgado a sentença condenatória, ressalvadas as requisições emanadas das autoridades que integram a persecução penal, como membros do MP, juízes e delegados. Sobrevindo absolvição, arquivamento do inquérito policial ou rejeição da petição inicial, uma vez preclusa a decisão nesse sentido, o indiciado (ou réu) poderá requerer a retirada da identificação fotográfica dos autos da persecução, como forma de preservação da imagem, desde que apresente a competente identificação civil. Havendo denegação, poderá ingressar com mandado de segurança.

(5) A Lei de Identificação do Perfil Genético impôs, em sede de execução penal, uma consequência automática aos condenados por crime doloso cometido com emprego de violência de natureza grave contra pessoa ou por qualquer dos crimes hediondo ou equiparados (art. 1º, Lei nº 8.072/1990), determinando que serão submetidos, obrigatoriamente, à identificação do perfil genético, mediante extração de DNA – ácido desoxirribonucleico, por técnica adequada e indolor (art. 9º-A, Lei de Execução Penal). Entendemos que esse dispositivo necessita de leitura à luz da Constituição, notadamente em face do princípio da não autoincriminação, bem como do direito de liberdade, de forma que:

(a) o apenado não poderá ser objeto de técnicas invasivas sem o seu consentimento, ainda que indolores;

(b) não há óbice ao recolhimento de material descartado pelo próprio apenado de forma voluntária ou involuntária, para fins de submissão ao exame de DNA para identificação do perfil genético (objeto passivo de prova), a exemplo de vestes íntimas, saliva, esperma e outros resíduos descartados, hipóteses em que poderão servir para investigações futuras, desde que o acesso ao banco de dados, sigiloso por força de lei, seja autorizado pelo juiz.

(6) De acordo com § 3º, do art. 7º-C, da Lei nº 12.037/2009 (na redação da Lei nº 13.964/2019), o banco nacional multibiométrico e de impressões digitais tem o objetivo de armazenar dados de registros biométricos, de impressões digitais e, quando possível, de íris, face e voz, para subsidiar investigações criminais federais, estaduais ou distritais.

Há debate doutrinário acerca da necessidade de trânsito em julgado da sentença penal condenatória para a extração do DNA. Pensamos – diante da excepcionalidade da medida – que o legislador disse mais do que deveria dizer, devendo-se conferir interpretação restritiva do texto para só autorizar a identificação genética depois de passada em julgado a sentença penal condenatória. Entendemos, desse modo, que a identificação genética não pode ter cunho probatório cautelar, tendo natureza de efeito da condenação, que requer que contra a sentença penal condenatória não caiba mais recursos.

De todo modo, o acesso ao banco de dados de perfis genéticos para fins criminais deverá ser informado pelo princípio da proporcionalidade, conjugado ao princípio da dignidade humana. Isso será alcançado, primordialmente, pelo consentimento do identificado. Como advertem Callegari e outros, "o princípio da proporcionalidade impõe, no Brasil, no que concerne ao tema da regulamentação do banco de perfis genéticos para fins de instrução criminal, em primeiro lugar, que a utilização desses dados obedeça aos critérios de adequação, necessidade e proporcionalidade estrita da matéria probatória". Devemos compreender, em segundo lugar, que o consentimento do afetado integre "o conteúdo essencial do direito fundamental à proteção de dados pessoais, no sentido de que seja reconhecido o direito da pessoa de ser informada sobre quem possui seus dados e com que finalidade[37]".

Em caso de não ser oferecida denúncia ou queixa-crime, bem como nas hipóteses de absolvição ou rejeição da peça acusatória, é facultado ao indiciado ou ao réu, após o arquivamento definitivo do inquérito, ou trânsito em julgado da sentença, requerer a retirada da identificação fotográfica do inquérito ou processo, desde que apresente provas de sua identificação civil. Os dados gerais de identificação (qualificação e digitais) não são objeto de devolução segundo os arts. 7º e 7º-A, da Lei 12.037/2009, na redação da Lei nº 13.964/2019.

Por outro lado, a exclusão dos perfis genéticos dos bancos de dados ocorrerá, em duas situações bem delimitadas.

(1) Haverá exclusão, evidentemente, no caso de absolvição do acusado. No entanto, o art. 7º-A, da Lei nº 12.037/2009, não distingue qual a razão da absolvição. De tal forma, devem ser excluídos os perfis genéticos inclusive do inimputável submetido à medida de segurança, nos casos de absolvição imprópria.

(2) Quando o caso for de condenação do acusado, a exclusão deverá ser feita por meio de requerimento, após decorridos vinte anos do cumprimento da pena. Como se depreende, a modificação legislativa operada pela Lei nº 13.964/2019, impôs exigência mais severa, independentemente do prazo de prescrição previsto em abstrato para a infração penal. O termo inicial para a contagem dos vinte anos é a data da finalização do cumprimento da pena.

Sob outro prisma, na lição de André Luiz Nicolitt e Carlos Ribeiro Wehrs, o prazo para exclusão do perfil genético do banco de dados é imune aos marcos interruptivos da prescrição estabelecidos no CP[38].

37. CALLEGARI, André Luís; WERMUTH, Maiquel Ângelo Dezord; ENGELMANN, Wilson. *DNA e investigação criminal no Brasil*. Porto Alegre: Livraria do Advogado, 2012. p. 82.
38. NICOLITT, André Luiz; WEHRS, Carlos Ribeiro. *Intervenções corporais no Processo Penal e a nova identificação criminal*. Rio de janeiro: Elsevier, 2014. p. 145.

Como se cuida de lei penal mais gravosa, ela não deve retroagir para incidir aos fatos cometidos antes de sua vigência. Para estes, o lapso a partir do qual devem ser excluídos os perfis genéticos é o da prescrição prevista, em tese, para o delito cuja pena for extinta.

E se o agente não for denunciado? Naturalmente, a exclusão do registro do banco de dados também é necessária. Neste caso, como o prazo prescricional não ocorreu, pressupomos deliberação judicial (e oitiva do MP, em que pese a omissão normativa), nos termos do art. 7º, parte final, do Decreto nº 7.950/2013.

De outro giro, a autoridade policial deve ainda fazer juntar aos autos do inquérito a folha de antecedentes do indiciado, sendo de valiosa contribuição para esclarecer a vida pregressa, identificar eventual reincidência e fornecer os elementos informadores de envolvimento do suspeito em outras infrações. Ademais, remetido o inquérito ao juízo, deve o delegado oficiar ao Instituto de Identificação e Estatística, para que se acompanhe a "matemática do crime", mantendo-se o adequado controle.

> **IX – Averiguar a vida pregressa do indiciado, do ponto de vista individual, familiar e social, sua condição econômica, sua atitude e estado de ânimo antes e depois do crime e durante ele, e quaisquer outros elementos que contribuírem para a apreciação de seu temperamento e caráter.**

Essas condições podem ajudar a aferir eventual qualificadora, algum privilégio, causa de isenção de pena ou qualquer outra circunstância que venha a interferir na sua fixação. Chama-se pregressamento. É resquício, sob certa ótica, da criminologia positivista e da corrente que se filia a um direito penal de autor (de cunho autoritário), com o qual não concordamos.

> **X – colher informações sobre a existência de filhos, respectivas idades e se possuem alguma deficiência e o nome e o contato de eventual responsável pelos cuidados dos filhos, indicado pela pessoa presa.**

A Lei nº 13.257/2016 estabeleceu regras visando formular e implementar políticas públicas em favor da primeira infância, considerando a especificidade e a relevância dos primeiros anos de vida no desenvolvimento infantil e no desenvolvimento do ser humano.

Como providência a cargo da autoridade policial, deve-se colher informações sobre a existência de filhos, respectivas idades, se possuem alguma deficiência, assim como o nome e o contato de eventual responsável pelos cuidados dos filhos, indicado pela pessoa presa.

Tais informações podem, inclusive, obstar a manutenção do cárcere, com a substituição por prisão domiciliar, em atenção ao art. 318, III, V e VI, do CPP.

Em outro giro, tal circunstância é relevante não só para aplicação e execução da pena, em face da necessidade de sua individualização e acompanhamento, mas também como cautela para que filhos não fiquem privados dos cuidados necessários em razão da imposição de pena ao pai ou ao responsável. Visa-se mitigar a denominada transcendência da pena aos familiares do apenado.

Sabe-se que a pena não deve passar da pessoa do apenado, porém alguns efeitos lhe transcendem alcançando filhos e cônjuge, tais como a estigmatização, o vexame e a privação de afeto. Tratando-se de criança, de adolescente ou de incapaz, o delegado de polícia fará constar essa informação, a fim de que seja levada em conta quando da tomada de decisões.

Mesma providência deve ser adotada em qualquer investigação criminal preliminar, aplicando-se tal disposição por analogia. Malgrado o texto fale em "pessoa presa", o questionamento deve ser formulado também em relação ao investigado solto, porquanto se cuida de precaução contra eventual decreto prisional ulterior, fazendo constar, de antemão, essa circunstância.

42. REPRODUÇÃO SIMULADA DOS FATOS

É a reconstituição do crime. Sendo necessário esclarecer a forma como aconteceu a infração, a reprodução simulada pode ser determinada (art. 7º, CPP). Vale lembrar que o indiciado não está obrigado a participar, pois não pode ser compelido a autoincriminação. Segundo Capez[39], obriga-se, contudo, mesmo não desejando participar, a comparecer no dia e hora aprazados, em atenção à determinação da autoridade policial, sob pena de condução coercitiva (art. 260, CPP).

Pensamos que deve prevalecer a posição em sentido contrário, afinal, se não há obrigação de participar, também não há de estar presente. O comparecimento pode desaguar em constrangimento ilegal de caráter acusador. No mesmo sentido, milita o STF, com razão similar à invocada para sustentar a inconstitucionalidade da condução coercitiva do imputado para o interrogatório (art. 260), como firmado pela Suprema Corte[40].

Não se cogita a decretação da prisão preventiva pela ausência à reprodução simulada, por absoluta ausência de permissivo legal. Se não cabe condução coercitiva, quiçá decretação de preventiva.

Não será autorizada a reprodução simulada se constituir ofensa à moralidade ou à ordem pública, a exemplo do imenso constrangimento ocasionado pela reprodução de crime sexual.

43. INDICIAMENTO

É a informação ao suposto autor a respeito do fato objeto das investigações. É a cientificação ao suspeito de que ele passa a ser o principal foco do inquérito. Saímos do juízo de possibilidade para o de probabilidade e as investigações são centradas em pessoa determinada. Logo, só cabe falar em indiciamento se houver lastro mínimo de prova vinculando o suspeito à prática delitiva, o que se faz após análise técnico-jurídica do fato, indicando-se autoria, materialidade e circunstâncias, como dispõe a Lei nº 12.830/2013. Deve a autoridade policial deixar clara a situação do indivíduo, informando-lhe a condição de indiciado sempre que existam elementos para tanto. O indiciamento não pode se consubstanciar em ato de arbítrio. Se feito sem lastro mínimo, é ilegal, dando ensejo à impetração de ***habeas corpus*** para ilidi-lo ou até mesmo para trancar o inquérito policial iniciado.

Discutia-se acerca da possibilidade do indiciamento feito por requisição do juiz ou do Ministério Público. O entendimento por nós defendido era de que a delineação subjetiva do foco investigativo era de atribuição do titular do inquérito (ou da investigação preliminar correspondente). A Lei nº 12.830/2013 positivou essa perspectiva, disciplinando ser ato privativo do delegado de polícia o indiciamento, sob o argumento de que requisição judiciária de indiciamento é postura incompatível com o sistema acusatório. Por outro lado,

39. CAPEZ, Fernando. *Curso de processo penal*. 12. ed. São Paulo: Saraiva, 2005. p.85.
40. STF – Pleno – ADPF's 395/444-DF – Rel. Min. Gilmar Mendes – julgado em 13 e 14 jun. 2018.

não é admitido que a autoridade policial faça o indiciamento do autor do fato em termo circunstanciado de ocorrência, sendo ato incompatível com a simplicidade do rito para os crimes de menor potencial ofensivo.

Diz-se que o indiciamento é a situação que retrata a convergência de indícios que apontam o investigado como provável autor do delito. O indiciamento produz efeitos de natureza extraprocessual e endoprocessual. Emana **efeito extraprocessual** porque "indica", isto é, aponta à sociedade o provável sujeito ativo do crime. Também irradia **efeito endoprocessual** consistente em ser antecedente lógico, contudo não necessário para que o suposto autor do delito figure no polo passivo da denúncia ou da queixa-crime, como denunciado/acusado ou querelado.

De outra vertente, o indiciamento pode ser **direto** (quando o agente está presente) ou **indireto** (quando o agente está ausente, a exemplo da situação de foragido ou em lugar incerto)[41]. Ainda se fala, de um lado, em **indiciamento formal**, que reúne três peças (auto de qualificação e interrogatório; informações acerca de sua vida pregressa; e boletim de identificação); e, de outro, em **indiciamento material** ou **propriamente dito**, mediante o qual o delegado de polícia, por ato fundamentado, aponta a autoria de uma infração a alguém.

44. INDICIADO INCAPAZ

Não mais subsiste a nomeação de curador aos indivíduos entre dezoito e vinte e um anos. Com a revogação de dispositivo do Código de Processo Penal que preconizava a necessidade de curador ao menor de vinte e um anos e maior de dezoito para o ato de interrogatório perante o juiz, pela Lei nº 10.792/2003, uniformizaram-se doutrina e jurisprudência no sentido de ser desnecessária a nomeação de curador ao indiciado menor de vinte e um anos, diante da revogação tácita do art. 15, do CPP. Persiste, entrementes, a possibilidade de nomeação de curador ao índio não adaptado ao convívio em sociedade, bem como para a pessoa inimputável por doença mental (art. 151, CPP).

45. DESINDICIAMENTO

Nada impede que a autoridade policial, ao entender, no transcurso das investigações, que a pessoa indiciada não está vinculada ao fato, promova o desindiciamento, seja na evolução do inquérito, ou no relatório de encerramento do procedimento. De qualquer sorte, tudo deve ser descrito no relatório, de forma a permitir a pronta análise pelo titular da ação penal. É possível também que o desindiciamento ocorra de forma coacta, pela procedência de ***habeas corpus*** impetrado com o objetivo de trancar o inquérito em relação a algum suspeito.

46. VEDAÇÕES AO INDICIAMENTO

Algumas autoridades não podem ser objeto de indiciamento formal por parte da autoridade policial, segundo disposição legal ou por força de entendimento jurisprudencial. As respectivas regras destacam que toda vez que, no curso de investigação preliminar, existir indício de prática de infração penal por parte de agente com prerrogativa de função, a autoridade policial, civil ou militar remeterá, imediatamente, sob pena de responsabilidade,

41. LIMA, Renato Brasileiro. *Curso de processo penal*. Niterói: Impetus, 2013. p.109.

os respectivos autos ao Chefe da respectiva instituição, a quem competirá tomar as providências previstas para o prosseguimento da apuração. São elas:

(1) magistrados (art. 33, parágrafo único, da Lei Complementar nº 35/1979);

(2) membros do Ministério Público (art. 18, parágrafo único, da Lei Complementar nº 75/1993; art. 41, parágrafo único, da Lei nº 8.625/1993);

(3) parlamentares federais: neste caso, deve ser observado o mais recente entendimento do Supremo Tribunal Federal, que torna possível o indiciamento do parlamentar, desde que previamente autorizado pelo ministro relator do inquérito, responsável por sua supervisão. Aliás, é exigida a autorização do ministro-relator até mesmo para a abertura de investigação contra senador ou deputado-federal.

47. AFASTAMENTO DO SERVIDOR PÚBLICO INDICIADO EM CRIMES DE LAVAGEM DE DINHEIRO

O art. 17-D da Lei 9.613/1998 prevê efeito específico do indiciamento de servidor público em face do suposto cometimento de crime de lavagem de capitais, qual seja, o afastamento automático de suas funções. Como se sabe, o indiciamento é ato privativo da autoridade policial. Com a previsão, pretendeu o legislador permitir o afastamento das atividades do servidor público, sem autorização judicial. Em outras palavras, ao dizer que "em caso de indiciamento de servidor público, este será afastado, sem prejuízo de remuneração e demais direitos previstos em lei, até que o juiz competente autorize, em decisão fundamentada, o seu retorno", o dispositivo concedeu o poder de aplicar medida cautelar diversa da prisão à autoridade policial, ofendendo cláusula de reserva jurisdicional (princípio da jurisdicionalidade), eis que se trata de privação de garantia fundamental.

O dispositivo deve, então, receber interpretação conforme a Constituição, entendendo-se que, diante do indiciamento, pode a autoridade policial (assim como o MP), justificadamente, representar ao juiz competente (das garantias) pela aplicação da medida cautelar de afastamento do servidor público de suas funções, em situação similar à preconizada pelo art. 319, VI, CPP.

48. LIMITES AO INDICIAMENTO

A qualidade de acusado ao sujeito processado suplanta a necessidade de indiciamento:

(1) de um lado, o indiciamento dar-se-á por ato fundamentado do delegado de polícia, mediante análise técnico-jurídica do fato, que deverá indicar a autoria, materialidade e suas circunstâncias, nos termos da Lei nº 12.830/2013; e

(2) de outro, o oferecimento de ação penal depende de que a petição inicial conterá a exposição do fato criminoso, com todas as suas circunstâncias, a qualificação do acusado ou esclarecimentos pelos quais se possa identificá-lo, a classificação do crime e, quando necessário, o rol das testemunhas; logicamente, a produção de indiciamento em momento posterior à deflagração do processo penal representa um *plus* à exposição do indiciado, um maior constrangimento, desnecessário e ilegal.

Ademais, o ato de indiciamento é inerente ao poder um tanto discricionário do delegado de polícia, dentro do espaço de conformação de sua atribuição na condução do inquérito policial. Como o não indiciamento não representa óbice ao agir do Ministério

Público, é de todo irrelevante requisição formulada à autoridade policial para formalizar o indiciamento.

Realizado indiciamento em descompasso com os ditames da legislação de regência, notadamente se já estiver sendo processado o acusado, haverá nulidade capaz de ser reconhecida judicialmente. Nesse contexto, deverá o órgão jurisdicional responsável pelo controle do vício:

(1) reconhecer que o ato normativo de indiciamento foi produzido em violação à regra de atribuição de sua feitura, resvalando em nulidade absoluta; e

(2) decretar a sua invalidação, por ato fundamentado apto a afastar qualquer constrangimento ilegal à pessoa acusada.

A invalidação deve se impor para afastar muitas consequências jurídicas e morais que decorrem do indiciamento formal e material, com fundamentação lastreada na proteção das garantias fundamentais[42].

49. ENCERRAMENTO DO INQUÉRITO POLICIAL

Em razão de decisão monocrática do Supremo Tribunal Federal, que suspendeu a eficácia do art. 28, *caput*, do CPP[43], inserido pela Lei nº 13.964/2019, iremos manter nossa exposição sobre o arquivamento do inquérito policial submetido a controle anômalo do Poder Judiciário. Como aquela decisão se cuida de medida cautelar que deverá ser submetida a exame do Pleno, do STF, também iremos acrescer a análise do arquivamento no âmbito do próprio Ministério Público, mediante controle no âmbito do órgão revisional respectivo, com a legitimação dos interessados para impugnar o arquivamento ordenado pelo promotor de justiça, em compasso com os parágrafos daquele dispositivo legal.

Feita essa advertência, continuemos com o estudo do inquérito policial, em torno do seu encerramento.

O inquérito policial é encerrado com a produção de minucioso relatório que informa tudo quanto apurado. É peça essencialmente descritiva, trazendo um esboço das principais diligências realizadas na fase preliminar, e justificando eventualmente até mesmo aquelas que não foram realizadas por algum motivo relevante, como a menção às testemunhas que não foram inquiridas, indicando onde possam ser encontradas.

Não deve a autoridade policial esboçar juízo de valor no relatório, afinal, a opinião delitiva cabe ao titular da ação penal, e não ao delegado de polícia, ressalva feita à Lei nº 11.343/2006 (Lei de Tóxicos), prevendo que, na elaboração do relatório, a autoridade policial deva justificar as razões que a levaram à classificação do delito (art. 52).

Os autos do inquérito, integrados com o relatório, serão remetidos ao Judiciário (art. 10, § 1º, CPP), para que sejam acessados pelo titular da ação penal. Em alguns Estados da Federação, como ocorre na Bahia, os autos serão remetidos às **centrais de inquérito**, vinculadas ao Ministério Público, para que a distribuição seja realizada diretamente ao promotor com atribuição para atuar no caso.

42. CARVALHO, Aurora Tomazini de. *Curso de teoria geral do direito*: o construtivismo lógico-semântico. 3. ed. São Paulo: Noeses, 2013. p. 526.
43. STF – ADI 6298/DF – Medida Cautelar – Rel. Min. Luiz Fux – 22 jan. 2020.

Na senda do que já costumeiramente se praticava no âmbito de vários órgãos do Ministério Público, Polícia e Judiciário, o Superior Tribunal de Justiça assentou que não há qualquer ilegalidade na tramitação direta de inquéritos entre a Polícia Judiciária e o Ministério Público. Ao invés de passar sempre pelo Judiciário para depois simplesmente ser o inquérito remetido ao ***Parquet***, a tramitação direta entre Ministério Público e a Polícia não viola preceitos constitucionais. Ao contrário, tal procedimento, segundo a Corte Superior, atende à garantia da duração razoável do processo, eis que "lhe assegura célere tramitação, bem como aos postulados da economia processual e da eficiência"[44].

Sendo o fato de difícil elucidação, poderá o delegado requerer à autoridade judicial a devolução dos autos para ulteriores diligências, que serão realizadas no prazo designado pelo magistrado. Quando o indiciado está preso, admite-se a prorrogação do prazo do inquérito por até mais quinze dias. Se ainda assim a investigação não for concluída, a prisão será relaxada (art. 3º-B, § 2º, CPP[45]).

Ao fazer a remessa, a autoridade policial deverá oficiar ao Instituto de Identificação e Estatística, ou órgão congênere, mencionando o juízo para o qual os autos foram remetidos, além dos dados relativos à infração e à pessoa do indiciado. Isso permite a formação do **boletim individual** (art. 809, CPP), sendo uma rica fonte de informações sobre o indiciado, a ser consultada, quando necessário, pelas autoridades incumbidas da persecução penal. Os instrumentos do crime, bem como os objetos que interessem à prova, acompanharão os autos do inquérito.

Pois bem, chegando ao juízo os autos do inquérito, nos termos do ainda vigente art. 28, do CPP, teremos o quadro a seguir.

50. PROCEDIMENTO PARA O INQUÉRITO POLICIAL QUE APURA CRIME DE AÇÃO PENAL PÚBLICA

Nos tópicos seguintes, analisaremos questões que dizem respeito ao arquivamento de inquérito policial que apura infração penal de ação penal de titularidade do Ministério Público, isto é, que investiga delito de ação de iniciativa pública, condicionada ou incondicionada.

Recebidos os autos, deve o magistrado abrir vistas do inquérito policial ao titular da ação penal, leia-se, o Ministério Público, que então deverá proceder da forma seguinte.

(1) Se o inquérito foi exitoso, e apurou a contento a autoria e a materialidade delitiva, deverá o membro do ***Parquet*** exercer a ação penal, oferecendo denúncia no intuito de que o processo criminal se inicie. Sobre essa etapa, trataremos no próximo capítulo, quando do estudo da ação penal.

(2) Caso o inquérito não tenha apurado os elementos que o MP repute imprescindíveis ao oferecimento da denúncia, abre-se a oportunidade da requisição de novas diligências, que terão por finalidade complementar o material que já foi colhido (art. 16, CPP). A requisição passa pelo juiz, já que seguimos o sistema presidencialista, e deve ser remetida à autoridade policial com prazo para cumprimento. Realizadas as diligências, retornam

44. STJ – Quinta Turma – AgRg no REsp 1543205/SC, Rel. Min. Jorge Mussi – DJe 10 mai. 2017.
45. Dispositivo com eficácia suspensa, nos termos de decisão monocrática do Supremo Tribunal Federal (STF – ADI 6298/DF – Medida Cautelar – Rel. Min. Luiz Fux – 22 jan. 2020).

ao magistrado, que deverá abrir vistas ao promotor. Satisfeito com o material angariado, cabe ao Ministério Público a oferta da denúncia. Caso contrário, em não sendo o material complementar elucidador, restaria a promoção do arquivamento.

Cabe ainda uma pergunta: pode o magistrado indeferir as diligências requisitadas pelo MP por entender que são protelatórias ou desnecessárias? A resposta negativa se impõe, afinal, é o Ministério Público, por previsão constitucional (art. 129, I), o titular da ação penal, cabendo ao órgão ministerial o juízo quanto à necessidade ou não de diligência complementar. O magistrado que indefere o pleito ministerial está tumultuando arbitrariamente o procedimento, dando ensejo ao manejo de correição parcial. Nada impede, em atenção à celeridade, já que o julgamento da correição demanda tempo, que as diligências sejam requisitadas pelo MP diretamente à autoridade policial, por autorização do art. 13, inciso II, do CPP.

Vale destacar que as diligências complementares só poderão ser requisitadas se o suspeito estiver solto. Caso esteja preso, a sua colocação em liberdade é de rigor, afinal, se ainda não existem elementos para a propositura da denúncia, com muita razão não há lastro para a manutenção da prisão.

(3) Já se entender que não é caso de oferecer a denúncia, pela absoluta ausência de elementos mínimos a indicar a autoria ou a materialidade delitiva, ou até mesmo a existência de alguma infração, deve promover o arquivamento, aguardando então o surgimento de novos elementos a justificar a propositura da inicial acusatória.

O arquivamento do inquérito ou de outras peças de informação ocorre pela impossibilidade de oferta da ação, devendo ser promovido pelo MP, titular da ação penal pública, mas não mais será homologado pelo magistrado, diante da atual redação do *caput* do art. 28 do CPP[46]. O exercício da ação penal não pode ser uma aventura irresponsável, só assistindo razão ao início do processo se existirem elementos mínimos que façam concluir pela ocorrência da infração e dos seus autores. Caso contrário, o arquivamento é a saída a ser seguida.

Dentro do arquivamento, algumas provocações podem ser feitas.

46. Dispositivo com eficácia suspensa, nos termos de decisão monocrática do Supremo Tribunal Federal (STF – ADI 6298/DF – Medida Cautelar – Rel. Min. Luiz Fux – 22 jan. 2020).

51. QUAIS SÃO AS HIPÓTESES QUE AUTORIZARIAM O PEDIDO DE ARQUIVAMENTO?

Indagação das mais importantes que não foi disciplinada pelo Código, levando a aplicação do art. 395, do CPP, para suprir a inquietante omissão. O referido dispositivo trata da rejeição da inicial acusatória pelo judiciário, ou seja, quando o magistrado, exercendo juízo de admissibilidade, conclua, amparado pela lei, que o processo não deve se iniciar e que a melhor alternativa seria rechaçar a inicial apresentada. Podemos então concluir: ora, se é caso de rejeição da denúncia, o promotor não deveria tê-la oferecido, e se isto é verdade, encontramos assim as principais hipóteses em que estaria autorizado a determinar o arquivamento. Logo, temos que o arquivamento deve ser requerido nas seguintes situações:

52. ARQUIVAMENTO POR FALTA DE PRESSUPOSTO PROCESSUAL OU CONDIÇÃO PARA O EXERCÍCIO DA AÇÃO PENAL

Não havendo qualquer dos requisitos para a existência ou para o desenvolvimento válido da ação ou do processo, é sinal que a alternativa dada a acusação é a promoção do arquivamento. Se faltar qualquer condição para o exercício regular do direito de ação, quais sejam, legitimidade, interesse, além dos pressupostos processuais objetivos e/ ou subjetivos, como é curial, o arquivamento é a solução. Assim como se faltar qualquer condição de procedibilidade para o exercício da ação, a exemplo da representação e da requisição do Ministro da Justiça nos crimes de ação pública condicionada.

53. ARQUIVAMENTO POR FALTA DE JUSTA CAUSA

A justa causa, como já visto, é a necessidade de lastro probatório mínimo para o exercício da ação, sendo também uma condição desta. Sem os indícios de autoria e da materialidade, torna-se inviável qualquer pretensão acusatória.

54. ARQUIVAMENTO FUNDADO EM HIPÓTESES DE MÉRITO

O julgamento antecipado da causa é perfeitamente admissível no Processo Penal. Assim, uma vez recebida a inicial acusatória, citado o réu e apresentada a resposta à acusação, se o juiz tem certeza da inocência, deve absolver sumariamente o imputado, amparado em uma das hipóteses do art. 397 do CPP, quais sejam:

(1) existência manifesta de causa excludente de ilicitude;

(2) existência manifesta de causa excludente de culpabilidade, salvo a inimputabilidade;

(3) o fato evidentemente não constitui crime;

(4) existência de causa extintiva da punibilidade.

Resta a pergunta: e se o membro do Ministério Público, analisando os autos da investigação, constata, de antemão, que o caso se amolda em hipótese que desaguará em absolvição sumária, o que deve fazer?

Se o fato apurado no inquérito policial não simbolizar, nem em tese, a ocorrência de infração penal, deve o MP ordenar o arquivamento. Quem deve ser absolvido, não precisa ser processado! Assim, a nosso sentir, e invocando o conceito analítico de crime, é dizer, crime como **fato típico, ilícito** e **culpável**, se presente qualquer elemento que leve à atipicidade da conduta, exclua a ilicitude ou afaste a culpabilidade, ressalvada a inimputabilidade, onde o devido processo legal deve ser atendido para que ao final do processo seja aplicada medida de segurança ao inimputável, impõe-se o arquivamento, pois a infração está descaracterizada. A título ilustrativo, se pelos elementos colhidos no inquérito, o promotor estiver convencido de que o investigado atuou amparado pela legitima defesa, deverá, ao invés de denunciá-lo, promover o arquivamento, afinal, a legítima defesa exclui a ilicitude e por consequência, a própria infração penal.

Na doutrina, também adotando as excludentes de ilicitude como autorizadoras do pedido de arquivamento, o magistério sempre equilibrado de Marcellus Polastri Lima, concluindo que em se tratando, "portanto, de presença evidente de uma causa excludente de ilicitude, o inquérito ou outro procedimento investigatório deverá ser arquivado"[47].

Por sua vez, presente uma causa extintiva da punibilidade, inexiste razão para o exercício da ação penal, já que a punição não mais poderá ser efetivada. Logo, propício o arquivamento, seja pela prescrição ou por qualquer outra causa semelhante (artigos 107 *et seq*, CP).

55. LEGITIMIDADE PARA O ARQUIVAMENTO, CONSEQUÊNCIAS JURÍDICAS E COISA JULGADA

A homologação do arquivamento tem natureza administrativo-judicial, já que emana do magistrado. Contudo, é proferida ainda na fase pré-processual, não certificando o direito e por consequência não é imutável pela coisa julgada.

A teor do enunciado sumular nº 524, do STF, uma vez arquivado o inquérito policial, por despacho do juiz, a requerimento do promotor de justiça, não pode a ação ser iniciada sem novas provas. Arquivado o inquérito policial ou as peças de informação, nada impede que em momento posterior haja o oferecimento de denúncia acerca daquele mesmo fato, desde que surjam novas provas, ou seja, elementos até então desconhecidos que revelem a autoria ou a materialidade da infração.

Atento à busca da verdade, o CPP autoriza, após o arquivamento, e sem a necessidade de instaurar um outro inquérito, que a autoridade policial continue realizando diligências, objetivando a captação de eventual prova nova. Se assim o fizer, remeterá aquilo que colheu a juízo, para que o MP, tendo acesso ao material conseguido, possa oferecer denúncia (art. 18, CPP).

É importante salientar que a jurisprudência majoritária dos Tribunais Superiores entende que, se o arquivamento é realizado com base na **prova da atipicidade do fato**, estando o promotor convencido de que existe lastro suficiente que faça concluir que o fato é atípico, e se o pedido for homologado nestes exatos termos, a decisão, de forma excepcional, faz coisa julgada material. Neste raciocínio, não seria admissível denúncia nem mesmo se surgissem novas provas, por ofensa à coisa julgada material. Nessa hipótese – certeza da atipicidade

47. LIMA, Marcellus Polastri. *Curso de processo penal*. Rio de Janeiro: Lumen Juris, 2002. v.1. p. 162.

–, deve prevalecer o entendimento de que haverá coisa julgada material ainda que o juízo seja absolutamente incompetente, em respeito ao princípio do *favor rei*.

Desse modo, cabe distinguir os limites objetivos da coisa julgada – se apenas formal (o que viabiliza a reabertura da persecução penal caso ocorra o suprimento da falta havida como pressuposto para o oferecimento da ação penal) **ou** se formal e material (impedindo a reabertura da persecução penal) –, conforme o fundamento da decisão homologatória da promoção de arquivamento realizada pelo Ministério Público, da forma a seguir:

(1) A decisão homologatória da promoção de arquivamento do inquérito policial produzirá tão somente **coisa julgada formal**, sem impor óbice intransponível à renovação da ação penal, quando seu fundamento consistir em:

(a) falta de justa causa para a propositura da ação penal, quando esta significar insuficiência de elementos informativos para supedanear minimamente a petição inicial acusatória. Nesse caso, uma vez arquivado o inquérito policial, este só pode ser reaberto diante da notícia de "prova nova", nos termos referidos acima. Note-se que a ausência de justa causa é hipótese de rejeição da peça acusatória (art. 395, III. CPP). Cuida-se de termo de conteúdo vago que pode significar:

(a.1) insuficiência do suporte probatório mínimo para o desencadeamento válido e regular da demanda penal (o arquivamento do inquérito, nesses termos produz apenas coisa julgada formal); ou

(a.2) argumento retórico para não promoção da ação penal em casos que a providência penal se mostra excessiva (insignificância ou atipicidade material) – ou, para alguns, condição específica para a propositura da demanda penal, ao lado das condições gerais da ação penal (art. 395, II, CPP) –, tal como se dá quanto ao arquivamento de termo circunstanciado de ocorrência em face de contravenção penal de vias de fato (de ação penal pública incondicionada), quando a vítima manifesta o desejo de não ver o agente processado (ora, se o crime de lesão corporal leve é de ação penal pública condicionada à representação, o delito menor de vias de fato, embora seja de ação penal pública incondicionada, deve receber tratamento análogo, para que se leve em consideração a vontade do ofendido (daí a falta de justa causa para a ação penal quando há oposição expressa do ofendido ou mesmo quando ocorre composição civil). Se o inquérito policial for arquivado por falta de justa causa, com esteio neste último sentido, a coisa julgada formada será formal e material;

(b) ausência de pressupostos processuais ou de condições da ação penal: como o exame de tais elementos são logicamente anteriores ao exame do mérito da demanda, o arquivamento do inquérito policial arrimado na falta de pressuposto processual de existência ou de validade para o regular e válido andamento do processo penal (juiz com jurisdição, inexistência de litispendência ou de coisa julgada, capacidade processual), bem como na carência de condição da ação penal (legitimidade para a causa, interesse processual e pedido juridicamente possível), produzem, em regra, coisa julgada tão somente formal. Também a falta o arquivamento do inquérito policial por condição de procedibilidade implica a formação de coisa julgada formal. Isso quer dizer que uma vez suprida a falta ou o defeito que sustentou a decisão de arquivamento, é possível o oferecimento de ação penal, respeitados os limites alusivos à decadência ou à prescrição da pretensão punitiva estatal.

(2) Por sua vez, constituirá **coisa julgada material**, impedindo a instauração de nova persecução penal lastreada nos mesmos fatos, a decisão que homologa o arquivamento do inquérito, quando baseada em:

(a) atipicidade do fato ou inexistência de crime: se o Ministério Público requerer arquivamento sustentando ser o fato atípico ou inexistir crime, a decisão judicial homologatória do arquivamento forma coisa julgada material, fechando as portas para nova apuração do fato ou rediscussão jurídica da matéria. Nesse sentido, o arquivamento assim fundado é ato irrevogável e irretratável. Note-se que o arquivamento por "falta de justa causa" produz coisa julgada material quando "justa causa" for entendida no segundo sentido acima referido ou como equivalente a entender o Promotor que o fato é de baixa lesividade (princípio da insignificância), tal como se fosse o caso de atipicidade material;

(b) existência manifesta de causa excludente de ilicitude: reconhecida legítima defesa ou outra excludente de ilicitude pelo ***Parquet***, a decisão que concorda com a promoção de arquivamento também forma coisa julgada material. Acerca da formação de coisa julgada material quando o arquivamento do inquérito consistir em hipótese evidente de legítima defesa ou de outra excludente de ilicitude, STF e STJ possuem decisões divergentes. No âmbito do Superior Tribunal de Justiça foi decidido que a decisão de arquivamento do inquérito policial que reconhece legítima defesa exige certeza jurídica, razão pela qual sobre ela se forma coisa julgada material, posição a qual nos filiamos. Decerto – realçou o STJ –, que sendo a hipótese de arquivamento de inquérito policial com lastro em atipia, extinção de punibilidade (morte do agente, prescrição etc.) ou excludente de ilicitude, haverá necessariamente coisa julgada material, não cabendo invocar a incidência do enunciado sumular nº 524, do STF, porquanto restrita ao desarquivamento das peças investigativas fundado na superveniência de provas novas[48]. Por outro lado, a Suprema Corte deliberou ser possível a reabertura de investigações, se advierem elementos novos, quando o caso for de arquivamento de inquérito policial fundado em excludente de ilicitude, mas não por atipicidade, eis que, nesta hipótese, haveria coisa julgada material[49];

(c) existência manifesta de causa excludente de culpabilidade, salvo a inimputabilidade: como a inimputabilidade não é hipótese de rejeição de inicial, mas de absolvição imprópria, que impõe medida de segurança, o arquivamento do inquérito só pode acontecer quando feito com esteio em outras excludentes de culpabilidade, tal como a coação irresistível. Uma vez arquivado sob este fundamento, haverá coisa julgada material sobre a decisão judicial, obstaculizando uma segunda persecução penal;

(d) reconhecimento de causa extintiva de punibilidade: as causas extintivas de punibilidades, elencadas no art. 107, do CP, podem ser invocadas na promoção de arquivamento do inquérito policial. A decisão homologatória exarada nesses termos, também produz coisa julgada material. Note-se que se o motivo foi o óbito, o entendimento dos tribunais é no sentido que se a decisão se basear em certidão de óbito falsa ela será qualificada como inexistente, não havendo que se falar em coisa julgada na hipótese. Vale dizer, não havendo

48. STJ – Sexta Turma – RHC 46.666/MS – Rel. Min. Sebastião Reis Júnior – DJe 28 abr. 2015.
49. STF – Pleno – HC 87395 – Rel. Min. Ricardo Lewandowski – publicado em 13 mar. 2018.

fraude processual, a decisão que arquiva o inquérito policial com fulcro em causa extintiva de punibilidade é apta a constituir coisa julgada material.

56. RECURSO E AÇÃO PRIVADA SUBSIDIÁRIA DA PÚBLICA

A decisão homologatória do pedido de arquivamento é irrecorrível, não havendo contemplação legal de recurso para combatê-la. Todavia, o indiciado deve ser intimado, não só para ter ciência do ato, mas também para opor-se a eventual denúncia oferecida em momento posterior, uma vez destituída de prova nova.

A exceção à irrecorribilidade é tratada pelo art. 7º, da Lei nº 1.521/1951, prevendo o recurso de ofício da decisão que arquivar o inquérito nos crimes contra a economia popular e contra a saúde pública. Se o tribunal der provimento, deverá remeter os autos ao Procurador Geral, para que atue de acordo com o art. 28, do CPP, oferecendo denúncia por força própria, designando outro membro do MP para fazê-lo, ou insistindo no arquivamento, quando então não haverá mais nada a fazer.

Há também a previsão do art. 6º, parágrafo único, da Lei nº 1.508/1951, contemplando o recurso em sentido estrito para combater a decisão de arquivamento da representação nas contravenções do jogo do bicho e de aposta de corrida de cavalos fora do hipódromo (artigos 58 e 60, Decreto-lei nº 6.259/1944). A nosso ver, o referido dispositivo não foi recepcionado pela Constituição Federal, afinal, sendo a ação pública privativa do MP, requerendo o promotor o arquivamento, não assistiria razão para que terceira pessoa recorresse.

Também não há de se falar em ação privada subsidiária da pública se houve a manifestação pelo arquivamento, afinal, ela só tem cabimento nas hipóteses de inércia do MP, e se o promotor requereu o arquivamento, certamente não está sendo desidioso.

Por sua vez, se o magistrado promove o arquivamento ***ex officio***, sem requerimento ministerial, estará tumultuando arbitrariamente o procedimento, em ato que desafia correição parcial.

Questão controvertida é sobre o cabimento de recurso contra o chamado **arquivamento definitivo de inquérito policial**, isto é, contra a decisão judicial (ato jurisdicional) que determina o arquivamento do inquérito policial, a pedido do Ministério Público, mas que se fundamenta em motivo capaz de formar coisa julgada material. O arquivamento do inquérito policial, em regra, acontece por decisão homologatória com natureza administrativa. No entanto, algumas situações ensejam espécies de antecipação de julgamento de mérito, ainda que sem processo em sentido estrito, tais como as hipóteses de arquivamento fundado em:

(1) atipicidade do fato (o juiz reconhece que o fato não constitui crime);

(2) inexistência do fato (o juiz declara a inexistência do suporte fático pressuposto para o crime); e

(3) negativa de autoria (o juiz reconhece que não foi o indiciado ou investigado que concorreu para a infração penal).

Duas posições se forma a respeito:

(1) a primeira, majoritária, entende que não é cabível recurso da decisão que arquiva definitivamente o inquérito policial lastreada naqueles motivos, porque se trata de arquivamento de inquérito determinada pelo Juiz, a pedido do Ministério Público (dupla anuência), bem como porque não há previsão legal específica (taxatividade dos recursos);

(2) a segunda, minoritária, sustenta que é cabível apelação contra a decisão judicial de arquivamento definitivo do inquérito policial, em virtude de ser decisão com força de definitiva, amoldando-se ao que preconiza o art. 593, inciso II, do CPP. Entendemos possível o cabimento de apelação contra decisão de arquivamento definitivo de inquérito policial, eis que, em essência, tem natureza de sentença cuja parte declarativa tem a aptidão de constituir coisa julgada material, sendo razoável possibilitar aos interessados o manejo de recurso que vise impugnar aquela deliberação.

Vale sublinhar que, se entrar em vigor a sistemática de arquivamento do inquérito policial na esfera do próprio Ministério Público, haverá deflagração de controle de ofício, pelo promotor de justiça, e mediante provocação dos interessados. Nessa ótica, não haverá que se falar em coisa julgada, eis que este instituto é, rigorosamente, instituto que qualifica decisões dotadas de jurisdicionalidade. De outro lado, cremos perfeitamente aplicáveis as razões do verbete nº 524, da Súmula, do STF, para somente admitir desarquivamento se surgirem prova nova. De conformidade com o § 1º, do art. 28, do CPP, com redação da Lei nº 13.964/2019, se a vítima, ou seu representante legal, não concordar com o arquivamento do inquérito policial, poderá, no prazo de trinta dias do recebimento da comunicação, submeter a matéria à revisão da instância competente do órgão ministerial, conforme dispuser a respectiva lei orgânica.

57. DIVERGÊNCIA DO MAGISTRADO QUANTO AO PEDIDO DE ARQUIVAMENTO DO INQUÉRITO POLICIAL E DISTINÇÕES DO PROCEDIMENTO CONFORME A COMPETÊNCIA DA JUSTIÇA

O arquivamento do inquérito policial perante órgão judicial, em regra, é ato complexo. Isso porque depende de dois atos distintos, de órgãos diversos, para que possa produzir efeitos:

(1) requerimento do órgão do Ministério Público;

(2) anuência do órgão do Poder Judiciário, manifestada através de decisão homologatória.

Quando há discordância do juiz quanto ao pleito de arquivamento formulado pelo Ministério Público, sucedem desdobramentos que, como regra, estão descritos no enunciado do art. 28, do CPP. Este dispositivo assegura importantes princípios: o **princípio da devolução,** uma vez que remete ao próprio órgão do Ministério Público, titular da ação penal, a análise da divergência sobre o arquivamento; os princípios do promotor natural e do devido processo legal, tendo em vista que eventual remessa dos autos a outro promotor implicaria nulidade manifesta.

De acordo com o dispositivo em comento (art. 28, CPP), se o órgão do Ministério Público, ao invés de apresentar a denúncia, requerer o arquivamento do inquérito policial ou de quaisquer peças de informação, o juiz, no caso de considerar improcedentes as razões invocadas, fará remessa do inquérito ou peças de informação ao procurador-geral, e este oferecerá a denúncia, designará outro órgão do Ministério Público para oferecê-la, ou insistirá no pedido de arquivamento, ao qual só então estará o juiz obrigado a atender.

Se essa é regra, fato é que nem sempre é assim que acontece. Há diferenças no procedimento de arquivamento, de acordo com a Justiça perante a qual tramita o inquérito policial objeto do pedido de arquivamento, em razão da incidência da legislação específica aplicável ao respectivo Ministério Público.

Vejamos cada uma das hipóteses.

58. DIVERGÊNCIA DO JUIZ DE DIREITO QUANTO AO PEDIDO DE ARQUIVAMENTO

Na justiça estadual de primeira instância (juiz singular), seguimos a regra geral, aplicando, na íntegra, o citado art. 28, do CPP:

(1) entendendo ser hipótese de arquivamento do inquérito policial ou de peças de informação, o Promotor de Justiça formula requerimento nesse sentido ao juiz de direito;

(2) concordando o juiz, proferirá decisão homologatória de arquivamento;

(3) caso o juiz discorde do requerimento de arquivamento, deverá remeter o inquérito ou as peças de informação ao Procurador-Geral de Justiça (Chefe do Ministério Público estadual);

(4) o Procurador-Geral de Justiça poderá:

(a) oferecer denúncia;

(b) designar outro promotor para oferecer denúncia; ou

(c) reiterar o pedido de arquivamento, quando estará o juiz obrigado a acatar.

Releva anotar, especificamente quanto à hipótese "b", que o promotor de justiça designado está obrigado a promover a denúncia, afinal, como aponta Tourinho Filho, atua por delegação (***longa manus***) do Procurador Geral[50]. O promotor que atua como ***longa manus*** da Chefia do MP, atuando nos limites do art. 28, do CPP, é conhecido também como **Promotor do 28**[51], designando bem a ideia de que está ele adstrito à delegação conferida pelo Procurador Geral. Todavia, parte da doutrina (minoritária) defende que o promotor designado deverá analisar as circunstâncias do caso, e entendendo que a denúncia não é pertinente, não estará obrigado a deflagrar o processo, restando ao Procurador Geral designar outro membro do ***Parquet***, ou ele mesmo atuar na causa, respeitando-se, em última análise, a independência funcional[52].

---

50. TOURINHO FILHO, Fernando da Costa. *Código de processo penal comentado*. 5. ed. São Paulo: Saraiva, 1999. v. 1. p. 90.
51. LIMA, Renato Brasileiro. *Curso de processo penal*. Niterói: Impetus, 2013. p. 129.
52. MOREIRA, Rômulo. *A ética do promotor de justiça criminal*. Disponível em: www.romulomoreira.com.br. Acesso em 11/11/2009.

59. DIVERGÊNCIA QUANTO AO PEDIDO DE ARQUIVAMENTO NA JUSTIÇA FEDERAL

No âmbito da justiça federal de primeira instância (juiz singular), o art. 28, do CPP deve ser interpretado de forma conjunta com o art. 62, IV, da Lei Complementar nº 75/1993, que define a organização, as atribuições e o estatuto do Ministério Público da União. No ponto, interessa a atribuição específica das Câmaras de Coordenação e Revisão do Ministério Público Federal, porquanto lhes compete a deliberação sobre o arquivamento de inquérito policial, inquérito parlamentar ou peças de informação, exceto nos casos de competência originária do Procurador-Geral;

O procedimento para arquivamento perante o juiz federal (singular) de primeira instância obedecerá às seguintes regras:

(1) entendendo ser hipótese de arquivamento do inquérito policial ou de peças de informação, o Procurador da República (Membro do Ministério Público Federal) formula requerimento nesse sentido ao juiz federal;

(2) concordando o juiz, proferirá decisão homologatória de arquivamento;

(3) caso o juiz federal discorde do requerimento de arquivamento, deverá remeter o inquérito ou as peças de informação às Câmaras de Coordenação e Revisão do Ministério Público Federal;

(4) a Câmara de Coordenação e Revisão, com atribuição conforme a matéria, poderá deliberar:

(a) pela designação de outro membro para o oferecimento de denúncia; ou

(b) pela insistência no pedido de arquivamento.

Entendemos que a manifestação da Câmara tem caráter vinculativo. Os autos serão encaminhados ao Procurador-Geral da República que emitirá o ato de acordo com o deliberado pelo órgão colegiado.

Quanto às investigações que correm perante os Tribunais Regionais Federais, a discordância do órgão colegiado acerca da promoção de arquivamento emitida por **Procurador Regional da República**, submete-se ao controle da Câmara de Coordenação e Revisão do Ministério Público Federal, com atribuição legal conforme a matéria, com a adoção do procedimento descrito neste tópico.

Igual procedimento será adotado em relação aos demais tribunais da União, exceto o Tribunal Superior Eleitoral e o Supremo Tribunal Federal, haja vista que junto a esses funciona o Chefe do Ministério Público Federal, o Procurador-Geral da República. Deveras, junto aos Tribunais Regionais Eleitorais, Superior Tribunal de Justiça e Superior Tribunal Militar, funcionam membros que não são o órgão de cúpula da instituição ministerial no âmbito da União e, por isso, a questão deve seguir às respectivas Câmaras de Coordenação e Revisão.

60. ARQUIVAMENTO NO ÂMBITO DO STF

No âmbito do Supremo Tribunal Federal, o arquivamento do inquérito policial, formulado pelo Procurador-Geral da República, não se submete ao controle do Poder Judiciário.

De tal modo, promovido o arquivamento do Inquérito Policial pelo Chefe do Ministério Público da União, sem que seu fundamento seja capaz de constituir coisa julgada material, não cabe ao STF manifestar discordância, mas tão somente homologar o arquivamento nos termos da promoção do Procurador-Geral da República, nos termos de sua atribuição natural prevista na Lei Complementar nº 75/1993, por decisão de natureza administrativa.

A Suprema Corte se manifestou a respeito nos autos do Inquérito 2341-QO, destacando que só há necessidade de decisão jurisdicional, quando o fundamento seja meritório, notadamente "extinção de punibilidade" ou "atipicidade". Nesses termos, "o pronunciamento de arquivamento, em regra, deve ser acolhido sem que se questione ou se entre no mérito da avaliação deduzida pelo titular da ação penal". Tais julgados, contudo, ressalvam "duas hipóteses em que a determinação judicial do arquivamento possa gerar coisa julgada material, a saber: prescrição da pretensão punitiva e atipicidade da conduta". Verifica-se, portanto, que somente nos casos de **atipicidade da conduta** e **extinção da punibilidade** poderá o STF discordar da promoção de arquivamento e analisar o mérito das alegações trazidas pelo Procurador-Geral da República.

O art. 231, § 4º, "e", do RISTF, dispõe que o relator deve determinar o arquivamento do inquérito quando verificar a ausência de indícios mínimos de autoria ou materialidade, nos casos em que forem descumpridos os prazos para a instrução.

Melhor seria que essa disposição falasse em concessão de ***habeas corpus ex officio***. Isso porque a atribuição para o arquivamento do inquérito policial, no âmbito da Suprema Corte, é do Procurador Geral da República. A atuação do STF deve ser restrita à homologação, apenas recusando-a quando versar sobre situação antijurídica. Naturalmente, uma vez concedida a tutela de ***habeas corpus*** de ofício, o efeito consequente deve ser o seu encerramento, equivalente ao arquivamento[53].

A mesma Corte asseverou que tal regra somente pode ser aplicada excepcionalmente. Vale dizer, o arquivamento de ofício, pelo relator de investigação policial em trâmite perante o STF, somente pode acontecer em hipóteses de evidente constrangimento ilegal[54].

Entendemos que o STF exorbitou a competência para exercer sua função legislativa atípica para elaborar seu Regimento Interno, ao inovar o ordenamento jurídico com regra que permite arquivamento de ofício de inquérito policial naqueles casos, em virtude daquela disposição regimental ter natureza, estrita, de direito processual penal, cuja competência, inversamente, é reservada ao poder legislativo, segundo o texto constitucional (art. 22, I, CF).

61. ARQUIVAMENTO NO ÂMBITO DOS TRIBUNAIS DE JUSTIÇA

O art. 29, da Lei nº 8.625/1993, que dispõe sobre a Lei Orgânica dos Ministérios Públicos dos Estados, dispõe que compete ao Procurador-Geral de Justiça **determinar** o arquivamento de representação, notícia de crime, peças de informação, conclusão de comissões parlamentares de inquérito ou inquérito policial, nas hipóteses de suas atribuições legais.

53. STF – Segunda Turma – Inq 4420/DF – Rel. Min. Gilmar Mendes – julgado em 21 ago. 2018.
54. STF – Segunda Turma – Inq 4244/DF – Rel. Min. Gilmar Mendes, red. p/ o ac. Min. Ricardo Lewandowski – julgado em 20 nov. 2018.

Da mesma forma como ocorre no âmbito das atribuições do Procurador-Geral da República junto ao Supremo Tribunal Federal, as promoções de arquivamento formuladas pelo Procurador-Geral de Justiça do respectivo Estado não comportam outro destino senão o homologatório do respectivo Tribunal, seja ele o de Justiça ou de Justiça Militar, salvo hipóteses de "atipicidade" ou de "extinção de punibilidade", ou seja, que sejam capazes de formarem coisa julgada material.

62. ARQUIVAMENTO E DIVERGÊNCIA NO ÂMBITO DO ÓRGÃO REVISIONAL DO MINISTÉRIO PÚBLICO

Acreditamos que todas as questões em torno do arquivamento poderão ser absorvidas pela previsão do art. 28, *caput*[55]e parágrafos, do CPP, inseridos pela Lei nº 13.964/2019. O dispositivo assentado no *caput* teve sua eficácia suspensa. Diferente e contraditoriamente, os parágrafos entraram em vigor. Como estes são dependentes do *caput*, pensamos que a solução é a de entender que, ao menos por ora, todos aqueles enunciados estão com a operatividade paralisada por força de medida cautelar monocrática exarada nos autos de ação direta de inconstitucionalidade.

Por outro lado, não verificamos a menor incompatibilidade entre a previsão com eficácia suspensa e a Constituição. Muito pelo contrário, o dispositivo atende melhor aos princípios que conformam o sistema acusatório. Resta-nos, por enquanto, aguardar a deliberação colegiada do Pleno, do Supremo Tribunal Federal. O controle de constitucionalidade não deve se arrimar em argumentos extrajurídicos. Não foi a esse propósito que se destinou sua previsão na Lei Maior.

Volvendo ao art. 28, *caput*, do CPP, verificamos os seguintes elementos que devem constituir a deliberação ministerial de arquivamento:

(1) que o arquivamento será objeto de ordem do órgão do Ministério Público com atribuição legal, isto é, o promotor natural determina-lo-á, fundamentadamente;

(2) o arquivamento referido é de investigação conduzida pela polícia, vale dizer a ordem de arquivamento recairá sobre o inquérito policial ou sobre elementos informativos da mesma natureza, assim compreendidos o Termo Circunstanciado de Ocorrência (TCO) e a Verificação de Procedência de Informações VPI's);

(3) o próprio órgão do Ministério Público deverá comunicar à vítima, ao investigado e à autoridade policial. Se o sujeito passivo for ente público, o respectivo órgão com reprep sentação judicial deve ser, igualmente, comunicado;

(4) após essas providências, o promotor natural deverá remeter os autos para a instância de revisão ministerial para fins de homologação. O dispositivo não indica qual órgão do Ministério Público que terá essa atribuição revisora, apenas remetendo à "forma da lei". Então, a depender da estrutura do respectivo Ministério Público, seja ele federal ou dos estados-membros, será possível identificar o órgão revisional correspondente. Mantida a lógica atual, saberemos que, no âmbito do Ministério Público da União, tal atribuição é

55. Dispositivo com eficácia suspensa, nos termos de decisão monocrática do Supremo Tribunal Federal (STF – ADI 6298/DF – Medida Cautelar – Rel. Min. Luiz Fux – 22 jan. 2020).

afeta às Câmaras de Coordenação e Revisão. Na esfera estadual, será necessário consultar a respectiva lei local que, por sua vez, poderá prevê como órgão revisional:

(a) o Procurador-Geral de Justiça;

(b) o Conselho Superior;

(c) o Colégio de Procuradores;

(d) outro órgão com atribuição específica.

O controle do arquivamento não caberá a qualquer órgão judicial. Pensamos que essa regra deve ter aplicação irrestrita, inclusive à justiça militar, caso entre em vigor o art. 28, *caput*, do CPP. Mas há espaço para sustentar interpretação em sentido contrário, porquanto há previsão específica na legislação processual penal militar.

Além do controle de ofício pelo promotor de justiça ou procurador da república com atribuição legal, também poderão submeter a matéria à revisão da instância competente do órgão ministerial, a vítima, ou seu representante legal e, nos crimes praticados em detrimento da União, estado-membro ou município, tal provocação poderá ser levada a cabo pela chefia do órgão a quem couber a sua representação judicial.

63. DESARQUIVAMENTO

Se o arquivamento é afeto ao magistrado, pressupondo requerimento fundamentado do Ministério Público, sendo vedado ao delegado a sua promoção (art. 17, CPP), restaria a indagação: a quem cabe o desarquivamento?

A nosso sentir, o desarquivamento é ato privativo do Ministério Público, sem a necessidade de intervenção judicial, ocorrendo quando o promotor, convencido da existência de novas provas (enunciado nº 524, Súmula, STF), oferece denúncia, exercendo a ação penal. O ato jurídico do desarquivamento ocorreria com o oferecimento da denúncia, que está condicionada ao surgimento de novas provas, segundo a jurisprudência sumulada do Pretório Excelso, sempre que em momento anterior tenha ocorrido o arquivamento.

Concluímos que, enquanto os autos do inquérito estiverem arquivados, pode o delegado de polícia validamente colher qualquer elemento que possa simbolizar a existência de prova nova, remetendo-os prontamente ao magistrado. Uma vez entregue o inquérito policial ao Ministério Público e caso se convença o promotor de que se trata realmente de prova nova, oferecerá denúncia, operando-se assim o desarquivamento.

Prova nova é o requisito indispensável para o desarquivamento do inquérito arquivado por falta de lastro probatório para o oferecimento da denúncia. Nos termos do art. 18, CPP, a autoridade policial poderá realizar novas pesquisas, se de outras provas, relacionadas ao objeto do inquérito, tiver notícia. O desarquivamento depende, assim, de novos elementos.

Sobre os requisitos da **prova nova**, o STJ assentou que são três, notadamente que deva ela ser:

(1) **formalmente nova**: os fatos devem ser, anteriormente, desconhecidos;

(2) **substancialmente nova**, isto é, deve ter idoneidade para modificar o juízo proferido anteriormente acerca da desnecessidade da persecução penal;

(3) **apta a produzir modificação no conjunto probatório**, na seara do qual foi acolhido o pedido de arquivamento[56].

Daí entendermos que não basta que a prova seja formalmente nova, mas substancialmente nova e com aptidão para alterar o panorama probatório. Desse modo, dos três requisitos elencados pelo STJ, **dois são realmente essenciais**, sendo aquele primeiro apenas um pressuposto lógico, mas que não é definidor da necessidade de desarquivamento do inquérito.

Desse modo, podemos alinhar duas espécies de "prova nova", a formal e a substancial:

(1) **prova formalmente nova:** é a fonte já conhecida, que já foi objeto de produção no curso das investigações, mas que recebe interpretação nova ou que informa elemento novo. A doutrina exemplifica com a testemunha ouvida no início das investigações e que, em momento posterior ao arquivamento do inquérito policial, apresenta nova versão, justificando que havia sido ameaçada quando do primeiro depoimento. A fonte da prova é conhecida (a testemunha) e o seu depoimento é, assim, formalmente novo (o testemunho). Para o desarquivamento do inquérito, não basta que a prova seja formalmente nova, sendo necessária prova substancialmente nova no contexto probatório;

(2) **prova substancialmente nova**: é fonte desconhecida, inédita, a exemplo do cadáver que não foi encontrado por ter sido ocultado quando do cometimento do homicídio. Nesse caso, tanto a fonte da prova, como a produção da prova em si inova de forma relevante o panorama probatório, sendo apta ao desarquivamento do inquérito policial e, se da investigação resultar suporte probatório mínimo, poderá ser ajuizada ação penal de forma regular e válida. Nesse sentido, a prova nova funcionará como "condição de procedibilidade para o exercício da ação penal"[57].

64. ARQUIVAMENTO IMPLÍCITO

Segundo Afrânio Silva Jardim, entende-se "por arquivamento implícito o fenômeno de ordem processual decorrente de o titular da ação penal deixar de incluir na denúncia algum fato investigado ou algum dos indiciados, sem expressa manifestação ou justificação deste procedimento. Este arquivamento se consuma quando o Juiz não se pronuncia na forma do art. 28 com relação ao que foi omitido na peça acusatória. Melhor seria dizer **arquivamento tácito**[58]" (grifo nosso).

Se o Ministério Público, ao propor a denúncia, deixar de se manifestar acerca de alguma infração relatada no inquérito ou deixar de indicar algum criminoso que tenha sido indiciado, seguido do recebimento da denúncia pelo juiz que não notou a omissão, ocorre

56. STJ – Sexta Turma – RHC 79.424/PA – Rel. Min. Sebastião Reis Júnior – Rel. p/ Acórdão Min. Rogerio Schietti Cruz – DJe 26 mar. 2019.
57. LIMA, Renato Brasileiro. *Curso de processo penal.* Niterói: Impetus, 2013. p. 128.
58. JARDIM, Afrânio Silva. *Direito processual penal.* 11. ed. Rio de Janeiro: Forense, 2003. p. 170.

o arquivamento implícito, que é aquele nascido em razão da omissão ministerial que passa despercebida pelo magistrado.

A título de exemplo, imaginemos o inquérito que tenha indiciado três delinquentes, pela prática de duas infrações penais. Caso o promotor denuncie apenas dois deles, e por um único crime, nada requerendo quanto ao indivíduo e à infração faltante, opera-se o chamado arquivamento implícito.

Destarte, quando em momento posterior o promotor deseje aditar a denúncia para lançar o terceiro criminoso ou a infração não contemplada, exige-se a existência de prova nova. Da mesma forma, percebendo o magistrado a omissão ministerial, remeterá os autos ao Procurador Geral, invocando o art. 28, do CPP.

Poderá ocorrer o arquivamento implícito ainda, quando o promotor requeira o arquivamento expresso em razão de algumas infrações ou de alguns criminosos, deixando de se manifestar em relação aos demais. Decorre nesta última hipótese, de um arquivamento expresso falho, lacunoso.

Como se percebe, o arquivamento implícito do inquérito policial implica no reconhecimento dos efeitos do arquivamento expresso abrangendo a conduta do promotor que não externa claramente a situação jurídica de todos os investigados ou das infrações apuradas. Na primeira hipótese, seria o **arquivamento implícito subjetivo,** quando a omissão é de infratores; na segunda, **arquivamento implícito objetivo,** quando a lacuna é em razão das infrações investigadas e não denunciadas[59].

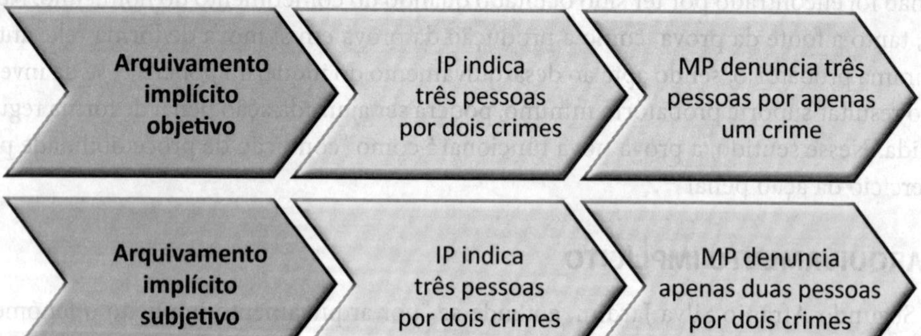

Cumpre destacar que, majoritariamente, o arquivamento implícito não tem sido aceito, nem pela jurisprudência, nem pela doutrina, justamente por ausência de disciplina legal. O Superior Tribunal de Justiça sustenta que o silêncio do ***Parquet*** no que toca a acusados cujos nomes só aparecem em momento subsequente ao aditamento da denúncia não importa em arquivamento quanto a eles, só se considerando arquivado o inquérito policial mediante decisão do juiz (art. 18, CPP)[60]. À luz do art. 569, do CPP, entende esta Corte que o aditamento pode se dar a qualquer tempo, desde que antes da sentença final[61]. No mesmo

59. JARDIM, Afrânio Silva. *Direito processual penal*. 11. ed. Rio de Janeiro: Forense, 2003. p. 170.
60. STJ – Quinta Turma – AgRg no AREsp 1495795/RO – Rel. Min. Leopoldo de Arruda Raposo (Des. Conv. do TJ/PE) – DJe 28 nov. 2019.
61. STJ – Corte Especial – APn 629/RO – Rel. Ministra NANCY ANDRIGHI – DJe 10 ago. 2018.

sentido tem decidido o STF, declarando ser a ação penal pública regida pelo postulado da indivisibilidade, pelo que inexistiria o arquivamento implícito[62].

65. ARQUIVAMENTO INDIRETO

O que se tem chamado de arquivamento indireto nada mais é do que a hipótese do MP deixar de oferecer denúncia por entender que o juízo é incompetente, requerendo a remessa dos autos ao órgão competente. Caso o magistrado discorde do pleito ministerial, como não há como obrigar o promotor a oferecer denúncia, restaria, por analogia, invocar o art. 28, remetendo os autos ao Procurador Geral, para que este delibere a respeito[63].

Na sistemática prevista pela Lei nº 13.964/2019, tal provocação não caberá ao juiz, mas aos interessados, como a vítima ou o ente público estatal lesionado. Também o próprio promotor de justiça, ao tomar ciência do indeferimento do declínio dos autos a outro juízo, poderá se manifestar pela ausência de atribuição e enviar a questão ao órgão revisional do Ministério Público, a teor do art. 28, *caput*, do CPP, cuja eficácia está, por enquanto suspensa[64].

66. ARQUIVAMENTO ORIGINÁRIO

Se o requerimento de arquivamento parte direto do Procurador Geral, nas ações em que atue originariamente, não há como o relator no Tribunal invocar o art. 28, do CPP, afinal, o pedido já emana do próprio Procurador-Geral. Subsiste, como via única, a homologação.

Restaria, por força do art. 12, inciso XI, da Lei nº 8.625/1993, Lei Orgânica Nacional do Ministério Público, ao Colégio de Procuradores de Justiça, rever, mediante requerimento do legítimo interessado, nos termos da Lei Orgânica, decisão de arquivamento de inquérito policial ou peças de informação determinada pelo Procurador-Geral de Justiça, nos casos de sua atribuição originária. Caberá ao Colégio de Procuradores, provocado administrativamente, deliberar se designa outro membro da instituição para oferecer denúncia, em substituição ao Procurador Geral, ou se mantém o arquivamento.

62. STF – Segunda Turma – HC 127011 AgR – Rel. Min. Cármen Lúcia – publicado em 21 mai. 2015.
63. STJ – Terceira Seção – CAt 273/RN – Rel. Min. Newton Trisotto (Des. Conv. do TJ/SC) – DJe 18 dez. 2014.
64. Dispositivo com eficácia suspensa, nos termos de decisão monocrática do Supremo Tribunal Federal (STF – ADI 6298/DF – Medida Cautelar – Rel. Min. Luiz Fux – 22 jan. 2020).

Por outro lado, havendo mais indiciados que não gozam de foro privilegiado, uma vez arquivado no âmbito do tribunal, os autos do inquérito devem ser remetidos ao juízo de primeiro grau, sempre a pedido do Ministério Público. Não é adequada, ao sistema acusatório (art. 3º-B, CPP[65]), a iniciativa do tribunal de enviar, de ofício, os autos para que, no juízo singular, seja dada vista ao *Parquet*, para que se manifeste quanto aos demais suspeitos, embora seja este o entendimento ainda prevalente nos tribunais superiores[66].

67. ARQUIVAMENTO PROVISÓRIO

É possível que o arquivamento se origine da ausência de uma condição de procedibilidade, como no caso da vítima de crime de ação pública condicionada à representação, que se retrata antes da denúncia ser oferecida. Restaria ao MP promover o arquivamento, aguardando que eventualmente a vítima se arrependa e volte a representar. Se isso não ocorrer, a vítima decairá do direito de representação, e a possibilidade da realização do desarquivamento irá desaparecer. O que era provisório passará a ser então definitivo.

68. PROCEDIMENTO PARA O INQUÉRITO POLICIAL QUE APURA CRIME DE AÇÃO PENAL PRIVADA

Nos crimes de ação penal privada, encerrado o inquérito policial e remetido a juízo, deve-se aguardar a iniciativa da vítima, através do seu advogado, para que acesse os autos da investigação que estão disponíveis em cartório, no intuito do oferecimento da queixa-crime. Nada impede que os autos do inquérito, por traslado, sejam entregues ao requerente (art. 19, CPP).

A vítima, como regra, dispõe de seis meses para a propositura da ação privada, contados do dia em que tem o conhecimento da autoria da infração. Logo, deve estar atenta ao desenrolar do inquérito e do dia em que o mesmo está à disposição em juízo, posto que, se não for diligente, expirado o prazo, opera-se a decadência. A pendência do inquérito policial não prorroga o prazo que a vítima dispõe para exercer a ação. Em situações drásticas, se o inquérito não estiver concluído, resta à vítima, para evitar a decadência, oferecer a ação sem o inquérito, requerendo ao juízo que seja ele lançado aos autos, assim que concluído.

É bom lembrar que não há de se falar em arquivamento do inquérito nos crimes de iniciativa privada. Se a vítima não deseja oferecer a ação, basta ficar inerte, e com isso, ultrapassado o prazo de seis meses, opera-se a decadência. Caso o ofendido, inadvertidamente, requeira o arquivamento do inquérito, estará renunciando ao direito de ação, e por consequência dando ensejo à extinção da punibilidade (art. 107, V, CP).

65. Dispositivo com eficácia suspensa, nos termos de decisão monocrática do Supremo Tribunal Federal (STF – ADI 6298/DF – Medida Cautelar – Rel. Min. Luiz Fux – 22 jan. 2020).
66. STJ – Corte Especial – PET na Sd 562/DF – Rel. Min. Napoleão Nunes Maia Filho – DJe 25 abr. 2019.

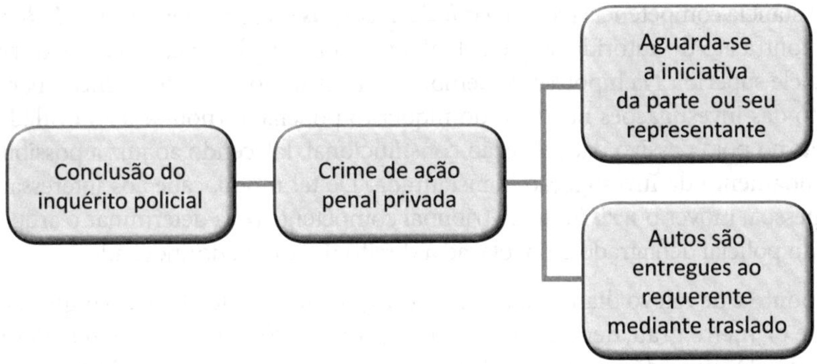

69. ARQUIVAMENTO DO INQUÉRITO POLICIAL SEM REQUERIMENTO DO MINISTÉRIO PÚBLICO

O arquivamento do inquérito policial sem pedido do Ministério Público é referido na jurisprudência pelo nome vulgar de trancamento. Geralmente, o trancamento de uma investigação preliminar, a exemplo do inquérito, ocorre no bojo de ação de ***habeas corpus*** ou mesmo por meio da técnica de ***habeas corpus*** de ofício, consubstanciada na tutela concedida por tribunal, independentemente de provocação específica, como órgão responsável para tornar efetiva as garantias fundamentais centradas no núcleo duro de direito processual penal constitucional.

No âmbito de primeira instância, depois de instaurada a persecução penal por meio do inquérito policial, o seu arquivamento só pode se dar por meio de requerimento do Ministério Público, formulado perante o juiz singular. O juiz de primeiro grau só pode ordenar o trancamento de inquérito policial se a autoridade coatora não detiver prerrogativa de função que imponha a competência do órgão de segunda instância para julgar o ***habeas corpus***.

Nessa toada, dispôs o art. 3º-B, inciso XII, do CPP[67], competir ao juiz das garantias, julgar o ***habeas corpus*** impetrado antes do oferecimento da denúncia. Logicamente, não caberá ao juiz de garantias julgar o *writ* quando o promotor de justiça tiver requisitado o inquérito policial ou encampar as providências nele tomadas. Nesse caso, a competência para julgamento será do tribunal correspondente.

Vale dizer:

(1) se o inquérito policial for instaurado pela autoridade policial, de ofício, o juiz pode ordenar o arquivamento, especialmente quando não anuir o Ministério Público com a licitude da persecução penal. Nessa hipótese, a manifestação do Ministério Público contrária a instauração daquela investigação preliminar equivale a um pedido de arquivamento, como pode se dar quando entender que não há fato típico a apurar;

(2) caso o inquérito policial tiver sido instaurado mediante requisição do Ministério Público ou se o ***Parquet*** corroborar a investigação, pleiteando novas diligências ou sucessivas devoluções à delegacia para continuidade da persecução, o juiz de primeiro grau não pode ordenar o arquivamento de ofício, ou seja, não pode o juiz singular "trancar" o inquérito policial sem pedido do titular da futura ação penal ou contra a sua vontade. Isso porque falta ao magistrado de

67. Dispositivo com eficácia suspensa, nos termos de decisão monocrática do Supremo Tribunal Federal (STF – ADI 6298/DF – Medida Cautelar – Rel. Min. Luiz Fux – 22 jan. 2020).

primeira instância competência para julgar ***habeas corpus*** ou conceder tutela de ***habeas corpus de officio*** contra ato de autoridade que detenha prerrogativa de função perante o tribunal de instância a ele superior. Na hipótese, o membro do Ministério Público, ao encampar o impulsionamento das investigações no curso do inquérito policial, tornou-se a autoridade coatora para figurar no polo passivo daquela ação constitucional, falecendo ao juiz a possibilidade de obstar o andamento da investigação já instaurada. De tal modo, cabe aos interessados, ou a qualquer pessoa, mover o ***writ*** junto ao tribunal competente para determinar o arquivamento do inquérito policial deflagrado em violação a direito do imputado/indiciado.

Esse ponto é de relevo diante da notícia de arquivamento de ofício do inquérito policial pelo juiz de primeiro grau, depois de sucessivas prorrogações de prazo sem o oferecimento de denúncia[68]. Decisão dessa natureza finda por violar regra de competência que determina que cabe ao tribunal de segunda instância, no exercício de função jurisdicional, julgar ***habeas corpus*** contra coação de promotor de justiça.

No caso, caberia ao interessado pleitear a anulação da decisão de arquivamento (trancamento) proferida pelo juiz. O Ministério Público poderia, inclusive, impetrar mandado de segurança para assegurar o direito ao exercício de suas atribuições. Assim provocado, o tribunal poderia, até mesmo de ofício, conceder ***habeas corpus*** de ofício para trancar o inquérito policial, com a perda do objeto do ***mandamus***. O que não se pode anuir é com a violação às disposições constitucionais sobre competência dos órgãos do Poder Judiciário.

No bojo da decisão, fez-se menção a atuação do juiz como garantidor dos direitos do acusado. Isso é exato quando jurisdicionalizada a questão e, naturalmente, tem competência para colocar fim à lide de forma antecipada. Situação bem diversa é a do inquérito policial, procedimento administrativo, que ainda não se jurisdicionalizou ou que não foi base para qualquer pedido dirigido ao juiz competente para a futura e eventual ação penal. Enquanto se desenvolve a investigação, sob o controle do Ministério Público, ainda que de forma externa, sem a interferência da jurisdição, o órgão competente para atuar e fazer cessar ilegalidade é aquele indicado pela Constituição para julgar *habeas corpus* ou mandado de segurança contra membro do Ministério Público ou contra juiz de primeiro grau.

68. STJ – Sexta Turma – AgRg no RMS 49.749/BA – Rel. Min. Rogerio Schietti Cruz – Rel. p/ Acórdão Ministro Nefi Cordeiro – DJe 06 dez. 2018.

70. QUADRO SINÓTICO

CAPÍTULO IV– INQUÉRITO POLICIAL		
CONCEITO E FINALIDADE DO INQUÉRITO POLICIAL		
Procedimento administrativo, preliminar, presidido pelo delegado de polícia, que busca identificar o autor do ilícito, as circunstâncias do fato e os elementos de materialidade.		**1**
Natureza jurídica	Procedimento de índole eminentemente administrativa, de caráter informativo, preparatório da ação penal.	**2**
Destinatários	MP ou o ofendido são destinatário diretos. Por outra via, o juiz será destinatário indireto.	**3**
CARACTERÍSTICAS DO INQUÉRITO POLICIAL		
Discricionariedade	O delegado de polícia conduz as investigações da forma que melhor lhe aprouver, exceto quanto ao exame de corpo de delito.	**5**
Escrito	O inquérito, por exigência legal, deve ser escrito (art. 9º do CPP).	**6**
Sigiloso	Procedimento essencialmente sigiloso. Não se estende, nem ao magistrado, nem ao membro do MP. O advogado do indiciado pode consultar os autos do inquérito policial.	**7**
Oficialidade	O presidente do inquérito se constitui em órgão oficial do Estado.	**8**
Oficiosidade	Na ação penal pública incondicionada, a autoridade atua de ofício.	**9**
Indisponibilidade	Iniciado o inquérito, não pode o delegado de polícia dispor do mesmo.	**10**
Inquisitivo	Atividades se concentram nas mãos de uma única autoridade e não há o exercício do contraditório ou da ampla defesa.	**11**
Autoritariedade	O presidente do inquérito policial, é autoridade pública.	**12**
Dispensabilidade	O inquérito não é imprescindível para a propositura da ação penal.	**13**
COMPETÊNCIA (ATRIBUIÇÃO)		
Apesar do CPP, referir-se à competência, é certo que os delegados têm atribuição.		**14**
Territorial	Considera-se a circunscrição em que se consumou a infração.	**15**
Material	Segmenta-se a atuação da polícia, com delegacias especializadas.	**16**
Em razão da pessoa	Leva-se em consideração a figura da vítima.	**17**

CAPÍTULO IV– INQUÉRITO POLICIAL		
PRAZOS		
O inquérito policial não pode se estender indefinidamente.		**18**
Regra geral	**Dez dias**, com o indiciado preso, e de **trinta dias**, se solto. Se preso, o prazo pode ser **prorrogado** por **até quinze dias**, uma única vez.	**19**
Prazos especiais	**21. Prazo para inquéritos policiais a cargo da polícia federal:** art. 66 da Lei nº 5.010/1966; **22. Praz para inquérito policiais por crimes contra a economia popular:** 1§º do art. 10 da Lei nº 1.521/ 1951; **23. Prazo para inquéritos policiais por crimes de tráfico de drogas:** artigo 51, Lei nº 11.343/2006; **24. Prazo para inquéritos militares:** art. 20, *caput*, § 1º, CPPM.	**20 a 24**
Contagem do prazo	Exclui-se o dia do começo e inclui-se o último dia, para o indiciado solto. Se preso, o dia da prisão já é computado no prazo.	**25**
VALOR PROBATÓRIO		
Relativo, pois carece de confirmação por outros elementos instrutório.		**26**
VÍCIOS		
Os vícios ocorridos no inquérito policial não atingem a ação penal.		**27**
NOTITIA CRIMINIS **(NOTÍCIA DO CRIME OU NOTÍCIA DO FATO)**		
Ciência pela autoridade, espontânea ou provocada ,de um fato aparentemente criminoso.		**28**
Espécies de notícia-crime	**30. Espontânea (cognição imediata)** **31. Inqualificada ou delação anônima (*whistleblower*)** **32. Provocada (cognição mediata)** **33. Por requisição do juiz ou do MP** **34. Por requerimento da vítima** **35. Por delação** **36. Por representação da vítima (*delatio criminis* postulatória)** **37. Por requisição do Ministro da Justiça** **38. Revestida de forma coercitiva**	**29 a 38**
PEÇAS INAUGURAIS DO INQUÉRITO POLICIAL		
O auto de prisão em flagrante, as requisições, portarias, requerimentos e portarias se materializam na peça inaugural do inquérito policial.		**39**
INCOMUNICABILIDADE		
Não foi recepcionada pela Carta Magna.		**40**

<table>
<tr><th colspan="3">CAPÍTULO IV– INQUÉRITO POLICIAL</th></tr>
<tr><th colspan="3">PROVIDÊNCIAS</th></tr>
<tr><td colspan="2">Os artigos 6º e 7º, do CPP, e o § 2º, do art. 2º, da Lei nº 12.830/2013, indicam as providências a serem tomadas pela autoridade policial na condução das investigações.</td><td>41</td></tr>
<tr><td>Reprodução simulada dos fatos</td><td>Sendo necessário esclarecer a forma como aconteceu a infração, a reprodução simulada pode ser determinada (art. 7º, CPP).</td><td>42</td></tr>
<tr><td>Indiciamento</td><td>É a cientificação ao suspeito de que ele passa a ser o principal foco do inquérito. Trata-se de ato privativo da autoridade policial.
44. Indiciado incapaz: desnecessária a nomeação de curador ao indiciado menor de vinte e um anos.
45. Desindiciamento: verificação de que a pessoa indiciada não está vinculada ao fato.</td><td>43 a 48</td></tr>
<tr><td>Indiciamento</td><td>46. Vedação ao indiciamento: Algumas autoridades não podem ser objeto de indiciamento formal por parte da autoridade policial.
47. Afastamento do servidor público indiciado em crimes de lavagem de dinheiro: diante do indiciamento, pode a autoridade policial (assim como o MP) representar ao juiz pela aplicação da medida cautelar de afastamento do servidor público de suas funções.
48. Limites ao indiciamento: em havendo o indiciamento em descompasso com os ditames da legislação de regência, haverá nulidade capaz de ser reconhecida judicialmente.</td><td>43 a 48</td></tr>
<tr><th colspan="3">ENCERRAMENTO DO INQUÉRITO POLICIAL</th></tr>
<tr><td colspan="2">É encerrado com a produção de minucioso relatório que informa tudo quanto apurado.</td><td>49</td></tr>
<tr><td colspan="2">Não deve a autoridade policial esboçar juízo de valor no relatório, ressalva feita à Lei nº 11.343/2006 (Lei de Tóxicos), prevendo que a autoridade policial deva justificar as razões que a levaram à classificação do delito (art. 52). Os autos do inquérito serão remetidos ao Judiciário, para que sejam acessados pelo titular da ação penal.</td><td>49</td></tr>
<tr><td>Procedimento para o inquérito policial que apura crime de ação penal pública</td><td>Deve o magistrado abrir vistas ao titular da ação penal, que poderá: denunciar, requisitar diligências ou promover o arquivamento.
51. Quais são as hipóteses que autorizariam o pedido de arquivamento?
52. Arquivamento por falta de pressuposto processual ou condição para o exercício da ação penal.
53. Arquivamento por falta de justa causa.
54. Arquivamento fundado em hipóteses de mérito.
55. Legitimidade para o arquivamento, consequências jurídicas e coisa julgada: A homologação do arquivamento tem natureza administrativo-judicial. Proferida ainda na fase pré-processual, não certificando o direito e por consequência não é imutável pela coisa julgada.</td><td>50 a 56</td></tr>
</table>

CAPÍTULO IV– INQUÉRITO POLICIAL		
Procedimento para o inquérito policial que apura crime de ação penal pública	**56. Recurso e ação privada subsidiária da pública:** é irrecorrível. Também não há de se falar em ação privada subsidiária da pública se houve a manifestação pelo arquivamento.	**50 a 56**
Procedimento para o inquérito policial que apura crime de ação penal pública	**57. Divergência do magistrado quanto ao pedido de arquivamento do inquérito policial e distinções do procedimento conforme a competência da Justiça:** Quando há discordância do juiz quanto ao pleito de arquivamento formulado pelo MP, sucedem desdobramentos que, como regra, estão descritos no enunciado do art. 28, do CPP. **58. Divergência do juiz de direito quanto ao pedido de arquivamento:** segue-se a regra geral, aplicando o art. 28, do CPP. **59. Divergência quanto ao pedido de arquivamento na justiça federal:** o art. 28, do CPP deve ser interpretado de forma conjunta com o art. 62, IV, da LC nº 75/1993.	**57 a 59**
Procedimento para o inquérito policial que apura crime de ação penal pública	**60. Arquivamento no âmbito do STF:** não se submete ao controle do Poder Judiciário. **61. Arquivamento no âmbito dos tribunais de justiça:** compete ao Procurador-Geral de Justiça. **62. Arquivamento e divergência no âmbito do órgão revisional do MP:** Acreditamos que todas as questões em torno do arquivamento poderão ser absorvidas pela previsão do art. 28, *caput* e parágrafos, do CPP, inseridos pela Lei nº 13.964/2019. O dispositivo assentado no *caput* teve sua eficácia suspensa. Diferente e contraditoriamente, os parágrafos entraram em vigor. Como estes são dependentes do *caput*, pensamos que a solução é a de entender que, ao menos por ora, todos aqueles enunciados estão com a operatividade paralisada por força de medida cautelar monocrática exarada nos autos de ação direta de inconstitucionalidade. **63. Desarquivamento:** é ato privativo do MP. **64. Arquivamento implícito:** Surge em razão da omissão ministerial que passa desapercebida pelo magistrado. **65. Arquivamento indireto:** o MP deixar de oferecer denúncia por entender que o juízo é incompetente, requerendo a remessa dos autos. **66. Arquivamento originário**: Quando parte direto do Procurador Geral, nas ações em que o mesmo atue originariamente. **67. Arquivamento provisório:** Quando ocorre a ausência de uma condição de procedibilidade.	**60 a 67**
Crime de ação penal privada	Encerrado o inquérito policial e remetido a juízo, deve-se aguardar a iniciativa da vítima para que acesse os autos da investigação que estão disponíveis em cartório, no intuito do oferecimento da queixa-crime.	**68**
Arquivamento sem requerimento do MP	Referido na jurisprudência pelo nome vulgar de trancamento.	**69**

71. SÚMULAS DO STJ

234. A participação de membro do Ministério Público na fase investigatória criminal não acarreta seu impedimento ou suspeição para o oferecimento de denúncia.

444. É vedada a utilização de inquéritos policiais e ações penais em curso para agravar a pena-base.

522. A conduta de atribuir-se falsa identidade perante autoridade policial é típica, ainda que em situação de alegada autodefesa.

636. A folha de antecedentes criminais é documento suficiente a comprovar os maus antecedentes e a reincidência.

72. SÚMULAS DO STF

Súmula Vinculante nº 14. É direito do defensor, no interesse do representado, ter acesso amplo aos elementos de prova que, já documentados em procedimento investigatório realizado por órgão com competência de polícia judiciária, digam respeito ao exercício do direito de defesa.

397. O poder de polícia da Câmara dos Deputados e do Senado Federal, em caso de crime cometido nas suas dependências, compreende, consoante o regimento, a prisão em flagrante do acusado e a realização do inquérito.

524. Arquivado o inquérito policial, por despacho do juiz, a requerimento do promotor de justiça, não pode a ação penal ser iniciada sem novas provas.

73. QUESTÕES DE CONCURSOS PÚBLICOS

01. (UEG - Delegado de Polícia - PC/GO/2018) Quando o inquérito policial é instaurado a partir de um auto de prisão em flagrante delito, diz-se haver:

(A) *notitia criminis* inqualificada.
(B) *delatio criminis* postulatória.
(C) *notitia criminis* de cognição imediata.
(D) *notitia criminis* de cognição mediata.
(E) *notitia criminis* de cognição coercitiva.

02. (Cespe - Técnico Judiciário - Área Administrativa - STJ/2018) A respeito dos procedimentos de investigação, julgue os itens que se seguem. Notitia criminis é o meio pelo qual a vítima de delito ou o seu representante legal manifesta sua vontade a respeito da instauração do inquérito policial e do posterior oferecimento de denúncia, nas hipóteses de ação penal pública condicionada.

03. (Cespe - Técnico Judiciário - Área Administrativa - STJ/2018) A respeito dos procedimentos de investigação, julgue os itens que se seguem. O inquérito policial tem caráter inquisitório, dispensando a ampla defesa e o contraditório, motivo pelo qual os elementos de informação nele documentados não são disponibilizados ao defensor do investigado.

04. (Cespe - Juiz de Direito - TJ - CE/2018) Julgue os itens a seguir, a respeito do inquérito policial e das disposições preliminares do Código de Processo Penal.

I Aos processos em curso, a lei processual penal será aplicada imediatamente, mantendo-se, todavia, os atos praticados sob a égide da lei anterior.

II Caso tome conhecimento da existência de novas provas, a autoridade policial poderá determinar o arquivamento do inquérito e proceder a novas diligências.

III Ocorrendo o arquivamento do inquérito por falta de fundamentos para a denúncia, a autoridade policial poderá dar continuidade à investigação se tiver notícia de outras provas.

IV A autoridade policial poderá manter o indiciado incomunicável por até cinco dias se essa medida for indispensável à investigação.

Estão certos apenas os itens

(A) I e II.
(B) I e III.
(C) III e IV.
(D) I, II e IV.
(E) II, III e IV.

05. (VUNESP/EBSERH/Advogado/2020) "A polícia judiciária será exercida __________ no território de suas respectivas circunscrições e terá por fim a apuração __________".

(A) pelos Delegados de Polícia ... dos fatos que impliquem em crime de ação pública incondicionada
(B) pelos Delegados de Polícia ... das infrações penais, mediante autorização judicial
(C) pelas autoridades policiais ... das infrações penais e da sua autoria
(D) pelas autoridades policiais ... das infrações penais, mediante autorização judicial
(E) pelos Juízes Corregedores ... das infrações penais e da sua autoria

74. GABARITO ANOTADO

01 - E

Vide:

- *Notitia criminis* (notícia do crime).

02 - ERRADO

Vide:

- *Notitia Criminis* (notícia do crime).

03 - ERRADO

Vide:

- Súmula vinculante 14.
- EAOAB - Lei nº 8.906 de 04 de Julho de 1994, Art. 7º, XXI

04 – B

Vide:

- Art. 18, CPP.
- Art. 21, CPP.
- Art. 136, §3º, IV, CF.
- Súmula 524 do STF.

05 – C

Vide:

- Art. 4º, CPP.

75. QUESTÕES DISCURSIVAS COM COMENTÁRIOS

01. (PC – RJ – Delegado de Polícia – RJ/2002) ESPAÇO MÁXIMO PARA RESPOSTA: 30 LINHAS

Em que consiste o ato de interdição policial, que fins persegue, qual o seu prazo e qual o dispositivo legal à espécie?

Resposta

A interdição policial é expressão do poder de polícia da autoridade policial e é depreendido do art. 6º, I, do CPP, que reza que uma vez cometida a infração penal deve a autoridade policial se dirigir ao local do delito, a fim de providenciar que não se alterem o estado das coisas até a chegada dos peritos criminais. Pode ser compreendida como o ato de isolamento do local de crime. A expressão "interdição policial" era encontrada na revogada Lei nº 9.034/1995, que dispunha sobre os meios operacionais para prevenção e repressão de ações praticadas por organizações criminosas, para explicar que a ação controlada consistia no retardo da "interdição policial" para fazê-la no momento mais adequado. Então, interdição policial também pode significar gênero da atuação da polícia com o fito de adotar as providências necessárias à coibição do delito.

Para os fins da questão em tela, interdição é a providência de isolamento do local do crime, pelo prazo necessário à chegada dos peritos, a teor do art. 6º, I, CPP.

Capítulo V

Juiz das Garantias

1. CONCEITO

Reconhecemos, como juiz das garantias, o magistrado que, por lei, é responsável pelo controle da legalidade da investigação criminal e pela salvaguarda dos direitos individuais. O seu conceito se relaciona intimamente com a sua competência e com a necessidade de se assegurar a imparcialidade do juiz responsável pelo julgamento de mérito condenatório.

O juiz de garantias tem natureza de função enfeixada nas mãos de um órgão jurisdicional. Trata-se de uma das funções que o Poder Judiciário pode exercer. A expressão designa uma delimitação de competência. Ao especificar a competência do juiz das garantias, apartando-a da competência do juiz da instrução, a legislação não divide a jurisdição, que subsiste una, porém logra repartir a porção de cada um dos centros de atribuição judicial.

É nesse sentido que o juiz das garantias consiste em um dos exemplos de delimitação da **competência funcional**, **segundo o objeto do juízo**, como lembrado na lição de Afrânio

Silva Jardim[1]. Os elementos de conexão necessários ao estabelecimento da competência funcional, são aqueles que compõem a estrutura do processo. Na hipótese, a ênfase é no juiz que deverá exercer o poder, notadamente na fase pré-processual.

2. FUNDAMENTO CONSTITUCIONAL

O sistema acusatório é o alicerce constitucional para a existência do juiz das garantias. A divisão de funções é um dos pilares mais robustos dessa estrutura de processo penal. Aquele que tem competência para julgar o mérito condenatório não pode exercer tarefas próprias do órgão acusador. O juiz das garantias antecipa essa cautela. Como todo juiz, ele não deve exercer poderes a cargo do promotor da ação penal.

Compreende-se que sua atuação como garante de direitos na fase investigativa é capaz de contaminar o juízo cognitivo que poderia ter, ao cabo, se fosse também julgar o mérito do processo penal. Não sem motivo, o art. 3º-A, do CPP[2], inserido pela Lei nº 13.964/2019, vedou ao magistrado, a partir da constatação de que o processo penal terá estrutura acusatória:

(1) a iniciativa do juiz na fase de investigação; e

(2) a substituição da atuação probatória do órgão de acusação.

O juiz das garantias é uma forma de delimitar não apenas a competência de magistrados, segundo o objeto do juízo cognitivo outorgado pela legislação, mas também para assegurar que o princípio do juiz natural não conflite com a sua necessária **imparcialidade**. Ele é uma divisão da competência, segundo a estrutura funcional da persecução penal. Mas também ele é limite porque se opõe a julgamentos sobre os quais recaia dúvida sobre a suspeição do julgador. Nessa linha, não se deve admitir a supressão da liberdade de alguém se não for respeitada, rigorosamente, a estrutura acusatória do processo penal.

A separação das funções na Lei nº 13.964/2019 incidiu não apenas nos sujeitos processuais que compõem a relação processual penal: autor-juiz-réu. A funcionalidade processual recaiu sobre a ambivalência de atuação que pode assumir o julgador no processo penal. O juiz é um ser humano e, dessa maneira, devemos considerar que ele se modifica por meio do seu contato com elementos empíricos que descrevam fatos como provas.

Deveras, a atividade de conhecimento de um fato penal interfere na percepção e vice-versa. Dessa forma, correto o *caput*, do art. 3º-D, do CPP, que previu hipótese de **impedimento** do juiz que, na fase de investigação, praticar qualquer ato incluído nas competências do juiz de garantias. Trata-se de hipótese que o magistrado ficará proibido de funcionar no processo. Caso viole o impedimento, haverá **inexistência jurídica** do ato praticado que, por consequência, deve implicar **invalidação**. Embora aquele dispositivo faça menção aos arts. 4º e 5º, do Código, o legislador incursionou em erro material, pelo que entendemos que as competências indicadas se referem às do art. 3º-B, do CPP, analisadas mais à frente.

1. JARDIM, Afrânio Silva. Primeiras impressões sobre a lei que regulamenta o "juiz de garantias". *Justificando*, jan. 2020. Disponível em: <http://www.justificando.com/2020/01/22/primeiras-impressoes-sobre-a-lei-que-regulamenta-o-juiz-de-garantias/>. Acesso em: 17 fev. 2020.

2. Dispositivo com eficácia suspensa, nos termos de decisão monocrática do Supremo Tribunal Federal (STF – ADI 6298/DF – Medida Cautelar – Rel. Min. Luiz Fux – 22 jan. 2020).

Não é desnecessário invocar o magistério, sempre relevante, de Aury Lopes Jr e Ruiz Ritter, dando ênfase ao fato de que "a atuação do juiz na fase pré-processual (seja ela inquérito policial, investigação pelo MP etc.) é e deve ser muito limitada. O perfil ideal do juiz não é como investigador ou instrutor, mas como controlador da legalidade e garantidor do respeito aos direitos fundamentais do sujeito passivo". Nesse espaço, seque se deve cogitar deferir ao julgador o poder de "orientar a investigação policial, tampouco presenciar seus atos, mantendo uma postura totalmente suprapartes e alheia à atividade policial"[3].

Ainda seguindo o que leciona Aury Lopes Jr. sobre o tema, em outro estudo, importante lembrar da **teoria da dissonância cognitiva**, desenvolvida na psicologia social: ela consiste na percepção de uma tensão entre o conhecimento de um indivíduo e a sua opinião. Eis uma das questões centrais que nos ajudam a entender quando a imparcialidade do juiz ficou comprometida. Por exemplo, na gestão de provas no processo penal, o juiz enfrentará não somente opiniões antagônicas, causadoras de desconfortos cognitivos (contradições em torno do fato, formadas na estrutura de seu pensamento), porém, principalmente, tentará reduzir o abismo desses paradoxos, procurando uma consonância, tendente a reduzir sua frustração de expectativas, na procura de um equilíbrio em seu sistema cognitivo, em defesa do ego[4].

A dissonância acontece diante do conflito entre a *doxa* (opinião) e a *episteme* (ciência, consciência, cognição ou conhecimento), elementos estruturais do conhecimento do humano. O juiz das garantias, nessa toada, não pode julgar o mérito da causa, porque afetada sua imparcialidade, eis que tomou, previamente, conhecimento dos fatos. Restou, destarte, prejudicada a sua atividade cognoscitiva.

E qual a razão de invocar os ricos da dissonância de conhecimento dos fatos apresentados na fase de investigação preliminar em confronto com a etapa processual penal?

Para proteger o imputado contra os riscos do descompasso cognitivo que pressionam o magistrado, quando do julgamento, eis que, por ter tido contato com os elementos investigativos, terá sua imparcialidade comprometida, ainda que inconscientemente, notadamente quando o julgador se esforçar para encontrar uma tutela equilibrada, mas capaz de distorcer a aplicação das regras do processo de conhecimento diante da narrativa acusatória.

3. SUSPENSÃO CAUTELAR DA DISCIPLINA LEGAL DO JUIZ DAS GARANTIAS

Logo que publicada a Lei nº 13.964/2019, associações de classes vinculadas à magistratura e ao Ministério Público, assim como partidos políticos ingressaram com ações diretas de inconstitucionalidade (ADI's), atacando o que, a nosso ver, aquele diploma legal traz de melhor ao sistema processual penal brasileiro.

Duas medidas cautelares foram concedidas, sucessivamente, no período de suspensão das atividades do STF:

3. LOPES JR., Aury; RITTER, Ruiz. A imprescindibilidade do juiz das garantias para uma jurisdição penal imparcial: reflexões a partir da teoria da dissonância cognitiva. *Revista Duc In Altum Cadernos de Direito*, vol. 8, nº16, p. 57, set.-dez. 2016.

4. LOPES JR., Aury. Teoria da dissonância cognitiva ajuda a compreender a imparcialidade do juiz. *Consultor Jurídico*, 11 jul. 2014. Disponível em: <https://www.conjur.com.br/2014-jul-11/limite-penal-dissonancia-cognitiva-imparcialidade-juiz>. Acesso em: 18 fev. 2020.

(1) a primeira, em menor extensão, pelo Presidente da Corte Suprema, Ministro Dias Toffoli;

(2) a segunda, de dimensão bem mais larga, pelo relator, Ministro Luiz Fux.

Apesar da obviedade, não custa lembrar que são ações de controle de constitucionalidade, pela via concentrada. Para a suspensão cautelar de algum dispositivo, seria preciso demonstrar incompatibilidade insuperável com o texto constitucional. Na hipótese, não vemos como justificar a sustação do juiz de garantias. Ele atende ao escopo constitucional do juiz competente que todos temos direito: imparcial e natural, a fim de que seja assegurado o direito maior, que é a presunção de inocência do imputado.

Vejamos cada uma daquelas decisões, em apertada síntese.

(1) **A primeira, concedida nos autos das ADI's 6298, 6299 e 6300, pelo Ministro-Presidente**[5].

Na fundamentação da decisão, foi rejeitada a alegação de inconstitucionalidade formal, ao reconhecer legítimo o exercício da competência do Congresso Nacional. No que concerne aos artigos 3º-A ao 3º-F, do CPP, introduzidos pela Lei nº 13.964/2019, foi realçado que o microssistema do juiz das garantias tem o condão:

(a) de promover "uma clara e objetiva diferenciação entre a fase pré-processual (ou investigativa) e a fase processual propriamente dita do processo penal", colorindo "uma cisão muito mais acentuada entre as duas fases do processo penal. A linha divisória entre as duas fases está situada no recebimento da denúncia ou da queixa, último ato praticado pelo juiz das garantias (art. 3º-C, *caput*)". Depois dessa etapa, as demais questões, pendentes, "passam a ser resolvidas pelo juiz da instrução e do julgamento (art. 3º-C, § 1º)";

(b) de romper com o modelo que sempre vigorou no processo penal brasileiro, ao tornar impedido o juiz que atuar na competência das garantias. Consiste numa "mudança paradigmática de nosso processo penal". No entanto, "mostra-se formalmente legítima, sob a óptica constitucional, a opção do legislador de, no exercício de sua liberdade de conformação, instituir no sistema processual penal brasileiro, mais precisamente no seio da persecução criminal, a figura do 'juiz das garantias'";

(c) de criar uma divisão de competência funcional entre os juízes na seara criminal, como já ocorre em vários países do mundo. Um juiz atuará durante a fase de investigação no controle da legalidade e da garantia dos direitos fundamentais e outro, durante a instrução do processo e em seu julgamento". Entrementes, "ambos são juízes independentes e com todas as garantias da magistratura, previstas no art. 95 da Constituição Federal";

(d) de se inserir – com os arts. 3º-A; 3º-B; 3º-C; 3º-D, *caput*; 3º-E e 3º-F do CPP – "em questões atinentes ao próprio exercício da jurisdição no processo penal brasileiro, alterando profundamente sua lógica de funcionamento, a partir de uma clara cisão de competência entre as fases pré-processual e processual";

(e) de interferir em questão de organização judiciária com a introdução do parágrafo único, do art. 3º-D, porquanto determina que se adote "um **sistema de rodízio de**

5. STF – ADI 6298/DF; ADI 6299/DF; ADI 6300/DF – Medida Cautelar – Min. Presid. Dias Toffoli – 15 jan. 2020.

magistrados como mecanismo de efetivação do juízo das garantias". Realmente "a norma em referência determina a forma pela qual, nas comarcas em que funcionar apenas um juiz, deverá ser implementado o juízo das garantias. Ao fazer isso, cria uma obrigação aos tribunais no que tange a sua forma de organização, violando, assim, o poder de auto-organização desses órgãos (art. 96 da Constituição Federal) e usurpando sua iniciativa para dispor sobre organização judiciária (art. 125, § 1º, da Constituição Federal);

(f) de promover a imparcialidade judicial, tornando o juiz um garantidor dos direitos fundamentais no Estado Democrático de Direito, eis que "a instituição do 'juiz das garantias' pela Lei nº 13.964/2019 veio a reforçar o modelo de processo penal preconizado pela Constituição de 1988. Tal medida constitui um avanço sem precedentes em nosso processo penal, o qual tem, paulatinamente, caminhado para um reforço do modelo acusatório". Muito além da função de garante, o juiz das garantias se irmana com as cláusulas de "reserva de jurisdição na adoção de medidas restritivas de direitos fundamentais na fase da investigação" e com a necessidade de preservação de sua imparcialidade.

A decisão do Ministro-Presidente, apesar de suspender a eficácia das regras do juiz de garantias, ao lado de algumas outras, assim o fez pelo período de cento e oitenta dias. Na fundamentação, referiu grandes nomes como Frederico Marques, Aury Lopes Jr., Gustavo Badaró, Teresa Armenta Deu, Ernst Beling, dentre outros.

Da parte conclusiva, extrai-se a deliberação no sentido de suspender-se a eficácia dos arts. 3º-D, parágrafo único, e 157, § 5º, do Código de Processo Penal, incluídos pela Lei nº 13.964/19; a eficácia dos arts. 3º-B, 3º-C, 3º-D, *caput*, 3º-E e 3º-F do CPP, inseridos pela Lei nº 13.964/2019, até a efetiva implementação do juiz das garantias pelos tribunais, o que deverá ocorrer no prazo máximo de cento e oitenta dias, contados a partir da publicação da decisão. De outra vertente, resolveu conferir-se interpretação conforme às normas relativas ao juiz das garantias (arts. 3º-B a 3º-F do CPP), para esclarecer que não se aplicam aos processos de competência originária dos tribunais, os quais são regidos pela Lei nº 8.038/1990, aos processos de competência do Tribunal do Júri, aos casos de violência doméstica e familiar, como também aos processos criminais de competência da Justiça Eleitoral. Além de todas essas providências, a decisão cautelar ora analisada definiu regras de transição.

No nosso entender, o juiz de garantias é perfeitamente compatível com os ritos excluídos pela referida liminar. No tribunal, por exemplo, relator e revisor podem alternar as funções de garantia e de instrução[6].

(2) **A segunda decisão monocrática, concedida nos autos das ADI's 6298, 6299, 6300 e 6305, pelo Ministro-Relator**[7].

Na decisão epigrafada, foi revogada a decisão anterior, proferida pelo Presidente do STF. No que interessa, a suspensão da eficácia dos dispositivos correspondentes ao microssistema do juiz das garantias foi reiterada, mas sem limite no tempo, até que seja examinada

6. JARDIM, Afrânio Silva. Primeiras impressões sobre a lei que regulamenta o "juiz de garantias". *Justificando*, jan. 2020. Disponível em: <http://www.justificando.com/2020/01/22/primeiras-impressoes-sobre-a-lei-que-regulamenta-o-juiz-de-garantias/>. Acesso em: 17 fev. 2020.

7. STF – ADI 6298/DF; ADI 6299/DF; ADI 6300/DF; ADI 6305/DF – Medida Cautelar – Rel. Min. Luiz Fux – 22 jan. 2020.

a questão pelo Pleno daquele tribunal. O Ministro Relator, reputando inconstitucional formal e materialmente, o juiz das garantias, ponderou, como argumentos, que:

(a) os arts. 3º-A a 3º-F, do CPP, consistem, preponderantemente, em normas sobre organização judiciária, de iniciativa do Poder Judiciário. De outra vertente, "o juízo das garantias e sua implementação causam impacto financeiro relevante ao Poder Judiciário, especialmente com as necessárias reestruturações e redistribuições de recursos humanos e materiais, bem como com o incremento dos sistemas processuais e das soluções de tecnologia da informação correlatas";

(b) estudos comportamentais não permitem inferir que, automaticamente, que "qualquer juiz criminal do país tem tendências que favoreçam a acusação, nem permite inferir, a partir dessa ideia geral, que a estratégia institucional mais eficiente para minimizar eventuais vieses cognitivos de juízes criminais seja repartir as funções entre o juiz das garantias e o juiz da instrução";

(c) somente uma leitura formalista diria que os artigos 3º-A ao 3º-F, do CPP, "teriam acrescentado ao microssistema processual penal mera regra de impedimento do juiz criminal, acrescida de repartição de competências entre magistrados paras as fases de investigação e de instrução processual penal". No entanto, "a criação do juiz das garantias não apenas reforma, mas refunda o processo penal brasileiro e altera direta e estruturalmente o funcionamento de qualquer unidade judiciária criminal do país".

Da parte conclusiva dessa decisão cautelar, do Ministro Relator, ficou consignada a revogação da decisão monocrática anterior, exarada pelo Ministro Presidente do STF e, em acréscimo, a suspensão "*sine die* a eficácia, *ad referendum* do Plenário da implantação do juiz das garantias e seus consectários (arts. 3º-A, 3º-B, 3º-C, 3º-D, 3ª-E, 3º-F, CPP), como também da alteração do juiz sentenciante que conheceu de prova declarada inadmissível (157, § 5º, CPP), da alteração do procedimento de arquivamento do inquérito policial (28, *caput*, CPP) e da liberalização da prisão pela não realização da audiência de custodia no prazo de vinte e quatro horas (art. 310, § 4º, CPP).

4. IMPLEMENTAÇÃO E RESISTÊNCIA AO JUIZ DAS GARANTIAS

A resistência ao instituto é impressionante. Não menos incrível é que a reação ao juiz das garantias já era antevista pela doutrina de Aury Lopes Jr. e Ruiz Ritter, em estudo publicado há quatro anos, quando denunciavam "práticas autoritárias em pleno Estado Democrático de Direito" e "a tentativa de abortamento dessa importante figura". A justificativa daquela época não era diferente da contemporânea. Dizia-se que o juiz das garantias representaria "um 'atraso no combate à impunidade', tendo em vista que daria margem para anulação de processos futuros e maior morosidade das investigações", além do que conflitaria "com a realidade judiciária do País, que não teria juízes suficientes para colocar em prática a inovação projetada". A exemplo do problema estrutural-orçamentário, também infundada "a invocação da razoável duração do processo para problematizar o novo instituto, considerando-se que é inadmissível a utilização de uma garantia fundamental

(CF, art. 5º, LXXVIII) em favor do poder punitivo estatal", eis que "sua função é justamente a sua limitação"[8].

Na realidade, deveríamos priorizar a implementação do juiz das garantias. Afinal, qual direito mais importante que o da liberdade de um ser humano? O argumento do custo orçamentário é superado por tantos outros. Fernando Braga, a esse propósito, pontificou que a criação do juiz de garantias "não gera nova demanda (como aquela gerada pela implementação das audiências de custódia, p. ex.)", sendo "necessário apenas redistribuir o trabalho que antes cabia a apenas um juízo/juiz". De outro lado, o sistema de rodízio entre juízes, na forma preconizada para a substituição entre eles, asseguraria a eficácia do princípio do juiz natural. Ademais, "as dificuldades decorrentes da distância poderão ser contornadas perfeitamente com a tecnologia já implementada na maior parte do Judiciário Brasileiro"[9].

Deveras, o próprio texto da Lei nº 13.964/2019, encarregou-se de estabelecer balizas para a adoção de critérios objetivos, previamente estatuídos na legislação, a fim de evitar designações arbitrárias. Na forma do art. 3º-E, ficou vincado que o juiz das garantias deverá ser designado conforme as **normas de organização judiciária** da União, dos Estados e do Distrito Federal, observando **critérios objetivos** a serem periodicamente divulgados pelo respectivo tribunal. Já nas comarcas em que funcionar apenas um juiz, coube ao parágrafo único, do art. 3º-D, do CPP, atribuir, aos tribunais, o dever de criar o referido sistema de rodízio de magistrados.

5. COMPETÊNCIA DO JUIZ DAS GARANTIAS

O rol de competências do juiz das garantias é aberto, exemplificativo, *numerus apertus*. Não obstante, temos vinte e oito incisos que descrevem casos específicos atribuídos a sua cognição. Toda regra de competência do juiz das garantias deve ter esteio na sua dúplice responsabilidade, capitulada no art. 3º-B, *caput*, do nosso Código. Decerto o juiz das garantias é o responsável:

(1) pelo controle da legalidade da investigação criminal; e

(2) pela salvaguarda dos direitos individuais cuja franquia tenha sido reservada à autorização prévia do Poder Judiciário.

Essa disposição normativa tem como cerne o postulado acusatório que deve orientar o processo penal. A adequação ao texto constitucional é evidentíssima.

Como apontou Ney Bello, "as novas redações dos artigos 3°A e 3°B do Código de Processo Penal estabelecem a proibição de que o juiz produza provas, não podendo determiná-las de ofício, e também criam uma diferenciação funcional". Aquele magistrado, "atuante na fase do inquérito", deverá "ser distinto do magistrado que processa o caso. Que equívoco dogmático há nisso?" A alteração legislativa, "em consonância com o que

8. LOPES JR., Aury; RITTER, Ruiz. A imprescindibilidade do juiz das garantias para uma jurisdição penal imparcial: reflexões a partir da teoria da dissonância cognitiva. *Revista Duc In Altum Cadernos de Direito*, vol. 8, nº16, p.84, set.-dez. 2016.

9. BRAGA, Fernando. Porque a hora é de pensar sobre como implementar o juízo das garantias. *Migalhas*. Disponível em: <https://www.migalhas.com.br/depeso/317677/porque-a-hora-e-de-pensar-sobre-como-implementar-o-juizo-das--garantias>. Acesso em: 17 fev. 2020.

se faz no mundo ocidental, tem o condão de proteger a imparcialidade do magistrado que instrui e decide o processo, separando definitivamente quem acusa de quem julga, restabelecendo o equilíbrio entre defesa e acusação no processo criminal"[10].

Por outra órbita, quando aquele dispositivo declara competir, especialmente, ao juiz das garantias, na forma do seu inciso XXVIII, outras matérias inerentes às atribuições definidas no *caput* deste artigo, devemos ler que somente se justifica sua atuação quando estiverem presentes a necessidade de controle da legalidade e da constitucionalidade da fase preliminar ou a salvaguarda de direitos individuais submetidos à cláusula de reserva jurisdicional.

Fora dessa moldura, não deve incidir a regra de competência do juiz das garantias.

Em consonância com o art. 3º-C, do CPP, a competência do juiz das garantias abrange todas as infrações penais, a exceção das de menor potencial ofensivo. Em outras palavras, a sistemática das garantias tem incidência ampla, inclusive nos órgãos colegiados, com vistas a tutelar o direito a um juiz imparcial. Por outra lente, a competência do juiz das garantias diz respeito ao controle da licitude e constitucionalidade das investigações, devendo cessar com o recebimento da denúncia ou queixa.

Nesse passo, advertimos que a menção ao art. 399, do CPP, como alusiva ao momento do recebimento da inicial acusatória parece ser obra de erro material do legislador, eis que compreendemos como único momento do recebimento da petição vestibular o do art. 396, do CPP. Esse ponto será reexaminado adiante.

De mais a mais, recebida a denúncia ou queixa, as questões pendentes serão decididas pelo juiz da instrução e julgamento. Como não haverá, via de regra, decisões com força de coisa julgada material proferidas pelo juiz de garantias, o § 2º, do art. 3º-C, do nosso Código, elucidou que as aquelas deliberações não vinculam o juiz da instrução e julgamento que, após o recebimento da denúncia ou queixa, deverá **reexaminar** a necessidade das medidas cautelares em curso, no prazo máximo de dez dias.

Sem embargo, devemos perguntar: que acontece com os elementos de informação colhidos pelo juiz de garantias?

Data de muito tempo a advertência doutrinária de que as medidas inquisitivas deveriam ser confinadas a fim de evitar qualquer contaminação do julgamento do mérito da demanda. Circunscrever os elementos orais do inquérito, dentre outros documentos produzidos unilateralmente pela polícia ou sem a observância do contraditório, é medida depuradora do teor autoritário da persecução penal. Entretanto, não é incomum encontrar notícia de julgamentos que se basearam, de forma preponderante ou exclusiva, na investigação preliminar.

O legislador, oportunamente, trouxe regra muito bem-vinda, descrita no § 3º, do art. 3º-C, do CPP. De conformidade com sua redação, os autos que compõem as matérias de competência do juiz das garantias ficarão **acautelados na secretaria** daquele juízo, observando-se que:

10. BELLO, Ney. Juiz das garantias: avanço necessário. *Consultor jurídico*. Disponível em: <http://www.conjur.com.br/2016-jan-14/advogado-importante-inquerito-policial-nao-obrigatorio>. Acesso em: 17 jan. 2020.

(1) permanecerão à disposição do Ministério Público e da defesa, com possibilidade de amplo acesso a eles que, a seu turno, ficarão acautelados na secretaria do juízo das garantias (art. 3º-C, § 4º, CPP). Apesar da omissão, acreditamos que também o assistente da acusação ou o ofendido poderá ter acesso àqueles autos;

(2) não poderão ser apensados aos autos do processo enviados ao juiz da instrução e julgamento, ressalvados os documentos relativos às provas irrepetíveis (prova técnica), medidas de obtenção de provas ou de antecipação de provas, que deverão ser enviados para apensamento em apartado.

6. CONTROLE DA LEGALIDADE DA INVESTIGAÇÃO CRIMINAL

Ao direito processual penal, são muito caras as formas, os rituais constitucionais. Temos dito que são essência. O processo penal não é instrumento do direito material, sob esse ângulo. Não se justifica a deflagração da persecução penal sem o acatamento às regras basilares. Quando estudamos as nulidades, na parte do nosso livro sobre controle dos atos processuais, lançamos a advertência de que é necessária a incidência de suas regras nos procedimentos de investigação preliminar.

A previsão explicitada no *caput*, do art. 3º-B, do CPP, consagra um clamor doutrinário. Também no curso das investigações, está em jogo direitos e garantias fundamentais. O seu teor faz menção ao controle da legalidade, mas, logicamente, esse controle é mais abrangente porque, antes de respeitar as leis, a investigação criminal deve observância à Constituição. Logo, podemos completar o que o legislador disse, por ter ficado aquém do que poderia lançar: o juiz das garantias é o responsável pelo controle da constitucionalidade e da legalidade da investigação criminal.

7. SALVAGUARDA DOS DIREITOS INDIVIDUAIS SUBMETIDOS À CLÁUSULA ESPECIAL DE RESERVA

As limitações a direitos constitucionais nucleares somente podem ser opostas por ordem judicial. Cuida-se de esfera que tem, na liberdade, o seu valor maior. Das garantias constitucionais que expressam a impossibilidade de remoção da proteção sem controle judicial imediato ou ordem judicial prévia, colhemos, do art. 5º:

(1) a inviolabilidade domiciliar durante o dia (inciso XI);

(2) o sigilo da correspondência e das comunicações telegráficas, de dados e das comunicações telefônicas (inciso XII);

(3) a comunicação imediata da prisão ao juiz e à família do preso ou à pessoa por ele indicada (inciso LXII);

(4) o relaxamento imediato da prisão ilegal (inciso LXV).

A cognição em torno dessas matérias se insere na competência do juiz. Eis o sentido de cláusula de reserva jurisdicional, local onde se insere a competência do juiz das garantias. A ele caberá salvaguardar, ou seja, conferir proteção, garantir, defender e amparar aqueles direitos e os que, a partir deles, forem deduzidos. Para contrabalançar a proteção, a estrutura acusatória não permite atuação judicial independentemente de provocação, notadamente quando visar substituir a atuação investigativa ou probatória do órgão titular da acusação.

Vejamos as competências especificadas na enumeração, não taxativa, do art. 3º-B, *caput*.

8. COMPETÊNCIA PARA RECEBER COMUNICAÇÃO IMEDIATA DA PRISÃO

De acordo com o inciso LXII, do art. 5º, da Constituição, a prisão de qualquer pessoa e o local onde se encontre serão comunicados imediatamente ao juiz competente e à família do preso ou à pessoa por ele indicada. Trata-se de elemento sensível à proteção da dignidade da pessoa humana, especialmente ao direito de liberdade. A comunicação é alusiva às prisões extraprocessuais, ou seja, deve estar inserida na esfera da competência do juiz das garantias, na fase investigativa, que segue até o momento do recebimento da denúncia ou queixa-crime.

Na dicção do inciso I, do art. 3º-B, do CPP, a competência aludida é para receber a comunicação imediata da prisão, na forma daquele enunciado, da CF. Cuida-se de autêntica medida de controle dos atos coercitivos estatais e que integrará o procedimento complexo da prisão em flagrante. O flagrante delito deflagra uma série de providências iniciadas com a voz de prisão, como a audiência de custódia. De outra banda, deixar de comunicar a prisão ao juiz de garantias pode implicar responsabilização por abuso de autoridade (art. 12, Lei nº 13.869/2019).

Como pontua Rogério Sanches, "a audiência de custódia (ou de apresentação) tem dupla finalidade: de proteção, a fim de tutelar a integridade física do preso, e de constatação, aquilatando, de acordo com as circunstâncias do caso concreto, a necessidade de ser mantida a prisão do autuado". Porém, como lembra o autor, nem sempre o juiz que participa da audiência de custódia "atuará como o juiz das garantias do caso a ele apresentado, pois tal solenidade pode ocorrer num plantão judiciário, por exemplo (algo comum e rotineiro). Contudo, ao decidir medidas cautelares, também este magistrado 'do plantão' estará proibido de servir na instrução"[11]

9. COMPETÊNCIA PARA RECEBER O AUTO DE PRISÃO EM FLAGRANTE PARA O CONTROLE DA LEGALIDADE DA PRISÃO

A previsão dessa competência do juiz de garantias está contida no inciso II, do art. 3º-B, do CPP. Expressamente, esse dispositivo alude ao art. 310, do CPP, cujo *caput*, expressamente, passou a prever que sua incidência deve ocorrer na audiência de custódia. É o juiz de garantias que deverá examinar se a prisão é ilegal (caso de relaxamento), se é o caso de conversão em prisão preventiva (desde que requerida) ou se deve conceder liberdade provisória.

Esse poder do juiz de garantias está intimamente ligado ao do inciso anterior e tem reflexos em outras regras do nosso sistema.

11. CUNHA, Rogério Sanches. *Pacote anticrime*: Lei n. 13.964/2019 – comentários às alterações no CP, CPP e LEP. Salvador: Juspodivm, 2020. p.127.

Estamos nos referindo, primeiro, ao § 4º, do mesmo art. 310, cuja eficácia foi suspensa pela decisão cautelar do STF. De compasso com aquele, depois de transcorridas vinte e quatro horas após o decurso do prazo para a realização de audiência de custódia, caso esta não ocorra, sem motivação idônea, ensejará também a ilegalidade da prisão, a ser relaxada pela autoridade competente, sem prejuízo da possibilidade de imediata decretação de prisão preventiva.

Entendemos que a suspensão da eficácia daquele enunciado não terá o efeito de convolar a extrapolação do prazo para realizar a audiência de custódia em situação lícita. Haverá ilegalidade da prisão em flagrante por excesso de prazo, devendo ser ela objeto de relaxamento. A pessoa presa não deve suportar, unicamente sob os seus ombros, os atrasos de procedimento. É o preço a se pagar. A pessoa presa é como um enfermo gravemente ferido: o caso não é somente de urgência; é emergência! É possível, inclusive, ser cogitada a responsabilização do causador do atraso da audiência de custódia, à luz do art. 9º, *caput* e parágrafos, da Lei de Abuso de Autoridade.

10. ZELAR PELA OBSERVÂNCIA DOS DIREITOS DO PRESO, PODENDO DETERMINAR QUE ESTE SEJA CONDUZIDO À SUA PRESENÇA, A QUALQUER TEMPO

Previsto no art. 3º-B, inciso III, do CPP, esse é um direito antigo, mas, não raramente, esquecido ou ignorado. Não há sentido lógico em destinar, à pessoa imputada de infração penal, um tratamento hostil. Pelo contrário, a legitimidade do Estado para conduzir a persecução punitiva impõe civilidade, imparcialidade do juiz e neutralidade relativamente ao litígio substituído pelo monopólio da jurisdição criminal. Em poucas palavras, o juiz não deve ser um inimigo do investigado ou réu.

O dever em tela independe de provocação. É obrigatório aos juízes determinar o relaxamento de prisão ilegal, mas não somente. Também lhes é devido ordenar que sejam cessadas as ameaças de lesão à liberdade, em sentido largo. Decorre do texto constitucional que o Judiciário deve conceder *habeas corpus* de ofício, a fim de tutelar os direitos nucleares e circundantes da pessoa humana submetida a mitigações de sua liberdade.

O Pacto de São José da Costa Rica é um dos nossos marcos mais importantes que concebe direitos das pessoas presas, dentre outras convenções de proteção a direitos humanos. Aliás, no nosso vetusto CPP em vigor, datado de 1941, com inspiração inquisitiva não desconhecia o direito do paciente, em rito de *habeas corpus*, de ser imediatamente apresentado ao juiz, embora subordinasse essa possibilidade a um juízo discricionário de necessidade (art. 656). Nesse dispositivo está, inclusive, enfatizado que, em caso de desobediência, será expedido mandado de prisão contra o detentor, que será processado na forma da lei, e o juiz providenciará para que o paciente seja tirado da prisão e apresentado em juízo.

Relacionado com a competência *sub examine*, é a regra sacada no art. 3º-F, do CPP, que cuida do tratamento dos presos, pessoas submetidas à opressão midiática, conforme expressão de Simone Schreiber[12]. Aliás, constrangimentos sucessivos são objeto de notícia na imprensa de cobertura policial, fatos puníveis sob a égide da Lei de Abuso de Autoridade (art. 13, I a III, da Lei nº 13.869/2013).

12. SCHREIBER, Simone. *A publicidade opressiva de julgamentos criminais*. Rio de Janeiro: Renovar, 2008. p. 27.

Daí a relevância daquele dever (art. 3º-F), que tem o juiz das garantias, de assegurar o cumprimento das regras para o tratamento dos presos, impedindo o acordo ou ajuste de qualquer autoridade com órgãos da imprensa para explorar a imagem da pessoa submetida à prisão, sob pena de responsabilidade civil, administrativa e penal. O parágrafo único, do indigitado art. 3º-F, prevê a edição de regulamento com normas sobre como as informações sobre a realização da prisão e a identidade do preso serão transmitidas à imprensa, assegurando-se a efetividade da persecução penal, o direito à informação e a dignidade da pessoa submetida à prisão.

11. SER INFORMADO SOBRE A INSTAURAÇÃO DE QUALQUER INVESTIGAÇÃO CRIMINAL

A previsão repercute nas investigações secretas, odiosas, respaldadas em ordenamentos autoritários ou em estados policialescos (art. 3º-B, IV, CPP). O dever de informar ao juiz de garantias sobre a instauração de toda investigação tem a finalidade de tornar o sistema processual penal similar a um sistema democrático, cujos poderes exercem funções anômalas para viabilizar seu equilíbrio, fundando-se em mecanismo análogo aos *checks and balances* ou freios e contrapesos.

O dever epigrafado de comunicar ao juiz competente (de garantias) acerca do início de uma investigação decorre, logicamente, do direito do imputado de ver comunicada ao magistrado, imediatamente, a sua prisão. Ora, se a investigação criminal, mesmo que remotamente, pode resvalar em prisão, afetando o núcleo da pessoa humana, o juiz não deve ser comunicado somente da efetiva lesão àquele núcleo, mas também o deve ser da ameaça de violação à liberdade de alguém.

Sob outro ponto de vista, Rogério Sanches obtempera que o inquérito policial não chega às mãos do juiz das garantias, ressalvada hipótese em que os direitos individuais do investigado possam sofrer mitigação. É o juiz das garantias o destinatário central dos pedidos de diligências, sendo "a autoridade responsável para decidir eventuais medidas cautelares representadas pela polícia ou requeridas pelo Ministério Público". Ademais, a previsão legal se cuida de "comunicação da abertura do inquérito à instância judicial, já que a tramitação ocorrerá entre a polícia e o Ministério Público". O dever de informação deve se estender relativamente a "qualquer investigação criminal, seja policial, seja de outro órgão igualmente legitimado (ex: Ministério Público), mas não está entre as autoridades a serem informadas de seu arquivamento pelo Ministério Público". No entanto, arremata o autor para concluir que, apesar da omissão do art. 28, *caput*, do CPP, o juiz de garantias deve também ser comunicado do arquivamento dos autos do inquérito policial ou de investigação similar[13].

12. DECIDIR SOBRE O REQUERIMENTO DE PRISÃO PROVISÓRIA OU OUTRA MEDIDA CAUTELAR

Cuida-se da competência gizada no inciso V, do art. 3º-B, do CPP. As providências de urgência, cautelares, serão examinadas pelo juiz das garantias quando advierem no

13. CUNHA, Rogério Sanches. *Pacote anticrime*: Lei n. 13.964/2019 – comentários às alterações no CP, CPP e LEP. Salvador: Juspodivm, 2020. p.79.

curso da investigação criminal, até o momento do recebimento da denúncia ou da queixa. Por vezes, aquela deliberação poderá ocorrer na audiência de custódia, conforme aquelas medidas descritas no art. 310, do CPP.

O inciso sob comento faz alusão ao § 1º, que foi vetado pelo Presidente da República. Proibia-se, no ponto, a realização de audiência de custódia com o emprego de videoconferência. Contudo, o veto esbarra em decisão administrativa, exarada monocraticamente no âmbito do Conselho Nacional de Justiça, que declarou ser vedada audiência de custódia por videoconferência. No seu bojo ficou reafirmado que a audiência de custódia tem o objetivo de resguardar direitos da pessoa presa, que poderá influenciar as pessoas responsáveis pela manutenção de seu encarceramento, conforme assegurado em diversos diplomas internacionais ratificados pelo Brasil. Daí sua incompatibilidade com audiência procedida por meios digitais[14].

Por essas razões, entendemos não ter lugar audiência de custódia por videoconferência, momento este que o juiz, em contato com a pessoa presa, poderá decidir requerimentos sobre prisão provisória e demais medidas cautelares.

13. PRORROGAR PRISÃO PROVISÓRIA OU OUTRA MEDIDA CAUTELAR, SUBSTITUÍ-LAS OU REVOGÁ-LAS

Preconizada pelo inciso VI, do art. 3º-B, do CPP. Para deliberar sobre essas questões em torno das medidas cautelares, sejam prisionais ou alternativas, o enunciado assegura, para o caso de prisão provisória, o exercício do contraditório em audiência pública e oral, consoante dispuser a legislação de regência. O direito à audiência, pública e oral, com contato da pessoa presa lastreado na imediação com o juiz, é direito indeclinável. Afinal, todo preso deve ser apresentado ao juiz competente, seja no momento da prisão, seja no momento da prorrogação de tal constrição da liberdade.

Quando a questão envolver aplicação de medida cautelar diversa da prisão, substituição por outras medidas alternativas ou revogação, o contraditório também deve ser respeitado, mas a audiência não é obrigatória, ressalvada situação superveniente que justifique o dever de ser realizada.

Depois de oferecida denúncia ou a queixa, cessará a competência do juiz de garantias. No entanto, qual será o destino das medidas cautelares impostas por ele?

Quem poderá deliberar sobre a questão é o juiz que se tornou, doravante, competente após ter sido recebida a peça pórtico pelo juiz das garantias. Nessa senda, o § 2º, do art. 3º-C, do CPP, sublinhou que as decisões que tenham sido prolatadas pelo juiz das garantias não vinculam o juiz da instrução e julgamento. Em acréscimo, aquele dispositivo realça que, após o recebimento da denúncia ou queixa, o juiz da instrução terá o dever de **reexaminar a necessidade** das medidas cautelares em curso, no prazo máximo de **dez dias**.

---

14. CNJ – Reclamação para garantia das decisões – Proc. 0008886-60.2019.2.00.0000 – Decisão Monocrática – Rel. Min. Dias Toffoli – 19 nov. 2019.

14. DECIDIR SOBRE O REQUERIMENTO DE PRODUÇÃO ANTECIPADA DE PROVAS CONSIDERADAS URGENTES E NÃO REPETÍVEIS

Entabulada no inciso VII, do art. 3º-B, do CPP, a regra de competência do juiz de garantias outorga a ele o poder decidir sobre o requerimento de produção antecipada de provas consideradas urgentes e não repetíveis, assegurados o contraditório e a ampla defesa em audiência pública e oral. Cuida-se de matéria sensível, inserida na classe das medidas cautelares probatórias conservativas. É antecipação de produção de prova que pode recair sobre vestígios, resultando em prova técnica, ou em pessoa cuja morte se avizinha, conhecida como prova oral *ad perpetuam rei memoriam*.

No CPP, temos a previsão de determinação dessa prova, pelo juiz, de ofício. Está normatizada no art. 156, do CPP, cuja constitucionalidade é por demais duvidosa. Primeiro que o seu *caput* iguala a distribuição do ônus da prova, analogamente ao que acontece no processo civil. Ora, no processo penal o ônus da prova deve ser do órgão da acusação. Em segundo lugar porque, no seu inciso I, faculta ao juiz, de ofício, ordenar, mesmo antes de iniciada a ação penal, a produção antecipada de provas consideradas urgentes e relevantes, observando a necessidade, adequação e proporcionalidade da medida.

Depois de sufragado o sistema acusatório na Constituição, compreendemos como despropositada a previsão contida no art. 156, do CPP. Com a promulgação da Lei nº 13.964/2019, acreditamos que não há mais espaço para qualquer atuação ativa do juiz no processo penal, ainda que verifiquemos algumas imprecisões no teor desse diploma legal.

15. PRORROGAR O PRAZO DE DURAÇÃO DO INQUÉRITO, ESTANDO O INVESTIGADO PRESO

No inciso VIII, do art. 3º-B, do CPP, há expressa previsão de prorrogação de inquérito policial com investigado preso. Na Lei de Drogas já existia disposição nesse sentido, com prazos diversos, conforme estudamos no capítulo sobre inquérito policial. Devem ser apresentadas razões para o pleito de prorrogação, pela autoridade policial, tolerando-se uma única prorrogação quinzenal, eis que o caso é de pessoa presa.

Devemos conjugar a norma de competência com o estabelecido pelo § 2º, daquele artigo, prevendo que, se o investigado estiver preso, o juiz das garantias poderá, mediante **representação da autoridade policial** e ouvido o Ministério Público, prorrogar, uma única vez, a duração do inquérito por até quinze dias, após o que, se ainda assim a investigação não for concluída, a prisão será imediatamente relaxada.

16. DETERMINAR O TRANCAMENTO DO INQUÉRITO POLICIAL QUANDO NÃO HOUVER FUNDAMENTO RAZOÁVEL PARA SUA INSTAURAÇÃO OU PROSSEGUIMENTO

O trancamento do inquérito policial, pelo juiz de garantias, somente deve ser entendido como possível se o Ministério Público não tiver se tornado coator. Como o trânsito do inquérito deve ocorrer entre *Parquet* e polícia, não será incomum que o membro do

Ministério Público tenha aprovado a investigação. Afinal, caberá ao promotor de justiça ordenar o arquivamento dos autos do inquérito, *ex vi* do art. 28, *caput*[15], CPP.

Temos ciência de entendimento, inclusive no STJ, de que ao juiz caberá trancar o inquérito policial com prazo excessivo, em evidente constrangimento ilegal, ainda que o Ministério Público tenha encampado a sua prorrogação[16]. Pensamos, todavia, que nessa hipótese, a competência para examinar eventual *writ* é do tribunal ao qual está vinculado, hierárquico-jurisdicionalmente, o promotor de justiça.

A possibilidade em tela está encerrada no inciso IX, do art. 3º-B, do CPP. Cuidando-se de condução do inquérito policial pela autoridade, sem a interveniência do *Parquet*, definida estará a competência do juiz das garantias para julgar o *habeas corpus* impetrado, quando inexistir motivo plausível, razoável, para seu prosseguimento, a exemplo de evidente atipicidade. De outro lado, é crime de abuso de autoridade dar início ou proceder à persecução penal, sem justa causa fundamentada ou contra quem sabe inocente (art. 30, Lei nº 13.869/2019).

O legislador usou termo impróprio, vulgar, para aludir ao arquivamento do inquérito policial. Trancar significa arquivar o inquérito policial, sem qualquer exame meritório. A decisão é equivalente à concessão da tutela de *habeas corpus*. Trata-se da concessão da providência, sem a antecedente provocação. Daí a indagação: qual o recurso cabível?

O arquivamento do inquérito não comporta recurso. É deliberação final, quando finalizada no órgão revisional do Ministério Público. Mas, no nosso caso, o arquivamento decorre de intervenção heterônoma, pelo órgão do Judiciário. Ainda assim, entendemos, dentro da concepção taxativa dos recursos que, à falta de previsão legal expressa, não é admitido o uso de analogia.

Desse modo, sem razão quando, na doutrina, se propõe o uso de recurso em sentido estrito (art. 581, X, CPP) ou de reexame necessário (art. 574, I), porque estes pressupõem ação de *habeas corpus* em trâmite no primeiro grau de jurisdição, seguido da correlata tutela, o que não se dá com o arquivamento de ofício pelo juiz das garantias (trancamento).

17. REQUISITAR DOCUMENTOS, LAUDOS E INFORMAÇÕES AO DELEGADO DE POLÍCIA SOBRE O ANDAMENTO DA INVESTIGAÇÃO

Estamos diante de mais uma salutar providência de controle (art. 3º-B, X, CPP). A atuação do juiz das garantias, contudo, não pode ser em substituição à atuação probatória do órgão da acusação. De outra banda, a sua atuação deve ser adstrita ao controle de legalidade das investigações, salvaguardando os direitos e as garantias do imputado cuja franquia se subordine à cláusula de reserva jurisdicional.

Observados esses limites, ao juiz de garantias competirá requisitar documentos, laudos e informações ao delegado de polícia sobre o andamento da investigação. Como regra, essa providência exigirá requerimento do Ministério Público ou da pessoa interessada, seja ela investigado ou ofendido. É o sentido expresso no art. 3º-A, do CPP, também inferido de interpretação sistemática dos demais artigos da Lei nº 13.964/2019.

15. Dispositivo com eficácia suspensa, nos termos de decisão monocrática do Supremo Tribunal Federal (STF – ADI 6298/DF – Medida Cautelar – Rel. Min. Luiz Fux – 22 jan. 2020).
16. STJ – Sexta Turma – AgRg no RMS 49.749/BA – Rel. Min. Rogerio Schietti Cruz – Rel. p/ Acórdão Ministro Nefi Cordeiro – DJe 06 dez. 2018.

18. DECIDIR SOBRE REQUERIMENTOS DE AFASTAMENTO DE SIGILO TELEFÔNICO, DE FLUXO DE COMUNICAÇÕES, FISCAL, BANCÁRIO, DE DADOS, DE BUSCA E APREENSÃO, DE INFORMAÇÕES E OUTROS MEIOS DE OBTENÇÃO DE PROVAS

De conformidade com o inciso XI, art. 3º-B, do CPP, os meios de obtenção de prova que firam o direito ao segredo, submetidos à cláusula especial de reserva, dependerão de requerimento expresso ou representação da autoridade policial e serão deliberados pelo juiz de garantias. Com efeito, a este compete decidir sobre os requerimentos de:

(1) interceptação telefônica, do fluxo de comunicações em sistemas de informática e telemática ou de outras formas de comunicação;

(2) afastamento dos sigilos fiscal, bancário, de dados e telefônico;

(3) busca e apreensão domiciliar;

(4) acesso a informações sigilosas;

(5) outros meios de obtenção da prova que restrinjam direitos fundamentais do investigado.

No capítulo sobre os meios de obtenção de prova, analisamos detalhadamente cada um desses institutos, indicando, inclusive, quando será dispensada ordem judicial nos casos de compartilhamento de informações entre os órgãos de persecução penal[17]

19. JULGAR O *HABEAS CORPUS* IMPETRADO ANTES DO OFERECIMENTO DA DENÚNCIA

Nosso Código prevê rito para o julgamento do *habeas corpus*, conforme estudamos no capítulo sobre as ações autônomas de impugnação (art. 647 *et seq*). Trata-se de ação afeta à competência do juiz de garantias (art. 3º-B, XII, CPP). Contudo, o juiz de garantias de primeiro grau de jurisdição somente poderá julgar casos em que a autoridade coatora não detenha foro privilegiado em tribunal. Por outro lado, como reputamos perfeitamente compatível o juiz das garantias nos tribunais, ao relator das garantias caberá, por exemplo, a concessão da liminar do *writ*, mas ao colegiado cumpre o respectivo julgamento.

20. DETERMINAR A INSTAURAÇÃO DE INCIDENTE DE INSANIDADE MENTAL

Essa competência está descrita no inciso XIII, art. 3º-B, do CPP.

Quando cuidamos dos processos incidentes, em capítulo específico, estudamos os desdobramentos relativos ao incidente de insanidade mental. Se a providência for tomada em momento anterior ao recebimento da exordial acusatória, a competência funcional do juiz das garantias restará definida. Caso a dúvida sobre a higidez mental do imputado advier depois de instaurado o processo penal condenatório, a competência deverá ser do juiz da instrução.

17. STF – RE 1055941 – Repercussão Geral – Rel. Min. Dias Toffoli – julgamento em 04 dez. 2019.

21. DECIDIR SOBRE O RECEBIMENTO DA DENÚNCIA OU QUEIXA

Este talvez um dos pontos mais difíceis de superar em razão da menção do legislador, no inciso XIV, do art. 3º-B, do CPP, a um dispositivo que não descreve, rigorosamente, qualquer ato de recebimento de denúncia, que é o art. 399, do CPP. Nos termos deste artigo, uma vez recebida a denúncia ou queixa, o juiz designará dia e hora para a audiência, ordenando a intimação do acusado, de seu defensor, do Ministério Público e, se for o caso, do querelante e do assistente.

Naquele enunciado temos, inclusive, previsão de vários atos processuais de comunicação processual em função de audiência de instrução designada, que soam incompatíveis com a função do juiz garantidor. Aliás, como ficariam os atos anteriores, mormente a possibilidade de absolvição sumária do art. 397? Caberia ao juiz de garantias proferir sentença absolutória nessa fase? Ele não estaria impedido de proferir sentença de mérito nessa hipótese?

Pensamos, portanto, que o legislador laborou em erro material. O momento de recebimento da denúncia deve ser só o do art. 396, do CPP, mantendo-se rígidas as regras processuais penais que sustentam, por exemplo, a obrigatoriedade da ação penal e a de que o juiz não pode se retratar do recebimento da petição inicial, conquanto não desconheçamos posicionamentos em sentido contrário, inclusive no STJ[18].

Em complemento, o art. 3º-C, do CPP, estatui que a competência do juiz das garantias abrange todas as infrações penais, exceto as de menor potencial ofensivo, cessando com o recebimento da denúncia ou queixa. Também aqui o legislador parece ter incorrido em atecnia ou erro material, por fazer remissão à forma do art. 399, do Código.

22. ASSEGURAR O DIREITO DO INVESTIGADO E DO SEU DEFENSOR AO ACESSO A TODOS OS ELEMENTOS INFORMATIVOS E PROVAS PRODUZIDOS NA INVESTIGAÇÃO CRIMINAL

Quanto tratamos dos sistemas de investigação preliminar, estudamos, pormenorizadamente, as regras sobre o sigilo do inquérito policial e demais investigações, sob a perspectiva de que se cuida de uma garantia individual fundamental e, como tal, não tem vocação para ser oponível ao imputado e ao seu defensor. Antes, o sigilo visa coibir práticas secretas de investigação, bem como surpresas violadoras de garantias constitucionais.

Nos termos do art. 3º-B, inciso XV, do CPP, compete ao juiz das garantias assegurar, **prontamente** e quando se fizer **necessário**, o direito outorgado ao investigado e ao seu defensor de acesso a todos os elementos informativos e provas produzidos no âmbito da investigação criminal, salvo no que concerne, estritamente, às diligências em andamento.

Trata-se de previsão que converge com as prerrogativas do advogado, de ter acesso aos autos do inquérito policial, seja por força dos incisos correspondentes, do art. 7º, do Estatuto da OAB, seja por força do enunciado vinculante nº 14, do STF, seja ainda em virtude da proteção penal capitulada no art. 7º-B, também daquele diploma legal, inserido pela Lei nº 13.869/2019 (abuso de autoridade).

---

18. STJ – Quinta Turma – AgRg no REsp 1782191/SP – Rel. Min. Joel Ilan Paciornik – DJe 13 jun. 2019.

23. DEFERIR PEDIDO DE ADMISSÃO DE ASSISTENTE TÉCNICO PARA ACOMPANHAR A PRODUÇÃO DA PERÍCIA

A Lei nº 13.964/2019 assegurou um contraditório prévio e concomitante à produção da prova pericial (art. 3º-B, XVI, CPP). É previsão relevantíssima porque permite um melhor confronto da prova técnica que, na maior parte das vezes, é constituída antes de iniciado o processo penal. Estudamos no capítulo sobre provas em espécie, as modificações operadas na prova pericial. Caso o exame pericial ocorra na fase pré-processual, irá incidir a competência epigrafada, do juiz das garantias.

24. DECIDIR SOBRE A HOMOLOGAÇÃO DE ACORDO DE NÃO PERSECUÇÃO PENAL OU OS DE COLABORAÇÃO PREMIADA, QUANDO FORMALIZADOS DURANTE A INVESTIGAÇÃO

Temos um grande leque de regras sobre os espaços consensuais procedimentais que, inclusive, analisamos em capítulo específico. A competência do juiz de garantias terá lugar se os instrumentos de ajuste lhe forem enviados até o instante anterior ao recebimento da exordial acusatória (art. 3º-B, XVII, CPP).

Se recusada a homologação ao acordo de não persecução penal previsto no art. 28-A, do Código, o seu art. 581, inciso XXV, reza que será cabível a interposição de recurso em sentido estrito.

Contra a homologação do acordo de não persecução penal não há recurso previsto. Entrementes, no § 7º-B, do art. 4º, da Lei nº 12.850/2013, há cânone averbando que são nulas de pleno direito as previsões de renúncia ao direito de impugnar a decisão homologatória de colaboração premiada. Reputamos assimilável a previsão para as demais formas de negócio jurídico processual penal.

Resta saber: qual impugnação? O art. 593, inciso II, do CPP, prevê o cabimento de apelação contra as decisões definitivas ou com força de definitiva, que sejam diversas das sentenças de absolvição, condenação ou absolvição sumária. Apesar da dificuldade de fixar o sentido dessa norma, entendemos cabível o apelo criminal contra as decisões homologatórias referidas. Ainda há possibilidade de ser impetrado *habeas corpus* ou mandado de segurança, consoante a hipótese.

25. OUTRAS MATÉRIAS DEFINIDAS COMO DA COMPETÊNCIA DO JUIZ DAS GARANTIAS

O inciso XVIII, do art. 3º-B, do CPP, estipula uma cláusula de abertura, permissiva de interpretação analógica, remetendo o intérprete aos parâmetros do seu *caput*. Destarte, finalizamos o presente capítulo da forma como o iniciamos. Vale dizer, toda norma de competência do juiz das garantias carece de arrimo em responsabilidade dupla:

(1) é ele garante da legalidade da investigação criminal; e

(2) cuida-se de juiz garantidor, isto é, de magistrado com competência para velar pela salvaguarda dos direitos individuais cuja franquia consiste em cláusula especial de reserva judicial.

Daí que todas as medidas invasivas a direito do imputado e que se acomodem, no curso de investigação preliminar, àqueles parâmetros, são inseridas na competência ora analisada.

26. QUADRO SINÓTICO

CAPÍTULO V – JUIZ DAS GARANTIAS	
CONCEITO	
Magistrado responsável pelo controle da legalidade da investigação e pela salvaguarda dos direitos individuais.	**1**
FUNDAMENTO CONSTITUCIONAL	
O sistema acusatório é o alicerce constitucional para a existência do juiz das garantias.	**2**
SUSPENSÃO CAUTELAR DA DISCIPLINA LEGAL DO JUIZ DAS GARANTIAS	
Duas medidas cautelares foram concedidas.	**3**
IMPLEMENTAÇÃO E RESISTÊNCIA AO JUIZ DAS GARANTIAS	
A resistência ao instituto precede a sua implementação legal. Não obstante isto, o próprio texto legal encarregou-se de estabelecer balizas para a adoção de critérios objetivos.	**4**
COMPETÊNCIA DO JUIZ DAS GARANTIAS	
O rol é exemplificativo.	**5**
CONTROLE DA LEGALIDADE DA INVESTIGAÇÃO CRIMINAL	
Esse controle é mais abrangente porque a investigação criminal deve observância à CF.	**6**
PROTEGER DIREITOS INDIVIDUAIS SUBMETIDOS À CLÁUSULA ESPECIAL DE RESERVA	
As limitações a direitos constitucionais nucleares só podem ser feitas por ordem judicial.	**7**
RECEBER COMUNICAÇÃO IMEDIATA DE PRISÃO	
A prisão de qualquer pessoa e o local onde se encontre serão comunicados imediatamente ao juiz competente (de garantias) e à família do preso ou à pessoa por ele indicada.	**8**
RECEBER O AUTO DE PRISÃO EM FLAGRANTE PARA O CONTROLE DA LEGALIDADE	
Examinará se a prisão é ilegal, se é o caso de conversão ou se deve conceder liberdade.	**9**
ZELAR PELA OBSERVÂNCIA DOS DIREITOS DOS PRESOS, PODENDO DETERMINAR QUE ESTE SEJA CONDUZIDO À SUA PRESENÇA, A QUALQUER TEMPO	
O dever em tela independe de provocação.	**10**
SER INFORMADO SOBRE A INSTAURAÇÃO DE QUALQUER INVESTIGAÇÃO CRIMINAL	
Tem a finalidade de tornar o sistema processual penal similar a um sistema democrático.	**11**
DECIDIR SOBRE O REQUERIMENTO DE PRISÃO PROVISÓRIA OU MEDIDA CAUTELAR	
Até o momento do recebimento da denúncia ou da queixa.	**12**

CAPÍTULO V – JUIZ DAS GARANTIAS	
PRORROGAR PRISÃO OU MEDIDA CAUTELAR, SUBSTITUÍ-LAS OU REVOGÁ-LAS	
O enunciado assegura, para o caso de prisão provisória, o exercício do contraditório em audiência pública e oral, consoante dispuser a legislação de regência.	**13**
DECIDIR PRODUÇÃO ANTECIPADA DE PROVAS URGENTES E NÃO REPETÍVEIS	
Assegurados o contraditório e a ampla defesa em audiência pública e oral.	**14**
PRORROGAR O PRAZO DE DURAÇÃO DO INQUÉRITO, ESTANDO O INVESTIGADO PRESO	
Devem ser apresentadas razões para o pleito de prorrogação, pela autoridade policial.	**15**
DETERMINAR O TRANCAMENTO DO INQUÉRITO POLICIAL QUANDO NÃO HOUVER FUNDAMENTO RAZOÁVEL PARA SUA INSTAURAÇÃO OU PROSSEGUIMENTO	
Somente deve ser entendido como possível se o MP não tiver se tornado coator.	**16**
REQUISITAR DOCUMENTOS, LAUDOS E INFORMAÇÕES AO DELEGADO SOBRE INVESTIGAÇÃO	
Como regra, exigirá requerimento do MP ou da pessoa interessada.	**17**
DECIDIR SOBRE REQUERIMENTOS DE AFASTAMENTO DE SIGILOS, DE BUSCA E APREENSÃO, DE INFORMAÇÕES DE OUTROS MEIOS DE OBTENÇÃO DE PROVAS	
Dependerão de requerimento expresso ou representação da autoridade policial.	**18**
JULGAR *HABEAS CORPUS* IMPETRADO ANTES DO OFERECIMENTO DA DENÚNCIA	
Somente poderá julgar casos em que a autoridade coatora não detenha foro privilegiado.	**19**
DETERMINAR A INSTAURAÇÃO DE INCIDENTE DE INSANIDADE MENTAL	
Se a providência for tomada em momento anterior ao recebimento da exordial acusatória.	**20**
DECIDIR SOBRE O RECEBIMENTO DA DENÚNCIA OU QUEIXA	
Uma vez recebida a denúncia ou queixa, o juiz designará dia e hora para a audiência.	**21**
ASSEGURAR O DIREITO DO INVESTIGADO E DO SEU DEFENSOR AO ACESSO A TODOS OS ELEMENTOS INFORMATIVOS E PROVAS PRODUZIDAS NA INVESTIGAÇÃO CRIMINAL	
Salvo no que concerne, estritamente, às diligências em andamento.	**22**
DEFERIR PEDIDO DE ADMISSÃO DE ASSISTENTE TÉCNICO PARA ACOMPANHAR A PERÍCIA	
Caso o exame pericial ocorra na fase pré-processual.	**23**
DECIDIR SOBRE A HOMOLOGAÇÃO DE ACORDO DE NÃO PERSECUÇÃO PENAL OU OS DE COLABORAÇÃO PREMIADA, QUANDO FORMALIZADOS DURANTE A INVESTIGAÇÃO	
Até o instante anterior ao recebimento da exordial acusatória.	**24**
OUTRAS MATÉRIAS DEFINIDAS COMO DA COMPETÊNCIA DO JUIZ DAS GARANTIAS	
Estipula uma cláusula de abertura, permissiva de interpretação analógica.	**25**

27. SÚMULAS DO STJ

455 - A decisão que determina a produção antecipada de provas com base no art. 366 do CPP deve ser concretamente fundamentada, não a justificando unicamente o mero decurso do tempo.

28. SÚMULAS DO STF

344 - Sentença de primeira instância concessiva de habeas corpus, em caso de crime praticado em detrimento de bens, serviços ou interesses da União, está sujeita a *recurso ex officio*.

29. QUESTÕES DE CONCURSOS PÚBLICOS

01. (2019 – CESPE – TJ SC - JuIZ Substituto) No que tange a interceptação das comunicações telefônicas e a disposições relativas a esse meio de prova, previstas na Lei n.º 9.296/1996, assinale a opção correta.

A) A referida medida poderá ser determinada no curso da investigação criminal ou da instrução processual destinada à apuração de infração penal punida, ao menos, com pena de detenção.

B) A existência de outros meios para obtenção da prova não impedirá o deferimento da referida medida.

C) O deferimento da referida medida exige a clara descrição do objeto da investigação, com indicação e qualificação dos investigados, salvo impossibilidade manifesta justificada.

D) A utilização de prova obtida a partir da referida medida para fins de investigação de fato delituoso diverso imputado a terceiro não é admitida.

E) A decisão judicial autorizadora da referida medida não poderá exceder o prazo máximo de quinze dias, prorrogável uma única vez pelo mesmo período..

02. (2019 – INSTITUTO ACESSO – PC ES – DELEGADO de POLÍCIA) A constituição federal de 1988 estabeleceu no art. 5º, inciso XII, a inviolabilidade das comunicações telefônicas, salvo nas hipóteses e na forma que a lei estabelecer para fins de investigação criminal ou instrução processual penal. com relação à Lei 9.296/96, que trata da interceptação telefônica, é incorreto afirmar que:

a) interceptação não poderá exceder o prazo de quinze dias, todavia, poderá ser renovada uma única vez, por igual tempo, uma vez comprovada a indispensabilidade do meio de prova.

b) não será admitida a interceptação de comunicações telefônicas quando ocorrer qualquer das seguintes hipóteses: inexistirem indícios razoáveis da autoria ou participação em infração penal; a prova puder ser feita por outros meios disponíveis; o fato investigado constituir infração penal punida, no máximo, com pena de detenção.

c) a interceptação de comunicações telefônicas, de qualquer natureza, para prova em investigação criminal e em instrução processual penal, observará as disposições da lei 9.296/96 e dependerá de ordem do juiz competente da ação principal, sob segredo de justiça.

d) a interceptação das comunicações telefônicas poderá ser determinada pelo juiz, de ofício, ou, ainda, a requerimento da autoridade policial, na investigação criminal, e do representante do ministério público, na investigação criminal e na instrução processual penal.

e) a gravação que não interessar à prova será inutilizada por decisão judicial, durante o inquérito, a instrução processual ou após esta, em virtude de requerimento do ministério público ou da parte interessada.

30. GABARITO ANOTADO

01 – C

Vide:

- Lei nº 9.296/1996, art. 2º.

02 – A

Vide:

- Lei nº 9.296/1996.
- Art. 282, §2º, CPP.
- A interceptação telefônica não pode exceder 15 dias. Contudo, pode ser renovada por igual período, não havendo restrição legal ao número de vezes para tal renovação, se comprovada a sua necessidade. STF. 2ª Turma. RHC 132115/PR, Rel. Min. Dias Tóffoli, julgado em 6/2/2018 (Info 890). No mesmo sentido: STF. 2ª Turma. HC 133148/ES, Rel. Min. Ricardo Lewandowski, julgado em 21/2/2017 (Info 855).
- Em relação às interceptações telefônicas, o prazo de 15 dias, previsto na Lei nº 9.296/96, é contado a partir do dia em que se iniciou a escuta telefônica e não da data da decisão judicial. STJ. 6ª Turma. HC 113477-DF, Rel. Min. Maria Thereza de Assis Moura, julgado em 20/3/2012.

31. QUESTÕES DISCURSIVAS COM COMENTÁRIOS

01. (MPE-PR – Promotor de Justiça – PR/2011) Dissertação. (MÁXIMO DE 40 LINHAS).

Discorra sobre os limites a respeito do uso de interceptações telefônicas como prova no processo penal.

Resposta

Discute-se sobre se as interceptações são prova ou fonte de prova. Sobre o assunto, remetemos o leitor ao tópico que abordamos analiticamente o instituto, realçando sua natureza de fonte de prova formada com o seu resultado (apreensão imprópria).

Para seu deferimento, o juiz deve observar os requisitos da Lei nº 9.296/1996. Notadamente, devem estar presentes indícios razoáveis de infração penal apenada com reclusão apontada relativamente a um provável agente (fumus comissi deliti). De outro lado, a interceptação deve se mostrar indispensável, evidenciando que não há como obter prova de outra maneira senão por essa medida extrema.

Caso haja encontro fortuito de provas referentes a outra infração penal, estas só serão válidas como prova (serendipidade de primeiro grau) quando houver relação de conexão com aquele crime objeto do deferimento da interceptação telefônica. Quando não existir tal liame, teremos notícia-crime que poderá servir para inaugurar investigação independente, porém não prova válida em sentido estrito.

---

02. (UFRJ – Delegado de Polícia – DF/2005) Objetivando a apuração de práticas ilícitas por organização criminosa, a Autoridade Policial representa ao juiz a vigilância de conta bancária por tempo indeterminado, o que é deferido pela Autoridade Judicial. Porém, para resguardar maior sigilo nas investigações, o juiz, pessoalmente, realiza as diligências necessárias ao acesso das informações bancárias. A decisão do juiz, bem como a diligência pessoal, encontram-se em consonância com nosso ordenamento jurídico?

Resposta

Tanto a decisão do juiz quanto a diligência pessoal não encontram respaldo jurídico. Veja-se que se trata de competência para deliberação inserida no art. 3º-B, inciso XI, alínea "b", do CPP (juiz das garantias). Por outro lado, outros mecanismos existem para apuração de crimes relacionados à lavagem de dinheiro e ao crime organizado. O COAF é, aliás, encarregado de receber informações das instituições financeiras sobre operações suspeitas em contas bancárias (movimentações acima de certo patamar), podendo encaminhá-las, em seguida, ao Ministério Público. Não há previsão legal, nem necessidade de vigilância de conta bancária, ainda mais por tempo indeterminado. A diligência pessoal, feita pelo próprio juiz, seria, nos dias de hoje, impensável, notadamente quando vigente constitucionalmente o sistema de tipo acusatório. Providência como esta, como a do art. 241, CPP (busca e apreensão pelo próprio juiz), não se coaduna com a Constituição Federal.

SEGUNDA PARTE

Elementos Estruturais

Capítulo VI

Ação Penal

Sumário • 1. Conceito – 2. Características – 3. Localização no ordenamento jurídico – 4. Condições para o exercício da ação penal – 5. Interesse de agir – 6. Legitimidade (legitimatio ad causam) – 7. Justa causa – 8. Condições específicas – 9. Condições de procedibilidade – 10. Condições específicas constitucionais – 11. Condições específicas legais – 12. Condições específicas jurisprudenciais – 13. Condições objetivas de punibilidade – 14. Condições de prosseguibilidade – 15. Oportunidade para verificação das condições para o exercício da ação penal – 16. Classificação das ações – 17. Ação penal pública incondicionada – 18. Princípios informadores da ação penal pública – 19. Princípio da obrigatoriedade (legalidade processual) – 20. Princípio da indisponibilidade ou da indesistibilidade – 21. Princípio da oficialidade – 22. Princípio da autoritariedade – 23. Princípio da oficiosidade – 24. Princípio da indivisibilidade – 25. Princípio da intranscendência ou da pessoalidade – 26. Ação pública condicionada – 27. A representação – 28. Os destinatários da representação – 29. Ausência de rigor formal da representação – 30. O prazo da representação e sua contagem – 31. O menor representado – 32. A sucessão processual – 33. Ausência de vinculação do Ministério Público à representação – 34. Eficácia objetiva da representação – 35. Retratação – 36. A requisição do Ministro da Justiça – 37. Destinatário da requisição do Ministro da Justiça – 38. Prazo para oferecimento da requisição do Ministro da Justiça – 39. Impossibilidade de retratação da requisição do Ministro da Justiça – 40. Ausência de vinculação do MP à requisição – 41. Eficácia objetiva da requisição – 42. Ação penal privada – 43. Titularidade da ação penal privada – 44. Princípios informadores da ação penal privada – 45. Princípio da oportunidade ou conveniência – 46. Princípio da disponibilidade – 47. Princípio da indivisibilidade – 48. Princípio da intranscendência ou da pessoalidade – 49. Espécies de ação penal privada – 50. Ação penal exclusivamente privada ou propriamente dita – 51. Ação penal privada personalíssima – 52. Ação penal privada subsidiária da pública, supletiva ou acidentalmente privada – 53. Atuação do Ministério Público na ação penal privada supletiva – 54. Custas e honorários advocatícios – 55. Questões complementares – 56. Ação de prevenção penal – 57. Ação penal ex officio – 58. Ação penal pública subsidiária da pública – 59. Ação penal popular – 60. Ação penal nos crimes contra a dignidade sexual – 61. Direito intertemporal – 62. Ação penal no crime de estelionato – 63. Ação penal nos crimes contra a honra de funcionário público – 64. Ação penal secundária – 65. Ação penal adesiva – 66. Ação penal na injúria por preconceit. – 67. Ação penal extensiva – 68. Ação penal de segundo grau – 69. Inicial acusatória – 70. Requisitos formais – 71. Descrição do fato, com todas as suas circunstâncias – 72. Qualificação do acusado ou fornecimento de dados que possibilitem a sua identificação – 73. Classificação do crime – 74. Rol de testemunhas – 75. Pedido de condenação – 76. Endereçamento – 77. Nome e assinatura – 78. Outros requisitos da inicial acusatória – 79. Prazos para oferta da denúncia – 80. Prazos especiais para oferta da denúncia – 81. Início da contagem do prazo e o seu encerramento – 82. Desatendimento do prazo – 83. Prazos para oferta da queixa-crime – 84. Prazos especiais – 85. Aditamento da queixa – 86. Rejeição da denúncia ou queixa – 87. Repropositura da ação – 88. Rejeição versus não recebimento – 89. Rejeição parcial – 90. Recurso para combater a rejeição – 91. Efeito do julgamento do recurso contra a rejeição da inicial – 92. Preservação do contraditório e da ampla defesa no recurso contra a rejeição da inicial – 93. Fundamentação do recebimento e recebimento tácito – 94. Quadro sinótico – 95. Súmulas do STJ – 96. Súmulas do STF – 97. Questões de concursos públicos – 98. Gabarito anotado – 99. Questões discursivas com comentários

1. CONCEITO

É o direito público subjetivo de pedir ao Estado-Juiz a aplicação do direito penal objetivo ao caso concreto. A Constituição consagra, no art. 5º, inciso XXXV, que a lei não excluirá da apreciação do Poder Judiciário lesão ou ameaça a direito. Logo, sendo a jurisdição inerte, e estando a autotutela banida, como regra, do ordenamento jurídico, resta aos interessados, através do exercício do direito de ação, provocar a jurisdição no intuito de obter o provimento jurisdicional adequado à solução do litígio.

A doutrina diverge ao conceituar o direito de ação. São, basicamente, duas as correntes:

(1) a primeira entende, como nós, que a ação é direito público subjetivo, conexo a uma pretensão. A ação penal é direito que tem natureza jurídica híbrida, mista ou eclética, ou seja, é de natureza preponderantemente processual, mas tem também, natureza de direito material, haja vista que o não exercício da ação, notadamente aquelas de iniciativa privada ou mesmo de ação penal pública condicionada à representação, tem repercussão na esfera punitiva do estado. Em outras palavras, a inatividade do particular para deflagrar a persecução penal no prazo legal é prevista em lei como causa extintiva da punibilidade.

(2) a segunda posição sustenta que ação não é direito. O Direito subjetivo existente é o direito à tutela jurisdicional ou mesmo o direito de petição. A ação processual seria simplesmente conduta ou "o agir" em juízo, coisa diversa de direito. A ação seria então a expressão dinâmica de um direito subjetivo público que lhe precede e no qual se lastreia (Nesse sentido: Ovídio Baptista; também Pontes de Miranda[1]). De tal sorte, a ação penal é o agir em juízo para movimentar o direito punitivo estatal. A ação teria, sob essa perspectiva, natureza só processual.

2. CARACTERÍSTICAS

As características atinentes ao direito de ação permitem compreendê-lo melhor, com o reconhecimento de que este é autônomo, abstrato, subjetivo, público e instrumental. Vejamos.

(1) **Autônomo:** não se confunde com o direito material. Tem força e brilho próprio. O direito de ação é preexistente à pretensão punitiva do Estado, que surge com a ocorrência da infração penal.

(2) **Abstrato:** independe do resultado do processo. Mesmo que a demanda seja julgada improcedente, o direito de ação terá sido exercido.

(3) **Subjetivo:** o titular do direito é especificado na própria legislação, sendo como regra o Ministério Público (art. 257, I, CPP) e excepcionalmente a própria vítima ou seu representante legal.

(4) **Público:** a atividade provocada é de natureza pública, sendo a ação exercida contra o próprio Estado.

(5) **Instrumental:** é o meio para se alcançar a efetividade do direito material.

1. SILVA, Ovídio A. B. *Curso de processo civil*: volume 1: processo de conhecimento. 5. ed. São Paulo: RT, 2000. p. 77.

3. LOCALIZAÇÃO NO ORDENAMENTO JURÍDICO

Tendo o direito de ação natureza eminentemente processual, deveria estar tratado, segundo a melhor doutrina, apenas no âmbito do Código de Processo Penal[2]. Contudo, o legislador pátrio regulou o tema tanto no Código Penal, quanto no de Processo Penal (artigos 100 ***et seq***, CP, e artigos 24 ***et seq***, CPP).

4. CONDIÇÕES PARA O EXERCÍCIO DA AÇÃO PENAL

São os requisitos necessários e condicionantes ao exercício regular da ação penal. Como se depreende, o exercício do direito de ação não se pode traduzir numa aventura desmedida. É certo que a deflagração da ação implica sérias consequências ao réu, exigindo-se do demandante o preenchimento de certas condições, para que o pleito jurisdicional possa ser exercido de forma legítima: são as condições da ação, desenvolvidas na obra de Enrico Tullio Liebman[3], e que são identificáveis "à luz da relação jurídica material deduzida em juízo"[4], protegendo-se o Poder Judiciário dos excessos do Estado-acusação, ou da vítima, na condição de querelante, em verdadeiro abuso de direito, evitando-se a possibilidade do manejo de ações inviáveis, pois o simples exercício da ação já implica consequências ao demandado, considerando que o processo é oneroso, não apenas pelo desgaste da sujeição ao procedimento, como pelos custos diretos ou indiretamente relacionados, pelo emprego de tempo, honorários etc.

Apesar do CPC ter suprimido a expressão "condições da ação", no direito processual penal subsiste a categoria "**condições para o exercício da ação penal**" (art. 395, II, CPP). No entanto, o legislador processual penal não definiu o que seriam tais condições da ação. Historicamente, empregamos o modelo existente no Processo Civil com algumas adaptações, por autorização do art. 3º do CPP.

2. MARQUES, José Frederico. *Elementos de direito processual penal*. 2. ed. Campinas: Millennium, 2003. v.1. p. 343.
3. LIEBMAN, Enrico Tullio. *Manual de direito processual civil*. 2.ed. Rio de Janeiro: Forense, 1986.
4. DIDIER JR., Fredie. *Direito Processual Civil*, vol. I. 5. ed. Salvador: Juspodivm, 2005. p. 182.

O conteúdo das "condições para o exercício da ação" deve ser preenchido com atenção ao direito à liberdade que deve ser tutelado pelo processo penal. Ademais, as peculiaridades do direito processual penal determinam a construção de outra série de limites que se valem do termo "condições da ação", ao lado dos "pressupostos processuais".

Reputamos intermediária a categoria "condições para o exercício da ação penal". Isso porque, seguindo um caminho gradativo quanto ao exame do núcleo meritório da demanda, poderemos alinhar as seguintes classes que devem ser aferidas para que haja um desenvolvimento válido e regular do processo:

(1) os **pressupostos processuais de existência** (jurisdição e demanda, por exemplo) **e de validade** do processo (tais como juiz competente, ausência de litispendência e ausência de coisa julgada). Importante registrar o magistério autorizado de Afrânio Silva Jardim, em recente estudo, que aponta, a "**originalidade**" como condição genérica para o regular exercício de qualquer ação. O autor sustenta que os tradicionais pressupostos objetivos extrínsecos denominados "litispendência" e "coisa julgada" são, em verdade, condições da ação, porquanto não são sanáveis, sem viabilidade de renovação da demanda com correção do vício. Em outros termos, a ação (penal) tem que ser original, não se admitindo reproduções, em face da vedação de dupla persecução penal[5];

(2) as **condições para o exercício da ação penal** (a exemplo da legitimidade para a causa e do interesse de agir – categorias próprias do direito processual civil e que, muito restritamente, poderiam ser invocadas pelo processualista penal);

(3) as **questões de mérito** (que para serem apreciadas precisariam do juízo positivo de admissibilidade das primeiras duas etapas – pressupostos processuais e condições de ação).

O CPC continua a tratar do "interesse processual" e da "legitimidade para a causa", tendo excluído a menção à "possibilidade jurídica do pedido". Entendemos que a opção do legislador em suprimi-la foi acertada porque se tratava de categoria que necessitava de excessiva retórica para ser justificada no sistema jurídico. Tinha sido abandonada por Liebman, jurista italiano que inspirou o legislador do CPC/1973, antes mesmo deste entrar em vigor. No âmbito do processo penal, severas críticas são dirigidas à aplicação das categorias próprias do direito processual civil, sem qualquer filtro.

Considerando o contexto processual civil aplicado por analogia ao processo penal (art. 3º, CPP), as condições para o exercício da ação penal podem ser genéricas, isto é, aquelas que são parâmetros para toda e qualquer ação penal. São elas: a legitimidade, o interesse processual e a justa causa. As duas primeiras estão mencionadas no inciso VI, do art. 485, do CPC que, contudo, não as denomina condições da ação. São abrangidas pelo direito processual penal como condições para o exercício da ação penal por meio da combinação daquele dispositivo processual civil com o inciso II, do art. 395, e com o art. 3º, do CPP. A justa causa é trabalhada de forma autônoma no inciso III, do mesmo art. 395, CPP, sendo polêmico o enquadramento como mais uma condição da ação, como veremos adiante.

5. JARDIM, Afrânio Silva; AMORIM, Pierre Souto Maior Coutinho de. *Direito processual penal*: estudos e pareceres. 14. ed. Salvador: Juspodivm, 2016. p. 340 *et seq.*

Além das condições genéricas, teremos condições especiais para o exercício da ação penal, que se traduzem em verdadeiras condições de procedibilidade, sem as quais a persecução penal não poderá ser deflagrada. É o que acontece com a representação e a requisição do Ministro da Justiça, nos crimes a ela condicionados, o que justificaria, em todos os casos, a rejeição da inicial acusatória.

Vejamos cada das condições aludidas, genéricas e específicas.

5. INTERESSE DE AGIR

Materializa-se no trinômio necessidade, adequação e utilidade. Deve haver **necessidade** para bater as portas do judiciário no intuito de solver a demanda, através do meio **adequado**, e este provimento deve ter o condão de trazer algo de relevo, **útil** ao autor.

Quanto ao **interesse-necessidade**, o que se objetiva identificar é se a demanda pode ser resolvida na seara extrajudicial, por outras formas de contenção de conflitos, ou se é necessário o uso das vias regulares, com o exercício da ação penal.

No âmbito criminal o interesse-necessidade é presumido, afinal, fazer justiça com as próprias mãos caracteriza infração penal (art. 345, CP), sendo fundamental a solução do caso penal no seio do judiciário. Afigura-se normalmente como imprescindível lançar mão do direito de ação para solver a contenda criminal.

Em relação ao **interesse-adequação**, como a solução do litígio vazado em juízo pressupõe a entrega ao julgador de meio hábil a solucioná-lo, esta eleição do mecanismo a ser empregado é vital ao preenchimento da condição da ação em estudo.

Valendo-nos de um elucidador exemplo, desejando a parte trancar a persecução penal iniciada para apurar infração apenada tão somente com multa, o meio adequado é o mandado de segurança e não a ação de ***habeas corpus***, pois, cominando-se apenas multa, não há risco de restrição à liberdade de locomoção. Neste sentido, o verbete sumular nº 693, do STF, aduzindo que não cabe ***habeas corpus*** contra decisão condenatória a pena de multa, ou relativo a processo em curso por infração penal a que a pena pecuniária seja a única cominada. O mesmo se diga quando a **vítima** de infração privada deseja trancar inquérito policial deflagrado à sua revelia, em crimes de ação pública condicionada ou de ação privada, que dependem da prévia manifestação de vontade do legítimo interessado. Ora, como a liberdade de locomoção da vítima não foi colocada em perigo, a ação adequada é o mandado de segurança. Importa salientar a crítica doutrinária quanto ao tratamento da adequação na perspectiva do interesse de agir, pois a matéria estaria mais bem vinculada à forma do que propriamente ao interesse do demandante[6]. De fato, o equívoco na escolha do meio não significa que o demandante não tenha interesse. A seu turno, Eugênio Pacelli aponta a absoluta inutilidade do **interesse-adequação** nas ações penais de caráter **condenatório**, afinal, o erro quanto ao tipo de reprimenda requerida não impede o recebimento da petição inicial, cabendo ao magistrado, ao sentenciar, corrigi-lo, valendo-se do art. 383, do CPP[7].

6. CARVALHO, José Orlando Rocha de. *Ação declaratória* Rio de Janeiro: Forense, 2002. p. 61.
7. OLIVEIRA, Eugênio Pacelli de. *Curso de processo penal*. 3.ed. Belo Horizonte: Del Rey, 2004.p. 79.

Já quanto ao **interesse-utilidade**, este só existe se houver esperança, mesmo que remota, da realização do ***jus puniendi*** estatal, com aplicação da sanção penal adequada. Se a punição não é mais possível, a ação passa a ser absolutamente inútil.

Podemos imaginar a hipótese em que o membro do Ministério Público deixa de promover a ação penal, ordenando o arquivamento, pautando sua fundamentação na inutilidade da demanda, pois, em face da possível pena que será aplicada na sentença final, provavelmente operar-se-á a prescrição retroativa. É o fenômeno denominado de **prescrição virtual**, **antecipada** ou em **perspectiva**.

Em trabalho específico sobre o tema, Igor Teles Fonseca de Macedo chancela que "a prescrição em perspectiva é o reconhecimento da carência de ação (falta de interesse-utilidade), por conta da constatação de que eventual pena que venha a ser aplicada, numa condenação hipotética, inevitavelmente será abarcada pela prescrição retroativa, tornando inútil a instauração da ação penal, ou, se for o caso, a continuação da ação já iniciada"[8].

E a propósito, Ney Fayet Júnior, Marcela Fayet e Karina Brack destacam que, "se oferecida a denúncia, nos casos da iminência da prescrição abstrata (ou pela provável prescrição retroativa que se perpetrará em razão do ***quantum*** de pena a ser imposta ao réu), se sugere que esta seja rejeitada", sendo possível, em caso da ação penal já ter tomado seu curso após o recebimento da denúncia, que a defesa maneje "***habeas corpus*** para o fim de trancamento da ação penal, em face da falta de interesse de agir. Por óbvio, pelos mesmos motivos, pode o inquérito ser arquivado, bem como não ser oferecida a peça acusatória pelo Ministério Público"[9].

Em que pese a coerência do discurso, a Lei nº 12.234/2010 deu o primeiro passo para fulminar a prescrição virtual. O texto em vigor do § 1º, do art. 110, do CP, passou a ditar que a prescrição não pode ter por termo inicial data anterior à denúncia ou a queixa crime. Reduziu-se assim o âmbito de aferição do instituto, já que a prescrição virtual está diretamente ligada à provável incidência da prescrição retroativa.

O STJ, por sua vez, sumulou a matéria, chancelando a inadmissibilidade da "extinção da punibilidade pela prescrição da pretensão punitiva com fundamento em pena hipotética, independentemente da existência ou sorte do processo penal" (enunciado sumular nº 438). É dizer, o titular da ação não mais poderá "virtualizar" a provável pena a ser aplicada em futura condenação, para antever os processos que são absolutamente inúteis, pela provável incidência da prescrição retroativa. Edifica-se interpretação intolerante com a análise criteriosa dos fatos trazidos na investigação preliminar, que podem permitir, de imediato, a identificação de demandas que se revelarão absolutamente infrutíferas.

---

8. MACEDO, Igor Teles Fonseca de. *Prescrição virtual*. Salvador: JusPodivm 2007. p. 85.
9. FAYET JÚNIOR, Ney; FAYET, Marcela; BRACK, Karina. *Prescrição penal*: temas atuais e controvertidos: doutrina e jurisprudência. Porto Alegre: Livraria do Advogado, 2007. p. 164.

6. LEGITIMIDADE *(LEGITIMATIO AD CAUSAM)*

Nas lições de Alfredo Buzaid[10], é a pertinência subjetiva da ação. Mirabete esclarece que "a ação só pode ser proposta por quem é titular do interesse que se quer realizar e contra aquele cujo interesse deve ficar subordinado ao do autor"[11].

No polo ativo deve figurar como regra o Ministério Público, titular exclusivo da ação penal pública, ou o particular (querelante), titularizando as ações de iniciativa privada, porém na condição de substituto processual, pleiteando em nome próprio direito alheio (***jus puniendi*** pertencente ao Estado). Já no polo passivo, como solar conclusão, figura o réu, que nas ações de iniciativa privada ganha o rótulo de querelado.

É importante destacar que segundo a atual ordem constitucional, a pessoa jurídica pode figurar no polo passivo da demanda criminal. Nesse sentido, o § 5º, do art. 173, da CF/1988 estampa que a lei, sem prejuízo da responsabilidade individual dos dirigentes da pessoa jurídica, estabelecerá a responsabilidade desta, sujeitando-a às punições compatíveis com sua natureza, nos atos praticados contra a **ordem econômica e financeira e contra a economia popular**. De outra vertente, o § 3º, do art. 225, dispõe que as condutas e atividades consideradas lesivas ao meio ambiente sujeitarão os infratores, **pessoas físicas ou jurídicas**, a sanções penais e administrativas, independentemente da obrigação de reparar os danos causados.

Vale frisar que a Constituição remete à disciplina da lei ordinária o tratamento da responsabilidade criminal da pessoa jurídica. Atualmente é apenas a Lei nº 9.605/1998 que disciplina a matéria, no tocante às infrações praticadas em detrimento do meio ambiente.

O Superior Tribunal de Justiça, em construção jurisprudencial, havia passado a vincular o ajuizamento da ação penal contra a pessoa jurídica à indicação, ainda na inicial acusatória, da pessoa física responsável pela sua administração. Tinha-se criado, assim, a **teoria ou sistema da dupla imputação**. Em que pese ainda se encontrem julgados nesse sentido, o Supremo Tribunal Federal, nos autos do RE 548.181, declarou que este entendimento afronta o art. 225, § 3º, da CF/88, asseverando que a Constituição não teria estabelecido esta condicionante. De tal modo, realinhando sua postura ao que disse o STF, o STJ consolidou sua jurisprudência no sentido de que "é possível a responsabilização penal da pessoa jurídica por crimes ambientais independentemente da responsabilização concomitante da pessoa física que a represente"[12].

A responsabilidade penal da pessoa jurídica, embora refutável doutrinariamente, é admitida pela CF/1988 que, por sua vez, não distingue a natureza pública ou privada do ente responsável (§ 3º, art. 225). Em razão disso, pensamos, em tese, ser possível responsabilizar penalmente a pessoa jurídica de direito público por crime ambiental.

Estando a pessoa jurídica no **polo ativo** da demanda, exercendo o direito de ação, a exemplo de empresa que tenha sido vítima de difamação, a representação será feita por

10. BUZAID, Alfredo. *Agravo de petição no sistema do Código de Processo Civil*. 2.ed. São Paulo: Saraiva, 1956. p. 89.
11. MIRABETE, Julio Fabbrini. *Processo Penal*. 15. ed. São Paulo: Atlas, 2004. p. 111.
12. STJ - Quinta Turma - RMS 37.293/SP - Rel. Min. Laurita Vaz - DJe 09 mai. 2013; STJ - Quinta Turma - RMS 56.073/ES - Rel. Min. Ribeiro Dantas - DJe 03 out. 2019.

quem os respectivos contratos ou estatutos designarem, e no silêncio destes, pelos diretores ou sócios-administradores (art. 37, CPP).

7. JUSTA CAUSA

A ação só pode ser validamente exercida se a parte autora lastrear a inicial com um mínimo probatório que indique os indícios de autoria, da materialidade delitiva, e da constatação da ocorrência de infração penal em tese (art. 395, III, CPP). É o ***fumus commissi delicti*** (fumaça da prática do delito) para o exercício da ação penal. Como a instauração do processo já atenta contra o ***status dignitatis*** do demandado, não se pode permitir que a ação seja uma aventura irresponsável, lançando-se no polo passivo, sem nenhum critério, qualquer pessoa. Nos dizeres de Afrânio Silva Jardim, "torna-se necessário ao regular exercício da ação penal a demonstração, ***prima facie***, de que a acusação não é temerária ou leviana, por isso que lastreada em um mínimo de prova. Este suporte probatório mínimo se relaciona com os indícios de autoria, existência material de uma conduta típica e alguma prova de sua antijuridicidade e culpabilidade"[13]. Normalmente tais elementos são extraídos do inquérito policial, e nada impede que possam ser obtidos através de outras peças de informação, como relatórios de CPI, inquéritos militares, dentre outros.

A ***justa causa***, todavia, não é pacificamente aceita como uma autônoma condição da ação. Alguns a integram ao interesse de agir[14], ou mesmo como requisito ao desenvolvimento do procedimento, e "não à propositura da demanda"[15]. Afrânio Silva Jardim sugere que se reconheça no processo penal condenatório a justa causa do inciso III, do art. 395, do CPP, como categoria diversa de condição da ação. Vale dizer, na senda do processualista, a justa causa deve ser enquadrada como "pressuposto de legitimação do processo penal condenatório", para assegurar um processo com acusação de uma ação típica, sem que resvale em injustiça[16].

É possível ainda falar-se em **justa causa duplicada**.

A denominada "justa causa duplicada" guarda relação com a Lei nº 9.613/1998, que dispõe sobre os delitos de lavagem de capitais. Para tais infrações, convencionou-se chamar "justa causa duplicada" aquela condição específica da ação penal que consiste na exigência de que a denúncia faça constar necessariamente:

(1) a descrição fática do crime de lavagem de capitais e

(2) a descrição da proveniência ilícita dos bens, direitos ou valores obtidos a partir de infração penal antecedente (crime ou contravenção penal), acompanhada de indícios suficientes.

A questão reside, notadamente, no § 1º, do art. 2º, da Lei de Lavagem de Dinheiro, que dispõe que a denúncia será instruída com indícios suficientes da existência da infração

13. JARDIM, Afrânio Silva. *Direito processual penal*. 11. ed. Rio de Janeiro: Forense, 2002.p. 97.
14. GRECO FILHO, Vicente. *Manual de processo penal*. São Paulo: Saraiva, 1991.p. 82.
15. DIDIER JR. Fredie. *Pressupostos processuais e condições da ação*: o juízo de admissibilidade do processo. São Paulo: Saraiva, 2005. p. 296.
16. JARDIM, Afrânio Silva; AMORIM, Pierre Souto Maior Coutinho de. *Direito processual penal*: estudos e pareceres. 14. ed. Salvador: Juspodivm, 2016. p. 585.

penal antecedente, sendo puníveis os fatos previstos nesta Lei, ainda que desconhecido ou isento de pena o autor, ou extinta a punibilidade da infração penal antecedente.

A partir desse enunciado, para o preenchimento da condição da ação penal "justa causa duplicada", aferida em estado de asserção (conforme a narrativa da denúncia e dos elementos de prova que sejam indícios suficientes da infração penal antecedente), temos que a petição inicial deve:

(1) descrever delito de lavagem de capitais, disposto no tipo fundamental, gizado no art. 1º, ***caput***, da Lei nº 9.613/1998 ("ocultar ou dissimular a natureza, origem, localização, disposição, movimentação ou propriedade de bens, direitos ou valores provenientes, direta ou indiretamente, de infração penal"), ou nos seus tipos derivados (parágrafos do mesmo dispositivo legal);

(2) descrever a existência de infração penal antecedente, individualizando-a: note-se que o dispositivo em vigor se contenta com "infração penal" (que abrange crime ou contravenção), não mais fazendo menção a "crime", sendo, no ponto, lei penal mais gravosa (***lex gravior***);

(3) estar acompanhada de suporte probatório mínimo relativamente ao delito imputado ao agente, isto é, ao crime de lavagem de capitais;

(4) estar instruída com indícios (provas parciais, semiplenas, elementos, com grau de persuasão menor que uma prova robusta) aptos a apontar a existência de infração penal antecedente: quanto a este ponto, em face da autonomia do processo-crime por lavagem de capitais, é irrelevante que o autor da infração penal antecedente seja isento de pena, desconhecido ou, ainda, esteja extinta a punibilidade.

Chamamos a atenção para o aspecto "autonomia" do processo criminal por crime de lavagem de capitais, conforme bem destacado pelo transcrito § 1º, do art. 2º, da Lei nº 9.613/2013:

(1) o processo por crime de lavagem de capitais não implica, necessariamente, reunião de processos relativamente àquele da infração penal antecedente. Pode haver conexão apta a tanto, mas se trata de faculdade e não de obrigatoriedade;

(2) o desfecho do processo-crime pela infração penal antecedente não é prejudicial ao delito de lavagem, pelo que o feito deste crime corre normalmente, não sendo relevantes fatos como isenção de pena, não julgamento deste por ser desconhecido o autor do delito anterior ou, ainda, extinção da punibilidade da infração penal antecedente[17]. Vale ponderar que essa independência compromete a questão probatória do todo unitário que é o crime de lavagem de dinheiro, por permitir alguma dúvida na órbita do necessário juízo de certeza que deve estar presente em todo percurso da figura típica, desde a infração penal antecedente. Em outras palavras, como podemos condenar alguém validamente por lavagem de dinheiro, se não fixamos se realmente aconteceu o delito antecedente que é elemento da tipicidade do delito seguinte? Teremos, ao menos parcialmente, dúvida que deve ser resolvida em favor do imputado;

17. STJ – Quinta Turma – AgRg no HC 514.807/SC – Rel. Min. Reynaldo Soares da Fonseca – DJe 19 dez. 2019.

(3) eventualmente, o julgamento do processo pelo crime antecedente pode repercutir no do crime de lavagem de dinheiro, como pode ocorrer com o julgamento que considere inexistente a suposta infração anterior: nesses casos, será possível ***habeas corpus*** para trancar o processo pelo crime de lavagem de capitais ou mesmo revisão criminal, se já transitada a sentença penal condenatória;

(4) o fato de ter sido a infração penal antecedente cometida no exterior é irrelevante para a tramitação do processo pelo crime de lavagem de dinheiro no Brasil.

8. CONDIÇÕES ESPECÍFICAS

Algumas espécies de ação penal, além das condições supracitadas, comuns a todas as ações, exigem ainda a presença de condições específicas, a exemplo da representação da vítima ou da requisição do Ministro da Justiça, cabíveis nas infrações públicas condicionadas, e sem as quais o direito de ação não pode ser exercido. Assim, teríamos as condições genéricas das ações penais, quais sejam, legitimidade, interesse, e justa causa, e as condições específicas, é dizer, as condições de procedibilidade, além das condições específicas constitucionais, legais e jurisprudenciais, albergadas, expressa ou implicitamente, nos incisos II e III, do art. 395, do CPP. As condições específicas da ação penal podem ser assim agrupadas na forma a seguir.

9. CONDIÇÕES DE PROCEDIBILIDADE

É o caso da requisição do Ministro da Justiça ou representação da vítima, a exemplo do que ocorre nos crimes de ação penal pública condicionada, como a ameaça (art. 147, parágrafo único, CP).

10. CONDIÇÕES ESPECÍFICAS CONSTITUCIONAIS

Sob essa designação, incluímos a admissão da acusação pela Câmara dos Deputados para o início de processo contra o Presidente e o Vice-Presidente da República, bem como contra os Ministros do Estado, a teor dos artigos 51, I, e 86, ***caput***, da CF.

11. CONDIÇÕES ESPECÍFICAS LEGAIS

São as hipóteses de juntada de laudo pericial nos casos de crime contra a propriedade imaterial que deixe vestígios, em compasso com o art. 525, do CPP; trânsito em julgado da sentença cível nos autos da ação anulatória de casamento, quando se tratar de crime do art. 236, do CP – crime de induzimento a erro essencial e de ocultação de impedimento –, de acordo com o parágrafo único do mesmo artigo. O enunciado nº 574, da Súmula do STJ, a propósito, reza que, para a configuração do delito de violação de direito autoral e a comprovação de sua materialidade, é suficiente a perícia realizada por amostragem do produto apreendido, nos aspectos externos do material, e é desnecessária a identificação dos titulares dos direitos autorais lesionados ou daqueles que os representem.

12. CONDIÇÕES ESPECÍFICAS JURISPRUDENCIAIS

Casos como o de surgimento de novas provas, nas hipóteses de impronúncia do acusado por suposto delito doloso contra a vida de competência do júri ou de arquivamento do inquérito policial por insuficiência de provas (verbete sumular nº 524, STF); o lançamento definitivo do tributo, para a tipicidade dos crimes tributários previstos no art. 1º, I a IV, da Lei nº 8.137/1990, exigindo-se o prévio exaurimento das vias administrativas para que a ação penal possa ser proposta, diante do que dispõe o enunciado nº 24, da Súmula Vinculante, do STF, evitando-se que a demanda penal se torne forma de cobrança tributária. No entanto, interpretando esse enunciado vinculante, a Quinta Turma do STJ ponderou que, para a deflagração da ação penal, é suficiente a prova da constituição definitiva do crédito tributário, "sendo desnecessária a juntada integral do procedimento administrativo fiscal correspondente"[18].

13. CONDIÇÕES OBJETIVAS DE PUNIBILIDADE

São condições necessárias para o exercício do ***jus puniendi***, aferidas em momento subsequente à instauração do processo. No caso, nada impede que a ação penal seja exercida validamente, diante da presença das condições gerais e específicas para seu ajuizamento. Há óbice, contudo, à prolação de sentença condenatória, enquanto não preenchido o pressuposto punitivo, sendo autêntica questão prejudicial para o julgamento do mérito da demanda penal. É o que ocorre com as seguintes hipóteses:

(1) ingresso no País do autor de crime praticado no estrangeiro (diante da dicção do art. 7º, §§ 2º, "a" e "b", e 3º, CP);

(2) sentença que decreta a falência, concede a recuperação judicial ou extrajudicial, nas infrações falimentares, nos termos do previsto no art. 180, da Lei de Falência e Recuperação Judicial (Lei nº 11.101/2005).

14. CONDIÇÕES DE PROSSEGUIBILIDADE

Esta seria uma condição para a continuidade da ação já deflagrada. Ex.: nos crimes inafiançáveis de competência do Júri, após a pronúncia, o processo só prosseguia após a intimação pessoal do réu daquela decisão. Enquanto isso não ocorria, o feito ficava paralisado. Era a **crise de instância**, pela pendência de um ato processual sem o qual o processo não podia prosseguir. Com a atual previsão do art. 420, parágrafo único, do CPP, se o pronunciado solto não for encontrado, será intimado por edital, ilidindo-se assim a paralisação do procedimento. Pode-se cogitar, entretanto, como condição de prosseguibilidade, a necessidade do agente recobrar a higidez mental nas hipóteses de insanidade superveniente, pois, enquanto isso não ocorre, o processo fica paralisado, e a prescrição corre normalmente. É mais um caso de crise de instância (art. 152, ***caput***, CPP).

Num esforço de síntese teríamos:

CONDIÇÕES GENÉRICAS	Legitimidade *ad causam*; Interesse de agir; Justa causa.

18. STJ - Quinta Turma - RHC 94.288/RJ - Rel. Min. Reynaldo Soares da Fonseca - j. 22 mai. 2018.

<table>
<tr><td rowspan="5">CONDIÇÕES ESPECÍFICAS</td><td>Condições de procedibilidade</td><td>› Representação;
› Requisição do Ministro da Justiça.</td></tr>
<tr><td>Condições específicas constitucionais</td><td>Admissão da acusação pela Câmara dos Deputados para o início de processo contra o Presidente e o Vice-Presidente da República, bem como contra os Ministros do Estado, a teor dos artigos 51, I, e 86, caput, CF.</td></tr>
<tr><td>Condições específicas legais</td><td>Juntada de laudo pericial nos casos de crime contra a propriedade imaterial que deixe vestígios, em compasso com o art. 525, do CPP; trânsito em julgado da sentença cível nos autos da ação anulatória de casamento, quando se tratar de crime do art. 236, do CP – crime de induzimento a erro essencial e de ocultação de impedimento –, de acordo com o parágrafo único do mesmo artigo.</td></tr>
<tr><td>Condições específicas jurisprudenciais</td><td>Surgimento de novas provas, nas hipóteses de impronúncia do acusado por suposto delito doloso contra a vida de competência do júri ou de arquivamento do inquérito policial por insuficiência de provas – Súmula 524, STF; o lançamento definitivo do tributo, para a tipicidade dos crimes tributários previstos no art. 1º, I a IV, da Lei nº 8.137/1990, exigindo-se o prévio exaurimento das vias administrativas para que a ação penal possa ser proposta, diante do que dispõe a Súmula Vinculante nº 24, do STF, evitando-se que a demanda penal se torne forma de cobrança tributária.</td></tr>
<tr></tr>
<tr><td>CONDIÇÕES OBJETIVAS DE PUNIBILIDADE</td><td colspan="2">› Ingresso no País, do autor de crime praticado no estrangeiro (art. 7º, §§ 2º, "a" e "b", e 3º, CP);
› A sentença que decreta a falência, concede a recuperação judicial ou extrajudicial, nas infrações falimentares (art. 180, Lei nº 11.101/2005).</td></tr>
<tr><td>CONDIÇÕES DE PROSSEGUIBILIDADE</td><td colspan="2">Condição para a continuidade da ação já deflagrada.
Ex.: a necessidade de o agente recobrar a higidez mental nas hipóteses de insanidade superveniente, pois, enquanto isso não ocorre, o processo fica paralisado, e a prescrição corre normalmente. É mais um caso de crise de instância (art. 152, caput, CPP).</td></tr>
</table>

15. OPORTUNIDADE PARA VERIFICAÇÃO DAS CONDIÇÕES PARA O EXERCÍCIO DA AÇÃO PENAL

Valendo-nos por analogia do art. 485, § 3º, do CPC, concluímos que a ausência das condições da ação pode ser reconhecida a qualquer tempo, o que levaria à carência da ação e extinção do processo sem julgamento meritório. Este entendimento foi adotado pelo STJ no julgamento do REsp 1.318.180-DF, quando restou consignado ser possível a reapreciação da inicial acusatória pelo magistrado após a apresentação da resposta à acusação por parte do réu. Os princípios da economia e celeridade processuais recomendariam, segunda aquela

Corte, o abortamento do processo quando verificado que não seria possível analisar o mérito da ação por estar presente uma das causas de rejeição indicadas no art. 395, do CPP[19].

Não obstante o entendimento pretoriano, tal expediente pode nos levar a situações de absoluta perplexidade. Exemplo: ficando demonstrado cabalmente ao final da instrução que a imputação feita na inicial se deu em detrimento de pessoa diversa, é dizer, o processamento ocorreu em face de alguém que não participou da infração penal, deve o magistrado absolvê-lo, enfrentando o mérito, ou reconhecer que se operou a ilegitimidade passiva ***ad causam***, extinguindo então o processo sem enfrentamento meritório, por ausência de uma das condições da ação penal?

Divide-se a doutrina em duas correntes: uma primeira, titularizada por ***Liebman***[20], afirma que a demonstração das condições da ação comporta inclusive a dilação probatória para convencer o magistrado da sua presença ou não, o que em última análise, atendendo aos ditames do já mencionado § 3º do art. 485 do CPC, levaria fatalmente à extinção do processo sem julgamento de mérito.

Refletindo sobre o tema, Fredie Didier Jr. lembra que "as dificuldades que normalmente se apresentam na separação das condições da ação do mérito da causa", somadas à questão de que a extinção do processo sem resolução do mérito, por carência da ação, depois longos anos, é indesejável – "fizeram com que surgisse uma concepção doutrinária que busca mitigar os efeitos danosos que a adoção irrestrita do que o Código diz poderia causar"[21].

Nessa senda, a segunda posição, defendida dentre outros por Barbosa Moreira e Alexandre Freitas Câmara[22], levaria à aplicação da **teoria da asserção ou da "*prospettazione*"**, ao fundamento de que as condições para o exercício da ação penal devem ser aferidas de acordo com a narrativa constante na inicial acusatória, acompanhada de suporte probatório suficiente para o seu desenvolvimento válido e regular. Apresentada a inicial ao magistrado, este analisaria a presença ou não das condições da ação de acordo com aquilo que foi narrado pelo autor da demanda. Constatando a ausência de uma ou algumas das condições para o exercício da ação penal, deve rejeitar a inicial (art. 395, II e III, CPP). Contudo, concluindo que estão atendidas aquelas condições por esta análise prelibatória, meramente superficial, deve receber a inicial dando início ao processo. No transcorrer deste, aquilo que anteriormente tratamos como condição para o exercício da ação penal deve ser reputado matéria de mérito, cabendo ao juiz absolver ou condenar o réu, quando o procedimento estiver em estágio mais adiantado.

Num esforço de síntese, por esta segunda posição, o momento oportuno para a discussão acerca das condições da ação seria o da admissibilidade da inicial. Superada esta fase, resta ao magistrado o enfrentamento meritório.

19. STJ – Quinta Turma – AgRg no REsp 1782191/SP – Rel. Min. Joel Ilan Paciornik – DJe 13 jun. 2019.
20. LIEBMAN, Enrico Tullio. *Manual de Direito Processual Civil*. 2. ed. Rio de Janeiro: Forense, 1986. v.1. p. 154.
21. DIDIER JÚNIOR, Fredie. *Curso de direito processual civil*: teoria geral do processo e processo de conhecimento. 6. ed. Salvador: JusPODIVM, 2006. v.I. p. 170.
22. CÂMARA, Alexandre Freitas. *Lições de Direito Processual Civil*. 7. ed. Rio de Janeiro: Lumen Juris, 2002, v. I. p.203.

16. CLASSIFICAÇÃO DAS AÇÕES

No âmbito do processo civil, a classificação das ações pode ser feita de acordo com a natureza do processo. O processo civil pode ser:

(1) de conhecimento: quando se pretende acertar o direito que ainda não está definido em um título executivo;

(2) de execução: na hipótese do processo se basear em título executivo prévio, razão pela qual se instaura procedimento tendente à concretização dos atos materiais necessários à satisfação do comando da sentença ou de título extrajudicial; e

(3) cautelar: quando se pretende provimento que assegure a utilidade do processo de conhecimento ou do processo de execução, tal como se dá com a ação de arresto para garantir que a dívida seja adimplida quando se verificar que o devedor está dilapidando seu patrimônio para se furtar ao cumprimento da obrigação.

Entendemos que no processo penal as ações podem também se apresentar como:

(1) de conhecimento ou de cognição: como é o caso da ação penal condenatória, que visa definir, acertar, o limite do direito punitivo estatal;

(2) de execução: tal como se dá com as providências jurisdicionais e administrativas para execução da sentença condenatória; e

(3) cautelar: como se vê com a ação de ***habeas corpus*** preventivo, que visa à obtenção de uma cautela ao reverso, para evitar cerceamento da liberdade em violação às normas constitucionais e legais.

Parte da doutrina entende que não há processo cautelar autônomo no direito processual penal, justificando que o que há são deferimentos de "medidas cautelares incidentais". Discordamos, tanto pelo exemplo apresentado (***habeas corpus*** preventivo é ação penal não condenatória e que permite a concessão de liminar com os requisitos próprios das ações cautelares: ***fumus boni juris*** e ***periculum in mora***), quanto por existir procedimentos autônomos cautelares no processo penal aptos a serem classificados como processo cautelar. Exemplos:

(1) pedido de interceptação telefônica (Lei nº 9.296/1996): o requerimento de interceptação telefônica é uma ação cautelar probatória, autuada em separado, com os elementos necessários para se ter como formado o processo, isto é, há pedido dirigido a um juiz (processo) e, embora não haja contraditório inicial por razões óbvias, a prova produzida é objeto de contraditório postergado;

(2) as medidas assecuratórias de hipoteca legal, de sequestro e de arresto de bens imóveis ou móveis (artigos 134, 135, 136 e 137, CPP): da mesma maneira, se vê nessas demandas pedido formulado perante juiz, por meio de petição inicial (processo), com a atenção ao preenchimento dos pressupostos para a concessão de liminar, bem como se oportunizando o contraditório diferido, posterior, em compasso com o princípio da bilateralidade da audiência.

A principal classificação das ações penais condenatórias tem por referência a **titularidade do direito de ação**. Neste aspecto, as ações subdividem-se em ações penais públicas e ações penais privadas (art. 100, ***caput***, CP). As primeiras, cujo titular privativo é o Ministério Público (art. 129, I, CF, c/c art. 257, I, CPP), podem ser públicas incondicionadas e públicas condicionadas (art. 100, § 1º, CP). Já as ações penais privadas, titularizadas pelo ofendido ou por seu representante legal, podem ser principais (ou exclusivas) e subsidiárias (art. 100, § 3º, CP), havendo ainda as chamadas ações privadas personalíssimas.

Em que pese a classificação amplamente difundida, é essencial consignar, diante da qualidade dos interesses versados em juízo, que toda ação penal é pública. O que pode mudar, conforme o caso, é a **iniciativa** para a propositura da demanda. Por essa corrente, temos a ação penal pública de iniciativa pública, quando a demanda é proposta pelo Ministério Público, e a ação penal pública de iniciativa privada, quando o ajuizamento é realizado pela vítima ou por seu representante legal[23].

Vejamos, seguindo a classificação tradicional, cada modalidade separadamente.

17. AÇÃO PENAL PÚBLICA INCONDICIONADA

A ação penal pública incondicionada é aquela titularizada pelo Ministério Público e que prescinde de manifestação de vontade da vítima ou de terceiros para ser exercida. Ela constitui a regra em nosso ordenamento e será a ação cabível quando do silêncio da lei acerca da ação penal cabível a um determinado tipo penal. Leia-se: quando o artigo de lei que trata do crime ou as disposições gerais que o regulamentam forem omissos, presumimos que o crime é de ação pública incondicionada. A parte inicial do ***caput*** do art. 24, do CPP, assevera que "nos crimes de ação pública, esta será promovida por denúncia do Ministério Público...", ao passo que o § 2º, do mesmo artigo, reza que "seja qual for o crime, quando praticado em detrimento do patrimônio ou interesse da União, Estado e Município, a ação penal será pública".

A Constituição tem no Ministério Público o órgão acusador oficial do Estado e, na esmagadora maioria das infrações, atuará o promotor incondicionalmente, ***ex officio***, sem a necessidade de autorização ou manifestação de vontade de quem quer que seja.

Portanto, o chamado **processo judicialiforme**, encampado pelos artigos 26 e 531, do CPP, prevendo a possibilidade de, em algumas infrações, o início da ação ocorrer através do auto de prisão em flagrante ou por portaria emanada da autoridade policial ou judiciária, encontra-se revogado pelo inciso I, do art. 129, da CF, afinal, a titularidade da ação penal pública foi conferida ao Ministério Público pela Carta de 1988, sendo impensável o exercício da ação por iniciativa do delegado ou do magistrado. Com o advento da Lei nº 11.719/2008, o art. 531 foi alterado, sepultando-se expressamente o antigo instituto. A seu turno, assevera-se no art. 257, inciso I, que cabe ao MP a promoção privativa da ação pública. Nada mais se fez do que adequar o código aos ditames constitucionais.

O processo judicialiforme é um exemplo do que a doutrina tem chamado de ação penal ***ex officio***. Neste sentido, Nilo César Martins Pompílio da Hora, comentando o superado instituto, informa que "a ação penal ***ex officio*** (sem provocação), se iniciava mediante auto de prisão em flagrante delito ou mediante portaria da autoridade policial ou judiciária que

23. LOPES JR. Aury. *Direito processual penal*. 16. ed. São Paulo: Saraiva, 2019. p.359.

agia de ofício, ou por requerimento (solicitação) do Ministério Público, tudo nos termos do art. 531 do CPP"[24].

O CPP autoriza, nos crimes de ação penal pública, a provocação do Ministério Público por qualquer do povo, fornecendo informações sobre a possível infração ocorrida (art. 27).

18. PRINCÍPIOS INFORMADORES DA AÇÃO PENAL PÚBLICA

Estudamos, anteriormente, os princípios que informam o direito processual penal em geral. Entendemos que princípio é espécie de norma. Norma é gênero do qual são espécies as regras e os princípios. Texto não se confunde com a norma. A norma é construída a partir do que enuncia o texto, seja de forma expressa ou implícita. Princípio é, então, mandamento nuclear, alicerce do sistema, informador da aplicação de regras, vetor hermenêutico ou cânone interpretativo.

Ao lado dos princípios gerais, que informam o processo penal como um todo, temos princípios específicos à ação penal.

Os princípios que disciplinam a ação penal pública incondicionada, e que norteiam também, como regra, a ação penal pública condicionada, são os da obrigatoriedade, indisponibilidade, oficialidade, autoritariedade, oficiosidade, indivisibilidade e intranscendência. Veremos, cada um separadamente, a seguir.

19. PRINCÍPIO DA OBRIGATORIEDADE (LEGALIDADE PROCESSUAL)

Estando presentes os requisitos legais, o Ministério Público está obrigado a patrocinar a persecução criminal, ofertando denúncia para que o processo seja iniciado. Não cabe ao MP juízo de conveniência ou oportunidade. Não por acaso, o art. 24 do CPP informa que "nos crimes de ação pública, esta será promovida por denúncia do Ministério Público".

Não se pode olvidar, como já ressaltado no Capítulo I, que a Lei nº 9.099/1995, objetivando mitigar a sanha penalizadora do Estado, instituiu uma contemporização ao princípio da obrigatoriedade, que ganhou o nome de **princípio da obrigatoriedade mitigada ou da discricionariedade regrada**, que nada mais é que, nas infrações de menor potencial ofensivo, a possibilidade, com base no art. 76 da Lei dos Juizados, da oferta de transação penal, é dizer, a submissão do suposto autor da infração a uma medida alternativa, não privativa de liberdade, evitando-se a oferta da denúncia. Substitui-se o embate formal em juízo, pela composição entre as partes. A transação penal brasileira não exige o reconhecimento da culpa nem importará em reincidência, distinguindo-se da transação norte-americana (***plea bargaining***), onde a composição pressupõe a assunção da culpa pelo transacionado.

Como se depreende, a transação penal não é propriamente exceção ao princípio da obrigatoriedade da ação penal, como sustenta parte da doutrina. A transação penal é ação penal pública não convencional tendente a propor a aplicação imediata de pena restritiva de direito, seguindo um "devido processo legal" abreviado. Convencional é a denúncia, petição inicial da ação penal pública. Daí que se o Ministério Público estiver diante dos

24. HORA, Nilo César Martins Pompílio da. *Ação penal*: retrospectiva e perspectiva. Rio de Janeiro: Lumen Juris, 2001. p. 67.

pressupostos para o oferecimento da transação penal, nos termos do art. 76, da Lei nº 9.099/1995, estará compelido a propor essa espécie de "ação penal" (transação penal), incidindo o princípio da obrigatoriedade.

Diferentemente, há exceção ao princípio da obrigatoriedade na hipótese de "acordo de leniência" no curso de investigações de crimes contra a ordem econômica. Leniência é tolerância estatal, brandura. Trata-se do poder que tem o CADE (Conselho Administrativo da Ordem Econômica) de celebrar "acordo de leniência" com os investigados de infração à ordem econômica. O acordo implica o compromisso dos investigados no sentido de:

(1) identificar os demais envolvidos na infração; e

(2) obter informações e documentos comprobatórios da infração objeto da apuração. Verificada a celebração do acordo (artigos 86 e 87, da Lei nº 12.529/2011), o Ministério Público restará impedido de oferecer denúncia por crimes contra a ordem econômica, nos delitos diretamente relacionados à pratica cartelizada e no crime do art. 288, do Código Penal. O legislador dá com uma mão e tira com a outra, vale dizer: enquanto estiver o ***Parquet*** impedido de exercer ação penal, fica também suspenso o prazo prescricional. Se o acordo de leniência for cumprido pelo investigado, haverá extinção da punibilidade.

Nessa linha, também pode ser entendida como exceção à obrigatoriedade a existência de parcelamento do débito tributário nas hipóteses de crimes contra a ordem tributária, tal como dispõe o art. 68, da Lei nº 11.941/2009. Em face de preconizar que a pretensão punitiva fica suspensa, forçoso concluir que o Ministério Público fica impedido de ajuizar ação penal enquanto pendente o parcelamento, porquanto ausente estaria a justa causa, recomendando inclusive a rejeição da peça acusatória se existente tal situação de suspensão da exigibilidade do débito. Da mesma forma, haverá suspensão da prescrição enquanto vigente o parcelamento.

Em outro prisma, a mitigação acontece no acordo proveniente da colaboração premiada, já que o Ministério Público pode deixar de ofertar a denúncia quando o sujeito não for líder da organização e for o primeiro a prestar efetiva colaboração (art. 4º, § 4º, Lei nº 12.850/2013). Do mesmo modo, no acordo de não persecução penal, cabível para crimes com pena mínima inferior a quatro anos, celebrado o ajuste mediante atendimento dos requisitos e aceitação das condições, com a correspondente homologação judicial, a denúncia não será ofertada, operando-se a extinção da punibilidade com o adimplemento integral da avença (art. 28-A, CPP).

Entendemos que o termo de ajustamento de conduta em procedimento civil para apuração de infração ambiental não impede a atuação do Ministério Público na esfera criminal pelo crime ambiental residual ou subjacente[25]. O aludido ajuste de conduta teria o condão, para parte da doutrina, de evitar que o acusado se submetesse a cerimônias degradantes próprias da imposição da prisão (***status-degradation ceremony***: procedimentos ritualizados que, na senda da teoria criminológica do etiquetamento[26], ofendem o ***status dignitatis*** do agente, despojando-o de sua identidade, com a substituição do nome pelo número, corte

25. STJ – Corte Especial – APn 888-DF, Rel. Min. Nancy Andrighi, por unanimidade, j. 02 mai. 2018.
26. SHECAIRA, Sérgio Salomão. *Criminologia*. 4. ed. São Paulo: Revista dos tribunais, 2012. p.296.

de cabelo padrão, identificação criminal e/ou uso de uniforme de preso), restando impedido o Ministério Público de ofertar denúncia enquanto pender o cumprimento do acordo firmado. No entanto, não há previsão legal para autorizar a mitigação à obrigatoriedade. Ao contrário, o princípio da proteção máxima ao meio ambiente permite concluir que a providência civil, fixada no termo de ajuste de conduta, só impede a propositura de ação civil pública, não sendo capaz de paralisar a jurisdição criminal.

20. PRINCÍPIO DA INDISPONIBILIDADE OU DA INDESISTIBILIDADE

Como decorrência do princípio da obrigatoriedade, uma vez proposta a ação, o Ministério Público não pode dela dispor (art. 42, CPP). Não pode o órgão ministerial, sequer, desistir do recurso interposto (art. 576, CPP), afinal, a fase recursal é um desdobramento do direito de ação. Perceba que o MP não é obrigado a recorrer. Contudo, se o fizer, não poderá desistir do recurso manejado.

Cumpre ainda observar que o MP não é um colecionador de condenações, assumindo o relevante papel de guardião da sociedade e fiscal da justa aplicação da lei. Apesar de não poder dispor da ação, pode validamente, em sede de alegações finais, pleitear a absolvição do réu (o que não vincula o juiz), impetrar ***habeas corpus*** e até recorrer para beneficiá-lo.

A possibilidade de pedido absolutório pelo Ministério Público, no bojo da ação penal pública, enseja o que Afrânio Silva Jardim denomina de lide como elemento acidental do processo penal. Isso porque o Ministério Público:

(1) deve atuar obrigatoriamente, promovendo a ação penal pública, se presente lastro probatório mínimo, exercendo a pretensão punitiva estatal;

(2) não pode desistir da ação penal ou do recurso interposto, haja vista a previsão de indisponibilidade;

(3) pode pedir absolvição, surgindo o fenômeno da inexistência de conflito de interesses ou da supressão da pretensão punitiva (resvalando na ausência de pretensão resistida), razão pela qual a lide restará ausente, comprovando sua natureza de elemento acidental à jurisdição penal[27].

A Lei nº 9.099/1995 também trouxe uma mitigação ao princípio da indisponibilidade, autorizando que, nas infrações com pena mínima não superior a **um ano**, seja proposta a **suspensão condicional do processo** (art. 89). A denúncia seria oferecida e com ela a proposta de suspensão do processo, por período de dois a quatro anos, desde que o réu não esteja sendo processado ou não tenha sido condenado por outro crime, e desde que também estejam presentes os requisitos que autorizem a concessão do ***sursis*** (art. 77, CP). Passado o período de prova e não descumpridas as condições especificadas na proposta, o juiz declarará extinta a punibilidade (§ 5º, art. 89).

Encontramos outra mitigação ao princípio da indisponibilidade na colaboração premiada, pois nos termos do acordo celebrado com o Ministério Público pode-se obter o

---

27. CÂMARA, Alexandre Freitas. A lide como elemento acidental da jurisdição. In: *Tributo a Afrânio Silva Jardim*: escritos e estudos. Marcelo Lessa Bastos; Pierre Souto Maior Coutinho de Amorim (orgs.). Niterói: *Lumen Juris*, 2011. p. 9-16.

perdão judicial daquele que já é réu no processo criminal, provocando a extinção da punibilidade (art. 4º, § 2º, Lei nº 12.850/2013).

21. PRINCÍPIO DA OFICIALIDADE

Este princípio informa que a persecução penal ***in*** juízo está a cargo de um órgão oficial, qual seja, o Ministério Público.

22. PRINCÍPIO DA AUTORITARIEDADE

O promotor de justiça (ou o procurador da república, na esfera federal), órgão da persecução criminal, é autoridade pública.

23. PRINCÍPIO DA OFICIOSIDADE

A ação penal pública incondicionada não carece de qualquer autorização para instaurar-se, devendo o Ministério Público atuar ***ex officio***. Excepcionalmente, o Ministério Público dependerá de prévia manifestação de vontade do legítimo interessado, nos crimes de ação pública condicionada (art. 100, § 1º, CP).

24. PRINCÍPIO DA INDIVISIBILIDADE

A ação penal deve estender-se a todos aqueles que praticaram a infração criminal. Assim, o ***Parquet*** tem o dever de ofertar a denúncia em face de todos os envolvidos. Neste sentido, a doutrina majoritária, nos ensinamentos de José Antônio Paganella Boschi[28], Luiz Flávio Gomes[29], Tourinho Filho[30], dentre outros.

Há, entretanto, posição contrária à aqui esboçada, filiando-se ao **princípio da divisibilidade**, ao argumento de que, optando o Ministério Público por angariar maiores elementos para posteriormente processar os demais envolvidos, o processo poderia ser desmembrado, utilizando-se o promotor do aditamento da denúncia para posteriormente lançá-los aos autos. No ponto, o magistério de Mirabete explicando que o **princípio da divisibilidade**, oposto ao da indivisibilidade da ação privada, possibilita entender que "o processo pode ser desmembrado, o oferecimento da denúncia contra um acusado não exclui a possibilidade de ação penal contra outros, permite-se o aditamento da denúncia com a inclusão de corréu a qualquer tempo ou a propositura de nova ação penal contra coautor não incluído em processo já sentenciado etc."[31]

Esta última posição tem prevalecido dentro do Supremo Tribunal Federal[32] e do Superior Tribunal de Justiça, expressando que o princípio da indivisibilidade da ação, quanto à validade do processo, não é aplicável à ação penal pública, no sentido de que o oferecimento da denúncia contra um acusado ou mais não impossibilita a posterior acusação dos demais[33].

---

28. BOSCHI, José Antonio Paganella. *Ação penal*: denúncia, queixa e aditamento. 3. ed. Rio de Janeiro: AIDE, 2002. p. 79.
29. GOMES, Luiz Flávio. *Direito processual penal*. São Paulo: RT, 2005. p. 90.
30. TOURINHO FILHO, Fernando da Costa. *Manual de processo penal*. 5. ed. São Paulo: Saraiva, 2003. p. 123.
31. MIRABETE, Julio Fabbrini. *Processo Penal*. 15. ed. São Paulo: Atlas, 2004. p. 121.
32. STF – Segunda Turma – RHC 126423 AgR – Rel. Min. Gilmar Mendes – publicado em 14 fev. 2017.
33. STJ – Quinta Turma – HC 496.536/MG – Rel. Min. Ribeiro Dantas – DJe 12 set. 2019.

Ao que parece, é preciso fazer uma correção de rumos. Mesmo para aqueles que defendem o princípio da indivisibilidade, como nós, é ponto pacífico que a oferta da denúncia contra parte dos sujeitos não impede o aditamento para lançamento dos demais réus incidentalmente descobertos, afinal, o MP é movido pelo princípio da obrigatoriedade, não havendo de se falar em renúncia ao direito de ação. Tal postura fortalece o reconhecimento de que todos devem ser processados, e que a ação é indivisível, não cabendo ao MP escolher arbitrariamente contra quem vai agir.

Daí que, de acordo com as condições objetivas ou subjetivas da demanda penal, é possível que alguns agentes sejam processados e condenados e outros não, ensejando situação em que acusados estarão em posições jurídicas diferenciadas. É o caso de propositura de denúncia contra apenas um acusado, em face de outro, coautor, ter se submetido ao acordo de não persecução penal (art. 28-A, CPP). Também a suspensão do processo em relação ao réu que preenche os requisitos do art. 89, da Lei nº 9.099/1995, possibilita tratar de forma desigual agentes que concorreram para um mesmo fato, cindindo a demanda.

O aditamento, como complemento da inicial acusatória, admite a seguinte classificação:

(1) **Quanto ao conteúdo**: o aditamento pode ser próprio ou impróprio.

(a) **Aditamento próprio**: envolve um real acréscimo no teor da petição inicial.

O aditamento próprio se biparte em real e pessoal: o aditamento próprio real se apresenta como:

(a.1) **aditamento próprio real material** (quando incluir fato delituoso, elementar ou circunstância nova, inovando na descrição da imputação);

(a.2) **aditamento próprio real legal** (sem inovar propriamente a descrição narrativa do fato, acresce dispositivos legais e processuais a partir de interpretação que enseja a alteração do procedimento e/ou da competência para processamento e julgamento do processo). O **aditamento próprio pessoal** é o que resulta na inclusão de coautores e partícipes;

(b) **Aditamento impróprio**: por seu turno, o aditamento impróprio consiste na correção de falhas, esclarecimentos que não inovam o fato imputado, ou mesmo em retificação simples ou ratificação da denúncia.

(2) **Quanto ao aspecto volitivo**: o aditamento será espontâneo ou provocado.

(a) **Aditamento espontâneo**: quando realizado pelo Ministério Público, sem a atuação do juiz na função anômala de fiscal do princípio da obrigatoriedade da ação penal, postura essa mais apropriada ao sistema de cariz acusatório.

(b) **Aditamento provocado**: quando a iniciativa do Ministério Público tiver decorrido do exercício judicial daquela função de controle, hipótese em que o juiz insta o ***Parquet*** sempre que este não faz o aditamento espontaneamente. Não nos parece, diante do sistema acusatório (art. 3º-A, CPP), que caiba ao juiz provocar o MP para que promova o aditamento. Diante de eventual omissão ministerial, a vítima, habilitada como assistente de acusação, pode muito bem desempenhar esse papel de provocação.[34]

34. LIMA, Renato Brasileiro de. *Curso de processo penal*. Niterói: Impetus, 2013. p. 272.

É possível a formulação de aditamento que suplante, integralmente, os termos da inicial acusatória. Para tanto, todavia, devem ser atendidos, rigorosamente, os ditames do contraditório e da ampla defesa. Pensamos, inclusive, que este é o sentido que se depreende do art. 384, § 4º, do CPP, quando preconiza que, uma vez aditada a inicial, o juiz ficará adstrito aos termos do aditamento. No ponto, a impossibilidade do magistrado volver a instrução probatória àquela narrativa da denúncia originária decorre de substituição integral da petição inicial.

Como se depreende, trata-se de nova demanda nos mesmos autos, em substituição a já proposta, razão pela qual se exige o cumprimento do contraditório e da ampla defesa na forma gizada no CPP. Caso o aditamento se dê depois de iniciada a instrução (audiência), a regra da ***mutatio libelli*** impõe a manifestação da defesa em cinco dias, podendo cada parte arrolar até três testemunhas para tratar da nova realidade fática. Na hipótese de aditamento anterior à audiência de instrução, impõe-se a renovação do rito comum, nos termos do art. 396-A, do Código (citação, resposta preliminar em 10 dias, fase de absolvição sumária ou de designação de audiência etc.).

O cabimento de substituição de petição inicial foi reconhecido pela Presidência do STF, em sede de ação direta de inconstitucionalidade, antes de distribuído o processo eletrônico. Embora não se cuide matéria penal, a decisão monocrática do Presidente da Suprema Corte criou precedente que afasta a preclusão consumativa que se entendia ocorrida até então. Em casos anteriores a esse, a posição do STF obstava a possibilidade de aditamento integral de peça vestibular de demandas. Na espécie, o Presidente do Supremo Tribunal autorizou que fosse substituída a petição inicial já protocolada, da ADI 5334, proposta pela Procuradoria Geral da República contra exigência de registro na OAB imposta aos advogados públicos[35].

25. PRINCÍPIO DA INTRANSCENDÊNCIA OU DA PESSOALIDADE

A ação só pode ser proposta contra quem se imputa a prática do delito. Sendo a responsabilidade criminal essencialmente subjetiva, a demanda não pode prejudicar terceiros que não tenham concorrido de alguma forma para o cometimento da infração (art. 29, CP). O falecimento do autor do fato não impede que os herdeiros, dentro das forças da herança, estejam obrigados a indenizar a vítima pelos danos causados.

26. AÇÃO PÚBLICA CONDICIONADA

A ação penal pública condicionada é também titularizada pelo Ministério Público; afinal, trata-se de ação pública. Entretanto, porque há ofensa à vítima em sua intimidade, para o seu exercício válido, o legislador optou por condicioná-la a um permissivo externado por esta ou seu representante legal, permissivo este tecnicamente denominado representação. Pode, ainda, a permissão, ser dada na forma de requisição oriunda do Ministro da Justiça, por uma opção cabalmente política, a exemplo das ações deflagradas com o propósito de apurar crime cometido contra a honra do Presidente da República e de chefe de governo estrangeiro (art. 141, I, c/c art. 145, parágrafo único, CP). Examinemos amiúde os institutos desta espécie de ação:

35. STF – ADIn 5334 – Decisão Monocrática – Presidência do STF – Min. Ricardo Lewandowski – Data: 19 jun. 2015.

27. A REPRESENTAÇÃO

É uma condição de procedibilidade para que possa instaurar-se a persecução criminal. É um pedido autorizador feito pela vítima ou por seu representante legal. Sem ela a persecução penal não se inicia. Não pode haver a propositura da ação, e também não pode sequer ser iniciado o inquérito policial, afinal, o legislador conferiu à vítima a faculdade de autorizar ou não o início do procedimento. Isso porque a preservação da intimidade do ofendido foi colocada em primeiro plano. Muitas vezes o constrangimento de reconstruir os fatos já passados e expor a intimidade em juízo ou na delegacia é mais desgastante do que a própria impunidade do criminoso. Assim, nem mesmo o auto de prisão em flagrante poderá ser lavrado sem que a vítima autorize.

Adquiriu relevo jurisprudencial a análise do instituto da representação no crime de lesão corporal de natureza leve à luz da Lei Maria da Penha (Lei nº 11.340/2006). Entenda-se: o art. 88, da Lei nº 9.099/1995 (Lei dos Juizados Especiais), passou a exigir a representação da vítima nesses casos, transformando a ação, antes pública incondicionada, em condicionada à representação. Por sua vez, o art. 41, da Lei nº 11.340/2006, estatui a inaplicabilidade da Lei dos Juizados Especiais em caso de agressão doméstica e familiar contra a mulher.

O STF, no julgamento da ADI nº 4.424 e da ADC nº 1.943, reconheceu a constitucionalidade do art. 41 da Lei Maria da Penha, consolidando que a lesão corporal na violência doméstica, mesmo que de natureza leve, é crime de ação pública incondicionada. Mesmo caminho trilou o STJ, editando o enunciado sumular nº 542, que diz ser pública incondicionada a ação penal relativa ao crime de lesão corporal resultante de violência doméstica contra a mulher.

Importante alertar que outros crimes no âmbito da violência doméstica e familiar contra a mulher continuam sendo de ação pública condicionada, como ocorre com a ameaça (art. 147, parágrafo único, CP).

28. OS DESTINATÁRIOS DA REPRESENTAÇÃO

A representação, ofertada pela vítima, por seu representante ou por procurador com poderes especiais (não precisa ser advogado), pode ser destinada à autoridade policial, ao Ministério Público ou ao próprio juiz. Nestas duas últimas hipóteses, será remetida a autoridade policial para que proceda a inquérito (art. 39, § 4º, CPP). Nada impede, havendo lastro probatório embasando a representação e apto a viabilizar o exercício da ação, que o magistrado a remeta diretamente ao MP. Já se o ***Parquet*** entende que evidentemente não se trata de infração penal, caberá a promoção do arquivamento da representação.

29. AUSÊNCIA DE RIGOR FORMAL DA REPRESENTAÇÃO

Segundo o Supremo Tribunal Federal[36], a representação é peça sem rigor formal, e pode ser apresentada oralmente ou por escrito (art. 39, CPP), tanto na delegacia, quanto perante o magistrado ou o membro do Ministério Público. O importante é que a vítima revele o interesse claro e inequívoco de ver o autor do fato processado.

36. STF – Segunda Turma – HC 144824 AgR – Rel. Min. Gilmar Mendes – publicado em 26 abr. 2018.

De acordo com o STJ, caso a vítima apresente queixa-crime por equívoco, imaginando tratar-se de crime de iniciativa privada, esta pode validamente ser tomada como representação, diante da constatação de que na verdade se trata de crime de ação pública condicionada. Tal é o desapego ao formalismo, nitidamente desnecessário[37].

30. O PRAZO DA REPRESENTAÇÃO E SUA CONTAGEM

A representação deve ser ofertada, como regra, no prazo de **seis meses** do conhecimento da **autoria** da infração penal, leia-se, de quando a vítima toma ciência de quem foi o responsável pelo delito. Logo, o dia em que o ofendido toma conhecimento de quem seja o infrator já é o primeiro dia para representar.

Por ser prazo de natureza decadencial, é contado na forma do art. 10, do CP, ou seja, inclui-se o dia do início e exclui-se o do vencimento. O prazo também não se interrompe, não se suspende nem se prorroga. Caso se encerre em final de semana ou feriado, a vítima deverá representar à autoridade que esteja de plantão, afinal, inexiste prorrogação ao primeiro dia útil subsequente.

Por outro lado, deve-se advertir que se o ofendido tiver, durante a investigação preliminar ou o processo manifestado o desejo inequívoco de ver processado o autor do fato, deve-se entender como existente a representação mesmo diante da desclassificação da infração penal (a exemplo da de lesão corporal grave para a de lesão leve). Caso inexista pronunciamento nesse sentido, pensamos ser vedado ao juízo ordenar a intimação da vítima para que represente em desfavor do agente, tanto por violar os pilares do sistema acusatório (divisão de atribuições entre os sujeitos processuais), quanto por implicar incentivo do ofendido à litigância.

A Lei nº 9.099/1995 prevê que a representação será apresentada oralmente na audiência preliminar, uma vez frustrada a composição civil dos danos (art. 75). Contudo corre-se o risco desta audiência ser realizada após o decurso do prazo decadencial de seis meses, que começou a correr do conhecimento da autoria da infração. Assim, a prudência exige que a autoridade policial, quando da elaboração do termo circunstanciado (TCO), já colha, ainda na delegacia de polícia, a representação da vítima, evitando-se a frustração da representação pelo decurso do tempo.

31. O MENOR REPRESENTADO

Se a vítima for menor de dezoito anos, o direito de representação deve ser exercido pelo representante legal. O art. 34, do CPP, admitindo a possibilidade da representação ser proposta pelo representante legal do indivíduo menor de vinte e um anos e maior de dezoito, encontra-se tacitamente revogado, pois tais pessoas, em face do art. 5º, do Código Civil, são absolutamente capazes. Na mesma linha, o verbete sumular nº 594, do STF – prevendo que os direitos de queixa e de representação podem ser exercidos, independentemente, pelo ofendido ou por seu representante legal –, não tem mais aplicação prática, afinal, integralizando 18 anos, não há mais de se falar em representante legal àquele que por lei, é absolutamente capaz.

37. STJ – Quinta Turma – HC 466.047/SC – Rel. Min. Reynaldo Soares da Fonseca – DJe 01 mar. 2019.

Assim temos:

(1) **menor de dezoito anos:** só o representante legal representa;

(2) **maior de dezoito anos:** só a vítima pode representar, pois absolutamente capaz;

(3) **menor emancipado:** ele não pode representar. A capacidade plena que detém é só para os atos da vida civil. Não possui capacidade para agir sozinho no âmbito criminal. Resta como solução, segundo Luiz Flávio Gomes[38], ou nomear-lhe curador especial, ou aguardar que complete 18 anos, quando só então poderá representar. O prazo decadencial só passa a contar a partir do advento da maioridade. O risco, contudo, é a ocorrência da prescrição.

32. A SUCESSÃO PROCESSUAL

Em caso de morte ou declaração de ausência da vítima, o direito de representar passa ao cônjuge (incluída a companheira[39]), ascendentes, descendentes ou aos irmãos, ordem esta preferencial e taxativa:

C	ônjuge		
A	scendentes	→	Art. 36 c/c o art. 31 do CPP
D	escendentes		
I	rmãos		

O código prevê a figura do curador especial para oferecer a representação, nos casos de ausência de representante legal dos menores, ou ainda em se tratando de retardados mentais e pessoas mentalmente enfermas (art. 33, CPP). Quando os interesses do representante legal colidirem com os do menor, a exemplo dos crimes praticados pelos pais contra os próprios filhos, tem cabimento também a nomeação do curador especial pelo juiz competente, seja por provocação do membro do Ministério Público ou até mesmo ***ex officio***. O curador é verdadeiro substituto processual, atuando em nome próprio, na defesa de interesse alheio. É sempre bom frisar que o curador não está obrigado a representar. Cabe a ele ponderar a conveniência ou não da representação em face dos interesses da vítima.

As pessoas jurídicas, quando vítimas de infração, podem representar por intermédio de seus representantes designados nos respectivos contratos sociais ou estatutos e, no silêncio destes, por seus diretores ou sócios-administradores, em analogia ao art. 37, do CPP, que trata do exercício do direito de ação pela pessoa jurídica.

33. AUSÊNCIA DE VINCULAÇÃO DO MINISTÉRIO PÚBLICO À REPRESENTAÇÃO

O ***Parquet***, diante da representação, analisa se estão presentes os requisitos legais, para só então oferecer denúncia. A representação é uma autorização e um pedido para que a persecução seja instaurada; não é ordem nem vincula o promotor de justiça, que pode, inclusive, em sua peça acusatória, enquadrar a conduta delituosa em dispositivo legal

38. GOMES, Luiz Flávio. *Direito processual penal*. São Paulo: RT, 2005. p. 96.
39. STJ – Corte Especial – APn 912-RJ – Rel. Min. Laurita Vaz – DJe 22 ago. 2019.

diverso daquele eventualmente apontado pela vítima, ou até mesmo, assim entendendo, promover o arquivamento.

34. EFICÁCIA OBJETIVA DA REPRESENTAÇÃO

Se a vítima indica na representação apenas parte dos envolvidos, o Ministério Público pode, de pronto, ofertar denúncia contra os demais coautores ou partícipes, sem a necessidade de nova manifestação de vontade do ofendido. Afinal, como a persecução penal é pública, a exigência da representação é tão somente para constatação de que a vítima deseja ver processados os possíveis infratores. Operada a manifestação de vontade, cabe ao ***Parquet*** delinear os limites subjetivos da denúncia. Tourinho Filho, discorrendo sobre o tema, concluiu que se a representação for oferecida contra um dos agentes, a denúncia poderá ser apresentada em relação aos demais partícipes do mesmo fato, mormente "em decorrência do princípio da indivisibilidade da ação penal"[40].

Em que pese esta ser a posição francamente majoritária, cabe ressaltar a posição minoritária, porém mais acertada, no sentido de que caso a vítima represente apenas elencando parte dos envolvidos, deve o Ministério Público provocá-la a se manifestar quanto ao corréu ou partícipe não indicado. Permanecendo a omissão, deve ser reconhecida a renúncia ao direito de representar, o que operaria a extinção da punibilidade em benefício de todos os envolvidos na infração penal.

Assim leciona Luiz Flávio Gomes, pontuando que, "se o ofendido diz que só quer representar contra um, isso significa renúncia em relação ao outro e havendo renúncia para um dos coautores, estende para todos", ou seja, deve operar-se a extinção da punibilidade para todos. Caso venha a vítima reconhecer o equívoco e resolva representar também em relação ao outro, "cabe ao MP oferecer denúncia contra todos (desde que haja justa causa em relação a todos)"[41].

35. RETRATAÇÃO

Enquanto **não oferecida a denúncia**, a vítima pode retratar-se da representação, inibindo o início do processo. Como a representação está adstrita à conveniência do ofendido, uma vez apresentada, é possível que ele se arrependa, volte atrás. Só é possível até a apresentação da inicial acusatória na secretaria da vara criminal ou na distribuição, pois após este ato, a representação é irretratável (art. 25, CPP, c/c art. 102, CP).

Para a doutrina majoritária, a vítima pode retratar-se e reapresentar a representação quantas vezes entender conveniente. Tal significa que pode retratar-se da representação e, em se arrependendo, reapresentá-la, respeitando apenas o marco do oferecimento da denúncia e o prazo decadencial dos seis meses, pois, uma vez oferecida a peça acusatória, a representação passa a ser irretratável. Assim, num pequeno jogo de palavras, com a vênia do leitor, concluímos que cabe retratação da retratação da representação, ou seja, a vítima que representa e se retrata, pode novamente representar.

40. TOURINHO FILHO, Fernando da Costa. *Processo penal*. São Paulo: Saraiva, 2003. v.1. p. 359.
41. GOMES, Luiz Flávio. *Direito processual penal*. São Paulo: RT, 2005. p. 98.

Em posição minoritária, encontra-se Tourinho Filho, entendendo que a retratação da representação leva à renúncia ao direito de representar, acarretando a extinção da punibilidade. Indaga o autor: "havendo retratação da representação, poderá o Promotor de Justiça requerer o arquivamento dos autos do inquérito policial ou das peças de informação?" A retratação, na hipótese, assemelha-se, em tudo e por tudo, à renúncia, e, assim, devem os autos ser arquivados", diante da falta de representação, eis que se cuida de "condição a que se subordina, às vezes, o ***jus accusationis***. Permitir-se a retratação da retratação é entregar ao ofendido arma poderosa para fins de vingança ou outros inconfessáveis"[42].

Já a Lei Maria da Penha, Lei nº 11.340/2006, que cria mecanismos para coibir a violência doméstica e familiar contra a mulher, prevê que só será admitida a renúncia à representação perante o juiz, em audiência especialmente designada com tal finalidade, antes do recebimento da denúncia e ouvido o Ministério Público (art. 16). Perceba que o diploma é mais rigoroso com a retratação, exigindo audiência específica com tal finalidade, no intuito de inibir eventual coação à mulher agredida para que retire a representação, e ainda altera o marco de admissão, comportando a retratação (renúncia) até antes do **recebimento da denúncia**. Para o STJ, a audiência de retratação somente deverá ser designada se houver prévia manifestação da vítima, ou seja, somente será determinado o ato se a mulher demonstrar interesse em se retratar[43].

RETRATAÇÃO		
Previsão legal	Art. 25 do CPP c/c art. 102 do CP	Art. 16 da Lei Maria da Penha
Momento	Até o oferecimento da inicial acusatória	Até o recebimento da inicial acusatória
Depende de audiência específica	Não	Sim, perante o juiz

36. A REQUISIÇÃO DO MINISTRO DA JUSTIÇA

É um ato de conveniência política, a cargo do Ministro da Justiça, autorizando a persecução criminal nas infrações que a exijam. O legislador condicionou a intervenção punitiva estatal, nestas hipóteses de caráter excepcional, à discricionariedade do Ministro da Justiça, como ocorre, a título de exemplo, nos crimes cometidos por estrangeiro contra brasileiro fora do Brasil (art. 7º, § 3º, "b", CP).

37. DESTINATÁRIO DA REQUISIÇÃO DO MINISTRO DA JUSTIÇA

A requisição ministerial será endereçada ao Ministério Público, na figura do Procurador Geral.

38. PRAZO PARA OFERECIMENTO DA REQUISIÇÃO DO MINISTRO DA JUSTIÇA

Pode ser ofertada a qualquer tempo, enquanto a infração não estiver prescrita, ou a punibilidade não estiver extinta por qualquer outra causa. Não existe prazo decadencial para apresentar a requisição, ao contrário do que ocorre com a representação da vítima.

42. TOURINHO FILHO, Fernando da Costa. *Processo penal*. São Paulo: Saraiva, 2003. v.1. p. 358.
43. STJ – Quinta Turma – RHC 88.515/RJ, Rel. Ministro Ribeiro Dantas – DJe 30 mai. 2018.

39. IMPOSSIBILIDADE DE RETRATAÇÃO DA REQUISIÇÃO DO MINISTRO DA JUSTIÇA

Por ausência de previsão legal, e por ser um ato de natureza política a cargo do Ministro da Justiça, que exige serenidade e ponderação antes de ser apresentada, não cabe retratação da requisição, pois esta revelaria fragilidade do Estado brasileiro. Neste sentido, as lições de Tourinho Filho, asseverando que "se a lei não fixou prazo para a sua feitura, se embora o art. 24, do CPP fale da representação e da requisição e o artigo seguinte permite apenas a retratação da representação, é sinal de que o legislador não quis admitir a possibilidade de retratação"[44].

Contudo, a doutrina está longe de pacificar o tema, havendo forte posição no sentido da admissibilidade de retratação da requisição até o oferecimento da denúncia, em analogia à representação. Nesse sentido, dentre outros, o magistério de Luiz Flávio Gomes[45], Nilo César Martins e Pompílio da Hora[46], ao fundamento de que a requisição é acima de tudo um ato administrativo de cunho político, admitindo-se o seu desfazimento (retratação), como admitem os atos administrativos em geral.

40. AUSÊNCIA DE VINCULAÇÃO DO MP À REQUISIÇÃO

A requisição não vincula o Ministério Público, e como já afirmado, não é sinônimo de ordem. Ofertada a requisição, pode o órgão ministerial ordenar o arquivamento do feito, caso entenda que não existe justa causa para o início da demanda, assim como imprimir definição jurídica diversa daquela que foi apresentada.

41. EFICÁCIA OBJETIVA DA REQUISIÇÃO

Assim como a representação, o entendimento majoritário é no sentido de que a requisição ministerial também goza de eficácia objetiva, e por consequência, se não forem contemplados todos os envolvidos no fato, poderá o Ministério Público, de pronto, denunciar os faltantes, sem a necessidade de aditamento pelo Ministro da Justiça.

42. AÇÃO PENAL PRIVADA

Naquelas infrações penais que ofendem sobremaneira a intimidade da vítima, o legislador lhe conferiu o próprio exercício do direito de ação. Nestas hipóteses, a persecução criminal é transferida excepcionalmente ao particular que atua em nome próprio, na tutela de interesse alheio (***jus puniendi*** do Estado). O fundamento é evitar o constrangimento do processo (***strepitus iudicii***), podendo a vítima optar entre expor a sua intimidade em juízo ou quedar-se inerte, pois muitas vezes, o sofrimento causado pela exposição ao processo é maior do que a própria impunidade do criminoso. Ação penal de iniciativa privada tem assim o fito de proteger o ofendido contra a "vitimização secundária" (ou efeito vitimizador), que muitas vezes é provocada por meio de novos danos e exposições decorrentes

44. TOURINHO FILHO, Fernando da Costa. *Manual de processo penal*. 5. ed. São Paulo: Saraiva, 2003.p. 145.
45. GOMES, Luiz Flávio. *Direito processual penal*. São Paulo: RT, 2005. p. 97.
46. HORA, Nilo César Martins Pompílio da. *Ação penal*: retrospectiva e perspectiva. Rio de Janeiro Lumen Juris, 2001. p. 67.

das investigações levadas a cabo pelos órgãos da persecução penal estatal. Não obstante, se o desejar, a vítima pode processar o infrator, apresentando a competente queixa-crime, que é a peça inaugural das ações penais de iniciativa privada. Na ação privada, o autor da demanda ganha o nome de **querelante**, ao passo que o réu é o **querelado**.

É crescente, entretanto, a crítica à manutenção das ações de iniciativa privada. A atuação subsidiária do Direito Penal, que só pode ser acionado como ***ultima ratio***, nos permite concluir que o interesse público na punição estará sempre presente, em razão da necessária seletividade dos bens jurídicos fundamentais para proteção por conduto da norma penal, não sendo razoável afastar-se o MP da condução da persecução[47].

Sendo o objetivo a proteção da vítima em face do ***strepitus iudicii*** (escândalo do processo), o mais adequado é que os delitos de iniciativa privada migrem para o âmbito das ações públicas condicionadas à representação. Desta forma, o MP continuaria como titular da ação, dependendo da manifestação de vontade do legítimo interessado, a quem cabe dosar o que é mais conveniente: expor-se ao processo ou preservar a intimidade, assistindo em contrapartida a impunidade do seu algoz.

43. TITULARIDADE DA AÇÃO PENAL PRIVADA

O exercício do direito de ação cabe ao ofendido ou ao seu representante legal (art. 30, CPP). No caso de morte ou declaração de ausência da vítima, o direito de ação transfere-se ao cônjuge (incluída a companheira), ascendentes, descendentes e irmãos, nesta ordem preferencial (art. 31, CPP). Tudo o mais quanto tratamos da legitimidade para representar, aqui tem aplicação, assim, a figura do curador para o incapaz é tratada no art. 33 do CPP, além da possibilidade da pessoa jurídica ter legitimidade ativa para a propositura da ação penal privada, como destacamos pela leitura do art. 37, do mesmo Código. Já quanto àqueles que têm entre 18 e 21 anos, por serem absolutamente capazes, o direito de ação é cabível apenas a eles, não havendo que se cogitar da presença do representante legal. Por isso, o art. 34, do CPP, encontra-se tacitamente derrogado, quando trata da figura do representante legal a referidas pessoas, além da perda de eficácia do verbete sumular nº 594, do STF, citado acima.

44. PRINCÍPIOS INFORMADORES DA AÇÃO PENAL PRIVADA

São norteadores da ação penal privada os princípios que, em boa parte, são opostos àqueles estudados, da ação penal pública. Vejamos a seguir.

45. PRINCÍPIO DA OPORTUNIDADE OU CONVENIÊNCIA

É facultado à vítima decidir entre ofertar ou não a ação, pois ela, por permissivo legal, é a titular do direito. Não querendo exercê-lo, pode ficar inerte e deixar transcorrer ***in albis*** o prazo decadencial de seis meses para ofertar a queixa ou, se assim o desejar, renunciar a este direito de forma expressa ou tácita (artigos 49 e 50, CPP). O exercício da ação penal privada é de pura conveniência do ofendido, exercendo a ação apenas e tão somente se o

47. OLIVEIRA, Eugênio Pacelli de. *Curso de processo penal*. 10. ed. Rio de Janeiro: Lumen Juris, 2008. p. 123.

desejar. Caso não pretenda exercitar o direito de ação, poderá ocorrer a decadência ou a renúncia.

(1) **Decadência**

Pela omissão da vítima em propor a ação privada, quedando-se inerte no transcurso do prazo de seis meses de que dispõe para exercer o seu direito, contados, como regra, do conhecimento da autoria da infração (art. 38, CPP, c/c o art. 107, IV, CP). Vale destacar, sempre por oportuno, que sendo o referido prazo de natureza decadencial, não se prorroga, não se suspende e nem se interrompe, contando-se na forma do art. 10, do CP, incluindo o primeiro dia e excluindo o do vencimento. Portanto, a vítima tem prazo para exercer a ação privada. Se não o fizer, decai do direito, ocasionando a extinção da punibilidade.

Como já ressaltado, a pendência de inquérito policial inconcluso apurando infração de caráter privado não possibilita a dilação do prazo para a vítima ofertar a ação. Para não decair do direito, restaria ao querelante propor a demanda criminal, sem o inquérito, requerendo ao magistrado, na inicial, que os autos da investigação sejam imediatamente remetidos, assim que o inquérito for concluído, antes do juízo de admissibilidade da queixa-crime pelo juiz das garantias.

O ajuizamento da queixa-crime, mesmo perante juízo relativa ou absolutamente incompetente, obsta o decurso do prazo decadencial, eis que existente ação processual, vale dizer: a partir da propositura da queixa, há de fato exercício da demanda pelo particular. O que importa é que o ajuizamento da demanda tenha se dado dentro do prazo de seis meses previsto em lei. No entanto, a inexistência de procuração com poderes especiais ou a apresentação de procuração com a cláusula geral (para o foro geral ou ***ad juditia***) enseja o reconhecimento da decadência se escoado o prazo em momento ulterior, não podendo ser suprida posteriormente, haja vista que o advogado pleiteia em juízo fazendo prova do mandato e, inexistindo poderes específicos, devem ser reputados inexistentes os atos praticados em nome do outorgante.

(2) **Renúncia**

Opera-se pela prática de ato incompatível com a vontade de ver processado o infrator, ou através de declaração expressa da vítima em tal sentido. Já que a vítima é movida pelo princípio da oportunidade, é possível que ela revele o desejo de não exercer a ação, seja de forma expressa, declarando que não o fará, seja de forma tácita, praticando ato incompatível com a vontade de dar início a ação penal.

Podemos enquadrar na segunda situação – renúncia tácita – o fato da vítima passar a manter laços fraternos e de amizade com o infrator, convidando-o, por exemplo, para batizar um filho. A mera cordialidade e atos de boa educação, contudo, como cumprimentar o infrator, não implicam renúncia, assim como aceitar indenização cível em face dos danos causados pelo delito. A exceção encontra-se no parágrafo único, do art. 74, da Lei nº 9.099/1995, prevendo que, nas infrações de menor potencial ofensivo de iniciativa privada, a composição civil dos danos leva à renúncia ao direito de ação.

A renúncia tácita admite todos os meios de prova para demonstrá-la (art. 57, CPP), ao passo que a renúncia expressa deve constar de declaração assinada pelo ofendido, por seu representante legal, ou por procurador com poderes especiais (este não precisa ser advogado).

Por consectário lógico, a renúncia é ato voluntário (sem coação sobre a pessoa do ofendido ou do seu representante legal), unilateral (não há necessidade de aceitação pelo suposto sujeito ativo da infração), **pré-processual (extraprocessual)** e **irretratável**, já que em razão dela o direito de ação não mais poderá ser exercido, tendo por consequência a extinção da punibilidade (art. 107, V, CP).

Nunca é demais lembrar, tratando-se da renúncia, que o parágrafo único do art. 50, do CPP, prevendo ainda a figura do representante legal para aqueles que possuem entre 18 e 21 anos, encontra-se revogado tacitamente pelo Código Civil.

Se a renúncia for ofertada em benefício de apenas parcela dos infratores, se estenderá a todos (extensibilidade da renúncia). Renunciando a vítima em proveito de um ou alguns, todos lucram (art. 49, CPP).

A lei não faz previsão da promoção de arquivamento do inquérito policial pela vítima. Se ela o fizer, movida pelo desejo de não processar o infrator conhecido, este ato implicará na renúncia tácita ao direito de ação.

46. PRINCÍPIO DA DISPONIBILIDADE

Pelo princípio em estudo, uma vez exercida a ação penal, poderá o particular desistir da demanda, seja perdoando o acusado (art. 51 ***et seq***, CPP), seja pelo advento da perempção. Se a ação penal privada é movida pelo interesse do ofendido, e se ele pode optar entre exercer ou não o direito de ação (princípio da oportunidade), com muito mais razão, tendo deflagrado a ação, poderá arrepender-se, dispondo do seu direito. Assim poderemos ter o perdão da vítima ou a perempção.

(1) **Perdão da vítima**

É uma espécie de benevolência. Qualquer motivo pode levar a vítima a não mais desejar prosseguir com a ação, perdoando o réu. O perdão tem por consequência a extinção da punibilidade (art. 107, V, CP). Contudo, precisa ser **aceito** pelo imputado, senão não operará efeitos (ato bilateral). Uma vez oferecido o perdão mediante declaração nos autos, o demandado será intimado para dizer se concorda, dentro de três dias. Se nada disser, o silêncio implica acatamento (aceitação tácita).

A bilateralidade do perdão se justifica pela possibilidade do réu desejar provar a sua inocência, objetivando que o processo evolua, para sagrar-se absolvido (já que a aceitação do perdão extingue a punibilidade). Eventualmente, pode até mesmo processar o querelante por denunciação caluniosa (art. 339, CP). Já a aceitação do perdão fora do processo (perdão extrajudicial), constará de declaração assinada pelo querelado ou por procurador com poderes especiais, que, por sua vez, não precisa ser advogado (art. 59, CPP). Neste caso, não é necessária a ratificação do perdão em juízo.

Em síntese, o perdão poderá ser expresso, mediante declaração ofertada pelo querelante dentro ou fora dos autos, ou tácito, com a prática pelo ofendido de ato incompatível com a vontade de continuar processando o réu, como por exemplo, o início de namoro entre eles. O perdão tácito admite todos os meios de prova (art. 57, CPP).

Havendo corréus, o perdão oferecido a apenas um aproveitará aos demais. Isso porque a ação penal privada é indivisível. Ofertando o perdão, o querelante estará beneficiando todos os réus que desejarem aceitá-lo. Caso um ou alguns não o aceitem, o processo continuará contra aqueles que o recusaram.

O art. 53 faz a previsão da aceitação do perdão pelo curador do réu mentalmente enfermo ou retardado mental, quando este não possuir representante legal, ou havendo colidência de interesses entre ambos. Já os artigos 52 e 54, do CPP, fazendo menção ao papel do representante legal na aceitação e na oferta do perdão àqueles que têm entre 18 e 21 anos, encontram-se tacitamente derrogados pelo Código Civil.

No aspecto temporal, o perdão pode ser ofertado até o trânsito em julgado da sentença final (art. 106, § 2º, CP).

São essas as semelhanças e diferenças entre a renúncia e o perdão:

RENÚNCIA	PERDÃO DA VÍTIMA
‣ Extingue a punibilidade nas ações exclusivamente privada e privada personalíssima	‣ Extingue a punibilidade nas ações exclusivamente privada e privada personalíssima
‣ Está vinculada ao princípio da oportunidade ou conveniência	‣ Está vinculada ao princípio da disponibilidade
‣ Ato unilateral: independe de aceitação.	‣ Ato bilateral: depende de aceitação.
‣ É pré-processual	‣ É processual
‣ A renúncia concedida a um dos corréus aproveita aos demais (princípio da indivisibilidade).	‣ O perdão concedido a um dos corréus estende-se aos demais, desde que haja aceitação (princípio da indivisibilidade).

(2) **Perempção**

Esta revela a desídia do querelante que já exerceu o direito de ação, sendo uma sanção processual ocasionada pela inércia na condução da ação privada, desaguando na extinção da punibilidade (art. 107, IV, CP). Suas hipóteses de ocorrência estão disciplinadas no art. 60, do CPP, que considera perempta a ação penal, nos casos em que somente se procede mediante queixa:

> I – quando, iniciada esta, o querelante deixar de promover o andamento do processo durante 30 (trinta) dias seguidos;

Atenção! Os atrasos justificados não devem implicar perempção. Já se ocorrerem diversas paralisações, porém nenhuma isoladamente dando margem ao preenchimento dos 30 dias, é incabível o somatório para o reconhecimento da sanção.

> II – quando, falecendo o querelante, ou sobrevindo sua incapacidade, não comparecer em juízo, para prosseguir no processo, dentro do prazo de 60 (sessenta) dias, qualquer das pessoas a quem couber fazê-lo, ressalvado o disposto no art. 36;

Atenção! Não mais podendo dar continuidade ao feito, devem substituir o querelante as pessoas indicadas no art. 31 do CPP, é dizer, o rol preferencial composto do cônjuge (incluída a companheira), ascendentes, descendentes e irmãos. Não é necessária a intimação pessoal dos sucessores para seguirem no processo. Portanto, o prazo se inicia da morte ou do reconhecimento da incapacidade do querelante.

> III – quando o querelante deixar de comparecer, sem motivo justificado, a qualquer ato do processo a que deva estar presente, ou deixar de formular o pedido de condenação nas alegações finais;

Atenção! Pela leitura do dispositivo, percebe-se que a ausência deve ser injustificada. Ausência justificada ilide a perempção. Caso a presença do advogado possa substituir a do querelante, não há de se falar em perempção.

Atenção! Quanto ao pedido de condenação nas alegações finais, exige-se bastante cautela para o reconhecimento da perempção nestes casos. Se da narrativa feita em alegações deduzir-se o desejo de condenação, não se deve reconhecer a perempção. Já se esta intenção não puder ser extraída, seja pela displicência na construção da peça, seja porque o querelante não mais deseja ver o réu condenado, a perempção é de rigor. Já se o querelante requer expressamente a absolvição do réu em alegações finais, não restará ao magistrado outra alternativa que não o reconhecimento da perempção. E se o querelante for omisso na apresentação das alegações finais? Se esta omissão ocasionar a paralisação do processo por 30 dias seguidos, deve ser reconhecida a perempção com base no inciso I do art. 60 do CPP.

> IV – quando, sendo o querelante pessoa jurídica, esta se extinguir sem deixar sucessor.

Atenção! Extinta a pessoa jurídica e não se habilitando nenhum sucessor interessado a prosseguir no feito, resta o reconhecimento da extinção da punibilidade pela perempção.

Havendo concurso de infrações, pode ocorrer perempção em face de apenas algumas delas. Já quanto à existência de vários querelantes, a perempção em razão de parte deles não prejudica os demais.

47. PRINCÍPIO DA INDIVISIBILIDADE

O art. 48, do CPP, reconhece de forma expressa o princípio da indivisibilidade da ação penal privada, devendo o particular, ao optar pelo processamento dos autores da infração, fazê-lo em detrimento de todos os envolvidos. É dizer, ou processa todos, ou não processa ninguém, cabendo ao Ministério Público velar pela indivisibilidade da ação penal de iniciativa privada. Afinal, atua como ***custos legis***.

O Ministério Público, como fiscal do princípio da indivisibilidade, não pode aditar a queixa crime, lançando novos réus ao processo, pois lhe falta **legitimidade ativa "*ad causam*"**. Tendo o Ministério Público vista dos autos na ação de iniciativa privada (art. 45, CPP), e percebendo o órgão ministerial que o particular omitiu-se dolosamente em processar todos os envolvidos, resta, em parecer, manifestar-se pela extinção da punibilidade, afinal, quando o querelante ajuíza a ação lançando no polo passivo apenas parte dos envolvidos, mesmo sabendo da existência de outros e tendo elementos para processá-los (justa causa), estará renunciando ao direto de ação quanto àqueles que deixou de processar, e como já visto, a renúncia beneficia a todos os envolvidos.

Já se a omissão do querelante foi involuntária, resta ao MP, ainda em parecer, manifestar-se para que o querelante se posicione quanto a sua omissão, cabendo a ele a opção entre aditar ou não a queixa crime. Promovendo o aditamento, o processo segue o seu curso regular. Não o fazendo, incorrerá em renúncia, o que desaguará na extinção da punibilidade (art. 107, V, CP). A depender do estágio da demanda, pode optar por ajuizar uma outra ação contra o agente incidentalmente descoberto, evitando tumulto no processo que já estava em curso.

Tourinho Filho, contrariando o aqui esboçado, admite a possibilidade de aditamento da queixa pelo promotor de justiça, lançando corréu, em face da omissão do querelante. De acordo com o autor, "aditar, de um suposto frequentativo de ***addere***, significa acrescentar, aumentar, ampliar". O CPP, em seu art. 48, prevê que a queixa contra qualquer dos autores do crime obrigará ao processo de todos e que o Ministério Público deve velar pela sua indivisibilidade. Em acréscimo, o seu art. 45, explicita "que a queixa, ainda quando a ação penal for privativa do ofendido, poderá ser aditada pelo Ministério Público, a quem caberá intervir em todos os termos subsequentes do processo, não se pode deixar de concluir que o aditamento, *in casu*, implica inclusão de corréu ou corréus"[48].

Não pensamos assim. É certo que o MP pode aditar a ação privada, dispondo de três dias para fazê-lo (art. 45, CPP), mas isso não lhe dá o direito de inserir outros réus na demanda. É da vítima, titular do direito de ação, esta escolha. Ela é quem vai arcar com as consequências de seu ato, administrando aqueles que irão figurar no polo passivo da relação processual. O aditamento do MP restringe-se a correções de ordem formal.

Seguindo linha intermediária, Pedro Henrique Demercian e Jorge Assaf Maluly entendem que na **omissão voluntária**, haverá renúncia do querelante, ocasionando a extinção da punibilidade. Todavia, se a omissão for **involuntária**, caberá à vítima ou ao MP, indistintamente, o aditamento, de forma a fazer respeitar o princípio da indivisibilidade[49].

48. PRINCÍPIO DA INTRANSCENDÊNCIA OU DA PESSOALIDADE

Este princípio, comum às ações penais públicas, reza que a ação só pode ser proposta contra a pessoa a quem se imputa a prática do delito.

AÇÃO PÚBLICA INCONDICIONADA	AÇÃO PRIVADA
› Obrigatoriedade; › Indisponibilidade; › Indivisibilidade (*STF – Divisibilidade); › Intranscendência ou pessoalidade; › Oficialidade; › Oficiosidade; › Autoritariedade.	› Oportunidade ou conveniência (decadência/renúncia); › Disponibilidade (perdão/perempção); › Indivisibilidade; › Intranscendência ou pessoalidade.

49. ESPÉCIES DE AÇÃO PENAL PRIVADA

São três as modalidades de ação penal privada. Vejamos.

50. AÇÃO PENAL EXCLUSIVAMENTE PRIVADA OU PROPRIAMENTE DITA

É aquela exercida pela vítima ou por seu representante legal. Sempre que o crime for de iniciativa privada, deve o dispositivo legal trazer de forma expressa que a titularidade da

48. TOURINHO FILHO, Fernando da Costa. *Processo penal*. São Paulo: Saraiva, 2003. v.1. p. 633.
49. DEMERCIAN, Pedro Henrique; MALULY, Jorge Assaf. *Curso de processo penal*. Rio de Janeiro: Forense, 2005. p. 125.

ação é do particular, mediante a oferta da queixa-crime (art. 100, CP). Esta ação caracteriza-se pela possibilidade de sucessão nos casos de morte ou ausência da vítima pelo cônjuge (incluída a companheira), ascendentes, descendentes e irmãos (art. 30 c/c art. 31, CPP).

Morrendo o querelante com a ação já ajuizada, os seus sucessores dispõem de 60 dias para habilitação no processo, evitando a perempção (art. 60,II, CPP), que funciona como fato gerador da extinção da punibilidade.

51. AÇÃO PENAL PRIVADA PERSONALÍSSIMA

Nesta espécie, o direito de ação só poderá ser exercido pela vítima. Não há intervenção do representante legal e nem sucessão por morte ou ausência. Caso o ofendido venha a falecer, restará o reconhecimento da extinção da punibilidade, seja pela decadência, caso a ação ainda não tenha sido exercida, seja pela perempção, caso a demanda já esteja em curso, pois a mais ninguém é dado promover a ação ou prosseguir na que tenha sido iniciada.

Se a vítima for menor de 18 anos, terá de aguardar completar a maioridade para exercer a ação. Enquanto isto, o prazo decadencial não estará correndo. Se doente mental, terá de recobrar a sanidade.

O único exemplo no ordenamento de infração sujeita à ação personalíssima é o crime de induzimento a erro essencial e ocultação de impedimento ao casamento (art. 236, CP), já que o adultério, que também servia como exemplo, foi revogado pela Lei nº 11.106/2005 (art. 240, CP).

O prazo para o ajuizamento da ação privada personalíssima é de seis meses, contados do trânsito em julgado da decisão que anular o matrimônio. O trânsito em julgado de tal decisão, inclusive, funciona como típica condição para o ajuizamento da demanda.

52. AÇÃO PENAL PRIVADA SUBSIDIÁRIA DA PÚBLICA, SUPLETIVA OU ACIDENTALMENTE PRIVADA

A ação penal privada subsidiária da pública, iniciada por queixa substitutiva ou subsidiária, encontra previsão constitucional expressa (art. 5º, LIX, CF; art. 29, CPP e art. 100, § 3º, CP), e estando no título reservado aos direitos e garantias fundamentais, não pode ser suprimida do ordenamento nem por emenda constitucional, sendo verdadeira cláusula pétrea.

Tem cabimento diante da inércia do MP, que, nos prazos legais, deixa de atuar, não promovendo a denúncia ou, em sendo o caso, não ordenando o arquivamento dos autos do inquérito policial[50], ou ainda, não requisitando novas diligências. É uma forma de fiscalização da atividade ministerial, evitando eventuais arbítrios pela desídia do ***Parquet***. É uma mera faculdade, cabendo ao particular optar entre manejar ou não a ação, gozando do prazo de seis meses, iniciado, contudo, do encerramento do prazo que o MP dispunha para atuar, ou seja, normalmente cinco ou quinze dias, a depender da existência ou não de prisão (art. 46, CPP).

50. STF – Primeira Turma – Pet 6071 AgR – Rel. Min. Roberto Barroso – publicado em 30 mar. 2017.

Frise-se que, em caso de "arquivamento implícito", quando o Ministério Público se omite em apontar na denúncia infração ou indiciado investigado na apuração preliminar, não está autorizado o ajuizamento da queixa subsidiária, consoante entendimento do Superior Tribunal de Justiça[51].

53. ATUAÇÃO DO MINISTÉRIO PÚBLICO NA AÇÃO PENAL PRIVADA SUPLETIVA

O *Parquet*, na ação penal privada subsidiária, figura como **interveniente adesivo obrigatório** ou **parte adjunta**, atuando em todos os termos do processo, sob pena de nulidade (art. 564, III, "*d*", CPP), tendo amplos poderes.

Caberá ao MP dentre outras atribuições (art. 29, CPP):

(1) aditar a queixa, até mesmo para lançar correú, afinal, em última análise, trata-se de crime de ação pública;

(2) repudiar a queixa-crime apresentada, se entender que não foi desidioso, ou quando a petição do querelante é inepta, oferecendo em substituição denúncia (**denúncia substitutiva**). Quando a vítima ingressa com a ação penal privada subsidiária, a petição inicial é a **queixa-crime substitutiva** da denúncia que não foi apresentada. Por sua vez, quando o MP repudia a queixa, por entender que não houve omissão ou porque há defeito formal na peça apresentada, a denúncia é **substitutiva** da queixa repudiada.

Entendemos que o MP tem que fundamentar o repúdio, cabendo ao magistrado, concluindo que houve arbítrio do promotor e que a desídia existia, rejeitar o repúdio e a denúncia substitutiva, acatando a queixa-crime;

(3) fornecer elementos de prova;

(4) interpor recurso;

(5) a todo tempo, no caso de negligência do querelante, retomar a ação como parte principal. A ação privada subsidiária é indisponível. Se o querelante sinalizar com o perdão ou for desidioso, tentando com isso ocasionar a perempção, será afastado, assumindo o MP dali por diante como protagonista (este fenômeno é conhecido como **ação penal indireta**). Restará ao querelante afastado habilitar-se como assistente de acusação.

Caso o Ministério Público entenda que a ação proposta pelo particular não atende aos mínimos requisitos legais, ou seja, é desprovida de justa causa, deverá se manifestar pela rejeição da inicial pelo magistrado. Este último, contudo, não vinculado ao parecer ministerial, poderá receber a queixa-crime, dando assim início ao processo. Restará ao *Parquet* impetrar ***habeas corpus*** em favor do réu, para trancar o processo iniciado.

Prevê o art. 801, do CPP, a perda de vencimentos do promotor desidioso por tantos dias quantos forem os excedidos do prazo que dispunha para atuar, e na contagem do tempo de serviço, para efeito de promoção e aposentadoria, a perda seria do dobro dos dias excedidos (parágrafo único). Este dispositivo não tem mais aplicação: primeiro, porque

51. STJ – Quinta Turma – HC 21.074/RJ – – Rel. Min. Gilson Dipp – DJ 23 jun. 2003; STJ – Quinta Turma – AgRg no REsp 1508560/SP – Rel. Min. Jorge Mussi – DJe 22 nov. 2018.

a CF/1988 assegurou a irredutibilidade dos vencimentos do MP; segundo, quanto aos critérios de promoção, a matéria está devidamente tratada nas respectivas Leis Orgânicas.

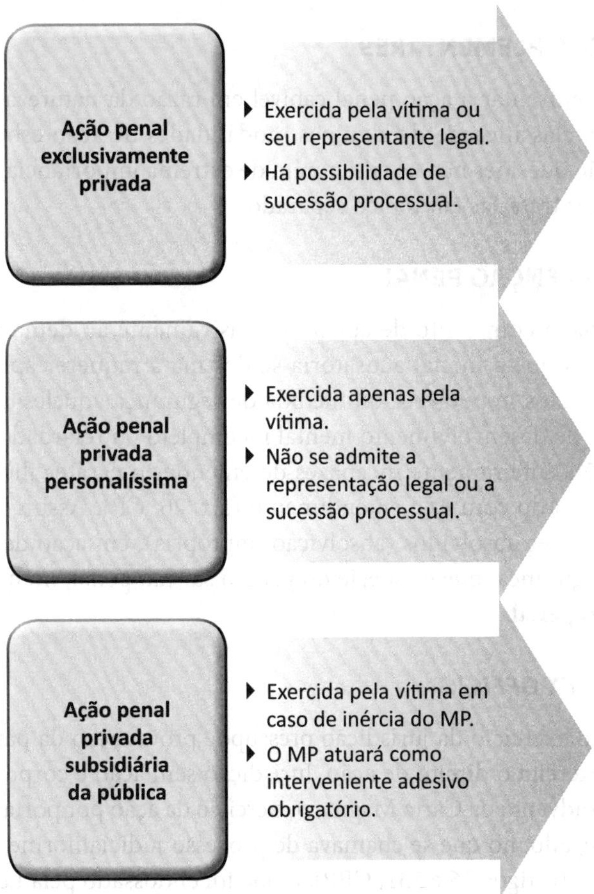

54. CUSTAS E HONORÁRIOS ADVOCATÍCIOS

Quanto às custas, a previsão é dada pelo art. 806, do CPP, valendo ressaltar, contudo, que alguns Estados da Federação dispensam as custas no âmbito do processo criminal. Afora estas exceções, e nas hipóteses de querelante ou querelado pobres, as custas devem ser depositadas como pressuposto para a realização do ato ou diligência.

Na ação privada subsidiária da pública, atuando o querelante em substituição ao órgão ministerial, não há de se falar no pagamento de custas ou demais despesas processuais, em que pese o risco da casuística de cada unidade federativa.

Já em relação aos honorários advocatícios, superando a divergência acadêmica, já se tem precedente pela admissibilidade nas ações de iniciativa privada, obrigando-se ao querelante vencido o pagamento de honorários ao causídico que defendeu o querelado. Nas hipóteses de nomeação do advogado pelo juiz para ajuizar a ação, sendo a vítima pobre, em razão da impossibilidade ou inexistência de Defensor Público na comarca, os honorários devem ser fixados pelo magistrado, de acordo com tabela organizada pelo

Conselho Seccional da OAB, e são devidos pelo Estado, de acordo com o art. 22, § 1º, da Lei nº 8.906/1994.

55. QUESTÕES COMPLEMENTARES

Passaremos a enfrentar a ação penal cabível em razão da natureza de determinadas infrações, além da classificação de algumas modalidades de ação esboçadas por nossa doutrina. Como são questões não usuais, porém de extrema importância, por uma questão didática, resolvemos tratá-las em tópico separado.

56. AÇÃO DE PREVENÇÃO PENAL

É aquela iniciada com o fito de aplicar exclusivamente ao demandado medida de segurança. Sabemos que a inicial acusatória se destina a requerer aplicação de sanção penal, é dizer, pena, aos imputáveis, ou medida de segurança àqueles que em virtude de doença mental, ou de desenvolvimento mental incompleto ou retardado, eram, ao tempo da ação ou omissão, inteiramente incapazes de entender o caráter ilícito do fato ou de determinar-se de acordo com este entendimento (art. 26, CP). Assim, os absolutamente inimputáveis devem ser absolvidos (absolvição imprópria), em ação destinada a aplicar-lhes medida de segurança, que é espécie do gênero sanção penal, no que se entende por **ação de prevenção penal**.

57. AÇÃO PENAL *EX OFFICIO*

Já vimos que o exercício da jurisdição pressupõe provocação da parte, que o faz justamente quando exercita o direito de ação. Jurisdição sem ação é corpo sem alma, sendo impensável, com o advento da Carta Magna, o exercício da ação por portaria do magistrado ou do próprio delegado, no que se chamava de processo judicialiforme, já revogado pelo texto constitucional (artigos 26 e 531, CPP), o que foi endossado pela Lei nº 11.719/2008. O processo judicialiforme é a faceta não recepcionada da chamada ação penal ***ex officio***, que é aquela iniciada sem provocação da parte.

Temos, contudo, atendendo ao texto constitucional, a possibilidade dos juízes e tribunais, sempre que verificarem que alguém sofre ou está na iminência de sofrer coação ilegal à liberdade de locomoção, concederem ***habeas corpus ex officio*** (art. 654, § 2º, CPP). Não se deve esquecer que o ***habeas corpus*** tem natureza de ação penal, sendo assim a vertente legal da chamada ação ***ex officio*** no âmbito criminal.

58. AÇÃO PENAL PÚBLICA SUBSIDIÁRIA DA PÚBLICA

Diz-se pública subsidiária da pública a ação intentada pelo Ministério Público Federal, frente à inércia do Ministério Público estadual nos crimes definidos no Decreto-lei nº 201, de 27/2/1967, praticados por prefeito. Com efeito, o § 2º, do art. 2º, do referido diploma preconiza que "se as providências para a abertura do inquérito policial ou instauração da ação penal não forem atendidas pela autoridade policial ou pelo Ministério Público estadual, poderão ser requeridas ao Procurador-Geral da República".

Ora, a inércia do Ministério Público estadual, notadamente do Procurador Geral de Justiça no âmbito de apuração dos crimes praticados por prefeito, não poderá dar ensejo à atuação do Procurador Geral da República, por absoluta ausência de atribuição deste para atuar, e sob pena de colocar em risco a independência funcional do Ministério Público estadual. Restaria, diante da letargia do Procurador Geral de Justiça, provocar o Colégio de Procuradores no âmbito do Ministério Público estadual, ou ainda, com permissivo no art. 29, do CPP, dar início a ação penal privada subsidiária da pública. Temos, portanto, que o dispositivo não foi recepcionado pela Constituição Federal.

59. AÇÃO PENAL POPULAR

A Lei nº 1.079/1950 contempla a possibilidade de qualquer cidadão oferecer "**denúncia**" nos crimes de responsabilidade praticados pelo Presidente da República, Ministros de Estado, Ministros do Supremo Tribunal Federal, Procurador-Geral da República e Governadores dos Estados e seus secretários.

Os crimes de responsabilidade, em verdade, são infrações de caráter político, com reprimenda da mesma natureza, diga-se, perda de cargo público e proibição do seu exercício por determinado período, a serem apreciadas pelos órgãos de jurisdição política.

Essa denúncia oferecida pelo cidadão é tomada em sentido amplo, não materializando o exercício de ação penal propriamente dita. Nessa égide, cai por terra o argumento daqueles que sustentam a não recepção da Lei nº 1.079/1950, no ponto, pela Carta Magna, ao fundamento de que a Constituição, em seu art. 129, inciso I, teria conferido o exercício da ação penal pública privativamente ao Ministério Público. Na verdade, a denúncia tratada pela lei deve ser interpretada como notícia da infração, objetivando a sua apuração e o julgamento político dos eventuais envolvidos. Com isso, não haveria nenhuma incompatibilidade com a atual ordem constitucional.

No mesmo sentido, Pacelli pondera que não "parece sustentável o argumento no sentido de que, a partir da Constituição de 1988, a persecução em razão da prática de crime de responsabilidade seria também privativa do Ministério Público (art. 129, I, CF/1988)", porquanto "em tal situação não se pode falar rigorosamente em ação penal, ainda que a terminologia adotada na Constituição faça referência a crimes de responsabilidade"[52].

A única ação penal popular em vigor, porém sem natureza condenatória, é o ***habeas corpus***, em razão da ampla legitimidade para propositura (art. 5º, inciso LXVIII, CF).

60. AÇÃO PENAL NOS CRIMES CONTRA A DIGNIDADE SEXUAL

Os crimes contra a dignidade sexual (antes conhecidos por crimes contra os costumes) estão inseridos no Título VI, da parte especial, do CP, e apesar da especial gravidade, historicamente eram passíveis de ação privada, sendo a ação pública nitidamente excepcional.

Com o advento da Lei nº 13.718/2018, todos os delitos contra a dignidade sexual, a exemplo dos casos de estupro, serão processados e julgados por ação penal de iniciativa

52. OLIVEIRA, Eugênio Pacelli. *Curso de processo penal*. 3. ed. Belo Horizonte: Del Rey, 2004. p. 102.

pública incondicionada. Como se cuida de lei mais gravosa, sua aplicação deve ser irretroativa, isto é, somente deve ser incidida para os fatos ocorridos a partir de sua vigência.

Para as infrações penais antecedentes, terá lugar a ultratividade das leis anteriores, ainda que o processo criminal tenha início posteriormente à edição da nova legislação. Interessa, portanto, estar atento à legislação mais remota, mesmo que revogada, porque continuará a ter operatividade para os fatos antigos.

Nesse passo, cabe lembrar que a Lei nº 12.015/2009 imprimiu um tratamento à matéria que, à época, modificou a iniciativa para a ação penal nos crimes contra a dignidade sexual. Tradicionalmente, esses delitos eram, em regra, de ação penal de iniciativa privada. Seguidamente, com àquela legislação de 2009, passaram a ser, geralmente, de ação penal pública condicionada. Agora, com as modificações de 2018, tornaram-se, todos, de ação penal pública incondicionada.

Volvendo para a legislação, parcialmente revogada (restritamente quanto à iniciativa da ação penal) – Lei nº 12.015/2009 –, verificamos que, além das alterações na parte material, subsumindo no mesmo tipo penal as condutas que caracterizavam o atentado violento ao pudor, sob o título de estupro (art. 213, CP), ocorreram significativas alterações na parte processual, notadamente no que se refere à titularidade da ação.

Por questão de praticidade, é importante destacar como estava disciplinada a titularidade da ação nos delitos sexuais antes da reforma, e quais as consequências trazidas pela Lei nº 12.015/09. Vejamos:

Antes da reforma, na antiga redação dos arts. 223 e 225, do CP – cujas regras ainda se aplicam restritamente aos fatos ocorridos anteriormente à aludida modificação legislativa, por ser a lei anterior mais benéfica ao imputado (ultratividade da legislação penal benigna) –, o tratamento era o seguinte:

(1) **Ação privada**: era a regra. Como estas infrações afetam sobremaneira a intimidade da vítima, o nosso legislador optava por conferir a ela o próprio exercício do direito de ação.

(2) **Ação pública condicionada**: não tendo a vítima condição financeira, a sua hipossuficiência trazia para o MP a titularidade da ação, dependendo, todavia de representação.

(3) **Ação pública incondicionada**: se a violência utilizada para praticar a infração provocasse lesão corporal grave ou morte, ou, ainda, se ocorresse abuso do poder familiar, ou da qualidade de padrasto, tutor ou curador.

Esquematizando, tínhamos:

AÇÃO PENAL – CRIMES CONTRA OS COSTUMES – PANORAMA ANTERIOR À LEI Nº 12.015/09		
Ação pública incondicionada	**Ação pública condicionada**	**Ação privada**
› Ocasione lesão corporal grave ou morte; › Praticado com abuso do poder familiar, das relações de tutela ou curatela.	› Vítima pobre.	› Demais hipóteses, inclusive com a ocorrência da presunção de violência (art. 223 do CP).

Quanto ao crime de **estupro,** o STF preocupou-se em editar enunciado sumular específico abordando a ação cabível. Valeu-se o Supremo da premissa que o estupro seria uma infração complexa, isto é, adviria da composição de duas outras infrações, desaguando na aplicação do art. 101 do CP, verberando que quando a lei considera como elemento ou circunstância do tipo legal fatos que, por si mesmos, constituem crimes, cabe ação pública em relação àquele, desde que se deva, em relação a qualquer daqueles, proceder por iniciativa do Ministério Público.

Em suma, o artigo transcrito considera que diante de um crime complexo, que é aquele originário da junção de duas outras infrações, para se saber qual a ação penal cabível, deve-se indagar se um dos crimes originários que foram mixados para o surgimento do complexo é patrocinado por ação pública. Se afirmativo, o crime complexo também o será. Ora, este dispositivo era absolutamente ocioso, já que, para saber a ação cabível em uma determinada infração, seja ela complexa ou não, basta ler a lei, já que o artigo 100 do CP é claro ao afirmar que a norma declarará expressamente quais as infrações manejadas por ação privada, levando à conclusão, por exclusão, que no silêncio da lei, o crime é patrocinado por ação pública.

Insistindo na tese que o estupro é crime complexo, o STF editou o verbete nº 608, de sua Súmula, consagrando que no crime de estupro, praticado mediante violência real, a ação penal é pública incondicionada. Por este entendimento, se o estuprador provocasse apenas lesão leve na vítima, a ação seria pública incondicionada. **Violência real** é a agressão física, englobando a conduta que leva à morte, às lesões corporais e até mesmo às vias de fato. Estavam excluídas a **violência moral** (ameaça) e a **violência presumida**, que caracterizam o estupro, mas em regra a ação era privada.

Mesmo com o advento da Lei nº 9.099/1995, condicionando o crime de lesão corporal leve à representação da vítima (art. 88), não houve interferência na aplicação do verbete nº 608, da Súmula, do STF e, conforme o STJ, o estupro que ocasionasse apenas lesão leve continuaria sendo de ação pública incondicionada.

Tínhamos para o estupro:

AÇÃO PENAL – CRIME DE ESTUPRO – SÚMULA 608/STF		
Ação pública incondicionada	**Ação pública condicionada**	**Ação privada**
› Praticado mediante violência real, provocando morte, lesão grave, leve ou até mesmo vias de fato; › Praticado com abuso do poder familiar, das relações de tutela ou curatela.	› Vítima pobre.	› Demais hipóteses, inclusive com a ocorrência da presunção de violência (art. 223, CP).

Com o advento da Lei nº 12.015/09, os crimes contra a dignidade sexual previstos no Capítulo I (Crimes contra a liberdade sexual – arts. 213 ao 216-A, CP) e no Capítulo II (Crimes sexuais contra vulnerável – arts. 217-A ao 218-B, CP) passaram a ter tratamento uniforme. Na jurisprudência, verificamos a falta de consenso em torno da aplicação do enunciado nº 608, da Súmula, do STF. Por exemplo, a Primeira Turma, do STF, ao apreciar o

Habeas Corpus 125.360/RJ[53], assentou que o verbete nº 608, da Súmula, do STF, permanece válido mesmo após o advento da Lei nº 12.015/2009", avivando que, "em caso de estupro praticado mediante violência real", a ação penal seria pública incondicionada.

Portanto, durante a vigência da Lei nº 12.015/2009, o panorama aplicável aos crimes contra a dignidade sexual seria o seguinte:

(1) **ação privada**: não mais subsistiu, a não ser com a inércia do MP, quando então cabível a ação privada subsidiária da pública.

(2) **ação pública condicionada**: passou a ser a regra geral, mesmo quando o delito causasse lesão corporal grave ou morte (art. 225, ***caput***, CP), ressalvada a divergência em torno do aludido verbete nº 608, do STF. A pobreza não foi contemplada como elemento para o condicionamento do exercício da ação pública.

(3) **ação pública incondicionada**: quando a vítima é menor de dezoito anos ou pessoa vulnerável (art. 225, parágrafo único, CP). Vulnerável é o menor de 14 anos; os portadores de enfermidade ou doença mental, que forem submetidos à situação de exploração ou que não possuírem discernimento para a prática do ato, a teor da Lei nº 13.146/2015, e as pessoas que por qualquer outra causa não podem oferecer resistência, como as que se encontram entorpecidas (art. 217-A, CP). Percebe-se claramente que não se fez referência à expressão **violência presumida**, substituída pela vulnerabilidade.

No entanto, distinção importante foi apontada recentemente pelo STJ, quanto à pessoa vulnerável e a espécie de ação penal pública. Assentou a corte que, se a vulnerabilidade é transitória, a exemplo de quem é agredido e fica desacordado (ou, ainda, nos casos de embriaguez), a ação penal é pública condicionada. Por outro lado, se a vulnerabilidade é definitiva, a ação penal é pública incondicionada (tal como se dá com o ofendido incapaz mentalmente).

No julgamento do caso concreto, noticiado em Informativo do STJ, ficou assentado que se procede mediante ação penal condicionada à representação no crime de estupro praticado contra vítima que, por estar desacordada em razão de ter sido anteriormente agredida, era incapaz de oferecer resistência apenas na ocasião da ocorrência dos atos libidinosos. A Corte Superior explicitou que, segundo o art. 225, do CP, o crime de estupro, em qualquer de suas formas, é, em regra, de ação penal pública condicionada à representação, sendo, apenas em duas hipóteses, de ação penal pública incondicionada, quais sejam, vítima menor de 18 anos ou pessoa vulnerável. Ponderou, ainda, que a doutrina penal reconhece a existência de certa confusão na previsão contida no art. 225, ***caput*** e parágrafo único, do CP, para definir a espécie de ação penal pública, passando a ideia de que a ação penal do crime de estupro de vulnerável seria sempre incondicionada. No entanto, a interpretação que deve ser dada ao referido dispositivo legal, conforme definiu o STJ, é a de que, em relação à vítima possuidora de incapacidade permanente de oferecer resistência à prática dos atos libidinosos, a ação penal seria sempre incondicionada. Porém, em se tratando de pessoa incapaz de oferecer resistência apenas na ocasião da ocorrência dos atos libidinosos – não sendo considerada pessoa vulnerável de forma definitiva –, a

53. STF – Primeira Turma – Rel. Min. Marco Aurélico – red. p/ o ac. Min. Alexandre de Moraes – julgado em 27 fev. 2018.

ação penal permanece condicionada à representação da vítima, que deve deter o poder de evitar o ***strepitus judicii***[54].

AÇÃO PENAL - CRIME DE ESTUPRO APÓS LEI Nº 12.015/09 E ANTES DA LEI 13.718/2018		
Ação pública incondicionada	**Ação pública condicionada**	**Ação privada**
‣ Vítima menor de 18 ou pessoa vulnerável (definitivamente, segundo jurisprudência recente do STJ. Se a vulnerabilidade for transitória, a ação é pública condicionada). e se for praticada mediante violência real (Súmula 608 do STF, conforme julgamento do HC 125.360/RJ.)	‣ Regra geral (*mesmo quando ocasionem lesão grave ou morte)* ‣ A pobreza não é elemento a tornar condicionada a ação	‣ Não foi contemplada. ‣ Somente será manejada em caso de inércia do MP, titular da ação penal

Como anunciamos linhas atrás, o legislador, mais uma vez, modificou a sistemática da iniciativa da ação penal dos crimes sexuais, no percurso de tornar as leis penais mais severas. Com a promulgação e vigência a partir de 25/9/2018 da Lei nº 13.718/2018, temos, no sistema jurídico brasileiro, mais uma lei gravosa, especialmente no ponto que, alterando o art. 225, do Código Penal, passou a dispor que todos os crimes contra a dignidade sexual dispostos no Código Penal são de iniciativa pública incondicionada.

Nota-se que o legislador desprezou, inclusive, a vontade da vítima de delitos sexuais de não ter sua intimidade exposta, suspendendo, no ponto, o direito à intimidade e à vida privada, ambos vazados na Constituição. Sob esse ponto de vista, a Lei nº 13.718/2018 é dotada de caracteres como o simbolismo, a emergencialidade e o eficientismo, na linha punitivista denunciada por Hugo Leonardo Rodrigues Santos. Nas palavras do autor, "não são admissíveis as políticas criminais que promovem uma relativização de direitos individuais e garantias, por serem absolutamente ilegítimas[55].

A multicitada Lei nº 13.718/2018 é irretroativa, isto é, somente alcança os fatos ocorridos após sua vigência, pelo que deve o intérprete ficar atento aos problemas de direito intertemporal.. Vale dizer, a Lei anterior (Lei nº 12.015/2009) estará dotada de ultratividade restritamente aos fatos acontecidos em seu tempo de operatividade. Por exemplo, se ocorrido crime de estupro contra pessoa não vulnerável em 2017, a ação penal deve ser de iniciativa pública, condicionada à representação ofertada dentro do prazo decadencial previsto no CPP, ainda que o início da demanda condenatória somente se dê em 2019.

61. DIREITO INTERTEMPORAL

Há quem entenda que é de seis meses a partir da notificação do juízo, o prazo para oferecer representação nos processos em andamento nas hipóteses de crimes ocorridos antes da vigência da nova lei e que eram, na origem, delitos de ação penal pública incondicionada.

54. STJ – HC 276.510-RJ – Rel. Min. Sebastião Reis Júnior – julgado em: 11 nov. 2014 – Dje 01 dez. 2014.
55. SANTOS, Hugo Leonardo Rodrigues. *Estudos críticos de criminologia e direito penal*. Rio de Janeiro: Lumen Juris, 2015. p. 79.

Isso porque a norma utilizada seria o art. 38, do Código de Processo Penal, que prevê expressamente o prazo decadencial da representação para que possa ser deflagrada a ação penal. Como se trata de norma geral, em relação ao art. 91, da Lei nº 9.099/1995 – que preconiza o prazo de 30 dias a partir da notificação para a apresentação de representação nos casos do processo em andamento –, no caso dos processos em andamento que exijam representação, deve-se intimar o ofendido para ofertá-la, só decaindo desse direito após o decurso do lapso de seis meses.

A analogia do art. 38, do CPP, não guarda mais semelhança que a do art. 91, da Lei nº 9.099/1995. Enquanto aquela é para o oferecimento da representação em momento anterior à persecução penal e que não fala em notificação para que seu curso flua, a última se refere a processos já instaurados mas que, por conta de superveniência legislativa, carecem de representação incidental, pelo que se faz necessária notificação do ofendido e para se posicionar em prazo mais exíguo, sob pena de conferir tratamento mais severo ao acusado de fato anterior ao advento da nova lei.

Entendemos que a norma tem natureza híbrida, sendo "norma processual com conteúdo material ou norma mista"[56]. Logo, será aplicada apenas para os crimes ocorridos após a sua entrada em vigor, retroagindo, todavia, nos pontos em que for benéfica. Por essa razão, nas hipóteses em que a ação cabível era pública incondicionada e passa a ser condicionada à representação, deve haver notificação do ofendido ou do seu representante legal, nos processos já existentes, para que represente, se desejar. Não o fazendo, decairá do direito, operando-se a extinção da punibilidade. E qual o prazo que terá para representar? Por analogia ao art. 91 da Lei nº 9.099/1995, trinta dias, contados da respectiva notificação.

No mesmo sentido, Rômulo Moreira leciona que, "se houve denúncia e não havia a necessidade de representação e agora passou a ter (art. 225, ***caput***, CP), é preciso que se suspenda o curso do procedimento para que a vítima (ou seu representante legal ou seus sucessores) seja notificada para oferecê-la". Na hipótese, será de trinta dias o prazo para a representação, por analogia com o art. 91 da Lei nº 9.099/1995 e, "se o titular da representação, devidamente notificado, não o fizer, extingue-se a punibilidade pela decadência; se representar, o processo terá seguimento; se não for encontrado, aguarda-se o transcurso do prazo prescricional"[57].

62. AÇÃO PENAL NO CRIME DE ESTELIONATO

A norma jurídica do §5º, inserido ao art. 171, do CP, pela Lei n. 13.964/2019, é híbrida, ou seja, tem natureza material e processual. É disposição mais benéfica ao imputado, notadamente para os fatos anteriores, pendentes de julgamento.

A exigência de representação, se não implementada, constitui óbice à procedibilidade de ações novas, bem como deve significar obstáculo ao prosseguimento de processos pendentes.

56. CASTANHO DE CARVALHO, Luis Gustavo Grandinetti. *O processo penal em face da constituição*. Rio de Janeiro: Forense, 1998. p. 137.

57. MOREIRA, Rômulo. *Ação penal nos crimes contra a liberdade sexual e nos delitos sexuais contra vulnerável – A lei nº 12.015/09*. Disponível em: www.romulomoreira.com.br. Acesso em 15 dez. 2009.

Na ausência de prazo, três possibilidades para o ofendido ofertar a representação doravante exigida relativamente aos processos em curso, sempre desprovida de rigor formal:

(1) 30 dias, conforme interpretação analógica com caso inserido, à época, pela Lei n. 9.099/1995 (art. 91);

(2) 30 dias, aplicando, igualmente por analogia, regra própria das ações privadas (Art. 60, CPP);

(3) 6 meses, consoante lapso geral decadencial.

Para nós, esses enunciados devem receber interpretação conforme a constituição, para se adequar ao sistema acusatório:

(1) a vítima deve tomar a iniciativa de representar, sem ser estimulada a tanto pelo Judiciário;

(2) a falta de prazo expresso na legislação para o caso do art. 171, do CP, não deve ser interpretado contra o réu, mas deve fazer incidir a regra geral, de 6 meses.

No entanto, segundo a Quinta Turma, do STJ, "a regra – que exige a representação da vítima como pré-requisito para a ação penal por estelionato – não pode ser aplicada retroativamente para beneficiar o réu nos processos em curso, pois isso não foi previsto pelo legislador ao alterar a redação do artigo 171 no Pacote Anticrime".

63. AÇÃO PENAL NOS CRIMES CONTRA A HONRA DE FUNCIONÁRIO PÚBLICO

É a hipótese denominada pela doutrina majoritária como **legitimação concorrente**. Havendo ofensa à honra do funcionário público que diga respeito ao exercício das funções (***propter officium***), segundo a parte final do parágrafo único do art. 145 do CP, trata-se de crime de ação pública condicionada a representação.

O STF, contudo, objetivando respaldar ao máximo a tutela da honra do servidor (***intraneus***), consolidou entendimento de que a legitimidade, nesta hipótese, seria concorrente, ou seja, caberá ao funcionário público optar entre representar, e neste caso estaremos diante do texto da lei, ação pública condicionada, ou poderá ainda, ao sabor de sua conveniência, contratar advogado para o patrocínio da ação, que neste caso será privada. Para tanto, editou o enunciado nº 714, da sua Súmula, assentando que é concorrente a legitimidade do ofendido, mediante queixa, e do Ministério Público, condicionada à representação do ofendido, para a ação penal nos crimes contra a honra de servidor público em razão do exercício de suas funções.

Questão interessante seria a hipótese de o funcionário público representar e o órgão ministerial, ao invés de ofertar a denúncia, promover o arquivamento. Seria possível ao funcionário contratar advogado para promoção da ação privada? Ao nosso sentir, uma vez oferecida a representação, ocorre a preclusão da segunda via da ***persecutio criminis***, de modo que não poderá mais o funcionário público oferecer a queixa-crime correspondente. Com base nesse entendimento, parte da doutrina defende que a legitimação, nesses casos, é denominada de **legitimação alternativa** (e não concorrente), justamente porque, uma vez feita a opção pela representação ou queixa, esgota-se a possibilidade de valer-se daquela remanescente.

Por fim, registre-se que o citado verbete nº 714 não se aplicará quando, embora ocorrido crime contra a honra do funcionário público, a ação prevista em lei for pública incondicionada. É o que acontece, por exemplo, nas infrações penais contra a honra previstas no Código Eleitoral (vide art. 355 da Lei nº 4.737/65). Nessas hipóteses, não caberá queixa-crime, tampouco representação, não sendo possível falar em legitimação concorrente. Portanto, a atuação do particular é restrita a eventual inércia do ***dominus litis***, quando poderá ajuizar ação privada subsidiária da pública.

64. AÇÃO PENAL SECUNDÁRIA

Quando as circunstâncias aplicadas ao caso fazem variar a modalidade de ação a ser intentada, como no exemplo típico dos crimes contra a honra, temos o que a doutrina chama de ação penal secundária. Haverá, nesses casos, o que se convencionou chamar de "legitimação secundária". É o que acontece, por exemplo, com a calúnia contra o Presidente da República. É que, de regra, os crimes contra a honra são de ação privada. Todavia, tratando-se do Presidente, **secundariamente, a ação passa a ser pública condicionada à requisição do Ministro da Justiça (art. 145, parágrafo único, CP)**.

Como visto, legitimação concorrente e legitimação secundária não se confundem:

LEGITIMAÇÃO	
Concorrente	**Secundária**
Há uma regra geral de legitimação para a ação penal.	Há uma regra geral de legitimação para a ação penal.
A regra geral concorre (coexiste) com uma legitimação excepcional.	A regra geral é modificada por circunstâncias específicas, modificando-se a legitimação.
Ex: Difamação praticada contra servidor público *propter officium*.	Ex: crimes contra a honra previstos no CP. Regra geral: ação privada.
Regra geral: ação pública condicionada a representação – legitimação excepcional: ação privada.	Crime contra a honra praticado contra o Presidente: ação pública condicionada à requisição do Ministro da Justiça.

65. AÇÃO PENAL ADESIVA

Também chamada de intervenção adesiva facultativa, é a possibilidade de militarem no polo ativo, em conjunto, o Ministério Público e o querelante, nos casos onde houver hipótese de conexão ou continência entre crimes de ação penal de iniciativa pública e de ação penal de iniciativa privada. Trata-se de caso similar ao do litisconsórcio do direito processual civil, interessando destacar que, no âmbito do processo penal, ao invés de uma petição única (litisconsórcio originário), a regra é que haja a propositura de denúncia pelo ***Parquet*** e a de queixa pela vítima do delito conexo, surgindo assim um "litisconsórcio" (impróprio) em momento ulterior, qual seja, o da reunião das demandas.

Numa outra perspectiva, Tourinho Filho aponta que na Alemanha, o instituto (ação adesiva) se caracteriza pela satisfação do dano ***ex delicto*** no próprio juízo penal[58].

58. TOURINHO FILHO, Fernando da Costa. *Processo penal*. São Paulo: Saraiva, 2003. v. 1. p. 494-495.

66. AÇÃO PENAL NA INJÚRIA POR PRECONCEITO

Com a alteração promovida pela Lei nº 12.033/2009, a injúria consistente na "utilização de elementos referentes a raça, cor, etnia, religião, origem ou a condição de pessoa idosa ou portadora de deficiência", antes passível de ação de iniciativa privada, passou a ser de ação pública condicionada à representação (parágrafo único, art. 145, CP).

Percebe-se que com a modificação do legitimado ativo da demanda (antes o ofendido e agora o MP), a bagagem principiológica também foi alterada, já que a ação pública é movida pelo princípio da indisponibilidade, não comportando perdão ou perempção, e, portanto, o tratamento processual passa a ser mais gravoso ao réu, já que tais hipóteses de extinção da punibilidade não têm mais aplicação.

Acreditamos, desta forma, que a nova disciplina legal será aplicada aos delitos ocorridos após a entrada em vigor da Lei nº 12.033/2009, não abrangendo os delitos já praticados, tendo natureza híbrida.

Por oportuno, recorde-se que o delito de injúria por preconceito não se confunde com o crime de racismo, tendo em vista que neste o agente dirige sua conduta discriminatória a um grupo ou coletividade e a ação penal respectiva é pública incondicionada[59] (Lei nº 7.716/1989).

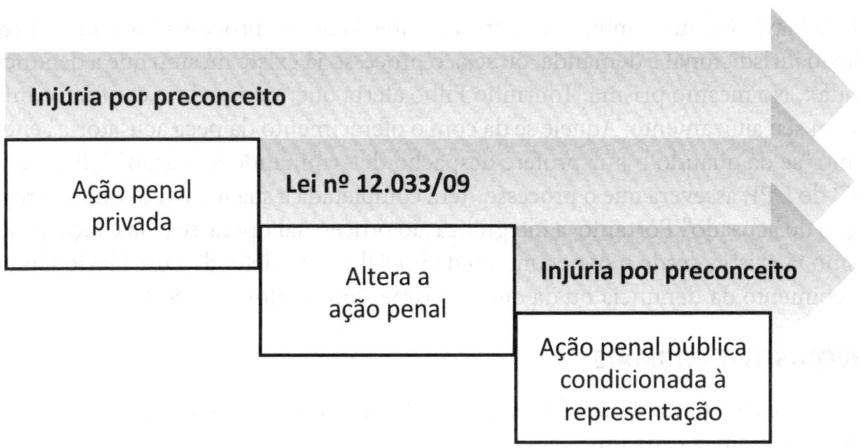

67. AÇÃO PENAL EXTENSIVA

De acordo com a regra do art. 101, do CP, nos crimes complexos, leia-se, nos delitos que se originam da soma de condutas que constituem delitos autônomos, se um deles é de ação pública, o delito decorrente da junção também o será (por extensão). É o que ocorre na injúria real, que consiste no emprego de violência ou vias de fato, e que pela natureza ou meio empregado, são considerados aviltantes. Em tal situação, quando a injúria real provoca lesão corporal, será de ação pública incondicionada (por extensão).

59. STF – Pleno – ADO 26/DF – Rel. Min. Celso de Mello – julgamento em 13 jun. 2019; STF – Pleno – MI 4733/DF – Rel. Min. Edson Fachin – julgamento em 13 jun. 2019.

68. AÇÃO PENAL DE SEGUNDO GRAU

São as ações manejadas diretamente perante tribunal, distantes, portanto, da atuação do juiz singular (**ações originárias**). É o que ocorre quando o imputado possui foro por prerrogativa de função, sendo que a estrutura procedimental é regida pela Lei nº 8.038/1990. É também o que comumente acontece nas ações autônomas de impugnação, como o ***habeas corpus***, o mandado de segurança e a revisão criminal, em que a competência para julgamento pode estar afeta diretamente ao tribunal, por força da disciplina entabulada na Constituição Federal ou nas Constituições estaduais.

69. INICIAL ACUSATÓRIA

É a peça que demarca o exercício da ação penal, contendo a imputação formulada pelo órgão acusador. Nos crimes de ação penal pública, recebe o nome de **denúncia**, enquanto que nas ações penais privadas é denominada de **queixa-crime**. A petição inicial é oferecida ao magistrado, para que este, exercendo juízo de admissibilidade, a receba ou não. Segundo o STF, o processo se inicia pelo **recebimento** da inicial acusatória, regendo esse momento o princípio *in dubio pro societate*[60]. No entanto, devemos lembrar que essa aplicação não pode significar automaticidade do recebimento, desprovido de controle, porquanto configuraria abuso de autoridade.

Luiz Flávio Gomes lembra que, para a existência de um processo, bastam dois requisitos: órgão jurisdicional e demanda, ou seja, o processo já existe mesmo que a denúncia seja rejeitada[61]. No mesmo prisma, Tourinho Filho alerta que "não se deve confundir início da ação com seu ajuizamento. Aquele se dá com o oferecimento da peça acusatória", enquanto o último "se dá quando o juiz profere despacho determinando a citação"[62]. Por sua vez, o art. 363 do CPP, assevera que o processo "terá completada a sua formação quando realizada a citação do acusado". Portanto, a integralização processual opera-se pela citação, contudo, o mesmo já existia desde o oferecimento da inicial, como defende Luiz Flávio Gomes, ou do recebimento da denúncia ou da queixa-crime, como informa o STF.

70. REQUISITOS FORMAIS

Os requisitos tanto da denúncia quanto da queixa-crime estão delineados no art. 41 do CPP. Analisemos cada um.

71. DESCRIÇÃO DO FATO, COM TODAS AS SUAS CIRCUNSTÂNCIAS

Lembre-se que o réu se defende dos fatos que lhe são imputados e não da tipificação jurídica que lhes é dada. Portanto, a narrativa deve abranger os fatos que enquadrem o tipo básico, ou seja, a essência da tipificação do delito, além do tipo derivado, que implica na descrição das qualificadoras e causas de aumento. Inicial acusatória com descrição fática deficitária ou ausente é petição inepta, merecendo ser rejeitada (art. 395, I, CPP), e caso seja recebida, acarreta nulidade do processo.

---

60. STF – Primeira Turma – Inq 4506/DF – Rel. Min. Marco Aurélio – red. p/ o ac. Min. Roberto Barroso – julgado em 17 abr. 2018.
61. GOMES, Luiz Flávio. *Direito processual penal*. São Paulo: RT, 2005. p. 91.
62. TOURINHO FILHO, Fernando da Costa. *Processo penal*. São Paulo: Saraiva, 2003. v.1. p. 391.

Muito embora a defesa recaia sobre fatos, segundo os tribunais superiores, o oferecimento de denúncia por delito tipificado em norma penal em branco sem a correlata indicação da norma complementar constitui inépcia, eis que impossibilita a defesa efetiva do acusado[63]. Nesta linha de raciocínio, requer maior atenção do titular da ação penal a apresentação de denúncia em caso de leis que se utilizam deste recurso (norma penal em branco), como é o caso da Lei nº 9.605/1998, que disciplina os crimes ambientais.

Segundo o STF, a inépcia da inicial só pode ser suscitada até antes da prolação da sentença[64]. Advindo sentença, o que se pode questionar, a partir de então, é a própria decisão condenatória, e não mais a denúncia que deu ensejo a ela (inteligência do art. 569, CPP).

Não se deve confundir inépcia da inicial com descrição sucinta dos fatos contidos na peça. É de bom tom que a denúncia seja clara, direta, bem estruturada e precisa. A descrição comedida, porém, clara dos acontecimentos é o que exige a boa técnica.

Segundo Luiz Flávio Gomes, existem duas modalidades de **inépcia**: a **formal**, pela ausência dos requisitos essenciais do art. 41, do CPP; e a **material**, por falta de justa causa, que é a ausência de elementos probatórios mínimos para o início da ação penal[65].

A narração do fato eivada de grave deficiência, mencionando superficialmente elementos do tipo penal em abstrato e sem os mínimos elementos para a identificação do fato como típico e antijurídico é o que se denomina de "**criptoimputação**" (Scarance)[66]. Trata-se de imputação confusa, incompreensível, que dificulta o exercício de defesa. O neologismo "criptoimputação" deriva de criptografia, técnica de comunicação confidencial, com linguagem inacessível, configurando a inépcia da inicial.

A petição inicial deve então descrever os fatos, com todas as circunstâncias conhecidas, isto é, deve narrar a imputação, de forma expressa. Não se admite, no processo penal, a imputação implícita.

São indispensáveis os elementos essenciais da imputação contida na peça acusatória: a descrição pormenorizada do fato criminoso, evitando-se imputação de fato atípico ou que cause prejuízo à ampla defesa. A falta de elementos essenciais enseja nulidade absoluta. Por sua vez, os elementos acidentais circundam o fato delituoso, oferecendo-lhe os contornos distintivos, a exemplo do horário que foi cometido o delito. São aptos a causar nulidade relativa, dependendo de demonstração do prejuízo à defesa. A inicial deve conter, desse modo:

(1) descrição de uma conduta fática;

(2) a imputação, que é atribuição da autoria de uma conduta humana; e

(3) a qualificação jurídico-criminal da narrativa, isto é, o enquadramento da conduta na lei penal. O MP ou querelante necessita fazer a classificação provisória do delito (tipo fundamental) e de suas qualificadoras/causas de aumento (tipo derivado). É desnecessário imputar agravantes na denúncia ou na queixa, eis que se trata, em boa medida, de matéria

63. STJ – Sexta Turma – HC 414.918/SP – Rel. Min. Sebastião Reis Júnior – DJe 05 abr. 2019.
64. STF – Primeira Turma – HC 137637 – Rel. Min. Luiz Fux – publicado em 25 abr. 2018.
65. GOMES, Luiz Flávio. *Direito processual penal*. São Paulo: RT, 2005. p. 93.
66. LIMA, Renato Brasileiro de. *Curso de processo penal*. Niterói: Impetus, 2013. p. 253.

preponderantemente de direito (reincidência, qualidade de ascendente da vítima, etc.), autorizando-se o reconhecimento (na ação pública) mesmo na ausência de pedido do demandante (art. 385, CPP), embora se cuide de possibilidade de constitucionalidade duvidosa diante do seu confronto com a estrutura acusatória de processo penal (art. 3º-A, CPP[67]).

Questão interessante diz respeito à chamada denúncia genérica. Havendo concurso de infratores, deve ser destacada a quota de participação de cada um na infração penal. O grau de contribuição e como ela se deu são essenciais para se precisar o que está sendo imputado ao réu, e em que circunstâncias, garantindo-se o exercício da ampla defesa.

A nosso sentir, denúncia genérica afronta o princípio constitucional da ampla defesa, afinal, a falta de especificação dos fatos é de prejuízo evidente à atuação defensiva, pois o réu se defende dos fatos, e se estes não estiverem especificados, a insegurança quanto ao posicionamento frente ao processo é gritante.

Há, por outro lado, quem diferencie:

(1) **imputação geral**: acusação de vários réus de cometimento de um único fato delituoso (cumulação subjetiva de demanda), sem discernir as funções de cada um em crime de autoria coletiva (nessa hipótese não há inépcia da inicial, pelo que deve ser recebida); e

(2) **imputação genérica**: acusação de vários réus de cometimento de diversos crimes, pelo que há cumulação subjetiva (mais de um réu) e objetiva de demandas (mais de uma imputação), através de denúncia genérica, sem definição das respectivas autorias (seria este o caso de inépcia e rejeição da inicial).

Outro aspecto interessante a ser destacado é a questão da **imputação alternativa**, que é a possibilidade de se imputar alternativamente uma infração a pessoas diversas ou várias infrações alternadas a pessoa especificada. Assim, estando em dúvida a acusação se quem praticou o delito foi "A" ou "B", ofereceria a denúncia ou a queixa contra um ou outro, na esperança que a instrução processual revele quem realmente cometeu o crime (**imputação alternativa subjetiva**). Haveria ainda a **imputação alternativa objetiva**, onde a dúvida subsiste em razão de qual infração foi praticada. A título de exemplo, não tendo o Ministério Público elementos suficientes para concluir se um objeto foi ou não subtraído com o emprego de grave ameaça, ofereceria denúncia por furto ou por roubo, na expectativa que a instrução processual certifique qual infração realmente aconteceu, e então possa haver condenação pela infração correta[68].

A acusação certa e delimitada é condição necessária para o exercício do direito de defesa. A nosso ver, a imputação alternativa torna fluida e variável a acusação, em flagrante instabilidade a prejudicar a atuação da defesa. No mesmo sentido, o magistério de Guilherme de Souza Nucci, entendendo "ser inviável essa modalidade de denúncia ou queixa. Se o órgão acusatório está em dúvida quanto a determinado fato ou quanto à classificação que mereça, deve fazer sua opção antes do oferecimento", porém "jamais apresentar ao juiz duas versões contra o mesmo réu, deixando que uma delas prevaleça ao final. Tal medida impossibilita

67. Dispositivo com eficácia suspensa, nos termos de decisão monocrática do Supremo Tribunal Federal (STF – ADI 6298/DF – Medida Cautelar – Rel. Min. Luiz Fux – 22 jan. 2020).

68. JARDIM, Afrânio Silva. *Direito processual penal*. 11. ed. Rio de Janeiro: Forense, 2002.p. 157-158.

a ideal e ampla defesa pelo acusado, que seria obrigado a apresentar argumentos em vários sentidos, sem saber, afinal, contra qual conduta efetivamente se volta o Estado-acusação"[69].

72. QUALIFICAÇÃO DO ACUSADO OU FORNECIMENTO DE DADOS QUE POSSIBILITEM A SUA IDENTIFICAÇÃO

Se os dados para a qualificação adequada do denunciado forem incertos (nome, patronímico, filiação, estado civil, etc.), podem ser utilizados outros dados que permitam sua identificação, como características físicas, sexo, altura, idade, etc.

73. CLASSIFICAÇÃO DO CRIME

A tipificação legal dada pelo órgão acusador é obrigatória na inicial apresentada. Não basta apenas fazer referência ao nome do crime. É de rigor que se faça o enquadramento legal, indicando-se o artigo de lei aplicável ao caso concreto. Todavia, havendo esquecimento, caracteriza mera irregularidade, não sendo fundamento para rejeição da denúncia ou da queixa-crime, já que o réu se defende dos fatos[70]. O magistrado, mesmo que discorde da capitulação apresentada na petição inicial, não poderá alterá-la no momento em que a recebe, pois, se assim proceder, estará se imiscuindo arbitrariamente na atribuição legal do órgão acusador. O momento adequado para o magistrado corrigir eventual erro quanto à tipificação é quando da prolação da sentença (ou da pronúncia), onde deverá aplicar a norma que entende coerente ao caso concreto, valendo-se do instituto da ***emendatio libelli*** (art. 383, CPP).

74. ROL DE TESTEMUNHAS

A prova testemunhal é facultativa, e se não for apresentada quando do oferecimento da inicial pelo órgão acusador, opera-se a preclusão. Nada impede que o magistrado ouça eventualmente testemunhas não arroladas oportunamente, mas aí já estaríamos a depender da boa vontade judicial (art. 209, CPP).

Vale dizer, ressalvados os casos de aditamento da inicial consoante previsão legal (art. 384, CPP), o momento para acostar rol de testemunhas deve ser entendido como preclusivo, isto é, não deve ser dilatado para admitir, por exemplo, que a parte autora o complemente após o oferecimento da ação penal, a fim de não desequilibrar o embate processual entre Ministério Público e defesa do acusado. O STJ, contudo, admitiu que o Ministério Público pudesse suprir a falta de apresentação de rol de testemunhas, especialmente antes de formada a relação processual. Já quanto ao suprimento do rol, pelo assistente, aquela Corte Superior afirmou ser possível somente se o *Parquet* não esgotar o número legal[71].

75. PEDIDO DE CONDENAÇÃO

É possível que não haja o pedido expresso de condenação, podendo defluir do contexto da imputação feita na inicial, o que acarreta mera irregularidade. Se já existirem elementos

69. NUCCI, Guilherme de Souza. *Código de processo penal comentado*. 3. ed. São Paulo: RT, 2004. p. 142.
70. STJ – Sexta Turma – EDcl no REsp 1565024/SP – Rel. Min. Antonio Saldanha Palheiro – DJe 19 dez. 2019.
71. STJ – Quinta Turma – RHC 201301244282 – Rel. Min. Reynaldo Soares da Fonseca – DJ: 23 fev. 2016; STJ – Quinta Turma – RHC 112.147/SE – Rel. Min. Reynaldo Soares da Fonseca – DJe 27 jun. 2019.

que façam concluir ser o agente absolutamente inimputável, como a prévia realização do incidente de insanidade mental durante o inquérito policial, teremos a possibilidade da inicial requerer a absolvição imprópria, para que ao final do devido processo legal, seja aplicada medida de segurança.

76. ENDEREÇAMENTO

É a indicação do órgão jurisdicional ao qual a peça vestibular é direcionada. O erro quanto ao endereçamento não enseja a inépcia da inicial.

77. NOME E ASSINATURA

A inicial deve conter o nome e a assinatura do órgão acusador. A ausência de assinatura pode levar à própria inexistência do ato, não sendo possível identificar, nem em tese, o autor. Caso contrário, revelando-se ocasional esquecimento, mas certificando-se a real autoria, passa a mera irregularidade. Assim se manifestam Ada Pellegrini Grinover, Antônio Scarance Fernandes e Antônio Magalhães Gomes Filho, informando que "denúncia ou queixa não assinada pode significar inexistência. Não, contudo, se facilmente identificável quem a elaborou; assim, se o promotor, apesar de não ter subscrito a peça acusatória, lançou cota nos autos, assinando-a e nela fazendo constar que está oferecendo denúncia, não há razão plausível para, em excessivo apego ao formalismo, anular o processo"[72].

78. OUTROS REQUISITOS DA INICIAL ACUSATÓRIA

A inicial acusatória deve ser escrita em vernáculo, podendo conter o requerimento de diligências e o pedido de citação do demandado. Este último não é essencial, sendo uma decorrência implícita da própria inicial. As omissões da denúncia ou da queixa poderão ser supridas a todo tempo, antes da sentença (art. 569, CPP).

A inicial privada poderá ser oferecida pelo próprio querelante, desde que este seja advogado. Do contrário, a queixa-crime deve estar acompanhada da respectiva procuração com poderes especiais (é insuficiente a cláusula ***ad judicia***), devendo constar do instrumento do mandato o nome do querelado e a menção ao fato criminoso, salvo quando tais esclarecimentos dependerem de diligências que devem ser previamente requeridas no juízo criminal (art. 44, CPP). O texto do artigo 44, do CPP, refere-se a "nome do querelante", em evidente erro terminológico, pois o nome que deve constar no mandato é o do querelado. Não se exige a descrição pormenorizada do fato, bastando uma síntese com a indicação do dispositivo penal no qual o querelado é incurso[73].

Tratando-se de assistência do réu por núcleo de pratica jurídica, designada por nomeação judicial, dispensável a juntada de procuração, de acordo com o vincado pelo STJ[74], que assim assentou por inexistir, no caso, atuação provocada pelo assistido, mas sim exercício

72. GRINOVER, Ada Pellegrini; FERNANDES, Antônio Scarance; GOMES FILHO, Antônio Magalhães. *As nulidades no processo penal*. 7. ed. São Paulo: RT, 2001. p. 97.
73. STJ – Quinta Turma – RHC 82.732/RS – Rel. Min. Jorge Mussi – DJe 24 mai. 2017.
74. STJ – Terceira Seção – EAREsp 798.496/DF – Rel. Ministro Nefi Cordeiro – j. 11 abr. 2018.

do ***munus*** público por determinação judicial, sendo, portanto, afastada a incidência do enunciado nº 115, de sua Súmula.

Eventuais defeitos da procuração estarão supridos se o querelante assinar a inicial acusatória juntamente com o advogado[75], sendo desnecessário o reconhecimento de sua firma para o ato. Já as omissões formais da procuração poderão ser sanadas enquanto não esgotado o prazo decadencial. Afinal, superado este lapso, opera-se a decadência.

79. PRAZOS PARA OFERTA DA DENÚNCIA

A denúncia deve ser ofertada atendendo aos prazos estipulados no art. 46, do CPP, quais sejam: em cinco dias, se o denunciado estiver preso; em quinze dias, se solto. Esta é a regra geral.

80. PRAZOS ESPECIAIS PARA OFERTA DA DENÚNCIA

A legislação extravagante traz uma série de prazos específicos para a oferta da inicial pública. Vejamos:

(1) dez dias, para crime eleitoral (art. 357, Código Eleitoral);

(2) dez dias, para crimes de imprensa (art. 40, § 1º, Lei nº 5.250/1967). Com a não recepção da Lei nº 5.250/67 pela CF (ADPF nº 130-7), os crimes praticados pela imprensa passam a estar regidos pelo CP, e o prazo da denúncia segue a regra geral do CPP (art. 46);

(3) dez dias, para tráfico de drogas (art. 54, III, Lei nº 11.343/2006);

(4) com a revogação da Lei nº. 4.898/1965, que dispunha do prazo de 48 horas para a oferta da denúncia nos crimes de abuso de autoridade, a atual legislação (Lei nº 13.869/2019) não traz prazo especial, de forma que seguiremos a regra geral do CPP (cinco dias se o sujeito está preso ou quinze dias se está em liberdade);

(5) dois dias, para crimes contra a economia popular (art. 10, § 2º, Lei nº 1.521/1951).

A nova Lei de Falências (Lei nº 11.101/2005), em seu art. 187, § 1º, prevê que o prazo para oferecimento da denúncia é regulado pelo art. 46, do Código de Processo Penal, salvo se o Ministério Público, estando o réu solto ou afiançado, decidir aguardar a apresentação da exposição circunstanciada aludida pelo seu art. 186, devendo, em seguida, oferecer a denúncia em quinze dias. Permite-se com isso, se o infrator estiver **solto**, que o promotor aguarde a apresentação do relatório pelo administrador judicial, apontando as causas e eventuais circunstâncias que conduziram à falência, bem como outras informações detalhadas a respeito da conduta do devedor e de outros responsáveis, se houver, por atos que possam constituir crime relacionado com a recuperação judicial ou com a falência, ou outro delito conexo a estes, na forma do art. 186, daquele diploma legal. Apresentado o relatório, terá quinze dias para denunciar.

75. STJ – Quinta Turma – RHC 82.732/RS – Rel. Min. Jorge Mussi – DJe 24 mai. 2017.

PRAZOS PARA OFERTA DA DENÚNCIA	
Hipótese	**Prazo**
Regra Geral – CPP	5 dias (preso)/15 dias (solto)
Crime eleitoral	10 dias
Crimes de imprensa	Aplica-se a regra geral (ADPF nº 130)
Tráfico de drogas	10 dias
Abuso de autoridade	5 dias (preso)/15 dias (solto)
Crimes contra a economia popular	2 dias
Lei de Falências	5 dias (preso)/15 dias (solto)/15 dias após relatório do administrador judicial (solto)

81. INÍCIO DA CONTAGEM DO PRAZO E O SEU ENCERRAMENTO

O prazo para a oferta da inicial pública tem o início de contagem esboçado no art. 46 do CPP, é dizer, do dia em que o membro do Ministério Público receber os autos do inquérito policial ou das peças de informação. A data do termo de vista pessoal do MP fixa o marco inicial, já contado como primeiro dia para a oferta da denúncia. Afinal, a regra em comento é especial em relação ao art. 798, § 1º, do CPP.

Encerrado o prazo em final de semana ou feriado, prorroga-se para o primeiro dia útil subsequente. Em situações excepcionais, como greve ou algum outro impedimento, admite-se também o elastério prazal (§ 4º, art. 798, CPP).

Já se existirem vários denunciados em situação diversa, uns presos e outros não, o prazo deve ser contado como se todos estivessem presos.

82. DESATENDIMENTO DO PRAZO

A perda do prazo pelo promotor para oferta da inicial não impede a apresentação a destempo. Contudo, a irregularidade pelo desatendimento do prazo pode desaguar nas seguintes consequências:

(1) dá ensejo à oferta da ação penal privada subsidiária da pública (art. 29, CPP);

(2) relaxamento da prisão cautelar eventualmente existente, caso o excesso seja desarrazoado;

(3) responsabilização criminal do promotor desidioso por prevaricação (art. 319, CP), caso tenha concorrido dolosamente;

(4) perda de vencimentos pelo número de dias excedidos, em razão do disposto no art. 801 do CPP. Contudo, como já visto, posta na Carta Magna a independência ministerial e a irredutibilidade de subsídio (art. 128, § 5º, inciso I, "c", CF), e não tendo o judiciário função correicional em face do Ministério Público, é solar a não recepção do art. 801, do

CPP pelo texto constitucional. Restaria ao promotor desidioso ser responsabilizado administrativamente perante a corregedoria do Ministério Público.

83. PRAZOS PARA OFERTA DA QUEIXA-CRIME

A queixa-crime, como regra geral, deve ser ofertada no prazo de seis meses contados do conhecimento da autoria da infração, ou, sendo a ação subsidiária da pública, do dia em que se esgotar o prazo para oferecimento da denúncia. Sendo este prazo de ordem decadencial, não se interrompe, não se suspende nem se prorroga, contando-se na forma do art. 10, do CP, incluindo-se o primeiro dia e excluindo-se o do vencimento.

Encerrando-se em finais de semana ou feriados, não se dilata para o primeiro dia útil subsequente. Nos crimes permanentes, o prazo se inicia, atendendo a regra geral, do conhecimento da autoria, pouco importando quando cessará a permanência. Já no crime continuado, a contagem prazal se dá isoladamente em razão do conhecimento da autoria de cada conduta delitiva cometida. A perda do prazo para o oferecimento da queixa-crime leva à extinção da punibilidade, com base no art. 107, inciso IV, do CP. Já a pendência de inquérito policial inconcluso não tem o condão de elastecer o prazo para a oferta da inicial privada. Resta ao querelante exercer a ação sem o inquérito policial, requerendo ao magistrado que oficie ao delegado no objetivo de que o inquérito, assim que concluído, seja remetido a juízo. Pode o magistrado optar por aguardar o envio do inquérito para deliberar se recebe ou não a inicial privada, caso se faça necessário para constatar a existência (ou não) de justa causa (lastro probatório mínimo).

84. PRAZOS ESPECIAIS

(1) **Lei de Imprensa** (Lei nº 5.250/1967): o art. 41, § 1º, da Lei de Imprensa, prevê o prazo de três meses, contados da publicação ou transmissão da notícia. Com a sua não recepção pela CF (ADPF nº 130-7), a regra passa a ser a geral, isto é, seis meses, contados do conhecimento do responsável pelo delito.

(2) **Crime de induzimento a erro essencial e ocultação de impedimento ao casamento** (art. 236, parágrafo único, CP): a queixa-crime poderá ser ofertada no prazo de seis meses após o trânsito em julgado da sentença que, no cível, anule o casamento.

(3) **Crimes contra a propriedade imaterial que deixem vestígios**: o prazo, nestas hipóteses, é de trinta dias, contados da homologação do laudo, que ficará em cartório à disposição do ofendido para que, desejando, oferte a sua ação (***caput*** do art. 529, CPP). Contudo, teremos que compatibilizar a referida regra com o art. 38, CPP, assim, conhecendo o ofendido o autor do crime contra a propriedade imaterial, deflagra-se o prazo decadencial de seis meses para o exercício da ação. Iniciadas as diligências investigatórias e concluído o laudo, passa, a partir daí, a dispor de trinta dias para ofertar a inicial acusatória.

OFERECIMENTO DE QUEIXA-CRIME	PRAZO	A CONTAR DO
Regra geral	6 meses	Ciência da autoria
Lei de Imprensa	Antes da ADPF nº 130 – 3 meses	Publicação ou transmissão da notícia
	Depois da ADPF nº 130 – 6 meses	Ciência da autoria
Induzimento a erro essencial e ocultação de impedimento ao casamento	6 meses	Trânsito em julgado da sentença cível de anulação do casamento
Crimes contra a propriedade imaterial que deixem vestígios	30 dias	Homologação do laudo

85. ADITAMENTO DA QUEIXA

Aditar é complementar, lançar novos elementos. Ao órgão do Ministério Público é facultado aditar a queixa-crime, e como ***custos legis*** poderá acrescentar elementos que influam na fixação da pena, dispondo do prazo de três dias para fazê-lo. Lembre-se, como já abordado, que falta ao Ministério Público legitimidade para aditar a queixa no intuito de lançar novos acusados na ação privada exclusiva, como o diz o enunciado nº 16, das Mesas de Processo Penal da Faculdade de Direito da USP. Já na subsidiária da pública, o MP dispõe de ampla liberdade no aditamento, podendo, inclusive, incluir corréus.

Dessa forma, o aditamento da queixa-crime pelo MP é sempre impróprio: cumpre ao órgão ministerial velar pelas correções técnicas, suprindo falhas na petição inicial como a correta tipificação dos fatos ou descrição fática não essencial, ou seja, só pode atuar sem inovar.

86. REJEIÇÃO DA DENÚNCIA OU QUEIXA

A denúncia e a queixa, uma vez recebidas pelo magistrado, marcarão, segundo o STF, o início do processo. O despacho do juiz, atestando a perfeição técnica da inicial acusatória, formaliza o início do processo penal, que estará integralizado com a realização da citação (art. 363, CPP). Contudo, impõe-se que a inicial atenda não só aos requisitos formais do art. 41 do CPP, como também não esteja maculada por uma daquelas hipóteses esboçadas no art. 395 do CPP, que levariam à sua rejeição. Deste modo, temos as seguintes hipóteses que autorizariam o magistrado a não receber a petição:

> I – For manifestamente inepta;

A inépcia estará caracterizada pelo desatendimento dos requisitos essenciais à petição (art. 41, CPP), notadamente, pela debilidade ou ausência de narrativa fática. Como os limites da acusação são delineados pela contextualização dos fatos, a deficiência ou inexistência da narrativa, como acontece com a inicial que se conforta em indicar apenas o dispositivo legal supostamente infringido, implica na merecida rejeição. Fatos intrincados, ininteligíveis, contraditórios, também podem ensejar, a critério do magistrado, a refutação da denúncia ou da queixa-crime.

II – Faltar pressuposto processual ou condição para o exercício da ação penal;

Já enfrentamos os pressupostos processuais e as condições da ação em momento anterior, e a evidente ausência de qualquer deles, também é obstáculo ao recebimento da inicial.

III – Faltar justa causa.

A justa causa é a necessidade do lastro mínimo de prova para o exercício da ação, é dizer, indícios de autoria e da materialidade, normalmente coligidos do inquérito policial ou dos demais procedimentos apuratórios preliminares. Por conseguinte, a fragilidade probatória pode ser de tal ordem gritante, que o início do processo em si mesmo representaria ilegalidade manifesta, por não existirem elementos mínimos revelando que a infração existiu ou que o denunciado concorreu para o delito.

Quando o crime deixar vestígios, é de bom tom que a petição inicial se faça acompanhar pelo exame de corpo de delito, atestando a materialidade. Entretanto, não sendo possível a sua prévia realização, nada impede que a prova testemunhal supra a omissão. Todavia, em situações excepcionais, a lei exige a prévia realização da perícia, como condição de procedibilidade para a deflagração do processo. É o que ocorre, a título de exemplo, nos crimes contra a propriedade imaterial que deixam vestígios (art. art. 525, CPP), e na Lei de Tóxicos (art. 50, § 1º, da Lei nº 11.343/2006). Em tais hipóteses, se a petição inicial não se fizer acompanhar pela perícia, será rejeitada.

Importante abrir uma digressão sobre os crimes contra a propriedade imaterial, tendo em vista que o STJ emitiu o enunciado nº 574, da sua Súmula, assentando que, para a configuração do delito de violação de direito autoral e a comprovação de sua materialidade, é suficiente a perícia realizada por amostragem do produto apreendido, nos aspectos externos do material, e é desnecessária a identificação dos titulares dos direitos autorais violados ou daqueles que os representem.

Quanto à suficiência da amostragem do produto apreendido para a realização da perícia sob os aspectos externos do material, trata-se de procedimento sufragado legalmente para outras espécies de exames periciais, a exemplo daquela quantidade de droga que deve ser reservada antes da destruição de toda quantidade de substância entorpecente, para a finalidade de exame pericial definitivo. Nesse sentido dispõe, por exemplo, o § 3º, do art. 50, da Lei nº 11.343/2006, na esteira de jurisprudência sedimentada.

A apreensão de grande quantidade de produto representativo da materialidade de crime contra direitos de autor recomenda, logicamente, a mesma solução, tal como concluiu o enunciado sumular. Afinal, onde há a mesma razão, deve ser aplicada a mesma disposição.

Entrementes, considerando que as condutas que configuram crimes de direito do autor nem sempre são de iniciativa pública incondicionada, reputamos imprecisa a redação do apontado enunciado de súmula. Isso porque pode subverter o sistema ao admitir que sejam tomadas providências persecutórias criminais em relação ao crime de violação de direito autoral, mediante a realização de perícia independentemente do conhecimento de quem seja o ofendido pelo delito. Ou seja, não se deve admitir a feitura de perícia sobre o material quando for indispensável a anuência da vítima por se tratar de delito de ação penal privada (art. 184, *caput*, CP) ou de ação penal pública condicionada à representação (art. 184, § 3º CP).

Vale dizer, a crítica ao enunciado sumular nº 574, do STJ, recai sobre a sua parte final que dita ser desnecessária a identificação dos titulares dos direitos autorais violados ou daqueles que os representem para a perícia sobre o material apreendido, sem distinguir que isso será admitido se, e somente se, o delito que necessite da perícia para ser apurado se enquadrar em infração penal de iniciativa pública incondicionada (art. 184, § 1º e § 2º, CP).

Note-se que se para a apuração de delito conexo ao crime de direito autoral de ação penal que dependa de manifestação do ofendido, não se mostrar necessária a perícia sobre o material apreendido, não deve ser esta realizada. Daí que se houver infração penal de sonegação fiscal conexa ao delito de violação a direito autoral de iniciativa privada, a perícia só deve ser ordenada independentemente de ser conhecido o titular daquele direito se o exame interessar à materialidade do crime de ação pública (sonegação tributária).

Por outro lado, e numa visão ampliativa, entendemos que todas as hipóteses que autorizaram a absolvição sumária (julgamento antecipado do mérito, inserido no art. 397 do CPP), também justificam a rejeição da inicial, se cabalmente demonstradas desde o início. Se é certo que tais hipóteses não são tão corriqueiras, também é verdade que não se deve exigir que o processo comece para que então o suposto infrator seja absolvido. Se é evidente que a infração inocorreu, ou existindo qualquer excludente (ressalvada a inimputabilidade), ou até mesmo se já extinta a punibilidade, é um despautério deflagrar a ação, invocando-se o brocardo ***in dubio pro societate***, para depois realizar-se a absolvição. Ora, primeiro porque em situações como estas deveria o ***Parquet*** ter ordenado o arquivamento da investigação. E se não o fez, caberá ao magistrado rejeitar a inicial, evitando-se, portanto, o início desnecessário do processo, desde que evidenciada a hipótese justificadora, é dizer, juízo de certeza (art. 397, CPP). Caso contrário, recebe-se a inicial, deflagrando-se regularmente o processo. Desta forma, agregando às três hipóteses anteriores (art. 395), teremos, pela interpretação do art. 397:

(1) existência manifesta de causa excludente de ilicitude;

(2) existência manifesta de causa excludente de culpabilidade, ressalvada a inimputabilidade;

(3) fato narrado evidentemente não constitui crime;

(4) estiver extinta a punibilidade.

A toda evidência estruturando as hipóteses acima com o conceito analítico de crime que é o somatório do **fato típico**, da **ilicitude** e da **culpabilidade**, é solar o entendimento de que sem um destes elementos, temos que reconhecer a inexistência da infração. Com isso, podemos concluir que, a título de exemplo, caso esteja evidente que a conduta do agente é amparada pela legítima defesa, como esta ilide a ilicitude, e por sua vez sem ilicitude não há infração, deverá o magistrado rejeitar a inicial acusatória. O mesmo se diga em havendo uma dirimente, pois excluída a culpabilidade, também não haverá infração. Nesta última hipótese, temos que ressalvar apenas a inimputabilidade, pois se o indivíduo sofre das faculdades mentais, deve haver processo, para ao final ser aplicada medida de segurança.

FATO TÍPICO	ILICITUDE	CULPABILIDADE
Conduta	Legítima defesa	Imputabilidade
Resultado	Estado de necessidade	Potencial consciência da ilicitude
Nexo causal	Exercício regular do direito	Exigibilidade de conduta diversa
Tipicidade	Estrito cumprimento do dever legal	–

A demonstração cabal de que não houve infração penal, tomada esta nos termos do esquema acima, acarreta a rejeição da inicial acusatória. Diga-se o mesmo quando estivermos diante do princípio da insignificância, pois condutas bagatelares levam à própria atipicidade do fato, desaguando em fundamento idôneo para a rejeição da inicial. Da mesma forma, uma vez extinta a punibilidade, o Estado perde a possibilidade de aplicar sanção em face do fato ocorrido, e por sua vez, a inicial deve ser rejeitada.

É verdade que uma demonstração como esta encontra dificuldades, principalmente pela regra da superficialidade dos elementos probatórios colhidos até esta fase da persecução penal, o que não pode eliminar, contudo, a possibilidade de tal conclusão.

A posição aqui defendida está longe de ser pacífica, havendo forte posição no sentido de que as excludentes de ilicitude e de culpabilidade, estritamente vinculadas ao mérito, devem ser analisadas no momento da sentença, não tendo o condão de justificar a rejeição da inicial.

87. REPROPOSITURA DA AÇÃO

Previa o parágrafo único do art. 43, do CPP, que uma vez satisfeita a legitimidade ou suprida a condição da ação faltante, a inicial acusatória poderia ser reproposta. Bastaria que o defeito fosse sanado para que o exercício da ação pudesse seguir o seu rumo novamente. O referido dispositivo foi revogado expressamente (Lei nº 11.719/2008), contudo, a ideia subsiste. Como as hipóteses regulares de rejeição da inicial estão listadas no art. 395, do CPP (inépcia, ausência de condição da ação ou pressuposto processual e justa causa), uma vez superado o defeito que motivou a rejeição, nada impede a repropositura da ação.

88. REJEIÇÃO *VERSUS* NÃO RECEBIMENTO

Há quem aponte distinção entre a rejeição e o não recebimento da denúncia ou da queixa-crime, em que pese o texto legal não fazer tal referência. A rejeição equivaleria ao próprio julgamento de mérito antecipado, fazendo coisa julgada material, ao passo que o mero não recebimento não seria um obstáculo para a repropositura da ação, uma vez satisfeita a condição que o motivou. Com isso, teríamos o cabimento do recurso de apelação para a decisão de rejeição, afinal, ela satisfaz o próprio mérito, ao passo que o recurso em sentido estrito se destinaria ao combate do não recebimento. Nesse sentido, o magistério de José Antonio Paganella Boschi[76].

Em que pese o sempre balizado entendimento do autor, insistimos que a referida distinção não encontra ressonância na doutrina majoritária, que tem a rejeição e o não recebimento como expressões sinônimas.

76. BOSCHI, José Antonio Paganella. *Ação penal*: denúncia, queixa e aditamento. 3. ed. Rio de Janeiro: AIDE, 2002. p. 233.

89. REJEIÇÃO PARCIAL

Acreditamos ser possível ao magistrado, sem se imiscuir nas atribuições do órgão acusador, rejeitar parcialmente a inicial acusatória. Nada impede que o juiz rejeite parcialmente a inicial para excluir um ou alguns imputados, quando não haja lastro probatório mínimo vinculando-os aos fatos. O mesmo raciocínio pode ser seguido na hipótese de pluralidade de infrações objeto de uma mesma denúncia, onde, não havendo justa causa, algumas podem ser excluídas. O mesmo se diga quanto às qualificadoras ou causas de exasperação de pena.

90. RECURSO PARA COMBATER A REJEIÇÃO

O recurso cabível do não recebimento da denúncia ou queixa, como regra, por disposição do inciso I, do art. 581, do CPP, é o **recurso em sentido estrito**. Já se a inicial for recebida, normalmente não há recurso, podendo o réu valer-se do ***habeas corpus*** para tentar trancar o processo iniciado. Podemos destacar as seguintes exceções:

(1) na Lei nº 9.099/1995, Juizados Especiais, a rejeição da inicial acusatória comporta apelação (art. 82);

(2) na Lei nº 8.038/1990, que trata do procedimento originário perante os tribunais, tanto o recebimento quanto a rejeição da inicial não comportam mais qualquer recurso ordinário, já que a decisão será proferida pelo tribunal. Já se admitiu agravo regimental, quando a mesma era da alçada do relator. Advirta-se, entretanto, que havendo violação à Constituição Federal ou norma infraconstitucional, é possível o ingresso com recurso extraordinário ou especial.

91. EFEITO DO JULGAMENTO DO RECURSO CONTRA A REJEIÇÃO DA INICIAL

(1) Havendo ***error in procedendo*** (de ordem processual, acarretando nulidade), a procedência do recurso implicará na devolução dos autos para que o juízo ***a quo*** profira uma nova decisão, recebendo ou rejeitando a inicial.

(2) Já em se tratando de ***error in judicando*** (de ordem material na apreciação do fato), o acórdão proferido no julgamento já funcionará como decisão de recebimento. Neste sentido, o enunciado nº 709, da Súmula, do STF, aduzindo que, salvo quando nula a decisão de primeiro grau, o acórdão que dá provimento ao recurso contra a rejeição da denúncia vale, desde logo, pelo recebimento dela.

92. PRESERVAÇÃO DO CONTRADITÓRIO E DA AMPLA DEFESA NO RECURSO CONTRA A REJEIÇÃO DA INICIAL

Uma vez interposto recurso para impugnar a rejeição da inicial, deve o juiz intimar a defesa para apresentar contrarrazões, sob pena de nulidade (absoluta). A ausência de intimação não é suprida pela mera nomeação de advogado dativo, *ex vi* do verbete nº 707, da Súmula, do STF.

93. FUNDAMENTAÇÃO DO RECEBIMENTO E RECEBIMENTO TÁCITO

Ao analisar a admissibilidade da inicial acusatória, e ao proferir juízo positivo quanto à presença dos requisitos mínimos para o início do processo, o magistrado deverá receber a denúncia ou a queixa, e este simples ato é o marco deflagrador da persecução em juízo, além de ocasionar a interrupção da prescrição, transformar quem até então era mero suspeito ou indiciado em réu e prevenir a competência. Por sua importância, não podemos nos furtar em reconhecer que se trata de autêntica decisão judicial (interlocutória simples), e por força do art. 93, inciso IX da Constituição Federal, obrigatoriamente deve ser fundamentada. Não há de se exigir uma fundamentação detalhada e profunda, afinal, estamos no início do processo, e o magistrado não pode antecipar o juízo de mérito acerca da demanda, uma vez que a instrução probatória ainda está por vir, contudo, demonstrar, em objetiva fundamentação, que vislumbra os requisitos do art. 41 do CPP, e a ***contrario sensu***, do art. 395, é, em última análise, o mínimo que deve fazer para atender ao mandamento constitucional.

Apesar da posição aqui adotada, a jurisprudência ainda majoritária, inclusive dos tribunais superiores, trilha outro caminho, indicando que o magistrado, ao receber a denúncia ou queixa, não precisa fundamentar a decisão, pois esta, ainda sob tal ótica, **não tem natureza decisória**, e a fundamentação seria uma antecipação indevida ao exame do mérito. Por tal posição, o recebimento da inicial tem natureza de **mero despacho**, e com isso, a admissibilidade já implica, **implicitamente**, na análise dos requisitos legais para o início do processo. Também se tem admitido o **recebimento tácito** da inicial, quando o juiz, sem ao menos proferir o despacho de recebimento, determina de pronto a citação do réu[77].

Uma vez recebida a exordial e iniciado o processo, não é possível, ao órgão julgador, juízo de retratação. A ponderação e a análise dos requisitos legais são a pedra de toque no momento da admissibilidade, pois, a reconsideração do recebimento da inicial não encontra guarida legal. Nada impede que os defeitos da petição inicial, contudo, sejam suscitados no decorrer do processo, o que pode desaguar, em situações extremas, na extinção do processo sem julgamento de mérito. Contudo, as mazelas da denúncia ou da queixa devem ser suscitadas até antes da prolação da sentença, afinal, depois que a decisão é proferida, esta é que será objeto de discussão em via recursal, e não mais os defeitos da inicial.

94. QUADRO SINÓTICO

CAPÍTULO VI – AÇÃO PENAL	
CONCEITO	
Direito público subjetivo de pedir ao Estado-Juiz a aplicação do direito penal objetivo ao caso.	1
CARACTERÍSTICAS	
(1). **Autônomo**: o direito de ação é preexistente à pretensão punitiva do Estado; (2). **Abstrato**: independe do resultado do processo; (3). **Subjetivo**: o titular do direito é especificado na própria legislação; (4). **Público**: a atividade é de natureza pública, e a ação exercida contra o próprio Estado; (5). **Instrumental**: é o meio para se alcançar a efetividade do direito material.	2

77. STJ – Quinta Turma – AgRg no AREsp 1172741/MA – Rel. Min. Reynaldo Soares da Fonseca – DJe 25 out. 2019.

<table>
<tr><th colspan="3">CAPÍTULO VI – AÇÃO PENAL</th></tr>
<tr><td>Localização no ordenamento</td><td>CP (artigos 100 et seq) e CPP (artigos 24 et seq).</td><td>3</td></tr>
<tr><th colspan="3">CONDIÇÕES PARA O EXERCÍCIO DA AÇÃO PENAL</th></tr>
<tr><td colspan="2">(1) Interesse de agir; (2) Legitimidade (legitimatio ad causam); (3) Justa causa; (4) Condições específicas; (5) Condições de procedibilidade; (6) Condições específicas constitucionais; (7) Condições específicas legais; (8) Condições específicas jurisprudenciais; (9) Condições objetivas de punibilidade; (10) Condições de prosseguibilidade.</td><td>4 a 14</td></tr>
<tr><td>Oportunidade para verificação</td><td>De regra, a qualquer tempo. Porém, há forte corrente doutrinária no sentido de que o momento oportuno para a discussão acerca das condições da ação seria o da admissibilidade da inicial.</td><td>15</td></tr>
<tr><th colspan="3">CLASSIFICAÇÃO DAS AÇÕES</th></tr>
<tr><td colspan="2">(1) de conhecimento ou de cognição; (2) de execução; e (3) cautelar.</td><td>16</td></tr>
<tr><th colspan="3">Ação penal pública incondicionada</th></tr>
<tr><td colspan="2">É a regra. Titularizada pelo MP, prescinde de manifestação de vontade da vítima ou de terceiros para ser exercida.</td><td>17</td></tr>
<tr><td>Princípios informadores da ação penal pública</td><td>Obrigatoriedade (legalidade processual): presentes os requisitos, o MP está obrigado a denunciar.
Indisponibilidade ou da indesistibilidade: proposta a ação, o MP não pode dela dispor.
Oficialidade: a cargo de um órgão oficial, qual seja, o MP.
Autoritariedade: o titular é autoridade pública.
Oficiosidade: não carece de qualquer autorização para instaurar-se, devendo o MP atuar ex officio.
Indivisibilidade: o Parquet tem o dever de ofertar a denúncia em face de todos os envolvidos na prática da infração penal.
Intranscendência ou pessoalidade: a ação só pode ser proposta contra quem se imputa a prática do delito.</td><td>18 a 25</td></tr>
<tr><th colspan="3">Ação pública condicionada</th></tr>
<tr><td colspan="2">Também titularizada pelo MP, porém necessita da representação da vítima ou, ainda, de requisição do Ministro da Justiça.
Representação: condição de procedibilidade para que possa instaurar-se a persecução criminal. É um pedido autorizador feito pela vítima ou por seu representante legal.
Os destinatários da representação: pode ser destinada à autoridade policial, ao MP ou ao próprio juiz.
Ausência de rigor formal: o importante é que a vítima revele o interesse claro e inequívoco de ver o autor do fato processado.</td><td>26 e 29</td></tr>
<tr><td colspan="2">O prazo e sua contagem: seis meses do conhecimento da autoria da infração penal, devendo, em seu cômputo, ser incluído o dia do início e excluído o do vencimento.
O menor representado: o direito deve ser exercido pelo representante legal.</td><td>30 a 39</td></tr>
</table>

<table>
<tr><th colspan="3">CAPÍTULO VI – AÇÃO PENAL</th></tr>
<tr><td colspan="2">A sucessão processual: em caso de morte ou ausência, o direito passa ao cônjuge (companheira), ascendentes, descendentes ou irmãos, ordem preferencial e taxativa.
Ausência de vinculação do MP à representação: a representação não é ordem nem vincula o promotor de justiça.
Eficácia objetiva da representação: cabe ao MP delinear os limites subjetivos da denúncia, ofertando a inicial contra os demais coautores ou partícipes (não indicados pela vítima).
Retratação: enquanto não oferecida a denúncia, a vítima pode retratar-se da representação. Já a Lei Maria da Penha prevê que só será admitida perante o juiz, em audiência especialmente designada, antes do recebimento da denúncia e ouvido o MP.</td><td>30 a 39</td></tr>
<tr><td colspan="2">A requisição do Ministro da Justiça: trata-se de ato de conveniência política, a cargo do Ministro da Justiça, autorizando a persecução criminal nas infrações que a exijam.
Destinatário da requisição do Ministro da Justiça: MP, na figura do Procurador Geral.
Prazo para oferecimento da requisição do Ministro da Justiça: pode ser apresentada a qualquer tempo, enquanto a infração não estiver prescrita.
Impossibilidade de retratação da requisição do Ministro da Justiça: prevalece que não é cabível, pois revelaria fragilidade do Estado brasileiro.</td><td>30 a 39</td></tr>
<tr><td colspan="2">Ausência de vinculação do MP à requisição: a requisição não é ordem nem vincula o promotor de justiça.
Eficácia objetiva da requisição: poderá o MP, de pronto, denunciar os faltantes, sem a necessidade de aditamento pelo Ministro da Justiça.</td><td>40 e 41</td></tr>
<tr><th colspan="3">AÇÃO PENAL PRIVADA</th></tr>
<tr><td colspan="2">Nas infrações penais que ofendem sobremaneira a intimidade da vítima, a persecução criminal é transferida excepcionalmente ao particular que atua em nome próprio, na tutela de interesse alheio (jus puniendi do Estado).</td><td>42</td></tr>
<tr><td>Titularidade</td><td>Cabe ao ofendido ou ao seu representante. No caso de morte ou ausência da vítima, transfere-se ao cônjuge (companheiro), ascendentes, descendentes e irmãos, nesta ordem preferencial.</td><td>43</td></tr>
<tr><td>Princípios informadores da ação penal privada</td><td>Oportunidade ou conveniência: é facultado à vítima decidir entre ofertar ou não a ação, pois ela, por permissivo legal, é a titular do direito.
(1). A decadência: quedando-se inerte por seis meses de que dispõe para exercer o seu direito, contados como regra do conhecimento da autoria da infração.
(2). Renúncia: prática de ato incompatível com a vontade de ver processado o infrator, ou através de declaração expressa da vítima.
Disponibilidade: uma vez exercida, poderá o particular desistir da mesma, seja perdoando o acusado, seja pelo advento da perempção.
(1). Perdão da vítima: precisa ser aceito pelo imputado (ato bilateral).</td><td>44 a 48</td></tr>
</table>

CAPÍTULO VI – AÇÃO PENAL		
Princípios informadores da ação penal privada	(2). Perempção: sanção processual ocasionada pela inércia na condução da ação privada, desaguando na extinção da punibilidade. **Indivisibilidade:** o particular, ao optar pelo processamento dos autores da infração, deve fazê-lo em detrimento de todos os envolvidos. Do contrário, estará renunciando ao direto de ação quanto àqueles que deixou de processar, o que beneficia a todos os envolvidos. **Intranscendência ou da pessoalidade:** a ação só pode ser proposta contra a pessoa a quem se imputa a prática do delito.	**44 a 48**
Espécies de ação penal privada	**Exclusivamente privada ou propriamente dita:** a ação é exercida pela vítima ou por seu representante legal. **Personalíssima:** o direito de ação só poderá ser exercido pela vítima. **Subsidiária da pública, supletiva ou acidentalmente privada:** tem cabimento diante da inércia do MP. **Atuação do MP na ação penal privada supletiva:** figura como interveniente adesivo obrigatório.	**49 a 53**
Custas e honorários advocatícios	**Custas:** a previsão é dada pelo art. 806 do CPP. Na ação privada subsidiária da pública, atuando o querelante em substituição ao órgão ministerial, não há de se falar no pagamento de custas ou demais despesas processuais.	**54**
Custas e honorários advocatícios	**Honorários advocatícios**: há precedente pela admissibilidade dos mesmos nas ações de iniciativa privada.	**54**
QUESTÕES COMPLEMENTARES		
Ação de prevenção penal	Objetiva aplicar exclusivamente ao demandado medida de segurança.	**56**
Ação penal *ex officio*	O processo judicialiforme é a faceta não recepcionada da chamada ação penal *ex officio*, que é aquela iniciada sem provocação da parte.	**57**
Ação penal pública subsidiária da pública	É a ação intentada pelo MPF, frente à inércia do MPE nos crimes definidos no DL nº 201, de 27/2/1967, praticados por prefeito. Também incompatível com o texto constitucional.	**58**
Ação penal popular	É a possibilidade, contemplada pela Lei nº 1.079/1950, de qualquer cidadão oferecer denúncia nos crimes de responsabilidade. Deve ser encarada não como exercício da ação, e sim como mera notícia-crime.	**59**
Crimes contra a dignidade sexual	Com o advento da Lei nº 13.718/2018, todos os delitos contra a dignidade sexual, a exemplo dos casos de estupro, serão processados e julgados por ação penal de iniciativa pública incondicionada. Como se cuida de lei mais gravosa, sua aplicação deve ser irretroativa, isto é, somente deve ser incidida para os fatos ocorridos a partir de sua vigência.	**60 e 61**

CAPÍTULO VI – AÇÃO PENAL		
Crime de estelionato	A exigência de representação, se não implementada, constitui óbice à procedibilidade de ações novas, bem como deve significar obstáculo ao prosseguimento de processos pendentes.	**62**
Crimes contra a honra de funcionário público	STF consolidou entendimento de que a legitimidade seria concorrente (possibilidade de ação pública condicionada ou ação privada) – Súmula nº 714 do STF.	**63**
Ação penal secundária	Dá-se quando as circunstâncias aplicadas ao caso fazem variar a modalidade de ação a ser intentada (exemplo: crimes contra a honra).	**64**
Ação penal adesiva	É a possibilidade de militarem no polo ativo, em conjunto, o MP e o querelante, quando houver conexão ou continência.	**65**
Ação penal na injúria por preconceito	Com a alteração promovida pela Lei nº 12.033/2009, a injúria consistente na "utilização de elementos referentes a raça, cor, etnia, religião, origem ou a condição de pessoa idosa ou portadora de deficiência", antes passível de ação de iniciativa privada, passou a ser de ação pública condicionada à representação (parágrafo único, art. 145, CP).	**66**
Ação penal extensiva	Nos crimes complexos, se um deles é de ação pública, o delito decorrente da junção também o será (por extensão).	**67**
Ação penal de segundo grau	São as ações manejadas diretamente perante tribunal, distantes da atuação do juiz singular (**ações originárias**).	**68**
INICIAL ACUSATÓRIA		
É a peça que demarca o exercício da ação penal, contendo a imputação formulada pelo órgão acusador, sendo que, nos crimes de ação penal pública, recebe o nome de **denúncia**, enquanto que nas ações penais privadas é denominada de **queixa-crime**.		**69**
Requisitos formais	Descrição do fato, com todas as suas circunstâncias; Qualificação do acusado ou fornecimento de dados que possibilitem a sua identificação; Classificação do crime; Rol de testemunhas; Pedido de condenação; Endereçamento; Nome e assinatura; Outros requisitos da inicial acusatória.	**70 a 78**
Prazos para oferta da denúncia	A denúncia deve ser ofertada atendendo aos prazos: cinco dias, se o denunciado estiver preso; quinze dias, se solto. Esta é a regra geral.	**79**
Prazos especiais para oferta da denúncia	(1) dez dias, para crime eleitoral; (2) dez dias, para crimes de imprensa. Com a não recepção da Lei de Imprensa, o prazo da denúncia segue a regra geral do CPP; (3) 10 dias, para tráfico de drogas; (4) nos crimes de abuso de autoridade, a atual legislação não traz prazo especial, de forma que seguiremos a regra geral do CPP; (5) 2 dias, para crimes contra a economia popular.	**80**

CAPÍTULO VI – AÇÃO PENAL		
Início da contagem do prazo e o seu encerramento	Tem o início de contagem no dia em que o membro do MP receber os autos do inquérito policial ou das peças de informação.	**81**
Desatendimento do prazo	Não impede que a mesma seja apresentada a destempo.	**82**
Prazos para oferta da queixa-crime	Regra geral: deve ser ofertada no prazo de seis meses contados do conhecimento da autoria da infração.	**83**
Prazos especiais	(1) Lei de Imprensa (Lei nº 5.250/1967): com a sua não recepção pela CF, a regra passa a ser a geral, isto é, seis meses; (2) Crime de induzimento a erro essencial e ocultação de impedimento ao casamento: seis meses; (3) Crimes contra a propriedade imaterial que deixem vestígios: trinta dias.	**84**
Aditamento da queixa	Ao órgão do MP é facultado aditar a queixa-crime, e como *custos legis* poderá acrescentar elementos que influam na fixação da pena, dispondo do prazo de três dias para fazê-lo.	**85**
Rejeição da denúncia ou queixa	**Hipóteses**: I) For manifestamente inepta; II) Faltar pressuposto processual ou condição para o exercício da ação penal; III) Faltar justa causa; IV) Existência manifesta de causa excludente de ilicitude; V) Existência manifesta de causa excludente de culpabilidade, ressalvada a inimputabilidade; VI) Fato narrado evidentemente não constitui crime; VII) Estiver extinta a punibilidade.	**86**
Repropositura da ação	Uma vez superado o defeito que motivou a rejeição, nada impede a repropositura da ação.	**87**
Rejeição *versus* não recebimento	Esta distinção não encontra ressonância na doutrina majoritária, que tem a rejeição e o não recebimento como expressões sinônimas.	**88**
Rejeição parcial	Nada impede que a rejeição parcial da inicial para excluir imputados ou infrações, desde que não haja lastro mínimo embasando-os.	**89**
Recurso para combater a rejeição	Recurso em sentido estrito, como regra geral. Já se a inicial for recebida, normalmente não há recurso, podendo o réu valer-se do *habeas corpus* para tentar trancar o processo iniciado. Exceções: (1) na Lei dos Juizados Especiais, a rejeição da inicial acusatória comporta apelação; (2) na Lei nº 8.038/1990, tanto o recebimento quanto a rejeição da inicial não comportam mais qualquer recurso ordinário, já que a decisão será proferida pelo tribunal.	**90**

<table>
<tr><th colspan="3">CAPÍTULO VI – AÇÃO PENAL</th></tr>
<tr><td>Efeito do julgamento do recurso contra a rejeição da inicial</td><td>Havendo error in procedendo, a procedência do recurso implicará na devolução dos autos para que o juízo a quo profira uma nova decisão.
Já em se tratando de error in judicando, o acórdão proferido no julgamento já funcionará como decisão de recebimento.</td><td>91</td></tr>
<tr><td>Contraditório e da ampla defesa no recurso contra a rejeição</td><td>Uma vez interposto recurso para impugnar a rejeição da inicial, deve o juiz intimar a defesa para apresentar contrarrazões, sob pena de nulidade (absoluta). A ausência de intimação não é suprida pela mera nomeação de advogado dativo, ex vi do verbete nº 707, da Súmula, do STF.</td><td>92</td></tr>
<tr><td>Fundamentação do recebimento e recebimento tácito</td><td>O STF entende que não precisa fundamentar, bem como admite o recebimento tácito da inicial, quando o juiz, sem ao menos proferir o despacho de recebimento, determina de pronto a citação do réu.</td><td>93</td></tr>
</table>

94. SÚMULAS DO STJ

201. Os honorários advocatícios não podem ser fixados em salários-mínimos.

330. É desnecessária a resposta preliminar de que trata o artigo 514 do Código de Processo Penal, na ação penal instruída por inquérito policial.

542. A ação penal relativa ao crime de lesão corporal resultante de violência doméstica contra a mulher é pública incondicionada.

574. Para a configuração do delito de violação de direito autoral e a comprovação de sua materialidade, é suficiente a perícia realizada por amostragem do produto apreendido, nos aspectos externos do material, e é desnecessária a identificação dos titulares dos direitos autorais violados ou daqueles que os representem.

599. O princípio da insignificância é inaplicável aos crimes contra a administração pública.

606. Não se aplica o princípio da insignificância aos casos de transmissão clandestina de sinal de internet via radiofrequência que caracterizam o fato típico previsto no artigo 183 da lei 9.472/97.

636. A folha de antecedentes criminais é documento suficiente a comprovar os maus antecedentes e a reincidência.

95. SÚMULAS DO STF

Súmula Vinculante nº 35. A homologação da transação penal prevista no artigo 76 da Lei 9.099/1995 não faz coisa julgada material e, descumpridas suas cláusulas, retoma-se a situação anterior, possibilitando-se ao Ministério Público a continuidade da persecução penal mediante oferecimento de denúncia ou requisição de inquérito policial.

594. Os direitos de queixa e de representação podem ser exercidos, independentemente, pelo ofendido ou por seu representante legal.

608. No crime de estupro, praticado mediante violência real, a ação penal é pública incondicionada.

693. Não cabe "***habeas corpus***" contra decisão condenatória a pena de multa, ou relativo a processo em curso por infração penal a que a pena pecuniária seja a única cominada.

709. Salvo quando nula a decisão de primeiro grau, o acórdão que provê o recurso contra a rejeição da denúncia vale, desde logo, pelo recebimento dela.

714. É concorrente a legitimidade do ofendido, mediante queixa, e do Ministério Público, condicionada à representação do ofendido, para a ação penal por crime contra a honra de servidor público em razão do exercício de suas funções.

723. Não se admite a suspensão condicional do processo por crime continuado, se a soma da pena mínima da infração mais grave com o aumento mínimo de um sexto for superior a um ano.

96. QUESTÕES DE CONCURSOS PÚBLICOS

01. (CESPE/CEBRASPE/TJ-PA/Oficial de Justiça/2020) Maria foi vítima de estupro praticado por um desconhecido em um parque. Ao comparecer à delegacia, ela comunicou formalmente o ocorrido e submeteu-se a exame de corpo de delito, que comprovou a violência sexual; em seguida, foi feito o retrato falado do estuprador. Apesar dos esforços da autoridade policial, o autor do crime somente foi identificado e reconhecido pela vítima sete meses após a ocorrência do fato.

Nessa situação hipotética, concluídas as investigações, o Ministério Público deve

A) oferecer a denúncia, visto que estão presentes as condições da ação penal.
B) manifestar-se pelo arquivamento do inquérito policial por falta de interesse de agir.
C) manifestar-se pelo arquivamento do inquérito policial por falta de possibilidade jurídica do pedido.
D) manifestar-se pelo arquivamento do inquérito policial por falta de justa causa.
E) oficiar à vítima para que ela informe se ainda tem interesse na propositura da ação penal.

---

02. (Cespe – Juiz de Direito – TJ – CE/2018) Considerando a jurisprudência dos tribunais superiores com relação ao processo penal e às nulidades processuais, assinale a opção correta.

(A) É desnecessária a oitiva da defesa para o desaforamento de processo em julgamento pelo tribunal do júri, quando tal ato for recomendado em razão das graves repercussões sociais do processo.
(B) As condições genéricas da ação penal são a possibilidade jurídica do pedido, o interesse de agir e a legitimidade da parte.
(C) Admite-se a extinção antecipada da punibilidade do réu sob a justificativa de que a pena que seria aplicada levaria inexoravelmente à prescrição da pretensão punitiva.
(D) É nula a oitiva de testemunhas por carta precatória sem a presença do réu, mesmo que este, devidamente intimado, não tenha requerido o seu comparecimento.
(E) A liberdade provisória não pode ser concedida a acusados de tráfico de entorpecentes.

---

03. (FCC – MPE-PB – Promotor de Justiça Substituto – 2018) Para que a ação penal tenha justa causa e possibilite a ampla defesa do acusado, a denúncia deverá conter os seguintes requisitos essenciais:

(A) Exposição do fato criminoso, com todas as suas circunstâncias, a qualificação do acusado ou esclarecimentos pelos quais se possa identificá-lo, a classificação do crime e, quando necessário, o rol das testemunhas.
(B) Exposição do fato criminoso, com todas as suas circunstâncias, a qualificação do acusado ou esclarecimentos pelos quais se possa identificá-lo, a classificação do crime, o rol das testemunhas e o pedido de condenação.
(C) Exposição do fato criminoso, com todas as suas circunstâncias, a qualificação do acusado ou esclarecimentos pelos quais se possa identificá-lo, a classificação do crime, o rol das testemunhas e pedido alternativo para o caso de desclassificação do crime.
(D) Exposição do fato criminoso, com todas as suas circunstâncias, a qualificação do acusado e da vítima ou esclarecimentos pelos quais se possa identificá-los, a classificação do crime e o rol completo das provas que se pretende produzir.
(E) Exposição do fato criminoso, com todas as suas circunstâncias, a qualificação do acusado ou esclarecimentos pelos quais se possa identificá-lo, a classificação do crime, o rol das testemunhas, o pedido de condenação e o procedimento a ser observado.

---

04. (FCC – MPE-PB – Promotor de Justiça Substituto – 2018) Estabelece o Código de Processo Penal que o Ministério Público velará pela indivisibilidade da ação penal de iniciativa privada. Sobre o tema, é correto afirmar:

(A) Caso julgue necessários maiores esclarecimentos e documentos complementares, o Ministério Público terá o prazo de três dias para aditar a queixa.
(B) A renúncia ao exercício do direito de queixa, em relação a um dos autores do crime, deverá ser aceita pelo beneficiário.
(C) A queixa contra qualquer dos autores do crime obrigará ao processo de todos.
(D) Em caso de abandono da ação penal privada pelo querelante, o Ministério Público deverá assumir a acusação.
(E) Na hipótese de ação penal perempta, o Juiz, somente após ouvir o Ministério Público, poderá declarar extinta a punibilidade do querelado.

---

05. (FGV – TJ-SC – Analista Jurídico – 2018) O Código de Processo Penal prevê uma série de institutos aplicáveis às ações penais de natureza privada. Sobre tais institutos, é correto afirmar que:

(A) a renúncia ao exercício do direito de queixa ocorre antes do oferecimento da inicial acusatória, mas deverá ser expressa, seja através de declaração do ofendido seja por procurador com poderes especiais;
(B) o perdão do ofendido oferecido a um dos querelados poderá a todos aproveitar, podendo, porém, ser recusado pelo beneficiário, ocasião em que não produzirá efeitos em relação a quem recusou;
(C) a renúncia ao exercício do direito de queixa ocorre após o oferecimento da inicial acusatória, gerando extinção da punibilidade em relação a todos os querelados;
(D) a decadência ocorrerá se o ofendido não oferecer queixa no prazo de 06 meses a contar da data dos fatos, sendo irrelevante a data da descoberta da autoria;
(E) a perempção ocorre quando o querelante deixa de comparecer a atos processuais para os quais foi intimado, ainda que de maneira justificada.

---

06. (CESPE/CEBRASPE/MP-CE/Promotor de Justiça/2020) João sofreu calúnia, mas veio a falecer dentro do prazo decadencial de seis meses, antes de ajuizar ação contra o ofensor. Ele não tinha filhos e mantinha um relacionamento homoafetivo com Márcio, em união estável reconhecida. João era filho único e tinha como parente próximo sua mãe.

Nessa situação hipotética, o ajuizamento de ação pelo crime de calúnia

a) somente poderá ser promovido pela mãe de João.
b) poderá ser realizado pelo Ministério Público.
c) poderá ser realizado por Márcio.
d) não é cabível, haja vista a morte de João
e) deverá ser realizado por curador especial, a ser nomeado para essa finalidade.

97. GABARITO ANOTADO

01 – A

Vide:

- Art. 224, CP.
- Art. 24, CPP.

02 - B

Vide:

- Condições para o exercício da ação penal.

03 - A

Vide:

- Art. 41, CPP.

04 - C

Vide:

- Art. 47, CPP.
- Art. 48, CPP.
- Art. 61, CPP.

05 - B

Vide:

- Art. 38, CPP.
- Art. 51, CPP.
- Art. 57, CPP.
- Art. 60, III, CPP.

06 - C

Vide:

- Art. 24, §1º, CPP.

98. QUESTÕES DISCURSIVAS COM COMENTÁRIOS

01. (Promotor de Justiça - RS - MPE-RS - 2014) A família Silva se reuniu no feriado nacional de proclamação da república no ano de 2013, para comemorar o aniversário de Euclides, nascido em 15/11/1953, na sua casa. Durante todo o dia, o clima festivo preponderou. A noite, todos se deslocaram para suas residências, com exceção de Petrônio, irmão caçula do aniversariante, que ficou zanzando pelas proximidades. Aproveitando-se da escuridão e munido de um pé de cabra, arrebentou uma janela nos fundos da edificação, ingressou no seu interior, e subtraiu várias coisas de arte e objetos de valor do ofendido. Para o seu azar, deixou cair sua carteira de identidade junto à janela. De manhã, percebendo o que tinha acontecido, a governanta da moradia procurou imediatamente a autoridade policial para narrar o delito, pois o seu patrão já viajara para Alemanha de manhã cedo e nada percebeu. A polícia judiciária compareceu ao local, efetuou perícia na janela arrombada - inclusive com fotos - e um dos espertos descobriu a identidade no chão, o que, mais tarde, com impressões digitais colhidas, confirmou a autoria do crime. O Delegado, de ofício, determinou a abertura de inquérito policial, onde testemunhas foram ouvidas, laudos foram juntados, e o indiciado Petrônio negou a autoria. A vítima não foi ouvida porque estava na Alemanha por ser alto funcionário de uma empresa multinacional. O inquérito foi concluído em 30 dias e remetido ao Ministério Público. Como representante do Ministério Público, você denunciaria o indiciado, requereria arquivamento ou pediria alguma diligência? Em qualquer caso, fundamente a opção escolhida, apontando a base legal.

Resposta

A questão envolvia o conhecimento a respeito de ação penal pública. Em síntese, a vítima, com 60 anos, teve várias obras de arte e objetos de valor furtados pelo seu irmão. O ofendido, trabalhando no exterior, não foi ouvido e nem fez qualquer requerimento no inquérito policial, aberto em razão da comunicação do crime pela sua governanta. Desta forma, em princípio, pelo art. 182, II, do Código Penal, o Promotor de Justiça não poderia denunciar por estar ausente a representação da vítima no inquérito policial. Entretanto, aplica-se o art. 183, III, também do Código Penal, isto é, não tem o indiciado imunidade alguma por ter a vítima 60 anos na data do delito. Assim, portanto, o Promotor de Justiça deveria oferecer denúncia.

02. (Promotor de Justiça MPE-PR - 2014 - MPE-PR) Discorra sobre o princípio da indisponibilidade da ação penal, tratando da mitigação de sua aplicação no processo penal brasileiro. (Máximo de 15 linhas)

Resposta

O princípio da indisponibilidade, aplicável à ação penal pública, é também conhecido como princípio da indesistibilidade. É um desdobramento lógico do princípio da obrigatoriedade, de forma que, uma vez proposta a ação, o Ministério Público não pode dela dispor. Destarte, se o Ministério Público é obrigado a oferecer a denúncia, estando presentes os requisitos legais, também não pode dispor ou desistir do processo em curso (indisponibilidade). Destacou o espelho de correção que o princípio da indisponibilidade tem aplicação na fase processual, enquanto o princípio da obrigatoriedade aplica-se na fase pré-processual. O CPP prevê, expressamente, no art. 42, que o Ministério Público não pode desistir da ação penal, assim como também não poderá desistir do recurso que interpôs (art. 576, CPP). Como exemplo prático de mitigação do princípio, destacou-se a suspensão condicional do processo, prevista no art. 89, da Lei nº 9.099/95, tendo em vista que sendo preenchidos os requisitos objetivos e subjetivos para suspensão, oferecida a proposta pelo órgão ministerial, com posterior aceitação do acusado e de seu defensor, e ulterior homologação da autoridade judiciária, o processo permanecerá suspenso. Também se insere como limitação ao princípio em tela o acordo de não persecução penal gizado no art. 28-A, do CPP, introduzido pela Lei nº 13.964/2019.

03. (Promotor de Justiça - 2014 - MPE-GO) O que se entende por criptoimputação? Qual(ais) a(s) sua(s) consequência(s) para o processo penal? Como deve agir o Promotor de Justiça a fim de evitá-la?

Resposta

A criptoimputação é a narração do fato eivada de grave deficiência, mencionando superficialmente elementos do tipo penal em abstrato e sem os mínimos elementos para a identificação do fato como típico e antijurídico. Trata-se, destarte, da imputação maculada por grave situação de deficiência na narração do fato imputado, imputação incompreensível, que dificulta o exercício de defesa.

Conforme constou da resposta padrão divulgada, a primeira consequência da criptoimputação é a rejeição da denúncia. Por outro lado, se for recebida a denúncia eivada pela criptoimputação, equivocadamente, deverá o juiz absolver sumariamente o réu com fundamento no art. 397, III, do CPP. Não o fazendo, será possível a impetração de habeas corpus (CPP, art. 647 c/c art. 648, VI) em razão de faltar ao processo elemento essencial configurador de nulidade (CPP, art. 564, IV).

Para evitar a criptoimputação, deve o promotor de Justiça observar o art. 41 do CPP, descrevendo de modo preciso os elementos estruturais que compõem o tipo penal, sob pena de se devolver, ilegitimamente, ao réu, o ônus (que sobre ele não incide) de provar que é inocente.

04. (MPF/19) O "despacho" de recebimento ou rejeição de denúncia ou queixa deve ser fundamentado? Discorra.

Resposta

Como se vê, temos mais um tema de predileção dos examinadores. Respondemos acima, em questão similar, salientando que o despacho de recebimento, como regra, dispensa fundamentação, enquanto a rejeição da denúncia exige fundamentação. Precedentes do STF e do STJ.

Capítulo VII

Ação Civil *ex Delicto*

Sumário • 1. Considerações iniciais – 2. Ação civil *ex delicto* de conhecimento ou de cognição, ação de ressarcimento do dano ou ação civil *ex delicto* em sentido estrito (art. 64, parágrafo único, CPP) – 3. Ação civil *ex delicto* de execução ou ação civil *ex delicto* em sentido amplo (art. 63, parágrafo único, CPP) – 4. Legitimidade ativa e passiva – 5. Competência na ação reparatória – 6. Sistemas processuais de reparação de dano decorrente de infração penal – 7. Sistema da confusão – 8. Sistema da solidariedade ou da união – 9. Sistema da livre escolha – 10. Sistema da separação ou independência – 11. Sistema separatista mitigado – 12. Suspensão da demanda civil – 13. Regime legal da suspensão – 14. Obrigatoriedade da suspensão da ação civil reparatória – 15. Facultatividade da suspensão da ação civil reparatória – 16. Execução da sentença condenatória penal – 17. Sentenças penais sem qualidade de título executivo – 18. Sentença absolutória e subordinação temática – 19. Absolvição pela prova da inexistência do fato (art. 386, I, CPP) – 20. Não houver prova da existência do fato (art. 386, II, CPP) – 21. Não constituir o fato infração penal (art. 386, III, CPP) – 22. Estar provado que o réu não concorreu para a infração penal (art. 386, IV, CPP) – 23. Não existir prova de ter o réu concorrido para a infração penal (art. 386, V, CPP) – 24. Existir circunstância que exclua o crime (art. 386, VI, primeira parte, CPP) – 25. Existir circunstância que isente o réu de pena (art. 386, VI, segunda parte, CPP) – 26. Não existir prova suficiente para a condenação (art. 386, VII, CPP) – 27. Efeitos civis de outras sentenças e decisões penais – 28. Revisão criminal e ação rescisória – 29. Prazo prescricional – 30. Quadro sinótico – 31. Súmulas do STJ – 32. Súmulas do STF – 33. Questões de concursos públicos – 34. Gabarito anotado – 35. Questões discursivas com comentários

1. CONSIDERAÇÕES INICIAIS

Um mesmo fato pode ter repercussão nas várias searas do direito, em verdadeira múltipla incidência[1]. Isso porque se distinguem plano dos fatos e plano do direito. O fato ou suporte fático é a porção da realidade que pode sofrer recorte jurídico pela norma. A norma pode ser de direito penal, processual penal, de direito civil etc. Daí que uma conduta humana pode implicar comportamento tipificado penalmente, bem como pode se materializar em ilícito cível, trazendo para a vítima, se identificada, pretensões de cunho indenizatório.

Assegura, a Constituição do Brasil, no seu art. 5º, inciso V, a indenização pelo dano material e moral. A conduta criminosa pode trazer sérias repercussões no patrimônio do ofendido. Considerando essa circunstância, as leis brasileiras, que encontram seu fundamento de validade na Constituição, especificam as regras que constituem o microssistema reparatório de danos provocados por infrações penais, conforme o seguinte panorama:

(1) o art. 186, do Código Civil, assevera que aquele que causar dano a outrem, ainda que exclusivamente moral, pratica ato ilícito;

(2) o art. 927, também do Código Civil, prescreve a obrigação de reparação dos danos por parte do causador do ilícito;

1. ASSIS, Araken de. *Eficácia civil da sentença penal*. 2. ed. São Paulo: RT, 2000. p.17.

(3) o art. 935, do mesmo Código, averba que a responsabilidade civil é independente da criminal, não se podendo questionar mais sobre a existência do fato, ou sobre quem seja o seu autor, quando estas questões se acharem decididas no juízo criminal;

(4) o art. 91, inciso I, do Código Penal, assevera que a sentença condenatória penal torna certa a obrigação de reparar o dano causado pelo crime. Trata-se de efeito penal obrigatório ou genérico, que decorre dos termos legais, sem necessidade de declaração judicial expressa nesse sentido. A sentença condenatória penal é título executivo judicial, independentemente do órgão do Judiciário que a profira;

(5) o art. 515, inciso VI, do CPC, afirma que a sentença condenatória transitada em julgado é título executivo judicial que, em regra, carece de prévia liquidação (salvo a parte relativa ao valor mínimo do dano fixado na sentença penal condenatória pelo juiz), devendo ser executada no juízo cível competente;

(6) o art. 63, *caput*, do Código de Processo Penal, dispõe que, após o trânsito em julgado da sentença condenatória, é possível executar a pretensão indenizatória no juízo cível;

(7) o art. 64, *caput*, do Código de Processo Penal, autoriza que o ofendido, caso não deseje aguardar o desfecho do processo penal, possa ingressar com ação civil de conhecimento, pleiteando reparação de danos.

Dessa forma, o CPP garante as ferramentas para a consecução da indenização em prol da vítima. A vítima não é uma ilustre esquecida no ordenamento jurídico. A ela é garantida, após a eclosão do delito, reparação dos danos. O conjunto desses dispositivos assegura ao ofendido, a ação civil *ex delicto* (ação civil decorrente do dano provocado pelo crime). Trata-se de alternativa de livre escolha do ofendido, que enseja duas subespécies de demanda.

2. AÇÃO CIVIL *EX DELICTO* DE CONHECIMENTO OU DE COGNIÇÃO, AÇÃO DE RESSARCIMENTO DO DANO *OU* AÇÃO CIVIL *EX DELICTO* EM SENTIDO ESTRITO (ART. 64, PARÁGRAFO ÚNICO, CPP)

É a demanda proposta antes do trânsito em julgado da sentença penal condenatória, isto é, que não se fundamenta em um decreto condenatório definitivo. O seu objetivo é a obtenção de título executivo, para, em um segundo momento, excutir a indenização causada pela infração penal.

Em outros termos, a ação civil *ex delicto* de conhecimento não se fundamenta em uma sentença penal condenatória. Pode ser ajuizada antes ou durante a tramitação de inquérito policial ou de ação penal. Cuida-se de demanda que depende de instrução. Instruir é "dar ao conhecimento de", vale dizer, o juiz cível será o destinatário da prova que abrangerá todas as discussões possíveis acerca do fato e da autoria do delito, que será produzida inclusive, se necessário for, em audiência de instrução.

A ação em tela dá ensejo a uma sentença condenatória cível que, transitada em julgado, abre a porta para o seu cumprimento, com os atos de execução subsequentes. Independe, pois, de ingresso de demanda criminal condenatória. No entanto, o juiz cível tem a faculdade de determinar a suspensão do processo reparatório quando tiver notícia do oferecimento de ação penal, com o objetivo de evitar decisões conflitantes.

3. AÇÃO CIVIL *EX DELICTO* DE EXECUÇÃO *OU* AÇÃO CIVIL *EX DELICTO* EM SENTIDO AMPLO (ART. 63, PARÁGRAFO ÚNICO, CPP)

É a demanda civil lastreada em título executivo penal condenatório, ou seja, baseia-se em sentença penal condenatória com trânsito em julgado.

Não consiste, tecnicamente, em ação civil *ex delicto*, salvo em sentido amplo, eis que é ação executiva, que dispensa processo de conhecimento prévio. Durante a pendência da ação penal condenatória, não corre a prescrição para a propositura da ação civil. A ação civil *ex delicto* de execução dispensa instrução, eis que o fato ilícito e respectiva autoria já se encontram definitivamente esclarecidos conforme sentença penal condenatória transitada em julgado.

Tal título é, em regra, ilíquido, e se executa em compasso com o que dispõe o art. 515, VI, CPC. Pode, contudo, ser líquido ou parcialmente líquido, notadamente quando o juiz tiver, na sentença, fixado valor mínimo do dano provocado pela infração penal, a teor do art. 387, inciso IV, do CPP, caso em que as providências executivas dispensam liquidação prévia através de juntada de planilha.

Daí que o parágrafo único, do art. 63, do CPP, sublinha que uma vez operado o trânsito em julgado da sentença condenatória, a execução poderá ser realizada pelo valor fixado nos termos do inciso IV, do *caput*, do art. 387, do CPP, sem prejuízo da liquidação para a apuração do excedente que a parte entende ter direito.

Ação civil *ex delicto* de conhecimento

- art. 64, parágrafo único, do CPP;
- Independe da demanda criminal condenatória;
- É proposta antes do trânsito em julgado da sentença condenatória criminal.

Ação civil *ex delicto* de execução

- Art. 63, p. único, CPP;
- Depende da demanda criminal condenatória;
- É lastreada em sentença penal condenatória com trânsito em julgado (título executivo – Art. art. 475, II, CPC/1973 (art. 515, VI, NCPC).

Embora prevista no Código de Processo Penal, sabemos que a ação civil *ex delicto*, seja ela de conhecimento ou de execução, tem trâmite regulado pelo CPC. O art. 63, CPP, é expresso nesse sentido, pelo que as poucas disposições que regulam essa demanda na lei processual penal são destinadas mais a delimitar os contornos da coisa julgada criminal, com o fito de definir se a ação a ser ajuizada na esfera cível será de conhecimento ou de execução.

4. LEGITIMIDADE ATIVA E PASSIVA

A legitimidade ativa para a propositura da ação é do ofendido, do seu representante legal, no caso do menor de 18 anos ou doente mental e, havendo óbito ou ausência, passa para os herdeiros. O rol, portanto, é mais extenso no caso de sucessão, não se limitando ao cônjuge, ascendentes, descendentes e irmãos, pois a lei contempla todos os eventuais sucessores.

Por sua vez, sendo a vítima pobre, a ação de conhecimento ou a execução será promovida, a seu requerimento, pelo MP, que pode atuar em substituição processual (art. 68, CPP). Nada impede que o magistrado nomeie advogado dativo para fazê-lo. E com mais razão, nas comarcas onde a Defensoria Pública encontra-se estruturada, o dispositivo não tem mais aplicabilidade. Dispondo a Constituição do Brasil, em seu art. 134, que compete à Defensoria Pública a orientação jurídica e a defesa, em todos os graus, dos necessitados, a conclusão não poderia ser outra.

Já no polo passivo irá figurar o autor do crime, sem prejuízo do processamento do responsável civil. Este último só poderá ser sujeito passivo da ação civil de conhecimento, com fundamento em culpa *in vigilando* ou *in elegendo* relativamente ao acusado do processo criminal.

Não se admite ação civil *ex delito* de execução, baseada em sentença penal condenatória, em detrimento do responsável civil, afinal, não foi parte no processo penal, não servindo o título contra aquele que não figurou no polo passivo da demanda.

Advirta-se que, nos Juizados Especiais Criminais, o responsável civil é notificado para comparecer à audiência preliminar, e se ele fizer parte do acordo de composição civil dos danos, a sentença homologatória será título executivo válido contra sua pessoa (artigos 72 e 74, Lei nº 9.099/1995).

Questão polêmica é a seleção do que pode ser arguido em favor do responsável civil em sua defesa. Será que na ação cível de conhecimento ele poderá rediscutir a autoria e a materialidade do crime, que já ficaram definidas em sentença penal condenatória transitada em julgado? Imaginemos o dono de uma empresa que esteja sendo processado no cível porque o motorista da instituição atropelou culposamente alguém. Será possível, ao responsável civil, afirmar, na ação indenizatória movida em seu desfavor, a negativa de autoria, ou a inexistência do fato, que já estão resolvidos na esfera penal?

A questão é por demais importante, afinal, interfere diretamente na indenização, e pode desaguar na existência de decisões contraditórias. Temos aqui duas posições:

(1) Pacelli se manifesta pela impossibilidade do responsável civil trazer à tona tais discussões, pois já decididas no processo penal, e que "por força do disposto expressamente no art. 933, do Código Civil, onde se estabelece a responsabilidade objetiva – independentemente de culpa – do empregador e do comitente, por ato ilícito praticado por seus empregados, serviçais e prepostos, a matéria de defesa reservada ao terceiro, responsável civil, na hipótese de já haver decisão condenatória em face do agente do delito (reconhecendo, portanto, a existência do fato e a autoria, nos termos do art. 935, Código Civil), será unicamente aquela atinente à existência, ou não, de relação jurídica (contratual ou legal), entre ele e o agente do crime. A questão relativa à existência e autoria do fato estará fora

de seu alcance, desde que passada em julgado a sentença condenatória"[2]. Ressalva apenas a possibilidade da ação civil ser intentada antes do trânsito em julgado da sentença penal, quando então o responsável civil poderá ventilar toda matéria em seu favor.

(2) A segunda posição, que tem prevalecido, admite que o responsável civil invoque todo argumento que lhe for conveniente dentro da ação indenizatória, pois não pode ser prejudicado por decisão emanada do processo penal em que não foi parte. Neste sentido, Mirabete[3]. Pensamos ser essa posição mais adequada aos limites constitucionais, mormente o contraditório e o devido processo legal.

Legitimidade ativa

- Vítima do delito, representante legal ou herdeiros;
- Em caso de vítima pobre, pelo MP, onde não estiver estruturada a Defensoria Pública.

Legitimidade passiva

- Autor do crime;
- Responsável civil, nas ações de conhecimento.

5. COMPETÊNCIA NA AÇÃO REPARATÓRIA

Quanto à competência para a ação civil *ex delicto*, seja a ação de conhecimento, seja a ação executória, precedida da competente liquidação, estas serão manejadas no juízo cível correspondente, sem vínculos com a definição da competência penal. Do cotejo, teremos, ao menos, duas posições:

(1) a primeira, defendida inicialmente por Araken de Assis[4], definindo-a pelo **lugar do ato ou fato**. Identificado o local do delito que desaguou no dano, fixa-se a competência para a ação civil;

(2) a segunda posição, majoritária, resolve a questão para entender que cabe à vítima optar entre ajuizar a ação civil no **lugar do seu domicílio** ou no **local do fato**, havendo verdadeira concorrência de foros. Nada impede que opte por ajuizar a ação no **domicílio do réu**. Nesse sentido, Tourinho Filho[5], Fredie Didier Jr.[6] e Capez[7]. É também a nossa posição.

---

2. OLIVEIRA, Eugênio Pacelli. *Curso de processo penal*. 3. ed. Belo Horizonte: Del Rey, 2004. p. 188.
3. MIRABETE, Julio Fabbrini. *Processo Penal*. 15. ed. São Paulo: Atlas, 2004. p. 149.
4. ASSIS, Araken de. *Eficácia civil da sentença penal*. 2. ed. São Paulo: RT, 2000. p. 76.
5. TOURINHO FILHO, Fernando da Costa. *Manual de processo penal*. 5. ed. São Paulo: Saraiva, 2003. p. 205-206.
6. DIDIER JÚNIOR, Fredie. *Curso de direito processual civil*: teoria geral do processo e processo de conhecimento. 6. ed. Salvador: JusPODIVM, 2006. v. I. p. 126.
7. CAPEZ, Fernando. *Curso de processo penal*. 12. ed. São Paulo: Saraiva, 2005. p. 155.

Nos termos do CPC, nas ações de reparação do dano sofrido em razão de delito ou acidente de veículos – inclusive de aeronave –, será competente o foro do **domicílio do autor** ou do **local do fato** (art. 53, V), sufragando a segunda posição.

Note-se que a competência para a ação reparatória ou ação civil *ex delicto* de conhecimento, segue critério diverso daquele aplicável à competência para a ação de cumprimento de sentença penal condenatória transitada em julgado.

Nesse último caso, de ação civil *ex delicto* de execução, o exequente, nos termos do parágrafo único, do art. 516, do CPC, poderá, naquilo que couber, optar pelo juízo do atual **domicílio do executado**, pelo juízo do **local onde se encontrem os bens** sujeitos à execução ou pelo juízo do **local onde deva ser executada a obrigação de fazer ou de não fazer**, casos em que a remessa dos autos do processo será solicitada ao juízo de origem.

6. SISTEMAS PROCESSUAIS DE REPARAÇÃO DE DANO DECORRENTE DE INFRAÇÃO PENAL

Busca-se desenvolver, neste momento, o âmbito de abordagem da ação proposta. Quais as pretensões que podem ser deduzidas, e em que seara, na cível ou na penal? É possível desenvolver o pleito indenizatório no seio da demanda criminal? Para responder a tal indagação, precisamos verificar os seguintes sistemas.

7. SISTEMA DA CONFUSÃO

Neste, temos as duas pretensões, civil e penal, desenvolvidas em ação única no juízo criminal. O pedido engloba ao mesmo tempo a condenação e a reparação dos danos.

8. SISTEMA DA SOLIDARIEDADE OU DA UNIÃO

Em um processo único serão reunidas a ação civil e demanda penal. Podem ser movidas por pessoas distintas, contra responsáveis diversos. Teremos duas pretensões e dois pedidos, tramitando no mesmo processo.

9. SISTEMA DA LIVRE ESCOLHA

A parte opta pelo pleito reparatório na esfera cível ou na penal. Dentro da discricionariedade do demandante, as ações podem tramitar em conjunto na Justiça criminal, ou em separado.

10. SISTEMA DA SEPARAÇÃO OU INDEPENDÊNCIA

Cada ação deve tramitar na competente justiça, com o devido procedimento. Nos termos do art. 935, do Código Civil, a responsabilidade civil é independente da criminal. Não se admite questionar sobre a existência do fato, ou sobre quem seja o seu autor, quando estas questões se acharem decididas no juízo criminal, eis que este é prevalente.

11. SISTEMA SEPARATISTA MITIGADO

Nada obstante, existem, no sistema brasileiro, pontos de aproximação, com interferências da justiça penal na cível e vice-versa, mesmo com a adoção do **sistema separatista**.

Mesmo matéria cível se desenvolve, de forma excepcional, perante o juízo criminal, como acontece no âmbito da violência doméstica (Lei nº 11.340/2006).

Decerto, o art. 33, da Lei Maria da Penha prevê o acúmulo de competência cível e penal nas varas criminais, enquanto não estruturados, na localidade, os juizados de violência doméstica e familiar contra a mulher. O § 4º, do seu art. 9º, incluído pela Lei nº 13.871/2019, aliás, estatui o dever do agressor ressarcir todos os danos causados, inclusive ao sistema único de saúde.

A seu turno, nos juizados especiais criminais, há oportunidade para composição civil dos danos, objetivando ressarcir os prejuízos da vítima, a ser homologada pelo juiz penal.

Existe ainda a multa reparatória em favor da vítima, fixada nos crimes praticados na direção de veículo automotor, quando, na sentença condenatória, os interesses patrimoniais da vítima, ou dos seus familiares, não serão esquecidos, estabelecendo-se multa, calculada com base no § 1º do art. 49 do Código Penal, em razão dos prejuízos materiais provocados pelo delito (art. 297, CTB).

A fixação do valor mínimo da indenização está disposta no art. 387, inciso IV, do CPP. Deve ser estabelecido na sentença penal condenatória, considerando-se os danos sofridos pelo ofendido. Verificamos, nesse passo, o intento do legislador em adotar o **sistema da confusão**, com pretensões condenatória e indenizatória veiculadas na mesma demanda.

Não cremos que o magistrado possa reconhecer o pleito indenizatório sem que tenha havido requerimento neste sentido por parte de quem for legitimado. A fixação do valor mínimo do dano não é efeito automático da sentença condenatória, que torna certa a obrigação de indenizar. O magistrado não pode julgar *extra petita*, de sorte que só estabelecerá o valor da indenização se tal requerimento lhe foi apresentado, em regra, com a apresentação da inicial acusatória.

O art. 387, inciso IV, do CPP, deve receber interpretação conforme a Constituição, de maneira que o juiz só estará autorizado a fixar o valor mínimo do dano na sentença condenatória se:

(1) houver pedido nesse sentido, para que a sentença atenda ao princípio da correlação ao pedido, bem como para se adequar ao sistema acusatório, eis que o juiz, como regra, não procederá de ofício (*ne procedat iudex ex officio*);

(2) legitimidade do peticionante,, considerando que ninguém poderá pleitear em nome próprio direito alheio, salvo quando autorizado por lei (art. 18, *caput*, CPC), assim como que o Ministério Público não tem legitimidade para defender direitos individuais disponíveis (reparação de dano, em regra, é direito individual disponível); e

(3) sobre o pedido de fixação do valor mínimo do dano haja procedimento dialético, com contraditório e debate, evitando-se surpresas ao acusado. Note-se que o artigo de lei (o texto, o enunciado) não é inconstitucional de per si, podendo dar azo à interpretação inconstitucional (fixação de ofício pelo juiz), pelo que se deve conferir interpretação conforme a Constituição.

E quem tem legitimidade para requerer a indenização?

Nas ações privadas, não teremos maiores problemas, já que o ofendido é o próprio titular da ação, tendo também legitimidade para requerer a justa indenização. O problema se avizinha no âmbito das ações públicas: estará o MP legitimado para requerer indenização em favor do ofendido?

Entendemos que não, já que tal pretensão exorbitaria o âmbito de sua atribuição. No máximo, sendo a vítima pobre, e se na comarca não há Defensoria Pública estruturada, assistiria ao MP requerer a indenização em favor do hipossuficiente, por analogia ao art. 68, do CPP. Nos demais casos, restaria ao ofendido devidamente identificado habilitar-se como assistente de acusação, para só assim apresentar sua pretensão indenizatória.

Maior dificuldade teremos quanto a demonstração probatória do valor da indenização. Devem as partes empreender esforços na colheita de provas vinculadas a pretensão indenizatória? Como ficará a instrução processual: restrita aos limites do pleito criminal, ou também passará a abarcar a pretensão cível?

Se a questão cível for tão ou mais complexa que a criminal, de sorte a tumultuar a evolução do procedimento, deve o magistrado criminal remeter as partes à esfera cível, para que lá, em condições propícias, possam debater de forma exauriente a questão indenizatória. Nada impede que o ofendido aguarde a eventual sentença condenatória, e posteriormente promova a competente liquidação, e posterior execução. Caso contrário, haverá verdadeira anarquia processual, atravancando todo o procedimento.

Restaria, portanto, a discussão do quanto indenizatório na esfera penal naquelas situações de evidente aferição, quando a complexidade é mínima ou inexistente, e até mesmo quando as partes cheguem a um denominador, cabendo ao magistrado verdadeiramente "homologar" o acordo. Desta forma, admite-se até mesmo a produção probatória para demonstrar o quantitativo do prejuízo, desde que, insistimos, não venha a afetar o procedimento de forma desarrazoada.

A natureza do valor mínimo do dano fixado pelo juiz na sentença condenatória desperta controvérsia, mormente se seria somente material, ou também moral. Caso sejam atendidos os pressupostos para fixação do valor mínimo do dano (legitimidade, pedido, contraditório e elementos suficientes colhidos na instrução), como a lei não distinguiu a espécie do dano, é possível que, após certificar-se sobre a obrigação do acusado de indenizar (o *an debeatur*), o juiz fixe o *quantum debeatur* de forma que englobe tanto o dano patrimonial (aí inseridos os danos positivos ou emergentes e os lucros cessantes ou danos negativos), bem como o dano moral e o dano estético. Vale lembrar que é lícita a cumulação do dano moral e do dano estético, consoante o verbete nº 387, da Súmula, do STJ.

De toda sorte, teremos a **mitigação do sistema separatista**, com a possibilidade de adoção do **sistema da confusão**, se este for adaptável ao caso concreto, isto é, o pleito indenizatório da parte tem que ser compatível com a realidade do procedimento, cabendo ao juiz determinar se é ou não possível que o processo penal abarque tal hipótese, ou se as partes devem ir ao juízo cível. Daí que se pode dizer que o sistema processual brasileiro se filia ao sistema da independência das instâncias penal e civil, com certa dose de mitigação, sendo por isso, um **sistema separatista limitado**.

Na linha de Elmir Dulclerc, entendemos que merece crítica a tendência em mesclar o sistema separatista com tintas do sistema da confusão. Em outros termos, cabe a crítica ao dogma da unidade da jurisdição, com a reunião das pretensões cíveis e penais.

De compasso com o que aviva o autor, "o mais grave, sem dúvida alguma, de trazer a pretensão de reparação da vítima para o ambiente do processo penal é que isso acaba desnaturando o processo da sua verdadeira função, isto é, de garantia da liberdade e obstáculo ao poder punitivo estatal". Deveras, caso tenha de administrar a questão da reparação do dano, no curso do processo penal condenatório, "o juiz dificilmente encontrará o lugar equidistante que lhe cabe, entre a pretensão punitiva estatal e a necessária proteção à liberdade do acusado"[8].

12. SUSPENSÃO DA DEMANDA CIVIL

Objetivando evitar decisões conflitantes, admite-se que o juiz cível suspenda o curso da ação indenizatória, aguardando o trânsito em julgado da sentença criminal (art. 64, parágrafo único, CPP). Mesmo que a ação penal ainda não tenha se iniciado, a demanda civil poderá ser suspensa. Neste caso, se a ação penal não for deflagrada no prazo de três meses, contados da intimação do ato de suspensão da demanda cível, o processo civil deverá prosseguir, passando ao juiz cível a incumbência de examinar incidentalmente a questão prejudicial de natureza criminal (art. 315, § 1º, CPC).

E se as ações tramitam paralelamente, por quanto tempo a ação civil deverá ficar suspensa? Entendemos que a suspensão não poderá exceder o prazo máximo de 01 (um) ano, por aplicação do § 2º, do art. 315, do CPC.

Caso o juiz cível dê prosseguimento à demanda civil e, no seu curso, sobrevenha sentença criminal, nada impede que a leve em consideração para julgar a questão civil prejudicada. O art. 493, do CPC, autoriza este proceder, ao preconizar que, com o advento da sentença penal, o juiz cível ouvirá as partes sobre esse fato novo antes de decidir.

13. REGIME LEGAL DA SUSPENSÃO

Resta saber se a suspensão da ação civil, em face da prejudicial penal, é obrigatória ou facultativa. Temos aqui duas posições.

14. OBRIGATORIEDADE DA SUSPENSÃO DA AÇÃO CIVIL REPARATÓRIA

Para Tourinho Filho, a suspensão seria impositiva, evitando-se as consequências desastrosas de se abrir o flanco e oportunizar a existência de decisões contraditórias[9].

15. FACULTATIVIDADE DA SUSPENSÃO DA AÇÃO CIVIL REPARATÓRIA

Entendemos que a suspensão da demanda cível é uma faculdade da autoridade judicial, no âmbito de conveniência em razão da formação do seu convencimento (art. 64, parágrafo único, CPP). É possível que a instrução do processo cível já permita ao magistrado aquilatar as repercussões jurídicas daquela conduta, sem a necessidade de aguardar o deslinde da causa penal. E se no transcorrer da ação sobrevier sentença criminal, nada

8. DUCLERC, Elmir. *Por uma teoria do processo penal*. Florianópolis: Empório do Direito, 2015. p.85.
9. TOURINHO FILHO, Fernando da Costa. *Código de processo penal comentado*. 5. ed. São Paulo: Saraiva, 1999. v.1. p.158.

impede que esta seja levada em consideração (art. 493, CPC/2015). Nessa linha, Eugênio Pacelli[10] e precedentes do STJ[11].

16. EXECUÇÃO DA SENTENÇA CONDENATÓRIA PENAL

Como já visto, a sentença condenatória torna certa a obrigação de reparar o dano, sendo título executivo judicial, fixando a autoria e a materialidade, que não mais poderão ser discutidas na esfera civil. O título, contudo, pode ou não definir o quanto é devido, merecendo, neste último caso, previamente ser liquidado (art. 63, parágrafo único, CPP).

Se o magistrado teve condições de estabelecer o valor da indenização, a sentença, na sua parte líquida, terá aptidão para, de pronto, ser executada no cível. Como o valor estabelecido é o mínimo da indenização, nada impede que a parte, entendendo que o numerário fixado pelo magistrado criminal é insuficiente, liquide a sentença condenatória penal, e na sequência a execute, para se ressarcir integralmente.

Caso o juiz penal fixe o quanto da indenização e o réu condenado tenha prestado fiança, entendemos que excepcionalmente a execução pode ser feita na própria esfera penal, bastando ao ofendido requerer ao próprio juízo criminal o levantamento do valor da fiança para satisfação do seu direito.

17. SENTENÇAS PENAIS SEM QUALIDADE DE TÍTULO EXECUTIVO

A sentença absolutória imprópria não é título executivo para fins reparatórios. Apesar de reconhecer que o fato atribuído ao réu é típico e antijurídico, há óbice ao perfazimento da responsabilidade cível, haja vista que não se examinou a culpabilidade que, como etapa de coroamento, tornaria certo o dever reparatório. Diante da cognição incompleta e da ausência de previsão legal, concluímos que aquela decisão não permite dispensar o processo civil de conhecimento, com amplo debate. A ação civil *ex delicto* de conhecimento, neste caso, pode ser movida, de forma **sucessiva**:

(1) contra o responsável civil, nos termos do art. 932, do Código Civil; ou

(2) contra o próprio incapaz, se as pessoas por ele responsáveis não tiverem obrigação de fazê-lo ou não dispuserem de meios suficientes, a teor do art. 928, parágrafo único, do mesmo diploma legal.

A sentença concessiva do perdão judicial, segundo o STJ, na súmula nº 18, é considerada como meramente declaratória, sem os consequentes efeitos penais típicos de uma decisão condenatória, de sorte que, em tese, não poderia ser executada. Entendemos que concedido o perdão, a sentença decai de sua natureza de título executivo, não podendo ser hábil à excussão de bens. Em sentido contrário, admitindo que a sentença concessiva do perdão judicial mantém sua natureza de título executivo: Guilherme Nucci[12] e Mirabete[13].

10. OLIVEIRA, Eugênio Pacelli. *Curso de processo penal*. 3. ed. Belo Horizonte: Del Rey, 2004. p.178.
11. STJ – Sexta Turma – RHC 63.514/SP – Rel. Min. Maria Thereza de Assis Moura – DJe 23 nov 2015.
12. NUCCI, Guilherme de Souza. *Manual de processo penal e execução penal*. 3. ed. São Paulo: RT, 2007. p.208.
13. MIRABETE, Julio Fabbrini. *Processo penal*. 14. ed. São Paulo: Atlas, 2003. p.157.

Havendo a extinção da pretensão punitiva, pela prescrição ou por qualquer outra causa (art. 107, CP), não há que se falar em título executivo. Já se houver extinção da pretensão executória, os efeitos secundários da sentença estão preservados, mantendo-se o título intacto para efeitos da pretensão indenizatória.

A seu turno, a sentença penal estrangeira poderá ser homologada no Brasil, quando a lei brasileira, na espécie, produzir as mesmas consequências (art. 788, CPP). A competência para a homologação, de acordo com o art. 105, inciso I, alínea "i", da Constituição, é do STJ. Sem o atendimento dessa exigência, ela não ostentará a qualidade de título executivo.

De outro enfoque, a sentença homologatória de transação penal, por não consistir em condenação em sentido estrito, não tem natureza de título executivo judicial. De igual maneira, as sentenças de homologação de acordo de não persecução penal (art. 28-A, § 6º, CPP)ou de colaboração premiada (art. 4º, § 7º, Lei nº 12.850/2013) não se revestem com a qualidade de título executivo.

18. SENTENÇA ABSOLUTÓRIA E SUBORDINAÇÃO TEMÁTICA

A relação entre a sentença penal absolutória e a demanda civil *ex delicto* de conhecimento é de ordem lógica: o motivo absolutório pode tornar inquestionável a inexistência do dever de indenizar por parte do réu absolvido.

Toda vez que o juiz penal reconhecer, de forma categórica, a inexistência do fato ou que dado acusado não concorreu para a infração penal (negativa de autoria) ou, ainda, que o acusado agiu de acordo com a lei sem ofender direitos de terceiros (excludente de ilicitude), forma-se coisa julgada criminal que encerra a discussão quanto aos elementos que poderiam constituir ilícito cível.

Embora se diga que, nessas hipóteses, não cabe ação civil *ex delicto*, a rigor, o que não tem lugar é o dever reparatório do acusado absolvido por tais razões. A ação civil *ex delicto* pode até ser movida contra outra pessoa. Se for ajuizada contra o acusado absolvido por esses fundamentos que repercutem na esfera civil, a petição inicial será indeferida, porquanto existirá coisa julgada criminal com efeitos civis.

Em outras palavras, há uma interpenetração inquestionável entre a esfera penal e a cível.

Já tratamos, em parte, da subordinação exercida pela justiça penal, onde a sentença condenatória certifica autoria e materialidade, tornando certa a obrigação de reparar os danos. Vejamos agora quais os reflexos advindos da decisão absolutória, destacando aquelas hipóteses que inviabilizam a deflagração da ação civil reparatória. Como os fundamentos de absolvição estão colocados no art. 386, do CPP, trataremos cada uma de per si.

19. ABSOLVIÇÃO PELA PROVA DA INEXISTÊNCIA DO FATO (ART. 386, I, CPP)

Se ficar demonstrada categoricamente a inexistência do fato, não há de se falar em responsabilidade penal, impondo-se a absolvição. Em acréscimo, também está ilidida a responsabilidade civil, afinal, se a infração inexistiu, não houve dano (art. 66, *in fine*, CPP). A absolvição com tal fundamento tranca as portas da esfera cível, fazendo coisa julgada.

Já se o MP ordena o arquivamento do inquérito policial ou das peças de informação (art. 28, caput, do CPP[14]), nada impede a propositura da ação civil competente (art. 67, CPP).

A esfera criminal tem eficácia preponderante em relação à cível. Deve-se considerar o que se dispôs na conclusão da sentença criminal. A coisa julgada criminal que afirma não ter existido o fato, certifica que não há suporte fático para incidir norma não só penal, mas também cível. Ou seja, quando o juiz criminal afirma que o fato não existiu na realidade naturalística para o fim de reconhecer a existência de crime (fato jurídico ilícito criminal), não se torna possível que o juiz cível, contraditoriamente, declare que aquele mesmo fato aconteceu para o fim de fazer incidir norma civil reparatória em razão de suposto ilícito civil.

20. NÃO HOUVER PROVA DA EXISTÊNCIA DO FATO (ART. 386, II, CPP)

Nesta hipótese, sensivelmente distinta da anterior, a debilidade probatória levou a absolvição, afinal, *in dubio pro reo*. Contudo, nada impede que se renove a discussão na esfera cível, tentando-se provar a existência do fato e os danos por ele ocasionados. Afirma-se, no ponto, ser a prova insuficiente para fins de condenação penal, haja vista a dúvida sobre a existência do fato.

O processo penal é dotado de maior rigor para que uma demanda seja acolhida, afinal está em jogo imposição de pena privativa de liberdade, isto é, o juízo condenatório penal é mais exigente que o cível.

De tal sorte, a absolvição criminal por não haver prova suficiente da existência do fato, não impede o conhecimento do mérito da ação civil *ex delicto*, já que, no juízo cível, o juiz labora outras regras sobre ônus da prova, aptas a suplantar eventual fragilidade probatória, o que não se admite no âmbito penal.

21. NÃO CONSTITUIR O FATO INFRAÇÃO PENAL (ART. 386, III, CPP)

O fato praticado pode não estar enquadrado na tipificação penal, mas constituir ilícito civil e, havendo dano, a ação indenizatória terá cabimento. Quando não há tipicidade, o juiz absolve o acusado pelo motivo de não constituir o fato infração penal. O julgador, nesse caso, não negou a existência de um fato que, em tese, pode ter repercussão jurídica. Daí que a ação indenizatória pode ser conhecida em seu mérito, depois de tramitação válida e regular, porquanto o fato jurídico pode receber recorte cível, isto é, pode constituir ilícito civil causador de um dano indenizável, ainda que não seja infração penal.

22. ESTAR PROVADO QUE O RÉU NÃO CONCORREU PARA A INFRAÇÃO PENAL (ART. 386, IV, CPP)

Questão interessante diz respeito à certeza de negativa da autoria. Significa que o juiz criminal firmou juízo de certeza de que o acusado não concorreu para a infração penal. O juízo de certeza do âmbito criminal torna decidida a questão também no cível, pelo que a coisa julgada criminal produz efeitos para obstar o exame de qualquer pretensão ressarcitória contra o acusado.

---

14. Dispositivo com eficácia suspensa, nos termos de decisão monocrática do Supremo Tribunal Federal (STF – ADI 6298/DF – Medida Cautelar – Rel. Min. Luiz Fux – 22 jan. 2020).

23. NÃO EXISTIR PROVA DE TER O RÉU CONCORRIDO PARA A INFRAÇÃO PENAL (ART. 386, V, CPP)

Esta situação não se confunde com a anterior, pois, aqui, não se conseguiu provar que o réu concorreu para a infração. A instrução foi deficitária, de sorte que a dúvida ocasiona a absolvição. Nada impede que o ofendido ingresse no cível, para que lá demonstre o vínculo do suposto infrator com o fato, na expectativa de viabilizar a indenização.

24. EXISTIR CIRCUNSTÂNCIA QUE EXCLUA O CRIME (ART. 386, VI, PRIMEIRA PARTE, CPP)

O reconhecimento das **excludentes de ilicitude** no âmbito penal faz coisa julgada no cível. **Vale dizer, caso ocorra o ajuizamento da ação indenizatória, haverá, como regra, óbice ao exame do seu mérito, em razão da coisa julgada criminal.** Excepcionalmente, mesmo a conduta estando justificada na seara penal, subsiste a indenização. Aqui, a coerência da lei civil é manifesta. Perceba-se que, segundo o art. 188 do Código Civil, não constituem atos ilícitos:

(1) os praticados em legítima defesa ou no exercício regular de um direito reconhecido;

(2) a deterioração ou destruição da coisa alheia, ou a lesão à pessoa, a fim de remover perigo iminente. Neste caso, o ato será legítimo somente quando as circunstâncias o tornarem absolutamente necessário, não excedendo os limites do indispensável para a remoção do perigo.

Em outras palavras, se a pessoa lesada ou o dono da coisa deteriorada ou destruída não for o causador do perigo, terá direito à indenização. Nesse caso, aquele que atuou em estado de necessidade e foi absolvido na justiça penal, terá de indenizar, embora possa manejar ação regressiva contra o causador do perigo para reaver aquilo que pagou.

Da mesma forma, havendo legítima defesa putativa, ou seja, aquela imaginada pelo agente, em erro plenamente justificável, a indenização terá cabimento, ou ainda, ocorrendo erro de alvo *(aberratio ictus)* ou resultado diverso do pretendido (*aberratio delicti*).

Exemplo clássico de causa excludente de ilicitude putativa é o encontro que o acusado tem com seu inimigo e, na ocasião, supõe que este, ao levar a mão à cintura, iria agredi-lo com arma de fogo. Agindo mais rápido, o acusado deflagra disparos contra o suposto agressor. Comprovada a inexistência da virtual agressão do inimigo do acusado (ofendido), conclui-se que a atuação deste se deu em situação de legítima defesa putativa, porquanto se a situação suposta de fato existisse, tornaria a ação do réu legítima.

Nesse caso, não há impedimento para a discussão do fato na esfera cível, eis que o dano se deu sem a provocação do ofendido, tratando-se de agressão injusta do acusado, que terá o dever de indenizar. Note-se, por outro lado que, se a repulsa (agressão do acusado contra o ofendido) tiver ocorrido em razão de agressão inicial do próprio ofendido, a ação indenizatória poderá ser obstada pela coisa julgada absolutória. Diferentemente, se o erro na execução, em legítima defesa real, atinge terceira pessoa inocente, não haverá óbice ao dever de indenizar do acusado em relação à pessoa efetivamente lesionada.

25. EXISTIR CIRCUNSTÂNCIA QUE ISENTE O RÉU DE PENA (ART. 386, VI, SEGUNDA PARTE, CPP)

Já quanto às **excludentes de culpabilidade**, estas, em regra, não inibem a obrigação de indenizar. A isenção de pena reconhece a ausência de culpabilidade, porém o fato persiste em ser típico e antijurídico, pelo que a decisão criminal em tela não faz coisa julgada civil. Desse modo, a regra é que subsista o dever indenizatório quando a absolvição se fundar na mera causa excludente de culpabilidade (causa exculpante), tais como a coação moral irresistível, a inexigibilidade de conduta diversa, a embriaguez completa decorrente de caso fortuito ou força maior e o erro de proibição.

Da mesma forma, se o magistrado está em dúvida acerca da existência de uma das excludentes (ilicitude ou culpabilidade), deve absolver, mas não haverá obstáculo à propositura da ação civil indenizatória, diante da incerteza quanto ao motivo absolutório.

26. NÃO EXISTIR PROVA SUFICIENTE PARA A CONDENAÇÃO (ART. 386, VII, CPP)

Mais uma vez, a debilidade probatória não impede o manejo da ação civil reparatória.

O comando do art. 386, VII, CPP, é a cláusula de arremate das possibilidades absolutórias e a mais genérica das hipóteses relativamente às demais espécies de absolvição por insuficiência de provas. De forma análoga aos demais casos, a absolvição fundamentada neste motivo não é óbice à propositura de ação civil *ex delicto*, porquanto a insuficiência de provas não decide a matéria fática com o cunho de definitividade, eis que é possível a renovação do debate para fins reparatórios.

27. EFEITOS CIVIS DE OUTRAS SENTENÇAS E DECISÕES PENAIS

O processo penal não é apenas encerrado com sentenças condenatórias ou absolutórias. Existem outros tipos de sentenças e decisões que resolvem porção do mérito da demanda, sujeitas eventualmente à imutabilidade pela coisa julgada material.

O art. 67, do Código de Processo Penal ilustra mais hipóteses que não impedem a pretensão civil. Diante desse contexto, podemos relacionar sentenças e decisões que não obstarão a tramitação válida e regular da ação civil *ex delicto*. Em outras palavras, caso seja ajuizada a demanda cível, ela deverá ter seu mérito conhecido, eis que tais deliberações criminais não encerram a discussão de natureza reparatória, quais sejam:

(1) a decisão de arquivamento do inquérito policial ou de outras investigações preliminares, seja por homologação judicial (art. 28, CPP), seja por ordem do Ministério Público, com controle revisional no seu próprio âmbito (art. 28, *caput* e parágrafos, do CPP[15]);

(2) a decisão que julgar extinta a punibilidade, por quaisquer dos motivos legais (art. 107, do CP), ainda que a ação civil *ex delicto* deva prosseguir contra o espólio ou contra os herdeiros, nos limites da força da herança;

(3) a sentença absolutória prolatada pelo júri popular fundada no quesito genérico – "o jurado absolve o acusado?" –, diante da incerteza acerca da razão da decisão de absolvição tomada a partir da resposta afirmativa a essa indagação;

15. *Caput*, do art, 28, com eficácia suspensa, nos termos de decisão monocrática do Supremo Tribunal Federal (STF – ADI 6298/DF – Medida Cautelar – Rel. Min. Luiz Fux – 22 jan. 2020).

(4) a sentença absolutória que decidir que o fato imputado não constitui crime (atipicidade).

OUTRAS DECISÕES QUE NÃO IMPEDEM A RESPONSABILIDADE CIVIL	
Decisões que não impedem a responsabilidade civil	**CPP**
Decisão de arquivamento do inquérito policial*	Art. 67, I
Decisão que julga extinta a punibilidade	Art. 67, II c/c art. 107 do CP
Absolvição imprópria – aplicação de medida de segurança	–
Absolvição proferida pelo Júri Popular**	–
(*) Salvo arquivamento por reconhecimento de excludente real da ilicitude. (**) Inaplicável o art. 935 do Código Civil.	

28. REVISÃO CRIMINAL E AÇÃO RESCISÓRIA

Havendo o ajuizamento da revisão criminal, e sendo julgada procedente, o título materializado na sentença condenatória transitada em julgado desaparece, impedindo-se o início da execução no âmbito cível ou eliminando-se aquela já iniciada. Se o pagamento tiver ocorrido nesse interregno, abre-se a possibilidade de ação de restituição, para se reaver o que se pagou.

Pode acontecer, ainda, o trânsito em julgado da sentença cível assegurando a indenização. Se posteriormente, advier no âmbito penal sentença absolutória reconhecendo a inexistência do fato (ou por qualquer outro fundamento, ilidindo a indenização), deverá ter lugar, na esfera civil, o manejo da ação rescisória (art. 966, CPC).

29. PRAZO PRESCRICIONAL

De acordo com o art. 200, do Código Civil, quando a ação civil se originar de fato que deva ser apurado no juízo criminal, não correrá a prescrição antes da respectiva sentença definitiva. Com o advento da sentença penal transitada em julgado, o prazo prescricional para a ação civil começa a correr. A prescrição em tal caso ocorrerá com o decurso do lapso de três anos (art. 206, § 3º, V, CC).

30. QUADRO SINÓTICO

CAPÍTULO VII – AÇÃO CIVIL EX DELICTO	
CONSIDERAÇÕES INICIAIS	
Uma conduta tipificada penalmente também pode se materializar em ilícito cível, trazendo para a vítima pretensões de cunho indenizatório. A sentença condenatória penal torna certa a obrigação de reparar o dano causado pelo crime, sendo título executivo judicial. Embora prevista no CPP, a ação civil *ex delicto*, seja ela de conhecimento ou de execução, tem trâmite regulado pelo CPC. (1) Ação civil *ex delicto* de conhecimento ou de cognição, ação de ressarcimento do dano ou ação civil *ex delicto* em sentido estrito: proposta antes do trânsito em julgado da sentença penal condenatória; (2) Ação civil *ex delicto* de execução ou ação civil *ex delicto* em sentido amplo: lastreada em título executivo penal condenatório.	**1 a 3**

<table>
<tr><th colspan="2">CAPÍTULO VII – AÇÃO CIVIL EX DELICTO</th></tr>
<tr><th colspan="2">LEGITIMIDADE ATIVA E PASSIVA</th></tr>
<tr><td>A legitimidade ativa é da vítima, do seu representante legal, no caso do menor de dezoito anos ou pessoa com doença incapacidade e, em havendo óbito ou ausência, dos herdeiros. Sendo a vítima pobre, a ação de conhecimento ou a execução será promovida, a seu requerimento, pelo MP, nas comarcas onde não houver DP estruturada. Nada impede, porém, que o magistrado nomeie advogado dativo para fazê-lo. No lado passivo da demanda irá figurar o autor do crime, sem prejuízo do processamento do responsável civil.</td><td>4</td></tr>
<tr><th colspan="2">COMPETÊNCIA DA AÇÃO REPARATÓRIA</th></tr>
<tr><td>Seja a de conhecimento, seja a executória, serão manejadas no juízo cível correspondente, sem vínculos com a definição da competência penal. Duas correntes sobre o assunto:
(1) A primeira, definindo-a pelo lugar do ato ou fato.
(2) Para a segunda, majoritária, cabe à vítima optar entre o lugar do seu domicílio ou o local do fato. Nada impede que opte por ajuizar a ação no domicílio do réu.
Tratando-se de ação de execução, o ofendido poderá optar pelo juízo do atual domicílio do executado, pelo juízo do local onde se encontrem os bens sujeitos à execução ou pelo juízo do local onde deva ser executada a obrigação de fazer ou de não fazer, casos em que a remessa dos autos do processo será solicitada ao juízo de origem.</td><td>5</td></tr>
<tr><th colspan="2">SISTEMAS PROCESSUAIS</th></tr>
<tr><td>Confusão: o pedido engloba ao mesmo tempo a condenação e a reparação dos danos.
Solidariedade ou da união: teremos duas pretensões tramitando no mesmo processo.
Livre escolha: a parte opta pelo pleito reparatório na esfera cível ou na penal.
Separação ou independência: cada ação tramitará na competente Justiça.
Não é mais absoluta a adoção do sistema separatista no ordenamento brasileiro.</td><td>6 a 11</td></tr>
<tr><th colspan="2">SUSPENSÃO DA DEMANDA CIVIL</th></tr>
<tr><td>Objetivando evitar decisões contraditórias, admite-se que o juiz cível suspenda o curso da ação indenizatória, aguardando o trânsito em julgado da sentença criminal, mesmo que a ação penal ainda não tenha se iniciado. Entendemos que a suspensão não poderá exceder o prazo máximo de 01 ano, por aplicação do § 2º, do art. 315, do CPC.
São dois os regimes legais da suspensão, conforme correntes que divergem sobre o assunto:
(1) obrigatoriedade: a suspensão seria impositiva, evitando-se as consequências desastrosas de se abrir o flanco e oportunizar a existência de decisões contraditórias.
(2) facultatividade: a suspensão da demanda cível é uma faculdade da autoridade judicial, no âmbito de conveniência em razão da formação do seu convencimento.</td><td>12 a 15</td></tr>
<tr><th colspan="2">EXECUÇÃO DA SENTENÇA CONDENATÓRIA PENAL</th></tr>
<tr><td>A sentença condenatória torna certa a obrigação de reparar o dano, sendo título executivo judicial, fixando a autoria e a materialidade, que não mais poderão ser discutidas na esfera civil. A sentença absolutória imprópria não é título executivo para fins reparatórios. Também não o é a sentença que reconhece o perdão judicial.</td><td>16 a 17</td></tr>
</table>

<table>
<tr><th colspan="2">CAPÍTULO VII – AÇÃO CIVIL EX DELICTO</th></tr>
<tr><th colspan="2">SENTENÇA ABSOLUTÓRIA E SUBORDINAÇÃO TEMÁTICA</th></tr>
<tr><td>A relação entre a sentença penal absolutória e a demanda civil ex delicto de conhecimento é de ordem lógica: o motivo absolutório pode tornar inquestionável a inexistência do dever de indenizar por parte do réu absolvido. Toda vez que o juiz penal reconhecer, de forma categórica, que inexistiu lastro fático ou que dado acusado não concorreu para a infração penal ou, ainda, que o acusado agiu de acordo com a lei sem ofender direitos de terceiros, forma-se coisa julgada criminal que encerra a discussão quanto aos elementos que poderiam constituir ilícito cível.</td><td>18 a 26</td></tr>
<tr><td>(1) Absolvição pela prova da inexistência do fato: faz coisa julgada na área cível.
(2) Não houver prova da existência do fato: não impede a propositura de ação civil.
(3) Não constituir o fato infração penal: pode constituir ilícito civil, e havendo dano, a ação indenizatória terá cabimento.
(4) Estar provado que o réu não concorreu para a infração: por consequência, irá trancar as portas da ação indenizatória.
(5) Não existir prova de ter o réu concorrido para a infração penal: nada impede que o ofendido ingresse no cível, para que lá demonstre o vínculo do suposto infrator com o fato.
(6) Existir circunstância que exclua o crime: faz coisa julgada no cível. Excepcionalmente, mesmo a conduta estando justificada na seara penal, subsiste a indenização.
(7) Existir circunstância que isente o réu de pena: em regra, não inibem a obrigação de indenizar.
(8) Absolvição por estar provada a existência de causa excludente de ilicitude real: a certeza quanto à atuação lícita do réu impede sua responsabilização cível, salvo em duas situações: (a) se o acusado tiver atingido terceiro inocente; (b) se o acusado tiver agido em estado de necessidade agressivo.
(9) Absolvição por estar provada causa excludente de ilicitude putativa e aberratio ictus (erro de alvo ou erro na execução): não há impedimento para a discussão do fato na esfera cível.
(10) Absolvição por restar provada a existência de causa excludente de culpabilidade: o fato persiste em ser típico e antijurídico, pelo que não faz coisa julgada civil.
(11) Absolvição por existir fundada dúvida sobre a existência de causa excludente de ilicitude ou de causa excludente de culpabilidade: não constitui obstáculo à rediscussão do fato por intermédio de ação cível ex delicto de conhecimento.
(12) Não existir prova suficiente para a condenação: não impede o manejo da ação civil.</td><td>18 a 26</td></tr>
<tr><th colspan="2">EFEITOS CIVIS DE OUTRAS SENTENÇAS E DECISÕES PENAIS</th></tr>
<tr><td>Essas deliberações criminais não impedem a possibilidade de discussão cível de natureza reparatória, notadamente:
(1) a deliberação de arquivamento do inquérito policial, seja ela homologada em juízo ou, como mais razão, no âmbito do MP;
(2) a decisão que julgar extinta a punibilidade, por quaisquer dos motivos legais;
(3) a sentença absolutória prolatada pelo júri popular fundada no quesito genérico – "o jurado absolve o acusado?" –, diante da incerteza acerca da razão da decisão de absolvição tomada a partir da resposta afirmativa a essa indagação.</td><td>27</td></tr>
</table>

CAPÍTULO VII – AÇÃO CIVIL EX DELICTO	
REVISÃO CRIMINAL E AÇÃO RESCISÓRIA	
Procedente a revisão criminal, o título desaparece, impedindo-se o início da execução no âmbito cível ou eliminando-se aquela já iniciada. Se advier sentença absolutória reconhecendo a inexistência do fato, deverá ter lugar, na esfera civil, a ação rescisória.	**28**
PRAZO PRESCRICIONAL	
Não correrá antes da respectiva sentença definitiva. Com o advento da sentença penal transitada em julgado, o prazo prescricional para a ação civil começa a correr (três anos).	**29**

31. SÚMULAS DO STJ

18. A sentença concessiva do perdão judicial é declaratória da extinção da punibilidade, não subsistindo qualquer efeito condenatório.

387. É lícita a cumulação das indenizações de dano estético e dano moral.

32. SÚMULAS DO STF

257. São cabíveis honorários de advogado na ação regressiva do segurador contra o causador do dano.

33. QUESTÕES DE CONCURSOS PÚBLICOS

01. (CESPE/CEBRASPE/TJ-PA/Oficial de Justiça/2020) Impede a propositura de ação civil indenizatória a decisão penal que

(A) arquivar o inquérito policial.

(B) julgar extinta a punibilidade do agente..

(C) reconhecer a inexistência material do fato.

(D) absolver o réu em razão de o fato imputado não constituir crime.

(E) absolver o réu em razão de não existir prova suficiente para sua condenação.

02. (2016 – CESPE – TJ-AM – Juiz Substituto – Adaptada) Carla fez um seguro de vida que previa o pagamento de vultosa indenização a seu marido, José, caso ela viesse a falecer. O contrato previa que o beneficiário não teria direito à indenização se causasse a morte da segurada. Alguns meses depois, Carla foi encontrada morta, tendo o perito oficial que assinou o laudo cadavérico concluído que a causa provável fora envenenamento. Em que pese o delegado não ter indiciado José, o MP concluiu que havia indícios de autoria, razão pela qual ele foi denunciado por homicídio doloso. O juiz recebeu a denúncia e determinou a citação do réu. José negou a autoria do delito, tendo solicitado a admissão de assistente técnico e apresentado defesa em que requereu sua absolvição sumária. O parecer do assistente técnico foi no sentido de que a morte de Carla tivera causas naturais. Acerca dessa situação hipotética, julgue o item seguinte.

Caso o juiz absolva José por estar provado não ser ele autor do fato, essa decisão não impedirá que os genitores de Carla ingressem com ação civil indenizatória e obtenham o reconhecimento de sua responsabilidade civil.

03. (CESPE – MPE-PI – Analista Ministerial – 2018) Durante uma festa, após desentendimentos entre Carlos e Miro, este proferiu xingamentos racistas contra aquele, o que levou Carlos a empurrar seu agressor, que caiu em uma mesa de vidro. Com o forte impacto, a mesa se despedaçou completamente e seus cacos causaram cortes profundos por todo o corpo de Miro. Os convidados ligaram para a polícia e para o corpo de bombeiros: Carlos foi preso em flagrante e Miro foi encaminhado ao hospital, onde ficou internado por cinco dias, com risco de morte; passou por procedimentos cirúrgicos e, posteriormente, teve de ficar afastado de sua atividade laboral por trinta e dois dias. O Ministério Público denunciou Carlos por lesão corporal de natureza grave. Nessa situação hipotética, caso Carlos alegue que a vítima teria proferido xingamentos racistas, Miro precisará esperar o encerramento da ação penal, cuja sentença deverá ser condenatória, para, então, propor eventual ação civil indenizatória pelos gastos hospitalares, danos morais e eventuais demais prejuízos. ( ) Certo ( ) Errado

04. (UEG – PC-GO – Delegado de Polícia – 2018) Leia o texto a seguir.

Capítulo V. Das responsabilidades.

Art. 305 – Pelo exercício irregular de suas atribuições, o funcionário responde civil, penal e administrativamente. (Lei n. 10.460, de 22 de fevereiro de 1988. Disponível em: <www.gabinetecivil.goias.gov.br/pagina_leis.php?id=4221> . Acesso em: 12 jun. 2018). A absolvição criminal só afasta a responsabilidade civil e administrativa se

(A) não ficar configurada ocorrência de prejuízo eminente ao Estado

(B) constranger o funcionário no exercício corrente de suas atribuições.

(C) negar a existência do fato ou afastar do acusado a respectiva autoria.

(D) houver diferença entre as datas de abertura dos respectivos processos

(E) órgão da administração isentar o funcionário via comunicado oficial ordinário.

---

05. (CESPE - TJ-CE - Juiz Substituto - 2018) Considerando a doutrina e a jurisprudência dos tribunais superiores, assinale a opção correta, acerca da ação civil ex delicto, da competência, da jurisdição e dos processos incidentes.

(A) A sentença que concede o perdão judicial depois de reconhecida a culpa do réu enseja reparação civil ex delicto.

(B) A sentença absolutória do juízo criminal que declare a inexistência do fato ou que o réu não tenha concorrido para o crime faz coisa julgada no juízo cível, obstando a reparação civil ex delicto.

(C) A distinção entre competência absoluta, que é improrrogável, e competência relativa, que é prorrogável, decorre de expressa disposição legal.

(D) As exceções de suspeição, de ilegitimidade da parte e de incompetência do juízo são exemplos de exceções peremptórias que ocasionam a extinção do processo.

(E) No processo penal, somente os juízes e os promotores de justiça poderão ser alvo de impugnações de atuação por meio de exceção de suspeição.

---

06. (FCC - DPE-RS - Defensor Público - 2018) Pedro, plenamente capaz, apresentou queixa-crime contra Paulo, igualmente capaz, alegando ter sido vítima de injúria. No juízo criminal, realizada audiência preliminar, não concordaram as partes em conciliar. Ato contínuo, foi oferecida representação por parte de Pedro e apresentada, pelo Ministério Público, proposta de transação penal, a qual foi integralmente aceita por Paulo. Assim, ante a transação penal realizada, restou Paulo obrigado a pagar o valor correspondente a uma cesta básica em favor de entidade de cunho assistencial, a ser designada pelo juízo. Nesse caso,

(A) a transação penal realizada por Paulo gera presunção absoluta de culpa em eventual ação de reparação de dano civil proposta por Pedro.

(B) a transação penal realizada por Paulo gera presunção relativa de culpa em eventual ação de reparação de dano civil proposta por Pedro.

(C) poderá Paulo, em relação à ação que tenha por objeto apurar a responsabilidade civil pelo ocorrido, questionar a existência do fato ou sobre quem seja o seu autor.

(D) Paulo não poderá, quando da ação de reparação civil, questionar a existência do fato ou sobre quem seja o seu autor, uma vez que essas questões já se acham decididas no juízo criminal.

(E) a impossibilidade de Pedro provar o prejuízo material sofrido em razão da injúria é óbice para que seja indenizado na esfera cível.

34. GABARITO ANOTADO

01 - C

Vide:

- Art. 66 do CPP.

02 - E

Vide:

- Art. 386, IV, e artigos 64, 65 e 66, do CPP.

03 - ERRADO

Vide:

- Art. 63, CPP.
- Art. 64, CPP.
- Art. 66, CPP.
- Art. 68, CPP.
- Art. 387, IV, CPP.

04 - C

Vide:

- Art. 935, CC.
- Art. 126, Lei nº. 8.112/1990.

05 - B

Vide:

- Art. 935, CC.
- Art. 66, CPP.

06 - C

Vide:

- Art. 76, §6º Lei nº. 9.099/1995.

35. QUESTÕES DISCURSIVAS COM COMENTÁRIOS

---

01. (Magistratura Estadual - TJAM - 2013 - FGV) Ao proferir sentença condenatória por fato ocorrido no ano de 2007, apesar de ausência de pedido do Ministério Público ou da vítima, o juiz de piso fixou o valor mínimo para reparação civil dos danos causados ao ofendido, assim agindo escorado no artigo 387, IV, do CPP.

Considerando a jurisprudência recente do STJ, decidiu corretamente o Magistrado sentenciante?

Resposta

O padrão de resposta divulgado indicou dois pontos que devem ser analisados nesta questão: possibilidade de aplicação do instituto a fatos ocorridos antes da entrada em vigor da lei 11719/2008; e possibilidade de o juiz fixar a indenização mínima na sentença (artigo 387, IV, CPP) sem pedido do Ministério Público ou da parte.

Sobre o tema, a jurisprudência do STJ se firmou no sentido de que o valor mínimo para reparação civil somente deve ser fixada na sentença nos fatos ocorridos após a vigência da Lei 11719/08, tendo em vista que se trata de norma híbrida - de direito material e processual, mais gravosa ao réu, de forma que não pode retroagir. Ademais, é necessário pedido expresso do ofendido ou do Ministério Público, bem como a concessão de oportunidade de exercício do contraditório pelo réu.

---

02. (MPF/21) X é absolvido por fundamentação pertinente ao reconhecimento de estado de necessidade exculpante. Cabe o ajuizamento da "actio civilis ex delicto".

Resposta

O Código Penal somente fala em estado de necessidade como excludente de ilicitude, declarando inexistir crime neste caso (art. 23, I). No art. 24, o CP declara que se considera nessa situação quem pratica o fato para salvar de perigo atual, que não provocou por sua vontade, nem podia de outro modo evitar, direito próprio ou alheio, cujo sacrifício, nas circunstâncias, não era razoável exigir-se.

A designação "exculpante" é para fatos que o Código Penal declara o agente isento de pena. Vale dizer, suprime-se a culpabilidade, do fato típico e antijurídico. Note-se que o ato ilícito, contrário a direito e danoso, continua a existir quando estamos diante de um contexto "exculpante".

Como o Código Penal não sufraga o estado de necessidade exculpante, a absolvição somente se dá com base em fundamento supralegal.

A diferença do estado de necessidade (stricto sensu) e do estado de necessidade exculpante consiste na dimensão de valor do bem sacrificado.

Haverá estado de necessidade (excludente de ilicitude), quando o bem sacrificado for de valor menor que o protegido pela conduta do agente (tratando-se de excludente de antijuridicidade, em regra não haverá deve reparatório e a coisa julgada criminal assim o será também no âmbito cível).

Por outro lado, o estado de necessidade será exculpante quando o bem sacrificado for de valor igual ou maior que aquele protegido pela conduta do agente. Este será isento de pena em razão da constatação de que não era possível exigir dele conduta diversa.

Note-se que a conduta lastreada em estado de necessidade exculpante não faz coisa julgada na seara cível. O fato continua típico e antijurídico, apenas se afastando a culpabilidade (juízo de reprovabilidade penal). De tal modo, persiste sendo ilícito civil indenizável. Daí que uma vez movendo ação civil ex delicto de conhecimento por este fato, presente o pressuposto processual de validade "ausência de coisa julgada na esfera cível", deve a demanda ter seguimento regular.

Capítulo VIII

Jurisdição

Sumário • 1. Conceito de jurisdição – 2. Jurisdição típica: Poder Judiciário ou Justiça Ordinária – 3. Jurisdição atípica: justiça extraordinária ou justiça política – 4. Princípios – 5. Princípio da investidura – 6. Princípio da indelegabilidade – 7. Princípio do juiz natural – 8. Princípio da inafastabilidade – 9. Princípio da inevitabilidade ou da irrecusabilidade – 10. Princípio da Correlação ou relatividade – 11. Correlação e emendatio libelli – 12. Correlação e mutatio libelli – 13. Devido processo legal – 14. Características – 15. Inércia – 16. Substitutividade – 17. Lide – 18. Atuação do direito – 19. Imutabilidade – 20. Quadro sinótico – 21. Súmulas do STJ – 22. Súmulas do STF – 23. Questões de concursos públicos – 24. Gabarito anotado – 25. Questões discursivas com comentários

1. CONCEITO DE JURISDIÇÃO

É o poder-dever pertinente ao Estado-Juiz de aplicar o direito ao caso concreto. Como a autotutela foi banida, em regra, do ordenamento, coube ao Poder Judiciário a missão constitucional de certificar o direito, dirimindo as demandas que lhe são apresentadas. Em que pese a jurisdição ser ínsita ao Poder Judiciário, outros órgãos, com assento constitucional, também a exercem, como acontece na atuação política do Senado Federal no julgamento do Presidente e do Vice-Presidente da República nos crimes de responsabilidade (art. 52, I, CF).

O exercício da jurisdição adveio assim como função do Estado que imperativamente aplica a lei *hic et nunc* (aqui e agora) à hipótese concreta[1]. Com a jurisdição monopolizada pelo estado, o juiz atua substitutivamente (Chiovenda), isto é, no lugar dos titulares dos interesses conflitantes, aplicando o direito objetivo[2].

Fredie Didier Jr., fracionando o conceito, afirma que jurisdição "é a função atribuída a terceiro imparcial (a) de realizar o Direito de modo imperativo (b) e criativo (c), reconhecendo/efetivando/protegendo situações jurídicas (d) concretamente deduzidas (e), em decisão insuscetível de controle externo (f) e com aptidão para tornar-se indiscutível (g)"[3].

De fato, a concretização do direito exige um órgão supra partes, desinteressado, que atue de forma imperativa e tenha condição de criativamente solucionar o conflito objetivamente apresentado, maximizando a pacificação do litígio, em decisão apta à imutabilidade pela coisa julgada.

1. DEMO, Roberto Luis Luchi. *Competência penal originária*: uma perspectiva jurisprudencial crítica. São Paulo: Malheiros, 2005. p. 59.
2. MARQUES, José Frederico. *Da competência em material penal*. Campinas: Millennium, 2000. p. 7.
3. DIDIER JR., Fredie. *Curso de direito processual civil*. 11. ed. Salvador: Juspodivm, 2009. v.1. p. 67.

Na visão de Tourinho Filho, a jurisdição, como função, "é aquela incumbência afeta ao juiz de, por meio do processo, aplicar a lei aos casos concretos" e, como atividade, "é toda aquela diligência do juiz dentro do processo objetivando a dar a cada um o que é seu"[4].

Etimologicamente, vem de *jurisdictio*, que significa a **ação de dizer o direito** (*juris* = direito; *dictio* = dizer).

2. JURISDIÇÃO TÍPICA: PODER JUDICIÁRIO OU JUSTIÇA ORDINÁRIA

Ordinariamente, a prestação jurisdicional é feita pelos órgãos que compõem a estrutura do Poder Judiciário. Desde o ápice, sendo o órgão de cúpula o Supremo Tribunal Federal, até a base, integrado pelos juízes de primeiro grau de jurisdição, a atividade de processar e julgar infrações penais é atribuição típica do Poder Judiciário. A divisão da jurisdição em competências tem o intuito de conferir à jurisdição maior funcionalidade. A jurisdição é **una** e o seu exercício observa os ditames da harmonia entre os Poderes que constituem o Estado brasileiro.

Em regra, a justiça comum do Poder Judiciário julga crimes comuns. A sua justiça especializada, se militar, julga crime militar e tão somente crime militar. Se eleitoral, julga crime eleitoral, bem como os conexos a estes. Julgando crimes comuns, como é de sua natureza ínsita, o Poder Judiciário exerce sua função jurisdicional típica de forma ordinária: **justiça ordinária.**

No entanto, o Supremo Tribunal Federal e o Superior Tribunal de Justiça julgam também os denominados "crimes de responsabilidade" que sejam atribuídos a determinados agentes políticos. Ao julgar crimes de responsabilidade em sentido estrito, o Poder Judiciário permanece exercendo função que lhe é típica (a de julgar), porém se trata de parcela que, em regra, é dos órgãos que compõem a **justiça extraordinária** (com possibilidade de aplicação de sanções de natureza política).

De acordo com o art. 102, inciso I, "c", da Lei Maior, ao Supremo Tribunal Federal compete, precipuamente, a guarda da Constituição, cabendo-lhe processar e julgar, originariamente, nas infrações penais comuns e nos crimes de responsabilidade, os Ministros de Estado e os Comandantes da Marinha, do Exército e da Aeronáutica, ressalvado o disposto no seu art. 52, inciso I, os membros dos Tribunais Superiores, os do Tribunal de Contas da União e os chefes de missão diplomática de caráter permanente.

A sua vez, o Superior Tribunal de Justiça, conforme previsão do art. 105, inciso I, "a", da CF, tem competência para processar e julgar, originariamente, nos crimes comuns, os Governadores dos Estados e do Distrito Federal, e, nestes e nos de responsabilidade, os desembargadores dos Tribunais de Justiça dos Estados e do Distrito Federal, os membros dos Tribunais de Contas dos Estados e do Distrito Federal, os dos Tribunais Regionais Federais, dos Tribunais Regionais Eleitorais e do Trabalho, os membros dos Conselhos ou Tribunais de Contas dos Municípios e os do Ministério Público da União que oficiem perante tribunais.

4. TOURINHO FILHO, Fernando da Costa. *Manual de processo penal*. 5. ed. São Paulo: Saraiva, 2003. p. 218.

3. JURISDIÇÃO ATÍPICA: JUSTIÇA EXTRAORDINÁRIA OU JUSTIÇA POLÍTICA

A justiça extraordinária ou justiça política é constituída de órgãos do Poder Legislativo. O Poder Legislativo, ao julgar, exerce atividade que lhe é atípica. Atividade típica do Legislativo é legislar. A justiça política é exercida por órgãos diversos do Poder Judiciário, que compõem a estrutura política do Legislativo. Cuida-se de justiça prestada de forma extraordinária.

Crimes de responsabilidade não se confundem com crimes comuns.

Os crimes de responsabilidade impõem sanções diversas de pena privativa de liberdade. Os crimes de responsabilidade em sentido estrito são, em verdade, **infrações político-administrativas** que podem conduzir ao afastamento das funções, a um *impeachment*. De todo modo, tais crimes e respectivas sanções precisam estar tipificados em lei, porém não deságuam em processo criminal convencional com imposição de penas privativas de liberdade, mas em sanções de ordem política.

Como se disse, a atividade de julgar é própria do Judiciário. Tipicamente, em conformidade com a harmonia entre os Poderes assegurada pela Constituição, ao Judiciário compete a função de declarar o direito diante dos conflitos que lhe são submetidos, independentemente da natureza da matéria. A Constituição, todavia, prevê que órgãos diversos da estrutura do Judiciário possam também julgar crimes de responsabilidade *stricto sensu*.

Nessa toada, a **autorização para processamento** de determinadas autoridades e o **julgamento** dos crimes de responsabilidade que, tecnicamente, são infrações político-administrativas, são levados a cabo por órgãos do Poder Legislativo:

(1) o art. 51, inciso I, da CF, dispõe que compete privativamente à Câmara dos Deputados autorizar, por dois terços de seus membros, a instauração de processo contra o Presidente e o Vice-Presidente da República e os Ministros de Estado;

(2) o art. 52, inciso I, da Constituição, ainda prevê que compete privativamente ao Senado Federal:

(a) processar e julgar o Presidente e o Vice-Presidente da República nos crimes de responsabilidade, bem como os Ministros de Estado e os Comandantes da Marinha, do Exército e da Aeronáutica nos crimes da mesma natureza conexos com aqueles;

(b) processar e julgar os Ministros do Supremo Tribunal Federal, os membros do Conselho Nacional de Justiça e do Conselho Nacional do Ministério Público, o Procurador-Geral da República e o Advogado-Geral da União nos crimes de responsabilidade (art. 52, II, CF/88);

(3) a Lei nº 1.079/1950 contém regras sobre o processamento e julgamento de crimes de responsabilidade, bem como prevê os delitos de responsabilidade praticados por governador de Estado (infrações político-administrativas). Os crimes de responsabilidade imputados a governador com o intuito de afastá-lo das funções por *impeachment* é de competência da Assembleia Legislativa respectiva;

(4) o Decreto-Lei nº 201/1967, que disciplina a responsabilidade dos prefeitos, assenta crimes de responsabilidade em sentido amplo (que, na verdade, são **crimes comuns**), de

competência da **justiça ordinária** (Poder Judiciário), e crimes de responsabilidade em sentido estrito, de competência da correspondente Câmara Municipal, para processamento e julgamento de ilícitos que possam acarretar o afastamento desse agente político das suas funções (*impeachment*).

4. PRINCÍPIOS

Adotamos a expressão princípios como espécie de norma. Norma é gênero, enquanto regras e princípios são espécies. De acordo com essa perspectiva, norma não se confunde com o texto. O enunciado é o texto. O conjunto de enunciados é texto bruto. A interpretação do texto possibilita os contornos da norma. Os princípios são, assim, normas, que resultam da interpretação de um enunciado, de um conjunto de enunciados ou de fragmentos de enunciados. Têm a utilidade de servir como vetores hermenêuticos, cânones interpretativos mais vagos que conformam o sistema processual penal.

A doutrina encampa alguns princípios fundamentais da jurisdição. Vejamos.

5. PRINCÍPIO DA INVESTIDURA

Para exercer jurisdição é necessário ser magistrado, devidamente investido na função. Faltando investidura, o ato praticado é **inexistente juridicamente**, já que ausente um pressuposto processual essencial. Ademais, subsiste a possibilidade de responsabilidade criminal por usurpação de função (art. 328, CP).

A investidura se dá conforme as regras previstas na Constituição do Brasil. A regra é o concurso público. Há, sem embargo, outras formas de investidura, tal como se dá com o provimento dos cargos de Ministro do Superior Tribunal de Justiça, de Desembargadores nomeados para as vagas destinadas ao quinto constitucional (advogados e membros do Ministério Público) e de membros do Judiciário que são promovidos segundo os critérios de antiguidade e de merecimento.

O juiz aposentado, naturalmente, não tem poder jurisdicional. O juiz afastado por motivo legal também não o tem, eis que o competente é o juiz que o substitui conforme as regras de regência. As decisões proferidas por juiz que não está autorizado pela norma que lhe outorga jurisdição são inquinadas de **nulidade absoluta**.

Havendo previsão legal de impedimento ao exercício jurisdicional, haverá decisão **inexistente juridicamente**. Por exemplo, se houver atuação do magistrado como juiz das garantias, ele estará impedido de atuar no processo penal, considerando que a competência daquele deve cessar com o recebimento da peça acusatória (arts. 3º B, XIV, 4º-D, CPP). Contudo, devemos avivar que a eficácia da disciplina do juiz das garantias está, por enquanto, suspensa por decisão monocrática cautelar do STF[5].

O juiz de férias, por sua vez, não praticará atos processuais. Caso isso ocorra, o ato processual não será inexistente, mas eivado de **nulidade absoluta**, por violar regra que atribui a competência a seu substituto legal.

5. STF – ADI 6298/DF – Medida Cautelar – Rel. Min. Luiz Fux – 22 jan. 2020; STF – ADI 6298/DF – Medida Cautelar – Presidência – Min. Dias Toffoli – 15 jan. 2020.

6. PRINCÍPIO DA INDELEGABILIDADE

A regra é que a função jurisdicional não pode ser delegada a outro órgão, mesmo que jurisdicional. O juiz não pode delegar suas atribuições típicas a seus servidores, tais como: conduzir de audiências ou decidir sobre questões incidentes. Não pode também delegar suas atribuições a outro juiz. A substituição entre juízes ocorre conforme as regras instituídas para este fim. A doutrina costuma catalogar as cartas precatórias, as cartas de ordem e as cartas rogatórias, como exceções ao princípio da indelegabilidade da jurisdição, eis que há a prática de atos processuais por um outro magistrado, que não o originariamente competente.

No entanto, há certa divergência quanto a serem tais atos exceções à indelegabilidade da jurisdição:

(1) para a maioria da doutrina, a emissão de cartas rogatórias, de ordem e precatórias é mesmo exceção à indelegabilidade, porquanto o juiz (que emite carta precatória) ou o tribunal (que expede carta de ordem) está entregando a outro juiz ou tribunal a prática de ato que é inerente ao processo originário (do juízo deprecante). Haveria, segundo essa ótica, uma delegação de ato jurisdicional de processo para o qual o juízo deprecado não seria competente para processar e julgar;

(2) para uma segunda corrente, é preciso distinguir:

(a) a carta de ordem seria exceção à indelegabilidade, porquanto se um tribunal emite tal carta para o fim de possibilitar a oitiva de testemunha por juiz que esteja àquele vinculado, há delegação, haja vista que o tribunal, na hipótese, tem jurisdição sobre o espaço territorial de competência do juiz que cumprirá a ordem de produção de prova;

(b) as cartas rogatória e precatória não seriam exceções ao princípio em tela, pois os juízes que expedem tais cartas não têm jurisdição sobre o território do juízo deprecado ou rogado, eis que não se pode delegar o que não se tem originariamente (o juiz de direito criminal da Comarca de Maceió não tem competência para praticar atos processuais na Comarca de Salvador, não delegando, desse modo, jurisdição que não possui).

É de ver que a controvérsia é de ponto de vista, de referência. Se considerarmos o ato processual em si, objeto da carta precatória, as cartas em geral (independentemente dessas cartas serem precatória, rogatória ou de ordem) serão exceções à indelegabilidade da jurisdição, já que o juiz está delegando ato do processo para que outro juiz o faça (quando poderia o próprio deprecante fazer por videoconferência, se presentes os pressupostos legais).

Se a referência for a competência criminal que se exerce em determinado espaço territorial, a carta de ordem emitida por tribunal a juiz vinculado àquele seria exceção à indelegabilidade da jurisdição, porque o tribunal também exerce competência criminal sobre o espaço territorial daquele juízo de primeiro grau.

Por outro lado, as cartas rogatórias e precatórias não seriam exceções à indelegabilidade, em face dos respectivos órgãos envolvidos não terem competência criminal coincidentes territorialmente, pelo que, sob tal perspectiva, não há o que se delegar, quando não se tem originariamente aquele poder.

7. PRINCÍPIO DO JUIZ NATURAL

O art. 5º, da Constituição Federal, no inciso LIII, assevera que ninguém será processado nem sentenciado senão pela autoridade competente. Isso quer dizer que para haver processo penal válido é indispensável que a atribuição para processar e julgar o acusado seja conferida constitucional e legalmente pela Constituição e pelas leis de processo. Em outras palavras, são vedadas providências como:

(1) a designação arbitrária de juiz para condução de processos em tramitação;

(2) a substituição entre juízes que não obedeça a critérios previamente determinados, ou seja, substituição entre juízes existe, porém deve respeitar as normas que regem a matéria, tal como se dá com a substituição de desembargadores por juízes, não havendo nulidade das decisões dos respectivos órgãos colegiados de segundo grau de jurisdição pelo fato de sua composição estar constituída, em sua maior parte, por membros convocados, eis que atendidas as regras de substituição e de convocação;

(3) a alteração de competência que não seja em razão de supressão de órgãos ou de criação de órgãos para o fim de se dividir tarefas a fim de conferir maior funcionalidade à jurisdição.

Sobre o ponto, é de ver que a regra é a *perpetuatio jurisdictionis*, isto é, se o processo tiver início perante um órgão jurisdicional, deve ter continuidade perante este juízo, sem que a criação de outro órgão com igual competência determine a alteração de sua tramitação. O Código de Processo Penal não trata expressamente o assunto, invocando-se, na omissão, o enunciado do art. 43, do CPC, que dispõe que a competência é determinada no momento do registro ou da distribuição da petição inicial, sendo irrelevantes as modificações do estado de fato ou de direito ocorridas posteriormente, salvo quando suprimirem órgão judiciário ou alterarem a competência absoluta (em razão da matéria ou da hierarquia).

Tem-se entendido que não há violação ao princípio do juiz natural quando se redistribui processos dentro do âmbito territorial competente para apreciar a matéria, em face de criação de varas igualmente competentes. Realmente, seria contraproducente imaginar que, embora criados novos órgãos com igual competência criminal relativamente aos já existentes em um mesmo espaço territorial, não fosse possível a redistribuição de processos, sem haver equilíbrio do acervo. O STJ decidiu nesse sentido, avivando que a criação de varas criminais especializadas vem ao encontro do propósito de organização de um sistema de justiça célere e apto a enfrentar satisfatoriamente as lides penais, bem como que, embora a competência, como regra, seja fixada no momento da propositura da ação penal, a criação de Vara especializada em função da matéria, de natureza absoluta, consubstancia motivo hábil à redistribuição do processo criminal[6].

Naturalmente, a redistribuição de processos não poderá ocorrer quando o juiz já tiver exaurido sua prestação jurisdicional, vale dizer, se já tiver proferido sentença, não havendo, nesse caso, incidência imediata da lei processual penal (art. 2º, CPP).

Importa frisar, ainda, que não se aplica a *perpetuatio jurisdictionis* quando:

6. STJ – Sexta Turma – HC 180.840/PR – Rel. Min. Og Fernandes – Dje 15/03/2013.

(1) há extinção de órgão jurisdicional, devendo o acervo migrar para os órgãos remanescentes;

(2) há superveniente posse do acusado em cargo que implique foro por prerrogativa de função ou encerramento do mandato (alteração de competência segundo o critério hierárquico);

(3) ocorre modificação de competência do órgão jurisdicional em razão da matéria, com superveniente incompetência do órgão originariamente competente.

Também é expressão do princípio do juiz natural o inciso XXXVII, do art. 5º, da Constituição, que veda juízo ou tribunal de exceção. Significa dizer que não pode ser criado órgão jurisdicional para o fim específico de julgar determinados casos. O órgão do Judiciário deve existir legalmente de forma prévia, ou seja, a Constituição requer que o juízo esteja previamente instituído, com competência previamente determinada, para que possa haver julgamento válido.

Por exemplo, não pode haver criação, no sistema brasileiro, de órgão nos moldes do Tribunal de Nuremberg, que instituído pós-guerra, recebeu competência para julgar crimes nazistas, aplicando sanções de acordo com critérios diversos da legalidade estrita. O processo penal tem a finalidade precípua de servir de escudo à liberdade, eis que esta somente pode ser restringida se seguido o trilho demarcado pela lei.

Não é tribunal de exceção a promulgação de lei excepcional ou temporária, que tipifica como crimes certas condutas ofensivas a bens jurídicos que estejam ameaçados por espaço de tempo previamente delimitado. Lei dessa espécie goza de ultratividade mesmo após perder vigência (aplica-se aos fatos ocorridos durante a sua vigência). Isso porque há justificativa para que tenha vigor pelo tempo que o bem jurídico se estiver ameaçado, em face de circunstância excepcional, como seria a hipótese de fases de epidemias e de guerras, com a criação de tipos penais específicos para vigência durante o tempo em que os bens jurídicos necessitassem de proteção especial.

Por fim, calha frisar que não há violação do princípio do juiz natural pela previsão do juiz das garantias, consoante incluído pela Lei nº 13.964/2019, cuja eficácia, nessa parte, está suspensa por medida cautelar monocrática[7]. Este nada mais é que técnica de definição de competência segundo o objeto do juízo, como veremos no capítulo seguinte. Trata-se, pois, de modalidade de competência funcional, perfeitamente compatível com a Constituição.

8. PRINCÍPIO DA INAFASTABILIDADE

O art. 5º, inciso XXXV, da Constituição, assegura que a lei não excluirá da apreciação do Poder Judiciário lesão ou ameaça a direito. O acesso à justiça é direito fundamental. Por sua vez, o magistrado não poderá eximir-se da função de julgar. Cuida-se da **indeclinabilidade jurisdicional**.

A lei não pode suprimir do juiz o poder que lhe é especialmente inerente: julgar, resolver litígios nos espaços de penumbra, de contingência. Algumas leis penais e processuais

7. STF – ADI 6298/DF – Medida Cautelar – Rel. Min. Luiz Fux – 22 jan. 2020; STF – ADI 6298/DF – Medida Cautelar – Presidência – Min. Dias Toffoli – 15 jan. 2020.

penais pretenderam impedir que o juiz concedesse liberdade provisória a certos tipos de crime, tal como se deu com a Lei dos Crimes Hediondos em sua redação originária.

A jurisprudência majoritária tem dado interpretação conforme a dispositivos que proíbem, de forma absoluta, o exercício do poder jurisdicional pelo juiz. Este é essencialmente dotado de alguma carga de discricionariedade, conquanto limitada. Quando a vedação legal for peremptória, fechando ao juiz a possibilidade de examinar os requisitos necessários à concessão de liberdade provisória, haverá inconstitucionalidade daquela previsão. Em outros termos, a simples proibição expressa por um artigo de lei não é suficiente para limitar o poder do juiz de examinar o caso concreto, diante do princípio da inafastabilidade da jurisdição.

O § 2º, do art. 310, do CPP, com redação determinada pela Lei nº 13.964/2019, incidiu no apontado vício de inconstitucionalidade. Na sua dicção, se o juiz verificar que o agente é reincidente ou que integra organização criminosa armada ou milícia, ou que porta arma de fogo de uso restrito, **deverá denegar** a liberdade provisória, com ou sem medidas cautelares. O maior e mais importante poder do magistrado é o de tutelar a liberdade de alguém. Essa função institucional do Poder Judiciário não pode ser suplantada pelo legislador, como nessa hipótese, que alija total e indevidamente, a jurisdição.

9. PRINCÍPIO DA INEVITABILIDADE OU DA IRRECUSABILIDADE

A jurisdição não está sujeita à vontade das partes. Impõe-se.

A jurisdição penal, em especial, é permeada por esse princípio. O Ministério Público, diante de crimes de ação penal pública incondicionada, age obrigatoriamente. O processo, instaurado, tem seu fluxo contínuo até desaguar em sentença. As partes se submetem ao julgado, ainda que não o queiram.

Nas ações penais privadas, existe maior número de formas que possibilita a abreviação do processo sem condenação, a exemplo da extinção da punibilidade pela perempção. No entanto, prolatada sentença e com seu trânsito em julgado, as partes envolvidas não podem evitar ou recusar seus efeitos, sendo imperioso o seu cumprimento enquanto não prescreva a pretensão punitiva estatal.

10. PRINCÍPIO DA CORRELAÇÃO OU RELATIVIDADE

Deve haver correspondência entre a sentença e o pedido feito na inicial acusatória. É vedado julgamento ***extra***, ***citra*** ou ***ultra petita***. O magistrado está adstrito àquilo que lhe for pedido.

O CPP indica ferramentas para assegurar o princípio da correlação, permitindo a racionalidade entre o requerido na inicial e o que decidido na sentença. Admitem-se, no momento do julgamento, correções quanto ao mero equívoco da tipificação esboçada na peça acusatória, e até mesmo a adequação da acusação em razão da modificação dos próprios fatos imputados ao réu, em razão das provas colhidas no transcorrer da instrução processual.

Logo, temos a previsão de *emendatio libelli* e de *mutatio libelli*, como veremos.

11. CORRELAÇÃO E *EMENDATIO LIBELLI*

Aduz o art. 383, do CPP, que o juiz, sem modificar a descrição do fato contida na denúncia ou na queixa, poderá atribuir-lhe definição jurídica diversa, ainda que, em consequência, tenha de aplicar pena mais grave. Se equivocada a tipificação esboçada na inicial acusatória, ao juiz caberá fazer o devido enquadramento legal. Incide, no ponto, o postulado de que o juiz conhece o direito ou *jura novit curia.*

O momento adequado para corrigir os equívocos de tipificação é o da prolação da sentença. Esta é a regra. Ao receber a inicial acusatória, dando início ao processo, não pode o magistrado alterar a tipificação esboçada na denúncia ou na queixa-crime. Se o fizer, estará se imiscuindo arbitrariamente nas atribuições do órgão acusador.

De ofício, aplicando a lei ao caso concreto, o magistrado fará o enquadramento típico, dentro do livre convencimento motivado que, contudo, exige fundamentação válida, lastreada no ordenamento jurídico (art. 315, § 2º, CPP, com redação da Lei nº 13.964/2019). Como o réu se defende dos fatos, não há de se falar em prejuízo, mesmo que o novo enquadramento importe imposição de pena mais severa.

A *emendatio libelli* tem cabimento até mesmo no segundo grau de jurisdição, havendo restrição apenas se implicar na *reformatio in pejus.*

Se em consequência da nova definição jurídica, houver a possibilidade da oferta de suspensão condicional do processo, em face do crime ter pena mínima de até um ano, deve o juiz proceder na forma do art. 89, da Lei nº 9.099/1995, oportunizado ao MP a operacionalização da proposta (art. 383, § 1º, CPP).

Por sua vez, se em razão do novo enquadramento, percebe-se que a infração é de competência de outro juízo, os autos lhe devem ser remetidos.

Essas consequências processuais são por demais importantes ao desate do procedimento, de sorte que, em que pese o instituto da *emendatio libelli* ser idealizado no título do Código reservado à sentença, entendemos que, antevendo o magistrado, em casos evidentes que em razão da *emendatio* ele não é competente ou que é possível suspensão condicional do processo, ele deve invocar o instituto imediatamente, inclusive no momento da admissibilidade da inicial, se necessário for, para evitar a prática de atos inúteis, seja porque tem cabimento a suspensão, ou porque a incompetência é latente, afinal, os atos praticados por magistrado incompetente serão, em regra, eivados de **nulidade absoluta** que, se reconhecida, será seguida de **invalidação** dos atos afetados.

Em toda hipótese, consideramos que melhor atende ao princípio do contraditório e, sobremodo, à ampla defesa, em conformidade com a Constituição, antes abrir espaço para as partes se manifestarem sobre a possibilidade de capitulação diversa do fato, caso já não tenha sido ventilada a questão, em sede de alegações escritas ou debates finais.

Veja de forma sintética:

EMENDATIO LIBELLI	
Conceito	Modificação, pelo juiz, da capitulação jurídica dada ao fato na inicial acusatória.

EMENDATIO LIBELLI	
Momento	Prolação da sentença.
Exemplo	MP narra subtração com violência na denúncia (art. 157, CP), requerendo condenação por furto (art. 155, CP).
Procedimento	Sem ouvir as partes, o magistrado altera o tipo penal, ainda que a pena do novo delito seja mais grave.
Defesa do réu	Não há prejuízo, pois o réu se defende de fatos e estes não foram alterados por ocasião da aplicação do instituto.
Aplicação em instância recursal	É possível, vide art. 617 do CPP.
Possíveis consequências da aplicação do instituto	Oferecimento de proposta de suspensão condicional do processo (art. 89 da Lei nº 9.099/1995).
	Remessa dos autos para o juízo competente.

12. CORRELAÇÃO E *MUTATIO LIBELLI*

O art. 384, do CPP, tem aplicação quando os **fatos narrados** na inicial são dissonantes daqueles apurados na instrução criminal. A distinção é quanto à matéria fática, deduzida na petição inicial, relativamente a outros elementos conhecidos durante a produção da prova.

Vale dizer, percebendo o juiz que os fatos realmente ocorridos são diversos dos narrados na inicial, irá oportunizar o aditamento por parte do Ministério Público, que disporá de cinco dias para fazê-lo, podendo indicar até três testemunhas.

Se o aditamento for feito oralmente, em audiência, será reduzido a termo.

A defesa, assim que realizado o aditamento, será intimada, e terá cinco dias para se manifestar, podendo também indicar até três testemunhas.

Autos conclusos, resta ao juiz receber ou não o aditamento. Caso venha a rejeitá-lo, esta decisão desafia recurso em sentido estrito (art. 581, I, CPP). Recebido o aditamento, a defesa poderá ajuizar *habeas corpus*, na expectativa de que os novos elementos lançados aos autos sejam afastados, por falta de justa causa ou por qualquer outro motivo relevante.

Com o juízo positivo de admissibilidade quanto ao aditamento, o magistrado a requerimento de qualquer das partes, designará dia e hora para continuação da audiência, com inquirição de testemunhas, novo interrogatório do acusado, realização de debates e julgamento. Caso as partes não tenham requerido a retomada da audiência, o julgador, em razão do impulso oficial que lhe é inerente, irá marcar, de ofício, a realização do ato.

Por exemplo: "A" foi denunciado por ter subtraído sorrateiramente um veículo que estaria estacionado numa pequena viela, tendo supostamente incorrido no art. 155, *caput*, do CP, ou seja, furto. Na instrução processual, uma testemunha informa que, no dia do crime, o agente teria se valido de uma arma de fogo e tomado o carro de assalto, contrariando assim a narrativa esboçada na denúncia. Percebe-se, pelas declarações da testemunha, que o crime ocorrido teria sido o de roubo, cuja pena abstratamente cominada é de quatro a dez anos de reclusão. Nesta hipótese, o ***Parquet*** aditar a denúncia, antes que o juiz sentencie, para complementá-la em razão dos novos elementos, tendo cinco dias para fazê-lo, podendo indicar até três testemunhas. Posteriormente, deve notificar a defesa para que esta se manifeste, no prazo de cinco dias, que também pode indicar até três testemunhas. Recebido o aditamento, a audiência será retomada. Rejeitado o aditamento, o processo seguirá o seu curso regular, com a apresentação de memoriais e prolação de sentença.

Havendo inércia ou negativa do Ministério Público quanto ao aditamento da inicial, cabe ao juiz invocar, por analogia, o art. 28, do CPP, remetendo os autos para deliberação do Procurador Geral de Justiça ou das Câmaras de Coordenação e Revisão do MPF (art. 384, § 1º do CPP). É de ver que aquela previsão foi objeto de alteração pela Lei nº 13.964/2019, que previu que esse controle fique a cargo do órgão revisional do próprio Ministério Público, consoante dispuser a legislação específica (art. 28, *caput*, CPP). Entrementes, este dispositivo teve suspensa a sua eficácia por decisão monocrática cautelar do STF[8].

O instituto da *mutatio libelli* não terá cabimento na fase recursal, pois nesta hipótese haveria flagrante supressão de instância, inaugurando-se em segunda instância a discussão de fatos que não foram objeto de debate em primeiro grau de jurisdição. Nesse sentido, a Súmula nº 453, do STF, informando que não se aplicam à segunda instância o art. 384, e parágrafo único, do Código de Processo Penal, que possibilitam dar nova definição jurídica ao fato delituoso, em virtude de elemento ou circunstância não contida na denúncia ou na queixa.

Antevendo a possibilidade de aplicação da *mutatio libelli*, o juiz não deve, contudo, antecipar juízo de mérito quanto ao fato supostamente ocorrido, porquanto a instrução probatória revela apenas a possibilidade de alteração fática, e o aditamento pode ser rejeitado, após a manifestação defensiva.

Há entendimento de que, mesmo após a aplicação da *mutatio libelli*, o juiz não estará obstado de sentenciar com base nos fatos originais, descritos na denúncia. Em outras palavras, não é de todo impossível que o magistrado fundamente a sentença com lastro naquilo que originariamente estava narrado na inicial acusatória.

Todavia, a parte final, do § 4º, do art. 384, do CPP, indica que o juiz estará adstrito aos termos do aditamento.

Com isso, retomada a instrução e percebendo que os fatos realmente ocorridos eram os originariamente narrados, o julgador não poderá revitalizar os termos iniciais da denúncia, cabendo condenar ou absolver o réu em face dos fatos trazidos com o aditamento. Encerrado o processo, ainda que suplantado o fato descrito originalmente na petição inicial, estará vedada sua repropositura, diante do princípio de que ninguém deve ser processado duas vezes pelo mesmo fato ou *ne bis in idem*.

Se em razão da *mutatio libelli*, percebe-se que a infração realmente ocorrida tem pena mínima de até um ano, ou é de competência de outro juízo, o Ministério Público deve oportunizar a suspensão condicional do processo, ou proceder a remessa dos autos ao juízo

8. STF – ADI 6298/DF – Medida Cautelar – Rel. Min. Luiz Fux – 22 jan. 2020; STF – ADI 6298/DF – Medida Cautelar – Presidência – Min. Dias Toffoli – 15 jan. 2020.

competente, conforme o caso (art. 384, § 3º, CPP) e na forma como explicado acima, para os casos de *emendatio libelli*.

Por fim, a *mutatio libelli* não tem aplicação nas ações de iniciativa privada exclusiva e personalíssima, pois estas são movidas pelo princípio da disponibilidade e oportunidade. Resta, portanto, aos crimes de ação pública, e para as ações privadas subsidiárias.

Em síntese:

MUTATIO LIBELLI	
Conceito	Oportunização ao MP de inclusão de nova circunstância fática em razão da divergência entre os fatos indicados na inicial e aqueles apurados na instrução processual.
Momento	Encerrada a instrução probatória.
Exemplo	MP narra subtração sem violência na denúncia e requer condenação por furto (art. 155, CP), mas a instrução revela ter havido violência na execução do crime.
Procedimento	Abre-se vistas ao MP para aditamento da denúncia no prazo de 5 dias. O defensor se manifestará também em 5 dias. Haverá novo interrogatório e oitiva de testemunhas (máx. 3).
Defesa	Como se defende de fatos, precisa se manifestar sobre o aditamento.
Aplicação em instância recursal	É vedada, vide súmula nº 453/STF.
Observações	O juiz está adstrito aos termos do aditamento.
	Aplica-se somente às ações pública e privada subsidiária da pública.
Possíveis consequências da aplicação do instituto	Oferecimento de proposta de suspensão condicional do processo (art. 89 da lei nº 9.099/95).
	Remessa dos autos para o juízo competente.

13. DEVIDO PROCESSO LEGAL

O art. 5º, inciso LIV, da CF, consagra que ninguém será privado da liberdade ou de seus bens sem o devido processo legal.

O conteúdo do *due process of law* envolve não apenas aspectos procedimentais, processuais, como também a observância da sequência dos ritos, de regras de legitimidades e de normas que conferem competência ao juízo criminal.

O devido processo legal tem um conteúdo material, substancial. Em processo penal, esse caráter é distintivo quando se agrega a essa noção os princípios do *favor rei* e do *in dubio pro reo*, como regras de julgamento do fato imputado.

Na produção da prova, o devido **processo legal material** tem o condão de limitar procedimentos que possam constituir crimes. No procedimento de busca e apreensão, são indispensáveis as regras que tipificam o crime de violação de domicílio (art. 150, CP). Na produção de prova oral, a observância de regras da Lei de Tortura e de normas materiais previstas na Constituição da República também.

A sua vez, a interceptação telefônica deve ser realizada consoante o que reza a Lei nº 9.296/1996, cujos dispositivos têm conteúdo **processual**, mas também com carga valorativa **material**.

14. CARACTERÍSTICAS

As principais características da jurisdição são a inércia, a substitutividade, a lide, a atuação do direito e a imutabilidade.

15. INÉRCIA

Em regra, os órgãos jurisdicionais são inertes, dependem de provocação (*ne procedat judex ex officio*), o que se faz pelo exercício do direito de ação. Todavia, a ordem de *habeas corpus* pode ser concedida *ex officio*, sempre que os juízes e tribunais tenham conhecimento do risco ou da ofensa à liberdade de locomoção. Mitiga-se a inércia, em favor da liberdade.

Tem se entendido que, depois de instaurado processo, o juiz estaria autorizado a atuar de ofício, supletivamente às partes. Com o advento da Lei nº 13.964/2019, a dúvida que sobejava não teria mais razão de existir. É vedado ao juiz atuar, seja no curso da investigação, seja durante o trâmite do processo penal, independentemente de provocação das partes.

O art. 3º-A, do CPP, nesse sentido preconiza, expressamente, que o processo penal terá **estrutura acusatória**, vedadas a iniciativa do juiz na fase de investigação e a substituição da atuação probatória do órgão de acusação. Como sabemos, este dispositivo teve suspensa a sua eficácia por decisão monocrática cautelar do STF[9]. Porém, a redação vigente do art. 311, do nosso Código, incluído pelo mesmo diploma legal, dita que em qualquer fase da investigação policial ou do processo penal, caberá a prisão preventiva decretada pelo juiz, **a requerimento** do Ministério Público, do querelante ou do assistente, ou por representação da autoridade policial.

Sem embargo, o art. 316, do CPP, acabou incorrendo em antinomia ao fazer crer ser possível redecretar de ofício a prisão preventiva. A incoerência deve ser, em homenagem à Constituição, ser dirimida em favor do imputado, para entender necessário pedido do órgão acusador. De acordo com a letra daquele enunciado, o juiz poderá, **de ofício** ou a pedido das partes, revogar a prisão preventiva se, no correr da investigação ou do processo, verificar a falta de motivo para que ela subsista, bem como **novamente decretá-la**, se sobrevierem razões que a justifiquem.

Em suma, pensamos que a antinomia verificada entre os artigos 311 e 316, do CPP, ambos com textos dados pela Lei nº 13.964/2019, deve ser interpretada na direção de ser vedada a possibilidade de decretação ou de redecretação de medidas desfavoráveis ao acusado, sem provocação dos legitimados, a saber:

(1) durante a investigação preliminar, por representação do delegado, com a necessária anuência do autor da futura ação penal, ou por requerimento do Ministério Público;

9. STF – ADI 6298/DF – Medida Cautelar – Rel. Min. Luiz Fux – 22 jan. 2020; STF – ADI 6298/DF – Medida Cautelar – Presidência – Min. Dias Toffoli – 15 jan. 2020.

(2) no curso do processo, mediante requerimento do autor da ação penal ou do assistente do Ministério Público.

16. SUBSTITUTIVIDADE

A nota da substitutividade caracteriza a jurisdição. Francisco Wildo Lacerda Dantas, a propósito, noticia que, para Giuseppe Chiovenda, o critério diferencial da atividade jurisdicional é a de ser uma atividade em substituição àquela originariamente exercida privadamente, diante do monopólio de seu exercício, assumido pelo Estado[10].

No direito processual penal, a substitutividade é nota essencial.

Enquanto os conflitos de interesse de natureza civil podem ser resolvidos por composição entre os envolvidos, arbitragem, sem chegar às barras da Justiça, os conflitos penais exigem a atuação do Estado. Mesmo em se tratando de crimes de menor potencial ofensivo, cujo procedimento é simplificado (Lei nº 9.099/1995), a atuação do Estado-Juiz é indeclinável. Ainda que haja confissão e concordância do agente em se submeter aos limites das penas de determinado delito, a intervenção do Estado, como protetor da liberdade através do processo penal, é providência necessária à eficácia das leis penais.

17. LIDE

Apesar das divergências doutrinárias, é entendimento corredio a pressuposição da lide para o exercício jurisdicional, ou seja, a presença do conflito de interesses qualificado pela pretensão resistida[11]. No dizer de Galeno Lacerda, lide é "o conflito de interesses que pode surgir em caso de resistência efetiva ou em caso de ambas as partes se julgarem com direito"[12].

Todavia, ao que parece, é inapropriado falar em lide como pressuposto da jurisdição penal, não só em razão da indisponibilidade dos bens jurídicos em jogo, mas também pelo papel desempenhado pelo *Parquet* diante da atual ordem constitucional. Como órgão de fiscalização da lei e proteção da sociedade, o Ministério Público estaria comprometido a defender um justo provimento jurisdicional. De tal sorte, não deveria haver, rigorosamente, conflito de interesses.

Prestigiado setor da doutrina vê a lide como **elemento acidental** do processo, na senda da lição clássica de Afrânio Silva Jardim. O Ministério Público não deve, enquanto órgão público, encampar teses dissonantes da ordem jurídica ou que colidam com a verdade produzida processualmente[13]. Daí que o conflito de interesses na ação penal condenatória nem sempre se faz presente.

---

10. DANTAS, Francisco Wildo Lacerda. *Teoria geral do processo*: jurisdição, ação (defesa), processo. 2. ed. São Paulo: Método, 2007. p. 106.
11. CARNELUTTI, Francesco. *Sistema de direito processual civil*. Tradução: Hiltomar Martins Oliveira. São Paulo: ClassicBook, 2000.v.1. p. 93.
12. LACERDA, Galeno. *Teoria geral do processo*. Rio de Janeiro: Forense, 2008. p. 64.
13. JARDIM, Afrânio Silva; AMORIM, Pierre Souto Maior Coutinho de. *Direito processual penal*: estudos, pareceres e crônicas. 15. ed. Salvador: Juspodivm, 2018. p.364.

O Ministério Público, diante de suporte probatório mínimo, está obrigado a denunciar. Todavia, não é obrigado a requerer a condenação. Toda vez que o *Parquet* se posiciona favoravelmente ao acusado, desaparece o elemento lide, ou seja, não haverá a pretensão estatal do Ministério Público de sujeitar o acusado às penas legais, embora possa o juiz discordar do órgão ministerial para prolatar sentença condenatória.

18. ATUAÇÃO DO DIREITO

A atividade jurisdicional tem por objetivo aplicar o direito ao caso concreto, restabelecendo-se a paz social violada pela infração cometida. Em processo penal, vislumbramos três finalidades, a partir desse princípio da jurisdição:

(1) a finalidade primeira do direito processual penal é a **proteção da liberdade do imputado**. O acusado não pode ter sua liberdade cerceada, senão pela atuação do direito penal através de regras processuais penais pré-estabelecidas. Sem a intervenção estatal, prevalece a regra da liberdade, de modo que a jurisdição penal deve ser autêntica garantia de que a supressão ou a mitigação da liberdade ou de bens só se faz por seu intermédio;

(2) a finalidade secundária do processo penal é o exercício da jurisdição para fazer valer a **atuação do direito penal**, ou seja, o processo penal serve à concretização das normas abstratas pelo poder jurisdicional; e

(3) a derradeira finalidade da jurisdição criminal é a **pacificação social**. Após a eclosão do crime, a vítima não pode exercer a vingança. Em seu lugar, estará o monopólio da jurisdição, que deve colimar a consolidação de uma convivência social civilizada.

19. IMUTABILIDADE

No intuito de fortalecer os laços e tranquilidade social, o exercício da jurisdição tem por fito um provimento final, uma sentença. Haverá imutabilidade da sentença após o seu trânsito em julgado. Ela não pode ser modificada, ressalvadas as exceções estritamente autorizadas pelo texto constitucional, a exemplo da revisão criminal *pro reo*.

Uma das expressões mais importantes para o direito é a segurança jurídica. A estabilidade das relações jurídicas e a manutenção do *status quo* são aspirações do ordenamento jurídico. A jurisdição dita o direito ao caso concreto. O "dizer o direito" jurisdicional difere do "dizer o direito" da doutrina, eis que aquele é declarado de maneira autoritativa e com previsões de regras que o torna definitivo, para que não se revolva eternamente sobre o caso. Esse cânone cede, tão somente, quando o direito de liberdade exigir pronta tutela.

Criam-se assim institutos como o da coisa julgada e o da preclusão, para qualificar a sentença com o rótulo da imutabilidade, toda vez que contra ela não caibam mais recursos. Impede-se, assim, que o processo retorne às fases anteriores.

Pontes de Miranda, a propósito, destaca que o princípio da imodificabilidade da sentença definitiva tem origem romana. Já a noção de imodificabilidade das resoluções interlocutórias equiparadas a sentenças tem origem germânico-canônica. Nesse contexto, a existência de limites legais, impedindo que sejam modificadas tanto as sentenças de mérito quanto as decisões interlocutórias, autoriza reconhecer o princípio da preclusividade das resoluções judiciais[14].

O processo é um andar adiante e tende à estabilização das relações jurídicas. Exceção a essa regra só existe se for expressa e *favor libertatis*.

O valor da imutabilidade da jurisdição é muito caro ao processo penal. A sentença penal absolutória transitada em julgado não pode jamais ser rescindida. Não é cabível revisão criminal contra ela (**imutabilidade forte**), eis que se trata de **coisa julgada material soberana**.

É expressão do princípio do *ne bis in idem* que o acusado não poder ser perseguido pelo mesmo fato duas vezes. Isso quer dizer que só é possível responder a um processo penal com desfecho de mérito absolutório uma única vez. Por outro lado, a imutabilidade da coisa julgada condenatória não é absoluta, porquanto, em tese, cabe contra ela revisão criminal a qualquer tempo, se presentes os pressupostos legais (**imutabilidade fraca**).

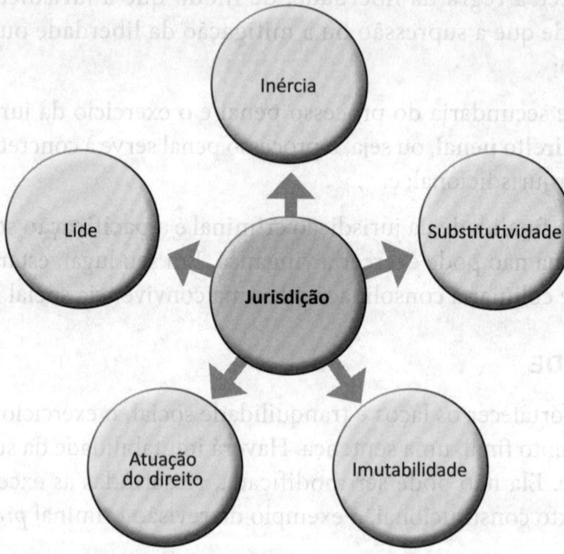

20. QUADRO SINÓTICO

<table>
<tr><th colspan="3">CAPÍTULO VIII – JURISDIÇÃO</th></tr>
<tr><th colspan="3">JURISDIÇÃO</th></tr>
<tr><th colspan="3">Conceito</th></tr>
<tr><td colspan="2">É o poder-dever pertinente ao Estado-Juiz de aplicar o direito ao caso concreto.</td><td>1</td></tr>
<tr><td>Jurisdição típica: Poder Judiciário ou Justiça Ordinária</td><td>Ordinariamente, a prestação jurisdicional é feita pelos órgãos que compõem a estrutura do Poder Judiciário.
A jurisdição é una e o seu exercício observa os ditames da harmonia entre os Poderes que constituem o Estado brasileiro.</td><td>2</td></tr>
</table>

14. PONTES DE MIRANDA, Francisco Cavalcanti. *Tratado das ações*: tomo 1. Campinas: Bookseller, 1998. p. 318.

CAPÍTULO VIII – JURISDIÇÃO		
Jurisdição atípica: justiça extraordinária ou justiça política	É constituída de órgãos do Poder Legislativo que, ao julgar, exerce atividade que lhe é atípica. A justiça política é exercida por órgãos diversos do Poder Judiciário, que compõem a estrutura política do Legislativo.	**3**
Princípios		
Adotamos a expressão princípios como espécie de norma.		**4**
Investidura	Para exercer jurisdição é necessário ser magistrado; logo, estar devidamente investido na função. Faltando investidura, o ato praticado é **inexistente juridicamente**.	**5**
Indelegabilidade	A regra é que a função jurisdicional não pode ser delegada a outro órgão, mesmo que jurisdicional.	**6**
Juiz natural	Ninguém será processado nem sentenciado senão pela autoridade competente. São vedadas providências como: a designação arbitrária de juiz para condução de processos; a substituição entre juízes que não obedeça a critérios prévios; a alteração de competência que não seja em razão de supressão/criação de órgãos. A regra é a *perpetuatio jurisdictionis*, isto é, se o processo tiver início perante um órgão jurisdicional, deve ter continuidade perante este juízo, sem que a criação de outro órgão com igual competência determine a alteração de sua tramitação.	**7**
Inafastabilidade	A lei não excluirá da apreciação do Poder Judiciário lesão ou ameaça a direito. Por sua vez, o magistrado não poderá eximir-se da função de julgar. Cuida-se da **indeclinabilidade jurisdicional**.	**8**
Inevitabilidade ou da irrecusabilidade	A jurisdição não está sujeita à vontade das partes.	**9**
Correlação ou relatividade	Deve haver correspondência entre a sentença e o pedido feito na inicial. É vedado julgamento ***extra***, ***citra*** ou ***ultra petita***. ***Emendatio libelli:*** o juiz, sem modificar a descrição do fato contida na denúncia ou queixa, poderá atribuir-lhe definição jurídica diversa, ainda que, em consequência, tenha de aplicar pena mais grave. O momento adequado para corrigir os equívocos de tipificação é o da sentença, podendo ter cabimento no 2º grau de jurisdição, havendo restrição apenas se implicar na *reformatio in pejus*. Se houver a possibilidade da oferta de *sursis* processual, em face do crime ter pena mínima de até um ano, deve o juiz proceder na forma do art. 89, da Lei nº 9.099/95, oportunizado ao MP a proposição. Por sua vez, caso se perceba que a infração é de competência de outro juízo, os autos lhe devem ser remetidos.	**10 a 12**

CAPÍTULO VIII – JURISDIÇÃO		
Correlação ou relatividade	***Mutatio libelli:*** quando os fatos narrados na inicial são dissonantes daqueles apurados na instrução criminal. Não terá cabimento na fase recursal. Se em razão dela, percebe-se que a infração realmente ocorrida tem pena mínima de até um ano, ou é de competência de outro juízo, o MP deve oportunizar a suspensão condicional do processo, ou proceder a remessa dos autos ao juízo competente, conforme o caso e na forma como explicado acima, para os casos de *emendatio libelli*. Por fim, a *mutatio libelli* não tem aplicação nas ações de iniciativa privada exclusiva e personalíssima, pois estas são movidas pelo princípio da disponibilidade e oportunidade.	**10 a 12**
Devido processo legal	Ninguém será privado da liberdade ou de seus bens sem o devido processo legal. Na produção da prova, o devido **processo legal material** tem o condão de limitar procedimentos que possam constituir crimes.	**13**
Características		
Inércia	Em regra, os órgãos jurisdicionais dependem de provocação. Todavia, a ordem de *HC* pode ser concedida *ex officio*, sempre que os juízes e tribunais tenham conhecimento do risco ou da ofensa à liberdade de locomoção.	**15**
Substitutividade	Cabe ao Estado, substituindo as partes, resolver os litígios.	**16**
Lide	O entendimento majoritário pressupõe a existência de lide para o exercício jurisdicional, ou seja, a presença do conflito de interesses qualificado pela pretensão resistida.	**17**
Atuação do direito	A atividade jurisdicional tem por objetivo aplicar o direito ao caso concreto, restabelecendo-se a paz social violada.	**18**
Imutabilidade	A sentença reveste-se do caráter da imutabilidade após o seu trânsito em julgado, não podendo ser modificada, salvo exceções, estritamente autorizadas pelo texto constitucional.	**19**

21. SÚMULAS DO STJ

6. Compete à justiça comum estadual processar e julgar delito decorrente de acidente de trânsito envolvendo viatura de polícia militar, salvo se autor e vítima forem policiais militares em situação de atividade.

33. A incompetência relativa não pode ser declarada de ofício.

38. Compete à justiça estadual comum, na vigência da Constituição de 1988, o processo por contravenção penal, ainda que praticada em detrimento de bens, serviços ou interesse da União ou de suas entidades.

42. Compete à Justiça Comum Estadual processar e julgar as causas cíveis em que é parte sociedade de economia mista e os crimes praticados em seu detrimento.

53. Compete à Justiça Comum Estadual processar e julgar civil acusado de prática de crime contra instituições militares estaduais.

62. Compete à Justiça Estadual processar e julgar o crime de falsa anotação na Carteira de Trabalho e Previdência Social, atribuído à empresa privada[15].

73. A utilização de papel-moeda grosseiramente falsificado configura, em tese, o crime de estelionato, da competência da Justiça estadual.

75. Compete à Justiça Comum Estadual processar e julgar o policial militar por crime de promover ou facilitar a fuga de preso de estabelecimento penal.

78. Compete à Justiça Militar processar e julgar policial de corporação estadual, ainda que o delito tenha sido praticado em outra unidade federativa.

104. Compete à Justiça Estadual o processo e julgamento dos crimes de falsificação e uso de documento falso relativo a estabelecimento particular de ensino.

122. Compete à Justiça Federal o processo e julgamento unificado dos crimes conexos de competência federal e estadual, não se aplicando a regra do art. 78, II, a, do Código de Processo Penal.

140. Compete à Justiça Comum Estadual processar e julgar crime em que o indígena figure como autor ou vítima.

147. Compete à Justiça Federal processar e julgar os crimes praticados contra funcionário público federal, quando relacionados com o exercício da função.

151. A competência para o processo e julgamento por crime de contrabando ou descaminho define-se pela prevenção do Juízo Federal do lugar da apreensão dos bens.

165. Compete à Justiça Federal processar e julgar crime de falso testemunho cometido no processo trabalhista.

172. Compete à Justiça Comum Estadual processar e julgar militar por crime de abuso de autoridade, ainda que praticado em serviço.

200. O Juízo Federal competente para processar e julgar acusado de crime de uso de passaporte falso é o do lugar onde o delito se consumou.

208. Compete à Justiça Federal processar e julgar prefeito municipal por desvio de verba sujeita a prestação de contas perante órgão federal.

209. Compete à Justiça Estadual processar e julgar prefeito por desvio de verba transferida e incorporada ao patrimônio municipal.

235. A conexão não determina a reunião dos processos, se um deles já foi julgado.

244. Compete ao foro do local da recusa processar e julgar o crime de estelionato mediante cheque sem provisão de fundos.

528. Compete ao juiz federal do local da apreensão da droga remetida do exterior pela via postal processar e julgar o crime de tráfico internacional.

546. A competência para processar e julgar o crime de uso de documento falso é firmada em razão da entidade ou órgão ao qual foi apresentado o documento público, não importando a qualificação do órgão expedidor.

600. Para a configuração da violência doméstica e familiar prevista no artigo 5º da Lei nº 11.340/2006 (Lei Maria da Penha) não se exige a coabitação entre autor e vítima.

634. Ao particular aplica-se o mesmo regime prescricional previsto na Lei de Improbidade Administrativa para o agente público.

22. SÚMULAS DO STF

Súmula Vinculante nº 36. Compete à Justiça Federal comum processar e julgar civil denunciado pelos crimes de falsificação e de uso de documento falso quando se tratar de falsificação da Caderneta de Inscrição e Registro (CIR) ou de Carteira de Habilitação de Amador (CHA), ainda que expedidas pela Marinha do Brasil.

Súmula Vinculante nº 45. A competência constitucional do Tribunal do Júri prevalece sobre o foro por prerrogativa de função estabelecido exclusivamente pela constituição estadual.

Súmula Vinculante nº 46. A definição dos crimes de responsabilidade e o estabelecimento das respectivas normas de processo e julgamento são de competência legislativa privativa da União.

453. Não se aplicam à segunda instância o art. 384 e parágrafo único do Código de Processo Penal, que possibilitam dar nova definição jurídica ao fato delituoso, em virtude de circunstância elementar não contida explícita ou implicitamente na denúncia ou queixa.

521. O foro competente para o processo e julgamento dos crimes de estelionato, sob a modalidade de emissão dolosa

15. STJ – Terceira Seção – AgRg no CC 148.963/RJ – Rel. Min. Jorge Mussi – DJe 22 abr. 2019.

de cheque sem provisão de fundos, é o do local onde se deu a recusa do pagamento pelo sacado.

522. Salvo ocorrência de tráfico para o exterior, quando então a competência será da Justiça Federal, compete à Justiça dos Estados o processo e julgamento dos crimes relativos a entorpecentes.

702. A competência do Tribunal de Justiça para julgar prefeitos restringe-se aos crimes de competência da Justiça comum estadual; nos demais casos, a competência originária caberá ao respectivo tribunal de segundo grau.

704. Não viola as garantias do juiz natural, da ampla defesa e do devido processo legal a atração por continência ou conexão do corréu ao foro por prerrogativa de função de um dos denunciados.

721. A competência constitucional do tribunal do Júri prevalece sobre o foro por prerrogativa de função estabelecido exclusivamente pela Constituição Estadual.

722. São da competência legislativa da união a definição dos crimes de responsabilidade e o estabelecimento das respectivas normas de processo e julgamento.

23. QUESTÕES DE CONCURSOS PÚBLICOS

01. (2018 – UEG – PC-GO – Delegado de Polícia) Sobre o tratamento dado à competência pelo Código de Processo Penal, tem-se o seguinte:

(A) O juiz pode reconhecer, de ofício, incompetência relativa.

(B) No caso de ação penal pública condicionada à representação, o ofendido pode preferir o foro de domicílio ou da residência do réu, ainda quando conhecido o lugar da infração.

(C) O concurso formal de crimes não configura hipótese de continência.

(D) A legislação processual adota a teoria da ubiquidade para determinação do juízo competente pelo lugar da infração.

(E) A competência será determinada pela conexão quando duas ou mais pessoas forem acusadas pela mesma infração.

02. (2017 – CESPE – PJC-MT – Delegado de Polícia Substituto) Em determinado estado da Federação, um juiz de direito estadual, um promotor de justiça estadual e um procurador do estado cometeram, em momentos distintos, crimes comuns dolosos contra a vida. Não há conexão entre esses crimes. Sabe-se que a Constituição do referido estado prevê que crimes comuns praticados por essas autoridades sejam processados e julgados pelo respectivo tribunal de justiça.

Nessa situação hipotética, segundo o entendimento do STF, será do tribunal do júri a competência para processar e julgar somente o

(A) promotor de justiça.

(B) juiz de direito.

(C) procurador do estado e o promotor de justiça.

(D) promotor de justiça e o juiz de direito.

(E) procurador do estado.

03. (2016 – CESPE – PC-PE – Agente de Polícia) A respeito da competência no processo penal, assinale a opção correta.

(A) A inércia da jurisdição é um princípio processual que permite ao juiz condenar o réu mesmo quando o Ministério Público postula a sua absolvição.

(B) De acordo com a teoria da ubiquidade, um juiz pode julgar simultaneamente duas ações penais distintas quando as provas de uma possam repercutir na outra.

(C) Conexão e continência são institutos que autorizam a prorrogação da competência, possibilitando que esta seja definida em desacordo com as regras abstratas baseadas no lugar do crime, domicílio do réu, natureza da infração ou distribuição.

(D) A competência ratione loci, que se refere ao local da consumação do crime, deriva da legislação infraconstitucional e é de natureza absoluta, não podendo ser prorrogada nem reconhecida de ofício pelo juiz.

(E) O princípio do juiz natural determina que a ação penal deverá ser julgada pelo juiz que primeiro tiver tomado conhecimento do fato.

24. GABARITO ANOTADO

01 – A

Vide:

- Art. 70 do CPP.
- Art. 73 do CPP.
- Art. 76 do CPP.
- Art. 77 do CPP.
- Art. 109 do CPP.
- Art. 6º do CP.

02 – E

Vide:

- Súmula vinculante 45.
- Art. 96, III, da CF.

03 – C

Vide:

- Conexão e continência.

25. QUESTÕES DISCURSIVAS COM COMENTÁRIOS

01. (TJ/RJ – Juiz de Direito – RJ/2008) Intentada por Deputado Estadual ação penal privada por ter sido vítima de crime de difamação, o réu ajuizou exceção da verdade. Como deve proceder o Magistrado? Resposta justificada.

Resposta

Para responder a questão, devemos notar que a jurisdição exercida, na hipótese, é comum, ordinária ou típica, do Poder Judiciário. Isso porque a difamação é crime comum. Não se trata de crime de responsabilidade. Aliás, não se atribui delito de responsabilidade, enquanto infração politico-administrativa, a deputado estadual. Caso se cuidasse desse tipo de infração, denominada de crime de responsabilidade, passível de ser imputada, por exemplo, ao Presidente da República, teríamos justiça estraordinária, conduzida pelo Poder Legislativo.

O candidato deve discernir difamação (atribuir a alguém fato ofensivo à reputação – art. 139, CP), de calúnia (imputar a alguém fato definido como crime – art. 138, CP). A exceção da verdade é amplamente admitida quando a petição inicial acusatória narra calúnia. Tratando-se de difamação, o magistrado deve atentar para o que dispõe o parágrafo único, do art. 139, CP, que estatui que "a exceção da verdade somente se admite se o ofendido é funcionário público e a ofensa é relativa ao exercício de suas funções". Sendo o querelante deputado estadual – funcionário público nos termos do art. 327, CP –, para que a exceção da verdade seja admitida pelo juiz, dando a ela o devido processamento (contraditório), deve o fato ofensivo à reputação ser alusivo ao exercício das funções de deputado estadual do querelante. Caso não seja, deve ser rejeitada liminarmente. Se o fato difamatório for inerente ao exercício parlamentar, deve ser proferido juízo positivo de admissibilidade e processada a exceção da verdade perante o próprio juiz de primeiro grau de jurisdição, nos termos do art. 523, CPP (por não envolver imputação de crime ao deputado que, por deter prerrogativa de função, justificaria a modificação de competência para julgar tanto a exceção quanto à queixa pelo Tribunal de Justiça). Note-se que a questão destacou expressamente o crime de "difamação". Fosse "calúnia" o delito, teríamos modificação de competência provocada pela exceptio veritatis, restrita aos casos em que é possível o reconhecimento de crime imputado ao detentor de prerrogativa de função (art. 85, CPP), conforme expusemos no tópico 2.7.9 deste capítulo. Em tal hipótese, a exceção da verdade proposta deveria ser objeto de juízo de admissibilidade pelo próprio juízo processante da ação penal por crime de calúnia. Sendo positivo o juízo de admissibilidade, os autos deveriam ser remetidos ao tribunal com competência para julgar o deputado estadual. Note-se que a exceção da verdade no crime de calúnia implica a refutação da elementar "falsamente", indicando a possível instauração futura de persecução penal contra o deputado estadual.

Capítulo IX

Competência

Sumário • 1. Conceito de competência – 2. Critérios para a determinação da competência – 3. Competência material – 4. Critério ratione materiae – 5. Critério ratione personae – 6. Critério ratione loci – 7. Competência funcional – 9. Objeto do juízo – 10. Grau de jurisdição – 11. Quadro sinótico – 12. Súmulas do STJ – 13. Súmulas do STF – 14. Questões de concursos públicos – 15. Gabarito anotado – 16. Questões discursivas com comentários

1. CONCEITO DE COMPETÊNCIA

Apesar de a jurisdição ser una e indivisível, é humanamente impossível que um só juiz decida todos os litígios ocorridos. Num universo de magistrados, a competência é conceituada como a medida ou delimitação da jurisdição ou, nas palavras de Tourinho Filho, é "o âmbito, legislativamente delimitado, dentro do qual o órgão exerce o seu Poder Jurisdicional"[1].

A competência passa a ser um critério legal de administração eficiente da atividade dos órgãos jurisdicionais, definindo previamente a margem de atuação de cada um, isto é, externando os limites de poder.

As bases da competência criminal estão na Constituição Federal. As leis de processo penal complementam a Constituição, concretizando seus comandos e estabelecendo critérios para interpretar o texto bruto do ordenamento jurídico. O conjunto de normas de competência constitui a divisão de tarefas que possibilita conferir funcionalidade à jurisdição.

A jurisdição é conceito fundante do sistema. A competência penal consiste nos contornos segundo critérios logicamente concatenados, que podem ser conforme a especialidade da justiça, a distribuição territorial, a condição funcional do imputado, ao objeto do juízo, à fase do processo ou ao grau de julgamento.

2. CRITÉRIOS PARA A DETERMINAÇÃO DA COMPETÊNCIA

Para determinar a competência e chegar à conclusão da autoridade competente, é fundamental o estudo e análise das diversas espécies de competência, ou melhor, dos parâmetros usados pelos diplomas legais para distribuir, entre as autoridades judiciais, a parcela de sua atuação.

Os critérios podem variar conforme nos baseemos pelos elementos da infração penal ou do processo penal. O primeiro conjunto de critérios, que se refere a **aspectos da infração**

1. TOURINHO FILHO, Fernando da Costa. *Manual de processo penal*. 5. ed. São Paulo: Saraiva, 2003. p.231.

ou **da questão penal**, é denominado de competência material. Já o segundo, que se reporta a **elementos processuais**, é conhecido por competência funcional.

A denominada **competência material** se subdivide em três critérios e o seu objeto de análise é o **delito**, a **questão penal**, que envolve objeto afetado, local da infração e sujeitos do delito. Vale dizer:

(1) a infração penal é cometida contra um bem jurídico: eis o critério da fixação da competência **em razão da matéria**;

(2) a infração penal é praticada em um dado espaço: daí a competência **em razão do território**;

(3) o delito pode ter como agente a pessoa que exerce função de relevo no Poder Público: determinamos a competência **em razão da pessoa.**

Também em três outros critérios se desmembra a **competência funcional** e o seu parâmetro de exame são elementos do **processo**, que reúne a porção submetida à cognição de um juiz, a instância de julgamento e a divisão do procedimento em etapas:

(1) no processo, o assunto entregue ao juiz, que chamamos de objeto, pode se reportar a temas variados, justificando a divisão de sua competência com base em cada um daqueles conteúdos: eis a competência segundo o **objeto do juízo**;

(2) também, no curso do processo, é reexaminada a questão penal, por via recursal, ensejando a definição da competência segundo o **grau de jurisdição**;

(3) por último, as etapas processuais podem servir de critério para a fixação da competência de um juiz: daí a competência de acordo com a **fase do processo.**

3. COMPETÊNCIA MATERIAL

Como vimos, leva em conta as características da questão criminal, da infração penal ou do delito. Deve ser estudada sobre três aspectos principais:

(1) **em razão da matéria**;

(2) **em razão do local**; e

(3) **em razão da pessoa.**

4. CRITÉRIO *RATIONE MATERIAE*

O critério em razão da matéria objetiva identificar qual a Justiça competente e os critérios de especialização, levando em conta a **natureza da infração**, tendo destaque no inciso III, do art. 69, do CPP. Ex.: cabe à Justiça Eleitoral o julgamento dos ilícitos criminais eleitorais.

5. CRITÉRIO *RATIONE PERSONAE*

Também chamado de critério ***ratione funcionae***. É tratado no inciso VII, do art. 69, do CPP. Leva em consideração a importância das funções desempenhadas por determinadas pessoas, que serão julgadas originariamente perante tribunal. É o chamado **foro por prerrogativa de função**. Ex.: cabe ao STF o julgamento das infrações penais comuns praticadas pelo Presidente da República (art. 102, I, "b", CF/1988).

6. CRITÉRIO *RATIONE LOCI*

Estampado nos incisos I e II, do art. 69, do CPP, visa a identificar o juízo territorialmente competente, considerando como parâmetro o local da consumação do delito, o domicílio ou a residência do réu.

COMPETÊNCIA MATERIAL		
ratione materiae	*ratione personae ou ratione funcionae*	*ratione loci*

7. COMPETÊNCIA FUNCIONAL

Como anunciamos acima, leva em conta, como elemento de distribuição, os atos processuais praticados. Deve ser analisada também sob três aspectos principais:

(1) **fase do processo**;

(2) **objeto do juízo**; e

(3) **grau de jurisdição**.

8. FASE DO PROCESSO

Normalmente um só juiz é competente para praticar todos os atos do processo. Contudo, pode haver segmentação, como, por exemplo, um juiz que vai instruir e sentenciar a causa criminal, e um outro a quem incumbirá a fase de execução (art. 65, LEP).

O critério, para a divisão da competência, é a identificação da etapa processual.

Nos processos de competência do tribunal do júri, também pode haver divisão segundo esse critério, com um juiz para conduzir o procedimento até a fase da decisão de pronúncia e com outro para atuar depois de preclusa essa decisão.

Cuida-se de competência funcional horizontal, eis que não há hierarquia entre os juízes competentes de acordo com a fase processual.

9. OBJETO DO JUÍZO

Por este critério, há uma distribuição de tarefas segundo a porção da questão trazida no processo.

No Júri, por exemplo, que é um tribunal colegiado heterogêneo, composto por um juiz togado e pelos jurados (juízes leigos), ao primeiro caberá resolver as questões de direito, prolatar a sentença e proceder à dosimetria da pena, ao passo que, aos jurados, caberá a resposta aos quesitos que lhes são formulados. Como não se fala em hierarquia entre juiz togado e os jurados, teremos também aqui competência funcional horizontal.

A divisão da competência entre juiz das garantias e juiz da instrução também é exemplo de competência funcional segundo o objeto do juízo[2]. No ponto, a Lei nº 13.964/2019

2. JARDIM, Afrânio Silva; AMORIM, Pierre Souto Maior Coutinho de. Primeiras impressões sobre a Lei n. 13.964/19, aspectos processuais. *Empório do Direito*. Disponível em: <https://emporiododireito.com.br/leitura/primeiras-impressoes-sobre-a-lei-n-13-964-19-aspectos-processuais>. Acesso em: 14 jan. 2020.

estabeleceu, no art. 3º B, do CPP[3], que a competência do juiz das garantias de controlar a legalidade da investigação criminal e salvaguardar os direitos individuais cuja franquia tenha sido reservada à autorização prévia do Poder Judiciário.

Em acréscimo, no art. 3º-C[4], do nosso Código, o legislador arrematou ao dizer que a competência do juiz das garantias abrange todas as infrações penais, exceto as de menor potencial ofensivo, e cessa com o recebimento da denúncia ou queixa. Após esse momento processual, a competência será do juiz da instrução. É de ver que, por ora, a eficácia dos dispositivos que disciplinam o juiz das garantias está suspensa por decisão monocrática cautelar do STF[5].

10. GRAU DE JURISDIÇÃO

É a chamada competência funcional vertical (ou hierárquica). Ocorre com a incidência do duplo grau de jurisdição, na interposição dos recursos, ou quando inaugurada a competência originária, com as ações que tramitam diretamente perante tribunal.

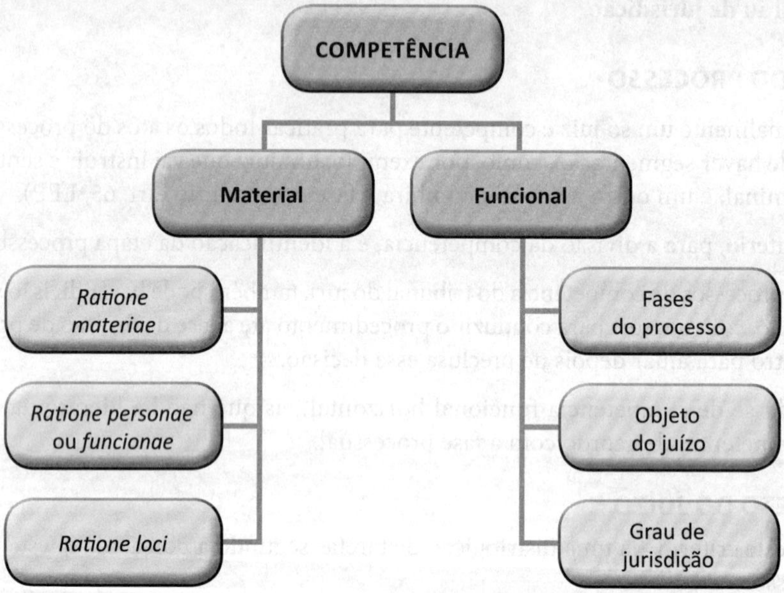

3. Dispositivo com eficácia suspensa, nos termos de decisão monocrática do Supremo Tribunal Federal (STF – ADI 6298/DF – Medida Cautelar – Rel. Min. Luiz Fux – 22 jan. 2020).
4. Dispositivo com eficácia suspensa, nos termos de decisão monocrática do Supremo Tribunal Federal (STF – ADI 6298/DF – Medida Cautelar – Rel. Min. Luiz Fux – 22 jan. 2020).
5. STF – ADI 6298/DF – Medida Cautelar – Rel. Min. Luiz Fux – 22 jan. 2020; STF – ADI 6298/DF – Medida Cautelar – Presidência – Min. Dias Toffoli – 15 jan. 2020.

11. QUADRO SINÓTICO

CAPÍTULO IX – COMPETÊNCIA		
COMPETÊNCIA		
Conceito		
Critério legal de administração eficiente da atividade dos órgãos jurisdicionais, definindo previamente a margem de atuação de cada um, isto é, externando os limites de poder.		1
Critérios para a determinação da competência		
Os critérios podem variar conforme nos baseemos pelos elementos da infração penal ou do processo penal.		2
Competência material	Leva em conta as características da questão criminal, da infração penal ou do delito. Deve ser estudada sobre três aspectos: (1) em razão da matéria (*Ratione materiae*); (2) em razão do local (*Ratione locil)*; e (3) em razão da pessoa (*Ratione personae*).	3
Critério *ratione materiae*	Objetiva identificar qual a Justiça competente e os critérios de especialização, levando em conta a **natureza da infração**.	4
Critério *ratione personae*	Leva em consideração a importância das funções desempenhadas por determinadas pessoas, que serão julgadas originariamente perante tribunal. É o chamado **foro por prerrogativa de função**.	5
Critério *ratione loci*	Visa a identificar o juízo territorialmente competente, considerando como parâmetro o local da consumação do delito, o domicílio ou a residência do réu.	6
COMPETÊNCIA FUNCIONAL		
Leva em conta, como elemento de distribuição, os atos processuais praticados. Deve ser analisada também sob três aspectos principais: (1) fase do processo; (2) objeto do juízo; e (3) grau de jurisdição.		7
FASES DO PROCESSO		
Normalmente um só juiz é competente para praticar todos os atos do processo. Contudo, pode haver segmentação, como, por exemplo, um juiz que vai instruir e sentenciar a causa criminal, e um outro a quem incumbirá a fase de execução (art. 65, LEP).		8
OBJETO DO JUÍZO		
Por este critério, há uma distribuição de tarefas segundo a porção da questão trazida no processo.		9
GRAU DE JURISDIÇÃO		
É a chamada competência funcional vertical (ou hierárquica). Ocorre com a incidência do duplo grau de jurisdição, na interposição dos recursos, ou quando inaugurada a competência originária, com as ações que tramitam diretamente perante tribunal.		10

12. SÚMULAS DO STJ

33. A incompetência relativa não pode ser declarada de ofício.

235. A conexão não determina a reunião dos processos, se um deles já foi julgado.

546. A competência para processar e julgar o crime de uso de documento falso é firmada em razão da entidade ou órgão ao qual foi apresentado o documento público, não importando a qualificação do órgão expedidor.

634. Ao particular aplica-se o mesmo regime prescricional previsto na Lei de Improbidade Administrativa para o agente público.

13. SÚMULAS DO STF

453. Não se aplicam à segunda instância o art. 384 e parágrafo único do Código de Processo Penal, que possibilitam dar nova definição jurídica ao fato delituoso, em virtude de circunstância elementar não contida explícita ou implicitamente na denúncia ou queixa.

704. Não viola as garantias do juiz natural, da ampla defesa e do devido processo legal a atração por continência ou conexão do corréu ao foro por prerrogativa de função de um dos denunciados.

722. São da competência legislativa da união a definição dos crimes de responsabilidade e o estabelecimento das respectivas normas de processo e julgamento.

14. QUESTÕES DE CONCURSOS PÚBLICOS

01. (2018 – UEG – PC-GO – Delegado de Polícia) Sobre o tratamento dado à competência pelo Código de Processo Penal, tem-se o seguinte:

(A) O juiz pode reconhecer, de ofício, incompetência relativa.

(B) No caso de ação penal pública condicionada à representação, o ofendido pode preferir o foro de domicílio ou da residência do réu, ainda quando conhecido o lugar da infração.

(C) O concurso formal de crimes não configura hipótese de continência.

(D) A legislação processual adota a teoria da ubiquidade para determinação do juízo competente pelo lugar da infração.

(E) A competência será determinada pela conexão quando duas ou mais pessoas forem acusadas pela mesma infração.

02. (2017 – FAPEMS – PC-MS – Delegado de Polícia) Sobre competência no direito processual penal, afirma-se que

(A) a investigação de tráfico internacional de drogas pode ser iniciada pela autoridade policial estadual, em virtude das leis de cooperação entre as polícias.

(B) o incidente de deslocamento de competência para a Justiça Federal, previsto na atual Constituição Federal nas hipóteses de grave violação de direitos humanos, poderá ser suscitado pelo Procurador-Geral da República, atendidos os requisitos legais, perante o Superior Tribunal de Justiça, em qualquer fase do inquérito policial.

(C) ocorre conexão intersubjetiva por simultaneidade quando duas ou mais infrações são praticadas ao mesmo tempo, por várias, pessoas, umas contra as outras, devendo a investigação e o processo seguir conjuntamente.

(D) conforme entendimento do STJ, compete à Justiça Comum Estadual processar e julgar crime em que o indígena figure como autor ou vítima, desde que haja pertinência com direitos indígenas e seja comunicado o fato à FUNAI.

(E) tomando conhecimento de que o crime não é de competência da justiça estadual, o Delegado de Polícia estadual deve encaminhar os autos de investigação à autoridade policial competente, a qual deverá repetir todos os atos praticados, sob pena de nulidade do processo judicial.

03. (2015 – MPE-BA – MPE-BA – Promotor de Justiça Substituto) Quanto à competência no processo penal, é INCORRETO afirmar que:

(A) Se em qualquer fase do processo o juiz reconhecer motivo que o torne incompetente, declará-lo-á nos autos, haja ou não alegação da parte.

(B) Segundo dispõe o Código de Processo Penal, a incompetência do juízo anula somente os atos decisórios.

(C) De acordo com o Código de Processo Penal, nos casos de conexão e continência, será obrigatória a separação dos processos quando, pelo excessivo número de acusados, houver risco de que seja prolongada a prisão provisória de um deles.

(D) Há conexão intersubjetiva por reciprocidade quando, ocorrendo duas ou mais infrações penais, houverem sido praticadas por várias pessoas umas contra as outras.

(E) O Superior Tribunal de Justiça tem reconhecido que o Tribunal de Justiça Estadual, ao estabelecer a organização e divisão judiciária, pode atribuir a competência para o julgamento de crimes sexuais contra crianças e adolescentes ao Juízo da Vara da Infância e Juventude.

04. (FCC/AL-AP/Procurador/2020) De acordo com o ordenamento jurídico e o posicionamento dos tribunais superiores acerca da competência em matéria penal,

(A) a existência de conexão entre crime de contrabando, de competência da Justiça Federal, e contravenção penal acarreta a reunião de julgamentos das infrações penais perante o mesmo Juízo Federal.

(B) os crimes dolosos contra a vida praticados contra funcionário público federal, no exercício de suas funções, serão julgados pelo tribunal do júri no âmbito da Justiça Federal.

(C) compete à Justiça Militar processar e julgar civil denunciado pelos crimes de falsificação e de uso de documento falso, quando se tratar de falsificação da Caderneta de Inscrição e Registro (CIR) ou de Carteira de Habilitação de Amador (CHA), quando expedidas pela Marinha do Brasil.

(D) a competência especial por prerrogativa de função se estende ao crime cometido após a cessação definitiva do exercício funcional.

(E) compete à Justiça Estadual processar e julgar crime de falso testemunho cometido no processo trabalhista.

15. GABARITO ANOTADO

01 - A

Vide:

- Art. 70 do CPP.
- Art. 73 do CPP.
- Art. 76 do CPP.
- Art. 77 do CPP.
- Art. 109 do CPP.
- Art. 6º do CP.

02 - B

Vide:

- Art. 109, § 5º, da CF.

03 - C

Vide:

- Art. 80 do CPP.

04 - E

Vide:

- Sum. 147 do STJ.

16. QUESTÕES DISCURSIVAS COM COMENTÁRIOS

01. (TRF/2R/Juiz/2007) Uma equipe local da Polícia Federal apreende mercadorias descaminhadas, na Rodovia Presidente Dutra, na altura da Cidade de Resende, ao determinar revista em ônibus procedente do Paraguai e com entrada no Brasil por Foz do Iguaçu. Feita a comunicação do flagrante, o Juízo Federal de Rezende coloca os indivíduos em liberdade provisória mediante fiança. Após a elaboração do laudo pericial das mercadorias, e em virtude de promoção do Ministério Público Federal, os autos são redistribuídos para uma das Varas Federais Criminais da Seção Judiciária do Rio de Janeiro, especializada no processo e julgamento dos crimes contra o sistema financeiro nacional, cidade esta onde residem os passageiros, proprietários das referidas mercadorias. Nela, o Juiz recebe a denúncia e determina a citação dos acusados. Pergunta-se: o procedimento está adequado aos pressupostos da instauração da relação processual?

Resposta

A competência para o processamento e julgamento do crime de descaminho se resolve nos termos da Súmula 151, do STJ, isto é, é competente o juízo federal prevento do território onde tenha ocorrido a apreensão.

Trata-se de aplicação de critério material, considerando o bem jurídico afetado que, no caso, é o interesse da União. Em especial, adota-se o subcritério da competência em razão da matéria.

A competência é da Justiça Federal para julgar o descaminho em razão do tributo objeto de não recolhimento ser da União (at. 109, IV, CF – interesse da União).

No entanto, atenção especial merece ter o art. 61, da Lei nº 5.010/1966, que reza que, na Seção em que houver Varas da Justiça Federal especializadas em matéria criminal, a estas caberão o processo e julgamento dos mandados de segurança e de quaisquer ações ou incidentes relativos a apreensão de mercadorias entradas ou saídas irregularmente do país ficando o Juiz prevento para o procedimento penal do crime de contrabando ou descaminho (Código Penal, artigo 334).

Resende é sede de Subseção Judiciária, da Seção Judiciária do Rio de Janeiro (Justiça Federal).

Havendo vara especializada com competência para julgar tal crime, afasta-se a súmula 151, STJ, e mitiga-se a competência territorial da vara local, declarando-se a competência daquela.

Capítulo X

Competência em Razão da Matéria

1. COMPETÊNCIA *RATIONE MATERIAE*

É o critério que visa a identificar, num primeiro momento, qual a justiça competente, se a **justiça comum** (Federal ou Estadual), ou a **justiça especializada** (Militar, Eleitoral, etc.). A matéria relacionada ao objeto da infração é o vetor para a definição da competência de cada uma das justiças.

2. COMPETÊNCIA DA JUSTIÇA COMUM ESTADUAL

É a Justiça residual por excelência, sendo competente para apreciar, por exclusão, todas as infrações que não sejam da alçada da justiça especializada ou da justiça comum federal. Embora se diga que a competência é residual, fato é que a justiça estadual processa e julga a maioria dos crimes. Para que haja deslocamento de competência para a justiça federal e para justiça especializada (eleitoral e militar), é preciso que exista elemento de atração que determine a modificação.

Natural que a justiça estadual abarque a maioria dos crimes, afinal a estrutura da justiça estadual é dotada de maior número de juízes e comarcas para abranger, com maior eficácia, o território nacional. Em contrapartida, os parâmetros para a determinação da competência da justiça federal são de exegese mais restrita, consoante critérios para impor a fixação de sua competência.

Existe, ademais, regra para deslocar processos que seriam de competência da justiça estadual para a justiça federal toda vez que envolver grave violação a direitos humanos, em face de tratados e convenções que o Brasil subscreveu e de previsão constitucional conferida pela Emenda à Constituição nº 45/2004 (art. 109, § 5º, CF).

Dentre os casos residuais de competência da justiça estadual, destacam-se o processamento e o julgamento:

(1) das contravenções penais: são, em regra, de competência da Justiça Estadual, ainda que ofenda interesse da União. Há possibilidade de julgamento de contravenção pelos tribunais regionais federais quando perpetradas por agente com prerrogativa de função naqueles órgãos, se perpetrada no exercício do cargo ou em razão dele, sem descontinuidade[1];

(2) do tráfico ilícito de entorpecentes: não havendo elemento de internacionalidade (transnacionalidade), a competência será da justiça estadual;

(3) procedimento para apuração de ato infracional atribuído a adolescente: não se trata de processo criminal, mas de processo de natureza cível, apesar do seu cunho sancionatório, que deve ser julgado perante os órgãos do Poder Judiciário estadual com competência em matéria da infância e da juventude;

(4) crimes de violência doméstica e familiar contra a mulher: são julgados pelos órgãos especializados da justiça estadual, criados conforme preconiza a Lei nº 11.340/2006 (Lei Maria da Penha). É possível o deslocamento da competência para a Justiça Federal na hipótese de existir grave violação aos direitos humanos e de ineficiência dos órgãos locais de persecução penal (polícia, Ministério Público e Justiça), fazendo incidir o art. 109, § 5º, da Constituição. Para a definição da competência do juizado ou vara especializada, no processamento e julgamento de crimes de violência doméstica e familiar contra a mulher, é relevante observar que:

(a) o delito não seja doloso contra a vida, porquanto este encontra previsão constitucional para ser julgado pelo tribunal do Júri;

(b) o sujeito ativo da infração penal pode ser tanto homem quanto mulher;

(c) o sujeito passivo da infração penal há de ser pessoa do sexo feminino, independentemente da orientação sexual;

(d) a agressão deve ter ocorrido no contexto de relação afetiva, na seara doméstica ou familiar, cometida tanto no interior quanto fora da residência, mas em razão daquela relação;

1. STF – Primeira Turma – RE 1231757 AgR – Rel. Min. Luiz Fux – publicação 19 nov. 2019.

(e) a vítima deve ser econômica ou fisicamente mais frágil (hipossuficiência em sentido amplo), em situação de maior vulnerabilidade, evidenciando opressão à mulher; e

(f) a violência pode ocorrer nas relações de parentesco diversas de um casal, ou de companheiros, entre irmãos por exemplo, mas sempre tendo como pessoa ofendida uma mulher.

3. COMPETÊNCIA DA JUSTIÇA COMUM FEDERAL

Tem sua competência expressamente contemplada na Constituição Federal:

(1) no art. 108, a Carta Magna trata da competência dos Tribunais Regionais Federais;

(2) no art. 109, a CF elenca a competência dos juízes federais.

A seguir, estudaremos a competência da justiça federal de primeiro grau, dos seus juízes federais (art. 109, CF).

No capítulo seguinte, vamos tratar dos aspectos mais relevantes da competência dos Tribunais Regionais Federais, por incidirem, além do critério *ratione materiae*, o critério em razão da função ou *ratione personae*.

4. COMPETÊNCIA PARA PROCESSAR E JULGAR CRIME POLÍTICO

Compete ao juiz federal processar e julgar o crime político (art. 109, IV, primeira parte, CF).

Em razão da omissão da Constituição em definir o que seja crime político, ficou a cargo da doutrina e da jurisprudência a definição de sua abrangência para fins de fixação da competência da justiça federal.

Estamos diante de um conceito aberto. Para a configuração do crime político, tem sido exigida, assim, a demonstração de dolo específico consistente na intenção de atentar contra a **soberania nacional** e a **estrutura política brasileira**.

Atualmente, temos como paradigma a Lei nº 7.170/1983, tratando dos crimes contra a segurança nacional, que serão processados e julgados perante a justiça federal. O art. 30, deste diploma legal, que informa que a competência seria da justiça militar, não foi recepcionado pela Constituição Federal.

A jurisprudência do STF, na maioria dos casos, tem se posicionado no sentido de não reconhecer como crimes políticos condutas definidas na Lei de Segurança Nacional quando faltar a eles motivação política tendente a comprometer a soberania nacional. Decerto, nossa Suprema Corte entende necessária a contemplação legal do crime político, bem como a intenção de atentar contra a estrutura política brasileira. Em outros termos, da conjugação dos artigos 1º e 2º, da Lei nº 7.170/1983, é necessário um fim especial de agir e um resultado contido no tipo legal, a saber:

(1) motivação e objetivos políticos do agente;

(2) lesão, real ou potencial, à integridade territorial, à soberania nacional, ao regime representativo e democrático, à federação ou ao Estado de Democrático de Direito[2].

2. STF – Primeira Turma – RC 1473 – Rel. Min. Luiz Fux – publicado em 18 dez. 2017.

A ideia majoritariamente aceita pela doutrina e pela jurisprudência é a de reconhecer a existência de crime político, somente quando "presentes os pressupostos cristalizados no art. 2º, da Lei nº 7.170/1983: motivação política e lesão real ou potencial aos bens juridicamente tutelados", nas palavras de Roberto Luchi Demo[3].

Cuida-se de conceito desprovido de rigidez, característica incompatível com a legalidade estrita exigida pelo direito criminal. Em suma, por esta e por aquelas razões, a incidência dessa competência tem sido raríssima.

5. COMPETÊNCIA PARA PROCESSAR E JULGAR INFRAÇÕES PENAIS PRATICADAS EM DETRIMENTO DE BENS, SERVIÇOS OU INTERESSES DA UNIÃO OU DE SUAS ENTIDADES AUTÁRQUICAS, EMPRESAS PÚBLICAS, EXCLUÍDAS AS CONTRAVENÇÕES E RESSALVADA A COMPETÊNCIA DA JUSTIÇA MILITAR E DA JUSTIÇA ELEITORAL

Ao juiz federal é atribuída, pelo art. 109, inciso IV, parte final, da Constituição, a competência para processar e julgar as infrações penais que afetem bens, interesses ou serviços dos órgãos ali apontados.

A título de organização, vamos fracionar o dispositivo na ordem de ideias a seguir.

6. INFRAÇÕES ABRANGIDAS PELA COMPETÊNCIA DO JUIZ FEDERAL NO ART. 109, IV, PARTE FINAL, CF

Tão somente os **crimes** são apreciados pela Justiça Federal.

As contravenções estão terminantemente excluídas. O julgamento de contravenção que afete ente federal será de competência dos juizados especiais na esfera estadual. Em outras palavras, as contravenções penais não serão julgadas pela justiça federal, salvo se o agente for detentor de prerrogativa de função junto ao Tribunal Regional Federal.

De acordo com o art. 1º, da Lei de Introdução ao Código Penal, considera-se crime a infração penal a que a lei comina pena de reclusão ou de detenção, quer isoladamente, quer alternativa ou cumulativamente com a pena de multa. A sua vez, será contravenção a infração penal a que a lei comina, isoladamente, pena de prisão simples ou de multa, ou ambas, alternativa ou cumulativamente.

7. BENS, INTERESSES OU SERVIÇOS DE ENTE FEDERAL SUFRAGADOS NA COMPETÊNCIA DO ART. 109, IV, PARTE FINAL, CF

A trilogia bens-interesses-serviços é termômetro para a fixação da competência federal. Deve haver correlação direta entre a conduta delituosa e a lesão a um destes elementos.

Os **bens** são o patrimônio do ente federal. A Constituição rotulou os bens pertencentes à União no art. 20, incisos I a XI.

3. DEMO, Roberto Luis Luchi. *Competência penal originária*: uma perspectiva jurisprudencial crítica. São Paulo: Malheiros, 2005. p. 141.

Por exemplo, usando esse vetor, teremos definida a competência para processamento e julgamento de crimes praticados em detrimento de bens que compõe órgão do Distrito Federal. Cabe avivar, ainda que organizado e mantido pela União, os seus bens não são da União, pelo que a competência para seu processamento e julgamento é da Justiça do Distrito Federal e Territórios e não da Justiça Federal.

Quanto aos **serviços**, passamos a focalizar a própria atividade do ente federal, a sua finalidade.

De outro ângulo, o **interesse** é talvez a expressão de significação mais ampla, abarcando aquilo que está ligado ao ente federal, o que lhe diz respeito. Não é suficiente o simples interesse genérico ou indeterminado para atrair a competência da Justiça Federal. É imprescindível, para tanto, existir interesse direto e imediato da União, afastando-se ofensas indiretas, reflexas, que não se coadunem com o parâmetro restritivo para a definição da competência da Justiça Federal.

Vejamos alguns exemplos.

(1) São enquadradas na **competência da justiça estadual**, via de regra, as seguintes hipóteses:

(a) o fato de ser o Ministério da Saúde o órgão central do Sistema Nacional de Transplante (art. 2º, do Decreto nº 9.175/2017) não é definidor, de *per si*, da competência da justiça federal para julgar crime de remoção de tecidos e órgãos, tipificado no art. 14, *caput*, da Lei nº 9.434/1997, porém da justiça comum estadual;

(b) se o bem afetado pelo crime é tombado por órgão de proteção e conservação do Estado ou do Município, ou está situado fora dos limites do tombamento realizado pelo órgão federal, a competência é da justiça estadual;

(c) caso se tratar de conduta de simples recepção clandestina de TV a cabo, sem uso da internet, a competência é da justiça estadual, eis que aí só muito reflexamente haveria interesse da União. Afastada, no ponto, a competência da justiça federal. No entanto, pensamos que se cuida de conduta atípica, porquanto o sinal de TV a cabo seria algo diverso de "energia", para o fim de configurar o delito de furto. No STJ, todavia, encontramos julgados qualificando esse desvio daquele sinal como furto e, se verificada a transnacionalidade do crime, fixando a competência da justiça federal[4];

(d) os crimes previstos na Lei do Desarmamento (Lei nº 10.826/2003) são, em regra, de competência da justiça estadual, não sendo relevante para atribuir a competência à justiça federal o fato de ser a arma de uso restrito ou a circunstância de competir ao Sistema Nacional de Armas – SINARM (órgão vinculado ao Ministério da Justiça e à Polícia Federal) a função de fiscalização do cadastro das armas de fogo. Só quando há o elemento da transnacionalidade que surge o interesse federal (tópico estudado mais adiante), tal como se dá nos crimes de tráfico internacional de armas tipificado no art. 18, dessa Lei, eis que existente convenção internacional prevendo a repressão a esse delito, firmada pelo Brasil

4. STJ – Terceira Seção – AgRg no CC 128.801/RJ – Rel. Min. Leopoldo de Arruda Raposo (Desemb. Conv. do TJ/PE) – DJe 18 mai. 2015.

(Convenção Interamericana contra a fabricação e o tráfico de armas de fogo, munições, explosivos e outros materiais afins);

(e) a circunstância de ter sido o IBAMA o órgão responsável pela lavratura do auto de infração por crime ambiental ou pela apuração do ilícito ambiental não é suficiente para a fixação da competência da justiça federal, notadamente quando o crime é cometido em local diverso daqueles protegidos segundo o interesse da União;

(f) é de competência da justiça estadual a manutenção de espécime da fauna silvestre em cativeiro, ainda que se trate de espécie ameaçada de extinção. Somente atrairá a competência da justiça federal se, além desse elemento, houver caráter transnacional do delito, diante de proteção por convenção internacional[5];

(g) *ex vi* do enunciado nº 62, da Súmula, do STJ, compete à justiça estadual processar e julgar o crime de falsa anotação na Carteira de Trabalho e Previdência Social, atribuído à empresa privada[6];

(h) cabe, igualmente, à justiça estadual processar e julgar o crime de utilização de papel-moeda grosseiramente falsificado (estelionato), como se vê do verbete sumular nº 73, do STJ;

(i) o processo e julgamento dos crimes de falsificação e uso de documento falso relativo a estabelecimento particular de ensino é atribuído à competência da justiça estadual, como prevê o enunciado nº 104, da Súmula, do STJ;

(j) também compete à justiça estadual processar e julgar prefeito por desvio de verba transferida e incorporada ao patrimônio municipal (verbete nº 209, Súmula, STJ);

(k) como estabeleceu o extinto Tribunal Federal de Recursos, em sua Súmula, enunciado nº 31, compete à justiça estadual o processo e julgamento de crime de falsificação ou de uso de certificado de conclusão de curso de primeiro e segundo graus (ensinos fundamental e médio, respectivamente). Para tanto, é indispensável que não se refira a estabelecimento federal de ensino ou a falsidade não seja de assinatura de funcionário federal.

(2) Por outro lado, identificam-se na **competência da justiça federal**, as situações a seguir:

(a) o bem particular submetido a tombamento pelo ente federal (Instituto do Patrimônio Histórico e Artístico Nacional – IPHAN), conquanto não se acomode à noção de bem da união, recebe especial qualificação que faz nascer o interesse da união em protegê-lo, pelo que os crimes contra eles cometidos são de competência da justiça federal;

(b) os serviços de telecomunicações são de competência da União (art. 21, XI, CF/1988), razão pela qual compete à Justiça Federal processar e julgar crime de compartilhar sinal de *Internet*, mediante a sua transmissão, via rádio, de maneira clandestina (delito tipificado no art. 183, da Lei nº 9.472/1997)[7]. Sobre a questão, consoante o enunciado nº 606, da Súmula, do STJ, não se aplica o princípio da insignificância a casos de transmissão clandestina de

5. STJ – Quinta Turma – RHC 108.521/PA – Rel. Min. Ribeiro Dantas – DJe 13 ago. 2019.
6. STJ – Terceira Seção – AgRg no CC 148.963/RJ – Rel. Min. Jorge Mussi – DJe 22 abr. 2019.
7. STJ – Terceira Seção – CC 150.629/SP, Rel. Min. Nefi Cordeiro – DJe 28 fev. 2018 .

sinal de *Internet* via radiofrequência, que caracteriza o fato típico previsto no artigo 183 da Lei 9.472/97;

(c) a juntada de documentos falsos em autos de processo que tramita na justiça federal evidencia o interesse federal para processar e julgar o crime de falsidade[8];

(d) também o relevante liame funcional relativo ao cometimento de crime por servidor público federal ou contra funcionário público federal e servidores equiparados, no exercício da função ou em sua razão, atrai a competência da justiça federal, a teor do enunciado nº 147, da Súmula, do STJ, segundo a qual compete à Justiça Federal processar e julgar os crimes praticados contra funcionário público federal, quando relacionados com o exercício da função. Igualmente, da Súmula, do vetusto Tribunal Federal de Recursos, o seu enunciado nº 254 pontifica que compete à justiça federal processar e julgar os delitos praticados por funcionário público federal, no exercício de suas funções e com estas relacionados;

(e) se a infração penal consiste em destruir área de preservação permanente (bem da União), a competência é da justiça federal, porém se o delito é tão somente praticado em rio que somente banha um estado-membro da federação, a competência será da justiça estadual;

(f) por outro lado, quando o crime é de pesca em águas fluviais que banham mais de um estado da federação, a competência é da justiça federal;

(g) de acordo com o verbete nº 151, da Súmula, do STJ, a competência para o processo e julgamento por crime de contrabando ou descaminho define-se pela prevenção do juízo federal do lugar da apreensão dos bens. O enunciado prevê a definição da justiça federal como competente, utilizando o critério **em razão da matéria**, agregando a ele o critério da **prevenção** para estabelecer o juiz competente, estudado por nós mais adiante;

(h) compete à Justiça Federal processar e julgar crime de falso testemunho cometido no processo trabalhista (enunciado nº 165, Súmula, STJ);

(i) o juízo federal competente para processar e julgar acusado de crime de uso de passaporte falso é o do lugar onde o delito se consumou. Essa previsão está contida no verbete nº 200, da Súmula, do STJ, estabelecendo a competência da justiça federal, utilizando o critério **em razão da matéria**, e somando a ele o critério da **em razão do lugar** para estabelecer o juiz competente, objeto do capítulo seguinte;

(j) em compasso com o enunciado nº 208, da Súmula, do STJ, compete à justiça federal processar e julgar prefeito municipal por desvio de verba sujeita a **prestação de contas perante órgão federal**;

(k) compete à justiça federal processar e julgar os crimes praticados contra servidor público federal, no exercício de suas funções e com estas relacionados, *ex vi* do verbete nº 98, da Súmula, do antigo Tribunal Federal de Recurso.

---

8. STJ – Quinta Turma – AgRg nos EDcl no AREsp 929.123/SC – Rel. Min. Jorge Mussi – DJe 05 out. 2018.

Observação: o verbete nº 91, da Súmula, do STJ, prevendo que os crimes contra a fauna seriam julgados perante a justiça federal, foi cancelada no ano 2000. Isso se deve ao fato da Lei nº 9.605/1998, disciplinando os crimes contra a fauna, ter previsto infrações penais que não serão apreciadas pela justiça federal, a exemplo dos maus-tratos contra animais domésticos (art. 32), restando, à área federal, as infrações contra espécimes silvestres. Como o referido enunciado não fazia tal distinção, a Corte deliberou pelo seu cancelamento. Após, o STJ firmou o entendimento de que, quando não há evidente lesão a bens, serviços ou interesse da União, autarquias ou empresas públicas (art. 109 da CF), compete à Justiça estadual, de regra, processar e julgar crime contra a fauna, visto que a proteção ao meio ambiente constitui matéria de competência comum à União, aos estados, aos municípios e ao Distrito Federal.[9]

8. ENTES CONTEMPLADOS NA COMPETÊNCIA DO ART. 109, IV, PARTE FINAL, CF

(1) **União**: engloba todos os órgãos da administração direta, tal como ministérios, departamentos, abrangendo seus serviços, interesses e patrimônio.

(2) **Autarquias**: são pessoas jurídicas de direito público, com capacidade administrativa, criadas por lei específica para exercerem, em caráter especializado e com prerrogativas públicas, atividades típicas concernentes à prestação de serviços públicos[10]. Ex.: Banco Central do Brasil, INSS e agências reguladoras.

(3) **Empresas públicas**: entidade dotada de personalidade jurídica de direito privado, com patrimônio próprio e capital exclusivo da União, criada por lei para a exploração de atividade econômica que o Governo seja levado a exercer por força de contingência ou de conveniência administrativa, podendo revestir-se de qualquer das formas admitidas em direito (art. 5º, inciso II do Decreto-lei nº 200/1967). Ex.: a Caixa Econômica Federal e os correios. Dessa forma, um crime contra agência brasileira de correios e telégrafos é de competência da **justiça federal** porque esta, ente da **administração indireta federal**, explora atividade de interesse federal. Caso se trate de exploração de serviço postal por particulares, mediante **franquia**, a competência é da **justiça estadual**. Se, diferentemente, o crime é praticado em prejuízo de agência de correios comunitária operada mediante **convênio** firmado entre a Empresa Brasileira de Correios e Telégrafos e a municipalidade, sujeito à prestação de contas perante órgão federal, a competência é da **justiça federal**, em razão de haver não só interesse da prefeitura do município, mas também interesse público federal, relativo ao funcionamento do serviço postal conveniado.

(4) **Fundações públicas**: entidade dotada de personalidade jurídica de direito privado, sem fins lucrativos, criada em virtude de autorização legislativa, para o desenvolvimento de atividades que não exijam execução por órgãos ou entidades de direito público, com autonomia administrativa, patrimônio próprio gerido pelos respectivos órgãos de direção, e funcionamento custeado por recursos da União e de outras fontes (art. 5º, IV, Decreto-Lei nº 200/1967). Em que pese a omissão do texto constitucional, é prevalente o entendimento que os crimes praticados em detrimento de fundação pública federal são apreciados pela justiça federal, ao argumento de que estas seriam espécies do gênero autarquia.

9. STJ – Quinta Turma – HC 504.760/PR – Rel. Min. Reynaldo Soares da Fonseca – DJe 30 ago. 2019.
10. CUNHA JÚNIOR, Dirley. *Curso de direito administrativo*. 5. ed. Salvador: Juspodivm, 2007. p.142.

(5) **Conselhos de fiscalização profissional:** compete à justiça federal julgar os crimes cometidos contra os conselhos de classe, a exemplo da Ordem dos Advogados do Brasil e dos Conselhos Regionais Federais. Entende-se que se cuida de espécies do gênero autarquia federal. Sobre o ponto, foi declarada a inconstitucionalidade do art. 58, da Lei nº 9.649/1998, cujo *caput* aventava que "os serviços de fiscalização de profissões regulamentadas serão exercidos em caráter privado, por delegação do poder público, mediante autorização legislativa", nos autos da ADI 1.717-6.

9. ENTES NÃO ENGLOBADOS PELA COMPETÊNCIA DO ART. 109, IV, PARTE FINAL, CF

(1) **Sociedades de economia mista:** entidade dotada de personalidade jurídica de direito privado, criada por lei para a exploração de atividade econômica, sob a forma de sociedade anônima, cujas ações com direito de voto pertençam, em sua maioria, à União ou a entidade da administração indireta (art. 5º, inciso III, do Decreto-Lei nº 200/1967). Ex.: Banco do Brasil e Petrobrás.

Como a omissão da Constituição foi voluntária, as infrações contra as sociedades de economia mista vão tramitar na justiça comum estadual.

(2) **Concessionárias de serviço público, sindicatos:** não atraem, por falta de previsão constitucional, a competência para a justiça federal, assim como os crimes em detrimento de entidade particular de ensino superior. De tal modo, podemos concluir que a competência para processamento e julgamento de crimes cometidos contra casa lotérica é da justiça estadual, em face de se tratar de pessoa jurídica de direito privado permissionária de serviço público. Na hipótese, nem sequer se cogita de lesão a interesse, bem ou serviço de ente federal.

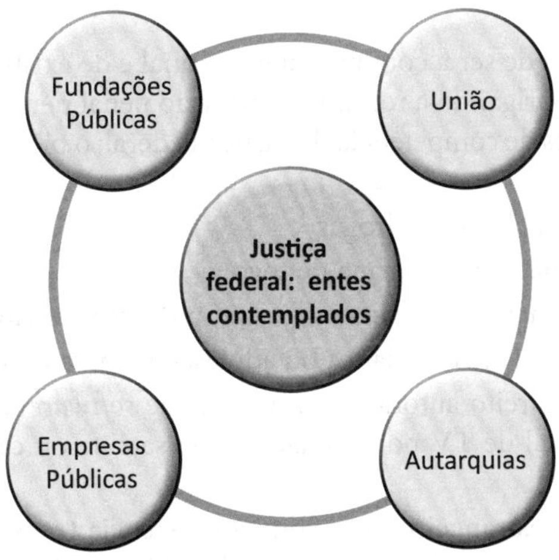

10. COMPETÊNCIA PARA PROCESSAR E JULGAR OS CRIMES PREVISTOS EM TRATADO OU CONVENÇÃO INTERNACIONAL, QUANDO, INICIADA A EXECUÇÃO NO PAÍS, O RESULTADO TENHA OU DEVESSE TER OCORRIDO NO ESTRANGEIRO, OU RECIPROCAMENTE

Essa competência do juiz federal está gizada no inciso V, do art. 109, da Constituição. Sendo da União a atribuição de manter relação com Estados estrangeiros, para, inclusive, celebrar tratados e convenções de ordem internacional (art. 21, I, CF), foi atribuída, à justiça federal, a apreciação das infrações assim contempladas.

Contudo, além da existência do **tratado** ou **convenção**, é essencial que a infração praticada transcenda as fronteiras de mais de um país, ou seja, a **internacionalidade** da conduta é requisito objetivo para a fixação da competência federal. Logo, em que pese a existência de tratado ou convenção internacional, se a infração se limitar às fronteiras brasileiras, a competência será, de regra, da justiça estadual.

A título de exemplo, o tráfico interno de drogas é de competência estadual, ao passo que o tráfico internacional será julgado pela justiça federal. Neste sentido o verbete sumular nº 522, do STF, entabula que, salvo ocorrência de tráfico para o exterior, quando então a competência será da justiça federal, compete à justiça dos estados o processo e julgamento dos crimes relativos a entorpecentes.

Com efeito, a internacionalidade ou **extraterritorialidade** da conduta, isoladamente, não é suficiente à determinação da competência da justiça federal. Tanto isso é verdade que os crimes cometidos pela *Internet* que não sejam objeto de tratado ou convenção internacional são da competência da justiça dos estados, tal como se dá com os delitos de estelionato cometido pela rede mundial de computadores[11].

Por outro lado, tratando-se de crime de pedofilia pela *Internet*, a competência será da Justiça Federal porque, além da **transnacionalidade** da conduta, o Brasil se obrigou a reprimir tal infração penal subscrevendo **convenção** internacional de proteção à criança e ao adolescente[12]. O STF, inclusive, fixou tese em repercussão geral no sentido de que compete à Justiça Federal processar e julgar os crimes consistentes em disponibilizar ou adquirir material pornográfico, acessível transnacionalmente, envolvendo criança ou adolescente, quando praticados por meio de rede mundial de computadores (arts. 241; 241-A; 241-B, Lei nº 8.069/1990)[13].

Pela mesma razão – de ser a conduta internacional e de existir tratado ou convenção firmado pelo Brasil se obrigando a reprimir a infração penal perante a comunidade internacional –, são de crimes de competência da Justiça Federal, o processamento e julgamento dos crimes:

(1) de tráfico internacional de drogas;

(2) de tráfico internacional de arma de fogo;

(3) de tráfico internacional de pessoas para fim de exploração sexual;

(4) de transferência ilícita de criança ou adolescente para o exterior;

(5) de violação de direito autoral e contra a lei de *software* decorrentes do compartilhamento ilícito de sinal de TV por assinatura, via satélite ou cabo, por intermédio de serviços de *card sharing*[14];

(6) perpetrados no estrangeiro, mas com competência transferida para a jurisdição brasileira, em razão de negativa de extradição, aplicável o art. 109, IV, da Constituição[15]; e

(7) com incidência da Lei Maria da Penha, excepcionalmente, processados e sentenciados pela Justiça Federal quando há repercussão extraterritorial[16].

11. STJ – Terceira Seção – AgRg no CC 118.394/DF – Rel. Min. Ribeiro Dantas – DJe 22 ago. 2016.
12. STJ – Terceira Seção – CC 150.712/SP, Rel. Min. Joel Ilan Paciornik – DJe 19 out. 2018.
13. STF – Pleno – RE 628624 ED – Repercussão Geral – Tema 393 – Rel. Min. Edson Fachin – 18 ago. 2020.
14. STJ – Terceira Seção – CC 150.629-SP – Rel. Min. Nefi Cordeiro – DJe 28 fev. 2018.
15. STJ – Terceira Seção – CC 154.656-MG – Rel. Min. Ribeiro Dantas – DJe 03 mai. 2018.
16. STJ – Terceira Seção – CC 150.712-SP – Rel. Min. Joel Ilan Paciornik – DJe 19 out. 2018.

11. COMPETÊNCIA PARA PROCESSAR E JULGAR AS CAUSAS RELATIVAS A DIREITOS HUMANOS

Essa hipótese, consignada no inciso V-A, do art. 109, da Constituição, foi inserida pela EC nº 45/2004. Cuida-se de federalização dos crimes que afrontem, gravemente, os direitos humanos.

Não se pode perder de vista a necessária conjugação do dispositivo em enfoque com o § 5º, do art. 109, da CF/1988, que estatui caber, ao Procurador-Geral da República, suscitar, perante o Superior Tribunal de Justiça, em qualquer fase do inquérito ou do processo, **incidente de deslocamento de competência** para a Justiça Federal, nas hipóteses de grave violação de direitos humanos e com a finalidade de assegurar o cumprimento de obrigações decorrentes de tratados internacionais de direitos humanos dos quais o Brasil seja parte.

Temos a previsão de um incidente processual para que se preserve a competência da justiça federal nas situações tuteladas por obrigações internacionais assumidas pelo Estado brasileiro. Resta-nos saber em que circunstâncias ele teria cabimento.

A nosso sentir, sendo a competência federal de ordem material e, por consequência, absoluta, os juízes e delegados de polícia estadual deveriam, de ofício, declinar de sua competência e atribuição respectivamente, remetendo os autos para a esfera federal, sempre que estiverem diante de infração que afete direitos humanos contemplada em tratado internacional que o Brasil seja signatário.

Caso não o façam, abre-se então, ao Procurador Geral da República, como forma de preservar a competência da Justiça Federal, o incidente protetivo perante o STJ. Portanto, esta ferramenta seria apenas mais um instituto para se assegurar a manutenção do juiz natural, já que o próprio magistrado deveria declarar-se incompetente independentemente de provocação, assim como as partes poderiam apresentar exceção de incompetência a qualquer tempo, afinal, é critério de competência absoluta.

Se iniciado o processo na esfera estadual e julgado procedente o incidente, todos os atos praticados no juízo absolutamente incompetente devem ser objeto de decretação de **nulidade absoluta**, com o seu correlato **saneamento**, isto é, com a necessária **invalidação** do processo e **refazimento** dos atos processuais perante o juízo competente, leia-se, justiça federal, em razão do inciso I, do art. 564, e do art. 573, do CPP. Já se o inquérito policial tiver iniciado na esfera estadual, haverá **irregularidade**. As diligências realizadas poderão ser aproveitadas pela Polícia Federal.

De acordo com o magistério de Fredie Didier sobre o nosso tema, "o objetivo não-declarado é o de retirar da competência da justiça estadual causas que, em razão da sua magnitude, pudessem vir a sofrer com as influências políticas locais. É medida que se assemelha ao desaforamento, no procedimento para apuração de crime doloso contra a vida, perante o tribunal do júri". E continua fazendo uma última advertência: "acolhido o pedido de deslocamento da competência, os atos até então praticados são válidos, pois a autoridade era competente. O julgamento do STJ é fato superveniente que altera a competência absoluta *ex nunc*"[17].

17. DIDIER JÚNIOR, Fredie. *Curso de direito processual civil*: teoria geral do processo e processo de conhecimento. 6. ed. Salvador: JusPODIVM, 2006. v.I.p. 155.

A jurisprudência do STJ consolidou três postulados necessários ao acolhimento do Incidente de Deslocamento de Competência:

(1) a verificação de grave violação, efetiva e real, a direitos humanos;

(2) a possibilidade de responsabilização internacional do Brasil, em razão do descumprimento de obrigações assumidas em sede de tratados internacionais; e

(3) a constatação de que os órgãos do sistema estadual não têm condições de desempenhar a função de apuração, processamento e julgamento, com a necessária isenção[18].

Em que pese a autoridade da posição, corroborada pela jurisprudência do STJ, ousamos discordar. A competência da justiça federal, a nosso sentir, não pode estar condicionada à eficiência na órbita estadual, afinal, o próprio texto constitucional não fez e nem poderia fazer tal ressalva, que depõe contra a própria autonomia da justiça estadual. Nem se diga que tal expediente é similar ao desaforamento no âmbito do procedimento do júri, pois lá, diferente daqui, deslocamos apenas a sessão de julgamento para a comarca mais próxima, em expediente que afeta a competência meramente territorial, que, diga-se de passagem, é meramente relativa, em prol de um bem maior que é a regularidade do julgamento em plenário (arts. 427 e 428, CPP).

Já na fase do inquérito policial, quando o nosso legislador deseja que a polícia federal interfira, mesmo em crimes nitidamente de competência estadual, ele o faz de forma expressa, certificando os parâmetros para esta atuação, como ocorre na Lei nº 10.446/2002, autorizando a atuação da polícia federal nas infrações penais de repercussão interestadual ou internacional que exigem repressão uniforme, sem prejuízo, contudo, da atividade paralela das polícias estaduais. A referida lei, no art. 1º, indica quais as infrações que comportariam tal atuação e, no parágrafo único, autoriza ao Ministro da Justiça, por força própria, determinar a intervenção da polícia federal em casos similares. Temos com isso a atuação da polícia federal, que auxilia as polícias estaduais, mantendo intocada a competência para julgamento de tais infrações.

12. COMPETÊNCIA PARA PROCESSAR E JULGAR OS CRIMES CONTRA A ORGANIZAÇÃO DO TRABALHO

Ao juiz federal compete, na dicção do art. 109, inciso VI, primeira parte, julgar crimes contra a organização do trabalho. Eles estão previstos nos arts. 197 a 207, do CP. Entretanto, eles só serão julgados na justiça federal se houver ofensa à coletividade de trabalhadores. Ofensas que afetem interesses individuais resolvem-se na Justiça Estadual.

Nesse sentido, a Súmula nº 115, do Tribunal Federal de Recursos, averbando competir à Justiça Federal processar e julgar os crimes contra a organização do trabalho, quando tenham por objeto a organização geral do trabalho ou direitos dos trabalhadores considerados coletivamente.

A posição prevalente é adotada tanto no STF[19], quanto no STJ[20]. Com efeito, o entendimento predominante continua sendo o de exigir, em regra, para a atração da competência

18. STJ – Terceira Seção – IDC 10/DF – Rel. Min. Reynaldo Soares da Fonseca – DJe 19 dez. 2018.
19. STF – Pleno – RE 459510 – Rel. Min. Cezar Peluso – Rel. p/ Acórdão Min. Dias Toffoli – publicado em 12 abr. 2016.
20. STJ – Terceira Seção – CC 156.215/RS, Rel. Ministro Joel Ilan Paciornik – DJe 22 out. 2018.

da justiça federal, que haja ofensa pelo menos a um dado grupo de trabalhadores, excluindo-se do leque daquela Justiça o delito praticado contra o trabalhador, considerado individualmente.

No que toca ao crime de redução à condição análoga a de escravo, será sempre da competência da Justiça Federal, mesmo que perpetrado contra um único trabalhador. Isso porque se trata de conduta que viola o sistema de órgãos e instituições que preservam, coletivamente, os direitos e deveres dos trabalhadores. Esse delito tem o potencial de atingir o indivíduo trabalhador, de forma transcendente, naquelas esferas em que a Constituição lhe confere proteção máxima.

13. COMPETÊNCIA PARA PROCESSAR E JULGAR OS CRIMES CONTRA O SISTEMA FINANCEIRO E A ORDEM ECONÔMICO-FINANCEIRA

Capitulada no inciso VI, parte final, do art. 109, da CF, essa regra de competência atribui ao juiz federal processar e julgar os delitos nele indicados. Vejamos.

(1) **Crimes contra o sistema financeiro.**

O sistema financeiro nacional (SFN) é composto pelas instituições financeiras públicas e particulares, e as pessoas a elas equiparadas (parágrafo único, art. 1º, Lei nº 7.492/1986). Rodolfo Tigre Maia assevera que "são criminalizadas aquelas ações ou omissões humanas, praticadas ou não por agentes institucionalmente ligados ao sistema, dirigidas a lesionar ou colocar em perigo o SFN, enquanto estrutura jurídico-econômica global valiosa para o Estado brasileiro, bem como as instituições que dele participam, e o patrimônio dos indivíduos que nele investem suas poupanças privadas"[21].

Ocorre que não basta que a conduta afete o SFN. Para que a competência seja da esfera federal, é fundamental que a **lei ordinária**, disciplinando a infração, preveja **expressamente** a competência federal, como manda o inciso VI, do art. 109, da CF/1988. Precisamos de contemplação expressa no texto do diploma normativo. É o que ocorre na Lei nº 7.492/1986 (Lei do Colarinho Branco), que, em seu art. 26, informa que nos crimes nela previstos, a ação será promovida pelo Ministério Público Federal, perante a Justiça Federal.

(2) **Crimes contra a ordem econômico-financeira.**

De igual forma, necessita-se de **previsão expressa**, na **legislação ordinária**, para que haja a apreciação perante a justiça federal. As Leis nº 8.137/1990 e nº 8.176/1991 tratam da matéria, contudo, por ausência de previsão nos respectivos textos, os crimes nelas previstos serão apreciados, em regra, na justiça estadual.

Poderá subsistir, todavia, o julgamento na seara federal, **por outro motivo**, a exemplo de quando estas infrações afetarem bens, serviços ou interesses de ente federal, por aplicação do inciso IV, do art. 109, da CF.

21. MAIA, Rodolfo Tigre. *Dos crimes contra o Sistema Financeiro Nacional*. São Paulo: Malheiros, 1996. p.15.

14. COMPETÊNCIA PARA PROCESSAR E JULGAR O *HABEAS CORPUS* E O MANDADO DE SEGURANÇA EM MATÉRIA CRIMINAL

Cuida-se de regras de competência do **juiz federal de primeiro grau** cristalizadas nos incisos VII e VIII, do art. 109, da Constituição.

Sabemos que poderemos ter juízes federais alternando as funções de **juiz das garantias** e de **juiz da instrução**.

Nos termos do art. 3º-B[22], do CPP, com a redação da Lei nº 13.964/2019, competirá ao juiz das garantias, como responsável pelo controle da legalidade da investigação criminal e pela salvaguarda dos direitos individuais cuja franquia tenha sido reservada à autorização prévia do Judiciário, julgar o *habeas corpus* **impetrado antes do oferecimento da denúncia** (inciso XII).

Após o oferecimento da denúncia, a ação de *habeas corpus* deve ser processada e julgada, no âmbito da justiça federal, pelos tribunais regionais federais, assunto que analisaremos mais adiante, quando formos estudar a competência por prerrogativa de função. Deveras, ao apresentar denúncia ou até mesmo ao ratificar providências tomadas no curso da investigação preliminar, o membro do Ministério Público se torna coator, razão pela qual falece ao juiz federal, seja das garantias, seja da instrução, julgar o *writ*.

Entrementes, como é do nosso conhecimento, a **eficácia** dos dispositivos que normatizaram o juiz das garantias está **suspensa** por decisão monocrática cautelar do STF[23].

Tanto o *habeas corpus* como o mandado de segurança tem o *status* de ações autônomas de impugnação e encontram respaldo constitucional no art. 5º, da Constituição do Brasil.

Em compasso com o inciso LXVIII, daquele dispositivo, da Lei Maior, conceder-se-á *habeas corpus* sempre que alguém sofrer ou se achar ameaçado de sofrer violência ou coação em sua liberdade de locomoção, por ilegalidade ou abuso de poder.

De outro ângulo, de conformidade com o inciso LXIX, do supradito art. 5º, da CF, conceder-se-á mandado de segurança para proteger direito líquido e certo, não amparado por *habeas corpus* ou *habeas data*, quando o responsável pela ilegalidade ou abuso de poder for **autoridade pública** ou agente de pessoa jurídica no **exercício de atribuições do Poder Público**.

15. COMPETÊNCIA PARA PROCESSAR E JULGAR OS CRIMES COMETIDOS A BORDO DE NAVIOS OU AERONAVES, RESSALVADA A COMPETÊNCIA DA JUSTIÇA MILITAR

À exceção das embarcações e aeronaves militares, os crimes havidos dentro de navios e aeronaves civis, sejam consumados ou tentados, dolosos ou culposos, serão apreciados na justiça federal, segundo dispõe o inciso IX, do art. 109, da Constituição.

22. Dispositivo com eficácia suspensa, nos termos de decisão monocrática do Supremo Tribunal Federal (STF – ADI 6298/DF – Medida Cautelar – Rel. Min. Luiz Fux – 22 jan. 2020).

23. STF – ADI 6298/DF – Medida Cautelar – Rel. Min. Luiz Fux – 22 jan. 2020; STF – ADI 6298/DF – Medida Cautelar – Presidência – Min. Dias Toffoli – 15 jan. 2020.

O conceito de navio pode ser encontrado a partir do art. 11, da Lei nº 2.180/1954. A conjugação da aptidão à realização de viagens internacionais e o grande porte é que nos pode dar segurança na identificação das embarcações consideradas propriamente navio. Estão de fora as canoas, lanchas, botes etc. As infrações ocorridas em embarcações de pequeno calado serão apreciadas na esfera estadual.

Já o conceito de aeronave nos é dado pelo art. 106, da Lei nº 7.565/1986 (Código Brasileiro de Aeronáutica), ditando que se considera aeronave todo aparelho manobrável em voo, que possa sustentar-se e circular no espaço aéreo, mediante reações aerodinâmicas, apto a transportar pessoas ou coisas.

Como a Constituição Federal usou a expressão genérica **aeronave**, sem fazer distinção, o porte e a autonomia são irrelevantes para a definição da competência federal.

16. COMPETÊNCIA PARA PROCESSAR E JULGAR OS CRIMES DE INGRESSO OU PERMANÊNCIA IRREGULAR DE ESTRANGEIRO

Situada no inciso X, do art. 109, da Constituição, essa competência deve ser examinada em combinação com o seu art. 22, incisos XIII e XV.

De acordo com o primeiro, cabe à União legislar sobre nacionalidade, cidadania e naturalização. E, na toada do segundo, também a ele compete legislar sobre a emigração e imigração, entrada, extradição e expulsão de estrangeiro. Por consequência, as infrações atribuídas ao estrangeiro, para legitimar o seu ingresso ou a sua permanência irregular no país, são de competência da justiça federal de primeira instância.

É oportuno lembrar que a conduta de ingressar ou permanecer ilegalmente no país, em si mesma, não é tipificada como crime, tendo natureza de infração de cunho administrativo, a merecer reprimenda desta natureza. O que será apreciado na justiça criminal federal são as infrações penais perpetradas para a consecução da permanência ou do ingresso irregular no Brasil.

Como observa Vladimir Souza Carvalho, "não cabe à Justiça Federal apreciar o ingresso ou a permanência irregular como fatos, porque a tarefa é da Administração. O que a Constituição Federal reserva aos juízes federais é o julgamento de todo e qualquer crime, previsto na legislação comum e especial, cometido pelo alienígena com o intuito de regularizar o seu ingresso e permanência no Brasil"[24].

Note-se, ademais, que não basta que o delito tenha sido cometido por pessoa estrangeira. Necessário que haja fato atribuído a agente estrangeiro e que tal fato seja tipificado como crime que guarde relação com o ingresso e permanência irregular da pessoa estrangeira no país.

17. COMPETÊNCIA PARA PROCESSAR E JULGAR A DISPUTA SOBRE DIREITOS INDÍGENAS

A vista do que reza o inciso XI, do art. 109, da CF, ao juiz federal não compete julgar qualquer crime contra direito de indígena, mas a **disputa** sobre direitos indígenas.

24. CARVALHO, Vladimir Souza. *Competência da Justiça Federal*. 6. ed. Curitiba: Juruá, 2005. p. 455.

As demandas criminais que versem sobre direitos indígenas só serão apreciadas pela justiça federal em havendo afetação da **coletividade indígena**. Portanto, lesões pontuais, individualizadas, que não tenham por escopo o interesse do grupo, serão apreciadas na justiça estadual. Nesse diapasão, o verbete, da Súmula, do STJ, de nº 140, aviva competir à **justiça comum estadual** processar e julgar crime em que o indígena figure como autor ou vítima.

Se o crime contra o índio envolver **disputa de direitos indígenas** e, nesse contexto, qualificar-se como delito contra a vida, a competência será do **tribunal do júri federal**. Quando há tal interesse coletivo, surge, para a FUNAI (Fundação Nacional do Índio), o interesse em prestar assistência aos índios envolvidos, eis que é órgão tutor dos silvícolas não integrados (Lei nº 6.001/1973, art. 2º).

Caso o crime cometido seja de genocídio contra índios, de acordo com tipificação disposta na Lei nº 2.889/1956, é relevante distinguir:

(1) se o crime de genocídio contra grupo indígena se deu em concurso formal próprio, isto é, uma única ação e múltiplo resultado morte, a competência será da justiça federal (por afetar a coletividade indígena);

(2) se o crime de genocídio contra grupo de indígenas decorrer de concurso formal impróprio, vale dizer, o crime de genocídio (crime unitário) foi cometido mediante a prática de vários crimes de homicídio cometidos sucessivamente (concurso material), há, naturalmente, a atração da competência da Justiça Federal (por existir na hipótese violação a direitos indígenas, atingindo a coletividade dos índios) e, no âmbito dessa justiça, será o delito julgado pelo júri.

Não haverá que se falar de competência do tribunal do júri se o genocídio contra indígenas não for cometido por intermédio da perpetração de crimes dolosos contra a vida, porquanto não é o genocídio, isoladamente considerado, delito doloso contra a vida. O seu tipo penal tem o propósito de proteger grupos étnicos especificados na lei. De tal modo, será tal infração penal julgada pelo juiz federal (singular, de primeiro grau de jurisdição).

Aliás, o genocídio, conquanto previsto em tratado internacional, não é crime que atraia, por si só, a competência da justiça federal, sendo indispensável um outro elemento alcançado pelos outros motivos definidores da competência do juiz federal, tais como se referir à disputa sobre direito indígena ou à extraterritorialidade do delito em conjunto com sua previsão em tratado ratificado pelo Brasil.

COMPETÊNCIA *RATIONE MATERIAE* DA JUSTIÇA FEDERAL	‣ Crimes políticos; ‣ Infrações contra bens, serviços ou interesses da União, suas entidades autárquicas e empresas públicas; ‣ Causas relativas a direitos humanos; ‣ Crimes contra a organização do trabalho; ‣ Crimes contra o sistema financeiro nacional e a ordem econômico-financeira; ‣ *Habeas corpus* e mandado de segurança em matéria criminal; ‣ Crimes de ingresso ou permanência irregular de estrangeiro; ‣ Disputa sobre direitos indígenas.

18. COMPETÊNCIA DA JUSTIÇA ESPECIALIZADA MILITAR

A justiça especializada militar deve julgar os crimes militares. O art. 9º, do Código Penal Militar, define os crimes militares em tempo de paz, ao passo que o art. 10, do mesmo Código, trata dos crimes militares em tempo de guerra.

A Justiça Castrense não aprecia qualquer outra infração que não aquelas ditas militares. Nenhum instituto da Lei nº 9.099/1995 (juizados especiais criminais) é aplicável à Justiça Militar, havendo vedação expressa nesse sentido (art. 90-A).

19. CONCEITO DE CRIME MILITAR COMO REGRA GERAL DEFINIDORA DA COMPETÊNCIA DA JUSTIÇA CASTRENSE

Para definição da competência da Justiça Militar é indispensável a fixação do conceito de crime militar:

(1) para parte da doutrina, o conceito de crime militar seria *ratione legis* (em razão da definição legal, segundo o Código Penal Militar), eis que a Constituição Federal assevera que compete à justiça militar julgar os crimes militares definidos em lei;

(2) para outra corrente, a competência seria *ratione materiae* (para a justiça militar da União, pouco importando a qualidade dos sujeitos do crime ativo e/ou passivo) ou *ratione materiae* e *ratione personae* (para a justiça militar dos estados, haja vista que compete a essa justiça julgar policiais militares e bombeiros militares nos crimes militares definidos em lei). Entendemos que ambos os pontos de vista se completam, com o fito de explicar como se determina a competência da Justiça Castrense.

20. CLASSIFICAÇÃO DE CRIME MILITAR PARA A FIXAÇÃO DA COMPETÊNCIA DA JUSTIÇA MILITAR

Importante distinguir, ademais, as formas como classificam o crime militar[25]:

(1) **crime propriamente militar** (crime militar próprio, puramente militar, meramente militar ou exclusivamente militar): é o que exige a qualidade de militar do sujeito ativo do delito para a configuração do crime militar, ou seja, a especial qualificação do agente do crime como militar faz parte de seu contorno típico, bem como a natureza da conduta (há de ser funcional, referente à vida militar), a exemplo do crime de desrespeito a superior, diante de outro militar, previsto no art. 160, do Código Penal Militar;

(2) **crime impropriamente militar**: é o delito definido na lei penal militar, mas que pode ser praticado por militar ou por cidadão comum (civil), podendo ser de três tipos:

(a) os previstos só no Código Penal Militar, sem qualquer similitude na lei penal comum (art. 164, do CPM – oposição a ordens de sentinela);

(b) os também previstos na lei penal militar, porém com alguma distinção (art. 299, CPM, desacato à militar); e

25. LIMA, Renato Brasileiro. *Curso de processo penal*: volume único. Niterói: Impetus, 2013. p.329-333. O autor refere Jorge Alberto Romeiro. Seguimos também nomenclatura utilizada na jurisprudência pátria.

(c) os dispostos de maneira idêntica na lei penal comum e na lei penal militar (art. 205, CPM – homicídio simples);

(3) **crime tipicamente militar**: é o delito que é só definido na lei penal militar, mas que pode ser praticado por militar ou por civil. Note-se que crime tipicamente militar é uma das espécies de crime impropriamente militar (item acima, letra "a"), não encontrando igual definição, nem sequer análoga, na lei penal comum;

(4) **crime próprio militar**: é o crime que não pode ser praticado por todo e qualquer militar, exigindo uma qualidade especial do sujeito ativo militar do delito. Trata-se de uma especificidade do crime propriamente militar que, contudo, com este não se confunde, pois detém maior idiossincrasia, particularidade, que é o fato de exigir do agente militar uma qualidade ainda mais especial, tal qual a de chefe ou comandante, ou seja, uma determinada posição de superioridade que lhe impõe um distinto dever de conduta, um ônus maior, um *plus* relativamente ao crime propriamente militar (ex.: art. 169, CPM – operação militar sem ordem superior, pois exige que o sujeito ativo se encontre na posição de comandante);

(5) **crime militar de tipificação direta**: pode ser praticado por militar ou por civil, sendo crime não definido na lei penal comum ou definido nesta de modo diverso, mas que para aferir sua configuração, basta recorrer a sua definição típica consignada na parte especial do Código Penal Militar, sendo desnecessário complemento dos critérios do art. 9º, incisos II e III, do Código Penal Militar. Embora próximo ao conceito de crime tipicamente militar, deste se distingue porque este não admite definição sequer semelhante na lei penal comum, sendo mais específico que o conceito de crime militar de tipificação direta, que admite definição análoga à da lei penal comum;

(6) **crime militar de tipificação indireta**: é o delito previsto na lei penal militar que encontra igual definição na lei penal comum e, por tal motivo, carece de integração pelos critérios do art. 9º, incisos II e III, do Código Penal Militar, para que seja completada sua tipificação.

21. EXCLUSÃO DA COMPETÊNCIA DA JUSTIÇA MILITAR ESTADUAL PARA JULGAR CRIMES DOLOSOS CONTRA A VIDA DE CIVIL

Os crimes **dolosos contra a vida de civil**, praticados por **militar estadual**, tentados ou consumados, devem ser julgados pela **justiça comum**, dentro da competência do **júri**, conforme o art. 125, § 4º, da CF.

Por outra vertente, se o crime for culposo, subsiste a competência da justiça militar. Da mesma forma, se o delito doloso contra a vida se deu entre militares.

Sem embargo, de acordo com o § 2º, do art. 9º, do Código Penal Militar, a competência para processar e julgar o homicídio doloso contra a vida de civil será da **justiça militar** quando for cometido no contexto:

(1) de cumprimento de atribuições que lhes forem estabelecidas pelo Presidente da República ou pelo Ministro de Estado da Defesa;

(2) de ação que envolva a segurança de instituição militar ou de missão militar, mesmo que não beligerante;

(3) de atividade de natureza militar, de operação de paz, de garantia da lei e da ordem ou de atribuição subsidiária, realizadas em conformidade com o disposto no art. 142 da Constituição Federal, tal como a ação militar realizada contra aeronave que se encontre em contexto descrito no artigo 303, do Código Brasileiro de Aeronáutica (Lei nº 7.565/1986).

Nessa situação, cabe indagar como fixaremos a competência diante *aberratio ictus* (erro na execução do delito ou erro de alvo). O erro na execução do delito altera a competência para julgamento se um militar, por exemplo, desejando matar outro militar, erra o alvo e alveja um civil?

Para efeitos penais, na fixação da pena, levam-se em conta as características de quem se desejava atingir. No aspecto processual, de fixação da competência, o importante é definir a pessoa realmente atingida, ainda que diante de *aberratio ictus*. Portanto, se por erro na pontaria o civil foi atingido, o militar vai a júri. Importante, para a fixação da competência em tal hipótese, saber quem foi a vítima real, não sendo relevante a vítima virtual.

22. ALTERAÇÃO PROMOVIDA NO CPM PELA LEI Nº 13.491/2017 E INTERPRETAÇÃO RESTRITIVA

A Lei nº 13.491/2017 expressa que a justiça militar da União deve julgar crime doloso contra a vida de civil perpetrado por militar das forças armadas em serviço. Trata-se de alteração de dispositivos do art. 9º, do Código Penal Militar.

Na senda do § 4º, do art. 125, da Constituição Federal, o legislador deixou evidenciado que somente deve haver júri, na justiça comum, para julgar militares estaduais, acusados de crimes dolosos contra a vida.

A legislação epigrafada deu maior extensão ao conceito de crime militar, tema de importância central em matéria de competência criminal da Justiça Castrense. O inciso II, do art. 9°, do Código Penal Militar, passou a avivar que o crime militar pode ter sede normativa em diploma legal diverso daquele Código.

É de ver que, pela redação do parágrafo único, atribuída pela Lei n° 12.432/2011, já havia remissão a crime militar em cotejo com legislação especial, aludindo à competência da justiça militar da União para julgar crimes envolvendo ações de abates a aeronaves, nos termos do Código Brasileiro de Aeronáutica.

Veja-se que a atual redação do § 1º, do inciso II, do art. 9°, do Código Penal Militar, não altera o que já pacificado quanto à competência do júri, na esfera estadual, para julgar os militares estaduais.

A autêntica inovação legislativa ficou por conta do § 2º, do inciso II, dado ao ilustrado enunciado legal penal militar.

Até o advento da Lei nº 13.491/2017, tinha-se que:

(1) o crime doloso contra a vida de civil, cometido por **militar das forças armadas em serviço**, deveria ser julgado, como regra, por **júri** constituído perante a **justiça comum federal** (por força do parágrafo único, do inciso III, do art. 9°, do CPM, c/c o art. 4°, do Decreto-Lei n° 253/1967 – não com base no art. 125, § 4º, da CF/1988, restrito que é ao júri destinado aos militares estaduais); e

(2) o crime doloso contra a vida de civil, cometido por militar das forças armadas em atividade militar que implicasse **abate de aeronaves**, deveria – como ainda deve – ser julgado pela **justiça militar da União** (parágrafo único, do inciso III, do art. 9°, CPM, c/c o art. 303, § 2°, do Código Brasileiro de Aeronáutica).

A Lei nº 13.491/2017 devolve à justiça militar da União o que havia sido subtraído a partir das anteriores reformas dos enunciados do art. 9°, do Código Penal Militar, operadas pela Lei nº 9.299/1996 e seguintes. Essa extensão de competência da justiça militar da União, com redução da competência do júri popular federal, todavia, ocorre no momento em que as Forças Armadas passaram a exercer, ao menos eventualmente, a função atípica de "segurança pública interna".

Sob o ponto de vista lógico, suprimir a competência do júri federal para julgamento dos crimes dolosos contra a vida de civil, imputados a membros das forças armadas, quando tais se derem no contexto de serviço similar ao da polícia ostensiva (polícia militar), conflita com o sentido do § 4º, do art. 125, da Constituição Federal.

Note-se que, nessa situação, a razão idêntica do § 4º, do art. 125, da Lei Maior de 1988, indica permitir a aplicação dessa disposição para estabelecer a competência do júri no âmbito federal. Afinal, "*ubi eadem ratio ibi eadem legis dispositio*". Vale dizer, "onde existe a mesma razão, aí se aplica o mesmo dispositivo legal". Em poucas palavras, se o membro das Forças Armadas estiver no exercício de função própria da polícia militar, classificável como segurança pública, a teor do art. 144, da Constituição do Brasil, deverá ser submetido a júri popular, a ser formado na esfera da justiça federal, com esteio nas disposições aqui citadas.

Apesar de antevermos a possibilidade de polêmica intensa em torno da modificação legislativa em estudo, entendemos que ela não deve ser compreendida como forma de ampliar a competência da Justiça Militar dos Estados. Isso porque norma que permita que crime comum seja julgado pela justiça militar parece ferir balizas lógicas de uma visão de sistema especializado de justiça.

A nosso ver, é contradição semântica, isto é, de sentido:

(1) dizer que crime previsto em lei comum é crime militar (incorreto do ponto de vista lógico-semântico);

(2) autorizar aplicação da legislação penal comum sem atentar para os alicerces específicos que a Constituição prevê para instituições com o designativo "militar".

O resultado daí resultante seria, no nosso sistema, equivocado.

Uma via que podemos sugerir para minimizar o apontado retrocesso legislativo seria interpretação conforme a Constituição para imprimir ao novo texto sentido correto (semântica) e compatível com a estrutura do Estado Democrático de direito (sintática).

Fechando a necessidade de correção sob essa ótica e apontando que a Lei n° 13.491/2017 não deve ser interpretada declarativa ou extensivamente, sem que com isso resvale em inconstitucionalidade, reputamos que a função do direito processual penal militar propugna por competência reduzida, cujo critério nuclear, tradicionalmente, consiste no conceito de crime militar bem demarcado (pragmática), atrelado à noção de bens, interesses e serviços militares.

Tutela-se a liberdade do imputado militar que, somente no caso de crime militar (descrito em lei penal militar, ainda que extravagante), poderia ser processado pela justiça especializada castrense.

A uma exegese, portanto, deve ser estrita relativamente à indicada alteração do inciso II, do art. 9°, do Código Penal Militar - CPM, quando refere que será considerado "crime militar", nas situações ali indicadas, os previstos "no Código Penal Militar e na legislação penal".

Só deve ser crime militar o delito previsto em diploma legal diverso do CPM, se houver previsão legal expressa e específica quanto ao crime da legislação extravagante (como a hipótese de delitos que envolvam abate de aeronave). Nesse sentido, não devemos entender extensivamente o conceito de crime militar para nele se acomodar toda e qualquer infração comum.

Do contrário, a justiça militar estadual passaria a julgar crimes (e talvez contravenções) cometidos por militares estaduais em serviço, inclusive contra civil. Por exemplo: crime de abuso de autoridade, crime de tortura, dentre outros que, tradicionalmente, são infrações penais comuns e, desse modo, julgadas pela Justiça Comum (Estadual, como regra). Também os respectivos órgãos de investigação das milícias passariam a apurar tais fatos supostamente ocorridos em serviço militar, o que seria de todo violador das repartições de atribuições e competências que migram da Constituição às leis.

O abuso de autoridade, tratado pela Lei nº 13.869/2019, é crime comum e, se praticado por militar, não será julgado na justiça especializada. Neste sentido, o verbete nº 172, da Súmula, do STJ, diz competir à Justiça Comum processar e julgar militar por crime de abuso de autoridade, ainda que praticado em serviço.

No sentido exposto, o enunciado sumular nº 75, do STJ, vivifica competir à justiça comum estadual processar e julgar o policial militar por crime de promover ou facilitar a fuga de preso de estabelecimento penal, ao passo que a Súmula nº 6 indica que compete à justiça comum estadual processar e julgar delito decorrente de acidente de trânsito envolvendo viatura de polícia Militar, salvo se autor e vítima forem policiais militares em situação de atividade.

Como se depreende, a jurisprudência seguia adotando, até a vigência da Lei nº 13.491/2017, como sempre deveria ser, **critério restritivo** para a fixação da competência da justiça castrense (do latim *castrensis*, isto é, referente ao serviço militar, ao acampamento militar, à vida e à classe militar) tanto quando o agente é civil (para afastar a competência da justiça militar da União toda vez que não se verificar o dolo específico de desmoralizar as instituições militares), quanto quando a vítima é civil, para afastar a competência da justiça militar dos estados (para equiparar o serviço que não seja estritamente militar ao serviço público em geral, determinando a competência da justiça comum dos estados).

Quanto ao crime de tortura, havia entendimento consolidado pelo STJ, de que se cuidava de crime comum, não sendo apreciado na Justiça Militar. No entanto, aplicando a Lei nº 13.491/2017 de totalmente extensiva, o STJ deliberou que aquele diploma legal "ampliou o conceito de crime militar para além daqueles previstos no Código Penal Militar", para considerar "a natureza militar dos crimes de tortura e de falsidade ideológica praticados por policiais militares em exercício, atraindo, portanto, a competência da Justiça Castrense"[26].

Como se depreende, trata-se de lamentável regresso.

23. MODIFICAÇÃO DA COMPETÊNCIA ENTRE OS ÓRGÃOS DA JUSTIÇA MILITAR DA UNIÃO – LEI Nº. 13.774/2018

A Lei nº 13.774/2018 alterou vários dispositivos da Lei Orgânica da Justiça Militar da União (Lei nº 8.457/1992). As mudanças começam pelo novo nome dado ao juiz togado, concursado, de primeiro grau de jurisdição, tradicionalmente conhecido como juiz auditor.

Com efeito, de acordo com a redação dada pela lei alteradora – que repercutiu em uma série de artigos daquela legislação – doravante não teremos juízes auditores e juízes auditores substitutos como órgãos da justiça militar da União, mas juízes federais da justiça militar e juízes federais substitutos da justiça militar (art. 1º, IV, da Lei nº 8.457/1992). Embora a expressão "juiz auditor" ainda seja encontrada em outros diplomas normativos – como no Código de Processo Penal Militar –, devemos interpretar substituindo-as pelo novo designativo correlato inserido pela Lei nº 13.774/2018.

Vale dizer, onde se lê juiz auditor, leia-se juiz federal da justiça Militar.

Trata-se de modificação que torna a disciplina legal da justiça militar da União similar àquela instituída pela Emenda Constitucional nº 45/2004, ao aludir a cargo análogo no âmbito estadual, o de **juiz de direito do juízo militar**. Decerto, o § 5º, do art. 125, da Constituição passou a dispor competir aos juízes de direito do juízo militar processar e julgar, singularmente, os crimes militares cometidos contra civis e as ações judiciais contra atos disciplinares militares, cabendo ao conselho de justiça, sob a presidência de juiz de direito, processar e julgar os demais crimes militares.

Com a edição da Lei nº 13.774/2018, o que já havia sido modificado no âmbito da justiça militar dos estados, agora é estendido, ao menos parcialmente, à justiça militar da União.

Não apenas o nome do magistrado que se torna **juiz federal da justiça militar**. Foram também modificadas regras importantes de competência e de presidência dos órgãos colegiados julgadores de primeiro grau de jurisdição da justiça militar da União.

De acordo com os enunciados agora em vigor, há uma bifurcação. Vale dizer:

(1) de um lado, há a competência do juiz federal da justiça militar ou do juiz federal substituto da justiça militar; e

(2) de outro, há a competência dos conselhos permanente e especial da justiça militar da União, compostos que são por um daqueles magistrados togados (civis, concursados e não integrantes de carreira militar) e por mais quatro oficiais, que são militares das forças armadas.

26. STJ – Quinta Turma – RHC 116.585/MG – Rel. Min. Reynaldo Soares da Fonseca – DJe 25 out. 2019.

De tal modo, a teor da redação em vigor do art. 30, da Lei nº 8.457/1992, ao juiz singular, denominado juiz federal da justiça militar da União, compete processar e julgar, monocraticamente:

(1) os civis incursos em crime militar, tal como definido nos incisos I e III, do art. 9º, do CPM;

(2) os militares quando estes forem acusados juntamente com aqueles no mesmo processo; e

(3) os *habeas corpus*, *habeas data* e mandados de segurança contra ato de autoridade militar praticado em razão da ocorrência de crime militar, exceto o praticado por oficial-general, diante da reserva de competência do STM.

De outra vertente, a competência dos conselhos permanente e especial foi restringida. É residual a competência desses órgãos da justiça militar da União, relativamente à competência específica do juiz federal militar.

Caberá, portanto:

(a) ao **conselho permanente de justiça**, processar e julgar apenas militares (não os civis ou militares acusados juntamente com civis) que não sejam oficiais, nos delitos definidos na legislação penal militar; e

(b) ao **conselho especial de justiça**, identicamente, processar e julgar militar nos crimes militares, quando se tratar de acusado oficial.

A presidência dos conselhos permanente e especial da justiça militar da União não será mais do oficial (militar) de maior posto, que ainda prevalecia no âmbito federal militar, mas do juiz federal – titular ou substituto – da justiça militar da União, tal como preconiza o art. 30, inciso I-A, da Lei nº 8.457/1992, modificado pela Lei nº 13.774/2018.

24. COMPOSIÇÃO DA JUSTIÇA MILITAR ESTADUAL

É constituída pelos juízes de direito e pelos Conselhos de Justiça, e em segundo grau, pelo próprio tribunal de justiça, ou por tribunal de justiça militar nos estados em que o efetivo seja superior a vinte mil integrantes (§ 3º, art. 125, CF), tendo competência para apreciar os crimes militares praticados por policiais militares e bombeiros militares. Logo, não julga civil. Neste sentido, o verbete nº 53, da Súmula, do STJ, aviva que compete à justiça comum estadual processar e julgar civil acusado de prática de crime contra instituições militares estaduais.

A **competência territorial** da justiça militar estadual é definida pelo local onde o militar estadual deve desempenhar as suas funções, independente do estado da federação onde o crime veio a consumar-se. Assim, um PM do Estado da Bahia que pratica crime militar em Sergipe, será julgado pela justiça militar estadual baiana. A teor do enunciado nº 78, da Súmula, do STJ, compete à justiça militar processar e julgar policial de corporação estadual, ainda que o delito tenha sido praticado em outra unidade federativa.

25. COMPOSIÇÃO DA JUSTIÇA MILITAR DA UNIÃO

No primeiro grau de jurisdição, é composta pelos juízes federais (titulares e substitutos) da justiça militar da União (órgãos monocráticos, singulares) e pelos conselhos de justiça (especial e permanente – órgãos colegiados que atuarão nas sedes das auditorias militares).

No segundo grau de jurisdição, é formada pelo seu órgão de instância superior, o Superior Tribunal Militar (STM).

A justiça castrense federal tem competência para julgar os membros das Forças Armadas e, além deles, os civis que incorram em crime militar.

JUSTIÇA MILITAR DOS ESTADOS	JUSTIÇA MILITAR FEDERAL
‣ Juízes de direito e Conselhos de justiça (primeiro grau); ‣ Tribunal e Justiça ou Tribunal de Justiça Militar (segundo grau); ‣ Não julga civil.	‣ Conselhos de Justiça (órgão colegiado); ‣ Instância superior: STM; ‣ Julga militares das forças armadas e civis que pratiquem crime militar.

26. COMPETÊNCIA DA JUSTIÇA ESPECIALIZADA ELEITORAL

A justiça eleitoral está disciplinada nos arts. 118 a 121, da Constituição Federal[27]. A disciplina quanto à competência dos tribunais, juízes de direito e juntas eleitorais foi conferida à lei complementar. Em face da omissão do Congresso Nacional, em verdadeira lacuna normativa, concluímos que o Código Eleitoral (Lei nº 4.737/1965) foi recepcionado pela Constituição de 1988.

A justiça eleitoral tem competência para apreciar as infrações eleitorais, leia-se, aquelas disciplinadas na legislação eleitoral, e além delas, as infrações comuns que lhes sejam conexas[28]. É também competente para apreciar o *habeas corpus* e o mandado de segurança, desde que exista pertinência temática. O Código Eleitoral, entretanto, não disciplina exclusivamente a matéria, havendo integração por força da Lei nº 9.504/1997 e da Lei Complementar nº 64/1990.

São crimes eleitorais somente os definidos na lei eleitoral, ou seja, os crimes eleitorais *ratione legis*. São crimes que ferem bens jurídicos alusivos ao prélio eleitoral e que estão dispostos, em regra, no Código Eleitoral ou em lei que o defina como eleitoral. A justiça eleitoral tem competência para julgar os delitos eleitorais, mas também **infrações penais comuns** que lhe sejam **conexas**.

Enquanto a justiça militar nunca julga crime comum, independentemente de conexão com eventual crime militar, a justiça eleitoral, diferentemente, pode julgar crimes comuns por força da conexão com um crime definido pela lei eleitoral. É irrelevante, para a configuração da competência dessa justiça especializada, o fato de haver motivação política ou de ter sido o crime praticado em época de campanha eleitoral.

27. COSTA, Adriano Soares da. *Instituições de direito eleitoral:* teoria da inelegibilidade; direito processual eleitoral. Belo Horizonte: Fórum, 2016. p.286-288.
28. STF – Pleno – Inq 4435 AgR-quarto/DF – Rel. Min. Marco Aurélio – julgado em 14 mar. 2019.

Se a infração eleitoral ou aquela comum que lhe seja conexa estiver dentro do patamar de menor potencial ofensivo, admite-se a aplicação dos institutos despenalizadores da Lei nº 9.099/1995, como a **composição civil** (art. 74) e a **transação penal** (art. 76), dentro do respectivo procedimento eleitoral. É também cabível a **suspensão condicional do processo**, que tem aplicação aos delitos com pena mínima de até um ano (art. 89). De igual modo, tem incidência os institutos consensuais, na forma regrada pela Lei nº 13.964/2019, a exemplo do **acordo de não persecução penal** e da **colaboração premiada**, se atendidos os demais requisitos gizados no ordenamento jurídico.

27. COMPETÊNCIA PELA NATUREZA DA INFRAÇÃO

Depois de superada a etapa de especificar **justiça competente** – leia-se, **comum** ou **especial** –, bem como após definido o **foro competente**, passamos a analisar qual o **juízo competente**. Para tal mister, pode ser necessário contornar a **natureza da infração penal**.

Em comarcas de apenas um juiz, evidentemente este enfeixará nas mãos todas as competências. Tratar-se-á de competência plena e caberá a um único magistrado dirimir todas as demandas, independentemente da natureza específica do delito.

Em comarcas onde diversos magistrados possuem igual competência penal, a solução será dada pela distribuição, sem ter importância a natureza da infração penal.

De outra lente, em localidades onde existe pluralidade de julgadores, pode haver a divisão do trabalho, em face da especialização pela natureza da infração. A distribuição observará essa competência específica.

O art. 74, do CPP confere à lei de organização judiciária o estabelecimento da divisão de trabalho entre vários juízes com igual competência territorial. Essa repartição pode adotar a natureza do delito como critério, ressalvada a competência privativa para os crimes dolosos contra a vida, pois estas infrações penais, necessariamente, serão apreciadas pelo tribunal do júri (art. 5º, XXXVIII, CF/1988).

28. DISTRIBUIÇÃO

Havendo mais de um juiz competente na comarca, a competência firmar-se-á pela distribuição, que nada mais é do que um instituto disciplinador de serviços, significando a repartição dos processos entre juízes igualmente competentes (art. 75, parágrafo único, CPP). Trata-se de critério de fixação concreta da competência do juízo definido por competente. O desatendimento à regra da distribuição gera **incompetência de natureza relativa**[29].

A precedência da distribuição nas comarcas ou seções judiciárias onde existir mais de um juiz com idêntica competência **em razão da matéria** e **em razão do território**, definirá a competência do juízo.

Se a distribuição for de procedimento para apreciação de providência de natureza cautelar, tais como concessão de fiança, medidas assecuratórias de arresto, sequestro ou hipoteca legal, decretação de prisão preventiva, prisão temporária, medidas cautelares

29. TOURINHO FILHO, Fernando da Costa. *Manual de processo penal*. 5. ed. São Paulo: Saraiva, 2003. p.251.

diversas da prisão (art. 319, CPP), diligência de busca e apreensão ou interceptação telefônica, ocorrerá, em regra, **prevenção do juiz** para a ação penal futura.

Em outras palavras, segundo a regra da prevenção, ao invés de ser objeto de sorteio entre magistrados igualmente competentes, a ação penal ajuizada deverá ser distribuída por dependência ao juiz que primeiro apreciou o fato que tangencia, ao menos superficialmente, o mérito da demanda condenatória.

Entendemos que a aludida norma que torna o juiz prevento por ter atuado cautelarmente é incompatível com o princípio que cristaliza seu dever de imparcialidade. Na verdade, deveríamos ter hipótese de impedimento, como instituiu a Lei nº 13.964/2019, ao criar o juiz das garantias. Em outros termos, ao juiz, fisicamente falando, que atuar em providências como as descritas acima e no art. 3º-B[30], do CPP, é defeso atuar na fase processual.

Caso o faça, deverá ser decretada a **inexistência jurídica** dos atos por ele praticados e conseguinte **invalidação**, eis que temos, na hipótese, juiz impedido, desprovido de jurisdição. Nessa linha, o art. 3º-D, *caput*, do mesmo Código, estabelece que o magistrado que, na etapa de investigação, exarar atos próprios do juiz das garantias, estará impedido de funcionar no processo. Infelizmente, a eficácia do regramento do juiz das garantias foi sustada por decisão singular cautelar do STF[31].

29. COLEGIADO DE PRIMEIRO GRAU DE JURISDIÇÃO

É facultado ao juiz instituir, formalmente, órgão colegiado no âmbito do juízo criminal de primeiro grau. Tal pode ocorrer quando da existência de alguns pressupostos referentes à situação de segurança do magistrado competente para a condução do processo criminal em curso ou futuro. Para tanto, deve haver decisão fundamentada do juiz singular natural da causa, indicando os motivos autorizadores da providência.

O colegiado de primeiro grau é afeto:

(1) à **competência em razão da matéria**, haja vista que, quanto a esse **critério material**, exige, além de risco concreto à segurança do juiz natural da causa, a presença de elementos empíricos, concretos, de crime imputado a organização criminosa, reunidos em procedimento investigativo ou processo penal; e

(2) à **competência segundo o objeto do juízo**, porquanto, no que toca a esse **critério funcional**, haverá funções especificadas na decisão de instauração do colegiado que, por sua vez, será formado de três juízes, cada um com uma porção competência para, conjuntamente, deliberar sobre os assuntos indicados no ato processual que o instituiu.

Criado pela Lei nº 12.694/2012, o colegiado de primeiro grau de jurisdição não guarda semelhança com algo como um **juiz sem rosto**. Este determinaria o sigilo total quanto à identidade e imagem dos juízes, sem permitir divulgação dos seus nomes, o que não é admitido pelo nosso ordenamento jurídico. Nosso colegiado tem com aquele apenas o

30. Dispositivo com eficácia suspensa, nos termos de decisão monocrática do Supremo Tribunal Federal (STF – ADI 6298/DF – Medida Cautelar – Rel. Min. Luiz Fux – 22 jan. 2020).

31. STF – ADI 6298/DF – Medida Cautelar – Rel. Min. Luiz Fux – 22 jan. 2020; STF – ADI 6298/DF – Medida Cautelar – Presidência – Min. Dias Toffoli – 15 jan. 2020.

idêntico objetivo de conferir segurança aos magistrados que conduzem processos cujos acusados poderiam, de forma concreta, colocá-los em risco.

A formação de um órgão colegiado tem o fito de despersonalizar a figura do juiz singular, diluindo sua responsabilidade com mais dois membros. Em outras palavras, verificando o juiz situação autorizadora, poderá proferir decisão, justificando a necessidade de composição de órgão coletivo, com ele e mais dois juízes, sorteados eletronicamente.

Entendemos que o conceito legal de organização criminosa a ser aplicado nessa sede é unicamente aquele disposto na Lei nº 12.850/2013 e não mais o estampado na nossa lei específica, ora analisada.

Com efeito, compreendemos como revogado tacitamente o conceito anterior, descrito na Lei nº 12.964/2012. O crime objeto de apuração ou de processo penal condenatório deve indicar pena máxima abstrata não apenas igual, mas superior ao patamar de quatro anos ou, se não, que tenha caráter transnacional, para que se justifique a instauração do órgão.

O rol de atos processuais previstos em lei é exemplificativo, podendo o colegiado ter, cumulativa ou alternativamente, uma ou mais finalidades, como as de decretação de prisão ou de medidas assecuratórias, concessão de liberdade provisória ou revogação de prisão, prolação de sentença, concessão de progressão ou a decretação de regressão de regime de cumprimento de pena, dentre outras.

Decidindo pela formação do colegiado, o juiz fará comunicação ao órgão correicional ao qual estiver vinculado diretamente (corregedoria), com a finalidade de controle, de fiscalização administrativo-disciplinar do magistrado, assim como para viabilizar a atuação conjunta dos juízes que venham a ser sorteados.

A duração da competência do colegiado de primeiro grau variará conforme o que constar na decisão do juiz competente. As suas decisões serão tomadas por maioria de votos e conterão fundamentação. Não deve haver menção a voto divergente. A divulgação de divergência esvaziaria o objetivo da lei que é a de conferir proteção aos juízes ameaçados em razão da função jurisdicional, pela desconcentração da responsabilidade pela atividade jurisdicional através do exercício conjunto por três membros.

A lei prevê a possibilidade de reuniões sigilosas. Para tanto, deve existir risco de que a publicidade resulte em prejuízo à eficácia da decisão judicial. Todavia, cumpre realçar que o sigilo decretado sem justificativa é inconstitucional e acarretará **nulidade absoluta** que, se decretada, deve ser seguida de **invalidação**, com supressão de efeitos dos atos inquinados daquele vício.

Entendemos que não há violação ao **juiz natural** com a instituição do colegiado de primeiro grau se forem acatados estritamente os requisitos legais. Deveras, somente pode ser implementado em **casos excepcionais**, por **decisão motivada**, com a **permanência do juiz competente** como membro do colegiado e mediante **sorteio eletrônico de dois outros juízes** de primeiro grau com igual competência.

Haverá inconstitucionalidade se o caso revelar designações arbitrárias, subjetivas, ou a inexistência de base probatória que ateste a presença dos elementos de fato autorizadores, como o preenchimento preciso do conceito de organização criminosa como, aliás, foi firmado pelo STF nos autos da ADI 4414.

30. QUADRO SINÓTICO

<table>
<tr><th colspan="3">CAPÍTULO X –COMPETÊNCIA EM RAZÃO DA MATÉRIA</th></tr>
<tr><th colspan="3">Competência ratione materiae</th></tr>
<tr><td colspan="2">É o critério que visa a identificar, num primeiro momento, qual a justiça competente, se a justiça comum ou a justiça especializada.</td><td>1</td></tr>
<tr><td>Justiça comum estadual</td><td>É a Justiça residual por excelência, sendo competente para apreciar, por exclusão, todas as infrações que não sejam da alçada da justiça especializada ou da Justiça comum federal.</td><td>2</td></tr>
<tr><td>Justiça comum federal</td><td>Tem sua competência expressamente contemplada na Constituição Federal.</td><td>3</td></tr>
<tr><td>Crime político</td><td>Compete ao juiz federal processar e julgar o crime político. Para a configuração do crime político, tem sido exigida, assim, a demonstração de dolo específico consistente na intenção de atentar contra a soberania nacional e a estrutura política brasileira.</td><td>4</td></tr>
<tr><td>Infrações penais praticadas em detrimento de bens, serviços ou interesses da União ou de suas entidades autárquicas, empresas públicas, excluídas as contravenções e ressalvada a competência da Justiça Militar e da Justiça Eleitoral</td><td>As contravenções não serão julgadas pela justiça federal, salvo se for detentor de prerrogativa de função junto ao TRF.

Bens, interesses ou serviços de ente federal: Os bens são o patrimônio do ente federal (art. 20, incisos I a XI). Quanto aos serviços, passamos a focalizar a própria atividade do ente federal, a sua finalidade. De outro ângulo, o interesse é talvez a expressão de significação mais ampla, abarcando aquilo que está ligado ao ente federal, o que lhe diz respeito.
Entes contemplados: (1) União; (2) Autarquias; (3) Empresas públicas; (4) Fundações públicas; (5) Conselhos de fiscalização profissional.
Entes NÃO englobados: (1) Sociedades de economia mista; (2) Concessionárias de serviço público, sindicatos.
Competência para processar e julgar os crimes previstos em tratado ou convenção internacional, quando, iniciada a execução no País, o resultado tenha ou devesse ter ocorrido no estrangeiro, ou reciprocamente: além da existência do tratado ou convenção, é essencial que a infração praticada transcenda as fronteiras de mais de um país, ou seja, a internacionalidade da conduta.
Competência para processar e julgar as causas relativas a direitos humanos: cuida-se de federalização dos crimes que afrontem, gravemente, os direitos humanos.
Competência para processar e julgar os crimes contra a organização do trabalho: deve haver ofensa à coletividade de trabalhadores. Ofensas que afetem interesses individuais resolvem-se na Justiça Estadual.
Competência para processar e julgar os crimes contra o sistema financeiro e a ordem econômico-financeira;</td><td>5 a 17</td></tr>
</table>

CAPÍTULO X – COMPETÊNCIA EM RAZÃO DA MATÉRIA		
Infrações penais praticadas em detrimento de bens, serviços ou interesses da União ou de suas entidades autárquicas, empresas públicas, excluídas as contravenções e ressalvada a competência da Justiça Militar e da Justiça Eleitoral	**Competência para processar e julgar o *habeas corpus* e o mandado de segurança em matéria criminal**; **Competência para processar e julgar os crimes cometidos a bordo de navios ou aeronaves, ressalvada a competência da Justiça Militar:** à exceção das embarcações e aeronaves militares. **Competência para processar e julgar os crimes de ingresso ou permanência irregular de estrangeiro;** **Competência para processar e julgar a disputa sobre direitos indígenas:** refere-se à **disputa** sobre direitos indígenas, ou seja, deve haver afetação da **coletividade indígena**. Se envolver **disputa de direitos indígenas** e, nesse contexto, qualificar-se como delito contra a vida, a competência será do **tribunal do júri federal**.	**5 a 17**
Competência da justiça militar	É indispensável a fixação do conceito de crime militar: (1) para parte da doutrina, o conceito de crime militar seria *ratione legis*; (2) para outra corrente, a competência seria *ratione materiae* ou *ratione materiae* e *ratione personae*.	**18 a 25**
Competência da justiça militar	**Classificação de crime militar para a fixação da competência da justiça militar:** (1) **crime propriamente militar**; (2) **crime impropriamente militar**; (3) **crime tipicamente militar**; (4) **crime próprio militar**; (5) **crime militar de tipificação direta**; (6) **crime militar de tipificação indireta**. Os crimes **dolosos contra a vida civil**, praticados por **militar estadual,** tentados ou consumados, devem ser julgados pela justiça comum, dentro da competência do júri.	**18 a 25**
Competência da justiça militar	**Alteração promovida no CPM e interpretação restritiva:** a Lei nº 13.491/2017 expressa que a justiça militar da União deve julgar crime doloso contra a vida de civil perpetrado por militar das forças armadas em serviço. O abuso de autoridade, tratado pela Lei nº 13.869/2019, é crime comum e, se praticado por militar, não será julgado na justiça especializada. **Modificação da competência entre os órgãos da Justiça Militar da União:** a Lei nº 13.774/2018 alterou vários dispositivos da Lei Orgânica da Justiça Militar da União. Agora há (1) de um lado, a competência do juiz federal da justiça militar ou do juiz federal substituto da Justiça Militar; e (2) de outro, a competência dos conselhos permanente e especial da Justiça Militar da União. **Composição da justiça militar estadual:** é constituída pelos juízes de direito e pelos Conselhos de Justiça, e em segundo grau, pelo próprio tribunal de justiça, ou por tribunal de justiça militar nos estados em que o efetivo seja superior a vinte mil integrantes, tendo competência para apreciar os crimes militares praticados por policiais militares e bombeiros militares. Logo, não julga civil. A ***competência territorial da justiça militar estadual*** é definida pelo local onde o militar estadual deve desempenhar as suas funções, independentemente do local onde o crime se consumou.	**18 a 25**

CAPÍTULO X – COMPETÊNCIA EM RAZÃO DA MATÉRIA		
Competência da justiça militar	**Composição da justiça militar da União:** No primeiro grau de jurisdição, é composta pelos juízes federais da justiça militar da União e pelos conselhos de justiça. No segundo grau de jurisdição, é formada pelo seu órgão de instância superior, o Superior Tribunal Militar. A justiça castrense federal tem competência para julgar os membros das Forças Armadas e, além deles, os civis que incorram em crime militar.	**18 a 25**
Competência da justiça eleitoral	A justiça eleitoral tem competência para apreciar as infrações disciplinadas na legislação eleitoral, e além delas, as conexas. É também competente para apreciar o ***habeas corpus*** e o mandado de segurança, desde que exista pertinência temática.	**26**
COMPETÊNCIA PELA NATUREZA DA INFRAÇÃO		
Em localidades onde existe pluralidade de julgadores, poderá haver a divisão do trabalho, em face da especialização pela natureza da infração.		**27**
DISTRIBUIÇÃO		
Havendo mais de um juiz competente na comarca, a competência firmar-se-á pela distribuição. Se a distribuição for de procedimento para apreciação de providência de natureza cautelar, ocorrerá, em regra, **prevenção do juiz** para a ação penal futura.		**28**
COLEGIADO DE PRIMEIRO GRAU DE JURISDIÇÃO		
É facultado ao juiz instituir, formalmente, órgão colegiado no âmbito do juízo criminal de primeiro grau. Tal pode ocorrer quando da existência de alguns pressupostos referentes à situação de segurança do magistrado competente para a condução do processo criminal em curso ou futuro. Para tanto, deve haver decisão fundamentada do juiz singular natural da causa, indicando os motivos autorizadores da providência.		**29**

31. SÚMULAS DO STJ

6. Compete à justiça comum estadual processar e julgar delito decorrente de acidente de trânsito envolvendo viatura de polícia militar, salvo se autor e vítima forem policiais militares em situação de atividade.

33. A incompetência relativa não pode ser declarada de ofício.

38. Compete à justiça estadual comum, na vigência da Constituição de 1988, o processo por contravenção penal, ainda que praticada em detrimento de bens, serviços ou interesse da União ou de suas entidades.

42. Compete à Justiça Comum Estadual processar e julgar as causas cíveis em que é parte sociedade de economia mista e os crimes praticados em seu detrimento.

53. Compete à Justiça Comum Estadual processar e julgar civil acusado de prática de crime contra instituições militares estaduais.

62. Compete à Justiça Estadual processar e julgar o crime de falsa anotação na Carteira de Trabalho e Previdência Social, atribuído à empresa privada.[32].

73. A utilização de papel-moeda grosseiramente falsificado configura, em tese, o crime de estelionato, da competência da Justiça estadual.

75. Compete à Justiça Comum Estadual processar e julgar o policial militar por crime de promover ou facilitar a fuga de preso de estabelecimento penal.

78. Compete à Justiça Militar processar e julgar policial de corporação estadual, ainda que o delito tenha sido praticado em outra unidade federativa.

32. STJ – Terceira Seção – AgRg no CC 148.963/RJ – Rel. Min. Jorge Mussi – DJe 22 abr. 2019.

104. Compete à Justiça Estadual o processo e julgamento dos crimes de falsificação e uso de documento falso relativo a estabelecimento particular de ensino.

122. Compete à Justiça Federal o processo e julgamento unificado dos crimes conexos de competência federal e estadual, não se aplicando a regra do art. 78, II, a, do Código de Processo Penal.

140. Compete à Justiça Comum Estadual processar e julgar crime em que o indígena figure como autor ou vítima.

147. Compete à Justiça Federal processar e julgar os crimes praticados contra funcionário público federal, quando relacionados com o exercício da função.

165. Compete à Justiça Federal processar e julgar crime de falso testemunho cometido no processo trabalhista.

172. Compete à Justiça Comum Estadual processar e julgar militar por crime de abuso de autoridade, ainda que praticado em serviço.

200. O Juízo Federal competente para processar e julgar acusado de crime de uso de passaporte falso é o do lugar onde o delito se consumou.

208. Compete à Justiça Federal processar e julgar prefeito municipal por desvio de verba sujeita a prestação de contas perante órgão federal.

209. Compete à Justiça Estadual processar e julgar prefeito por desvio de verba transferida e incorporada ao patrimônio municipal.

235. A conexão não determina a reunião dos processos, se um deles já foi julgado.

528. Compete ao juiz federal do local da apreensão da droga remetida do exterior pela via postal processar e julgar o crime de tráfico internacional.

546. A competência para processar e julgar o crime de uso de documento falso é firmada em razão da entidade ou órgão ao qual foi apresentado o documento público, não importando a qualificação do órgão expedidor.

600. Para a configuração da violência doméstica e familiar prevista no artigo 5º da Lei nº 11.340/2006 (Lei Maria da Penha) não se exige a coabitação entre autor e vítima.

634. Ao particular aplica-se o mesmo regime prescricional previsto na Lei de Improbidade Administrativa para o agente público.

32. SÚMULAS DO STF

Súmula Vinculante nº 36. Compete à Justiça Federal comum processar e julgar civil denunciado pelos crimes de falsificação e de uso de documento falso quando se tratar de falsificação da Caderneta de Inscrição e Registro (CIR) ou de Carteira de Habilitação de Amador (CHA), ainda que expedidas pela Marinha do Brasil.

Súmula Vinculante nº 45. A competência constitucional do Tribunal do Júri prevalece sobre o foro por prerrogativa de função estabelecido exclusivamente pela constituição estadual.

Súmula Vinculante nº 46. A definição dos crimes de responsabilidade e o estabelecimento das respectivas normas de processo e julgamento são de competência legislativa privativa da União.

453. Não se aplicam à segunda instância o art. 384 e parágrafo único do Código de Processo Penal, que possibilitam dar nova definição jurídica ao fato delituoso, em virtude de circunstância elementar não contida explícita ou implicitamente na denúncia ou queixa.

521. O foro competente para o processo e julgamento dos crimes de estelionato, sob a modalidade de emissão dolosa de cheque sem provisão de fundos, é o do local onde se deu a recusa do pagamento pelo sacado.

522. Salvo ocorrência de tráfico para o exterior, quando então a competência será da Justiça Federal, compete à Justiça dos Estados o processo e julgamento dos crimes relativos a entorpecentes.

702. A competência do Tribunal de Justiça para julgar prefeitos restringe-se aos crimes de competência da Justiça comum estadual; nos demais casos, a competência originária caberá ao respectivo tribunal de segundo grau.

704. Não viola as garantias do juiz natural, da ampla defesa e do devido processo legal a atração por continência ou conexão do corréu ao foro por prerrogativa de função de um dos denunciados.

721. A competência constitucional do tribunal do Júri prevalece sobre o foro por prerrogativa de função estabelecido exclusivamente pela Constituição Estadual.

722. São da competência legislativa da união a definição dos crimes de responsabilidade e o estabelecimento das respectivas normas de processo e julgamento.

33. QUESTÕES DE CONCURSOS PÚBLICOS

01. (2017 – TRF – 2ª Região – TRF – 2ª REGIÃO – Juiz Federal Substituto) Analise as assertivas sobre a competência penal e, depois, marque a opção correta:

I. A conexão entre crimes da competência da Justiça Federal e da Estadual não enseja a reunião dos feitos;

II. São requisitos para o deferimento do incidente de deslocamento de competência para a Justiça Federal a grave violação de direitos humanos, a necessidade de assegurar o cumprimento, pelo Brasil, de obrigações decorrentes de tratados internacionais e a incapacidade de o estado membro, por suas instituições e autoridades, levar a cabo, em toda a sua extensão, a persecução penal.

III. Se cometidos durante o horário de expediente, compete à Justiça Federal julgar os delitos praticados por funcionário público federal.

(A) Apenas a assertiva I está correta.

(B) Apenas a assertiva II está correta.

(C) Apenas a assertiva III está correta

(D) Todas as assertivas estão corretas.

(E) Apenas as assertivas II e III estão corretas.

---

02. (Cespe – Delegado de Polícia Federal – DPF/2018) Em cada um dos seguintes itens, é apresentada uma situação hipotética seguida de uma assertiva a ser julgada de acordo com o entendimento dos tribunais superiores acerca das atribuições da PF na persecução criminal e da competência para o processamento e o julgamento de ação penal. Uma investigação iniciada no âmbito da polícia judiciária de determinado estado da Federação buscava apurar crime de tortura praticado no interior de uma penitenciária estadual, com violação a direitos humanos. O crime ganhou repercussão internacional e, em razão disso, o IP foi encaminhado à apuração da PF. Nessa situação, a competência para processar e julgar o crime será deslocada para a justiça federal, já que, de regra, a atuação da PF produz tal efeito processual.

---

03. (Cespe – Analista Judiciário – Área Judiciária – STJ/2018) Acerca da competência, das questões e dos processos incidentes e das provas, julgue os itens a seguir. De acordo com o Supremo Tribunal Federal, a competência para processar e julgar os crimes de latrocínio é do tribunal do júri, e não do juiz singular.

---

04. (Cespe – Analista do MPU – Direito – MPU/2018) Em relação a inquérito policial, ação penal e competência, julgue os próximos itens, de acordo com o entendimento da doutrina majoritária e dos tribunais superiores. Havendo a prática de contravenção penal contra bens e serviços da União em conexão probatória com crime de competência da justiça federal, opera-se a separação dos processos, cabendo à justiça estadual processar e julgar a contravenção penal.

---

05. (2019 - Instituto Acesso - PC-ES - Delegado de Polícia) Marcelo exerce atividade de camelô na Avenida Central, no Centro, na cidade do Rio de Janeiro, no Estado do Rio de Janeiro, por não aceitar a negociação com agentes de segurança pública, um tipo de "arrego", teve sua mercadoria apreendida visto que comercializava pacotes de cigarro, da marca, "Buenos Tragos", considerada suspeita pelos agentes de segurança. Os cigarros "Buenos Tragos" são oriundos do Paraguai e possuem um preço bem mais abaixo que os nacionais, mas são vendidos de forma clandestina. No entanto, estes cigarros são produtos aprovados pela ANVISA e, portanto, é permitida sua importação e comercializados no Brasil, desde que cumpridas as obrigações legais e tributárias. Vale ressaltar, no entanto, que Marcelo não possuía nota fiscal dos cigarros apreendidos em sua posse. Conduzido a delegacia de Polícia Civil, Marcelo confessou que adquiriu os cigarros de Valentina, uma mulher que também mora em Vitória e fornece mercadorias para os camelôs.

Nessa situação hipotética, de acordo com as regras de competência, marque a alternativa CORRETA.

A) Compete à Justiça Estadual o julgamento dos crimes de contrabando e de descaminho quando apreendido em comércio informal irregular.

B) Compete à Justiça Federal tanto quanto a Justiça Estadual o julgamento dos crimes de contrabando e de descaminho.

C) Compete à Justiça Estadual o julgamento dos crimes de contrabando e de descaminho tendo em vista que a apreensão se deu pela Polícia Militar do Estado.

D) Compete à Justiça Federal o julgamento dos crimes de contrabando e de descaminho, ainda que inexistentes indícios de transnacionalidade na conduta.

E) Compete a Justiça Estadual, pois não houve transnacionalidade na conduta do agente e uma vez que a mercadoria apreendida já havia sido internalizada e Marcelo não concorreu de qualquer forma, seja direta ou indireta, para a efetiva importação desses cigarros.

---

06. (2019 - FCC - TJ-AL - Juiz Substituto) Em matéria de competência,

A) cabe à Justiça Estadual do local da apreensão da droga remetida do exterior pela via postal processar e julgar o respectivo crime de tráfico.

B) cabe à Justiça Comum Estadual processar e julgar crime em que indígena figure como vítima, mas não quando a ele for atribuída a autoria da infração.

C) a conexão determina a reunião dos processos, ainda que um deles já tenha sido julgado.

D) cabe ao Tribunal de Justiça do Estado processar e julgar o mandado de segurança contra ato do juizado especial.

E) fica firmada em razão da entidade ou órgão ao qual apresentado o documento público falso, independentemente da qualificação do órgão expedidor.

34. GABARITO ANOTADO

01 – B

Vide:

- Art. 109, § 5º, da CF.

02 – ERRADO

Vide:

- Art. 109, V, §5º, CF.
- Art. 144, §1º, I da CF.

03 – ERRADO

Vide:

- Súmula 608, STF".

04 – CERTO

Vide:

- Art. 78, CPP.
- Súmula 122, STJ.
- Súmula 38, STJ.
- Art. 109, IV, CF.
- Item "Justiça comum estadual".

05 – D

Vide:

- Informativo 631 do STJ.
- Informativo 635 do STJ.
- Súmula 151, STJ.

06 – E

Vide:

- Súmula 140, STJ.
- Súmula 235, STJ.
- Súmula 376, STJ.
- Súmula 528, STJ.
- Súmula 546, STJ.

35. QUESTÕES DISCURSIVAS COM COMENTÁRIOS

01. (UEG – Delegado de Polícia – GO/2013) Cabelo de Anjo, residente em Goiânia/GO, líder de um grupo virtual intitulado adoradores de menores, composto, de forma estável, há mais de 5 anos, também por Cara Grande, residente em São Paulo/SP, Magrillo, residente em Campinas/SP, Malacúria, residente em Brasília/DF, e Marreco, residente no Rio de Janeiro/RJ, instigou, por meio da internet, durante viagem a Salvador/BA, a pedido dos demais membros do grupo, sua enteada de 8 anos a se exibir de forma sexualmente explícita, fotografando-a. Ao chegar em sua residência, Cabelo de Anjo transmitiu, de seu computador pessoal, também a pedido dos demais membros do grupo, a eles, as fotografias que produziu e armazenou com conteúdo pornográfico. As fotografias foram acessadas e armazenadas em laptop, primeiramente por Cara Grande e Magrillo, que passavam férias em Fortaleza/CE. Um dia depois, Malacúria e Marreco as acessaram e as armazenaram em seus computadores pessoais, localizados em suas residências. Determinada judicialmente a quebra do sigilo telemático, verificou-se que o provedor de armazenamento dos e-mails encontrava-se localizado em Porto Alegre/RS. Levando-se em consideração que as condutas típicas investigadas se assemelham ao previsto no artigo 288 do Código Penal, e nos artigos 241-A; 241-B, § 1º e 241-D, parágrafo único, II, da Lei 8.069/90, analise, fundamentadamente, considerando-se o entendimento do Superior Tribunal de Justiça, a competência criminal territorial e a competência criminal em razão da matéria.

Resposta

O STJ já firmou posição de que é irrelevante o local do provedor onde se encontram armazenadas as imagens para a definição da competência territorial. Com efeito, do Brasil é possível utilizar-se de provedores e de sites hospedados em qualquer ponto do mundo, não sendo razoável que este elemento defina a competência territorial.

A conduta punida de forma mais grave é a que se enquadra no art. 241-A, do Estatuto da Criança e do Adolescente (a transmissão das imagens), havida em Goiânia/GO e imputada a Cabelo de Anjo. As demais condutas, menos graves (art. 241-B e 241-D, parágrafo único, II, da mesma Lei) aconteceram em Fortaleza/CE, Brasília/DF, Rio de Janeiro/DF e Salvador/BA. Cabível, então, aplicação da regra do art. 78, II, "a", do CPP (foro do local do cometimento da infração penal mais grave, isto é, Goiânia/GO – competência criminal territorial), por força da existência de conexão instrumental ou probatória entre os delitos. Caso não fosse possível apurar esta circunstância, a regra subsidiária teria lugar (prevenção – art. 83, CPP).

Quanto à competência criminal em razão da matéria, cabe ao juiz federal de Goiânia (competência da Justiça Federal – art. 109, CF) julgar a matéria. Isso porque os crimes de pedofilia são objeto de tratado que o Brasil, por este meio, se obrigou a reprimir e, ademais, há elemento de transnacionalidade em face do uso da rede mundial de computadores.

No entanto, há de se distinguir na hipótese. A questão narra que "(...) Cabelo de Anjo transmitiu, de seu computador pessoal (...) a eles", tão somente este elemento não torna possível o acesso ao conteúdo compartilhado à qualquer pessoa no estrangeiro, motivo pelo qual não se configura a transnacionalidade do comportamento tido por criminoso. Nesse sentido, ficou consignado pelo STF, no RE 628.624, que "não se constata o caráter de internacionalidade, ainda que potencial, quando o panorama fático envolve apenas a comunicação eletrônica havida entre particulares em canal de comunicação fechado, tal como ocorre na troca de e-mails ou conversas privadas entre pessoas situadas no Brasil." Com efeito, apenas a previsão da infração penal em tratado ou convenção internacional, não é, por si só, suficiente para atrair a competência da justiça federal. Daí a competência seria da justiça estadual.

Capítulo XI

Competência em Razão do Lugar

Sumário • 1. Competência *ratione loci* – 2. Teoria do resultado – 3. Teoria da atividade – 4. Teoria do esboço do resultado – 5. Teoria da ubiquidade – 6. Crimes praticados a bordo de navios ou aeronaves – 7. Crimes praticados no exterior – 8. Domicílio ou residência do réu – 9. Critério subsidiário ou da prevenção – 10. Quadro sinótico – 11. Súmulas do STJ – 12. Súmulas do STF – 13. Questões de concursos públicos – 14. Gabarito anotado – 15. Questões discursivas com comentários

1. COMPETÊNCIA *RATIONE LOCI*

Examinada a justiça competente, se comum ou especializada, passaremos a estudar o **juízo territorialmente competente**. Em outras palavras, nossa análise tem o objetivo de descrever parâmetros para a definição do **foro competente**, ou seja, para estabelecer a **competência em razão do lugar** depois de verificada a justiça criminal competente.

De início, no que se refere ao território ou foro, a norma geral é a do art. 70, do CPP. De compasso com seu teor, a competência será, de regra, determinada pelo lugar em que se consumar a infração, ou, no caso de tentativa, pelo lugar em que for praticado o último ato de execução.

Esta disposição deve ser complementada pelo inciso I, do art. 14, do CP, que considera consumado o delito quando se reúnem todos os elementos de sua moldura legal. Assim, poderemos identificar três teorias que constituem **critérios** para a identificação do local do crime e fixação da competência territorial.

2. TEORIA DO RESULTADO

Em consonância com a teoria em epígrafe, o juízo territorialmente competente é o do local onde se operou a consumação do delito. É a teoria prevalente, sendo complementada pelas outras duas (art. 70, *caput*, CPP).

A teoria do resultado ganha relevância nos **delitos plurilocais**, que são aqueles onde os atos executórios ocorrem em local distinto do resultado, sempre dentro do território nacional. É aplicável tal teoria aos casos a seguir.

(1) Imaginemos uma carta injuriosa que é escrita em Teresina e enviada a João Pessoa, onde a vítima reside. Nesta hipótese, a competência territorial será de João Pessoa, local onde a infração veio a consumar-se.

(2) Adequando as regras processuais penais à moderna criminalidade, podemos concluir que, configurado o crime de furto mediante fraude, através de saques indevidos em conta corrente por meio da *internet*, o juízo competente será aquele em que se situa a conta fraudada, por aplicação do art. 70, do CPP.

(3) Tratando-se de crimes materiais, ou seja, delitos que preveem e exigem a produção de resultado naturalístico, a regra é que o juízo competente seja o da produção do resultado, porquanto geralmente é o local com maior probabilidade de se apurar mais facilmente o crime.

(4) Se o delito for qualificado pelo resultado, a competência é estabelecida no juízo do local da produção do resultado qualificador.

(5) Quando se cuidar de crime formal, relevante é saber o momento consumativo do crime, que firmará o foro competente, não sendo capaz de fixar a competência nem o juízo da ação ou da omissão, nem muito menos onde tiver ocorrido o mero exaurimento da infração penal.

(6) Por outro lado, entendemos que em se tratando de depoimento de testemunha tomado por videoconferência, a competência é do juízo criminal do local do juízo processante, já que o depoimento é diretamente tomado pelo juízo onde estiver tramitando o processo principal, ou seja, pelo juízo da causa.

(7) O crime de uso de documento falso é julgado pelo juízo do local onde o documento foi apresentado (onde se consumou o delito de uso). Se a falsificação se deu pelo próprio sujeito que usou o documento, o uso é mero exaurimento do primeiro crime, pelo que a competência é definida pelo lugar onde se consumou a feitura do documento falso.

(8) A competência para julgar o crime de pedofilia cometido pela *internet* é do juízo do lugar da consumação do delito que se dá com o ato de publicação das imagens pedófilo-pornográficas, sendo indiferente a localização do provedor de acesso à rede mundial de computadores. Na hipótese temos coincidência do local da ação e da consumação do delito, com a produção instantânea do resultado[1].

(9) A consumação do crime de estelionato por emissão de cheques sem fundos, é considerada ocorrida no local da recusa de pagamento pelo banco sacado, como dispõem os enunciados nº 521, da Súmula, do STF, e nº 244, da Súmula, do STJ. Daí competir, ao foro daquele lugar, processar e julgar esse delito.

3. TEORIA DA ATIVIDADE

Segundo essa teoria, a competência deve ser fixada pelo local da ação ou omissão. É adotada nas hipóteses de crime tentado e, também, nos Juizados Especiais Criminais (art. 63, Lei nº 9.099/1995). Vejamos algumas hipóteses que, apesar de não prever o Código de Processo Penal, tem se entendido por aplicar a teoria da atividade, especialmente quando não há como saber ou precisar o local do resultado.

1. STJ – Terceira Seção – CC 136.257/PR – Rel. Min. Nefi Cordeiro – DJe 20 mar. 2015.

(1) As ofensas proferidas através da *Internet* são de competência do juízo do lugar de onde partiu a publicação virtual, isto é, relaciona-se ao local no qual as redes sociais são alimentadas. Cuida-se de incidência da teoria da atividade por razões pragmáticas. O local da publicidade é difuso, porque divulgado o fato pela rede mundial de computadores, pelo que não é possível definir o local da produção do resultado. Diante da multiplicidade de lugares da produção do resultado, a competência será do juízo do local da conduta delituosa, ou seja, onde o comportamento criminoso foi concluído[2].

(2) Já quanto às hipóteses de crimes de mera conduta, cujo tipo penal não faz menção a resultado naturalístico, como se dá com o delito de violação de domicílio, o juízo competente para seu processamento e julgamento é o lugar da ação ou omissão, aplicando-se a teoria em tela, da atividade. Desse modo, a competência para processamento e julgamento do falso testemunho, tomado por carta precatória, é do juízo deprecado, pois lá ocorreu a consumação do delito.

4. TEORIA DO ESBOÇO DO RESULTADO

No crime de homicídio, há entendimento consolidado de que a competência é fixada pelo **local da ação**, e não do resultado. Isso pela facilidade da colheita probatória no lugar em que os atos executórios se desenvolveram, além da resposta à comunidade que reside onde ocorreu a ofensa ao bem jurídico tutelado. Pelas mesmas razões, aplica-se este raciocínio ao latrocínio, espécie de crime contra o patrimônio qualificado pelo resultado morte.

Aparentemente, no ponto, haveria aplicação da **teoria da ação**, *contra legem*.

Isso porque a regra do art. 70, do CPP, que se aplica aos **crimes plurilocais** para determinar o julgamento do delito no local onde se produziu o resultado, é afastada em relação à espécie, porque a realidade dita que a investigação do delito, bem como a instrução do processo penal terá mais êxito se correr no local onde aconteceram os fatos (local da ação ou da omissão).

Na realidade, cuida-se de incidência da **teoria do esboço do resultado**. Nas palavras de Fernando de Almeida Pedroso, o princípio ou a teoria do esboço do resultado consiste em se verificar que a conduta delituosa se exauriu em determinado local onde deveria ter sido também o do momento consumativo do crime, pelo que se adota interpretação teleológica consistente em considerar que o fato delituoso já havia prenunciado ou esboçado o seu resultado no local da ação ou da omissão e que sua consumação só ocorreu em outro lugar por acidente ou casualidade[3].

5. TEORIA DA UBIQUIDADE

É também conhecida por teoria eclética ou mista. A competência territorial no Brasil seria estabelecida tanto pelo local da ação quanto pelo do resultado, desde que um ou outro aqui ocorram, como se infere dos parágrafos 1º e 2º, do art. 70, do CPP. É teoria aplicada

2. STJ – Corte Especial – APn 895/DF – Rel. Min. Nancy Andrighi – DJe 07 jun. 2019.
3. PEDROSO, Fernando de Almeida. Competência penal: princípio do esboço do resultado e crimes qualificados pelo evento. *Justitia*, São Paulo, v. 54, nº 158, p. 17-19, abr./jun. 1992. Disponível em: <http://www.revistajustitia.com.br/revistas/5c48a8.pdf>. Acesso em: 31 jan. 2020.

nos **crimes à distância** ou de espaço máximo, que são aqueles em que os atos executórios se iniciam no Brasil e o resultado ocorre em outro país, ou a ação delituosa se inicia no estrangeiro, e o resultado, mesmo que parcialmente, ocorre ou deveria ocorrer no Brasil.

Não bastam atos preparatórios para definir a competência da Justiça brasileira, sendo necessário que, ao menos em parte, o *iter criminis* se dê no Brasil. Ex.: se um criminoso na Argentina envia uma carta bomba para um endereço em Belo Horizonte, e consegue com o seu intento matar o desafeto, como os atos executórios se iniciaram em outro país e o resultado se deu no Brasil, trata-se de crime à distância. A competência territorial, portanto, é determinada pelo local no Brasil onde o resultado ocorreu. Se o exemplo fosse inverso, e a carta partisse do Brasil em direção a Argentina, a competência seria determinada pelo local, no Brasil, onde ocorreu o último ato executório.

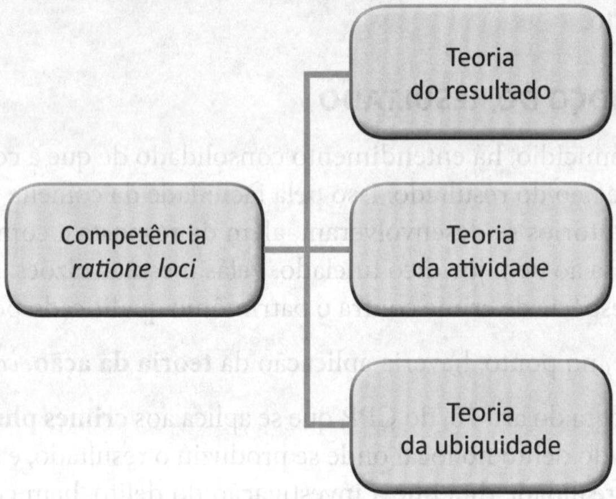

6. CRIMES PRATICADOS A BORDO DE NAVIOS OU AERONAVES

Já vimos, no aspecto *ratione materiae*, que a competência em tais infrações, como regra, é da Justiça Federal.

Já no **aspecto territorial**, faremos a seguinte distinção:

(1) **viagens nacionais:** se o navio ou a aeronave iniciar a viagem e a encerrar em território brasileiro, o juízo competente é o do local onde primeiro a aeronave pousar ou o navio atracar após a ocorrência da infração, mesmo que fora da rota original. Assim, se um avião sai de Aracaju-SE em direção a Belo Horizonte-MG, e durante o voo um passageiro espanca o outro, forçando um pouso não previsto em Vitória-ES, o juízo competente será a Justiça Federal do local onde o pouso ocorreu imediatamente após a infração, é dizer, Vitória do Espírito Santo;

(2) viagens internacionais: se o navio ou a aeronave vem do estrangeiro para o Brasil, ou parte do Brasil em direção ao exterior, a competência será firmada, pressupondo que a infração aconteceu em território brasileiro, no local da chegada, no primeiro caso, ou no da saída, no último.

A título de exemplo: um navio particular de bandeira brasileira saiu de Portugal em direção ao Brasil. No meio do caminho, ainda no oceano Atlântico, ou seja, transitando em águas internacionais, um passageiro mata o outro. Ora, as infrações ocorridas em navios particulares de bandeira brasileira que estão em águas internacionais, sem nenhuma dúvida, ocorreram em território brasileiro. Logo, o juízo territorialmente competente será o do local onde o navio atracar primeiro no Brasil. Se a situação fosse inversa e a viagem tivesse se originado no Brasil, com destino a Portugal, a competência seria fixada pelo juízo federal do local da partida, desde que, vale ressaltar, o crime tivesse ocorrido em território brasileiro (art. 5º, CP).

Considera-se território nacional:

(1) o solo compreendido nas fronteiras brasileiras;

(2) rios, lagos, mares interiores, golfos, baías e portos;

(3) mar territorial: faixa de doze milhas marítimas de largura, medidas a partir da linha de baixa-mar do litoral continental e insular brasileiro, tal como indicada nas cartas náuticas de grande escala, reconhecidas oficialmente no Brasil (art. 1º, Lei nº 8.617/1993);

(4) **espaço aéreo**: é a camada atmosférica que cobre o nosso território, sendo parte integrante dele. De acordo com o art. 11, da Lei nº 7.565/1986, o Brasil exerce completa e exclusiva soberania acima de seu território e mar territorial. Já quanto ao espaço cósmico, este é de livre exploração e utilização por todos os Estados, não se submetendo a apropriação nacional por proclamação de soberania, por uso, ocupação, nem por qualquer outro meio, conforme Tratado sobre a Exploração e Uso do Espaço Cósmico, aprovado pela Assembleia das Nações Unidas, e, no Brasil, pelo Decreto Legislativo nº 41/1968 e pelo Decreto nº 64.362/1969;

(5) **território nacional por extensão ou equiparação**: compreende as aeronaves e os navios públicos ou a serviço do governo brasileiro, onde quer que se encontrem, bem como as aeronaves e as embarcações brasileiras, mercantes ou de propriedade privada, que se achem, respectivamente, no território brasileiro, ou navegando ou sobrevoando o alto mar (§ 1º, art. 5º, CP).

Quanto às **embarcações e aeronaves privadas estrangeiras**, quando adentrem em território brasileiro, as infrações nelas ocorridas passam a ser disciplinadas pela lei brasileira (art. 5º, § 2º, CP). Contudo, se uma embarcação estrangeira estiver apenas passando por águas territoriais brasileiras, e venha a ocorrer um crime em seu interior, sem reflexos externos, ou seja, não atingindo a paz, a segurança e a boa ordem brasileira, mesmo reconhecendo que a infração tenha ocorrido no território nacional, o Brasil não irá julgá-la, em atenção ao **direito de passagem inocente**, resguardado no art. 3º da Lei nº 8.617/1993. Tourinho Filho, citando a Convenção de Tóquio, da qual o Brasil é signatário (Decreto nº 66.520/1970), afirma que o direito de passagem inocente também se aplica às aeronaves privadas estrangeiras que estejam apenas em trânsito pelo nosso espaço aéreo e, não havendo interesse brasileiro, não iremos nos imiscuir no julgamento[4].

Por outro lado, se ao invés de pousar em território nacional, a aeronave proveniente do exterior cai em mar territorial brasileiro, tornando impossível saber o limite territorial que define a competência territorial do juízo, a competência será determinada pelo critério da prevenção, eis que faltam condições, na hipótese, para saber o ponto de partida da aeronave no Brasil[5].

4. TOURINHO FILHO, Fernando da Costa. *Código de processo penal comentado*. 5. ed. São Paulo: Saraiva, 1999. p. 244.
5. LIMA, Renato Brasileiro. *Curso de processo penal*: volume único. Niterói: Impetus, 2013. p. 500.

7. CRIMES PRATICADOS NO EXTERIOR

Até aqui analisamos as regras para a definição da competência territorial dos crimes ocorridos no território brasileiro. Contudo, não se pode desconsiderar que o Código Penal brasileiro goza de **extraterritorialidade**, sendo aplicado a infrações consumadas no estrangeiro (art. 7º, CP). Portanto, precisamos identificar qual o órgão no Brasil territorialmente competente. Nestas hipóteses, o juízo competente será o da Capital do Estado onde por último tiver residido o acusado, e caso ele nunca tenha residido no Brasil, será julgado na Capital da República (art. 88, CPP).

A título de exemplo, se um indivíduo mata um brasileiro em Paris, e foge para o Brasil, será julgado na capital do Estado onde por último tenha residido em nosso país. E se nunca tiver residido no Brasil? Será julgado em Brasília.

8. DOMICÍLIO OU RESIDÊNCIA DO RÉU

Pergunta-se: e se não for conhecido o local da consumação do crime?

A competência é então determinada pelo domicílio ou residência do réu (art. 72, *caput*, CPP). **Domicílio** é o lugar onde a pessoa estabelece sua residência com ânimo definitivo, e, subsidiariamente, o lugar onde exerce suas ocupações habituais, o ponto central de seus negócios ou local onde for encontrada. **Residência** é a morada sem ânimo definitivo.

Nas ações exclusivamente privadas, o querelante pode, mesmo sabido o local da consumação, optar por propor a ação no domicílio ou residência do réu. É uma mera opção, que pode ou não ser exercida, ao talante da conveniência (art. 73, CPP). Esta faculdade, contudo, não tem cabimento nas ações penais privadas subsidiárias da pública, sendo aplicada apenas nas ações privadas exclusivas e personalíssimas. Trata-se do denominado *foro domicilii*, **foro supletivo** ou, **impropriamente**, "**foro subsidiário**".

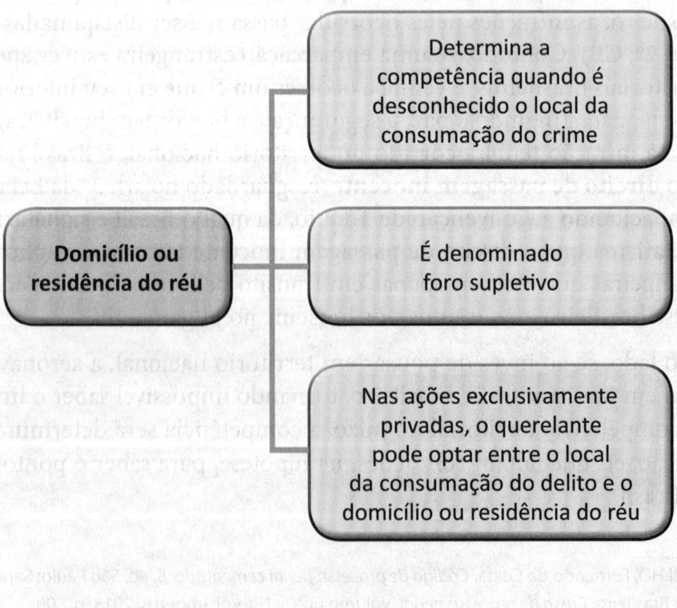

9. CRITÉRIO SUBSIDIÁRIO OU DA PREVENÇÃO

E se, além de desconhecido o local da consumação, são também desconhecidos a residência e o paradeiro do réu?

Será competente o juiz que primeiro tomar conhecimento do fato (§ 2º, art. 72, CPP). Ou seja, se os dois critérios anteriores não solucionarem a definição da competência territorial, será competente o **juiz prevento**, é dizer, o que primeiro recebe a inicial acusatória dando início ao processo, ou o magistrado que ainda na fase do inquérito, já está tomando medidas cautelares referentes ao futuro processo. A aplicação do critério da prevenção pressupõe juízes igualmente competentes, material e territorialmente.

O CPP disciplina as hipóteses de estabelecimento da prevenção. Vejamos:

(1) quando incerto o limite territorial entre duas ou mais jurisdições, e a infração tenha sido praticada em suas divisas (art. 70, § 3º). Por exemplo, nos termos do verbete sumular nº 151, do STJ, a competência para o processo e julgamento por crime de contrabando ou descaminho define-se pela prevenção do Juízo Federal do lugar da apreensão dos bens;

(2) tratando-se de crime continuado ou permanente, que se estenda pelo território de mais de uma jurisdição (art. 71);

(3) não sendo conhecido o local da consumação do delito, a competência territorial é firmada pelo domicílio ou residência do réu (art. 72, *caput*). Se ele tem mais de uma residência, ou não possui residência, ou é desconhecido o seu paradeiro, a competência é firmada pela prevenção (art. 72, parágrafos 1º e 2º);

(4) havendo conexão entre duas ou mais infrações e não ocorrendo a solução pelas regras do art. 78, II, "a" e "b", a competência é também determinada pela prevenção (art. 78, II, "c").

Por sua vez, não se verifica prevenção pela atuação do magistrado em escala de plantão, em razão da natureza excepcional do serviço prestado, como ocorre com os juízes que funcionam durante os feriados ou finais de semana. Da mesma forma, apreciação de ***habeas corpus***, impetrado ainda na fase do inquérito tendo o delegado como autoridade coatora, não fixa prevenção para o futuro processo. Sendo o ***habeas corpus*** ação autônoma de impugnação, não vai se prestar a estabelecer tal vínculo.

Como sequer tangenciam o mérito de eventual ação penal condenatória futura, as medidas meramente preparatórias não têm força para prevenir o juízo, tal como o pedido de explicações em juízo (art. 144, CP). Isso porque não há propriamente jurisdição no sentido de "declarar o direito à espécie", mas apenas atividade de formação de documentos, juntamente com a resposta da pessoa que figura no polo passivo do pedido de explicação. As decisões do juiz plantonista também não induzem prevenção, a exemplo das que apreciam o auto de prisão em flagrante para os fins do art. 310, do CPP (relaxamento da prisão, conversão em prisão preventiva ou concessão de liberdade provisória com ou sem fiança).

Malgrado tudo o que foi dito até aqui, é importante avivar que o critério da prevenção para fixação da competência do juiz, em matéria criminal, é de difícil compatibilização com um dos pilares centrais do **sistema acusatório**, que é o da necessidade de um **juiz imparcial**. Prestigiado setor doutrinário aponta que, em questões penais, o juiz prevento, que, por exemplo, tenha deliberado sobre medidas cautelares ou investigativas, antes de deflagrado o processo penal, deveria se tornar **impedido**, ao invés de competente para julgar a causa.

Com efeito, na linha da crítica do processo penal, podemos indagar: o juiz que decretou medidas como interceptações telefônicas, buscas e apreensões e prisões preventivas, ou que autorizou, por exemplo, infiltração de agentes, reconhecerá um equívoco no curso ou ao sentenciar um acusado, caso perceba que todas aquelas medidas tenham resvalado em abuso de poder? Ou, inversamente, o juiz procurará argumentar que acertou ao tomar aquelas providências antes do início do processo que, agora, estar a julgar?

Afrânio Silva Jardim, nesse sentido, pondera ser necessário evitar que, em um Estado Democrático de Direito, o juiz exerça a função de combater crimes ou aja em prol de políticas de repressão. Para tanto, aviva que a criação de um juiz de garantias ou algo semelhante seria relevante para evitar sua vinculação como um protagonista de combate a delitos. Esse juiz, "que fosse atuar em medidas cautelares ou probatória na fase inquisitorial, deveria estar impedido de atuar no processo que venha a ser instaurado, de modo a preservar a sua imparcialidade. Aquele que está na liça tem grandes possibilidades de se vincular à investigação de que participa, ainda que não perceba"[6].

Nessa toada, a Lei nº 13.964/2019 incluiu expressamente o juiz das garantias e explicitou que o processo penal brasileiro deve ter estrutura acusatória (arts. 3ºA[7], CPP). Aliás, o *caput*, do art. 3º-D[8], do Código, expressamente dispõe que o juiz que, na fase de investigação, praticar qualquer ato incluído nas competências do juiz de garantias ficará impedido de funcionar no processo.

Por outro lado, a competência do juiz de garantias cessa com o ato que receber a denúncia, a partir do qual outro juiz, o da instrução, será competente para funcionar nos autos. Por enquanto, permanece suspensa a eficácia dos dispositivos que disciplinam o juiz das garantias, em virtude de decisão monocrática cautelar do STF[9].

10. QUADRO SINÓTICO

CAPÍTULO XI – COMPETÊNCIA EM RAZÃO DO LUGAR	
COMPETÊNCIA *RATIONE LOCI*	
De início, no que se refere ao território ou foro, a norma geral é a do art. 70, do CPP. De compasso com seu teor, a competência será, de regra, determinada pelo lugar em que se consumar a infração, ou, no caso de tentativa, pelo lugar em que for praticado o último ato de execução.	1
Esta disposição deve ser complementada pelo inciso I, do art. 14, do CP, que considera consumado o delito quando se reúnem todos os elementos de sua moldura legal. Assim, poderemos identificar três teorias que constituem **critérios** para a identificação do local do crime e fixação da competência territorial.	1

6. JARDIM, Afrânio Silva; AMORIM, Pierre Souto Maior Coutinho de. *Direito processual penal:* estudos, pareceres e crônicas. 15. ed. Salvador: Juspodivm, 2018. p. 761.
7. Dispositivo com eficácia suspensa, nos termos de decisão monocrática do Supremo Tribunal Federal (STF – ADI 6298/DF – Medida Cautelar – Rel. Min. Luiz Fux – 22 jan. 2020).
8. Dispositivo com eficácia suspensa, nos termos de decisão monocrática do Supremo Tribunal Federal (STF – ADI 6298/DF – Medida Cautelar – Rel. Min. Luiz Fux – 22 jan. 2020).
9. STF – ADI 6298/DF – Medida Cautelar – Rel. Min. Luiz Fux – 22 jan. 2020; STF – ADI 6298/DF – Medida Cautelar – Presidência – Min. Dias Toffoli – 15 jan. 2020.

CAPÍTULO XI – COMPETÊNCIA EM RAZÃO DO LUGAR	
TEORIA DO RESULTADO	
O juízo territorialmente competente é o do local onde se operou a consumação do delito. É a teoria prevalente, sendo complementada pelas outras duas (art. 70, ***caput***, CPP). A teoria do resultado ganha relevância nos **delitos plurilocais**, que são aqueles onde os atos executórios ocorrem em local distinto do resultado, sempre dentro do território nacional.	**2**
TEORIA DA ATIVIDADE	
A competência deve ser fixada pelo local da ação ou omissão. É adotada nas hipóteses de crime tentado e, também, nos Juizados Especiais Criminais (art. 63, Lei nº 9.099/1995).	**3**
TEORIA DO ESBOÇO DO RESULTADO	
No crime de homicídio, há entendimento consolidado de que a competência é fixada pelo **local da ação**, e não do resultado. Isso pela facilidade da colheita probatória no lugar em que os atos executórios se desenvolveram, além da resposta à comunidade que reside onde ocorreu a ofensa ao bem jurídico tutelado. Pelas mesmas razões, aplica-se este raciocínio ao latrocínio, espécie de crime contra o patrimônio qualificado pelo resultado morte. Aparentemente, no ponto, haveria aplicação da **teoria da ação**, *contra legem*. Isso porque a regra do art. 70, do CPP, que se aplica aos **crimes plurilocais** para determinar o julgamento do delito no local onde se produziu o resultado, é afastada em relação à espécie, porque a realidade dita que a investigação do delito, bem como a instrução do processo penal terá mais êxito se correr no local onde aconteceram os fatos (local da ação ou da omissão). Na realidade, cuida-se de incidência da **teoria do esboço do resultado**.	**4**
TEORIA DA UBIQUIDADE	
É também conhecida por teoria eclética ou mista. A competência territorial no Brasil seria estabelecida tanto pelo local da ação quanto pelo do resultado, desde que um ou outro aqui ocorram, como se infere dos parágrafos 1º e 2º, do art. 70, do CPP. É teoria aplicada nos **crimes à distância ou de espaço máximo**, que são aqueles em que os atos executórios se iniciam no Brasil e o resultado ocorre em outro país, ou a ação delituosa se inicia no estrangeiro, e o resultado, mesmo que parcialmente, ocorre ou deveria ocorrer no Brasil. Não bastam atos preparatórios para definir a competência da Justiça brasileira, sendo necessário que, ao menos em parte, o ***iter criminis*** se dê no Brasil.	**5**
CRIMES PRATICADO A BORDO DE NAVIOS OU AERONAVES	
1) Viagens nacionais: se o navio ou a aeronave iniciar a viagem e a encerrar em território brasileiro, o juízo competente é o do local onde primeiro a aeronave pousar ou o navio atracar após a ocorrência da infração, mesmo que fora da rota original. 2) Viagens internacionais: se o navio ou a aeronave vem do estrangeiro para o Brasil, ou parte do Brasil em direção ao exterior, a competência será firmada, pressupondo que a infração aconteceu em território brasileiro, no local da chegada, no primeiro caso, ou no da saída, no último.	**6**

CAPÍTULO XI – COMPETÊNCIA EM RAZÃO DO LUGAR	
Considera-se território nacional: 1) o solo compreendido nas fronteiras brasileiras; 2) rios, lagos, mares interiores, golfos, baías e portos; 3) mar territorial; 4) espaço aéreo; 5) território nacional por extensão ou equiparação. Por outro lado, se ao invés de pousar em território nacional, a aeronave proveniente do exterior cai em mar territorial brasileiro, tornando impossível saber o limite territorial que define a competência territorial do juízo, a competência será determinada pelo critério da prevenção, eis que faltam condições, na hipótese, para saber o ponto de partida da aeronave no Brasil.	**6**
CRIMES PRATICADOS NO EXTERIOR	
O CP brasileiro goza de **extraterritorialidade**, sendo aplicado a infrações consumadas no estrangeiro (art. 7º, CP). Portanto, precisamos identificar qual o órgão no Brasil territorialmente competente. Nestas hipóteses, o juízo competente será o da Capital do Estado onde por último tiver residido o acusado, e caso ele nunca tenha residido no Brasil, será julgado na Capital da República (art. 88, CPP).	**7**
DOMICÍLIO OU RESIDÊNCIA DO RÉU	
Não sendo conhecido o local da consumação do crime, a competência será determinada pelo domicílio ou residência do réu (art. 72, ***caput***, CPP). **Domicílio:** é o lugar onde a pessoa estabelece sua residência com ânimo definitivo, e, subsidiariamente, o lugar onde exerce suas ocupações habituais, o ponto central de seus negócios ou local onde for encontrada. **Residência** é a morada sem ânimo definitivo. Nas ações exclusivamente privadas, o querelante pode, mesmo sabido o local da consumação, optar por propor a ação no domicílio ou residência do réu. Esta faculdade, contudo, não tem cabimento nas ações penais privadas subsidiárias da pública	**8**
CRITÉRIO SUBSIDIÁRIO OU DA PREVENÇÃO	
Se, além de desconhecido o local da consumação, também for desconhecidos a residência e o paradeiro do réu, será competente o juiz que primeiro tomar conhecimento do fato (§ 2º, art. 72, CPP). Ou seja, se os dois critérios anteriores não solucionarem a definição da competência territorial, será competente o **juiz prevento**, é dizer, o que primeiro recebe a inicial acusatória dando início ao processo, ou o magistrado que ainda na fase do inquérito, já está tomando medidas cautelares referentes ao futuro processo. A aplicação do critério da prevenção pressupõe juízes igualmente competentes, material e territorialmente.	**9**

11. SÚMULAS DO STJ

33. A incompetência relativa não pode ser declarada de ofício.

151. A competência para o processo e julgamento por crime de contrabando ou descaminho define-se pela prevenção do Juízo Federal do lugar da apreensão dos bens.

200. O Juízo Federal competente para processar e julgar acusado de crime de uso de passaporte falso é o do lugar onde o delito se consumou.

235. A conexão não determina a reunião dos processos, se um deles já foi julgado.

244. Compete ao foro do local da recusa processar e julgar o crime de estelionato mediante cheque sem provisão de fundos.

528. Compete ao juiz federal do local da apreensão da droga remetida do exterior pela via postal processar e julgar o crime de tráfico internacional.

546. A competência para processar e julgar o crime de uso de documento falso é firmada em razão da entidade ou órgão ao qual foi apresentado o documento público, não importando a qualificação do órgão expedidor.

600. Para a configuração da violência doméstica e familiar prevista no artigo 5º da Lei nº 11.340/2006 (Lei Maria da Penha) não se exige a coabitação entre autor e vítima.

12. SÚMULAS DO STF

453. Não se aplicam à segunda instância o art. 384 e parágrafo único do Código de Processo Penal, que possibilitam dar nova definição jurídica ao fato delituoso, em virtude de circunstância elementar não contida explícita ou implicitamente na denúncia ou queixa.

521. O foro competente para o processo e julgamento dos crimes de estelionato, sob a modalidade de emissão dolosa de cheque sem provisão de fundos, é o do local onde se deu a recusa do pagamento pelo sacado.

522. Salvo ocorrência de tráfico para o exterior, quando então a competência será da Justiça Federal, compete à Justiça dos Estados o processo e julgamento dos crimes relativos a entorpecentes.

704. Não viola as garantias do juiz natural, da ampla defesa e do devido processo legal a atração por continência ou conexão do corréu ao foro por prerrogativa de função de um dos denunciados.

722. São da competência legislativa da união a definição dos crimes de responsabilidade e o estabelecimento das respectivas normas de processo e julgamento.

13. QUESTÕES DE CONCURSOS PÚBLICOS

01. (2016 - FCC - DPE-BA - Defensor Público) De acordo com norma expressa do Código de Processo Penal, são fatores que determinam a competência jurisdicional:

(A) O local da residência da vítima e a natureza da infração.
(B) A prevenção e o local da prisão.
(C) A prerrogativa de função e o domicílio ou residência do réu.
(D) O local da investigação e a conexão ou continência.
(E) O local da prisão e o local da infração.

02. (2015 - VUNESP - MPE-SP - Analista de Promotoria) Para delimitação de competência, entende-se por foro supletivo ou foro subsidiário, previsto no artigo 72, caput, do Código de Processo Penal,

(A) o do juízo prevento, na infração continuada ou permanente, praticada em território de duas ou mais jurisdições.
(B) o do lugar da infração à qual cominada pena mais grave.
(C) o de domicílio ou residência do réu, porque desconhecido o lugar da infração penal.
(D) o da residência da vítima, porque desconhecidos o paradeiro do réu, o local da consumação do delito e, na tentativa, o lugar em que praticado o último ato de execução.
(E) o do juízo da distribuição, porque desconhecidos o paradeiro do réu, o local da consumação do delito e, na tentativa, o lugar em que praticado o último ato de execução.

03. (2015 - VUNESP - PC-CE - Delegado de Polícia Civil de 1ª Classe) A competência para a ação penal, caso

(A) desconhecido o domicílio do ofendido, será estabelecida pelo local da infração.
(B) desconhecido o local da infração, será estabelecida pela residência ou domicílio do réu.
(C) desconhecido o domicílio do réu, será estabelecida pela prevenção.
(D) se trate de ação privada, ficará a cargo do querelante, que pode escolher entre o local da infração e o da sua própria residência.
(E) se trate de crime tentado, será fixada no lugar onde deveria ter se consumado a infração.

04. (2015 - CESPE - TJ-PB - Juiz Substituto) Em relação às disposições do CPP sobre competência, assinale a opção correta.

(A) Em se tratando de crime permanente praticado em território de duas ou mais jurisdições, a competência será firmada pela residência do réu.
(B) Não há mais hipótese no CPP de competência por distribuição.
(C) Em se tratando de crimes conexos em que existe corréu acometido por doença mental, a unidade processual permanece, embora não seja possível prolatar sentença condenatória em seu desfavor.
(D) A justiça federal deverá julgar os casos de contravenção praticada em detrimento de bens, serviços ou interesses da União.
(E) Caso não se conheça o local da infração e o réu tenha mais de um domicílio, será aplicada a regra da prevenção para fins de fixação da competência jurisdicional.

05. (Cespe – Técnico Judiciário – Área Administrativa – STJ/2018) Julgue os itens a seguir, relativos à competência para processar e julgar ações penais. No processo penal, em regra, a competência é definida pelo domicílio ou pela residência do réu; no entanto, se este endereço for desconhecido, a ação penal será processada no lugar de consumação da infração.

06. (Cespe – Analista Ministerial – Área Processual – MPE – PI/2018) Durante uma festa, após desentendimentos entre Carlos e Miro, este proferiu xingamentos racistas contra aquele, o que levou Carlos a empurrar seu agressor, que caiu em uma mesa de vidro. Com o forte impacto, a mesa se despedaçou completamente e seus cacos causaram cortes profundos por todo o corpo de Miro. Os convidados ligaram para a polícia e para o corpo de bombeiros: Carlos foi preso em flagrante e Miro foi encaminhado ao hospital, onde ficou internado por cinco dias, com risco de morte; passou por procedimentos cirúrgicos e, posteriormente, teve de ficar afastado de sua atividade laboral por trinta e dois dias. O Ministério Público denunciou Carlos por lesão corporal de natureza grave. Nessa situação hipotética, a competência para processar e julgar Carlos será da vara criminal do local onde ocorreu o fato, mesmo que Miro tenha passado por risco de morte em razão das lesões.

14. GABARITO ANOTADO

01 – C

Vide:

- Art. 69 do CPP.

02 – C

Vide:

- Art. 72, ***caput,*** do CPP.
- Domicílio ou residência do réu.

03 – B

Vide:

- Art. 72, ***caput,*** do CPP.
- Domicílio ou residência do réu.

04 – E

Vide:

- Art. 72, § 1º, do CPP.

05 – ERRADO

Vide:

- Art. 69, CPP.

06 – CERTO

Vide:

- Competência ***ratione loci.***
- Art. 70, CPP.

15. QUESTÕES DISCURSIVAS COM COMENTÁRIOS

01. (FUMARC – Defensor Público – MG/2009) No dia 5 de março do corrente, foi encontrado um cadáver na linha limítrofe entre as cidades de Betim e Contagem. Foi instaurado o inquérito policial inicialmente na cidade de Betim e, posteriormente, outro na de Contagem. Descoberta a autoria do fato, foram concluídas as investigações apontando que os disparos contra a vítima foram efetuados próximo ao centro comercial de Betim e que a vítima foi socorrida e levada até o HPS de Contagem, falecendo ao dar entrada naquele nosocômio. Posteriormente os autos foram enviados à Justiça.

Pergunta-se: Qual o juízo competente, sabendo-se que o primeiro inquérito policial foi instaurado na cidade de Betim e despachado pelo juiz daquela cidade? Explique e fundamente a sua resposta.

Resposta

Estamos diante de delito plurilocal, porquanto os disparos foram efetuados em Betim e o falecimento, por conta dessas lesões, ocorreu em Contagem. O art. 70, CPP, reza que nessa situação a competência do juízo é a do local da produção do resultado. No entanto, a jurisprudência, especificamente quanto ao crime de homicídio, aduz que a competência é a do local da ação ou da omissão. Para justificar o entendimento pretoriano, a doutrina fala na aplicação da teoria do esboço do resultado para este caso. Significa dizer que, não fosse a intervenção para transportar a vítima ao HPS de Contagem, o óbito teria ocorrido onde a infração penal se esboçou ou no local onde houve o esboço do resultado (onde houve os disparos). O STJ reiterou recentemente esse entendimento, fixando todavia a aplicação da teoria da atividade como a definidora da competência no local onde aconteceram os atos executórios.

O juízo competente é o de Betim, não por ter despachado em primeiro lugar, mas por conta dos fundamentos aqui expostos.

Capítulo XII

Competência em Razão da Função

1. INTRODUÇÃO

Neste capítulo, cuidaremos desse derradeiro critério material para definição da competência criminal. A competência em razão da pessoa toma como vetor o elemento pessoal da infração penal, qual seja, a qualidade da função pública desempenhada pelo sujeito ativo do delito.

Também estudaremos, mais adiante, as questões complementares que incidem na competência penal, tais como os problemas de reunião e separação de processos, *perpetuatio jurisdicionis*, prorrogação de competência, conexão e continência, bem como a distinção entre competência absoluta e relativa.

Comecemos, então, pelo critério da competência *ratione personae*, que expressa a definição da competência por prerrogativa de função.

2. COMPETÊNCIA *RATIONE PERSONAE* OU *RATIONE FUNCIONAE*

Determinadas pessoas, em razão da alta relevância da função que desempenham, têm direito ao julgamento por órgão de maior graduação. Permite-se, assim, enaltecer a função desempenhada, e evitar as pressões indiretas que poderiam ocorrer se as diversas autoridades fossem julgadas pelos juízes de primeiro grau.

Para proteger o exercício do cargo ou da função que tenha relevância constitucional estatal, contra investidas de toda a ordem, para assegurar ao acusado detentor de prerrogativa de função um julgamento com menor suscetibilidade a pressões externas (porque colegiado), bem como para proteger o julgamento contra ameaças de pressões do próprio acusado, prevê o ordenamento jurídico a prerrogativa de função.

Nesse sentido, afirma-se que o foro por prerrogativa de função é uma garantia dúplice, bilateral, que, de um lado, tem um caráter favorável ao acusado (outorga a ele o direito de ser julgado por órgão coletivo, que tem menor chance de ser objeto de constrangimentos por terceiros que o juízo singular) e, de outro, manifesta-se contra o réu (eis que também é menor o risco de coação efetuada pelo próprio réu relativamente a um órgão judicial coletivo, que a um órgão singular).

O foro privilegiado está diluído principalmente na Constituição Federal e nas Constituições estaduais. Trata-se de **critério hierárquico**.

Como estas regras constitucionais foram instituídas em razão do interesse público, prevalece o entendimento de que a prerrogativa por foro de função não viola o princípio do juiz natural. Contudo, em caso de confronto entre prerrogativa prevista em constituição estadual que conflite com regra de competência prevista na Carta Magna, dada a hierarquia entre as normas, restará afastada a prerrogativa. É o que ocorre, por exemplo, com a prerrogativa de foro estabelecida em constituição estadual e a competência do tribunal do júri.

A primeira fonte para se poder definir a competência por prerrogativa de função é a Constituição Federal. É ela que, por exemplo, atribui ao STF a competência para processar e julgar os Ministros de Estado, os Comandantes da Marinha, do Exército e da Aeronáutica, tanto nas infrações penais comuns, quanto nos crimes de responsabilidade. Por sua vez, a definição de quem é Ministro de Estado é ditada por lei federal, que cria o cargo e o ministério correspondente. A Lei nº 13.844/2019 é a que indica quais são os Ministérios e quem são os Ministros de Estado (art. 20).

A Constituição não faz ressalvas à competência por prerrogativa de foro. Vale dizer, não distingue se a autoridade com prerrogativa de função, para ser julgada em um tribunal, deve ser acusada de crime cometido no exercício ou em razão do exercício do cargo, da função ou do mandato. O texto constitucional não exige que o crime seja funcional. No entanto, o STF tem dado interpretação restritiva às regras que instituem competência por prerrogativa de função, para afirmá-la somente quando tiver sido a infração penal perpetrada **no exercício** e **em razão da função pública**, como estudaremos com mais vagar adiante[1].

3. COMPETÊNCIA DO SUPREMO TRIBUNAL FEDERAL (ART. 102, CF)

Executivo	Legislativo	Judiciário	Outras autoridades
› Presidente › Vice-presidente › Ministros de Estado › Advogado Geral da União › Presidente do Banco Central › Controlador Geral da União	› Membros do Congresso Nacional (Deputados Federais; Senadores)	› Membros dos tribunais superiores (STF, STJ, TST, TSE e STM)	› Procurador-Geral da República › Comandante das Forças Armadas › Membros do Tribunal de Contas da União › Chefes de missão diplomática permanente

1. STF – Segunda Turma – Inq 4342 ED – Rel. Min. Edson Fachin – publicado em 02 dez. 2019.

4. COMPETÊNCIA DO SUPERIOR TRIBUNAL DE JUSTIÇA (ART. 105, CF)

Executivo	Legislativo	Judiciário	Outras autoridades
▸ Governadores	–	▸ Membros do TRF, do TRE, dos TJs e dos TRTs	▸ Membros dos Tribunais de Contas dos Estados, Distrito Federal e Municípios ▸ Membros do MP da União que atuam perante tribunais

5. COMPETÊNCIA DOS TRIBUNAIS DE JUSTIÇA

Executivo	Legislativo	Judiciário	Outras autoridades
▸ Prefeitos	▸ Deputados estaduais	▸ Juízes de Direito	▸ Membros do MP estadual

6. COMPETÊNCIA DOS TRIBUNAIS REGIONAIS FEDERAIS (ART. 108, CF)

Executivo	Legislativo	Judiciário	Outras autoridades
▸ Prefeitos	▸ Deputados estaduais	▸ Juízes federais, juízes do trabalho, juízes militares da União	▸ Membros do MP da União (MPF, MPT, MPM, MP do DF)

7. PRERROGATIVA DE FUNÇÃO E MANUTENÇÃO DO CARGO OU MANDATO

Questão tormentosa e inquietante diz respeito ao momento de encerramento do direito ao foro privilegiado. O art. 102, I, "b", da CF, foi objeto de sucessivas mudanças de entendimento no âmbito do Supremo Tribunal Federal que, progressivamente, foi restringindo o seu alcance.

Encerrado o exercício funcional, não prevalece o foro por prerrogativa, razão pela qual os autos devem ser encaminhados ao primeiro grau, sem prejuízo da validade dos atos até então praticados[2]. Também se infrações forem descobertas posteriormente, quando a autoridade já não mais ocupe o posto que lhe conferia a prerrogativa, seguirá o processo ao juízo de primeiro grau.

Vale lembrar, ademais, que inexiste prerrogativa de função para as ações de improbidade administrativa, como reiterado pelos tribunais[3].

Sob outro prisma, tem-se entendido que a renúncia ao mandato, como forma de se eximir ao julgamento perante o tribunal *a priori* competente, não produz efeitos, caso tenha ocorrido depois de finda a instrução processual. Em acréscimo, o STF reafirmou que, a partir do final da instrução processual, com a publicação do despacho de intimação para apresentação de alegações finais, a competência para processar e julgar ações penais não

2. STF – Primeira Turma – Inq 4619 AgR-segundo/DF – Rel. Min. Luiz Fux – j. 19 fev. 2019.
3. STF – Segunda Turma – Inq 4342 ED – Rel. Min. Edson Fachin – publicado em 02 dez. 2019.

restará mais afetada em face do agente público vir a assumir outro cargo ou deixar aquele que ocupava, qualquer que seja o motivo[4].

Nesses casos, a saída do cargo com prerrogativa de função tem sido interpretada como forma de forçar a baixa dos autos à primeira instância, semelhante à inaceitável fraude processual, que frustraria as disposições constitucionais, além das regras de competência. A renúncia ao mandato, por exemplo, na iminência do julgamento, importaria abuso de direito, inconcebível na atual ordem constitucional. Por essa razão, e considerando que ninguém pode se valer da própria torpeza, a renúncia ao mandato ou a aposentadoria voluntária, com o nítido objetivo de deslocar a competência, frustrando o princípio do juiz natural, não teria a força de ilidir a manutenção do foro privilegiado[5].

Podemos dizer que, de acordo com o momento do cometimento do delito, o agente titular de cargo ou função que detenha prerrogativa de função estará sujeito a regras, de acordo com o sistema adotado que, a seu turno, poderá ser o da atualidade, o da contemporaneidade ou híbrido. Vejamos.

8. REGRA DA ATUALIDADE

De acordo com esse sistema, mesmo se a infração penal tiver sido perpetrada em data anterior ao início do exercício de cargo ou função com prerrogativa de foro, o processo criminal deve ser remetido para o órgão competente para julgar o agente, segundo disponha a norma que estabeleça o foro privilegiado.

Cuida-se da **regra da atualidade** do exercício do cargo, pouco importando o tempo do delito.

Enquanto detiver a função que determina a competência criminal com prerrogativa de função, eventual processo criminal contra o agente não pode ser julgado por órgão diverso do estabelecido *ratione personae* (critério hierárquico). Cessado o exercício do cargo, por motivo que não enseje fraude processual, põe-se fim ao foro por prerrogativa de função. A alteração da competência não inquina de nulidade os atos praticados perante outro juízo na época em que este era competente: ***tempus regit actum***.

9. REGRA DA CONTEMPORANEIDADE

A **regra da contemporaneidade** parte do pressuposto de que a competência deve ser definida pelo cometimento da infração penal durante o exercício do cargo. Pouco importa, se ulteriormente, o agente público deixar a função com prerrogativa de foro. Caso termine o mandato eletivo, ou seja, mesmo que exonerado do cargo, a prerrogativa não cessa, pois, por esse sistema, aplica-se a *perpetuatio jurisdictionis*.

No Brasil, era a regra que o enunciado nº 394, da Súmula, do STF, continha. O seu teor dispunha que se o crime tivesse sido cometido no exercício funcional, prevalecia a competência especial por prerrogativa de função, mesmo que a investigação preliminar ou a ação penal tivesse início após a cessação daquele exercício. Com o

4. STF – Pleno – AP 937 QO – Rel. Min. Roberto Barroso – publicado em 11 dez. 2018.
5. STJ – Quinta Turma – HC 289.048/PE – Rel. Min. Joel Ilan Paciornik – DJe 18 out. 2018.

cancelamento daquele verbete sumular, não é mais aplicável em nosso sistema, a regra da contemporaneidade.

10. REGRA DA ATUALIDADE LIMITADA OU RESTRITA

Depois do julgamento da Ação Penal nº 962/DF, o Supremo Tribunal Federal reduziu, seguiu reduzindo o alcance das regras que outorgam competência por prerrogativa de função. Se, na origem, a regra era a da contemporaneidade do mandato e, na fase intermediária do nosso direito, aplicou-se o cânone da sua atualidade, podemos dizer que, após aquele julgado, passou a ser aplicada a **regra da atualidade limitada**.

Essa regra exige não somente o cometimento do crime durante o mandato, o cargo ou a função. É necessário que o delito se dê no exercício ou em razão da função, isto é, que seja infração penal relacionada à função.

Ademais, a nossa regra da atualidade limitada é, em acréscimo, permeada pelo **critério da fase processual** que, por sua vez, determinará a perpetuação de jurisdição criminal por prerrogativa de função quando, encerrada a instrução criminal e aberto prazo para alegações finais, desaparecer o elemento de conexão que assegurava a competência por prerrogativa de foro, a exemplo do encerramento do mandato, da exoneração do cargo ou da aposentadoria voluntária.

A primeira advertência que podemos alinhar é que a decisão do STF que assim interpretou a prerrogativa de função instituída em nossa Lei Maior, extrapolou os seus limites textuais. Naturalmente, o nosso sistema jurídico não lhe outorgou o poder de reescrever disposições constitucionais.

Como realçou Ney Bello, a criação do direito não deveria chegar a esse ponto[6].

Para o efeito de se fixar a competência por prerrogativa de função, consoante o cristalizado pelo STF, devemos observar os pressupostos a seguir.

(1) A competência por prerrogativa de função somente incide em relação aos fatos ocorridos durante o mandato, cargo ou função. Trata-se do critério temporal da atualidade do exercício da função pública, que toma como referência o tempo do fato. Note-se que além do tempo, exige-se que o agente permaneça no exercício do mandato. Cessado o mandato, o processo deve baixar, a fim de que o fato seja julgado pelo juiz singular de primeiro grau de jurisdição. Tal regra já vigorava, porém sem as restrições agora acrescidas.

(2) O foro privilegiado terá lugar apenas para os delitos que tenham **relação com o cargo, mandato ou função**. Alguns crimes são, de forma mais evidente, delitos funcionais, com nítida relação com o cargo. Outras infrações penais, também claramente, estão fora da órbita nuclear do mandato. No entanto, alguns delitos podem se situar em espaço de dúvida. Isso quer dizer que essa limitação pode ensejar insegurança jurídica a respeito do liame entre a infração penal e o cargo, mandato ou função. Quem irá investigar? A qual órgão do MP caberá propor a denúncia? Qual o órgão do Poder Judiciário competente para, por exemplo, processar e sentenciar fato ocorrido no interior de um Estado? Há situações

6. BELLO FILHO, Ney de Barros. *Sistema constitucional aberto*. Belo Horizonte: Del Rey, 2003. p.282.

de certeza de que um crime tem a ver com o exercício da função pública atual, bem como de clarividência de que algum delito não tem ligação com aquela função. Todavia, é muito provável a existência de um largo campo de dúvida, de zona cinzenta, que ensejará interpretações diversas e retórica para justificar que uma infração penal está ou não relacionada ao exercício de cargo público.

(3) Os processos-crime relacionados ao exercício de **cargo ou de mandato anterior** deverão seguir ou permanecer no juízo singular (juiz de primeiro grau de jurisdição). Tal ilação decorre da necessária relação com o exercício atual do cargo ou função. Vale dizer, a infração penal que determinará o alcance do foro privilegiado é somente aquela cometida durante o cargo ou a função atual (atualidade) e enquanto permanecer o agente público no seu efetivo exercício (contemporaneidade). Trata-se de mais uma limitação relativamente à regra anterior que determinava a remessa, ao tribunal competente para julgar o agente com prerrogativa de foro, de todos os processos criminais, que envolvessem delitos funcionais ou não. Veja-se que, antes, a atualidade tomava como referência apenas o exercício do atual do mandato, atraindo os processos com crimes imputados à pessoa com prerrogativa de função. Agora, a atualidade limitada exige que o processo-crime veicule fato criminoso funcional e que tenha ocorrido durante o exercício daquele cargo, mandato ou função. Na hipótese de reeleições sucessivas, a jurisdição fixada se perpetua, considerando a ausência de solução de continuidade de um mandato a outro. Também subsiste a prerrogativa de função nos casos de **mandatos cruzados**, como declarou a Suprema Corte brasileira, apreciando hipótese de posse de parlamentar federal em outra casa legislativa[7]. Destarte, se o novo provimento no mandato de parlamentar for de deputado federal a senador, deve ser mantida a prerrogativa de função diante da inexistência de descontinuidade do seu exercício. O STJ, contudo, deliberou não persistir a prerrogativa de foro se o caso é de reeleição de governador de estado, malgrado a inexistência de solução de continuidade[8].

(4) O STF incluiu, na disciplina da **atualidade limitada**, a **regra da fase processual** para mitigar aquela mais uma vez. Vale dizer, se o motivo que determinou a incidência da competência por prerrogativa de função desaparecer, o processo crime deve ser remetido ao juízo singular, assim como a investigação deverá seguir ao órgão de polícia local. No entanto, essa solução somente se aplica se o encerramento do mandato ou a exoneração da função ou do cargo acontecer até o encerramento da instrução e abertura de prazo para alegações finais. De compasso com a Suprema Corte, terminada a instrução processual com a publicação do despacho de intimação para alegações finais, mantém-se a competência do STF para o julgamento dos detentores de foro por prerrogativa de função, mesmo que referentemente a infrações penais não relacionadas ao cargo ou à função desempenhada[9].

Devemos opor, sob perspectiva doutrinária crítica, que a aludida restrição da competência por prerrogativa de função tende à satisfação de um anseio de eficiência na aplicação

7. STF – Segunda Turma – Inq 4342 ED – Rel. Min. Edson Fachin – publicado em 02 dez. 2019.
8. STJ – Corte Especial – QO na APn 874-DF – Rel. Min. Nancy Andrighi – DJe 03 jun. 2019.
9. STF – Primeira Turma – AP 962/DF, rel. Min. Marco Aurélio, red. p/ o ac. Min. Roberto Barroso, julgamento em 16 out. 2018.

da lei penal, de celeridade, de combate ao crime e à impunidade, como apontou Luciano Nascimento Silva[10].

Em permeio ao discurso da impunidade, está o conhecido **déficit estrutural** de órgãos do Poder Judiciário e outros da persecução penal estatal, para processar e julgar demandas, cujo número foi incrementado. Sobre esse ponto, discordamos:

(1) do discurso da impunidade, pois as regras criminais devem tutelar a liberdade e aplicar a sanção com atendimento a procedimento estrito[11];

(2) da ideia de eficientismo do processo criminal, eis que o procedimento penal não deve se mostrar eficiente com o uso do acusado como instrumento de seus fins, devendo, antes, servir aos propósitos democráticos (legalidade e constitucionalidade)[12];

(3) da função de combate ao crime do Poder Judiciário que, diferentemente, deve aplicar a lei, a Constituição e as normas que regulam a conduta humana; e

(4) da afirmação de que o foro por prerrogativa de função seria responsável pela fraca persecução penal de pessoas que exercem funções centrais do Estado Democrático de Direito, haja vista que o problema maior indica ser o estrutural.

Os demais tribunais passaram a aplicar o posicionamento do STF. No âmbito do STJ, foi dito que os casos de foro por prerrogativa de função limitam-se àqueles em que o delito tiver sido praticado em razão e durante o exercício do cargo ou função. Na oportunidade, a Corte Superior esclareceu, em atenção ao princípio ou à regra da *Kompetenz-Kompetenz*, que é ela mesma que tem o dever de exercer o controle da própria competência, mormente em se tratando de ações originárias, já que atua, em causas assim, não como corte de revisão ou de superposição, mas como primeiro julgador[13].

Em esforço de síntese, a competência por prerrogativa de função, arrimada em **regra da atualidade restrita**, pode ser representada segundo o seguinte quadro:

CRIMES COMETIDOS POR DEPUTADO FEDERAL OU SENADOR	
Situação	**Competência**
Crime cometido antes da diplomação como Deputado ou Senador.	Juízo de 1ª instância
Crime cometido depois da diplomação (durante o exercício do cargo), mas o delito não tem relação com as funções desempenhadas.	
Crime cometido depois da diplomação (durante o exercício do cargo) e o delito está relacionado com as funções desempenhadas.	STF

10. SILVA, Luciano Nascimento. *Teoria do direito penal econômico e fundamentos constitucionais da ciência criminal secundária.* Curitiba: Juruá, 2010. p.29-30.

11. SILVEIRA FILHO, Sylvio Lourenço da. *Introdução ao direito processual penal.* 2. ed. Florianópolis: Empório do Direito, 2015. p.21.

12. SANTOS JÚNIOR, Rosivaldo Toscano dos. *Controle remoto e decisão judicial:* quando se decide em decidir. Niterói: Lumen Juris, 2014. p.99.

13. STJ – Corte Especial – AgRg na APn 866-DF – Rel. Min. Luis Felipe Salomão – DJe 03 ago. 2018.

11. CESSAÇÃO DO EXERCÍCIO DA FUNÇÃO COM PRERROGATIVA DE FORO

A competência por prerrogativa de função não se protrai para incidir sobre crimes cometidos posteriormente ao término do exercício funcional. Este o teor da Súmula nº 451, do STF. Decorre da atualidade do exercício funcional e evidencia que a competência em razão de foro privilegiado não tem a força de se estender no tempo quando já cessado definitivamente o mandato ou encerrado o exercício de cargo ou de função pública.

12. PRERROGATIVA *VERSUS* TRIBUNAL DO JÚRI

As autoridades com foro privilegiado estatuído na Constituição Federal não irão a júri, sendo julgadas pelo respectivo tribunal competente. Já aquelas com foro por prerrogativa de função previsto na Constituição estadual, como normalmente ocorre com os vice-governadores e defensores públicos, caso incorram em crime doloso contra a vida, irão a júri.

Este o entendimento do STF, descrito no verbete nº 721, da Súmula, do STF, que dita que a competência constitucional do Tribunal do Júri prevalece sobre o foro por prerrogativa de função estabelecido exclusivamente pela Constituição Estadual. Nos debates que precederam a sua aprovação, consta caso de procurador do estado, que deve ir a júri, por esta prevalecer sobre a competência estatuída tão somente na constituição estadual.

Não obstante, conforme mencionado abaixo, o STJ entende que, mesmo quando prevista expressamente na Constituição estadual, o deputado estadual deverá ser julgado pelo tribunal de justiça respectivo, por força do princípio da **simetria** ou **paralelismo**. Trata-se de hipótese de inaplicabilidade do enunciado nº 721, da Súmula, do STF, e, por conseguinte, da competência do Tribunal do Júri para julgamento do parlamentar estadual[14].

13. PRERROGATIVA FUNCIONAL DOS PREFEITOS

Os prefeitos, como já visto, serão julgados perante o **tribunal de justiça** (art. 29, X, CF). Contudo, de acordo com a verbete nº 702, da Súmula, do STF, a competência daquele tribunal, para julgar prefeitos, restringe-se aos crimes de competência da justiça comum estadual. Nos demais casos, a competência originária caberá ao respectivo tribunal de segundo grau. Diante da Súmula, nos crimes contra a União, suas autarquias e empresas públicas, quem julgará o prefeito é o TRF, e nos crimes eleitorais, o TRE. Aplicamos também este entendimento aos Deputados Estaduais.

Quanto ao desvio de verbas públicas perpetrado pelo prefeito, o STJ os verbetes nº 208 e nº 209, dirimindo dúvidas quanto ao julgamento na esfera estadual ou federal. De tal sorte, teremos que, à justiça federal, competirá processar e julgar prefeito municipal por desvio de verba sujeita a prestação de contas perante órgão federal, enquanto caberá, à justiça estadual, processar e julgar prefeito por desvio de verba transferida e incorporada ao patrimônio municipal.

---

14. STJ – Quinta Turma – HC 220.225/RJ – Rel. Ministro Jorge Mussi – DJe 02 out. 2013.

14. FORO PRIVILEGIADO E DESLOCAMENTO

Sempre que a autoridade que goza de foro privilegiado incorrer em infração penal, mesmo que esteja fora da jurisdição territorial do respectivo tribunal, será julgada perante o tribunal de origem. Por esta regra, se um juiz estadual do Tocantins praticar infração penal numa viagem ao Amazonas, será julgado perante o TJ do Tocantins.

Corroborando esse entendimento, decidiu o Superior Tribunal de Justiça que o constituinte, ao criar a prerrogativa prevista no art. 29, X, da Constituição, previu que o julgamento dos prefeitos, em razão do cometimento de crimes comuns, ocorre no tribunal de justiça. A importância da função de prefeito e o interesse que isso gera no estado em que localizado o município são as razões que conduzem à apreciação da conduta pelo tribunal de justiça da respectiva unidade da Federação.[15]

Ressalte-se que o mesmo raciocínio não se aplica aos vereadores, salvo se a Constituição Estadual lhe conferir a prerrogativa de foro. Do contrário, o vereador que se encontre em comarca diversa daquela em que exerce o seu mandato será processado segundo a regra geral de competência (art. 70, CPP).

15. CRIME DE RESPONSABILIDADE *VERSUS* IMPROBIDADE ADMINISTRATIVA

Prevalece o entendimento de que crime de responsabilidade em sentido estrito (infração político-administrativa) é ilícito diverso daquele que tipifica a improbidade administrativa. Em outras palavras, é possível o acionamento do agente em esferas distintas: seja na **criminal-política** (quando o agente político responde a processo tendente a afastá-lo das funções por órgão geralmente político), seja na **judicial** por improbidade administrativa (ilícito civil, cujo julgamento compete ao Poder Judiciário, investido de jurisdição civil).

Como regra, não há *bis in idem* na aplicação das duas esferas aos agentes políticos.

Sob outro prisma, a ação de improbidade administrativa é de competência do juízo de primeiro grau, independentemente da qualidade funcional da autoridade demandada.

Enquanto o chefe do poder executivo pode se sujeitar a processo de *impeachment* e a ação por improbidade administrativa, os parlamentares não se submetem àquele processo político, mas podem responder a processo de cassação do mandato na respectiva casa legislativa, além de poderem ser demandados por improbidade.

Sobre o ponto, o STF ratificou que:

(1) é competente o juízo de primeiro grau para julgar ação de improbidade administrativa contra agente político; e

(2) apenas o Presidente da República se submente ao regime da **unidade sancionatória**, apenas respondendo por crime de responsabilidade. Aos demais agentes políticos, aplicável será o **duplo regime sancionatório**, incidindo as esferas relativas a infrações

15. STJ – Terceira Seção – CC 120.848 – Rel. Min. Laurita Vaz – DJe 27 mar. 2012.

político-administrativas (impropriamente chamadas de crime de responsabilidade) e de improbidade administrativa[16].

Por fim, cabe lembrar que o enunciado nº 46, da Súmula Vinculante, do STF, reza que a definição dos crimes de responsabilidade e o estabelecimento das respectivas normas de processo e julgamento são de competência legislativa privativa da União.

16. PRERROGATIVA DE FUNÇÃO E INDICIAMENTO

Indiciamento é ato fundamentado privativo do delegado de polícia que consiste na análise técnico-jurídica conclusiva da autoria, da materialidade e das circunstâncias do fato. Quando a pessoa investigada a ser indiciada é detentora de foro por prerrogativa de função, o delegado de polícia não pode realizar o indiciamento, salvo se autorizado pelo órgão detentor de competência para processar e julgar o investigado ou, no âmbito do STF, pelo Ministro-Relator.

17. DUPLO GRAU DE JURISDIÇÃO *VERSUS* CESSAÇÃO DA PRERROGATIVA DE FUNÇÃO

O duplo grau de jurisdição para acusados com prerrogativa de função é limitado. Em algumas situações, o duplo grau não existirá, tal como ocorre com os julgamentos de competência originária do Supremo Tribunal Federal, onde os recursos dirigidos contra acórdão condenatório são julgados pelo mesmo órgão.

Quanto à competência dos demais órgãos colegiados para processar e julgar crimes contra titulares de foro por prerrogativa de função, é de ver que o duplo grau existe, porém mitigado, porquanto nem sempre há possibilidade de reexame integral da matéria como se dá com a apelação criminal.

A cessação da prerrogativa de função não torna nulos os atos praticados pelo juízo que até então era competente, porque *tempus regit actum*.

De outro lado, a data da sentença define o recurso cabível e o prazo. Se durante o curso prazo recursal, a competência por prerrogativa de função cessar, deverá ser interposto o recurso cabível à época da data da prolação da decisão.

18. PRERROGATIVA DE FUNÇÃO FIXADA NA CONSTITUIÇÃO ESTADUAL E O PRINCÍPIO DA SIMETRIA

Para ser estabelecida prerrogativa de função pela constituição estadual, é necessário que seja respeitado o **princípio da simetria** ou do **paralelismo**.

Em outras palavras, deve haver relação de semelhança relativamente à prerrogativa de função conferida pela Constituição Federal, para ser válida a regra do constituinte estadual que estabelece prerrogativa de função em face de cargo que guarda correspondência na esfera estadual, ou seja, com atribuições similares ao cargo que conta com previsão de foro privilegiado na Carta Magna.

16. STF – Pleno – Pet 3230 – Rel. Min. Teori Zavascki – red. p/ Min. Roberto Barroso – j. 10 mai. 2018; STF – Pleno – RE 976566, Rel. Min. Alexandre de Morais – publicado em 26 set. 2019.

Toda vez que o foro por prerrogativa de função for estabelecido exclusivamente na constituição estadual ou nas leis locais, mas incidir o princípio em tela, a autoridade será julgada pelo tribunal de justiça ou pelo tribunal regional federal, conforme o interesse estadual ou federal envolvido. Nesse sentido, se deputado estadual for acusado de crime que ofenda interesse da União, deverá ser julgado pelo tribunal regional federal do estado a que estiver vinculado. A competência por prerrogativa de função deferida ao parlamentar estadual, gizada na Constituição do Estado-membro, para ser julgado perante o tribunal de justiça, permite concluir que, nos casos de interesse federal, a competência para o seu julgamento será do tribunal regional federal[17].

Como anotamos acima, o princípio da simetria ou do paralelismo foi empregado pelo STJ para afastar a competência do tribunal do júri e afirmar a competência do tribunal de justiça em caso de crime doloso contra a vida praticado por deputado estadual. Para a Corte, o princípio mencionado torna inaplicável a Súmula nº 721, do STF e Súmula Vinculante nº 45, ao parlamentar estadual[18].

Reconhecendo o direito dos parlamentares estaduais às mesmas prerrogativas dos parlamentares federais, o STF indeferiu medida cautelar nos autos da ADI 5.823/RN. Para a Corte Suprema, a leitura da Constituição Federal, sob os ângulos literal e sistemático, evidencia que os deputados estaduais têm garantidas as imunidades formal e material, assim como a inviolabilidade conferidas pelo Constituinte, no que estendidas, expressamente, ao legislador local[19].

19. PRERROGATIVA DE FUNÇÃO E EXCEÇÃO DA VERDADE

Exceção da verdade é defesa passível de ser apresentada em processo penal por crime contra a honra, notadamente quando a acusação descrita na ação penal imputa à crime de calúnia ou crime de difamação. A exceção da verdade na ação penal por delito de difamação é restrita ao caso de acusado funcionário público e de fato que diga respeito ao exercício de suas funções.

Para que haja repercussão na competência do juízo de primeiro grau quanto ao julgamento da exceção da verdade oposta, a ação penal deve narrar um daqueles crimes contra honra, atribuindo-o à autoridade pública com prerrogativa de função.

O crime contra honra que admite o deslocamento do julgamento da exceção da verdade pelo tribunal com competência para julgar a suposta vítima que detém prerrogativa de função é o crime de calúnia, que consiste em imputar a alguém, falsamente, fato definido como crime (art. 138, *caput*, CP).

Como a difamação não consiste em imputação de fato definido como crime, a exceção da verdade não deve ser remetida ao tribunal competente para julgar o agente com prerrogativa de foro, ressalvada a imputação de contravenção penal.

Isso significa dizer que o art. 85, do Código de Processo Penal, deve ser objeto de exegese restrita. De acordo com seu teor, nos processos por crime contra a honra, em que

17. STJ – Corte Especial – Rp 479/DF – Rel. Min. Og Fernandes – DJe 14 out. 2015.
18. STJ – Quinta Turma – HC 220.225/RJ – Rel. Ministro Jorge Mussi – DJe 02 out. 2013.
19. STF – Pleno – ADI 5.823/RN-MC – Rel. Min. Marco Aurélio – julgado em 08 mai. 2019.

forem querelantes as pessoas que a Constituição sujeita à jurisdição do Supremo Tribunal Federal e dos Tribunais de Apelação, àquele ou a estes caberá o julgamento, quando oposta e admitida a exceção da verdade.

Movida a ação penal e oposta a *exceptio veritatis* pelo acusado ou querelado perante o juízo de primeiro grau, este pode admiti-la ou não.

Se houver **admissibilidade**, a exceção da verdade deverá julgada pelo tribunal que detiver competência para julgar a autoridade com foro privilegiado, eis que o seu acolhimento, pelo mérito, pode resvalar em reconhecimento da prática de crime cuja competência para julgamento não é do juízo de primeiro grau.

Caso haja **inadmissibilidade** da exceção, o processo permanecerá no juízo de primeiro grau de jurisdição, eis que inexistirá ameaça de instauração de investigação policial ou processo penal contra a pessoa com prerrogativa de função.

Na esteira do STJ, o juízo de admissibilidade, o processamento e a instrução da exceção da verdade oposta em face de autoridades públicas com prerrogativa de foro devem ser feitos pelo próprio juízo da ação penal originária. Após a instrução desses autos, admitida a *exceptio veritatis*, o juiz de primeiro grau deve remetê-los à instância superior para julgamento do mérito[20].

Ademais, a depender do desfecho da exceção da verdade, o processo penal ajuizado em primeiro grau de jurisdição poderá sofrer seus efeitos:

(1) caso a exceção seja acolhida, o juiz de primeiro grau terá de proferir sentença absolutória relativamente ao acusado do crime contra a honra, em razão do fato não constituir crime;

(2) se a exceção da verdade for rejeitada, o juiz prosseguirá até final sentença que, naturalmente, poderá ser de condenação ou de absolvição do acusado, a depender do conjunto probatório.

De tudo que foi dito, a síntese para inferir a competência para julgar a exceção da verdade é:

(1) querelante que detenha prerrogativa de função junto ao tribunal (entendemos possível a exceção da verdade também para ações penais públicas condicionadas que veiculem imputação de crime de calúnia a acusado, conquanto o art. 85, do CPP, só faça menção a querelante);

(2) crime contra honra de calúnia (é a regra, posição majoritária), sendo viável o manejo em face de crime de difamação e deslocamento do seu julgamento para o tribunal em casos restritos, como o de narrar contravenção);

(3) preservação da competência do tribunal para o exame de mérito de crime que eventualmente possa ser atribuído à autoridade pública, considerando que a autoridade pública que move ação penal privada temerária pode, em tese, responder por delito de denunciação caluniosa (art. 339, CP).

20. STJ – Corte Especial – Rcl 6.595/MT – Rel. Min. Laurita Vaz – DJe 01 jul. 2013.

20. QUADRO SINÓTICO

<table>
<tr><th colspan="3">CAPÍTULO XII – COMPETÊNCIA EM RAZÃO DA FUNÇÃO</th></tr>
<tr><th colspan="3">Competência ratione personae ou ratione funcionae</th></tr>
<tr><td colspan="2">Para proteger o exercício do cargo ou da função que tenha relevância constitucional estatal, contra investidas de toda a ordem, prevê o ordenamento jurídico a prerrogativa de função. Está diluído principalmente na Constituição Federal e nas Constituições estaduais. Trata-se de critério hierárquico. A primeira fonte para se poder definir a competência por prerrogativa de função é a Constituição Federal.</td><td>2 a 6</td></tr>
<tr><td>Prerrogativa de função e manutenção do cargo ou mandato</td><td>Encerrado o exercício funcional, não prevalece o foro por prerrogativa. Também se infrações forem descobertas posteriormente, seguirá o processo ao juízo de primeiro grau.
Não há prerrogativa para ações de improbidade administrativa.
A renúncia ao mandato ou a aposentadoria voluntária, com o nítido objetivo de deslocar a competência, não teria a força de ilidir a manutenção do foro privilegiado.</td><td>7</td></tr>
<tr><td>Regra da atualidade</td><td>Mesmo se a infração penal tiver sido perpetrada em data anterior ao início do exercício de cargo ou função, o processo criminal deve ser remetido para o órgão competente para julgar o agente.</td><td>8</td></tr>
<tr><td>Regra da contemporaneidade</td><td>A competência deve ser definida pelo cometimento da infração penal durante o exercício do cargo. Caso termine o mandato eletivo, a prerrogativa não cessa.</td><td>9</td></tr>
<tr><td>Regra da atualidade limitada ou restrita</td><td>Consoante o cristalizado pelo STF, devemos observar os pressupostos a seguir:
(1) somente incide em relação aos fatos ocorridos durante o mandato, cargo ou função.
(2) terá lugar apenas para os delitos que tenham relação com o cargo, mandato ou função.
(3) Os processos-crime relacionados ao exercício de cargo ou de mandato anterior deverão seguir ou permanecer no juízo singular.
(4) O STF incluiu, na disciplina da atualidade limitada, a regra da fase processual para mitigar aquela mais uma vez.</td><td>10</td></tr>
<tr><td>Cessação do exercício da função com prerrogativa de foto</td><td>A competência por prerrogativa de função não se protrai para incidir sobre crimes cometidos posteriormente ao término do exercício funcional. Este o teor da Súmula nº 451, do STF.</td><td>11</td></tr>
<tr><td>Prerrogativa versus tribunal do júri</td><td>As autoridades com foro privilegiado estatuído na CF não irão a júri, sendo julgadas pelo respectivo tribunal competente. Já aquelas com foro por prerrogativa de função previsto na Constituição estadual, caso incorram em crime doloso contra a vida, irão a júri (súmula 721 do STF).</td><td>12</td></tr>
</table>

CAPÍTULO XII – COMPETÊNCIA EM RAZÃO DA FUNÇÃO		
Prerrogativa funcional dos prefeitos	Os prefeitos serão julgados perante o TJ. Contudo, a competência daquele tribunal, restringe-se aos crimes de competência da justiça comum estadual. Nos demais casos, a competência originária caberá ao respectivo tribunal de segundo grau (TRF, TRE).	**13**
Foro privilegiado e deslocamento	Sempre que a autoridade que goza de foro privilegiado incorrer em infração penal, mesmo que esteja fora da jurisdição territorial do respectivo tribunal, será julgada perante o tribunal de origem.	**14**
Crime de responsabilidade *versus* improbidade administrativa	Prevalece o entendimento de que crime de responsabilidade em sentido estrito (infração político-administrativa) é ilícito diverso daquele que tipifica a improbidade administrativa.	**15**
Prerrogativa de função e indiciamento	O delegado não pode realizar o indiciamento, salvo se autorizado pelo órgão detentor de competência para processar e julgar o investigado ou, no âmbito do STF, pelo Ministro-Relator.	**16**
Duplo grau de jurisdição *versus* cessação da prerrogativa de função	O duplo grau de jurisdição para acusados com prerrogativa de função é limitado. Em algumas situações, o duplo grau não existirá, tal como ocorre com os julgamentos de competência originária do STF, onde os recursos dirigidos contra acórdão condenatório são julgados pelo mesmo órgão.	**17**
Prerrogativa de função fixada na Constituição Estadual e princípio da simetria	Para ser estabelecida prerrogativa de função pela constituição estadual, é necessário que seja respeitado o **princípio da simetria** ou do **paralelismo**.	**18**
Prerrogativa de função e exceção da verdade	A síntese para inferir a competência para julgar a exceção é: (1) querelante que detenha prerrogativa de função junto a tribunal; (2) crime de calúnia, sendo viável o manejo em face de crime de difamação; (3) preservação da competência do tribunal para o exame de mérito de crime que eventualmente possa ser atribuído à autoridade pública, considerando que a autoridade pública que move ação penal privada temerária pode responder por delito de denunciação caluniosa (art. 339).	**19**

21. SÚMULAS DO STJ

208. Compete à Justiça Federal processar e julgar prefeito municipal por desvio de verba sujeita a prestação de contas perante órgão federal.

209. Compete à Justiça Estadual processar e julgar prefeito por desvio de verba transferida e incorporada ao patrimônio municipal.

634. Ao particular aplica-se o mesmo regime prescricional previsto na Lei de Improbidade Administrativa para o agente público.

22. SÚMULAS DO STF

Súmula Vinculante nº 45. A competência constitucional do Tribunal do Júri prevalece sobre o foro por prerrogativa de função estabelecido exclusivamente pela constituição estadual.

Súmula Vinculante nº 46. A definição dos crimes de responsabilidade e o estabelecimento das respectivas normas de processo e julgamento são de competência legislativa privativa da União.

702. A competência do Tribunal de Justiça para julgar prefeitos restringe-se aos crimes de competência da Justiça comum estadual; nos demais casos, a competência originária caberá ao respectivo tribunal de segundo grau.

721. A competência constitucional do tribunal do Júri prevalece sobre o foro por prerrogativa de função estabelecido exclusivamente pela Constituição Estadual.

722. São da competência legislativa da união a definição dos crimes de responsabilidade e o estabelecimento das respectivas normas de processo e julgamento.

23. QUESTÕES DE CONCURSOS PÚBLICOS

01. (2016 - UFMT - DPE-MT - Defensor Público) Em relação à competência jurisdicional decorrente da prerrogativa de função e à competência do Tribunal do Júri, marque a afirmativa correta.

(A) Caso um Prefeito Municipal venha a cometer um crime de homicídio no exercício de seu mandato, deverá ser julgado pelo Tribunal do Júri do lugar do crime, tendo em vista que este último é o órgão competente constitucionalmente para o julgamento.

(B) Um Juiz de Direito do Estado de Mato Grosso que comete um crime de homicídio no Estado do Acre deverá ser julgado pelo Tribunal de Justiça do Estado do Acre, já que tem foro por prerrogativa de função.

(C) Um Promotor de Justiça do Estado de São Paulo que comete um crime de tentativa de homicídio simples no Estado de Mato Grosso deverá ser julgado pelo Tribunal de Justiça do Estado de São Paulo, já que tem foro por prerrogativa de função.

(D) Um Deputado Federal do Estado de Mato Grosso que comete um crime de homicídio em Brasília deverá ser julgado pelo Tribunal do Júri do Distrito Federal.

(E) Um Juiz de Direito do Estado de Mato Grosso que comete um crime de homicídio no Estado do Acre poderá ser julgado pelo Tribunal de Justiça tanto do Estado do Acre como do Estado de Mato Grosso, já que tem foro por prerrogativa de função.

02. No conflito entre foro determinado pela Constituição Federal, por prerrogativa de função e o foro material, definido para o tribunal do Júri no artigo 5º, XXXVIII, d, prevalecerá este último por ser garantia fundamental individual.

03. O foro por prerrogativa de função é sempre definido pela Constituição Federal, mas as constituições estaduais também podem conferir foro por prerrogativa.

04. Os prefeitos devem ser julgados por Tribunal de Justiça Estadual, mas em cometimento de crimes federais deverão ser julgados pelo Tribunal Regional Federal.

05. (2015 - FCC - TJ-SC - Juiz Substituto) Após a condenação em primeira instância por um crime de competência federal, o réu de uma ação penal é diplomado como deputado federal. Posteriormente, quanto ao julgamento de sua apelação, interposta antes da diplomação, deverá ser julgada:

(A) pelo Tribunal Regional Federal, se já estiver devidamente instruída com razões e contrarrazões.

(B) normalmente pelo juiz federal da causa, em respeito ao princípio do juiz natural.

(C) pelo Supremo Tribunal Federal.

(D) pelo Superior Tribunal de Justiça.

(E) normalmente pelo Tribunal Regional Federal.

06. (Consulplan - Cartórios - Remoção - TJ - MG/2017) Considerando as regras constitucionais que disciplinam o foro privilegiado que detêm Deputados e Senadores, assinale a afirmativa correta:

(A) Os membros do Congresso Nacional poderão ser presos em flagrante pela prática de contravenções penais tipificadas na Lei nº 3.688/41.

(B) Nos casos de prisão em flagrante por crime afiançável, independerá de autorização da Casa respectiva para instauração de inquérito policial.

(C) No caso de prisão em flagrante dos membros do Congresso Nacional, por crime inafiançável, a manutenção da prisão dependerá de deliberação da Casa respectiva, pelo voto da maioria de seus membros.

(D) O recebimento da denúncia pelo STF contra Deputados e Senadores depende de autorização da Casa respectiva.

07. (Cespe - Delegado de Polícia Federal - DPF/2018) Em cada um dos seguintes itens, é apresentada uma situação hipotética seguida de uma assertiva a ser julgada de acordo com o entendimento dos tribunais superiores acerca das atribuições da PF na persecução criminal e da competência para o processamento e o julgamento de ação penal. O prefeito de determinado município desviou, em proveito próprio, verba federal transferida e incorporada ao patrimônio municipal. Instaurado o competente IP, os autos foram relatados e encaminhados, pela autoridade policial, à justiça estadual. Nessa situação, agiu corretamente a autoridade policial ao encaminhar os autos à justiça comum estadual, a quem compete o processamento e o julgamento de casos como o relatado.

24. GABARITO ANOTADO

01 – C

Vide:

- Art. 96, III, da CF/88.
- Súmula vinculante nº 45.

02 – E

Vide:

- Súmula vinculante nº 45.
- Prerrogativa ***versus*** tribunal do Júri.

03 – C

Vide:

- Competência ***ratione personae*** ou ***ratione funcionae***.

04 – C

Vide:

- Súmula 702, STF.

05 – C

Vide:

- Competência ***ratione personae*** ou ***ratione funcionae***.
- Art. 102, I, b da Constituição Federal c/c art. 53, §1.º da Constituição Federal.
- Depois do julgamento da Ação Penal nº 962/DF, o Supremo Tribunal Federal reduziu, seguiu reduzindo o alcance das regras que outorgam competência por prerrogativa de função, passando a adotar a regra da atualidade limitada.

06 – C

Vide:

- Competência ***ratione personae*** ou ***ratione funcionae***.
- Art. 53, §2º da Constituição Federal.

07 – CERTO

Vide:

- Competência ***ratione materiae***.
- Art. 29, X, CF.
- Súmula 208, STJ.
- Súmula 209, STJ.
- Súmula 702, STF.

25. QUESTÕES DISCURSIVAS COM COMENTÁRIOS

01. (CESPE – Promotor de Justiça – RR/2008) Marcos, deputado federal e fazendeiro no estado do Amazonas, contratou Gilmar para matar Afonso, em razão de conflitos decorrentes da propriedade de um imóvel rural. Gilmar atentou contra a vida de Afonso, desferindo-lhe três tiros, que lhe causaram a morte. Nessa situação, qual será o órgão judiciário competente para o julgamento do crime? Justifique a sua resposta.

Resposta

O deputado federal tem foro por prerrogativa de função no STF, ali respondendo em razão da autoria intelectual do crime. Quanto ao coautor, tem-se entendido que deve ser ele julgado pelo júri, com separação dos processos. É que a norma constitucional de competência (júri e prerrogativa de foro), apenas excluída por outra de mesma natureza e hierarquia, alija a norma legal que impõe unidade de processo e julgamento em face de conexão ou de continência (artigos 76 e 77, CPP). Tanto o STF, quanto o STJ têm adotado esse posicionamento quando se cuida de crime doloso contra a vida.

02. (TJ/RJ – Juiz de Direito – RJ/2008) Disserte sobre a competência para julgar os Deputados Estaduais nos crimes comuns, inclusive de homicídio doloso, crimes em detrimento de bens, interesses e serviços da União Federal e nos crimes Eleitorais. A dissertação deverá indicar os dispositivos legais aplicáveis, bem como o entendimento doutrinário e jurisprudencial a respeito.

Resposta

O deputado estadual tem prerrogativa de função haurida constitucionalmente no tribunal de segunda instância. No âmbito da Justiça Estadual, compete ao Tribunal de Justiça processar e julgar o deputado estadual. Na esfera federal, essa competência passa ao respectivo Tribunal Regional Federal. Já quanto aos crimes eleitorais, a competência é do Tribunal Regional Eleitoral. Nessa questão, não havendo limite de linhas, o candidato deve apresentar conhecimento consistente sobre o tema, inclusive relativo a princípios constitucionais, tal qual a simetria ou paralelismo. Também importante demonstrar conhecimento jurisprudencial sobre o tema (o STJ tem precedentes assentando esse entendimento).

Capítulo XIII

Questões complementares em matéria de competência

1. COMPETÊNCIA ABSOLUTA *VERSUS* RELATIVA

Os critérios de competência absoluta ou constitucional são previstos em atenção ao interesse público. Logo, eventual desatendimento não convalidará os atos praticados no transcorrer do processo.

Já a competência relativa atende, sobretudo, ao interesse das partes. Consequentemente, a transgressão aos ditames legais para a fixação da competência relativa, se não suscitada em tempo hábil, implica preclusão, e consequente prorrogação da competência, leia-se, o magistrado a princípio incompetente, passa a ser competente, por aquiescência das partes.

Já as hipóteses que levem à incompetência absoluta do juízo, podem ser suscitadas a qualquer momento.

Tanto a incompetência absoluta como a relativa podem ser declaradas de ofício.

Em se tratando de incompetência relativa, acreditamos que a defesa, sob pena de preclusão, deverá sinalizar no prazo de apresentação da defesa preliminar, qual seja, dez dias (art. 396, CPP). Já o juiz, em se tratando de incompetência absoluta, poderá declinar do processo a qualquer momento. A incompetência relativa poderá ser afastada até a absolvição sumária (art. 397, CPP). Merece, portanto, releitura o verbete nº 33, da Súmula, do STJ, ao afirmar que a incompetência relativa não pode ser declarada de ofício, já que o juiz, até a fase do art. 397, poderá fazê-lo.

Há quem entenda, contudo, que, a partir da adoção do princípio da identidade física do juiz pelo Código de Processo Penal, o reconhecimento da incompetência relativa de ofício pelo juiz apenas terá lugar até o início da instrução processual, razão pela qual haveria preclusão *pro judicato* toda vez que fosse iniciada a instrução (preclusão para o próprio magistrado)[1].

Não nos parece que seja assim, eis que, de um lado, instrução não se inicia com a audiência, mas com todos os atos probatórios que geralmente acontece em momento anterior, seja pela realização de perícias, seja pela admissão de documentos aos autos. De outro lado, a referência preclusiva para que a competência relativa se fixe alusivamente a um só juiz, evitando incertezas quanto a tal aspecto relevante do processo, há de ser o primeiro momento seguidamente àquele que a parte tenha para suscitá-la nos autos, sendo este, para o magistrado, a etapa de examinar se é o caso de absolver sumariamente ou não o acusado (art. 397, CPP).

De outro lado, em processo penal, não há óbice para que a arguição de incompetência absoluta seja feita por meio de exceção: tanto a incompetência absoluta quanto a incompetência relativa podem ser fustigadas em exceção de incompetência.

O art. 111, CPP, dispõe que as exceções serão processadas em apartado e não suspenderão, como regra, o processo principal. O juiz mandará autuar em apartado toda vez que ele não concorde de plano com a alegação de incompetência, quando haverá necessidade de ser seguido o rito próprio previsto no Código de Processo Penal.

O art. 567, do CPP, determina a nulidade dos atos decisórios quando se cuidar de reconhecimento de incompetência. Nos termos da jurisprudência do STF, a incompetência aludida por aquele dispositivo é a absoluta, malgrado não distinga o Código. Se a incompetência, reconhecida pelo juiz, for absoluta, deverá ser reconhecida, pelo juiz efetivamente competente, a **nulidade absoluta** dos atos decisórios e, em seguida, decretada a **invalidação** dos atos afetados[2].

No âmbito do tribunal, o reconhecimento de ofício de incompetência absoluta deve ser aplicado com atenção ao enunciado da Súmula nº 160, do STF, eis que esta enfatiza que é nula a decisão do Tribunal que acolhe, contra o réu, nulidade não arguida no recurso da acusação, ressalvados os casos de recursos de ofício. Em outras palavras, havendo só recurso do Ministério Público, que não argua incompetência do órgão *a quo*, ainda que absoluta, não pode órgão *ad quem* (tribunal) reconhecê-la, se isso implicar prejuízo para o acusado (que, por exemplo, foi absolvido).

1. LIMA, Renato Brasileiro. *Curso de processo penal*: volume único. Niterói: Impetus, 2013. p.304.
2. STF – Segunda Turma – ARE 850933 AgR – Rel. Min. Dias Toffoli – publicado em 15 mai. 2017.

Naturalmente, se o acusado tiver sido condenado, ainda que minimamente, o Tribunal poderá acolher a incompetência absoluta não fustigada. Porém, no órgão *a quo* de fato competente, haverá a limitação inerente ao princípio da vedação de *reformatio in pejus* indireta, de sorte que eventual condenação não exceda o patamar da pena aplicada por ocasião do primeiro julgamento.

Embora o STF entenda que, em regra, o recebimento de denúncia tem a natureza de despacho – e não de decisão –, fato é que entende que a incompetência absoluta reconhecida tem a força de anular, inclusive, o recebimento da denúncia, razão pela qual não tem ele o condão de interromper a prescrição, retirando o efeito decorrente do art. 117, do Código Penal[3].

Em divergência, entendemos que, apesar da lei não ter distinguido entre competência absoluta ou relativa, há de se reconhecer que, em se tratando de incompetência absoluta, não só os atos decisórios, mas também os instrutórios deveriam ser reputados imprestáveis, com reconhecimento de **nulidade absoluta** do processo, declarado pelo juiz competente, e consequente decreto de sua **invalidação**.

Por outro lado, para a incompetência relativa, poderíamos concluir pelo aproveitamento dos atos de prova, restando imprestáveis os atos decisórios, na forma do art. 567, do CPP.

No entanto, duas questões podem afetar a validade dos atos processuais, se praticados por juiz relativamente incompetente:

(1) o juiz das garantias, cuja eficácia permanece, por ora, suspensa[4], eis que, além de dever ser territorialmente competente, não pode atuar na fase processual, em razão de impedimento legal; e

(2) o princípio da identidade física do juiz, que obsta que o juiz da sentença seja diverso do juiz da instrução.

Nessas duas hipóteses, pensamos que deve ser decretada a **invalidação** dos atos processuais afetados pela atuação vedada legal e constitucionalmente.

Todavia, a jurisprudência segue a tendência de não anular a prova produzida perante juiz relativamente incompetente territorialmente só por conta do princípio da identidade física do juiz, sob o argumento de que é necessária a demonstração de prejuízo para o réu[5].

Temos que ressaltar que, consoante entendimento corredio, o critério territorial de fixação de competência é relativo. Os demais são de ordem absoluta.

Todavia, Aury Lopes Jr., em posição ainda minoritária, embora irretocável, entende não ser adequado falar em competência criminal relativa, já que na esfera penal a "competência tem uma outra dimensão, completamente diversa daquela que lhe dá o processo civil. Aqui vige o princípio supremo do **juiz natural**. As pessoas têm o direito fundamental

---

3. STF – Primeira Turma – HC 116276 – Rel. Min. Marco Aurélio – Rel. p/ Acórdão: Min. Edson Fachin – publicado em 08 fev. 2016.
4. STF – ADI 6298/DF – Medida Cautelar – Rel. Min. Luiz Fux – 22 jan. 2020; STF – ADI 6298/DF – Medida Cautelar – Presidência – Min. Dias Toffoli – 15 jan. 2020.
5. STJ – Quinta Turma – RHC 114.107/SP – Rel. Min. Ribeiro Dantas – DJe 13 ago. 2019.

de serem julgadas por um juiz competente em razão da matéria, pessoa e lugar cujas regras estejam previamente estabelecidas"[6]. Para o autor, é intolerável a flexibilização comumente realizada com a competência ***ratione loci***.

Questão que requer atenção é o pedido de declinação de competência formulado pelo Ministério Público antes do oferecimento da denúncia. Se o juiz concorda com o pedido, não há maiores problemas porque eventual discussão sobre a fixação da competência competirá ao juízo deprecado ou o **conflito de competência** ou **de atribuição** será suscitado neste juízo ou pelo órgão ministerial que atue perante ele.

Diferentemente é quando o juiz não concorda com a manifestação declinatória de competência formulada pelo *Parquet*. Nesse caso, temos o que se convencionou chamar de **pedido de arquivamento indireto**, eis que a questão é tratada como se existisse um pleito de arquivamento de inquérito policial.

Como o juiz não pode obrigar o Ministério Público a oferecer denúncia e não cabe recurso em sentido estrito contra a decisão do juiz que reconhece sua competência, cabe a ele, magistrado, aplicar, por analogia, o art. 28, do Código de Processo Penal, remetendo-se os autos ao Procurador-Geral de Justiça (se o processo é de competência da Justiça dos Estados) ou à Câmara de Coordenação e Revisão do Ministério Público Federal (se o processo é de competência da Justiça Federal).

Tais órgãos de controle revisional do respectivo Ministério Público terão a palavra final sobre a remessa dos autos do inquérito a outro juízo ou sobre o oferecimento de peça acusatória. A Lei nº 13.964/2019 alterou o regramento de arquivamento do inquérito policial, suprimindo do juiz a função atípica de controle do princípio da obrigatoriedade da ação penal. De tal sorte, se o promotor de justiça entender que não tem atribuições para oferecer denúncia perante determinado juízo, deverá assim se manifestar nos autos, encaminhando-os ao próprio Ministério Público, conforme dispuser a disciplina local acerca do respectivo órgão revisional ministerial. É o que determina o art. 28, *caput*, do CPP, com redação dada por aquele diploma legal, apesar de, por enquanto, estar com eficácia suspensa[7].

Sob outro prisma, quanto à providência ministerial no órgão judicial para o qual foi remetido o processo com denúncia, há de se distinguir:

(1) se a declinação de competência foi em razão do reconhecimento de incompetência relativa, não há que se falar em ratificação da denúncia, podendo, naturalmente, haver aditamento para retificá-la, haja vista que os órgãos do Ministério Público são dotados de independência funcional;

(2) se a declinatória ocorrer por força de declaração de incompetência absoluta do órgão judicial, será necessária a ratificação, a (re-)ratificação ou a apresentação de nova denúncia por parte do órgão do Ministério Público que funcionar junto ao juízo competente. A falta de ratificação ou de nova denúncia implica a **inexistência jurídica** do processo.

6. LOPES JR., Aury. *Direito processual penal e sua conformidade constitucional*. 3. ed. Rio de Janeiro: Lumen Juris, 2008. v. 1. p. 454.
7. STF – ADI 6298/DF – Medida Cautelar – Rel. Min. Luiz Fux – 22 jan. 2020; STF – ADI 6298/DF – Medida Cautelar – Presidência – Min. Dias Toffoli – 15 jan. 2020.

2. CONEXÃO E CONTINÊNCIA

Previstas nos artigos 76 e 77, do CPP, a conexão e a continência não são exatamente um critério de fixação, mas sim de **modificação da competência**. Presente elemento de conexão ou de continência, haverá atração, para um determinado juízo, de crimes ou de imputados que poderiam ser julgados separadamente.

A incidência de conexão ou de continência determinará cumulação de processos ou a reunião de fatos penais perante um único órgão judicial. Nesse contexto, cumulação de imputações e modificação do regime de competência são indissociáveis pressupostos da aplicação daqueles dispositivos[8].

Sem embargo, nossa legislação, de um lado, previu a conexão ou continência para a reunião de processos, porém não disciplinou a uniformização de julgados discrepantes proferidos nos casos de separação de processos[9].

A conexão e a continência estabelecem, em verdade, **vínculos de atração**, que permitem uma reunião processual de elementos que seriam passíveis de processos distintos, perante órgãos jurisdicionais diversos, para que os julgamentos ocorram de maneira uniforme e simultânea[10].

3. CONEXÃO

É a interligação entre **duas ou mais** infrações, levando a que sejam apreciadas perante o mesmo órgão jurisdicional. Infrações conexas são aquelas que estão interligadas, merecendo, portanto, em prol da celeridade do processo e para evitar decisões contraditórias, apreciação em processo único.

Resta-nos saber quais são os motivos legais que levam ao reconhecimento da conexão, isto é, quais são as causas que estabelecem o instituto. Vejamos como se classificam.

4. CONEXÃO INTERSUBJETIVA (ART. 76, I, CPP)

Teremos duas ou mais infrações interligadas, e estas infrações devem ter sido praticadas por **duas ou mais pessoas**. Na conexão intersubjetiva, encontraremos obrigatoriamente pluralidade de criminosos. A conexão intersubjetiva se triparte em conexão intersubjetiva **por simultaneidade**, **concursal** e **por reciprocidade**.

5. CONEXÃO INTERSUBJETIVA POR SIMULTANEIDADE OU OCASIONAL

Nesta modalidade, ocorrem várias infrações, praticadas **ao mesmo tempo**, por várias pessoas reunidas, sem prévio ajuste entre os envolvidos[11]. Ou seja, o vínculo entre as infrações se materializa pelo fato delas terem sido praticadas nas mesmas circunstâncias de tempo e de espaço. Por exemplo, torcedores enfurecidos que depredam estádio de futebol,

8. CORDERO, Franco. *Procedura penal*. Roma: Giufrè, 1983. p.285.
9. NICOLITT, André. *Manual de processo penal*. 7. ed. Belo Horizonte: D'Plácido, 2018. p.447.
10. ROSA, Alexandre Morais da. *Guia do processo penal conforme a teoria dos jogos*. 5. ed. Florianópolis: EMais, 2019. p.515.
11. LOPES JR. Aury. *Direito processual penal*. 16. ed. São Paulo: Saraiva, 2019. p.296.

sem estarem previamente acordados. São vários os crimes de dano, que devem ser julgados em conjunto, pois são conexos.

6. CONEXÃO INTERSUBJETIVA CONCURSAL

Ocorre quando várias pessoas, **previamente acordadas**, praticam várias infrações, embora **diverso o tempo e o lugar**. Como exemplo, temos o caso de gangue que pratica vários delitos em determinada cidade, porém em bairros diversos, para dificultar o trabalho da polícia. São também vários crimes praticados, mas em concurso de agentes, e que devem ser julgados conjuntamente, pois conexos.

7. CONEXÃO INTERSUBJETIVA POR RECIPROCIDADE

Ocorre quando várias infrações são praticadas, por diversas pessoas, **umas contra as outras**. A reciprocidade na violação de bens jurídicos é que caracterizaria o vínculo. Ex.: num duelo, desafiante e desafiado acabam sofrendo e provocando lesões corporais recíprocas.

É bom lembrar que o crime de rixa não serve de exemplo para caracterizar a conexão por reciprocidade, pois, para haver conexão, obrigatoriamente devem existir duas ou mais infrações vinculadas. Na rixa, o crime é único.

8. CONEXÃO OBJETIVA, MATERIAL, TELEOLÓGICA OU FINALISTA (ART. 76, II, CPP)

Ocorre quando uma infração é praticada para facilitar ou ocultar outra, ou para conseguir impunidade ou vantagem. Como exemplos, comparsa que mata o outro para ficar com todo o produto do crime; homicida que além da vítima, mata a única testemunha para ficar impune.

9. CONEXÃO INSTRUMENTAL OU PROBATÓRIA (ART. 76, III, CPP)

Tem cabimento quando a prova de uma infração ou a prova de elemento do seu tipo penal influir na prova de outra infração. Por exemplo, prova do crime de furto influindo decisivamente na comprovação e responsabilização do agente receptador. O evidente vínculo objetivo entre as infrações leva ao julgamento em processo único. Assim, não bastam razões de mera conveniência no *simultaneus processus*, reclamando-se que haja vínculo objetivo entre os diversos fatos criminosos[12].

10. CONEXÃO NA FASE PRELIMINAR INVESTIGATÓRIA

A conexão implica reunião de processos, não existindo disciplina normativa quanto à questão das investigações policiais. *A priori*, não haverá reunião de inquéritos em razão da conexão, devendo cada qual tramitar separadamente na circunscrição em que houve a consumação do delito. Em poucas palavras, a conexão é instituto aplicável ao processo penal, não à investigação preliminar[13].

---

12. STJ – Quinta Turma – RHC 80.772/SP – Rel. Min. Ribeiro Dantas – DJe 30 mai. 2018.
13. NICOLITT, André. *Manual de processo penal*. 7. ed. Belo Horizonte: D'Plácido, 2018. p.447.

Lembra Guilherme Nucci, contudo, que "sendo útil ao esclarecimento e busca da verdade real, pode-se providenciar a sua união em uma só delegacia ou departamento policial, desde que conte com a autorização judicial, ouvindo-se antes o Ministério Público"[14].

11. CONTINÊNCIA

É o vínculo que une **vários infratores a uma única infração**, ou a ligação de várias infrações por decorrerem de **conduta única**. Em outros termos, a continência pode decorrer:

(1) de **coautoria** relativamente a um único delito, quando teremos cumulação subjetiva; ou

(2) de **concurso formal de infrações penais** atribuídas a um único agente, quando haverá cumulação objetiva.

De todo modo, trata-se de razão suficiente à reunião de todos os elementos em processo único.

12. CONTINÊNCIA POR CUMULAÇÃO SUBJETIVA (ART. 77, I, CPP)

Ocorre quando duas ou mais pessoas concorrerem para a prática da **mesma infração**. Como todos aqueles que concorrem para o crime devem por ele ser responsabilizados, nada mais razoável que sejam julgados em processo único. Por exemplo, coautoria em homicídio. Os agentes deverão ser processados conjuntamente, em face da continência.

13. CONTINÊNCIA POR CUMULAÇÃO OBJETIVA (ART. 77, II, CPP)

Ocasiona a reunião em um só processo de vários resultados lesivos advindos de uma só conduta. Portanto, caracterizado o concurso formal de infrações (arts. 70, 73 e 74, CP), a reunião para julgamento em um único feito ocorre em razão da continência.

14. PRECLUSÃO E MOMENTO DE RECONHECIMENTO DA CONEXÃO OU CONTINÊNCIA

A conexão e a continência podem ser reconhecidas quando da propositura da ação penal, no momento em que o juiz recebe integralmente a petição inicial, tal como formulada pela parte autora. Na hipótese, a reunião de fatos para julgamento único ocorre originariamente, mediante ato do juiz que defere, sem reservas, o processamento da denúncia ou da queixa que descreve fatos conexos ou continentes.

Sob outra vertente, é perfeitamente possível o reconhecimento superveniente da conexão e da continência, para o fim de ser determinada a reunião de julgamentos relativamente a fatos descritos em petições iniciais diversas, objetos de processos distintos. No entanto, para tal proceder é necessário que haja compatibilidade de fases processuais e que daí não decorra prejuízo à eficácia do direito ao contraditório e à ampla defesa do imputado.

Tal aspecto é objeto do art. 82, do Código de Processo Penal, que dispõe que se ocorrer a instauração de processos diferentes, a autoridade de jurisdição prevalente deverá avocar

14. NUCCI, Guilherme de Souza. *Manual de processo penal e execução penal*. 3. ed. São Paulo: RT, 2007. p. 274.

os autos que estejam em trâmite perante outros juízes. O dispositivo limita esse poder ao momento da **sentença definitiva**, vale dizer, para o Código de Processo Penal, a prolação de sentença definitiva é obstáculo ao reconhecimento de conexão ou de continência verificada posteriormente.

A parte final do aludido enunciado enfatiza, de forma imprópria, que a unidade dos processos só se dará, supervenientemente, para o efeito de soma ou de unificação das penas. Trata-se de previsão ociosa porque, independentemente de haver conexão ou continência, no curso do processo de execução penal, compete ao juiz proferir decisão de unificação das penas, relativamente a cada acusado (art. 66, III, "a", LEP). Note-se que pode haver fato delituoso continente imputado a réus distintos, a exemplo do homicídio praticado em coautoria por dois agentes (art. 77, I, CPP). Nessas condições, não haverá unificação de pena, sendo formado um processo de execução penal para cada apenado.

Sem embargo, de acordo com o citado art. 82, do Código de Processo Penal, se já houver sentença definitiva em um dos processos com conteúdo fático conexo ou continente, haverá preclusão ***pro judicato***, restando vedado ao juiz com jurisdição prevalente avocar processo. Contudo, o que é "sentença definitiva" segundo o art. 82, do CPP? O sentido dessa expressão é de sentença final, de mérito, ainda que sem trânsito em julgado, podendo ser sentença absolutória, sentença condenatória ou sentença extintiva de punibilidade. Consiste na sentença penal recorrível[15].

Algumas sentenças finais não se amoldam ao conceito de "sentença definitiva" para os fins do art. 82, do Código. Dentre as que não são enquadráveis estão a sentença de impronúncia, a sentença que indefere petição inicial, a decisão de arquivamento de inquérito policial, haja vista que têm natureza terminativa. Caso a decisão de arquivamento de inquérito policial ou a de indeferimento da petição inicial contiver declaração que as torne aptas à produção de coisa julgada, ainda que pendente de recurso, não caberá a avocação de processos sob o pretexto de existir conexão.

Ainda no que toca ao arquivamento do inquérito policial, o art. 28, *caput*, do CPP, com redação alterada pela Lei nº 13.964/2019, prevê que ele ocorra por ordem do promotor de justiça, com a submissão a controle do órgão revisional ministerial. Esse dispositivo se encontra com a eficácia suspensa pelo STF, pelo que continua aplicável a redação anterior do art. 28, do CPP, permanecendo possível decisão judicial de arquivamento de inquérito policial[16].

Dúvida relevante existe a respeito da aplicação do art. 82, do CPP, relativamente à decisão de pronúncia. A pronúncia do réu para submissão a júri popular é decisão interlocutória mista não terminativa. Não tem aptidão para produção de coisa julgada material, submetendo-se apenas a regras preclusivas. A finalidade maior da pronúncia é delimitar a imputação para o fim de assegurar a competência dos jurados para o julgamento de crime doloso contra a vida.

Entendida sua natureza, surge a questão, diante da descoberta de conexão ou continência superveniente à pronúncia do acusado, estaria o juiz da instrução preliminar impedido de avocar processos com fatos conexos ou continentes?

15. LOPES JR. Aury. *Direito processual penal*. 16. ed. São Paulo: Saraiva, 2019. p.302.
16. STF – ADI 6298/DF – Medida Cautelar – Rel. Min. Luiz Fux – 22 jan. 2020; STF – ADI 6298/DF – Medida Cautelar – Presidência – Min. Dias Toffoli – 15 jan. 2020.

Três posições são possíveis em torno da questão, em virtude de o Código não dispor expressamente sobre o problema envolvendo a prolação da decisão de pronúncia e a descoberta posterior do fato conexo ou continente, porém anterior à sessão plenária de julgamento.

A primeira corrente, baseada na ausência de previsão legal, defende que não deve ser admitida a avocação de processo quando verificada a conexão ou a continência depois de proferida a decisão de pronúncia, ainda que não preclusa, eis que já seria sentença definitiva em sentido amplo. A falta de autorizativo para a reunião de julgamentos após definida a competência para o julgamento obsta a reunião, aliada ao fato de se tratar de fase processual inconciliável com outro processo em estágio inicial ou instrutório.

A segunda posição entende que a prolação de pronúncia só é óbice à reunião de processos, por meio da avocação, quando não preclusa pelo decurso do prazo recursal. Depois da preclusão da pronúncia, ela se torna equiparada à sentença definitiva, além do que se consolidam direitos no âmbito subjetivo das partes. Eventuais retrocessos causariam prejuízo a direitos fundamentais, notadamente ao contraditório e à ampla defesa.

O terceiro entendimento, sustentado por Guilherme Nucci, sustenta a aplicação analógica do § 2º, do art. 421, do CPP, para admitir o reconhecimento de conexão ou de continência posterior à pronúncia, ainda que já tenha se operado a preclusão. A fim de homenagear o contraditório e a defesa ampla, essa posição pondera que deve ser admitido aditamento à inicial, com a tomada das cautelas necessárias à sua efetivação[17].

Ponderando vantagens e desvantagens na admissão do reconhecimento da conexão ou da continência em momento posterior à pronúncia, deve ser realçado o risco de julgamentos conflitantes caso não sejam reunidos os processos. Como a pronúncia não transita em julgado, sendo decisão posta em permeio ao procedimento do júri, a posição de Nucci é mais apropriada à efetivação dos direitos fundamentais, pelo que nos filiamos a ela.

Afinal, o art. 3º, do CPP, admite a analogia para os casos não resolvidos pelas disposições legais específicas. De toda sorte, deve-se frisar que a admissão de novo fato, conexo ou continente, depois de já pronunciado o acusado, não pode implicar dificuldade para que o réu refute a tese da acusação, bem como exerça o contraditório e, amplamente, o seu direito de defesa.

15. FORO PREVALENTE

Havendo conexão ou continência, e a consequente necessidade de reunião em um só processo das diversas infrações ou dos vários criminosos, resta a seguinte indagação: perante qual órgão jurisdicional haverá a reunião, ou seja, qual o juízo ou tribunal que recepcionará todo o julgamento?

Para responder a tal questão, necessitaremos estudar as regras do foro prevalente, diga-se, aquele que chamará para si, por força de lei, a responsabilidade para apreciar todo o conjunto de infrações ou de infratores.

17. NUCCI, Guilherme de Souza. *Manual de processo penal e execução penal*. 6. ed. São Paulo: RT, 2010. p. 290.

Passaremos a enfrentar as regras de prevalência, disciplinadas na sua essência no art. 78 do CPP, com a advertência de que caso a reunião em um só processo implique violação das regras de competência fixadas na Constituição Federal, restará impossibilitada a junção, de sorte que a separação processual será a única saída. Senão vejamos.

16. CONCURSO ENTRE JÚRI *VERSUS* JURISDIÇÃO COMUM OU ESPECIAL

Se um crime doloso contra a vida for conexo a outro crime comum, ambos serão apreciados pelo Tribunal Popular, pois este é o prevalente. O júri aprecia os crimes dolosos contra a vida, e além deles, os crimes que lhes sejam conexos. Com o advento da Lei nº 11.313/2006, alterando o art. 60, da Lei nº 9.099/1995, havendo concorrência entre crime doloso contra a vida e infração de menor potencial ofensivo, ambos irão a júri, devendo-se, contudo, quanto a esta última, oportunizar-se a transação penal e a composição civil dos danos. Acreditamos que, neste caso, antes do processo se iniciar regularmente, deve ser realizada audiência preliminar, para que a tentativa de composição civil e de transação penal seja efetivada em prol da infração de menor potencial ofensivo. Se a audiência for frustrada, malogrando a composição civil ou a transação, é que as infrações tramitarão juntas no processo.

Se houver a concorrência entre o júri e crime de competência da Justiça Federal, ambos serão apreciados dentro do júri a ser realizado na esfera federal.

Já havendo a concorrência entre o júri e crime de competência da jurisdição especial, seja ela militar ou eleitoral, deverá ocorrer a separação de processos.

17. CONCURSO ENTRE JURISDIÇÕES DE DIVERSAS CATEGORIAS

Havendo concorrência entre órgãos de hierarquia distinta, prevalecerá a de **maior graduação.**

A título de exemplo: se um deputado federal comete infração em concurso com cidadão comum, ambos serão julgados, em razão da continência por cumulação subjetiva, perante o STF, órgão naturalmente competente para julgar o deputado, e que prevalecerá para julgar, também, o cidadão desprovido de foro privilegiado que concorreu para o crime, e que normalmente seria julgado perante o juízo de primeiro grau. Como a continência implica reunião de julgamento, ambos serão processados perante o órgão de maior hierarquia. Esta atração não ocasiona prejuízo, nem viola o princípio do juiz natural. Neste sentido, o enunciado sumular nº 704, do STF, pontua não violar as garantias do juiz natural, da ampla defesa e do devido processo legal a atração por continência ou conexão do corréu ao foro por prerrogativa de função de um dos denunciados.

Acreditamos, contudo, que se os autores do delito possuem foro privilegiado previsto na Constituição Federal, impõe-se a separação de processos, pois a aplicação das regras de foro prevalente, em razão da conexão ou continência, desaguaria na violação da própria Carta Magna. Por exemplo, se governador de estado praticar infração penal juntamente com senador, como é a própria Constituição Federal que define o foro privilegiado para ambos, sendo o governador julgado perante o STJ e o senador perante o STF, obriga-se, para respeito ao juízo natural constitucionalmente fixado, a separação dos processos.

Tal entendimento, contudo, não tem sido sufragado explicitamente pelo STF, que aponta entender que, diante da concorrência, numa mesma infração, de acusados com prerrogativa de função perante tribunais diversos, todos devem julgados perante o STF, reunindo-se, portanto, no tribunal mais graduado[18]. É também a posição de Eugênio Pacelli, aduzindo: "o tribunal de maior hierarquia sempre preencherá os requisitos pelos quais se instituiu a competência daquele que lhe é inferior. Exemplo: Governador de Estado e Deputado Federal acusados de determinado crime deverão ser julgados no Supremo Tribunal Federal. A unidade da jurisdição, seguramente, impõe tal conclusão"[19]. É a posição que tem prevalecido.

Por fim, se autoridade com foro estatuído na Constituição Federal incorrer em crime doloso contra a vida juntamente com outrem que não possui tal prerrogativa, resta a conclusão de que haverá separação de julgamento, pois aqueles que possuem foro privilegiado disciplinado na CF não irão a júri, a teor dos enunciados nº 45, da Súmula Vinculante, e nº 45, da Súmula, enquanto as demais pessoas sem prerrogativa de função têm consagrado no art. 5º, inciso XXXVIII, da CF/1988, o seu juiz natural para os crimes dolosos contra a vida, qual seja, o tribunal popular.

O Supremo Tribunal Federal sedimentou sua jurisprudência no sentido de adotar, como regra, o desmembramento de inquéritos e de ações penais originárias quanto a investigados ou coacusados não detentores de foro privilegiado, admitindo-se, entretanto, excepcionalmente, a atração da competência originária quando constatar que a separação possa causar prejuízo relevante, de compasso com cada caso concreto[20].

No entanto, essa contingência de não se saber ao certo como deliberará o tribunal de maior grau de jurisdição – se pela separação de julgamentos ou pela reunião de processos –, milita contrariamente à garantia do juiz natural.

Na dicção de Gustavo Badaró, "a incerteza sobre o julgamento conjunto ou a separação dos processos impede que se conclua pelo respeito à garantia de predeterminação do juiz competente, nos termos do art. 5º, inciso LIII, da CF, em relação aos cidadãos comuns, que venham a praticar crimes em concurso de agentes com pessoas que tenham prerrogativa de função, ou que pratique crime conexo a outro de autoria de detentor de foro por prerrogativa de função". A imprecisão do art. 80, do CPP, prejudica a desejável predeterminação do juiz competente para o acusado sem prerrogativa de função, razão pela qual deve ser entendida como obrigatória a reunião, porquanto a separação de processos, "na verdade, significa alteração de competência"[21].

18. CONCURSO ENTRE JURISDIÇÃO COMUM *VERSUS* ESPECIAL

Na concorrência entre a Justiça comum e a especializada, esta última prevalecerá. Logo, havendo conexão entre crime eleitoral e outro comum, ambos serão apreciados perante a justiça especializada eleitoral. A justiça eleitoral julgará as infrações eleitorais e as comuns conexas[22].

---

18. STF – Pleno – Inq 3507 – Rel. Min. Gilmar Mendes – publicado em 11 jun. 2014.
19. OLIVEIRA, Eugênio Pacelli de. *Curso de Processo Penal*. 2.ed. Belo Horizonte: Del Rey, 2003. p. 281.
20. STF – Segunda Turma – Pet 7942 AgR – Rel. Min. Edson Fachin publicado em 08 abr. 2019.
21. BADARÓ, Gustavo, Henrique. *Juiz natural no processo penal*. São Paulo: RT, 2014. p.393-395.
22. STF – Segunda Turma – HC 158593 AgR – Rel. Min. Cármen Lúcia – publicado em 19 dez. 2019

No entanto, a justiça eleitoral somente deve julgar, por força da aplicação da regra de conexão, as infrações penais conexas de competência da justiça estadual. No que toca à competência da justiça federal para julgar crimes na forma do art. 109, da Constituição de 1988, essa não deve ser afastada pelas disposições que regulam conexão e continência, preconizadas pelos arts. 76 e 77, do CPP.

A justificativa é a de que a competência da justiça federal para julgar crimes, embora de natureza comum, tem sede na Constituição de 1988, razão pela qual não deve ser aplicado enunciado infraconstitucional para afastar a incidência da lei maior. Trata-se de critério hierárquico da Constituição diante da legislação infraconstitucional. Daí que, havendo relação de conexão entre crime eleitoral e crime federal, a regra é a de que os processos, nessa hipótese, sejam apartados.

Em suma, se a conexão for entre crimes de competência da justiça eleitoral e delitos de competência da Justiça comum estadual, os processos devem ser reunidos na justiça eleitoral. Se a conexão acontecer entre justiça eleitoral e a justiça federal, deverá haver separação de processos. O confronto entre crime federal e crime eleitoral tem sede constitucional.

Em caso concreto, todavia, o STF considerou que a justiça eleitoral era prevalente, mesmo que em jogo a competência da justiça federal[23].

Quanto à justiça especializada militar, não se aplicam as regras de conexão ou de continência para atrair sua competência para julgar crimes comuns. Afinal, a justiça militar só aprecia infrações militares. Havendo relação de conexão entre crime militar e qualquer outra infração que não seja militar, resta a separação de processos.

No entanto, a Lei nº 13.491/2017 promoveu modificação no art. 9º, do Código Penal Militar, ampliando o conceito de crime militar. Por tal razão, setor da jurisprudência do STJ reconheceu a competência da justiça militar para julgar crimes tipificados na lei comum. Desse entendimento, que consideramos equivocado, decorreria a conclusão lógica de que a conexão entre crime militar e crime comum, permitiria a reunião de processos, para julgamento perante a justiça militar[24].

Concorrendo a justiça comum estadual com a federal, em que pese ambas serem comuns, prevalecerá a federal. Se crime federal é conexo com estadual, ambos serão apreciados na esfera federal. Neste sentido, o verbete sumular nº 122, do STJ, dizendo competir à justiça federal o processo e julgamento unificado dos crimes conexos de competência federal e estadual, não se aplicando a regra do art. 78, II, "a", do CPP.

Diversa solução será aplicada se houver conexão entre crime de competência da justiça federal e contravenção penal. Como a justiça comum federal de primeira instância não tem competência para julgar contravenções penais (art. 109, IV, segunda parte, CF), a regra é a de que sejam cindidos os processos. Nessa linha, o enunciado nº 38, da Súmula, do STJ, é expresso no sentido de que compete à justiça estadual comum, na vigência da Constituição

23. STF – Segunda Turma – PET 6694 – Rel. Min. Dias Toffoli – j. 3 abr. 2018; STF – Segunda Turma – PET 7319/DF – Rel. Min. Edson Fachin, julgamento em 27 mar. 2018.
24. STJ – Quinta Turma – RHC 116.585/MG – Rel. Min. Reynaldo Soares da Fonseca – DJe 25 out. 2019.

de 1988, o processo por contravenção penal, ainda que praticada em detrimento de bens, serviços ou interesse da União ou de suas entidades.

Excepcionalmente, pensamos que a justiça comum federal, de segunda instância, pode julgar contravenção penal, relativamente aos agentes públicos que detém prerrogativa de função junto aos tribunais regionais federais, malgrado o art. 108, inciso I, "a", da CF, faça menção a "crime" e não a contravenção penal.

19. CONCURSO ENTRE JURISDIÇÕES DE MESMA CATEGORIA

Havendo concorrência entre jurisdições de categoria similar, aplicaremos as seguintes regras:

(1) Prevalecerá o **local da consumação da infração mais grave**. Ex.: roubo consumado em Vitória da Conquista-BA, conexo com duas receptações consumadas em Porto Seguro-BA. Sabemos que a competência territorial é definida pelo local da consumação da infração. Como há conexão, teremos de reunir infrações consumadas em locais diversos perante um único juízo. Qual? No exemplo dado, todas serão apreciadas perante o juízo de Vitória da Conquista, pois lá ocorreu a consumação da infração mais grave. Essa regra será aplicada, mesmo que a infração de maior gravidade seja conexa com outra que tenha o *status* de menor potencial ofensivo. Sendo assim, a infração de menor potencialidade lesiva sai da esfera dos juizados, se for conexa com outra que não o seja, cabendo ao juízo competente para apreciar a mais grave, o julgamento de ambas. Repise-se que mesmo fora dos juizados, deve ser oportunizado para a infração de menor potencial ofensivo a transação penal e a composição civil dos danos, pelo acréscimo do parágrafo único ao art. 60, da Lei nº 9.099/1995, imprimido pela Lei nº 11.313/2006.

(2) Se as infrações interligadas tiverem igual gravidade, prevalecerá o **juízo do local da consumação do maior número de crimes**. No exemplo acima, se tivéssemos ao invés do roubo, um furto consumado em Vitória da Conquista conexo às mesmas duas receptações em Porto Seguro, como todas as infrações possuem igual gravidade, ou seja, têm pena abstrata de 1 a 4 anos de reclusão, prevalecerá Porto Seguro, local da consumação da maior quantidade de delitos.

(3) Já se as infrações forem em igual gravidade e quantidade, a regra do foro prevalente será solucionada pela **prevenção**. Se tivéssemos o furto conexo a apenas uma receptação, a prevenção definiria o juízo prevalente.

Observação importante: se, mesmo havendo conexão ou continência, os processos tramitarem separadamente, a autoridade de jurisdição prevalente deverá avocar os processos que corram perante os outros magistrados, salvo se já tiver, no processo desgarrado, a prolação de sentença definitiva (art. 82, CPP). A expressão **sentença definitiva** deve ser interpretada como a sentença que encerrou a primeira fase processual, podendo, contudo, ainda ser passível de recurso. Esta conclusão é a mais adequada, impedindo a avocação de processos que se encontrem na fase recursal, afinal, não se cogitaria da possibilidade de o juiz prevalente modificar a sentença proferida em processo que tramitou perante outro órgão. Se os processos correram separadamente, advindo sentença naquele que tramitou distante do juízo prevalente, não há de se falar em avocatória, cabendo, entretanto, a junção posterior para efeito de soma ou unificação das penas, já na fase de execução.

20. SEPARAÇÃO DE PROCESSOS

Mesmo havendo conexão ou continência, é possível que os processos tramitem separadamente, seja porque a lei impõe nos casos de separação obrigatória, seja por conveniência nas hipóteses de separação facultativa.

21. SEPARAÇÃO OBRIGATÓRIA

Nesse caso, a unificação implicaria violação aos critérios de competência estabelecidos na CF. O art. 79, do CPP, indica, exemplificativamente, hipóteses de separação compulsória. Vejamos.

22. CONCURSO ENTRE A JURISDIÇÃO COMUM E A MILITAR

Como já tratado anteriormente, a justiça militar aprecia apenas as infrações militares (arts. 9º e 10, CPM). Neste contexto, havendo conexão entre crime militar e comum, é de rigor a separação de processos. Da mesma forma, se a conexão é entre delito militar e eleitoral.

23. CONCURSO ENTRE A JURISDIÇÃO COMUM E O JUÍZO DE MENORES

Preceitua o art. 228, da Constituição, conjugado com o art. 104, da Lei nº 8.069/1990, que os menores de dezoito anos são inimputáveis. Havendo concurso entre maiores e menores, impõe-se a separação, afinal, estes últimos não praticam crime, ficando submetidos às medidas socioeducativas previstas no Estatuto da Criança e do Adolescente, em razão da prática de eventuais atos infracionais.

24. SUPERVENIÊNCIA DE DOENÇA MENTAL

Esta situação é por demais interessante. Sabemos que os agentes de crime que têm a capacidade de entender e querer, logo imputáveis, devem ser processados para a consequente aplicação de pena. Sabemos também que, durante o processo, temos assegurada a ampla defesa, que é a conjugação da defesa técnica, por profissional habilitado, obrigatória, mas também é possível a autodefesa, que é a exercida pelo próprio réu.

No entanto, caso um imputável venha a praticar infração penal e, após este evento, advenha sua inimputabilidade, uma vez iniciado o processo, este ficará suspenso, aguardando que o réu recobre a sanidade, já que está impossibilitado de exercer a autodefesa, e como à época do fato era imputável, o objetivo é que lhe seja aplicada pena. Em havendo corréus, e advindo a insanidade em razão de um deles, restará a separação de processos, pois o procedimento irá evoluir apenas em relação ao imputável.

25. FUGA DE CORRÉU

Havendo fuga, é possível que o processo fique suspenso, em razão da impossibilidade do julgamento à revelia. É o que ocorre pela leitura do art. 366, do CPP. Se um dos corréus for citado por edital, não comparecer e nem constituir advogado, o processo, quanto a ele, ficará suspenso, e estará suspenso também o curso do prazo prescricional, aguardando-se que seja encontrado. Consequentemente, em que pese ter se iniciado processo único abarcando todos os infratores, não haverá unidade de julgamento, eis que o processo não evoluirá em relação ao agente não encontrado para ser citado pessoalmente.

26. RECUSAS NO JÚRI

Na segunda fase do procedimento do júri, a defesa e a acusação, na formação do Conselho de Sentença, poderão recusar, sem justificar, até três jurados, que é a recusa peremptória. Havendo corréus, com defensores distintos, é possível que as recusas não coincidam, indicando a lei que estas poderão ser feitas por um só defensor, em comum acordo (art. 469, *caput*, CPP).

A estratégia para aceitar ou recusar jurado é personalíssima, e o perfil de um jurado, que é adequado para a tese de um advogado, pode não ser interessante para o outro. Sendo sorteado jurado que é aceito por um dos defensores, e recusado pelo colega, caso a acusação também o aceite, haverá, obrigatoriamente, a separação de julgamentos.

Há dúvida sobre a possibilidade de ocorrer a cisão de processos em razão das recusas formuladas no júri, depois das modificações operadas pela Lei nº 11.689/2008. No STJ há um único precedente avivando que a recusa é privativa de cada acusado e não da defesa de todos os acusados. Decorreria desse entendimento, a possibilidade de separação dos processos se um réu aceita o jurado e o outro opõe recusa, quando seria realizado o julgamento em relação a um só[25].

27. SEPARAÇÃO FACULTATIVA

É apresentada pelo art. 80, do CPP. O nosso Código admite discricionariedade para o juiz definir a separação de processos, apesar estabeleça alguns casos expressos, como veremos a seguir.

28. INFRAÇÕES PRATICADAS EM CIRCUNSTÂNCIA DE TEMPO OU LUGAR DIFERENTES

A distinção temporal ou de lugar pode motivar a separação de processos, sendo no último caso, até conveniente para a captação probatória, pela facilidade em realizar a instrução no próprio distrito da culpa.

29. NÚMERO EXCESSIVO DE ACUSADOS

O número excessivo de réus pode ocasionar uma imoderada dilação processual, desaguando na extensão desproporcional do tempo de prisão cautelar. A CF assegura no seu art. 5º, inciso LXXVIII, a razoável duração do processo, devendo o juiz atuar no intuito de garantir a celeridade, já que o excesso temporal do encarceramento cautelar leva à ilegalidade da prisão. Cabe ao magistrado, de ofício ou por provocação, analisar a conveniência de manter processo uno ou determinar a separação, notadamente quando exista número excessivo de réus, uns presos e outros em liberdade.

25. STJ – Sexta Turma – REsp 1540151/MT – Rel. Min. Sebastião Reis Júnior – DJe 29 set. 2015.

30. QUALQUER OUTRO MOTIVO RELEVANTE

A lei deixa um "cheque em branco" à disposição do Judiciário, pois qualquer outro motivo relevante, desde que devidamente motivado, pode levar à separação processual. Exemplo de separação facultativa de processos a partir dessa cláusula aberta, é o que dispõe o verbete nº 704, da Súmula, do STF, que dispõe não haver violação às garantias do juiz natural, da ampla defesa e do devido processo legal, a atração por continência ou conexão do processo do corréu ao foro por prerrogativa de função de um dos denunciados. Para que haja a separação, deve haver fundamentação que aponte razão relevante que indique ser melhor a separação do que a reunião dos julgamentos dos acusados.

31. *PERPETUATIO JURISDICTIONIS*

A perpetuação da jurisdição permite que o juiz prevalente, mesmo absolvendo ou desclassificando a infração que determinou a atração, continue competente para julgar os demais delitos e infratores reunidos pela conexão ou continência. Ainda que no processo de sua competência própria venha o juiz ou tribunal a proferir decisão absolutória ou desclassificar a infração para outra que não se inclua na sua competência, continuará competente em relação às conexas (art. 81, CPP).

De acordo com o enunciado nº 122, da Súmula, do STJ, compete à justiça federal o processo e julgamento unificado dos crimes conexos de competência federal e estadual, não se aplicando a regra do art. 78, inciso II, alínea "a", do Código de Processo Penal. O teor desse verbete deve ser conjugado com o do art. 81, do CPP, para aplicar a regra da *perpetuatio jurisdictionis* quando o juiz apreciar o mérito do crime de competência da Justiça Federal, mesmo que prolate sentença absolutória, permanecendo competente para também julgar os conexos que seria, originariamente, de competência da Justiça Estadual.

No entanto, a absolvição do crime que atraiu a competência da Justiça Federal, deve se distinguir de outras hipóteses em que o juiz não aprecia o mérito do delito federal de forma mais aprofundada. Isso significa dizer que, se ao invés de se tratar de absolvição propriamente dita, o juiz federal declarar a extinção da punibilidade relativamente ao crime federal por motivos relacionados à *abolitio criminis*, ao óbito do acusado ou à prescrição da pretensão punitiva por outro motivo, deve remeter o julgamento dos demais crimes à Justiça estadual, por não mais existir o motivo que autorizava a atração[26].

32. PERPETUAÇÃO DA JURISDIÇÃO *VERSUS* DESCLASSIFICAÇÃO NO RITO DO JÚRI

No procedimento do júri, temos que fazer a seguinte distinção para o estudo da perpetuação da jurisdição, de acordo com as duas possibilidades de desclassificação. A primeira, que pode ocorrer no rito do júri, ao término da primeira fase. A segunda, que pode ser fixada pelos jurados, durante as respostas aos quesitos.

33. DESCLASSIFICAÇÃO DA INFRAÇÃO AO FINAL DO JUÍZO DA INSTRUÇÃO PRELIMINAR DO JÚRI

Se ao final da **primeira fase** o juiz desclassificar a infração, entendendo que não se trata de crime doloso contra a vida, remeterá os autos ao juízo competente. A primeira fase

26. . STJ – Quinta Turma – AgInt no AREsp 1328678/DF – Rel. Min. Jorge Mussi – DJe 26 fev. 2019.

funciona como filtro para identificar quais as infrações que encontram ou não substrato suficiente para julgamento pelo Conselho de Sentença. Da mesma forma, caso o magistrado impronuncie o réu ou o absolva sumariamente, havendo infrações conexas, serão remetidas ao juízo competente (parágrafo único, art. 81, CPP).

34. DESCLASSIFICAÇÃO DA INFRAÇÃO NA SESSÃO DE JULGAMENTO DO JÚRI

Já na **segunda fase**, em plenário, se os jurados desclassificam o crime doloso contra a vida, o julgamento, não só deste, mas também dos crimes conexos, ficará afeto ao juiz presidente do júri. Ora, se o corpo de jurados reconhecer que não houve dolo de matar, desclassificando o delito, estarão reconhecendo sua incompetência, competindo o julgamento ao juiz presidente que, de forma singular, apreciará a infração desclassificada e as conexas (art. 492, § 1º e § 2º, CPP).

Por outra banda, se os jurados **absolverem** o réu pelo crime doloso contra a vida, estarão afirmando a competência e, por isso, continuarão aptos para apreciar as infrações conexas.

No entanto, há uma ressalva importante que afasta a aplicação do art. 492, parágrafos 1º e 2º, do CPP, impedindo o julgamento do fato pelo juiz-presidente do júri: caso a desclassificação do crime doloso contra a vida pelos jurados implicar reconhecimento de crime militar. Como a justiça comum não tem competência para julgar crime militar, o juiz-presidente não poderá apreciar o fato, razão pela qual deve remeter à justiça castrense o julgamento do fato. Seria a hipótese dos jurados concluírem que não se trata de crime doloso contra a vida praticado por militar contra civil, fazendo com que o fato retorne ao estado de crime militar, consoante os critérios do art. 9º, do CPM[27].

35. PERPETUAÇÃO DA JURISDIÇÃO *VERSUS* PROCEDIMENTO DE TRÁFICO INTERNACIONAL DE DROGAS

Caso a desclassificação ocorra no bojo de processo-crime por tráfico internacional de drogas, que corre perante a justiça federal, pelo fato do juiz, na sentença, constatar que não se deu o elemento da internacionalidade que se supunha inicialmente, duas posições se formam. A primeira, sustentando a aplicação da perpetuação da jurisdição federal e, a segunda, refutando essa possibilidade.

36. PERPETUAÇÃO DA JURISDIÇÃO FEDERAL (ART. 81, CPP)

A primeira corrente (prevalente), entende possível a incidência do art. 81, do CPP, pelo que o juiz federal continuaria competente para processar e julgar o delito de tráfico de drogas, ainda que não comprovada a transnacionalidade, restando prorrogada sua jurisdição (*perpetuatio jurisdictionis*)[28].

37. NÃO APLICAÇÃO DA *PERPETUATIO JURISDICTIONIS*

A segunda posição sustenta que o juiz federal, ao reconhecer só o cometimento de tráfico de entorpecentes interno (tráfico de drogas doméstico), torna-se incompetente

27. LIMA, Renato Brasileiro. *Curso de processo penal*: volume único. Niterói: Impetus, 2013. p. 549.
28. STJ – RHC 90.845/MT – Rel. Min. Reynaldo Soares da Fonseca – DJe 28 set. 2018.

absolutamente para julgá-lo, por ser competência do juiz de direito, não se aplicando a *perpetuatio jurisdictionis*.

Entendemos, contudo, que se deve aplicar a *perpetuatio jurisdictionis*, definindo-se a competência de acordo com o que se narra no início da demanda, em estado de asserção (*in status assertionis*).

38. SUPRESSÃO E CRIAÇÃO DE ÓRGÃO JURISDICIONAL

É possível que, mesmo iniciado o processo, seja instituída nova vara criminal na comarca, restando a seguinte dúvida: os processos que versem sobre crimes que passam a ser de competência da nova vara, devem ou não ser remetidos ao novel órgão jurisdicional? Tanto na doutrina quanto na jurisprudência, tem-se admitido a aplicação, por força da analogia, do art. 43 do CPC, de forma que a competência é determinada **no momento do registro ou da distribuição da petição inicial**, sendo irrelevantes as modificações do estado de fato ou de direito ocorridas posteriormente, salvo quando suprimirem órgão judiciário ou alterarem a competência absoluta.

Mais especificadamente, as ressalvas à perpetuação da jurisdição são as hipóteses a seguir.

39. SUPRESSÃO DE ÓRGÃO JURISDICIONAL

Foi o que ocorreu com os tribunais de alçada, com o advento da EC nº 45/2004.

40. ALTERAÇÃO DA COMPETÊNCIA EM RAZÃO DA MATÉRIA OU EM RAZÃO DA HIERARQUIA

Perceba que, havendo alteração da competência de natureza absoluta (matéria ou hierarquia), qualquer que seja ela, a remessa deve ocorrer. Tratando-se de competência relativa (territorial), a matéria é resolvida, de regra, pela lei de organização judiciária. No seu silêncio, não deve haver a remessa.

41. CRIAÇÃO DE NOVA VARA COM IDÊNTICA COMPETÊNCIA E NO MESMO ESPAÇO TERRITORIAL DA VARA ORIGINARIAMENTE COMPETENTE

Trata-se de necessidade de divisão de tarefas, não se aplicando a ***perpetuatio jurisdictionis***. Em outras palavras, se em comarca de vara única, com excessivo volume de processos, são criadas mais duas varas com igual competência criminal, haverá redistribuição do acervo, eis que não seria razoável o desequilíbrio de trabalho entre os referidos órgãos[29].

42. CRIAÇÃO DE NOVA VARA FEDERAL COM JURISDIÇÃO SOBRE O MUNICÍPIO ONDE OCORREU A INFRAÇÃO PENAL E QUE NÃO ERA CONTEMPLADO COM VARA FEDERAL À ÉPOCA DO CRIME

Não há incompetência superveniente do juízo em que se iniciou a ação penal, incidindo a *perpetuatio jurisdictionis*, isto é, a criação de vara federal no local em que ocorrida a infração não implica a incompetência superveniente do juízo a que, até então, competia processar e julgar o processo.

29. STJ – Sexta Turma – AgRg no RMS 60.460/MT – Rel. Min. Laurita Vaz – DJe 02 ago. 2019 .

43. EXTINÇÃO DA DELEGAÇÃO DE COMPETÊNCIA FEDERAL PARA PROCESSAMENTO E JULGAMENTO DOS CRIMES DE DROGAS

Questão tormentosa é aquela inerente à delegação de competência federal ao juízo estadual do local da consumação do crime. É o que ocorria com a antiga Lei de Tóxicos (Lei nº 10.409/2002), que permitia o julgamento do tráfico internacional de drogas perante o juízo estadual da comarca em que ocorreu a consumação do fato. Já a Lei nº 11.343/2006 (nova Lei de Tóxicos), dá tratamento diverso à matéria, dispondo que a competência será da vara federal da circunscrição respectiva. Pergunta-se: os processos iniciados na esfera estadual, quando da vigência da antiga lei, devem ser remetidos à esfera federal, em face da nova previsão?

Entendemos que não. A ausência, à época da instauração do processo, de vara específica para julgamento da matéria, permite concluir que o processo foi iniciado perante o juízo competente, leia-se, aquele já existente, por previsão legal, antes da ocorrência da infração.

A possibilidade de competência delegada federal em matéria criminal (competência territorial federal) foi definitivamente banida da Constituição Federal, pela Emenda Constitucional nº 103/2019. Desse modo, não há possibilidade do juiz de direito julgar crime federal, exercendo competência territorial delegada, segundo o ordenamento jurídico em vigor.

44. ALTERAÇÃO DA COMPETÊNCIA EM RAZÃO DA HIERARQUIA

É o que ocorre quando pessoas comuns passam a desfrutar de foro privilegiado, implicando remessa dos autos ao tribunal, sendo que os atos anteriormente praticados em primeiro grau serão reputados válidos (*tempus regit actum*).

45. PRORROGAÇÃO DE COMPETÊNCIA

Prorrogação de competência é fato jurídico de **modificação de competência**, em razão do preenchimento de condição estabelecida em lei para sanar vício de competência de natureza relativa (inobservância quanto às regras afetas a competência territorial, por prevenção e por distribuição).

Cuida-se de fenômeno que estende a competência de um órgão jurisdicional para o fim de abarcar o processamento e o julgamento de causas que não estariam, originariamente, na sua alçada jurisdicional. Como se infere, a incompetência absoluta não pode ser objeto de prorrogação, em virtude do interesse público prevalente que determina a nulidade de atos decisórios no processo eivado dessa atipicidade (art. 564, I, c/c o art. 567, CPP).

46. PRORROGAÇÃO NECESSÁRIA OU LEGAL

A **prorrogação necessária** ou **legal** é a que não depende de ação ou omissão das partes, mas decorre de fato jurídico por si só suficiente para determinar que haja modificação de competência relativamente a um ou mais crimes que não estariam abrangidos pela competência fixada para um órgão jurisdicional.

Ocorre prorrogação necessária ou legal, independentemente da vontade das partes (nesse sentido, não voluntária), nas hipóteses de conexão e continência previstas nos artigos 76 e 77, do CPP.

A iniciativa pode ser:

(1) do próprio juiz processante, sendo possível a ele avocar os processos cuja reunião por conexão ou continência seja conveniente; e

(2) do juízo que toma conhecimento de outro processo que, pelas circunstâncias, seja revestido de atratividade que recomende a remessa dos autos.

Em regra, todavia, a prorrogação necessária decorre da narrativa da petição inicial, no bojo da qual já constam os fatos objeto de conexão ou continência que, conhecidos pelo juiz, determinarão a prorrogação.

47. PRORROGAÇÃO FACULTATIVA OU VOLUNTÁRIA

Também denominada de **prorrogação voluntária**, no sentido de depender de ação ou omissão das partes.

Quando tal prorrogação acontecer em razão de fato omissivo, recebe o nome de **tácita**. Por exemplo, quando não for fustigada a incompetência de natureza relativa oportunamente, deixando a parte de promover exceção de incompetência no prazo da resposta preliminar à acusação, haverá preclusão e o juízo processante se tornará competente definitivamente.

Note-se que, para o juiz, só haverá prorrogação (com preclusão *pro judicato*), segundo entendemos, após a fase de absolvição sumária do art. 397, do CPP, ou seja, passando a oportunidade de absolver sumariamente o acusado e nada sendo dito sobre a incompetência relativa, dar-se-á a prorrogação de competência de índole facultativa tácita.

De outro lado, será **expressa** quando houver pedido das partes para que os autos sejam remetidos para outro juízo, incompetente relativamente, mas que as circunstâncias do fato recomendam a prorrogação, tal como se dá com as hipóteses de desaforamento do processo do Júri.

48. QUADRO SINÓTICO

CAPÍTULO XIII – QUESTÕES COMPLEMENTARES EM MATÉRIA DE COMPETÊNCIA	
Competência absoluta *versus* relativa	
Os critérios de competência **absoluta** ou constitucional são previstos em atenção ao **interesse público**. Logo, eventual desatendimento **não convalidará** os atos praticados no transcorrer do processo. Já a competência **relativa** atende, sobretudo, ao **interesse das partes**. Consequentemente, se não suscitada em tempo hábil, implica em **preclusão**, e consequente **prorrogação** da competência. Já as hipóteses que levem à incompetência **absoluta** do juízo, podem ser suscitadas a **qualquer momento**. Tanto a incompetência **absoluta** como a **relativa** podem ser declaradas **de ofício**. Em se tratando de incompetência relativa, acreditamos que a defesa, sob pena de preclusão, deverá sinalizar no prazo de apresentação da defesa preliminar, qual seja, dez dias (art. 396, CPP). Já o juiz, em se tratando de incompetência absoluta, poderá declinar do processo a qualquer momento. A incompetência relativa poderá ser afastada até a absolvição sumária (art. 397, CPP).	**1**

CAPÍTULO XIII – QUESTÕES COMPLEMENTARES EM MATÉRIA DE COMPETÊNCIA		
Conexão e continência		
Critério de **modificação da competência**. Presente elemento de conexão ou de continência, haverá atração, para um determinado juízo, de crimes ou de imputados que poderiam ser julgados separadamente.		**2**
Conexão	É a interligação entre duas ou mais infrações, levando a que sejam apreciadas perante o mesmo órgão jurisdicional. **Conexão intersubjetiva (art. 76, I, CPP):** duas ou mais infrações interligadas, e estas infrações devem ter sido praticadas por duas ou mais pessoas. **Por simultaneidade ou ocasional:** ocorrem várias infrações, praticadas ao mesmo tempo, por várias pessoas reunidas. **Concursal**: quando várias pessoas, previamente acordadas, praticam várias infrações, embora diverso o tempo e o lugar. **Por reciprocidade:** quando várias infrações são praticadas, por diversas pessoas, umas contra as outras. **Conexão objetiva, material, teleológica ou finalista (art. 76, II, CPP):** quando uma infração é praticada para facilitar ou ocultar outra, ou para conseguir impunidade ou vantagem. **Instrumental ou probatória (art. 76, III, CPP):** quando a prova de uma infração ou a prova de elemento do seu tipo penal influir na prova de outra infração.	**3 a 10**
Continência	É o vínculo que une **vários infratores a uma única infração**, ou a ligação de várias infrações por decorrerem de conduta única. Em outros termos, a continência pode ocorrer:	**11 a 13**
Continência	(1) de **coautoria** relativamente a um único delito, quando teremos cumulação subjetiva; ou (2) de **concurso formal de infrações penais** atribuídas a um único agente, quando haverá cumulação objetiva. De todo modo, trata-se de razão suficiente à reunião de todos os elementos em processo único. **Por cumulação subjetiva (art. 77, I, CPP):** quando duas ou mais pessoas concorrerem para a prática da mesma infração. **Por cumulação objetiva (art. 77, II, CPP):** ocasiona a reunião em um só processo de vários resultados lesivos advindos de uma só conduta.	**11 a 13**
Preclusão e momento de reconhecimento da conexão ou continência	Podem ser reconhecidas quando da propositura da ação penal, no momento em que o juiz recebe integralmente a petição inicial, bem como é perfeitamente possível o reconhecimento superveniente da conexão e da continência, para o fim de ser determinada a reunião de julgamentos relativamente a fatos descritos em petições iniciais diversas, objetos de processos distintos. No entanto, para tal proceder é necessário que haja compatibilidade de fases processuais e que não haja prejuízo à eficácia do direito ao contraditório e à ampla defesa do imputado. O dispositivo limita esse poder ao momento da **sentença definitiva**.	**14**

<table>
<tr><th colspan="3">CAPÍTULO XIII – QUESTÕES COMPLEMENTARES EM MATÉRIA DE COMPETÊNCIA</th></tr>
<tr><th colspan="3">Foro prevalente</th></tr>
<tr><td colspan="2">Concurso entre júri versus jurisdição comum ou especial: se um crime doloso contra a vida for conexo a um crime comum, ambos serão apreciados pelo Tribunal Popular. Havendo a concorrência entre o júri e crime de competência da jurisdição especial, seja ela militar ou eleitoral, deverá ocorrer separação de processos.
Concurso entre jurisdições de diversas categorias: prevalecerá a de maior graduação. Acreditamos, contudo, que se os autores do delito possuem foro privilegiado previsto na Constituição Federal, impõe-se a separação de processos, pois a aplicação das regras de foro prevalente, em razão da conexão ou continência, desaguaria na violação da própria Carta Magna.
Concurso entre jurisdição comum versus especial: esta última prevalecerá.
Quanto à justiça especializada militar, não se aplicam as regras de conexão ou de continência para atrair sua competência para julgar crimes comuns, resta a separação de processos.
Concorrendo a justiça comum estadual com a federal, em que pese ambas serem comuns, prevalecerá a federal. Diversa solução será aplicada se houver conexão entre crime de competência da justiça federal e contravenção, a regra é a de que sejam cindidos os processos.
Concurso entre jurisdições de mesma categoria: havendo concorrência entre jurisdições de categoria similar, aplicaremos as seguintes regras: a) Prevalecerá o local da consumação da infração mais grave; b) Se de igual gravidade, prevalecerá o juízo do local da consumação do maior número de crimes; c) Se de igual gravidade e em igual quantidade, resolve-se pela prevenção.
Se mesmo havendo conexão ou continência, os processos tramitarem separadamente, a autoridade de jurisdição prevalente deverá avocar os processos que corram perante os outros magistrados, salvo se já tiver, no processo desgarrado, a prolação de sentença definitiva (art. 82, CPP).</td><td>15 a 19</td></tr>
<tr><th colspan="3">Separação dos processos</th></tr>
<tr><td colspan="2">Mesmo havendo conexão ou continência, é possível que os processos tramitem separadamente.</td><td>20</td></tr>
<tr><td>Separação obrigatória</td><td>Concurso entre a jurisdição comum e a militar. Concurso entre a jurisdição comum e o juízo de menores. Superveniência de doença mental. Fuga de corréu. Recusas no júri.</td><td>21 a 26</td></tr>
<tr><td>Separação facultativa</td><td>Infrações praticadas em circunstância de tempo ou lugar diferentes. Número excessivo de acusados Qualquer outro motivo relevante</td><td>27 a 30</td></tr>
<tr><th colspan="3">Perpetuatio jurisdictionis</th></tr>
<tr><td colspan="2">A perpetuação da jurisdição permite que o juiz prevalente, mesmo absolvendo ou desclassificando a infração que determinou a atração, continue competente para julgar os demais delitos e infratores reunidos pela conexão ou continência.</td><td>31</td></tr>
</table>

CAPÍTULO XIII – QUESTÕES COMPLEMENTARES EM MATÉRIA DE COMPETÊNCIA		
Perpetuação da jurisdição *versus* desclassificação no rito do júri:	**Desclassificação ao final do juízo da instrução preliminar do júri:** o juiz remeterá os autos ao juízo competente. Da mesma forma, caso o magistrado impronuncie o réu ou o absolva sumariamente, havendo infrações conexas, serão remetidas ao juízo competente. **Desclassificação da infração na sessão de julgamento do júri:** se os jurados desclassificam o crime doloso contra a vida, o julgamento, não só deste, mas também dos crimes conexos, fica afeto ao juiz Presidente do Júri. Já se os jurados absolverem o réu pelo crime doloso contra a vida, estão reconhecendo que são competentes, e por isso continuam aptos para apreciar as infrações conexas (§ 2º, art. 492, CPP).	**32 a 34**
Perpetuação da jurisdição *versus* procedimento de tráfico internacional de drogas	Caso não se constante o elemento da internacionalidade que se supunha inicialmente, duas posições se formam. A primeira, sustentando a aplicação da perpetuação da jurisdição federal e, a segunda, refutando essa possibilidade. Entendemos que se deve aplicar a *perpetuatio jurisdictionis*.	**35 a 37**
Supressão e criação de órgão jurisdicional	Tem-se admitido a aplicação, por força da analogia, do art. 43 do CPC, de forma que a competência é determinada **no momento do registro ou da distribuição da petição inicial**, sendo irrelevantes as modificações do estado de fato ou de direito ocorridas posteriormente, salvo quando suprimirem órgão judiciário ou alterarem a competência absoluta.	**28 a 43**
Alteração da competência em razão da hierarquia	É o que ocorre quando pessoas comuns passam a desfrutar de foro privilegiado, implicando remessa dos autos ao tribunal, sendo que os atos anteriormente praticados em primeiro grau serão reputados válidos (*tempus regit actum*).	**44**
Prorrogação de competência		
É fato jurídico de **modificação de competência**, em razão do preenchimento de condição estabelecida em lei para sanar vício de competência de natureza relativa.		**45**
Prorrogação necessária ou legal	Não depende de ação ou omissão das partes, mas decorre de fato jurídico por si só suficiente para determinar que haja modificação de competência relativamente a um ou mais crimes que não estariam abrangidos pela competência fixada para um órgão jurisdicional.	**46**
Prorrogação facultativa ou voluntária	Depende de ação ou omissão das partes, podendo ser tácita ou expressa.	**47**

49. SÚMULAS DO STJ

6. Compete à justiça comum estadual processar e julgar delito decorrente de acidente de trânsito envolvendo viatura de polícia militar, salvo se autor e vítima forem policiais militares em situação de atividade.

33. A incompetência relativa não pode ser declarada de ofício.

53. Compete à Justiça Comum Estadual processar e julgar civil acusado de prática de crime contra instituições militares estaduais.

75. Compete à Justiça Comum Estadual processar e julgar o policial militar por crime de promover ou facilitar a fuga de preso de estabelecimento penal.

78. Compete à Justiça Militar processar e julgar policial de corporação estadual, ainda que o delito tenha sido praticado em outra unidade federativa.

122. Compete à Justiça Federal o processo e julgamento unificado dos crimes conexos de competência federal e estadual, não se aplicando a regra do art. 78, II, a, do Código de Processo Penal.

147. Compete à Justiça Federal processar e julgar os crimes praticados contra funcionário público federal, quando relacionados com o exercício da função.

172. Compete à Justiça Comum Estadual processar e julgar militar por crime de abuso de autoridade, ainda que praticado em serviço.

208. Compete à Justiça Federal processar e julgar prefeito municipal por desvio de verba sujeita a prestação de contas perante órgão federal.

209. Compete à Justiça Estadual processar e julgar prefeito por desvio de verba transferida e incorporada ao patrimônio municipal.

235. A conexão não determina a reunião dos processos, se um deles já foi julgado.

634. Ao particular aplica-se o mesmo regime prescricional previsto na Lei de Improbidade Administrativa para o agente público.

50. SÚMULAS DO STF

Súmula Vinculante nº 45. A competência constitucional do Tribunal do Júri prevalece sobre o foro por prerrogativa de função estabelecido exclusivamente pela constituição estadual.

Súmula Vinculante nº 46. A definição dos crimes de responsabilidade e o estabelecimento das respectivas normas de processo e julgamento são de competência legislativa privativa da União.

453. Não se aplicam à segunda instância o art. 384 e parágrafo único do Código de Processo Penal, que possibilitam dar nova definição jurídica ao fato delituoso, em virtude de circunstância elementar não contida explícita ou implicitamente na denúncia ou queixa.

702. A competência do Tribunal de Justiça para julgar prefeitos restringe-se aos crimes de competência da Justiça comum estadual; nos demais casos, a competência originária caberá ao respectivo tribunal de segundo grau.

704. Não viola as garantias do juiz natural, da ampla defesa e do devido processo legal a atração por continência ou conexão do corréu ao foro por prerrogativa de função de um dos denunciados.

721. A competência constitucional do tribunal do Júri prevalece sobre o foro por prerrogativa de função estabelecido exclusivamente pela Constituição Estadual.

722. São da competência legislativa da união a definição dos crimes de responsabilidade e o estabelecimento das respectivas normas de processo e julgamento.

51. QUESTÕES DE CONCURSOS PÚBLICOS

01. (2016 – FUNCAB – PC-PA – Escrivão de Polícia Civil) A competência é a medida da Jurisdição, distribuída entre os vários magistrados, que compõem organicamente o Poder Judiciário do Estado. A conexão e a continência integram os critérios para a fixação dessa competência. A doutrina brasileira no âmbito do processo penal traz diversas classificações e consectários a respeito da conexão e da continência. Sobre o tema, assinale a alternativa correta.

(A) A conexão intersubjetiva por concurso é a situação de vários agentes que cometem infrações penais em tempo e lugares diferentes, embora umas sejam destinadas, pelo liame subjetivo que liga os autores, a servir de suporte às seguintes.

(B) A conexão instrumental, chamada também pela doutrina de conexão consequencial, lógica ou teleológica, demonstra que há vários autores cometendo crimes para facilitar ou ocultar outros, bem como para garantir a impunidade ou vantagem do que já foi feito.

(C) A conexão intersubjetiva por simultaneidade trata-se da situação dos agentes que cometem crimes uns contra os outros.

(D) A conexão subjetiva é o nome dado à autêntica forma de conexão processual. Denomina-se, também, conexão ocasional, significando que todos os feitos somente deveriam ser reunidos se a prova de uma infração servisse, de algum modo, para a prova de outra, bem como se as circunstâncias elementares de uma terminassem influindo para a prova de outra.

(E) No processo penal brasileiro não se admite a fixação da competência pela continência.

02. (2015/VUNESP/TJ-MS/Juiz Substituto) De acordo com o artigo 80, do Código de Processo Penal, nos processos conexos, será facultativa a separação quando

(A) as infrações tiverem sido praticadas em circunstâncias de tempo ou lugar diferentes, ou, quando pelo excessivo número de acusados e para não lhes prolongar a prisão provisória, ou por outro motivo relevante, o juiz reputar conveniente a separação.

(B) venha o juiz ou tribunal a proferir sentença absolutória ou que desclassifique a infração para outra que não se inclua na sua competência.

(C) houver corréu em local incerto ou não sabido ou foragido que não possa ser julgado à revelia, ainda que representado por defensor constituído e regularmente citado.

(D) concorrerem jurisdição comum e do juízo falimentar.

(E) em relação a algum corréu, por superveniência de doença mental, nos termos do artigo 152 do Código de Processo Penal, ainda que indispensável a suspensão do processo para instauração de incidente de insanidade mental.

---

03. Em casos de delitos cometidos em erro na execução e resultado diverso do pretendido a competência será determinada pela conexão.

---

04. (Cespe – Técnico Judiciário – Área Administrativa – STJ/2018) Julgue os itens a seguir, relativos à competência para processar e julgar ações penais. O juiz poderá desmembrar o processo quando houver excessivo número de acusados ou quando as infrações tiverem sido praticadas em circunstâncias de tempo ou de lugar diferentes.

52. GABARITO ANOTADO

01 – A

Vide:

- Art. 76, I, do CPP.
- Conexão.

02 – A

Vide:

- Art. 80 do CPP.

03 – E

Vide:

- Art. 77, II, do CPP.
- Continência.

04 – CERTO

Vide:

- Art. 79, §2º, CPP.
- Art. 80, CPP.
- Art. 461, CPP.

53. QUESTÕES DISCURSIVAS COM COMENTÁRIOS

---

01. (PC-RJ – Delegado de Polícia – RJ/2009) Tício, brasileiro, imputável, ingressou no território de outro país no dia 01/03/2009 e lá adquiriu certa quantidade de uma substância cuja venda e uso eram permitidos com objetivo de venda no território brasileiro. Após dois dias, Tício retorna ao Brasil, ingressando em território nacional com a citada substância, ciente de que esta possui venda proibida, sendo considerada droga para efeitos penais. Após revista, Tício foi autuado em flagrante delito pelo Delegado da Polícia Federal, que providenciou a imediata comunicação da prisão, com encaminhamento de cópia do respectivo auto à autoridade Judiciária Federal. Esta, no entanto, manifestou-se pela incompetência relativa, determinando o encaminhamento dos autos do inquérito Policial à Justiça Estadual. O Juiz de Direito entendendo ser ele competente, determinou o encaminhamento do Inquérito Policial à Unidade de Polícia Judiciária da Polícia Civil, requisitando a renovação das diligências realizadas no âmbito Polícia Federal. Após o recebimento dos autos do Inquérito Policial a Autoridade Policial renovou a realização das diligências. Transcorrido o prazo de 10 dias, entendendo estar expirado o prazo de permanência dos citados autos na delegacia, a Autoridade Policial determina o retorno dos citados autos à Justiça Estadual. Inconformado, Tício, através de seu patrono, impetra ***Habeas Corpus***, requerendo concessão de liberdade provisória. Considerando o disposto no artigo 44, da Lei 11.343/06, o Juiz indeferiu o ***Habeas Corpus***, mantendo a prisão. Sendo assim, deverá o candidato analisar as questões acima expostas, sob aspecto jurídico-processual penal, apresentando fundamentação cabível.

Resposta

Como o uso e a comercialização da droga apreendida no território nacional são permitidos no país de origem, corretas as decisões que firmaram a competência da Justiça Estadual, eis que só houve ilícito penal no território nacional, não atraindo o elemento de transnacionalidade do delito que justifique a competência da Justiça Federal.

O inquérito policial que apura tráfico de drogas tem prazos específicos para ser concluído: trinta dias se o indiciado estiver preso e 90 dias se o indiciado estiver solto. Ambos os lapsos podem ser duplicados pelo juiz mediante pedido justificado do delegado de polícia (art. 51, parágrafo único, Lei de Drogas).

Ao declinar competência, com indiciado preso, à disposição do juízo de destino ficará o indiciado. Não há nulidade da decisão prisional, malgrado diga o CPP que a incompetência nulifica os atos decisórios.

Quanto ao art. 44, da Lei 11.343/2006, o STF entendeu inconstitucional o trecho que veda conversão das pensas em restritivas de direito. Desse modo, o indeferimento de liberdade provisória, a teor do princípio da homogeneidade, segue a mesma lógica. Incabível sustentar, em tese, o não cabimento de liberdade provisória só por conta do enunciado referido. Aliás, jurisprudencialmente vem sendo admitida a aplicação de medidas cautelares diversas da prisão aos indiciados e acusados por tráfico de entorpecentes.

---

02. (PC-RS – Delegado de Polícia – RS/2009) Fernando, brasileiro, residente na cidade de Santa Maria/RS, em concurso com mais dois agentes, ambos de nacionalidade uruguaia, logo após praticarem crime de roubo qualificado na Agência da Caixa Econômica Federal, na cidade de Uruguaiana/RS, foram perseguidos pelo Delegado e por agentes da Polícia Civil de Uruguaiana, até a cidade de Santana do Livramento/RS. Lá chegando, os referidos policiais civis, ao presenciarem o ingresso dos infratores na cidade de Rivera, República Oriental do Uruguai, prosseguiram na perseguição aos assaltantes no país vizinho, sendo que, após breve tiroteio ocorrido no centro da cidade de Rivera, Uruguai, onde foram danificados inúmeros prédios, e um transeunte acabou falecendo em decorrência de um dos disparos efetivados, todos os infratores foram presos pelos policiais civis. Em seguida, após imobilizarem os três agentes infratores, os policiais brasileiros colocaram os criminosos no interior dos veículos da Polícia Civil, e se dirigiram para a cidade brasileira de Uruguaiana, sem qualquer comunicação às autoridades policiais de Rivera. Na sequência dos fatos, o Juiz da 1ª Vara Criminal da Justiça Estadual de Uruguaiana, além de homologar o flagrante, deferiu a representação oferecida pelo Delegado de Polícia local, a fim de decretar a prisão preventiva de todos os infratores. Cabe salientar que, após a realização de toda a instrução processual, na referida vara criminal, os infratores acabaram sendo condenados a 12 anos de reclusão em regime fechado, não tendo os defensores dos condenados apresentado qualquer recurso para o Tribunal de Justiça. Analise a questão apresentada, destacando todos os aspectos processuais que entender pertinentes.

Resposta

O crime de roubo contra a Caixa Econômica Federal atrai a competência da Justiça Federal. Compete ao juiz federal competente no Rio Grande do Sul (Uruguaiana) processar e julgar crimes cometidos em detrimento de empresa pública federal. Quanto à prisão preventiva, o decreto respectivo deve ser examinado pelo juiz federal competente, passando o preso à sua disposição. Quanto aos demais atos decisórios, comina o CPP a sanção de nulidade – inclusive do despacho de recebimento da denúncia –, mantendo-se os instrutórios. Transitada em julgado a sentença por não terem sido interpostos recursos, cabível o habeas corpus para sanar o vício de incompetência absoluta, como sucedâneo recursal.

---

03. (CESPE – Juiz de Direito – AL/2008) De posse do inquérito X, já devidamente relatado, o membro do Ministério Público do estado do Ceará, em vez de oferecer a denúncia, requereu ao juiz de direito da Comarca de Fortaleza a remessa dos autos do inquérito ao estado de Alagoas, porque entendeu ser da competência do Ministério Público daquele estado oferecer a respectiva denúncia.

O citado juiz, sem qualquer manifestação formal, remeteu, de imediato, os autos do inquérito para o juízo competente do estado do Alagoas, o qual, incontinente e sem qualquer decisão, encaminhou – os ao Ministério Público do estado de Alagoas.

Ao analisar o inquérito, em vez de oferecer a denúncia, o promotor de justiça da comarca de Maceió fez extenso parecer acerca da competência do Ministério Público do estado do Ceará. Solicitou, portanto, ao juiz de direito da comarca de Maceió o retorno dos autos do inquérito para a justiça comum do estado do Ceará.

Com referência à situação hipotética apresentada acima, responda, de forma fundamentada em conflito de competência e de atribuições, ao seguinte questionamento: o que deve fazer o juiz?

Resposta

Ao invés de pleitear a devolução dos autos do inquérito policial ao juiz de direito da Comarca de Fortaleza, o promotor de justiça de Alagoas deveria ter arguido conflito de atribuições que, por sua vez, ocorre quando não há apreciação do judiciário acerca das razões que determinariam a incompetência do juízo em um futuro e eventual processo instaurado com base naquele inquérito. Para apreciar o conflito de atribuições entre membros de Ministério Público diversos, sempre vinha prevalecendo o entendimento de que a competência seria do STF. Esse posicionamento se modificou.

Lastreando-se em argumentos práticos, especialmente pelo grande número de conflitos de atribuições entre órgãos do Ministério Público Federal e do Ministério Público dos Estados, o STF fixou o entendimento de que cabe ao Procurador-Geral da República (chefe do MPF) resolver a questão30. Dessa maneira, a Suprema Corte se afastou das orientações predominantes que oscilavam entre a competência do STF e do STJ, apontando que o Procurador-Geral da República é o "Chefe do Ministério Público", vista sob o princípio da unicidade.

Nos termos do julgado aludido, não cabe ao STF julgar conflitos de atribuição entre o Ministério Público Federal e os Ministérios Públicos dos estados. Cremos que a nova posição indica que eventual conflito entre Ministérios Públicos estaduais também deva ser resolvido pelo Procurador-Geral da República. O julgado foi tomado por maioria de votos. Sustentou-se que a questão não é jurisdicional e sim administrativa, bem como que não havia conflito federativo a justificar a competência do STF.

Volvendo para a questão em tela, considerando que o promotor de justiça de Alagoas fez extenso parecer pelo reconhecimento da incompetência do juízo de direito de Alagoas, duas posturas são possíveis:

(A) a primeira é a de concordância com o Ministério Público. Aqui, o juiz de direito de Alagoas declara a sua incompetência e remete os autos ao juízo de Fortaleza. Caso o juiz de direito de fortaleza discorde desse posicionamento, poderá suscitar, agora, conflito de competência ao STJ (juízes vinculados a tribunais diversos). Observe-se que, uma vez ratificando, com concordância expressa, a manifestação do MP, o conflito de atribuições se convola em conflito de competência.

(B) a segunda é que, entendendo que se trata da figura do "arquivamento indireto" (que pressupõe que o juiz não pode obrigar o promotor de justiça a oferecer denúncia), o magistrado, aplicando por analogia o art. 28, CPP, deverá remeter os autos do inquérito policial ao procurador-geral de justiça para que este insista na declinatória de competência (quando o juiz deverá acatar), ofereça denúncia ou designe membro para este fim.

---

04. (MPF/18) Parecer. Juiz Federal rejeitou denúncia ofertada pelo Ministério Público Federal, por inexistência de autoria. Há o recurso em sentido estrito, pugnando pelo recebimento da denúncia. No juízo de retratação o juízo Federal declina da competência. O Ministério Público formaliza Carta Testemunhável. Turma do Tribunal Regional Federal, improvendo a Carta Testemunhável, mantém a decisão que afirmou a incompetência da justiça Federal para a causa, assentando que o tema da incompetência absoluta cabe ser avivado no juízo de retratação. O Ministério Público Federal ajuíza recurso extraordinário forte em que não restou observado o inciso IV, do artigo 109, da Constituição Federal, posto que se tratando, como efetivamente se trata, de homicídio consumado em servidor público federal, por seu desempenho funcional, a competência é mesmo da justiça Federal. Enuncie parecer, preferencialmente com o máximo de 30 (trinta) linhas, sobre o que assim se apresenta.

30. STF – Pleno – ACO 1184 AgR – Rel. Min. Teori Zavascki – publicado em 07 fev. 2017.

Resposta

O candidato deve, observado o limite de linhas, enunciar inicialmente o acerto das questões preliminares relativas ao juízo de retratação (possível em sede de recurso em sentido estrito), possiblidade de reconhecimento de incompetência em juízo de retração e cabimento de carta testemunhável contra a decisão de retratação. Quanto a este último ponto, note-se que o art. 639, I, CPP, admite seu cabimento contra decisão que denegar recurso. Com efeito, embora o reconhecimento de incompetência seja recorrível em sentido estrito (art. 581, II, CPP), o fato de ter sido realizado em juízo de retratação aponta a denegação do recurso que visava o recebimento da denúncia e, de outro lado, implica na perda do objeto daqueles fundamentos, havendo assim, por via transversa, a colocação de um obstáculo a seu seguimento regular para o juízo ad quem (art. 639, II, CPP). Contra a decisão do TRF que manteve a declinatória de competência, adequado o manejo de recurso extraordinário. Admitido o recurso, cabe examinar o mérito. A Justiça Federal tem competência para julgar crime de homicídio cometido em servidor público federal, em razão do seu desempenho funcional. Sendo doloso o crime contra a vida, teremos a formação de um tribunal do júri no âmbito federal (art. 4º, Decreto-Lei nº 253/1967).

Capítulo XIV

Questões Prejudiciais

1. CONSIDERAÇÕES INICIAIS

O Código de Processo Penal usa a expressão "questões e processos incidentes" em sentido genérico, designando o conjunto de questões e procedimentos incidentais ou paralelos à solução do mérito do caso penal principal. São questões *a latere*,[1] isto é, paralelas ao processo penal de mérito e que, geralmente, reclamam solução prévia.

A questão ou o objeto do processo incidente será sempre um fato. Não havendo fato para ser decidido, diz-se que não há objeto, que se perdeu o objeto. É indispensável uma *res deducta*, uma coisa para ser examinada. O que há, na temática incidental, é uma relação lógica, de *minus a plus*, entre antecedente e consequente, que impõe um exame prévio.

2. PONTO EM SENTIDO PROCESSUAL

Ponto, na linguagem processual, é a afirmação em estado simples, alegação, pleito ou fato processual não refutado pela parte adversa.

Pode-se dizer que um ponto na demanda é uma proposição, uma afirmação, uma assertiva que informa a existência de um fato do qual decorre direitos. Quando a parte adversa refuta o ponto, este se converte em questão.

1. MACHADO, Antônio Alberto. *Curso de processo penal*. 6. ed. São Paulo: Atlas, 2014. p.405.

3. QUESTÃO

Questão é o ponto controvertido.

A questão é o ponto concreto acerca do qual ocorre justaposição do direito de punir e do direito de liberdade[2]. É, em outros termos, o que se dá quando há relação de tensão entre o *jus puniendi* estatal e o *jus libertatis* do acusado, surgindo conflito de interesses que é perceptível pela verificação do confronto dos pontos narrados no processo.

4. QUESTÃO INCIDENTE

Questão incidente é o fato que recai no curso do procedimento da ação penal principal e que reclama, em regra, decisão prévia ao julgamento do mérito central. As questões incidentes, no dizer de Magalhães Noronha, caem, vale dizer, sobrevêm, apresentam-se. Implicam ideia de eventualidade e não de obrigatoriedade. É incidente o que é eventual[3].

Hélio Tornaghi[4] bem caracteriza as questões incidentes, observando que:

(1) são secundárias;

(2) são acessórias;

(3) surgem no decorrer do processo;

(4) abrem um parêntese no procedimento;

(5) não absorvem o mérito;

(6) não desmembram a decisão de mérito;

(7) precedem a decisão de mérito sem prejudicá-la.

Com efeito, a solução da questão incidental equivale ao desembaraço da via para a solução da causa. Se a questão incidente constitui obstáculo para o rápido exame da questão principal, a resolução daquela afasta tal óbice e confere fluidez ao julgamento da causa.

5. QUESTÃO PRÉVIA

Refere-se ao momento em que a questão é examinada. Quando sua apreciação deve preceder o julgamento do mérito da ação penal principal.

A questão prévia é gênero, da qual são espécies a questão preliminar (processual) e a questão prejudicial (porção do mérito consistente em infração penal ou fato jurídico civil que integra os elementos do tipo penal).

O exame de questão prévia ocorre em juízo de prelibação, se comparado ao julgamento da questão principal, que acontece em juízo de delibação (resolução do mérito da causa *principaliter*).

---

2. PENTEADO, Jaques de Camargo. *Manual de processo penal*. São Paulo: RT, 2013. p.279.
3. NORONHA, E. Magalhães. *Curso de direito processual penal*. 28. ed. São Paulo: Saraiva, 2002. p.72.
4. TORNAGHI, Hélio. *Curso de processo penal*: volume 1. 8. ed. São Paulo: Saraiva, 1991. p.134.

6. QUESTÃO PRELIMINAR OU PROCESSUAL

A questão preliminar ou, apenas, preliminar, é o fato processual que deve ser examinado de forma prévia ao julgamento do mérito do caso penal. A existência da preliminar é dependente da existência do processo principal. Não há possibilidade de um processo autônomo para apreciar matéria que seja preliminar do conhecimento do mérito de ação penal condenatória. Por exemplo, não é possível um processo autônomo para examinar a capacidade processual das partes para o fim de ajuizar uma ação penal futura ou para o juiz declarar sua competência para causas futuras.

A questão preliminar pode ser processual ou prefacial de mérito (prescrição). A falta de seu exame prévio constitui óbice para que seja julgada a questão principal (a infração penal). A preliminar não goza de autonomia e depende sempre da existência da questão principal, carecendo de decisão no mesmo processo onde é apreciada aquela[5].

7. QUESTÃO PREJUDICIAL

A questão prejudicial é fato meritório secundário que deve ser apreciado previamente ao julgamento do mérito da causa principal. A prejudicial impõe uma decisão prévia como condição necessária ao exame do mérito.

Consiste em infração penal ou controvérsia de natureza civil, cujo deslinde é indispensável ao julgamento do mérito da ação penal condenatória, por se tratar de questão relevante, prejudicada, para o reconhecimento da presença de elementares do tipo penal. Sua prévia apreciação se impõe por afetar as elementares do tipo penal, isto é, por dizer respeito à própria tipicidade da conduta.

O valor da questão prejudicial pode ser **penal** ou **extrapenal**. Daí que pode ser uma questão prejudicial **homogênea** (verificação da existência de infração penal antecedente para que se configure o delito de lavagem de dinheiro) ou uma questão prejudicial **heterogênea** (delito de abandono material imputado ao genitor, que necessita comprovação de filiação e idade do menor de dezoito anos; crime de bigamia, que requer, para sua configuração, a validade do primeiro casamento).

Se vista de per si, não há óbice a que a questão prejudicial seja objeto de processo autônomo. Embora seja uma porção do mérito da demanda principal, a questão prejudicial existe independentemente daquela. Em outros termos, a questão prejudicial pode ser discutida em processo separado, porque autônoma, enquanto a questão preliminar sempre é solucionada no mesmo caderno processual[6].

---

5. PACHECO, Denilson Feitoza. *Direito processual penal*: teoria, crítica e práxis. 4. ed. Niterói: Impetus, 2006. p.485.
6. DEMERCIAN, Pedro Henrique; MALULY, Jorge Assaf. *Curso de processo penal*. 9. ed. Rio de Janeiro: Forense, 2014. p.309.

8. QUESTÃO SUCESSIVA E POSTERIOR

A questão incidente pode ensejar uma questão sucessiva e posterior ao julgamento do mérito da causa principal[7]. Nesses casos, o que há é uma questão sucessiva à questão prévia e, por tal razão, posterior a esta[8].

Exemplo: os embargos opostos ao sequestro de bens (art. 130, parágrafo único, CPP) é questão que sucede a esta medida assecuratória de bens (processo incidente de sequestro). Note-se que o pedido de sequestro constitui um processo incidente. Os embargos do acusado é questão sucessiva e posterior ao exame do pedido de sequestro. O julgamento desses embargos tem lugar só depois do trânsito em julgado da sentença penal condenatória (questão posterior).

9. AUTUAÇÃO EM APARTADO

Com o intuito de não criar tumulto na lide, os incidentes processuais serão apreciados de forma independente, normalmente apensos ao principal, quando não for possível solução sem que haja desvio da temática processual do caso penal principal ou modificação do procedimento.

Observações necessárias:

(1) os processos incidentes, instaurados no próprio juízo penal, são autuados em apenso, de forma apartada do feito principal. A regra é que esses incidentes sejam examinados pelo juízo penal previamente à demanda criminal principal que, geralmente, não é suspensa;

(2) as questões prejudiciais de natureza não penal (questões prejudiciais heterogêneas), regradas pelos artigos 92 a 94 do CPP e que envolvem a possibilidade de suspensão do processo penal, não são autuadas em apenso à ação penal, eis que são demandas cíveis, cuja competência é do juízo não penal;

(3) a disciplina legal dos processos incidentes não tem aplicação à fase de investigação preliminar. Apesar de possível enxergar relação conexa prejudicial entre infração penal apurada em inquérito policial e questão cível que possa constituir óbice à propositura de ação penal ou ao exame do processo penal eventualmente instaurado com base naquele, não há lugar, na fase investigativa, para a aplicação das disposições referentes às questões e aos processos incidentes (artigos 92 a 94, CPP).

10. CLASSIFICAÇÕES DOS INCIDENTES PROCESSUAIS

Os incidentes, em sentido amplo, são classificados de acordo com dois critérios. Podem ser divididos segundo à profundidade meritória ou conforme a sua finalidade. Examinemos cada uma dessas classificações.

7. FREIRE, Rodrigo da Cunha Lima. Preliminares, prejudiciais e mérito da causa. *Jus Navigandi*, Teresina, ano 8, nº 66, 1 jun. 2003. Disponível em: <http://jus.com.br/artigos/4145>. Acesso em: 10 jan. 2020.

8. GUTIER, Murillo Sapia. *Questões prévias no processo civil*. Disponível em: <http://murillogutier.com.br/wp-content/uploads/2011/10/QUEST%C3%95ES-PR%C3%89VIAS-NO-PROCESSO-CIVIL-MURILLO-SAPIA-GUTIER.pdf>. Acesso em: 10 jan. 2020.

11. QUANTO À PROFUNDIDADE MERITÓRIA

Para Hélio Tornaghi, as questões relativas ao processo e aos pressupostos processuais - a exemplo da incompetência e da falta de jurisdição - são **questões preliminares**. Já as que se referem ao exercício da demanda - tal como a legitimidade para a causa e outras condições da ação - são questões que devem ser examinadas seguidamente às preliminares, porém antes do enfrentamento do mérito, chamadas por isso de **questões intermédias** ou **intermediárias**. Por derradeiro, o autor aponta as questões sobre o mérito, inclusive as prejudiciais, como **questões finais**[9].

12. QUANTO À FINALIDADE DO INCIDENTE

Seguindo a linha de Pacelli, pode-se, por fim, discernir que questões prejudiciais não são assimiladas pela noção de processos incidentes, ao menos quanto ao sentido formal a eles atribuído. Para o autor, os processos incidentes dizem respeito a procedimentos que envolvam discussão sobre:

(1) **questões tipicamente preliminares** (exceções de suspeição, incompatibilidade ou impedimento, exceções de incompetência do juízo, de litispendência, de ilegitimidade de parte e de coisa julgada, bem como o conflito de jurisdição), cuja resolução deve ocorrer antes do exame do mérito da demanda penal;

(2) **questões de natureza acautelatória patrimonial**, sem interferência relevante na solução do caso penal (restituição de coisas apreendidas, medidas assecuratórias - sequestro, arresto e inscrição de hipoteca);

(3) **questões tipicamente probatórias**, seja no âmbito do exame da culpabilidade do denunciado (incidente de insanidade mental), seja na esfera da materialidade do delito (incidente de falsidade documental)[10].

13. CLASSIFICAÇÃO DAS QUESTÕES PREJUDICIAIS

Podemos dividir conforme sejam homogêneas ou heterogêneas, obrigatória ou facultativa, total ou parcial, bem como devolutiva e não-devolutiva.

14. PREJUDICIAL HOMOGÊNEA E HETEROGÊNEA

A classificação em tela concentra seu interesse na jurisdição, sem atentar para o rigor da sua indivisibilidade, mas com a atenção volvida para a necessária divisão do aparelho judicial do Estado, de modo a evidenciar seu poder-dever de prestação jurisdicional, o que nos permite falar, para efeitos didáticos, em jurisdição penal e jurisdição cível.

São ditas **homogêneas**, **comuns** ou **imperfeitas** as questões prejudiciais que pertencem e podem ser resolvidas na mesma jurisdição, ou no mesmo ramo do Direito, a exemplo da investigação de paternidade em relação ao inventário. No âmbito penal, podemos exemplificar com "a exceção da verdade no crime de calúnia (CP, art. 138, § 3º), eis que as duas

9. TORNAGHI, Hélio. *Curso de processo penal*. 7. ed. São Paulo: Saraiva, 1990. v.2. p. 506.
10. OLIVEIRA, Eugênio Pacelli. *Curso de processo penal*. 18. ed. São Paulo: Atlas, 2014. p. 293.

matérias pertencem ao direito penal"[11]. Em tal caso, o desfecho do processo-crime por calúnia dependerá da resolução da exceção da verdade, que é prejudicial homogênea em relação àquele.

As **heterogêneas**, **jurisdicionais** ou **perfeitas** são as prejudiciais que transbordam os limites da jurisdição da causa prejudicada (causa principal) e vão produzir efeitos em outras esferas do Direito, como o faz a repercussão no espólio (jurisdição cível) daquele que, em virtude de sentença penal condenatória (jurisdição penal), tem o dever de indenizar a vítima. A questão prejudicial heterogênea "é a relação jurídica civil que condiciona a existência da infração penal que o juiz está julgando"[12].

É heterogênea, por exemplo, a prejudicial disposta no art. 93, do CPP, ao assentar que se o reconhecimento da existência da infração penal depender de decisão sobre questão afeta ao juízo cível, que não se refira ao estado civil das pessoas, e se neste houver sido proposta ação para resolvê-la, o juiz criminal poderá, desde que essa questão seja de difícil solução e não verse sobre direito cuja prova a lei civil limite, suspender o curso do processo, depois da oitiva das testemunhas e realização das outras provas de natureza urgente.

15. PREJUDICIAL OBRIGATÓRIA E FACULTATIVA

Tendo em vista a faculdade ou o dever do juiz de suspender o processo principal (prejudicado), em face da presença da prejudicial, esta se classifica em obrigatória e facultativa. Note-se que o que é obrigatória ou facultativa é a suspensão do processo, não a prejudicial em si, desse modo classificada[13].

A questão prejudicial obrigatória é também denominada de necessária ou de prejudicial em sentido estrito.

Será obrigatória se o juiz, considerando a questão prejudicial séria e fundada, necessariamente tiver que suspender o processo prejudicado até o deslinde da questão prejudicial, situação que ocorre diante de questão atinente ao estado civil das pessoas, a teor do art. 92, CPP. Diante de tal hipótese, o processo criminal ficará suspenso, juntamente com o curso do prazo prescricional (art. 116, I, CP), até o trânsito em julgado da decisão no cível, sem prejuízo, na esfera crime, da realização de providências urgentes[14].

A questão prejudicial facultativa é também chamada discricionária ou de prejudicial em sentido amplo.

A prejudicial facultativa ganha forma quando o reconhecimento do crime depende de solução de questão diversa do estado civil das pessoas. A suspensão não é obrigatória, cabendo ao juiz decidir se suspende ou não o processo. É o que estatui, de certo modo, o art. 93, do CPP. É o que ocorre, a título de exemplo, na discussão sobre a titularidade do bem no delito de furto, quando o réu afirma que a coisa lhe pertence, em tese defensiva que almeja o reconhecimento da atipicidade do fato alegado na denúncia. Por se tratar de

11. CAPEZ, Fernando. *Curso de processo penal*. 12. ed. São Paulo: Saraiva, 2005. p.342.
12. PACHECO, Denilson Feitoza. *Direito processual penal*: teoria, crítica e práxis. 4. ed. Niterói: Impetus, 2006. p.486.
13. GRECO FILHO, Vicente. *Manual de processo penal*. 8. ed. São Paulo: Saraiva, 2010. p. 167.
14. LIMA, Marcellus Polastri. *Curso de processo penal*. Rio de Janeiro: Lumen Juris, 2002. v.2. p. 7.

discussão sobre propriedade, caberá ao juiz criminal decidir se suspende ou não o processo, para que a matéria fique esclarecida no cível.

16. PREJUDICIAL TOTAL E PARCIAL

A classificação concentra o foco no grau de influência que a prejudicial terá sobre a decisão final a respeito do crime, objeto da ação principal, portanto, a questão prejudicada. Com efeito, a prejudicial interferirá na existência, ou não, do crime e de outros aspectos peculiares deste. Destarte, será total se a solução da questão prejudicial tiver o condão de fulminar a existência do crime, como, por exemplo, o reconhecimento da invalidade do casamento anterior fará com o crime de bigamia. Ao passo que, limitando-se a questão prejudicial ao reconhecimento de circunstâncias (agravantes, atenuantes, qualificadoras, etc.), deixando incólume a existência do crime, ela é dita parcial.

Sobre a questão prejudicial parcial, duas correntes se formam.

(1) A primeira sustenta que o reconhecimento de uma questão prejudicial apenas é possível se a resolução do litígio constituir obstáculo à verificação da própria existência do delito. Como o art. 92, do CPP, menciona a dependência de solução da questão prejudicial para constatar a "existência da infração", acredita essa corrente que a classificação entre prejudicial total e parcial é imprópria, haja vista que as prejudiciais seriam verdadeiras elementares da infração penal fundamental[15].

(2) A segunda vertente, à qual nos filiamos, entende que a questão prejudicial parcial é capaz de determinar a suspensão do processo principal para que seja resolvida. Assim, controvérsias a respeito de atenuantes, agravantes, qualificadoras e causas de aumento de pena seriam questões que prejudicariam o exame do mérito da ação penal principal, independentemente de serem pertinentes ao tipo derivado (qualificado) ou às circunstâncias majorantes ou minorantes de pena.

Com efeito, questões prejudiciais, embora parciais, podem ser relevantes ao julgamento do litígio, não raras vezes repercutindo sobre o direito de punir estatal. Basta imaginarmos a dúvida que pode recair sobre a idade do acusado (prejudicial de natureza obrigatória por ser referente ao estado civil das pessoas, porém parcial, porque não afeta a existência do crime caso esteja claro que se trata de pessoa adulta).

Sendo constatada idade igual ou superior a setenta anos – pensemos na idade de setenta e cinco anos –, pode tal fato implicar a prescrição da pretensão punitiva, notadamente porque esta é contada pela metade para pessoas com aquela idade à época da sentença. Em hipóteses como esta, o crime não deixa de existir, tratando-se de circunstância cuja aferição é relevante para o deslinde da ação penal condenatória.

Daí que, a rigor, pouco importa se a circunstância é elementar à tipicidade do fato ou periférica para a dosimetria da pena, sendo, só pelo fato de aludir ao estado civil das pessoas, indispensável a suspensão do processo penal, por falecer competência ao juízo criminal para resolver a controvérsia de tal índole e por repercutir a matéria, em maior ou menor grau, porém de forma relevante, no julgamento do caso penal.

15. LIMA, Renato Brasileiro de. *Curso de processo penal*. Niterói: Impetus, 2013. p. 1061.

17. PREJUDICIAL DEVOLUTIVA E NÃO DEVOLUTIVA (PRINCÍPIO DA SUFICIÊNCIA)

Mantendo estreita relação com a classificação homogênea e heterogênea da questão prejudicial, esta classificação leva em conta a jurisdição, ou o ramo do Direito. Em assim sendo, são devolutivas as questões prejudiciais que transbordem os limites da jurisdição da questão prejudicada, portanto, são enviadas para conhecimento e solução em outra esfera jurídica. Não devolutivas são aquelas que são conhecidas e solucionadas no mesmo ramo do Direito que trata da questão principal, a questão prejudicada.

Portanto, de regra, o juiz criminal é competente para solucionar a questão principal e eventualmente as prejudiciais que surjam ao longo do processo, isto é, a ação penal é suficiente para tanto. O nosso Código de Processo Penal não prevê expressamente a ideia de suficiência da ação penal. Entretanto, esse princípio (da suficiência) decorre do sistema, significando dizer que a ação penal é apta para, por si só, prestar a tutela jurisdicional, sem a necessidade de propositura de outras demandas para resolução de questões prejudiciais que surjam no curso do processo penal.

Como exceção ao **princípio da suficiência da ação penal**, existe a possibilidade de uma ação penal ser suspensa até que seja resolvida uma questão prejudicial no juízo cível (questão prejudicial heterogênea), tal como pode ocorrer diante da necessidade de se aguardar o julgamento de ação de nulidade de casamento, por se tratar de questão prejudicial para o exame de ação penal por crime de bigamia (art. 92, CPP).

Luiz Flávio Gomes expressa que as questões devolutivas são bipartidas em absolutas (ou obrigatórias – art. 92, CPP) e em devolutivas relativas (ou facultativas – art. 93, CPP). As **questões devolutivas absolutas** ou **obrigatórias** "são questões que devem ser julgadas, necessariamente, por outro juízo, que não o criminal. Mais precisamente, as que versam sobre o estado civil das pessoas. O juiz criminal não decidirá sobre o estado civil das pessoas", tal como se dá com os casos de nulidade de casamento e de nulidade de filiação. As **questões devolutivas relativas** ou **facultativas** "são questões civis distintas do estado civil das pessoas, que podem ou não ser julgadas no âmbito criminal", a exemplo, como já dito, da alegação do acusado de crime de furto, de ser proprietário da suposta *res furtiva*[16].

16. GOMES, Luiz Flávio. *Direito processual penal*. São Paulo: RT, 2005. p. 154-155.

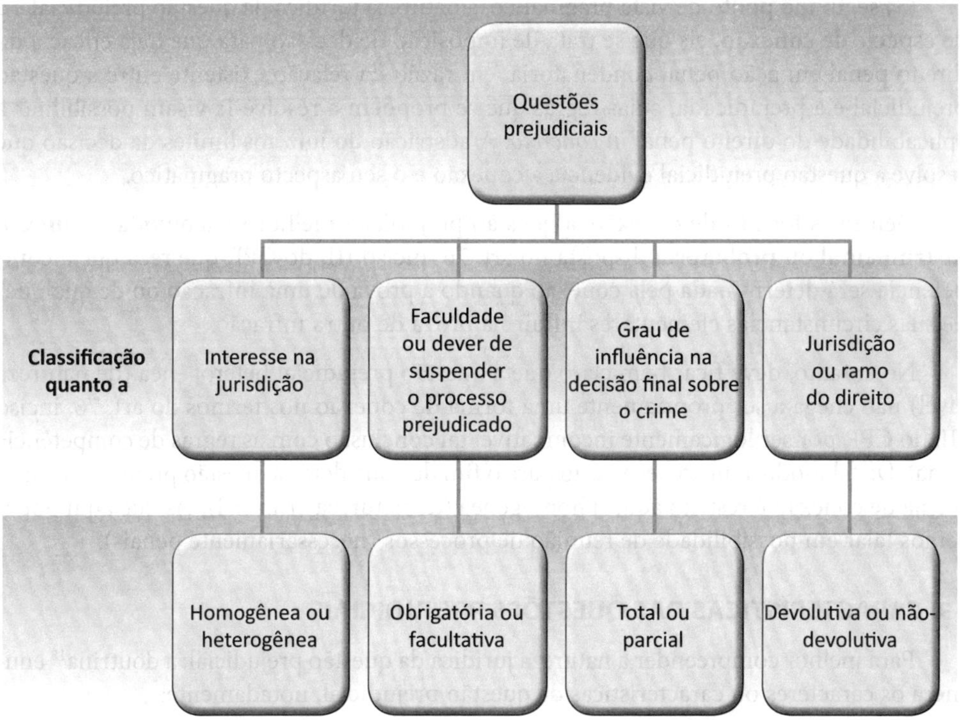

18. NATUREZA JURÍDICA DAS QUESTÕES PREJUDICIAIS

Apesar da divergência doutrinária, há de se reconhecer que as prejudiciais são uma **forma de conexão**. É com essa ideia que Mirabete, corroborando a posição de Antonio Scarance Fernandes pontua que a prejudicialidade é caracterizada por se cuidar de uma relação entre duas figuras, a prejudicial e a prejudicada, ocorrendo uma dependência lógica e necessária desta em relação àquela. Existe "entre elas um nexo necessário. Uma está geneticamente ligada à outra. Esse vínculo entre as duas figuras, que representa prejudicialidade, é uma forma de conexão"[17].

Sob outro enfoque, é de ver que a natureza jurídica da questão prejudicial é depreendida conforme o ponto de vista que a doutrina adote:

(1) caso se valha de ponto de vista semântico (conteúdo ou sentido da questão prejudicial), a sua natureza jurídica será a de **infração penal** ou a de **relação jurídica de natureza civil**;

(2) caso a doutrina aborde o ponto de vista sintático (isto é, a relação de coordenação e de subordinação entre os temas que constituem o objeto da demanda penal condenatória), a natureza jurídica da questão prejudicial será a de **pressuposto processual**, a de **condição de procedibilidade** ou a de **condição para o exercício da ação penal**, eis que as questões prejudiciais são sintaticamente prévias, exigindo primeiramente decisão sobre elas, por serem logicamente antecedentes;

17. MIRABETE, Julio Fabbrini. *Processo Penal*. 14. ed. São Paulo: Atlas, 2003. p. 201.

(3) seguindo ponto de vista pragmático, a natureza jurídica da questão prejudicial é a de **espécie de conexão**, eis que se trata de imposição de decisão para que haja eficácia do direito penal em ação penal condenatória, em razão da relação existente entre a questão prejudicial e a prejudicada, cujas regras que se propõem a resolvê-la visam possibilitar a aplicabilidade do direito penal *in concreto*. A adstrição do juiz aos limites da decisão que resolve a questão prejudicial evidencia a conexão e o seu aspecto pragmático.

Dentre as formas de conexão, a questão prejudicial melhor se acomoda à **conexão instrumental** ou **probatória** disposta no art. 76, inciso III, do CPP, que reza que a competência será determinada pela conexão quando a prova de uma infração ou de qualquer de suas circunstâncias elementares influir na prova de outra infração.

No entanto, deve ficar bem claro que a questão prejudicial heterogênea (de natureza cível) não chega a ser propriamente uma forma de conexão nos termos do art. 76, inciso III, do CPP, por ser logicamente incompatível tal conclusão com as regras de competência penal. De tal modo, o nexo necessário para o fim de considerar a questão prejudicial como forma de conexão é restrito àquela homogênea (de natureza criminal), eis que aqui poderemos falar em possibilidade de reunião de processos (necessariamente penais).

19. CARACTERÍSTICAS DAS QUESTÕES PREJUDICIAIS

Para melhor compreender a natureza jurídica da questão prejudicial, a doutrina[18] enumera os caracteres ou características da questão prejudicial, notadamente:

(1) **anterioridade** ou **antecedência lógica**: a questão prejudicial deve ser julgada antecipadamente à questão prejudicada, ou seja, a questão prejudicial é antecedente lógico da prejudicada, carecendo de solução prévia para que seja julgado o mérito da demanda principal, porquanto a solução da questão prejudicial é capaz de influir no resultado do processo penal condenatório;

(2) **valor jurídico**: a questão prejudicial é dotada de valoração jurídica prévia, eis que a sua solução confere a avaliação necessária que ditará, em relação àquela porção, o valor para a resolução da demanda prejudicada, ou seja, a questão prejudicial é caracterizada por demandar uma apreciação jurídica antecipada em relação àquela causa cuja decisão lhe é subordinada. Em outras palavras, caso haja decisão de juiz diverso acerca daquela matéria que tenha sido a razão da suspensão do processo penal, o juiz criminal não poderá ignorar o que foi decidido no processo prejudicante;

(3) **autonomia**: as questões prejudiciais, embora sejam, por assim dizer, prejudiciais, tem existência autônoma, isto é, é possível que não haja o processo criminal contendo a questão prejudicada, mas que exista o processo cível que seria a questão que prejudicaria àquele criminal, caso fosse instaurado. Vale dizer, em tese é possível constatar a autonomia da questão prejudicial, para assim ser considerada;

(4) **suspensividade** ou **eficácia suspensiva**: a questão prejudicial, por demandar resolução prévia em face do processo penal condenatório conexo, tem o poder de suspender este, seja de forma obrigatória (quando a questão prejudicial se refere ao estado civil das

18. TOURINHO FILHO, Fernando da Costa. *Processo penal*: 2. 19. ed. São Paulo: Saraiva, 1997. p. 524-525.

pessoas), seja de forma facultativa (quando em jogo questão civil diversa das atinentes ao estado civil das pessoas, tal como a propriedade);

(5) **essencialidade**, **interdependência** ou **necessariedade**: em razão da dependência de conteúdo que há relativamente entre a questão prejudicial e a configuração da infração penal, tal como se dá na prova da nulidade do casamento pela sentença transitada em julgado para se processar alguém pelo crime de induzimento a erro essencial e ocultação de impedimento, tipificado no art. 236, parágrafo único, do CP.

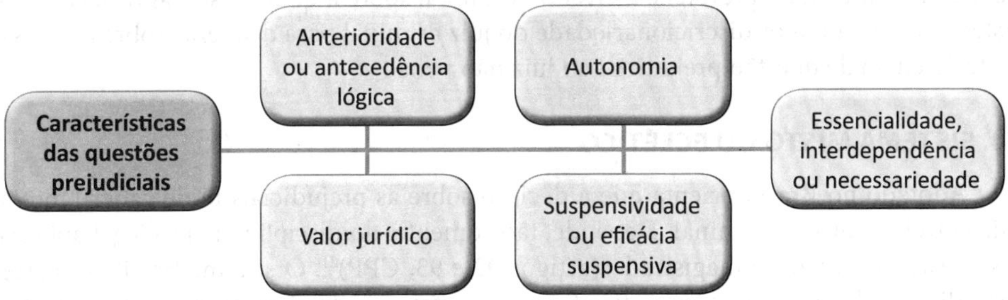

20. SISTEMAS DE SOLUÇÃO

Vistos o significado, a classificação e a natureza jurídica, vejamos onde e como deve ser julgada a prejudicial. São conhecidos quatro sistemas, cujas características marcantes estão a seguir.

21. SISTEMA DO PREDOMÍNIO DA JURISDIÇÃO PENAL

Aqui se argumenta que, quem conhece da ação, conhece da exceção. Logo, o juiz criminal seria o competente para decidir a prejudicial. Daí que esse sistema é também conhecido como **sistema da cognição incidental**.

Hélio Tornaghi explica o **sistema da cognição incidental**, asseverando que, "em princípio, o juiz criminal, ao qual está confiada a principal questão, deve resolver todas as que a condicionam, o que costuma exprimir com a máxima um pouco imprópria: o juiz da ação é também o juiz da exceção"[19]. Na verdade, o sistema da cognição incidental nada mais é que faceta do sistema da prejudicialidade facultativa. A **prejudicialidade facultativa** autoriza discricionariedade ao juiz da ação criminal *principaliter* para julgar a exceção (cognição incidental no processo principal) ou, ainda, poderá o magistrado ordenar a remessa ao juízo cível (a cognição sobre a questão prejudicial será examinada por juízo diverso).

22. SISTEMA DA SEPARAÇÃO ABSOLUTA OU PREJUDICIALIDADE OBRIGATÓRIA

Também conhecido como **sistema da prejudicialidade civil compulsória,** exige que a questão de natureza não penal seja remetida ao juiz especializado. A finalidade é evitar decisões conflitantes, na medida em que o juiz criminal aguarda decisão a ser proferida pelo juiz cível. Os que criticam esta solução o fazem sob o argumento de que, adotando-se

19. TORNAGHI, Hélio. *Compêndio de processo penal:* tomo I. Rio de Janeiro: José Konfino Ed., 1967. p. 276.

tal proposição, restringe-se o livre convencimento do juiz criminal, além de revitalizar-se, indiretamente, as limitações à prova e presunções existentes na seara cível[20].

23. SISTEMA DA PREJUDICIALIDADE FACULTATIVA OU SISTEMA DA REMESSA FACULTATIVA

Conhecido igualmente como **sistema da separação jurisdicional relativa facultativa**. Os defensores dessa solução propõem que a remessa ou não da prejudicial ao juízo cível deve levar em conta a prevalência cível ou criminal sobre a questão sob apreciação. Esse sistema autoriza maior discricionariedade do juiz criminal para deliberar sobre a necessidade de envio de questão prejudicial ao juiz não penal.

24. SISTEMA MISTO OU ECLÉTICO

Adotado no Brasil, orienta que a decisão sobre as prejudiciais pode caber tanto ao juízo cível quanto ao criminal. Depende, tão somente, do disciplinamento legal aplicável à situação posta para o magistrado (artigos 92 e 93, CPP)[21]. O sistema brasileiro agrega ingredientes do sistema da prejudicialidade facultativa e do sistema da prejudicialidade obrigatória, impondo a separação absoluta quando a matéria envolver questão prejudicial relativa ao estado civil das pessoas.

25. PRESSUPOSTOS AO RECONHECIMENTO DE PREJUDICIAL OBRIGATÓRIA (DEVOLUTIVA ABSOLUTA, HETEROGÊNEA REFERENTE AO ESTADO CIVIL DAS PESSOAS – ART. 92, CPP)

Há questões que necessariamente devem ser previamente resolvidas perante o juízo cível. Chamam-se questões devolutivas absolutas. A expressão "questão devolutiva" remonta à noção de que, na origem, a matéria seria mesmo afeta ao juízo cível, ou seja, o juízo cível seria o órgão que, naturalmente, teria a competência para julgar a questão afeta ao estado civil das pessoas. Ajuizada a ação penal condenatória na esfera criminal e dependendo esta de pronunciamento prévio a respeito do estado civil das pessoas, tais como matérias de casamento e idade, impreterivelmente a matéria será "entregue" ("devolvida") ao juízo cível, a quem compete resolvê-la de maneira antecipada ao mérito da demanda penal prejudicada.

Os pressupostos das questões prejudiciais obrigatórias são:

(1) **Relação com a existência de infração penal ou a de suas circunstâncias**: a questão prejudicial obrigatória deve afetar a qualificação jurídico-penal do fato narrado na petição inicial, isto é, para que seja evidenciada a existência da infração deve ser necessária decisão prévia sobre aquela. Geralmente, a questão prejudicial faz parte do tipo penal, ou seja, é questão elementar da descrição normativa criminal do fato delituoso.

No entanto, não necessariamente fará parte do tipo penal, podendo também ter relevância para a certificação de qualificadora do delito, causa de aumento de pena, circunstância atenuante ou causa extintiva da punibilidade.

20. CAPEZ, Fernando. *Curso de processo penal*. 12. ed. São Paulo: Saraiva, 2005. p. 344.
21. MIRABETE, Julio Fabbrini. *Processo Penal*. 14. ed. São Paulo: Atlas, 2003. p. 203.

A título de exemplo, temos a dúvida que pode recair sobre a idade do agente, para se saber se a prescrição deve correr pela metade ou não (se tinha menos de vinte e um anos na data do fato ou mais de setenta anos na data da sentença, conforme o art. 115, CP). Nesse caso, uma ação para justificação da idade do acusado que não tem registro de nascimento, é prejudicial à aplicação de causa extintiva de punibilidade, que não faz parte do contorno típico do delito. Outro exemplo seria a ação de investigação de paternidade, para se saber sobre a relação de ascendência ou descendência que viabilize o agravamento da pena capitulada para o crime (art. 61, II, "e", CP).

Vejamos alguns exemplos:

(a) saber se o índio é integrado ou não para fins penais é fato que compõe o estado civil das pessoas, sendo obrigatória a suspensão do processo, por ser matéria afeta, de maneira absoluta, ao juízo cível.

(b) a menoridade penal é aspecto inerente ao estado civil das pessoas e que determina a suspensão do processo penal, porquanto a força probatória do registro civil de nascimento, só elidível no juízo cível.

(2) **Questão prejudicial séria e fundada**: a avaliação de que a questão seja séria e fundada deve ser descrita fundamentadamente pelo magistrado que decidir pelo reconhecimento da prejudicialidade. Não deverá acolher prejudicial que tenha o condão tão somente protelatório, com relação muito remota com o fato investigado e que não tenha relevância para a apuração do fato delituoso.

(3) **Controvérsia referente ao estado civil das pessoas**: tal questão pode aludir aos aspectos subjetivos, familiares, civis e políticos[22]. A questão sobre o estado civil das pessoas deve ser entendida como aquela que exprime as qualidades mais amplas que decorrem da cidadania, das relações de parentesco e dos direitos individuais fundamentais. Caso tais questões repercutam sobre a aplicação do direito penal à espécie, estaremos diante de questão prejudicial obrigatória alusiva ao estado civil das pessoas. Em outras palavras, são os desdobramentos das relações decorrentes do estado de pessoa que tem alguém perante uma sociedade organizada politicamente, tais como as de matrimônio, parentesco, adoção e filiação[23].

Sobre o conceito de **estado civil das pessoas**, duas posições doutrinárias se formam:

(a) a **concepção restritiva**, que entende que a noção de estado civil das pessoas só abrange relações de parentesco, de idade e de casamento[24]; e

(b) a **concepção ampliativa** – à qual nos filiamos – que admite como tal o conjunto de caracteres que formam a condição de cidadão de um indivíduo, encampando não só as situações de parentesco (filiação etc.), de idade e de casamento (união estável, concubinato e uniões homoafetivas), mas também aquelas que decorrem da noção de cidadania *lato sensu* (profissão, alistamento militar, condição de eleitor, condição de indígena e exercício de outros direitos políticos).

22. BONFIM, Edilson Mougenot. *Curso de processo penal*. 4. ed. São Paulo: Saraiva, 2009. p.258.
23. TOURINHO FILHO, Fernando da Costa. *Processo penal*: 2. 19. ed. São Paulo: Saraiva, 1997. p. 540.
24. LIMA, Renato Brasileiro de. *Curso de processo penal*. Niterói: Impetus, 2013. p. 1064.

26. PRESSUPOSTOS AO RECONHECIMENTO DE PREJUDICIAL FACULTATIVA (DEVOLUTIVA RELATIVA, HETEROGÊNEA DIVERSA DO ESTADO CIVIL DAS PESSOAS – ART. 93, CPP)

Existem questões prejudiciais a respeito das quais o juiz criminal tem a faculdade de resolvê-las sem remessa ao juízo cível e sem suspensão do processo, em razão de não se tratar de hipótese que a lei civil limite; ou, de outro lado, decidir pelo reconhecimento da prejudicialidade, valendo-se da possibilidade de aguardar o desfecho do processo cível para que, após solucionada a controvérsia que constitui porção relevante da demanda penal, prossiga com o julgamento considerando o que foi pontuado pelo juiz da esfera cível.

Os pressupostos das questões prejudiciais facultativas são:

(1) **Relação com a existência de infração penal ou a de suas circunstâncias**: a questão prejudicial facultativa, assim como a obrigatória, deve afetar a qualificação jurídico-penal do fato narrado na petição inicial. Cuida-se de pressuposto que é inato às questões prejudiciais, isto é, para que seja evidenciada a existência da infração deve ser necessária decisão prévia sobre ela. Para Tourinho Filho, tal aspecto é a pedra de toque das prejudicialidades, haja vista que se não ferir a qualificação jurídico-penal do fato objeto do processo, poderá ser qualquer coisa, mas não uma questão prejudicial[25].

(2) **Questão de difícil solução**: há um espaço de discricionariedade para que o juiz penal diga o que é a questão de "difícil solução". Entendemos que o critério para que se defina se uma questão é ou não de difícil solução é a necessidade de dilação probatória que exceda os limites do objeto da lide penal. Exemplificando, se a questão prejudicial alude ao direito de propriedade de um bem e, para ser este definido, é necessária oitiva de pessoas diversas das consignadas no rol numerário da petição inicial ou, ainda, seja preciso realizar perícia sobre o bem, o juiz terá parâmetro para declarar ser a questão de difícil solução.

(3) **Controvérsia de natureza civil, porém diversa da do estado civil das pessoas, de competência do juízo cível**: para que a questão seja heterogênea, deve ser de índole civil. Sendo prejudicial criminal, teremos *quaestio* homogênea. Ademais, a questão civil deve ser diferente daquela incluída no conceito de "estado civil das pessoas". O critério para definir esse caráter é de cunho negativo (a partir da noção positiva do âmbito desse conceito, saberemos, a *contrario sensu*, o que não está sob sua abrangência) e da constatação de inexistência de limitações à produção probatória pela lei civil, em confronto com o princípio da liberdade probatória. Verificando o juiz que o caso é de controvérsia prejudicial de natureza civil que não se enquadra no conceito de "estado civil das pessoas", haverá a faculdade de suspender ou não a demanda penal, enquanto se resolve a matéria no âmbito cível.

(4) **Questão que não seja direito cuja prova a lei civil limite**: agregando ao pressuposto anterior, caso a questão civil seja diversa do estado civil das pessoas, é necessário ainda constatar que não há limitação posta pela lei civil para prová-la. Caso a legislação preveja limites para se provar questão de natureza civil (heterogênea), porém diversa do estado civil das pessoas, o juiz penal não poderá reconhecê-la como prejudicial. Como exemplo,

25. TOURINHO FILHO, Fernando da Costa. *Processo penal*: 2. 19. ed. São Paulo: Saraiva, 1997. p.544.

temos o art. 108, do Código Civil, que limita a prova relativa à validade dos negócios jurídicos sobre a propriedade de imóvel com valor superior vigente no país a trinta salários mínimos, declarando, para tal fim, ser essencial a escritura pública.

(5) **Demanda civil já ajuizada**: sendo a prejudicial heterogênea de natureza facultativa, o juiz criminal, não deve remeter as partes ao juízo cível. Vale dizer, é necessário que a ação civil que debata sobre questão diversa daquela relativa ao estado da pessoa já esteja tramitando quando suscitada a questão prejudicante.

27. PROCEDIMENTO DAS PREJUDICIAIS OBRIGATÓRIAS E FACULTATIVAS

O procedimento adotado pelo juiz varia conforme se trate de prejudicial obrigatória ou de prejudicial facultativa.

Tanto na hipótese de prejudicial obrigatória (art. 92, CPP), quanto na de prejudicial facultativa (art. 93, CPP), a decisão de suspensão proferida pelo juiz se refere ao curso do processo penal. O que se deve suspender é o curso do processo penal já iniciado, para se aguardar o desfecho da questão prejudicial no juízo cível, a ser resolvida no bojo de processo civil.

A lei não reconhece relação de prejudicialidade entre inquérito policial e questão civil. Havendo falta de justa causa para o início da persecução penal, em sede de investigação preliminar, a solução jurídica, em sede de *habeas corpus*, é a concessão da ordem para arquivar o inquérito policial (trancamento).

28. PROCESSAMENTO EM RAZÃO DE PREJUDICIAL OBRIGATÓRIA

(1) O juiz, reputando **séria e fundada** relação jurídica de natureza cível atinente ao estado civil das pessoas, por decisão fundamentada, suspenderá o curso do processo até que se resolva no juízo cível questões como de parentesco, de casamento, de profissão e de direitos políticos. Sobre o ponto, lembra Vicente Greco Filho, que a capacidade penal (imputabilidade) não é questão relativa ao estado civil das pessoas, pois a inimputabilidade é objeto de incidente de insanidade mental. Entretanto, o autor, adotando posição restritiva quanto ao conceito de estado civil das pessoas, sustenta que também não será o caso de suspensão obrigatória a hipótese em que se debate sobre "determinada qualificação profissional em face da infração de exercício ilegal de profissão regulamentada ou a qualidade de nacional no crime de reingresso de estrangeiro expulso"[26]. De forma diversa, entendemos que os caracteres que viabilizam o exercício da cidadania em sentido amplo informam o conceito de estado civil das pessoas (posição ampliativa);

(2) para que haja a suspensão do processo penal, não é necessária a existência prévia de ação cível para que ocorra a suspensão do processo criminal;

(3) durante o período em que estiver pendente a solução da questão prejudicial no juízo cível, o prazo prescricional ficará suspenso, por força do disposto no art. 116, I, do Código Penal, até o trânsito em julgado da decisão no cível;

26. GRECO FILHO, Vicente. *Manual de processo penal*. 8. ed. São Paulo: Saraiva, 2010. p. 167.

(4) O juiz, depois de suspender o processo na esfera criminal, poderá determinar a realização de providências urgentes (produção probatória), ouvindo testemunhas que correrem o risco de desaparecimento (depoimentos *ad perpetuam rei memoriam*) e realizando perícias sobre elementos facilmente perecíveis. Trata-se de poder acautelatório geral que detém o magistrado, exercido mesmo que durante suspensão processual e do curso do prazo prescricional, com vistas a preservar a utilidade da ação penal;

(5) o MP intervirá no processo cível com o fito de dar-lhe maior celeridade (*custos juris*) ou o promoverá quando se tratar de suspensão obrigatória de processo por crime de ação penal pública. A atuação do *Parquet* na esfera cível, seja como fiscal da ordem jurídica, seja como substituto processual do direito do autor (parágrafo único, do art. 92, CPP), é justificada pela necessidade de não se aguardar a vontade do particular para que a ação penal de iniciativa pública tenha andamento válido e regular. Realmente, seria inconcebível que o Ministério Público ficasse impedido de ver a ação penal com trâmite normal pelo fato de não ter sido promovida a ação cível pelo seu legitimado originário ordinário;

(6) a sentença cível que resolve a prejudicial obrigatória vincula o juiz criminal, que não pode divergir do que consignado a respeito do estado civil das pessoas, sendo o caso de **limitação de competência funcional pelo objeto do juízo**. Vale dizer, o juiz penal é aqui compelido a acatar o que definido na seara civil[27]. A solução não é outra na hipótese do processo penal não ter sido suspenso, ou seja, o juiz penal estará sempre adstrito aos termos do que resolvido pelo juízo cível quando a questão prejudicial for de natureza absoluta (estado civil das pessoas), a exemplo do que pode ocorrer quando a ação cível tiver sido ajuizada e eventualmente julgada antes da demanda criminal.

29. PROCESSAMENTO EM RAZÃO DO RECONHECIMENTO DE PREJUDICIAL FACULTATIVA

(1) o juiz criminal, diante de questão cível diversa do estado civil das pessoas e que já seja objeto de ação cível, poderá suspender o processo, caso repute ser a matéria uma **questão de difícil solução**, fixando prazo em que aguardará o advento de sentença cível dirimindo a prejudicial;

(2) o CPP não estabelece prazo para a suspensão facultativa do processo. Como a lei não estabelece qual o prazo de suspensão, ficará ao prudente arbítrio do juiz criminal indicar o quanto pretende aguardar. No entanto, não é necessário que se aguarde indefinidamente a resolução do litígio cível, nem é indispensável o trânsito em julgado da sentença cível. Como adverte Tourinho, se a demora pelo retardamento da solução no cível for atribuível à parte, o juiz penal, expirado o prazo, determinará que o processo prossiga, "retomando sua competência para resolver, de fato e de direito, toda a matéria da acusação e da defesa"[28];

(3) durante o período em que estiver pendente a solução da questão prejudicial facultativa no juízo cível e enquanto permanecer suspenso o processo penal, o prazo prescricional ficará suspenso, por força do disposto no art. 116, I, do Código Penal;

27. GRECO FILHO, Vicente. *Manual de processo penal*. 8. ed. São Paulo: Saraiva, 2010. p. 168-169.
28. . TOURINHO FILHO, Fernando da Costa. *Processo penal*: volume 2. 19. ed. São Paulo: Saraiva, 1997. p. 546.

(4) findo o prazo sem que advenha sentença cível, será admitida prorrogação, ou o juiz criminal poderá entender dar andamento ao processo, decidindo toda a matéria (princípio da suficiência da ação penal). Corre-se o risco, sobrevindo sentença cível, que esta seja contraditória à decisão criminal, o que merece apreciação na fase recursal ou eventualmente no âmbito da ação de revisão criminal;

(5) o juiz, depois de suspender o processo na esfera criminal, poderá determinar a realização de providências urgentes (produção probatória);

(6) sendo o crime de ação penal pública, o MP deve intervir na seara cível, na qualidade de *custos juris*, com o propósito de imprimir maior rapidez. Note-se que não poderá propô-la, eis que a ação já deve estar tramitando no cível;

(7) uma vez prolatada a decisão no juízo cível sobre a questão prejudicial facultativa, o juiz do processo penal ficará adstrito àquela decisão, isto é, não poderá decidir contrariamente, porquanto se trata de **incompetência funcional temporária, em razão do objeto do juízo**. Tal incompetência nasce, para o juiz criminal, no momento em que reconhece as circunstâncias autorizadoras e ordena a suspensão[29]. Na questão prejudicial facultativa, a incompetência é dita temporária em razão da existência de fixação de prazo pelo juiz criminal no momento em que reconhece a prejudicial relativa e delibera por aguardar a solução do caso na esfera cível. Isso quer dizer que, uma vez expirado o lapso fixado pelo juízo penal sem que haja solução da controvérsia cível, torna o magistrado do processo criminal a ser competente para decidir tanto a matéria penal, quanto a questão incidente cível prejudicial. De tudo que dissemos, podemos frisar que:

(a) a suspensão pode ser decretada de ofício ou a requerimento das partes (art. 94, CPP);

(b) a suspensão não poderá ocorrer nos casos em que a lei civil limite a prova (prejudicial facultativa);

(c) não cabe prejudicial no inquérito policial; e

(d) vinculação temática: ocorrendo a suspensão do processo em virtude da prejudicial, o juiz criminal estará vinculado ao que foi decidido na esfera cível, sendo indiferente tratar-se de prejudicial obrigatória ou facultativa.

30. RECURSOS

O despacho que indefere a suspensão do processo criminal para a solução da prejudicial na esfera extrapenal é irrecorrível. Vislumbramos no *habeas corpus* ou na correição parcial a forma de combater o ato do magistrado. Nada impede o manejo do mandado de segurança, notadamente quando os interesses da acusação forem preteridos. Da decisão que determina a suspensão do processo (interlocutória simples) cabe recurso em sentido estrito (581, XVI, CPP).

Haverá **nulidade absoluta** caso não haja reconhecimento de prejudicial obrigatória (prejudicial heterogênea relativa ao estado civil das pessoas) que, uma vez declarada, determinará a **invalidação** dos atos processuais afetados.

29. GRECO FILHO, Vicente. *Manual de processo penal*. 8. ed. São Paulo: Saraiva, 2010. p. 169.

Se as partes não propuserem *habeas corpus* ou mandado de segurança contra ato do juiz que indefira o requerimento de suspensão obrigatória, a sentença absolutória ou condenatória poderá, ao cabo, ser vergastada através de recurso de apelação estampado no art. 593, inciso I, do CPP, fundamentando-o na nulidade do julgado, em virtude da incompetência absoluta do juiz penal para decidir a prejudicial incidental de cunho compulsório.

31. PRESCRIÇÃO

O art. 116, inciso I, do Código Penal, prevê, como causa suspensiva do curso da prescrição, a questão prejudicial cuja resolução, em outro processo, faça depender o conhecimento da existência de crime. A suspensão indica que, depois de cessado o motivo que a determinou, a prescrição deve recomeçar.

O Código não distingue se a hipótese é de suspensão obrigatória ou facultativa. Enquanto perdurar a suspensão do processo criminal no aguardo do desfecho da questão prejudicial de natureza cível, permanecerá suspensa a prescrição. O legislador dá com uma mão e retira com a outra, vale dizer:

(1) em favor do acusado está a necessidade de se aguardar que se resolva questão relevante e fundada da qual dependa a existência do crime; e

(2) em seu desfavor está a suspensão da prescrição, pelo tempo que durar a pendência.

O crime de bigamia é um bom exemplo de hipótese de suspensão do processo, apontado por Rogério Greco. Enquanto se discute a validade de casamento anterior no juízo cível, o curso do processo criminal permanecerá suspenso, bem como o respectivo prazo prescricional até que se resolva a questão prejudicial. Quando questão prejudicial for decidida pelo juiz cível, o processo criminal retoma o seu curso, com o reinício da prescrição. Por seu turno, o juízo criminal ficará adstrito à decisão prolatada pelo juízo cível acerca da prejudicial de validade do casório[30].

32. QUADRO SINÓTICO

CAPÍTULO XIV – QUESTÕES PREJUDICIAIS		
CONSIDERAÇÕES INICIAIS		
O CPP usa a expressão "questões e processos incidentes" em sentido genérico, designando o conjunto de questões e procedimentos incidentais ou paralelos à solução do mérito do caso penal principal.		1
Ponto em sentido processual	É a afirmação em estado simples, alegação, pleito ou fato processual não refutado pela parte adversa.	2
Questão	É o ponto concreto acerca do qual ocorre justaposição do direito de punir e do direito de liberdade.	3
Questão incidente	É o fato que recai no curso da ação penal principal e que reclama, em regra, decisão prévia ao julgamento do mérito central.	4

30. GRECO, Rogério. *Curso de direito penal*: parte geral. 2. ed. Rio de Janeiro: Impetus, 2003. p. 821-822.

CAPÍTULO XIV – QUESTÕES PREJUDICIAIS		
Questão prévia	Quando sua apreciação deve preceder o julgamento do mérito da ação penal principal.	**5**
Questão preliminar ou processual	É o fato processual que deve ser examinado de forma prévia ao julgamento do mérito do caso penal.	**6**
Questão prejudicial	É fato meritório secundário que deve ser apreciado previamente ao julgamento do mérito da causa principal.	**7**
Questão sucessiva e posterior	A questão incidente pode ensejar uma questão sucessiva e posterior ao julgamento do mérito da causa principal.	**8**
Autuação em apartado	Com o intuito de não criar tumulto na lide, os incidentes processuais serão apreciados em autos apartados, normalmente apensos ao principal.	**9**
CLASSIFICAÇÃO DOS INCIDENTES PROCESSUAIS		
Profundidade meritória	(1) **Questões preliminares** - relativas ao processo e pressupostos. (2) **Questões intermediárias** – referem-se ao exercício da demanda, devem ser examinadas seguidamente às preliminares, porém antes do enfrentamento do mérito.	**11**
Finalidade do incidente	(1) **Questões tipicamente preliminares -** cuja resolução deve ocorrer antes do exame do mérito da demanda penal.	**12**
Finalidade do incidente	(1) **Questões de natureza acautelatória patrimonial**, sem interferência relevante na solução do caso penal; (2) **Questões tipicamente probatórias**, seja no âmbito do exame da culpabilidade, seja na esfera da materialidade do delito.	**12**
CLASSIFICAÇÃO DAS QUESTÕES PREJUDICIAIS		
Prejudicial homogênea e heterogênea	São homogêneas, comuns ou imperfeitas as que pertencem e podem ser resolvidas na mesma jurisdição, ou no mesmo ramo do Direito. Já as heterogêneas, jurisdicionais ou perfeitas são as que transbordam os limites da jurisdição da causa prejudicada e vão produzir efeitos em outras esferas do Direito.	**14**
Prejudicial obrigatória ou facultativa	Será obrigatória se o juiz, considerando a questão prejudicial séria e fundada, necessariamente tiver que suspender o processo prejudicado até o deslinde da questão prejudicial, situação que ocorre diante de questão atinente ao estado civil das pessoas. A prejudicial facultativa ganha forma quando o reconhecimento do crime depende de solução de questão diversa do estado civil das pessoas. A suspensão não é obrigatória.	**15**

<table>
<tr><th colspan="3">CAPÍTULO XIV – QUESTÕES PREJUDICIAIS</th></tr>
<tr><td>Prejudicial total e parcial</td><td>Será total se a solução da questão puder fulminar a existência do crime. Limitando-se, a questão, ao reconhecimento de circunstâncias, deixando incólume a existência do crime, ela é dita parcial.</td><td>16</td></tr>
<tr><td>Prejudicial devolutiva e não devolutiva (princípio da suficiência)</td><td>São devolutivas as prejudiciais que transbordem os limites da jurisdição da questão prejudicada, portanto, são enviadas para solução em outra esfera jurídica. Não devolutivas são aquelas que são solucionadas no mesmo ramo do Direito que trata da questão principal, a questão prejudicada. Como exceção ao princípio da suficiência da ação penal, existe a possibilidade de uma ação penal ser suspensa até que seja resolvida uma questão prejudicial no juízo cível.</td><td>17</td></tr>
<tr><th colspan="3">Natureza Jurídica e características</th></tr>
<tr><td colspan="2">Apesar da divergência, há de se reconhecer que as prejudiciais são uma forma de conexão.</td><td>18</td></tr>
<tr><td>Características das questões prejudiciais</td><td>(1) anterioridade ou antecedência lógica; (2) valor jurídico; (3) autonomia; (4) suspensividade; (5) essencialidade, interdependência ou necessariedade.</td><td>19</td></tr>
<tr><th colspan="3">Sistemas de solução</th></tr>
<tr><td colspan="2">Predomínio da jurisdição penal: o juiz criminal seria o competente para decidir a prejudicial.
Separação absoluta ou prejudicialidade obrigatória: também conhecido como prejudicialidade civil compulsória, exige que a questão de natureza não penal seja remetida ao juiz especializado. A finalidade é evitar decisões conflitantes, na medida em que o juiz criminal aguarda decisão a ser proferida pelo juiz cível.
Prejudicialidade facultativa ou remessa facultativa: a remessa ou não da prejudicial ao juízo cível deve levar em conta a prevalência cível ou criminal sobre a questão sob apreciação.
Misto ou eclético: adotado no Brasil, orienta que a decisão sobre as prejudiciais pode caber tanto ao juízo cível quanto ao criminal.</td><td>20 a 24</td></tr>
<tr><th colspan="3">PRESSUPOSTO AO RECONHECIMENTO DE PREJUDICIAL OBRIGATÓRIA</th></tr>
<tr><td colspan="2">(1) Relação com a existência de infração penal ou a de suas.
(2) Questão prejudicial séria e fundada.
(3) Controvérsia referente ao estado civil das pessoas.</td><td>25</td></tr>
<tr><th colspan="3">PRESSUPOSTOS AO RECONHECIMENTO DE PREJUDICIAL FACULTATIVA</th></tr>
<tr><td colspan="2">(1) Relação com a existência de infração penal ou a de suas circunstâncias.
(2) Questão de difícil solução.
(3) Controvérsia de natureza civil, porém diversa da do estado civil das pessoas, de competência do juízo cível.
(4) Questão que não seja direito cuja prova a lei civil limite.
(5) Demanda civil já ajuizada: o juiz criminal, não deve remeter as partes ao juízo cível.</td><td>26</td></tr>
</table>

CAPÍTULO XIV – QUESTÕES PREJUDICIAIS		
Procedimento das prejudiciais obrigatórias e facultativas	**Processamento em razão de prejudicial obrigatória:** (1) o juiz, reputando **séria e fundada** relação jurídica de natureza cível atinente ao estado civil das pessoas, por decisão fundamentada, suspenderá o curso do processo até que se resolva no juízo cível questões como de parentesco, de casamento, de profissão e de direitos políticos; (2) não é necessária a existência prévia de ação cível para que ocorra a suspensão do processo criminal; (3) pendente a solução da questão prejudicial no juízo cível, o prazo prescricional ficará suspenso, até o trânsito em julgado no cível; (4) o juiz, depois de suspender o processo na esfera criminal, poderá determinar a realização de providências urgentes (produção probatória); (5) o MP intervirá no processo cível com o fito de dar-lhe maior celeridade (*custos juris*) ou o promoverá quando se tratar de suspensão obrigatória de processo por crime de ação penal pública; (6) a sentença cível que resolve a prejudicial obrigatória vincula o juiz criminal, sendo o caso de **limitação de competência funcional pelo objeto do juízo**.	**27 a 29**
Procedimento das prejudiciais obrigatórias e facultativas	**Processamento em razão do reconhecimento de prejudicial facultativa:** (1) o juiz criminal, diante de questão cível diversa do estado civil das pessoas e que já seja objeto de ação cível, poderá suspender o processo, caso repute ser a matéria uma **questão de difícil solução**, fixando prazo em que aguardará o advento de sentença cível dirimindo a prejudicial; (2) o CPP não estabelece prazo para a suspensão facultativa do processo; (3) durante o período em que estiver pendente a solução e enquanto permanecer suspenso o processo penal, o prazo prescricional ficará suspenso; (4) findo o prazo sem sentença cível, será admitida prorrogação, ou o juiz criminal poderá dar andamento ao processo, decidindo toda a matéria (princípio da suficiência); (5) o juiz, depois de suspender o criminal, poderá determinar a realização de providências urgentes (produção probatória); (6) sendo o crime de ação penal pública, o MP deve intervir na seara cível, na qualidade de *custos juris*; (7) prolatada a decisão no juízo cível sobre a questão facultativa, o juiz do penal ficará adstrito àquela decisão, porquanto se trata de **incompetência funcional temporária, em razão do objeto do juízo**.	**27 a 29**

CAPÍTULO XIV – QUESTÕES PREJUDICIAIS		
Procedimento das prejudiciais obrigatórias e facultativas	De tudo que dissemos, podemos frisar que: (a) a suspensão pode ser decretada de ofício ou a requerimento das partes (art. 94, CPP); (b) a suspensão não poderá ocorrer nos casos em que a lei civil limite a prova (prejudicial facultativa); (c) não cabe prejudicial no inquérito policial; e (d) vinculação temática: ocorrendo a suspensão, o juiz criminal estará vinculado ao que foi decidido na esfera cível, sendo indiferente tratar-se de prejudicial obrigatória ou facultativa.	**27 a 29**
Recursos		
O despacho que nega a suspensão é irrecorrível. Vislumbramos no *HC* ou na correição parcial a forma de combater o ato. Nada impede o manejo do MS, quando os interesses da acusação forem preteridos. Da decisão que determina a suspensão cabe RESE (581, XVI, CPP).		**30**
Prescrição		
O art. 116, inciso I, do CP, prevê, como causa suspensiva do curso da prescrição, a questão prejudicial cuja resolução, em outro processo, faça depender o conhecimento da existência de crime.		**31**

33. SÚMULAS DO STJ

22. Não há conflito de competência entre o Tribunal de Justiça e Tribunal de Alçada do mesmo estado-membro.

59. Não há conflito de competência se já existe sentença com trânsito em julgado, proferida por um dos juízos conflitantes.

348. Compete ao Superior Tribunal de Justiça decidir os conflitos de competência entre juizado especial federal e juízo federal, ainda que da mesma seção judiciária. (cancelada)

428. Compete ao Tribunal Regional Federal decidir os conflitos de competência entre juizado especial federal e juízo federal da mesma seção judiciária.

34. SÚMULAS DO STF

525. A medida de segurança não será aplicada em segunda instância, quando só o réu tenha recorrido.

35. QUESTÕES DE CONCURSOS PÚBLICOS

01. (2015 – CESPE – TRF – 5ª REGIÃO – Juiz Federal Substituto – Adaptada) No que se refere às questões prejudiciais, julgue o item seguinte.

Se, no curso de uma ação penal contra servidor público federal por suposta prática de peculato, na modalidade de apropriação ou desvio de recursos públicos, a defesa apresentar resposta à acusação, alegando regularidade das contas declaradas pelo TCU e idêntico posicionamento encontrado na ação de improbidade administrativa em curso, admitir-se-á a objeção apresentada pela defesa como questão prejudicial heterogênea, o que autoriza a suspensão da ação principal.

02. (FEPESE – Promotor de Justiça – SC/2014 – Adaptada) Se a decisão sobre a existência da infração depender da solução de controvérsia, que o juiz repute séria e fundada, sobre o estado civil das pessoas, o curso da ação penal ficará suspenso pelo prazo de 90 (noventa) dias, que poderá ser prorrogado uma única vez, se a demora não for imputável à parte. Expirado o prazo, sem que o juiz cível tenha proferido decisão, o juiz criminal fará prosseguir o processo, retomando sua competência para resolver toda a matéria da acusação ou da defesa.

03. (VUNESP – PC-SP – Delegado de Polícia – 2018) Caio está sendo processado criminalmente pela prática de crime de furto e em sua resposta alega ser improcedente a acusação, uma vez que discute na seara cível, em ação por ele proposta, a ilegitimidade da posse da res pela suposta vítima. Considerando a situação retratada, assinale a alternativa correta.

(A) O juiz poderá suspender a ação penal a depender tão somente da prévia propositura da ação cível pelo acusado.

(B) O juiz deverá suspender a ação penal até que se dirima no juízo cível a questão da legitimidade da posse.

(C) O juiz criminal pode resolver, incidenter tantum, a questão da posse sem que seja necessária a suspensão da ação penal.

(D) A resolução da questão prejudicial pelo juiz criminal faz coisa julgada.

(E) Não há possibilidade de suspensão da ação penal.

36. GABARITO ANOTADO

01 - C

Vide:

- Art. 93 do CPP.

02 - E

Vide

- Art. 92, CPP.

03 - C

Vide

- Art. 92, CPP.
- Art. 93, CPP.
- Art. 94, CPP.

37. QUESTÕES DISCURSIVAS COM COMENTÁRIOS

01. (MPE-PR - Promotor de Justiça - PR/2008) (máximo de 20 linhas).

Conceitue e diferencie questões prévias de questões prejudiciais no Processo Penal.

Resposta

Fizemos no início deste capítulo as distinções que respondem tal enunciado.

Questão prévia é a que deve ser apreciada em primeiro lugar, por ser logicamente antecedente e dela depender o julgamento da questão principal. Questão prejudicial é espécie de questão prévia e consiste em infração penal ou fato jurídico civil que são elementares ou circunstâncias da infração penal principal e, por tal razão, deva ser resolvida em primeiramente. Note-se que questão prévia é gênero, da qual são espécies a preliminar (processual) e a prejudicial (mérito).

Capítulo XV

Processos Incidentes

1. CONCEITO

Processos incidentes são procedimentos independentes, ajuizados no mesmo juízo perante o qual tramita a ação penal condenatória principal. Os processos incidentes têm tramitação em separado[1], o que caracteriza sua autonomia ritual[2]. Não são processos incidentes as questões prejudiciais, que são julgadas pelo juízo cível, pois, naqueles, o que existe é processo perante juízo extrapenal, não incidente ao processo criminal.

2. CARACTERÍSTICAS DO PROCEDIMENTO INCIDENTAL

O procedimento incidental é processo incidente apenso ao processo penal principal, cujas características são:

(1) a **sequencialidade**: o procedimento incidental constitui uma ordenação de atos, um conjunto de atos;

(2) a **dependência**: o procedimento incidental é autuado em apartado, mas tem vida subordinada à existência do processo penal principal, destinando-se a viabilizar uma melhor decisão deste feito ***principaliter***;

(3) a **sumariedade** ou a **especialidade**: o processo incidental tem rito mais abreviado ou especial, segundo as disposições legais;

(4) a **simplicidade**: há preferência por solução não burocrática, sendo autorizado ao juiz resolver de plano a questão incidente, sem determinar a autuação em apartado, quando verificar a desnecessidade de dilação probatória. Daí que os incidentes podem ser resolvidos nos próprios autos ou separadamente. As decisões poderão ser, no primeiro caso, meramente interlocutórias ou intermédias e, no segundo, de natureza final ou com força de definitiva; e

(5) a **celeridade**: prestigia-se a rapidez, ao lado da singeleza[3].

3. INCIDENTE PROCESSUAL

Incidente é todo fato que recai no curso de um processo. A ideia de incidir é a de cair em cima, cair sobre, cair dentro, recair no curso de algo. O incidente processual exige decisão no decorrer do procedimento do processo principal (decisão *incidenter tantum*) ou, de forma paralela, em autos apartados, quando teremos um processo incidente.

4. EXCEÇÕES

Exceção é uma forma de defesa por meio da qual o acusado objetiva a extinção do processo sem resolução do mérito ou apenas a sua procrastinação. Manifesta-se na forma das exceções de suspeição, de incompetência, de ilegitimidade de parte, de litispendência ou de coisa julgada (art. 95, CPP). Nada impede que a ferramenta seja também utilizada

---

1. TORNAGHI, Hélio. *Curso de processo penal*: volume 1. 8. ed. São Paulo: Saraiva, 1991. p.133.
2. MIRABETE, Julio Fabbrini. *Processo Penal*. 14. ed. São Paulo: Atlas, 2003. p.200.
3. TORNAGHI, Hélio. *Curso de processo penal*: volume 1. 8. ed. São Paulo: Saraiva, 1991. p.134.

pela acusação, já que as exceções levantam questões atinentes aos pressupostos processuais e às condições para o exercício da ação penal.

Exceção é, em sentido amplo, defesa, isto é, a forma pela qual a parte passiva se opõe a uma pretensão. De tal maneira, se temos ação de um lado, do outro temos exceção. A exceção se opõe à ação. O autor "pede" na ação, enquanto o réu "impede" na exceção. O demandante "insiste" na ação, enquanto o demandado "resiste". Podemos dizer que ação e exceção são dois lados de uma mesma moeda que se chama processo.

O Código de Processo Penal adota o termo "exceção" em seu sentido amplo. Em sentido estrito, a doutrina aviva a diferença entre "exceção" e "objeção". A partir de Fredie Didier[4], podemos apresentar a seguinte distinção:

(1) **exceção em sentido estrito** é a alegação de defesa que, para ser conhecida pelo juiz, precisa ter sido arguida pelo interessado;

(2) **objeção** é a alegação de defesa que não precisa ser aventada para que o magistrado a reconheça. A matéria da objeção tem relevo maior, de ordem pública. Relaciona-se com os pressupostos processuais e com as condições da ação. O juiz não precisa ser provocado para conhecer uma objeção, sendo seu dever prover a regularidade do processo (art. 251, CPP).

Tal qual a exceção, a objeção pode ser processual (ilegitimidade passiva para figurar no polo passivo da ação penal) ou substancial (extinção da punibilidade pela decadência, em razão do não exercício de representação no prazo legal).

Como se depreende, o CPP utiliza de fato a noção de **exceção em seu sentido largo**, eis que todas as matérias do seu art. 95 - inclusive a incompetência relativa (em direito processual penal) - são conhecíveis de ofício pelo juiz, não distinguindo tal conceito da definição de objeção. De tal modo, as exceções do direito processual penal não são exceções em sentido estrito, porém exceções em sentido amplo.

5. CLASSIFICAÇÃO DAS EXCEÇÕES

As exceções são classificadas para que seja possível compreender melhor sua definição. Na verdade, a classificação do instituto é a forma encontrada para entendê-lo sob diversos pontos de vista. Destarte, as exceções podem ser classificadas segundo os efeitos que exercem no processo, conforme o aspecto impugnado por ela ou de acordo com a sua forma de processamento.

6. QUANTO AOS EFEITOS QUE EXERCEM SOBRE O PROCESSO

Segundo esse critério, as exceções podem ser peremptórias ou dilatórias.

(1) **Peremptórias**: são as que têm a aptidão de extinguir o processo sem julgamento do mérito. Ex.: exceções de litispendência e de coisa julgada.

(2) **Dilatórias**: são as que prorrogam o curso do processo, procrastinando-o. Ex.: exceções de incompetência e de suspeição. No que toca à ilegitimidade de parte, seja a *ad*

4. DIDIER JR., Fredie. Da exceção: o direito de defesa e as defesas. In: *Estudos de direito processual civil*: homenagem ao Professor Egas Dirceu Moniz de Aragão. Luiz Guilherme Marinoni (org.). São Paulo: RT, 2005. p. 577-578.

causam ou *ad processum*, entendemos que se trata de mais uma exceção dilatória, afinal, corrigido o defeito, o processo continua ou poderá ser iniciado novamente com os verdadeiros legitimados[5].

7. QUANTO AO ASPECTO IMPUGNADO DA DEMANDA (NATUREZA OU ESSÊNCIA DA EXCEÇÃO)

De compasso com o critério em epígrafe, as exceções serão:

(1) **Processuais** ou **preliminares**: são as que representam óbice que se pode opor ao conhecimento do mérito da ação. No direito processual penal, as exceções processuais são reconhecíveis de ofício, ou seja, independentemente de provocação, pelo magistrado. Por tal motivo, a doutrina critica o uso do nome "exceção" (indicativo de "defesa"), em face de se mais apropriado o vocábulo "objeção"[6]. As exceções processuais são óbices à admissibilidade da ação e, no CPP, estão elencadas no art. 95 (suspeição, incompetência, litispendência, coisa julgada e ilegitimidade de parte) e no art. 112 (impedimento e incompatibilidade).

(2) **Materiais** ou **substanciais**: são as que impugnam o mérito da demanda penal, visando à rejeição da pretensão do autor com a consequência de impedir a rediscussão da demanda (coisa julgada material). Podem se apresentar sob de defesa direta ou indireta de mérito.

(a) **Exceção** ou **defesa direta de mérito**: visa a evidenciar que a pretensão deduzida em juízo pelo autor da demanda é improcedente, refutando, na ação penal condenatória, a própria imputação de fato típico, antijurídico e culpável, desaguando na improcedência propriamente dita do pedido. Quando se alega legítima defesa, quando se contesta a prova para dizer que o fato não existiu, a parte demandada está apresentando defesa direta de mérito. A exceção ou defesa direta fere a imputação, o caso penal propriamente dito, eis que, uma vez acolhida, representa óbice à repropositura da demanda, tal como se dá com o acolhimento de causa excludente de ilicitude.

(b) **Exceção** ou **defesa indireta de mérito** ou **preliminar de mérito**: objetiva opor fatos extintivos, modificativos ou impeditivos do titular da pretensão punitiva estatal. A prescrição é denominada de prefacial de mérito (impropriamente preliminar). A prescrição é fato extintivo do direito do autor e a sentença extintiva de punibilidade em razão do reconhecimento da prescrição não é absolutória, mas fecha as portas para uma rediscussão dos fatos (coisa julgada material). A *abolitio criminis* é fato **extintivo** do direito do autor. Fato **modificativo** do direito do autor é a *lex mitior*, que reduz a pena, por exemplo. A exceção ou defesa indireta afeta os aspectos processuais da demanda que são requisitos indispensáveis ao exame do seu mérito, a exemplo das questões que envolvem pressupostos processuais e condições da ação. Pode ter o efeito de dilatar o processo (sendo, por esse prisma, uma subespécie da exceção dilatória: acolhimento de exceção de incompetência) ou pode por fim ao processo (sendo, sob tal ângulo, espécie de exceção peremptória: acolhimento de coisa julgada). Porém, note-se, não enfrentam o mérito, mas somente o tangencia.

---

5. GOMES, Luiz Flávio. *Direito processual penal*. São Paulo: RT, 2005. p. 156.
6. TOURINHO FILHO, Fernando da Costa. *Processo penal*: 2. 19. ed. São Paulo: Saraiva, 1997. p. 554.

8. QUANTO À SUA FORMA DE PROCESSAMENTO OU DE AUTUAÇÃO

Considerando esse critério, as exceções podem ser:

(a) **internas**: quando apresentadas nos mesmos autos da demanda condenatória, sem formação de autos apartados. As exceções podem ser apresentadas como matéria preliminar da resposta à acusação (art. 396-A, CPP). Em regra, quando não há necessidade de dilação probatória, o juiz resolve as exceções nos autos do processo principal, sem necessidade de constituição de volume apenso em separado.

(b) **instrumentais**: o CPP determina, em seu art. 111, que as exceções devem ser autuadas em apartado. O legislador assim dispôs em virtude de considerar a possibilidade de discordância do juiz ou de ser preciso produzir prova antes de decidir o incidente. Com efeito, seria contraproducente se formular prova sobre a exceção, nos mesmos autos onde se discute o mérito da ação penal condenatória, alargando demasiadamente o objeto da demanda e quebrando a sequência natural dos atos processuais. Para evitar tal inconveniente, deve o juiz, ao receber a petição de exceção que não possa ser resolvida de plano, determinar que seja autuada em separado e formado um caderno processual apenso. Tal solução decorre de que as matérias opostas através de exceção são também reconhecíveis de ofício no processo penal ou sem a necessidade de petição específica. O acusado pode, por exemplo, suscitar quaisquer dessas questões em preliminar de sua resposta à acusação (art. 396-A, CPP). Caso seja necessária produção probatória ou dilatação do procedimento com quaisquer das matérias do art. 95, do CPP, será preciso que o incidente seja autuado separadamente do processo penal principal.

9. EXCEÇÃO DE SUSPEIÇÃO

O art. 95, I, do CPP, faz menção à possibilidade de oposição de exceção de suspeição.

As hipóteses de suspeição do juiz (e também as de impedimento e de incompatibilidade) referem-se a fatos e circunstâncias, subjetivos ou objetivos, que, de alguma forma, podem prejudicar a necessária imparcialidade do julgador no exame do caso concreto. Verificada a situação que coloca em risco a isenção do julgador, seu afastamento se impõe[7].

O alijamento do magistrado parcial é exigência que decorre do princípio do juiz natural. Pouco adiantaria que a Constituição estipulasse que toda pessoa tem direito a ser julgado por autoridade judiciária competente, se não existissem outras regras para garantir a imparcialidade do magistrado.

Acerca dessas causas de afastamento do magistrado do processo por ausência de imparcialidade, duas importantes regras devem ser observadas:

(1) a **suspeição** decorrente de parentesco por afinidade cessará pela dissolução do casamento que lhe tiver dado causa, salvo se existentes descendentes;

(2) ainda que dissolvido o casamento sem descendentes, o **impedimento** do juiz persiste em relação ao sogro, ao padrasto, ao cunhado, ao genro ou ao enteado de quem for parte no processo;

7. OLIVEIRA, Eugênio Pacelli. *Curso de processo penal*. 18. ed. São Paulo: Atlas, 2014. p. 299.

(3) a **suspeição** não poderá ser declarada nem reconhecida, quando a parte injuriar o juiz ou de propósito der motivo para criá-la (art. 256, CPP). Cuida-se de decorrência do princípio da vedação do comportamento contraditório (a ninguém é dado tomar proveito da própria torpeza ou ***nemo potest venire contra factum proprium***);

(4) o magistrado que exercer competências próprias de juiz das garantias ficará **impedido** de atuar no respectivo processo penal (arts. 3º-B e 3º-D, CPP, redação da Lei nº 13.964/2019)[8];

(5) o juiz que conhecer do conteúdo da prova declarada inadmissível não poderá proferir a sentença ou acórdão, constituindo hipótese avulsa de **impedimento**, nos termos do § 5º, do CPP, incluído pela Lei nº 13.964/2019[9].

10. LEGITIMADOS ATIVOS PARA ARGUIÇÃO DE SUSPEIÇÃO

Pode ser reconhecida *ex officio* (art. 97, CPP), ou arguida pelas partes através da competente exceção (art. 98, CPP), podendo ainda ser apresentada por procurador com poderes especiais. A exceção de suspeição deve preceder às demais, salvo se o motivo for superveniente (art. 96, CPP).

Há controvérsias sobre se o assistente do Ministério Público pode arguir a exceção (como **excipiente**), especialmente diante do limite estreito do art. 271, do CPP. Entendemos que a melhor posição, na tendência de serem ampliados os poderes do assistente, é no sentido de conferir-lhe legitimidade para tanto (para ajuizar exceção de suspeição).

Tal ilação decorre do interesse que tem o assistente em manter o processo incólume contra nulidades de quaisquer espécies, mormente aquela que surge da condução do processo por magistrado suspeito (nulidade absoluta, segundo a doutrina majoritária).

Por outro lado, o assistente do Ministério Público, evidentemente, não pode figurar como excepto, nos autos da exceção de suspeição. Afinal de contas, ele é naturalmente parcial, objetiva e subjetivamente, no exercício de sua função de parte litisconsorcial ***co-adjuvandum*** (art. 268, CPP). Nada impede, porém, que atue como assistente simples nos autos da exceção de suspeição contra membro do Ministério Público.

11. LEGITIMADOS PASSIVOS NA EXCEÇÃO DE SUSPEIÇÃO

A pessoa em face de quem se alega uma exceção é denominada de **excepto**. Podem ser exceptos: os magistrados (art. 98, CPP); os membros do MP (art. 104, CPP); os peritos, intérpretes, funcionários da justiça e serventuários (art. 105) e os jurados (arts. 448 e 449, CPP).

A autoridade policial nunca assume a condição de excepto, nos termos do art. 107, do CPP. Cabe ao delegado, entendendo-se suspeito ou impedido, declarar-se ***ex officio***. Nada

8. Dispositivo com eficácia suspensa, nos termos de decisão monocrática do Supremo Tribunal Federal (STF – ADI 6298/DF – Medida Cautelar – Rel. Min. Luiz Fux – 22 jan. 2020).
9. Dispositivo com eficácia suspensa, nos termos de decisão monocrática do Supremo Tribunal Federal (STF – ADI 6298/DF – Medida Cautelar – Rel. Min. Luiz Fux – 22 jan. 2020).

impede, por analogia ao art. 5º, § 2º, do CPP, a apresentação de recurso administrativo ao Chefe de Polícia.

12. PETIÇÃO DA EXCEÇÃO DE SUSPEIÇÃO

O pedido deve ser fundamentado, assinado pela própria parte ou por procurador com poderes especiais. Sendo imprescindível, a petição deve vir acompanhada de prova documental e do rol de testemunhas (art. 98, CPP).

A forma é escrita, não havendo previsão legal de oposição da exceção oralmente.

Inconcebível seria, de fato, a arguição oral da suspeição do juiz em audiência, máxime para evitar proximidade dessa conduta processual com o tipo penal de desacato. Basta imaginar a suspeição averbada oralmente pela prova alegando motivo desarrazoado para pretender afastar o magistrado.

Trata-se da única das exceções que deve, obrigatoriamente, ser interposta por petição, salvo no rito do **júri**, que admite a **forma oral**, a teor do art. 470, do CPP, conquanto possa o magistrado reconhecê-la de ofício.

Diferentemente, as demais exceções serão interpostas tanto oralmente, quanto por escrito.

13. PROCEDIMENTO DA EXCEÇÃO DE SUSPEIÇÃO

O procedimento da exceção de suspeição do juiz também se aplica às hipóteses de **impedimento** e de **incompatibilidade**.

A exceção pode ser apresentada durante o curso do processo, caso surjam motivos autorizadores, bem como juntamente com a inicial acusatória, se o fato já for conhecido pelo titular da ação. A defesa, por sua vez, deverá fazê-lo quando da resposta à acusação (art. 396-A, CPP). É, ademais, possível a exceção de suspeição aventada mesmo antes do oferecimento da petição inicial, vale dizer, no curso da investigação preliminar, levando em consideração que o juiz pode ser instado a deliberar sobre providências cautelares quando ainda em curso o inquérito policial.

Apresentada a exceção, o juiz singular, reconhecendo-se suspeito (de ofício, independentemente de provocação), suspende a marcha processual e remete os autos ao seu substituto legal, intimando as partes da sua decisão (art. 99, CPP). Caso não aceite a alegação de suspeição, ordena que seja autuada a petição em apartado, oferece sua resposta no lapso de três dias, podendo instruí-la e oferecer testemunhas. Escoado aquele prazo, o magistrado determina a remessa dos autos da exceção, dentro de vinte e quatro horas, ao tribunal a que competir o julgamento.

Note-se que a exceção de suspeição (como também a de impedimento e a de incompatibilidade) apresentada contra o juiz é julgada pelo tribunal competente, salvo quando ele próprio averba a suspeição. As demais exceções são apreciadas pelo próprio magistrado de primeiro grau (exceções de suspeição de outros sujeitos processuais, de incompetência, de coisa julgada, de litispendência e de ilegitimidade).

Nos tribunais (incluído o Supremo Tribunal Federal), o rito é o estabelecido no art. 103, do CPP. Com efeito, quando arguida a exceção pela parte, e sendo ela resistida pelo magistrado, o rito, no que for aplicável, é o mesmo estabelecido para o juízo singular. Reconhecendo a exceção, o magistrado que se julgar suspeito deverá declará-lo nos autos.

Outrossim, sendo o presidente do tribunal a se dar por suspeito, competirá ao seu substituto designar dia para o julgamento e presidi-lo. Quando se cuidar do revisor, este deverá passar o feito ao seu substituto na ordem da precedência. De outro lado, caso seja o relator, deve apresentar os autos em mesa para nova distribuição. Não sendo revisor ou relator, o juiz que se reconhecer suspeito deverá fazê-lo verbalmente, na sessão de julgamento, registrando-se na ata a declaração do magistrado.

Sendo excepto o órgão do Ministério Público, o juiz decidirá depois de ouvi-lo. Se necessário admitirá a produção de provas no prazo de três dias.

Acolhendo a exceção contra o órgão do Ministério Público, o juiz encaminhará os autos ao substituto legal indicado pela legislação de regência da atuação da instituição. A decisão do juiz que reconhece a suspeição do *Parquet* não comporta recurso, sendo admissível mandado de segurança.

Entretanto, certa corrente doutrinária suscita ser inconstitucional o alijamento do membro do Ministério Público por decisão do juiz, em exceção de suspeição, aduzindo não ter sido o art. 104, do CPP, recepcionado, face sua inconciliabilidade com o sistema acusatório. Essa posição, a qual nos filiamos, vem ganhando mais espaço, conquanto ainda minoritária.

Elmir Duclerc, nesse diapasão, argumenta não ser correto que o juiz decida pelo afastamento do promotor. Isso porque a exigência de **imparcialidade subjetiva** do membro ministerial na condução da ação penal pública é dotada de caráter público e decorre do princípio da obrigatoriedade, que deve, afinal, ser controlada pelo próprio Ministério Público. Para o autor, a solução para a questão que envolve a suspeição do promotor público é a de aplicar, por analogia, o art. 28, do CPP, a fim de que a própria instituição delibere a respeito[10].

Também Antônio Alberto Machado apoia esse entendimento ao asseverar que essa norma que autoriza o afastamento do promotor pelo juiz da causa fere o sistema acusatório. Não é facultado ao juiz, sob esse prisma, o poder de definir, num caso concreto, se o órgão do Ministério Público pode ou não exercer a acusação, porquanto o princípio acusatório tem como pressuposto a existência de um magistrado alheio às atividades próprias da acusação[11].

De acordo com a redação do art. 28, *caput*, do CPP, conferida pela Lei nº 13.964/2019, o controle daquele proceder, aplicável aos casos de promoção de arquivamento de inquérito policial, caberá ao **órgão revisional** do Ministério Público, por iniciativa deste ou dos interessados (imputado e ofendido), nos termos do § 1º, daquele enunciado. Na hipótese de dúvida sobre a imparcialidade do promotor, não caberá ao juiz realizar este controle,

10. DUCLERC, Elmir. *Direito processual penal*. Rio de Janeiro: Lumen Juris, 2008. p.437.
11. MACHADO, Antônio Alberto. *Curso de processo penal*. 6. ed. São Paulo: Atlas, 2014. p 408.

diante do sistema acusatório, mas aos interessados apontados pela legislação, aplicada por analogia[12].

Incidindo a suspeição sobre os peritos, os intérpretes e os serventuários ou funcionários de justiça, o juiz decidirá de plano, à vista da matéria alegada e prova imediata. Por seu turno, a suspeição dos jurados deverá ser arguida oralmente perante o presidente do Tribunal do Júri. Se negada pelo excepto, deverá ser imediatamente comprovada, sob pena de ser recusada a alegação de suspeição.

Vale ainda ressaltar que não existe procedimento para arguir exceção em face da autoridade policial, não se encaixando ela na figura relativa ao excepto. Contudo, o CPP, em seu art. 107, CPP, preconiza o dever da autoridade policial de, em sendo o caso, declarar-se suspeita, quando presente algum motivo legal. Por analogia, entendemos que se o delegado não se afastar, pode o indiciado recorrer administrativamente ao chefe de Polícia, objetivando retirá-lo do caso (art. 5, § 2º, CPP).

14. RECURSOS NA EXCEÇÃO DE SUSPEIÇÃO

Inexiste recurso apropriado para combater o reconhecimento da suspeição, relevando notar que o art. 581, inciso III, CPP, estabelece que, contra a decisão que julgar procedente as exceções, caberá recurso em sentido estrito, ressalvando a de suspeição, visto que esta, quando dirigida contra juiz singular e não reconhecida por ele, é julgada pelo tribunal ao qual está vinculado o juiz e não comporta, por tal razão, recurso em sentido estrito.

Não obstante, é plausível sustentar que a parte prejudicada pela decisão a seu respeito possa impetrar *habeas corpus* ou mandado de segurança, consoante esteja em jogo, respectivamente, a liberdade de locomoção do acusado ou direito líquido e certo diverso do direito de ir e vir. Sendo julgada procedente a suspeição contra membro do MP, entendemos cabível o ingresso com mandado de segurança.

De toda forma, a aplicação da Constituição do Brasil no tocante às disposições dos recursos especial (ao STJ) e extraordinário (ao STF), autoriza o entendimento favorável a admissão deles, desde que estejam presentes os requisitos específicos para serem conhecidos.

15. EFEITOS DA SUSPEIÇÃO

O propósito da exceção de suspeição é afastar do processo aquele sobre quem, reconhecidamente, paira a suspeição.

Sendo arguida em face de magistrado e uma vez reconhecida, a exceção de suspeição gera o seu afastamento e remessa dos autos ao substituto legal, além de serem declarados nulos os atos do processo a partir do motivo causador da suspeição. A **nulidade** deve ser **absoluta** e integral, com a **invalidação** de todo o processo, não se aproveitando atos decisórios e também instrutórios, conforme entendimento dominante dessumido do art. 101, do CPP.

12. O *caput* do art. 28, do CPP, está com eficácia suspensa, nos termos de decisão monocrática do Supremo Tribunal Federal. Os parágrafos, contudo, estão em vigor (STF – ADI 6298/DF – Medida Cautelar – Rel. Min. Luiz Fux – 22 jan. 2020).

O mesmo se diga caso jurado suspeito participe do Conselho de Sentença no procedimento do júri. Em caso de erro inescusável (indesculpável), deve o juiz pagar as custas do processo (art. 101 c/c art. 564, I, CPP). Se a arguição foi feita de má-fé, deveria ser imprimida multa ao excipiente, contudo, como a lei não sofreu atualização monetária, esta é inexequível.

Se o substituto legal entender que o colega reconheceu de ofício a suspeição sem amparo legal, atuando de má-fé para livrar-se do processo, poderá arguir conflito negativo de competência, a ser dirimido perante o tribunal.

A exceção de suspeição, como regra, não suspende o andamento da marcha processual. Entretanto, caso as duas partes que litigam no processo entendam que o magistrado é suspeito, pode o tribunal suspender o curso do processo aguardando-se o julgamento da suspeição, até para que não sejam praticados atos que possivelmente serão anulados (art. 102, CPP). Da mesma forma, quando o magistrado reconhece de ofício a suspeição, ele suspende imediatamente o processo, remetendo os autos ao seu substituto.

16. EXCEÇÃO DE INCOMPATIBILIDADE OU DE IMPEDIMENTO

Malgrado não haja previsão de exceção de impedimento ou de incompatibilidade no capítulo das exceções, não há controvérsia sobre sua existência, pois o Código de Processo Penal é bem específico quando elenca os casos em que o juiz está proibido de exercer jurisdição (impedimentos) e os que ele é considerado suspeito. Também há alusão às questões de incompatibilidade dos juízes de órgãos colegiados.

É necessário não misturar as noções de suspeição, incompatibilidades e impedimentos. O Código de Processo Penal, de forma expressa, discerne os casos de impedimento, suspeição e incompatibilidade, consoante vimos ao estudarmos os sujeitos processuais, no capítulo próprio, com a análise dos artigos 252 a 254, do CPP.

Polastri apresenta distinção, asseverando que "enquanto a suspeição advém do vínculo ou relação do juiz com as partes do processo, o impedimento revela o interesse do juiz em relação ao objeto da demanda, e a incompatibilidade", geralmente, "encontra guarida nas Leis de Organização Judiciária, e suas causas estão amparadas em razões de conveniência"[13].

17. PROCESSAMENTO DA EXCEÇÃO DE IMPEDIMENTO OU DE INCOMPATIBILIDADE

A exceção de impedimento ou de incompatibilidade segue o mesmo procedimento da exceção de suspeição, de acordo com o que determina o art. 112, do CPP. Desse modo, a par da exceção de suspeição, a exceção de incompatibilidade ou de impedimento precederá a qualquer outra, salvo se fundada em motivo ulterior (art. 96, CPP).

O juiz pode se averbar impedido ou afirmar a incompatibilidade, mediante despacho escrito nos autos, com a indicação do motivo legal, remetendo o processo a seu substituto e ordenando a intimação das partes (arts. 97 e 99, CPP). Todavia, caso não haja reconhecimento espontâneo por parte do magistrado, a parte poderá arguir a incompatibilidade

13. LIMA, Marcellus Polastri. *Curso de processo penal*. Rio de Janeiro: Lumen Juris, 2002. v.2. p. 21.

ou o impedimento, por petição assinada por ela própria ou por procurador com poderes especiais, com suas razões acompanhadas de prova documental ou do rol de testemunhas.

Se o juiz não aceitar o impedimento ou a incompatibilidade, ordenará a autuação da petição em apartado e dará sua resposta no prazo de três dias. Nessa oportunidade, poderá instruir documentalmente suas informações e oferecer testemunhas[14], para, seguidamente, determinar a remessa dos autos da exceção ao juiz ou ao tribunal a quem competir o julgamento, no lapso de vinte e quatro horas (art. 100, *caput*, CPP).

As partes deverão ser intimadas da arguição. O juiz ou o tribunal, se reconhecer preliminarmente a relevância do incidente, marcará dia e hora para oitiva de testemunhas e, ato contínuo, julgará a exceção independentemente de outras alegações. Por outro lado, se a exceção de impedimento ou de incompatibilidade for manifestamente improcedente, o juiz ou o relator proferirá decisão liminar de rejeição (art. 100, §§ 1º e 2º, CPP).

Outrossim, nos termos do art. 102, do CPP, quando a parte contrária reconhecer a procedência da arguição, poderá ser sustado, a seu requerimento, o processo principal, até que se julgue o incidente de impedimento ou de incompatibilidade.

No âmbito dos tribunais, sem prejuízo do disposto nos respectivos regimentos internos, o membro que se julgar impedido ou incompatível deverá declará-lo nos autos e, se for revisor, passar o processo ao seu substituto na ordem da precedência, ou, se for relator, apresentar os autos em mesa para nova distribuição (art. 103, *caput*, CPP).

Não sendo relator nem revisor, o juiz que houver de dar-se por impedido ou incompatível, deverá fazê-lo verbalmente, na sessão de julgamento, registrando-se na ata a declaração. Se se tratar de presidente de tribunal, competirá ao seu substituto designar dia para o julgamento e presidi-lo. O incidente, por sua vez, não sendo reconhecido o impedimento ou a incompatibilidade, será julgada pelo tribunal pleno, funcionando como relator o presidente (art. 103, e parágrafos, CPP).

A incompatibilidade e o impedimento podem ser suscitados em face do membro do Ministério Público. Nesse caso, o juiz, depois de ouvi-lo, decidirá, sem recurso, podendo, antes, admitir produção de provas no prazo de três dias (art. 104, CPP). As mesmas observações que fizemos quanto à não recepção do dispositivo que autoriza o juiz a afastar o promotor de justiça de suas funções ao julgar nos casos de suspeição também cabem também para as hipóteses de exceção de impedimento ou de incompatibilidade.

Não se afastando por vontade própria o membro do *Parquet* excepto, caberia ao juiz aplicar o art. 28, do CPP, por analogia, remetendo os autos da exceção para o procurador-geral de justiça (Ministério Público dos Estados) ou para as câmaras de coordenação e revisão, no âmbito do Ministério Público da União.

No entanto, nos termos do § 1º, do art. 28, do CPP, com redação da Lei nº 13.964/2019, que invocamos analogia, aquela provocação para fins de afastamento do promotor de justiça, deve caber ao acusado, à vítima ou ao seu representante legal, a fim de que a questão seja submetida à revisão da instância competente do próprio órgão ministerial, conforme

14. STJ – Quinta Turma – RHC 201301244282 – Rel. Min. Reynaldo Soares da Fonseca – DJ: 23 fev. 2016.

dispuser a respectiva lei orgânica. Lembramos, contudo, que o *caput*, daquele dispositivo encontra-se com eficácia suspensa por medida cautelar do STF[15].

No que toca à autoridade policial, não é cabível a arguição, embora deva ela, quando presente motivo legal, reconhecer o impedimento ou a incompatibilidade (art. 107, CPP). O impedimento ou a incompatibilidade dos jurados, a seu turno, deve ser pronunciado em plenário, cuja decisão será tomada pelo juiz presidente do tribunal do júri, de tudo consignando em ata (art. 106, CPP). Sublinhe-se, ainda, que podem as partes levantar a incompatibilidade ou o impedimento dos peritos, dos intérpretes e dos funcionários de justiça, decidindo o juiz de plano e sem recurso, à vista da matéria alegada e prova imediata (art. 105, CPP).

18. EFEITOS DA EXCEÇÃO DE IMPEDIMENTO OU DE INCOMPATIBILIDADE

Se a incompatibilidade ou o impedimento for acolhido, o CPP, em seu art. 101, prevê a nulidade dos atos do processo principal, com a imposição de pagamento das custas ao juiz, se o fundamento era evidente, caracterizando-se erro indesculpável por parte do magistrado. Se houver rejeição do pleito, evidenciando-se a malícia do excipiente, a este será imposta multa que, por falta de atualização da moeda prevista na legislação, encontra-se sem eficácia (art. 101, CPP).

19. RECURSOS NA EXCEÇÃO DE IMPEDIMENTO OU DE INCOMPATIBILIDADE

Contra a decisão que julgar a exceção de impedimento ou incompatibilidade não cabe recurso. De todo modo, é admissível a impetração do mandado de segurança como sucedâneo recursal, ou de *habeas corpus*, a depender do interesse versado na alegação.

20. EXCEÇÃO DE INCOMPETÊNCIA

A competência é a porção da jurisdição. Faltando-lhe, caberá a apresentação de exceção. É conhecida como ***declinatoria fori***. A exceção de incompetência, no direito processual penal, pode fustigar tanto a incompetência relativa, como a incompetência absoluta.

A exceção de incompetência, prevista no Código de Processo Penal, é genérica, podendo ser relativa a toda espécie (absoluta ou relativa). De outro lado, o juiz criminal pode reconhecer de ofício (independentemente de provocação) não só a competência absoluta, mas também a de índole relativa.

De mais a mais, o próprio CPP se vale da expressão "exceção de incompetência do juízo", em sentido genérico, tornando tênue a disciplina em razão de ser essa relativa ou absoluta, possuindo o magistrado o poder de estabelecer os contornos de sua própria competência. Trata-se do princípio da ***Kompetenz-Kompetenz***, originário da processualística germânica, e que significa que todo juiz, todo magistrado é, a um só tempo, também juiz de sua própria competência, pelo que lhe é assegurado examinar os contornos do exercício

15. Dispositivo com eficácia suspensa, nos termos de decisão monocrática do Supremo Tribunal Federal (STF – ADI 6298/DF – Medida Cautelar – Rel. Min. Luiz Fux – 22 jan. 2020).

de sua jurisdição no caso concreto, averiguando eventual incompetência para prestá-la, independentemente de arguição das partes.

21. LEGITIMIDADE ATIVA PARA A ARGUIÇÃO DE INCOMPETÊNCIA

A competência penal é questão de ordem pública, pelo que deve ser reconhecida de ofício, inclusive a chamada incompetência relativa (territorial). Não sendo averbada *ex officio* pelo magistrado, caberá a exceção, oposta verbalmente ou por escrito, no prazo de defesa (art. 108, CPP). Tratando-se de incompetência relativa, não sendo esta arguida no prazo da defesa preliminar (art. 396, CPP), ocorre a preclusão. Da mesma forma, tratando-se da competência territorial, superada a fase do julgamento antecipado do mérito, não poderá ser declinada de ofício. Nos casos de incompetência absoluta, a alegação e o reconhecimento podem se dar a qualquer momento.

Não obstante a divergência, parcela considerável da doutrina defende que a parte autora pode alegar a exceção de incompetência (nesse sentido: Noronha[16], Tourinho[17], Mirabete[18]). A controvérsia decorre da interpretação literal do art. 108, do CPP, que estatui que a exceção de incompetência deve ser oposta, verbalmente ou por escrito, no prazo da defesa.

Alinhados com a doutrina majoritária, entendemos possível a arguição pelo Ministério Público ou querelante, mesmo antes da propositura da ação penal. Afinal, é cediço que, não raras vezes, há tramitação do inquérito policial junto à Justiça, seja em razão da função anômala do Judiciário de controle de prazos, seja em virtude do juiz atuar como garantidor de direitos fundamentais na fase de investigação preliminar, apreciando medidas cautelares de diversas naturezas. Com a Lei nº 13.964/2019, a tramitação do inquérito policial deve acontecer entre o Ministério Público e a polícia, sendo suprimida aquela função atípica de controle do juiz[19].

Na senda da ampliação dos poderes do assistente do Ministério Público, pensamos que também ele tem legitimidade para opor a exceção de incompetência, até porque também ele tem legitimidade expressa para requerer o desaforamento do julgamento pelo júri, a teor do art. 427, do CPP.

Havendo discordância do juiz em relação ao pedido do Ministério Público formulado na exceção de incompetência ou em pedido de reconhecimento de incompetência, teremos o caso do que a doutrina convencionou chamar de requerimento de arquivamento indireto.

Desse modo, como o juiz não pode obrigar o Ministério Público, que avivou não possuir atribuição para oferecer a denúncia, em face de entender que também aquele juízo é incompetente para processar e julgar a causa, cabível aplicar, por analogia, o art. 28, do CPP, remetendo os autos ao Procurador-Geral de Justiça ou ao órgão do Ministério Público responsável por resolver a matéria (Câmaras de Coordenação e Revisão, no âmbito dos órgãos do Ministério Público da União).

---

16. NORONHA, E. Magalhães. *Curso de direito processual penal*. 28. ed. São Paulo: Saraiva, 2002. p.83.
17. TOURINHO NETO, Fernando da Costa. *Código de processo penal comentado*. 5. ed. São Paulo: Saraiva, 1999. v.1.p.108.
18. MIRABETE, Julio Fabbrini. *Código de processo penal interpretado*. 11. ed. São Paulo: Atlas, 2006. p.215.
19. Dispositivo com eficácia suspensa, nos termos de decisão monocrática do Supremo Tribunal Federal (STF – ADI 6298/DF – Medida Cautelar – Rel. Min. Luiz Fux – 22 jan. 2020).

Nos termos do § 1º, do art. 28, *caput*, do CPP, com redação dada pela Lei nº 13.964/2019, aquela provocação deverá competir aos interessados, a exemplo do imputado e do ofendido, para que a questão seja submetida ao órgão revisional do próprio *Parquet*[20].

Também pode entender pela ausência de competência o juiz competente para receber os autos do processo, após a procedência da exceção de incompetência, sendo cabível, no caso, a instauração de conflito de competência a ser apreciado pelo tribunal *ad quem*.

22. PROCEDIMENTO DA EXCEÇÃO DE INCOMPETÊNCIA

A exceção de incompetência, que não suspende o curso do processo, deve ser oposta junto ao juiz da causa. A forma de interposição pode ser por petição escrita ou oralmente, registrada por termo. A regra é que ela seja autuada em apartado, pouco importando a natureza absoluta ou relativa do vício de competência alegado. No entanto, o juiz pode abreviar a resolução da questão e, de plano, reconhecer a sua incompetência, quando não haverá necessidade de dilação procedimental, nem tampouco de autuação separada.

Uma vez recebida, o magistrado ordenará a notificação do Ministério Público, prolatando decisão em seguida, ouvindo antes a parte contrária, se esta não for o *Parquet*, como sucede nos crimes de ação privada.

23. RECURSOS NA EXCEÇÃO DE INCOMPETÊNCIA

Não cabe recurso da decisão que julgar improcedente a exceção de incompetência, podendo ser ajuizado *habeas corpus* ou arguida a matéria em preliminar de futura apelação. Caso seja reconhecida a incompetência ou julgada procedente a exceção, cabível será a interposição de recurso em sentido estrito (art. 581, II e III, CPP).

24. EFEITOS DA INCOMPETÊNCIA

Julgada procedente a exceção, os autos são remetidos ao juízo competente, anulando-se os atos decisórios e aproveitando-se os instrutórios (art. 108, § 1º, c/c o art. 567, CPP).

Conforme entendemos, esta disposição, em que pese o silêncio da lei, tem aplicação apenas nos casos de **incompetência relativa**, pois, diante da **incompetência absoluta**, todos os atos devem ser reputados imprestáveis, devendo ser refeitos perante o juízo natural da causa. Vale dizer, haverá nulidade absoluta a ser reconhecida e, por consequência, deverá ser decretada a **invalidação** dos atos afetados.

Diferentemente do que sustentamos, a jurisprudência distingue:

(1) se o reconhecimento for de incompetência absoluta, nulos serão os atos decisórios, inclusive o despacho de recebimento da denúncia, mantendo-se válidos os instrutórios. No entanto, STF e STJ tem considerado possível a ratificação dos atos decisórios, inclusive do despacho de recebimento da denúncia[21];

20. O *caput* do art. 28, do CPP, está com eficácia suspensa, nos termos de decisão monocrática do Supremo Tribunal Federal. Os parágrafos, contudo, estão em vigor (STF – ADI 6298/DF – Medida Cautelar – Rel. Min. Luiz Fux – 22 jan. 2020).
21. STJ – Quinta Turma – HC 539.002/SP – Rel. Min. Leopoldo de Arruda Raposo (Des. Conv. do TJ/PE) – DJe 28 nov. 2019.

(2) se a incompetência reconhecida for de natureza relativa, o efeito se resume na remessa dos autos ao juízo competente, sem invalidação dos atos instrutórios e decisórios, que, a seu turno, deverão ser ratificados[22].

O recurso em sentido estrito interposto contra a decisão que reconhece a incompetência do juízo ou que julga procedente a exceção de incompetência não tem efeito suspensivo, como se infere dos artigos 581, II e III, e 584, *caput*, do CPP. Desse modo, uma vez declarada a incompetência, os autos deverão ser remetidos imediatamente ao juízo que se reputa competente.

Se houver indiciado ou acusado preso, deve deliberar sobre a prisão o juízo de destino. É o que se dá na hipótese de desclassificação do delito doloso contra a vida para outro diverso, com reconhecimento de incompetência do júri, conforme parágrafo único, do art. 419, do CPP, que reza que uma vez remetido o processo para outro juiz, à disposição deste ficará o acusado preso.

25. EXCEÇÃO DE LITISPENDÊNCIA

É a situação que ocorre quando duas ações estão em curso ao mesmo tempo, tratando da mesma causa de pedir e tendo a mesma parte ré. A litispendência é uma exceção peremptória, extinguindo o processo sem julgamento meritório (absolvição de instância) e o ponto fundamental a ser indagado para seu reconhecimento são os fatos atribuídos ao réu, pouco importando a qualificação jurídica que lhes foi dada.

Note-se que a litispendência do direito processual penal não se confunde com o mesmo instituto do direito processual civil. No âmbito do direito processual civil, fala-se em litispendência quando há identidade de partes, causa de pedir e pedido (§ 2º, do art. 337, CPC). Na esfera do processo penal, basta a coincidência concernente à *causa petendi* (imputação) e à pessoa acusada. O enquadramento dado aos fatos narrados não tem lugar para o reconhecimento da litispendência em matéria penal. Também a identidade de quem figura no polo ativo não é relevante no direito processual penal.

Desse modo, teremos demandas idênticas, para fins de reconhecimento de litispendência quando, ao lado do ajuizamento de ação penal privada subsidiária da pública pelo querelante que se deparou com omissão ministerial, venha, após, o Ministério Público oferecer denúncia sem que haja razão plausível para repudiar a queixa-crime subsidiária ou para retomar a titularidade da ação penal proposta em primeiro lugar.

Como se depreende, não há, a rigor, litispendência entre inquéritos ou entre inquéritos e processos que apurem o mesmo fato. Não cabe oposição de litispendência para fazer cessar constrangimento ilegal decorrente de dupla investigação preliminar, com objetos idênticos. Para sanar a ilegalidade, cabe ao prejudicado impetrar ***habeas corpus***, visando trancar o inquérito instaurado em segundo lugar ou aquele que estiver tramitando perante órgão sem atribuição legal.

É de ver que existe controvérsia sobre o momento do reconhecimento da litispendência, considerando a propositura da segunda demanda tida por idêntica à primeira já em tramitação regular:

22. STJ – Quinta Turma – RHC 114.976/CE – Rel. Min. Joel Ilan Paciornik – DJe 19 dez. 2019.

(1) a primeira corrente entende que, igualmente ao direito processual civil, a citação válida ocorrida no segundo processo criminal é que induz litispendência (art. 240, CPC);

(2) a segunda posição sustenta que, no direito processual penal, a litispendência acontece a partir do momento em que há o despacho de recebimento da petição acusatória, independentemente de citação válida;

(3) a terceira vertente – a qual nos filiamos e já foi avivada pelo Pleno do STF em deliberação acerca de recebimento de denúncia contra deputado federal[23] – defende que já há litispendência em matéria penal com o simples manejo de petição inicial, vale dizer, basta o oferecimento de denúncia ou queixa com imputação idêntica a um mesmo réu, relativamente à demanda em curso para que seja possível o seu reconhecimento.

26. ARGUIÇÃO DE EXCEÇÃO DE LITISPENDÊNCIA

A exceção de litispendência pode ser arguida a qualquer tempo, inclusive declarada *ex officio*. Não há prazo para o seu reconhecimento, devendo ser afirmada no segundo processo. Na hipótese de ser instaurado apenas um novo inquérito policial, este deve ser trancado através de *habeas corpus*, por faltar-lhe justa causa.

27. PROCEDIMENTO DA EXCEÇÃO DE LITISPENDÊNCIA

A exceção de litispendência, que não suspende o curso do processo, deve ser oposta junto ao juiz da causa e autuada em apartado. Uma vez interposta, o magistrado decide após a oitiva da parte contrária e do *Parquet*.

28. RECURSOS NA EXCEÇÃO DE LITISPENDÊNCIA

A decisão que rejeita a exceção de litispendência é irrecorrível, admitindo-se a interposição de *habeas corpus*, no intuito de trancar o novo processo. É que não há previsão de recurso específico contra a decisão de rejeição da exceção que, por sua vez, tem o condão de determinar o prosseguimento do processo, podendo significar constrangimento ilegal sanável pela via do *writ*.

De outra banda, do reconhecimento da exceção de litispendência arguida pela parte, cabe recurso em sentido estrito, eis que está arrolada de maneira expressa no rol taxativo do art. 581, CPP, especialmente em seu inciso III, que averba o seu cabimento contra decisões que julgarem procedentes as exceções, salvo a de suspeição.

Já se for afirmada de ofício a litispendência, é dizer, sem a oposição de exceção por quaisquer das partes, em decisão que extinga o processo sem julgamento de mérito, o recurso cabível para guerreá-la é a apelação (art. 593, II, CPP). Isso porque se trata de decisão com força de definitiva, sem previsão no rol do art. 581 e que, por dicção legal expressa, para casos subsidiários de resolução definitiva da demanda, é apelável.

23. STF – Pleno – Inq 3218 – Relator Min. Gilmar Mendes – Publicado em 01 out. 2013; STF – Primeira Turma – HC 164530 AgR – Rel. Min. Roberto Barroso – Publicado em 15 mai. 2019.

29. EXCEÇÃO DE ILEGITIMIDADE DE PARTE

Ordinariamente, parte legítima é o detentor da relação jurídica de direito material.

Somente quem é titular de um direito poderá estar em juízo para defendê-lo, quer no polo ativo, quer no polo passivo. Sob esse prisma, a legitimidade ativa para a propositura da ação penal seria extraordinária, pois o titular do direito de punir não é o Ministério Público, e, portanto, não há a coincidência entre o legitimado e o titular da situação jurídica litigiosa, própria da legitimação ordinária[24].

Todavia, sob a perspectiva do direito processual penal, considerando o órgão indicado por lei para promover a ação penal pública, legitimado ordinário é o Ministério Público, enquanto o legitimado extraordinário é o ofendido, segundo as hipóteses de ação penal de iniciativa privada. Isso porque se o direito de punir não é do Ministério Público, enquanto órgão estatal, muito menos o é do particular que figurou como sujeito passivo da relação jurídica material penal, isto é, da infração penal.

Como aduz Tourinho Filho, o Estado seria a verdadeira parte, o verdadeiro interessado. Como ele, nessa qualidade, não pode intervir diretamente no processo, em face da sua qualidade de pessoa jurídica de direito público, "instituiu-se um órgão encarregado de exercer aquela função pública: o Ministério Público"[25].

A inobservância de tal requisito leva à ilegitimidade de parte, que abrange a ilegitimidade *ad causam* (condição da ação) e a ilegitimidade *ad processum* (pressuposto processual).

30. PROCEDIMENTO DA EXCEÇÃO DE ILEGITIMIDADE DE PARTE

Pode ser arguida a qualquer tempo, verbalmente ou por escrito. Caso a exceção de ilegitimidade seja suscitada oralmente, deve ser reduzida a termo. De todo modo, o incidente é autuado em apartado e o juiz decide após a oitiva da parte contrária e do Ministério Público (art. 110, CPP).

31. EFEITOS DO RECONHECIMENTO DA ILEGITIMIDADE DE PARTE

Em se tratando de *ilegitimatio ad causam*, anula-se todo o processo, eis que falece a alguém a autorização legal para ser parte na relação jurídica que se estabeleceu. Na *ilegitimatio ad processum*, que diz respeito aos pressupostos de constituição e desenvolvimento regular do processo, a nulidade pode ser sanada, mediante ratificação dos atos já praticados (art. 568, CPP).

32. RECURSOS NA EXCEÇÃO DE ILEGITIMIDADE DE PARTE

Da decisão que reconhecer a exceção de ilegitimidade provocada pela parte, será cabível recurso em sentido estrito (art. 581, III, CPP). Porém, se o juiz reconhece de ofício a ilegitimidade da parte, não há específico recurso para combater a decisão, em face da falta de previsão específica.

---

24. MARQUES, José Frederico. *Elementos de direito processual penal*. 2.ed. Campinas: Millennium, 2003. p.373.
25. TOURINHO FILHO, Fernando da Costa. *Processo penal*. 25.ed. São Paulo: Saraiva, 2003. p.320.

Contudo, há posição doutrinária em sentido contrário, sendo Tourinho Filho partidário do cabimento de recurso em sentido estrito com base no inciso I, do art. 581, do CPP, pois equivaleria a um não recebimento da denúncia ou queixa *a posteriori*[26]. Por derradeiro, anote-se que, do não reconhecimento da ilegitimidade, não cabe recurso algum, podendo-se utilizar o *habeas corpus* como sucedâneo recursal ou mesmo fazer consignar alegação da matéria em preliminar de apelação.

33. EXCEÇÃO DE COISA JULGADA (*EXCEPTIO REI JUDICATAE*)

Denomina-se coisa julgada a matéria já decidida definitivamente por sentença transitada em julgado e que se tornou definitiva e imutável. Seu fundamento é encontrado, especialmente, no princípio do ***ne bis in idem***.

Coisa julgada é a qualidade de imodificabilidade que reveste o aresto que corporifica um julgamento em razão da não interposição de recursos. A preclusão temporal, que decorre da não insurgência contra uma sentença ou um acórdão, produz o efeito de coisa julgada.

A coisa julgada se forma quando há julgamento. O julgamento é identificado em razão da existência de uma declaração que põe fim ao litígio. Forma-se a coisa julgada, em especial, sobre a parte do julgado que declara o direito, vale dizer, a coisa julgada recai sobre o dispositivo ou conclusão do julgamento.

A atividade de decidir difere daquela de julgar. Sobre a decisão opera-se a preclusão diante da ausência de impugnação. Sobre o julgamento, constitui-se a coisa julgada. Logo, para precisar os limites objetivos da coisa julgada, devemos distinguir dois elementos do julgamento, materializado na sentença de mérito:

(1) o elemento lógico (a fundamentação racional, exigência que decorre do preconizado pelo art. 93, inciso IX, da Constituição do Brasil); e

(2) o elemento volitivo (a parte conclusiva, núcleo do *jus dicere*, onde há o acertamento do conflito pela atividade declarativa do Estado-Juiz, com cunho de autoritatividade).

Hélio Tornaghi, nessa senda, explica que todos os fundamentos que dão amparo à decisão perdem a importância depois que esta é proferida. O que mais tem relevo é o ato de autoridade. Os argumentos do julgado – o raciocínio do juiz – é meramente instrumental. Daí que o acento deve incidir sobre a vontade do Estado, pelo que a coisa julgada deve aludir a ela e não ao aspecto lógico, racional (inerente à fundamentação), do processo[27].

34. FUNÇÃO E ESPÉCIES DE COISA JULGADA

A coisa julgada é não só uma exigência jurídica, mas também política, diante da necessidade de se conferir eficácia ao princípio da segurança jurídica. Trata-se de uma conveniência, de uma opção escolhida pelo legislador, ao sopesar custos e benefícios. Tal qual a exceção de litispendência, a exceção de coisa julgada visa evitar uma dupla persecução

26. TOURINHO FILHO, Fernando da Costa. *Código de processo penal comentado*. 5. ed. São Paulo: Saraiva, 1999. v.1. p.287.
27. TORNAGHI, Hélio. *Curso de processo penal*: volume 1. 8. ed. São Paulo: Saraiva, 1991. p.174.

penal em juízo relativamente ao mesmo fato delituoso e ao mesmo acusado, lastreando-se no princípio *ne bis in idem*.

A doutrina costuma dizer que o objetivo da coisa julgada é a pacificação social, através da estabilidade das relações jurídicas[28]. Pode ser coisa julgada formal (imutabilidade dentro do mesmo processo) e coisa julgada material (inalterabilidade que transcende o processo).

A coisa julgada é formal quando ocorre naqueles processos encerrados sem decisão de mérito. Em tais situações, a decisão pelo encerramento torna-se imutável, mas nada obsta que a demanda seja novamente instaurada e decidida noutro processo. Isso porque o efeito da coisa julgada formal só ocorre dentro do processo e só impede que se reabra a discussão da decisão naquele âmbito. Todavia, como não houve decisão de mérito, tais efeitos não transbordam para além dos limites do processo encerrado, logo, nada impede que o fato não apreciado possa ser reavaliado em nova demanda.

Por ficar restrita ao processo, sem produção de efeitos para fora ("exo"), diz-se que a coisa julgada formal é uma forma de preclusão - preclusão máxima - ou ainda um fenômeno endoprocessual (que só produz efeitos no interior do processo).

Na coisa julgada material, que sempre contém a formal, além de encerrar-se o processo, decide-se sobre o mérito. A matéria decidida definitivamente por sentença transitada em julgado torna-se imutável, ficando impedida a sua apreciação em nova relação processual.

A coisa julgada material, por repercutir seus efeitos para fora, é fenômeno exoprocessual, além de, naturalmente, também ser endoprocessual, eis que não cabe modificação tanto através de outro processo, quanto na mesma relação processual.

No direito processual penal, podemos classificar a coisa julgada material da seguinte forma:

(1) **coisa julgada material absoluta** ou **coisa julgada material soberana** ou, simplesmente, **coisa soberanamente julgada**: são as sentenças definitivas que não comportam revisão criminal, isto é, as que não admitem rescisão do julgado, em razão do nosso sistema rejeitar qualquer forma de revisão *pro societate*. São os casos das sentenças absolutórias próprias ou declaratórias de extinção de punibilidade;

(2) **coisa julgada material relativa**: são as sentenças definitivas que admitem rescisão através de ação de revisão criminal que, em matéria penal, não há prazo para ser proposta, sempre em *favor rei*. Nesse tipo estão as sentenças condenatórias e as sentenças absolutórias impróprias (aquelas que impõem medida de segurança ao inimputável).

35. NATUREZA JURÍDICA DA COISA JULGADA

Com Tourinho Filho, pode-se dizer que "há uma variedade imensa de teorias explicativas da natureza jurídica da coisa julgada", sendo uma delas "a da 'presunção da verdade'. Contudo, a mais aceita é a de Liebman, para quem a coisa julgada não constitui efeito da sentença, mas uma qualidade, um atributo, um modo de se manifestarem e se produzirem os efeitos", isto é, "algo que se acrescenta a tais efeitos para qualificá-los e reforçá-los em

28. RANGEL, Paulo. *Direito processual penal*. 7. ed. Rio de Janeiro: Lumen Juris, 2003. p.843.

um sentido bem determinado". Assim, a coisa julgada é de ser vista como "a imutabilidade do comando emergente da sentença"[29].

36. REQUISITOS DA EXCEÇÃO DE COISA JULGADA

Para que se possa arguir a exceção da coisa julgada, que só pode ser oposta em face do fato principal da causa, mister se faz provar que existem, simultaneamente:

(1) uma ação anterior com decisão transitada em julgado;

(2) a discussão, em nova demanda, dos mesmos fatos já discutidos na demanda com sentença transitada em julgado, pouco importando a tipificação jurídica dada aos fatos; e

(2) parte ré em lide nova, configurada na mesma pessoa que foi réu na demanda com decisão passada em julgado (art. 110, § 2º, CPP).

Em outros termos, são necessários dois requisitos básicos para que seja viável a apresentação da exceção de coisa julgada:

(1) a existência de coisa julgada material (sentença definitiva) que se forma sobre o fato principal julgado (sobre a coisa, a ***res***), eis que a coisa julgada opera, de fato, *erga omnes*. Não é possível o acolhimento da exceção diante de coisa julgada meramente formal (sentença terminativa); e

(2) uma segunda demanda, com a repetição do caso penal (mesma "coisa", *eadem res*), isto é, uma ação penal condenatória com a mesma causa de pedir da primeira (*eadem causa petendi*) e movida contra o mesmo acusado (*eadem personae*), para assim ser verificada a identidade de demandas[30]. Aqui a coisa julgada opera, de direito, *inter partes*.

Tratando dos limites objetivos da coisa julgada firmados no § 2º, do art. 110, do CPP, Tornaghi aduz que a solução legal é correta ao dizer que "a exceção de coisa julgada poderá ser oposta em relação ao fato principal que tiver sido objeto da sentença". Isso em virtude de que apenas a *res principaliter deducta iudicata est*, ou seja, somente sobre a "coisa principal deduzida em juízo" é que se forma coisa julgada[31].

E, para tanto, não se impõe que tenha ocorrido controvérsia. De um lado, pode a coisa julgada não abranger todas as discussões ocorridas num processo e, de outro, podem ser objeto de julgamento pontos sobre os quais não tenha havido divergência.

Daí que a exceção de coisa julgada deve ser oposta em relação ao fato principal narrado como causa de pedir na petição inicial e que tenha sido encampado pela parte dispositiva declarativa do julgado (elemento volitivo, autoritativo).

Não há possibilidade, como regra, de exceção de coisa julgada baseada na fundamentação do julgado (elemento lógico). Também sem cabimento a oposição da *exceptio* lastreada em questões prévias (preliminares ou prejudiciais) apreciadas incidentalmente pelo próprio juiz criminal.

29. TOURINHO FILHO, Fernando da Costa. *Manual de processo penal*. 5. ed. São Paulo: Saraiva, 2003. p.703.
30. DEMERCIAN, Pedro Henrique; MALULY, Jorge Assaf. *Curso de processo penal*. 9. ed. Rio de Janeiro: Forense, 2014. p.300.
31. TORNAGHI, Hélio. *Curso de processo penal*: volume 1. 8. ed. São Paulo: Saraiva, 1991. p.180.

37. PROCEDIMENTO DA EXCEÇÃO DE COISA JULGADA

Uma vez arguida a exceção de coisa julgada, o juiz deve determinar sua autuação em apartado. Seguem-se as oitivas da parte contrária e do MP. Ao final, o juiz proferirá decisão (art. 110, CPP).

A coisa julgada pode ser reconhecida de ofício pelo juiz.

Como o instituto se refere a um pressuposto processual de validade, matéria de ordem pública que é, o magistrado tem o dever de averbá-la, quando com ela se deparar, mesmo porque é seu dever prover a regularidade do processo (art. 251, CPP). É por conta dessa peculiaridade que alguns autores enxergam nas exceções processuais penais previstas no art. 95, CPP, verdadeiras **objeções**[32]. Isso porque, como visto acima, o CPP adotou o termo exceção em sentido amplo.

38. RECURSOS NA EXCEÇÃO DE COISA JULGADA

Da decisão que julgar procedente a exceção de coisa julgada arguida pela parte, e que leva à extinção do processo sem julgamento de mérito (absolvição de instância), cabe recurso em sentido estrito (art. 581, III, CPP). Será adequado o seu manejo contra decisões que julgarem procedentes as exceções, salvo a de suspeição.

Se for reconhecida a exceção de ofício, o recurso cabível é a apelação (do art. 593, II, CPP), porquanto se cuida de decisão com força de definitiva, não constante do rol do art. 581 e que é impugnável pelo apelo quando diante de casos genéricos de resolução definitiva da demanda.

Não há recurso próprio para combater a decisão que não acolhe a exceção arguida. Pode-se utilizar, porém, o *habeas corpus* ou alegar a matéria em preliminar de apelação, com o fito de se obter o trancamento do novo processo. Como não existe previsão de recurso específico contra a decisão que rejeita a exceção, o remédio heroico tem lugar como sucedâneo recursal.

39. EFEITOS DA COISA JULGADA

A existência de coisa julgada material em matéria penal pode produzir os seguintes efeitos:

(1) encerramento da demanda proposta em segundo lugar, de ofício ou mediante apresentação de exceção;

(2) caso não tenha sido oposta a exceção no tempo devido, sobrevindo uma segunda coisa julgada sobre o mesmo fato principal, deve prevalecer o julgamento que primeiro transitou em julgado, independentemente de ser o mais favorável ao apenado. Como a ausência de coisa julgada é pressuposto de validade do processo, deve ser reconhecida a **nulidade absoluta**, com a **invalidação** do segundo julgamento;

32. TORNAGHI, Hélio. *Curso de processo penal*: volume 1. 8. ed. São Paulo: Saraiva, 1991. p.177.

(3) a coisa julgada que reveste o fato julgado definitivamente pode ou não repercutir em fatos diversos que com aquele se relacionem ou em circunstâncias que façam parte do contexto da identidade nuclear do fato:

(a) **concurso de pessoas**: transitada em julgado a condenação por homicídio simples, do suposto autor material do crime (acusado de ter cometido homicídio qualificado mediante paga ou promessa de recompensa), tal coisa julgada material deve se estender ao suposto autor intelectual de um crime de homicídio qualificado pela promessa de recompensa (note-se que a regra seria que ambos fossem processados em conjunto);

(b) **crime permanente**: se a permanência do delito se protraiu para depois da condenação transitada em julgado, a exceção de coisa julgada não pode ser oposta como fundamento para encerrar uma segunda demanda pelo mesmo delito;

(c) **crime habitual**: a habitualidade é característica do tipo penal, contida no seu núcleo, no verbo da conduta incriminadora. Se, mesmo depois da condenação, o apenado prosseguir no cometimento do crime, teremos a possibilidade de uma nova ação penal, sem ter lugar a exceção de coisa julgada;

(d) **crime continuado**: se, após a condenação por condutas que constituam crime continuado, o agente for acusado de uma nova conduta que, se vista no contexto daquelas, também seria havida como continuação delitiva (art. 71, CP), a ficção jurídica não terá o condão de evitar um novo processo, nem tampouco será possível o acolhimento de exceção de coisa julgada. No entanto, é possível invocar a regra do crime continuado na fase de execução, para fins de unificação das penas;

(e) **alteração dos elementos do tipo penal**: conforme pondera Keity Saboya, modificações de capitulação legal, de elemento psicológico do acusado e da forma de participação (em sentido amplo) não autorizam a propositura de um segundo processo, face à identidade nuclear das acusações[33]. Não é aceitável que um acusado responda por homicídio doloso em razão de um fato e, depois, responda novamente a título culposo pelo mesmo fato, eis que o núcleo central dos acontecimentos restou inalterado (resultado morte da vítima). No entanto, na jurisprudência já se afastaram exceções de coisa julgada em casos como o de acusado que foi absolvido, em um primeiro processo, da acusação de homicídio na condição de autor material e, em um segundo processo, foi novamente apontado como responsável pelo crime na qualidade de autor intelectual.

33. SABOYA, Keity Mara Ferreira de Souza e. *Ne bis in idem*: limites jurídico-constitucionais à persecução penal. 2006. 237 f. Dissertação (Mestrado), Universidade Federal do Rio Grande do Norte, Natal. p. 174-176.

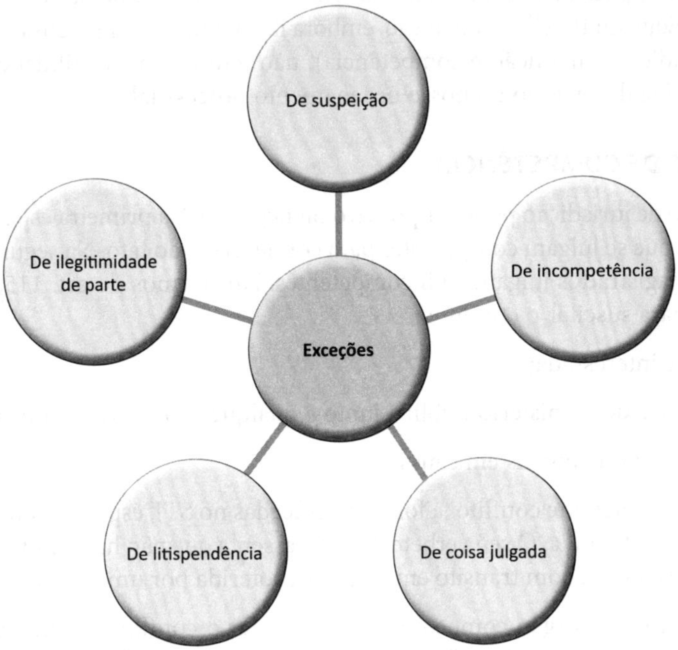

40. CONFLITO DE JURISDIÇÃO

O conflito de jurisdição, que está disciplinado nos artigos 113 a 117, do CPP, ocorre quando dois ou mais juízes se consideram, contemporaneamente, competentes ou incompetentes para tomar conhecimento do fato delituoso. Também se manifesta o conflito se existe controvérsia sobre a unidade de juízo, junção ou separação de processos, nas hipóteses de conexão e continência.

Fala-se em conflito de jurisdição quando a divergência se estabelece entre órgãos de categorias jurisdicionais distintas, como entre juiz estadual e outro federal, ao passo que o conflito de competência seria aquele firmado entre juízes pertencentes à mesma jurisdição[34].

De todo modo, o conflito de jurisdição ou de competência que se instaura entre juízes se apresenta como questão acessória do processo, mas que, por se referir a pressuposto processual de existência ou de validade, a depender do grau do vício, carece de decisão prévia, com o objetivo de assegurar um desenvolvimento regular da marcha procedimental.

Guilherme Nucci reputa equivocada a expressão conflito de jurisdição, "uma vez que não se trata de confronto de jurisdição, já que esta é inerente à função de qualquer magistrado". O adequado, para o magistrado paulista, seria falar-se apenas em conflito de competência[35].

34. TOURINHO FILHO, Fernando da Costa. *Processo penal*. 25. ed. São Paulo: Saraiva, 2003. v. 2. p.607.

35. NUCCI, Guilherme de Souza. *Manual de processo penal e execução penal*. 5. ed. São Paulo: RT, 2008. p.352.

A nosso ver, podemos utilizar indistintamente qualquer uma das expressões, afinal, como aponta Eugênio Pacelli, "a distinção, embora facilitando a compreensão das apontadas categorias jurídicas (jurisdição e competência), não tem qualquer utilidade prática, nem pode ser extraída da redação do nosso ordenamento processual"[36].

41. ESPÉCIES DE COMPETÊNCIA

O conflito de jurisdição pode ser positivo ou negativo. Na primeira espécie temos dois ou mais juízes que se julgam competentes para conhecerem do fato. Na segunda, o conflito negativo, os magistrados julgam-se incompetentes. Nos termos do art. 115, do CPP, têm legitimidade para suscitar o conflito:

(1) a parte interessada;

(2) os órgãos do Ministério Público junto a qualquer dos juízos em dissídio; e

(3) os juízes ou tribunais em causa.

Situações de aparente conflito já foram pacificadas no STJ, especialmente por meio de enunciados de sua Súmula. O seu verbete de nº 59 assenta que não há conflito de competência se já existe sentença com trânsito em julgado, proferida por um dos juízos conflitantes.

Para identificar o órgão competente para apreciar o conflito, é fundamental ter por referência a própria Constituição Federal, sem prejuízo do que dispõe a Constituição dos Estados. Por exemplo:

(1) compete ao STF julgar o conflito existente entre o STJ e quaisquer tribunais, entre os Tribunais Superiores, e entre estes e qualquer outro tribunal (art. 102, I, "o", CF);

(2) cabe ao STJ julgar o conflito entre quaisquer tribunais, ressalvada a competência do STF, bem como entre tribunal e juízes a ele não vinculados (TRF e juiz estadual), e entre juízes vinculados a tribunais diversos (juiz estadual e federal), de acordo com o art. 105, I, "d", CF;

(3) compete ao TRF apreciar o conflito entre juízes federais da mesma região (art. 108, I, "e", CF);

(4) cabe ao tribunal de justiça apreciar o conflito entre juízes estaduais de primeiro grau que lhe sejam vinculados;

(5) compete ao tribunal regional federal decidir os conflitos de competência entre juizado especial federal e juízo federal da mesma seção judiciária (enunciado nº 428, Súmula, do STJ).

36. OLIVEIRA, Eugênio Pacelli. *Curso de processo penal*. 10. ed. Rio de Janeiro: Lumen Juris, 2008. p.265.

STF

- Conflito entre STJ e quaisquer tribunais;
- Conflito entre os tribunais superiores;
- Conflito entre os tribunais superiores e qualquer tribunal

STJ

- Conflito entre quaisquer tribunais (ressalvada competência do STF);
- Conflito entre tribunal e juízes a ele não vinculados;
- Conflito entre juízes vinculados a tribunais diversos

TRF

- Conflito entre juízes federais da mesma região;
- Conflito entre juizado especial federal e juízo federal.

TJ

- Conflito entre juízes estaduais de primeiro grau.

42. ARGUIÇÃO DO CONFLITO

Debate-se sobre o momento que é possível arguir o conflito de competência ou de jurisdição:

(1) para uma primeira corrente, o conflito de competência teria lugar somente com o oferecimento da petição inicial acusatória, razão pela qual, antes da prática desse ato processual, só se poderia falar em um conflito virtual de competência. Isso porque só o membro do Ministério Público que teria a legitimidade para, na fase de investigação

preliminar, suscitar conflito de atribuições, com o fito de remeter os autos para outro juízo onde haveria o membro com atribuição prevista em lei;

(2) para uma segunda posição, a qualquer momento da persecução penal estatal seria possível arguir conflito de competência, mesmo antes do oferecimento da denúncia ou queixa-crime, haja vista que é comum que o órgão jurisdicional exerça juízo cautelar na fase de investigação preliminar, o que pode ensejar fato capaz de determinar a instauração de conflito de competência entre juízes. O termo final para a arguição do conflito de competência seria o trânsito em julgado da sentença penal. Como exemplo, teríamos o caso de falso conflito positivo de atribuições, que consiste na hipótese em que dois juízes deferem medidas cautelares prisionais requeridas pelos respectivos órgãos do Ministério Público que perante eles atuam. É de ver que também é possível o falso conflito negativo de atribuições, quando dois promotores de justiça declaram faltar-lhes atribuições para promover a ação penal e, os respectivos juízes anuem com as manifestações ministeriais, hipótese em que o que haverá, ao final, é conflito negativo de competência entre magistrados[37]. Note-se que para distinguir se há conflito de atribuições ou conflito de competência, o que interessa é saber se houve, por parte dos juízos envolvidos, acolhimentos expressos das manifestações do *Parquet*. Caso não haja jurisdicionalização, haverá apenas conflito de atribuições.

(3) A terceira vertente, sustentada por nós, não vê marco temporal para o incidente de conflito de competência, observados os limites do processo de conhecimento e do processo de execução penal. Isso porque não há que se falar em conflito de competência quando já há sentença transitada em julgado prolatada por um dos juízos conflitantes (verbete nº 101, da Súmula, do STJ). O pressuposto para que se opere o conflito é a efetiva existência do fato que requer sua apreciação: juízes que negam simultaneamente competência para apreciar ou julgar um caso penal ou juízes que se afirmam competentes para idêntica questão penal. Note-se que a questão jurídica de conflito de competência pode acontecer entre juízes durante:

(a) a investigação preliminar (dois juízes podem controverter sobre a competência para a decretação de prisão preventiva ou para a sua substituição por medidas cautelares diversas da prisão);

(b) o processo penal de conhecimento (do oferecimento da inicial acusatória até o trânsito em julgado da sentença penal condenatória, é possível que se instaure conflito de competência, máxime se for incompetência de natureza absoluta) até o trânsito em julgado, observado o enunciado nº 59, da Súmula, do STJ, que diz não haver conflito de competência se já existe sentença com trânsito em julgado, proferida por um dos juízos conflitantes. Naturalmente, a aplicação desse verbete tem lugar para a controvérsia instaurada durante o processo de cognição penal; e

(c) o processo de execução penal (não é descabido que juízes de execução penal controvertam sobre a competência para a condução de processo de execução penal de determinado apenado)[38]. Essa também a posição encampada pela jurisprudência majoritária, eis que o critério para definir o conflito de competência não é temporal (investigação preliminar,

37. NUCCI, Guilherme de Souza. *Manual de processo penal e execução penal*. 6. ed. São Paulo: RT, 2010. p. 352-355.

38. STJ – Terceira Seção – CC 161.783/DF – Rel. Min. Laurita Vaz – DJe 14 dez. 2018.

processo penal ou execução penal), porém relativo à qualidade dos sujeitos envolvidos (juízes). Naturalmente que este entendimento suplanta a vetusta ideia de que o juízo da execução penal exerceria somente atividade administrativa, pelo que seria possível vislumbrar conflito de atribuições entre juízos de execução penal. No capítulo de execução penal, sustentamos a índole também jurisdicional da atividade judicial durante o acompanhamento da execução da pena. Daí ser o caso de conflito de competência e não de atribuições.

43. PROCESSAMENTO DO CONFLITO DE COMPETÊNCIA

Está disciplinado no art. 116, do CPP. A arguição deve ser feita mediante representação dos juízes em conflito (no caso de conflito positivo de competência) ou requerimento das partes, podendo o conflito negativo ser suscitado nos próprios autos.

Tratando-se de conflito positivo, o relator pode determinar que seja suspenso o processo.

Em seguida, o relator irá requisitar informações que serão prestadas pelas autoridades em conflito nos prazos fixados por ele. Uma vez recebidas as informações, o relator, se não precisar instruir o processo, ouvirá o órgão do MP.

A questão será decidida na primeira sessão. Dessa decisão serão enviadas cópias, para sua execução, às autoridades envolvidas.

44. RECURSOS NO CONFLITO DE COMPETÊNCIA

É possível que o conflito seja resolvido ainda em primeiro grau, pelo reconhecimento da incompetência por um dos magistrados envolvidos, que pode se dar de ofício, ou através do julgamento da exceção específica. Desta forma, contra a decisão que concluir pela incompetência do juízo, em primeiro grau de jurisdição, é cabível o recurso em sentido estrito, *ex vi* do art. 581, inciso II, do CPP.

Cabível também o recurso em sentido estrito contra a decisão que julga a exceção, perante o juiz singular, nos termos do art. 581, inciso III, do Código.

Se a decisão rejeitar a exceção de incompetência (oposta pela parte), não cabe recurso, sem prejuízo da possibilidade de impetração de *habeas corpus* (se envolver crime com pena privativa de liberdade) ou de mandado de segurança (se o delito não contiver abstratamente pena privativa de liberdade), como sucedâneo recursal.

Em segunda instância, o acórdão que julgar conflito de competência estará sujeito aos recursos especial ou extraordinário previstos constitucionalmente. De todo modo, as ações autônomas de impugnação referidas poderão ter lugar sempre que não houver previsão de recurso específico.

Por sua vez, o art. 117, do CPP, prevê que o STF poderá se valer do incidente da avocatória para restabelecer sua competência, sempre que exercida indevidamente por qualquer outro órgão jurisdicional. A Constituição Federal, a seu turno, faz previsão de outra ferramenta (art. 102, I, CF/1988), denominada reclamação, que também pode ser utilizada pelo STJ.

45. CONFLITO DE ATRIBUIÇÕES

Cuida-se de instrumento para resolver o embate entre o exercício de funções de membros do Ministério Público que, evidentemente, não exercem jurisdição e competência. Em sentido amplo, é o conflito "que se estabelece entre o órgão do Poder Judiciário e o órgão de outros Poderes (Executivo e Legislativo), dirimido por aquele, ou entre órgãos não jurisdicionais, resolvidos, ao menos de início, sem a intervenção da autoridade judiciária", segundo magistério de Mirabete[39].

Como se depreende, o conflito de atribuições não se confunde com o conflito de competência. Decerto, enquanto o conflito de competência é deflagrado entre dois ou mais juízes, o conflito de atribuições ocorre entre dois membros do Ministério Público[40]. A distinção recai sobre a existência ou não da nota de jurisdicionalidade de ambos os órgãos envolvidos.

46. COMPETÊNCIA PARA DIRIMIR O CONFLITO DE ATRIBUIÇÕES

A primeira fonte de verificação da competência para julgar o conflito de atribuições é a Constituição do Brasil. É assim que o seu art. 105, I, "g", estabelece a competência do STJ para processar e julgar originariamente os conflitos de atribuições entre autoridades administrativas e judiciárias da União, ou entre autoridades judiciárias de um Estado e administrativas de outro ou do Distrito Federal, ou entre as deste e da União.

Além da Constituição Federal, a competência para processamento e julgamento dos conflitos de atribuições entre os diversos órgãos dos Poderes públicos tem regulação nas Constituições estaduais e nas leis de organização judiciária. Todavia, diante do grande leque de possibilidade de conflitos entre órgãos públicos, subsistem lacunas legislativas.

Examinando a "atribuição para dirimir conflito de atribuições entre órgãos de Ministério Públicos diversos (União e Estado ou mais de uma Unidade da Federação)", Afrânio Silva Jardim observa que existem duas alternativas possíveis para resolução, podendo ser conferida aos seguintes órgãos: "a) Supremo Tribunal Federal; b) Procurador Geral da República". Já "se a controvérsia surgir no âmbito de um mesmo Ministério Público, será ela resolvida pelo respectivo Procurador-Geral".

O entendimento que vigorava de ser do STF a competência para dirimir o conflito decorria de interpretação extensiva[41] e da aplicação da **teoria do órgão** ao art. 102, inciso I, "f", da Constituição de 1988. Esse dispositivo preconiza que, ao STF, compete processar e julgar originariamente "as causas e os conflitos entre a União e os Estados, a União e o Distrito Federal, ou entre uns e outros, inclusive as respectivas entidades da administração indireta".

Lastreando-se em argumentos práticos, especialmente pelo grande número de conflitos de atribuições entre órgãos do Ministério Público Federal e do Ministério Público dos Estados, o STF cristalizou o entendimento de que cabe ao **Procurador-Geral da República**

39. MIRABETE, Julio Fabbrini. *Processo Penal*. 14. ed. São Paulo: Atlas, 2003. p. 227.
40. GOMES, Luiz Flávio. *Direito processual penal*. São Paulo: RT, 2005. p. 163.
41. JARDIM, Afrânio Silva. *Direito processual penal*. 11. ed. Rio de Janeiro: Forense, 2002. p. 223.

(chefe do MPF) resolver o conflito entre órgãos de Ministérios Públicos diversos[42]. Dessa maneira, a Suprema Corte se afastou das orientações predominantes que oscilavam entre a competência do STF e do STJ, apontando que o Procurador-Geral da República é o "Chefe do Ministério Público", vista sob o princípio da unicidade.

Nos termos do julgado, não cabe ao STF julgar conflitos de atribuição entre o Ministério Público Federal e os Ministérios Públicos dos estados. Vale dizer, eventual conflito entre Ministérios Públicos estaduais também deva ser resolvido pelo Procurador-Geral da República[43]. A questão não é jurisdicional e sim administrativa, bem como que não há que se falar em conflito federativo a justificar a competência do STF.

47. PROCESSAMENTO DO CONFLITO DE ATRIBUIÇÕES

O processamento do conflito de atribuições segue, no que for compatível, a forma de processamento utilizada no conflito de jurisdição, cuja disciplina está disposta no art. 116, do CPP. Desse modo, os órgãos envolvidos, sob a forma de representação, e a parte interessada, sob a de requerimento, comunicarão circunstanciadamente o conflito ao órgão com competência para processá-lo e julgá-lo, fazendo juntar documentos.

Se o conflito for negativo, cabe suscitá-lo nos próprios autos. Se positivo, o relator pode determinar que seja suspenso o processo. Seguidamente, o relator requisita informações que serão prestadas pelas autoridades em conflito nos prazos fixados por ele. Uma vez recebidas as informações, o relator, se não precisar instruir o feito, ouve o órgão do Ministério Público e decide a questão na primeira sessão. Dessa decisão serão enviadas cópias, para sua execução, às autoridades envolvidas.

48. RESTITUIÇÃO DE COISAS APREENDIDAS

Para instruir o inquérito policial, a autoridade policial deve apreender os instrumentos do crime e objetos outros que tenham relação com o fato criminoso. Os objetos que podem ser apreendidos são os declinados nas alíneas do art. 240, § 1º, do CPP. A apreensão pode ocorrer durante a busca pessoal ou domiciliar, que, por seu turno, de regra, depende de mandado judicial (art. 5º, XI, CF). As coisas apreendidas, segundo o art. 118, do CPP, enquanto interessarem ao processo, não poderão ser devolvidas antes de transitar em julgado a sentença final.

Mas o que significa a dicção legal "enquanto interessarem ao processo"? Trata-se de expressão vaga que pode ser determinada em compasso com os objetivos que a medida de apreensão de bens tem para a persecução penal estatal.

De tal sorte, as coisas relacionadas à infração penal podem ser apreendidas para atender os seguintes fins:

(1) **submissão a exames periciais**: enquanto pendentes as conclusões periciais, ficam os objetos apreendidos sob custódia, notadamente os instrumentos do crime (*instrumenta sceleris*);

---

42. STF – Pleno – ACO's 924 e 1394; PET's 4706 e 4863 – Rel. Min. Dias Toffoli – Julgamento em 19 mai. 2016.
43. STF – Primeira Turma – Pet 6132 – Rel. Min. Marco Aurélio – Rel. p/ Acórdão: Min. Edson Fachin –publicado em: 17 out. 2017.

(2) **necessidade probatória**: cuidando-se de instrumentos da infração ou de objetos que atesta a materialidade da infração penal, devem ser acautelados como prova, tal como pode acontecer quando é necessário apresentar aos jurados a faca instrumento do crime de homicídio. Em outras palavras, devem ser observadas as regras à preservação da cadeia de **custódia da prova penal**, nos termos dos artigos 158-A a 158-F, do CPP, na redação da Lei nº 13.964/2019;

(3) para **assegurar a restituição** de coisa subtraída ao legítimo dono ou possuidor, eis que constitui o produto direto da empreitada criminosa (*producta sceleris*); e

(4) para **garantir o confisco de bens**, a teor do art. 91, do Código Penal, ou o **confisco alargado de bens** (perda alargada), nos termos do 91-A, do mesmo diploma, inserido pela Lei nº 13.964/2019[44].

Algumas coisas não poderão ser objeto de apreensão, porque não incluídas no catálogo do § 1º, do art. 240, do CPP. É que, para serem apreendidos, os objetos devem ser:

(1) elemento de convicção relacionado diretamente com a conduta delinquencial (o resultado indireto não é objeto sujeito à apreensão, tal como o ***pretium sceleris***, vale dizer, o proveito, a recompensa recebida pelo autor material do crime de homicídio não se submete à apreensão);

(2) coisas achadas ou obtidas por meios criminosos;

(3) instrumentos de falsificação ou de contrafação e objetos falsificados ou contrafeitos;

(4) armas e munições, instrumentos utilizados na prática de crime ou destinados a fim delituoso;

(5) objetos necessários à prova de infração ou à defesa do réu; e

(6) cartas, abertas ou não, destinadas ao acusado ou em seu poder, quando haja suspeita de que o conhecimento do seu conteúdo possa ser útil à elucidação do fato.

De tal sorte, os objetos adquiridos ou especificados a partir dos proventos da infração não são passíveis de apreensão, porquanto se referem a bens oriundos do lucro auferido com a prática do delito (***fructus sceleris***), isto é, o resultado mediato. Daí serem estes objetos passíveis de medida assecuratória de sequestro – não de apreensão –, por força do que dispõem os artigos 126 e 132, do CPP. Decerto, para a decretação do sequestro, bastará a existência de indícios veementes da proveniência ilícita dos bens. São, portanto, o produto indireto da infração, decorrente de alienação do bem produto do ilícito criminal.

Sobre a natureza da apreensão de objetos e da respectiva restituição, importante distinguir:

(1) tratando-se de apreensão de coisas pela autoridade policial, com lastro no art. 6º, do CPP, sua natureza não é de medida cautelar, porém de medida assecuratória de índole administrativa e, por assim dizer, pré-cautelar (falta a nota da jurisdicionalidade);

44. ROSA, Alexandre Morais da. Entender a perda alargada trazida pelo pacote "anticrime". *Conjur*: limite penal. Disponível em: <http://www.conjur.com.br/2020-fev-07/limite-penal-entender-perda-alargada-trazida-pacote-anticrime>. Acesso em: 07 fev. 2020.

(2) sendo a hipótese de restituição de coisas apreendidas perante a autoridade policial, também não há o preenchimento dos requisitos para ser considerada uma medida cautelar ou contracautelar, mormente porque não jurisdicionalizada a questão;

(3) cuidando-se de restituição de coisas apreendidas pleiteada em juízo é possível sua inserção como cautelar ou contracautelar de viés patrimonial, eis que é o meio do qual se vale o interessado para reaver bens apreendidos durante a persecução penal. Guarda tanto a característica da instrumentalidade, quanto a da acessorialidade[45];

(4) entrementes, em algumas hipóteses, **pode não revestir de caráter cautelar**, especialmente quando a restituição é pedida pela vítima (se deferida em seu favor, assume contornos definitivos, faltando o requisito da **provisoriedade**). Também é definitivo o provimento de restituição quando concedido em prol do terceiro de boa-fé e do próprio acusado (quando pode restar ausente também o requisito da **instrumentalidade**, isto é, para assegurar a restituição do produto do crime). De mais a mais, faltante ainda, em regra, o requisito da **cognição sumária** para apreciar o incidente de restituição de coisas apreendidas, sendo mais comum verificar, nesses casos, uma cognição plena e exauriente *secundo eventum probationis*[46].

49. AUTORIDADE RESTITUINTE

O *caput*, do art. 120, do CPP, trata da autoridade que poderá deliberar acerca da restituição, quais sejam: o delegado ou o juiz. A deliberação do delegado de polícia está circunscrita aos casos de direito induvidoso e quando a coisa não for apreendida em poder de terceiro de boa-fé.

50. CONFISCO DE COISAS APREENDIDAS

O Código Penal prevê hipótese de confisco, em dispositivo que encontra respaldo na Constituição. Deveras, o art. 91, inciso II, afirma que são efeitos da condenação a perda em favor da União, ressalvado o direito do lesado ou terceiro de boa-fé:

(1) dos instrumentos do crime, desde que consistam em coisas cujo fabrico, alienação, uso, porte ou detenção constitua fato ilícito; e

(2) do produto do crime ou de qualquer bem ou valor que constitua proveito auferido pelo agente com a prática do fato criminoso.

Também, no mesmo Código, está previsto o **confisco alargado de bens** ou perda alargada, nos termos do 91-A, do Código Penal, inserido pela Lei nº 13.964/2019[47], para casos de condenação por infrações às quais a lei comine **pena máxima superior a seis anos de reclusão**, autorizando a decretação de perda, como produto ou proveito do crime, dos bens correspondentes à diferença entre o valor do patrimônio do condenado e aquele que seja compatível com o seu rendimento lícito. A imposição desse efeito exige pedido

45. POLASTRI, Marcellus. *A tutela cautelar no processo penal*. 3. ed. São Paulo: Atlas, 2014. p. 129.

46. POLASTRI, Marcellus. *A tutela cautelar no processo penal*. 3. ed. São Paulo: Atlas, 2014. p.131-132.

47. ROSA, Alexandre Morais da. Entender a perda alargada trazida pelo pacote "anticrime". *Conjur*: limite penal. Disponível em: <http://www.conjur.com.br/2020-fev-07/limite-penal-entender-perda-alargada-trazida-pacote-anticrime>. Acesso em: 07 fev. 2020.

expresso, com descrição comprovada daquela diferença, pelo Ministério Público. Para tanto, o patrimônio do sentenciado deve ser entendido como todos os bens:

(1) de sua titularidade, ou em relação aos quais ele tenha o domínio e o benefício direto ou indireto, na data da infração penal ou recebidos posteriormente; ou

(2) transferidos a terceiros a título gratuito ou mediante contraprestação irrisória, a partir do início da atividade criminal.

De outra vertente, em relação aos bens cujo fabrico, alienação, uso, porte ou detenção constituam fato ilícito, a perda definitiva em favor da União ocorrerá com o simples trânsito em julgado de sentença de mérito (absolutória, condenatória ou extintiva de punibilidade) ou preclusão de decisão terminativa (sem mérito, a exemplo do arquivamento homologado de inquérito policial). É hipótese de perda automática de bens e que, embora não exija fundamentação, decorrendo *ex vi legis*, ou seja, por força de lei, o juiz deve se manifestar a respeito para viabilizar a alienação efetiva dos bens[48].

Uma vez confiscados, os objetos poderão ser destruídos, vendidos em leilão, ou recolhidos ao museu (art. 124, CPP). Tratando-se de objetos não reclamados (art. 123, CPP), que não sejam passíveis de confisco, serão eles leiloados e o valor depositado em favor do juízo de ausentes. De acordo, aliás, com o art. 122, do nosso Código, com o texto conferido pela Lei nº 13.969/2019, não sendo a hipótese de restituição imediata, as coisas apreendidas serão alienadas nos termos do disposto do seu art. 133, isto é:

(1) com o trânsito em julgado da sentença condenatória, o juiz, de ofício ou a requerimento do interessado ou do Ministério Público, determinará a avaliação e a venda dos bens apreendidos, cujo perdimento tenha sido decretado, em leilão público;

(2) do dinheiro apurado, será recolhido aos cofres públicos o que não couber ao lesado ou a terceiro de boa-fé, ou seja, aquele valor apurado deverá ser recolhido ao fundo penitenciário nacional, exceto se houver previsão diversa em lei especial.

Outrossim, o art. 20, da Lei nº 7.716/1989, que define os crimes resultantes de preconceito de raça ou de cor, prevê o confisco de produtos que utilizem a suástica.

No que tange ao crime de reprodução de obra com violação de direito autoral (art. 184, §§ 1º, 2º e 3º, CP, e art. 530-G, CPP, trazidos pela Lei nº 10.695/2003), o juiz deverá determinar, na sentença, a destruição dos bens ilicitamente produzidos ou reproduzidos, bem como o perdimento em favor da Fazenda Nacional dos equipamentos apreendidos que se destinem à prática do ilícito.

Quanto às armas de fogo apreendidas, elas devem ser enviadas ao Comando do Exército, pelo juiz, sempre que não mais interessarem à persecução penal. Elas poderão ser, alternativamente, destruídas ou doadas aos órgãos de segurança pública ou às Forças Armadas, como estipula o art. 25, do Estatuto do Desarmamento, com redação da Lei nº 13.886/2019.

Por último, o art. 124-A, do CPP, com texto conferido pela Lei nº 13.964/2019, estatui que alguns bens confiscados poderão ser direcionados a museus. Segundo o seu teor, na

48. STJ – Quinta Turma – AgRg no REsp 1371987/MG – Rel. Min. Jorge Mussi – DJe 09 mar. 2016.

hipótese de decretação de perdimento de obras de arte ou de outros bens de relevante valor cultural ou artístico, se o crime não tiver vítima determinada, poderá haver destinação dos bens a museus públicos.

51. PROCEDIMENTO DA RESTITUIÇÃO DE COISAS APREENDIDAS

O pedido de restituição poderá ser acolhido de imediato, mediante termo nos autos do inquérito policial ou do processo penal. A restituição, nesse caso, será efetivada pela autoridade policial ou pelo juiz sem necessidade de instauração do incidente (art. 120, CPP).

Porém, se **duvidoso o direito alegado** pelo reclamante, o pedido de restituição autuar-se-á em apartado, assinando-se ao requerente o prazo de cinco dias para a prova. Em tal caso, só o juiz criminal poderá decidir o incidente. A autuação do incidente também ocorrerá em apartado e só a autoridade judicial o resolverá, se as coisas forem apreendidas em poder de terceiro de boa-fé, que será intimado para alegar e provar o seu direito, em prazo idêntico e sucessivo ao do reclamante, tendo um e outro dois dias para arrazoar.

Requerida a restituição de bem apreendido no contexto do delito objeto de inquérito policial ou de processo penal, o juiz, ao receber e mandar autuar o incidente, também ordenará a notificação do Ministério Público para falar nos autos.

Nos processos em que se apura infração tipificada na Lei de Drogas (Lei nº 11.343/2006), o pedido de restituição somente será conhecido com o comparecimento pessoal do acusado, podendo o magistrado determinar a prática de atos necessários à conservação de bens, direitos ou valores, de compasso com o art. 63-A, do CPP, com redação da Lei nº 13.964/2019. Previsão semelhante consta da Lei de Lavagem de Dinheiro (art. 4º, § 3º).

Havendo dúvida sobre quem seja o verdadeiro dono, que dependa de dilação probatória não comportável perante o juízo criminal, o magistrado remeterá as partes para o juízo cível, ordenando o depósito das coisas em mãos de depositário ou do próprio terceiro que as detinha, se for pessoa idônea (§ 4º, art. 120, CPP).

A remessa das partes ao juízo cível se opera com a declaração do magistrado criminal. A rigor, é decisão terminativa que encerra o procedimento de restituição sem consequências penais e cíveis. Cabe à parte interessada promover ação específica no juízo civil competente.

Por fim, conforme o § 5º, do art. 120, do CPP, em se cuidando de coisas facilmente deterioráveis, elas serão avaliadas e levadas a leilão público, depositando-se o dinheiro apurado, ou entregues ao terceiro que as detinha, se este for pessoa idônea e assinar termo de responsabilidade.

52. RECURSOS NO PEDIDO DE RESTITUIÇÃO DE COISAS APREENDIDAS

Da decisão acerca do pedido de restituição, cabe apelação, com base no art. 593, II, CPP, por ser decisão com força de definitiva[49].

Caso se trate de declaração de remessa das partes ao juízo cível, esta decisão é de índole terminativa, ou seja, não resolve o mérito da questão do pleito de restituição e que,

49. MIRABETE, Julio Fabbrini. *Código de processo penal interpretado*. 11. ed. São Paulo: Atlas, 2006. p. 413-414.

por isso, não comporta recurso de apelação (que requer decisão definitiva ou com força de definitiva) nem recurso em sentido estrito (que exige previsão expressa no leque de hipóteses do art. 581, do CPP).

No entanto, contra essa a decisão que remete às partes ao juízo cível, é possível a impetração de mandado de segurança como sucedâneo recursal.

53. INTRODUÇÃO ÀS MEDIDAS ASSECURATÓRIAS

O **sequestro**, a **hipoteca legal** e o **arresto** são medidas cautelares de natureza patrimonial, instrumental ou real.

Para Polastri, contudo, medidas cautelares patrimoniais só seriam o sequestro e o arresto, entendendo que a especialização de hipoteca legal não se acomodaria a esse rótulo. Conforme argumenta, a hipoteca legal penal não possuiria a característica da **temporariedade** que é exigida para as medidas cautelares, saltando aos olhos sua marcante **característica satisfativa**. A índole da especialização de hipoteca legal estaria muito mais próxima de uma antecipação de tutela no processo penal condenatório, tendente a se estabilizar com o desfecho do processo penal condenatório, coerente com seu regramento por normas de direito material e com sua utilidade como direito real de garantia[50].

Pensamos, todavia, com a *venia* devida ao autor, que a especialização de hipoteca legal tem realmente natureza cautelar, se encarada sob o seu aspecto funcional, pragmático, instrumental do processo penal condenatório. Embora tenda à estabilização, fato é que a hipoteca legal pode ser cancelada por conhecimento de fato que evidencie ser indevida, seja ele anterior, seja superveniente, bastando imaginar a improcedência do processo penal condenatório. Daí existir, sob este viés, a nota da temporariedade, embora *secundum eventus litis*.

A natureza de antecipação de tutela enxergada por Polastri não se refere ao pedido condenatório penal, mas a eventual, futura e incerta ação de reparação civil *ex delicto*, razão pela qual entendemos por prejudicada a tese de que se trata de medida satisfativa ou de tutela antecipada, eis que nada satisfaz nem antecipa relativamente ao núcleo da demanda penal condenatória. Ademais, não perde a nota de temporariedade, pois do fato de tender à estabilização, não decorre a certeza de que, ao final do processo condenatório penal, será a hipoteca de fato mantida para fins de excussão do bem.

Desse modo, sequestro, arresto e especialização de hipoteca legal persistem como **medidas cautelares patrimoniais** do processo criminal condenatório. Ademais, possuem elas a característica peculiar da cautelaridade, que é a **jurisdicionalidade**.

O poder cautelar exercido pelo magistrado apreciando tais medidas vem hoje reforçado pela doutrina de recuperação de ativos financeiros captados de forma ilícita, mormente quando o delito envolve lavagem de dinheiro (Lei nº 9.613/1998) e criminalidade organizada (Lei nº 12.850/2013). Essa recuperação pode se dar pelas medidas tradicionais assecuratórias em conjunto com as sanções de perda de bens (confisco) ou com a repatriação dos valores sequestrados no exterior.

50. POLASTRI, Marcellus. *A tutela cautelar no processo penal*. 3. ed. São Paulo: Atlas, 2014. p. 152-154.

O fito precípuo de tais cautelas é o de, em sentido amplo, garantir a satisfação, em caso de condenação, de eventual pena de multa, custas processuais, ressarcimento dos danos causados pela perpetração delitiva, bem como conferir eficácia às decisões que refreiam a sofisticação dos atos de mascaramento de valores por intermédio ou não de organizações criminosas[51].

Medida cautelar é gênero, da qual são espécies aquelas prisionais (a exemplo da prisão preventiva e da prisão temporária), as denominadas diversas da prisão (cautelares limitativas de direitos dispostas no art. 319, do CPP) e as patrimoniais em sentido estrito.

Para serem consideradas medidas cautelares em sentido estrito, devem ser revestidas dos seus pressupostos específicos típicos (*fumus boni iuris* ou *fumus comissi delicti* e *periculum in mora* ou *periculum libertatis*) e das características inerentes à tutela cautelar, consoante o lúcido magistério de Polastri, quais sejam:

(1) **autonomia** (geralmente, no processo penal, não há um processo autônomo, mas a tutela cautelar pode ser bem delimitada, de forma independente);

(2) **instrumentalidade** (a tutela cautelar serve à eficácia do processo penal, sendo conhecida como instrumentalidade qualificada);

(3) **acessoriedade** (apesar da autonomia, a tutela cautelar só existe em função da existência, atual ou futura, do processo principal);

(4) **provisoriedade** (tem duração menos duradoura que os provimentos jurisdicionais de mérito, pois tem lugar para resolver situações de urgência, havendo quem a designe por **temporariedade**);

(5) **revogabilidade** (é *rebus sic stantibus*, vale dizer, a tutela cautelar pode ser modificada diante da verificação de alteração da situação fática que a determinou);

(6) **não definitividade** (não produz coisa julgada material, isto é, suas decisões precluem, não impedindo um revolvimento sobre os fatos apreciados em sede de tutela cautelar); e

(7) **referibilidade** (relaciona-se a uma situação de perigo que busca suplantar)[52].

54. PROCEDIMENTO DAS MEDIDAS ASSECURATÓRIAS

As medidas assecuratórias são aplicadas de acordo com a disciplina comum do Código de Processo Penal. Existem regras específicas dispostas em leis especiais (a exemplo das Leis de Lavagem de Dinheiro e de Tráfico de Entorpecentes), que excepcionam a lei processual penal comum.

O procedimento para a aplicação de medida assecuratória, quando viável contraditório prévio, deverá observar:

(1) a iniciativa do interessado legitimado;

51. BADARÓ, Gustavo Henrique; BOTTINI, Pierpaolo Cruz. *Lavagem de dinheiro*: aspectos penais e processuais penais: comentários à Lei 9.613/1998, com as alterações da Lei 12.683/2012. 2. ed. São Paulo: RT, 2013. p. 29-30.

52. POLASTRI, Marcellus. *A tutela cautelar no processo penal*. 3. ed. São Paulo: Atlas, 2014. p. 65-77.

(2) a manifestação do órgão do Ministério Público, mesmo que como *custos legis* quando o delito envolvido deve ser processado mediante ação de iniciativa privada;

(3) decisão judicial fundamentada; e

(4) ciência do interessado para exercer impugnação ou defesa.

O contraditório pela parte requerida deve ser prévio quando tal providência não implicar a frustração da efetividade da demanda. Em sede de medidas cautelares de natureza pessoal, há disposição específica nesse sentido, ordenando que o juiz ouça a parte contrária (art. 282, § 3º, do CPP). Quando houver risco de ineficácia do pedido, o contraditório é posterior, podendo ser exercido, por exemplo, através dos embargos ao sequestro do art. 130, I e II, do CPP.

55. NATUREZA JURÍDICA E FINALIDADE DAS MEDIDAS ASSECURATÓRIAS

A natureza jurídica das medidas assecuratórias é:

(1) sob o aspecto pragmático, de **medida cautelar**;

(2) sob o aspecto sintático, de **processo incidente**;

(3) sob o aspecto semântico, de **direito subjetivo público de garantia**.

Interessa a nós a perspectiva de que as medidas assecuratórias são de natureza cautelar, de tal forma que, além de aplicáveis as regras específicas para cada um dos institutos, também incidem, no que couberem e subsidiariamente, as disposições que constituem o procedimento para decretação das medidas cautelares em geral (art. 282, parágrafos, CPP).

As medidas assecuratórias têm a finalidade comum de garantir o ressarcimento futuro do dano causado pelo delito. A constrição deve ser efetuada a partir de decisão fundamentada. Não pode ser imposta medida assecuratória prevista nos artigos 125 a 144-A, do CPP, sem que haja decisão que descreva fatos que constituam os motivos autorizadores para a decretação de sequestro, arresto ou hipoteca legal. Necessariamente, a decisão deve evidenciar os dois fundamentos cautelares autorizadores (evidência de infração penal ou boa fumaça do direito cautelar e perigo de permanência de liberdade ou perigo da demora da ação penal que impõe a restrição cautelar).

56. SEQUESTRO DE BENS IMÓVEIS E MÓVEIS

Agregando elementos descritos por Vicente Greco Filho[53], compreendemos que a medida cautelar de **sequestro** deve ser fundada em interesse de natureza pública, cujo objetivo é garantir, cautelarmente, o perdimento de bens como efeito da condenação, especialmente de produtos do crime ou adquiridos pelo agente com o proveito da infração penal, caso seja julgada procedente a acusação por sentença irrecorrível.

O sequestro de bens visa, ao cabo, ao desfazimento ou à mitigação da vantagem econômica do acusado auferida com a prática do delito. Do interesse público inerente ao sequestro, decorre sua ampla legitimidade ativa. O Código prevê que a medida possa ser

53. GRECO FILHO, Vicente. *Manual de processo penal*. 8. ed. São Paulo: Saraiva, 2010. p. 176-180.

decretada pelo juiz *ex officio*, quando já instaurada ação penal), por representação da autoridade policial (na fase de investigação preliminar) ou por requerimento do ofendido ou do Ministério Público (durante toda persecução penal estatal).

Sobre essa possibilidade do juiz atuar, independentemente de provocação do interessado, pensamos que não foi ela recepcionada pela Constituição, diante do sistema acusatório sufragado em 1988. Por outro lado, essa ilação também decorre da disposição contida no art. 3º-A, do CPP, inserido pela Lei nº 13.964/2019, que explicita que o processo penal terá estrutura acusatória, vedadas a iniciativa do juiz na fase de investigação e a substituição da atuação probatória do órgão de acusação[54].

Cumpre frisar que, quando o **bem móvel** é produto direto do crime, é ele passível de **busca e apreensão** (art. 240 e seguintes, CPP). Todavia, se é considerado provento do delito, leia-se, bem obtido com a especialização do produto da infração, estará sujeito a **sequestro**. Assim, o dinheiro tomado em assalto é objeto de busca e apreensão (produto do crime). Já o bem móvel adquirido com os valores é o proveito, sendo passível de sequestro, e sua disciplina, no que for compatível, é a mesma do sequestro de imóveis (art. 132, CPP). Em outros termos, sendo o bem móvel produto direto da infração penal, a exemplo da coisa furtada, a providência a ser tomada não é o sequestro de bem móvel, mas sim a busca e apreensão. De outro lado, se, com o lucro auferido pelo crime (proveito), o agente adquire bens como veículos e iates, não é o caso de busca e apreensão, porém de sequestro.

Vale lembrar, mais uma vez, que o § 1º, do art. 91, do Código Penal, passou a admitir a decretação da perda de bens ou valores equivalentes ao produto ou proveito do crime, desde que seja constatada a suficiência da seguinte condição: quando não forem encontrados o produto ou proveito do crime ou ainda quando estes se localizarem no exterior. Ora, sendo possível a perda ao final, também é viável no início da persecução penal a decretação de "sequestro" de bens móveis equivalentes ao produto ou proveito do crime.

Como esta medida assecuratória pode recair sobre bem de origem lícita ou que não tenha relação de causalidade com a empreitada delituosa (meramente "equivalente"), terá ela, nesta hipótese, muito mais a natureza de arresto do que de sequestro. De toda sorte, para a incidência dessa possibilidade, é necessário que o delito tenha ocorrido após a vigência da Lei nº 12.694/2012, que incluiu aquele parágrafo.

Inscrição no registro de imóveis: o art. 128 do CPP estatui que uma vez "realizado o sequestro, o juiz ordenará a sua inscrição no Registro de Imóveis". Cuida-se de uma forma de tornar pública a restrição, assegurando a eficácia do provimento condenatório final, bem como protegendo direito de terceiros contra eventual evicção.

Como se depreende, o sequestro pode incidir tanto sobre bens imóveis, quanto sobre bens móveis. O seu **cabimento**, enquanto medida cautelar, dependerá de duplo requisito: o *fumus comissi delicti* e o *periculum in mora*.

54. Dispositivo com eficácia suspensa, nos termos de decisão monocrática do Supremo Tribunal Federal (STF – ADI 6298/DF – Medida Cautelar – Rel. Min. Luiz Fux – 22 jan. 2020).

57. *FUMUS COMISSI DELICTI* NO SEQUESTRO DE BENS

Para a decretação de **medida assecuratória de sequestro**, é necessária a demonstração de materialidade do delito, a evidenciar a necessidade de reparação do dano (responsabilidade civil) ou de restituição ao *status quo ante* (aquisição de bem com proventos da infração que fundamentará o seu perdimento, a teor do art. 91, II, CP).

A demonstração do *fumus comissi delicti* (materialidade) ou do *fumus boni juris* para a constrição é satisfeita com a indicação da proveniência ilícita dos bens móveis ou imóveis através de apresentação de "indícios veementes" dessa circunstância. A conjugação dos artigos 125, 126 e 132, do CPP, aponta que o cabimento da imposição dessa medida assecuratória exige:

(1) **descrição dos bens imóveis** ou **móveis** sobre os quais a se pretende que a restrição seja imposta, ainda que transferidos a terceiros. O sequestro de bem móvel é medida subsidiária que só é admitida quando não cabível a medida de busca e apreensão alinhada no art. 240, do CPP, sobre os quais a restrição será imposta ainda que tenham sido transferidos a terceiro.

Parte da doutrina entende que não é necessário que haja inquérito policial instaurado para que se dê o sequestro de bens[55]. Em outros termos, o sequestro de bens imóveis pode ser determinado tanto no inquérito quanto no processo, recaindo sobre imóveis adquiridos, pelo indiciado ou acusado, com os proventos da infração, ainda que já tenham sido transferidos a terceiro (art. 125, CPP).

Na senda de uma concepção restritiva, queremos crer ser preciso, ao menos, a qualidade de indiciado ou que seja o agente investigado formalmente quando se cuidar de instauração de procedimento criminal diverso do inquérito policial.

Caso o sequestro recaia sobre bem de terceiro, e este pretenda retomar o bem, deverá se valer de instrumento próprio (embargos), cuja petição deve narrar e demonstrar, probatoriamente, que a aquisição foi de boa-fé (ausência de ciência da proveniência ilícita, ausência de dolo e preço compatível com o valor de mercado do bem);

(2) narrativa dos elementos encartados nos autos que evidenciam a **existência de indícios veementes da proveniência ilícita dos bens**. Naturalmente, deve ser feita menção ao delito que antecedeu a formação do patrimônio indicado como ilícito ou como resultado do produto da infração penal (*fumus comissi delicti*). Vale lembrar que o sequestro não será somente cabível em relação a produto que seja diretamente decorrente da infração penal, mas também poderá incidir esta medida assecuratória em relação ao produto que também decorre de maneira indireta da infração penal.

Afinal, de acordo com a letra do CPP, para a decretação do sequestro, bastará, por exemplo, a demonstração de que o bem se cuida de produto indireto do crime ou proveito auferido com o cometimento da infração penal (*fructus sceleris*). No entanto, a ordem de sequestro deve permitir bem conhecer o motivo pelo qual o objeto ou os objetos que carecem da cautela estão vinculados à atividade ilícita, sua importância como prova, bem

55. LIMA, Renato Brasileiro de. *Curso de processo penal*. Niterói: Impetus, 2013. p. 1120.

como indicar precisamente qual o alcance do sequestro, porquanto, como afirma Claus Roxin, "la orden global de secuestro 'de todos los objetos encontrados'" não se compraz "com el principio del Estado de Derecho"[56].

58. *PERICULUM IN MORA* NO SEQUESTRO DE BENS

Além da justificação que representa a plausibilidade jurídica para a imposição da medida assecuratória, o seu caráter cautelar requer a demonstração de **urgência**, que seja uma providência indispensável à garantia da utilidade da sentença penal condenatória quanto ao seu aspecto civil (indenização, custas, multa e restituição de bens). De tal modo, o perigo da demora, que retrate **necessidade**, deve ser evidenciado para que seja admitida a decretação da medida assecuratória de sequestro.

O ***periculum in mora*** do sequestro é inferido pela própria situação irregular do bem, recaindo sobre aspecto fático que também constitui o ***fumus boni juris*** de sua decretação. Como o crime indica o auferimento de proveito econômico em bens ou valores, o perigo da demora do julgamento da ação penal deve indicar, pelas circunstâncias em torno da natureza da infração penal, que é urgente a constrição.

59. EMBARGOS CONTRA A DECISÃO DE SEQUESTRO DE BENS

Em compasso com os ditames da Constituição do Brasil, a medida cautelar de sequestro admite procedimento contraditório através de uma ação autônoma, que são os embargos. Com efeito, de um lado permite-se ao acusado provar que o bem não foi adquirido com os proventos da infração e, de outro, autoriza-se o terceiro a demonstrar que o bem foi adquirido onerosamente e de boa-fé.

Com esse intuito, o art. 129, do CPP, preconiza que o sequestro autuar-se-á em apartado e admitirá embargos de terceiro, assim como o art. 130, do CPP, verbera que o sequestro poderá ainda ser embargado:

(1) pelo acusado, sob o fundamento de não terem os bens sido adquiridos com os proventos da infração; e

(2) pelo terceiro, a quem houverem os bens sido transferidos a título oneroso, sob o fundamento de tê-los adquirido de boa-fé. Têm, portanto, fundamentação vinculada aos limites legais.

Como o Código de Processo Penal não fala do momento para a oposição dos embargos, tratando-se de **embargos do acusado**, devemos aplicar, por analogia (art. 3º, CPP), o prazo do § 4º, do art. 792, do CPC, qual seja, **quinze dias** contados da intimação.

Sendo a hipótese de **embargos de terceiro**, pessoa diversa do acusado, o juízo penal também deve recorrer às disposições do CPC para conferir tramitação regular a eles. Deve invocar, nessa hipótese, o art. 675, do CPC, que se reporta aos embargos de terceiro no processo de conhecimento, enquanto não transitada em julgado a sentença, bem como durante o processo de execução. Esses embargos podem ser opostos **a qualquer tempo** no

56. ROXIN, Claus. *Derecho procesal penal*. Buenos Aires: Editores Del Puerto, 2003. p.300.

processo de conhecimento enquanto não transitada em julgado a sentença, e, no processo de execução, em até cinco dias depois da adjudicação, da alienação por iniciativa particular ou da arrematação, mas sempre antes da assinatura da respectiva carta.

Na forma estabelecida pelo parágrafo único, do art. 130, do CPP, não poderá ser pronunciada decisão nesses embargos antes de passar em julgado a sentença condenatória. Em outras palavras, esses embargos serão julgados pelo juízo criminal, após o trânsito em julgado do processo principal.

60. RECURSOS NO SEQUESTRO DE BENS

Da decisão que concede ou nega o pedido de sequestro, cabe apelação.

Entendemos que, além da possibilidade de se embargar o sequestro na forma do art. 130, do CPP, há possibilidade de manejo de recurso de apelação, sem efeito suspensivo, com base no art. 593, II, do mesmo Código, em homenagem à ampla defesa e ao contraditório[57].

61. LEVANTAMENTO DO SEQUESTRO DE BENS

Por ser medida de constrição patrimonial extrema, que retira o suposto titular do bem de sua administração, a sua subsistência deve estar pautada na **estrita necessidade**. Portanto, se a ação criminal não for intentada em sessenta dias, contados da data em que for concluída a diligência (e não do efetivo registro no cartório imobiliário); ou se o terceiro prestar caução, assegurando o ressarcimento dos danos causados pelo delito; ou ainda se houver sentença absolutória ou extintiva da punibilidade transitada em julgado, o instituto deve ser levantado, o que significa a desoneração do bem, que fica livre de qualquer impedimento (art. 131, CPP).

Observação especial merece a exigência do legislador de que a decisão favorável ao réu tenha seu trânsito em julgado para que seja possível o levantamento do sequestro nas hipóteses de sentença absolutória ou de extinção de punibilidade. Entendemos que a absolvição do acusado descalça a medida cautelar de sequestro de seu inarredável pressuposto: *fumus comissi delicti* (fumaça do cometimento do delito) ou *fumus boni iuris* (fumaça do bom direito para a imposição de medida cautelar).

Ao que nos parece, medida cautelar restritiva de direitos, seja ela pessoal ou patrimonial, não sobrevive a uma sentença de improcedência da pretensão punitiva estatal ou mesmo de extinção dessa pretensão punitiva. Daí que, no ponto que exige o trânsito em julgado da sentença favorável ao acusado para o levantamento do sequestro sobre bens de suposta origem ilícita, o art. 131, inciso III, CPP, não foi recepcionado pela Constituição do Brasil, por não se conformar com o princípio da proporcionalidade para limitação do direito de propriedade e com o devido processo jurídico substancial.

Evidentemente que a restrição poderá ser útil para garantir medidas cautelares cíveis, na hipótese de sobejar ilícito civil, a exemplo de improbidade administrativa, o que pode justificar alguma utilidade do dispositivo do art. 131, inciso III, CPP.

57. STJ – Quinta Turma – RMS 49.540/RS – Rel. Min. Ribeiro Dantas – DJe 22/09/2017.

62. DESTINAÇÃO DOS BENS SEQUESTRADOS

Uma vez transitada em julgado a sentença condenatória, existindo o sequestro de bens imóveis que não caiba a pessoa lesada ou a terceiro de boa-fé, deverá o próprio juiz da causa criminal valer-se do art. 133, do CPP, determinando a avaliação e venda dos bens em leilão público, aplicando as regras incluídas pela Lei nº 13.964/2019.

Deveras, concretizada a venda em leilão público, o dinheiro apurado, deve ser recolhido aos cofres públicos, na parte que não couber ao lesado ou a terceiro de boa-fé. Na parte que sobejar, esse valor apurado deverá ser recolhido ao Fundo Penitenciário Nacional, exceto se houver previsão diversa em lei especial.

Sob outra vertente, o art. 133-A, do Código, igualmente inserido por aquele diploma legal, dita que o juiz poderá autorizar, constatado o interesse público, a utilização de bem sequestrado, apreendido ou sujeito a qualquer medida assecuratória pelos órgãos de segurança pública, do sistema prisional, do sistema socioeducativo, da Força Nacional de Segurança Pública e do Instituto Geral de Perícia, para o desempenho de suas atividades. Desses órgãos, terá prioridade o órgão de segurança pública participante das ações de investigação ou de repressão da infração penal que ensejou a constrição do bem.

Além dessa possibilidade, se demonstrado o interesse público, o juiz poderá autorizar o uso do bem pelos demais órgãos públicos. Caso o bem seja veículo, embarcação ou aeronave, o juiz ordenará à autoridade de trânsito ou ao órgão de registro e controle a expedição de certificado provisório de registro e licenciamento em favor do órgão público beneficiário, o qual estará isento do pagamento de multas, encargos e tributos anteriores à disponibilização do bem para a sua utilização, que deverão ser cobrados de seu responsável.

Depois de transitada em julgado a sentença penal condenatória, com a decretação de perdimento dos bens, ressalvado o direito do lesado ou terceiro de boa-fé, o juiz poderá determinar a transferência definitiva da propriedade ao órgão público beneficiário ao qual foi custodiado o bem.

Vale sublinhar que o confisco de bens decretado na sentença condenatória (art. 91, CP) e o **confisco alargado de bens** ou perda alargada, nos termos do 91-A, do Código Penal, inserido pela Lei nº 13.964/2019[58], podem ter a utilidade de permitir a reparação do dano causado pela infração penal e o pagamento de demais encargos, tais como prestação pecuniária e multa, caso não tenha a fiança eventualmente prestada sido suficiente para adimplir todas as despesas.

63. ARRESTO DE BENS

O arresto de bens é medida assecuratória com lastro em interesse de natureza privada e que tem como fito acautelar bens para tornar eficaz uma eventual reparação civil do dano causado pela infração penal. Os destinatários finais do resultado que se pretende com o arresto são o ofendido e, na ausência deste, seus sucessores.

---

58. ROSA, Alexandre Morais da. Entender a perda alargada trazida pelo pacote "anticrime". *Conjur*: limite penal. Disponível em: <http://www.conjur.com.br/2020-fev-07/limite-penal-entender-perda-alargada-trazida-pacote-anticrime>. Acesso em: 07 fev. 2020.

O arresto tanto pode ser de bens imóveis, quanto de bens móveis.

O **arresto de bens imóveis** é medida preparatória à cautelar da hipoteca legal, que deve recair sobre imóveis de origem lícita, a serem submetidos, em momento ulterior, à hipoteca legal. Cuida-se de uma providência puramente acautelatória dos direitos do lesado, em face do perigo da demora na especialização da hipoteca legal. Caso não seja promovido o procedimento de especialização da hipoteca no prazo de quinze dias da determinação do arresto, será ele revogado (art. 136, CPP).

O **arresto de bens móveis** é providência cautelar definitiva, eis que independe de qualquer providência ulterior. Enquanto cautela, o arresto de móveis basta-se a si mesmo.

64. *FUMUS COMISSI DELICTI* NO ARRESTO DE BENS

Para a decretação de **medida assecuratória de arresto**, o *fumus comissi delicti* deve consistir:

(1) na descrição circunstanciada da **materialidade do delito** (suporte probatório mínimo), idêntica àquela exigida à deflagração da ação penal.

Como o arresto de bem imóvel é medida cautelar prévia à inscrição de hipoteca legal, subtende-se que é necessária ação penal instaurada, ou seja, que o agente esteja sob a condição de acusado formal em processo penal regularmente instaurado. No entanto, admite-se que seja ele requerido em face do indiciado quando ainda em curso o inquérito policial, eis que se trata de providência assecuratória preparatória da especialização e inscrição de hipoteca legal.

Não há que se falar na demonstração de origem ilícita do bem, pressuposto inerente ao sequestro, nem tampouco em ofensa à presunção de inocência.

Para a viabilidade do arresto de bens móveis ou imóveis:

(a) é mister que se demonstre a existência da **infração penal** e **indícios suficientes de autoria**, tal como se exige para a hipoteca legal (art. 134, CPP);

(b) deve ficar evidenciada a existência de **dano causado pelo crime**, a demandar reparação (art. 91, I, CP).

(2) na demonstração de seu **caráter subsidiário**, em dois sentidos:

(a) deve o arresto recair preferencialmente em **bens imóveis**, pelo que somente se o responsável não os possuir ou os ter em valor insuficiente, é que poderão ser arrestados bens móveis suscetíveis de penhora, nos termos em que é facultada a hipoteca legal dos imóveis;

(b) sendo **móvel** o bem a ser arrestado, é necessário que não seja cabível, primeiro, a medida de busca e apreensão (art. 240, CPP), conquanto não faça menção o dispositivo legal, conforme também deve ocorrer no sequestro (art. 132, CPP).

Como se infere, o arresto de bens móveis tem natureza **subsidiária**, **complementar** ou **residual**. Será cabível toda vez que o responsável não possuir bens imóveis ou os possuir de valor insuficiente. Nesse caso, poderão ser arrestados bens móveis suscetíveis de penhora, nos termos em que é facultada a hipoteca legal dos imóveis.

65. *PERICULUM IN MORA* NO ARRESTO DE BENS

Para a decretação da medida assecuratória de arresto deve restar demonstrada a sua **necessidade**. Ela é representada pela constatação de atos concretos que indiquem o intento de disposição dos bens pelo acusado. Quando o objeto do arresto é imóvel, é ele decretado no início do processo que, contudo, poderá perder a eficácia, caso não seja promovida a hipoteca legal no prazo de quinze dias a contar da efetivação da medida ou quando for revogado expressamente.

66. PROCEDIMENTO DO ARRESTO DE BENS

A medida deve ser requerida pela parte interessada. O processo de arresto correrá em autos apartados.

Nos termos da primeira parte do art. 136, CPP, o arresto do imóvel poderá ser decretado de início, de forma preparatória à especialização e inscrição de hipoteca legal. Para ser cabível o arresto de imóvel do imputado, deve ser comprovada a sua propriedade.

O arresto de **bem imóvel** pode ser movido durante inquérito policial ou processo penal. Todavia, em face da exiguidade do prazo de quinze dias para o manejo da medida de especialização e de inscrição de hipoteca legal, se o arresto de imóvel for requerido durante a fase investigativa, haverá maior risco de incidir hipótese de sua revogação.

Uma vez arrestados **bens móveis**, serão eles entregues a um depositário, sujeitando-se ao regime processual civil.

67. RECURSOS NO ARRESTO DE BENS

Da decisão que decreta ou denega o arresto, não há previsão específica de recurso, havendo possibilidade de impetração de mandado de segurança, como sucedâneo recursal, para os casos em que não se admitir recurso.

Predomina, contudo, o entendimento de ser cabível apelação quando o arresto é de bem móvel, diante do caráter definitivo da decisão que o decreta (art. 593, II, CPP). É que a decisão que resolve o pleito cautelar de **arresto de bem móvel** contém contornos permanentes em termos processuais. Ademais, diante da existência de dúvida quanto à espécie de recurso a ser interposto, o que justificaria a aplicação do princípio da fungibilidade, plausível a aceitação do apelo.

Por outro prisma, não cabe apelação se a decisão decreta **arresto de bem imóvel**, eis que é prévio, precário, porquanto preparatório de hipoteca legal e, desse modo, não se aproxima da noção de decisão definitiva ou de decisão com força de definitiva.

Sob outra vertente, embora não haja previsão expressa no CPP, acreditamos que o terceiro que tenha seus bens afetados poderá opor embargos, com amparo no art. 674, e seguintes, do CPC, aplicáveis por analogia (art. 3º, CPP), dirigidos contra a constrição decorrente de arresto de bem móvel ou de hipoteca legal. Os embargos de terceiro poderão ser opostos a qualquer tempo, durante o processo de conhecimento, antes de transitar em julgado a sentença, ou em cinco dias, no curso da execução, contados da constrição indevida.

68. LEVANTAMENTO DO ARRESTO DE BENS

O arresto será levantado quando, por sentença irrecorrível, o réu for absolvido ou julgada extinta a punibilidade.

Cabe aqui a mesma observação anotada acima para o levantamento de sequestro de bens imóveis: sustentamos a não recepção da parte final do inciso III, do art. 131, do CPP, quando exige trânsito em julgado da sentença absolutória ou extintiva de punibilidade para que a constrição seja levantada.

No que toca à disposição do art. 141, do CPP, teremos a sua inconstitucionalidade na parte que requer trânsito em julgado da sentença de absolvição ou de extinção de punibilidade (verificada na expressão por sentença irrecorrível) para que o arresto de bem móvel seja cancelado, eis que restará afastado o pressuposto do *fumus boni iuris* necessário à manutenção da medida cautelar.

69. DESTINAÇÃO DOS BENS ARRESTADOS

Os autos do **arresto de bens móveis** devem ser remetidos ao juízo cível, diversamente do que ocorre com o sequestro, que é resolvido no próprio juízo penal e com o de arresto de bens imóveis, que é prévio à hipoteca legal e deve seguir ao juízo cível com os autos desta última[59].

Ao cabo, a medida cautelar de arresto objetiva garantir o ressarcimento do dano, eis que tem supedâneo de interesse particular do ofendido ou de seus herdeiros. O art. 140, do CPP, aduz que as garantias de ressarcimento de dano alcançam também as despesas processuais e as penas pecuniárias, com preferência sobre estas a reparação do dano ao ofendido. No juízo cível é que serão resolvidas pretensões de ressarcimento, com base em sentença penal condenatória, título executivo que é.

As mesmas observações quanto à incompatibilidade lógica do art. 140, CPP, anotadas para o caso da destinação do apurado pelo bem imóvel, submetido à inscrição e à especialização de hipoteca legal, para pagamento de pena pecuniária e despesas processuais, tem cabimento aqui para o arresto de bens imóveis.

Das rendas dos bens móveis poderão ser fornecidos recursos arbitrados pelo juiz, para a manutenção do indiciado e de sua família, a teor do art. 137, e parágrafos, do CPP.

Se esses bens móveis forem fungíveis e facilmente deterioráveis, deverão ser, de plano, vendidos em leilão, depositando-se o valor apurado à disposição do juízo. Aqueles bens podem, ainda, ser restituídos a quem os detinha mediante lavratura de termo nos autos, sendo esta pessoa idônea e assumindo a responsabilidade.

Em se tratando de bens de origem lícita submetidos às medidas assecuratórias, passada em julgado a sentença condenatória no juízo criminal, os autos da hipoteca legal e do arresto de imóvel serão remetidos ao juízo cível, para que lá se torne efetivo o ressarcimento em face dos danos causados pelo ilícito criminal.

59. PACHECO, Denilson Feitoza. *Direito processual penal*: teoria, crítica e práxis. 4. ed. Niterói: Impetus, 2006. p. 736.

Outrossim, o juiz poderá autorizar o uso dos bens arrestados, móveis ou imóveis, pelos órgãos de segurança pública, na forma do art. 133-A, do CPP, acrescido pela Lei nº 13.964/2019, observando-se as precauções entabuladas nos parágrafos daquele enunciado.

70. HIPOTECA LEGAL

Cuida-se de medida assecuratória fundada em interesse de natureza privada e que, da mesma forma que o arresto, tem a finalidade de garantir futura reparação civil do dano causado pela infração penal aos ofendidos ou aos seus sucessores.

A hipoteca legal é instituída por lei. Cometida a infração os bens imóveis do agente já estarão, abstratamente, *ex lege*, hipotecados. Não se confunde com a forma de instituição da hipoteca judicial (que se dá por força de sentença) ou da hipoteca contratual (que decorre de avença, de convenção, de contrato firmado pelos pactuantes interessados).

Embora estejam os bens hipotecados legalmente, em tese, desde a prática da infração (hipotecados em abstrato), é necessário um registro, vale dizer, é indispensável que a hipoteca legal seja versada em linguagem jurídica. Isso ocorre com a sua especialização e inscrição no registro de imóveis. Em outras palavras, detalham-se os bens imóveis a serem hipotecados, estimando-se os respectivos valores, com as respectivas escriturações no cartório de registro de bens imóveis.

Daí o nome "especialização e inscrição de hipoteca legal". Como sua ultimação exige maior tempo que pode ser incompatível com a urgência desta medida assecuratória, é ela precedida do arresto prévio, caracterizado como medida cautelar preparatória da hipoteca legal.

Antes de examinarmos as regras de cada uma das medidas assecuratórias de bens para eventual reparação de dano ou perdimento de bens, uma questão se antepõe: o bem de família, considerado impenhorável por força da Lei nº 8.009/1990, pode ser submetido à perda ou mesmo às medidas assecuratórias que, ao final, terão o condão de submetê-lo à penhora ou à excussão equivalente?

A resposta é positiva. O bem de família é, geralmente, impenhorável. Entretanto, essa impenhorabilidade não pode ser oposta relativamente a bem adquirido com produto de crime ou quando o bem se destinar à execução de sentença penal condenatória a ressarcimento, indenização ou perdimento de bens. Em suma, não há que se falar em impenhorabilidade do bem de família quando for o caso:

(1) de bem adquirido com proveito da infração;

(2) de bem destinado à execução de sentença penal condenatória, no bojo de ação civil *ex delicto*, para fins de ressarcimento ou indenização pelo dano causado pela infração penal (art. 91, I, CP); e

(3) de bem declarado perdido nos termos do art. 91, II, do Código Penal, ou da legislação especial correlata.

71. CABIMENTO E LEGITIMIDADE

A hipoteca legal é medida assecuratória que recai sobre imóveis de origem lícita, de propriedade do acusado. Sua decretação só é cabível durante o processo.

A hipoteca legal sobre os imóveis do imputado poderá ser requerida pelo ofendido em qualquer fase do processo, desde que haja certeza da infração e indícios suficientes da autoria. Embora o art. 134, do CPP, diga que caberá hipoteca legal sobre os imóveis do "indiciado" e que poderá ser requerida pelo ofendido em qualquer fase "do processo", é pacífico o entendimento de que se tratou de lapso do legislador e onde se lê "indiciado", deve-se ler "acusado", palavra compatível com o requerimento formulado no curso "do processo".

A legitimidade ativa para o requerimento de especialização e inscrição de hipoteca legal é conferida ao ofendido ou aos seus sucessores (herdeiros). Ao juiz não é dado promover de ofício a especialização e inscrição de hipoteca legal. É indispensável que haja o pedido do interessado legitimado, sendo irrelevante que a hipoteca seja medida cujo cabimento só se dá quando já instaurado processo penal condenatório.

Com efeito, nos termos do art. 1.489, inciso III, do Código Civil – na senda de que a medida assecuratória de hipoteca legal tem por fundamento interesse preponderantemente privado –, a lei confere hipoteca ao ofendido, ou aos seus herdeiros, sobre os imóveis do delinquente, para satisfação do dano causado pelo delito e pagamento das despesas judiciais.

Entendemos que a Fazenda Pública e o Ministério Público não têm legitimidade para requerer hipoteca legal em favor do ofendido particular, eis que o Código Civil vigente não contempla essa possibilidade como antes fazia o Código Civil de 1916. Caso a Fazenda Pública figure como ofendida de delito, terá, logicamente, legitimidade para pleitear a medida assecuratória de "sequestro" (sequestro em sentido próprio ou com natureza de "arresto"), mas com fundamento no Decreto-Lei nº 3.240/1941.

De outro lado, a legitimidade passiva da medida assecuratória é do réu, acusado ou querelado. A hipoteca legal tem o fito de viabilizar a reparação do dano causado pelo crime (art. 91, I, CP), considerando que é "direito real instituído sobre imóvel alheio para garantir uma obrigação de ordem econômica, sem que haja transferência da posse do bem gravado para o credor"[60].

72. *FUMUS COMISSI DELICTI* NA HIPOTECA LEGAL

Para a decretação de **especialização e inscrição de hipoteca legal,** o *fumus comissi delicti* deve consistir:

(1) na narrativa e na comprovação de **materialidade do delito**, que é prenunciada com a certificação de existência de **ação penal em curso**. No ponto, deve haver "certeza da infração" (materialidade que não se contenta com meros indícios no tocante à existência de delito) e "indícios suficientes de autoria" (o indício é menos que a certeza, são elementos de provas que podem, por indução, formar uma prova robusta);

(2) na descrição da **estimativa do valor da responsabilidade civil**. Diferentemente do arresto de bem imóvel, cujo pedido deve atender a exigências menores, até porque é provisório e prévio à hipoteca legal, para que seja esta especializada, a parte deverá atender esse requisito, designando e estimando, ademais, o valor do imóvel ou dos imóveis que serão submetidos à restrição. É necessário que o bem imóvel hipotecado seja do acusado.

60. MIRABETE, Julio Fabbrini. *Código de processo penal interpretado*. 11. ed. São Paulo: Atlas, 2006. p. 428.

O juiz, ao analisar o pedido, deve proceder ao arbitramento do valor da responsabilidade e à avaliação dos bens imóveis;

(3) na apresentação de petição instruída com as **provas** ou com **indicação das provas** em que se fundar a estimação da responsabilidade, com a relação dos imóveis que o responsável possuir, se outros tiver, além dos indicados no requerimento, e com os documentos comprobatórios do domínio.

73. *PERICULUM IN MORA* NA HIPOTECA LEGAL

O pressuposto em tela exige que seja evidenciado o aspecto **necessidade** da constrição.

Para a hipoteca legal, não se cogita demonstrar a origem ilícita do bem, mas, diversamente, é preciso que não haja risco para o efetivo ressarcimento do dano causado pela infração penal caso haja sentença condenatória transitada em julgado, o perigo da demora decorre da **possibilidade abstrata de alienação de bens** do patrimônio pelo próprio acusado. Diferentemente do processo civil, não são necessários aqui atos concretos de anúncio de venda de bens, pois, com a prática da infração penal, o ofendido passa a ter, de pleno direito, hipoteca legal sobre os bens do acusado, pendente de especialização.

74. EMBARGOS NA HIPOTECA LEGAL

Embora não haja previsão expressa no CPP, acreditamos que o terceiro que tenha seus bens afetados poderá opor embargos com amparo no art. 674 e seguintes, do CPC, aplicáveis por analogia (art. 3º, CPP). Nos termos do referido art. 674, quem, não sendo parte no processo, sofrer constrição sobre bens que possua ou sobre os quais tenha direito incompatível com o ato constritivo, poderá requerer o seu desfazimento por meio de embargos de terceiro.

Quanto ao prazo para oposição dos embargos de terceiro, a regra a incidir, em qualquer hipótese, é a do art. 675, do CPC, isto é, **a qualquer tempo**, durante o processo de conhecimento, antes de transitar em julgado a sentença; ou **em cinco dias**, no curso da execução, contados da constrição indevida.

75. PROCEDIMENTO DA INSCRIÇÃO E ESPECIALIZAÇÃO DE HIPOTECA LEGAL

O procedimento da inscrição de hipoteca legal é o estabelecido no art. 135, do CPP.

Com efeito, a especialização de hipoteca legal ocorre requerimento que atenda aos requisitos legais acima descritos. Recebido o pedido, o juiz mandará logo proceder ao arbitramento do valor da responsabilidade e à avaliação do imóvel ou imóveis.

Os bens que são objetos de hipoteca legal devem ser registrados no nome do acusado. É medida assecuratória de natureza eminentemente formal, imprescindível à especialização e à inscrição do gravame.

Caso não seja o bem registrado regularmente ou exista debate sobre se realmente pertence ao acusado, não caberá esta medida assecuratória, sem prejuízo da incidência de outras regras para que medidas cautelares diversas sejam requestadas. Evidentemente que se parte ideal do bem estiver registrado no nome do réu (quando o acusado possui direitos sobre a coisa), será possível a hipoteca legal, respeitados os direitos dos terceiros sobre o bem imóvel.

O lastro probatório, essencial para a decretação da medida (justa causa), deve incluir a prova do domínio.

O juiz ouvirá as partes no prazo de dois dias e, em que pese a previsão de que o curso deste ocorrerá em cartório (§ 3º, art. 135, CPP), entendemos que a intimação é de rigor. Pode ainda corrigir o valor estipulado da responsabilidade, se reputar deficiente ou excessivo o *quantum* fixado pelas partes ou pelo perito por ele nomeado (caso não haja avaliador judicial).

Ao final, será proferida decisão, autorizando somente a inscrição da hipoteca do imóvel ou imóveis necessários à garantia da responsabilidade (§ 4º, art. 135, CPP).

76. RECURSO DA DECISÃO DE ESPECIALIZAÇÃO E INSCRIÇÃO DE HIPOTECA LEGAL

Da decisão do juiz de primeiro grau que determina ou nega a inscrição da hipoteca legal, cabe apelação ao tribunal ***ad quem***, nos termos do art. 593, inciso II, CPP.

O cabimento da apelação se fundamenta no fato de que tal decisão, proferida em autos apartados, é decisão com força de definitiva, ao menos de forma preponderante, já que, conquanto de natureza cautelar, tem traços antecipativos, se examinados os seus efeitos após o trânsito em julgado da sentença penal condenatória.

77. LEVANTAMENTO DA HIPOTECA LEGAL

Conforme o art. 141, do CPP, a hipoteca legal será cancelada se, por sentença irrecorrível, o réu for absolvido ou julgada extinta a punibilidade. A dicção do enunciado normativo está imbricada com a finalidade do instituto que é, ao cabo, ressarcir o ofendido e adimplir despesas processuais.

Cabe aqui a mesma observação anotada acima para o levantamento de sequestro de bens imóveis: sustentamos a não recepção da parte final do inciso III, do art. 131, do CPP, quando exige trânsito em julgado da sentença absolutória ou extintiva de punibilidade para que a constrição seja levantada. No que toca à disposição do art. 141, CPP, com conteúdo análogo, teremos a sua inconstitucionalidade na parte que requer trânsito em julgado da sentença de absolvição ou de extinção de punibilidade (verificada na expressão "por sentença irrecorrível") para que a hipoteca legal seja cancelada, eis que, naquelas hipóteses, restará afastado o pressuposto do *fumus boni iuris* necessário à manutenção da medida cautelar.

Antes do trânsito em julgado da sentença condenatória, a hipoteca legal cuja inscrição tenha se consumado, pode ser cancelada no caso de oferecimento de caução pelo acusado, mediante autorização judicial, haja vista que o § 6º, do art. 135, do Código, prevê que a caução suficiente oferecida pelo réu poderá ser fundamento para a não efetivação da inscrição da hipoteca legal.

E se o ofendido, depois de remetidos os autos de hipoteca legal ao juízo cível, não requerer sua excussão, permanecendo inerte? Ficam os bens imóveis com a inscrição de hipoteca legal de forma indefinida no tempo? Caso negativo, depois de quanto tempo o juiz pode determinar o levantamento da hipoteca registrada no cartório de imóveis?

A legislação não resolve expressamente a questão. Duas correntes são possíveis:

(1) a primeira no sentido de que o prazo para que o ofendido requeira a excussão da hipoteca no juízo cível é de noventa dias contados do trânsito em julgado da sentença penal condenatória, com esteio no art. 122, do CPP, por analogia, após o que deve a hipoteca ser cancelada; e

(2) a segunda, que sustentamos, defende que a hipoteca legal será levantada após o decurso do prazo prescricional para a ação de ressarcimento pelo dano causado pelo crime que, segundo o art. 206, § 3º, V, do Código Civil, é o de três anos, lapso este que deve ser contado a partir da data que transitar em julgado a sentença penal condenatória. Enquanto não promovida a necessária ação pelo ofendido no juízo cível, ficam os autos no arquivo provisório. Após o decurso do prazo prescricional, deve o juiz cível ordenar o levantamento da hipoteca e enviar os autos ao arquivo definitivo com baixa na distribuição.

78. DESTINAÇÃO AO FINAL DO PROCESSO

Os autos de hipoteca legal devem ser remetidos ao juiz cível (art. 143, CPP). Diferentemente do sequestro, cujos bens são inseridos em leilão realizado pelo próprio juízo penal, a excussão hipotecária é de competência da esfera judiciária civil.

O art. 140, do CPP, averba que a hipoteca legal objetiva assegurar o ressarcimento do dano, alcançando também as despesas processuais e as penas pecuniárias, com preferência sobre estas a reparação do dano ao ofendido.

No entanto, esse dispositivo padece de uma incompatibilidade lógica, necessitando de interpretação que o torne útil, válido. Isso porque, como vimos, a hipoteca legal e as medidas de arresto têm lastro em interesse particular. Aliás, sequer a Fazenda Pública tem legitimidade para requerê-la em favor do ofendido, como legitimada extraordinária. Ora, a prestação pecuniária tem natureza de pena restritiva de direito, sendo manifestação do *jus puniendi* estatal, pelo que os valores auferidos pela excussão da hipoteca não pode ser diretamente destinados ao seu ressarcimento, mormente quando se admitir a reversão da pena de prestação pecuniária em pena privativa de liberdade.

As despesas processuais, por seu turno, também possuem, ao menos parcialmente, natureza pública, eis que são constituídas pelas custas e, muito remotamente, por honorários de advogado (arbitrados apenas nas ações penais de iniciativa privada, quando acusação e defesa estão patrocinados por defensores constituídos). Quanto ao adimplemento das custas, pensamos que os valores auferidos pela excussão da hipoteca legal não podem, diretamente, servir a esta finalidade. Claro que a Fazenda Pública poderá tomar as providências executivas diversas para que seja satisfeito seu crédito, promovendo demanda autônoma no juízo cível competente e alcançando, por esta via, a satisfação de sua pretensão mediante a penhora do crédito remanescente.

Como se infere, a destinação dos bens hipotecados é para ressarcimento do dano causado pelo ilícito penal. O valor da responsabilidade será liquidado definitivamente após a condenação, podendo ser requerido novo arbitramento se qualquer das partes não se conformar com o arbitramento anterior à sentença condenatória.

79. SEQUESTRO DE BENS POR DELITO CONTRA A FAZENDA PÚBLICA (DECRETO-LEI Nº 3.240/1941)

Nas infrações penais que têm como sujeito passivo a Fazenda Pública, é possível requerer medida assecuratória de sequestro disciplinada no remoto Decreto-Lei nº 3.240/1941, que prevê essa possibilidade, a ser imposta sem contraditório prévio. Como essa providencia é bastante drástica, deve-se exigir, como contracautela, a **observância rigorosa dos limites conceituais** dispostos naquele diploma legal, bem como o acompanhamento do pedido por **base empírica probatória.**

De acordo com a previsão contida no aludido Decreto-Lei, ficarão sujeitos a sequestro os bens de pessoa indiciada por crime de qual **resulte prejuízo** para a fazenda pública, desde que:

(1) dele resulte locupletamento ilícito para o indiciado;

(2) haja indícios **veementes de responsabilidade penal**, os quais serão comunicados ao juiz em segredo, por escrito ou por declarações orais reduzidas a termo, e com indicação dos bens que devam ser objeto da medida.

Da dicção dos artigos 1º, 2º e 3º, do Decreto-Lei nº 3.240/1941, compreendemos como indispensáveis:

(1) a qualidade de indiciado o requerido, comprovado pelo ato técnico-jurídico de indiciamento realizado pela autoridade policial;

(2) prova da existência de crime do qual resulte prejuízo à Fazenda Pública, ou seja, deve ser demonstrada, por elemento empírico admitido em direito, a relação de causalidade entre o crime apontado e o prejuízo sofrido pelo ente público;

(3) a existência de indícios veementes de responsabilidade penal, entendida a partir da demonstração de relação dos indícios com a autoria, a conduta dolosa ou culposa, os elementos do tipo penal e a culpabilidade;

(4) a prova da propriedade dos bens, por intermédio de escritura pública; se estiver em nome de terceira pessoa, a prova da data da respectiva alienação.

O sequestro epigrafado poderá recair sobre todos os bens do indiciado, e compreender os bens em poder de terceiros, desde que estes os tenham adquirido dolosamente, ou com culpa grave. Sob outro giro, depois da pratica do crime, os bens eventualmente doados serão sempre compreendidos no sequestro.

O sequestro será decretado pela autoridade judiciária, por decisão fundamentada, sem audiência da parte. Para tanto, o Ministério Público terá a iniciativa para requerê-lo. Seu pedido, ainda, deve estar fundado em representação da autoridade incumbida do processo administrativo ou do inquérito policial.

Por outro lado, o ajuizamento preparatório do indigitado sequestro impõe que a ação penal deva ter início dentro de noventa dias contados da sua decretação. Essa disciplina, gizada no Decreto-Lei nº 3.240/1941, é mais gravosa ao imputado do que os demais casos de sequestro até aqui analisados, podendo alcançar qualquer bem, seja ele indiciado ou acusado. Não há previsão de restrição a bem que seja resultante de proventos da infração ou que seja o próprio proveito do crime.

No entanto, o uso indiscriminado da referida medida de sequestro, sem particularização do que seria resultado de atos delituosos atribuídos ao imputado, não deve ser admitido.

O pedido não pode ser genérico, ao fundamento único de se pretender resguardar os interesses da Fazenda Pública. Isso equivaleria a liberdade sem limites do promotor da ação penal. Igualmente, excessiva será a providência quando tornar inviável a subsistência da pessoa requerida ou quando obstaculizar o exercício de suas atividades econômicas lícitas. Caso ocorra dessa forma, teremos decisão desproporcional, violadora do princípio da razoabilidade[61].

80. MEDIDAS ASSECURATÓRIAS NA LEI DE DROGAS

As cautelares reais, aplicáveis aos delitos de tráfico de drogas, consistem em medidas assecuratórias que devem seguir as regras do Código de Processo Penal, por remissão determinada pelo art. 60, da Lei nº 11.343/2006. Senão vejamos.

(1) O juiz poderá decretar, no curso do inquérito ou do processo penal, a apreensão e outras medidas assecuratórias nos casos em que haja suspeita de que os bens, direitos ou valores sejam produto do crime ou constituam proveito dos crimes previstos na lei específica, procedendo-se na forma dos artigos 125 e seguintes, do CPP, ou seja, com a aplicação do regramento comum das medidas cautelares de arresto, sequestro e hipoteca legal;

(2) A deflagração dessas medidas assecuratórias dependerá de requerimento do Ministério Público ou do assistente de acusação, ou mediante representação da autoridade de polícia judiciária. Em boa hora, o legislador não reproduziu o equívoco anterior, que previa decretação de ofício pelo juiz, ainda que restrita à fase processual, o que contrastava com o sistema acusatório constitucional. Decerto, ao magistrado, é defeso substituir o órgão da acusação na atuação probatória, a teor do art. 3º-A, do CPP, inserido pela Lei nº 13.964/2019, porém ainda com eficácia suspensa por decisão cautelar do STF;

(3) O juiz poderá determinar atos necessários à conservação de bens, direitos ou valores, nos casos de suspensão do processo, cujo réu tenha sido citado por edital, bem como nos casos em que houver necessidade (art. 63-A, Lei de Drogas, com redação da Lei nº 13.840/2019);

(4) O juiz poderá determinar a suspensão da ordem de apreensão ou de sequestro de bens, direitos ou valores, ouvido o Ministério Público, quando a sua imediata execução puder comprometer as investigações;

(5) O comparecimento pessoal do acusado é condição indispensável ao conhecimento de todo e qualquer pedido de restituição;

61. STJ – Sexta Turma – AgRg no RMS 60.870/MS – Rel. Min. Laurita Vaz – Rel. p/ Acórdão Min. Sebastião Reis Júnior – DJe 11 out. 2019.

(6) Na sentença de mérito, o juiz determinará a liberação total ou parcial dos bens, direitos e objeto de medidas assecuratórias quando comprovada a licitude de sua origem, mantendo-se a constrição dos bens, direitos e valores necessários e suficientes à reparação dos danos e ao pagamento de prestações pecuniárias, multas e custas decorrentes da infração penal;

(7) Se as medidas assecuratórias recaírem sobre moeda estrangeira, títulos, valores mobiliários ou cheques emitidos como ordem de pagamento, será determinada, imediatamente, a sua conversão em moeda nacional. Para tanto, deve a moeda estrangeira apreendida em espécie ser encaminhada a instituição financeira, ou equiparada, para alienação na forma prevista pelo Conselho Monetário Nacional. Na hipótese de impossibilidade da alienação, a moeda estrangeira será custodiada pela instituição financeira até decisão sobre o seu destino;

(8) O juiz poderá, ouvido o Ministério Público, autorizar que os órgãos de polícia judiciária, militar e rodoviária utilizem os bens apreendidos, se comprovado o interesse público (art. 62, Lei de Drogas, com redação da Lei nº 13.840/2019).

81. MEDIDAS ASSECURATÓRIAS NA LEI DE LAVAGEM DE DINHEIRO

O art. 4º, da Lei de Lavagem de Dinheiro, previu a possibilidade de decretação de medidas assecuratórias, em sentido amplo, admitindo, inclusive, o sequestro. Ao juiz caberá decretá-las, por decisão fundamentada (art. 315, § 2º, CPP, com redação da Lei nº 13.964/2019). Segundo aquele dispositivo, ele poderá decretar de ofício, sem provocação dos legitimados, hipótese que, para incidir, exige processo penal instaurado.

Entrementes, pensamos que não deve subsistir, de forma alguma, a iniciativa *ex officio* do magistrado, porque tal proceder viola o sistema acusatório. O art. 3º-A, do CPP, suspenso por medida cautelar monocrática do STF, foi expresso ao dizer que o processo penal terá estrutura acusatória, sendo vedada a atuação probatória do juiz, em substituição ao órgão da acusação. A deliberação sobre assecuratórias cautelares, durante a fase investigativa até o momento do recebimento da denúncia, deve competir ao juiz das garantias, a teor do art. 3º-B, incisos V e XI, alínea "e", do CPP[62].

A iniciativa para requerer medidas assecuratórias, nos termos da Lei nº 9.613/1998, deve ser lida como restrita:

(1) a requerimento do Ministério Público (durante investigação preliminar ou processo penal);

(2) mediante representação do delegado de polícia (durante investigação preliminar), ouvido o Ministério Público em vinte e quatro horas.

Os pressupostos das medidas assecuratórias devem ser delineados na petição inicial e acompanhados de elementos probatórios autorizadores:

(1) a necessidade de **indícios suficientes da infração penal**. A noção de "indícios suficientes" refere-se à "infração penal" de lavagem de capitais ou àquela que lhe antecedente.

62. Dispositivo com eficácia suspensa, nos termos de decisão monocrática do Supremo Tribunal Federal (STF – ADI 6298/DF – Medida Cautelar – Rel. Min. Luiz Fux – 22 jan. 2020).

A referibilidade é dupla, embora alternativa. A expressão difere da adotada pelo Código de Processo Penal para o deferimento do sequestro comum aos demais tipos de crime. Deveras, o art. 126, do CPP, exige a presença de "indícios veementes da proveniência ilícita dos bens". Comparando os dois termos, pode-se concluir que indícios suficientes da infração penal retrata grau de constatação menor.

(2) a **descrição** de bens, direitos ou valores do investigado ou do acusado, ou existentes em nome de interpostas pessoas, que sejam instrumento, produto ou proveito dos crimes previstos na Lei de Lavagem de Capitais ou das infrações penais antecedentes. Sobre este ponto merece destacar as possibilidades:

(a) de recair medida assecuratória sobre bem existente em nome de **interpostas pessoas** (espectro maior da sua incidência objetiva);

(b) de impor a constrição sobre instrumento, produto ou proveito de crimes previstos na Lei de Branqueamento de Capitais ou de infrações penais antecedentes (concepção de referibilidade alargada, eis que sua plausibilidade jurídica pode também decorrer de indícios suficientes da infração penal antecedente).

Aliás, como o sequestro objetiva evitar que o provimento final reste ineficaz, quando condenatório for, apenas tem ele cabimento sobre bens que tenham relação com o próprio crime objeto de investigação ou de ação penal. A já mencionada **referibilidade dupla**, ainda que **alternativa**, é característica específica da medida cautelar deferida com base em comprovação de lavagem de dinheiro ou de sua infração penal antecedente correlata.

Daí que, se quanto aos crimes de tráfico de drogas, não seria possível promover o sequestro de bens adquiridos com os proventos de um roubo que não se estivesse incluído no objeto da demanda penal (drogas), no caso de lavagem de capitais, em razão do art. 4º, da Lei nº 9.613/1998, ambos os delitos devem estar descritos, conquanto seja cabível a constrição do produto ou proveito independentemente da infração penal correspondente ser a de lavagem de dinheiro **ou** a que lhe é antecedente[63].

Das regras inferidas sobre as medidas assecuratórias aplicadas em razão de indícios suficientes de crime de lavagem de capitais, a Lei nº 9.613/1998 estatui:

(1) regras para alienação antecipada para preservação do valor dos bens sempre que estiverem sujeitos a qualquer grau de deterioração ou depreciação, ou quando houver dificuldade para sua manutenção;

(2) que o juiz determinará a liberação total ou parcial dos bens, direitos e valores quando comprovada a licitude de sua origem, mantendo-se a constrição dos bens, direitos e valores necessários e suficientes à reparação dos danos e ao pagamento de prestações pecuniárias, multas e custas decorrentes da infração penal. Não há inversão do ônus da prova da questão penal, mas ocorre inversão restrita ao aspecto cível, que é o da possibilidade de liberação dos bens, condicionada à efetiva comprovação da licitude da origem;

63. BADARÓ, Gustavo Henrique; BOTTINI, Pierpaolo Cruz. *Lavagem de dinheiro*: aspectos penais e processuais penais: comentários à Lei 9.613/1998, com as alterações da Lei 12.683/2012. 2. ed. São Paulo: RT, 2013. p. 290-291.

(3) o pedido de liberação só pode ser conhecido se houver o comparecimento pessoal do acusado ou de interposta pessoa, podendo o juiz determinar a prática de atos necessários à conservação de bens, direitos ou valores. Não é necessário o aguardo do trânsito em julgado de sentença condenatória para este fim. Imposição desse jaez seria indevida restrição ao direito do patrimônio do possuidor ou proprietário do bem que evidenciasse a proveniência lícita do bem sequestrado;

(4) tanto é possível a decretação de medidas assecuratórias sobre bens, direitos ou valores para reparação do dano decorrente da infração penal antecedente ou da prevista na mesma Lei de Lavagem de Dinheiro, quanto para o pagamento de prestação pecuniária, multa e custas, sem prejuízo da possibilidade de decretação de perda, em favor da União ou de estado-membro, de valores ou bens, não alienados antecipadamente e não reclamados dentro de noventa dias do trânsito em julgado da sentença por pessoas lesadas ou terceiros de boa-fé

82. MEDIDAS ASSECURATÓRIAS POR CRIMES DE TRÁFICO DE PESSOAS (LEI Nº 13.344/2016)

Há previsão específica de decretação de medidas assecuratórias patrimoniais relativamente aos crimes de tráfico de pessoas. As infrações penais que autorizam a incidência desse regramento são as tipificadas nos arts. 148, 149, 149-A, § 3º, do art. 158, e 159, do Código Penal, bem como a do art. 239, do Estatuto da Criança e do Adolescente.

O requerente deve descrever um desses delitos, com narrativa acompanhada de supedâneo não apenas jurídicos, porém empírico. Na fundamentação da decisão deve ficar explicitada a existência de **indícios suficientes de infração penal**. Vale dizer, deve haver mais de um indício e eles deves se referir tanto à **materialidade**, quanto à **autoria** de crime de tráfico de pessoas.

Além do preenchimento desses pressupostos, devem ser observados os demais requisitos estampados no art. 8º e parágrafos, da Lei nº 13.344/2016, para que o pedido de decretação de tais medidas possa ser objeto de exame e deferimento válido. Vejamos.

(1) O poder que tem o juiz de decretar medidas assecuratórias, depende de iniciativa de um dos legitimados. Pelas mesmas razões que já expusemos nos tópicos anteriores, acreditamos que não há espaço para decretação de medidas assecuratórias de ofício, ainda que com processo penal instaurado, diante do sistema acusatório constitucional. Mesmo que de forma supletiva, a atuação do juiz conflitaria com o art. 3º-A, do CPP, e, sobretudo, com o sistema constitucional. Desse modo, malgrado as posições em sentido contrário, pensamos que legitimados à iniciativa das epigrafadas medidas assecuratórias serão:

(a) o Ministério Público, por requerimento, formulado durante investigação preliminar ou processo penal;

(b) o delegado de polícia, durante investigação preliminar, mediante representação e ouvido o Ministério Público. Entendemos que o juiz somente pode deferir se houver anuência do *Parquet* quanto ao pleito da autoridade policial.

(2) Os indícios suficientes de infração penal devem se referir a elementos de tipo penal de tráfico de pessoas. A decisão deve ser fundamentada em base empírica e jurídica,

evidenciando a relação entre a infração penal e os bens, direitos ou valores pertencentes ao investigado ou acusado, ou existentes em nome de interpostas pessoas, que sejam instrumento, produto ou proveito do crime de tráfico de pessoas.

(3) Admite-se a alienação antecipada de bens diante da necessidade de preservação do valor correspondente, do risco de deterioração ou depreciação, ou quando houver dificuldade para sua manutenção.

(4) O juiz deve ordenar a liberação total ou parcial dos bens, direitos e valores quando comprovada a licitude de sua origem, mantendo-se a constrição dos bens, direitos e valores necessários e suficientes à reparação dos danos e ao pagamento de prestações pecuniárias, multas e custas decorrentes da infração penal. É pressuposto de conhecimento do pedido de liberação de bens que o acusado ou investigado compareça pessoalmente ou por interposta pessoa em cujo nome esteja o bem.

Além de mesclar institutos processuais penais (sequestro), com aqueles impostos na esfera civil (indisponibilidade de bens), o art. 9º, da Lei de Tráfico de Pessoas, firmou previu a aplicação subsidiária da Lei nº 12.850/2013.

83. POSSIBILIDADE DE ALIENAÇÃO ANTECIPADA DE BENS CONSTRITOS

A alienação antecipada de bens tem o fito de preservação do valor de um bem sujeito à deterioração ou à depreciação. Esse instrumento visa a assegurar que o preço de certos bens não seja diminuído, substituindo-os pelo produto apurado.

A mora processual pode causar frustração dos objetivos das medidas assecuratórias, notadamente diante da possibilidade de perda do valor de mercado dos bens, muito provável em razão das variações de preços, bem como da suscetibilidade de danos e de queda de seus valores.

O instituto é aplicável aos procedimentos de sequestro de bens móveis ou imóveis, arresto de bem móvel e de hipoteca legal. O arresto de bem imóvel é medida pré-cautelar à especialização e inscrição de hipoteca legal, o que soa incompatível com a providência em tela.

Deve ser rigorosamente observado o procedimento para a alienação antecipada de bens, em leilão público, conforme descrito nos parágrafos, do art. 144-A, do CPP.

Observamos que não cabe alienação antecipada de bens com valor histórico. Para esses, é aplicável o art. 133, do CPP, depois de transitar em julgado da declaração de sua perda em favor da União ou do estado-membro. Nos termos do art. 124-A, do CPP, na redação da Lei nº 13.964/2019, na hipótese de decretação de perdimento de obras de arte ou de outros bens de relevante valor cultural ou artístico, se o crime não tiver vítima determinada, poderá haver destinação dos bens a museus públicos.

84. INCIDENTE DE FALSIDADE

O documento objeto do incidente de falsidade pode ser tomado em sentido amplo ou restrito.

Em sentido amplo é o objeto idôneo a servir de prova, que inclui não só o escrito, como outros objetos tal como uma fotografia. É o conceito que adotamos para efeito do incidente em estudo.

Em sentido estrito, documento seria "toda peça escrita que condensa graficamente o pensamento de alguém, podendo provar um fato ou a realização de algum ato dotado de significação ou relevância jurídica", como leciona Mirabete[64].

Havendo dúvidas acerca da idoneidade de um determinado documento, o meio hábil para desentranhá-lo dos autos é a instauração do incidente de falsidade. Contudo, no processo penal, não é indispensável a instauração de tal incidente, em face da liberdade probatória que tem o juiz penal para, fundamentadamente, alijar a validade de um documento, sem carecer de providência mais formal[65].

O incidente de falsidade tem a finalidade de retirar dos autos o documento sob o qual recai suspeita quanto a sua seriedade e sinceridade – evitando que o juiz seja levado "a cometer erro, com graves prejuízos para a administração da Justiça" – e, para tanto, será instaurado "um processo especialmente estabelecido para a averiguação da pretendida falsidade" para resolver tal questão incidental[66].

Entrementes, considerando que o cabimento do incidente está atrelado à relevância jurídica da arguição, mais adequado é compreender que os efeitos da declaração devem se referir ao processo penal aludido na petição do incidente. O documento, no todo ou em parte, pode ser mais ou menos relevante a depender do conteúdo da ação penal principal.

O incidente de falsidade é apropriado para questionar a **falsidade material** do documento, sua contrafação, eis que o objeto sobre o qual recaiu a alteração poderá ser periciado de maneira objetiva. No entanto, não é de todo impossível que o documento eivado de **falsidade ideológica**, com informações inexatas ou inverídicas, apesar de materialmente verdadeiro, seja também objeto de exame pericial por *experts*.

Basta imaginar um documento que tenha numeração equivocada e que evidencie sua falsidade ideológica, embora materialmente perfeito. A perícia recairá sobre a coerência dos dados ali consignados, para concluir pela falsidade do documento. Numerações como a da Carteira Nacional de Habilitação tem regras para verificação de autenticidade. Malgrado a requisição por ofício ao órgão de trânsito possa elucidar a questão, a perícia pode ser necessária caso ainda subsista a dúvida depois das informações prestadas pela autoridade responsável.

85. INICIATIVA DO INCIDENTE DE FALSIDADE

O incidente de falsidade documental pode ser suscitado pelas partes, isto é, pelo Ministério Público, assistente do Ministério Público, querelante ou acusado. O art. 146 do CPP deixa gizado que a arguição de falsidade, feita por procurador, exige poderes especiais, especialmente porque o incidente pode evidenciar indícios de crime de quem apresentou o documento e, *a contrario sensu*, se improcedente, pode indicar delito cometido pelo arguente.

64. MIRABETE, Julio Fabbrini. *Processo Penal*. 14. ed. São Paulo: Atlas, 2003. p. 245.
65. GRECO FILHO, Vicente. *Manual de processo penal*. 8. ed. São Paulo: Saraiva, 2010. p.180.
66. TOURINHO FILHO, Fernando da Costa. *Código de processo penal comentado*. 5. ed. São Paulo: Saraiva, 1999. v.1. p.336.

Como visto, o assistente de acusação tem legitimidade para ingressar com a arguição de falsidade, como se pode deduzir do art. 271, do CPP. Há, entretanto, posicionamento contrário de Demoro Hamilton, sustentando a inadmissibilidade do incidente quando suscitado pelo acusador particular[67].

O juiz pode reconhecer de ofício a falsidade documental? A teor do art. 147 do Código de Processo Penal, a resposta é positiva.

No entanto, se considerarmos que se cuida de atuação probatória do magistrado, melhor compreender pela impossibilidade de instaurar de ofício o incidente. Se houver dúvida sobre a autenticidade documental, deve o juiz absolver, considerando que o art. 156, do CPP, está suplantado, revogado tacitamente pelo seu art. 3º-A[68], incluído pela Lei nº 13.964/2019. O Ministério Público deve adotar as providências diante da existência de indícios de crime de falso documental. Se não o fizer, caberá aos interessados, a exemplo do ofendido, do assistente ou do réu.

86. PROCEDIMENTO DO INCIDENTE DE FALSIDADE

A arguição do incidente deve ser dirigida ao juiz na forma escrita. O magistrado coleta a oitiva da parte contrária, concedendo-lhe prazo de 48 horas para manifestação. Em seguida, abre prazo de três dias, sucessivamente, para alegações das partes. Havendo necessidade, o juiz determinará diligências, para, ao cabo, serem os autos conclusos para decisão.

O incidente de falsidade não implica suspensão da marcha processual.

A confissão da parte contrária não é capaz de impedir a tramitação regular do incidente, diante da possibilidade de crime de falso ideológico ou material. Acreditamos que não subsiste o dever do juiz de enviar cópia dos autos, de ofício, ao *Parquet*, como preconiza o art. 40, do CPP. Cabe ao Ministério Público ou aos interessados provocarem essa possibilidade. A estrutura do processo penal é acusatória (art. 3º-B, do CPP) e o controle sobre a atuação do órgão da acusação não deve competir ao juiz, mas aos envolvidos (art. 28, parágrafos, CPP, com redação da Lei nº 13.964/2019).

A seu turno, é importante destacar que o documento reconhecidamente falso não deixa de ser enquadrado no conceito de prova ilícita, devendo ser desentranhada. Entendemos que a previsão de inutilização da prova, gizada no § 3º, do art. 157, do CPP, não equivale a sua destruição. Inutilizar é isolar a prova dos sujeitos processuais envolvidos, retirando-a dos autos e acautelando-a em ambiente adequado.

O próprio juiz que tiver contato com a prova ilícita deve se afastar do processo, embora a regra que assim disponha tenha sido suspensa por medida cautelar monocrática do STF (art. 157, § 5º, do CPP, com redação da Lei nº 13.964/2019). A destruição da prova ilícita acabaria por eliminar a própria materialidade que demonstra a ilegalidade na sua produção, correndo-se o risco de não se ter como responsabilizar aquele que produziu o documento

67. HAMILTON, Sérgio Demoro. Estudos de processo penal: 3ª Série. Rio de Janeiro: Lúmen Júris, 2007. p.188.
68. Dispositivo com eficácia suspensa, nos termos de decisão monocrática do Supremo Tribunal Federal (STF – ADI 6298/DF – Medida Cautelar – Rel. Min. Luiz Fux – 22 jan. 2020).

material ou ideologicamente falso ou, ainda, de não se viabilizar o controle epistemológico do conjunto probatório[69].

87. EFEITOS DO INCIDENTE DE FALSIDADE

O incidente de falsidade só produzirá seus efeitos restritamente ao documento questionado. A arguição não implica coisa julgada material, mas tão somente formal, tal como se depreende do art. 148, do CPP. Uma vez reconhecida a falsidade, o documento deve ser retirado do processo, com a remessa dos autos do incidente ao Ministério Público, eis que é o órgão que detém eventual *opinio delicti*.

A rigor, haverá reconhecimento de **nulidade absoluta** do ato processual que admitiu o documento, acompanhado de decreto de **invalidação**, com supressão do efeito inclusivo da prova ilícita. Por consequência, ela deve ser excluída dos autos. No entanto, para que o documento seja efetivamente **inutilizado**, exige-se a preclusão da decisão que reconheceu a falsidade, vale dizer, que haja o decurso *in albis* do prazo para interposição de recurso em sentido estrito.

Tal conclusão decorre da interpretação literal do art. 145, inciso IV, do CPP, que sublinha que, uma vez reconhecida a falsidade por **decisão irrecorrível**, o juiz determinará seu desentranhamento e remessa ao Ministério Público juntamente com os autos do processo incidente. Como avivamos acima, remessa prevista na parte final desse inciso depende de requerimento dos interessados, vedada a atuação de ofício do magistrado no contexto do sistema acusatório.

A decisão proferida nos autos do incidente de falsidade não fará coisa julgada em futuro processo cível ou criminal. Com Magalhães Noronha, pode-se dizer que, em essência, "o único efeito da decisão, no processo incidente, é manter o documento nos autos principais ou deles desentranhá-lo"[70].

88. RECURSOS NO INCIDENTE DE FALSIDADE

A decisão que resolve o incidente de falsidade desafia recurso em sentido estrito, **sem efeito suspensivo** (arts. 581, XVIII, e 584, CPP). Deve o recurso subir ao tribunal nos próprios autos do incidente de falsidade. Vale dizer, com a decisão que reconhecer a falsidade, o documento, embora seja de imediato excluído dos autos principais, não deve ser, de logo, isolado de todo acesso a ele (inutilizado). Para tanto, é exigida a preclusão daquela deliberação.

---

69. MATIDA, Janaína Roland. *O problema da verdade no processo: a relação entre fato e prova.* 2009. 112 f. Dissertação (Mestrado), Pontifícia Universidade Católica do Rio de Janeiro, Rio de Janeiro. p.22.
70. NORONHA, E. Magalhães. *Curso de direito processual penal.* 28. ed. São Paulo: Saraiva, 2002. p.108.

89. INCIDENTE DE INSANIDADE MENTAL

Pairando dúvidas sobre a higidez mental do autor do ilícito, deve ser instaurado o incidente de insanidade mental, o que pode ocorrer durante investigação preliminar ou no curso do processo penal. Decerto, constatando situação de dúvida sobre a integridade mental do acusado, o juiz ordenará, de ofício ou a requerimento do Ministério Público, do defensor, do curador, do ascendente, descendente, irmão ou cônjuge do acusado, seja este submetido a exame médico-legal, consoante os estritos termos do art. 149, do CPP.

A instauração do incidente em tela, por iniciativa do juiz, de ofício, encontra as mesmas objeções que aduzimos anteriormente, diante do sistema acusatório. Na medida em que se cuida de atividade, além de cautelar, probatória, às partes e aos demais interessados incumbe requestar a medida ao juiz (art. 3º-A, CPP, com redação da Lei nº 13.964/2019)[71].

Diferentemente do incidente de falsidade, a instauração do incidente de insanidade mental é obrigatória, ato essencial, em razão da necessidade de se adequar ao exigido para a aplicação da lei penal, especialmente para que a perícia responda sobre se o acusado era capaz de entender o caráter ilícito do fato. Cabe enfatizar, na senda de Greco Filho, que

71. Dispositivo com eficácia suspensa, nos termos de decisão monocrática do Supremo Tribunal Federal (STF – ADI 6298/DF – Medida Cautelar – Rel. Min. Luiz Fux – 22 jan. 2020).

"outro exame de insanidade ou a interdição civil serão elementos circunstanciais que levam à determinação da realização do exame específico, mas não o substituem"[72].

A instauração do incidente pode ter lugar também em virtude de representação da autoridade policial (§ 1º, art. 149, CPP), além dos legitimados acima, desde que haja **fundada dúvida** sobre a sanidade mental do acusado ou do indiciado[73].

Se o juiz determinar a instauração do incidente na **fase do inquérito**, este não é suspenso. Trata-se de providência de competência do juiz das garantias, *ex vi* do art. 3º-B, inciso XIII, do CPP[74], que deve atuar como responsável pelo controle da legalidade da investigação criminal e pela salvaguarda dos direitos individuais cuja franquia tenha sido reservada à autorização prévia do Poder Judiciário, até o momento do recebimento da denúncia.

Por outro lado, nos termos do § 2º, do art. 149, do CPP, na **fase processual**, o juiz nomeará curador ao acusado, quando determinar o exame, ficando suspenso o processo, se já iniciada a ação penal, salvo quanto às diligências que possam ser prejudicadas pelo adiamento.

A relevância do incidente de insanidade mental recai especialmente sobre a culpabilidade do agente, notadamente pela possibilidade de prolação de sentença absolutória imprópria tendente a aplicar medida de segurança. Na prática, o acusado é submetido à perícia psiquiátrica. O reconhecimento da irresponsabilidade do imputado é, no dizer de Magalhães Noronha, "exigência de estrita justiça", por não dispor de capacidade de entender o caráter ilícito do fato e de querê-lo[75].

90. PROCEDIMENTO DO INCIDENTE DE INSANIDADE MENTAL

Em conformidade com os artigos 149 e seguintes do CPP, o procedimento para aferição da insanidade mental do acusado é iniciado quando o juiz determina a instauração do incidente através de portaria, com a nomeação de curador, suspendendo o curso da ação principal, ressalvando-se a realização de atos urgentes. Não há suspensão ou interrupção do prazo prescricional, que continua a correr.

Em seguida, as partes são intimadas para ofertar quesitos, dispondo o perito de quarenta e cinco dias para conclusão do laudo, prorrogáveis, a critério do juiz, por decisão fundamentada. O laudo apresentado é acostado aos autos do incidente que, por sua vez, devem ser apensados aos autos principais. Entendemos que na fase do inquérito o advogado do indiciado deve ser admitido a apresentar quesitos, mesmo ao reconhecimento que nesta etapa impera a inquisitoriedade. Como é o magistrado que tem legitimidade para determinar o incidente, ainda que na fase pré-processual, deve determinar a intimação do advogado do suspeito para que apresente os quesitos que entender pertinentes.

---

72. GRECO FILHO, Vicente. *Manual de processo penal*. 8. ed. São Paulo: Saraiva, 2010. p.182.
73. GOMES, Luiz Flávio. *Direito processual penal*. São Paulo: RT, 2005. p.170.
74. Dispositivo com eficácia suspensa, nos termos de decisão monocrática do Supremo Tribunal Federal (STF – ADI 6298/DF – Medida Cautelar – Rel. Min. Luiz Fux – 22 jan. 2020).
75. NORONHA, E. Magalhães. *Curso de direito processual penal*. 28. ed. São Paulo: Saraiva, 2002. p.110.

A apresentação de quesitos será facultada às partes (Ministério Público, querelante, assistente do Ministério Público – isto é, ofendido habilitado como assistente e representado por advogado –, acusado e seu defensor), bem como a indicação de assistente técnico.

Apesar de rara a hipótese, o juiz pode discordar das conclusões do laudo pericial que aprecia a insanidade mental do acusado, não estando adstrito ao laudo pericial. Essa possibilidade lhe rende o nome de *peritus peritorum*, isto é, o juiz é o perito dos peritos. A não vinculação do magistrado ao laudo decorre da função judicante que está investido, eis que pode julgar a partir de outros elementos probatórios produzidos.

91. SEQUÊNCIA DO INCIDENTE DE INSANIDADE MENTAL

(1) o juiz baixa portaria, instaurando o incidente;

(2) o curador é nomeado;

(3) o processo principal é suspenso e a prescrição corre normalmente, sem prejuízo da realização de diligências urgentes;

(4) as partes ofertam quesitos;

(5) manifestação dos peritos em até quarenta e cinco dias, prorrogáveis a critério do juiz. Se o perito for oficial, atuará sozinho. Já os peritos nomeados pelo magistrado, na falta de perito oficial, são em número de dois;

(6) os autos, que corriam em apartado, são apensados aos principais.

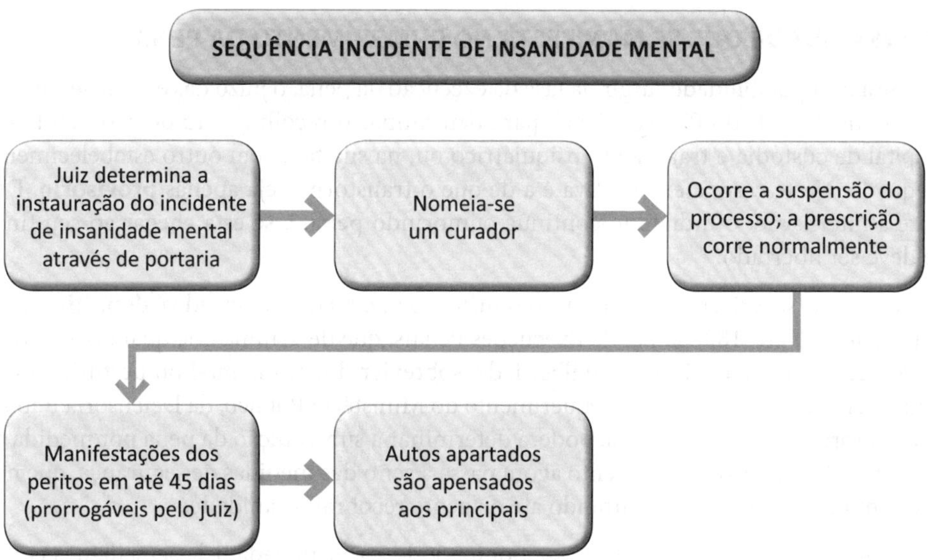

92. RECURSOS NO INCIDENTE DE INSANIDADE MENTAL

A decisão que determina a instauração do incidente é irrecorrível. Todavia, é possível o ajuizamento de mandado de segurança como sucedâneo recursal. Já no que concerne à decisão que rejeita o incidente de insanidade, cabível é a impetração de *habeas corpus* contra ela.

Salvo ilegalidade manifesta, impugnável por mandado de segurança, o agente não deve negar-se a se submeter ao incidente, isto porque o expediente objetiva a detecção da higidez mental que irá refletir na postura a ser assumida em razão da sanção cabível, se pena, ou medida de segurança. Sob essa perspectiva, não haveria contrariedade ao art. 5º, inciso LXIII, da CF, que veda compelir alguém à autoincriminação.

No entanto, é possível que o imputado não queira se submeter ao exame. Compeli-lo à força ou *manu militari* representaria ofensa grave à dignidade humana. Como obrigar alguém a se sujeitar a um exame psiquiátrico sem o uso de contenção que conflite com aquele núcleo do ser humano? Estaremos diante de dúvida insuperável, a ser resolvida pelas regras em torno do ônus da prova que, em processo penal, deve recair sobre a acusação. Não removida aquela incerteza, a solução deve ser a mais favorável ao imputado.

Invocamos, diante dessa conclusão, o magistério sempre lúcido, de Afrânio Silva Jardim, ao explicar que o **fato incerto** que representa **dúvida irremovível** exige resolução à luz de regra técnico-jurídica, que é a do ônus da prova. Havendo "dúvida sobre fato relevante para o julgamento da pretensão punitiva", deve ser declarada "a absolvição do réu por insuficiência de prova". Quanto ao **ônus da prova**, é ele todo da acusação na ação penal condenatória. Ele se relaciona "com todos os fatos constitutivos do poder-dever de punir do Estado, afirmado na denúncia ou queixa; conclusão esta que harmoniza a regra do art. 156, *caput*, do Código de Processo Penal com o salutar princípio *in dubio pro reo*"[76].

93. INSANIDADE QUE SE MANIFESTA NO CUMPRIMENTO DA PENA

Se a inimputabilidade surgir na fase da execução da pena, o juízo das execuções poderá valer-se do art. 41, do Código Penal, para determinar o recolhimento do acometido em hospital de custódia e tratamento psiquiátrico ou, na sua falta, em outro estabelecimento adequado. Neste caso, a expectativa é a de que o transtorno seja apenas **provisório**. Durante a internação, o indivíduo continua cumprindo pena, e se esta chegar ao seu final, ele deve ser libertado.

Contudo, se estiver seguro de que o transtorno mental do condenado é **definitivo**, deve agir segundo o art. 183, da Lei de Execuções Penais, que determina que quando, no curso da execução da pena privativa de liberdade, sobrevier doença mental ou perturbação da saúde mental, o juiz, de ofício, a requerimento do Ministério Público, da Defensoria Pública ou da autoridade administrativa, poderá determinar a substituição da pena por medida de segurança. Neste caso, o tratamento agora passa a ser o das medidas de segurança, que não possuem prazo máximo, perdurando até o agente recobrar a sanidade.

A atuação de ofício, restrita a esse ponto, pode ser justificada pela semelhança com a concessão de *habeas corpus* de ofício, haja vista que teremos pessoa acometida de doença mental no curso do cumprimento da pena. Se mantida na prisão, sem tratamento adequado, a sua prisão resvalará em ilegalidade (art. 5º, LXV, CF; art. 654, § 2º, CPP).

76. JARDIM, Afrânio Silva. Ônus da prova na ação penal condenatória. *Conjur*. Disponível em <emporiododireito.com.br/leitura/o-onus-da-prova-na-acao-penal-condenatoria>. Acesso em: 06 fev. 2020.

94. INSANIDADE MENTAL SUPERVENIENTE AO FATO NO CURSO DO PROCESSO PENAL

Questão tormentosa é o advento de insanidade mental após o crime, no transcurso do inquérito ou do processo, mas antes do trânsito em julgado da sentença final. Se à época do fato o infrator era imputável, a expectativa é que seja processado para que ao final ocorra a condenação, imprimindo-lhe pena. Se no transcorrer da persecução lhe sobrevém a inimputabilidade, o processo ficará suspenso, aguardando que ele recobre a sanidade, pois só assim poderá defender-se, exercendo plenamente a autodefesa, e só então o processo poderá prosseguir (art. 152, *caput*, CPP).

É um caso típico de **crise de instância**, onde o processo fica paralisado, sem ser extinto.

Se houver a necessidade de produção de provas de natureza urgente, como a oitiva de testemunha que irá viajar, haverá a realização do ato com a presença do curador, assegurando-se ao réu a possibilidade de reinquiri-las, assim que recobrar a sanidade.

No período da suspensão, a prescrição continuará correndo normalmente, diante da ausência de previsão legal suspensiva.

Enquanto isso, o magistrado poderia determinar a internação do acusado em manicômio ou estabelecimento congênere, a teor do art. 152, § 1º, do CPP. Acreditamos que esta previsão fere a presunção de inocência, afinal, haveria antecipação da medida que só pode ser estabelecida com a sentença definitiva. Havendo periculosidade, nada impede, notadamente quando exista intervenção familiar, que o demandado seja submetido a tratamento psiquiátrico, interditado ou até mesmo internado em medida extrapenal.

Em sentido contrário, Guilherme Nucci é partidário da constitucionalidade dessa medida, não só como forma de proteção social, mas também do próprio imputado, que sofre das faculdades mentais[77].

95. AÇÃO CIVIL DE CONFISCO (*CIVIL FORFEITURE ACTION*)

Ação civil de confisco é demanda não penal idealizada com a finalidade de tornar mais eficaz a recuperação de ativos financeiros que tenha sido objeto de delitos financeiros, com o de lavagem de capitais. É a ação judicial de natureza cível cujo objeto é o perdimento de bens de maneira antecipada e independente da tramitação da ação penal.

Não se confunde com a ação civil *ex delicto*, nem com a ação civil pública:

(1) A ação civil *ex delicto* visa o ressarcimento do dano causado pela infração penal;

(2) A ação civil pública visa anular ato ou omissão e, por consequência, obter o ressarcimento de dano causado pela conduta ou omissão ilícita.

Diferentemente, a ação civil de confisco tem o propósito de antecipar o perdimento de bens que sejam proveito, produto do crime ou objeto ilícito, em favor do Estado. Pode ser apta à constituição de um título executivo judicial cível, antes do trânsito em julgado

77. NUCCI, Guilherme de Souza. *Manual de processo e execução penal*. 3.ed. São Paulo: RT, 2007. p. 323.

da sentença penal condenatória, colimando maior celeridade no perdimento de bens, sem prejuízo das garantias de um devido processo judicial.

O ônus da prova nessa demanda cível não seria aquele adotado no processo penal, com maiores limites, vincados pela causa de pedir penal[78].

No sistema brasileiro, para se tornar definitiva a restrição do patrimônio objeto de crimes financeiros, é preciso o trânsito em julgado de sentença penal condenatória, conquanto seja admissível alienação antecipada de bens ou o uso deles pelos órgãos de segurança pública. Não há possibilidade de ação civil de confisco com causa de pedir aberta, sem a comprovação de um ilícito criminal ou civil.

No entanto, independentemente de ação penal condenatória, o sistema jurídico brasileiro autoriza ação civil de confisco, conforme dispositivo com sede constitucional. Mesmo assim, é exigida a demonstração de uma situação ilícita, inconstitucional, ainda que se dispense a responsabilidade penal ou a identificação do responsável para fins de perda dos bens. Igualmente indispensável é o respeito do devido processo legal, com contraditório efetivo, para que se opere a expropriação.

Dessa forma, de acordo com o art. 243, *caput*, da Constituição de 1988, as propriedades rurais e urbanas de qualquer região do País onde forem localizadas culturas ilegais de plantas psicotrópicas ou a exploração de trabalho escravo na forma da lei serão expropriadas e destinadas à reforma agrária e a programas de habitação popular, sem qualquer indenização ao proprietário e sem prejuízo de outras sanções previstas em lei, observado, no que couber, o disposto no seu art. 5º.

Em complementação, o parágrafo único, daquele dispositivo constitucional, enfatiza que todo e qualquer bem de valor econômico apreendido em decorrência do tráfico ilícito de entorpecentes e drogas afins e da exploração de trabalho escravo será objeto de **confisco** e reverterá a fundo especial com destinação específica.

96. QUADRO SINÓTICO

CAPÍTULO XV - PROCESSOS INCIDENTES	
CONCEITO	
Processos incidentes são procedimentos independentes, autônomos, ajuizados no mesmo juízo perante o qual tramita a ação penal condenatória principal.	1
CARACTERÍSTICAS DO PROCEDIMENTO INCIDENTAL	
As características são: a sequencialidade; a dependência; a sumariedade ou a especialidade; a simplicidade; e a celeridade: prestigia-se a rapidez, ao lado da singeleza.	2
INCIDENTE PROCESSUAL	
Incidente é todo fato que recai no curso de um processo. Exige decisão no decorrer do procedimento do processo principal ou, de forma paralela, em autos apartados.	3

78. BARCELOS, Andréa Beatriz Rodrigues de. Recuperação de ativos provenientes de lavagem de capitais. *Boletim Científico da Escola Superior do Ministério Público da União*, Brasília, ano 5, nº 18-19, p. 139, jan.-jun 2006.

CAPÍTULO XV - PROCESSOS INCIDENTES		
EXCEÇÕES		
É, em sentido amplo, defesa, isto é, a forma pela qual a parte passiva se opõe a uma pretensão. De tal maneira, se temos ação de um lado, do outro temos exceção. O CPP adota o termo "exceção" em seu sentido amplo.		**4**
Classificação das exceções	**6. Quanto aos efeitos que exercem sobre o processo:** (1) **Peremptórias**: têm a aptidão de extinguir o processo sem julgamento do mérito. (2) **Dilatórias**: prorrogam o curso do processo. **7. Quanto ao aspecto impugnado da demanda (natureza ou essência da exceção)**: (1) **Processuais** ou **preliminares**: representam óbice que se pode opor ao conhecimento do mérito da ação. No direito processual penal, são reconhecíveis de ofício. (2) **Materiais** ou **substanciais**: impugnam o mérito, com a consequência de impedir a rediscussão da demanda (coisa julgada material). (a) **Exceção** ou **defesa direta de mérito**: visa a evidenciar que a pretensão é improcedente, refutando a própria imputação. (b) **Exceção** ou **defesa indireta de mérito** ou **preliminar de mérito**: objetiva opor fatos extintivos, modificativos ou impeditivos do titular da pretensão punitiva estatal.	**5 a 8**
Classificação das exceções	**8. Quanto à sua forma de processamento ou de autuação:** (a) **internas**: quando devem ser apresentadas nos mesmos autos da demanda condenatória, como matéria preliminar da resposta à acusação (art. 396-A, CPP). (b) **instrumentais**: quando devem ser autuadas em apartado (art. 111 do CPP).	**5 a 8**
Exceção de suspeição	As hipóteses de suspeição do juiz referem-se a fatos e circunstâncias, subjetivos ou objetivos, que podem prejudicar a necessária imparcialidade do julgador no exame do caso concreto.	**9**
Legitimados ativos para arguição de suspeição	Pode ser reconhecida *ex officio*, ou arguida pelas partes através da competente exceção, podendo ainda ser apresentada por procurador com poderes especiais.	**10**
Legitimados passivos na exceção de suspeição	Podem ser **exceptos**: os magistrados; os membros do MP; os peritos, intérpretes, funcionários da justiça e serventuários e os jurados. A autoridade policial, entendendo-se suspeito ou impedido, declarar-se *ex officio*.	**11**
Petição da exceção de suspeição	O pedido deve ser escrito e fundamentado, assinado pela própria parte ou por procurador com poderes especiais. Sendo imprescindível, a petição deve vir acompanhada de prova documental e do rol de testemunhas (art. 98, CPP). No rito do júri, admite a forma oral, conquanto possa o magistrado reconhecê-la de ofício.	**12**

CAPÍTULO XV - PROCESSOS INCIDENTES		
Procedimento da exceção de suspeição	Esse procedimento também se aplica às hipóteses de **impedimento** e de **incompatibilidade**. Pode ser apresentada durante o curso do processo, bem como juntamente com a inicial acusatória. A defesa, por sua vez, deverá fazê-lo quando da resposta à acusação (art. 396-A, CPP). Apresentada a exceção, o juiz singular, reconhecendo-se suspeito, suspende a marcha processual e remete os autos ao seu substituto legal, intimando as partes da sua decisão. Caso não aceite a alegação de suspeição, ordena que seja autuada a petição em apartado, oferece sua resposta no lapso de três dias, podendo instruí-la e oferecer testemunhas. Escoado aquele prazo, o magistrado determina a remessa dos autos da exceção, dentro de vinte e quatro horas, ao tribunal a que competir o julgamento. Note-se que a exceção de suspeição (como também a de impedimento e a de incompatibilidade) apresentada contra o juiz é julgada pelo tribunal competente, salvo quando ele próprio averba a suspeição. As demais exceções são apreciadas pelo próprio magistrado de primeiro grau. Nos tribunais, o rito é o estabelecido no art. 103, do CPP. Sendo excepto o órgão do MP, o juiz decidirá depois de ouvi-lo. Se necessário admitirá a produção de provas no prazo de três dias. Acolhendo a exceção contra o órgão do MP, o juiz encaminhará os autos ao substituto legal. A decisão do juiz que reconhece a suspeição não comporta recurso, sendo admissível MS. Incidindo a suspeição sobre os peritos, os intérpretes e os serventuários ou funcionários de justiça, o juiz decidirá de plano, à vista da matéria alegada e prova imediata. Por seu turno, a suspeição dos jurados deverá ser arguida oralmente perante o presidente do Tribunal do Júri. Se negada pelo excepto, deverá ser imediatamente comprovada, sob pena de ser recusada a alegação de suspeição. Vale ainda ressaltar que não existe procedimento para arguir exceção em face da autoridade policial. Contudo, há o dever da autoridade policial de, em sendo o caso, declarar-se suspeita.	13
Recursos na exceção de suspeição	Contra a decisão que julgar procedente as exceções, caberá recurso em sentido estrito, **ressalvando a de suspeição**, visto que esta, quando dirigida contra juiz singular e não reconhecida por ele, é julgada pelo tribunal ao qual está vinculado o juiz e não comporta, por tal razão, recurso em sentido estrito.	14
Efeitos da suspeição	Sendo arguida em face de magistrado e uma vez reconhecida, a exceção de suspeição gera o seu afastamento e remessa dos autos ao substituto legal, além de serem declarados nulos os atos do processo a partir do motivo causador da suspeição. A **nulidade** deve ser **absoluta** e integral, com a **invalidação** de todo o processo, não se aproveitando atos decisórios e também instrutórios.	15

CAPÍTULO XV - PROCESSOS INCIDENTES		
Efeitos da suspeição	Se o substituto legal entender que o colega reconheceu de ofício a suspeição sem amparo legal, atuando de má-fé para livrar-se do processo, poderá arguir conflito negativo de competência, a ser dirimido perante o tribunal. A exceção de suspeição, como regra, não suspende o andamento da marcha processual.	**15**
Exceção de incompatibilidade ou de impedimento	O CPP é bem específico quando elenca os casos em que o juiz está proibido de exercer jurisdição (impedimentos) e os que ele é considerado suspeito.	**16**
Processamento da exceção de impedimento ou de incompatibilidade	A exceção de impedimento ou de incompatibilidade segue o mesmo procedimento da exceção de suspeição, de acordo com o que determina o art. 112, do CPP. Desse modo, a par da exceção de suspeição, a exceção de incompatibilidade ou de impedimento precederá a qualquer outra, salvo se fundada em motivo ulterior (art. 96, CPP). O juiz pode se averbar impedido ou afirmar a incompatibilidade, mediante despacho nos autos, com a indicação do motivo legal, remetendo o processo a seu substituto e ordenando a intimação das partes (arts. 97 e 99, CPP). Todavia, caso não haja reconhecimento espontâneo por parte do magistrado, a parte poderá arguir a incompatibilidade ou o impedimento, por petição assinada por ela própria ou por procurador com poderes especiais, com suas razões acompanhadas de prova documental ou do rol de testemunhas.	**17**
Processamento da exceção de impedimento ou de incompatibilidade	Se o juiz não aceitar o impedimento ou a incompatibilidade, ordenará a autuação da petição em apartado e dará sua resposta no prazo de três dias. Nessa oportunidade, poderá instruir documentalmente suas informações e oferecer testemunhas, para, seguidamente, determinar a remessa dos autos da exceção ao juiz ou ao tribunal a quem competir o julgamento, no lapso de vinte e quatro horas (art. 100, ***caput***, CPP). As partes deverão ser intimadas da arguição. O juiz ou o tribunal, se reconhecer preliminarmente a relevância do incidente, marcará dia e hora para oitiva de testemunhas e, ato contínuo, julgará a exceção independentemente de outras alegações. Por outro lado, se a exceção de impedimento ou de incompatibilidade for manifestamente improcedente, o juiz ou o relator proferirá decisão liminar de rejeição (art. 100, §§ 1º e 2º, CPP). No âmbito dos tribunais, sem prejuízo do disposto nos respectivos regimentos internos, o membro que se julgar impedido ou incompatível deverá declará-lo e, se for revisor, passar o processo ao seu substituto, ou, se for relator, apresentar os autos em mesa para nova distribuição (art. 103, ***caput***, CPP).	**17**

CAPÍTULO XV - PROCESSOS INCIDENTES		
Processamento da exceção de impedimento ou de incompatibilidade	Não sendo relator nem revisor, o juiz que houver de dar-se por impedido ou incompatível, deverá fazê-lo verbalmente, na sessão de julgamento, registrando-se na ata a declaração. Se se tratar de presidente de tribunal, competirá ao seu substituto designar dia para o julgamento e presidi-lo. O incidente, por sua vez, não sendo reconhecido o impedimento ou a incompatibilidade, será julgada pelo tribunal pleno, funcionando como relator o presidente (art. 103, e parágrafos, CPP). A incompatibilidade e o impedimento podem ser suscitados em face do membro do Ministério Público.	**17**
Efeitos da exceção de impedimento ou de incompatibilidade	Havendo acolhimento, o CPP, em seu art. 101, prevê a nulidade dos atos do processo, com a imposição de pagamento das custas ao juiz, se o fundamento era evidente. Se houver rejeição do pleito, evidenciando-se a malícia do excipiente, a este será imposta multa que, por falta de atualização da moeda prevista na legislação, encontra-se sem eficácia (art. 101, CPP).	**18**
Recursos na exceção de impedimento ou de incompatibilidade	Não cabe recurso. De todo modo, é admissível a impetração do MS como sucedâneo recursal, ou de ***HC***, a depender do interesse versado na alegação.	**19**
Exceção de incompetência	É conhecida como ***declinatoria fori***. No direito processual penal, pode fustigar tanto a incompetência relativa, como a absoluta. De outro lado, o juiz criminal pode reconhecer de ofício não só a competência absoluta, mas também a de índole relativa.	**20**
Legitimidade ativa para a arguição de incompetência	Por ser questão de ordem pública, deve ser reconhecida de ofício, inclusive a chamada incompetência relativa. Não sendo averbada ***ex officio***, caberá a exceção. Tratando-se de incompetência relativa, não sendo esta arguida no prazo da defesa preliminar, ocorre a preclusão. Da mesma forma, tratando-se da competência territorial, superada a fase do julgamento antecipado do mérito, não poderá ser declinada de ofício. Nos casos de incompetência absoluta, a alegação e o reconhecimento podem se dar a qualquer momento. Entendemos possível a arguição pelo MP ou querelante, mesmo antes da propositura da ação penal.	**21**
Procedimento da exceção de incompetência	Não suspende o curso do processo e deve ser oposta junto ao juiz da causa, por petição escrita ou oralmente. A regra é que ela seja autuada em apartado, pouco importando a natureza (absoluta ou relativa). No entanto, o juiz pode abreviar a resolução da questão e, de plano, reconhecer a sua incompetência, quando não haverá necessidade de autuação separada. Uma vez recebida, o magistrado ordenará a notificação do MP, prolatando decisão em seguida, ouvindo antes a parte contrária, se esta não for o ***Parquet***, como sucede nos crimes de ação privada.	**22**

CAPÍTULO XV - PROCESSOS INCIDENTES		
Recursos na exceção de incompetência	Não cabe recurso da decisão que julgar improcedente a exceção de incompetência, podendo ser ajuizado ***HC*** ou arguida a matéria em preliminar de futura apelação. Caso seja reconhecida a incompetência ou julgada procedente a exceção, cabível será a interposição de recurso em sentido estrito.	**23**
Efeitos da incompetência	Julgada procedente a exceção, os autos são remetidos ao juízo competente, anulando-se os atos decisórios e aproveitando-se os instrutórios. O recurso em sentido estrito interposto contra a decisão que reconhece a incompetência do juízo ou que julga procedente a exceção de incompetência não tem efeito suspensivo. Desse modo, declarada a incompetência, os autos deverão ser remetidos imediatamente ao juízo que se reputa competente.	**24**
Exceção de litispendência	É a situação que ocorre quando duas ações estão em curso ao mesmo tempo, tratando da mesma causa de pedir e tendo a mesma parte ré. A litispendência é uma exceção peremptória, extinguindo o processo sem julgamento meritório (absolvição de instância). **Arguição de exceção de litispendência:** qualquer tempo, inclusive declarada *ex officio*. **Procedimento da exceção de litispendência**: deve ser oposta junto ao juiz da causa e autuada em apartado. Uma vez interposta, o magistrado decide após a oitiva da parte contrária e do *Parquet*. **Recursos na exceção de litispendência:** a decisão que rejeita a exceção de litispendência é irrecorrível, admitindo-se a interposição de *HC*, no intuito de trancar o novo processo. De outra banda, do reconhecimento da exceção de litispendência arguida pela parte, cabe recurso em sentido estrito. Já se for afirmada de ofício, o recurso cabível para guerrear a decisão é a apelação.	**25 a 28**
Exceção de ilegitimidade de parte	Sob a perspectiva do direito processual penal, considerando o órgão indicado por lei para promover a ação penal pública, legitimado ordinário é o MP, enquanto o legitimado extraordinário é o ofendido, segundo as hipóteses de ação penal de iniciativa privada. A inobservância de tal requisito leva à ilegitimidade de parte, que abrange a ilegitimidade *ad causam* (condição da ação) e a ilegitimidade *ad processum* (pressuposto processual). **Procedimento da exceção de ilegitimidade de parte:** pode ser arguida a qualquer tempo, verbalmente ou por escrito. De todo modo, o incidente é autuado em apartado e o juiz decide após a oitiva da parte contrária e do MP. **Efeitos do reconhecimento da ilegitimidade de parte:** em se tratando de *ilegitimatio ad causam*, anula-se todo o processo, eis que falece a alguém a autorização legal para ser parte na relação jurídica que se estabeleceu.	**29 a 32**

CAPÍTULO XV - PROCESSOS INCIDENTES		
Exceção de ilegitimidade de parte	Na *ilegitimatio ad processum*, que diz respeito aos pressupostos de constituição e desenvolvimento regular do processo, a nulidade pode ser sanada, mediante ratificação dos atos já praticados.	**29 a 32**
Exceção de ilegitimidade de parte	**Recursos na exceção de ilegitimidade de parte:** da decisão que reconhece a exceção, cabe recurso em sentido. Porém, se o juiz a reconhece de ofício, não há específico recurso para combater a decisão. Contudo, há posição no sentido do cabimento de recurso em sentido estrito com base no inciso I, do art. 581, do CPP. Do não reconhecimento da ilegitimidade, não cabe recurso algum, podendo-se utilizar o *HC* como sucedâneo recursal ou mesmo fazer consignar alegação da matéria em preliminar de apelação.	**29 a 32**
Exceção de coisa julgada (*exceptio rei judicatae*)	Denomina-se coisa julgada a matéria já decidida definitivamente por sentença transitada em julgado e que se tornou definitiva e imutável. **Função e espécies de coisa julgada:** pacificação social, através da estabilidade das relações jurídicas. Pode ser formal (imutabilidade dentro do mesmo processo) e material (inalterabilidade que transcende o processo). **Natureza jurídica da coisa julgada:** a teoria mais aceita é a de Liebman, para quem a coisa julgada não constitui efeito da sentença, mas uma qualidade, um atributo, um modo de se manifestarem e se produzirem os efeitos. **Requisitos da exceção de coisa julgada:** (1) a existência de coisa julgada material (sentença definitiva) que se forma sobre o fato principal julgado e (2) uma segunda demanda, com a repetição do caso penal. **Procedimento da exceção de coisa julgada:** o juiz deve determinar sua autuação em apartado. Seguem-se as oitivas da parte contrária e do MP. Ao final, o juiz prolata decisão. **Recursos na exceção de coisa julgada:** da decisão que julgar procedente, e que leva à extinção do processo sem julgamento de mérito (absolvição de instância), cabe recurso em sentido estrito. Se for reconhecida a exceção de ofício, o recurso cabível é a apelação porquanto se cuida de decisão com força de definitiva. Não há recurso próprio para combater a decisão que não acolhe a exceção arguida. Pode-se utilizar, porém, o *HC* ou alegar a matéria em preliminar de apelação.	**33 a 39**
Exceção de coisa julgada (*exceptio rei judicatae*)	**Efeitos da coisa julgada:** (1) encerramento da demanda proposta em segundo lugar; (2) caso não tenha sido oposta a exceção no tempo devido, sobrevindo uma segunda coisa julgada sobre o mesmo fato principal, deve prevalecer o julgamento que primeiro transitou em julgado, independentemente de ser o mais favorável ao apenado; (3) a coisa julgada que reveste o fato julgado definitivamente pode ou não repercutir em fatos diversos que com aquele se relacionem ou em circunstâncias que façam parte do contexto da identidade nuclear do fato.	**33 a 39**

CAPÍTULO XV - PROCESSOS INCIDENTES		
CONFLITO DE JURISDIÇÃO		
Ocorre quando dois ou mais juízes se consideram, contemporaneamente, competentes ou incompetentes para tomar conhecimento do fato delituoso. Também se manifesta o conflito se existe controvérsia sobre a unidade de juízo, junção ou separação de processos, nas hipóteses de conexão e continência.		**40**
Espécies e competência	O conflito de jurisdição pode ser positivo ou negativo. Na primeira espécie temos dois ou mais juízes que se julgam competentes para conhecerem do fato. Na segunda, o conflito negativo, os magistrados julgam-se incompetentes. Nos termos do art. 115, do CPP, têm legitimidade para suscitar o conflito: (1) a parte interessada; (2) os órgãos do Ministério Público junto a qualquer dos juízos em dissídio; e (3) os juízes ou tribunais em causa.	**41**
Arguição do conflito	(1) Para uma primeira corrente, o conflito de competência teria lugar somente com o oferecimento da petição inicial acusatória, razão pela qual, antes da prática desse ato processual, só se poderia falar em um conflito virtual de competência. (2) Para uma segunda posição, a qualquer momento da persecução penal estatal seria possível arguir conflito de competência, mesmo antes do oferecimento da denúncia ou queixa-crime, haja vista que é comum que o órgão jurisdicional exerça juízo cautelar na fase de investigação preliminar, o que pode ensejar fato capaz de determinar a instauração de conflito de competência entre juízes. (3) A terceira vertente, sustentada por nós, não vê marco temporal para o incidente de conflito de competência, observados os limites do processo de conhecimento e do processo de execução penal.	**42**
Processamento do conflito de competência	Está disciplinado no art. 116, do CPP. A arguição deve ser feita mediante representação dos juízes em conflito ou requerimento das partes, podendo o conflito negativo ser suscitado nos próprios autos. Tratando-se de conflito positivo, o relator pode determinar que seja suspenso o processo.	**43**
Recursos no conflito de competência	É possível que o conflito seja resolvido ainda em primeiro grau, pelo reconhecimento da incompetência por um dos magistrados envolvidos, que pode se dar de ofício, ou através do julgamento da exceção específica. Desta forma, contra a decisão que concluir pela incompetência do juízo, em primeiro grau de jurisdição, é cabível o recurso em sentido estrito, ***ex vi*** do art. 581, inciso II, do CPP. Cabível também o recurso em sentido estrito contra a decisão que julga a exceção, perante o juiz singular, nos termos do art. 581, inciso III, do Código.	**44**

CAPÍTULO XV - PROCESSOS INCIDENTES		
Recursos no conflito de competência	Se a decisão rejeitar a exceção de incompetência, não cabe recurso, sem prejuízo da possibilidade de impetração de ***HC*** (se envolver crime com pena privativa de liberdade) ou de MS (se o delito não contiver abstratamente pena privativa de liberdade), como sucedâneo recursal. Em segunda instância, o acórdão que julgar conflito de competência estará sujeito aos REsp ou RE.	**44**
CONFLITO DE ATRIBUIÇÕES		
Cuida-se de instrumento para resolver o embate entre o exercício de funções de membros do MP que, evidentemente, não exercem jurisdição e competência. Em sentido amplo, é o conflito "que se estabelece entre o órgão do Poder Judiciário e o órgão de outros Poderes (Executivo e Legislativo), dirimido por aquele, ou entre órgãos não jurisdicionais, resolvidos, ao menos de início, sem a intervenção da autoridade judiciária", segundo magistério de Mirabete.		**45**
Competência para dirimir o conflito de atribuições	O art. 105, I, "g", CF estabelece a competência do STJ para processar e julgar originariamente "os conflitos de atribuições entre autoridades administrativas e judiciárias da União, ou entre autoridades judiciárias de um Estado e administrativas de outro ou do Distrito Federal, ou entre as deste e da União". O STF cristalizou o entendimento de que cabe ao PGR (chefe do MPF) resolver o conflito entre órgãos de Ministérios Públicos diversos.	**46**
Processamento do conflito de atribuições	O processamento do conflito de atribuições segue, no que for compatível, a forma de processamento utilizada no conflito de jurisdição, cuja disciplina está disposta no art. 116, CPP.	**47**
RESTITUIÇÃO DE COISAS APREENDIDAS		
Para instruir o inquérito policial, a autoridade policial deve apreender os instrumentos do crime e objetos outros que tenham relação com o fato criminoso. Os objetos que podem ser apreendidos são os declinados nas alíneas do art. 240, § 1º, do CPP. A apreensão pode ocorrer durante a busca pessoal ou domiciliar, que, por seu turno, de regra, depende de mandado judicial (art. 5º, XI, CF). As coisas apreendidas, segundo o art. 118, do CPP, enquanto interessarem ao processo, não poderão ser devolvidas antes de transitar em julgado a sentença final.		**48**
Autoridade restituinte	Delegado ou o juiz.	**49**
Confisco de coisas apreendidas	O CP prevê hipótese de confisco, em dispositivo que encontra respaldo na Constituição. Deveras, o art. 91, inciso II, afirma que são efeitos da condenação a perda em favor da União, ressalvado o direito do lesado ou terceiro de boa-fé: **(1)** dos instrumentos do crime, desde que consistam em coisas cujo fabrico, alienação, uso, porte ou detenção constitua fato ilícito; e **(2)** do produto do crime ou de qualquer bem ou valor que constitua proveito auferido pelo agente com a prática do fato criminoso.	**50**

<table>
<tr><th colspan="3">CAPÍTULO XV - PROCESSOS INCIDENTES</th></tr>
<tr><td>Confisco de coisas apreendidas</td><td>Também, no mesmo Código, está previsto o confisco alargado de bens ou perda alargada, nos termos do 91-A, do CP, inserido pela Lei nº 13.964/2019 , para casos de condenação por infrações às quais a lei comine pena máxima superior a seis anos de reclusão.</td><td>50</td></tr>
<tr><td>Procedimento da restituição de coisas apreendidas</td><td>Poderá ser ordenada pela autoridade policial ou juiz, mediante termo nos autos, desde que não exista dúvida quanto ao direito do reclamante.

Se duvidoso esse direito, o pedido de restituição autuar-se-á em apartado, assinando-se ao requerente o prazo de 5 (cinco) dias para a prova. Em tal caso, só o juiz criminal poderá decidir o incidente.

O incidente autuar-se-á também em apartado e só a autoridade judicial o resolverá, se as coisas forem apreendidas em poder de terceiro de boa-fé, que será intimado para alegar e provar o seu direito, em prazo igual e sucessivo ao do reclamante, tendo um e outro dois dias para arrazoar.

Sobre o pedido de restituição será sempre ouvido o Ministério Público.

Em caso de dúvida sobre quem seja o verdadeiro dono, o juiz remeterá as partes para o juízo cível, ordenando o depósito das coisas em mãos de depositário ou do próprio terceiro que as detinha, se for pessoa idônea.

Tratando-se de coisas facilmente deterioráveis, serão avaliadas e levadas a leilão público, depositando-se o dinheiro apurado, ou entregues ao terceiro que as detinha, se este for pessoa idônea e assinar termo de responsabilidade.</td><td>51</td></tr>
<tr><td>Recursos no pedido de restituição de coisas apreendidas</td><td>Cabe apelação, com base no art. 593, II, do CPP, por ser decisão com força definitiva, além da possibilidade de impetração de mandado de segurança.</td><td>52</td></tr>
<tr><th colspan="3">INTRODUÇÃO ÀS MEDIDAS ASSECURATÓRIAS</th></tr>
<tr><td colspan="2">Visam garantir o ressarcimento pecuniário da vítima em face do ilícito ocorrido, além de obstar o locupletamento ilícito do infrator. Servem também para pagamento de custas e de eventual multa. Têm caráter de instrumentalidade e se destinam a evitar o prejuízo que adviria da demora na conclusão da ação penal. São elas: o sequestro, a hipoteca legal e o arresto. A decretação de tais medidas deve observar os pressupostos do fumus comissi delicti e periculum libertatis, a serem analisados de acordo com a medida sob estudo.

A Lei nº 12.694/2012 inseriu no CPP o art. 144-A, criando a possibilidade de alienação antecipada dos bens constritos.</td><td>53</td></tr>
</table>

CAPÍTULO XV - PROCESSOS INCIDENTES		
Procedimento das medidas assecuratórias	As medidas assecuratórias são aplicadas de acordo com a disciplina comum do CPP. Existem regras específicas dispostas em leis especiais, que excepcionam a lei processual penal comum. O procedimento para a aplicação de medida assecuratória, quando viável contraditório prévio, deverá observar: (1) a iniciativa do legitimado; (2) a manifestação do órgão do MP, mesmo que como *custos legis* quando o delito envolvido deve ser processado mediante ação de iniciativa privada; (3) decisão judicial fundamentada; e (4) ciência do interessado para exercer impugnação ou defesa.	**54**
Natureza jurídica e finalidade das medidas assecuratórias	A natureza jurídica das medidas assecuratórias é: (1) sob o aspecto pragmático, de **medida cautelar**; (2) sob o aspecto sintático, de **processo incidente**; (3) sob o aspecto semântico, de **direito subjetivo público de garantia**. As medidas assecuratórias têm a finalidade comum de garantir o ressarcimento futuro do dano causado pelo delito.	**55**
SEQUESTRO DE BENS IMÓVEIS E MÓVEIS		
O sequestro de bens visa, ao cabo, ao desfazimento ou à mitigação da vantagem econômica do acusado auferida com a prática do delito. Do interesse público inerente ao sequestro, decorre sua ampla legitimidade ativa. Cumpre frisar que, quando o **bem móvel** é produto direto do crime, é ele passível de **busca e apreensão** (art. 240 e seguintes, CPP). Todavia, se é considerado provento do delito, leia-se, bem obtido com a especialização do produto da infração, estará sujeito a **sequestro.** O sequestro pode incidir tanto sobre bens imóveis, quanto sobre bens móveis. O seu **cabimento**, enquanto medida cautelar, dependerá de duplo requisito: o *fumus comissi delicti* e o *periculum in mora*.		**56**
***Fumus comissi delicti* no sequestro de bens**	É necessária a demonstração de materialidade do delito, a evidenciar a necessidade de reparação do dano ou de restituição ao *status quo ante* (aquisição de bem com proventos da infração que fundamentará o seu perdimento, a teor do art. 91, II, CP). Satisfaz-se com a indicação da proveniência ilícita dos bens móveis ou imóveis através de apresentação de "indícios veementes" dessa circunstância.	**57**
***Periculum in mora* no sequestro de bens**	O seu caráter cautelar requer a demonstração de **urgência**, que seja uma providência indispensável à garantia da utilidade da sentença penal condenatória quanto ao seu aspecto civil. De tal modo, o perigo da demora, que retrate **necessidade**, deve ser evidenciado.	**58**
Embargos contra a decisão de sequestro de bens	Pelos embargos, de um lado, permite-se ao acusado provar que o bem não foi adquirido com os proventos da infração e, de outro, autoriza-se o terceiro a demonstrar que o bem foi adquirido onerosamente e de boa-fé.	**59**

<table>
<tr><th colspan="3">CAPÍTULO XV - PROCESSOS INCIDENTES</th></tr>
<tr><td>Recursos no sequestro de bens</td><td>Da decisão que concede ou nega o pedido de sequestro, cabe apelação.</td><td>60</td></tr>
<tr><td>Levantamento do sequestro de bens</td><td>Se a ação criminal não for intentada em 60 dias, contados da data em que for concluída a diligência; ou se o terceiro prestar caução, assegurando o ressarcimento dos danos causados pelo delito; ou ainda se houver sentença absolutória ou extintiva da punibilidade transitada em julgado, o instituto deve ser levantado, o que significa a desoneração do bem, que fica livre de qualquer impedimento.</td><td>61</td></tr>
<tr><td>Destinação dos bens sequestrados</td><td>Uma vez transitada em julgado a sentença condenatória, existindo o sequestro de bens imóveis que não caiba a pessoa lesada ou a terceiro de boa-fé, deverá o juiz da causa criminal determinar a avaliação e venda dos bens em leilão, aplicando as regras incluídas pela Lei nº 13.964/2019. O dinheiro apurado deve ser recolhido aos cofres públicos, na parte que não couber ao lesado ou a terceiro de boa-fé. Na parte que sobejar, esse valor apurado deverá ser recolhido ao FPN, exceto se houver previsão diversa.</td><td>62</td></tr>
<tr><th colspan="3">ARRESTO DE BENS</th></tr>
<tr><td colspan="2">O arresto de bens é medida assecuratória com lastro em interesse de natureza privada e que tem como fito acautelar bens para tornar eficaz uma eventual reparação civil do dano causado pela infração penal (ofendido e sucessores).
Tanto pode ser de bens imóveis, quanto de bens móveis. O arresto de bens imóveis é medida preparatória à cautelar da hipoteca legal, que deve recair sobre imóveis de origem lícita, a serem submetidos, em momento ulterior, à hipoteca legal. O arresto de bens móveis é providência cautelar definitiva, que independe de qualquer providência ulterior.</td><td>63</td></tr>
<tr><td>Fumus comissi delicti no arresto de bens</td><td>Consistente (1) na descrição circunstanciada da materialidade do delito. No arresto de bem imóvel, subtende-se que é necessária ação penal instaurada; (2) na demonstração de seu caráter subsidiário.</td><td>64</td></tr>
<tr><td>Periculum in mora no arresto de bens</td><td>Deve restar demonstrada a sua necessidade, representada pela constatação de atos concretos que indiquem o intento de disposição dos bens pelo acusado.</td><td>65</td></tr>
<tr><td>Procedimento do arresto de bens</td><td>A medida deve ser requerida pela parte interessada. O processo de arresto correrá em autos apartados.</td><td>66</td></tr>
<tr><td>Recursos no arresto de bens</td><td>Da decisão que decreta ou denega, não há previsão específica de recurso, havendo possibilidade de impetração de MS, como sucedâneo recursal. Predomina, contudo, o entendimento de ser cabível apelação quando o arresto é de bem móvel, diante do caráter definitivo da decisão (art. 593, II, CPP). Por outro prisma, não cabe apelação se a decisão decreta arresto de bem imóvel.</td><td>67</td></tr>
</table>

CAPÍTULO XV - PROCESSOS INCIDENTES		
Levantamento do arresto de bens	O arresto será levantado quando, por sentença irrecorrível, o réu for absolvido ou julgada extinta a punibilidade.	**68**
Destinação dos bens arrestados	Os autos do **arresto de bens móveis** devem ser remetidos ao juízo cível para garantir o ressarcimento do dano, diversamente do que ocorre com o sequestro, que é resolvido no próprio juízo penal e com o de arresto de bens imóveis, que é prévio à hipoteca legal e deve seguir ao juízo cível com os autos desta última.	**69**
HIPOTECA LEGAL		
Cuida-se de medida assecuratória fundada em interesse de natureza privada e que, da mesma forma que o arresto, tem a finalidade de garantir futura reparação civil do dano causado pela infração penal aos ofendidos ou aos seus sucessores. É instituída por lei.		**70**
Cabimento e legitimidade	É medida assecuratória que recai sobre imóveis de origem lícita, de propriedade do acusado. Sua decretação só é cabível durante o processo. A hipoteca legal sobre os imóveis do imputado poderá ser requerida pelo ofendido em qualquer fase do processo, desde que haja certeza da infração e indícios suficientes da autoria. A legitimidade ativa é conferida ao ofendido ou aos seus sucessores. Ao juiz não é dado promover de ofício a hipoteca legal.	**71**
***Fumus comissi delicti* na hipoteca legal**	Consistente (1) na narrativa e na comprovação de materialidade do delito, que é prenunciada com a certificação de existência de ação penal em curso; (2) na descrição da estimativa do valor da responsabilidade civil; (3) na apresentação de provas ou com indicação das provas em que se fundar a estimação da responsabilidade, com a relação dos imóveis que o responsável possuir, se outros tiver, além dos indicados no requerimento, e com os documentos comprobatórios do domínio.	**72**
***Periculum in mora* na hipoteca legal**	O pressuposto em tela exige que seja evidenciado o aspecto necessidade da constrição.	**73**
Embargos na hipoteca legal	Embora não haja previsão expressa no CPP, acreditamos que o terceiro que tenha seus bens afetados poderá opor embargos com amparo no art. 674 e seguintes, do CPC, aplicáveis por analogia.	**74**
Procedimento da inscrição e especialização de hipoteca legal	O procedimento da inscrição de hipoteca legal é o estabelecido no art. 135, do CPP.	**75**
Recurso da decisão de especialização e inscrição de hipoteca legal	Da decisão do juiz de primeiro grau que determina ou nega a inscrição da hipoteca legal, cabe apelação ao tribunal ***ad quem***, nos termos do art. 593, inciso II, CPP.	**76**

<table>
<tr><th colspan="3">CAPÍTULO XV - PROCESSOS INCIDENTES</th></tr>
<tr><td>Levantamento da hipoteca legal</td><td>A hipoteca legal será cancelada se, por sentença irrecorrível, o réu for absolvido ou julgada extinta a punibilidade.</td><td>77</td></tr>
<tr><td>Destinação ao final do processo</td><td>Os autos de hipoteca legal devem ser remetidos ao juiz cível (art. 143, CPP). A hipoteca legal objetiva assegurar o ressarcimento do dano, alcançando também as despesas processuais e as penas pecuniárias, com preferência sobre estas a reparação do dano ao ofendido.</td><td>78</td></tr>
<tr><th colspan="3">SEQUESTRO DE BENS POR DELITO CONTRA A FAZENDA PÚBLICA (DECRETO-LEI Nº 3.240/1941)</th></tr>
<tr><td colspan="2">Nas infrações penais que têm como sujeito passivo a Fazenda Pública, é possível requerer medida assecuratória de sequestro disciplinada no remoto DL nº 3.240/1941, que prevê essa possibilidade, a ser imposta sem contraditório prévio. Como essa providencia é bastante drástica, deve-se exigir, como contracautela, a observância rigorosa dos limites conceituais dispostos naquele diploma legal, bem como o acompanhamento do pedido por base empírica probatória.</td><td>79</td></tr>
<tr><td colspan="2">De acordo com a previsão contida no aludido DL, ficarão sujeitos a sequestro os bens de pessoa indiciada por crime de qual resulte prejuízo para a fazenda pública, desde que: (1) dele resulte locupletamento ilícito para o indiciado; (2) haja indícios veementes de responsabilidade penal.</td><td>79</td></tr>
<tr><th colspan="3">MEDIDAS ASSECURATÓRIAS NA LEI DE DROGAS</th></tr>
<tr><td colspan="2">As cautelares reais, aplicáveis aos delitos de tráfico de drogas, consistem em medidas assecuratórias que devem seguir as regras do CPP, por remissão determinada pelo art. 60, da Lei nº 11.343/2006.</td><td>80</td></tr>
<tr><th colspan="3">MEDIDAS ASSECURATÓRIAS NA LEI DE LAVAGEM DE DINHEIRO</th></tr>
<tr><td colspan="2">O art. 4º, da Lei de Lavagem de Dinheiro, previu a possibilidade de decretação de medidas assecuratórias, em sentido amplo, admitindo, inclusive, o sequestro. Segundo aquele dispositivo, ele poderá decretar de ofício, hipótese que exige processo penal instaurado.</td><td>81</td></tr>
<tr><th colspan="3">MEDIDAS ASSECURATÓRIAS POR CRIMES DE TRÁFICO DE PESSOAS (LEI Nº 13.344/2016)</th></tr>
<tr><td colspan="2">As infrações penais que autorizam a incidência desse regramento são as tipificadas nos arts. 148, 149, 149-A, § 3º, do art. 158, e 159, do CP, bem como a do art. 239, do ECA. O requerente deve descrever um desses delitos, com narrativa acompanhada de supedâneo não apenas jurídicos, porém empírico. Na fundamentação da decisão deve ficar explicitada a existência de indícios suficientes de infração penal.</td><td>82</td></tr>
<tr><th colspan="3">POSSIBILIDADE DE ALIENAÇÃO ANTECIPADA DE BENS CONSTRITOS</th></tr>
<tr><td colspan="2">Tem o fito de preservação do valor de um bem sujeito à deterioração ou à depreciação. Visa a assegurar que o preço dos bens não seja diminuído, substituindo-os pelo produto apurado.</td><td>83</td></tr>
</table>

<table>
<tr><th colspan="3">CAPÍTULO XV - PROCESSOS INCIDENTES</th></tr>
<tr><th colspan="3">INCIDENTE DE FALSIDADE</th></tr>
<tr><td colspan="2">Havendo dúvidas acerca da idoneidade de um determinado documento, o meio hábil para desentranhá-lo dos autos é a instauração do incidente de falsidade. Contudo, no processo penal, não é indispensável a instauração de tal incidente, em face da liberdade probatória que tem o juiz penal para, fundamentadamente, alijar a validade de um documento, sem carecer de providência mais formal.</td><td>84</td></tr>
<tr><td>Iniciativa do incidente de falsidade</td><td>Pode ser suscitado pelas partes, isto é, pelo MP, assistente do MP, querelante ou acusado. Se feita por procurador, exige poderes especiais, especialmente porque o incidente pode evidenciar indícios de crime de quem apresentou o documento e, a contrario sensu, se improcedente, pode indicar delito cometido pelo arguente.</td><td>85</td></tr>
<tr><td>Procedimento do incidente de falsidade</td><td>Deve ser dirigida ao juiz na forma escrita. O magistrado coleta a oitiva da parte contrária, concedendo-lhe prazo de 48 horas para manifestação. Em seguida, abre prazo de 3 dias, sucessivamente, para alegações das partes. Havendo necessidade, o juiz determinará diligências, para, ao cabo, serem os autos conclusos para decisão.</td><td>86</td></tr>
<tr><td>Efeitos do incidente de falsidade</td><td>Reconhecida a falsidade, o documento é retirado do processo, com a remessa dos autos do incidente ao MP.</td><td>87</td></tr>
<tr><td>Recursos no incidente de falsidade</td><td>A decisão que resolve o incidente.de falsidade desafia recurso em sentido estrito (art. 581, XVIII, CPP).</td><td>88</td></tr>
<tr><th colspan="3">INCIDENTE DE INSANIDADE MENTAL</th></tr>
<tr><td colspan="2">Pairando dúvidas sobre a higidez mental do autor do ilícito, deve ser instaurado o incidente.</td><td>89</td></tr>
<tr><td>Procedimento do incidente de insanidade mental</td><td>1º) o juiz baixa portaria, instaurando o incidente;
2º) o curador é nomeado;
3º) o processo principal é suspenso e a prescrição corre normalmente, sem prejuízo da realização de diligências urgentes;
4º) as partes ofertam quesitos;
5º) manifestação dos peritos em até 45 dias, prorrogáveis a critério do juiz. Se o perito for oficial, atuará sozinho (art.159, CPP);
6º) os autos, que corriam em apartado, são apensados aos principais.</td><td>90 e 91</td></tr>
<tr><td>Recursos no incidente de insanidade mental</td><td>A decisão que determina a instauração do incidente é irrecorrível, sendo possível, no entanto, a impetração de MS. Contra a decisão que o rejeita, é cabível a impetração de HC.</td><td>92</td></tr>
</table>

CAPÍTULO XV - PROCESSOS INCIDENTES		
Insanidade que se manifesta no cumprimento da pena	O juízo das execuções poderá valer-se do art. 41 do CP, para determinar o recolhimento em hospital de custódia e tratamento psiquiátrico, ou na sua falta, em outro estabelecimento adequado, caso o transtorno seja provisório. Se estiver seguro de que o transtorno é definitivo, o tratamento agora passa a ser o das medidas de segurança, que não possuem prazo máximo, perdurando até o agente recobrar a sanidade.	**93**
Insanidade mental superveniente ao fato no curso do processo penal	O processo ficará suspenso, aguardando que ele recobre a sanidade, pois só assim poderá defender-se, exercendo plenamente a autodefesa, e só então o processo poderá prosseguir. É um caso típico de crise de instância, onde o processo fica paralisado, sem ser extinto.	**94**
AÇÃO CIVIL DE CONFISCO (*CIVIL Forfeiture action*)		
É a ação judicial de natureza cível cujo objeto é o perdimento de bens de maneira antecipada e independente da tramitação da ação penal.		**95**

97. SÚMULAS DO STJ

22. Não há conflito de competência entre o Tribunal de Justiça e Tribunal de Alçada do mesmo estado-membro.

59. Não há conflito de competência se já existe sentença com trânsito em julgado, proferida por um dos juízos conflitantes.

348. Compete ao Superior Tribunal de Justiça decidir os conflitos de competência entre juizado especial federal e juízo federal, ainda que da mesma seção judiciária. (cancelada)

428. Compete ao Tribunal Regional Federal decidir os conflitos de competência entre juizado especial federal e juízo federal da mesma seção judiciária.

98. SÚMULAS DO STF

525. A medida de segurança não será aplicada em segunda instância, quando só o réu tenha recorrido.

99. QUESTÕES DE CONCURSOS PÚBLICOS

01. (Consulplan - Cartórios - Provimento - TJ - MG/2017) Considerando a medida cautelar de sequestro, que consiste na constrição de bens imóveis, excepcionalmente, de bens móveis, adquiridos com os proventos de uma prática infracional, é correto afirmar:

(A) O sequestro de bens imóveis adquiridos com proventos da infração é cabível, desde que recebida a denúncia, ainda que os bens já tenham sido transferidos para terceiros.

(B) O julgamento dos embargos interpostos contra o sequestro, opostos pelo acusado ou por terceiros, independe do julgamento da ação penal.

(C) As Comissões Parlamentares de Inquérito - CPI podem determinar o sequestro de bens, dentre as medidas assecuratórias possíveis para garantia da eficácia de eventual sentença condenatória.

(D) O Juiz poderá determinar o sequestro de bens, de ofício, antes do oferecimento da denúncia ou queixa.

02. (Delegado de Polícia Federal - Cespe - 2018) Em diligência com o objetivo de combater o tráfico internacional de entorpecentes, policiais federais localizaram uma plantação de maconha, onde encontraram equipamentos utilizados para embalar a droga. No local, foram apreendidos dinheiro e veículos e foram presas cinco pessoas que se encontravam na posse dos bens e cuidavam da plantação. Nessa situação hipotética, independentemente de autorização judicial, a autoridade policial deverá proceder de forma a garantir a imediata destruição da plantação — que poderá ser queimada —, devendo preservar apenas quantidade suficiente da droga para a realização de perícia. ( ) Certo ( ) Errado

03. (FGV - AL-RO - Consultor Legislativo - Assessoramento Legislativo - 2018) Após busca e apreensão determinada pela Justiça, terceiro alega a propriedade de determinado bem que não mais interessava ao processo. Por outro lado, o réu alega que o bem é de sua propriedade. Seguro da propriedade do bem, o terceiro pretende recuperá-lo de imediato, apesar de em curso ação penal e da argumentação do réu. Considerando as informações narradas, é correto afirmar que o terceiro:

(A) poderá buscar a restituição da coisa apreendida, mas deverá formular pedido ao juiz, não podendo ser decidida pela autoridade policial;

(B) não poderá buscar restituição da coisa apreendida, já que não houve trânsito em julgado, ainda que o bem não mais interesse ao processo;

(C) poderá apresentar medida em busca de reaver os bens, medida essa que poderá ser proposta nos autos principais;

(D) poderá buscar o sequestro do bem, garantindo, então, que não seja prejudicado ao final do processo;

(E) não poderá buscar a restituição da coisa apreendida ao juiz da esfera criminal, mas tão só da cível, independente de oitiva do Ministério Público.

04. (UEG – PC-GO – Delegado de Polícia – 2018) Sobre o tratamento dado à competência pelo Código de Processo Penal, tem-se o seguinte:

(A) O juiz pode reconhecer, de ofício, incompetência relativa.

(B) No caso de ação penal pública condicionada à representação, o ofendido pode preferir o foro de domicílio ou da residência do réu, ainda quando conhecido o lugar da infração.

(C) O concurso formal de crimes não configura hipótese de continência.

(D) A legislação processual adota a teoria da ubiquidade para determinação do juízo competente pelo lugar da infração.

(E) A competência será determinada pela conexão quando duas ou mais pessoas forem acusadas pela mesma infração.

05. (FGV – TJ-SC – Técnico Judiciário Auxiliar – 2018) Patrick foi denunciado e condenado, em primeira instância, perante a 1ª Vara Criminal de Florianópolis, pela prática de crime de corrupção passiva. Após a condenação, dentro do prazo legal, apresentou o recurso cabível, que se encontra pendente de julgamento. Nesse período, foi novamente denunciado pela prática do crime de corrupção passiva, dessa vez perante a 2ª Vara Criminal de Florianópolis, sendo verificado pelo teor da denúncia que os fatos imputados são os mesmos daquela ação da 1ª Vara Criminal. A defesa técnica de Patrick, poderá apresentar, ao responder a segunda ação penal, a exceção de:

(A) incompetência do juízo, que deverá ser processada nos autos principais;

(B) coisa julgada, que deverá ser processada em autos apartados;

(C) coisa julgada, que suspenderá o andamento da ação penal;

(D) litispendência, que deverá ser processada em autos apartados;

(E) suspeição, que precederá a qualquer outra eventualmente oposta.

06. (2019 - CONSULPLAN - TJ-MG Titular de Serviços de Notas e de Registros – Remoção) No curso da ação penal pública, foi realizado, a pedido da defesa, incidente de verificação de sanidade mental, o qual concluiu pela inimputabilidade do denunciado, em virtude de doença mental. O respectivo laudo foi juntado aos autos e homologado pelo juízo. A partir deste momento processual, o que ocorre com o processo?

A) Será extinto sem julgamento do mérito, com aplicação de medida de segurança.

B) Será extinto com julgamento do mérito, mediante sentença de absolvição própria ou imprópria, aplicando-se medida de segurança.

C) Terá curso regular até sentença final, onde, independentemente das provas colhidas durante a fase de instrução, o réu será absolvido impropriamente, já que inimputável.

D) Terá curso regular até sentença final, onde, comprovadas autoria e materialidade delitivas e não havendo excludentes de ilicitude ou dirimentes de culpabilidade, salvo a inimputabilidade por doença mental, o réu será alvo de absolvição imprópria.

100. GABARITO ANOTADO

01 – D

Vide

- Art. 127, CPP.

02 – CERTO

Vide

- Art. 50, §4º e art. 50-A da Lei nº. 11.343/2006.

03 – A

Vide

- Art. 120, CPP.

04 – A

Vide

- Art. 109, CPP.
- Súmula 706, STF.

05 – D

Vide

- Art. 95, III, CPP.
- Art. 111, CPP.

06 – D

Vide

- Item "Incidente de insanidade mental".

101. QUESTÕES DISCURSIVAS COM COMENTÁRIOS

01. (Delegado de Polícia – SC – 2014 – ACAFE) – O Delegado de Polícia José Carlos tomou ciência, pelo boletim de ocorrência nº 127/2014, do furto ocorrido na casa do senhor Pedro Henrique da Silva, de onde subtraíram cinquenta mil reais, que ele havia recebido dias antes, em virtude da venda de algumas cabeças de gado. Instaurado, o devido inquérito policial apurou que o crime foi praticado por Heloísa da Silva, prima da vítima, que o esteve visitando um dia após ele ter recebido o dinheiro. Apurou-se, ainda, que quarenta e cinco mil reais do dinheiro furtado fora usado por Heloísa da Silva para comprar um carro zero quilômetro na revenda WZ Car, o qual foi pago à vista, sendo que o restante do dinheiro foi gasto numa viagem e com outras despesas não identificadas. Heloísa da

Silva, para justificar o crescimento de seu patrimônio, vez que tinha um baixo salário, alegou para família que havia comprado o carro com uma pequena entrada e o restante parcelado, fato que se comprovou, no inquérito, ser inverídico, a partir da cópia da nota fiscal fornecida pela empresa WZ Car. Diante dos indícios veementes da autoria, o Delegado de Polícia José Carlos, visando garantir o ressarcimento causado pelo crime, representou pela busca apreensão do veículo comprado por Heloísa da Silva, tudo conforme o apurado nos autos o IP. Considerando os fatos narrados, o Delegado de Polícia José Carlos agiu corretamente ao solicitar a busca e apreensão? Caso concorde com o procedimento do Delegado de Polícia, justifique a sua resposta, apresentando a fundamentação legal. Caso entenda que o Delegado de Polícia agiu incorretamente, aponte qual medida deveria ser adotada, com a sua fundamentação legal.

Resposta

O delegado não agiu corretamente. O espelho de correção aponta que a situação narrada indica que não se trata de Busca e Apreensão, por ser esta meio de prova, que tem por objetivo resguardar o material probatório e não diretamente garantir o ressarcimento. A medida correta para o caso é o Sequestro, uma medida assecuratória, estando preenchido o requisito previsto no art. 126 do CPP, qual seja, indícios veementes da proveniência ilícita do bem. Note-se que o sequestro, como medida assecuratória, visa garantir o ressarcimento. Ademais, para a representação da medida de sequestro é necessário, além dos indícios de autoria, a demonstração de que o carro foi adquirido com proveito do furto. Importante ressaltar, ainda, o artigo 127 do CPP, que autoriza a representação da medida assecuratória de sequestro pelo Delegado de Polícia. Por fim, o artigo 132 do CPP também deveria ser mencionado, possibilitando este dispositivo a extensão do sequestro a bens móveis.

Capítulo XVI
Sujeitos no Processo

1. POSICIONAMENTO DOS SUJEITOS PROCESSUAIS NA PERSECUÇÃO PENAL

Sujeitos processuais são aqueles que atuam depois de instaurado o processo penal. Debate-se sobre o momento da existência do processo penal condenatório, com a possibilidade de três posicionamentos.

Dessa forma, haveria processo:

(1) com a formulação de pedido perante um juiz;

(2) com o recebimento da denúncia ou da queixa; ou

(3) com a citação do réu.

Um desses marcos delimita as duas grandes fases da persecução penal estatal, quais sejam:

(1) a investigação preliminar; e

(2) o processo penal condenatório.

Por correção metodológica, diante das alterações promovidas pela Lei nº 13.964/2019, consideraremos existir juridicamente processo penal condenatório **a partir da decisão de recebimento da denúncia ou queixa.** Será o recebimento da inicial acusatória, portanto, o divisor de águas das duas etapas da persecução penal estatal. A primeira, a investigação preliminar, gênero da espécie inquérito policial. A segunda, o processo penal condenatório, denominada de persecução penal em juízo.

Destarte, não haverá sujeito processual durante a investigação criminal. A atuação do juiz, nessa fase, é eventual. Não se trata de fase processual. O juiz das garantias exercerá suas competências restarão exauridas quando receber a denúncia ou a queixa e ordenar a citação do réu. Apesar da ambiguidade e possível erro material do art. 3º-C, caput, do CPP[1], ao aludir ao seu art. 399 – que cuida de etapa posterior à fase de absolvição sumária –, entendemos que a competência do juiz das garantias segue até a decisão do recebimento da peça acusatória inclusive.

O art. 3º-B, do CPP[2], inserido pela Lei nº 13.964/2019, aviva que o juiz das garantias é responsável pelo controle da legalidade da investigação criminal e pela salvaguarda dos direitos individuais cuja franquia tenha sido reservada à autorização prévia do poder judiciário. Logo, o juiz das garantias, conquanto magistrado submetido às regras em torno do princípio da imparcialidade, não é sujeito do processo penal condenatório.

Porém, é de ver que o juiz das garantias poderá ser sujeito processual de outras demandas, diversas da condenatórias, como as ações mandamentais ou cautelares, cujo melhor exemplo é o *habeas corpus*. Afinal, na dicção do art. 3º-B, inciso XII, do CPP, compete especialmente ao juiz das garantias julgar o *habeas corpus* impetrado antes do oferecimento da denúncia. Para tanto, pensamos que a autoridade coatora não pode ser o membro do Ministério Público para a definição dessa competência, caso o seja, ao tribunal caberá processar e julgar esse *writ*.

Afrânio Silva jardim e Pierre Souto Maior pontificam que o juiz das garantias expressa um contorno da competência funcional. No caso, poderíamos chamar de competência funcional segundo as fases da persecução penal estatal. Nas palavras dos autores, "o juiz de garantias terá apenas a competência para deferir ou não as medidas cautelares postuladas pela polícia, pelo ministério público ou pelo indiciado, sem entrar no mérito ou valorar as provas carreadas para os autos. Trata-se de delimitação da chamada competência funcional, conforme lições dos clássicos José Frederico Marques e Tourinho Filho"[3].

2. RELAÇÃO PROCESSUAL PENAL

A relação jurídica processual é composta por três sujeitos centrais: *judicium est actus trium personarum: judicis, actoris et rei.* Teremos:

(1) o juiz (da instrução e julgamento);

(2) o autor (parte ativa, que pode ser o Ministério Público ou querelante);

(3) o réu (parte passiva, isto é, o acusado ou o querelado).

Como se infere, essa visão é válida, especialmente, para o **processo penal condenatório**.

1. Dispositivo com eficácia suspensa, nos termos de decisão monocrática do Supremo Tribunal Federal (STF – ADI 6298/DF – Medida Cautelar – Rel. Min. Luiz Fux – 22 jan. 2020).
2. Dispositivo com eficácia suspensa, nos termos de decisão monocrática do Supremo Tribunal Federal (STF – ADI 6298/DF – Medida Cautelar – Rel. Min. Luiz Fux – 22 jan. 2020).
3. JARDIM, Afrânio Silva; AMORIM, Pierre Souto Maior Coutinho de. Primeiras impressões sobre a Lei n. 13.964/19, aspectos processuais. *Empório do Direito*. Disponível em: <https://emporiododireito.com.br/leitura/primeiras-impressoes-sobre-a-lei-n-13-964-19-aspectos-processuais>. Acesso em: 14 jan. 2020.

Para os demais processos, como o *habeas corpus* ou a revisão criminal, poderemos ter **relação triangular**, porém com funções distribuídas diferentemente entre as partes ativa e passiva. Lembramos, assim, que as teorias sobre a natureza do processo não são suficientes para explicar todas as possibilidades processuais.

A propósito, Afrânio Silva Jardim afirma que "diante de tantas teorias (existem dezenas), que procuram demonstrar a natureza jurídica do processo, uma coisa se nos afigura indiscutível: são todas elas fruto de um equívoco metodológico de procurar, a todo custo, enquadrar o processo em uma das categorias de direito conhecidas, ou seja, identificar o processo ao contrato, à instituição, à relação jurídica", descurando do fato de que, conquanto não reste "dúvida de que a teoria da relação jurídica é de suma importância", o processo não necessita de qualquer teoria explicativa, não devendo ser identificado com a "teoria da relação jurídica"[4].

Por outro lado, na lição de Tourinho Filho, em sentido largo, os sujeitos processuais se relacionam mutuamente, seguindo a tramitação regrada pelo Código de Processo Penal. Os "sujeitos processuais são todas as pessoas que atuam no processo: juiz, partes, auxiliares da Justiça, testemunhas", dentre outros[5].

3. SUJEITOS PROCESSUAIS PRINCIPAIS OU ESSENCIAIS

São aqueles cuja existência é fundamental para a construção da relação jurídica processual regularmente instaurada: juiz, acusador e réu.

4. SUJEITOS PROCESSUAIS SECUNDÁRIOS, ACESSÓRIOS OU COLATERAIS

Consistem naqueles que poderão intervir a título eventual com o objetivo de deduzir uma determinada pretensão, a exemplo do assistente de acusação, do assistente da defesa ou do terceiro interessado.

5. JUIZ

O órgão incumbido de conduzir o processo, proferindo decisão ao final, é a autoridade judiciária.

Rigorosamente falando, sujeito processual não é o juiz, porém o Estado-juiz. É em nome do Estado que o juiz atua: eis a **substitutividade** da jurisdição[6]. Eugênio Pacelli, sobre o ponto, explica que a necessidade de superação de um modelo processual, de feição inquisitiva, trouxe a imprescindível **imparcialidade** do juiz, como a consequência mais importante do advento do sistema acusatório (como o brasileiro) e do sistema adversarial ou de partes (como o do direito anglo-americano)[7].

Sobre a natureza acusatória do sistema brasileiro, não deve haver mais dúvida. Desde a Constituição de 1988, nosso sistema prezava pela divisão de funções bem distintas. Também

4. JARDIM, Afrânio Silva. *Direito processual penal*. 11. ed. Rio de Janeiro: Forense, 2002. p. 32-33.
5. TOURINHO FILHO, Fernando da Costa. *Manual de processo penal*. 5. ed. São Paulo: Saraiva, 2003. p. 331.
6. CAPEZ, Fernando. *Curso de processo penal*. 6. ed. São Paulo: Saraiva, 2001. p. 148.
7. OLIVEIRA, Eugênio Pacceli de. *Curso de processo penal*. 2. ed. Belo Horizonte: Del Rey, 2003. p. 409.

na Lei Maior, rol extenso de direitos fundamentais processuais penais estava colorido no seu art. 5º. Com o advento da Lei nº 13.964/2019, o art. 3º-A[8], do CPP, explicita peremptoriamente que o processo penal terá **estrutura acusatória**, **vedadas** a **iniciativa do juiz na fase de investigação** e a **substituição da atuação probatória do órgão de acusação**.

Lado outro, o art. 251, do Código estatui que ao juiz caberá manter a ordem dos atos processuais, no exercício do que se denomina de poderes de polícia ou administrativos. Nesta sua função, poderá, por exemplo, "requisitar a força pública" (art. 251, CPP) ou, no Júri, "regular a polícia das sessões e prender os desobedientes" (art. 497, I), confirmando a regra do art. 794 do CPP, segundo a qual "a polícia das audiências e das sessões compete aos respectivos juízes ou ao presidente do tribunal, câmara, ou turma".

Pensamos que essas funções atribuídas ao juiz são **anômalas**, **atípicas** ou **não jurisdicionais**. Melhor será se tais providências sejam requeridas pelas partes. Se tiver de atuar dessa maneira, supletivamente, devemos considerar que o magistrado poderá se sujeitar à Lei nº 13.869/2019, que define os crimes de abuso de autoridade.

Sob mais uma perspectiva, o sistema acusatório prevê normas reguladoras da imparcialidade do juiz. Cuida-se de um caro valor, que deve se exigir do magistrado. Diante de dúvida sobre a suspeição do juiz, a regra é a de que ele se afaste: *in dubio pro iudice suspicionis*. O art. 3º-D, *caput*, do CPP, confere robustez à ideia da indeclinabilidade da imparcialidade do juiz da instrução e julgamento, embora tenha incorrido em erro material ao referir aos artigos 4º e 5º, do CPP. Com efeito, aquele dispositivo sublinha que o magistrado que, na fase de investigação, praticar atos incluídos nas competências do juiz das garantias, ficará impedido de funcionar no processo.

A ideia de um juiz imparcial, inamovível, vitalício e com irredutibilidade de subsídios, garantias estas seguidas de vedações que asseguram o exercício da jurisdição de forma descomprometida, foi sufragada na Constituição do Brasil, em seu artigo 95 e parágrafo único. O ordenamento jurídico, notadamente o Código de Processo Penal, traz disposições normativas que completam o sistema no sentido de propiciar um julgamento penal honesto e aceitável jurídica e constitucionalmente.

Dentre as regras tendentes a assegurar o exercício hígido das funções judiciais, tem-se a de que a investidura, em primeira instância, deve se dar por concurso público de provas e títulos. O provimento dos cargos dos magistrados nos tribunais não se dá por concurso público, ocorrendo por promoção ou por nomeação do Presidente da República, em conformidade com os critérios e procedimentos constitucionais.

A garantia da imparcialidade do magistrado penal, por sua vez, é complementada pelos artigos 252 a 256 do CPP, com a previsão de causas de impedimento e de suspeição. É interessante sublinhar, sem embargo, que a ideia de neutralidade do ser humano está no plano ideal. É utópico que haja um juiz neutro ou, como alvitra Ovídio Baptista, a "neutralidade judicial" é mitológica, já que conseguiu seu objetivo de obtenção da crença da quase totalidade dos juristas[9].

8. Dispositivo com eficácia suspensa, nos termos de decisão monocrática do Supremo Tribunal Federal (STF – ADI 6298/DF – Medida Cautelar – Rel. Min. Luiz Fux – 22 jan. 2020).
9. SILVA, Ovídio Araújo Baptista da. *Da sentença liminar à nulidade da sentença*. Rio de Janeiro: Forense, 2001. p. 97.

6. IMPEDIMENTO DO JUIZ

Em compasso com as regras expressas no Código de Processo Penal, o juiz estará impedido de atuar no processo que:

(1) tiver funcionado seu cônjuge ou parente, consanguíneo ou afim, em linha reta ou colateral até o terceiro grau, inclusive, como defensor ou advogado, órgão do Ministério Público, autoridade policial, auxiliar da justiça ou perito (art. 252, I);

(2) ele próprio houver desempenhado qualquer dessas funções ou servido como testemunha (art. 252, II);

(3) tiver funcionado como juiz de outra instância, pronunciando-se, de fato ou de direito, sobre a questão (art. 252, III);

(4) ele próprio ou seu cônjuge ou parente, consanguíneo ou afim em linha reta ou colateral até o terceiro grau, inclusive, for parte ou diretamente interessado no feito (art. 252, IV);

(5) na fase de investigação, praticar atos incluídos nas competências do juiz das garantias (art. 3º-D); ou

(6) conhecer do conteúdo da prova declarada inadmissível. Nesse caso, o CPP explicita que ele não poderá proferir a sentença ou acórdão (art. 157, § 5º).[10]

Os casos de **impedimento do juiz** constam em enumeração **taxativa**. São presunções absolutas de parcialidade do julgador. Somente se previsto expressamente em lei processual penal, será reconhecido impedimento do magistrado.

O juiz impedido está proibido de exercer jurisdição. A vedação suprime pressuposto processual de existência, razão pela qual se entende que haverá **inexistência jurídica** dos atos praticados por juiz impedido, transcendendo até mesmo o aparente trânsito em julgado de sentença condenatória. Vale dizer, o decreto de **invalidação** dos atos processuais inexistentes juridicamente poderá ocorrer a qualquer tempo.

Outros impedimentos, descritos em leis processuais civis, poderão ser fonte de **suspeição**, por afetar também a imparcialidade. O rol dos casos de suspeição é aberto, **exemplificativo**. Dessa maneira, podemos considerar as hipóteses de impedimento do juiz, consignadas no art. 144, do CPC, como fonte para a averbar a suspeição do juiz criminal.

7. INCOMPATIBILIDADE DO JUIZ

A cautela em favor da imparcialidade do órgão judicial é estendida aos juízos coletivos – tribunais, por exemplo –, onde não poderão servir no mesmo processo os juízes que forem entre si parentes, consanguíneos ou afins, em linha reta ou colateral até o terceiro grau, inclusive, consoante obstáculo do art. 253, CPP.

São causas de incompatibilidade que devem compreender também o cônjuge ou companheiro, apesar da omissão do texto legislativo.

10. Dispositivo com eficácia suspensa, nos termos de decisão monocrática do Supremo Tribunal Federal (STF – ADI 6298/DF – Medida Cautelar – Rel. Min. Luiz Fux – 22 jan. 2020).

Dessa regra, podemos depreender outra incompatibilidade, **diferida no tempo**: também o membro do tribunal não poderá atuar no julgamento de recurso contra decisão proferida pelo juiz que seja dele seu cônjuge, companheiro, parente, consanguíneos ou afins, em linha reta ou colateral até o terceiro grau. Como exemplo, pai e filho não podem julgar o mesmo caso, ainda que separadamente e em diferentes momentos, conforme decidiu o STF. Embora tenha mencionado a expressão "magistrado impedido", queremos crer que a hipótese melhor se coaduna a caso de **incompatibilidade** entre juízes[11].

8. SUSPEIÇÃO DO JUIZ

Ao lado das causas de impedimento do juiz – que podem ser alegadas a qualquer tempo pelas partes –, existem as hipóteses de suspeição, que se sujeitam à preclusão temporal. São **nulidades absolutas**, cujo conhecimento e decreto de **invalidação** poderão ocorrer até o advento do trânsito em julgado da sentença penal condenatória.

Consoante preconizando no art. 254, incisos I ao VI, do Código de Processo Penal, o juiz dar-se-á por suspeito, e, se não o fizer, poderá ser recusado por qualquer das partes, quando:

(1) for amigo íntimo ou inimigo capital de qualquer deles;

(2) ele, seu cônjuge, ascendente ou descendente, estiver respondendo a processo por fato análogo, sobre cujo caráter criminoso haja controvérsia;

(3) ele, seu cônjuge, ou parente, consanguíneo, ou afim, até o terceiro grau, inclusive, sustentar demanda ou responder a processo que tenha de ser julgado por qualquer das partes;

(4) tiver aconselhado qualquer das partes;

(5) for credor ou devedor, tutor ou curador, de qualquer das partes; ou

(6) for sócio, acionista ou administrador de sociedade interessada no processo.

Os casos de suspeição estão dispostos em rol exemplificativo, sendo plausível admitir, se adequado à hipótese, a aplicação dos artigos 144 e 145, do CPC/2015, no que não conflitar com o art. 254. O primeiro dispositivo são hipóteses de impedimentos gizadas na lei processual civil. O segundo, os casos de suspeição. Ambos poderão ser fonte para afastar o juiz criminal que, sobre sua imparcialidade, existir dúvida.

9. CESSAÇÃO DO IMPEDIMENTO OU DA SUSPEIÇÃO DO JUIZ

A dissolução do casamento faz cessar o impedimento ou suspeição decorrente de parentesco por afinidade, salvo se daquele sobrevier descendentes. Todavia, nos termos do art. 255, do CPP, ainda que dissolvido o casamento sem descendentes, não funcionará como juiz o sogro, o padrasto, o cunhado, o genro ou enteado de quem for parte no processo.

É de sublinhar que a suspeição motivada por conduta da parte, não lhe aproveitará. Assim, o art. 256, do CPP, estabelece que a suspeição não poderá ser declarada nem reconhecida, quando a parte injuriar o juiz ou de propósito der motivo para criá-la.

11. STF – Segunda Turma – HC 136.015/MG – Rel. Min. Ricardo Lewandowski – julgado em 14 mai. 2019.

A Lei nº 13.964/2019 não trouxe previsão similar, relativamente ao caso de impedimento descrito no § 5º, do art. 157, do CPP[12]. Como averba esse dispositivo, o juiz que conhecer do conteúdo da prova declarada inadmissível não poderá proferir a sentença ou acórdão. No entanto, não prevê solução para o caso da parte que acosta prova ilícita com o objetivo de afastar o juiz do processo. Pelo sistema instituído, o impedimento do juiz é objetivo.

Para Afrânio Silva Jardim e Pierrer Souto Maior, esse é um dos pontos passíveis de crítica e que seria melhor que contivesse apenas a previsão de determinar o desentranhamento da prova declarada inadmissível[13]. A opção do legislador, todavia, foi pela acolhida da tese da **descontaminação do julgador**, diante do risco à imparcialidade em virtude do contato do juiz com a prova ilícita[14]. Logicamente, o propósito específico de afastar o julgador deve ser considerado, em concreto, aquilatando as suas consequências para a necessária imparcialidade do julgador, notadamente quando a provocação partir do órgão estatal acusador.

10. MINISTÉRIO PÚBLICO

O Ministério Público tem atuação peculiar, no processo penal, em razão do seu dever de tutelar a ordem jurídica.

É ele o titular da ação penal pública, nos termos do art. 129, I, da Constituição do Brasil. Porém, essa atribuição não o impede, antes o obrigar a, mesmo como parte, agir em defesa de um processo justo.

A Constituição Federal definiu o *Parquet* como instituição permanente, essencial à função jurisdicional do Estado, incumbindo-lhe a defesa da ordem jurídica, do regime democrático e dos interesses sociais e individuais indisponíveis (art. 127, *caput*). Daí que o Ministério Público, no âmbito da ação penal condenatória, não está obrigado a oferecer denúncia ou a pedir a condenação do acusado, quando não existam elementos legais para tanto.

11. PRINCÍPIOS INFORMATIVOS DO MINISTÉRIO PÚBLICO E DE SUA ATUAÇÃO

Da leitura do art. 127, e seguintes, da Constituição Federal, percebemos dois ramos de princípios referentes ao Ministério Público:

(1) os princípios institucionais (unidade, indivisibilidade e independência funcional); e

(2) os princípios de sua atuação funcional (obrigatoriedade, indisponibilidade, irrecusabilidade e imparcialidade).

---

12. Dispositivo com eficácia suspensa, nos termos de decisão monocrática do Supremo Tribunal Federal (STF – ADI 6298/DF – Medida Cautelar – Rel. Min. Luiz Fux – 22 jan. 2020).
13. JARDIM, Afrânio Silva; AMORIM, Pierre Souto Maior Coutinho de. Primeiras impressões sobre a Lei n. 13.964/19, aspectos processuais. *Empório do Direito*. Disponível em: <https://emporiododireito.com.br/leitura/primeiras-impressoes-sobre-a-lei-n-13-964-19-aspectos-processuais>. Acesso em: 14 jan. 2020.
14. METZKER, David. *Lei anticrime. Lei 13.964/2019*: comentários às modificações aos artigos do código penal, código de processo penal, lei de execução penal, lei de drogas e estatuto do desarmamento. Vitória: E-book, 2020. p.88.

12. PRINCÍPIO DA UNIDADE DO MINISTÉRIO PÚBLICO

Trata-se de princípio institucional capitulado no *caput*, do art. 127, da CF. A unidade é "característica muito mais orgânica que propriamente funcional do Ministério Público"[15]. Os seus membros fazem parte de uma só instituição, a qual tem como chefe o Procurador Geral da República (Ministério Público da União) ou o Procurador Geral de Justiça (Ministério Público dos Estados).

A atuação do Ministério Público, baseada na unidade institucional, deve se dar como um só corpo, apesar de divididas as tarefas funcionalmente. A manifestação de cada um dos membros deve presentar todo o órgão, como única vontade. Não haveria representação dos membros, mas presentação, pautada na legalidade estrita, como diretriz para a política institucional.

A defesa da ordem jurídica será efetiva se acatados os ditames textuais do ordenamento jurídico, cujo ápice é a Constituição. Tomando esses argumentos em consideração, concluímos que não há espaço, por exemplo, para o desenvolvimento de teses jurídicas que não encontrem respaldo nas fontes jurídicas reconhecidas pelo direito processual penal constitucional.

13. PRINCÍPIO DA INDIVISIBILIDADE DO MINISTÉRIO PÚBLICO

Esse princípio institucional, descrito no mencionado enunciado constitucional, informa que o Ministério Público se manifesta enquanto instituição, ainda que através de um de seus membros. A atuação deve ser impessoal. É o órgão que promove a ação penal, não o promotor individualmente.

A atribuição ministerial é exercida segundo a repartição das funções entabuladas na legislação.

Desse modo, seria admissível a substituição entre os membros da instituição, desde que não se revele designação arbitrária para atuar em determinada causa. Para amplo setor na jurisprudência, esse princípio justificaria a inexistência do princípio do promotor natural.

14. PRINCÍPIO DA INDEPENDÊNCIA FUNCIONAL

Também princípio institucional disposto no mesmo artigo, a independência funcional se caracteriza pela discricionariedade e pela não subordinação hierárquica, relativa a uma chefia. Vale dizer, embora sua atuação deva estar pautada na lei, o membro do Ministério Público não está submetido às decisões de outros poderes ou instituições.

Os seus membros podem atuar livremente, dentro da lei, sem vinculação à atuação do outro. Nas deliberações funcionais, eles não se sujeitam à ordem de quem quer que seja[16].

A este respeito, em particular, era recorrente a discussão acerca da antiga redação do art. 28, do CPP, segundo a qual, promovido o arquivamento do inquérito policial pelo órgão do Ministério Público, o magistrado poderia remeter os autos para o procurador-geral em

15. OLIVEIRA, Eugênio Pacelli de. *Curso de Processo Penal.* 11 ed. Rio de Janeiro: Lumen Juris, 2009. p. 404.
16. MIRABETE, Julio Fabbrini. *Processo penal.* 14. ed. São Paulo: Atlas, 2003. p.331.

caso de discordância. A esse caberia dar a palavra final, apresentando, ele próprio, novo entendimento perante o juízo, diretamente ou após designação de novo representante para o ato.

Com a promulgação da Lei nº 13.964/2019, o *caput*, do art. 28, do CPP[17], restringiu o controle de arquivamento do inquérito policial e investigações de igual natureza, à instância de revisão do Ministério Público. É o órgão revisional do *Parquet* que decidirá pela ratificação do arquivamento ordenado pelo promotor natural ou, discordando, designará outro promotor para oferecer a denúncia, ficando este adstrito àquela manifestação, pelo que não poderá dissentir da deliberação da instância de revisão.

Segundo o entendimento corredio, estaria respeitada, dessa maneira, a independência funcional do membro natural. Quanto ao promotor designado, atuando como *longa manus* da instância revisional, não incidirá o princípio ora estudado.

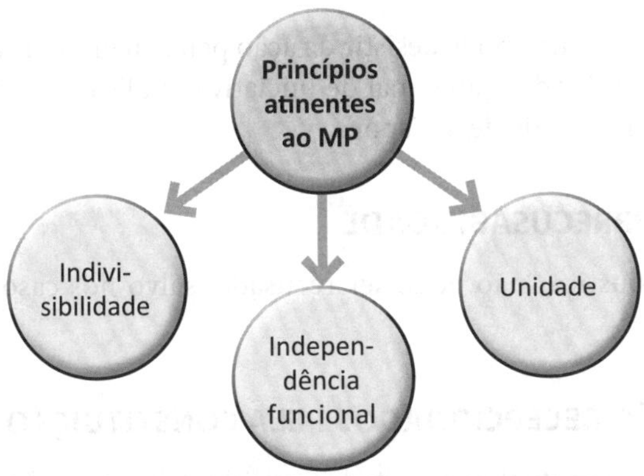

15. PRINCÍPIO DA OBRIGATORIEDADE

Trata-se de princípio da atividade ministerial.

A atuação do Ministério Público é regida, notadamente, pelo princípio em tela. A obrigatoriedade informa que a atuação do Ministério Público tem o sentido de restrição à lei, de legalidade.

Não são deferidas, à instituição ministerial, oportunidade e conveniência no cumprimento de suas atribuições. Ao contrário, mesmo as providências em favor do imputado devem ser aquelas descritas na ordem jurídica. Como leciona Afrânio Silva Jardim, não é valioso para o Estado Democrático de Direito punir a qualquer preço: "o Ministério Público, embora parte na relação processual penal, tem a função de buscar a verdade dos fatos e pugnar pela correta aplicação da lei ao caso concreto"[18].

17. Dispositivo com eficácia suspensa, nos termos de decisão monocrática do Supremo Tribunal Federal (STF – ADI 6298/DF – Medida Cautelar – Rel. Min. Luiz Fux – 22 jan. 2020).
18. JARDIM, Afrânio Silva; AMORIM, Pierre Souto Maior Coutinho de. *Direito processual penal*: estudos, pareceres e crônicas. 15. ed. Salvador: Juspodivm, 2018. p.364.

Nada obstante, é perceptível, como apontou Diogo Nolasco Pereira, que "o direito processual penal brasileiro caminha para uma contemporização do princípio da obrigatoriedade da ação penal pública, mormente sobre os aspectos envolvendo a justiça negociada". A ideia de que "os fins justificam os meios" alimenta antecipação punitiva, de duvidosa constitucionalidade, porque refratária aos direitos fundamentais[19].

De tal sorte, mesmo oferecendo transação penal, acordo de colaboração premiada, proposta de suspensão condicional de processo ou acordo de não persecução penal, o nosso Ministério Público não está livre das rédeas legais. Mesmo sem propor denúncia, a sua atuação alternativa, subsidiária, nos espaços de consenso, exige autorizativo legal expresso. Ademais, mesmo nessas últimas hipóteses, o agir do promotor implicará redução do âmbito de liberdade do imputado[20].

16. PRINCÍPIO DA INDISPONIBILIDADE

O Ministério Público não pode desistir da ação penal, nem pode abrir mão do recurso já interposto. Como titular da ação penal de iniciativa pública, condicionada ou incondicionada, o promotor não pode dela dispor.

17. PRINCÍPIO DA IRRECUSABILIDADE

O promotor de justiça "não pode ser recusado, salvo nos casos de impedimento e suspeição"[21].

18. PRINCÍPIOS NÃO RECEPCIONADOS PELA CONSTITUIÇÃO

Outros princípios eventualmente citados pela doutrina como incidentes na atividade ministerial e que restringem a independência funcional ou mesmo que inviabilizam a possibilidade de responsabilização do membro do *Parquet*, são aqui entendidos como não recebidos pela Constituição da República de 1988.

O **princípio da substituição**, por exemplo, legitima a avocação de autos pelo procurador-geral do Ministério Público ou a designação injustificada de substituto do promotor natural. Tais práticas autoritárias devem ser proscritas, não obstante seja "extremamente controvertido na doutrina e na jurisprudência o reconhecimento do princípio do promotor natural, é dizer, o direito de ser processado apenas pelo membro do Ministério Público com atribuições previamente fixadas e conhecidas, à semelhança do que ocorre com o princípio do juiz natural"[22].

---

19. PEREIRA, Diogo Abineder Ferreira Nolasco. *Justiça penal negociada*: uma análise do princípio da obrigatoriedade da ação penal pública. Rio de Janeiro: Lumen Juris, 2019. p.61.
20. JARDIM, Afrânio Silva; AMORIM, Pierre Souto Maior Coutinho de. Primeiras impressões sobre a Lei n. 13.964/19, aspectos processuais. *Empório do Direito*. Disponível em: <https://emporiododireito.com.br/leitura/primeiras-impressoes-sobre-a-lei-n-13-964-19-aspectos-processuais>. Acesso em: 14 jan. 2020.
21. MIRABETE, Julio Fabbrini. *Processo penal*. 14. ed. São Paulo: Atlas, 2003. p. 331.
22. TÁVORA, Nestor. *Questões comentadas*: processo penal para OAB. Salvador: JusPODIVM, 2005. p. 66.

19. IMPARCIALIDADE SUBJETIVA DO MINISTÉRIO PÚBLICO

Ponto que releva vincar é a controvérsia doutrinária sobre a atuação parcial ou imparcial do Ministério Público: seria possível uma parte imparcial?

O que se quer efetivamente é que os órgãos públicos que atuam no processo ajam de forma escorreita: imparcialidade seria assim lida como honestidade, como uma vedação de sustentação de teses desprovidas de plausibilidade, bem como o desinteresse relativamente ao desfecho de uma causa.

Não é possível, pois, abstrair os valores que cada pessoa traz consigo como fruto de sua formação de vida.

Com essa ressalva, pode-se anuir com o que obtempera Eugênio Pacelli, ao defender que "ao contrário de certos posicionamentos que ainda se encontram na prática judiciária, o Ministério Público não é órgão de acusação, mas órgão legitimado para a acusação nas ações penais públicas". Não está o *Parquet* obrigado a "oferecer denúncia, e nem, estando esta já oferecida, pugnar pela condenação do réu, em quaisquer circunstâncias", diante de sua primordial incumbência de defender a ordem jurídica[23].

A noção de imparcialidade do Ministério Público é assim atrelada ao seu interesse pela busca da verdade e pela realização da Justiça, como averba Manuel Sabino Pontes. O autor pontua que "no campo penal, a missão do Ministério Público é promover a acusação de forma eficiente, independente e desprovida de qualquer sentimento que não seja o de Justiça". Deveras, ainda que acuse o imputado pela suposta prática de infrações penais, "o promotor não deixa de ser um fiscal da lei, apenas lhe sendo lícito promover denúncia se estiver convencido da criminalidade, bem como da existência de lastro probatório mínimo para fundamentar a acusação (justa causa)". Ademais, se o Ministério Público obtiver "prova da inocência do acusado" ou, ainda, discordar da pena aplicada pelo juiz, terá "o dever de atuar no processo em benefício do réu, buscando a correta aplicação da lei"[24].

Em ação penal condenatória, o Ministério Público é parte autora.

Como parte, destacamos, não é ele dotado de imparcialidade, no sentido objetivo.

Mas, observe-se, está ele sujeito às causas de impedimento e de suspeição – viés subjetivo da imparcialidade –, mesmo figurando no polo ativo da demanda.

Tal fenômeno é explicado com as noções de **imparcialidade objetiva** e **imparcialidade subjetiva**.

O MP sempre deve ser imparcial no sentido subjetivo. O membro não pode, por exemplo, ter interesse pessoal no julgamento da causa em certa direção. Porém, o MP, na ação penal condenatória, está de um dos lados da relação jurídica processual – num dos lados do triângulo – e, desse modo, é órgão parcial, sob o aspecto objetivo.

23. OLIVEIRA, Eugênio Pacceli de. *Curso de processo penal*. 2. ed. Belo Horizonte: Del Rey, 2003. p. 421.

24. PONTES, Manuel Sabino. Investigação criminal pelo Ministério Público: uma crítica aos argumentos pela sua inadmissibilidade. *Jus Navigandi*, Teresina, ano 10, nº 1013, 10 abr. 2006. Disponível em: <jus.com.br/artigos/8221/investigacao-criminal-pelo-ministerio-publico>. Acesso em: 14 jan. 2020. p.24.

Como fiscal da lei (*custos legis*), por outro lado, o MP deve ser sempre imparcial (tanto subjetiva, quanto objetivamente).

Importante registrar que o enunciado sumular nº 234, do STJ, vivifica que a participação de membro do Ministério Público, na fase investigatória criminal, não acarreta o seu impedimento ou suspeição para o oferecimento da denúncia. Não há no ponto, por esse motivo, parcialidade, no sentido objetivo. Afinal, sob essa perspectiva, o *Parquet* é realmente parte.

20. ORGANIZAÇÃO DO MINISTÉRIO PÚBLICO

O Ministério Público, enquanto instituição, abrange:

(1) o Ministério Público da União (Ministério Público Federal, Ministério Público do Trabalho, Ministério Público Militar, Ministério Público do Distrito Federal), sob a chefia do Procurador Geral da República, nomeado pelo Presidente da República e aprovado pelo Senado Federal; e

(2) o Ministério Público dos Estados, chefiado pelo Procurador Geral de Justiça e nomeado pelo Governador do respectivo Estado, consoante o art. 128, da Carta Magna.

Como órgão controlador externo da atuação financeira e administrativa da instituição, está o Conselho Nacional do Ministério Público (art. 130-A, CF).

Foram previstas para os membros do Ministério Público as garantias da vitaliciedade, inamovibilidade e irredutibilidade dos subsídios, bem como algumas vedações, do mesmo modo como estabelecido em relação aos magistrados.

21. ATUAÇÃO DO MINISTÉRIO PÚBLICO

O Ministério Público tem atuação em diversas instâncias.

No órgão de primeiro grau, via de regra, milita como parte. Nas ações de iniciativa privada, sua intervenção é como *custos legis*. Por sua vez, na ação privada subsidiária da pública assume o papel de interveniente adesivo obrigatório, tendo amplos poderes (art. 29, CPP).

No segundo grau de jurisdição pode atuar tanto como parte, quanto como fiscal da lei, especialmente quando exara parecer nos processos, em grau de recurso.

Conforme Rômulo de Andrade Moreira, o parecer do Ministério Público, por intermédio do Procurador de Justiça é de duvidosa constitucionalidade, pois, "ainda que na condição de *custos legis*, soava estranho, mesmo porque fiscal da lei também é o promotor de justiça atuante junto à primeira instância e, no entanto, nunca se dispensou a ouvida da defesa", razão pela qual "este privilégio fere o contraditório (ação *versus* reação), a isonomia (paridade de armas), o devido processo legal (a defesa fala por último) e a ampla defesa (direito do acusado de ser informado também por último)"[25].

25. MOREIRA, Rômulo de Andrade. *Direito processual penal*. Salvador: JusPODIVM, 2007. p. 101.

O Ministério Público tem a atribuição de exercer o controle externo da atividade policial, como regrado no art. 129, inciso VI, da Constituição. Uma das formas de realizar esse controle é por meio da previsão dos artigos 28[26] e seguintes, do CPP, consoante disciplina dada pela Lei nº 13.964/2019.

Destarte, ao *Parquet* cabe **ordenar o arquivamento** do inquérito policial ou de quaisquer elementos de idêntica natureza, a exemplo de verificação preliminar de inquérito (VPI) e de termo circunstanciado de ocorrência (TCO). Com a edição da citada lei, a função anômala do Poder Judiciário, de controlar o arquivamento do inquérito policial, não mais existe no nosso sistema.

Vale dizer, a palavra final de encerramento de investigações policiais ocorrerá no âmbito do próprio Ministério Público: ao promover o arquivamento, o promotor tomará as providências para comunicar vítima, investigado e autoridade policial sobre sua deliberação, bem como encaminhará os autos à instância de revisão ministerial, para fins de homologação.

22. FUNCIONÁRIOS DO PODER JUDICIÁRIO

Os servidores ou serventuários da justiça são funcionários públicos remunerados pelo Estado. Prestam serviços ao Poder Judiciário. São os escrivães, diretores de secretaria, escreventes, oficiais de justiça, peritos dos seus quadros e demais auxiliares. Guilherme de Souza Nucci anota que "não há sentido no disposto pelo art. 274, do Código de Processo Penal (regras de suspeição do juiz estendem-se aos funcionários), tendo em vista que os funcionários da justiça não exercem qualquer ato decisório, de repercussão para a parte, no processo"[27].

A nosso ver, a observação do processualista deve ser vista com reserva.

Não são poucos os atos processuais praticados no processo penal pelos servidores. Diante do grande aumento da quantidade de processos, presencia-se uma realidade onde há considerável delegação de atos ordinatórios, com funcionários que assessoram o juiz de forma direta.

Caso haja impedimento ou suspeição nos termos do art. 274, do CPP, eventual alegação deve ser examinada pelo magistrado para – em compasso com a maior ou menor relevância da atividade do serventuário – acatá-la ou rejeitá-la, em decisão irrecorrível, a ser desafiada por mandado de segurança.

Para exemplificar, não se justificaria o afastamento por impedimento ou suspeição de um servidor de determinado processo que atuasse no protocolo ou na autuação dos processos. Diferentemente, a alegação de suspeição ou impedimento do escrivão (diretor de secretaria) ou do assessor do magistrado (responsável por minutar decisões) deveria ser levada em consideração, por afetar de forma mais direta o impulso do processo.

26. Dispositivo com eficácia suspensa, nos termos de decisão monocrática do Supremo Tribunal Federal (STF – ADI 6298/DF – Medida Cautelar – Rel. Min. Luiz Fux – 22 jan. 2020).

27. NUCCI, Guilherme de Souza. *Manual de processo penal e execução penal*. 7. ed. São Paulo: RT, 2011. p. 570.

23. AUXILIARES DO JUÍZO

São auxiliares do juízo aqueles que, não sendo servidores da justiça no sentido esposado no tópico anterior, colaboram com o juiz nos pontos em que este precisa de esclarecimentos ou de conhecimentos especializados. São, portanto, auxiliares do juízo os peritos (*expert* em assuntos específicos) e os intérpretes (conhecedores de idiomas estrangeiros), desde que não façam parte do quadro da justiça.

As testemunhas, embora sejam, *lato sensu*, sujeitos processuais, por participarem do processo, não se amoldam perfeitamente ao conceito de auxiliar do juízo. Da mesma forma, os assistentes técnicos, que são os peritos de confiança das partes, admitidos na fase processual, e que apresentarão parecer externando suas conclusões.

É de ver que os assistentes, como regra, não contribuem na elaboração da perícia oficial. Todavia, eles podem acompanhar a realização da perícia, de acordo com o inciso XVI, do art. 3º-B, do CPP[28], na redação da Lei nº 13.964/2019. Essa intervenção, embora a isso não se destine, pode implicar colaboração do assistente técnico que, pode exemplo, sugestionar quesito ao perito oficial ou apresentar razões.

Decerto, naquele dispositivo está disposto que o juiz das garantias tem competência para deferir pedido de admissão de assistente técnico para acompanhar a produção da perícia. De todo modo, os assistentes técnicos não precisam ser imparciais e não têm o *status* de auxiliares do juízo. O vínculo deles é com as partes (art. 159, § 3º e § 4º, CPP).

Os peritos e os intérpretes podem ser oficiais ou *ad hoc*. Os experts na área criminal são: os peritos criminais, os peritos médicos legistas e os odontolegistas (art. 5º, Lei nº 12.030/2009). Os peritos e os intérpretes oficiais são os que fazem parte do quadro, pessoas aprovadas em concurso público para exercer cargo público específico. Onde não houver quadro de peritos e de intérpretes judiciais, ao juiz cabe a respectiva nomeação – sem que as partes intervenham na nomeação –, sendo o perito escolhido obrigado a aceitar o encargo, passando a estar sujeito à disciplina judiciária, salvo se atendível a escusa.

Evidentemente, que os dispositivos do Código de Processo Penal sobre os peritos e os intérpretes devem ser aplicados de acordo com a realidade local. Nos juízos onde esses profissionais já estiverem enquadrados como funcionários públicos, medidas coercitivas como a multa e a condução coercitiva não terão incidência antes do regime disciplinar aplicável aos servidores em geral.

Por sua vez, o art. 2º da Lei nº 12.030/2009, confere ao perito oficial autonomia técnica, científica e funcional. Nas pequenas comarcas, onde o juiz se vê diante de escassez de recursos materiais e, não raras vezes, de recursos humanos, entender pela inaplicação dos dispositivos em tela poderá conduzir à estagnação dos processos.

O Código de Processo Penal prevê a aplicação de multa para o perito que deixar de atender às determinações do juiz no seu art. 277, e seu parágrafo único, sem justa causa. Como a multa em tela se encontra com o valor desatualizado e o direito sancionador exige previsão expressa das sanções que estabelece, o magistrado terá dificuldades de fazer

28. Dispositivo com eficácia suspensa, nos termos de decisão monocrática do Supremo Tribunal Federal (STF – ADI 6298/DF – Medida Cautelar – Rel. Min. Luiz Fux – 22 jan. 2020).

valer a sua incidência, não obstante a previsão de condução coercitiva do perito que não comparecer a sua presença sem justa causa (art. 278, CPP).

A propósito, a condução coercitiva é de ser entendida como medida extrema, só havendo lugar para ela quando não haja possibilidade de uso de meios alternativos, como a designação de uma outra pessoa. Sobre a aplicabilidade da multa, entende-se que ela é possível, desde que mediante decisão fundamentada e com espeque nas normas do § 1º, do art. 468, do CPC, que disciplinam as *astreintes*.

É possível impor multa em desfavor de perito que não se desincumbir de seu dever, sem escusa plausível. Além de comunicar a ocorrência à corporação profissional respectiva, poderá o magistrado aplicar a multa, fixada equitativamente, de forma proporcional à falta, considerado o possível prejuízo decorrente do atraso no processo.

A disposição é aplicável ao direito processual penal, *mutatis mutandis*, embora a falta de previsão legal específica constitua argumento para a negativa dessa possibilidade. Não serve como parâmetro para o arbitramento da multa, nessa seara, o valor da causa (elemento da petição inicial cível)[29]. Há posição minoritária, partidária da inaplicabilidade da multa, por ausência de correção monetária[30].

Não poderão ser peritos os analfabetos, os menores de vinte e um anos, os que prestaram depoimento no processo ou que tenham opinado anteriormente sobre o objeto da perícia e os que estiverem com restrições de direitos, por força de sentença condenatória (art. 279, CPP).

Anote-se que, não obstante o Código Civil disponha que os maiores de dezoito anos sejam plenamente capazes, não se vê revogação da exigência do Código de Processo Penal (lei especial em relação ao Código Civil) de idade mínima de vinte e um anos para o exercício da atividade de perito. Ademais, como o perito deve possuir diploma de curso superior (art. 159, CPP), é remota a possibilidade de o requisito ser atingido antes dos vinte e um anos.

Por último, o art. 280, do CPP, reza que é extensivo aos peritos, no que lhes for aplicável, o disposto sobre suspeição dos juízes, sendo os intérpretes, para todos os efeitos, equiparados aos peritos (art. 281, CPP). O Código colima que a perícia seja realizada com lisura, precavendo-se dos desvios que poderiam ter lugar se ocorrentes as hipóteses de suspeição e de impedimento.

Essa preocupação foi reiterada pela Lei nº 13.964/2019, ao prever, detalhadamente, os elementos da cadeia de custódia da prova penal, do art. 158-A ao 158-F, do CPP. Essas regras sobre a cadeia de custódia da prova e as demais em torno dos peritos, cristalizam o dever de conferir eficácia aos valores da presunção de inocência, do devido processo legal e do processo equitativo, quando da produção probatória, como assevera o magistério de Geraldo Prado[31].

29. DIDIER JÚNIOR, Fredie. *Curso de direito processual civil*: teoria geral do processo e processo de conhecimento. 6. ed. Salvador: Juspodivm, 2006. v. I. p.392-393.
30. MIRABETE, Julio Fabbrini. *Código de processo penal interpretado*. 11. ed. São Paulo: Atlas, 2003. p. 708.
31. PRADO, Geraldo. *A cadeia de custódia da prova no processo penal*. São Paulo: Marcial Pons, 2019. p.133.

24. ACUSADO E DEFENSOR

O Código de Processo Penal, em seus artigos 259 a 267, estabelece a disciplina normativa sobre o acusado e o seu defensor. Esse regramento sofre a influência da legislação que disciplina a Defensoria Pública, tal como ocorre com a previsão de contagem em dobro de todos os prazos processuais (art. 44, I, Lei Complementar nº 80/1994; § 5º, art. 5º, Lei nº 1.060/1950).

O prazo em dobro concedido aos acusados assistidos pela Defensoria Pública se justifica até quando a estrutura do órgão não estiver dotada de recursos materiais e humanos equiparados ao Ministério Público correspondente, com o fito de se conferir **paridade de armas**[32]. Vale dizer, trata-se de regra ainda constitucional nas localidades em que não houver Defensoria Pública instituída ou onde, mesmo instituída, sua estrutura seja negativamente desproporcional à do Ministério Público local.

Tem se entendido perfeitamente constitucional o § 5º, do art. 1 da Lei nº 1.060, de 05.02.1950, acrescentado pela Lei n 7.871, de 08.11.1989, bem como a disciplina legal diferenciada que confere prazo em dobro, para recurso, às Defensorias Públicas[33]".

Lado outro, é pacífica a desnecessidade de nomeação de curador ao acusado menor de vinte e um anos, para seu interrogatório, seja na fase investigativa, seja na fase processual, já que é absolutamente capaz.

O acusado é a parte passiva da ação penal condenatória, ou, no dizer de Rômulo de Andrade Moreira, "é o sujeito passivo da relação processual figurando como parte no processo penal. Já na relação jurídico-material, ou seja, no direito penal, está no polo ativo, pois, em tese, foi o autor de uma infração penal e irá responder ao processo criminal para que seja julgado"[34].

É chamado de acusado ou réu quando existe relação processual instaurada (a partir do recebimento da denúncia). Antes, quando do inquérito, o que se tem é indiciado. Em sede de execução penal, chama-se executado, apenado ou sentenciado.

O sujeito passivo deve ter capacidade para ser parte, capacidade para estar em juízo sozinho e capacidade postulatória. Por exemplo, se o sujeito passivo for pessoa maior de dezoito anos, porém incapaz, deve lhe ser nomeado um curador, por lhe faltar capacidade processual. Mas ele pode ser parte, desde que evidenciada a legitimidade para a causa, aferida pela pertinência com o direito material retratado pela infração penal.

Ao acusado deve ser garantido o direito à ampla defesa, com a incidência, ademais de toda disciplina constitucional, a exemplo do direito ao silêncio, do direito a defensor, ao lado dos demais direitos individuais que estudamos nos primeiros capítulos.

Sob outro prisma, Fernando da Costa Tourinho Filho aduz que o CPP distingue as figuras do **defensor**, **procurador** e **curador**, pois:

32. ROBERTO, Welton. *Paridade de armas no processo penal*. Belo Horizonte: Fórum, 2011. p.75.
33. STJ – Terceira Turma – REsp 1698821/RJ – Rel. Min. Ricardo Villas Bôas Cueva – DJe 15/02/2018.
34. MOREIRA, Rômulo de Andrade. *Direito processual penal*. Salvador: JusPODIVM, 2007. p. 95.

(1) quando o advogado tiver sido "constituído pelo imputado, ou por meio do competente instrumento procuratório, ou mesmo por ele indicado por ocasião do interrogatório, e então se dispensa a procuração, nos termos do art. 266 do CPP, fala-se tecnicamente em '**procurador**'";

(2) se o acusado "não constituir defensor nem o indicar por ocasião do seu interrogatório", o juiz nomeará um "**defensor**" (art. 263, CPP);

(3) teremos o "**curador**", quando nomeado ao acusado que seja pessoa com "doença mental ou de desenvolvimento mental incompleto ou retardado"[35].

A importância do defensor foi expressamente consagrada pela Carta Magna ao estabelecer que o **advogado** é indispensável à administração da justiça (art. 133) e que à **Defensoria Pública** incumbe a orientação jurídica e defesa dos necessitados (art. 134).

No processo penal, o defensor é uma garantia impostergável do acusado.

O art. 261, do CPP, a propósito – em consonância com a Constituição do Brasil –, averba que nenhum acusado, ainda que ausente ou foragido, será processado ou julgado sem defensor, com o arremate de seu parágrafo único, que assenta que a defesa técnica, quando realizada por defensor público ou dativo, será sempre exercida através de manifestação fundamentada.

A oportunização da autodefesa é obrigatória, porém o seu exercício, pelo acusado, é facultativo.

Aliás, como verbera Mirabete, "a representação no processo penal tem um caráter especial já que o direito de defesa é indisponível, devendo ser exercido ainda contra a vontade do acusado ou na sua ausência", interessando esclarecer que "a defesa técnica obrigatória é complementada pela autodefesa, que pode se desenvolver ao seu lado no processo. Essa autodefesa do acusado, que é facultativa, consiste na participação do réu em quase todos os atos do processo, inclusive com a possibilidade de apresentar alegações, como no interrogatório"[36].

O *caput*, do art. 265, do CPP, determina que o defensor não poderá abandonar o processo, ressalvado motivo imperioso, devendo comunicar previamente ao magistrado, estabelecendo-se multa de dez a cem salários mínimos, além das demais sanções cabíveis, como representação perante a OAB ou na Corregedoria da Defensoria Pública. Tal previsão é de duvidosa constitucionalidade, pois o magistrado não possui poder correicional quanto aos defensores públicos, além de ferir a própria autonomia da instituição.

Ocorrendo a ausência do advogado, a audiência poderá ser adiada se, por motivo justificado, o defensor não puder comparecer, cabendo a este provar o impedimento até a abertura da audiência. Não o fazendo, o juiz não determinará o adiamento de ato algum do processo, devendo nomear defensor substituto, ainda que provisoriamente ou só para o efeito do ato (§ 1º e § 2º, art. 265, CPP).

35. TOURINHO FILHO, Fernando da Costa. *Manual de processo penal*. 5. ed. São Paulo: Saraiva, 2003. p. 342.

36. MIRABETE, Julio Fabbrini. *Processo penal*. 14. ed. São Paulo: Atlas, 2003. p. 337-338.

Deve-se interpretar com cautela tal previsão, afinal, o réu não pode ser apenado pela irresponsabilidade do defensor, de sorte que, em alguns casos de evidente complexidade, recomenda-se o adiamento do ato, para se evitar prejuízo, que pode desaguar em **nulidade absoluta**, com o decreto de **invalidação** dos atos processuais afetados, diante da realização de audiência com advogado que simplesmente desconhece o processo.

Em hipóteses como tais, recomenda-se o adiamento, remarcando o ato com a pronta nomeação de novo advogado, ou indicação de defensor público. Por sua vez, a justificação da ausência não admite entraves burocráticos, e a depender da situação, devidamente fundamentada pela gravidade do caso, até mesmo por telefone o advogado poderá comunicar o impedimento.

No júri, a falta injustificada do advogado implica adiamento da sessão, o que ocorrerá somente uma vez, sendo que, não sendo outro constituído pelo réu, o fato será comunicado ao presidente da seccional da Ordem dos Advogados do Brasil, para que tome as devidas providências, indicando-se inclusive a data da nova sessão. A Defensoria Pública também será intimada para o novo julgamento, que será marcado para o primeiro dia útil desimpedido, respeitando-se o prazo mínimo de dez dias, para que o novo profissional possa se preparar adequadamente (art. 456, CPP).

O defensor também está sujeito a **impedimentos**, nos termos do art. 267, do CPP, que prescreve não poderem funcionar como defensores os parentes do juiz. Por outro lado, admite-se a atuação da defensoria pública, representada por membros distintos, em polos opostos da ação penal.

Nessa toada, a Quinta Turma, do STJ, afirmou não acarretar nulidade a atuação da Defensoria Pública em favor da vítima e do acusado em um único processo criminal. Tal possibilidade decorreria, inclusive, da Teoria dos Poderes Implícitos. Como maneira de assegurar o direito de acesso universal à Justiça, aquele órgão "concluiu que a Defensoria Pública pode representar, concomitantemente e por meio de defensores distintos, as vítimas de um delito e os réus do mesmo processo"[37].

25. QUERELANTE

O querelante é o sujeito ativo da relação processual penal condenatória, quando se trate de ação penal privada. Tal situação é excepcional, podendo ocorrer quando haja desídia do Ministério Público – caso em que será instaurada ação penal privada subsidiária da pública – ou quando a lei penal preveja como de iniciativa do ofendido (art. 100, CP), que, por seu turno, é o sujeito passivo da relação jurídica material representada pelo delito.

Tratando-se de ação penal privada subsidiária da pública, a atuação deficiente, a inércia ou a ausência do querelante aos atos processuais, implicará a retomada da ação penal pelo Ministério Público. Já no caso de ação penal privada exclusiva ou personalíssima, a falta do querelante ou o não atendimento de notificações para a prática de ato processual que a ele competir importa em extinção de punibilidade, pela perempção (art. 60, CPP).

37. STJ – Quinta Turma – RMS 45793 – julgado em 14 jun. 2018.

26. ASSISTENTE DO MINISTÉRIO PÚBLICO

Há divergências sobre a natureza da atuação do assistente do Ministério Público no processo penal. Seria litisconsorte (assistente litisconsorcial), parte adjunta (assistência simples) ou parte civil?

Se considerarmos que o direito de punir foi encapado pelo Estado, chegaremos à conclusão que o assistente do Ministério Público não atua em defesa de direito próprio, ao menos se o *jus puniendi* for o nosso parâmetro de referência. Ao assistente do Ministério Público, é outorgado o direito a ser ressarcido em razão do dano causado pelo crime de iniciativa pública.

André Nicolitt pontua, nessa esteira, que "a assistência é uma forma de intervenção de terceiro. Não é titular do direito de punir nem do direito de liberdade, mas atua motivado por um interesse público. Assim, não é parte na demanda, apenas no processo, e, após a sua instauração, é mero interveniente"[38].

Não são todos os crimes que admitem assistente do Ministério Público. Para tanto, o crime deve ter um sujeito passivo determinado, um ofendido. A atuação do assistente de acusação no processo penal não é admitida sem controvérsias. Parte da doutrina entende que seu interesse de participação no processo é legitimado pela necessidade que o ofendido tem de obtenção de reparação em eventual ação civil ***ex delicto***. Outra, respaldada em tendência jurisprudencial, vê que o interesse do assistente não deve ser aferido só pela finalidade indenizatória, mas também pelo fato de que o ofendido tem direito em ver aplicada adequadamente a pena.

Digna de registro é a posição minoritária de parcela da doutrina e da jurisprudência que reputa a figura do assistente do Ministério Público incompatível com a Constituição da República. Amilton Bueno de Carvalho, sob ótica interdisciplinar, chega a essa conclusão similar. Para o jurista, o direito penal não deve ser confundido com o direito "em geral", razão pela qual não é recomendável relacionar o processo penal com o processo civil, por exemplo, para interpretar aquele com as lentes deste último, "a ponto de inverter, inclusive, toda a teoria do ônus da prova ou o carcinoma teórico do discurso que ambiciona a 'proteção dos direitos da vítima' no âmbito do processo penal"[39].

Seguindo essa corrente, passamos também a entender que a participação da vítima no processo penal conflita com as garantias fundamentais do imputado, bem como com a ideia de que o advento do processo moderno veio a substituir a vetusta vingança privada. Realmente, a permissão de habilitação do assistente do Ministério Público, além de agigantar a acusação, insere o elemento vindita no processo criminal. Por outro lado, caso seja a hipótese de permitir a intervenção da vítima no processo, como assistente do Ministério Público, sua atuação deve visar tão somente a obtenção de título executivo para fins indenizatórios. De todo modo, reputamos que a permissibilidade de atuação da vítima no processo penal também amplia indevidamente, além dos limites subjetivos da demanda, os seus limites objetivos.

38. NICOLITT, André. *Manual de processo penal.* 7. ed. Belo Horizonte: D'Plácido, 2018. p. 507.

39. CARVALHO, Amilton Bueno. *Direito penal a marteladas:* algo sobre Nietzsche e o direito. Rio de Janeiro: Lumen Juris, 2016. p.20-21.

Partindo do pressuposto de que não há inconstitucionalidade na previsão da assistência ao Ministério Público, a forma de conceber o interesse do assistente repercute diretamente na amplitude de sua intervenção no processo, em especial, no seu interesse de recorrer, de acordo com a natureza da sentença prolatada. Em outras palavras, limitando o interesse do assistente ao de reparação de danos em ação ulterior, não teria ele interesse de recorrer de sentença condenatória, para o fim de majorar a pena, sob a alegação de equívoco na sua individualização. Já no caso contrário, vê-se que subsistiria o interesse de recorrer visando um agravamento na dosimetria da pena.

Para o setor doutrinário que sustenta a legitimação da participação ampla das pessoas – físicas e jurídicas (públicas ou privadas) – que sofreram os efeitos do crime, a reaproximação dos protagonistas do crime ao processo seria uma necessidade para a compreensão do processo penal como um instrumento efetivo. Nesse diapasão, as disposições normativas do Código de Processo Penal, poderiam ser ajustadas para viabilizar uma participação efetiva da vítima, com a previsão de ciência desta de todos os atos da persecução penal, desde a fase pré-processual. Essa tendência foi sufragada no art. 201, § 2º, do CPP.

De acordo com tal entendimento, a abstração dos interesses do ofendido não seria condizente com a efetividade dos direitos fundamentais da Constituição, considerando que sustentar que à vítima não interessa a aplicação de pena é posição tendente à mecanização do direito. Nessa toada, essa corrente doutrinária afirma que se ao ofendido não coubesse pelo menos "auxiliar" o Ministério Público, através do assistente – que é o menos –, a Constituição não teria assegurado o exercício de ação penal privada subsidiária da pública como garantia fundamental (que é o *plus*). Daí a tendência em ver que o assistente pode interpor recurso inclusive contra a sentença condenatória, para o fim de ver a imposição de uma pena que, por ter sido aplicada em limite aquém do razoável, redundaria na prescrição da pena em concreto.

Essa situação, note-se bem, não se assemelha à distinção da atuação do assistente como *custos legis* referida por Eugênio Pacelli de Oliveira, quando defende que se o ofendido for pessoa física ou jurídica de direito privado, seu agir processual será como fiscal da lei, enquanto se for pessoa de direito público não ocorre intervenção processual dessa natureza, mas como de "participação assistencial", por ser função de *custos legis* atribuída já a outro órgão estatal que é o Ministério Público[40].

O Código de Processo Penal preconiza que em todos os termos da ação penal pública, poderá intervir, como assistente do Ministério Público, o ofendido ou seu representante legal, ou, na falta deste, o cônjuge, o ascendente, o descendente ou o irmão (art. 268, CPP), não sendo admitida a intervenção do corréu como assistente do Ministério Público no mesmo processo (art. 270, CPP). A sua intervenção é possível enquanto não passar em julgado a sentença e receberá a causa no estado em que se achar (art. 269, CPP).

Sobre o pedido de habilitação do assistente nos autos, será ouvido o Ministério Público (art. 272, CPP), não cabendo recurso contra a decisão que o admitir ou não, sem embargo do dever de constar dos autos o pedido e a decisão (art. 273, CPP). Não obstante não caiba recurso dessa decisão, não é despropositado vislumbrar a possibilidade de mandado

40. OLIVEIRA, Eugênio Pacceli de. *Curso de processo penal*. 2. ed. Belo Horizonte: Del Rey, 2003. p. 443-447.

de segurança contra a decisão sobre o pedido de assistência, desde que presentes os seus requisitos legais e constitucionais.

De acordo com o art. 271, do CPP, ao assistente será permitido propor meios de prova, requerer perguntas às testemunhas, aditar os articulados, participar do debate oral e arrazoar os recursos interpostos pelo Ministério Público, ou por ele próprio.

De mais a mais, a atuação do assistente será admissível nos seguintes casos (artigos 584, § 1º, e 598, CPP), mediante interposição de recursos contra:

(1) a sentença de impronúncia;

(2) a sentença que decretar a prescrição ou julgar por outro modo, extinta a punibilidade;

(3) a sentença proferida no âmbito do tribunal do júri, quando não for interposta apelação pelo Ministério Público no prazo legal: nessa hipótese, o assistente só pode apelar supletivamente, ainda que não se tenha habilitado nos autos;

(4) a sentença condenatória, no intuito de majorar a pena imposta[41].

Nos termos do art. 430, do CPP, para se tornar habilitado, o assistente somente será admitido se tiver requerido em até cinco dias da data da sessão na qual pretenda atuar, sendo tal dispositivo importante justamente porque a sentença da segunda fase do júri é proferida ao final da sessão plenária, a partir de quando se inicia o prazo recursal[42].

A Súmula nº 208 do STF, que veda o recurso do assistente do Ministério Público em *habeas corpus*, ação de rito estreito e de defesa do direito de liberdade, cuja finalidade é incompatível com a intervenção assistencial. Deveras, o *habeas corpus* tem natureza de garantia fundamental, inserido no art. 5º, da Constituição. É ação autônoma de impugnação desprovida de contraditório pleno e de efeito condenatório. Isso conduz a entender inadmissível intervenção de terceiros que amplie os limites subjetivos e objetivos do *writ*, eis que, por via oblíqua, haveria mitigação de sua eficácia, proibida, mormente, pela via da analogia.

27. ASSISTENTE DA DEFESA

A figura do assistente de defesa não foi disciplinada na legislação.

Sem embargo, na análise da Lei nº 9.099/1995, percebe-se que, à audiência preliminar dos juizados especiais, comparecerão, além do autor do fato e a pretensa vítima, o eventual responsável civil pelos danos causados, todos acompanhados por advogado. A reparação dos danos nas infrações de menor potencial ofensivo ganha destaque, pois em se tratando de crime de iniciativa privada ou pública condicionada à representação, a aceitação da proposta pela vítima leva à extinção da punibilidade.

A efetiva atuação do responsável civil, conduzindo a composição para a satisfação dos interesses patrimoniais da vítima, tendo repercussão direta na situação jurídica do infrator, leva-nos à conclusão de que figura como verdadeiro assistente da defesa.

41. MOREIRA, Rômulo de Andrade. *Direito processual penal*. Salvador: Juspodivm, 2007. p. 90-91.
42. TÁVORA, Nestor. *Questões comentadas*: processo penal para OAB. Salvador: Juspodivm, 2005. p. 36.

Também neste sentido é a previsão do art. 49, da Lei nº 8.906/1994 (Estatuto da Advocacia), que "autoriza, expressamente, a assistência [da Ordem dos Advogados do Brasil], também, do advogado que seja réu ou querelado, pois refere-se à intervenção em inquéritos e processos em que sejam indiciados (nítida hipótese criminal), acusados ou ofendidos (em igual prisma) os inscritos na Ordem dos Advogados do Brasil"[43].

O fundamento para a admissibilidade do assistente da defesa no processo penal brasileiro está alicerçado no **princípio da paridade de armas**. O direito processual penal se sustenta por meio de relações de validade mantidas com o direito constitucional.

Para assegurar um processo justo, indispensável garantir, além da igualdade, a paridade de armas, como apontado por Welton Roberto. Daí a importância da outorga de poderes à defesa, similares àqueles previstos no ordenamento jurídico em favor do Ministério Público. A título de exemplo, temos a necessidade de reconhecer ao investigado o poder de realizar investigação defensiva, com o desempenho de papel proativo levado a cabo pelo advogado[44].

A partir do momento que o ordenamento jurídico sufraga a figura do assistente do Ministério Público, assistente da acusação ou, simplesmente, assistente, sempre referindo unicamente ao sujeito do processo que atua como auxiliar dos interesses do titular da ação penal pública, imprescindível é aplicar a técnica de **interpretação conforme a Constituição**, a fim de se permitir a produção de norma jurídica que também garanta o assistente da defesa, com os mesmos poderes jurídicos dispostos em favor do assistente da parte autora.

Devem ser aplicados os enunciados do art. 5º, ***caput***, e do inciso LV, desse mesmo dispositivo, da Constituição de 1988. Além da igualdade, do contraditório e da ampla defesa, a conjugação desses princípios com a garantia da "plena igualdade", preconizada no art. 8, do Pacto de são José da Costa Rica, autorizam arrematar que há, no sistema brasileiro, o princípio da paridade de armas, construído pelos fragmentos dessas disposições.

Sobre esse aspecto, o Supremo Tribunal Federal reúne precedentes que reiteram que a Constituição de 1988 fez uma opção inequívoca pelo sistema processual penal acusatório. Vale dizer, que deve ser respeitada uma separação nítida entre, de um lado, as tarefas de investigar e acusar e, de outro, a função de julgar. Essa divisão de tarefas tem a função de não somente preservar a imparcialidade do Judiciário, mas também de promover a paridade de armas entre acusação e defesa, em compasso com os princípios da isonomia e do devido processo legal[45].

Como avivamos acima, não deve haver mais a mínima dúvida sobre a adoção do sistema acusatório. No art. 3º-A, do CPP[46], ficou estampado, com a edição da Lei nº 13.964/2019, que o processo penal terá estrutura acusatória.

Por outro lado, o mesmo diploma legislativo trouxe previsão de atuação defensiva na fase do inquérito policial, restritamente aos funcionários do sistema de segurança pública dos artigos 142 e 144, prevendo a intervenção obrigatória de defensor, no art. 14-A, do CPP.

43. NUCCI, Guilherme de Souza. *Manual de processo penal e execução penal*. 7. ed. São Paulo: RT, 2011. p. 565.
44. ROBERTO, Welton. *Paridade de armas no processo penal*. Belo Horizonte: Fórum, 2011. p. 87-90.
45. STF – Primeira Turma – HC 157306 – Rel. Min. Luiz Fux – publicado em 01 mar. 2019.
46. Dispositivo com eficácia suspensa, nos termos de decisão monocrática do Supremo Tribunal Federal (STF – ADI 6298/DF – Medida Cautelar – Rel. Min. Luiz Fux – 22 jan. 2020).

A nosso ver, não há justificativa para a discriminação relativamente aos demais indiciados que não façam parte do sistema de segurança pública.

Para dar ao art. 14-A, do CPP, interpretação conforme a Constituição, aos investigados em geral deveria ser assegurada a assistência de advogado, defensor público ou defensor dativo. Afinal, existem direitos fundamentais que devem ser tutelados também na fase da investigação preliminar, independentemente do imputado estar preso ou solto.

Cabe recordar que os direitos fundamentais contemplados na Constituição de 1988, não representam óbice ao reconhecimento de outros direitos decorrentes do regime e dos princípios por ela adotados, ou dos tratados internacionais em que a República Federativa do Brasil seja parte, nos termos do § 2º, do seu art. 5º. Ademais, a construção da norma jurídica que permite a admissibilidade do assistente de defesa é procedimento que encontra compatibilidade com o art. 3º, do Código de Processo Penal, eis que sufraga a interpretação analógica e a incidência de princípios gerais de direito.

28. QUADRO SINÓTICO

CAPÍTULO XVI – SUJEITOS NO PROCESSO		
POSICIONAMENTO DOS SUJEITOS PROCESSUAIS NA PERSECUÇÃO PENAL		
Sujeitos processuais são aqueles que atuam depois de instaurado o processo penal. Diante das alterações promovidas pela Lei nº 13.964/2019, consideraremos existir juridicamente processo penal condenatório a partir da decisão de recebimento da denúncia ou queixa.		**1**
RELAÇÃO PROCESSUAL PENAL		
A relação jurídica processual é composta por três sujeitos centrais: (1) o juiz (da instrução e julgamento); (2) o autor (MP ou querelante); (3) o réu (acusado ou o querelado). Como se infere, essa visão é válida, especialmente, para o **processo penal condenatório**.		**2**
Sujeitos processuais principais ou essenciais	São aqueles cuja existência é fundamental para a construção da relação jurídica processual regularmente instaurada: juiz, acusador e réu.	**3**
Sujeitos processuais secundários, acessórios ou colaterais	Consistem naqueles que poderão intervir a título eventual com o objetivo de deduzir uma determinada pretensão, a exemplo do assistente de acusação, do assistente da defesa ou do terceiro interessado.	**4**
JUIZ		
Juiz	O órgão incumbido de conduzir o processo, proferindo decisão ao final, é a autoridade judiciária. Rigorosamente falando, sujeito processual não é o juiz, porém o Estado-juiz (substitutividade). O art. 251, do Código estatui que ao juiz caberá manter a ordem dos atos processuais, no exercício do que se denomina de poderes de polícia ou administrativos.	**5**

CAPÍTULO XVI – SUJEITOS NO PROCESSO		
Impedimento do juiz	Em compasso com as regras expressas no CPP (**taxativo**), o juiz estará impedido de atuar no processo (**presunção absoluta de parcialidade**) que: (1) tiver funcionado seu cônjuge ou parente, consanguíneo ou afim, em linha reta ou colateral até o 3º grau, inclusive, como defensor ou advogado, órgão do MP, autoridade policial, auxiliar da justiça ou perito (art. 252, I); (2) ele próprio houver desempenhado qualquer dessas funções ou servido como testemunha (art. 252, II); (3) tiver funcionado como juiz de outra instância, pronunciando-se, de fato ou de direito, sobre a questão (art. 252, III); (4) ele próprio ou seu cônjuge ou parente, consanguíneo ou afim em linha reta ou colateral até o 3º grau, inclusive, for parte ou diretamente interessado (art. 252, IV); (5) na fase de investigação, praticar atos incluídos nas competências do juiz das garantias (art. 3º-D); ou (6) conhecer do conteúdo da prova declarada inadmissível. Nesse caso, o CPP explicita que ele não poderá proferir a sentença ou acórdão (art. 157, § 5º).	**6**
Incompatibilidade do juiz	A cautela em favor da imparcialidade do órgão judicial é estendida aos juízos coletivos, onde não poderão servir no mesmo processo os juízes que forem entre si parentes, consanguíneos ou afins, em linha reta ou colateral até o 3º grau, inclusive, consoante obstáculo do art. 253, CPP. Compreendem também o cônjuge ou companheiro. Também o membro do tribunal não poderá atuar no julgamento de recurso contra decisão proferida pelo juiz que seja dele seu cônjuge, companheiro, parente, consanguíneos ou afins, em linha reta ou colateral até o 3º grau.	**7**
Suspeição do juiz	As hipóteses de suspeição se sujeitam à preclusão temporal. São nulidades absolutas, cujo conhecimento e decreto de invalidação poderão ocorrer até o advento do trânsito em julgado da sentença penal condenatória. Consoante preconizando no art. 254, incisos I ao VI, do CPP, o juiz dar-se-á por suspeito, e, se não o fizer, poderá ser recusado por qualquer das partes, quando: (1) for amigo íntimo ou inimigo capital de qualquer deles; (2) ele, seu cônjuge, ascendente ou descendente, estiver respondendo a processo por fato análogo, sobre cujo caráter criminoso haja controvérsia; (3) ele, seu cônjuge, ou parente, consanguíneo, ou afim, até o 3º grau, inclusive, sustentar demanda ou responder a processo que tenha de ser julgado por qualquer das partes; (4) tiver aconselhado qualquer das partes; (5) for credor ou devedor, tutor ou curador, de qualquer das partes; ou (6) for sócio, acionista ou administrador de sociedade interessada no processo. Estão dispostos em rol **exemplificativo**, sendo plausível admitir, se adequado à hipótese, a aplicação dos artigos 144 e 145, do CPC/2015, no que não conflitar com o art. 254.	**8**

<table>
<tr><th colspan="3">CAPÍTULO XVI – SUJEITOS NO PROCESSO</th></tr>
<tr><td>Cessação do impedimento ou da suspeição do juiz</td><td>A dissolução do casamento faz cessar o impedimento ou suspeição decorrente de parentesco por afinidade, salvo se daquele sobrevier descendentes. Todavia, nos termos do art. 255, do CPP, ainda que dissolvido sem descendentes, não funcionará como juiz o sogro, o padrasto, o cunhado, o genro ou enteado de quem for parte no processo.

É de sublinhar que a suspeição motivada por conduta da parte, não lhe aproveitará. Assim, o art. 256, do CPP, estabelece que a suspeição não poderá ser declarada nem reconhecida, quando a parte injuriar o juiz ou de propósito der motivo para criá-la.</td><td>9</td></tr>
<tr><th colspan="3">MINISTÉRIO PÚBLICO</th></tr>
<tr><td colspan="2">É ele o titular da ação penal pública, nos termos do art. 129, I, da CF. Porém, essa atribuição não o impede, antes o obrigar a, mesmo como parte, agir em defesa de um processo justo.

A CF definiu o Parquet como instituição permanente, essencial à função jurisdicional do Estado, incumbindo-lhe a defesa da ordem jurídica, do regime democrático e dos interesses sociais e individuais indisponíveis (art. 127, caput). Daí que o MP, no âmbito da ação penal condenatória, não está obrigado a oferecer denúncia ou a pedir a condenação do acusado, quando não existam elementos legais para tanto.</td><td>10</td></tr>
<tr><td>Princípios informativos do Ministério Público e de sua atuação</td><td>Princípios Institucionais
Unidade: é "característica muito mais orgânica que propriamente funcional do MP". Os seus membros fazem parte de uma só instituição, a qual tem como chefe o PGR (MPU) ou o PGJ (MPE).

Indivisibilidade: informa que o MP se manifesta enquanto instituição, ainda que através de um de seus membros. A atuação deve ser impessoal. É o órgão que promove a ação penal, não o promotor individualmente.

Independência funcional: se caracteriza pela discricionariedade e pela não subordinação hierárquica, relativa a uma chefia, embora sua atuação deva estar pautada na lei.

Princípios da atuação funcional
Obrigatoriedade: informa que a atuação do MP tem o sentido de restrição à lei, de legalidade. Não são deferidas, à instituição ministerial, oportunidade e conveniência no cumprimento de suas atribuições.

Indisponibilidade: o MP não pode desistir da ação penal, nem pode abrir mão do recurso já interposto.

Irrecusabilidade: o promotor de justiça "não pode ser recusado, salvo nos casos de impedimento e suspeição".

Princípios não recepcionados pela Constituição: outros princípios eventualmente citados pela doutrina como incidentes na atividade ministerial e que restringem a independência funcional ou mesmo que inviabilizam a possibilidade de responsabilização do membro do Parquet, são aqui entendidos como não recebidos pela Constituição.</td><td>11 a 18</td></tr>
</table>

CAPÍTULO XVI – SUJEITOS NO PROCESSO		
Imparcialidade subjetiva do Ministério Público	Ao contrário de certos posicionamentos que ainda se encontram na prática judiciária, o MP não é órgão de acusação, mas órgão legitimado para a acusação nas ações penais públicas, diante de sua primordial incumbência de defender a ordem jurídica. Em ação penal condenatória, o MP é parte autora. Como tal, não é ele dotado de imparcialidade, no sentido objetivo. Mas, observe-se, está ele sujeito às causas de impedimento e de suspeição – viés subjetivo da imparcialidade –, mesmo figurando no polo ativo da demanda. O MP sempre deve ser imparcial no sentido subjetivo. Como fiscal da lei (*custos legis*), por outro lado, o MP deve ser sempre imparcial (tanto subjetiva, quanto objetivamente).	**19**
Organização do Ministério Público e atuação do Ministérios Público	O MP, enquanto instituição, abrange o MPU e o MPE, chefiados, respectivamente, pelo PGR e pelos PGJs. Como órgão controlador externo da atuação financeira e administrativa da instituição, está o CNMP (art. 130-A, CF). O MP tem atuação em diversas instâncias. No órgão de 1º grau, via de regra, milita como parte. Nas ações de iniciativa privada, sua intervenção é como *custos legis*. Por sua vez, na ação privada subsidiária da pública assume o papel de interveniente adesivo obrigatório, tendo amplos poderes (art. 29, CPP). No 2º grau de jurisdição pode atuar tanto como parte, quanto como fiscal da lei.	**20 e 21**
Funcionário do Poder Judiciário	São funcionários públicos remunerados pelo Estado. Prestam serviços ao Poder Judiciário. São os escrivães, diretores de secretaria, escreventes, oficiais de justiça, peritos dos seus quadros e demais auxiliares.	**22**
Auxiliares do juízo	Aqueles que, não sendo servidores da justiça, colaboram com o juiz nos pontos em que este precisa de esclarecimentos ou de conhecimentos especializados: peritos e os intérpretes. Os peritos e os intérpretes podem ser oficiais ou *ad hoc*. Os experts na área criminal são: os peritos criminais, os peritos médicos-legistas e os odontolegistas (art. 5º, Lei nº 12.030/2009).	**23**
ACUSADO E DEFENSOR		
O CPP, em seus artigos 259 a 267, estabelece a disciplina normativa sobre o acusado e o seu defensor. Esse regramento sofre a influência da legislação que disciplina a Defensoria Pública, tal como ocorre com a previsão de contagem em dobro de todos os prazos processuais (art. 44, I, Lei Complementar nº 80/1994; § 5º, art. 5º, Lei nº 1.060/1950). Acusado é a parte passiva da ação penal condenatória. É chamado de acusado ou réu quando existe relação processual instaurada (a partir do recebimento da denúncia). Antes, quando do inquérito, o que se tem é indiciado. Em sede de execução penal, chama-se executado, apenado ou sentenciado.		**24**

CAPÍTULO XVI – SUJEITOS NO PROCESSO	
O sujeito passivo deve ter capacidade para ser parte, capacidade para estar em juízo sozinho e capacidade postulatória. Ao acusado deve ser garantido o direito à ampla defesa, com a incidência, ademais de toda disciplina constitucional. A Carta Magna destaca a importância do defensor, estabelecendo que "o advogado é indispensável à administração da justiça" (art. 133) e que à Defensoria Pública incumbe a orientação jurídica e defesa dos necessitados (art. 134). No processo penal, o defensor é uma garantia impostergável do acusado. O defensor também está sujeito a impedimentos, nos termos do art. 267 do CPP, que prescreve não poderem funcionar como defensores os parentes do juiz.	24
QUERELANTE	
O querelante é o sujeito ativo da relação processual penal condenatória, quando se trate de ação penal privada.	25
Tratando-se de ação penal privada subsidiária da pública, a atuação deficiente, a inércia ou a ausência do querelante aos atos processuais, implicará a retomada da ação penal pelo MP. Já no caso de ação penal privada exclusiva ou personalíssima, a falta do querelante ou o não atendimento de notificações para a prática de ato processual que a ele competir importa em extinção de punibilidade, pela perempção (art. 60, CPP).	25
ASSISTENTE DO MINISTÉRIO PÚBLICO	
A assistência é uma forma de intervenção de terceiro. Não é titular do direito de punir nem do direito de liberdade, mas atua motivado por um interesse público. Assim, não é parte na demanda, apenas no processo, e, após a sua instauração, é mero interveniente". Não são todos os crimes que admitem assistente do MP. Para tanto, o crime deve ter um sujeito passivo determinado, um ofendido. O CPP preconiza que em todos os termos da ação penal pública, poderá intervir, como assistente do MP, o ofendido ou seu representante legal, ou, na falta deste, o cônjuge, o ascendente, o descendente ou o irmão (art. 268, CPP), não sendo admitida a intervenção do corréu como assistente do MP no mesmo processo (art. 270, CPP). A sua intervenção é possível "enquanto não passar em julgado a sentença e receberá a causa no estado em que se achar" (art. 269, CPP). Sobre o pedido de habilitação do assistente nos autos, será ouvido o MP (art. 272, CPP), não cabendo recurso contra a decisão que o admitir ou não, sem embargo do dever de constar dos autos o pedido e a decisão (art. 273, CPP). É possível o manejo do mandado de segurança contra a decisão sobre o pedido de assistência, desde que presentes os seus requisitos legais e constitucionais. A Súmula nº 208 do STF, que veda o recurso do assistente do MP em habeas corpus, ação de rito estreito e de defesa do direito de liberdade, cuja finalidade é incompatível com a intervenção assistencial.	26
ASSISTENTE DA DEFESA	
A figura do assistente de defesa não foi disciplinada na legislação. A análise da Lei nº 9.099/1995 permite afirmar que a efetiva atuação do responsável civil, conduzindo a composição para a satisfação dos interesses patrimoniais da vítima, tendo repercussão direta na situação jurídica do infrator, configura-o como verdadeiro assistente da defesa.	27

CAPÍTULO XVI – SUJEITOS NO PROCESSO	
A figura do assistente de defesa não foi disciplinada na legislação. A análise da Lei nº 9.099/1995 permite afirmar que a efetiva atuação do responsável civil, conduzindo a composição para a satisfação dos interesses patrimoniais da vítima, tendo repercussão direta na situação jurídica do infrator, configura-o como verdadeiro assistente da defesa. De igual modo se depreende da leitura do art. 49 da Lei nº 8.906/1994 (Estatuto da Advocacia) que "autoriza, expressamente, a assistência [da Ordem dos Advogados do Brasil], também, do advogado que seja réu ou querelado, pois refere-se à intervenção em inquéritos e processos em que sejam indiciados (nítida hipótese criminal), acusados ou ofendidos (em igual prisma) os inscritos na Ordem dos Advogados do Brasil. O fundamento para a admissibilidade do assistente da defesa no processo penal brasileiro está alicerçado no princípio da paridade de armas.	27

29. SÚMULAS DO STJ

234. A participação de membro do Ministério Público na fase investigatória criminal não acarreta o seu impedimento ou suspeição para o oferecimento da denúncia.

30. SÚMULAS DO STF

208. O assistente do Ministério Público não pode recorrer, extraordinariamente, de decisão concessiva de "***habeas corpus***".

210. O assistente do Ministério Público pode recorrer, inclusive extraordinariamente, na ação penal, nos casos dos arts. 584, § 1º, e 598 do Código de Processo Penal.

31. QUESTÕES DE CONCURSOS PÚBLICOS

01. (Juiz de Direito Substituto – TJ/PI/CESPE/2012 – Adaptada) Mesmo após a vigência do novo Código Civil, faz-se necessária a nomeação de curador especial para acusado com idade entre dezoito e vinte e um anos, em respeito ao princípio da especialidade, porquanto tal exigência não foi suprimida do CPP.

02. (Delegado de Polícia Federal – Cespe – 2018) Julgue o seguinte item, A respeito de suspeição e impedimento no âmbito do processo penal. As hipóteses que impedem o juiz de exercer a sua jurisdição em determinado processo estão vinculadas a fatos e circunstâncias objetivas e subjetivas ligados, em regra, ao próprio processo. ( ) Certo ( ) Errado

03. (VUNESP – PC-BA – Delegado de Polícia – 2018) De acordo com a jurisprudência sumulada do Supremo Tribunal Federal,

(A) a imunidade parlamentar estende-se ao corréu sem essa prerrogativa (Súmula 245).

(B) para requerer revisão criminal, o condenado deve recolher-se à prisão (Súmula 393).

(C) só é lícito o uso de algemas em casos de resistência e de fundado receio de fuga ou perigo à integridade física própria ou alheia, por parte do preso ou terceiros, sem, contudo, necessidade de a autoridade policial justificar a utilização por escrito (Súmula Vinculante 11).

(D) é direito do defensor, no interesse do representado, ter acesso amplo aos elementos de prova que, já documentados em procedimento investigatório realizado por órgão com competência de polícia judiciá- ria, digam respeito ao exercício do direito de defesa (Súmula Vinculante 14).

(E) a homologação da transação penal prevista no art. 76 da Lei nº 9.099/95 faz coisa julgada material e, descumpridas suas cláusulas, retorna-se à situação anterior, possibilitando ao Ministério Público a continuidade da persecução penal (Súmula Vinculante 35).

04. (FGV – TJ-AL – Técnico Judiciário – Área Judiciária – 2018) Tício é funcionário auxiliar da justiça de certo cartório de Vara Criminal. Ao atuar em determinado procedimento, verifica que Mévio, que é seu credor em razão de empréstimo, figura como réu na ação penal. Identificada tal situação, é correto afirmar que Tício:

(A) não poderá participar da ação penal em razão da causa de suspeição prevista no Código de Processo Penal, tendo em vista que as prescrições sobre suspeição dos juízes estendem-se aos serventuários e funcionários da justiça;

(B) poderá participar da ação penal, tendo em vista que ser credor da parte não configura causa de impedimento e nem suspeição do magistrado a ser estendida ao funcionário auxiliar da justiça;

(C) não poderá participar da ação penal em razão da causa de impedimento prevista no Código de Processo Penal, tendo em vista que as prescrições sobre impedimento dos juízes estendem-se aos serventuários e funcionários da justiça;

(D) poderá participar da ação penal, tendo em vista que as prescrições sobre suspeição e impedimento dos juízes não se aplicam aos serventuários e funcionários da justiça;

(E) poderá participar da ação penal, tendo em vista que ser credor da parte é causa de impedimento e apenas as prescrições sobre suspeição dos juízes, de acordo com o Código de Processo Penal, aplicam-se aos funcionários da justiça.

05. (FGV – TJ-AL – Técnico Judiciário – Área Judiciária – 2018) Perante a 1ª Vara Criminal de determinada comarca de Tribunal de Justiça, corre processo em que se investiga a prática de crimes gravíssimos de organização criminosa e tráfico de drogas, sendo, inclusive, investigados grandes empresários do Estado. Considerando o fato de que o juiz titular do órgão estaria afastado de licença médica há muitos anos, diversos juízes participaram do feito: João proferiu decisões autorizando medidas cautelares antes mesmo da denúncia; Jorge foi o responsável pelo recebimento da denúncia e por analisar o teor das respostas à acusação apresentadas pela defesa; José participou da audiência de instrução e interrogatório dos réus. Após apresentação das alegações finais, diante da complexidade do processo e dos inúmeros volumes, o Tribunal de Justiça decidiu criar uma 5ª Vara Criminal especificamente para julgamento desse processo, impedindo que a 1ª Vara Criminal tivesse seu processamento dificultado pela dedicação do magistrado que lá atuava à sentença que deveria ser produzida. Com a sentença publicada, a 5ª Vara Criminal seria extinta. Com base na situação exposta, a criação da 5ª Vara Criminal com o objetivo de proferir sentença no processo complexo:

(A) é válida, mas não poderá ela ser extinta logo após a sentença ser publicada em razão da possibilidade de recursos;

(B) não é válida, cabendo a João proferir a sentença em razão do princípio da identidade física do juiz;

(C) é válida, podendo ela ser extinta logo após a publicação da sentença, nos termos previstos no ato do Tribunal de Justiça;

(D) não é válida, cabendo a Jorge proferir a sentença em razão do princípio da identidade física do juiz;

(E) não é válida, cabendo a José proferir a sentença em razão do princípio da identidade física do juiz.

06. (CESPE – PC-MA – Perito Criminal – 2018) Assinale a opção correta acerca das responsabilidades do perito oficial e das exigências técnicas e procedimentais inerentes ao exercício desse cargo.

(A) Os peritos oficiais, em cada laudo elaborado, terão de consignar o compromisso de bem e desempenhar fielmente o encargo.

(B) O laudo pericial, nos termos da legislação processual penal, deverá ser elaborado no prazo máximo de trinta dias, prorrogável por igual período.

(C) A intimação de peritos para oitiva em juízo deverá ser feita com antecedência mínima de dez dias em relação à data do procedimento judicial.

(D) No âmbito da investigação policial, o perito oficial deve se subordinar técnica e funcionalmente à autoridade policial que presidir o inquérito policial.

(E) A elaboração de laudo pericial por profissional sem a devida habilitação legal tornará nula a prova somente se ficar demonstrada a ocorrência de prejuízo à parte interessada.

32. GABARITO ANOTADO

01 – E

Vide:

02 – ERRADO

Vide:

- Arts. 252 e 254, ambos do CPP.

03 – D

Vide:

- Súmula 245, STF.
- Súmula 393, STF.
- Súmula Vinculante 11.
- Súmula Vinculante 14.
- Súmula Vinculante 35.

04 – A

Vide:

- Arts. 252 e 254, ambos do CPP.

05 – E

Vide:

- Art. 399, §2º, CPP.

06 – C

Vide:

- Art. 159, §5º, CPP.
- Art. 563, CPP.
- Art. 564, IV, CPP.

33. QUESTÕES DISCURSIVAS COM COMENTÁRIOS

01. (Defensor Público Estadual – RO – 2009 – FMP) Disserte, de forma objetiva, sobre a figura do assistente de defesa, indicando o(s) indivíduo(s) legitimado(s) à habilitação, o(s) sujeito(s) beneficiário(s) dessa assistência e o(s) âmbito(s) da persecução em que a assistência será prestada.

Resposta

Primeiramente, é importante ressaltar que a figura do assistente de defesa não foi disciplinada na legislação. Não obstante, na análise da Lei nº 9.099/95, que trata do Juizados Especiais em âmbito estadual, verificamos que para a audiência preliminar, comparecerão, além do autor do fato e a pretensa vítima, o eventual responsável civil pelos danos causados, todos acompanhados por advogado. Note-se, portanto, que a efetiva atuação do responsável civil, conduzindo a composição para a satisfação dos interesses patrimoniais da vítima, tendo repercussão direta na situação jurídica do infrator, permite-nos concluir que figura como verdadeiro assistente da defesa. Outrossim, no mesmo sentido encontramos a previsão do art. 49 da Lei nº 8.906/94 (Estatuto da Advocacia), que autoriza, de forma expressa, a assistência da OAB, também, do advogado que seja réu ou querelado, referindo-se à intervenção em inquéritos e processos em que sejam indiciados (nítida hipótese criminal), acusados ou ofendidos (em igual prisma) os inscritos na Ordem dos Advogados do Brasil, conforme nos ensina Guilherme de Souza Nucci (Manual de processo penal e execução penal. 7. ed. São Paulo: RT, 2011. p. 565)

02. (Analista – MPE-SP – 2013 – IBFC) O assistente da acusação pode recorrer da sentença prolatada no procedimento que apurou a prática de ato infracional?

Resposta

A questão, embora mais pertinente ao Direito da Criança e do Adolescente, também se relaciona ao processo penal, tendo em vista o seu enfoque na atuação do assistente de acusação.

Primeiramente, segundo a Lei nº 8.069/1990 (ECA), a figura do assistente de acusação é estranha aos procedimentos recursais da Justiça da Infância e Adolescência. Ademais, conforme o art. 198 do mesmo Diploma Legal, nos procedimentos afetos à Justiça da Infância e da Juventude, adotar-se-á a sistemática recursal do Código de Processo Civil (CPC), não havendo previsão legal para aplicação das normas previstas no Código do Processo Penal (CPP). Assim, a disciplina estabelecida no do CPP não tem aplicabilidade nos procedimentos regidos pelo ECA, que possui caráter especial, faltando, destarte, legitimidade ao apelo interposto por assistente de acusação, por manifesta ausência de previsão legal.

Capítulo XVII

Atos de Comunicação Processual

Sumário • 1. Formas de comunicação processual – 2. Citação – 3. Espécies de citação – 4. Citação pessoal – 5. Requisitos do mandado de citação – 6. Horário e local da citação – 7. Citação por carta precatória – 8. Citação em caso de urgência e carta precatória eletrônica – 9. Citação do militar – 10. Citação do acusado preso – 11. Citação do funcionário público – 12. Citação no estrangeiro – 13. Citação por edital – 14. Citação por hora certa – 15. Intimação – 16. Notificação – 17. Intimações do Ministério Público e da Defensoria Pública – 18. Intimação do defensor dativo e do advogado – 19. Fluência e contagem dos prazos – 20. Suspensão do prazo da advogada adotante ou que se tornar mãe – 21. Intimação em audiência – 22. Regras especiais de intimação em matéria processual penal – 23. Intimação do acusado preso – 24. Intimação por carta – 25. Revelia e suspensão do processo penal – 26. Comunicações processuais eletrônicas – 27. Quadro sinótico – 28. Súmulas do STJ – 29. Súmulas do STF – 30. Questões de concursos públicos – 31. Gabarito anotado – 32. Questões discursivas com comentários

1. FORMAS DE COMUNICAÇÃO PROCESSUAL

A comunicação processual pode se dar por meio de atos distintos, que serão praticados conforme a sua finalidade. Assim, os atos de comunicação poderão revestir o caráter de citação, intimação ou notificação. O Código de Processo Penal não é uniforme na indicação do nome de cada um desses atos. A definição deles é dada pela doutrina.

Enquanto a citação visa dar ciência de imputação ao acusado, chamando-o a se defender, a intimação é a comunicação à parte de que foi praticado um ato no processo. A notificação, a seu turno, é a comunicação para que a parte ou o interessado adote uma conduta positiva, ou seja, realize uma atividade, um fazer necessário ao andamento regular do processo.

As comunicações processuais são "garantias individuais do cidadão frente ao Estado", construídas "à luz dos princípios constitucionais", sob a limitação de "valores constitucionais" e com "seus contornos definidos por um processo legislativo democrático"[1]. Com efeito, os atos de comunicação processual conferem efetividade ao art. 5º, incisos LIV e LV, da Constituição, que consagraram o devido processo legal, a ampla defesa e o contraditório como direitos fundamentais.

1. AZEVÊDO, Bernardo Montalvão Varjão de. *A importância dos atos de comunicação processual para o processo penal*: o esboço de uma teoria geral e uma análise descritiva. Rio de Janeiro: Lumen Juris, 2008. p. 204-205.

2. CITAÇÃO

Citação é o ato pelo qual o réu toma ciência dos termos da acusação, sendo chamado a respondê-la e a comparecer aos atos do processo, a começar, via de regra, pela resposta preliminar à acusação. A citação é providência essencial à validade do processo. A falta de citação é causa de **nulidade absoluta**, da qual decorre a **invalidação** do processo.

No entanto, esse vício pode ser suprido pelo comparecimento voluntário do acusado (art. 570, CPP), oportunidade em que correrá **substituição** dos efeitos do ato viciado ou da falta dele, pelo fato processual do comparecimento espontâneo.

A ação de nulificar a citação viciada é denominada de **circundução**, consistindo no ato pelo qual se decreta a invalidação da citação, sustando sua eficácia. Por outro lado, quanto à citação invalidada, teremos **citação circunduta**[2].

Uma vez realizada escorreitamente, a citação tem o efeito de completar a instância, com a formação efetiva da relação jurídica processual. Nesse sentido, o art. 363, *caput*, CPP (com redação dada pela Lei nº 11.719/2008), estatui que o processo terá completada a sua formação quando realizada a citação do acusado.

O ato citatório eficaz tem o condão de reputar revel o acusado que não atender o seu chamado para se defender, persistindo contumaz, ou que não comunicar alteração de residência. A revelia no processo penal, no entanto, refere-se ao aspecto de fato, porquanto não deve decorrer dela efeitos jurídicos negativos ao acusado.

Diferentemente do processo civil, a citação no processo penal não é causa interruptiva da prescrição, nem previne a jurisdição. O recebimento da denúncia ou da queixa é que é causa interruptiva (art. 117, I, CP) e a prevenção se dá com a admissibilidade da inicial, ou com a distribuição, nas comarcas com pluralidade de varas.

3. ESPÉCIES DE CITAÇÃO

A citação pode se classificar em real (pessoal) ou ficta (presumida). No processo penal, a citação real ocorre através de oficial de justiça (por mandado, precatória, requisição, rogatória ou carta de ordem), enquanto a citação ficta pode ser tanto a editalícia quanto a por hora certa.

Não é válida a citação pelo correio no processo penal. Tampouco existe previsão de citação por e-mail ou por telefone. De igual modo, é vedada, nos termos do art. 6º, da Lei nº 11.419/2006, a citação por meio eletrônico.

4. CITAÇÃO PESSOAL

A citação por mandado é a regra geral do Código de Processo Penal, que é excepcionada pelas disposições concernentes à citação do militar (art. 358, CPP) e à citação levada a efeito em legação estrangeira (arts. 352, 368-369, CPP). A citação por mandado é realizada pelo oficial de justiça, não havendo previsão para que se dê através do escrivão ou do diretor de secretaria.

2. CAPEZ, Fernando. *Curso de processo penal*. 6. ed. São Paulo: Saraiva, 2001. p. 525.

5. REQUISITOS DO MANDADO DE CITAÇÃO

O mandado é revestido de formalidades intrínsecas, nos termos do art. 352, do CPP, notadamente, com a indicação do nome do juiz, do querelante (quando a ação for de iniciativa privada), do acusado (ou de seus sinais característicos), da residência do réu, da finalidade, o juízo de comparecimento do réu e a subscrição do escrivão com o visto do juiz.

O mandado é acompanhado de cópia da denúncia ou da queixa-crime, para ser entregue ao acusado (a chamada contrafé). O oficial de justiça realizará a citação, fazendo a leitura do mandado e exarando certidão, provida de fé pública, da mesma forma que o fará quando as diligências envidadas não forem frutíferas.

6. HORÁRIO E LOCAL DA CITAÇÃO

Quanto ao horário para a realização de citação, qualquer dia e hora são permitidos, não se realizando, contudo, "durante a noite, se o réu estiver em seu domicílio, por conta, inclusive, da inacessibilidade garantida, constitucionalmente, ao local", pouco importando, fora dessa hipótese, "ser noite ou dia", dada à urgência da citação criminal. Não há ressalvas no Código de Processo Penal, como as preconizadas pelo art. 244, do CPC, que veda a realização da citação durante culto religioso, por exemplo.

Sem embargo, a prudência, lastreada no princípio da necessidade da realização do ato citatório, deve permear a diligência do oficial de justiça, com a sua realização em prazo razoável antes da data de audiência. Apesar deste nosso entendimento, os Tribunais Superiores têm decidido pela necessidade de demonstração do prejuízo, diante da alegação de nulidade absoluta por ter ocorrido a citação no mesmo dia do interrogatório[3].

Para nós, trata-se de exemplo de prejuízo presumido por lei, mormente quando evidente a limitação à defesa do réu, malferindo o direito à ampla defesa.

7. CITAÇÃO POR CARTA PRECATÓRIA

A citação pode se dar por carta precatória, nos termos do art. 353, do CPP. Cuida-se das hipóteses onde o réu residir em comarca distinta da jurisdição do juiz do processo-crime. A precatória deverá conter a indicação do juiz deprecado e do deprecante, a sede da jurisdição de cada um, a finalidade e o local de comparecimento do acusado.

No juízo deprecado, uma vez exarado o "cumpra-se", a citação é realizada pelo oficial de justiça conforme as regras da citação por mandado ou, se restar configurada situação prevista no art. 362, do CPP, consoante os ditames da citação com hora certa. Da emissão da carta precatória, devem ser intimados o acusado e o seu defensor.

Se o juízo deprecado também não tiver jurisdição sobre o local da residência do citando ou se este mudou de residência para localidade conhecida, a precatória ganhará contornos itinerantes, ou seja, bastará que o juízo deprecado remeta a precatória para o juízo com competência para fazer a citação, comunicando ao deprecante, se ainda em tempo hábil

3. STJ – Sexta Turma – AgRg no HC 167.739/MG – Rel. Min. Antonio Saldanha Palheiro – DJe 02 ago. 2018.

para ser cumprida. É o que a doutrina convencionou chamar de **precatória itinerante**, que tem previsão legal, a teor do art. 355, § 1º, CPP.

8. CITAÇÃO EM CASO DE URGÊNCIA E CARTA PRECATÓRIA ELETRÔNICA

Em casos de urgência, é plausível que seja admitida a precatória telegráfica ou por meios eletrônicos. A carta precatória, aliás, pode ser expedida eletronicamente, de forma preferencial, nos termos da Lei nº 11.419/2006.

9. CITAÇÃO DO MILITAR

A teor do art. 358, do CPP, a citação do militar dar-se-á por intermédio do chefe do respectivo serviço, devendo o militar ser requisitado quando estiver fora de sua sede. Isso se deve em homenagem à hierarquia militar e a inviolabilidade do quartel[4].

A citação, também nessa hipótese, será, em regra, para que o acusado ofereça resposta escrita à acusação, em dez dias (art. 396, CPP). Nas hipóteses que ainda sobejaram de citação para o interrogatório ou mesmo de intimação para que o militar compareça à audiência de instrução e julgamento, onde se dará o seu interrogatório, entendemos que sua presença não deve ser tida por obrigatória, não se impondo ao acusado **condução coercitiva** para o fim de ser interrogado.

Sobre o ponto, o STF reconheceu a não recepção, por inconstitucional, da expressão "para o interrogatório" contida no art. 260, do CPP. Vale dizer, não é admitida a condução coercitiva do acusado para fins de ser interrogado[5].

Não há sentido em compelir o réu a ser conduzido coercitivamente, se a ele é assegurado o direito ao silêncio e garantia que veda obrigar alguém a se autoincriminar. Quanto à especificidade de ser o acusado militar, se a sua falta ao ato processual tiver ocorrido por culpa do chefe do serviço, poderá haver, conforme a hipótese, responsabilidade criminal. Não se deve aplicar a revelia ao réu em tal caso. De outro lado, a citação do militar por edital e a com hora certa só podem ocorrer de forma justificada, sendo indispensável, quanto à primeira, a realização de diligências para localizá-lo, não bastando, por exemplo, a sua condição de desertor.

A citação do militar que falamos até aqui é a para responder ao processo penal.

A Lei nº 13.964/2019 trouxe outra modalidade de citação, inconfundível com a que nós estamos estudando, incluindo ao Código, o art. 14-A, e parágrafos. Trata-se da citação do investigado acerca da instauração de procedimento investigatório. Somente é admitida quando aquele se cuidar de servidor vinculado às instituições de segurança pública e o objeto for relacionado à investigação de fatos com o uso da força letal praticado no exercício profissional. Essa citação, de natureza administrativo-investigativa, é para constituir defensor, no prazo de quarenta e oito horas do recebimento da citação. A hipótese desiguala os investigados, tratando de maneira privilegiada aquele que seja vinculado à instituição

4. NUCCI, Guilherme de Souza. *Código de processo penal comentado*. 3. ed. São Paulo: RT, 2004. p. 601.
5. STF – Pleno – ADPF's 395/444-DF – Rel. Min. Gilmar Mendes – julgado em 13 e 14.6.2019 – Informativo nº 906, de 11 a 15 de junho de 2018.

de segurança pública. Compreendemos que, no ponto, o enunciado é inconstitucional e anti-isonômico.

10. CITAÇÃO DO ACUSADO PRESO

Se o acusado estiver preso, a sua citação será feita pessoalmente, com a comunicação da audiência ao diretor do estabelecimento prisional. A citação, em regra será para oferecer resposta escrita à denúncia ou à queixa, em dez dias. A comunicação processual ao diretor do presídio ainda se impõe para o fim de ser providenciada a presença do acusado à audiência de instrução e julgamento, no âmbito da qual poderá ser realizado o seu interrogatório, assegurando-lhe o direito ao silêncio. Averbe-se, portanto, que o preso será citado pessoalmente, e não por meio do diretor do estabelecimento prisional (art. 360, CPP).

11. CITAÇÃO DO FUNCIONÁRIO PÚBLICO

Por sua vez, o funcionário público deve ser citado pessoalmente, por mandado, com a comunicação ao chefe da repartição. Esta comunicação só é plausível quando da designação da audiência de instrução e julgamento, diante da correlata ausência do funcionário do serviço. O seu superior, em homenagem à continuidade do serviço público, providenciará a substituição do funcionário faltante. Como, de regra, a citação tem por objetivo convocar o réu a apresentar defesa escrita, a comunicação ao chefe da repartição subsiste apenas diante da marcação da audiência de instrução e julgamento.

12. CITAÇÃO NO ESTRANGEIRO

Outrossim, o réu no estrangeiro ou em legação estrangeira, em lugar sabido, será citado por carta rogatória, com a suspensão do prazo prescricional até o seu efetivo cumprimento (art. 368, CPP), seguindo-se as vias diplomáticas. Já se o infrator está no estrangeiro em endereço desconhecido pela autoridade, será citado por edital. Com a previsão da realização de interrogatório e da tomada de depoimento testemunhal por videoconferência e de acordo com as novas disposições conferidas pela Lei nº 11.900/2009, a emissão de carta rogatória se tornou medida excepcional, porquanto ela só será expedida se demonstrada previamente a sua imprescindibilidade, arcando a parte requerente com os custos de envio.

Ademais, tanto nos casos de emissão de carta precatória quanto de rogatória, será possível a realização do ato por meio de videoconferência ou de outro recurso tecnológico de transmissão de sons e imagens em tempo real, permitida a presença do defensor e podendo ser realizada, inclusive, durante a realização da audiência de instrução e julgamento.

Quando o processo criminal tramitar em tribunal, a citação será efetivada mediante **carta de ordem**, que é uma forma de citação, semelhante à precatória, que ganha esse nome em face da superioridade do grau de jurisdição do órgão colegiado *ad quem*.

13. CITAÇÃO POR EDITAL

Prevista nos artigos 362 e seguintes, do Código de Processo Penal, a citação por edital é de natureza ficta e deve ocorrer em situações excepcionais, decorrentes da impossibilidade de encontrar o réu, a exemplo do que se dá com a mudança de residência.

A citação editalícia será realizada quando o acusado não for encontrado. Entrementes, a presunção de que o acusado está ciente da acusação, com a citação editalícia, foi desfeita pelas alterações supervenientes do Código. O sistema processual penal brasileiro não presume a ciência da imputação pelo acusado citado por edital.

Uma vez citado por edital o réu, o seu não comparecimento determina a suspensão do processo e do curso do prazo prescricional pelo tempo abstratamente fixado para o delito prescrever. O processo, no entanto, voltará a correr se o réu citado por edital, em qualquer tempo, comparecer, caso em que se observará o rito preconizado por lei.

Todo edital tem um prazo de dilação. Prazo de dilação é o tempo que deve correr entre a publicação do edital e a data em que se considera efetivado o ato processual. Vale dizer, a citação não está perfeita com a simples publicação do edital. A citação por edital é ato complexo que só se perfaz com a sua publicação e com o decurso do prazo de dilação consignado no edital. Exemplificando, se for fixado um prazo de cinco dias para a prática de um ato processual, o termo inicial desse prazo só ocorrerá após a dilação constante do edital.

O Código de Processo Penal estabelece **prazos de dilação** diferentes, bem como hipóteses específicas para citação por edital. A regra geral é a de que se o réu não for encontrado, será citado por edital, com o **prazo de quinze dias**. A ocultação do acusado para frustrar a citação pessoal não mais autoriza a citação por edital, com prazo de cinco dias, porém permite a realização da citação com hora certa, de acordo com o art. 362, do CPP.

É inconcebível dúvida quanto à individualização do acusado para fins de citação por edital. A sua identificação, com os sinais característicos que possam diferenciá-lo dos demais deve estar relatada na inicial acusatória (art. 41, CPP). Já a incerteza de localização, por ter o infrator vida itinerante, pode permitir a realização da citação editalícia, em consonância com o art. 361, do CPP.

O edital de citação deve conter requisitos específicos, de acordo com o art. 365, CPP, quais sejam: o nome do juiz que a ordenou, o nome do acusado ou características que possam identificá-lo, a finalidade da citação, o juízo com horário para comparecimento e o prazo de dilação contado da publicação na imprensa ou da afixação em local apropriado. "A prova da publicação em jornal é feita pela juntada da página onde ela se acha, aos autos, ou pela certidão do escrivão em que constará a página e a data da publicação"[6].

O edital, em suma, deve ser o mais completo possível, de preferência com a transcrição da narrativa da denúncia. Todavia, a jurisprudência tem se contentado com a simples indicação do tipo penal no qual se encontra incurso o acusado, dispensada menção à síntese fática da peça acusatória. Corroborando tal entendimento manifesta-se o STF, na sua Súmula nº 366, aduzindo que não é nula a citação por edital que indica o dispositivo da lei penal, embora não transcreva a denúncia ou a queixa, ou não resuma os fatos em que se baseia.

De outro lado, deve ser constatada a efetiva necessidade da citação editalícia, fazendo-a preceder, por cautela, de diligências, para que não seja ela realizada quando possível citação pessoal ou com hora certa. Nesse sentido, o enunciado 351, da Súmula do STF,

---

6. MIRABETE, Julio Fabbrini. *Processo penal*. São Paulo: Atlas, 2003. p. 435.

estatui que é nula a citação por edital de réu preso na mesma unidade da Federação em que o juiz exerce a sua jurisdição.

Nos Juizados Especiais, por sua vez, não é admitida citação por edital, pois esta é incompatível com a ideia de celeridade do procedimento. Se o infrator não for encontrado para ser citado pessoalmente, ou se o ato não for realizado no próprio juizado, os autos serão remetidos ao juízo comum (art. 66, parágrafo único, Lei nº 9.099/1995). Já a citação por hora certa, em tese, guarda compatibilidade com o rito dos juizados especiais criminais, eis que foi instituída para conferir efetividade a princípios como o da celeridade, o da economia processual e o da simplicidade, também sufragados no texto da Lei nº 9.099/1995. Todavia, percebendo-se que o ato pode ocasionar procrastinação do procedimento, deve-se remeter os autos ao juízo comum.

14. CITAÇÃO POR HORA CERTA

O legislador da reforma processual penal realizada pela Lei nº 11.719/2008, inaugurou a possibilidade de citação com hora certa no processo penal, reduzindo os casos de citação por edital que, não raras vezes, ensejam crise de instância (suspensão do processo, art. 366, CPP). A teor do art. 362, CPP, se o oficial de justiça verificar que o réu se oculta para não ser citado, deve certificar a ocorrência e proceder à citação com hora certa, nos termos do estatuído nos artigos que atualmente correspondem aos 252 a 254, do CPC. Uma vez completada a citação com hora certa, se o acusado não comparecer, ser-lhe-á nomeado defensor dativo (parágrafo único, art. 362, CPP) ou intimada a Defensoria Pública, preenchidos os requisitos legais.

A citação com hora certa deve obedecer às cautelas dos referidos artigos do CPC. Deve-se permitir o conhecimento efetivo da acusação pelo réu. O autorizativo legal não pode servir de comodidade para que o oficial de justiça realize o ato citatório sem diligenciar o paradeiro do acusado. O regramento do CPC é rigoroso, evitando dispensa indevida de tão importante ato de comunicação processual.

José Carlos Barbosa Moreira explica que a citação com hora certa pressupõe frustração de tentativas "de encontrar o réu no domicílio ou residência e mais a suspeita de estar-se ele ocultando para frustrar diligência". Não é bastante a dúplice procura, sem sucesso, no domicílio ou residência indicado no mandado. Não havendo razão de suspeita, "cumpre ao oficial voltar outras vezes ou procurar o citando noutro local em que se afigure mais fácil encontrá-lo". Estando presentes os pressupostos legais, "deve o oficial intimar qualquer pessoa da família – ou, em sua falta, algum vizinho capaz de transmitir ao citando o aviso – de que voltará no dia seguinte (ou se não for possível, noutro dia marcado, tão breve quanto o seja), em hora fixada, a fim de efetuar a citação"[7].

Independentemente de novo despacho nos autos, o oficial de justiça retornará no dia e horário informado (cuidando para não se atrasar e ser necessária nova intimação da pessoa da família ou vizinho), quando poderá citar pessoalmente o acusado ou, não o encontrando, inteirar-se das razões da ausência. Caso conclua que há motivo justo para tanto, ficará sem efeito a designação de dia e hora, marcando nova data e hora, salvo se negativamente apontarem as circunstâncias.

7. MOREIRA, José Carlos Barbosa. *O novo processo civil brasileiro*: exposição sistemática do procedimento. 24. ed. Rio de Janeiro: Forense, 2006. p. 29-30.

Diversamente, se a ausência ratificar a suspeita de ocultação (e apenas nesta hipótese), o oficial dará por efetuada a citação, ainda que o citando tenha se deslocado para o território de outra comarca, e deixará a contrafé da certidão da ocorrência com pessoa da família ou vizinho do réu, declarando-lhe o nome. Não é necessário que se cuide da mesma pessoa com quem fora deixado o aviso a que se reporta o art. 252, *caput*, do CPC.

O CPC exige que o oficial de justiça realize **duas tentativas sem êxito** (em virtude de estar o réu se ocultando), após o que estará autorizado a proceder à citação com hora certa. Com efeito, o seu art. 252, reza que quando, por duas vezes, o oficial de justiça houver procurado o citando em seu domicílio ou residência sem o encontrar, deverá, havendo suspeita de ocultação, intimar qualquer pessoa da família ou, em sua falta, qualquer vizinho de que, no dia útil imediato, voltará a fim de efetuar a citação, na hora que designar.

Em seu art. 253 e parágrafos, o CPC estabelece o uso de correspondência eletrônica para completar a citação com hora certa, não se limitando à carta com aviso de recepção. Daí dispor que, no dia e na hora designados para seu retorno, o oficial de justiça, independentemente de novo despacho, comparecerá ao domicílio ou à residência do citando a fim de realizar a diligência.

Se o citando não estiver presente, o oficial de justiça procurará informar-se das razões da ausência, dando por feita a citação, ainda que o citando se tenha ocultado em outra comarca, seção ou subseção judiciárias. Esclarece o legislador que a citação com hora certa será efetivada mesmo que a pessoa da família ou o vizinho que houver sido intimado esteja ausente, ou se, embora presente, a pessoa da família ou o vizinho se recusar a receber o mandado. Em arremate, da certidão da ocorrência, o oficial de justiça deixará contrafé com qualquer pessoa da família ou vizinho, conforme o caso, declarando-lhe o nome.

Vale lembrar que não há aplicação de efeitos da revelia no direito processual penal.

Uma vez feita a citação com hora certa, o escrivão ou chefe de secretaria enviará ao réu, executado ou interessado, no prazo de dez dias, contado da data da juntada do mandado aos autos, carta, telegrama ou correspondência eletrônica, dando-lhe de tudo ciência. O texto exclui a menção a radiograma e segue a linha de autorizar comunicações por intermédio de meios tecnológicos digitais (Lei nº 11.419/2006). No mais, averba que a citação por hora certa se dará tanto na hipótese de se ocultar em outra comarca, como em outra seção judiciária da justiça federal.

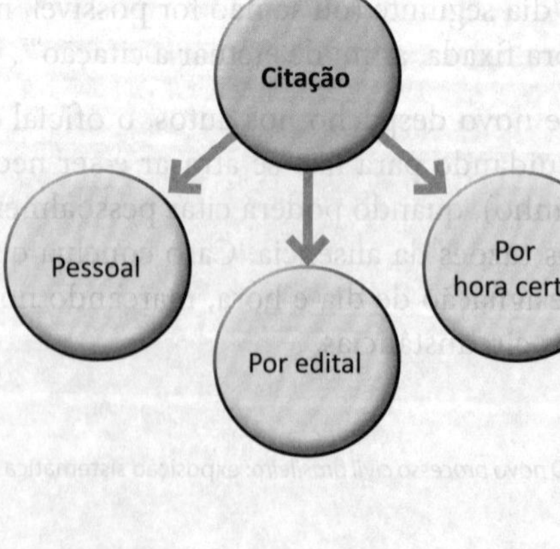

15. INTIMAÇÃO

A ciência da prática de um ato processual nos autos é dada à parte através de uma intimação. Intimação, assim, pressupõe fato processual já consumado e cuja ciência ao interessado é reclamada para o fito de serem produzidos validamente seus efeitos legais.

16. NOTIFICAÇÃO

A notificação, distintamente, é a ciência que é dada ao interessado de seu dever ou de seu ônus de praticar um ato processual ou de adotar determinada conduta, pressupondo um fazer, um comportamento positivo, tal como ocorre com a comunicação de designação de ato processual a que deva a parte comparecer.

A intimação e a notificação têm em comum com a citação a característica de servir de comunicação processual. A falta de intimação da prática de algum ato processual se classifica, em regra, como nulidade absoluta, por ferir a ampla defesa. Cabível será, nessa hipótese, a impetração de *habeas corpus* ou, se ao crime não for cominada pena privativa de liberdade, de mandado de segurança.

17. INTIMAÇÕES DO MINISTÉRIO PÚBLICO E DA DEFENSORIA PÚBLICA

As intimações do Ministério Público e da Defensoria Pública são pessoais.

Leva-se em conta o volume de trabalho desses órgãos para se respaldar o tratamento diferenciado de maneira a atender o princípio isonômico. Não obstante, uma diferença há na intimação pessoal do Ministério Público. Ela é procedida mediante a entrega dos autos, isto é, com carga. Já a intimação da Defensoria Pública, conquanto pessoal, é feita por mandado, sem carga dos autos.

Entretanto, se houver necessidade, devem ser remetidos os autos à Defensoria Pública, nos termos do art. 44, inciso I, da LC nº 80/1994, que reza que a entrega dos autos com vistas será realizada sempre que preciso for. Exige-se aqui prudência, para que a prerrogativa não fique no esquecimento. O mais adequado é que os autos sempre sejam entregues com vistas, como ocorre com o MP, preservando-se a isonomia de tratamento.

18. INTIMAÇÃO DO DEFENSOR DATIVO E DO ADVOGADO

Já em relação ao advogado dativo, nomeado pela autoridade, este também será intimado pessoalmente, porém sem carga dos autos, isto é, sua intimação deve se dar por mandado.

Por sua vez, a intimação do advogado constituído, pelo réu ou querelante, e do assistente, será feita pela imprensa (Diário Oficial). Nas comarcas onde não exista tal recuso, a intimação será realizada por mandado, por via postal, ou qualquer outro meio idôneo.

Eventual dúvida que recair sobre a eficácia do ato de comunicação processual, deve ser resolvida à luz do princípio da presunção de inocência, por ser este considerado postulado estruturante para um processo penal não autoritário (interpretação conforme à Constituição). Note-se que a ampla defesa e o contraditório são princípios corolários daquele.

O direito subjetivo da defesa à efetiva comunicação dos atos processuais penais é regra adjunta àqueles princípios. A interpretação aí deve ser extensiva, vale dizer, não deve ter lugar uma exegese limitativa de direitos individuais do imputado. Desse modo, entendemos inadmissível entender como eficaz a intimação do réu quando a publicação na imprensa se deu de maneira inexata. Na jurisprudência, todavia, encontramos julgado que, relativizando as nulidades processuais absolutas, admite a validade de intimação efetuada no nome de advogado falecido, em razão de outro advogado existir nos autos, do mesmo escritório[8].

19. FLUÊNCIA E CONTAGEM DOS PRAZOS

A expressão "contagem do prazo" deve ser usada com sentido diverso de "fluência do prazo", a fim de distinguir os fenômenos envolvidos na comunicação dos autos processuais. **Fluência** é o termo inicial do lapso demarcado pela comunicação do ato à parte. **Contagem** é a unidade de tempo a partir da qual se inclui o cômputo do prazo estipulado por lei, geralmente fixado em dias.

No STJ, vem sendo reiterado posicionamento quanto à isonomia relativa à fluência do prazo para o Ministério Público e para a Defensoria Pública. Nessa toada, o termo inicial da contagem do prazo para impugnar decisão judicial é, para o Ministério Público, a data da entrega dos autos na repartição administrativa do órgão, sendo irrelevante que a intimação pessoal tenha se dado em audiência, em cartório ou por mandado[9]. Em outra deliberação, aquele órgão assentou que a data da entrega dos autos na repartição administrativa da Defensoria Pública é o termo inicial da contagem do prazo para impugnação de decisão judicial pela instituição, independentemente de intimação do ato em audiência[10].

Releva fazer menção ao verbete nº 310, da Súmula, do STF, por esclarecer a efetivação de intimações em dias não úteis, ao dizer que quando a intimação tiver lugar na sexta-feira, ou a publicação com efeito de intimação for feita nesse dia, o prazo judicial terá início na segunda-feira imediata, salvo se não houver expediente, caso em que começará no primeiro dia útil que se seguir. Nota-se que o texto desse enunciado se coaduna com o fim comunicativo da intimação, fazendo prevalecer a presunção de que em dias não forenses não há efetiva ciência do ato processual pela parte interessada.

Observe-se que os prazos processuais são contados diferentemente dos lapsos penais, embora corram da intimação. É que sempre se exclui, no âmbito processual penal, o dia do início, para se considerar realizada a intimação no dia seguinte, incluindo, por decorrência, o dia do termo final. Acrescente-se, ademais, que os prazos processuais penais fluem a partir da efetivação, consoante o teor do enunciado nº 710, da Súmula do STF, que aviva que, no processo penal, contam-se os prazos da data da intimação, e não da juntada aos autos do mandado de intimação ou da carta precatória ou de ordem.

Vale frisar que o Código de Processo Penal e a legislação especial correlata têm regras próprias de contagem de prazos. O texto do referido verbete é inclusive expresso ao dizer que os prazos no processo penal são contados da intimação, diversamente dos prazos processuais civis, que têm como termo inicial a data de juntada do respectivo mandado ou carta aos

8. STF – Primeira Turma – HC 138097/SP – Rel. Min. Marco Aurélio, red. p/ o ac. Min. Roberto Barroso - julgamento em 23 out. 2018.
9. STJ – Quinta Turma – AgRg no AREsp 1460381/BA – Rel. Min. Jorge Mussi – DJe 30 set. 2019.
10. STJ – Quinta Turma – EDcl nos EDcl no AgRg no REsp 1625124/ES – Rel. Min. Ribeiro Dantas – DJe 26 mar. 2018.

autos. O princípio da especialidade afasta, no ponto, a incidência das regras do CPC, não havendo que se falar em contagem de prazo em dias úteis no direito processual penal[11]. Por idêntica razão, também nos juizados especiais criminais os prazos não são contados em dias úteis, restrita a alteração legislativa aos órgãos com competência civil. Diferentemente, vigoram as regras do art. 798, CPP, que estatui que todos os prazos correrão em cartório e serão contínuos e peremptórios, não se interrompendo por férias, domingo ou dia feriado.

20. SUSPENSÃO DO PRAZO DA ADVOGADA ADOTANTE OU QUE SE TORNAR MÃE

Se o acusado estiver representado unicamente por advogada adotante ou que se tornar mãe, a fluência dos prazos processuais deve ficar suspensa em seu favor. Nesse sentido, a Lei 13.363/2016 introduziu o art. 7º-A no Estatuto da OAB, sem restrições, sendo aplicável ao processo penal. Tal enunciado afirmou, em seu inciso IV, o direito da advogada adotante ou que der à luz, à suspensão de prazos processuais quando for a única patrona da causa, desde que haja notificação por escrito ao cliente.

21. INTIMAÇÃO EM AUDIÊNCIA

Durante o curso do processo penal, a praxe - que se alia ao princípio da economia processual - é a de que as partes saiam cientes das audiências do ato processual praticado, bem como da designação do ato subsequente. Evitam-se, assim, custos com as intimações por oficial de justiça e pela imprensa.

Nas atas das audiências - que são assinadas por todos os presentes -, quando for o caso, já são feitas as consignações de que as partes saem intimadas (art. 372, CPP). No entanto, os órgãos com prerrogativa de intimação pessoal, acrescida de carga dos autos, não serão considerados intimados simplesmente com o encerramento da audiência, diante da formalidade legal essencial.

22. REGRAS ESPECIAIS DE INTIMAÇÃO EM MATÉRIA PROCESSUAL PENAL

Impende observar as regras especiais de intimação, que podem ser realizadas inclusive no curso de férias forenses (art. 797, CPP)[12]. O Código de Processo Penal manda aplicar, no que couber, a disciplina dos atos citatórios (art. 370, CPP), razão pela qual se entende possível a intimação por hora certa no processo penal, a teor do art. 362, do CPP. Aliás, no rito do júri, a intimação da pronúncia do acusado solto poderá ser efetivada inclusive por edital, evitando a crise de instância (suspensão do processo), diante da possibilidade de julgamento do réu que se encontre nessa situação.

23. INTIMAÇÃO DO ACUSADO PRESO

A intimação do réu preso deve ocorrer pessoalmente, mas dando-se ciência ao diretor do estabelecimento onde se encontre, com vistas a providenciar a sua presença aos atos do processo.

---

11. STF – Plenário – Rcl 23045 ED-AgR – Rel. Min. Edson Fachin – julgamento 09 mai. 2019.
12. MIRABETE, Julio Fabbrini. *Processo penal*. São Paulo: Atlas, 2003. p. 439.

24. INTIMAÇÃO POR CARTA

A intimação por carta precatória, rogatória ou de ordem, segue, no que for compatível, os regramentos da citação através desse meio. Depois de emitida a carta, com o mandado já incluso, seguirá as regras da intimação pessoal, no juízo deprecado.

O juízo deprecante deve emitir a carta acompanhada dos documentos necessários ao seu cumprimento. Se o objetivo da carta precatória é a oitiva de testemunha que resida em local diverso do juízo processante, as partes devem ser intimadas da sua emissão, a teor do verbete sumular nº 155, do STF.

Nos termos preconizados pelo enunciado nº 273, da Súmula, do STJ, uma vez intimada a defesa da expedição da carta precatória, torna-se desnecessária intimação da data da audiência no juízo deprecado. Deste modo, ficaria a cargo da defesa acompanhar o andamento processual na sede do juízo deprecado para, querendo, participar do ato.

Todavia, se o réu for assistido pela Defensoria Pública e, na sede do juízo deprecado, a instituição estiver estruturada, é necessária a sua intimação, acerca do dia da audiência designada.

A falta de intimação do advogado sobre a expedição da carta precatória prejudica o direito do réu à ampla defesa. Entendemos que se cuida de **nulidade absoluta**, por ser a defesa ampla elemento essencial ao processo. De tal sorte, verificado o vício, deve ser decretada a **invalidação** do processo, a partir da sua ocorrência. Os tribunais, entrementes, têm exigido a comprovação de prejuízo à parte, entendendo se cuidar de **nulidade relativa**[13].

25. REVELIA E SUSPENSÃO DO PROCESSO PENAL

A revelia é a rebeldia do acusado que, embora chamado, não atende ao chamado do juízo. A revelia decorre da contumácia do acusado que, ciente da imputação, não comparece para se defender.

Uma vez declarada a revelia, o juiz deverá declará-la.

No entanto, em matéria penal, não serão aplicados os efeitos da revelia, ressalvados alguns, periféricos, como a decretação da quebra de fiança, por ausência a ato processual, assegurados o contraditório e a ampla defesa.

No mais, o réu não deve sofrer consequências a ele negativas em razão de sua ausência. Não deve ser reputado confesso, não deve ser acatada a acusação. Deve a ele ser dado defensor, caso não o constitua. Vigoram, no ponto, a presunção da não culpabilidade, a ampla defesa que lhe deve ser assegurada, o direito ao silêncio e outras garantias fundamentais.

De tal sorte, o acusado deve ser intimado dos atos processuais subsequentes, mormente daqueles que desafiam recurso. Por exemplo, o réu revel deve ser intimado da designação da audiência, porquanto se cuida de ato capaz de produzir decisões recorríveis. Ele deve ser, também, intimado da sentença, já que tem legitimidade para recorrer, sem advogado, exercendo postulação leiga.

13. STJ – Quinta Turma = AgRg no RHC 73.161/MA – Rel. Min. Ribeiro Dantas – DJe 13 dez. 2019.

O comparecimento do réu em momento ulterior, faz cessar a revelia, não tendo, porém, o condão de eliminar os fatos processuais já produzidos sem a presença do acusado. Este passará a participar do processo, conforme o estado em que se encontre, sem prejuízo, contudo, da necessidade de seu interrogatório ao final da instrução ou em grau de recurso.

Como se depreende, a revelia no processo penal opera efeitos bem mais reduzidos que no processo civil. Podemos dizer que a rebeldia é **fenômeno de fato** no processo penal, cujas consequências não podem suprimir as garantias constitucionais. No direito argentino, Júlio Maier observa que a rebeldia processual penal "não conduz normalmente (exceção: os recursos) à perda de faculdades ou a eximir outros sujeitos processuais de seu dever de investigar autonomamente a verdade acerca da imputação, senão que tem repercussão, unicamente, sobre as medidas de coerção e o trâmite do procedimento"[14].

O CPP prevê a revelia nas seguintes hipóteses:

(1) no âmbito do júri, quando o acusado, regularmente intimado, deixar de comparecer à sessão de julgamento, nos termos do art. 457. Não haverá, nesse caso, **crise de instância**, eis que aquele dispositivo aviva que o julgamento não será adiado pelo não comparecimento do acusado solto, do assistente ou do advogado do querelante, que tiver sido regularmente intimado. Vale dizer, ocorrerá o julgamento sem a sua presença; e

(2) quando o réu, citado ou intimado pessoalmente para qualquer ato processual, deixar de comparecer sem motivo justificado ou, na hipótese de alteração de residência, não comunicar o novo endereço ao juízo, *ex vi* do art. 367, do Código.

Do que dissemos aqui, podemos dividir a revelia em dois aspectos normativos. Ela pode ser **revelia-fato** e **revelia-consequência**.

No processo penal, teremos sempre a possibilidade de **revelia-fato**, caracterizada por não ter o réu atendido o chamado da justiça. No entanto, não haverá revelia-consequência: o réu não pode ser penalizado em sua defesa por ter se revelado contumaz. A ele deve ser assegurada defesa técnica.

Porém, algumas consequências podem ser sentidas pelo réu, diante de sua falta, como anunciamos acima. São hipóteses de **revelia-consequência**:

(1) o quebramento da fiança, com a perda de metade do valor pago a esse título (arts. 338-339, CPP);

(2) a suspensão do processo, regulada pelo art. 366, do CPP, com redação dada pela Lei nº 9.271/1996. Publicada em 18/4/1996, data em que entrou em vigor, a redação daquele dispositivo dita que, se o acusado, citado por edital, não comparecer, nem constituir advogado, ficarão suspensos o processo e o curso do prazo prescricional, podendo o juiz determinar a produção antecipada das provas consideradas urgentes e, se for o caso, decretar prisão preventiva.

A prisão preventiva só poderá ser decretada se presentes os requisitos legais estampados no artigo 312, do CPP, com redação da Lei nº 13.964/2019. Cabe avivar que a prisão preventiva poderá ser decretada como garantia da ordem pública, da ordem econômica,

14. MAIER, Júlio. *Derecho procesal penal argentino*: tomo 1 [vol. a]. Buenos Aires: Hammurabi, 1989. p.210.

por conveniência da instrução criminal ou para assegurar a aplicação da lei penal, quando houver prova da existência do crime e indício suficiente de autoria e de perigo gerado pelo estado de liberdade do imputado.

Se o acusado, **citado por edital**, comparecer, o processo seguirá consoante o rito adequado, nos termos do art. 394, do CPP.

De outro giro, se o réu tiver sido **citado pessoalmente** e, em seguida, tiver se tornado revel, não se aplica a suspensão do processo e do prazo prescricional (art. 366, CPP), devendo prosseguir o processo até a sentença, intimando-se desta o acusado.

Como se depreende, o legislador garantiu o direito de o acusado se defender efetivamente do processo. Daí a previsão de suspensão do prazo prescricional até o seu comparecimento.

Durante a suspensão do processo, a regra é de que não seja antecipada produção probatória. Em casos devidamente justificados – a exemplo da iminência de perecimento da prova –, o juiz, a partir de um critério de necessidade, adequação e proporcionalidade da medida, ordenará a antecipação da produção da prova.

Entendemos que o prazo de prescrição não deverá ficar indefinidamente suspenso.

A doutrina já tinha se fixado no sentido de que o termo final da suspensão era o decurso do tempo correspondente ao prazo prescricional previsto para o crime, consoante as regras do Código Penal. Destarte, uma vez completado o prazo ali previsto com a prescrição suspensa, deveria ser iniciado o curso prescricional propriamente dito, evitando-se que o processo ficasse sem previsão de extinção.

A Súmula nº 415, do STJ, orienta que o período de suspensão do curso do prazo prescricional deve ser regulado pelo máximo da pena cominada à infração penal. Sobre o ponto, diverge o STF, reputando que não se trata de caso de imprescritibilidade de delito criado legalmente, razão pela qual a prescrição deve ficar suspensa até ulterior comparecimento do acusado ou constituição de advogado por ele.

Ainda segundo o STJ, no enunciado nº 455, de sua Súmula, a decisão que determina a produção antecipada de provas com base no art. 366 do CPP deve ser concretamente fundamentada, não a justificando unicamente o mero decurso do tempo. A urgência deve embasar a medida, notadamente nas hipóteses de iminente perecimento ou desaparecimento da prova que se pretende produzir (art. 225, CPP), o que exige devida motivação, evitando assim uma instrução enquanto pende a suspensão do processo, agravada pela ausência do réu. A deliberação judicial autorizando ou denegando a antecipação da prova desafia **correição parcial**, além da admissibilidade de *habeas corpus* ou mandado de segurança, conforme o interesse contrariado seja da defesa ou da acusação.

Como se depreende, o desenvolvimento do processo é obstado se o acusado não comparecer a ele, nem constituir advogado, desaparecendo a presunção absoluta de que o réu tem conhecimento da acusação.

O art. 366, *caput*, do CPP, com redação conferida pela Lei nº 9.271/1996, tem **natureza híbrida**. Dele podem ser construídas normas jurídicas de conteúdo material e de conteúdo processual. As normas processuais se aplicam de imediato, independentemente da data da prática do crime. As normas substanciais só têm incidência quanto aos fatos praticados durante sua vigência, não cabendo aplicação retroativa.

Diante desse contexto, com o advento daquela redação do art. 366, do CPP, surgiu dúvida a respeito de se aquele dispositivo deveria se aplicar aos processos em andamento, cujos crimes foram cometidos em épocas pretéritas, já que, se entendido afirmativamente, poderia haver retroação da lei penal (referentemente à suspensão da prescrição), em prejuízo do acusado.

Fixou-se o entendimento de que o dispositivo não poderia ser aplicado aos crimes passados.

É mister avivar que o art. 366, do CPP, não se aplica aos crimes de lavagem de dinheiro, não obstante o registro de "que parte da doutrina considera inconstitucional o disposto no § 2º, do art. 2º", da Lei nº 9.613/1998[15]. Esse enunciado excluiu expressamente tal possibilidade, com a atenção voltada "às características e condições pessoais dos agentes que praticam a criminalidade macroeconômica", sendo justificável esse "tratamento evidentemente desigual destinado aos acusados de crime de lavagem"[16].

26. COMUNICAÇÕES PROCESSUAIS ELETRÔNICAS

A Lei nº 11.419/2006 dispôs sobre a informatização do processo judicial, passando a admitir, expressamente, o uso de meio eletrônico na tramitação de processos judiciais, comunicação de atos e transmissão de peças processuais. Aplica-se a todos os processos, inclusive ao processo penal, com a exposição dos conceitos de meio eletrônico, transmissão eletrônica e assinatura eletrônica.

A comunicação processual eletrônica é regida pela segurança e pela exatidão na transmissão de dados, preconizando o atendimento de condições para a viabilidade do processo eletrônico. O envio de petições, de recursos e a prática de atos processuais em geral, por meio eletrônico, devem ser admitidos mediante uso de assinatura eletrônica, com a obrigatoriedade do credenciamento prévio no Poder Judiciário. Deve haver, antes, adequada identificação presencial do interessado, em conformidade com a disciplina dos órgãos correspondentes.

Os atos processuais por meio eletrônico são considerados praticados no dia e hora do seu envio ao sistema do Poder Judiciário, com a emissão de protocolo eletrônico, sendo as petições consideradas tempestivas se apresentadas até às vinte e quatro horas do último dia. O envio da petição é de ser feito pelo credenciado, com a preservação do sigilo, da identificação e da autenticidade de suas comunicações.

Com a progressiva substituição do papel pelos dados disponibilizados eletronicamente, serão observadas as seguintes regras:

15. NUCCI, Guilherme de Souza. *Manual de processo penal e execução penal*. 7. ed. São Paulo: RT, 2011. p.653.

16. OLIVEIRA, Eugênio Pacelli de. *Curso de processo penal*. 11. ed. Rio de Janeiro: Lumem Juris, 2009. p.506.

(1) a publicação eletrônica, realizada em conformidade com suas disposições, substitui qualquer outro meio de publicação oficial, para quaisquer efeitos legais, à exceção dos casos que, por lei, exigem intimação ou vista pessoal;

(2) é considerada como data da publicação o primeiro dia útil seguinte ao da disponibilização da informação no Diário da Justiça eletrônico;

(3) os prazos processuais terão início no primeiro dia útil que seguir ao considerado como data da publicação; e

(4) a criação do Diário da Justiça eletrônico deverá ser acompanhada de ampla divulgação, e o ato administrativo correspondente será publicado durante trinta dias no diário oficial em uso.

As intimações devem ser feitas por meio eletrônico em portal próprio aos que se cadastrarem na forma do art. 2º, da Lei nº 11.419/2006, com a dispensa da publicação no órgão oficial, inclusive o eletrônico. Tais intimações serão consideradas pessoais para todos os efeitos legais. É mais um mecanismo de agilização e de economia processual, que, todavia, carece de anuência da parte interessada. Essa ideia não pode implicar diminuição da eficácia de garantias nucleares do imputado, devendo ser tomadas as cautelas necessárias ao devido e justo processo penal condenatório.

A intimação, nessa esteira, é considerada realizada no dia em que o intimando efetivar a consulta eletrônica ao teor da intimação, certificando-se nos autos a sua realização, sendo natural que quando a intimação se dê em dia não útil, seja considerada como realizada no primeiro dia útil seguinte. A intimação, de outro prisma, é considerada realizada se a consulta não for realizada em até dez dias corridos contados da data do envio da informação, automaticamente, na data do término de tal prazo decenal.

Com o fito informativo, poderá ser efetivada remessa de correspondência eletrônica, comunicando o envio da intimação e a abertura automática do prazo processual aos que manifestarem interesse por esse serviço. Nas situações urgentes, em que a intimação feita dessa forma possa causar prejuízo a quaisquer das partes ou nos casos em que for evidenciada qualquer tentativa de burla ao sistema, o ato processual deverá ser realizado por outro meio que atinja a sua finalidade, conforme for determinado pelo juiz.

A **citação eletrônica** não é aplicável ao processo penal (art. 6º, Lei nº 11.419/2006).

As cartas precatórias, rogatórias e de ordem, bem como as comunicações oficiais entre órgãos do Poder Judiciário e entre este e os demais Poderes serão, de forma **preferencial**, expedidas por meio eletrônico.

Em arremate, note-se que as peculiaridades do processo penal não dispensarão, em várias hipóteses, as intimações por oficial de justiça, em especial, a do acusado, do Ministério Público, da Defensoria Pública e do advogado dativo. A instituição do processo eletrônico criminal, não obstante viável, deve levar em consideração as particularidades processuais penais que afastarão a incidência de alguns dispositivos, como é o caso da citação, que não é concebível eletronicamente nessa sede.

27. QUADRO SINÓTICO

<table>
<tr><th colspan="3">CAPÍTULO XVII – ATOS DE COMUNICAÇÃO PROCESSUAL</th></tr>
<tr><th colspan="3">FORMAS DE COMUNICAÇÃO PROCESSUAL</th></tr>
<tr><td colspan="2">A comunicação processual pode se dar por meio de atos distintos, que serão praticados conforme a sua finalidade. Assim, os atos de comunicação poderão revestir o caráter de citação, intimação ou notificação. O CPP não é uniforme na indicação do nome de cada um desses atos. A definição deles é dada pela doutrina.</td><td>1</td></tr>
<tr><th colspan="3">CITAÇÃO</th></tr>
<tr><td colspan="2">Citação é o ato pelo qual o réu toma ciência dos termos da acusação, sendo chamado a respondê-la e a comparecer aos atos do processo, formando efetivamente a relação jurídica.
A falta de citação é causa de nulidade absoluta, da qual decorre a invalidação do processo. No entanto, esse vício pode ser suprido pelo comparecimento voluntário do acusado (art. 570, CPP), oportunidade em que correrá substituição dos efeitos do ato viciado ou da falta dele.</td><td>2</td></tr>
<tr><th colspan="3">Espécies de citação</th></tr>
<tr><td colspan="2">A citação pode se classificar em real (pessoal) ou ficta (presumida). No processo penal, a citação real ocorre através de oficial de justiça, enquanto a citação ficta pode ser tanto a editalícia quanto a por hora certa.
Não é válida a citação pelo correio no processo penal. Tampouco existe previsão de citação por e-mail ou por telefone. De igual modo, é vedada, nos termos do art. 6º, da Lei nº 11.419/2006, a citação por meio eletrônico.</td><td>2</td></tr>
<tr><td>Citação pessoal</td><td>A citação por mandado é a regra geral do CPP, que é excepcionada pelas disposições concernentes à citação do militar e à citação levada a efeito em legação estrangeira. É realizada pelo oficial de justiça.
Requisitos do mandado: a indicação do nome do juiz, do querelante, do acusado (ou de seus sinais característicos), da residência do réu, da finalidade, o juízo de comparecimento do réu e a subscrição do escrivão com o visto do juiz.
Horário e local: "qualquer dia e hora são admissíveis", não se realizando, contudo, "durante a noite, se o réu estiver em seu domicílio, por conta, inclusive, da inacessibilidade garantida, constitucionalmente, ao local", pouco importando, fora dessa hipótese, "ser noite ou dia", dada à urgência da citação criminal.
Carta precatória: cuida-se das hipóteses onde o réu residir em comarca distinta da jurisdição do juiz. A precatória deverá conter a indicação do juiz deprecado e do deprecante, a sede da jurisdição de cada um, a finalidade e o local de comparecimento do acusado.
Urgência e carta precatória eletrônica: é plausível que seja admitida a precatória telegráfica ou por meios eletrônicos.
Militar: dar-se-á por intermédio do chefe do respectivo serviço, devendo o militar ser requisitado quando estiver fora de sua sede.</td><td>4 a 12</td></tr>
</table>

CAPÍTULO XVII – ATOS DE COMUNICAÇÃO PROCESSUAL		
Citação pessoal	**Acusado preso:** a sua citação será feita pessoalmente, com a comunicação da audiência ao diretor do estabelecimento prisional. **Funcionário público:** deve ser citado pessoalmente, por mandado, com a comunicação ao chefe da repartição. **Citação no estrangeiro e uso da videoconferência:** o réu no estrangeiro ou em legação estrangeira, em lugar sabido, será citado por carta rogatória, com a suspensão do prazo prescricional até o seu efetivo cumprimento (art. 368, CPP), seguindo-se as vias diplomáticas. Já se o infrator está no estrangeiro em endereço desconhecido pela autoridade, será citado por edital. Com a previsão da realização de interrogatório e da tomada de depoimento testemunhal por videoconferência e de acordo com as novas disposições conferidas pela Lei nº 11.900/2009, a emissão de carta rogatória se tornou medida excepcional, porquanto ela só será expedida "se demonstrada previamente a sua imprescindibilidade, arcando a parte requerente com os custos de envio".	**4 a 12**
Citação por edital	Prevista nos artigos 362 e seguintes, do CPP, a citação por edital é de natureza ficta e deve ocorrer em situações excepcionais, decorrentes da impossibilidade de encontrar o réu. O sistema processual penal brasileiro não presume a ciência da imputação pelo acusado citado por edital. Uma vez citado por edital o réu, o seu não comparecimento determina a suspensão do processo e do curso do prazo prescricional pelo tempo abstratamente fixado para o delito prescrever. O processo, no entanto, voltará a correr se o réu citado por edital, em qualquer tempo, comparecer, caso em que se observará o rito preconizado por lei. O CPP Penal estabelece **prazos de dilação** diferentes, bem como hipóteses específicas para citação por edital. A regra geral é a de que se o réu não for encontrado, será citado por edital, com o **prazo de quinze dias**. É inconcebível dúvida quanto à individualização do acusado para fins de citação por edital. A sua identificação, com os sinais característicos que possam diferenciá-lo dos demais deve estar relatada na inicial acusatória (art. 41, CPP). Já a incerteza de localização, por ter o infrator vida itinerante, pode permitir a realização da citação editalícia, em consonância com o art. 361, do CPP. O edital, em suma, deve ser o mais completo possível, de preferência com a transcrição da narrativa da denúncia. Todavia, a jurisprudência tem se contentado com a simples indicação do tipo penal no qual se encontra incurso o acusado, dispensada menção à síntese fática da peça acusatória. Nos Juizados Especiais, por sua vez, não é admitida citação por edital, pois esta é incompatível com a ideia de celeridade do procedimento. Neste casos, os autos serão remetidos ao juízo comum (art. 66, parágrafo único, Lei nº 9.099/1995). Já a citação por hora certa, em tese, guarda compatibilidade com o rito dos juizados especiais criminais.	**13**

<table>
<tr><th colspan="3">CAPÍTULO XVII – ATOS DE COMUNICAÇÃO PROCESSUAL</th></tr>
<tr><td rowspan="6">Citação por hora certa</td><td>A teor do art. 362, CPP, se o oficial de justiça verificar que o réu se oculta para não ser citado, deve certificar a ocorrência e proceder à citação com hora certa, nos termos do estatuído nos artigos que atualmente correspondem aos 252 a 254, do CPC. Uma vez completada a citação com hora certa, se o acusado não comparecer, ser-lhe-á nomeado defensor dativo (parágrafo único, art. 362, CPP) ou intimada a Defensoria Pública, preenchidos os requisitos legais.</td><td rowspan="6">14</td></tr>
<tr><td>A citação com hora certa deve obedecer às cautelas dos referidos artigos do CPC. Deve-se permitir o conhecimento efetivo da acusação pelo réu. O regramento do CPC é rigoroso, evitando dispensa indevida de tão importante ato de comunicação processual.</td></tr>
<tr><td>Independentemente de novo despacho nos autos, o oficial de justiça retornará no dia e horário informado (cuidando para não se atrasar e ser necessária nova intimação da pessoa da família ou vizinho), quando poderá citar pessoalmente o acusado ou, não o encontrando, inteirar-se das razões da ausência. Caso conclua que há motivo justo para tanto, ficará sem efeito a designação de dia e hora, marcando nova data e hora, salvo se negativamente apontarem as circunstâncias.</td></tr>
<tr><td>O CPC exige que o oficial de justiça realize duas tentativas sem êxito, após o que estará autorizado a proceder à citação com hora certa.</td></tr>
<tr><td>Se o citando não estiver presente, o oficial de justiça procurará informar-se das razões da ausência, dando por feita a citação, ainda que o citando se tenha ocultado em outra comarca, seção ou subseção judiciárias.</td></tr>
<tr><td>Uma vez feita a citação com hora certa, o escrivão ou chefe de secretaria enviará ao réu, executado ou interessado, no prazo de dez dias, contado da data da juntada do mandado aos autos, carta, telegrama ou correspondência eletrônica, dando-lhe de tudo ciência.</td></tr>
<tr><th colspan="3">INTIMAÇÃO e NOTIFICAÇÃO</th></tr>
<tr><td colspan="2">15. Intimação: a ciência da prática de um ato processual nos autos é dada à parte através de uma intimação, com o fito de serem produzidos validamente seus efeitos legais.
16. Notificação: a ciência que é dada ao interessado de seu dever ou de seu ônus de praticar um ato processual ou de adotar determinada conduta, pressupondo um comportamento positivo.
17. Intimações do Ministério Público e da Defensoria Pública: as intimações do Ministério Público e da Defensoria Pública são pessoais.
18. Intimação do defensor dativo e do advogado: este também será intimado pessoalmente, porém sem carga dos autos, isto é, sua intimação deve se dar por mandado.
Por sua vez, a intimação do advogado constituído, pelo réu ou querelante, e do assistente, será feita pela imprensa (Diário Oficial). Nas comarcas onde não exista tal recuso, a intimação será realizada por mandado, por via postal, ou qualquer outro meio idôneo.
19. Fluência e contagem dos prazos: os prazos processuais são contados diferentemente dos lapsos penais, embora corram da intimação. É que sempre se exclui, no âmbito processual penal, o dia do início, para se considerar realizada a intimação</td><td>15 a 24</td></tr>
</table>

CAPÍTULO XVII – ATOS DE COMUNICAÇÃO PROCESSUAL	
no dia seguinte, incluindo, por decorrência, o dia do termo final. Acrescente-se, ademais, que os prazos processuais penais fluem a partir da efetivação, e não da juntada aos autos do mandado de intimação ou da carta precatória ou de ordem, consoante o teor do enunciado nº 710, da Súmula do STF. **20. Suspensão do prazo da advogada adotante ou que se tornar mãe**: se o acusado estiver representado unicamente por advogada adotante ou que se tornar mãe, a fluência dos prazos deve ficar suspensa em seu favor. Nesse sentido, a Lei 13.363/2016 introduziu o art. 7º-A no Estatuto da OAB, sem restrições, sendo aplicável ao processo penal. **21. Intimação em audiência:** durante o curso do processo penal, a praxe é a de que as partes saiam cientes das audiências do ato processual praticado, bem como da designação do ato subsequente. **22. Regras especiais de intimação em matéria processual penal:** O CPP manda aplicar, no que couber, a disciplina dos atos citatórios (art. 370, CPP), razão pela qual se entende possível a intimação por hora certa no processo penal, a teor do art. 362, CPP. **23. Intimação do acusado preso:** deve ocorrer pessoalmente, mas dando-se ciência ao diretor do estabelecimento onde se encontre. **24. Intimação por carta:** segue, no que for compatível, os regramentos da citação através desse meio. Depois de emitida a carta, com o mandado já incluso, seguirá as regras da intimação pessoal, no juízo deprecado. O juízo deprecante deve emitir a carta acompanhada dos documentos necessários ao seu cumprimento.	**15 a 24**
REVELIA E SUSPENSÃO DO PROCESSO PENAL	
A revelia decorre da contumácia do acusado que, ciente da imputação, não comparece para se defender. Em matéria penal, não serão aplicados os efeitos da revelia, ressalvados alguns periféricos, como a decretação da quebra de fiança, por ausência a ato processual, assegurados o contraditório e a ampla defesa. Não deve ser reputado confesso, não deve ser acatada a acusação. Deve a ele ser dado defensor, caso não o constitua. De tal sorte, o acusado deve ser intimado dos atos processuais subsequentes, mormente daqueles que desafiam recurso. O comparecimento do réu em momento ulterior, faz cessar a revelia, não tendo, porém, o condão de eliminar os fatos processuais já produzidos sem a presença do acusado. No processo penal, teremos sempre a possibilidade de **revelia-fato**, caracterizada por não ter o réu atendido o chamado da justiça. No entanto, não haverá revelia-consequência: o réu não pode ser penalizado em sua defesa por ter se revelado contumaz. Porém, algumas consequências podem ser sentidas pelo réu, diante de sua falta, como anunciamos acima. São hipóteses de **revelia-consequência**: (1) o quebramento da fiança, com a perda de metade do valor pago a esse título (arts. 338-339, CPP); (2) a suspensão do processo, regulada pelo art. 366, do CPP, com redação dada pela Lei nº 9.271/1996. Publicada em 18/4/1996, data em que entrou em vigor, a redação daquele dispositivo dita que, se o acusado, citado por edital, não comparecer, nem constituir advogado, ficarão suspensos o processo e o curso do prazo prescricional, podendo o juiz determinar a produção antecipada das provas consideradas urgentes e, se for o caso, decretar prisão preventiva. A prisão preventiva só poderá ser decretada se presentes os requisitos legais estampados nos artigos 312, do CPP, com redação da Lei nº 13.964/2019.	**25**

CAPÍTULO XVII – ATOS DE COMUNICAÇÃO PROCESSUAL	
Se o acusado, **citado por edital**, comparecer, o processo seguirá consoante o rito adequado, nos termos do art. 394, do CPP. De outro giro, se o réu tiver sido **citado pessoalmente** e, em seguida, tiver se tornado revel, não se aplica a suspensão do processo e do prazo prescricional, devendo prosseguir o processo até a sentença, intimando-se desta o acusado. Durante a suspensão do processo, a regra é de que não seja antecipada produção probatória. A Súmula nº 415, do STJ, orienta que o período de suspensão do curso do prazo prescricional deve ser regulado pelo máximo da pena cominada à infração penal. Sobre o ponto, diverge o STF, reputando que não se trata de caso de imprescritibilidade de delito criado legalmente, razão pela qual a prescrição deve ficar suspensa até ulterior comparecimento do acusado ou constituição de advogado por ele. Ainda segundo o STJ, no enunciado nº 455, de sua Súmula, a decisão que determina a produção antecipada de provas com base no art. 366 do CPP deve ser concretamente fundamentada, não a justificando unicamente o mero decurso do tempo.	25
COMUNICAÇÕES PROCESSUAIS ELETRÔNICAS	
Os atos processuais por meio eletrônico são considerados praticados no dia e hora do seu envio ao sistema do Poder Judiciário, com a emissão de protocolo eletrônico, sendo as petições consideradas tempestivas se apresentadas até às vinte e quatro horas do último dia. As intimações devem ser feitas por meio eletrônico em portal próprio aos que se cadastrarem na forma do art. 2º, da Lei nº 11.419/2006, com a dispensa da publicação no órgão oficial, inclusive o eletrônico. Tais intimações serão consideradas pessoais para todos os efeitos legais. A intimação, nessa esteira, é considerada realizada no dia em que o intimando efetivar a consulta eletrônica ao teor da intimação, certificando-se nos autos a sua realização, sendo natural que quando a intimação se dê em dia não útil, seja considerada como realizada no primeiro dia útil seguinte. A intimação, de outro prisma, é considerada realizada se a consulta não for realizada em até dez dias corridos contados da data do envio da informação, automaticamente, na data do término de tal prazo decenal. A citação eletrônica não é aplicável ao processo penal (art. 6º, Lei nº 11.419/2006).	26

28. SÚMULAS DO STJ

273. Intimada a defesa da expedição da carta precatória, torna-se desnecessária intimação da data da audiência no juízo deprecado.

415. O período de suspensão do prazo prescricional é regulado pelo máximo da pena cominada.

29. SÚMULAS DO STF

155. É relativa a nulidade do processo criminal por falta de intimação da expedição de precatória para inquirição de testemunha.

310. Quando a intimação tiver lugar na sexta-feira, ou a publicação com efeito de intimação for feita nesse dia, o prazo judicial terá início na segunda-feira imediata, salvo se não houver expediente, caso em que começará no primeiro dia útil em que se seguir.

351. É nula a citação por edital de réu preso na mesma unidade da Federação em que o juiz exerce a sua jurisdição.

366. Não é nula a citação por edital que indica o dispositivo da lei penal, embora não transcreva a denúncia ou a queixa, ou não resuma os fatos em que se baseia.

710. No processo penal, contam-se os prazos da data da intimação, e não da juntada aos autos do mandado ou da carta precatória ou de ordem.

30. QUESTÕES DE CONCURSOS PÚBLICOS

01. (CONSULPLAN – TJ-MG – Juiz de Direito Substituto – 2018) A, nascido em 07/02/1963, foi denunciado pelo

Ministério Público em 08/01/1993 como incurso no art. 121, § 2º, IV, do Código Penal, por fato ocorrido em 02/07/1992. A denúncia foi recebida em 02/02/1994. O réu foi citado por edital e não compareceu ao ato designado para o interrogatório. O processo prosseguiu. O réu foi pronunciado nos termos da denúncia em 15/12/1998. O processo foi suspenso, porque o réu não foi encontrado para ser intimado pessoalmente da pronúncia. Entrou em vigor a Lei nº 11.689, de 9 de junho de 2008, que criou a possibilidade da intimação da pronúncia por edital. Com referência a essa situação hipotética, de acordo com a Jurisprudência do Superior Tribunal de Justiça, assinale a opção correta.

(A) O Juiz não deverá determinar a intimação do réu por edital sobre a decisão de pronúncia. O processo deverá permanecer suspenso até a captura do réu, se houver decreto de prisão preventiva, ou até o advento da prescrição da pretensão punitiva estatal, previsto para dezembro de 2018.

(B) O Juiz deverá determinar a intimação do réu, nos termos do art. 420, parágrafo único, do CPP, alterado pela Lei nº 11.689/2008, em observância ao princípio "tempus regit actum", não tendo se operado a prescrição da pretensão punitiva estatal, pelo fato de o processo ter sido suspenso após a decisão de pronúncia.

(C) O Juiz deverá extinguir a punibilidade do réu, com fundamento no art. 107, IV, do Código Penal, porque transcorrido lapso temporal superior a 20 (vinte) anos entre a data do recebimento da denúncia e a presente data (02/09/2018), operando-se a prescrição da pretensão punitiva estatal pela pena máxima abstrata cominada ao crime de homicídio.

(D) O Juiz deverá determinar a intimação do réu, nos termos do art. 420, parágrafo único, do CPP, alterado pela Lei nº 11.689/2008 – que permite a intimação por edital do réu solto que não for encontrado –, e, uma vez preclusa a decisão de pronúncia, também deverá aplicar o art. 457, do CPP, alterado pela Lei nº 11.689/2008 – que deixou de exigir a presença do acusado na sessão plenária para que esta se realize – por se tratarem de normas de natureza processual, incidindo de forma imediata sobre os atos processuais pendentes.

---

02. (FGV – TJ-SC – Oficial de Justiça e Avaliador – 2018) Como regra geral, a ciência da prática de um ato processual nos autos é dada à parte através de uma intimação. O Código de Processo Penal traz uma série de regras para assegurar a validade do ato de intimação, bem como disciplina sobre os prazos judiciais a partir desse ato. Sobre o tema, de acordo com as previsões do Código de Processo Penal e a jurisprudência do Supremo Tribunal Federal, é correto afirmar que:

(A) adiada a instrução criminal, ainda que as testemunhas e réu presentes tomem conhecimento da nova data designada, com assinatura nos autos, a validade do ato depende de nova intimação pessoal, nos termos previstos no Código de Processo Penal;

(B) a intimação do membro do Ministério Público deverá ocorrer pessoalmente, o mesmo não ocorrendo em relação ao advogado constituído ou defensor público nomeado;

(C) no processo penal, contam-se os prazos da data da intimação, e não da juntada aos autos do mandado de intimação ou da carta precatória ou de ordem;

(D) no processo penal, o prazo judicial se inicia no mesmo dia da intimação, incluindo-se o dia de início e excluindo-se o termo final, assim como ocorre nos prazos penais;

(E) não é possível intimação da decisão de pronúncia do réu solto por edital, ainda que ele se encontre em local incerto e não sabido.

---

03. (FGV – TJ-SC – Oficial de Justiça e Avaliador – 2018) Gabriel responde a ação penal na condição de réu solto. Em razão da complexidade do procedimento, após oitiva das testemunhas, foi designada nova data para realização exclusivamente do interrogatório do acusado. Apesar de regularmente intimado, Gabriel, por opção, não compareceu à audiência, esclarecendo seu advogado ao juiz o desinteresse do seu cliente de ser interrogado. De acordo com as previsões do Código de Processo Penal e a jurisprudência dos Tribunais Superiores, o juiz:

(A) poderá decretar a revelia de Gabriel e realizar o ato independentemente da presença do acusado, mas permanecerá sob a responsabilidade do Ministério Público provar a acusação;

(B) poderá determinar a condução do réu coercitivamente diante de sua intimação regular para o ato, evitando-se seu adiamento, uma vez que não existe revelia no Processo Penal;

(C) deverá adiar o ato até o comparecimento do réu em razão da inexistência de revelia no Processo Penal, podendo, porém, ser fixada multa diante do não comparecimento injustificado;

(D) poderá decretar a prisão preventiva de Gabriel em razão de sua ausência, já que era obrigado, uma vez intimado, a comparecer para o ato de interrogatório;

(E) poderá decretar a revelia de Gabriel, gerando como consequência a presunção de veracidade dos fatos narrados na denúncia.

---

04. (FGV – TJ-SC – Oficial de Justiça e Avaliador – 2018) Caio foi denunciado pela prática de crime de organização criminosa, não sendo localizado para citação. Realizadas diversas diligências, o denunciado não foi encontrado, mas foi identificado o endereço de seus familiares. Após ser certificado de que Caio se encontrava em local incerto e não sabido, de acordo com o Código de Processo Penal e o Superior Tribunal de Justiça, caberá ao oficial de justiça realizar a citação:

(A) com hora certa, mas para tanto deverá o oficial de justiça diligenciar três vezes no endereço dos familiares de Caio, para que o não comparecimento desse em juízo justifique a suspensão do processo e do curso do prazo prescricional;

(B) por edital, e, caso haja suspensão do processo e do curso do prazo prescricional, o período de suspensão desse prazo será regulado pelo tempo abstratamente fixado para o delito prescrever de acordo com a pena máxima cominada;

(C) por edital, e, caso haja suspensão do processo e do curso do prazo prescricional, não poderá o juiz determinar a produção antecipada de provas, uma vez que se presume que o denunciado não tenha conhecimento da acusação;

(D) com hora certa, não havendo que se falar em suspensão do processo e do curso do prazo prescricional, caso o acusado não compareça aos autos;

(E) por edital, e, caso não compareça, ainda que constitua advogado nos autos, o processo ficará suspenso, bem como o curso do prazo prescricional.

---

05. (FUMARC - PC-MG - Delegado de Polícia Substituto - 2018) Sobre citação no processo penal, é CORRETO afirmar:

(A) O processo penal poderá prosseguir, mesmo que o acusado não tenha sido pessoalmente citado.

(B) Sempre será o primeiro ato de comunicação do denunciado no processo penal.

(C) Estando em lugar incerto e não sabido, será citado por hora certa.

(D) Estando o acusado no estrangeiro, será citado por edital.

---

06. (2019 - FCC - TJ-AL - Juiz Substituto) Se o acusado, citado por edital, não comparecer, nem constituir advogado, o

A) Juiz deve decretar a prisão preventiva.

B) curso do prazo prescricional ficará suspenso indeterminadamente.

C) processo ficará suspenso pelo prazo correspondente à pena mínima cominada para a infração.

D) Juiz deverá decretar a revelia e, após a nomeação de advogado dativo, determinar o prosseguimento do feito.

E) Juiz pode determinar a produção das provas concretamente consideradas urgentes.

31. GABARITO ANOTADO

01 – A

"As alterações feitas pela Lei n. 9.271/1996 não atingiram os fatos ocorridos antes de sua vigência, especialmente porque, em geral, agravam a situação dos réus" (STJ – HC 253263 RJ 2012/0186294-4 – Rel. Min. Rogerio Schietti Cruz – DJe 18 abr. 2016).

Vide:

- Art. 366, CPP.
- Art. 420, CPP.
- Art. 109, CP.
- Info 537 do STJ.

02 – C

Vide:

- Art. 370, §4º, CPP.
- Art. 372, CPP.
- Art. 420, CPP.
- Súmula 710, STF.
- Art. 798, §1º, CPP

03 – A

Vide:

- Art. 367, CPP.

04 – B

Vide:

- Art. 363, §1º , CPP.
- Súmula 415, STJ.

05 – A

Vide:

- Art. 362, CPP.
- Art. 366, CPP.
- Art. 367, CPP.

06 – E

Vide:

- Súmula 415, STJ.
- Súmula 455, STJ.
- Art. 366, CPP.
- Art. 367 c/c art. 362, par. único, CPP.
- Art. 457, CPP.

32. QUESTÕES DISCURSIVAS COM COMENTÁRIOS

---

01. (UFRJ - Delegado de Polícia - DF/2005) Gabriel G. Márquez, investigado pela prática de estelionato, constitui Ruy Barbosa como seu defensor, fazendo juntar ao inquérito policial procuração com outorga de poderes específicos. O advogado passa, então, a acompanhar os atos realizados pela Autoridade Policial durante a investigação, que culmina com denúncia ofertada pelo Ministério Público. Realizadas sucessivas citações, na derradeira tentativa, o Oficial de Justiça declara que o réu encontra-se em local incerto e não sabido. É realizada a citação por edital. Com base no narrado, indaga-se:

(A) o defensor constituído pode acompanhar as investigações?

(B) é possível falar em Defesa na fase pré-processual?

(C) na hipótese, deverá ocorrer a suspensão do processo e do prazo prescricional, ou o processo tem sua marcha regular?

Resposta

(A) O defensor constituído por acompanhar as investigações. É direito do investigado ou preso ter advogado. Aliás, quando é o caso de preso em flagrante que não declara ter advogado, a regra é que a Defensoria Pública receba, em vinte e quatro horas, o auto de prisão respectivo.

(B) Em regra, não há que se falar em defesa na fase de investigação preliminar. O inquérito policial é inquisitivo e não há contraditório, malgrado possa o defensor acompanhar as diligências que não requeiram produção sigilosa. A doutrina minoritária vislumbra possibilidade de contraditório na fase pré-processual quando é o caso de provas irrepetíveis.

(C) A aplicação do art. 366, do CPP, impõe tanto a suspensão do processo, quanto a suspensão do prazo prescricional, toda vez que o acusado, citado por edital por estar em local incerto e não sabido, não constitua advogado, nem compareça aos autos. No caso, a procuração juntada ao inquérito, sendo específica para acompanhar esta fase, não é suficiente a autorizar o entendimento de que o acusado constituiu advogado para o processo penal. Daí a conclusão ser a de determinar a suspensão do processo e do curso da prescrição.

---

02. (FUNCAB - Delegado de Polícia - RO/2014) Fernando adquire roupas caras em uma loja de um shopping ***center e efetua*** o pagamento com um cheque roubado, com o objetivo de obter indevida vantagem econômica. Na ocasião, após solicitação do caixa da loja, apresentou uma carteira de identidade falsa, eis que houve substituição de foto, em nome do titular do cheque apresentado. O fato foi descoberto pelo caixa que percebeu um acentuado nervosismo apresentado pelo consumidor.

Tendo em vista o acima exposto, fundamentadamente:

(A) faça a devida capitulação penal do fato;

(B) analise o cabimento de suspensão condicional do processo e de transação penal, no presente caso.

Resposta

(A) Trata-se de delito de estelionato (art. 171, caput, CP), cuja pena abstrata é de reclusão, de um a cinco anos, e multa. O delito de falso é absorvido pelo estelionato, crime fim, com base no princípio da consunção, aplicável ao conflito aparente de normas (Súmula 17, do STJ).

(B) A transação penal (art. 76, da Lei nº 9.099/1995) não é cabível, por conta de sua pena máxima extrapolar o limite de dois anos, caracterizador de crime de menor potencial ofensivo. Já a suspensão condicional do processo é, em tese – presentes os demais requisitos legais –, perfeitamente possível, haja vista que a pena mínima abstrata não excede um ano, estando de acordo com os limites do art. 89, da Lei nº 9.099/1995.

03. (MPE-SP – Promotor de Justiça – SP/2010) Quais são as hipóteses de revogação (obrigatória ou facultativa) da suspensão condicional do processo previstas na Lei nº 9.099/95?

Resposta

O sursis processual ou suspensão condicional do processo (art. 89, da Lei nº 9.099/1995) é cabível para os casos cuja pena abstrata mínima do delito seja igual ou inferior a um ano.

As hipóteses de revogação estão nos parágrafos 3º e 4º, do art. 89, da Lei dos Juizados Especiais:

(A) a revogação da suspensão será obrigatória se, no curso do prazo, o beneficiário vier a ser processado por outro crime ou não efetuar, sem motivo justificado, a reparação do dano;

(B) a revogação será facultativa se o acusado vier a ser processado, no curso do prazo, por contravenção, ou descumprir qualquer outra condição imposta (§ 1º, do art. 89, da referida Lei).

Importante destacar que a revogação do sursis processual deve ser precedida de contraditório, preferencialmente com designação de audiência admonitória, com vistas a colher justificativa do acusado e confirmar se realmente se trata de hipótese de revogação, facultativa ou obrigatória.

Capítulo XVIII

Prazos e Disposições Gerais

Sumário • 1. Audiências e sessões – 2. Publicidade – 3. Poder de polícia do juiz – 4. Prazos penais e processuais penais – 5. Fluência dos prazos processuais – 6. Prazos processuais em espécie – 7. Princípios informadores da disciplina dos prazos processuais – 8. Princípio da paridade e da igualdade de tratamento – 9. Princípio da brevidade – 10. Princípio da economia processual – 11. Princípio da utilidade – 12. Princípio da preclusão – 13. Princípio da continuidade – 14. Princípio da irredutibilidade ou da inalterabilidade de prazos – 15. Princípio da improrrogabilidade subjetiva – 16. Princípio da prorrogabilidade objetiva – 17. Retirada dos autos – 18. Custas processuais – 19. Substituição do escrivão ou diretor de secretaria – 20. Estatística judiciária criminal – 21. Quadro sinótico – 22. Súmulas do STJ – 23. Súmulas do STF – 24. Questões de concursos públicos – 25. Gabarito anotado – 26. Questões discursivas com comentários

1. AUDIÊNCIAS E SESSÕES

O processo criminal segue procedimento que se destina a um provimento jurisdicional, a uma resposta, ou seja, a uma tutela. Deve se caracterizar pela divisão de funções bem distintas. O processo penal terá estrutura acusatória. O art. 3º-A, do CPP, inserido pela Lei nº 13.964/2019, assim dispôs expressamente, acrescentando proibição da iniciativa do juiz na fase de investigação e da substituição da atuação probatória do órgão de acusação.

Como etapa preliminar ao processo, a investigação criminal deve ser objeto de controle pelo juiz das garantias, especialmente para salvaguardar direitos individuais submetidos à cláusula de reserva jurisdicional (art. 3º-B, CPP). Após a deflagração do processo, outro juiz, o da instrução, conduzirá o procedimento. Para que seja possível a finalização do procedimento, é realizada uma fase instrutória. Essa etapa às vezes é cumulada com a fase de julgamento, daí a expressão audiência de instrução e julgamento.

Além da referência a **audiências**, o Código de Processo Penal menciona o termo **sessão**, com o fito de designar um tipo especial de audiência nos órgãos colegiados dos tribunais e no Tribunal do Júri. As audiências e as sessões podem ser ordinárias ou extraordinárias. São designadas pelo juiz (singular ou presidente do Tribunal do Júri) ou pelo relator do processo (nos tribunais). Havendo tramitação normal dos processos criminais, com observância dos prazos, a regra é que as audiências e sessões sejam ordinárias e agendadas para dia útil no horário de funcionamento normal do órgão jurisdicional.

Em caso de acúmulo de serviço, pode o julgador verificar a necessidade de audiências ou de sessões extraordinárias[1]. É nesse sentido que o art. 791 do CPP estatui que, em

1. JESUS, Damásio E. de. *Código de processo penal anotado*. 10. ed. São Paulo: Saraiva, 2003. p. 464.

compasso com as necessidades de andamento rápido dos processos, haverá audiências ou sessões extraordinárias nos juízos ou tribunais com competência criminal. Serão, portanto, sessões extraordinárias "as que o juiz designar, fora da previsão normal, para a produção de alguma prova complementar (ex.: audiência especialmente designada para promover uma acareação ou para submeter o réu a novo interrogatório)"[2].

A celeridade processual é princípio constitucional, descrita como razoável duração do processo, cuja leitura deve ser feita em função dos direitos do imputado, a fim de que não se submeta a atrasos no procedimento de forma a ampliar a ofensa ao seu estado de dignidade.

Destoando dessa função de garantia que deve ter os direitos arrolados no art. 5º, da Constituição, a Lei nº 13.285/2016 incluiu o art. 394-A, do CPP, para dispor que os processos que apurem a prática de crime hediondo terão prioridade de tramitação em todas as instâncias. Embora tal prioridade deva ter compatibilidade com as demais prioridades legais, como as dos processos de *habeas corpus*, mandado de segurança ou que envolvam direito da criança, do adolescente e da pessoa idosa.

O critério de prioridade ao processo por delito hediondo se situa na linha punitivista não permitida pela natureza de direito de primeira dimensão que tem a garantia da razoável duração do processo. Vale dizer, ela deve ser aplicada para proteger o imputado contra o arbítrio de poder do Estado e não para facilitar a punição, com o atropelo de caras garantias, como a do devido processo legal, contraditório e ampla defesa. Ademais, ela não deve prejudicar a necessidade de celeridade que deve nortear toda a atividade jurisdicional, desde que não ofenda os direitos basilares.

De outro prisma, o art. 797, do CPP, permite a designação de audiências e sessões para dias de domingo ou de feriado. No entanto, coloca uma restrição: o autorizativo não inclui as sessões de julgamento, que só poderão ser marcadas para dia útil. Porém, caso os julgamentos tenham começado em dia útil, eles não serão suspensos pela superveniência de domingo ou de feriado.

No que concerne à disciplina das audiências e das sessões, o *caput*, do art. 793, do CPP preconiza que os advogados, as partes, os escrivães e os espectadores poderão estar sentados, contanto que se levantem quando se dirigirem aos juízes ou quando estes ficarem de pé para qualquer ato processual.

Essa regra é aplicável aos órgãos colegiados dos tribunais e, especialmente, ao tribunal do júri, vale dizer, sua incidência tem lugar nas sessões, porquanto quando o processo criminal tramitar perante os juízes singulares, os advogados formularão seus pedidos sentados, nos termos do parágrafo único, do art. 793, do CPP. Aqui as audiências, realizadas pelo juiz singular, terão formalidades menos rígidas que as das sessões de órgãos colegiados.

Os rituais previstos em lei, para a realização de audiências de sessões, não dispensam o dever de respeito mútuo entre os sujeitos processuais. Rigorosamente, não há hierarquia entre juiz, membro do Ministério Público, defensor ou advogado. Os excessos poderão ensejar a incidência da Lei nº 13.869/2019, que disciplina os crimes de abuso de autoridade.

---

2. NUCCI, Guilherme de Souza. *Manual de processo penal e execução penal*. 7. ed. São Paulo: RT, 2011. p. 984.

2. PUBLICIDADE

A Constituição do Brasil dispõe que todos os julgamentos do Poder Judiciário serão públicos. A lei, contudo, pode restringir a publicidade, limitando a presença, em determinados atos processuais, às partes e a seus advogados, ou somente a estes, se o interesse público determinar essa providência (art. 93, IX).

A publicidade é uma garantia instituída em favor do imputado, colimando protegê-lo contra risco de julgamentos secretos. Em poucas palavras, a publicidade não pode ser desvirtuada para ser fonte de maior constrangimento ao réu[3].

O Código de Processo Penal prevê, em seu art. 792, que as audiências, as sessões e os atos processuais serão, em regra, públicos e se realizarão nas sedes dos juízos e dos tribunais, com a participação dos escrivães ou diretores de secretaria, do secretário, do oficial de justiça que servir de porteiro, em dia e hora previamente designados.

Como exceção é que a publicidade da audiência, da sessão ou do ato processual pode ser afastada. Assim o será se dela puder decorrer escândalo, inconveniente grave (como ameaça à segurança dos participantes da audiência) ou perigo de perturbação da ordem. Nessas hipóteses, o juiz ou o tribunal (pleno, câmara ou turma) poderá, de ofício ou a requerimento das partes ou do Ministério Público, determinar que o ato seja procedido a portas fechadas, limitando o número dos presentes, na forma do § 1º, do art. 792, do CPP.

O § 2º desse artigo permite que, em caso de necessidade, as audiências, as sessões e os atos processuais poderão ocorrer na residência do juiz, ou em outra casa por ele especialmente designada. Por exemplo, temos o caso de testemunha que esteja impossibilitada de se deslocar à presença do juiz por motivo de saúde, quando poderá ser marcada a audiência no local em que se encontrar.

3. PODER DE POLÍCIA DO JUIZ

O julgador pode estabelecer limitações aos direitos das pessoas que assistem ou participam de audiências ou de sessões. Essa faculdade é o poder de polícia do magistrado que é inerente a sua competência para processar e julgar regularmente os processos criminais. Evidentemente que esse poder de polícia deve ser exercido segundo limites bem contornados. Extrapolando-os e incidindo em tipo penal de abuso de autoridade, o juiz poderá responder criminalmente segundo a Lei nº 13.869/2019.

O art. 794 do CPP assenta que compete aos juízes ou ao presidente do tribunal, a polícia das audiências e das sessões, determinando o que for conveniente à manutenção da ordem. Para esse desiderato, os juízes têm o poder de requisitar força pública, que ficará exclusivamente à sua disposição.

Os espectadores das sessões ou das audiências não poderão se manifestar. O presidente poderá ordenar que sejam retirados da sala os desobedientes (art. 795, parágrafo único, CPP). Caso haja resistência ou cometimento de outro delito tipificado penalmente, serão adotadas as providências criminais cabíveis, como por exemplo a prisão em flagrante,

3. SCHREIBER, Simone. *A publicidade opressiva de julgamentos criminais*. Rio de Janeiro: Renovar, 2008. p.410.

mediante autuação ou com lavratura de termo circunstanciado de ocorrência, se o delito for de menor potencial ofensivo.

O acusado poderá ser retirado da sala caso se porte inconvenientemente, hipótese em que os atos de instrução ou julgamento seguirão com a assistência de seu advogado ou defensor. Sobre isso, pensamos que se deve adotar medidas para se manter o réu, que assim desejar, na sessão ou na sala de audiência.

Sugere-se, por exemplo, uma inversão de procedimento, a fim de compatibilizar a questão com a Constituição: que seja usada técnica de sala paralela, com sistema de videoconferência, para que os constrangidos sejam retirados da sala de audiência ou da sessão, assegurando-se ao acusado o direito à presença e à audiência, sem mitigação da ampla defesa.

Averba o CPP, que será igualmente retirado o réu se sua presença causar humilhação, temor ou sério constrangimento a testemunha ou ao ofendido, caso não seja possível realizar a inquirição por videoconferência (art. 217). Também aqui a solução pode ser idêntica a alvitrada acima.

Vale lembrar que o direito a presença do réu é um direito e não um dever. É inconstitucional sua condução coercitiva. A sua realização para fins de interrogatório foi expressamente declarada incompatível com a Constituição pelo STF, que efetuou o controle de constitucionalidade do art. 260, do CPP.

Por fim, se o acusado estiver com enfermidade contagiosa ou que prejudique seu direito de defesa, o ato deve ser adiado[4].

4. PRAZOS PENAIS E PROCESSUAIS PENAIS

Os prazos de direito criminal se subdividem em prazos penais e prazos processuais penais. A distinção é importante para fins de contagem do lapso prazal.

O prazo de direito penal é contado com o cômputo do termo ou dia inicial (*dies a quo*) e exclusão do termo ou dia do final (***dias ad quem***), na forma do art. 10, do Código Penal. Assim, se o crime de injúria tiver sido cometido em 3 de janeiro de 2020, o prazo decadencial de seis meses para a propositura de queixa crime deverá se expirar em 2 de julho do mesmo ano.

O prazo de direito processual, diferentemente, tem como termo inicial o dia seguinte ao do evento que determina sua fluência. É assim que o CPP averba, no § 1º, do seu art. 798, que não se computará no prazo o dia do começo, incluindo-se, todavia, o do vencimento.

Como exemplo, se o Ministério Público tiver sido intimado da sentença absolutória em 9 de janeiro de 2020 (quinta-feira), o prazo para interposição de apelação criminal terá início em 10 de janeiro (***dies a quo***), expirando-se em 14 de janeiro desse ano (***dies ad quem***). Em outras palavras e na esteira da jurisprudência dos, os prazos previstos no Código Penal são contados de forma que o dia do começo se inclui no cômputo. Os do

4. JESUS, Damásio E. de. *Código de processo penal anotado*. 10. ed. São Paulo: Saraiva, 2003. p. 465.

Código de Processo Penal são contados de forma que não se computará o dia do começo, incluindo-se, porém, o do vencimento.

Devemos considerar, para efeito de determinação da natureza do prazo (se penal ou processual), a influência do instituto regrado temporalmente no *jus puniendi* estatal, ou no *status libertatis* do agente, independente do tratamento do prazo dentro do Código Penal ou do Código de Processo.

Por exemplo, o prazo para conclusão do inquérito policial, estando o indiciado **preso**, é **dez dias**, consoante indicado no art. 10 do CPP. Essa duração, todavia, poderá ser prorrogada, pelo juiz das garantias, **por até quinze dias**, *ex vi* do § 2º, do art. 3º-B, do CPP, em compasso com a redação conferida pela Lei nº 13.964/2019.

Esse texto poderia ter sido mais claro, para dizer se o limite máximo do inquérito policial com indiciado preso deve ser quinze ou vinte e cinco dias. Da maneira como escrita, o prazo máximo do inquérito policial, segundo a regra geral, será o de vinte e cinco dias. Extrapolando esse limite sem conclusão da fase investigativa, deve ser posto em liberdade o investigado, sob pena da prisão provisória se convolar em ilegal.

De toda forma, esse lapso deve ser contado à luz do art. 10 do Código Penal, incluindo-se o primeiro dia, e ficando excluído o do vencimento, já que a liberdade está em pauta. Se o termo final cair em sábado ou domingo, ele não se prorroga, ou seja, ele deve ser colocado imediatamente em liberdade.

5. FLUÊNCIA DOS PRAZOS PROCESSUAIS

Todos os prazos processuais correrão em cartório, de forma contínua e peremptória, não sendo interrompidos por férias, domingo ou feriado. Algum ruído surgiu depois da edição do CPC, que dispôs que os prazos processuais civis deveriam ser contados em dias úteis. Isso porque, no processo penal, aplicamos regras processuais civis, notadamente quando o recurso tem disciplina no Código de Processo Civil.

Entrementes, cuidando-se de impugnação recursal direcionada à matéria criminal, a contagem é regulada pelo Código de Processo Penal (art. 798, parágrafos, CPP). Independentemente de se cuidar de agravo regimental, recurso especial ou recurso extraordinário, sempre aplicaremos a regra de **fluência em dias corridos**. Dias úteis é disposição exclusiva dos processos que não têm conteúdo penal.

Uma vez finalizado o prazo, será certificado esse fato nos autos. Se omitida a certidão, o prazo será ainda assim considerado terminado, bastando a prova do dia em que teve início.

Sem embargo, algumas regras específicas devem ser observadas:

(1) quando o prazo findar em domingo ou em feriado, será considerado prorrogado até o dia útil imediato;

(2) os prazos processuais não se iniciam em dia sem expediente forense. Assim, caso seja o réu citado numa sexta-feira, seu prazo começa a correr na segunda subsequente (enunciado nº 310, da Súmula, do STF, e art. 3º, da Lei nº 1.408/1951);

EXEMPLO DE CONTAGEM DE PRAZO PROCESSUAL PENAL				
Interposição de Recurso de Embargos de Declaração – prazo de 2 dias.				
05	**06**	**07**	**08**	**09**
Sexta-feira ***dies a quo***	**Sábado**	**D**	**Segunda-feira**	**Terça-feira** ***dies ad quem***
Publicação oficial da sentença omissa, obscura, ambígua ou contraditória Exclui-se o dia início	Não se inicia o cômputo – não é dia útil.	–	Início do cômputo	Fim do prazo Inclui-se o dia do vencimento

(3) os prazos processuais não fluirão se houver impedimento do juiz, força maior, ou obstáculo judicial oposto pela parte contrária, tal como pode ocorrer com a retirada dos autos pelo advogado de um dos acusados quando o processo deveria permanecer em cartório por se tratar de prazo comum de recurso para todos os corréus. Esse problema vem se tornando menos comum diante do processo judicial eletrônico, porque o processo fica disponível a todos. Por outro lado, nas hipóteses em que há, no mesmo processo, réu delator e delatado, é direito deste falar por último, afinal o primeiro atua, sob certa ótica, com espécie de auxiliar da acusação e deve ser respeitado o princípio da defesa ampla[5];

(4) salvo os casos expressos, os prazos fluirão:

(a) da intimação;

(b) da audiência ou sessão em que proferida a decisão ou a sentença, se a ela estiver presente a parte; e

(c) do dia em que a parte manifestar, nos autos, ciência inequívoca do ato processual;

(5) quando a publicação for feita por meio eletrônico, o prazo processual terá como data da publicação o primeiro dia útil seguinte ao da disponibilização da informação no Diário de Justiça eletrônico e os prazos processuais terão início no primeiro dia útil seguinte a este dia (art. 4º, parágrafos 3º e 4º, da Lei nº 11.419/2006). Exemplificando, caso seja publicada eletronicamente uma decisão numa sexta-feira 13, o dia da publicação a ser considerado é a segunda-feira, 16, e o prazo somente se iniciará na terça-feira, dia 17;

EXEMPLO DE CONTAGEM DE PRAZO PROCESSUAL PENAL PUBLICAÇÃO ELETRÔNICA				
Interposição de Recurso de Embargos de Declaração no JECrim – prazo de 5 dias.				
13	**14**	**15**	**16**	**17**
Sexta-feira	**S**	**D**	**Segunda-feira** ***dies a quo***	**Terça-feira**
Publicação eletrônica da sentença	Não se inicia o cômputo – não é dia útil.		Considera-se publicada a sentença neste dia. Exclui-se o dia do início	Início do prazo

5. JARDIM, Afrânio Silva. Réu delator atua como espécie de assistente de acusação trazida pelo MP. *Conjur*. Disponível em <https://www.conjur.com.br/2019-set-02/afranio-silva-jardim-reu-delator-atua-assistente-acusacao>. Acesso em: 10 jan. 2019.

(6) a atividade jurisdicional será ininterrupta. São vedadas as férias coletivas, o que "implica que os atos processuais podem ser praticados e os prazos correm normalmente durante o que antes seriam as férias forenses (coletivas)"[6].

Os prazos processuais penais têm início a partir do dia útil seguinte ao dia da efetivação da diligência, vale dizer, considera-se o dia do ato de intimação ou citação em si e não o dia em que foi o mandado acostado aos autos. A teor do enunciado nº 710, da Súmula, do STF, "no processo penal, contam-se os prazos da data da intimação, e não da juntada do mandado ou da carta precatória ou de ordem".

EXEMPLO DE CONTAGEM DE PRAZO PROCESSUAL PENAL: APLICAÇÃO DA SÚMULA Nº 710/STF					
Interposição de Recurso de Apelação – prazo de 5 dias.					
05	**06**	**07**	**08**	**09**	**10**
Quarta-feira ***dies a quo***	**Quinta-feira**	**Sexta-feira**	**S**	**D**	**Segunda-feira** ***dies ad quem***
Intimação pessoal da sentença condenatória através de oficial de justiça Exclui-se o dia início	Início do cômputo	Juntada do mandado de intimação aos autos. Dia irrelevante para a contagem do prazo.	–	–	Fim do prazo Inclui-se o dia do vencimento

Entendimento minoritário, mas digno de registro, é o de Nucci, para quem, no tocante à intimação mediante carta precatória, em virtude das dificuldades de saber o que efetivamente ocorreu, "o correto seria que o prazo somente começasse a fluir da juntada da precatória aos autos principais"[7]. De fato, conferiríamos maior eficácia e segurança ao direito fundamental de ampla defesa.

O autor, aludindo a duas posições divergentes referentes à intimação por mandado (de um lado, a que considera o início do prazo a partir da intimação e não da juntada do mandado e, de outro, a que usa a legislação processual civil, por analogia, para contar o prazo a partir da juntada do mandado), sugere ainda que, para evitar posições contrapostas, seja adequado "equiparar os casos de intimação por mandado e por precatória, considerando-se o início a partir da juntada dos autos". Nessa toada, "há maior segurança de ciência da parte, o que somente enaltece os princípios constitucionais do contraditório e da ampla defesa"[8].

Para arrematar, vale frisar que sustentamos que **não** são aplicáveis ao processo penal os dispositivos do CPC que preconizam regras como:

(1) a contagem dos prazos em dias úteis, consoante o enunciado que dispõe que os atos processuais são contados em dias úteis, das seis às vinte horas. Para o direito processual penal, diferentemente do cível, vigoram as regras do art. 798, CPP, que estatui que todos os prazos correrão em cartório e serão contínuos e peremptórios, não se interrompendo por férias, domingo ou dia feriado;

6. FEITOZA, Denilson. *Direito processual penal: teoria, crítica e práxis*. Niterói: Impetus, 2010. p. 992.
7. NUCCI, Guilherme de Souza. *Manual de processo penal e execução penal*. 7. ed. São Paulo: RT, 2011. p. 990.
8. NUCCI, Guilherme de Souza. *Manual de processo penal e execução penal*. 7. ed. São Paulo: RT, 2011. p. 990.

(2) a prolação de sentença ou de acórdão segundo a ordem cronológica de conclusão. O próprio CPC afasta a possibilidade de aplicação de tal disposição ao processo penal, no modo do seu artigo 12 e parágrafos.

6. PRAZOS PROCESSUAIS EM ESPÉCIE

O diretor de secretaria ou escrivão dispõe do prazo de dois dias para praticar os atos determinados em lei ou ordenados pelo magistrado, nos termos do art. 799, do Código de Processo Penal. Esse dispositivo prevê, pelo descumprimento do prazo, a aplicação de multa e, na reincidência, de sanção disciplinar de suspensão de até trinta dias.

Não há espaço, a nosso ver, para a redução de vencimentos mediante sanção disciplinar, por se revelar inconstitucional. No final das contas, sofrerá com a multa, por exemplo, a família do servidor, privada dos recursos que dependia. Por outro lado, existem sanções específicas nas legislações de regência, a exemplo da lei nº 8.112/1990, que regula o regime jurídico dos servidores da União. A mesma consequência é preconizada pelo § 4º do art. 800, se o escrivão ou diretor de secretaria não enviar os autos ao juiz ou ao *Parquet* no dia em que assinar termo de conclusão ou de vista.

Deveras, como atualmente, de um lado, a multa ali disposta está com o valor defasado (de cinquenta a quinhentos mil-réis) e, de outro, os servidores da Justiça são regidos por estatutos que rezam sobre o procedimento administrativo para imposição de penas disciplinares específicas, entendemos que esses dispositivos só estão em vigor nas partes em que preconizam o prazo de dois dias para a prática dos atos nele indicados e o necessário envio dos autos ao juiz ou ao Ministério Público no dia da subscrição dos respectivos termos. Em caso de desatendimento a essas regras, só será cabível a aplicação de sanção devidamente regrada nos estatutos aplicáveis aos funcionários da Justiça.

Quanto aos juízes, o art. 800 do CPP especifica os prazos que deverão ser observados toda vez que não houver outro estabelecido especificamente pela lei. Destarte, os despachos e as decisões dos juízes singulares serão proferidos em:

(1) dez dias, se a decisão for definitiva, ou interlocutória mista;

(2) cinco dias, se for interlocutória simples;

(3) um dia, caso se cuide de despacho de expediente.

Esses prazos são contados do termo de conclusão dos autos pelo escrivão ou diretor de secretaria ao juiz. O termo de conclusão é, desse modo, da data a partir da qual é computado o lapso para que o juiz sentencie, decida ou despache nos autos.

Importa anotar que esses prazos são denominados "prazos impróprios", uma vez que "não são preclusivos, pois o juiz e seus auxiliares, se não praticarem o ato processual no prazo, continuam a ter que praticá-los, sem prejuízo de eventual sanção processual ou administrativa a que estejam sujeitos pela inobservância do prazo"[9]. Por exemplo, incorre em abuso de autoridade o juiz que deixar de relaxar a prisão manifestamente ilegal, dentro

9. FEITOZA, Denilson. *Direito processual penal: teoria, crítica e práxis*. Niterói: Impetus, 2010. p. 987.

do prazo razoável, de acordo com o gizado no art. 9º, parágrafo único, inciso I, da Lei nº 13.869/2019,

Quanto aos prazos do Ministério Público, a regra do art. 800, § 2º, do CPP, que prevê que os prazos do Ministério Público serão contados do termo de vista, salvo para a interposição do recurso, deve ser relida em razão da prerrogativa que dispõem os membros do *Parquet* consistente em serem intimados pessoalmente e com carga dos autos, isto é, mediante entrada dos autos com vista, em compasso com o art. 41, inciso IV, da Lei Federal nº 8.625/1993.

Quando o lapso é fatal, próprio ou improrrogável, como é o caso do ingresso de recurso, "não se fala em contar o prazo a partir do termo de vista e sim da data em que houve efetiva ciência da decisão, como estipula o art. 798, § 5º, alínea "c", do CPP. Não fosse assim, estar-se-ia dando tratamento diverso às partes – maior prazo para o Ministério Público e menor à defesa"[10].

Malgrado também Mirabete afirme restritamente que quando se trata de prazo para recorrer, "não substitui a intimação a abertura de vista ao Ministério Público, ou seu simples ciente"[11] – dando a entender que nos demais casos bastaria a abertura de vista (a aposição de carimbo nos autos, deixando os autos à disposição do *Parquet* na secretaria ou no cartório da vara) –, a interpretação sistemática que mais se coaduna com a ideia de isonomia material inferida da Constituição do Brasil é a de que o Ministério Público deve ser intimado sempre na forma do art. 41, IV, de sua Lei Orgânica Nacional (intimação com entrega dos autos).

Sob a ótica dos processos eletrônicos, a regra que confere prerrogativa ao Ministério Público fica sem sentido, obsoleta. Isso porque os autos estarão disponíveis sempre, na íntegra, no sistema.

A concessão de prerrogativas ao Ministério Público, leva em consideração a complexidade e o cúmulo das atribuições da instituição que tornaria desequilibrada a relação processual se não fosse a ela outorgada a prerrogativa. Também a Defensoria Pública detém prerrogativa semelhante, que assegura que sejam seus membros intimados pessoalmente e, inclusive quando necessário, com carga dos autos, como dispõe a nova redação do art. 44, I, da Lei Complementar nº 80/1994.

O Código de Processo Penal autoriza que os prazos nele fixados sejam excedidos pelos magistrados, em qualquer instância, se houver motivo justo assim declarado nos autos (§ 3º, art. 800, CPP). Nessa situação, o juiz deve, por exemplo, justificar o atraso em face da complexidade da causa ou de acúmulo do serviço. De todo modo, entendemos que essa regra não pode definhar o acusado preso. O Estado deve honrar o compromisso fundamental de garantir um processo justo. É inconcebível, por exemplo, deixar de conferir efetividade às garantias fundamentais do imputado sob argumento como o da **reserva do possível**.

De outra banda, como sanção para a não observância dos prazos pelos juízes e membros do Ministério Público responsáveis pelo retardamento, o Código de Processo Penal,

10. NUCCI, Guilherme de Souza. *Manual de processo penal e execução penal*. 7. ed. São Paulo: RT, 2011. p. 991.
11. MIRABETE, Júlio Fabbrini. *Processo penal*. 18 ed. São Paulo: Atlas, 2007. p. 788.

em seu art. 801, determina a perda de tantos dias de vencimentos quantos forem os excedidos, bem como a perda em dobro desses dias, na contagem do tempo de serviço, para o efeito de promoção e aposentadoria. São disposições sem eficácia, por inconstitucionais.

Em complementação à regra, o art. 802 reza que o aludido desconto será feito à vista da certidão do escrivão ou diretor de secretaria ou do secretário do tribunal, que deverão, de ofício, ou a requerimento de qualquer interessado, remetê-la aos órgãos incumbidos do pagamento e da contagem do tempo de serviço, sob pena de incidirem, de pleno direito, em multa, imposta por autoridade fiscal.

As sanções estabelecidas nesses dispositivos estão suplantadas pelas normas estatutárias que traçam o procedimento para aplicação de medida disciplinar contra os magistrados e os membros do Ministério Público. Também está sem eficácia a parte do artigo 802 que fixa multa contra o servidor da Justiça que fizer remessa da certidão para as repartições encarregadas do pagamento e da contagem de tempo de serviço.

Não só por esse fundamento, tais artigos estão derrogados (revogação parcial quanto suas partes sancionatórias), mas também pelos seguintes:

(1) de um lado, a Constituição do Brasil já prevê que o juiz que, injustificadamente, retiver autos em seu poder além do prazo legal, não será promovido ou removido, sendo-lhe vedado devolvê-los ao cartório sem o devido despacho ou decisão (art. 93, II, "e", "VIII-A", de acordo com a EC nº 45/2004); e

(2) de outro, a aplicação de uma sanção que importe desconto de vencimento violaria a irredutibilidade de vencimentos, consagrada constitucionalmente. Já o desconto de dias em dobro para fins de promoção ou de aposentadoria, também não é aplicável, já que as respectivas Leis Orgânicas das categorias provisionam sanções diversas pela desídia.

7. PRINCÍPIOS INFORMADORES DA DISCIPLINA DOS PRAZOS PROCESSUAIS

Arruda Alvim destaca dois princípios informativos do processo que afetam profundamente o tempo e os prazos, quais sejam, a paridade e a brevidade[12]. Mas, além desses importantíssimo, temos outros princípios que conferem fundamento aos prazos. Comecemos pela paridade[13].

8. PRINCÍPIO DA PARIDADE E DA IGUALDADE DE TRATAMENTO

Inspirado em princípio político fundamental do direito moderno, que é o da igualdade de todos perante a lei. O legislador deve proporcionar um tratamento isonômico aos sujeitos processuais, seja do ponto de vista formal, seja substancial. A **paridade de armas** se refere a pratica de atos equivalentes ao da parte contrária, com prazos equivalentes. Se a acusação tem poder de pleitear providências agressivas contra o acusado, a este deve ser deferido o mesmo poder. A **igualdade de tratamento** é alusiva às oportunidades iguais, como aos prazos para apresentação de recursos.

12. ALVIM, Arruda. *Manual de direito processual civil*: volume 1: parte geral. 8. ed. São Paulo: RT, 2003. p. 517.
13. ROBERTO, Welton. *Paridade de armas no processo penal*. Belo Horizonte: Fórum, 2011. p.89.

9. PRINCÍPIO DA BREVIDADE

Tem inspiração política na percepção de que o processo é indubitavelmente um mal, pelo que o seu alongamento injustificado é um mal ainda mais grave[14]. O processo penal é um mal em si mesmo. A extensão indevida amplia o castigo. Por outro lado, a sua abreviação não pode significar diminuição do espectro de garantias.

10. PRINCÍPIO DA ECONOMIA PROCESSUAL

Com pontos de contato com o princípio da brevidade, a economia processual põe ênfase na necessidade de se praticar um ato processual valendo-se da forma menos custosa e mais célere para o alcance do resultado. Esse princípio não deve ter incidência se antecipar o rito em afronta aos direitos fundamentais do imputado.

11. PRINCÍPIO DA UTILIDADE

Baseia-se na ideia de que o prazo deve ser maior ou menor consoante a relevância do ato a ser praticado. Com base na ideia de utilidade, justificamos, por exemplo, o prazo de cinco dias para a interposição da petição recursal de apelação (art. 593, CPP) e o prazo de oito dias para a apresentação das razões desse recurso (art. 660, CPP)[15]. O primeiro é mais simples que o segundo.

12. PRINCÍPIO DA PRECLUSÃO

Refere-se, especialmente, à preclusão temporal. O processo é um andar para frente, sem retornos indevidos a fases já ultrapassadas.

O princípio da preclusão deve ser compreendido em íntima conexão com as normas que atribuem ônus processuais às partes, por meio dos quais elas se sujeitam a praticar determinados atos (a exemplo do ato processual de interpor recurso), sob pena de ver perdida a oportunidade para tanto, em face do decurso do prazo[16].

13. PRINCÍPIO DA CONTINUIDADE

Expressamente previsto no CPP (art. 798), significa que os prazos correm inclusive em dias não úteis (ou seja, durante o curso prazal, os feriados são irrelevantes[17]) e não são interrompidos, no processo penal, sequer no período de férias.

14. PRINCÍPIO DA IRREDUTIBILIDADE OU DA INALTERABILIDADE DE PRAZOS

No processo penal não é admitida a redução dos prazos peremptórios, sob qualquer pretexto[18].

14. ALVIM, Arruda. *Manual de direito processual civil*: volume 1: parte geral. 8. ed. São Paulo: RT, 2003. p. 517.
15. MIRABETE, Júlio Fabbrini. *Processo penal*. 18 ed. São Paulo: Atlas, 2007. p. 787.
16. SILVA, Ovídio Araújo Baptista da. *Curso de processo civil*. 5. ed. São Paulo: RT, 2000. v.1. p. 207-208.
17. ALVIM, Arruda. *Manual de direito processual civil*: volume 1: parte geral. 8. ed. São Paulo: RT, 2003. p. 517.
18. MIRABETE, Júlio Fabbrini. *Processo penal*. 18 ed. São Paulo: Atlas, 2007. p. 787.

15. PRINCÍPIO DA IMPRORROGABILIDADE SUBJETIVA

Significa a diretriz de os prazos processuais, geralmente, não se prorrogarem por vontade dos sujeitos processuais, é dizer, não se fica refém da mera conveniência dos sujeitos do processo. A anuência das partes, quanto à antecipação de prazos, encontra limites nos direitos constitucionais irrenunciáveis, malgrado o disposto no art. 572, III, do CPP.

16. PRINCÍPIO DA PRORROGABILIDADE OBJETIVA

Sob outro prisma, é possível falar no princípio da prorrogabilidade objetiva, pois o prazo pode ser, em regra, objetivamente prorrogado, independentemente da vontade dos sujeitos processuais, por exemplo, quando terminam em dia que não é útil[19].

17. RETIRADA DOS AUTOS

O art. 803 do CPP verbera que é proibida a retirada de autos do cartório (ou da secretaria da vara ou do tribunal), ainda que em confiança, sob pena de responsabilidade do escrivão, ressalvados os casos expressos em lei.

Não é demais dizer que essa é uma das regras que se torna obsoleta diante da realidade do processo judicial eletrônico.

Sem embargo, sabemos que, em regra, só mediante autorização legal expressa é que os autos físicos podem sair do cartório ou da secretaria. Contudo, na hipótese de inexistir permissivo legal, o juiz, verificando ser necessária vista a uma das partes com carga, poderá autorizar motivadamente a retirada dos autos do processo criminal.

A previsão legal é uma cautela contra o extravio dos autos, bem como contra a procrastinação do processo criminal, notadamente quando se tem em linha de conta que existem prazos comuns (durante os quais as partes podem consultar os autos no cartório ou secretaria, tomando apontamentos, sem retirá-los, seja para a prática de atos processuais mais simples, seja diante da pluralidade de acusados. Ao cabo, é prestigiado o princípio da celeridade ou da brevidade, em consonância com a razoável duração do processo, condicionado ao acatamento dos direitos humanos fundamentais.

18. CUSTAS PROCESSUAIS

As despesas processuais são constituídas pelas custas processuais e pelos honorários de advogado.

O valor das custas do processo é fixado pelo juiz a partir de critério legal (*ex lege*).

Nos termos do art. 804, CPP, a sentença ou o acórdão, que julgar ação penal, incidente processual ou recurso, condenará o vencido nas custas. Esses valores não estão expressos no Código de Processo Penal. Dependemos das leis de organização judiciárias ou locais.

19. FEITOZA, Denilson. *Direito processual penal: teoria, crítica e práxis*. Niterói: Impetus, 2010. p. 994.

Por outro lado, logicamente, se for "decretada a extinção da punibilidade pela prescrição retroativa, o réu não tem que pagar custas"[20], eis que não restou vencido na demanda penal. O Ministério Público não é condenado nas custas processuais, ainda que vencido, eis que a ação penal é movida por órgão do Estado, titular da própria Fazenda Pública[21]. Também não o é a defensoria pública.

O valor dos honorários de advogado em regra não é determinado na sentença penal, ressalvando-se as possibilidades a seguir descritas.

(1) Caso de defensor dativo nomeado pelo magistrado (art. 263, parágrafo único, CPP). Nessa hipótese, o STJ tem jurisprudência pacífica que a decisão do Poder Judiciário que arbitra honorários em favor de defensor dativo, nas localidades onde a Defensoria Pública esteja impedida de atuar, é título executivo judicial, líquido, certo e exigível, de responsabilidade do Estado[22] (se o processo criminal tiver tramitado em juízo estadual) ou da União (se tiver corrido em juízo federal, eleitoral ou militar da União).

(2) Hipótese de ação penal privada. Aplica-se, por analogia, o art. 85 e parágrafos, do CPC, para condenar o vencido a pagar custas processuais e honorários advocatícios ao vencedor. A sucumbência para fins de honorários, aliás, é restrita à ação penal de iniciativa privada[23]. Conforme aquele Código de Processo Civil, que sufraga o princípio da sucumbência, a sentença condenará o vencido a pagar honorários ao advogado do vencedor (art. 85). A verba honorária de que trata será devida também na reconvenção (no processo penal, temos algo similar, como a "exceção da verdade"), no cumprimento de sentença, na execução resistida ou não e nos recursos interpostos, cumulativamente (§ 1º, do artigo 85). Como não há valor da causa no processo penal, o juiz arbitrará equitativamente os honorários, considerando o objeto da causa, bem como:

(a) o grau de zelo do profissional;

(b) o lugar de prestação do serviço;

(c) a natureza e a importância da causa; e

(d) o trabalho realizado pelo advogado e o tempo exigido para o seu serviço.

A instância recursal fixará, de ofício ou a requerimento, nova verba honorária.

Os honorários serão cumulativos com multas e outras despesas processuais, sendo observado o princípio da causalidade para o fim de determinar quem deve suportar o pagamento do valor. O § 14, do art. 85, do CPC, dispõe ainda que os honorários são direito do advogado, devidos mesmo no caso do advogado atuar em causa própria, que não podem ser objeto de compensação em caso de sucumbência parcial – observado o princípio da proporcionalidade, notadamente para as demais despesas processuais –, possuindo aqueles, ademais, natureza alimentar.

20. JESUS, Damásio E. de. *Código de processo penal anotado*. 10. ed. São Paulo: Saraiva, 2003. p. 469.
21. NUCCI, Guilherme de Souza. *Manual de processo penal e execução penal*. 7. ed. São Paulo: RT, 2011. p. 992.
22. STJ – Segunda Turma – REsp 1777957/ES – Rel. Min. Herman Benjamin – DJe 19 dez. 2018.
23. STJ – Quinta Turma – EDcl no AgRg no AREsp 1508519/SP – Rel. Min. Leopoldo de Arruda Raposo – DJe 12/11/2019.

Pensamos que são devidos os honorários advocatícios, inclusive, à Defensoria Pública, quando se tratar de ação penal privada, porquanto aqui estarão litigando, em tese, sujeitos processuais particulares assistidos por advogados, tanto no polo ativo, quanto no passivo da relação jurídica processual penal. É de ver que o enunciado nº 421 da súmula do STJ especifica que não são devidos honorários advocatícios à Defensoria Pública quando ela atua contra a pessoa jurídica de direito público à qual pertença, o que não acontece nas ações penais iniciadas por queixa-crime.

Com entendimento contrário ao nosso, Nucci se filia à corrente que entende não ser cabível a verba honorária em hipótese alguma no processo penal, em virtude de lidar com o interesse público e não com interesses patrimoniais, não existindo sequer valor atribuído à causa[24].

O STJ, por outra vertente, deliberou sobre as tabelas de honorários elaboradas unilateralmente pelos Conselhos Seccionais da OAB. De acordo com a Corte Superior, essas tabelas não vinculariam o magistrado no momento de arbitrar o valor da remuneração a que faz *jus* o defensor dativo que atua no processo penal. Diferentemente, aquelas tabelas serviriam como referência para o estabelecimento de valor que justo, de compasso com o labor despendido pelo advogado[25].

Nos respectivos entes federativos existem tabelas de custas regulamentadas. As custas têm natureza jurídica de taxa de serviço (prestado pelo Poder Judiciário) e serão calculadas e cobradas em compasso com as normas expedidas pela União e pelos Estados.

Elas devem ser recolhidas previamente nas ações penais privadas, salvo se o querelante comprovar seu estado de pobreza (art. 32, CPP). Desse modo, tirante essa exceção, nenhum ato ou diligência será realizado sem a comprovação do depósito da do valor das custas (art. 806, *caput*, CPP). De forma análoga, nenhum ato requerido no interesse do querelado será realizado, sem o prévio pagamento das custas, salvo se ele for pobre ou assistido pela defensoria pública.

Ausente o pagamento das custas dentro do lapso fixado legalmente ou pelo juiz, a diligência será tida por renunciada pelo requerente ou o recurso interposto julgado será julgado deserto, conforme a hipótese. Esse proceder não será objeto de **invalidação**, se, posteriormente, a prova da pobreza tiver apresentada aos autos (parágrafos 2º e 3º, art. 806, CPP). Caso contrário, teremos **nulidade absoluta**.

No entanto, essa previsão legislativa não seria obstativa da faculdade atribuída ao juiz de ordenar de ofício inquirição de testemunhas ou a realização de outras diligências, diante da previsão contida no art. 807, CPP. Porém, com a edição da Lei nº 13.964/2019, há espaço para afirmar a impossibilidade do juiz atuar na produção probatória. A estrutura é acusatória. Cabe reiterar: com divisões das funções dos sujeitos processuais penais. E o art. 3º-A, do CPP, é expresso ao gizar que "o processo penal terá estrutura acusatória, vedadas a iniciativa do juiz na fase de investigação e a substituição da atuação probatória do órgão de acusação".

24. NUCCI, Guilherme de Souza. *Manual de processo penal e execução penal*. 7. ed. São Paulo: RT, 2011. p. 993.
25. STJ – Terceira Seção – REsp 1656322/SC – Rel. Min. Rogerio Schietti Cruz – DJe 04 nov. 2019.

19. SUBSTITUIÇÃO DO ESCRIVÃO OU DIRETOR DE SECRETARIA

O art. 808, do CPP, reza que, na falta ou impedimento do escrivão, do diretor de secretaria ou de seu substituto, atuará pessoa idônea, nomeada pela autoridade, perante quem prestará compromisso, com a lavratura do correspondente termo.

Esse dispositivo tem baixa aplicabilidade em virtude da existência de quadros de servidores públicos concursados e comissionados, com leis que disciplinam as formas de substituição. Em regra, o que acontece é a edição de um ato administrativo pela autoridade competente, designando o servidor para ocupar a função durante o período em que o ocupante efetivo se encontre afastado.

20. ESTATÍSTICA JUDICIÁRIA CRIMINAL

Os dados estatísticos são importantes para que seja atestada a movimentação processual penal em cotejo com a logística do órgão do Poder Judiciário. Além desses aspectos, outros de cunho social são retratados pela estatística judiciária criminal.

Pensamos que a escassez dos recursos, aferida estatisticamente, juntamente com argumentos como o da reserva do possível, não justificam a negativa ou a baixa da aplicação dos direitos fundamentais do imputado. Ao revés, incorrem em inconstitucionalidade.

O artigo 809, do Código de Processo Penal estabelece que a estatística judiciária criminal, a cargo dos órgãos competentes, será elaborada a partir do denominado boletim individual.

O boletim individual é documento dividido em três partes destacáveis:

(1) a primeira parte deve ser arquivada no respectivo departamento de polícia;

(2) a segunda deve ser enviada ao órgão de estatística; e

(3) a terceira acompanhará o processo criminal e, depois de transitada em julgado a sentença definitiva e lançados os dados derradeiros, deverá ser enviada ao referido órgão de visando a atualização dos dados.

Como se infere, o boletim individual é parte integrante dos processos e versará sobre:

(1) os crimes e as contravenções praticados durante o trimestre, com especificação da natureza de cada um, dos meios utilizados e das circunstâncias de tempo e lugar;

(2) as armas proibidas apreendidas;

(3) o número de acusados, referidas as infrações imputadas, nacionalidade, sexo, idade, filiação, estado civil, prole, residência, meios de vida e condições econômicas, grau de instrução, religião, e condições de saúde física e psíquica;

(4) o número dos casos de coautoria;

(5) a reincidência e os antecedentes judiciários;

(6) as decisões condenatórias ou absolutórias, assim como as de pronúncia ou de impronúncia;

(7) a natureza das sanções impostas;

(8) a natureza das medidas de segurança aplicadas;

(9) a suspensão condicional da execução da pena, quando concedida;

(10) as concessões ou denegações de *habeas corpus*.

Esses dados são lançados semestralmente em mapa e remetidos ao Serviço de Estatística Demográfica Moral e Política do Ministério da Justiça. Eles constituem o mínimo exigível, podendo ser acrescidos de outros elementos úteis ao serviço da estatística criminal, tais como:

(1) número de agentes (investigados, indiciados ou acusados) com quebra de sigilo telefônico decretada; e

(2) suspensão condicional do processo (art. 89, Lei nº 9.099/95).

Atualmente, com o avanço tecnológico, os dados criminais podem servir melhor à finalidade da estatística judiciária, notadamente com a utilização de meios eletrônicos, especialmente programas adequados para a comunicação e o registro do conteúdo dos boletins individuais.

21. QUADRO SINÓTICO

CAPÍTULO XVIII – PRAZOS E DISPOSIÇÕES GERAIS	
AUDIÊNCIAS E SESSÕES	
Além da referência a **audiências**, o CPP menciona o termo **sessão**, com o fito de designar um tipo especial de audiência nos órgãos colegiados dos tribunais e no Tribunal do Júri. São designadas pelo juiz (singular ou presidente do Tribunal do Júri) ou pelo relator do processo (nos tribunais). Havendo tramitação normal dos processos criminais, com observância dos prazos, a regra é que as audiências e sessões sejam ordinárias e agendadas para dia útil no horário de funcionamento normal do órgão jurisdicional.	**1**
PUBLICIDADE	
A Constituição do Brasil dispõe que todos os julgamentos do Poder Judiciário serão públicos. A lei, contudo, pode restringir a publicidade, limitando a presença, em determinados atos processuais, às partes e a seus advogados, ou somente a estes, se o interesse público determinar essa providência (art. 93, IX). O CPP prevê, em seu art. 792, que as audiências, as sessões e os atos processuais serão, em regra, públicos e se realizarão nas sedes dos juízos e dos tribunais, com a participação dos escrivães ou diretores de secretaria, do secretário, do oficial de justiça que servir de porteiro, em dia e hora previamente designados.	**2**
PODER DE POLÍCIA DO JUIZ	
O julgador pode estabelecer limitações aos direitos das pessoas que assistem ou participam de audiências ou de sessões. Essa faculdade é o poder de polícia que é inerente a sua competência para processar e julgar regularmente os processos criminais.	**3**

<table>
<tr><th colspan="3">CAPÍTULO XVIII – PRAZOS E DISPOSIÇÕES GERAIS</th></tr>
<tr><th colspan="3">Prazos PENAIS E PROCESSUAIS PENAIS</th></tr>
<tr><td colspan="2">O prazo de direito penal é contado com o cômputo do dia do início (dies a quo) e exclusão do dia do final (dias ad quem).

O prazo de direito processual, diferentemente, tem como termo inicial o dia seguinte ao do evento que determina sua fluência. É assim que o CPP averba no § 1º, do seu art. 798, que não se computará no prazo o dia do começo, incluindo-se, todavia, o do vencimento.</td><td>4</td></tr>
<tr><td>Fluência dos prazos processuais</td><td>Todos os prazos processuais correrão em cartório, de forma contínua e peremptória, não sendo interrompidos por férias, domingo ou feriado.

Uma vez finalizado o prazo, será certificado esse fato nos autos. Se omitida a certidão, o prazo será ainda assim considerado terminado, bastando a prova do dia em que teve início.

Os prazos processuais penais têm início a partir do dia útil seguinte ao dia da efetivação da diligência, vale dizer, considera-se o dia do ato de intimação ou citação em si e não o dia em que foi o mandado acostado aos autos (Sum. nº 710 do STF).

Sustentamos que não são aplicáveis ao processo penal os dispositivos do CPC, que preconizam regras como: (1) a contagem dos prazos em dias úteis; e (2) a prolação de sentença ou de acórdão segundo a ordem cronológica de conclusão. O próprio CPC afasta a possibilidade de aplicação de tal disposição ao processo penal.</td><td>5</td></tr>
<tr><td>Prazos processuais em espécie</td><td>O diretor de secretaria ou escrivão dispõe do prazo de dois dias para praticar os atos determinados em lei ou ordenados pelo magistrado.

Quanto aos juízes, o art. 800 do CPP especifica os prazos que deverão ser observados toda vez que não houver outro estabelecido especificamente pela lei. Destarte, os despachos e as decisões dos juízes singulares serão proferidos em: (1) dez dias, se a decisão for definitiva, ou interlocutória mista; (2) cinco dias, se for interlocutória simples; (3) um dia, caso se cuide de despacho de expediente.

São denominados "prazos impróprios", uma vez que não são preclusivos, sem prejuízo de eventual sanção processual ou administrativa a que estejam sujeitos pela inobservância do prazo.</td><td>6</td></tr>
<tr><td>Princípios informadores da disciplina dos prazos processuais</td><td>Paridade e da igualdade de tratamento: o legislador deve proporcionar um tratamento isonômico aos sujeitos processuais, seja do ponto de vista formal, seja substancial.

Brevidade: o processo é indubitavelmente um mal, pelo que o seu alongamento injustificado é um mal ainda mais grave.

Economia processual: necessidade de se praticar um ato processual valendo-se da forma menos custosa e mais célere para o resultado.

Utilidade: baseado na noção de que o prazo deve ser maior ou menor consoante a relevância do ato a ser praticado.</td><td>7 a 16</td></tr>
</table>

CAPÍTULO XVIII – PRAZOS E DISPOSIÇÕES GERAIS		
Princípios informadores da disciplina dos prazos processuais	**Preclusão:** que deve ser compreendido em íntima conexão com as normas que atribuem ônus processuais às partes, por meio dos quais elas se sujeitam a praticar determinados atos em um tempo oportuno, sob pena de perder essa faculdade. **Continuidade:** os prazos correm inclusive em dias não úteis, feriados e não são interrompidos, no processo penal, sequer no período de férias. **Irredutibilidade ou da inalterabilidade de prazos:** não é admitida a redução dos prazos peremptórios, sob qualquer pretexto. **Improrrogabilidade subjetiva:** os prazos processuais, geralmente, não se prorrogarem por vontade dos sujeitos do processo. **Prorrogabilidade objetiva:** o prazo pode ser, em regra, objetivamente prorrogado, independentemente da vontade dos sujeitos processuais, por exemplo, quando terminam em dia que não é útil.	**7 a 16**
RETIRADA DE AUTOS		
O art. 803 do CPP verbera que é proibida a retirada de autos do cartório, ainda que em confiança, sob pena de responsabilidade do escrivão, ressalvados os casos expressos em lei.		**17**
CUSTAS PROCESSUAIS		
As despesas processuais são constituídas pelas custas processuais e pelos honorários de advogado. O valor das custas do processo é fixado pelo juiz a partir de critério legal (*ex lege*). Nos termos do art. 804 do CPC, a sentença ou o acórdão, que julgar ação penal, incidente processual ou recurso, condenará o vencido nas custas. O MP não é condenado nas custas processuais, ainda que vencido, eis que a ação penal é movida por órgão do Estado, titular da própria Fazenda Pública. O valor dos honorários de advogado em regra não é determinado na sentença penal, ressalvando-se as possibilidades a seguir descritas: (1) caso de defensor dativo nomeado pelo magistrado; (2) hipótese de ação penal privada. Aplica-se, por analogia, o art. 85 e parágrafos, do CPC. As custas têm natureza jurídica de taxa de serviço e serão calculadas e cobradas em compasso com as normas expedidas pela União e pelos Estados. Elas devem ser recolhidas previamente nas ações penais privadas, salvo se o querelante comprovar seu estado de pobreza (art. 32, CPP). Ausente o pagamento das custas dentro do lapso fixado legalmente ou pelo juiz, a diligência será tida por renunciada pelo requerente ou o recurso interposto julgado será julgado deserto, conforme a hipótese. Esse proceder não será objeto de **invalidação**, se, posteriormente, a prova da pobreza tiver apresentada aos autos (parágrafos 2º e 3º, art. 806, CPP). Caso contrário, teremos **nulidade absoluta**. No entanto, essa previsão legislativa não seria obstativa da faculdade atribuída ao juiz de ordenar de ofício inquirição de testemunhas ou a realização de outras diligências, diante da previsão contida no art. 807, CPP.		**18**

CAPÍTULO XVIII - PRAZOS E DISPOSIÇÕES GERAIS	
SUBSTITUIÇÃO DO ESCRIVÃO OU DIRETOR DE SECRETARIA	
O art. 808 do CPP reza que na falta ou impedimento do escrivão, do diretor de secretaria ou de seu substituto, atuará pessoa idônea, nomeada pela autoridade, perante quem prestará compromisso, com a Lavratura do correspondente termo (art. 808, CPP).	**19**
ESTATÍSTICA JUDICIÁRIA CRIMINAL	
O artigo 809, do CPP estabelece que a estatística judiciária criminal, a cargo dos órgãos competentes, será elaborada a partir do denominado "boletim individual", com diversos dados a respeito do crime, de seu instrumento e do acusado.	**20**

22. SÚMULAS DO STJ

421. Os honorários advocatícios não são devidos à Defensoria Pública quando ela atua contra a pessoa jurídica de direito público à qual pertença.

23. SÚMULAS DO STF

310. Quando a intimação tiver lugar na sexta-feira, ou a publicação com efeito de intimação for feita nesse dia, o prazo judicial terá início na segunda-feira imediata, salvo se não houver expediente, caso em que começará no primeiro dia útil que se seguir.

710. No processo penal, contam-se os prazos da data da intimação, e não da juntada aos autos do mandado ou da carta precatória ou de ordem.

24. QUESTÕES DE CONCURSOS PÚBLICOS

01. (2017 - VUNESP - TJ-SP - Juiz Substituto - Adaptada) Em matéria de citações e intimações, julgue o item que segue

Os prazos são contados da data da intimação, e não da juntada aos autos do mandado ou da carta precatória ou de ordem.

02. (2015 - VUNESP - TJ-MS - Juiz Substituto) Com relação ao Princípio Constitucional da Publicidade, com correspondência no Código de Processo Penal, é correto afirmar que

(A) a publicidade ampla e a publicidade restrita não constituem regras de maior ou menor valor no processo penal, cabendo ao poder discricionário do juiz a preservação da intimidade dos sujeitos processuais.

(B) a publicidade restrita tem regramento pela legislação infraconstitucional e não foi recepcionada pela Constituição Federal, que normatiza a publicidade ampla dos atos processuais como garantia absoluta do indivíduo.

(C) de acordo com o artigo 93, inciso IX, da Constituição Federal, com nova redação dada pela EC 45/2004, os atos processuais serão públicos, sob pena de nulidade, cabendo ao juiz limitar a presença, nas audiências, de partes e advogados.

(D) a publicidade restrita é regra geral dos atos processuais, ao passo que a publicidade ampla é exceção e ocorre nas situações expressas em lei, dependendo de decisão judicial no caso concreto.

(E) a publicidade ampla é regra geral dos atos processuais, ao passo que a publicidade restrita é exceção e ocorre nas situações expressas em lei, dependendo de decisão judicial no caso concreto.

03. (2015 - FCC - TRE-SE - Analista Judiciário - Área Judiciária - Adaptada) Julgue a assertiva:

No processo penal, contam-se os prazos da data de juntada aos autos do mandado ou da carta precatória ou de ordem e não da data da intimação.

04. (Defensor Público - DPE/RR/CESPE/2013) A respeito dos prazos no processo penal, assinale a opção correta.

(A) De acordo com o CPP, a contagem dos prazos processuais deve ser feita conforme o estabelecido no CP, ou seja, conta-se o dia inicial, o dies a quo, que corresponde ao da intimação, e exclui-se o do vencimento, o dies ad quem.

(B) Ao MP e à DP, por serem órgãos estatais, fazem jus a prazo em dobro para a interposição de recurso e em quádruplo para a contestação.

(C) Em relação aos recursos interpostos pela DP e pelo MP, os prazos devem ser contados a partir da ciência pessoal do órgão oficiante no feito, e não da data do ingresso dos autos na sede da instituição.

(D) De acordo com a doutrina, os prazos legais, como os fixados pela lei, vinculam os sujeitos processuais, e sua inobservância acarreta preclusão.

(E) Segundo preceito expresso no CPP, todos os prazos do processo devem ser contínuos e peremptórios, não se interrompendo por férias, domingo ou dia feriado.

05. (Analista Judiciário - TRF2/FCC/2012) O réu e seu defensor constituído foram pessoalmente intimados da sentença condenatória no dia 3 de fevereiro de 2012, sexta-feira. O prazo de 5 dias para apelação terminará no dia

(A) 13 de fevereiro, segunda-feira.

(B) 07 de fevereiro, terça-feira.

(C) 08 de fevereiro, quarta-feira.

(D) 09 de fevereiro, quinta-feira.

(E) 10 de fevereiro, sexta-feira.

06. (Técnico Judiciário – TJ/PE/FCC/2012) Em um processo penal, a sentença condenatória foi proferida pelo juiz em audiência, com a presença do acusado e de seu defensor constituído. O prazo para o acusado recorrer começará a correr do dia

(A) da intimação pessoal do acusado por Oficial de Justiça.
(B) da audiência.
(C) da intimação pessoal do defensor do acusado por Oficial de Justiça.
(D) seguinte à intimação do Ministério Público.
(E) seguinte ao decurso do prazo para recurso do Ministério Público.

25. GABARITO ANOTADO

01 – C

Vide:

- Súmula nº 710, STF.

02 – E

Vide:

- Art. 792 do CPP.

03 – E

Vide:

- Súmula 710 do STF.
- Art. 798, § 5º, I, do CPP.

04 – E

Vide:

- Art. 798, CPP.

05 – E

Vide:

- Súmula nº 310, STF.
- Art. 798, §§ 1º e 5º, a, do CPP.

06 – B

Vide:

- Art. 798, § 5º, b, CPP.

26. QUESTÕES DISCURSIVAS COM COMENTÁRIOS

1. (MPE-PR – Promotor de Justiça – PR/2008) (máximo de 15 linhas).

Tício foi condenado à pena privativa de liberdade de 06 (seis) anos de reclusão por violação ao artigo 157, § 2º, incisos I e II, do Código Penal. Da sentença condenatória Tício foi intimado em 09.05.08 (sexta-feira), oportunidade em que manifestou o interesse de não recorrer da decisão condenatória. O advogado de Tício, defensor devidamente constituído, fora intimado da decisão condenatória em 08.05.08 (quinta-feira). No dia 16.05.08, o advogado de Tício interpôs recurso de apelação. O recurso é tempestivo ou não? Justifique.

Resposta

O conflito entre autodefesa e defesa técnica quanto à vontade de recorrer é resolvido em favor da admissibilidade do recurso, eis que prevalece hoje o entendimento de que deve preponderar o desejo de quem quer recorrer.

O prazo recursal tem seu termo inicial (dies a quo) a partir do dia útil seguinte aquele em que tenha ocorrido a última intimação (do réu, no caso, em 9/5/2008). Como este dia da intimação do acusado ocorreu numa sexta-feira (dia de expediente forense), o prazo de cinco dias para apelar começa a correr da segunda-feira, 12/5/2008, expirando-se na sexta-feira (dies ad quem, termo final), em 16/5/2008.

Daí a tempestividade do recurso interposto pelo advogado de Tício.

2. (MPE-RS – Promotor de Justiça – RS/2008) Atalíbio foi processado em Porto Alegre como incurso no art. 155, ***caput***, do Código Penal, em razão de fato ocorrido em 05 (cinco) de maio de 2008 (dois mil e oito) (segunda-feira). A denúncia foi recebida em 11 (onze) de dezembro de 2008 (dois mil e oito) (quinta-feira), tendo a instrução processual ocorrido celeremente. Durante todo o feito, o réu foi defendido por defensor constituído. Tendo sido condenado, iniciou-se a fase das intimações de praxe. O advogado de defesa foi intimado na capital do Estado em 29 (vinte e nove) de abril de 2009 (dois mil e nove) (quarta-feira). Como o sentenciado residia em Santa Maria, a intimação foi feita por precatória, em 30 (trinta) de abril de 2009 (dois mil e nove) (quinta-feira), quando disse ao oficial de justiça que estava em dúvida se desejava recorrer ou não. Depois do feriadão do dia 1º de maio, a precatória estava para ser devolvida, quando o acusado solicitou ao juízo, pessoalmente, que se anexasse ao documento judicial uma missiva sua, desistindo do direito de recorrer por motivos religiosos, o que foi deferido imediatamente pela autoridade judiciária deprecada. A precatória com a carta do réu foi juntada aos autos em 11 (onze) de maio de 2009 (dois mil e nove) (segunda-feira), e no mesmo dia, apesar de tomar conhecimento naquela data do desejo de seu cliente, o causídico protocolou apelação. Como o Magistrado deve decidir o conflito entre cliente e advogado, considerando todas as nuances do feito? Explique.

Resposta

O conflito entre autodefesa e defesa técnica quanto à vontade de recorrer é resolvido em favor da admissibilidade do recurso, eis que prevalece hoje o entendimento de que deve preponderar o desejo de quem quer recorrer.

O prazo recursal tem seu termo inicial (dies a quo) a partir do dia útil seguinte aquele em que tenha ocorrido a última intimação (do réu, no caso, em 30/4/2009). Como este dia da intimação do acusado ocorreu na quinta-feira véspera de feriado (sexta-feira, dia 01/05/2009), o prazo de cinco dias para apelar começa a correr da segunda-feira, 04/05/2009, expirando-se na sexta-feira (dies ad quem, termo final), em 08/05/2009.

O candidato deve atentar para o teor da Súmula 710, STF, que preconiza que no processo penal os prazos são contados da intimação e não da juntada aos autos do mandado ou da carta precatória ou de ordem.

Interposto o recurso só em 11/05/2009, o juiz deve inadmiti-lo por intempestivo.

Capítulo XIX

Sentença

1. INTRODUÇÃO

O Código de Processo Penal não é sistemático, especialmente quando regula a sentença (artigos 381 a 392, CPP). No direito processual civil clássico, era comum se definir sentença de acordo com sua qualidade de por fim ao processo, diferenciando-a dos demais atos do juiz: (1) sentença seria o ato pelo qual o juiz põe termo ao processo; (2) decisão interlocutória, o ato pelo qual o juiz, no curso do processo, resolve questão incidente; (3) despachos seriam todos os demais atos do juiz praticados no processo, de ofício ou a requerimento da parte, a cujo respeito a lei não estabelece outra forma e (4) atos meramente ordinatórios, como a juntada e a vista obrigatória, seriam aqueles que não exigiriam o despacho, mas praticados de ofício pelo servidor e revistos pelo juiz quando necessários.

Na realidade, "processo" é vocábulo que pode se referir: (1) aos autos, quando nos referimos ao número do processo; ou (2) à porção do caso penal, sob o seu aspecto objetivo (conteúdo) ou subjetivo (partes).

Quando dizemos que sentença é o ato pelo qual o juiz põe termo ao processo, o sentido da palavra "sentença" indica aí um ato que tende a exaurir a prestação jurisdicional em primeiro grau de jurisdição.

De outro lado, quando afirmamos que a sentença é ato que resolve questão preliminar peremptória ou que julga o mérito da demanda penal, ainda que parcialmente, o vocábulo "processo" se relaciona com o que foi pedido. Se um pedido é objeto de julgamento antes do momento final do encerramento do processo, teremos extinção de uma porção do processo, com ou sem julgamento do mérito.

No direito processual penal, portanto, há sentenças penais que encerram o processo, tomado esta palavra no sentido de autos em trâmite na instância inicial. De outro lado existem outras sentenças que não o encerram totalmente enquanto autos físicos ou virtuais, a exemplo da extinção de punibilidade de um dos delitos conexos, da sentença que absolve sumariamente o réu de um dos crimes, mas não de outros delitos, bem como da sentença que absolve sumariamente apenas um dos acusados. Essas definem o direito em relação a um dos pedidos cumulados ou em face de um dos acusados que se situam, lado a lado, em litisconsórcio passivo.

Observe-se, no entanto, que, nesses exemplos, embora o processo não tenha fim enquanto compreendido como autos que tramitam em instância inicial, haverá encerramento de uma porção do mérito, que se reporta a um dos réus (cúmulo subjetivo) ou a um dos pedidos (cúmulo objetivo).

Nessa toada, doutrina Ovídio Baptista que "sentença é o ato pelo qual o juiz 'diz o direito', pondo fim ao procedimento, ou pelo menos encerrando a controvérsia a respeito de uma das ações cumuladas", conquanto o procedimento prossiga para tratamento da porção da lide ali não apreciada[1]. A natureza da sentença é depreendida, preponderantemente, pelo condão que tem de definir o direito.

Vale dizer, não é plausível assimilar a noção de sentença tão somente ao ato de encerramento do processo, por encobrir que o que a caracteriza é o seu conteúdo declarativo do direito deduzido em juízo. Quando o conteúdo decisório não tem esse efeito, a exemplo dos decretos de medidas cautelares prisionais e não prisionais, teremos decisões interlocutórias. Se não existir teor de decisão, o ato judicial deve ser classificado como despacho.

Neste capítulo, estudaremos as sentenças em espécie, com a menção às classificações legais e doutrinárias. Verificaremos que a sentença penal pode ser de natureza bem variada, podendo se apresentar como:

(1) absolutória. É sentença que livra o réu da imputação, julgando improcedente o pedido condenatório. Pode se distinguir de acordo com o conteúdo examinado ou com o momento de sua prolação. Daí ser possível sentença de absolvição imprópria (que aplica

1. SILVA, Ovídio Araújo Baptista da. *Da sentença liminar à nulidade da sentença*. Rio de Janeiro: Forense, 2001. p. 20.

medida de segurança) ou própria. Também pode ser sentença de absolvição sumária (com abreviação do rito do processo) ou final;

(2) condenatória. Julga procedente, ainda que parcialmente, o pedido condenatório penal;

(3) extintiva de punibilidade. Pode ocorrer de diversas formas, por motivo de prescrição da pretensão punitiva, por óbito do imputado, por reconhecimento de perdão judicial, pelo cumprimento da pena, dentre outros;

(4) impronúncia. Exclusiva do rito do júri, é sentença terminativa, que extingue o processo sem resolução do mérito, por insuficiência de provas, ao final da fase da instrução preliminar conduzida pelo juiz singular;

(5) indeferimento de denúncia ou de queixa. Trata-se de sentença que extingue o processo sem resolução do mérito. Pode ser exarada, como regra, no momento do art. 395 ou, depois da resposta à acusação, até a fase do art. 397, do CPP;

(6) homologatória. A homologação é sentença declaratória apta a conferir eficácia ao ato submetido a exame judicial, tais como transação penal, composição dos danos cíveis, colaboração premiada, acordo de não persecução penal e suspensão condicional do processo.

2. ATOS PROCESSUAIS

Os atos processuais da autoridade judiciária podem ser divididos em provimentos ou atos reais. Os provimentos são deliberações escritas. Os atos reais, também chamados de atos materiais são exaurimentos dos provimentos e modificam a realidade naturalística.

3. PROVIMENTOS

São considerados provimentos os despachos de mero expediente, as decisões interlocutórias e as decisões definitivas.

4. DESPACHOS DE MERO EXPEDIENTE

São atos judiciais sem conteúdo decisório. Vale dizer, são provimentos tendentes a impulsionar o processo, caracterizando-se pelo baixo ou irrelevante teor decisório e pela irrecorribilidade, a exemplo da designação de audiência, determinação de vistas às partes ou ordem para citar o réu.

5. DECISÕES INTERLOCUTÓRIAS

São provimentos que consubstanciam "soluções dadas pelo juiz, acerca de qualquer questão controversa, envolvendo a contraposição de interesses das partes, podendo ou não colocar fim ao processo"[2]. Subdividem-se em interlocutórias simples e interlocutórias mistas (dentre estas, estão as decisões interlocutórias mistas terminativas e mistas não terminativas).

2. NUCCI, Guilherme de Souza. *Manual de Processo Penal e Execução Penal*. 7. Ed. São Paulo: RT, 2010. p. 658.

6. DECISÕES INTERLOCUTÓRIAS SIMPLES

Caracterizadas como aquelas que "dirimem questões emergentes relativas à regularidade ou marcha do processo, exigindo um pronunciamento decisório sem penetrar no mérito da causa", a exemplo da decisão de recebimento da denúncia ou da que decreta prisão preventiva, que se distinguem dos meros despachos. As decisões interlocutórias simples não deliberam sobre pedido incidental, não encerram fase do processo, nem tampouco findam o processo (a exemplo da decisão que recebe a denúncia ou a queixa crime).

7. DECISÕES INTERLOCUTÓRIAS MISTAS

Podem ser decisões com força de definitivas, na terminologia adotada pelo art. 593, II, CPP, notadamente quando encerrarem: (a) uma etapa ou fase do procedimento; ou (b) a própria relação processual, sem resolução do mérito. No primeiro caso, são chamadas "interlocutórias mistas não terminativas", tal como ocorre com a pronúncia (que remete o acusado a julgamento pelo tribunal do júri). No segundo, "interlocutórias mistas terminativas", tal como a impronúncia.

Em outras palavras, as decisões interlocutórias mistas são dotadas de uma ou mais dessas três possibilidades: (a) deliberar sobre pedido incidental; (b) encerrar fase processual; ou (c) extinguir o processo. Assim se sucede com a decisão de pronúncia, classificada como decisão interlocutória mista não terminativa (delibera sobre a admissibilidade da acusação à júri e encerra fase processual); Também verificamos duas daquelas possibilidades na sentença de impronúncia, que é decisão interlocutória mista terminativa (extingue o processo, encerrando a primeira fase do rito do júri). E, similarmente, é exemplo dessa classe de decisões aquela que anular o processo, no todo ou em parte, por deliberar sobre pedido incidental de nulidade e por ter o condão de extinguir parcialmente o processo (decisão interlocutória mista não terminativa).

- **Observação**: na sistemática do CPP, a impronúncia é reconhecida como sentença terminativa (por não resolver o mérito do processo). Trata-se de provimento que, a nível recursal, desafia apelação criminal (art. 416).

8. DECISÕES DEFINITIVAS, MATERIAIS OU SENTENÇAS EM SENTIDO PRÓPRIO

São aquelas que julgam o mérito da causa. São materiais as sentenças que resolvem o mérito da causa, a exemplo das sentenças de condenação ou de absolvição.

Existe sentença definitiva que julga o mérito de maneira superficial, sem examinar propriamente a imputação feita ao réu, como ocorre quando se extingue a punibilidade do agente pela ocorrência da prescrição (sentença definitiva em sentido amplo). É a sentença que acolhe a prefacial de prescrição da pretensão punitiva estatal.

De outro lado, será sentença definitiva em sentido estrito a que resolver o mérito apreciando a imputação (sentenças absolutórias e condenatórias).

As sentenças em sentido próprio ou definitivas consistem, desse modo, em provimentos que resolvem o mérito da causa[3], podendo se apresentar como condenatórias, absolutórias e terminativas de mérito.[4]

Atenção! As decisões definitivas são aquelas que apreciam o mérito da pretensão punitiva, enquanto que as sentenças definitivas – ou sentença *stricto sensu* – são aquelas que decidem não somente o mérito da pretensão, mas também a imputação feita ao acusado.

Atenção! Decisão ou sentença "definitiva" não é expressão sinônima de decisão ou sentença "transitada em julgado". Enquanto sentença transitada em julgado é aquela contra a qual não caiba mais recursos, sentença definitiva é decisão que examina o mérito do caso penal.

9. DECISÕES TERMINATIVAS, FORMAIS OU SENTENÇAS EM SENTIDO IMPRÓPRIO

De acordo com a terminologia adotada no Código de Processo Penal, a decisão final do caso penal pode se dividir em sentença definitiva (a que examina o mérito, conforme descrevemos no tópico anterior) e sentença terminativa (aquela que não examina o mérito da causa).

A decisão será terminativa – ou ainda sentença em sentido impróprio – quando encerrar uma porção do processo, mas sem que lhe resolva o mérito.

São formais as decisões que resolvem questões meramente processuais, podendo colocar fim ao processo ou à instância, a exemplo da impronúncia. Também pode se enquadrar nessa classificação, a sentença que homologa colaboração premiada, por examinar questão em torno da regularidade, legalidade e voluntariedade do ajuste penal (art. 4º, § 7º, da Lei nº 12.850/2013).

10. ATOS REAIS OU MATERIAIS

Os atos reais ou materiais subdividem-se em atos instrutórios e atos de documentação. Como avivamos acima, eles modificam a realidade naturalística, embora devam ser registrados para que emanem efeitos jurídicos. Os atos instrutórios e os atos de documentação são exemplos de atos materiais.

11. ATOS INSTRUTÓRIOS

São os atos materiais que consistem, por exemplo, na realização de inspeções em pessoas ou coisas. Todo ato instrutório deve se perfectibilizar em uma documentação. Os atos instrutórios decorrem de um provimento, porém consubstanciam providências consequentes àquele. Desse modo, o juiz defere a produção da prova pericial (provimento), seguindo-se providências tendentes à realização da prova pericial (ato instrutório) e posterior registro (documentação).

3. MIRABETE, Julio Fabbrini. *Processo penal*. 14. ed. São Paulo: Atlas, 2003. p. 445-446.
4. FEITOZA, Denilson. *Direito processual penal: teoria, crítica e práxis*. Niterói: Impetus, 2010. p. 1012.

12. ATOS DE DOCUMENTAÇÃO

Referem-se aos atos do juiz que permitem a emanação de efeitos jurídicos. Em poucas palavras, o termo "validação" retrata o coroamento da descrição do que foi realizado. Sem a documentação na forma prevista em lei, não deve haver operatividade de um ato processual. Como exemplo de atos de documentação, teríamos os de rubricar as folhas dos autos e subscrever termo de audiência[5].

13. CLASSIFICAÇÃO QUANTO À EFICÁCIA DA SENTENÇA

O processo penal não se resume ao de natureza **condenatória**. Em processo penal não condenatório, ou mesmo em processos desta natureza, sentenças de outras espécies poderão ter lugar, tais como sentenças **declaratórias**, **executivas**, **mandamentais** ou **constitutivas**, em conformidade com a natureza do processo penal respectivo. Releva, portanto, que sejam enfrentadas tais espécies de sentença, com a advertência de que não há uma sentença com eficácia unicamente declaratória, condenatória, constitutiva, mandamental ou executiva.

O que se verifica é uma preponderância de determinada eficácia, na linha do que evidenciado por Pontes de Miranda, ao avivar que "as sentenças, como as ações, podem ser declarativas, constitutivas, condenatórias, mandamentais e executivas", interessando, mormente, "o elemento que prepondera", pois "se não é o declarativo, há outra força, que caracteriza a sentença e lhe dá o lugar certo na classificação"[6].

14. SENTENÇA DECLARATÓRIA

A sentença declaratória não necessita de providência ulterior, contendo uma força preponderantemente de declaração, tal como ocorre com aquela que declara reabilitado o apenado (o processo de reabilitação é personalíssimo, de competência do juiz da condenação, só podendo ser requerido pela pessoa que a sofreu, dois anos depois da extinção da pena, não havendo legitimidade de seus sucessores).

Na reabilitação, haverá "a declaração judicial de reinserção do sentenciado ao gozo de determinados direitos que foram atingidos pela condenação", na senda de um "instituto autônomo que tem por fim estimular a regeneração"[7]. No entanto, com entendimento diverso, Julio Fabbrini Mirabete enquadra a sentença de reabilitação como constitutiva[8]. Sobre esse ponto, pensamos que não é a constitutividade o seu efeito preponderante, mas o elemento declarativo. Mais um exemplo de sentença declaratória é a sentença que julga improcedente a denúncia, por conter declaração de situação que autoriza absolver o acusado.

15. SENTENÇA CONSTITUTIVA

A sentença constitutiva, por sua vez, tem como eficácia preponderante a modificação de situação jurídica.

5. FEITOZA, Denilson. *Direito processual penal: teoria, crítica e práxis*. Niterói: Impetus, 2010. p. 1012.
6. PONTES DE MIRANDA, Francisco Cavalcanti. *Tratado das ações*: tomo 1. Campinas: Bookseller, 1998. p. 173-176.
7. NUCCI, Guilherme de Souza. *Código penal comentado*. 6. ed. São Paulo: RT, 2006. p. 459.
8. MIRABETE, Julio Fabbrini. *Direito processual penal: teoria, crítica e práxis*. 14. ed. São Paulo: Atlas, 2003. p. 446.

O *habeas corpus* é ação autônoma de impugnação que pode ser movida com o objetivo de encerrar inquérito policial ou processo penal condenatório.

Fala-se em ação "trancativa". Na verdade, temos aí o manejo do *writ* com preponderante:

(1) função constitutiva negativa da investigação policial, por ter o efeito de arquivamento do inquérito policial; ou

(2) função desconstitutiva do processo penal em curso, em razão do seu efeito de extinguir o processo penal - que está a ofender o *status dignitatis* e o *jus libertatis* do réu - sem resolução do mérito. Note-se que a doutrina faz distinção entre as sentenças constitutivas.

16. SENTENÇA CONSTITUTIVA POSITIVA

Espécie que faz surgir uma nova situação jurídica. Caso se entenda que a ação de reabilitação é de natureza constitutiva, pode-se dizer que ela tem o efeito de constituir a situação jurídica do egresso reabilitado.

Por outro ângulo, podemos compreender que se trata de questão de ponto de vista.

Por exemplo, pode-se impetrar ação de mandado de segurança visando encerrar termo circunstanciado de ocorrência lavrado por uso de drogas. Ela, por um lado, tem o potencial de "trancar" o termo circunstanciado de ocorrência. Função desconstitutiva, portanto. Por outro lado, ela constitui situação jurídica livre de imputação relativamente ao suposto autor do fato.

17. SENTENÇA CONSTITUTIVA NEGATIVA

É a face reversa da espécie anterior. A sentença constitutiva negativa põe ênfase na desconstituição de um ato jurídico anterior, até então válido e eficaz, como a sentença que julga procedente a revisão criminal, uma vez que desfaz uma sentença com trânsito em julgado[9], diante de sua força rescisória.

18. SENTENÇA MANDAMENTAL

A sentença mandamental pode ser encontrada também em ação de *habeas corpus*, quando termina com a emissão de um alvará de soltura ou de um salvo-conduto, retratando um pronunciamento judicial que consubstancia uma ordem, exaurindo-se nesse mandamento.

19. SENTENÇA EXECUTIVA

Existe possibilidade de sentença executiva no processo penal, a exemplo das que encerram um processo ou procedimento instaurado a "requerimento do Ministério Público ou do ofendido, ou mediante representação da autoridade policial" (art. 127, CPP).

É o caso da chamada medida assecuratória de sequestro, cabível quando houver indícios veementes de que bens foram adquiridos com os proventos da infração pelo indiciado

9. AVENA, Norberto. *Processo penal esquematizado*. 3. ed. São Paulo: Método, 2011. p. 1003-1004.

(art. 125, CPP). É procedimento autuado em apartado relativamente ao processo penal condenatório. Contra a sentença que ordenar tal sequestro, cabem embargos de terceiro (art. 129, CPP).

Outro exemplo de sentença executiva no âmbito do processo penal, embora com efeitos civis, é inferido da previsão de processo cautelar de sequestro, preparatório da ação penal, disciplinado no vetusto Decreto-Lei nº 3.240/1941.

Trata-se de ação penal cautelar autônoma, cujo objeto é o sequestro dos bens de pessoa indiciada por crime do qual decorre prejuízo para a Fazenda Pública, desde que dele resulte locupletamento ilícito para o indiciado. O sequestro deverá ser decretado pelo juiz, se cumpridos estritamente os requisitos descritos no referido diploma normativo, tais como indícios veementes da responsabilidade devidamente comprovados. A ação penal deverá ter início dentro de noventa dias da decretação do sequestro (arts. 1º e 2º).

A eficácia executiva é depreendida, outrossim, pela autorização de venda dos bens inscritos no Registro de Imóveis após a sentença condenatória transitada em julgado (art. 133, CPP; art. 4º, § 2º, do Decreto-Lei nº 3.240/1941).

20. SENTENÇA CONDENATÓRIA

Ao lado dessas que vimos até aqui, está a sentença penal condenatória. Ela tem lugar quando reconhecida a procedência do pedido formulado na inicial acusatória. Há um acertamento da pena, com a devida individualização, nos termos da Constituição do Brasil. A sentença condenatória aplica uma pena a ser executada contra o apenado.

21. SENTENÇAS EXECUTÁVEIS

São aquelas que podem ser executadas de plano, como a sentença absolutória, conforme art. 596, CPP, que dispõe que "a apelação da sentença absolutória não impedirá que o réu seja posto imediatamente em liberdade". Trata-se de classificação que enfatiza a ausência de óbice legal ao cumprimento imediato do julgado.

Como exemplo, previsto na nossa legislação, o § 4º, do art. 492, do CPP, com redação da Lei nº 13.964/2019. De compasso com o seu teor, a apelação interposta contra decisão condenatória do Tribunal do Júri a uma pena igual ou superior a quinze anos de reclusão não terá efeito suspensivo.

Veja-se que, conquanto de duvidosa constitucionalidade diante do postulado da presunção de inocência, cuida-se de previsão de prisão automática de natureza muito excepcional, porquanto a regra continua sendo liberdade do imputado.

22. SENTENÇAS NÃO EXECUTÁVEIS

São as pendentes de recurso com efeito suspensivo e as sentenças condicionais. Carecem de um acontecimento futuro e incerto, tal como se dá com o ***sursis*** penal e o livramento condicional. Os recursos, em matéria penal, como regra, são dotados de efeito suspensivo, se interpostos contra decisões condenatórias.

Aliás, em conformidade com o conteúdo do art. 283, do CPP, na dicção dada pela Lei nº 13.964/2019, ninguém poderá ser preso senão em flagrante delito ou por ordem escrita e fundamentada da autoridade judiciária competente, em decorrência de prisão cautelar ou em virtude de condenação criminal transitada em julgado.

23. SENTENÇAS SUICIDAS

Cuida-se de categoria inserida na classificação que se arrima no vício das decisões judiciais.

Será suicida a sentença houver uma contradição entre a parte conclusiva e a fundamentação. Padecem de nulidade absoluta, podendo, todavia, ser corrigidas por embargos de declaração.

24. SENTENÇAS VAZIAS

São aquelas com vício de nulidade absoluta por falta de fundamentação[10], por desrespeitar o art. 93, IX, CF/1988 e o art. 381, III e IV, CPP. Há diferença entre a sentença sem fundamentação e a sentença com fundamentação deficiente, mas ambas são eivadas de vícios graves (nulidade absoluta).

De acordo com o § 2º, do art. 315, do CPP, com a redação determinada pela Lei nº 13.964/2019, teremos sentenças vazias por força legal ou sentenças vazias por equiparação. A fundamentação existente nessas decisões seria meramente aparente, eis que, na realidade, deixaria encoberto o exame insuficiente dos aspectos empíricos do fato.

25. SENTENÇAS SUBJETIVAMENTE SIMPLES

A sentença também pode se classificar conforme o sujeito responsável por sua prolação.

Subjetivamente simples são as sentenças proferidas por órgão singular. Em boa medida, as regras sobre sentença previstas no Código de Processo Penal estão dirigidas ao juiz singular. No entanto, guardadas as devidas diferenças, os seus dispositivos são aplicáveis a órgãos colegiados. Note-se que sentença em sentido estrito é aquela proferida por juiz singular.

26. SENTENÇAS SUBJETIVAMENTE PLÚRIMAS

São as emanadas de órgão colegiado homogêneo, como as câmaras, turmas e seções de tribunais. Há possibilidade de sentenças subjetivamente plúrimas emitidas por órgãos colegiados de primeiro grau, compostos por juízes togados, na forma da Lei nº 12.694/2012. Quando a decisão subjetivamente plúrima provém de órgão colegiado de tribunal, terá o nome de acórdão.

27. SENTENÇAS SUBJETIVAMENTE COMPLEXAS

São as proferidas por órgão colegiado heterogêneo, a exemplo do Tribunal do Júri. Temos, no júri, um juiz presidente (togado) e vinte e cinco jurados (leigos), dos quais sete tomam parte do julgamento (conselho de sentença).

10. MIRABETE, Julio Fabbrini. *Processo penal.* 14. ed. São Paulo: Atlas, 2003. p. 446.

28. SENTENÇAS AUTOFÁGICAS

São assim denominadas as que reconhecem a imputação, mas declaram extinta a punibilidade, tal como ocorre com o perdão judicial[11]. O perdão judicial aqui referido é aquele que o concede após toda fundamentação condenatória e conclusão pela aplicação da pena.

Formalmente, a sentença se apresenta como condenatória, porém, diante do reconhecimento de justificativa que demonstre ser a pena desnecessária, a concessão do perdão judicial apaga todo efeito condenatório daquela sentença. Como exemplo, o homicídio culposo na condução de veículo automotor, cujo imputado tenha vitimado alguém que lhe era muito querido.

Vale lembrar que o perdão judicial é causa extintiva de punibilidade (art. 107, IX, CP) e que, de acordo com o art. 120, do Código Penal, "a sentença que conceder perdão judicial não será considerada para efeitos de reincidência".

29. ENTENDENDO A FUNDAMENTAÇÃO E A ESTRUTURA DAS SENTENÇAS

A Constituição de 1988 impôs expressamente o dever de fundamentação das decisões judiciais. A motivação dos julgados está imbricada com a garantia do devido processo legal. É com a fundamentação da sentença que são explicitadas as teses da acusação e da defesa, as provas produzidas e as razões do convencimento do juiz.

No entanto, a motivação do julgado não deve ficar adstrita à narração de aspectos formais ou à explanação de posicionamentos jurídicos doutrinários ou jurisprudenciais. Antes é preciso que dela constem o enfrentamento dos fatos, de forma compreensiva, como decorrência do *due process of law*. A cláusula do devido processo legal enfeixa muitas regras que, se não atendida estritamente, torna ilícita a restrição de direitos do imputado. A motivação das decisões é um desses cânones.

O sistema da persuasão racional ou do livre convencimento motivado é o adotado, como regra, no direito processual penal, adequando-se ao art. 93, IX, da CF/1988. A fundamentação deve estar adequada à petição inicial. A prova deve recair sobre o objeto descrito na petição inicial. Petição inicial, prova e fundamentação devem constituir um todo coerente. Havendo abismos entre eles, a sentença restará viciada, seja por falta, seja por deficiência de motivação.

No direito processual penal, o juiz é regido pela livre apreciação da prova. O cânone da regra de exame probatório é também vetor de julgamento. Estão enlaçados. No entanto, o juiz não pode se arrimar em argumentos fora do sistema jurídico. Isso quer dizer que sua "liberdade de apreciação" é regrada, ou seja, deve ter ser reconhecida pelo ordenamento jurídico.

Em consonância com alteração promovida pela Lei nº 13.964/2019, sobre o § 2º, do art. 315, do CPP, não se considera fundamentada qualquer decisão judicial, seja ela interlocutória, sentença ou acórdão, que:

11. GOMES, Luiz Flávio. *Direito processual penal.* São Paulo: RT, 2005. p. 321.

(1) limitar-se à indicação, à reprodução ou à paráfrase de ato normativo, sem explicar sua relação com a causa ou a questão decidida;

(2) empregar conceitos jurídicos indeterminados, sem explicar o motivo concreto de sua incidência no caso;

(3) invocar motivos que se prestariam a justificar qualquer outra decisão;

(4) não enfrentar todos os argumentos deduzidos no processo capazes de, em tese, infirmar a conclusão adotada pelo julgador;

(5) limitar-se a invocar precedente ou enunciado de súmula, sem identificar seus fundamentos determinantes nem demonstrar que o caso sob julgamento se ajusta àqueles fundamentos; ou

(6) deixar de seguir enunciado de súmula, jurisprudência ou precedente invocado pela parte, sem demonstrar a existência de distinção no caso em julgamento ou a superação do entendimento.

Esses contornos são muito importantes para tornar ainda mais evidente o dever de descrever o enlace entre as proposições que conformam a decisão judicial. Não basta uma fundamentação aparente. É necessário descrever todo o percurso da prova na sentença. A prova se completa como construção de argumento válido na sentença. Os termos utilizados devem evitar ambiguidades e as teorias devem ser corretamente contextualizadas.

30. FUNDAMENTAÇÃO *PER RELATIONEM* OU *ALIUNDE*

Fundamentação *per relationem* ou *aliunde* (em outro lugar) é a motivação de decisão ou sentença que se reporta às razões de decidir consignadas na fundamentação de outra decisão ou sentença. Geralmente, na motivação *per relationem*, o juiz faz uso da expressão "adoto como razões de decidir" aquelas expendidas na manifestação do Ministério Público ou na decisão recorrida etc. Não se confunde com cópia de outra decisão, sem justificativa que demonstre o nexo de uma situação de fato semelhante ao outro caso.

Embora a fundamentação *per relationem* encontre resistências da doutrina, na jurisprudência ela é admitida. Nós, inclusive, entendemos que ela tal espécie de motivação deve ser evitada, porque tendente a encobrir particularidades da situação atual. O inciso III, do § 2º, do art. 315, do CPP, ao menos, veda a fundamentação que "invocar motivos que se prestariam a justificar qualquer outra decisão", indicando que a motivação por referência não pode indicar textura demasiadamente aberta, que serviria em qualquer modelo de deliberação judicial.

No entanto, tanto o STF, quanto o STJ têm se pronunciado favoravelmente ao uso dessa técnica, com a ressalva de que não implique falta de motivos para decidir. De tal sorte, de acordo com essa concepção, a fundamentação por remissão (*per relationem*) pode ser validamente utilizada, dentre outras hipóteses, em:

(1) decisões que renovam interceptação telefônica, adotando como razões de decidir àquelas já exaradas na decisão inicial[12];

12. STJ – Sexta Turma – AgRg no RHC 111.439/RS – Rel. Min. Nefi Cordeiro – DJe 09 dez. 2019.

(2) decisões que decretam a prisão preventiva lastreadas nas razões expostas no requerimento do Ministério Público[13];

(3) acórdãos que confirmam decisões colegiadas anteriores, baseando-se nos argumentos desta, bem como nos da sentença penal condenatória *a quo*[14].

31. ESTRUTURAÇÃO DAS SENTENÇAS

De uma maneira geral, nas sentenças, pode ser visualizada estrutura tríplice com o **relatório**, a **motivação ou fundamentação** e a **conclusão** ou parte **dispositiva.**

A estrutura é preenchida pelo sentido produzido pelo juiz a partir do nexo cognitivo que realiza desde a petição inicial, passando pelas provas até a descrição fundamentada na sentença. Cuida-se do esqueleto, preenchido pelos valores atribuídos aos fatos pelo julgador, depois de completado o rito do processo de conhecimento.

Os elementos estruturais da sentença devem figurar, com as devidas adaptações, em todas as decisões proferidas pelo Poder Judiciário, seja de natureza condenatória ou não. Em face dessa similitude das sentenças, os enunciados normativos que cuidam da sentença condenatória, no Código de Processo Penal, são aplicáveis, *mutatis mutandis*, às sentenças ou às decisões de natureza diversa.

32. RELATÓRIO

O relatório é a certificação de que o juiz tomou conhecimento do objeto descrito na causa de pedir consignada na petição inicial. É traduzido num resumo do processo. O relatório é dispensado nas sentenças proferidas na esfera dos juizados especiais criminais, a teor do § 3º, do art. 81, da Lei nº 9.099/1995. No entanto, nas demais esferas, sua ausência provocará nulidade absoluta.

Embora não mencione o termo relatório, o art. 381, do Código de Processo Penal, contém seus elementos, dentre outros que devem constituir o conteúdo da sentença penal. Conforme preconiza, a sentença deve conter:

(1) os nomes das partes ou, quando não possível, as indicações necessárias para identificá-las. Se não houver elementos para individualizar a pessoa acusada, haverá nulidade absoluta. Caso se cuide de erro material que não torne impossível a identificação do réu, haverá simples irregularidade, sem imposição de invalidação[15]. A ausência do nome da vítima, de outro lado, é mera irregularidade, se não prejudicada a individualização e valoração do fato. De outro lado, o nome do promotor de justiça que atuou no feito não deve constar da sentença, vez que seu pronunciamento se dá em nome da instituição que representa – o que não ocorrerá em caso de ação penal privada, em que a alusão ao nome do querelante é obrigatória, sendo sua falta caso de nulidade[16];

13. STF – Segunda Turma – RHC 158575 AgR – Rel. Min. Celso de Mello – publicado em 15 mai. 2019.
14. STF – Primeira Turma – HC 126608 AgR-ED – Rel. Min. Rosa Weber – publicado em 11 dez. 2019.
15. FRANCO, Danúbio Edon. Algumas Considerações de ordem prática sobre a sentença criminal. *Fascículos de ciências penais*, Porto Alegre (safE), p. 4, out.-dez. 1993.
16. AVENA, Norberto. *Processo penal esquematizado.* 3. ed. São Paulo: Método, 2011. p.1010.

(2) a exposição sucinta da acusação e da defesa. Cuida-se do suporte de fato necessário a incidência das normas que serão descritas na fundamentação. O processo penal de conhecimento exige que o juiz tenha efetivamente conhecido os fatos deduzidos na petição inicial. A sentença certifica que esse requisito foi atendido quando nela descrita todas as teses.

33. FUNDAMENTAÇÃO

A fundamentação ou motivação ou fundamentos são as razões de decidir. A sua falta inquina de nulidade absoluta a decisão. Não se confundem a fundamentação sucinta e a falta de motivação[17]. É possível haver sentença com fundamentação sucinta, porém precisa e suficiente, sem vício capaz de lhe afetar a validade.

Na fundamentação, deve estar bem delineado o enfrentamento da conduta delituosa. A descrição da subsunção deve ser detalhada, desde o caso penal ao tipo penal, bem como desde o tipo penal à prova de seus elementos. A prova deve estar pormenorizada, com a aplicação da teoria da prova e, correlativamente, da teoria do crime. Embora a infração penal seja um todo unitário, ela deve ser dividida racionalmente para a aferição do juízo de certeza sobre cada um de seus elementos.

A fundamentação é garantia do controle do conhecimento correto dos fatos (controle epistêmico). Dentre os dispositivos aplicáveis, o art. 381, do CPP, prevê, obrigatoriamente, que na sentença haja:

(1) a indicação dos motivos de fato e de direito em que se fundar a decisão. As observações sobre a aplicação do § 2º, do art. 315, do CPP, têm lugar também aqui.

(2) a indicação dos artigos de lei aplicados. O conjunto dessas disposições evidencia a necessidade de rigor metodológico para aplicar a lei penal, como critério limitador do poder punitivo.

34. DISPOSITIVO OU CONCLUSÃO

É onde consta o núcleo da decisão. Diz-se o núcleo porque é a parte conclusiva que caracteriza a espécie de decisão: absolutória, condenatória ou extintiva de punibilidade. É a providência que se segue a todos os antecedentes descritos na decisão: a confirmação da tese ou infirmação da hipótese acusatória.

Ainda nos termos do art. 381, do CPP, a sentença deve conter:

(1) o dispositivo, conclusão ou parte dispositiva. É a decisão propriamente dita, que deve se apresentar de forma coerente com a fundamentação, onde o juiz aplica a lei ao caso concreto, condenando ou absolvendo o réu, devendo também indicar os artigos de lei aplicados[18];

(2) a data e a assinatura do juiz, com rubrica do juiz em todas as páginas, se a sentença for datilografada (art. 388, CPP). Cuida-se da validação da sentença. Validar é tornar a sentença apta a produzir efeitos, mediante autenticação do juiz, figura central do processo.

---

17. RÖHNELT, Ladislau Fernando. Vícios da sentença penal. *Fascículos de ciências penais*, Porto Alegre (safE), p. 33, out.-dez. 1993.
18. FEITOZA, Denilson. *Direito processual penal*: teoria, crítica e práxis. Niterói: Impetus, 2010. p.1019.

35. CORRELAÇÃO ENTRE IMPUTAÇÃO E DECISÃO

No momento de sentenciar, o juiz ou o Ministério Público poderá verificar faltar correlação entre os fatos descritos na petição inicial e o juízo cognitivo que formou durante a instrução processual. O vício de correlação ou de relatividade pode ser sobre a mera inadequação típica ou sobre a descrição do fato e as provas produzidas. Isto é, o juiz ou o Ministério Público poderá identificar situações que impliquem *emendatio libelli* ou *mutatio libelli*. A forma de enfrentamento dessas questões está positivada nos artigos 383 e 384, CPP e guarda íntima relação com os princípios da correlação – ou seja, uma congruência lógica entre o que lhe foi apresentado e a sentença – e da consubstanciação – o acusado se defende dos fatos e não da capitulação legal dada a eles pelo Ministério Público[19].

36. *EMENDATIO LIBELLI*

Consoante prevê o art. 383, do CPP, o juiz, sem modificar a descrição do fato contida na denúncia ou queixa, poderá atribuir-lhe definição jurídica diversa, ainda que, em consequência, tenha de aplicar pena mais grave. Trata-se do instituto conhecido como *emendatio libelli*. Os fatos, na hipótese, estão perfeitamente descritos. Há um equívoco, no entanto, na capitulação legal dada aos fatos pelo Ministério Público ou, na ação penal privada, pelo querelante.

O juiz procederá à correção. Discute-se se ele pode sentenciar de plano, sem necessidade de oitiva prévia das partes. Devemos distinguir conforme o atendimento do **princípio da não surpresa** das partes. Se a controvérsia sobre a capitulação tiver sido objeto de contraditório no curso do processo, o juiz fará a devida correção. Caso não tenha havido debate, deve intimar as partes para falar sobre esse ponto. Afinal, a mudança de tipificação pode afetar em maior ou menor grau a quantidade de pena aplicada, na hipótese de sentença penal condenatória.

Deduzimos essa conclusão do contraditório e da ampla defesa, garantias fundamentais. Eles têm lugar independentemente do dispositivo legal estabelecer pena mais ou menos grave. No entanto, tradicionalmente tem se afirmado que o réu se defende dos fatos e não da mera tipificação legal. Por tal razão, segundo essa posição, não haveria que se falar em prejuízo, pois a defesa ampla ter sido respeitada, efetivamente. De outro prisma, como o direito é conhecido pelos tribunais (*jura novit curia*), haveria mais essa justificativa para relevar a ausência de deferimento do contraditório ao acusado.

37. *EMENDATIO LIBELLI* NA FASE RECURSAL

Importante consignar, nos termos do art. 617 do CPP, que a *emendatio libelli* pode ser aplicada até mesmo na fase recursal, desde que não implique *reformatio in pejus*. A noção de *reformatio in pejus* é submetida à interpretação dos tribunais.

Nessa toada, há entendimento que se a pena aplicada não for alterada em grau de recurso, não terá havido reforma para piorar a situação do réu, ainda que se tenha dado provimento ao recurso exclusivo da defesa. Por exemplo, se o réu recorre e, em decorrência

19. TÁVORA, Nestor. *Questões comentadas*: processo penal para a OAB. Salvador: JusPODIVM, 2005. p.74.

de sua impugnação, é suprimida uma circunstância judicial a ele desfavorável, porém, ao cabo, é mantida a pena. De acordo com aquela posição, acolhida no STF[20] e no STJ[21], não haveria que se falar em *reformatio in pejus*, ainda que subtraída uma circunstância judicial que tenha servido para a fixação da pena base.

Na verdade, o reconhecimento do uso indevido de uma circunstância judicial em desfavor do réu, deveria determinar, com a *emendatio libelli*, a redução da pena em grau de recurso, pelo tribunal. Se a pena restou inalterada, é porque ocorreu violação à regra que veda a *reformatio in pejus*. A crítica recai nesse ponto porque a modificação da qualificação do fato consistiu na supressão de elemento jurídico com aptidão de repercutir na aplicação da pena, de forma mais favorável ao imputado.

38. *EMENDATIO LIBELLI* POR OCASIÃO DO RECEBIMENTO DA DENÚNCIA

Questão controversa diz respeito à possibilidade de *emendatio libelli* por ocasião do recebimento da inicial acusatória.

Trata-se da hipótese que o juiz, vislumbrando capitulação equivocada quando do juízo de admissibilidade da denúncia ou queixa, delibera por adequar o enquadramento legal dado à imputação, prosseguindo-se a instrução normalmente.

O entendimento corredio é o que a correção da inicial deve se dar, tão somente, no momento de prolação da sentença.

No entanto, deveria ser ressalvada a possibilidade de retificação da qualificação jurídica do delito toda vez que a nova tipificação tiver o efeito de repercutir na definição da competência ou do procedimento. Em casos assim, seria viável aplicar a *emendatio libelli* no momento do recebimento da inicial, para que o juiz decline a competência e os autos sejam remetidos a outro juízo.

É importante realçar que há justificativa para que o juiz não proceda a correção da tipificação no início do procedimento, ao receber a petição inicial. A capitulação legal dada aos fatos pelo juiz faz parte do julgamento, quando da prolação da sentença, de acordo com os dispositivos que constituem os artigos 381 e 387, do CPP. Se ele antecipa o enquadramento, haverá, nesse sentido, um pré-julgamento, refratário à ideia de imparcialidade. De outro enfoque, antes do desfecho do procedimento contraditório, a *opinio delicti* é do Ministério Público ou querelante. É dele o dever de indicar os dispositivos legislativos que supõe estar incurso o réu ou querelado.

Isso significa dizer que, se o juiz capitula os fatos em algum tipo penal, antes do momento de sentenciar, ele invade atribuição do Ministério Público e, sob certa medida, antecipa julgamento, ainda que provisório. Daí que, se for necessária a correção para fins de fixação da competência ou alteração do procedimento, o juiz deve fundamentar essa necessidade, sem que tipifique os fatos. Poderá ele dizer: "os fatos narrados não são subsumíveis ao tipo legal consignado na acusação, mas em outro, cujo rito é o comum ordinário ou cuja competência é de outro órgão jurisdicional".

---

20. STF – Segunda Turma – HC 171911 AgR – Rel. Min. Cármen Lúcia – publicado em 2 dez. 2019.
21. STJ – Quinta Turma – HC 548.369/RS – Rel. Min. Leopoldo de Arruda Raposo (Desmb. Conv. TJPE) – DJe 17/12/2019.

39. *EMENDATIO LIBELLI* POR VÍCIO DE CAPITULAÇÃO

A *emendatio libelli* pode depender de maior ou menor interpretação.

Toda vez que a verificação for meramente empírica, com menor necessidade de interpretação, ou seja, quando o vício de capitulação for evidente, o juiz emitirá a sentença, atentando para aplicar o tipo penal de acordo com os contornos precisos do fato descrito na denúncia ou na queixa.

40. *EMENDATIO LIBELLI* POR INTERPRETAÇÃO DIVERSA

Na doutrina penal há muitas divergências em torno da qualificação jurídica de um fato considerado delituoso. Não são incomuns os conflitos aparentes de normas penais, com a incidência de princípios como o da especialidade, da consunção e da subsidiariedade. Teremos, então, *emendatio libelli* por interpretação diferente. Por exemplo, podemos ter um espaço de dúvida sobre se um motivo do homicídio é torpe, fútil ou cruel. Na decisão pronúncia, o juiz poderá interpretar de forma diversa daquela ilustrada pelo Ministério Público, dando aos fatos uma nova capitulação.

41. PROCEDIMENTO COMPLEMENTAR À *EMENDATIO LIBELLI*

Independentemente da forma de *emendatio libelli*, da nova tipificação poderá surgir, em acréscimo, as seguintes consequências, em compasso com os parágrafos e *caput*, do art. 383, do CPP:

(1) se da definição jurídica diversa decorrer a possibilidade de proposta de suspensão condicional do processo, o juiz dará vista dos autos ao Ministério Público para que este a proponha. Caso entenda por não oferecer o *sursis* processual do art. 89, da Lei nº 9.099/1995, o *Parquet* deverá aplicar, por analogia, o art. 28, *caput*, do CPP, com redação dada pela Lei nº 13.964/2019. Em outros termos, o órgão do Ministério Público deve se manifestar pelo encaminhamento dos autos ao órgão de revisão ministerial que, entendendo cabível, oferecerá a suspensão condicional do processo. Caso o promotor de justiça silencie a esse respeito, surge o dever supletivo, do juiz, de remeter os autos à instância revisional do Ministério Público, por decisão fundamentada. Sobre o tema, calha registrar que a Súmula nº 337 do STJ, aviva que é cabível a suspensão condicional do processo na desclassificação do crime e na procedência parcial da pretensão punitiva.

(2) se o novo enquadramento importar em modificação de competência, os autos serão encaminhados ao juízo respectivo.

A menção à *emendatio libelli* deve constar expressamente da motivação da sentença, compondo sua estrutura, isto é, o juiz explicitará que o enquadramento dado aos fatos pelo Ministério Público ou querelante ocorreu equivocadamente, e fará de ofício a correção, passando, a partir daí, a enfrentar as alegações da defesa.

EMENDATIO LIBELLI	
Conceito	Modificação, pelo juiz, da capitulação jurídica dada ao fato na inicial acusatória.
Momento	Prolação da sentença.

EMENDATIO LIBELLI	
Exemplo	MP narra subtração com violência na denúncia (art. 157, CP), requerendo condenação por furto (art. 155, CP).
Procedimento	Sem ouvir as partes, o magistrado altera o tipo penal, ainda que a pena do novo delito seja mais grave. Destaca-se que, se a controvérsia sobre a capitulação tiver sido objeto de contraditório no curso do processo, o juiz fará a devida correção sem ouvir as partes. Caso não tenha havido debate, deve intimar as partes para falar sobre esse ponto.
Defesa do réu	Não há prejuízo, pois o réu se defende de fatos e estes não foram alterados por ocasião da aplicação do instituto.
Aplicação em instância recursal	É possível, vide art. 617 do CPP.
Possíveis consequências da aplicação do instituto	Oferecimento de proposta de suspensão condicional do processo (art. 89 da Lei nº 9.099/95).
	Remessa dos autos para o juízo competente.

42. *MUTATIO LIBELLI*

A *mutatio libelli* requer procedimento diverso e é aplicável apenas à ação penal pública ou à ação penal privada subsidiária da pública. Trata-se de providência de atribuição exclusiva do Ministério Público. O *caput*, do art. 384, do CPP, estampa que uma vez encerrada a instrução probatória, o Ministério Público – entendendo cabível nova definição jurídica do fato, em consequência de prova existente nos autos de elemento ou circunstância da infração penal não contida na acusação – deverá aditar a denúncia ou queixa, no prazo de cinco dias, se em virtude desta houver sido instaurado o processo em crime de ação pública, reduzindo-se a termo o aditamento, quando feito oralmente.

O que muda, relativamente à *emendatio libelli* estudada acima, não é apenas a capitulação da aos fatos. Na *mutatio libelli*, a alteração recai sobre os próprios fatos descritos na petição inicial. Naturalmente que, modificados os fatos descritos na petição inicial, por intermédio de um aditamento, poderá ser necessária nova tipificação legal a ser dada a eles.

Durante a instrução processual, pode se constatar que existe elementar ou fatos diversos dos narrados na peça acusatória. É elemento essencial à regularidade processual que a prova se refira a fato narrado na petição inicial e que, sobre esta, tenha o acusado tomado ciência, a fim de se atender ao princípio da ampla defesa. A sentença, por sua vez, deve abranger os fatos narrados na denúncia ou na queixa, consubstanciando o princípio da correlação entre imputação e julgamento. Se outros elementos de fato advierem no curso processo, haverá o indicativo da necessidade de aditamento.

Na doutrina, a atuação positiva do juiz em substituição ao Ministério Público é bastante criticada, por se assimilar a uma postura inquisitiva. É vedado ao juiz promover a ação penal. Por consequência, concluímos também ser proibido que o magistrado tenha iniciativa probatória no curso do processo e, com muito mais razão, durante a investigação preliminar. É vedado ao julgador agir no lugar do órgão da acusação, seja formulando imputação, seja produzindo prova não relacionada com a descrição da denúncia ou queixa, seja proferindo sentença condenatória relativamente a fato não contido na formulação da acusação. A sentença deve ser correlata à acusação, viabilizando controle dos fatos que podem ser conhecidos.

Em poucas palavras, exige-se que a defesa tenha oportunidade de debater sobre o fato imputado que, por seu turno, deve estar bem delimitado na petição inicial para viabilizar contraditório e ampla defesa.

O vigente art. 384, do CPP, indica que a *mutatio libelli* é de iniciativa do Ministério Público. Queremos crer que o juiz não pode sugerir essa providência ao órgão acusador. O sistema acusatório compartimenta as funções de julgar, acusar e defender, de modo que um sujeito processual não atue no lugar do outro.

O aditamento é providência a cargo do Ministério Público. Poderá ocorrer em audiência ou no prazo de cinco dias. O processo deve ter sido instaurado por crime de ação penal de iniciativa pública, ainda que se cuide de ação penal privada subsidiária da pública. Se realizado oralmente, o aditamento deve ser reduzido a termo.

43. VEDAÇÃO DA *MUTATIO LIBELLI* EM GRAU DE RECURSO

Não se aplica a *mutatio libelli* na fase recursal. Se verificado descompasso entre a acusação e a sentença, terá incidência a nulificação do processo, para reinício do procedimento. Devolvidos os autos ao primeiro grau de jurisdição, poderá ser aditada a denúncia ou a queixa subsidiária. Realmente, se fosse autorizado o acréscimo de fatos em grau de recurso, teríamos supressão de instância quanto ao julgamento desses elementos, eis que não teriam sido submetidos à cognição do juiz singular.

Trata-se de entendimento que decorre do enunciado nº 453, da Súmula, do STF.

Como se infere, embora vedada a aplicação da *mutatio libelli* em grau recursal, nada impede que o juízo *ad quem* declare a nulidade da sentença, por omissão do juiz quanto a sua aplicação. Devolverá, portanto, ao juiz de primeiro grau, a fim de que, sejam aplicadas as disposições do art. 384, do CPP, pelo Ministério Público, que é o órgão detentor da *opinio delicti*. Para tanto, deve-se atentar para o disposto na Súmula nº 160, do STF, que só permite o reconhecimento de nulidade contra o réu, em segunda instância, se tiver sido expressamente fustigada pela parte autora da ação penal.

Nesse sentido, Denilson Feitoza realça que "a violação do art. 384 do CPP é matéria de ordem pública, de natureza jurídico-constitucional, por acarretar a violação de um conjunto de normas constitucionais (princípio da tripartição de poderes, princípio acusatório e princípio da demanda, bem como, dependendo do caso, princípio da ampla defesa). Por isso, pode ser conhecida de ofício pelo juízo *ad quem*, se o procedimento em que ocorreu for levado ao seu conhecimento"[22].

Alguma situação pode se consolidar em favor do réu, diante da omissão ministerial de, em primeiro grau de jurisdição, aditar a denúncia. O processo penal é dotado de momentos preclusivos, gradativos. Não se permite que se retorne a estágios anteriores, já superados, quando isso implicar agravamento da situação jurídica do imputado.

22. FEITOZA, Denilson. *Direito processual penal: teoria, crítica e práxis*. Niterói: Impetus, 2010. p.1027.

Exemplifiquemos com o caso clássico da condenação do réu pelo crime de receptação culposa, apesar de, na instrução processual, ter surgido algum elemento que evidenciava a possibilidade da forma dolosa. Dolo e culpa não se confundem. São elementos subjetivos distintos. Se o *Parquet* deixa precluir a oportunidade de *mutatio libelli*, opera-se a consolidação prodrômica do julgamento pela receptação culposa. Dessa maneira, se por recurso do réu ele pede absolvição por falta de demonstração probatória da imprudência, da imperícia ou da negligência, ao tribunal restará absolver, diante da proibição da *reformatio in pejus*. Por outro lado, se o Ministério Público não aditou a denúncia, por omissão imputada a ele próprio, tanto pior será para o estado-acusação. Não poderá modificar, por via recursal, a acusação por receptação culposa para a forma dolosa. Ao tribunal caberá simplesmente absolver o imputado. Ademais, sabemos que ninguém pode ser processado validamente duas vezes pelo mesmo fato, consoante o princípio do *ne bis in idem*.

44. *MUTATIO LIBELLI* E CORRELAÇÃO ENTRE PEDIDO E SENTENÇA

A cautela do legislador processual penal é alusiva ao princípio da congruência entre a denúncia e a sentença, relevando sublinhar que, no sistema jurídico brasileiro, em matéria penal, o pedido condenatório é genérico, não sendo essencial o enquadramento dado pelo signatário da petição inicial acusatória.

Não ocorre, no processo penal, o que se dá no processo civil, onde "o provimento final judicial deverá se ajustar ao pedido formulado pela parte, sob pena de configurar sentença *extra* (além) ou *citra* (aquém) *petitum*". Com efeito, no "processo penal a questão apresenta-se de modo inteiramente diferente", entendendo-se que "o pedido é sempre genérico" (aplicação de sanção penal), para que com ele se viabilize "a correta aplicação da lei penal, independentemente da alegação do direito cabível trazida aos autos pelas partes". Só há, no processo condenatório criminal, vinculação do juiz "à imputação dos fatos, atribuindo-lhes, uma vez reconhecidos, a consequência jurídica que lhe parecer adequada, tanto no que respeita à classificação (juízo de tipicidade), quanto à pena e à quantidade de pena a ser imposta"[23].

Melhor seria, *ad lege ferenda* – para que o acusado bem aquilatasse o teor da imputação e da sentença correlata –, que houvesse a necessidade de que a congruência recaísse sobre o pedido, de forma integral, colocando-se o ônus acusatório sobre o Ministério Público e preservando o juiz de adotar posturas que viessem a excepcionar o princípio acusatório. Todavia, de acordo com o Código de Processo Penal em vigor, ainda refratário a uma concepção mais ampla de direitos fundamentais, a tipificação dada pelo *Parquet* não limita a cognição do juiz, porquanto este julga os fatos, devendo conhecer o ordenamento (*jura novit curia* – o juiz conhece o direito), com o intuito de aplicá-los aos fatos que lhe são trazidos (*narra mihi factum dabo tibi jus* – narra-me os fatos e te darei o direito)[24].

45. *MUTATIO LIBELLI* E PEDIDO DE ABSOLVIÇÃO

De duvidosa compatibilidade com o sistema acusatório, o artigo 385, do CPP, preconiza que nos crimes de ação pública, o juiz poderá proferir sentença condenatória, ainda

23. OLIVEIRA, Eugênio Pacelli de. *Curso de processo penal*. 2. ed. Belo Horizonte: Del Rey, 2003. p.573.
24. TÁVORA, Nestor. *Questões comentadas: processo penal para a OAB*. Salvador: JusPODIVM, 2005. p.74.

que o Ministério Público tenha opinado pela absolvição, bem como reconhecer agravantes, embora nenhuma tenha sido alegada. Trata-se de enunciado sobre o qual há debate sobre sua constitucionalidade.

Para um setor doutrinário, o citado artigo não se adequa ao sistema acusatório. Em certo sentido, poderíamos dizer que o pedido de absolvição afeta a acusação, modificando-a, integral ou parcialmente. Nesta última hipótese, poderemos ter *mutatio libelli*.

Vários dispositivos estão envolvidos nessa questão, a começar pelo princípio da obrigatoriedade da ação penal pública[25]. O nosso sistema constitucional encampou a ação penal pública como um dever atribuído ao Ministério Público (art. 129, I, CF). É indeclinável.

Por outro lado, todo o poder que vier a se concentra demasiadamente nas mãos de um dos sujeitos processuais, em detrimento do controle do outro, conflita com o sistema acusatório. Embora descrevendo o tópico concernente ao juiz das garantias, o art. 3º-A, do CPP, com texto conferido pela Lei nº 13.964/2019, destacou que o processo penal terá estrutura acusatória, vedadas a iniciativa do juiz na fase de investigação e a substituição da atuação probatória do órgão de acusação. Estrutura acusatória implica contornos bem definidos sob o ponto de vista funcional.

Por outro lado, foram paulatinamente introduzidos no nosso sistema processual, os denominados espaços de consenso. Há quem entenda que o direito consensual em matéria criminal é uma via sem retorno. De nossa parte, os espaços de consenso podem mitigar muitos direitos individuais fundamentais, violando as garantias constitucionais. A Lei nº 13.964/2019 introduziu o art. 3º-B, do CPP, e fixou que o juiz das garantias, responsável pelo controle de legalidade das investigações e pela salvaguarda dos direitos fundamentais, tem por competência, dentre outras, a estabelecida em seu inciso XVII, para decidir sobre a homologação de acordo de não persecução penal ou os de colaboração premiada, quando formalizados durante a investigação.

Pela dicção desse dispositivo, indaga-se, poderemos ter acordo de não persecução penal formalizados em momento diverso da investigação? Ou seja, ele poderá ser formalizado depois de oferecida a denúncia? Isso implicaria desistir da ação penal já proposta, conflitando com enunciado explícito, consignado, no art. 42, do CPP, que reza que o *Parquet* não poderá desistir da ação penal? E, se tal for possível, o juiz pode discordar do pedido de absolvição do Ministério Público?

Seguindo a orientação constitucional, pensamos que o juiz não está compelido a absolver, caso o promotor natural assim o requeira. Isso equivaleria a desistir da demanda penal já ajuizada e violaria o princípio da obrigatoriedade da ação penal. Pensamos que o dilema pode ser contornado se o juiz, invocando a aplicação do art. 28-A, *caput*, do CPP, por analogia, encaminhar os autos ao órgão revisional do Ministério Público. Este deve dar a palavra final e o juiz não estará autorizado a condenar o réu se aquele órgão revisional se manifestar pela absolvição. Trata-se de uma forma de controle – atividade atípica do juiz. Como tal, deve ser excepcional e supletivo. De todo modo, entendemos que destoa

25. Por todos, o livro clássico sobre o princípio da obrigatoriedade, de Afrânio Silva Jardim (*Ação penal pública*: princípio da obrigatoriedade. 3. ed. Rio de Janeiro: Forense, 1998).

do princípio acusatório, a condenação do acusado em conflito com o pedido absolutório do promotor de justiça.

46. *MUTATIO LIBELLI* E IMPUTAÇÃO ALTERNATIVA NO PROCESSO PENAL

Ponto de interesse é o de se o juiz, depois de aditada a denúncia com esteio no enunciado que permite a *mutatio libelli*, pode condenar o acusado pelo crime definido originariamente na denúncia, por ter ficado convencido, após a instrução acerca de elementar incluída na *mutatio*, que este não existiu, mas tão somente o que foi descrito na peça acusatória tal como proposta.

Em outras palavras, depois de aditada a denúncia e realizada a instrução processual em torno do elemento ou circunstância objeto do acréscimo, se o juiz poderia condenar pelo fato descrito tão somente na imputação originária (denúncia), descartando a imputação superveniente (aditamento).

Afrânio Silva Jardim entende possível a condenação pelo fato originário ou pelo seguinte, descrito no aditamento, de forma alternativa. Conforme sua lição, haveria, no processo penal brasileiro, a **imputação alternativa objetiva superveniente restrita**. Explica-se. O acusado, depois de aditada a denúncia, passaria a responder por uma nova acusação (imputação de novo fato, de forma alternativa com o primeiramente definido na denúncia), depois do aditamento (supervenientemente à peça acusatória), por dois fatos delituosos (objetivamente), tal como se dá com um crime simples e outro delito qualificado pela inclusão de elementar (restritamente no que concerne a esta circunstância elementar)[26].

Entretanto, a parte final do § 4º, do art. 384, CPP, pode ensejar interpretação de que a possibilidade de imputação alternativa objetiva superveniente foi banida do processo penal. É que tal dispositivo preconiza que, havendo aditamento, o juiz ficará, na sentença, adstrito aos seus termos. Parte da doutrina sustenta a impossibilidade de se condenar o acusado pela definição da denúncia depois de apresentado o aditamento. Isto é, depois da *mutatio libelli*, o juiz só poderia prolatar sentença condenatória com base no aditamento, diante da regra que a denúncia deve ser bem delimitada (art. 41, CPP).

Entendemos, todavia, que essa ilação é parcialmente equivocada, notadamente por abrir espaço para um processo subsequente, em violação ao princípio do *ne bis in idem*, ou seja, de ao cânone de que ninguém pode ser processado duas vezes pelo mesmo fato, entendido o fato como aquele nuclear, central.

A incidência da parte final do enunciado do § 4º do art. 384, do CPP, a nosso ver, deve ocorrer quando o fato definido no aditamento suplantar inteiramente os fatos narrados na denúncia, conferindo base descritiva para a classificação do crime em seu tipo fundamental e de suas circunstâncias qualificadoras.

Porém, caso o aditamento se refira ao acréscimo de circunstância que qualifica o crime descrito na forma simples na petição inicial acusatória, o juiz não deve ficar "adstrito" ao aditamento no sentido de que só pode condenar pelo crime em sua forma qualificada. Esse posicionamento pode conduzir à conclusão de que se não for provada a qualificadora

26. JARDIM, Afrânio Silva. *Direito processual penal*. 11. ed. Rio de Janeiro: Forense, 2002. p.154.

incluída no aditamento, malgrado reste patentemente provado o delito na sua forma simples, o juiz deva desacolher a acusação constante da inicial por inteiro, apesar de ter sido submetida às regras do devido processo legal.

O aditamento pode se referir à circunstância elementar que, acrescida ao fato inicialmente enquadrado, modifica a classificação do crime do tipo fundamental (simples), para o derivado (qualificado), ou vice-versa. Por exemplo, o aditamento que adiciona uma elementar que modifica o crime de furto simples para qualificado. É o caso de surgir a dúvida de que o crime de furto teria sido ou não cometido com destruição ou rompimento de obstáculo à subtração da coisa. Se for oferecido o aditamento para incluir esta elementar, não deve ficar o juiz adstrito apenas a, ao final, condenar o réu pelo crime qualificado ou absolvê-lo, podendo, evidentemente, condenar o acusado pelo menos (se não houver juízo de certeza sobre a elementar), que é pelo crime de furto simples. Desse modo, entendemos que ainda subsiste a imputação alternativa objetiva superveniente restrita, na forma sustentada por Afrânio Silva Jardim, apesar do vigente teor do § 4º, do art. 384, CPP.

47. PROCEDIMENTO COMPLEMENTAR À *MUTATIO LIBELLI*

Considerando que o art. 384, *caput*, do CPP, não faz referência literal à necessidade de aditamento para definir juridicamente fato menos grave ou de gravidade igual que o narrado inicialmente na denúncia, poderia se entender pela vedação da *mutatio libelli* para tal fim. O aditamento, admitido para acrescer **elemento** ou **circunstância** da infração penal, ausente na acusação, redundaria sempre em fato com pena maior.

Nessa esteira, a retificação do fato narrado implicaria sempre delito mais grave. E, portanto, não seria exigido aditamento se o fato novo importasse enquadramento em tipo penal com sanção igual ou menor. Pensamos, no entanto, que o aditamento é indispensável, intrínseco à ampla defesa, não podendo faltar independentemente da gravidade da infração penal. O Ministério Público deve descrever os fatos de maneira bem contornada, ainda que se cuide de fato punido com pena igual ou menor que na imputação originária[27].

Os parágrafos do art. 384, do CPP, preconizam o procedimento da *mutatio libelli*:

(1) não procedendo o órgão do Ministério Público ao aditamento, aplica-se o art. 28, *caput*, do CPP, com redação da Lei nº 13.964/2019. Inicialmente, é o próprio órgão ministerial que deve se manifestar pela remessa dos autos à instância de revisão do Ministério Público, que deliberará, justificadamente, sobre o aditamento. Caso o membro do *Parquet* se mantenha inerte, o juiz deve providenciar a remessa à instância revisional ministerial, exercendo uma função supletiva e anômala de controle do princípio da obrigatoriedade da ação penal pública. Veja-se que se o Ministério Público, por intermédio de sua instância revisional, entender, ao cabo, por não aditar à peça acusatória, o juiz poderá absolver o réu se verificar ausente correlação entre a imputação e a produção da prova que, interligadas, seriam condições indispensáveis à formação de um juízo condenatório;

(2) ouvido o defensor do acusado no prazo de cinco dias e admitido o aditamento, o juiz, a requerimento de qualquer das partes, designará dia e hora para continuação da

27. BARROS, Flaviane de Magalhães. *(Re)forma do processo penal*: comentários críticos dos artigos modificados pelas Leis nº 11.690/08 e nº 11.719/08. Belo Horizonte: Del Rey, 2008. p.81.

audiência, com inquirição de testemunhas, novo interrogatório do acusado, realização de debates e julgamento;

(3) se do aditamento e da conseguinte definição jurídica diversa decorrer a possibilidade de proposta de suspensão condicional do processo, o juiz dará vista dos autos ao Ministério Público para que este a proponha. Caso entenda por não oferecer o *sursis* processual do art. 89, da Lei nº 9.099/1995, o *Parquet* deverá aplicar, por analogia, o art. 28, *caput*, do CPP, com redação dada pela Lei nº 13.964/2019. Em outros termos, o órgão do Ministério Público deve se manifestar pelo encaminhamento dos autos ao órgão de revisão ministerial que, entendendo cabível, oferecerá a suspensão condicional do processo. Caso o promotor de justiça silencie a esse respeito, surge o dever supletivo, do juiz, de remeter os autos à instância revisional do Ministério Público, por decisão fundamentada. Sobre o tema, calha registrar que a Súmula nº 337 do STJ, aviva que é cabível a suspensão condicional do processo na desclassificação do crime e na procedência parcial da pretensão punitiva;

(4) se a definição nova do fato importar em modificação de competência, os autos serão encaminhados ao juízo respectivo, sem que o juiz indique o tipo penal que julgar adequado ao fato;

(5) havendo aditamento, cada parte poderá arrolar até três testemunhas, no prazo de cinco dias, ficando o juiz, na sentença, adstrito aos termos do aditamento; e

(6) não recebido o aditamento, o processo prosseguirá, até final sentença.

Como a *mutatio libelli* implica conversão do julgamento em diligência, a sentença superveniente deverá fazer menção a este fato no relatório e, sendo necessário, também na fundamentação. Tanto uma quanto a outra devem fazer parte da sentença.

MUTATIO LIBELLI	
Conceito	Trata-se de providência de atribuição exclusiva do Ministério Público. O Ministério Público – entendendo cabível nova definição jurídica do fato, em consequência de prova existente nos autos de elemento ou circunstância da infração penal não contida na acusação – deverá aditar a denúncia ou queixa, se em virtude desta houver sido instaurado o processo em crime de ação pública, reduzindo-se a termo o aditamento, quando feito oralmente.
Momento	Encerrada a instrução probatória.
Exemplo	MP narra subtração sem violência na denúncia e requer condenação por furto (art. 155, CP), mas a instrução revela ter havido violência na execução do crime.
Procedimento	Abre-se vistas ao MP para aditamento da denúncia no prazo de 5 dias. O defensor se manifestará também em 5 dias. Haverá novo interrogatório e oitiva de testemunhas (máx. 3).
Defesa	Como se defende de fatos, precisa se manifestar sobre o aditamento.
Aplicação em instância recursal	É vedada, vide súmula nº 453/STF.
Observações	O juiz está adstrito aos termos do aditamento.
	Aplica-se somente às ações pública e privada subsidiária da pública.

MUTATIO LIBELLI	
Possíveis consequências da aplicação do instituto	Oferecimento de proposta de suspensão condicional do processo (art. 89 da Lei nº 9.099/95).
	Remessa dos autos para o juízo competente.

48. SENTENÇAS EM PROCESSO PENAL CONDENATÓRIO

A sentença penal condenatória é a que acolhe o pedido em ação penal que imputa um fato delituoso a alguém. Ela tem natureza supletiva. Vale dizer, só há espaço para condenação, quando superadas as possibilidades absolutórias ou extintivas de punibilidade.

49. RELATÓRIO E FUNDAMENTAÇÃO DA SENTENÇA PENAL CONDENATÓRIA

A sentença penal condenatória deve conter:

(1) o relatório, que é "a história relevante do processo", conferindo certeza às partes de que "o juiz esmiuçou todo o processo para decidir, ou seja, conheceu de tudo o que foi levado ao processo para formar livremente sua convicção" (ressalvando-se as sentenças condenatórias prolatadas na esfera dos juizados especiais criminais, que estão dispensadas de relatório);

(2) a fundamentação, ou seja, "a exteriorização do raciocínio desenvolvido pelo juiz", cuidando-se para que esteja em consonância com a parte conclusiva; e

(3) o dispositivo (conclusão), onde há, propriamente, o julgamento do pedido (procedência), sendo parte essencial para que o ato judicial seja caracterizado como sentença[28].

A fundamentação da sentença condenatória, que exige juízo de certeza (e não de simples probabilidade ou possibilidade), deve abranger matérias jurídicas e de fato, pois a conclusão será a aplicação do direito ao caso. O juízo de certeza se bifurca em subjetivo (convicção) e objetivo (dever de fundamentação). Deve haver nexo lógico entre eles e isso deve ser descrito circunstanciadamente na decisão.

Juízo de certeza é padrão normativo mais exigente que o *standard of proof* norte-americano de que a prova deve ser *beyond a reasonable doubt*, isto é, para além de qualquer dúvida razoável. No nosso sistema processual penal, não tem lugar a dúvida, pois essa determina a absolvição do réu. De tal modo, pensamos indevido invocar o standard probatório estrangeiro para justificar a condenação do acusado.

De outro giro, o juiz deve examinar o caso penal em toda sua amplitude e pormenores juridicamente apreciáveis e considerará o direito aplicável à espécie. Impõe-se, pois, que o magistrado aprecie qualquer circunstância juridicamente relevante descrita na denúncia ou suscitada pela defesa[29].

Como toda decisão judicial, a sentença penal condenatória deve conter descrição detalhada do teor das expressões que adotou como razões de decidir. Se o magistrado

28. RANGEL, Paulo. *Direito processual penal*. 4. ed. Rio de Janeiro: Lumen Juris, 2001. p. 336-337.
29. MIRABETE, Julio Fabbrini. *Processo penal*. 14. ed. São Paulo: Atlas, 2003. p. 448.

fundamentar a sentença com base em regras que contiverem conceitos juridicamente indeterminados, cláusulas gerais ou princípios jurídicos, terá o dever de expor, analiticamente, o sentido atribuído às normas. Deve o juiz, desse modo, elucidar porque não aplicou um princípio colidente, no caso concreto, com outro de peso análogo. Para tanto, pode tomar como auxílio o princípio da proporcionalidade, o subprincípio da necessidade ou a técnica da ponderação. Importante é que a sentença fique imunizada contra nulidades, redigida de forma escorreita.

Esses ditames vêm expressos no § 2º, do art. 315, do CPP, consoante redação determinada pela Lei nº 13.964/2019. Nos seus termos, não se considera fundamentada qualquer decisão judicial, seja ela interlocutória, sentença ou acórdão, que se limite à indicação, à reprodução ou à paráfrase de ato normativo, sem explicar sua relação com a causa ou a questão decidida.

Dizemos que a sentença é o espelho da petição inicial. Mas não apenas, a distância entre a petição inicial e a sentença deve ser preenchida pela atividade probatória. A prova deve ser descrita, na sentença, em forma de argumento. Argumento autêntico é o verdadeiro, o científico, o epistêmico, isto é, o que permite controle. Somente é argumento a conclusão que se lastreia em premissas antecedentes bem balizadas. A prova deve perpassar todos os elementos do tipo penal. O argumento decorre de afirmações justificadas por provas. E as provas devem estar descritas de forma encadeada. É o enlace da teoria da prova com a teoria do crime.

É vedado também o emprego de conceitos jurídicos indeterminados, sem explicar o motivo concreto de sua incidência no caso. Igualmente, invocar motivos que se prestariam a justificar qualquer outra decisão. Afinal, se a fundamentação se amolda a qualquer caso concreto é porque ela é carente de valor, equiparando-se à ausência de motivação. Também é proibido pelo § 2º, do art. 315, do nosso Código, deixar de enfrentar todos os argumentos deduzidos no processo capazes de, em tese, infirmar a conclusão adotada pelo julgador.

Idêntico destino nulificador terá a decisão que se limitar a invocar precedente ou enunciado de súmula, sem identificar seus fundamentos determinantes nem demonstrar que o caso sob julgamento se ajusta àqueles fundamentos, bem como a que deixar de seguir enunciado de súmula, jurisprudência ou precedente invocado pela parte, sem demonstrar a existência de distinção no caso em julgamento ou a superação do entendimento. São hipóteses que o legislador fixou a partir dos conceitos de *ratio decidendi* (**razões de decidir**) e de *distinguishing* (**distinção**). Em ambas as situações, a carga do dever de argumentar é do magistrado. Caso o sentenciante não se desincumba de tal dever, haverá decisão sem fundamentação, por equiparação legal.

50. PARTE DISPOSITIVA DA SENTENÇA PENAL CONDENATÓRIA

O conteúdo da parte conclusiva da sentença penal condenatória está, como regra, disciplinado no Código de Processo Penal e no Código Penal. Contudo, existem leis especiais que também disciplinam a sentença, no todo ou em parte. Assim, para os crimes militares, a legislação aplicável é outra, seja o Código Penal Militar, sem o Código de processo Penal Militar. Se o caso for de infração penal ambiental, várias regras da Lei nº 9.605/1998 devem ser aplicadas e compatibilizadas com a legislação penal e processual penal comum.

O art. 387, do CPP, detalha o conteúdo da sentença condenatória. Trata-se de norma geral. A sentença penal condenatória é um ato judicial que encerra todo o procedimento probatório inaugurado com a petição inicial. O seu desfecho se dá com a individualização da pena. Ao proferir sentença condenatória, o juiz, além de enfrentar expressamente os fatos alegados e provas em favor da acusação e da defesa, com fundamentação suficiente, deverá:

(1) mencionar as circunstâncias agravantes ou atenuantes definidas no Código, e cuja existência reconhecer;

(2) mencionar as outras circunstâncias apuradas e tudo o mais que deva ser levado em conta na aplicação da pena, a teor dos artigos 59 e 60, do Código Penal;

(3) aplicar as penas, de acordo com essas conclusões;

(4) fixar valor mínimo para a reparação dos danos causados pela infração, considerando os prejuízos sofridos pelo ofendido. Sobre esse ponto, prevaleceu o entendimento que a fixação do valor mínimo do dano pelo juiz depende de pedido expresso do autor da ação penal. Não pode o juiz fixar tal *quantum* independentemente de provocação. Para nós, é necessário um *plus*. O pedido de fixação do valor mínimo do dano deve ser formulado pela parte legitimada a requerer a reparação dos danos causados pela infração penal. Embora o entendimento que tem se sagrado majoritário repute necessário pedido, a ser formulado pelo Ministério Público[30], no bojo da ação penal condenatória, pensamos que essa possibilidade esbarra na falta de previsão constitucional para que o *Parquet* possa pleitear direitos individuais disponíveis. Daí ser necessário pedido expresso do ofendido, habilitado na ação penal pública como assistente do MP. De outro giro, compreendemos como antijurídico e não assimilável ao sistema brasileiro a pretensão indenizatória fundada na categoria "dano moral coletivo", haurida do direito estrangeiro. Nessa linha, o STF, nos autos de ação penal por crime de lavagem de capitais, fixou apenas danos materiais, indeferindo expressamente "o pedido de danos morais coletivos"[31];

(5) decidirá, fundamentadamente, sobre a manutenção ou, se for o caso, imposição de prisão preventiva ou de outra medida cautelar, sem prejuízo do conhecimento da apelação que vier a ser interposta (art. 387, § 1º, do CPP). A prisão preventiva somente pode ser determinada quando não for cabível substituição por outra medida cautelar, nos estritos termos do art. 282, § 6º, observados os artigos 283 e 319, do CPP. A imposição de qualquer restrição cautelar deve ser justificada e fundamentada nos elementos do caso concreto, de acordo com o que dispõem essas disposições, em compasso com as alterações promovidas pela Lei nº 13.964/2019.

A seu turno, o Código Penal arrola outras providências aplicáveis, preconizando, no seu art. 59 que o juiz estabelecerá, conforme seja necessário e suficiente para a reprovação e prevenção do crime:

(1) as penas aplicáveis dentre as cominadas;

(2) a quantidade da pena aplicável, dentro dos limites previstos;

30. STJ – Terceira Seção – REsp 1.643.051-MS – Rel. Min. Rogerio Schietti Cruz – DJe 08/03/2018 – Tema 983).

31. STF – Segunda Turma – AP 996/DF, rel. Min. Edson Fachin, julgamento em 29.5.2018. Informativo-STF n° 904, de 28 a 1° de maio de 2018.

(3) o regime inicial de cumprimento da pena privativa de liberdade, que será fixado levando em consideração o cômputo na pena da detração penal do tempo de prisão provisória, de prisão administrativa ou de internação, no Brasil ou no estrangeiro (§ 2º, do art. 387, CPP); e,

(4) a substituição da pena privativa da liberdade aplicada, por outra espécie de pena, se cabível, com observância do seu art. 44.

É na conclusão que será concretizada a garantia da individualização da pena. Não sendo o caso de absolvição ou de extinção da punibilidade, o juiz verificará se existem os elementos necessários e suficientes à condenação. Somente julgará procedente, total ou parcialmente, o pedido condenatório, se superado esse filtro. Se condenar o imputado, deve declará-lo incurso nas penas do tipo penal.

51. SISTEMA TRIFÁSICO DE APLICAÇÃO DA PENA

O sistema trifásico de aplicação da pena é, nessa altura, contemplado por completo. Como aduz Adalto Dias Tristão, ao cotejar o critério bifásico (proposto por Roberto Lyra) com o trifásico (preconizado por Nelson Hungria e adotado pelo CP), o sistema trifásico é mais prudente, para informar ao imputado o percurso que o juiz realizou até a pena definitiva, mormente como chegou aos valores atribuídos "à pena-base, qual intensidade concedeu a cada atenuante ou agravante, bem assim às causas de diminuição e de aumento".[32]

Paulo Xavier de Souza destaca que, no momento de sentenciar, ao juiz cabe apontar, na decisão, quais as finalidades pretendidas com a aplicação da pena. Deve verificar a concreta necessidade da pena, a possibilidade de sua dispensa ou a aplicação de perdão judicial. Deve ademais justificar o que considera suficiente e necessário para reprovação e prevenção do delito, fazendo incidir o **princípio da necessidade da pena**. Daí a obrigação do magistrado de "avaliar dados concretos da infração penal, vinculando-se às circunstâncias judiciais objetivas e subjetivas do artigo 59 do Código Penal, porquanto são diretrizes gerais para aplicação da pena base", referentes "ao agente, ao fato criminoso e à vítima, ou seja, a culpabilidade, os antecedentes, a conduta social, personalidade do agente, motivos, circunstâncias e consequências do crime e comportamento da vítima"[33].

Decerto, em conformidade com o critério trifásico de aplicação da pena, serão bem salientados três momentos: a fixação da pena-base, da pena intermédia e da pena definitiva. De todo modo, é relevante avivar, como leciona Geraldo Prado, "a indiscutível centralidade da questão de mérito do processo", que é "o fato jurídico definido como infração penal atribuído ao acusado". Esse elemento ganha importância "porque no lugar da alegação do crime e da condição de criminoso justificar a condenação de alguém ('direito penal do autor')", deve ser a prova deste fato, construída em respeito aos *standards* da prova "('regras orientadoras fortes'), que legitimará a punição conforme o caso ('direito penal do fato')"[34].

---

32. TRISTÃO, Adalto Dias. *Sentença criminal*: prática de aplicação de pena e medida de segurança. 7. ed. Belo Horizonte: Del Rey, 2008. p. 121.
33. SOUZA, Paulo S. Xavier de. *Individualização da pena*: no estado democrático de direito. Porto Alegre: Sergio Antonio Fabris, 2006. p.112-113.
34. PRADO, Geraldo. *A cadeia de custódia da prova no processo penal*. São Paulo: Marcial Pons, 2019. p.65.

52. FIXAÇÃO DA PENA-BASE

A fixação da pena-base pode se referir ao tipo simples (fundamental) ou ao derivado (qualificado). Sendo o crime qualificado, a pena-base será fixada conforme os limites mínimo e máximo diversos daqueles previstos na figura incriminadora fundamental. A pena-base será estabelecida a partir da avaliação concreta das circunstâncias judiciais do art. 59, do Código Penal, observada, quando o caso, a legislação extravagante.

No STJ, na senda de prestigiar a Constituição, a matéria restou pacificada com a edição do verbete nº 444, da sua súmula, fazendo prevalecer o princípio da presunção de inocência, ao assentar a vedação da utilização de inquéritos policiais e ações penais em curso para agravar a pena-base. O mesmo Superior Tribunal de Justiça afasta por completo a possibilidade de uso, a título de maus antecedentes, de decisões fundadas no Estatuto da Criança e do Adolescente (imposição de medida sócio educativa em face de prática de ato infracional).

Em seguida, o STF redirecionou seu posicionamento, afirmando que inquéritos policiais e processos penais em curso não podem ser usados para fins de dosimetria da pena, a título de maus antecedentes[35]. Esse entendimento foi reafirmado mesmo depois do reconhecimento de que "possui repercussão geral controvérsia sobre a possibilidade de processos em curso serem considerados maus antecedentes para efeito de dosimetria da pena, ante o princípio da presunção de não-culpabilidade"[36].

Também a jurisprudência diverge sobre se é necessário o trânsito em julgado da sentença condenatória definitiva para que esta possa servir como elemento para definição de maus antecedentes do réu em virtude de prática de nova infração penal naquele ínterim.

Quanto a esse aspecto, o STJ reputa que a condenação definitiva por fato anterior ao crime descrito na denúncia, mas com trânsito em julgado posterior, diz respeito ao histórico do acusado e pode caracterizar maus antecedentes[37]. Dissentimos desse posicionamento, porquanto, para que haja possibilidade de afirmação de maus antecedentes, é indispensável a certificação de situação de irreversibilidade da condenação anterior[38].

Ademais, interpretação mais consentânea com o texto constitucional recomenda a limitação do alcance do critério "maus antecedentes", haja vista que este mais se aproxima de um direito penal e processual penal de autor (inconstitucional), eis que se afasta da ideia de se julgar o fato em si e suas circunstâncias (direito penal e processual penal do fato).

Acerca desse aspecto, ao menos uma luz foi lançada pelo Supremo Tribunal Federal, depois de fixada a repercussão geral em sede de recurso extraordinário[39], quando surgiu posicionamento para se exigir o respeito ao período depurador da reincidência, como limite para considerar decisão condenatória penal anterior como maus antecedentes.

Cabe dizer, nessa linha de posicionamento, que não serão considerados maus antecedentes se, entre a prática da nova infração penal e a extinção ou cumprimento da pena

35. STF – Segunda Turma – HC 104266 – Relator Min. Teori Zavascki – julgado em 12/05/2015.
36. STF – RE 591054 RG – Relator Min. Marco Aurélio – julgado em 23/10/2008.
37. STJ – Quinta Turma – HC 540.836/SP – Rel. Min. Leopoldo de Arruda Raposo (Desemb. Conv. TJ/PE), DJe 25 nov. 2019.
38. STJ – Sexta Turma - REsp 1.760.972-MG - Rel. Min. Sebastião Reis Júnior – julgado em 08 nov. 2018.
39. STF – RE 593818 RG – Relator Min. Joaquim Barbosa – julgado em 26 fev. 2009.

da infração anterior, já escoados mais de cinco anos, computado o período de suspensão ou de livramento condicional (art. 64, I, Código Penal)[40]. No entanto, a questão restou pacificada pelo STF, em sede de repercussão geral (Tema 150), ao decidir, por maioria, que condenações criminais extintas há mais de cinco anos podem ser consideradas como maus antecedentes para a fixação da pena-base em novo processo criminal.[41]

Outro avanço, limitador à sua aplicação, foi dito pelo STJ, ao assentar que condenações anteriores fundadas na posse de droga para uso próprio (art. 28, da Lei nº 11.343/2006), não são aptas a gerar a agravante da reincidência[42].

53. FIXAÇÃO DA PENA INTERMÉDIA

Para a segunda etapa, são consideradas as causas atenuantes e das agravantes.

Nos termos da Súmula 231, do STJ, "a incidência da circunstância atenuante não pode conduzir à redução da pena abaixo do mínimo legal", assim como a agravante não permite acréscimo de pena além do máximo abstratamente cominado para crime.

Todavia, há entendimento discrepante, com o qual concordamos. Para essa posição, pode haver redução da pena aquém do mínimo previsto em abstrato, em função da presença de atenuante, porque o Código Penal dita que as circunstâncias atenuantes **sempre** devem reduzir a pena (art. 65). Amilton Bueno de Carvalho argumenta, inclusive, que não há proibição legal de redução da pena, assim como que o art. 68, do CP, preconiza "a obrigatoriedade de se considerar as atenuantes (logo, sempre)" e que "há exigência isonômica quando dois réus mereçam pena mínima e um deles tem a favor, ainda, outra atenuante"[43].

De outro ângulo, as agravantes somente são as expressas legalmente, enquanto são admitidas atenuantes genéricas (supralegais). Juarez Cirino dos Santos comentando o permissivo legal de aplicação de atenuantes inominadas (art. 66, do CP), exemplifica com situações como as de "crimes realizados no contexto de condições sociais adversas, por sujeitos marginalizados do mercado de trabalho", para justificá-las com base na noção de "co-culpabilidade da sociedade organizada no poder do Estado, pela sonegação de iguais oportunidades sociais"[44].

54. FIXAÇÃO DA PENA DEFINITIVA

Na terceira etapa, o juiz deve aplicar causas de aumento e diminuição da pena.

Consiste na aplicação de "a agravação ou atenuação, dentro dos percentuais assinalados, em cada uma dessas causas"[45]. A concretização da majoração nessa terceira fase de aplicação da pena exige fundamentação concreta em relação a cada uma das causas de aumento previstas para o tipo penal. Não é suficiente, para a exasperação da pena, a mera indicação do número de majorantes do crime de roubo circunstanciado, como assentado na súmula nº 443, do STJ.

40. STF – Primeira Turma – HC 119200 – Relator Min. Dias Toffoli – julgado em 11 fev. 2014).
41. STF – STF – RE 593818 (Tema 150) – Rel. Min. Luís Roberto Barroso – Dje 31/08/2020.
42. STJ – HC – Quinta Turma – CC 453.437-SP – Rel. Min. Reynaldo Soares da Fonseca – DJe 15/10/2018; STJ – Sexta Turma – REsp 1.672.654-SP – Rel. Min. Maria Thereza de Assis Moura – DJe 30/08/2018.
43. CARVALHO, Amilton Bueno de. *Teoria e prática do direito alternativo*. Porto Alegre: Síntese, 1998. p.127.
44. SANTOS, Juarez Cirino. *Direito penal*: parte geral. 7. ed. Florianópolis: Empório do Direito, 2017. p.555.
45. ZAFFARONI, Eugenio Raúl; PIERANGELI, José Henrique. *Manual de direito penal brasileiro*: parte geral. 4. ed. São Paulo: RT, 2002. p.825.

Ademais, em respeito ao princípio da tipicidade penal, também não é admissível aplicar, no furto qualificado, a majorante estatuída para outro delito, como o de roubo, a teor da súmula nº 442, do STJ. Vale destacar, a propósito, que é perfeitamente possível reconhecer causas especiais de diminuição de pena em crimes qualificados, dependendo, para tanto, de justificação suficiente.

Nesse sentido, o STJ editou a Súmula 511, que enfatiza ser possível o reconhecimento do privilégio previsto no § 2º do art. 155 do CP nos casos de crime de furto qualificado, se estiverem presentes a primariedade do agente, o pequeno valor da coisa e a qualificadora for de ordem objetiva.

55. SUBSTITUIÇÃO DAS PENAS

Seguindo os artigos 43 e 44, do Código Penal, poderá ter lugar a substituição da pena privativa de liberdade por penas restritivas de direitos. Se o crime estiver disposto fora do Código Penal, é indispensável atentar para a legislação específica.

Com efeito, o STJ, por exemplo, editou a Súmula 588, vedando a aplicação das regras de substituição de pena privativa de liberdade (arts. 43 e 44, CP), quando o delito envolver a Lei nº 11.340/2006. De acordo com o teor daquele enunciado, "a prática de crime ou contravenção penal contra a mulher com violência ou grave ameaça no ambiente doméstico impossibilita a substituição da pena privativa de liberdade por restritiva de direitos".

56. PENA DE MULTA

Noutra quadra, a sentença condenatória também pode fixar a pena de multa, o que pode ocorrer a título de sanção principal, alternativa ou cumulativamente com a pena de prisão, podendo ser, ainda, aplicada em substituição desta[46].

A aplicação da pena de multa restringe-se às seguintes fases:

(1) determinação da quantidade de dias-multa, de um mínimo de 10 a um máximo de 360 dias-multa;

(2) estabelecimento do valor do dia-multa, levando em consideração a situação econômica do réu (art. 60, *caput*, CP), que não pode ser inferior a um trigésimo do maior salário mínimo mensal vigente ao tempo do fato, nem superior a cinco vezes esse salário. De outro giro, tratando-se de **crimes em licitações e contratos administrativos**, ora dispostos nos arts. 337-E a 337-O, do Código Penal, o *quantum* da pena de multa não poderá ser inferior a 2% (dois por cento) do valor do contrato licitado ou celebrado com contratação direta (**piso da multa**). Vale frisar que a metodologia do cálculo será a mesma, isto é, deve ser seguida a disciplina geral de fixação do dia-multa (art. 337-P, CP); por último; e

(3) eventualmente, o juiz pode aumentar a multa até o triplo, se considerar que, em virtude da situação econômica do réu.

Na redação imprimida pela Lei Anticrime ao art. 51, do Código Penal, a execução da pena de multa não deve ocorrer no juízo cível. Pelo seu teor, uma vez transitada em julgado

46. AVENA, Norberto. *Processo penal esquematizado.* 3. ed. São Paulo: Método, 2011. p.1061.

a sentença condenatória, a multa será executada perante o juiz da execução penal e será considerada dívida de valor. Para a excussão desse débito, serão aplicáveis as normas relativas à dívida ativa da Fazenda Pública, inclusive no que concerne às causas interruptivas e suspensivas da prescrição.

57. EFEITOS DA SENTENÇA PENAL CONDENATÓRIA

Da sentença penal, decorrem efeitos que geralmente são emanados após o trânsito em julgado da condenação. Contudo, alguns efeitos podem ser produzidos antes desse momento. Podemos dividi-los em efeitos penais, civis, administrativos e restritivos de outros direitos, que podem ter conteúdo político ou civil em sentido amplo.

58. EFEITOS PENAIS DA SENTENÇA PENAL CONDENATÓRIA

Com o ordenamento jurídico inaugurado com a Constituição de 1988, a garantia da presunção de inocência impôs a liberdade como regra, mesmo durante o curso do processo. O simples fato de haver sentença condenatória não deve ser suficiente para levar alguém à prisão - máxime quando o acusado se encontrar solto no curso do processo -, necessitando, antes, da presença dos requisitos autorizadores da decretação da prisão preventiva (art. 312, CPP).

O estado de inocência só deve se encerrar com o trânsito em julgado da sentença condenatória. Antes deste marco, o encarceramento deve estar pautado nos fundamentos de cautelaridade. A execução provisória só pode ser admitida se, cumuladamente, presentes os requisitos da prisão preventiva e prolatada sentença penal condenatória recorrível. É possível, desse modo, aplicar disposições da Lei de Execução Penal ao preso cautelar. Isso não deve significar a banalização do cárcere como efeito automático da sentença passível de recurso. Interpretação desta natureza não teria respaldo constitucional.

Torna-se viável, dessa estrita maneira, viabilizar a aplicabilidade de alguns institutos da fase executória, mesmo antes do trânsito em julgado da decisão, diante da necessidade da prisão cautelar. Nesse sentido, o STF preconiza, na sua Súmula de nº 716, que se admite "progressão de regime de cumprimento da pena ou a aplicação imediata de regime menos severo nela determinada, antes do trânsito em julgado da sentença condenatória".

Sobre a possibilidade de execução provisória de pena após confirmação da condenação penal por tribunal, em segundo julgamento, instalou-se intensa controvérsia, inclusive no STF, com sucessivos julgamentos em sentidos opostos. A questão gira em torno de saber se o ordenamento jurídico admite prisão automática, antes do trânsito em julgado, pelo fato de alguém ser condenado ou ter confirmada uma condenação por tribunal, em segundo julgamento.

Para nós, o princípio da presunção de inocência proíbe execução provisória sem fundamento cautelar.

Também a dicção do art. 283, do CPP, veda prisão provisória sem atendimento ao princípio da necessidade ou *periculum libertatis*. O sentido desse dispositivo, embora modificado pela Lei nº 13.964/2019, não se alterou. Assim, de compasso com o art. 283, do CPP, ninguém poderá ser preso senão em flagrante delito ou por ordem escrita e fundamentada da autoridade judiciária competente, em decorrência de prisão cautelar ou em virtude de condenação criminal transitada em julgado.

No julgamento de ações declaratórias de constitucionalidade movidas contra o texto do art. 283, com redação da Lei nº 12.403/2011, o STF, por maioria, assentou sua constitucionalidade, afirmando que ninguém deve ser considerado culpado até o trânsito em julgado de sentença penal condenatória, porquanto é a formação da culpa o pressuposto da operatividade da sanção. Arrematou que, antes desse momento, somente é possível prisão preventiva[47].

A Lei nº 13.964/2019 trouxe hipótese intermediária, relativa aos julgamentos pelo tribunal do júri, para admitir a prisão automática decorrente de condenação em primeira instância, se fixada pena igual ou superior a quinze anos.

Trata-se da alínea "e", do inciso I, do art. 492, do CPP, que prevê que o juiz mandará o acusado recolher-se ou recomendá-lo-á à prisão em que se encontra, se presentes os requisitos da prisão preventiva, ou, no caso de condenação a uma pena igual ou superior a quinze anos de reclusão, determinará a execução provisória das penas, com expedição do mandado de prisão, se for o caso, sem prejuízo do conhecimento de recursos que vierem a ser interpostos.

Para a arrematar, há previsão, nos parágrafos 3º a 5º, do supradito art. 492, do Código, de que a apelação contra a sentença condenatória que fixe pena igual ou superior a quinze anos de reclusão não tenha efeito suspensivo. Entrementes, poderá ser atribuído, excepcionalmente, tal efeito, seja pelo juiz, quando deixar de autorizar a execução provisória, seja pelo relator, no tribunal, quando a tese recursal for plausível e o recurso não for classificado como protelatório.

Antes dessa modificação, setor do Judiciário sustentava que o princípio constitucional da soberania autorizaria o imediato recolhimento a prisão da pessoa condenada pelo tribunal do júri. Na verdade, essa interpretação desvirtua o teor da soberania dos veredictos, porque este está encartado no rol de direitos de primeira dimensão. Trata-se de garantia fundamental entregue ao cidadão contra o abuso do poder estatal. É direito fundamental do imputado, para protegê-lo contra modificação do conteúdo meritório de eventual absolvição proferida pelos jurados. Logo, jamais poderia ser manipulado aquele princípio para lograr resultado prejudicial ao seu destinatário.

59. EFEITOS CIVIS DA SENTENÇA PENAL CONDENATÓRIA

Chamaremos de efeitos civis aqueles reparatórios, que podem consistir em indenização, perda de bens, de objetos ou de instrumentos da infração. Geralmente, seus efeitos devem ser produzidos após o trânsito em julgado, ressalvada previsão legal em sentido contrário. Como se depreende, da sentença criminal condenatória transitada em julgado podem ser emanados efeitos não só penais. Para o estudo do objeto deste tópico, descreveremos os artigos 91 e 91-A (introduzido pela Lei nº 13.964/2019), do Código Penal.

47. STF – ADC's 43, 44 e 54/DF – Rel. Min. Marco Aurélio – 10 nov. 2019.

São os seguintes, os efeitos civis ou reparatórios da condenação penal, dispostos no art. 91, do Código Penal:

(1) tornar certa a obrigação de indenizar o dano causado pelo crime, sendo a sentença condenatória penal um título executivo judicial que legitima o ofendido a ajuizar, de plano, ação executiva, na parte líquida;

(2) a perda em favor da União dos produtos do crime ou de bem decorrente do proveito do delito, bem como dos instrumentos do crime cujo porte, fabrico, uso, alienação ou detenção constitua fato ilícito, ressalvado o direito do lesado ou de terceiro de boa-fé.

Por sua vez, o art. 91-A, do Código Penal, com redação dada pela Lei nº 13.964/2019, estabelece que, na hipótese de condenação por infrações às quais a lei comine **pena máxima superior a seis anos de reclusão**, poderá ser decretada a perda, como produto ou proveito do crime, dos bens correspondentes à diferença entre o valor do patrimônio do condenado e aquele que seja compatível com o seu rendimento lícito. A aplicação desse efeito exige pedido expresso, com demonstração daquela diferença pelo Ministério Público. Para fins dessa perda de bens, o patrimônio do condenado deve ser compreendido como todos os bens:

(1) de sua titularidade, ou em relação aos quais ele tenha o domínio e o benefício direto ou indireto, na data da infração penal ou recebidos posteriormente; ou

(2) transferidos a terceiros a título gratuito ou mediante contraprestação irrisória, a partir do início da atividade criminal.

Outros efeitos existem, relativos a perda de bens, tanto na Constituição, quanto na legislação extravagante:

(1) o art. 243, *caput* e parágrafo único, da CF/1988, prevê a expropriação de propriedades rurais e urbanas de qualquer região do País onde forem localizadas culturas ilegais de plantas psicotrópicas ou a exploração de trabalho escravo. De acordo com a legislação de regência, esses bens devem ser expropriados e destinados à reforma agrária e a programas de habitação popular, sem qualquer indenização ao proprietário e sem prejuízo de outras sanções previstas em lei. Também na forma da lei, todo e qualquer bem de valor econômico apreendido em decorrência do tráfico ilícito de entorpecentes e drogas afins e da exploração de trabalho escravo deve ser confiscado e revertido a fundo especial com finalidade específica;

(2) os arts. 63 e 72, da Lei nº 11.343/2006, disciplinam o perdimento de bens a ser explicitado na sentença e a destruição da substância entorpecente apreendida, conforme modificações promovidas pela Lei nº 13.840/2019;

(3) o art. 20, § 4º, da Lei nº 7.716/1989, estabelece como efeito da condenação, após o trânsito em julgado da decisão, a destruição de símbolos, emblemas, ornamentos, distintivos ou propaganda que utilizem a cruz suástica ou gamada empregados para fins de divulgação do nazismo;

(4) o art. 7º, inciso I, da Lei nº 9.613/1998 (lavagem de dinheiro), preconiza a perda, em favor da União – e dos Estados, nos casos de competência da Justiça Estadual –, de todos os bens, direitos e valores relacionados, direta ou indiretamente, à prática dos crimes

previstos nesta Lei, inclusive aqueles utilizados para prestar a fiança, ressalvado o direito do lesado ou de terceiro de boa-fé; e

(5) o § 4º, do art. 8ª, da Lei nº 13.344/2016 (tráfico de pessoas), estatui que o juiz, ao proferir a sentença de mérito, deve decidir sobre o perdimento do produto, bem ou valor apreendido, sequestrado ou declarado indisponível, que esteja relacionado com os crimes ali previstos.

Por fim, o parágrafo único, do art. 63 do Código de Processo Penal, estabelece efeito executório de plano, sem necessidade de liquidação prévia, da parte da sentença condenatória penal não recorrida que fixar o valor mínimo para reparação dos danos causados pela infração penal, de acordo com os prejuízos suportados pelo ofendido. Vale dizer, sem prejuízo de que o ofendido requeira a liquidação da parte ilíquida da sentença penal condenatória, em momento posterior, ele pode, de plano, ajuizar execução no que tange à porção líquida da decisão penal condenatória, leia-se, transitada em julgado a sentença condenatória, a execução poderá ser efetuada pelo valor fixado nos termos do inciso IV do *caput*, do art. 387, do CPP, sem prejuízo da liquidação para a apuração do dano efetivamente sofrido. Na prática, nada obsta que tudo se faça no bojo de uma única ação de execução, onde as providências para a execução por quantia certa contra devedor solvente podem ser fracionadas, executando-se, primeiramente, a parte incontroversa.

60. EFEITOS ADMINISTRATIVOS DA SENTENÇA PENAL CONDENATÓRIA

Os efeitos administrativos da sentença penal condenatória são inferidos de previsões legais que determinam a perda do cargo, mandato ou função pública da pessoa condenada. São efeitos civis em sentido amplo. Para efetivá-los, é necessário trânsito em julgado daquele provimento judicial.

O art. 92, do Código Penal, prevê, como efeitos da condenação que dependem de fundamentação para terem lugar:

(1) a perda de cargo ou função pública ou mandato eletivo quando aplicada **pena superior a quatro anos** ou, nos crimes contra a Administração Pública, se a **pena for igual ou superior a um ano** (o efeito do art. 92, I, CP, não é automático, a teor do seu parágrafo único). De outro lado, este efeito não se aplica a juízes e membros do Ministério Público, aos quais é assegurada a garantia da vitaliciedade (arts. 95, I e 128, § 5º, I, "a", da CF/1988), dependendo a perda do cargo de ação própria, tampouco aos senadores e deputados federais, cuja perda do mandado dependerá de deliberação da respectiva casa, mediante provocação dos legitimados pelo art. 55, § 2º, CF/1988, estendendo-se esta regra, por simetria, aos deputados estaduais, a teor de disposição do art. 27, § 1º, CF/1988;

(2) a decretação de incapacidade para o exercício do pátrio poder, tutela ou curatela, nos crimes dolosos, sujeitos à pena de reclusão, cometidos contra filho, tutelado ou curatelado (efeito do art. 92, II, CP, que também não é automático, a teor do seu parágrafo único);

(3) a inabilitação para dirigir veículo, quando utilizado como meio para a prática de crime doloso (efeito do art. 92, III, CP, não é automático, a teor do seu parágrafo único).

Diferentemente, a Lei nº 9.455/1997, que prevê os crimes de tortura, afirma que não é efeito automático a perda do cargo do agente público decorrente de condenação por crime nela tipificado, conforme seu art. 1º, § 5º).

De outra vertente, a Lei nº 7.716/1989 (que define os crimes resultantes de preconceito de raça ou de cor) também estabelece a perda do cargo ou função pública como efeito da condenação, mas aviva que não é ele automático, dependendo de motivação (conforme seu art. 18).

Na Lei nº 9.613/1998, que disciplina a lavagem de dinheiro, o seu art. 7º, II, prevê, como efeito da condenação, além dos efeitos estatuídos no Código Penal, a interdição do exercício de cargo ou função pública de qualquer natureza e de diretor, de membro de conselho de administração ou de gerência das pessoas jurídicas referidas naquele diploma legal, pelo dobro do tempo da pena privativa de liberdade aplica.

61. EFEITOS DA SENTENÇA PENAL CONDENATÓRIA RESTRITIVOS DE OUTROS DIREITOS

Também podem ser destacados os efeitos da condenação derivados de previsão constitucional, especialmente a suspensão dos direitos políticos (art. 15, III, CF/1988), o impedimento à naturalização e a submissão do oficial (art. 12, II, "b", CF/1988) condenado à pena privativa de liberdade superior a dois anos, a julgamento de indignidade do oficialato ou incompatibilidade (art. 142, § 3º, VII, CF/1988)[48].

Calha frisar que entendemos que a aplicação do art. 15, III, da CF, não deve ser automática, nem sem motivação suficiente. Desse modo, o trânsito em julgado da sentença penal condenatória não deve levar à suspensão do direito a votar. Veja-se que até a perda de mandato eletivo depende de fundamentação expressa na sentença, em compasso com o art. 92, I e parágrafo único, do Código Penal. Luís Carlos Valois sustenta essa linha, destacando que "a Constituição não poderia pretender se substituir ao Código Penal, criando uma pena que prescindisse de debate no devido processo legal e que não estivesse claramente estipulada em lei, cessando todos os direitos políticos sem especificá-los"[49].

São também efeitos da condenação, aplicáveis conforme o caso concreto:

(1) a comunicação de que trata o art. 13, da Lei nº 8.069/1990, toda vez que, no momento da sentença, o juiz constatar que se confirmou caso de castigo físico, tratamento cruel ou degradante e de maus-tratos contra criança ou adolescente. Isso quer dizer que, sem prejuízo de outras providências já ordenadas ou impostas, deve o magistrado sentenciante determinar que sejam emitidos ofícios comunicando o fato ao Conselho Tutelar da localidade respectiva; e

(2) a destituição do poder familiar do pai ou da mãe quando for hipótese de condenação por crime doloso, sujeito à pena de reclusão, contra o próprio filho ou filha. Nesse caso, o Estatuto da Criança e do Adolescente, nos termos do § 2º, do seu art. 23, é expresso ao frisar que tal restrição do poder familiar – a destituição – não ocorrerá quando se cuidar

48. AVENA, Norberto. *Processo penal esquematizado*. 3. ed. São Paulo: Método, 2011. p.1032.

49. VALOIS, Luís Carlos. *Execução penal e ressocialização*. São Paulo: Estúdio, 2015. p.87.

de condenação criminal por outro tipo de delito, isto é, para que haja tal perda é necessário que a procedência de pretensão punitiva estatal se refira à infração penal apenada com reclusão e que se dê de forma dolosa contra outrem igualmente titular do mesmo poder familiar ou contra filho, filha ou outro descendente. Embora a lei fale em condenação sem mencionar a necessidade de trânsito em julgado, a melhor hermenêutica impõe que, para que sejam operados plenos efeitos jurídicos decorrentes da destituição do poder familiar, tenha se formado coisa julgada. Afinal, a destituição pressupõe caráter de definitividade, o que não se coaduna com a sentença condenatória recorrível. Antes desse momento, o afastamento do agressor pode se efetivar em caráter cautelar;

(3) a submissão obrigatória à identificação do perfil genético para os condenados por crime praticado dolosamente, com violência de natureza grave contra pessoa, ou por qualquer dos crimes previstos no art. 1º, da Lei nº 8.072/1990 (crimes hediondos apenas, ou seja, não inclui os equiparados a hediondos, como o tráfico de drogas), a teor do art. 9º-A, *caput*, da Lei nº 7.210/1984 (acrescido pela Lei nº 12.654/2012).

Embora entendamos que a identificação genética pressupõe trânsito em julgado da sentença penal condenatória, a previsão de que o condenado deve se submeter a ela quando do ingresso no estabelecimento prisional, nos termos do § 4º, do art. 9º-A, da Lei de Execução Penal, com redação dada pela Lei nº 13.964/2019, indica que se trata de efeito que se aplica mesmo antes daquele momento. No ponto, pensamos que a nova regra é de duvidosa constitucionalidade.

(4) a destruição das amostras da substância entorpecente guardadas para contraprova nos autos de ação penal por crime relacionado a drogas (Lei nº 11.343/2006). Tanto quando encerrado o processo penal, quanto na hipótese de arquivamento do inquérito policial, o juiz, de ofício, mediante representação do delegado de polícia ou a requerimento do Ministério Público, determinará a destruição das amostras guardadas para contraprova, certificando isso nos autos. Note-se que a destruição ocorrerá sempre quando ultimadas as providências da persecução penal, havendo ou não condenação. Tratando-se de condenação, necessário transitar em julgado a respectiva sentença. A Lei fala em amostras porque passou a prever destruição imediata de plantações pelo delegado de polícia, bem como a determinação de destruição das drogas pelo juiz ao apreciar o auto de prisão em flagrante, cuja execução caberá também à autoridade policial, sempre assegurando a reserva das amostras para fins probatórios (artigos 32, 50 e 50-A – com redação dada pela Lei nº 13.840/2019 –, da Lei nº 11.343/2006).

62. EFEITO PRODRÔMICO DA SENTENÇA PENAL CONDENATÓRIA OU *NON REFORMATIO IN PEJUS*

No direito processual penal, o "efeito prodrômico da sentença" foi expressão cunhada para designar o princípio ***non reformatio in pejus*** direta ou indireta da sentença penal condenatória.

Devemos distinguir que a vedação à reforma da sentença em prejuízo do acusado, quando só este tenha recorrido, pode se dar:

(1) de forma **direta**: quando o órgão para o qual foi dirigido o recurso exclusivo da defesa do réu, não pode reformar a sentença impugnada para, por exemplo, majorar a pena do acusado;

(2) de forma **indireta**: quando o órgão recursal, em recurso exclusivo do acusado, anula a sentença condenatória para determinar um segundo julgamento. Nesse novo julgamento, não pode o juiz proferir sentença que implique situação mais gravosa ao réu, tomando como parâmetro aquela primeira sentença que fora invalidada em razão de recurso exclusivo da defesa.

O **efeito prodrômico** é o limite criado por aquela primeira sentença penal condenatória que havia transitado em julgado para a acusação.

O termo "prodrômico" nos remete a prefácio, a espelho, a balizas que definem uma sucessão de atos. Uma sentença condenatória reexaminada por um órgão recursal, não pode ser reformada para piorar a condição do acusado quando não haja impugnação específica. O teor da Súmula nº 160, do STF, bem explicita tal efeito ao asseverar que é nula a decisão do tribunal que acolhe, contra o réu, nulidade não arguida no recurso da acusação, ressalvados os casos de recurso de ofício.

Na *reformatio in pejus* indireta, o efeito prodrômico subsiste com base na sentença penal condenatória anulada, haja vista não ter sido impugnada pelo Ministério Público ou pelo querelante de forma específica. Transitando em julgado ponto que se formou em favor do acusado, ele terá o direito de não ver emitida contra si, em um segundo julgamento, uma sentença com conteúdo condenatório mais gravoso que o primeiro, seja em relação ao tipo penal e circunstâncias acolhidas, seja em razão do quantitativo da pena, que deve ter por limite àquele da sentença anterior.

O direito, não raras vezes, busca termos em outras ciências para melhor explicar seus fenômenos. Uma dessas ciências inspiradoras é a biologia. Também a medicina empresta termos aos juristas. Na medicina, prodrômico refere-se a uma fase que precede o desenvolvimento de uma doença ou os sinais e sintomas que antecedem a manifestação clínica característica de uma doença[50]. De tal forma, prodrômico indica um antecedente que é determinante para os seus consequentes efeitos ou atos sucessivos. Algo como uma introdução, preâmbulo, que evidencia relação entre antecedente e consequente, entre prótese (norma primária) e apódose (norma secundária). Dessa forma, podemos dizer que a primeira sentença, depois de anulada, é norma primária que serve de limite quantitativo máximo para a prolação da segunda.

Nos tribunais a questão restou pacificada para aplicar as duas formas de vedação de reforma da sentença, para piorar a situação do réu, quando inexistente impugnação do órgão da acusação. Isto é, se o recurso foi exclusivo da defesa, não pode haver *reformatio in pejus*, seja direta ou indireta, ainda que fundado o motivo da anulação do julgado na incompetência do juiz do primeiro julgamento[51]. Aliás, mesmo nos casos de júri, entendeu-se que "a soberania relativa do veredicto do conselho de sentença não enseja o agravamento da pena com base em novo julgamento pelo tribunal do júri em consequência de recurso exclusivo da defesa"[52].

---

50. Wikizionario. Prodromico. Disponível em: <http://it.wiktionary.org/wiki/prodromico>. Acesso em: 29/12/2019.
51. STJ – Sexta Turma – REsp 1602393/SP, Rel. Min. Sebastião Reis Júnior – DJe 24 ago. 2017.
52. STF – Segunda Turma - HC 165376 – Re. Min. Cármen Lúcia – publicado em: 26 jun. 2019

Do princípio da vedação da *reformatio in pejus* decorre a admissão do princípio da ***reformatio in mellius*** (reforma da sentença para melhorar a situação do acusado): são faces da mesma moeda que decorre do efeito devolutivo dos recursos. Aliás, existem dois sistemas, como anota Renato Brasileiro Lima, que podem ser adotados:

(1) o sistema da ***communio remedii*** (sistema do benefício comum), que consiste na regra de que o benefício que decorre da interposição de um recurso por uma das partes aproveita à parte contrária, findando por admitir, em tese, decisão que implique *reformatio in pejus* para aquele que recorreu[53]. Há dispositivo expresso no Código de Processo Penal prevendo também a comunhão de benefícios em face da impugnação de decisão por apenas um dos corréus. De fato, o seu art. 580 é explícito ao ditar que, no caso de concurso de agentes, a decisão do recurso interposto por um dos réus, se fundado em motivos que não sejam de caráter exclusivamente pessoal, aproveitará aos outros";

(2) o sistema da ***reformatio in pejus***, que é o sistema que veda a reforma para piorar a situação daquele que recorreu de forma exclusiva.

63. SENTENÇA ABSOLUTÓRIA

A sentença penal **absolutória** é a **regra**.

Conforme a sistemática do CPP, o juiz tem o dever de absolver. Nosso Código não tem tão dicção peremptória quando se reporta à condenação. A sentença **condenatória** é **supletiva**, subsidiária, secundária, apenas aplicável depois de afastadas as hipóteses que a legislação prescreve ao juiz o dever de absolver.

Essa conclusão é deduzida tanto da conformidade constitucional que eleva a **liberdade** a um patamar valorativo fundamental, quanto da redação do art. 386, do Código de Processo Penal, por meio da expressão "o juiz absolverá o réu", seguindo com o elenco de hipóteses.

Não há no CPP uma expressão correlata que, com o mesmo vigor, diga "o juiz condenará o réu", evidenciando o vetor hermenêutico que lhe que deve orientar. Vale dizer, somente diante do espancamento de qualquer dúvida sobre a presença de hipótese absolutória, é que o julgador partirá para o exame dos requisitos necessários à condenação. Ainda assim, não basta apenas a presença desses requisitos. É indispensável que, além de presentes, sejam suficientes a tanto.

A absolvição do acusado poderá ocorrer por diversos motivos. A indicação do motivo na sentença é importantíssima, pois ela demarca os efeitos que dela decorrem. A sentença absolutória é aquela que rejeita a pretensão punitiva estatal, isto é, julga improcedente o pedido condenatório. O Código de Processo Penal assinala que o juiz absolverá o réu, mencionando a causa na parte dispositiva, desde que reconheça:

(1) estar provada a **inexistência do fato**, isto é, quando demonstrada cabalmente não ter acontecido qualquer suporte naturalístico para a incidência normativa;

(2) não haver prova da existência do fato, ou seja, não há prova de elemento indicativo da ocorrência, mas não restou descartada totalmente a possibilidade de ter acontecido;

53. LIMA, Renato Brasileiro. *Curso de processo penal*: volume único. Niterói: Impetus, p.1652.

(3) não constituir o fato infração penal: hipótese de evidente **atipicidade** da descrição contida na petição inicial;

(4) estar provado que o réu não concorreu para a infração penal, vale dizer, quando se evidencia, irrefutavelmente, que o acusado não é autor da infração penal (provada a **negativa de autoria**);

(5) não existir prova de ter o réu concorrido para a infração penal: nessa hipótese, há dúvida sobre a autoria do delito porque inexistente prova da conduta imputada ao acusado;

(6) existirem circunstâncias que excluam o crime ou isentem o réu de pena: nesses casos, deve estar **provada excludente de antijuridicidade** ou **excludente de culpabilidade**;

(7) não existir prova suficiente para a condenação. De fato, mesmo depois de ultrapassadas todas as hipóteses absolutórias anteriores, ainda não está o juiz autorizado a prolatar sentença condenatória. Para condenar alguém, é indeclinável existir os requisitos necessários. Mas não apenas os necessários. É preciso existir prova suficiente para a condenação. Essa prova deve perpassar todos os elementos do conceito analítico de crime, evidenciando não somente o tipo objetivo, como também o subjetivo (conduta dolosa ou culposa).

Como decorrência da absolvição, o juiz:

(1) mandará, se for o caso, pôr o réu em liberdade. Nenhuma medida cautelar deve subsistir à absolvição, eis que esta descalça qualquer restrição prisional, patrimonial ou de outro direito do requisito *fumus comissi delicti*;

(2) ordenará a cessação das medidas cautelares e provisoriamente aplicadas, vale dizer, toda e qualquer medida cautelar diversa da prisão;

(3) aplicará medida de segurança, se cabível: para os casos de acusado inimputável, o nosso sistema reconhece uma "ação penal de prevenção penal", ou seja, temos um fato típico e antijurídico, mas o acusado não tem aptidão para receber pena. Falta-lhe culpabilidade ou consciência sobre o que estava fazendo (incapacidade de autodeterminação ou de compreender o caráter ilícito do fato). Na demanda penal, não se deve requerer condenação do imputado à pena, mas à medida de segurança.

Vejamos cada um dos motivos absolutórios.

Uma vez reconhecida, na sentença absolutória, a **inexistência do fato**, o acusado ficará livre de eventual ação civil de reparação de danos. Caso seja ajuizada, deve ser indeferida ou extinta sem resolução do mérito. A declaração judicial de que sequer ocorreu o fato deduzido na exordial, faz coisa julgada na esfera cível, não sendo possível a responsabilização do agente.

A mesma solução é dada para o caso de **negativa de autoria**, ou seja, quando ficar assentado na sentença que o réu não foi o autor do delito, fazendo também coisa julgada na esfera cível, impedindo que o suposto ofendido ou o Estado (para o caso de agente funcionário público) logre ser indenizado civilmente por meio de demanda reparatória.

Também incabíveis providências disciplinares nessas situações.

Quando a absolvição ocorrer em face de **insuficiência de provas** (não haver prova da existência do fato, não existir prova de ter o réu concorrido para a infração penal ou não existir prova suficiente para a condenação) ou de reconhecimento de atipicidade (não constituir o fato infração penal), o resultado no âmbito criminal não faz coisa julgada na esfera cível ou administrativa. Situação análoga haverá se for reconhecida a aplicação do princípio da insignificância. A insignificância, por outra ótica, nem sempre tem espaço para incidir, como se dá com os casos de contravenções ou crimes cometidos contra a mulher no âmbito das relações domésticas (Súmula 589, STJ) ou contra a administração pública (Súmula 599, STJ).

Vale lembrar que o juízo de certeza criminal, para fins condenatórios, é muito distinto dos critérios de julgamento de outras esferas do direito. Desse modo, em caso de se verificar que a decisão penal se lastreou em hipótese que se assimile, por exemplo, à insuficiência de provas ou à inexistência de provas, não fica o Estado ou o ofendido impedido de recorrer às vias cíveis.

É relevante perceber que a declaração judicial de que o fato não constitui infração penal, não afasta a possibilidade de que aquele subsista como ilícito civil ou administrativo, de sorte a autorizar ação indenizatória ou procedimento administrativo disciplinar. Há, no ponto, mera atipicidade, sem declaração de inexistência do fato que server de suporte à incidência de outras normas. Cabe avivar, o fato isoladamente, pode ser infração disciplinar, conquanto não seja delito.

Importante sublinhar que a aplicação da prisão disciplinar aos militares estaduais (polícias militares e corpos de bombeiros militares) foi proibida pela Lei nº 13.967/2019, que inseriu o inciso VII, ao art. 18, do Decreto-Lei nº 667/1969, estabelecendo a vedação de medida privativa e restritiva de liberdade. Pensamos que a vedação parcial aos militares é de duvidosa constitucionalidade. Isso porque a prisão disciplinar militar continua vigente aos militares federais.

Deveras, há, no ponto, tratamento anti-isonômico, haja vista ser igualmente "militar" o regime aplicado aos militares das Forças Armadas e aos militares estaduais, sob o ângulo disciplinar. Vemos como um avanço civilizatório pensarmos sobre a abolição das diferentes espécies de prisão do ser humano, porque consideramos irracional a restrição de sua liberdade. Porém, não enxergamos justificativa na distinção que não encampou os demais militares. Quanto à previsão da prisão por transgressão militar no art. 5º, inciso LXI, da Constituição, entendemos que se cuida de limites ao arbítrio do Estado (direito de primeira geração), para que não prenda além do autorizado pelo ordenamento jurídico. Nessa linha, não há dever de se manter eternamente a prisão no sistema, mormente se irracional for. Há, em verdade, limites para que o Estado não exceda o que a Constituição contornou.

64. EFEITOS DA SENTENÇA ABSOLUTÓRIA

A sentença absolutória poderá reconhecer circunstância que exclua o crime, ou seja, uma situação de excludente de criminalidade (justificante).

É o Código Penal que estabelece, em seu art. 23, que não haverá crime quando o agente praticar o fato:

(1) em estado de necessidade;

(2) em legítima defesa; e

(3) em estrito cumprimento do dever legal ou no exercício regular de direito.

A incidência da coisa julgada criminal no cível, obstando o trâmite de ação de indenização, dependerá não somente de qual hipótese se trata, porém de quem desencadeou a situação excludente.

Assim, o acusado absolvido não se sujeitará à condenação ação civil, em razão da aplicação da regra de que a coisa julgada criminal faz coisa julgada no âmbito cível.

Pode até ser movida a ação reparatória nessas hipóteses de **excludentes de ilicitude**, todavia o juiz deve extinguir a demanda cível, sem resolução do mérito, com base na preliminar de coisa julgada material:

(1) se, em legítima defesa, o ofendido tiver dado causa a situação excludente, iniciando agressão injusta. Sabemos que se entende em legítima defesa quem, usando moderadamente dos meios necessários, repele injusta agressão, atual ou iminente, a direito seu ou de outrem. A Lei nº 13.964/2019 deu um parágrafo único ao art. 25, do Código Penal, para dizer que também assim se considera o agente de segurança pública que repele agressão ou risco de agressão a vítima mantida refém durante a prática de crimes. Pensamos que o acréscimo desse enunciado foi desnecessário porque o que narra já estava acomodado no *caput* do aludido dispositivo;

(2) se, em estado necessidade, a vítima tiver provocado a situação de estado de necessidade;

(3) se, nas hipóteses de estrito cumprimento do dever legal ou de exercício regular de direito, o ofendido tiver sido o responsável pelas respectivas situações excludentes. O estrito cumprimento do dever legal é excludente relacionada com o exercício de atividade do poder público, enquanto o exercício regular de direito tem lugar para o espaço privado das relações sociais.

Outrossim, a vítima poderá ter direito a mover ação de indenização cível contra o agente absolvido, situação em que a ação civil não somente poderá ser ajuizada, como também deve ter tramitação regular se:

(1) o fato praticado em situação excludente de criminalidade tiver atingido terceiro inocente;

(2) o estado de necessidade, o estrito cumprimento de dever legal e o exercício regular de direito não tiverem sido desencadeados pela pessoa ofendida, mas por um terceiro.

Entrementes, se o contexto de excludente de criminalidade não tiver sido provocado pela vítima, mas por um terceiro, o agente absolvido, uma vez acionado pelo ofendido, poderá, seguidamente, intentar **ação regressiva** contra o terceiro que deu causa à situação.

A providência disciplinar, por parte do Estado contra o seu funcionário, poderá ter lugar, em qualquer caso, se presente infração disciplinar residual ou subjacente, pois a esfera administrativa é independente da criminal.

Coisa diversa é quando o réu resta absolvido com esteio em **excludente de culpabilidade (dirimentes)**, isto é, em situações que o **isentam de pena**, tais como:

(1) o erro inevitável sobre a ilicitude do fato (art. 21, CP);

(2) coação irresistível ou obediência hierárquica (art. 22, CP); e

(3) inimputabilidade por doença mental ou desenvolvimento mental incompleto ou retardado que implique na incapacidade de entendimento do fato ou de determinação de acordo com esse entendimento (art. 26, CP).

As hipóteses de isenção de pena, quando o juiz reconhece exclusão de culpabilidade por inimputabilidade, dão lugar ao que se tem por sentença absolutória imprópria, que tem conteúdo que reconhece a prática do fato e, ao final, não obstante contenha dispositivo absolutório, aplica medida de segurança, que, nada mais é que uma denominação eufemística para uma "pena" cominada a alguém com mitigação psíquica redutora de conhecimento e vontade.

A chamada "absolvição imprópria" é metafórica, disfarçando uma situação análoga ou pior que a "condenação". Pensamos que o tratamento dado à pessoa inimputável é desproporcional, por faltar critério limitador da imposição da medida de segurança. Ademais, percebemos que este instituto finda por sufragar conceitos como o da periculosidade, adequando-se a um modelo de direito penal inadequado à Constituição. Por outro lado, falta à sentença absolutória imprópria os requisitos para ser considerada título executivo judicial.

De tal maneira, não faz coisa julgada material para fins tornar certa a reparação do dano pela via da demanda executiva. Também não há lugar para fixação de valor mínimo do dano, eis que se cuida de disciplina da sentença penal condenatória, nem tampouco providências disciplinares. Os elementos de eventual ilícito cível ou administrativo devem ser objeto de providências autônomas, a exemplo do ajuizamento de ação reparatória de conhecimento.

Por derradeiro, as absolvições fundadas no chamado erro de direito (erro inevitável sobre a ilicitude do fato, do art. 21, CP), na coação irresistível ou obediência hierárquica (art. 22, CP), e na embriaguez completa proveniente de caso fortuito ou força maior (art. 28, § 1º, CP) não impedem que o acusado seja acionado civilmente e, ao final, tenha que indenizar. Os fatos reconhecidos judicialmente na esfera criminal são, de antemão, considerados como ocorridos no âmbito cível. Contudo, é preciso que o ofendido ajuíze ação de conhecimento para que obtenha um título executivo. No bojo desta demanda, poderão ser arguidas outras razões não debatidas na esfera criminal, objetivando afastar a responsabilidade civil.

65. SENTENÇA DECLARATÓRIA DE EXTINÇÃO DA PUNIBILIDADE

A sentença declaratória de extinção de punibilidade é uma decisão definitiva que encerra a relação processual, julga o mérito, mas não condena nem absolve[54]. Em outras palavras, essa sentença aprecia o mérito da demanda, porém não de forma exauriente. É denominada de terminativa de mérito ou de definitiva, eis "que se julga o mérito, se define o juízo, mas não se condena nem absolve o acusado"[55].

54. TOURINHO FILHO, Fernando da Costa. *Manual de processo penal*. 5. ed. São Paulo: Saraiva, 2003. p. 687.
55. MIRABETE, Julio Fabbrini. *Processo penal*. 14. ed. São Paulo: Atlas, 2003. p. 157.

As sentenças declaratórias de extinção de punibilidade podem advir em momentos variados, no curso do processo penal condenatório ou de execução. Se já houver sentença condenatória proferida, a declaração de extinção da punibilidade tem o condão de retirar a qualidade de título executivo daquela. Já quando a declaração da extinção da punibilidade em sede de execução penal, seja mesmo com base no dispositivo que autoriza o reconhecimento da prescrição da pretensão executória, não obsta a produção dos efeitos civis da sentença condenatória proferida anteriormente e transitada em julgado.

Diverso é o caso da sentença que reconhece a prescrição da pretensão punitiva. A decisão que reconhece, pura e simplesmente, a prescrição da ação, por si só, não produz qualquer efeito civil, afinal deságua na extinção da punibilidade (art. 107, IV, CP). Nem mesmo a prescrição penal tem a ver com a prescrição preconizada pela lei civil, havendo previsão de lapsos diferenciados.

A sentença que concede o perdão judicial é exemplo clássico de sentença extintiva de punibilidade. A Súmula nº 18, do STJ, dispõe nesse sentido. Ainda que tenha parte dispositiva com condenação penal, o parágrafo dessa decisão que declara o perdão judicial remove de todo efeito a sentença penal, inclusive para fins de reincidência (art. 120, CP).

Mais um exemplo de sentença extintiva de punibilidade é a hipótese de ***abolitio criminis***, a exemplo do que assentou o STJ na sua Súmula 513, que averba que a *abolitio criminis* temporária prevista na Lei nº 10.826/2003 aplica-se ao crime de posse de arma de fogo de uso permitido com numeração, marca ou qualquer outro sinal de identificação raspado, suprimido ou adulterado, praticado somente até 23/10/2005. A Súmula refere caso de prorrogação de incidência de norma penal incriminadora, conforme determinou o art. 3º, da Lei 11.118/2005.

Um último exemplo de possível sentença de extinção de punibilidade é a hipótese fundada na Lei de Repatriação de Valores (Lei nº 13.254/2016), desde que observados os parâmetros para inclusão da pessoa imputada no Regime Especial de Regularização Cambial e Tributária (RERCT), consoante os ditames do art. 4º, e parágrafos, daquele novel diploma legal. É necessário, em outros termos, que tenha sido entregue, pelo indiciado ou acusado, declaração dos recursos, bens e direitos sujeitos à regularização e ao pagamento de imposto, assim como que o cumprimento dessas condições ocorra antes do trânsito em julgado da decisão criminal condenatória. Trata-se de causa de extinção de punibilidade de natureza temporal, aplicável a crimes como de lavagem de dinheiro, evasão de divisas, falsidade documental e sonegação fiscal e previdenciária.

66. PUBLICIDADE E COMUNICAÇÃO PROCESSUAL DA SENTENÇA

Publicação e intimação da sentença são atos distintos.

A publicação da sentença é ato que a torna existente juridicamente, consistente na sua inserção no sistema processual, delimitando o termo a partir do qual se considera apta à produção de efeitos jurídicos.

A intimação, por outro lado, é formalidade que deve se seguir à publicação.

Podem ocorrer simultaneamente, publicação e intimação, como se dá com a sua prolação em audiência, em processo por crime de ação penal privada, que não exija formalidade especial para que o ato de comunicação processual se torne perfeito.

67. PUBLICAÇÃO DA SENTENÇA

O Código de Processo Penal, em seu art. 389, preconiza que a sentença será "publicada em mão do escrivão". Vale dizer, a prolação da sentença e entrega ao setor que deve juntá-la aos autos é suficiente para se considerar ordenada, pelo juiz, a sua publicação. O perfazimento desse ato, no entanto, ocorrerá com a lavratura do respectivo termo. É o escrivão ou o diretor de secretaria (ou servidor com atribuição prevista normativamente) que deverá assim proceder e registrá-la em livro especialmente destinado para aquela finalidade.

Guilherme Nucci conceitua publicação como uma forma legal que transforma o ato individual do juiz, ainda desprovido de valor jurídico, em ato jurídico processual. Com a publicação, a sentença se torna, *de jure*, do conhecimento geral. Nas palavras do autor, "nos autos será lavrado um termo, bem como há, em todo ofício, um livro específico para seu registro. Normalmente, é composto pelas cópias das decisões proferidas pelos juízes em exercício na Vara, com termo de abertura e encerramento feito pelo magistrado encarregado da corregedoria do cartório"[56].

A publicação da sentença pode ocorrer de várias formas, a depender do procedimento seguido em juízo. Se sua prolação ocorrer no bojo do próprio termo de audiência, restará dispensada a certidão ou a lavratura de outro termo, eis que já consignada sua emissão, pelo juiz, naquele ato processual. Nos procedimentos dos juizados especiais criminais, comum sumário e do júri, as sentenças são publicadas no ato da audiência ou sessão. No rito do júri, aliás, tem-se por publicada a sentença no instante em que o juiz realiza a sua leitura em plenário, ao final da sessão de julgamento[57]. A decisão de pronúncia, que encerra a primeira fase do júri, também é ato passível de publicação em audiência.

Nos termos da Lei nº 11.419/2008 (que dispõe sobre a informatização do processo judicial), a publicação poderá ser feita através de meio digital. Neste caso, a publicação eletrônica substituirá qualquer outro meio e publicação oficial, exceto quando a lei exija intimação pessoal. Entretanto, uma vez feita a publicação digital, será considerada como data da publicação o primeiro dia útil seguinte ao da disponibilização da informação no Diário de Justiça eletrônico e os prazos processuais se iniciarão no primeiro dia útil seguinte àquele considerado para efeitos de publicação (art. 4º, § 3º).

Vale ressaltar que o STJ entendeu que "havendo dúvida resultante da omissão cartorária em certificar a data de recebimento da sentença conforme o art. 389 do CPP, não se pode presumir a data de publicação com o mero lançamento de movimentação dos autos na internet, a fim de se verificar a ocorrência de prescrição da pretensão punitiva"[58].

A publicação é ato de grande importância, tendo como efeito, a título de exemplo, a interrupção da prescrição quando da hipótese da sentença condenatória recorrível, consoante alteração trazida pela Lei nº 11.596/2007, que modificou a redação do art. 117, IV do Código Penal. Ademais, após a publicação a sentença se torna imutável para aquele juízo, salvo se forem acolhidos embargos de declaração (art. 382, CPP) ou em caso de erro de material, quando a alteração poderá ser feita ***ex officio*** (caso o juiz indique o nome réu de

56. NUCCI, Guilherme de Souza. *Manual de Processo Penal e Execução Penal*. 6. Ed. São Paulo: RT, 2010. p.673.
57. AVENA, Norberto. *Processo penal esquematizado*. 3. ed. São Paulo: Método, 2011. p.1064.
58. STJ – Sexta Turma – HC 408.736/ES – Rel. Min. Maria Thereza de Assis Moura – j. 06/02/2018.

forma equivocada, por exemplo, poderá fazer a correção). Também pode haver modificação posterior da decisão de pronúncia, notadamente quando surgir fato superveniente a ela, ainda que preclusa, a teor do art. 421, § 1º, do CPP.

68. INTIMAÇÃO DA SENTENÇA

Uma vez feita a publicação, seguir-se-á a intimação da sentença, ponto em que o Código de Processo Penal foi expresso, destacando sua importância para a efetivação das garantias fundamentais ao contraditório e à ampla defesa, com os meios e recursos a ela inerentes. A mitigação a essas regras macula o texto constitucional.

O art. 391, do CPP, regula a intimação da parte autora nas ações privadas.

O art. 392, de outro lado, dispõe sobre as intimações da sentença, em geral.

Além dessas disposições, convém atentar para a disciplina de intimação pessoal dos defensores públicos (art. 128, I, da Lei Complementar nº 80/1994), dos dativos (§ 5º, do art. 5º, da Lei nº 1.060/1950) e dos membros do Ministério Público (art. 41, IV, da Lei nº 8.625/1993).

69. INTIMAÇÃO DA PARTE AUTORA NAS AÇÕES PENAIS PRIVADAS

O artigo 391, do CPP, preconiza que o querelante ou o assistente deve ser intimado da sentença, pessoalmente ou na pessoa de seu advogado. A forma é alternativa. Como se trata de parte acusadora, o legislador se satisfaz com a intimação de um ou de outro, não sendo necessária a de ambos, como se dá quando se trata do acusado. Ademais, o querelante não tem a prerrogativa de postular de forma leiga (sem advogado), nos autos, diversamente do querelado ou réu, que tem esse poder na primeira instância.

A parte final do art. 391, do Código, estabelece que se nem o querelante ou o seu advogado for encontrado no lugar da sede do juízo, deve ser efetivada a intimação por edital. O prazo de dilação do edital é de dez dias, devendo ser aposto no lugar de costume.

Se o querelante estiver representado por defensor público ou por defensor dativo, a intimação destes deve ser realizada pessoalmente (sendo o defensor público intimado com a entrega dos autos, quando esta for necessária), independentemente de ter sido encontrado e intimado o autor da ação privada.

70. INTIMAÇÃO DO MINISTÉRIO PÚBLICO, DO DEFENSOR PÚBLICO E DO DEFENSOR DATIVO

Como é cediço, o Ministério Público é de ser intimado pessoalmente, mediante a entrega dos autos, devendo se destacar, na esteira da jurisprudência mais recente do STF, que o *Parquet* será considerado intimado pessoalmente com a entrega dos autos na repartição do respectivo órgão, mediante protocolo. A Defensoria Pública também é intimada pessoalmente, porém a entrega dos autos (carga) só ocorre quando necessária. A sua vez, o advogado dativo é intimado pessoalmente, por mandado (sem carga dos autos).

71. FORMAS DE INTIMAÇÃO DA SENTENÇA

Como regra geral, o art. 392, do Código de Processo Penal, é aplicável às intimações das sentenças condenatórias, absolutórias (própria, imprópria ou sumária) e extintivas de punibilidade. É cabível invocar a incidência do artigo para outras decisões que tenham qualidade equivalente à absolvição ou à extinção de punibilidade, toda vez que se verificar o direito do sucumbente de ter em seu favor oportunizada a interposição de recursos. Como exemplos, podem ser citadas a sentença que homologa suspensão condicional do processo (art. 89, Lei nº 9.099/1995) e a que homologa termo de colaboração premiada (Lei nº 12.850/2013).

O art. 392, do CPP, procura assegurar a intimação pessoal do acusado, além da do seu defensor constituído. Esse dispositivo tem redação original, ou seja, de 1941, sem ter sido afetado pelas reformas processuais penais. De tal modo, o texto precisa de leitura constitucional para ser aplicável também ao réu, de forma pessoal, ainda que esteja representado por defensor dativo, para que se atenda aos princípios da **ampla defesa** e do **contraditório**. À época, não havia defensoria pública, razão pela qual deve ser aplicada a mesma disposição.

Nos termos do mencionado dispositivo, a intimação da sentença deve ser feita:

(1) ao acusado, pessoalmente, se estiver preso. Naturalmente, não se dispensa a intimação do advogado ou do defensor. Cuida-se de uma garantia apta a viabilizar a interposição de recursos pelo réu, ainda que haja discordância de seu causídico. Para se dar interpretação conforme a Constituição, também o acusado solto há de ser intimado da sentença pessoalmente, afinal, ele tem o poder de recorrer, inclusive discordando da defesa técnica;

(2) ao réu pessoalmente, ou ao defensor por ele constituído, quando se livrar solto, ou, sendo afiançável a infração, tiver prestado fiança. Malgrado a limitação do texto (dando a entender pela dispensabilidade da intimação do réu solto, quando intimado seu advogado), a interpretação desse dispositivo deve ser realizada conforme a Constituição, como avivamos acima. Com efeito, a CF/1988 assegura o contraditório e a ampla defesa, com os meios e recursos a ela inerentes. Tal significa dizer que, se o réu sair sucumbente, ainda que estando em liberdade, deve-lhe ser garantido o direito de recorrer, ainda que contra o desejo do seu advogado ou de defensor. O direito de postular leigamente em primeira instância não conduz a outra conclusão senão a de exigir a intimação do réu, pessoalmente, toda vez que a sentença lhe for desfavorável, sem prejuízo de também ser necessária a intimação do defensor ou advogado;

(3) ao defensor constituído pelo réu, se este, afiançável, ou não, a infração, expedido o mandado de prisão, não tiver sido encontrado, e assim o certificar o oficial de justiça. Não sendo encontrado o réu, a intimação do advogado não dispensa a intimação daquele por edital, caso se trate de sentença condenatória;

(4) por edital, nas hipóteses em que o acusado se livrar solto ou tiver prestado fiança, o réu e o defensor que houver constituído não forem encontrados, e assim o certificar o oficial de justiça. Na hipótese, a intimação do advogado (constituído) ocorre pela imprensa, enquanto a do defensor público ou dativo, de forma pessoal. Pode ser necessária a intimação pessoal do advogado, mormente onde não existir ou não for acessível imprensa oficial. De todo modo, é indispensável a intimação de um defensor, ainda que seja preciso substituir o originário, em face da obrigatoriedade da defesa técnica;

(5) mediante edital, havendo contra o acusado mandado de prisão em infração afiançável ou não, o defensor que o réu houver constituído também não for encontrado, e assim

o certificar o oficial de justiça. Nesse caso, resolve-se também com a substituição do advogado constituído por defensor público ou dativo. Tratando-se de sentença condenatória, é indeclinável a intimação do réu para que possa exercer, querendo, seu direito de recorrer (defesa ampla). Não respeitada a disposição, a sentença condenatória não será apta a passar em julgado de maneira perfeita;

(6) por edital, se o réu, não tendo constituído defensor, não for encontrado e assim o certificar o oficial de justiça. Além do edital, é indeclinável a nomeação de defensor dativo ou a intimação de defensor público, eis que a defesa técnica não é facultativa.

72. FORMAS DE INTIMAÇÃO DA DECISÃO DE PRONÚNCIA

A intimação da pronúncia é regida por disciplina própria, a teor do art. 420, do Código. A redação desse dispositivo é decorrente da reforma processual penal dada pela Lei nº 11.689/2008. Nada obstante tratar-se de enunciado posterior à Constituição de 1988, também merece análise e interpretação conforme o aludido texto legal.

Dispõe o art. 420, do CPP, que a intimação da pronúncia deve ser feita:

(1) pessoalmente ao acusado, ao defensor nomeado e ao Ministério Público (com vista e carga dos autos). Mesmo raciocínio se aplica às intimações dos defensores públicos, cuja entrega dos autos deve ocorrer quando necessária. Note-se que a regra, corretamente, não distingue réu preso de réu solto, assegurando o direito a recorrer de forma ampla;

(2) ao defensor constituído, ao querelante e ao assistente do Ministério Público, conforme o preconizado pelo § 1º, do art. 370, do Código de Processo Penal. Nos termos deste parágrafo, a intimação do defensor constituído, do advogado do querelante e do assistente deverá ser feita mediante publicação através do órgão com atribuição para dar publicidade aos atos judiciais da comarca. É indispensável que tal intimação via impressa faça constar o nome do acusado. Ausente essa providência, haverá nulidade absoluta do ato de comunicação processual (hipótese de nulidade cominada e que exige o saneamento do vício, isto é, supressão de efeitos do ato viciado e refazimento da intimação).

O parágrafo único, do art. 420, do Código de Processo Penal, reza que o acusado solto que não for encontrado deve ser intimado por edital. Essa redação, como se disse, é fruto de inclusão pela Lei nº 11.689/2008. Infere-se, portanto, que a intimação da decisão de pronúncia é regida de forma específica. Se o acusado estiver solto e não for encontrado, sua intimação deve ser feita por edital. Essa hipótese é diferente do acusado solto que estiver se ocultando, quando a sua intimação será realizada com hora certa (art. 362, *caput*, CPP). A intimação por edital só deve ter lugar depois de exauridas as formas de intimação pessoal e com hora certa.

Sob outra vertente, há controvérsia sobre se o dispositivo aqui comentado é somente norma processual, com aplicação imediata (art. 2º, CPP), ou se tem também conteúdo material, prejudicial ao direito do imputado, haja vista que possibilita, a partir de sua vigência, o julgamento do acusado, sem a sua presença.

Note-se que, antes do advento da modificação legislativa, se o réu não fosse intimado da pronúncia ou não se fizesse presente ao julgamento nos casos em que isso lhe era exigível, era inaugurada "crise de instância" e o processo restaria suspenso, embora corresse normalmente a prescrição, até que fosse ele encontrado e intimado. A regra anterior era, de fato, mais favorável e repercutia no *jus puniendi*.

A hipótese é, portanto, um problema de direito intertemporal. Pensamos que a atual redação do parágrafo único do art. 420 do Código de Processo Penal só deve ser aplicada aos fatos havidos após sua vigência, diante do nítido conteúdo material (além do processual) de seu teor. A aplicação aos casos pretéritos implica a condução de um procedimento que amplia os contornos do direito de punir do Estado, eis que pela dicção daquele texto legal é possível o julgamento do acusado pelo júri, independentemente de sua intimação pessoal.

Rômulo Andrade Moreira, comentando o Enunciado nº 03, do Ministério Público da Bahia, defende essa posição. Para o autor, houve equívoco na edição daquele entendimento ministerial, haja vista que considerou que "o art. 420 do Código de Processo Penal, com redação determinada pela Lei nº 11.689/2008, detém natureza processual e deve ser aplicado de imediato, inclusive aos processos em curso, mesmo que tenham por objeto crimes pretéritos". Concordamos integralmente com as conclusões do processualista. Afinal, há nítida semelhança com as razões que fizeram doutrina e jurisprudência também concluir pela natureza material e processual do art. 366, do CPP, mormente no aspecto de que a incidência para os casos passados representa retroatividade *in pejus*.[59]

O STJ, todavia, firmou precedentes no sentido de que o supradito parágrafo único, do art. 420, do Código de Processo Penal, com redação conferida pela Lei nº 11.689/2008, tem natureza processual. No entanto, essa Corte Superior fez uma conjugação daquele dispositivo com os casos ocorridos anteriormente à Lei nº 9.271/1996, quando o réu tiver sido citado por edital. Em outros termos, se o réu tiver sido citado pessoalmente relativamente a acusação por fato praticado antes da Lei nº 9.271/1996, a intimação da pronúncia por edital não lhe trará prejuízo, eis que realmente ciente da imputação inicial. Porém, se tiver ocorrido sua citação por edital, com o seguimento do curso do processo por fato anterior aquele diploma legal de 1996, não deve ser aplicado o novel parágrafo único, do art. 420, do CPP, sendo vedado o julgamento à revelia do acusado por crime doloso contra a vida inafiançável à época[60].

Como se depreende, o julgado do STJ findou por criar, sem fundamento no art. 2º, do CPP (analogia), procedimento eclético, fundado no composto em torno do momento de incidência das Leis nº 9.271/1996 e nº 11.689/2008, sem permissivo legislativo e sem observar, quanto à última, o princípio da vedação da retroatividade de lei penal em desfavor do réu. Veja-se que, de um lado, afirmou a só natureza processual do parágrafo único, do art. 420, do CPP, e, de outro, considerou que poderia prejudicar réus citados por edital relativamente a casos anteriores à Lei nº 9.271/1996, que modificou o art. 366, do CPP.

73. PRAZO DE DILAÇÃO DOS EDITAIS DE INTIMAÇÃO DA SENTENÇA

O prazo de dilação constante dos editais de intimação da sentença, acima referidos, será de noventa dias, se tiver sido imposta pena privativa de liberdade por tempo igual ou

59. MOREIRA, Rômulo Andrade. Os enunciados do CONCRIM – Conselho de procuradores e promotores de justiça com atuação na área criminal. *Direitos Unifacs*, nº 180, Salvador, jun. 2015. Disponível em: <http://www.revistas.unifacs.br/index.php/redu/article/viewFile/3682/2591>. Acesso em: 11 nov. 2015.

60. STJ – HC 357.696/RO – Rel. Min. Nefi Cordeiro – DJe 15 ago. 2016.

superior a um ano, e de sessenta dias, nos outros casos (§ 1º, art. 392, CPP). O acusado e o seu defensor são considerados intimados no dia útil subsequente à expiração do prazo de dilação editalícia. Nesse sentido, o § 2º, do art. 392, CPP, verbera que o prazo para apelação correrá após o término do fixado no edital, salvo se, no curso deste, for feita a intimação por qualquer das outras formas estabelecidas naquele dispositivo. Frise-se que o edital não precisa conter o inteiro teor da decisão, devendo contar, de forma breve e precisa, com os elementos essenciais ao entendimento do *decisum*, como identificação do réu e a parte dispositiva da sentença[61].

74. INTIMAÇÃO DO OFENDIDO

É obrigatória a comunicação ao ofendido quanto à sentença ou acórdão proferido, no intuito de viabilizar a sua ciência acerca da manutenção ou modificação da decisão de prisão do acusado, consoante preceituado pelo art. 201, § 2º, do CPP. Trata-se de medida legislativa direcionada à proteção e à inserção da vítima no processo penal.

Nessa tendência, a intimação da vítima se tornou obrigatória, inclusive, da sentença de homologação de acordo de não persecução penal, bem como a respeito de seu não cumprimento, na forma do § 9º, do art. 28-A, do CPP, inserido pela Lei nº 13.964/2019. No âmbito do procedimento de arquivamento de inquérito policial ou de outras peças de informação pelos órgãos do Ministério Público, a vítima deverá ser comunicada para, querendo, impugnar, a teor da atual redação do art. 28, *caput*, do CPP. Vale frisar que essa comunicação ministerial tem natureza distinta das intimações judiciais, embora haja em comum o fato de ambas se classificam como comunicação jurídica em sentido amplo.

Não é impossível que a intimação do ofendido se dê de maneira eletrônica, desde que haja prévio cadastro no Poder Judiciário. Nesses casos, a intimação dispensará publicação no órgão oficial (inclusive eletrônico), sendo considerada feita no dia em que for efetivada a consulta ao teor da intimação.

De modo a evitar manobras procrastinatórias, a intimação será considerada realizada, caso transcorridos dez dias da data do envio da intimação sem que haja consulta ao seu teor (art. 5º, § 3º da Lei nº 11.419/2008). Noutra quadra, nos casos urgentes em que a intimação eletrônica possa causar prejuízo ou em que evidenciada tentativa de burla ao sistema, o juiz poderá determinar a realização do ato por outro meio, para que seja atingida sua finalidade.

75. INTIMAÇÃO DA SENTENÇA POR CARTA PRECATÓRIA

Se a intimação, do acusado ou do ofendido, ocorrer por carta precatória ou de ordem, considera-se efetuado esse ato de comunicação processual com a efetiva intimação no juízo deprecado e não com a juntada da carta aos autos, como reza a Súmula nº 710 do STF.

76. COISA JULGADA E PRECLUSÃO

Coisa julgada e preclusão se distinguem.

---

61. MIRABETE, Julio Fabbrini. *Código de processo penal interpretado*. 11. ed. São Paulo: Atlas, 2006. p.1039.

Enquanto a preclusão é técnica que impede que o processo retorne a estágios já exauridos, recaindo sobre atos processuais que não se amoldam a julgamento do mérito do caso penal de forma plena, a coisa julgada, em sentido estrito, é caráter que pode revestir um julgamento final. A ocorrência de uma ou de outra depende do advento de fatos ou omissões processuais.

77. NATUREZA JURÍDICA DA COISA JULGADA

Coisa julgada, a rigor, ocorre para situações onde há sentença propriamente dita, com julgamento da pretensão punitiva em seu mérito. A coisa julgada se agrega à parte dispositiva de um julgado, tornando-o imutável. É fenômeno que se dá com o decurso do prazo recursal "em branco" (***in albis***), sem que as partes interponham o recurso cabível, ou, em tendo havido recurso, após a apreciação definitiva deste.

Distinguindo as consequências jurídicas da sentença de seu caráter de perenidade, Eugênio Pacelli pontua que coisa julgada não é propriamente um efeito, porém uma qualidade da sentença que não desafia mais recurso. Nas palavras do autor, a ***res judicata*** "é a imutabilidade da sentença, de modo a impedir a reabertura de novas indagações acerca da matéria nela contida"[62]. Decerto, a coisa julgada não é emanada da sentença, como acontece com os efeitos que estudamos linhas atrás. A coisa julgada confere à sentença uma distinção, imunizando-a contra modificações futuras. Daí ser uma qualidade.

78. ESPÉCIES DE PRECLUSÃO

A preclusão se dá de diferentes maneiras, especialmente sobre as decisões ou sentenças que encerram uma fase processual, mas que não têm a força de coisa julgada, notadamente porque seu conteúdo não afeta o mérito propriamente dito da demanda penal (sem aplicação de pena).

Com a preclusão, permanece possível, excepcionalmente, se verificada circunstância superveniente, rediscussão da matéria, com reapreciação pelo juiz. Dessa maneira, se em alguns casos pode-se dizer que a decisão de pronúncia passa em julgado, não menos exata é a assertiva de que circunstância superveniente evidencia que a pronúncia apenas se sujeita à preclusão. No ponto, há apenas aparência de coisa julgada ou coisa julgada fraca, sem a força da coisa julgada qualifica uma sentença absolutória ou condenatória. Como exemplo, referente à incidência do § 1º, do art. 421, do CPP, temos a morte da vítima de homicídio tentado que acontece posteriormente à pronúncia do réu, porém antes do seu julgamento pelo júri, modificando a infração penal homicídio consumado em decorrência da ação do agente. Nesse caso, o Ministério Público deve ser intimado e promoverá o aditamento da petição inicial, se cabível, com a renovação do procedimento contraditório para, ao final, ser retificada a pronúncia.

Sob enfoque mais específico, a preclusão se classifica em mais de uma espécie. A preclusão pode ser temporal, lógica, consumativa e ***pro judicato***[63]. A coisa julgada formal é

62. OLIVEIRA, Eugênio Pacelli de. *Curso de processo penal*. 2. ed. Belo Horizonte: Del Rey, 2003. p.590.
63. ALENCAR, Rosmar Rodrigues . *Preclusão da decisão desclassificatória no rito do júri*: (im)possibilidade de arguição de conflito de competência. Porto Alegre: Sergio Antonio Fabris, 2006. p.34.

também denominada de preclusão (temporal) máxima[64]. No direito romano, tinha-se por coisa julgada a expressão de exigência de certeza e segurança no gozo dos bens da vida[65], ***uma res in judicium deducta***, depois de ***iudicata***: apenas passava em julgado a ***sententia*** (sentença final), não as ***interlocutiones*** (decisões interlocutórias)[66].

A preclusão pode ser classificada também como **exaustiva**, descrita por Paulo Roberto de Oliveira Lima como a que ocorre toda vez que se esgotam as possibilidades reservadas à parte para debater o *thema probandum*. Vale dizer "é a hipótese da parte que, vencida em um incidente processual, recorre, agravando para o segundo grau de jurisdição, ali também amargando insucesso. Novamente irresignada, a parte intenta outros recursos, até o Especial e o Extraordinário". Depois de exauridas as possibilidades, com novos revezes, "dia há de chegar em que a parte não mais disporá de recursos para interpor, visto haver esgotado todos aqueles elencados na legislação processual. Nestas circunstâncias fica a parte inibida de insistir no tema. Tem-se então a preclusão exaustiva"[67].

79. COISA JULGADA CRIMINAL E REVISÃO CRIMINAL *FAVOR REI*

A coisa julgada tanto pode recair sobre a sentença condenatória quanto sobre a absolutória, própria ou imprópria (que aplica medida de segurança). Enquanto a sentença condenatória está sujeita à revisão criminal, de forma indefinida no tempo, a sentença absolutória (própria) passada em julgado não pode ser objeto de revisão criminal (**coisa soberanamente julgada**). O mesmo se diga em relação às decisões que extinguem a punibilidade.

Em outros termos, a revisão criminal pode ser ajuizada somente em favor do réu.

Tem-se reconhecido, inclusive, que o Ministério Público pode promovê-la, conquanto não o preveja o art. 623, CPP. Também não há disposição legal autorizando revisão criminal contra sentença ou acórdão de absolvição imprópria. No entanto, essas decisões, que aplicam medida de segurança, têm sido objeto de revisão criminal. Afinal, para dar tratamento isonômico ao réu inimputável que sofreu limitação de liberdade por meio de medida de segurança, cabível a interpretação analógica para admitir que a absolvição imprópria seja revisível criminalmente.

Questão interessante ocorre com a declaração de extinção da punibilidade pautada em atestado de óbito falso. Segundo o STF, o ato é inexistente juridicamente, cabendo ao juiz retomar o processo de onde parou, decidindo a causa[68]. A justificativa para tal conclusão é a ausência do suporte de fato necessário para fazer incidir a disposição legal que determina a prolação de decisão extintiva de punibilidade (art. 107, CP, e art. 61, CPP). Não acontecendo a morte de fato, fica impedido o ingresso da sentença extintiva no sistema jurídico. Não somos partidários de tal entendimento. Transitada em julgado a decisão, a matéria não

---

64. SILVA, Ovídio Araújo Baptista da. *Curso de processo civil*. 5. ed. São Paulo: RT, 2000. v.1. p.484.
65. ALVIM, José Eduardo Carreira. *Teoria Geral do Processo*. 8. ed. Rio de Janeiro: Forense, 2002. p.313-314.
66. ALENCAR, Rosmar Rodrigues. *Preclusão da decisão desclassificatória no rito do júri*: (im)possibilidade de arguição de conflito de competência. Porto Alegre: Sergio Antonio Fabris, 2006. p.34.
67. LIMA, Paulo Roberto de Oliveira. *Contribuição à teoria da coisa julgada*. São Paulo: RT, 1997. p.44-45.
68. STF: RTJ 93/986.

mais poderia ser revista (soberania da coisa julgada *pro reo*), restando a responsabilização criminal daqueles que concorreram para a falsificação documental.

De todo modo, não há revisão criminal de sentença absolutória ou condenatória transitada em julgado quando ajuizada *pro societate*, dentro da sistemática do Código de Processo Penal. A revisão criminal tem o fito de só beneficiar a defesa e, dessa maneira, mitiga parcialmente a qualidade da coisa julgada de sentença penal condenatória, já que poderá ser requerida em qualquer tempo, antes da extinção da pena ou após (art. 622, CPP). Destarte, a coisa julgada em matéria penal reveste a sentença de uma qualidade que firma o limite além do qual é vedada a intervenção punitiva estatal: é uma espécie de teto, não podendo a situação do acusado ser agravada em decisão criminal superveniente, com a maximização do princípio da vedação da *reformatio in pejus*.

80. COISA JULGADA CRIMINAL E O PRINCÍPIO DA CORRELAÇÃO ENTRE *CAUSA PETENDI* E SENTENÇA

Sobre a **correlação** entre petição inicial e sentença, também conhecida como **princípio da relatividade** (ou da congruência, para parte da doutrina), necessária uma digressão, considerando as especificidades da ação penal condenatória e da sentença que a julga procedente, ao menos parcialmente.

Se no direito processual civil, a sentença deve ser pronunciada nos limites do pedido, no direito processual penal, não é bem isso que acontece. O pedido condenatório é satisfeito de forma um tanto genérica. Pede-se a condenação do denunciado ou do querelado como incurso em um tipo penal apontado na peça acusatória. O juiz não fica adstrito à classificação dada à infração penal. Sobre essa afirmação, há posicionamentos que apontam ser também relevante a tipificação apontada pelo Ministério Público, a fim de viabilizar contraditória e amplitude de defesa.

Essas idiossincrasias tornam o pedido condenatório um fator não determinante relativamente à sentença, embora seja muito importante. Isto é, a sentença, seja em sua parte fundamentadora, seja em sua parte conclusiva (dispositivo), é alicerçada na causa de pedir. Em outras palavras, no processo penal, a correlação se dá, a rigor, entre a causa de pedir e a sentença.

Na denúncia ou na queixa, narra-se um fato típico, antijurídico, culpável e, decerto, punível. Entrementes, a infração penal é um todo unitário, cujo cerne para a definição dos limites objetivos da coisa julgada é o fato nuclear criminoso. Com esse entendimento, eventuais detalhes da infração penal, circunstâncias ou formas da atuação do agente são periféricas para a identificação da coisa julgada e de seus limites.

Na prática, impede-se a propositura de uma segunda ação penal, em violação ao princípio ***ne bis in idem***, com o uso do artifício de alterar algum dado para sustentar a não identidade de demandas. Esse pensamento está de acordo com a **teoria da individualização da causa de pedir**, aplicável à ação penal condenatória, por autorizar uma força maior à coisa julgada que resulta de seu julgamento. Mais relevante para a constatação da identidade de demandas penais é o fundamento jurídico que incide em virtude da narrativa de prática de uma infração penal, como um todo indiviso, incindível. Prestigia-se, com isso, o postulado de que ninguém pode responder criminalmente duas vezes, pelo mesmo fato natural.

Para nós, haverá identidade de demandas se o fato nuclear já foi julgado, malgrado decisões no âmbito do STF e do STJ sustentando a possibilidade do mesmo réu responder duas vezes pelo mesmo fato, a primeira na qualidade de autor (executor material do homicídio) e a segunda na condição de partícipe (mentor intelectual do crime), ou vice-versa. Outro exemplo se relaciona ao fato de ser o réu absolvido sumariamente no primeiro processo por sonegação fiscal em virtude da ausência de constituição definitiva do crédito tributário e, em um segundo momento, ser novamente processado, pelo mesmo fato, com a distinção de ter sido constituído definitivamente aquele crédito. O fato nuclear, observe-se, é idêntico. Desse modo, entendemos que essas soluções esbarram no princípio de que ninguém deve ser processado duas vezes pelo mesmo fato, ainda que diferente alguma circunstância, de natureza periférica[69].

81. QUADRO SINÓTICO

CAPÍTULO XIX - SENTENÇA		
SENTENÇA		
Introdução	O CPP não é sistemático, especialmente quando regula a sentença (artigos 381 a 392, CPP). No direito processual civil clássico, era comum se definir sentença de acordo com sua qualidade de pôr fim ao processo, diferenciando-a dos demais atos do juiz. No direito processual penal, portanto, há sentenças penais que encerram o processo, tomado esta palavra no sentido de autos em trâmite na instância inicial. De outro lado existem outras sentenças que não o encerram totalmente enquanto autos físicos ou virtuais. Essas definem o direito em relação a um dos pedidos cumulados ou em face de um dos acusados que se situam, lado a lado, em litisconsórcio passivo. Não é plausível assimilar a noção de sentença tão somente ao ato de encerramento do processo, por encobrir que o que a caracteriza é o seu conteúdo declarativo do direito deduzido em juízo.	**1**
Atos processuais e provimentos	São considerados **provimentos** os despachos de mero expediente, as decisões interlocutórias e as decisões definitivas. Já os **atos reais**, também chamados de atos materiais são exaurimentos dos provimentos e modificam a realidade naturalística.	**2 e 3**
Despacho de mero expediente	São provimentos tendentes a impulsionar o processo, caracterizando-se pelo baixo ou irrelevante teor decisório e pela irrecorribilidade.	**4**
Decisões interlocutórias	São provimentos que consubstanciam "soluções dadas pelo juiz, acerca de qualquer questão controversa, envolvendo a contraposição de interesses das partes, podendo ou não colocar fim ao processo". **Simples:** dirimem questões emergentes relativas à regularidade ou marcha do processo, exigindo um pronunciamento decisório sem penetrar no mérito da causa. **Mistas:** também chamadas de decisões com força de definitivas, encerram: (a) uma etapa do procedimento – interlocutórias mistas não terminativas – ou (b) a própria relação processual, sem a resolução do mérito da causa – mistas terminativas.	**5 a 7**

69. Ver, por todos: (STJ – Quinta Turma – RHC 83.753/SP – Rel. Min. Reynaldo Soares da Fonseca – DJe 15 jun. 2018).

CAPÍTULO XIX – SENTENÇA		
DECISÕES DEFINITIVAS, MATERIAIS OU SENTENÇAS EM SENTIDO PRÓPRIO		
Julgam o mérito da causa, a exemplo das sentenças de condenação ou de absolvição. Existe sentença definitiva que julga o mérito de maneira superficial, sem examinar a imputação feita ao réu, como ocorre quando se extingue a punibilidade do agente pela prescrição.		**8**
DECISÕES TERMINATIVAS, FORMAIS OU SENTENÇAS EM SENTIDO IMPRÓPRIO		
Encerra uma porção do processo, mas sem que lhe resolva o mérito.		**9**
ATOS		
Atos reais ou materiais	**Atos instrutórios:** decorrem de um provimento, porém consubstanciam providências consequentes àquele. **Atos de documentação:** referem-se aos atos do juiz que permitem a emanação de efeitos jurídicos. Sem a documentação na forma prevista em lei, não deve haver operatividade de um ato processual.	**10 a 12**
CLASSIFICAÇÃO QUANTO A EFICÁCIA DA SENTENÇA		
Classificação quanto a eficácia da sentença	Releva advertir de que não há uma sentença com eficácia unicamente declaratória, condenatória, constitutiva, mandamental ou executiva, o que se verifica é a preponderância de determinada eficácia.	**13**
Sentença declaratória	Não necessita de providência ulterior, contendo força preponderantemente de declaração, tal como a sentença de reabilitação.	**14**
Sentença constitutiva	Tem como eficácia preponderante a modificação de situação jurídica. Subdivide-se em: a) **positiva**: faz surgir uma nova situação jurídica; b) **negativa:** importam em desconstituir um ato jurídico anterior.	**15 a 17**
Sentença mandamental	Pode ser encontrada também em ação de *habeas corpus*, quando termina com a emissão de um alvará de soltura ou de um salvo-conduto, retratando um pronunciamento judicial que consubstancia uma ordem.	**18**
Sentença executiva	É admissível em sede de processo penal, ainda que em sede de processos instaurados a requerimento do MP ou do ofendido, ou mediante representação da autoridade policial.	**19**
Sentença condenatória	Tem lugar quando reconhecida a procedência do pedido formulado na inicial acusatória.	**20**
Outras classificações	**Sentenças executáveis:** são aquelas que podem ser executadas de plano. **Sentenças não executáveis:** são as pendentes de recurso com efeito suspensivo e as sentenças condicionais. **Sentenças suicidas:** há uma contradição entre o dispositivo e a fundamentação, são nulas ou podem ser corrigidas.	**21 a 28**

CAPÍTULO XIX - SENTENÇA		
Outras classificações	**Sentenças vazias:** vício de nulidade absoluta por falta de fundamentação. **Sentenças subjetivamente simples:** proferidas por órgão singular. **Sentenças subjetivamente plúrimas:** emanadas de órgão colegiado homogêneo. **Sentenças subjetivamente complexas:** proferidas por órgão colegiado heterogêneo, a exemplo do Tribunal do Júri. **Sentença autofágica:** reconhece a imputação, mas declara extinta a punibilidade, como ocorre com o perdão judicial.	**21 a 28**
FUNDAMENTAÇÃO E ESTRUTURA DAS SENTENÇAS		
É com a fundamentação da sentença que são explicitadas as teses da acusação e da defesa, as provas produzidas e as razões do convencimento do juiz. O sistema da persuasão racional ou do livre convencimento motivado é o adotado como regra no direito processual penal. No entanto, o juiz não pode se arrimar em argumentos fora do sistema jurídico. Isso quer dizer que sua "liberdade de apreciação" é regrada, ou seja, deve ter ser reconhecida pelo ordenamento.		**29**
Fundamentação *per relationem* ou *aliunde*	É a motivação de decisão ou sentença que se reporta às razões de decidir consignadas na fundamentação de outra decisão ou sentença. Muito embora haja divergência doutrinária sobre sua admissão, tanto o STF, quanto o STJ têm se pronunciado favoravelmente ao uso dessa técnica, com a ressalva de que não implique falta de motivos para decidir.	**30**
Estruturação da sentença e correlação entre imputação e decisão	**Relatório:** É traduzido num resumo do processo. O relatório é dispensado nas sentenças proferidas na esfera dos juizados especiais criminais, a teor do § 3º, do art. 81, da Lei nº 9.099/1995. No entanto, nas demais esferas, sua ausência provocará nulidade absoluta.; **Fundamentação:** são as razões de decidir. Deve estar bem delineado o enfrentamento da conduta delituosa. A descrição da subsunção deve ser detalhada. A prova deve estar pormenorizada, com a aplicação da teoria da prova e, correlativamente, da teoria do crime. É garantia do controle do conhecimento correto dos fatos (controle epistêmico); **Dispositivo ou conclusão**: é onde consta o núcleo da decisão, ou seja, é a parte conclusiva que caracteriza a espécie de decisão: absolutória, condenatória ou extintiva de punibilidade; **Correlação entre imputação e decisão:** no momento de sentenciar, o juiz ou o MP poderá verificar faltar correlação entre os fatos descritos na petição inicial e o juízo cognitivo que formou durante a instrução processual. O vício de correlação ou de relatividade pode se traduzir em situações que impliquem a ***emendatio libelli*** ou a ***mutatio libelli***.	**31 a 35**

CAPÍTULO XIX – SENTENÇA		
	EMENDATIO LIBELLI	
Emendatio libelli	***Emendatio libelli***: o juiz, sem modificar a descrição do fato contada na denúncia ou queixa, poderá atribuir-lhe definição jurídica diversa, ainda que, em consequência, tenha de aplicar pena mais grave. Os fatos, na hipótese, estão perfeitamente descritos. Há um equívoco, no entanto, na capitulação legal dada aos fatos pelo MP ou, na ação penal privada, pelo querelante. O juiz procederá a correção. ***Emendatio libelli* na fase recursal**: importante consignar, nos termos do art. 617 do CPP, que a ***emendatio libelli*** pode ser aplicada até mesmo na fase recursal, desde que não implique *reformatio in pejus*. ***Emendatio libelli* por ocasião do recebimento da denúncia:** o entendimento corredio é o que a correção da inicial deve se dar, tão somente, no momento de prolação da sentença. No entanto, deveria ser ressalvada a possibilidade de retificação da qualificação jurídica do delito toda vez que a nova tipificação tiver o efeito de repercutir na definição da competência ou do procedimento. Em casos assim, seria viável aplicar a ***emendatio libelli*** no momento do recebimento da inicial, para que o juiz decline a competência e os autos sejam remetidos a outro juízo. ***Emendatio libelli* por vício de capitulação:** toda vez que a verificação for meramente empírica, ou seja, quando o vício de capitulação for evidente. ***Emendatio libelli* por interpretação diversa:** vislumbramos essa hipótese, por exemplo, na situação em que podemos ter um espaço de dúvida sobre se um motivo do homicídio é torpe, fútil ou cruel. **Procedimento complementar à *emendatio libelli*:** se da definição jurídica diversa decorrer a possibilidade de proposta de *sursis* processual, o juiz dará vista dos autos ao MP para que este a proponha; se o novo enquadramento importar em modificação de competência, os autos serão encaminhados ao juízo respectivo. A menção à ***emendatio libelli*** deve constar expressamente da motivação da sentença, compondo sua estrutura, e o juízo fará de ofício a correção, passando, a partir daí, a enfrentar as alegações da defesa.	**36 a 41**
	MUTATIO LIBELLI	
Mutatio libelli	***Mutatio libelli***: é providência de atribuição exclusiva do MP. Uma vez encerrada a instrução probatória, o MP – entendendo cabível nova definição jurídica do fato, em consequência de prova existente nos autos de elemento ou circunstância da infração penal não contida na acusação – deverá aditar a denúncia ou queixa, no prazo de cinco dias, se em virtude desta houver sido instaurado o processo em crime de ação pública, reduzindo-se a termo o aditamento, quando feito oralmente. A alteração recai sobre os próprios fatos descritos na petição inicial. A ***mutatio libelli*** só é aplicável às ações penais pública ou privada subsidiária da pública, não podendo, ademais, ser invocada na fase recursal, pois haveria supressão de instância. Se verificado	**42 a 47**

CAPÍTULO XIX – SENTENÇA		
Mutatio libelli	descompasso entre a acusação e a sentença, terá incidência a nulificação do processo, para reinício do procedimento. Devolvidos os autos ao primeiro grau de jurisdição, poderá ser aditada a denúncia ou a queixa subsidiária. ***Mutatio libelli* e correlação entre pedido e sentença:** a cautela do legislador processual penal é alusiva ao princípio da congruência entre a denúncia e a sentença, relevando sublinhar que, no sistema jurídico brasileiro, em matéria penal, o pedido condenatório é genérico, não sendo essencial o enquadramento dado pelo signatário da petição inicial acusatória. Só há, no processo condenatório criminal, vinculação do juiz "à imputação dos fatos, atribuindo-lhes, uma vez reconhecidos, a consequência jurídica que lhe parecer adequada, tanto no que respeita à classificação (juízo de tipicidade), quanto à pena e à quantidade de pena a ser imposta". ***Mutatio libelli* e pedido de absolvição:** de duvidosa compatibilidade com o sistema acusatório, o artigo 385, do CPP, preconiza que nos crimes de ação pública, o juiz poderá proferir sentença condenatória, ainda que o MP tenha opinado pela absolvição, bem como reconhecer agravantes, embora nenhuma tenha sido alegada. Trata-se de enunciado sobre o qual há debate sobre sua constitucionalidade. ***Mutatio libelli* e imputação alternativa no processo penal:** questiona-se se, depois de aditada a denúncia e realizada a instrução processual em torno do elemento ou circunstância objeto do acréscimo, o juiz poderia condenar pelo fato descrito tão somente na imputação originária (denúncia), descartando a imputação superveniente (aditamento). **Procedimento complementar à *mutatio libelli*:** não procedendo o MP ao aditamento, aplica-se o art. 28 do CPP; ouvido o defensor do acusado no prazo de 05 dias e admitido o aditamento, o Juiz designará nova audiência de instrução; cada parte poderá arrolar até 03 testemunhas; se da *mutatio libelli* decorrer a possibilidade de *sursis* processual, o juiz dará vista dos autos ao MP para tanto; se importar em modificação da competência, os autos serão encaminhados ao juízo respectivo; não recebido o aditamento, o processo seguirá até a sentença.	**42 a 47**
SENTENÇAS EM PROCESSO PENAL CONDENATÓRIO		
Sentenças em processo penal condenatório, relatório e fundamentação da sentença penal condenatória e parte dispositiva da sentença penal condenatória	A sentença penal condenatória é a que acolhe o pedido em ação penal que imputa um fato delituoso a alguém (**tópico 48**). A sentença penal condenatória deve conter: (1) o relatório; (2) a fundamentação e (3) o dispositivo (**tópico 49**). O **relatório** é "a história relevante do processo", que confere certeza às partes de que "o juiz esmiuçou todo o processo para decidir, ou seja, conheceu de tudo o que foi levado ao processo para formar livremente sua convicção"; a **fundamentação** é "a exteriorização do raciocínio desenvolvido pelo juiz", cuidando-se para que esteja em consonância com a parte conclusiva; e a **dispositivo** (conclusão), onde há, propriamente, o julgamento do pedido (procedência), sendo parte essencial para que o ato judicial seja caracterizado como sentença.	**48 a 50**

CAPÍTULO XIX – SENTENÇA		
Sentenças em processo penal condenatório, relatório e fundamentação da sentença penal condenatória e parte dispositiva da sentença penal condenatória	A sentença penal condenatória deve conter descrição detalhada do teor das expressões que adotou como razões de decidir. Não se considera fundamentada qualquer decisão judicial, que se limite à indicação, à reprodução ou à paráfrase de ato normativo, sem explicar sua relação com a causa ou a questão decidida. No que tange a parte dispositiva da sentença penal condenatória (**tópico 50**), tem-se que o conteúdo da parte conclusiva da sentença penal condenatória está, como regra, disciplinado no CPP e no CP. Contudo, existem leis especiais que também disciplinam a sentença, no todo ou em parte. O art. 387, CPP, detalha o conteúdo da sentença condenatória, em que o magistrado (1) mencionará as circunstâncias agravantes ou atenuantes; (2) mencionará as outras circunstâncias apuradas e tudo o mais que deva ser levado em conta na aplicação da pena; (3) aplicará as penas, de acordo com essas conclusões; (4) fixará valor mínimo para a reparação dos danos causados pela infração, considerando os prejuízos sofridos pelo ofendido, que, segundo entendimento prevalecente, depende de pedido expresso do autor da ação penal; (5) decidirá, fundamentadamente, sobre a manutenção ou, se for o caso, imposição de prisão preventiva ou de outra medida cautelar. A seu turno, o Código Penal arrola as demais outras providências aplicáveis, preconizando, no seu art. 59 que o juiz estabelecerá, conforme seja necessário e suficiente para a reprovação e prevenção do crime.	**48 a 50**
SISTEMA TRIFÁSICO DE APLICAÇÃO DA PENA, FIXAÇÃO DA PENA BASE, FIXAÇÃO DA PENA INTERMÉDIA E FIXAÇÃO DA PENA DEFINITIVA		
Sistema trifásico de aplicação da pena, fixação da pena base, fixação da pena intermédia e fixação da pena definitiva	O sistema trifásico de aplicação da pena é, nessa altura, contemplado por completo (**tópico 51**). É o mais prudente, para informar ao imputado o percurso que o juiz realizou até a pena definitiva, mormente como chegou aos valores atribuídos à pena-base, qual intensidade concedeu a cada atenuante ou agravante, bem assim às causas de diminuição e de aumento. **Fixação da pena base**: pode se referir ao tipo simples (fundamental) ou ao derivado (qualificado). Será estabelecida a partir da avaliação concreta das circunstâncias judiciais do art. 59, do CP, observada, quando o caso, a legislação extravagante. No STJ, a matéria restou pacificada com a edição do verbete nº 444, da sua súmula, fazendo prevalecer o princípio da presunção de inocência, ao assentar a vedação da utilização de inquéritos policiais e ações penais em curso para agravar a pena-base. O mesmo STJ afasta por completo a possibilidade de uso, a título de maus antecedentes, de decisões fundadas no ECA. Em seguida, o STF redirecionou seu posicionamento, afirmando que inquéritos policiais e processos penais em curso não podem ser usados para fins de dosimetria da pena, a título de maus antecedentes. Esse entendimento foi reafirmado mesmo depois do	

<table>
<tr><th colspan="3">CAPÍTULO XIX – SENTENÇA</th></tr>
<tr><td>Sistema trifásico de aplicação da pena, fixação da pena base, fixação da pena intermédia e fixação da pena definitiva</td><td>reconhecimento de que "possui repercussão geral controvérsia sobre a possibilidade de processos em curso serem considerados maus antecedentes para efeito de dosimetria da pena, ante o princípio da presunção de não-culpabilidade". O STF decidiu que condenações criminais extintas há mais de cinco anos podem ser consideradas como maus antecedentes para a fixação da pena-base em novo processo criminal.

Fixação da pena intermédia: para a segunda etapa, são consideradas as causas atenuantes e das agravantes. Nos termos da Súmula 231, do STJ, "a incidência da circunstância atenuante não pode conduzir à redução da pena abaixo do mínimo legal", assim como a agravante não permite acréscimo de pena além do máximo abstratamente cominado. Todavia, há entendimento discrepante, com o qual concordamos. Para essa posição, pode haver redução da pena aquém do mínimo previsto em abstrato, em função da presença de atenuante, porque o CP dita que as circunstâncias atenuantes sempre devem reduzir a pena. De outro ângulo, as agravantes somente são as expressas legalmente, enquanto são admitidas atenuantes genéricas (supralegais).

Fixação da pena definitiva: o juiz deve aplicar causas de aumento e diminuição da pena, o que exige fundamentação concreta em relação a cada uma das causas. Não é suficiente, para a exasperação da pena, a mera indicação do número de majorantes do crime de roubo circunstanciado, como assentado na súmula nº 443, do STJ.</td><td>51 a 54</td></tr>
<tr><th colspan="3">SUBSTITUIÇÃO DAS PENAS E PENA DE MULTA</th></tr>
<tr><td>Substituição das penas e pena de multa</td><td>Substituição das penas: seguindo os artigos 43 e 44, do CP, poderá ter lugar a substituição da pena privativa de liberdade por penas restritivas de direitos. Se o crime estiver disposto fora do CP, é indispensável atentar para a legislação específica.

Noutra quadra, a sentença condenatória também pode fixar a pena de multa (tópico 56), o que pode ocorrer a título de sanção principal, alternativa ou cumulativamente com a pena de prisão, podendo ser, ainda, aplicada em substituição desta.

A aplicação da pena de multa restringe-se às seguintes fases:

(1) determinação da quantidade de dias-multa, de um mínimo de 10 a um máximo de 360 dias-multa; (2) estabelecimento do valor do dia-multa, levando em consideração a situação econômica do réu (art. 60, caput, CP); e (3) eventualmente, pode aumentar a multa até o triplo, se considerar que, em virtude da situação econômica do réu, é ineficaz, embora aplicada no máximo (art. 60, § 1º, CP).

A Lei nº 13.964/2019 alterou a redação ao art. 51, do Código Penal, para retificar a disciplina da execução da pena de multa. Pelo seu teor, uma vez transitada em julgado a sentença condenatória, a multa será executada perante o juiz da execução penal e será considerada dívida de valor.</td><td>55 e 56</td></tr>
</table>

CAPÍTULO XIX – SENTENÇA		
SENTENÇA PENAL E SEUS EFEITOS		
Efeitos da sentença penal condenatória, efeitos penais da sentença penal condenatória, efeitos civis da sentença penal condenatória, efeitos administrativos da sentença penal condenatória e efeitos da sentença penal condenatória restritivas de outros direitos	Da sentença penal, decorrem efeitos que geralmente são emanados após o trânsito em julgado da condenação. Contudo, alguns efeitos podem ser produzidos antes desse momento (**tópico 57**). **Efeitos penais da sentença penal condenatória:** o simples fato de haver sentença condenatória não deve ser suficiente para levar alguém à prisão – máxime quando o acusado se encontrar solto no curso do processo –, necessitando, antes, da presença dos requisitos autorizadores da decretação da prisão preventiva (art. 312, CPP). A execução provisória só poderia ser admitida se, cumuladamente, presentes os requisitos da prisão preventiva e prolatada sentença penal condenatória recorrível. Também a dicção do art. 283, do CPP, veda prisão provisória sem atendimento ao princípio da necessidade ou ***periculum libertatis***. O sentido desse dispositivo, embora modificado pela Lei nº 13.964/2019, não se alterou. No julgamento de ADCs movidas contra o texto do art. 283, com redação da Lei nº 12.403/2011, o STF, por maioria, assentou sua constitucionalidade. A Lei nº 13.964/2019 trouxe hipótese intermediária, relativa aos julgamentos pelo tribunal do júri, para admitir a prisão automática decorrente de condenação em primeira instância, se fixada pena igual ou superior a quinze anos.	**57 a 61**
Efeitos da sentença penal condenatória, efeitos penais da sentença penal condenatória, efeitos civis da sentença penal condenatória, efeitos administrativos da sentença penal condenatória e efeitos da sentença penal condenatória restritivas de outros direitos	**Efeitos civis da sentença penal condenatória:** geralmente, seus efeitos devem ser produzidos após o trânsito em julgado, ressalvada previsão legal em sentido contrário. Os artigos 91 e 91-A, do Código Penal, rezam sobre os efeitos civis ou reparatórios da condenação penal. Respectivamente dispõem eles: Art. 91, CP: 1) tornar certa a obrigação de indenizar o dano causado pelo crime; 2) a perda em favor da União dos produtos do crime ou de bem decorrente do proveito do delito, bem como dos instrumentos do crime cujo porte, fabrico, uso, alienação ou detenção constitua fato ilícito, ressalvado o direito do lesado ou de terceiro de boa-fé. Ressalte-se que há outras hipóteses de perda de bens tanto na Constituição quanto na legislação extravagante. Por sua vez, o art. 91-A, do Código Penal, com redação dada pela Lei nº 13.964/2019, estabelece que, na hipótese de condenação por infrações às quais a lei comine pena máxima superior a seis anos de reclusão, poderá ser decretada a perda, como produto ou proveito do crime, dos bens correspondentes à diferença entre o valor do patrimônio do condenado e aquele que seja compatível com o seu rendimento lícito. A aplicação desse efeito exige pedido expresso, com demonstração daquela diferença pelo Ministério Público.	**57 a 61**

CAPÍTULO XIX – SENTENÇA		
Efeitos da sentença penal condenatória, efeitos penais da sentença penal condenatória, efeitos civis da sentença penal condenatória, efeitos administrativos da sentença penal condenatória e efeitos da sentença penal condenatória restritivas de outros direitos	Por fim, o parágrafo único, do art. 63 do CPP, estabelece efeito executório de plano, sem necessidade de liquidação prévia, da parte da sentença condenatória penal não recorrida que fixar o valor mínimo para reparação dos danos causados pela infração penal, de acordo com os prejuízos suportados pelo ofendido. **Efeitos administrativos da sentença penal condenatória:** são inferidos de previsões legais que determinam a perda do cargo, mandato ou função pública da pessoa condenada. São efeitos civis em sentido amplo. Para efetivá-los, é necessário trânsito em julgado. O art. 92, do Código Penal, prevê, como efeitos da condenação que dependem de fundamentação para terem lugar: (1) a perda de cargo ou função pública ou mandato eletivo quando aplicada **pena superior a quatro anos** ou, nos crimes contra a Administração Pública, se a **pena for igual ou superior a um ano** (não é automático). De outro lado, este efeito não se aplica a juízes e membros do MP, aos quais é assegurada a garantia da vitaliciedade, dependendo a perda do cargo de ação própria, tampouco aos senadores e deputados federais, cuja perda do mandado dependerá de deliberação da respectiva casa, mediante provocação dos legitimados, estendendo-se esta regra, por simetria, aos deputados estaduais;	**57 a 61**
Efeitos da sentença condenatória	(2) a decretação de incapacidade para o exercício do pátrio poder, tutela ou curatela, nos crimes doloso, sujeitos à pena de reclusão, cometidos contra filho, tutelado ou curatelado (não é automático); (3) a inabilitação para dirigir veículo, quando utilizado como meio para a prática de crime doloso (não é automático). **Efeitos da sentença penal condenatória restritivos de outros direitos:** também podem ser destacados os efeitos da condenação derivados de previsão constitucional, especialmente a suspensão dos direitos políticos, o impedimento à naturalização e a submissão do oficial condenado à pena privativa de liberdade superior a dois anos, a julgamento de indignidade do oficialato ou incompatibilidade. Calha frisar que entendemos que a aplicação do art. 15, III, da CF, não deve ser automática, nem sem motivação suficiente. Desse modo, o trânsito em julgado da sentença penal condenatória não deve levar à suspensão do direito a votar. Veja-se que até a perda de mandato eletivo depende de fundamentação expressa na sentença, em compasso com o art. 92, I e parágrafo único, do Código Penal. São também efeitos da condenação, aplicáveis conforme o caso concreto: (1) a comunicação de que trata o art. 13, da Lei nº 8.069/1990, toda vez que, no momento da sentença, o juiz constatar que se confirmou caso de castigo físico, tratamento cruel ou degradante e de maus-tratos contra criança ou adolescente;	**61**

CAPÍTULO XIX – SENTENÇA		
Efeitos da sentença condenatória	(2) a destituição do poder familiar do pai ou da mãe quando for hipótese de condenação por crime doloso, sujeito à pena de reclusão, contra o próprio filho ou filha; (3) a submissão obrigatória à identificação do perfil genético para os condenados por crime praticado dolosamente, com violência de natureza grave contra pessoa, ou por qualquer dos crimes previstos no art. 1º, da Lei nº 8.072/1990; (4) a destruição das amostras da substância entorpecente guardadas para contraprova nos autos de ação penal por crime relacionado a drogas (Lei nº 11.343/2006).	**61**
Efeito prodrômico da sentença penal condenatória ou non *reformatio in pejus*	Foi expressão cunhada para designar o princípio ***non reformatio in pejus*** direta ou indireta da sentença penal condenatória. Devemos distinguir que a vedação à reforma da sentença em prejuízo do acusado, quando só este tenha recorrido, pode se dar: (1) de forma direta: quando o órgão para o qual foi dirigido o recurso exclusivo da defesa do réu, não pode reformar a sentença impugnada para, por exemplo, majorar a pena do acusado;	**62**
Efeito prodrômico da sentença penal condenatória ou *non reformatio in pejus*	(2) de forma indireta: quando o órgão recursal, em recurso exclusivo do acusado, anula a sentença condenatória para determinar um segundo julgamento. Nesse novo julgamento, não pode o juiz proferir sentença que implique situação mais gravosa ao réu, tomando como parâmetro aquela primeira sentença que fora invalidada em razão de recurso exclusivo da defesa. O **efeito prodrômico** é o limite criado por aquela primeira sentença penal condenatória que havia transitado em julgado para a acusação. Do princípio da vedação da *reformatio in pejus* decorre a admissão do princípio da ***reformatio in mellius***.	**62**
Sentença absolutória e efeitos da sentença absolutória	**Sentença absolutória:** a sentença penal **absolutória** é a **regra**. Conforme a sistemática do CPP, o juiz tem o dever de absolver. A sentença **condenatória** é **supletiva**, apenas aplicável depois de afastadas as hipóteses que a legislação prescreve ao juiz o dever de absolver. A indicação do motivo de absolvição na sentença é importantíssima, pois ela demarca os efeitos que dela decorrem. O CPP assinala que o juiz absolverá o réu, mencionando a causa na parte dispositiva, desde que reconheça: (1) estar provada a inexistência do fato; (2) não haver prova da existência do fato; (3) não constituir o fato infração penal; (4) estar provado que o réu não concorreu para infração penal; (5) não existir prova de ter o réu concorrido para a infração penal; (6) existirem circunstâncias que excluam o crime ou isente o réu de pena; (7) não existir prova suficiente para a condenação.	**63 e 64**

CAPÍTULO XIX – SENTENÇA		
Sentença absolutória e efeitos da sentença absolutória	Como decorrência da absolvição, o juiz: (1) mandará, se for o caso, pôr o réu em liberdade; (2) ordenará a cessação das medidas cautelares e provisoriamente aplicadas; (3) aplicará medida de segurança se cabível. **Efeitos da sentença absolutória:** A sentença absolutória poderá reconhecer circunstância que exclua o crime, ou seja, uma situação de excludente de criminalidade (justificante). A incidência da coisa julgada criminal no cível, obstando o trâmite de ação de indenização, dependerá não somente de qual hipótese se trata, porém de quem desencadeou a situação excludente. Assim, o acusado absolvido não se sujeitará à condenação ação civil, em razão da aplicação da regra de que a coisa julgada criminal faz coisa julgada no âmbito cível. Pode até ser movida a ação reparatória nessas hipóteses de excludentes de ilicitude, todavia o juiz deve extinguir a demanda cível, sem resolução do mérito, com base na preliminar de coisa julgada material: (1) se, em legítima defesa, o ofendido tiver dado causa a situação excludente, iniciando agressão injusta; (2) se, em estado necessidade, a vítima tiver provocado a situação de estado de necessidade; (3) se, nas hipóteses de estrito cumprimento do dever legal ou de exercício regular de direito, o ofendido tiver sido o responsável pelas respectivas situações excludentes. Outrossim, a vítima poderá ter direito a mover ação de indenização cível contra o agente absolvido, situação em que a ação civil não somente poderá ser ajuizada, como também deve ter tramitação regular se: (1) o fato praticado em situação excludente de criminalidade tiver atingido terceiro inocente; (2) o estado de necessidade, o estrito cumprimento de dever legal e o exercício regular de direito não tiverem sido desencadeados pela pessoa ofendida, mas por um terceiro. Entrementes, se o contexto de excludente de criminalidade não tiver sido provocado pela vítima, mas por um terceiro, o agente absolvido, uma vez acionado pelo ofendido, poderá, seguidamente, intentar **ação regressiva** contra o terceiro que deu causa à situação. A providência disciplinar, por parte do Estado contra o seu funcionário, poderá ter lugar, em qualquer caso, se presente infração disciplinar residual ou subjacente, pois a esfera administrativa é independente da criminal. Por derradeiro, as absolvições fundadas no chamado erro de direito (erro inevitável sobre a ilicitude do fato, do art. 21, CP), na coação irresistível ou obediência hierárquica (art. 22, CP), e na embriaguez completa proveniente de caso fortuito ou força maior (art. 28, § 1º, CP) não impedem que o acusado seja acionado civilmente e, ao final, tenha que indenizar.	**63 e 64**

CAPÍTULO XIX – SENTENÇA		
Sentença declaratória de extinção da punibilidade	É uma decisão definitiva que encerra a relação processual, julga o mérito, mas não condena nem absolve. Caso da sentença que reconhece a prescrição da pretensão punitiva: não opera efeitos na esfera cível, afinal não há título hábil para execução.	**65**
PUBLICAÇÃO E INTIMAÇÃO DA SENTENÇA (66)		
Publicação da sentença	A prolação da sentença e entrega ao setor que deve juntá-la aos autos é suficiente para se considerar ordenada, pelo juiz, a sua publicação, que é perfeito com a lavratura de um termo pelo servidor responsável, registrado em um livro. É ato que a torna existente juridicamente, consistente na sua inserção no sistema processual, delimitando o termo a partir do qual se considera apta à produção de efeitos jurídicos.	**67**
Intimação da sentença	Uma vez feita a publicação, seguir-se-á a intimação da sentença, ponto em que o CPP foi expresso, mercê de sua importância. O artigo 391, do CPP, regula a intimação da parte autora nas ações privadas. O art. 392, de outro lado, dispõe sobre as intimações da sentença, em geral.	**68**
Intimação da parte autora nas ações penais privadas	O artigo 391, do CPP, preconiza que o querelante ou o assistente deve ser intimado da sentença, pessoalmente ou na pessoa de seu advogado. A forma é alternativa.	**69**
Intimação do MP, do defensor público e do defensor dativo	O MP deve ser intimado pessoalmente, mediante a entrega dos autos. A Defensoria Pública também é intimada pessoalmente, porém a entrega dos autos (carga) só ocorre quando necessária. A sua vez, o advogado dativo é intimado pessoalmente, por mandado (sem carga dos autos).	**70**
Formas de intimação da sentença	O art. 392, do CPP, procura assegurar a intimação pessoal do acusado, além da do seu defensor constituído. Nos termos do mencionado dispositivo, a intimação da sentença deve ser feita: (1) ao acusado, pessoalmente, se estiver preso; (2) ao réu pessoalmente, ou ao defensor por ele constituído, quando se livrar solto, ou, sendo afiançável a infração, tiver prestado fiança; (3) ao defensor constituído pelo réu, se este, afiançável, ou não, a infração, expedido o mandado de prisão, não tiver sido encontrado, e assim o certificar o oficial de justiça; (4) por edital, nas hipóteses em que o acusado se livrar solto ou tiver prestado fiança, o réu e o defensor que houver constituído não forem encontrados, e assim o certificar o oficial de justiça; (5) mediante edital, havendo contra o acusado mandado de prisão em infração afiançável ou não, o defensor que o réu houver constituído também não for encontrado, e assim o certificar o oficial de justiça; (6) por edital, se o réu, não tendo constituído defensor, não for encontrado e assim o certificar o oficial de justiça.	**71**

CAPÍTULO XIX – SENTENÇA		
Formas de intimação da decisão de pronúncia	A intimação da pronúncia é regida por disciplina própria, a teor do art. 420, do CPP: (1) pessoalmente ao acusado, ao defensor nomeado e ao MP; (2) ao defensor constituído, ao querelante e ao assistente do MP, conforme o preconizado pelo § 1º, do art. 370, do CPP. O parágrafo único, do art. 420, do CPP, reza que o acusado solto que não for encontrado deve ser intimado por edital.	**72**
Prazo de dilação dos editais de intimação da sentença	O prazo de dilação constante dos editais de intimação da sentença "será de noventa dias, se tiver sido imposta pena privativa de liberdade por tempo igual ou superior a um ano, e de sessenta dias, nos outros casos".	**73**
Intimação do ofendido	É obrigatória a comunicação ao ofendido quanto à sentença ou acórdão proferido, no intuito de viabilizar a sua ciência acerca da manutenção ou modificação da decisão de prisão do acusado, bem como da sentença de homologação de acordo de não persecução penal. No âmbito do procedimento de arquivamento de inquérito policial ou de outras peças de informação pelos órgãos do MP, a vítima deverá ser comunicada para, querendo, impugnar.	**74**
Intimação da sentença por carta precatória	Se a intimação ocorrer por carta precatória ou de ordem, considera-se efetuado esse ato de comunicação processual com a efetiva intimação no juízo deprecado e não com a juntada da carta aos autos.	**75**
COISA JULGADA E PRECLUSÃO		
Distinção	Enquanto a preclusão é técnica que impede que o processo retorne a estágios exauridos, recaindo sobre atos processuais que não se amoldam a julgamento do mérito do caso penal de forma plena, a coisa julgada em sentido estrito é caráter que pode revestir um julgamento final.	**76**
Natureza jurídica da coisa julgada	É fenômeno que se dá com o decurso do prazo recursal "em branco" (***in albis***), sem que as partes interponham o recurso cabível contra sentença propriamente dita, ou, em tendo havido recurso, após a apreciação definitiva deste. Confere à sentença uma distinção, imunizando-a contra modificações futuras. Daí ser uma qualidade.	**77**
Espécies de preclusão	A preclusão se dá de diferentes maneiras, especialmente sobre as decisões ou "sentenças" que encerram uma fase processual, mas que não têm a força de coisa julgada, notadamente porque seu conteúdo não afeta o mérito propriamente dito da demanda penal (sem aplicação de pena). Com a preclusão, permanece possível, excepcionalmente, se verificada circunstância superveniente, rediscussão da matéria, com reapreciação pelo juiz.	**78**

CAPÍTULO XIX – SENTENÇA		
Coisa julgada criminal e revisão criminal *favor rei*	A coisa julgada tanto pode recair sobre a sentença condenatória quanto sobre a absolutória, própria ou imprópria. Enquanto a sentença condenatória está sujeita à revisão criminal, de forma indefinida no tempo, a sentença absolutória (própria) passada em julgado não pode ser objeto de revisão criminal (coisa soberanamente julgada). O mesmo ocorre relação às decisões que extinguem a punibilidade. Questão interessante ocorre com a declaração de extinção da punibilidade pautada em atestado de óbito falso. Segundo o STF, o ato é inexistente, cabendo ao juiz retomar o processo de onde parou, decidindo a causa. Não somos partidários de tal entendimento. De todo modo, não há revisão criminal de sentença absolutória ou condenatória transitada em julgado quando ajuizada *pro societate*, dentro da sistemática do CPP.	**79**
Coisa julgada criminal e o princípio da correlação entre a *causa petendi* e a sentença	O pedido condenatório é satisfeito de forma um tanto genérica. Pede-se a condenação do denunciado ou do querelado como incurso em um tipo penal apontado na peça acusatória. O juiz não fica adstrito à classificação dada à infração penal. Sobre essa afirmação, há posicionamentos que apontam ser também relevante a tipificação apontada pelo MP, a fim de viabilizar contraditória e amplitude de defesa. Assim, a sentença, é alicerçada na causa de pedir, de forma que, no processo penal, a correlação se dá, a rigor, entre a causa se pedir e a sentença. Para nós, haverá identidade de demandas se o fato nuclear já foi julgado, malgrado decisões no âmbito do STF e do STJ sustentando a possibilidade do mesmo réu responder duas vezes pelo mesmo fato, a primeira na qualidade de autor (executor material do homicídio) e a segunda na condição de partícipe (mentor intelectual do crime), ou vice-versa.	**80**

82. SÚMULAS DO STJ

337. É cabível a suspensão condicional do processo na desclassificação do crime e na procedência parcial da pretensão punitiva.

440. Fixada a pena-base no mínimo legal, é vedado o estabelecimento de regime prisional mais gravoso do que o cabível em razão da sanção imposta, com base apenas na gravidade abstrata do delito.

442. É inadmissível aplicar, no furto qualificado, pelo concurso de agentes, a majorante do roubo.

443. O aumento na terceira fase de aplicação da pena no crime de roubo circunstanciado exige fundamentação concreta, não sendo suficiente para a sua exasperação a mera indicação do número de majorantes.

444. É vedada a utilização de inquéritos policiais e ações penais em curso para agravar a pena-base.

545. Quando a confissão for utilizada para a formação do convencimento do julgador, o réu fará jus à atenuante prevista no art. 65, III, d, do Código Penal.

588. A prática de crime ou contravenção penal contra a mulher com violência ou grave ameaça no ambiente doméstico impossibilita a substituição da pena privativa de liberdade por restritiva de direitos.

589. É inaplicável o princípio da insignificância nos crimes ou contravenções penais praticados contra a mulher no âmbito das relações domésticas.

599. O princípio da insignificância é inaplicável aos crimes contra a administração pública.

636. A folha de antecedentes criminais é documento suficiente a comprovar os maus antecedentes e a reincidência.

83. SÚMULAS DO STF

Súmula Vinculante nº 35. A homologação da transação penal prevista no artigo 76 da Lei 9.099/1995 não faz coisa julgada material e, descumpridas suas cláusulas, retoma-se a situação anterior, possibilitando-se ao Ministério Público a continuidade da persecução penal mediante oferecimento de denúncia ou requisição de inquérito policial.

453. Não se aplicam à segunda instância o art. 384 e parágrafo único do Código de Processo Penal, que possibilitam dar nova definição jurídica ao fato delituoso, em virtude de circunstância elementar não contida explícita ou implicitamente na denúncia ou queixa.

611. Transitada em julgada a sentença condenatória, compete ao juízo das execuções a aplicação da lei mais benigna.

710. No processo penal, contam-se os prazos da data da intimação, e não da juntada aos autos do mandado ou da carta precatória ou de ordem.

716. Admite-se a progressão de regime de cumprimento da pena ou a aplicação imediata de regime menos severo nela determinada, antes do trânsito em julgado da sentença condenatória.

84. QUESTÕES DE CONCURSOS PÚBLICOS

01. (2017 - MPE-PR - MPE-PR - Promotor Substituto - Adaptada) Julgue o item seguinte:

O julgador pode, ao exarar sentença condenatória, reconhecer a agravante da reincidência, ainda que ela não tenha sido descrita na denúncia, não configurando ofensa ao princípio da correlação.

02. (IBFC - TRF - 2ª REGIÃO - Juiz Federal Substituto - 2018) Assinale a assertiva correta a respeito da sentença penal:

(A) A fundamentação da sentença penal tem por fim permitir o exame lógico da decisão, tanto pelos sujeitos do processo, como pelos tribunais e a própria sociedade.

(B) A motivação do juiz constante da fundamentação da sentença, tanto pode ser explícita quanto implícita, haja vista que o que transita em julgado é apenas o dispositivo.

(C) É válida a fundamentação da sentença penal que se limita a exarar: "está provado nos autos que a imputação ministerial é verdadeira", haja vista a força da máxima jura novilt curia para mostrar a convicção do juiz.

(D) É válida a fundamentação da sentença penal que se limita a consubstanciar reportes de ementas diversas de jurisprudência dos tribunais nacionais, que nela são mencionadas como amparo ao dispositivo da decisão.

(E) Não viola o principio da motivação das decisões judiciais, o recebimento puro e simples da denúncia, haja vista que maiores considerações sobre os pressupostos processuais, a inépcia ou a justa causa, só são exigidos quando da decisão sobre a resposta preliminar.

03. (FCC - MPE-PB - Promotor de Justiça Substituto - 2018) Encerrada a instrução probatória, se entender o Juiz cabível nova definição jurídica do fato, em consequência de prova existente nos autos de elemento ou circunstância da infração penal não contida na acusação, o Ministério Público deverá aditar a denúncia, no prazo de cinco dias. Não procedendo o órgão do Ministério Público ao aditamento, o Juiz

(A) julgará o processo e comunicará o fato à Corregedoria Geral do Ministério Público.

(B) absolverá o acusado.

(C) proferirá sentença com base nos fatos descritos na denúncia.

(D) remeterá os autos ao substituto automático do órgão do Ministério Público.

(E) remeterá os autos ao Procurador-Geral.

04. (CONSULPLAN - TJ-MG - Juiz de Direito Substituto - 2018) Analise as afirmativas a seguir.

I. Segundo o Código de Processo Penal, a "emendatio libelli" exige que seja assegurada ao acusado vista sobre a possível modificação da classificação jurídica do fato, para incidência de crime mais gravemente apenado.

II. "Y" foi denunciado por tentativa de furto simples. Encerrada a instrução, a prova coligida aponta para a prática de furto qualificado consumado, a exigir a providência do art. 384 do CPP ("mutatio libelli"). O Promotor de Justiça oficiante recusou-se a aditar a denúncia e, remetidos os autos ao Procurador Geral de Justiça, este avalizou a recusa. Neste caso, nada restará ao magistrado fazer, a não ser proferir sentença pelo crime constante da inicial.

III. No caso de "mutatio libelli", não procedendo o órgão do Ministério Público ao aditamento, o assistente de acusação poderá fazê-lo, no prazo de 5 (cinco) dias, ficando o Juiz, na sentença, adstrito aos termos do aditamento.

IV. É admissível a "mutatio libelli" em segundo grau de jurisdição. Assinale a alternativa correta.

(A) Todas as afirmativas estão incorretas.

(B) A afirmativa II está integralmente correta e as afirmativas I, III e IV estão incorretas.

(C) As afirmativas I, II e III estão integralmente corretas, mas a afirmativa IV está incorreta.

(D) As afirmativas I e II estão integralmente corretas e as afirmativas III e IV estão incorretas.

05. (FGV - TJ-SC - Oficial de Justiça e Avaliador - 2018) Kaique, primário e de bons antecedentes, sem qualquer outra anotação em sua folha de antecedentes criminais, foi denunciado pela prática do crime de furto qualificado (pena: 2 a 8 anos de reclusão e multa).No momento da sentença, entendendo que não estava provada a qualificadora, mas tão só a subtração da coisa alheia, o que configuraria o crime de furto simples (pena: 1 a 4 anos de reclusão e multa), ao magistrado caberá:

(A) encaminhar os autos ao Ministério Público para avaliar possibilidade de oferecimento de proposta de suspensão condicional do processo;

(B) absolver o acusado, não sendo possível a condenação pelo crime de furto simples em razão da violação ao princípio da correlação;

(C) encaminhar os autos ao Ministério Público para avaliar possibilidade de oferecimento de proposta de transação penal;

(D) proferir, de imediato, sentença condenatória em relação ao crime de furto simples, aplicando o instituto da mutatio libelli;

(E) proferir, de imediato, sentença condenatória em relação ao crime de furto simples, aplicando o instituto da emendatio libelli.

06. (FGV – TJ-AL – Analista Judiciário – Oficial de Justiça Avaliador – 2018) Após a instrução probatória e a apresentação de alegações finais pelas partes, caberá ao magistrado proferir sentença, observando as disposições previstas no Código de Processo Penal. De acordo com as disposições legais sobre o tema, é correto afirmar que:

(A) o juiz, entendendo que deve ser mantida a prisão do réu, não precisará justificar tal manutenção por ocasião da sentença; mas, caso conceda a liberdade, deverá justificar;

(B) o juiz não poderá fixar o valor da indenização por ocasião da sentença, ainda que haja requerimento do ofendido, dependendo de ação civil ex delicto;

(C) o tempo de prisão provisória será computado para fins de determinação do regime inicial de pena privativa de liberdade;

(D) a intimação do assistente de acusação será necessariamente pessoal, não podendo ocorrer por meio de seu advogado;

(E) o réu somente poderá ser intimado da sentença condenatória pessoalmente se estiver preso.

85. GABARITO ANOTADO

01 – C

Vide:

- Art. 385 do CPP e art. 61, I, do CP.

02 – A

Vide:

- Fundamentação *per relationem* ou aliunde.

03 – E

Vide:

- Art. 28, CPP.
- Art. 384, §1º, CPP.

04 – C

Vide:

- Art. 383, CPP.
- Art. 384, CPP.
- Súmula 453, STF.

05 – A

Vide:

- Art. 89, Lei nº. 9.099/1995.
- Art. 383, §1º, CPP.

06 – C

Vide:

- Art. 387, CPP.
- Art. 391, CPP.

86. QUESTÕES DISCURSIVAS COM COMENTÁRIOS

01. (Promotor de Justiça – MA – 2014) Disserte sobre coisa julgada em matéria penal, abordando: a – conceituação; b – espécies; c – comentário de um exemplo prático de cada espécie; d – o cabimento da exceção da coisa julgada; e – revisão em favor da sociedade.

Resposta

A coisa julgada encontra-se consagrada na Constituição da República Federativa do Brasil, art. 5º, XXVI, como direito fundamental. Conforme o art. 6º, § 3º, da Lei de introdução às normas do direito brasileiro, coisa julgada é a decisão judicial de que não cabia mais recurso.

A doutrina divide a coisa julgada em formal e material. A primeira é aquela que se forma no âmbito do próprio processo, ou seja, endoprocessual, e seus efeitos restringem-se a este. É a impossibilidade de recorrer da sentença, seja porque os recursos possíveis já foram esgotados, ou por não terem sido utilizados e atingidos pela preclusão, gerando na sentença os efeitos da coisa julgada. Por outro lado, a coisa julgada material atinge o mérito, reconhecido ou denegado pela sentença irrecorrível, sendo imutável ate mesmo em processo posterior. A coisa julgada material atinge, para além da imutabilidade da sentença (coisa julgada formal), também a matéria decidida (lide/mérito).

Destaque-se que a coisa julgada pode ser mitigada em favor do réu, mesmo após sentença transita da julgada, tendo em vista o princípio da retroatividade da lei penal mais benéfica ao acusado (não sendo caso de lei temporária ou excepcional, consoante o previsto no art. 2º, § único, do Código Penal)

A coisa julgada é fenômeno que ocorre com o decurso do prazo recursal in albis, sem que as partes interponham o recurso cabível, ou, caso tenham recorrido, após a apreciação definitiva deste. É a imutabilidade da sentença, impedindo a reabertura de novas indagações acerca da matéria nela contida.

Exemplo de coisa julgada formal que pode ser citado é a decisão que homologa o arquivamento do inquérito atendendo a requerimento do Ministério Público, por ausência de material probatório suficiente para sustentar a opinio delicti. Quanto à coisa julgada material, cite-se como exemplo a decisão que, atendendo o requerimento do Ministério Público, homologa o arquivamento do inquérito com fundamento na extinção da punibilidade do delito, pela ocorrência da prescrição ou qualquer das outras causas previstas em lei. Outro exemplo é a decisão que absolve o réu, com fundamento nos artigos 386, 387 ou 415, todos do CPP.

A exceção da coisa julgada terá cabimento quando se demonstrar que existem, simultaneamente, um decisão anterior transitada em julgado, bem como a discussão, em outra demanda, dos mesmos fatos já discutidos anteriormente, no bojo da demanda com sentença transitada em julgado, só podendo ser oposta em relação ao fato principal que tiver sido objeto da sentença (art. 110, § 2º, do CPP).

Por fim, ressalta-se que não se admite qualquer hipótese de revisão criminal pro sociatate, nas sentenças absolutórias ou condenatórias com trânsito em julgado. A revisão criminal tem por finalidade apenas beneficiar a defesa.

TERCEIRA PARTE

Direito Probatório

Capítulo XX

Teoria da Prova

1. CONCEITO DE PROVA

O processo, na visão do ideal, objetiva fazer a reconstrução histórica dos fatos ocorridos para que se possa extrair as respectivas consequências em face daquilo que ficar demonstrado. O convencimento do julgador é o anseio das partes que litigam em juízo, que procurarão fazê-lo por intermédio do manancial probatório carreado aos autos. Esta é a fase da instrução processual, onde se utilizam os elementos disponíveis para descortinar a "verdade" do que se alega, na busca de um provimento judicial favorável.

A demonstração da verdade dos fatos é feita por intermédio da utilização probatória, e a prova é tudo aquilo que contribui para a formação do convencimento do magistrado, demonstrando os fatos, atos ou até mesmo o próprio direito discutido no litígio. Intrínseco ao conceito de prova é a sua finalidade, o objetivo, que é a obtenção do convencimento daquele que vai julgar, decidindo a sorte do réu, condenando ou absolvendo.

Segundo Claus Roxin, "probar significa convencer al juez sobre la certeza de la existencia de un hecho"[1]. A noção de verdade dos fatos permeia as tentativas de definição do conceito de prova ou a atividade de provar, o que enseja um leque maior de acepções do conceito de prova e do ato de provar. No dizer de Janaína Matida, "tratar da verdade no ambiente do processo é o mesmo que se falar em provas". Embora seja comum se dizer ser a função da prova "averiguar se determinados fatos tiveram ou não ocorrência no caso então sob análise", na realidade, quando desejamos aprofundar o exame, encontramos muitas dificuldades[2].

Necessário então, um posicionamento em torno do "critério de verdade a ser utilizado para as decisões envolvidas na construção dessa narrativa", de compasso com a advertência de Bianor Arruda[3]. Essa postura, para estar de acordo com o postulado da presunção de inocência, não pode ser a de perseguir uma suposta verdade real ou substancial, no processo penal, a todo preço, mas a de submeter a construção da verdade ao procedimento previsto em lei, no contexto de um Estado Democrático.

Essa perspectiva se coaduna com o posicionamento teórico de Simone Schreiber e de Thiago Bottino, quando postulam que as normas que disciplinam o processo penal sejam "entendidas como garantias do indivíduo, pois asseguram o exercício racional e não arbitrário do poder do Estado, estabelecendo os limites de atuação dos órgãos de investigação e persecução penal"[4]. Nesse âmbito, a prova, para ser assim conceituada e admitida, deve passar pelo filtro normativo-constitucional.

A sua vez, Julio Maier pondera que "o procedimento penal é, desde um ponto de vista, um método, regulado juridicamente, para averiguar a verdade acerca de uma imputação". Para o jurista argentino, prova é "tudo aquilo que, no procedimento, representa o esforço para incorporar rastros ou sinais que conduzem ao conhecimento correto ou provável de seu objeto"[5].

Guilherme Nucci, de outro giro, entende que existem "três sentidos para o termo prova: a) ato de provar: é o processo pelo qual se verifica a exatidão ou a verdade do fato alegado pela parte no processo (ex.: fase probatória); b) meio: trata-se do instrumento pelo qual se demonstra a verdade de algo (ex.: prova testemunhal); c) resultado da ação de provar: é o produto extraído da análise dos instrumentos de prova oferecidos, demonstrando a verdade de um fato"[6].

1. ROXIN, Claus. *Derecho procesal penal*. Buenos Aires: Editores Del Puerto, 2003. p. 185.
2. MATIDA, Janaína Roland. *O problema da verdade no processo: a relação entre fato e prova*. 2009. 112 f. Dissertação (Mestrado), Pontifícia Universidade Católica do Rio de Janeiro, Rio de Janeiro. p.15.
3. ARRUDA, Bianor. *O que define um julgamento e quais são os limites do juiz?* Valores hermenêutica e argumentação: elementos para a construção de uma teoria da decisão judicial. São Paulo: Noeses, 2018. p. 182.
4. SCHREIBER, Simone; AMARAL, Thiago Bottino. *Direito processual penal 1*. 3. ed. São Paulo: Saraiva, 2010. p.12.
5. MAIER, Júlio. *Derecho procesal penal argentino:* tomo 1 [vol. b]. Buenos Aires: Hammurabi, 1989. p.579 (tradução livre).
6. NUCCI, Guilherme de Souza. *Manual de processo penal e execução penal*. 3. ed. São Paulo: RT, 2007. p. 351.

Temos, a nosso ver, uma concepção estática, que é a prova em si mesma; uma expressão dinâmica, através da produção probatória; e uma feição dialética, com a submissão da prova à discussão processual e posterior valoração na sentença.

Busca-se o melhor resultado possível, a verdade viável dentro daquilo que foi produzido nos autos. Por isso a importância de processos com qualidade, pois só poderá haver condenação em face da certeza de culpabilidade, e esta não é obtida através de conjecturas ou suposições, e sim por intermédio de um escorço probatório sólido.

Para a obtenção desse desiderato, o sistema prevê regras consistentes para vedar a produção de prova ilícita, isto é, o ordenamento estabelece *exclusionary rules*, isto é, regras de exclusão de provas ilícitas, também chamadas de regras de proteção. A prova é produzida para influir na convicção do julgador. Nesse sentido, o juiz deve ser ignorante quanto aos fatos que lhe são apresentados, eis que se conhecê-los previamente restará impedido de exercer jurisdição (se o juiz presencia o fato delituoso ele não poderá julgá-lo, devendo ser testemunha). De outro lado, em sentido estrito, prova é somente aquela que resulta de procedimento contraditório e que é produzida perante juiz. Daí ser importante, tecnicamente, distinguir suas acepções, como veremos.

2. REQUISITOS DO PROCEDIMENTO PROBATÓRIO

Pressupõe procedimento contraditório, em regra produzida no curso de processo instaurado perante magistrado, com a participação dos litigantes. Quando produzida antes do processo, ou antes de ser oportunizada a participação dialética do interessado, a prova exigirá o contraditório posterior (diferido ou postergado), para que receba a qualificação de prova (*stricto sensu*).

Para ser prova apta a ser valorada na sentença, ela deve passar pelo crivo de:

(1) **admissibilidade** (não ser vedada pelo direito);

(2) **relevância** (referir-se à acusação descrita na denúncia ou na queixa);

(3) **confiabilidade** (fiabilidade, constatada pelo acatamento ao devido processo legal, a exemplo da observância da cadeia de custódia, a teor do art. 158-A, e seguintes, do CPP, com redação da Lei nº 13.964/2019); e

(4) **confronto** (respeito ao contraditório e à ampla defesa).

Sob essa lente é que Susan Haack pontifica que a fundamentação deve consistir em afirmações lastreadas por provas, consoante critérios científicos, para permitir rigoroso controle do julgamento, assegurando um justo processo[7].

A partir do critério do contraditório oportunizado durante a produção da prova ou após sua produção, a doutrina o subdivide em:

(1) **contraditório real** (ou para a prova ou para a constituição da prova), relativo à participação das partes na produção da prova que é feita na presença de juiz (a exemplo da prova testemunhal em juízo); e

7. HAACK, Susan. *Filosofia das lógicas*. Tradução: Cezar Augusto Mortari; Luiz Henrique de Araújo Dutra. São Paulo: UNESP, 2002. p.63.

(2) **contraditório diferido** (ou sobre a prova ou sobre a prova já produzida), referente ao debate dos interessados a respeito da prova já formada (os assistentes técnicos se manifestam sobre o laudo pericial já elaborado unilateralmente pelo perito).

3. ELEMENTOS DE INFORMAÇÃO

São os documentos e outros registros colhidos em procedimento diverso do processo judicial, sem a observância atinente ao contraditório. São chamados elementos de informação aqueles colhidos no curso do inquérito policial, procedimento de natureza inquisitiva, sem contraditório, isto é, na fase de investigação preliminar.

Como prova é vocábulo com múltiplos significados, a depender da função que exerce no contexto, há distinção doutrinária quanto ao que sejam meios de prova, meios de obtenção de prova e fontes de prova, bem como sobre o que se convencionou chamar de **técnicas especiais de investigação** que, a depender do contexto, podem assumir um daqueles três primeiros sentidos.

4. MEIOS DE PROVA

Os meios de prova são os recursos de percepção da verdade e formação do convencimento. É tudo aquilo que pode ser utilizado, direta ou indiretamente, para demonstrar o que se alega no processo. Nas palavras de Paulo Rangel, os meios de prova "são todos aqueles que o juiz, direta ou indiretamente, utiliza para conhecer da verdade dos fatos, estejam eles previstos em lei ou não"[8].

Sob sentido mais estrito, meios de prova são os instrumentos processuais disponíveis para a produção da prova em procedimento contraditório. Sob esse ângulo, teremos **meios de prova de primeiro grau**, na medida em que se destinam à produção da prova de maneira imediata e em sentido estrito, exigindo sua inserção no processo em linguagem com ele compatível. São **endoprocessuais**, só existindo no processo, naturalmente conduzido por magistrado.

A prova se considera produzida quando vertida em linguagem adequada e carreada ao processo. Por exemplo: para se comprovar uma lesão corporal, a parte pode dispor de mais de um meio, tais como a prova pericial, a prova testemunhal, a fotografia ou imagem digitalizada. No entanto, a prova assim o será quando descrita no processo, na forma prevista procedimentalmente (o depoimento pode se apresentar em linguagem escrita ou em linguagem audiovisual, a perícia deverá ser vertida em linguagem no competente laudo pericial confeccionado por profissional habilitado).

A busca da demonstração da verdade, vinculada ao respeito ao devido processo legal, permite uma vertente libertária na produção probatória. O CPP não traz de forma exaustiva todos os meios de prova admissíveis. Podemos, nesse viés, utilizar as provas nominadas, que são aquelas disciplinadas na legislação, trazidas nos arts. 158 a 250, do CPP, e, também, as inominadas, é dizer, aquelas ainda não normatizadas (atípicas). Durante a persecução

8. RANGEL, Paulo. *Direito processual penal*. 7. ed. Rio de Janeiro: Lumen Juris, 2003. p. 414.

criminal, permite-se a utilização de meios probatórios não disciplinados em lei, desde que moralmente legítimos e não afrontadores do próprio ordenamento.

Esta não taxatividade pode ser extraída do art. 155, do CPP, no seu parágrafo único, quando assevera que somente quanto ao estado das pessoas, serão observadas as restrições estabelecidas na lei civil. É o que acontece, por exemplo, com a demonstração do estado de casamento, que deve ser feita com a certidão do respectivo registro civil. Da mesma forma, o STJ, no verbete nº 74, de sua Súmula, assevera que, para efeitos penais, o reconhecimento da menoridade do réu requer prova por documento hábil.

A liberdade probatória é a regra, e as limitações figuram no âmbito da exceção. Está também é a égide do CPPM, que, em seu art. 295, esclarece ser admissível qualquer espécie de prova, desde que não atente contra a moral, a saúde ou a segurança individual ou coletiva, ou contra a hierarquia ou a disciplina militares.

5. MEIOS DE OBTENÇÃO DE PROVA OU MEIOS DE INVESTIGAÇÃO DE PROVA

São, em regra, **extraprocessuais**. Têm o objetivo de encontrar elementos materiais de prova ou fontes de prova. Ex.: a interceptação telefônica é um meio de obtenção de prova, por se tratar de um **meio de prova de segundo grau**, eis que se destina a indicar outras fontes de provas, materiais e de primeiro grau, através de investigações amplas. Também é um meio de investigação da prova ou de obtenção da prova, a busca e apreensão de documentos.

6. FONTES DE PROVA

É a **pessoa** ou a **coisa** da qual emana a prova, denominado, em sentido amplo, de **sujeito da prova**.

Segundo Framarino Malatesta "toda prova tem um sujeito e um objeto; o sujeito da prova é a pessoa ou a coisa que afirma: o objeto é a coisa demonstrada. Assim, o sujeito e o objeto da prova necessitam de uma avaliação especial"[9]. Uma fonte de prova constitui um encadeamento com a prova produzida a partir dela. Esta, por sua vez, pode ser fonte de uma prova posterior. Assim, sucessivamente. É importante a noção para que nenhuma fonte de causação de uma prova posterior seja omitida, sob pena de constituir prova ilícita.

Veja-se, a título de exemplo, o caso de transcrição de interceptação telefônica. Ela pode ser fonte de prova quando indica fato delituoso diverso do apurado, servindo como notícia do crime para outra investigação autônoma. A partir dela é possível saber, por exemplo, quais pessoas conhecem o fato. Estas poderão, então, ser testemunhas.

As fontes de prova podem ser, portanto, reais (o cadáver, os documentos) ou pessoais (o perito, a testemunha, a vítima).

---

9. MALATESTA. Nicola Framarino Dei. *A lógica das provas em matéria criminal*. Tradução: Paolo Capitaneo. 3. ed. Campinas: Bookseller, 2004. p.151.

7. TÉCNICAS ESPECIAIS DE INVESTIGAÇÃO

São instrumentos distintos daqueles tradicionais (prova documental ou oral), consistentes em estratégias que visam apurar crimes graves, com a otimização dos resultados através de criatividade investigativa. Podem funcionar como **meio de obtenção de prova**.

As técnicas especiais de investigação são caracterizadas por dois elementos: o sigilo e a dissimulação, com o fito de se coligir elementos materiais de prova ou fontes de provas. Caso a técnica especial seja invasiva, ou seja, intrusiva, com risco de afetar direitos fundamentais como a intimidade, haverá necessidade de aquilatar sua legalidade, sua constitucionalidade e, se o caso concreto exigir, intervenção por intermédio de decisão judicial, em face de cláusula de reserva jurisdicional que existe quanto a bem relacionado à vida privada do investigado[10].

Exemplos de técnicas especiais de investigação são os meios de obtenção de prova previstos na Lei nº 12.850/2013, que dispõe sobre o controle do crime organizado, tais como os dispostos em seu artigo 3º:

(1) colaboração premiada;

(2) captação ambiental de sinais eletromagnéticos, ópticos ou acústicos;

(3) ação controlada;

(4) acesso a registros de ligações telefônicas e telemáticas, a dados cadastrais constantes de bancos de dados públicos ou privados e a informações eleitorais ou comerciais;

(5) interceptação de comunicações telefônicas e telemáticas, nos termos da legislação específica;

(6) afastamento dos sigilos financeiro, bancário e fiscal, nos termos da legislação específica;

(7) infiltração, por policiais, em atividade de investigação; e

(8) cooperação entre instituições e órgãos federais, distritais, estaduais e municipais na busca de provas e informações de interesse da investigação ou da instrução criminal.

8. SUCEDÂNEOS PROBATÓRIOS

Os sucedâneos probatórios consistem em elementos de informação de menor densidade epistemológica se comparados às provas primárias. Neles, há déficit cognitivo do julgador relativamente aos fatos informados, seja por não ter sido seguido o procedimento legal para a formação da prova em juízo, seja por não ter sido observado o princípio da imediação, que impõe produção da prova sem anteparos ou intermediários.

Os sucedâneos probatórios, se comparados à prova judicial, em sentido estrito, deve ter menor teor de fiabilidade (redução de confiança), haja vista a maior distância do percurso entre a fonte primária da informação e a comunicação materializada, eis que viabilizada por meio de instrumento mais remoto.

10. LIMA, Renato Brasileiro de. *Curso de processo penal*: volume único. Niterói: Impetus, 2013. p. 562-563.

De todo modo, o regime de cognição probatória por parte do julgador deve ser bem contornado em matéria penal, com rigorosa limitação, porquanto em jogo o direito de liberdade.

Sobre os sucedâneos probatórios, fala-se, no direito português[11], em "princípio da utilização da melhor prova disponível", que impõe o uso de fontes originais de informação ou imediatas, alijando o uso de provas secundárias, menos densas. Nos países de *Common Law*, de outra parte, o cânone equivalente seria a *best evidence rule*, a fim de coibir provas *hearsay*, por ouvir dizer ou fruto de boatos[12].

Sucedâneos probatórios podem ser definidos como:

(1) provas secundárias que, por sua vez, podem ser:

(a) indiretas (sem reportar o núcleo do *thema probandum*, *hearsay* – por ouvir dizer – ou de natureza legal negativa, com eficácia limitada por lei);

(b) indiciárias (evidências menores para uso de método indutivo); e

(c) sem valor pleno (inapta a juízo condenatório);

(2) provas em sentido incompleto, do ponto de vista conceitual. Vale dizer, são provas em sentido amplo: nos sucedâneos probatórios, estão ausentes uma ou mais notas que compõem o conceito de prova.

São exemplos de sucedâneos probatórios:

(1) prova produzida sem a presença do juiz (elementos de informação da investigação preliminar);

(2) depoimentos testemunhais tomados de forma mediata (o princípio da imediatidade dita que o testemunho deve ser prestado perante o juiz competente), sem decorrer de fonte direta que retrataria a "ideia de fonte de conhecimento de primeira mão[13]);

(3) depoimentos testemunhais tomados com mitigação de contraditório pleno, na forma da lei, tais como:

(a) o depoimento especial de criança e de adolescentes – depoimento sem dano (art. 9º, Lei nº 13.431/2017); e

(b) o depoimento de testemunha anônima, sob segredo, reserva ou confidencialidade – sem que haja ciência do acusado sobre a identidade do depoente ou sem a presença do réu, em razão de segurança e proteção (art. 7º, IV, Lei nº 9.807/1999; art. 217, *caput*, CPP).

Embora autores brasileiros possam fazer alusão aos "sucedâneos probatórios", não tem sido necessário o uso da expressão em face de já contarmos com rica classificação doutrinária de origem italiana, em boa medida tomada da obra clássica de Nicola Framarino Dei Malatesta, "Lógica das provas em matéria criminal", dividindo a prova em direta e indireta[14].

---

11. PORTUGAL – Tribunal Constitucional – Acórdão nº 367/2014 – Diário da República nº 230/2014 – Série II – 27 nov. 2014.
12. NANCE, Dale A. *The best evidence principle*. Geneva: Faculty Publications,1988. p. 227.
13. GOMES, Décio Alonso. *Prova e imediação no processo penal*. Salvador: Juspodivm, 2016. p. 40.
14. MALATESTA. Nicola Framarino Dei. *A lógica das provas em matéria criminal*. Tradução: Paolo Capitaneo. 3. ed. Campinas: Bookseller, 2004. p.148.

É possível relacionar, no ordenamento jurídico brasileiro, os "sucedâneos probatórios" à dicção do art. 155, ***caput***, do CPP. O que não for capaz de, por si só, fundamentar uma condenação, é somente elemento para construção de argumento probatório coadjuvante, que se insere na chamada prova não plena ou na classe das **provas legais negativas** (formalidades legais que impõem restrições rígidas às possibilidades condenatórias).

No processo penal brasileiro, não possuem aptidão para, isoladamente, constituir certeza objetiva própria de juízo condenatório:

(1) a confissão;

(2) os elementos de informação da investigação preliminar (salvo cautelares e irrepetíveis, como a prova técnica pericial);

(3) a delação premiada;

(4) o testemunho por ouvir dizer (*hearsay*); e

(5) o conteúdo probatório de índole abdutiva (método da melhor explicação).

Veja-se que o Código de Processo Penal não proíbe o uso da prova secundária, isto é, não veda que os sucedâneos probatórios citados sejam usados para reforçar argumentos fundados em prova primária. Entretanto, o ordenamento jurídico pátrio é taxativo ao preconizar que eles não têm valor pleno, eis que não pode haver condenação arrimada somente neles.

Nessa linha, o princípio da proporcionalidade não pode ser aplicado para autorizar condenação de réu com lastro em prova de segunda mão, indireta, mediata, por ouvir dizer ou limitada legalmente. Em outros termos, justificativa com esteio na gravidade do delito não deve ser admitida para emissão de juízo condenatório fundado em sucedâneos probatórios.

Sob outro prisma, em matéria processual penal, a expressão "sucedâneos probatórios" suscita a oposição entre:

(1) o princípio da imediação, do qual decorrem imediatidade (não intermediação de terceiros na produção de provas) e oralidade (participação direta e falada das partes na produção da prova perante um juiz competente); e

(2) os sistemas de justiça secreta (típicas dos sistemas inquisitivos e refratárias dos sistemas acusatórios e democráticos).

Nesse sentido, de acordo com Arocena, Balcarce e Cesano, em virtude da máxima da ***inmediación***, o juiz deve elaborar a sentença sobre a base de suas impressões pessoais que obtém da prova recebida no bojo de um procedimento principal, com debate oral e público[15].

15. AROCENA, Gustavo Alberto; BALCARCE, Fabián Ignácio; CESANO, José Daniel. *Prueba en materia penal*. Buenos Aires: Editorial Astrea, 2014. p.13.

9. DESTINATÁRIOS DA PROVA

O destinatário direto da prova é o magistrado, que formará o seu convencimento pelo material que é trazido aos autos. As partes também são destinatárias da prova, mas de forma indireta, pois se convencidas daquilo que ficou demonstrado no processo, haverá maior possibilidade de anuírem com a decisão.

Se o processo estiver em trâmite perante tribunal, é todo o colegiado que é o destinatário da prova, não apenas o relator. Sobre esse ponto, o STJ sublinhou que o julgador é o destinatário final da prova e, na hipótese de ação penal originária, a prova não é dirigida, exclusivamente, ao relator, mas sim ao colegiado, que entendeu, no caso, pela necessidade das medidas[16].

10. NATUREZA JURÍDICA

A prova está intimamente ligada à demonstração da verdade dos fatos, sendo inerente ao desempenho do direito de ação e de defesa. É verdadeiro direito subjetivo com vertente constitucional para demonstração da realidade dos fatos.

Já as normas atinentes às provas são de natureza processual, tendo aplicação imediata. Se o legislador disciplina um novo meio de prova, ou altera as normas já existentes, tais alterações terão incidência instantânea, abarcando os processos já em curso. Os crimes ocorridos antes da vigência da lei poderão ser demonstrados pelos novos meios de prova.

11. OBJETO

É o que se deve demonstrar, ou seja, aquilo sobre o que o juiz deve adquirir o conhecimento necessário para resolver a demanda. É o que de fundamental deve estar conhecido e demonstrado para viabilizar o julgamento. Crucial a distinção entre **objeto da prova** e **objeto de prova**.

12. OBJETO DA PROVA

O foco são os fatos relevantes. Lembre-se de que o réu se defende dos fatos, e não da tipificação jurídica dada a estes. É a coisa, o fato, o acontecimento que deve ser conhecido pelo juiz, a fim de que possa emitir um juízo de valor.

13. OBJETO DE PROVA

Diz respeito ao que é pertinente ser provado. É saber o que se precisa provar. Identificando o que é preciso provar, por exclusão, elimina-se o que a parte não precisa perder tempo em demonstrar, pois a lei dispensa. Ex.: não se precisa provar que 25 de dezembro é Natal[17], já que este é um fato notório e independe de demonstração probatória. Nesta ótica:

(1) o **direito**, como regra, não precisa ser provado. Eventualmente será necessário provar a existência e a vigência do direito estadual, municipal, consuetudinário e alienígena;

16. STJ – Quinta Turma – HC 437.033/SP, Rel. Min. Reynaldo Soares da Fonseca – DJe 28 ago. 2018.
17. RANGEL, Paulo. *Direito processual penal*. 4. ed. Rio de Janeiro: Lumen Juris, 2001. p. 278.

(2) os **fatos notórios** são aqueles de domínio de parcela significativa da população informada. São também chamados de verdade sabida, e não carecem de prova. Ex.: feriados nacionais. Ao contrário do processo civil, os fatos incontroversos, que são aqueles alegados por uma parte e reconhecidos pela outra, carecem de demonstração probatória;

(3) os **fatos axiomáticos** ou **intuitivos** são aqueles que se auto demonstram, têm força probatória própria, e também não dependem de prova. Ex.: o parágrafo único do art. 162 do CPP dispensa o exame interno cadavérico, quando as lesões externas permitirem precisar a causa da morte, como no caso da decapitação, ou de carbonização do cadáver. Este fato seria evidente. A verdade salta aos olhos;

(4) os **fatos inúteis** também não carecem de prova, pois são irrelevantes para a persecução penal;

(5) as **presunções legais**, sendo conclusões extraídas da própria lei, ou dispensam a produção de prova, como acontece com as presunções absolutas (*juris et de jure*), ou invertem o ônus da prova, como acontece com as presunções meramente relativas (*juris tantum*). Ex.: não adianta o Ministério Público tentar demonstrar que um menor de dezoito anos tinha capacidade de entender e querer à época do fato delitivo, pois, por presunção insuperável do art. 27, do CP, ele é inimputável. O estupro de vulnerável, englobando o ato de ter conjunção carnal ou praticar ato libidinoso com menor de quatorze anos, tem sido compreendido como caso de presunção absoluta de violência, pelo STJ, *ex vi* do enunciado nº 593, de sua Súmula[18]. De qualquer sorte, continuamos a entender, a despeito das posições em sentido contrário, que uma vez demonstrada a capacidade de entender as consequências do ato sexual, que o fato é atípico.

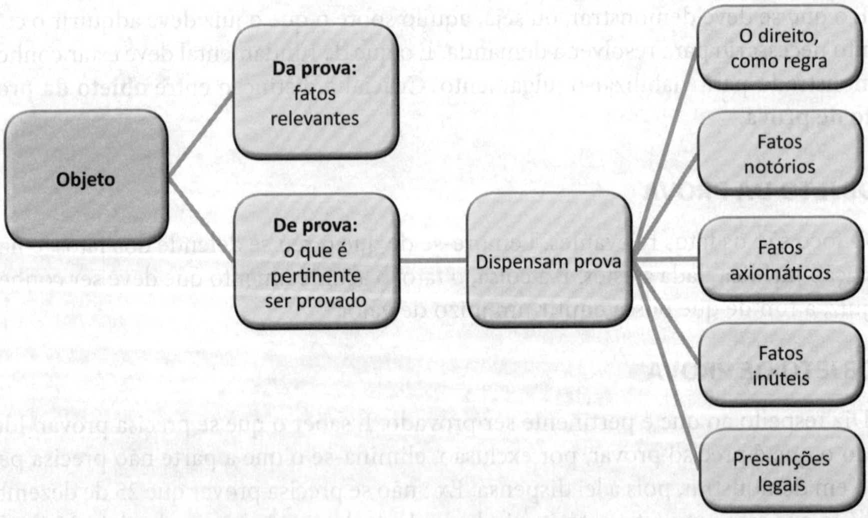

18. STJ – Quinta Turma – AgRg no AREsp 1587765/MG – Rel. Min. Reynaldo Soares da Fonseca – DJe 12 dez. 2019.

14. CLASSIFICAÇÃO DA PROVA

De maneira usual, a prova comporta classificação que nos permite compreender melhor o seu conceito e seu aspecto pragmático, ou seja, sua função, aplicada ao processo penal. Classificaremos a prova quanto ao objeto, ao efeito ou valor, ao sujeito ou causa, à forma ou à aparência, à possibilidade de renovação em juízo, ao momento procedimento, à previsão legal, à finalidade e à imposição legal da forma.

15. CLASSIFICAÇÃO DA PROVA QUANTO AO OBJETO

É a relação ou incidência que a prova tem com o fato a ser provado.

(1) **Prova direta** ou **positiva**: refere-se diretamente ao fato probando, por si o demonstrando. Tem o escopo de evidenciar a afirmação do fato a se provar, ou seja, de forma positiva. Ex.: testemunha visual.

(2) **Prova indireta**, **negativa** ou **contrária**: refere-se a um outro acontecimento que, por ilação, nos leva ao fato principal. Tem o fito de negar que o fato aconteceu, a partir de outro fato que é logicamente incompatível com aquele que a acusação tem a incumbência de provar. Trata-se de prova contrária ou prova com sinal negativo, eis que se opõe àquela asserção que é objeto de prova[19]. Ex.: um álibi (cujo sentido é o de argumento utilizado pelo indiciado ou acusado consistente em afirmar que estava em local diverso quando certa infração penal aconteceu).

Não se confunde com a **contraprova**, que tem espectro menor que o da **prova contrária**, porquanto aquela é decorrência do contraditório, tendente a oportunizar que a parte adversária possa impugnar a prova produzida pela outra. A contraprova tem o cunho específico de mitigar a credibilidade da prova inicialmente produzida pela parte oponente, tal como se dá com a resposta preliminar à acusação do art. 396-A, *caput*, CPP, no ponto em que o denunciado poderá "oferecer documentos".

Essa classificação também é referida segundo o **critério da "representação probatória"**. Nesse sentido, Victor Gonçalves e Alexandre Reis classificam a prova, **quanto à eficácia representativa**, em:

(1) **prova direta, inartificial ou histórica**, quando a prova, de per si, evidencia o fato controvertido; e

(2) **prova indireta, artificial, crítica ou oblíqua**, quando a prova demonstra um fato que é utilizado como base para comprovar outro fato, por dedução ou indução[20].

Observação: Quando determinada prova for demonstrativa do fato probando, ela será **direta**. Quando tal prova for demonstrativa de elementos circundantes ao fato probando, recaindo sobre fato diverso que, por inferência, permite chegar ao fato central, será ela

19. MICHELI, Gian Antonio. *La carga de la prueba*. Traducion: Santiago Sentis Melendo. Buenos Aires: Europa-América, 1961. p.5.
20. REIS, Alexandre Cebrian Araújo; GONÇALVES, Victor Eduardo Rios. Direito processual penal esquematizado. 4. ed. São Paulo: Saraiva, 2015. p.270.

indiciária. Os indícios serão sempre indiretos, enquanto as demais provas podem ser diretas ou indiretas[21].

É possível que a prova de um fato, enquanto infração penal indivisível (um todo unitário), envolva um misto de provas diretas e indiretas, como alude Franmarino Malatesta[22].

16. CLASSIFICAÇÃO DA PROVA QUANTO AO EFEITO OU VALOR

É o grau de convicção gerado no juiz diante da apreciação da prova.

(1) **Prova plena**: é aquela necessária para condenação, imprimido no julgador um juízo de certeza quanto ao fato apreciado.

(2) **Prova não plena ou indiciária**: é a prova limitada quanto à profundidade, permitindo, por exemplo, a decretação de medidas cautelares.

O critério dessa classificação é o resultado que a prova produz no estado de espírito subjetivo do juiz, considerando que "o conhecimento da prova durante o curso do procedimento penal produz no juiz diferentes estados intelectivos". Os graus de clareza dessa intelecção, denominado de "estados subjetivos do julgador a respeito da verdade", podem ser, segundo Gustavo Arocena, Fabián Balcarce e Daniel Cesano, de certeza, probabilidade ou dúvida:

(1) **certeza** é a firme convicção de ter o juiz reconstruído conceitualmente e acreditado na verdade;

(2) **probabilidade** ocorre quando há, concorrentemente, elementos positivos e negativos referentemente à demonstração do fato delituoso narrado, mas que os primeiros são superiores em idoneidade probatória que os segundos para proporcionar conhecimento, em razão de sua preponderância qualitativa; e

(3) **dúvida**: quando motivos afirmativos e negativos em torno do fato probando se equivalem[23].

Observação: perspectiva semelhante, mas que não se confunde com a distinção ora tratada, é a antiga classificação anotada por Beccaria, que explica que a prova de um delito pode ser diferenciada em **provas perfeitas** e **provas imperfeitas**. Nas palavras do autor, as denominadas perfeitas são as que demonstram, de maneira positiva, que é impossível ser o acusado inocente. Por outro lado, as provas são chamadas de imperfeitas quando a possibilidade de inocência do acusado não é excluída[24]. Entendemos que tal classificação é mais útil a um sistema de natureza inquisitória. Isso porque a orientação que o juiz deve seguir para proferir sentença condenatória é buscar prova não somente necessária à condenação, mas também suficiente. De tal maneira, antes de buscar razão para condenar o réu, deve o magistrado pesquisar nos autos se há motivo absolutório. Não havendo, deve ainda

21. GRINOVER, Ada Pellegrini. *Provas ilícitas, interceptações e escutas*. Brasília: Gazeta Jurídica, 2013. p. 267.
22. MALATESTA. Nicola Framarino Dei. *A lógica das provas em matéria criminal*. Tradução: Paolo Capitaneo. 3. ed. Campinas: Bookseller, 2004. p.157.
23. AROCENA, Gustavo Alberto; Fabián Ignacio Balcarce; José Daniel Cesano. *Prueba en materia penal*. Buenos Aires; Bogotá: Astrea, 2014. p.78-81.
24. BECCARIA, Cesare. *Dos delitos e das penas*. Tradução: Torrieri Guimarães. São Paulo: Hemus, 1983. p. 23.

verificar se há prova necessária e suficiente. Esta última, a postura acusatória consentânea com os motivos de absolvição do art. 386, do CPP, e, sobremodo, com a Constituição e com o art. 3º-A, do CPP, com redação da Lei nº 13.964/2019[25].

17. CLASSIFICAÇÃO DA PROVA QUANTO AO SUJEITO OU CAUSA

Trata da prova em si considerada, em que consiste o material produzido.

(1) **Prova real**: aquela emergente do fato. Ex.: fotografia, pegadas etc.

(2) **Prova pessoal**: decorre do conhecimento de alguém em razão do *thema probandum*. Ex.: confissão, testemunha, declarações da vítima.

18. CLASSIFICAÇÃO DA PROVA QUANTO À FORMA OU APARÊNCIA

É a maneira como a prova se revela no processo.

(1) **Prova testemunhal**: é expressa pela afirmação de uma pessoa, independentemente, tecnicamente, de ser testemunha ou não. Ex.: interrogatório do réu.

(2) **Prova documental**: é o elemento que irá condensar graficamente a manifestação de um pensamento. Ex.: contrato.

(3) **Prova material**: simboliza qualquer elemento que corporifica a demonstração do fato. Ex.: exame de corpo de delito, instrumentos do crime etc. A prova material ainda se subdivide em:

(a) **própria**: quando é apresentada a própria coisa à constatação do juiz;

(b) **imprópria**: ocorre quando a constatação dos elementos materiais do delito seja feita por perito. Nesse caso há materialidade por ficção jurídica.

Como pondera Franmarino Malatesta, "temos, assim, duas espécies de prova material: prova material própria, cabível para a constatação judicial; prova material por ficção jurídica, a que o é por constatação quase judicial"[26].

19. CLASSIFICAÇÃO DA PROVA QUANTO À POSSIBILIDADE DE RENOVAÇÃO EM JUÍZO

Refere-se àqueles elementos de informação coligidos no inquérito policial que possibilitam ou não a sua renovação em juízo, sob o crivo do contraditório.

(1) **Prova irrepetível** ou **não-repetível**: é a prova que é produzida a partir de fonte probatória perecível ou passível de desaparecimento ou destruição. Existem provas que se exaurem rapidamente e, mesmo que possam ser renovadas, não são aptas a constatar detalhes que seriam possíveis à época do surgimento da correspondente fonte probatória. O exame sobre lesões corporais tende a ser irrepetível: a pessoa lesionada geralmente se

---

25. Dispositivo com eficácia suspensa, nos termos de decisão monocrática do Supremo Tribunal Federal (STF – ADI 6298/ DF – Medida Cautelar – Rel. Min. Luiz Fux – 22 jan. 2020).

26. MALATESTA. Nicola Framarino Dei. *A lógica das provas em matéria criminal*. Tradução: Paolo Capitaneo. 3. ed. Campinas: Bookseller, 2004. p.605.

convalesce da lesão, notadamente de lesões leves, inviabilizando a renovação de perícia com o mesmo valor em juízo.

(2) **Prova repetível**: é a prova que pode ser reproduzida em juízo, sem que haja perda de seu valor, tal como ocorre, via de regra, com a prova testemunhal, salvo se a testemunha estiver enferma, quando o seu depoimento deverá ser colhido cautelarmente, *ad perpetuam rei memoriam*.

20. CLASSIFICAÇÃO DA PROVA QUANTO AO MOMENTO PROCEDIMENTAL

É o instante da persecução penal estatal que a prova será produzida. Pode ocorrer na investigação preliminar, no curso do processo, em seu momento previsto ou antecipadamente.

(1) **Prova cautelar preparatória** ou **antecipada**: produzida no curso da investigação preliminar, ou seja, antes da deflagração do processo penal, em razão de necessidade concernente ao risco de perecimento probatório ou de se obter maiores elementos para supedanear futura ação penal. Ex.: interceptação telefônica; prova testemunhal de pessoa com grave enfermidade (*ad perpetuam rei memoriam*); busca e apreensão de documentos para reforçar os elementos de informação do inquérito policial.

Problema diverso, mas digno de registro, é o das **falsas memórias**. Não se confunde com o depoimento *ad perpetuam rei memoriam*, porque a necessidade deste último é devida a uma situação de urgência, enquanto a falsa memória é um fenômeno, voluntário ou involuntário, capaz de interferir na credibilidade (fiabilidade) que se pode outorgar à prova penal. O tema das falsas memórias é proposto por Cristiana di Gesu com o objetivo de ser repensada a questão da prova criminal e refletir acerca das suas implicações na prova oral. De compasso com a autora, "embora se fale de memórias falsas, tanto as sugeridas, quanto às espontâneas, não se quer dizer que as demais lembranças sejam verdadeiras ou fidedignas à realidade"[27].

(2) **Prova cautelar incidental** ou **antecipação probatória** (no curso do processo): é produzida durante o curso de processo penal já iniciado, cuidando-se de antecipação probatória que implica não seguir estritamente o rito procedimental para a sua formação. Ex.: a oitiva de testemunha de forma precoce, antes mesmo da audiência designada ou da resposta preliminar à acusação (art. 396, CPP), em razão de urgência por motivo de saúde grave (*ad perpetuam rei memoriam*); a oitiva de testemunha ou a produção de provas urgentes em caso da suspensão do processo de que trata o art. 366, do CPP (réu citado por edital que não comparece nem constitui advogado).

21. CLASSIFICAÇÃO DA PROVA QUANTO À PREVISÃO LEGAL

Cuida-se do critério relativo à regra que dita o meio de prova, declinando o seu *nomen juris*, podendo ou não conter a forma procedimental para sua constituição[28].

27. GESU, Cristina di. *Prova penal e falsas memórias*. 2. ed. Porto Alegre: Livraria do Advogado, 2014. p.132.
28. DEZEM, Guilherme Madeira. *Da prova penal*: tipo processual, provas típicas e atípicas. Campinas: Millennium, 2008. p.147.

(1) **Prova nominada**: a legislação prevê o meio de prova (com a indicação do seu nome jurídico), podendo deixar ou não em aberto a forma de sua produção. A prova nominada pode ainda ser:

(a) **típica**: a doutrina assim classifica a prova que, além de nominada, tem seu modo de produção expressamente previsto pela legislação, tal como ocorre com a prova testemunhal que tanto é prevista no CPP, quanto tem seu rito delineado pelo mesmo diploma legal, com indicação da ordem de perguntas (prova nominada típica);

(b) **atípica**: é a prova nominada que não tem seu procedimento especificado pela legislação, embora haja indicação de seu *nomen juris*. Em outras palavras, a lei a prevê, mas não diz o modo como ela deve ser constituída, ou seja, sua forma de produção é livre. Ex.: reprodução simulada dos fatos (há previsão legal gizada no art. 7º, CPP, mas a forma de constituição dessa prova é ampla: prova nominada atípica).

(2) **Prova inominada**: vigora no nosso sistema a liberdade probatória. Trata-se de prova que não é vedada por lei ou pelos bons costumes, embora não haja forma legal expressa, tal como se dá com as certidões de oficiais de justiça que declaram fato (não são provas testemunhais, mas são informações). Pode ser utilizada se não implicar violação ou abreviação do rito procedimental.

22. CLASSIFICAÇÃO DA PROVA QUANTO À FINALIDADE DA PROVA

É classificação doutrinária relacionada à destinação da prova em conformidade ou desconformidade com sua previsão legal.

(1) **Prova anômala**: é o desvio de finalidade na produção da prova. Vale dizer, consiste no uso de meio diverso daquele previsto em lei para a obtenção da informação objeto de prova. Viola-se gravemente o modelo legal mais apropriado para o objetivo probatório almejado. Ex.: a ligação telefônica à testemunha que reside fora da sede do juiz processante, em substituição à prova testemunhal que deveria ser colhida por carta precatória, de tudo certificando o oficial de justiça. Embora a certidão do oficial de narrando tal situação possa servir, em situação normal, como meio de prova, ela não tem o condão de conferir ao juízo o mesmo valor que a prova testemunhal, nem tem sequer a aptidão para substituí-la validamente[29]. Cuida-se de ato acometido de **inexistência jurídica**, pelo que se sujeita à **invalidação**.

(2) **Prova irritual**: é a prova produzida sem a observância de seu procedimento legal, do seu rito previsto em lei. A prova irritual viola o rito do modelo disciplinado legalmente. É prova ilegítima, eis que carente de elementos de sua conformação típica. Exemplo: a tomada de depoimento de vítima de crime sexual, por intermédio de escrito, em substituição à regra da oralidade. O ato processual irritual é eivado de **nulidade absoluta**, devendo ser objeto de **invalidação**.

23. CLASSIFICAÇÃO DA PROVA QUANTO À IMPOSIÇÃO LEGAL DA FORMA

É classificação relacionada à limitação da produção probatória para determinados fatos ou para a formação da convicção do juiz, podendo se apresentar sob o aspecto positivo ou negativo.

29. LIMA, Renato Brasileiro de. *Curso de processo penal*: volume único. Niterói: Impetus, 2013. p.574.

(1) **Prova legal positiva, prova legal** ou **prova tarifada**: quando a lei exige que só se comprove um fato por determinado meio de prova. Por exemplo, o estado civil das pessoas só é demonstrável através dos documentos previstos na lei civil (parágrafo único, do art. 155, CPP). Desse modo, só se comprova o estado de casado pela certidão de casamento, não sendo aptas fotografias ou o uso de alianças para este fim.

(2) **Prova legal negativa**: a lei pode limitar a cognição do juiz, preconizando, por exemplo, que não é possível decretar a condenação de acusado só com base em indícios colhidos na fase de investigação preliminar (art. 155, *caput*, CPP)[30] ou declarando que a confissão não é capaz de, por si só, autorizar prolação de sentença penal condenatória, carecendo de outras provas que a acompanhem (art. 197, CPP).

Quanto ao objeto	**Quanto ao efeito ou valor**	**Quanto ao sujeito ou causa**
‣ Direta ‣ Indireta	‣ Plena ‣ Não plena ou indiciária	‣ Real ‣ Pessoal
Quanto à forma ou aparência	**Quanto à possibilidade de renovação em juízo**	**Quanto ao momento procedimental**
‣ Testemunhal ‣ Documental ‣ Material	‣ Irrepetível ou não repetível ‣ Repetível	‣ Cautelar preparatória ou prova antecipada ‣ Cautelar incidental ou antecipação probatória
Quanto à previsão legal	**Quanto à finalidade da prova**	**Quanto à imposição legal**
‣ Nominada ‣ Inominada	‣ Anômala ‣ Irritual ‣ Material	‣ Prova legal positiva ou prova tarifada ‣ Prova legal negativa

24. TEORIA DA ILICITUDE DA PROVA, REGRA DE EXCLUSÃO OU VEDAÇÃO PROBATÓRIA

O princípio da liberdade probatória não é absoluto. O intuito de alcançar a "verdade substancial" e a amplitude da produção probatória, fazendo-se aproveitar outros meios de prova que não os disciplinados no CPP, encontram limites rígidos.

Em outras palavras, no processo penal, embora se fale em "busca da verdade real", podemos afirmar que, inversamente, a verdade é mais do que formal. Vale dizer, sem respeito aos trilhos legais e constitucionais, não haverá verdade válida. A Carta Magna, no seu art. 5º, inciso LVI, traz o principal obstáculo, consagrando a inadmissibilidade, no processo, "das provas obtidas por meios ilícitos".

Seria impensável uma persecução criminal ilimitada, sem parâmetros, onde os fins justificassem os meios, inclusive na admissão de provas ilícitas. O Estado precisa ser

30. DEMERCIAN, Pedro Henrique; MALULY, Jorge Assaf. *Curso de processo penal*. 9. ed. Rio de Janeiro: Forense, 2014. p. 326.

sancionado quando viola a lei. Assegurar a imprestabilidade das provas colhidas em desrespeito à legislação é frear o arbítrio, blindando as garantias constitucionais, e eliminando aqueles que trapaceiam, desrespeitando as regras do jogo. É abuso de autoridade, tipificado em lei, conduzir persecução penal arbitrária, nos termos do art. 30, da Lei nº 13.869/2019.

Na lição de Paulo Rangel, "a vedação da prova ilícita é inerente ao Estado Democrático de Direito que não admite a prova do fato e, consequentemente, punição do indivíduo a qualquer preço, custe o que custar"[31]. Não tem aplicação, no direito brasileiro, o princípio, teoria ou axioma consistente na afirmação de que a prova que foi mal colhida, porém bem conservada, pode ser aproveitada no processo penal (*male captum, bene retentum*). Em outros termos, é indispensável que as regras do jogo de produção da prova sejam observadas, pelo que não aceita o nosso sistema que, em nome da justiça ou de valores sociais, o acusado seja punido de toda maneira, sem o acatamento do devido processo legal.

A prova é taxada de **proibida** ou **vedada** toda vez que sua produção implique violação da lei ou de princípios de direito material ou processual. Por afrontar a disciplina normativa, não seria admitida ao processo. Temos assim, por classificação amplamente aceita, as provas vedadas, proibidas ou inadmissíveis, que é o gênero, do qual são espécies as provas ilícitas, ilegítimas e irregulares[32].

25. PROVAS ILÍCITAS

São aquelas que violam disposições de direito material ou princípios constitucionais penais. Ex.: confissão obtida mediante tortura (Lei nº 9.455/1997); interceptação telefônica realizada sem autorização judicial e a captação ambiental realizada ao arrepio do permissivo legal (arts. 10 e 10-A, da Lei nº 9.296/1996, com redação conferida pela Lei nº 13.964/2019).

26. PROVAS ILEGÍTIMAS

São as que violam normas processuais e os princípios constitucionais da mesma espécie. Ex.: laudo pericial subscrito por apenas um perito não oficial (art. 159, § 1º, CPP).

27. PROVAS IRREGULARES

Para Paulo Rangel, além da classificação acima, ainda teríamos as chamadas provas irregulares, que seriam aquelas permitidas pela legislação processual, mas na sua produção, as formalidades legais não são atendidas. Seriam irregulares as provas que, apesar de autorizadas pela norma processual, "foram colhidas com infringência das formalidades legais existentes. Quer-se dizer, embora a lei processual admita (não proíba) um determinado tipo de prova, ela exige, para sua validade, o cumprimento de determinadas formalidades que não são cumpridas"[33]. Ex.: busca e apreensão domiciliar que, embora seja prova admitida, o mandado não atenda aos requisitos formais do art. 243, do CPP, quais sejam,

31. RANGEL, Paulo. *Direito processual penal*. 7. ed. Rio de Janeiro: Lumen Juris, 2003. p. 414.
32. GRINOVER, Ada Pellegrini; FERNANDES, Antônio Scarance; GOMES FILHO, Antônio Magalhães. *As nulidades no processo penal*. 7. ed. São Paulo: RT, 2001. p. 133.
33. RANGEL, Paulo. *Direito processual penal*. 7. ed. Rio de Janeiro: Lumen Juris, 2003. p. 417.

mencionar os motivos e os fins da diligência, ser subscrito pelo escrivão e pela autoridade que o fez expedir etc.

Data venia, ousamos discordar da utilidade dessa terceira classificação, afinal, as provas ditas irregulares estariam, em última análise, violando normas de caráter processual, e logo seriam ilegítimas. De outro lado, é possível que uma única prova viole tanto regra de direito material, quanto regra de direito processual, podendo se revelar ilícita e ilegítima a um só tempo.

Quanto aos efeitos referentes à ilicitude ou à ilegitimidade, em regra, teremos as seguintes consequências:

(1) tratando-se de prova ilícita em sentido estrito, que feriu regra de direito material, a prova deve ser desentranhada dos autos (exclusão da prova), não podendo ser parâmetro para fundamentar decisões;

(2) cuidando-se de prova ilegítima, que maculou regra processual, a consequência estará afeta ao plano do reconhecimento de **inexistência jurídica**, **nulidade absoluta**, **nulidade relativa** ou **mera irregularidade**, conforme o caso, seguindo-se de decretação de **invalidação** para os casos mais graves ou de **convalidação** quando ausente prejuízo à eficácia de direito fundamental do imputado.

Alheia à classificação doutrinária, a Constituição Federal não fez referência distintiva entre provas ilícitas ou ilegítimas, e tão pouco seria papel do legislador constituinte fazê-lo. O sistema probatório brasileiro, disposto no CPP, também não fez qualquer diferenciação, reputando, na redação dada ao art. 157, *caput*, do CPP, como ilícitas aquelas provas obtidas em violação a normas de caráter constitucional ou infraconstitucional que, por consequência, devem ser desentranhadas dos autos.

Evita-se, desta forma, a perpetuação no tempo dos efeitos deletérios que a prova ilícita pode causar. Detectando-se o vício na prova enquanto tal ou no procedimento de confecção, deve o magistrado, ouvindo as partes, determinar que ela seja desentranhada, e uma vez preclusa a decisão, haverá a destruição da prova ilícita, facultando-se às partes acompanhar tal expediente.

Deve-se interpretar tal medida com bastante cautela, não só porque a destruição da prova ilícita pode implicar na eliminação da materialidade de algum crime cometido para realizá-la, como a falsificação de documento público ou uma falsa perícia, mas também, e não menos importante, porque com o ato, caso haja equívoco judicial na aferição da falsidade, corre-se o risco de perpetuar-se a injustiça, como na condenação de um inocente ou a absolvição de réu culpado, pela eliminação do material probatório reputado equivocadamente ilegal.

Melhor será que, uma vez preclusa a decisão declarando a falsidade probatória, que deva o Ministério Público tomar a iniciativa de empreender a responsabilidade pela prática de eventual infração perpetrada na produção, ainda que, para tanto, seja provocado pelos interessados, por analogia ao art. 145, inciso IV, do CPP, que trata do incidente de falsidade documental, ou então, determinar o desentranhamento e a destruição após o trânsito em julgado da decisão final, deixando-se a prova ilícita em total sigilo, apartada dos autos.

Como não foi contemplado recurso específico para combater o desentranhamento, resta a utilização das ações autônomas de impugnação, seja o *habeas corpus*, seja o mandado de segurança. Nada impede que a matéria seja discutida em preliminar de futura apelação, em razão de cerceamento do direito de defesa ou de acusação ocasionado pelo desentranhamento da prova supostamente ilícita.

A seu turno, não se pode ignorar que o magistrado que teve contato com a prova ilícita pode ter comprometido, direta ou indiretamente, a imparcialidade necessária para julgar a contenda. Os influxos da prova ilícita no convencimento do julgador são incomensuráveis, e, mesmo de forma não dolosa, o magistrado, direcionado pelo convencimento pré-concebido, extraído do contato com o material ilegal, corre o risco de refletir na decisão, mesmo que de forma implícita, o que não lhe seria permitido fazer em outras circunstâncias. Deve, portanto, declarar-se suspeito, afastando-se do caso, ao perceber que o acesso à prova ilícita o atingiu diretamente, despindo-lhe da necessária imparcialidade para o exercício jurisdicional. Como argumenta Aury Lopes Jr., **"não basta anular o processo e desentranhar a prova ilícita: deve-se substituir o juiz do processo**, na medida em que sua permanência representa um imenso prejuízo, que decorre dos pré-juízos (sequer é pré-julgamento, mas julgamento completo!) que ele fez"[34] (grifo do autor).

De acordo com o § 5º, do art. 157, do CPP, o juiz que conhecer do conteúdo da prova declarada inadmissível não poderá proferir a sentença ou acórdão. O magistrado não pode substituir o órgão da acusação na sua atuação probatória. O processo penal terá estrutura acusatória, consoante dicção do art. 3º-A, do CPP. Ambos os dispositivos, no entanto, estão com eficácia suspensa por decisão monocrática cautelar oriunda do STF[35].

28. TEORIA DOS FRUTOS DA ÁRVORE ENVENENADA (*FRUITS OF THE POISONOUS TREE*), TEORIA DA ILICITUDE POR DERIVAÇÃO OU *TAINT DOCTRINE*

A produção de prova ilícita pode ser de extrema prejudicialidade ao processo. Os efeitos da ilicitude podem transcender a prova viciada, contaminando todo o material dela decorrente. Em um juízo de causa e efeito, tudo que é originário de uma prova ilícita seria imprestável, devendo ser desentranhado dos autos. A teoria dos frutos da árvore envenenada também é conhecida como **teoria da ilicitude derivada** ou, ainda, **teoria da mácula** (*taint doctrine*).

Por esta teoria, de origem na Suprema Corte norte-americana[36], a prova ilícita produzida (árvore), tem o condão de contaminar todas as provas dela decorrentes (frutos). Assim, diante de uma confissão obtida mediante tortura, prova embrionariamente ilícita, cujas informações deram margem a uma busca e apreensão formalmente íntegra, é imperioso reconhecer que esta busca e apreensão está contaminada, pois decorreu de uma prova ilícita. Existindo prova ilícita, as demais provas dela derivadas, mesmo que formalmente

34. LOPES JR. Aury. *Direito processual e sua conformidade constitucional.* Rio de Janeiro: Lumen Juris, 2007. p. 573.
35. STF – ADI 6298/DF – Medida Cautelar – Rel. Min. Luiz Fux – 22 jan. 2020.
36. United States Supreme Court – Silverthorne Lumber Co. v. U.S – 251 U.S. 385 (1920) – Justice Holmes – Argued Dec. 12, 1919 – Decided Jan. 26, 1920.

perfeitas, estarão maculadas no seu nascedouro. Este é o entendimento, inclusive, do Supremo Tribunal Federal[37].

No mesmo sentido, as lições de Ada Pellegrini Grinover, Scarance Fernandes e Magalhães Gomes Filho, positivando o entendimento majoritário ao aduzirem que "na posição mais sensível às garantias da pessoa humana, e consequentemente mais intransigente com os princípios e normas constitucionais, a ilicitude da obtenção da prova ilícita transmite-se às provas derivadas, que são, assim, igualmente banidas do processo"[38]. Como aduz Paulo Rangel, "o ordenamento jurídico adota a prova ilícita por derivação, não sendo lícito ao Estado apurar um fato de qualquer forma, sem respeito às garantias fundamentais"[39].

Reforçando a necessidade de controle epistemológico da prova, conforme exposto no livro pioneiro de Geraldo Prado[40], a Lei nº 13.964/2019 inseriu, no CPP, disciplina detalhada sobre a cadeia de custódia da prova no processo penal, do seu art. 158-A ao 158-F. A quebra da cadeia de custódia por métodos ocultos é exemplo de ilicitude probatória com potencial para causar contaminação por derivação, notadamente quando for inviabilizado o controle do rastreamento de seus vestígios, na forma do art. 158-B, do CPP.

29. TEORIAS DECORRENTES

Se é certo que as provas derivadas da ilícita sofrem o mesmo apelo da regra geral de exclusão das provas vedadas, já que também são imprestáveis, deve o magistrado dar os limites desta contaminação, identificando, no caso concreto, a extensão do dano, que está ligado ao grau de vínculo existente entre a prova antecedente e a consequente.

Afastado o nexo, afastada estará a ilicitude. Estas regras de exclusão foram disciplinadas na jurisprudência norte-americana, e passam a ter incidência na doutrina, na jurisprudência e no ordenamento jurídico brasileiro.

A propósito, o art. 157, *caput*, do CPP, dispõe expressamente que são inadmissíveis, devendo ser desentranhadas do processo, as provas ilícitas, assim entendidas as obtidas em violação a normas constitucionais ou legais. Cuida-se da regra geral de exclusão. Adiante, a primeira parte de seu § 1º reza que são também inadmissíveis as provas derivadas das ilícitas, acolhendo, explicitamente, a teoria da prova ilícita por contaminação.

Em seguida, descrevendo **teorias decorrentes** da vedação probatória, a segunda parte, do aludido art. 157, do Código, aviva que poderá ser admitida a prova derivada quando não evidenciado o nexo de causalidade entre umas e outras, ou quando as derivadas puderem ser obtidas por uma fonte independente das primeiras. E seu § 2º esclarece que se considera fonte independente aquela que, por si só, seguindo os trâmites típicos e de praxe, próprios da investigação ou instrução criminal, seria capaz de conduzir ao fato objeto da prova.

Percebe-se claramente a intenção do legislador em albergar a teoria dos frutos da árvore envenenada, consolidando o entendimento doutrinário e jurisprudencial a respeito, caindo

37. STF – Primeira Turma – HC 156157 AgR – Rel. Min. Alexandre de Moraes – publicado em 26 nov. 2018.
38. GRINOVER, Ada Pellegrini; FERNANDES, Antônio Scarance; GOMES FILHO, Antônio Magalhães. *As nulidades no processo penal*. 7. ed. São Paulo: RT, 2001. p. 137.
39. RANGEL, Paulo. *Direito processual penal*. 21. ed. São Paulo: Atlas, 2013. p. 472-473.
40. PRADO, Geraldo. *A cadeia de custódia da prova no processo penal*. São Paulo: Marcial Pons, 2019.

por terra as posições em sentido contrário. Por ora, limitamo-nos a dizer que, com a adoção da referida teoria, se a contaminação probatória for ampla, faltará verdadeira justa causa para a deflagração da ação penal, de sorte que a inicial acusatória deverá ser rejeitada caso os elementos informadores sejam contaminados pela extensão da prova ilícita, com arrimo no art. 395, do CPP. Deflagrado o processo, e faltando-lhe lastro probatório mínimo, pois o coligido está contaminado, o remédio é o *habeas corpus*, com o fito de trancar, extinguindo, sem resolução do mérito, o procedimento iniciado.

A teoria dos frutos da árvore envenenada não é absoluta, para que não soe como arbítrio. A sua incidência, como adverte Denílson Feitoza Pacheco, sofre várias restrições, "como a limitação da fonte independente (*independent source limitation*), a limitação da descoberta inevitável (*inevitable discovery limitation*) e a limitação da 'contaminação expurgada' (*purged taint limitation*) ou, como também é denominada, limitação da conexão atenuada (*attenuated connection limitation*)"[41], às quais se pode ainda acrescentar a teoria da boa-fé, ou *good faith exception*.

Nessa ordem, examinaremos cada uma das teorias decorrentes.

30. TEORIA DA PROVA ABSOLUTAMENTE INDEPENDENTE OU TEORIA DA FONTE INDEPENDENTE

Se existirem provas outras no processo, independentes de uma determinada prova ilícita produzida, não há de se falar em contaminação, nem em aplicação da teoria dos frutos da árvore envenenada, pois, em não havendo vinculação nem relação de dependência, a prova ilícita não terá o condão de contaminar as demais.

A existência de prova ilícita no processo não levará, de forma inexorável, à declaração de nulidade. A prova ilícita, como já visto, não deve sequer ser admitida a entrar nos autos. Caso isso ocorra, deve ser desentranhada e posteriormente destruída, com acompanhamento facultativo das partes (art. 157, § 3º, CPP). O processo poderá ser aproveitado se existirem outras provas, absolutamente independentes das ilícitas, aptas a certificar a autoria e a materialidade delituosa.

Não havendo nexo de causalidade entre a prova ilícita e as demais, o sistema de contaminação não se efetiva. Esta assepsia está a cargo do magistrado, que, na exegese necessária, deve aferir os limites de interdependência do material probatório. Se a prova ilícita é isolada, e as demais provas obtidas independem da sua contribuição, não há de se falar em prejuízo. Desta forma, "não evidenciado o nexo" (art. 157, § 1º, CPP), a contaminação está eliminada.

A prova absolutamente independente, ou limitação da fonte independente (*independent source limitation*), não seria propriamente uma exceção aos efeitos da teoria dos frutos da árvore envenenada, e sim uma **teoria coexistente**, permitindo justamente a devida integração, partindo-se do pressuposto de que, não havendo vínculo entre as provas, não há de se falar em reflexos irradiando contaminação àquelas provas que não derivaram da ilícita.

41. PACHECO, Denilson Feitoza. *Direito processual penal*: teoria, crítica e práxis. 4. ed. Niterói: Impetus, 2006. p. 549.

No Supremo Tribunal Federal, encontramos precedentes de adoção da presente teoria, admitindo-se, inclusive, o aproveitamento de denúncia que estava lastreada em provas distintas e independentes da ilícita, que no caso, tratava do cumprimento de busca e apreensão sem as formalidades legais[42].

Seguindo a mesma linha de raciocínio, o STF[43] e o STJ[44] têm jurisprudência reiterada no sentido de que as nulidades que eventualmente ocorram no âmbito do inquérito policial não contaminam a ação penal, notadamente quando esta tem supedâneo em fonte independente, afastando a teoria da ilicitude por derivação no ponto, eis que a prova colhida durante a ação penal, mediante procedimento contraditório, não está na linha de desdobramento daquela da investigação preliminar.

31. TEORIA DA DESCOBERTA INEVITÁVEL OU EXCEÇÃO DA FONTE HIPOTÉTICA INDEPENDENTE

Se a prova que circunstancialmente decorre de prova ilícita, seria conseguida de qualquer maneira, por atos de investigação válidos, ela será aproveitada, eliminando-se a contaminação. A inevitabilidade da descoberta leva ao reconhecimento de que não houve um proveito real, com a violação legal. A prova ilícita, que deu ensejo à descoberta de uma outra prova, que seria colhida mesmo sem a existência da ilicitude, não terá o condão de contaminá-la.

Exige-se que a aplicação dessa teoria não se dê a partir de meras conjecturas, sendo preciso que existam elementos concretos que evidenciem que, em linha sucessiva à prova ilícita que ensejou o conhecimento do fato, havia investigação concreta paralela que fatalmente chegaria à demonstração da mesma situação fática (juízo provável). Ex.: não se deve reconhecer como ilícita as declarações de testemunha que foi descoberta mediante interceptação telefônica sem autorização judicial, se esta pessoa foi indicada por várias outras, não vinculadas à testemunha do fato. Mesmo que a interceptação não existisse, a testemunha seria revelada pelas declarações das demais. A interceptação acabou não sendo decisiva para o descobrimento desta pessoa, que inevitavelmente figuraria como testemunha, já que as demais a indicaram como tal.

O que se deseja é impedir a contaminação de provas decorrentes de uma ilícita, considerando a inevitabilidade de seu descobrimento. É dizer, se uma determinada prova viria aos autos de qualquer maneira, mesmo que a ilicitude não tivesse acontecido, esta deve ser encarada como uma fatalidade, e o vínculo entre a prova originária e a derivada não deve levar à mácula desta última.

Agrega-se, portanto, um outro ponto de vista quando em comparação com a teoria anterior. É que na prova independente, não existe liame entre a prova ilícita e as demais. Na descoberta inevitável (*inevitable discovery*), também de origem norte-americana, o nexo

---

42. STF – Primeira Turma – HC 156157 AgR – Rel. Min. Alexandre de Moraes – publicado em 26 nov. 2018.
43. STF – Primeira Turma – RHC 118055 – Rel. Min. Dias Toffoli – publicado em 31 mar. 2014.
44. STJ – Sexta Turma – AgRg no HC 495.749/RJ – Rel. Min. Antonio Saldanha Palheiro – DJe 23 out. 2019.

existe, mas não é decisivo, pois a prova derivada, mesmo que a ilicitude não se operasse, ainda assim seria produzida dentro da lei. Era apenas uma questão de tempo[45].

A evidente dificuldade é que caberá ao magistrado, analisando as circunstâncias do caso concreto, definir se realmente a inevitabilidade da descoberta existia, ou se a prova ilícita trouxe, de alguma maneira, um fator contributivo para descortinar as demais provas que surgiram. Se houve contribuição efetiva, o vínculo de contaminação estará integralizado.

Ademais, não acreditamos que bastaria o simples fato de a prova derivada poder ser descoberta de uma outra maneira para a ilicitude estar afastada. Uma conclusão de tal ordem é por demais indeterminada, podendo levar a um aproveitamento da prova derivada de uma ilícita quase sempre, pois outras possibilidades para descobrir a prova quase sempre existem, e a discussão jurídica se resolveria em especulação. O que se deve demonstrar, de forma cabal, é que o encontro dos demais elementos probatórios era uma questão insofismável, em face da interligação entre outras provas, ou por fruto de investigações ou fontes de produção autônomas.

O § 1º, do art. 157, do CPP, reconhece a teoria da descoberta inevitável, incorrendo, entretanto, no vício de contentar-se com a mera possibilidade das provas derivadas serem produzidas de outra maneira, por fontes independentes, para que a contaminação seja afastada, tornando frágil e por demais insegura a abrangência da mácula.

32. TEORIA DA CONTAMINAÇÃO EXPURGADA, CONEXÃO ATENUADA, *PURGED TAINT EXCEPTION, TINTA DILUÍDA OU DOUTRINA DA MANCHA PURGADA*

É possível que o vínculo entre a prova ilícita e a derivada seja tão tênue ou superficial que acabe não havendo contaminação. Esta seria expungida. Perceba-se que a ausência de vínculo não é absoluta. Ele existe, porém, acaba sendo tão insólito que é irrelevante, preservando-se a licitude da prova derivada. O liame causal (relação de causalidade) existente entre a prova ilícita e a derivada é de ser frágil em razão de circunstâncias relacionadas ao tempo (prova ilícita de data muito remota em relação à nova prova), ao espaço ou à força determinante da prova primária relativamente à secundária.

Pode-se dizer que o conhecimento da prova derivada se deu por um conjunto de fatores, dentre os quais um é ilícito, mas que, por si só, não é tão determinante para macular por completo a prova secundária. Trata-se de argumento retórico subsidiário para também afastar a ilicitude da prova que assim seria por derivação.

A linha assumida é evitar a declaração da ilicitude de prova que decorra de uma ilícita, se o vínculo entre ambas, em que pese existir, é por demais superficial. A fragilidade do laço impediria a aplicação das consequências de entender que tal prova, mesmo derivada de uma ilícita, fosse lançada no mesmo rol.

Percebe-se claramente, na jurisprudência estadunidense, o esmero em excepcionar os rigores da teoria dos *fruits of tue poisonous tree*. Na visão do aproveitamento máximo da prova derivada e na concepção empírica, abre-se perigoso vértice de exceções,

45. SILVA JÚNIOR, Walter Nunes da. *Curso de direito processual penal:* teoria (constitucional) do processo penal. Rio de Janeiro: Renovar, 2008. p. 505.

conferindo ao magistrado ferramentas de contenção dos efeitos da ilicitude. Tal gestão, administrada no Brasil, pode levar, por via oblíqua, a colocar em tábula rasa o mandamento constitucional de vedação das provas ilícitas, já que a prova derivada é espécie deste gênero. Ademais, nas exceções § 1º, do art. 157, do CPP, não vislumbramos guarida a esta teoria.

33. TEORIA DA BOA-FÉ, EXCEÇÃO DA BOA-FÉ, *GOOD FAITH EXCEPTION* OU LIMITAÇÃO DA BOA-FÉ

Objetiva-se aqui evitar o reconhecimento da ilicitude da prova, caso os agentes de polícia ou da persecução penal como um todo, tenham atuado destituídos do dolo de infringir a lei, pautados verdadeiramente em situação de erro.

Como esclarece Walter Nunes da Silva Júnior, "no sistema americano, ainda se afasta a aplicação das *exclusionary rules* tendo como suporte a boa-fé (*good faith*) dos agentes incumbidos de realizar atos investigatórios". Cuida-se de tema é bastante delicado, haja vista referir "situação em que o agente, em razão de erro de fato, finda malferindo, com o seu agir, um direito fundamental; todavia, em virtude de sua boa fé, tem-se por afastada a ilegalidade"[46].

É o caso, por exemplo, da polícia que cumpre mandado de busca residencial para apreender animais silvestres mantidos irregularmente em cativeiro, mas acaba apreendendo computadores que poderiam revelar um esquema de sonegação fiscal. Os requisitos do mandado de busca e apreensão vêm previstos no art. 243, do CPP, definindo os limites intransponíveis da diligência.

Caso sejam encontrados elementos que caracterizem crime em situação de flagrância, como daquele que armazena em casa substância entorpecente para comercialização, estará constitucionalmente autorizada a intervenção, não em razão do mandado que tinha outro objetivo, e sim por força do art. 5º, inciso XI, da Constituição Federal, que autoriza o ingresso domiciliar, a qualquer hora do dia ou da noite, para que se efetive a prisão em flagrante. Nos demais casos, entendemos, deve a autoridade envolvida na diligência provocar o juiz para que se obtenha uma ampliação do mandado, em razão dos novos elementos eventualmente descobertos, possibilitando assim, com a ordem judicial expressa, captarem-se os demais elementos[47].

A boa-fé, como se conclui, não pode sozinha retirar a ilicitude da prova que foi produzida. A ausência de dolo por parte do agente não ilide a contaminação, posto que é imprescindível não só a boa-fé subjetiva, mas também a objetiva, que é o respeito à lei na produção do manancial probatório.

46. SILVA JÚNIOR, Walter Nunes da. *Curso de direito processual penal:* teoria (constitucional) do processo penal. Rio de Janeiro: Renovar, 2008. p.507-508.

47. SILVA JÚNIOR, Walter Nunes da. *Curso de direito processual penal:* teoria (constitucional) do processo penal. Renovar: Rio de Janeiro, 2008. p.511.

LIMITAÇÕES À TEORIA DOS FRUTOS DA ÁRVORE ENVENENADA	
	› Prova absolutamente independente ou teoria da fonte independente;
	› Descoberta inevitável ou exceção da fonte hipotética independente;
	› Contaminação expurgada, conexão atenuada, *purged taint exception*, tinta diluída ou doutrina da mancha purgada;
	› Boa-fé, exceção da boa-fé, *good Faith exception* ou limitação da boa-fé.

34. TEORIA DA EXCLUSÃO DA ILICITUDE DA PROVA

Informa que a prova, aparentemente ilícita, deve ser reputada válida, quando a conduta do agente na sua captação está amparada pelo direito (excludentes de ilicitude). Percebe-se que a ilicitude é apenas aparente, ficta, pois a legítima defesa, o estado de necessidade etc. (causas justificantes) autorizariam a medida.

Imaginemos que o réu tenha que praticar conduta típica, como a violação de domicílio, prevista legalmente como crime (art. 150, CP), para produzir prova fundamental em favor de sua inocência. Estaria suprimindo um bem jurídico alheio (tutela domiciliar), para salvaguardar outro bem jurídico (liberdade), em face de um perigo atual (a existência de persecução penal), ao qual não deu causa, e cujo sacrifício não era razoável exigir. Está em verdadeiro estado de necessidade, que vai excluir a ilicitude da conduta. A prova produzida é lícita, válida, valorável em qualquer sentido. Nessa linha se pronuncia Paulo Rangel[48].

No caso, o direito à liberdade deve preponderar sobre o da intimidade, considerado o primeiro mais valioso que o direito à privacidade, como defende Luís Grandinetti de Carvalho. A produção de prova ilícita pelo réu será admitida em seu favor e, por ter a inocência maior valor, estará expurgada a antijuridicidade[49].

35 TEORIA DA EXCEÇÃO DE ERRO INÓCUO

Com origem no direito norte americano, a exceção de erro inócuo (*harmless error exception*) tende a relevar ofensas a direitos constitucionais das partes, entendidas como irrelevantes ao procedimento ou ao exame da prova. Nasceu a partir do caso Chapman *versus* Califórnia (1967), quando se decidiu que certas violações a direitos do acusado podem ser qualificadas como erro inócuo quando não tenham influído para a sua condenação[50].

Em outras palavras, essa teoria autoriza que não seja decretada invalidação em razão de ilicitude na condução do procedimento, toda vez que for inapta a prejudicar direitos subjetivos do imputado ou da acusação.

Também se o juiz admite prova ilícita, sustenta-se a possibilidade de aplicação dessa teoria, para afastar a possibilidade de invalidação, quando não haja relevância prática ou lesão significativa a direito constitucional, mormente se existem outras provas hábeis a sustentar suficientemente a condenação.

---

48. RANGEL, Paulo. *Direito Processual Penal*. 7. ed. Rio de Janeiro: Lumen Juris, 2003. p. 423.
49. CARVALHO, Luís Gustavo Grandinetti Castanho de. *O processo penal em face da Constituição*. Rio de Janeiro: Forense, 1992. p. 25-26.
50. ÁVILA, Thiago André Pierobom de. *Provas ilícitas e proporcionalidade*. Rio de janeiro: Lumen Juris, 2007. p.152-153.

Não concordamos com a aplicação dessa teoria. A inadmissibilidade de prova ilícita deve ser realizada *a priori*. Admitir a validação de procedimentos viciados e o baixo controle quanto à inserção da prova no processo penal implica violar frontalmente os direitos fundamentais.

Aliás, não custa lembrar que o § 5º, do art. 157, do CPP, entabulou, no nosso Código, a partir da Lei nº 13.964/2019, que o juiz que mantiver contato com prova declarada inadmissível deverá ser afastado da condução do processo, para fins de **descontaminação do julgado**, conquanto esteja essa regra, por ora, com a eficácia suspensa por decisão cautelar monocrática do STF[51].

36. PRINCÍPIO DA PROPORCIONALIDADE OU RAZOABILIDADE

A proporcionalidade ganhou desenvoltura e disciplina na jurisprudência e doutrina alemãs, adaptada ao Direito judicial estadunidense como teoria da proporcionalidade (*balancing test*), funcionando como regra de exclusão à inadmissibilidade das provas ilícitas, quando, sopesando o caso concreto, chegue-se à conclusão que a exclusão da prova ilícita levaria à absoluta perplexidade e evidente injustiça.

Nessa trilha, Luiz Avolio aviva que dois elementos devem ser levados em consideração, quais sejam: a **exigibilidade** e a **adequação**. Importa dizer, na esfera das medidas restrinjam de direitos, liberdades e garantias, a proporcionalidade tem aplicação para orientar que a limitação daqueles valores somente seja autorizada se "adequada (apropriada), necessária (exigível) e proporcional (com justa medida)"[52].

Por sua vez, salienta Robert Alexy os princípios consistem em mandamentos de otimização diante de alternativas jurídicas e fáticas, devendo decorrer daí "a máxima da **proporcionalidade em sentido estrito**, ou seja, exigência de sopesamento", em face do cotejo das possibilidades disponíveis[53]. O conflito entre bens jurídicos tutelados pelo ordenamento leva o intérprete a dar prevalência àquele bem de maior relevância. Nesta linha, se de um lado está o *jus puniendi* estatal e a legalidade na produção probatória e, do outro, o *status libertatis* do réu, que objetiva demonstrar a inocência, este último bem deve prevalecer, sendo a prova utilizada, mesmo que ilícita, em seu benefício.

Como asseguram Ada Pellegrini, Scarance Fernandes e Gomes Filho, "não deixa de ser, em última análise, manifestação da proporcionalidade a posição praticamente unânime que reconhece a possibilidade de utilização, no processo penal, da prova favorável ao acusado, ainda que colhida com infringência a direitos fundamentais seus ou de terceiros"[54].

Entendemos que o princípio da proporcionalidade deve ser invocado, na sua essência, para preservar os interesses do acusado. Nesse sentido, não há discrepância doutrinária ou jurisprudencial (concepção da prova ilícita utilizada *pro reo*). Na ponderação axiológica, a violação legal para produção probatória, quando estritamente necessária, só se justifica

51. STF – ADI 6298/DF – Medida Cautelar – Rel. Min. Luiz Fux – 22 jan. 2020.
52. AVOLIO, Luiz Francisco Torquato. *Provas ilícitas:* interceptações telefônicas, ambientais e gravações clandestinas. 4. ed. São Paulo: RT, 2010. p.69.
53. ALEXY, Robert. *Teoria dos direitos fundamentais*. São Paulo: Malheiros, 2008. p.117.
54. D'URSO, Flavia. *Princípio constitucional da proporcionalidade no processo penal*. São Paulo: Atlas, 2007. p.124.

para manutenção do *status* de inocência. Sabe-se, contudo, que já se tem invocado o princípio em exame para tutelar os interesses da acusação (*pro societate*). A nosso ver, é uma contradição em termos, pois se é sabido que algumas modalidades de atividade criminosa exigem um aparato de produção probatória mais eficiente, como a realização de interceptação telefônica, a quebra de sigilos, a infiltração de agentes etc., estas ferramentas devem ser utilizadas nos estritos limites da lei. Não se justifica a quebra de garantias constitucionais, num Estado fora da lei, na busca do combate ao crime.

A proteção da sociedade está melhor amparada pela preservação do núcleo básico de garantias de todos. Afinal, os acusados de crime integram o corpo social. Flexibilizar os direitos de alguns, como já acontece com o "bode expiatório" das organizações criminosas, que são invocadas toda vez que se quer justificar ilegalidade ou mitigação de direitos, é abrir caminho para o desrespeito à segurança de todos.

Dessa maneira, a prova ilícita poderia ser utilizada em favor da inocência, de sorte a evitar-se uma limitação de sua utilização quando cumpra o papel de inibir condenação descabida. Deve-se avaliar, portanto, a sua real utilidade para a persecução penal e o grau de contribuição para revelar a inocência, além do bem jurídico violado para a obtenção da prova. O balanceamento deve ser checado não só na conclusão solar que a proibição da prova ilícita não deve prosperar diante de uma possível condenação injusta, mas também nos meios utilizados para obtenção desta prova, e o prejuízo provocado por eles.

Havendo desproporção, a prova não deve ser utilizada. Ademais, a prova ilícita utilizada para demonstrar a inocência, amparada pela proporcionalidade, não pode servir para prejudicar terceiros. Os efeitos são limitados à obtenção da inocência, não cabendo a utilização desta prova para demonstrar a culpa de outrem, no mesmo ou em outro processo, pois seria verdadeira **proporcionalidade às avessas**.

A ponderação de interesses dá vazão a uma ampla fluidez e instabilidade de garantias, podendo visivelmente albergar arbítrios na concepção utilitária e maniqueísta, já ressaltada, entre interesse social contrapondo-se aos do réu. Como insiste Aury Lopes Jr., "o perigo dessa teoria é imenso, na medida em que o próprio conceito de proporcionalidade é constantemente manipulado e serve a qualquer senhor". O autor realça que muitos juristas "ainda operam no reducionismo binário do interesse público *versus* interesse privado, para justificar a restrição de direitos fundamentais (e, no caso, até a condenação) a partir da prevalência do interesse público"[55].

É o que ocorre, normalmente, quando enfrentamos os conhecidos "paradigmas do mal", que justificam todo tipo de medida de emergência, desde o endurecimento da legislação, à flexibilização de garantias, numa verdadeira tolerância à ilegalidade da persecução penal pelo regime de intolerância, onde o Estado acaba equiparando-se ao infrator. Como constata Leonardo Sica, ao "lidar com as angústias mais prementes da população, o legislador penal, desidioso ou astuto e desobrigado de atender qualquer desígnio de Política Criminal (inexistente), cede à tentação populista de oferecer o Direito Penal como panaceia de todos os males que a afligem"[56].

55. LOPES JR. Aury. *Direito processual e sua conformidade constitucional.* Rio de Janeiro: Lumen Juris, 2007. p.565-568.

56. SICA, Leonardo. *Direito penal de emergência e alternativas à prisão.* São Paulo: RT, 2002. p.82.

A proporcionalidade invocada como capa da condenação acaba por remontar o discurso da possibilidade de exilar do manto constitucional algumas pessoas que, pelo grau de perigosidade, devem ser tratadas como verdadeiras inimigas do Estado, não cidadãs e, portanto, à margem do núcleo básico de proteção aos direitos individuais.

37. QUEBRA DA CADEIA DE CUSTÓDIA DAS PROVAS

A descrição de um fato delituoso por meio de provas implica encadeamento. Para que a narrativa se dê de forma lógica, inteligível, compreensível, ela deve conter os seus elementos essenciais, tais como sujeitos envolvidos, fato central, circunstância, tempo e lugar. A descrição do desfecho pressupõe a do seu ***iter***, do seu caminho. Assim também deve ser a prova que é produzida para construir a versão do fato delituoso, supedaneando sua base empírica.

Vale dizer, as provas documentadas pressupõem fontes que, muitas das vezes, são também provas. Assim, um primeiro testemunho pode ser fonte de conhecimento da existência de um outro testemunho que, antes daquele, não se conhecia. Pode também ser fonte do conhecimento do local onde se encontram produtos ilícitos, cuja documentação de apreensão constituirá outra prova e assim por diante. Cuida-se de um enlace cronológico, de uma relação de causação.

Para que a prova derradeira seja considerada lícita, devem ser também lícitas àquelas que lhe antecederam na relação encadeada logicamente. Caso uma delas tenha sido obtida ilicitamente, mediante tortura, por exemplo, haverá contaminação das seguintes. Se, por hipótese, o testemunho sob tortura for ocultado, a cadeia de custódia da prova restará quebrada (*break on the chain of custody*). Estará escondida a forma ilícita como obtida. Haverá tão somente aparência de licitude.

Sobre a cadeia de custódia das provas obtidas por métodos ocultos, notadamente por meio de novas tecnologias, utilizadas sigilosamente, Geraldo Prado sublinha a necessidade de que seja possível controle, mediante fundamentação da decisão que deferir prova a ser realizada em ambiente de reserva, a fim de que não haja quebra do encadeamento probatório, preservando a sua **fiabilidade**. Nas suas palavras, "o rastreamento das fontes de prova será uma tarefa impossível se parcela dos elementos probatórios colhidos de forma encadeada vier a ser destruída". Decerto, ausente tal **controle**, "a identificação do vínculo eventualmente existente entre uma prova aparentemente lícita e outra, anterior, ilícita, de que a primeira é derivada, dificilmente será revelado"[57].

O Código de Processo Penal sufraga regras sobre a cadeia de custódia da prova penal no capítulo destinado à disciplina do **exame de corpo de delito** e das **perícias em geral**. De acordo com o seu art. 158-A, inserido pela Lei nº 13.964/2019, considera-se cadeia de custódia o conjunto de todos os procedimentos utilizados para manter e documentar a história cronológica do **vestígio** coletado em locais ou em vítimas de crimes, para rastrear sua posse e manuseio a partir de seu reconhecimento até o descarte.

57. PRADO, Geraldo. *Prova penal e sistemas de controles epistêmicos*: a quebra de cadeia de custódia das provas obtidas por métodos ocultos. São Paulo: Marcial Pons, 2014. p.77-79.

A cadeia de custódia, nesse diapasão, tem início com a preservação do local de crime ou com procedimentos policiais ou periciais nos quais seja detectada a existência de vestígio. O seu objetivo é o de manter íntegro o local de crime, mediante procedimentos técnicos que viabilizem o rastreamento e o controle epistemológico dos elementos de prova.

As disposições sobre a cadeia de custódia da prova, no Código de Processo Penal (arts. 158-A a 158-F), dizem respeito às infrações penais materiais, no sentido daquelas que deixam vestígios, entendido como objetos ou materiais brutos, visíveis ou latentes, constatados ou recolhidos, que se relacionam ao delito.

38. ENCONTRO FORTUITO DE PROVAS OU SERENDIPIDADE

No âmbito do direito processual penal, serendipidade significa encontro fortuito de provas relativas a fato delituoso diverso daquele que é o objeto das investigações. A aplicação da serendipidade para entender válida a prova encontrada casualmente é que nos dá a ideia da existência de um princípio. Tal princípio, que exigirá a presença de certos requisitos, possibilita reconhecer como lícita a prova ou a fonte de prova de outra infração penal, obtida no bojo de investigação cujo objeto não abrangia o que foi, inesperadamente, revelado.

Não raras vezes, acontece de ser deferida, pelo juiz, interceptação telefônica, com o objetivo de apurar infração penal relativamente a certo investigado, mas que, no curso da escuta telefônica, acaba a polícia tendo notícia de prova ou de fonte de prova referente a outro delito, atribuído ao mesmo investigado ou a outra pessoa. Durante a investigação de fato delituoso com indiciado determinado ou indeterminado, pode a polícia se deparar com:

(1) a descoberta de prova relativa a outro crime, com relação de conexão ou de continência com aquele objeto das investigações (artigos 76 e 77, do CPP);

(2) a constatação de provas ou de fontes de provas alusivas a crime diverso do objeto das investigações e que não guarda relação de conexão ou de continência com aquele que é objeto da apuração (razão do deferimento da interceptação telefônica, por exemplo);

(3) a revelação de que o crime apurado foi perpetrado em coautoria, com a inclusão de pessoas que ainda não eram investigadas;

(4) a verificação de que existe a participação de pessoa diversa no crime e que ela detém prerrogativa de função, seja em coautoria, seja em crime diverso, com ou sem relação de conexão ou de continência.

A questão que se põe é: a prova ou a fonte de prova revelada de forma fortuita é válida? Em outros termos, no caso da interceptação telefônica revelar crimes diversos daquele que fundamentou o seu deferimento ou de apontar outras pessoas envolvidas em infrações penais diversas daquela que é objeto da apuração, é possível que as transcrições sirvam de prova em outro processo penal? Ou de forma mais simples: essa prova, encontrada acidentalmente, é licita?

O desdobramento do problema dependerá dos critérios para fazer incidir o princípio da serendipidade, integral ou parcialmente, conforme as seguintes hipóteses:

(1) **a prova obtida fortuitamente será válida**, diante da serendipidade de primeiro grau ou **encontro fortuito de provas de primeiro grau**, quando:

(a) houver relação de conexão ou de continência nos estritos termos dos artigos 76 e 77, do CPP;

(b) a autoridade policial responsável pela interceptação autorizada comunicar ao juiz imediatamente a revelação de fato delituoso diverso, conexo ou continente, ou, de outra pessoa envolvida em regime de coautoria, notadamente quando a coautoria envolver pessoa com prerrogativa de função, para as cautelas tendentes à autorização do órgão competente para processá-la e julgá-la;

(c) o juiz, ciente da hipótese de serendipidade (também chamada, neste caso, de **encontro fortuito de primeiro grau**), aferir que o fato descoberto ou a participação de coautor segue o desdobramento histórico do ilícito penal investigado, conforme os parâmetros exarados na decisão que autorizou a medida, mormente quanto à infração penal investigada e à autoria;

(2) **a prova obtida não será válida**, **mas será fonte de prova**, isto é, será considerada **notícia do fato**, *notitia criminis*, sendo motivo suficiente para deflagrar outra investigação preliminar com objeto distinto, tratando-se de serendipidade de segundo grau (**encontro fortuito de provas de segundo grau**), quando:

(a) for reveladora de crime diverso daquele objeto da investigação, destoando dos parâmetros estabelecidos na decisão que autorizou a medida;

(b) evidenciar que o crime foi cometido por pessoa diversa da investigada, ou seja, que se trata de pessoa que não guarda relação de concurso de agentes com aquela apontada na decisão (sem regime de coautoria);

(c) o juiz verificar que o fato diverso descoberto não seguiu o desdobramento histórico alusivamente àquele que foi o motivo determinante da medida, pelo que não será válida, por exemplo, a transcrição da prova (da interceptação telefônica autorizada), mas será fonte de prova válida, eis que será notícia de crime apta a desencadear novas providências investigativas;

(d) as conversas entre o investigado e seu advogado, quando a comunicação envolver estritamente relação profissional, conforme disposto no inciso II, do art. 7º, do Estatuto da Ordem dos Advogados do Brasil, diante da inviolabilidade de seu escritório ou de seu local de trabalho.

Luiz Flávio Gomes sintetiza a questão, esclarecendo a origem do termo "serendipidade" e que, para nós, é ideia que decorre do sistema regulatório da licitude das provas no processo penal, possibilitando alçá-la ao *status* de princípio. Nas suas palavras, "se o fato objeto do 'encontro fortuito' é conexo ou tem relação de continência (concurso formal) com o fato investigado, é válida a interceptação telefônica como meio probatório, inclusive quanto ao fato extra descoberto". De outra banda, "se se descobre o envolvimento de outra pessoa no crime investigado (de tal forma a caracterizar a continência do art. 77), também é válido tal meio probatório"[58].

58. GOMES, Luiz Flávio. *Natureza jurídica da serendipidade nas interceptações telefônicas*. Disponível em http://www.lfg.com.br. 18 de março de 2009.

Nos tribunais, o encontro fortuito de provas tem sido admitido de maneira irrestrita, o que nos parece um equívoco, porquanto é inerente ao processo penal a existência de balizas ao *jus puniendi* estatal. O baixo controle da produção da prova significa liberdade irrestrita estatal no exercício da persecução penal.

Na dicção do STJ, independentemente da identidade de investigados ou réus, são válidas as provas encontradas fortuitamente pelos agentes da persecução penal, alusivas ao delito até então desconhecido, quando do cumprimento de medidas de obtenção de prova de outra infração penal regularmente autorizadas. Para afirmar a licitude dos elementos obtidos, a Corte Superior pontua que serão aqueles válidos ainda que inexista conexão ou continência com o crime supervenientemente encontrado e este não atenda aos requisitos autorizadores da medida probatória. Para tanto, exige o Superior Tribunal de Justiça que não haja desvio de finalidade na execução do meio de obtenção de prova[59].

Diante desse contexto, cabe perguntar: como identificar o alegado desvio de finalidade na execução da medida de obtenção de prova, quando encontramos delito absolutamente diverso do que permitiu o deferimento da medida, sem qualquer relação de desdobramento, conexão, continência ou coautoria?

Sabemos ser demasiadamente difícil, senão impossível, à defesa, demonstrar o indigitado desvio. Na prática, o posicionamento dos tribunais finda por permitir persecução penal sem peias, sem rédeas, sem freios, em descompasso com os estreitos limites da legislação.

Sobre a descoberta de elementos de prova atribuídos a pessoa com prerrogativa de foro, o Supremo Tribunal Federal considerou que o encontro fortuito de elementos de delito imputados àquela autoridade não torna a prova ilícita se, havendo conexão (art. 76, CPP), for imediatamente desmembrada a investigação e enviada ao órgão com atribuição constitucional[60].

Entendemos que deixar espaço à interpretação da autoridade policial ou do juiz a respeito do possível envolvimento da pessoa com prerrogativa de função em infração penal equivale a violar, por via oblíqua ou mesmo direta, a competência de foro privilegiado. Melhor seria fixar precedente para que a remessa se desse imediatamente, diante do travamento de conversa indicativa de qualquer suspeita e não somente dos chamados indícios concretos.

Sob outro prisma, em hipótese alguma deve ser divulgado o conteúdo da conversa telefônica interceptada, seja ela encontrada fortuitamente ou não. Ainda que se ordene a suspensão do sigilo do conteúdo da conversação telefônica ou de captação ambiental, essa ordem não tem o condão de afastar o sigilo que deve ser mantido para proteger a intimidade dos investigados ou acusados.

O levantamento do sigilo somente deve ter eficácia relativamente às partes e aos interessados legítimos (a exemplo do assistente do Ministério Público), não relativamente à mídia, por exemplo, como autorizativo para a execração pública de investigados. No ponto, de compasso com os arts. 10 e 10-A, da Lei nº 9.296/1996, com redação da Lei nº

59. STJ – Quinta Turma – RHC 117.113/MG – Rel. Min. Ribeiro Dantas – DJe 05 dez. 2019.
60. STF – Primeira Turma – MS 34751/CE – Rel. Min. Marco Aurélio – julgamento em 14 ago. 2018.

13.964/2019, o alijamento do sigilo só deve ser autorizado de forma estrita, isto é, de acordo com objetivos expressamente previstos em lei.

39. INUTILIZAÇÃO DA PROVA ILÍCITA

A inadmissibilidade das provas obtidas por meios ilícitos não se opera automaticamente. Antes depende:

(1) de decisão judicial que descreva a situação fática, com a verificação concreta da violação legal, que se acomode ao conceito abstrato de inadmissibilidade probatória, previsto no art. 5º, inciso LVI, da Constituição;

(2) que a decisão judicial conclua pelo reconhecimento de que a prova violou a lei ou a Constituição, declarando-a ilícita;

(3) que a decisão judicial determine, em sua parte dispositiva, que a prova ilícita seja desentranhada do processo, ou seja, excluída dos autos, com sua inutilização.

O desentranhamento da prova ilícita dos autos, opera o feito pragmático de precaver o magistrado de tomar qualquer decisão que a tome como elemento de convicção. Desentranhada a prova, ela deve ficar acautelada em local apropriado até que não paire interesse sobre ela relativamente ao processo ou ao inquérito que ensejou sua produção. Nesse sentido, o art. 158-F, do nosso Código, acrescido pela Lei nº 13.964/2019, aviva que após a realização de perícia, o material deverá ser devolvido à **central de custódia da prova**, devendo nela permanecer.

Somente quando não sobejar interesse sobre a prova ilícita, ela poderá ser destruída, mediante incidente que viabilize o acompanhamento pelas partes. Em outras palavras, depois de proferida decisão ou sentença que determine o desentranhamento da prova ilícita:

(1) o setor responsável do juízo cumprirá a decisão e providenciará a retirada da prova dos autos, certificará o cumprimento e arquivará provisoriamente a prova acautelada em local adequado;

(2) as partes poderão apresentar recursos ou ações autônomas de impugnação conforme a hipótese ou o momento do desentranhamento:

(a) se tiver sido ordenado em sentença condenatória ou absolutória, caberá apelação;

(b) se tiver ocorrer no bojo de decisão extintiva de punibilidade, caberá recurso em sentido estrito;

(c) se a decisão tiver sido proferida no curso do processo, caberá mandado de segurança (se não estiver em jogo privação de liberdade do indiciado ou acusado ou quando o recorrente for o Ministério Público ou o querelante no interesse do *jus puniendi* estatal) ou *habeas corpus* (em favor da liberdade do indiciado ou acusado);

(3) preclusa a decisão ou transitada em julgado a sentença, poderá ser instaurado incidente de inutilização da prova ilícita, com o acompanhamento das partes, com fundamento na aplicação por analogia do art., 9º, parágrafo único, da Lei nº 9.296/1996 (destruição dos registros ilícitos de interceptações telefônicas).

O juiz que teve contato com a prova ilícita desentranhada deve se tornar impedido de permanecer na condução do futuro ou do atual processo penal. Essa regra está com seus efeitos paralisados por decisão cautelar do STF. Destarte, não vigora, por enquanto, em nosso sistema, a figura da **descontaminação do julgado,** providência que foi aprovada pelo Poder Legislativo em 2008, mas vetada pelo Presidente da República, e que, agora, ingressou no ordenamento jurídico por intermédio do § 5º, do art. 157, do CPP (inserido pela Lei nº 13.964/2019), mas teve sua eficácia suspensa por decisão monocrática[61].

40. PROVA EMPRESTADA

É aquela produzida em um processo e transportada documentalmente para outro. A prova pode assim ser importante a mais de um processo. A eficiência da instrução criminal e a colaboração da justiça levam à admissibilidade do empréstimo probatório. Compartilhar provas entre processos pode ser de grande utilidade, mas não pode se tornar um expediente de comodidade.

Havendo justificativa plausível, o empréstimo será oportunizado. Pode ser patrocinado o empréstimo probatório, até mesmo de um processo cível a um criminal. São requisitos para o empréstimo da prova:

(1) **mesmas partes**: as partes devem ser as mesmas em ambos os processos, tanto no que empresta quanto naquele que vai recepcionar a prova emprestada;

(2) **mesmo fato probando**: o fato demonstrado pela prova que se quer emprestar deve ser relevante aos dois processos. Ex.: uma fotografia do imputado no local do fato pode ser importante tanto para o processo pelo homicídio, quanto para um outro processo por vilipêndio de cadáver. O fato provado, qual seja, a presença do indivíduo em um determinado local, é importante para a demonstração dos dois crimes, apreciados em processos distintos;

(3) o **contraditório** no processo emprestante deve ter sido respeitado: só pode haver o empréstimo da prova que foi produzida sob aquele crivo. Logo, não há empréstimo de prova de um inquérito a um processo, afinal, o procedimento investigativo preliminar é regido pela inquisitoriedade. O empréstimo é **entre processos**;

(4) os **requisitos formais de produção probatória** tenham sido atendidos no processo emprestante: ou seja, a norma que rege a produção da prova deve ter sido rigorosamente respeitada para que se possa falar em empréstimo. Ex.: se o laudo pericial for subscrito por apenas um perito não oficial, por evidente violação à formalidade essencial na produção da prova técnica, que exige a participação de ao menos dois peritos juramentados, esta não poderá ser emprestada.

61. STF – ADI 6298/DF – Medida Cautelar – Rel. Min. Luiz Fux – 22 jan. 2020.

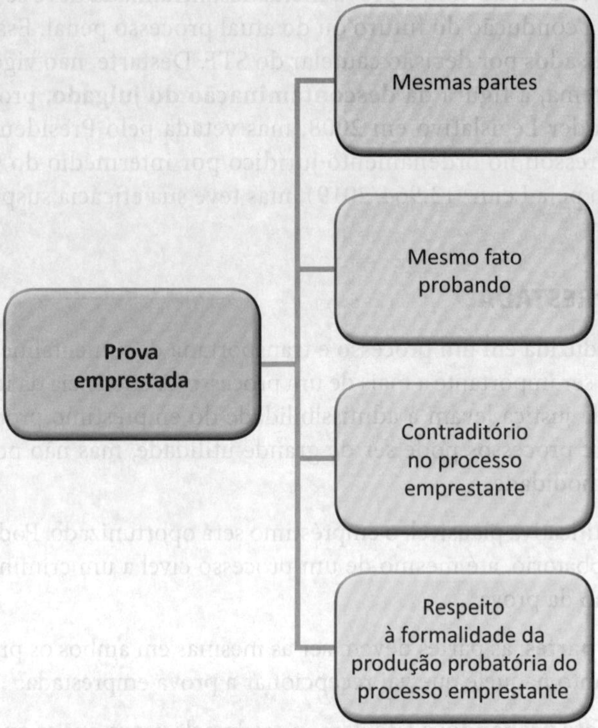

Mirabete se inclina no sentido de ser insuficiente a prova emprestada, por si só, para fundamentar condenação[62]. A mesma deve estar corroborada pelos demais elementos probatórios existentes nos autos. A nosso ver, não existindo hierarquia entre as provas, uma prova emprestada pode ser tão importante quanto qualquer outra, não havendo razões apriorísticas para desprivilegiá-la se tiver sido respeitado o devido processo legal na sua produção. De outro modo, também ela não pode ser acatada sem um escrutínio rigoroso de sua cognição, sem controle epistemológico.

Questão interessante é saber quais os reflexos no processo que recepciona a prova emprestada, caso o processo emprestante seja declarado nulo. Cabe, então, indagar se a nulidade contaminou ou não a instrução do processo onde a prova foi produzida. Imaginemos que o processo cedente tenha sido anulado em razão de ausência de citação do acusado. Teremos hipótese de **nulidade absoluta**, seguida de **invalidação** de todo o processo cedente. Por consequência, o ato processual que admitiu a prova emprestada deverá ser objeto de idêntica sanção, com o seu desentranhamento e supressão de todo e qualquer efeito, eis que se cuida de vício que atinge inclusive a instrução. A prova estará viciada e os efeitos do defeito devem ter reflexo no processo emprestado, se a prova foi valorada e repercutiu na decisão. Neste sentido, Paulo Rangel, fazendo o vínculo de consequencialidade para que a nulidade transcenda ao processo emprestado[63].

62. MIRABETE, Julio Fabbrini. *Processo penal*. 15. ed. São Paulo: Atlas, 2004. p. 257.
63. RANGEL, Paulo. *Direito processual penal*. 7. ed. Rio de Janeiro: Lumen Juris, 2003. p. 433-434.

A prova emprestada, ademais, é caracterizada:

(1) pela sua apresentação em forma documental, porém, presentes os requisitos formais referidos acima, a prova emprestada tem a mesma natureza da prova produzida no processo emprestante, isto é, caso se trate de prova testemunhal trasladada documentalmente para o processo de destino, terá valor dessa prova (testemunhal), se atendidos os pressupostos para tanto. Note-se que poderá um testemunho escrito ou gravado em processo ou inquérito qualquer ser carreado aos autos de processo para servir de prova, com contraditório diferido. No entanto, se não estiverem presentes aqueles requisitos, a prova será recebida como prova só documental e o juiz atribuirá a ela o valor que entender devido (não será prova emprestada no sentido estrito);

(2) pela necessidade de ser produzida perante juiz competente e com respeito ao princípio da identidade física do juiz (para a doutrina majoritária, não se trata de pressuposto essencial para taxar uma prova de "emprestada"). Veja-se que esse pressuposto, no entanto, só induz nulidade (relativa, segundo os tribunais) se houver demonstração de prejuízo à acusação ou à defesa quanto à formação da prova, haja vista que, conforme jurisprudência majoritária dos tribunais superiores, o vício de competência absoluta só determina a nulidade dos atos decisórios (não dos instrutórios), enquanto que o vício de competência relativa só tem como efeito a remessa dos autos ao magistrado que seja o competente para a condução da causa, exigindo-se a demonstração de prejuízo em qualquer caso[64];

(3) pela possibilidade de uso de prova irrepetível produzida no curso do inquérito policial, pois, embora para se falar em prova emprestada se exija a produção de prova sob o crivo de contraditório efetivo, com aproveitamento da prova entre processos (cíveis a criminais ou criminais a criminais), há possibilidade de prova emprestada irrepetível, que foi formada em inquérito policial e que foi submetida a contraditório postergado de processo, tal como se dá com o exame pericial cadavérico que, a rigor, foi constituído no curso do inquérito policial que deu base para a denúncia do processo emprestante;

(4) pela avaliação dessa prova pelos jurados quando da sessão de tribunal do júri, porquanto, quando a prova emprestada for produzida no rito do júri, o seu valor deve ser aferido pelos jurados. Os jurados julgam os fatos e, de tal maneira, a possibilidade da prova ser aceita com o mesmo valor da prova originalmente produzida é de ser dita por eles. De tal modo, se houver controvérsia sobre o ponto, deve o juiz-presidente do tribunal do júri formular quesito específico para que os jurados declarem a aceitação ou a recusa da prova emprestada.

Julgados dos tribunais superiores se posicionam no sentido de que é possível o empréstimo de provas formadas no processo penal, ainda que constituído por partes distintas, ou no inquérito policial a outro processo criminal ou a procedimentos diversos do penal (administrativo disciplinar ou ação de improbidade administrativa). Das justificativas para permitir o amplo e irrestrito empréstimo probatório, invocou-se, inclusive, a admissibilidade do compartilhamento de dados fiscais firmada pelo Supremo Tribunal Federal[65]. No entanto, nas hipóteses de prova emprestada decorrente de interceptação telefônica, o STJ

64. STJ – Quinta Turma – HC 539.002/SP – Rel. Min. Leopoldo de Arruda Raposo (Des. Conv. do TJ/PE) – DJe 28 nov. 2019.
65. STJ – Sexta Turma – REsp 1485103/RS – Rel. Min. Maria Thereza de Assis Moura – DJe 22 jun. 2018.

exigiu a disponibilização das conversas na integralidade, decretando a nulidade em razão de ter sido selecionada, pelas autoridades, apenas parte dos áudios interceptados[66].

Discordamos do entendimento que amplia a admissão da prova emprestada, removendo os limites descritos acima. A prova emprestada obtida de interceptação telefônica deve ser restrita ao processo penal, de acordo com os limites impostos pela Lei nº 9.296/1996. A admissão de seu uso para fins diversos do penal equivale a ampliar, por via transversa, o alcance da investigação criminal ao âmbito extrapenal, em detrimento aos direitos fundamentais da intimidade e da vida privada, sufragada pela Constituição e pelo legislador. Sobre os limites da prova emprestada, o STJ editou o enunciado nº 591, cujo teor permite a prova emprestada no processo administrativo disciplinar, desde que devidamente autorizada pelo juízo competente e respeitados o contraditório e a ampla defesa.

41. ÔNUS DA PROVA

O ônus da prova é o encargo atribuído à parte de provar aquilo que alega. Na dicção de Afrânio Silva Jardim, cuida-se de regra técnico-jurídica com a função de orientar o juiz diante de dúvida irremovível quando do exame de fato incerto[67]. A demonstração probatória é uma faculdade, assumindo a parte omissa as consequências de sua inatividade, facilitando a atividade judicial no momento da decisão, já que aquele que não foi exitoso em provar, possivelmente não terá reconhecido o direito pretendido.

Na senda de Gustavo Badaró, relevante é definir o ônus como uma posição jurídica na qual o sistema processual penal estabelece determinada conduta para que o sujeito possa obter um resultado que lhe seja favorável. Vale dizer, para que o sujeito onerado galgue provimento benéfico, terá de praticar o ato previsto como cabível. De outro lado, caso não realize a conduta devida, a consequência é a exclusão do favor legal, sem, contudo, configurar um ato ilícito[68].

A prova da alegação é incumbida a quem a fizer, de acordo com o art. 156, primeira parte, do CPP. Se tem indicado que a divisão do ônus da prova entre acusação e defesa levaria a que a primeira demonstrasse a autoria; materialidade (existência da infração); dolo ou culpa e eventuais circunstâncias que influam na exasperação da pena. Já a defesa estaria preocupada na demonstração de eventuais excludentes de ilicitude; de culpabilidade; causas de extinção da punibilidade e circunstâncias que venham a mitigar a pena[69].

É necessário que enxerguemos o ônus da prova em matéria penal à luz do princípio da presunção de inocência, e, também, do favor réu. Se a defesa quedar-se inerte durante todo o processo, tendo pífia atividade probatória, ao final do processo, estando o magistrado em dúvida, ele deve absolver o infrator. A responsabilidade probatória é integralmente conferida à acusação, já que a dúvida milita em favor do demandado. A balança pende

66. STJ – Sexta Turma – REsp 1.795.341-RS – Rel. Min. Nefi Cordeiro – DJe 14 mai. 2019.
67. JARDIM, Afrânio Silva. Ônus da prova na ação penal condenatória. *Conjur*. Disponível em <emporiododireito.com.br/leitura/o-onus-da-prova-na-acao-penal-condenatoria>. Acesso em: 06 fev. 2020.
68. BADARÓ, Gustavo Henrique Righi. *Ônus da prova no processo penal*. São Paulo: RT, 2003. p.173.
69. CAPEZ, Fernando. *Curso de processo penal*. 12. ed. São Paulo: Saraiva, 2005. p.273.

em prol deste, já que o art. 386 do CPP, nos incisos II, V e VII, indica que a debilidade probatória implica na absolvição.

Demonstrando a acusação, de forma eficiente, todos os elementos que justificam a condenação, por via indireta acabaria evidenciando a incompatibilidade de eventuais excludentes de ilicitude ou de culpabilidade. Como salienta Afrânio Silva Jardim, "quando o Ministério Público descreve na denúncia, por exemplo, que o réu matou o ofendido com dois tiros, pelas costas, está assumindo o ônus de provar que assim foi cometido o homicídio. Ao prová-lo, está também demonstrando que a conduta não foi praticada em legítima defesa, por absoluta incompatibilidade", ressaltando que "a ilicitude ou a culpabilidade devem ser depreendidas das circunstâncias do fato principal, narradas necessariamente na peça acusatória, sendo ônus do autor provar suficientemente a existência destas circunstâncias que afirmou", já que "o ônus da prova, na ação penal condenatória, é todo da acusação e relaciona-se com todos os fatos constitutivos do poder-dever de punir do Estado, afirmado na denúncia ou queixa; conclusão esta que harmoniza a regra do art. 156, primeira parte, do Código de Processo Penal com o salutar princípio ***in dubio pro reo***"[70].

Apesar da posição aqui assumida ser a mais consentânea com a atual ordem constitucional, atribuindo-se o ônus de provar por completo à acusação, a posição em contrário tem prevalecido, distribuindo-se o ônus da prova entre acusação e defesa[71]. Entrementes, queremos crer que após o advento da Lei nº 13.964/2019, dúvida não deve restar sobre a inaplicabilidade do art. 156, do nosso Código.

Com efeito, pensamos estar ele revogado tacitamente pelo art. 3º-A, do CPP, que expressa que o processo penal terá estrutura acusatória, com a proibição de que o juiz faça às vezes do órgão da acusação na atuação probatória[72]. Cabe afirmar, sobre os ombros do órgão de acusação recai todo o ônus probatório, competindo ao réu apenas apresentar argumentos que subtraiam a credibilidade da imputação.

42. CLASSIFICAÇÃO DO ÔNUS DA PROVA QUANTO À CONSEQUÊNCIA DA OMISSÃO EM DELE SE DESINCUMBIR

Refere-se à necessariedade ou não dos efeitos negativos que recaem sobre a parte que tinha o ônus de provar uma asserção e dele não se desincumbiu:

(1) **ônus da prova perfeito** ou **ônus da prova absoluto**: haverá necessariamente prejuízo à pretensão da parte em razão da sua omissão em se desincumbir do ônus de provar. Nesse caso, a desídia da parte ou a sua incapacidade de comprovar o alegado é suficiente para desencadear situação desvantajosa para a sua pretensão deduzida em juízo. Como exemplo, teríamos o ônus do Ministério Público em comprovar fato relativo ao estado civil da pessoa para possibilitar o reconhecimento de agravante do art. 61, "e", do CP (crime

70. JARDIM, Afrânio Silva. *Direito processual penal*. 11. ed. Rio de Janeiro: Forense, 2002. p. 211-214.
71. STJ – 6ª T. – RHC 1330/RJ – Rel. Min. Luiz Vicente Cernicchiaro – DJ 9/9/1991. p. 12214.
72. Dispositivo com eficácia suspensa, nos termos de decisão monocrática do Supremo Tribunal Federal (STF – ADI 6298/DF – Medida Cautelar – Rel. Min. Luiz Fux – 22 jan. 2020).

cometido contra ascendente), sem o que decorre necessariamente o não agravamento da pena fundado nesse motivo.

(2) **ônus da prova menos perfeito** ou **ônus da prova relativo**: o prejuízo atinente ao fato de não ter a parte se desincumbido do ônus de provar fica dependendo de apreciação do juiz, podendo ou não ter lugar, notadamente se existirem outros meios de prova que possam substituir a prova que poderia ter sido produzida e não o foi por falta de requerimento da parte no momento oportuno. Ex.: no rito ordinário, a parte autora pode arrolar até oito testemunhas para comprovar suas alegações, consignadas na petição inicial. Caso arrole somente uma testemunha e confie nas demais provas documentais e periciais, o fato de não ter exaurido seu ônus processual de provar não significa em absoluto que o juiz, ainda assim, não possa condenar o acusado, tratando-se de ônus da prova relativo, sem consequência desvantajosa necessária.

43. CLASSIFICAÇÃO DO ÔNUS DA PROVA QUANTO AO SEU DESTINATÁRIO

(1) **ônus da prova objetivo**, **ônus da prova sob a perspectiva do participante** ou ônus da prova em sentido amplo: ô ônus da prova objetivo é um critério técnico-jurídico de julgamento para o juiz, que não pode deixar de sentenciar sob o argumento de que não há regra no sistema para a resolução do conflito. O juiz é o intérprete autêntico que não pode se eximir de julgar. Como participante, não admite lacunas que o impeçam de decidir e distribuir o ônus da prova em conformidade com suas regras. No processo penal, diante da insuficiência de provas ou de dúvida quanto à imputação, a regra de julgamento determina a absolvição do acusado.

(2) **ônus da prova subjetivo**, **sob a perspectiva do observador** ou **ônus da prova em sentido estrito**: trata-se do ônus que recai sobre as partes, vale dizer, cuida-se do encargo que elas têm de produzir as provas que reforcem suas asserções, mitigando o risco de prejuízo processual que pode ser causado pela inércia ou omissão em provar. As partes, enquanto sujeitos processuais, argumentam como observadores do sistema estatal, com o intento de influir na convicção do juiz e de atenuar a possibilidade de decisão que acarrete situação de desvantagem para o seu direito.

CLASSIFICAÇÃO DO ÔNUS DA PROVA			
Quanto às consequências da omissão em se desincumbir do ônus		Quanto ao destinatário do ônus	
› Ônus da prova perfeito ou ônus da prova absoluto	› Ônus da prova menos perfeito ou ônus da prova relativo	› Ônus da prova objetivo ou ônus sob a perspectiva do participante	› Ônus da prova subjetivo ou ônus sob a perspectiva do observador ou ônus da prova em sentido estrito

44. ÔNUS DA PROVA E *STANDARDS* PROBATÓRIOS

A questão relativa à especificidade do ônus da prova no processo penal, suscita o debate em torno da noção de ***standards*** **probatórios**, tema mais recorrente no direito comparado. Ao lado das regras de julgamento que preenchem o conteúdo do conceito de ônus da prova, podem-se dizer reconhecidos, no Brasil, como **padrões normativos** em matéria de prova, os seguintes *standards*, arrolados por José Paulo Baltazar Júnior:

(1) necessidade de motivação;

(2) vedação de contradição;

(3) objetividade da motivação;

(4) obrigatoriedade do enfrentamento de todas as questões;

(5) distinção entre o grau de exigência de prova no processo civil e no processo penal.

Os **modelos de constatação probatórios** consistem em "padrões mínimos para aferir a suficiência da motivação de fato nas decisões judiciais", cuja função, além de servir de regra de julgamento ou de resolução de questão processual, é também a de "permitir o controle da motivação judicial das decisões"[73]. Os *standards of proof* constituem critérios e regras de julgamento que devem orientar aquele que deve expor seu ponto de vista subjetivo sobre o caso concreto, de maneira a viabilizar a sindicabilidade das razões tomadas para decidir.

Não é demais dizer que o direito brasileiro possui critérios constitucionais e legais que, seguidos rigorosamente, proporcionam condições de julgamento segundo modo que deve considerar que o homem é um ser falível, a fim de proteger o julgador de equívocos de antecipação de pressuposições, notadamente em matéria criminal.

Nosso sistema prevê, então, balizas de julgamento, a exemplo dos arts. 155 (livre apreciação da prova, mas liberdade dentro do sistema de direito positivo) e 386 (exame exigente acerca dos motivos que devem absolver o réu), do CPP. É vedada condenação com base exclusiva em confissão do acusado, em termo de colaboração premiada ou em elementos somente do inquérito policial (são as **provas legais negativas**, expressão que designa limites ao que o juiz pode conhecer e valorar). São classificáveis como *standards of proof* (padrões probatórios ou de julgamento), eis que são cânones dirigidos ao julgador. A vedação de prova ilícita e o postulado da dúvida que deve militar em favor do réu também o são.

Do direito norte americano, têm sido citados os seguintes modelos de julgamento:

(1) preponderância da prova ou *preponderance of evidence*;

(2) prova clara e convincente (*clear and convincing evidence*); e

(3) além da dúvida razoável ou *beyond a reasonable doubt*.

O último, afirmam alguns, seria adequado às causas criminais nos ordenamentos estrangeiros tradicionalmente vinculados ao sistema da *Common Law*. Veja-se que não é tarefa simples saber o significado da fórmula "dúvida razoável", diante de sua excessiva abstração. Mesmo no seu sistema de origem, a expressão é referida como apta a confundir o júri[74], pelo que se entende que seu transplante à fundamentação de decisões judiciais brasileiras implica em um proceder equivocado.

---

73. BALTAZAR JÚNIOR, José Paulo. *Standards probatórios no processo penal*. Disponível em: <http://bdjur.stj.jus.br/jspui/bitstream/2011/18424/Standards_Probat%C3%B3rios_no_Processo_Penal.pdf>. Acesso em: 08 fev. 2020.

74. COWEN, Zelman; CARTER, P. B. *Essays on the law of evidence*. London: Oxford University Press, 1956. p.245.

A diferença de forma de produção do direito no Brasil e na América do Norte é grande. Nós, preponderantemente, pela via legislativa. Eles, inversamente, pelos *cases* (precedentes). Entendemos indispensável mantermos nosso vernáculo e nossas fontes do direito genuínas, entendidas estas como somente as reconhecidas segundo o nosso modelo de produção do direito. Isso porque nossas fontes devem ser aqueles textos estatais que conhecemos previamente a partir da Constituição de 1988.

A questão em torno da noção de *standards* probatórios tem ponto de contato com o **Realismo Jurídico norte-americano**, assim inserido o sistema que considera que direito é o que é reconhecido pelos tribunais. Nessa perspectiva, a produção do direito é, primordialmente, função do Poder Judiciário, pela edição dos precedentes. Nessa senda, a fixação dos fatos narrados na acusação deve se desenvolver segundo regras estabelecidas pelo juiz que, por sua vez, não elimina a intuição, malgrado fundamente, a fim de promover a racionalização de sua convicção. Para dizer o direito, por meio de provas, se vale da lógica (razão, dogmática, ***standards***), mas não só da lógica, havendo também intuição (experiência, empiria)[75]

Danilo Knijnik, a esse respeito, adverte que, de um ponto de vista metodológico, "a formação do juízo do fato tem de ser mediada pela dogmática processual, não podendo ser considerada terra estranha ao trabalho do jurista prático ou assunto privativo do mundo fenomênico, para o qual todo o saber tecnológico seria dispensável". Em outros termos, aviva que "o realismo, ainda que não se concorde inteiramente com suas premissas, permite evidenciar a necessidade de um direito probatório sistemático, com categorias e instituições próprias, de modo a evitar que o convencimento judicial escape a toda forma de controle dogmático e a um real contraditório"[76].

45. INVERSÃO DO ÔNUS DA PROVA

No direito processual penal, não há que se falar em inversão do ônus da prova em prejuízo da defesa. A acusação tem o ônus de evidenciar suas alegações de maneira que não recaia dúvida sobre a imputação, bem como deve refutar dúvidas que tenham sido colocadas pela defesa, alijando incertezas quanto a qualquer argumento defensivo. O ônus é todo do Ministério Público, na perspectiva do processo penal condenatório.

Entretanto, é possível falar em inversão do ônus da prova relativamente a alguns efeitos cíveis, decorrentes da questão penal. Isso acontece restritamente a algumas medidas cautelares assecuratórias, a exemplo daquelas regradas pela Lei de Lavagem de Capitais. Em processo penal, a inversão do ônus da prova deve, portanto, ser limitada ao aspecto civil, a fim de atribuir à defesa o encargo de desconstituir a evidência de relação entre o *fumus comissi delicti* e um determinado bem valioso (dinheiro, valores, bens). Para tal providência assecuratória e para a sua manutenção consoante princípio *rebus sic stantibus*, não se aplicam as regras que defluem do *in dubio pro reo*.

75. COSSIO, Carlos. *La teoria egologica del derecho*: y el concepto juridico de liberdad. Buenos Aires: Abeledo-Perrot, 1964. p.170-171.

76. KNIJNIK, Danilo. Ceticismo fático e fundamentação teórica de um direito probatório. In: *Prova judiciária*: estudos sobre o novo direito probatório. Danilo Knijnik (org,). Porto Alegre: Livraria do Advogado, 2007. p.25.

O cerne da inversão do ônus da prova incidente em medidas assecuratórias referentes a crimes de lavagem de dinheiro reside no art. 4º, e parágrafos, da Lei nº 9.613/1998, máxime quando prevê, para a liberação total ou parcial dos bens, direitos e valores, ao lado de outras condições, a necessidade de ser:

(1) **comprovada a licitude de sua origem**, mantendo-se a constrição dos bens, direitos e valores necessários e suficientes à reparação dos danos e ao pagamento de prestações pecuniárias, multas e custas decorrentes da infração penal;

(2) a decisão judicial precedida de **comparecimento pessoal do acusado** ou **de interposta pessoa**.

A lei é mais exigente para liberar o bem do que para efetuar a constrição. Para decretar a medida assecuratória, contenta-se o legislador com "indícios suficientes" da infração penal, enquanto para ordenar a liberação exige a comprovação da licitude de sua origem e a presença da pessoa afetada. Igual exigência está consignada na Lei nº 13.344/2016, aplicável às constrições cautelares em razão de delito de tráfico de pessoas.

A Convenção de Viena concluída em 20 de dezembro de 1988, ratificada pelo Brasil, dispôs, em seu art. 5º, nº 7, que cada uma das partes signatárias deverá considerar a possibilidade de inverter o ônus da prova com respeito à origem ilícita do suposto produto ou bens sujeitos a confisco, na medida em que isto seja compatível com os princípios de seu direito interno e com a natureza dos seus procedimentos judiciais e outros procedimentos. A alteração legislativa sobre a Lei nº 9.613/1998 atende ao preconizado pelo referido instrumento internacional[77].

46. INICIATIVA DO JUIZ

A trajetória na busca da estabilidade faz do ser humano um signatário do ideal da verdade. Descortinar os fatos para que se demonstre, no processo, o que realmente aconteceu, materializa uma das finalidades da persecução penal em juízo. Entretanto, o conceito de verdade não é unívoco, e os limites do seu alcance perpassam pela atuação dos sujeitos processuais na produção probatória.

Deve-se avivar de pronto, como faz Maria Elizabeth Queijo, que existe um vínculo aproximativo entre os conceitos de **verdade**, **certeza** e **convencimento**, e lembrando as lições de Sabatini, afirma que "a certeza é a apreensão e a consciência da verdade. É um estado de ânimo, que se apresenta quando se forma o convencimento de se ter atingido a verdade". De tal forma, o convencimento refere-se "à dinâmica psicológica, resolvendo-se em função do intelecto, enquanto a certeza, representação interna da verdade, reporta-se à estática psicológica, em estado de consciência. Assim, a certeza poderá existir sem que o indivíduo consiga declinar os motivos determinantes de seu convencimento"[78].

Por outro lado, a dicotomia entre **verdade formal** e **verdade material** deve ganhar nova roupagem. Enquanto a primeira, normalmente vinculada à esfera extrapenal, onde são

77. MENDRONI, Marcelo Batlouni. *Inversão do ônus da prova*. Disponível em: <http://www.buscalegis.ufsc.br/revistas/files/anexos/12033-12033-1-PB.htm>. Acesso em 04/12/2013.

78. QUEIJO, Maria Elizabeth. *Estudos em processo penal*. São Paulo: Siciliano Jurídico, 2004. p. 29.

versados em regra direitos disponíveis, incorreria no reducionismo da atuação das partes em empreender esforço probatório na busca da demonstração fática e jurídica, a segunda contaria com a proatividade do órgão julgador que, de mero espectador, passaria a atuar no esforço conjunto de revelar o ocorrido, em homenagem ao princípio da livre investigação probatória. Em sede penal, portanto, onde os interesses em jogo são indisponíveis, caberia ao julgador ser intransigente com meras especulações ou ilações quanto aos fatos, para que se reconstrua nos autos o que realmente aconteceu quando da ocorrência do delito. Nesta lógica, a verdade formal seria a verdade dos autos, ao passo que a verdade material lhe seria antecedente, é a verdade empírica, vinculada aos fatos, à realidade.

Para Ferrajoli, a "impossibilidade de formular um critério seguro de verdade das teses judiciais depende do fato de que a verdade 'certa', 'objetiva' ou 'absoluta' representa sempre a 'expressão de um ideal inalcançável'"[79]. Após Einstein, de fato, tudo é relativo[80], e a construção da verdade deve servir como expressão conjuntural do manancial probatório trazido aos autos e que permite, dentro do possível, a formatação do convencimento do julgador. Não se deve admitir que a verdade processual seja distanciada do conceito de verdade material, ou que esta não permeie o processo. A verdade do processo, como conclui Ferrajoli, "pode ser concebida como uma verdade aproximada a respeito do ideal iluminista da perfeita correspondência"[81].

Não se deve descurar, entretanto, que a busca da verdade, processual ou material, assumindo este ponto aproximativo, não pode levar o magistrado a refugar o seu papel constitucional, travestindo-se em **juiz inquisidor** e perdendo a necessária **imparcialidade** para apreciar o feito. O tênue limite entre a busca da verdade e a fronteira de resguardo ao sistema acusatório e a repartição de poderes deve ser reavivado, a fim de evitar arbítrios e impedir que a prova produzida pelo juiz que perdeu os limites da fronteira, venha transmudar-se em prova ilícita.

Nesse contexto, estaria permitido ao magistrado, ainda no curso do inquérito policial, determinar a produção antecipada das provas reputadas urgentes, em medida de cautelaridade extrema, na expectativa de que não haja perecimento, observando-se a necessidade, adequação e proporcionalidade da medida, diga-se, o ato deve ser encarado de forma estrita, para que uma suposta busca incondicional da verdade não dispa o magistrado dos valores inerentes ao mister jurisdicional. Da mesma forma, no curso do processo, poderá o juiz determinar a produção probatória de ofício, para dirimir eventual dúvida acerca de ponto relevante. É visivelmente uma atuação secundária à das partes, na expectativa de consolidar a dinâmica do convencimento.

Não pode o juiz, advirta-se, substituir-se à atuação das partes na produção probatória. O papel do magistrado é complementar, objetivando esclarecer dúvida sobre ponto essencial à demonstração da verdade. A proatividade do julgador em determinar a produção de provas encontra limites na imparcialidade exigida para o julgamento do feito. O sistema acusatório atribui ao titular da ação a diligência necessária na produção probatória.

---

79. FERRAJOLI. Luigi. *Direito e razão. Teoria do garantismo penal*. 2. ed. São Paulo: RT, 2006. p. 52.
80. LOPES JR. Aury. *Direito processual e sua conformidade constitucional*. Rio de Janeiro: Lumen Juris, 2007.
81. FERRAJOLI. Luigi. *Direito e razão. Teoria do garantismo penal*. 2. ed. São Paulo: RT, 2006. p. 53.

Se não pode o magistrado fechar os olhos à verdade, também não poderá, sob pena de estar maculado subjetivamente, construir por força própria todo o manancial probatório que é levado aos autos. Se o fizer, deve ser afastado, em razão de impedimento (art. 254, IV, CPP) ou suspeição (art. 252, CPP). Não é necessário nem recomendado ao juiz, em prol do réu, atuar como verdadeiro defensor, tomando a frente da iniciativa probatória. Como na dúvida ele deve absolver o demandado, a debilidade probatória da acusação em demonstrar os elementos que caracterizam o crime, por si só militará em favor da defesa. Nesta linha, a atividade do juiz na determinação da prova continua sendo complementar.

Geraldo Prado, por sua vez, salienta a preocupação de afastar o magistrado da produção probatória, na expectativa de manter a sua imparcialidade. Ao juiz cabe valorar os elementos que lhe são trazidos pelas partes ou, no máximo, de forma secundária, atuar em prol da demonstração da inocência. Daí o jurista adverte que o artigo 156, do Código de Processo Penal, em sua parte final, "que contempla o juiz com poderes probatórios, na linha do art. 209 do mesmo código, é fruto do processo penal do Estado Novo, período autoritário em que a supressão das liberdades contava com o apoio do Sistema de Justiça Penal, para fazer valer os interesses da ditadura Vargas"[82].

Deveras, alinhados com essa corrente de pensamento, entendemos que o art. 156, do CPP, não se coaduna com o sistema constitucional na parte que permite ao juiz atuar de ofício na produção probatória. Aliás, o art. 3º-A, do CPP, inserido pela Lei nº 13.964/2019, foi explícito ao asseverar que o processo penal terá estrutura acusatória, vedadas a iniciativa do juiz na fase de investigação e a substituição da atuação probatória do órgão de acusação[83].

47. SISTEMAS DE APRECIAÇÃO DA PROVA

A gestão da prova e a respectiva apreciação pela autoridade judicial sofrem variações a depender do sistema adotado. As regras de valoração da prova demonstram a transparência no ato de julgar, revelando o porquê do convencimento que deu ensejo ao provimento jurisdicional, funcionando como fator de conformação das partes e de fiscalização do órgão judicante. Vejamos os principais sistemas.

48. SISTEMA DA CERTEZA MORAL DO JUIZ OU ÍNTIMA CONVICÇÃO OU *SECUNDA CONSCIENTIA*

O juiz está absolutamente livre para decidir, despido de quaisquer amarras, estando dispensado de motivar a decisão. Pode utilizar o que não está nos autos, trazendo ao processo os seus pré-conceitos e crenças pessoais. A lei não atribui valor às provas, cabendo ao magistrado total liberdade. É o sistema que preside, de certa forma, os julgamentos pelo Tribunal do Júri em sua segunda fase, na atuação dos jurados, pois estes votam os quesitos sigilosamente, sem fundamentar.

---

82. PRADO, Geraldo. *Sistema acusatório.* A conformidade constitucional das leis processuais penais. 4. ed. Rio de Janeiro: Lumen Juris, 2006. p. 140.
83. Dispositivo com eficácia suspensa, nos termos de decisão monocrática do Supremo Tribunal Federal (STF – ADI 6298/DF – Medida Cautelar – Rel. Min. Luiz Fux – 22 jan. 2020).

49. SISTEMA DA CERTEZA MORAL DO LEGISLADOR, DAS REGRAS LEGAIS OU DA PROVA TARIFADA

A lei estipula o valor de cada prova, estabelecendo inclusive hierarquia entre estas, aniquilando praticamente a margem de liberdade apreciativa do magistrado. Cabe à norma, previamente, aquilatar o grau de importância do manancial probatório, restando ao juiz, de forma vinculada, atender ao regramento. Por esse sistema, pode se estabelecer a prova adequada para demonstrar determinado fato ou ato, fazendo-se antecipada distinção qualitativa entre as provas.

É o que ocorre com a previsão do art. 158, do CPP, ao exigir, nos crimes que deixam vestígios, que a materialidade seja provada com a realização de exame de corpo de delito, não servindo a confissão para suprir eventual omissão. Ademais, regras rígidas sobre a preservação da cadeia de custódia da prova pericial estão descritas circunstanciadamente, do art. 158-A a 159-F, do CPP, com redação da Lei nº 13.964/2019.

A lei diz a prova adequada à demonstração da materialidade, rejeitando a confissão e elegendo a perícia como o meio a ser utilizado. Caso não seja possível a realização da perícia, as testemunhas podem ser utilizadas, a confissão jamais (art. 167, CPP). É sem dúvida um resquício do sistema da prova tarifada.

A prova tarifada é classificada pela doutrina em:

(1) **prova tarifada absoluta** ou **tarifação absoluta**: que não permite ao juiz, em qualquer hipótese, afastar-se dos limites traçados pelo legislador, tal como se dá com a forma de comprovar o estado civil das pessoas, nos termos do art. 92, do CPP, que determina que o processo penal fique obrigatoriamente suspenso até que se resolva, no âmbito cível, a questão prejudicial heterogênea, ficando o juiz criminal adstrito ao que for dito, no ponto, pelo juiz do cível;

(2) **prova tarifada relativa** ou **tarifação relativa**: malgrado estabeleça a forma como deve ser comprovado o fato, a própria lei não fecha às portas para que o juiz, na falta justificada da prova segundo a forma legal, fundamente sua decisão em outros meios de prova. É o que se vê com o disposto no aludido art. 158, do CPP. A impossibilidade de se realizar exame de corpo de delito direto, não é óbice para que se realize o indireto ou o substitua pela prova testemunhal, conferindo a regra maior espaço de discricionariedade ao magistrado.

50. SISTEMA DO LIVRE CONVENCIMENTO MOTIVADO OU PERSUASÃO RACIONAL

É o sistema reitor no Brasil, estando o juiz livre para decidir e apreciar as provas que lhe são apresentadas, desde que o faça de forma motivada (art. 93, IX, CF; art. 315, § 2º, CPP). É o que se extrai do art. 155, do CPP, frisando que o juiz formará sua convicção pela livre apreciação da prova produzida em contraditório judicial, não podendo fundamentar sua decisão exclusivamente nos elementos informativos colhidos na investigação, ressalvadas as provas cautelares, não repetíveis e antecipadas. Aliás, os autos de competência do **juiz de garantias** devem ser acautelados na secretaria do juízo e não acompanharão o processo penal, ressalvadas aquelas provas, nos termos do § 3º, do art. 3º-C, do CPP, acrescido pela Lei nº 13.964/2019[84].

---

84. Dispositivo com eficácia suspensa, nos termos de decisão monocrática do Supremo Tribunal Federal (STF – ADI 6298/DF – Medida Cautelar – Rel. Min. Luiz Fux – 22 jan. 2020).

Deveras, os elementos informativos colhidos na fase preliminar, não devem ser valorados na sentença, numa indevida **extensibilidade jurisdicional e onipresença do inquérito policial no julgado**, afinal, aqueles não foram passíveis de contraditório nem ampla defesa, e sequer estão no altiplano das provas. E não se diga que se trata só das decisões condenatórias, pois para absolver, como a dúvida milita em favor do réu, não seria necessário o magistrado socorrer-se aquilo que foi trazido pelo inquérito, e se o fizer, neste caso, não haverá prejuízo. A exceção se deve às provas cautelares, não repetíveis e antecipadas.

A peculiaridade da investigação e os efeitos deletérios que o decurso do tempo pode causar autorizam, de forma excepcional, a realização de medidas cautelares como a busca e apreensão ou a interceptação telefônica, em razão da necessidade e urgência, para que os elementos não venham a se esvair. Da mesma forma, as provas irrepetíveis, que não podem ser refeitas na fase processual por impossibilidade material, como a perícia em vestígios que facilmente irão desaparecer, será transplantada para o processo, sendo mais uma exceção da imprestabilidade dos elementos colhidos na fase preliminar.

Tais elementos só ganham o *status* de prova quanto submetidos, na fase processual, ao contraditório (diferido) e a manifestação da defesa. Busca-se ainda, através do incidente de produção antecipada de provas, evitar o perecimento probatório, sendo que tal incidente tramita perante o magistrado, com colaboração efetiva das futuras partes, resguardando-se, portanto, na realização do incidente, o contraditório e a ampla defesa, eliminado qualquer obstáculo para utilização dos frutos do incidente na fase processual. Afora estas hipóteses, não se deve aproveitar mais nada do inquérito na prolação da sentença, e a interpretação do art. 155, do CPP, *caput*, não pode ser outra, sob pena de afronta cabal à Constituição Federal.

A liberdade do julgador lhe permite avaliar o conjunto probatório em sua magnitude e extrair da prova a sua essência, transcendendo ao formalismo castrador do sistema da certeza legal. Não existe hierarquia entre as provas, cabendo ao juiz imprimir na decisão o grau de importância das provas produzidas. Essa liberdade, por sua vez, não é sinônimo de arbítrio, cabendo ao magistrado, alinhado às provas trazidas aos autos, fundamentar a decisão, revelando, com amparo no manancial probatório, o porquê do seu convencimento, assegurando o direito das partes e o interesse social.

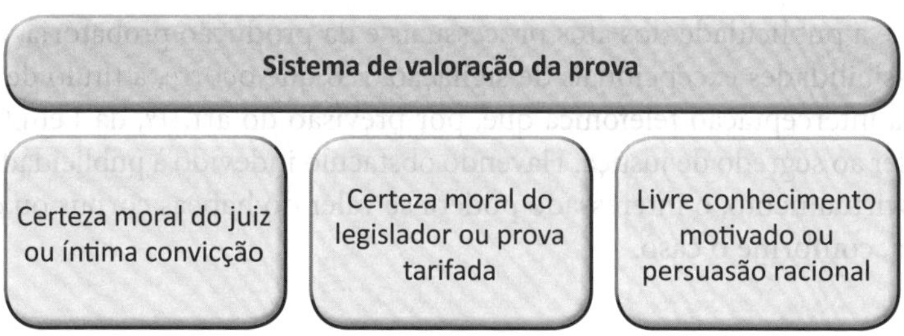

51. PRINCÍPIOS DA PROVA PENAL

São as normas fundantes da disciplina probatória, ramificações de seu conceito e critérios para a efetivação de seu controle epistemológico. Vejamos um a um.

52. PRINCÍPIO DA AUTORRESPONSABILIDADE DAS PARTES

As partes assumem as consequências de sua inação. A frustração ou o êxito estão ligados à conduta probatória do interessado no transcorrer da instrução.

53. PRINCÍPIO DA AUDIÊNCIA CONTRADITÓRIA

Toda prova produzida deve ser submetida ao crivo do contraditório, com oportunidade de manifestação da parte contrária.

54. PRINCÍPIO DA AQUISIÇÃO OU COMUNHÃO

A prova não pertence à parte que a produziu e sim ao processo. Se a parte deseja desistir de prova que tenha proposto, a parte contrária deve obrigatoriamente ser ouvida. Em havendo aquiescência, ainda assim o magistrado poderá determinar de ofício a realização da prova. Deve ser analisada com cautela a previsão do art. 401, § 2º, do CPP, autorizando que a parte desista de qualquer das testemunhas arroladas, ressalvando apenas a possibilidade do magistrado determinar a oitiva de ofício. Ao juiz não é permitido funcionar em substituição à atuação probatória do órgão da acusação (art. 3º-A, CPP[85]). Apesar da omissão legal, se a parte contrária insistir na oitiva, a testemunha deve ser ouvida, em atenção ao princípio da comunhão.

55. PRINCÍPIO DA ORALIDADE

Deve haver a predominância da palavra falada. Ex.: testemunhos, interrogatório, etc.

Do princípio da oralidade, decorre o **princípio da concentração**, buscando-se centralizar a produção probatória em audiência única, ou no menor número delas e o **princípio da imediatidade**, aproximando o magistrado do contexto probatório, com as provas produzidas perante a autoridade.

Além deles, vigora o **princípio da identidade física do julgador**, de sorte que o magistrado que preside a instrução é necessariamente aquele que irá julgar o processo, salvo as exceções legalmente contempladas, como promoção, aposentadoria, dentre outras.

56. PRINCÍPIO DA PUBLICIDADE

A regra é a publicidade dos atos processuais e da produção probatória, havendo, entretanto, possibilidades excepcionais de sigilação. É o que ocorre, a título de exemplo, na realização da interceptação telefônica que, por previsão do art. 1º, da Lei nº 9.296/1996, deverá atender ao segredo de justiça. Havendo obstáculo indevido à publicidade probatória, com seu desvirtuamento, o interessado poderá se valer do habeas corpus ou do mandado de segurança, conforme o caso.

85. Dispositivo com eficácia suspensa, nos termos de decisão monocrática do Supremo Tribunal Federal (STF – ADI 6298/DF – Medida Cautelar – Rel. Min. Luiz Fux – 22 jan. 2020).

57. PRINCÍPIO DO LIVRE CONVENCIMENTO MOTIVADO

Permite ao magistrado liberdade para decidir, mediante justificação por provas, de forma motivada (art. 93, IX, CF; art. 315, § 2º, CPP).

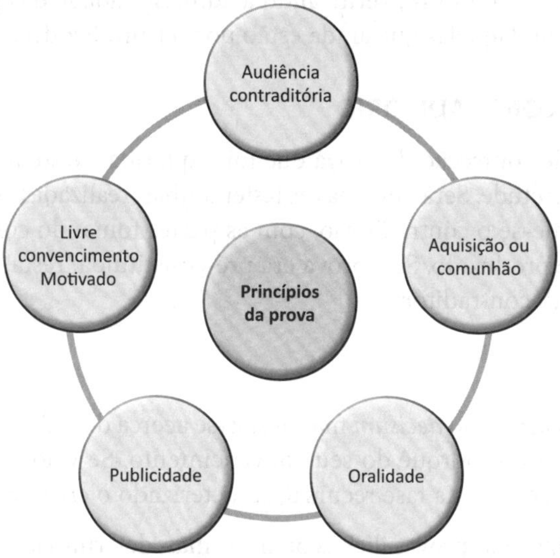

58. PROCEDIMENTO PROBATÓRIO

O passo a passo da produção probatória é composto por etapas que migram da fonte e se encerram em forma de argumento, na sentença. Ao cabo, teremos **prova em sentido completo** quando descrita fundamentadamente na decisão judicial.

59. PROPOSIÇÃO DA PROVA

É o momento de requerer as provas que devem ser produzidas na instrução processual, ou para realizar o lançamento aos autos das provas pré-constituídas. Normalmente o requerimento de produção probatória é apresentado na inicial acusatória, para o Ministério Público ou o querelante e na resposta preliminar (art. 396-A, CPP), para a defesa.

Essa oportunidade, em regra, não é preclusiva. Nada impede que no curso do processo as partes requeiram a produção de provas, diante de elemento novo que advenha aos autos e que era desconhecido à época do momento adequado para pleitear a prova. As limitações a essa liberdade são exceção, a exemplo do que ocorre com a prova testemunhal, que deve ser indicada na inicial ou na defesa preliminar, pois a omissão levaria à preclusão.

Embora tenha se admitido que o magistrado determine a realização de provas *ex officio* depois do processo instaurado, queremos crer que tal proceder é proibido pelo nosso sistema constitucional, mormente diante da estrutura acusatória do processo e da vedação da atuação probatória do juiz em substituição ao órgão da acusação, previstas no art. 3º-A, do CPP[86].

86. Dispositivo com eficácia suspensa, nos termos de decisão monocrática do Supremo Tribunal Federal (STF – ADI 6298/DF – Medida Cautelar – Rel. Min. Luiz Fux – 22 jan. 2020).

60. ADMISSÃO DA PROVA

É nesta etapa do procedimento que a autoridade judicial autorizará a realização das provas requeridas, ou a introdução aos autos das pré-constituídas. Cabe ao juiz, fundamentadamente, funcionar como filtro, verificando a admissibilidade das provas que almejam ingressar nos autos ou daquelas que ainda estão por ser produzidas.

61. PRODUÇÃO E CONTRADITÓRIO

Esta é a etapa de confecção da prova que foi requerida. Neste momento, a instrução começa a tomar concretude. Serão ouvidas as testemunhas, realizadas as acareações, perícias etc. À produção segue-se o contraditório, com as partes tomando contato e participando ativamente do que é produzido. Se a prova era pré-constituída, resta, com a admissão aos autos, a subsunção ao contraditório.

62. VALORAÇÃO

Caberá ao magistrado no *decisum* manifestar-se acerca de todas as provas produzidas, avaliando-as, revelando o porquê do seu convencimento. Se valorar mal, de regra, dará ensejo à reforma da decisão na fase recursal, caracterizado o *error in judicando*.

Deverá ainda afastar as provas ilícitas ou ilegítimas, determinado o desentranhamento (art. 157, § 3º, CPP). Caso venha a amparar a decisão em prova que contraria a lei, haverá **nulidade absoluta**, manifesta, em evidente *error in procedendo*.

63. QUADRO SINÓTICO

CAPÍTULO XX – TEORIA DA PROVA	
CONCEITO DE PROVA	
O processo, na visão do ideal, objetiva fazer a reconstrução histórica dos fatos ocorridos para que se possa extrair as respectivas consequências em face daquilo que ficar demonstrado. O convencimento do julgador é o anseio das partes que litigam em juízo, que procurarão fazê-lo por intermédio do manancial probatório carreado aos autos. A demonstração da verdade dos fatos é feita por intermédio da utilização probatória, e a prova é tudo aquilo que contribui para a formação do convencimento do magistrado, demonstrando os fatos, atos ou até mesmo o próprio direito discutido no litígio. Intrínseco ao conceito de prova é a sua finalidade, o objetivo, que é a obtenção do convencimento daquele que vai julgar, decidindo a sorte do réu, condenando ou absolvendo.	**1**
REQUISITOS DO PROCEDIMENTO PROBATÓRIO	
Pressupõe procedimento contraditório, em regra produzida no curso de processo instaurado perante magistrado, com a participação dos litigantes. Exige-se admissibilidade, relevância, confiabilidade e confronto.	**2**
ELEMENTOS DE INFORMAÇÃO	
São os documentos e outros registros colhidos em procedimento diverso do processo judicial, sem a observância atinente ao contraditório, a exemplo daqueles colhidos no curso do inquérito policial.	**3**

<table>
<tr><th colspan="2">CAPÍTULO XX – TEORIA DA PROVA</th></tr>
<tr><th colspan="2">MEIOS DE PROVA</th></tr>
<tr><td>São os recursos de percepção da verdade e formação do convencimento. É tudo aquilo que pode ser utilizado, direta ou indiretamente, para demonstrar o que se alega no processo. Sob sentido mais estrito, são os instrumentos endoprocessuais disponíveis para a produção da prova em procedimento contraditório.</td><td>4</td></tr>
<tr><th colspan="2">MEIOS DE OBTENÇÃO DE PROVA OU MEIOS DE INVESTGAÇÃO DE PROVA</th></tr>
<tr><td>São, em regra, extraprocessuais. Têm o objetivo de encontrar elementos materiais de prova ou fontes de prova.</td><td>5</td></tr>
<tr><th colspan="2">FONTES DE PROVA</th></tr>
<tr><td>Pessoa ou a coisa da qual emana a prova, denominado, em sentido amplo, de sujeito da prova.</td><td>6</td></tr>
<tr><th colspan="2">TÉCNICAS ESPECIAIS DE INVESTIGAÇÃO</th></tr>
<tr><td>São instrumentos distintos daqueles tradicionais (prova documental ou oral), consistentes em estratégias que visam apurar crimes graves, com a otimização dos resultados através de criatividade investigativa. Podem funcionar como meio de obtenção de prova.</td><td>7</td></tr>
<tr><th colspan="2">SUCEDÂNEOS PROBATÓRIOS</th></tr>
<tr><td>Consistem em elementos de informação de menor densidade epistemológica se comparados às provas primárias. Neles, há déficit cognitivo do julgador relativamente aos fatos informados, seja por não ter sido seguido o procedimento legal para a formação da prova em juízo, seja por não ter sido observado o princípio da imediação, que impõe produção da prova sem anteparos ou intermediários.</td><td>8</td></tr>
<tr><th colspan="2">DESTINATÁRIOS DA PROVA</th></tr>
<tr><td>O destinatário direto da prova é o magistrado, que formará o seu convencimento pelo material que é trazido aos autos. As partes também são destinatárias da prova, mas de forma indireta, pois se convencidas daquilo que ficou demonstrado no processo, haverá maior possibilidade de anuírem com a decisão.</td><td>9</td></tr>
<tr><th colspan="2">NATUREZA JURÍDICA</th></tr>
<tr><td>A prova está intimamente ligada à demonstração da verdade dos fatos, sendo inerente ao desempenho do direito de ação e de defesa. É verdadeiro direito subjetivo com vertente constitucional para demonstração da realidade dos fatos.</td><td>10</td></tr>
<tr><th colspan="2">OBJETO</th></tr>
<tr><td>É o que se deve demonstrar, ou seja, aquilo sobre o que o juiz deve adquirir o conhecimento necessário para resolver o litígio.</td><td>11</td></tr>
<tr><th colspan="2">OBJETO DA PROVA</th></tr>
<tr><td>É a coisa, o fato, o acontecimento que deve ser conhecido pelo juiz.</td><td>12</td></tr>
<tr><th colspan="2">OBJETO DE PROVA</th></tr>
<tr><td>Diz respeito ao que é pertinente ser provado. É saber o que se precisa provar.</td><td>13</td></tr>
</table>

CAPÍTULO XX – TEORIA DA PROVA		
CLASSIFICAÇÃO DA PROVA (tópico 14)		
Classificação da prova quanto ao objeto	Prova **direta** ou **positiva**: refere-se diretamente ao fato probando, por si o demonstrando. Prova **indireta**, **negativa** ou **contrária**: refere-se a um outro acontecimento que, por ilação, nos leva ao fato principal.	**15**
Classificação da prova quanto ao efeito ou valor	Prova **plena**: é aquela necessária para condenação, imprimido juízo de certeza quanto ao fato apreciado. Prova **não plena** ou **indiciária**: é a prova limitada quanto à profundidade.	**16**
Classificação da prova quanto ao sujeito ou causa	Prova **real**: é aquela emergente do fato. Prova **pessoal**: é a que decorre do conhecimento de alguém em razão do *thema probandum*.	**17**
Classificação da prova quanto à forma ou aparência	Prova **testemunhal**: é expressa pela afirmação de uma pessoa. Prova **documental**: é o elemento que irá condensar graficamente a manifestação de um pensamento. Prova **material**: simboliza qualquer elemento que corporifica a demonstração do fato. Subdivide-se em: a) **Própria:** Quando é apresentada a própria coisa à constatação do juiz. b) **Imprópria**: Ocorre quando a constatação dos elementos materiais do delito seja feita por perito.	**18**
Classificação da prova quanto à possibilidade de renovação em juízo	Prova **irrepetível** ou não repetível: produzida a partir de fonte probatória perecível ou passível de desaparecimento ou destruição. Prova **repetível**: é a prova que pode ser reproduzida em juízo, sem perder o seu valor.	**19**
Classificação da prova quanto ao momento procedimental	Prova **cautelar preparatória** ou **antecipada**: produzida no curso da investigação preliminar. Prova **cautelar incidental** ou **antecipação probatória** (no curso do processo): é produzida durante o curso de processo já iniciado, sem, contudo, seguir estritamente o rito procedimental para sua formação.	**20**
Classificação da prova quanto à previsão legal	Prova **nominada**: a legislação prevê o meio de prova. Pode ser: a) Típica: além de nominada, tem seu modo de produção expressamente previsto pela legislação, tal como ocorre com a prova testemunhal. b) Atípica: é a prova nominada que não tem seu procedimento especificado pela legislação, embora haja indicação de seu *nomen juris*. Prova **inominada**: trata-se de prova que não é vedada por lei ou pelos bons costumes, embora não haja forma legal expressa.	**21**

<table>
<tr><th colspan="3">CAPÍTULO XX – TEORIA DA PROVA</th></tr>
<tr><td>Classificação da prova quanto à finalidade da prova</td><td>Prova anômala: é o desvio de finalidade na produção da prova. Vale dizer, consiste no uso de meio diverso daquele previsto em lei para a obtenção da informação objeto de prova;
Prova irritual: é a prova produzida sem a observância de seu procedimento legal, do seu rito previsto em lei.</td><td>22</td></tr>
<tr><td>Classificação da prova quanto à imposição legal da forma</td><td>Prova legal positiva, prova legal ou prova tarifada: quando a lei exige que só se comprove um fato por determinado meio de prova.
Prova legal negativa: quando, para alguns atos, a lei pode limitar a cognição do juiz.</td><td>23</td></tr>
<tr><th colspan="3">TEORIA DA ILICITUDE DA PROVA, REGRA DE EXCLUSÃO OU VEDAÇÃO PROBATÓRIA</th></tr>
<tr><td colspan="2">O princípio da liberdade probatória não é absoluto. O intuito de alcançar a "verdade substancial" e a amplitude da produção probatória, fazendo-se aproveitar outros meios de prova que não os disciplinados no CPP, encontram limites rígidos. A prova é taxada de proibida ou vedada toda vez que sua produção implique violação da lei ou de princípios de direito material ou processual.</td><td>24</td></tr>
<tr><th colspan="3">PROVAS ILÍCITAS</th></tr>
<tr><td colspan="2">Violam disposições de direito material ou princípios constitucionais penais.</td><td>25</td></tr>
<tr><th colspan="3">PROVAS ILEGÍTIMAS</th></tr>
<tr><td colspan="2">Violam normas processuais e os princípios constitucionais da mesma espécie.</td><td>26</td></tr>
<tr><th colspan="3">PROVAS IRREGULARES</th></tr>
<tr><td colspan="2">Para Paulo Rangel, seriam aquelas permitidas pela legislação processual, mas na sua produção, as formalidades legais não são atendidas.</td><td>27</td></tr>
<tr><th colspan="3">TEORIA DOS FRUTOS DA ÁRVORE ENVENENADA (FRUITS OF THE POISONOUS TREE), TEORIA DA ILICITUDE POR DERIVAÇÃO OU TAINT DOCTRINE</th></tr>
<tr><td colspan="2">Em um juízo de causa e efeito, tudo que é originário de uma prova ilícita seria imprestável, devendo ser desentranhado dos autos.</td><td>28</td></tr>
<tr><td>Teorias decorrentes</td><td>A sua incidência sofre algumas limitações:
Teoria da prova absolutamente independente ou teoria da fonte independente: se existirem provas outras no processo, independentes de uma determinada prova ilícita produzida, não há de se falar em contaminação.
Teoria da descoberta inevitável ou exceção da fonte hipotética independente: se a prova, que circunstancialmente decorre de prova ilícita, seria conseguida de qualquer maneira, por atos de investigação válidos, ela será aproveitada, eliminando-se a contaminação.
Teoria da contaminação expurgada, conexão atenuada, purged taint exception, tinta diluída ou doutrina da mancha purgada: é possível que o vínculo entre a prova ilícita e a derivada seja tão tênue ou superficial que acabe não havendo contaminação.</td><td>29 a 33</td></tr>
</table>

CAPÍTULO XX – TEORIA DA PROVA		
Teorias decorrentes	**Teoria da boa-fé, exceção da boa-fé, *good faith exception* ou limitação da boa-fé**: objetiva-se evitar o reconhecimento da ilicitude da prova, caso os agentes de polícia ou da persecução penal como um todo, tenham atuado destituídos do dolo de infringir a lei, pautados verdadeiramente em situação de erro.	**29 a 33**
TEORIA DA EXCLUSÃO DA ILICITUDE DA PROVA		
A prova, aparentemente ilícita, deve ser reputada válida, quando a conduta do agente na sua captação está amparada pelo direito (excludentes de ilicitude).		**34**
TEORIA DA EXCEÇÃO DE ERRO INÓCUO		
Essa teoria tende a relevar ofensas a direitos constitucionais das partes, entendidas como irrelevantes ao procedimento ou ao exame da prova.		**35**
PRINCÍPIO DA PROPORCIONALIDADE OU RAZOABILIDADE		
Deve ser invocado, na sua essência, para preservar os interesses do acusado, ou seja, na ponderação axiológica, a violação legal para produção probatória, quando estritamente necessária, só se justifica para manutenção do *status* de inocência.		**36**
QUEBRA DA CADEIA DE CUSTÓDIA DAS PROVAS		
A descrição de um fato delituoso por meio de provas implica encadeamento. Para que a narrativa se dê de forma lógica, inteligível, ela deve conter os seus elementos essenciais, tais como sujeitos envolvidos, fato central, circunstância, tempo e lugar. A descrição do desfecho pressupõe a do seu ***iter***, do seu caminho. Assim também deve ser a prova que é produzida para construir a versão do fato delituoso, supedaneando sua base empírica. Para que a prova derradeira seja considerada lícita, devem ser também lícitas àquelas que lhe antecederam na relação encadeada logicamente.		**37**
ENCONTRO FORTUITO DE PROVAS OU SERENDIPIDADE		
Serendipidade significa encontro fortuito de provas relativas a fato delituoso diverso daquele que é o objeto das investigações. A aplicação da serendipidade para entender válida a prova encontrada casualmente é que nos dá a ideia da existência de um princípio. Tal princípio, que exigirá a presença de certos requisitos, possibilita reconhecer como lícita a prova ou a fonte de prova de outra infração penal, obtida no bojo de investigação cujo objeto não abrangia o que foi, inesperadamente, revelado.		**38**
INUTILIZAÇÃO DA PROVA ILÍCITA		
A inadmissibilidade das provas obtidas por meios ilícitos não se opera automaticamente. Antes depende: (1) de decisão judicial que descreva a situação fática, com a verificação concreta da violação legal, que se acomode ao conceito abstrato de inadmissibilidade probatória, previsto no art. 5º, inciso LVI, da Constituição; (2) que a decisão judicial conclua pelo reconhecimento de que a prova violou a lei ou a Constituição, declarando-a ilícita; (3) que a decisão judicial determine, que a prova ilícita seja desentranhada. O desentranhamento da prova ilícita dos autos, opera o feito pragmático de precaver o magistrado de tomar qualquer decisão que a tome como elemento de convicção. Desentranhada a prova, ela deve ficar acautelada em local apropriado até que não paire interesse sobre ela relativamente ao processo ou ao inquérito que ensejou sua produção.		**39**

<table>
<tr><th colspan="3">CAPÍTULO XX – TEORIA DA PROVA</th></tr>
<tr><th colspan="3">PROVA EMPRESTADA</th></tr>
<tr><td colspan="2">É aquela produzida em um processo e transportada documentalmente para outro. A eficiência da instrução criminal e a colaboração da justiça levam à admissibilidade do empréstimo probatório.
Requisitos: identidade de partes; mesmo fato probando; contraditório no processo emprestante; obediência aos requisitos formais de produção probatória.
Julgados dos tribunais superiores se posicionam no sentido de que é possível o empréstimo de provas formadas no processo penal, ainda que constituído por partes distintas, ou no inquérito policial a outro processo criminal ou a procedimentos diversos do penal.</td><td>40</td></tr>
<tr><th colspan="3">ÔNUS DA PROVA</th></tr>
<tr><td colspan="2">O ônus da prova é o encargo atribuído à parte de provar aquilo que alega. A demonstração probatória é uma faculdade, assumindo a parte omissa as consequências de sua inatividade, facilitando a atividade judicial no momento da decisão, já que aquele que não foi exitoso em provar, possivelmente não terá reconhecido o direito pretendido.
A prova da alegação é incumbida a quem a fizer, de acordo com o art. 156, primeira parte, do CPP. Se tem indicado que a divisão do ônus da prova entre acusação e defesa levaria a que a primeira demonstrasse a autoria; materialidade (existência da infração); dolo ou culpa e eventuais circunstâncias que influam na exasperação da pena. Já a defesa estaria preocupada na demonstração de eventuais excludentes de ilicitude; de culpabilidade; causas de extinção da punibilidade e circunstâncias que venham a mitigar a pena.
É necessário que enxerguemos o ônus da prova em matéria penal à luz do princípio da presunção de inocência, e, também, do favor réu.</td><td>41</td></tr>
<tr><th colspan="3">CLASSIFICAÇÃO DO ÔNUS DA PROVA</th></tr>
<tr><td>Classificação do ônus da prova quanto à consequência da omissão em se desincumbir</td><td>(1) perfeito ou absoluto: a desídia da parte ou a sua incapacidade de comprovar o alegado é suficiente para desencadear situação desvantajosa para a sua pretensão deduzida em juízo.
(2) menos perfeito ou relativo: o prejuízo atinente ao fato de não ter a parte se desincumbido do ônus de provar fica dependendo de apreciação do juiz.</td><td>42</td></tr>
<tr><td>Classificação do ônus da prova quanto ao destinatário</td><td>(1) objetivo, sob a perspectiva do participante ou em sentido amplo: trata-se da regra de julgamento segundo a qual o magistrado não pode deixar de sentenciar sob o argumento de que não há regra no sistema para a resolução do conflito.
(2) subjetivo, sob a perspectiva do observador ou em sentido estrito: cuida-se do encargo que as partes têm de produzir as provas que reforcem suas asserções, mitigando o risco de prejuízo processual que pode ser causado pela inércia ou omissão em provar.</td><td>43</td></tr>
<tr><th colspan="3">ÔNUS DA PROVA E STANDARDS PROBATÓRIOS</th></tr>
<tr><td colspan="2">Ao lado das regras de julgamento que preenchem o conteúdo do conceito de ônus da prova, podem-se dizer reconhecidos, no Brasil, como padrões normativos em matéria de prova, os seguintes standards, arrolados por José Paulo Baltazar Júnior: (1) necessidade de motivação; (2) vedação de contradição; (3) objetividade da motivação; (4) obrigatoriedade do enfrentamento de todas as questões; (5) distinção entre o grau de exigência de prova no processo civil e no processo penal.</td><td>44</td></tr>
</table>

CAPÍTULO XX – TEORIA DA PROVA		
INVERSÃO DO ÔNUS DA PROVA		
No Direito Processual Penal não há que se falar ema inversão do ônus da prova em prejuízo da defesa. Entretanto, é possível falar em inversão do ônus da prova em medidas cautelares assecuratórias regradas pela Lei de Lavagem de Capitais.		**45**
INICIATIVA DO JUIZ		
Frente ao princípio da verdade real, o magistrado tem poder probatório complementar à atuação das partes, podendo determinar, de ofício, no transcorrer da instrução, ou antes de proferir sentença, a realização de diligências para dirimir dúvida sobre ponto relevante. O material colhido por iniciativa do magistrado, obrigatoriamente, deve ser submetido à apreciação das partes, fazendo valer o contraditório. Não pode o juiz, advirta-se, substituir-se à atuação das partes na produção probatória. O papel do magistrado é complementar, objetivando esclarecer dúvida sobre ponto essencial à demonstração da verdade. A proatividade do julgador em determinar a produção de provas encontra limites na imparcialidade exigida para o julgamento do feito. O sistema acusatório atribui ao titular da ação a diligência necessária na produção probatória.		**46**
SISTEMA DE GESTÃO DA PROVA		
A gestão da prova e a respectiva apreciação pela autoridade judicial sofrem variações a depender do sistema adotado.		**47**
Certeza moral do juiz ou íntima convicção	O juiz está absolutamente livre para decidir, despido de quaisquer amarras, estando dispensado de motivar a decisão, podendo, inclusive, utilizar o que não está nos autos.	**48**
Certeza moral do legislador, das regras legais ou da prova tarifada	A lei estipula o valor de cada prova, estabelecendo inclusive hierarquia entre estas, aniquilando praticamente a margem de liberdade apreciativa do magistrado.	**49**
Livre convencimento motivado ou persuasão racional	É o sistema reitor no Brasil, estando o juiz livre para decidir e apreciar as provas que lhe são apresentadas, desde que o faça de forma motivada.	**50**
Princípios da prova penal (tópico 51)		
Autorresponsabilidade das partes	As partes assumem as consequências de sua inação. A frustração ou o êxito estão ligados à conduta probatória do interessado no transcorrer da instrução.	**52**
Audiência contraditória	Toda prova produzida deve ser submetida ao crivo do contraditório, com oportunidade de manifestação da parte contrária.	**53**
Aquisição ou comunhão	A prova não pertence à parte que a produziu e sim ao processo.	**54**
Oralidade	Deve haver a predominância da palavra falada.	**55**

CAPÍTULO XX – TEORIA DA PROVA		
Publicidade	A regra é a publicidade, havendo, entretanto, possibilidades excepcionais de sigilação.	**56**
Livre convencimento motivado	Permite ao magistrado liberdade para decidir, mediante justificação por provas, de forma motivada.	**57**
PROCEDIMENTO PROBATÓRIO		
Proposição da prova: É o momento de requerer as provas que devem ser produzidas na instrução processual, ou para realizar o lançamento aos autos das provas pré-constituídas. Normalmente o requerimento de produção probatória é apresentado na inicial acusatória, para o MP ou o querelante e na resposta preliminar (art. 396-A, CPP), para a defesa. **Admissão da prova:** a autoridade judicial autorizará a realização das provas requeridas, ou a introdução aos autos das pré-constituídas. **Produção e contraditório**: etapa de confecção da prova que foi requerida. À produção segue-se o contraditório, com as partes tomando contato e participando ativamente do que é produzido. **Valoração:** Caberá ao magistrado no *decisum* manifestar-se acerca de todas as provas produzidas, avaliando-as, revelando o porquê do seu convencimento.		**58 a 62**

64. SÚMULAS DO STJ

74. Para efeitos penais, o reconhecimento da menoridade do réu requer prova por documento hábil.

165. Compete à Justiça Federal processar e julgar crime de falso testemunho cometido no processo trabalhista.

273. Intimada a defesa da expedição da carta precatória, torna-se desnecessária intimação da data da audiência no juízo deprecado.

500. A configuração do crime do art. 244-B do ECA independe da prova da efetiva corrupção do menor, por se tratar de delito formal.

502. Presentes a materialidade e a autoria, afigura-se típica, em relação ao crime previsto no art. 184, § 2º, do CP, a conduta de expor à venda CDs e DVDs "piratas".

522. A conduta de atribuir-se falsa identidade perante autoridade policial é típica, ainda que em situação de alegada autodefesa.

591. É permitida a prova emprestada no processo administrativo disciplinar, desde que devidamente autorizada pelo juízo competente e respeitados o contraditório e a ampla defesa.

630. A incidência da atenuante da confissão espontânea no crime de tráfico ilícito de entorpecentes exige o reconhecimento da traficância pelo acusado, não bastando a mera admissão da posse ou propriedade para uso próprio.

636. A folha de antecedentes criminais é documento suficiente a comprovar os maus antecedentes e a reincidência.

65. SÚMULAS DO STF

155. É relativa a nulidade do processo criminal por falta de intimação da expedição de precatória para inquirição de testemunha.

352. Não é nulo o processo penal por falta de nomeação de curador ao réu menor que teve a assistência de defensor dativo.

361. No processo penal, é nulo o exame realizado por um só perito, considerando-se impedido o que tiver funcionado, anteriormente, na diligência de apreensão.

66. QUESTÕES DE CONCURSOS PÚBLICOS

01. (2017 – MPE-PR – MPE-PR – Promotor Substituto – Adaptada) Julgue o item seguinte:

Não sendo possível o exame de corpo de delito, por haverem desaparecido os vestígios, a prova testemunhal poderá suprir-lhe a falta.

02. (2017 – MPE-PR – MPE-PR – Promotor Substituto) Assinale a alternativa correta:

(A) A Lei nº 9.296/96 admite a interceptação de comunicações telefônicas quando não houver indícios razoáveis da autoria ou participação em infração penal, pois é justamente o que a medida visa apurar durante a investigação.

(B) A interceptação telefônica deve ser deferida através de decisão fundamentada e pelo prazo de 30 (trinta) dias, renovável por igual tempo uma vez comprovada a indispensabilidade do meio de prova.

(C) Ao definir regras sobre a medida de busca e apreensão, o Código de Processo Penal estabelece que não será permitida a apreensão de documento em poder do defensor do acusado, salvo quando constituir elemento do corpo de delito.

(D) As buscas domiciliares serão somente executadas de dia, mostrando-se irrelevantes o consentimento do morador para que se realizem à noite ou mesmo a ocorrência de prisão em flagrante, já que constitucionalmente assegurada a inviolabilidade constitucional do domicílio.

(E) Segundo a jurisprudência dominante do Superior Tribunal de Justiça e do Supremo Tribunal Federal, não é autorizado o ingresso, sem mandado judicial, no domicílio alheio para prisão em flagrante por crime de tráfico e para apreensão de drogas ali mantidas em depósito com destinação a venda.

---

03. (2016 – FCC – DPE-ES – Defensor Público) Sobre as provas no processo penal,

(A) após realização do reconhecimento pessoal, deve ser lavrado auto pormenorizado, subscrito pela autoridade, pela pessoa chamada para proceder ao reconhecimento e por duas testemunhas presenciais.

(B) em virtude do princípio do livre convencimento motivado, o juiz pode suprir a ausência de exame de corpo de delito, direto ou indireto, pela confissão do acusado nos crimes que deixam vestígios.

(C) de acordo com o sistema acusatório, o interrogatório é o ato final da instrução, não podendo ocorrer mais de uma vez no mesmo processo.

(D) segundo a Convenção Americana de Direitos Humanos, a confissão do acusado só é válida se feita sem coação de nenhuma natureza, de modo que não há mácula na confissão informal feita no momento da prisão quando apenas induzida por policiais.

(E) diante da notícia concreta de tráfico de drogas e da presença de armas em determinada favela, é possível a expedição de mandado de busca domiciliar para todas as casas da comunidade.

---

04. (2016 – MPE-SC – MPE-SC – Promotor de Justiça – Matutina) A teoria dos "frutos da árvore envenenada", de origem norte-americana, encontra-se prevista no art. 157, § 1º, do Código de Processo Penal, quando este dispõe serem inadmissíveis, sem ressalvas, as provas derivadas das ilícitas.

---

05. (2015 – VUNESP – TJ-SP – Juiz Substituto) A formação da convicção do magistrado no processo penal tem por base inúmeros elementos. Assinale a alternativa que contenha elementos que vão ao encontro da sistemática do Código de Processo Penal como um todo.

(A) Vinculação das provas do processo à sua própria consciência e verdade formal.

(B) Livre convencimento e verdade material.

(C) Livre convencimento e motivação da decisão.

(D) Hierarquia prefixada de provas e livre apreciação dos elementos constatados nos autos.

---

06. (2015 – CESPE – TRF – 5ª REGIÃO – Juiz Federal Substituto) Acerca de provas, instrumentos legais de obtenção de prova e procedimento probatório, assinale a opção correta

(A) No sistema processual brasileiro, admite-se prova emprestada, desde que produzida em face das mesmas partes e submetida ao duplo contraditório, ou seja, a observância deste no processo originário será renovada no processo para o qual tiver sido transladada. Por essa razão, não se admitem, no processo penal, os elementos informativos produzidos em inquérito civil, por constituir procedimento não contraditório, assim como não são admitidas as transcrições das interceptações telefônicas autorizadas em ação penal diversa.

(B) O interrogatório é considerado hodierna e majoritariamente como meio de defesa. Caso o réu encontre-se preso, cumprirá ao magistrado realizar o ato processual em sala própria, no estabelecimento em que estiver recolhido o réu, assegurando a publicidade interna do ato, ou então ordenar a requisição do preso para participar da audiência de instrução e julgamento, ainda que este tenha manifestado desejo de ser dispensado do ato, ratificado pela defesa, em razão do direito de presença ser indisponível.

(C) O sistema processual penal brasileiro assegura ao investigado ou ao réu o direito de não produzir provas contra si mesmo, em qualquer fase da persecução penal, e, desse modo, o investigado ou o réu não poderão ser compelidos a se submeter a procedimentos invasivos, como, por exemplo, o reconhecimento pessoal ou a reconstituição simulada dos fatos.

(D) O sistema processual penal brasileiro autoriza a produção antecipada de provas, desde que observados o binômio da urgência e relevância, a adequação ao momento da persecução penal, a legitimação do órgão acusatório e a proporcionalidade da medida. Tem-se como exemplo autorizador a informação acerca do risco de morte de testemunhas ameaçadas por associação criminosa, com possibilidade de perecimento dos depoimentos relevantes

(E) Na obtenção da colaboração premiada, a lei de regência limita o acesso dos defensores aos autos, especialmente no que se refere às diligências em andamento, e impõe o dever de o investigado delator firmar compromisso de dizer a verdade do que souber e do que lhe for perguntado, sendo o depoimento mantido em sigilo até o recebimento da denúncia

67. GABARITO ANOTADO

01 – C

Vide:

- Art. 167 do CPP.

02 – C

Vide:

- Art. 243, § 2º, do CPP.

03 – A

Vide:

- Art. 226 do CPP.

04 – E

Vide:

- Art. 157, § 1º, do CPP.

05 – C

Vide:

- Art. 155 do CPP.

06 – E

Vide:

- Art. 4º, § 14 e art. 7º, §§ 2º e 3º, da Lei 12.850/13.

68. QUESTÕES DISCURSIVAS COM COMENTÁRIOS

01. (Promotor de Justiça MPE-PR – 2014 – MPE-PR) Discorra sobre a livre convicção motivada do julgador no processo penal brasileiro. (Máximo de 15 linhas)

Resposta

O sistema do livre convencimento motivado, também conhecido como sistema da persuasão racional, é o sistema adotado no Brasil, tendo o juiz liberdade para decidir e apreciar as provas que lhe foram apresentadas, devendo, contudo, fazer de forma motivada, nos termos do art. 93, IX, da CF. Conforme pontuou-se no espelho de correção, o juiz é livre na formação de seu convencimento, não estando comprometido por qualquer critério de valoração prévio da prova (prova tarifada), de forma que poderá optar livremente por aquela que lhe parecer mais conveniente. Importante ressaltar, novamente, que a liberdade quanto ao convencimento não dispensa a sua fundamentação. Está previsto no art. 155, do CPP e a Constituição Federal prevê a obrigatoriedade de fundamentação da decisão, sob a pena de nulidade. Decerto, o juiz deve declinar as razões que o levaram a optar por tal ou qual prova, com base em argumentação racional, possibilitando que as partes, eventualmente insatisfeitas, possam confrontar a decisão nas mesmas bases argumentativas. Destacou-se, também, que se trata de regra de julgamento, a ser utilizada por ocasião da decisão final, quando se fará a valoração de todo o material probatório dos autos. Por fim, na segunda fase do procedimento do Tribunal do Júri não vigora este sistema de apreciação da prova, aplicando-se o princípio da íntima convicção, tendo em vista que os jurados votam os quesitos sigilosamente, sem fundamentar.

02. (MPE-MS – Promotor de Justiça – MS/2008) Num processo crime, homicídio, várias testemunhas idôneas afirmaram, em audiência de sumário de acusação, para o juiz, que viram o acusado, Pelópidas Maranhão, disparando tiros na vítima na saída do restaurante em Campo Grande, no dia e horário narrados na denúncia. Pelópidas Maranhão, entretanto, apresentou termo de assentada de uma audiência judicial, mostrando que ele, naquele mesmo dia e horário, estava em Curitiba depondo em uma audiência como testemunha. Na condição de promotor(a) de justiça do processo, quanto à valoração das provas, em alegações finais, você pediria: a pronúncia, impronúncia ou a absolvição sumária de Pelópidas? Fundamente a resposta.

Resposta

O álibi é prova com sinal negativo, prova contrária ou negativa que autoriza uma conclusão tendente a negar o fato principal. No exemplo dado, existem provas que se amoldam a indícios suficientes de autoria e que autorizariam que o juiz se convencesse da materialidade do delito. No entanto, se o álibi apresentado for induvidoso, certeiro, a acusação formulada se tornará demasiadamente frágil. O promotor deve requerer a absolvição sumária do acusado se, diante do álibi acostado, houver evidente negação de autoria do fato tal qual descrita na denúncia. Inadmissível será uma condenação válida. Na resposta, o candidato pode demonstrar conhecimento do assunto, formulando crítica à ideia do in dubio pro societate, conforme estudado no capítulo sobre procedimento do júri.

Capítulo XXI

Provas em Espécie

1. EXAME PERICIAL

O exame pericial é aquele procedido por pessoa que tenha conhecimentos técnicos, científicos ou domínio específico em determinada área do conhecimento. Afinal, não sendo o magistrado especialista em todas as áreas do saber, vale-se dos peritos para auxiliá-lo. A **prova pericial** assume papel de destaque na persecução penal, justamente pelo tratamento dado por nossa legislação à figura do perito, estando este sujeito à disciplina judiciária. A

perícia, como aduz Hélio Tornaghi, "nada mais é do que uma pesquisa", que exige aqueles saberes especiais[1].

2. PERITO

As perícias, como regra, devem ser realizadas por **um perito oficial**, isto é, por pessoa que integra os quadros do próprio Estado, e portador de diploma de curso superior, sendo-lhes assegurada autonomia técnica, científica e funcional (art. 2º, Lei nº 12.030/2009). É fundamental o nível universitário, sendo pré-requisito necessário para aqueles que almejam ingressar nos quadros da polícia técnica. Aos que já são peritos oficiais e não atendem a tal requisito, continuarão a atuar nas respectivas áreas, ressalvada a hipótese de perícia médica, onde a necessidade de diploma superior é insuperável.

O leque de técnicos é assim distribuído: peritos criminais, peritos médicos legistas e peritos odontolegistas. Tratando-se de perito oficial, é necessário apenas um profissional para análise do caso e elaboração do laudo, e a exigência de dois peritos fica suprimida. Sendo a perícia complexa, abrangendo mais de uma área do conhecimento, é possível a atuação de mais de um perito oficial, cada um em sua respectiva especialidade, de sorte que na concepção macro teremos mais de um perito, contudo cada um atuando individualmente na sua zona de domínio (art. 159, § 7º, CPP). Mesmo sendo desnecessário, nada impede que atuem dois peritos oficiais em conjunto para elaboração do laudo, ocasionando mera irregularidade.

Na perícia oficial, a investidura do *expert* é dada por lei, e independe da nomeação pela autoridade policial ou judiciária, sendo o exame requisitado ao diretor da repartição, juntando-se ao processo o laudo assinado pelo perito. O perito oficial também não será compromissado pela autoridade, afinal, a assunção do compromisso se deu quando foi empossado no cargo.

Na ausência de perito oficial, a autoridade pode valer-se de **peritos não oficiais** ou juramentados, é dizer, pessoas idôneas, portadoras de curso superior, leia-se, terceiro grau completo e preferencialmente na área específica, com habilitação técnica relacionada à natureza do exame, que serão, no caso concreto, nomeadas e compromissadas a bem e fielmente desempenharem o seu encargo. A ausência da colheita do compromisso é mera irregularidade, não tendo o condão de macular o laudo. Na atuação dos peritos leigos, o escrivão lavrará o auto respectivo, que será assinado pelos peritos e, se presente ao exame, também pela autoridade. Estes continuam sendo em número de dois.

Quanto ao número de peritos participantes, o verbete sumular nº 361, do STF, aduz que no processo penal, é nulo o exame realizado por um só perito, considerando-se impedido o que tiver funcionado, anteriormente, na diligência de apreensão. Vale destacar que tem sido dito que referida **nulidade** assume caráter meramente **relativo**, aplicando-se apenas às perícias não oficiais e que a parte que se sentir prejudicada deve argui-la oportunamente, devendo demonstrar a ocorrência de prejuízo.

1. TORNAGHI, Hélio. *Compêndio de processo penal:* tomo II. Rio de Janeiro: José Konfino Ed., 1967. p.727.

Para nós, contudo, cuida-se de formalidade essencial que diz respeito à prova que funda a acusação e que repercute na ampla defesa. A **nulidade** decorrente do seu desacatamento é **absoluta** e determina a **invalidação** do ato, sem necessidade de se indagar sobre prejuízo, porque este é presumido nessas hipóteses. Ainda se fosse o caso de permitir se falar em prejuízo, não caberia ao imputado demonstrá-lo, porém ao juiz evidenciar que o ato feito por outra forma não causou prejuízo a direito fundamental do imputado.

A Lei de Drogas, nos parágrafos 1º e 2º, do art. 50, prevê a flexibilização legal quanto ao número de peritos e quanto ao impedimento daquele que tenha atuado na fase pré-processual, ao disciplinar a elaboração do laudo preliminar ou de constatação. Nessa hipótese, o **laudo provisório** será firmado por **um só perito**, oficial ou não, e este não ficará impedido de participar da elaboração do laudo definitivo. O laudo preliminar serve para dar viabilidade ao início da persecução penal.

Para que seja permitida, supletivamente, condenação, de acordo com a Lei nº 11.343/2006, será necessária a realização do **laudo definitivo**, com a participação de **dois peritos**, oficiais ou não. É o que se depreende do teor do § 2º, do art. 50, da Lei de Drogas, ao gizar que o perito que subscrever o laudo provisório não ficará impedido de participar da elaboração do laudo definitivo.

Sem embargo, o dispositivo é ambíguo e enseja entendimento de que se aplica a regra geral do § 1º, do art. 159, do CPP, quanto ao número de peritos, isto é, o laudo deve ser realizado por um *expert* oficial ou dois *ad hoc*. O laudo de constatação definitivo é indispensável e sua falta enseja **nulidade absoluta**, com a consequente **invalidação** dos atos afetados. Nos tribunais, existem entendimentos em sentido contrário, que confirmam casos de condenação com base, unicamente, em laudo provisório[2].

Exige-se dos peritos, ainda, a imparcialidade, sendo-lhes extensíveis as mesmas hipóteses de suspeição aplicadas aos magistrados. O perito parcial deve ser afastado através da competente exceção, ou de ofício, pelo órgão julgador, em decisão irrecorrível.

Os peritos são auxiliares do juízo e as partes não interferem na nomeação, relevando acrescer que, nas perícias por precatória, os peritos serão nomeados no juízo deprecado, salvo nos crimes de ação penal privada, que, em havendo acordo das partes, eles poderão ser nomeados pelo órgão deprecante. Isso não significa dizer, à toda evidência, que as partes influenciarão na definição da figura do perito. O que se admite apenas, nesta hipótese, é que as partes acordem que a nomeação ocorra pelo próprio juízo deprecante, desde que se trate de ação titularizada pela vítima.

3. ASSISTENTE TÉCNICO

A figura do assistente técnico, que até então não era disciplinada no âmbito criminal, ganhou regramento próprio, facultando-se ao MP, querelante, assistente de acusação, ofendido (ainda que não habilitado como assistente) e ao acusado, a sua indicação. O assistente técnico é o perito de confiança das partes, que irá atuar com o fito de ratificar ou infirmar o laudo oficial. Como perito, deve ter nível superior.

2. STJ – Quinta Turma – HC 394.346/RJ – Rel. Min. Reynaldo Soares da Fonseca – DJe 29 ago. 2018.

Não é exigida imparcialidade do assistente técnico, já que o vínculo com a parte é da essência de sua atuação, de sorte que não há de se falar em exceção de suspeição ou impedimento do assistente. Nada impede que as Defensorias Públicas e o MP celebrem convênio com Universidades e centros de pesquisa para facilitar o acesso e franca utilização dos assistentes.

A atuação do assistente ocorrerá na fase processual, e após a elaboração do laudo pelos peritos oficiais. A intervenção do assistente se efetiva **quando a perícia oficial já foi concluída**, de sorte que, **como regra**, caberá ao **juiz da instrução**, após o ingresso do laudo oficial nos autos, deliberar pela admissibilidade ou não do assistente técnico indicado, intimando as partes da sua decisão.

No entanto, o art. 3º-B, do CPP, inciso XVI, incluído pela Lei nº 13.964/2019, passou a dispor que o **juiz das garantias** tem a competência para deferir pedido de admissão de assistente técnico **para acompanhar a produção da perícia**[3]. Essa previsão permitirá maior transparência na produção da perícia. Não se cuida de autorizativo para que o assistente técnico possa interferir no trabalho do perito, no sentido de provocar tumulto ou lhe causar qualquer dificuldade, porém consiste em permissivo salutar de acompanhamento e documentação do percurso da perícia que desaguará na confecção de um laudo pericial.

A decisão sobre a admissão de assistente técnico é irrecorrível, o que não afasta a possibilidade do mandado de segurança (ou *habeas corpus*) manejado como sucedâneo recursal, bem como a discussão da negativa em preliminar de apelação, alegando-se eventual nulidade por cerceamento do direito de defesa ou de acusação. Tratando-se de perícia complexa, que envolva mais de uma área de conhecimento especializado, as partes podem indicar mais de um assistente técnico.

As conclusões do assistente serão vazadas em parecer técnico, a ser apresentado em prazo estabelecido pelo magistrado. Entendemos que a regra deve ser o prazo de dez dias, por analogia ao parágrafo único do art. 160, do CPP, ao tratar do prazo para os peritos apresentarem o seu laudo. Se houver motivo justificado, não enxergamos obstáculo para a prorrogação, existindo requerimento neste sentido.

Os assistentes também poderão ser inquiridos na audiência de instrução e julgamento, pressupondo requerimento dos interessados. Poderá haver até mesmo acareação entre os assistentes de acusação e da defesa, ou entre eles e o perito do juízo, tudo em prol do maior e melhor esclarecimento técnico possível. Estamos diante de mais um meio de prova, afinal, o magistrado, se assim estiver convencido, poderá afastar o laudo oficial e valer-se do parecer do assistente para lastrear a decisão.

Aos assistentes técnicos deve-se proporcionar toda condição de realização do seu mister, tendo acesso não só ao laudo oficial e aos autos do processo, mas também, havendo requerimento das partes, ao material probatório que serviu de base à perícia, sendo disponibilizado em ambiente do órgão oficial que detém a sua guarda, na presença do perito oficial, ressalvada a hipótese onde a conservação é impossível (art. 159, § 6º, CPP).

3. Dispositivo com eficácia suspensa, nos termos de decisão monocrática do Supremo Tribunal Federal (STF – ADI 6298/DF – Medida Cautelar – Rel. Min. Luiz Fux – 22 jan. 2020).

Para tanto, o art. 158-E, do CPP, na redação da Lei nº 13.964/2019, prevê que a guarda e o controle dos vestígios periciados devem ficar a cargo de uma central de custódia, que deve existir em todos os institutos de criminalística. Nessa toada, deve-se incluir a possibilidade do assistente técnico ter acesso ao local do crime, ao cadáver, e nas infrações onde a análise da própria vítima ou do infrator se faça necessária. De igual forma, deve ser admitido o seu contato com os vestígios acondicionados em central de custódia, sempre que compatível com o direito a intimidade e a vedação de autoincriminação.

4. REALIZAÇÃO DAS PERÍCIAS

A realização da perícia vai culminar na elaboração do laudo, que deve ser produzido no prazo de dez dias, comportando prorrogação, em casos excepcionais, a requerimento dos peritos e mediante autorização da autoridade. O laudo concatena tudo o que foi observado pelos peritos, sendo o produto da análise técnica, podendo ser digitado, datilografado ou manuscrito, e devendo ser subscrito e assinado pelos peritos e, se presente, pela autoridade.

Nas lições de Magalhães Noronha, no laudo se destacam quatro partes, quais sejam: "preâmbulo, exposição, discussão e conclusões. O preâmbulo ou introdução contém o nome dos peritos, seus títulos e objeto da perícia. A exposição é a narração de tudo quanto foi observado, feito com ordem e método. A discussão é a análise ou crítica dos fatos observados, com exposição dos argumentos, razões ou motivos que informam o parecer do perito. Na conclusão, ele responde sinteticamente aos quesitos do juiz e das partes"[4].

O laudo pericial realizado antes ou durante o inquérito será carreado aos autos deste. Tratando-se de crime de ação penal privada, pode ser entregue ao requerente mediante traslado.

A perícia poderá ser autorizada pela autoridade policial, *ex officio* ou por provocação. O juiz não deve agir de ofício para este fim, notadamente na fase investigativa. Na fase processual, queremos crer que também está vedado ao juiz determinar providências probatórias de ofício, eis que o processo penal deverá observar estrutura acusatória, sendo proibido ao magistrado a substituição da autuação probatória do órgão da acusação (art. 3º-A, do CPP, Lei nº 13.964/2019[5]).

Ressalvado o exame de corpo de delito, que não pode ser denegado quando a infração deixe vestígios, as demais perícias, se não necessárias ao esclarecimento da verdade, poderão ser indeferidas pela autoridade. Já os quesitos, que são as perguntas formuladas pela autoridade ou pelas partes para resposta pelos peritos, podem ser formulados até o ato da diligência, e quando a perícia for determinada por carta precatória, os quesitos serão transcritos na carta.

As partes poderão requerer ainda a oitiva dos peritos em audiência, no objetivo de responder a quesitos ou esclarecer a prova. O mandado de intimação e as questões a serem esclarecidas devem ser remetidos aos peritos com antecedência mínima de dez dias (art. 159, § 5º, I, CPP). Nada impede que os peritos apresentem suas respostas em laudo

---

4. NORONHA, E. Magalhães. *Curso de direito processual penal*, 28.ed. São Paulo: Saraiva, 2002. p. 130.
5. Dispositivo com eficácia suspensa, nos termos de decisão monocrática do Supremo Tribunal Federal (STF – ADI 6298/DF – Medida Cautelar – Rel. Min. Luiz Fux – 22 jan. 2020).

complementar, o que pode ou não dispensar o seu comparecimento em audiência, a depender da necessidade do caso concreto.

Na fase do inquérito policial, tem sido predominante a negativa de oportunidade ao advogado do indiciado para formulação de quesitos, sob o fundamente de que nesta fase não há contraditório ou ampla defesa. Em que pese ser esta posição prevalente, não se deve esquecer que as perícias realizadas no inquérito são normalmente aproveitadas na fase processual (art. 155, *caput*, CPP), e com muita razão, se haverá reflexo na futura situação jurídica do suposto autor do crime, deve-se oportunizar à defesa a formulação de quesitos em qualquer fase da persecução penal. Ao juiz de garantias competirá deliberar sobre a admissão do assistente técnico, para acompanhar a perícia, nesta fase. Nesse diapasão, o art. 3-B, inciso XVI, do CPP, inserido pela Lei nº 13.964/2019[6], representa mudança de postura tendente a admitir dialética durante a realização das perícias.

Surgindo divergências entre os peritos, devem estas ficar consignadas no auto do exame, podendo cada um elaborar separadamente o seu próprio laudo, nomeando a autoridade um terceiro perito para apreciar a matéria. Divergindo este dos outros dois, poderá o magistrado determinar a realização de um novo exame, por outros peritos. Ao que tudo indica, é uma mera faculdade a nomeação do terceiro perito ou a determinação de outra perícia, em que pese a infeliz redação do art. 180, do CPP, dando a entender que a nomeação do terceiro perito seria obrigatória. E isso se deve ao fato da liberdade do juiz para apreciação da prova, desde que motive sua decisão. Logo, se convencido do acerto de um dos peritos, mesmo presente a divergência apontada, nada lhe obriga a nomear um terceiro *expert*, máxime se não mitigada a eficácia dos direitos fundamentais.

Havendo irregularidades no laudo, defeitos formais, omissões, obscuridades ou contradições, determinará o magistrado que sejam sanadas. Se, contudo, os defeitos forem de considerável monta, e julgando a autoridade conveniente, poderá ordenar que se proceda a novo exame, por outros peritos.

5. APRECIAÇÃO DOS LAUDOS PERICIAIS

Quanto à apreciação dos laudos periciais, resta-nos saber: pode o magistrado julgar contrariamente às conclusões periciais? Dois sistemas dão resposta à indagação: o **sistema vinculatório**, pelo qual o juiz estaria adstrito às conclusões dos peritos, pois haveria um vínculo indissociável ao laudo; e, o **sistema liberatório**, adotado pelo ordenamento pátrio, conferindo liberdade ao julgador na análise do laudo, podendo aceitá-lo ou rejeitá-lo, no todo ou em parte, afinal, o juiz é livre para decidir, desde que o faça de forma motivada. Pode até mesmo, como já afirmado, acatar o parecer técnico do assistente, que é meio de prova, afastando as conclusões do laudo oficial.

6. EXAME DE CORPO DE DELITO

Corpo de delito é o conjunto de vestígios materiais deixados pela infração penal, seus elementos sensíveis, a própria materialidade, em suma, aquilo que pode ser examinado

6. Dispositivo com eficácia suspensa, nos termos de decisão monocrática do Supremo Tribunal Federal (STF – ADI 6298/DF – Medida Cautelar – Rel. Min. Luiz Fux – 22 jan. 2020).

através dos sentidos. Ex.: a mancha de sangue deixada no local da infração; as lesões corporais; a janela arrombada no crime de furto etc. Já o exame de corpo de delito é a perícia que tem por objeto o próprio corpo de delito.

Se a infração deixa vestígios, impõe-se a realização do exame de corpo de delito, seja ele direto ou indireto (art. 158, CPP). **Exame de corpo de delito direto** é aquele em que os peritos dispõem do próprio corpo de delito para analisar. Os vestígios estão à disposição dos peritos para que possam realizar seu trabalho. Ex.: no crime de lesões corporais, a vítima comparece ao instituto médico legal logo após a agressão para ser analisada. Caso se trate de mulher em situação de violência doméstica, deverá lhe ser dada prioridade (art. 12-A, Lei nº 11.340/2006).

Já o **exame de corpo de delito indireto** é realizado com a ajuda de meios acessórios, subsidiários, pois o corpo de delito não mais subsiste para ser objeto do exame. Imaginemos, no exemplo acima, que a vítima das lesões tenha comparecido meses depois, quando então os hematomas já estavam sanados. Resta a tentativa de elaboração do laudo por outros meios, como a utilização de fotocópias[7] ou de fotos que tenham sido tiradas à época da agressão, prontuários médicos, dentre outros.

Em não sendo possível a realização do exame, seja o direto ou o indireto, podemos nos valer da **prova testemunhal para atestar a materialidade delitiva**, como dispõe o art. 167 do CPP. A confissão, como já ressaltado, não se presta a este propósito, por expressa vedação legal.

Nessa ótica, seguimos uma ordem de predileção na tentativa de demonstração da materialidade. Primeiro, e ideal, é a realização do exame direto, que deve ser o mais próximo do acontecimento, sem delongas, para que os vestígios não desapareçam. Tanto é verdade que ele pode ser realizado a qualquer hora do dia ou da noite (art. 161, CPP). Não sendo possível, será realizado o exame indireto, com atuação dos peritos, que elaborarão o respectivo laudo através das percepções extraídas dos elementos acessórios investigados. Na impossibilidade de ambos, a prova testemunhal supre a omissão.

Assumimos aqui a orientação de que exame de corpo de delito, seja o direto ou o indireto, contará com a atuação dos peritos e com a confecção de laudo. Esta é também a posição de Guilherme Nucci[8], dentre outros. A matéria, entretanto, não é pacífica.

Tem prevalecido o entendimento de que o exame indireto careceria de qualquer rigor formal, dispensando a elaboração de laudo e figurando, em alguns casos, como sinônimo de oitiva da prova testemunhal. Esta interpretação se avizinha ao disposto no art. 328, do CPPM. No seu *caput*, esse dispositivo estatui que se a infração penal militar deixar vestígios, será indispensável o exame de corpo de delito, direto ou indireto, não podendo supri-lo a confissão do acusado. Porém, no seu parágrafo único entabula a previsão de exame de corpo de delito indireto, ao preconizar que, se não for possível o exame de corpo de delito direto, por haverem desaparecido os vestígios da infração, supri-lo-á a prova testemunhal.

7. STJ – Quinta Turma – AgRg nos EDcl no AREsp 929.123/SC – Rel. Min. Jorge Mussi – DJe 05 out. 2018.
8. NUCCI, Guilherme de Souza. *Manual de processo penal e execução penal*. 3. ed. São Paulo: RT, 2007. p.362.

A propósito, Espínola Filho pondera que "nem há qualquer formalidade para constituição desse corpo de delito indireto; não se lavra termo algum; inquirindo a testemunha, o juiz perguntará sobre a materialidade do fato, como sobre as demais circunstâncias, e a palavra de uma única testemunha bastará para firmar o convencimento do julgador, de acordo com o princípio da livre apreciação"[9].

Essa também a posição de Tourinho Filho[10] e dos tribunais superiores, sagrando-se prevalente, ao admitir, para a realização do exame de corpo de delito indireto, tanto a análise de documentos, quanto o depoimentos de testemunhas[11].

Digna de registro é a posição conciliadora de Denilson Feitoza Pacheco, concluindo que o exame indireto poderá contar com a participação dos peritos, que elaborarão o laudo pela análise dos elementos acessórios; ou poderá resumir-se a uma apreciação judicial sobre outras provas que demonstrariam a materialidade, como a oitiva de testemunhas em audiência[12].

7. NECESSIDADE DO LAUDO

Deixando a infração vestígios, a realização do exame direto ou indireto é obrigatória, podendo ser suprida, como já visto, pela utilização da prova testemunhal (art. 167, CPP). A não realização da perícia implicaria **nulidade absoluta**, com o decreto de **invalidação** do processo (art. 564, III, "b", CPP), com a ressalva da possibilidade de utilização das testemunhas. Tal a saída do código, que não nos parece, contudo, a mais adequada para todos os casos.

Se no transcorrer do processo, percebe-se a ausência do exame, a parte interessada deve o requerer, para o fim de suprir a omissão. Em não sendo possível a realização do exame, e percebendo que a materialidade não ficou demonstrada, a alternativa é a absolvição do réu, e não o reconhecimento da nulidade do processo. Por sua vez, a condenação sem a perícia implicaria nulidade insanável.

Lembramos que o art. 3º-A, do CPP, com redação da Lei nº 13.964/2019, afirma a estrutura acusatória do processo penal e proíbe a atuação probatória do juiz em substituição à acusação. Por outro lado, a ação penal sem base empírica suficiente configura crime de abuso de autoridade, afinal, o art. 30, da Lei nº 13.869/2019, sufragou a figura típica de dar início ou proceder à persecução penal, civil ou administrativa sem justa causa fundamentada ou contra quem sabe inocente.

Já quanto à admissibilidade da inicial acusatória, nada impede, nas infrações que deixam vestígios, que a denúncia ou a queixa sejam recebidas sem estar acompanhadas pela prova pericial, desde que não se cuide de elemento essencial à comprovação da materialidade delitiva, que já deve acompanhar a peça vestibular. Isso se deve porque o exame pode ser realizado no curso do processo.

9. ESPÍNOLA FILHO, Eduardo. *Código de processo penal brasileiro anotado*. Edição Histórica. Rio de Janeiro: Editora Rio, 1976. Vol.2. p.521.
10. TOURINHO FILHO, Fernando da Costa. *Processo penal*. São Paulo: Saraiva, 2003. v.3. p.249.
11. STJ – Quinta Turma – AgRg no REsp 1838301/RS – Rel. Min. Reynaldo Soares da Fonseca – DJe 22 nov. 2019.
12. PACHECO, Denilson Feitoza. *Direito processual penal*: teoria, crítica e práxis. 4. ed. Niterói: Impetus, 2006. p.579.

Contudo, se a lei exigir como condição de procedibilidade ao início do processo a prévia realização do laudo, a sua presença lastreando a denúncia ou a queixa será obrigatória. Caso contrário, a exordial deve ser rejeitada. É o que ocorre com as infrações contra a propriedade imaterial que deixam vestígios (art. 525, CPP). O mesmo acontece na Lei nº 11.343/2006 (drogas), onde o laudo de constatação é requisito essencial para a lavratura do flagrante e para a oferta da denúncia (art. 50, § 1º).

O enunciado nº 574, da Súmula, do STJ, indica que o requisito do laudo pericial para a materialidade do delito de violação de direito autoral é preenchido por meio de perícia realizada por amostragem do produto apreendido, nos aspectos externos do material. Ainda conforme seu texto, é desnecessária a identificação dos titulares dos direitos autorais violados ou daqueles que os representem. Quanto a essa parte final, deve-se entender que o exame só pode ser realizado sem a identificação dos titulares dos direitos autorais quando houver presença de delito de ação penal pública incondicionada que o exija para comprovação da materialidade.

8. PRESERVAÇÃO DA CADEIA DE CUSTÓDIA DO VESTÍGIO

A manutenção da higidez dos elementos de prova está positivada no nosso Código, pela Lei nº 13.964/2019. A previsão de preservação da cadeia de custódia, no entanto, ficou restrita à prova pericial, especificamente para garantir o isolamento do vestígio coletado nos locais de crime ou nas vítimas, eis que se cuida do elemento objeto de exame pelos *experts*. Pensamos, todavia, que o conceito de cadeia de custódia tem abrangência bem maior, alcançando grande leque da prova penal.

Isso porque o controle sobre o conhecimento do fato penal que acontece a partir da sindicância da prova, seja ela material, como a perícia, seja ela oral, como a testemunha, sofre o influxo de elementos discursivos e não discursivos, isto é, os reflexos de aspectos relatados ou não relatados. Geraldo Prado aponta que é justamente nesse âmbito que "as práticas repressivas escapam de qualquer espécie de controle democrático, incluindo o instaurado no bojo de sistemas epistêmicos que negligenciem a função política do processo penal"[13].

Apesar da restrição do conceito de cadeia de custódia aos crimes que deixam vestígios, a inserção do conceito no nosso sistema representa um avanço. No ponto, a Lei nº 13.964/2019 chancelou postura progressista. Na dicção do art. 158-A, considera-se cadeia de custódia o conjunto de todos os procedimentos utilizados para manter e documentar a história cronológica do vestígio coletado em locais ou em vítimas de crimes, para rastrear sua posse e manuseio a partir de seu reconhecimento até o descarte.

O CPP já continha previsão sobre o isolamento do local do crime, a fim de que não se alterem o estado e a conservação das coisas, para garantia do trabalho dos peritos criminais (art. 6º, I). Essa providência, conquanto importantíssima, não é o bastante. Afinal, a acusação deve ser certeira, firme. A imputação não pode se basear em suposições ou em elementos que, não sendo alterados no local do crime, possam ser manipulados sem o devido cuidado, no curso do processo.

13. PRADO, Geraldo. *A cadeia de custódia da prova no processo penal*. São Paulo: Marcial Pons, 2019. p.17.

De compasso com o § 1º, do art. 158-A, o início da cadeia de custódia dá-se com a preservação do local de crime ou com procedimentos policiais ou periciais nos quais seja detectada a existência de vestígio. **Vestígio** é o elemento empírico, sujeito à percepção humana, encontrado no cenário do local da infração penal e que constitui porção do corpo do delito, sendo este o limite objetivo da prova pericial, volvida ao *thema probandum*, e que será submetido a exame[14]. De acordo com a letra do § 3º, daquele dispositivo legal, vestígio é todo objeto ou material bruto, visível ou latente, constatado ou recolhido, que se relaciona à infração penal.

O vestígio é um elemento objetivo, palpável. Pode ser coletado no local do delito ou na vítima da infração penal. Não obstante, há algo subjetivo que se depreende da dicção do § 2º, do art. 158-A, do CPP. Nos seus termos, o agente público que reconhecer um elemento como de potencial interesse para a produção da prova pericial fica responsável por sua preservação. Que é um elemento de potencial interesse para a produção da prova pericial? É sobre esse aspecto que pende a subjetividade inerente à avaliação que deve fazer o agente público.

A cadeia de custódia do vestígio é regrada meticulosamente pelos artigos 158-B e seguintes, do CPP. Embora não seja função precípua do legislador dispor sobre definições ou conceitos, acreditamos que há relevância nesse ponto. A cadeia de custódia compreende o rastreamento do vestígio. Não pode haver quebra do seu encadeamento cronológico. Vejamos suas etapas.

(1) **Reconhecimento**: consiste no ato de distinguir um elemento como de potencial interesse para a produção da prova pericial.

(2) **Isolamento**: é o ato de evitar que se altere o estado das coisas, devendo isolar e preservar o ambiente imediato, mediato e relacionado aos vestígios e local de crime.

(3) **Fixação**: compreende a descrição detalhada do vestígio conforme se encontra no local de crime ou no corpo de delito, e a sua posição na área de exames, podendo ser ilustrada por fotografias, filmagens ou croqui, sendo indispensável a sua descrição no laudo pericial produzido pelo perito responsável pelo atendimento.

(4) **Coleta**: é o ato de recolher o vestígio que será submetido à análise pericial, respeitando suas características e natureza. A coleta dos vestígios deverá ser realizada preferencialmente por perito oficial, que dará o encaminhamento necessário para a central de custódia, mesmo quando for necessária a realização de exames complementares. O detalhamento do cumprimento das disposições legais sobre a coleta do vestígio deve ser realizado pelo órgão central de perícia oficial de natureza criminal.

(5) **acondicionamento**: procedimento por meio do qual cada vestígio coletado é embalado de forma individualizada, de acordo com suas características físicas, químicas e biológicas, para posterior análise, com anotação da data, hora e nome de quem realizou a coleta e o acondicionamento. A escolha do recipiente para o aludido acondicionamento será determinada pela natureza do material. Exige-se que seja selado com lacre, com

14. MALATESTA. Nicola Framarino Dei. *A lógica das provas em matéria criminal*. Tradução: Paolo Capitaneo. 3. ed. Campinas: Bookseller, 2004. p.590-591.

numeração individualizada, de forma a garantir a inviolabilidade e a idoneidade do vestígio durante o transporte.

Mais cuidados são detalhados pela legislação para preservar o vestígio. O recipiente deverá individualizá-lo, preservar suas características, impedir contaminação e vazamento, ter grau de resistência adequado e espaço para registro de informações sobre seu conteúdo. Por sua vez, o recipiente só poderá ser aberto pelo perito que vai proceder à análise e, motivadamente, por pessoa autorizada. Após o seu rompimento, deve-se registrar, na ficha de acompanhamento de vestígio, o nome e a matrícula do responsável, a data, o local, a finalidade, bem como as informações referentes ao novo lacre utilizado. O lacre rompido deverá ser acondicionado no interior do novo recipiente.

(6) **transporte**: ato de transferir o vestígio de um local para o outro, utilizando as condições adequadas (embalagens, veículos, temperatura, entre outras), de modo a garantir a manutenção de suas características originais, bem como o controle de sua posse;

(7) **recebimento**: ato formal de transferência da posse do vestígio, que deve ser documentado com, no mínimo, informações referentes ao número de procedimento e unidade de polícia judiciária relacionada, local de origem, nome de quem transportou o vestígio, código de rastreamento, natureza do exame, tipo do vestígio, protocolo, assinatura e identificação de quem o recebeu;

(8) **processamento**: exame pericial em si, manipulação do vestígio de acordo com a metodologia adequada às suas características biológicas, físicas e químicas, a fim de se obter o resultado desejado, que deverá ser formalizado em laudo produzido por perito;

(9) **armazenamento**: procedimento referente à guarda, em condições adequadas, do material a ser processado, guardado para realização de contraperícia, descartado ou transportado, com vinculação ao número do laudo correspondente.

Para assegurar a higidez do elemento armazenado, deve haver, em todo instituto de criminalística, uma central de custódia, que deve possuir os serviços de protocolo, com local para conferência, recepção, devolução de materiais e documentos, possibilitando a seleção, a classificação e a distribuição de materiais, devendo ser um espaço seguro e apresentar condições ambientais que não interfiram nas características do vestígio.

Ainda, a entrada e a saída de vestígio deverão ser protocoladas, consignando-se informações sobre a ocorrência no inquérito que a eles se relacionam, bem como todas as pessoas que tiverem acesso ao vestígio armazenado deverão ser identificadas e deverão ser registradas a data e a hora do acesso. O objetivo é tornar efetivo o controle. Daí que todas as ações deverão ser registradas, consignando-se a identificação do responsável pela tramitação, a destinação, a data e horário da ação.

Após a realização da perícia, o material deve ser devolvido à central de custódia. Se esta não possuir espaço suficiente ao armazenamento, a autoridade policial ou judiciária, mediante requerimento do diretor do órgão central de perícia oficial de natureza criminal, deverá determinar as condições de depósito do referido material em local diverso.

(10) **descarte**: procedimento referente à liberação do vestígio, respeitando a legislação vigente e, quando pertinente, mediante autorização judicial.

Além das regras sobre a necessária preservação do vestígio, o CPP traça disposições aplicáveis a determinadas espécies de perícias. São normas que objetivam regular a análise de diversos vestígios, deixados pela infração penal. No geral, disciplinam o exame de corpo de delito. Por suas peculiaridades, têm tratamento diferenciado, de acordo com a natureza da perícia. Vejamos as mais importantes.

9. EXAME NECROSCÓPICO

Iniciaremos pelo exame necroscópico (art. 162, CPP), qual seja, o exame realizado no cadáver, objetivando a indicação da causa da morte.

Este exame deve ser realizado pelo menos seis horas depois do óbito. Contudo, havendo evidência da morte, não haverá necessidade de aguardar tal lapso temporal.

O exame, como regra, envolve a análise interna e externa do cadáver. Excepcionalmente, a mera análise externa é suficiente. É o que ocorre nos casos de morte violenta (não natural), a exemplo de um suicídio, e não reste dúvida que não houve algum crime relacionado ao evento. Dessa forma, apenas a análise externa é satisfatória.

Da mesma maneira, quando as lesões externas permitirem identificar a causa da morte e não haja necessidade do exame interno para identificar alguma circunstância relevante, este é dispensado. Imaginemos uma decapitação ou a carbonização da vítima.

As evidências encontradas no local do crime podem ser fundamentais para a identificação da *causa mortis*. De tal forma, deve a autoridade policial isolar a área, para que não se alterem o estado e a conservação das coisas, até a chegada dos peritos (art. 6º, I, CPP). Para facilitar a futura elaboração do laudo, os cadáveres serão fotografados onde forem encontrados e, sempre que possível, todas as lesões externas e vestígios que permeiam o local da infração. Esses elementos fotográficos vão instruir o laudo, sem prejuízo de esquemas ou de desenhos realizados para elucidar o acontecido. Estes últimos devem seguir devidamente rubricados pelos peritos.

EXAME NECROSCÓPICO (ART. 162, CPP)	‣ Realizado ao menos seis horas após o óbito, salvo evidência da morte;
	‣ Análise externa e interna do cadáver, em regra.

10. EXUMAÇÃO

Exumar significa desenterrar o cadáver, contrapondo-se à inumação, que é o seu enterro ou o sepultamento. Excepcionalmente, pode se fazer necessária a exumação, objetivando identificar a real causa da morte, ou em que circunstâncias esta teria ocorrido, assim como identificar a pessoa que se encontra sepultada. É medida prevista nos arts. 163 a 166, do CPP, e que necessita de justa causa, de modo que a sua realização fora das disposições legais constitui contravenção penal (art. 67, LCP).

A determinação da exumação compete à autoridade policial ou judiciária. Acreditamos que o Ministério Público também poderá fazê-lo, afinal, se o promotor pode requisitar diligências diretamente ao delegado, também poderá, em interface direta com o instituto de criminalística, requisitar exumação.

De qualquer sorte, a diligência será conduzida pela autoridade policial, da qual será lavrado termo circunstanciado. Sendo a exumação realizada em cemitério público ou particular, o administrador será convocado a indicar o local onde se encontra enterrado o cadáver e, criando obstáculo, cabe a responsabilização por desobediência. Estando o cadáver enterrado em local ermo, como cemitérios clandestinos ou pontos de desova, deve a polícia proceder às pesquisas necessárias para encontrá-lo, fazendo constar no auto.

Havendo dúvida quanto à identidade do cadáver exumado, este deve ser devidamente identificado, podendo a autoridade valer-se de todos os meios à sua disposição, como impressões datiloscópicas, exame de arcada dentária, DNA, ou até mesmo pela prova testemunhal, lavrando-se o auto de reconhecimento e de identidade, onde se fará constar a descrição cadavérica, confrontações, sinais e indicações encontrados no corpo, além das pessoas que participaram do procedimento.

Admite-se ainda, para facilitar a identificação, que sejam arrecadados todos os objetos encontrados com o cadáver, pois são ferramentas úteis para o reconhecimento por familiares ou pessoas próximas.

EXUMAÇÃO (ARTS. 163 A 166, CPP)	‣ Diligência realizada em dia e hora marcado, lavrando-se auto circunstanciado;
	‣ O administrador do cemitério deverá indicar a sepultura, sob pena de desobediência;
	‣ O cadáver deverá ser identificado em caso de dúvida, lavrando-se auto de reconhecimento e de identidade;
	‣ Serão arrecadados e autenticados todos os objetos encontrados.

11. EXAME DE LESÕES CORPORAIS

As lesões corporais são classificadas em leves, graves e gravíssimas. Se o primeiro exame pericial tiver sido incompleto ou insuficiente para precisar, num primeiro momento, a real gravidade da lesão, pela impossibilidade de se aferir as consequências reais da agressão, será patrocinado o exame complementar de lesões corporais, dispondo os peritos do auto de corpo de delito anteriormente realizado.

O objetivo é aferir com segurança o nível da lesão, complementando-se o laudo anterior. Imaginemos uma lesão por disparo de arma de fogo que tenha causado, pelo laudo inicial, debilidade permanente de um membro. Logo depois, e em razão do trauma causado, o membro acaba sendo amputado, caracterizando lesão gravíssima em razão da perda do membro atingido. Nessa hipótese, necessário se faz a realização do exame complementar, para o devido enquadramento na qualificadora apontada (art. 129, § 2º, III, CP).

Tratando-se da lesão corporal grave por ocasionar a impossibilidade para o desempenho das ocupações habituais por mais de trinta dias (art. 129, § 1º, I, CP), logo que completado o referido lapso temporal, deve ser realizado novo exame, para atestar justamente a gravidade da lesão. Se não houver o exame complementar, haverá a desclassificação da infração. O exame realizado antes de trinta dias é ineficaz. Feito de forma intempestiva (2 ou 3 meses depois), quando a pessoa já estava recuperada, é considerado como perícia não realizada.

O exame complementar pode ser determinado, de ofício, pelo delegado ou, pelo juiz, a requerimento do MP, ofendido, acusado, ou do defensor. Sua não realização, por terem desaparecido os vestígios, pode ser suprida por prova testemunhal (art. 168, § 3º, CPP).

EXAME DE LESÕES CORPORAIS (ART. 168, CPP)	
	Exame inicial;
	Exame complementar para aferir a gravidade da lesão, caso o primeiro seja incompleto ou insuficiente;
	Os peritos disporão do auto de delito anteriormente realizado;
	Em caso de aferição da lesão do art. 129, § 1º, CP, o exame deve ser realizado logo após o prazo de 30 dias;
	A prova testemunhal pode suprir o exame.

12. PERÍCIA EM INCÊNDIO

O crime de incêndio encontra-se previsto no art. 250 do CP, e diversas peculiaridades circundam a matéria, não só para a ocorrência do enquadramento típico, como a exposição a perigo de vida, integridade física ou patrimônio de outrem; para a incidência de causas de aumento, como o provocado em edifício público ou em lavoura; e na constatação da intenção do agente, já que o incêndio culposo também é apenado.

Nessa linha, os peritos procurarão identificar as causas, o local do início, o perigo causado à vida e ao patrimônio alheio, a dimensão do dano e o seu valor, além das demais circunstâncias relevantes para elucidar o fato.

13. PERÍCIA LABORATORIAL

Algumas perícias vão exigir o aparato laboratorial, com a realização de estudos experimentais ou práticos ligados aos diversos ramos da ciência. A tecnicidade e a complexidade de alguns casos levam à necessidade do aparelhamento da polícia técnica que é chamada à realização de complexos exames, objetivando identificar a natureza de algumas substâncias, a resistência ou qualidade de objetos e materiais, o atendimento a regras técnicas em construção etc.

Foi o que ocorreu com o desabamento do metrô no Estado de São Paulo, onde para aferição das causas do incidente, fizeram-se necessários ensaios geotécnicos (para aferir as características do solo), além dos ensaios de resistência do concreto e aço.

É também recorrente a utilização laboratorial nos exames toxicológicos, na aferição do teor alcoólico, DNA, dentre outros.

Devem os peritos guardar material suficiente para eventual necessidade de nova perícia. A contraprova pode ser determinada em razão da imprestabilidade do primeiro laudo, ou pela necessidade de sanar divergências apontadas pelas partes ou pela autoridade, através de uma nova aferição. Também revela a necessidade de conservação o possível acesso dos assistentes técnicos, com o objetivo de elaborar o respectivo parecer, já que podem ter contato com o material paradigma para fazer suas conclusões (art. 159, § 6º, CPP).

E por quanto tempo o material deve ficar armazenado? A lei é omissa a respeito, devendo-se ao menos aguardar até a prolação da sentença. As regras sobre a preservação da cadeia de custódia da prova penal, incluídas pela Lei nº 13.964/2019, preconizam uma série de cautelas para a preservação do material probatório. O art. 158-F, do CPP, a propósito, entabula que, após a realização da perícia, o material deverá ser devolvido à central de custódia, devendo nela permanecer.

14. EXAME GRAFOTÉCNICO

O exame caligráfico ou grafotécnico se presta a identificar a autoria de determinado documento, reconhecendo o responsável pelo escrito, o que se faz por comparação de letras.

Inicialmente, deve haver a intimação da pessoa a quem se atribui o escrito para que compareça ao ato. A ausência injustificada poderia, em tese, implicar condução coercitiva. No entanto, depois de proibida, pelo STF, a condução coercitiva do imputado para o seu interrogatório, pensamos que tal vedação também se impõe aos demais casos em que a presença do réu possa contribuir para a sua autoincriminação, malgrado a Suprema Corte tenha deixado claro que não estava examinando outras hipóteses de condução coercitiva do investigado ou acusado[15].

O indiciado ou réu também deve ser intimado para acompanhar o processo, mesmo que o escrito não lhe seja atribuído. Havendo vários infratores, todos devem ser intimados, ainda que o escrito seja imputado a apenas alguns deles. Na fase processual, a ausência de intimação do réu para a produção da prova ocasiona **nulidade absoluta** dos atos processuais afetados, seguida da correspondente **invalidação**. Se o réu é revel, a intimação estará restrita ao advogado.

Para que a comparação documental seja realizada, o documento que vai servir de paradigma pode ser qualquer um reconhecidamente escrito pelo indivíduo, ou judicialmente reconhecido como dele. Neste caso, funcionaria como verdadeira prova emprestada entre processos. Admitem-se ainda os documentos sobre cuja autenticidade não exista dúvida.

Pode a autoridade ainda requisitar os documentos existentes em arquivos ou repartições públicas, ou realizar a perícia no local onde estes se encontrem, se de lá não puderem ser retirados.

Se o material existente for insuficiente para a realização do exame, a autoridade mandará que a pessoa escreva o que lhe for ditado, como forma de serem colhidos elementos suficientes para a realização da perícia. Advertimos que a contribuição é facultativa, pois ninguém está obrigado a produzir prova contra si mesmo. A omissão em fornecer o escrito para a comparação não pode levar à presunção de culpa em desfavor do imputado, nem desaguar na responsabilização por desobediência. Afinal, é ato inerente à autodefesa. Da mesma forma, caso o réu disfarce a letra no momento do escrito, ou se diga canhoto quando na verdade é destro, para dificultar a perícia, não estará incorrendo em nenhuma infração.

Caso o autor do escrito esteja fora da comarca, mas em local sabido, a diligência poderá ser realizada por carta precatória, consignando-se na carta as palavras que a pessoa será intimada a escrever.

15. STF – Pleno – ADPF's 395/444-DF – Rel. Min. Gilmar Mendes – julgado em 14 jun. 2018.

O procedimento acima pode ser aplicado, hodiernamente, aos documentos datilografados ou impressos por computador.

15. EXAME NOS INSTRUMENTOS DA INFRAÇÃO

Os instrumentos utilizados para a consecução dos fins delitivos devem ser periciados não apenas para identificação da natureza, leia-se, a espécie, o tipo de objeto: arma de fogo, arma branca, ácido sulfúrico; como também quanto à eficiência, da aptidão para provocar o resultado lesivo, até porque, se o meio empregado é absolutamente ineficaz, poderá caracterizar crime impossível, ilidindo qualquer responsabilidade penal (art. 17, CP).

A perícia nos instrumentos do crime, sempre que possível, deve ser realizada, mas sua ausência não implica nulidade do processo, podendo na espécie ser suprida por outros meios de prova.

16. EXAME NA DESTRUIÇÃO OU ROMPIMENTO DE OBSTÁCULO E NA ESCALADA

O art. 171, do CPP, que disciplina a perícia em destaque, ganha relevo na caracterização do furto qualificado (art. 155, § 4º, I e II, CP), onde a destruição ou o rompimento de obstáculo, além da escalada, são decisivos para o enquadramento típico.

Como afirma Heráclito Mossin, "destruir é fazer desaparecer em sua individualidade o obstáculo que dificulta a subtração; enquanto romper é quebrar, rasgar, destruir parcialmente qualquer obstáculo, móvel ou imóvel, para se chegar à apreensão e subtração da *res*". Nas duas situações, a violência contra o móvel ou imóvel deixa vestígios. A escalada, a seu turno, "é a utilização de meio para penetrar na casa ou local onde vai ser operada a subtração"[16].

Havendo destruição ou rompimento de obstáculo, para a caracterização da qualificadora do furto a realização da perícia é obrigatória, podendo ser suprida pelo exame de corpo de delito indireto ou, em último caso, por prova testemunhal, apenas se os vestígios tiverem desaparecido (art. 167, CPP).

Já em relação à escalada, ela pode ou não deixar vestígios. Na primeira hipótese, a realização da perícia é obrigatória para caracterização da qualificadora. E se os vestígios desaparecerem? Mais uma vez, a prova testemunhal fará as vezes. Em não deixando vestígios a escalada, a demonstração de que esta existiu será realizada através de testemunhas ou de outros meios probatórios. Ex.: imaginemos que o assaltante invade a residência escalando a janela do piso superior através de uma corda, não deixando sinais de sua conduta. Nada impede que esta atividade seja demonstrada através de outros meios probatórios, a exemplo de testemunhas ou de gravação realizada por câmeras de segurança.

Os peritos deverão, na realização do exame, não só descrever os vestígios deixados pela conduta, como também com que instrumentos esta se realizou (por exemplo, pé de cabra, barras de ferro, pás); por que meios (a exemplo de túneis, escadas) e em que época presumem ter sido o fato praticado. Isso é importante, pois se o arrombamento ou a destruição do obstáculo, assim como a escalada, eram pretéritos, não incidirá a qualificadora. Por outro

16. MOSSIN, Heráclito Antônio. *Comentários ao código de processo penal*. São Paulo: Manole, 2005. p. 377.

lado, não é necessária a precisão quanto à data do ocorrido, até porque em determinados casos isto seria impossível de aferir. Basta que por presunção seja aferido se os vestígios são ou não preexistentes à conduta e, por sua vez, dela decorrentes.

17. AVALIAÇÃO

As coisas destruídas, deterioradas ou que constituam produto do crime serão, quando necessário, avaliadas através de perícia.

A aferição pericial do que foi danificado, além do produto do crime, que é o material obtido através da conduta delituosa, é importante tanto para a dosimetria da pena, como para a mitigação da pena do furto de pequeno valor (art. 155, § 2º, CP) ou para o estelionato de pequeno prejuízo (art. 171, § 1º, CP).

É importante ainda na definição dos danos causados à vítima, já que o ressarcimento é fundamental para a obtenção de benefícios como o livramento condicional ou a reabilitação, além de servir de parâmetro para fins da ação civil *ex delicto*.

Não sendo possível o exame direto, em que os peritos dispõem dos objetos para avaliar, será realizado o exame indireto, através dos elementos existentes nos autos e dos que resultarem de diligências (art. 172, parágrafo único, CPP). Devem os peritos indicar o estado e as condições da coisa avaliada, a extensão do dano, o valor de mercado, sem o que o laudo seria de pouca utilidade.

18. EXAME DE EMBRIAGUEZ AO VOLANTE

Dentro de uma perspectiva de intolerância para com a embriaguez ao volante, a Lei nº 9.503/1997, que dispõe sobre o Código de Trânsito, sofreu seguidas alterações nos dispositivos que tratam do tema, nos âmbitos administrativo e criminal. Atualmente, o seu art. 306 prevê a figura incriminadora de conduzir veículo automotor com a capacidade psicomotora alterada em razão da influência de álcool ou de outra substância psicoativa que determine dependência.

A constatação da conduta penal exige concentração igual ou superior a 6 decigramas de álcool por litro de sangue ou igual ou superior a 0,3 miligrama de álcool por litro de ar alveolar. Este o parâmetro para a realização da prova técnica, que está assentado no inciso I, do § 1º, do art. 306, do Código de Trânsito.

No entanto, o inciso II, do mesmo parágrafo, considera também possível a constatação da embriaguez por sinais que indiquem, na forma disciplinada pelo Contran, alteração da capacidade psicomotora. A prova dessa alteração poderá ser obtida conforme reza o § 2º do aludido dispositivo, isto é, mediante teste de alcoolemia ou toxicológico, exame clínico, perícia, vídeo, prova testemunhal ou outros meios de prova em direito admitidos, observado o direito à contraprova.

Os demais parágrafos, do art. 306, do Código de Trânsito, preveem que o Contran emitirá ato normativo dispondo sobre a equivalência entre os distintos testes de alcoolemia ou toxicológicos para efeito de caracterização do crime e que poderá ser empregado qualquer aparelho homologado pelo Instituto Nacional de Metrologia, Qualidade e Tecnologia (INMETRO), com o fito de determinar o previsto no *caput* da figura delitiva.

Nessa esteira, a chamada "tolerância zero" com a embriaguez ao volante foi implementada pelo Conselho Nacional de Trânsito (Contran). Ao regulamentar a matéria, o órgão de trânsito definiu que configura a **infração administrativa** qualquer concentração de álcool, em caso de exame de sangue, ou concentração igual ou superior a 0,05 miligrama de ar alveolar expirado, em caso de teste por etilômetro.

Por sua vez, a **infração criminal** se caracteriza de duas maneiras, consoante disciplina normativa emitida por aquele órgão de trânsito:

(1) exame de sangue que apresente resultado igual ou superior a seis decigramas de álcool por litro de sangue; ou

(2) teste de etilômetro que indique quantidade igual ou superior a 0,34 miligrama de álcool por litro de ar expirado, além dos demais procedimentos indicados no art. 306, § 2º, do CTB.

Nota-se que os contornos criminais da embriaguez ao volante se dão pela análise conjunta do Código de Trânsito Brasileiro e da Resolução nº 432 do Contran, podendo-se classificar o art. 306 do CTB como normal penal em branco heterogênea.

Vale lembrar que é vedado obrigar o condutor a realizar o exame de sangue ou o teste do etilômetro, em face do princípio do *nemo tenetur se detegere*. A recusa não configura crime, mas nada impedirá que testemunhas, vídeos ou outros meios de prova sejam utilizados em prejuízo do motorista que, ademais, será punido também administrativamente, nos termos do art. 165, do CTB.

19. INTERROGATÓRIO DO ACUSADO

O interrogatório é a fase da persecução penal que permite ao suposto autor da infração esboçar a sua versão dos fatos, exercendo, se desejar, a autodefesa. Terá o imputado contato com a autoridade, o que lhe permite indicar provas, confessar a infração, delatar outros autores, apresentar as teses defensivas que entenda pertinente, ou valer-se, se lhe for conveniente, do direito ao silêncio.

Quanto à natureza jurídica do ato, à essência do instituto, destacam-se as posições seguintes.

20. INTERROGATÓRIO COMO MEIO DE PROVA

É o tratamento dado pelo Código, ao enquadrá-lo no Capítulo III do Título VII, destinado às provas em espécie.

21. INTERROGATÓRIO COMO MEIO DE DEFESA

Posição que tem crescido vertiginosamente, na esteira de que o interrogatório é, na essência, meio de defesa, notadamente porque o réu pode invocar o direito ao silêncio, sem nenhum prejuízo à culpabilidade. Ademais, o interrogatório é o momento para o réu, em desejando, esboçar a versão dos fatos que lhe é própria, sendo expressão da autodefesa. Pode até mesmo mentir para livrar-se da imputação. Não pode ser tomado clandestinamente, travestido de entrevista, em ambiente hostil ou intimidatório[17]. Nesse sentido Ada Pellegrini, Scarance Fernandes, Gomes Filho[18], Tourinho[19], dentre outros. É também a nossa posição.

O interrogatório pode funcionar até como **fonte de prova**, mas não deve ser enquadrado na vala comum dos meios de prova. O mais importante são as consequências processuais de considerar o interrogatório como meio substancial de defesa, ligado ao princípio constitucional correlato.

A primeira consequência, já reconhecida, é a impossibilidade de haver prejuízo ao imputado por ter invocado o direito ao silêncio, pois este não pode levar à presunção de culpa.

Uma segunda seria a impossibilidade de condução coercitiva daquele que mesmo citado pessoalmente, deixa de comparecer ao ato[20]. A ausência do imputado deve ser encarada como expressão da autodefesa, evitando-se o constrangimento de trazer o réu, mesmo a contragosto, para a audiência. De outro ângulo, é crime de abuso de autoridade, tipificado no art. 10, da Lei nº 13.869/2019, decretar condução coercitiva de testemunha ou de investigado manifestamente descabida ou sem prévia intimação de comparecimento ao juízo.

Uma terceira consequência avistável é a impossibilidade de decretação da revelia do réu ausente, pois o não comparecimento não poderá trazer prejuízos processuais. Filia-se à última corrente Eugênio Pacelli de Oliveira, não obstante não veja problemas em considerar o interrogatório como uma espécie de prova[21].

22. INTERROGATÓRIO COMO MEIO DE PROVA E MEIO DE DEFESA, INDISTINTAMENTE

Para a terceira corrente, o interrogatório tem natureza jurídica híbrida ou mista, pois tanto é um meio de defesa, em razão das incontestáveis prerrogativas dadas ao réu pela legislação (por exemplo, direito de calar-se; apresentar a sua versão dos fatos), como também é meio de prova, afinal, o magistrado vai realizar as perguntas pertinentes à elucidação dos fatos, assim como a acusação e o advogado do interrogado também o farão. O material eventualmente colhido servirá na formação do convencimento do julgador. Nessa senda, o magistério de Mirabete[22], Denilson Feitoza Pacheco[23], dentre outros. É também o entendimento do Supremo Tribunal Federal e do Superior Tribunal de Justiça.

17. STF – Segunda Turma – Rcl 33711/SP – Rel. Min. Gilmar Mendes – julgamento em 11 jun. 2019.
18. GRINOVER, Ada Pellegrini; FERNANDES, Antônio Scarance; GOMES FILHO, Antônio Magalhães. *As nulidades no processo penal*. 7. ed. São Paulo: RT, 2001. p. 81.
19. TOURINHO FILHO, Fernando da Costa. *Processo penal*. São Paulo: Saraiva, 2003. v.3. p. 270.
20. STF – Pleno – ADPF's 395/444-DF – Rel. Min. Gilmar Mendes – julgado em 13 e 14 jun. 2018.
21. OLIVEIRA, Eugênio Pacelli. *Curso de processo penal*. 3. ed. Belo Horizonte: Del Rey, 2004. p. 379.
22. MIRABETE, Julio Fabbrini. *Processo penal*. 14. ed. São Paulo: Atlas, 2003. p. 277.
23. PACHECO, Denilson Feitoza. *Direito processual penal*: teoria, crítica e práxis. 4. ed. Niterói: Impetus, 2006. p. 584.

23. INTERROGATÓRIO COMO MEIO DE DEFESA, PRIMORDIALMENTE, E COMO MEIO DE PROVA, DE FORMA SUBSIDIÁRIA

A quarta posição apresenta uma gradação de importância quanto ao enquadramento do interrogatório, admitindo que, substancialmente, seria meio de defesa, mas pode ser encarado, em segundo plano, como meio de prova. É a posição de Guilherme Nucci. Assim se manifesta o autor, sublinhando que "o interrogatório é, fundamentalmente, um meio de defesa, pois a Constituição assegura ao réu o direito ao silêncio. Logo, a primeira alternativa que se avizinha ao acusado é calar-se, daí não advindo consequência alguma. Defende-se apenas". No entanto, "caso opte por falar, abrindo mão do direito ao silêncio, seja lá o que disser, constitui meio de prova inequívoco, pois o magistrado poderá levar em consideração suas declarações para condená-lo ou absolvê-lo"[24].

24. NECESSIDADE E REINTERROGATÓRIO

Durante toda a persecução penal, deve ser obrigatoriamente oportunizada a realização do interrogatório. Não é tecnicamente adequado falar em interrogatório na fase pré-processual. Nesta etapa, o indiciado ou o preso em flagrante prestará declarações perante a autoridade policial, em que pese o vício de linguagem ser constante. Interrogatório é o ato levado a cabo perante a autoridade judicial e, enquanto a sentença não transitar em julgado, sempre que possível, deve ser oportunizado. Caso não o seja, haverá nulidade, como dispõe o art. 564, III, "e", do CPP.

Indique-se, todavia, que a nulidade ocorre não pela não realização efetiva do ato, e sim por sua supressão arbitrária. Sendo o réu intimado regularmente e não comparecendo à audiência de instrução e julgamento, frustrando a realização do interrogatório, não há de se falar em nulidade. O que não pode ocorrer é a dispensa do ato pela autoridade, suprimindo do réu a possibilidade de exercitar a autodefesa, ou a não requisição do réu que estava preso para que seja apresentado, ou tendo havido requisição, a não apresentação pelo poder público (art. 399, § 1º, CPP).

No júri, admite-se o pedido de dispensa de apresentação do réu preso para a sessão de julgamento, de sorte que o interrogatório, na segunda fase, ficará suprimido, pressupondo-se pedido assinado pelo réu e por seu defensor. Entendemos que o pedido de dispensa de apresentação é cabível aos demais procedimentos, por analogia à disciplina do tribunal popular (art. 457, § 2º, CPP). Ressalte-se, contudo, que na legislação eleitoral, o interrogatório pode ser substituído pela contestação escrita da inicial acusatória (art. 359, parágrafo único, Código Eleitoral).

Negando-se o interrogatório, quando sua realização era possível, a **nulidade** é de natureza **absoluta**, sendo o prejuízo evidente e o vício insanável. Afinal, a ampla defesa é ferida de morte, além da mácula ao devido processo legal. Nesse sentido se pronuncia Eugênio Pacelli de Oliveira[25].

---

24. NUCCI, Guilherme de Souza. *Manual de processo penal e execução penal*. 3. ed. São Paulo: RT, 2007. p. 381.
25. OLIVEIRA, Eugênio Pacelli. *Curso de processo penal*. 3. ed. Belo Horizonte: Del Rey, 2004. p.379.

Entendendo que a nulidade é de natureza relativa, obrigando a defesa a argui-la no momento oportuno, sob pena de preclusão, além da necessidade de demonstração de prejuízo, encontra-se Mirabete[26], Nucci[27] e o STF[28]. É a posição prevalente.

A condução do réu para o seu interrogatório está vazada no art. 260, do CPP, cujo texto estabelece que se o acusado não atender à intimação para o interrogatório, reconhecimento ou qualquer outro ato que, sem ele, não possa ser realizado, a autoridade poderá mandar conduzi-lo à sua presença. O teor do dispositivo é genérico vale dizer, a condução coercitiva do imputado teria lugar não apenas para fins probatórios, mas para todo e qualquer ato, inclusive para aquele ato que, ao acusado, é reservado o direito de ficar calado e a garantia de vedação à autoincriminação.

Ao lado do descompasso do velho art. 260, do CPP, em relação aos direitos fundamentais estampados na Constituição, a prática autoritária se exacerbou no Brasil por meio de um uso rotineiro de conduções coercitivas de acusados, durante as investigações e processos criminais, com cobertura televisiva. Nesse permeio, surgiu a indagação: há sentido em permitir condução coercitiva - a contragosto do imputado - à presença da autoridade policial ou judicial, para que ele exerça o direito ao silêncio? Ou, de outro lado, a condução coercitiva seria uma autêntica ameaça ao direito de ficar calado? Como anotamos supra, o STF definiu a questão para alinhar que a expressão "para o interrogatório", constante do art. 260, do CPP, não foi recepcionada pela Constituição Federal, na medida em que representa limitação desproporcional da liberdade do ser humano[29].

Pode o interrogatório ser realizado a qualquer momento, e a todo tempo o magistrado poderá proceder a novo interrogatório, a requerimento fundamentado das partes (art. 196, CPP). Reputamos revogada a atuação de ofício do juiz, mesmo no curso de processo penal instaurado, diante do art. 3º-A, do CPP, que prevê a estrutura acusatória do processo penal brasileiro e veda que o juiz substitua o promotor de justiça na atuação probatória do órgão da acusação (de compasso com a Lei nº 13.964/2019[30]). Até mesmo na pendência do julgamento da apelação, poderá o tribunal, câmara ou turma proceder a novo interrogatório (art. 616, CPP).

Nas ações que tramitam originariamente perante tribunais, o réu poderá ser ouvido perante o relator (art. 7º, Lei nº 8.038/1990) ou ser interrogado pelo juiz de primeiro grau, cumprindo carta de ordem.

25. CARACTERÍSTICAS DO INTERROGATÓRIO

O interrogatório é caracterizado por ser um ato **público**, **personalíssimo**, realizado no **local do juízo processante**, bem como regido pela **oralidade**, **individualidade**, **judicialidade** e **espontaneidade**. Vejamos cada uma delas.

---

26. MIRABETE, Julio Fabbrini. *Processo penal.* 15. ed. São Paulo: Atlas, 2004. p.273.
27. NUCCI, Guilherme de Souza. *Manual de processo penal e execução penal.* 3. ed. São Paulo: RT, 2007. p.382.
28. STF - Primeira Turma - HC 129749 - Rel. Min. Marco Aurélio - publicado em 01 mar. 2019.
29. STF - Pleno - ADPF's 395/444-DF - Rel. Min. Gilmar Mendes - julgado em 13 e 14 jun. 2018.
30. Dispositivo com eficácia suspensa, nos termos de decisão monocrática do Supremo Tribunal Federal (STF - ADI 6298/DF - Medida Cautelar - Rel. Min. Luiz Fux - 22 jan. 2020).

26. PUBLICIDADE DO INTERROGATÓRIO

O interrogatório é **ato público**, que deve ser realizado a portas abertas. Excepcionalmente a sigilação pode ser necessária, havendo risco de escândalo, inconveniente grave ou perturbação da ordem (art. 792, § 1º, CPP). Imaginemos o julgamento de um acusado de homicídio, em que a população passa a gritar palavras de ordem durante a audiência. Para garantir a regularidade do ato, a permanência no recinto deve ser restringida, limitando-se o número de pessoas que possam estar presentes. Mesmo quando o ato se realize no estabelecimento prisional, a publicidade está assegurada (art. 185, § 1º, CPP).

27. PERSONALÍSSIMO

É ato que não pode ser realizado por interposta pessoa. Nem a presença do advogado supre a ausência do réu. O advogado pode se fazer presente para justificar a ausência, e não para prestar esclarecimentos em lugar do cliente. Quanto ao interrogatório da pessoa jurídica, a matéria encontra lacuna na lei, já que o CPP é omisso no tratamento do tema.

A responsabilidade penal da pessoa jurídica foi idealizada no art. 225, § 3º, da Constituição, para os crimes ambientais, estando disciplinada pela Lei nº 9.605/1998. Não entraremos no mérito do acerto ou não do constituinte em prever a responsabilização penal dos entes jurídicos, limitando-nos à abordagem na premissa processual.

Nessa ordem, a citação da pessoa jurídica, em analogia ao disposto no art. 75, inciso VIII, do CPC, será realizada na figura daquela pessoa indicada no respectivo estatuto e, na falta de designação, nos seus diretores. Para comparecer ao interrogatório, será designada pessoa por instrumento de preposição. As informações eventualmente prestadas, assegurando-se o direito ao silêncio, vinculam a ré.

Por sua vez, o § 4º, do art. 9º, da Lei nº 9.099/1995, tratando dos juizados especiais cíveis, e que pode ser aplicado, por analogia, aos juizados criminais, averba que se o réu é pessoa jurídica ou titular de firma individual, poderá ser representado por preposto credenciado, munido de carta de preposição com poderes para transigir, sem haver necessidade de vínculo empregatício.

28. LOCAL DO INTERROGATÓRIO

Em analogia ao art. 222, do CPP, nada impede que residindo o réu fora da comarca, o interrogatório seja realizado mediante precatória, ficando consignadas na carta as perguntas a serem feitas. É possível também, pela enfermidade ou velhice do interrogado, que o ato seja realizado onde este se encontre (art. 220, CPP). Ademais, a inviabilidade de deslocamento do réu também passou a ser fundamento para realização do **interrogatório por videoconferência**, nas estritas hipóteses previstas em lei (art. 185, § 2º, II, CPP; art. 52, VII, LEP).

Questão interessante é a realização do interrogatório do réu preso. Sabe-se que os custos de deslocamento de presos aos Fóruns para acompanhamento de atos processuais, e no que nos interessa, para a realização do interrogatório, é bastante dispendioso aos cofres estatais. A utilização de viaturas (algumas vezes até de helicópteros), o emprego de policiais para garantir a segurança, e o risco sempre presente de fuga, acabou por inserir na pauta de discussão a realização do interrogatório *on-line*, por videoconferência, evitando-se o deslocamento, com a utilização de aparato tecnológico a propiciar que o magistrado interrogue o réu sem precisar trazê-lo ao Fórum, ao vivo, numa rede de transmissão interligando diretamente o estabelecimento prisional e o Judiciário.

O STJ tem ampliado a admissibilidade da realização do instituto, especialmente quando considera presente perigo ou quando a ordem pública e a preservação da segurança o justificarem[31]. Pensamos que o que deveria ser exceção, não pode se tornar regra. No entanto, o art. 52, VII, LEP, com redação da Lei nº 13.964/2019, prevê que o apenado incluído em regime diferenciado deve ter garantida sua participação em audiências judiciais preferencialmente por videoconferência, assegurando-se a participação do defensor no mesmo ambiente do preso.

O interrogatório é ato de fundamental importância na construção do convencimento do julgador. A expectativa é não só extrair as informações colhidas com as respostas às perguntas feitas ao réu, mas também sentir o comportamento deste, bem como permitir amplo diálogo, caso seja do desejo do imputado. Os gestos, a atitude do réu na audiência, suas expressões, os detalhes só perceptíveis por aqueles que estavam presentes ao ato, são decisivos muitas vezes para o deslinde da causa. Não se pode afastar ainda mais o julgador do julgado. A indiferença não pode imperar, transformando o interrogatório num ato pró-forma, ainda menos humano ou um faz de conta a integrar os autos.

A ida do magistrado ao estabelecimento prisional para realização do interrogatório deverá ter lugar sempre que o réu estiver preso. Com efeito, a teor do § 1º, do art. 185, do CPP, o interrogatório do réu preso será realizado, em sala própria, no estabelecimento em que estiver recolhido, desde que estejam garantidas a segurança do juiz, do membro do Ministério Público e dos auxiliares bem como a presença do defensor e a publicidade do ato. A lei poderia ter especificado requisitos para o deslocamento do juiz, a fim de evitar que a previsão se torne letra morta, com a generalização da videoconferência.

Assim, a existência da prisão, deveria levar, sempre, o julgador a realizar o interrogatório onde se encontra detido o imputado. É essencial a existência de sala própria, garantia de segurança do juiz, auxiliares, membros do Ministério Público, além da presença do defensor e publicidade do ato (art. 185, § 1º, CPP). Não havendo a possibilidade de realizar-se o interrogatório no estabelecimento prisional, por ausência dos requisitos legais, e não sendo caso de realizar-se o ato por videoconferência, o preso será conduzido ao fórum, mediante prévia requisição da autoridade judicial.

29. ORALIDADE DO INTERROGATÓRIO

Como regra, o interrogatório segue a forma oral, a palavra falada reina, até para imprimir fidelidade e espontaneidade ao ato. Pode o interrogado consultar breves apontamentos, o que não prejudica o ato. Algumas peculiaridades para pessoas portadoras de necessidades especiais devem ser lembradas:

(1) para o mudo: as perguntas são feitas oralmente, e respostas na forma escrita;

(2) para o surdo: perguntas por escrito, respostas feitas oralmente;

(3) para o surdo-mudo: perguntas e respostas escritas. Se estes forem analfabetos ou também deficientes visuais, intervirá, sob compromisso, pessoa habilitada a entendê-los;

31. STJ – Quinta Turma – RHC 102.914/RS – Rel. Min. Reynaldo Soares da Fonseca – DJe 14 fev. 2019.

(4) para o estrangeiro: o interrogatório será realizado através de intérprete, mesmo que as pessoas na sala de audiência dominem a língua estrangeira. Esta formalidade não será necessária, se a língua estrangeira aproxima-se da nacional, como o português de Portugal ou o castelhano.

30. INDIVIDUALIDADE DO INTERROGATÓRIO

Havendo corréus, serão interrogados separadamente, de sorte que uns não assistam previamente o depoimento dos outros, de acordo com o teor do art. 191, do CPP. Nada impede, existindo corréus, que sejam ouvidos em dias diversos, notadamente quando se faz necessária a expedição de precatória.

Embora não tenha sido a questão submetida a debate, entendemos que a previsão de inquirição isolada de coimputados não se compatibiliza com a Constituição, especialmente por limitar o espectro da defesa ampla. Esse argumento recebe maior realce quando se vê que o interrogatório é ato derradeiro que finda por permitir maior eficácia aquele princípio.

De tal modo, pensamos que a previsão que torna o interrogatório similar ao que acontece em um processo inquisitivo, com sigilo em relação ao coimputado, é inconstitucional. O interrogatório deve ser compreendido como um "diálogo com o juiz", sem que o ambiente seja hostil àquele que vai ser julgado. Modificar a cultura tradicionalmente autoritária não é encargo fácil, diante da constatação de que, na América Latina, "todo suspeito é tratado como inimigo, apesar da legitimação do direito natural", anunciada por Eugênio Raúl Zaffaroni[32].

Caso seja ouvido um acusado sem a presença do outro, o juiz deve fazer incidir o **princípio da desconfiança**, orientador do controle do conhecimento do fato e da prova penal. Na dicção de Manuel Jaén Vallejo, podemos dizer que é duvidosa a neutralidade das declarações de corréu quando se referem ao outro, mormente quando se veda a presença de quem pode ser o maior prejudicado pelas afirmações consignadas no interrogatório do coimputado[33].

Com Lincoln Pinheiro Costa, anotamos que "o réu presente no interrogatório do corréu terá condições de se comunicar com seu defensor para que este possa, precisa e efetivamente, intervir no interrogatório do outro"[34]. Ademais, o processo penal filiado ao sistema acusatório obsta produção de prova em segredo[35]. É proibido tratamento desigual aos réus, bem como é incompatível com a postura do juiz inquisidor que deseja, a todo custo, confirmar a verdade que pressupõe[36], com o objetivo maior de condenar o acusado, afastando-se do devido processo legal-constitucional[37].

32. ZAFFARONI, Eugenio Raul. *O inimigo no direito penal.* Tradução: Sérgio Lamarão. Rio de Janeiro: Revan, 2007. p.189).
33. VALLEJO, Manuel Jaén. *Los princípios de la prueba em el processo penal.* Bogotá: Universidade del Externado de Colombia, 2000. p.14.
34. COSTA, Lincoln Pinheiro; ALENCAR, Rosmar Rodrigues. Presença do acusado durante o interrogatório de corréu: a (in) constitucionalidade do art. 191 do CPP. Revista da Escola Superior da Magistratura do Estado de Alagoas, Maceió/AL, n.2 (eletrônica), p.8, 2018.
35. PRADO, Geraldo. *Sistema acusatório:* a conformidade constitucional das leis processuais penais. 4. ed. Rio de Janeiro: Lumen Juris, 2006. p.55.
36. LOPES Jr, Aury. *Direito processual penal e sua conformidade constitucional:* volume I. Rio de Janeiro: Lúmen Júris, 2007. p.68.
37. DEZEM, Guilherme Madeira. *Da prova penal:* tipo processual, provas típicas e atípicas. Campinas: Millennium, 2008. p. 147.

31. JUDICIALIDADE DO INTERROGATÓRIO

O ato será realizado pela autoridade judicial que preside o processo. Nos tribunais, pelo relator, ou através de carta de ordem ao magistrado que atua na comarca em que reside o infrator. Lembramos ainda, como já ressaltado que, na fase do inquérito, não temos tecnicamente interrogatório, já que este é o prestado perante o juiz.

32. ESPONTANEIDADE DO INTERROGATÓRIO

O interrogatório deve ser livre de pressões ou constrangimentos. A intimidação pelo juiz ou órgão acusador não é admitida, sob pena de invalidação do ato. Da mesma maneira, se o magistrado advertir que o silêncio será interpretado em prejuízo do interrogado, haverá nulidade, contudo meramente relativa, cabendo a demonstração do prejuízo. Não são admitidos detectores de mentira, mesmo que o réu aceite se submeter a tal constrangimento. Se isso ocorrer, a nulidade é insanável.

Acreditamos que o interrogatório realizado dentro do estabelecimento prisional, como prevê o § 1º, do art. 185, do CPP, dificulta a espontaneidade do ato. É claro que o preso não ficará à vontade para relatar, no interrogatório realizado dentro do presídio, circunstâncias que possam esclarecer o fato, principalmente se estas comprometerem outros infratores, afinal, a "lei do silêncio" impera nos estabelecimentos prisionais, e a pena para esta violação é paga muitas vezes com a vida. Como delatar outros infratores que estão no mesmo ambiente prisional? E denunciar a tortura praticada para que houvesse confissão? É o risco que muitos optam por não correr.

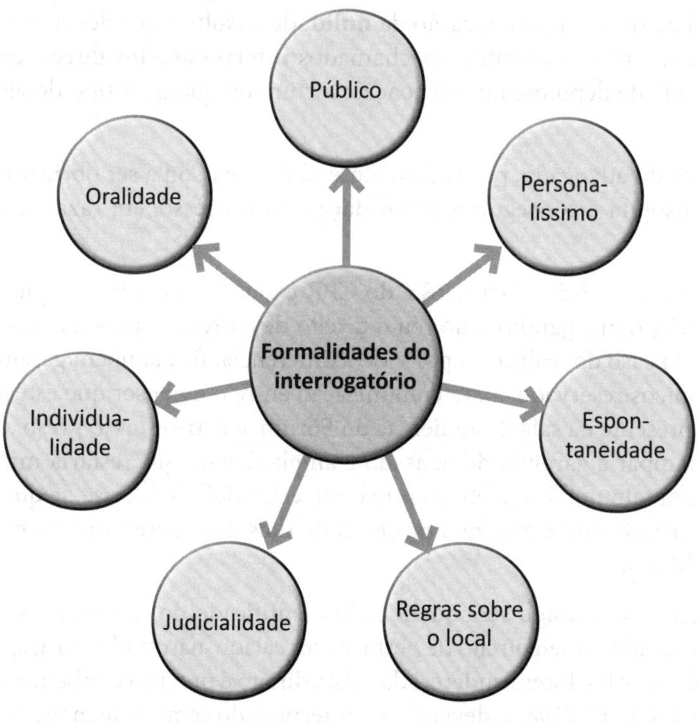

33. PROCEDIMENTO DO INTERROGATÓRIO

A partir do art. 185, o Código de processo penal regula o interrogatório, prevendo providências preliminares, conteúdo e outras formalidades. É o que passaremos a enfrentar nos tópicos a seguir.

34. PRELIMINARES DO INTERROGATÓRIO

De início, o interrogado terá o direito de entrevistar-se reservadamente com seu defensor, caso isto ainda não tenha ocorrido. É o momento em que se assegura orientação técnica efetiva ao interrogado, para que ele tenha conhecimento da finalidade do ato, como se comportar, qual o papel dos presentes, quais as suas alternativas etc.

Não são poucos os réus, notadamente os de baixa instrução (a maioria), que não têm a menor ideia do que vai se passar na audiência. O interrogatório, então, que seria um momento de suma importância ao processo, acaba se transformando em um martírio processual de pouca utilidade, onde não se consegue evoluir pela dificuldade de trato com o interrogado. Não é raro o fato de a autoridade perder a paciência, na falsa imagem de que o interrogado não deseja colaborar, quando em verdade, é o medo, a ignorância, a falta de orientação que acabam atravancando a audiência.

Caso a autoridade negue a entrevista preliminar, o prejuízo é presumido, ocorrendo vício insanável do ato. Estará o magistrado tumultuando arbitrariamente a evolução procedimental, dando ensejo à correição parcial. A negativa de entrevista prévia viola **direito sensível**, que viola **norma sensível**, protetiva de direitos individuais de primeira geração, sendo passível de invalidação em razão da **nulidade absoluta** que decorre do vício. Com muito mais razão, não se admitem os chamados **interrogatórios duros**, expressão que designa a tomada de depoimento sob coação, tortura ou qualquer tipo de violência física ou moral.

A presença do advogado, por tudo quanto já dito, passou a ser obrigatória, sob pena de nulidade absoluta e conseguinte **invalidação** do processo, em razão da ausência de defesa técnica.

Nesse diapasão, o § 5º, do art. 185, do CPP, explicita que, em qualquer modalidade de interrogatório, o juiz garantirá ao réu o direito de entrevista prévia e reservada com o seu defensor. No caso de realização por videoconferência, fica também garantido o acesso a canais telefônicos reservados para comunicação entre o defensor que esteja no presídio e o advogado presente na sala de audiência do Fórum, e entre este e o preso. O dispositivo vem assim estampar a garantia do acusado à ampla defesa, que restaria mitigada se não assegurado o contato prévio e efetivo entre o réu e seu defensor. Frise-se que o interrogatório por videoconferência exigirá a presença de dois defensores: um no presídio, outro na sala de audiência.

Na sequência, o acusado será qualificado, cientificado do teor da acusação que pesa contra si e informado do seu direito de permanecer calado, não tendo obrigação de responder as perguntas que lhe forem endereçadas. Este direito é previsto também constitucionalmente (art. 5º, LXIII, CF/1988), devendo ser interpretado sempre de maneira extensiva. O silêncio não importa confissão nem pode ser interpretado em prejuízo da defesa.

Tem prevalecido o entendimento de que o direito ao silêncio não abrange a qualificação. O interrogado não poderia calar-se e estaria obrigado a dizer a verdade, podendo incorrer em sanção penal (desobediência ou falsa identidade). Neste sentido, Guilherme Nucci assevera que "o direito ao silêncio não é ilimitado, nem pode ser exercido abusivamente. As implicações, nessa situação, podem ser graves, mormente quando o réu fornece, maldosamente, dados de terceiros, podendo responder pelo seu ato"[38].

Não nos parece, contudo, a melhor solução. Os elementos que caracterizam a qualificação, como nome, sobrenome, filiação, estado civil, endereço, naturalidade, RG, CPF, dente outros, podem vincular o interrogado a outras infrações, ou militar em seu desfavor no transcorrer do processo. Acompanhamos uma audiência na comarca de Pão de Açúcar, Estado de Alagoas, por uso de documento falso, onde o interrogado negou-se a prestar os devidos esclarecimentos acerca de sua qualificação, por ter um vasto histórico criminal, inclusive com mandados de prisão expedidos no Estado de São Paulo. Ora, se ninguém está obrigado a se autoincriminar, é claro que o interrogado não pode ser repreendido por se negar a fornecer os elementos acerca da sua real identidade. A ele é inexigível conduta diversa.

Não obstante nosso entendimento, é importante ressaltar que os tribunais superiores têm se posicionado pela tipicidade da conduta daquele que se atribui identidade falsa perante autoridade policial com o intento de ocultar maus antecedentes, não sendo alcançado, portanto, pelo princípio da autodefesa. O STJ, inclusive, sumulou a matéria por meio do enunciado nº 522, assentando que a conduta de atribuir-se falsa identidade perante autoridade policial é típica, ainda que em situação de alegada autodefesa. Em que pese a Súmula referir-se à atribuição de falsa identidade perante à autoridade policial, seu teor pode ser suscitado para falsa identidade durante interrogatório prestado em juízo.

Com a edição da Lei nº 13.869/2019, a insistência da autoridade em perguntar ao interrogado, seja sobre sua identidade, seja sobre fato, poderá configurar crime de abuso de autoridade capitulado no parágrafo único, do art. 15. De compasso com a aludida figura típica, daquele diploma legal, estará incurso nas penas do delito de abuso de autoridade quem prossegue com o interrogatório de pessoa que tenha decidido exercer o direito ao silêncio ou de pessoa que tenha optado por ser assistida por advogado ou defensor público, sem a presença de seu patrono.

35. CONTEÚDO DO INTERROGATÓRIO

Superada a fase preliminar, quanto ao conteúdo, o interrogatório está subdivido em duas partes: a primeira focando a pessoa do acusado, e a segunda tratando dos fatos que lhe são imputados.

Na **primeira etapa do interrogatório**, também conhecida como **pregressamento**, o magistrado vai procurar conhecer o interrogado, individualizando-o, fazendo perguntas sobre a residência, meios de vida ou profissão, oportunidades sociais, lugar onde exerce a sua atividade, vida pregressa, notadamente se foi preso ou processado alguma vez e, em

38. NUCCI, Guilherme de Souza. *Manual de processo penal e execução penal*. 3. ed. São Paulo: RT, 2007. p.390.

caso afirmativo, qual o juízo do processo, se houve suspensão condicional ou condenação, qual a pena imposta, se a cumpriu e outros dados familiares e sociais.

Esses elementos são importantes não só à dosimetria da pena, na aferição das circunstâncias judiciais (art. 59, CP), mas também para extrair do interrogatório a **coculpabilidade social** pela situação de delinquência do interrogado. Esta nada mais é do que a corresponsabilidade da coletividade pela atividade criminosa, já que suas omissões em promover política social levam a propensão ao crime daqueles que estão na condição de excluídos.

Segundo Rogério Greco, a "teoria da coculpabilidade ingressa no mundo do Direito Penal para apontar e evidenciar a parcela de responsabilidade que deve ser atribuída à sociedade quando da prática de determinadas infrações penais pelos seus 'supostos cidadãos'. Contamos com uma legião de miseráveis que não possuem um teto para se abrigar, morando embaixo de viadutos ou dormindo em praças ou calçadas, que não conseguem emprego, pois o Estado não os preparou ou os qualificou para que pudessem trabalhar, que vivem a mendigar por um prato de comida, que fazem uso da bebida alcoólica para fugir à realidade que lhes é impingida. Quando tais pessoas praticam crimes, devemos apurar e dividir essa responsabilidade com a sociedade"[39].

A falta de oportunidade de emprego, moradia, educação, saúde, que contribuem para que o agente se envolva na atividade delitiva, pode funcionar como atenuante genérica, ou nas situações de maior evidência, pode implicar na absolvição do réu, afastando-se a culpabilidade pela inexigibilidade de conduta diversa. Salutar a previsão do CPP em permitir o conhecimento da vida do interrogado, destinando um tópico do interrogatório com esta finalidade.

Tal como deve ocorrer quando da instauração da investigação preliminar, também quando interrogado o investigado ou o acusado preso, deve a autoridade questionar sobre a existência de filhos ou incapazes sob a sua responsabilidade, garantindo a proteção à Primeira Infância. Foi, desse modo, acrescido o § 10º ao art. 185, do Código, gizando que do interrogatório deverá constar a informação sobre a existência de filhos, respectivas idades e se possuem alguma deficiência e o nome e o contato de eventual responsável pelos cuidados dos filhos, indicado pela pessoa presa.

A informação servirá de norte à aplicação de pena (individualização e acompanhamento), bem como à avaliação acerca da necessidade de substituição da prisão preventiva pela prisão cautelar domiciliar. Cumpre observar que a prisão cautelar domiciliar é regida pelos artigos 318, 318-A e 318-B, do CPP, sendo diversa da prisão albergue domiciliar, disciplinada na Lei de Execução Penal.

Por outro lado, embora o § 10, do art. 185, do CPP, refira que do interrogatório deve constar a informação sobre a existência de filhos quando se cuidar de pessoa presa, é de bom grado que sempre se indague sobre essa circunstância, mesmo no caso de investigado ou acusado solto, haja vista que é factível um decreto de prisão provisória no curso do processo, o que poderá acarretar prejuízo ao filho menor caso não se conheça aquela situação.

39. GRECO, Rogério. *Curso de direito penal*: parte geral. 2. ed. Rio de Janeiro: Impetus, 2003. p. 469.

Já a **segunda etapa do interrogatório** destina-se à aferição dos fatos apurados no processo. É a etapa de mérito. Nela o réu poderá aceitar como verdadeira ou negar a imputação que lhe é feita e, caso confesse o crime, será indagado sobre os motivos que o levaram ao delito, além das circunstâncias do fato, e se outras pessoas participaram. Se negar a acusação, total ou parcialmente, poderá prestar esclarecimentos e indicar provas; poderá atribui-la a terceiros; terá a oportunidade de esclarecer onde estava ao tempo do crime, ou até mesmo se ouviu falar dos acontecimentos; se conhece as provas que já foram apuradas, a exemplo de perícias, documentos, dentre outras; se conhece a vítima e as testemunhas do fato, e se tem algo a alegar contra elas; se conhece os instrumentos do crime e demais objetos a ele relacionados; será indagado, ainda, acerca de todos os pormenores que circundam a infração e que podem ter influência decisiva na dosimetria da pena e tudo o mais que possa militar em favor da sua defesa. Deve-se buscar sensibilidade no encadeamento das perguntas. Os modelos de interrogatório pré-fabricados, desconectados do contexto dos fatos, prejudicam substancialmente o entendimento do que é produzido em audiência.

Entendemos que o magistrado não deve fazer consignar, no termo de audiência, as perguntas que deixaram de ser respondidas pelo interrogado, ressalvado o desejo do imputado nesse sentido, caso queira, expressamente, declinar os motivos invocados para permanecer calado. Lembramos que é abuso de autoridade prosseguir interrogando quem tenha decidido exercer o direito ao silêncio (art. 15, parágrafo único, I, Lei nº 13.869/2019). De tal forma, é ilícito penal formular seguidas perguntas ao imputado que não mais queira ser interrogado. Somente estará excluída a vedação, se a recusa for restrita a alguma pergunta e não a outras.

Findas as perguntas do juiz, este indagará à acusação e ao defensor se restou algum ponto a ser esclarecido, o que oportuniza a realização de reperguntas, que serão formuladas ao interrogado se o juiz entender pertinente e relevante. O STJ tem admitido, inclusive, a pergunta realizada pela defesa do corréu no interrogatório dos demais acusados, assegurando-se a ampla defesa e o contraditório[40]. Em todo caso, deve o magistrado coibir as reperguntas que tenham intuito de insultar ou constranger o réu.

Caso o magistrado negue a pergunta formulada, a negativa ficará consignada no termo de audiência, inclusive com o teor da pergunta apresentada, e o fundamento da denegação, para eventual alegação posterior de nulidade por cerceamento do direito de defesa ou de acusação. O interrogado não está obrigado a responder as reperguntas, inclusive aquelas que forem formuladas pelo próprio advogado. Cabe a ele selecionar o que lhe é ou não conveniente responder.

Seguimos o **sistema presidencialista**, e as reperguntas são feitas por intermédio do magistrado. Nada impede, conforme pensamos, que este permita que as partes perguntem diretamente ao réu. Diante de ser admissível a interpelação direta das testemunhas (art. 212, CPP), sem o obstáculo judicial, entendemos que tal previsão deve se estender a todas as inquirições, não só do interrogado, mas também dos peritos, assistentes, vítima, independentemente do procedimento a ser seguido, superando-se o sistema presidencialista.

40. STJ – Quinta Turma – HC 464.588/PR – Rel. Min. Reynaldo Soares da Fonseca – DJe 11 out.2018.

No plenário do júri, quanto às perguntas das partes e do assistente, estas serão feitas sem intermédio do juiz presidente, numa interação direta entre o réu e os interpelantes. Os jurados, por sua vez, farão perguntas por meio do magistrado que preside o julgamento (art. 474, § 1º e § 2º, CPP). Havendo interferência do juiz presidente, haverá, em regra, mera irregularidade. Caso haja cerceamento da acusação ou da defesa, tolhidas da atuação plena no júri, por conduto do magistrado que centraliza o encaminhamento das perguntas, haverá **nulidade relativa**, devendo ser verificada a existência de prejuízo aqueles direitos fundamentais, para que se possibilite a **invalidação** do ato ou do julgamento. Caso contrário, haverá **convalidação** do interrogatório procedido dessa forma.

Havendo réu delatado ao lado de corréu que tenha firmado colaboração premiada, aquele deverá ser interrogado por último, diante da atuação do segundo como uma espécie de auxiliar da acusação, de assistente do Ministério Público[41]. O Supremo Tribunal Federal, inclusive, tocou no ponto, embora restritamente às alegações do corréu delatado. Na ocasião, destacou que elas devem ser apresentadas ao final. Diante da falta de dispositivo processual expresso, os réus colaboradores devem se manifestar primeiro, em razão da carga acusatória de suas informações. Não observar essa ordem enseja nulidade absoluta[42].

36. FORMALIDADES DO INTERROGATÓRIO

As perguntas e respostas ficarão consignadas no termo de audiência, que todos os presentes devem assinar. Nada impede o uso da taquigrafia ou estenotipia, que são técnicas de escrita abreviada usando sinais típicos, que permitem uma rápida transcrição daquilo que é ditado. O ato poderá ser gravado em fita magnética ou equivalente. É o que se espera num futuro próximo em todos os procedimentos, evitando-se distorções. Por sua vez, o § 1º, do art. 405, do CPP, assevera que, quando possível, o registro dos depoimentos do investigado, indiciado, ofendido e testemunhas será feito pelos meios ou recursos de gravação magnética, estenotipia, digital ou técnica similar, inclusive audiovisual, destinada a obter maior fidelidade das informações. É a tecnologia sendo empregada para fidelizar o ato e imprimir maior celeridade ao procedimento.

Se o interrogado não souber escrever, por ser analfabeto; não puder assinar, por ser pessoa com deficiência, ou não quiser fazê-lo, tal fato deve ser consignado no termo. Não se deve usar o famigerado expediente de colheita das impressões digitais, por absoluta ausência de previsão legal, além do evidente constrangimento.

41. JARDIM, Afrânio Silva. Réu delator funciona como espécie de assistente de acusação trazido pelo MP. *Conjur*. Disponível em: <https://www.conjur.com.br/2019-set-02/afranio-silva-jardim-reu-delator-atua-assistente-acusacao>. Acesso em: 16 jan. 2020.

42. STF – Segunda Turma – HC 157627 AgR/PR – Rel. orig. Min. Edson Fachin – red. p/ o ac. Min. Ricardo Lewandowski, julgamento em 27 ago. 2019.

Interrogatório do acusado	‣ Entrevista reservada com o defensor:	‣ Assegura a defesa do réu; ‣ Uma vez negado este direito, há nulidade insanável.
	‣ Qualificação do acusado, cientificação da acusação e informação sobre seus direitos	–
	‣ Interrogatório:	‣ Sobre a pessoa e sobre os fatos; ‣ Inquirição: adoção do sistema presidencialista, salvo o júri; ‣ Direito ao silêncio.

37. NOMEAÇÃO DE CURADOR AO RÉU INCAPAZ

A figura do curador subsiste no nosso sistema de maneira restrita aos inimputáveis por doença mental ou para aqueles que não tenham plena capacidade de discernimento (inimputabilidade parcial).

38. COMPATIBILIDADE COM O INQUÉRITO POLICIAL

Prevê o art. 6º, inciso V, CPP, que a oitiva do indiciado será realizada nos moldes do interrogatório judicial. Entretanto, algumas regras não são aplicáveis à investigação preliminar, a exemplo da obrigatoriedade da presença do advogado, da possibilidade de reperguntas, da entrevista preliminar.

O inquérito policial é inquisitivo, não comportando contraditório ou ampla defesa. O delegado não está obrigado a aguardar a presença do advogado para ouvir o indiciado, contudo, se fazendo presente à delegacia com o causídico, este permanecerá durante a oitiva, o que vai agregar valor ao ato, além de coibir excessos. Nada impede, apesar de ser ato discricionário da autoridade policial, que o delegado admita reperguntas, ou assegure a entrevista preliminar reservada. É ato de bom senso, apesar da inquisitoriedade da fase preliminar.

Entretanto, a Lei nº 13.964/2019 trouxe previsão de atuação defensiva de advogado na fase do inquérito policial, restritamente aos funcionários do sistema de segurança pública dos artigos 142 e 144. Desse modo, incluiu, no CPP, previsão de **intervenção obrigatória de defensor**, no art. 14-A, do CPP, nos autos de investigação preliminar cujo objeto for fato relacionado ao uso da força letal praticados no exercício profissional, de forma consumada ou tentada.

A nosso ver, não há justificativa para a discriminação relativamente aos demais indiciados que não façam parte do sistema de segurança pública. Para dar ao art. 14-A, do CPP, interpretação conforme a Constituição, aos investigados em geral deveria ser assegurada a assistência de advogado, defensor público ou defensor dativo. Afinal, existem direitos fundamentais que devem ser tutelados também na fase da investigação preliminar, independentemente do imputado estar preso ou solto.

39. CONFISSÃO

É a admissão por parte do suposto autor da infração, de fatos que lhe são atribuídos e que lhe são desfavoráveis. O reconhecimento da infração por alguém que não é sequer indiciado não é tecnicamente confissão, e sim autoacusação. Confessar é reconhecer a autoria da imputação ou dos fatos objeto da investigação preliminar por aquele que está no polo passivo da persecução penal.

Segundo Nucci, deve-se "considerar confissão apenas o ato voluntário (produzido livremente pelo agente, sem qualquer coação), expresso (manifestado, sem sombra de dúvida, nos autos) e pessoal (inexiste confissão, no processo penal, feita por preposto ou mandatário, o que atentaria contra a segurança do princípio da presunção de inocência)"[43].

Como o réu defende-se dos fatos, estes é que podem ser objeto da confissão.

José Frederico Marques caracteriza a confissão por ser:

(1) **prova *contra se pronuntiatio*** (principal característica), eis que é um testemunho da parte acusada cujo conteúdo lhe é contrário;

(2) um **testemunho duplamente qualificado**, haja vista que:

(a) sob a ótica objetiva, recai sobre fatos adversos ao interesse da pessoa imputada que confessa; e

(b) sob o prisma subjetivo, é declaração que advém do próprio acusado e não de terceira pessoa[44].

40. NATUREZA JURÍDICA DA CONFISSÃO

A confissão é um meio de prova como outro qualquer, admissível para a demonstração da verdade dos fatos.

41. CLASSIFICAÇÃO DA CONFISSÃO QUANTO AO LOCAL OU AUTORIDADE PERANTE A QUAL É FEITA

(1) **Judicial**: é a realizada perante o magistrado competente (confissão judicial própria). É possível que seja realizada perante autoridade incompetente para o julgamento do processo, como na hipótese de carta precatória (confissão judicial imprópria)[45].

(2) **Extrajudicial**: procedida no transcurso do inquérito policial ou fora dos autos, ou ainda perante outras autoridades, como dentro de procedimento administrativo correicional ou perante CPI. Terá que ser reproduzida no processo para surtir algum efeito na esfera penal.

42. CLASSIFICAÇÃO DA CONFISSÃO QUANTO AOS EFEITOS

(1) **Simples**: é o reconhecimento puro e simples da imputação, sem modificação ou implemento de informações.

(2) **Complexa**: quando o réu reconhece vários fatos criminosos que são objeto do processo.

43. NUCCI, Guilherme de Souza. *Manual de processo penal e execução penal*. 3. ed. São Paulo: RT, 2007. p.398.
44. MARQUES, José Frederico. *Elementos de direito processual penal: volume II*. 2. ed. Campinas, 2003. p.394-395.
45. NUCCI, Guilherme de Souza. *Manual de processo penal e execução penal*. 3. ed. São Paulo: RT, 2007. p.399.

(3) **Qualificada**: o réu confessa o fato, agregando novos elementos para excluir a responsabilidade penal, como excludentes de ilicitude, de culpabilidade etc.

43. CLASSIFICAÇÃO DA CONFISSÃO QUANTO À FORMA

(1) **Expressa** ou **explícita**: é aquela produzida através da palavra falada ou escrita, onde indubitavelmente o agente reconhece os fatos que lhe são imputados.

(2) **Tácita** ou **ficta**: é a decorrente da não impugnação da inicial acusatória. Evidente, pela presunção de inocência, que a confissão tácita não tem aplicação na esfera criminal. Da mesma forma, a previsão da parte final do art. 198, do CPP, admitindo que o silêncio, apesar de não significar confissão, poderá constituir elemento para a formação do convencimento do julgador não tem mais aplicação, pois está tacitamente revogado, em face da vigente redação do parágrafo único, do art. 186, do CPP, dispondo que o silêncio não pode ser interpretado em desfavor da defesa.

(3) **Implícita**: é a que decorre de atitude (ação) do agente incompatível com a produção de defesa, tal como se dá com a reparação do dano civil. Tal confissão não tem aplicabilidade no direito processual penal, só incidindo no âmbito onde o direito é disponível.

44. CLASSIFICAÇÃO DA CONFISSÃO QUANTO À ABRANGÊNCIA SUBJETIVA

(1) **Individual**, **exclusiva** ou **confissão *stricto sensu***: o agente reconhece exclusivamente os fatos que lhe são imputados, sem apontar a participação de outras pessoas ou fatos imputados a outros agentes.

(2) **Delatória**: é a confissão que se faz acompanhar da colaboração do agente para apontar coautores ou partícipes da mesma infração penal ou de outras conexas. Cuida-se de afirmação que possibilita o chamamento de coautores ou partícipes e que, se admitida por lei, possibilita uma sanção premial em favor do agente colaborador (delação premiada).

45. REQUISITOS MATERIAIS OU INTRÍNSECOS DA CONFISSÃO

Para que a confissão esteja revestida de regularidade, deve atender a requisitos intrínsecos[46], materiais, que são requisitos inerentes ao ato, para lhe dar credibilidade e aproveitamento.

(1) **Verossimilhança**: deve ser aferido se é factível, provável que o fato tenha ocorrido da forma como confessado.

(2) **Certeza**: provocada no julgador.

(3) **Clareza**: é a confissão límpida, despida de ambiguidades, contradições ou elementos que possam dificultar o entendimento do ocorrido ou a real vontade do confidente.

(4) **Persistência**: é a segurança transmitida pela repetição do fato, sem disparidade entre a versão dada inicialmente e as posteriores reproduções.

---

46. MIRABETE, Julio Fabbrini. *Processo penal*. 15. ed. São Paulo: Atlas, 2004. p. 287.

(5) **Coincidência**: é a compatibilidade com os demais elementos probatórios existentes nos autos.

46. REQUISITOS FORMAIS OU EXTRÍNSECOS DA CONFISSÃO

São questões de ordem procedimental, para dar validade ao ato.

(1) **Pessoalidade**: a confissão tem que ser feita pelo próprio réu. Não poderá fazê-lo por intermédio de interposta pessoa ou por procurador, mesmo que este possua poderes especiais. Havendo corréus, a confissão de uns não vincula os demais.

(2) **Expressa**: já vimos que no processo penal não há de se falar em confissão implícita ou tácita;

(3) Deve ser feita à **autoridade competente**.

(4) **Livre e voluntária**: não se admite coação, física ou psicológica, na realização da confissão. A tortura ou a intimidação levam ao reconhecimento da ilicitude da prova.

(5) **Higidez mental do confidente**: só podem confessar as pessoas que tenham a devida capacidade de entender e querer.

47. PECULIARIDADES DA CONFISSÃO

(1) **Divisibilidade:** o teor da confissão pode ser desmembrado, tomado em partes, já que o magistrado pode se convencer de parte do que foi admitido, e desconsiderar o restante. Entretanto, como exceção, a confissão pode ser incindível, quando se trate de prova única, é dizer, formando um todo indissolúvel.

(2) **Retratabilidade:** a confissão não é caminho sem volta. Admite a lei (art. 200, CPP) que o réu venha a desdizer o que afirmou como verdade anteriormente. Em o fazendo, não pode o magistrado negar a realização de novo interrogatório para esta finalidade. Em razão do livre convencimento motivado, é possível que a retratação não convença o juiz, que na decisão, poderá tomar como verdade a confissão anteriormente apresentada. Desta forma, a retratação não vincula o julgador.

48. VALOR PROBATÓRIO DA CONFISSÃO

Segundo o item VII, da Exposição de Motivos do CPP, não existe hierarquia entre as provas, sendo a confissão mais um meio probatório. Na sua apreciação o magistrado deverá confrontá-la com as demais provas do processo, para aferir se há compatibilidade entre elas (art. 197, CPP), dando o devido valor à confissão apresentada. A confissão perdeu o *status* de prova absoluta, e como as demais, o seu valor é relativo, cabendo ao juiz a justa avaliação.

Lembramos que se o crime deixar vestígios, a materialidade não pode ser provada pela confissão, pois é necessária a realização do exame de corpo de delito (art. 158, CPP). Na ausência deste, a prova testemunhal suprirá a omissão (art. 167, CPP). Nestas hipóteses, a confissão servirá para demonstrar a autoria, já que a materialidade estará a depender da realização de perícia.

49. OFENDIDO

O ofendido é o titular do direito lesado ou posto em perigo, é a vítima. Suas declarações, indicando a versão que lhe cabe dos fatos, têm natureza probatória. Como adverte Nucci, o Estado "é considerado o sujeito passivo constante ou formal, sempre presente em todos os delitos, pois detém o direito de punir, com exclusividade. Entretanto, leva-se em conta, para os fins processuais, o sujeito passivo eventual ou material, isto é, a pessoa diretamente lesada"[47].

50. REPERCUSSÕES PROCESSUAIS DAS DECLARAÇÕES DO OFENDIDO

O ofendido, que não é testemunha, e não pode ser tratado como tal, presta suas declarações sempre que possível, sendo qualificado e interpelado acerca das circunstâncias da infração, de quem presuma ser o infrator, das provas que possa indicar, sendo tudo reduzido a termo. Não será compromissado a dizer a verdade e, caso minta, não incide em falso testemunho (art. 342, CP), podendo ser responsabilizado, dando ensejo à instauração de inquérito ou processo contra pessoa sabidamente inocente, pelo crime de denunciação caluniosa (art. 339, CP). Também não poderá invocar o direito ao silêncio, salvo se suas declarações puderem incriminá-lo, como na hipótese da existência de lesões corporais recíprocas, o que o transforma também em agressor, ou por medo de eventual retaliação, em face da fragilidade estatal de possibilitar o amparo efetivo às vítimas coagidas ou ameaçadas.

Entendemos que o ofendido está obrigado a comparecer sempre que devidamente intimado para o ato. A ausência injustificada pode implicar condução coercitiva[48], determinada pelo magistrado ou pela autoridade policial (art. 201, § 1º, CPP), além de eventual responsabilidade por desobediência. No mesmo sentido, Tourinho Filho[49], Mirabete[50] e Heráclito Mossin[51]. Contra, admitindo a condução coercitiva, mas negando a incidência da desobediência, Guilherme Nucci, sob o fundamento de que não há previsão expressa no CPP para a retaliação criminal pelo não comparecimento injustificado[52].

Ao final das perguntas formuladas pelo magistrado ao ofendido, as partes (acusação e defesa, nesta ordem) poderão formular reperguntas, em atenção ao princípio constitucional do contraditório, que não poderá ser afastado na fase judicial. Esta é a posição dominante na doutrina, a exemplo de Tourinho Filho[53], Polastri Lima[54]. O art. 473, do CPP, prevê expressamente, no procedimento do júri, a tomada de declarações do ofendido, não só pelo juiz presidente, mas também pelas partes, que o farão diretamente, sem intermédio do magistrado. Da mesma forma, tal previsão deve ser aplicada, por analogia, aos demais procedimentos, inclusive assegurando-se a possibilidade de interpelação direta.

47. NUCCI, Guilherme de Souza. *Manual de processo penal e execução penal*. 3. ed. São Paulo: RT, 2007. p. 407.
48. STJ – Sexta Turma – AgRg no HC 506.814/SP – Rel. Min. Rogerio Schietti Cruz – DJe 12 ago. 2019.
49. TOURINHO FILHO, Fernando da Costa. *Processo penal*. São Paulo: Saraiva, 2003. v.3. p. 299.
50. MIRABETE, Julio Fabbrini. *Código de processo penal interpretado*. 11. ed. São Paulo: Atlas, 2006. p. 547.
51. MOSSIN, Heráclito Antônio. *Comentários ao código de processo penal*. São Paulo: Manole, 2005. p. 426.
52. NUCCI, Guilherme de Souza. *Manual de processo penal e execução penal*. 3. ed. São Paulo: RT, 2007. p. 411.
53. TOURINHO FILHO, Fernando da Costa. *Processo penal*. São Paulo: Saraiva, 2003. v.3. p. 300.
54. LIMA, Marcellus Polastri. *Curso de processo penal*. Rio de Janeiro: Lumen Juris, 2002. v.II. p. 148.

O ofendido é ouvido por iniciativa das partes ou por determinação de ofício da autoridade. Quanto a essa possibilidade, admitida no curso do processo penal, entendemos que o art. 3º-A, do CPP, com a redação da Lei nº 13.964/2019, elimina a atuação probatória do juiz, sem provocação dos interessados. Com efeito, ao explicitar que a estrutura do processo penal é acusatória e que o juiz não deve atuar na produção da prova como substituto do órgão da acusação, aquele dispositivo proíbe determinações probatórias do juiz *ex officio*.

Sempre que possível, o ofendido deve ser ouvido. A não realização do ato implica **nulidade** meramente **relativa**, capaz de ensejar invalidação do processo se não demonstrada, pelo juiz, a inexistência de prejuízo a direito fundamental do imputado.

51. VALOR PROBATÓRIO DAS DECLARAÇÕES DO OFENDIDO

O conteúdo das declarações, por partir de pessoa diretamente interessada, recomenda certa cautela. Contudo, não há dúvidas que tais declarações são meio de prova, fundamentais em crimes de pouca visibilidade, como, por exemplo, nos crimes sexuais.

No entanto, com adverte Janaína Matida, é preciso "a adoção de medidas epistemologicamente comprometidas do princípio ao fim do processo", alijando a "irracionalidade de se aceitar de forma acrítica afirmações colhidas em ambiente inadequado para a determinação correta dos fatos". Para tanto, é indispensável:

(1) de um lado, "levar à sério a palavra da vítima nos crimes de gênero", reconhecendo-lhe especial importância; e

(2) de outro, evitar inadequada interpretação desse especial valor probatório como espécie de "autorização à redução a pó da presunção de inocência"[55].

É possível, de acordo com o § 8º, do art. 185, do Código de Processo Penal, a oitiva do ofendido por videoconferência. As críticas que já anotamos à referida previsão para o interrogatório do réu, têm pertinência também quanto à produção dessa prova, guardadas as devidas diferenças entre uma e outra.

52. PRERROGATIVAS DO OFENDIDO

O CPP prevê proteção e amparo ao ofendido. Ao Estado, cabe atender não somente as pretensões materiais, mas também o resguardo individual, para que a vítima não seja atingida pelos efeitos diretos e indiretos do processo, como a exposição à mídia, traumas psicológicos, risco a integridade física, dentre outros. Vejamos as prerrogativas do ofendido.

(1) Comunicação dos atos processuais relativos ao ingresso e à saída do acusado da prisão, à designação de data para audiência e à sentença e respectivos acórdãos que a mantenham ou modifiquem (art. 201, § 2º, CPP). Cabendo ao juiz, sendo possível, a determinação de comunicação da vítima de todas as decisões que impliquem concessão de liberdade provisória, revogação da prisão preventiva, livramento condicional, permissão de saída, dentre outros. Há ainda a necessidade de comunicação da vítima para a audiência a

55. MATIDA, Janaína Roland. O que deve significar o especial valor probatório da palavra da vítima nos crimes de gênero, *Boletim do Instituto Baiano de Direito Processual Penal*, Salvador, a.2, n.3, p.7-9, jun. 2019.

que deva comparecer. As comunicações serão feitas no endereço indicado pelo ofendido, admitindo-se, por opção deste, o uso de meio eletrônico. Dessa forma, nada impede que, havendo autorização do ofendido, a comunicação seja feita por *e-mail* (art. 201, § 3º, CPP).

(2) Comunicação dos atos do inquérito policial. Nessa linha, o art. 28, *caput*[56] e § 1º, do CPP, com redação dada pela Lei nº 13.964/2019, reza que, ordenado o arquivamento do inquérito policial ou de quaisquer elementos informativos da mesma natureza, o órgão do Ministério Público comunicará à vítima, ao investigado e à autoridade policial e encaminhará os autos para a instância de revisão ministerial para fins de homologação, na forma da lei. Se o ofendido, ou seu representante legal, não concordar com o arquivamento do inquérito policial, poderá, no prazo de 30 (trinta) dias do recebimento da comunicação, submeter a matéria à revisão da instância competente do órgão ministerial, conforme dispuser a respectiva lei orgânica.

(3) Lugar separado antes da audiência e durante sua realização, com o objetivo de que o ofendido tenha o mínimo de contato com o agressor, com os familiares deste, evitando-se também, a depender da situação, o assédio da imprensa. É evidente que pela estrutura dos fóruns no país, tal previsão será de difícil implementação.

(4) Encaminhamento judicial a atendimento multidisciplinar, especialmente nas áreas psicossocial, de assistência jurídica e de saúde. Tal ônus será suportado pelo agressor ou pelo Estado. O pleno amparo ao ofendido ganha reforço, na preocupação com o acompanhamento pós-traumático, seja na área psicossocial, com atendimento de psicólogas e assistentes sociais, apoio jurídico, com intervenção das Defensorias Públicas que podem prestar valiosa contribuição, não só na seara cível, em razão dos danos causados pela infração, mas também com a possibilidade de habilitação como assistente de acusação, além do amparo médico, com encaminhamento para tratamento das consequências ocasionadas pela conduta delituosa. Nessa esteira, caberá ao agressor, inclusive, ressarcir, ao Sistema Único de Saúde (SUS), as despesas com vítima em situação de violência doméstica. As expensas do acompanhamento só poderão ser suportadas pelo ofensor após o trânsito em julgado da sentença condenatória, e desde que fique reconhecido na decisão como parte do valor mínimo indenizatório, pois caso contrário, haverá nítida violação ao princípio da presunção de inocência. Enquanto isso, caberá ao Estado prover o atendimento da vítima, como já ocorre normalmente.

(5) Retirada do réu da sala para que o ofendido preste declarações livre de qualquer desconforto psicológico. O imputado assistirá ao ato por videoconferência, evitando-se que fique no mesmo ambiente do ofendido, quando houver risco comprovado de que sua presença cause humilhação, temor ou constrangimento à vítima. Não sendo possível a videoconferência, pela ausência dos recursos tecnológicos necessários, ainda assim o réu será retirado da audiência, prosseguindo-se com a presença do defensor. É indispensável que esse proceder não implique violação às regras da ampla defesa e dos demais princípios que informam o devido processo legal. Sendo necessário a esse fim, deve ser invertido o procedimento para que seja ouvido o ofendido em outro ambiente, diverso da sala de audiência, por videoconferência preservando-se o direito à presença do acusado.

56. Dispositivo com eficácia suspensa, nos termos de decisão monocrática do Supremo Tribunal Federal (STF – ADI 6298/DF – Medida Cautelar – Rel. Min. Luiz Fux – 22 jan. 2020).

(6) Caberá ainda ao magistrado tomar as providências necessárias à preservação da intimidade, vida privada, honra e imagem do ofendido, podendo, inclusive, determinar o segredo de justiça em relação aos dados, depoimentos e outras informações constantes dos autos a seu respeito para evitar sua exposição aos meios de comunicação. A exposição pública do acontecimento criminoso pode se transformar, para a vítima e seus familiares, em situação tão degradante quanto a própria infração. Os detalhes do acontecimento, que funcionam como produto de atratividade da grande mídia, que partilha o sofrimento alheio com todos, num paranoico ciclo de um divã coletivo, onde no íntimo o conforto do outro é não ser a vítima, mas por alguns momentos, em frente à tela, sentir-se como ela, acaba exigindo o devido filtro judicial, que pode chegar, em situações como tais, à decretação do segredo de justiça, limitando o acesso aos autos apenas aos interessados, o que pode atingir, inclusive, a fase do inquérito policial que, em si já é, ou pelo menos deveria ser, sigilosa.

53. PROTEÇÃO À MULHER OFENDIDA EM SITUAÇÃO DE VIOLÊNCIA DOMÉSTICA OU FAMILIAR

Além do dever do acusado de violência doméstica de promover ressarcimento ao SUS, pelas despesas com o tratamento à pessoa agredida, com a vedação de que seja atenuante da pena aplicada, podemos arrolar direitos assegurados à mulher em situação de violência doméstica e familiar. Ela terá direito à atendimento policial e pericial especializado, ininterrupto e prestado por servidores – preferencialmente do sexo feminino – previamente capacitados. Nessa situação, à ofendida mulher deve ser garantido o direito de salvaguarda da integridade física, psíquica e emocional. Também se protege a mulher, seus familiares e testemunhas contra o contato direto com investigados ou suspeitos e pessoas a eles relacionadas.

A revitimização deve ser evitada, vedando-se sucessivas inquirições sobre o mesmo fato nos âmbitos criminal, cível e administrativo, bem como questionamentos sobre a vida privada. A inquirição deve ser realizada em recinto especialmente projetado, com equipamentos próprios e adequados à idade da mulher em situação de violência doméstica e familiar ou testemunha e ao tipo e à gravidade da violência sofrida. Também a sua oitiva deve ser intermediada por profissional especializado em violência doméstica e familiar designado pela autoridade judiciária ou policial, quando o caso indicar.

54. TESTEMUNHAS

Testemunha é a pessoa desinteressada que declara em juízo o que sabe sobre os fatos, em face das percepções colhidas sensorialmente. Ganham relevo a visão e a audição, porém, nada impede que a testemunha amealhe suas impressões através do tato e do olfato.

Quanto à natureza jurídica, é mais um meio de prova, que conta com a colaboração daqueles que, escolhidos pelo destino, acabam tendo conhecimento do acontecimento delitivo.

55. CARACTERÍSTICAS DA PROVA TESTEMUNHAL

(1) **Judicialidade**: tecnicamente, testemunha é aquela pessoa que presta o seu depoimento perante o magistrado. A oitiva perante o delegado ou outras autoridades, como

acontece nas CPI's, deve ser reproduzida na fase processual, notadamente pela inexistência em tais procedimentos de contraditório ou ampla defesa;

(2) **Oralidade**: prevalece a palavra falada. Nada impede, contudo, que a testemunha faça breve consulta a apontamentos. Não se deve exigir da testemunha que decore os mínimos detalhes, servindo os apontamentos para reavivá-los. A exceção à oralidade ocorre para os mudos e surdos-mudos. Existe ainda a prerrogativa de algumas autoridades, que podem optar por prestar o depoimento por escrito, quando então as perguntas a serem respondidas, formuladas pelas partes e pelo juiz, lhes serão transmitidas por ofício. São elas: Presidente e Vice-Presidente da República, além dos presidentes do Senado, da Câmara dos Deputados e do Supremo Tribunal Federal (art. 221, § 1º, CPP). A lei não contemplou o presidente do STJ, nem o do Congresso Nacional. Em que pese este último ser o próprio presidente do Senado, como as funções são distintas, sendo ouvido na condição de Presidente do Congresso, não terá tal prerrogativa;

(3) **Objetividade**: deve a testemunha cingir-se a declarar aquilo que apreciou, sem emitir opinião pessoal, salvo quando inseparáveis da narrativa dos fatos (art. 213, CPP);

(4) **Individualidade**: devem ser ouvidas de per si, separadamente, evitando-se que as testemunhas ainda não ouvidas tenham contato com o depoimento das outras. Ademais, antes de iniciada a audiência e no seu transcurso, serão reservados espaços separados, garantindo-se a incomunicabilidade. Ficando demonstrado que a incomunicabilidade foi violada, ainda assim a testemunha será ouvida, devendo ficar registrado no termo de audiência, para que o magistrado possa dar o devido valor ao aquilatar o depoimento (art. 210, *caput* e parágrafo único, CPP);

(5) **Retrospectividade**: a testemunha vai narrar o que sabe sobre os fatos de que tem conhecimento. A percepção é pretérita. Refere-se a acontecimentos passados, para não se tornar mera especuladora.

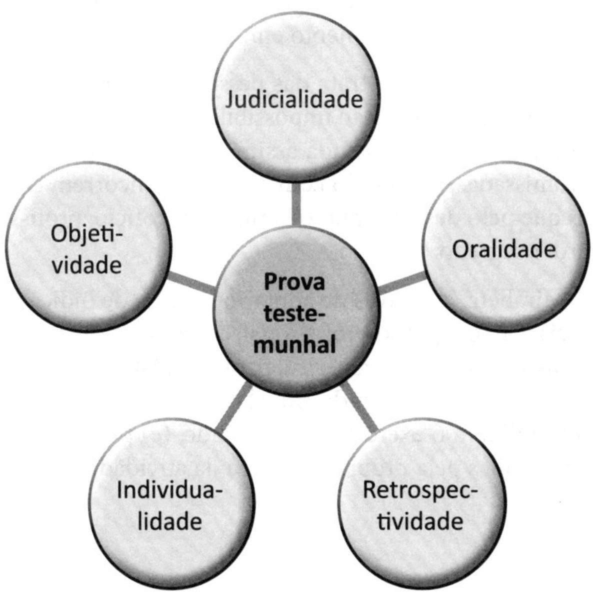

56. RECUSA E IMPEDIMENTO DA TESTEMUNHA

Como regra, toda e qualquer pessoa poderá figurar como testemunha (art. 202, CPP). O testemunho é um dever, sendo uma forma de contribuir com a administração da justiça no intuito de descortinar a verdade.

Contudo, a própria legislação indica pessoas que podem recusar-se, em certas circunstâncias, a depor, ou até mesmo aquelas que estão impedidas de figurar como testemunhas.

Primeiramente, vamos identificar as pessoas que podem recusar-se a contribuir com o testemunho. A legislação, de forma sábia, eximiu da obrigação de depor aquelas pessoas que gozam de parentesco próximo com o réu (art. 206, CPP). A lei não poderia quebrar ou sobrepujar laços muitas vezes indissolúveis de respeito e carinho dentro das relações familiares e conjugais.

Assim, os ascendentes e descendentes, os afins em linha reta, o cônjuge, o irmão, o pai, a mãe e o filho adotivo do acusado não estão obrigados a depor. Incluímos nesse rol, por força do art. 226, § 3º, da CF, a companheira. Quanto ao cônjuge, mesmo que separado judicialmente ou até divorciado, a prerrogativa persiste. Muitas vezes os laços afetivos persistem, notadamente quando existem filhos, o que deve ser preservado.

Tais pessoas, contudo, irão depor se desejarem, afinal, podem dispor da prerrogativa que lhes é facultada. Pode acontecer ainda que não seja possível, por outro modo, obter-se ou integrar-se a prova do fato e de suas circunstâncias, quando então estarão obrigadas a figurar como testemunha. Assim, em não havendo outra prova do crime, ou sendo o testemunho fundamental para integrar aquelas até então colhidas, os parentes do réu estarão obrigados a colaborar. Ainda assim, não prestarão compromisso de dizer a verdade, e caso mintam, não praticam falso testemunho.

Já os parentes da vítima estão obrigados a depor sob compromisso, e caso faltem com a verdade, praticam crime. Deve o magistrado ter especial cuidado na valoração de tais depoimentos, em razão do envolvimento emocional que é peculiar em tais situações.

O art. 207, do CPP, por sua vez, trata das pessoas impedidas de figurar como testemunha. Estas, mesmo que desejem, estão impossibilitadas por vedação legal, salvo quando desobrigadas pela parte interessada. Ainda assim, só irão depor se desejarem. Em o fazendo, serão compromissadas, e faltando com a verdade, incorrem em falso testemunho. São aquelas pessoas que pelo desempenho de ministério, ofício, profissão ou em razão de função, devam guardar segredo.

Como salienta Mirabete, ao "invés de adotar o sistema de indicar especificamente as profissões compatíveis com o segredo profissional, como outras legislações, a lei pátria usa de palavras compreensivas, de forma genérica, para indicá-las. Considera-se, na doutrina, como pessoas que devem guardar segredo, aquelas: (a) previstas em lei; (b) previstas nos regulamentos que disciplinam o exercício da atividade; (c) previstas por normas consuetudinárias; e (d) as indicadas pela própria natureza da atividade"[57].

57. MIRABETE, Julio Fabbrini. *Processo penal*. 15. ed. São Paulo: Atlas, 2004. p.294.

Para efeito da vedação legal, considera-se[58]:

(1) **função**: o encargo que alguém recebe em virtude de lei, decisão judicial ou contrato. Pode abarcar ainda a função pública;

(2) **ministério**: é o encargo em atividade religiosa ou social;

(3) **ofício**: é a atividade eminentemente mecânica, manual;

(4) **profissão**: é a atividade de natureza intelectual, ou aquela que contempla a conduta habitual do indivíduo, tendo fim lucrativo.

57. DEMAIS VEDAÇÕES ÀS TESTEMUNHAS

(1) Os **advogados** estão impossibilitados de figurar como testemunha, e mesmo quando autorizados pelo interessado, poderão recusar-se. O art. 7º, XIX, do Estatuto da OAB (Lei nº 8.906/1994), estabelece o direito do advogado de recusar-se a depor como testemunha em processo no qual funcionou ou deva funcionar, ou sobre fato relacionado com pessoa de quem seja ou foi advogado, mesmo quando autorizado ou solicitado pelo constituinte, bem como sobre fato que constitua sigilo profissional. Complementam a norma os arts. 25 a 27, do Código de Ética e Disciplina da Ordem dos Advogados, preceituando o art. 26 que mesmo havendo autorização do cliente, o advogado deve preservar o sigilo que lhe foi confiado.

(2) Os **Deputados** e **Senadores** não estão obrigados a testemunhar sobre informações recebidas ou prestadas no exercício do mandato, nem sobre pessoas que lhes confiaram ou deles receberam informações (art. 53, § 6º, CF). Se o conhecimento apreendido não se dever ao exercício funcional, estarão obrigados a testemunhar como qualquer outra pessoa.

(3) Os **magistrados** e **promotores** estão impedidos de atuar na persecução penal e figurar como testemunha concomitantemente (art. 252, II, c/c o art. 258, CPP).

(4) **Correú** também não pode ser testemunha em relação ao seu comparsa, afinal, não presta compromisso de dizer a verdade, podendo até mesmo mentir. Não se nega valor jurídico à delação do correú, que pode ter o *status* até de **delação premiada**, devendo-se assegurar reperguntas ao advogado do comparsa delatado, contudo, tais declarações, não têm a natureza de prova testemunhal.

58. DEVERES DA TESTEMUNHA

(1) **Comparecimento**: a testemunha, devidamente intimada, tem o dever de comparecer ao juízo no local, dia e hora designados, e caso não compareça nem justifique a ausência, poderá ser conduzida coercitivamente; multada (de 1 a 10 salários mínimos, por previsão do art. 458 c/c art. 436, § 2º, CPP, alterados pela Lei nº 11.689/2008); responsabilizada pelo crime de desobediência, além do pagamento das custas da diligência para trazê-la coercitivamente (art. 219, CPP). Para a incidência do crime de desobediência, além da ausência injustificada, é necessária previsão legal expressa nesse sentido, o que é dado pelos arts. 219 e 458 do CPP.

58. NORONHA, E. Magalhães. *Curso de direito processual penal*. 28. ed. São Paulo: Saraiva, 2002. p.151.

(2) **Compromisso com a verdade**: a testemunha, como regra, é compromissada a dizer a verdade, e caso venha a fazer afirmação falsa, negar ou calar a verdade, incide nas penas do art. 342, do CP (falso testemunho). Já vimos que as pessoas indicadas no art. 206, do CPP, pelos laços de proximidade e parentesco com o réu, não são compromissadas. Da mesma forma, os menores de quatorze anos, os doentes e deficientes mentais também não são compromissados, pois não possuem a devida noção da importância e das repercussões do ato de testemunhar (art. 208, CPP).

(3) **Informação para fácil localização**: a testemunha ainda é obrigada a informar ao juiz, dentro do período de um ano contado do seu testemunho, eventual mudança de residência (art. 224, CPP). Não o fazendo, caso precise ser novamente ouvida e não seja encontrada, será tratada como testemunha faltante, incorrendo nas consequências do art. 219, do CPP (multa, condução coercitiva, pagamento da diligência, responsabilidade por desobediência). Entendemos, portanto, que a mera ausência de comunicação não pode desaguar em tais sanções, como prevê o art. 224, do CPP. A omissão deve ter reflexos efetivos, ou seja, deve frustrar intimação para que ela seja novamente ouvida.

59. NÚMERO DE TESTEMUNHAS

O número de testemunhas pode oscilar de acordo com o procedimento a ser seguido. É entendimento jurisprudencial corrente que este número deve ser contado em atenção a cada réu, no caso de concurso de pessoas, e para cada fato delituoso, em sendo imputada a prática de mais de uma infração. Vejamos:

(a) no procedimento comum ordinário: oito testemunhas;

(b) no procedimento sumário: cinco testemunhas;

(c) no procedimento sumaríssimo: três testemunhas;

(d) na segunda fase do júri: cinco testemunhas;

(e) no procedimento da Lei de Drogas (Lei nº 11.343/2006): cinco testemunhas.

PROCEDIMENTO	NÚMERO DE TESTEMUNHAS
Comum ordinário	8
Comum sumário	5
Comum sumaríssimo	3
Segunda fase do júri	5
Lei de Tóxicos	5

60. CLASSIFICAÇÃO QUANTO AO NÚMERO DE TESTEMUNHAS

(1) Numerárias: são as arroladas pelas partes e compromissadas, integrando o número legal.

(2) Extranumerárias: são aquelas ouvidas por iniciativa do juiz, e são de regra compromissadas (art. 209, CPP). Com a dicção do art. 3º-A, do CPP[59], explicitando que o juiz

59. Dispositivo com eficácia suspensa, nos termos de decisão monocrática do Supremo Tribunal Federal (STF – ADI 6298/DF – Medida Cautelar – Rel. Min. Luiz Fux – 22 jan. 2020).

não poderá exercer atividade probatória em substituição do órgão da acusação, reputamos, em homenagem ao sistema acusatório, necessário requerimento da parte interessada para a inclusão de testemunha extranumerária, vedado ao magistrado atuar de ofício. Nesse caso, necessário que ela não tenha sido incluída no momento oportuno por não ser conhecida à época. Tal pode ocorrer com as testemunhas referidas, que são aquelas referenciadas por outra testemunha.

(3) Informantes: não prestam o compromisso de dizer a verdade. São as pessoas do art. 206 do CPP, além dos menores de quatorze anos, dos doentes e deficientes mentais (art. 208, CPP). Não são inseridas no número legal.

61. CLASSIFICAÇÃO DA PROVA TESTEMUNHAL QUANTO AO OBJETO DO DEPOIMENTO

(1) **Própria**: é ouvida sobre o *thema probandum*, ou seja, acerca dos fatos delituosos.

(2) **Imprópria, instrumentária** ou **fedatária**: presta depoimento sobre um ato da persecução criminal. Alguns atos exigem, para sua integralização formal, a presença de testemunhas. É o que ocorre na busca e apreensão domiciliar, onde o auto de formalização da diligência será assinado por duas testemunhas presenciais (art. 245, § 7º, CPP). Da mesma forma, na lavratura do auto de prisão em flagrante, se não existirem testemunhas do fato, serão utilizadas as testemunhas de apresentação. Estas nada sabem do fato delituoso, declarando apenas que presenciaram a apresentação do preso à autoridade (art. 304, § 2º, CPP). A expressão "testemunha fedatária" significa "testemunha de fé", isto é, aquela que tem a finalidade de revestir o ato procedimental de maior credibilidade. O termo "fedatário" também pode se referir aos oficiais de registro que, por força de lei, têm fé pública. Daí a origem da expressão.

62. CLASSIFICAÇÃO QUANTO À QUALIDADE DO TESTEMUNHO

(1) **Laudadores**: são as pessoas que prestam declarações acerca dos antecedentes do infrator. Caso abonem a sua conduta pretérita, são chamadas de testemunhas de beatificação ou abonadoras.

(2) **Testemunhas da coroa**: são os agentes infiltrados, virtuais ou não, como previsto nos arts. 10 e 10-A, da Lei nº 12.850/2013, na redação da Lei nº 13.964/2019, e do art. 53, inciso I, da Lei nº 11.343/2006. Estas pessoas, normalmente agentes policiais, estarão disfarçados durante as investigações, fazendo parte da ritualística do crime, o que lhes permite presenciar, de forma privilegiada, os acontecimentos.

(3) **Inócuas**: a pessoa que nada souber de aproveitável à elucidação da causa, não será computada como testemunha (art. 209, § 2º, CPP).

(4) **Testemunhas vulneráveis**: termo referente a pessoas que, em razão de condições físicas ou psíquicas especiais, são mais facilmente intimidadas, tais como as crianças, as pessoas com deficiência as enfermas, as vítimas de violência de gênero e as pessoas idosas.

(5) **Testemunha anônima**: é aquela cujos dados são colocados sob sigilo em relação ao imputado. Trata-se de um *plus* à proteção legal que deve ser dada a vítimas e testemunhas,

visando assegurar que elas não serão ameaçadas nem lesionadas pelo indiciado ou acusado. Não há propriamente anonimato, haja vista que a identidade da testemunha não é desconhecida dos órgãos da Justiça. O que se colima é acautelar a testemunha ou a vítima contra investidas do indiciado ou acusado nas hipóteses de ameaça grave ou de violência física, protegendo seus dados para que seja atingido este fim específico. Trata-se de concretização da previsão do art. 7º, IV, da Lei nº 9.807/1999, que prevê, dentre outras medidas possíveis, de forma cumulada ou isolada, que seja preservada a identidade, imagem e dados pessoais da testemunha ou vítima. Sem embargo, é indeclinável que os dados da testemunha sejam franqueados ao advogado, para viabilizar o direito ao confronto. A ausência dessa providência enseja nulidade absoluta, tornando-se necessária a invalidação dos atos processuais afetados. Afinal, a prova oculta violará, de uma só tacada, princípios nucleares do processo penal vincados na Constituição. No entanto, no STJ, encontramos julgado que trata esse grave vício como nulidade relativa, dependente de demonstração de prejuízo[60].

(6) **Testemunhas ausentes**: é aquela que, ouvida no curso da investigação preliminar (sem contraditório), falece sem que seja ouvida no curso do processo pelo juiz. A regra que é a de que a prova testemunhal, para assim ser considerada, deva ser reproduzida em juízo, submetendo-a ao direito ao confronto, à formação em procedimento contraditório. Caso faleça a única testemunha que não foi ouvida sob contraditório judicial, mas tão somente na fase investigativa, tanto pior para o Estado-acusador, ainda que a morte seja atribuída ao acusado do processo penal que aquela prestaria depoimento. Ao Ministério Público assistiria tomar as medidas cautelares prisionais e probatórias para se desincumbir do ônus da prova. O réu não pode suportar acusação não arrimada em contraditório e ampla defesa, com o devido confronto da base probatória que sustenta a acusação. Fora desse espaço, é aceitar, indevidamente, julgamento com base em presunções.

63. LUGAR DO DEPOIMENTO, PRECATÓRIA E VIDEOCONFERÊNCIA

Correndo o processo na comarca onde a testemunha reside, esta deve comparecer à sede do juízo no dia e hora aprazados. As pessoas impossibilitadas de comparecer por enfermidade ou velhice serão ouvidas onde estiverem (art. 220, CPP).

Residindo a testemunha em outra comarca, será ouvida através de carta precatória. As partes são intimadas da expedição da carta. Embora discordemos por reputarmos que haverá mitigação indevida do direito à ampla defesa, tem-se entendido que a ausência de intimação da defesa do imputado implica **nulidade relativa**, conforme fixado no enunciado nº 155, da Súmula, do STF.

Nessa senda, tem-se dito, igualmente, que não há nulidade por ausência de intimação da data da audiência no juízo deprecado, com a edição do verbete nº 273, da Súmula, do STJ. De tal sorte, a parte terá que empreender esforços para se informar do dia em que a audiência será realizada, entrando em contato com a respectiva vara criminal. Contra esta solução, invocamos o magistério de Tourinho Filho, entendendo que a intimação para a audiência é obrigatória, sob pena de ferir o princípio constitucional da ampla defesa[61].

60. STJ – Quinta Turma – HC 157.997/SC – Rel. Min. Ribeiro Dantas – DJe 21 out. 2015.

61. TOURINHO FILHO, Fernando da Costa. *Código de processo penal comentado*. 5. ed. São Paulo: Saraiva, 1999. v.1. p.433.

A presença do réu na audiência perante o juízo deprecado é facultativa, e caso o advogado também não compareça, será nomeado defensor *ad hoc* para acompanhar o ato. A precatória não suspende o curso do processo. É dado prazo razoável, e antes de estar esgotado, não vai haver julgamento. Uma vez devolvida a carta, é juntada aos autos, mesmo após o julgamento. Para tanto, é indispensável que tal não implique diminuição da eficácia do direito à ampla defesa, sob pena de nulidade absoluta e invalidação do julgado.

As disposições relativas ao interrogatório por videoconferência têm aplicação, no que couber, o que não dispensa o dever de emissão de carta precatória pelo juízo deprecante. Nada impede que haja a expedição de carta rogatória, quando a testemunha se situar no estrangeiro. Também é possível, para tanto, a emissão de carta de ordem pelo tribunal onde o processo tramita, para que seja possível a oitiva perante o juiz da comarca na qual reside a testemunha.

As cartas rogatórias só serão expedidas se demonstrada a sua imprescindibilidade, arcando a parte requerente com os custos do envio. Podemos extrair dois requisitos legais para que seja deferida a oitiva por carta rogatória, quais sejam:

(1) a **imprescindibilidade** (necessidade comprovada); e

(2) a **pertinência** (relação da prova testemunhal com fatos relacionados ao conteúdo do processo penal).

A justificativa do texto do art. 222-A, do CPP, é razoável, notadamente porque o cumprimento das cartas rogatórias não é tarefa fácil. Há, não raras vezes, demora excessiva até ser cumprida. Daí a necessidade de comprovação antecipada de sua necessidade, com realce para a importância do depoimento[62]. Como adverte Pacelli, a exigência legal não poderá significar a antecipação de teses defensivas, cujo conteúdo só à defesa interesse, mas deve indicar a relevância, no contexto fático objeto da prova. Naturalmente, se o réu for pobre, não há que se falar em recolhimento de custas, estando dispensado de recolhê-las, em homenagem à ampla defesa e ao direito de acesso à justiça[63].

Algumas pessoas, em razão do cargo que ocupam, indicadas pelo art. 221, do CPP, serão ouvidas com a prerrogativa de ajustarem previamente local, dia e hora com o magistrado, é o que ocorre, ***v.g.***, com o Presidente e Vice-Presidente da República, senadores e deputados federais, ministros de Estado, deputados estaduais, juízes, dentre outros.

Tal prerrogativa de "agendamento" de data, hora e lugar do depoimento, em comum acordo entre o magistrado e o detentor da prerrogativa especial, não pode ensejar abusos por parte da autoridade contemplada. Caso ela se valha da prerrogativa para protelar o ato, pode ser afastado o benefício legal para o fim de ser determinada a sua condução à presença do juiz.

64. TESTEMUNHO DE CRIANÇA OU DE ADOLESCENTE

Acerca do testemunho em tela, duas técnicas se distinguem:

62. STJ – Sexta Turma – AgRg no RHC 105.031/SC – Rel. Min. Laurita Vaz – DJe 03 dez. 2019.

63. OLIVEIRA, Eugênio Pacelli. *Curso de processo penal*. 18. ed. São Paulo: Atlas, 2014. p.423.

(1) a Escuta especializada, que consiste no procedimento de entrevista a respeito de situação de violência com criança ou adolescente, perante o órgão da rede de proteção, limitado o relato estritamente ao necessário para o cumprimento de sua finalidade. Cuida-se de depoimento *lato sensu*, isto é, prestado perante órgão que não integra o sistema de persecução penal estatal;

(2) o **depoimento especial**, que é o procedimento de oitiva de criança ou adolescente vítima ou testemunha de violência perante autoridade policial ou judiciária. Sobre ele, deve recair segredo de justiça. As regras seguintes, protetivas da criança, do adolescente e do ato, devem ser observadas. Necessariamente, devem ser compatibilizadas com as garantias fundamentais do acusado, em interpretação integradora, sistemática e constitucional.

(1) Proteção contra intimidação, traumas, reiteração delitiva e revitimização:

(a) a criança ou o adolescente deve ser resguardado de qualquer contato, ainda que visual, com o suposto autor ou acusado, ou com outra pessoa que represente ameaça, coação ou constrangimento;

(b) a escuta especializada e o depoimento especial devem ser realizados em local apropriado e acolhedor, com infraestrutura e espaço físico que garantam a privacidade da criança ou do adolescente vítima ou testemunha de violência;

(c) não deverá ser admitida a tomada de novo depoimento especial, salvo quando justificada a sua imprescindibilidade pela autoridade competente e houver a concordância da vítima ou da testemunha, ou de seu representante legal.

(2) Proteção de garantias fundamentais e de documentação:

(a) o depoimento especial deve ser regido por protocolos e, sempre que possível, será realizado uma única vez, em sede de produção antecipada de prova judicial, garantida a ampla defesa do investigado; e

(b) as condições de preservação e de segurança da mídia relativa ao depoimento da criança ou do adolescente serão objeto de regulamentação, de forma a garantir o direito à intimidade e à privacidade da vítima ou da testemunha.

(3) Proteção contra fragilidade da prova pelo decurso do tempo: o depoimento especial seguirá o rito cautelar de antecipação de prova quando a criança ou o adolescente tiver menos de sete anos; ou em caso de violência sexual. Pensamos que, em um ou outro caso, é admissível a aplicação do procedimento cautelar antecipado, não sendo necessária a cumulação dos dois requisitos (violência sexual e idade inferior a sete anos).

O procedimento do depoimento especial está regulado no art. 12, da Lei nº 13.431/2017, colmatando o rito de forma a possibilitar a garantia à prova com os direitos fundamentais dos envolvidos, evitando-se, por exemplo, induzimento de respostas:

(a) os profissionais especializados devem esclarecer a criança ou o adolescente sobre a tomada do depoimento especial, informando-lhe os seus direitos e os procedimentos a serem adotados e planejando sua participação, sendo vedada a leitura da denúncia ou de outras peças processuais;

(b) deve ser assegurada à criança ou ao adolescente a livre narrativa sobre a situação de violência, podendo o profissional especializado intervir quando necessário, utilizando técnicas que permitam a elucidação dos fatos;

(c) no curso do processo judicial, o depoimento especial deve ser transmitido em tempo real para a sala de audiência, preservado o sigilo. No ponto, o sigilo não deve comprometer as possibilidades de defesa do imputado. Não é demais frisar que a dúvida deve sempre militar em favor do acusado e o processo penal sigiloso para o réu não se coaduna com o sistema acusatório e com o Estado Democrático de Direito. A interpretação dessas regras deve ser conforme a Constituição;

(d) depois de encerrado o procedimento de narrativa do fato pela criança ou adolescente, com interveniência do profissional especializado se necessário, o juiz, após consultar o Ministério Público, o defensor e os assistentes técnicos, deve avaliar a pertinência de perguntas complementares, organizadas em bloco;

(e) a Lei admite que o profissional especializado adapte as perguntas à linguagem de melhor compreensão da criança ou do adolescente;

(f) o depoimento especial deve ser gravado em áudio e vídeo.

De todo modo, a vítima ou testemunha de violência tem o direito-garantia de prestar depoimento diretamente ao juiz, se assim o entender. Aliás, em matéria de criança e adolescente, a prioridade absoluta é cânone constitucional. O juiz deve tomar todas as medidas apropriadas para a preservação da intimidade e da privacidade da vítima ou testemunha.

O profissional especializado deve comunicar ao juiz se verificar que a presença, na sala de audiência, do autor da violência pode prejudicar o depoimento especial ou colocar o depoente em situação de risco, caso em que, fazendo constar em termo, deve ser autorizada a tomada do depoimento em local afastado do imputado. Ademais, nas hipóteses em que houver risco à vida ou à integridade física da vítima ou testemunha, o juiz tomará as medidas de proteção cabíveis.

Não obstante a importância da previsão legal, com o objetivo de proteger a memória da criança, devemos notar que a suspensão da garantia do contraditório e a mitigação do princípio da imediatidade do juiz reduzirão o valor ou o efeito da prova. Em outros termos, se o depoimento da vítima é colhido por pessoa diversa do juiz, teremos a falta do principal elemento conceitual que faz parte da definição de prova em sentido estrito. Se o acusado não tiver condições de identificar a fonte da informação que o aponta como autor de um delito, nem tiver como intervir adequadamente, também o conceito restará desfalcado da importantíssima garantia de defesa ampla e prejudicado o contraditório, ao menos parcialmente.

Nesse sentido, Cristina di Gesu pondera que, o depoimento realizado sob a técnica "sem dano", pode "reduzir o número de inquirições, o que de fato prejudica a defesa", como também o contraditório "resta violado pela possibilidade de a suposta 'prova' ser produzida sem qualquer critério para sua colheita". Em arremate, a autora sublinha que pode haver, na fase investigativa, "produção de uma prova sem que haja uma investigação sobre o fato e seu autor. Sem acusação, o suposto agressor sequer saberia o teor da colheita da prova, não tendo ciência, ao certo, do que se defender"[64].

65. TESTEMUNHO DOS MILITARES E FUNCIONÁRIOS PÚBLICOS

Os militares, na condição de testemunha, serão requisitados ao seu superior hierárquico (art. 221, § 2º, CPP). Já os funcionários públicos, apesar da intimação pessoal ser obrigatória, têm a expedição do mandado comunicada ao chefe da repartição, no intuito de viabilizar a continuidade do serviço público, providenciando-se, se possível, a substituição do funcionário que, naquele dia, não irá trabalhar, pois estará depondo.

66. PROCEDIMENTO PARA TOMAR O DEPOIMENTO TESTEMUNHAL

(1) Inicialmente, a testemunha devidamente intimada deverá comparecer no dia e hora aprazados. Não o fazendo, poderá ser conduzida coercitivamente, sem prejuízo das demais sanções (art. 219, CPP). Se a testemunha não fosse encontrada, poderia ser substituída, tendo a parte 3 dias para indicar a nova testemunha, contados da devida intimação, por previsão do art. 405, CPP, prazo este que, apesar da omissão legal, era também aplicado para a acusação. O art. 405 sofreu alteração da Lei nº 11.719/2008, e atualmente trata do registro dos atos da audiência do procedimento comum ordinário. Daí que a substituição da testemunha simplesmente não possui mais disciplina legal. Restaria a pergunta: podem as partes substituir as testemunhas não encontradas, ou em razão da revogação da antiga redação do art. 405, isso não é mais possível? Para responder a tal indagação, precisamos nos socorrer do art. 461, § 2º, do CPP, que trata do procedimento do júri, ao averbar que se a testemunha não for encontrada, havendo certidão do oficial de justiça neste sentido, a audiência será realizada, não contemplando, portanto, oportunidade para indicar testemunha em substituição. Isso se deve para coibir uma praxe indigesta da parte que indicava testemunha inexistente para procrastinar o processo ou ganhar tempo para indicar o rol verdadeiro de testemunhas. Entretanto, é evidente que não se pode presumir a má-fé da parte e, havendo certidão de que a testemunha não foi encontrada, ou que faleceu ou viajou, mesmo sem previsão legal neste sentido, entendemos que a parte deve ser intimada, e poderá trazer, independentemente de qualquer formalidade, a testemunha substituta para audiência de instrução. Desta forma, evita-se a procrastinação processual, respeitando-se tanto o direito da acusação quanto o da defesa. É possível que a oitiva da testemunha seja antecipada, se eventualmente tiver de ausentar-se, como para realizar viagem internacional ou morar em outra localidade, ou ainda se houver receio de falecimento antes da instrução, seja por enfermidade ou velhice (art. 225, CPP);

(2) As testemunhas serão ouvidas separadamente, de sorte que umas não tenham contato com os depoimentos das outras. Fala-se agora em verdadeira incomunicabilidade, tanto que as testemunhas não devem saber nem ouvir os depoimentos das outras, reservando-se espaços separados para que não tenham contato entre si. Não se pode fechar os olhos do quão é difícil a preservação da incomunicabilidade, principalmente porque o contato das testemunhas fora do juízo, notadamente nas comarcas menores, é frequente.

64. GESU, Cristina di. Prova penal e falsas memórias. 2. ed. Porto Alegre: Livraria do Advogado, 2014. p. 193-194.

Desta sorte, ficarão incomunicáveis no fórum, antes e durante a audiência, mas não se tem como fiscalizar o contato pretérito. Se elas tiverem conversado entre si, o fato deve ser encarado como mera **irregularidade**, cabendo ao magistrado deixar consignado no termo esta circunstância, chegando ao seu conhecimento, para dar a devida valoração às declarações prestadas;

(3) A testemunha deve ser compromissada e advertida das penas cominadas ao falso testemunho (art. 210, *in fine*, CPP). A testemunha não poderá invocar o direito ao silêncio, e se o fizer, responde por falso testemunho, afinal, o falso também se caracteriza quando alguém cala, omitindo a verdade. A exceção se dá quando o fato possa incriminar a própria testemunha, que não estará obrigada a se autoincriminar;

(4) Uma vez compromissada, a testemunha será qualificada, devendo declarar seu nome, sua idade, seu estado e sua residência, sua profissão, lugar onde exerce sua atividade, se é parente, e em que grau, de alguma das partes, ou quais suas relações com qualquer delas (art. 203, CPP). Entendemos que a qualificação integra o ato, e se a testemunha falta com a verdade, incorrerá nas sanções do art. 342, do CP (falso testemunho). Contra, acreditando que o crime em espécie seria o de falsa identidade (art. 307, CP), encontra-se Guilherme Nucci[65];

(5) Havendo dúvidas quanto à identidade da testemunha, o juiz patrocinará o esclarecimento pelos meios à sua disposição, podendo até mesmo socorrer-se-á à autoridade policial para tal verificação, sem prejuízo de ouvi-la desde logo (art. 205, CPP);

(6) Após a qualificação, oportuniza-se a contradita, ou seja, a impugnação da testemunha a ser ouvida. É o que ocorre se a pessoa está impedida de depor (art. 207, CPP), ou não deve ser admitida a prestar compromisso (art. 208, CPP). A contradita é julgada na audiência, devendo o magistrado ouvir a parte contrária, a testemunha contraditada, e depois decidir se é caso de exclusão da testemunha, ou simplesmente de não tomada de compromisso, mantendo-se a realização do depoimento. Nada impede que a parte que arrolou a testemunha apresente contradita, se eventualmente descobrir algo que macule a pessoa por ela arrolada. O magistrado, por sua vez, como presidente do processo, identificando impedimento ou hipótese de dispensa de compromisso, deve de ofício tomar as providências adequadas, independente de contradita das partes, provendo a regularidade do procedimento (art. 251, CPP).

As partes podem alegar ainda circunstâncias ou defeitos que tornem a testemunha suspeita de parcialidade ou indigna de fé (art. 214, CPP). Estes elementos, que nada mais são do que uma forma de impugnação, servem para alertar o julgador de quem seja aquela testemunha, para dar a devida valoração ao depoimento. É possível que a testemunha seja amiga íntima ou inimiga capital do réu, tenha quebrado a incomunicabilidade, ou responda a processo semelhante, ou já tenha sido condenada por falso testemunho. São circunstâncias que não impedem o depoimento, nem a tomada de compromisso, mas alertam o magistrado no momento de valorar a prova.

65. NUCCI, Guilherme de Souza. *Código de processo penal comentado*. 3. ed. São Paulo: RT, 2004. p. 415.

67. O DEPOIMENTO DA TESTEMUNHA

(1) A forma oral é a regra (art. 204, CPP), ressalvadas as exceções legalmente previstas, como no caso do mudo ou do estrangeiro. É facultado à testemunha consultar apontamentos.

(2) De acordo com a nova sistemática adotada pelo art. 212, *caput*, CPP, entendemos que as partes deverão formular suas perguntas à testemunha em primeiro lugar. Ao juiz incumbirá, ao final, esclarecer pontos ainda não elucidados. A violação da ordem deve implicar nulidade absoluta, porque violados os princípios do contraditório, da ampla defesa e acusatório. Em sentido similar é o entendimento de Antonio Magalhães Gomes Filho[66]. O STF, a propósito, declarou a insubsistência do depoimento de testemunha cujas perguntas foram iniciadas pelo juiz, em descompasso com aquele dispositivo legal e em dissonância com o princípio acusatório. O indicativo é o de que a Suprema Corte passe a considerar tal defeito **nulidade absoluta**, cujo prejuízo deve ser presumido legalmente[67].

(3) O sistema presidencialista, onde as perguntas eram feitas por intermédio do magistrado, fica superado, como já acontecia no júri. Entretanto, quanto aos jurados que desejem reperguntar, terão que se valer do juiz presidente como intermediário. Como o jurado não tem preparo técnico, optou o legislador por manter o juiz presidente como fio condutor da pergunta (art. 212, *caput*, CPP, alterado pela Lei nº 11.690/2008, c/c art. 473, § 2º, CPP, alterado pela Lei nº 11.689/2008). A parte que arrolou a testemunha pergunta em primeiro lugar e, em seguida, a parte contrária. Havendo assistente de acusação, este faz suas perguntas após o MP. Se a testemunha é do juízo – hipótese que deve ser suplantada pela vedação do juiz exercer atuação probatória em substituição do órgão acusador (art. 3º-A, CPP, com redação da Lei nº 13.964/2019[68]) –, a defesa pergunta por último. As perguntas das partes são mera faculdade, e acerca dos pontos eventualmente não esclarecidos, o magistrado poderá complementar a inquirição. Note-se que o exame direto e cruzado foi expressa e inteiramente adotado no nosso sistema, na tomada do depoimento de testemunhas, consistindo na inquirição do depoente com perguntas diretas (da parte que arrolou – *direct examination*) e depois com indagações cruzadas (quando a parte contrária formula suas perguntas – *cross examination*)[69].

(4) O juiz não indefere pergunta das partes, salvo se puderem induzir resposta, não tiverem relação com a causa ou importarem na repetição de outra já respondida (art. 212, CPP). O sistema de fiscalização judicial não foi abandonado, pois o juiz, após a formulação da pergunta pela parte, poderá obstar a resposta, desde que haja cabal impertinência, quando a pergunta não tenha relação com a causa ou já tenha sido respondida ou, ainda, caso a indagação possa induzir a testemunha na resposta. Percebe-se claramente a preocupação do legislador em evitar que a parte faça perguntas tendenciosas, levando a testemunha a erro, onde a resposta acabe sendo fabricada por argúcia do interpelante, retirando do

66. GOMES FILHO, Antonio Magalhães. *Provas. Lei 11.690, de 09.06.2008*. In: ASSIS MOURA. Maria Thereza Rocha de (coord.). *As reformas no processo penal*. São Paulo: RT, 2008. p. 287-288.

67. STF – Primeira Turma – Rel. Min. Marco Aurélio – Red. p/ acórdão Min. Luiz Fux – HC 111.815/SP – j. 14 nov. 2017.

68. Dispositivo com eficácia suspensa, nos termos de decisão monocrática do Supremo Tribunal Federal (STF – ADI 6298/DF – Medida Cautelar – Rel. Min. Luiz Fux – 22 jan. 2020).

69. FREITAS, Jayme Walmer de. O sistema "cross examination" na reforma processual. *Jus Navigandi*, Teresina, ano 14, nº 2280, 28 set. 2009. Disponível em: <http://jus.com.br/artigos/13588>. Acesso em: 15 dez. 2013.

testemunho a espontaneidade necessária para o esclarecimento da verdade. Quer-se evitar também o testemunho moldado, onde a parte faz as afirmações e praticamente convoca a testemunha a concordar ou discordar, retirando-lhe totalmente a liberdade de analisar e até mesmo entender o que foi indagado. A habilidade na condução do testemunho pela acusação ou pela defesa pode acabar fazendo da testemunha verdadeira marionete, alçada ardilosamente a dizer o que se quer ouvir. Neste ponto, deve o juiz intervir, de ofício ou por provocação da parte contrária, objetivando-se, portanto, que a testemunha não responda a tais indagações. É necessário, mais uma vez, cuidado redobrado ao se indeferir a pergunta. Não se deve podar a atuação da parte que não venha a incorrer diretamente nas vedações legais. Portanto, a habilidade na formulação das perguntas, que deseja extrair o máximo da testemunha, ou revelar contradições daquele que foi orientado a depor para maquiar a verdade, não podem ser obstadas, sob pena de se dar ensejo à nulidade do ato. Para tanto, a parte que teve a pergunta negada deve requerer que se faça constar no termo de audiência não só o teor da pergunta, mas também a fundamentação judicial da recusa, resguardando-se para futura arguição em preliminar recursal, sem prejuízo da interposição de correição parcial. Nada impede que a parte contrária também se manifeste, fazendo suas considerações. De outro lado, não é admitido que a parte ou o magistrado maltratem a testemunha, já que a urbanidade é ínsita a audiência e deve ser observada por todos. As advertências reiteradas durante o depoimento das penas do crime de falso testemunho ou ameaças de prisão, utilizadas como forma de intimidar o depoente também devem ser combatidas, podendo contaminar o ato e descredibilizar o material probatório.

(5) A redação do depoimento, dentro do possível, deve reproduzir fielmente as expressões utilizadas pela testemunha (art. 215, CPP). O objetivo é evitar distorções, mantendo-se respeitado o teor do relato. Sempre que possível, o registro deve ser feito pelos meios ou recursos de gravação magnética, estenotipia, digital ou técnica similar, inclusive audiovisual, destinada a obter maior fidelidade das informações. Busca-se uma maior agilidade e eficiência nos registros, e no caso do recurso audiovisual, a parte receberá cópia do registro original, não sendo necessária a transcrição.

(6) As declarações serão reduzidas a termo, assinado por ela, pelo magistrado e pelas partes. Caso a testemunha não saiba ou não possa assinar, um terceiro o fará por ela, depois de lido o depoimento na presença de ambos (assinatura a rogo). A lei não contemplou a possibilidade da testemunha negar-se a assinar o termo. Se isso acontecer, deve ser formalizado na ata de audiência os motivos da recusa, esclarecendo-se o porquê da ausência de assinatura. Não será necessária a assinatura a rogo. Nada impede que a testemunha seja responsabilizada por desobediência.

(7) Havendo receio de intimidação da testemunha, pois a presença do réu poderá causar-lhe humilhação, temor ou sério constrangimento, e desde que haja elementos robustos em tal sentido, prejudicando o próprio ato em sua veracidade, a inquirição será realizada por videoconferência, e o réu assistirá ao procedimento do estabelecimento prisional, ou de sala específica para transmissão, inclusive no próprio Fórum. Não sendo possível, o réu será retirado da sala, permanecendo o seu defensor. Melhor será, para atender os direitos fundamentais do imputado, que a testemunha seja ouvida em sala separada, mantendo aquele na sala de audiência, com sistema de videoconferência para que acompanhe o depoimento. O testemunho deve ser um ato livre, despido de coação, expressa ou implícita. A

fragilidade na proteção das testemunhas dá margem a toda sorte de coação, e se a presença do réu na audiência puder constranger de tal ordem a testemunha, de forma a comprometer o depoimento, tais medidas serão adotadas. Não se pode, contudo, presumir a intimidação. A presença do réu na audiência é expressão da ampla defesa, de sorte que os motivos que justifiquem sua retirada devem ser sérios e devidamente comprovados, sendo tudo relatado no termo de audiência (art. 217, CPP).

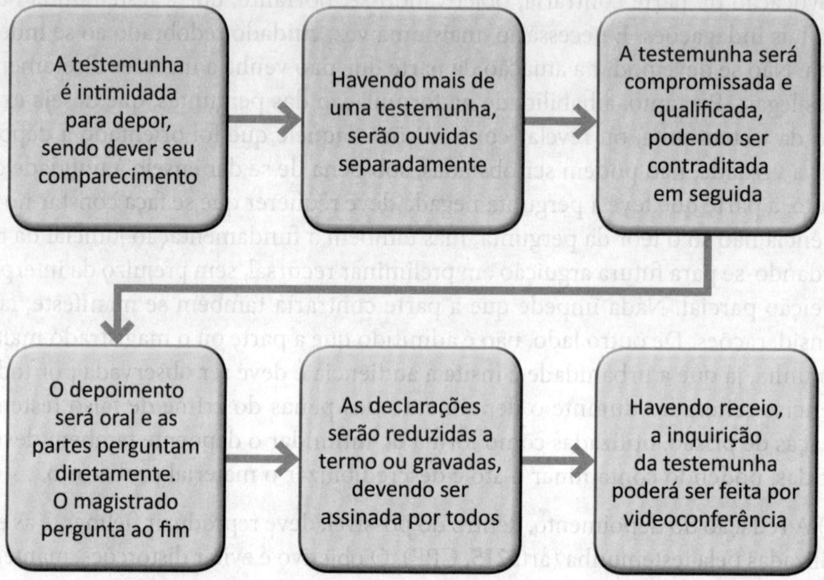

68. FALSO TESTEMUNHO E PRISÃO EM FLAGRANTE

Caso a testemunha faça afirmação falsa, cale ou negue a verdade, caberá ao Ministério Público, uma vez proferida sentença e constatada tal circunstância, providenciar a remessa de cópia do depoimento à autoridade policial, para que se instaure inquérito. Entendemos que essa providência, prevista no art. 211, do CPP, como de competência do juiz, esbarra na vedação de sua atuação de ofício (art. 3º-A, CPP, com redação da Lei nº 13.964/2019[70]) . Com as investigações, as circunstâncias do fato serão esclarecidas, propiciando-se a futura deflagração da ação penal. Nada impede que o promotor, estando suficientemente convencido pelos elementos constantes dos autos em que ocorreu o falso, deflagre de pronto a ação, dispensando a elaboração do inquérito policial. É de bom tom, portanto, o Ministério Público exerça seu mister, evitando que o juiz atue nessa seara. Por tal razão, também julgamos superado o teor do art. 40, do CPP, que prevê providências persecutórias, de ofício, por parte do magistrado.

Já quanto à responsabilidade pelo crime de falso, prevê o § 2º, do art. 342, do CP, que o fato deixa de ser punível se, antes da sentença no processo em que ocorreu o ilícito, o agente se retrata ou declara a verdade. Desta forma, se a testemunha se retratar no processo

70. Dispositivo com eficácia suspensa, nos termos de decisão monocrática do Supremo Tribunal Federal (STF – ADI 6298/DF – Medida Cautelar – Rel. Min. Luiz Fux – 22 jan. 2020).

em que tenha mentido, declarando a verdade antes de a sentença ser prolatada, haverá a extinção da punibilidade.

Ficaria a pergunta: e em que momento será instaurada a apuração do falso testemunho? Admite-se a apuração do falso paralelamente à instauração do inquérito e até mesmo do processo em que este se deu, objetivando evitar a prescrição deste delito, mesmo que o processo em que a testemunha tenha mentido ainda não tenha chegado ao seu final. Corre-se o risco, contudo, de que o esforço seja em vão, pois se a testemunha se retratar dentro do processo em que tenha mentido e antes da sentença ser proferida, haverá a extinção da punibilidade. É o preço a se pagar. Ressalte-se, porém, que para que o processo pelo falso seja sentenciado, deve-se aguardar o deslinde daquele processo em que a testemunha tenha mentido (decisão transitada em julgado), e isto por um simples motivo: para que o crime se caracterize, é necessário que o magistrado ou o tribunal reconheça o depoimento como inverídico, e que este toque em ponto relevante do processo. Ora, admitamos a possibilidade de o juízo de 1º grau reconhecer na sentença que se trata de falso e, na fase recursal, o tribunal decidir em sentido diametralmente oposto, valendo-se daquele depoimento para sustentar o acórdão. É sinal de que o crime não ocorreu. Para que não haja açodamento, deve-se aguardar o trânsito em julgado da decisão, para só então proferir sentença pelo crime de falso.

Já quanto à prisão em flagrante da testemunha, prevê o parágrafo único, do art. 211, do CPP, esta possibilidade, quando, após prestado o depoimento, a decisão do processo for proferida em audiência, eis que, após a sentença, a testemunha não mais poderá se retratar. Em seguida ao depoimento realizado em plenário, caso o magistrado julgue o processo, imediatamente apresentará a testemunha à autoridade policial. Isto é possível em todos os procedimentos em que o depoimento das testemunhas e a prolação da sentença são concentrados na mesma audiência. Tratando-se de julgamento na sessão plenária do júri, deve ser elaborado quesito específico aos jurados acerca do falso testemunho, para que só então as providências sejam tomadas. Se eles negarem a ocorrência do crime, nada poderá ser feito contra a testemunha.

69. COMPETÊNCIA PARA JULGAMENTO DO FALSO TESTEMUNHO

O juízo competente para julgar o falso é o do local da consumação do delito (art. 70, CPP). Se o depoimento é prestado por carta precatória, a competência firma-se no juízo deprecado. Já no falso praticado perante a Justiça do Trabalho, o STJ editou o verbete da súmula nº 165, assegurando competir à justiça federal processar e julgar crime de falso testemunho cometido no processo trabalhista.

70. PROTEÇÃO À TESTEMUNHA

A Lei nº 9.807/1999 instituiu o Programa Federal de Assistência a Vítimas e Testemunhas Ameaçadas, que é estendido também a infratores que tenham colaborado com a persecução penal. A União, Estados, e o Distrito Federal podem celebrar convênios, acordos ou parcerias entre si ou com entidades não governamentais, objetivando a realização dos programas.

As medidas aplicáveis, de forma isolada ou cumulada, sem prejuízo de outras, estão indicadas no art. 7º, daquela Lei, tais como: segurança na residência; escolta; transferência de residência; preservação da identidade, imagens e dados; ajuda financeira mensal para subsistência, inclusive familiar, em havendo impossibilidade para o trabalho; suspensão das atividades funcionais, sem prejuízo dos vencimentos, no caso dos funcionários públicos civis ou militares; apoio social, médico e psicológico; sigilo em relação aos atos praticados em virtude da proteção; auxílio para prática de atos civis ou administrativos que exijam a presença da pessoa protegida.

71. VALOR PROBATÓRIO

Sendo meio probatório como outro qualquer, o valor da prova testemunhal é relativo. Como o art. 202, do CPP, assegura a liberdade na seleção da testemunha, dizendo de forma genérica que toda pessoa poderá figurar como tal, salvo as hipóteses legalmente estabelecidas, o depoimento infantil e de policiais não devem ser afastados de pronto, cabendo valoração de acordo com o contexto probatório.

72. RECONHECIMENTO DE PESSOAS E COISAS

Eventualmente pode ser fundamental para o deslinde da causa que algum objeto, ou alguém vinculado direta ou indiretamente ao evento delitivo, seja reconhecido. Nessa lógica, a pessoa que tenha tido contato anteriormente com a coisa ou pessoa a ser reconhecida será chamada a prestar sua contribuição, confirmando se realmente se trata da pessoa ou coisa que se imagina ser.

De acordo com Mirabete, trata-se de meio de prova "pelo qual alguém verifica e confirma a identidade da pessoa ou coisa que lhe é mostrada, com pessoa ou coisa que já viu, que conhece, em ato processual praticado diante da autoridade policial ou judiciária, de acordo com a forma especial prevista em lei"[71].

73. RECONHECIMENTO DE PESSOAS

Tem por finalidade identificar o acusado, o ofendido ou testemunhas. Não só a identificação do infrator é importante. Eventualmente uma testemunha, para beneficiar o réu, pode negar que estava presente no local do crime, cabendo assim o expediente de reconhecimento por alguém que a tenha visto. Da mesma forma, a vítima pode negar a sua condição, por temor, por alguma vantagem que lhe é ilicitamente oferecida ou simplesmente para proteger o infrator.

74. PROCEDIMENTO DO RECONHECIMENTO DE PESSOAS

O reconhecimento pode ser determinado na fase preliminar ou processual, tanto pelo magistrado, quanto pela autoridade policial, seguindo a seguinte sequência (art. 226, CPP):

(1) a pessoa a fazer o reconhecimento primeiramente descreverá a pessoa a ser reconhecida;

71. MIRABETE, Julio Fabbrini. *Processo penal*. 15. ed. São Paulo: Atlas, 2004. p. 307.

(2) a seguir, e se for possível, a pessoa a ser reconhecida é colocada ao lado de outras de semelhantes características;

(3) a pessoa a reconhecer é convidada a apontar a pessoa a ser reconhecida. Havendo mais de uma pessoa para realizar o reconhecimento, deverão fazê-lo separadamente, evitando-se comunicação entre elas. Isto se deve para impedir a influência que um reconhecedor possa realizar no outro, maculando o procedimento;

(4) por fim, procede-se à lavratura de auto pormenorizado, subscrito pela autoridade, pela pessoa que realizou o reconhecimento e por duas testemunhas presenciais. É claro que se a pessoa não reconheceu o indivíduo, esta circunstância deve também ser relatada, até para servir de substrato à futura argumentação defensiva, ou colaborar para que o *Parquet* promova o arquivamento dos autos do inquérito policial.

O nosso Código adotou o **sistema simultâneo** de reconhecimento de pessoas. Simultâneo porque o reconhecimento deve acontecer com a presença da pessoa a reconhecer diante da pessoa a ser reconhecida que, por sua vez, deve ser colocada ao lado das demais pessoas com características semelhantes (juntamente, isto é, simultaneamente). Isso significa dizer que não se admite reconhecimento fracionado, consistente na colocação do imputado ao lado de uma pessoa, seguindo-se com sua colocação ao lado de outra, e assim por diante.

Por outro lado, se várias pessoas forem as que devem reconhecer outra, o reconhecimento deve ser **sucessivo** e **isolado**, no sentido de que os sujeitos ativos do reconhecimento devem participar do ato separadamente, assim como não devem se comunicar antes ou depois da realização de cada procedimento de reconhecimento. Como se depreende, para que o reconhecimento ganhe valor probatório, deve ser requerido com antecedência (antes da audiência, na denúncia, pelo MP, na queixa-crime, pela defesa, ou na resposta preliminar à acusação, pela defesa). Aliás, o pedido deve ser especificado de logo, a fim de viabilizar sua realização de acordo com os termos do CPP. Não devem ser admitidos reconhecimentos improvisados, tendentes a induzir ou sugestionar que se reconheça alguém como agente de infração penal.

A Quinta Turma do Superior Tribunal de Justiça reputa que é facultativa aplicação do art. 226, do CPP, que regra o procedimento de reconhecimento de pessoas ou coisas. Pensamos que é equivocado esse posicionamento que conclui que aquela disposição não é cogente. Fosse assim, não seria necessária a previsão do procedimento probatório (tipicidade), além do seu *nomen juris* (prova nominada). De acordo com o referido órgão da Corte Superior, a eventual inobservância do art. 226 do Código de Processo Penal, constitui nulidade relativa, sendo necessária, portanto, a efetiva demonstração de prejuízo[72].

Admitir reconhecimento de pessoas sem seguir o procedimento regular ordenado em lei pode ensejar comprometimento da **fiabilidade probatória**, isto é, a prova produzida não deve ser digna de credibilidade, da confiança do juiz. O reconhecimento improvisado, sem acatamento às regras do art. 226, do CPP, diminui a garantia de que o sujeito da prova (pessoa que está a reconhecer outra) permaneceu com sua cognição inalterada em relação a quem aponta como autora de um delito. Em outras palavras,

72. STJ – Quinta Turma – AgRg no HC 525.027/SP, Rel. Min. Reynaldo Soares da Fonseca – DJe 06 dez. 2019.

deixar de seguir o rito, além de ilícito e implicar **nulidade absoluta**, com a correlata **invalidação**, viola a **cadeia de custódia da prova** em sentido amplo, prejudicando o seu controle epistêmico.

A higidez da cadeia de custódia, na hipótese, não será passível de controle porque a documentação do reconhecimento será incapaz de evidenciar, com maior grau de fé (fiabilidade), que a pessoa reconhecida é, de fato, a mesma pessoa vista, por exemplo, na cena do crime (**princípio da autenticidade da prova** ou da **mesmidade probatória**, como explicado por Geraldo Prado, fazendo incidir o princípio processual de controle epistêmico da **desconfiança da prova**[73]). De mais a mais, como verbera André Nicolitt, "a validade do meio de prova em concreto dependerá de a fonte ter permanecido inalterada durante o tempo decorrido desde a comissão dos fatos até o julgamento"[74].

75. INTIMIDAÇÃO

O reconhecimento deve ser o mais livre possível. Havendo receio de intimidação, a autoridade providenciará para que o reconhecendo não veja o reconhecedor. Essa estratégia não se aplica em juízo, pois violaria o princípio da publicidade, além de espancar a ampla defesa e o contraditório (parágrafo único, art. 226, CPP). Filiando-se ao texto legal, inadmitindo tal expediente na instrução processual ou em plenário de julgamento, Magalhães Noronha[75] e Tourinho Filho[76]. É também a nossa posição.

Não se deve olvidar que o reconhecimento acaba sendo um ato de coragem e de extrema exposição, pela dificuldade e precariedade em se assegurar a integridade física daqueles que se arriscam no ato de reconhecimento. Há assim, aqueles que sustentam que mesmo na fase processual o reconhecedor fique às escondidas, fazendo um reconhecimento informal, despido das exigências legais, e que funcionaria como prova, afigurando-se o reconhecedor como verdadeira testemunha. Neste sentido, Guilherme Nucci[77].

---

73. PRADO, Geraldo. A quebra da cadeia de custódia das provas no processo penal brasileiro. In: *Prova penal:* estado democrático de direito. Florianópolis: Empório do Direito, 2015. p. 30-31.
74. NICOLITT, André. *Manual de processo penal.* 7. ed. Belo Horizonte: D'Plácido, 2018. p. 719.
75. NORONHA, E. Magalhães. *Curso de direito processual penal.* 28. ed. São Paulo: Saraiva, 2002. p. 164.
76. TOURINHO FILHO, Fernando da Costa. *Código de processo penal comentado.* 5. ed. São Paulo: Saraiva, 1999. v.1. p. 438.
77. NUCCI, Guilherme de Souza. *Manual de processo penal e execução penal.* 3. ed. São Paulo: RT, 2007. p. 442.

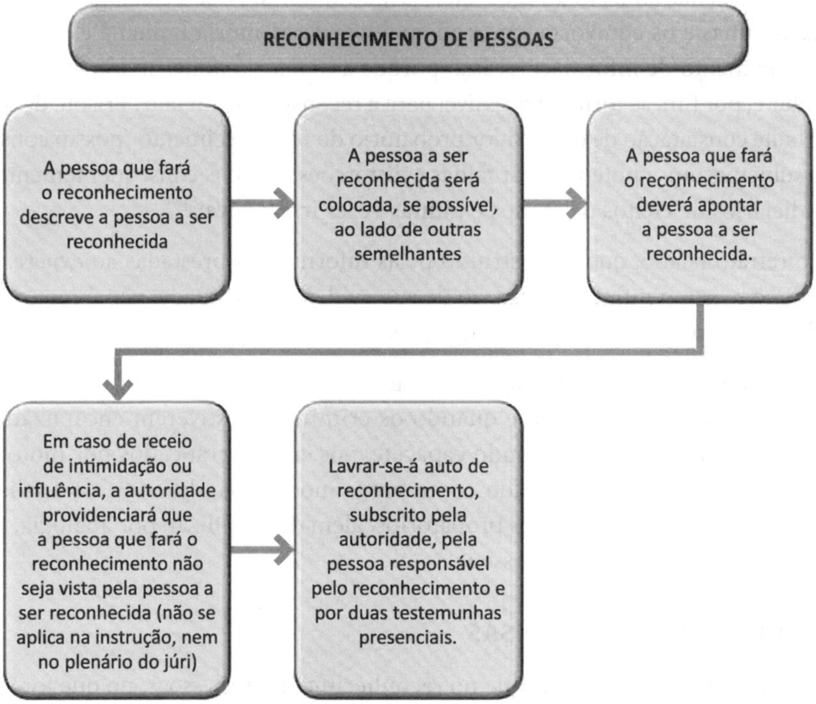

76. RECONHECIMENTO FOTOGRÁFICO E FONOGRÁFICO

O reconhecimento através de fotografia tem se tornado expediente comum. Os álbuns realizados pela polícia remontam verdadeiro acervo de identificação de infratores. É prova inominada, admitida pela jurisprudência[78], e pode ser utilizada, desde que corroborado por outros elementos de prova, em face de sua precariedade. Deve obedecer, por analogia, às regras do reconhecimento de pessoas (art. 226, CPP).

O reconhecimento fotográfico, isoladamente, não deve conduzir a juízo condenatório. Essa questão foi apreciada por importante decisão da Sexta Turma do Superior Tribunal de Justiça. Além do dever do procedimento de respeitar, no que couber, os lindes do art. 226, do CPP, a avaliação judicial dessa prova deve cuidar de examinar os pontos de partida das imagens (fontes da prova).

Podem ser necessárias provas sobre prova:

(1) as imagens devem ser submetidas a confronto criterioso, com a realização de exame pericial sobre fotografias, vídeos e outras mídias que se reportem a elemento fático dotado de relevância;

(2) a pessoa que reconhece um imputado deve expressar confiabilidade (fiabilidade), podendo ser necessário exame para atestar que não há risco de falsa memória, de vieses cognitivos que nublem a percepção ou de perfil mitomaníaco do sujeito da prova.

78. STJ – Sexta Turma – AgRg no AREsp 1450236/SP – Rel. Min. Rogerio Schietti Cruz – DJe 02 dez. 2019.

A Sexta Turma do STJ sufragou que, "segundo estudos da Psicologia moderna, são comuns as falhas e os equívocos que podem advir da memória humana e da capacidade de armazenamento de informações. Isso porque a memória pode, ao longo do tempo, se fragmentar e, por fim, se tornar inacessível para a reconstrução do fato". Frisou, desse modo, a importante constatação de que o valor probatório do reconhecimento "possui considerável grau de subjetivismo, a potencializar falhas e distorções do ato e, consequentemente, causar erros judiciários de efeitos deletérios e muitas vezes irreversíveis"[79].

Já o retrato falado, que é construído pelas informações prestadas ao *expert* por pessoa que tenha visto o infrator, em razão de sua evidente fragilidade, não é meio de prova, servindo apenas para auxiliar as investigações.

Quanto ao reconhecimento pela voz (clichê fônico), este pode ser também uma ferramenta importante, notadamente quando os criminosos estiverem encapuzados ou, o que tem sido mais comum, utilizando capacete, nos crimes praticados por motociclistas. Da mesma forma, deve ser encarado como prova inominada, devendo ser analisado em conjunto com os demais elementos probatórios, além de se utilizar, por analogia, o procedimento do reconhecimento de pessoas.

77. RECONHECIMENTO DE COISAS

Procede-se da mesma forma que no reconhecimento de pessoas, no que for aplicável. Desta forma, o reconhecedor vai narrar o objeto a ser identificado; este será colocado, se possível, ao lado de outros com características similares; de tudo será lavrado termo circunstanciado assinado pelo reconhecedor, pela autoridade, e por duas testemunhas (art. 227, CPP).

78. ACAREAÇÃO

Acarear ou acaroar é pôr em presença, uma da outra, face a face, pessoas cujas declarações são divergentes. Ocorre entre testemunhas, acusados e ofendidos, objetivando esclarecer a verdade, no intuito de eliminar as contradições. É admitida durante toda a persecução penal, podendo ser determinada de ofício ou por provocação. Tem por natureza jurídica ser mais um meio de prova.

79. PRESSUPOSTOS DA ACAREAÇÃO

São pressupostos para que a acareação seja realizada:

(1) que as pessoas já tenham prestado declarações;

(2) a existência de divergência no relato das pessoas, sobre fatos ou circunstâncias relevantes;

Ademais, ela pode ocorrer tanto na fase do inquérito quanto no processo.

79. STJ – Sexta Turma – HC 598.886/SC – Rel. Min. Rogerio Schietti Cruz – julgado em: 27 out. 2020.

80. PROCEDIMENTO DA ACAREAÇÃO

Quando se imagina a acareação, logo vêm à mente debates acalorados, conflitos substanciais entre aqueles que serão colocados frente a frente. Na prática, o procedimento é muito mais simples e menos intenso em conflituosidade.

Os acareados serão reperguntados, para que expliquem os pontos de divergência, podendo então modificar ou confirmar as declarações anteriores, realizando-se assim o termo. É realizado o auto, subscrito pelo escrevente e assinado por todos (parágrafo único, art. 229, CP).

Existe ainda a possibilidade de acareação por precatória (art. 230, CPP), caso alguma testemunha esteja ausente, e suas declarações divirjam das de outra pessoa. A testemunha que resida na comarca onde tramita o processo, será chamada para esclarecer o ponto, podendo mudar a sua versão. Persistindo a divergência, expede-se a carta, e o Juízo deprecado deve proceder da mesma forma, notificando a testemunha para que compareça, esclarecendo o ponto, ou mudando eventualmente o depoimento. Desta forma, realiza-se a acareação, sem que as testemunhas tenham sido colocadas frente a frente. A diligência só deve ser realizada quando não importe demora prejudicial ao processo e caso o magistrado entenda relevante. Ao que parece, num futuro próximo, a acareação, em tais situações, será ordinariamente realizada por videoconferência (art. 222, § 3º, CPP).

81. VALOR PROBATÓRIO DA ACAREAÇÃO

É um meio probatório como qualquer outro, tendo valor relativo.

Na prática, o valor probatório da acareação se reduz porque os envolvidos costumam sustentar as versões de suas declarações ou depoimentos. De todo modo, o produto da acareação, seja transcrito, seja gravado em sistema audiovisual, será aferido de forma relacionada com as demais provas dos autos[80].

82. DOCUMENTOS

O conceito de documento pode ser visto numa dupla ótica. Na **concepção restrita** dada pelo *caput*, do art. 232 do CPP, consideram-se "documentos quaisquer escritos, instrumentos ou papéis, públicos ou particulares". Para o CPP, remontando a década de 1940, seriam documentos os escritos em papel (matéria-prima, o material que contém o escrito).

Já os instrumentos seriam os documentos confeccionados com o intuito de fazer prova (documentos pré-constituídos), como os contratos, que se distinguem dos documentos eventuais ou acidentais (meros papeis), pois estes não foram feitos com o intuito de provar, mas podem ser utilizados com este objetivo, como uma carta ou um bilhete.

Já na **concepção ampla**, que é a atual, em face da interpretação progressiva da lei, considera-se documento qualquer objeto representativo de um fato ou ato relevante, e aí poderíamos incluir, por exemplo, fotos, desenhos, esquemas, planilhas, e-mails, figuras digitalizadas.

80. DEMERCIAN, Pedro Henrique; MALULY, Jorge Assaf. *Curso de processo penal*. 9. ed. Rio de Janeiro: Forense, 2014. p.360.

Não é documento o parecer de jurista renomado. O parecer apenas tece argumentos jurídicos favoráveis às teses de uma das partes. Não se destina a provar, demonstrativamente, o fato, mas se cuida de simples opinião sobre a plausibilidade do direito vertido na demanda, não preenchendo os requisitos da legislação para ser considerado documento. Constitui-se o parecer jurídico em um reforço de argumentação.

Também não é documento, por não ser revestido de seus requisitos e características (relevância jurídica para o fim de ingressar no mundo do direito), o material jornalístico ou de mídia (reportagens) sobre o fato objeto do caso penal. Pacelli, a propósito, aplaude a vedação de que tais recursos sejam apresentados no Tribunal do Júri, notadamente porque os jurados são leigos e decidem sem justificar seus votos[81].

83. ESPÉCIES DE DOCUMENTOS

(1) **Particular**: aquele produzido por particular, ou elaborado por funcionário público que não esteja no exercício de suas funções. Uma vez contestada a autenticidade, a letra e a firma (assinatura) de tais documentos serão submetidas a exame pericial (art. 235, CPP). Mittermaier explica que a legitimidade do documento particular deve ser provada pelo reconhecimento de seu autor que, a sua vez, não pode ser simplesmente tácito. A negativa do reconhecimento pode ensejar a submissão do documento àquele exame pelo *expert*[82].

(2) **Público**: é o documento elaborado por funcionário público no exercício funcional. Equiparam-se a documentos públicos para efeitos penais (documentos públicos por equiparação), aqueles emanados de entidade paraestatal, o título ao portador, o transmissível por endosso, as ações de sociedade comercial, os livros mercantis e o testamento particular (art. 297, § 2º, CP). Gozam de presunção relativa (*juris tantum*) de autenticidade, podendo se submeter a perícia, havendo fundada suspeita de falsificação. Nas palavras de Mittermaier, a sinceridade do documento público é presumida, sem maiores averiguações, diante da presunção jurídica de veracidade, inferida por meio de firmas autênticas[83].

(3) **Original**: escrito na fonte originariamente produtora. Em se tratando de escritura lavrada em livro de notas, a primeira certidão por inteiro teor ou traslado é, também, considerada original.

(4) **Cópia**: é a reprodução do documento original. A xerox, o scanner e a impressão têm sido vastamente utilizados para tal desiderato. A fotocópia digitalizada se inclui nessa categoria. Se a fotocópia estiver devidamente autenticada, terá o mesmo valor que o original (art. 232, parágrafo único, CPP). A pública-forma, que é uma cópia de escrito avulso, extraída por oficial público, só terá valor quando conferida com o original, na presença da autoridade (art. 237, CPP). Havendo a conferência, a pública-forma fica nos autos, dispensando-se a retenção do original. De outro lado, os microfilmes de documentos particulares e públicos, assim como as certidões, os traslados e as cópias fotográficas obtidas

81. OLIVEIRA, Eugênio Pacelli. *Curso de processo penal*. 18. ed. São Paulo: Atlas, 2014. p.438.
82. MITTERMAIER, C. J. A. *Tratado de la prueba en matéria criminal:* o exposición comparada de los principios en materia criminal y sus diversas aplicaciones en Alemania, Francia, Inglaterra, etc. Madrid: Reus, 1979. p.346.
83. MITTERMAIER, C. J. A. *Tratado de la prueba en matéria criminal:* o exposición comparada de los principios en mate-ria criminal y sus diversas aplicaciones en Alemania, Francia, Inglaterra, etc. Madrid: Reus, 1979. p. 346.

diretamente dos filmes produzirão os mesmos efeitos legais dos documentos originais em juízo ou fora dele, conforme dispõe a Lei nº 5.433/1968.

(5) **Nominativo**: é aquele que contém o seu autor.

(6) **Anônimo**: não contempla a indicação do responsável.

(7) **Escrito**: meio de formação do documento que toma corpo em papel escrito.

(8) **Gráfico**: o documento formado por fatos ou ideias representadas por sinais, a exemplo de desenhos gráficos ou esquemas.

(9) **Digital**: os documentos constituídos por intermédio de meios eletrônicos e *softwares* (inserido no conceito de documento em sentido amplo).

(10) **Direto**: documento que representa de forma direta a coisa que pretende demonstrar, tal como a fotografia.

(11) **Indireto**: documento que é criado pela mente de seu autor, tal como uma pintura.

(12) **Instrumental, probatório em sentido estrito** ou **escrito *ad probationem***: é o documento pré-constituído, produzido com o cunho de servir de prova de um fato. Exemplo: contratos.

(13) **Eventual** ou **acidental**: é aquele que foi produzido sem que houvesse motivação para servir de prova de determinado fato, mas que, naturalmente, pode ser plenamente usado para fins probatórios. É o caso das correspondências e das mensagens eletrônicas.

84. REQUISITOS DOS DOCUMENTOS

(1) **Verdade**, que é a constatação do que se expõe no documento.

(2) **Autenticidade**, que é a identificação de quem o produziu.

Entendemos que eventualmente os documentos anônimos podem ser utilizados como prova. Nem sempre é possível constatar quem foi o autor do documento, como na hipótese de cartas anônimas, bilhetes ou fotografias. Nem por isso o obstáculo para a utilização de tais elementos deve ser intransponível. Deve a autoridade cercar-se dos cuidados necessários, objetivando constatar acima de tudo a veracidade do conteúdo, e se o documento não foi obtido ilicitamente. Superado o filtro, poderá ele ser valorado.

85. PRODUÇÃO DA PROVA DOCUMENTAL

Como regra, os documentos podem ser apresentados em qualquer fase do processo (art. 231, CPP). A produção pode ser espontânea, ou seja, quando as partes apresentam o documento, ou provocada (coacta), quando determinada pelo magistrado (art. 234, CPP) – a requerimento das partes (art. 3º-A, CPP, redação da Lei nº 13.964/2019[84]) –, valendo-se da mera requisição ou até mesmo da medida de busca e apreensão.

84. Dispositivo com eficácia suspensa, nos termos de decisão monocrática do Supremo Tribunal Federal (STF – ADI 6298/DF – Medida Cautelar – Rel. Min. Luiz Fux – 22 jan. 2020).

Atualmente, a legislação não restringe a apresentação documental durante a primeira fase do rito do júri (juízo da instrução preliminar). Essa possibilidade segue até o momento que antecede a pronúncia.

Na segunda fase do rito do júri, distintamente, caso a parte queira apresentar documento no plenário de julgamento, deverá providenciar a juntada aos autos com antecedência de três dias úteis, dando-se ciência à parte contrária (art. 479, CPP). Inclui-se na vedação a leitura de jornais ou qualquer outro escrito que tenha pertinência com o fato versado no processo, além da exibição de vídeos, gravações, fotografias, laudos, quadros, croquis ou qualquer outro meio assemelhado, cujo conteúdo seja pertinente à matéria fática a ser submetida a julgamento. Estão excluídos, contudo, revistas ou jornais que não tratem da matéria discutida em juízo, ou os documentos que já fazem parte dos autos, como a ficha de antecedentes.

Em homenagem à tutela da correspondência, veda-se o lançamento aos autos das cartas particulares interceptadas ou obtidas por meios criminosos (art. 233, CPP). Nem precisava haver tal previsão, afinal, a interceptação da correspondência caracteriza prova ilícita, impedindo a utilização, salvo nas hipóteses excepcionais amparadas pelo princípio da proporcionalidade (*pro reo*). Já o destinatário da carta poderá exibi-la em juízo para defesa de seu direito, independente da aquiescência do remetente (art. 233, parágrafo único, CPP).

86. TRADUÇÃO DO DOCUMENTO

Quando o documento é produzido em língua estrangeira, pode ser imediatamente lançado aos autos e, se necessário, será traduzido por tradutor oficial ou pessoa nomeada pela autoridade para tal fim. Caso o documento seja realmente utilizado, entendemos que a necessidade de tradução é presumida, pois mesmo que as partes e a autoridade dominem a língua estrangeira, a publicidade dos autos e a necessidade de acessibilidade do conteúdo assim o exigem.

Mesmo o documento em espanhol deve ser traduzido. Mesmo o castelhano, idioma mais próximo do português depois do galego, deve ser objeto de tradução, sendo assim acompanhado por versão em vernáculo por tradutor juramentado. A tradução pode ser indeferida fundamentadamente pelo juiz quando verificar que o documento não guarda relevância jurídica ou não interessar ao processo. O indeferimento indevido da tradução é causa de **nulidade relativa**, dependendo de alegação oportuna e demonstração de prejuízo.

87. RESTITUIÇÃO DE DOCUMENTOS

Os documentos originais, encerrado o processo e não havendo motivos para que permaneçam nos autos, podem ser restituídos, ficando retidas cópias, exigindo-se a prévia oitiva do Ministério Público (art. 238, CPP). Antes do trânsito em julgado da sentença, não havendo necessidade da manutenção nos autos do documento que tenha sido apreendido por determinação da autoridade, o procedimento adequado é o de restituição de coisas apreendidas (artigos 118, e seguintes, CPP).

88. INDÍCIOS E PRESUNÇÕES

O indício é a circunstância conhecida e provada que, tendo relação com o fato, autoriza, por indução, concluir-se a existência de outra ou outras circunstâncias (art. 239, CPP). O indício é elemento de prova situado no passado e que, por si só, é, em regra, débil para se concluir sobre o fato delituoso. Indício é prova semiplena, parcial ou indireta que possibilita, por indução, chegar-se a uma conclusão sobre uma infração penal.

Para que se chegue à conclusão geral sobre o fato, o indício deve, em regra, ser cotejado com outros indícios, a fim de que seja inferida aquela interpretação sobre o fato, por intermédio de método precipuamente indutivo. Daí que os indícios (a prova indiciária) devem ser plurais, haja vista que só muito excepcionalmente um só indício será suficiente para justificar a atribuição de um fato delituoso a alguém.

Exemplos de indícios, relativamente ao crime de homicídio, são: as impressões digitais, a arma deixada no local do crime, o projétil, manchas de sangue, os registros eletrônicos de saída e de entrada do local do delito que, conjuntamente, podem ser conclusivos para atribuir a autoria do crime a alguém, possibilitando que o delegado de polícia fundamente o ato de indiciamento.

Já a presunção é o conhecimento daquilo que normalmente acontece, a ordem normal das coisas, que uma vez positivada em lei, estabelece como verídico determinado acontecimento. As presunções são parâmetros, apresentados em forma de proposições (assertivas), que nos servem de regra geral para, por dedução, concluir sobre um problema particular. A presunção é regra geral e abstrata que serve para definir o parâmetro maior (premissa maior) de uma conclusão lógica a partir da subsunção efetivada com uma premissa menor (fato provado e que se acomoda à premissa maior), por intermédio de raciocínio dedutivo (conclusão obtida da ideia geral àquela particular).

Assim, fazendo silogismo, temos:

(1) **premissa maior**: é o princípio de razão ou regra de experiência, utilizados na análise daquilo que normalmente acontece (presunção);

(2) **premissa menor**: é o indício, ou seja, a circunstância conhecida e provada;

(3) **conclusão**: comparação entre as premissas, que nos permite chegar ao resultado, ao denominador.

Imaginemos o suspeito que é encontrado, minutos depois do ocorrido, ao lado da vítima, com a arma na mão. Colocando-nos como verdadeiro expectador, percebe-se que a circunstância conhecida e provada é o fato de o indivíduo ter sido encontrado na cena do crime, com a arma em punho (este é o indício – premissa menor). Ora, quem é surpreendido nesta situação, por uma premissa lógica, provavelmente é o autor do crime (esta é a presunção – premissa maior). Pela análise dos fatos, podemos chegar a uma conclusão, que nada mais é do que o resultado obtido em face da análise das premissas.

Note-se que o conceito de indício não se confunde com o de mera suspeita. Enquanto o primeiro se funda em dado de natureza objetiva, a suspeita é lastreada na subjetividade, em fenômeno que, visto isoladamente, consiste no resultado de interpretação sem base empírica suficiente para a produção de convicção com lastro objetivo, eis que fundada em estado de ânimo do sujeito. A simples suspeita – sem que seja "fundada", ou seja, amparada em elemento objetivo – não autoriza a tomada de medida restritiva criminal contra alguém.

89. CLASSIFICAÇÃO DOS INDÍCIOS E DAS PRESUNÇÕES

(1) Quanto aos indícios, temos:

(a) **indício positivo**: indica a presença do fato ou elemento que se quer provar. O indício, de tal sorte, não é meio de prova, porém um fato. Não pode ser admitido como prova do fato, mormente isoladamente. Visa elucidar as circunstâncias do fato, pelo que deve ser corroborado por outras provas[85]. O indício positivo ratifica a tese sustentada;

(b) **indício negativo** (**contraindício**): alimenta a impossibilidade lógica do fato alegado e que se deseja provar. Infirma uma determinada tese. É o exemplo do álibi.

(2) Quanto às presunções:

(a) ***hominis***: é a presunção ordinária, da vida cotidiana. Trata-se de operação mental que conduz o julgador a uma conclusão lógica[86]. Ex.: presume-se que a audiência nos jogos do Brasil durante a Copa será maior do que a do México, em razão do que normalmente se observa pela importância e tradição entre as duas seleções;

(b) ***juris*** ou **legal**: é aquela que está normatizada, extraindo-se da lei a constatação da veracidade. Esta por sua vez pode ser:

(b.1) presunção relativa (*juris tantum*): quando o fato estabelecido como verídico admite prova em contrário, ou seja, esta presunção pode ser ilidida;

(b.2) presunção absoluta (*juris et de jure*): de modo inverso, a prova em contrário do fato estabelecido como verídico, não é admitida. Ex.: não adianta tentar provar que o menor de dezoito anos tinha capacidade de entender o caráter ilícito do fato e de determinar-se de acordo com este entendimento, pois, de forma absoluta, presume-se a inimputabilidade (art. 27, CP).

90. VALOR PROBATÓRIO

Estamos diante de prova indireta, que exige uma ilação para que se chegue à determinada conclusão, mas nem por isso de menor importância do que as demais provas, indiretas ou não. Tem valor relativo como todas as demais, podendo lastrear validamente sentença condenatória ou absolutória.

O indício tem valor bastante relativo. É tanto prova indireta, permitindo aliar as presunções para se chegar a um resultado maior, quanto é uma prova semiplena, na medida em que pode constituir prova (parcial) da materialidade de um fato (a exemplo de não se achar o corpo, mas tão somente sangue da vítima).

A prova indiciária é, por essas razões, uma prova crítica (Carnelutti), servindo, na dicção de Barbosa Moreira, ora como ponto de partida (para se chegar, por indução, a uma conclusão), ora como ponto de chegada (quando ele próprio serve para a realização de exame de corpo de delito)[87].

85. GRINOVER, Ada Pellegrini. *Provas ilícitas, interceptações e escutas*. Brasília: Gazeta Jurídica, 2013. p.266.
86. GRINOVER, Ada Pellegrini. *Provas ilícitas, interceptações e escutas*. Brasília: Gazeta Jurídica, 2013. p.266.
87. OLIVEIRA, Eugênio Pacelli. *Curso de processo penal*. 18. ed. São Paulo: Atlas, 2014. p. 440.

91. QUADRO SINÓTICO

<table>
<tr><th colspan="3">CAPÍTULO XXI – PROVAS EM ESPÉCIE</th></tr>
<tr><th colspan="3">EXAME PERICIAL</th></tr>
<tr><td colspan="2">O exame pericial é aquele procedido por pessoa que tenha conhecimentos técnicos, científicos ou domínio específico em determinada área do conhecimento.</td><td>1</td></tr>
<tr><th colspan="3">PERITO</th></tr>
<tr><td colspan="2">As perícias, como regra, devem ser realizadas por um perito oficial. É fundamental o nível universitário, sendo pré-requisito necessário para aqueles que almejam ingressar na polícia técnica. Os que já são peritos oficiais e não possuem diploma superior continuarão a atuar nas respectivas áreas, ressalvada a hipótese de perícia médica, onde a necessidade de diploma superior é insuperável.
O leque de técnicos é assim distribuído: peritos criminais, peritos médicos- legistas e peritos odontolegistas.
Tratando-se de perito oficial, é necessário apenas um profissional para análise do caso e elaboração do laudo, e a exigência de dois peritos fica suprimida. Sendo a perícia complexa, abrangendo mais de uma área do conhecimento, é possível a atuação de mais de um perito oficial. Na ausência de perito oficial, a autoridade pode valer-se de peritos não oficiais ou juramentados, é dizer, pessoas idôneas, portadoras de curso superior.
Exige-se dos peritos ainda a imparcialidade, sendo-lhes extensíveis as mesmas hipóteses de suspeição aplicadas aos magistrados.
Quanto ao número de peritos participantes, o verbete sumular nº 361, do STF, aduz que no processo penal, é nulo o exame realizado por um só perito, considerando-se impedido o que tiver funcionado, anteriormente, na diligência de apreensão.</td><td>2</td></tr>
<tr><td>Assistente técnico</td><td>O assistente técnico é o perito de confiança das partes, que irá atuar com o fito de ratificar ou infirmar o laudo oficial. Não é exigida imparcialidade do assistente técnico, já que o vínculo com a parte é da essência de sua atuação. Faculta-se ao MP, querelante, assistente de acusação, ofendido e ao acusado a sua indicação.</td><td>3</td></tr>
<tr><th colspan="3">REALIZAÇÃO DAS PERÍCIAS</th></tr>
<tr><td colspan="2">A realização da perícia culmina na elaboração do laudo, que deve ser produzido no prazo de dez dias, comportando prorrogação, em casos excepcionais, a requerimento dos peritos e mediante autorização da autoridade. O laudo concatena tudo o que foi observado pelos peritos, sendo o produto da análise técnica.</td><td>4</td></tr>
<tr><th colspan="3">APRECIAÇÃO DOS LAUDOS PERICIAIS</th></tr>
<tr><td colspan="2">No Brasil adota-se o sistema liberatório, segundo o qual o juiz, quando da análise do laudo, pode aceitá-lo ou rejeitá-lo, desde que fundamentadamente.</td><td>5</td></tr>
<tr><th colspan="3">EXAME DE CORPO DE DELITO</th></tr>
<tr><td colspan="2">Corpo de delito é o conjunto de vestígios materiais deixados pela infração penal. Já o exame de corpo de delito é a perícia que tem por objeto o próprio corpo de delito. Pode ser direto (os peritos dispõem do próprio corpo de delito para analisar) ou indireto (realizado com a ajuda de meios acessórios, subsidiários, pois o corpo de delito não mais subsiste para ser objeto do exame). Em não sendo possível a realização do exame, seja o direto ou o indireto, podemos nos valer da prova testemunhal para atestar a materialidade delitiva, como dispõe o art. 167 do CPP.</td><td>6</td></tr>
</table>

<table>
<tr><th colspan="3">CAPÍTULO XXI – PROVAS EM ESPÉCIE</th></tr>
<tr><th colspan="3">NECESSIDADE DO LAUDO</th></tr>
<tr><td colspan="2">Deixando a infração vestígios, a realização do exame direto ou indireto é obrigatória, podendo ser suprida, como já visto, pela utilização da prova testemunhal. A não realização da perícia implicaria nulidade absoluta, com o decreto de invalidação do processo, com a ressalva da possibilidade de utilização das testemunhas. Quanto à admissibilidade da inicial acusatória, nada impede, nas infrações que deixam vestígios, que a denúncia ou a queixa sejam recebidas sem estar acompanhadas pela prova pericial, desde que não se cuide de elemento essencial à comprovação da materialidade delitiva, que já deve acompanhar a peça vestibular. Isso se deve porque o exame pode ser realizado no curso do processo.</td><td>7</td></tr>
<tr><th colspan="3">PRESERVAÇÃO DA CADEIA DE CUSTÓDIA DOS VESTÍGIOS</th></tr>
<tr><td colspan="2">A manutenção da higidez dos elementos de prova está positivada no nosso Código, pela Lei nº 13.964/2019. No entanto, ficou restrita à prova pericial, especificamente para garantir o isolamento do vestígio coletado nos locais de crime ou nas vítimas. Pensamos, todavia, que o conceito de cadeia de custódia tem abrangência bem maior, alcançando grande leque da prova penal. Na dicção do art. 158-A, considera-se cadeia de custódia o conjunto de todos os procedimentos utilizados para manter e documentar a história cronológica do vestígio coletado em locais ou em vítimas de crimes, para rastrear sua posse e manuseio a partir de seu reconhecimento até o descarte.</td><td>8</td></tr>
<tr><td>Exame necroscópico</td><td>É o exame realizado no cadáver, objetivando a indicação da causa morte. Deve ser realizado pelo menos 6 horas depois do óbito. Contudo, havendo evidência da morte, não haverá necessidade de aguardar tal lapso temporal.</td><td>9</td></tr>
<tr><td>Exumação</td><td>Exumar significa desenterrar o cadáver, contrapondo-se à inumação, que é o seu enterro ou o sepultamento.</td><td>10</td></tr>
<tr><td>Exame de lesões corporais</td><td>As lesões corporais são classificadas em leves, graves e gravíssimas. Se o primeiro exame pericial tiver sido incompleto ou insuficiente para precisar num primeiro momento a real gravidade da lesão, será patrocinado o exame complementar de lesões corporais, dispondo os peritos do auto de corpo de delito anteriormente realizado. Sua não realização, por terem desaparecido os vestígios, pode ser suprida por prova testemunhal (art. 168, § 3º, CPP).</td><td>11</td></tr>
<tr><td>Perícia em incêndio</td><td>Os peritos devem indicar as causas do incêndio, já que diversas peculiaridades circundam a matéria.</td><td>12</td></tr>
<tr><td>Perícia laboratorial</td><td>A tecnicidade e a complexidade de alguns casos levam à necessidade do aparelhamento da polícia técnica que é chamada à realização de complexos exames.</td><td>13</td></tr>
<tr><td>Exame grafotécnico</td><td>Se presta a identificar a autoria de determinado documento, reconhecendo o responsável pelo escrito, o que se faz por comparação de letras.</td><td>14</td></tr>
<tr><td>Exame nos instrumentos da infração</td><td>Os instrumentos utilizados no crime devem ser periciados não apenas para identificação do tipo de objeto, como também quanto à eficiência, a aptidão para provocar o resultado lesivo.</td><td>15</td></tr>
</table>

CAPÍTULO XXI – PROVAS EM ESPÉCIE		
Exame na destruição ou rompimento de obstáculo e na escalada	Havendo destruição ou rompimento de obstáculo, para a caracterização da qualificadora do furto a realização da perícia é obrigatória, podendo ser suprida pelo exame de corpo de delito indireto ou, em último caso, por prova testemunhal, apenas se os vestígios tiverem desaparecido (art. 167, CPP).	**16**
Avaliação	A aferição pericial do que foi danificado, além do produto do crime, é importante tanto para a dosimetria da pena, como para a mitigação da pena do furto de pequeno valor ou para o estelionato de pequeno prejuízo.	**17**
Exame de embriaguez ao volante	Atualmente, o art. 306 do CTB prevê a figura incriminadora de conduzir veículo automotor com a capacidade psicomotora alterada em razão da influência de álcool ou de outra substância psicoativa que determine dependência. A constatação da conduta penal exige concentração igual ou superior a 6 decigramas de álcool por litro de sangue ou igual ou superior a 0,3 miligrama de álcool por litro de ar alveolar. Este o parâmetro para a realização da prova técnica, que está assentado no inciso I, do § 1º, do art. 306, do Código de Trânsito. No entanto, o inciso II, do mesmo parágrafo, considera também possível a constatação da embriaguez por sinais que indiquem alteração da capacidade psicomotora. A prova dessa alteração poderá ser obtida mediante teste de alcoolemia ou toxicológico, exame clínico, perícia, vídeo, prova testemunhal ou outros meios de prova em direito admitidos, observado o direito à contraprova. Por sua vez, a **infração criminal** se caracteriza de duas maneiras, consoante disciplina normativa emitida por aquele órgão de trânsito: (1) exame de sangue que apresente resultado igual ou superior a seis decigramas de álcool por litro de sangue; ou (2) teste de etilômetro que indique quantidade igual ou superior a 0,34 miligrama de álcool por litro de ar expirado, além dos demais procedimentos indicados no art. 306, § 2º, do CTB.	**18**
INTERROGATÓRIO DO ACUSADO		
O interrogatório é a fase da persecução penal que permite ao suposto autor da infração esboçar a sua versão dos fatos, exercendo, se desejar, a autodefesa. Quanto à natureza jurídica do ato, destacam-se as seguintes posições: a) meio de prova (é o tratamento dado pelo Código); b) meio de defesa; c) meio de prova e meio de defesa, indistintamente (é o que tem prevalecido); d) meio de defesa, primordialmente, e como meio de prova, de forma subsidiária.		**19 a 23**
NECESSIDADE E REINTERROGATÓRIO		
Durante toda a persecução penal deve ser obrigatoriamente oportunizada a realização do interrogatório. Na fase pré-processual não há interrogatório propriamente dito. A nulidade ocorre não pela não realização efetiva do ato, e sim por sua supressão arbitrária. A todo tempo o magistrado poderá proceder a novo interrogatório a re-		**24**

CAPÍTULO XXI – PROVAS EM ESPÉCIE		
querimento fundamentado das partes. Reputamos revogada a atuação de ofício do juiz, mesmo no curso de processo penal instaurado, diante do art. 3º-A, do CPP, que prevê a estrutura acusatória do processo penal brasileiro e veda que o juiz substitua o promotor de justiça na atuação probatória do órgão da acusação. Até mesmo na pendência do julgamento da apelação, poderá o tribunal, câmara ou turma proceder a novo interrogatório.		**24**
CARACTERÍSTICAS DO INTERROGATÓRIO		
O interrogatório é caracterizado por ser um ato **público**, **personalíssimo**, realizado no **local do juízo processante**, bem como regido pela **oralidade**, **individualidade**, **judicialidade** e **espontaneidade.** Nada impede que residindo o réu fora da comarca, o interrogatório seja realizado mediante precatória, ficando consignadas na carta as perguntas a serem feitas. É possível também, pela enfermidade ou velhice do interrogado, que o ato seja realizado onde este se encontre (art. 220, CPP). Ademais, a inviabilidade de deslocamento do réu também passou a ser fundamento para realização do **interrogatório por videoconferência**, nas estritas hipóteses previstas em lei. No entanto, o art. 52, VII, LEP, com redação da Lei nº 13.964/2019, prevê que o apenado incluído em regime diferenciado deve ter garantida sua participação em audiências judiciais preferencialmente por videoconferência, assegurando-se a participação do defensor no mesmo ambiente do preso.		**25 a 32**
PROCEDIMENTO DO INTERROGATÓRIO		
Preliminares do interrogatório	De início, o interrogado terá o direito de entrevistar-se reservadamente com seu defensor, caso isto ainda não tenha ocorrido. A presença do advogado passou a ser obrigatória, sob pena de nulidade absoluta do feito, em razão da ausência de defesa técnica. Na sequência, o acusado será qualificado, cientificado do teor da acusação que pesa contra si e informado do seu direito de permanecer calado, não tendo obrigação de responder as perguntas que lhe forem endereçadas. O silêncio não importa em confissão nem pode ser interpretado em prejuízo da defesa. Tem prevalecido o entendimento de que o direito ao silêncio não abrange a qualificação.	**34**
Conteúdo do interrogatório	O interrogatório está subdividido em duas partes. Na primeira etapa, o magistrado vai procurar conhecer o interrogado, individualizando-o, que traz elementos importantes para a dosimetria da pena e para aferir a coculpabilidade social pela situação de delinquência do interrogado. Já a segunda etapa destina-se à aferição dos fatos apurados no processo. É a etapa de mérito. Nela o réu poderá aceitar como verdadeira ou negar a imputação que lhe é feita. Findas as perguntas, o juiz indagará à acusação e ao defensor se restou algum ponto a ser esclarecido, oportunizando reperguntas. O interrogado não está obrigado a responder as reperguntas, inclusive aquelas que forem formuladas pelo próprio advogado. A Lei nº 11.690/08 admite a interpelação direta das testemunhas (art. 212, CPP) sem o obstáculo judicial.	**35**

CAPÍTULO XXI – PROVAS EM ESPÉCIE		
Conteúdo do interrogatório	No plenário do júri, quanto às perguntas das partes e do assistente, estas serão feitas sem intermédio do juiz presidente, numa interação direta entre o réu e os interpelantes. Os jurados, por sua vez, farão perguntas por meio do magistrado que preside o julgamento (art. 474, § 1º e § 2º, CPP).	**35**
Formalidades do interrogatório	As perguntas e respostas ficarão consignadas no termo de audiência, que todos os presentes devem assinar. Quando possível, o registro dos depoimentos será feito pelos meios ou recursos de gravação, inclusive audiovisual, destinada a obter maior fidelidade das informações.	**36**
Nomeação de curador ao réu incapaz	A figura do curador subsiste no nosso sistema de maneira restrita aos inimputáveis por doença mental ou para aqueles que não tenham plena capacidade de discernimento.	**37**
Compatibilidade com o inquérito policial	O art. 6º, V, CPP, prevê que a oitiva do indiciado será realizada nos moldes do interrogatório judicial. Entretanto, algumas regras não são aplicáveis à investigação preliminar, a exemplo da obrigatoriedade da presença do advogado, da possibilidade de reperguntas, da entrevista preliminar.	**38**
CONFISSÃO		
É a admissão por parte do suposto autor da infração, de fatos que lhe são atribuídos e que lhe são desfavoráveis.		**39**
NATUREZA JURÍDICA DA CONFISSÃO		
Meio de prova.		**40**
CLASSIFICAÇÃO DA CONFISSÃO		
Quanto ao local ou autoridade perante a qual é feita: judicial ou extrajudicial; **Quanto aos efeitos:** simples (reconhecimento puro e simples da imputação), complexa (quando o réu reconhece vários fatos criminosos que são objeto do processo) ou qualificada (o réu confessa o fato, agregando novos elementos para excluir a responsabilidade penal); **Quanto à forma:** expressa ou explícita; tácita ou ficta; implícita; **Quanto à abrangência subjetiva:** individual, exclusiva ou confissão *stricto sensu* ou delatória.		**41 a 44**
REQUISITOS DA CONFISSÃO		
Materiais ou intrínsecos da confissão: verossimilhança, certeza do julgador, clareza, persistência e coincidência; **Formais ou extrínsecos da confissão**: pessoalidade; ser expressa; ser feita à autoridade competente; ser livre e voluntária e higidez mental do confidente.		**45 e 46**
PECULIARIDADES DA CONFISSÃO		
(1) Divisibilidade: O teor da confissão pode ser desmembrado, tomado em partes, já que o magistrado pode se convencer de parte do que foi admitido, e desconsiderar o restante;		**47**

CAPÍTULO XXI – PROVAS EM ESPÉCIE	
(2) Retratabilidade: Admite a lei que o réu venha a desdizer o que afirmou como verdade anteriormente. Em o fazendo, não pode o magistrado negar a realização de novo interrogatório para esta finalidade.	**47**
VALOR PROBATÓRIO DA CONFISSÃO	
Não existe hierarquia entre as provas, sendo a confissão mais um meio probatório.	**48**
OFENDIDO	
O ofendido é o titular do direito lesado ou posto em perigo, é a vítima. Suas declarações, indicando a versão que lhe cabe dos fatos, têm natureza probatória.	**49**
REPERCUSSÕES PROCESSUAIS DAS DECLARAÇÕES DO OFENDIDO	
O ofendido, que não é testemunha, e não pode ser tratado como tal, não será compromissado a dizer a verdade, e caso falte com a mesma, não incide em falso testemunho. Entendemos que o ofendido está obrigado a comparecer sempre que devidamente intimado para o ato. Ao final das perguntas formuladas pelo magistrado ao ofendido, as partes (acusação e defesa, nesta ordem) poderão formular reperguntas. O ofendido é ouvido por iniciativa das partes ou por determinação de ofício da autoridade. A não realização do ato implica em nulidade relativa.	**50**
VALOR PROBATÓRIO DAS DECLARAÇÕES DO OFENDIDO	
Constituem meio de prova, embora devam ser analisadas com cautela.	**51**
PRERROGATIVAS DO OFENDIDO	
O CPP prevê proteção e amparo ao ofendido. Ao Estado, cabe atender não somente as pretensões materiais, mas também o resguardo individual, para que a vítima não seja atingida pelos efeitos diretos e indiretos do processo, como a exposição à mídia, traumas psicológicos, risco a integridade física, dentre outros. Vejamos as prerrogativas do ofendido. (1) Comunicação dos atos processuais relativos ao ingresso e à saída do acusado da prisão, à designação de data para audiência e à sentença e respectivos acórdãos que a mantenham ou modifiquem. (2) Comunicação dos atos do inquérito policial. (3) Lugar separado antes da audiência e durante sua realização, com o objetivo de que o ofendido tenha o mínimo de contato com o agressor, familiares do mesmo, evitando-se também, a depender da situação, o assédio da imprensa. (4) Encaminhamento judicial a atendimento multidisciplinar, especialmente nas áreas psicossocial, de assistência jurídica e de saúde. (5) Retirada do réu da sala para que o ofendido preste declarações livres de qualquer desconforto psicológico. (6) Caberá ainda ao magistrado tomar as providências necessárias "à preservação da intimidade, vida privada, honra e imagem do ofendido, podendo, inclusive, determinar o segredo de justiça em relação aos dados, depoimentos e outras informações constantes dos autos a seu respeito para evitar sua exposição aos meios de comunicação.	**52**

CAPÍTULO XXI – PROVAS EM ESPÉCIE	
PROTEÇÃO À MULHER EM SITUAÇÃO DE VIOLÊNCIA DOMÉSTICA OU FAMILIAR	
Além do dever do acusado de violência doméstica de promover ressarcimento ao SUS, pelas despesas com o tratamento à pessoa agredida, com a vedação de que seja atenuante da pena aplicada, podemos arrolar direitos assegurados à mulher em situação de violência doméstica e familiar. Ela terá direito à atendimento policial e pericial especializado, ininterrupto e prestado por servidores – preferencialmente do sexo feminino – previamente capacitados. Nessa situação, à ofendida mulher deve ser garantido o direito de salvaguarda da integridade física, psíquica e emocional. Também se protege a mulher, seus familiares e testemunhas contra o contato direto com investigados ou suspeitos e pessoas a eles relacionadas. A inquirição deve ser realizada em recinto especialmente projetado, com equipamentos próprios e adequados à idade da mulher em situação de violência doméstica e familiar ou testemunha e ao tipo e à gravidade da violência sofrida. Também a sua oitiva deve ser intermediada por profissional especializado em violência doméstica e familiar designado pela autoridade judiciária ou policial, quando o caso indicar.	**53**
TESTEMUNHAS	
Testemunha é a pessoa desinteressada que declara em juízo o que sabe sobre os fatos, em face das percepções colhidas sensorialmente. É meio de prova.	**54**
CARACTERÍSTICAS DA PROVA TESTEMUNHAL	
(1) judicialidade; (2) oralidade; (3) objetividade; (4) individualidade; (5) retrospectividade.	**55**
RECUSA E IMPEDIMENTO DA TESTEMUNHA	
A legislação indica pessoas que podem recusar-se (art. 206, CPP), em certas circunstâncias, a depor, ou até mesmo aquelas que estão impedidas de figurar como testemunhas (art. 207, CPP). Existem outras vedações, constantes de legislações esparsas.	**56**
DEMAIS VEDAÇÕES ÀS TESTEMUNHAS	
(1) os advogados estão impossibilitados de figurar como testemunha, e mesmo quando autorizados pelo interessado, poderão recusar-se. (2) os Deputados e Senadores não estão obrigados a testemunhar sobre informações recebidas ou prestadas no exercício do mandato, nem sobre pessoas que lhes confiaram ou deles receberam informações. (3) os magistrados e promotores estão impedidos de atuar na persecução penal e figurar como testemunha concomitantemente. (4) corréu também não pode ser testemunha em relação ao seu comparsa, afinal, não presta compromisso de dizer a verdade, podendo até mesmo mentir.	**57**
DEVERES DAS TESTEMUNHAS	
(1) comparecimento; (2) compromisso com a verdade; (3) informação para fácil localização.	**58**
NÚMERO DE TESTEMUNHAS	
(a) no procedimento comum ordinário: 08; (b) no procedimento sumário: 05;	**59**

CAPÍTULO XXI – PROVAS EM ESPÉCIE	
(c) no procedimento sumaríssimo: 03; (d) na segunda fase do júri: 05; (e) no procedimento da Lei de Drogas (Lei nº 11.343/2006): 05.	**59**
CLASSIFICAÇÃO	
Classificação quanto ao número de testemunhas: (1) Numerárias (arroladas pelas partes e compromissadas, integram o número legal); (2) Extranumerárias (ouvidas por iniciativa do juiz, são, de regra, compromissadas); (3) Informantes: Não prestam o compromisso de dizer a verdade. São as pessoas do art. 206 do CPP, além dos menores de quatorze anos, dos doentes e deficientes mentais. **Classificação da prova testemunhal quanto ao objeto do depoimento:** (1) Própria (ouvida acerca dos fatos delituosos); (2) Imprópria, instrumentária ou fedatária (presta depoimento sobre um ato da persecução criminal). **Classificação quanto à qualidade do testemunho:** (1) Laudadores (prestam declarações acerca dos antecedentes do infrator); (2) Da coroa (são os agentes infiltrados, virtuais ou não); (3) Inócuas (a pessoa que nada souber de aproveitável à elucidação da causa, não será computada como testemunha); (4) Vulneráveis: termo referente a pessoas que, em razão de condições físicas ou psíquicas especiais, são mais facilmente intimidadas, tais como as crianças, as pessoas com deficiência, as enfermas, as vítimas de violência do gênero e as pessoas idosas; (5) Anônima: é aquela cujos dados são colocados sob sigilo em relação ao imputado. O que se colima é acautelar a testemunha ou a vítima contra investidas do indiciado ou acusado nas hipóteses de ameaça grave ou de violência física, protegendo seus dados para que seja atingido este fim específico; (6) Ausentes: é aquela que, ouvida no curso da investigação preliminar (sem contraditório), falece sem que seja ouvida no curso do processo pelo juiz.	**60 a 62**
LUGAR DO DEPOIMENTO, PRECATÓRIA E VIDEOCONFERÊNCIA	
Correndo o processo na comarca onde a testemunha reside, deve esta comparecer à sede do juízo no dia e hora aprazados. As pessoas impossibilitadas de comparecer por enfermidade ou velhice serão ouvidas onde estiverem (art. 220, CPP). Residindo a testemunha em outra comarca, será ouvida através de carta precatória. A presença do réu na audiência perante o juízo deprecado é facultativa, e caso o advogado também não compareça, será nomeado defensor *ad hoc* para acompanhar o ato. A precatória não suspende o curso do processo. As disposições relativas ao interrogatório por videoconferência têm aplicação, no que couber, o que não dispensa o dever de emissão de carta precatória pelo juízo deprecante. Algumas pessoas, em razão do cargo que ocupam, indicadas pelo art. 221, do CPP, serão ouvidas com a prerrogativa de ajustarem previamente local, dia e hora com o magistrado, é o que ocorre, ***v.g.***, com o Presidente e Vice-Presidente da República, senadores e deputados federais, ministros de Estado, deputados estaduais, juízes, dentre outros.	**63**

<table>
<tr><th colspan="2">CAPÍTULO XXI – PROVAS EM ESPÉCIE</th></tr>
<tr><th colspan="2">TESTEMUNHO DE CRIANÇA OU DE ADOLESCENTE</th></tr>
<tr><td>Acerca do testemunho em tela, duas técnicas se distinguem:
(1) a escuta especializada, que consiste no procedimento de entrevista a respeito de situação de violência com criança ou adolescente, perante o órgão da rede de proteção, limitado o relato estritamente ao necessário para o cumprimento de sua finalidade. Cuida-se de depoimento lato sensu, isto é, prestado perante órgão que não integra o sistema de persecução penal estatal;
(2) o depoimento especial, que é o procedimento de oitiva de criança ou adolescente vítima ou testemunha de violência perante autoridade policial ou judiciária. Sobre ele, deve recair segredo de justiça. As regras seguintes, protetivas da criança, do adolescente e do ato, devem ser observadas. Necessariamente, devem ser compatibilizadas com as garantias fundamentais do acusado, em interpretação integradora, sistemática e constitucional. O procedimento do depoimento especial está regulado no art. 12, da Lei nº 13.431/2017, colmatando o rito de forma a possibilitar a garantia à prova com os direitos fundamentais dos envolvidos, evitando-se, por exemplo, induzimento de respostas</td><td>64</td></tr>
<tr><th colspan="2">TESTEMUNHO DOS MILITARES E FUNCIONÁRIO PÚBLICOS</th></tr>
<tr><td>Os militares, ao figurarem como testemunhas, serão requisitados ao seu superior hierárquico. Já os funcionários públicos, apesar da intimação pessoal ser obrigatória, têm a expedição do mandado comunicada ao chefe da repartição.</td><td>65</td></tr>
<tr><th colspan="2">PROCEDIMENTO PARA TOMAR O DEPOIMENTO TESTEMUNHAL</th></tr>
<tr><td>Inicialmente, a testemunha devidamente intimada deverá comparecer no dia e hora aprazados, podendo, para tanto, ser conduzida coercitivamente.
Não se pode presumir a má-fé da parte, e havendo certidão de que a testemunha não foi encontrada, ou que faleceu ou viajou, mesmo sem previsão legal neste sentido, entendemos que a parte deve ser intimada, e trazer, independente de intimação, a testemunha substituta para audiência de instrução.
As testemunhas serão ouvidas separadamente, além de dever ser compromissada, e advertida das penas cominadas ao falso testemunho. A testemunha não poderá invocar o direito ao silêncio, e se o fizer, responde por falso testemunho, salvo se o fato puder incriminá-la. Uma vez compromissada, a testemunha será qualificada. Havendo dúvidas quanto à identidade da testemunha, o juiz patrocinará o esclarecimento pelos meios à sua disposição, ou até mesmo socorrer-se-á à autoridade policial para tal verificação. Após a qualificação, oportuniza-se a contradita, ou seja, a impugnação da testemunha a ser ouvida.</td><td>66</td></tr>
<tr><th colspan="2">O DEPOIMENTO DA TESTEMUNHA</th></tr>
<tr><td>A forma oral é a regra, sendo facultado à testemunha consultar apontamentos.
De acordo com a nova sistemática adotada pelo art. 212, caput, CPP, entendemos que as partes deverão formular suas perguntas à testemunha em primeiro lugar. Ao juiz incumbirá, ao final, esclarecer pontos ainda não elucidados. A violação da ordem deve implicar nulidade absoluta, porque violados os princípios do contraditório, da ampla defesa e acusatório.</td><td>67</td></tr>
</table>

CAPÍTULO XXI – PROVAS EM ESPÉCIE

O sistema presidencialista, onde as perguntas eram feitas por intermédio do magistrado, fica superado, como já acontecia no júri. Entretanto, quanto aos jurados que desejem reperguntar, terão que se valer do juiz presidente como intermediário.

O exame direto e cruzado foi expressa e inteiramente adotado no nosso sistema na tomada do depoimento de testemunhas, consistindo na inquirição do depoente com perguntas diretas (da parte que arrolou – ***direct examination***) e depois com indagações cruzadas (quando a parte contrária formula suas perguntas – ***cross examination***).

O juiz não indefere pergunta das partes, salvo se "puderem induzir resposta, não tiverem relação com a causa ou importarem na repetição de outra já respondida".

A redação do depoimento, dentro do possível, deve reproduzir fielmente as expressões utilizadas pela testemunha. **67**

As declarações serão reduzidas a termo, assinado por ela, pelo magistrado e pelas partes. Caso a testemunha não saiba ou não possa assinar, um terceiro o fará por ela, depois de lido o depoimento na presença de ambos (assinatura a rogo).

Havendo receio de intimidação da testemunha, pois a presença do réu poderá causar-lhe humilhação, temor ou sério constrangimento, e desde que haja elementos robustos em tal sentido, prejudicando o próprio ato em sua veracidade, a inquirição será realizada por videoconferência, e o réu assistirá ao procedimento do estabelecimento prisional, ou de sala específica para transmissão, inclusive no próprio Fórum.

FALSO TESTEMUNHO E PRISÃO EM FLAGRANTE

Caso a testemunha faça afirmação falsa, cale ou negue a verdade, caberá ao Ministério Público, uma vez proferida sentença e constatada tal circunstância, providenciar a remessa de cópia do depoimento à autoridade policial, para que se instaure inquérito. Entendemos que essa providência, prevista no art. 211 do CPP, como de competência do juiz, esbarra na vedação de sua atuação de ofício (art. 3º-A, CPP, com redação da Lei nº 13.964/2019[88]) . Já quanto à prisão em flagrante da testemunha, prevê o parágrafo único, do art. 211, do CPP, esta possibilidade, **68** quando, após prestado o depoimento, a decisão do processo for proferida em audiência, eis que, após a sentença, a testemunha não mais poderá se retratar. Em seguida ao depoimento realizado em plenário, caso o magistrado julgue o processo, imediatamente apresentará a testemunha à autoridade policial. Isto é possível em todos os procedimentos em que o depoimento das testemunhas e a prolação da sentença são concentrados na mesma audiência.

COMPETÊNCIA PARA JULGAMENTO DO FALSO TESTEMUNHO

O juízo competente para julgar o falso é o do local da consumação do delito (art. 70, CPP). Se o depoimento é prestado por carta precatória, a competência firma-se no juízo deprecado. Já no falso praticado perante a Justiça do Trabalho, o STJ editou a **69** súmula nº 165, assegurando competir à justiça federal processar e julgar crime de falso testemunho cometido no processo trabalhista.

88. Dispositivo com eficácia suspensa, nos termos de decisão monocrática do Supremo Tribunal Federal (STF – ADI 6298/DF – Medida Cautelar – Rel. Min. Luiz Fux – 22 jan. 2020).

<table>
<tr><th colspan="3">CAPÍTULO XXI – PROVAS EM ESPÉCIE</th></tr>
<tr><th colspan="3">PROTEÇÃO À TESTEMUNHA</th></tr>
<tr><td colspan="2">A Lei nº 9.807/1999 instituiu o Programa Federal de Assistência a Vítimas e Testemunhas Ameaçadas, que é estendido também a infratores que tenham colaborado com a persecução penal.</td><td>70</td></tr>
<tr><th colspan="3">VALOR PROBATÓRIO</th></tr>
<tr><td colspan="2">Sendo meio probatório como outro qualquer, o valor da prova testemunhal é relativo.</td><td>71</td></tr>
<tr><th colspan="3">RECONHECIMENTO DE PESSOAS E COISAS</th></tr>
<tr><td colspan="2">Eventualmente pode ser fundamental para o deslinde da causa que algum objeto, ou alguém vinculado direta ou indiretamente ao evento delitivo, seja reconhecido. O reconhecimento tem natureza jurídica de meio de prova.</td><td>72</td></tr>
<tr><th colspan="3">RECONHECIMENTO DE PESSOAS</th></tr>
<tr><td colspan="2">Tem por finalidade identificar o acusado, o ofendido ou testemunhas.</td><td>73</td></tr>
<tr><td>Procedimento do reconhecimento de pessoas</td><td>O reconhecimento pode ser determinado na fase preliminar ou processual:
a pessoa a fazer o reconhecimento primeiramente descreverá a pessoa a ser reconhecida;
a seguir, e se for possível, a pessoa a ser reconhecida é colocada ao lado de outras de semelhantes características;
a pessoa a reconhecer é convidada a apontar a pessoa a ser reconhecida. Havendo mais de uma pessoa para realizar o reconhecimento, deverão fazê-lo separadamente, evitando-se comunicação entre elas. Isto se deve para impedir a influência que um reconhecedor possa realizar no outro, maculando o procedimento;
por fim, procede-se à lavratura de auto pormenorizado, subscrito pela autoridade, pela pessoa que realizou o reconhecimento e por duas testemunhas presenciais.</td><td>74</td></tr>
<tr><td>Intimidação</td><td>Havendo receio de intimidação, a autoridade providenciará para que o reconhecendo não veja o reconhecido. Essa estratégia não se aplica em juízo, pois violaria o princípio da publicidade.</td><td>75</td></tr>
<tr><th colspan="3">RECONHECIMENTO FOTOGRÁFICO E FONOGRÁFICO</th></tr>
<tr><td colspan="2">O reconhecimento através de fotografia tem se tornado expediente comum. Os álbuns realizados pela polícia remontam verdadeiro acervo de identificação de infratores. É prova inominada, admitida pela jurisprudência, e pode ser utilizada, desde que corroborado por outros elementos de prova, em face de sua precariedade. Deve obedecer, por analogia, às regras do reconhecimento de pessoas.</td><td>76</td></tr>
<tr><td colspan="2">Já o retrato falado, que é construído pelas informações prestadas ao expert por pessoa que tenha visto o infrator, em razão de sua evidente fragilidade, não é meio de prova, servindo apenas para auxiliar as investigações.
Quanto ao reconhecimento pela voz (clichê fônico), este pode ser também uma ferramenta importante.</td><td>76</td></tr>
</table>

CAPÍTULO XXI – PROVAS EM ESPÉCIE	
RECONHECIMENTO DE COISAS	
O reconhecedor narra o objeto a ser identificado; este será colocado, se possível, ao lado de outros com características similares; de tudo será lavrado termo circunstanciado assinado pelo reconhecedor, pela autoridade, e por duas testemunhas.	**77**
ACAREAÇÃO	
Acarear ou acaroar é pôr em presença, uma da outra, face a face, pessoas cujas declarações são divergentes. Ocorre entre testemunhas, acusados e ofendidos.	**78**
PRESSUPOSTOS DA ACAREAÇÃO	
São pressupostos para que a acareação seja realizada: (1) que as pessoas já tenham prestado declarações; (2) existência de divergência no relato das pessoas, sobre fatos ou circunstâncias relevantes.	**79**
PROCEDIMENTO DA ACAREAÇÃO	
Os acareados serão reperguntados, para que expliquem os pontos de divergência, podendo então modificar ou confirmar as declarações anteriores, realizando-se assim o termo. Existe ainda a possibilidade de acareação por precatória.	**80**
VALOR PROBATÓRIO DA ACAREAÇÃO	
É um meio probatório como qualquer outro, tendo valor relativo.	**81**
DOCUMENTOS	
Na concepção restrita dada pelo *caput* do art. 232 do CPP, consideram-se documentos quaisquer escritos, instrumentos ou papéis, públicos ou particulares. Já na concepção ampla, que é a atual, em face da interpretação progressiva da lei, considera-se documento qualquer objeto representativo de um fato ou ato relevante.	**82**
ESPÉCIES DE DOCUMENTOS	
(1) particular (produzido por particular, ou elaborado por funcionário público que não esteja no exercício de suas funções); (2) público (elaborado por funcionário público no exercício funcional); (3) original (escrito na fonte originariamente produtora); (4) cópia (é a reprodução do documento original); (5) nominativo (contém o seu autor); (6) anônimo (não contempla a indicação do responsável); (7) escrito (meio de formação do documento que toma corpo em papel escrito); (8) gráfico (o documento de forma através de fatos ou ideias representadas por sinais, a exemplo de desenhos gráficos ou esquemas); (9) digital (os documentos constituídos por intermédio de meios eletrônicos e *softwares* – inserido no conceito de documento em sentido amplo); (10) direto (documento que representa de forma direta a coisa que pretende demonstrar, tal como a fotografia); (11) indireto (documento que é criado pela mente de seu autor, tal como uma pintura); (12) instrumental, probatório em sentido estrito ou escrito *ad probationem* (é o documento pré-constituído, produzido com o cunho de servir de prova de um fato);	**83**

CAPÍTULO XXI – PROVAS EM ESPÉCIE	
(13) eventual ou acidental (é aquele que foi produzido sem que houvesse motivação para servir de prova de determinado fato, mas que, naturalmente, pode ser plenamente usado para fins probatórios).	**83**
REQUISITOS DOS DOCUMENTOS	
Verdade (constatação do que se expõe no documento) e autenticidade (identificação de quem produziu o documento).	**84**
PRODUÇÃO DA PROVA DOCUMENTAL	
Como regra, os documentos podem ser apresentados em qualquer fase do processo, de forma espontânea ou provocada. Em homenagem à tutela da correspondência, veda-se o lançamento aos autos das cartas particulares interceptadas ou obtidas por meios criminosos (art. 233, CPP). Nem precisava haver tal previsão, afinal, a interceptação da correspondência caracteriza prova ilícita, impedindo a utilização, salvo nas hipóteses excepcionais amparadas pelo princípio da proporcionalidade (*pro reo*). Já o destinatário da carta poderá exibi-la em juízo para defesa de seu direito, independente da aquiescência do remetente (art. 233, parágrafo único, CPP).	**85**
TRADUÇÃO DO DOCUMENTO	
Quando o documento é produzido em língua estrangeira, pode ser imediatamente lançado aos autos, e, se necessário, será traduzido por tradutor oficial ou pessoa nomeada pela autoridade para tal fim. Caso o documento seja realmente utilizado, entendemos que a necessidade de tradução é presumida, pois mesmo que as partes e a autoridade dominem a língua estrangeira, a publicidade dos autos e a necessidade de acessibilidade do conteúdo assim o exigem.	**86**
RESTITUIÇÃO DE DOCUMENTOS	
Os documentos originais, encerrado o processo e não havendo motivos para que permaneçam nos autos, podem ser restituídos, ficando retidas cópias, desde que patrocinada a oitiva do Ministério Público.	**87**
INDÍCIOS E PRESUNÇÕES	
O indício é a circunstância conhecida e provada, que tendo relação com o fato, autoriza, por indução, concluir-se a existência de outra ou outras circunstâncias. Já a presunção é o conhecimento daquilo que normalmente acontece.	**88**
CLASSIFICAÇÃO DOS INDÍCIOS E DAS PRESUNÇÕES	
Quanto aos indícios temos: (a) indício positivo (indica a presença do fato ou elemento que se quer provar) ou (b) indício negativo (alimenta a impossibilidade lógica do fato alegado e que se deseja provar). Quanto às presunções: (a) *hominis* (é a presunção ordinária, da vida cotidiana) ou (b) *juris* (é aquela que está normatizada). Esta última ainda se divide em relativa ou *juris tantum*, quando o fato estabelecido como verídico admite prova em contrário e absoluta ou *juris et de jure*.	**89**
VALOR PROBATÓRIO	
Estamos diante de prova indireta, que exige uma ilação para que se chegue à determinada conclusão, mas nem por isso de menor importância do que as demais provas, indiretas ou não. Tem valor relativo como todas as demais, podendo lastrear validamente sentença condenatória ou absolutória.	**90**

92. SÚMULAS DO STJ

74. Para efeitos penais, o reconhecimento da menoridade do réu requer prova por documento hábil.

165. Compete à Justiça Federal processar e julgar crime de falso testemunho cometido no processo trabalhista.

273. Intimada a defesa da expedição da carta precatória, torna-se desnecessária intimação da data da audiência no juízo deprecado.

500. A configuração do crime do art. 244-B do ECA independe da prova da efetiva corrupção do menor, por se tratar de delito formal.

502. Presentes a materialidade e a autoria, afigura-se típica, em relação ao crime previsto no art. 184, § 2º, do CP, a conduta de expor à venda CDs e DVDs "piratas".

522. A conduta de atribuir-se falsa identidade perante autoridade policial é típica, ainda que em situação de alegada autodefesa.

591. É permitida a prova emprestada no processo administrativo disciplinar, desde que devidamente autorizada pelo juízo competente e respeitados o contraditório e a ampla defesa.

630. A incidência da atenuante da confissão espontânea no crime de tráfico ilícito de entorpecentes exige o reconhecimento da traficância pelo acusado, não bastando a mera admissão da posse ou propriedade para uso próprio.

636. A folha de antecedentes criminais é documento suficiente a comprovar os maus antecedentes e a reincidência.

93. SÚMULAS DO STF

155. É relativa a nulidade do processo criminal por falta de intimação da expedição de precatória para inquirição de testemunha.

352. Não é nulo o processo penal por falta de nomeação de curador ao réu menor que teve a assistência de defensor dativo.

361. No processo penal, é nulo o exame realizado por um só perito, considerando-se impedido o que tiver funcionado, anteriormente, na diligência de apreensão.

94. QUESTÕES DE CONCURSOS PÚBLICOS

01. (2019 – VUNESP – TJ-RJ – Juiz Substituto) A doutrina denomina "confissão qualificada" aquela em que o acusado

a) admite a prática criminosa, mas alega, em sua defesa, alguma causa que o beneficia, como uma excludente de ilicitude.

b) não só confessa os fatos cometidos por si, mas também aponta os demais coautores ou partícipes da empreitada criminosa.

c) fica em silêncio; contudo, tal modalidade não fora recepcionada pela Constituição de 1988, que garante nenhum prejuízo ao acusado nesses casos.

d) colabora ativamente com a apuração do crime, inclusive interrompendo ou impedindo que os fatos se consumem.

e) se retrata da negativa dos fatos ocorrida perante a autoridade policial e admite-os espontaneamente perante o magistrado.

02. (2019 – MPE-GO – Promotor de Justiça) Jeremy Bentham dizia que" as testemunhas são os olhos e os ouvidos da Justiça ", afirma que revela a importância da prova testemunhal, notadamente porque È ela, no mais das vezes, que respalda uma sentença condenatória. Sobre a temática da prova testemunhal, assinale a alternativa incorreta:

a) Não obstante o teor da Súmula n.455/STJ ("a decisão que determina a produção antecipada de provas com base no art. 366 do CPP deve ser concretamente fundamentada, não justificando unicamente o mero decurso de tempo"), tem o STJ reconhecido que não há como negar o concreto risco de perecimento da prova testemunhal, tendo em vista a alta probabilidade de esquecimento dos fatos distanciados do tempo de sua prática, sendo que detalhes relevantes ao deslinde dos fatos narrados na denúncia poderão ser perdidos com o decurso do tempo. Assim, a referida Corte tem decidido que é válida a decisão que determina a produção antecipada de provas fundamentada na possibilidade de perecimento da prova testemunhal, tanto pelo decurso de tempo, quanto pela perda da qualidade da prova prestada pelos policiais, dada a vivência de situações tão semelhantes no dia a dia.

b) O STF tem precedente no sentido de que a antecipação da prova testemunhal configura medida necessária, pela gravidade do crime e possibilidade concreta de perecimento, haja vista que as testemunhas poderiam se esquecer de detalhes importantes dos fatos em decorrência do decurso do tempo.

c) Segundo entendimento dominante no STJ, os depoimentos dos policiais responsáveis pela prisão em flagrante não são meios idôneos e suficientes para respaldar uma sentença condenatória, tendo em vista que eles têm, naturalmente, interesse na condenação, até mesmo para legitimar a atuação policial, sendo, assim, parciais em seus depoimentos.

d) Se o juiz verificar que a presença do réu poder· causar humilhação, temor, ou sério constrangimento à testemunha ou ao ofendido, de modo que prejudique a verdade do depoimento, farão a inquirição por videoconferência e, somente na impossibilidade dessa forma, determinar· a retirada do réu, prosseguindo na inquirição, com a presença de seu defensor.

03. (2019 – FGV – MPE RJ – Oficial do Ministério Público) Caio, técnico de notificações do Ministério Público do Estado do Rio de Janeiro, compareceu à residência de Lúcia para entregar uma notificação para comparecer ao Ministério Público para oitiva em procedimento em que se investigava a prática do crime de lesão corporal qualificada no contexto de violência doméstica e familiar contra a mulher. Quando estava no local, Caio foi surpreendido por presenciar o exato momento em que Matheus, marido de Lúcia, desferia golpes contra a cabeça da esposa, causando-lhe lesões graves. Vizinhos informaram o ocorrido a policiais, que realizaram a prisão do autor do fato. Matheus foi denunciado pela prática do crime de lesão corporal grave praticada no contexto de violência doméstica e familiar contra a mulher, cuja pena máxima em abstrato ultrapassa 6 (seis) anos de reclusão.

Foram arroladas na denúncia, pelo Ministério Público, oito testemunhas de acusação, inclusive Caio, além da vítima Lúcia, que continua convivendo com o denunciado.

Com base apenas nas informações expostas, é correto afirmar que:

a) não poderá o Ministério Público ouvir todas as testemunhas arroladas, tendo em vista que Lúcia deverá ser computada no número máximo de testemunhas a serem incluídas no rol oferecido quando da denúncia;
b) poderá Caio ser obrigado a prestar declarações, mas não será firmado compromisso de dizer a verdade, uma vez que só teve conhecimento dos fatos quando exercia sua função pública;
c) poderá Caio ser obrigado a prestar declarações e será firmado compromisso de dizer a verdade, devendo sua oitiva ser realizada antes das testemunhas de defesa;
d) não poderá Caio ser obrigado a prestar declarações, tendo em vista que só teve conhecimento dos fatos no exercício da sua função pública;
e) poderá Lúcia se recusar a depor, mas, uma vez aceitando prestar declarações, será firmado compromisso de dizer a verdade.

04. (2019 – VUNESP – TJ RO – Juiz de Direito Substituto) Tendo em conta as disposições do Código de Processo Penal relacionadas à prova, exame de corpo e delito e perícias em geral, assinale a alternativa correta.

a) As partes poderão apresentar quesitos para que os peritos respondam, por escrito, em laudo complementar, inexistindo previsão, contudo, para requerer a oitiva deles, em audiência.
b) Negando a pessoa a quem se atribui o escrito de fornecer material para comparação, o exame grafotécnico somente poderá ser realizado com base em documentos que contem com reconhecimento judicial de terem partido do seu punho.
c) Não se admite a indicação pela parte de mais de um assistente técnico por perícia.
d) Nas perícias de laboratórios, os laudos obrigatoriamente devem ser ilustrados com fotografias, desenhos ou esquemas, sendo ainda exigido que os peritos guardem material suficiente para eventual contraprova.
e) O Juiz pode rejeitar a perícia requerida pelas partes, quando se mostrar irrelevante para o deslinde da causa.

05. (2019 – VUNESP – TJ RO – Juiz de Direito Substituto) Tício, preso preventivamente por roubo qualificado, foi interrogado por videoconferência. O estabelecimento em que foi recolhido não dispunha de sala própria que garantisse a segurança do juiz e dos demais serventuários. O Juiz, sem motivar a decisão, determinou a realização de interrogatório de Tício, por videoconferência, intimando as partes da decisão, com antecedência de 10 (dez) dias. No dia designado, o defensor do réu acompanhou o ato da sala de audiência do Fórum. Não houve qualquer defensor acompanhando Tício na sala do estabelecimento prisional. Tício e seu advogado também não tiveram entrevista prévia ao interrogatório. Iniciado o ato, o juiz indagou a Tício se ele teve assegurado o direito de entrevista prévia com o defensor e, em caso negativo, se desejava realizar contato telefônico, em linha telefônica própria, com o advogado, no que ele afirmou ter sido suficientemente orientado por seu defensor, em diversas outras oportunidades, seguindo-se o interrogatório. Diante da situação hipotética, assinale a alternativa correta.

a) As partes devem ser intimadas da decisão que determinar a realização do interrogatório do réu por videoconferência com antecedência de 15 (quinze) dias, cuja inobservância implica nulidade do ato.
b) O interrogatório por videoconferência de réu preso não pode ser determinado de ofício pelo Juiz, mas somente após pedido da autoridade administrativa responsável pela unidade prisional.
c) O interrogatório por videoconferência, estando o réu preso por crime que envolve violência, é regra, sendo dispensável motivação pelo Juiz.
d) O interrogatório por videoconferência, por ser medida excepcional, exige fundamentação idônea.
e) O interrogatório por videoconferência de réu preso não prevê a garantia de entrevista prévia com o defensor do acusado, inexistindo, portanto, qualquer violação ao princípio da ampla defesa.

95. GABARITO ANOTADO

01 – A

Vide:

- Art. 23, CP.
- Confissão qualificada.
- Súmula 545, STJ.

02 – C

Vide:

- "O depoimento dos policiais prestado em juízo constitui meio de prova idôneo a resultar na condenação do paciente, notadamente quando ausente qualquer dúvida sobre a imparcialidade das testemunhas, cabendo à defesa o ônus de demonstrar a imprestabilidade da prova, fato que não ocorreu no presente caso". (STJ, HC 165.561/AM, Rel. Ministro NEFI CORDEIRO, SEXTA TURMA, julgado em 02/02/2016, DJe15/02/2016).
- STF. 2ª Turma. HC 130038/DF, Rel. Min. Dias Toffoli, julgado em 3/11/2015. Info 806). STJ. 3ª Seção. RHC 64.086-DF, Rel. Min. Nefi Cordeiro, Rel. para acórdão Min. Rogério Schietti Cruz, julgado em 23/11/2016 (Info 595)

03 – C

Vide:

- Art. 202, CPP.
- Art. 206, CPP.
- Art. 207, CPP.
- Art. 208, CPP.
- Art. 222, CPP.

04 – E

Vide:

- Art. 159, CPP.
- Art. 184, CPP.

05 – D

Vide:

- Art. 185, CPP.

96. QUESTÕES DISCURSIVAS COM COMENTÁRIOS

01. (CESPE – Promotor de Justiça – SE/2010) Art. 212. As perguntas serão formuladas pelas partes diretamente à testemunha, não admitindo o juiz aquelas que puderem induzir a resposta, não tiverem relação com a causa ou importarem na repetição de outra já respondida.

Tendo como referência inicial o artigo do Código de Processo Penal acima transcrito, redija um texto dissertativo a respeito do sistema processual penal adotado no Brasil e das possíveis nulidades que podem ocorrer em caso de violação a esse modelo. Em seu texto aborde, necessariamente, os seguintes aspectos:

- ordem de formulação de perguntas às testemunhas no procedimento comum ordinário;
- tipo de nulidade em caso de inobservância, pelo magistrado, da ordem de inquirição das testemunhas, segundo o posicionamento do Superior Tribunal de Justiça.

Resposta

No procedimento comum ordinário, o sistema seguido atualmente é o da cross examination e o da direct examination. Vale dizer, as perguntas são formuladas diretamente pelas partes e de forma cruzada (primeiramente pergunta a parte que arrolou, em seguida inquire a parte adversa), não mais subsistindo o sistema presidencialista, que determinava que as perguntas fossem realizadas por intermédio do juiz presidente e que este "reperguntasse" ao depoente.

Tratando-se de testemunha arrolada pelo Ministério Público, as perguntas são formuladas de acordo com a seguinte ordem: Ministério Público, assistente do Ministério Público (se houver habilitado nos autos), defesa do acusado e, por último, juiz. A situação se inverte quando a testemunha foi arrolada pela defesa. Tratando-se de testemunha referida, cuja oitiva tenha sido determinada pelo juízo, o magistrado inicia as perguntas.

O STJ entende que a violação da ordem legal para a formulação de perguntas às testemunhas é causa de nulidade de natureza relativa, carecendo de alegação oportuna e demonstração de prejuízo.

Capítulo XXII

Meios de Obtenção de Prova

Sumário • 1. Introdução – 2. Busca e apreensão – 3. Iniciativa da busca e apreensão – 4. Objeto da busca e apreensão – 5. Momento da busca e apreensão – 6. Espécies de busca – 7. Busca domiciliar – 8. Requisitos do mandado de busca e apreensão – 9. Execução da medida de busca e apreensão – 10. Duração da diligência de busca e apreensão – 11. Busca e apreensão em repartição pública – 12. Busca e apreensão em escritório de advocacia – 13. Diligência de busca e apreensão em território diverso da autoridade – 14. Descoberta de outros elementos de prova durante a busca e apreensão – 15. Desvio de finalidade da busca e apreensão – 16. Justa causa visível na busca e apreensão – 17. Busca pessoal – 18. Meios de obtenção de prova aplicáveis ao controle da criminalidade organizada – 19. Colaboração premiada – 20. Captação ambiental de sinais eletromagnéticos, ópticos ou acústicos – 21. Ação controlada – 22. Acesso a registros de ligações telefônicas e telemáticas, a dados cadastrais constantes de bancos de dados públicos ou privados e a informações eleitorais ou comerciais – 23. Interceptação de comunicações telefônicas e telemáticas – 24. Afastamento dos sigilos financeiro, bancário e fiscal, nos termos da legislação específica – 25. Infiltração de policiais em atividade de investigação – 26. Infiltração virtual de agentes – 27. Cooperação entre instituições e órgãos federais, distritais, estaduais e municipais na busca de provas e informações de interesse da investigação ou da instrução criminal – 28. Prova indiciária e agente infiltrado – 29. Prova indiciária e testemunha por ouvir dizer (hearsay witness) – 30. Valor probatório do depoimento do agente infiltrado e da hearsay testimony – 31. Tutela do sigilo das comunicações – 32. Interceptação telefônica – 33. Escuta telefônica – 34. Gravação telefônica – 35. Registro telefônico – 36. Captação ambiental – 37. Captação ambiental de advogados no exercício da advocacia – 38. Gravação ambiental – 39. Interceptação do fluxo de comunicações em sistemas de informática e de telemática – 40. Sigilo do smartphone e de aplicativos de conversas digitais – 41. Segredo telefônico e dimensões probatórias (gerações de provas ou Trilogia Olmstead-Katz-Kyllo) – 42. Sigilo de dados – 43. Sigilo fiscal – 44. Sigilo bancário – 45. Sigilo financeiro – 46. Compartilhamento de informações – 47. Iniciativa à interceptação das comunicações telefônicas – 48. Procedimento e limites à interceptação de comunicações telefônicas – 49. Fundamentação, prazo e renovação da interceptação telefônica – 50. Prazo e renovação da captação ambiental – 51. Condução da interceptação e acompanhamento pelo Ministério Público – 52. Transcrição da gravação e auto circunstanciado – 53. Inutilização de gravação – 54. Cooperação Jurídica Internacional para produção probatória – 55. Quadro sinótico – 56. Súmulas do STJ – 57. Súmulas do STF – 58. Questões de concursos públicos – 59. Gabarito anotado – 60. Questões discursivas com comentários

1. INTRODUÇÃO

Reservamos o presente capítulo aos instrumentos probatórios que não que não se enquadram, perfeitamente, na moldura do conceito de prova em sentido escrito. Estudaremos, então, os meios que servem à obtenção de elementos que poderão servir como prova. Consistem em provas em sentido mais remoto ou, em certas hipóteses, fontes de prova ou técnicas especiais de investigação. Ao juiz, caberá atribuir o devido valor, sempre mais relativo, aos resultados obtidos por intermédio dos meios de obtenção de provas.

2. BUSCA E APREENSÃO

A busca tem por objetivo encontrar objetos ou pessoas, ao passo que a apreensão é a medida que a ela se segue. Temos que distinguir os institutos: a busca é a procura, a diligência que objetiva encontrar o que se deseja, ao passo que a apreensão é medida de constrição, para acautelar, pôr sob custódia determinado objeto ou pessoa.

Nada impede que exista busca sem apreensão, e vice-versa. Na primeira hipótese, a diligência pode ser frustrada, não se encontrando o que se procura, ou ter simplesmente o objetivo de identificar determinada circunstância, como, por exemplo, gravar imagens de um determinado local. Já a apreensão também pode ser realizada sem a prévia busca, quando, por exemplo, o objeto é entregue voluntariamente à autoridade.

Quanto à natureza jurídica, os institutos são tratados pela legislação como meio de prova. Contudo, como assevera Marcellus Polastri Lima, "apesar do Código de Processo Penal a classificar como meio de prova, a busca e apreensão, com finalidade de preservar elementos probatórios ou assegurar reparação do dano proveniente do crime, ontologicamente, não é prova, tendo, ao contrário, a natureza jurídica de medida cautelar que visa à obtenção de uma prova para o processo, com o fim, portanto, de assegurar a utilização do elemento probatório no processo ou evitar o seu perecimento"[1].

Neste cotejo, entendemos que a busca e a apreensão podem figurar, cada uma de per si, a depender da finalidade pretendida com o ato:

(1) como **meio de prova**: quando o fim da apreensão for previamente definido e consistir no objeto material do delito. Exemplo: a apreensão da substância entorpecente para a configuração do delito de tráfico;

(2) como **meio de obtenção de prova**: quando a busca e apreensão se destinar não a produzir a prova em si, mas a apreender as provas, tal como se dá com a apreensão de documentos. A busca e a apreensão, neste caso, é o meio para a obtenção da prova (o documento);

(3) como medida instrumental, **cautelar probatória**: quando o ato, em seu aspecto processual, for revestido de urgência (*fumus boni iuris* e *periculum in mora*) e visar assegurar que seja viabilizada produção probatória que, sem o seu deferimento, não seria possível (necessidade).

3. INICIATIVA DA BUSCA E APREENSÃO

De acordo com o art. 142, do CPP, a busca e apreensão poderá ser determinada de ofício pela autoridade ou a requerimento das partes. Entendemos que não mais deve ser permitido ao juiz determinar providências probatórias de ofício, eis que ele não deve exercer produção de prova como substituto do órgão acusador (art. 3º-A, do CPP[2]), em respeito ao sistema acusatório constitucional.

1. LIMA, Marcellus Polastri. *A tutela cautelar no processo penal*. Rio de Janeiro: Lumen Juris, 2005. p.134.
2. Dispositivo com eficácia suspensa, nos termos de decisão monocrática do Supremo Tribunal Federal (STF – ADI 6298/DF – Medida Cautelar – Rel. Min. Luiz Fux – 22 jan. 2020).

Como adverte Cleonice Bastos Pitombo, em razão "da vigente Constituição, apenas a autoridade judiciária pode determinar a realização da busca processual penal (art. 241, CPP, c/c o art. 5º, XI, CF/1988). Nenhuma outra autoridade, ainda que investida de poderes excepcionais de investigação, poderá expedir mandado de busca. Não podem determinar a busca e apreensão a autoridade policial (civil ou militar); o presidente da comissão parlamentar de inquérito; o Ministério Público. Podem, entretanto, pedir a restrição ao direito fundamental ao poder judiciário"[3].

Certamente, a busca e apreensão domiciliar está adstrita a cláusula de reserva jurisdicional, cabendo privativamente ao judiciário a expedição do mandado. Afora esta hipótese, não havendo possibilidade de violação domiciliar, outras autoridades podem determinar a medida, como na hipótese da busca pessoal, que poderá ser determinada pela autoridade policial. Prevê o art. 6º, inciso II, do CPP, que tendo a autoridade policial conhecimento da infração, deverá apreender os objetos que tiverem relação com a infração, após liberados pelos peritos. Ora, a autoridade irá atuar de ofício, não carecendo de ordem do magistrado para tanto.

4. OBJETO DA BUSCA E APREENSÃO

Os objetos e pessoas suscetíveis de busca e apreensão estão indicados no art. 240, do CPP, de forma não exaustiva, em que pese a amplitude do dispositivo. O § 1º trata da busca e apreensão domiciliar, enquanto que o § 2º aborda a busca e apreensão pessoal. Desta forma, a busca e apreensão domiciliar se presta para:

(1) prender criminosos: deve a ordem de prisão constar do próprio texto do mandado (art. 243, § 1º, CPP). Normalmente, até pelas formalidades para que a prisão seja realizada, expede-se documento em separado;

(2) apreender coisas achadas ou obtidas por meios criminosos: coisas achadas são aquelas eventualmente encontradas e que são importantes para o desvendamento do fato. Têm, assim, vínculo probatório. Já as coisas obtidas por meios criminosos devem ser arrecadadas para evitar o locupletamento ilícito, viabilizando também a indenização das possíveis vítimas;

(3) apreender instrumentos de falsificação ou contrafação ou objetos falsificados ou contrafeitos: a norma autoriza não só a busca e apreensão dos instrumentos utilizados para a realização da falsificação ou da contrafação (imitação com aparência de verdadeira), como também os objetos fruto da conduta criminosa;

(4) apreender armas e munições, instrumentos utilizados na prática de crime ou destinados a fim delituoso: admite-se a captação dos objetos especialmente utilizados para o ataque ou para a defesa, que são as armas próprias, ou seja, confeccionadas com esta finalidade. Podem ainda ser utilizadas armas impróprias ou acidentais, que são objetos que não têm especialmente esta finalidade, como uma picareta ou um facão, mas que também servem como instrumento do crime. Já a munição é o objeto de alimentação, de suprimento da arma, como a pólvora ou os cartuchos. Os instrumentos utilizados para

3. PITOMBO, Cleonice Bastos. *Da busca e da apreensão no processo penal*. 2. ed. São Paulo: RT, 2005. p. 186-187.

a prática da infração serão periciados para verificação da natureza e eficiência (art. 175, CPP), servindo, em si, como meio de prova;

(5) Descobrir objetos necessários à prova da infração ou à defesa do réu: para descortinar a verdade, são infindáveis os elementos que podem servir como prova, sendo passíveis da medida, a exemplo de papeis, fotografias, roupas sujas de sangue, dentre outros;

(6) Apreender cartas, abertas ou não, destinadas ao acusado ou em seu poder, quando haja suspeita de que o conhecimento do seu conteúdo possa ser útil à elucidação do fato: as cartas, uma vez abertas, são documento como outro qualquer, podendo validamente ser apreendidas, se importarem à elucidação do fato. Já as cartas lacradas, em razão da blindagem prevista no art. 5º, inciso XII, da CF/1988, instituindo a inviolabilidade do sigilo da correspondência, não podem ser passíveis de tal medida. A sua apreensão ou interceptação não devem ser admitidas, e se isto ocorrer, a prova é flagrantemente ilícita. Destaque-se, contudo, já se admitiu a violação da correspondência dos presidiários pela administração penitenciária, sob o fundamento de que o direito ao sigilo não pode ser invocado para a prática de infrações por parte daquele que está preso. Em última análise, na ponderação de interesses, entendeu o STF, nos autos do HC 70.814/SP, valendo-se da proporcionalidade, que direito ao sigilo não é absoluto, podendo ceder em circunstâncias excepcionais. A Lei nº 13.964/2019 encampou essa possibilidade, prevendo, para os presos incluídos no regime disciplinar diferenciado, a fiscalização do conteúdo da correspondência; e, para os inseridos em estabelecimentos penais federais de segurança máxima, o monitoramento de todos os meios de comunicação, inclusive de correspondência escrita;

(7) Apreender pessoas vítimas de crime: o objetivo é restituir a liberdade daquele que a teve cerceada em razão da infração, como no sequestro ou no cárcere privado;

(8) Colher qualquer elemento de convicção: previsão de ordem residual, preocupada em permitir que a autoridade determine a diligência para captação de qualquer outro elemento ou constatação de evidência de natureza probatória, como um tapete com manchas de sangue, um absorvente descartado que viabilize a realização de exame de DNA etc.

Já a busca e apreensão pessoal objetiva apreender arma proibida, além de se estender a todos os itens anteriores, ressalvados os de número "1" e "7" (art. 240, parágrafo 2º, CPP). Lembramos que os elementos obtidos devem ser preservados, segundo as regras de preservação da cadeia de custódia do vestígio, positivadas nos arts. 158-A a 158-F. do CPP, acrescidos pela Lei nº 13.964/2019.

5. MOMENTO DA BUSCA E APREENSÃO

Existe ampla liberdade temporal para a realização da medida, que pode ocorrer antes do início formal da persecução penal, quando, por exemplo, é aprendida substância entorpecente em *blitz*, sem sequer ter sido instaurado inquérito policial. Da mesma forma, tem cabimento durante a investigação preliminar, no curso da instrução processual, na fase recursal, onde o tribunal, no julgamento da apelação, poderá determinar a realização da diligência (art. 616, CPP), ou até mesmo na fase executória.

6. ESPÉCIES DE BUSCA

As repercussões processuais do instituto são distintas, a depender do tipo de diligência: se **domiciliar** ou **pessoal**. Senão vejamos.

7. BUSCA DOMICILIAR

Prevê a Constituição Federal, no art. 5º, inciso XI, que a casa é asilo inviolável do indivíduo, ninguém podendo nela penetrar sem consentimento do morador, salvo em caso de flagrante delito ou desastre, ou para prestar socorro, ou durante o dia, por determinação judicial.

Logo, durante a noite, admite-se o ingresso domiciliar:

(1) com o consentimento do morador;

(2) na hipótese de flagrante;

(3) desastre;

(4) para prestar socorro.

Já durante o dia, que é o intervalo que vai das **seis** às **dezoito horas**, no horário local, com a incidência das alterações pelo horário de verão, simbolizando justamente o período de atividade, de labor, distinto da noite, que é o momento de descanso, soma-se, além das hipóteses anteriores, a possibilidade do cumprimento de mandado judicial.

Precisamos compatibilizar essas regras com o tipo penal que incrimina, como abuso de autoridade, no art. 22, *caput*, da Lei nº 13.869/2019, a conduta de quem invadir ou adentrar, clandestina ou astuciosamente, ou à revelia da vontade do ocupante, imóvel alheio ou suas dependências, ou nele permanecer nas mesmas condições, sem determinação judicial ou fora das condições estabelecidas em lei. É que, na dicção do seu § 1º, inciso III, incorre naquela figura típica quem cumpre mandado de busca e apreensão domiciliar após as **vinte e uma horas** ou antes das **cinco horas**.

Vale dizer, a anuência de quem reside na casa não será suficiente para permitir diligência de cumprimento de mandado de busca e apreensão entre as 21 horas e as 5 horas. Não houve, no ponto, alteração do conceito de dia, que permanece das 6 às 18 horas, porém limitação à capacidade de consentir do morador quando o ingresso na residência tiver por base mandado judicial. Em outras palavras, cumprir mandado de busca e apreensão, com entrada em domicílio com o consentimento do no período compreendido como noite, só será admitido das 18 às 21 horas de um dia e das 5 às 6 horas do outro. No interregno das 21 às 5 horas, ainda que permitida a entrada do responsável pelo cumprimento do mandado, haverá crime de abuso de autoridade.

O conceito de casa é dado pelo art. 150, § 4º, do CP, que trata do crime de violação de domicílio. A expressão casa compreende:

(1) qualquer compartimento habitado;

(2) aposento ocupado de habitação coletiva;

(3) compartimento não aberto ao público, onde alguém exerce profissão ou atividade.

Percebe-se a amplitude legal, estendendo ao máximo a tutela, sempre que o ambiente mereça intimidade, por ser o lugar de ocupação do indivíduo. Estão excluídos do conceito a hospedaria, a estalagem ou qualquer outra habitação coletiva, enquanto abertas, salvo se devidamente ocupadas, além das tavernas, casas de jogo e congêneres, como casas de espetáculo, boates, bingos, clubes, dentre outros (art. 150, § 5º, CP).

BUSCA DOMICILIAR E PROTEÇÃO AO DOMICÍLIO	
A casa é asilo inviolável do indivíduo (art. 5º, XI, CF/1988)	
Considera-se como casa	**Não se considera como casa**
▸ Qualquer compartimento habitado ▸ Aposento ocupado de habitação coletiva ▸ Compartimento não aberto ao público, onde alguém exerce profissão ou atividade	▸ Hospedaria ▸ Estalagem ▸ Qualquer habitação coletiva, enquanto abertas ▸ Tavernas, casas de jogo e congêneres (boates, bingos, clubes etc.)
▸ Durante a noite, o ingresso na casa é permitido	▸ Durante o dia, o ingresso é permitido (período de 06h às 18h)
▸ Com o consentimento do morador ▸ Na hipótese de flagrante ▸ Em caso de desastre ▸ Para prestar socorro	▸ Em todas as hipóteses que autorizam o ingresso à noite ▸ Para cumprimento de mandado judicial

8. REQUISITOS DO MANDADO DE BUSCA E APREENSÃO

A medida de busca e apreensão domiciliar só poderá ser determinada quando fundadas razões a autorizarem, sendo necessário lastro mínimo indicando que os objetos ou pessoas estão realmente na casa passível da medida. Da mesma forma, não se admite mandado genérico, permitindo uma devassa geral na residência, o que simbolizaria verdadeiro abuso de autoridade, ou mesmo mandado franqueando o ingresso em número indeterminado de casas de um complexo de favelas, ou de uma rua inteira. O mandado não pode ser um cheque em branco[4]. O trabalho do magistrado de estabelecer os limites da diligência não pode ser delegado à autoridade policial. Esta está vinculada aos limites estabelecidos pelo juiz, não só quanto aos objetos ou pessoas procuradas, como também aos locais susceptíveis de invasão.

Tudo deve estar especificado no mandado, até para facilitar a diligência. Eventuais lacunas no mandado podem existir, desde que sejam facilmente supríveis, e não saiam do controle judicial, como num mandado que não consta o nome do dono da residência, que é usada como ponto de prostituição. Assim, são requisitos do mandado:

(1) indicar, o mais precisamente possível, a casa em que será realizada a diligência e o nome do respectivo proprietário ou morador; ou, no caso de busca pessoal, o nome da pessoa que terá de sofrê-la ou os sinais que a identifiquem;

4. NICOLITT, André. *Lei nº 12.403/2011:* o novo processo penal cautelar: a prisão e as demais medidas cautelares. Rio de Janeiro: Elsevier, 2011. p. 111.

(2) mencionar o motivo e os fins da diligência;

(3) ser subscrito pelo escrivão e assinado pela autoridade que o fizer expedir.

9. EXECUÇÃO DA MEDIDA DE BUSCA E APREENSÃO

Atenderemos a sequência a seguir para que a medida seja realizada.

(1) Inicialmente, a diligência é executada por oficiais de justiça ou por policiais. Excepcionalmente, até a polícia militar pode ser utilizada. Apesar de a lei falar em executores, entendemos que a medida pode ser cumprida por uma só pessoa, mesmo que em regra, não seja aconselhável. Prevê o art. 241, do CPP, a possibilidade de a medida ser realizada diretamente pela autoridade judicial ou policial, dispensando-se a apresentação de mandado. Deve, neste caso, declarar previamente sua qualidade e o objeto da diligência. Quanto ao magistrado executando diretamente o ato, fere de morte o sistema acusatório, além de pôr em descrédito a própria imparcialidade do julgador, o que não se coaduna com a nova ordem constitucional. Já quanto ao delegado, ao executar o ato, estará obrigado a apresentar o mandado, pois a tutela constitucional do domicílio assim o exige (art. 5º, XI, CF/1988). Desta forma, entendemos que o referido artigo não foi recepcionado pela Constituição Federal. Contudo, ressaltamos que a possibilidade de o magistrado realizar ou acompanhar diretamente a diligência tem sido amplamente aceita. Neste sentido, Tourinho Filho[5] e Cleonice Bastos Pitombo[6]. Dispensa-se também o mandado nas hipóteses de flagrante, notadamente quando esteja em andamento crime permanente no interior da residência, como o estoque de substância entorpecente caracterizador do tráfico, ou no sequestro, admitindo-se, por autorização constitucional, a invasão a qualquer hora do dia ou da noite.

(2) Antes de adentrarem na residência, os executores mostrarão e lerão o mandado ao morador, ou a quem o represente, intimando-o, na sequência, a abrir a porta. Não sendo atendido o reclamo, será arrombada a porta e forçada a entrada. Neste caso, é possível o enquadramento por desobediência (art. 330, CP).

(3) Se o morador for recalcitrante, criando obstáculos ou mantendo os já existentes no intuito de impedir o acesso ao objeto ou a coisa, como mantendo as portas dos quartos fechadas, deixando cachorros soltos, poderá haver o emprego de força contra a coisa, no intuito de descobrir o que se procura. O ideal é que a diligência flua sem transtornos, requerendo-se ao morador que apresente ou indique o local do que se procura. A sensibilidade dos executores é essencial, e os incômodos aos moradores para o êxito da operação devem ser mínimos (art. 248, CPP).

(4) Não estando presente o morador, a diligência não ficará frustrada. A porta poderá ser arrombada, assim como serão utilizados os meios necessários para a pronta localização. Neste caso, sendo possível, deve ser intimado um vizinho para acompanhar a diligência. Da mesma forma, se as pessoas presentes em casa não tiverem capacidade para consentir, como no caso de menores de idade ou doentes mentais.

5. TOURINHO FILHO, Fernando da Costa. *Código de processo penal comentado*. 5. ed. São Paulo: Saraiva, 1999. v.1. p.461.
6. PITOMBO, Cleonice Bastos. *Da busca e da apreensão no processo penal*. 2. ed. São Paulo: RT, 2005. p.142.

(5) Descoberta a pessoa ou a coisa procurada, esta será imediatamente apreendida e posta sob custódia da autoridade ou de seus agentes. Em se tratando de objetos, estes ficarão à disposição do magistrado ou da autoridade policial, conforme o caso. Já em se tratando de infratores, serão eles encaminhados ao competente estabelecimento prisional.

(6) A diligência será encerrada com a lavratura de auto circunstanciado, assinado pelos executores, por duas testemunhas presenciais e eventualmente por um vizinho, nas hipóteses que preveem a sua convocação (item 4). A ausência de testemunhas presenciais é mera irregularidade, relevando observar que os executores, naturalmente, não figuram como testemunha. Prevê o art. 247, do CPP, que não sendo encontrada a pessoa ou coisa procurada, os motivos da diligência serão comunicados a quem tiver sofrido a busca, se o requerer. O fundamento da medida deve constar do mandado, que ao ser lido ao morador no início do ato, objetiva esclarecê-lo de tudo que será realizado. Se eventualmente restar alguma dúvida, ou se o morador não estava em casa, poderá requerer mais explicações à autoridade responsável pela ordem.

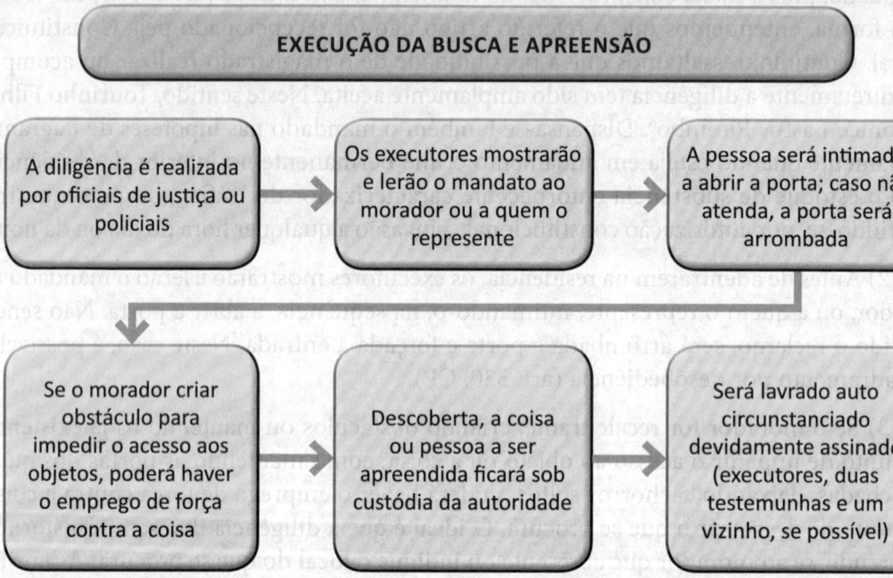

10. DURAÇÃO DA DILIGÊNCIA DE BUSCA E APREENSÃO

Se a busca domiciliar for iniciada durante o dia, poderá estender-se, caso estritamente necessário, para além das dezoito horas, desde que a sua interrupção signifique prejuízo substancial ao ato. Contudo, percebendo a autoridade que o ato irá prolongar-se por tempo considerável, deve interromper a diligência, cercando-se dos cuidados para que os objetos procurados não sejam sonegados, e se necessário, fazendo campana em frente ao imóvel, para que no dia subsequente pela manhã a busca se reinicie. Em hipótese alguma a diligência poderá se estender além dos limites do tipo penal de abuso de autoridade do art. 22, § 1º, inciso III, da Lei nº 13.869/2019, ainda que com o consentimento do morador.

11. BUSCA E APREENSÃO EM REPARTIÇÃO PÚBLICA

Havendo necessidade da apreensão de algum documento ou objeto que se encontre em repartição pública ou em outro local público de uso privativo, reservado, como uma aeronave ou embarcação pública, é natural que a autoridade judicial requisite a apresentação do que se deseja, não sendo preciso, *a priori*, a determinação da medida de busca e apreensão. Nada impede, contudo, que se valha dessa medida cautelar, notadamente se a requisição não for atendida.

Adverte Nucci, entretanto, que "se o juiz precisa autorizar uma busca em uma Vara ou ofício judicial, cujo controle é de outro magistrado, deve a este solicitar que se busque e entregue o necessário. Havendo recusa, cremos que o mandado de busca deve ser expedido por órgão superior, como a Corregedoria Geral de Justiça"[7].

12. BUSCA E APREENSÃO EM ESCRITÓRIO DE ADVOCACIA

O Estatuto da Advocacia assegura a inviolabilidade do escritório do advogado. Consoante se tem reconhecido, essa garantia não afasta a incidência do art. 5º, inciso XII, da CF. Apenas por ordem judicial será possível realizar a busca e apreensão no local de trabalho do advogado, sendo necessária a ciência da OAB, para indicar representante. Essa exigência de acompanhamento da diligência ficará suplantada, não gerando ilicitude da prova resultante da apreensão, a partir do momento em que a OAB, instada em caráter confidencial e cientificada com as cautelas próprias, deixar de indicar representante, como vincou o STF nos autos da ADI 1127.

Deveras, o advogado é peça essencial à administração da justiça (art. 133, CF/1988), sendo ferramenta de garantia das liberdades públicas e da preservação dos direitos e garantias individuais. Para tanto, é mister que o exercício da atividade advocatícia tenha amparo, resguardo, respeito, desde que desempenhado de forma ética e dentro das balizas legais.

De compasso com o inciso II, do seu art. 7º, da Lei nº 8.906/1994, é prerrogativa do advogado a inviolabilidade de seu escritório ou local de trabalho, bem como de seus instrumentos de trabalho, de sua correspondência escrita, eletrônica, telefônica e telemática, desde que relativas ao exercício da advocacia. Resguarda-se, portanto, o ambiente onde a atividade advocatícia é exercida, seja o escritório ou o local onde é desempenhada, até mesmo na residência; os instrumentos de trabalho, como livros, códigos, computadores, pastas, dentre outros; e a correspondência, seja ela escrita, eletrônica, telefônica (histórico com registro de chamadas) e telemática, que é a interligação entre os recursos da informática com os sistemas de telecomunicação (*e-mail*).

Não obstante, se presentes indícios de autoria e materialidade da prática de crime por parte de advogado, a autoridade judiciária competente poderá decretar a quebra da inviolabilidade aludida, em decisão motivada, expedindo mandado de busca e apreensão, específico e pormenorizado, a ser cumprido na presença de representante da OAB, sendo, em qualquer hipótese, vedada a utilização dos documentos, das mídias e dos objetos

7. NUCCI, Guilherme de Souza. *Manual de processo penal e execução penal*. 3. ed. São Paulo: RT, 2007. p.482.

pertencentes a clientes do advogado averiguado, assim como dos demais instrumentos de trabalho que contenham informações sobre clientes.

Como não poderia deixar de ser, o sigilo do advogado não é absoluto, pressupondo-se, para quebra, ordem judicial devidamente fundamentada. Exige-se, ademais, justa causa, que são os indícios de autoria e da materialidade da prática de crime por parte do causídico. Como não houve especificação, o crime pode ser doloso ou culposo, apenado com reclusão ou detenção. Não foram contempladas, entretanto, as contravenções, de sorte que, para apurá-las, o sigilo não poderá ser violado.

A presença do representante da OAB foi mantida, lembrando-se, mais uma vez, o precedente do STF de que se a OAB for cientificada e não o indicar, não haverá ilicitude. Caso o material apreendido diga respeito a clientes que não figuram como coautores ou partícipes do advogado, não poderão ser utilizados como prova (art. 7º, § 7º, Lei nº 8.906/1994).

Por fim, a Lei nº. 13.869/2019 (Lei de Abuso de Autoridade) acrescentou, ao Estatuto da OAB, (Lei nº. 8.906/1994) o art. 7º-B que dispõe que constitui crime a violação da prerrogativa de advogado aqui analisada, disposta no inciso II, do seu art. 7º, como também as demais previstas nos seus incisos III, IV e V.

O § 2º, do art. 243, do CPP, veda a apreensão de documentos em poder do defensor do acusado. A regra visa garantir o exercício efetivo do direito de defesa do imputado, notadamente quando tais documentos puderem servir de prova a subsidiar a tese defensiva. Ressalte-se que se o documento constituir corpo de delito, como um contrato falsificado ou um cheque "clonado", poderá ser apreendido. Da mesma forma, caso o advogado seja coautor ou partícipe da infração, poderá ter documentos vinculados ao ilícito apreendidos.

13. DILIGÊNCIA DE BUSCA E APREENSÃO EM TERRITÓRIO DIVERSO DA AUTORIDADE

Para efeito da apreensão, a diligência poderá adentrar por território de outra comarca, mesmo que situada em Estado diverso daquele onde a autoridade desempenha suas funções. Deve para tanto o executor apresentar-se à autoridade local competente, antes ou depois da diligência. É o mínimo de fiscalização que se exige, prestando-se contas à autoridade local, funcionando como verdadeira colaboração mútua. Se a autoridade local suspeitar da ilegitimidade da autoridade que conduz a diligência, ou da legalidade do mandado, deve cercar-se das cautelas necessárias, exigindo provas para que se esclareçam eventuais dúvidas, sem, contudo, frustrar a diligência.

Entende-se que a autoridade está em seguimento de pessoa ou coisa quando, nos termos do art. 250, § 1º, do CPP:

(1) tendo conhecimento direto de sua remoção ou transporte, a seguirem sem interrupção, embora depois a percam de vista; ou

(2) ainda que não a tenham avistado, mas sabendo, por informações fidedignas ou circunstâncias indiciárias, que está sendo removida ou transportada em determinada direção, forem ao seu encalço.

14. DESCOBERTA DE OUTROS ELEMENTOS DE PROVA DURANTE A BUSCA E APREENSÃO

O mandado de busca e apreensão deve ser interpretado de forma restrita. Não pode a autoridade, no cumprimento da diligência, angariar todos os elementos que venha a encontrar na residência vasculhada, caso estejam vinculados a infração diversa daquela, objeto da investigação. Deve-se então provocar o juiz, plantonista ou não, para que se obtenha uma ampliação do mandado, em razão dos novos elementos eventualmente descobertos, possibilitando assim, com a ordem judicial expressa, a sua captação.

A exceção diz respeito aos elementos que autorizem a prisão em flagrante, notadamente quando simbolizarem a existência de crime permanente. É o que ocorre, por exemplo, com aquele que armazena substância entorpecente em casa. Mesmo que a polícia esteja cumprindo mandado com outra finalidade, poderá apreender a droga, e prender em flagrante os responsáveis, uma vez caracterizado o tráfico.

Mesmo que os objetos pertençam a terceiros, devem ser passíveis da apreensão, caracterizando-se verdadeira notícia do crime. Discordamos neste particular de Guilherme Nucci, que não entende possível a apreensão se os objetos não pertencerem àquele que figura como indiciado ou réu[8].

15. DESVIO DE FINALIDADE DA BUSCA E APREENSÃO

Invadir ou adentrar, clandestina ou astuciosamente, ou à revelia da vontade do ocupante, imóvel alheio ou suas dependências, ou nele permanecer nas mesmas condições, sem determinação judicial ou fora das condições estabelecidas em lei, assim como, coagir alguém, mediante violência ou grave ameaça, a franquear-lhe o acesso a imóvel ou suas dependências e cumprir mandado de busca e apreensão domiciliar após as 21h (vinte e uma horas) ou antes das 5h (cinco horas), ainda que com o consentimento do morador, caracteriza crime de abuso de autoridade (art. 22, Lei nº 13.869/2019). Também configura abuso de autoridade ingressar em residência, para cumprir mandado de busca e apreensão, sem o consentimento do morador, no período compreendido como noite, de 6h (seis horas) às dezoito horas.

Se isso ocorrer, mesmo que se encontrem elementos que caracterizam a ocorrência de infração penal, tal prova deve ser considerada ilícita, não podendo lastrear eventual sentença condenatória. Os fins não podem justificar os meios. Não se deve aproveitar como prova tais elementos. É o preço a se pagar pelo desrespeito à tutela constitucional do domicílio. E se existirem drogas na residência? E se a casa invadida, mesmo sem o conhecimento da autoridade, era um cativeiro de sequestro? Entendemos que deve a autoridade tomar as providências necessárias para fazer cessar a infração, instaurando até mesmo inquérito policial para que se proceda à devida apuração. Não estará, contudo, descaracterizado o abuso de autoridade, assim como a diligência não serve como meio de prova idôneo.

8. NUCCI, Guilherme de Souza. *Manual de processo penal e execução penal*. 3. ed. São Paulo: RT, 2007. p. 481.

16. JUSTA CAUSA VISÍVEL NA BUSCA E APREENSÃO

As hipóteses permissivas de ingresso domiciliar sem autorização judicial devem ser interpretadas restritamente. Essa conclusão decorre do fato da inviolabilidade de domicílio ter natureza de garantia fundamental de *status* constitucional. Havendo dúvida sobre quaisquer daqueles casos que tornam admissível a entrada forçada em domicílio, deve-se entender como indispensável o mandado judicial.

Em outras palavras, a polícia só está autorizada a penetrar em residência sem o consentimento do morador e sem ordem do juiz se inexistir dúvida de que há situação de flagrante delito, de desastre ou de necessidade de prestação de socorro.

A invasão policial em domicílio fora dessas hipóteses é conduta típica que pode se subsumir na Lei de Abuso de Autoridade (Lei nº 13.869/2019). Somente diante de excludente de ilicitude ou de erro de tipo tendente a excluir o dolo, é que poderá não incidir a responsabilidade penal dos agentes policiais.

Entretanto, o Supremo Tribunal Federal, apreciando repercussão geral em sede de recurso extraordinário, assentou que "a entrada forçada em domicílio sem mandado judicial só é lícita, mesmo em período noturno, quando amparada em fundadas razões, devidamente justificadas ***a** posteriori*", que pontem ocorrer, dentro da residência, "situação de flagrante delito, sob pena de responsabilidade disciplinar, civil e penal do agente ou da autoridade, e de nulidade dos atos praticados"[9].

A crítica que se dirige ao julgado é a dificuldade de precisar o sentido da expressão "fundadas razões". Tal problema é agregado pela admissão de que tais razões sejam "devidamente justificadas *a posteriori*". Na prática, abre-se o flanco para que argumentos retóricos apresentados seguidamente à violação de domicílio, com o intuito de mascarar diligências policiais realizadas ao arrepio da Constituição.

A fundamentação acerca do motivo do ingresso em domicílio sem o consentimento do morador será realizada pelo agente responsável pela diligência frustrada. A título de exemplo, a polícia, com base em suposição de que há drogas em uma determinada casa, pode não encontrar nada a justificar, concretamente, aquela penetração domiciliar. Após, é a própria polícia que assumirá a carga da argumentação para deixar evidenciado que sua atuação se deu nos limites permitidos pelo ordenamento jurídico.

Pensamos que a decisão tomada pela Corte Suprema não é compatível com a hermenêutica dos direitos fundamentais e, também, se afasta da finalidade de se colocar maiores limites ao arbítrio estatal, não raras vezes verificado, malgrado tão combatido historicamente. As balizas formuladas pelo supradito acórdão não tiveram êxito a impedir o subjetivismo que deve ser alijado naquelas situações extremas.

O constitucionalista Ingo Wolfgang Sarlet observou que o STF adotou "**posição prudencial**". Nas palavras do jurista, é possível fazer uma leitura positiva da decisão, evitando uma lógica do tudo ou nada", bem como fixar "parâmetros racionais e justificáveis do sentido e alcance dos comandos constitucionais e legais". Diante de dúvida concreta,

9. STF – Primeira Turma – ARE 1200520 AgR – Rel. Min. Alexandre de Moraes – publicado em 30 out. 2019.

deve-se optar por "interpretação restritiva das hipóteses autorizativas do ingresso forçado em domicílio alheio"[10].

Preferimos agregar à noção aberta de "justa causa", uma adjetivação especial: que ela seja dotada de visibilidade aferida por elementos empíricos (não subjetivos). É de se exigir, para a entrada na casa de alguém sem ordem de juiz, uma "**justa causa visível**". Foi a constatação que chegou Ruchester Marreiros Barbosa[11].

No entanto, a Sexta Turma do STJ não reconheceu a ilicitude de provas obtidas mediante o ingresso sem mandado judicial em residência, considerando suficiente o odor de *cannabis sativa.*[12]. Pensamos que seria necessário um elemento empírico mais concreto, indicador de flagrante delito, a ser exaustivamente documentado. O suposto cheiro de *cannabis sativa*, dependente da apuração do sentido olfativo humano, é elemento cuja abstração deve ser considerada óbice ao registro autorizativo do ingresso da polícia em domicílio.

17. BUSCA PESSOAL

Envolve a busca nas vestes e demais objetos em poder do revistado, como malas, mochilas, automóveis etc. Advirta-se, contudo, que se o automóvel não é apenas um meio de transporte, sendo utilizado como residência, como ocorre com o *trailer*, alguns barcos, a parte traseira do interior da boleia do caminhão, o tratamento é o mesmo dado à busca e apreensão domiciliar.

A busca pessoal ou revista poderia ser assimilada a uma espécie intervenção corporal em sentido amplo (não invasiva), já que não enseja penetração no organismo do ser humano. No entanto, em sentido estrito, somente são intervenções corporais as "ingerências sobre o corpo vivo da pessoa humana que afetam seus direitos fundamentais", consoante conceito dado por André Nicolitt e Carlos Ribeiro Wehrs que, ademais, reputam não ser possível classificar as denominadas revistas, verdadeiramente, como intervenções corporais[13].

De todo modo, a fim de delimitar a atuação estatal, contendo eventual abuso do poder público (polícia) em buscas pessoais, ainda que consideradas não invasivas, pensamos que seria necessária regulamentação legal detalhando o seu procedimento. Isso porque a busca pessoal afeta espaço sensível que se insere naquela área que Jonh Locke considerava direito natural de não-interferência do ser humano, atualmente chamada de **liberdade negativa**, lembrada por Eduardo Rabenhorst[14].

A busca pessoal pode dispensar a expedição de mandado nas seguintes hipóteses:

10. SARLET, Ingo Wolfgang. Decisão do STF indica posição prudencial. *Consultor Jurídico*. Disponível em: <http://www.conjur.com.br/2015-nov-13/direitos-fundamentais-decisao-stf-violacao-domicilio-indica-posicao-prudencial#author>. Acesso em: 18 nov. 2015.
11. BARBOSA, Ruchester Marreiros. O que é a justa causa visível. *Canal ciências criminais*. Disponível em: <http://canalcienciascriminais.com.br/artigo/o-que-e-a-justa-causa-visivel/>. Acesso em: 18 nov. 2015.
12. STJ – Sexta Turma – AgRg no HC 423.838/SP – Rel. Min. Sebastião Reis Júnior – j. 08 fev. 2018; STJ – Sexta Turma – REsp 1829592/RS – Rel. Min. Nefi Cordeiro – DJe 03 fev. 2020.
13. NICOLITT, André; WEHRS, Carlos Ribeiro. *Intervenções corporais no processo penal e a nova identificação criminal:* Lei nº 12.654/2012. Rio de Janeiro: Elsevier, 2014. p. 8.
14. RABENHORST, Eduardo. *Dignidade humana e moralidade democrática*. Brasília: Brasília Jurídica, 2001. p. 31.

(1) quando da realização de prisão. Todo aquele que é preso, em flagrante ou por ordem judicial, será revistado;

(2) havendo fundadas suspeitas de o indivíduo portar arma, objetos ou papéis que componham o corpo de delito. Fundada suspeita não pode ser mera conjectura, especulação. Deve haver algum elemento sólido, plausível, justificando a medida;

(3) no transcurso da busca domiciliar. Ao ser realizada a busca em residência, as pessoas que lá se encontram, mesmo que o mandado não diga de forma expressa, podem ser revistadas (art. 244, CPP).

Já busca em mulher, para evitar constrangimentos, será realizada por outra mulher, salvo quando importar retardamento ou prejuízo para a diligência. Nesse sentido, passou a dispor o art. 10-A, da Lei nº 11.340/2006, que é direito da mulher em situação de violência doméstica e familiar o atendimento policial e pericial especializado, ininterrupto e prestado por servidores, que deve ser preferencialmente do sexo feminino, previamente capacitados".

Por sua vez, a busca pessoal realizada em festas, *boates*, aeroportos, não têm tratamento pelo CPP, devendo atender à razoabilidade e respeitar a intimidade. Estão afetas ao lado contratual. Aquele que não desejar se submeter à medida, tem a opção de não se valer do serviço ofertado ou simplesmente não frequentar o estabelecimento.

Digno registrar a advertência de André Nicolitt e Carlos Ribeiro Wehrs acerca do problema brasileiro "da prescindibilidade do mandado para a busca pessoal", haja vista que, "entre nós, há pouco regramento sobre o assunto, dando margem a abusos". Nesse diapasão, poderiam ser diferenciadas ao menos três espécies de "revistas" ou buscas pessoais:

(1) exames sobre o corpo, inspeções e registros superficiais, sem ação invasiva;

(2) busca pessoal que pretende localizar algo que esteja ocultado no corpo ou nas vestes; e

(3) busca pessoal em cavidades íntimas.

Estas últimas são consideradas "verdadeiras intervenções corporais, já que podem ser realizadas com manobras invasivas no reto e na vagina". Como se infere, as situações demandam disciplina legislativa específica, para submeter as questões mais drásticas à reserva jurisdicional, devendo o juiz, sob a lente do princípio da proporcionalidade, decidi-las para, somente excepcionalmente, autorizar a emissão de mandado[15].

18. MEIOS DE OBTENÇÃO DE PROVA APLICÁVEIS AO CONTROLE DA CRIMINALIDADE ORGANIZADA

A Lei 12.850/2013, que regula a criminalidade organizada, previu os meios de obtenção de prova em sentido amplo. O resultado que for alcançado a partir de tais meios deve ser considerado elementos de informação, notadamente se produzidos durante a investigação preliminar. A validade da prova depende da observância das cláusulas especiais de reserva

15. NICOLITT, André; WEHRS, Carlos Ribeiro. **Intervenções corporais no processo penal e a nova identificação criminal**: Lei nº 12.654/2012. Rio de Janeiro: Elsevier, 2014. p. 26-27.

de jurisdição, que são cláusulas constitucionais de reserva qualificada que exigem ordem judicial, bem como de obediência ao rito estatuído legalmente.

Dependendo da função probatória que tenham para investigação criminal ou para o processo penal, os instrumentos probatórios previstos na Lei de Controle do Crime Organizado podem se caracterizar ora como meios de obtenção de prova, ora como fontes de prova, conforme os conceitos que expusemos no capítulo sobre a teoria da prova.

É necessário frisar que, para o manejo dos meios de obtenção de prova ou das técnicas especiais de investigação previstos na Lei da Criminalidade Organizada, é necessário o preenchimento dos elementos que constituem o **conceito de organização criminosa**.

Em outros termos, os conceitos da Lei nº 12.850/2013 não podem ser aplicada de forma generalizada, a toda e qualquer espécie de delito, sem relação de conexão com esse conceito. No entanto, é possível a incidência das outras leis a outras espécies de investigação, a exemplo da Lei nº 9.296/1996, que rege às interceptações telefônicas e ambientais e que não é de aplicação exclusiva ao crime organizado.

A Lei de investigação da criminalidade organizada prevê **oito meios de obtenção de prova**. Conforme veremos a seguir.

19. COLABORAÇÃO PREMIADA

É também conhecida como delação premiada (art. 3ª, I, Lei 12.850/2013). Os benefícios previstos no art. 4º, da Lei do crime organizado, podem ser concedidos, em maior ou menor grau, ao indiciado ou ao acusado que colaborar, em proporção mais ou menos intensa, para a persecução penal, com a obtenção de um ou mais dos seguintes resultados ali previstos.

No intuito de fazer face a crimes imputados a ditas organizações, o legislador previu a possibilidade de aplicar **sanção premial** a quem, sendo coautor do delito, colaborar efetivamente para as investigações ou para o processo penal, com a previsão de leque mais amplo que outros diplomas legais que trataram do tema.

No capítulo seguinte, estudaremos os espaços consensuais probatórios, com o detalhamento das diversas formas de colaboração premiada.

20. CAPTAÇÃO AMBIENTAL DE SINAIS ELETROMAGNÉTICOS, ÓPTICOS OU ACÚSTICOS

Também prevista no inciso II, do art. 3º, da Lei nº 12.850/2013, a captação ambiental não é modalidade de interceptação telefônica, embora esteja regulada na Lei nº 9.296/1996, conforme inserida pela Lei nº 13.964/2019. Como há necessidade de interferência no direito à intimidade dos envolvidos, é necessária autorização judicial. Estudaremos, mais adiante, as formas de captação ambiental, quando analisarmos as disposições das interceptações das comunicações telefônicas e ambientais.

21. AÇÃO CONTROLADA

A ação controlada consiste em retardar a intervenção policial ou administrativa relativa à ação praticada por organização criminosa ou a ela vinculada, desde que mantida sob observação e acompanhamento para que a medida legal se concretize no momento mais eficaz à formação de provas e obtenção de informações.

Como cautela, o procedimento de retardamento da intervenção policial ou administrativa será previamente comunicado ao juiz competente que, se for o caso, estabelecerá os seus limites e comunicará ao Ministério Público (arts. 8º e 9º, Lei nº 12.850/2013). Naturalmente, a comunicação será distribuída de forma sigilosa, não contendo informações que possam indicar a operação a ser efetuada.

Na hipótese da ação controlada envolver transposição de fronteiras, o retardamento da intervenção policial ou administrativa somente poderá ocorrer com a cooperação das autoridades dos países que figurem como provável itinerário ou destino do investigado, de modo a reduzir os riscos de fuga e extravio do produto, objeto, instrumento ou proveito do crime.

22. ACESSO A REGISTROS DE LIGAÇÕES TELEFÔNICAS E TELEMÁTICAS, A DADOS CADASTRAIS CONSTANTES DE BANCOS DE DADOS PÚBLICOS OU PRIVADOS E A INFORMAÇÕES ELEITORAIS OU COMERCIAIS

O acesso a registros telefônicos não se confunde com interceptação telefônica. Trata-se de acesso a banco de dados, que não se submetem a estrita cláusula de reserva jurisdicional qualificada. De tal modo, pode o legislador autorizar o acesso a tais dados por autoridades por ele indicadas, que sejam diversas do juiz.

Cuidando-se de crimes que envolvam organizações criminosas, o delegado de polícia e o Ministério Público terão acesso, independentemente de autorização judicial, apenas aos dados cadastrais do investigado que informem exclusivamente a qualificação pessoal, a filiação e o endereço mantidos pela justiça eleitoral, empresas telefônicas, instituições financeiras, provedores de *internet* e administradoras de cartão de crédito.

23. INTERCEPTAÇÃO DE COMUNICAÇÕES TELEFÔNICAS E TELEMÁTICAS

Devem ser observadas as condições legais específicas, que iremos analisar adiante, para que seja possível produzir prova válida a partir de interceptação telefônica ou telemática. É indispensável ordem do juiz competente, respeitada a observância do princípio da proporcionalidade.

24. AFASTAMENTO DOS SIGILOS FINANCEIRO, BANCÁRIO E FISCAL, NOS TERMOS DA LEGISLAÇÃO ESPECÍFICA

A Lei Complementar nº 105/2001, no § 4º, do seu art. 1º, destaca as hipóteses de quebra do sigilo das operações financeiras, em rol exemplificativo, considerando a necessidade de justificação da restrição em face da proximidade dos delitos ali enumerados, com as altas movimentações financeiras, tais como terrorismo, tráfico ilícito de substâncias entorpecentes ou drogas afins, contrabando ou tráfico de armas, munições ou material destinado a sua produção, extorsão mediante sequestro, contra o sistema financeiro nacional, contra a Administração Pública, contra a ordem tributária e a previdência social, lavagem de dinheiro ou ocultação de bens, direitos e valores e praticado por organização criminosa.

Há controvérsia sobre se a **autoridade administrativa** pode decretar o afastamento de certos sigilos. Para melhor entender a questão, é necessário discernir: de um lado, sigilo fiscal, sigilo bancário e sigilo financeiro; e, de outro, se a espécie de sigilo seria submetida ou não à cláusula especial de reserva de jurisdição (sigilo das comunicações telefônicas), isto é, se só poderia ser afastado o tipo de sigilo por ordem judicial ou se seria possível o acesso a dados protegidos por essa garantia fundamental por outras autoridades diversas da judiciária.

Sobre o ponto, o STF definiu ser constitucional o **compartilhamento de informações**, dos relatórios de inteligência financeira da UIF/COAF e da íntegra do procedimento fiscalizatório da Receita Federal do Brasil, que define o lançamento do tributo, com os órgãos de persecução penal, para fins criminais, sem a obrigatoriedade de prévia autorização judicial, devendo ser resguardado o sigilo das informações em procedimentos formalmente instaurados e sujeitos a posterior controle jurisdicional. Tal compartilhamento, pela UIF/COAF e pela Receita Federal do Brasil, deve ser feito unicamente por meio de comunicações formais, com garantia de sigilo, certificação do destinatário e estabelecimento de instrumentos efetivos de apuração e correção de eventuais desvios[16].

25. INFILTRAÇÃO DE POLICIAIS EM ATIVIDADE DE INVESTIGAÇÃO

A infiltração de agentes de polícia em tarefas de investigação, representada pelo delegado de polícia ou requerida pelo Ministério Público, após manifestação técnica do delegado de polícia quando solicitada no curso de inquérito policial, será precedida de circunstanciada, motivada e sigilosa autorização judicial, que estabelecerá seus limites, nos termos do art. 10, da Lei nº 12.850/2013.

O requerimento do Ministério Público ou a representação do delegado de polícia para a infiltração de agentes conterão a demonstração da necessidade da medida, o alcance das tarefas dos agentes e, quando possível, os nomes ou apelidos das pessoas investigadas e o local da infiltração. Trata-se de procedimento investigatório que confere boa dose de autonomia ao agente infiltrado. Há, no entanto, a possibilidade de responsabilização do agente que se exceder ou cometer abusos e, de outro, o seu direito de se recusar a participar da infiltração, bem como de preservar sua identidade, o sigilo de sua participação e a possibilidade de modificar seu nome.

Quanto ao valor dos elementos obtidos pelo agente infiltrado, deve ser bastante reduzido ou nenhum, por conflitar com as garantias fundamentais, especialmente em virtude de seu difícil controle quanto aos seus aspectos factuais. Em outros termos, a prova supostamente haurida pela infiltração de agentes não terá viabilidade para possibilitar a justificação de veracidade de argumentos de fato para fins condenatórios na decisão final. No dizer de Michele Taruffo, aqueles elementos restarão desprovidos de "la función de las pruebas"[17].

Primeiramente porque se o resultado da investigação não permitir a identificação do agente infiltrado, haverá, como destaca Geraldo Prado, "impossibilidade de perscrutar sua fiabilidade, efeito de exclusão que se estende às provas derivadas". Consequentemente, as

16. STF – RE 1055941 – Repercussão Geral – Rel. Min. Dias Toffoli – julgamento em 04 dez. 2019.
17. TARUFFO, Michele. *La prueba de los hechos*. 3. ed. Tradução: Jordi Ferrer Beltrán. Madrid: Trotta, 2009. p. 445.

informações assim obtidas devem ser "excluídas da análise judicial". Não deve ser legitimada a punição a todo custo ou com a drástica mitigação de direitos individuais[18].

Em segundo lugar, porque é difícil compatibilizar as garantias constitucionais da pessoa investigada com o autorizativo para que um agente público se infiltre em um grupo considerado organização criminosa e, a partir daí, liberar a validade dos elementos obtidos de observar o **princípio da autodeterminação informativa**. Tal princípio impõe transparência, correção e controle da atuação estatal que afete o dever de proteção do núcleo básico do ser humano, tal como a devassa, sem maior controle estatal, à intimidade e à vida privada ensejada pela permissão de infiltração de agentes.

Como ensina Geraldo Prado, "o chamado direito à autodeterminação informativa, compreendido como direito de o sujeito sobre o qual são armazenadas informações conhecer previamente os limites de emprego futuro dessas mesmas informações, está previamente prejudicado". Esse problema pode ser agravado se não respeitado os subcritérios que compõem a proporcionalidade que deve permear o deferimento da medida, eis que deve ficar evidenciado que foi apropriada, exigível e de acordo com o parâmetro de justa medida[19].

26. INFILTRAÇÃO VIRTUAL DE AGENTES

O nosso ordenamento jurídico prevê a infiltração virtual de agentes diante da necessidade de enfretamento de outras espécies de criminalidade. As duas hipóteses que a legislação admite essa medida são as que envolvam crime atribuído à organização criminosa e crime contra a dignidade sexual de criança ou adolescente. As mesmas observações que lançamos no tópico anterior, sobre a questionável constitucionalidade da infiltração de agentes, tem cabimento para a sua modalidade virtual.

Com a Lei nº 13.964/2019, foi estampada a possibilidade de admissão de agentes de polícia infiltrados virtuais na internet, obedecidos os requisitos gerais da infiltração de agentes e desde que não seja possível comprovar o fato por outro meio de prova menos invasivo. Como se depreende, a infiltração de agentes consiste em meio de prova supletivo, subsidiário.

A medida deve ter a finalidade, específica, de investigar os crimes previstos na Lei nº 12.850/2013 e a eles conexos, praticados por organizações criminosas. Para tanto, deve ser demonstrada sua necessidade e indicados o alcance das tarefas dos policiais, os nomes ou apelidos das pessoas investigadas e, quando possível, os dados de conexão ou cadastrais que permitam a identificação dessas pessoas, conforme ali definidos.

De outra banda, a Lei nº 8.069/1990 já continha regras de infiltração virtual de agentes, para fazer face a delitos contra a dignidade sexual de crianças e de adolescentes, desde o advento da Lei nº 13.441/2017. A infiltração de agentes de polícia na internet, na forma do art. 190-A, da Lei nº 8.069/1990, para os fins de investigação daqueles crimes, deve observar regras similares às que estão dispostas na Lei nº 12.850/2013, com redação da Lei nº 13.964/2019.

18. PRADO, Geraldo. *Estudos jurídicos*. São Paulo: Contracorrente, 2018. p. 229.
19. PRADO, Geraldo. *Sistema acusatório:* a conformidade constitucional das leis processuais penais. 4. ed. Rio de Janeiro: Lumen Juris, 2006. p. 268-269.

A infiltração virtual de agentes de investigação na internet deve ser limitada a, no máximo, **noventa dias**, sem prejuízo de eventuais renovações, desde que o total não exceda a **setecentos e vinte dias** e seja demonstrada sua efetiva necessidade, a critério da autoridade judicial.

O autorizativo de infiltração envolve uma gama de deveres dos agentes e dos órgãos do sistema de justiça criminal, tais como sigilo, apresentação de relatórios parciais da operação, registro de identidade fictícia, preservação de identidade dos agentes e das vítimas.

A prova obtida por meio de infiltração de agentes, que não tenha observado o rito estabelecido pelas normas de regência, deverá ser **inadmitida**. O § 7º, do art. 10-A, da Lei nº 12.850/2013, diz ser **nula** a prova obtida sem a observância do ali disposto. Melhor seria que usasse a expressão constitucional. Teremos prova ilícita e, como tal, é inadmissível ao processo. Se o for, haverá **nulidade absoluta** do ato processual que tiver ordenado sua inclusão, razão pela qual deverá ser objeto de **invalidação**, seguida do desentranhamento dos elementos inseridos indevidamente nos autos.

27. COOPERAÇÃO ENTRE INSTITUIÇÕES E ÓRGÃOS FEDERAIS, DISTRITAIS, ESTADUAIS E MUNICIPAIS NA BUSCA DE PROVAS E INFORMAÇÕES DE INTERESSE DA INVESTIGAÇÃO OU DA INSTRUÇÃO CRIMINAL

A cooperação entre entes federativos, órgãos e demais instituições pode ser feita de forma livre ou conforme estabelecido em convênio. A Lei nº 12.850/2013 estatui a possibilidade de cooperação entre pessoas jurídicas e órgãos estatais internos. No entanto, há previsão em outros diplomas legais, como no art. 8º, § 1º, da Lei nº 9.613/1998, e convencionais de cooperação na ordem internacional, mediante a celebração de tratados ou convenções plurilaterais ou bilaterais. De todo modo, a cooperação ora gizada deveria ser melhor regulamentada, seja mediante diploma normativo específico, seja mesmo por intermédio de convênio firmado entre os interessados.

Com origem no sistema norte-americano, essa cooperação, em busca de provas e informações, é denominada de *Task-Force* ("força-tarefa" ou "força-conjunta"), constituída notadamente enquanto persistir situação de **crise**, em termos de criminalidade, em certo território. A forma dessa instituição de força-tarefa pode se dar por instrumento escrito ou sem que haja elaboração prévia de instrumento, pelo que se classifica, respectivamente, em "força-tarefa formal" e "força-tarefa informal".

Nessa linha de pensamento, Marcelo Mendroni destaca que os grupos chamados de task-force (força-tarefa) "são considerados pelos agentes norte-americanos o melhor sistema para o efetivo combate às organizações criminosas", reunindo-se para trabalho em conjunto, "com unidade de atuação e de esforços, com o direcionamento para a investigação, análise e iniciativa de medidas coercitivas voltadas para o desmantelamento das estruturas criminosas, utilizando-se dos mais variados instrumentos de investigação e mecanismos legais"[20].

20. MENDRONI, Marcelo Batlouni. *Comentários à lei de combate ao crime organizado*: Lei nº 12.850/13. São Paulo: Atlas, 2014. p. 26-27.

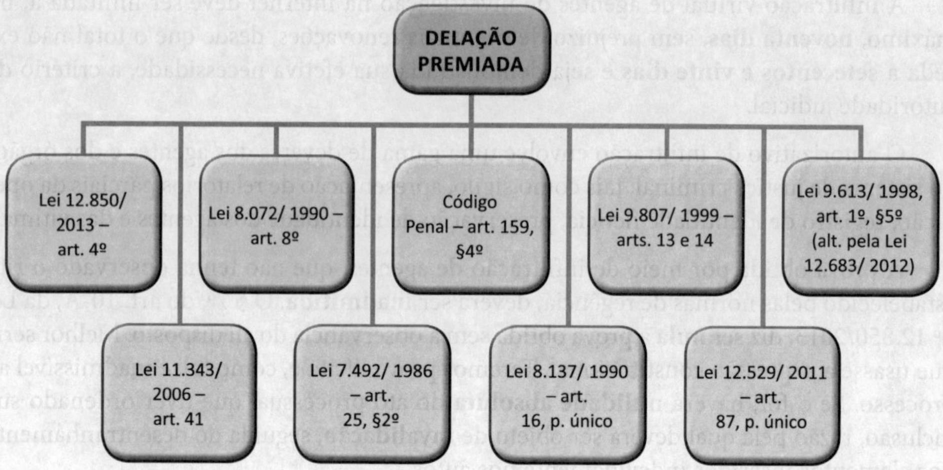

28. PROVA INDICIÁRIA E AGENTE INFILTRADO

É possível diferenciar o valor que pode ser atribuído ao depoimento do agente infiltrado prestado em juízo, conforme o seu conteúdo. Por exemplo, o agente infiltrado em organização criminosa pode não chegar a presenciar fato delituoso, limitando-se a ter ouvido falar acerca de infrações penais possivelmente cometidas. É hipótese conhecida pelo testemunho por ouvir dizer, cuja força probatória deve ser baixa, como a de simples indício.

29. PROVA INDICIÁRIA E TESTEMUNHA POR OUVIR DIZER (*HEARSAY WITNESS*)

As declarações do agente infiltrado podem ter conteúdo **direto** (entendido como decorrente da percepção imediata do ***thema probandum***, sem obtenção de informações através de terceira pessoa) ou **indireto** (especialmente quando decorrente da situação de ***hearsay witness***, isto é, como testemunha "**por ouvir dizer**" ou "**de segunda mão**").

30. VALOR PROBATÓRIO DO DEPOIMENTO DO AGENTE INFILTRADO E DA *HEARSAY TESTIMONY*

A credibilidade e o valor atribuídos ao depoimento do agente infiltrado devem ser reduzidos pelo juiz quando, por exemplo, aquele agente não tiver visualizado o *modus operandi* do delito pela percepção direta, pelos seus sentidos, restringindo-se a saber "por ouvir dizer" (*hearsay testimony*). Esse "testemunho" indireto não é prova com valor pleno (isto é, não é suficiente à condenação), sendo equivalente à prova indiciária (indícios ou prova semiplena), submetendo-se à regra de exclusão para fins condenatórios. Vale dizer, não chega a ser uma prova ilícita, mas deve ser evitada, como anotado por Aury Lopes Júnior[21].

21. LOPES JÚNIOR, Aury. Limite penal: testemunho "hearsay" não é prova ilícita, mas deve ser evitada. *Conjur*. Disponível em: <http://www.conjur.com.br/2015-out-30/limite-penal-testemunho-hearsay-nao-prova-ilicita-evitada2>. Acesso em: 21 mar. 2017.

Em sistemas jurídicos estrangeiros - de tradição *common law* ou de *civil law* -, há notícia de que não é admitida prova oral decorrente de testemunho por ouvir dizer. De fato, a fiabilidade de tal prova é bastante parca, frágil, diante do desconhecimento da sua fonte originária. Por tal razão, Mirjan Damaska aviva que o *hearsay rule* é de longe o mais conhecido exemplo de cânone dentre as regras de exclusão de prova ilícita[22].

31. TUTELA DO SIGILO DAS COMUNICAÇÕES

Sigilo é segredo. O sigilo telefônico e o sigilo de dados são conceitos distintos. O primeiro consiste no segredo que deve preservar as conversas telefônicas, aí insertas aquelas que se valem de tecnologia encampada pelo termo telemática. O sigilo de dados é o segredo reservado aos registros de migração e emissão de chamadas telefônicas, assim como o respectivo tempo de duração.

O regramento do sigilo constitucional das comunicações telefônicas, das comunicações de dados e dos próprios dados, inclusive dos seus registros, necessita de melhor delimitação por via de lei, notadamente diante do incremento de novas tecnologias ocorrido nos últimos anos. Geraldo Prado coloca em relevo alguns pontos, a esse propósito, pontificando que:

(1) "a comunicação de dados, por qualquer meio automatizado, desde que os dados repousem em banco de dados ou em algo similar, não é passível de interceptação"; e

(2) "nem todos os dados informáticos, porém, repousam ao final do processo comunicativo em bancos de dados" [23].

Segredo inerente às comunicações telefônicas, cujo sujeito passivo do direito fundamental é a respectiva operadora telefônica ou, nas comunicações via *internet*, o correspondente provedor. O sujeito ativo dessa garantia é o usuário que pode ver limitado esse direito fundamental. É submetido à cláusula de reserva de jurisdição, só podendo ser objeto de mitigação por ordem judicial e de acordo com o regramento da Lei nº 9.296/1996.

A proteção é das comunicações, significando dizer que os dados armazenados em aparelhos telefônicos, bem como os registros de *e-mails* já armazenados nas caixas de entrada das contas correlatas, embora tutelados pela garantia do art. 5º, XII, parte final, da Constituição do Brasil, careceriam de legislação específica, sem a qual devem ser considerados indevassáveis, ainda que por ordem judicial. Logo, podemos concluir que não só as "conversações" estão protegidas constitucionalmente (restritas à emissão de sons), mas também todas as "comunicações", que envolvem duas pessoas ou mais pessoas.

A restrição ao direito ao sigilo deve ser excepcional. Trata-se de uma **suspensão de um direito fundamental** que, como aduz Geraldo Prado, deve ser regida por duas ideias:

(1) a **temporariedade**, eis que "o estado de exceção é fruto de uma situação emergencial e transitória"; e

22. DAMASKA, Mirjan. *Evidence law adrift*. New Haven US: Yale University, 1997. p.14-15 (tradução livre).

23. PRADO, Geraldo. *Limite às interceptações telefônicas e a jurisprudência do Superior Tribunal de Justiça*. 2. ed. Rio de Janeiro: Lumen Juris, 2006. p.74.

(2) a "**defesa da Constituição**", porque deve tutelar o pacto civilizatório[24].

Surge, então, a primeira indagação. Que são "comunicações telefônicas" protegidas pela regra da inviolabilidade catalogada no rol dos direitos fundamentais individuais da Constituição de 1988?

Comunicações telefônicas, na esteira de Luiz Flávio Gomes e Sílvio Maciel, são as de qualquer natureza, vale dizer, todas aquelas permitidas pelo desenvolvimento tecnológico, podendo se dar por meio de fio, radioeletricidade (tal qual o telefone celular), meios eletromagnéticos, ópticos, seja se valendo da informática ou não. O fax, por exemplo, pode ser emitido com ou sem o uso do computador. O que basta é o uso de sistema de telefonia em sentido amplo, com recursos técnicos que podem ser combinados (*modem*, *internet*), estando incluídas a emissão, a recepção e/ou transferência de dados de natureza variada (símbolos, escritos, imagens, sinais), por intermédio de quaisquer espécies de telefonia (seja fixa ou móvel)[25].

Aliás, a tecnologia cada vez mais sofisticada permite, inclusive, o rastreamento da localização dos interlocutores, mesmo que com o uso de telefones móveis, verificando-se a localização da ERB (a chamada estação rádio base) operada pelo aparelho respectivo.

A regra de proteção do direito ao sigilo recai sobre qualquer tipo de comunicação telefônica. O destinatário da regra, sujeito passivo que se submete ao dever de guardar segredo é a operadora da telefônica ou a empresa responsável pela tecnologia que viabiliza as comunicações através dos diversos tipos de aparelhos.

Tanto faz que a titularidade do uso do telefone ou da linha respectiva, seja de natureza pública ou particular, deve ser garantida a proteção do sigilo do interlocutor, ou seja, da pessoa que suporta os efeitos da interceptação (sujeito passivo da interceptação e sujeito ativo do direito ao sigilo telefônico). Da mesma forma, se terceira pessoa usa canal telefônico pertencente a outrem, deve ainda assim ser mantida em segredo as conversas, sendo plenamente aplicável o art. 5º, inciso XII, da Constituição Federal.

A partir da análise do desse dispositivo constitucional, podemos arrolar três elementos necessários à interceptação telefônica lícita, quais sejam:

(1) lei regulamentadora;

(2) finalidade de aparelhar investigação criminal ou instrução processual penal; e

(3) ordem judicial fundamentada.

Em outras palavras, adotamos a tese de Geraldo Prado para reafirmar que "não são consideradas válidas as interpretações relativas à restrição de direitos fundamentais que busquem a sua fundamentação em outra área, salvo na própria Constituição da República"[26].

24. PRADO, Geraldo. *Limite às interceptações telefônicas e a jurisprudência do Superior Tribunal de Justiça*. 2. ed. Rio de Janeiro: Lumen Juris, 2006. p.31.

25. GOMES, Luiz Flávio; MACIEL, Sílvio. *Interceptação telefônica*: comentários à Lei 9.296, de 24.07.1996. São Paulo: RT, 2013. p. 47-48.

26. PRADO, Geraldo. Limite às interceptações telefônicas e a jurisprudência do Superior Tribunal de Justiça. In: *Acesso à justiça e efetividade do processo*. Geraldo Prado (coord.). Rio de Janeiro: Lumen Juris, 2005. p. 75.

A Lei nº 9.296/1996 possibilitou a restrição ao sigilo das comunicações telefônicas de qualquer natureza, com abrangência sobre a transmissão, envio, recepção de símbolos, imagens, caracteres, sinais, escritos, sons ou informações de toda ordem, que se dê por intermédio de telefonia, pública ou particular, estática ou móvel, com o uso de recursos tradicionais, de informática ou de telemática. Compreende assim as comunicações via qualquer tipo de telefone, assim como as realizadas de forma direta (fax, modens) ou indiretamente (*internet*, correios eletrônicos, aplicativos instalados etc.)[27].

O regramento de proteção para a interceptação de comunicações é extensivo à interceptação do fluxo de comunicações em sistemas de informática e de telemática. A finalidade da disciplina legal é propiciar que a interceptação autorizada sirva de meio de prova em investigação criminal e em instrução processual penal. Como se trata de garantia com cláusula de reserva jurisdicional, necessário que se dê por intermédio de decisão judicial e, para garantir a eficácia da medida, que sua tramitação observe segredo de Justiça.

32. INTERCEPTAÇÃO TELEFÔNICA

A doutrina controverte sobre natureza jurídica da interceptação telefônica. Ada Pelegrini Grinover anota que a interceptação é **coação processual *in re* (coação processual real física)**, inserindo-a no rol das medidas cautelares. Tal como a busca e apreensão, a interceptação telefônica é restritiva de direitos e meio de busca de prova, com vistas a evitar dano jurídico pela eventual demora do processo[28].

A interceptação telefônica é coação processual ***in re***, não porque seu objeto seja concreto, porém porque, através da interceptação, são apreendidos sinais sonoros, cujo conteúdo, levado ao conhecimento do juiz, tem natureza física. Trata-se de uma **operação técnica** que coloca à disposição do magistrado a materialização da comunicação telefônica. Daí a sua caracterização como atividade de coação processual real física[29].

Com efeito, a interceptação telefônica, no seu viés pragmático, é medida cautelar probatória (referente à prova). Por intermédio de seu procedimento, são apreendidos elementos fonéticos que constituem a conversa telefônica, pelo que se cuida de um meio de **apreensão imprópria**. Não há propriamente apreensão, mas gravação que viabiliza sua fiel reprodução, possibilitando assim seu conhecimento[30]. Nessa senda, o resultado da operação técnica de interceptação telefônica é **fonte de prova**, enquanto a gravação e as respectivas transcrições formam o documento que, uma vez inserido no processo, será o **meio de prova.**[31]

A interceptação telefônica pode se apresentar, a depender do seu conteúdo e finalidade, como meio de prova, meio de obtenção de prova ou fonte de prova:

(1) será **meio de prova** se considerados o seu ***nomen juris*** e que o seu resultado pode servir, diretamente, à comprovação dos elementos típicos que constituem a infração penal. Exemplo: a interceptação telefônica flagra comunicação de delito permanente, cuja

27. LIMA, Renato Brasileiro de. *Curso de processo penal*: volume único. Niterói: Impetus, 2013. p. 723-724.
28. GRINOVER, Ada Pellegrini. *Provas ilícitas, interceptações e escutas*. Brasília: Gazeta Jurídica, 2013. p. 260.
29. GRINOVER, Ada Pellegrini. *Provas ilícitas, interceptações e escutas*. Brasília: Gazeta Jurídica, 2013. p. 259-262.
30. GRINOVER, Ada Pellegrini. *Provas ilícitas, interceptações e escutas*. Brasília: Gazeta Jurídica, 2013. p. 258.
31. POLASTRI, Marcellus. *A tutela cautelar no processo penal*. 3. ed. São Paulo: Atlas, 2014. p. 315.

consumação se protrai no tempo (alguém comunica que está mantendo outrem em cativeiro ou o agente que informa que está cometendo homicídio naquele momento, deflagrando disparos audíveis pelo telefone interceptado. Nesses casos, o resultado da interceptação será o próprio meio de prova);

(2) será **meio de obtenção de prova** quando, através das informações obtidas com a interceptação, for possível chegar às provas que, diretamente, demonstram a materialidade de um delito, tal como quando se descobre onde se encontram documentos ou instrumentos que podem constituir a prova propriamente dita do delito;

(3) será **fonte de prova** quando for considerada a perspectiva de observação da estrutura técnica da interceptação que, por sua vez, viabiliza resultados que poderão ser úteis à produção probatória.

Por outro lado, se é certo que a interceptação telefônica tem vocação para preceder à deflagração da ação penal, não menos exato é que não é vedado que ela seja determinada no curso do processo, assumindo feição de intervenção para não apenas viabilizar melhor conhecimento do fato imputado, mas também para colocar óbice à prática delitiva em curso (casos de infrações penais permanentes, por exemplo). Daí que sua natureza de medida cautelar referente à prova pode ser tanto de preparatória, quanto incidental, sendo assim inserida na classe das "**cautelares conservativas**".

A interceptação telefônica pode ser lícita ou ilícita. Será lícita quando for autorizada judicialmente, de acordo com os pressupostos previstos na Lei nº 9.296/1996. Será ilícita quando não for autorizada judicialmente ou o for em dissonância com os parâmetros desse diploma legislativo.

A Lei nº 9.296/1996 veio suprir a exigência de lei em sentido estrito, eis que o dispositivo constitucional do art. 5º, inciso XII, da CF, restringe direito individual de primeira geração e deve ser interpretado como escudo protetor que só pode ser restringido após a edição de lei em sentido formal. É de ver que após a Constituição de 1988, as permissões judiciais fundadas no Código Brasileiro de Telecomunicações foram consideradas inconstitucionais, eis que o texto deste diploma normativo não impunha autorização prévia na forma exigida pela atual Constituição.

Há quem equipare interceptação telefônica ao grampo. Diz-se que o telefone está grampeado quando está sendo interceptado. Polastri assim distingue as várias formas de interceptação, ponderando ser "necessário diferenciar as várias formas da captação eletrônica da prova. Se há interceptação da conversa telefônica por terceiro, sem o consentimento dos interlocutores, temos o grampeamento ou interceptação telefônica propriamente dita ou *stricto sensu*"[32]

Preferimos distinguir e reservar a expressão "grampo" para a interceptação telefônica ilícita.

As notas distintivas da interceptação telefônica são as seguintes:

32. LIMA, Marcellus Polastri. *A prova penal*: de acordo com a reforma processual penal. 3. ed. Rio de Janeiro: Lumen Juris, 2009. p. 101.

(1) na interceptação telefônica há três protagonistas, ou seja:

(a) dois interlocutores (os sujeitos que se comunicam por intermédio de sistema telefônico); e

(b) um interceptador que capta a conversação;

(2) a interceptação telefônica pressupõe que a captação da conversação pelo sujeito interceptador se dê sem o consentimento dos interlocutores.

Nesse contexto, interceptação telefônica lícita é meio de prova consistente no seu deferimento judicial sem o conhecimento dos interlocutores, a partir de requerimento do Ministério Público ou de representação da autoridade policial, na fase da investigação preliminar, ou a partir de requerimento do Ministério Público na fase processual penal, com o intuito de viabilizar a obtenção de prova ou de fonte de prova que se refira ao objeto das investigações ou do processo.

Com o advento da Lei nº 13.964/2019, entendemos não haver mais espaço para sustentar que, depois de instaurado o processo, possa o juiz determinar a interceptação telefônica de ofício, ou seja, independentemente de ser provocado. Entendia-se, até então, que esse poder do magistrado era supletivo às partes e decorria de poder cautelar inerente à função jurisdicional. Sobre o ponto, avivávamos que o ideal seria que o juiz não tomasse iniciativa probatória, diante do sistema acusatório, apesar de que, dentro daquele prisma funcional, sempre restasse o poder do magistrado de suprir a inércia das partes, de forma excepcional.

Decerto, o art. 3º-A, do CPP, inserido por aquele diploma legislativo, dispõe que **o processo penal terá estrutura acusatória**, vedadas a iniciativa do juiz na fase de investigação e a substituição da atuação probatória do órgão de acusação. De lado outro, naquela fase preliminar, competirá ao juiz das garantias, nos termos do art. 3º-B, inciso XI, do Código, também incluído pela Lei nº 13.964/2019[33], decidir sobre os requerimentos de interceptação telefônica, do fluxo de comunicações em sistemas de informática e telemática ou de outras formas de comunicação, como também acerca do afastamento dos sigilos fiscal, bancário, de dados e telefônico, dentre outros meios de obtenção da prova que restrinjam direitos fundamentais do investigado.

Sem embargo, caso durante a interceptação telefônica, a autoridade se defronte com conversas entre o interceptado e o seu advogado, o conteúdo de tal comunicação não poderá ser válido como prova, porquanto protegido pela inviolabilidade do sigilo daquela profissão. Todavia, caso o advogado seja também investigado na qualidade de coautor da infração penal atribuída a seu cliente, o produto da interceptação poderá ser aproveitado como prova, desde que atendidos estritamente os permissivos legais e constitucionais.

33. ESCUTA TELEFÔNICA

A captação de conversa telefônica pode se dar por terceira pessoa com o conhecimento de um dos interlocutores. Nesse caso, tem-se a chamada escuta telefônica. Esse meio de

33. Os dispositivos sobre o juiz das garantias, assentados a partir do art. 3º-A, do CPP, estão com eficácia suspensa, nos termos de decisão monocrática do Supremo Tribunal Federal (STF – ADI 6298/DF – Medida Cautelar – Rel. Min. Luiz Fux – 22 jan. 2020).

prova se distingue da interceptação telefônica em razão da escuta telefônica pressupor que um dos interlocutores tenha conhecimento da interceptação telefônica por um agente interceptador (terceiro). De tal maneira, temos os seguintes elementos:

(1) na escuta telefônica existem três protagonistas, de forma idêntica à interceptação telefônica:

(a) dois interlocutores (os sujeitos que se comunicam por intermédio de sistema telefônico); e

(b) um interceptador que capta a conversação;

(2) a escuta telefônica pressupõe que a captação da conversação pelo sujeito interceptador se dê com o consentimento de um dos interlocutores.

Escuta telefônica é a expressão que designa forma de se obter os registros de conversas telefônicas, mediante gravação ou acompanhamento auditivo por terceira pessoa, estranha à conversa, porém com o assentimento de um dos seus participantes. Geralmente, é chamada pelo nome vulgar de "grampo". Quando a escuta telefônica é autorizada judicialmente, recebe a chancela da legalidade. A mera escuta telefônica, sem autorização judicial, é prova ilegal, que não deve ser admitida no processo, salvo quando contiver elemento que favoreça a defesa.

Não se contempla aqui a gravação de conversa telefônica por um interlocutor sem o conhecimento de outro, muitas vezes realizada com propósito de autodefesa em face de situações como sequestro de familiares, extorsão ou outras práticas criminosas. Tal conduta parece não se situar no âmbito do art. 5º, inciso XII, *in fine*, mas no âmbito de proteção do art. 5º, inciso X, que dispõe sobre a proteção da intimidade e da vida privada.

Com efeito, a gravação do interlocutor (protagonista da conversa telefônica) não se inclui no conceito de interceptação (que pressupõe terceira pessoa). Ademais, o texto constitucional permite a interceptação telefônica para fins de investigação criminal ou de instrução processual penal, por ordem judicial, nas hipóteses e na forma da lei (CF, art. 5º, XII). Tem-se aqui típica **reserva legal qualificada**, na qual a autorização para intervenção legal está submetida à condição de destinar-se a investigação criminal ou a instrução processual penal[34].

34. GRAVAÇÃO TELEFÔNICA

Gravação telefônica é termo de mais de uma acepção.

Em sentido estrito, gravação telefônica é meio de prova que exige a presença dos seguintes requisitos:

(1) a presença de dois interlocutores na conversa, no âmbito da qual um desses efetua a gravação; e

(2) a indiferença quanto ao conhecimento da gravação pelo segundo participante da conversação telefônica (pode haver ou não a ciência do outro quanto à gravação telefônica).

34. STF – Primeira Turma – HC 170220 AgR – Rel. Min. Alexandre de Moraes – publicado em 01 ago. 2019.

Nesse sentido, a "gravação telefônica" não é comunicação telefônica protegida pela Lei nº 9.296/1996.

Em sentido amplo, gravação telefônica é o produto da interceptação telefônica, da escuta telefônica ou da gravação telefônica em sentido estrito. É o registro da conversa telefônica em áudio ou de forma escrita. Nesse ponto, a Lei nº 9.296/1996 confere proteção penal ao sigilo das gravações, punindo como crime a quebra do segredo de justiça (art. 10, *caput*) e a revelação do conteúdo das gravações (art. 10-A, § 2º).

A conversa, para ser carreada aos autos da investigação preliminar ou do processo, deve ter suas partes essenciais degravadas *ipsis litteris* e ser acompanhada de auto circunstanciado. A falta do auto circunstanciado, contudo, constitui **irregularidade** que não é apta, como regra, à decretação de invalidação da prova.

Fala-se em gravação clandestina. A gravação clandestina é a gravação da conversa por um dos interlocutores, sem o conhecimento do outro. No ponto, não há ilicitude. A prova assim obtida é lícita, eis que não há interceptação ou escuta sem ordem judicial, mas tão somente gravação por um daqueles participantes da conversação. A autorização judicial é dispensável para este fim. Se ela existir, é tão somente um *plus*, que só reforça a legitimidade da prova.

Luiz Flávio Gomes e Silvio Maciel realçam que não é crime gravar clandestinamente uma comunicação ou uma conversa própria, destacando que o ato de gravar, tão somente o de gravar - note-se -, não constitui infração penal. No entanto, há, em certa medida, invasão à intimidade alheia. Daí que, em regra - explicam os autores -, não é permitido divulgar o conteúdo da gravação (dever de não divulgar a conversa entre duas pessoas). Consoante lecionam, "a isso se dá o nome de 'direito à reserva', que se distingue do 'direito ao segredo': neste, o que se visa é evitar que um terceiro capte a comunicação alheia; por aquele, o que se pretende é a não divulgação daquilo que foi gravado clandestinamente". E arrematam, advertindo que "a divulgação indevida configura o delito previsto no art. 153 do CP. Quem divulga, sem justa causa, o conteúdo de uma gravação clandestina está praticando um ilícito penal"[35].

Enquanto o **direito ao segredo** (ou **direito de respeito à vida privada**) se destina à proteção das comunicações contra interceptações ilegítimas, o **direito à reserva** (ou **direito à privacidade**) objetiva vedar o abuso por parte de quem obteve conteúdo de comunicação de forma legítima. Em outros termos, o direito ao segredo refere-se ao seu conteúdo das comunicações, que não pode ser devassado sem a presença do autorizativo judicial exigido por lei. Já o direito à reserva vai mais além para proibir manifestações exteriores, como a divulgação abusiva que se segue ao conhecimento do conteúdo da comunicação (divulgação indevida do segredo)[36].

De tudo o que foi dito até este ponto, algumas observações podemos destacar:

35. GOMES, Luiz Flávio; MACIEL, Sílvio. *Interceptação telefônica*: comentários à Lei 9.296, de 24.07.1996. São Paulo: RT, 2013. p. 28-29.
36. GRINOVER, Ada Pellegrini. *Provas ilícitas, interceptações e escutas*. Brasília: Gazeta Jurídica, 2013. p. 107; p. 248-250.

(1) A gravação feita pela autoridade policial, com o intuito de registrar confissão do indiciado, é prova ilícita, quando se verifique tratar-se de interrogatório clandestino, que não tenha assegurado os direitos e garantias fundamentais constitucionais e processuais (interrogatório informal ou sub-reptício com policiais, em conversa informal).

(2) É possível **a gravação não clandestina** (ou seja, ciente o agente de seus direitos fundamentais e da circunstância do registro), feita pela autoridade policial, Ministério Público ou Poder Judiciário, para registrar confissão e obter maior fidedignidade de colaboração de indiciado ou acusado, inclusive conforme previsão do § 13, do art. 4º, da Lei do Crime Organizado, com redação da Lei nº 13.964/2019, que realça que o registro das tratativas e dos atos de colaboração deverá ser feito pelos meios ou recursos de gravação magnética, estenotipia, digital ou técnica similar, inclusive audiovisual, destinados a obter maior fidelidade das informações, garantindo-se a disponibilização de cópia do material ao colaborador.

35. REGISTRO TELEFÔNICO

Registro telefônico é o histórico das ligações e demais comunicações telefônicas efetuadas de um número a outro. Trata-se de dados consistentes nos horários de chamadas, duração, números de telefones para os quais foram efetuadas chamadas e dos quais migraram ligações, cujo controle está sob a responsabilidade da respectiva concessionária de serviço telefônico.

Os registros telefônicos são "dados" e não se submetem à mesma proteção jurídica das "comunicações de dados". Em outras palavras, a "cláusula de reserva jurisdicional" do art. 5º, XII, da Constituição da República, que protege com a outorga de sigilo às "comunicações de dados" não se estende, na mesma proporção, aos dados que consubstanciam os registros telefônicos, que são apenas o histórico das chamadas realizadas pelo número objeto das investigações.

De tal modo, para haver quebra do sigilo de dados telefônicos (dos registros armazenados na companhia telefônica), não são aplicáveis as disposições da Lei nº 9.296/1996[37], que se destinam às comunicações atuais, presentes. O acesso aos registros telefônicos se refere ao pretérito, ao passado, ao que está armazenado. Tal pode ocorrer em sede de processo penal que apure crime que seja apenado com detenção e até mesmo para instruir processo de natureza civil.

Note-se que a proteção para os dados, para os registros telefônicos, existe, com a necessidade de autorização judicial ou de requisição de órgão que tenha atribuição constitucional ou legal para tanto, como as Comissões Parlamentares de Inquérito[38], apesar de o ser em menor espectro, porquanto não há lugar para os limites opostos pela Lei de Interceptação das Comunicações e não se submete, estritamente, à cláusula de reserva judicial qualificada do art. 5º, inciso XII, da CF.

37. STJ – Quinta Turma – EDcl no RMS 17.732/MT – Rel. Min. Gilson Dipp – DJ 19/09/2005.
38. STF – Tribunal Pleno – MS 23452 – Rel. Celso de Mello – DJ 12/05/2000.

Não obstante, malgrado haja opiniões em sentido contrário, entendemos que o poder de requisição que tem o Ministério Público previsto em sua lei orgânica (para requisitar documentos, instauração de inquérito policial etc.), não abrange o acesso aos dados telefônicos ou registros protegidos pelo sigilo, sendo necessária intervenção judicial para tanto.

Na linha de raciocínio de que os dados passados não são protegidos na mesma medida que as transmissões desses dados, as comunicações escritas pela *internet* são protegidas pelo sigilo do art. 5º, inciso XII, da CF, enquanto estão sendo transmitidas, nos termos da Lei nº 9.296/1996. Depois de armazenados os registros das conversas, tornam-se dados.

Os dados das conversas, que são os registros passados (tal qual o ***e-mail***) não estão sob a égide deste diploma legal, sendo protegidos de forma menos ampla que as comunicações contemporâneas.

No entanto, entendemos que seria necessário um estatuto do e-mail, como um estatuto do *smartphone*: isso porque os conceitos embutidos na legislação não alcançam todos os problemas que são capazes de devassar o direito à intimidade das pessoas. Deveras, abrir a caixa de entrada do correio eletrônico de alguém ou mesmo o smartphone, dotado de uma infinidade de dados consignados em aplicativos tem potencial de violação múltipla de vários sigilos, a um só tempo.

Realmente, ali estarão, de uma só vez, armazenados dados bancários, fiscais, fotos íntimas, mensagens reveladoras do pensamento do titular do direito à intimidade ou "cartas eletrônicas" de toda uma vida. Daí nossa conclusão de que, sem uma legislação específica, a melhor solução seria não autorizar o afastamento do sigilo de dados ou a interceptação dos conteúdos recebidos eletronicamente por intermédio daqueles dispositivos digitais.

36. CAPTAÇÃO AMBIENTAL

A captação ambiental passou a ser regulada expressamente na Lei nº 9.296/1996, conforme as regras da Lei nº 13.964/2019. A disciplina legal pode suscitar problemas de **direito intertemporal**: afinal, antes de tal regramento específico, tínhamos uma lacuna. A captação estaria, antes, sendo autorizada a partir de interpretação que restringia, para além dos limites permitidos, o direito à intimidade, isto é, sem que houvesse lei estrita e formal detalhando como deveria ocorrer a interceptação ou a escuta ambiental.

Em poucas palavras, a prova penal, em matéria de captação ambiental, estava sendo produzida por analogia ou com base em juízos discricionários, de todo indevido em matéria que envolve direitos fundamentais de primeira dimensão que, por sua inata natureza, exigem respeito à legalidade e à constitucionalidade, para que seja válida a ordem judicial. A disciplina não estava, como agora, regrada na Lei nº 9.296/1996.

A captação ambiental consiste no meio de prova consistente nos registros de conversas em sede diversa da telefônica ou da digital, ou seja, captação de áudio ou de imagem ambiente, realizada por terceira pessoa, ou seja, por agente interceptador que não participa da conversação ambiental.

A interceptação, escuta ou gravação recai sobre comunicação ambiental, entendida como aquela que ocorre sem o uso de meios digitais, eletrônicos, óticos, telefônicos ou artificiais (ambiente diverso do telefônico ou cibernético). Àqueles conceitos, aplicamos os mesmos elementos, correlatos, tomados da interceptação, escuta e gravação telefônicas.

A validade da captação ambiental depende de mais de um fator. A interceptação ou a escuta, conforme o caso, poderá ocorrer:

(1) de forma autorizada judicialmente, quando sua execução ocorrerá com a instalação de equipamento para captação de conversas sem o conhecimento dos participantes. Os registros assim obtidos são lícitos;

(2) sem autorização judicial, porém com o conhecimento de um dos interlocutores, hipótese em que o registro será ilícito, eis que os participantes do diálogo têm o direito de sigilo (direito à intimidade), que não pode ser mitigado sem que seja observada a cláusula de reserva jurisdicional;

(3) sem autorização e sem o conhecimento dos participantes da conversa, conhecida, caso em que os registros serão também inadmissíveis como prova, ressalvada a possibilidade de serem utilizados em favor da defesa do imputado;

(4) em lugar público ou acessível ao público, caso em que a prova será ilícita, se desatendidos os requisitos do art. 8º-A, da Lei nº 9.296/1996.

A distinção básica relativamente à captação telefônica é que as formas de registros ambientais se submetem a critérios distintos, consoante as especificidades das disposições do art. 8º-A, daquela Lei, que regula o inciso XII, do art. 5º, da Constituição.

37. CAPTAÇÃO AMBIENTAL DE ADVOGADOS NO EXERCÍCIO DA ADVOCACIA

O autorizativo para se captar advogado, no exercício de sua profissão, deve se submeter à **exegese restrita**. Não se deve permitir, de forma generalizada ou com base em conjecturas, abstratas, a interceptação ou a escuta de conversas entre advogados e seus assistidos.

O art. 52, da Lei de Execução Penal, com redação da Lei nº 13.964/2019, que prevê as regras impostas ao preso incluído em regime disciplinar diferenciado, dispõe, em seu inciso V, que a entrevistas com aquele serão sempre **monitoradas**, **exceto** aquelas com seu **defensor**, em instalações equipadas para impedir o contato físico e a passagem de objetos, salvo expressa **autorização judicial** em contrário.

Entendemos que aquela monitoração tem natureza de captação ambiental e, por isso, deve respeitar os cânones do ordenamento jurídico. Não há sentido lógico em distinguir que o aparato colocado em estabelecimento prisional, que fita a comunicação do preso com seu advogado mediante vidro ou interfone, seria comunicação sem interceptação indevida. Afinal, como monitorar as conversas ali travadas sem que isso signifique interceptação e precise se submeter aos critérios legais e constitucionais?

A cláusula de reserva para o afastamento do sigilo profissional do advogado, no ponto, somente tem lugar em hipóteses excepcionais e desde que respeitada a proporcionalidade da medida, bem como os limites do art. 8º-A, da Lei nº 9.296/1996. Não é aplicável a qualquer entrevista de presos, mas apenas aos que estejam inseridos em regime disciplinar diferenciado. A interceptação será ilícita se servir ao conhecimento das estratégias da defesa do imputado, sem que haja delimitação, precisa e prévia, de infração penal atribuída ao advogado, cuja pena abstrata máxima exceda quatro anos.

Sob outro prisma, há de ser reservado um espaço de garantia daquela sigilação, sob pena de ultraje indevido à prerrogativa do advogado de avistar-se pessoal e reservadamente com seus clientes. Deve, ademais, ser reconhecido um núcleo intangível que permita ao advogado entrevistar seu cliente sem que sejam devassadas as conversas por interceptação ambiental.

Questão de relevo é saber se é possível a interceptação ambiental em **escritório de advocacia**, naturalmente, sem o conhecimento dos advogados. Para que seja admitida a interceptação nesse ambiente, é indispensável que o advogado esteja sendo investigado por crime com pena máxima superior a quatro anos, em coautoria ou não com cliente seu.

Para tanto, necessário requerimento circunstanciado com a descrição da forma de instalação do aparelho necessário para a realização da interceptação ambiente no escritório. Se não forem respeitados os limites legais, a captação será indevida e os responsáveis estarão incursos em abuso de autoridade, na forma da Lei nº 13.869/2019, bem como no delito do art. 10-A, da Lei nº 9.296/1996, acrescido pela Lei nº 13.964/2019.

Entendemos que, em hipótese alguma, a instalação do equipamento em escritório de advocacia possa se dar sem a observância da inviolabilidade domiciliar no período noturno. Há posicionamentos em sentido contrário. No entanto, a Constituição opõe limites e, com o devido zelo da atividade investigativa, e sempre se baseando em critério de excepcionalidade, será possível identificar horário durante o dia para que a diligência seja cumprida. Aliás, a Lei do Abuso de Autoridade tipifica como crime, no inciso III, do parágrafo único, do seu art. 21, a conduta de quem cumprir mandado de busca e apreensão domiciliar após as vinte e uma horas ou antes cinco horas.

38. GRAVAÇÃO AMBIENTAL

A gravação ambiental se distingue da interceptação porque não conta com a captação da conversa por terceira pessoa. Trata-se da gravação que é efetuada por um dos participantes do diálogo, com ou sem o conhecimento do outro ou dos demais. Esse meio de prova é lícito, eis que não há violação ao sigilo.

A gravação por um dos interlocutores deve ser entendida como um direito de proteção, uma precaução e, por não envolver violação do sigilo da conversa com a participação de agente interceptador, não carece de autorização judicial. Seria impensável, do ponto de vista estrutural, que para todo e qualquer registro de conversa que alguém desejasse ter com outrem, necessitasse de prévia intervenção do Judiciário. O Judiciário só precisa intervir quando se tem a participação de terceira pessoa que está oculta a pelo menos um dos participantes.

Sobre a questão, o Supremo Tribunal Federal, por maioria, destacou em "Repercussão Geral", que a prova obtida através de gravação ambiental, realizada por um dos interlocutores sem conhecimento do outro, é válida, sem qualquer mácula que induza sua ilicitude[39].

39. STF – Primeira Turma – ARE 1240873 AgR – Rel. Min. Roberto Barroso – publicado em 03 fev. 2020.

39. INTERCEPTAÇÃO DO FLUXO DE COMUNICAÇÕES EM SISTEMAS DE INFORMÁTICA E DE TELEMÁTICA

Inserida na proteção do sigilo das comunicações telefônicas está a interceptação do fluxo de comunicações em sistemas de informática e de telemática. Diante dos avanços tecnológicos dos sistemas de comunicação, buscou-se maior abrangência, com uma interpretação atualizadora, progressiva, do art. 5º, inciso XII, da Constituição do Brasil. Em certa medida, a previsão é redundante. Entretanto, tem a virtude de encampar todas as formas de comunicação telefônica, não se restringindo aos sistemas convencionais.

O fluxo de comunicações pode ocorrer por meio de avançados sistemas tecnológicos. A expressão "sistema de telemática" abrange um conjunto de tecnologias de transmissão de dados, inclusive o de "sistemas de informática", de forma integrada, para viabilizar comunicações à distância. Trata-se de sistema que reúne recursos de telecomunicações (fibras óticas, satélite, cabo) e de informática (*hardwares* e *softwares*, ou seja, máquinas, computadores, programas e sistemas de rede). A finalidade desse sistema é possibilitar o armazenamento de dados, seu processamento e uma volumosa comunicação, em tempo instantâneo e a partir de grandes distâncias.

O regramento exposto acima é aplicável à interceptação do fluxo de comunicações que envolvam tanto o sistema telefônico tradicional, quanto o que se vale de recursos de informática, digital e telemática. Em outras palavras, o sigilo é protegido de forma ampla toda vez que se trate de comunicação à distância, requerendo, para que haja interceptação, de autorização judicial.

No que toca à interceptação de comunicação de dados, autorizada pela Lei nº 9.296/1996, em aparente dissonância com o art. 5º, inciso XII, da Constituição da República, há doutrina que entende que a extensão dada pela lei é inconstitucional (parágrafo único, art. 1º), ao determinar a aplicação da Lei de Interceptação Telefônica às medidas de interceptação do fluxo de comunicações em sistema de informática e telemática.

Pelas razões já expostas, notadamente em face da necessidade de interpretação progressiva dos enunciados normativos, entendemos que não há inconstitucionalidade na legislação em tela. No entanto, não deve ser admitida interpretações analógicas ou extensivas com o intuito de ampliar a esfera punitiva sem respeito à legalidade complementar ao art. 5º, inciso XII, da CF.

Note-se que, a cada dia, se torna mais comum a comunicação através de mensagens de texto, via telefonia celular (aplicativos etc.), que propriamente através de conversa telefônica em sentido estrito. Como a Constituição Federal, naquele dispositivo, faz menção à interceptação telefônica e à de dados, podemos inferir a constitucionalidade da legislação e da interpretação que dela decorre.

Algumas questões particulares, devem ser ressalvadas, a partir do exame casuístico jurisprudencial:

(1) embora não esteja abrangida pela Lei de Interceptação Telefônica, o pedido de informação sobre o IP (*internet protocol*) para identificação dos dados do computador do usuário, depende de ordem judicial, em compasso com a Lei do Marco Civil da Internet[40];

40. STJ – Quarta Turma – REsp 1560976/RJ, Rel. Min. Luis Felipe Salomão – DJe 01 jul. 2019.

(2) tem-se entendido que o correio eletrônico corporativo (e-mail de uso exclusivo para o trabalho) não está protegido pelas regras da Lei nº 9.296/1996, pelo que, diante de ilícitos civis ou criminais, no âmbito da relação de trabalho, pode haver controle e fiscalização do seu conteúdo por parte do empregador, sendo a prova eventualmente obtida válida, inclusive, para dispensa por justa causa[41].

40. SIGILO DO SMARTPHONE E DE APLICATIVOS DE CONVERSAS DIGITAIS

O telefone celular é um dispositivo que reúne uma pluralidade de dados. Ele também é um feixe de emissões de informações: conversações, fotos íntimas substitutivas dos antigos álbuns, história de vida, com a cronologia das informações que poderiam estar nas antigas correspondências, extratos bancários, transações financeiras, pensamentos íntimos registrados no conhecido aplicativo *Whatsapp*, *Telegram Messenger* e outros do gênero, rotinas registradas em aplicativo como o Uber, preferências documentadas por técnicas baseadas em algorítimos, dentre uma infinidade de outros aplicativos armazenados no *smartphone*.

Trata-se de um aparelho com *softwares* sensíveis à garantia da intimidade. De fato, abrir aqueles dados ou ter disponível o telefone celular de alguém é conduta com potencial muitas vezes mais lesivo e devastador que ingressar no domicílio. O smartphone interage com conceitos novos, em um mundo conceitual ainda antigo, como observou Tércio Sampaio Ferraz Júnior[42]. Desse modo, não podemos entender como equivalentes interceptar comunicação ou afastar o sigilo de dados armazenados em aplicativos de smartphone e autorizar quebra de sigilo telefônico ou de dados. No mundo digital, virtual, temos detalhes que não são abrangidos pela legislação que, em boa medida, tem apenas adequação ao mundo físico, real.

Daí termos sugerido um estatuto do *smartphone*, para pormenorizar problemas como o da criptografia, do espelhamento via codificação ou do procedimento para individualizar, justificativamente, o aplicativo que guarde interesse com a investigação.

O STJ reconheceu a ilicitude de prova obtida por meio de **espelhamento**, por meio de *Whatsapp Web*, via *QR Code*. Declarou, corretamente, ser inadmissível a sua analogia com a interceptação telefônica. Esta permite que o agente da investigação observe as conversas futuras empreendidas por terceiros. No espelhamento, todavia, o investigador de polícia tem a concreta possibilidade de participar das conversas vindouras, bem como pode constatar o conteúdo das que já foram realizadas, pretéritas, e que estão registradas no aparelho celular, com acesso amplo e irrestrito a toda e qualquer comunicação, sem autorização judicial específica. Tal proceder híbrido não tem respaldo legal[43].

Do que foi dito, infere-se porque reputamos urgente um estatuto do telefone celular. Pode-se saber mais da intimidade de alguém acessando os dados depositados em seu *smartphone*, do que, por exemplo, interceptando suas conversas telefônicas ou de dados. O telefone celular se tornou instrumento para acesso a conta bancária, a correio eletrônico

41. STJ – Segunda Turma – RMS 48.665/SP – Rel. Min. Og Fernandes – DJe 05 fev. 2016.

42. FERRAZ JÚNIOR, Tércio Sampaio. Juízes operam conceitos velhos em um mundo novo. *Gazeta do Povo*, 01 jun. 2017. Disponível em: <http://www.gazetadopovo.com.br/justica/tercio-sampaio-juizes-operam-conceitos-velhos-em-um--mundo-novo-4fniz3cac3p5jpu70hzu40qnw/>. Acesso em: 12 fev. 2020.

43. STJ – Sexta Turma – RHC 99.735-SC – Rel. Min. Laurita Vaz – DJe 12 dez. 2018.

(*e-mail*) e a imagens em tempo real por meio de câmeras instaladas em residência. Por meio dele, pode-se ingressar na própria residência, quando instalada função de controle remoto, assim como ter acesso ao conteúdo de conversas atuais (instantaneamente) e passadas (por meio da consulta de dados).

O acesso indevido a mensagens depositadas em aplicativo deve ser motivo para classificar os elementos obtidos como prova ilícita, inadmissível no processo. Até a prisão em flagrante não deve ser considerada motivo hábil a autorizar que a polícia realize buscas aleatórias no telefone celular do autuado. O aparelho celular deve ser retido e solicitada a autorização judicial para obtenção do seu conteúdo, devendo o pedido apresentar justificativa fundada em indícios de que o aparelho oculta elemento probatório de delito ou se trata de objeto material ou instrumento de infração penal.

Daí que mesmo o *smartphone* sem senha de bloqueio não deve ser examinado pela polícia sem ordem judicial, ainda que em situação de flagrante delito. Nesse sentido, decidiu o Superior Tribunal de Justiça que "ilícita é a devassa de dados, bem como das conversas de *Whatsapp*, obtidas diretamente pela polícia em celular apreendido no flagrante, sem prévia autorização judicial". Na hipótese, foi declarada a nulidade das provas obtidas no celular do paciente sem autorização judicial e determinado o desentranhamento do produto[44].

Situação diversa, também enfrentada pelo STJ, consistiu na entrega do aparelho celular da vítima falecida, pelo seu cônjuge à autoridade policial. Entendeu-se que a falta de autorização judicial não maculou a prova decorrente do acesso aos dados do aparelho entregue. Afinal, seria desproporcional exigir ordem judicial na hipótese, considerada a propriedade do celular e o interesse sobre os dados ali depositados[45].

41. SEGREDO TELEFÔNICO E DIMENSÕES PROBATÓRIAS (GERAÇÕES DE PROVAS OU TRILOGIA OLMSTEAD-KATZ-KYLLO)

A proteção do sigilo relativo a aplicativos, dados e comunicações que estão reunidas em telefone celular constitui o que a doutrina classifica como **prova de terceira geração** (ou direito probatório de terceira dimensão). Com os avanços tecnológicos, percebeu-se que situações de invasão à privacidade podem acontecer sem que haja qualquer intrusão física em residência ou em comunicações telefônicas convencionais.

João Biffe Júnior e Joaquim Leitão Júnior, a propósito, anotam que "a divisão das gerações de direito probatório encontra seu nascedouro nos precedentes Olmstead (1928), Katz (1967) e Kyllo (2001), nos quais a Suprema Corte Norte-Americana decidiu em quais casos incidiria a proteção conferida pela 4ª Emenda à Constituição dos Estados Unidos da América, tornando-se assim necessária a expedição prévia de ordem judicial de busca e apreensão para a obtenção lícita das provas"[46].

44. STJ – Sexta Turma – RHC 51.531/RO – Rel. Min. Nefi Cordeiro – DJ: 09 mai. 2016.
45. STJ – Sexta Turma – RHC 86.076/MT – Rel. Min. Sebastião Reis Júnior – Rel. p/ Acórdão Ministro Rogerio Schietti Cruz – j. 19 out. 2017.
46. BIFFE JÚNIOR, João; LEITÃO JÚNIOR, Joaquim. O acesso pela polícia a conversas gravadas no Whatsapp e as gerações probatórias decorrentes das limitações à atuação estatal. *Genjurídico*. Disponível em: <http://genjuridico.com.br/2016/08/12/o-acesso-pela-policia-a-conversas-gravadas-no-whatsapp-e-as-geracoes-probatorias-decorrentes-das-limitacoes-a-atuacao-estatal/>. Acesso em: 23/03/2017.

Tomemos o que narra Danilo Knijnik.

(1) No primeiro precedente (**Olmstead**), protegeu-se a inviolabilidade das comunicações telefônicas e a privacidade residencial (**primeira dimensão probatória**: teoria proprietária ou ***trespass theory***). Foi conferida proteção às coisas, aos lugares e aos pertences.

(2) No precedente seguinte (**Katz**), avançou-se para proteger as expectativas de privacidade, por exemplo, a confiança na privacidade de comunicações telefônicas, ainda que captados os sons em ambiente público, como em uma cabine telefônica (**segunda dimensão probatória**: teoria da proteção constitucional integral).

(3) No último precedente (**Kyllo**), conferiu-se maior amplitude para proteger a privacidade contra tecnologias capazes de revelar, por exemplo, atividades ilícitas em interior de casa sem sequer carecendo de nela penetrar, por meio de aferidores externos de temperatura (**terceira dimensão probatória**: teoria das provas tecnológicas invasivas, na qual estaria inserida a proteção dos dados de conversa via *WhatsApp*, *Telegram* e similares). O enfoque dessa tutela é o tecnológico[47].

42. SIGILO DE DADOS

Segredo referente aos registros de ligações telefônicas e aos dados cadastrais dos usuários, o sigilo de dados pode ser objeto de requisição de autoridades administrativas, desde que haja previsão específica, a exemplo do poder do Ministério Público e do delegado de polícia previsto no art. 15, da Lei nº 12.850/2013, para os casos de crime organizado, e no art. 17-B, da Lei nº 9.613/1998, para as hipóteses de lavagem de dinheiro.

Como se depreende, a inviolabilidade do sigilo de dados é garantida também pelo art. 5º, inciso XII, da Constituição, mas a forma de afastamento de tal segredo no caso concreto é menos rígida que os casos de sigilo telefônico, tanto não se submetendo à cláusula de reserva qualificada de jurisdição (desde que haja expresso permissivo legal formal), quanto não se impondo restrições da Lei nº 9.296/1996, possibilitando a quebra de sigilo de dados para infrações penais em geral, seja ela apenada com reclusão, seja com detenção.

No CPP, foram incluídos os arts. 13-A e 13-B, conferindo poderes requisitórios, sem intermediação da autoridade judicial, aos membros do Ministério Público e às autoridades policiais, relativamente aos crimes de tráfico de pessoas, gizados no Código Penal (arts. 148, 149, 149-A, § 3º do art. 158, e art. 159) e no Estatuto da Criança e do Adolescente (art. 239). Entendemos que os dispositivos acrescidos ao CPP necessitam de filtro constitucional (interpretação conforme a Constituição) ou deste filtro não passam, notadamente por esvaziar cláusula de reserva jurisdicional.

Vejamos.

(a) Art. 13-A, *caput*, do CPP. De conformidade com este dispositivo, o membro do Ministério Público ou o delegado de polícia poderá requisitar, de quaisquer órgãos do poder público ou de empresas da iniciativa privada, dados e informações cadastrais da vítima ou

47. KNIJNIK, Danilo. A trilogia Olmstead-Katz-Kyllo: o art. 5º da Constituição Federal do Século XXI. In: *Temas de direito penal, criminologia e processo penal.* Ângelo Roberto Ilha da Silva (org.). Porto Alegre: Livraria do Advogado, 2014, p.178-187.

de suspeitos. O parágrafo único desse artigo preconiza que a requisição, que será atendida no prazo de vinte e quatro horas, conterá, o nome da autoridade requisitante, o número do inquérito policial e a identificação da unidade de polícia judiciária responsável pela investigação. Como se deduz, esse autorizativo legal pode envolver dados protegidos por sigilo constitucional com reserva de jurisdição. Caso isso possa acontecer, o delegado de polícia ou o Ministério Público deverá pleitear ao juiz o acesso aos dados ou às informações, observados os incisos XII, XIV e XXXIII, do art. 5º, da CF/1988, e outros diplomas legais que delimitam o afastamento de sigilo sobre dados e informações cadastrais.

(b) Art. 13-B, *caput*, do CPP. Tal enunciado dita que, se necessário à prevenção e à repressão dos crimes relacionados ao tráfico de pessoas, o membro do Ministério Público ou o delegado de polícia poderão requisitar, mediante autorização judicial, às empresas prestadoras de serviço de telecomunicações ou telemática, que disponibilizem imediatamente os meios técnicos adequados – como sinais, informações e outros – que permitam a localização da vítima ou dos suspeitos do delito em curso.

Sobre os dados sob responsabilidade de provedores de *internet* e análogos, o sigilo somente deve ser afastado judicialmente se respeitada a forma estatuída na Lei nº 12.965/2014. Entendemos, aliás, ser inconstitucional o § 4º, do art. 13-B, incluído no CPP, que reza que se não houver manifestação judicial no prazo de doze horas, a autoridade competente requisitará às empresas prestadoras de serviço de telecomunicações ou telemática que disponibilizem imediatamente os meios técnicos adequados – como sinais, informações e outros – que tornem possível a localização da vítima ou dos suspeitos do delito em curso, com imediata comunicação ao magistrado. Isso porque, no ponto, a cláusula de reserva de jurisdição é expressa no inciso XII, do art. 5º, da CF/1988.

Pensamos ser desproporcional e inconcebível a autorização da fixação de poder de afastamento do sigilo em degraus (primeiro o juiz e depois o MP ou autoridade policial). A previsão, em outras palavras, afasta, por via legal, a garantia constitucional do sigilo das comunicações telefônicas e de dados nas investigações dos crimes que menciona.

43. SIGILO FISCAL

É garantia constitucional decorrente do dever que sujeita a fazenda pública, através de seus funcionários, de não permitir que os dados dos contribuintes que estejam em seu poder sejam destinados a fins diversos daqueles próprios da administração tributária[48]. O art. 198, do Código Tributário Nacional, estabelece o conceito de sigilo fiscal e trata de suas mitigações, enfatizando que deve se dar por ordem judicial ou solicitações de autoridade administrativa no interesse da administração pública.

44. SIGILO BANCÁRIO

Trata-se de garantia individual que impõe aos bancos e aos seus funcionários o dever de não destinar as informações bancárias que estão em seu poder para fins diversos de sua

48. VELASQUES, Renato Vinhas. Quebra de sigilo bancário. *Revista do Ministério Público do Rio Grande do Sul*, Porto Alegre, nº 48, 2002.

atividade bancária. Abrange movimentações de conta corrente, de poupança, que digam respeito à situação econômica dos clientes[49].

Existem conceitos mais amplos e mais restritos de sigilo bancário. Será mais amplo quando alcançar não só as informações contratuais, mas também as pré-contratuais e os dados cadastrais. Será mais restrito quando disser respeito às movimentações bancárias propriamente ditas. A tendência atual é a de considerar, para fins da proteção constitucional, o sigilo bancário em sua ótica mais estreita, não alcançando os dados cadastrais, que estaria regido pelas regras de proteção de dados e não pela de sigilo bancário.

45. SIGILO FINANCEIRO

Consiste na garantia constitucional que protege dados patrimoniais que estão no poder de instituições financeiras (não só os bancos em sentido estrito, mas todas as pessoas jurídicas indicadas no art. 1º, § 1º, da Lei Complementar nº 105/2001), importando no dever destas e de seus funcionários de não permitir a quebra do segredo sobre a situação econômica de cartões de créditos, debêntures e aplicações em geral.

De tal sorte, estão sujeitos ao dever de sigilo financeiro não só os bancos (o conceito de sigilo financeiro é mais amplo que o de sigilo bancário e, de outra banda, pode ser visto tanto em seu sentido amplo, como em seu sentido estrito, tal qual este último), como também o Banco Central do Brasil, a Comissão de Valores Imobiliários, administradora de cartões de crédito e instituições de *factoring*[50].

46. COMPARTILHAMENTO DE INFORMAÇÕES

O sigilo fiscal (tributário), o bancário e o financeiro podem ser objeto de afastamento, para fins de investigação criminal, por ordem judicial. Para tanto, devem ser seguidas as disposições constitucionais e legais. Caso contrário, o resultado obtido a partir das informações acessadas constituirá prova ilícita.

No entanto, além do **afastamento do sigilo**, pode haver **compartilhamento de informações** entre órgãos e pessoas jurídicas albergadas em lei. Note-se que, segundo essa ótica, o compartilhamento de informações seria um instituto que não coincidiria integralmente com o afastamento do sigilo. Embora repercuta na garantia de proteção da intimidade, o compartilhamento de informações alija o sigilo de forma parcial, ampliando o rol de obrigados a guardar aquele segredo.

Para nós, contudo, não parece haver diferença substancial entre quebra de sigilo e compartilhamento de informações, ainda que tal ocorra no âmbito de órgãos da própria administração pública e que o órgão receptor da informação seja obrigado a não a divulgar. Em outros termos, o compartilhamento de informações se constitui no método retórico para restringir, sem ordem judicial, o direito ao sigilo bancário e financeiro, inclusive sem impor persecução penal aos responsáveis. Sob outro prisma, é método que suprime limites

---

49. MOTA, Luig Almeida. *Quebra dos sigilos fiscal, bancário e financeiro*. Disponível em; <http://jus.com.br/artigos/24547/quebra-dos-sigilos-fiscal-bancario-e-financeiro#ixzz2yQNPPrjH>. Acesso em: 10/04/2014.
50. MOTA, Luig Almeida. *Quebra dos sigilos fiscal, bancário e financeiro*. Disponível em; <http://jus.com.br/artigos/24547/quebra-dos-sigilos-fiscal-bancario-e-financeiro#ixzz2yQNPPrjH>. Acesso em: 12 fev. 2020.

ao exercício do poder de fiscalização tributária da administração pública, permitindo acesso facilitado àqueles dados para fins de inscrição na dívida ativa.

Dito isto, perguntamos: há necessidade de decisão judicial para que a administração pública compartilhe informação acerca de suspeita de crime, diretamente (sem ordem judicial), ao Ministério Público?

O STF definiu essa questão, para admitir o compartilhamento de informações sigilosas entre órgãos da administração pública, para fins penais e de inscrição em dívida ativa tributária. Debatia-se a necessidade de ordem judicial para o afastamento dos sigilos bancário, financeiro e tributário. Foi fixada, inclusive, tese, em sede de repercussão geral:

(1) em primeiro lugar, é constitucional o compartilhamento dos relatórios de inteligência financeira da Unidade de Inteligência Financeira (UIF/COAF) e da íntegra do procedimento fiscalizatório da Receita Federal do Brasil, que define o lançamento do tributo, com os órgãos de persecução penal, para fins criminais, sem a obrigatoriedade de prévia autorização judicial, devendo ser resguardado o sigilo das informações em procedimentos formalmente instaurados e sujeitos a posterior controle jurisdicional;

(2) em segundo lugar, aquele compartilhamento de informações, pela UIF/COAF e pela Receita Federal do Brasil, deve ser feito unicamente por meio de comunicações formais, com garantia de sigilo, certificação do destinatário e estabelecimento de instrumentos efetivos de apuração e correção de eventuais desvios[51].

Ao dispensar ordem judicial para o denominado "compartilhamento de informações" entre órgãos da Administração pública, limitando o âmbito de incidência do art. 5º, XII, da Constituição Federal, o STF ampliou possibilidade de investigação preliminar, inclusive sem notícia-crime prévia, indicando a subsistência de um sistema regido pela presunção de culpa, contrário ao estado de inocência.

47. INICIATIVA À INTERCEPTAÇÃO DAS COMUNICAÇÕES TELEFÔNICAS

O procedimento para interceptação de comunicações telefônicas *lato sensu* deve ser inaugurado, em autos apartados. Se durante a investigação preliminar, será deflagrada:

(1) por requerimento do Ministério Público dirigido à autoridade judiciária competente que, nos termos do art. 3º-B, inciso XI, alínea "a", do CPP[52], inserido pela Lei nº 13.964/2019, será o juiz das garantias;

(2) por representação da autoridade policial, também endereçada àquele juiz competente, que ouvirá, necessária e previamente, o Ministério Público, que detém a *opinio delicti*. Entendemos que o juiz das garantias não poderá deferir o requerimento quando o Parquet se manifestar contrariamente à representação do delegado de polícia.

Por outro lado, se o pedido for formulado depois de instaurado o processo penal, para a instrução criminal, entendemos que apenas as partes têm legitimidade. O art. 3º-A, do

51. STF – Pleno – RE 1055941/SP – Rel. Min. Dias Toffoli – julgamento em 04 dez. 2019.04 dez. 2019.
52. Dispositivo com eficácia suspensa, nos termos de decisão monocrática do Supremo Tribunal Federal (STF – ADI 6298/DF – Medida Cautelar – Rel. Min. Luiz Fux – 22 jan. 2020).

CPP[53], inserido por aquele diploma legal, afirmou ser o processo penal dotado de estrutura acusatória, bem como que o juiz não poderá exercer atuação probatória em substituição ao órgão da acusação.

Quanto à parte do dispositivo do art. 3º, da Lei nº 9.296/1996, que autoriza a interpretação de que possa o juiz decretar de ofício a interceptação telefônica na fase da investigação preliminar, foi ajuizada, pelo Procurador-Geral da República, a Ação Direta de Inconstitucionalidade 3450. Nesta ação, que se encontra pendente de julgamento no STF, pede-se que seja declarada a inconstitucionalidade parcial, sem redução de texto, do art. 3º, da Lei Federal nº 9.296, de 24 de julho de 1996, para se ver excluída interpretação que permita ao juiz, na fase pré-processual penal, determinar de ofício a interceptação de comunicações telefônicas.

Não obstante não haja previsão de que o ofendido representado por advogado (na fase da investigação preliminar), o querelante (durante a ação penal privada) ou o assistente da acusação (durante a ação penal pública) possam requerer interceptação telefônica, entendemos, conforme a maioria da doutrina[54], pela possibilidade do pleito ser formulado por esses, afinal eles também têm direito a produzir prova (art. 271, CPP), seja como titular futuro ou atual de ação penal, seja como parte *coadjuvandum* quando o titular é o Ministério Público.

53. Dispositivo com eficácia suspensa, nos termos de decisão monocrática do Supremo Tribunal Federal (STF – ADI 6298/DF – Medida Cautelar – Rel. Min. Luiz Fux – 22 jan. 2020).

54. ROBERTO, Welton. *Paridade de armas no processo penal*. Belo Horizonte: Fórum, 2011. p.75.

48. PROCEDIMENTO E LIMITES À INTERCEPTAÇÃO DE COMUNICAÇÕES TELEFÔNICAS

O pedido de interceptação telefônica há de ser fundamentado de forma a evidenciar o *fumus comissi delicti* (existência do crime ou de elementos aptos a formar convicção do juiz nesse sentido, bem como indícios razoáveis de autoria de autoria ou de participação) e o *periculum in mora* (a providência restritiva deve estar justificada como *ultima ratio*, demonstração de que a providência é urgente por ser necessária à investigação e de que é indispensável o seu deferimento).

A petição inicial da medida deve descrever com clareza a situação objeto da investigação, inclusive com a indicação e qualificação dos investigados. Caso haja impossibilidade manifesta de se qualificar os investigados, o órgão requerente deve justificar de maneira suficiente.

Sob outra vertente, não deve ser admitida a interceptação de comunicações telefônicas, ou seja, deverá ser indeferido o requerimento do *Parquet* ou a representação do delegado de polícia quando o juiz estiver diante das seguintes hipóteses, cumulada ou isoladamente:

(1) inexistência de indícios razoáveis da autoria ou da participação em infração penal: o pleito para a interceptação de comunicação telefônica necessita ser acompanhada de um suporte mínimo de elementos de informação. O legislador exigiu a presença de "indícios razoáveis", isto é, que guardem compatibilidade entre si e que justifiquem a restrição ao direito fundamental do sigilo previsto no art. 5º, inciso XII, da CF. Não é bastante a mera convicção sobre a materialidade do delito. A existência do crime seja evidenciada, com prova bastante. Afinal, seria desproporcional medida cautelar restritiva como a interceptação telefônica baseada em meras conjecturas a respeito da materialidade da infração penal. Vedada, portanto, a chamada **interceptação de prospecção**, entendida como a que não se relaciona com qualquer infração penal, isto é, aquela deferida sem base empírica, sem indícios. Nessa senda, pode-se dizer que não cabe interceptação telefônica baseada somente em "delação anônima" ou "apócrifa"[55];

(2) a prova puder ser obtida por outros meios disponíveis: a interceptação telefônica é medida excepcional, **subsidiária**. Trata-se de forte violação do direito ao sigilo, à intimidade e à vida privada. Para que haja a restrição, deve ser demonstrado juízo de proporcionalidade – necessidade (exigibilidade), adequação e proporcionalidade em sentido estrito (justa medida), isto é, sendo possível alcançar o mesmo resultado por meio menos gravoso ao investigado, a interceptação deve ser indeferida, evitando sua banalização;

(3) o fato investigado constituir infração penal punida, no máximo, com pena de detenção: para ser deferida a interceptação de comunicações telefônicas, o crime há de ser punido com pena de reclusão. Trata-se de critério qualitativo adotado pelo legislador para, objetivamente, excluir do âmbito da Lei nº 9.296/1996 delitos de menor gravidade.

55. .SANTIAGO, Nestor Eduardo Araruna; COSTA, Daniela Karine de Araújo. O sigilo das comunicações e o encontro fortuito de provas: uma análise principiológico-constitucional. *Proibições probatórias no processo penal*: análise do direito brasileiro, do direito estrangeiro e do direito internacional. Nestor Eduardo Araruna Santiago (org.). Brasília: Gazeta Jurídica, 2013. p.165.

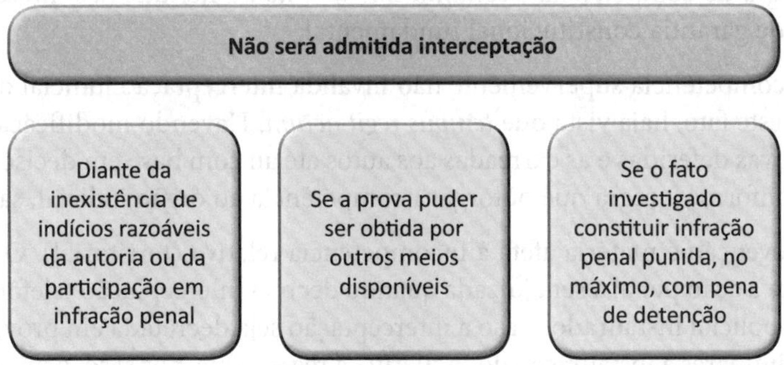

O artigo 5º, inciso XII, da Constituição Federal, é expresso a limitar a interceptação telefônica conforme critério teleológico. A sua finalidade é a de aparelhar investigação criminal ou instrução processual penal: a interceptação telefônica pode servir a uma persecução penal já existente ou a uma que está, provavelmente, por vir.

Em outros termos, mesmo que não haja ainda inquérito policial formalmente instaurado, o magistrado pode autorizar interceptação telefônica, desde que presentes os requisitos impostos pela Lei nº 9.296/1996. Malgrado a CF enfatize que a interceptação deva ter o fito penal, tem-se ampliado os limites ao deferimento da interceptação.

De tal modo, o resultado da interceptação (escritos e áudios obtidos para fins de investigação penal), obtido quando da investigação criminal ou do processo penal, pode servir para instruir fato conexo apenado com detenção, bem como a título de prova emprestada a processos não criminais. Não se autoriza a interceptação para fins cíveis, mas o resultado alcançado pode ser compartilhado, depois de inserido no competente procedimento criminal.

Conclusos os autos de interceptação telefônica, o juiz decidirá, fundamentadamente, no prazo máximo de vinte e quatro horas. A decisão judicial fundamentada imposta pela Lei nº 9.296/1996, refere-se ao processo penal que apura a infração penal objeto das investigações. A fundamentação deve aludir aos pressupostos da lei de regência, bem como a decisão judicial deve respeitar as seguintes regras:

(1) deve a decisão emanar da **autoridade judiciária competente**, ou seja, do órgão judicial indicado por lei como o dotado do poder de emitir a ordem de interceptação telefônica. Disso decorrem outras ilações:

(a) o juiz que deferiu a interceptação não pode ser absolutamente incompetente para processar e julgar o fato objeto das investigações. Em outras palavras, não pode o juiz de direito de vara criminal comum autorizar interceptação telefônica em autos de inquérito policial que apura crime militar, quando tal circunstância é evidenciada, eis que o juiz de direito é absolutamente incompetente para julgar crime militar. A questão da competência do juízo deve ser aferida com cautela, em razão da possibilidade de só se perceber a incompetência em momento bem ulterior da persecução penal, quando a incompetência não é evidenciada de plano. Os tribunais têm sido refratários ao reconhecimento da ilicitude dos elementos obtidos em violação à regra de competência. Entendemos, contudo, que o respeito à regra de competência é *conditio sine qua non* à licitude das interceptações, eis que se trata de garantia constitucional fundamental;

(b) a incompetência superveniente não invalida interceptação judicial deferida anteriormente a este fato, haja vista que *tempus regit actum*. Havendo modificação de competência, as provas deferidas e as carreadas aos autos até ali com base em decisões que foram emanadas conforme a regra que outorgava competência ao órgão judicial, são lícitas[56];

(c) a prevenção é matéria afeta à incompetência relativa (territorial). O juiz se torna prevento para a ação penal a ser ajuizada quando decreta interceptação telefônica no curso de inquérito policial instaurado. Caso a interceptação seja decretada em providências probatórias preliminares à instauração do inquérito, a regra é que, por si só, o juiz que deferiu a medida não se torne prevento. Na realidade, deve ser motivo de impedimento do juiz para julgar o mérito da causa, *ex vi* do art. 3º-D, do CPP, com redação da Lei nº 13.964/2019[57]. Da mesma forma, juízes com competência funcional segundo o objeto do juízo, tal como os juízes de garantias que, por força de leis de organização judiciária, só atuem na fase do inquérito policial, não se tornam preventos. Ao contrário, a eles é negada a competência para processar e julgar ação penal;

(d) o deferimento da interceptação e a aferição da competência da autoridade judiciária, para fins de constatação da licitude da prova, devem considerar os elementos existentes à época do pedido. De tal forma, a formação do juízo quanto à competência da autoridade judiciária que deferiu a interceptação telefônica é, por assim dizer, *rebus sic stantibus*. Daí que não deve ser invalidada a prova se, por conta de elemento não conhecido quando do seu deferimento, for constatado supervenientemente que o magistrado que a deferiu não era de direito competente para julgar o mérito da demanda penal condenatória.

(2) quanto às **Comissões Parlamentares de Inquérito**, necessário distinguir:

(a) as Comissões Parlamentares de Inquérito, segundo o § 3º, do art. 58, da Constituição do Brasil, terão poderes de investigação próprios das autoridades judiciais;

(b) nos limites desses poderes (próprios, porém não idênticos aos dos juízes), as Comissões Parlamentares de Inquérito podem quebrar sigilo telefônico, consistente no poder de requisição de dados dos registros telefônicos às respectivas operadoras de telefonia (histórico de chamadas, duração, números telefônicos envolvidos);

(c) as Comissões Parlamentares de Inquérito, diante da imposição de reserva jurisdicional qualificada do art. 5º, inciso XII, da CF, não tem o poder de autorizar interceptação telefônica (princípio da reserva de jurisdição). Em outras palavras, a abrangência dos poderes das Comissões Parlamentares de Inquérito esbarra naquela cláusula de garantia, pelo que não pode a CPI ter acesso direto às gravações e demais documentos que se refiram à interceptação telefônica e que estejam abarcados pelo sigilo constitucional.

Contra a decisão que decide o incidente de interceptação, não cabe recurso específico. No entanto, caso seja indeferida, vislumbra-se a possibilidade de manejo do mandado de

56. STF – Segunda Turma – HC 102293 – Rel. Min. Ayres Britto – DJe 19/12/2011.
57. Dispositivo com eficácia suspensa, nos termos de decisão monocrática do Supremo Tribunal Federal (STF – ADI 6298/DF – Medida Cautelar – Rel. Min. Luiz Fux – 22 jan. 2020).

segurança pelo Ministério Público. Há quem sustente o cabimento de apelação criminal a ser interposta contra decisões com força de definitiva, da qual seria espécie a decisão que **indefere** o pedido de interceptação (art. 593, II, CPP). O mesmo não é garantido quando se cuida de **deferimento** da interceptação, diante de sua natureza interlocutória[58]. Nesse caso, em tese, cabível será o *habeas corpus*, conquanto seja improvável enquanto perdure o sigilo da diligência.

Após a conclusão das diligências interceptadoras, haverá a apensação ao inquérito policial ou ao processo penal, conforme o caso. Sobre o momento em que deve ocorrer tal apensação do incidente, devemos discernir:

(1) tratando-se interceptação deferida no curso de inquérito policial: a apensação do incidente de interceptação telefônica deverá ocorrer imediatamente antes do momento da autoridade policial lançar seu relatório conclusivo;

(2) cuidando-se de processo penal instaurado: os autos do incidente serão juntados, conforme o momento em que tenha sido encerrada a interceptação:

(a) depois de recebida a denúncia ou a queixa, com a ordem de citação do acusado para apresentar resposta preliminar à acusação;

(b) após o encerramento da audiência de instrução e julgamento e antes das eventuais diligências e das alegações finais escritas ou orais.

49. FUNDAMENTAÇÃO, PRAZO E RENOVAÇÃO DA INTERCEPTAÇÃO TELEFÔNICA

A decisão será fundamentada: em outros termos, a decisão deve conter motivos que justifiquem a medida excepcional, com a expressa menção aos requisitos legais que configuram o *fumus comissi delicti* e o *periculum in mora*. A deficiência ou ausência de fundamentação é nulidade absoluta sancionável com invalidação.

A parte dispositiva da decisão não pode ser genérica, devendo especificar a forma de execução da diligência, da forma mais precisa possível, indicando números de telefone, identificação de operadoras, de provedores de *internet* ou de computadores, bem como a tecnologia ou o sistema a ser utilizado na interceptação, tal como o uso do "sistema guardião" para interceptação simultânea de conversas telefônicas. Igualmente, a linha telefônica a ser interceptada deve ser individualizada, com a indicação do número correspondente, a fim de que a interceptação se circunscreva ao número ou aos números apontados ali[59].

Se o "sistema guardião for além dos limites estabelecidos, resvalará em prática de duvidosa constitucionalidade, notadamente tomar conhecimento fortuito de fato diverso (serendipidade). A possibilidade de interceptação simultânea, através do sistema guardião, de mais de dois mil telefones que, por acaso, tenham falado com o número original amplia demasiadamente a produção de uma prova que, em regra, deveria ser a *ultima ratio*. Priscilla Placha Sá denomina essa situação de "**chave aberta**", criticando o elevado

58. STJ – Quinta Turma – AgRg no REsp 1718330/RS – Rel. Min. Felix Fischer – DJe 15 jun. 2018.

59. BRASILEIRO, Renato. *Curso de processo penal*: volume único. Niterói: Impetus, 2013. p.739.

número de deferimento de interceptações telefônicas no Brasil, se comparado esse quadro com outros países[60].

O prazo previsto em lei para a duração da restrição de interceptação telefônica é de **quinze dias**. A Lei nº 9.296/1996 prevê que esse prazo é renovável por igual tempo. Não há limite para sucessivas renovações no dispositivo legal. O texto diz que, para que haja renovação do prazo, é necessária a comprovação da indispensabilidade do meio de prova. Eis aqui o ponto da divergência que se fixou pela possibilidade ilimitada de renovações sucessivas daquele prazo.

De tal modo, poderemos ter investigações muito prolongadas em relação a determinada pessoa. A não definição de limite para o número de prorrogações finda por violar os fundamentos do Estado Democrático de Direito. Vale lembrar que constitui crime realizar interceptação de comunicações telefônicas, de informática ou telemática, promover escuta ambiental ou quebrar segredo da justiça, sem autorização judicial ou com objetivos não autorizados em lei, conforme art. 10, *caput*, da Lei de Interceptação Telefônica, com redação conferida pela Lei nº 13.869/2019.

50. PRAZO E RENOVAÇÃO DA CAPTAÇÃO AMBIENTAL

A captação ambiental não poderá exceder o **prazo de quinze dias**, renovável por decisão judicial **por iguais períodos**. Para ser admitida tal renovação, a legislação impõe a comprovação de duplo requisito:

(1) a indispensabilidade do meio de prova; e

(2) a presença de atividade criminal permanente, habitual ou continuada.

À captação ambiental, como se deduz, são aplicáveis, subsidiariamente, as regras previstas para a interceptação telefônica e telemática. Por outro lado, é tipificada como crime a ação de realizar captação ambiental de sinais eletromagnéticos, ópticos ou acústicos para investigação ou instrução criminal sem autorização judicial, quando esta for exigida, a teor do art. 10-A, da Lei de Interceptação Telefônica, com texto determinado pela Lei nº 13.964/2019.

51. CONDUÇÃO DA INTERCEPTAÇÃO E ACOMPANHAMENTO PELO MINISTÉRIO PÚBLICO

Uma vez deferida a interceptação telefônica pela justiça, a execução da medida é atribuição da polícia judiciária (civil ou federal). Para a degravação, com registro escrito, pode ser necessário tradutor ou intérprete, notadamente quando a conversa registrar idioma diverso do brasileiro ou, ainda, quando os interlocutores conversem por meio de gírias, quando os registros serão acompanhados de parecer de analista.

O órgão do Ministério Público e o órgão judicial destinatário das provas deve tomar as cautelas necessárias para se certificar acerca da fidedignidade da tradução, interpretação

60. SÁ, Priscilla Placha. Sobre escutas telefônicas e sobre como Jack Bauer descobre os seus segredos. In: *O novo processo penal à luz da Constituição*: análise crítica de Projeto de Lei nº 156/2009, do Senado Federal. Jacinto Nelson de Miranda Coutinho; Luis Gustavo Grandinetti Castanho de Carvalho (orgs.). Rio de Janeiro: Lumen Juris, 2011. p. 87-88.

ou parecer para que a gravação possa servir como meio de prova ou fonte de prova. Afinal, a interposição do analista das conversas entre os elementos de prova e o magistrado pode comprometer a **fiabilidade** da prova, além de mitigar o **princípio da imediação**, que prevê a constatação direta da base empírica pelo julgador.

Deferido o pedido, a autoridade policial é comunicada para que conduza os procedimentos de interceptação, podendo requisitar serviços e técnicos especializados às concessionárias de serviço público. De tudo, o Ministério Público deve ser cientificado para que, querendo, possa acompanhar a sua realização de todo o procedimento, afinal, é ele o *dominus litis* da futura ação penal ou da demanda penal em tramitação. A ausência de ciência do Ministério Público em face de lapso do delegado de polícia tem sido entendida como mera **irregularidade**, que não macula a prova.

Os tribunais superiores tem entendido ser lícita a interceptação telefônica que conta com a participação da polícia militar[61]. Entendemos que não se cuida de atribuição da polícia militar interceptar ou realizar a transcrição das conversas interceptadas. Trata-se de vício que ofende o texto constitucional que delimita a função dos órgãos de segurança pública e, por tal razão, há **nulidade absoluta** do ato processual que admite aquele acompanhamento, devendo ser objeto de **invalidação** e ilícito o elemento de obtenção de prova correlato.

52. TRANSCRIÇÃO DA GRAVAÇÃO E AUTO CIRCUNSTANCIADO

A diligência pode ou não possibilitar a gravação das conversas. A gravação é registro que possibilita o acesso à prova. No entanto, para tornar a prova acessível à cognição dos destinatários da prova, o § 1º, do art. 6º, da Lei de Interceptação Telefônica, preconiza que deverá ser determinada a transcrição da gravação da comunicação interceptada. Em acréscimo, prevê o § 2º que a autoridade policial, depois de cumprida a diligência, encaminhará o resultado da interceptação ao juiz, acompanhado de auto circunstanciado, que deverá conter o resumo das operações realizadas.

Como se depreende, recomenda-se todo cuidado do magistrado ao examinar o auto circunstanciado, cotejando-o com as transcrições das conversas e com os registros em sistema de áudio. Como a reconstrução do histórico das conversas no auto circunstanciado não é a íntegra das conversas, é necessária cautela para aferir a compatibilidade lógica do resultado desse meio de prova.

As gravações em mídia devem ser preservadas em razão da possibilidade de surgir dúvida sobre sua autenticidade, vale dizer, pode ser questionado que a pessoa que é apontada como protagonista da conversa alegue não ser sua voz a captada pela operação de interceptação. A aferição da autenticidade da voz pode ser realizada por intermédio do **espectrograma de voz** (perícia da voz consistente na comparação visual dos espectros gráficos das vozes, que revelam suas coincidências e diferenças por imagens, a fim de que sejam também comparadas com os sinais acústicos correspondentes). O espectrograma de voz tem lugar quando a pessoa a que for atribuída a conversação telefônica não a reconhecer como sua. Nesse caso, surge como providência inafastável a demonstração probatória da

61. STJ – Quinta Turma – AgRg nos EDcl no RHC 91.508/SP – Rel. Min. Joel Ilan Paciornik – DJe 19 dez. 2018.

identidade de voz. A evolução tecnológica no ponto tem reafirmado a segurança e exatidão da comparação de espectrogramas de voz[62].

As regras sobre a cadeia de custódia da prova penal têm incidência sobre os elementos coligidos através de interceptação telefônica, telemática ou ambiental, conforme disciplinado pelos artigos 158-A a 158-F, do CPP, com redação da Lei nº 13.964/2019. Trata-se de dever de preservação da higidez da mídia e, inclusive, do sigilo, que recai sobre os envolvidos na sua produção e sobre o juiz. As gravações, as transcrições e demais documentos devem ser carreados ao procedimento apartado do incidente de interceptação ou escuta instaurado, ciente o Ministério Público.

Segundo entendimento corredio, não é necessária a transcrição de todas as conversas captadas pela interceptação telefônica, bastando a transcrição das partes essenciais. Para garantir a fidedignidade das provas, exige-se, como contrapartida, que fique disponível às partes o acesso à mídia que contenha a integra das conversas telefônicas.

Daí que a jurisprudência é remansosa no sentido de que basta assegurar o acesso ao conteúdo das gravações à defesa do investigado ou réu, tal como assegurando senhas de acesso ao respectivo sistema que captou as conversas interceptadas[63]. A publicidade daí resultante, naturalmente, é restrita, vale dizer, publicidade apenas interna, com manutenção do sigilo contra terceiros não interessados.

De todo modo, é possível que haja escuta telefônica, sem que seja realizada gravação. O § 1º, do art. 6º, da Lei nº 9.296/1996, admite expressamente essa hipótese, ao dizer que, quando a diligência possibilitar a gravação da comunicação interceptada, será determinada a sua transcrição. De tal sorte, é plenamente possível que isso aconteça, quando o agente poderá ser ouvido sobre o conteúdo das conversas. No entanto, prova desse jaez terá valor menor, próximo ao de prova testemunhal colhida na fase pré-processual, diante do baixo controle de sua fidedignidade.

53. INUTILIZAÇÃO DE GRAVAÇÃO

O art. 9º, da Lei nº 9.296/1996, dispõe que a gravação será inutilizada, por decisão judicial fundamentada, quando não interessar à prova, durante o inquérito, a instrução processual ou ainda após a instrução, em razão de requerimento do Ministério Público ou da parte interessada. Se a sentença penal transitada em julgado for de natureza absolutória ou extintiva de punibilidade, após seu trânsito em julgado, poderá ser instaurado o incidente de inutilização da gravação.

Caso seja a sentença transitada em julgado de índole condenatória, poderá a gravação, eventualmente, interessar a eventual revisão criminal, recomendando-se cautela na destruição, na hipótese de instauração do incidente de inutilização da prova. O parágrafo único, do art. 9º, da Lei das Interceptações Telefônicas, destaca que o incidente de inutilização será assistido pelo Ministério Público, sendo facultada a presença do acusado ou de seu representante legal.

62. GRINOVER, Ada Pellegrini. *Provas ilícitas, interceptações e escutas*. Brasília: Gazeta Jurídica, 2013. p.267.
63. STJ – Sexta Turma – AgRg no HC 450.808/SP – Rel. Min. Laurita Vaz – DJe 17 dez. 2019.

Para que haja o cumprimento da decisão judicial que deliberou pela inutilização da gravação, são indispensáveis a preclusão (ausência de impugnações) e a notificação do Ministério Público. A decisão que ordena a inutilização, por ter força de decisão com força de definitiva, comporta apelação (art. 593, II, CPP).

Entendemos imprescindível, apesar da **omissão legal**, que, antes da destruição dos elementos de interceptação telefônica, telemática ou ambiental, haja efetiva comunicação processual das pessoas interceptadas, notadamente a ciência do sujeito investigado. Afinal, quanto a este e ao seu representante legal, apesar de não ser indispensável o direito à presença a tal incidente, certo é que possuem a faculdade de assistir e essa deve ser assegurada. A ausência de previsão nesse sentido, contudo, tende a ser interpretada, pelos tribunais, como hipótese em que não nulidade a ser reconhecida.

Por outro lado, embora a Lei nº 9.296/1996 pareça fazer crer que o *Parquet* deva assistir à execução do incidente, o que é indispensável é a sua ciência para que, querendo, acompanhe o cumprimento da decisão de inutilização.

54. COOPERAÇÃO JURÍDICA INTERNACIONAL PARA PRODUÇÃO PROBATÓRIA

A cooperação jurídica internacional é instrumento jurídico através do qual um Estado pede ao outro que execute decisão sua ou profira decisão própria sobre litígio que tem lugar em seu território. As regras sobre a cooperação jurídica internacional estão situadas no CPC, em seus artigos 26 a 41, aplicados por analogia ao processo penal, na forma do art. 2º, do CPP).

Os pedidos de cooperação jurídica internacional, quando têm por objeto atos que não exijam juízo de delibação pelo Superior Tribunal de Justiça – ainda que levem impropriamente o nome de "carta rogatória" –, são resolvidos pelo próprio Ministério da Justiça, para as providências necessárias ao cumprimento por auxílio direto, sem *exequatur* do STJ.

A cooperação jurídica internacional pode se dá por intermédio de auxílio direto, que tanto pode ser visto sob a perspectiva ativa, quanto passiva. O auxílio direto é ativo quando o Estado requerente da cooperação é o Brasil relativamente a um Estado estrangeiro. O auxílio direto é passivo quando o Estado requerido é o Brasil e o requerente é um Governo estrangeiro.

O Auxílio direto – passivo ou ativo – pode ainda ser judicial ou administrativo. Será judicial quando o sujeito passivo para o cumprimento do ato de cooperação jurídica internacional for órgão do poder judiciário, a exemplo de juízes que apreciam pedidos de busca e apreensão ou ordenam atos de comunicação processual. Será administrativo quando a cooperação ocorrer entre órgãos de natureza administrativa, como a cooperação levada a cabo por órgãos do Ministério Público e da polícia, através das chamadas "forças-tarefa" (*task forces*).

O acatamento ao rito legal estabelecido para a obtenção de provas por intermédio de cooperação jurídica internacional é indispensável à possibilidade de reconhecimento da juridicidade dos elementos produzidos fora dos limites da jurisdição brasileira. Havendo violação aos enunciados constitucionais, convencionais e legais, a consequência correlata deverá ser a ilicitude ou a ilegitimidade da prova. São limites ao uso da prova que, por seu turno, não podem circular livremente de um ordenamento jurídico a outro (**princípio da vedação à livre circularidade de provas entre diversos procedimentos**)[64].

55. QUADRO SINÓTICO

CAPÍTULO XXII – MEIOS DE OBTENÇÃO DE PROVAS		
INTRODUÇÃO		
Consistem em provas em sentido mais remoto ou, em certas hipóteses, fontes de prova ou técnicas especiais de investigação. Ao juiz, caberá atribuir o devido valor, sempre mais relativo, aos resultados obtidos por intermédio dos meios de obtenção de provas.		**1**
BUSCA E APREENSÃO		
A busca tem por objetivo encontrar objetos ou pessoas, ao passo que a apreensão é a medida que a ela se segue. Nada impede que exista busca sem apreensão, e vice-versa. Quanto à natureza jurídica, os institutos são tratados pela legislação como meio de prova, embora haja entendimento no sentido de que se trata de medida cautelar.		**2**
INICIATIVA DA BUSCA E APREENSÃO		
Poderá ser determinada de ofício pela autoridade ou a requerimento das partes. Entendemos que não mais deve ser permitido ao juiz determinar providências probatórias de ofício, eis que ele não deve exercer produção de prova como substituto do órgão acusador (art. 3º-A, do CPP[65]), em respeito ao sistema acusatório constitucional. A busca e apreensão domiciliar está adstrita a cláusula de reserva jurisdicional, cabendo privativamente ao judiciário a expedição do mandado. Afora esta hipótese, não havendo possibilidade de violação domiciliar, outras autoridades podem determinar a medida.		**3**
OBJETO DA BUSCA E APREENSÃO		
O artigo 240, CPP, de forma não exaustiva, traz as hipóteses de busca e apreensão domiciliar (§ 1º) e de busca e apreensão pessoal (§ 2º).		**4**
MOMENTO DA BUSCA E APREENSÃO		
Existe ampla liberdade temporal para a realização da medida, que pode ocorrer antes do início formal da persecução penal, durante a investigação preliminar, no curso da instrução processual, na fase recursal, ou até mesmo na fase executória.		**5**
Espécies de busca		
Busca domiciliar	Prevê a Constituição Federal, no art. 5º, inciso XI, que a casa é asilo inviolável do indivíduo, ninguém podendo nela penetrar sem consentimento do morador, salvo em caso de flagrante delito ou desastre, ou para prestar socorro, ou durante o dia, por determinação judicial.	**7 a 16**

64. GIACOMOLLI, Nereu José. Valoração da prova no âmbito da cooperação jurídica internacional. In: *Prova penal:* estado democrático de direito. Florianópolis: Empório do Direito, 2015. p. 66.

65. Dispositivo com eficácia suspensa, nos termos de decisão monocrática do Supremo Tribunal Federal (STF – ADI 6298/DF – Medida Cautelar – Rel. Min. Luiz Fux – 22 jan. 2020).

<table>
<tr><th colspan="3">CAPÍTULO XXII – MEIOS DE OBTENÇÃO DE PROVAS</th></tr>
<tr><td>Busca domiciliar</td><td>Já durante o dia, que é o intervalo que vai das seis às dezoito horas, no horário local, com a incidência das alterações pelo horário de verão, simbolizando justamente o período de atividade, de labor, distinto da noite, que é o momento de descanso, soma-se, além das hipóteses anteriores, a possibilidade do cumprimento de mandado judicial.

O conceito de casa é dado pelo art. 150, § 4º, do CP, que trata do crime de violação de domicílio.

Requisitos do mandado de busca e apreensão: fundadas razões, lastro mínimo, não admissão de mandado genérico.

Execução da medida de busca e apreensão: atenderemos a sequência para que a medida seja realizada:

(1) Inicialmente, a medida é executada por oficiais de justiça ou por policiais.

(2) Antes de adentrarem na residência, os executores mostrarão e lerão o mandado ao morador, ou a quem o represente, intimando-o, na sequência, a abrir a porta. Não sendo atendido o reclamo, será arrombada a porta e forçada a entrada.

(3) Se o morador criar obstáculos ou mantiver os já existentes no intuito de impedir o acesso ao objeto ou a coisa, poderá haver o emprego de força contra a coisa.

(4) Não estando presente o morador, a diligência não ficará frustrada: a porta poderá ser arrombada, assim como serão utilizados os meios necessários para a pronta localização.

(5) Descoberta a pessoa ou a coisa procurada, esta será imediatamente apreendida e posta sob custódia da autoridade ou de seus agentes. Em se tratando de objetos, estes ficarão à disposição do magistrado ou da autoridade policial, conforme o caso. Já em se tratando de infratores, serão eles encaminhados ao competente estabelecimento prisional.

(6) A diligência será encerrada com a lavratura de auto circunstanciado, assinado pelos executores, por duas testemunhas presenciais e eventualmente por um vizinho, nas hipóteses que preveem a sua convocação.

Duração da diligência de busca e apreensão: Se a busca domiciliar for iniciada durante o dia, poderá estender-se, caso estritamente necessário, para além das dezoito horas, desde que a sua interrupção signifique prejuízo substancial ao ato.

Busca e apreensão em repartição pública: a autoridade judicial requisitará a sua apresentação, não sendo preciso, a priori, a determinação de busca e apreensão.

Busca e apreensão em escritório de advocacia: O Estatuto da Advocacia assegura a inviolabilidade do escritório do advogado. Apenas por ordem judicial será possível realizar a busca e apreensão no local de trabalho do advogado, sendo necessária</td><td>7 a 16</td></tr>
</table>

CAPÍTULO XXII – MEIOS DE OBTENÇÃO DE PROVAS		
Busca domiciliar	a ciência da OAB, para indicar representante. É prerrogativa do advogado a inviolabilidade de seu escritório ou local de trabalho, bem como de seus instrumentos de trabalho, de sua correspondência escrita, eletrônica, telefônica e telemática, desde que relativas ao exercício da advocacia. **Diligência de busca e apreensão em território diverso da autoridade:** para efeito da apreensão, a diligência poderá adentrar por território de outra comarca, mesmo que situada em Estado diverso daquele onde a autoridade desempenha suas funções. Deve para tanto o executor apresentar-se à autoridade local competente, antes ou depois da diligência. **Descoberta de outros elementos de prova durante a busca e apreensão:** o mandado de busca e apreensão deve ser interpretado de forma restrita, não podendo a autoridade, no cumprimento da diligência, angariar todos os elementos que venha a encontrar na residência vasculhada, caso estejam vinculados a infração diversa daquela, objeto da investigação. A exceção diz respeito aos elementos que autorizem a prisão em flagrante, notadamente quando simbolizarem a existência de crime permanente. **Desvio de finalidade da busca e apreensão:** Invadir ou adentrar, clandestina ou astuciosamente, ou à revelia da vontade do ocupante, imóvel alheio ou suas dependências, ou nele permanecer nas mesmas condições, sem determinação judicial ou fora das condições estabelecidas em lei, assim como, coagir alguém, mediante violência ou grave ameaça, a franquear-lhe o acesso a imóvel ou suas dependências e cumprir mandado de busca e apreensão domiciliar após as 21h (vinte e uma horas) ou antes das 5h (cinco horas), ainda que com o consentimento do morador, caracteriza crime de abuso de autoridade (art. 22, Lei nº 13.869/2019). Também configura abuso de autoridade ingressar em residência, para cumprir mandado de busca e apreensão, sem o consentimento do morador, no período compreendido como noite, de 6h (seis horas) às dezoito horas. **Justa causa visível na busca e apreensão:** a polícia só está autorizada a penetrar em residência sem o consentimento do morador e sem ordem do juiz se inexistir dúvida plausível de que há situação de flagrante delito, de desastre ou de necessidade de prestação de socorro.	**7 a 16**
Busca pessoal	Envolve a busca nas vestes e demais objetos em poder do revistado, como malas, mochilas, automóveis etc. A busca pessoal pode dispensar a expedição de mandado nas seguintes hipóteses: (1) quando da realização da prisão; (2) havendo fundadas suspeitas de o indivíduo portar arma, objetos ou papéis que componham o corp o de delito; (3) no transcurso da busca domiciliar. Já busca em mulher, para evitar constrangimentos, será realizada por outra mulher, salvo quando importar retardamento ou prejuízo para a diligência.	**17**

CAPÍTULO XXII – MEIOS DE OBTENÇÃO DE PROVAS	
MEIOS DE OBTENÇÃO DE PROVA APLICÁVEIS AO CONTROLE DA CRIMINALIDADE ORGANIZADA	
A Lei 12.850/2013, que regula a criminalidade organizada, previu os meios de obtenção de prova em sentido amplo. O resultado que for alcançado a partir de tais meios deve ser considerado elementos de informação, notadamente se produzidos durante a investigação preliminar. A validade da prova depende da observância das cláusulas especiais de reserva de jurisdição, bem como de obediência ao rito estatuído legalmente. Dependendo da função probatória que tenham para investigação criminal ou para o processo penal, os instrumentos probatórios previstos na Lei de Controle do Crime Organizado podem se caracterizar ora como meios de obtenção de prova, ora como fontes de prova, conforme os conceitos que expusemos no capítulo sobre a teoria da prova.	**18**
COLABORAÇÃO PREMIADA	
É também conhecida como delação premiada (art. 3ª, I, Lei 12.850/2013). Os benefícios previstos no art. 4º, da Lei do crime organizado, podem ser concedidos, em maior ou menor grau, ao indiciado ou ao acusado que colaborar, em proporção mais ou menos intensa, para a persecução penal, com a obtenção de um ou mais dos seguintes resultados ali previstos.	**19**
CAPTAÇÃO AMBIENTAL DE SINAIS ELETROMAGNÉTICOS, ÓPTICOS OU ACÚSTICOS	
Também prevista no inciso II, do art. 3º, da Lei nº 12.850/2013, a captação ambiental não é modalidade de interceptação telefônica, embora esteja regulada na Lei nº 9.296/1996, conforme inserida pela Lei nº 13.964/2019. Como há necessidade de interferência no direito à intimidade dos envolvidos, é necessária autorização judicial. Estudaremos, mais adiante, as formas de captação ambiental, quando analisarmos as disposições das interceptações das comunicações telefônicas e ambientais.	**20**
AÇÃO CONTROLADA	
A ação controlada consiste em retardar a intervenção policial ou administrativa relativa à ação praticada por organização criminosa ou a ela vinculada, desde que mantida sob observação e acompanhamento para que a medida legal se concretize no momento mais eficaz à formação de provas e obtenção de informações.	**21**
ACESSO A REGISTROS DE LIGAÇÕES TELEFÔNICAS E TELEMÁTICAS, A DADOS CADASTRAIS CONSTANTES DE BANCOS DE DADOS PÚBLICOS OU PRIVADOS E A INFORMAÇÕES ELEITORAIS OU COMERCIAIS	
O acesso a registros telefônicos não se confunde com interceptação telefônica. Trata-se de acesso a banco de dados, que não se submetem a estrita cláusula de reserva jurisdicional qualificada. Cuidando-se de crimes que envolvam organizações criminosas, o delegado de polícia e o Ministério Público terão acesso, independentemente de autorização judicial, apenas aos dados cadastrais do investigado que informem exclusivamente a qualificação pessoal, a filiação e o endereço mantidos pela justiça eleitoral, empresas telefônicas, instituições financeiras, provedores de *internet* e administradoras de cartão de crédito.	**22**
INTERCEPTAÇÃO DE COMUNICAÇÕES TELEFÔNICAS E TELEMÁTICAS	
Devem ser observadas as condições legais específicas, que iremos analisar adiante, para que seja possível produzir prova válida a partir de interceptação telefônica ou telemática. É indispensável ordem do juiz competente, respeitada a observância do princípio da proporcionalidade.	**23**

CAPÍTULO XXII – MEIOS DE OBTENÇÃO DE PROVAS	
AFASTAMENTO DOS SIGILOS FINANCEIRO, BANCÁRIO E FISCAL, NOS TERMOS DA LEGISLAÇÃO ESPECÍFICA	
A Lei Complementar nº 105/2001, no § 4º, do seu art. 1º, destaca as hipóteses de quebra do sigilo das operações financeiras, em rol exemplificativo, considerando a necessidade de justificação da restrição em face da proximidade dos delitos ali enumerados, com as altas movimentações financeiras, tais como terrorismo, tráfico ilícito de substâncias entorpecentes ou drogas afins, contrabando ou tráfico de armas, munições ou material destinado a sua produção, extorsão mediante sequestro, contra o sistema financeiro nacional, contra a Administração Pública, contra a ordem tributária e a previdência social, lavagem de dinheiro ou ocultação de bens, direitos e valores e praticado por organização criminosa.	**24**
INFILTRAÇÃO DE POLICIAIS EM ATIVIDADE DE INVESTIGAÇÃO	
A infiltração de agentes de polícia em tarefas de investigação, representada pelo delegado de polícia ou requerida pelo Ministério Público, após manifestação técnica do delegado de polícia quando solicitada no curso de inquérito policial, será precedida de circunstanciada, motivada e sigilosa autorização judicial, que estabelecerá seus limites, nos termos do art. 10, da Lei nº 12.850/2013. Trata-se de procedimento investigatório que confere boa dose de autonomia ao agente infiltrado. Há, no entanto, a possibilidade de responsabilização do agente que se exceder ou cometer abusos e, de outro, o seu direito de se recusar a participar da infiltração, bem como de preservar sua identidade, o sigilo de sua participação e a possibilidade de modificar seu nome.	**25**
INFILTRAÇÃO VIRTUAL DE AGENTES	
O nosso ordenamento jurídico prevê a infiltração virtual de agentes diante da necessidade de enfretamento de outras espécies de criminalidade. As duas hipóteses que a legislação admite essa medida são as que envolvam crime atribuído à organização criminosa e crime contra a dignidade sexual de criança ou adolescente.	**26**
COOPERAÇÃO ENTRE INSTITUIÇÕES E ÓRGÃOS FEDERAIS, DISTRITAIS, ESTADUAIS E MUNICIPAIS NA BUSCA DE PROVAS E INFORMAÇÕES DE INTERESSE DA INVESTIGAÇÃO OU DA INSTRUÇÃO CRIMINAL	
A Lei nº 12.850/2013 estatui a possibilidade de cooperação entre pessoas jurídicas e órgãos estatais internos. No entanto, há previsão em outros diplomas legais, como no art. 8º, § 1º, da Lei nº 9.613/1998, e convencionais de cooperação na ordem internacional, mediante a celebração de tratados ou convenções plurilaterais ou bilaterais.	**27**
PROVA INDICIÁRIA E AGENTE INFILTRADO	
É possível diferenciar o valor que pode ser atribuído ao depoimento do agente infiltrado prestado em juízo, conforme o seu conteúdo.	**28**
PROVA INDICIÁRIA E TESTEMUNHA POR OUVIR DIZER (*HEARSAY WITNESS*)	
As declarações do agente infiltrado podem ter conteúdo **direto** (entendido como decorrente da percepção imediata do ***thema probandum***, sem obtenção de informações através de terceira pessoa) ou **indireto** (especialmente quando decorrente da situação de ***hearsay witness***, isto é, como testemunha "**por ouvir dizer**" ou "**de segunda mão**").	**29**

<table>
<tr><th colspan="3">CAPÍTULO XXII – MEIOS DE OBTENÇÃO DE PROVAS</th></tr>
<tr><th colspan="3">VALOR PROBATÓRIO DO DEPOIMENTO DO AGENTE INFILTRADO E DA HEARSAY TESTIMONY</th></tr>
<tr><td colspan="2">A credibilidade e o valor atribuídos ao depoimento do agente infiltrado devem ser reduzidos pelo juiz quando, por exemplo, aquele agente não tiver visualizado o modus operandi do delito pela percepção direta, pelos seus sentidos, restringindo-se a saber "por ouvir dizer" (hearsay testimony). Esse "testemunho" indireto não é prova com valor pleno (isto é, não é suficiente à condenação), sendo equivalente à prova indiciária (indícios ou prova semiplena), submetendo-se à regra de exclusão para fins condenatórios. Vale dizer, não chega a ser uma prova ilícita, mas deve ser evitada, como anotado por Aury Lopes Júnior.</td><td>30</td></tr>
<tr><th colspan="3">TUTELA DO SIGILO DAS COMUNICAÇÕES</th></tr>
<tr><td colspan="2">O sigilo telefônico e o sigilo de dados são conceitos distintos. O primeiro consiste no segredo que deve preservar as conversas telefônicas, aí insertas aquelas que se valem de tecnologia encampada pelo termo telemática. O sigilo de dados é o segredo reservado aos registros de migração e emissão de chamadas telefônicas, assim como o respectivo tempo de duração.

Segredo inerente às comunicações telefônicas, cujo sujeito passivo do direito fundamental é a respectiva operadora telefônica ou, nas comunicações via internet, o correspondente provedor. O sujeito ativo dessa garantia é o usuário que pode ver limitado esse direito fundamental. É submetido à cláusula de reserva de jurisdição, só podendo ser objeto de mitigação por ordem judicial e de acordo com o regramento da Lei nº 9.296/1996.

A proteção é das comunicações, significando dizer que os dados armazenados em aparelhos telefônicos, bem como os registros de e-mails já armazenados nas caixas de entrada das contas correlatas, embora tutelados pela garantia do art. 5º, XII, parte final, da Constituição do Brasil, careceriam de legislação específica, sem a qual devem ser considerados indevassáveis, ainda que por ordem judicial.</td><td>31</td></tr>
<tr><th colspan="3">INTERCEPTAÇÃO TELEFÔNICA</th></tr>
<tr><td colspan="2">As notas distintivas da interceptação telefônica são as seguintes:

(1) na interceptação telefônica há três protagonistas, ou seja: (a) dois interlocutores (os sujeitos que se comunicam por intermédio de sistema telefônico); e (b) um interceptador que capta a conversação;

(2) a interceptação telefônica pressupõe que a captação da conversação pelo sujeito interceptador se dê sem o consentimento dos interlocutores.

Pode se apresentar, a depender do seu conteúdo e finalidade, como meio de prova, meio de obtenção de prova ou fonte de prova.</td><td>32</td></tr>
<tr><td>Escuta telefônica</td><td>A captação de conversa telefônica é feita por terceira pessoa com o conhecimento de um dos interlocutores.</td><td>33</td></tr>
<tr><td>Gravação telefônica</td><td>Em sentido estrito, é meio de prova que exige a presença dos seguintes requisitos: (1) dois interlocutores na conversa, no âmbito da qual um desses efetua a gravação; (2) a indiferença quanto ao conhecimento da gravação pelo segundo participante da conversação telefônica (pode haver ou não a ciência do outro quanto à gravação telefônica).</td><td>34</td></tr>
</table>

CAPÍTULO XXII – MEIOS DE OBTENÇÃO DE PROVAS		
Gravação telefônica	Em sentido amplo, é o produto da interceptação, da escuta ou da gravação telefônica em sentido estrito. Nesse ponto, a Lei nº 9.296/1996 confere proteção penal ao sigilo das gravações, punindo como crime a quebra do segredo de justiça (art. 10, *caput*) e a revelação do conteúdo das gravações (art. 10-A, § 2º).	**34**
Registro telefônico	Registro telefônico é o histórico das ligações e demais comunicações telefônicas efetuadas de um número a outro. A "cláusula de reserva jurisdicional" do art. 5º, XII, da Constituição da República, que protege com a outorga de sigilo às "comunicações de dados" não se estende, na mesma proporção, aos dados que consubstanciam os registros telefônicos.	**35**
Captação ambiental	A captação ambiental consiste no meio de prova consistente nos registros de conversas em sede diversa da telefônica ou da digital, ou seja, captação de áudio ou de imagem ambiente, realizada por terceira pessoa, ou seja, por agente interceptador que não participa da conversação ambiental.	**36**
Captação ambiental de advogados no exercício da advocacia	O autorizativo para se captar advogado, no exercício de sua profissão, deve se submeter à **exegese restrita**. Não se deve permitir, de forma generalizada ou com base em conjecturas, abstratas, a interceptação ou a escuta de conversas entre advogados e seus assistidos. A cláusula de reserva para o afastamento do sigilo profissional do advogado, no ponto, somente tem lugar em hipóteses excepcionais e desde que respeitada a proporcionalidade da medida, bem como os limites do art. 8º-A, da Lei nº 9.296/1996. Não é aplicável a qualquer entrevista de presos, mas apenas aos que estejam inseridos em regime disciplinar diferenciado. A interceptação será ilícita se servir ao conhecimento das estratégias da defesa do imputado, sem que haja delimitação, precisa e prévia, de infração penal atribuída ao advogado, cuja pena abstrata máxima exceda quatro anos.	**37**
Gravação ambiental	A gravação ambiental se distingue da interceptação porque não conta com a captação da conversa por terceira pessoa. Trata-se da gravação que é efetuada por um dos participantes do diálogo, com ou sem o conhecimento do outro ou dos demais. Esse meio de prova é lícito, eis que não há violação ao sigilo. Sobre a questão, o Supremo Tribunal Federal, por maioria, destacou em "Repercussão Geral", que a prova obtida através de gravação ambiental, realizada por um dos interlocutores sem conhecimento do outro, é válida, sem qualquer mácula que induza sua ilicitude.	**38**
Interceptação do fluxo de comunicações em sistemas de informática e de telemática	Inserida na proteção do sigilo das comunicações telefônicas está a interceptação do fluxo de comunicações em sistemas de informática e de telemática. O fluxo de comunicações pode ocorrer por meio de avançados sistemas tecnológicos. A expressão "sistema de telemática" abrange um conjunto de tecnologias de transmissão de dados, inclusive o de "sistemas	**39**

CAPÍTULO XXII – MEIOS DE OBTENÇÃO DE PROVAS		
Interceptação do fluxo de comunicações em sistemas de informática e de telemática	de informática", de forma integrada, para viabilizar comunicações à distância. Trata-se de sistema que reúne recursos de telecomunicações (fibras óticas, satélite, cabo) e de informática (*hardwares* e *softwares*, ou seja, máquinas, computadores, programas e sistemas de rede). A finalidade desse sistema é possibilitar o armazenamento de dados, seu processamento e uma volumosa comunicação, em tempo instantâneo e a partir de grandes distâncias.	**39**
Sigilo do *smartphone* e de aplicativos de conversas digitais	O telefone celular é um dispositivo que reúne uma pluralidade de dados. Ele também é um feixe de emissões de informações: conversações, fotos íntimas substitutivas dos antigos álbuns, história de vida, com a cronologia das informações que poderiam estar nas antigas correspondências, extratos bancários, transações financeiras, pensamentos íntimos registrados no conhecido aplicativo *Whatsapp*, *Telegram Messenger* e outros do gênero, rotinas registradas em aplicativo como o Uber, preferências documentadas por técnicas baseadas em algorítimos, dentre uma infinidade de outros aplicativos armazenados no *smartphone*. O STJ reconheceu a ilicitude de prova obtida por meio de **espelhamento**, por meio de *Whatsapp Web*, via *QR Code*. Declarou, corretamente, ser inadmissível a sua analogia com a interceptação telefônica. Daí que mesmo o *smartphone* sem senha de bloqueio não deve ser examinado pela polícia sem ordem judicial, ainda que em situação de flagrante delito. Nesse sentido, decidiu o Superior Tribunal de Justiça que "ilícita é a devassa de dados, bem como das conversas de *Whatsapp*, obtidas diretamente pela polícia em celular apreendido no flagrante, sem prévia autorização judicial".	**40**
Segredo telefônico e dimensões probatórias (gerações de provas ou Trilogia *Olmstead-Katz-Kyllo*)	A proteção do sigilo relativo a aplicativos, dados e comunicações que estão reunidas em telefone celular constitui o que a doutrina classifica como prova de terceira geração (ou direito probatório de terceira dimensão). Com os avanços tecnológicos, percebeu-se que situações de invasão à privacidade podem acontecer sem que haja qualquer intrusão física em residência ou em comunicações telefônicas convencionais.	**41**
Sigilo de dados	Segredo referente aos registros de ligações telefônicas e aos dados cadastrais dos usuários, o sigilo de dados pode ser objeto de requisição de autoridades administrativas, desde que haja previsão específica, a exemplo do poder do Ministério Público e do delegado de polícia previsto no art. 15, da Lei nº 12.850/2013, para os casos de crime organizado, e no art. 17-B, da Lei nº 9.613/1998, para as hipóteses de lavagem de dinheiro.	**42**

CAPÍTULO XXII – MEIOS DE OBTENÇÃO DE PROVAS		
Sigilo de dados	Como se depreende, a inviolabilidade do sigilo de dados é garantida também pelo art. 5º, inciso XII, da Constituição, mas a forma de afastamento de tal segredo no caso concreto é menos rígida que os casos de sigilo telefônico, tanto não se submetendo à cláusula de reserva qualificada de jurisdição (desde que haja expresso permissivo legal formal), quanto não se impondo restrições da Lei nº 9.296/1996, possibilitando a quebra de sigilo de dados para infrações penais em geral, seja ela apenada com reclusão, seja com detenção.	**42**
Sigilo fiscal	É garantia constitucional decorrente do dever que sujeita a fazenda pública, através de seus funcionários, de não permitir que os dados dos contribuintes que estejam em seu poder sejam destinados a fins diversos daqueles próprios da administração tributária. O art. 198, do Código Tributário Nacional, estabelece o conceito de sigilo fiscal e trata de suas mitigações, enfatizando que deve se dar por ordem judicial ou solicitações de autoridade administrativa no interesse da administração pública.	**43**
Sigilo bancário	Trata-se de garantia individual que impõe aos bancos e aos seus funcionários o dever de não destinar as informações bancárias que estão em seu poder para fins diversos de sua atividade bancária. Abrange movimentações de conta corrente, de poupança, que digam respeito à situação econômica dos clientes.	**44**
Sigilo financeiro	Consiste na garantia constitucional que protege dados patrimoniais que estão no poder de instituições financeiras (não só os bancos em sentido estrito, mas todas as pessoas jurídicas indicadas no art. 1º, § 1º, da Lei Complementar nº 105/2001), importando no dever destas e de seus funcionários de não permitir a quebra do segredo sobre a situação econômica de cartões de créditos, debêntures e aplicações em geral.	**45**
Compartilhamento de informações	O sigilo fiscal (tributário), o bancário e o financeiro podem ser objeto de afastamento, para fins de investigação criminal, por ordem judicial. No entanto, além do afastamento do sigilo, pode haver compartilhamento de informações entre órgãos e pessoas jurídicas albergadas em lei. Para nós, contudo, não parece haver diferença substancial entre quebra de sigilo e compartilhamento de informações, ainda que tal ocorra no âmbito de órgãos da própria administração pública e que o órgão receptor da informação seja obrigado a não a divulgar.	**46**
INICIATIVA À INTERCEPTAÇÃO DAS COMUNICAÇÕES TELEFÔNICAS		
O procedimento para interceptação de comunicações telefônicas *lato sensu* deve ser inaugurado, em autos apartados. Se durante a investigação preliminar, será deflagrada: (1) por requerimento do Ministério Público dirigido à autoridade judiciária competente que, nos termos do art. 3º-B, inciso XI, alínea "a", do CPP[66], inserido pela Lei nº 13.964/2019, será o juiz das garantias;		**47**

66. Dispositivo com eficácia suspensa, nos termos de decisão monocrática do Supremo Tribunal Federal (STF – ADI 6298/DF – Medida Cautelar – Rel. Min. Luiz Fux – 22 jan. 2020).

CAPÍTULO XXII – MEIOS DE OBTENÇÃO DE PROVAS	
(2) por representação da autoridade policial, também endereçada àquele juiz competente, que ouvirá, necessária e previamente, o Ministério Público, que detém a *opinio delicti*. Por outro lado, se o pedido for formulado depois de instaurado o processo penal, para a instrução criminal, entendemos que apenas as partes têm legitimidade.	**47**
PROCEDIMENTO E LIMITES À INTERCEPTAÇÃO DE COMUNICAÇÕES TELEFÔNICAS	
O pedido de interceptação telefônica há de ser fundamentado de forma a evidenciar o *fumus comissi delicti* (existência do crime ou de elementos aptos a formar convicção do juiz nesse sentido, bem como indícios razoáveis de autoria de autoria ou de participação) e o *periculum in mora* (a providência restritiva deve estar justificada como *ultima ratio*, demonstração de que a providência é urgente por ser necessária à investigação e de que é indispensável o seu deferimento). Sob outra vertente, não deve ser admitida a interceptação de comunicações telefônicas, ou seja, deverá ser indeferido o requerimento do *Parquet* ou a representação do delegado de polícia quando o juiz estiver diante das seguintes hipóteses, cumulada ou isoladamente: (1) **inexistência de indícios razoáveis da autoria ou da participação em infração penal**; (2) **a prova puder ser obtida por outros meios disponíveis;** e, (3) **o fato investigado constituir infração penal punida, no máximo, com pena de detenção.**	**48**
FUNDAMENTAÇÃO, PRAZO E RENOVAÇÃO DA INTERCEPTAÇÃO TELEFÔNICA	
A decisão deve conter motivos que justifiquem a medida excepcional, com a expressa menção aos requisitos legais que configuram o *fumus comissi delicti* e o *periculum in mora*. A deficiência ou ausência de fundamentação é nulidade absoluta sancionável com invalidação. O prazo previsto em lei para a duração da restrição de interceptação telefônica é de quinze dias. A Lei nº 9.296/1996 prevê que esse prazo é renovável por igual tempo. Não há limite para sucessivas renovações no dispositivo legal, sendo necessária a comprovação da indispensabilidade do meio de prova.	**49**
PRAZO E RENOVAÇÃO DA CAPTAÇÃO AMBIENTAL	
A captação ambiental não poderá exceder o **prazo de quinze dias**, renovável por decisão judicial **por iguais períodos**. Para ser admitida tal renovação, a legislação impõe a comprovação de duplo requisito: (1) a indispensabilidade do meio de prova; e (2) a presença de atividade criminal permanente, habitual ou continuada.	**50**
CONDUÇÃO DA INTERCEPTAÇÃO E ACOMPANHAMENTO PELO MINISTÉRIO PÚBLICO	
Uma vez deferida a interceptação telefônica pela Justiça, a execução da medida é atribuição da polícia judiciária (civil ou federal). Deferido o pedido, a autoridade policial é comunicada para que conduza os procedimentos de interceptação, podendo requisitar serviços e técnicos especializados às concessionárias de serviço público. De tudo, o Ministério Público deve ser cientificado para que, querendo, possa acompanhar a sua realização de todo o procedimento, afinal, é ele o *dominus litis* da futura ação penal ou da demanda penal em tramitação. A ausência de ciência do Ministério Público em face de lapso do delegado de polícia tem sido entendida como mera **irregularidade**, que não macula a prova.	**51**

CAPÍTULO XXII – MEIOS DE OBTENÇÃO DE PROVAS	
TRANSCRIÇÃO DA GRAVAÇÃO E AUTO CIRCUNSTANCIADO	
Segundo entendimento corredio, não é necessária a transcrição de todas as conversas captadas pela interceptação telefônica, bastando a transcrição das partes essenciais. Para garantir a fidedignidade das provas, exige-se, como contrapartida, que fique disponível às partes o acesso à mídia que contenha a integra das conversas telefônicas.	**52**
INUTILIZAÇÃO DE GRAVAÇÃO	
O art. 9º, da Lei nº 9.296/1996, dispõe que a gravação será inutilizada, por decisão judicial fundamentada, quando não interessar à prova, durante o inquérito, a instrução processual ou ainda após a instrução, em razão de requerimento do Ministério Público ou da parte interessada.	**53**
COOPERAÇÃO JURÍDICA INTERNACIONAL PARA PRODUÇÃO PROBATÓRIA	
Instrumento jurídico através do qual um Estado pede ao outro que execute decisão sua ou profira decisão própria sobre litígio que tem lugar em seu território. As regras sobre a cooperação jurídica internacional estão situadas no CPC, em seus artigos 26 a 41, aplicados por analogia ao processo penal, na forma do art. 2º, do CPP). Os pedidos de cooperação jurídica internacional, quando têm por objeto atos que não exijam juízo de delibação pelo STJ, são resolvidos pelo próprio Ministério da Justiça, para as providências necessárias ao cumprimento por auxílio direto, sem *exequatur* do STJ. Pode se dar por intermédio de auxílio direto, que tanto pode ser visto sob a perspectiva ativa, quanto passiva. O auxílio direto é ativo quando o Estado requerente da cooperação é o Brasil relativamente a um Estado estrangeiro. O auxílio direto é passivo quando o Estado requerido é o Brasil e o requerente é um Governo estrangeiro.	**54**

56. SÚMULAS DO STJ

74. Para efeitos penais, o reconhecimento da menoridade do réu requer prova por documento hábil.

165. Compete à Justiça Federal processar e julgar crime de falso testemunho cometido no processo trabalhista.

273. Intimada a defesa da expedição da carta precatória, torna-se desnecessária intimação da data da audiência no juízo deprecado.

500. A configuração do crime do art. 244-B do ECA independe da prova da efetiva corrupção do menor, por se tratar de delito formal.

502. Presentes a materialidade e a autoria, afigura-se típica, em relação ao crime previsto no art. 184, § 2º, do CP, a conduta de expor à venda CDs e DVDs "piratas".

522. A conduta de atribuir-se falsa identidade perante autoridade policial é típica, ainda que em situação de alegada autodefesa.

591. É permitida a prova emprestada no processo administrativo disciplinar, desde que devidamente autorizada pelo juízo competente e respeitados o contraditório e a ampla defesa.

630. A incidência da atenuante da confissão espontânea no crime de tráfico ilícito de entorpecentes exige o reconhecimento da traficância pelo acusado, não bastando a mera admissão da posse ou propriedade para uso próprio.

636. A folha de antecedentes criminais é documento suficiente a comprovar os maus antecedentes e a reincidência.

57. SÚMULAS DO STF

155. É relativa a nulidade do processo criminal por falta de intimação da expedição de precatória para inquirição de testemunha.

352. Não é nulo o processo penal por falta de nomeação de curador ao réu menor que teve a assistência de defensor dativo.

361. No processo penal, é nulo o exame realizado por um só perito, considerando-se impedido o que tiver funcionado, anteriormente, na diligência de apreensão.

58. QUESTÕES DE CONCURSOS PÚBLICOS

01. (2017 – MPE-PR – Promotor Substituto) Assinale a alternativa correta:

(A) A Lei nº 9.296/96 admite a interceptação de comunicações telefônicas quando não houver indícios razoáveis da autoria ou participação em infração penal, pois é justamente o que a medida visa apurar durante a investigação.

(B) A interceptação telefônica deve ser deferida através de decisão fundamentada e pelo prazo de 30 (trinta) dias, renovável por igual tempo uma vez comprovada a indispensabilidade do meio de prova.

(C) Ao definir regras sobre a medida de busca e apreensão, o Código de Processo Penal estabelece que não será permitida a apreensão de documento em poder do defensor do acusado, salvo quando constituir elemento do corpo de delito.

(D) As buscas domiciliares serão somente executadas de dia, mostrando-se irrelevantes o consentimento do morador para que se realizem à noite ou mesmo a ocorrência de prisão em flagrante, já que constitucionalmente assegurada a inviolabilidade constitucional do domicílio.

(E) Segundo a jurisprudência dominante do Superior Tribunal de Justiça e do Supremo Tribunal Federal, não é autorizado o ingresso, sem mandado judicial, no domicílio alheio para prisão em flagrante por crime de tráfico e para apreensão de drogas ali mantidas em depósito com destinação a venda.

---

02. (2016 – FAURGS – TJ-RS – Juiz de Direito Substituto) Com relação às provas no Processo Penal brasileiro, assinale a alternativa correta.

(A) No caso de oitiva de testemunhas por carta precatória, segundo o entendimento do Superior Tribunal de Justiça, torna-se desnecessária a intimação da defesa com relação a data da audiência no juízo deprecado, se houve a sua intimação da expedição da precatória.

(B) Na fase policial, o princípio nemo tenetur se detegere pode ser relativizado em função do dever-poder do Estado de exercer a investigação preliminar e diante da ausência de nulidades no inquérito policial.

(C) A ação controlada, nos termos da Lei nº 12.850/2013, consiste em retardar a intervenção policial ou administrativa relativa à ação praticada por organização criminosa ou a ela vinculada, independentemente de prévia comunicação ao juiz, desde que mantida sob observação e acompanhamento para que a medida legal se concretize no momento mais eficaz à formação de provas e obtenção de informações.

(D) Em se tratando de instrução criminal de procedimento comum ordinário no qual quatro acusados respondem, igualmente, por quatro crimes em concurso material, tendo constituído um único advogado, a defesa poderá arrolar até oito testemunhas para cada acusado, não se computando, nesse número, os informantes e as testemunhas referidas.

(E) Consoante entendimento do Supremo Tribunal Federal, é possível submeter, coercitivamente, o indiciado a exame grafotécnico e à perícia para extração de DNA com base no princípio da proporcionalidade e razoabilidade, desde que se esteja apurando a prática de crime hediondo ou, ainda, praticado com violência ou grave ameaça à pessoa.

---

03. (2016 – FCC – DPE-ES – Defensor Público) Sobre as provas no processo penal,

(A) após realização do reconhecimento pessoal, deve ser lavrado auto pormenorizado, subscrito pela autoridade, pela pessoa chamada para proceder ao reconhecimento e por duas testemunhas presenciais.

(B) em virtude do princípio do livre convencimento motivado, o juiz pode suprir a ausência de exame de corpo de delito, direto ou indireto, pela confissão do acusado nos crimes que deixam vestígios.

(C) de acordo com o sistema acusatório, o interrogatório é o ato final da instrução, não podendo ocorrer mais de uma vez no mesmo processo.

(D) segundo a Convenção Americana de Direitos Humanos, a confissão do acusado só é válida se feita sem coação de nenhuma natureza, de modo que não há mácula na confissão informal feita no momento da prisão quando apenas induzida por policiais.

(E) diante da notícia concreta de tráfico de drogas e da presença de armas em determinada favela, é possível a expedição de mandado de busca domiciliar para todas as casas da comunidade.

---

04. (UEG – Delegado de Polícia – PC-GO/2018) O Código de Processo Penal dispõe que, nos casos de busca e apreensão:

(A) A busca pessoal independe de mandado, no caso de prisão.

(B) Caso o morador se recuse a colaborar com a diligência, será permitido o emprego de força contra sua pessoa para o descobrimento do que se procura.

(C) Não sendo encontrada a pessoa ou coisa procurada, dispensa-se a lavratura do auto circunstanciado.

(D) Quando ausentes os moradores da casa objeto de busca, devem ser intimadas a assistir a diligência duas pessoas idôneas.

(E) Na impossibilidade de indicação precisa do local em que será realizada a diligência, admite-se a expedição de mandado de busca e apreensão genérico.

---

05. (Delegado de Polícia Federal – Cespe – 2018) Acerca da prova no processo penal, julgue o item a seguir. Na falta de perito oficial para realizar perícia demandada em determinado IP, é suficiente que a autoridade policial nomeie, para tal fim, uma pessoa idônea com nível superior completo, preferencialmente na área técnica relacionada com a natureza do exame. ( ) Certo ( ) Errado

---

06. (Cespe – Analista Judiciário – Área Judiciária – STJ/2018) Acerca da competência, das questões e dos processos incidentes e das provas, julgue os itens a seguir. Sendo possível a realização de exame para investigar crimes que deixam vestígios, não proceder a esse exame é motivo de nulidade do processo, ainda que provas documentais e testemunhais confirmem a autoria e a materialidade do crime.

59. GABARITO ANOTADO

01 – C

Vide:

- Art. 243, § 2º, do CPP.

02 – A

Vide:

- Súmula. 273 do STJ.

03 – A

Vide:

- Art. 226 do CPP.

04 – A

Vide:

- Art. 244, CPP.
- Art. 245, CPP.
- Art. 247, CPP.

05 – ERRADO

Vide:

- Art. 159, CPP.

06 – CERTO

Vide:

- Art. 158, CPP.

60. QUESTÕES DISCURSIVAS COM COMENTÁRIOS

01. (Defensor Público Estadual – DPE-GO – 2014 – UFG) Em que consiste o fenômeno jurídico da serendipidade? Explicite os casos em que a serendipidade vem sendo expressamente admitida pelo Superior Tribunal de Justiça no contexto de interceptações telefônicas.

Resposta

Consiste o fenômeno jurídico da serendipidade na descoberta fortuita de provas ou fontes de provas referentes a crimes diversos ou pessoas diversas das que são objeto da investigação que está sendo desenvolvida.

Tem sido admitido o aproveitamento dos conhecimentos fortuitos de interceptação telefônica, inclusive em processos civis e administrativos quando o crime também consistir em ilícitos civil e administrativo, pela jurisprudência do STF e do STJ.

Para o Superior Tribunal de Justiça, durante a interceptação das conversas telefônicas, pode a autoridade policial divisar novos fatos, diversos daqueles que ensejaram o pedido de quebra do sigilo, e esses novos fatos, por sua vez, podem envolver terceiros inicialmente não investigados, mas que guardam relação com o sujeito objeto inicial do monitoramento. Essa descoberta de fatos novos, decorrentes do monitoramento judicialmente autorizado, pode resultar na identificação de pessoas inicialmente não relacionadas no pedido da medida probatória, mas que têm íntima ligação com o objeto da investigação. Esta circunstância, contudo, não invalida a utilização das provas colhidas contra esses terceiros. Por fim, ressalte-se que, ainda que as condutas descobertas não guardem relação direta com aquelas que originaram a quebra do sigilo, é legítima a utilização da referida medida cautelar preparatória, quando por meio dela descobriu-se fortuitamente a prática de outros delitos.

Capítulo XXIII

Elementos Consensuais de Prova

1. INTRODUÇÃO

Este capítulo foi reservado ao estudo de instrumentos consensuais para produção de prova penal, diante do seu uso, cada vez mais frequente, no processo penal brasileiro. Analisaremos as várias formas de **colaboração premiada** contempladas no nosso ordenamento jurídico, com ênfase para aquela disposta na Lei nº 12.850/2013.

2. DELAÇÃO

Consiste em um ato personalíssimo do imputado que, em primeiro lugar, confessa a infração penal a ele imputada e, no momento seguinte, colabora com a persecução penal, apontando coautores da mesma infração penal ou de delitos conexos. Cuida-se de um meio de obtenção de prova composto, que reúne dois instrumentos probatórios: a confissão e o testemunho.

Na parte que atribui a si a prática do crime, o delator produz confissão. Na parte que aponta a participação dos demais coautores age como testemunha, conquanto de maneira imprópria[1]. No entanto, o delator ou colaborador não responde por falso testemunho (art. 342, CP), eis que a condição de corréu é incompatível com a qualidade de testemunha. Vale dizer, o fato de ser parte da relação processual isenta de suspeição o delator.

A delação é um **testemunho impróprio**. O Colaborador não presta compromisso de dizer a verdade. Suas declarações têm natureza de informações, eis que possuem ingredientes de interrogatório e de uma prova testemunhal atípica. Daí que o delator deve ser ouvido na condição de informante

Para que logre algum valor, a delação deve atender aos requisitos da confissão, meio de prova estudado no capítulo anterior. Decerto, a delação é, parcialmente, uma admissão do colaborador relativamente aos fatos a ele imputados. Por exemplo, para ser lícita a delação, a confissão que a constitui deve ser livre e espontânea, ou seja, isenta de pressões, além de coerente, sem contradições.

De outro lado, veremos que a delação pode ocorrer em diversos momentos. Assim, é possível que, no transcorrer do interrogatório, além de confessar a infração, o imputado decline o nome de outros coautores do delito ou de infrações penais conexas, auxiliando o órgão de acusação. O produto da delação é prova cujo valor é relativo e necessita ser corroborada pelos demais elementos colhidos na instrução.

Para que obtenha o *status* de prova, a delação deve se submeter ao contraditório, dando oportunidade para que o advogado do delatado possa fazer reperguntas no transcorrer de interrogatório judicial. Por outro lado, o seu valor será menos robusto se produzida sem a intervenção do delatado e de seu defensor, no curso do interrogatório do delator.

De acordo com a Súmula nº 65, das Mesas de Processo Penal da USP, "o interrogatório de corréu, incriminando outro, tem, com relação a este, natureza de depoimento testemunhal, devendo, por isso, se admitirem reperguntas". Este entendimento permite a conclusão de que o corréu não-delator deve ser ouvido toda vez que as declarações do colaborador possam se revestir de natureza incriminadora, tal qual uma prova testemunhal. Sem essa cautela, haverá cerceamento de defesa[2].

3. DELAÇÃO PREMIADA

Reservamos a expressão delação premiada para os casos de cooperação do imputado para com investigação ou processo penal, cuja legislação permissiva desse negócio jurídico processual contenha previsão de redução de pena, de perdão judicial ou vantagens decorrentes da constatação da efetividade da colaboração.

É da natureza da delação premiada ser submetida ao sigilo, notadamente quando essa cautela for necessária para o êxito da colaboração, tomada em ambiente diverso do judicial, mediante ato **bilateral**[3]. É possível, todavia, que a delação aconteça de forma espontânea,

1. BADARÓ, Gustavo Henrique; BOTTINI, Pierpaolo Cruz. *Lavagem de dinheiro*: aspectos penais e processuais penais: comentários à Lei 9.613/1998, com as alterações da Lei 12.683/2012. 2. ed. São Paulo: RT, 2013. p. 173.
2. STJ – Sexta Turma – AgRg no HC 473.653/MG, Rel. Min. Antonio Saldanha Palheiro – DJe 19 dez. 2018.
3. STF – Primeira Turma – Pet 7149 AgR – Rel. Min. Marco Aurélio – publicado em 19 dez. 2019.

unilateral, perante o juiz, no curso da instrução criminal. Nessa hipótese, a toda evidência, não haverá que se falar em sigilo, eis que o ambiente processual é público.

O conhecimento dos fatos pela colaboração premiada se dá, em regra, em momento anterior ao início do processo penal, com a necessidade, porém, de contraditório sucessivo. É, geralmente, procedimento "extraprocessual", que deve assegurar a participação de defensores, mas que deve ser levado ao juiz, assegurando-se o respeito ao princípio do contraditório, ainda que posterior.

No entanto, não é impossível que a delação premiada possa ocorrer após a propositura da ação penal, inclusive mesmo depois do trânsito em julgado da ação penal condenatória, na fase de execução penal ou mesmo em sede de revisão criminal. Caso se dê fora de audiência judicial, carecerá de requerimento dirigido à autoridade judiciária competente para fins de sua homologação e de sua elevação ao patamar de **prova**, malgrado **não-plena**, abrindo-se a possibilidade de aplicação do prêmio previsto em lei, se comprovada a eficácia da colaboração.

Devem ser assegurados, de todo modo, o contraditório e a aferição dos requisitos legais da colaboração premiada. Vale dizer, a concessão do benefício decorrente da delação premiada requer revolvimento da matéria probatória para que seja identificado o efetivo grau de efetividade da colaboração, ainda que se dê mediante incidente nos autos de execução penal.

O magistrado deve estar atento aos motivos subjetivos que levaram o agente a delatar, isto é, ao móvel subjetivo para o delator apontar os demais comparsas. É necessária a valoração da prova efetivamente obtida pela atividade colaboradora do agente, a fim de não se admitir delação de fatos sem fundamento empírico ou acusações temerárias contra terceiros (os denominados móveis espúrios, turvos ou inconfessáveis, decorrentes de vinditas ocultas ou dissimuladas).

O prêmio a ser aplicável pode consistir em benefícios penais ou processuais penais proporcionais ao grau de efetividade da colaboração. Daí que, mesmo antes do início do processo penal, podem o Ministério Público e a autoridade policial, com a prudência necessária, instarem investigados ou indiciados a colaborarem, informando-lhes sobre a possibilidade de auferirem aquelas promessas estatais, na hipótese de êxito da colaboração.

Deve haver documentação de todas as tratativas, de forma escrita e, sendo possível, por sistema audiovisual. Esta última previsão não está explícita na Lei de Controle da Criminalidade Organizada, estudada mais adiante. Entrementes, trata-se de interpretação que decorre do sistema, cuja necessidade de controle é depreendida do leque de garantias processuais penais fundamentais.

Entendemos inconcebível a prévia elaboração de cláusulas de termo de colaboração premiada para submissão ao delator, tal qual um contrato de adesão. O acordo de colaboração premiada deve sofrer forte dirigismo estatal, eis que, no sistema brasileiro, o legislador não deve ceder ao negociado. Vale dizer, as cláusulas mitigadoras do procedimento de aplicação de pena, por exemplo, somente são permitidas se existir dispositivo legal expresso neste sentido. Deve haver, de todo modo compatibilidade com a Constituição de 1988.

4. DELAÇÃO PREMIADA E COLABORAÇÃO PREMIADA

Conquanto sejam, em regra, tratadas como expressões sinônimas, delação premiada e colaboração podem assumir contornos distintos:

(1) a **colaboração premiada** é um mecanismo previsto na legislação por meio do qual o investigado ou acusado de uma infração penal colabora, efetiva e voluntariamente, com a investigação e com o processo, recebendo, em contrapartida, vantagens penais. É mais ampla, porque não requer, necessariamente, que o sujeito ativo do delito aponte coautores ou partícipes (que podem, a depender do delito, existir ou não, bastando imaginar a colaboração do agente que, arrependido, torna possível resgate de vítima com integridade física preservada ou a apreensão total do produto do crime, porém não praticou o crime em coautoria);

(2) a **delação premiada** exige, além da colaboração para a elucidação de uma infração penal, que o agente, confessando a imputação que lhe é feita, aponte outros comparsas que, em concurso de pessoas, participaram da empreitada criminosa, como uma forma de **chamamento de corréu**. Outras expressões são verificadas na prática para designá-la, tais como imputação de corréu, chamamento de cúmplice, pentitismo (alusivo a *pentito* ou, no italiano, relativo a quem se arrependeu), ***crown witness*** (testemunho da coroa) ou, ainda, colaboração processual.[4]

A delação pode, portanto, levar à obtenção de benefício por parte do delator, que se veria estimulado a entregar os demais comparsas, prestando esclarecimentos para desvendar o delito[5]. É a delação premiada ou benéfica, prevista esparsamente na legislação e que pode ser classificada como uma "sanção premial", não sendo, sob esse ângulo, incompatível com o princípio que proíbe que o réu seja obrigado a se autoincriminar (*nemo tenetur se detegere*).

5. COLABORAÇÃO UNILATERAL E COLABORAÇÃO BILATERAL

Na doutrina, fala-se em colaboração unilateral (cooperação do imputado *lato sensu*) e em colaboração bilateral (acordo de cooperação premiada, com natureza de negócio jurídico processual ou, no italiano, *patteggiamento*, com o significado de acordo judicial)[6].

A primeira, a **colaboração unilateral**, dispensa negócio jurídico formalizado entre Ministério Público e imputado, devendo o juiz aferir se a colaboração por parte do acusado ocorreu de acordo com os ditames da lei de regência. Nessa perspectiva, é dever do juiz concretizar os benefícios previstos em lei toda vez que a colaboração, também preconizada por lei, revelar-se efetiva.

Sendo afirmativa a constatação de colaboração, sem que haja existência de negócio jurídico processual, deve ser aplicada, pelo juiz, a benesse gizada no texto, ainda que não

4. SILVA, Pedro Francisco. *Validade e eficácia dos meios operacionais para prevenção e repressão de ações praticadas por organizações criminosas no Brasil*. 2007. 114 f. Dissertação (Mestrado), Universidade Federal de Santa Catarina, Florianópolis. p. 23.
5. STF – Segunda Turma – PET 7065/DF – Rel. Min. Edson Fachin – julgamento em 30 out. 2018.
6. JARDIM, Afrânio Silva. Poder judiciário não deve ser refém de acordos de delação premiada do MP. *Conjur*. Disponível em: <http://www.conjur.com.br/2015-out-18/afranio-jardim-judiciario-nao-refem-acordos-delacao-premiada>. Acesso em: 18 jul. 2017.

o queira o órgão ministerial, a vítima ou o corréu[7]. Essa possibilidade está em todos os diplomas legais que iremos referir, à exceção da Lei nº 12.850/2013. Todavia, embora não esteja ali expressa, a possibilidade deve decorrer de interpretação (definição) que considere de maior valor o texto constitucional, em compasso com a finalidade de proteção da liberdade que deve ter o direito processual penal (*favor rei*).

A segunda espécie de **colaboração** premiada, **bilateral**, deve ser precedida de tratativas (negociação a respeito da qual não deve participar o juiz) e acordo prévio formalizado, com cláusulas descritas estritamente em compasso com o modelo legal (Lei nº 12.850/2013), levando-se o termo respectivo ao crivo do Judiciário para homologação.

6. COLABORAÇÃO PREMIADA PREVISTA NA LEI Nº 8.072/1990 (CRIMES HEDIONDOS)

Prevê o parágrafo único, do art. 8º, da Lei dos Crimes Hediondos, que o participante ou associado que delatar à autoridade associação criminosa, constituídos para a prática de crimes hediondos e assemelhados, possibilitando que sejam desmantelados, terá a pena reduzida de **um terço** a **dois terços**. Havendo a eficácia da delação, com informações valiosas para a dissolução da associação criminosa, a redução da pena é obrigatória, e está restrita ao crime de associação criminosa (art. 288, CP), não abrangendo as demais infrações praticadas pelo grupo.

7. COLABORAÇÃO PREMIADA PREVISTA NO ART. 159, § 4º, DO CP (EXTORSÃO MEDIANTE SEQUESTRO)

Havendo concurso de infratores, o concorrente que venha a delatar os demais à autoridade, possibilitando com isso a libertação do sequestrado, terá a pena reduzida de **um terço** a **dois terços**. Mais uma vez, o nexo entre as informações e a libertação é obrigatório, já que a delação ineficaz pode militar apenas como atenuante genérica (art. 66, CP).

8. COLABORAÇÃO PREMIADA PREVISTA NA LEI Nº 9.807/1999 (PROTEÇÃO A VÍTIMAS E TESTEMUNHAS)

Admite a delação premiada sem preestabelecer a infração praticada, convivendo harmonicamente com as demais normas que tratam da matéria, fracionando, nos seus artigos 13 e 14, a admissibilidade do instituto em duas modalidades, com requisitos e efeitos distintos.

(1) **Delação do art. 13**: admite o perdão judicial em face da delação, o que leva à extinção da punibilidade. O magistrado poderá concedê-lo de ofício, ou por requerimento das partes, desde que o delator, sendo primário, colabore de maneira efetiva e voluntária com a investigação e o processo criminal, resultando:

(a) na identificação dos demais coautores ou partícipes;

---

7. Nesse sentido: SANTOS, Marcos P. D. Colaboração unilateral premiada como consectário lógico das balizas constitucionais do devido processo legal brasileiro. *Revista Brasileira de Direito Processual Penal*, Porto Alegre, vol. 3, nº 1, p. 152-155, jan./abr. 2017.

(b) na localização da vítima, com sua integridade física preservada; ou

(c) na recuperação total ou parcial do produto do crime.

A lei deu um passo importante nas consequências da delação, admitindo a clemência do juiz com a concessão do perdão, ilidindo a aplicação de pena para aquele que, sendo primário (não reincidente) e voluntariamente (não precisa haver espontaneidade), colabore, dando ensejo a um, alguns ou todos os resultados almejados. Desta forma, não precisa haver cumulatividade. Basta a obtenção de um deles, para que o instituto seja aplicado.

Daí que incide, em relação à delação do art. 13, da Lei de Proteção a Vítimas e Testemunhas, uma **cumulatividade relativa**, mitigada ou temperada.

Exige-se ainda, no parágrafo único, que para a concessão do perdão judicial o magistrado leve em conta a personalidade do agente, além da natureza, circunstâncias, gravidade e repercussão social da infração.

(2) **Delação do art. 14**: prevê a redução da pena de **um terço** a **dois terços** para o acusado ou indiciado que colaborar voluntariamente com a persecução penal (inquérito ou processo), na identificação dos demais coautores ou partícipes, na localização da vítima com vida, e na recuperação total ou parcial do produto do crime, que é tudo aquilo conseguido diretamente com a atividade delitiva. As benesses do dispositivo são menos atrativas do que o anterior (art. 13), que prevê a extinção da punibilidade. Assim, não atendendo o delator aos requisitos anteriores, como primariedade, personalidade favorável etc., poderá enquadrar-se no dispositivo em exame, tendo a pena reduzida.

Observações:

(1) será dada prioridade na tramitação do inquérito e do processo criminal correspondente, às pessoas envolvidas, referidas pelo art. 19-A, da Lei nº 9.807/1999;

(2) há previsão, no respectivo parágrafo único daquele dispositivo, de antecipação do depoimento das pessoas incluídas nos programas de proteção;

(3) para que o agente seja contemplado com os benefícios previstos na lei em razão da "colaboração", deve haver o preenchimento dos requisitos da relevância das declarações prestadas e da eficácia do resultado decorrente das informações declaradas para a elucidação do caso criminal.

9. COLABORAÇÃO PREMIADA PREVISTA NA LEI Nº 9.613/1998 (LAVAGEM DE CAPITAIS)

A delação premiada, neste diploma, contempla três possibilidades, deferidas ao magistrado, consoante o § 5º, do seu art. 1º:

(1) redução da pena de **um terço** a **dois terços**, iniciando o agente o seu cumprimento no regime aberto ou semiaberto;

(2) substituição da pena privativa de liberdade por restritiva de direitos;

(3) aplicação do perdão judicial.

Além de incluir a possibilidade de cumprimento em regime semiaberto, a alteração legislativa acresceu ao dispositivo em comento a expressão **a qualquer tempo**, indicando que o magistrado poderá aplicar o instituto ainda que depois da sentença condenatória com trânsito em julgado.

Em todo caso, permanece o requisito da espontaneidade (e não mera voluntariedade) da colaboração com a autoridade, além da necessidade de que os esclarecimentos conduzam à apuração da infração com a respectiva autoria, ou a localização dos bens, direitos ou valores objeto da lavagem. Desse modo, se as informações prestadas revelarem apenas os valores obtidos pela infração, o instituto será aplicado, não havendo a necessidade comprovação de coautoria.

10. COLABORAÇÃO PREMIADA PREVISTA NA LEI Nº 11.343/2006 (LEI DE TÓXICOS)

O art. 41, da Lei de Drogas, prevê a delação como causa especial de diminuição de pena, assegurando que o indiciado ou acusado que colaborar voluntariamente com a investigação policial e o processo criminal na identificação dos demais coautores ou partícipes do crime e na recuperação total ou parcial do produto do crime, no caso de condenação, terá pena reduzida de **um terço** a **dois terços**. Para a aplicação do instituto, são necessários:

(1) existência de inquérito instaurado com o respectivo indiciamento, ou processo criminal já deflagrado;

(2) voluntariedade do agente (a lei não exigiu espontaneidade);

(3) obtenção dos seguintes resultados, de forma cumulativa: identificação dos demais infratores e recuperação total ou parcial do produto do crime. Basta que os demais coautores ou partícipes sejam identificados (a captura não foi exigida). Se o delator indica o nome de todos aqueles de que tem conhecimento, e descobre-se depois que outras pessoas estavam envolvidas sem que ele soubesse, como, por exemplo, o grande narcotraficante responsável pela droga que atuava na clandestinidade, entendemos que, ainda assim, o benefício tem cabimento.

Deve-se ter em conta a vontade de colaborar quando o agente delata os comparsas a ele ligados e todos os outros que chegaram ao seu conhecimento. Se, dentro do sigilo do crime, ele desconhece o inteiro teor da ramificação criminosa, ainda assim será beneficiado. Já o produto do crime é a substância entorpecente e sua apreensão total, ou até mesmo parcial, satisfaz a exigência legal.

11. COLABORAÇÃO PREMIADA PREVISTA NA LEI Nº 7.492/1986 (CRIMES CONTRA O SISTEMA FINANCEIRO NACIONAL)

O § 2º, do art. 25, da lei epigrafada, prevê a redução de pena de **um terço** a **dois terços**, nos crimes cometidos por quadrilhas ou em coautoria, para o agente que confesse espontaneamente a infração, revelando toda a **trama delituosa** à autoridade policial ou judicial. Temos aqui a necessidade de que o ato seja espontâneo e revele a trama delitiva. Não se exigiu expressamente a identificação dos demais coautores ou partícipes nem a recuperação do produto do crime. Estes fatores, contudo, podem ser sopesados na determinação do quanto de redução da pena.

12. COLABORAÇÃO PREMIADA PREVISTA NA LEI Nº 8.137/1990 (CRIMES CONTRA A ORDEM TRIBUTÁRIA, ECONÔMICA E RELAÇÕES DE CONSUMO)

Contava com a mesma previsão aplicada aos delitos contra o sistema financeiro nacional, aduzindo o parágrafo único, do art. 16, que, nos crimes nela previstos, cometidos em associação criminosa ou coautoria, o coautor ou partícipe que através de confissão espontânea revelar à autoridade policial ou judicial toda a **trama delituosa** terá a sua pena reduzida de **um terço** a **dois terços**.

Ainda em relação a essa delação premiada, poderemos ver aplicado benefício maior, que vai desde o impedimento a se oferecer a denúncia, até a extinção da punibilidade, desde que cumprido o acordo de leniência, a teor do art. 87, parágrafo único, da Lei nº 12.529/2011. Durante a pendência de cumprimento desse ajuste, permanecerá suspenso o curso do prazo prescricional.

13. COLABORAÇÃO PREMIADA PREVISTA NA LEI Nº 12.529/2011 (CRIMES DIRETAMENTE RELACIONADOS COM A PRÁTICA DE CARTEL)

A legislação em tela instituiu o Sistema Brasileiro de Defesa da Concorrência e previu, em seu art. 86, acordo de leniência (acordo de tolerância, de brandura ou de doçura), condicionado a dois requisitos ali estampados:

(1) à identificação dos demais envolvidos na infração; e

(2) a obtenção de informações e documentos que comprovem a infração noticiada ou sob investigação.

Firmado o acordo, será suspenso o curso do prazo prescricional e fica impedido o oferecimento da inicial acusatória em relação ao agente beneficiário. Caso atendidos os requisitos, será extinta a punibilidade do agente, nos termos do art. 87, parágrafo único, da Lei. A previsão do novel diploma Essa previsão, além de se aplicar aos crimes contra a ordem econômica aludidos no tópico anterior, aplica-se aos demais crimes diretamente relacionados à prática de cartel.

O Supremo Tribunal Federal considerou admissível o **compartilhamento de provas** diante de acordo de leniência com colaboração premiada, observados os limites à validade do ajuste, com pedido delimitado e justificado[8].

DELAÇÃO PREMIADA	
	› Lei 12.850/2013 – arts. 4º e 7º
	› Lei 8.072/1990 – art. 8º, p. único
	› Código Penal – art. 159, § 4º
	› Lei 9.807/1999 – arts. 13 a 15
	› Lei 9.613/1998 – art. 1º, § 5º (alterado pela Lei 12.683/2012
	› Lei 11.343/2006 – art. 41
	› Lei 7.492/1986 – art. 25, § 2º
	› Lei 8.137/1990 – art. 16, p. único
	› Lei 12.529/2011 – art. 87, p. único

8. STF – Segunda Turma – Inq 4428 QO-ED, Rel. Min. Gilmar Mendes – publicado em 28 fev. 2019.

14. COLABORAÇÃO PREMIADA NA LEI Nº 12.850/2013

A Lei nº 12.850/2013, que define organização criminosa e dispõe sobre a investigação criminal, os meios de obtenção da prova, infrações penais correlatas e o procedimento criminal, refere à "prova" (tomada em sentido amplo), em seu art. 3º. Para precisar a aplicação dessas disposições na fase investigativa e na fase processual, usamos a diferença entre "elementos de informação" e "prova" (em seu sentido estrito, sob controle regrado, na fase processual[9]), conforme estudamos no capítulo destinado à teoria da prova.

15. NATUREZA JURÍDICA DO ACORDO DE COLABORAÇÃO PREMIADA E SEU PROCEDIMENTO PRELIMINAR NA LEI DE CONTROLE DO CRIME ORGANIZADO

Seguindo os ditames da Lei nº 12.850/2019, o acordo de colaboração premiada é negócio jurídico processual e **meio de obtenção de prova**, que pressupõe utilidade e interesse públicos. O início das negociações é demarcado com o **recebimento da proposta** para formalização de acordo de colaboração. Trata-se, igualmente, de marco de confidencialidade, nascendo daí o dever de guardar sigilo das pessoas envolvidas. Aquela proposta poderá ser sumariamente indeferida, com a devida justificativa, cientificando-se o interessado (arts. 3º-A e 3º-B, inseridos pela Lei nº 13.964/2019).

As partes deverão firmar **termo de confidencialidade** para prosseguimento das tratativas quando não houver indeferimento sumário da proposta de formalização do acordo, o que vinculará os órgãos envolvidos na negociação e impedirá o indeferimento posterior sem justa causa. A assinatura daquele termo produz efeitos na esfera jurídica do delator, porém não implica, isoladamente, suspensão das investigações. Nada impede que os pactuantes ajustem termos em sentido contrário. O acordo, inclusive, poderá ser precedido de instrução, se houver necessidade.

Por outro viés, a proposta de colaboração premiada deve estar instruída com procuração do interessado com poderes específicos para iniciar o procedimento de colaboração e suas tratativas, ou firmada pessoalmente pela parte que pretende a colaboração e seu advogado ou defensor público. Evidentemente, nenhuma tratativa sobre colaboração premiada deve ser realizada sem a presença de advogado constituído ou defensor público. Havendo conflito entre a defesa técnica e o colaborador, deverá ser solicitada a presença de outro advogado ou a participação de defensor público.

16. CONCEITO DE ORGANIZAÇÃO CRIMINOSA

Atualmente, existem, formalmente, dois conceitos de organização criminosa positivados no ordenamento jurídico. Entendemos que a definição mais recente deve ser a única a regular o instituto, a fim de evitar tratamento desigual ou equivocado diante de situações idênticas. De tal modo, reputamos superado o conceito disposto no art. 2º, da Lei nº 12.694/2012, que se aplicava à instituição de colegiado de primeiro grau de jurisdição.

Daí que o conceito que deve ser observado, rigorosamente, para autorizar as providências drásticas da Lei do Controle da Criminalidade Organizada é, tão-somente, o do

9. TARUFFO, Michele. *La prueba de los hechos*. 3. ed. Tradução: Jordi Ferrer Beltrán. Madrid: Trotta, 2009. p.427-428.

§ 1º, do art. 1º, da Lei nº 12.850/2013. Vale frisar, organização criminosa é considerada como a associação de **quatro ou mais pessoas** estruturalmente ordenada e caracterizada pela **divisão de tarefas**, ainda que **informalmente**, com objetivo de obter, direta ou indiretamente, vantagem de qualquer natureza, mediante a prática de infrações penais cujas penas máximas **sejam superiores a quatro anos**, ou que sejam de **caráter transnacional**.

Segundo entendemos, a exegese para a incidência da lei específica deve ser restrita, ou seja, deverá haver base empírica suficiente de que os investigados estão incursos na infração penal autônoma de organização criminosa. Não havia, antes da Lei nº 12.850/2013, um tipo penal autônomo que pudesse ser subsumido à noção de organização criminosa. O preenchimento dos seus elementos constitutivos é condição, antecedente necessário, para a incidência de outras normas jurídicas aplicáveis à persecução penal de crimes atribuídos à organização criminosa.

Sem essa cautela, haverá persecução penal baseada em meras conjecturas, o que é de todo incompatível com o Estado Democrático de Direito.

17. FINALIDADES DO CONCEITO DE ORGANIZAÇÃO CRIMINOSA

O crime de organização criminosa é punido com pena de três a oito anos de reclusão, e multa, sem prejuízo das penas correspondentes às demais infrações penais praticadas. A figura típica consiste em promover, constituir, financiar ou integrar, pessoalmente ou por interposta pessoa, organização criminosa (art. 2, *caput*, da Lei nº 12.850/2013).

(1) O **conceito de organização criminosa** tem propósitos penais e processuais penais.

(a) **Finalidades penais**: quando aquele conceito serve para colmatar norma penal em branco que carece de sua definição, a exemplo do art. 1º, § 4º, da Lei nº 9.613/1998 ou mesmo do tipo penal autônomo de organização criminosa). Ao descrever como crime a conduta de compor organização criminosa, esse dispositivo se apresenta como uma norma penal em branco, eis que é necessária complementação do seu conceito mediante busca em outra fonte de cognição (outro enunciado). Na hipótese, trata-se de **norma penal em branco imprópria** (também chamada de norma penal em branco em **sentido amplo**, **homóloga** ou **homogênea**, em virtude de advir da mesma fonte de produção legislativa: o Congresso Nacional) e **univitelina** (porque é integrada por artigo que está situado na mesma Lei nº 12.850/2013).

(b) **Finalidades processuais penais**: para a aplicação de medidas de persecução penal disposta nessa lei ou em outras, tal como a Lei nº 12.694/2012, que disciplina a instauração de juízo colegiado de primeiro grau de jurisdição);

(2) A organização criminosa deve ser associação de quatro ou mais pessoas, ou seja, pelo menos quatro agentes.

(3) Exige-se demonstração probatória de que a organização criminosa esteja **estruturalmente ordenada** e caracterizada pela **divisão de tarefas**, ainda que **informalmente**.

(4) Deve ser evidenciado um fim especial de agir, o **dolo específico** de obter, direta ou indiretamente, **vantagem de qualquer natureza**, por meio da prática de infrações penais (crimes ou contravenções penais), cujas penas máximas sejam superiores a quatro anos,

ou que sejam de caráter transnacional (quando existir elemento de internacionalidade, o delito pode ter pena igual ou mesmo inferior a quatro anos).

18. DISTINÇÃO ENTRE ORGANIZAÇÃO CRIMINOSA E ASSOCIAÇÃO CRIMINOSA

Apesar de haver elementos coincidentes entre os conceitos de associação criminosa e organização criminosa, fato é que não se confundem quando se passa ao exame de seus contornos. Não há relação de pertinência entre associação criminosa (art. 288, CP) e organização criminosa, malgrado possa existir entre eles, sob o ponto de vista criminal e quando concretizada a conduta, uma relação de *minus* a *plus*. Vejamos.

(1) A depender de outros caracteres, o fato pode não se configurar delito de associação criminosa, mas tipificar-se como organização criminosa quando, sendo cometido por pelo menos quatro pessoas, tratar-se de crime punido com mais de quatro anos ou, quando punido com menos de quatro anos, existir o caráter transnacional.

(2) Para se ter crime de organização criminosa, deve restar comprovada a estruturação ordenada e caracterizada pela divisão de tarefas, ainda que informalmente. Para precisar tal estrutura ordenada e divisão de tarefa informal, sobrará um campo aberto para a construção semântica de sentido pela jurisprudência. É indispensável que a imputação seja acompanhada de materialidade delitiva.

De outro lado, é possível haver crime de organização criminosa, sem que haja subsidiariedade do delito de associação criminosa, porquanto:

(1) o crime de associação criminosa exige dolo específico de cometer crimes (e somente crimes, não estando abarcadas pelo conceito as contravenções penais);

(2) o crime de organização criminosa permite, em tese, sua tipificação a partir de qualquer infração penal (crime ou contravenção penal), sendo necessário observar o critério quantitativo da pena (maior que quatro anos) ou o critério da transnacionalidade (como pode se dar com a prática da contravenção de jogo do bicho gizado no art. 58, da Lei das Contravenções Penais, com elementos de internacionalidade evidenciado pelo ***iter criminis*** que transita do Brasil para o exterior ou vice-versa). Repise-se que é indispensável, para a afirmação da existência de organização criminosa, que haja **base empírica válida**. Inconcebível rotular de organização criminosa qualquer empreitada delituosa, sem o acompanhamento de **suporte probatório** evidenciador de seus elementos legais.

A diferença entre organização criminosa e associação criminosa têm relevo para definir seus âmbitos de aplicabilidade. Afinal, é caro ao sistema de garantias delimitar o que seja organização criminosa, pois a partir da constatação de que o suporte fático se acomoda aos elementos do seu conceito, defluem consequências relevantes.

19. LIMITES LEGAIS À COLABORAÇÃO PREMIADA DA LEI Nº 12.850/2013

A legislação serve de limite à atuação dos órgãos públicos. No caso das disposições que regulam a apuração da criminalidade organizada, entendemos que há autêntico dirigismo estatal que deve constranger os órgãos da persecução penal a somente elaborar cláusulas previstas na lei. Destarte, podemos alinhar os parâmetros que devem nortear a colaboração em tela.

(1) A Lei de Controle das Organizações Criminosas preconiza **limites à produção de provas**. Embora possa se partir do ponto de vista de que essa lei regula o enfrentamento ao crime organizado, prevendo técnicas avançadas de investigação, sob outro prisma ela traz conceitos que precisam ser observados para que as provas ou os elementos de informação sejam obtidos de maneira lícita e, dessa maneira, sejam úteis à persecução penal estatal.

(2) Esse diploma legal deve ser interpretado como barreira protetora das garantias dos imputados envolvidos. O conceito de organização criminosa tem notas especiais que precisam ser atendidas para que sejam deflagradas consequências normativas negativas relativamente ao indiciado ou ao acusado. Uma vez verificado o suporte fático necessário à incidência daquele conceito, será possível realizar concretamente os procedimentos para obtenção de elementos de informação previstos na própria lei, tal como a celebração do acordo bilateral ora estudado.

(3) As tratativas e a formalização das cláusulas do acordo de colaboração premiada não devem suplantar a legislação penal e processual penal. É indispensável que a normatividade seja observada, para que não se desague em utilitarismo, como ilustra Rosivaldo Toscano. Nas palavras do autor, alertando sobre os riscos de uma eficiência sem normatividade, "esse discurso fluido e tentador ainda paira sobre boa parcela dos atores jurídicos, e sua adoção inautêntica corrompe a prática judiciária, transformando-a em utilitarismo. Esvazia-se moralmente o direito, e sua autonomia é corrompida"[10]. O discurso eficientista, de combate à impunidade, de guerra à corrupção, não deve autorizar punição a qualquer preço, sem acatamento ao legislado, com prevalência do negociado. Esse proceder não é valioso ao Estado Democrático de Direito[11].

(4) Não é admitido pelo ordenamento jurídico brasileiro, no âmbito das tratativas, da lavratura do termo de delação premiada e da respectiva homologação, que os órgãos oficiais da persecução penal atuem de maneira a aplicar apenas decorativamente a lei[12]. O uso de medidas cerceadoras da liberdade deve se adequar ao art. 312, do CPP. Não há autorizativo à aplicação do "**dilema do prisioneiro**", a fim de empurrar o investigado a delatar. Nesse diapasão, Alexandre Morais da Rosa ensina que essa tática foi criada por Merrill Flood e Melvin Dresher, em 1950, com reflexos no campo das delações premiadas, haja vista que "o manejo de prisões cautelares procura colocar os investigados/acusados em situação de déficit de informações". Limita-se a comunicação entre acusados, de forma que o primeiro a confessar ganha quantidade considerável de diminuição da pena. Na esteira do autor, o Estado deve agir com **boa-fé objetiva**: "não pode praticar ilegalidades, omitir informações desfavoráveis, valer-se de métodos não autorizados em lei, potencializar inescrupulosamente elementos probatórios, mesmo que os agentes pensem que seja por bons motivos,

10. SANTOS JÚNIOR, Rosivaldo Toscano dos. *A guerra ao crime e os crimes da guerra*: uma crítica descolonial às políticas beligerantes no sistema de justiça criminal brasileiro. Florianópolis: Empório do Direito, 2016. p.398.
11. JARDIM, Afrânio Silva. Garantismo no processo penal: breve e parcial reflexão. *Revista Eletrônica de Direito Processual* – REDP, Rio de janeiro (UERJ), a.8, n.14, p.10, jul.-dez. 2014. Disponível em: <http://www.e-publicacoes.uerj.br/index.php/redp/issue/view/936>. Acesso em: 22 abr. 2015.
12. CORDERO, Franco. *Procedura penal*. Roma: Giufrè, 1983. p.9.

aumentando a capacidade de obter vitórias processuais"[13]. Note-se que, além de inapropriado ao contexto constitucional, as cláusulas de redução de pena devem se submeter aos limites da própria Lei nº 12.850/2013.

(5) Os limites legais devem ser cogentes, retratando **constrangimentos dogmáticos** aos personagens jurídicos do Estado[14]. O Ministério Público deve estar adstrito à estrita letra do ordenamento posto, observando o princípio da obrigatoriedade da ação penal pública (art. 129, I, CF), suas mitigações excepcionais dentro dos espaços expressamente gizados por diploma legal (lei em sentido formal e material), acatando a cláusula do devido processo legal[15]. Afrânio Silva Jardim, a propósito, denunciou, em vários estudos, que cláusulas de termos de delações premiadas extrapolaram o autorizado pelo direito posto. Veja-se que, na hipótese, aponta-se que, através de termos de cooperação premiada, foram constituídos meios de obtenção de prova (as delações documentadas nos termos), em prejuízo de terceiros (supostos corréus), a partir da promessa de vantagens excedentes ao autorizado por lei (capaz de tornar ilegítima a prova obtida a partir daí). Não discrepa, sobre o ponto, Diogo Nolasco, advertindo que é um equívoco alijar o princípio da obrigatoriedade com a introdução de justiça penal negociada que outorga poderes amplamente discricionários ao Ministério Público, em prejuízo de caríssimas garantias fundamentais[16].

(6) As cláusulas viciadas **não devem estar imunes a controle**, notadamente dos prejudicados pela delação obtida com negociação contrária à Lei nº 12.850/2013, ao Código Penal e à Lei de Execução Penal. O proceder eivado de nulidade não deve precluir em favor do delator até que se dê ciência aos delatados e lhes seja autorizado impugnar por meio de recurso (apelação, se perante juiz de primeiro grau, a teor do art. 593, II, CPP). Note-se que, uma vez homologado, o Judiciário não pode revisar as cláusulas *ex officio* contra o delator. Entendemos que tal controle poderá ser feito se houver recurso do corréu prejudicado, evidenciando vícios quanto ao exame de regularidade, legalidade e voluntariedade da avença. Somente se nenhum interessado recorrer é que surgirá para o Estado-juiz o dever respeitar os limites impostos por ele mesmo, por ter homologado termo de delação premiada.

(7) Para viabilizar o **exame judicial** do acordo de colaboração premiada, o colaborador deve ter narrado todos os fatos ilícitos para os quais concorreu e que tenham relação direta com os fatos investigados. Por seu turno, à defesa deve ter instruído a proposta de colaboração e os anexos com os fatos adequadamente descritos, com todas as suas circunstâncias, indicando as provas e os elementos de corroboração (art. 3º-B, §§ 3º e 4º, acrescidos pela Lei nº 13.964/2019). Cumpridos esses termos e realizado o acordo de colaboração premiada, serão os autos submetidos ao juiz, para análise. Inclusos estão o respectivo termo, as declarações do colaborador e cópia da investigação, devendo o juiz ouvir sigilosamente o

13. ROSA, Alexandre Morais da. *Guia compacto do processo penal conforme a teoria dos jogos*. 3. ed. Florianópolis: Empório do Direito, 2016. p.48;192.
14. ADEODATO, João Maurício. *Uma teoria retórica da norma jurídica e do direito subjetivo*. São Paulo: Noeses, 2011. p.116-117.
15. JARDIM, Afrânio Silva; AMORIM, Pierre Souto Maior Coutinho de. *Direito processual penal*: Estudos e pareceres. 13. ed. Rio de Janeiro: Lumen Juris, 2014. p.362.
16. PEREIRA, Diogo Abineder Ferreira Nolasco. *Justiça penal negociada*: uma análise do princípio da obrigatoriedade da ação penal pública. Rio de Janeiro: Lumen Juris, 2019. p.142-143.

colaborador, acompanhado de seu defensor, oportunidade em que analisará os seguintes aspectos na homologação:

(a) regularidade e legalidade;

(b) adequação dos benefícios pactuados àqueles previstos na mesma lei, sendo nulas as cláusulas que violem o critério de definição do regime inicial de cumprimento de pena, as regras de cada um dos regimes previstos no Código Penal e na Lei de Execução Penal, bem como os requisitos de progressão de regime não abrangidos pelo § 5º deste artigo;

(c) adequação dos resultados da colaboração aos resultados mínimos ali exigidos; e

(d) voluntariedade da manifestação de vontade, especialmente nos casos em que o colaborador está ou esteve sob efeito de medidas cautelares. Sobre essa questão, o magistério, sempre equilibrado, de Geraldo Prado, adverte sobre a impossibilidade de um sistema penal consensual, porquanto "o elemento fundamental para a concretização desses acordos não pode ser garantido: a autonomia pessoal dos sujeitos normalmente visados pelo sistema penal e a condição de equilíbrio que se exige em qualquer pacto"[17].

(8) Após o oferecimento da denúncia, deve ser assegurado o **acesso ao acordo de colaboração premiada pelo delatado**, viabilizando **controle**, com ampla defesa e contraditório nos autos do processo penal contra aquele movido. Ele terá direito a sempre falar depois do colaborador, considerando que este é auxiliar da acusação, à semelhança do assistente do Ministério Público. Nesse passo, deve-se garantir a impugnação de prejudicados após a cessação do sigilo do acordo, inclusive a fim de evitar contradição lógica:

(a) de um lado, a produção de efeitos de termo de colaboração premiada *contra legem*, com validade para o delator beneficiado, limitando, em certa medida, a cognição do juiz quanto à imposição de pena; e

(b) de outro, o aproveitamento de prova obtida com base naquele termo, a partir de delação viciada. Nesse passo, haverá **prova ilegítima**, caso se tenha obtido confissão do colaborador sem respeito ao regrado pela Lei nº 12.850/2013, a exemplo de promessas de benefícios que estejam além dos limites da lei. No ponto, enxergamos também crime de abuso de autoridade, disposto no art. 25, da Lei nº 13.869/2019, que tipifica a conduta de proceder à obtenção de prova, em procedimento de investigação, por meio manifestamente ilícito.

A incidência de controle sobre a decisão homologatória, mediante a possibilidade de impugnação dos interessados, por meio dos recursos previstos no ordenamento jurídico, tem o propósito de impedir aquela contradição. A Lei nº 13.964/2019 acrescentou, porém, apenas caso de recurso em sentido estrito, no inciso XXV, do art. 581, do CPP, contra a decisão que recusar homologação à proposta de acordo de não persecução penal (ANPP), previsto no art. 28-A, do Código, nada prevendo para as hipóteses de homologação ou de rejeição de acordo de colaboração premiada.

17. PRADO, Geraldo. *Transação penal*. 2. ed. Rio de Janeiro: Lumen Juris, 2006. p.31.

(9) O **regime de nulidades** deve ser aplicado à sentença de homologação e ao termo de colaboração premiada[18]. A luz do § 8º, do art. 4º, da Lei nº 12.850/2013, o juiz poderá recusar homologação à proposta que não atender aos requisitos legais, ou adequá-la ao caso concreto. A recusa deve ser fundamentada, descrevendo a espécie de nulidade (vício), da qual decorre a decretação de invalidação do ajuste. Por exemplo, é hipótese de nulidade absoluta o acordo firmado sem respeito aos ditames do § 15, daquele dispositivo legal, por não estar o colaborador regularmente assistido por defensor de sua livre escolha. Idêntica consequência deve ser para a decisão que o homologa, por carecer de fundamentação (art. 564, V, CPP, com redação da Lei nº 13.964/2019).

20. PRESSUPOSTOS NECESSÁRIOS À HOMOLOGAÇÃO DA COLABORAÇÃO PREMIADA PELO JUIZ

(1) **Formulação do requerimento das partes ao magistrado competente.** Essa providência deve ser realizada por petição inicial fundamentada subscrita pelo legitimado legal, acompanhada de documentação que explicite todas as tratativas e do termo de acordo lavrado e assinado por todos.

(2) **O indiciado ou acusado deve ter colaborado efetiva e voluntariamente com a investigação e com o processo criminal.** Não se exige espontaneidade, bastando a voluntariedade. A certificação da efetiva contribuição com a apuração dos fatos delatados deve ser submetida a contraditório judicial. Somente na sentença final de mérito (de condenação ou de absolvição de acusados), é que deve ser aferida sua relevância, por meio de fundamentação suficiente.

(3) **A colaboração do indiciado ou do acusado deve ser causa de obtenção de resultado útil, de forma isolada ou cumulativa.** É a necessidade de ser atestado que um ou mais dos cinco resultados previstos na legislação foram alcançados. Os benefícios previstos no art. 4º, da Lei do crime Organizado serão dosados em conformidade com a eficácia do auxílio prestado relativamente à:

(a) identificação dos demais coautores e partícipes da organização criminosa e das infrações penais por eles praticadas;

(b) revelação da estrutura hierárquica e da divisão de tarefas da organização criminosa;

(c) prevenção de infrações penais decorrentes das atividades da organização criminosa;

(d) recuperação total ou parcial do produto ou do proveito das infrações penais praticadas pela organização criminosa; e

(e) localização de eventual vítima com a sua integridade física preservada.

21. MOMENTOS DA COLABORAÇÃO PREMIADA E SUJEITOS ENVOLVIDOS

Podemos dividir três momentos distintos da colaboração premiada.

18. ALENCAR, Rosmar Rodrigues. *Teoria da nulidade no processo penal*. São Paulo: Noeses, 2016. p.515-516.

(1) O primeiro deles, as tratativas sobre as condições do ajuste. Dessa etapa não participa o juiz, mas apenas o colaborador, seu advogado e o membro do *Parquet* ou delegado de polícia. São negociações em torno das cláusulas do acordo de colaboração premiada. Como regra, é etapa sigilosa relativamente aos estranhos àquela relação. Obrigatoriamente, o colaborador deve estar acompanhado por defensor. De outro lado, a legislação da criminalidade organizada prevê que esse negócio processual penal pode ser conduzido pelo Ministério Público ou pela autoridade policial.

Entendemos que a autoridade policial não tem legitimidade para, sem a intervenção do MP nas negociações ou sem sua anuência, conduzir colaboração premiada de forma autônoma. O resultado da delação premiada tem potencial para interferir diretamente na produção da prova no curso do processo penal cujo legitimado não é o delegado de polícia. Também aquele produto da colaboração tem aptidão para produzir efeitos na aplicação das sanções, ao cabo da ação penal.

No entanto, o Pleno do STF, por maioria, vincou a legitimidade da autoridade policial para conduzir e formalizar acordos de delação premiada. Do voto condutor do julgamento foi dito que "o delegado de polícia pode formalizar acordos de colaboração premiada, na fase de inquérito policial, respeitadas as prerrogativas do Ministério Público, o qual deverá se manifestar, sem caráter vinculante, previamente à decisão judicial"[19].

(2) O segundo momento é o da **submissão do acordo de colaboração premiada à autoridade judiciária**, seguido de decisão de homologação ou de rejeição. Dessa relação, participa o juiz, o Ministério Público ou delegado de polícia, bem como o delator e seu advogado. Se o ajuste de cooperação premiada for firmado durante a fase investigativa, caberá ao juiz das garantias deliberar sobre sua homologação, a teor do inciso XVII, do art. 3º-B, do CPP[20]. Deve ser observada a competência do órgão judicial para homologação de colaboração premiada firmada por agente com prerrogativa de função. Sobre o ponto, o STJ avivou que "a homologação de acordo de colaboração premiada por juiz de primeiro grau de jurisdição, que mencione autoridade com prerrogativa de foro no STJ, não traduz em usurpação de competência"[21].

Entretanto, reformando tal entendimento, o Supremo Tribunal Federal, considerou ilícitos os elementos obtidos contra o governador de Estado, por meio de colaboração premiada homologada perante juízo de primeiro grau, por ferir a regra de competência (que seria, no caso, do STJ) e de atribuição (que seria do órgão do MP oficiante junto a este tribunal). De acordo com a Suprema Corte, "a delação de autoridade com prerrogativa de foro atrai a competência do tribunal competente para a homologação e, em consequência, do órgão do Ministério Público respectivo", pelo que se "concedeu ***habeas corpus*** para determinar o trancamento do inquérito instaurado perante o STJ em desfavor de governador"[22].

(3) o terceiro instante é a etapa de **verificação da efetividade do auxílio prestado pelo colaborador**, com o atendimento das condições estipuladas no acordo de delação premiada.

---

19. STF – Plenário – ADI 5508/DF – Rel. Min. Marco Aurélio – julgamento em 20 jun. 2018.
20. Dispositivo com eficácia suspensa, nos termos de decisão monocrática do Supremo Tribunal Federal (STF – ADI 6298/DF – Medida Cautelar – Rel. Min. Luiz Fux – 22 jan. 2020).
21. STJ – Corte Especial – Rcl 31.629-PR – Rel. Min. Nancy Andrighi – DJe 28 set. 2017.
22. STF – Segunda Turma – HC 151605/PR – Rel. Min. Gilmar Mendes – julgamento em 20 mar. 2018.

Nessa fase, não deve haver sigilo ao delatado. O segredo deve ser suprimido quando do recebimento da denúncia, a fim de permitir ampla defesa. Como se trata produção de efeitos no curso do processo, dessa relação participarão o juiz, o Ministério Público (não mais a autoridade policial), o réu delator e o corréu delatado, ambos acompanhados por seus respectivos defensores.

Pondere-se que nos posicionamos no sentido de que a **supressão de sigilo** não deve autorizar publicidade ampla e irrestrita, própria de *trial by media* ou apta a afetar a imagem, a honra e a intimidade de investigados. A garantia de liberdade de imprensa e o direito à informação não devem chegar a esse ponto. O levantamento do segredo tem como destinatários os demais investigados, que devem ser intimados para fins recursais ou impugnativos.

22. DECISÃO DE HOMOLOGAÇÃO DO ACORDO DE COLABORAÇÃO PREMIADA

Feito o acordo, com o termo respectivo, acompanhado das declarações do colaborador e de cópia da investigação, será encaminhado ao magistrado competente para homologação. Deve o juiz verificar sua regularidade, legalidade, adequação (aos benefícios pactuados e aos resultados) e voluntariedade da manifestação de vontade, mormente quando estiver o delator submetido à medida cautelar.

Para tanto, é dever do juiz, sigilosamente, ouvir o colaborador, na presença de seu defensor. Como lembra Rogério Sanches Cunha, a decisão homologatória é ato que colima resguardar direitos fundamentais[23].

Na dicção do § 7º, do art. 4º, da Lei nº 12.850/2013, depois de finalizado o ajuste, será ele submetido ao juiz para aquela análise. De conformidade com aquele dispositivo com redação da Lei nº 13.964/2019, será exigido do juiz a apreciação daquele termo a partir daqueles quatro prismas.

(1) **Regularidade e legalidade**. A regularidade indica que o acordo deve ser conforme às regras, dotado de juridicidade (adequação às leis, à Constituição, às fontes do direito estatal). Já a legalidade é vocábulo cujo teor está abrangido pela regularidade. No entanto, a sua menção tem importância, para além do pleonasmo, quando se compreende sua finalidade de frisar que o termo de colaboração premiada deve se ater à legalidade estrita, princípio caro ao direito penal e processual penal.

(2) **Adequação dos benefícios pactuados** àqueles previstos na Lei nº 12.850/2013. Significa que o negociado não pode se sobrepor ao estritamente entabulado no *caput*, do art. 4º, e nos seus parágrafos 4º e 5º. Serão eivadas de nulidade absoluta as cláusulas que estejam em desacordo com esses limites ou que violem o critério de definição do regime inicial de cumprimento de pena, as regras de cada um dos regimes de penal e os requisitos de progressão de regime, na forma do Código Penal e da Lei de Execução Penal.

(3) **Adequação dos resultados da colaboração** àqueles mínimos exigidos pelos incisos I a V, do *caput*, do art. 4º, da Lei de Controle do Crime Organizado.

23. CUNHA, Rogério Sanches. *Pacote anticrime*: Lei n. 13.964/2019 – comentários às alterações no CP, CPP e LEP. Salvador: Juspodivm, 2020. p.133.

(4) **Voluntariedade da manifestação de vontade**, especialmente nos casos em que o colaborador está ou esteve sob efeito de medidas cautelares: o ato volitivo, de anuência do delator capaz, deve ser livre, isento de pressões, aferido pelo registro das negociações (por meio de áudio, de áudio e vídeo ou de escritos). O termo abrange os requisitos intrínsecos e formais da confissão, meio de prova que tem por espécie a delação premiada.

Ao examinar o pleito de homologação do acordo de colaboração, o juiz exerce **atividade de delibação**. Cinge-se a aferir a regularidade e legalidade, a adequação de benefícios e resultados, bem como à voluntariedade da manifestação de vontade. O magistrado não forma qualquer juízo de valor a respeito das declarações do colaborador. Note-se, entrementes, que a impossibilidade de recair cognição sobre o valor da prova ou do meio de obtenção de prova não deve significar óbice para o exame da constitucionalidade e da legalidade das cláusulas do acordo[24].

23. COMPETÊNCIA PARA A HOMOLOGAÇÃO E PARA REVISÃO DE CLÁUSULAS DA COLABORAÇÃO PREMIADA

Debateu-se no STF duas questões importantes.

(1) A primeira, se o relator tem competência para proferir decisão de homologação do termo de acordo de colaboração premiada: o Supremo Tribunal deliberou, por maioria, que não é necessária a submissão do acordo de delação premiada ao órgão colegiado[25]. Esse posicionamento não se revela compatível com a lógica do funcionamento colegiado dos tribunais.

(2) A segunda questão consiste em saber se é possível, depois de preclusa a decisão homologatória do acordo de cooperação premiada, a revisão das cláusulas pelo mesmo órgão judicial ou pelas instâncias superiores quando da decisão condenatória final. Sobre este tema, o STF sinalizou negativamente: depois de homologado o acordo, o instituto deve ser preservado, para se assegurar sua viabilidade, salvo nulidade tão somente superveniente (e não contemporânea ao acordo ou à homologação). O juízo sobre o mérito, que relaciona os benefícios de forma proporcional, correlata à efetiva contribuição, permanece reservado à sentença condenatória, segundo a Suprema Corte[26].

24. RECURSOS E REGIME PRECLUSIVO DA HOMOLOGAÇÃO DE COLABORAÇÃO PREMIADA

Cabe lembrar que o acordo de colaboração premiada não constitui um processo sob o crivo do contraditório, razão pela qual a sua decisão homologatória não tem aptidão para produzir coisa julgada material. No entanto, logo que deflagrada a ação penal, deve ser assegurado o manejo das armas necessárias pelo delatado, no curso do processo penal, para fazer valer não só o contraditório, porém, sobremodo, a ampla defesa, que deve ser dotada de meios e recursos inatos ao seu núcleo conceitual.

24. STF – Pleno – HC 127483 – Rel. Min. Dias Toffoli – julgado em 27 ago. 2015.
25. .STF – Pleno – PET 7074 QO/DF – Rel Min. Edson Fachin – julgado em 29 jun. 2017.
26. .STF – Pleno – PET 7074 QO/DF – Rel Min. Edson Fachin – julgado em 29 jun. 2017.

Não é demais lembrar que temos expresso, no § 10-A, do art. 4º, da Lei nº 12.850/2013, que, em todas as fases do processo, deve-se garantir ao réu delatado a oportunidade de manifestar-se após o decurso do prazo concedido ao réu que o delatou. James Goldschmidt explica que o processo é um procedimento, com contraditório judicial, cujo fim é a constituição da coisa julgada sobre a pretensão do autor, declarada pelo tribunal como juridicamente fundada ou infundada[27]. A colaboração premiada é homologada sem contraditório prévio. Não se cuida de processo, até este instante deliberativo.

O processo, dialético, é situação jurídica indispensável à formação da *res judicata* (material), não se amoldando a ele procedimentos de natureza investigativa. Na verdade, a decisão homologatória se submete a um **regime preclusivo**. Ocorre preclusão para os signatários do acordo de colaboração premiada depois que decorrido prazo recursal.

Entrementes, não se deve operar preclusão relativamente aos prejudicados (corréus delatados), enquanto eles não forem intimados de seus termos, notadamente enquanto o pactuado com o delator permanecer sob sigilo. Depois de cientes os delatados, e decorrido o prazo recursal, haverá preclusão máxima impeditiva de revisão das cláusulas do termo homologado.

Como dispõe o § 7º-B, do art. 4º, da Lei nº 12.850/2013, são nulas de pleno direito as previsões de renúncia ao direito de impugnar a decisão homologatória, isto é, haverá nulidade absoluta. Apesar do acordo ser *res inter alios*, isto é, negócio entre os pactuantes, entendemos que aquela decisão também pode ser impugnada por terceiros prejudicados: os delatados.

25. VALOR PROBATÓRIO DO ACORDO DE COLABORAÇÃO PREMIADA

O valor probatório da colaboração premiada é baixíssimo, mormente se tomada isoladamente. O § 16, do art. 4º, frisou que nenhuma das seguintes medidas será decretada ou proferida com fundamento apenas nas declarações do colaborador:

(1) medidas cautelares reais ou pessoais. Não é admissível, por exemplo, determinar medidas como sequestro de bens ou prisão temporária somente com esteio nas informações obtidas por intermédio de colaboração premiada. Ademais, é crime de abuso de autoridade, tipificado na Lei nº 13.869/2019, decretar medida de privação da liberdade em manifesta desconformidade com as hipóteses legais (art. 9º);

(2) recebimento de denúncia ou queixa-crime. Trata-se de ato que afeta gravemente o estado de dignidade do imputado. Não sem razão, é igualmente crime, previsto no art. 30, da Lei do Abuso de Autoridade, dar início ou proceder à persecução penal, sem justa causa fundamentada ou contra quem sabe inocente;

(3) sentença condenatória. A existência somente de elementos probatórios de colaboração premiada está muito distante do necessário juízo de certeza, exigido pelo ordenamento jurídico brasileiro, para justificar condenação.

27. GOLDSCHMIDT, James. *Principios generales del proceso*: teoria general del proceso. 2. ed. Buenos Aires: EJEA, 1961. p.37.

26. IMPLEMENTAÇÃO DAS CONSEQUÊNCIAS PREVISTAS NO TERMO DE ACORDO DE COLABORAÇÃO PREMIADA

Os efeitos do negócio processual em epígrafe tornar-se-ão definitivos somente ao final, depois de atestada a efetividade da colaboração prometida. É a sentença (final, de mérito, condenatória ou absolutória dos acusados, salvo nos casos de colaboração premiada no curso da execução penal) que deve apreciar os termos do acordo homologado e sua eficácia, descrevendo as normas individuais e concretas construídas a partir da constatação empírica de seus requisitos para incidência. A condenação, caso ocorra, deve ser contextual, com o exame de todas as teses suscitadas nos autos, sendo vedado ao juiz prolatar sentença condenatória que contenha as declarações de agente colaborador como único fundamento.

Na sentença final do processo criminal, aliás, o juiz deverá confrontar os termos do acordo homologado com a prova, a fim de analisar e descrever o grau de efetividade da colaboração pactuada. Esse o sentido do § 11, do art. 4º, da Lei nº 12.850/2013, ao vincar que a sentença apreciará os termos do acordo homologado e sua eficácia. Isso equivale a afirmar que o juiz poderá declarar a ineficácia do acordo homologado quando se verificar que não foi demonstrada a eficácia da suposta colaboração, quando poderá, justificada e fundamentadamente, negar a aplicação dos benefícios naquele previstos.

27. CONSEQUÊNCIAS DECORRENTES DA DECISÃO HOMOLOGATÓRIA DA COLABORAÇÃO PREMIADA

De acordo com o resultado aferido e na forma pactuada no acordo que, de qualquer modo, deve se adequar aos limites da Lei nº 12.850/2013, o juiz poderá, conforme critério de proporcionalidade:

(1) reduzir, em **até dois terços**, a pena privativa de liberdade ou substituí-la por pena restritiva de direitos;

(2) conceder o perdão judicial ao colaborador, ainda que esse benefício não tenha sido previsto na proposta inicial;

(3) suspender o prazo para o oferecimento de ação penal ou suspensão do processo pelo prazo de até seis meses, enquanto são cumpridas as condições estabelecidas para o agente colaborador, com a correlata suspensão do lapso prescricional; ou

(4) reduzir a pena até a metade ou aplicar progressão de regime de forma mais favorável que a prevista legalmente nos casos de delação premiada posterior à sentença penal condenatória.

A escolha da sanção premial deve ser fundamentada, segundo parâmetros relativos à personalidade do colaborador, a natureza, as circunstâncias, a gravidade, a repercussão social do fato criminoso e a eficácia da colaboração. A sua imposição definitiva, com o cumprimento do prêmio, somente será possível depois de iniciado processo criminal.

Ao juiz competirá decidir o que foi proposto, respeitando o pactuado homologado consoante a verificação da efetividade da colaboração e, considerando a maior ou menor colaboração, fixará contornos mais ou menos extensos de benefícios em favor do agente colaborador. Honrar o pactuado é dever do Estado. A propósito, Geraldo Prado pondera que "preservar o acordo homologado, desde que o colaborador cumpra com a sua parte, é a maneira de assegurar que a 'suspensão pactuada de garantias' não seja uma fraude estatal por meio da qual, aí sim, o Estado Policial estaria a se infiltrar"[28].

28. LIMITES À SUSPENSÃO PACTUADA DE GARANTIAS E DEMAIS DISPOSIÇÕES SOBRE O ACORDO DE COLABORAÇÃO PREMIADA

Ao suspender a garantia ao silêncio e o direito de não ser compelido a produzir provas contra si mesmo, o legislador adotou opção que pode ensejar dúvidas sobre sua constitucionalidade. Afinal, os direitos e garantias fundamentais somente podem ser restringidos muito excepcionalmente nos termos gizados na Constituição.

A Lei nº 12.850/2013 poderia ter regulado melhor o instituto. Com o advento da Lei nº 13.964/2019, recebemos regras que representam ganhos ao devido processo legal, acatando, em parte, o que a doutrina e a jurisprudência indicavam. Regras basilares existem, que são limites, garantias, a fim de que o legislado seja respeitado, exercendo dirigismo forte sobre o negócio firmado com o delator. Vejamos.

(1) Não atendendo os requisitos legais ou não se amoldando ao caso concreto, ao juiz é concedido o poder de recusar homologação à proposta defeituosa. Trata-se, em verdade, de um dever. Está, inclusive, positivado no § 8º, do art. 4º, da Lei nº 12.850/2013, que aviva o poder do juiz de recusar a homologação da proposta que não atender aos requisitos legais, **devolvendo-a às partes** para as adequações necessárias. Em respeito ao princípio acusatório, não cabe ao juiz fazer adequações, mas tão somente indeferir a homologação.

(2) Uma vez homologado o acordo, o colaborador poderá, sempre acompanhado pelo seu defensor, ser ouvido pelo membro do Ministério Público ou pelo delegado de polícia responsável pelas investigações.

(3) A proposta de delação premiada é retratável. As partes podem retratar-se, hipótese em que as provas autoincriminatórias produzidas pelo colaborador não poderão ser utilizadas exclusivamente em seu desfavor.

(4) Mesmo que já beneficiado por perdão judicial ou não denunciado, o colaborador poderá ser ouvido em juízo a requerimento das partes ou por iniciativa da autoridade judicial.

(5) O registro das tratativas e dos atos de colaboração deverá ser feito pelos meios ou recursos de gravação magnética, estenotipia, digital ou técnica similar, inclusive audiovisual, destinados a obter maior fidelidade das informações, garantindo-se a disponibilização de cópia do material ao colaborador, *ex vi* do § 13, do art. 4º, da Lei nº 12.850/2019, com texto da Lei nº 13.964/2019.

(6) Nas declarações que prestar, o colaborador renunciará, na presença de seu defensor, ao direito ao silêncio e estará sujeito ao compromisso legal de dizer a verdade. A mitigação ao direito fundamental de manter-se calado em seu interrogatório não seria, para a posição

28. PRADO, Geraldo. Justificando. Uma vez homologada a delação, pode a justiça voltar atrás e rever o acordo? *Carta Capital*. Disponível em: <http://justificando.cartacapital.com.br/2017/06/28/colaboracao-premiada-acordo-atuacao-do-ministerio-publico-e-homologacao-judicial/>. Acesso em: 17 jul. 2017.

prevalente, violadora ao princípio do *nemo tenetur se detegere* (ninguém é obrigado a se autoincriminar).

(7) O defensor do colaborador deve prestar-lhe assistência em todos os atos de negociação, confirmação e execução da colaboração. A falta da defesa técnica é causadora de nulidade absoluta no ponto.

(8) Dentre os direitos assegurados ao colaborador estão o de não ter sua identidade revelada pelos meios de comunicação e o de prisão especial, diante da regra de que deve cumprir pena ou prisão cautelar em estabelecimento penal diverso dos demais corréus ou condenados.

(9) Além de poder ser objeto de retratação, o acordo homologado é **rescindível**, máxime em caso de omissão dolosa sobre os fatos objeto da colaboração, bem como na hipótese do colaborador não cessar o envolvimento em conduta ilícita relacionada ao objeto da colaboração.

Como se depreende, o direito brasileiro tem demonstrado que o punitivismo se amolda a novas realidades, sempre recebendo novos meios de ampliação do poder estatal de limitar a liberdade do ser humano, ainda que sob o preço de driblar as garantias estampadas na Constituição. O poder punitivo se renova sempre, seguindo sua maximização progressiva.

Cláudio Langroiva e Fábio Ruiz chamam esse fenômeno de ampliação do punitivismo de antifragilidade. Trata-se de termo usado metaforicamente para designar a forma como o punitivismo se torna cada vez mais implacável, amesquinhando direitos fundamentais nucleares. O antifrágil é muito mais que simplesmente forte, porque renova seu discurso de manipulação do poder. De tal maneira, os juristas apontam a necessidade de que a defesa – dentre os outros compromissados com a liberdade – passem a adotar posturas de oposição também antifrágeis, "por meio de um discurso inacabado, competitivo e, sobretudo, antifrágil"[29].

No entanto, algo de progressista, como vimos, ganhamos com o advento da Lei nº 13.964/2019. Para tornar antifrágil o núcleo duro do direito processual penal, sufragado na Constituição, é necessária vigília para que todas as regras que digam respeito ao processo penal passem por rigoroso filtro. Nesse diapasão, Gabriel Antinolfi Divan argumenta que, de um lado, é cediço que o processo é útil à "'proteção' da pessoa contra o arbítrio estatal". No entanto, deve haver empenho para "perceber que se pode alargar essa noção de 'proteção' e a própria noção de 'arbítrio' para percepções muito maiores que dizem respeito à própria tomada dos 'espaços públicos' (conceituais ou até mesmo físicos) pela verticalização estatal" (verticalização esta que confere contornos autoritários ao Estado)[30].

29. PEREIRA, Cláudio José Langroiva; RUIZ, Fábio Nascimento. *A exceção no processo penal e o resgate de antigos riscos às garantias fundamentais.* Prisma Jur., São Paulo, v. 14, n. 1, p.143; p.148-149, jan./jun. 2015.
30. DIVAN, Gabriel Antinolfi. *Processo penal e política criminal:* uma reconfiguração da justa causa para a ação penal. Porto Alegre: Elegantia, 2015. p. 543-544.

29. QUADRO SINÓTICO

<table>
<tr><th colspan="2">CAPÍTULO XXIII - ELEMENTOS CONSENSUAIS DE PROVA</th></tr>
<tr><th colspan="2">INTRODUÇÃO</th></tr>
<tr><td>Este capítulo foi reservado ao estudo de instrumentos consensuais para produção de prova penal, diante do seu uso, cada vez mais frequente.</td><td>1</td></tr>
<tr><th colspan="2">DELAÇÃO</th></tr>
<tr><td>Consiste em um ato personalíssimo do imputado que, em primeiro lugar, confessa a infração penal a ele imputada e, no momento seguinte, colabora com a persecução penal, apontando coautores da mesma infração penal ou de delitos conexos. Cuida-se de um meio de obtenção de prova composto. É um testemunho impróprio. O Colaborador não presta compromisso de dizer a verdade.</td><td>2</td></tr>
<tr><th colspan="2">DELAÇÃO PREMIADA</th></tr>
<tr><td>Hipótese de cooperação do imputado para com investigação ou processo penal, cuja legislação permissiva desse negócio jurídico processual contenha previsão de redução de pena, de perdão judicial ou vantagens decorrentes da constatação da efetividade da colaboração. É da sua natureza ser submetida ao sigilo, notadamente quando essa cautela for necessária para o êxito da colaboração, tomada em ambiente diverso do judicial, mediante ato bilateral. É possível, todavia, que a delação aconteça de forma espontânea, unilateral, perante o juiz, no curso da instrução criminal. Nessa hipótese, a toda evidência, não haverá que se falar em sigilo, eis que o ambiente processual é público.</td><td>3</td></tr>
<tr><th colspan="2">DELAÇÃO PREMIADA E COLABORAÇÃO PREMIADA</th></tr>
<tr><td>Conquanto sejam, em regra, tratadas como expressões sinônimas, delação premiada e colaboração podem assumir contornos distintos:

(1) a colaboração premiada é um mecanismo previsto na legislação por meio do qual o investigado ou acusado de uma infração penal colabora, efetiva e voluntariamente, com a investigação e com o processo, recebendo, em contrapartida, vantagens penais. É mais ampla, porque não requer, necessariamente, que o sujeito ativo do delito aponte coautores ou partícipes;

(2) a delação premiada exige, além da colaboração, que o agente, confessando a imputação que lhe é feita, aponte outros comparsas que, em concurso de pessoas, participaram da empreitada criminosa, como uma forma de chamamento de corréu.</td><td>4</td></tr>
<tr><th colspan="2">COLABORAÇÃO UNILATERAL E COLABORAÇÃO BILATERAL</th></tr>
<tr><td>Fala-se em colaboração unilateral (cooperação lato sensu), que dispensa negócio jurídico formalizado entre MP e imputado, devendo o juiz aferir se a colaboração por parte do acusado ocorreu de acordo com os ditames da lei de regência; e em colaboração bilateral (acordo de cooperação premiada, com natureza de negócio jurídico processual), que deve ser precedida de tratativas e acordo prévio formalizado, com cláusulas descritas estritamente em compasso com o modelo legal (Lei nº 12.850/2013), a ser levado ao Judiciário para homologação.</td><td>5</td></tr>
</table>

CAPÍTULO XXIII – ELEMENTOS CONSENSUAIS DE PROVA		
Colaboração premiada prevista na Lei nº 8.072/1990 (crimes hediondos)	O participante ou associado que delatar à autoridade associação criminosa, constituídos para a prática de crimes hediondos e assemelhados, possibilitando que sejam desmantelados, terá a pena reduzida de **1/3 a 2/3**. Havendo a eficácia da delação, com informações valiosas para a dissolução da associação criminosa, a redução da pena é obrigatória.	**6**
Colaboração premiada prevista no art. 159, § 4º, do CP	Havendo concurso de infratores, o concorrente que venha a delatar os demais à autoridade, possibilitando com isso a libertação do sequestrado, terá a pena reduzida de **1/3 a 2/3**.	**7**
Colaboração premiada prevista na Lei nº 9.807/1999 (proteção a vítimas e testemunhas)	Admite a delação premiada sem preestabelecer a infração praticada, convivendo harmonicamente com as demais normas que tratam da matéria, fracionando nos arts. 13 e 14 a admissibilidade do instituto em duas modalidades, com requisitos e efeitos distintos. 1) Delação do art. 13: admite o perdão judicial em face da delação, o que leva a extinção da punibilidade. O magistrado poderá concedê-lo de ofício, ou por requerimento das partes, desde que o delator, sendo primário, colabore de maneira efetiva e voluntária com a investigação e o processo criminal, resultando: (a) na identificação dos demais coautores ou partícipes; (b) na localização da vítima, com sua integridade física preservada; (c) na recuperação total ou parcial do produto do crime. Delação do art. 14: prevê a redução da pena de **1/3** a **2/3** para o acusado ou indiciado que colaborar voluntariamente com a persecução penal na identificação dos demais coautores ou partícipes, na localização da vítima com vida, e na recuperação total ou parcial do produto do crime, que é tudo aquilo conseguido diretamente com a atividade delitiva.	**8**
Colaboração premiada prevista na Lei nº 9.613/1998 (lavagem de capitais)	A delação premiada, neste diploma, contempla três possibilidades, deferidas ao magistrado a **qualquer tempo**: (1) redução da pena de **1/3 a 2/3**, iniciando o agente o seu cumprimento no regime aberto ou semiaberto; (2) substituição da pena privativa de liberdade por restritiva de direitos; (3) aplicação do perdão judicial.	**9**
Colaboração premiada prevista na Lei nº 11.343/2006 (Lei de Tóxicos)	O art. 41 prevê a delação como causa especial de diminuição de pena, assegurando que o indiciado ou acusado que colaborar voluntariamente com a investigação policial e o processo criminal na identificação dos demais coautores ou partícipes do crime e na recuperação total ou parcial do produto do crime, no caso de condenação, terá pena reduzida de **1/3 a 2/3.**	**10**
Colaboração premiada prevista na Lei nº 7.492/1986	O § 2º do art. 25 prevê a redução de pena de **1/3 a 2/3**, nos crimes cometidos por quadrilhas ou em coautoria, para o agente que confesse espontaneamente a infração, revelando toda a trama delituosa à autoridade policial ou judicial.	**11**

CAPÍTULO XXIII – ELEMENTOS CONSENSUAIS DE PROVA		
Colaboração premiada prevista na Lei nº 8.137/1990 (crimes contra a ordem tributária, econômica e relações de consumo)	Nos crimes nela previstos, cometidos em associação criminosa ou coautoria, o coautor ou partícipe que através de confissão espontânea revelar à autoridade policial ou judicial toda a **trama delituosa** terá a sua pena reduzida de **um terço** a **dois terços**. Ainda em relação a essa delação premiada, poderemos ver aplicado benefício maior, que vai desde o impedimento a se oferecer a denúncia, até a extinção da punibilidade, desde que cumprido o acordo de leniência, a teor do art. 87, parágrafo único, da Lei nº 12.529/2011. Durante a pendência de cumprimento desse ajuste, permanecerá suspenso o curso do prazo prescricional.	**12**
Colaboração premiada prevista na Lei nº 12.529/2011 (crimes diretamente relacionados com a prática de cartel)	A legislação em tela instituiu o Sistema Brasileiro de Defesa da Concorrência e previu acordo de leniência (acordo de tolerância, de brandura ou de doçura), condicionado à "identificação dos demais envolvidos na infração" e "a obtenção de informações e documentos que comprovem a infração noticiada ou sob investigação". Caso atendidos os requisitos, será extinta a punibilidade do agente, nos termos do art. 87, parágrafo único, da Lei. A previsão do novel diploma além de se aplicar aos crimes contra a ordem econômica aludidos no tópico anterior, aplica-se aos demais crimes diretamente relacionados à prática de cartel.	**13**
A COLABORAÇÃO PREMIADA DA LEI Nº 12.850/2013		
A Lei nº 12.850/2013, que define organização criminosa e dispõe sobre a investigação criminal, os meios de obtenção da prova, infrações penais correlatas e o procedimento criminal, refere à "prova" (tomada em sentido amplo), em seu art. 3º.		**14**
Natureza jurídica do acordo de colaboração premiada e seu procedimento preliminar na Le de Controle do Crime Organizado	É negócio jurídico processual e **meio de obtenção de prova**. O início das negociações é demarcado com o **recebimento da proposta** para formalização de acordo de colaboração. Aquela proposta poderá ser sumariamente indeferida, com a devida justificativa, cientificando-se o interessado. Não sendo sumariamente indeferida, as partes deverão firmar **termo de confidencialidade** para prosseguimento das tratativas, o que vinculará os órgãos envolvidos na negociação e impedirá o indeferimento posterior sem justa causa.	**15**
Conceito de organização criminosa	Atualmente, existem, formalmente, dois conceitos de organização criminosa positivados no ordenamento jurídico. Entendemos que o conceito que deve ser observado, rigorosamente, para autorizar as providências drásticas da Lei do Controle da Criminalidade Organizada é, tão-somente, o do § 1º, do art. 1º, da Lei nº 12.850/2013.	**16**
Finalidades do conceito de organização criminosa	(1) O **conceito de organização criminosa** tem propósitos penais (colmatar norma penal em branco) e processuais penais (aplicação de medidas de persecução penal).	**17**

CAPÍTULO XXIII – ELEMENTOS CONSENSUAIS DE PROVA		
Finalidades do conceito de organização criminosa	(2) A organização criminosa deve ser associação de quatro ou mais pessoas. (3) Exige-se demonstração probatória de que a organização criminosa esteja **estruturalmente ordenada** e caracterizada pela **divisão de tarefas**, ainda que **informalmente.** (4) Deve ser evidenciado um fim especial de agir, o **dolo específico** de obter, direta ou indiretamente, **vantagem de qualquer natureza**, por meio da prática de infrações penais (crimes ou contravenções penais), cujas penas máximas sejam superiores a quatro anos, ou que sejam de caráter transnacional.	**17**
Distinção entre organização criminosa e associação criminosa	Não há relação de pertinência entre associação criminosa (art. 288, CP) e organização criminosa. O conceito de organização criminosa foi exposto no tópico anterior. Com relação a associação criminosa: (1) o crime de associação criminosa exige dolo específico de cometer crimes (não estando abarcadas pelo conceito as contravenções penais); (2) o crime de organização criminosa permite, em tese, sua tipificação a partir de qualquer infração penal (crime ou contravenção penal), sendo necessário observar o critério quantitativo da pena (maior que quatro anos) ou o critério da transnacionalidade.	**18**
Limites legais à colaboração premiada da Lei nº 12.850/2013	(1) A Lei de Controle das Organizações Criminosas preconiza **limites à produção de provas.** (2) Esse diploma legal deve ser interpretado como barreira protetora das garantias dos imputados envolvidos. (3) As tratativas e a formalização das cláusulas do acordo de colaboração premiada não devem suplantar a legislação penal e processual penal. (4) Não é admitido pelo ordenamento jurídico brasileiro, no âmbito das tratativas, da lavratura do termo de delação premiada e da respectiva homologação, que os órgãos oficiais da persecução penal atuem de maneira a aplicar apenas decorativamente a lei. (5) Os limites legais devem ser cogentes, retratando **constrangimentos dogmáticos** aos personagens jurídicos do Estado. (6) As cláusulas viciadas **não devem estar imunes a controle**, notadamente dos prejudicados pela delação obtida com negociação contrária à Lei nº 12.850/2013, ao CP e à Lei de Execução Penal. (7) Para viabilizar o **exame judicial** do acordo de colaboração premiada, o colaborador deve ter narrado todos os fatos ilícitos para os quais concorreu e que tenham relação direta com os fatos investigados. (8) Após o oferecimento da denúncia, deve ser assegurado o **acesso ao acordo de colaboração premiada pelo delatado**, viabilizando **controle**, com ampla defesa e contraditório nos autos do processo penal contra aquele movido. (9) O **regime de nulidades** deve ser aplicado à sentença de homologação e ao termo de colaboração premiada.	**19**

CAPÍTULO XXIII – ELEMENTOS CONSENSUAIS DE PROVA		
Pressupostos necessários à homologação da colaboração premiada pelo juiz	(1) Formulação do requerimento das partes ao magistrado competente; (2) O indiciado ou acusado deve ter colaborado efetiva e voluntariamente com a investigação e com o processo criminal. Não se exige espontaneidade, bastando a voluntariedade; (3) A colaboração do indiciado ou do acusado deve ser causa de obtenção de resultado útil, de forma isolada ou cumulativa.	**20**
Momentos da colaboração premiada e sujeitos envolvidos	Podemos dividir três momentos distintos da colaboração premiada. (1) Tratativas sobre as condições do ajuste. Dessa etapa não participa o juiz, mas apenas o colaborador, seu advogado e o membro do ***Parquet*** ou delegado de polícia. (2) **Submissão do acordo de colaboração premiada à autoridade judiciária**, seguido de decisão de homologação ou de rejeição. (3) **Verificação da efetividade do auxílio prestado pelo colaborador**, com o atendimento das condições estipuladas no acordo de delação premiada. O segredo deve ser suprimido quando do recebimento da denúncia.	**21**
Decisão de homologação do acordo de colaboração premiada	Feito o acordo, com o termo respectivo, acompanhado das declarações do colaborador e de cópia da investigação, será encaminhado ao magistrado competente para homologação. Deve o juiz verificar sua regularidade, legalidade, adequação (aos benefícios pactuados e aos resultados) e voluntariedade da manifestação de vontade, mormente quando estiver o delator submetido à medida cautelar. Para tanto, é dever do juiz, sigilosamente, ouvir o colaborador, na presença de seu defensor.	**22**
Competência para a homologação e para revisão de cláusulas de colaboração premiada	Debateu-se no STF duas questões importantes. (1) A primeira, se o relator tem competência para proferir decisão de homologação do termo de acordo de colaboração premiada: o STF deliberou, por maioria, que não é necessária a submissão do acordo de delação premiada ao órgão colegiado. (2) A segunda questão consiste em saber se é possível, depois de preclusa a decisão homologatória do acordo de cooperação premiada, a revisão das cláusulas pelo mesmo órgão judicial ou pelas instâncias superiores quando da decisão condenatória final. Sobre este tema, o STF sinalizou negativamente.	**23**
Recursos e regime preclusivo da homologação de colaboração premiada	Pelo fato de não constituir um processo sob o crivo do contraditório, a sua decisão homologatória não tem aptidão para produzir coisa julgada material. No entanto, logo que deflagrada a ação penal, deve ser assegurado o manejo das armas necessárias pelo delatado, para fazer valer o contraditório e a ampla defesa.	**24**

CAPÍTULO XXIII – ELEMENTOS CONSENSUAIS DE PROVA		
Recursos e regime preclusivo da homologação de colaboração premiada	São nulas de pleno direito as previsões de renúncia ao direito de impugnar a decisão homologatória. Apesar do acordo ser *res inter alios*, isto é, negócio entre os pactuantes, entendemos que aquela decisão também pode ser impugnada por terceiros prejudicados: os delatados.	**24**
Valor probatório do acordo de colaboração premiada	O valor probatório da colaboração premiada é baixíssimo, mormente se tomada isoladamente. Nenhuma das seguintes medidas será decretada ou proferida com fundamento apenas nas declarações do colaborador: (1) medidas cautelares reais ou pessoais. (2) recebimento de denúncia ou queixa-crime. (3) sentença condenatória.	**25**
Implementação das consequências previstas no termo de acordo de colaboração premiada	Os efeitos do negócio processual em epígrafe tornar-se-ão definitivos somente ao final, depois de atestada a efetividade da colaboração prometida. É a sentença de mérito que deve apreciar os termos do acordo homologado e sua eficácia. A condenação, caso ocorra, deve proceder o exame de todas as teses suscitadas nos autos, sendo vedado ao juiz prolatar sentença condenatória que contenha as declarações de agente colaborador como único fundamento, devendo confrontar os termos do acordo com a prova, a fim de analisar o grau de efetividade da colaboração.	**26**
Consequências decorrentes da decisão homologatória da colaboração premiada	(1) reduzir em até 2/3 a pena privativa de liberdade ou substituí-la por pena restritiva de direitos; (2) conceder do perdão judicial ao colaborador, ainda que esse benefício não tenha sido previsto na proposta inicial; (3) suspender o prazo para o oferecimento de ação penal ou suspensão do processo pelo prazo de até seis meses, enquanto são cumpridas as condições estabelecidas para o agente colaborador, com a correlata suspensão do lapso prescricional; ou (4) reduzir a pena até a metade ou aplicar progressão de regime de forma mais favorável que a prevista legalmente nos casos de delação premiada posterior à sentença penal condenatória; A escolha da sanção premial deve ser fundamentada, segundo parâmetros relativos à personalidade do colaborador, a natureza, as circunstâncias, a gravidade, a repercussão social do fato criminoso e a eficácia da colaboração.	**27**
Limites à suspensão pactuada de garantias e demais disposições sobre o acordo de colaboração premiada	Ao suspender a garantia ao silêncio e o direito de não ser compelido a produzir provas contra si mesmo, o legislador adotou opção que pode ensejar dúvidas sobre sua constitucionalidade. A Lei nº 12.850/2013 poderia ter regulado melhor o instituto. Com o advento da Lei nº 13.964/2019, recebemos regras que representam ganhos ao devido processo legal, acatando, em parte, o que a doutrina e a jurisprudência indicavam. (1) Não atendendo os requisitos legais ou não se amoldando ao caso concreto, ao juiz é concedido o poder de recusar homologação à proposta defeituosa.	**28**

CAPÍTULO XXIII – ELEMENTOS CONSENSUAIS DE PROVA		
	(2) Uma vez homologado o acordo, o colaborador poderá, sempre acompanhado pelo seu defensor, ser ouvido pelo membro do Ministério Público ou pelo delegado de polícia responsável pelas investigações. (3) A proposta de delação premiada é retratável. As partes podem retratar-se, hipótese em que as provas autoincriminatórias produzidas pelo colaborador não poderão ser utilizadas exclusivamente em seu desfavor. (4) Mesmo que já beneficiado por perdão judicial ou não denunciado, o colaborador poderá ser ouvido em juízo a requerimento das partes ou por iniciativa da autoridade judicial.	
Limites à suspensão pactuada de garantias e demais disposições sobre o acordo de colaboração premiada	(5) O registro das tratativas e dos atos de colaboração deverá ser feito pelos meios ou recursos de gravação magnética, estenotipia, digital ou técnica similar, inclusive audiovisual, destinados a obter maior fidelidade das informações, garantindo-se a disponibilização de cópia do material ao colaborado. (6) Nas declarações que prestar, o colaborador renunciará, na presença de seu defensor, ao direito ao silêncio e estará sujeito ao compromisso legal de dizer a verdade. (7) O defensor do colaborador deve prestar-lhe assistência em todos os atos de negociação, confirmação e execução da colaboração. A falta da defesa técnica é causadora de nulidade absoluta no ponto. (8) Dentre os direitos assegurados ao colaborador estão o de não ter sua identidade revelada pelos meios de comunicação e o de prisão especial, diante da regra de que deve cumprir pena ou prisão cautelar em estabelecimento penal diverso dos demais corréus ou condenados. (9) Além de poder ser objeto de retratação, o acordo homologado é **rescindível**, máxime em caso de omissão dolosa sobre os fatos objeto da colaboração, bem como na hipótese do colaborador não cessar o envolvimento em conduta ilícita relacionada ao objeto da colaboração.	**28**

30. SÚMULAS DO STJ

74. Para efeitos penais, o reconhecimento da menoridade do réu requer prova por documento hábil.

165. Compete à Justiça Federal processar e julgar crime de falso testemunho cometido no processo trabalhista.

273. Intimada a defesa da expedição da carta precatória, torna-se desnecessária intimação da data da audiência no juízo deprecado.

500. A configuração do crime do art. 244-B do ECA independe da prova da efetiva corrupção do menor, por se tratar de delito formal.

502. Presentes a materialidade e a autoria, afigura-se típica, em relação ao crime previsto no art. 184, § 2º, do CP, a conduta de expor à venda CDs e DVDs "piratas".

522. A conduta de atribuir-se falsa identidade perante autoridade policial é típica, ainda que em situação de alegada autodefesa.

591. É permitida a prova emprestada no processo administrativo disciplinar, desde que devidamente autorizada pelo juízo competente e respeitados o contraditório e a ampla defesa.

630. A incidência da atenuante da confissão espontânea no crime de tráfico ilícito de entorpecentes exige o reconhecimento da traficância pelo acusado, não bastando a mera admissão da posse ou propriedade para uso próprio.

636. A folha de antecedentes criminais é documento suficiente a comprovar os maus antecedentes e a reincidência.

31. SÚMULAS DO STF

155. É relativa a nulidade do processo criminal por falta de intimação da expedição de precatória para inquirição de testemunha.

352. Não é nulo o processo penal por falta de nomeação de curador ao réu menor que teve a assistência de defensor dativo.

361. No processo penal, é nulo o exame realizado por um só perito, considerando-se impedido o que tiver funcionado, anteriormente, na diligência de apreensão.

32. QUESTÕES DE CONCURSOS PÚBLICOS

01. (2016 – TRF – 3ª REGIÃO – Juiz Federal Substituto) No que concerne ao interrogatório, é correto dizer que:

(A) É o primeiro ato do processo;

(B) O réu tem direito a ficar em silencio, no entanto, se decidir falar, está obrigado a dizer a verdade;

(C) Em caso de acusação por tráfico de drogas, deve ocorrer no início da audiência de instrução;

(D) Em caso de acusação por tráfico de drogas, tal qual ocorre relativamente aos demais crimes, deve ocorrer ao término da instrução, sob pena de nulidade absoluta.

02. (2016 – IESES – TJ-PA – Titular de Serviços de Notas e de Registros – Provimento) Acerca das provas no processo penal, responda a alternativa correta:

(A) Com a reforma processual de 2008, o código de processo penal adotou o sistema *cross examination* para inquirição de testemunhas, não vigorando mais o sistema presidencialista.

(B) A inobservância da ordem de inquirição das testemunhas, durante a audiência de instrução e julgamento, acarreta em nulidade absoluta, por atentar contra matéria de ordem pública.

(C) O princípio do "*nemo tenetur se detegere*" engloba o direito do acusado de não ser obrigado a praticar qualquer comportamento ativo ou passivo que possa servir de prova para incriminá-lo.

(D) A medida cautelar de busca e apreensão não é cabível na fase de execução da pena, eis que seu uso somente é possível no processo de cognição.

03. (2015/VUNESP/PC-CE/Delegado de Polícia Civil de 1ª Classe) Determina o art. 156 do CPP que a prova da alegação incumbirá a quem a fizer. Tal norma

(A) é relativizada, pois o juiz pode ordenar, mesmo antes de iniciada a ação penal, a produção antecipada de provas consideradas urgentes e relevantes.

(B) é corolário do Estado Democrático de Direito, pois apenas ao acusado, tecnicamente assistido por advogado, é franqueado o direito de provar o que entende relevante para o sucesso de seus argumentos.

(C) consagra o princípio da imparcialidade da jurisdição, pois ao Estado-Juiz é defeso realizar diligências de ofício no curso do processo.

(D) consagra o princípio do in ***dubio pro reo***, pois o juiz não pode determinar de ofício a produção de prova que aproveite a tese da parte autora.

(E) consagra o princípio da inércia judicial, pois o julgador não poderá determinar a produção de provas no curso da ação penal.

04. (2015 – CESPE – TRF – 5ª REGIÃO – Juiz Federal Substituto) Acerca de provas, instrumentos legais de obtenção de prova e procedimento probatório, assinale a opção correta

(A) No sistema processual brasileiro, admite-se prova emprestada, desde que produzida em face das mesmas partes e submetida ao duplo contraditório, ou seja, a observância deste no processo originário será renovada no processo para o qual tiver sido transladada. Por essa razão, não se admitem, no processo penal, os elementos informativos produzidos em inquérito civil, por constituir procedimento não contraditório, assim como não são admitidas as transcrições das interceptações telefônicas autorizadas em ação penal diversa.

(B) O interrogatório é considerado hodierna e majoritariamente como meio de defesa. Caso o réu encontre-se preso, cumprirá ao magistrado realizar o ato processual em sala própria, no estabelecimento em que estiver recolhido o réu, assegurando a publicidade interna do ato, ou então ordenar a requisição do preso para participar da audiência de instrução e julgamento, ainda que este tenha manifestado desejo de ser dispensado do ato, ratificado pela defesa, em razão do direito de presença ser indisponível.

(C) O sistema processual penal brasileiro assegura ao investigado ou ao réu o direito de não produzir provas contra si mesmo, em qualquer fase da persecução penal, e, desse modo, o investigado ou o réu não poderão ser compelidos a se submeter a procedimentos invasivos, como, por exemplo, o reconhecimento pessoal ou a reconstituição simulada dos fatos.

(D) O sistema processual penal brasileiro autoriza a produção antecipada de provas, desde que observados o binômio da urgência e relevância, a adequação ao momento da persecução penal, a legitimação do órgão acusatório e a proporcionalidade da medida. Tem-se como exemplo autorizador a informação acerca do risco de morte de testemunhas ameaçadas por associação criminosa, com possibilidade de perecimento dos depoimentos relevantes

(E) Na obtenção da colaboração premiada, a lei de regência limita o acesso dos defensores aos autos, especialmente no que se refere às diligências em andamento, e impõe o dever de o investigado delator firmar compromisso de dizer a verdade do que souber e do que lhe for perguntado, sendo o depoimento mantido em sigilo até o recebimento da denúncia

33. GABARITO ANOTADO

01 - C

Vide:

- Art. 57, da Lei 11.343/06.

02 - A

Vide:

- Art. 212 do CPP.

03 - A

Vide:

- Art. 156, I, do CPP.

04 - E

Vide:

- Art. 4º, § 14 e art. 7º, §§ 2º e 3º, da Lei 12.850/13.

34. QUESTÕES DISCURSIVAS COM COMENTÁRIOS

01. (UFRJ - Delegado de Polícia - DF/2005) Em processo penal, o que se entende por "chamada de co-réu"? Este instituto possui alguma eficácia probatória?

Seria oportuna sua realização na fase pré-processual?

Resposta

A chamada de corréu é a delação premiada. Parte da doutrina distingue delação premiada de colaboração premiada. A primeira seria a colaboração de acusado apontando a identificação de comparsas. A segunda seria gênero que tanto poderia se referir à delação premiada propriamente dita, quanto à contribuição de pessoas diversas da relação processual, mas que o ordenamento também contivesse em favor delas uma sanção premial, um prêmio, uma benesse.

A chamada de corréu ou delação premiada é prevista no ordenamento pátrio e tem eficácia probatória, porém limitada. Alguns sustentam que teria o valor de prova testemunhal, mas não chega a tanto. A Lei nº 12.850/2013 prevê que o conteúdo da delação premiada não pode fundar, isoladamente, um decreto condenatório. Isso quer dizer que tem valor próximo ao dos indícios, equiparando-se à prova legal negativa, no sentido de que a lei enfatiza que não pode ela sozinha sustentar decisão condenatória. Porém, caso seja acompanhada de outros elementos, valerá como prova para este fim.

O chamamento de corréu, apesar do nome, tem realização oportuna na fase pré-processual. A lei limita que o juiz participe das negociações. Isso quer dizer que a iniciativa deve partir da autoridade policial ou do Ministério Público, seja na fase investigatória, processual ou de execução penal.

02. (CESPE - Promotor de Justiça - RR/2008) Redija um texto dissertativo acerca das correntes doutrinárias existentes a respeito da natureza jurídica do termo de ajustamento de conduta, apresentando, pelo menos, quatro delas e explicando cada uma das apresentadas.

Resposta

No âmbito criminal, temos o chamado termo de compromisso ambiental, entendido aqui não como um "negócio jurídico declarativo", porém como uma "transação". A natureza jurídica desse termo de ajustamento de conduta se relaciona com a punibilidade da conduta. Daí a controvérsia sobre sua natureza jurídica: (1) compromisso civil, sem repercussão no âmbito penal; (2) lavrado o compromisso ambiental, haveria falta de justa causa para a ação penal; (3) o compromisso só teria repercussão no âmbito criminal se o agente não prosseguisse com a conduta lesiva, cuidando-se de uma espécie de condição negativa ao exercício da ação penal; e (4) a sua natureza jurídica é a de causa supralegal da exclusão da ilicitude[31].

31. GOMES, Luiz Flávio. MACIEL, Silvio. *Crimes ambientais e Termo de Compromisso Ambiental ou TAC: reflexos penais.* Disponível em <http://www.lfg.com.br>. Acesso em: 06 Dez 2014.

QUARTA PARTE

Liberdade e Procedimentos

Capítulo XXIV

Teoria da Medida Cautelar

1. INTRODUÇÃO

Neste capítulo, inauguramos o estudo das providências de natureza cautelar que têm como referência os efeitos penais processo criminal condenatório. Para que o processo penal atinja os seus escopos, o CPP prevê uma série de medidas cautelares. O maior propósito do processo penal, segundo o seu escopo de sobreposição, é o de tutelar a liberdade, arrimada no princípio da dignidade humana[1]. Cabe afirmar, as medidas cautelares não se coadunam com objetivos punitivos, porém são orientadas por vetor de **exigibilidade** que constitui um dos tetos contra o excesso, ou seja, um escudo em face do abuso de poder.

Nossas medidas cautelares são, então, providências excepcionais e devem se sustentar na grande base das normas de direito processual penal, que é o estado de inocência. De tal modo, dentro do paradigma democrático, jamais uma cautelar poderá se fundar em presunção de culpa ou em satisfação de castigo. Esses cânones podem estar presentes na execução da pena conforme sentença transitada em julgado, mas não para fins cautelares.

O § 2º, do art. 313, do CPP, sintetiza, na órbita da cautelar prisional, o que se deve observar quando da incidência das disposições que estudaremos a seguir. Decerto, aquele enunciado aviva que não será admitida a decretação da prisão preventiva com a finalidade de antecipação de cumprimento de pena ou como decorrência imediata de investigação criminal ou da apresentação ou recebimento de denúncia.

Poderíamos ir mais além, diante da constatação de outras regras com conteúdo semelhante, que podem ser sintetizadas em uma única palavra: **necessidade**. Toda medida cautelar sequer deve ser cogitada se não for necessária, se não houver **urgência**. Não deve

1. NICOLITT, André. *Lei nº 12.403/2011: o novo processo penal cautelar*: a prisão e as demais medidas cautelares. Rio de Janeiro: Elsevier, 2011.p.11-12.

servir ao deleite público ou como instrumento de constrangimento. Para a imposição de cautelares, é preciso observar regras rígidas, para dosar sua **adequação**. Se a providência cautelar estiver fora da moldura ou depender de inferências interpretativas, é porque estaremos diante de abuso de autoridade.

Então teremos algo a mais em reforço às disposições do Código, que delimitam a argumentação para justificar a imposição de medida cautelar a um ser humano. Além do dever de fundamentar previsto no § 2º, do seu art. 315, do CPP, a Lei nº 13.869/2019, tipifica as condutas que configuram abuso de autoridade, em especial:

(1) o *caput*, do seu art. 9º, que pune a ação de decretar medida de privação da liberdade em manifesta desconformidade com as hipóteses legais; e

(2) o correspondente parágrafo único que incrimina igualmente o juiz que, dentro de prazo razoável, deixar de:

(a) relaxar a prisão manifestamente ilegal;

(b) substituir a prisão preventiva por medida cautelar diversa ou de conceder liberdade provisória, quando manifestamente cabível;

(c) deferir liminar ou ordem de ***habeas corpus***, quando manifestamente cabível.

2. ESPÉCIES DE MEDIDAS CAUTELARES

Podemos dizer que medida cautelar é gênero, da qual são espécies:

(1) as prisões cautelares (**medida cautelar prisional**), que visam a proteção da efetividade do processo toda vez que ocorra situação da qual se depreenda, por exemplo, o ***fumus comissi delicti*** consistente na existência do crime e nos indícios de autoria do crime, bem como hipótese que caracterize ***periculum libertatis***, tal como se dá com a necessidade de se garantir a aplicação da lei penal em virtude da fuga do agente;

(2) a liberdade provisória, com ou sem vinculação (**medida cautelar não prisional**) que, por seu turno, pode consistir não só em prestação de fiança, mas em assunção de outras obrigações, como comparecimento aos atos da persecução penal;

(3) **medidas cautelares diversas**, conforme disposto no art. 319, do CPP, tais como o uso de monitoramento eletrônico, a proibição de frequentar determinados lugares e aproximar-se de determinadas pessoas, dentre outras restritivas de direitos.

Todas englobam as medidas cautelares *lato sensu*, cujo regramento deve ser lido em compasso com os pressupostos gerais aplicáveis a todas as medidas cautelares, a teor do art. 282, do CPP.

3. MEDIDAS CAUTELARES PRISIONAIS

O cardápio de prisões cautelares era por demais extenso.

Tínhamos ao menos cinco prisões cautelares na legislação processual, a saber: a prisão em flagrante, a preventiva, a temporária, a prisão decorrente de pronúncia e a prisão decorrente de sentença condenatória recorrível. Entendemos que, afora o flagrante, só existe razão para a disciplina de mais uma prisão cautelar, que é a preventiva. No entanto, veremos que o ordenamento jurídico e a prática nos tribunais exigem que enfrentemos outros modelos de prisão provisória, apesar da deficiência de justificativa cautelar.

4. MEDIDAS CAUTELARES NÃO PRISIONAIS

Partindo da atual realidade, torna-se necessário estudar as formas de combate às prisões cautelares. Se o *status* de inocência só pode ser ilidido com o advento da sentença condenatória transitada em julgado, a regra é a manutenção da liberdade, e a prisão cautelar só pode existir ou se perpetuar enquanto for **necessária**. Caso contrário, deve-se assegurar ao indiciado ou ao réu a liberdade e, se preciso for, aplicar outra medida cautelar não cerceadora de liberdade (art. 319, CPP).

De tal modo, o intuito inicial será estudar as formas de combate às prisões cautelares, sendo a liberdade provisória uma destas ferramentas, ao lado de outras medidas cautelares diversas da prisão que podem ser cumuladas com aquela.

A **liberdade provisória** é um estado de liberdade, circunscrito em condições e reservas, que impede ou substitui a prisão cautelar, atual ou iminente. É uma forma de resistência, uma contracautela, para garantir a liberdade ou a sua manutenção, ilidindo o estabelecimento de algumas prisões cautelares. A Constituição Federal assegura que ninguém será levado à prisão ou nela mantido, quando a lei admitir liberdade provisória, com ou sem fiança (art. 5º, LXVI). É um direito, e não um favor.

Na lição de Hélio Tornaghi, "a liberdade provisória é uma situação do acusado; situação paradoxal em que ele é, ao mesmo tempo, livre e vinculado. Livre de locomover-se, mas vinculado a certas obrigações que o prendem ao processo, ao juízo e, eventualmente, a um lugar predeterminado pelo juiz"[2]. Cuida-se de situação jurídica constitutiva de liame do imputado com a persecução penal estatal que, dentre os objetivos legais, tem o fito de acautelar a processo contra obstruções em sentido amplo.

Precisamos aqui especificar as **formas de combate** das variadas prisões cautelares, para saber quando utilizar de forma adequada o pedido de liberdade provisória. Vejamos.

(1) Percebemos que o instituto da **liberdade provisória** se presta a combater a prisão em flagrante legal, já que a prisão decorrente de pronúncia e a prisão decorrente de sentença condenatória recorrível, amparadas nos maus antecedentes ou na reincidência, encontram-se revogadas, pois nestas etapas, o lastro do encarceramento cautelar é o da prisão preventiva.

(2) Por sua vez, se o flagrante for ilegal, caberá **relaxamento**.

(3) Quanto à temporária, sendo a única prisão cautelar que tem prazo preestabelecido em lei, encerrado este, ela estará automaticamente **revogada**.

(4) Já quanto à preventiva, verificando o juiz que os requisitos que a fundamentavam desapareceram, ela deve ser **revogada** (art. 316, CPP).

---

2. TORNAGHI, Hélio. *Compêndio de processo penal:* tomo IV. Rio de Janeiro: José Konfino Ed., 1967. p.1380-1381.

Esta diferenciação de institutos tem a sua razão de existir, pois quanto à revogação da preventiva ou da temporária, essas, em essência, eram legais, contudo devem ser revogadas porque passaram a não mais estar respaldadas pelos elementos autorizadores. Na temporária, pelo encerramento do prazo. Na preventiva, porque não mais subsistem as hipóteses de decretação (art. 312, CPP).

Já quanto ao relaxamento, ele tem cabimento para combater qualquer prisão ilegal, assegurando a Constituição no art. 5º, inciso LXV, que a prisão ilegal será imediatamente relaxada pela autoridade judiciária. Desta forma, para que o juiz conceda a revogação ou o relaxamento das cautelares, ele não imporá nenhuma condição ao beneficiado. Libera-se o preso e pronto.

Na liberdade provisória, esta funciona como moeda de troca, combatendo prisão legal, em que, por autorização normativa, o preso poderá permanecer em liberdade, desde que atenda aos requisitos, e se comprometa a atender as condições que como regra lhe serão impostas. Haverá um ônus para que ele se livre do cárcere cautelar, variável a depender de qual liberdade provisória seja pretendida, se com ou sem fiança, com a possibilidade de cumulação de uma ou mais medidas cautelares previstas no art. 319, do CPP.

5. MEDIDAS CAUTELARES ALTERNATIVAS À PRISÃO

O sistema cautelar do processo penal sofreu reforma estrutural com a Lei nº 12.403/2011, com a inserção, no art. 319, do CPP, de medidas cautelares alternativas ao modelo prisional. Além de restabelecer o prestígio da fiança, tornando regra a admissibilidade de sua concessão, salvo nos casos de vedação ou impedimento, o legislador trouxe um rol de medidas cautelares, com a previsão expressa de que devem ser impostas de forma preferencial à prisão.

Encerra-se, portanto, a angustiante dicotomia entre o cárcere e a liberdade, que eram os dois extremos existentes ao longo da persecução penal, numa verdadeira bipolaridade cautelar do sistema brasileiro. Agora, alberga-se um rol de medidas constritivas não tão extremas quanto o cárcere, nem tão brandas quanto a mera manutenção da liberdade do agente, até então condicionada ao mero comparecimento aos atos da persecução penal.

Ninguém pode ser privado de sua liberdade ou de seus bens sem o devido processo legal, pelo que transbordaria essa limitação constitucional a adoção de medidas cautelares ou assecuratórias mais ásperas que as acolhidas legislativamente. Dessa afirmação decorre que as medidas cautelares exigem previsão legal estrita. Fora da moldura legal haverá arbítrio e, se típica a conduta, delito de abuso de autoridade.

O cumprimento da medida cautelar imposta pode servir para efeitos de **detração**, havendo equivalência entre a cautelar cumprida e a pena cominada em futura sentença condenatória. Assim, aplicando-se ao final do processo pena restritiva de direitos, nada impede que o tempo de submissão a uma cautelar similar sirva para abatimento. Essa possibilidade carece de previsão legal, mas como se orienta pelo princípio *favor rei*, entendemos ser admitida, conquanto tal solução encontre resistência no STJ[3].

3. STJ – Quinta Turma – HC 380.369/DF – Rel. Min. Ribeiro Dantas – DJe 27 set. 2017.

6. BIPOLARIDADE DAS MEDIDAS CAUTELARES E ROL TAXATIVO

A bipolaridade é expressão utilizada para designar o sistema cautelar anterior ao advento da Lei nº 12.403/2011, que previa que o juiz, ao receber o auto de prisão em flagrante, só contaria com duas possibilidades cautelares:

(1) a prisão (medida cautelar prisional); e

(2) a liberdade provisória, com ou sem fiança (medida cautelar diversa da prisão, tendente a combater a primeira)[4].

O CPP passou a prever nove medidas cautelares diversas da prisão, de forma expressa, nos incisos I a IX, de seu art. 319. A doutrina diverge sobre se este rol é taxativo ou exemplificativo. Sua aplicação deve ser regida pelos pressupostos do art. 282, do Código de Processo Penal.

Na jurisprudência, verifica-se a predominância da admissão do poder geral de cautela em matéria criminal, mormente no âmbito do STJ[5].

Apesar da dicção um tanto aberta, dada ao art. 319, do CPP, que poderia permitir argumentação no sentido de que o rol de medidas cautelares diversas da prisão é aberto, devemos lembrar que a matéria restringe, em maior ou menor grau, direitos pessoais. Em outros termos, as medidas cautelares alternativas ferem direito de primeira geração, seja a liberdade (internação provisória ou recolhimento domiciliar noturno), seja a propriedade (por meio da fiança).

Ora, em matéria de restrição a garantias individuais constitucionais, a exegese deve ser restrita. Logo, o intérprete não pode sacar mais medidas cautelares alternativas que aquelas ali descritas. Se houver ambiguidade ou dúvida na interpretação, devemos buscar o sentido mais estreito, para cercear o mínimo possível aquele direito.

No entanto, é minoritário, no Superior Tribunal de Justiça, a corrente que nega a existência de poder geral de cautelar em processo penal quando seu fito seja restritivo, em razão dos limites impostos pela legalidade penal e pelo princípio da presunção de inocência[6].

A bipolaridade prisão *versus* liberdade foi superada pelo sistema de múltiplas medidas cautelares previstas textualmente no art. 319, do CPP. Temos um maior leque de possibilidades. Para fazer incidir as hipóteses de cautelares diversas da prisão, é "imperioso estabelecer parâmetros legais para que tal ponderação seja feita de modo a reduzir o espaço propício ao subjetivismo e ao autoritarismo", como alvitra Luís Gustavo Grandinetti[7].

Outra conclusão não podemos chegar senão que, no processo penal, é vedado o uso do poder geral de cautela dos juízes, ainda que sob o argumento de que a aplicação da medida cautelar menos gravosa serviria para proteger algum direito do imputado.

---

4. GOMES, Luiz Flávio; SOUSA, Áurea Maria Ferraz. *Em que consiste o sistema bipolar cautelar?* Disponível em:<http://atualidadesdodireito.com.br/lfg/2011/10/21/em-que-consiste-o-sistema-bipolar-cautelar/>. Acesso em: 16 dez. 2013.
5. STJ – Sexta Turma – HC 469.453/SP – Rel. Min. Laurita Vaz – DJe 01 out. 2019.
6. STJ – Quinta Turma – HC 222.298/SE – Rel. Min. Jorge Mussi – DJe 30 out. 2013.
7. CARVALHO, Luís Gustavo Grandinetti Castanho de. Constituição, medidas cautelares e ordem pública. In: *Acesso à justiça e efetividade do processo.* Geraldo Prado (coord). Rio de Janeiro: Lumen Juris, 2005. p.255.

Cabe avivar, em outras palavras, que, se não é proporcional a aplicação de prisão cautelar, nem a das medidas cautelares descritas legalmente, o magistrado não terá o poder de alterar o sentido das hipóteses legais ou de combinar os seus conteúdos para forjar medida cautelar nova, ainda que sob o pretexto de outorgar maior "benefício" ao réu. Em todo caso, portanto, deve vigorar o valor liberdade do imputado. Se não há lugar para quaisquer medidas cautelares previstas em lei – sejam elas prisionais, patrimoniais ou alternativas – porque excessivas as que atendem o requisito da legalidade estrita, deve o juiz conceder liberdade plena e irrestrita ao indiciado ou réu.

No emblemático julgamento que proibiu a condução coercitiva do imputado para o seu interrogatório, o STF salientou que a não colaboração do indiciado ou réu com as autoridades públicas, bem como o exercício da prerrogativa constitucional contra a autoincriminação não podem ser razão à decretação de prisão cautelar ou à adoção de medidas que restrinjam ou afetem a esfera de liberdade jurídica do imputado. Tal proceder não poderia ser determinada com base no denominado poder geral de cautela do juiz penal. Decerto, nessa toada foi dito, pelo Ministro Celso de Mello, que, "diante do postulado constitucional da legalidade estrita em matéria processual penal, inexiste, no processo penal, o poder geral de cautela dos juízes"[8].

7. PRINCÍPIOS INFORMADORES DAS MEDIDAS CAUTELARES

A imposição, escolha e manutenção das medidas cautelares prisionais e não prisionais, são informadas pelos seguintes princípios que, isolada ou cumulativamente, fundamentam a decisão judicial (art. 315, § 2º, CPP). São normas que podemos inferir do regramento do nosso Código, especialmente considerando o regramento sobre relação recíproca entre prisão, liberdade e alternativas àquela.

8. PRINCÍPIO DO CONTRADITÓRIO OU DA DIALETICIDADE

A decisão judicial deve ser precedida de manifestação dos envolvidos. Somente em situações excepcionais pode haver deliberação sem que a parte contrária seja ouvida. Com o requerimento das partes, se no curso do processo, ou por representação da autoridade policial ou requerimento do Ministério Público, se durante a investigação, o juiz deverá outorgar à parte contrária a possibilidade de rebater os argumentos para, em seguida, decidir fundamentadamente.

Deveras, de acordo com o § 3º, do art. 282, do CPP, no texto da Lei nº 13.964/2019, o juiz, ao receber o pedido de medida cautelar, determinará a intimação da parte contrária, para se manifestar no prazo de cinco dias, ressalvados os casos de urgência ou de perigo de ineficácia da medida quando, então, decidirá de pronto. Aquela comunicação à parte contrária deverá estar acompanhada de cópia do requerimento e das peças necessárias, permanecendo os autos em juízo. Por outro lado, os casos de urgência ou de perigo deverão ser justificados e fundamentados em decisão que contenha elementos do caso concreto que justifiquem essa medida excepcional.

8. STF – Pleno – ADPF's 395/444-DF – Rel. Min. Gilmar Mendes – julgado em 13 e 14 jun. 2018.

9. PRINCÍPIO DA SUBSTITUTIVIDADE

As medidas cautelares foram encampadas pelo legislador com a função precípua de substituírem as medidas cautelares prisionais. Por outro lado, verificada a ineficiência de uma medida cautelar diversa menos gravosa, é admissível que seja substituída por medida cautelar também diversa da prisão, de natureza mais restritiva, toda vez que a primeira tenha se revelado insuficiente. A medida cautelar prisional poderá ser aplicada, em substituição, se as cautelares alternativas forem desatendidas.

Nos termos do § 4º, do art. 282, do CPP, com redação da Lei nº 13.964/2019, no caso de descumprimento de qualquer das obrigações impostas, o juiz, mediante requerimento do Ministério Público, de seu assistente ou do querelante, poderá substituir a medida, impor outra em cumulação, ou, em último caso, decretar a prisão preventiva, nos termos do parágrafo único, do art. 312, deste Código. Para tanto, reputamos que o magistrado não poderá impor medida mais gravosa sem que tenha sido suficientemente provado pelo legitimado.

10. PRINCÍPIO DA REVOGABILIDADE OU DA PROVISIONALIDADE

As condições que autorizaram a decretação da medida cautelar são a justificativa para a sua manutenção. Diz-se, desse modo, que as medidas cautelares diversas da prisão são regidas pela regra ***rebus sic stantibus***. O subprincípio da necessidade norteia a sua manutenção, que pode variar consoante se alterem seus requisitos iniciais. O nome "provisionalidade" referido pela doutrina tem o condão de dar realce para a necessidade da persistência da situação cautelanda. Daí ser uma medida situacional. Nas palavras de Miguel Wedy, "tem conexão com interinidade, ou seja, é aquilo que irá durar enquanto não sobrevenha evento novo que modifique a situação"[9].

11. PRINCÍPIO DA PROPORCIONALIDADE

Como toda medida cautelar, os critérios da necessidade (**exigibilidade**), adequação (**concordância prática**) e proporcionalidade em sentido estrito (**justa medida**) devem preencher a fundamentação da decretação das medidas cautelares diversas da prisão. Em certa medida, a proporcionalidade foi expressamente prevista pelo legislador na atual redação do art. 282, do CPP, haja vista como ali dita os pressupostos gerais para a imposição de toda e qualquer medida cautelar.

12. PRINCÍPIO DA FUNGIBILIDADE

Respeitados os limites atinentes ao princípio da iniciativa das partes (o juiz só pode agir de ofício, em regra, depois de instaurado o processo penal), é admissível que o juiz decrete medida cautelar diversa da que foi requerida pelo interessado, notadamente quando menos gravosa ao acusado. De tal sorte, é possível que, recebendo pedido de prisão preventiva, o juiz, ao invés de decretar tal medida extrema, resolva por impor a medida cautelar diversa da prisão mais adequada.

9. WEDY, Miguel Tedesco. *Eficiência e prisões cautelares*. Porto Alegre: Livraria do Advogado, 2013. p. 68.

Como dispõem os parágrafos 2º, 4º e 5º, do art. 282, do CPP, com redação da Lei nº 13.964/2019, o juiz poderá:

(1) substituir a medida, impor outra em cumulação, ou, em último caso, decretar a prisão preventiva. Pelo sentido o § 2º aludido, o juiz não poderá decretar medidas cautelares de ofício, dependendo, ao revés, de requerimento das partes ou, quando no curso da investigação criminal, por representação da autoridade policial ou mediante requerimento do Ministério Público;

(2) de ofício ou a pedido das partes, revogar a medida cautelar ou substituí-la constatar a ausência de razão para que subsista. No entanto, a parte final do § 5º tergiversa para complementar que o juiz poderá "voltar a decretá-la, se sobrevierem razões que a justifiquem". Então indagamos, o juiz poderá redecretar medida mais gravosa de sem provocação dos interessados?

Essa última previsão é verdadeira antinomia. Isso porque em outras passagens, nossa legislação indica que o magistrado, no sistema de estrutura acusatória, não atuará como substituto probatório do órgão da acusação (art. 3º-A, CPP[10]) e o § 2º, do art. 282, do Código corrobora a conclusão de que o poder de ofício do juiz deve se ater à revogação de medida cautelar ou à sua substituição por outra menos gravosa.

Também antinomia verificamos no confronto dos artigos 311 e 316, *caput*, do CPP, na redação da Lei nº 13.964/2019:

(1) naquele primeiro dispositivo ficou dito que, em qualquer fase da investigação policial ou do processo penal, caberá a prisão preventiva decretada pelo juiz, a requerimento do Ministério Público, do querelante ou do assistente, ou por representação da autoridade policial. Vale dizer, somente é admissível se algum legitimado a requerer;

(2) o segundo enunciado pontua que o juiz poderá, de ofício ou a pedido das partes, revogar a prisão preventiva se, no correr da investigação ou do processo, verificar a falta de motivo para que ela subsista, bem como novamente decretá-la, se sobrevierem razões que a justifiquem. Mais uma vez, na parte final do dispositivo o legislador se contradiz ao parecer permitir a prisão preventiva de ofício. A antinomia, pelos mesmo motivos acima descritos, deve ser resolvida em favor do réu, ou seja, para vedar a possibilidade de cautelar prisional *ex officio*, seja ela na fase inquisitiva ou na processual.

13. PRINCÍPIO DA TAXATIVIDADE

A medida cautelar em matéria penal deve se adequar ao princípio da legalidade estrita. Afinal, qualquer restrição da liberdade de um ser humano necessita de razões lastreadas na igualdade dos demais que devem ser informados acerca dos motivos do cerceio de um igual. A taxatividade é uma garantia. Se não é cabível uma medida prevista em lei dentre as possíveis legalmente, é porque o imputado deve ser posto em liberdade sem qualquer restrição. Não há justificação lógica para a imposição de medida "benéfica", eis que ela sempre representa uma carga negativa.

10. Dispositivo com eficácia suspensa, nos termos de decisão monocrática do Supremo Tribunal Federal (STF – ADI 6298/DF – Medida Cautelar – Rel. Min. Luiz Fux – 22 jan. 2020).

14. PRINCÍPIO DA TEMPORARIEDADE, TEMPORANEIDADE OU PROVISORIEDADE

A medida cautelar diversa da prisão, por sua natureza precária, limita-se à duração máxima do processo de conhecimento. Melhor seria que as medidas cautelares pessoais (prisionais ou diversas da prisão) tivessem, por ocasião da decretação, um limite temporal previamente estabelecido. Tal só existe para a prisão temporária. No entanto, fato é que as cautelares diversas da prisão não se destinam a durar para sempre, sendo intolerável o seu uso permanente com o fito de submeter o acusado a controle ilimitado no tempo.

A Lei nº 13.964/2019 não chegou a inserir prisão preventiva a termo certo, com prazo fixo. No entanto, no parágrafo único, do art. 316, do CPP, previu um lapso determinado para que surja o dever judicial de revisar sua necessidade. De acordo com sua letra, uma vez decretada a prisão preventiva, deverá o órgão emissor da decisão revisar a necessidade de sua manutenção a cada noventa dias, mediante decisão fundamentada, de ofício, sob pena de tornar a prisão ilegal.

15. PRINCÍPIO DA JURISDICIONALIDADE

As medidas cautelares diversas da prisão carecem de **crivo judicial**. Ressalvada a possibilidade e arbitramento de fiança pelo delegado de polícia, as medidas cautelares dependem de deliberação de um juiz, diante da cláusula de reserva jurisdicional disposta no art. 5º, da Constituição.

Por exemplo, entendemos ser desproporcional e inconcebível a autorização da fixação do poder de afastamento do lar do agressor da mulher em situação doméstica (primeiro o juiz e depois autoridade policial quando o município não for sede de comarca), em compasso com o art. 12-C, inciso II, da Lei Maria da Penha, com redação da Lei nº 13.827/2019. A previsão, em poucas palavras, despreza o sistema acusatório, outorgando poderes próprios do juiz aos demais órgãos que conduzem persecução penal.

16. PRINCÍPIO DA MOTIVAÇÃO

A decisão que aplica medida cautelar deve ser suficientemente **motivado**[11]. Nesse sentido, o § 2º, do art. 315, do CPP, na redação da Lei nº 13.964/2019, foi explícito ao impor limites ao dever de fundamentar as decisões judiciais (art. 93, IX, CF).

Por outra banda, ainda que se imagine a imposição de fiança pela autoridade policial, certo é que seu controle estará sujeito ao juiz que em tese será competente para o futuro e eventual processo penal. Inconstitucional, portanto, a previsão de possibilidade de aplicação de medidas de natureza cautelar pela via administrativa, tal como o fez a Lei nº 13.506/2017, ao permitir que providências análogas aos do art. 419, do CPP, sejam impostas por meio de processo administrativo conduzido pelo Banco Central do Brasil, ainda que a pretexto de imposição de sanções administrativas.

11. LOPES JR, Aury. *Direito processual penal*. 12. ed. São Paulo: Saraiva, 2015. p. 662.

17. PRINCÍPIO DA EXCEPCIONALIDADE

É cediço que a prisão preventiva é a ***ultima ratio*** dentre as medidas cautelares pessoais e, por isso, dotada de mais excepcionalidade que qualquer outra. Não é à toa que o legislador trouxe um elemento a mais para justificar sua decretação. Além dos motivos tradicionalmente previstos, deve ser demonstrado o **perigo gerado pelo estado de liberdade** do imputado, *ex vi* do art. 312, parte final, do CPP, conforme texto dado pela Lei nº 13.964/2019. Esse *periculum libertatis* é um *plus*: consiste em um **reforço de urgência** que deve ser consignado na fundamentação da decisão prisional.

Sem embargo, as demais medidas cautelares (diversas da prisão) não devem ter aplicação banalizada. Os parâmetros do art. 282, do CPP, conduzem a esse entendimento. Admitir o contrário seria instaurar sistema da lei e da ordem (inquisitivo), o que não é compatível com o núcleo de processo penal estatuído na Constituição de 1988.

Sem embargo, as medidas cautelares alternativas são preferíveis à prisão preventiva, embora nenhuma delas deva ser a regra. O grau de excepcionalidade da prisão preventiva é maior, tal como se depreende do § 6º, do art. 282, do CPP, inserido pela Lei nº 13.964/2019, ao preconizar que a prisão preventiva somente será determinada quando não for cabível a sua substituição por outra medida cautelar, observado o seu art. 319, e o não cabimento da substituição por outra medida cautelar deverá ser justificado de forma fundamentada nos elementos presentes do caso concreto, de forma individualizada.

18. PRINCÍPIO DA HOMOGENEIDADE

Trata-se de correlação entre as medidas cautelares alternativas e as penas substitutivas ou as condições fixadas para delitos de menor ou de médio potencial ofensivo. Em outros termos, o remédio tem que ser compatível com a enfermidade. Não se pode exagerar na dose. Inconcebível que alguém permaneça preso cautelarmente durante o processo se, ao final, a pena definitiva jamais poderá leva-lo ao cárcere, consideradas todas as condições pessoais do imputado. De tal modo, deve ser homogênea a medida acautelatória com a que poderá ser, ao final, a pena definitiva.

19. PRINCÍPIO DA FINALIDADE OU JUSTIFICATIVA

As medidas cautelares têm um propósito, são teleológicas. Não devem servir ao castigo puro e simples ou a um desejo sádico. No art. 319, do CPP, verificamos que as medidas cautelares são acompanhadas de uma justificativa em abstrato, ressalvada a monitoração eletrônica que, por sua vez, parece não ter aplicação isolada, devendo ter a finalidade de viabilizar o controle de outra providência cautelar. Deveras, do inciso I a VIII, daquele dispositivo legal, o legislador faz menção a uma razão para a medida cautelar, exceto a monitoração eletrônica.

Por exemplo, a suspensão do exercício de função pública ou de atividade de natureza econômica ou financeira é subordinada ao fato de haver justo receio de sua utilização para a prática de infrações penais (art. 319, VI, CPP).

20. MOMENTO E LEGITIMIDADE DAS MEDIDAS CAUTELARES

As medidas cautelares são passíveis de aplicação ao longo de toda a persecução penal, é dizer, durante toda a investigação criminal, seja ela conduzida pela polícia ou por outros órgãos de investigação, como as CPI's, e durante o processo.

Não há, na lei, prazo determinado de durabilidade de medida cautelar alternativa. Portanto, a dilação no tempo depende do fator **necessidade**.

A depender do estado das coisas (cláusula *rebus sic stantibus*), e da adequação ao caso concreto, a cautelar pode ser substituída, cumulada com outra, ou mesmo revogada, caso não mais se faça necessária. Sobrevindo novas provas indicando a sua conveniência, nada impede que seja redecretada.

Por outro lado, a razoável duração das medidas cautelares é também vetor interpretativo, por conduto do art. 5º, inciso LXXVIII, da CF/1988. A dilação excessiva da cautelar pode trazer constrangimento ilegal, afinal, mesmo sendo substitutivas do cárcere, elas importam ônus e limitação ao imputado, inclusive quando ao seu direito de ir, vir e ficar, como no monitoramento eletrônico, na proibição de frequentar determinados lugares, na proibição de ausentar-se da comarca e no recolhimento domiciliar.

Portanto, a irrazoabilidade temporal denota a ilegalidade da medida, desafiando mandado de segurança e até mesmo ***habeas corpus***.

21. REQUISITOS

Toda medida cautelar pessoal - prisional ou alternativa - pressupõe a presença do *fumus commissi delicti* (indícios de autoria e demonstração da materialidade). Cuida-se da justa causa para a decretação da medida.

Devemos somar àquele pressuposto, o *periculum libertatis* no cotejo com o regular transcorrer da persecução penal, diante do risco provocado, concretamente, pela liberdade plena, de sorte que as amarras ao agente caracterizam exatamente a pertinência da constrição às circunstâncias do fato.

Seguindo as pegadas do art. 282, incisos I e II, do CPP, para a determinação de medidas cautelares, além de requerida pelo legitimado, deve-se evidenciar:

(1) a **necessidade** para aplicação da lei penal, para a investigação ou a instrução criminal e, nos casos expressamente previstos, para evitar a prática de infrações penais. Espera-se com isso coibir a ocorrência de fuga, preservar a colheita dos elementos indiciários ou a prospecção probatória, assim como evitar a reiteração de delitos, seja quando a manutenção do agente no desempenho funcional facilite a perpetuação criminosa, ou quando a convivência social em horários específicos ou fins de semana facilitem a delinquência;

(2) a **adequação** da medida à gravidade do crime, circunstâncias do fato e condições pessoais do indiciado ou acusado. Tem-se aqui critérios interpretativos que vão balizar, inclusive, a escolha da cautelar que tenha maior aderência (concordância prática), levando em conta a gravidade (concreta) do delito, as circunstâncias de como o fato criminoso foi praticado, retratando a historiografia do crime, além das condições pessoas do agente, individualizando-se a conduta e o seu protagonista;

(3) a **aplicação** isolada, cumulada ou alternada de pena privativa de liberdade. É dizer, as cautelares alternativas, e muito menos as prisionais, não se destinam a infrações que têm na multa a única pena, caracterizando verdadeiras contravenções. Da mesma forma, quando a única sanção prevista é a restrição de direitos, como ocorre no porte para uso de drogas, caracterizado como crime, porém sem reprimenda cerceadora da liberdade (art. 28, Lei nº 11.343/2006).

22. QUADRO SINÓTICO

CAPÍTULO XXIV –TEORIA DA MEDIDA CAUTELAR	
INTRODUÇÃO	
Nossas medidas cautelares são providências excepcionais e devem se sustentar na grande base das normas de direito processual penal, que é o estado de inocência. Dentro do paradigma democrático, jamais uma cautelar poderá se fundar em presunção de culpa ou em satisfação de castigo. Esses cânones podem estar presentes na execução da pena conforme sentença transitada em julgado, mas não para fins cautelares.	**1**
ESPÉCIES DE MEDIDAS CAUTELARES	
(1) as prisões cautelares (**medida cautelar prisional**), que visam a proteção da efetividade do processo; (2) a liberdade provisória, com ou sem vinculação (**medida cautelar não prisional**); (3) **medidas cautelares diversas.**	**2**
MEDIDAS CAUTELARES PRISIONAIS	
Tínhamos ao menos cinco prisões cautelares na legislação processual, a saber: a prisão em flagrante, a preventiva, a temporária, a prisão decorrente de pronúncia e a prisão decorrente de sentença condenatória recorrível. Entendemos que, afora o flagrante, só existe razão para a disciplina de mais uma prisão cautelar, que é a preventiva.	**3**
MEDIDAS CAUTELARES NÃO PRISIONAIS	
Partindo da atual realidade, torna-se necessário estudar as formas de combate às prisões cautelares. Se o *status* de inocência só pode ser ilidido com o advento da sentença condenatória transitada em julgado, a regra é a manutenção da liberdade, e a prisão cautelar só pode existir ou se perpetuar enquanto for **necessária**. Caso contrário, deve-se assegurar ao indiciado ou ao réu a liberdade e, se preciso for, aplicar outra medida cautelar não cerceadora de liberdade (art. 319, CPP). A **liberdade provisória** é um estado de liberdade, circunscrito em condições e reservas, que impede ou substitui a prisão cautelar, atual ou iminente. É uma forma de resistência, uma contracautela, para garantir a liberdade ou a sua manutenção, ilidindo o estabelecimento de algumas prisões cautelares.	**4**
MEDIDAS CAUTELARES ALTERNATIVAS À PRISÃO	
O sistema cautelar do processo penal sofreu reforma estrutural com a Lei nº 12.403/2011, com a inserção, no art. 319, do CPP, de medidas cautelares alternativas ao modelo prisional. Além de restabelecer o prestígio da fiança, tornando regra a admissibilidade de sua concessão, salvo nos casos de vedação ou impedimento, o legislador trouxe um rol de medidas cautelares, com a previsão expressa de que devem ser impostas de forma preferencial à prisão.	**5**

<table>
<tr><th colspan="3">CAPÍTULO XXIV –TEORIA DA MEDIDA CAUTELAR</th></tr>
<tr><th colspan="3">BIPOLARIDADE DAS MEDIDAS CAUTELARES E ROL TAXATIVO</th></tr>
<tr><td colspan="2">O sistema cautelar anterior ao advento da Lei nº 12.403/2011 previa que o juiz, ao receber o auto de prisão em flagrante, só contaria com duas possibilidades cautelares: (1) a prisão (medida cautelar prisional); e (2) a liberdade provisória, com ou sem fiança. O CPP passou a prever nove medidas cautelares diversas da prisão, de forma expressa.</td><td>6</td></tr>
<tr><th colspan="3">PRINCÍPIOS INFORMADORES DAS MEDIDAS CAUTELARES</th></tr>
<tr><td colspan="2">A imposição, escolha e manutenção das medidas cautelares prisionais e não prisionais, são informadas pelos seguintes princípios que, isolada ou cumulativamente, fundamentam a decisão judicial (art. 315, § 2º, CPP).</td><td>7</td></tr>
<tr><td>Princípio do contraditório ou da dialeticidade</td><td>A decisão judicial deve ser precedida de manifestação dos envolvidos. Somente em situações excepcionais pode haver deliberação sem que a parte contrária seja ouvida.</td><td>8</td></tr>
<tr><td>Princípio da substitutividade</td><td>As medidas cautelares foram encampadas pelo legislador com a função precípua de substituírem as medidas cautelares prisionais. Por outro lado, verificada a ineficiência de uma medida cautelar diversa menos gravosa, é admissível que seja substituída por medida cautelar também diversa da prisão, de natureza mais restritiva, toda vez que a primeira tenha se revelado insuficiente.</td><td>9</td></tr>
<tr><td>Princípio da revogabilidade ou da provisionalidade</td><td>As condições que autorizaram a decretação da medida cautelar são a justificativa para a sua manutenção. Diz-se, desse modo, que as medidas cautelares diversas da prisão são regidas pela regra rebus sic stantibus. O nome "provisionalidade" tem o condão de dar realce para a necessidade da persistência da situação cautelanda. Daí ser uma medida situacional.</td><td>10</td></tr>
<tr><td>Princípio da proporcionalidade</td><td>Como toda medida cautelar, os critérios da necessidade (exigibilidade), adequação (concordância prática) e proporcionalidade em sentido estrito (justa medida) devem preencher a fundamentação da decretação das medidas cautelares diversas da prisão.</td><td>11</td></tr>
<tr><td>Princípio da fungibilidade</td><td>Respeitados os limites atinentes ao princípio da iniciativa das partes, é admissível que o juiz decrete medida cautelar diversa da que foi requerida pelo interessado, notadamente quando menos gravosa ao acusado.</td><td>12</td></tr>
<tr><td>Princípio da taxatividade</td><td>A medida cautelar em matéria penal deve se adequar ao princípio da legalidade estrita. Afinal, qualquer restrição da liberdade de um ser humano necessita de razões lastreadas na igualdade dos demais que devem ser informados acerca dos motivos do cerceio de um igual. A taxatividade é uma garantia.</td><td>13</td></tr>
<tr><td>Princípio da provisoriedade</td><td>A medida cautelar diversa da prisão, por sua natureza precária, limita-se à duração máxima do processo de conhecimento. Também conhecido como princípio da temporariedade ou temporaneidade.</td><td>14</td></tr>
</table>

<table>
<tr><th colspan="3">CAPÍTULO XXIV –TEORIA DA MEDIDA CAUTELAR</th></tr>
<tr><td>Princípio da jurisdicionalidade</td><td>As medidas cautelares diversas da prisão carecem de crivo judicial. Ressalvada a possibilidade e arbitramento de fiança pelo delegado de polícia.</td><td>15</td></tr>
<tr><td>Princípio da motivação</td><td>A decisão que aplica medida cautelar deve ser suficientemente motivado.</td><td>16</td></tr>
<tr><td>Princípio da excepcionalidade</td><td>É cediço que a prisão preventiva é a ultima ratio dentre as medidas cautelares pessoais e, por isso, dotada de mais excepcionalidade que qualquer outra. Além dos motivos tradicionalmente previstos, deve ser demonstrado o perigo gerado pelo estado de liberdade do imputado.</td><td>17</td></tr>
<tr><td>Princípio da homogeneidade</td><td>Trata-se de correlação entre as medidas cautelares alternativas e as penas substitutivas ou as condições fixadas para delitos de menor ou de médio potencial ofensivo.</td><td>18</td></tr>
<tr><td>Princípio da finalidade ou justificativa</td><td>As medidas cautelares têm um propósito, são teleológicas. Não devem servir ao castigo puro e simples ou a um desejo sádico.</td><td>19</td></tr>
<tr><th colspan="3">MOMENTO E LEGITIMIDADE DAS MEDIDAS CAUTELARES</th></tr>
<tr><td colspan="2">As medidas cautelares são passíveis de aplicação ao longo de toda a persecução penal, é dizer, durante toda a investigação criminal. Não há, na lei, prazo de durabilidade da medida. Portanto, a dilação no tempo depende do fator necessidade.</td><td>20</td></tr>
<tr><th colspan="3">REQUISITOS</th></tr>
<tr><td colspan="2">Toda medida cautelar pessoal – prisional ou alternativa – pressupõe a presença do fumus commissi delicti (indícios de autoria e demonstração da materialidade). Cuida-se da justa causa para a decretação da medida.

Devemos somar àquele pressuposto, o periculum libertatis no cotejo com o regular transcorrer da persecução penal, diante do risco provocado, concretamente, pela liberdade plena, de sorte que as amarras ao agente caracterizam exatamente a pertinência da constrição às circunstâncias do fato.

De acordo com o art. 282, I e II, CPP:

(1) a necessidade para aplicação da lei penal, para a investigação ou a instrução criminal e, nos casos expressamente previstos, para evitar a prática de infrações penais;

(2) a adequação da medida à gravidade do crime, circunstâncias do fato e condições pessoais do indiciado ou acusado; e

(3) aplicação isolada, cumulada ou alternada de pena privativa de liberdade.</td><td>21</td></tr>
</table>

23. SÚMULAS DO STJ

332. A fiança prestada sem autorização de um dos cônjuges implica a ineficácia total da garantia.

636. A folha de antecedentes criminais é documento suficiente a comprovar os maus antecedentes e a reincidência.

24. SÚMULAS DO STF

697. A proibição de liberdade provisória nos processos por crimes hediondos não veda o relaxamento da prisão processual por excesso de prazo.

25. QUESTÕES DE CONCURSOS PÚBLICOS

01. (2017 – OAB – XXIII Exame Unificado) Douglas responde a ação penal, na condição de preso cautelar, pela prática do crime de furto qualificado, sendo ele triplamente reincidente específico. No curso do processo, foi constatado por peritos que Douglas seria semi-imputável e que haveria risco de reiteração.

O magistrado em atuação, de ofício, revoga a prisão preventiva de Douglas, entendendo que não persistem os motivos que justificaram essa medida mais grave, aplicando, porém, a medida cautelar de internação provisória, com base no Art. 319 do Código de Processo Penal.

Diante da situação narrada, o advogado de Douglas poderá requerer o afastamento da cautelar aplicada, em razão

A) da não previsão legal da cautelar de internação provisória, sendo certo que tais medidas estão sujeitas ao princípio da taxatividade.

B) de somente ser cabível a cautelar quando os peritos concluírem pela inimputabilidade, mas não pela semi-imputabilidade.

C) de o crime imputado não ter sido praticado com violência ou grave ameaça à pessoa.

D) de não ser cabível, na hipótese, a aplicação de medida cautelar de ofício, sem requerimento pretérito do Ministério Público.

02. (2018 – OAB – XXVII Exame Unificado) Após ser instaurado inquérito policial para apurar a prática de um crime de lesão corporal culposa praticada na direção de veículo automotor (Art. 303 da Lei nº 9.503/97 – pena: detenção de seis meses a dois anos), foi identificado que o autor dos fatos seria Carlos, que, em sua Folha de Antecedentes Criminais, possuía três anotações referentes a condenações, com trânsito em julgado, pela prática da mesma infração penal, todas aptas a configurar reincidência quando da prática do delito ora investigado.

Encaminhados os autos ao Ministério Público, foi oferecida denúncia em face de Carlos pelo crime antes investigado; diante da reincidência específica do denunciado civilmente identificado, foi requerida a decretação da prisão preventiva. Recebidos os autos, o juiz competente decretou a prisão preventiva, reiterando a reincidência de Carlos e destacando que essa circunstância faria com que todos os requisitos legais estivessem preenchidos.

Ao ser intimado da decisão, o(a) advogado(a) de Carlos deverá requerer

A) a liberdade provisória dele, ainda que com aplicação das medidas cautelares alternativas.

B) o relaxamento da prisão dele, tendo em vista que a prisão, em que pese ser legal, é desnecessária.

C) a revogação da prisão dele, tendo em vista que, em que pese ser legal, é desnecessária.

D) o relaxamento da prisão dele, pois ela é ilegal.

26. GABARITO ANOTADO

01 – C

Vide:

- Art. 319, do CPP.

02 – D

Vide:

- Arts. 312 a 314, todos do CPP.

27. QUESTÕES DISCURSIVAS COM COMENTÁRIOS

1. (MPF/26) Discorra sobre a sistemática das medidas cautelares pessoais no CPP e sua incidência no delito de tráfico internacional de drogas, com enfoque na atuação do MPF. (Máximo de 15 linhas).

Resposta

O uso da expressão "medidas cautelares pessoais" pode levar o candidato a equívocos. Isso porque as medidas cautelares, em geral, sempre terão um sujeito passivo, um sujeito processual interessado, seja ela prisional (a pessoa é submetida a cerceio de liberdade), diversa da prisão (a pessoa se sujeita a restrições alternativas a vetusta prisão preventiva), patrimonial (a pessoa tem seu patrimônio restringido através de medidas assecuratórias, como o sequestro) e probatória (os sujeitos processuais são destinatários da prova, ainda que de forma indireta).

Pela relação do enunciado da questão com o delito de tráfico de entorpecentes (Lei nº 11.343/2006), infere-se que o examinador pede que o candidato aborde a sistemática das medidas cautelares ditas alternativas, diversas da prisão, previstas hoje no art. 319, do CPP, com redação que foi dada pela Lei nº 12.403/2011.

Com a alteração, migrou-se de um sistema bipolar (que se limitava à aplicação dos extremos – prisão ou liberdade), a um sistema que prevê uma série de outras medidas cautelares diversas, cujo rol, a nosso ver, é taxativo, malgrado existam opiniões respeitáveis no sentido de ser ele exemplificativo

Atenção especial merece o texto do art. 44, da Lei 11.343/2006. Isso porque o STF entendeu inconstitucional a vedação ali prevista de conversão das penas privativas de liberdade em restritivas de direito. Daí que, com base no princípio da homogeneidade, é cabível não só a substituição da pena de privação de liberdade, como também é admitida a aplicação de medidas cautelares diversas da prisão aos indiciados e acusados por tráfico de entorpecentes.

No que toca à atuação do MP, o candidato deve realçar que, na fase do inquérito policial ou de investigação preliminar, sen-

do o MP o órgão que detém a opinio delicti (dominus litis) a imposição de medidas cautelares pessoais depende de provocação do juiz, seja mediante requerimento do Parquet, seja através de representação da autoridade policial, porém com a anuência prévia do MP. A concessão da liberdade provisória, com ou sem fiança, todavia, dispensa oitiva antecedente do MP, podendo ser ouvido a posteriori. Também o juiz, diante de um requerimento de prisão preventiva, não fica impedido de conceder providência menos gravosa (art. 319, CPP). Sempre que possível, deve ser viabilizado contraditório prévio (art. 282, §§, CPP).

2. **(MPF/25)** Discorra, no máximo em 15 linhas, sobre as novas modalidades de medidas cautelares trazidas ao processo penal brasileiro pela Lei nº 12.403/2011, enfatizando: a) seus pressupostos b) a incidência do princípio da proporcionalidade em sua aplicação c) seus limites temporais.

Resposta

Como se vê, novamente a comissão de concurso requerendo do candidato conhecimento sobre as medidas cautelares diversas da prisão, dispostas no art. 319, CPP. Dessa vez, o conhecimento dos limites do art. 282, do CPP, é o foco central. Isso porque, em poucas palavras, o texto positivou o princípio da proporcionalidade, ao estampar como pressupostos de tais medidas: (a) a necessidade para aplicação da lei penal, para a investigação ou a instrução criminal e, nos casos expressamente previstos, para evitar a prática de infrações penais (periculum libertatis); e (b) a adequação da medida à gravidade do crime, circunstâncias do fato e condições pessoais do indiciado ou acusado (fumus comissi delicti). Os limites temporais aludidos na questão consistem na existência de persecução penal instaurada (investigação preliminar ou processo penal em curso até o trânsito em julgado de sentença penal condenatória). Conquanto fale a Lei em "indiciado", pensamos que não é de todo impossível que, diante de procedimento criminal investigatório diverso, seja requerida e deferida a aplicação de quaisquer medidas do art. 319, CPP, desde que presentes os pressupostos do art. 282, I e II, CPP. Por outro lado, julgada improcedente a pretensão punitiva estatal, ainda que não tenha ocorrido seu trânsito em julgado, perde a medida cautelar seu pressuposto de plausibilidade (fumus comissi delicti), devendo ser revogada. É, dessa maneira, sujeita à cláusula rebus sic stantibus, mantendo-se enquanto subsistirem os requisitos autorizadores de sua decretação. Tratando-se de lei unicamente processual, sem conteúdo substancial e com efeitos mais benéficos que a medida cautelar prisional, a sua aplicação é imediata, inclusive para fatos e processos penais anteriores ao seu advento (art. 2º, CPP).

Capítulo XXV

Prisões

Sumário • 1. Conceito – 2. Formalidades e execução – 3. Mandado de prisão – 4. Restrição de horário e inviolabilidade domiciliar – 5. Prisão em perseguição – 6. Prisão em território diverso da atuação judicial – 7. Prisão especial – 8. Emprego de força e uso de algemas – 9. Emprego de força e uso de instrumentos não letais (Lei nº 13.060/2014) – 10. Regime disciplinar diferenciado (RDD) – 11. Prisão em flagrante – 12. Espécies de flagrante – 13. Flagrante próprio (propriamente dito, real ou verdadeiro) – 14. Flagrante impróprio (irreal ou quase flagrante) – 15. Flagrante presumido (ficto ou assimilado) – 16. Flagrante compulsório ou obrigatório – 17. Flagrante facultativo – 18. Flagrante esperado – 19. Flagrante preparado, provocado, delito de ensaio ou delito putativo por obra do agente provocador – 20. Flagrante prorrogado (retardado, postergado, diferido, estratégico ou ação controlada) – 21. Flagrante forjado – 22. Flagrante por apresentação – 23. Flagrante cataléptico – 24. Flagrante nas várias espécies de crime – 25. Flagrante de crime permanente – 26. Flagrante de crime habitual – 27. Flagrante de crime de ação penal privada e pública condicionada – 28. Flagrante de crime continuado – 29. Flagrante de infração de menor potencial ofensivo – 30. Sujeitos do flagrante – 31. Sujeito ativo do flagrante – 32. Sujeito passivo do flagrante – 33. Prisão de diplomata estrangeiro – 34. Prisão e aplicação de outras medidas cautelares a Membro do Congresso Nacional – 35. Autoridade competente para a lavratura do auto de prisão – 36. Procedimentos e formalidades da prisão em flagrante – 37. Nota de culpa – 38. Remessa à autoridade – 39. Audiência de custódia – 40. Prisão preventiva – 41. Pressupostos da prisão preventiva – 42. Hipóteses de decretação – 43. Infrações que comportam a medida – 44. Decretação da preventiva e sistema recursal – 45. Fundamentação – 46. Revogação da prisão preventiva – 47. Apresentação espontânea – 48. Preventiva versus excludentes de ilicitude – 49. Prisão temporária – 50. Decretação da prisão temporária – 51. Hipóteses de prisão temporária – 52. Teses de cabimento da prisão temporária – 53. Prazos da prisão temporária – 54. Regra geral (art. 2º da Lei nº 7.960/1989) – 55. Prazos de prisão temporária nos crimes hediondos e assemelhados – 56. Procedimento para decretação da prisão temporária – 57. Prisão na fase dos recursos – 58. Impossibilidade de execução provisória da pena – 59. Prisão domiciliar – 60. Prisão civil – 61. Prisão para averiguações – 62. Difusões vermelhas (red notices) e a prisão para fins de extradição – 63. Difusão vermelha ordenada por autoridade judiciária brasileira – 64. Difusão vermelha oriunda de outro país e prisão cautelar para fins de extradição no Brasil – 65. Quadro sinótico – 66. Súmulas do STJ – 67. Súmulas do STF – 68. Questões de concursos públicos – 69. Gabarito anotado – 70. Questões discursivas com comentários

1. CONCEITO

A prisão é o cerceamento da liberdade de locomoção, é o encarceramento. Pode advir de decisão condenatória transitada em julgado, que é a chamada **prisão pena**, regulada pelo Código Penal, com o respectivo sistema de cumprimento, que é verdadeira prisão satisfativa, em resposta estatal ao delito ocorrido, tendo por título a decisão judicial definitiva.

No transcorrer da persecução penal, contudo, é possível que se faça necessário o encarceramento do indiciado ou do réu, mesmo antes do marco final do processo. Isto se deve a uma necessidade premente devidamente motivada por hipóteses estritamente previstas em lei, traduzidas no risco demonstrado de que a permanência em liberdade do agente é um mal a ser evitado. Surge assim a possibilidade da **prisão sem pena**, também conhecida por prisão cautelar, provisória ou processual, que milita no âmbito da excepcionalidade, afinal, a regra é que a prisão só ocorra com o advento da sentença definitiva, em razão do preceito esculpido no art. 5º, inciso LVII da CF, pois "ninguém será considerado culpado até o trânsito em julgado de sentença penal condenatória".

Nesse panorama, importa diferenciar a **prisão *carcer ad poenam* da prisão *carcer ad custodiam*.** Ambas expressões remontam à época dos tribunais espanhóis da Inquisição, conferiam à prisão o qualificativo de castigo, inspiradas no direito canônico. José Frederico Marques nos informa essa origem histórica, para explicar a distinção clássica entre:

(1) prisão ***carcer ad poenam***: que é a prisão penal propriamente dita (prisão-pena), consistente na pena ou sanção específica decorrente da violação ou ameaça de um bem jurídico penalmente tutelado, ou seja, é o consequente sancionador ligado ao antecedente da norma jurídica penal;

(2) prisão ***ad custodiam***: é a prisão cautelar, processual ou pré-cautelar (flagrante), que decorre de decisão fundamentada do juiz (prisão preventiva, prisão temporária) ou de permissivo constitucional (prisão em flagrante)[1].

O âmbito do nosso trabalho é o enfrentamento das prisões processuais, conferindo ao direito penal o tratamento da prisão pena. Teremos a seguinte distribuição:

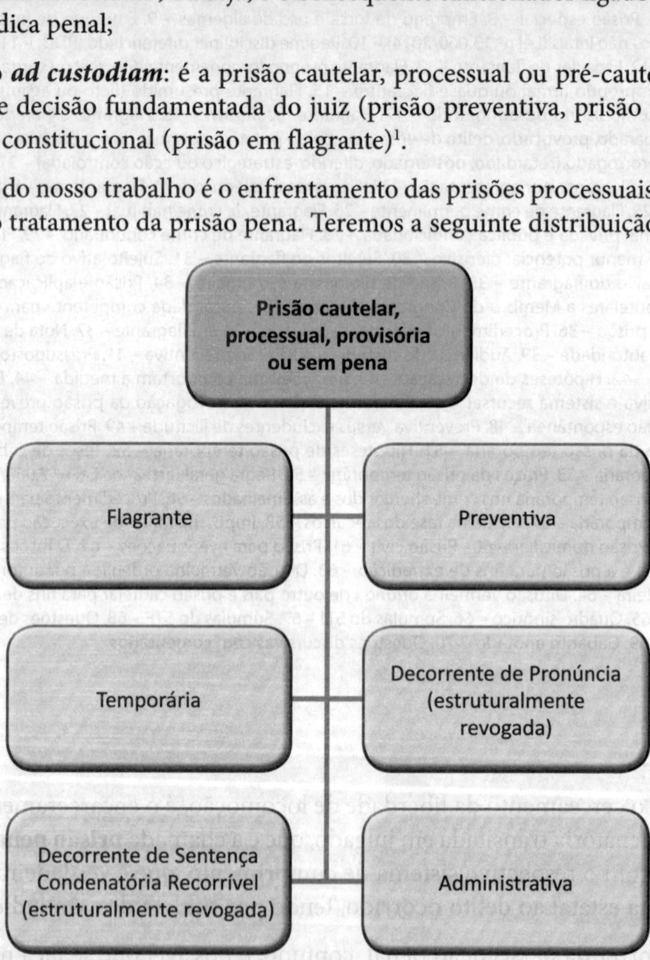

2. FORMALIDADES E EXECUÇÃO

A realização da prisão é cercada de algumas formalidades para que se revista de legalidade e com isso sejam evitados abusos e excessos. Assim teremos os elementos a seguir.

1. MARQUES, José Frederico. *Elementos de direito processual penal*: volume IV. 2. ed. Campinas: Millennium, 2003. p. 25.

3. MANDADO DE PRISÃO

A Constituição Federal assegura, no art. 5º, inciso LXI, que ninguém será preso senão em flagrante delito ou por **ordem escrita e fundamentada** de autoridade judiciária competente, salvo nos casos de transgressão militar ou crime propriamente militar, definidos em lei. O mandado judicial é o título a viabilizar a realização da prisão, ressalvadas as hipóteses que o dispensam, devendo atender aos seguintes requisitos:

(1) será lavrado pelo escrivão e assinado pela autoridade, que obrigatoriamente deve ser a competente, sob pena de ilegalidade manifesta da prisão;

(2) designará a pessoa que tiver de ser presa pelo nome, alcunha ou sinais característicos, o que deve ser feito de forma clara e objetiva, para que se preserve a eficiência na execução;

(3) indicará o valor da fiança, nas infrações que a comportem, evitando assim o cárcere em razão daqueles que têm direito à liberdade provisória;

(4) será dirigido ao responsável pela execução da prisão.

O mandado será passado em duas vias, sendo uma entregue ao preso, informando dia, hora e o local da diligência (nota de culpa). A outra ficará com a autoridade, devidamente assinada pelo preso, como recibo. Caso o preso não possa, não queira ou não saiba assinar, esta omissão será suprida com a utilização de duas testemunhas, que assinarão declaração mencionando tal circunstância.

Considera-se realizada a prisão em virtude de mandado quando o executor, identificando-se, apresenta o mandado e intima a pessoa a acompanhá-lo. Nada impede, contudo, em se tratando de infração inafiançável, que a prisão seja realizada sem a apresentação do mandado, sendo que nesta hipótese, o preso será imediatamente apresentado à autoridade que tenha expedido a ordem, para a realização de audiência de custódia (art. 287, CPP). Saliente-se que o mandado já existe, apenas não foi apresentado na efetivação da prisão, pressupondo-se que o preso seja imediatamente apresentado ao magistrado competente e autor da medida.

Para dar efetividade ao cumprimento dos mandados expedidos pela autoridade judiciária, poderá a autoridade policial expedir tantos outros quantos necessários à realização da diligência, respeitando integralmente o conteúdo do mandado original.

Visando conferir ainda maior efetividade à ordem de prisão, o juiz deverá providenciar o registro do respectivo mandado no banco de dados do Conselho Nacional de Justiça a ser criado com essa finalidade, conforme preconiza o art. 289-A, do CPP. O registro do mandado no banco de dados do CNJ facilitará o cumprimento da prisão por qualquer agente policial, mesmo fora da jurisdição do juiz processante, eis que confere, de um lado, ampla publicidade ao mandado e, de outro, segurança à fonte de informação sobre a decisão judicial prisional (autenticidade presumida).

E se o mandado não estiver registrado?

Mesmo assim qualquer agente poderá prender, mas deve se precaver para verificar a autenticidade do mandado, devendo tomar as providências para registrá-lo junto ao CNJ.

De todo modo, a prisão efetivada deve ser comunicada imediatamente ao juiz do local do cumprimento da medida que, por sua vez, deve providenciar certidão extraída do registro do Conselho Nacional de Justiça, realizar a audiência de custódia, bem como comunicar a prisão ao juiz que a decretou.

O registro do mandado de prisão passou a ser providência necessária para que o cumprimento da ordem se revista de maior clareza, publicidade e segurança, tornando mais eficiente a atuação policial e reduzindo a possibilidade de dúvidas quanto a sua legitimidade, cabendo ao CNJ regulamentá-lo (art. 289-A, § 6º, CPP), o que efetivamente foi feito, através da Resolução nº 251/2018 do Conselho.

No entanto, persistindo dúvida quanto à legitimidade da pessoa do executor ou da identidade do preso, continua possível a colocação do agente em custódia até ser dirimida a incerteza (art. 289-A, § 5º; art. 290, § 2º, CPP).

4. RESTRIÇÃO DE HORÁRIO E INVIOLABILIDADE DOMICILIAR

A realização da prisão não encontra obstáculo quanto à hora de cumprimento. Poderá ser realizada durante o dia ou noite, respeitando-se apenas as restrições relativas à inviolabilidade domiciliar (§ 2º, art. 283, CPP). O conceito de casa é esboçado pelo art. 150, § 4º, do CP, compreendendo:

(1) qualquer compartimento habitado;

(2) aposento ocupado de habitação coletiva;

(3) compartimento não aberto ao público, onde alguém exerce profissão ou atividade.

Percebe-se a preocupação legislativa na extensão do conceito, resumindo-se, pela leitura constitucional (art. 5º, XI), que a inviolabilidade é a regra, não podendo haver penetração sem o consentimento do morador, salvo em caso de flagrante delito ou desastre, para prestar socorro, ou durante o dia, por determinação judicial. Adotando-se a objetividade necessária para imprimir padronização e segurança num país de dimensões continentais como o Brasil, entendemos que dia é o período entre as seis e as dezoito horas, de acordo com a localidade onde a diligência será cumprida, e não pelo horário de Brasília.

Por sua vez, o § 3º, do art. 150, do CP, assevera que não caracteriza infração penal a entrada ou permanência em residência alheia nas seguintes circunstâncias:

(1) durante o dia, com observância das formalidades legais, para efetuar prisão ou outra diligência;

(2) a qualquer hora do dia ou da noite, quando algum crime está sendo ali praticado ou na iminência de o ser.

Havendo a necessidade de realização da prisão com ingresso domiciliar, seja a casa de terceiro ou da própria pessoa a ser presa, o morador será intimado a entregar o preso ou a entregar-se, à vista da ordem de prisão. Na falta de atendimento imediato, o executor convocará duas testemunhas e, sendo dia, entrará à força na casa, arrombando as portas, se preciso; sendo noite, o executor, depois da intimação do morador, em não sendo atendido, isolará o local, guardando todas as saídas e tornando a casa incomunicável, e assim que amanheça, arrombará as portas, realizando a prisão (art. 293, CPP).

Não caracteriza infração penal a negativa do morador em permitir o ingresso da autoridade no período noturno, ressalvadas as exceções constitucionais em que se poderá adentrar independente do consentimento. O morador estará no exercício regular do direito, impedindo a caracterização do crime de favorecimento pessoal (art. 348, CP).

Não havendo lastro legal para a negativa, o "morador que se recusar a entregar o réu oculto em sua casa será levado à presença da autoridade, para que se proceda contra ele como for de direito" (art. 293, parágrafo único, CPP). Poderá inclusive ser preso em flagrante, seja pelo favorecimento pessoal, ou por qualquer outra infração realizada para impedir a concretização da diligência ou para facilitar a fuga, caso a prisão já tenha sido efetivada.

Já quanto ao executor, realizando a diligência sem estribo nas formalidades legais, incorrerá, constatado o dolo, no crime de abuso de autoridade.

Tais formalidades, no que for compatível, se estendem à realização da prisão em flagrante (art. 294, CPP).

Entendemos que o mandado de prisão deve se fazer acompanhar por autorização judicial para o ingresso domiciliar. Não bastaria a mera ordem prisional para que o domicílio possa ser invadido. É essencial que a autoridade judicial especifique em que residência a diligência será realizada, cumprindo a exigência do art. 243, inciso I do CPP. No mesmo sentido, Heráclito Mossin, aduzindo que "além do mandado de prisão, seu executor terá de ter ordem do juiz competente para adentrar no domicílio onde se encontra a pessoa que deva ser presa. O mandado de prisão, por si só, não supre essa exigência provinda da Magna Carta Federal"[2].

Em sentido contrário, Mirabete, entendendo que por "força do próprio dispositivo, o mandado de prisão pressupõe a autorização judicial para a entrada na casa, durante o dia, como meio para que seja ele cumprido regularmente"[3]. A nosso ver, esta não é a melhor solução, afinal, o mandado de prisão acabaria se transformando em algo vago, impreciso, sendo um cheque em branco autorizando o ingresso em qualquer domicílio, na suposição de que o infrator lá esteja homiziado.

5. PRISÃO EM PERSEGUIÇÃO

É possível que o capturando empreenda fuga para ilidir a diligência, ou para evitar a realização do flagrante, dando ensejo ao início da perseguição. O art. 290, § 1º, do CPP, explica o que se entende por perseguição, advertindo que esta existe quando o executor:

(1) tendo-o avistado, persiga-o sem interrupção, embora depois o tenha perdido de vista;

(2) sabendo, por indícios ou informações fidedignas, que o réu tenha passado, há pouco tempo, em tal ou qual direção, pelo lugar em que o procure, for no seu encalço.

2. MOSSIN, Heráclito Antônio. *Comentários ao código de processo penal*. São Paulo: Manole, 2005. p. 565.
3. MIRABETE, Julio Fabbrini. *Processo Penal*. 15. ed. São Paulo: Atlas, 2004. p. 365.

Mirabete salienta que nesta última hipótese, estaríamos diante do "encalço fictício", pois não haveria uma perseguição real no sentido usual[4].

Havendo perseguição, nada impede que ela se estenda a outro Município ou Estado, realizando-se a prisão em comarca diversa da originária. Consagrada a prisão, o preso será apresentado à autoridade local, seja para a lavratura do auto de flagrante, seja para que se efetue a transferência ao lugar de origem da expedição do mandado. Em sendo caso de flagrante, a autoridade do lugar da prisão procederá à lavratura do auto, remetendo-o ao juiz local, para aferição da legalidade do ato. Pelo tempo exíguo, entendemos que é no local da captura que deve ser realizada a audiência de custódia. Só após, os autos e o preso serão remetidos à comarca originária.

Por questão de cautela, quando "as autoridades locais tiverem fundadas razões para duvidar da pessoa do executor ou da legalidade do mandado que apresentar, poderão pôr em custódia o réu, até que fique esclarecida a dúvida" (art. 290, § 2º, CPP). O preso ficará detido, por responsabilidade e sob os cuidados da autoridade local, enquanto a situação de incerteza é dirimida imediatamente.

Se em razão da perseguição, o agente vier a adentrar numa casa, diante da situação de flagrância, por não ter havido interrupção da perseguição, o executor poderá invadir a residência, sendo dia ou noite, pois, por autorização constitucional, o ingresso domiciliar ocorreria para concretizar o flagrante, tendo assim pleno cabimento.

Já se a perseguição se iniciou para cumprir mandado prisional, adentrando o perseguido numa residência, dele ou de terceiro, em sendo dia, o mandado deve conter especificamente a autorização para o ingresso domiciliar, como já ressaltado anteriormente. Caso contrário, a omissão deve ser suprida pela autoridade judicial para a efetivação da invasão. Enquanto isso, a residência deve ser isolada, assegurando-se que o indivíduo não fuja. Durante a noite, deve a polícia esperar o dia raiar para entrar, sempre com a necessidade de mandado específico com esta finalidade.

6. PRISÃO EM TERRITÓRIO DIVERSO DA ATUAÇÃO JUDICIAL

Se o infrator estiver fora do país, a realização da prisão deve atender às leis ou tratados que dizem respeito à extradição. Já se o agente se encontra no território nacional, fora da jurisdição do juiz processante, será deprecada a sua prisão, devendo constar da precatória o inteiro teor do mandado (art. 289, ***caput***, CPP). Perante o juízo deprecado, deverão ser atendidas todas as formalidades para o cumprimento da carta precatória, respeitando-se a legalidade do ato. Teremos assim um esforço de colaboração onde o magistrado deprecante requer ao magistrado que atua no local onde o ato deve ser cumprido que faça acontecer a diligência de prisão. Nada impede que o magistrado federal depreque ao estadual a realização da medida.

Embora a dicção do art. 289, ***caput***, CPP, pareça indicar a obrigatoriedade de emissão da carta precatória para a efetivação da prisão em território diverso da atuação judicial, a providência não é inafastável. Havendo urgência, dispensa-se a expedição de precatória, e

4. MIRABETE, Julio Fabbrini. *Processo Penal*. 15. ed. São Paulo: Atlas, 2004. p. 366.

o juiz poderá requisitar a prisão por qualquer meio de comunicação do qual deverá constar o motivo da prisão, bem como o valor de eventual fiança.

Para dar segurança à providência, a autoridade a quem se fizer a requisição tomará as precauções necessárias para averiguar a autenticidade da comunicação. Uma vez efetuada a prisão, é dever do juiz processante adotar as medidas para a remoção do preso no prazo máximo de trinta dias, contados da efetivação da medida (art. 289, § 3º, CPP).

Por sua vez, se a **autoridade policial** tem conhecimento de que o indivíduo a ser preso encontra-se em local diverso da sua circunscrição, poderá, também por qualquer meio de comunicação, requisitar a sua captura, tomando, a autoridade destinatária da requisição, as precauções necessárias para averiguar a sua autenticidade (art. 299, CPP). Pressupõe-se que a autoridade policial requisitante esteja de posse do mandado judicial, nada impedindo que se valha de e-mail, telefone ou outro meio de comunicação para transmitir a ordem.

7. PRISÃO ESPECIAL

Algumas pessoas, em razão da função desempenhada, terão direito a recolhimento em quartéis ou a prisão especial, enquanto estiverem na condição de presos provisórios, leia-se, antes do trânsito em julgado da sentença condenatória. O ***status*** de preso especial confere ao detento o recolhimento em local distinto da prisão comum, e não havendo estabelecimento específico para o preso especial, este ficará em cela separada dentro do estabelecimento penal comum (art. 295, §§ 1º e 2º, CPP). Adverte o § 3º do mesmo dispositivo que a "cela especial poderá consistir em alojamento coletivo, atendidos os requisitos de salubridade do ambiente, pela concorrência dos fatores de aeração, insolação e condicionamento térmico adequados à existência humana". Esta parte final é absolutamente ociosa, pois especial ou não, é de todo evidente que as condições mínimas de existência e dignidade devem estar atendidas. Não havendo estabelecimento adequado para a efetivação da prisão especial, o preso poderá ser colocado em prisão provisória domiciliar, por deliberação do magistrado, ouvindo-se o MP (Lei nº 5.256/1967).

Saliente-se ainda que o preso especial será transportado separadamente do preso comum, sendo que os demais direitos do preso especial são os mesmos do comum.

Segundo o STF, no verbete sumular nº 717, não impede a progressão de regime de execução de pena, fixada em sentença não transitada em julgado, o fato de o réu se encontrar em prisão especial. Assim, antecipamos a aplicação dos institutos típicos da Lei de Execução Penal, mesmo que o sujeito esteja em prisão especial. O CPP, nos seus artigos 295 e 296, traz um extenso rol de pessoas que gozam da prisão especial, sem prejuízo de vasta legislação extravagante a respeito, a exemplo da Lei nº 8.625/1993 (Lei Orgânica Nacional do MP), prevendo no art. 40, inciso V, a prisão especial para os membros do Ministério Público.

Contudo, a prisão especial em casos de crimes comuns, até o trânsito em julgado da sentença condenatória, que era assegurada a quem efetivamente tivesse exercido a função de jurado (tribunal do júri), caiu com o advento da Lei nº 12.403/2011, que alterou a redação do art. 439 do Código, não mais prevendo o instituto.

E se o sujeito exerceu efetivamente a condição de jurado? Pensamos que não mais tem direito à prisão especial, em face da atual redação do art. 439 do CPP, que não mais contempla o instituto. Vale notar que há divergência doutrinária sobre o cabimento da prisão especial para o jurado, em razão da Lei nº 12.403/2011 não ter revogado expressamente o inciso X, do art. 295, do CPP, embora tenha suprimido intencionalmente a previsão contida no texto anterior do seu art. 439. Pensamos que tende a ser majoritária a corrente que defende a **revogação tácita** da prisão especial para quem tenha exercido efetivamente a função de jurado.

Guilherme Nucci, fazendo crítica contundente ao instituto, adverte que todo preso cautelar deveria ficar separado do preso definitivo, ao invés da disseminação de um critério eminentemente elitista, lecionando que "a prisão especial é, em nosso sentir, afrontosa ao princípio da igualdade previsto na Constituição Federal. Criou-se uma categoria diferenciada de brasileiros, aqueles que, presos, devem dispor de um tratamento especial, ao menos até o trânsito em julgado da sentença condenatória"[5].

A redação do art. 300, do CPP, é similar a do art. 3º da Lei 7.960/1989, assim como a do art. 84, da Lei 7.210/1984 (Lei de Execução Penal), de forma que o preso provisório deve ficar separado do definitivo. Ademais, entre os presos provisórios, ainda dispomos da seguinte separação:

I- acusados pela prática de crimes hediondos e assemelhados;

II- acusados pela prática de crimes cometidos com violência ou grave ameaça à pessoa;

III- acusados pela prática dos demais crimes e contravenções.

Tratando-se de militar preso em flagrante delito, após a lavratura dos procedimentos legais, deve ser ele recolhido a quartel da instituição a que pertencer, onde ficará preso à disposição da autoridade competente.

Por fim, saliente-se que, tentando evitar represálias, o art. 84, § 2º, da LEP, dita dever ficar em dependência separada o preso que, ao tempo do fato, era funcionário da administração da justiça criminal. Mesmo após o trânsito em julgado da sentença, a separação perdurará.

8. EMPREGO DE FORÇA E USO DE ALGEMAS

A autoridade policial deve garantir o cumprimento do mandado de prisão, ou a efetivação da prisão em flagrante. É de rigor o acautelamento para que a diligência seja a menos traumática possível, e a situação de tensão possa ser evitada. No cumprimento de mandado para a captura de vários indivíduos, por exemplo, deve-se garantir o número de policiais necessários para a segurança do procedimento, evitando-se, a todo custo, medidas extremas, que podem ser ocasionadas pela imperícia no planejamento.

O uso da força deve ser evitado, salvo quando indispensável no caso de resistência ou tentativa de fuga do preso (art. 284, CPP). O uso desnecessário da força, ou os excessos, podem caracterizar abuso de autoridade, lesões corporais, homicídio etc.

5. NUCCI, Guilherme de Souza. *Manual de processo penal e execução penal*. São Paulo: RT, 2005. p. 526.

Já quanto ao preso, pode incorrer em resistência (art. 329, CP), desobediência (art. 330, CP) ou até mesmo evasão mediante violência contra a pessoa (art. 352, CP).

Quanto ao uso de algemas, adverte Maria Elizabeth Queijo que só se admite "a contenção física de alguém, por meio de algemas, quando houver resistência, perigo de fuga, ameaça à vida ou à integridade física de terceiros", acrescentando que "tal perigo não é presumido, devendo ser apurado objetivamente, a partir de informações que constem de registros policiais, judiciais ou mesmo do estabelecimento prisional"[6].

O art. 199, da LEP, remete a disciplina do uso de algemas a decreto federal. Depois de mais de vinte anos sem o atendimento de tal regulamentação, foi emitido o Decreto nº 8.858/2016, que expressamente regulamentou aquele enunciado. Em seu art. 1º, anunciou as diretrizes do uso de algemas, especialmente:

(1) o inciso III, do ***caput***, do art. 1º, e o inciso III, do ***caput***, do art. 5º, da CF/1988, que dispõem sobre a proteção e a promoção da dignidade da pessoa humana e sobre a proibição de submissão ao tratamento desumano e degradante;

(2) a Resolução nº 2.010/2016, de 22 de julho de 2010, das Nações Unidas, sobre o tratamento de mulheres presas e medidas não privativas de liberdade para mulheres infratoras (Regras de Bangkok); e

(3) o Pacto de San José da Costa Rica, que determina o tratamento humanitário dos presos e, em especial, das mulheres em condição de vulnerabilidade.

No art. 2º, do aludido Decreto regulamentador, ficou estatuído que o emprego de algemas apenas é permitido em casos de resistência e de fundado receio de fuga ou de perigo à integridade física própria ou alheia, causado pelo preso ou por terceiros, justificada a sua excepcionalidade por escrito. E, em arremate, o seu art. 3º, estabeleceu ser proibido o emprego de algemas em mulheres presas em qualquer unidade do sistema penitenciário nacional durante o trabalho de parto, no trajeto da parturiente entre a unidade prisional e a unidade hospitalar e após o parto, durante o período em que se encontrar hospitalizada, o que é ratificado pelo parágrafo único do art. 292, do CPP.

Como se depreende, permanece válida a advertência de que as algemas somente são autorizadas quando estritamente necessárias pelas circunstâncias, não podendo simbolizar verdadeiras **pulseiras de prata** para desmoralizar aqueles que são presos, principalmente quando em trânsito perante as câmeras ou nas audiências, dando ensejo à caracterização de abuso de autoridade.

Ganha relevo a discussão quanto ao uso de algemas durante o julgamento perante o tribunal do júri, já que elas nitidamente impressionam os jurados, que podem ser influenciados diretamente, mesmo que de forma inconsciente. Como julgam de acordo com a íntima convicção, o prejuízo ao réu não tem como ser mensurado. As algemas afrontam nitidamente a dignidade do réu e a presunção de inocência, já que são o símbolo visível da condenação, mesmo antes do advento da sentença, podendo implicar até nulidade do julgamento em plenário do júri.

6. QUEIJO, Maria Elizabeth. *Estudos em processo penal*. São Paulo: Siciliano Jurídico, 2004. p. 20.

Consolidando este entendimento, o art. 474, do CPP, em seu § 3º, assevera que não se permitirá o uso de algemas no acusado durante o período que permanecer no plenário do júri, salvo se absolutamente necessário à ordem dos trabalhos, à segurança das testemunhas ou à garantia da integridade física dos presentes. É evidente que a proporcionalidade é da essência do ato, devendo estar devidamente justificada e se fazer constar do termo de audiência. O arbítrio pode ser suscitado em preliminar de futura apelação, ensejando nulidade do julgamento.

Segundo o STF[7] e o STJ[8], o uso de algemas no júri não constitui constrangimento quando necessárias à ordem dos trabalhos e à segurança dos presentes[9].

O ST , na apreciação do HC nº 91.952, anulou julgamento em plenário do júri, de um pedreiro que permaneceu algemado durante a sessão, acusado de homicídio na cidade de Laranjal Paulista, sob o fundamento de ter ocorrido potencial influência perante os jurados, não havendo demonstração de que tal expediente fosse necessário no caso concreto.

Esse julgamento acabou motivando a edição do enunciado nº 11, da Súmula Vinculante, do STF, no intuito de refrear eventuais abusos no uso de algemas. De acordo com seu texto, apenas é lícito o uso de algemas em caso de resistência e de fundado receio de fuga ou de perigo à integridade física própria ou alheia, por parte do preso ou de terceiros. Tal excepcionalidade deve ser justificada por escrito, sob pena de responsabilidade disciplinar civil e penal do agente ou da autoridade e de nulidade da prisão ou do ato processual a que se alude, sem prejuízo da responsabilidade civil do Estado.

Importam alguns esclarecimentos em face da edição do enunciado, da Súmula Vinculante sobre o uso de algemas, especialmente considerando que o Código de Processo Penal Militar, no *caput*, do seu art. 234, prevê que o emprego de força só é permitido quando indispensável, no caso de desobediência, resistência ou tentativa de fuga, podendo ser usados, se houver resistência da parte de terceiros, os meios necessários para vencê-la ou para defesa do executor e auxiliares seus, inclusive a prisão do ofensor, lavrando-se, de tudo, auto subscrito pelo executor e por duas testemunhas. Mais especificamente, no parágrafo primeiro daquele dispositivo, está dito que o emprego de algemas deve ser evitado, desde que não haja perigo de fuga ou de agressão da parte do preso, e de modo algum será permitido, nos presos a que se refere o art. 242.

A parte final desse dispositivo, ao vedar o uso de algemas em determinadas autoridades e portadores de diploma de curso superior, afigura-se anti-isonômica, por não se compatibilizar com o sistema constitucional. Todavia, a primeira parte do texto normativo indica os limites para o uso de algemas e se ajusta aos ditames da Constituição do Brasil. Daí serem necessárias duas observações sobre essa situação de deficiência no acatamento e na concretização jurídica.

A primeira é relativa a um indicativo de crise na aplicação do direito, haja vista que já existiam enunciados normativos no ordenamento jurídico brasileiro que disciplinavam

7. STF – Primeira Turma – Rcl 31410 AgR – Rel. Min. Marco Aurélio –Rel. p/ Acórdão Min. Roberto Barroso – publicado em 24 jun. 2019.
8. STJ – Sexta Turma – HC 355.000/SP – Rel. Min. Rogerio Schietti Cruz – DJe 27 ago. 2019.
9. QUEIJO, Maria Elizabeth. *Estudos em processo penal*. São Paulo: Siciliano Jurídico, 2004. p.30.

o uso de algemas e que não eram respeitados como deveriam. É que se vê, na prática, que uma súmula é reputada de obrigatoriedade superior à dos enunciados legislativos e constitucionais. Em outras palavras, para se cumprir o direito posto no Brasil, não seria necessária a edição de enunciado de Súmula Vinculante, se fosse bem compreendido o seu contexto jurídico.

A segunda observação é a de não serem atendidos os requisitos para a edição da própria súmula vinculante, isto é, seria preciso que existissem reiteradas decisões sobre matéria constitucional, versando sobre a validade, a interpretação e a eficácia de normas determinadas, acerca das quais houvesse controvérsia atual entre órgãos judiciários ou entre esses e a administração pública que acarretasse grave insegurança jurídica e relevante multiplicação de processos sobre questão idêntica, nos termos do art. 103-A, § 1º, da Constituição do Brasil.

Sem embargo, da análise do enunciado, que tem recebido duras críticas, parte-se da premissa que o uso de algemas é exceção, que deve estar devidamente justificada, e por escrito, revelando-se o porquê da medida, que terá os seguintes fundamentos:

(1) **Resistência**, que nada mais é que a possibilidade do infrator opor-se à execução de ato legal, mediante violência ou ameaça a funcionário competente para executá-lo ou a quem lhe esteja prestando auxílio;

(2) **Receio de fuga**, justificada quando o agente, percebendo a atuação policial, empreende esforço para se evadir, ou quando é capturado após perseguição;

(3) **Perigo à integridade física** própria ou alheia, por parte do preso ou de terceiros, já que o uso de algemas pode se materializar em expediente para conferir ao procedimento segurança, evitando-se o mal maior que é o emprego de força física para conter o preso ou seus comparsas, amigos, familiares, inclusive com a utilização de armas, letais ou não.

A necessidade de justificação passa a ser da essência do ato, cabendo ao próprio magistrado, quando já identificada a perigosidade do indivíduo, fazer constar no mandado de prisão a necessidade do uso de algemas. Nada impede que delegue à autoridade policial executora da medida tal análise. Na ausência de manifestação judicial, ou nas hipóteses de flagrante ou de mero deslocamento de presos nos atos de rotina, como ida ao fórum, condução ao IML para realização do exame de corpo de delito, dentre outros, caberá ao condutor justificar o emprego das algemas. Não se deve interpretar a disposição sumular como obstáculo à efetividade do ato, nem como pedra de toque para uma interminável discussão acerca da presença ou não dos fundamentos da medida. Se é certo que existem circunstâncias extremamente tênues para caracterizar algum risco, outras são evidentes, seja quanto a necessidade das algemas, seja quanto a sua dispensa. Se há convicção de que as algemas são necessárias, juízo de valor que já era feito antes da súmula, basta justificar a medida para legitimar o ato. A prestação de contas, materializada pela fundamentação, é o preço a se pagar para minimizar os excessos.

Por sua vez, a Súmula traz as consequências do descumprimento das formalidades da medida, caracterizada tanto pela ausência de justificação como pela fundamentação inconsistente, contemplando a responsabilidade disciplinar civil e criminal, que é de todo pertinente, seja por caracterizar abuso de autoridade (Lei nº 13.869/2019), como pela necessidade de indenizar em face dos danos materiais e morais eventualmente ocasionados, principalmente com a execração pública na exposição do algemado à imprensa ou expediente degradante similar, sem prejuízo do respectivo procedimento administrativo perante a corregedoria da instituição. Não se deve desconsiderar a responsabilidade do Estado pelo ato do servidor incauto, sendo, neste caso, de natureza objetiva.

Ademais, o ato processual praticado com o uso arbitrário das algemas será reputado nulo, além da ilegalidade da prisão efetivada. Deve-se ter todo cuidado na interpretação de uma previsão de tal natureza. Entendemos que a sanção de nulidade, no que tange aos atos processuais, terá cabimento quando haja prejuízo ao imputado, como na realização de audiências, no júri ou não, com o uso desnecessário das algemas, em que a má impressão ocasionada potencializa o prejuízo não só em relação aos jurados, como também ao próprio magistrado, testemunhas, vítima, perito, que acabam, de algum modo, tirando suas impressões da cena, o que fica marcado no inconsciente de todos. Existem outros atos, entretanto, em que não há prejuízo, e, portanto, a nulidade estará descartada, como a condução para realização de exame de corpo de delito, para o incidente de insanidade mental, para tratamento médico, dentre outros. Restará a sanção do responsável pelo arbítrio.

De outro lado, na realização da prisão cautelar, a ilegalidade do procedimento na utilização do uso das algemas, implicando no relaxamento prisional, não impedirá, havendo elementos que justifiquem a medida, que nova prisão cautelar seja decretada, desde que motivadamente.

Já quanto ao uso de grilhões, ou seja, peças metálicas para prender os tornozelos, estes se revelam nitidamente desproporcionais, sendo sua utilização injustificada.

9. EMPREGO DE FORÇA E USO DE INSTRUMENTOS NÃO LETAIS (LEI Nº 13.060/2014)

A Lei nº 13.060/2014 passou a regular o uso do que denomina de instrumentos de menor potencial ofensivo.

Instrumentos de menor potencial ofensivo são aqueles de menor letalidade, que causam menor lesão à pessoa contra qual se dirigem. São instrumentos diversos da arma de fogo, como as algemas, o gás lacrimogêneo, as bombas de efeito moral, os disparos com ***paintball*** ou com festim, escudos, cassetetes, dentre outros equipamentos e armas que representem menor potencial de lesividade à integridade do agente de delito.

O art. 2º, da Lei 13.060/2014, destaca que os órgãos de segurança pública deverão priorizar a utilização dos instrumentos de menor potencial ofensivo. Para tanto, o uso não deve, por outro lado, colocar em risco a integridade física ou psíquica dos policiais. Segue-se, portanto, o princípio da proporcionalidade para delinear os contornos para a escolha dos instrumentos consoante a ocorrência a ser atendida.

O diploma legal é expresso em dizer que o uso dos instrumentos de menor potencial ofensivo deverá também obedecer aos princípios da legalidade, da necessidade, da razoabilidade e da proporcionalidade. Como se depreende, o texto é redundante, considerando que a necessidade é subprincípio da proporcionalidade, enquanto razoabilidade é, em certo sentido, sinônimo de proporcionalidade.

De todo modo, cuidando-se de algemas e emprego de força, o texto legislativo se coaduna perfeitamente com os termos do verbete nº 11, da Súmula Vinculante, do STF.

Dissecando os limites do uso de instrumentos de menor potencial ofensivo, a Lei nº 13.060/2014 dita, ***a contrario sensu***, casos em que não é legítimo o uso de arma de fogo (maior potencial ofensivo), a saber:

(1) contra pessoa em fuga que esteja desarmada ou que não represente risco imediato de morte ou de lesão aos agentes de segurança pública ou a terceiros; e

(2) contra veículo que desrespeite bloqueio policial em via pública, exceto quando o ato represente risco de morte ou lesão aos agentes de segurança pública ou a terceiros.

Se da ação policial com o uso de instrumentos aqui referidos decorrerem ferimentos em pessoas, deve ser assegurada a imediata prestação de assistência e socorro médico aos afetados, bem como a comunicação do ocorrido à família ou à pessoa por eles indicada.

10. REGIME DISCIPLINAR DIFERENCIADO (RDD)

O RDD foi inserido pela Lei nº 10.792/2003, dando tratamento carcerário mais áspero a determinados indivíduos estereotipados com o rótulo de perigosos, tendo caráter eminentemente neutralizador. O instituto foi inserido na subseção "faltas disciplinares" da LEP (Lei nº 7.210/1984), sendo verdadeira sanção disciplinar, tendo cabimento, tanto aos presos provisórios como definitivos, nacionais ou estrangeiros, nas seguintes hipóteses:

(1) prática de crime doloso constituindo falta grave e ocasionando a subversão da ordem ou da disciplina interna do estabelecimento;

(2) presos que apresentem alto risco para a segurança do estabelecimento penal ou da sociedade;

(3) recaindo fundadas suspeitas de envolvimento ou participação, a qualquer título, em organizações criminosas, associação criminosa ou milícia privada, independente da prática de falta grave.

A colocação no RDD pressupõe requerimento circunstanciado (fundamentado) elaborado pelo diretor do estabelecimento ou outra autoridade administrativa (Secretário de Segurança Pública, autoridade policial, MP), deliberação judicial no prazo máximo de quinze dias, com prévia manifestação do MP e da defesa (art. 54, §§ 1º e 2º da LEP). Não tem cabimento ***ex officio***. A colocação no RDD implica nas seguintes consequências (art. 52 da LEP):

(1) recolhimento em cela individual;

(2) visitas quinzenais de duas pessoas por vez, em instalações equipadas para impedir o contato físico e a passagem de objetos. A visita tem duração de duas horas. A pessoas que não são familiares precisam de autorização judicial;

(3) saída da cela por duas horas diárias para banho de sol, em grupos de até quatro presos, desde que inexista contato com membros do mesmo grupo criminoso, minimizando o risco da manutenção da organização intramuros.

O RDD perdurará pelo período máximo de dois anos, sem prejuízo de repetição da sanção em havendo nova falta grave da mesma espécie. Veja que não mais existe limitação do tempo total de manutenção no RDD por até um sexto da pena. Já quando a inserção no RDD ocorre porque o sujeito apresenta alto risco para a ordem e a segurança do estabelecimento penal ou da sociedade, assim como quando recaiam fundadas suspeitas de envolvimento ou participação em organização ou associação criminosa, ou em milícia privada, o prazo poderá ser prorrogado, por períodos de um ano, sucessivamente, se existirem indícios de que o preso:

(1) continua apresentado alto risco a ordem e segurança, seja ou estabelecimento penal onde se encontra ou da sociedade;

(2) mantém os vínculos com organização criminosa, associação criminosa ou milícia privada, levando-se em conta também:

(a) o perfil criminal e a função desempenhada no grupo criminoso; a operação duradoura do grupo;

(b) a superveniência de novos processos criminais (não se falou em novas investigações); e

(c) os resultados do tratamento penitenciário.

Admite-se ainda que a autoridade administrativa decrete o isolamento preventivo do preso faltoso pelo prazo de até dez dias, sendo que a inclusão do preso no RDD, no interesse da disciplina e da averiguação do fato, dependerá de despacho do juiz competente (art. 60, LEP). É o que impropriamente se tem chamado de RDD cautelar, ou seja, o isolamento prévio, por deliberação do administrador prisional, aguardando-se a definição do juiz competente quanto à inserção ou não no RDD.

Tendo indícios de que o agente lidere a organização criminosa, a associação criminosa ou a milícia privada, assim como quando exista atuação criminosa em dois ou mais Estados da Federação, o RDD será necessariamente cumprido em estabelecimento federal.

As críticas ao RDD são as mais variadas, não só em razão das hipóteses de cabimento, mas acima de tudo quanto à utilidade da sanção, sem falar que o instituto não resiste a uma breve leitura constitucional.

Permitir que a inserção em RDD se dê pela prática de crime doloso, materializando falta grave, sem o julgamento definitivo da infração, fere de morte a presunção de inocência. Imagine-se que o agente seja colocado no RDD, e depois absolvido da imputação pelo crime doloso que autorizou a sanção. Estaríamos diante de verdadeira antecipação de sanção, sem prévio julgamento.

Por sua vez, permitir o RDD em razão de o detento representar alto risco para a segurança do estabelecimento ou da sociedade é imputar o ônus da falência do sistema prisional exclusivamente ao preso. E o que seria este alto risco? A sanção estaria motivada por aquilo que o preso representa, e não pelo que realmente ele fez, em verdadeiro direito penal do autor, e não do fato.

Já a inserção no RDD pelas fundadas suspeitas de participação em organização criminosa, associação criminosa ou milícia privada também merece reparos. Afinal, a caracterização de novas infrações, simbolizando falta grave, seja ou não com envolvimento em organização criminosa ou associação criminosa, já foi tratada acima. Se eventualmente o envolvimento nestas organizações era pretérito, deve estar caracterizado na sentença condenatória, e não mais teríamos fundadas suspeitas, e sim certeza deste envolvimento.

Já quanto às consequências da submissão ao RDD, percebemos que o ideal ressocializador, ressaltado pelo art. 1º da LEP, foi esquecido. O RDD peca por imprimir ao infrator uma sanção estática, onde nada é permitido, leitura, esportes, trabalho, jogos etc. Trava-se uma luta psicológica para não enlouquecer, pois o tempo é paralisado como forma de afligir o criminoso.

A Carta Magna elenca como um de seus vetores a dignidade da pessoa humana (art. 1º, inciso III). No art. 5º, inciso XLIX, por sua vez, assevera que é assegurado aos presos o respeito à integridade física e moral. Já no inciso III do mesmo dispositivo, informa que ninguém será submetido a tortura nem a tratamento desumano ou degradante, ao passo que o inciso XLVII, em sua alínea "e", veda as penas cruéis.

Por tudo isso, pensamos que assiste razão a Rômulo Moreira, quando indaga: "será que manter um homem solitariamente em uma cela, coaduna-se com aqueles dispositivos constitucionais?" E prossegue o autor, certeiramente: "ora, se o nosso atual sistema carcerário, absolutamente degradante tal como hoje concebido, já não permite a ressocialização do condenado, imagine-se o submetendo a estas condições. É a consagração, por lei, do regime da total e inexorável desesperança"[10].

11. PRISÃO EM FLAGRANTE

Flagrante é o delito que ainda "queima", ou seja, é aquele que está sendo cometido ou acabou de sê-lo. A prisão em flagrante é a que resulta no momento em a evidência do crime ainda arde. É uma medida restritiva de liberdade, de caráter eminentemente administrativo, que não exige ordem escrita do juiz, porque o fato ocorre de inopino (art. 5º, inciso LXI da CF). Permite-se que se faça cessar imediatamente a infração com a prisão do transgressor, em razão da aparente convicção quanto à materialidade e a autoria permitida pelo domínio visual dos fatos. É uma forma de autopreservação e defesa da sociedade, facultando-se a qualquer do povo a sua realização. Os atos de documentação a serem realizados subsequentemente ao cerceio da liberdade do agente ocorrerão normalmente na Delegacia de Polícia.

A doutrina não é uniforme no que toca à natureza jurídica da prisão em flagrante. São basicamente três correntes:

(1) uma que sustenta que a natureza jurídica da prisão em flagrante é a de ato administrativo, tal como o faz Walter Nunes da Silva Júnior, entendendo que "não se mostra

10. MOREIRA, Rômulo de Andrade. Este monstro chamado RDD. *Migalhas*, 17 ago. 2008. Disponível em: <https://www.migalhas.com.br/depeso/28831/este-monstro-chamado-rdd>. Acesso em: 16 fev. 2020.

coerente dizer que a prisão em flagrante é, ao mesmo tempo, um ato administrativo e mediada processual acautelatória"[11];

(2) outra, capitaneada por Afrânio Silva Jardim, reputa que "a prisão em flagrante, ao lado da preventiva, é uma das espécies de medidas de natureza acautelatória", que reclama pronunciamento judicial acerca de sua manutenção[12];

(3) a última, na esteira de Tourinho Filho – posição a qual nos filiamos –, que a considera um ato complexo, com "duas fases bem distintas: a primeira, que diz respeito à prisão-captura, de ordem administrativa, e a segunda, que se estabelece no momento em que se faz a comunicação ao juiz, de natureza processual, quando a homologação e manutenção ou transformação da prisão somente deve ocorrer se presente um dos fundamentos para a decretação da prisão preventiva" (seria assim, ato administrativo na origem, sendo judicializado ao final)[13]. Aury Lopes Jr., em análise similar, chega à conclusão de que num primeiro momento o flagrante é medida **pré-cautelar**, "de natureza pessoal, cuja precariedade vem marcada pela possibilidade de ser adotada por particulares ou autoridade policial, e que somente está justificada pela brevidade de sua duração e o imperioso dever de análise judicial em até 24 horas, onde caberá ao juiz analisar sua legalidade e decidir sobre a manutenção da prisão"[14].

É de se observar, entretanto, que o legislador, ao idealizar o cabimento da prisão em flagrante, não se restringiu à acepção restrita da palavra. Nesse prisma, conseguiu elastecer aquilo que se entende por flagrante delito, distorcendo a própria essência do instituto, de sorte que teremos uma série de hipóteses, disciplinadas em lei, que refogem ao conceito aqui esboçado, distribuídas logo a seguir entre as espécies de flagrante delito.

12. ESPÉCIES DE FLAGRANTE

Vejamos agora enfrentar as modalidades de flagrante delito disciplinadas no Código de Processo, na legislação especial e aquelas idealizadas pela doutrina e pela jurisprudência, destacando o âmbito de incidência e o aspecto da legalidade.

13. FLAGRANTE PRÓPRIO (PROPRIAMENTE DITO, REAL OU VERDADEIRO)

Dá-se o flagrante próprio quando o agente é surpreendido cometendo a infração penal ou quando acaba de cometê-la. É a modalidade que mais se aproxima da origem da palavra flagrante, pois há um vínculo de imediatidade entre a ocorrência da infração e a realização da prisão.

Temos duas situações contempladas nesta modalidade:

(1) daquele que é preso quando da realização do crime, leia-se, ainda na execução da conduta delituosa;

11. SILVA JÚNIOR, Walter Nunes da. *Curso de direito processual penal: teoria (constitucional) do processo penal*. Rio de Janeiro: Renovar, 2008. p. 879-881.
12. JARDIM, Afrânio Silva. ***Direito processual penal***. 11. ed. Rio de Janeiro: Forense, 2002. p.146.
13. TOURINHO FILHO, Fernando da Costa. Processo Penal. 30ª ed. São Paulo: Saraiva: 2008, p. 456-457.
14. LOPES JR., Aury. *Direito processual penal e sua conformidade constitucional*. Rio de Janeiro: Lumen Juris, 2009. v. II. p. 64.

(2) de quem é preso quando acaba de cometer a infração, ou seja, sequer se desvencilhou do local do delito ou dos elementos que o vinculem ao fato quando vem a ser preso. A prisão deve ocorrer de imediato, sem o decurso de qualquer intervalo de tempo. São as hipóteses previstas nos incisos I e II, do art. 302, do CPP.

14. FLAGRANTE IMPRÓPRIO (IRREAL OU QUASE FLAGRANTE)

Nesta modalidade de flagrante, o agente é perseguido, logo após a infração, em situação que faça presumir ser o autor do fato. É a hipótese do art. 302, inciso III, do CPP. A expressão "logo após" abarca todo o espaço de tempo que flui para a polícia chegar ao local, colher as provas do delito e iniciar a perseguição do autor.

A crença popular de que é de vinte e quatro horas o prazo entre a prática do crime e a prisão em flagrante não tem o menor sentido, eis que não existe um limite temporal para o encerramento da perseguição. Inocorrendo solução de continuidade, isto é, se a perseguição não for interrompida, mesmo que dure dias ou até mesmo semanas, havendo êxito na captura do perseguido, estaremos diante de flagrante delito.

O § 1º, do art. 290, do CPP exprime o conceito legal de perseguição, entendendo-a quando a autoridade:

(1) tendo avistado o infrator, for perseguindo-o sem interrupção, embora depois o tenha perdido de vista. Portanto, o contato visual não é elemento essencial para a caracterização da perseguição;

(2) sabendo, por indícios ou informações fidedignas, que o infrator tenha passado, há pouco tempo, em tal ou qual direção, pelo lugar em que o procura, for no seu encalço.

15. FLAGRANTE PRESUMIDO (FICTO OU ASSIMILADO)

No flagrante presumido, o agente é preso, logo depois de cometer a infração, com instrumentos, armas, objetos ou papéis que presumam ser ele o autor do delito (art. 302, IV, CPP). Esta espécie não exige perseguição. Basta que a pessoa, em situação suspeita, seja encontrada logo depois da prática do ilícito, sendo que, o móvel que a vincula ao fato é a posse de objetos que façam crer ser a autora do crime. O lapso temporal é ainda mais dilatado, pois a prisão decorre do encontro do agente com os objetos que façam a conexão com a prática do crime.

16. FLAGRANTE COMPULSÓRIO OU OBRIGATÓRIO

Alcança a atuação das forças de segurança, englobando as polícias federal, civil, militar, rodoviária, ferroviária e o corpo de bombeiros militar (art. 144, CF). Estas têm o dever de efetuar a prisão em flagrante, sempre que a hipótese se apresente, revelando o estrito cumprimento de um dever legal (art. 301, ***in fine***, CPP). Entendemos que esta obrigatoriedade perdura enquanto os integrantes estiverem em serviço. Durante as férias, licenças, folgas, os policiais atuam como qualquer cidadão, e a obrigatoriedade cede espaço à mera faculdade.

Há quem entenda que o dever subsiste 24 (vinte e quatro) horas por dia, quando possível, remetendo ao porte permanente da arma, intimamente ligados ao exercício funcional[15].

Já os integrantes da guarda civil metropolitana não estão obrigados à realização da prisão em flagrante, sendo mera faculdade.

17. FLAGRANTE FACULTATIVO

É a faculdade legal que autoriza qualquer do povo a efetuar ou não a prisão em flagrante, caracterizando verdadeiro exercício regular de um direito. Abrange também, como já visto, os policiais que não estejam em serviço (art. 301, CPP).

18. FLAGRANTE ESPERADO

No flagrante esperado temos o tratamento da atividade pretérita da autoridade policial que antecede o início da execução delitiva, em que a polícia antecipa-se ao criminoso, e, tendo ciência de que a infração ocorrerá, sai na frente, fazendo campana (tocaia), e realizando a prisão quando os atos executórios são deflagrados. Ex: sabendo o agente policial, pelas investigações, que o delito vai ocorrer, aguarda no local adequado, e, na hora "H", realiza a prisão em flagrante.

É o que se deseja da atividade policial, com forte desenvolvimento investigativo, e tendo conhecimento de que a infração ainda irá ocorrer, toma as medidas adequadas para capturar o infrator assim que ele comece a atuar. O flagrante esperado não está disciplinado na legislação, sendo uma idealização doutrinária para justificar a atividade de aguardo da polícia. Desta maneira, uma vez iniciada a atividade criminosa, e realizada a prisão, estaremos diante, em regra, de verdadeiro flagrante próprio, pois o indivíduo será preso cometendo a infração, enquadrando-se na hipótese do art. 302, inciso I, do CPP.

Nada impede que o flagrante esperado seja realizado por particular, que poderá, validamente, sabendo que a infração irá ocorrer, aguardar o início dos atos executórios para prender em flagrante. É recomendado, contudo, que havendo tempo hábil e por uma questão de segurança, que se entre em contato com a polícia. Não o fazendo, ainda assim a prisão estará revestida de legalidade.

Chancelando verdadeira situação de flagrante esperado, o STJ editou o enunciado sumular nº 567, assentando que o sistema de vigilância realizado por monitoramento eletrônico ou por existência de segurança no interior do estabelecimento comercial, por si só, não torna impossível a configuração do crime de furto". Assim, observar o comportamento daquele que entra no estabelecimento comercial, seja de forma eletrônica ou por meio de seguranças, realizando a captura quando o ilícito se inicia, não desnatura o furto e não inviabiliza o flagrante, pautado em verdadeira campana.

15. NUCCI. Guilherme de Souza. *Código de processo penal comentado.* 9. ed. São Paulo: Editora RT. 2009. p.603.

19. FLAGRANTE PREPARADO, PROVOCADO, DELITO DE ENSAIO OU DELITO PUTATIVO POR OBRA DO AGENTE PROVOCADOR

No flagrante preparado, o agente é induzido ou instigado a cometer o delito, e, neste momento, acaba sendo preso em flagrante. É um artifício onde verdadeira armadilha é maquinada no intuito de prender em flagrante aquele que cede à tentação e acaba praticando a infração.

Ex: policial disfarçado encomenda a um falsário certidão de nascimento de pessoa fictícia, e, no momento da celebração da avença, com a entrega do dinheiro e o recebimento do documento falsificado, realiza a prisão em flagrante.

Traduziria uma eficiente ferramenta para prender pessoas que sabidamente são criminosas, pois ao serem estimuladas e iniciando a conduta delitiva, seriam surpreendidas em flagrante.

É temerário, contudo, que se admita que o Estado, através dos seus órgãos de investigação, ou até mesmo os particulares, estimulem a prática do delito com o fim de realização da prisão em flagrante. A vontade de deflagrar o inquérito policial com o suspeito já preso e com vasta documentação da atividade delitiva, não pode endossar condutas não ortodoxas onde os fins justifiquem os meios.

Nesse sentido, o STF editou o enunciado nº 145, de sua Súmula, verberando que não há crime quando a preparação do flagrante pela polícia torna impossível a sua consumação. Para a Suprema Corte, diante da preparação do flagrante, e a consequente realização da prisão, existiria crime só na aparência, pois, como a consumação restará frustrada, já que esta é obstada pela realização da prisão, deparamo-nos com verdadeiro crime impossível, de sorte que não só a prisão é ilegal, mas também não há de se falar em responsabilidade penal pela conduta daquele que foi instigado a atuar como verdadeiro objeto de manobra do agente provocador. Por consequência, eventual inquérito ou processo iniciados devem ser trancados via ***habeas corpus***, afinal, não houve infração.

Segundo Damásio de Jesus, "ocorre crime putativo por obra do agente provocador quando alguém provoca o agente à prática do crime, ao tempo que cuida para que o mesmo não se consume"[16].

Encontramos forte posição contrária à adoção das consequências do flagrante preparado, sob o fundamento de que não existiria diferença de fundo entre o flagrante esperado e o provocado, já que em ambos, a atuação da polícia se daria para evitar a consumação do delito. Neste sentido, Eugênio Pacelli, quando ao fazer um paralelo entre as duas modalidades de flagrante (preparado e esperado), conclui "que ambas as situações podem estar tratando de uma única e mesma realidade: a ação policial suficiente a impedir a consumação do crime (ou o seu exaurimento), tudo dependendo de cada caso concreto. Não nos parece possível, com efeito, fixar qualquer diferença entre a ***preparação*** e a ***espera*** do flagrante, no que se refere à impossibilidade de consumação do crime, fundada na ideia da eficiente atuação policial. Em ambos os casos, como visto, seria possível, em tese, tornar impossível, na mesma medida, a ação delituosa em curso. Por que então a validade

16. JESUS, Damásio E. *Direito penal*. 18. ed. *São Paulo*: Saraiva, 1994. v. 1. p. 176.

de um (esperado) e invalidade de outro (o preparado)?[17]". Sem embargo, tem prevalecido o entendimento sumular do STF.

Na realidade, a falta de compreensão do problema reside na precária justificativa sumular nº 145, do STF. Não é parâmetro para a aferição da ilegalidade da prisão a "impossibilidade de consumação". Diferentemente, o que distinguirá a prisão válida da inválida é o móvel do delito tentado pelo agente, isto é, se a motivação do cometimento do fato típico for externa (provocado pela polícia), inexistirá crime punível, ao passo que se a polícia simplesmente espera a prática de um crime planejado pelo(s) sujeito(s) ativo(s), restará verificada conduta punível.

Questão delicada é a existência do flagrante provocado na hipótese de crime permanente. Se o delito já vinha se consumando quando incidentalmente ocorreu a provocação, esta não será decisiva para caracterização da infração, sendo apenas fator de constatação do crime que preexistia, de sorte que não só a prisão será válida, como também a responsabilidade penal pela conduta é de todo cabível. O clássico exemplo é o do traficante de drogas abordado por policial disfarçado de usuário. Se o traficante já tinha a droga consigo, ou em estoque, o crime de tráfico já estava se consumando, independente da abordagem da polícia, que em nada contribuiu para que o delito começasse a ser praticado, de sorte que não estará caracterizado o flagrante provocado. Por sua vez, se a pessoa abordada serviu de ferramenta para a obtenção do entorpecente, posto que não tinha a droga, tendo que empreender esforços para consegui-la pela solicitação do suposto usuário, amolda-se à aplicação do verbete sumular nº 145, do STF.

20. FLAGRANTE PRORROGADO (RETARDADO, POSTERGADO, DIFERIDO, ESTRATÉGICO OU AÇÃO CONTROLADA)

É um flagrante de feição estratégica, pois a autoridade policial tem a faculdade de aguardar, do ponto de vista da investigação criminal, o momento mais adequado para realizar a prisão, ainda que sua atitude implique na postergação da intervenção. Mesmo diante da ocorrência da infração, pode-se deixar de atuar, no intuito da captura do maior número de infratores, ou da captação de um maior manancial probatório.

Tal hipótese não se confunde com o flagrante esperado, pois neste a polícia aguarda o início dos atos executórios, e, uma vez iniciados, estará obrigada à realização da prisão. Já no flagrante diferido, a polícia deixa de efetivar a prisão, mesmo presenciando o crime, pois do ponto de vista estratégico, esta é a melhor opção. A Lei nº 12.850/2013 (Lei de Organização Criminosa) previu expressamente o instituto, que recebe a denominação de "ação controlada". Nos termos do art. 8º, a ação controlada consiste em "retardar a intervenção policial ou administrativa relativa à ação praticada por organização criminosa ou a ela vinculada, desde que mantida sob observação e acompanhamento para que a medida legal se concretize no momento mais eficaz à formação de provas e obtenção de informações". De modo a possibilitar o controle judicial da medida, o art. 8º, § 1º, da Lei, estabelece a necessidade de comunicação ao juízo competente, que ouvindo o Ministério Público, poderá estabelecer os limites da ação, caso necessário.

17. OLIVEIRA, Eugênio Pacelli. *Curso de processo penal*. 3. ed. Belo Horizonte: Del Rey, 2004. p. 508.

O flagrante postergado foi contemplado também na Lei nº 11.343/2006, de combate e repressão ao tráfico de drogas, prevendo, no art. 53, inciso II, "a não-autuação policial sobre os portadores de drogas, seus precursores químicos ou outros produtos utilizados em sua produção, que se encontrem no **território brasileiro**, com a finalidade de identificar e responsabilizar maior número de integrantes de operações de tráfico e distribuição, sem prejuízo da ação penal cabível" (grifo nosso). A ideia é a mesma, contudo os requisitos são diversos, já que na lei de tóxicos, exige-se autorização judicial, prévia oitiva do MP, além do conhecimento do provável itinerário da droga e dos eventuais agentes do delito ou colaboradores (art. 53, ***caput*** e parágrafo único). A Lei de Lavagem de Dinheiro (Lei nº 9.613/1998) também prevê o instituto da ação controlada. A previsão, entretanto, consta agora do art. 4º-B, indicando que será possível suspender a ordem de prisão de pessoas (bem como as medidas cautelares reais) quando a execução imediata puder comprometer as investigações. Do mesmo modo, exigimos deliberação do juiz, com a correspondente oitiva do MP.

Acreditamos que o flagrante diferido nada mais é do que uma flexibilização da obrigatoriedade da atuação imediata da polícia, assim que identifica a atividade criminosa em desenvolvimento. Tanto é verdade, que afora as hipóteses de crime permanente, onde a autoridade policial acompanha todo o desenvolvimento da conduta delituosa para no momento mais adequado realizar a prisão, a própria terminologia **flagrante postergado** é inapropriada, afinal, o que ocorre é a não autuação por uma infração, na expectativa de prender por outro crime. É uma mitigação da obrigatoriedade de realizar a prisão em flagrante, inerente à atividade policial. Tomemos como exemplo a hipótese de policiais que acompanham a subtração de veículo que será utilizado para transportar carregamento de armas, deixando de prender em flagrante pelo crime meio (furto), para autuá-los pelo crime fim (tráfico de armas). A toda evidência, o que ocorre, na espécie, é a escolha mais oportuna da infração que vai motivar o flagrante. Caso eventualmente o carregamento de armas não chegue ao seu destino, frustrando a atividade da polícia, restará a instauração de inquérito pelo crime de furto, pois o flagrante, para esta infração, já passou.

AÇÃO CONTROLADA	
Previsão legal	**Depende de autorização judicial?**
Art. 8º da Lei nº 12.850/2013	Não, devendo o juiz ser previamente comunicado
Art. 53, II, Lei nº 11.343/2006	Sim, com prévia oitiva do MP
Art. 4º-B, Lei nº 9.613/1998	Sim, com prévia oitiva do MP

21. FLAGRANTE FORJADO

É aquele armado, fabricado, realizado para incriminar pessoa inocente. É a lídima expressão do arbítrio, onde a situação de flagrância é maquinada para ocasionar a prisão daquele que não tem conhecimento do ardil. Ex.: empregador que insere objetos entre os pertences do empregado, acionando a polícia para prendê-lo em flagrante pelo furto, para com isso demiti-lo por justa causa.

É uma modalidade ilícita de flagrante, onde o único infrator é o agente forjador, que pratica o crime de denunciação caluniosa (art. 339, CP), e sendo agente público, também incorre em abuso de autoridade (Lei nº 13.869/2019).

22. FLAGRANTE POR APRESENTAÇÃO

E se o suposto autor do fato se apresenta voluntariamente à autoridade policial, poderá ser preso em flagrante? Quem se entrega à polícia não se enquadra em nenhuma das hipóteses legais autorizadoras do flagrante. Assim, não será autuado. Não obstante, se estiverem presentes os requisitos legais, poderá a autoridade policial representar ao judiciário pela decretação da prisão preventiva ou da prisão temporária.

Embora não disponha mais o Código sobre a apresentação espontânea, como antes fazia expressamente em seu art. 317, CPP, permanece ínsita ao nosso ordenamento jurídico a possibilidade de requerimento do Ministério Público ou de representação da autoridade policial para o fim de ser decretada a prisão preventiva, se presentes as condições do art. 312, CPP ou do art. 1º da Lei nº 7.960/89. Em outras palavras, como a apresentação espontânea é incompatível com a prisão em flagrante, andou bem o legislador em não mais tratar do que naturalmente é óbvio: a livre apresentação do agente obsta o flagrante, mas não impede a decretação da preventiva (ou temporária) de acordo com o caso concreto.

A razão de ser da disciplina legal da apresentação espontânea era a de que ela trazia benefícios ao agente, como a inexistência de efeito suspensivo quando houvesse recurso da acusação contra a sentença absolutória (pelo que previa o antigo texto do art. 318 do CPP, alterado pela Lei nº 12.403/2011).

O dispositivo já havia perdido sua aplicabilidade, já que segundo a sistemática processual vigente, independente de ter havido apresentação espontânea ou não, o recurso da acusação contra sentença absolutória não impede que o réu seja posto imediatamente em liberdade (art. 596, CPP).

23. FLAGRANTE CATALÉPTICO

Thiago Sifferman e Rilmo Braga discorrem sobre o denominado flagrante cataléptico[18] para referir a proposta do agente público em não prender em flagrante sujeito ativo de crime, solicitando, em troca, vantagem indevida. Todavia, ao verificar que o pedido de vantagem não teria sido atendido pelo autor da infração penal, o agente condutor do flagrante faz cessar a sustação da prisão que deveria ocorrer logo de início, efetuando-a nesse momento posterior[19].

O flagrante cataléptico é um flagrante de vingança, que fora paralisado em função de exigência ou pedido de vantagem indevida por parte do seu condutor e, seguidamente, retomado, diante da solicitação ou da exigência (para não prender) frustrada.

18. O termo é tomado da medicina: "catalepsia patológica é uma doença rara em que os membros se tornam rígidos, mas não há contrações, embora os músculos se apresentem mais ou menos rijos. A pessoa fica o tempo todo consciente e quem passa por ela pode ficar horas nesta situação".
19. SIFFERMAN, Thiago; BRAGA, Rilmo. Flagrante cataléptico. *Empório do direito*. Disponível em: <http://emporiododireito.com.br/leitura/flagrante-cataleptico-por-thiago-siffermann-e-rilmo-braga>. Acesso em: 27 nov. 2017.

Consiste em um flagrante imobilizado-e-retomado, isto é, congelado ***ex ante*** e reiniciado ***ex post***, em razão da não submissão da pessoa autuada em flagrante às condições do agente público proponente. Trata-se de modalidade de flagrante ilegal, passível de relaxamento.

ESPÉCIE DE FLAGRANTE	SITUAÇÃO	ARTIGO
Próprio, perfeito ou real	Está cometendo a infração penal Acaba de cometer a infração penal	302, I, CPP 302, II, CPP
Impróprio, imperfeito ou quase flagrante	É perseguido, logo após o cometimento da infração penal, em situação que faça presumir ser ele o autor da infração penal	302, III, CPP
Presumido ou ficto	É encontrado, logo depois, com instrumentos do crime, armas, papéis ou objetos que façam presumir ser ele o autor da infração penal.	302, IV, CPP
Preparado ou provocado	O agente é induzido ou instigado à prática da infração penal, na expectativa de que seja capturado em flagrante (ilicitamente)	Súmula nº 145/STF
Compulsório ou obrigatório	As forças de segurança, englobando as polícias federal, estadual, militar, rodoviária, ferroviária e o corpo de bombeiros militares (art. 144, CF) têm o dever de realização da prisão em flagrante	301, CPP
Facultativo	Qualquer do povo tem a faculdade de realizar a prisão em flagrante	301, CPP
Esperado	Ciente da iminência do crime, a autoridade policial aguarda os primeiros atos executórios e realiza a prisão (licitamente)	–
Prorrogado ou ação controlada	Retardamento da ação policial para que se concretize no momento mais eficaz do ponto de vista da formação de provas e fornecimento de informações	Lei nº 12.850/2013 Lei nº 11.343/2006 Lei nº 9.613/1998
Forjado	Conduta ilícita, é aquele armado contra o agente	Pode configurar crime de denunciação caluniosa ou abuso de autoridade
Por apresentação	A apresentação obsta a prisão em flagrante	Antiga redação do art. 317, CPP
Cataléptico	É um flagrante de vingança, que fora paralisado em função de exigência ou pedido de vantagem indevida por parte do seu condutor e, seguidamente, retomado, diante da solicitação ou da exigência frustrada. Trata-se de modalidade ilegal, passível de relaxamento.	–

24. FLAGRANTE NAS VÁRIAS ESPÉCIES DE CRIME

Em regra, todas as infrações penais admitem prisão em flagrante, sendo conveniente destacarmos as peculiaridades em razão de algumas delas:

25. FLAGRANTE DE CRIME PERMANENTE

Segundo Cezar Roberto Bitencourt, permanente "é aquele crime cuja consumação se alonga no tempo, dependente da atividade do agente, que poderá cessar quando este quiser (cárcere privado, sequestro)"[20]. Enquanto não cessar a permanência, a prisão em flagrante poderá ser realizada a qualquer tempo (art. 303, CPP), mesmo que para tanto seja necessário o ingresso domiciliar. Como a Carta Magna, no art. 5º, inciso XI, admite a violação domiciliar para a realização do flagrante, a qualquer hora do dia ou da noite, havendo o desenvolvimento de crime permanente no interior do domicílio, atendido está o requisito constitucional. Se o traficante tem substância entorpecente estocada em casa, o crime de tráfico estará caracterizado em situação de permanência, admitindo-se o ingresso para a realização da prisão. Restaria a seguinte indagação: e se os policiais adentrarem na casa e não encontrarem a substância entorpecente, quais as consequências desta diligência frustrada? Verificado o dolo, resta a caracterização do crime de abuso de autoridade (art. 22, da Lei nº 13.869/2019).

Enfrentando o tema no recurso extraordinário nº 603.616, com repercussão geral reconhecida, o Plenário da Suprema Corte firmou de que "a entrada forçada em domicílio sem mandado judicial só é lícita, mesmo em período noturno, quando amparada em fundadas razões, devidamente justificadas *a posteriori*, que indiquem que dentro da casa ocorre situação de flagrante delito, sob pena de responsabilidade disciplinar, civil e penal do agente ou da autoridade, e de nulidade dos atos praticados"[21].

26. FLAGRANTE DE CRIME HABITUAL

O crime habitual é aquele que materializa o modo de vida do infrator, exigindo, para a consumação, a reiteração de condutas, que por sua repetição, caracterizam a ocorrência da infração. Ex: exercício ilegal da medicina, arte dentária ou farmacêutica (art. 282 do CP). Pela dificuldade no caso concreto de aferir a reiteração de atos, somos partidários do entendimento de que não cabe flagrante nas infrações habituais, afinal, colocando-se como expectador, objetivamente o delegado (ou o agente) não teria como precisar, no momento em que surpreende o infrator, se existe ou não a habitualidade. Lembremos que o crime habitual só se verifica pela reiteração de condutas, e a prática isolada de um ato é, em regra, fato atípico. A prisão em flagrante retrataria o ato isolado, que em si não representa infração penal.

No mesmo sentido, Tourinho Filho, ao pontuar não conceber o flagrante na infração penal habitual, eis que esta acontece "quando a conduta típica se integra com a prática de várias ações que, insuladamente, são indiferentes legais". Daí que se "a polícia efetua a prisão em flagrante, na hipótese de crime habitual, está surpreendendo o agente na prática

---

20. BITENCOURT, Cézar Roberto. *Tratado de direito penal*: parte geral. 9. ed. São Paulo: Saraiva, 2004. v.1. p. 194.
21. STF – Segunda Turma – RHC 172299 AgR – Rel. Min. Ricardo Lewandowski – publicado em 06 nov. 2019.

de um só ato. O auto de prisão vai apenas e tão somente retratar aquele ato insulado. Não os demais. Aquele ato insulado constitui um indiferente legal"[22].

Em posição contrária à aqui defendida, Mirabete adverte que "não é incabível a prisão em flagrante em ilícitos habituais se for possível, no ato, comprovar-se a habitualidade. Não se negaria a situação de flagrância no caso da prisão de responsável por bordel onde se encontram inúmeros casais para fim libidinoso, de pessoa que exerce ilegalmente a medicina quando se encontra atendendo vários pacientes etc"[23]. Entendemos, com a devida vênia, que não lhe assiste razão, afinal, permitir tal presunção de habitualidade, é temerariamente admitir a efetivação do flagrante sem a constatação da real consumação da infração, e como já frisado, o crime habitual só estará consumado em face da reiteração de condutas.

27. FLAGRANTE DE CRIME DE AÇÃO PENAL PRIVADA E PÚBLICA CONDICIONADA

Nada impede a realização da prisão em flagrante nos crimes de ação privada ou pública condicionada. Entretanto, para a lavratura do auto, exige-se a manifestação de vontade do respectivo legitimado. Ora, se nessas infrações toda a persecução penal está a depender de autorização do interessado, seja a vítima, seu representante legal, ou o próprio Ministro da Justiça nos crimes de ação pública delas dependente, para que o auto seja lavrado, é condição essencial esta aquiescência. Por sua vez, se a vítima não puder imediatamente ir à delegacia para se manifestar, por ter sido conduzida ao hospital ou por qualquer motivo relevante, poderá fazê-lo no prazo de entrega da nota de culpa.

Naturalmente, se o agente é surpreendido em flagrante, será conduzido coercitivamente à delegacia, pois a agressão deve cessar. Lá, caso a vítima não emita autorização, aí sim está obstaculizada a lavratura do auto, devendo a autoridade policial liberar o ofensor, sem nenhuma formalidade, documentando o ocorrido em boletim de ocorrência, para efeitos de praxe, pois não haverá prisão nem instauração de inquérito policial.

28. FLAGRANTE DE CRIME CONTINUADO

O art. 71, do Código Penal, prevê, por questão relacionada à política criminal, a figura do crime continuado. Isso porque, na verdade, o que se tem são vários delitos. O dispositivo visa dar tratamento mais brando ao imputado que incorra nas situações apontadas pelo legislador, indicativas de semelhanças entre fatos atribuídos ao mesmo agente.

De tal modo, a expressão "crime continuado" é uma ficção jurídica, porquanto não há um único fato delituoso, porém vários. Os crimes são "parcelares" tão somente de forma fictícia (virtual ou irreal). Vale dizer, os crimes subsequentes devem ser havidos como continuação do primeiro deles quando "o agente, mediante mais de uma ação ou omissão, pratica dois ou mais crimes da mesma espécie", consideradas "as condições de tempo, lugar, maneira de execução e outras semelhantes". Conquanto haja viabilidade de várias prisões em flagrante, a pena será única, não obstante majorada.

22. TOURINHO FILHO, Fernando da Costa. *Processo penal*. São Paulo: Saraiva, 2003. v.3. p. 457.
23. MIRABETE, Julio Fabbrini. *Processo Penal*. 15. ed. São Paulo: Atlas, 2004. p. 378.

Em outras palavras, no caso de continuidade delitiva, existem várias condutas típicas. A ficção jurídica preconizada pelo legislador determina que, quando da prolação da sentença, seja aplicada a pena de um só delito. Esse proceder decorre da **teoria da ficção jurídica do crime continuado** ou **teoria da unidade fictícia limitada**, albergada pela legislação brasileira para fins exclusivos de imposição da sanção penal[24]. Ao invés de serem somadas as penas, o magistrado estará autorizado a majorá-la de um sexto a dois terços (parte final do art. 71).

No que toca ao cabimento da prisão em flagrante, a existência de várias condutas típicas, independentes uma da outra, permite que seja possível a sua efetivação relativamente a cada uma das infrações penais. Em outros termos, é perfeitamente admissível efetuar a prisão em flagrante toda vez que for cometido um dos delitos que, em conjunto, serão havidos como continuação do primeiro. Dessa possibilidade nasceu o impropriamente denominado **flagrante fracionado**.

Como se infere, não se trata de realmente de fracionamento do flagrante. No flagrante fracionado o que há são vários casos concretos que, vistos isoladamente, ensejam prisão em flagrante, cada um de per si. Destarte, pode existir, quanto ao conjunto deles, a imposição de uma única pena quando da final sentença ou da unificação das penas em sede de execução penal (exasperada de um sexto até dois terços, nos termos do art. 71, parte final, do Código Penal), embora possa ter existido mais de uma prisão em flagrante, em face de fatos com similares condições de tempo, lugar e maneira de execução.

29. FLAGRANTE DE INFRAÇÃO DE MENOR POTENCIAL OFENSIVO

Nas infrações de menor potencial ofensivo, que são os crimes com pena máxima de até dois anos, cumulados ou não com multa, e as contravenções penais (art. 61, Lei nº 9.099/1995), ao invés da lavratura do auto de flagrante, teremos a realização do termo circunstanciado, desde que o infrator seja imediatamente encaminhado aos juizados especiais criminais ou assuma o compromisso de comparecer, quando devidamente notificado. Caso contrário, o auto será lavrado, recolhendo-se o agente ao cárcere, salvo se for admitido a prestar fiança. Era possível também que o capturado se livrasse solto, se a infração fosse apenada tão somente com multa, ou com pena privativa de liberdade de até três meses, em verdadeira liberdade incondicionada (art. 321, CPP). Tal prerrogativa foi afastada com o advento da Lei nº 12.403/2011, padronizando-se o tratamento das infrações de menor potencial ofensivo.

A Lei nº 11.343/2006 (Lei de Tóxicos) assevera que na posse para uso de substância entorpecente e condutas assemelhadas (art. 28), não se lavrará o auto de prisão em flagrante, realizando-se o termo circunstanciado, providenciando-se ainda as requisições dos exames necessários. O usuário de drogas será então conduzido à presença da autoridade judicial, para que seja realizada a lavratura do TCO (art. 48, § 2º). Só na ausência do juiz, é que as providências serão tomadas diretamente pelo delegado, no local em que se encontrar, vedando-se a detenção do agente (§ 3º). Como adverte Luiz Flávio Gomes, a "Lei de Drogas priorizou o 'juízo competente', em detrimento da autoridade policial. Ou seja: do usuário

24. FAYET JÚNIOR, Ney. *Do crime continuado*. Porto Alegre: Livraria do Advogado, 2001. p. 59-63.

de droga não deve se ocupar a polícia (em regra). Esse assunto configura uma questão de saúde pública, logo, não é um fato do qual deve cuidar a autoridade policial"[25]. A lei coloca a autoridade policial em função subsidiária ao papel desempenhado pelo magistrado, o que na prática não é verificado.

Percebe-se que mesmo que o agente se negue a assumir o compromisso de comparecer aos juizados, ainda assim não será detido, obstando a lei, peremptoriamente, a prisão do usuário de substância entorpecente. É verdadeira hipótese de liberdade provisória incondicionada.

Já a Lei nº 11.340/2006 (Lei Maria da Penha), tratando das hipóteses de violência doméstica, informa, no art. 41, que aos crimes praticados com violência doméstica e familiar contra a mulher[26], independentemente da pena prevista, não se aplica a Lei nº 9.099/1995. Assim, diante de uma infração de menor potencial ofensivo, ao invés do termo circunstanciado, pelo texto da lei, deve a autoridade policial lavrar o auto de prisão em flagrante, recolhendo o agressor ao cárcere, com comunicação ao juiz competente. Homologado o auto, restará ao juiz a conversão do flagrante em medida cautelar não detentiva (art. 319, CPP), já que, de regra, os delitos com pena privativa de liberdade de até quatro anos não comportam a conversão do flagrante em preventiva (art. 313, I, CPP).

Acreditamos que o art. 41, da referida Lei nº 11.340/2006 atenta contra o art. 98, inciso I da Constituição Federal, afinal, o tratamento das infrações de menor potencial ofensivo emana diretamente da Carta Magna, não podendo a lei ordinária, de forma casuística, excepcionar o mandamento constitucional.

30. SUJEITOS DO FLAGRANTE

Passaremos a enfrentar as pessoas envolvidas no procedimento para a efetivação da prisão e também para a lavratura do auto.

31. SUJEITO ATIVO DO FLAGRANTE

É aquele que efetua a prisão. Como já vimos, pode ser qualquer pessoa, integrante ou não da força policial (art. 301, CPP). Já o condutor é a pessoa que apresenta o preso à autoridade que presidirá a lavratura do auto, nem sempre correspondendo àquele que efetuou a prisão. Imaginemos a possibilidade de populares realizarem a prisão, e entregarem o preso ao destacamento da polícia militar, para encaminhá-lo à delegacia. Neste caso, os policiais figurarão como condutores, em que pese a prisão ter sido realizada por terceiros.

---

25. GOMES, Luiz Flávio; BIANCHINI, Alice; CUNHA, Rogério Sanches; OLIVEIRA, William Terra de. *Nova lei de drogas comentada*. São Paulo: RT, 2006. p. 216.

26. A Lei nº 13.772/2018, que alterou o Código Penal, para prever, no art. 216-B, o crime de registro não autorizado de intimidade sexual. De compasso com seus termos, a violação à intimidade da mulher, com registro não autorizado de nudez, bem como montagens, passam a constituir figuras típico-penais e, também, são expressamente inseridas no rol de condutas que podem configurar violência doméstica.

32. SUJEITO PASSIVO DO FLAGRANTE

É aquele detido em situação de flagrância. Em regra, pode ser qualquer pessoa. Contudo, temos exceções à realização da prisão em flagrante de determinados indivíduos. Vejamos as principais.

(1) Presidente da República: não poderá ser preso cautelarmente (art. 86, § 3º, CF). Só cabe prisão com o advento de sentença condenatória transitada em julgado.

(2) Diplomatas estrangeiros: podem desfrutar da possibilidade de não serem presos em flagrante, a depender dos tratados e convenções internacionais (art. 1º, I, CPP).

(3) Membros do Congresso Nacional (art. 53, § 2º, CF): só podem ser presos em flagrante por crime inafiançável. Configurada a hipótese, "os autos serão remetidos dentro de vinte e quatro horas à Casa respectiva, para que, pelo voto da maioria de seus membros, resolva sobre a prisão". A autoridade policial deve proceder à lavratura do auto, e remetê-lo dentro das exíguas 24 horas para a respectiva Casa Legislativa. Por oportuno, destacamos, com arrimo no art. 56 da CF, que o Deputado ou Senador não perderá o mandato se investido no cargo de Ministro de Estado, Governador de Território, Secretário de Estado, do DF, de Território, de Prefeitura de Capital ou chefe de missão diplomática temporário. Da mesma forma, se licenciado pela casa por motivo de doença, ou para tratar, sem remuneração, de interesse particular, sendo que nesta última hipótese, o afastamento não pode ultrapassar 120 dias por sessão legislativa. Com muita razão, se não há a perda do mandato, o parlamentar continuará fazendo ***jus*** à imunidade, mesmo que desempenhando as funções relatadas, ou licenciado pelas hipóteses constitucionais. Não obstante, é importante frisar que o STF, trilhando entendimento diverso, deixou prejudicada o verbete nº 4, de sua Súmula, que rezava que o congressista, nomeado Ministro de Estado, não perdia a imunidade. Com isso, a Corte Suprema encampou o entendimento distinto do aqui defendido, manifestando-se favoravelmente à perda da imunidade, o que ficou destacado nos autos do HC 78.093-AM, ao dizer que "o deputado afastado de suas funções para exercer cargo no Poder Executivo não tem imunidade parlamentar".

Quanto aos deputados estaduais, e por força do art. 27, § 1º c/c art. 53, § 1º, da CF, têm a mesma prerrogativa dos membros do Congresso, só cabendo a prisão em flagrante por crime inafiançável.

Já os vereadores, podem normalmente ser presos em flagrante, não desfrutando da referida imunidade.

(4) Magistrados (art. 33, II, LOMAN): só poderão ser presos em flagrante por crime inafiançável, devendo a autoridade fazer a imediata comunicação e apresentação do magistrado ao Presidente do respectivo Tribunal.

(5) Membros do MP (art. 40, III, LONMP): também só serão presos em flagrante por crime inafiançável, devendo a autoridade fazer em 24 horas a comunicação e apresentação do membro do MP ao Procurador-Geral.

(6) Advogados: como assegura o § 3º do art. 7º do Estatuto da Advocacia (Lei nº 8.906/1994), "o advogado somente poderá ser preso em flagrante, por motivo de exercício da profissão, em caso de crime inafiançável, observado o disposto no inciso IV deste artigo".

O referido inciso IV, por sua vez, estabelece a necessidade da presença de representante da OAB, nas hipóteses de flagrante em razão do exercício profissional, para a lavratura do auto, sob pena de nulidade. A propósito, a Lei nº. 13.869/2019 (Lei de Abuso de Autoridade) acrescentou ao Estatuto da OAB o art. 7º-B, que dispõe que constitui crime violar direito ou prerrogativa de advogado previstos nos incisos II, III, IV e V, do *caput*, do seu art. 7º.

(7) Menores de 18 anos: reza o art. 106, do Estatuto da Criança e do Adolescente (Lei nº 8.069/1990), que nenhum adolescente será privado de sua liberdade senão em flagrante de ato infracional ou por ordem escrita e fundamentada da autoridade judiciária competente. Esta apreensão será comunicada imediatamente à autoridade judiciária, à família do apreendido, ou à pessoa de sua confiança (art. 107).

(8) Motoristas: como dispõe o art. 301, do Código de Trânsito, quem presta pronto e integral socorro à vítima de acidente de trânsito não será preso em flagrante, nem lhe será exigida fiança. O objetivo é evitar que o motorista envolvido se veja estimulado a fugir, por medo da prisão.

33. PRISÃO DE DIPLOMATA ESTRANGEIRO

Como se anunciou acima, o diplomata estrangeiro, em território nacional, não pode ser sujeito passivo da prisão em flagrante. A imunidade dos diplomatas obsta a aplicação da lei brasileira, em homenagem à soberania do seu país de origem (Estado acreditante).

Para tanto, o diplomata deve ser identificado como tal. Caso não porte documentos pessoais, que atestem a sua condição de diplomata, não haverá outra solução cabível senão o seu encaminhamento à delegacia com atribuição para apurar o delito (notícia-crime). Depois de identificado o autuado como diplomata, deve ser respeitada a convenção que veda a imposição de prisão, providências judiciais ou administrativas.

Como a prisão em flagrante é ato complexo que envolve, pelo menos, as etapas de voz de prisão, condução à delegacia, lavratura do auto de prisão em flagrante e encaminhamento ao cárcere, a situação concreta pode indicar a necessidade de condução do diplomata à presença da autoridade policial. Frise-se que somente em situação excepcional isso é possível, a exemplo do diplomata que não apresenta documentos pessoais ou que os apresenta com rasuras.

Constatada a qualidade de diplomata pelo delegado de polícia, a prisão em flagrante não será imposta, sendo proibida a lavratura de auto de prisão em flagrante. As informações apuradas até a identificação da qualidade da imunidade do suposto autor do fato delituoso têm natureza de notícia-crime.

A rigor, é vedada qualquer providência tendente a instaurar persecução penal contra o diplomata. Tal somente é possível se o país acreditante, que o diplomata representa, autorizar expressamente a incidência das normas do Brasil, país acreditado. É nesse sentido o teor do art. 32, nº 1, da Convenção de Viena sobre Imunidades Diplomáticas, ratificada pelo Decreto nº 56.435/1965.

O STJ, por sua Sexta Turma, concedeu ***habeas corpus*** para remover medida cautelar de proibição de se ausentar do país, imposta a agente diplomático acusado de homicídio. Assentou que a cautelar aplicada não é adequada quando o Estado de origem do réu tenha renunciado à imunidade de jurisdição cognitiva, porém mantenha a competência para o cumprimento de eventual pena criminal a ele imposta. Do inteiro teor do acórdão, colhe-se que a imunidade diplomática pode ser dividida em duas subespécies. A primeira, chamada de **imunidade de jurisdição cognitiva**, constitutiva de óbice à instauração de investigação e de ação penal condenatória contra o agente diplomático estrangeiro no Brasil. A segunda, denominada de **imunidade jurisdicional executiva**, que se trata de impedimento de cumprimento da pena, pelo agente diplomático estrangeiro, no Brasil[27].

É de ver que, outrossim, algumas situações embaraçosas podem acontecer, a exigirem providências policiais:

(1) instauração de inquérito policial para apurar infração penal, cuja autoria é desconhecida. Se no curso da investigação preliminar for verificada a condição de diplomata do suspeito, o delegado de polícia não deverá prosseguir com a apuração do fato. Sabe-se que o inquérito policial não deve ser encerrado no âmbito da delegacia, devendo ser remetido à Justiça e em seguida ao ***Parquet*** que, ao seu turno, formulará os requerimentos cabíveis. Imediatamente, o delegado de polícia deverá encaminhar informações circunstanciadas, com cópias do inquérito e/ou dos elementos de informação ao Ministério das Relações Exteriores, eis que se trata de questão a ser resolvida pelas vias diplomáticas. Providência similar pode ser adotada pelo Ministério Público e pelo juízo ao qual foi distribuído o inquérito;

(2) flagrante delito de diplomata, devidamente identificado como tal. Nessa hipótese, não pode haver prisão em flagrante. A atuação da polícia significaria ofensa a soberania do Estado acreditante. Porém, não é impossível ocorrer situação de prática de infração penal que ofenda gravemente a incolumidade física de terceiros ou a dignidade sexual de crianças e adolescentes.

Como exemplo, imagine-se o flagrante delito do chefe de diplomacia cometendo estupro, roubo à mão armada ou efetuando disparos a esmo. Nesses casos hipotéticos, a polícia deverá atuar no sentido de conter as agressões, imediatamente. Também ***incontinenti*** deverá ser comunicado o fato ao Ministério das Relações Exteriores, para ciência da infração penal e adoção das providências cabíveis.

Como se deduz, a instauração de inquérito policial ou de investigação preliminar no âmbito da delegacia, ainda que sob a forma de verificação de procedência das informações, não deverá ser feita quando se constatar que o imputado é possuidor de imunidade diplomática. Chegada notícia de fato dessa natureza, o delegado de polícia deverá comunicá-lo ao órgão com atribuição para conhecê-lo, que é o Palácio do Itamaraty.

Não há incidência de qualquer dispositivo do ordenamento jurídico brasileiro. Se o agente se identificar cabalmente como diplomata, nem sequer é cabível a sua condução à autoridade policial. De tal sorte, o Itamaraty terá a atribuição de analisar a notícia do fato. Levará em consideração não somente a legislação brasileira, mas também a cultura do país acreditante. No prazo de trinta dias, será elaborado relatório e encaminhado ao país de origem do diplomata.

27. STJ – Sexta Turma – RHC 87.825-ES – Rel. Min. Nefi Cordeiro – unânime – DJe 14 dez. 2017.

O Brasil poderá declarar o agente diplomático como ***persona non grata***. Tal providência não tem relevância jurídica, do ponto de vista interno, eis que não se trata de condenação penal ou de imposição de qualquer regra restritiva de direitos do diplomata[28]. Se o país acreditante não adotar postura razoável e compatível com os interesses brasileiros relativamente ao diplomata, é possível fazer cessar as relações diplomáticas com aquele Estado.

A imunidade diplomática se estende aos familiares do diplomata que com ele convivam e desde que não sejam nacionais do estado acreditado. É necessário que o membro da família viva com o diplomata. Além disso, também é preciso um outro requisito para que a imunidade seja estendida, por exemplo, a um filho do diplomata: ele não deve ter nacionalidade brasileira. Caso o filho do diplomata seja brasileiro (nato ou naturalizado) ou não resida com ele, a lei penal brasileira o alcançará, pelo que poderá ser preso em flagrante e processado criminalmente. É esse o sentido do art. 37, nº 1, da Convenção de Viena sobre Imunidades Diplomáticas, ao gizar que os membros da família de um agente diplomático que com ele vivam gozarão dos privilégios e imunidade referidos, desde que não sejam nacionais do estado acreditado.

Deveras, a nacionalidade brasileira do membro da família do diplomata afasta a imunidade (art. 37, 1 e 2, da Convenção de Viena sobre Imunidades Diplomáticas, ratificada pelo Decreto nº 56.435/1965). A imunidade que se estende ao familiar, nessa situação, é a descrita no art. 29, daquele instrumento internacional, ao pontificar que a pessoa do agente diplomático é inviolável. Não poderá ser objeto de nenhuma forma de detenção ou prisão. O Estado acreditado tratá-lo-á com o devido respeito e adotará todas as medidas adequadas para impedir qualquer ofensa à sua pessoa, liberdade ou dignidade.

No que concerne aos seus funcionários, que tenham nacionalidade do país de origem (empregados natos), haverá limitação da jurisdição brasileira toda vez que tal implicar interferência demasiada no desempenho das funções da Missão (art. 37, nº 4, da Convenção de Viena sobre Imunidades Diplomáticas).

Veja-se que o funcionário de nacionalidade brasileira não detém imunidade jurisdicional penal. Já o funcionário de nacionalidade do país acreditante (nato), a princípio, também não possui a imunidade criminal. Só a terá sob a condição de tal exercício jurisdicional importar interferência demasiada no desempenho das funções da Missão diplomática.

A imunidade diplomática consiste em imunidade absoluta em favor do Estado acreditante. Trata-se de instituto que alija a aplicação da lei penal e processual penal brasileira (país acreditado). A finalidade da imunidade é propiciar que o representante do Estado acreditante exerça seu mister representativo sem embaraços, de maneira efetiva, como chefe de missão diplomática. É expressão da soberania do país acreditante.

Sob outro prisma, o cônsul não tem a mesma imunidade que um diplomata. O cônsul tem imunidade restrita aos crimes funcionais no exercício de suas atribuições consulares. Daí que se o cônsul se envolver em delito não relacionado com a representação do Estado

28. OLIVEIRA JÚNIOR, Eudes Quintino de. A imunidade diplomática e seus efeitos. *JusBrasil*. Disponível em: <eudesquintino.jusbrasil.com.br/artigos/121823149/a-imunidade-diplomatica-e-seus-efeitos>. Acesso em: 17 nov. 2015.

acreditante, poderá ser preso, investigado e processado. É o que se infere dos artigos 3, nº 2, e 41, nº 1, da aludida Convenção ratificada pelo Decreto nº 56.435/1965.

34. PRISÃO E APLICAÇÃO DE OUTRAS MEDIDAS CAUTELARES A MEMBRO DO CONGRESSO NACIONAL

O § 2º, do art. 53, da Constituição de 1988, é expresso ao dizer que, desde a emissão do diploma, "os membros do Congresso Nacional não poderão ser presos, salvo em flagrante de crime inafiançável. Nesse caso, os autos serão remetidos dentro de vinte e quatro horas à Casa respectiva, para que, pelo voto da maioria de seus membros, resolva sobre a prisão". Em outros termos, a única possibilidade de prisão provisória de um senador ou de um deputado federal é aquela classificada como flagrante, nos termos do art. 302, do CPP. Aliás, além de ser exigida situação de flagrante delito, a imputação deve se referir a crime inafiançável.

Vale dizer, verificado contexto de flagrante delito atribuído a membro do Congresso Nacional, a efetivação da prisão só é admitida se o crime estiver catalogado como inafiançável. E, pela ordem jurídica vigente, são inafiançáveis, em tese, os crimes apontados no art. 5º, da Constituição de 1988, quais sejam:

(1) o racismo (inciso XLII);

(2) a tortura (inciso XLIII);

(3) o tráfico ilícito de entorpecentes e drogas afins (inciso XLIII);

(4) o terrorismo (inciso XLIII);

(5) os crimes hediondos (inciso XLIII); e

(6) a ação de grupos armados, civis ou militares, contra a ordem constitucional e o Estado Democrático (inciso XLIV).

O art. 323, do CPP, reproduz o comando constitucional, asseverando que, nesses casos, não será concedida fiança. Ademais, o § 2º do art. 310 do CPP, em previsão de duvidosa constitucionalidade, nega liberdade provisória, com ou sem fiança, ao sujeito autuado em flagrante que:

(1) seja reincidente;

(2) integre organização criminosa armada ou milícia; ou

(3) porte arma de fogo de uso restrito.

Queremos crer que o ordenamento jurídico nacional tão somente contempla essas hipóteses de crimes inafiançáveis. São, em outras palavras, os crimes essencialmente inafiançáveis, considerados assim aqueles que, independentemente de qualquer inferência, evidenciam óbice intransponível ao arbitramento de fiança por qualquer órgão do Poder Judiciário e, naturalmente, pela autoridade policial. Nessas hipóteses, e tão somente nessas, um senador ou deputado federal pode ser preso em flagrante delito.

Situação distinta advém da dicção do art. 324, do CPP, que não aponta casuisticamente delitos inafiançáveis, mas estritamente situações impeditivas de arbitramento da fiança, em virtude de incompatibilidade lógica da concessão da cautela. Deveras, diz aquele enunciado que não será concedida igualmente a fiança:

(1) aos que, no mesmo processo, tiverem quebrado fiança anteriormente concedida ou infringido, sem motivo justo, qualquer das obrigações aludidas nos artigos 327 e 328, do Código;

(2) em caso de prisão civil ou militar;

(3) quando presentes os motivos que autorizam a decretação da prisão preventiva.

Essas observações têm cabimento em face da decretação de "prisão" de senador da República pelo Supremo Tribunal Federal. A ordem de prisão decorreu de pedido formulado pelo Procurador-Geral da República, em segredo de Justiça, como desdobramento das investigações da divulgada "Operação Lava Jato". Chama atenção a forma do requerimento subscrito pelo Ministério Público Federal, na pessoa do seu Chefe, no ponto em que requereu a prisão preventiva de parlamentar federal. Isso porque se trata de pleito que destoa daquele enunciado constitucional transcrito linhas atrás.

O próprio Procurador-Geral, indicando ciência da impossibilidade daquela cautela prisional, formulou pedido subsidiário, ponderando que caso se entendesse descabida a prisão preventiva de congressista, em razão de vedação constitucional, fosse-lhe impostas medidas cautelares do art. 319, CPP.

Pensamos que o só fato do Procurador-Geral da República pleitear medida que ofende claramente a Constituição é situação demasiadamente grave, porquanto indica ameaça aos pilares de sustentação do Estado Democrático de Direito.

Mais grave ainda é o STF acolher o pedido, ainda que sob o argumento de se tratar de situação de flagrante delito de crime permanente. Em síntese: quando presentes os requisitos da preventiva, a fiança está vedada (art. 324, IV, CPP), revelando uma inafiançabilidade circunstancial. Somado a isso, por se tratar, supostamente, de crime permanente, o flagrante é cabível a qualquer tempo, enquanto perdurar a permanência (art. 303, CPP). Aliados os dois argumentos, justificou-se a prisão do senador, em obtusa interpretação do comando constitucional.

Primeiramente, porque não nos parece que a narrativa de infração penal imputada ao indigitado senador aponte para qualquer situação de flagrante delito, nem tampouco de permanência delitiva.

Em segundo lugar porque se verificada a ocorrência de algum crime (a partir da sugestão do senador para que o investigado se furte à prisão ou evite incluí-lo em acordo de delação premiada), verdade é que as condutas estão longe de se enquadrarem em quaisquer dos delitos inafiançáveis sufragados pela Constituição e pelas leis de processo.

Na página do STF, foi noticiado que a sua Segunda Turma referendou a prisão do senador e de mais três investigados, decretada pelo Ministro Teori Zavascki, nos autos da Ação Cautelar nº 4039. O argumento sustentador da ordem: "para preservar as investigações realizadas no âmbito da Operação Lava-Jato".

De acordo com o Ministro Teori Zavascki, relator, "não haveria outra forma de se preservar a integridade das investigações que não fosse a decretação das prisões. Ele relatou à Turma que as razões para as prisões estavam fundamentadas no artigo 312 do Código de Processo Penal (CPP) – como prova da existência de crime (materialidade) e indício suficiente de autoria – conforme justificou o Ministério Público nas ações".

Em acréscimo, o relator "destacou a excepcionalidade da prisão preventiva e, mais ainda, que em caso de prisão de parlamentar no exercício do mandato só é permitida em situação de flagrante por crime inafiançável, conforme prevê o artigo 53, parágrafo 2º da Constituição Federal". Sustentou sua conclusão no fato de considerar o caso como "um estado de crime permanente, a partir da formação de associação criminosa com o objetivo de atrapalhar as investigações. Esse estado de permanência, segundo o relator, mantém a caracterização do flagrante para fins de prisão cautelar". Os demais ministros da Segunda Turma do STF acompanharam o voto do relator.

Sobre a questão, Afrânio Silva Jardim sintetizou bem que: "1 – A Constituição é clara e a prisão do parlamentar só poderia ocorrer em flagrante delito por crime inafiançável. 2 – Ao que se sabe, não foi lavrado o necessário auto de prisão em flagrante e nem se realizou a necessária audiência de custódia. 3 – De qualquer forma, a prisão em flagrante não poderia subsistir porque incabível a sua substituição por prisão preventiva. 4 – Não vejo prova mínima do crime de associação criminosa, mas apenas articulação entre pessoas envolvidas em prática criminosa para evitar a produção de prova desfavorável. 5 – Os demais crimes possíveis, no caso, não são permanentes e são afiançáveis. 6 – A existência de um crime permanente não autoriza, por si só, a prisão em flagrante de todos os seus autores e partícipes. Mesmo no crime permanente não se pode prender em flagrante quem não esteja em flagrante delito, dormindo em casa, por exemplo"[29].

Também, nessa toada, são as conclusões de Rômulo Andrade Moreira e Alexandre Morais da Rosa[30]. As consequências da trágica decisão, assim avaliada por nós, são imprevisíveis. O episódio retrata risco de desarmonia entre os Poderes da República em virtude de afastamento dos ditames constitucionais pelo órgão do Poder Judiciário que tem a competência para efetivar a preservação da Constituição de 1988.

A derradeira orientação do Supremo Tribunal Federal, quanto à aplicação de medidas cautelares, prisionais ou não prisionais (a exemplo do recolhimento domiciliar noturno e de outras do art. 319, CPP), envolve o estabelecimento do **critério de constituir óbice, direto ou indireto, ao regular exercício do mandato legislativo**, para determinar o reexame da decisão pela casa legislativa respectiva, para o fim de confirmar ou de sustar os efeitos da decisão restritiva aplicada pelo Poder Judiciário ao parlamentar.

Decerto, deixou vincado o STF que o ato emanado do Poder Judiciário que aplicar medida cautelar que impossibilite direta ou indiretamente o regular exercício do mandato

29. JARDIM, Afrânio Silva. Sobre a prisão de senador no exercício do mandato: dois questionamentos. *Empório do Direito.* Disponível em: <http://emporiododireito.com.br/sobre-a-prisao-de-senador-no-exercicio-do-mandato-dois-questionamentos-por-afranio-silva-jardim/>. Acesso em: 29 nov. 2015.
30. MOREIRA, Rômulo Andrade; ROSA, Alexandre Morais da. *Empório do Direito.* Para (não) entender a prisão de um senador pelo STF. Disponível em: <http://emporiododireito.com.br/para-nao-entender-a-prisao-de-um-senador-pelo-stf-por-romulo-de-andrade-moreira-e-alexandre-morais-da-rosa/>. Acesso em: 30 nov. 2015.

legislativo, deve ser submetido ao controle político da Casa Legislativa respectiva, a teor do art. 53, § 2º, da CF[31].

A nosso ver, também essa última orientação da Corte Suprema viola o sentido expresso na Constituição da República, que somente admite a aplicação de uma providência cautelar criminal ao parlamentar: a prisão em flagrante por delito inafiançável. Interpretação restritiva que mitigue direito fundamental e a função democrática, esbarra no cânone de que as garantias fundamentais, máxime a da liberdade, devem comportar interpretação extensiva e não a inversa. Para limitar tais pilares garantidores, exige-se lei em sentido formal que, ademais, seja compatível com a Constituição de 1988.

35. AUTORIDADE COMPETENTE PARA A LAVRATURA DO AUTO DE PRISÃO

A autoridade policial da circunscrição onde foi efetuada a prisão é, via de regra, a que possui atribuição para presidir a lavratura do auto (art. 290, CPP). Se no local onde foi realizada a captura não houver autoridade policial, o capturado deve ser apresentado à do lugar mais próximo (art. 308, CPP).

Destaque-se ainda que autoridade policial não detém exclusivamente a atribuição de presidência da lavratura do auto. Outras autoridades, em determinadas situações e no exercício de suas atribuições, também podem conduzir a elaboração do auto de prisão em flagrante (art. 4º, parágrafo único, CPP). O verbete nº 397, da Súmula, do STF, corrobora o entendimento, ressaltando que o poder de polícia da câmara dos Deputados e do Senado Federal, em caso de crime cometido nas suas dependências, engloba, consoante o seu regimento, a prisão em flagrante e a realização do inquérito.

É possível ainda que o crime seja praticado na presença da autoridade, ou contra esta, quando do exercício de suas funções. Caracterizada a hipótese, deve constar do auto, "a narração deste fato, a voz de prisão, as declarações que fizer o preso e os depoimentos das testemunhas, sendo tudo assinado pela autoridade, pelo preso e pelas testemunhas e remetido imediatamente ao juiz a quem couber tomar conhecimento do fato delituoso, se não o for a autoridade que houver presidido o auto" (art. 307, CPP).

Percebe-se claramente que não haverá a figura do condutor, afinal, o fato ocorreu na presença da autoridade. Em sendo o próprio magistrado, a exemplo da ocorrência de desacato, ele estará impedido de figurar como juiz da causa, por ter comprometida a imparcialidade (art. 252, CPP). Adverte Mirabete que tal permissão "só se refere às pessoas que podem presidir inquéritos ou ações penais, e não a qualquer uma, ainda que seja autoridade (poder de requisitar, de determinar etc.). Nesta hipótese, o funcionário deverá encaminhar o preso à autoridade competente para o inquérito"[32]. Portanto, entendemos que os membros do MP, ao presidirem inquérito, como o inquérito civil ou procedimento investigativo criminal (PIC), e se deparando com situação de flagrância, podem encampar a lavratura do auto, atendidos os requisitos objetivos, quais sejam, crime praticado na presença da respectiva autoridade ou contra esta, durante o exercício funcional. Todavia, a matéria

31. STF – Pleno – ADI 5526 – Rel. Min. Edson Fachin – Rel. p/ Acórdão: Min. Alexandre de Moraes – publicado em 07 ago. 2018.
32. MIRABETE, Julio Fabbrini. *Código de processo penal interpretado*. 11.ed. São Paulo: Atlas, 2003. p. 772.

está longe de ser pacífica, havendo quem, como Heráclito Mossin, afaste veementemente a atribuição dos membros do Ministério Público, restringindo a prerrogativa às autoridades policial e judiciária, na dicção do art. 307, do CPP[33].

A autoridade vai se valer do escrivão para a lavratura do auto, e na falta ou impedimento deste, qualquer pessoa poderá ser designada, prestando o devido compromisso legal (art. 305, CPP).

36. PROCEDIMENTOS E FORMALIDADES DA PRISÃO EM FLAGRANTE

Como pontua Luiz Flávio Gomes, a prisão em flagrante reúne quatro momentos distintos:

(1) captura do agente (no momento da infração ou logo após a sua realização);

(2) sua condução coercitiva até à presença da autoridade policial (ou judicial);

(3) lavratura do auto de prisão em flagrante; e

(4) recolhimento ao cárcere"[34].

A procedimentalização do flagrante encontra então a sua evolução desde a captura do infrator, quando este é dominado, levado à autoridade para autuação, com a realização das formalidades necessárias, e se encerra com o recolhimento ao xadrez, nas hipóteses em que não se admite a liberação imediata do indivíduo, como na prestação de fiança perante a autoridade policial.

Nesse contexto, especial atenção é prestada ao aspecto formal, com a documentação da prisão efetuada em razão da captura, sendo o auto de prisão em flagrante justamente a peça que materializa tal autuação. Vejamos agora o passo a passo que desaguará na lavratura do auto.

(1) A autoridade, antes de lavrar o auto, deve comunicar à família do preso ou pessoa por ele indicada a ocorrência da prisão (art. 5º, LXIII, 2ª parte, CF). A providência é imperativa e sua falta implica nulidade absoluta do auto de prisão em flagrante, só sendo afastada essa sanção quando o preso se omite em indicar familiar ou pessoa de sua confiança quando instado a tanto[35]. Além da comunicação incontinenti à família ou à pessoa indicada pelo preso, a prisão deve ser comunicada imediatamente ao juiz competente (das garantias – art. 3º-B, I, CPP[36]) e ao Ministério Público (art. 306, ***caput***, CPP).

(2) Oitiva do condutor: aquele que levou o preso até a presença da autoridade será ouvido, reduzindo-se suas declarações a termo com colheita da assinatura, e a ele será entregue cópia do termo e recibo de entrega do preso. Este recibo tem feição nitidamente

33. MOSSIN, Heráclito Antônio. *Comentários ao código de processo penal*. São Paulo: Manole, 2005. p. 608.
34. GOMES, Luiz Flávio; BIANCHINI, Alice; CUNHA, Rogério Sanches; OLIVEIRA, William Terra de. *Nova lei de drogas comentada*. São Paulo: RT, 2006. p. 214-215.
35. GRINOVER, Ada Pellegrini; GOMES FILHO, Antonio Magalhães; FERNANDES, Antonio Scarance. *As nulidades no processo penal*. 12. ed. São Paulo: RT, 2011. p. 273.
36. Dispositivo com eficácia suspensa, nos termos de decisão monocrática do Supremo Tribunal Federal (STF – ADI 6298/DF – Medida Cautelar – Rel. Min. Luiz Fux – 22 jan. 2020).

acautelatória, assegurando a fácil comprovação de que o preso foi entregue a autoridade, eximindo o condutor, a partir dali, de qualquer responsabilidade.

(3) Oitiva das testemunhas: na sequência, serão ouvidas as testemunhas que tenham algum conhecimento do ocorrido, e que acompanham o condutor. Suas declarações serão reduzidas a termo, e colhidas as respectivas assinaturas. Como a lei fala no plural, é pacífico o entendimento que precisam ser ao menos duas as testemunhas, chamadas de numerárias. Não há proibição de que policiais sirvam como testemunhas para a lavratura do auto de flagrante. Advirta-se também que nesta fase não há contradita.

Se eventualmente só existir uma testemunha do ocorrido, nada impede que o condutor funcione como a segunda testemunha, caso tenha conhecimento das circunstâncias do fato. Inexistindo testemunhas do fato, ainda assim não há impedimento para lavratura do auto de prisão em flagrante. Neste caso, serão utilizadas duas pessoas que tenham testemunhado a apresentação do preso à autoridade. Estas testemunhas, chamadas de instrumentais ou indiretas, nada conhecem do delito, sendo utilizadas para suprir a formalidade do ato.

(4) Oitiva da vítima, quando possível: em que pese a omissão legal quanto à oitiva da vítima nessa fase, é de bom tom que seja ouvida, prestando sua contribuição para o esclarecimento do fato e para a caracterização do flagrante. Lembremos que nos crimes de ação penal privada e pública condicionada a representação, sem a autorização do legítimo interessado, está frustrada a lavratura do auto de flagrante, sendo sua contribuição essencial.

(5) Oitiva do conduzido: a lei (art. 304, CPP) fala em **interrogatório do acusado**, o que é uma evidente impropriedade, afinal, ainda não existe formulação de denúncia ou processo. O preso será ouvido, assegurando-se o direito ao silêncio (art. 5º, LXIII, CF/1988). Na senda protetiva da primeira infância, o § 4º do art. 304, do CPP, preconiza que, da lavratura do auto de prisão em flagrante, deverá constar a informação sobre a existência de filhos, respectivas idades e se possuem alguma deficiência e o nome e o contato de eventual responsável pelos cuidados hipossuficiente, indicado pela pessoa presa.

Segue-se a necessidade de se ter essa circunstância nos autos, mormente quando imposta medida cautelar cerceadora de liberdade do autuado. Admite-se a presença do advogado, contudo, não é imprescindível à lavratura do auto. O advogado poderá formular razões e apresentar quesitos, exercendo o seu papel funcional (art. 7º, XXI, Lei nº 8.906/1994). As declarações do conduzido serão reduzidas a termo, colhendo-se a respectiva assinatura. Deve-se anotar que a prisão em flagrante não impede, por si só, que se reconheça a atenuante da confissão espontânea (art. 65, III, "d", CP), circunstância que poderá ser evidenciada se, por ocasião da sua oitiva, o conduzido livremente admitir os fatos que lhe são imputados. Por fim, é possível que o interrogatório não seja realizado por circunstância de força maior, como a hospitalização do suspeito, o que não viciará o flagrante.

(6) Ao final, convencida a autoridade de que a infração ocorreu, que o conduzido concorreu para o fato e que se trata de hipótese legal de flagrante delito, determinará ao escrivão que lavre e encerre o auto de flagrante. A toda evidência, não assiste razão para a autoridade determinar a lavratura do auto se não houver lastro legal para tanto, devendo até mesmo apurar a responsabilidade do condutor, se houver algum excesso. Assim, é factível que a autoridade policial relaxe a prisão, liberando o conduzido e deixando de proceder à lavratura do auto, que é o termo final, ocorrido após a oitiva dos envolvidos. Não estando

convencida a autoridade de que o fato apresentado autoriza o flagrante, deixará de autuar o conduzido, isto é, não lavrará o auto, **relaxando a prisão,** que já existe desde a captura, e por isso, não mandará recolher o indivíduo ao cárcere (§ 1º), pois a liberdade é de rigor.

Também não permanecerá preso o conduzido quando não houver impedimento ou vedação à concessão de fiança pela autoridade policial (que poderá arbitrá-la nos crimes cuja pena máxima abstrata não exceda quatro anos). Quando a autoridade policial não tiver atribuição para concessão da fiança, ou quando recusá-la ou retardá-la, remeterá os autos ao órgão competente (art. 304, § 1º, CPP). Se requerida a fiança ao juiz, este decidirá em quarenta e oito horas, dispensando-se prévia oitiva do MP. Como se trata de providência que favorece o imputado, entendemos possível a sua concessão de ofício pelo magistrado, mesmo na fase investigativa.

Os termos de declaração do condutor e das testemunhas serão anexados ao auto, e este último será assinado pela autoridade e pelo preso. Se o capturado não souber assinar, não quiser ou não puder, esta omissão será suprida pela assinatura de duas testemunhas, que tenham ouvido a leitura do auto na presença do flagranteado (art. 304, § 3º, CPP).

37. NOTA DE CULPA

Em cumprimento ao mandamento constitucional do art. 5º, inciso LXIV, a nota de culpa se presta a informar ao preso os responsáveis por sua prisão, além dos seus motivos, contendo o nome do condutor e das testemunhas, sendo assinada pela autoridade (art. 306, § 2º, CPP).

Será entregue em vinte e quatro horas da realização da prisão, mediante recibo. Caso o preso se negue a assiná-lo, a antiga redação do parágrafo único, do art. 306, do CPP, previa a utilização de duas testemunhas, que com suas assinaturas, supririam a omissão. Atualmente, a norma não mais contempla a saída a ser dada diante da recusa ou da impossibilidade de assinatura da nota de culpa pelo flagranteado. Entendemos que, por analogia ao § 3º, do art. 304, o emprego de duas testemunhas continua sendo a solução.

A entrega da nota de culpa é de vital importância para a validade do flagrante. Com a nota de culpa, a garantia de informação é assegurada, tendo o preso a cientificação formal dos motivos da prisão, com a indicação dos seus responsáveis e o nome das testemunhas. Por conseguinte, a não entrega da nota de culpa, ou a sua entrega a destempo, sem justificativa razoável, pode implicar na ilegalidade da prisão, desaguando em relaxamento (art. 5º, inciso LXV, CF).

38. REMESSA À AUTORIDADE

Além de comunicada imediatamente a prisão ao juiz, ao Ministério Público e à família do preso ou pessoa por ele indicada (art. 306, *caput*, CPP), o Código estatui ainda que, em vinte e quatro horas após a realização da prisão, será encaminhado ao juiz competente (das garantias) o auto de prisão em flagrante. Tem-se entendido que não haverá vício formal se essa comunicação não atender o prazo fixado no art. 306, § 1º, do CPP, constituindo-se o retardo em mera irregularidade, sem o condão de ensejar o relaxamento da segregação cautelar.

De todo modo, o objetivo do dispositivo é que se estabeleça o controle judicial da prisão (art. 5º, LXII, CF; art. 3º-B, II, CPP). O art. 310 do CPP estabelece providências cogentes a serem adotadas pelo juiz que receber o auto de prisão em flagrante. Dessa maneira, diante do auto de prisão, apresentam-se ao magistrado as seguintes hipóteses:

(1) deve relaxar a prisão, se eivada de ilegalidade;

(2) se presentes os requisitos do art. 312, CPP, deve converter a prisão em flagrante, fundamentadamente (art. 315, CPP), em prisão preventiva, se insuficiente ou inadequada outra medida cautelar menos gravosa ao agente (art. 319, CPP);

(3) deve conceder liberdade provisória, com ou sem fiança, atendidos os respectivos requisitos legais. Nada impede a concessão de liberdade provisória sem qualquer vinculação, quando desnecessária a aplicação de medida cautelar cumulativa (art. 319, CPP).

Ressalte-se que a segunda hipótese (conversão em prisão preventiva) dependerá de representação da autoridade policial ou de requerimento do Ministério Público, vedando-se a decretação ***ex officio*** da prisão preventiva.

A lei não fala em vistas do auto de flagrante ao Ministério Público (que deve ser comunicado da prisão imediatamente, nos termos do ***caput***, do art. 306, CPP), em que pese resoluções dos Tribunais de Justiça fazerem previsão neste sentido. Na Lei de Tóxicos, contudo, cópia do auto de flagrante será remetida ao magistrado imediatamente, que dará vista ao MP em 24 horas (art. 50).

Prevê ainda o art. 306, em seu § 1º, que cópia integral do auto de flagrante será encaminhada à Defensoria Pública toda vez que o autuado não informar o nome de seu advogado. Essa previsão é por demais salutar, afinal os defensores, em regra, só tomavam conhecimento da prisão quando o processo já estava em curso, no momento em que eram nomeados a atuar no caso. Isso se deve em muito ao desconhecimento do papel da Defensoria Pública, onde a família dos presos, notadamente aqueles mais humildes, acaba não sabendo a quem recorrer. Com a remessa dos autos ao defensor, este imediatamente poderá tomar as medidas adequadas ao caso, seja requerendo o relaxamento da prisão, se ilegal, ou pleiteando a liberdade provisória.

Somos partidários que esta medida deve ser estendida, por analogia, a todas as modalidades de prisão cautelar cabíveis na fase do inquérito policial, sempre que o preso não tenha advogado. Assim, decretada a prisão temporária ou a preventiva na fase pré-processual, pois na fase processual já existe obrigatoriamente advogado, e declarando o preso que não está assistido, deve o magistrado encaminhar ao defensor público cópia do mandado de prisão, para que este tome as medidas que entender cabíveis.

Percebe-se que a lei não fala em preso pobre, e sim naquele que não tem advogado. Desta forma, atuando a Defensoria Pública e apurando-se posteriormente que o preso tem condição financeira, deve o juiz arbitrar honorários, a serem depositados em fundo em favor da Instituição.

39. AUDIÊNCIA DE CUSTÓDIA

Audiência de custódia é a providência que decorre da imediata apresentação do preso ao juiz. Esse encontro com o magistrado oportuniza um interrogatório para fazer valer direitos fundamentais assegurados à pessoa presa. Deve-se seguir imediatamente após à efetivação da providência cerceadora de liberdade. É "interrogatório de garantia" que torna possível ao autuado informar ao juiz as razões sobre o fato a ele atribuído. Ao cabo, é meio de controle judicial acerca da licitude das prisões e do tratamento conferido ao preso.

Também se pode conceituar a audiência de custódia como o direito que a pessoa presa possui de ser conduzida, sem demora, à presença de uma autoridade judicial (magistrado), que, por sua vez, irá analisar se os direitos fundamentais dessa pessoa foram respeitados; se a prisão em flagrante foi legal ou se deve ser relaxada (art. 310, I, do CPP), se a prisão cautelar deve ser decretada (art. 310, II do CPP) ou se o preso poderá receber a liberdade provisória (art. 310, III do CPP) ou medida cautelar diversa da prisão (art. 319).

A audiência de custódia faz parte do ordenamento jurídico brasileiro, com base no item 5, do artigo 7º, do Pacto de São José da Costa Rica, que reza, em sua primeira parte, que toda pessoa presa, detida ou retida deve ser conduzida, sem demora, à presença de um juiz ou outra autoridade autorizada por lei a exercer funções judiciais, assim como pelo art. 9, item 3, do Pacto Internacional sobre Direitos Civis e Políticos de Nova York, diplomas internacionais devidamente ratificados pelo Brasil. Ademais, encontra guarida na Resolução nº 213, do Conselho Nacional de Justiça, e agora, tem tratamento no art. 310, do CPP, consolidando-se por lei federal.

A audiência de custódia tem sido reconhecida como instrumento de controle do excessivo uso do cárcere, constatável pelo aumento progressivo do número de pessoas presas. A propósito, a Comissão Interamericana de Direitos Humanos exarou relatório que, levando em conta que o Brasil possui uma das maiores populações carcerárias do mundo, "um dos principais avanços para reduzir seu uso – e que representa uma boa prática em nível regional – é a implementação de audiências de custódia, o que pode permitir a redução da taxa de determinação da prisão preventiva em casos de flagrância. Quanto ao crescente número de encarceramento de mulheres, a CIDH ressaltou a incorporação da perspectiva de gênero na implementação da prisão domiciliar com a decisão da Segunda Turma do STF, de fevereiro de 2018, que concedeu essa medida a mulheres e adolescentes em prisão preventiva que estejam grávidas, com filhos e filhas de até 12 anos de idade, ou sejam responsáveis por pessoas com deficiência"[37].

A audiência de custódia é cabível também em favor de quem tenha sido preso temporariamente ou preventivamente. O Pacto de São José da Costa Rica não restringe tal direito ao preso em flagrante, assim como a Resolução nº 213 do CNJ. Ademais, tratando da prisão sem a exibição de mandado (preventiva ou temporária), cabível em crimes inafiançáveis, indica o art. 287 do CPP que o preso será imediatamente apresentado ao juiz que tiver expedido a ordem, para a realização da audiência de custódia. Entretanto, o *caput* do art. 310 do CPP, disciplinando mais detidamente a audiência de custódia, fala apenas da prisão em flagrante.

---

37. CIDH. *Relatório:* observações preliminares da visita *in loco* da CIDH ao Brasil. Disponível em: <http://www.oas.org/es/cidh/prensa/comunicados/2018/238OPport.pdf>. Acesso em: 13 dez. 2018; STF. Notícias: audiência de custódia e prisão domiciliar de mães e gestantes são destaques de relatório da CIDH. Disponível em: <http://www.stf.jus.br/portal/cms/verNoticiaDetalhe.asp?idConteudo=395865>. Acesso em: 13 dez. 2018.

A audiência de custódia não está limitada aos crimes de competência da justiça comum, seja ela estadual ou federal, abrangendo os delitos da alçada da justiça militar e eleitoral.

Na audiência de custódia, com efetiva intervenção do Ministério Público e do advogado ou defensor público do preso, o juiz está autorizado a:

(1) relaxar a prisão ilegal;

(2) converter o flagrante em preventiva, desde que presentes os requisitos do art. 312 do CPP e que as medidas cautelares diversas da prisão não sejam mais adequadas;

(3) conceder liberdade provisória, com ou sem fiança.

Pensamos, de forma mais ampla, que a audiência de custódia (ou interrogatório de garantia) pode se apresentar como uma autodefesa do suposto autor do fato. Dessa maneira, o juiz pode melhor decidir sobre a providência cautelar cabível e sua proporcionalidade (art. 282, CPP), notadamente em relação às medidas diversas que implicam certa restrição da liberdade, a exemplo da proibição de se ausentar da comarca ou do recolhimento domiciliar noturno (art. 319, IV e V, CPP)[38].

Entretanto, não se quer na audiência de custódia antecipar o mérito da demanda. As discussões devem envolver a situação prisional e o tratamento conferido ao preso desde a captura, aferindo-se eventuais maus tratos.

Já tivemos situações onde na audiência de custódia foi oferecida denúncia, com recebimento, citação do preso presente (agora réu), apresentação de resposta à acusação, debates orais e sentença. Ou seja: a audiência de custódia foi transformada em audiência de "instrução", debates e julgamento, desvirtuando a sua finalidade, assim como atropelando o devido processo legal, o contraditório e a ampla defesa.

Em outro giro, se o juiz, na audiência de custódia, relaxa a prisão por aparente atipicidade da conduta, tal deliberação, em juízo provisório e adstrita aos requisitos de manutenção do cárcere, não é apta a imutabilidade pela coisa julgada material. Assim, concluído o inquérito com elementos indiciários robustos em sentido contrário, o MP estará autorizado a oferecer a denúncia[39].

E qual o prazo para a realização da audiência de custódia? Perceba que o auto de flagrante deve chegar ao juiz em até vinte e quatro horas da prisão, em conformidade com o § 1º do art. 306 do CPP. Chegando o auto ao juiz, a audiência de custódia será realizada em até vinte e quatro horas (§ 4º, art. 310, CPP[40]; art. 1º, Resolução nº 213, CNJ).

Sobre essa questão, inclusive, houve mudança do entendimento jurisprudencial que admitia, sem peias, a conversão do flagrante em preventiva, de ofício[41]. Com efeito, o STF deliberou que qualquer privação cautelar da liberdade, mesmo a que decorra de conversão da prisão em flagrante em preventiva (art. 310, II, CPP), **não dispensa requerimento do**

38. No mesmo sentido: ROBERTO, Welton. *Paridade de armas no processo penal.* Belo Horizonte: Fórum, 2011. p. 123.

39. STF – HC 157.306/SP, rel. Min. Luiz Fux, julgamento em 25 set. 2018.

40. Dispositivo com eficácia suspensa, nos termos de decisão monocrática do Supremo Tribunal Federal (STF – ADI 6298/DF – Medida Cautelar – Rel. Min. Luiz Fux – 22 jan. 2020).

41. STJ – Sexta Turma – HC 538.649/MG – Rel. Min. Antonio Saldanha Palheiro – DJe 28 nov. 2019.

legitimado ao órgão do Poder Judiciário[42]. Embora ainda persistam divergências no STJ, verifica-se a tendência de se seguir o que decidido pelo STF[43].

E se o advogado ou o defensor público não comparecerem? Da mesma maneira, ocorre nulidade absoluta, por ausência de defesa técnica (verbete nº 523, Súmula, STF).

A legislação codificada não trata da audiência de custódia por videoconferência. Sobre o ponto, Aury Lopes Júnior e Caio Paiva apontam que tal praxe economicista pode findar por frustrar objetivos importantes do "interrogatório de garantia", posicionando-se contrariamente a essa possibilidade[44]. Por outro lado, não podemos desconsiderar que em algumas regiões do país, diante de barreiras geográficas de difícil superação, a videoconferência pode ser a única saída para viabilizar a implementação do instituto em prazo razoável. Por isso, em situações excepcionais devidamente motivadas, a videoconferência pode ser empregada, sem prejuízo que em momento posterior, se necessário for, o ato seja renovado, agora com a apresentação pessoal do sujeito ao juiz.

E se o preso não pode ser levado ao magistrado, em razão, por exemplo, de enfermidade? A audiência ocorrerá onde a pessoa se encontre, ou imediatamente após o seu reestabelecimento (art. 1º, § 4º, Resolução nº 213, CNJ). Já tivemos notícia de realização da audiência de custódia dentro de ambulância, pois o flagranteado, alvejado na perna, não tinha condição de subir as escadas do fórum.

Resta a pergunta: e se a audiência de custódia não for realizada? A audiência de custódia deve ser realizada dentro do limite temporal, leia-se, 24 (vinte e quatro) horas do recebimento do auto de flagrante. A sua não realização sem motivação idônea importa na ilegalidade da prisão, exigindo-se o pronto relaxamento. Não obstante, presentes os requisitos legais, admite-se a decretação da prisão preventiva, pressupondo a provocação do juiz (§ 4°, art. 310, CPP[45]). Ademais, a autoridade que der causa ao retardo reponde administrativa, civil e penalmente pela omissão (§ 3º, art. 310, CPP). Em complemento, de acordo com Rogério Sanches, a ausência da audiência, por si só, não configura o crime de abuso de autoridade estampado no art. 9º, parágrafo único, da Lei 13.869/019, pois o legislador tipifica a "indevida decisão não liberatória, que pode ocorrer com, sem ou mesmo dentro da solenidade da audiência de custódia". Assim, em tese, caberia o enquadramento como prevaricação (art. 319, CP)[46].

Em conclusão, a audiência de custódia retrata o permeio do princípio da dignidade da pessoa humana no direito processual penal. Trata-se de um modo de humanização da persecução penal estatal, apta à sua democratização tendente tanto a coibir a tortura, quanto a promover o debate sobre a necessidade da prisão.

42. STF – Segunda Turma – HC 188888/MG – Rel. Min. Celso de Mello – julgado em: 6 out. 2020.
43. STJ – Quinta Turma – RHC 135.081/MG – Rel. Min. Reynaldo Soares da Fonseca – DJe 16 nov. 2020.
44. LOPES JÚNIOR, Aury; PAIVA, Caio. Audiência de custódia e imediata apresentação do preso ao juiz: rumo à evolução civilizatória do processo penal. *Revista Liberdades* [IBCCrim], São Paulo, p. 5, 2015. Disponível em: <http://www.revistaliberdades.org.br/site/outrasEdicoes/outrasEdicoesExibir.php?rcon_id=209>. Acesso em 07 nov. 2015.
45. Dispositivo com eficácia suspensa, nos termos de decisão monocrática do Supremo Tribunal Federal (STF – ADI 6298/DF – Medida Cautelar – Rel. Min. Luiz Fux – 22 jan. 2020).
46. CUNHA, Rogério Sanches. *Pacote anticrime*: Lei n. 13.964/2019 – comentários às alterações no CP, CPP e LEP. Salvador: Juspodivm, 2020. p.252.

40. PRISÃO PREVENTIVA

É a prisão de natureza cautelar mais ampla, sendo uma eficiente ferramenta de encarceramento durante toda a persecução penal, leia-se, durante a investigação preliminar (inquérito policial e demais procedimentos investigativos) e na fase processual. Até antes do trânsito em julgado da sentença admite-se a decretação prisional, por ordem escrita e fundamentada da autoridade judicial competente (art. 5º, inciso LXI da CF), desde que presentes os elementos que simbolizem a necessidade do cárcere, pois a preventiva, por ser medida de natureza cautelar, só se sustenta se presentes o lastro probatório mínimo a indicar a ocorrência da infração, os eventuais envolvidos, além de algum motivo legal que justifique o encarceramento. Admite-se a decretação da preventiva até mesmo sem a instauração do inquérito policial, desde que o atendimento aos requisitos legais seja demonstrado por outros elementos indiciários, como os extraídos de procedimento investigatório extrapolicial.

A preventiva é medida de exceção, devendo ser interpretada restritivamente, para compatibilizá-la com o princípio da presunção de inocência (art. 5º, inciso LVII da CF), afinal, o estigma do encarceramento cautelar é por demais deletério à figura do investigado ou réu.

41. PRESSUPOSTOS DA PRISÃO PREVENTIVA

Para a decretação da preventiva é fundamental a demonstração de prova da existência do crime, revelando a materialidade, assim como indícios suficientes de autoria ou participação na infração (art. 312, CPP).

Temos a necessidade de comprovação inconteste da ocorrência do delito, seja por exame pericial, testemunhas, documentos, interceptação telefônica autorizada judicialmente ou quaisquer outros elementos idôneos, impedindo-se a segregação cautelar quando houver dúvida quanto à existência do crime.

Em relação à autoria, são necessários apenas indícios aptos a vincular o indivíduo à prática da infração. Não se exige juízo de certeza, como o necessário a uma condenação. A lei se conforma com o lastro superficial mínimo vinculando o agente ao delito (verossimilhança).

Os pressupostos da preventiva revelam o ***fumus commissi delicti*** para a decretação da medida, leia-se, alicerçam que o fato existiu e quem é, mesmo em análise inicial e indiciária, o seu autor. Assim, insistimos:

(1) **prova da existência do crime**: a materialidade delitiva deve estar comprovada por elementos idôneos;

(2) **indícios suficientes de autoria ou participação:** é o vínculo entre o sujeito e o crime ocorrido, bastando a demonstração indiciária, por juízo de verossimilhança.

42. HIPÓTESES DE DECRETAÇÃO

Não basta, para a decretação da preventiva, a comprovação da materialidade e os indícios de autoria. Além da justa causa, é necessário que se apresente o fator de risco a justificar a efetividade da medida. As hipóteses de decretação da preventiva dão as razões para a deflagração da constrição à liberdade. Se a prisão, quanto ao seu fundamento, deve estar pautada na extrema necessidade, a legislação preocupou-se em preestabelecer quais os fatores que representam o perigo da liberdade do agente (***periculum libertatis***), justificando a possibilidade do encarceramento.

Não mais existe hipótese de segregação preventiva obrigatória, onde o criminoso, por imposição legal, desmerecendo-se a aferição da necessidade, responderia a persecução penal preso, em razão da gravidade do delito, quando a pena de reclusão cominada fosse igual ou superior a dez anos (era a antiga previsão do art. 312, CPP). Daí que, se de um lado, a gravidade do crime é vetor interpretativo para se verificar a proporcionalidade da medida cautelar imposta e para se constatar sua adequação, em compasso com o art. 282, inciso II, do CPP, não é, de outro, por si só suficiente para fundamentar a prisão preventiva. Vejamos assim quais os fundamentos legais para a preventiva (art. 312, ***caput***, CPP), que se consubstanciam no ***periculum libertatis***, integralizando o binômio da medida cautelar.

(1) **Garantia da ordem pública**: não se tem um conceito exato do significado da expressão **ordem pública**, o que tem levado a oscilações doutrinárias e jurisprudenciais quanto ao seu real significado.

Em nosso entendimento, a decretação da preventiva com esse embasamento, objetiva evitar que o agente continue delinquindo no transcorrer da persecução criminal. A ordem pública é expressão de tranquilidade e paz no seio social. Havendo risco demonstrado de que o infrator, se solto permanecer, continuará delinquindo, é sinal de que a prisão cautelar se faz necessária, pois não se pode esperar o trânsito em julgado da sentença condenatória. É imperativo que se comprove o risco. As expressões usuais, porém, evasivas, sem nenhuma demonstração probatória, de que o indivíduo é um criminoso contumaz, possuidor de uma personalidade voltada ao crime etc., não se prestam, sem verificação, a autorizar o encarceramento. A mera existência de antecedentes criminais também não é, por si só, fator de segurança.

Obriga-se o magistrado a contextualizar a prisão e seu fundamento. Se os maus antecedentes, ou outros elementos probatórios, como testemunhas e documentos, revelam que o indivíduo pauta o seu comportamento na recorrência criminosa, permitindo-se concluir que o crime apurado é mais um, dentro da reiteração delitiva, é sinal de que o requisito encontra-se atendido. Corroborando esse entendimento, a parte final do *caput* do art. 312 do CPP indica para o cabimento da preventiva os indícios de "perigo gerado pelo estado de liberdade do agente".

Tourinho Filho, fazendo crítica de todo pertinente, ressalta: "'Perigosidade do réu', 'os espalhafatos da mídia', 'reiteradas divulgações pelo rádio ou televisão', tudo, absolutamente tudo, ajusta-se àquela expressão genérica 'ordem pública'. E a prisão preventiva, nesses casos, não passa de uma execução sumária. O réu é condenado antes de ser julgado, uma vez que tais situações nada têm de cautelar"[47].

47. TOURINHO FILHO, Fernando da Costa. *Processo penal*. São Paulo: Saraiva, 2003. v.III. p. 509.

"Quando se decreta a prisão preventiva como 'garantia da ordem pública', o encarceramento provisório não tem o menor caráter cautelar. É um rematado abuso de autoridade e uma indisfarçável ofensa à nossa Lei Magna, mesmo porque a expressão 'ordem pública' diz tudo e não diz nada"[48]. Para o ilustre autor, a preventiva fundamentada pela conveniência da ordem pública é incompatível com a Constituição Federal, ferindo a presunção de inocência, sendo verdadeira cláusula aberta, em lídima antecipação de pena.

Guilherme Nucci, emprestando interpretação diversa, assevera que a "garantia da ordem pública deve ser visualizada pelo trinômio ***gravidade da infração + repercussão social + periculosidade do agente***"[49]. Assim, a gravidade da infração, a repercussão que esta possa atingir, com a indignação social e a comoção pública, colocando em xeque a própria credibilidade do Judiciário, e a periculosidade do infrator, daquele que por si só é um risco, o que se pode aferir da ficha de antecedentes, ou da frieza com que atua, poderiam, em conjunto ou separadamente, autorizar a segregação cautelar.

Filiamo-nos, como já destacado, à corrente intermediária, conferindo uma interpretação constitucional à acepção da ordem pública, acreditando que ela está em perigo quando o criminoso simboliza um risco, pela possível prática de novas infrações, caso permaneça em liberdade. Destarte, a gravidade da infração ou a repercussão do crime não seriam fundamentos idôneos à decretação prisional. Cabe ao técnico a frieza necessária no enfrentamento dos fatos, e se a infração impressiona por sua gravidade, é fundamental recorrer-se ao equilíbrio, para que a condução do processo possa desaguar na punição adequada, o que só então permitirá a segregação. Caso contrário, estaríamos antecipando a pena, em verdadeira execução provisória, ferindo de morte a presunção de inocência. Ademais, não se admite a decretação da prisão preventiva com a finalidade de antecipar o cumprimento da pena, ou como decorrência direta da investigação, assim como do oferecimento ou recebimento da inicial acusatória (art. 313, § 2º, CPP).

Nem se diga que a liberdade do infrator durante a persecução poderia afetar a imagem da Justiça. Ora, o sentimento popular não pode pautar a atuação judicial com repercussão tão gravosa na vida do agente. A política de "boa vizinhança" com a opinião pública ou com a imprensa não pode levar ao descalabro de colocarmos em tábula rasa as garantias constitucionais, em prol da falaciosa sensação de segurança que o encarceramento imprimiria[50]. A imagem do Judiciário deve ser preservada, com a condução justa do processo, não cabendo ao réu suportar este ônus com a sua liberdade.

Nesse contexto, Rubens Casara analisa, sob perspectiva crítica, o retorno do prestígio da prisão como "principal instrumento de manutenção da ordem e repressão dos delitos" e relaciona essa postura com a ideologia do "conservadorismo político" que pode ser denominada de "neopunitivismo". De um lado, percebe-se "com forte adesão de atores jurídicos, em especial em Estados que se encontram inseridos em uma tradição autoritária e nesse contexto optam por soluções de força em detrimento do conhecimento". De outro, nota-se que "os direitos e garantias passam a ser vistos como óbices à eficiência estatal no combate

48. TOURINHO FILHO, Fernando da Costa. *Processo penal*. São Paulo: Saraiva, 2003. v.III. p. 510.
49. NUCCI, Guilherme de Souza. *Manual de processo penal e execução penal*. 3. ed. São Paulo: RT, 2007. p. 547.
50. SEMER, Marcelo. *Princípios penais no estado democrático*. São Paulo: Estúdio, 2014. p. 107.

à criminalidade", para satisfazer, antecipadamente, o "desejo de punir as pessoas a quem se atribui a prática de um crime"[51].

Advirta-se, por fim, que a preventiva não poderá ser decretada para preservação da integridade do próprio suspeito, por medo de que seja linchado ou assassinado por familiares da vítima. A toda evidência, a prisão não pode significar fator de preservação da integridade física do criminoso, cabendo ao Estado promover as condições necessárias para assegurá-la.

Sob outra ótica, como vincando pelo STF, "ainda que graves, fatos antigos não autorizam a prisão preventiva, sob pena de esvaziamento da presunção de não culpabilidade", exigindo-se na motivação a contemporaneidade dos fatos (art. 315, § 1º, CPP). Ademais, é vedado o uso da custódia preventiva como meio de compelir o imputado a devolver valores auferidos ilicitamente ou, ainda, "a reparar o dano, o que deve ser objeto de outras medidas cautelares de natureza real, como o sequestro ou arresto de bens e valores que constituam produto do crime ou proveito auferido com sua prática"[52].

(2) **Conveniência da instrução criminal**: tutela-se a livre produção probatória, impedindo que o agente destrua provas, ameace testemunhas, ou comprometa de qualquer maneira a apuração dos fatos. Deve-se com isso imprimir esforço no atendimento ao devido processo legal, que é expressão de garantia, na faceta da justa e livre produção do manancial de provas.

(3) **Garantia de aplicação da lei penal**: almeja-se evitar ou coibir a fuga, impedindo o sumiço do autor do fato, que deseja eximir-se de eventual cumprimento da sanção penal. Exige-se demonstração fundada quanto à possibilidade de fuga. A mera conjectura[53], ou a possibilidade em razão da condição econômica do réu, não são, isoladamente, fatores suficientes para arregimentar a prisão. A ausência do réu ao interrogatório, por si só, mesmo que injustificada, não autoriza a decretação da preventiva. No Estado Democrático de Direito, é inconstitucional qualquer ameaça ao direito de ficar calado, pelo que também estão proibidas as conduções coercitivas do imputado para o seu interrogatório[54].

(4) **Garantia da ordem econômica**: hipótese acrescentada ao CPP pela Lei nº 8.884/1994 (Lei Antitruste), visando coibir os abusos à ordem econômica, ou seja, evitar que o indivíduo, se solto estiver, continue a praticar novas infrações afetando a ordem econômica. Como exemplo de condutas tipificadas, podemos citar a Lei nº 12.529/2011, cujo art. 36 prevê:

(a) limitar, falsear ou de qualquer forma prejudicar a livre concorrência ou a livre iniciativa;

(b) dominar mercado relevante de bens ou serviços.

Existindo ameaça demonstrada de que o agente, solto, continuaria delinquindo e abalando a ordem econômica, a medida poderia se afigurar necessária.

51. STF – Reclamação 24.506/SP – Rel. Min. Dias Toffoli – julgamento em 27 ago. 2018.
52. STF – Reclamação 24.506/SP – Rel. Min. Dias Toffoli – julgamento em 27 ago.2018.
53. STF – Segunda Turma – HC 157.604/RJ – Rel. Min. Gilmar Mendes – j. 21 ago. 2018.
54. STF – Pleno – ADPF's 395/444-DF – Rel. Min. Gilmar Mendes – julgado em 13 e 14 jun.2018.

Percebe-se a absoluta ociosidade do dispositivo, afinal, diante do temor da prática de novas infrações, afetando ou não a ordem econômica, pertinente o enquadramento na expressão maior, que é a garantia da ordem pública. A ordem econômica estaria enquadrada num contexto macro, que é o da preservação da ordem pública, inexistindo a necessidade de disposição expressa nesse sentido.

É de se ressaltar ainda que a Lei nº 7.492/1986, tratando dos crimes contra o sistema financeiro nacional, prevê, em seu art. 30, que nos crimes nela previstos, a preventiva poderá ser decretada, afora as hipóteses do art. 312, do CPP, em razão da magnitude da lesão causada pela infração. Ao que parece, coadunando o entendimento majoritário, que o fundamento não se sustenta, afinal, a necessidade do cárcere não pode estar pautada na magnitude da lesão, que é consequência do crime e não justificativa prisional[55]. Todavia, nos tribunais, esta hipótese prisional ainda subsiste[56].

(5) **Descumprimento de qualquer das obrigações impostas por força de outras medidas cautelares (art. 282, § 4º, CPP)**: trata-se de caso acrescentado ao CPP, em face do caráter subsidiário da prisão preventiva (medida cautelar extrema).O legislador reformador previu várias medidas cautelares, menos gravosas ao direito de liberdade do acusado (art. 319, CPP), que devem preferir à prisão preventiva (medida residual, subsidiária) e que são impostas se atendidos os pressupostos gerais do art. 282 do Código. Uma vez descumprida, conclui-se que a medida cautelar em tela pode não se revelar adequada ou suficiente ao caso, admitindo-se a sua substituição ou cumulação com outra, ou em último caso, a decretação da preventiva, desde que o delito praticado comporte a medida, já que, de regra, a preventiva só é admitida para os crimes dolosos com pena superior a quatro anos (art. 313, I, CPP). Em que pese nos parecer ser esse o entendimento mais racional, tem prevalecido que, com o descumprimento da medica cautelar não prisional, a preventiva pode ser decretada, independente da quantidade de pena máxima prevista para o delito.

Deve-se assegurar ao imputado o contraditório e a ampla defesa prévios, atendendo-se assim ao devido processo legal. Ressalve-se apenas os casos de urgência ou de perigo de ineficácia da medida, quando o contraditório será diferido. Não se admite abstração para justificar a urgência, de forma que a decisão deve estar alicerçada em elementos do caso concreto que corroborem a excepcionalidade da medida.

55. MOREIRA, Rômulo. *Curso temático de direito processual penal*. Salvador: Juspodivm, 2009. p. 364.
56. STJ – Quinta Turma – RHC 50.162/SP – Rel. Min. Gurgel de Faria – DJe 23 fev. 2015.

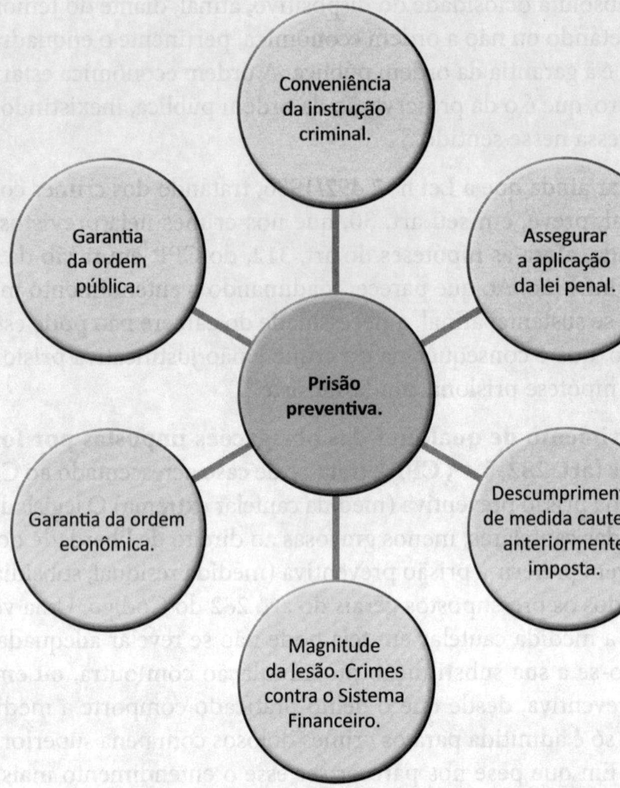

43. INFRAÇÕES QUE COMPORTAM A MEDIDA

Resta ainda a necessidade de identificar quais as infrações que comportam a decretação da prisão preventiva (art. 313, CPP). Sendo o encarceramento cautelar medida de exceção, o legislador restringiu o cabimento da preventiva a uma gama restrita de delitos.

Preenchidos os pressupostos, a preventiva se reserva a abarcar os crimes dolosos mais graves (pena superior a quatro anos), independentemente de ser apenado com reclusão ou detenção. Esta é a regra (art. 313, I, CPP). Ficam de fora os crimes culposos e as contravenções penais, de forma peremptória, pois representaria uma desproporcionalidade manifesta a decretação da preventiva em tais infrações.

Qualificadores, causas de aumento e de diminuição são levadas em consideração no cômputo da pena máxima. Presente causa de aumento, acrescemos a pena máxima da fração máxima incidente sobre ela. Verificada causa de diminuição, diminuiremos da pena máxima da fração mínima incidente.

E se for constatado concurso material de crimes? Entendemos que as penas devem ser consideradas individualmente, sem somatório, por analogia ao comando do art. 119 do CP, ao tratar da extinção da punibilidade. Pensar de modo diverso pode levar a algumas perplexidades. Imaginemos a seguinte situação: três infrações com pena máxima de 2 anos em concurso material, sendo que os requisitos do art. 312 do CPP estão presentes.

Com o somatório, estaremos a admitir a decretação de preventiva em infrações de menor potencial ofensivo, que na essência são rotuladas como infrações de reduzida gravidade. Entretanto, tem prevalecido a posição diametralmente oposta, somando-se as penas máxima na verificação da admissibilidade da preventiva, em raciocínio similar ao aplicado para a definição do rito aplicado ao procedimento comum (ordinário, sumário ou sumaríssimo), na exegese do art. 394 do CPP.

Excepcionalmente, contudo, a preventiva terá cabimento aos crimes dolosos menos expressivos, com pena menor que quatro anos, nas hipóteses a seguir.

(1) Quando o réu já foi condenado por crime doloso, em sentença transitada em julgado, sendo aplicável o período depurador da reincidência (art. 64, I, CP): tratando-se de infrator reincidente, ou seja, já condenado em sentença transitada em julgado por crime doloso, vindo a praticar um novo crime doloso, antes de passados cinco anos do cumprimento ou extinção da pena aplicada na primeira infração, mesmo que o novo crime tenha pena **igual ou inferior a quatro anos**, caberá a preventiva, com esteio no inciso II, do art. 313, do CPP.

(2) Quando exista dúvida sobre a identidade civil da pessoa, e o agente não fornece elementos suficientes para esclarecê-la: ora, a ausência de identificação civil idônea, e a insistência na omissão de elementos que possam esclarecê-la, autoriza, com amparo no art. 3º da Lei nº 12.037/2009, a sua identificação criminal, incluindo o processo datiloscópico e fotográfico, não sendo caso, a nosso sentir, de prisão.

Esta hipótese de decretação, da forma como colocada, só incidirá em situação excepcional, tal como se pode imaginar pela recusa do indiciado em se submeter, inclusive, à identificação criminal, gerando risco à garantia da aplicação da lei penal ou a própria instrução. Todavia, o preso deve ser colocado imediatamente em liberdade após a identificação (civil ou criminal, acrescentamos), salvo se outra hipótese recomendar a manutenção da medida.

Por outro lado, o § 1º, do art. 313, do CPP não fez qualquer referência ao tipo de delito praticado pela pessoa não identificada civilmente, é dizer, não especificou se é doloso ou culposo, nem delimitou o quantitativo de pena. A nosso sentir, e mais uma vez invocando a proporcionalidade, não é razoável adotar-se a medida extrema (segregação preventiva), em delitos de natureza culposa, devendo-se ter por referência os próprios incisos do art. 313, do CPP.

(3) Se o crime envolver violência doméstica e familiar, no objetivo de garantir a execução das medidas protetivas de urgência: esta hipótese foi inserida pelo art. 42, da Lei nº 11.340/2006 (Lei Maria da Penha), no intuito de dar maior efetividade às medidas protetivas, disciplinadas nos artigos 22, 23 e 24, do referido diploma normativo. Estas são medidas administrativas visando a proteção da mulher, de cunho nitidamente cautelar, com caráter obrigacional, imprimindo uma série de imposições ao agressor, como o afastamento do lar, proibição de aproximação da ofendida, implemento de alimentos provisórios ou provisionais etc. Seguindo essa tendência, e ampliando a proteção aos hipossuficientes no seio familiar de forma não restrita à mulher, a Lei nº 12.403/2011 deu nova redação ao inciso III, do art. 313, do Código, para assentar o cabimento da segregação preventiva quando a violência doméstica e familiar envolver não só a mulher, como também a criança, o adolescente,

o idoso, o enfermo a as pessoas com deficiência, assegurando-se mais uma vez o nítido objetivo da implementação das medidas protetivas urgentes.

Ressalta Rômulo Moreira que se revela "mais um absurdo e uma inconstitucionalidade da Lei Maria da Penha. Permite-se que qualquer que seja o crime (doloso), ainda que apenado com detenção (uma ameaça, por exemplo), seja decretada a prisão preventiva, bastando que estejam presentes o ***fumus commissi delicti*** (indícios da autoria e prova da existência do crime – art. 312, CPP) e que a prisão seja necessária para garantir a execução das medidas protetivas de urgência. A lei criou, portanto, este novo requisito a ensejar a prisão preventiva. Não seria mais necessária a demonstração daqueles outros requisitos (garantia da ordem pública ou econômica, conveniência da instrução criminal e aplicação da lei penal, além da magnitude da lesão causada – art. 30 da Lei nº 7.492/1986, que define os crimes contra o Sistema Financeiro Nacional)"[57]. Conclui o autor que a preventiva não teria cabimento por esse fundamento.

Entretanto, mais uma vez o legislador busca ampliar os tentáculos do punitivismo, desta vez, com a criação de figura incriminadora sob o nome de "crime de descumprimento de medidas protetivas de urgência", disposta no art. 24-A, inserido à Lei Maria da Penha pela Lei nº 13.641, de 3 de abril de 2018. Vale dizer, o descumprimento de medida protetiva de urgência agora tem previsão nesse tipo especial, afastando condutas assemelhadas que estejam previstas em outros diplomas legais penais (***ne bis in idem*** e incidência de regras sobre conflitos normativos aparentes de dispositivos penais).

No entanto, em tese, e sem descurar do critério de proporcionalidade e das críticas apontadas acima, será possível aplicar, ao agressor que desatende medida protetiva de urgência imposta judicialmente – seja proveniente de juízo civil ou criminal -, notadamente as seguintes providências:

(a) substituição, revisão ou acréscimo da(s) medida(s) imposta(s) por outra(s) de maior eficácia (§§ 2º e 3º, do art. 19, da Lei nº 11.340/2006);

(b) adoção de providências cabíveis na órbita policial (a autoridade policial poderá lavrar autuação em flagrante delito e instaurar inquérito policial, por exemplo), sendo vedado ao delegado de polícia, contudo, arbitrar fiança;

(c) adoção de medidas cíveis, com ajuizamento de ação nova ou formulação de requerimento acidental em demanda em tramitação; e

(d) decretação de prisão preventiva, se atendidos concretamente seus requisitos legais, observados os limites quanto a sua iniciativa (ao juiz deve ser vedada a decretação de medidas cautelares ***ex officio***).

De outro giro, limitando os excessos legislativos, o STJ avivou que "a prática de contravenção penal, no âmbito de violência doméstica, não é motivo idôneo para justificar a prisão preventiva do réu". Decerto, permitir que a prisão preventiva tenha lugar de maneira

57. MOREIRA, Rômulo de Andrade. A Lei Maria da Penha e suas inconstitucionalidades. *Artigo doutrinário*, 2007.

generalizada, como pretendeu o legislador da Lei nº 11.340/2006, resvala em desproporcionalidade, com nítido afastamento da noção de justa medida para a imposição de medida cautelar[58].

Rechaçamos a hipótese da preventiva figurar como verdadeira prisão de cunho obrigacional, para imprimir efeito coativo à realização das medidas protetivas. E dizemos isso pela própria previsão do § 3º do art. 22, Lei nº 11.340/2006, autorizando ao magistrado valer-se da força policial, a qualquer tempo, para dar efetividade às medidas protetivas, sem para isso ter que decretar prisão cautelar. Da mesma forma, o § 4º do referido dispositivo invoca a aplicação da legislação processual civil, na parte que trata das ferramentas de coação para dar efetividade às obrigações de fazer ou de não fazer, como imposição de multa, busca e apreensão, remoção de pessoas e coisas, etc.

O CPC outorga a possibilidade de aplicação de ***astreinte*** (multa) em face do sujeito incumbido de cumprir obrigação, se necessária à sua satisfação, sem prejuízo de outras providências que prevê (art. 77, IV, § 2º). A multa é periódica e incidirá enquanto não cumprida integralmente a medida protetiva (obrigação). Como, em regra, o valor da multa para tal escopo é inestimável (eis que não há parâmetro máximo do "valor da obrigação" nesse campo), deve o juiz estabelecer o montante máximo que será devido à pessoa lesada com o descumprimento. O que exceder o montante arbitrado deve ser destinado à unidade da Federação onde se situa o juízo no qual tramita o processo ou à União, sendo inscrito como dívida ativa.

Entendemos que durante a persecução penal por crime de violência doméstica (essencialmente dolosos), para que tenha cabimento a preventiva, os pressupostos desta medida devem estar presentes, leia-se, indícios de autoria e prova da materialidade (***fumus commissi delicti***), além de uma das hipóteses de decretação, quais sejam, garantia da ordem pública, econômica, conveniência da instrução ou ainda para evitar fuga. Estas são as hipóteses legais autorizadoras. O descumprimento de uma medida protetiva pelo infrator durante a persecução, pode revelar que ele, se solto permanecer, continuará a delinquir, ofendendo a ordem pública, o que caracterizaria o atendimento ao requisito legal autorizador de decretação da segregação cautelar. O desatendimento de uma medida protetiva, por via transversa, pode desaguar na necessidade da prisão, se enquadrável em uma das hipóteses de decretação do art. 312 do CPP. Se não for assim, o dispositivo é insustentável.

Por força do art. 21 da Lei nº 11.340/2006, a ofendida deve ser informada do ingresso e saída do agressor do cárcere, justamente para não ser tomada de surpresa, podendo novamente ser vitimada.

INFRAÇÕES QUE COMPORTAM A PRISÃO PREVENTIVA (ART. 313)	
Antes da Lei nº 12.403/2011	**Após a Lei nº 12.403/2011**
Crimes dolosos punidos com reclusão	Crimes dolosos com pena máxima cominada maior que 4 anos (inc. I)

58. STJ – Sexta Turma – HC 437.535-SP – Rel. Min. Maria Thereza de Assis Moura – Rel. Acd. Min. Rogerio Schietti Cruz – DJe 02 ago. 2018.

INFRAÇÕES QUE COMPORTAM A PRISÃO PREVENTIVA (ART. 313)	
Antes da Lei nº 12.403/2011	**Após a Lei nº 12.403/2011**
Crimes dolosos punidos com detenção se o réu for vadio ou não tiver fornecido elementos para identificação	Quando houver dúvida sobre a identidade civil da pessoa ou quando esta não fornecer elementos suficientes para esclarecê-la (art. 313. p. único)
Reincidente em crime doloso, respeitado o período depurador	Reincidente em crime doloso, respeitado o período depurador (inc. II)
Em caso de violência doméstica e familiar contra a mulher, para assegurar as medidas protetivas de urgência.	Em caso de violência doméstica e familiar contra a mulher, criança, adolescente, idoso, enfermo ou pessoa com deficiência, para garantir a execução das medidas protetivas de urgência (inc. III)

44. DECRETAÇÃO DA PREVENTIVA E SISTEMA RECURSAL

A prisão preventiva é medida cuja decretação é de competência do juiz, sempre por decisão fundamentada (art. 315, § 2º, CPP), que terá lugar:

(1) em qualquer fase da investigação (inquérito policial ou procedimento de apuração preliminar equivalente), sempre por provocação de um dos legitimados, é dizer, MP ou autoridade policial. Não é mais possível a decretação ***ex officio*** , respeitando-se o sistema acusatório e afastando definitivamente a figura do juiz inquisidor (art. 3º-A, CPP[59]). Também afastamos a possibilidade de conversão do flagrante em preventiva de ofício, na correta interpretação do inciso II, do art. 310, do CPP. Por outro lado, como o querelante e o assistente de acusação não são figurantes na fase investigativa, sua atuação deve estar reservada à etapa processual[60];

(2) em qualquer fase do processo penal, por provocação do legítimo interessado (Ministério Público, assistente de acusação, querelante ou por representação da autoridade policial). Com a atual redação do art. 311, do CPP, consentânea com o sistema acusatório, a decretação de ofício durante o processo passa a ser inadmissível. Com muito custo, avivamos a separação de funções, enaltecendo a condição supra partes do magistrado, preservando a imparcialidade e aguardando eventual provocação dos legitimados. Pela coerência sistêmica, o art. 20, da Lei nº 11.340/06 (Lei Maria da Penha), admitindo a decretação da preventiva de ofício no inquérito e no processo, encontra-se tacitamente revogado. Não nos parece, justamente na violência doméstica, que a atuação do delegado e do membro do Ministério Público será acabrunhada, justificando uma injustificável atuação de ofício do magistrado, em verdadeira confusão de funções, corrompendo o sistema.

Em importante precedente, o STF chancelou o entendimento de que estão banidas do sistema de processo penal as prisões provisórias sem requerimento prévio do MP ou quando ausente representação da autoridade policial.

59. Dispositivo com eficácia suspensa, nos termos de decisão monocrática do Supremo Tribunal Federal (STF – ADI 6298/DF – Medida Cautelar – Rel. Min. Luiz Fux – 22 jan. 2020).

60. STF – HC 188888/MG – Rel. Min. Celso de Mello – 06 out. 2020.

No julgado, foi dito que a audiência de custódia é de realização obrigatória quando da prisão do agente, quando deve haver manifestação do MP sobre a prisão. Sem a provocação do titular da ação penal, não é admissível a decretação de prisão preventiva ou a conversão da prisão em flagrante em prisão preventiva, malgrado a deficiente redação do art. 310, II, do CPP.

Com essas bases, o STF pontuou que a privação cautelar da liberdade, seja na fase do inquérito policial, seja durante o processo penal, depende de provocação do órgão do Poder Judiciário, levada a cabo pelo legitimado, independentemente de sua espécie[61]. Sobre o ponto, ainda há divergências no STJ, embora tenha acatado o posicionamento do Supremo Tribunal Federal seguidamente àquela decisão[62].

A representação da autoridade policial pela prisão preventiva pode ensejar, igualmente, a decretação da prisão cautelar ou a conversão da prisão em flagrante em preventiva. No entanto, é indispensável a anuência do legitimado para ajuizar a ação penal, sem a qual não deve o Judiciário decretá-la ou converter o flagrante em preventiva.

Nada impede que durante o processo a autoridade policial perceba a prática de atos que simbolizem risco à persecução penal, como a reiteração de delitos que afrontem a ordem pública, representando ao juiz pela decretação da preventiva. Por outro lado, insere-se agora a figura do assistente de acusação como legitimado, ganhando papel de destaque na persecução penal, atuando ao lado do MP na ação pública, e nos interesses desta, podendo pleitear a preventiva.

A preventiva terá cabimento durante toda a persecução, tanto nos crimes de ação pública, quanto nos de ação penal privada, desde que atendidos os requisitos legais. Nos Tribunais, a medida poderá ser tomada pelo relator, nos crimes de competência originária, seja nos Tribunais Superiores (art. 2º, parágrafo único da Lei nº 8.038/1990 c/c art. 311, CPP), nos Tribunais de Justiça ou nos Tribunais Regionais (Lei nº 8.658/1993).

Nada impede que uma vez relaxada a prisão em flagrante, pelo não enquadramento da situação fática em uma das hipóteses legais, ou pelo desatendimento das formalidades essenciais na lavratura do auto, que seja decretada, na sequência, a preventiva, se atendidas todas as exigências legais e se não for mais adequado uma das medidas cautelares não privativas de liberdade (art. 319, CPP).

A preventiva é absolutamente incompatível com o instituto da liberdade provisória, seja ela com ou sem fiança. Sendo cabível a liberdade provisória, é porque não estão presentes os requisitos da medida cautelar. E se estiverem presentes os requisitos da preventiva, incompatibilizada está a liberdade provisória.

Importante consignar, garantindo a liberdade de voto, que a medida não poderá ser executada em até cinco dias antes e quarenta e oito horas depois das eleições (art. 236 do Código Eleitoral). Discute-se na atual ordem constitucional, confrontada com a tutela de outros bens jurídicos e levando em conta a remota hipótese de intervenção no certame

61. STF – Segunda Turma – HC 188888/MG – Rel. Min. Celso de Mello – julgado em: 6 out. 2020.
62. STJ – Quinta Turma – RHC 135.081/MG – Rel. Min. Reynaldo Soares da Fonseca – DJe 16 nov. 2020.

eleitoral pela justiça penal, por meio da prisão preventiva, se tal fundamento ainda é pertinente, em que pese a sua ampla aplicação.

Quanto ao sistema recursal, as decisões interlocutórias sobre o tema prisão e liberdade curiosamente são recorríveis quando desfavoráveis ao pleito carcerário. Favorecendo o aprisionamento, é dizer, contrárias aos interesses do investigado ou acusado, usualmente são irrecorríveis, restando à defesa valer-se da ação de ***habeas corpus***. Senão vejamos: se o juiz de primeiro grau indeferir requerimento de prisão preventiva, ou revogar a medida, colocando o sujeito em liberdade, as duas decisões, guarnecendo o ***status libertatis***, podem ser impugnadas através de recurso em sentido estrito (art. 581, V, CPP), que provido pelo tribunal competente, poderá desaguar na decretação da medida.

E se a preventiva já existente for substituída por medida cautelar não privativa de liberdade? Em que pese a ausência de disciplina expressa, havendo irresignação da acusação, entendemos cabível recurso em sentido estrito, em solução similar ao que ocorre quando o juiz revoga a preventiva (inc. V, art. 581, CPP).

Já se o magistrado negar o requerimento de revogação da preventiva, ou decretá-la, tais decisões, por ausência de previsão legal, são irrecorríveis, cabendo à defesa impetrar ***habeas corpus***, como verdadeira ação autônoma de impugnação.

Se a deliberação é do relator, nas hipóteses de competência originária dos Tribunais, é admissível o recurso de agravo, no prazo de cinco dias, como averba o art. 39, da Lei nº 8.038/1990.

45. FUNDAMENTAÇÃO

O art. 315, do CPP, impõe fundamentação da decisão (interlocutória) que decreta, substitui por outra medida cautelar ou denega a prisão preventiva. Tal exigência decorre também do princípio constitucional da motivação das decisões judiciais (art. 93, IX, CF). O magistrado está obrigado a indicar no mandado os fatos que se subsumem à hipótese autorizadora da decretação da medida. Decisões vazias, com a simples reprodução do texto da lei, ou que impliquem meras conjecturas, sem destacar a real necessidade da medida pelo perigo da liberdade, não atendem à exigência constitucional, levando ao reconhecimento da ilegalidade da prisão. Em compasso com essa advertência, o § 2º, do art. 315, do CPP, exige que o julgador aponte concretamente a existência de fatos novos ou contemporâneos que justifiquem a aplicação da medida adotada. Fatos que outrora justificariam a preventiva, mas que passaram despercebidos na sua época, não devem ser trazidos ao presente, transportados artificialmente no tempo, para justificar a preventiva em inquéritos ou processos deflagrados *a posteriori*. A necessidade do cárcere deve ser atual.

Na senda do que já dispunha o § 1º do art. 489, do CPC, o § 2º do art. 315 do CPP elenca as razões para considerarmos que uma decisão judicial carece de motivação, seja ela interlocutória, sentença ou acórdão. Ficam de fora os despachos de mero expediente, desprovidos de conteúdo decisório. A previsão do CPP transcende o sistema prisional, servindo de parâmetro para toda e qualquer decisão judicial, indicando que não se considera motivada a decisão quando:

(1) se limitar à indicação, à reprodução ou à paráfrase de ato normativo, sem explicar sua relação com a causa ou a questão decidida;

(2) empregar conceitos jurídicos indeterminados, sem explicar o motivo concreto de sua incidência no caso;

(3) invocar motivos que se prestariam a justificar qualquer outra decisão;

(4) não enfrentar todos os argumentos deduzidos no processo capazes de, em tese, infirmar a conclusão adotada pelo julgador;

(5) limitar-se a invocar precedente ou enunciado de súmula, sem identificar seus fundamentos determinantes nem demonstrar que o caso sob julgamento se ajusta àqueles fundamentos;

(6) deixar de seguir enunciado de súmula, jurisprudência ou precedente invocado pela parte, sem demonstrar a existência de distinção no caso em julgamento ou a superação do entendimento.

O novo contorno impõe limites e trilha um "novo" (adequado) comportamento na elaboração do ato decisório. No tocante à prisão preventiva, decisões com frases de efeito, destituídas de conteúdo pertinente ao caso concreto, de produção em massa (Fordismo), abordando a gravidade abstrata do crime, irresignadas com a insegurança pública, desconectadas dos enunciados de súmula ou da adequada interpretação do comando legal, provocam a ilegalidade da medida, exigindo-se o pronto relaxamento.

No entanto, não é necessário que a decisão seja extensa, advirta-se. Basta que de forma objetiva o magistrado demonstre o preenchimento dos requisitos legais, extraídos dos autos do inquérito ou do processo, que contribuíram para a formação do seu convencimento. Tem-se admitido, contudo, que o juiz arrime a decisão com os fundamentos trazidos na representação da autoridade policial ou na representação do Ministério Público (fundamentação ***per relationem***). Entendemos que esta é uma discussão estéril, pois se o pedido dos órgãos da persecução pela decretação da medida está amparado por elementos extraídos dos autos, basta que o magistrado se valha daquilo que já foi compilado pelo promotor ou pelo delegado, indicando a fonte. Se não houver tal amparo, estando o requerimento baseado em especulações, a toda evidência, não poderá o magistrado valer-se de tais elementos, e se o fizer, a prisão será ilegal.

Faltando fundamentação e uma vez impetrado ***habeas corpus***, não haverá a convalidação da preventiva e supressão da omissão pelas informações prestadas pela autoridade ao Tribunal. A fundamentação deve existir no momento em que a preventiva foi decretada. Inexistindo, o prejuízo é presumido, não podendo o Tribunal manter a medida, no curso da apreciação do HC, por se conformar com as informações prestadas pela autoridade coatora.

Examinando caso de prisão preventiva por tráfico de pequena quantidade de ***cannabis sativa***, o STF considerou genérica e insuficiente a fundamentação de decisão que decretou prisão cautelar. Para conceder ***habeas corpus***, no entanto, foram usados argumentos não cautelares, quais sejam, a pouca nocividade da substância entorpecente apreendida (maconha) e que "a prisão de jovens pelo tráfico de pequena quantidade de maconha é mais gravosa do que a eventual permanência em liberdade, pois serão fatalmente cooptados ou contaminados por uma criminalidade mais grave ao ingressarem no ambiente carcerário"[63].

Em arremate, interessa frisar a necessidade de fundamentação das decisões judiciais como garantia fundamental constitucional, como forma de assegurar o caráter democrático do processo, viabilizando o controle dos julgados, bem como de maximizar a compreensão dos fatos narrados nos autos. Com essa visão, Ovídio Araújo Baptista da Silva sublinha ainda uma outra base da motivação das decisões judiciais, não menos importante que aquela: "é a que decorre da necessidade de que nossa formação jurídica dogmática seja superada, através do reconhecimento de que o direito não pode submeter-se aos princípios epistemológicos das ciências naturais e menos ainda das matemáticas"[64].

46. REVOGAÇÃO DA PRISÃO PREVENTIVA

A prisão preventiva, como medida cautelar, irá flutuar ao sabor da presença ou ausência dos elementos que autorizariam a decretação. É movida pela cláusula ***rebus sic stantibus***, assim, se a situação das coisas se alterar, revelando que a medida não é mais necessária, a revogação é obrigatória. Deve o magistrado revogar a medida, de ofício, ou por provocação, sendo historicamente desnecessária a prévia oitiva do Ministério Público, que era apenas intimado da decisão judicial, para se desejasse, apresentar o recurso cabível à espécie. Agora, entretanto, o contraditório prévio deve ser respeitado, ressalvada a urgência, normalmente ínsita a situação prisional (art. 282, § 3º, CPP). Uma vez presentes novamente os permissivos legais, nada obsta a que o juiz a decrete novamente, quantas vezes se fizerem necessárias, sendo necessariamente provocado (art. 316, c/c o § 5º, do art. 282, CPP).

A título de exemplo, se o réu foi preso preventivamente porque estava contaminando a instrução criminal em face de ter ameaçado testemunhas, demonstrando a defesa que este risco não mais existe porque todas as provas já foram colhidas, a preventiva deve ser revogada. Nada impede que seja novamente decretada se a acusação demonstrar que existe risco iminente de fuga, embasada na garantia de aplicação da lei penal.

A seu turno, se a prisão preventiva é temporalmente excessiva, ofendendo a razoável duração da prisão cautelar, ela se transforma em medida tipicamente ilegal, impondo-se o relaxamento. O expediente judicial de relaxar a prisão (temporalmente excessiva) e renovar o decreto alterando os fundamentos do cárcere preventivo não deve ser tolerado. É uma via indireta que fragiliza a garantia constitucional, afinal, o excesso de tempo deve ser interpretado pelo cômputo geral de permanência no cárcere cautelar, e não pela individualização dos fundamentos da preventiva, como se fossem considerados de maneira estanque. Assim, se o réu está detido para preservação da instrução criminal, e a prisão é relaxada por excesso de tempo, não cabe ao juiz, na sequência, renovar o decreto prisional para garantir a ordem pública. Seria desconsiderar o critério objetivo suscitado para reconhecer a ilegalidade, qual seja, a razoável duração do cárcere, que foi desatendida, independente do embasamento que justificou a manutenção da segregação. Em sentido contrário ao aqui esposado, o STF já admitiu a substituição dos fundamentos para manutenção do cárcere cautelar, mesmo com anterior relaxamento por excesso de tempo,

63. STF – Primeira Turma – HC 140379/RJ – rel. Min. Marco Aurélio – red. p/ o ac. Min. Roberto Barroso – julgamento em 23 out. 2018.

64. SILVA, Ovídio Araújo Baptista da. *Jurisdição, direito material e processo*. Rio de Janeiro: Forense, 2008. p. 137.

pautando-se na necessidade de preservação da ordem pública, notadamente após a decretação da sentença condenatória, negando ao réu o direito de recorrer em liberdade[65].

Em outro prisma, o parágrafo único do art. 316 do CPP assegura o **direito ao não esquecimento**. É que a situação prisional, perenizada no tempo, sem a verificação da manutenção dos requisitos autorizadores, perde a contemporaneidade, exigida pelo § 2º do art. 312 do CPP, como também pode simbolizar a antecipação do cumprimento da própria pena, inadmitida pelo § 2º do art. 313 do Código de Ritos. Por conseguinte, deve o juiz, *ex officio*, revisitar a necessidade de manutenção da prisão **a cada noventa dias**, motivando a continuidade do cárcere, sob pena de tornar ilegal a medida (art. 316, parágrafo único, CPP), robustecendo a transitoriedade da preventiva, característica que lhe é inerente. Reconhecemos o avanço, mas perdemos uma boa oportunidade para estabelecer prazo máximo de duração da prisão preventiva, em conformidade com a gravidade do crime, onde a renovação é relegada à medida excepcional, como bem propôs o Projeto de Lei nº 156 de 2009, entabulado Novo Código de Processo Penal, ainda tramitando no Congresso Nacional.

Indo de encontro a esse nosso entendimento, o STF[66] em sede de Suspensão de Liminar assentou que a inobservância do prazo do art. 316 do CPP não implica automática revogação da prisão preventiva, antes, porém, exorta o juízo competente a reavaliar a legalidade e a atualidade de seus fundamentos.

47. APRESENTAÇÃO ESPONTÂNEA

Como já ressaltado anteriormente, a apresentação espontânea à autoridade ilide a prisão em flagrante, por ausência de previsão legal autorizando a captura em tal circunstância. Nada impede, uma vez presentes os requisitos legais, que se represente pela decretação da prisão preventiva (malgrado não mais disponha nesse sentido o art. 317, do CPP, essa possibilidade decorre da lógica do sistema), ou até mesmo pela temporária (Lei nº 7.960/1989).

48. PREVENTIVA *VERSUS* EXCLUDENTES DE ILICITUDE

Se pela análise dos autos percebe-se que o sujeito atuou amparado por excludente de ilicitude (art. 23, CP), a preventiva não será decretada (art. 314, CPP). Trata-se de causa impeditiva à decretação da medida prisional. A preventiva deve ser interpretada como medida excepcional, e havendo elementos que justifiquem a conduta aparentemente criminosa, a exemplo da legítima defesa, descarta-se a prisão. Não só as excludentes de ilicitude previstas na parte geral do Código Penal impedem o cárcere, mas também, por analogia (art. 3º, CPP), as previstas na parte especial e na legislação extravagante.

De ***lege ferenda***, mas mais uma vez por autorização da analogia, entendemos que as causas que afastam a culpabilidade também obstam a segregação cautelar preventiva, afinal, se é provável a absolvição, em razão da presença das justificantes ou das dirimentes, não há razão para o cárcere. É o magistério de Heráclito Mossin, com o qual concordamos integralmente[67]. Ressalve-se, entretanto, a inimputabilidade, que por si só não afasta a aplicabilidade das medidas cautelares pessoais, em razão de eventual periculosidade do sujeito.

65. *HC 103881, rel. Min. Dias Toffoli, 31.8.2010. 1ª T. (Info 598).*
66. STF - SL 1395 MC Ref/SP – rel. Min. Luiz Fux – julgamento em 14 e 15 out. 2020.
67. MOSSIN, Heráclito Antônio. *Comentários ao código de processo penal*. São Paulo: Manole, 2005. p. 634.

Não é necessário juízo de certeza quanto à presença das excludentes. Bastam indícios (***fumus boni juris***) para o convencimento do julgador.

	PRISÃO PREVENTIVA	FUNDAMENTO
Natureza jurídica	Medida cautelar de natureza pessoal	–
Pressupostos	*Fumus comissi delicti* (prova da existência do crime + indícios suficientes de autoria)	Art. 312 e art. 282, ambos do CPP.
Hipóteses de decretação	Garantia da ordem pública Garantia da ordem econômica Conveniência da instrução criminal Assegurar a aplicação da lei penal Observação: essas hipóteses constituem o *periculum libertatis* que, a seu turno, deve ser corroborado por indícios do referido perigo, gerado pelo estado de liberdade do agente.	Art. 312 do CPP
	Descumprimento de medida cautelar pessoal anteriormente imposta	Art. 312, p. único, e art. 282, § 4º, ambos do CPP.
	Magnitude da lesão causada	Art. 30, Lei nº 7.492/1986
Infrações que comportam a medida	Crimes dolosos com pena máxima cominada superior a 4 anos, existindo as seguintes hipóteses de dispensa da aferição da quantidade de pena máxima: - Agente reincidente em crime doloso, respeitado o art. 64, I, CP; - Crime envolvendo violência doméstica e familiar contra a mulher, criança, adolescente, idoso, enfermo ou pessoa com deficiência, para garantir a execução das medidas protetivas de urgência; - Dúvida sobre identidade civil da pessoa ou esta não fornece elementos para seu esclarecimento. - Descumprimento de medida cautelar do art, 319 do CPP	Art. 313, CPP
Prazo	Não há prazo determinado.	–
Fundamentação	Específica, amparada nos pressupostos + hipóteses + infrações que comportam a medida.	Art. 315, CPP e art. 93, IX, CF/88
Revogação	Cláusula *rebus sic stantibus*	Art. 316, CPP
Decretação	Investigação criminal – decretação pelo juiz a requerimento do MP ou representação da autoridade policial; Fase processual – requerimento do MP, requerimento do Querelante, do Assistente de acusação.	Art. 311, CPP
Recurso	Indeferimento do pedido de prisão preventiva ou revogação da medida	Recurso em sentido estrito (Art. 581, V, CPP)
	Decretação de prisão preventiva	Irrecorrível. Cabível HC (Art. 647, CPP)

49. PRISÃO TEMPORÁRIA

A temporária é a prisão de natureza cautelar, com prazo preestabelecido de duração, cabível exclusivamente na fase do inquérito policial (ou de investigação preliminar equivalente), objetivando o encarceramento em razão das infrações seletamente indicadas na legislação. A Lei nº 7.960/1989 só indica o cabimento de prisão temporária durante a tramitação de inquérito policial, porém o CPP ampliou o âmbito de incidência da medida cautelar ao disciplinar o seu cabimento durante as investigações, sem restringir-se ao inquérito policial (art. 282, § 2º, CPP).

A temporária está disciplinada na Lei nº 7.960/1989, que substituiu a Medida Provisória nº 111/1989. Aí está a primeira mácula do instituto. A temporária ingressou no ordenamento por iniciativa do executivo, dissociada não só do fator relevância e urgência, essencial às medidas provisórias, e o pior, instituiu-se restrição a direito fundamental – liberdade ambulatorial –, sem lei no sentido estrito, como ato inerente ao Poder Legislativo. Em que pese a conversão posterior da medida provisória na lei infante, é de se ressaltar que a mácula não se convalida, e a inconstitucionalidade perpetua até os dias atuais, apesar de os nossos tribunais não a reconhecerem, tendo o STF na ADInº 162/DF rejeitado a liminar que poderia sepultar o instituto.

50. DECRETAÇÃO DA PRISÃO TEMPORÁRIA

Como de praxe, a temporária está adstrita à cláusula de reserva jurisdicional, e, em face do disposto no art. 2º da Lei nº 7.960/1989[68], somente pode ser decretada pela autoridade judiciária competente (juiz das garantias), mediante representação da autoridade policial ou requerimento do Ministério Público. Ressalte-se, de logo, que a temporária **não pode ser decretada de ofício**, pressupondo provocação, em homenagem ao sistema acusatório. O mesmo se diga em relação à prisão preventiva, que já não pode ser decretada *ex officio* no inquérito ou no processo (art. 311, CPP). A lei não contempla o querelante como legitimado a requerer a prisão temporária. O mesmo se diga quanto ao assistente de acusação. A razão é simples: eles atuam na fase do processo, e a temporária é admitida exclusivamente durante a investigação. Ademais, não temos crimes de inciativa privada no rol de delitos que comportem temporária. Já o assistente de acusação pode provocar o juiz para a decretação da prisão preventiva, tão somente na fase processual.

51. HIPÓTESES DE PRISÃO TEMPORÁRIA

Como medida cautelar de segregação da liberdade, é essencial a presença do ***fumus commissi delicti*** e do ***periculum libertatis*** para que a temporária seja decretada, revelando a necessidade da prisão. Para a imposição da medida, devem ser atendidos os requisitos específicos, a par dos pressupostos gerais regrados no art. 282, do CPP, observando-se o juízo de proporcionalidade a partir:

68. A Lei nº. 13.869/2019 (Lei de Abuso de Autoridade) acrescentou o parágrafo 4º-A à Lei nº. 7.960/1989, que dispõe que "o mandado de prisão conterá necessariamente o período de duração da prisão temporária estabelecido no ***caput*** deste artigo, bem como o dia em que o preso deverá ser libertado".

(1) da **necessidade** para aplicação da lei penal, para a investigação ou a instrução criminal e, nos casos expressamente previstos, para evitar a prática de infrações penais; e

(2) da **adequação** da medida à gravidade do crime, circunstâncias do fato e condições pessoais do indiciado ou acusado.

O cabimento da prisão temporária é excepcionalíssimo, pelo que, além desses pressupostos, devem ser preenchidos os requisitos específicos para a sua decretação que, com supedâneo no art. 1º da Lei nº 7.960/1989, é admitida nas hipóteses que seguem.

(1) **Imprescindibilidade para as investigações do inquérito policial** (inciso I).

O dispositivo em exame revela a estrita necessidade para que a temporária seja decretada. Não é a mera conveniência, e sim a essencialidade da medida para que as investigações possam lograr êxito, já que o indiciado, solto, é um obstáculo ao êxito da investigação com o desvendamento integral do crime, pois a sua liberdade é um risco ao sucesso das diligências. É essencial que este fundamento esteja devidamente demonstrado para que a medida possa ser decretada. Mirabete ressalta que a referida hipótese "permite a prisão não só do indiciado, como também de qualquer pessoa (uma testemunha, por exemplo), já que, ao contrário dos demais incisos do art. 1º, não se refere ele especificamente ao 'indiciado'"[69]. Entendemos que o inciso I deve ser lido em consonância com os demais incisos do art. 1º, e como revelaremos mais adiante, os mesmos obrigatoriamente precisam ser conjugados, o que restringe em absoluto a temporária à figura do indiciado, e a ninguém mais.

Já Marcellus Polastri Lima, manifesta-se no sentido de que a temporária pode ser decretada não apenas no curso do inquérito policial, mas também dentro de outros procedimentos preliminares de investigação, ressaltando que "como é intuitivo, existem outros procedimentos administrativos de apuração de crimes, e não só o inquérito policial. Aplica-se, neste caso, interpretação extensiva do ***caput*** do art. 1º da Lei, adequando-a, assim, ao sistema processual"[70]. Em momento anterior, chegamos a discordar de tal posição, não só por trazer interpretação extensiva em sede de restrição da liberdade, como também por alterar a própria legitimidade para provocar o juiz. Todavia, com a atual redação do art. 283 do CPP, a temporária é admitida na investigação preliminar, englobando o inquérito policial e os demais procedimentos de apuração.

De tal maneira, a restrição da decretação da prisão temporária à existência de inquérito policial em sentido estrito cede diante do texto vigente do CPP, bastando haver investigação criminal instaurada, tal como pode ocorrer no âmbito do Ministério Público, pelo que se infere a possibilidade de sua decretação a requerimento da autoridade que estiver conduzindo a respectiva investigação. É o que se depreende não só do art. 283, CPP, mas também do art. 282, CPP, que cuida dos pressupostos gerais para a decretação de toda e qualquer medida cautelar, estudados anteriormente.

É o que se pode notar pela atual redação do art. 283, do CPP.

(2) **Indiciado não tem residência fixa ou não fornece elementos para sua identificação** (inciso II).

69. MIRABETE, Julio Fabbrini. *Processo Penal*. 15. ed. São Paulo: Atlas, 2004. p. 398.
70. LIMA, Marcellus Polastri. *A tutela cautelar no processo penal*. Rio de Janeiro: Lumen Juris, 2005. p. 243.

Supostamente, por estes fundamentos, haveria risco de a investigação não se concretizar, em face do provável desaparecimento do infrator, já que este não possui residência e/ou não está identificado civilmente. Qualquer prisão cautelar só tem cabimento em razão de sua estrita necessidade, sendo o simples fato de o indivíduo não ter residência fixa insuficiente para decretar a medida. Queremos crer que a justificação da prisão temporária neste caso só é possível se houver um risco efetivo do agente fugir. O simples fato de não ter comprovação de residência certa, como no caso de ciganos ou "sem terra", que levam uma vida itinerante, não pode justificar imposição tão odiosa quanto a prisão temporária, em verdadeira presunção de fuga.

Quanto à ausência de elementos para a identificação civil, o que é comum no interior do país, com famílias inteiras sem nenhum documento de identificação, a saída, dada pela própria Lei nº 12.037/2009, é a realização da identificação criminal, e não a prisão. Ora, se a suposta necessidade da prisão é a ausência de identificação, uma vez realizada, desaparece o motivo do cárcere. Não cremos viável, ante a ordem constitucional, a prisão cautelar pela simples ausência de identificação, resolvendo-se a questão com a identificação criminal, mantida a liberdade.

(3) **Quando houver fundadas razões, de acordo com qualquer prova admitida na legislação penal, de autoria ou participação do indiciado nos seguintes crimes relacionados** (inciso III).

O que a legislação procurou fazer foi indicar, de forma taxativa, as infrações que admitem a prisão temporária. Por estratégia legislativa, cabe ao texto legal definir os delitos que a comportam, sem prejuízo que outras leis extravagantes tragam no seu texto a admissibilidade do instituto. Assim temos:

(a) homicídio doloso (art. 121, ***caput***, e seu § 2º);

(b) sequestro ou cárcere privado (art. 148, ***caput***, e seus §§ 1º e 2º);

(c) roubo (art. 157, ***caput***, e seus §§ 1º, 2º e 3º);

(d) extorsão (art. 158, ***caput***, e seus §§ 1º e 2º);

(e) extorsão mediante sequestro (art. 159, ***caput***, e seus §§ 1º, 2º e 3º);

(f) estupro (art. 213, ***caput***, e sua combinação com o art. 223, ***caput***, e parágrafo único);

(g) atentado violento ao pudor (art. 214, ***caput***, e sua combinação com o art. 223, ***caput***, e parágrafo único), cabendo dizer que, com base no princípio da continuidade normativa típica, o legislador manteve o fato como criminoso, mas alterou sua roupagem (art. 213, modificado pela Lei nº 12.015/2009);

(h) rapto violento (art. 219, e sua combinação com o art. 223, ***caput***, combinado com o art. 285. Esta figura penal foi extinta pela Lei nº 11.106/2005);

(i) epidemia com resultado morte (art. 267, § 1º);

(j) envenenamento de água potável ou substância alimentícia ou medicinal qualificada pela morte (art. 270, ***caput***, combinado com o art. 285);

(k) associação criminosa (art. 288), todos do Código Penal;

(l) genocídio (artigos 1º, 2º e 3º da Lei nº 2.889, de 1.10.1956), em qualquer de suas formas típicas;

(m) tráfico de drogas (correspondendo atualmente aos artigos 33, ***caput*** e § 1º, além dos artigos 34 a 37 da Lei nº 11.343/2006);

(n) crimes contra o sistema financeiro (Lei nº 7.492, de 16.06.1986);

(o) é necessário ressaltar, ainda, que os crimes hediondos – inclusive os de genocídio e de posse ou porte de arma de uso restrito –, bem como os assemelhados, quais sejam, tráfico, tortura e terrorismo, mesmo os não contemplados no rol do art. 1º da Lei nº 7.960/1989, por força do § 4º do art. 2º da Lei nº 8.072/1990 (Lei de Crimes Hediondos), são suscetíveis de prisão temporária.

52. TESES DE CABIMENTO DA PRISÃO TEMPORÁRIA

A grande discussão sobre o cabimento da temporária diz respeito ao preenchimento dos elementos que justifiquem a decretação da medida. Será que os incisos do art. 1º acima elencados são empregados de forma isolada, ou precisamos conjuga-los? A resposta deve ser extraída das principais posições sobre o tema, abaixo indicadas.

(1) **Primeira posição:** francamente majoritária, admite a temporária com base no inciso III obrigatoriamente, pois ele revela o ***fumus commissi delicti***, leia-se, a evidência da infração e sua autoria. Ademais, é necessária a presença de ao menos uma das hipóteses dos incisos I e/ou II: ou é imprescindível para as investigações, ou o indiciado não possui residência fixa, ou não fornece elementos para a sua identificação. Assim, em um esforço esquemático:

Prisão temporária	=	**Inciso III**	+	**Inciso I e/ou inciso II**

No mesmo sentido, posicionam-se Guilherme Nucci[71] e Antônio Scarance Fernandes[72].

(2) **Segunda posição:** defendida por Marcellus Polastri Lima[73] e Luiz Flávio Gomes[74], ao fundamento de que os incisos I e III sempre devem estar presentes, sendo a temporária decretada se for imprescindível para as investigações, e além disso, existirem indícios da prática de um dos delitos listados legalmente. O inciso II, na visão dos autores, é meramente complementar, subsidiário, pois a presença dos dois anteriores é sempre obrigatória.

(3) **Terceira posição:** como o texto legal não fez restrições, há entendimento no sentido de que os incisos isoladamente autorizam a medida. Independente de qual crime praticado, por exemplo, poderia ser decretada a temporária ao argumento de que é imprescindível para as investigações. Nesse sentido, o magistério de Mirabete[75].

Prisão temporária	=	**Inciso I**	ou	**inciso II**	ou	**inciso III**

71. NUCCI, Guilherme de Souza. *Manual de processo penal e execução penal*. 3. ed. São Paulo: RT, 2007. p. 529.
72. FERNANDES, Antonio Scarance. *Processo penal constitucional*. 2. ed. São Paulo: RT, 2000. p. 296-297.
73. LIMA, Marcellus Polastri. *Curso de processo penal*. Rio de Janeiro: Lumen Juris, 2002. v.2. p. 286.
74. GOMES, Luiz Flávio. *Direito processual penal*. São Paulo: RT, 2005. p. 248.
75. MIRABETE, Julio Fabbrini. *Processo Penal*. 15. ed. São Paulo: Atlas, 2004. p. 398-399.

(4) **Quarta posição:** encontramos ainda o entendimento de que para a decretação da temporária os três dispositivos devem ser conjugados (somados), o que fatalmente restringiria muito o cabimento do instituto, ao se exigir que no mesmo caso o indiciado se enquadre nos três incisos cumulativamente. Esta, inicialmente, a posição de Antonio Scarance Fernandes, de sorte a limitar a admissibilidade da medida. Contudo, o autor, em nova reflexão, mudou de posição, admitindo atualmente a temporária com base no inc. III, conjugado ao inc. I ou ao II[76].

Prisão temporária	=	**Inciso I**	+	**inciso II**	+	**inciso III**

(5) **Quinta posição:** já Vicente Greco entende que a temporária só pode ser imposta em situações que autorizariam a decretação da preventiva. É uma simbiose entre as duas ferramentas cautelares, com equiparação dos seus requisitos.

(6) **Sexta posição:** Elmir Duclerc por sua vez, descortinando o instituto, alia o fundamento da inconstitucionalidade formal, em razão da origem repousar em repugnante medida provisória, ao aspecto da inconstitucionalidade material, já que a temporária "nada tem de cautelar, mas constitui apenas uma odiosa antecipação dos efeitos da sentença condenatória, inconstitucional, portanto"[77].

A nosso ver, os fundamentos da temporária, com frequência, se sobrepõem àqueles inerentes à prisão preventiva, que ainda hoje segue sem prazo máximo de duração. Assim, há aqueles que defendem a prevalência da temporária em detrimento da preventiva, quando o investigado preencher os requisitos de uma e de outra. Se o Congresso Nacional estabelecer prazo de duração da preventiva, parece-nos que a prisão temporária perde integralmente sua razão de existir.

53. PRAZOS DA PRISÃO TEMPORÁRIA

A prisão "temporária" é assim rotulada por ter prazo predefinido em lei quanto à sua duração. É importante atentar que a prisão preventiva não encontra restrição similar, perdurando por força da necessidade, que é verificada pela presença dos seus pressupostos. Em outro giro, esgotado o prazo da temporária, é possível a imediata decretação da preventiva (conversão), com criteriosa análise dos pressupostos legais. Os prazos da prisão temporária estão assim distribuídos:

54. REGRA GERAL (ART. 2º DA LEI Nº 7.960/1989)

Cinco dias, prorrogáveis por mais cinco dias em caso de comprovada e extrema necessidade. A prorrogação pressupõe requerimento do MP ou representação da autoridade policial, devidamente fundamentados, cabendo ao magistrado deliberar quanto à sua admissibilidade. Incabível prorrogação de ofício. Deve o juiz ouvir o MP quando a provocação for feita pela autoridade policial.

---

76. FERNANDES, Antonio Scarance. *Processo penal constitucional.* 2. ed. São Paulo: RT, 2000. p. 297.
77. DUCLERC, Elmir. *Curso básico de direito processual penal.* Rio de Janeiro: Lumen Juris, 2006. v.II. p. 178.

55. PRAZOS DE PRISÃO TEMPORÁRIA NOS CRIMES HEDIONDOS E ASSEMELHADOS

Nos crimes hediondos e assemelhados, quais sejam, tráfico de drogas, terrorismo e tortura (parágrafo 4º, art. 2º, Lei nº 8.072/1990), o prazo da prisão temporária é de trinta dias, prorrogáveis por mais trinta dias, em caso de comprovada e extrema necessidade, atendidas as mesmas formalidades acima destacadas.

Acrescente-se que o prazo da temporária será somado ao prazo que a autoridade policial desfruta para concluir o inquérito policial, dentro da perspectiva de tratamento do indiciado preso. A título de exemplo, se o indiciado está solto numa investigação por crime hediondo, e a autoridade policial, após 20 dias de investigação, representa pela temporária, uma vez decretada, o delegado ganha mais 30 (trinta) dias para concluir o inquérito, totalizando 50 (cinquenta) dias. Se houver prorrogação, somando-se outros 30 (trinta). Pergunta-se: e se a autoridade policial concluir o inquérito antes de esgotado o prazo da temporária, enviando os autos ao juízo, a medida perdura pelo prazo restante ou estará automaticamente encerrada? A nosso sentir, como a temporária é ínsita à fase inquisitorial, finalizado o inquérito antes do prazo de encerramento da prisão, a liberdade é de rigor, afinal, os próprios fundamentos da temporária estão ligados ao êxito das investigações. Se o inquérito chegou ao fim, a necessidade da temporária desaparece, e a liberdade é obrigatória, só havendo a manutenção no cárcere, como já ressaltado, com a conversão em preventiva.

56. PROCEDIMENTO PARA DECRETAÇÃO DA PRISÃO TEMPORÁRIA

O procedimento para a decretação da medida é bastante escorreito, imprimindo celeridade na tramitação, vejamos:

(1) Como não se admite a decretação da temporária de ofício, contamos com a provocação da autoridade policial, mediante representação, ou requerimento do Ministério Público.

(2) O juiz, apreciando o pleito, tem **vinte e quatro horas** para, em ato fundamentado, decidir sobre a prisão, ouvindo para tanto o MP, nos pedidos originados da polícia. Em razão da exiguidade do prazo, prevê o art. 5º da Lei nº 7.960/1989 que em todas as comarcas e seções judiciárias haverá um plantão permanente de vinte e quatro horas do Poder Judiciário e do Ministério Público para apreciação dos pedidos de temporária.

(3) Decretada a medida, o mandado será expedido em duas vias e uma delas, que será entregue ao preso, serve como nota de culpa, justamente para atender ao mandamento constitucional de informa-lo sobre os motivos e os responsáveis pela prisão.

(4) Efetuada a prisão, a autoridade policial informará o preso dos direitos assegurados na CF, entre eles o de permanecer em silêncio, além de assistência da família e de advogado (art. 5º, LXIII, CF).

(5) Durante o prazo da temporária, pode o juiz, de ofício, a requerimento do MP ou defensor, "determinar que o preso lhe seja apresentado, solicitar informações e esclarecimentos da autoridade policial e submetê-lo a exame de corpo de delito" (art. 2º, § 3º, Lei nº 7.960/1989). Por demais salutar a preocupação legal com a fiscalização judicial no transcorrer da prisão, aferindo eventual coação do preso temporário, inclusive coibindo a tortura.

(6) Decorrido o prazo legal (cinco ou trinta dias, conforme o caso) o preso deve ser posto imediatamente em liberdade, salvo, como já visto, se for decretada a preventiva. A liberdade é imediata, por força da lei, dispensando alvará de soltura. Aliás, deve a autoridade policial estar atenta ao prazo, afinal, por força do art. 9º c/c o art. 12, parágrafo único, inciso IV, da Lei nº 13.869/2019, caso não libere o preso, pode incorrer em abuso de autoridade.

O preso temporário deve permanecer obrigatoriamente separado dos demais detentos, justamente para evitar as mazelas no contato com os presos definitivos. Esta exigência decorre não só do art. 3º da Lei nº 7.960/1989, mas também do art. 300, do CPP, e do art. 84, da Lei 7.210/1984 (Lei de Execução Penal). Afasta-se, assim, a antiga redação do Código, que condicionava a separação à existência de estrutura carcerária.

PRINCIPAIS DIFERENÇAS ENTRE A PRISÃO TEMPORÁRIA E A PRISÃO PREVENTIVA	
Prisão Preventiva	**Prisão Temporária**
Disciplinada no CPP	**Disciplina em lei especial – Lei nº 7.960/89**
Cabível na fase pré-processual e na fase processual	Cabível apenas na investigação
Prazo indeterminado – cláusula *rebus sic stantibus*	Prazo determinado – até 5 + 5 / Até 30+ 30.
Investigação criminal – decretação pelo juiz a requerimento do MP ou representação da autoridade policial; Fase processual – requerimento do MP, do Querelante ou do Assistente de acusação.	Decretação pelo Juiz, mediante requerimento do MP ou representação da Autoridade Policial

57. PRISÃO NA FASE DOS RECURSOS

A prisão antes do trânsito em julgado somente deve ser decretada a título **cautelar**, segundo dois pilares de sustentação do ordenamento jurídico.

(1) O primeiro, o princípio da presunção de inocência, base maior do sistema que veda interpretação tendente a antecipar a formação de culpa. Não impede a prisão cautelar, mas obsta prisões provisórias automáticas.

(2) O segundo gizado no art. 283, do Código de Processo Penal, que somente permite prisão antes do trânsito em julgado se presentes os requisitos da custódia preventiva.

Desses dois cânones, podemos concluir que são inconstitucionais e ilegais as prisões que decorram simplesmente da condenação, da pronúncia do réu no rito do Júri ou da confirmação da condenação em segunda instância.

As duas primeiras – conhecidas como **prisões decorrentes de sentença condenatória** ou **de decisão de pronúncia** – foram contempladas no texto do CPP, segundo sistemática anterior à reforma processual penal de 2008. A última – **prisão decorrente de confirmação em segunda instância** –passou a ser centro dos debates jurídicos após um período de trégua refratário à denominada execução provisória de pena.

Todas essas foram proscritas do nosso sistema processual penal e, portanto, não devem ser usadas, por falta de amparo legal e constitucional.

Sob outra ótica, é absolutamente incompatível com a Lei Maior qualquer previsão que condicione o direito de recorrer ao recolhimento e a manutenção do imputado-recorrente na prisão, como antes previam os artigos 594 e 595, do CPP, ambos revogados expressamente.

Ademais, como bem averba o § 2º, do art. 313, do CPP, a preventiva não pode ser decretada com a finalidade de antecipação de cumprimento de pena ou como decorrência imediata de investigação criminal ou da apresentação ou recebimento de denúncia.

58. IMPOSSIBILIDADE DE EXECUÇÃO PROVISÓRIA DA PENA

A execução provisória de pena, fundada somente na condenação, ainda que já confirmada em segundo grau de jurisdição, não deve ser admitida, considerando os alicerces da presunção de inocência e da necessidade de cautelaridade para a imposição de prisão provisória (art. 283, do CPP).

Nessa linha, a aplicação da Lei de Execução Penal aos presos provisórios não permite entender possível execução automática da pena. Por exemplo, recorrendo o réu da sentença condenatória, sua prisão somente pode ser justificada se presentes os requisitos da preventiva (art. 312, do CPP).

Para assegurar aos condenados provisórios direitos estampados naquela legislação de execução penal, poderia ser extraída guia de recolhimento. Essa realidade, contudo, era bem diferente da execução fundada na mera condenação, ainda pendente de recursos, sem demonstração da necessidade do encarceramento.

A tradição brasileira fazia uso da prisão decorrente de condenação como regra para permitir, sem demonstração de requisitos cautelares, a execução provisória da pena. As prisões decorrentes de pronúncia e de decisão condenatória recorrível eram exemplo do caráter autoritário de nossa legislação.

Depois de muita oscilação jurisprudencial em torno do assunto, o tema retornou ao Pleno, do STF, em julgamento de ações declaratórias de constitucionalidade (ADC's). A Corte, por maioria, assentou a constitucionalidade do art. 283, do CPP, que veda prisão antes do trânsito em julgado sem a presença de requisito cautelar. Por consequência determinou a suspensão de execução provisória de pena cuja decisão a encerrá-la ainda não tenha transitado em julgado. Desse modo, determinou a libertação daqueles que tenham sido presos, ante exame de apelação, reservando-se o recolhimento aos casos verdadeiramente enquadráveis no art. 312, do CPP[78].

Além disso, naquele julgamento conjunto de três ADC's, acolheu o pleito sucessivo, formulado na ADC 43, no sentido de poderem ser implementadas, analogicamente ao previsto no art. 319, do CPP, medidas alternativas à custódia quanto a acusado cujo título condenatório não tenha alcançado a preclusão maior. As ações declaratórias visavam ao reconhecimento da constitucionalidade do art. 283, do CPP, que, mesmo diante da redação dada pela Lei nº 13.964/2019, subsiste condicionando o início do cumprimento da pena ao trânsito em julgado do título condenatório, diante do teor do art. 5º, inciso

78. STF – Pleno – ADC's 43, 44 e 54/DF – Rel. Min. Marco Aurélio – julgamento em 23 e 24 out. 2019.

LVII, da Constituição Federal, que exige formação de culpa para o início de cumprimento de pena[79].

Com o advento da Lei nº 13.964/2019, apesar de muitos avanços que contemplaram a sistemática de proíbe execução provisória de pena, foi inserida a possibilidade de uma forma de **execução provisoríssima de pena**, no art. 492, inciso I, alínea "e", parágrafos § 3º e 5º. Nas condenações do júri a pena igual ou superior a quinze anos, a apelação, como regra, não será dotada de efeito suspensivo, ressalvada situação extraordinária ali descrita. Como se pode ver, o parâmetro da quantidade da pena imposta é uma janela para abusos. Além de não ter respaldo lógico, há desproporcionalidade e evidente antecipação de culpa vedada pela Constituição. Tal previsão legal, que permite "prisão em primeira instância", não passa pelo filtro de constitucionalidade.

59. PRISÃO DOMICILIAR

A prisão domiciliar é medida cautelar cerceadora de liberdade prevista expressamente nos artigos 317 e 318 do Código, e tem lugar toda vez que a execução da prisão preventiva não seja recomendada em cadeia pública (para os presos provisórios) ou em prisão especial (para os acusados que detêm essa prerrogativa por força de lei), em razão de condições especiais, mormente as relacionadas à idade e à saúde do agente.

A prisão domiciliar é decretada em substituição da preventiva, sempre por ordem judicial. Consiste no recolhimento do indiciado ou do acusado em sua residência, só podendo dela se ausentar por ordem do juiz. Para seu deferimento é exigida prova idônea evidenciando a situação específica que a autorize.

Nos termos do art. 318, do CPP, o juiz poderá substituir a preventiva pela prisão domiciliar quando o agente, apresentando prova idônea de sua situação de fato:

(1) contar com mais de oitenta anos;

(2) estiver extremamente debilitado por motivo de doença grave;

(3) for imprescindível aos cuidados especiais de pessoa menor de seis anos de idade ou com deficiência;

(4) for gestante, independentemente do tempo de gestação ou do grau de risco de sua gravidez;

(5) mulher com filho de até doze anos de idade incompletos; e

(6) homem, caso seja o único responsável pelos cuidados do filho de até doze anos de idade incompletos.

O art. 318, inciso II, do CPP, que prevê prisão domiciliar à pessoa extremamente debilitada por motivo de doença grave, contempla a denominada **prisão domiciliar humanitária**. Aplicando esse dispositivo legal, o STF deferiu a cautela humanitária ao acusado. Levou em consideração, para tanto, o alto risco à saúde, a grande possibilidade de desenvolver infecções no cárcere e a impossibilidade de tratamento médico adequado na unidade prisional

79. STF – Pleno – ADC's 43, 44 e 54/DF – Rel. Min. Marco Aurélio – julgamento em 23 e 24 out. 2019.

ou em estabelecimento hospitalar, conforme laudo pericial. Em acréscimo, asseverou que a concessão da medida era necessária para preservar a integridade física e moral do paciente, em respeito à dignidade da pessoa humana (art. 1º, III, da CF)[80].

A prisão domiciliar, como forma de substituição da prisão preventiva, teve mais duas hipóteses para sua admissibilidade com o advento da Lei nº 13.257/2016, bem como ampliação de uma das que já estava prevista no art. 318, do CPP. A Lei do Marco Legal da Primeira Infância buscou abranger situações outras que podem ensejar, concretamente, risco a filho menor de doze anos ou incapaz.

Com efeito, o art. 318, do CPP, passou a estatuir que o juiz poderá substituir a prisão preventiva pela domiciliar quando a pessoa imputada for gestante (inciso IV), não limitando, como antes, a ser gestante a partir do sétimo mês de gravidez ou ser esta de alto risco.

O legislador reconheceu que a gestante, independentemente do tempo de gravidez, pode necessitar de cuidados especiais que não são oferecidos, como regra, nas cadeias públicas brasileiras, nem tampouco nas penitenciárias. Destarte, deve o juiz avaliar empiricamente a situação prisional e individual da gestante presa para, se for o caso, concluir pela substituição da preventiva pela prisão domiciliar. A exigência de prova idônea para tal desiderato está estampada no parágrafo único do art. 318, do CPP. Sendo necessário, adotará as medidas fiscalizatórias do cumprimento da cautela domiciliar, agregando a medida cautelar de monitoração eletrônica.

As duas outras novas hipóteses de substituição da prisão preventiva por prisão domiciliar estão regradas no inciso V e VI, do art. 318, do CPP. O primeiro assegura a possibilidade daquela providência quando a pessoa investigada ou acusada for "mulher com filho de até 12 (doze) anos de idade incompletos". O segundo, por seu turno, prevê a mesma solução quando se cuidar de "homem, caso seja o único responsável pelos cuidados do filho de até 12 (doze) anos de idade incompletos".

Vale dizer, sendo mulher, com filho de até doze anos de idade incompletos, não se exige que ela seja a única responsável pelos cuidados daquele. Ela pode, então, contar com a ajuda de terceira pessoa, tal como o cônjuge, companheiro ou outro membro da família. No entanto, a necessidade deve ser comprovada com documentos que evidenciem, por exemplo, a residência comum da mulher relativamente ao seu filho de até doze anos. Também é intuitivo que a genitora presa deva ter condições jurídicas de exercer o poder familiar, sem incompatibilidades.

De acordo com o entendimento de ambas as turmas do Superior Tribunal Justiça, não seria cabível a substituição da prisão preventiva pela custódia domiciliar, toda vez que o crime for praticado na própria residência da pessoa imputada, onde convive com seus filhos menores de 12 anos, a exemplo do delito de tráfico de drogas, atribuído à mãe das crianças. O posicionamento colima proteger os filhos menores de situações de risco. Considerando essa diretriz, se o Estado não dispuser de estabelecimento adequado para o regime de pena judicialmente aplicado – ou, ainda, se esse direito estiver sufragado pela legislação –, a substituição da prisão preventiva pela custódia cautelar domiciliar deve

80. STF – Segunda Turma – HC 153961/DF – Rel. Min. Dias Toffoli – julgamento em 27 mar. 2018.

indicar residência diversa daquela da criança, a fim de compatibilizar as garantias fundamentais da pessoa imputada com o dever constitucional de assegurar tratamento prioritário às crianças e adolescentes[81].

Pode-se argumentar que, havendo estabelecimento prisional feminino com espaço adequado para os cuidados maternos ao menor de doze anos, não se deve conceder a prisão domiciliar à mãe. No entanto, a experiência tem evidenciado que os presídios têm se mostrado ambientes inadequados para permanência de crianças e de adolescentes. Aliás, o caráter inóspito das cadeias e penitenciárias tem sido objeto de preocupação a nível nacional e internacional, de modo a recomendar que seja concedida a prisão domiciliar toda vez que se verificar a manutenção do vínculo materno relativamente ao menor de doze anos de idade.

Para fazer face a essa situação de calamidade humana, foi impetrado ***habeas corpus***, com pedido genérico, isto é, o pleito foi formulado, em uma única demanda, em favor de várias presas gestantes e mães com filhos de até doze anos de idade. Noticiou-se que teria sido impetrado ***habeas corpus*** coletivo - embora o nome mais adequado à espécie seja ***habeas corpus*** genérico - pois o designativo coletivo é destinado às ações movidas por órgãos que representam grupos, o que não se acomoda à estrutura do ***writ***, movido em favor de uma pluralidade de pacientes.

Nos autos dessa demanda, o STF reconheceu a situação degradante das mulheres presas, privadas de cuidados médicos básicos e sem local apropriado para acomodar filhos menores e deferiu a ordem de ***habeas corpus***, para determinar - sem prejuízo de medidas diversas da prisão (art. 319, CPP) - a substituição de preventiva pela prisão cautelar domiciliar das mulheres presas gestantes, puérperas e mãe de crianças. Por outro lado, firmou o não cabimento da aludida substituição para a mulher presa que tiver:

(1) praticado crime mediante violência ou grave ameaça;

(2) praticado crime contra seus descendentes (filhos e/ou netos); e

(3) em outras situações excepcionalíssimas, que deverão ser devidamente fundamentadas pelos juízes que denegarem o benefício[82].

Seguindo essa orientação do Supremo Tribunal, o legislador acrescentou os artigos 318-A e 318-B, ao Código de Processo Penal, por meio da Lei nº 13.769/2018. De acordo com o primeiro, a prisão preventiva imposta à mulher gestante ou que for mãe ou responsável por crianças ou pessoas com deficiência será substituída por prisão domiciliar, desde que:

(1) não tenha cometido crime com violência ou grave ameaça a pessoa; e

(2) não tenha cometido o crime contra seu filho ou dependente. Por outro lado, o dispositivo seguinte elucida que a substituição da preventiva pela domiciliar, de que tratam os arts. 318 e 318-A, do Código, "poderá ser efetuada sem prejuízo da aplicação concomitante das medidas alternativas", vale dizer, das medidas cautelares diversas da prisão, elencadas

81. STJ - Sexta Turma - HC 441.781-SC, Rel. Min. Nefi Cordeiro, j. 12 jun. 2018; STJ - Quinta Turma - HC 457.507-SP, Rel. Min. Reynaldo Soares da Fonseca, j. 12 jun. 2018.

82. STF - Segunda Turma - HC 143.641/SP - Rel. Min. Ricardo Lewandowski - j. 20 fev. 2018.

no art. 319, do CPP. Orientação similar foi prevista para a execução penal, conforme comentamos adiante, no capítulo XIX (execução penal).

Quanto ao homem, a lei é mais restritiva. Para que seja concedida a prisão domiciliar é indeclinável que ele seja o único responsável pelos cuidados do filho de até doze anos incompletos. As mesmas razões que expusemos quanto à adequação do estabelecimento feminino devem ser invocadas para o caso de ser homem o imputado.

60. PRISÃO CIVIL

Não mais prevê o Código de Processo Penal que a prisão decretada na esfera cível – providência tomada contra o inadimplente voluntário e inescusável de alimentos – seja "executada pela autoridade policial a quem forem remetidos os respectivos mandados" (antiga redação do art. 320, CPP, modificado pela Lei nº 12.403/2011).

Contudo, o art. 201 da Lei de Execução Penal, ainda indica que "na falta de estabelecimento adequado, o cumprimento da prisão civil e da prisão administrativa se efetivará em seção especial da Cadeia Pública".

Sobre a **prisão administrativa**, temos que ela foi proscrita do nosso sistema e somente lhe sobra a importância histórica. De forma inapropriada, o CPP previa o tratamento da prisão de natureza administrativa, ligada desta maneira a uma autoridade administrativa e com fins da mesma natureza. Como leciona Mirabete, em "seu sentido mais estrito, portanto, é administrativa a prisão quanto ao órgão que a decreta, quanto à razão que a dita, e quanto ao **fim** que visa"[83].

A não previsão pelo CPP da execução da prisão civil pela autoridade policial não impede que assim determine o juiz cível, com base no art. 297 do CPC, cuja execução da medida deve ocorrer em cela especial de Cadeia Pública (art. 201, LEP). A execução dessa medida, no aspecto procedimental, aproxima-se do tratamento na esfera criminal, por se tratar de cerceamento legal de liberdade.

Quanto ao depositário infiel, cabe lembrar que o art. 7º, parágrafo 7º da Convenção Americana de Direitos Humanos, não contempla, para aquele, a medida prisional cível, admitindo-a apenas quanto ao devedor de alimentos. O mesmo se diga com relação ao art. 11, do Pacto Internacional sobre Direitos Civis e Políticos, patrocinado pela ONU, com adesão brasileira em 1990. A liberdade é direito fundamental, não cabendo a banalização em sua restrição. Nessa esteira, ficou consolidado no enunciado nº 25, da Súmula Vinculante, do STF, que é ilícita a prisão civil de depositário infiel, qualquer que seja a modalidade do depósito. É também a posição do STJ, afirmada no enunciado nº 419, da sua Súmula, ao averbar descaber a prisão civil do depositário judicial infiel.

A prisão civil do devedor de alimentos, segundo o § 3º, do art. 528, do CPC, deve ser decretada pelo tempo de um a três meses. O regime de cumprimento é equivalente ao fechado, na forma referida acima. No entanto, pensamos possível a aplicação, por analogia, das regras concernentes à substituição da prisão preventiva pela prisão domiciliar, na forma

83. MIRABETE, Julio Fabbrini. *Processo Penal*. 15. ed. São Paulo: Atlas, 2004. p. 402-403.

do art. 318, do CPP, tal como no caso de devedor de alimentos que contar com mais de oitenta anos ou quando inexistente estabelecimento adequado.

61. PRISÃO PARA AVERIGUAÇÕES

Instrumento utilizado como forma manifesta de constrangimento, implicava no arrebatamento de pessoas pelos órgãos de investigação, que eram literalmente presas, para aferir a vinculação destas a alguma infração, ou para investigar a sua vida pregressa, pesquisando-se, por exemplo, se existe algum mandado de prisão pendente, ou se trata de foragido. Sendo a Constituição enfática de que só cabe prisão, afora o flagrante e as transgressões militares – restrita ao âmbito das forças armadas (art. 18, VII, Decreto-Lei nº 667/1969) –, por ordem escrita e fundamentada da autoridade judiciária competente (art. 5º, LXI, CF/1988), a prisão para averiguação é de todo ilegal, caracterizando abuso de autoridade (art. 9º, Lei nº 13.869/2019).

62. DIFUSÕES VERMELHAS (*RED NOTICES*) E A PRISÃO PARA FINS DE EXTRADIÇÃO

O instrumento denominado "difusão vermelha" (***red notice***) – ou, mais apropriadamente, "difusões vermelhas" (***red notices***) – designa providências tendentes ao efetivo e imediato cumprimento de mandados de prisão emitidos por autoridades nacionais ou internacionais, diante de elementos de que o foragido migrou para país diverso daquele responsável pela ordem[84].

Com a inclusão de ordem de prisão no sistema de difusões da Interpol, são desencadeadas providências tendentes a tornar efetiva a cooperação penal internacional levada a efeitos pelos seus Estados-membros, para que seja capturado o fugitivo.

Em poucas palavras, difusão vermelha é uma comunicação eficiente aos órgãos representantes da Organização Internacional de Polícia Criminal (Interpol), no sentido de que existe uma ordem de prisão emitida contra alguém, para que lhe dê efeitos internacionais. Trata-se de um alerta de espectro internacional.

O conteúdo das difusões vermelhas é constituído, portanto:

(1) pelo armazenamento de registros destinados à Interpol, formados pelas comunicações oficiais dos mandados de prisão, expedidos por autoridade competente de Estado-membro aos órgãos policiais que a representam no âmbito do respectivo país signatário (o Brasil é um dos 190 Estados – Partes da Interpol, integrando este sistema desde 1986[85]);

(2) pela permissão para que a Interpol divulgue entre os Estados-membros a existência de mandados de prisão em aberto, que podem ser emitidos por autoridades nacionais (no Brasil, só autoridade judiciária) ou internacionais (há países onde também autoridades administrativas emitem ordens de prisão).

---

84. ARAS, Vladimir. A difusão vermelha no Brasil. Disponível em: <http://blogdovladimir.wordpress.com/2010/02/ 21/a/-difusao-vermelha/>Acesso em: 16 Dez. 2013.

85. CNJ – Instrução Normativa nº 01, de 10 de fevereiro de 2010. Disponível em: <http://www.cnj.jus.br/atos-administrativos/atos-da-corregedoria/288-instrucoes-normativas-da-corregedoria/12604-instrucao-normativa-nd-01-de-10-de-fevereiro-de-2010>. Acesso em: 16 Dez 2013.

A "difusão" adjetivada de "vermelha" refere-se à finalidade prisional internacional. Outros registros para fins de alerta internacional são formados e disponibilizados pela Interpol, com o objetivo de viabilizar difusões:

(1) para buscar pessoas desaparecidas são as "difusões amarelas" (***yellow notices***);

(2) para localizar bens culturais são as "difusões brancas" (***white notices***)[86].

63. DIFUSÃO VERMELHA ORDENADA POR AUTORIDADE JUDICIÁRIA BRASILEIRA

No Brasil, a iniciativa da difusão vermelha por autoridade judiciária só pode ser deflagrada a partir do preenchimento de determinados requisitos, que, ao cabo, são exigências da Interpol, fundadas no princípio da reciprocidade entre os países signatários do sistema.

A difusão vermelha só deve ser adotada nos casos de ordem de prisão decorrente de sentença condenatória transitada em julgado ou de prisão preventiva em processo criminal.

Ademais, o juízo responsável pela emissão da ordem de prisão, para ser habilitado na difusão vermelha, deve, notadamente[87]:

(1) assumir, formalmente, o compromisso de que solicitará a extradição do foragido, pelas vias diplomáticas, na hipótese de ser localizado ou preso no exterior, por conta da difusão, bem como de que o requerimento diplomático deverá estar acompanhado da documentação necessária com a tradução, sob sua responsabilidade, para o idioma do país requerido (esse compromisso pode constar tanto do mandado de prisão, quanto do ofício, acompanhado de documentação, que encaminhar o mandado de prisão à Superintendência Regional da Polícia Federal, que é o órgão oficial que representa a Interpol no Brasil);

(2) incluir, no mandado de prisão, informações sobre indícios de que a pessoa contra quem a prisão foi decretada esteja fora do país ou que haja possibilidade dela sair do território nacional;

(3) encaminhar, com o mandado de prisão, documento que descreva as informações sobre a infração penal, mormente data, local do crime e especificação da conduta imputada à pessoa procurada, o que pode se dar pela anexação da petição inicial da ação penal;

(4) informar sobre a previsão em tese do tipo penal que se encontra incurso o foragido, ou seja, tipificação legal do delito, pena máxima abstrata e prazo prescricional;

(5) fazer acompanhar, se disponível, fotografias e impressões digitais da pessoa procurada.

A habilitação na difusão vermelha, por iniciativa de juiz brasileiro, é, por si só, medida suficiente para propagar seus efeitos, sem necessidade de manifestação de outro órgão no Brasil. A prisão pode ocorrer no Brasil (quando não haverá necessidade de se pedir extradição) ou no exterior (quando a extradição para o Brasil ocorrerá, lastreada no princípio da reciprocidade).

86. ARAS, Vladimir. A difusão vermelha no Brasil. Disponível em: <http://blogdovladimir.wordpress.com/2010/02/ 21/a/-difusao-vermelha/>Acesso em: 16 Dez 2013.

87. BRASIL. Ministério da Justiça. Manual de extradição. Disponível em: <https://mj.jusbrasil.com.br/noticias/100187261/conheca-o-novo-manual-de-extradicao >. Acesso em: 27 jul. 2018, e <https://justica.gov.br/sua-protecao/cooperacao-internacional/extradicao/arquivos/manualextradicao.pdf>. Acesso em: 23 de jul. de 2019.

64. DIFUSÃO VERMELHA ORIUNDA DE OUTRO PAÍS E PRISÃO CAUTELAR PARA FINS DE EXTRADIÇÃO NO BRASIL

A difusão vermelha decorrente de habilitação realizada por autoridade estrangeira não produz efeito automático no Brasil. Se em alguns países, tal habilitação pode de plano surtir os efeitos desejados junto aos órgãos representantes da Interpol, no Brasil, o STF deve se manifestar previamente.

De outra parte, a prisão internacional, incluída ou não em sistema de difusão vermelha da Interpol, pressupõe, para ser cumprida no Brasil, a existência de processo de extradição instaurado perante a Suprema Corte.

Além de motivos relacionados à soberania nacional que demandam o pronunciamento do Supremo Tribunal, fato é que a ordem de prisão estrangeira pode se dar:

(1) por ordem judicial internacional (do Tribunal Penal Internacional, por exemplo);

(2) por ordem de autoridade judicial de país estrangeiro;

(3) por ordem administrativa proveniente de país estrangeiro.

Por tais razões, indispensável o crivo do STF para que o órgão representante da Interpol no Brasil esteja autorizado a dar efetividade à difusão vermelha no território nacional.

Sobre o ponto, pode se entender que a exigência de prévia manifestação do STF – para que seja possível o cumprimento de difusão vermelha no Brasil – conflita com o princípio da cooperação internacional.

Nesse diapasão, a "cooperação entre os povos para o progresso da humanidade", nos termos do art. 4º, IX, da Constituição Federal, deve reger as relações internacionais entre os países. Em outros termos, sob essa perspectiva do direito internacional público, tanto a difusão vermelha, habilitada a partir de iniciativa de autoridade judiciária brasileira, deve ser cumprida sem óbices pelos demais Estados-partes, como deve o Brasil adotar postura semelhante, sem impor manifestação prévia da Suprema Corte brasileira.

É de ver, contudo, que o entendimento do STF, impondo mais controle para fins de limitação da liberdade do extraditando, por meio de difusão vermelha, está de acordo com a finalidade limitadora do arbítrio estatal, quando em jogo o ***jus libertatis***. Vale dizer, a necessidade de crivo do STF não contradiz o sistema constitucional justamente porque significa maior cautela para segregar o núcleo do direito de ir e vir de um ser humano.

Sob outro prisma, o STF apreciou ***habeas corpus*** que noticiava a ordem de prisão estrangeira desacompanhada dos requisitos que deveriam ser atendidos, além daqueles impostos nos termos do Sistema Interpol, pelo Governo do Estado-membro de origem.

No julgado, a Suprema Corte apontou que a República do Líbano:

(1) não apresentou os documentos que completariam pedido de extradição, com promessa de reciprocidade; e

(2) não acrescentou a instrução com a anexação dos documentos indispensáveis, embora tenham sido concedidos sucessivos prazos para tal finalidade. Diante desse quadro,

e considerando a complexidade da causa, o STF concedeu ao Governo do Líbano novo prazo, porém improrrogável, para o atendimento das diligências requeridas pelo Ministério Público Federal, caso mantivesse o seu interesse na extradição, sob pena de indeferimento do pedido formulado[88].

A prisão cautelar para fins de extradição foi positivada legalmente pela Lei nº 12.878/2013, que alterou o então Estatuto do Estrangeiro, regulado pela Lei nº 6.815/1980. Atualmente, está em vigor a Lei nº 13.445/2017 (Lei de Migração), que instituiu a legislação sobre migração e revogou expressamente o Estatuto do Estrangeiro. No art. 84 e parágrafos, da Lei de Migração, está descrita a forma como deve ser formulado, pelo Estado estrangeiro, o pedido de prisão cautelar para fins de extradição de pessoa procurada internacionalmente:

(1) havendo situação de urgência, o Estado interessado na extradição poderá requerer, por via diplomática ou por meio de autoridade central do Poder Executivo, prisão cautelar com o objetivo de assegurar a executoriedade da medida de extradição;

(2) o pedido de prisão cautelar para fins extradicionais poderá ser formulado de modo preparatório ou simultâneo, isto é, previamente ou conjuntamente com a protocolização do pleito de extradição;

(3) o órgão de diplomacia destinatário do pedido ou a autoridade central do Poder Executivo, após exame da presença dos pressupostos formais de admissibilidade na Lei de Migração ou em tratado, deverá representar à autoridade judicial competente, ouvido previamente o Ministério Público Federal;

(4) o requerimento de prisão cautelar deverá conter informação sobre o crime cometido e deverá ser fundamentado, podendo ser apresentado por correio, fax, mensagem eletrônica ou qualquer outro meio que assegure a comunicação por escrito;

(5) o requerimento de prisão cautelar poderá ser transmitido à autoridade competente para extradição no Brasil por meio de canal estabelecido com o ponto focal da Interpol no País, devidamente instruído com a documentação comprobatória da existência de ordem de prisão proferida por Estado estrangeiro, e, em caso de ausência de tratado, com a promessa de reciprocidade recebida por via diplomática;

(6) depois de efetuada a prisão do extraditando, o requerimento de extradição será encaminhado à autoridade judiciária competente;

(7) na ausência de disposição específica em tratado, o Estado estrangeiro deverá formalizar o pedido de extradição no prazo de sessenta dias, contado da data em que tiver sido cientificado da prisão do extraditando;

(8) caso o pedido de extradição não seja apresentado nesse prazo, o extraditando deverá ser posto em liberdade, não se admitindo novo pedido de prisão cautelar pelo mesmo fato sem que a extradição tenha sido devidamente requerida;

(9) a prisão cautelar poderá ser prorrogada até o julgamento final da autoridade judiciária competente quanto à legalidade do pedido de extradição.

88. STF – Tribunal Pleno – PPE 623 QO – Rel. Min. Cármen Lúcia – DJe 03 set. 2010.

65. QUADRO SINÓTICO

<table>
<tr><th colspan="3">CAPÍTULO XXV – PRISÕES</th></tr>
<tr><th colspan="3">CONCEITO</th></tr>
<tr><td colspan="2">A prisão é o cerceamento da liberdade de locomoção, é o encarceramento. Pode advir de decisão condenatória transitada em julgado, chamada prisão pena ou, ainda, ocorrer no curso da persecução penal, conhecida por prisão cautelar, provisória ou processual.</td><td>1</td></tr>
<tr><th colspan="3">FORMALIDADES E EXECUÇÃO</th></tr>
<tr><td colspan="2">A realização da prisão é cercada de algumas formalidades para que se revista de legalidade e com isso sejam evitados abusos e excessos.</td><td>2</td></tr>
<tr><td>Mandado de prisão</td><td>Em regra, é o título a viabilizar a realização da prisão. Deve ser assinado pela autoridade competente; designar a pessoa que tiver de ser presa pelo nome, alcunha ou sinais característicos; indicar o valor da fiança, nas infrações que a comportem; ser dirigido ao responsável pela execução da prisão.</td><td>3</td></tr>
<tr><td>Mandado de prisão</td><td>O mandado será passado em duas vias, sendo uma entregue ao preso (informando dia, hora e o local da diligência), ficando a outra com a autoridade (devidamente assinada pelo preso).
Considera-se realizada a prisão quando o executor, identificando-se, apresenta o mandado e intima a pessoa a acompanhá-lo.
A captura poderá ser requisitada, à vista de mandado judicial, por qualquer meio de comunicação, tomadas pela autoridade, a quem se fizer a requisição, as precauções necessárias para averiguar a autenticidade desta, sendo o preso imediatamente apresentado à autoridade que tenha expedido a ordem, para a realização de audiência de custódia.
Visando conferir ainda maior efetividade à ordem de prisão, o juiz deverá providenciar o registro do respectivo mandado no banco de dados do CNJ a ser criado com essa finalidade.</td><td>3</td></tr>
<tr><td>Restrição de horário e inviolabilidade domiciliar</td><td>A prisão poderá ser realizada durante o dia ou noite, respeitando-se as restrições relativas à inviolabilidade domiciliar. Havendo a necessidade de realização da prisão com ingresso domiciliar, o morador será intimado a entregar o preso ou a entregar-se, à vista da ordem de prisão. Na falta de atendimento imediato, o executor convocará duas testemunhas e, sendo dia, entrará à força na casa; sendo noite, o executor, depois da intimação do morador, em não sendo atendido, isolará o local, guardando todas as saídas e tornando a casa incomunicável, e assim que amanheça, arrombará as portas, realizando a prisão.</td><td>4</td></tr>
<tr><td>Prisão em perseguição</td><td>Nesses casos, permite-se que a prisão seja realizada em outro Município ou Estado. Em caso de flagrante, a autoridade do lugar da prisão procederá à lavratura do auto, remetendo o mesmo ao juiz local, para aferição de sua legalidade. Só após, os autos e o preso serão remetidos à comarca originária.</td><td>5</td></tr>
</table>

CAPÍTULO XXV – PRISÕES		
Prisão em território diverso da atuação judicial	Se o infrator estiver fora do país, a realização da prisão deve atender às leis ou tratados que dizem respeito à extradição. Já se o mesmo se encontra no território nacional, em local diverso da jurisdição da autoridade judicial que expediu o mandado, poderá ser deprecada a sua prisão, devendo constar da precatória o inteiro teor do mandado. Havendo urgência, pode-se dispensar a precatória, podendo o juiz requisitar a prisão por qualquer meio de comunicação, do qual deverá constar o motivo da prisão, bem como o valor da fiança se arbitrada.	**6**
Prisão especial	Algumas pessoas, em razão da função desempenhada, terão direito a recolhimento em quartéis ou a prisão especial, enquanto estiverem na condição de presos provisórios.	**7**
Emprego de força e uso de algemas	O uso da força, bem como de algemas, deve ser evitado, salvo quando indispensável no caso de resistência ou tentativa de fuga do preso. (Ver súmula vinculante nº 11 do STF). Permanece válida a advertência de que as algemas somente são autorizadas quando estritamente necessárias pelas circunstâncias. Consolidando este entendimento, o art. 474, do CPP, em seu § 3º, assevera que não se permitirá o uso de algemas no acusado durante o período que permanecer no plenário do júri, salvo se absolutamente necessário à ordem dos trabalhos, à segurança das testemunhas ou à garantia da integridade física dos presentes.	**8**
Emprego de força e uso de instrumentos não letais (Lei nº 13.060/2014)	Instrumentos de menor potencial ofensivo são aqueles de menor letalidade, que causam menor lesão à pessoa contra qual se dirigem. O art. 2º, da Lei 13.060/2014, destaca que os órgãos de segurança pública deverão priorizar a utilização desses instrumento. Para tanto, o uso não deve, por outro lado, colocar em risco a integridade física ou psíquica dos policiais. Ressalte-se os casos em que não é legítimo o uso de arma de fogo: (1) contra pessoa em fuga que esteja desarmada ou que não represente risco imediato de morte ou de lesão aos agentes de segurança pública ou a terceiros; e, (2) contra veículo que desrespeite bloqueio policial em via pública, exceto quando o ato represente risco de morte ou lesão aos agentes de segurança pública ou a terceiros.	**9**
Regime disciplinar diferenciado (RDD)	Inserido pela Lei nº 10.792/2003, tem cabimento, tanto aos presos provisórios como definitivos, nacionais ou estrangeiros. Hipóteses de cabimento: (1) prática de crime doloso constituindo falta grave e ocasionando a subversão da ordem ou da disciplina interna do estabelecimento; (2) presos que apresentem alto risco para a segurança do estabelecimento penal ou da sociedade; (3) recaindo fundadas suspeitas de envolvimento ou participação, a qualquer título, em organizações criminosas, quadrilha ou bando.	**10**

<table>
<tr><th colspan="3">CAPÍTULO XXV – PRISÕES</th></tr>
<tr><td>Regime disciplinar diferenciado (RDD)</td><td>Consequências: (1) recolhimento em cela individual; (2) visitas quinzenais de duas pessoas, por vez, em instalações equipadas para impedir o contato físico e a passagem de objetos. A visita tem duração de duas horas, sendo que as pessoas que não são familiares precisam de autorização judicial; (3) saída da cela por duas horas diárias para banho de sol, em grupos de até quatro presos, desde que inexista contato com membros do mesmo grupo criminoso, minimizando o risco da manutenção da organização intramuros.
Duração: perdurará pelo período máximo de dois anos, sem prejuízo de repetição da sanção em havendo nova falta grave da mesma espécie. Veja que não mais existe limitação do tempo total de manutenção no RDD por até um sexto da pena. Já quando a inserção no RDD ocorre porque o sujeito apresenta alto risco para a ordem e a segurança do estabelecimento penal ou da sociedade, assim como quando recaiam fundadas suspeitas de envolvimento ou participação em organização ou associação criminosa, ou em milícia privada, o prazo poderá ser prorrogado, por períodos de um ano, sucessivamente.
Admite-se ainda que a autoridade administrativa decrete o isolamento preventivo do preso faltoso pelo prazo de até dez dias, sendo que a inclusão do preso no RDD, no interesse da disciplina e da averiguação do fato, dependerá de despacho do juiz competente (art. 60, LEP).</td><td>10</td></tr>
<tr><th colspan="3">PRISÃO EM FLAGRANTE</th></tr>
<tr><td colspan="2">Flagrante é o delito que ainda "queima", ou seja, é aquele que está sendo cometido ou acabou de sê-lo. A prisão em flagrante é a que resulta no momento em a evidência do crime ainda arde. É uma medida restritiva de liberdade, de caráter eminentemente administrativo, que não exige ordem escrita do juiz, porque o fato ocorre de inopino. Permite-se que se faça cessar imediatamente a infração com a prisão do transgressor, em razão da aparente convicção quanto à materialidade e a autoria permitida pelo domínio visual dos fatos.</td><td>11</td></tr>
<tr><th colspan="3">ESPÉCIES DE FLAGRANTE</th></tr>
<tr><td>Flagrante próprio, propriamente dito, real ou verdadeiro (art. 302, I e II, CPP)</td><td>O agente é surpreendido cometendo a infração penal ou quando acaba de cometê-la. A prisão deve ocorrer de imediato, sem o decurso de qualquer intervalo de tempo.</td><td>13</td></tr>
<tr><td>Flagrante impróprio, irreal ou quase flagrante (art. 302, III, CPP)</td><td>O agente é perseguido, logo após a infração, em situação que faça presumir ser o autor do fato. Não existe um limite temporal para o encerramento da perseguição.</td><td>14</td></tr>
<tr><td>Flagrante presumido, ficto ou assimilado (art. 302, IV, CPP)</td><td>O agente é preso, logo depois de cometer a infração, com instrumentos, armas, objetos ou papéis que presumam ser ele o autor da infração. Note que esta espécie não exige perseguição.</td><td>15</td></tr>
</table>

CAPÍTULO XXV – PRISÕES		
Flagrante compulsório ou obrigatório (art. 301, in fine, CPP)	As polícias federal, civil, militar, rodoviária, ferroviária e o corpo de bombeiros militar, desde que em serviço, têm o dever de efetuar a prisão em flagrante, sempre que a hipótese se apresente. Já os integrantes da guarda civil metropolitana não estão obrigados à realização da prisão em flagrante, sendo mera faculdade.	**16**
Flagrante facultativo (art. 301 CPP)	É a faculdade legal que autoriza qualquer do povo a efetuar ou não a prisão em flagrante.	**17**
Flagrante esperado	A polícia antecipa-se ao criminoso, e, tendo ciência de que a infração ocorrerá, sai na frente, fazendo campana (tocaia), e realizando a prisão quando os atos executórios são deflagrados. Nada impede que o flagrante esperado seja realizado por particular.	**18**
Flagrante preparado, provocado, delito de ensaio ou delito putativo por obra do agente provocador	O agente é induzido ou instigado a cometer o delito, e, neste momento, acaba sendo preso em flagrante. Ressalte-se, no entanto, a Súmula nº 145 do STF: "Não há crime quando a preparação do flagrante pela polícia torna impossível a sua consumação".	**19**
Flagrante prorrogado, retardado, postergado, diferido, estratégico ou ação controlada	A autoridade policial tem a faculdade de aguardar, do ponto de vista da investigação criminal, o momento mais adequado para realizar a prisão, ainda que sua atitude implique na postergação da intervenção. Encontra previsão na legislação extravagante: Lei nº 12.850/2013; Lei nº 11.343/2006; Lei nº 9.613/1998.	**20**
Flagrante forjado	É aquele armado, fabricado, realizado para incriminar pessoa inocente. É uma modalidade ilícita de flagrante, onde o único infrator é o agente forjador, que pratica o crime de denunciação caluniosa, e, sendo agente público, também abuso de autoridade.	**21**
Flagrante por apresentação	Quem se entrega à polícia não se enquadra em nenhuma das hipóteses legais autorizadoras do flagrante. Assim, não será autuado.	**22**
Flagrante cataléptico	O flagrante cataléptico é um flagrante de vingança, que fora paralisado em função de exigência ou pedido de vantagem indevida por parte do seu condutor e, seguidamente, retomado, diante da solicitação ou da exigência (para não prender) frustrada. Trata-se de modalidade de flagrante ilegal, passível de relaxamento, a teor do art. 310, I, do CPP.	**23**

<table>
<tr><th colspan="3">CAPÍTULO XXV – PRISÕES</th></tr>
<tr><th colspan="3">FLAGRANTE NAS VÁRIAS ESPÉCIES DE CRIME</th></tr>
<tr><td colspan="2">Em regra, todas as infrações penais admitem prisão em flagrante.</td><td>24</td></tr>
<tr><td>Flagrante de crime permanente</td><td>Enquanto não cessar a permanência, a prisão em flagrante poderá ser realizada a qualquer tempo, mesmo que para tanto seja necessário o ingresso domiciliar.</td><td>25</td></tr>
<tr><td>Flagrante em crime habitual</td><td>Pela dificuldade no caso concreto de aferir a reiteração de atos, somos partidários do entendimento de que não cabe flagrante nas infrações habituais.</td><td>26</td></tr>
<tr><td>Flagrante de crime de ação penal privada e pública condicionada</td><td>Nesses casos, para a lavratura do auto de prisão em flagrante, deverá haver a manifestação de vontade do respectivo legitimado. Se a vítima não puder imediatamente ir à delegacia para se manifestar, por ter sido conduzida ao hospital ou por qualquer motivo relevante, poderá fazê-lo no prazo de entrega da nota de culpa.</td><td>27</td></tr>
<tr><td>Flagrante de crime continuado</td><td>Como existem várias ações independentes, irá incidir, isoladamente, a possibilidade de se efetuar a prisão em flagrante por cada uma delas. É o que se chama (impropriamente) de flagrante fracionado.</td><td>28</td></tr>
<tr><td>Flagrante de infração de menor potencial ofensivo</td><td>Nas infrações de menor potencial ofensivo, ao invés da lavratura do auto de flagrante, teremos a realização do termo circunstanciado, desde que o infrator seja imediatamente encaminhado aos juizados especiais criminais ou assuma o compromisso de comparecer, quando devidamente notificado. Caso contrário, o auto será lavrado, recolhendo-se o mesmo ao cárcere, salvo se for admitido a prestar fiança, nas infrações que a comportem, ou se for adequada aplicação de medida cautelar diversa da prisão, nos termos dos artigos 282 e 319, do CPP, com redação dada pela Lei nº 12.403/2011.</td><td>29</td></tr>
<tr><th colspan="3">SUJEITOS DO FLAGRANTE</th></tr>
<tr><td>Sujeito ativo do flagrante</td><td>É aquele que efetua a prisão. Pode ser qualquer pessoa, integrante ou não da força policial. Já o condutor é a pessoa que apresenta o preso à autoridade que presidirá a lavratura do auto.</td><td>31</td></tr>
<tr><td>Sujeito passivo do flagrante</td><td>É aquele detido em situação de flagrância. Em regra, pode ser qualquer pessoa. Exceções:
(1) o Presidente da República somente poderá ser preso com o advento de sentença condenatória transitada em julgado;
(2) os diplomatas estrangeiros podem desfrutar da possibilidade de não ser presos em flagrante, a depender dos tratados e convenções internacionais;
(3) os membros do Congresso Nacional só podem ser presos em flagrante por crime inafiançável. Atenção para a interpretação dada pelo STF no informativo nº 135 que entende que</td><td>32</td></tr>
</table>

CAPÍTULO XXV – PRISÕES		
Sujeito passivo do flagrante	há perda da imunidade parlamentar para congressista que se afasta para exercer cargo no Poder Executivo; (4) os magistrados só poderão ser presos em flagrante por crime inafiançável, devendo a autoridade fazer a imediata comunicação e apresentação do magistrado ao Presidente do respectivo Tribunal; (5) os membros do MP só poderão ser presos em flagrante por crime inafiançável, devendo a autoridade fazer em 24 horas a comunicação e apresentação do membro do MP ao respectivo Procurador-Geral; (6) os advogados somente poderão ser presos em flagrante, por motivo de exercício da profissão, em caso de crime inafiançável, sendo necessária a presença de representante da OAB, nas hipóteses de flagrante em razão do exercício profissional, para a lavratura do auto, sob pena de nulidade; (7) com relação aos menores de 18 anos, preconiza o art. 106 do Estatuto da Criança e do Adolescente (Lei nº. 8.069/1990) que nenhum adolescente será privado de sua liberdade senão em flagrante de ato infracional ou por ordem escrita e fundamentada da autoridade judiciária competente; (8) o motorista que presta pronto e integral socorro à vítima de acidente de trânsito não será preso em flagrante, nem lhe será exigida fiança (art. 301, CTB).	**32**
Prisão do diplomata estrangeiro	O diplomata estrangeiro, em território nacional, não pode ser sujeito passivo da prisão em flagrante. A imunidade dos diplomatas obsta a aplicação da lei brasileira, em homenagem à soberania do seu país de origem (Estado acreditante). A imunidade diplomática se estende aos familiares do diplomata que com ele convivam e desde que não sejam nacionais do estado acreditado. No que concerne aos seus funcionários, que tenham nacionalidade do país de origem (empregados natos), haverá limitação da jurisdição brasileira toda vez que tal implicar interferência demasiada no "desempenho das funções da Missão". O cônsul, por sua vez, tem imunidade restrita aos crimes funcionais no exercício de suas atribuições consulares.	**33**
Prisão e aplicação de outras medidas cautelares a Membro do Congresso Nacional	O § 2º, do art. 53, da Constituição de 1988, dispõe que, desde a emissão do diploma, "os membros do Congresso Nacional não poderão ser presos, salvo em flagrante de crime inafiançável. Nesse caso, os autos serão remetidos dentro de vinte e quatro horas à Casa respectiva, para que, pelo voto da maioria de seus membros, resolva sobre a prisão". Pela ordem jurídica vigente, só são inafiançáveis, em tese, os crimes apontados no art. 5º, da Constituição de 1988, quais sejam: (1) o racismo (inciso XLII); (2) a tortura (inciso XLIII); (3) o tráfico ilícito de entorpecentes e drogas afins (inciso XLIII); (4) o terrorismo (inciso XLIII); (5) os crimes hediondos (inciso XLIII); e (6) a ação de grupos armados, civis ou militares, contra a ordem constitucional e o Estado Democrático (inciso XLIV).	**34**

<table>
<tr><th colspan="3">CAPÍTULO XXV - PRISÕES</th></tr>
<tr><td>Autoridade competente para lavratura do auto de prisão</td><td>A autoridade policial da circunscrição onde foi efetuada a prisão é, via de regra, a que possui atribuição para presidir a lavratura do auto (art. 290, CPP). Se no local onde foi realizada a captura não houver autoridade policial, o capturado deve ser apresentado à do lugar mais próximo (art. 308, CPP).</td><td>35</td></tr>
<tr><th colspan="3">PROCEDIMENTOS E FORMALIDADES DA PRISÃO EM FLAGRANTE</th></tr>
<tr><td colspan="2">Como pontua Luiz Flávio Gomes, a prisão em flagrante reúne quatro momentos distintos: (1) captura do agente; (2) sua condução coercitiva até à presença da autoridade; (3) lavratura do auto de prisão em flagrante; e (4) recolhimento ao cárcere".
Vejamos agora o passo a passo que desaguará na lavratura do auto.
(1) A autoridade, antes de lavrar o auto, deve comunicar à família do preso ou pessoa por ele indicada a ocorrência da prisão (art. 5º, LXIII, 2ª parte, CF). A prisão deve ser comunicada imediatamente ao juiz competente (das garantias – art. 3º-B, I, CPP) e ao Ministério Público (art. 306, caput, CPP).
(2) Oitiva do condutor: reduzindo-se suas declarações a termo com colheita da assinatura, a ele será entregue cópia do termo e recibo de entrega do preso.
(3) Oitiva das testemunhas que tenham algum conhecimento do ocorrido, e que acompanham o condutor.
(4) Oitiva da vítima, quando possível.
(5) Oitiva do conduzido: o preso será ouvido, assegurando-se o direito ao silêncio (art. 5º, LXIII, CF/1988). Deverá constar a informação sobre a existência de filhos, respectivas idades e se possuem alguma deficiência e o nome e o contato de eventual responsável pelos cuidados hipossuficiente, indicado pela pessoa presa.
(6) Ao final, convencida a autoridade que a infração ocorreu, que o conduzido concorreu para a mesma e que se trata de hipótese legal de flagrante delito, determinará ao escrivão que lavre e encerre o auto de flagrante.</td><td>36</td></tr>
<tr><td>Nota de culpa</td><td>A nota de culpa se presta a informar ao preso os responsáveis por sua prisão, além dos motivos da mesma, contendo o nome do condutor e das testemunhas, sendo assinada pela autoridade.
Será entregue em vinte e quatro horas da realização da prisão, mediante recibo.</td><td>37</td></tr>
<tr><td>Remessa à autoridade</td><td>O auto de prisão em flagrante, acompanhado de todas as oitivas colhidas, será encaminhado à autoridade judicial competente em vinte e quatro horas da realização da prisão e, caso o autuado não informe o nome de seu advogado, cópia integral à Defensoria Pública, no mesmo prazo.</td><td>38</td></tr>
<tr><td>Audiência de custódia</td><td>É a providência que decorre da imediata apresentação do preso ao juiz. Faz parte do ordenamento jurídico brasileiro, com base no item 5, do artigo 7º, do Pacto de São José da Costa Rica.
A audiência de custódia tem sido reconhecida como instrumento de controle do excessivo uso do cárcere, constatável</td><td>39</td></tr>
</table>

CAPÍTULO XXV – PRISÕES		
Audiência de custódia	pelo aumento progressivo do número de pessoas presas. É cabível também em favor de quem tenha sido preso temporariamente ou preventivamente. Na audiência de custódia, com efetiva intervenção do Ministério Público e do advogado ou defensor público do preso, o juiz está autorizado a: (1) relaxar a prisão ilegal; (2) converter o flagrante em preventiva, desde que presentes os requisitos do art. 312 do CPP e que as medidas cautelares diversas da prisão não sejam mais adequadas; e, (3) conceder liberdade provisória, com ou sem fiança. Prazo: o auto de flagrante deve chegar ao juiz em até vinte e quatro horas da prisão, em conformidade com o § 1º do art. 306 do CPP. Chegando o auto ao juiz, a audiência de custódia será realizada em até vinte e quatro horas (§ 4º, art. 310, CPP; art. 1º, Resolução nº 213, CNJ).	**39**
PRISÃO PREVENTIVA		
É a prisão de natureza cautelar mais ampla, sendo uma eficiente ferramenta de encarceramento durante o inquérito policial e na fase processual. A decretação da preventiva deve ser fundamentada na ideia de medida extrema, subsidiária, residual, que só terá lugar quando não suficiente e adequada outra medida cautelar diversa da prisão (art. 319, CPP), e presentes os pressupostos gerais de decretação de medida cautelar dispostos no art. 282, do CPP.		**40**
Pressupostos	É fundamental a demonstração de prova da existência do crime, revelando a materialidade, assim como indícios suficientes de autoria ou participação na infração (art. 312, CPP).	**41**
Hipóteses de decretação	Além da justa causa, é necessário que se apresente o fator de risco a justificar a efetividade da medida. A legislação preocupou-se em preestabelecer quais os fatores que representam o perigo da liberdade do agente (***periculum libertatis***), justificando a possibilidade do encarceramento: (1) garantia da ordem pública: em nosso entendimento, a decretação da preventiva com esse embasamento, objetiva evitar que o agente continue delinquindo no transcorrer da persecução criminal. As expressões usuais, porém, evasivas, sem nenhuma demonstração probatória, de que o indivíduo é um criminoso contumaz, possuidor de uma personalidade voltada ao crime etc., não se prestam, sem verificação, a autorizar o encarceramento. A mera existência de antecedentes criminais também não é, por si só, fator de segurança. (2) conveniência da instrução criminal: tutela-se a livre produção probatória, impedindo que o agente comprometa de qualquer maneira a apuração dos fatos. (3) garantia de aplicação da lei penal: almeja-se evitar ou coibir a fuga do agente, que deseja eximir-se de eventual sanção penal.	**42**

CAPÍTULO XXV – PRISÕES		
As hipóteses de decretação	(4) garantia da ordem econômica: visa a evitar que o indivíduo, se solto estiver, continue a praticar novas infrações afetando a ordem econômica. (5) descumprimento de qualquer das obrigações impostas por força de outras medidas cautelares (art. 282, § 4º, CPP): trata-se de caso acrescentado ao CPP, em face do caráter subsidiário da prisão preventiva (medida cautelar extrema). Deve-se assegurar ao imputado o contraditório e a ampla defesa prévios, atendendo-se assim ao devido processo legal. Ressalve-se apenas os casos de urgência ou de perigo de ineficácia da medida, quando o contraditório será diferido.	**42**
Infrações que comportam a medida	A preventiva se reserva a abarcar os crimes dolosos mais graves (pena superior a quatro anos), independentemente de ser apenado com reclusão ou detenção. Ficam de fora os crimes culposos e as contravenções penais. Qualificadores, causas de aumento e de diminuição são levadas em consideração no cômputo da pena máxima. Presente causa de aumento, acrescemos a pena máxima da fração máxima incidente sobre ela. Verificada causa de diminuição, diminuiremos da pena máxima da fração mínima incidente. Excepcionalmente, contudo, a preventiva terá cabimento aos crimes dolosos menos expressivos, com pena menor que quatro anos, nas hipóteses a seguir. (1) Quando o réu já foi condenado por crime doloso, em sentença transitada em julgado, sendo aplicável o período depurador da reincidência (art. 64, I, CP); (2) Quando exista dúvida sobre a identidade civil da pessoa, e o agente não fornece elementos suficientes para esclarecê-la; (3) Se o crime envolver violência doméstica e familiar, no objetivo de garantir a execução das medidas protetivas de urgência.	**43**
Decretação da preventiva e sistema recursal	A prisão preventiva é medida cuja decretação é de competência do juiz, sempre por decisão fundamentada (art. 315, § 2º, CPP), que terá lugar: (1) em qualquer fase da investigação, sempre por provocação de um dos legitimados. Não é mais possível a decretação ***ex officio***; (2) em qualquer fase do processo penal, por provocação do legítimo interessado. Nos Tribunais, a medida poderá ser tomada pelo relator, nos crimes de competência originária, seja nos Tribunais Superiores, nos Tribunais de Justiça ou nos Tribunais Regionais. Importante consignar, garantindo a liberdade de voto, que a medida não poderá ser executada em até cinco dias antes e quarenta e oito horas depois das eleições (art. 236 do Código Eleitoral).	**44**

CAPÍTULO XXV – PRISÕES		
Decretação da preventiva e sistema recursal	Quanto ao sistema recursal, as decisões interlocutórias sobre o tema prisão e liberdade curiosamente são recorríveis quando desfavoráveis ao pleito carcerário. Favorecendo o aprisionamento, é dizer, contrárias aos interesses do investigado ou acusado, usualmente são irrecorríveis, restando à defesa valer-se da ação de ***habeas corpus***.	**44**
Fundamentação	O art. 315, do CPP, impõe fundamentação da decisão (interlocutória) que decreta, substitui por outra medida cautelar ou denega a prisão preventiva. Decisões vazias, com a simples reprodução do texto da lei, ou que impliquem meras conjecturas, sem destacar a real necessidade da medida pelo perigo da liberdade, não atendem à exigência constitucional, levando ao reconhecimento da ilegalidade da prisão. A necessidade do cárcere deve ser atual. Tem-se admitido, contudo, que o juiz arrime a decisão com os fundamentos trazidos na representação da autoridade policial ou na representação do Ministério Público (fundamentação *per relationem*).	**45**
Revogação da prisão preventiva	A prisão preventiva é movida pela cláusula *rebus sic stantibus*, assim, se a situação das coisas se alterar, revelando que a medida não é mais necessária, a revogação é obrigatória, podendo, se adequado e necessário, aplicar medida cautelar em substituição, de acordo com o autorizativo do § 5º, do art. 282, CPP (redação da Lei nº 12.403/2011). Desnecessária a oitiva prévia do Ministério Público. O Membro do MP deverá ser intimado de tal decisão, contra a qual poderá interpor o recurso cabível.	**46**
Apresentação espontânea	A apresentação espontânea à autoridade ilide a prisão em flagrante, por ausência de previsão legal autorizando a captura em tai circunstância. Nada impede, uma vez presentes os requisitos legais, que se represente pela decretação da prisão preventiva, ou até mesmo pela temporária.	**47**
Preventiva *versus* excludentes de ilicitude	Se pela análise dos autos percebe-se que o sujeito atuou amparado por excludente de ilicitude (art. 23, CP), a preventiva não será decretada (art. 314, CPP).	**48**
PRISÃO TEMPORÁRIA		
A temporária é a prisão de natureza cautelar, com prazo preestabelecido de duração, cabível exclusivamente na fase do inquérito policial ou procedimento investigativo equivalente, objetivando o encarceramento em razão das infrações seletamente indicadas na legislação.		**49**
DECRETAÇÃO DA PRISÃO TEMPORÁRIA		
Como de praxe, a temporária está adstrita à cláusula de reserva jurisdicional, e, em face do disposto no art. 2º da Lei nº 7.960/1989, somente pode ser decretada pela autoridade judiciária competente (juiz das garantias), mediante representação da autoridade policial ou requerimento do Ministério Público. Ressalte-se, de logo, que a temporária **não pode ser decretada de ofício**, pressupondo provocação, em homenagem ao sistema acusatório. A lei não contempla o querelante como legitimado a requerer a prisão temporária. O mesmo se diga quanto ao assistente de acusação.		**50**

<table>
<tr><th colspan="3">CAPÍTULO XXV – PRISÕES</th></tr>
<tr><th colspan="3">HIPÓTESES DE PRISÃO TEMPORÁRIA</th></tr>
<tr><td colspan="2">Como medida cautelar de segregação da liberdade, é essencial a presença do fumus commissi delicti e do periculum libertatis para que a temporária seja decretada, revelando a necessidade da prisão. Para a imposição da medida, devem ser atendidos os requisitos específicos, a par dos pressupostos gerais regrados no art. 282, do CPP, observando-se o juízo de proporcionalidade a partir: (1) da necessidade para aplicação da lei penal, para a investigação ou a instrução criminal e, nos casos expressamente previstos, para evitar a prática de infrações penais; e (2) da adequação da medida à gravidade do crime, circunstâncias do fato e condições pessoais do indiciado ou acusado.
O cabimento da prisão temporária é excepcionalíssimo, pelo que, além desses pressupostos, devem ser preenchidos os requisitos específicos para a sua decretação que, com supedâneo no art. 1º da Lei nº 7.960/1989, é admitida nas hipóteses que seguem.</td><td>51</td></tr>
<tr><td>Imprescindibilidade para as investigações do inquérito policial (inciso I)</td><td colspan="2">O dispositivo em exame revela a estrita necessidade para que a temporária seja decretada. Não é a mera conveniência, e sim a essencialidade da medida.</td></tr>
<tr><td>Indiciado não tem residência fixa ou não fornece elementos para sua identificação (inciso II)</td><td colspan="2">Queremos crer que a justificação da prisão temporária neste caso só é possível se houver um risco efetivo do agente fugir. O simples fato de não ter comprovação de residência certa, como no caso de ciganos ou "sem terra", que levam uma vida itinerante, não pode justificar imposição tão odiosa quanto a prisão temporária, em verdadeira presunção de fuga.</td></tr>
<tr><td>Quando houver fundadas razões, de acordo com qualquer prova admitida na legislação penal, de autoria ou participação do indiciado nos seguintes crimes relacionados (inciso III)</td><td colspan="2">a) homicídio doloso; b) sequestro ou cárcere privado; c) roubo; d) extorsão; e) extorsão mediante sequestro; f) estupro; g) atentado violento ao pudor; h) rapto violento; i) epidemia com resultado morte; j) envenenamento de água potável ou substância alimentícia ou medicinal qualificado pela morte; l) associação criminosa; m) genocídio, em qualquer de suas formas típicas; n) tráfico de drogas; o) crimes contra o sistema financeiro; p) os crimes hediondos e assemelhados, quais sejam, tráfico, tortura e terrorismo, mesmo os não contemplados no rol do art. 1º da Lei nº 7.960/1989, por força do § 4º do art. 2º da Lei nº 8.072/1990 (Lei de Crimes Hediondos), são suscetíveis de prisão temporária.</td></tr>
<tr><td>Teses de cabimento da prisão temporária</td><td>1ª – Inciso III (obrigatoriamente) + Inciso II e/ou III
2ª – Incisos I e III (obrigatoriamente) + Inciso III (complementar)
3ª – Inciso I ou Inciso II ou Inciso III
4ª - Incisos I, II e III (obrigatoriamente)
5ª – Só pode ser imposta em situações que autorizam a prisão preventiva
6ª – Inconstitucionalidade da prisão temporária</td><td>52</td></tr>
</table>

CAPÍTULO XXV – PRISÕES		
PRAZOS DA PRISÃO TEMPORÁRIA		
A prisão "temporária" é assim rotulada por ter prazo predefinido em lei quanto à sua duração. Esgotado o prazo da temporária, é possível a imediata decretação da preventiva (conversão), com criteriosa análise dos pressupostos legais.		**53**
Regra geral	Prazo de 5 dias, prorrogáveis por mais 5 dias em caso de comprovada e extrema necessidade (art. 2º, da Lei nº 7.960/1989).	**54**
Prazos de prisão temporária nos crimes hediondos e assemelhados	Prazo de 30 dias, prorrogáveis por mais 30 dias, em caso de comprovada e extrema necessidade. A prorrogação pressupõe requerimento fundamentado, cabendo ao magistrado deliberar quanto a sua admissibilidade. Não cabe prorrogação de ofício. Na prorrogação, deve o magistrado ouvir o MP quando o pedido for realizado pela autoridade policial.	**55**
PROCEDIMENTO PARA DECRETAÇÃO DA PRISÃO TEMPORÁRIA		
(1) O juiz é provocado pela autoridade policial, mediante representação, ou por requerimento do Ministério Público; (2) O juiz, apreciando o pleito, tem 24 horas para, em ato fundamentado, decidir sobre a prisão, ouvindo para tanto o MP, nos pedidos originados da polícia; (3) Decretada a medida, o mandado será expedido em duas vias, sendo que uma delas, que será entregue ao preso, serve como nota de culpa; (4) Efetuada a prisão, a autoridade policial informará o preso dos direitos assegurados na CF; (5) Durante o prazo da temporária, pode o juiz, de ofício, a requerimento do MP ou defensor, "determinar que o preso lhe seja apresentado, solicitar informações e esclarecimentos da autoridade policial e submetê-lo a exame de corpo de delito" (§ 3º, art. 2º, Lei nº 7.960/1989); (6) Decorrido o prazo legal o preso deve ser posto imediatamente em liberdade, salvo se for decretada a preventiva.		**56**
PRISÃO NA FASE DOS RECURSOS		
A prisão antes do trânsito em julgado somente deve ser decretada a título cautelar, segundo dois pilares de sustentação do ordenamento jurídico: presunção de inocência e necessidade de cautelaridade para a imposição de prisão provisória. Desses dois cânones, podemos concluir que são inconstitucionais e ilegais as prisões que decorram simplesmente da condenação, da pronúncia do réu no rito do Júri ou da confirmação da condenação em segunda instância.		**57**
IMPOSSIBILIDADE DE EXECUÇÃO PROVISÓRIA DA PENA		
Depois de muita oscilação jurisprudencial em torno do assunto, o tema retornou ao Pleno, do STF, em julgamento de ações declaratórias de constitucionalidade (ADC's). A Corte, por maioria, assentou a constitucionalidade do art. 283, do CPP, que veda prisão antes do trânsito em julgado sem a presença de requisito cautelar. Por consequência determinou a suspensão de execução provisória de pena cuja decisão a encerrá-la		

CAPÍTULO XXV – PRISÕES	
ainda não tenha transitado em julgado. Desse modo, determinou a libertação daqueles que tenham sido presos, ante exame de apelação, reservando-se o recolhimento aos casos verdadeiramente enquadráveis no art. 312, do CPP. Além disso, naquele julgamento conjunto de três ADC's, acolheu o pleito sucessivo, formulado na ADC 43, no sentido de poderem ser implementadas, analogicamente ao previsto no art. 319, do CPP, medidas alternativas à custódia quanto a acusado cujo título condenatório não tenha alcançado a preclusão maior. Com o advento da Lei nº 13.964/2019, apesar de muitos avanços que contemplaram a sistemática de proíbe execução provisória de pena, foi inserida a possibilidade de uma forma de **execução provisoríssima de pena**, no art. 492, inciso I, alínea "e", parágrafos § 3º e 5º. Nas condenações do júri a pena igual ou superior a quinze anos, a apelação, como regra, não será dotada de efeito suspensivo, ressalvada situação extraordinária ali descrita. Tal previsão legal, que permite "prisão em primeira instância", não passa pelo filtro de constitucionalidade.	**58**
PRISÃO DOMICILIAR	
A prisão domiciliar é decretada em substituição da preventiva, sempre por ordem judicial. Consiste no recolhimento do indiciado ou do acusado em sua residência, só podendo dela se ausentar por ordem do juiz. Para seu deferimento se exige prova idônea evidenciando a situação específica que a autorize. Nos termos do art. 318, do CPP, o juiz poderá substituir a preventiva pela prisão domiciliar quando o agente, apresentando prova idônea de sua situação de fato: (1) contar com mais de oitenta anos; (2) estiver extremamente debilitado por motivo de doença grave; (3) for imprescindível aos cuidados especiais de pessoa menor de seis anos de idade ou com deficiência; e (4) for gestante, independentemente do tempo de gestação ou do grau de risco de sua gravidez; (5) mulher com filho de até doze anos de idade incompletos; e (6) homem, caso seja o único responsável pelos cuidados do filho de até 12 (doze) anos de idade incompletos.	**59**
PRISÃO CIVIL	
A prisão civil do devedor de alimentos, segundo o § 3º, do art. 528, do CPC, deve ser decretada pelo tempo de 1 (um) a 3 (três) meses. O regime de cumprimento é equivalente ao fechado, na forma referida acima. No entanto, pensamos possível a aplicação, por analogia, das regras concernentes à substituição da prisão preventiva pela prisão domiciliar, na forma do art. 318, CPP, tal como no caso de devedor de alimentos que contar com mais de oitenta anos ou quando inexistente estabelecimento adequado.	**60**
PRISÃO PARA AVERIGUAÇÕES	
Instrumento utilizado como forma manifesta de constrangimento, implicava no arrebatamento de pessoas pelos órgãos de investigação, que eram literalmente presas, para aferir a vinculação das mesmas a uma infração, ou para investigar a sua vida pregressa. Esta prisão para averiguação é de todo ilegal, caracterizando abuso de autoridade.	**61**
"DIFUSÕES VERMELHAS" (*RED NOTICES*) E A PRISÃO PARAFINS DE EXTRADIÇÃO	
Designa providências tendentes ao efetivo e imediato cumprimento de mandados de prisão emitidos por autoridades nacionais ou internacionais, diante de elementos de que o foragido migrou para o país diverso daquele responsável pela ordem.	**62**

CAPÍTULO XXV – PRISÕES		
Difusão vermelha ordenada por autoridade judiciária brasileira	No Brasil, a iniciativa da difusão vermelha por autoridade judiciária só pode ser deflagrada a partir do preenchimento de determinados requisitos, que ao cabo são exigências da Interpol, fundadas no princípio da reciprocidade entre os países signatários do sistema.	**63**
Difusão vermelha oriunda de outro país e prisão cautelar para fins de extradição	A difusão vermelha decorrente de habilitação realizada por autoridade estrangeira não produz efeito automático no Brasil. Se em alguns países, tal habilitação pode de plano surtir os efeitos desejados junto aos órgãos representantes da Interpol, no Brasil, o STF deve se manifestar previamente. De outra parte, a prisão internacional, incluída ou não em sistema de difusão vermelha da Interpol, pressupõe, para ser cumprida no Brasil, a existência de processo de extradição instaurado perante a Suprema Corte. A prisão cautelar para fins de extradição foi positivada legalmente pela Lei nº 12.878/2013, que alterou o então Estatuto do Estrangeiro, regulado pela Lei nº 6.815/1980. Atualmente, está em vigor a Lei nº 13.445/2017 (Lei de Migração), que instituiu a legislação sobre migração e revogou expressamente o Estatuto do Estrangeiro. No art. 84 e parágrafos, da Lei de Migração, está descrita a forma como deve ser formulado, pelo por Estado estrangeiro, o pedido de prisão cautelar para fins de extradição de pessoa procurada internacionalmente.	**64**

66. SÚMULAS DO STJ

21. Pronunciado o réu, fica superada a alegação do constrangimento ilegal da prisão por excesso de prazo na instrução.

419. Descabe a prisão civil do depositário judicial infiel.

567. Sistema de vigilância realizado por monitoramento eletrônico ou por existência de segurança no interior de estabelecimento comercial, por si só, não torna impossível a configuração do crime de furto.

630. A incidência da atenuante da confissão espontânea no crime de tráfico ilícito de entorpecentes exige o reconhecimento da traficância pelo acusado, não bastando a mera admissão da posse ou propriedade para uso próprio.

636. A folha de antecedentes criminais é documento suficiente a comprovar os maus antecedentes e a reincidência.

67. SÚMULAS DO STF

4. Não perde a imunidade parlamentar o congressista nomeado Ministro de Estado (cancelada).

145. Não há crime, quando a preparação do flagrante pela polícia torna impossível a sua consumação.

397. O poder de polícia da câmara dos deputados e do senado federal, em caso de crime cometido nas suas dependências, compreende, consoante o regimento, a prisão em flagrante do acusado e a realização do inquérito.

697. A proibição de liberdade provisória nos processos por crimes hediondos não veda o relaxamento da prisão processual por excesso de prazo.

717. Não impede a progressão de regime de execução da pena, fixada em sentença não transitada em julgado, o fato de o réu se encontrar em prisão especial.

Súmula Vinculante nº 11. Só é lícito o uso de algemas em casos de resistência e de fundado receio de fuga ou de perigo à integridade física própria ou alheia, por parte do preso ou de terceiros, justificada a excepcionalidade por escrito, sob pena de responsabilidade disciplinar, civil e penal do agente ou da autoridade e de nulidade da prisão ou do ato processual a que se refere, sem prejuízo da responsabilidade civil do Estado.

Súmula Vinculante nº 25. É ilícita a prisão civil de depositário infiel, qualquer que seja a modalidade do depósito.

68. QUESTÕES DE CONCURSOS PÚBLICOS

01. (UEG – PC-GO – Delegado de Polícia – 2018) Impor-se-á prisão em flagrante:

(A) a Deputado Federal flagrado na prática de crime de estelionato.

(B) à pessoa que for flagrada transportando, para consumo pessoal, drogas, em desacordo com determinação legal.

(C) à pessoa que, flagrada na prática de crime de menor potencial ofensivo, tiver termo circunstanciado de ocorrência lavrado e assumir compromisso de comparecer ao juizado especial criminal.

(D) à pessoa flagrada na prática de crime de furto simples de coisa avaliada em R$ 50,00 (cinquenta reais).

(E) ao condutor de veículo, no caso de homicídio culposo na direção de veículo automotor, que prestar à vítima pronto e integral socorro.

02. (UEG – PC-GO – Delegado de Polícia – 2018) Sobre a prisão, tem-se o seguinte:

(A) A prisão temporária, presentes os seus requisitos, poderá ser decretada no curso da ação penal.

(B) A Constituição da República Federativa do Brasil prevê a incomunicabilidade do preso durante o estado de defesa.

(C) Nos crimes hediondos, a prisão temporária tem, em regra, a duração de trinta dias.

(D) Após a alteração legislativa promovida pela Lei n. 12.403, de 2011, é possível a decretação de prisão preventiva pelo juiz, de ofício, durante a investigação penal.

(E) É causa de revogação da prisão preventiva o extrapolamento, pela autoridade policial, do prazo de conclusão do inquérito policial.

03. (Cespe – Analista do MPU – Direito – MPU/2018) Em cada um dos itens a seguir é apresentada uma situação hipotética seguida de uma assertiva a ser julgada em consonância com a doutrina majoritária e com o entendimento dos tribunais superiores acerca de provas no processo penal, prisão e liberdade provisória e habeas corpus. Um indivíduo penalmente imputável apresentou-se espontaneamente a autoridade policial depois de ter cometido um crime. Nessa situação, a apresentação espontânea não impede a decretação da prisão preventiva nos casos em que a lei a autoriza.

04. (Cespe – Analista Ministerial – Área Processual – MPE – PI/2018) Durante uma festa, após desentendimentos entre Carlos e Miro, este proferiu xingamentos racistas contra aquele, o que levou Carlos a empurrar seu agressor, que caiu em uma mesa de vidro. Com o forte impacto, a mesa se despedaçou completamente e seus cacos causaram cortes profundos por todo o corpo de Miro. Os convidados ligaram para a polícia e para o corpo de bombeiros: Carlos foi preso em flagrante e Miro foi encaminhado ao hospital, onde ficou internado por cinco dias, com risco de morte; passou por procedimentos cirúrgicos e, posteriormente, teve de ficar afastado de sua atividade laboral por trinta e dois dias. O Ministério Público denunciou Carlos por lesão corporal de natureza grave. Nessa situação hipotética, a prisão em flagrante de Carlos foi legal, não sendo possível a concessão de liberdade provisória pela natureza do crime.

05. (2019 - CESPE – PRF - Policial Rodoviário Federal) Em decorrência de um homicídio doloso praticado com o uso de arma de fogo, policiais rodoviários federais foram comunicados de que o autor do delito se evadira por rodovia federal em um veículo cuja placa e características foram informadas. O veículo foi abordado por policiais rodoviários federais em um ponto de bloqueio montado cerca de 200 km do local do delito e que os policiais acreditavam estar na rota de fuga do homicida. Dada voz de prisão ao condutor do veículo, foi apreendida arma de fogo que estava em sua posse e que, supostamente, tinha sido utilizada no crime. Considerando essa situação hipotética, julgue o seguinte item.

Durante o procedimento de lavratura do auto de prisão em flagrante pela autoridade policial competente, o policial rodoviário responsável pela prisão e condução do preso deverá ser ouvido logo após a oitiva das testemunhas e o interrogatório do preso.

( ) Certo ( ) Errado

06. (2019 - CESPE – PRF - Policial Rodoviário Federal) Em decorrência de um homicídio doloso praticado com o uso de arma de fogo, policiais rodoviários federais foram comunicados de que o autor do delito se evadira por rodovia federal em um veículo cuja placa e características foram informadas. O veículo foi abordado por policiais rodoviários federais em um ponto de bloqueio montado cerca de 200 km do local do delito e que os policiais acreditavam estar na rota de fuga do homicida. Dada voz de prisão ao condutor do veículo, foi apreendida arma de fogo que estava em sua posse e que, supostamente, tinha sido utilizada no crime. Considerando essa situação hipotética, julgue o seguinte item.

De acordo com a classificação doutrinária dominante, a situação configura hipótese de flagrante presumido ou ficto.

( ) Certo ( ) Errado

69. GABARITO ANOTADO

01 – D

Vide:

- Art. 53, §2º da CF.
- Art. 48, §2º da Lei nº. 11.343/2006.
- Art. 69 da Lei nº. 9.099/1995.
- Art. 302, I do CPP.
- Art. 301 do Código de Trânsito Brasileiro (CTB).

02 – C

Vide:

- Art. 282, CPP.
- Art. 283, CPP.
- Art. 136, §3º, IV, CF.
- Art. 2º, §4º da Lei nº. 8.072/1990.
- Art. 2º da Lei nº. 7.960/1989.

03 – CERTO

Vide:

- Art. 302, CPP.
- Art. 319, CPP.

04 – ERRADO

Vide:

- Art. 302, CPP.
- Art. 313, CPP.

05 – ERRADO

Vide:

- Item art. 304, CPP

06 – CERTO

Vide:

- Prisão em flagrante.

70. QUESTÕES DISCURSIVAS COM COMENTÁRIOS

(MPE-SP – Promotor de Justiça – SP/2011) DISSERTAÇÃO

PRISÃO CAUTELAR PROCESSUAL PENAL

Espécies. Requisitos. Princípios constitucionais correlatos.

O emprego de algemas.

Da liberdade provisória e das medidas cautelares (art. 282 e seguintes do Código de Processo Penal) ao preso em flagrante por crime de tráfico ilícito de drogas.

Resposta

Sobre a prisão cautelar, remetemos o leitor às distinções que traçamos no curso do presente capítulo, em especial os tópicos da prisão em flagrante (pré-cautelar e pré-processual), da prisão preventiva (cautelar e processual) e da prisão temporária (cautelar e pré-processual). Os requisitos que devem ser confrontados estão nos artigos 302 (flagrante), 312 (preventiva), ambos do CPP, e 1º, da Lei nº 7.960/1989 (temporária). O candidato deve cotejar as espécies de prisão com a possibilidade de imposição de medidas cautelares diversas da prisão (art. 319, CPP), bem como com os princípios constitucionais da presunção de inocência, da judicialidade da prisão, da proporcionalidade, da cautelaridade e da sua imediata comunicação à autoridade judiciária.

O emprego de algemas, sempre excepcional, deve atender aos ditames do verbete, de Súmula Vinculante, de nº 11, do STF, devendo ser justificada a necessidade, de forma motivada pela autoridade responsável, sob pena de responsabilidade civil, criminal e administrativa.

No caso de tráfico de drogas, o STF declarou a admissibilidade expressa de substituição de penas ao condenado por tráfico. A partir daí, e com espeque no princípio da homogeneidade, passou-se a admitir também a possibilidade de medidas cautelares diversas da prisão (art. 319, CPP), respeitados os requisitos do art. 282, CPP.

Capítulo XXVI

Liberdade Provisória e Fiança

1. INTRODUÇÃO

Definimos os contornos da liberdade provisória no nosso capítulo sobre teoria da medida cautelar. Decerto, ela está situada na disciplina do que seria denominado de processo penal cautelar, que deve ser regido por princípios norteadores.

No processo penal, elucida André Nicolitt, a liberdade provisória terá natureza cautelar quando vinculada com alguma restrição à liberdade individual, a exemplo de "imposição de ônus e deveres que, uma vez descumpridos, autorizam sua revogação com a prisão do inadimplente". Caso contrário, teremos liberdade plena. Tanto a liberdade provisória, quanto a plena têm o fito "de afastar uma constrição decorrente da prisão em flagrante"[1].

Sem embargo, o conceito de liberdade provisória pode ser entendido de forma mais ampla, para alcançar, inclusive, pessoas que não foram encontradas em flagrante delito. A possibilidade de impor medidas cautelares alternativas finda por inserir o imputado em regime similar, de liberdade vinculada, não plena, porque submetido o indiciado ou acusado a, pelo menos alguns deveres que decorrem do regime do art. 319, do CPP.

Em sentido similar, no contexto italiano, Franco Cordeiro pondera que não é excluída a possibilidade de um réu, já mantido fora da prisão, seja admitido sob fiança. Vale dizer,

1. NICOLITT, André. ***Manual de processo penal***. 7. ed. Belo Horizonte: D'Plácido, 2018. p.870.

o órgão judicial, perante o qual for requestada liberdade provisória, poderá deferi-la em substituição à limitação anterior diversa do cárcere[2].

De outro giro, como aduz Nicolitt, qualquer restrição cautelar deve estar limitada pelos princípios da dignidade da pessoa humana, do devido processo legal, da taxatividade, da duração razoável, da presunção de inocência, da reserva de jurisdição, da motivação, do contraditório, da excepcionalidade. Nesse contexto, sabemos que a regra é a liberdade e que o provisório é a prisão[3].

Comecemos pela sua classificação, a partir de sua admissibilidade legal à luz de que, a teor do inciso LXVI, do art. 5º, da CF, ninguém será levado à prisão ou nela mantido, quando a lei admitir a liberdade provisória, com ou sem fiança.

2. LIBERDADE PROVISÓRIA OBRIGATÓRIA

É previsão cogente, que compele a autoridade competente a concedê-la.

Diante de situação de flagrante delito, o juiz poderá entender que não é o caso de impor condição alguma para a concessão da liberdade provisória. Em outras palavras, a liberdade provisória sem qualquer vinculação, sequer a de comparecer aos atos do processo, continua possível, porém seu deferimento passa a ser de competência exclusiva do juiz.

Encontramos na legislação especial, como ocorre na Lei de Drogas, óbice ao cárcere cautelar no porte para uso de substância ou produtos capazes de causar dependência (art. 28, Lei nº 11.343/2006), mesmo que o capturado não assuma o compromisso de comparecimento aos juizados especiais, caracterizando situação análoga àquela em que o imputado se livrava solto.

Lembramos que não há mais no CPP parâmetro para definir quais as infrações que possibilitariam, ao agente, "livrar-se solto". Cuidava-se de autêntico caso de liberdade provisória obrigatória, a cargo da autoridade policial em prol do autuado em flagrante. Como o legislador não cuidou de suprimir aquela expressão arcaica de outros dispositivos, do Código de Processo Penal, ela permanece no texto, mas sem qualquer eficácia (arts. 304, § 1º, 309, 392, II, 675, *caput*, CPP).

3. LIBERDADE PROVISÓRIA PERMITIDA

É admitida quando não estiverem presentes os requisitos de decretação da preventiva, e quando a lei não a vedar expressamente. A maior parte das hipóteses é de liberdade provisória permitida. Ela terá cabimento:

(1) nos termos do seu art. 321, quando o juiz, verificando a ausência dos requisitos que autorizam a decretação da prisão preventiva, deverá concedê-la, impondo, se for o caso, as medidas cautelares previstas no art. 319, sempre em compasso com os critérios constantes do art. 282 do CPP; e

---

2. CORDERO, Franco. ***Procedura penal***. Roma: Giufrè, 1983. P.161-162.
3. NICOLITT, André. ***Lei nº 12.403/2011: o novo processo penal cautelar***: a prisão e as demais medidas cautelares. Rio de Janeiro: Elsevier, 2011.p.11-38.

(2) a teor do § 1º, do art. 310, do CPP, quando, à vista do auto de prisão em flagrante, o juiz constatar que o agente praticou o fato em situação excludente de ilicitude (art. 23, I a III, CP), quando poderá conceder a liberdade provisória, mediante termo de comparecimento a todos os atos do processo, sob pena de revogação.

Observados esses ditames, a liberdade provisória será concedida:

(1) pela autoridade policial, mediante fiança, nas infrações que a comporte e que sejam de sua alçada;

(2) pela autoridade judicial, com ou sem fiança, podendo, ainda, ser cumulada medida cautelar diversa da prisão (319, CPP).

4. LIBERDADE PROVISÓRIA VEDADA

É vedada quando couber prisão preventiva e nas hipóteses que a lei estabelecer expressamente a proibição. Por exemplo, o § 2º, do art. 310, do CPP, com redação da Lei nº 13.964/2019, prevê vedação de liberdade provisória quando o juiz verificar que o agente é reincidente ou que integra organização criminosa armada ou milícia, ou que porta arma de fogo de uso restrito.

De compasso com tal proibição, o dispositivo dita que o magistrado deverá denegar a liberdade provisória, com ou sem medidas cautelares. Voltaremos a essa questão mais adiante, especialmente para confrontá-la com os **parâmetros de constitucionalidade**, haja vista que a apreciação judicial se torna inútil diante da necessária negativa à liberdade importa naquele parágrafo.

5. LIBERDADE PROVISÓRIA SEM FIANÇA

Em tese, todo delito é afiançável, ressalvadas as hipóteses de proibição para sua concessão.

Fiança e liberdade provisória são institutos inconfundíveis. Pode haver liberdade provisória em casos de crimes inafiançáveis. Poderá ser denegada a liberdade provisória em situações de infrações penais afiançáveis.

São inafiançáveis os crimes de racismo, tortura, tráfico, terrorismo, hediondos, delitos cometidos por grupos armados civis ou militares e contra o Estado Democrático de Direito (art. 323, CPP). A previsão se coaduna com os termos do art. 5º, da CF:

(1) a prática do racismo constitui crime **inafiançável** e imprescritível, sujeito à pena de reclusão, nos termos da lei (inciso XLII);

(2) a lei considerará crimes **inafiançáveis** e insuscetíveis de graça ou anistia a prática da tortura, o tráfico ilícito de entorpecentes e drogas afins, o terrorismo e os definidos como crimes hediondos, por eles respondendo os mandantes, os executores e os que, podendo evitá-los, se omitirem (inciso XLIII);

(3) constitui crime **inafiançável** e imprescritível a ação de grupos armados, civis ou militares, contra a ordem constitucional e o Estado Democrático (inciso XLIV).

Note-se que a Constituição não proíbe, em qualquer caso, a concessão de liberdade provisória.

O CPP conjuga outros elementos para, por decorrência, também estabelecer situações de não cabimento de fiança, descritas no seu art. 324. Cabe destacar que, embora o delito, em tese, seja afiançável, não será admitida a sua concessão em razão de quebra da fiança, de prisão civil ou militar, ou da presença dos requisitos da preventiva.

6. LIBERDADE PROVISÓRIA SEM FIANÇA E SEM VINCULAÇÃO

Refere-se a situações em que a liberdade deva ser concedida ao imputado compulsoriamente, sem nenhuma imposição ao beneficiado. Mais remotamente, tínhamos os casos em que o imputado "se livrava solto", com liberdade provisória obrigatória e irrestrita, nas infrações de ínfima gravidade. Porém, não gozavam desse instituto os vadios e aqueles que já tinham sido condenados por crime doloso, em sentença transitada em julgado, e praticavam um novo crime doloso (art. 321, *caput*, CPP, redação anterior).

Foram expressamente revogadas as restrições do CPP à liberdade provisória, com ou sem fiança, em virtude da circunstância pessoal de ser o agente vadio. Tratava-se de medida que visa controlar meio de vida, sem relação com o fato, adequada à postura autoritária, de direito penal do autor. No entanto, na Lei das Contravenções Penais ainda há previsão textual do delito de vadiagem (art. 59), bem como a regra de presunção de periculosidade do condenado por vadiagem (art. 14, inciso II). São disposições que conflitam com a Constituição e, portanto, não devem restringir a possibilidade de liberdade provisória.

A liberdade provisória sem fiança e sem vinculação, em regra, finda por ser suplantada pelo conceito de infração de menor potencial ofensivo. Nestes delitos, o infrator não permanece preso nem se lhe exige fiança, e ao invés do auto de flagrante, é lavrado o termo circunstanciado de ocorrência (TCO). É bom lembrar, contudo, que para o TCO ser lavrado, o autor do fato deve ser encaminhado imediatamente ao Juizado ou assumir o **compromisso** de a ele comparecer.

Assim, como salta aos olhos, é uma hipótese de liberdade provisória sem fiança condicionada ao compromisso de comparecimento ao juizado especial criminal. Quem não se compromete, em tese pode permanecer preso e, ao invés do TCO, será lavrado o auto de flagrante. Já no caso relatado acima (em que o infrator se livrava solto), o direito à liberdade era incondicional. Não havia compromisso a ser exigido.

Resta a pergunta: a liberdade provisória incondicionada, em face da alteração do art. 321, do CPP, foi sepultada? Entendemos que não. É preciso sublinhar a possibilidade de ser concedida liberdade provisória sem fiança e sem qualquer obrigação, segundo o sistema do CPP instituído pela Lei nº 12.403/2011.

Trata-se da possibilidade de o juiz entender **desnecessária** ou **inadequada** a imposição de qualquer medida cautelar do art. 319, do CPP, ou a imposição de outra obrigação, concedendo a liberdade provisória simples, não vinculada a qualquer condição. É o que decorre do próprio art. 321, do CPP, ao frisar que uma vez ausentes os requisitos que autorizam a decretação da prisão preventiva, o juiz deverá conceder liberdade provisória, impondo, se for o caso, as medidas cautelares previstas no art. 319, do Código, e observados os critérios constantes do art. 282 (necessidade e adequação para aplicação de medida cautelar).

Percebe-se que se o magistrado reputa inadequada ao caso a imputação de qualquer obrigação, concederá ao agente, mesmo quando capturado em flagrante, o direito de responder a persecução em liberdade, incondicionalmente.

Existem outras regras, em leis especiais, que possibilitam a concessão de liberdade provisória sem fiança e sem vinculação.

Uma delas é a liberdade provisória sem fiança e sem vinculação prevista no art. 301, do Código de Trânsito (Lei nº 9.503/1997), ao aduzir que, nos casos de acidentes de trânsito de que resulte vítima, não se imporá a prisão em flagrante ao condutor de veículo, nem dele será exigida fiança, se prestar pronto e integral socorro àquela. Como forma de estimular o socorro às vítimas, a lei de trânsito instituiu mais uma hipótese de liberdade **incondicional**, de todo salutar.

Outro caso, já apontado anteriormente, é o da Lei nº 11.343/2006 (Drogas), nos apresenta uma hipótese ao menos ***sui generis***, pois o usuário de drogas, tratado no âmbito da lei dos Juizados, será encaminhado à presença do juiz para a lavratura do TCO, com a colheita do respectivo compromisso de comparecimento. Contudo, mesmo não se comprometendo, ainda assim está vedada a sua detenção (§ 3º, art. 48). Ora, se mesmo não assumindo o compromisso ainda assim não ficará preso, é mais um caso de liberdade provisória sem fiança **incondicionada**.

7. LIBERDADE PROVISÓRIA SEM FIANÇA E COM VINCULAÇÃO

É a liberdade provisória **condicionada**, apesar de não exigir fiança. O infrator permanecerá em liberdade, submetendo-se às exigências legais, sem necessidade de realizar nenhum implemento pecuniário. A vinculação poderá consistir na fixação de obrigações ou de outras medidas cautelares não prisionais do art. 319, do CPP.

Vejamos as hipóteses de cabimento:

(1) **Auto de flagrante** *versus* **excludentes de ilicitude** (art. 310, § 1º, CPP): a prisão em flagrante e o local onde o preso se encontre deve ser comunicada imediatamente ao juiz competente, ao Ministério Público e à família do preso ou à pessoa por ele indicada (art. 306, *caput*, CPP). Por seu turno, o auto de prisão em flagrante, após lavrado, deverá ser remetido, em até vinte e quatro horas, ao magistrado competente (art. 306, § 1º, CPP). Após receber o auto de prisão em flagrante, no prazo máximo de até 24 (vinte e quatro) horas após a realização da prisão, o juiz deverá promover audiência de custódia com a presença do acusado, seu advogado constituído ou membro da Defensoria Pública e o membro do Ministério Público. Nessa audiência, o juiz deverá deliberar sobre a liberdade do agente (art. 310, *caput*, CPP). Cabe ao Judiciário a fiscalização do flagrante. Dessa forma, e como já visto, sendo a prisão ilegal, deverá ser prontamente relaxada, sem a necessidade sequer de prévia oitiva do MP. Contudo, em sendo lícito o flagrante, resta a seguinte indagação: será que a manutenção do cárcere é necessária? Percebendo o magistrado, pela leitura do auto, que o infrator atuou amparado por uma excludente de ilicitude, é um sinal da

probabilidade da ausência de crime. Caberá ao juiz conceder liberdade provisória, de ofício ou por provocação, sem pagamento de fiança.

Malgrado o art. 310, § 1º, com redação da Lei nº 13.964/2019, não faça menção à oitiva prévia do MP, é recomendado que seja oportunizado o contraditório, eis que se cuida de concessão de medida cautelar liberatória e assim preconiza o § 3º, do art. 282 do Código, com a ressalva dos casos de urgência e do perigo de eficácia da medida. Como as providências do art. 310, do CPP, devem ser tomadas na audiência de custódia, onde deve estar presente o membro do *Parquet*, queremos crer que essa manifestação ministerial, a ser tomada antes da deliberação judicial, deverá ali ocorrer, sem dilações indevidas.

O beneficiado apenas irá se comprometer ao comparecimento a todos os atos do inquérito e do processo, para os quais seja devidamente intimado. O instituto é um direito daquele que atende aos requisitos legais, e não uma mera faculdade judicial, como se pode acreditar, erroneamente, a partir do § 1º, do art. 310, do CPP, quando usa a expressão "poderá, fundamentadamente, conceder". Não se brinca com o direito de liberdade. Não há favor nestas hipóteses. É direito, e com este não se transige.

Apesar do Código se reportar às **excludentes de ilicitude previstas na parte geral**, do CP (art. 23), nada impede, por interpretação extensiva, que o instituto seja também aplicado quando presente uma **excludente contemplada na parte especial**. De ***lege ferenda***, somos partidários da aplicação do instituto também quando presente **excludente de culpabilidade ou de punibilidade**, afinal, se existe a probabilidade da ausência de responsabilização penal (ou de punição), é sinal que a prisão cautelar deve ceder espaço à liberdade.

No mesmo sentido, Heráclito Mossin, aduzindo que "nada mais lógico adotar-se a inteligência segundo a qual o preceito examinado deve incidir em todas as circunstâncias onde o legislador prevê a adoção da absolvição, como as excludentes de ilicitude, da culpabilidade e da punibilidade, por força de interpretação extensiva (art. 3º, CPP)". De acordo com o autor, "o legislador no ***caput*** da norma processual penal adotada disse menos do que deveria ter dito, cabendo ao intérprete aumentar o alcance do preceito legal. Isso decorre do próprio espírito da lei (***mens legis***)". Exclua-se apenas a inimputabilidade, afinal, o simples fato de o agente não ter capacidade de entender e querer não afasta a necessidade eventual do cerceamento da liberdade, notadamente nas hipóteses de periculosidade acentuada, admitindo-se, para os crimes praticados com violência ou grave ameaça, e havendo risco de reiteração da conduta, a determinação judicial da internação provisória (art. 319, VII, CPP).

Não é necessária a certeza da excludente. Bastam indícios suficientes neste sentido.

(2) **Auto de flagrante** *versus* **inexistência de hipótese autorizadora da prisão preventiva** (art. 321, CPP): apresenta-se quando o magistrado, pela apreciação do auto de prisão em flagrante, verifica a inocorrência de qualquer das hipóteses que autorizariam a decretação da prisão preventiva. Se pela leitura do auto o juiz entende que não há risco à ordem pública, econômica, não se faz conveniente à instrução criminal, pois o indivíduo não apresenta risco à livre produção probatória, nem há risco de fuga, deve haver a concessão da liberdade provisória, cumulada ou não com as medidas cautelares não cerceadoras de liberdade, a teor do art. 319, do CPP. Da mesma forma, o Ministério Público deve ser previamente ouvido, com fundamento no estatuído pela nova redação § 3º, do art. 282, do CPP. Perceba-se que a ideia é a mesma. A prisão é legal, contudo, a sua manutenção só

é necessária caso estejam presentes os requisitos da preventiva. Do contrário, o agente vai permanecer em liberdade durante toda a persecução penal. Esta é a regra que, agora, vem reforçada pela redação dada, pela Lei nº 13.964/2019, ao art. 312, do CPP, estatuindo ser necessária, à prisão preventiva, a constatação de perigo gerado pelo estado de liberdade do imputado.

Observação: a fiança é também medida cautelar alternativa, prevista no inciso VIII, do art. 319, CPP. Cuida-se de **fiança imprópria**, eis que deve se nortear pelos requisitos no art. 282, do nosso Código e porque não faz face ao enfretamento de situação de flagrante delito. De outro lado, será **fiança própria** a que é aplicada nos termos do inciso III, do art. 310, do CPP, como forma de combate à prisão em flagrante, mediante concessão de liberdade provisória.

8. RESTRIÇÕES À LIBERDADE PROVISÓRIA

É interessante notar que o legislador, quando pretende dar um tratamento mais rígido ao processamento de algumas infrações, se vale do expediente de vedar a concessão da liberdade provisória. Desta maneira, havendo prisão, o agente responderia à persecução penal no cárcere, em verdadeira antecipação de pena, suprimindo-se do magistrado, no caso concreto, a aferição da necessidade do cárcere cautelar. É, sem dúvida, uma indevida intromissão do Legislativo nas atividades típicas do Judiciário. Não estamos diante de uma ciência exata. Um caso não é igual ao outro, nem os presos se equivalem. Vedar por completo a liberdade provisória é conduzir a persecução penal às cegas, fazendo pouco caso da presunção de inocência.

Para nossa sorte, as restrições historicamente emblemáticas sofreram um forte abalo, seja pela atividade sensata do legislador, reformando a legislação, seja pela intervenção do STF, declarando a inconstitucionalidade de dispositivos legais. A nosso ver, a vedação legal absoluta da liberdade provisória é inconstitucional, ferindo a presunção de inocência e retirando do magistrado a atividade que lhe é peculiar na gestão da conveniência da medida.

Nessa ótica, os textos legais que ainda não foram declarados inconstitucionais no controle concentrado pelo STF, e queremos crer que é apenas questão de tempo, e nem alterados pelo Legislativo, devem ser afastados incidentalmente pelo magistrado, pois a vedação absoluta do instituto em estudo não é admitida pelo texto constitucional. Nem se faça uma interpretação às avessas da Carta Magna, quando consagra do art. 5º, LXVI, que ninguém será levado à prisão ou nela mantido, quando a **lei admitir** a liberdade provisória, com ou sem fiança. Nessa linha, se a lei supostamente vedasse a medida, o instituto seria incabível.

Perceba que as restrições podem existir, como acontece por comando da própria CF, que determina que a lei considerará os crimes hediondos e assemelhados (tráfico, tortura e terrorismo) inafiançáveis (art. 5º, XLIII). Contudo, vedação absoluta, obstando qualquer modalidade de liberdade provisória, foge ao razoável. Não é este o propósito da CF. O jogo de palavras é por demais perigoso. Ratificando o que pretendemos demonstrar, atualmente a lei ordinária contempla liberdade provisória sem fiança aos hediondos, apesar de continuarem inafiançáveis. Ora, se estas infrações, supostamente extremamente graves, comportam liberdade provisória sem fiança, qual outra infração (de forma razoável) não comportaria a medida?

O princípio da proporcionalidade, que era implicitamente presente no ordenamento, agora vem depreendido de forma expressa a partir das noções de necessidade e adequação referidas como pressupostos gerais para a aplicação de toda e qualquer medida cautelar (art. 282, CPP).

Se as infrações de maior gravidade, como as hediondas, comportam a medida (liberdade provisória, sem fiança, com a possibilidade de aplicação de outras cautelares não prisionais do art. 319, CPP), nenhuma vedação absoluta pode subsistir.

Nem mesmo deve subsistir a disposição incluída no § 2º, do art. 310, do CPP, que prevê proibição de liberdade provisória caso o juiz verifique que o agente é reincidente ou que integra organização criminosa armada ou milícia, ou que porta arma de fogo de uso restrito. De acordo com sua dicção, o magistrado deverá **denegar a liberdade provisória**, com ou sem medidas cautelares. Trata-se de inserção procedida pela Lei nº 13.964/2019 que, a seu turno, trouxe importante norma, gizada no § 2º, do art. 313, do Código, que conflita com aquela, ao verberar que **não será admitida a decretação da prisão preventiva**, baseada nos seguintes motivos:

(1) com a finalidade de antecipação de cumprimento de pena;

(2) como decorrência imediata de investigação criminal; ou

(3) como decorrência da apresentação ou recebimento de denúncia.

Nesta linha, vejamos o tratamento da matéria na legislação extravagante, pontuando algumas alterações, e identificando de pronto que as vedações absolutas, em nossa opinião, são incompatíveis com a Constituição Federal. Trata-se de problema recorrente, eis que sempre identificamos novas tentativas de proibir o Judiciário de conceder liberdade provisória em determinados casos.

9. RESTRIÇÕES À LIBERDADE PROVISÓRIA REVOGADAS

(1) **Crimes hediondos e equiparados**: são delitos insuscetíveis de fiança, porém não de liberdade provisória. A anterior redação do inciso II, do art. 2º, da Lei nº 8.072/1990, previa vedação tanto à fiança, quanto à liberdade provisória. A proibição à liberdade provisória nos crimes hediondos e equiparados foi revogada pela Lei nº 11.464/2007, que manteve a impossibilidade de fiança para essa espécie de delito. De tal sorte, não há inadmissibilidade à concessão de liberdade provisória a casos de crimes hediondos ou equiparados.

(2) **Crime organizado:** o art. 7º da Lei nº 9.034/1995 impedia qualquer modalidade de liberdade provisória, com ou sem fiança, aos agentes que tivessem "efetiva participação na organização criminosa". Com o advento da Lei nº 12.850/2013, que passou a disciplinar o tema e revogou expressamente o diploma anterior, não se renovou tal vedação. Desta maneira, os crimes praticados nesse contexto admitem liberdade provisória, a ser analisada casuisticamente pelo magistrado competente.

(3) **Lavagem de dinheiro:** o art. 3º, ***caput***, da Lei nº 9.613/1998, também continha vedação expressa à qualquer espécie de liberdade provisória à lavagem de capitais. Nas edições anteriores já havíamos estabelecido posição crítica no sentido da inconstitucionalidade do

dispositivo. Atualmente, com as alterações promovidas pela Lei nº 12.683/2012, deixou de existir tal vedação, alinhando a legislação especial aos ditames constitucionais.

(4) **Crimes contra a economia popular e de sonegação fiscal:** estas infrações, por envolverem enriquecimento ilícito, não comportavam liberdade provisória sem fiança (art. 310, CPP), admitindo apenas a prestação de fiança. Com o advento da Lei nº 12.403/2011, revogou-se a disposição específica que inviabilizava a liberdade provisória sem fiança, de maneira que, atualmente, as duas espécies (com e sem fiança) são cabíveis.

10. RESTRIÇÕES À LIBERDADE PROVISÓRIA DECLARADAS INCONSTITUCIONAIS

(1) **Crime de tráfico de drogas**: o art. 44, da Lei nº 11.343/2006, estatui que os crimes previstos nos seus arts. 33, *caput* e § 1º, e 34 a 37 são inafiançáveis e insuscetíveis de sursis, graça, indulto, anistia e liberdade provisória, vedada a conversão de suas penas em restritivas de direitos. Decisão do Supremo Tribunal Federal, proferida no julgamento do HC nº 104.339/SP[4] declarou, ***incidenter tantum***, a inconstitucionalidade da vedação à concessão da liberdade provisória. É de grande relevância o entendimento apresentado, já que vedações apriorísticas e peremptórias, dissociadas do caso concreto, não se coadunam com a atual ordem constitucional.

(2) **Crimes no Estatuto do Desarmamento**: o art. 21, da Lei nº 10.826/2003, prevê que s crimes previstos nos seus arts. 16, 17 e 18 são insuscetíveis de liberdade provisória. Tais dispositivos tipificam os crimes de posse ou porte ilegal de arma de uso restrito, comércio ilegal de arma de fogo e tráfico internacional de armas. O STF, apreciando ação direta de inconstitucionalidade (ADI-3137), declarou tal vedação incompatível com o texto constitucional. Nesta égide, tais infrações passaram a admitir liberdade provisória sem fiança a partir dessa decisão. Por outro lado, também passaram a ser afiançáveis com a vigência da Lei nº 12.403/2011, já que a quantidade da pena (mínima) atribuída ao delito não é mais fator limitador para a concessão de fiança. A questão retornou, parcialmente, com o advento da Lei nº 13.964/2019, prevendo o dever do juiz de negar liberdade provisória a quem porta arma de uso restrito, conforme veremos adiante (art. 310, § 2º, CPP).

A Lei nº 13.497/2017 deu nova redação ao parágrafo único, do art. 1º, da Lei dos Crimes Hediondos (Lei nº 8.072/1990), para também considerar equiparado a hediondo o crime de posse ou porte ilegal de arma de fogo de uso restrito, previsto no art. 16, da Lei nº 10.826/2003, tentado ou consumado. Nos termos daquele enunciado modificado, consideram-se também hediondos o crime de genocídio previsto nos arts. 1º, 2º e 3º, da Lei nº 2.889/1956, e o de posse ou porte ilegal de arma de fogo de uso restrito, previsto no art. 16 da Lei nº 10.826/2003, todos tentados ou consumados.

Reputamos equivocada a opção legislativa de tornar mais severa a aplicação das regras processuais e de execução penal mediante a qualificação de crime como hediondo ou como equiparado a hediondo. Até hoje tal técnica não tem sido capaz de diminuir criminalidade, fenômeno cujas causas são muito complexas, objeto de estudos sólidos e importantes de Criminologia e que, a nosso ver, não têm sido devidamente considerados antes da produção

4. STF – Tribunal Pleno – HC 104339 – Rel. Min. Gilmar Mendes – DJe 24 mai. 2012; STF – Primeira Turma – HC 135992 – Rel. Min. Marco Aurélio – 24 out. 2017.

de leis de expansão penal (com incremento de punição). De todo modo, mesmo sendo equiparado a hediondo, permanece possível concessão de liberdade provisória a indiciado ou a acusado de crime previsto no Estatuto do Desarmamento, ainda que tipificado no seu art. 16 (posse ou porte de arma de uso restrito).

11. VEDAÇÃO À LIBERDADE PROVISÓRIA EM VIGOR

Novamente o legislador empreende investida indevida, para suprimir função tipicamente jurisdicional. O exame sobre a necessidade da prisão provisória é marca indelével da função judicial. Aliás, o poder de conceder a liberdade a alguém é o mais importante na esfera de atribuições do julgador. Ao proibir a sua apreciação em abstrato, o legislador acaba por emitir lei que exclui do Poder Judiciário lesão ou ameaça a direito, em afronta ao art. 5º, inciso XXXV, da Constituição.

Consoante o § 2º, do art. 310, do CPP, introduzido pela Lei nº 13.964/2019, se o juiz deverá denegar a liberdade provisória, com ou sem medidas cautelares, caso verifique que o agente:

(1) é reincidente;

(2) integra organização criminosa armada ou milícia; ou

(3) porta arma de fogo de uso restrito.

A previsão é desproporcional, além de se filiar a direito penal do autor. A consideração da reincidência para proibir liberdade provisória é absurda e, tal como os demais casos, é **inconstitucional**. Ademais, ela acaba por permitir protrair efeitos punitivos de delito passado, em franca violação à mesma legislação que a introduziu, porquanto, a teor do § 2º, do art. 313, do CPP, não será admitida a decretação da prisão preventiva com a finalidade de antecipação de cumprimento de pena ou como decorrência imediata de investigação criminal ou da apresentação ou recebimento de denúncia.

12. FUNDAMENTAÇÃO

Sempre defendemos, por injunção do art. 93, inciso IX, da CF, que o magistrado está obrigado a fundamentar a concessão da liberdade provisória, assim como a manutenção da prisão em flagrante, por entender que a medida não era cabível no caso concreto. Com efeito, na transparência necessária, deve o julgador sempre motivar a manutenção da prisão em flagrante, deixando claros os motivos que não o levaram à concessão da liberdade provisória, em face da necessidade da segregação cautelar. Este ato deve ser automático, já que o magistrado é o destinatário imediato do auto de flagrante. E isto se deve porque é ele o fiscal da necessidade prisional. Desta forma, deve revelar os motivos da utilidade da manutenção da medida, ou seja, o ***periculum libertatis*** que justifica a permanência do encarceramento, afinal, isto não se presume do auto de flagrante.

Diante do teor do art. 310, do CPP, a polêmica está superada, isto é, não há mais espaço para sustentar que não é necessária decisão fundamentada acerca da prisão em flagrante do agente. Deveras, após receber o auto de prisão em flagrante, no prazo máximo de até vinte e quatro horas após a realização da prisão, o juiz deverá promover **audiência de custódia** com a presença do imputado, seu advogado constituído ou membro da Defensoria Pública e o membro do Ministério Público, e, nessa audiência, o juiz deverá, fundamentadamente:

(1) relaxar a prisão ilegal;

(2) converter a prisão em flagrante em preventiva, quando presentes os requisitos constantes do art. 312, do Código, e se revelarem inadequadas ou insuficientes as medidas cautelares diversas da prisão; ou

(3) conceder liberdade provisória, com ou sem fiança.

O *caput*, do art. 310, do CPP, na redação da Lei nº 13.964/2019, fala em realização da audiência de custódia com a presença do "acusado". Nesse momento, será improvável que já exista denúncia oferecida quando o caso se referir à prisão em flagrante. De tal forma, onde se lê acusado, melhor que se leia imputado, como anotamos acima.

Como se depreende, o juiz não deverá simplesmente homologar a prisão em flagrante. Em outras palavras, o auto de prisão em flagrante, por si só, não é título hábil a manter alguém preso sem ser corroborado por decisão fundamentada da autoridade judiciária que evidencie a presença dos requisitos da preventiva e a ausência de justificativa para substituí-la por medida cautelar menos gravosa não cerceadora de liberdade (art. 319, CPP). Nesse interregno, a audiência de custódia é indispensável e, se for o caso de manter a segregação cautelar iniciada com o flagrante, esta prisão deve ser **convertida** em prisão preventiva de maneira motivada.

Aliás, também se o juiz entender por substituir a prisão preventiva por outra medida cautelar não prisional, ou mesmo cumular medidas cautelares à liberdade provisória concedida com ou sem fiança, deverá decidir fundamentadamente, em ato que tem o ***status*** de decisão interlocutória (art. 315, CPP c/c art. 93, IX, CF).

13. LIBERDADE PROVISÓRIA SEM FIANÇA AO HIPOSSUFICIENTE

O art. 350 do CPP prevê a dispensa da prestação de fiança àqueles que sejam considerados economicamente hipossuficientes. O estado de pobreza não impediria a liberdade, e o magistrado relevaria o implemento financeiro, condicionando o beneficiado a todas as obrigações daquele que presta fiança. Trata-se de mais uma hipótese de liberdade provisória sem fiança, porém condicionada. Nada impede que outras medidas cautelares do art. 319, do CPP, sejam cumuladas ao hipossuficiente, se houver justificativa (art. 282, CPP).

14. SISTEMA RECURSAL

É interessante notar que da concessão da liberdade provisória sem a prestação de fiança cabe o recurso em sentido estrito, com fundamento no art. 581, inciso V, do CPP. Já a denegação do instituto, curiosamente, é irrecorrível, cabendo o socorro à ação de *habeas corpus*. Como se depreende, há maior número de hipóteses recursais deferidas ao órgão da acusação que à defesa do imputado.

15. LIBERDADE PROVISÓRIA MEDIANTE FIANÇA

Em tese, ressalvadas as hipóteses de vedação expressa, por proibição constitucional ou legal, os crimes admitem prestação de fiança. Somente não será admitido ao imputado prestar fiança se houver obstáculo jurídico ao seu deferimento por falta de requisito objetivo ou subjetivo, que constitua impedimento ao exercício daquele direito.

16. FIANÇA *VERSUS* LIBERDADE PROVISÓRIA MEDIANTE FIANÇA

No primeiro momento, precisamos fazer a distinção entre o objeto e a ferramenta processual. A fiança consiste no fato jurídico de caucionar obrigação alheia, importando, pois, em abonação ou responsabilidade. Teria conotação fidejussória, sendo a expressão da confiança em alguém, que se obrigaria por outrem, suprindo a sua falta.

O tratamento legal toma a fiança, por sua vez, como uma garantia **real** de cumprimento das obrigações do beneficiário. Não existe mais fiança fidejussória no processo penal comum. A confiança na palavra cedeu espaço à prestação financeira. A fiança é uma caução, uma prestação de valor, para acautelar o cumprimento das obrigações do afiançado.

Já a liberdade provisória mediante fiança é o direito subjetivo do beneficiário, que atenda aos requisitos legais e assuma as respectivas obrigações, de permanecer em liberdade durante a persecução penal. É a contracautela destinada ao combate de algumas prisões processuais, imprimindo uma implementação financeira e condicionando o beneficiário a uma série de imposições. Pode haver cumulação, inclusive, com as demais medidas cautelares diversas da prisão (art. 319, CPP). Com isso, se ele está preso, será libertado; se está na iminência do cárcere, a prisão não se estabelece. Negada arbitrariamente, dá ensejo a constrangimento ilegal sanável pelo remédio heroico do HC.

17. OBJETIVOS DA FIANÇA

Busca-se com a fiança obter a presença do agente a todos os atos da persecução penal, evitando-se os efeitos deletérios do cárcere preliminar. Por consequência, se houver condenação, objetiva-se também garantir a execução da pena. Ocorrida condenação, o valor prestado (dinheiro ou objetos dados em garantia) ainda vai servir para um nobre papel, que é indenização da vítima, o pagamento das custas processuais, da prestação pecuniária e de eventual multa, caso o réu seja condenado (art. 336, ***caput***, CPP). Mesmo que ocorra a prescrição da pretensão executória (art. 110, CP), o valor da fiança seguirá este destino (parágrafo único, art. 336, CPP). Se sobrar algo, será devolvido àquele que prestou a fiança. Em havendo absolvição, haverá pronta e integral devolução, sem abatimento. Da mesma forma, se ocorrer a extinção da punibilidade antes do trânsito em julgado da sentença condenatória ou pedido de arquivamento do inquérito policial.

18. VALOR DA FIANÇA

Os valores da fiança estão dispostos no art. 325, incisos I e II, do CPP, conforme redação conferida pela Lei nº 12.403/2011 que, por sua vez, tornou mais simples a sua imposição e forma de cálculo. O valor será fixado pela autoridade que a conceder conforme dois limites:

(1) **de um a cem salários mínimos**, quando se tratar de infração cuja pena privativa de liberdade, no grau máximo, não for superior a quatro anos;

(2) **de dez a duzentos salários mínimos**, quando o máximo da pena privativa de liberdade cominada for superior a quatro anos.

O critério de cálculo do valor passou a ser o salário mínimo nacional. Coerente o legislador ao estabelecer este parâmetro, que confere segurança jurídica à imposição da medida cautelar pecuniária, sem os riscos das oscilações próprias das legislações de índices de correção.

Seria possível, todavia, objetar que o salário mínimo não poderia ser vinculado para qualquer fim, conforme disposição da CF/1988 (art. 7º, IV) e, por tal motivo, a alusão ao salário mínimo como base de cálculo para a fixação da fiança seria inconstitucional, eis que vedado o seu uso como índice indexador (de correção monetária).

No entanto, não há inconstitucionalidade na redação do art. 325, I e II, do CPP, porquanto não se está utilizando o salário mínimo como forma de corrigir monetariamente a fiança já fixada, mas tão somente como parâmetro para serem definidos os seus limites mínimos e máximos, sem se falar em vinculação. Válida, portanto, a opção do legislador.

Aliado ao critério objetivo de cálculo, exige-se ainda que se leve em conta a situação financeira do afiançado. Nesta linha, nem a fiança pode ser um fardo impagável, afinal haveria, indiretamente, a violação de um direito, nem pode ser por demais branda, já que sua insignificância em face do poderio econômico do réu descredibilizaria a medida. Pode-se assim reduzir o valor encontrado em até dois terços. Tanto a autoridade judicial quanto o delegado podem fazê-lo. Haverá ainda, pela insuficiência do montante, a possibilidade de aumentá-la até mil vezes, a teor do inciso III, do § 1º, do art. 325, do CPP. Além dos juízes, os delegados também passam a poder promover a exasperação.

A Lei nº 12.403/2011 revogou o § 2º do art. 325, do CPP, que dava tratamento mais árido aos crimes contra a economia popular e de sonegação fiscal, já que, por envolverem lucro fácil e locupletamento ilícito, comportavam fiança com valores mais elevados, e não toleravam liberdade provisória sem fiança. Revogada a situação peculiar, tais delitos passam a estar enquadrados na regra geral, admitindo ambas as modalidades de liberdade provisória, de acordo com a adequação ao caso concreto.

O Código de Defesa do Consumidor (Lei nº 8.078/1990) estabelece que a fiança será arbitrada pelo magistrado ou pela autoridade que preside a investigação, entre cem e duzentas mil vezes o valor do BTN, ou qualquer outro índice que venha a substituí-lo. Ademais, em razão da situação econômica do imputado, pode ser reduzida até a metade do seu mínimo valor, ou exasperada judicialmente em até vinte vezes. Tratando-se de lei especial, suas disposições permanecem em vigor, não se aplicando o CPP no ponto, por ser lei geral.

19. DEMAIS CRITÉRIOS PARA O ARBITRAMENTO

Além das faixas de valor, definidas pelo art. 325, do CPP, o art. 326 elege outros critérios para que a autoridade arbitre a fiança. São eles:

(1) **natureza da infração**: para o enquadramento nas faixas acima definidas, devem ser levadas em conta as qualificadoras, assim como todas as causas de aumento e diminuição da pena. Nesta ótica, nas causas de diminuição de pena, aplica-se o mínimo da fração sobre o máximo da pena abstratamente considerada. Já nas causas de aumento, aumenta-se da fração máxima, que vai incidir sobre o máximo de pena prevista;

(2) **condições pessoais de fortuna**: é a pedra de toque da definição da fiança, para que ela atenda a razoabilidade necessária. Nem adianta uma fiança débil, nem por demais elevada;

(3) **vida pregressa**: são os antecedentes criminais do agente, a constatação se tem bons ou maus antecedentes, ou se é reincidente. Tendo um passado criminoso, isso influenciará negativamente no valor da fiança. Se, por sua vez, nunca se envolveu com a prática de delitos, isso também deve ser levado em conta;

(4) **periculosidade**: diretamente ligada ao item anterior, esboça um risco inerente ao próprio indivíduo, a merecer uma exasperação no valor da fiança. Como destaca Guilherme Nucci, "trata-se de um elemento imponderável por si mesmo, constituindo a união da vida pregressa com a gravidade do crime, associado à personalidade do agente. Se for considerado perigoso, o valor da fiança deve ser mais elevado, dificultando-se a sua soltura";

(5) **importância provável das custas**: apesar de remota a aplicação, é possível a existência de custas no âmbito penal (artigos 805 e 806, CPP), notadamente nos crimes de iniciativa privada, o que também vai influir na fixação da fiança.

A lei não fez nenhum paralelo para definição do valor, com a possível multa penal prevista para a infração, nem o eventual dano causado à vítima do crime. Por isso, estes elementos não vão influenciar no arbitramento.

20. MODALIDADES DE FIANÇA

A fiança pode ser prestada de duas maneiras: por depósito ou por hipoteca, desde que inscrita em primeiro lugar. O depósito pode ser de dinheiro, pedras, objetos ou metais preciosos, e títulos da dívida federal, estadual ou municipal (art. 330, CPP). Já os bens dados em hipoteca estão definidos no art. 1.473, do Código Civil.

Se o valor é prestado em dinheiro, este será recolhido em instituição financeira oficial, em conta vinculada à autoridade, com incidência de juros e correção monetária, juntando-se a comprovação do depósito aos autos. Se em feriados ou finais de semana, quando não há expediente bancário, o montante deve ser entregue ao escrivão, e dentro de três dias será encaminhado à respectiva conta, ficando tudo formalizado no termo de fiança (art. 331, ***caput***, parágrafo único, CPP).

Havendo emprego de moeda estrangeira, deve haver conversão para a moeda nacional, pelo câmbio do dia, e por consequência vai a depósito. Essa, também, a posição de Guilherme Nucci[5]. Mirabete, contudo, entende que se o dinheiro é estrangeiro, deve ser aceito como metal precioso[6].

No caucionamento de pedras, objetos ou metais preciosos, ou prestação de hipoteca, o bem dado em garantia deve ser avaliado por perito nomeado pela autoridade, justamente para aferição se corresponde ao valor indicado pelo afiançado, atendendo ao quantitativo da fiança (art. 330, parágrafos, CPP). Se forem títulos da dívida pública, serão tomados

5. NUCCI, Guilherme de Souza. ***Manual de processo penal e execução penal***. 3. ed. São Paulo: RT, 2007. p.402 et seq.
6. MIRABETE, Julio Fabbrini. ***Processo penal***. 14. ed. São Paulo: Atlas, 2003. p.322 et seq.

por sua cotação em bolsa, com a demonstração de que estão desonerados. Os bens ficarão com depositário público.

Como ressalta o STJ, no verbete sumular de nº 332, a fiança prestada sem autorização de um dos cônjuges implica a ineficácia total da garantia.

21. OBRIGAÇÕES DO AFIANÇADO

A liberdade provisória mediante fiança é sempre condicionada, exigindo a lei, além do implemento financeiro, uma série de obrigações ao afiançado, sendo possível, ademais, a aplicação cumulativa de uma ou mais medidas cautelares do art. 319, do CPP.

Ao beneficiário da fiança serão impostas as seguintes regras/obrigações (artigos 327, 328 e 341, incisos I a V, do CPP):

(1) comparecimento perante a autoridade, toda vez que for intimado para os atos do inquérito e da instrução;

(2) impossibilidade de mudar de residência, sem prévia permissão da autoridade competente;

(3) proibição de ausentar-se por mais de oito dias de sua residência, sem comunicar àquela autoridade o lugar em que poderá ser encontrado. Perceba que a lei não impede que o agente viaje, nem exige prévia autorização para tanto. A obrigação, nas ausências por período superior a 8 dias, é a de indicar onde poderá facilmente ser localizado;

(4) vedação de deliberadamente praticar ato de obstrução ao andamento do processo;

(5) obrigação de cumprir medida cautelar imposta cumulativamente com a fiança;

(6) dever de não resistir injustificadamente a ordem judicial;

(7) vedação à prática de novas infrações dolosas.

As obrigações são impostas no objetivo de facilitar o encontro do agente e o bom andamento da persecução penal, garantindo que ele vai estar presente e será encontrado, sem obstáculos, quando necessário, além de fortalecer os laços de confiança entre infrator e autoridade, na expectativa de que a liberdade não seja o mote para a prática de novos delitos. Será lavrado um termo de fiança, sendo o agente devidamente compromissado e, juntamente com aquele que eventualmente tenha pago a fiança em seu lugar, será notificado das obrigações assumidas e das sanções pelo descumprimento. O termo deve ser claro e explícito quanto a todo o seu conteúdo, para que não ocorram equívocos que possam desaguar no descumprimento das medidas. Havendo desatendimento injustificado, acarretará a quebra da fiança.

22. VEDAÇÕES À CONCESSÃO DE FIANÇA (ART. 323, CPP)

As vedações do art. 323, do CPP, com redação dada pela Lei nº 12.403/2011, já estavam dispostas no sistema processual penal brasileiro, seja na Constituição do Brasil, seja na legislação extravagante. Vejamos os casos que não comportam fiança, de acordo com o delito tomado em abstrato.

> I – nos crimes de racismo;

Por previsão do art. 5º, inciso XLII da CF, é infração inafiançável, apesar de comportar liberdade provisória sem fiança cumulada ou não com as demais medidas cautelares elencadas no art. 319, do CPP. A matéria está disciplinada na Lei nº 7.716/1989, que trata dos crimes resultantes de preconceito de raça ou de cor, incluídas as condutas de discriminação por orientação sexual ou identidade de gênero[7].

> II – nos crimes de tortura, tráfico ilícito de entorpecentes e drogas afins, terrorismo e nos definidos como crimes hediondos;

São inafiançáveis (art. 5º, XLIII, CF), mas pela alteração do art. 2º, inciso II, da Lei de Crimes Hediondos, realizada pela Lei nº 11.464/2007, passaram a admitir liberdade provisória sem fiança, sem prejuízo de eventual cumulação com as demais medidas cautelares (art. 319, CPP).

> III – nos crimes cometidos por grupos armados, civis ou militares, contra a ordem constitucional e o Estado Democrático.

Também são inafiançáveis tais condutas, por força do art. 5º, inciso XLIV, da Constituição do Brasil. Algumas delas podem ser enquadradas na Lei de Segurança Nacional (Lei nº 7.170/1983). Entendemos possível, conforme critério de necessidade e adequação (art. 282, I e II, CPP), o deferimento de liberdade provisória sem fiança, com eventual cumulação com as demais medidas cautelares (art. 319, CPP).

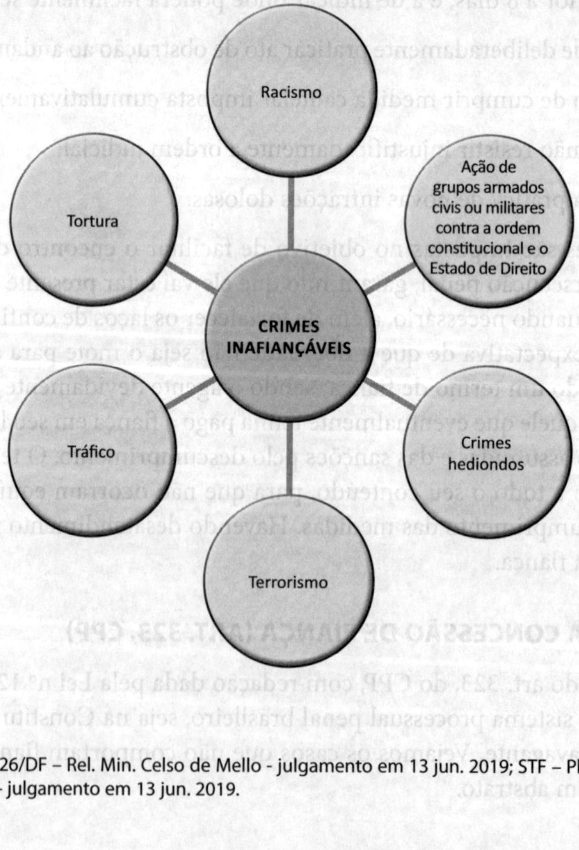

7. STF – Pleno – ADO 26/DF – Rel. Min. Celso de Mello - julgamento em 13 jun. 2019; STF – Pleno – MI 4733/DF – Rel. Min. Edson Fachin – julgamento em 13 jun. 2019.

23. IMPEDITIVAS À CONCESSÃO DE FIANÇA (ART. 324, CPP)

O art. 324, do CPP, apresenta restrições infraconstitucionais à admissibilidade da fiança, por incompatibilidade lógica entre o instituto e a situação apresentada. Vejamos.

> I – aos que, no mesmo processo, tiverem quebrado fiança anteriormente concedida ou infringido, sem motivo justo, qualquer das obrigações a que se referem os arts. 327 e 328 deste Código;

A quebra da fiança é a sanção em razão do descumprimento das obrigações imputadas ao afiançado. Nessa linha, quem quebra a fiança rompe o vínculo de confiança com a autoridade, e naquele mesmo processo, não será admitido a novamente gozar do instituto. Ao julgar quebrada a fiança, cabe ao juiz decidir sobre a imposição de outras medidas cautelares ou, se for o caso, decretar a prisão preventiva (medida extrema). De todo modo, pode o agente pleitear liberdade provisória **sem fiança**, sempre arrimado nos critérios do art. 282, I e II, do CPP. Não obsta também a possibilidade de pleitear fiança em outro processo.

> II – em caso de prisão civil ou militar;

Tais prisões têm caráter nitidamente obrigacional, como no caso da prisão civil do inadimplente em alimentos, ou objetivam o restabelecimento imediato da ordem e da disciplina, como nas transgressões militares, e a admissibilidade de fiança frustraria todo o contexto e eficiência das medidas. Por isso a vedação. Nada impede que tais prisões sejam questionadas e combatidas quanto à sua legalidade, através da ação de ***habeas corpus***.

Em consonância com a ordem constitucional, não mais se faz referência à prisão administrativa e disciplinar. Quanto à prisão militar, foi ela vedada aos policiais militares e bombeiros militares, com a inserção do inciso V, do art. 18, do Decreto-Lei nº 667/1969, pela Lei nº 13.967/2019. Como o regime militar é um só, entendemos injustificável, sob o ponto de vista isonômico, que a proibição não se estenda aos militares das Forças Armadas.

> III – aos que estivessem no gozo da suspensão condicional da pena ou do livramento condicional;

O inciso III, do art. 324, do CPP, foi revogado pela Lei nº 12.403/2011, de forma que o simples fato de o agente estar no gozo da suspensão condicional da pena ou do livramento condicional, não o impede de prestar fiança. A afiançabilidade dos delitos tornou-se regra.

É de ver que quem está gozando do ***sursis*** ou do livramento condicional não pode praticar novas infrações, pois isso implicaria na própria revogação dos institutos. Contanto, para que eles sejam revogados, a sentença pelo crime praticado precisa transitar em julgado. Enquanto isso, durante a apuração da nova infração, o agente poderá ser admitido a prestar fiança ou poderá ser aplicada, se adequada e necessária, medida cautelar não prisional.

> IV – quando presentes os motivos que autorizam a decretação da prisão preventiva;

Se as hipóteses de decretação da preventiva estão presentes, seja a garantia da ordem pública, econômica, conveniência da instrução penal ou para evitar fuga, a fiança estará obstaculizada. Aliás, a presença dos requisitos da preventiva inviabiliza qualquer modalidade de liberdade provisória. Os institutos são incompatíveis. Se cabe preventiva, é porque não cabe liberdade provisória, com ou sem fiança. É de ver que a preventiva é medida extrema, e só terá cabimento se não adequada e suficiente outra medida cautelar menos gravosa.

24. INEFICÁCIA DAS DEMAIS RESTRIÇÕES À CONCESSÃO DE FIANÇA

Estão sem eficácia as restrições à prestação de fiança que se situam fora dos casos até agora estudados:

(1) as vedações que estavam contidas no Estatuto do Desarmamento (artigos 14 e 15, parágrafo único, da Lei nº 10.826/2003) foram declaradas inconstitucionais nos autos da ADI 3137;

(2) as que eram previstas para a criminalidade organizada não foram reproduzidas pela Lei nº 12.850/2013, que revogou expressamente a Lei nº 9.034/1995;

(3) a previsão do art. 31, da Lei nº 7.492/1986 é desnecessária. Ela veda a admissibilidade de fiança, nos crimes contra o sistema financeiro apenados com reclusão, se estiverem presentes os requisitos da preventiva. Todavia, já vimos que a preventiva é incompatível com qualquer modalidade de liberdade provisória. Portanto, ociosa a disposição legal;

(4) não há mais a inadmissibilidade de fiança nos delitos de lavagem de dinheiro, descritos na Lei nº 9.613/1998, diante da revogação do seu antigo art. 3º, pelo que se permite, livremente, a prestação de fiança nessas infrações penais.

25. QUEBRA DA FIANÇA

A quebra é ocasionada pelo descumprimento injustificado das obrigações do afiançado. É a sanção processual imposta (apenas) pelo Judiciário àquele que rompeu com o laço de confiança. Para que a quebra seja determinada, acreditamos que o afiançado deve ser ouvido, respeitando-se o contraditório e oportunizando eventual justificativa. Diante da configuração do sistema acusatório, bem como dos limites à atuação de ofício do juiz, impostos pela Lei nº 13.964/2019, a quebra da fiança dependerá de provocação do autor da ação penal, tendo as seguintes consequências (art. 343, CPP):

(1) perda de metade do valor caucionado, que será recolhido ao Fundo Nacional de Segurança Pública, (art. 3º, VII, Lei nº 13.756/2018), depois de deduzidas as custas e demais encargos a que o acusado estiver obrigado. A outra parte será devolvida. Mesmo que ao final o réu seja absolvido, a quebra não é revertida. Assim, fica apenas com **cinquenta por cento** do que prestou a título de fiança;

(2) imposição de outras medidas cautelares pelo juiz ou, se for o caso, a decretação da prisão preventiva, com recolhimento ao cárcere, efetivando-se a prisão que foi evitada pela prestação de fiança, ou restabelecendo-se aquela previamente existente. A decretação da preventiva não poderá ser ordenada sem requerimento do Ministério Público ou representação da autoridade policial (na fase do inquérito policial, pendente a anuência do MP). Igualmente, vedada a ordem prisional *ex officio* como consequência da quebra. Em outros termos, é indispensável provocação do juiz pelo sujeito legitimado (art. 312, CPP). Enquanto o réu não for preso, o processo segue à sua revelia, mas sem a incidência de efeitos jurídicos a ele desfavoráveis;

(3) impossibilidade, naquele mesmo processo, de nova prestação de fiança (art. 324, I, CPP).

A decisão pela quebra da fiança, sendo interlocutória, comporta recurso em sentido estrito (art. 581, VII, CPP), que terá efeito suspensivo apenas quanto ao perdimento da metade do valor prestado em garantia (art. 584, § 3º, CPP). Esse recurso pode ser interposto até mesmo pelo terceiro que prestou fiança em favor de outrem.

A quebra não implica mais o recolhimento imediato ao cárcere, devendo o juiz aplicar outras medidas cautelares quando julgar quebrada a fiança, conforme critério de proporcionalidade e, só em último caso, decretar a prisão preventiva. Uma vez provido o recurso contra o quebramento, a fiança volta a subsistir em todos os seus efeitos, retirando-se imediatamente a eficácia de outra medida cautelar imposta por ocasião da quebra e/ou colocando-se o agente em liberdade, nas mesmas condições anteriores (art. 342, CPP).

26. PERDA DA FIANÇA

Uma vez transitada em julgado a sentença condenatória que imprima ao réu pena privativa de liberdade, independentemente do regime, se fechado, aberto ou semiaberto, o condenado terá que se recolher ao cárcere para iniciar o cumprimento da pena. Não pode frustrar a efetivação da punição, esquivando-se da apresentação a prisão, ou evadindo-se para não ser encontrado pelo oficial ou outra autoridade encarregada de levá-lo ao cárcere.

Se o fizer, a fiança será julgada perdida, e por consequência, o valor remanescente da fiança, que já serviu para pagar custas, adimplir prestação pecuniária, indenizar a vítima, e cobrir eventual multa, não será devolvido, sendo canalizado ao Fundo Nacional de Segurança Pública, na forma do art. 3º, inciso VII, da Lei nº 13.756/2018. Assim, **cem por cento** do que restar, após as deduções das custas e mais encargos a que o acusado estiver obrigado, será destinado aos cofres federais (art. 345, CPP).

A decisão que decreta a perda, privativa do juiz, comporta recurso em sentido estrito (art. 581, VII, CPP). Da mesma forma, tem efeito suspensivo quanto à destinação do valor remanescente (art. 584, ***caput***, CPP).

27. CASSAÇÃO DA FIANÇA

Em regra, fiança a ser cassada é aquela concedida por equívoco. A cassação funcionaria como a retificação de um erro, em razão de admissão da fiança em situação que não comportava. Ex: réu que presta fiança em processo por crime hediondo. Sendo a fiança expressamente vedada (art. 5º, XLIII, CF), deve ser cassada, de ofício, ou por provocação. Só o Judiciário pode determinar a cassação.

Admite-se ainda a cassação, caso ocorra uma inovação na tipificação do delito, reconhecendo-se a existência de infração inafiançável (art. 339, CPP). Imaginemos que o agente tenha sido indiciado por lesão corporal grave, e durante o inquérito, foi admitido a prestar fiança. Concluído o inquérito, e no momento da propositura da denúncia, o MP, analisando os autos, entende que o delito praticado pelo agente na função de delegado de polícia, deve ser tipificado como crime de tortura, logo inafiançável. Oferecida a denúncia, a fiança deve ser prontamente cassada, seja por requerimento do MP, seja de ofício, podendo o juiz aplicar medida cautelar diversa da prisão ou decretar, se necessário, a prisão preventiva, por decisão fundamentada.

A decisão de cassação da fiança, tendo natureza interlocutória, comporta recurso em sentido estrito (art. 581, V, CPP), sem efeito suspensivo. O recolhimento ao cárcere não é mais imediato, dependendo de decisão fundamentada do juiz que o determine, caso não seja adequada medida cautelar diversa da prisão. Por sua vez, o bem caucionado será devolvido integralmente, afinal não houve nenhuma falta do afiançado. Julgado procedente o recurso, a fiança será **restaurada**, voltando-se ao ***status quo ante.***

A cassação pode até mesmo ocorrer na fase recursal. Uma vez cassada a fiança, dizemos que a mesma foi **julgada inidônea**.

28. REFORÇO DA FIANÇA

O bem prestado em fiança deve corresponder ao valor fixado para a sua concessão durante toda a persecução penal. Desta forma, o reforço é a necessidade de complementar a fiança, seja porque ela foi tomada, por equívoco, em valor insuficiente; seja quando ocorrer a depreciação material ou perecimento de bens hipotecados ou caucionados, ou depreciação dos metais ou pedras preciosas; ou quando for inovada a classificação do delito, que tenha repercussão, em razão da alteração da pena, no quantitativo da fiança.

Imaginemos um indiciamento por furto simples (art. 155, *caput*, CP), cuja pena em abstrato é de um a quatro anos (fiança pode variar de um a cem salários mínimos), e no momento da denúncia, o MP imputa ao infrator furto qualificado, cuja pena é de dois a oito (fiança pode ser fixada de dez a duzentos salários mínimos). A qualificadora não impede a manutenção da fiança que tenha sido prestada na fase do inquérito, contudo, como houve alteração da pena (duplicação), e esta circunstância influencia na dosimetria da fiança, esta deve ser reforçada.

Se o reforço não for realizado, a fiança vai ser **julgada sem efeito** (ato fundamentado do juiz), com a possibilidade de aplicação, pela autoridade judiciária, de outra medida cautelar diversa da prisão ou, se necessária, imposição da prisão preventiva. É mais uma modalidade de **inidoneidade** da fiança. Da mesma forma, se a fiança foi prestada sem autorização de um dos cônjuges, havendo tal exigência, implica ineficácia total da garantia (enunciado sumular nº 332, STJ). O bem que tinha sido dado em garantia será integralmente devolvido. A decisão que julga sem efeito a fiança comporta recurso em sentido estrito, sem efeito suspensivo (art. 581, V, CPP).

Se em face da situação de pobreza, o agente não tem condições de reforçar a fiança, por ter passado a ser excessivamente onerosa em razão da exigência do reforço, poderá ser dispensado do implemento, permanecendo assim em liberdade, com pleno efeito da fiança prestada, afinal, se pode ser dispensado do todo (art. 350, CPP), nada impede que o juiz o dispense do complemento.

29. DISPENSA DA FIANÇA

Sendo a fiança um direito, é inimaginável que os incluídos financeiramente pudessem ficar livres, por terem condição de pagar, e os pobres tivessem que ficar reclusos, pelo desprestígio da condição financeira. Como o art. 5º, *caput*, da CF assevera o princípio da igualdade, e esta tem que ser material, tratando-se desigualmente os desiguais, prevê o art.

350, do CPP, que nos casos em que couber fiança, o juiz, verificando a situação econômica do preso, poderá conceder-lhe liberdade provisória, sujeitando-o às obrigações constantes dos arts. 327 e 328, deste Código, e a outras medidas cautelares, se for o caso.

De outra vertente, nos termos do parágrafo único, do mesmo art. 350, do Código, caso o beneficiado descumpra, sem justo motivo, qualquer obrigação que haja sido imposta por ocasião da dispensa do recolhimento da fiança ou outra medida cautelar aplicada (art. 319, CPP), o juiz, de ofício ou mediante requerimento do Ministério Público, de seu assistente ou do querelante, poderá substituir a medida, impor outra em cumulação, ou, em última hipótese, decretar a prisão preventiva, se presentes os requisitos do art. 312, do Código, e não for suficiente outra cautela não cerceadora de liberdade (art. 319, CPP).

A prova da situação econômica do preso pode ser feita por qualquer elemento idôneo, como contracheque, termo de declaração de testemunhas, ou assistência pela Defensoria Pública. Entendemos que o atestado de pobreza dado pela autoridade policial, com previsão no art. 32, § 2º, do CPP, refoge às atribuições do delegado, contudo reconhecemos que é uma praxe, sendo amplamente aceito.

A dispensa não é uma discricionariedade do magistrado, e sim um direito do beneficiário. Presentes os requisitos que admitiriam a fiança e demonstrada a hipossuficiência, a concessão é de rigor. Nesse sentido Frederico Marques[8] e Heráclito Antônio Mossin[9]. Contra, o magistério de Mirabete, ao argumento de que a fiança "é uma faculdade judicial, podendo o magistrado concluir que o réu não oferece garantia de outras espécies, pela falta de residência fixa, de liame com o distrito da culpa, da periculosidade do agente, de sua vida pregressa ou personalidade etc., devendo denegar o benefício, mesmo porque estarão presentes as razões que autorizam a decretação da prisão preventiva"[10].

30. PROCEDIMENTO

A fiança poderá ser concedida a qualquer momento da persecução penal. Enquanto não transitar em julgado a sentença, admite-se o arbitramento de fiança, até mesmo na pendência de recurso especial ao STJ ou de extraordinário ao STF. Nessa linha, o art. 334, do CPP, preconiza que a fiança poderá ser prestada enquanto não advier o trânsito em julgado da sentença condenatória.

Não existe mais a fiança provisória, que era prestada em caráter precário, e depois se submetia ao procedimento verificatório das condições de admissibilidade. Atualmente a análise dos requisitos é prévia, e assim, uma vez admitida a fiança, esta é definitiva (art. 330, CPP).

A fiança pode ser arbitrada tanto pela autoridade policial quanto pela judiciária. Aí está uma das vantagens do instituto. Admitindo-se que o delegado arbitre fiança, somente nos casos de infração cuja pena privativa de liberdade máxima não seja superior a quatro anos (art. 322, *caput*, CPP), há uma celeridade na resolução do problema.

---

8. MARQUES, José Frederico. ***Elementos de direito processual penal***: volume II. 2. ed. Campinas: Millennium, 2003. p.198.
9. MOSSIN, Heráclito Antônio. ***Comentários ao código de processo penal***. São Paulo: Manole, 2005. p.396.
10. MIRABETE, Julio Fabbrini. ***Processo penal***. 14. ed. São Paulo: Atlas, 2003. p.373-374.

Nos demais casos (se o crime for apenado com pena privativa de liberdade máxima superior a quatro anos, se já se tratar da fase processual ou se for preciso suprir a omissão ou negativa do delegado), caberá ao juiz o arbitramento da medida, e uma vez requerida, terá quarenta e oito horas para decidir (art. 322, parágrafo único, CPP). De qualquer sorte, a deliberação, seja pelo delegado ou pelo magistrado, independe da prévia oitiva do MP. O promotor será intimado da decisão, para tomar as medidas que entendia cabíveis, e se quiser, poderá recorrer (art. 333, CPP).

Em que pese a literalidade legal, deve-se respeitar o contraditório prévio, com outorga do prazo à parte contrária para responder ao pedido **em cinco dias**, salvo os casos de urgência ou de risco de ineficácia da medida (art. 282, § 3º, CPP, com redação da Lei nº 13.964/2019). Nada impede também que se impetre ***habeas corpus*** para a obtenção da liberdade provisória mediante fiança. O interessado poderá requerer o instituto diretamente à autoridade que preside o procedimento, ou, indicando-a como autoridade coatora, se valer do *writ* (art. 648, V, CPP).

Como forma de documentação e organização, nos juízos criminais e delegacias de polícia, haverá um livro especial, com termos de abertura e de encerramento, numerado e rubricado em todas as suas folhas pela autoridade, destinado especialmente aos termos de fiança. O termo será lavrado pelo escrivão e assinado pela autoridade e por quem prestar a fiança, e dele extrair-se-á certidão para juntar-se aos autos (art. 329, ***caput***, CPP). O livro funciona como ferramenta de controle das fianças concedidas.

31. EXECUÇÃO DA FIANÇA

Com o advento do trânsito em julgado da sentença condenatória, os bens dados em garantia devem ser convertidos em dinheiro, para propiciar o pagamento das custas, indenizar a vítima, e quitar eventual multa. Se a fiança consistir em hipoteca, a execução será realizada na **esfera cível**, com iniciativa do Ministério Público (art. 348, CPP). Já se houve o caucionamento de pedras, objetos ou metais preciosos, o próprio juiz criminal determinará a venda, através de leiloeiro ou corretor, tentando assim obter a melhor arrecadação possível. De igual maneira se procederá se tiver havido a **quebra** ou a **perda** da fiança, pois nestas hipóteses, como já visto, parte dos valores será arrecadada para o Fundo Nacional de Segurança Pública, a teor do art. 3º, inciso VII, da Lei nº 13.756/2018.

32. QUADRO SINÓTICO

CAPÍTULO XXVI – LIBERDADE PROVISÓRIA E FIANÇA		
INTRODUÇÃO		
No processo penal, elucida André Nicolitt, a liberdade provisória terá natureza cautelar quando vinculada com alguma restrição à liberdade individual, a exemplo de "imposição de ônus e deveres que, uma vez descumpridos, autorizam sua revogação com a prisão do inadimplente". Caso contrário, teremos liberdade plena. Tanto a liberdade provisória, quanto a plena têm o fito "de afastar uma constrição decorrente da prisão em flagrante".		1
TIPOS		
Liberdade provisória obrigatória	É previsão cogente, que compele a autoridade competente a concedê-la. Diante de situação de flagrante delito, o juiz poderá entender que não é o caso de impor condição alguma para a concessão da liberdade provisória.	2

<table>
<tr><th colspan="3">CAPÍTULO XXVI – LIBERDADE PROVISÓRIA E FIANÇA</th></tr>
<tr><td>Liberdade provisória permitida</td><td>É admitida quando não estiverem presentes os requisitos de decretação da preventiva, e quando a lei não a vedar expressamente. A maior parte das hipóteses é de liberdade provisória permitida.</td><td>3</td></tr>
<tr><td>Liberdade provisória vedada</td><td>É vedada quando couber prisão preventiva e nas hipóteses que a lei estabelecer expressamente a proibição.</td><td>4</td></tr>
<tr><th colspan="3">LIBERDADE PROVISÓRIA SEM FIANÇA</th></tr>
<tr><td colspan="2">Em tese, todo delito é afiançável, ressalvadas as hipóteses de proibição para sua concessão. Fiança e liberdade provisória são institutos inconfundíveis. Pode haver liberdade provisória em casos de crimes inafiançáveis. Poderá ser denegada a liberdade provisória em situações de infrações penais afiançáveis.

São inafiançáveis os crimes de racismo, tortura, tráfico, terrorismo, hediondos, delitos cometidos por grupos armados civis ou militares e contra o Estado Democrático de Direito (art. 323, CPP). A previsão se coaduna com os termos do art. 5º, da CF.</td><td>5</td></tr>
<tr><th colspan="3">LIBERDADE PROVISÓRIA SEM FIANÇA E SEM VINCULAÇÃO</th></tr>
<tr><td colspan="2">Refere-se a situações em que a liberdade deva ser concedida ao imputado compulsoriamente, sem nenhuma imposição ao beneficiado. Em regra, finda por ser suplantada pelo conceito de infração de menor potencial ofensivo. Nestes delitos, o infrator não permanece preso nem se lhe exige fiança, e ao invés do auto de flagrante, é lavrado o termo circunstanciado de ocorrência (TCO). É bom lembrar, contudo, que para o TCO ser lavrado, o autor do fato deve ser encaminhado imediatamente ao Juizado ou assumir o compromisso de a ele comparecer. Existem outras regras, em leis especiais, que possibilitam a concessão de liberdade provisória sem fiança e sem vinculação.</td><td>6</td></tr>
<tr><th colspan="3">LIBERDADE PROVISÓRIA SEM FIANÇA E COM VINCULAÇÃO</th></tr>
<tr><td colspan="2">É a liberdade provisória condicionada, apesar de não exigir fiança. O infrator permanecerá em liberdade, submetendo-se às exigências legais, sem necessidade de realizar nenhum implemento pecuniário.

Auto de flagrante versus excludentes de ilicitude (art. 310 §1º, CPP): o beneficiado apenas irá se comprometer ao comparecimento a todos os atos do inquérito e do processo, para os quais seja devidamente intimado. O instituto é um direito daquele que atende aos requisitos legais, e não uma mera faculdade judicial.

Auto de flagrante versus inexistência de hipótese autorizadora da prisão preventiva (art. 321, CPP): se o juiz entende que não há risco à ordem pública, econômica, não se faz conveniente à instrução criminal, pois o indivíduo não apresenta risco à livre produção probatória, nem há risco de fuga, deve haver a concessão da liberdade provisória, cumulada ou não com as medidas cautelares não cerceadoras de liberdade, a teor do art. 319, CPP.</td><td>7</td></tr>
<tr><td>Restrições à liberdade provisória</td><td>É interessante notar que o legislador, quando pretende dar um tratamento mais rígido ao processamento de algumas infrações, se vale do expediente de vedar a concessão da liberdade provisória. Desta maneira, havendo prisão, o agente responderia à persecução penal no cárcere, em verdadeira antecipação de pena, suprimindo-se do magistrado, no caso concreto, a aferição da necessidade do cárcere cautelar.</td><td>8 e 9</td></tr>
</table>

CAPÍTULO XXVI – LIBERDADE PROVISÓRIA E FIANÇA		
Restrições à liberdade provisória	**Restrições à liberdade provisória revogadas:** (1) **Crimes hediondos e equiparados**; (2) **Crime organizado**; (3) **Lavagem de dinheiro**; (4) **Crimes contra a economia popular e de sonegação fiscal**.	**8 e 9**
Restrições à liberdade provisória declaradas inconstitucionais	(1) **Crime de tráfico de drogas:** Decisão do STF, proferida no julgamento do HC nº 104.339/SP[11] declarou, ***incidenter tantum***, a inconstitucionalidade da vedação à concessão da liberdade provisória. É de grande relevância o entendimento apresentado, já que vedações apriorísticas e peremptórias, dissociadas do caso concreto, não se coadunam com a atual ordem constitucional. (2) **Crimes no Estatuto do Desarmamento:**. O STF, apreciando ação direta de inconstitucionalidade (ADI-3137), declarou tal vedação incompatível com o texto constitucional. Nesta égide, tais infrações passaram a admitir liberdade provisória sem fiança a partir dessa decisão. Por outro lado, também passaram a ser afiançáveis com a vigência da Lei nº 12.403/2011, já que a quantidade da pena (mínima) atribuída ao delito não é mais fator limitador para a concessão de fiança. A questão retornou, parcialmente, com o advento da Lei nº 13.964/2019, prevendo o dever do juiz de negar liberdade provisória a quem porta arma de uso restrito, conforme veremos adiante (art. 310, § 2º, CPP). A Lei nº 13.497/2017 deu nova redação ao parágrafo único, do art. 1º, da Lei dos Crimes Hediondos (Lei nº 8.072/1990), para também considerar equiparado a hediondo o crime de posse ou porte ilegal de arma de fogo de uso restrito, previsto no art. 16, da Lei nº 10.826/2003, tentado ou consumado. Nos termos daquele enunciado modificado, consideram-se também hediondos o crime de genocídio previsto nos arts. 1º, 2º e 3º, da Lei nº 2.889/1956, e o de posse ou porte ilegal de arma de fogo de uso restrito, previsto no art. 16 da Lei nº 10.826/2003, todos tentados ou consumados.	**10**
Vedação à liberdade provisória em vigor	Consoante o § 2º, do art. 310, do CPP, introduzido pela Lei nº 13.964/2019, se o juiz deverá denegar a liberdade provisória, com ou sem medidas cautelares, caso verifique que o agente: (1) é reincidente; (2) integra organização criminosa armada ou milícia; ou (3) porta arma de fogo de uso restrito.	**11**
Fundamentação	Diante do teor do art. 310, do CPP, a polêmica está superada, isto é, não há mais espaço para sustentar que não é necessária decisão fundamentada acerca da prisão em flagrante do agente. Deveras, após receber o auto de prisão em flagrante, no prazo	**12**

11. STF – Tribunal Pleno – HC 104339 – Rel. Min. Gilmar Mendes – DJe 24 mai. 2012; STF – Primeira Turma – HC 135992 – Rel. Min. Marco Aurélio – 24 out. 2017.

<table>
<tr><th colspan="3">CAPÍTULO XXVI – LIBERDADE PROVISÓRIA E FIANÇA</th></tr>
<tr><td>Fundamentação</td><td>máximo de até 24 horas após a realização da prisão, o juiz deverá promover audiência de custódia com a presença do imputado, seu advogado constituído ou membro da Defensoria Pública e o membro do Ministério Público, e, nessa audiência, o juiz deverá, fundamentadamente: (1) relaxar a prisão ilegal; (2) converter a prisão em flagrante em preventiva, quando presentes os requisitos, e se revelarem inadequadas ou insuficientes as medidas cautelares diversas da prisão; ou (3) conceder liberdade provisória, com ou sem fiança.</td><td>12</td></tr>
<tr><td>Liberdade provisória sem fiança ao hipossuficiente</td><td>O art. 350 do CPP prevê a dispensa da prestação de fiança àqueles que sejam considerados economicamente hipossuficientes. Nada impede que outras medidas cautelares do art. 319, do CPP, sejam cumuladas ao hipossuficiente, se houver justificativa (art. 282, CPP).</td><td>13</td></tr>
<tr><td>Sistema recursal</td><td>Da concessão da liberdade provisória sem a prestação de fiança cabe o recurso em sentido estrito. Já a denegação do instituto curiosamente é irrecorrível, cabendo o socorro à ação de habeas corpus.</td><td>14</td></tr>
<tr><th colspan="3">LIBERDADE PROVISÓRIA MEDIANTE FIANÇA</th></tr>
<tr><td colspan="2">Em tese, ressalvadas as hipóteses de vedação expressa, por proibição constitucional ou legal, os crimes admitem prestação de fiança. Somente não será admitido ao imputado prestar fiança se houver obstáculo jurídico ao seu deferimento por falta de requisito objetivo ou subjetivo, que constitua impedimento ao exercício daquele direito.</td><td>15</td></tr>
<tr><th colspan="3">FIANÇA VERSUS LIBERDADE PROVISÓRIA MEDIANTE FIANÇA</th></tr>
<tr><td colspan="2">A fiança é uma caução, uma prestação de valor, para acautelar o cumprimento das obrigações do afiançado.
Já a liberdade provisória mediante fiança é o direito subjetivo do beneficiário, que atenda aos requisitos legais e assuma as respectivas obrigações, de permanecer em liberdade durante a persecução penal. Pode haver cumulação, inclusive, com as demais medidas cautelares diversas da prisão (art. 319, CPP).</td><td>16</td></tr>
<tr><th colspan="3">OBJETIVOS DA FIANÇA</th></tr>
<tr><td colspan="2">Busca-se com a fiança obter a presença do agente a todos os atos da persecução penal, evitando-se os efeitos deletérios do cárcere preliminar. Se houver condenação, objetiva-se também garantir a execução da pena, a indenização da vítima, o pagamento das custas processuais, da prestação pecuniária e de eventual multa.</td><td>17</td></tr>
<tr><th colspan="3">VALOR DA FIANÇA</th></tr>
<tr><td colspan="2">Os valores da fiança estão dispostos no art. 325, incisos I e II, do CPP. O valor será fixado pela autoridade que a conceder, conforme dois limites: (1) de um a cem salários mínimos, quando se tratar de infração cuja pena privativa de liberdade, no grau máximo, não for superior a quatro anos; (2) de dez a duzentos salários mínimos, quando o máximo da pena privativa de liberdade cominada for superior a quatro anos.</td><td>18</td></tr>
</table>

CAPÍTULO XXVI – LIBERDADE PROVISÓRIA E FIANÇA		
Demais critérios de arbitramento	Aliado ao critério objetivo de cálculo, exige-se ainda que se leve em conta a situação financeira do afiançado. Pode-se assim reduzir o valor encontrado em até 2/3. Haverá ainda, pela insuficiência do montante, a possibilidade de aumentá-la até 1.000 (mil) vezes, a teor do inciso III, do § 1º, do art. 325 do CPP. Além dos juízes, os delegados também passam a poder promover a redução e a exasperação.	**19**
MODALIDADES DE FIANÇA		
A fiança pode ser prestada de duas maneiras: por depósito ou por hipoteca, desde que inscrita em primeiro lugar. O depósito pode ser de dinheiro, pedras, objetos ou metais preciosos, e títulos da dívida federal, estadual ou municipal (art. 330, CPP). Já os bens dados em hipoteca estão definidos no art. 1.473 do Código Civil.		**20**
OBRIGAÇÕES DO AFIANÇADO		
(1) comparecimento perante a autoridade, toda vez que for intimado; (2) impossibilidade de mudar de residência, sem prévia permissão da autoridade competente; (3) proibição de ausentar-se por mais de oito dias de sua residência, sem comunicar àquela autoridade o lugar em que poderá ser encontrado; (4) vedação de deliberadamente praticar ato de obstrução ao andamento do processo; (5) obrigação de cumprir medida cautelar imposta cumulativamente com a fiança; (6) dever de não resistir injustificadamente a ordem judicial; (7) vedação à prática de novas infrações dolosas.		**21**
VEDAÇÕES LEGAIS À CONCESSÃO DE FIANÇA (ART. 323, CPP)		
I. nos crimes de racismo; II. nos crimes de tortura, tráfico ilícito de entorpecentes e drogas afins, terrorismo e nos definidos como crimes hediondos; III. nos crimes cometidos por grupos armados, civis ou militares, contra a ordem constitucional e o Estado Democrático.		**22**
Impeditivas à concessão de fiança (art. 324, CPP)	I. aos que, no mesmo processo, tiverem quebrado fiança anteriormente concedida ou infringido, sem motivo justo, qualquer das obrigações a que se referem os arts. 327 e 328 deste Código; II. em caso de prisão civil ou militar; III. aos que estivessem no gozo da suspensão condicional da pena ou do livramento condicional; IV. quando presentes os motivos que autorizam a decretação da prisão preventiva (art. 312).	**23**
Ineficácia das demais restrições à concessão de fiança	Estão sem eficácia as restrições à prestação de fiança que se situam fora dos casos até agora estudados: (1) as vedações que estavam contidas no Estatuto do Desarmamento (artigos 14 e 15, parágrafo único, da Lei nº 10.826/2003) foram declaradas inconstitucionais nos autos da ADI 3137; (2) as que eram previstas para a criminalidade organizada não foram reproduzidas pela Lei nº 12.850/2013, que revogou expressamente a Lei nº 9.034/1995;	**24**

CAPÍTULO XXVI – LIBERDADE PROVISÓRIA E FIANÇA		
Ineficácia das demais restrições à concessão de fiança	(3) a previsão do art. 31, da Lei nº 7.492/1986 é desnecessária. Ela veda a admissibilidade de fiança, nos crimes contra o sistema financeiro apenados com reclusão, se estiverem presentes os requisitos da preventiva. Todavia, já vimos que a preventiva é incompatível com qualquer modalidade de liberdade provisória. Portanto, ociosa a disposição legal; (4) não há mais a inadmissibilidade de fiança nos delitos de lavagem de dinheiro, descritos na Lei nº 9.613/1998, diante da revogação do seu antigo art. 3º, pelo que se permite, livremente, a prestação de fiança nessas infrações penais.	**24**
QUEBRA DA FIANÇA		
A quebra é ocasionada pelo descumprimento injustificado das obrigações do afiançado, podendo ser determinada de ofício ou por provocação. Consequências: perda de metade do valor caucionado, que será recolhido ao fundo penitenciário, depois de deduzidas as custas e demais encargos a que o acusado estiver obrigado; imposição de outras medidas cautelares pelo juiz ou, se for o caso, a decretação da prisão preventiva, com recolhimento ao cárcere; impossibilidade, naquele mesmo processo, de nova prestação de fiança. A decisão pela quebra da fiança comporta recurso em sentido estrito (art. 581, VII, CPP), que terá efeito suspensivo apenas quanto ao perdimento da metade do valor prestado em fiança (art. 584, § 3º, CPP).		**25**
PERDA DA FIANÇA		
Transitada em julgado a sentença condenatória, não pode o condenado frustrar a efetivação da punição. Se o fizer, a fiança será julgada perdida, e por consequência, o valor remanescente da fiança, não será devolvido, sendo canalizado ao Fundo Nacional de Segurança Pública, na forma do art. 3º, inciso VII, da Lei nº 13.756/2018 A decisão que decreta a perda comporta recurso em sentido estrito (art. 581, VII, CPP). Tem efeito suspensivo quanto à destinação do valor remanescente (art. 584, *caput*, CPP).		**26**
CASSAÇÃO DA FIANÇA		
Em regra, fiança a ser cassada é aquela concedida por equívoco. A cassação funcionaria como a retificação de um erro, em razão de admissão da fiança em situação que não comportava. A decisão de cassação da fiança, tendo natureza interlocutória, comporta recurso em sentido estrito (art. 581, V, CPP), sem efeito suspensivo.		**27**
REFORÇO DA FIANÇA		
O reforço é a necessidade de complementar a fiança (quando for tomada, por equívoco, em valor insuficiente; quando ocorrer a depreciação material ou perecimento de bens hipotecados ou caucionados, ou depreciação dos metais ou pedras preciosas; quando for inovada a classificação do delito, que tenha repercussão, em razão da alteração da pena, no quantitativo da fiança). Se o reforço não for realizado, a fiança vai ser julgada sem efeito (ato fundamentado do juiz), com a possibilidade de aplicação, pela autoridade judiciária, de outra medida cautelar diversa da prisão ou, se necessária, imposição da prisão preventiva. A decisão que julga sem efeito a fiança comporta recurso em sentido estrito, sem efeito suspensivo (art. 581, V, CPP). Em face de situação de pobreza, o agente poderá ser dispensado do reforço, permanecendo em liberdade, com pleno efeito da fiança prestada.		**28**

CAPÍTULO XXVI – LIBERDADE PROVISÓRIA E FIANÇA	
DISPENSA DA FIANÇA	
Presentes os requisitos que admitiriam a fiança e demonstrada a hipossuficiência, a concessão da dispensa é de rigor. Não se trata de discricionariedade do magistrado, mas sim um direito do beneficiário.	**29**
PROCEDIMENTO	
A fiança poderá ser concedida a qualquer momento da persecução penal. Enquanto não transitar em julgado a sentença, admite-se o arbitramento de fiança, até mesmo na pendência de recurso especial ao STJ ou de extraordinário ao STF. A fiança pode ser arbitrada pela autoridade policial ou pela judiciária, independentemente da prévia oitiva do MP. O promotor será intimado da decisão, para tomar as medidas que entender cabíveis (art. 333, CPP).	**30**
EXECUÇÃO DA FIANÇA	
Com o advento do trânsito em julgado da sentença condenatória, os bens dados em garantia devem ser convertidos em dinheiro, para propiciar o pagamento das custas, indenizar a vítima, e quitar eventual multa.	**31**

33. SÚMULAS DO STJ

332. A fiança prestada sem autorização de um dos cônjuges implica a ineficácia total da garantia.

636. A folha de antecedentes criminais é documento suficiente a comprovar os maus antecedentes e a reincidência.

34. SÚMULAS DO STF

697. A proibição de liberdade provisória nos processos por crimes hediondos não veda o relaxamento da prisão processual por excesso de prazo.

35. QUESTÕES DE CONCURSOS PÚBLICOS

01. (CESPE – Juiz Substituto – PB/2015 – adaptada) A fiança poderá consistir em pedras, objetos ou metais preciosos.

02. (Delegado de Polícia Federal – Cespe – 2018) Acerca de prisão, de liberdade provisória e de fiança, julgue o próximo item de acordo com o entendimento do STF e a atual sistemática do Código de Processo Penal. Situação hipotética: Um cidadão foi preso em flagrante pela prática do crime de corrupção ativa. A autoridade policial, no prazo legal do IP, remeteu os autos ao competente juízo, quando foi decretada a prisão preventiva do indiciado. Assertiva: Nessa situação, estão preenchidos os requisitos legais para a concessão da fiança, razão por que ela poderá ser concedida como contracautela da prisão anteriormente decretada. ( ) Certo ( ) Errado

03. (CESPE – MPU – Analista do MPU – 2018) Em cada um dos itens a seguir é apresentada uma situação hipotética seguida de uma assertiva a ser julgada em consonância com a doutrina majoritária e com o entendimento dos tribunais superiores acerca de provas no processo penal, prisão e liberdade provisória e habeas corpus. Um indivíduo penalmente imputável apresentou-se espontaneamente a autoridade policial depois de ter cometido um crime. Nessa situação, a apresentação espontânea não impede a decretação da prisão preventiva nos casos em que a lei a autoriza. ( ) Certo ( ) Errado

04. (CESPE – MPE-PI – Analista Ministerial – 2018) Durante uma festa, após desentendimentos entre Carlos e Miro, este proferiu xingamentos racistas contra aquele, o que levou Carlos a empurrar seu agressor, que caiu em uma mesa de vidro. Com o forte impacto, a mesa se despedaçou completamente e seus cacos causaram cortes profundos por todo o corpo de Miro. Os convidados ligaram para a polícia e para o corpo de bombeiros: Carlos foi preso em flagrante e Miro foi encaminhado ao hospital, onde ficou internado por cinco dias, com risco de morte; passou por procedimentos cirúrgicos e, posteriormente, teve de ficar afastado de sua atividade laboral por trinta e dois dias. O Ministério Público denunciou Carlos por lesão corporal de natureza grave. Nessa situação hipotética, a prisão em flagrante de Carlos foi legal, não sendo possível a concessão de liberdade provisória pela natureza do crime. ( ) Certo ( ) Errado

05. (CESPE – Polícia Federal – Agente de Polícia Federal – 2018) Depois de adquirir um revólver calibre 38, que sabia ser produto de crime, José passou a portá-lo municiado, sem autorização e em desacordo com determinação legal. O comportamento suspeito de José levou-o a ser abordado em operação policial de rotina. Sem a autorização de porte de arma de fogo, José foi conduzido à delegacia, onde foi instaurado inquérito policial. Tendo como referência essa situação hipotética, julgue o item seguinte. Os agentes de polícia podem decidir, discricionariamente, acerca da conveniência ou não de efetivar a prisão em flagrante de José. ( ) Certo ( ) Errado

06. (CESPE - Polícia Federal - Escrivão de Polícia Federal - 2018) João integra uma organização criminosa que, além de contrabandear e armazenar, vende, clandestinamente, cigarros de origem estrangeira nas ruas de determinada cidade brasileira. A partir dessa situação hipotética, julgue o item subsequente. Se João for preso em flagrante e o escrivão estiver impossibilitado de proceder à lavratura do auto de prisão, a autoridade policial poderá designar qualquer pessoa para fazê-lo, desde que esta preste o compromisso legal anteriormente. ( ) Certo ( ) Errado

36. GABARITO ANOTADO

01- C

Vide:

- Art. 330, CPP.

02 - ERRADO

Vide:

- Art. 324, IV CPP.

03 - CERTO

Vide:

- Art. 302, CPP.
- Art. 312, CPP.
- Art. 313, CPP.
- Art. 319, CPP.

04 - ERRADO

Vide:

- Art. 302, CPP.
- Art. 310, CPP.
- Art. 312, CPP.
- Art. 313, CPP.
- Art. 321, CPP.

05 - ERRADO

Vide:

- Art. 301, CPP

06 - CERTO

Vide:

- Art. 305, CPP.
- Art. 808, CPP.

37. QUESTÕES DISCURSIVAS COM COMENTÁRIOS

01. (FUNCAB - Delegado de Polícia - RJ/2013) Kafka, juntamente com sua esposa Frida, adentra no supermercado "O Baratão", em São Gonçalo, quando são reconhecidos pelo segurança da loja por terem, em outra ocasião, mantido atitude suspeita, no interior desse estabelecimento. Desconfiado, informou, via rádio, aos demais seguranças, que passaram, discretamente, a observar o casal circulando pelo supermercado, até perceberem que Kafka pegou 1,8 Kg de carne de acém e o colocou, sorrateiramente, na bolsa de sua esposa. Em seguida, dirigiram-se para a saída do supermercado e, quando estavam já na calçada, em frente ao estabelecimento, foram abordados pelos mesmos seguranças que lograram encontrar na bolsa da mulher o sobredito produto, avaliado em R$ 13,90 (treze reais e noventa centavos). Policiais militares, acionados, conduziram Kafka e Frida até a Delegacia de Polícia. Você, como Delegado de Polícia, como procederia diante do quadro supracitado? (resposta fundamentada).

Resposta

A questão envolve a possibilidade de relaxamento de prisão em flagrante a ser levada a efeito pelo próprio delegado de polícia.

Como explicamos no tópico 6, do capítulo 9, sobre prisões, ao tratar dos procedimentos e formalidades da prisão em flagrante, o delegado de polícia, depois de ouvir o conduzido e/ou outros envolvidos, pode se convencer de que não houve crime e que a autuação em flagrante é indevida.

Verificando, como no caso, que se trata de furto famélico, com a aplicação do princípio da insignificância, concluirá o delegado de que falta à conduta a necessária tipicidade material (embora formalmente seja o fato típico de furto qualificado – art. 155, § 4º, IV, CP). Deixará, desse modo, de determinar que o escrivão lavre o auto de prisão em flagrante (terceira etapa que faz parte da formalização da prisão em flagrante).

Nesse caso, sequer deve o delegado arbitrar fiança, com concessão de liberdade provisória. O que deve ser concedida é a liberdade plena, diante da inexistência de lesividade que autorize providência de cunho penal.

A nosso ver, não autoriza o ordenamento jurídico o entendimento de que seria necessária a lavratura do flagrante em casos como estes para que, só depois de coroado o constrangimento ilegal à liberdade de locomoção pela autoridade policial, possa ocorrer o relaxamento do flagrante pelo juiz.

Capítulo XXVII

Medidas Cautelares Alternativas à Prisão

1. MEDIDAS CAUTELARES EM ESPÉCIE

No presente capítulo, comentaremos as medidas cautelares alternativas, cuja sede de predileção é o art. 319, do CPP. É possível a aplicação de outras providências acauteladoras em matéria penal, desde que esteja contemplada expressamente em lei estrita. A aplicação de uma ou mais medidas cautelares, ou mesmo nenhuma, depende do preenchimento dos pressupostos que abordamos no capítulo sobre teoria das medidas cautelares, a teor do art. 282, do CPP. Tais requisitos gerais são autênticos cânones interpretativos para imposição dessas restrições.

2. COMPARECIMENTO PERIÓDICO EM JUÍZO

O inciso I, do art. 319, do CPP, estampa a medida cautelar de comparecimento periódico em juízo, no prazo e nas condições fixadas pelo juiz, para informar e justificar atividades.

A frequência de comparecimento deve ser estabelecida pelo juiz sempre com a finalidade de que o agente venha a informar e justificar suas atividades, vinculando-o a persecução penal. Nada impede que a finalidade seja outra, menos exigente (para o acusado simplesmente informar que não houve alteração de sua situação financeira, que o impediu de prestar fiança). Trata-se de medida cautelar com possibilidade de ampla imposição.

A periodicidade, fixada judicialmente, deve atender a razoabilidade, de forma que não prejudique a rotina de trabalho do indivíduo, e seja condizente com sua condição pessoal (se idoso, a frequência ao fórum, em regra, será menor que a dos demais acusados).

3. PROIBIÇÃO DE ACESSO OU FREQUÊNCIA A DETERMINADOS LUGARES

A proibição de acesso ou frequência a determinados lugares quando, por circunstâncias relacionadas ao fato, deva o indiciado ou acusado permanecer distante desses locais para evitar o risco de novas infrações, está gizada no inciso II, do art. 319, do Código.

A vedação deve ser revestida de plausibilidade, não sendo admissível que seja dissociada dos fatos. Daí que, quando a frequência a determinados ambientes seja fator de potencialização da prática de delitos, como festas de largo, bares, prostíbulos, a restrição será pertinente, desde que coerente com o contexto do delito anteriormente praticado.

Não se deve tolerar vedações genéricas, imprecisas. Por outro lado, a medida tem cabimento quando, por si só, seja suficiente a evitar a prática de novas infrações. Percebendo o magistrado que a medida pode não ser bastante, como ***ultima ratio***, é possível a decretação da preventiva, como forma de garantir a ordem pública, se o delito e as circunstâncias comportarem a medida (adequação).

4. PROIBIÇÃO DE MANTER CONTATO COM PESSOA DETERMINADA

No inciso III, do art. 319, do Código, está a previsão de medida cautelar de proibição de manter contato com pessoa determinada quando, por circunstâncias relacionadas ao fato, deva o indiciado ou acusado dela permanecer distante.

Pode o agente ser proibido de entrar em contato com determinada pessoa, mas a vedação, consoante critério de proporcionalidade, deve guardar relação com o fato delituoso, a exemplo da necessidade dessa cautela no caso de infração que envolva violência ou grave ameaça contra o indivíduo.

Não podemos descurar das pessoas que vão contribuir com a persecução penal, como testemunhas, peritos, assistentes técnicos e a própria vítima. Por essa razão, e para tutela da instrução criminal, a proibição também se faz pertinente.

Percebe-se que a vedação ao contato não se restringe ao mesmo ambiente físico, coibindo-se telefonemas, e-mails, cartas, e qualquer outra forma da qual possa gerar intimidação. É de bom tom que o beneficiado pela medida seja sempre informado, alimentando o juízo com informações sobre eventual descumprimento, que servirão como mais uma fonte de cognição, que pode gerar, inclusive, havendo revogação do instituto, a decretação eventual da prisão preventiva, se o delito comportar a medida.

5. PROIBIÇÃO DE AUSENTAR-SE DA COMARCA

A vedação de ausentar-se da comarca, quando a permanência seja conveniente ou necessária para a investigação ou instrução, vem estabelecida pelo inciso IV, do art. 319, do CPP.

Como se depreende, a vedação não pode ser arbitrária.

Em regra, o acusado deve responder ao processo em liberdade provisória, comumente com a imposição de obrigações. A limitação deve ser justificada pela necessidade de produção indiciária/probatória, seja na fase preliminar, seja na processual. Para que a medida não seja ineficaz, o juízo encaminhará comunicação aos órgãos de fiscalização, com o fito de se certificar que o agente não está se ausentando da sua sede jurisdicional.

Nas grandes comarcas, a imposição dessa cautelar é de efetividade duvidosa. Caso se trate de proibição de ausentar-se do País, a decretação da cautelar será comunicada pelo juiz às autoridades encarregadas de fiscalizar as saídas do território nacional, intimando-se o indiciado ou acusado para entregar o passaporte, no prazo de 24 (vinte e quatro) horas (art. 320, CPP).

6. RECOLHIMENTO DOMICILIAR NO PERÍODO NOTURNO E NOS DIAS DE FOLGA

Está vincada no inciso V, do art. 319, do CPP, a medida cautelar de recolhimento domiciliar no período noturno e nos dias de folga quando o investigado ou acusado tenha residência e trabalho fixos.

A medida cautelar em tela é a ideal para tornar a prisão preventiva realmente excepcional. Sendo suficiente o recolhimento domiciliar, desnecessária é a segregação cautelar. Para ser possível sua imposição, exige-se que o agente possua residência e trabalho fixos. Daí não caber o recolhimento domiciliar quando se constatar a necessidade de se garantir a aplicação da lei penal, por já ter o acusado fugido do distrito de culpa, quando a cautelar indicada será a preventiva (art. 312, CPP).

Por outro lado, para que não se fique refém do mero senso de disciplina do agente, pela nítida dificuldade de fiscalização do real cumprimento da medida, nada impede que seja cumulada com o monitoramento eletrônico.

E se o trabalho ou a atividade normal do imputado for pela noite?

Pensamos ser o caso de inadequação da medida. Deve ser aferida outra cautelar plausível. Caso não exista no rol legal, deve ser concedida liberdade plena.

O STJ, diversamente, em sede de execução penal, entendeu possível a autorização para o recolhido domiciliar em período noturno frequentar culto[1].

7. SUSPENSÃO DO EXERCÍCIO DE FUNÇÃO PÚBLICA OU DE ATIVIDADE DE NATUREZA ECONÔMICA OU FINANCEIRA

A medida cautelar suspensão do exercício de função pública ou de atividade de natureza econômica ou financeira deve ser justificada na existência de justo receio de sua utilização para a prática de infrações penais, a teor do art. 319, inciso VI, do Código. Estamos diante de uma das hipóteses que se subordina, expressamente, ao propósito de **evitar o cometimento de novos delitos** (art. 282, I, CPP).

As ramificações da atividade criminosa dentro do funcionalismo público são por demais deletérias. A facilitação da atividade delitiva sob o manto da atuação pública é um obstáculo para estancar a reiteração de condutas, o que pode, inclusive, resvalar no comprometimento da ordem pública.

1. STJ – Sexta Turma – REsp 1.788.562-TO – Rel. Min. Nefi Cordeiro – DJe 23 set. 2019.

Havendo pertinência funcional, com facilitação da atividade criminosa pela função desempenhada, admite-se que ela seja cautelarmente suspensa, notadamente em se tratando dos crimes contra a administração pública (não é suficiente mera conjectura, mas possibilidade concreta da prática de novas infrações caracterizada pelo histórico/circunstâncias dos fatos e/ou pelos antecedentes do infrator). Em face do ***status*** de inocência, e por ser mera suspensão, o subsídio continuará sendo provido. Por se tratar de medida cautelar, ela não se confunde com a perda da função pública, do cargo ou do mandato eletivo, prevista no art. 92, inc. I, alínea "a" do CP como efeito da condenação, pressupondo condenação a pena igual ou superior a um ano nos crimes praticados com abuso de poder ou violação de dever funcional. Em tal caso, a efetivação pressupõe o trânsito em julgado da decisão.

Importante reiterar que a presente medida tem cabimento antes mesmo do início do processo penal. Esta percepção tem relevância direta quando o investigado é prefeito ou vereador, já que estes detentores de cargo eletivo têm sua responsabilidade prevista em norma específica, o Decreto-Lei nº 201/1967. Segundo este diploma, o juiz decidirá sobre o afastamento cautelar somente quando do recebimento da denúncia (art. 2º, II, do Decreto). Ocorre que, na linha da jurisprudência do Superior Tribunal de Justiça, a Lei nº 12.403/2011 possibilita a suspensão cautelar das atividades políticas mesmo antes do juízo de admissibilidade de acusação, desde que atenda ao critério da razoabilidade, não superando cento e oitenta dias, sob pena de se caracterizar cassação indireta do mandato[2].

Por outro lado, a suspensão do exercício da atividade econômica ou financeira também estão a exigir pertinência temática, como ocorre no risco de perpetuação de delitos contra o sistema financeiro (Lei nº 7.492/1986) ou contra a ordem econômica (Leis nº 8.137/1990 e nº 8.176/1991).

O Supremo Tribunal Federal decidiu pela possibilidade de afastamento cautelar de deputado federal ou senador. Aplicou expressamente a medida cautelar em tela (art. 319, VI, CPP). O Plenário da Corte entendeu que Poder Judiciário dispõe de competência para impor aos parlamentares, por autoridade própria, as medidas cautelares do art. 319, do CPP, seja em substituição de prisão em flagrante delito por crime inafiançável, por constituírem medidas individuais e específicas menos gravosas; seja autonomamente, em circunstancias de excepcional gravidade[3].

8. INTERNAÇÃO PROVISÓRIA DO ACUSADO NAS HIPÓTESES DE CRIMES PRATICADOS COM VIOLÊNCIA OU GRAVE AMEAÇA

A internação provisória do acusado nas hipóteses de crimes praticados com violência ou grave ameaça, é cabível quando:

(1) os peritos concluírem ser inimputável ou semi-imputável; e

(2) **houver risco de reiteração**.

2. STJ – Sexta Turma – RHC 103.571/MG – Rel. Min. Antonio Saldanha Palheiro – DJe 30 set. 2019.
3. STF – ADI 5526 – Pleno – Rel. Min. Edson Fachin – Rel. p/ Acórdão: Min. Alexandre de Moraes – publicado em 07 ago. 2018.

Trata-se de um dos casos que, para que haja decretação de medida alternativa por este motivo, a lei deve prever o risco de reiteração (art. 282, I, CPP). Como dita este dispositivo, o juiz poderá medida cautelar quando:

(1) houver necessidade;

(2) para aplicação da lei penal;

(3) para a investigação ou a instrução criminal; e

(4) nos casos **expressamente previstos**, para **evitar a prática de infrações penais**.

Entabulada no art. 319, VII, do CPP, a previsão da medida cautelar epigrafada é salutar. Obsta-se o decreto da prisão preventiva, com o recolhimento ao cárcere, de pessoas com incapacidade absoluta ou reduzida de entender o caráter ilícito do fato em virtude de doença mental. No entanto, a medida deve ser justificada pelo risco da reiteração delituosa, o que impede a internação compulsória em razão da simples prática delitiva, como se fosse um efeito automático da doença mental.

A decisão deve estar apoiada no respectivo incidente de insanidade ou similar, não apenas para aferir a higidez mental do agente, como também para dosar a probabilidade da reiteração de condutas.

A internação se dará no Hospital de Custódia e Tratamento, sendo adequada aos crimes praticados com violência ou grave ameaça, leia-se, àqueles com conotação mais gravosa. Como não houve restrição, alberga-se não só a violência contra a pessoa, como também contra objetos, como no crime de dano.

9. FIANÇA NAS INFRAÇÕES QUE A ADMITEM

Nos termos do inciso VIII, do art. 319, do CPP, o juiz poderá impor fiança:

(1) nas infrações que a admitem;

(2) para assegurar o comparecimento a atos do processo, evitar a obstrução do seu andamento **ou** em caso de resistência injustificada à ordem judicial.

A hipótese é de fiança imprópria. Não há, no caso, prisão em flagrante próprio. O liame criado pela fiança é autônomo. De acordo com o teor do art. 319, inciso VIII, poderá ser aplicada fiança, nas infrações que a admitem, para assegurar o comparecimento a atos do processo, evitar a obstrução do seu andamento ou em caso de resistência injustificada à ordem judicial.

Como estudado, a fiança é a medida reservada a impugnação do cárcere, impondo implementação financeira e submetendo o agente a uma série de obrigações. De regra, funciona como contracautela, ou até mesmo como cautelar autônoma, assegurando o comparecimento do agente aos atos processuais, evitando a obstrução da persecução, ou sendo imposta quando o agente resiste injustificadamente à ordem judicial, evitando o encarceramento.

10. MONITORAÇÃO ELETRÔNICA

Prevista no inciso VIII, ao art. 319, do CPP, a tecnologia também deve ser utilizada em favor da persecução penal. O monitoramento eletrônico tem seus contornos na década de 60, ganhando efetividade nos idos da década de 80, notadamente em território americano e europeu. No Brasil, em que pese leis estaduais de duvidosa constitucionalidade tratando do tema, como ocorreu no Estado de São Paulo (Lei nº 12.906/2008), fato é que a matéria foi devidamente regulamentada por força da Lei nº 12.258/2010, alterando a LEP (Lei de Execução Penal – Lei nº 7.210/1984), e inserindo o instituto para o seguinte tratamento:

(1) Saída temporária aos beneficiários do regime semiaberto;

(2) Disciplina da prisão domiciliar.

Com o advento da Lei nº 12.403/2011, o instituto passa a permear toda a persecução penal, desde a fase investigativa, contemplando inclusive a evolução processual, funcionando como verdadeiro substitutivo do cárcere cautelar, para aferir a ida, vinda ou permanência do indivíduo em determinados lugares, por meio de aparato tecnológico não ostensivo, com impacto mínimo na sua rotina, em consonância com o estipulado em decisão judicial motivada.

MONITORAÇÃO ELETRÔNICA		
Momento	**Na fase processual**	**Na execução da pena**
Previsão legal	Art. 319, IX do CPP. Redação dada pela Lei nº 12.403/2011	Art. 146-B ss. da LEP. Redação dada pela Lei nº 12.258/2010
Cabimento	Substituição ao cárcere cautelar	Saídas temporárias Disciplina da prisão domiciliar

Apesar de não se cuidar propriamente de medida prisional, a cautelar em tela tem regulação, por analogia, no art. 146-C, da LEP, eis que esta é aplicável, no que comportar, às pessoas submetidas à privação de liberdade, total ou parcial, de forma provisória ou definitiva. A pessoa submetida à monitoração eletrônica terá o dever de:

(1) receber visitas do servidor responsável pela monitoração eletrônica, responder aos seus contatos e cumprir suas orientações;

(2) abster-se de remover, de violar, de modificar, de danificar de qualquer forma o dispositivo de monitoração eletrônica ou de permitir que outrem o faça.

Naturalmente, o descumprimento de qualquer dos deveres pode ocasionar a substituição da medida, a cumulação com outra, ou como medida extrema, a decretação da preventiva (se o delito comportar).

11. SUSPENSÃO DA PERMISSÃO OU DA HABILITAÇÃO PARA DIRIGIR VEÍCULO AUTOMOTOR OU PROIBIÇÃO DE SUA OBTENÇÃO

Trata-se de medida cautelar especial situada fora do CPP. Ela foi introduzida pela Lei nº 13.804/2019, ao inserir o art. 278-A, no Código de Trânsito Brasileiro, e tem tríplice alternativa, disposta no § 2º, daquele enunciado, que pode consistir na afetação do direito de dirigir veículo automotor, por meio da decretação, por decisão fundamentada, da:

(1) suspensão da permissão;

(2) suspensão da habilitação; ou

(3) proibição de sua obtenção.

A medida em tela poderá ser imposta pelo juiz, no curso da investigação preliminar ou da ação penal. Quanto ao momento de sua imposição, o texto legal aviva que tal decisão poderá ser de ofício, a requerimento do Ministério Público ou por representação da autoridade policial. Realçamos nossas objeções à decretação de medidas cautelares de ofício pelo magistrado, máxime na fase pré-processual, em face da estrutura acusatória do processo penal forjado na Constituição do Brasil.

No que tange à plausibilidade de cometimento de delito, as medidas cautelares referidas somente têm lugar diante da prática dos crimes de receptação, descaminho ou contrabando (arts. 180, 334 e 334-A, do Código Penal). E, em relação a seu caráter de urgência, o pressuposto gizado é o da "necessidade da garantia da ordem pública", estudado no capítulo anterior (prisões), para o qual remetemos o leitor.

12. QUADRO SINÓTICO

CAPÍTULO XXVII – MEDIDAS CAUTELARES ALTERNATIVAS À PRISÃO	
MEDIDAS CAUTELARES EM ESPÉCIE	
É possível a aplicação de outras providências acauteladoras em matéria penal, desde que esteja contemplada expressamente em lei estrita. A aplicação de uma ou mais medidas cautelares, ou mesmo nenhuma, depende do preenchimento dos pressupostos que abordamos no capítulo sobre teoria das medidas cautelares, a teor do art. 282, do CPP. Tais requisitos gerais são autênticos cânones interpretativos para imposição dessas restrições. **Comparecimento periódico em juízo**: no prazo e nas condições fixadas pelo juiz, para informar e justificar atividades, com a finalidade de que o agente venha a informar e justificar suas atividades, vinculando-o a persecução penal. **Proibição de acesso ou frequência a determinados lugares:** para evitar o risco de novas infrações. **Proibição de manter contato com pessoa determinada:** quando, por circunstâncias relacionadas ao fato, deva o indiciado ou acusado dela permanecer distante. **Proibição de ausentar-se da comarca:** quando a permanência seja conveniente ou necessária para a investigação ou instrução. **Recolhimento domiciliar no período noturno e nos dias de folga**. **Suspensão do exercício de função pública ou de atividade de natureza econômica ou financeira:** deve ser justificada na existência de justo receio de sua utilização para a prática de infrações penais. Estamos diante de uma das hipóteses que se subordina, expressamente, ao propósito de **evitar o cometimento de novos delitos** (art. 282, I, CPP).	**1 a 11**

CAPÍTULO XXVII –MEDIDAS CAUTELARES ALTERNATIVAS À PRISÃO	
Internação provisória do acusado nas hipóteses de crimes praticados com violência ou grave ameaça: é cabível quando: (1) os peritos concluírem ser inimputável ou semi-imputável; e (2) houver risco de reiteração. **Fiança, nas infrações que a admitem:** o juiz poderá impor fiança: (1) nas infrações que a admitem; (2) para assegurar o comparecimento a atos do processo, evitar a obstrução do seu andamento **ou** em caso de resistência injustificada à ordem judicial. A hipótese é de fiança imprópria. Não há, no caso, prisão em flagrante próprio. **Monitoração eletrônica:** Prevista no inciso VIII, ao art. 319, do CPP, a tecnologia também deve ser utilizada em favor da persecução penal. A matéria foi devidamente regulamentada por força da Lei nº 12.258/2010, alterando a LEP (Lei de Execução Penal – Lei nº 7.210/1984), e inserindo o instituto para o seguinte tratamento: (1) Saída temporária aos beneficiários do regime semiaberto; (2) Disciplina da prisão domiciliar. **Suspensão da permissão ou da habilitação para dirigir veículo automotor ou proibição de sua obtenção:** Trata-se de medida cautelar especial situada fora do CPP. Ela foi introduzida pela Lei nº 13.804/2019, ao inserir o art. 278-A, no Código de Trânsito Brasileiro, e tem tríplice alternativa, disposta no § 2º, daquele enunciado, que pode consistir na afetação do direito de dirigir veículo automotor, por meio da decretação, por decisão fundamentada, da: (1) suspensão da permissão; (2) suspensão da habilitação; ou (3) proibição de sua obtenção.	**1 a 11**

13. SÚMULAS DO STJ

332. A fiança prestada sem autorização de um dos cônjuges implica a ineficácia total da garantia.

636. A folha de antecedentes criminais é documento suficiente a comprovar os maus antecedentes e a reincidência.

14. SÚMULAS DO STF

697. A proibição de liberdade provisória nos processos por crimes hediondos não veda o relaxamento da prisão processual por excesso de prazo.

15. QUESTÕES DE CONCURSOS PÚBLICOS

01. (2017 – FCC – DPE-SC – Defensor Público Substituto) Sobre as medidas cautelares diversas da prisão, é correto afirmar:

(A) A medida cautelar de proibição de manter contato com determinada pessoa é vedada a crimes que não estejam submetidos à Lei Maria da Penha.

(B) a verificação da situação econômica do preso para fins de dispensa de fiança deve vir acompanhada de prova robusta produzida em juízo, mesmo em caso de pessoa assistida pela Defensoria Pública.

(C) É vedada a aplicação de medidas cautelares diversas da prisão de maneira cumulativa, sob pena de violação ao princípio da proporcionalidade.

(D) Se ao receber o auto de prisão em flagrante o juiz verificar de plano que é o caso de aplicação de uma medida cautelar diversa da prisão, pode dispensar a realização da audiência de custódia, pois o resultado é benéfico ao investigado.

(E) Em caso de descumprimento de medidas cautelares diversas da prisão, o Código de Processo Penal prevê expressamente que a decretação da prisão preventiva só deve ocorrer em último caso.

02. (2017 – FCC – DPE-RS – Analista – Processual) É INCORRETO afirmar que

(A) as medidas cautelares somente poderão ser aplicadas isoladamente, para evitar *bis in idem*.

(B) constitui medida cautelar diversa da prisão o recolhimento domiciliar no período noturno e nos dias de folga quando o investigado ou acusado tenha residência e trabalho fixos.

(C) o juiz poderá decretar, no curso do inquérito policial, a proibição de o indiciado manter contato com a vítima quando, por circunstâncias relacionadas ao fato, o indiciado deva permanecer distante dela.

(D) revogada a medida cautelar antes decretada, o juiz pode voltar a decretá-la, se sobrevierem razões que a justifiquem.

(E) se não houver urgência nem perigo de ineficácia da medida cautelar, o juiz, ao receber o pedido de decretação da medida, determinará a intimação da parte contrária, acompanhada de cópia do requerimento e das peças necessárias, permanecendo os autos em juízo.

---

03. (Juiz Substituto - GO - FCC - 2015 - Adaptada) As medidas cautelares alternativas à prisão não podem ser aplicadas cumulativamente, em razão da proporcionalidade e da proibição de excesso.

---

04. (ACAFE - Delegado de Polícia - SC/2014) Considere o Código de Processo Penal quanto as medidas cautelares, analise as afirmações a seguir e assinale a alternativa correta.

I. As medidas cautelares serão decretadas pelo juiz, de ofício ou a requerimento das partes ou, quando no curso da investigação criminal, por representação da autoridade policial ou mediante requerimento do Ministério Público.

II. Não será permitido o emprego de força, mesmo a indispensável, no caso de resistência ou de tentativa de fuga do preso.

III. A prisão preventiva será determinada quando não for cabível a sua substituição por outra medida cautelar.

IV. As medidas cautelares serão decretadas pelo juiz e não poderão ser aplicadas cumulativamente.

(A) Apenas I e III estão corretas.

(B) Apenas II e III estão corretas.

(C) Apenas III e IV estão corretas.

(D) Apenas I, II e III estão corretas.

(E) Todas as afirmações estão corretas.

---

05. (UFPR - Defensor Público - PR/2014 - Adaptada) O Código de Processo Penal autoriza que o juiz, baseado em seu poder geral de cautela, determine outras medidas cautelares diversas da prisão, para além das previstas nos seus artigos 319 e 320.

---

06. (UFPR - Defensor Público - PR/2014 - Adaptada) Conforme previsão do Código de Processo Penal, se descumprida a medida cautelar diversa da prisão, o juiz, de ofício ou mediante requerimento do Ministério Público, de seu assistente ou do querelante, poderá substituir a medida, impor outra em cumulação, ou, em última hipótese, decretar a prisão preventiva.

16. GABARITO ANOTADO

01 – E

Vide:

- Art. 282, § 4º, do CPP.

02 – A

Vide:

- Art. 282, § 1º, do CPP.

03 – E

Vide:

- Art. 282, § 1º, do CPP.

04 – A

Vide:

- I – Art. 282, § 2º, CPP
- II – Art. 284, CPP
- III – Art. 282, § 6º, CPP
- IV – Art. 282, §§ 1º, 2º, CPP.

05 – E

Vide:

- Arts. 319 e 320.

06 – C

Vide:

- Art. 282, § 4º.

17. QUESTÕES DISCURSIVAS COM COMENTÁRIOS

(MPF/25) Discorra, no máximo em 15 linhas, sobre as novas modalidades de medidas cautelares trazidas ao processo penal brasileiro pela Lei nº 12.403/2011, enfatizando: a) seus pressupostos b) a incidência do princípio da proporcionalidade em sua aplicação c) seus limites temporais.

Resposta

Como se vê, novamente a comissão de concurso requerendo do candidato conhecimento sobre as medidas cautelares diversas da prisão, dispostas no art. 319, CPP. Dessa vez, o conhecimento dos limites do art. 282, do CPP, é o foco central. Isso porque, em poucas palavras, o texto positivou o princípio da proporcionalidade, ao estampar como pressupostos de tais medidas: (a) a necessidade para aplicação da lei penal, para a investigação ou a instrução criminal e, nos casos expressamente previstos, para evitar a prática de infrações penais (periculum libertatis); e (b) a adequação da medida à gravidade do crime, circunstâncias do fato e condições pessoais do indiciado ou acusado (fumus comissi delicti). Os limites temporais aludidos na questão consistem na existência de persecução penal instaurada (investigação preliminar ou processo penal em curso até o trânsito em julgado de sentença penal condenatória). Conquanto fale a Lei em "indiciado", pensamos que não é de todo impossível que, diante de procedimento criminal investigatório diverso, seja requerida e deferida a aplicação de quaisquer medidas do art. 319, CPP, desde que presentes os pressupostos do art. 282, I e II, CPP. Por outro lado, julgada improcedente a pretensão punitiva estatal, ainda que não tenha ocorrido seu trânsito em julgado, perde a medida cautelar seu pressuposto de plausibilidade (fumus comissi delicti), devendo ser revogada. É, dessa maneira, sujeita à cláusula rebus sic stantibus, mantendo-se enquanto subsistirem os requisitos autorizadores de sua decretação. Tratando-se de lei unicamente processual, sem conteúdo substancial e com efeitos mais benéficos que a medida cautelar prisional, a sua aplicação é imediata, inclusive para fatos e processos penais anteriores ao seu advento (art. 2º, CPP).

Capítulo XXVIII

Procedimentos

Sumário • 1. introdução – 2. Distinção entre processo e procedimento – 3. Conceito de processo – 4. Instrumentalidade do direito material – 5. Espécies de procedimentos no Direito Processual Penal – 6. Aplicação subsidiária do procedimento comum ordinário – 7. Previsão de prioridade de tramitação – 8. Quadro sinótico – 9. Súmulas do STJ – 10. Súmulas do STF – 11. Questões de concursos públicos – 12. Gabarito anotado – 13. questões discursivas com comentários

1. INTRODUÇÃO

Procedimento é formatação prevista em lei e condição indispensável à produção de significados.

Em direito processual penal, os procedimentos são bem diversificados. Eles variam em conformidade com o delito que se esteja a apurar ou a instância onde deva ser instaurado o processo.

Se tomada a noção de procedimento em sentido mais amplo, encontraremos, na legislação processual penal, descrição de ritos diferentes conforme o estágio da persecução penal estatal. Teremos então diversos procedimentos, conforme estejamos diante de:

(1) investigação preliminar. Nessa fase, por exemplo, atuará o **juiz de garantias**, cuja competência de controle da legalidade das investigações e salvaguarda dos direitos fundamentais do imputado seguirá até o recebimento da denúncia inclusive (arts. 3º-B, XIV, e 3º-C, *caput*, CPP[1], com redação da Lei nº 13.964/2019);

(2) processo penal. Instaurado o processo penal, com o recebimento da denúncia, será competente, para os demais atos instrutórios e julgamento, o **juiz da instrução** (§ 1º, 3º-C[2], CPP, com redação da Lei nº 13.964/2019).

A matéria penal e a finalidade da tutela requerida também são elementos de distinção. Por exemplo, não há proximidade entre o procedimento de um processo penal condenatório e o de restauração de autos. Se relacionarmos esse assunto com outros capítulos do nosso estudo, veremos que não similitude entre aqueles procedimentos e os traçados para ações autônomas de impugnação, como o *habeas corpus* e a *revisão criminal*.

---

1. Dispositivos com eficácia suspensa, nos termos de decisão monocrática do Supremo Tribunal Federal (STF – ADI 6298/DF – Medida Cautelar – Rel. Min. Luiz Fux – 22 jan. 2020).
2. Dispositivo com eficácia suspensa, nos termos de decisão monocrática do Supremo Tribunal Federal (STF – ADI 6298/DF – Medida Cautelar – Rel. Min. Luiz Fux – 22 jan. 2020).

O recorte de nosso estudo sobre procedimentos recairá sobre aqueles de natureza condenatória e da respectiva restauração de autos. A ênfase será nos procedimentos tipificados no Código de Processo Penal, com a inclusão de outros, traçados em legislação especial.

Por amor à didática, ao longo dos capítulos seguintes – que tratarão dos procedimentos, comum, especiais, do júri e dos espaços de consenso –, relacionaremos o procedimento da investigação preliminar com o do processo penal correlato.

Isso porque, em alguns ritos, a lei classifica como especial um procedimento em razão de diferenças na fase do inquérito policial, embora, em seguida, determine seguir o rito comum.

Por outro lado, na legislação tem sido cada vez mais comum a incidência de justiça negociada.

2. DISTINÇÃO ENTRE PROCESSO E PROCEDIMENTO

O procedimento é a sucessão de atos realizados nos termos do que preconiza a legislação. Podemos referir procedimentos investigativos e procedimentos processuais.

O processo é o conjunto, isto é, a concatenação dos atos procedimentais, com o desiderato de produzir, ao final, coisa julgada. O processo penal se destina à produção de uma sentença, de uma resposta, de uma tutela judicial.

O Código de Processo Penal não é preciso nessa distinção. Nele consta, no seu Livro II, divisão dos processos em espécie em:

(1) processo comum, no Título I (arts. 394 a 502): na dicção do Código, estariam inseridos aqueles de competência do juiz singular e do júri;

(2) processos especiais, no Título II (arts. 503 a 555): estariam incluídos nesta classe, os processos por crimes de falência, por delitos de responsabilidade de funcionários públicos, por crimes contra honra, por delitos contra a propriedade imaterial, sumário e para restauração de autos extraviados ou destruídos;

(3) processos de competência do STF e dos tribunais de segunda instância, no Título III (arts. 556 a 562): todo esse título do CPP e seus respectivos artigos foram revogados pela Lei nº 8.658/1993, que determinou a aplicação da Lei nº 8.038/1990 aos processos de competência originária dos tribunais).

Como a divisão da legislação não é didática e nem facilita a sistematização, é conveniente buscar uma sistematização que esteja de acordo com as sucessivas modificações do texto do nosso CPP. Para a compreensão dos variados procedimentos processuais penais, sempre teremos, em primeiro plano, a Constituição de 1988.

3. CONCEITO DE PROCESSO

Para os fins aqui propostos, o processo será concebido:

(1) como relação jurídica processual, na medida em que consideramos os sujeitos envolvidos que enfeixam direitos e deveres descritos no ordenamento jurídico, sendo conceituado como um conjunto de atos tendentes à prestação jurisdicional penal.

(2) com procedimento, entendido como uma forma de atuar, isto é, uma técnica específica, cogente, que constitui sua face formal, extrínseca[3];

(3) um conjunto de atos, bem delimitados, destinados à prestação jurisdicional penal.

Travamos, dessa maneira, um compromisso indeclinável com a garantia constitucional do **devido processo legal**, seja em seu aspecto formal, seja em sua dimensão substancial.

É do devido processo legal que se podem invocar duas outras garantias procedimentais (implícitas):

(1) a integralidade do rito, que representa a imposição ao juiz do dever a fiel e integral observância dos atos procedimentais previstos em lei;

(2) a taxatividade do procedimento, segundo o qual não é dado ao juiz ou tribunal aplicar procedimento distinto daquele previsto em lei, bem como não se admite a inversão dos atos procedimentais.

Até mesmo o espaço de consenso, de negociação, no processo penal, está sujeito a constrangimentos dogmáticos, isto é, a um dirigismo legal. Não há que se falar em discricionariedade nessa seara. Ao contrário, todo o proceder dos sujeitos processuais deve estar jungido à Constituição e às leis.

Deve haver efetividade do princípio do *due process of law*, em respeito às garantias fundamentais. A forma tem o objetivo de tutelar a liberdade do imputado. A conclusão dessa premissa é a de que, se houver flexibilização do rito, esta deve estar amparada por outros princípios constitucionais que sufraguem a efetividade da liberdade do investigado ou acusado.

4. INSTRUMENTALIDADE DO DIREITO MATERIAL

Trata-se de uma questão de **ponto de vista**.

Sempre estudamos que o processo é instrumento e que o mais importante seria o conteúdo. Mas, em direito processual penal, essa afirmação não é, no todo, correta. Para nós, a forma é essência. O acessório, instrumental, é o direito material. Realmente, aplicação do direito penal sem acatamento às regras processuais penais é arbítrio de poder.

Aliás, está em vigor a Lei nº 13.869/2019, que descreve os crimes de abuso de autoridade. Do artigo 9º ao 38, daquele diploma legal, estão tipificadas figuras delitivas que, ao cabo, conferem resposta penal para casos graves de violação à forma legal de se punir. Não é demais lembrar que não é valioso, no Estado Democrático de Direito, punir a todo custo[4].

Foi a partir de leitura de Jaime Guasp, processualista espanhol, que chegamos a essas conclusões[5]. Em estudo que dividimos com Alexandre Morais da Rosa, vincamos que em matéria processual penal, o que é secundário é o direito material. É ele, o direito penal, que não tem autonomia para incidir por si só, muito embora tenha existência autônoma.

3. MOREIRA, Rômulo de Andrade. *Direito processual penal*. Salvador: JusPODIVM, 2007. p. 197.
4. JARDIM, Afrânio Silva; AMORIM, Pierre Souto Maior Coutinho de. ***Direito processual penal***: estudos, pareceres e crônicas. 15. ed. Salvador: Juspodivm, 2018. p.364.
5. GUASP, Jaime. *Derecho procesal civil*: tomo primeiro [introduccion y parte general]. Madrid: IEP, 1968. p.34.

Isso porque, "constituído por enunciados constitucionais nucleares, de primeira geração, o processo penal é o principal, a essência, condição sem a qual não há viabilidade de produção de atos normativos constitucionais e criminais dotados de validade, reconhecidos pelo sistema"[6].

5. ESPÉCIES DE PROCEDIMENTOS NO DIREITO PROCESSUAL PENAL

O procedimento, em matéria processual penal, poderá ser comum ou especial. De acordo com os dispositivos que se seguem ao *caput*, do art. 394, do CPP, não falaremos mais em processo comum ou em processo especial. Essa classificação está superada.

O procedimento é que será de duas grandes espécies:

(1) procedimento comum; e

(2) procedimento especial.

Cada um deles comportará divisão.

Assim, o **procedimento comum** será, conforme o caso:

(1) ordinário;

(2) sumário; e

(3) sumaríssimo.

De outra banda, o **procedimento especial** poderá ser relativo aos crimes:

(1) dolosos contra a vida, com o extenso rito do júri, estudado em capítulo autônomo;

(2) de drogas;

(3) de falência;

(4) de responsabilidade de funcionários públicos;

(5) contra honra;

(6) contra a propriedade imaterial;

(7) cujo processo condenatório tenha seus autos extraviados ou destruídos; e

(8) militares.

6. APLICAÇÃO SUBSIDIÁRIA DO PROCEDIMENTO COMUM ORDINÁRIO

O procedimento comum é a regra, aplicando-se a todos os processos, salvo disposição legislativa em contrário. Não é simples a definição do que seja subsidiário. É um conceito um tanto impreciso. Em situações mais claras, como nos casos de lacunas legislativas em outros ritos, saberemos resolver a questão. Outros, o caráter lacunoso do regramento pode se situar em linha de ambiguidade.

6. ROSA, Alexandre Morais da; ALENCAR, Rosmar Rodrigues. No processo penal, a instrumentalidade é do direito material. *Conjur*: limite penal. Disponível em: <https://www.conjur.com.br/2019-ago-23/nulidade-prejuizo-processo-penal-instrumentalidade-direito-material>. Acesso em: 31 dez. 2019.

Pensamos que o critério, para os casos cinzentos, deve se nortear pela Constituição. Em poucas palavras, se a aplicação do rito ordinário prestigiar, com maior vigor, as garantias fundamentais nucleares do processo penal, devemos afastar o rito especial.

Por exemplo, nos casos de procedimentos especiais que ainda prevejam o interrogatório do acusado no início do rito, devemos afastar o dispositivo especial, por estar revogado tacitamente e por ter baixa densidade constitucional, e aplicar o rito ordinário, que determina que aquele ato seja o último do procedimento.

Dessa forma, o regramento legislativo do procedimento comum pode ser aplicado supletivamente aos procedimentos especiais, comum sumário e comum sumaríssimo. É como dispõe o § 5º, do art. 394, do CPP: a todos os procedimentos, comum ou especiais, será aplicada, subsidiariamente, a disciplina do procedimento comum ordinário.

Em outros termos a noção de "aplicação subsidiária" deve ser inferida em cotejo com o art. 3º, do CPP, para deixar assentado que as disposições do procedimento comum só serão aplicáveis aos demais ritos, inclusive em instância colegiada quando:

(1) houver omissão da disciplina correlata na legislação que regula o outro rito; ou

(2) embora não omissa a legislação disciplinadora de rito diverso, a sua aplicação incorrer em inconstitucionalidade, caso em que deve ser feito controle de constitucionalidade para afastar a incidência do dispositivo inconstitucional e aplicar subsidiariamente as regras do procedimento comum ordinário.

7. PREVISÃO DE PRIORIDADE DE TRAMITAÇÃO

A Lei nº 13.285/2016 incluiu o art. 394-A, do CPP, para dispor que os processos que apurem a prática de crime hediondo terão prioridade de tramitação em todas as instâncias. Ao lado da necessidade de estabelecimento de critérios objetivos em face de outras hipóteses legais de tramitação, o art. 3º, do CPP, que contempla a interpretação extensiva, poderia permitir concluir que o dispositivo também se aplica aos processos por crime equiparado a hediondo.

A previsão em tela não pode se sobrepor aos processos que tutelam, imediatamente, a liberdade do indivíduo, tal como o de *habeas corpus*. Confrontados processos penais condenatórios por crime hediondo com o *writ* constitucional, deve ter prioridade este último.

Por outra ótica, entendemos como de duvidosa constitucionalidade o mencionado art. 394-A, do Código. Isso porque as garantias de duração razoável do processo e celeridade devem ser interpretadas como anteparos à liberdade do imputado, em função do interesse do investigado ou réu. É equivocada a ideia de outorgar prioridade com o objetivo de punir porque, antes de qualquer coisa, o processo penal condenatório se caracteriza como limite ao poder punitivo.

A prioridade, portanto, somente pode incidir se houver urgência aferida pelo gravame à liberdade do réu. Casos de réu preso, são prioritários, eis que um ser humano está com a liberdade cerceada. Porém, jamais a celeridade deve ser aplicada com o fito de prender mais rápido: neste caso haverá violação ao devido processo legal[7].

Desse modo, o art. 394-A, do CPP, merece interpretação conforme a Constituição.

---

7. SCHREIBER, Simone. ***A publicidade opressiva de julgamentos criminais***. Rio de Janeiro: Renovar, 2008. p.36.

8. QUADRO SINÓTICO

CAPÍTULO XXVIII – PROCEDIMENTOS	
INTRODUÇÃO	
Procedimento é formatação prevista em lei e condição indispensável à produção de significados. Em direito processual penal, os procedimentos são bem diversificados. Eles variam em conformidade com o delito que se esteja a apurar ou a instância onde deva ser instaurado o processo. Se tomada a noção de procedimento em sentido mais amplo, encontraremos, na legislação processual penal, descrição de ritos diferentes conforme o estágio da persecução penal estatal. Teremos então diversos procedimentos, conforme estejamos diante de: (1) investigação preliminar. Nessa fase, por exemplo, atuará o juiz de garantias; (2) processo penal. Instaurado o processo penal, com o recebimento da denúncia, será competente, para os demais atos instrutórios e julgamento, o juiz da instrução.	**1**
DISTINÇÃO ENTRE PROCESSO E PROCEDIMENTO	
O procedimento é a sucessão de atos realizados nos termos do que preconiza a legislação. Podemos referir procedimentos investigativos e procedimentos processuais. O processo é o conjunto, isto é, a concatenação dos atos procedimentais, com o desiderato de produzir, ao final, coisa julgada. O processo penal se destina à produção de uma sentença, de uma resposta, de uma tutela judicial. O CPP não é preciso nessa distinção .Nele consta ,no seu Livro II ,divisão dos processos em espécie em1) :) processo comum, no Título I (arts. 394 a 502); (2) processos especiais, no Título II (arts. 503 a 555); (3) processos de competência do STF e dos tribunais de segunda instância, no Título III (arts. 556 a 562).	**2**
CONCEITO DE PROCESSO	
Para os fins aqui propostos, o processo será concebido: (1) como relação jurídica processual, na medida em que consideramos os sujeitos envolvidos que enfeixam direitos e deveres descritos no ordenamento jurídico, sendo conceituado como um conjunto de atos tendentes à prestação jurisdicional penal. (2) com procedimento, entendido como uma forma de atuar, isto é, uma técnica específica, cogente, que constitui sua face formal, extrínseca; (3) um conjunto de atos, bem delimitados, destinados à prestação jurisdicional penal.	**3**
INSTRUMENTALIDADE DO DIREITO MATERIAL	
Trata-se de uma questão de ponto de vista. Sempre estudamos que o processo é instrumento e que o mais importante seria o conteúdo. Mas, em direito processual penal, essa afirmação não é, no todo, correta. Para nós, a forma é essência. O acessório, instrumental, é o direito material. Realmente, aplicação do direito penal sem acatamento às regras processuais penais é arbítrio de poder.	**4**

CAPÍTULO XXVIII – PROCEDIMENTOS	
ESPÉCIES DE PROCEDIMENTOS NO DIREITO PROCESSUAL PENAL	
O procedimento, em matéria processual penal, poderá ser comum ou especial. De acordo com os dispositivos que se seguem ao *caput*, do art. 394, do CPP, não falaremos mais em processo comum ou em processo especial. Essa classificação está superada. O procedimento é que será de duas grandes espécies: (1) procedimento comum; e (2) procedimento especial. Cada um deles comportará divisão. Assim, o procedimento comum será, conforme o caso: (1) ordinário; (2) sumário; e (3) sumaríssimo. De outra banda, o procedimento especial poderá ser relativo aos crimes: (1) dolosos contra a vida, com o extenso rito do júri, estudado em capítulo autônomo; (2) de drogas; (3) de falência; (4) de responsabilidade de funcionários públicos; (5) contra honra; (6) contra a propriedade imaterial; (7) cujo processo condenatório tenha seus autos extraviados ou destruídos; e (8) militares.	**5**
APLICAÇÃO SUBSDIÁRIA DO PROCEDIMENTO COMUM ORDINÁRIO	
O procedimento comum é a regra, aplicando-se a todos os processos, salvo disposição legislativa em contrário. O regramento legislativo do procedimento comum pode ser aplicado supletivamente aos procedimentos especiais, comum sumário e comum sumaríssimo. É como dispõe o § 5º, do art. 394, do CPP. Em outros termos a noção de "aplicação subsidiária" deve ser inferida em cotejo com o art. 3º, do CPP, para deixar assentado que as disposições do procedimento comum só serão aplicáveis aos demais ritos, inclusive em instância colegiada quando: (1) houver omissão da disciplina correlata na legislação que regula o outro rito; ou (2) embora não omissa a legislação disciplinadora de rito diverso, a sua aplicação incorrer em inconstitucionalidade.	**6**
PREVISÃO DE PRIORIDADE DE TRAMITAÇÃO	
A Lei nº 13.285/2016 incluiu o art. 394-A, do CPP, para dispor que os processos que apurem a prática de crime hediondo terão prioridade de tramitação em todas as instâncias. A prioridade, portanto, somente pode incidir se houver urgência aferida pelo gravame à liberdade do réu. Casos de réu preso, são prioritários, eis que um ser humano está com a liberdade cerceada. Porém, jamais a celeridade deve ser aplicada com o fito de prender mais rápido: neste caso haverá violação ao devido processo legal. Desse modo, o art. 394-A, do CPP, merece interpretação conforme a Constituição.	**7**

9. SÚMULAS DO STJ

243. O benefício da suspensão do processo não é aplicável em relação às infrações penais cometidas em concurso material, concurso formal ou continuidade delitiva, quando a pena mínima cominada, seja pelo somatório, seja pela incidência da majorante, ultrapassar o limite de um (01) ano.

330. É desnecessária a resposta preliminar de que trata o artigo 514 do Código de Processo Penal, na ação penal instruída por inquérito policial.

337. É cabível a suspensão condicional do processo na desclassificação do crime e na procedência parcial da pretensão punitiva.

347. O conhecimento de recurso de apelação do réu independe de sua prisão.

415. O período de suspensão do prazo prescricional é regulado pelo máximo da pena cominada.

636. A folha de antecedentes criminais é documento suficiente a comprovar os maus antecedentes e a reincidência.

10. SÚMULAS DO STF

Súmula Vinculante nº 35. A homologação da transação penal prevista no artigo 76 da Lei 9.099/1995 não faz coisa julgada material e, descumpridas suas cláusulas, retoma-se a situação anterior, possibilitando-se ao Ministério Público a continuidade da persecução penal mediante oferecimento de denúncia ou requisição de inquérito policial.

Súmula Vinculante nº 45. A competência constitucional do Tribunal do Júri prevalece sobre o foro por prerrogativa de função estabelecido exclusivamente pela constituição estadual.

156. É absoluta a nulidade do julgamento, pelo júri, por falta de quesito obrigatório.

162. É absoluta a nulidade do julgamento pelo júri, quando os quesitos da defesa não precedem aos das circunstâncias agravantes.

206. É nulo o julgamento ulterior pelo júri com a participação de jurado que funcionou em julgamento anterior do mesmo processo.

603. A competência para o processo e julgamento de latrocínio é do juiz singular e não do tribunal do júri.

712. É nula a decisão que determina o desaforamento de processo da competência do júri sem audiência da defesa.

11. QUESTÕES DE CONCURSOS PÚBLICOS

01. (2015 – FUNIVERSA – PC-DF – Delegado de Polícia) Assinale a alternativa correta acerca do procedimento penal.

(A) O princípio da identidade física do juiz não se aplica ao processo penal.

(B) As provas devem ser produzidas em uma só audiência, podendo o juiz indeferir as consideradas irrelevantes, impertinentes ou protelatórias.

(C) No procedimento ordinário, após o oferecimento da denúncia, o juiz, recebendo-a, mandará desde logo designar dia e hora para o interrogatório do réu.

(D) A absolvição sumária é instituto exclusivo do rito do júri popular.

(E) O princípio da identidade física do juiz aplica-se ao processo penal por construção jurisprudencial, não sendo previsto no CPP.

02. (2015 – VUNESP – TJ-SP – Escrevente Técnico Judiciário) Nas infrações penais de menor potencial ofensivo, quando o juizado especial criminal encaminhar ao juízo comum as peças existentes para a adoção de outro procedimento, de acordo com o art. 538 do CPP, o rito adotado será

(A) o ordinário

(B) o sumário.

(C) livremente estabelecido pelo juiz.

(D) o sumaríssimo.

(E) o especial.

03. (ACAFE – Delegado de Polícia – SC/2014) Ante as disposições do Código de Processo Penal, analise as afirmações a seguir.

I. O procedimento comum será ordinário, sumário ou sumaríssimo.

II. O procedimento será ordinário quando tiver por objeto crime cuja sanção máxima cominada for igual ou superior a 3 (três) anos de pena privativa de liberdade

III. O procedimento será sumário sempre que tiver por objeto crime cuja sanção máxima cominada seja inferior a 3 (três) anos de pena privativa de liberdade.

IV. O procedimento será sumaríssimo para as infrações penais de menor potencial ofensivo, na forma da lei.

Assinale a alternativa correta.

(A) Apenas I, II e III estão corretas.

(B) Apenas II e III estão corretas.

(C) Apenas II, III e IV estão corretas.

(D) Apenas I e IV estão corretas.

(E) Todas as afirmações estão corretas.

04. (2018 – UEG – PC-GO – Delegado de Polícia Civil) Sobre o procedimento processual penal, verifica-se o seguinte:

(A) O Ministério Público possui prazo em dobro para interpor apelação criminal.

(B) Em caso de revelia do acusado regularmente citado, presumir-se-ão verdadeiros os fatos narrados na denúncia.

(C) Admite-se a citação por hora certa no processo penal.

(D) Ocorre emendatio libelli quando o juiz entende cabível nova definição jurídica do fato, em consequência de prova existente nos autos de elemento ou circunstância da infração penal não contida na acusação.

(E) No processo penal não se aplica o princípio da identidade física do juiz.

12. GABARITO ANOTADO

01 - B

Vide:

- Art. 400, § 1º, do CPC.
- Procedimento comum ordinário (artigos 394 a 405, CPP).

02 - B

Vide:

- Art. 538 do CPP.
- Procedimento comum sumário (artigos 531 a 536, CPP).

03 - D

Vide:

- I - Art. 394, § 1º, CPP
- II - Art. 394, § 1º, I, CPP
- III - Art. 394, § 1º, II, CPP
- IV - Art. 394, § 1º, III, CPP.

04 - C

Vide:

- Art. 593, caput, CPP
- Art. 366, CPP
- Art. 362I, CPP
- Art. 383, CPP
- Procedimento comum ordinário (artigos 394 a 405, CPP).

13. QUESTÕES DISCURSIVAS COM COMENTÁRIOS

01. (TJ/SC - Juiz de Direito - SC/2013) Discorra sobre a intervenção anódina: conceito, legitimidade e constitucionalidade (em até 20 linhas).

Resposta

A intervenção anódina ou extraordinária é expressão usada no âmbito do STF8 e do STJ9, a partir de empréstimo à medicina, e que significa providência apta a fazer passar a dor ou de pouca importância.

Para o direito, a intervenção anódina consiste no comparecimento da União a processo que não seja parte, para apresentar elementos que possam elucidar a matéria (memoriais, documentos etc.). Guarda semelhança com intervenção de terceiros, a exemplo do amicus curiae das ações de constitucionalidade.

A legitimidade é da União, diante de causas que tenham como partes não só pessoas jurídicas encampadas pelo âmbito de competência dos juízes federais (art. 109, CF), mas também em relação a outras pessoas jurídicas de direito privado, tais como sociedades de economia mista. A intervenção anódina, como espécie de intervenção branca, de menor relevância, inofensiva, em regra não tem o condão de deslocar a competência para a Justiça Federal, máxime pela falta de interesse jurídico nesse atuar (por vezes, o que há é o mero interesse econômico ou indireto)

Note-se que não é impossível a intervenção anódina da União em feitos criminais, mormente quando verificamos a possibilidade de pessoas jurídicas figurarem como rés (crimes ambientais) ou como autoras de ação penal privada (delito contra a honra, por exemplo). Também a figura da assistência do Ministério Público pode ficar a cargo da pessoa jurídica ofendida pelo crime.

Além da União, a intervenção anódina tem como legitimadas as pessoas jurídicas de direito público.

A previsão legislativa está no art. 5º, caput, da Lei nº 9.464/1997, averbando que União poderá intervir nas causas em que figurarem, como autoras ou rés, autarquias, fundações públicas, sociedades de economia mista e empresas públicas federais. Já seu parágrafo único estatui que as pessoas jurídicas de direito público poderão, nas causas cuja decisão possa ter reflexos, ainda que indiretos, de natureza econômica, intervir, independentemente da demonstração de interesse jurídico, para esclarecer questões de fato e de direito, podendo juntar documentos e memoriais reputados úteis ao exame da matéria e, se for o caso, recorrer, hipótese em que, para fins de deslocamento de competência, serão consideradas partes.

A constitucionalidade da intervenção anódina - compreendida como não suficiente para modificar a competência do juízo - é inferida pelo prestígio que se dá ao critério que estabelece como o lugar dos fatos (independentemente da teoria adotada) como o melhor para se apurar a questão sub judice. Maximiza o contraditório e não ofende a regra de competência do art. 109, CF (competência dos juízes federais), quando a titular da intervenção anódina é a União, em razão de não se revestir de interesse jurídico.

A Súmula 518, do STF, já dispunha, mutatis mutandis, nesse sentido, ao preconizar que a intervenção da união, em feito já julgado pela segunda instância e pendente de embargos, não desloca o processo para o Tribunal Federal de Recursos.

8. STF - Pleno - CJ 5957 - Relator Min. Cordeiro Guerra - Relator p/ Acórdão: Min. Xavier de Albuquerque - julgado em 20/08/1975 - DJ 26/09/1975. Mais recentemente, em decisão monocrática: STF - AI 807621 AgR-ED-AgR, Rel. Min. Luiz Fux - julgado em 03/06/2013 - publicado em DJe-108 - Divulg 07/06/2013 - Public 10/06/2013.
9. STJ - Primeira Turma - AGRESP 200900866993 - Rel. Min. Napoleão Nunes Maia Filho - DJE Data: 22/05/2013.

Capítulo XXIX

Procedimento Comum

1. CRITÉRIO PARA A DEFINIÇÃO DO PROCEDIMENTO COMUM

A definição da categoria do rito comum terá como parâmetro a pena máxima cominada abstratamente ao crime (art. 394, § 1º, CPP). O procedimento comum será:

(1) **ordinário**, quando tiver por objeto crime cuja sanção máxima cominada for **igual** ou **superior** a **quatro** anos de pena privativa de liberdade (inciso I);

(2) **sumário**, quando tiver por objeto crime cuja sanção máxima cominada seja **inferior** a **quatro** anos de pena privativa de liberdade (inciso II);

(3) **sumaríssimo**, para as infrações penais de menor potencial ofensivo que, em regra, são aquelas cuja pena máxima abstrata **não excede dois** anos, além das contravenções penais comuns.

PROCEDIMENTO APLICÁVEL	PENA MÁXIMA COMINADA AO DELITO
Ordinário	Pena ≥ 4 anos
Sumário	Pena < 4 anos
Sumaríssimo (Lei nº 9.099/1995)	Pena ≤ 2 anos e contravenções penais.

A pena de multa, nestas hipóteses, é indiferente para a aferição do tipo de procedimento, que é definido pela pena privativa de liberdade em abstrato. Havendo concurso de crimes, a tendência natural é que as penas sejam somadas como indicativo do procedimento a ser seguido. Devem também ser levadas em conta as qualificadoras e as causas de aumento, estas tomadas com a exasperação da fração máxima.

Para a resolução dos problemas relativos à escolha do rito, continua sendo necessário o conhecimento do sistema legislativo processual penal e de seus microssistemas, ou seja, não só do Código de Processo Penal, mas das leis especiais, do Código Eleitoral, do Código Penal Militar e, sobremodo, da Constituição. Não é só o fato de ser o crime apenado com pena máxima abstrata igual ou superior a quatro anos que fixará, sem outras indagações, o rito comum ordinário.

Em outras palavras, a regra geral é, de fato, a de que o crime punido com pena máxima abstrata igual ou superior a quatro anos deve ser processado sob o procedimento comum ordinário. Exemplo de delito que deve ser objeto de procedimento ordinário é o do crime de decretar medida de privação da liberdade em manifesta desconformidade com as hipóteses legais, cuja pena é de detenção de um a quatro anos (art. 9º, *caput*, Lei nº 13.964/2019). No entanto, o intérprete deve estar atento à possibilidade de incidência de outras normas, que podem excepcionar a regra geral.

É que o rito comum ordinário não será o adequado a depender do crime ou da competência do órgão julgador, não obstante tenham suas disposições aplicação subsidiária aos demais procedimentos. O texto constitucional será o indicativo principal. Assim, os crimes de competência do tribunal do júri – crimes contra a vida segundo a Constituição do Brasil – não seguirão o procedimento comum ordinário. Os crimes eleitorais, ainda que apenados com reclusão, têm rito próprio no Código Eleitoral e nas leis eleitorais. Os crimes militares seguem o rito do Código de Processo Penal Militar. E os crimes de competência dos tribunais – em virtude, por exemplo, de prerrogativa de função do agente – tem procedimento regrado nas leis específicas e nos regimentos internos dos tribunais, tal como se nota na Lei nº 8.038/1990.

Com efeito, não se deve perder de vista que as disposições pertinentes ao procedimento comum, dispostas nos artigos 394 a 405, do Código de Processo Penal, são aplicáveis aos procedimentos penais de primeiro grau, haja vista que a legislação especial rege o processamento criminal nos tribunais. Não obstante, naquilo que for omissa a legislação especial do procedimento criminal perante os tribunais, tem aplicação as disposições do CPP, a exemplo da fase de absolvição sumária. Por exemplo, é possível que, antes do desenrolar de todo o procedimento perante um tribunal, resolva o órgão colegiado deliberar pela absolvição sumária do acusado, aplicando, supletivamente, o art. 397, do CPP.

Por fim, anote-se que, malgrado inserido na antiga classe do "processo comum", no Título I, do Livro II, do nosso Código, o procedimento para os processos de competência do júri é especial e bifásico, não obstante a semelhança da sua primeira fase com o procedimento comum ordinário, e observará as disposições próprias (arts. 406 a 497, CPP), razão pela qual seu estudo não está inserido neste capítulo.

2. PROCEDIMENTO COMUM ORDINÁRIO

Em regra, ocorrida uma infração, a autoridade policial instaura inquérito policial que, ao cabo, constituirá o suporte probatório necessário à deflagração do processo penal. O inquérito policial é fase investigativa, inquisitiva. Tem o objetivo de coligir elementos que confiram suporte probatório para o desencadeamento da ação penal. Cuida-se do chamado **suporte probatório mínimo** que, todavia, deve evidenciar a viabilidade, em tese da acusação, com elementos empíricos da autoria e da materialidade da infração penal.

O inquérito policial se desenvolve perante a autoridade policial. Tem tramitação linear, ou seja, entre a polícia judiciária investigativa – civil ou federal – e o Ministério Público. A atuação do Judiciário nessa etapa anterior ao processo ocorre por intermédio do **juiz das garantias**, cuja competência é restrita ao controle da legalidade da investigação criminal e à salvaguarda dos direitos individuais, cuja franquia tenha sido reservada à cláusula de reserva de jurisdição, como determina o art. 3-B, do CPP[1], com texto conferido pela Lei nº 13.964/2019.

Com a conclusão do inquérito, os autos são encaminhados ao Ministério Público, para que forme sua opinião sobre o delito. O inquérito não é indispensável, podendo ser a ação penal proposta com base em outras peças de informação. Sob o ponto de vista processual, o início do procedimento comum ordinário ocorre com o recebimento da petição inicial acusatória, devendo estar embasada nos elementos do inquérito ou de outras peças informativas, com a especificação de provas a produzir.

3. PETIÇÃO INICIAL ACUSATÓRIA

As testemunhas enumeradas pelo MP devem estar na denúncia, assim como as do querelante devem constar na queixa-crime. Não deve ser admitida a complementação a apresentação de rol de testemunhas posteriormente ao instante oportuno, a fim de não outorgar maiores chances processuais a uma parte em detrimento da outra, salvo nas hipóteses legais de aditamento da petição inicial (art. 384, CPP).

Sobre a questão o Superior Tribunal de Justiça estabeleceu a resposta preliminar à acusação, como limite à apresentação do rol de testemunhas. Após esse momento, haverá preclusão[2].

Deveras, admitir que a acusação possa, mesmo depois de contestada a ação penal, pleitear produção de novas provas omitidas na exordial, desequilibra a relação processual, afetando, indelevelmente, elemento essencial da ampla defesa do acusado. Caso tenha sido autorizado esse proceder, haverá **nulidade absoluta** da instrução processual que, uma vez reconhecida, deve ser objeto de **invalidação**.

4. RECEBIMENTO DA PEÇA ACUSATÓRIA

Nos termos do art. 396 do Código, nos procedimentos ordinário ou sumário, oferecida a denúncia ou queixa, o juiz, se não a rejeitar liminarmente, recebê-la-á e ordenará

1. Dispositivo com eficácia suspensa, nos termos de decisão monocrática do Supremo Tribunal Federal (STF – ADI 6298/DF – Medida Cautelar – Rel. Min. Luiz Fux – 22 jan. 2020).
2. STJ – Quinta Turma – RHC 112.147/SE – Rel. Min. Reynaldo Soares da Fonseca – DJe 27 jun. 2019.

a citação do acusado para responder à acusação, por escrito, no prazo de dias. O ato de recebimento da peça acusatória é de **competência do juiz das garantias**, como estatuído pelos artigos 3º-B, inciso XIV, e 3º-C, do CPP[3]. Embora esses dispositivos, inseridos pela Lei nº 13.964/2019, façam menção ao art. 399, do CPP, reputamos que o legislador incorreu em erro material.

Isso porque o recebimento da denúncia ou da queixa é ato anterior à citação e à resposta preliminar. O Código prevê o recebimento da denúncia em seu art. 396. Não há sentido lógico em afirmar a existência de dois recebimentos. Logo, oferecida a denúncia ou a queixa, perante o juiz das garantias, este poderá rejeitá-la ou recebê-la. Se a receber, ordenará a citação do acusado e fará a remessa dos autos ao juízo da instrução. É perante o juiz de instrução que será efetivada a citação do acusado e produzidos os demais atos processuais.

Decerto, é o juiz da instrução e do julgamento que irá designar a audiência de instrução e julgamento. Não há razão para este magistrado receber a denúncia ou a queixa, porquanto o recebimento já terá ocorrido, pelo juiz das garantias. Essa a leitura que devemos fazer do art. 399, do CPP, que reza que "recebida a denúncia ou queixa, o juiz designará dia e hora para a audiência".

5. NATUREZA JURÍDICA E EFEITOS DO RECEBIMENTO DA PETIÇÃO INICIAL

O recebimento da denúncia ou da queixa não só deflagra o processo, mas também transforma até então quem era mero suspeito em acusado, interrompe o prazo prescricional e fixa a prevenção.

Nessa ótica, acreditamos tratar-se de verdadeira decisão judicial (interlocutória), a merecer argumentação (art. 93, IX, CF). Não é necessária fundamentação profunda, até para que o magistrado não adentre prematuramente no mérito. Contudo, deve o juiz demonstrar por que recebeu a inicial, e isso se deve quando ele se convence que os requisitos de admissibilidade da demanda estão presentes (arts. 41 e 395, CPP).

Não obstante, esse não tem sido o entendimento do STF. Partindo da premissa de que o recebimento da denúncia não é ato de caráter decisório, o Supremo tem afirmado reiteradamente que o juízo positivo de admissibilidade da acusação penal, ainda que desejável e conveniente a sua motivação, não reclama, todavia, fundamentação[4].

É também no ato de recebimento da denúncia ou da queixa que será determinada a citação do acusado e as notificações devidas, como a do advogado que já estava constituído desde a fase preliminar. As precauções concernentes à garantia de defesa do réu são impostergáveis, tais como a regularidade da citação com a comunicação escorreita da imputação, respeitando-se as garantias esquadrinhadas no texto constitucional.

3. Dispositivos com eficácia suspensa, nos termos de decisão monocrática do Supremo Tribunal Federal (STF – ADI 6298/DF – Medida Cautelar – Rel. Min. Luiz Fux – 22 jan. 2020).
4. STF – Primeira Turma – RHC 171316 AgR – Rel. Min. Roberto Barroso – publicado em 04 dez. 2019..

6. COMPETÊNCIA PARA A REJEIÇÃO DA DENÚNCIA OU QUEIXA

Também não há sentido em permitir a rejeição da peça acusatória pelo juiz da instrução e julgamento, porquanto ele não tem competência para revogar ato para o qual não detém competência para emitir, nem é possível, juridicamente, retratação do ato de recebimento da denúncia, embora seja possível absolver antecipadamente, caso assim entenda (art. 397, CPP) ou extinguir sem resolução do mérito, nos casos do art. 395 do CPP.

Esses são postulados básicos, que decorrem da noção de **regra de competência**.

É juridicamente admissível retratar-se do recebimento da denúncia ou da queixa--crime? É possível indeferir a petição acusatória depois de recebida pelo juiz das garantias?

Lembramos que não. Após o recebimento, teremos processo penal instaurado.

Depois de deflagrado o processo, não é possível indeferir a inicial antes deferida. Isso significaria tumulto, inversão processual.

Por outro lado, se extinto o processo cuja inicial já foi deferida, ainda que sem exame do mérito, pensamos que incidirá o princípio do *ne bis in idem*: ninguém pode ser processado duas vezes pelo mesmo fato. Logo, o artifício de indeferir a inicial já deferida, além de confrontar fundamento dogmático importante, pode mascarar a possibilidade de renovação, indevida, do processo criminal pelo mesmo fato.

O Superior Tribunal de Justiça, entretanto, vem admitindo a retratação do recebimento da denúncia, distinguindo **dois recebimentos**: um **precário** (art. 396, CPP) e outro **definitivo** (art. 399, CPP). O primeiro recebimento estaria sujeito a reexame, mediante cotejo com os casos de rejeição do art. 395, do CPP. Note-se que a Corte Superior entende que a apreciação da admissibilidade sobre a inicial acusatória ocorre no momento anterior à citação do acusado. No entanto, aviva que o magistrado pode exercer novo juízo de recebimento da peça acusatória e reconsiderar a anterior decisão para, então, rejeitar a peça acusatória[5].

Pelas razões que escrevemos acima, reputamos equivocado esse posicionamento do STJ.

Sobre o assunto, também há controvérsias doutrinárias. Nereu José Giacomolli argumenta que apenas deve ser considerado válido o juízo de recebimento da denúncia depois da defesa do réu. Para o autor, dentre os "dois momentos processuais ao recebimento da acusação". Isto é, um recebimento antes da citação (art. 396, CPP), enquanto o outro, depois da defesa preliminar (art. 399, CPP). A escolha entre os recebimentos deve recair sobre a "situação processual que evidentemente milita em benefício de um maior conteúdo de garantia do cidadão, visto que impõe mais uma barreira processual a ser transposta para somente após ser permitida a transformação da pessoa de ser comum em acusada em um processo penal"[6].

Voltando à competência do juiz das garantias, vale lembrar que a decisão de rejeição da denúncia ou da queixa desafia recurso em sentido estrito (art. 581, I, CPP). Do seu recebimento, de regra, não cabe recurso, havendo, todavia, possibilidade de impetração de

5. STJ – Quinta Turma – AgRg no REsp 1782191/SP – Rel. Min. Joel Ilan Paciornik – DJe 13 jun. 2019.
6. GIACOMOLLI, Nereu José. *Reformas (?) do processo penal*: considerações críticas: provas, ritos processuais, júri, sentenças. Rio de Janeiro: Lumen Juris, 2008. p. 64.

ação de *habeas corpus* para o fim de extinguir, sem resolução do mérito, o processo penal, em hipóteses como a de falta de justa causa (art. 395, III, CPP).

Embora se admita o remédio heroico, tem sido rejeitada a possibilidade de oposição de **exceção de pré-cognição**, no procedimento comum ordinário, que não prevê uma fase de controle da permeabilidade entre investigação e processo penal. Essa exceção é expressão que designa uma defesa prévia, anterior ao recebimento da peça acusatória. Cuida-se de instrumento de oposição à deflagração formal do processo penal.

Ela, todavia, é aceita, naqueles procedimentos que têm uma etapa prévia, com contraditório, que antecede a decisão de recebimento da denúncia ou da queixa, como acontece no rito especial da Lei de Drogas, consoante os parágrafos 1º e 2º, do seu art. 55. A exceção de pré-cognição nada mais é do que uma defesa prévia, anterior ao recebimento da denúncia ou queixa-crime, nas hipóteses permitidas por lei.

A denúncia ou a queixa-crime poderá ser rejeitada se inepta, isto é, havendo defeito formal grave, a exemplo da deficiência ou fragmentação da narrativa fática, da falta de pressuposto processual ou de condição para o exercício da ação penal (art. 395, I e II, CPP). Não sendo o caso de rejeição, por verificar o juiz o atendimento a todas as exigências legais, deve ser recebida a inicial acusatória, deflagrando-se assim o processo.

7. RESPOSTA PRELIMINAR À ACUSAÇÃO E CITAÇÃO DO RÉU

É obrigatória a apresentação de resposta à denúncia ou à queixa-crime em dez dias, possibilitando a nomeação de defensor pelo juiz, caso o advogado constituído não a apresente no lapso legal (art. 396-A, CPP).

A ausência da resposta preliminar é passível de reconhecimento de nulidade absoluta e, em acréscimo, poderá ser aplicada, em tese, multa de dez a cem salários mínimos, ao defensor que abandonar o processo senão por motivo imperioso, comunicado previamente ao juiz, sem prejuízo de outras sanções que se mostrem cabíveis, a teor do art. 265, CPP.

Temos que pensar nas consequências processuais da ausência de resposta preliminar, a depender da modalidade de citação que tenha sido implementada. Como a citação é o ato que completa a formação processual (art. 363, CPP), furtando-se a defesa em apresentar a preliminar, deve o magistrado proceder conforme as disposições no CPP.

(1) **Citação pessoal:** nesta hipótese, cabe ao juiz decretar a revelia do réu, nomeando-lhe defensor para apresentar a defesa preliminar, com a devolução do prazo. Note-se que não deve haver efeitos jurídicos nocivos ao réu em razão do não atendimento ao chamado da justiça.

(2) **Citação por hora certa:** da mesma forma, o magistrado decretará a revelia, nomeando defensor para suprir a omissão, com a devolução do prazo.

(3) **Citação por edital:** deve o magistrado, caso o réu não compareça e nem constitua advogado, suspender o processo e o prazo prescricional (art. 366, CPP). A prescrição deve ficar suspensa tomando-se como base o tempo abstratamente fixado para a infração (art. 109, CP). Não é outro o entendimento do STJ, consolidado no verbete nº 415, de sua Súmula, ao assentar que o período de suspensão do prazo prescricional é regulado pelo máximo

da pena cominada. Superado o lapso e mantida a ausência do réu, o processo continuará suspenso, mas o prazo prescricional volta a tramitar regularmente. Se o réu comparece, o processo seguirá o curso regular (art. 363, § 4º, CPP).

O STF, contudo, trilhou entendimento inverso, ao argumento de que o processo e o lapso prescricional ficariam suspensos indefinidamente, até o comparecimento do imputado. Desta forma, a volta da contagem do prazo prescricional estaria condicionada a evento futuro e incerto (comparecimento do réu), o que não significaria, sob esse ponto de vista, imprescritibilidade[7].

Por sua vez, durante a suspensão, admite-se a produção de provas consideradas urgentes, notadamente quando exista iminência de perecimento ou desaparecimento da prova pretendida (art. 225 do CPP). Para o STJ, no enunciado nº 455, de sua Súmula, a decisão que determina a produção antecipada de provas com base no art. 366 do CPP deve ser concretamente fundamentada, não a justificando unicamente o mero decurso do tempo. A decisão que autoriza ou denega a antecipação comporta **correição parcial**, sem prejuízo do manejo do mandado de segurança ou do *habeas corpus*, conforme a interesse desatendido seja da acusação ou da defesa.

8. CONTEÚDO DA RESPOSTA PRELIMINAR À ACUSAÇÃO

O recebimento da petição acusatória é causa interruptiva da prescrição.

Ele demarcará o começo de uma fase preliminar de defesa, a partir da citação do acusado para apresentar resposta, no bojo da qual poderá arguir preliminares e alegar tudo o que interessar à sua defesa, oferecer documentos e justificações, especificar as provas pretendidas e arrolar testemunhas, qualificando-as e requerendo sua intimação quando necessário (art. 396-A, CPP). Se o réu excepcionar (por meio de exceção de incompetência, de suspeição etc.), o incidente deve ser processado em apartado na forma dos artigos 95 a 112, do Código.

A resposta à inicial acusatória é peça obrigatória, essencial. Não pode deixar de ser oferecida. A teor do § 2º, do art. 396-A, CPP, se a resposta preliminar à acusação não for apresentada no prazo legal, ou se o acusado, citado, não constituir defensor, o juiz nomeará defensor para oferecê-la, concedendo-lhe vista dos autos por dez dias.

Como o juiz tem autorizativo legal expresso para julgar antecipadamente o mérito penal quando comprovada situação fática ou jurídica que autorize provimento que afaste o pedido condenatório (art. 397, CPP), pode-se concluir que a resposta preliminar à acusação deve suscitar todas as questões processuais tendentes à extinção do processo sem resolução do mérito, bem como argumentos de mérito que possam conduzir o julgador a absolver sumariamente o acusado ou a extinguir sua punibilidade

Na resposta preliminar à acusação, o acusado tem a faculdade de arrolar testemunhas. Trata-se do direito subjetivo à prova – indeclinável prerrogativa jurídica – que tem a pessoa que resiste à pretensão condenatória. Não é lícito ao juiz indeferir a prova testemunhal de

7. STF – RE 460971/RS – Rel. Min. Sepúlveda Pertence – 13 fev. 2007; STJ – Quinta Turma – RHC 38.984/RJ – Rel. Min. Reynaldo Soares da Fonseca – DJe 22 jun. 2016.

antemão, sob o argumento de que as testemunhas nada sabem sobre o fato, mas apenas sobre a pessoa do imputado.

Ainda que sejam testemunhas abonatórias, de beatificação, o réu tem direito à produção da prova. É indevido, destarte, o indeferimento de testemunhas arroladas na fase de defesa prévia, de acordo com o entendimento do STF. É desprovido de validade o argumento de que o requerimento seria protelatório, haja vista que as testemunhas não teriam, em tese, vinculação com os fatos criminosos imputados aos pacientes[8].

A defesa tem a possibilidade de investir na apresentação de todos os argumentos fáticos e jurídicos que militam em favor do imputado, na expectativa de convencer o magistrado, *ab initio*, que a lide deve chegar ao fim, com resolução do mérito, num julgamento antecipado favorável à defesa. Os cuidados precisam ser redobrados, pois caso o magistrado não se convença acerca da viabilidade da absolvição sumária, o processo deverá prosseguir.

Note-se que, em tal hipótese, o fator surpresa poderá ter se perdido, pois a acusação já conhecerá as teses que serão levantadas ao longo da instrução, porque antecipadas na defesa preliminar. Acreditamos, portanto, como já assentado, que a apresentação da defesa preliminar é obrigatória, contudo, a profundidade e a abrangência do seu conteúdo serão definidas estrategicamente pelo defensor, e nada impede, a depender da conveniência do caso concreto, que ele opte por ofertar uma peça evasiva, superficial, não havendo de se falar em prejuízo para a defesa caso os argumentos à disposição somente possam ser acolhidos após à instrução, a exemplo da alegação de insuficiência de provas.

9. POSSIBILIDADE DE ABSOLVIÇÃO SUMÁRIA

No procedimento comum ordinário, não há previsão para apresentação de réplica pelo Ministério Público.

Esse cânone é restrito à primeira fase do rito do júri, nos termos do § 2º, do art. 409, do CPP.

A distinção deve-se à ideia de que o acusado fala por último, antes do juiz sentenciar. Assim, podemos diferenciar:

(1) no procedimento especial do júri, o momento da absolvição sumária, do art. 415, é posterior à audiência de instrução, do art. 411, § 4º, do CPP. Garante-se que a defesa fale por último quando dos debates que encerram o juízo da instrução preliminar, seguidos por uma das decisões possíveis (absolvição sumária, impronúncia, desclassificação ou pronúncia); e

(2) no procedimento comum, o momento da absolvição sumária, do art. 397, vem antes da audiência de instrução e julgamento, do art. 400, do CPP. Assegura-se que a defesa se manifeste por derradeiro, com a apresentação da resposta preliminar à acusação do art. 396-A, porquanto é este o último ato, relativamente à eventual sentença de absolvição sumária.

Com a resposta à acusação e devidamente cumpridas as providências exigidas, abre-se a oportunidade para que o juiz **absolva sumariamente** o acusado, com base no art. 397, do CPP, restando consagrado o julgamento antecipado do mérito penal com fundamento:

8. STF – Segunda Turma – HC 155.363/RJ, rel. Min. Dias Toffoli, julgamento em 8 mai. 2018.

(1) na existência manifesta de causa excludente da ilicitude do fato;

(2) na existência manifesta de causa excludente da culpabilidade do agente, salvo inimputabilidade;

(3) no fato narrado, evidentemente, não constituir crime; ou

(4) na extinção da punibilidade do agente.

Quanto a essa última causa de "absolvição sumária", do art. 397, estampada no seu inciso IV, devemos observar que, na verdade, o que se tem é motivo diverso do absolutório. Aliás, sempre foi possível o reconhecimento, a qualquer tempo, de causa extintiva de punibilidade (art. 107, CPP), inclusive de ofício (art. 61, CPP).

No nosso sistema, extinção da punibilidade desafia recurso em sentido estrito, enquanto absolvição é fustigada por apelo. Não se confundem, portanto, os casos absolutórios com o último, extintivo da punibilidade. Entendemos que houve lapso legislativo, no ponto.

Como se infere, para a prolação de um dos provimentos do art. 397, do CPP, que abrevia sobremodo o rito processual penal, é necessário **juízo de certeza**.

Admite-se, nesses termos, **julgamento antecipado do mérito penal**. Porém, deve estar presente, de forma irrefutável, excludente de tipicidade, de ilicitude ou culpabilidade, ressalvada a inimputabilidade. Neste último caso, o processo deve seguir o seu curso regular até a sentença final, podendo desaguar em absolvição imprópria.

10. AUDIÊNCIA DE INSTRUÇÃO E JULGAMENTO

Não sendo o caso de rejeição da denúncia ou da queixa ou, ainda, de julgamento antecipado da causa penal, o juiz designará audiência de instrução e julgamento. Consiste em audiência única, sufragando o princípio da **concentração dos atos processuais**. Em que pese ser una, é possível admitir o seu desmembramento, se excessivo o número de atos ao ponto de inviabilizar sua produção em um mesmo dia.

Não há previsão expressa para a incidência de técnicas do que denominamos de **procedimentos nos espaços de consenso**, no processo penal. Porém, é perfeitamente possível, por exemplo, que o rito seja sustado, por meio de proposta de **suspensão condicional do processo**, ofertada pelo Ministério Público, nos termos do art. 89, da Lei nº 9.099/1995.

Chamada de *sursis* processual, a suspensão condicional do processo terá cabimento para os casos de processo com imputação cuja **pena mínima** abstrata não exceda **um ano**. Se aceita pelo acusado e homologada pelo juiz, o processo não seguirá adiante. O seu aceite tem lugar antes da produção da prova, quando da abertura audiência de instrução. No entanto, pensamos não haver ilegalidade que se tome a aceitação do réu após toda a prova produzida, quando haverá condições de aquilatar, por exemplo, a possibilidade de absolvição, que é mais favorável que a aceitação daquele *sursis*.

Malgrado o art. 399, do CPP, seja iniciado pela menção recebida a denúncia ou queixa, o juiz designará dia e hora para a audiência, frisamos que não se cuida de dois recebimentos da inicial acusatória. O seu recebimento deve ocorrer na forma entabulada no art. 396, do

CPP, eis que preconiza que a citação, para responder a ação penal, ocorrerá somente se o juiz receber a petição acusatória.

O juiz designará dia e hora para a audiência, ordenando a intimação do acusado, de seu defensor, do Ministério Público e, se for o caso, do querelante e do assistente. Evidentemente, as testemunhas arroladas devem ser intimadas e, as enumeradas na resposta à acusação, também, quando requerida intimação. Cuidando-se de acusado preso, será ele requisitado para comparecer ao interrogatório, devendo o poder público providenciar sua apresentação.

O procedimento comum ordinário é ainda informado pelos princípios da **economia processual** e da **celeridade**, que se fundamentam no princípio da **razoável duração do processo**. Logicamente que diligências indispensáveis, em casos de maior complexidade, podem demandar mais tempo e dificultar o atendimento integral a esses ditames. Contudo, o mais relevante é existir uma disciplina capaz de se ajustar a uma realidade de um processo penal mais justo e efetivo, tomando como vetor maior a tutela dos direitos fundamentais do imputado.

Em suma, esses princípios devem ser aplicados em função da contenção do arbítrio de poder. Não deve se aplicar a celeridade para atropelar o devido processo legal, nem se deve invocar a razoável duração do processo para aplicar pena de forma açodada, sem observância das formas constitucionais e legais. O que não se quer é um processo criminal que se arraste anos a fio, eternizando o constrangimento e a ofensa da dignidade da pessoa acusada.

11. PRAZO PARA REALIZAÇÃO DA AUDIÊNCIA DE INSTRUÇÃO E JULGAMENTO NO PROCEDIMENTO COMUM ORDINÁRIO

Nessa esteira, o art. 400, do CPP, aviva que a audiência de instrução e julgamento, no rito comum ordinário, deve ser realizada no prazo máximo de **sessenta dias**.

Há divergências sobre o termo a partir do qual deve fluir esse lapso.

Pensamos que tal prazo deve correr a partir da data da decisão que delibera negativamente sobre hipóteses de absolvição sumária. Segue-se critério tópico-cronológico, de acordo com a ordem dos artigos do Código, eis que a menção aos sessenta dias, do citado art. 400, só é feita após a fase preliminar de absolvição sumária gizada no art. 397, do CPP, e após o dispositivo que trata da designação de audiência (art. 399, CPP).

É indiferente se o réu está preso ou solto. O desatendimento ao prazo, sem que haja motivo relevante que justifique a demora, com verdadeira falta de razoabilidade, leva ao reconhecimento de que a prisão cautelar eventualmente existente deve ser reconhecida como ilegal, o que deve imprimir o seu relaxamento.

De outro lado, nos termos do parágrafo único, do art. 316, do CPP, com redação conferida pela Lei nº 13.964/2019, temos mais um parâmetro de controle dos processos com réu preso: uma vez decretada a prisão preventiva, deverá o órgão emissor da decisão revisar a necessidade de sua manutenção a cada **noventa dias**, mediante decisão fundamentada, de ofício, sob pena de tornar a prisão ilegal.

Daí que, teremos uma das duas possibilidades que conduzem à ilegalidade da prisão preventiva no curso do procedimento comum ordinário. A primeira, se ultrapassados os sessenta dias sem a realização da audiência de instrução e julgamento, contados da fase do art. 397, do CPP. A segunda, se excedido o prazo de noventa dias da prisão preventiva, sem justificativa judicial fundamentada acerca da subsistência de sua necessidade.

12. PRODUÇÃO DA PROVA NA AUDIÊNCIA DE INSTRUÇÃO E JULGAMENTO

É na audiência de instrução e julgamento que haverá a **produção de provas**, sob contraditório.

O CPP contempla o princípio da **identidade física do juiz** no direito processual penal brasileiro, relativamente ao juiz da instrução. No tocante ao juiz das garantias, a regra é a de que esteja impedido de julgar (art. 3º-D, CPP).

Sem que haja ofensa a esse princípio, é possível a realização de atos por precatória, como a oitiva de testemunhas, e o próprio interrogatório do réu, para não inviabilizar, em algumas situações, a própria instrução. Entretanto, como o interrogatório é ato eminentemente de defesa, tendo sido deslocado para o final da instrução, ao ser realizado por precatória, o adequado é que a audiência de instrução já tenha sido realizada, até para que o réu tenha conhecimento do manancial probatório que foi produzido em audiência.

Assim é o entendimento de Luiz Flávio Gomes, Rogério Sanches e Ronaldo Batista, ao afirmarem que "o juízo deprecante deve se empenhar no sentido de que a audiência de instrução seja realizada antes do interrogatório do acusado, informando, inclusive, sua data ao juízo deprecado, para que esse, de sua parte, vele para que o ato ocorra após a audiência". Nessa hipótese, a sentença não será exarada em audiência, pois "a carta precatória, a essa altura, ainda não terá sido devolvida, cumprindo ao juiz, por consequência, aplicar o art. 403, § 4º, juntando-se os memoriais das partes e proferindo-se a sentença. Só assim, a nosso juízo, se atenderá a *ratio legis*"[9].

O princípio da **imediação** ou da **imediatidade**, na lição de Décio Alonso Gomes, expressa "a ideia de ausência de permeio ou de interferência, proximidade ou contiguidade a algo". De outro prisma, a imediação é "mecanismo, instrumento ou princípio em virtude do qual se procura assegurar que o juiz ou tribunal esteja em permanente contato – relação próxima intelectiva – com as alegações das partes e os apontamentos e gestões probatórios", assegurando controle do conhecimento do material da causa na formação do convencimento judicial[10].

A regra de que o processo somente seja julgado pelo juiz que conduziu a instrução, só pode ser excepcionada quando de afastamentos legais duradouros, a exemplo da aposentadoria e licenças para tratamento de saúde deferidas por longo período. Sendo o caso de afastamento temporário e de curta duração do magistrado, não estará configurada situação apta a obrigar que o juiz que o substituiu nesse interregno profira a sentença.

9. GOMES, Luiz Flávio; CUNHA, Rogério Sanches; PINTO, Ronaldo Batista Pinto. *Comentários às reformas do Código de Processo Penal e da Lei de Trânsito*. São Paulo: RT, 2008.
10. GOMES, Décio Alonso. *Prova e imediação no processo penal*. Salvador: Juspodivm, 2016. p.40.

Por fim, o § 2º, do art. 399, do CPP, estampa que o juiz que presidiu a instrução deverá proferir a sentença. Supremo Tribunal Federal[11] e Superior Tribunal de Justiça[12] têm relativizado o princípio da identidade física do juiz, dizendo-o não absoluto e dependente de comprovação de prejuízo à parte para, se reconhecida a **nulidade relativa**, possibilitar o decreto de **invalidação** da sentença.

13. DECLARAÇÕES DO OFENDIDO

Na presença do juiz, serão tomadas as **declarações do ofendido**. O Ministério Público e o defensor também poderão reperguntar, e o farão diretamente, em analogia ao que ocorre com as testemunhas (art. 212, CPP). Se o ofendido não comparecer à audiência, tendo sido regularmente notificado para tanto, poderá ser conduzido coercitivamente. Tratando-se de crime de iniciativa privada, o não comparecimento injustificado implica perempção (art. 60, III, CPP).

Deve-se buscar, seja antes ou durante a audiência, assegurar ao ofendido um espaço reservado, para que não tenha contato com o réu, familiares deste, ou testemunhas de acusação (art. 201, § 4º, CPP). Certamente, uma previsão salutar, mas de difícil implementação, notadamente nos fóruns de estrutura mais humilde.

Se durante a audiência, o ofendido se sentir intimidado, insultado ou humilhado com a presença do réu, o que deve ser devidamente demonstrado através de elementos concretos, e não meras especulações, especificando-se no termo de audiência, poderá ser admitida a utilização de videoconferência, e o réu assistirá ao ato em outro ambiente.

Não havendo aparato tecnológico disponível, o imputado será retirado da sala, permanecendo o seu advogado ou defensor (art. 217, CPP). Se houver sala paralela, com videoconferência, preferível será que o ofendido se retire da sala e, por intermédio dessa tecnologia, seja ouvido, preservando-se a ampla defesa em seu sentido mais forte.

14. TESTEMUNHAS

Em seguida, serão tomados, na audiência de instrução e julgamento, os **depoimentos das testemunhas** arroladas pela acusação e pela defesa, nesta ordem, ressalvada possibilidade de oitiva posterior de depoente que não se fizer presente oportunamente ou que dependa de emissão de carta precatória, com oitiva perante outro juízo.

As testemunhas, no procedimento comum ordinário, são em **número de oito**, para cada réu e para cada infração imputada, não se compreendendo, nesse cômputo, as que não prestem compromisso e as referidas.

No que tange às testemunhas arroladas pela acusação, nos termos do art. 41, CPP, devem elas constar da denúncia ou da queixa. No número máximo de oito testemunhas não estão compreendidas as que não prestaram compromisso e as referidas. Daí que seria possível, em tese, que o juiz deliberasse por ouvir outras pessoas não arroladas na peça

11. STF – Primeira Turma – HC 133493 AgR – Rel. Min. Rosa Weber – publicado em 12 set. 2019.
12. STJ – Quinta Turma – EDcl no AgRg no AREsp 1433243/RS – Rel. Min. Reynaldo Soares da Fonseca – DJe 19 dez. 2019.

acusatória ou na defesa preliminar, desde que a omissão tivesse sido justificada. Em complemento, a parte poderá desistir da inquirição de qualquer das testemunhas arroladas, sendo adequado que a parte contrária seja ouvida acerca da dispensa, embora a lei não preveja como obrigatório.

A legislação preconiza que o juiz pode entender pela oitiva de testemunhas dispensadas ou referidas, isto é, o magistrado poderia ouvir pessoas além das indicadas pelas partes, como descrito no parágrafo anterior, a exemplo das pessoas aludidas por outra testemunha durante o seu depoimento. Entretanto, ao deliberar por ouvir testemunha que não é mais do interesse da parte, o juiz estará adotando comportamento **vedado** pela **estrutura acusatória**, qual seja, a substituição da atuação probatória do órgão de acusação (art. 3º-A, CPP).

15. MÉTODO PARA INQUIRIÇÃO DAS TESTEMUNHAS

Não sendo encontrada alguma testemunha, poderá ser deferida sua substituição, desde que não tenha havido má-fé da parte que a arrolou.

Em que pese a revogação da antiga redação do art. 405 do CPP, que autorizava a substituição da testemunha não encontrada no prazo de três dias da ciência da parte, entendemos que continua sendo possível a troca, mesmo sem previsão legal, e uma vez intimada a parte que a testemunha por ela arrolada não foi encontrada, ela deve trazer para a audiência, independente de qualquer formalidade, a testemunha em substituição à antiga.

Havendo testemunha residente em município não abrangido pela jurisdição onde tramita o processo, será expedida carta precatória com a finalidade de ouvi-la. A tomada dos depoimentos deve ser cercada dos cuidados necessários para que uma testemunha não ouça o depoimento da outra.

A acusação e o defensor poderão reperguntar, diretamente, seguindo-se o sistema do exame direto e cruzado, isto é, *direct examination* e *cross-examination*. Foi abandonado o antigo sistema presidencialista de inquirição, apenas vigente, mitigada e parcialmente, no procedimento do júri.

O magistrado somente intervirá no depoimento da testemunha por último, preservando-se a estrutura acusatória, cabendo a ele, apenas, a complementação da inquirição sobre o que não tiver sido elucidado. Não é demais lembrar, nessa toada, que é a ele vedado substituir o órgão da acusação na produção da prova, consoante dita o art. 3º-A, do CPP[13], na redação da Lei nº 13.964/2019, na trilha da Constituição de 1988.

Ademais, o parágrafo único, do art. 212, do CPP é explícito ao gizar que sobre os pontos não esclarecidos, o juiz poderá complementar a inquirição, enquanto o seu *caput* estatui que as perguntas serão formuladas pelas partes diretamente à testemunha. Nada impede, contudo, que o magistrado indefira uma repergunta, registrando-se no termo de audiência o fato, desde que possa induzir a resposta, sendo flagrantemente tendenciosa, impertinente ou que simbolize a mera repetição de uma outra já respondida.

13. Dispositivo com eficácia suspensa, nos termos de decisão monocrática do Supremo Tribunal Federal (STF – ADI 6298/DF – Medida Cautelar – Rel. Min. Luiz Fux – 22 jan. 2020).

A oitiva das testemunhas arroladas pela acusação precede à das testemunhas arroladas pela defesa. Caso ocorra inversão dessa ordem de oitiva ou do procedimento de inquirição, haverá **nulidade absoluta** do ato probatório, com a sua consequente **invalidação**, diante da ofensa ao princípio acusatório e da necessidade de se preservar a imparcialidade do juízo. O STF, todavia, cuida de tal vício como **nulidade relativa**[14].

16. ESCLARECIMENTOS DOS PERITOS, RECONHECIMENTO DE PESSOAS E ACAREAÇÕES

Na sequência, serão procedidos os esclarecimentos dos peritos. Tal prova dependerá de prévio requerimento das partes, nos termos do art. 400, § 2º, do CPP. De igual maneira, as acareações e o reconhecimento de pessoas e coisas (art. 226 e seguintes, CPP), sendo vedada realização de improviso, com surpresa à defesa do réu.

Durante a produção de toda prova oral, fica garantido o acompanhamento do ato processual pelo acusado e seu defensor, assegurando-se o direito ao contraditório e à defesa ampla, nos termos do § 9º, do art. 185, CPP, e da Constituição do Brasil.

Os peritos podem apresentar os esclarecimentos em laudo complementar, e, também, poderão ser ouvidos os assistentes técnicos.

17. INTERROGATÓRIO DO ACUSADO

Por derradeiro, o acusado será interrogado. Percebe-se, portanto, que o interrogatório foi deslocado para o final da instrução, e o réu irá prestar suas declarações após ter contato com todo o manancial probatório produzido em audiência, tendo maiores elementos para exercer a sua autodefesa, ou valer-se, em sendo o caso, do direito ao silêncio.

O interrogatório é constituído de duas etapas: a primeira sobre a pessoa e a segunda sobre os fatos imputados. Pressupõe-se, para tanto, que não haja dúvida acerca de sua identidade.

A propósito, o enunciado nº 522, da Súmula, do STJ, assentou que a conduta de atribuir-se falsa identidade perante autoridade policial é típica, ainda que em situação de alegada autodefesa. A Súmula refere à apresentação de identidade falsa no curso do inquérito policial. No entanto, é possível sustentar sua incidência no curso de outros procedimentos criminais, inclusive perante autoridade judicial.

Sem embargo, discordamos do entendimento sumular, mormente quando caracterizado o interrogatório como meio de defesa. De tal modo, pensamos ser atípico o fato de atribuir-se falsa identidade quando realizado pelo sujeito passivo da persecução penal, com esteio também no princípio de que ninguém pode ser compelido a se autoincriminar.

Em caso de processo penal em que figure acusado, vítima ou réu, colaboradores ou testemunhas protegidas pela Lei nº 9.807/1999, além de ser assegurada a prioridade na sua instrução, o juiz tomará antecipadamente o depoimento das pessoas, salvo impossibilidade

14. STF – Primeira Turma – HC 113706 – Rel. Min. Marco Aurélio – publicado em 27 nov. 2017.

justificada de fazê-lo. É o que dispõe o art. 19-A, daquele diploma legal, aplicável a qualquer rito criminal.

Sobre o interrogatório, depoimentos de testemunhas, declarações do ofendido e participação de pessoas em atos processuais, é relevante chamar a atenção para a possibilidade de sua realização por **videoconferência** ou por tecnologia similar em todos os procedimentos, nos estritos casos do § 2º, do art. 185, do Código, que ordena sua excepcionalidade. Quanto aos apenados incluídos em regime disciplinar diferenciado, a regra se inverte: o inciso VII, do art. 52, da LEP, acrescentado pela Lei nº 13.964/2019, prevê a inquirição deles, por videoconferência, como preferencial. Uma vez que o juiz decida por determinar a realização de interrogatório por videoconferência, as partes devem ser intimadas com dez dias de antecedência.

O acusado terá direito a ser entrevistado reservada e previamente com o seu defensor. O § 5º, do art. 185, estatui que sejam garantidos canais telefônicos reservados para comunicação do réu com seu defensor quando do interrogatório por videoconferência, haja vista que o réu estará em sala apropriada do presídio e o seu defensor no fórum, perante o juiz. Tal sala, por sua vez, será reservada no estabelecimento prisional para a realização de atos processuais por sistema de videoconferência, devendo ser fiscalizada pelos corregedores e pelo juiz de cada causa, como também pelo Ministério Público e pela Ordem dos Advogados do Brasil (§ 6º, art. 185, CPP).

Importante ainda frisar que o § 10, do mencionado art. 185, do CPP, estabelece regra dirigida ao juiz para que, quando do interrogatório do acusado, faça constar a informação sobre a **existência de filhos**, respectivas idades e se possuem alguma deficiência e o nome e o contato de eventual responsável pelos cuidados dos filhos, indicado pela pessoa presa. É providência acauteladora que objetiva não só individualizar a pena de melhor forma, mas também evitar danos ao filho na fase da primeira infância ou com deficiência, em virtude da limitação da liberdade imposta ao seu responsável ou genitor.

18. INCONSTITUCIONALIDADE DA TOMADA ISOLADA DO INTERROGATÓRIO DE CORRÉU

O art. 191, do CPP, prevê que o interrogatório de um réu não seja assistido pelo outro nos processos onde há mais de um acusado. É regra similar à oitiva de testemunhas, que ordena que uma pessoa não ouça as declarações da outra. Cuida-se de regra antiga, contemporânea ao tempo que o interrogatório era o primeiro meio de prova colhido no curso do processo.

Entendemos ser inconstitucional esse dispositivo.

Em trabalho que escrevemos com Lincoln Pinheiro Costa, anotamos que acusado que estiver presente no interrogatório do corréu, terá melhores condições de se comunicar com seu advogado, a fim de que este possa intervir no interrogatório do outro. É expressão do direito à ampla defesa, caracterizado por ser o interrogatório o último ato processual, incompatível com sua tomada em segredo ou com o objetivo obsessivo de extrair verdades[15].

15. COSTA, Lincoln Pinheiro; ALENCAR, Rosmar Rodrigues. Presença do acusado durante o interrogatório de corréu: a (in) constitucionalidade do art. 191 do CPP. Revista da Escola Superior da Magistratura do Estado de Alagoas, Maceió/AL, n.2 (eletrônica), p.8, 2018.

19. OBSERVÂNCIA DA ORDEM DOS INTERROGATÓRIOS E DAS ALEGAÇÕES FINAIS NOS CASOS DE CORRÉU COLABORADOR

O réu deve falar por último. Essa regra deve se aplicar não apenas à apresentação de memoriais finais de defesa, mas também aos interrogatórios, considerando o princípio da defesa ampla.

Porém, como devemos fazer nas hipóteses em que um acusado suporta maior peso da acusação que outro? Podem existir acusados com maior carga de imputação que algum corréu no mesmo processo? Certamente!

Nos casos de colaboração premiada, enxergamos o colaborador como coadjuvante da acusação. Afrânio Silva Jardim bem observou que o réu colaborador atua como uma espécie de assistente do Ministério Público. Consiste em uma posição jurídica peculiar que pode conduzir a situações anômalas, não-isonômicas, no processo penal. Como explicar o jurista, podemos distinguir:

(1) no que se refere "ao conjunto das relações processuais que surgem da prática dos diversos atos processuais, o 'delator' assume a indiscutível posição de réu, com todos os direitos, deveres e ônus processuais"; e

(2) no que tange "à pretensão punitiva deduzida pelo autor, o 'delator' atuará como um assistente da acusação contra os demais corréus"[16].

O Supremo Tribunal Federal pontuou a questão, assegurando que as alegações do corréu delatado devem ser apresentadas ao final. Isso porque o direito de a defesa falar por último decorre do sistema normativo. De outro enfoque, a inversão processual que prestigia a manifestação de réus colaboradores por último ou de forma simultânea, causa grave prejuízo ao delatado, haja vista que ele fica impedido de se manifestar para alijar os argumentos eventualmente incriminatórios. Como não há dispositivo processual expresso, os réus colaboradores não podem se manifestar por derradeiro, em face da carga acusatória de suas informações, sob pena de nulidade[17].

20. PROCEDIMENTO DO INTERROGATÓRIO DO ACUSADO

Tratando-se do interrogatório do acusado preso, admite-se a realização do ato no estabelecimento prisional onde estiver recolhido, com as cautelas atinentes à segurança das pessoas que participem da audiência, publicidade do ato, além da presença do defensor.

O acusado, além do seu direito de silenciar, tem a faculdade de não comparecer ao ato de interrogatório. É inconstitucional a condução coercitiva para o interrogatório do acusado, como assentado em julgamento de ações de arguição de preceito fundamental, recaindo sobre o art. 260, do CPP, de forma parcial[18].

16. JARDIM, Afrânio Silva. Réu delator funciona como espécie de assistente de acusação trazido pelo MP. *Conjur*. Disponível em: <https://www.conjur.com.br/2019-set-02/afranio-silva-jardim-reu-delator-atua-assistente-acusacao>. Acesso em: 16 jan. 2020.
17. STF – Segunda Turma – HC 157627 AgR/PR – Rel. orig. Min. Edson Fachin – red. p/ o ac. Min. Ricardo Lewandowski, julgamento em 27 ago. 2019.
18. STF – Pleno – ADPF's 395/444-DF – Rel. Min. Gilmar Mendes – julgado em 13 e 14 jun. 2019.

O interrogatório está bem afirmado como **meio de defesa**. A ausência do réu ao ato não pode ser interpretada em seu prejuízo.

Se o interrogatório for antecipado em relação ao seu momento de realização, haverá violação grave ao procedimento e ao princípio da ampla defesa. Isso tem sido aplicado não somente ao rito comum, mas aos procedimentos especiais: embora haja divergências, podemos dizer que o interrogatório deve ser realizado por último, em todos os procedimentos[19]. Haverá **nulidade absoluta** e o ato deverá ser objeto de **invalidação**, por violação ao princípio constitucional da defesa ampla. No entanto, os tribunais seguem considerando **nulidade relativa** essa inversão, na senda do baixo controle dos atos viciados no processo penal[20].

21. REQUERIMENTO DE DILIGÊNCIAS

Encerrada a produção probatória ao final da audiência de instrução e julgamento, do rito comum ordinário, o Ministério Público, o querelante e o assistente e, a seguir, o acusado poderão requerer diligências cuja necessidade se origine de circunstâncias ou fatos apurados na instrução, na forma do art. 402, do CPP.

Deve-se ter em mente que esta etapa da audiência é verdadeiramente complementar, viabilizando-se o pleito de diligências de caráter probatório, até então não cogitadas pelas partes, e que vão se destinar ao esclarecimento de fato que se deseja comprovar, já que tais circunstâncias afloram do manancial probatório que acaba de ser produzido. Se a diligência já poderia ter sido requerida, e não o foi por displicência da parte, não deve ser deferida.

22. DEBATES OU ALEGAÇÕES FINAIS ESCRITAS

Caso não haja pedido de diligências, ou sendo indeferido pelo juiz, serão abertos os debates, com o oferecimento de alegações finais orais por vinte minutos, respectivamente, pela acusação e pela defesa, prorrogáveis por mais dez. Esse tempo será individual para cada acusado na hipótese de mais de um único réu. Havendo assistente do Ministério Público, serão concedidos, àquele, dez minutos logo em seguida ao pronunciamento do *Parquet*, prorrogando-se por igual período o tempo de manifestação da defesa, *ex vi* do art. 403, § 2º, CPP.

Entrementes, o magistrado poderá, considerada a complexidade do caso ou o número de acusados, conceder às partes o prazo de cinco dias sucessivamente para a apresentação de memoriais, caso em que não proferirá sentença em audiência, mas dentro do prazo de dez dias (art. 403, § 3º, CPP). As alegações escritas passam a ser exceção, já que a regra são os debates orais em audiência, que materializam a sustentação final das partes.

A regra não deve ser transformada em exceção.

A mera conveniência das partes, ou a expectativa de economia de tempo, não deve lastrear a substituição dos debates por memoriais, já que a própria lei assegura em

19. STF – Pleno – HC 127900 – Rel. Min. Dias Toffoli, j. 03 mar. 2016.
20. STJ – Quinta Turma – HC 466.410/SP – Rel. Min. Ribeiro Dantas – DJe 15 out. 2018.

que casos isso é possível. Procedendo desta forma, o magistrado estará tumultuando arbitrariamente o andamento procedimental, ensejando correição parcial. Advirta-se, entretanto, que o STJ, em outros procedimentos que contemplam sustentação oral, já entendeu que a substituição por memoriais, com aquiescências das partes, não enseja qualquer nulidade[21].

Outrossim, a teor do art. 404 e parágrafo único, do CPP, caso o juiz ordene diligência considerada imprescindível, de ofício ou a requerimento da parte, a audiência será concluída sem os debates orais. Realizada, em seguida, a diligência determinada, as partes apresentarão, no prazo sucessivo de **cinco dias**, suas alegações finais, por memorial, e, no prazo de dez dias, o juiz proferirá a sentença.

Havendo pluralidade de réus, é preciso distinguir:

(1) o Código assegura prazo sucessivo às partes, isto é, primeiro a acusação, depois a defesa. Não há previsão legal de prazo relativamente a cada réu, razão pela qual o prazo, relativamente aos acusados é comum, como regra, permanecendo os autos disponíveis a todos, na secretaria do juízo. Se o processo for eletrônico, essa disponibilidade será atendida facilmente;

(2) havendo acusado colaborador, ao lado de outro delatado, o prazo deve ser sucessivo, assegurando ao último falar por último, em respeito à ampla defesa, como estudamos supra[22].

Toda audiência deve ser registrada, com lavratura de ata ou termo. É a documentação do ato.

Nesse sentido, o CPP, em seu art. 405 e parágrafos, assenta que, do ocorrido em audiência, será lavrado termo em livro próprio, assinado pelo juiz e pelas partes, contendo breve resumo dos fatos relevantes nela ocorridos. A seu turno, pensando na evolução dos sistemas de tecnologia, o registro dos depoimentos do investigado, indiciado, ofendido e testemunhas será feito, sempre que possível, pelos meios ou recursos de gravação magnética, estenotipia, digital ou técnica similar, inclusive audiovisual, destinada a obter maior fidelidade das informações, cumprindo consignar que no caso de registro por meio audiovisual, será encaminhado às partes cópia do registro original, sem necessidade de transcrição.

23. OMISSÃO DE APRESENTAÇÃO DE ALEGAÇÕES FINAIS ESCRITAS OU MEMORIAIS

Caso a acusação seja omissa em apresentar o memorial, teremos consequências diversas, a depender da titularidade da ação.

21. STJ – Quinta Turma –HC 418.911/SP – Rel. Min. Ribeiro Dantas – DJe 14 dez. 2017.
22. STF – Segunda Turma – HC 157627 AgR/PR – Rel. orig. Min. Edson Fachin – red. p/ o ac. Min. Ricardo Lewandowski, julgamento em 27 ago. 2019.

(1) Nas **ações penais públicas**, a omissão do MP equivaleria, indiretamente, a uma desistência da ação. Como isso não pode ocorrer, deve o magistrado encaminhar os autos à instância revisional do Ministério Público, para que supra a omissão, aplicando por analogia, no que couber, o art. 28, *caput*[23], do CPP, na redação dada pela Lei nº 13.964/2019.

(2) Nas **ações penais privadas**, por sua vez, a não apresentação de memorial vai implicar desídia do querelante, com a paralisação do processo pela pendência do ato, e a sanção é a declaração da perempção, o que vai desaguar na extinção da punibilidade (art. 60, I, CPP). Já se o querelante deixa de requerer a condenação nas alegações orais ou no memorial, dará causa, da mesma forma, à perempção (art. 60, III, CPP).

E se o querelante requerer, em alegações finais orais ou em memorial, a absolvição do réu?

Grosso modo, seria mais uma hipótese de perempção. Contudo, entendemos que o magistrado irá prosseguir com o processo, e vinculado ao desejo do titular da ação privada, deverá absolver o réu, pois para este é mais benéfica a sentença absolutória do que a decisão de extinção da punibilidade, principalmente quando levamos em conta as repercussões na esfera cível e na imagem do suposto infrator.

Na hipótese de não apresentação de memorial pelo defensor constituído pelo réu, o juiz deve notificá-lo para contratar outro advogado. Se a omissão persistir, nomeará defensor para a prática desse ato, intimando-se o réu e o seu defensor do respectivo despacho. Se a omissão é do advogado dativo, este será imediatamente substituído, devendo o magistrado oficiar à OAB, para que se inicie o devido procedimento sancionador. Já se a omissão é do defensor público, deve-se oficiar ao Defensor Público Geral.

24. SENTENÇA NO PROCEDIMENTO COMUM ORDINÁRIO

Seguidamente, o juiz proferirá sentença, em audiência, quando apresentadas razões finais orais. De outra banda, será prolatada a sentença em dez dias, se as alegações finais tiverem sido ofertadas na modalidade escrita. De acordo o § 3º, do art. 800, do CPP, o juiz pode exceder os prazos legais, por igual tempo, declarando motivo justo. No entanto, essa regra não pode se sobrepor aos casos de acusados presos que, diante da urgência, devem ser julgados prioritariamente.

25. SEQUÊNCIA

(1) remessa e distribuição do IP ao Ministério Público. O Juiz de Garantias exercerá o controle constitucional das garantias fundamentais, cuja salvaguarda esteja submetida à cláusula de reserva jurisdicional (art. 3º-B, CPP);

(2) oferecimento da inicial acusatória;

(3) recebimento ou rejeição da denúncia ou da queixa-crime;

23. Dispositivo com eficácia suspensa, nos termos de decisão monocrática do Supremo Tribunal Federal (STF – ADI 6298/DF – Medida Cautelar – Rel. Min. Luiz Fux – 22 jan. 2020).

(4) recebida a inicial, será determinada a citação do acusado para responder à demanda em 10 dias;

(5) resposta à acusação: em 10 dias. No caso de o acusado ser citado por edital, o prazo começa a fluir do seu comparecimento pessoal ou do seu defensor constituído, caso o prazo editalício transcorra *in albis*. Não comparecendo, nem constituindo defensor, suspende-se o processo e a prescrição. Se, citado por hora certa ou pessoalmente, não apresentar resposta, o juiz nomeará defensor para oferecê-la;

(6) possibilidade de absolvição sumária (julgamento antecipado do mérito), em razão da certeza quanto ao fato não constituir crime; presença de excludente de ilicitude, culpabilidade (salvo a inimputabilidade), e causa de extinção da punibilidade;

(7) audiência de instrução e julgamento, a ser realizada no prazo máximo de sessenta dias, quando devem estar concluídas as diligências requeridas pelas partes. Na audiência serão realizados os seguintes atos processuais, nesta ordem: declarações do ofendido; inquirição das testemunhas arroladas pela acusação e pela defesa; esclarecimentos dos peritos; acareações; reconhecimento de pessoas e coisas; interrogatório do acusado; requerimento de diligências (surgida a necessidade na audiência); alegações finais orais (debates), se não requeridas diligências ou se indeferidas; sentença;

(8) diligências (necessidade surgida na audiência, se deferidas, quando então os debates orais serão substituídos por memoriais);

(9) em situação de complexidade, ou pluralidade de réus, serão apresentados memoriais em cinco dias, a deferimento do magistrado;

(10) sendo apresentados memoriais, a sentença será prolatada em dez dias.

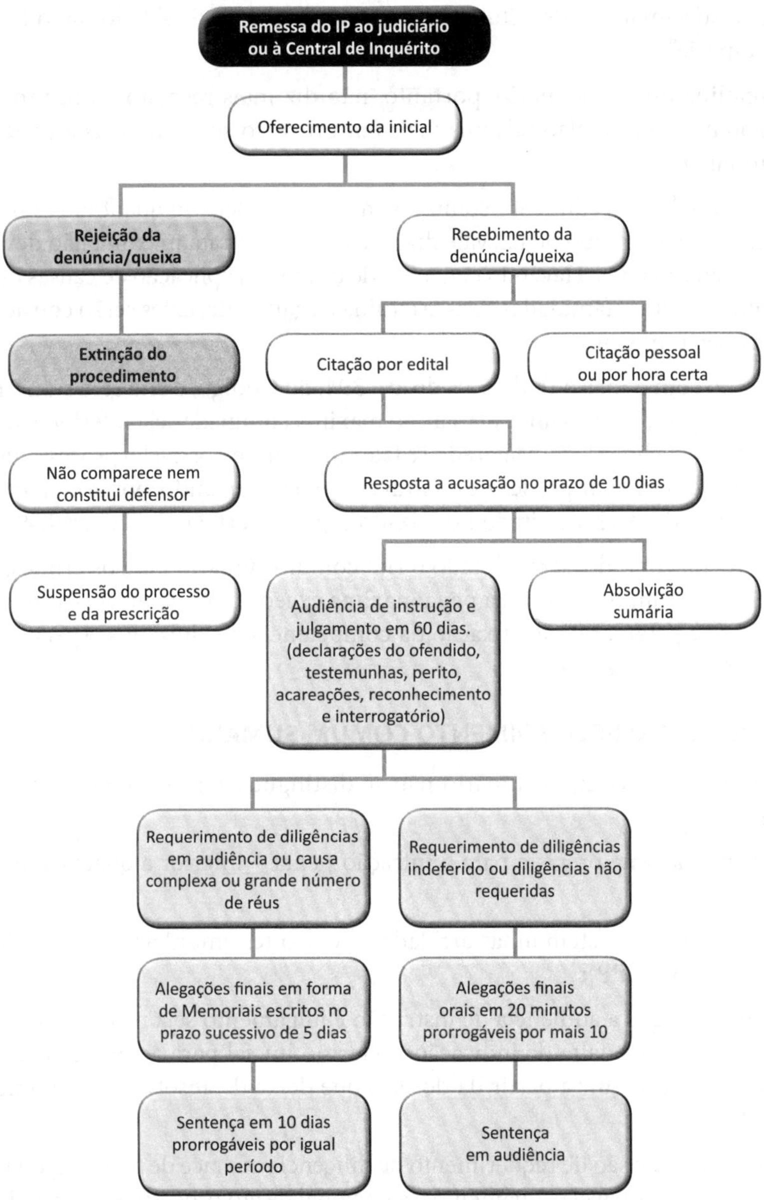

26. PROCEDIMENTO COMUM SUMÁRIO

O procedimento comum sumário tem, em sua maior parte, desenvolvimento idêntico ao ordinário. A sua previsão legal é esparsa, conforme menção nos artigos 394, § 1º, II, e § 5º, 396, *caput*, 531 e 533, do CPP.

A antiga expressão "processo sumário" refere-se aos arts. 531 a 536, do Código de Processo Penal, e está obsoleta. Isso porque a essa espécie de processo, na linguagem do Código, era uma das formas de "processo especial". Está, por isso, encartada no capítulo

V ("do processo sumário"), do Título II ("dos processos especiais"), do Livro II ("dos processos em espécie").

A disciplina do rito sumário, portanto, não diz mais respeito a um procedimento especial, porém comum. Não falamos mais em processo sumário, mas a **procedimento comum sumário**.

A aplicação do procedimento comum sumário se baseia no quantitativo máximo em tese estabelecido para o tipo penal, vale dizer, a sanção abstrata máxima não deve ser igual ou superior a quatro anos. Havendo concurso de crimes ou aplicação de causas de aumento de pena com base em quantidades fixas estatuídas legalmente, esses serão considerados no cômputo da pena máxima.

De acordo com o inciso II, do § 1º, do art. 394, do Código, o rito será sumário quando o processo tiver por objeto **crime** cuja sanção máxima cominada seja inferior a **quatro anos** de pena privativa de liberdade. Malgrado se fale em crime, é possível o processamento sob o procedimento sumário por prática de contravenção penal quando, por exemplo, o acusado não seja encontrado para ser citado no juizado especial (art. 66, da Lei nº 9.099/1995).

Como regra, contudo, será adotado o rito comum sumário para os crimes, apenados com detenção ou com reclusão cuja pena máxima exceda o limite de dois anos, eis que foi estabelecido este patamar para a fixação da competência dos juizados especiais criminais (procedimento sumaríssimo).

27. DISTINÇÕES DO PROCEDIMENTO COMUM SUMÁRIO

O procedimento comum sumário não se distingue substancialmente do ordinário, salvo quanto:

(1) à pena máxima prevista para a infração penal – inferior a quatro anos (art. 394, § 1º, II, CPP);

(2) ao número de testemunhas arroladas – cinco testemunhas para cada fato e para cada parte (art. 532, CPP);

(3) à regra de que a audiência de instrução e julgamento seja realizada no prazo máximo de trinta dias. Na falta de indicação do termo inicial para a contagem desse prazo, entendemos que deve fluir a partir da decisão que deixa de absolver sumariamente o réu (art. 531, CPP);

(4) à falta de previsão de requerimento de diligência em face de fato surgido na audiência. Não obstante, é possível o adiamento excepcional de ato processual quando imprescindível a prova faltante (art. 535, CPP). Por outro lado, se necessário alterar o procedimento para permitir atos similares ao do procedimento ordinário, deve o juiz, fundamentadamente, determinar a sua conversão (art. 534, *caput*, CPP); e

(5) à ausência de disposição prevendo apresentação de memoriais, sendo cogente a formulação de alegações finais na forma oral (debates), seguindo-se de sentença em audiência (art. 534, parágrafos, CPP).

Tirante essas diferenças, tudo que falamos sobre o procedimento comum ordinário é aplicável ao procedimento comum sumário.

28. FUNGIBILIDADE ENTRE O PROCEDIMENTO COMUM SUMÁRIO E O SUMARÍSSIMO

O art. 538, do CPP, explicita mais uma possibilidade de aplicação do rito sumário quando se está diante de infração de menor potencial ofensivo que, conforme o quantitativo máximo abstrato da pena cominada ao delito, seria passível do rito comum sumaríssimo (dos juizados especiais criminais).

Nos termos do aludido dispositivo legal, nas infrações penais de menor potencial ofensivo, quando o juizado especial criminal encaminhar ao juízo comum as peças existentes para a adoção de outro procedimento, observar-se-á o procedimento sumário.

O encaminhamento de peças do juizado especial criminal pode acontecer, notadamente, quando a complexidade da causa assim determinar, máxime quando o acusado não for encontrado para ser citado pessoalmente, eis que a citação editalícia não é compatível com o procedimento sumaríssimo dos juizados especiais criminais.

29. AUDIÊNCIA DE INSTRUÇÃO E JULGAMENTO NO PROCEDIMENTO COMUM SUMÁRIO

Na audiência de instrução e julgamento, a ser realizada no **prazo máximo de trinta dias**, proceder-se-á à tomada de declarações do ofendido, se possível, bem como à inquirição das testemunhas arroladas pela acusação e pela defesa, nesta ordem. Mesmo nas oitivas por carta precatória, o juízo deve observar o respeito a essa ordem, para não mitigar a eficácia da ampla defesa.

Poderão ser tomados esclarecimentos de peritos, bem como acareações.

Se requerido previamente, será admitido reconhecimento de pessoas e coisas. Indispensável observar, para tanto, as regras do Código (arts. 226 a 228, CPP).

Por último, será interrogado o acusado, finalizando a audiência com os debates.

Nessa audiência de instrução e julgamento, poderão ser inquiridas até cinco testemunhas arroladas pela acusação e cinco pela defesa (art. 532, CPP), relativamente a cada fato delituoso.

Não entra nesse cômputo o informante. Também não se inclui naquele a testemunha extranumerária, que seria a determinada pelo juiz. No entanto, ao magistrado é vedada atuação probatória substitutiva do órgão da acusação, a teor do art. 3º-A, do CPP[24], na dicção da Lei nº 13.964/2019. Logo, entendemos que não mais cabe ao juiz ordenar oitiva de depoentes não requerida pelas partes.

Nenhum ato será adiado, salvo quando imprescindível a prova faltante, determinando o juiz a condução coercitiva da testemunha que deva comparecer (art. 535, CPP), independentemente da suspensão da audiência, observada em qualquer caso a ordem legal da oitiva e os limites constitucionais. Vale dizer, em nenhuma hipótese será admitida a

24. Dispositivo com eficácia suspensa, nos termos de decisão monocrática do Supremo Tribunal Federal (STF – ADI 6298/DF – Medida Cautelar – Rel. Min. Luiz Fux – 22 jan. 2020).

condução coercitiva do acusado para seu interrogatório[25]. Compreendemos como inserida nessa vedação a condução coercitiva do réu para produção de prova que lhe desfavoreça.

Na audiência de instrução e julgamento, após a colheita das provas, serão oferecidas alegações finais orais, concedendo-se a palavra, respectivamente, à acusação e à defesa, pelo prazo de vinte minutos, prorrogáveis por mais dez, proferindo o juiz, a seguir, sentença. Caso haja mais de um acusado, o tempo previsto para a defesa de cada um será individual e, havendo assistente do Ministério Público, após a manifestação deste, serão concedidos dez minutos, prorrogando-se por igual período o tempo de manifestação da defesa.

Encerrados os debates, deve ser prolatada sentença. Não há previsão legal de oferecimento de memoriais escritos no rito comum sumário, nem de conclusão dos autos para a sentença. O desatendimento das regras do rito sumário para possibilitar o oferecimento de razões escritas não ensejará reconhecimento de nulidade, podendo, contudo, autorizar relaxamento de prisão ou providências correicionais, se cabíveis.

30. CONVERSÃO DO PROCEDIMENTO COMUM SUMÁRIO EM ORDINÁRIO

Caso haja motivo razoável e por decisão fundamentada, o juiz poderá determinar o oferecimento de razões finais escritas toda vez que a complexidade do caso recomendar. Tecnicamente, deve o juiz converter o rito sumário em ordinário, decidindo justificadamente que a adoção deste procedimento é mais favorável ao acusado. De todo modo, o elastério do rito determina que o réu preso seja colocado em liberdade.

31. SEQUÊNCIA

(1) remessa e distribuição do IP ao Ministério Público. Nessa fase investigativa, o juiz das garantias poderá controlar a legalidade das investigações, na salvaguarda de direitos fundamentais cuja tutela caiba ao Poder Judiciário;

(2) oferecimento da inicial acusatória;

(3) recebimento ou rejeição da denúncia ou da queixa-crime;

(4) recebida a inicial será determinada a citação do acusado para responder a demanda em 10 dias, encerrando-se a competência do juiz das garantias;

(5) resposta à acusação: em **dez dias**. No caso de acusado citado por edital, esse prazo começa a fluir do seu comparecimento pessoal ou de seu defensor constituído, caso o prazo editalício transcorra *in albis*. Não comparecendo, nem constituindo defensor, suspende-se o processo e a prescrição. Se citado por hora certa ou pessoalmente e não apresenta resposta, o juiz nomeará defensor para oferecê-la;

(6) possibilidade de absolvição sumária (julgamento antecipado do mérito), em razão da certeza quanto ao fato não constituir crime; presença de excludente de ilicitude, culpabilidade (salvo a inimputabilidade), e causa de extinção da punibilidade;

(7) audiência de instrução e julgamento, a ser realizada no prazo máximo de **trinta dias**, quando devem estar concluídas as diligências requeridas pelas partes. Na audiência

25. STF – Pleno – ADPF's 395/444-DF – Rel. Min. Gilmar Mendes – julgado em 13 e 14 jun. 2019.

serão realizados os seguintes atos processuais, nesta ordem: declarações do ofendido; inquirição das testemunhas arroladas pela acusação e pela defesa; esclarecimentos dos peritos; acareações; reconhecimento de pessoas e coisas; interrogatório do acusado; alegações finais orais (debates); sentença.

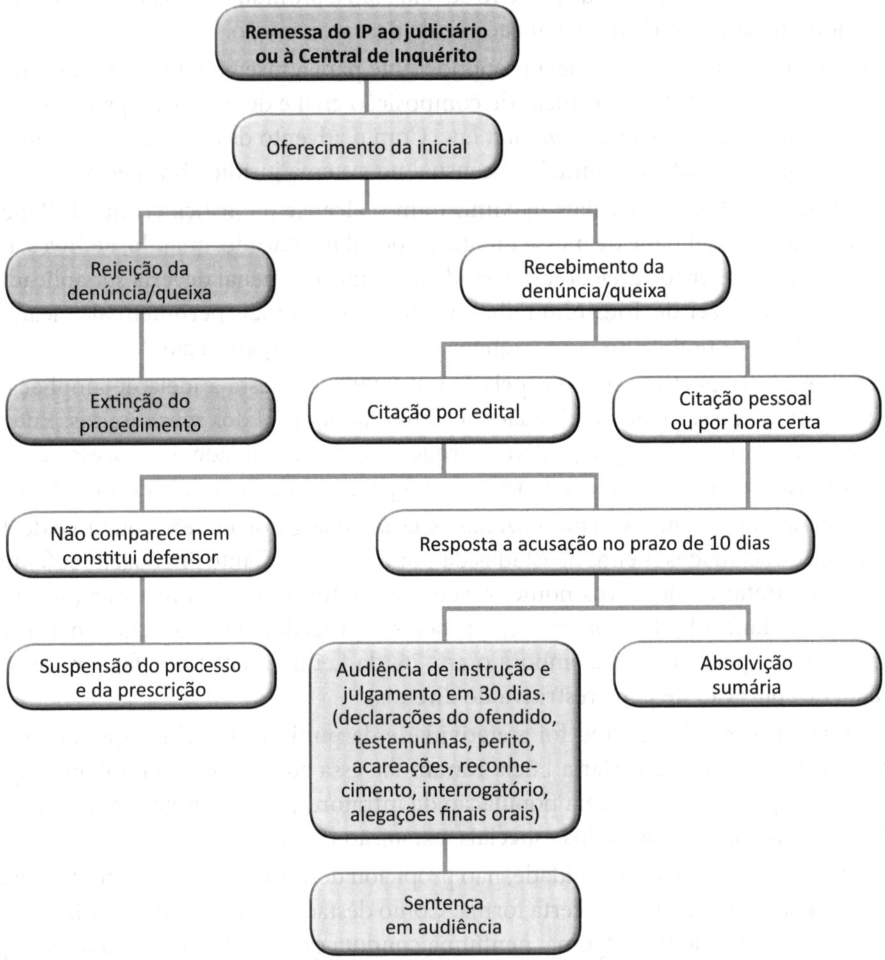

32. PROCEDIMENTO COMUM SUMARÍSSIMO

É o rito dos juizados especiais. Dividiremos seu estudo.

(1) neste capítulo, falaremos do procedimento deflagrado com o oferecimento da denúncia ou queixa-crime, depois de frustradas as propostas negociadas, quais sejam: a composição civil, a transação penal e a suspensão condicional do processo:

(2) mais adiante, no capítulo dos procedimentos nos espaços de consenso, detalharemos estes institutos, ao lado de outros, com características semelhantes, inseridos por outras leis esparsas e pela Lei nº 13.964/2019, notadamente a disciplina generalizada do acordo de não persecução penal e da colaboração premiada.

33. PREVISÃO CONSTITUCIONAL DOS JUIZADOS ESPECIAIS CRIMINAIS

A Constituição do Brasil, em seu art. 98, trouxe previsão da instituição dos juizados especiais criminais com competência para processar e julgar os delitos de menor potencial ofensivo. A regulamentação do dispositivo adveio com a promulgação da Lei nº 9.099/1995, instituindo um discurso de despenalização e de descarcerização.

Ao que nos parece, a influência preponderante para a inserção dos juizados especiais criminais, acompanhados de técnicas de composição civil e de transação penal, é dos sistemas dos países da tradição da *common law*. Com o advento dessa previsão, iniciou-se o debate em torno da justiça criminal consensual no sistema jurídico brasileiro.

Os instrumentos consensuais maximizaram o alcance da justiça criminal. Podemos falar em uma criminalidade de massa ou justiça penal no atacado, quando, ao invés, deveria se dar em um restrito varejo, diante da ideia de que a lei penal deveria ser aplicada em último lugar. No dizer de Tourinho Filho, os juizados criminais permitem alcançar, mais facilmente, "crimes praticados com pequena ou nenhuma organização"[26].

Dentre as perspectivas trazidas pela Lei nº 9.099/1995 está a ideia de ampliação do acesso à justiça, aproximando o cidadão da efetivação judicial dos seus direitos. Entendemos como inadequada essa perspectiva, porque inverte a finalidade do processo criminal enquanto medida excepcional e que deve visar à proteção da liberdade do imputado.

Na prática, no entanto, a lei dos juizados especiais inaugurou ou reforçou uma ideologia de controle das camadas menos abastadas da população, mediante linguagem eufemística que costuma tratar como novos nomes o acusado (autor do fato), a investigação policial (termo circunstanciado de ocorrência), o processo (procedimento), a ação penal (transação, acordo) e a pena (medida, embora o art. 76, da Lei nº 9.099/1995, fale em proposta imediata de aplicação de pena restritiva de direitos).

O que em verdade ocorreu foi a efetividade da punição de delitos que antes eram alcançados pela prescrição. Maria Lúcia Karam faz essa advertência, sublinhando que as sanções se ampliaram "sobre uma população de infratores, que antes não recebia punição efetiva"[27]. Houve, com os juizados especiais, expansão punitiva.

Sob esse prisma, a lei, na realidade, não propiciou descriminalização, antes tornando o sancionamento mais eficaz e, de certa forma. Como destacou Afrânio Silva Jardim, "essa lei não descriminaliza conduta alguma, nenhuma conduta que era típica deixou de ser típica, não saiu da esfera do proibido do direito penal"[28].

No entanto, a ideia de descarcerização foi ampliada, apesar de somente recebermos a notícia do aumento da população dos presídios, em razão de condenações por outros crimes que fogem à competência dos juizados especiais criminais.

Não obstante a possibilidade de prisão em flagrante por delito de menor potencial ofensivo, nos termos da Constituição de 1988, a Lei nº 9.099/1995 assegurou que não será ela imposta. Não cabe, destarte, a lavratura do auto de prisão respectivo, se o autor for encaminhado ao juizado imediatamente ou se comprometer a comparecer aos atos do processo.

---

26. TOURINHO NETO, Fernando. O crime organizado. *Revista Jurídica da Seção Judiciária do Estado da Bahia*, Salvador, nº 7, ano 6, p. 185, mai. 2007.
27. KARAM, Maria Lúcia. *Juizados especiais criminais*: a concreção antecipada do poder de punir. São Paulo: RT, 2004. p. 38.
28. JARDIM, Afrânio Silva. *Direito processual penal*. 11. ed. Rio de Janeiro: Forense, 2002. p. 336.

34. PRINCÍPIOS INFORMADORES DOS JUIZADOS ESPECIAIS CRIMINAIS

Os princípios preconizados pela Lei nº 9.099/1995, para o rito dos processos em tramitação nos juizados são, nos termos do seu art. 62, a oralidade, a informalidade, a economia processual, a celeridade e a simplicidade. São critérios orientadores do processo penal nos juizados especiais criminais. Ao lado desses, aquele enunciado averba que se deve objetivar, sempre que possível, a reparação dos danos sofridos pela vítima e a aplicação de pena não privativa de liberdade.

Vale enfatizar, todavia, que esses princípios não devem acarretar mitigação a direito garantidor fundamental. Em outros termos, a singeleza da forma, há tempo admitida e praticada no âmbito dos juizados especiais criminais, devem receber interpretação conforme a Constituição, sem negativa de vigência, por exemplo à garantia da ampla defesa, dentre outros direitos fundamentais assegurados aos litigantes em geral.

35. COMPETÊNCIA DOS JUIZADOS ESPECIAIS CRIMINAIS

O parâmetro para sua definição é quantitativo, nos termos do art. 394, § 1º, III, do CPP. A pena máxima abstrata não deve exceder dois anos, independentemente de previsão legal de procedimento especial, da qualidade de crime ou contravenção. A única ressalva, é para os crimes militares, consoante o art. 90-A, da Lei nº 9.099/1995, que explicita que as disposições desse diploma não se aplicam à justiça militar.

Havendo concurso de crimes, a competência será definida pelo resultado da soma das penas máximas cominadas aos delitos, seja pelo critério do cúmulo de infrações, seja pelo critério da exasperação. Desse modo, caso o somatório extrapole o limite de dois anos, não caberá o processamento e julgamento das infrações pelo procedimento sumaríssimo.

36. FASE PRELIMINAR

A fase preliminar se dá no âmbito da polícia judiciária, nas delegacias de polícia.

Constatado o cometimento de delito de menor potencial ofensivo, a autoridade policial deverá proceder à lavratura de termo circunstanciado de ocorrência (TCO). Não há que se falar em inquérito policial para crimes de menor potencial ofensivo, cuja pena máxima não exceda dois anos.

O inquérito policial, todavia, poderá ser realizado, independentemente do *quantum* da pena prevista em lei, em razão:

(1) da conexão com outro delito que não seja de menor potencial ofensivo;

(2) de cúmulo de infrações penais de menor potencial ofensivo, cuja totalização das penas exceda dois anos;

(3) de delitos com violência doméstica à mulher, nos termos da Lei nº 11.340/2006;

(4) de não ser conhecido o agressor, quando a investigação regular (inquérito) será instaurada para apuração da autoria, diante da plausibilidade do imputado não ser encontrado, no futuro, para ser citado;

(5) de crime militar;

(6) de crime de lesão corporal no trânsito em que o agente esteja em uma das situações descritas no § 1º, do art. 291, da Lei nº 9.503/1997, a exemplo de conduzir o veículo sob influência de álcool.

Ainda que tenham pena igual ou inferior a dois anos, a apuração dessas infrações penais não deve ser feita por termo circunstanciado de ocorrência, mas por inquérito policial ou procedimento investigativo dessa natureza.

37. TERMO CIRCUNSTANCIADO DE OCORRÊNCIA

O termo circunstanciado de ocorrência consiste em uma investigação simplificada, com o resumo das declarações das pessoas envolvidas e das testemunhas, e eventualmente com a juntada de exame de corpo de delito para os crimes que deixam vestígios. Objetiva-se, como se infere, coligir elementos que atestem autoria e materialidade delitiva, ainda que de forma sintetizada.

Nos autos do termo circunstanciado de ocorrência, o delegado tomará o compromisso do autuado de comparecer ao juizado especial em dia e horário designados previamente. Concluído o termo circunstanciado de ocorrência, o delegado de polícia deve remetê-lo ao Ministério Público. O controle da legalidade do TCO e a salvaguarda de direitos fundamentais caberão ao juiz das garantias, se provocado, diante do art. 3º-A, do CPP[29], na redação da Lei nº 13.964/2019.

Não pode a autoridade policial arquivar o termo circunstanciado de ocorrência, devendo este seguir para o Ministério Público. Se o caso indicar, por exemplo, atipicidade do fato, o promotor de justiça promoverá o arquivamento, no âmbito do *Parquet*.

Não é permitido o encaminhamento do termo circunstanciado de ocorrência ao juizado especial criminal quando estivermos diante de fato atípico, delito prescrito ou ausência de representação da vítima em infrações penais de ação penal pública condicionada. O exame prévio dos autos do termo circunstanciado de ocorrência pelo Ministério Público, antes de solicitar designação de audiência preliminar, serve para prevenir chamamento do autor do fato sem amparo no ordenamento jurídico.

A propósito, a disciplina do controle de arquivamento das investigações policiais está detalhada no art. 28, *caput*[30] e parágrafos, do CPP, consoante enunciados conferidos pela Lei nº 13.964/2019.

Dessa maneira, recebido o TCO e verificada justificativa para arquivamento, deve o determinar o promotor de justiça. Depois de ordenado o seu arquivamento, o órgão do Ministério Público comunicará à vítima, ao investigado e à autoridade policial e encaminhará os autos para a instância de revisão ministerial para fins de homologação.

Nesse interregno, se a vítima, ou seu representante legal, não concordar com o arquivamento do inquérito policial, poderá, no prazo de trinta dias do recebimento da comunicação, submeter a matéria à revisão da instância competente do órgão ministerial, conforme dispuser a respectiva lei orgânica. De outra banda, nas ações penais relativas a crimes praticados em detrimento da União, Estados e Municípios, a revisão do arquivamento do inquérito policial poderá ser provocada pela chefia do órgão a quem couber a sua representação judicial.

29. Dispositivo com eficácia suspensa, nos termos de decisão monocrática do Supremo Tribunal Federal (STF – ADI 6298/DF – Medida Cautelar – Rel. Min. Luiz Fux – 22 jan. 2020).
30. Dispositivo com eficácia suspensa, nos termos de decisão monocrática do Supremo Tribunal Federal (STF – ADI 6298/DF – Medida Cautelar – Rel. Min. Luiz Fux – 22 jan. 2020).

38. AUDIÊNCIA PRELIMINAR NOS JUIZADOS ESPECIAIS CRIMINAIS

A audiência preliminar pode ter desfechos distintos a depender da iniciativa da ação penal do delito de menor potencial ofensivo. Na audiência preliminar, presentes o autuado, vítima, respectivos advogados, responsável civil e o órgão do Ministério Público, haverá oportunidade para composição dos danos civis, isto é, as partes podem se conciliar, mediante indenização ou retratação formulada pelo autor do fato. Uma vez obtida a composição, será lavrado o acordo e homologado por sentença.

Essa sentença é irrecorrível, conforme expressa a Lei nº 9.099/1995, em seu art. 74. Caso haja ilegalidade que viole a vontade das partes, deve ser admitido mandado de segurança.

A composição civil dos danos cíveis é pilar do modelo de justiça penal consensual proposto pela Lei nº 9.099/1995, especialmente na parte final do seu art. 2º.

Se o crime for de ação penal de iniciativa privada ou de ação penal pública condicionada à representação, a composição dos danos civis equivale à **renúncia** ao direito de queixa ou de representação, com a conseguinte extinção da punibilidade. O direito à representação, como regra, não é objeto de renúncia, admitindo-se, inclusive, a retratação da retração da representação. No entanto, na seara dos juizados especiais criminais, a composição civil encerra a questão penal, com a renúncia do próprio direito de representar.

Se for obtida composição dos danos civis em crime de ação penal pública incondicionada, prossegue-se com os demais termos do procedimento. Nesse aspecto, é importante que o *Parquet* leve em consideração o bem jurídico afetado pela conduta.

Se, por exemplo, o crime for contra o ambiente, a composição dos danos civis – e, também, a transação penal – visará reparar o dano ambiental, com destinação das prestações eventualmente ajustadas às instituições de proteção ao meio ambiente (Lei nº 9.605/1997).

Tratando-se de delito de trânsito, a Lei nº 9.503/1997 permite a aplicação do procedimento sumaríssimo, descrito na Lei nº 9.099/1995, no que com aquela não conflitar. O § 1º, do art. 291, do Código de Trânsito, todavia, é expresso ao vedar **composição civil** e **transação penal** para os casos de lesão corporal culposa no trânsito quando o agente estiver:

(1) sob a influência de álcool ou qualquer outra substância psicoativa que determine dependência;

(2) participando, em via pública, de corrida, disputa ou competição automobilística, de exibição ou demonstração de perícia em manobra de veículo automotor, não autorizada pela autoridade competente;

(3) transitando em velocidade superior à máxima permitida para a via em cinquenta quilômetros por hora.

Nestas hipóteses a lesão culposa sai da esfera dos juizados, passando ao juízo comum, por imperativo legal. Ademais, por dicção expressa, se o caso se incluir em uma das previsões do § 1º, do art. 291, do CTB, há causa especial de aumento de pena que extravasa o **limite máximo abstrato de dois anos**, consoante o § 1º, do art. 303, do mesmo Código. Subsiste, no entanto, perfeitamente aplicável a **suspensão condicional do processo**, já que a **pena mínima** da lesão culposa leve no trânsito, mesmo naqueles casos, não será superior a um ano.

Cabe lembrar que não há incidência de qualquer instituto da Lei nº 9.099/1995, nem mesmo se aplica o *sursis* processual, quando a lesão corporal culposa no trânsito for **grave** ou **gravíssima**, eis que a **pena mínima** prevista para esses delitos é de dois a cinco anos de reclusão (art. § 2º, CTB).

O Estatuto do Idoso possibilita a aplicação do procedimento previsto na Lei nº 9.099/1995 para os crimes nele previstos, com o limite máximo de quatro anos. Por ter o objetivo de proteger mais eficazmente a pessoa idosa, entendemos que, no caso, oportuniza-se a aplicação do procedimento sumaríssimo, que é mais célere, objetivando uma resposta mais rápida em crimes de tal natureza. Não obstante, os institutos da composição civil e da transação penal, não poderão ser aplicados se a pena máxima abstrata ultrapassar dois anos.

Nesse diapasão, conferindo ao art. 94, Lei nº. 10.741/2003, interpretação conforme a Constituição, o STF se posicionou nos autos da ADI nº 3096 pela impossibilidade de aplicação de quaisquer medidas despenalizadoras e de interpretação benéfica ao autor do crime, quando a vítima for pessoa idosa.

Também não são aplicáveis os institutos despenalizadores da Lei nº 9.099/1995 aos casos que demandam a incidência da Lei nº 11.340/2006. Os compromissos internacionais assumidos pelo Brasil para tutelar as minorias, notadamente a mulher em situação de hipossuficiência, tornam incompatíveis a aplicação de transação penal ou de suspensão condicional do processo. Sobre o tema, o Superior Tribunal de Justiça editou a Súmula nº 536, deixando claro que a suspensão condicional do processo e a transação penal não se aplicam na hipótese de delitos sujeitos ao rito da Lei Maria da Penha.

Como a questão relacionada à mulher objetiva proporcionar-lhe dignidade humana, consubstanciada em tratado de proteção a direitos humanos, reputamos que esse entendimento pretoriano encontra respaldo constitucional, estando de acordo com os fundamentos da República. Entrementes, temos reservas quanto à inserção da vítima como sujeito processual penal, por considerar que esse proceder é refratário às garantias fundamentais do imputado, considerando que as regras do direito processual penal colimam tutelar o acusado contra o arbítrio estatal.

Merece registro, a propósito, a posição de Rômulo Andrade Moreira, sustentando a inconstitucionalidade do art. 41, da Lei Maria da Penha, por considerar violado o princípio da proporcionalidade. O autor defende que há ofensa à Lei Maior com a interpretação literal daquele enunciado, bem como com a aplicação da citada Súmula 536, do STJ[31].

Em se tratando de crime de ação penal privada, não obtida a composição dos danos civis, é prudente que o juiz suspenda a audiência, advertindo a vítima da necessidade de oferecer queixa-crime antes do decurso do prazo decadencial. Nada impede que seja ela oferecida na própria audiência, oralmente, sendo reduzida a termo. Se decorrer tal prazo sem a propositura da queixa, será exarada decisão extintiva da punibilidade do agente. Tal providência evita que, ao autuado por crime de ação penal privada, seja oferecida transação penal antes de se certificar do efetivo desejo da vítima de ajuizar a ação penal privada.

31. MOREIRA, Rômulo Andrade. O novo enunciado da Súmula do Superior Tribunal de Justiça – a Lei Maria da Penha, a transação penal e a suspensão condicional do processo. *Empório do Direito*. Disponível em: <emporiododireito.com.br/o-novo-enunciado-da-sumula-do-superior-tribunal-de-justiça-a-lei-maria-da-penha-a-transacao-penal-e-a-suspensao-condicional-do-processo/>. Acesso em: 17 nov. 2015.

Em seguida, tendo em vista ser, a transação penal, medida tendente à aplicação imediata de pena – a aplicação da pena em si é privativa do Estado –, é adequado que, uma vez verificada a propositura da queixa-crime, seja assegurada ao réu a proposta de transação penal.

Sobre tal ponto, contudo, pelo menos três correntes se formam:

(1) a primeira, minoritária, no sentido de que, diante da não proposição de transação penal, caberia ao MP ofertá-la, assegurando a concessão do benefício ao imputado de delito de ação penal privada;

(2) a segunda, também não prevalente e que é a nossa posição, sugere que o ofendido manifeste seu interesse em ver promovida a transação penal aplicada pelo Ministério Público, somente depois de ofertar queixa-crime. Quanto à legitimidade para a efetiva proposta de transação penal, alvitra-se que seja ela exclusiva do MP, após a promoção da ação privada por meio de queixa. Como a pena, ainda que restritiva de direito, é emanação do *jus puniendi* estatal, seria ela indelegável ao querelante. A este só estaria reservada a anuência para que o MP a oferecesse, mediante proposta de transação penal. Pensamos que esse entendimento melhor se coaduna com os princípios da Lei nº 9.099/1995, notadamente por ser mais favorável ao autor do fato, diante da omissão da lei. Asseguraríamos, destarte, o direito do imputado de ver a transação penal a ele oferecida, pelo MP, desde que ofertada previamente queixa-crime pelo querelante.

(3) a terceira, que é o entendimento majoritário, consoante jurisprudência do STJ, orienta que, havendo manifestação contrária do querelante, em ação penal privada, de que não tem interesse na aplicação de qualquer instituto penal despenalizador, não são aplicáveis os institutos da transação penal e do *sursis* processual, não havendo obstáculo ao prosseguimento do processo penal[32].

Sendo o crime de ação penal pública, a não obtenção de composição prévia dos danos ou de conciliação, abre a possibilidade de oferecimento de **transação penal** pelo Ministério Público, nos termos do art. 76, da Lei nº 9.099/1995. Contudo, para que seja a transação penal proposta regularmente, é imprescindível a existência de suporte probatório mínimo, ou seja, que haja suficiente quadro lastro empírico, com indícios de autoria e de materialidade delitiva em torno do delito de menor potencial ofensivo.

O *Parquet* não deve oferecer transação penal, sem aferir a plausibilidade jurídica dos elementos de informação constantes do termo circunstanciado de ocorrência. Ao revés, ele poderá, alternativamente:

(1) requerer diligências complementares;

(2) promover o arquivamento do termo circunstanciado de ocorrência, por atipicidade ou mesmo por falta de condição de procedibilidade, submetendo a questão a controle revisional do Ministério Público, nos termos do art. 28, *caput*[33], do CPP, de acordo com a Lei nº 13.964/2019;

32. STJ – Quinta Turma – RHC 102.381/BA – Rel. Min. Felix Fischer – DJe 17 out. 2018.
33. Dispositivo com eficácia suspensa, nos termos de decisão monocrática do Supremo Tribunal Federal (STF – ADI 6298/DF – Medida Cautelar – Rel. Min. Luiz Fux – 22 jan. 2020).

(3) oferecer transação penal, com proposta de aplicação imediata de pena restritiva de direitos, tal como a prestação de serviço à comunidade ou a prestação pecuniária;

(4) requerer a remessa dos autos ao juízo competente, se entender, por exemplo, que não se trata de infração de menor potencial ofensivo; ou

(5) recusar, fundamentadamente, propor transação penal, por reputar não recomendável para o autuado, em face de não estarem presentes requisitos objetivos ou subjetivos a tanto, fazendo, em decorrência, a proposta de denúncia oral, na própria audiência.

Nos crimes de ação penal privada ou de ação penal pública condicionada à representação, é indispensável a presença do ofendido na audiência. Se a vítima não comparecer, não é admissível a renovação de sua intimação, mas tão somente o aguardo do prazo decadencial.

Se houver impulso processual pelo ofendido, antes do decurso do prazo decadencial, nova audiência será designada. Caso contrário, ultrapassado o prazo de decadência, a punibilidade será extinta, com sua declaração por sentença.

O autor do fato não é obrigado a aceitar a proposta de transação penal, podendo recusá-la, ou até mesmo fazer contraproposta.

Todavia, será ele informado de que a transação penal não implicará, segundo os termos da legislação, reconhecimento de culpa, reincidência, nem deixa antecedentes criminais[34]. A única restrição para quem aceita a transação penal é a consistente em não poder aceitar outra transação penal por outro crime pelo prazo de cinco anos.

Uma vez aceita a transação penal, o juiz, verificando a regularidade de sua propositura, proferirá sentença homologatória. Dessa sentença, é cabível **apelação**, como reza o § 5º, do art. 76, da Lei dos Juizados Especiais.

De acordo com o verbete nº 35, da Súmula Vinculante, do STF, a homologação da transação penal prevista no artigo 76 da Lei 9.099/1995 **não faz coisa julgada material** e, descumpridas suas cláusulas, retoma-se a situação anterior, possibilitando-se ao Ministério Público a continuidade da persecução penal mediante oferecimento de denúncia ou requisição de inquérito policial.

Cumprida a transação penal, será proferida sentença de extinção da punibilidade. Caso contrário, poderá ser apresentada denúncia ou queixa-crime.

Se o autuado recusar a proposta de transação penal, ou se esta não tiver cabimento, e contra ele for oferecida acusação oral, será designada nova audiência, de instrução e julgamento, quando será decidido sobre o recebimento da inicial acusatória. Se o fato, em razão da complexidade, não permitir a formulação da inicial oralmente, poderá ser requerida a remessa ao juízo comum, e lá o processo será iniciado.

34. JESUS, Damásio E. *Lei dos juizados especiais criminais anotada*: atualizada de acordo com a Lei nº 10.259/2001. São Paulo: Saraiva, 2002. p. 69.

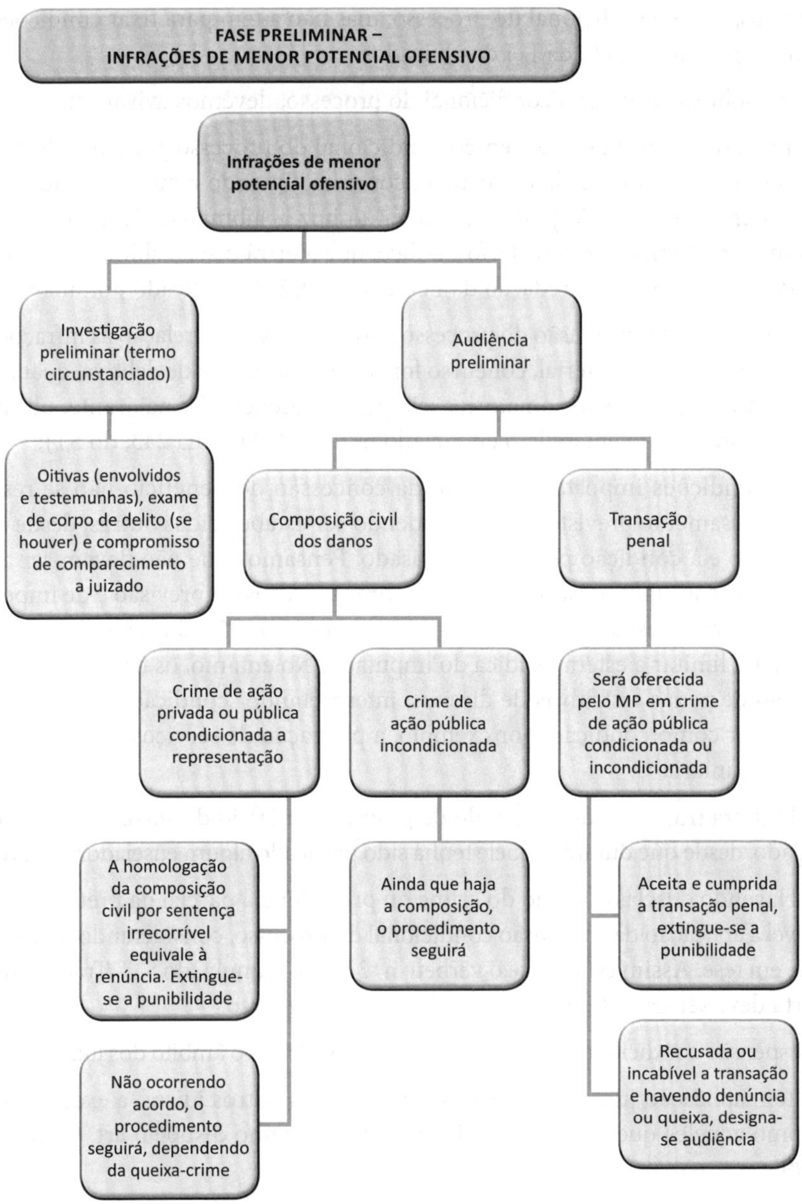

39. PROCEDIMENTO SUMARÍSSIMO

A suspensão condicional do processo foi sufragada para que o processo criminal, com denúncia recebida por crime com pena mínima não superior a um ano, fique suspenso por um período de prova de dois a quatro anos. Os termos para a proposta e aceitação da suspensão do processo são estatuídos no art. 89, da Lei nº 9.099/1995.

Nesse dispositivo, estão arroladas condições que devem ser cumpridas durante o período de prova do *sursis* processual. Não são penas, são condições! Ao juiz cabe fixar tais condições, seguindo os permissivos legais. O Ministério Público tem a legitimidade para oferecer a suspensão condicional do processo, mas não a tem para fixar condições, diante do teor do supradito art. 89, da Lei dos Juizados.

Ainda sobre a suspensão condicional do processo, devemos avivar que:

(1) a recusa em propor a suspensão condicional do processo por parte do Ministério Público deve ser fundamentada de maneira concreta. Quando a motivação for genérica e abstrata, a defesa do acusado poderá requerer ao juiz a submissão da questão a controle pela instância revisional do Ministério Público, que aferirá o seu cabimento, na forma do art. 28, *caput*[35], do CPP, com redação da Lei nº 13.964/2019, aplicado por analogia;

(2) o benefício da suspensão do processo não é aplicável em relação às infrações penais cometidas em concurso material, concurso formal ou continuidade delitiva, quando a pena mínima cominada, seja pelo somatório, seja pela incidência da majorante, ultrapassar o limite de um ano, como entabula o enunciado nº 243, da Súmula 243, do STJ;

(3) as condições impostas em razão da concessão do benefício não se restringem àquelas expressamente previstas em lei, podendo ser estabelecidas outras, desde que adequadas ao fato e à condição pessoal do acusado. Pensamos que não devem ser aplicadas medidas que constituam penas restritivas de direitos. Afinal, a previsão é de imposição de condições, no modo estatuído pelo § 2º, da Lei nº 9.099/1995, não cabendo interpretação extensiva para limitar a esfera jurídica do imputado. No entanto, os tribunais têm acatado a imposição de penas restritivas de direitos, interpretando "condição" de forma ampla. é possível impor como condição, por exemplo, a prestação de serviços à comunidade ou a prestação pecuniária[36];

(4) Embora transcorrido o período de prova, o benefício do *sursis* processual poderá ser revogado, desde que durante aquele tenha sido praticado algum ensejador da revogação;[37]

(5) Havendo desclassificação do crime ou procedência parcial da pretensão punitiva, será cabível a aplicação da suspensão condicional do processo, considerando a pena mínima do delito, em tese. Assim estabelece o verbete nº 337, da Súmula, do STJ. Trata-se de direito cuja oferta deve ser garantida, ainda que em grau de recurso.

A suspensão condicional do processo não ficou restrita ao âmbito dos juizados especiais.

Ela tem aplicação junto aos processos de todos os outros juízos, a exceção dos casos legais, como aqueles que tramitam na Justiça Militar, como dispõe o art. 90-A, da Lei nº 9.099/1995.

Desse modo, mesmo em processo-crime eleitoral, sendo a pena mínima do crime imputado igual ou inferior a um ano, é cabível o oferecimento da suspensão condicional do processo, desde que preenchidos os requisitos objetivos e subjetivos legais.

A petição inicial, oral ou escrita, não precisa estar acompanhada de exame de corpo de delito formal. Explicamos: ela pode estar lastreada em boletim médico ou correlato.

35. Dispositivo com eficácia suspensa, nos termos de decisão monocrática do Supremo Tribunal Federal (STF – ADI 6298/DF – Medida Cautelar – Rel. Min. Luiz Fux – 22 jan. 2020).
36. STJ – Sexta Turma – AgRg no RHC 97.534/PR – Rel. Min. Sebastião Reis Júnior – DJe 13 jun. 2018.
37. STJ – Quinta Turma – AgRg no AREsp 1521704/SP – Rel. Min. Ribeiro Dantas – DJe 23 set. 2019.

Contudo a sua substituição pela utilização da prova testemunhal somente pode ocorrer na forma dos arts. 158, *caput*, e 167, do CPP.

Ao acusado será entregue cópia da denúncia ou da queixa antes mesmo do seu recebimento formal, ficando com ela citado e ciente da designação de audiência instrução e julgamento. Não comparecendo o autor do fato à audiência preliminar, terá que ser citado pessoalmente. Não sendo encontrado, não tem cabimento citação por edital, restando a remessa dos autos ao juízo comum, nos termos do art. 66, parágrafo único, da Lei nº 9.099/1995.

40. AUDIÊNCIA DE INSTRUÇÃO E JULGAMENTO NO PROCEDIMENTO SUMARÍSSIMO

Na audiência de instrução e julgamento, ao defensor do acusado será dada a palavra para apresentar resposta à acusação, objetivando convencer o magistrado de que a inicial acusatória deve ser rejeitada. Estamos diante de mais um procedimento onde se admite a defesa preliminar, seguindo-se o recebimento ou a rejeição da denúncia ou da queixa-crime.

Trata-se de ato que, no âmbito dos juizados especiais criminais, é de competência do juiz da instrução e julgamento, diferentemente dos demais juízos, cuja competência para recebimento da peça acusatória é do juiz das garantias (arts. 3º-B, XIV, 3º-C, CPP[38], inserido pela Lei nº 13.964/2019).

Com esteio no princípio da **informalidade**, é admissível reiteração de propostas conciliatórias e de **transação penal** nesta audiência, especialmente se não foram oportunizadas na audiência preliminar.

Rejeitada a denúncia, caberá **apelação**, por petição escrita, em dez dias, julgada por órgão junto ao próprio juizado composto por três juízes, que é a turma recursal.

Uma vez recebida a petição inicial, se tiver sido oferecida suspensão condicional do processo, o acusado poderá aceitá-la ou recusá-la. Se aceita a suspensão, com o estabelecimento das condições legais e extralegais, o processo ficará suspenso pelo período de prova, de dois a quatro anos, findo o qual, sem revogação, será declarada **extinta a punibilidade**, por sentença. Contra esta, cabível também o apelo, no âmbito dos juizados especiais.

Recebida a denúncia, é possível, em tese, por força do § 4º do art. 394 do CPP, que o magistrado absolva sumariamente o réu, invocando a aplicação do art. 397, do CPP.

41. REJEIÇÃO DA INICIAL E ABSOLVIÇÃO SUMÁRIA NO PROCEDIMENTO SUMARÍSSIMO

Na verdade, sendo a defesa preliminar exitosa, o magistrado estará apto a rejeitar a inicial. A depender do fundamento, a rejeição pode se basear em motivo de absolvição sumária. Afinal, as hipóteses de absolvição antecipada vêm esquadrinhadas no art. 397, do CPP, tendo lugar diante:

38. Dispositivo com eficácia suspensa, nos termos de decisão monocrática do Supremo Tribunal Federal (STF – ADI 6298/DF – Medida Cautelar – Rel. Min. Luiz Fux – 22 jan. 2020).

(1) do fato evidentemente não constituir crime;

(2) de excludentes de ilicitude;

(3) de excludentes de culpabilidade;

(4) de causas de extinção da punibilidade.

Havendo certeza de um dos fundamentos da absolvição, ou faltaria interesse de agir ou possibilidade jurídica do pedido para o exercício da ação, afinal, repetimos, quem merece ser absolvido não deve ser processado (art. 395, II, CPP).

Entretanto, se o magistrado receber a inicial e imediatamente perceber o equívoco, estaria autorizado a julgar antecipadamente o mérito, absolvendo o réu. Não seria necessária uma nova defesa preliminar após o recebimento da inicial, pois, nos juizados criminais, pela peculiaridade do procedimento e concentração da audiência, isto já ocorreu naquela mesma sessão, minutos antes da admissibilidade da inicial acusatória.

42. PRODUÇÃO DA PROVA ORAL E JULGAMENTO NOS JUIZADOS ESPECIAIS CRIMINAIS

Não havendo absolvição sumária, será ouvida a vítima. Na sequência, serão ouvidas as testemunhas, a começar pelas arroladas pela acusação. A Lei nº 9.099/1995 não estabelece número máximo, sendo razoável entender o número máximo de três para o Ministério Público e para defesa. A oitiva de testemunhas obedece à disciplina normativa do Código de Processo Penal, não havendo diferença substancial em razão da especialidade do juízo. É admissível que os depoimentos sejam gravados por meios eletrônicos.

Após a oitiva das testemunhas será o acusado interrogado. Em seguida, são iniciados os debates orais, com a sustentação do Ministério Público ou querelante e do defensor, pelo prazo que o juiz fixar. A sentença, que está dispensada de relatório, será proferida na própria audiência, podendo o juiz determinar a conclusão dos autos se, por motivo justificado, necessitar aprofundar sua cognição acerca do fato.

Da sentença, caberá apelação, em dez dias contados da ciência do Ministério Público ou da ciência do réu e do seu defensor, sendo o recorrido intimado para apresentar contrarrazões pelo mesmo prazo.

É possível a oposição de embargos de declaração, em cinco dias. Eles **interrompem** o prazo recursal, *ex vi* do art. 83, *caput* e § 2º, da Lei nº 9.099/1995, a fim de devolver o prazo para os demais recursos.

Não há que se falar em recurso em sentido estrito nos juizados especiais criminais.

A contagem dos prazos no processo penal é em dias corridos.

Da sessão de julgamento do apelo, as partes serão intimadas pela imprensa, ressalvados o Ministério Público e a Defensoria Pública ou defensor dativo, em face da prerrogativa de estes de intimação pessoal, na forma das leis de regência.

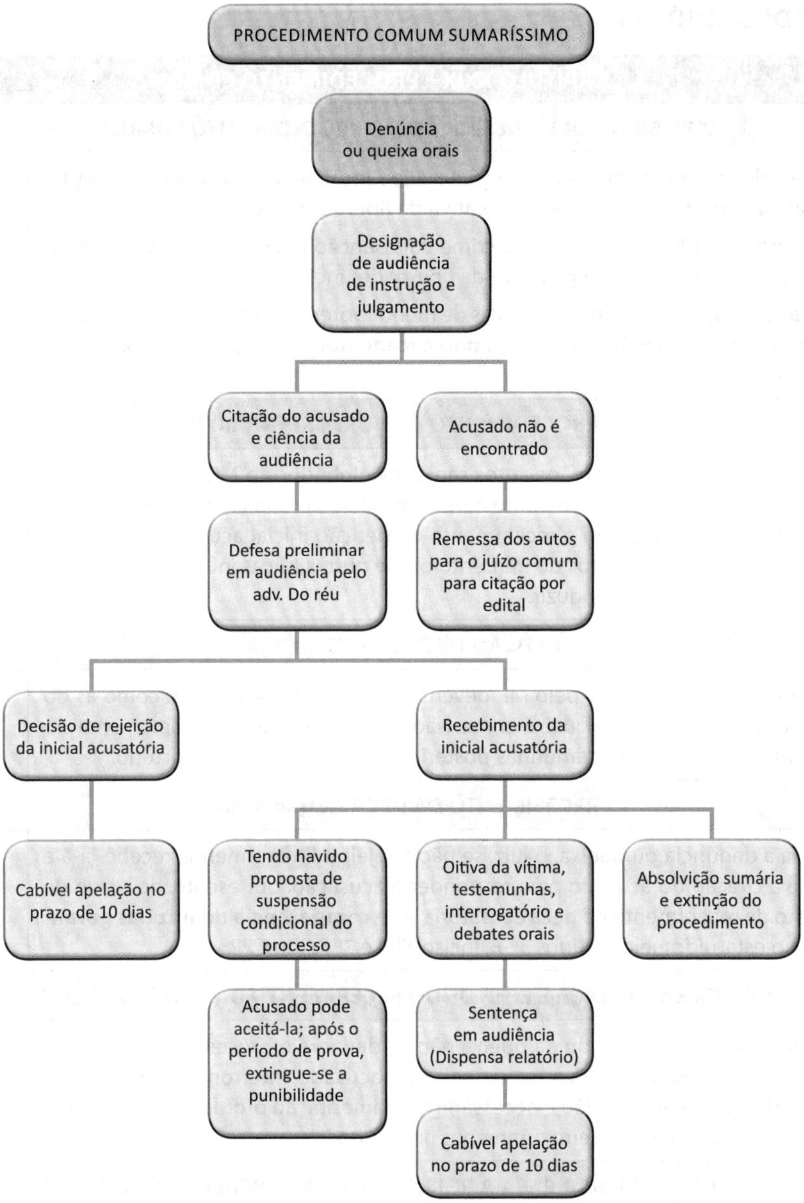
PROCEDIMENTO COMUM SUMARÍSSIMO
Denúncia ou queixa orais
Designação de audiência de instrução e julgamento
Citação do acusado e ciência da audiência
Acusado não é encontrado
Defesa preliminar em audiência pelo adv. Do réu
Remessa dos autos para o juízo comum para citação por edital
Decisão de rejeição da inicial acusatória
Recebimento da inicial acusatória
Cabível apelação no prazo de 10 dias
Tendo havido proposta de suspensão condicional do processo
Oitiva da vítima, testemunhas, interrogatório e debates orais
Absolvição sumária e extinção do procedimento
Acusado pode aceitá-la; após o período de prova, extingue-se a punibilidade
Sentença em audiência (Dispensa relatório)
Cabível apelação no prazo de 10 dias

43. QUADRO SINÓTICO

CAPÍTULO XXIX – PROCEDIMENTO COMUM	
CRITÉRIO PARA A DEFINIÇÃO DO PROCEDIMENTO COMUM	
(1) **Ordinário**, quando tiver por objeto crime cuja sanção máxima cominada for **igual** ou **superior** a **quatro** anos de pena privativa de liberdade (inciso I); (2) **Sumário**, quando tiver por objeto crime cuja sanção máxima cominada seja **inferior** a **quatro** anos de pena privativa de liberdade (inciso II); (3) **Sumaríssimo**, para as infrações penais de menor potencial ofensivo que, em regra, são aquelas cuja pena máxima abstrata **não excede dois** anos, além das contravenções penais comuns.	1
PROCEDIMENTO COMUM ORDINÁRIO	
Com a conclusão do inquérito, os autos são encaminhados ao MP, para que forme sua opinião sobre o delito. Sob o ponto de vista processual, o início do procedimento comum ordinário ocorre com o recebimento da petição inicial acusatória, devendo estar embasada nos elementos do inquérito ou de outras peças informativas, com a especificação de provas a produzir.	2
PETIÇÃO INICIAL ACUSATÓRIA	
As testemunhas enumeradas pelo MP devem estar na denúncia, assim como as do querelante devem constar na queixa-crime. Não deve ser admitida a complementação a apresentação de rol de testemunhas posteriormente ao instante oportuno.	3
RECEBIMENTO DA PEÇA ACUSATÓRIA	
Oferecida a denúncia ou queixa, o juiz, se não a rejeitar liminarmente, recebê-la-á e ordenará a citação do acusado para responder à acusação, por escrito, no prazo de dias. O ato de recebimento da peça acusatória é de **competência do juiz das garantias**, como estatuído pelos artigos 3º-B, inciso XIV, e 3º-C, do CPP.	4
NATUREZA JURÍDICA E EFEITOS DO RECEBIMENTO DA PETIÇÃO INICIAL	
O recebimento da denúncia ou da queixa não só deflagra o processo, mas também transforma até então quem era mero suspeito em acusado, interrompe o prazo prescricional e fixa a prevenção. Não é necessária fundamentação profunda, até para que o magistrado não adentre prematuramente no mérito.	5
COMPETÊNCIA PARA A REJEIÇÃO DA DENÚNCIA OU QUEIXA	
Também não há sentido em permitir a rejeição da peça acusatória pelo juiz da instrução e julgamento, porquanto ele não tem competência para revogar ato para o qual não detém competência para emitir, nem é possível, juridicamente, retratação do ato de recebimento da denúncia, embora seja possível absolver antecipadamente, caso assim entenda (art. 397, CPP) ou extinguir sem resolução do mérito, nos casos do art. 395. Esses são postulados básicos, que decorrem da noção de regra de competência. Após o recebimento da denúncia ou queixa-crime teremos processo penal instaurado. Depois de deflagrado o processo, não é possível indeferir a inicial antes deferida.	6

CAPÍTULO XXIX – PROCEDIMENTO COMUM	
O STJ, entretanto, vem admitindo a retratação do recebimento da denúncia, distinguindo **dois recebimentos**: um **precário** (art. 396, CPP) e outro **definitivo** (art. 399, CPP). Reputamos equivocado esse posicionamento. A denúncia ou a queixa-crime poderá ser rejeitada se inepta, isto é, havendo defeito formal grave. Não sendo o caso de rejeição, por verificar o juiz o atendimento a todas as exigências legais, deve ser recebida a inicial acusatória, deflagrando-se assim o processo.	**6**
RESPOSTA PRELIMINAR À ACUSAÇÃO E CITAÇÃO DO RÉU	
É obrigatória a apresentação de resposta à denúncia ou à queixa-crime em dez dias, possibilitando a nomeação de defensor pelo juiz, caso o advogado constituído não a apresente no lapso legal (art. 396-A, CPP). A ausência da resposta preliminar é passível de reconhecimento de nulidade absoluta e, em acréscimo, poderá ser aplicada, em tese, multa de dez a cem salários mínimos, ao defensor que abandonar o processo senão por motivo imperioso, comunicado previamente ao juiz, sem prejuízo de outras sanções que se mostrem cabíveis, a teor do art. 265, CPP. Como a citação é o ato que completa a formação processual (art. 363, CPP), furtando-se a defesa em apresentar a preliminar, deve o magistrado proceder conforme as disposições no CPP. (1) **Citação pessoal e por hora certa:** nestas hipóteses, cabe ao juiz decretar a revelia do réu, nomeando-lhe defensor para apresentar a defesa preliminar, com a devolução do prazo. Note-se que não deve haver efeitos jurídicos nocivos ao réu em razão do não atendimento ao chamado da justiça. (2) **Citação por edital:** deve o magistrado, suspender o processo e o prazo prescricional (art. 366, CPP). A prescrição deve ficar suspensa tomando-se como base o tempo abstratamente fixado para a infração (art. 109, CP). Não é outro o entendimento do STJ, consolidado no verbete nº 415, de sua Súmula. O STF, contudo, trilhou entendimento inverso, ao argumento de que o processo e o lapso prescricional ficariam suspensos indefinidamente, até o comparecimento do imputado. Desta forma, a volta da contagem do prazo prescricional estaria condicionada a evento futuro e incerto (comparecimento do réu), o que não significaria, sob esse ponto de vista, imprescritibilidade.	**7**
CONTEÚDO DA RESPOSTA PRELIMINAR À ACUSAÇÃO	
Poderá arguir preliminares e alegar tudo o que interessar à sua defesa, oferecer documentos e justificações, especificar as provas pretendidas e arrolar testemunhas, qualificando-as e requerendo sua intimação quando necessário (art. 396-A, CPP). Se o réu excepcionar (por meio de exceção de incompetência, de suspeição etc.), o incidente deve ser processado em apartado na forma dos artigos 95 a 112, do Código. Na resposta preliminar à acusação, o acusado tem a faculdade de arrolar testemunhas. A defesa tem a possibilidade de investir na apresentação de todos os argumentos fáticos e jurídicos que militam em favor do imputado, na expectativa de convencer o magistrado, ***ab initio***, que a lide deve chegar ao fim, com resolução do mérito, num julgamento antecipado favorável à defesa.	**8**

CAPÍTULO XXIX – PROCEDIMENTO COMUM	
POSSIBILIDADE DE ABSOLVIÇÃO SUMÁRIA	
Com a resposta à acusação e devidamente cumpridas as providências exigidas, abre-se a oportunidade para que o juiz **absolva sumariamente** o acusado, com base no art. 397, do CPP, restando consagrado o julgamento antecipado do mérito penal com fundamento: (1) na existência manifesta de causa excludente da ilicitude do fato; (2) na existência manifesta de causa excludente da culpabilidade do agente, salvo inimputabilidade; (3) no fato narrado, evidentemente, não constituir crime; ou (4) na extinção da punibilidade do agente. Para a prolação de um dos provimentos que abrevia sobremodo o rito processual penal, é necessário **juízo de certeza**. Admite-se, nesses termos, **julgamento antecipado do mérito penal.**	**9**
AUDIÊNCIA DE INSTRUÇÃO E JULGAMENTO	
Não sendo o caso de rejeição da denúncia ou da queixa ou, ainda, de julgamento antecipado da causa penal, o juiz designará audiência de instrução e julgamento ordenando a intimação do acusado, de seu defensor, do MP e, se for o caso, do querelante e do assistente. Evidentemente, as testemunhas arroladas devem ser intimadas e, as enumeradas na resposta à acusação, também, quando requerida intimação. Consiste em audiência única, sufragando o princípio da **concentração dos atos processuais.** Em que pese ser una, é possível admitir o seu desmembramento, se excessivo o número de atos ao ponto de inviabilizar sua produção em um mesmo dia.	**10**
PRAZO PARA REALIZAÇÃO DA AUDIÊNCIA DE INSTRUÇÃO E JULGAMENTO NO PROCEDIMENTO COMUM ORDINÁRIO	
Nessa esteira, o art. 400, do CPP, aviva que a audiência de instrução e julgamento, no rito comum ordinário, deve ser realizada no prazo máximo de **sessenta dias**. De outro lado, nos termos do parágrafo único, do art. 316, do CPP, com redação conferida pela Lei nº 13.964/2019, temos mais um parâmetro de controle dos processos com réu preso: uma vez decretada a prisão preventiva, deverá o órgão emissor da decisão revisar a necessidade de sua manutenção a cada **noventa dias**, mediante decisão fundamentada, de ofício, sob pena de tornar a prisão ilegal.	**11**
PRODUÇÃO DA PROVA NA AUDIÊNICA DE INSTRUÇÃO E JULGAMENTO	
É na audiência de instrução e julgamento que haverá a produção de provas, sob contraditório. O CPP contempla o princípio da **identidade física do juiz** no direito processual penal brasileiro, relativamente ao juiz da instrução. O juiz que presidiu a instrução deverá proferir a sentença. STF[39] e STJ[40] têm relativizado o princípio da identidade física do juiz, dizendo-o não absoluto e dependente de comprovação de prejuízo à parte para, se reconhecida a **nulidade relativa**, possibilitar o decreto de **invalidação** da sentença. É possível a realização de atos por precatória, para não inviabilizar, em algumas situações, a própria instrução.	**12**
DECLARAÇÃO DO OFENDIDO	
Na presença do juiz, serão tomadas as **declarações do ofendido**. Se o ofendido não comparecer à audiência, tendo sido regularmente notificado para tanto, poderá ser conduzido coercitivamente. Tratando-se de crime de iniciativa privada, o não comparecimento injustificado implica perempção.	**13**

39. STF – Primeira Turma – HC 133493 AgR – Rel. Min. Rosa Weber – publicado em 12 set. 2019.
40. STJ – Quinta Turma – EDcl no AgRg no AREsp 1433243/RS – Rel. Min. Reynaldo Soares da Fonseca – DJe 19 dez. 2019.

CAPÍTULO XXIX – PROCEDIMENTO COMUM	
TESTEMUNHAS	
Em seguida, serão tomados, na audiência de instrução e julgamento, os depoimentos das testemunhas arroladas pela acusação e pela defesa, nesta ordem, ressalvada possibilidade de oitiva posterior de depoente que não se fizer presente oportunamente ou que dependa de emissão de carta precatória, com oitiva perante outro juízo. As testemunhas, no procedimento comum ordinário, são em **número de oito**, para cada réu e para cada infração imputada, não se compreendendo, nesse cômputo, as que não prestem compromisso e as referidas.	**14**
MÉTODO PARA INQUIRIÇÃO DAS TESTEMUNHAS	
A acusação e o defensor poderão reperguntar, diretamente, seguindo-se o sistema do exame direto e cruzado, isto é, ***direct examination*** e ***cross-examination***. Foi abandonado o antigo sistema presidencialista de inquirição, apenas vigente, mitigada e parcialmente, no procedimento do júri. O magistrado somente intervirá no depoimento da testemunha por último, cabendo a ele, apenas, a complementação da inquirição sobre o que não tiver sido elucidado. Sobre os pontos não esclarecidos, o juiz poderá complementar a inquirição, enquanto o seu *caput* estatui que as perguntas serão formuladas pelas partes diretamente à testemunha. A oitiva das testemunhas arroladas pela acusação precede à das testemunhas arroladas pela defesa. Caso ocorra inversão dessa ordem de oitiva ou do procedimento de inquirição, haverá **nulidade absoluta** do ato probatório, com a sua consequente **invalidação**, diante da ofensa ao princípio acusatório e da necessidade de se preservar a imparcialidade do juízo. O STF, todavia, cuida de tal vício como **nulidade relativa.**	**15**
ESCLARECIMENTOS DOS PERITOS, RECONHECIMENTO DE PESSOAS E ACAREAÇÕES	
Na sequência, serão procedidos os esclarecimentos dos peritos. Tal prova dependerá de prévio requerimento das partes, nos termos do art. 400, § 2º, do CPP. De igual maneira, as acareações e o reconhecimento de pessoas e coisas (art. 226, e seguintes, CPP), sendo vedada realização de improviso, com surpresa à defesa do réu.	**16**
INTERROGATÓRIO DO ACUSADO	
Por derradeiro, o acusado será interrogado. Percebe-se, portanto, que o interrogatório foi deslocado para o final da instrução, e o réu irá prestar suas declarações após ter contato com todo o manancial probatório produzido em audiência, tendo maiores elementos para exercer a sua autodefesa, ou valer-se, em sendo o caso, do direito ao silêncio. O interrogatório é constituído de duas etapas: a primeira sobre a pessoa e a segunda sobre os fatos imputados. Pressupõe-se, para tanto, que não haja dúvida acerca de sua identidade. Sobre o interrogatório, depoimentos de testemunhas, declarações do ofendido e participação de pessoas em atos processuais, é relevante chamar a atenção para a possibilidade de sua realização por **videoconferência** ou por tecnologia similar em todos os procedimentos, nos estritos casos do § 2º, do art. 185, do Código, que ordena sua excepcionalidade. Quanto aos apenados incluídos em regime disciplinar diferenciado, a regra se inverte: o inciso VII, do art. 52, da LEP, acrescentado pela Lei nº 13.964/2019, prevê a inquirição deles, por videoconferência, como preferencial. Uma vez que o juiz decida por determinar a realização de interrogatório por videoconferência, as partes devem ser intimadas com dez dias de antecedência.	**17**

CAPÍTULO XXIX – PROCEDIMENTO COMUM	
O acusado terá direito a ser entrevistado reservada e previamente com o seu defensor. Importante ainda frisar que o § 10, do mencionado art. 185, do CPP, estabelece regra dirigida ao juiz para que, quando do interrogatório do acusado, faça constar a informação sobre a **existência de filhos**, respectivas idades e se possuem alguma deficiência e o nome e o contato de eventual responsável pelos cuidados dos filhos, indicado pela pessoa presa.	**17**
INCONSTITUCIONALIDADE DA TOMADA ISOLADA DO INTERROGATÓRIO DE CORRÉU	
O art. 191, do CPP, prevê que o interrogatório de um réu não seja assistido pelo outro nos processos onde há mais de um acusado. É regra similar à oitiva de testemunhas, que ordena que uma pessoa não ouça as declarações da outra. Cuida-se de regra antiga, contemporânea ao tempo que o interrogatório era o primeiro meio de prova colhido no curso do processo. Entendemos ser inconstitucional esse dispositivo.	**18**
OBSERVÂNCIA DA ORDEM DOS INTERROGATÓRIOS E DAS ALEGAÇÕES FINAIS NOS CASOS DE CORRÉU COLABORADOR	
O réu deve falar por último. Essa regra deve se aplicar não apenas à apresentação de memoriais finais de defesa, mas também aos interrogatórios, considerando o princípio da defesa ampla. Nos casos de colaboração premiada, enxergamos o colaborador como coadjuvante da acusação. O STF pontuou a questão, assegurando que as alegações do corréu delatado devem ser apresentadas ao final.	**19**
PROCEDIMENTO DO INTERROGATÓRIO DO ACUSADO	
Tratando-se do interrogatório do acusado preso, admite-se a realização do ato no estabelecimento prisional onde estiver recolhido, com as cautelas atinentes à segurança das pessoas que participem da audiência, publicidade do ato, além da presença do defensor. O acusado, além do seu direito de silenciar, tem a faculdade de não comparecer ao ato de interrogatório. É inconstitucional a condução coercitiva para o interrogatório do acusado, como assentado em julgamento de ações de arguição de preceito fundamental, recaindo sobre o art. 260, do CPP, de forma parcial. O interrogatório está bem afirmado como **meio de defesa**. A ausência do réu ao ato não pode ser interpretada em seu prejuízo.	**20**
REQUERIMENTO DE DILIGÊNCIAS	
Encerrada a produção probatória ao final da audiência de instrução e julgamento, do rito comum ordinário, o Ministério Público, o querelante e o assistente e, a seguir, o acusado poderão requerer diligências cuja necessidade se origine de circunstâncias ou fatos apurados na instrução, na forma do art. 402, do CPP.	**21**
DEBATES OU ALEGAÇÕES FINAIS ESCRITAS	
Caso não haja pedido de diligências, ou sendo indeferido pelo juiz, serão abertos os debates, com o oferecimento de alegações finais orais por vinte minutos, respectivamente, pela acusação e pela defesa, prorrogáveis por mais dez. Esse tempo será individual para cada acusado na hipótese de mais de um único réu. Havendo assistente do MP, serão concedidos, àquele, dez minutos logo em seguida ao pronunciamento do ***Parquet***, prorrogando-se por igual período o tempo de manifestação da defesa, *ex vi* do art. 403, § 2º, CPP.	**22**

CAPÍTULO XXIX – PROCEDIMENTO COMUM	
Entrementes, o magistrado poderá, considerada a complexidade do caso ou o número de acusados, conceder às partes o prazo de cinco dias sucessivamente para a apresentação de memoriais, caso em que não proferirá sentença em audiência, mas dentro do prazo de dez dias (art. 403, § 3º, CPP). Outrossim, a teor do art. 404 e parágrafo único, do CPP, caso o juiz ordene diligência considerada imprescindível, de ofício ou a requerimento da parte, a audiência será concluída sem os debates orais. Realizada, em seguida, a diligência determinada, as partes apresentarão, no prazo sucessivo de **cinco dias**, suas alegações finais, por memorial, e, no prazo de dez dias, o juiz proferirá a sentença. Havendo pluralidade de réus, é preciso distinguir: (1) o Código assegura prazo sucessivo às partes, isto é, primeiro a acusação, depois a defesa. Não há previsão legal de prazo relativamente a cada réu, razão pela qual o prazo, relativamente aos acusados é comum, como regra, permanecendo os autos disponíveis a todos, na secretaria do juízo. (2) havendo acusado colaborador, ao lado de outro delatado, o prazo deve ser sucessivo, assegurando ao último falar por último, em respeito à ampla defesa, como estudamos supra.	**22**
OMISSÃO DE APRESENTAÇÃO DE ALEGAÇÕES FINAIS ESCRITAS OU MEMORIAIS	
Caso a acusação seja omissa em apresentar o memorial, teremos consequências diversas, a depender da titularidade da ação. (1) Nas **ações penais públicas**, a omissão do MP equivaleria, indiretamente, a uma desistência da ação. Como isso não pode ocorrer, deve o magistrado encaminhar os autos à instância revisional do MP, para que supra a omissão, aplicando por analogia, no que couber, o art. 28, *caput*, do CPP, na redação dada pela Lei nº 13.964/2019. (2) Nas **ações penais privadas**, por sua vez, vai implicar desídia do querelante, com a paralisação do processo pela pendência do ato, e a sanção é a declaração da perempção, o que vai desaguar na extinção da punibilidade (art. 60, I, CPP). Já se o querelante deixa de requerer a condenação nas alegações orais ou no memorial, dará causa, da mesma forma, à perempção (art. 60, III, CPP).	**23**
SENTENÇA NO PROCEDIMENTO COMUM ORDINÁRIO	
Seguidamente, o juiz proferirá sentença, em audiência, quando apresentadas razões finais orais. De outra banda, será prolatada a sentença em dez dias, se as alegações finais tiverem sido ofertadas na modalidade escrita. De acordo o § 3º, do art. 800, do CPP, o juiz pode exceder os prazos legais, por igual tempo, declarando motivo justo. No entanto, essa regra não pode se sobrepor aos casos de acusados presos que, diante da urgência, devem ser julgados prioritariamente.	**24**
SEQUÊNCIA	
(1) remessa e distribuição do IP ao MP. O Juiz de Garantias exercerá o controle constitucional das garantias fundamentais, cuja salvaguarda esteja submetida à cláusula de reserva jurisdicional (art. 3º-B, CPP); (2) oferecimento da inicial acusatória; (3) recebimento ou rejeição da denúncia ou da queixa-crime; (4) recebida a inicial, será determinada a citação do acusado para responder à demanda em 10 dias; (5) resposta à acusação: em 10 dias; (6) possibilidade de absolvição sumária; (7) audiência de instrução e julgamento, a ser realizada no prazo máximo de sessenta dias. Na audiência serão realizados os seguintes atos processuais, nesta ordem: declarações do ofendido;	**25**

CAPÍTULO XXIX – PROCEDIMENTO COMUM	
inquirição das testemunhas arroladas pela acusação e pela defesa; esclarecimentos dos peritos; acareações; reconhecimento de pessoas e coisas; interrogatório do acusado; requerimento de diligências (surgida a necessidade na audiência); alegações finais orais (debates), se não requeridas diligências ou se indeferidas; (8) diligências (necessidade surgida na audiência, se deferidas, quando então os debates orais serão substituídos por memoriais); (9) em situação de complexidade, ou pluralidade de réus, serão apresentados memoriais em cinco dias, a deferimento do magistrado; (10) sendo apresentados memoriais, a sentença será prolatada em dez dias.	**25**
PROCEDIMENTO COMUM SUMÁRIO	
O procedimento comum sumário tem, em sua maior parte, desenvolvimento idêntico ao ordinário. A sua previsão legal é esparsa, conforme menção nos artigos 394, § 1º, II, e § 5º, 396, *caput*, 531 e 533, do CPP. A aplicação do procedimento comum sumário se baseia no quantitativo máximo em tese estabelecido para o tipo penal, vale dizer, a sanção abstrata máxima não deve ser igual ou superior a quatro anos. Havendo concurso de crimes ou aplicação de causas de aumento de pena com base em quantidades fixas estatuídas legalmente, esses serão considerados no cômputo da pena máxima. De acordo com o inciso II, do § 1º, do art. 394, do Código, o rito será sumário quando o processo tiver por objeto **crime** cuja sanção máxima cominada seja inferior a **quatro anos** de pena privativa de liberdade. Como regra, contudo, será adotado o rito comum sumário para os crimes, apenados com detenção ou com reclusão cuja pena máxima exceda o limite de dois anos, eis que foi estabelecido este patamar para a fixação da competência dos juizados especiais criminais (procedimento sumaríssimo).	**26**
DISTINÇÕES DO PROCEDIMENTO COMUM SUMÁRIO	
O procedimento comum sumário não se distingue substancialmente do ordinário, salvo quanto: (1) à pena máxima prevista para a infração penal – inferior a quatro anos (art. 394, § 1º, II, CPP); (2) ao número de testemunhas arroladas – cinco testemunhas para cada fato e para cada parte (art. 532, CPP); (3) à regra de que a audiência de instrução e julgamento seja realizada no prazo máximo de trinta dias. Na falta de indicação do termo inicial para a contagem desse prazo, entendemos que deve fluir a partir da decisão que deixa de absolver sumariamente o réu (art. 531, CPP); (4) à falta de previsão de requerimento de diligência em face de fato surgido na audiência. Não obstante, é possível o adiamento excepcional de ato processual quando imprescindível a prova faltante (art. 535, CPP). Por outro lado, se necessário alterar o procedimento para permitir atos similares ao do procedimento ordinário, deve o juiz, fundamentadamente, determinar a sua conversão (art. 534, caput, CPP); e (5) à ausência de disposição prevendo apresentação de memoriais, sendo cogente a formulação de alegações finais na forma oral (debates), seguindo-se de sentença em audiência (art. 534, parágrafos, CPP). Tirante essas diferenças, tudo que falamos sobre o procedimento comum ordinário é aplicável ao procedimento comum sumário.	**27**

CAPÍTULO XXIX – PROCEDIMENTO COMUM	
FUNGIBILIDADE ENTRE O PROCEDIMENTO COMUM SUMÁRIO E O SUMARÍSSIMO	
O art. 538, do CPP, determina que, nas infrações penais de menor potencial ofensivo, quando o juizado especial criminal encaminhar ao juízo comum as peças existentes para a adoção de outro procedimento, observar-se-á o procedimento sumário. Pode acontecer, notadamente, quando a complexidade da causa assim determinar, máxime quando o acusado não for encontrado para ser citado pessoalmente, eis que a citação editalícia não é compatível com o procedimento sumaríssimo dos juizados especiais criminais.	**28**
AUDIÊNCIA DE INSTRUÇÃO E JULGAMENTO NO PROCEDIMENTO COMUM SUMÁRIO	
Na audiência de instrução e julgamento, a ser realizada no **prazo máximo de trinta dias**, proceder-se-á à tomada de declarações do ofendido, se possível, bem como à inquirição das testemunhas arroladas pela acusação e pela defesa, nesta ordem. Poderão ser tomados esclarecimentos de peritos, bem como acareações. Se requerido previamente, será admitido reconhecimento de pessoas e coisas. Indispensável observar, para tanto, as regras do Código (arts. 226 a 228, CPP). Por último, será interrogado o acusado, finalizando a audiência com os debates. Nessa audiência de instrução e julgamento, poderão ser inquiridas até cinco testemunhas arroladas pela acusação e cinco pela defesa (art. 532, CPP), relativamente a cada fato delituoso. Não entra nesse cômputo o informante. Também não se inclui naquele a testemunha extranumerária, que seria a determinada pelo juiz. Nenhum ato será adiado, salvo quando imprescindível a prova faltante, determinando o juiz a condução coercitiva da testemunha que deva comparecer (art. 535, CPP), independentemente da suspensão da audiência, observada em qualquer caso a ordem legal da oitiva e os limites constitucionais. Na audiência de instrução e julgamento, após a colheita das provas, serão oferecidas alegações finais orais, concedendo-se a palavra, respectivamente, à acusação e à defesa, pelo prazo de vinte minutos, prorrogáveis por mais dez, proferindo o juiz, a seguir, sentença. Caso haja mais de um acusado, o tempo previsto para a defesa de cada um será individual e, havendo assistente do Ministério Público, após a manifestação deste, serão concedidos dez minutos, prorrogando-se por igual período o tempo de manifestação da defesa. Encerrados os debates, deve ser prolatada sentença. Não há previsão legal de oferecimento de memoriais escritos no rito comum sumário, nem de conclusão dos autos para a sentença.	**29**
CONVERSÃO DO PROCEDIMENTO COMUM SUMÁRIO EM ORDINÁRIO	
Caso haja motivo razoável e por decisão fundamentada, o juiz poderá determinar o oferecimento de razões finais escritas toda vez que a complexidade do caso recomendar.	**30**
SEQUÊNCIA	
(1) remessa e distribuição do IP ao MP. Nessa fase investigativa, o juiz das garantias poderá controlar a legalidade das investigações, na salvaguarda de direitos fundamentais cuja tutela caiba ao Poder Judiciário; (2) oferecimento da inicial acusatória;	**31**

CAPÍTULO XXIX – PROCEDIMENTO COMUM	
(3) recebimento ou rejeição da denúncia ou da queixa-crime; (4) recebida a inicial será determinada a citação do acusado para responder a demanda em 10 dias, encerrando-se a competência do juiz das garantias; (5) resposta à acusação: em **dez dias**. No caso de acusado citado por edital, esse prazo começa a fluir do seu comparecimento pessoal ou de seu defensor constituído, caso o prazo editalício transcorra in albis. Não comparecendo, nem constituindo defensor, suspende-se o processo e a prescrição. Se citado por hora certa ou pessoalmente e não apresenta resposta, o juiz nomeará defensor para oferecê-la; (6) possibilidade de absolvição sumária (julgamento antecipado do mérito), em razão da certeza quanto ao fato não constituir crime; presença de excludente de ilicitude, culpabilidade (salvo a inimputabilidade), e causa de extinção da punibilidade; (7) audiência de instrução e julgamento, a ser realizada no prazo máximo de **trinta dias**, quando devem estar concluídas as diligências requeridas pelas partes. Na audiência serão realizados os seguintes atos processuais, nesta ordem: declarações do ofendido; inquirição das testemunhas arroladas pela acusação e pela defesa; esclarecimentos dos peritos; acareações; reconhecimento de pessoas e coisas; interrogatório do acusado; alegações finais orais (debates); sentença.	**31**
PROCEDIMENTO COMUM SUMARÍSSIMO	
É o rito dos juizados especiais.	**32**
PREVISÃO CONSTITUCIONAL DOS JUIZADOS ESPECIAIS CRIMINAIS	
A Constituição do Brasil, em seu art. 98, trouxe previsão da instituição dos juizados especiais criminais com competência para processar e julgar os delitos de menor potencial ofensivo.	**33**
PRINCÍPIOS INFORMADORES DOS JUIZADOS ESPECIAIS CRIMINAIS	
Os princípios preconizados pela Lei nº 9.099/1995, para o rito dos processos em tramitação nos juizados são, nos termos do seu art. 62, a oralidade, a informalidade, a economia processual, a celeridade e a simplicidade. Ao lado desses, aquele enunciado averba que se deve objetivar, sempre que possível, a reparação dos danos sofridos pela vítima e a aplicação de pena não privativa de liberdade.	**34**
COMPETÊNCIA DOS JUIZADOS ESPECIAIS CRIMINAIS	
O parâmetro para sua definição é quantitativo, nos termos do art. 394, § 1º, III, do CPP. A pena máxima abstrata não deve exceder dois anos, independentemente de previsão legal de procedimento especial, da qualidade de crime ou contravenção. A única ressalva, é para os crimes militares, consoante o art. 90-A, da Lei nº 9.099/1995, que explicita que as disposições desse diploma não se aplicam à justiça militar. Havendo concurso de crimes, a competência será definida pelo resultado da soma das penas máximas cominadas aos delitos, seja pelo critério do cúmulo de infrações, seja pelo critério da exasperação.	**35**
FASE PRELIMINAR	
Constatado o cometimento de delito de menor potencial ofensivo, a autoridade policial deverá proceder à lavratura de termo circunstanciado de ocorrência (TCO). Não há que se falar em inquérito policial para crimes de menor potencial ofensivo, cuja pena máxima não exceda dois anos. O inquérito policial, todavia, poderá ser realizado, independentemente do *quantum* da pena prevista em lei, em razão:	**36**

<table>
<tr><th colspan="2">CAPÍTULO XXIX – PROCEDIMENTO COMUM</th></tr>
<tr><td>(1) da conexão com outro delito que não seja de menor potencial ofensivo;
(2) de cúmulo de infrações penais de menor potencial ofensivo, cuja totalização das penas exceda dois anos;
(3) de delitos com violência doméstica à mulher, nos termos da Lei nº 11.340/2006;
(4) de não ser conhecido o agressor, quando a investigação regular (inquérito) será instaurada para apuração da autoria, diante da plausibilidade do imputado não ser encontrado, no futuro, para ser citado;
(5) de crime militar;
(6) de crime de lesão corporal no trânsito em que o agente esteja em uma das situações descritas no § 1º, do art. 291, da Lei nº 9.503/1997, a exemplo de conduzir o veículo sob influência de álcool.
Ainda que tenham pena igual ou inferior a dois anos, a apuração dessas infrações penais não deve ser feita por termo circunstanciado de ocorrência, mas por inquérito policial ou procedimento investigativo dessa natureza.</td><td>36</td></tr>
<tr><th colspan="2">TERMO CIRCUNSTANCIADO DE OCORRÊNCIA</th></tr>
<tr><td>O termo circunstanciado de ocorrência consiste em uma investigação simplificada, com o resumo das declarações das pessoas envolvidas e das testemunhas, e eventualmente com a juntada de exame de corpo de delito para os crimes que deixam vestígios. Objetiva-se, como se infere, coligir elementos que atestem autoria e materialidade delitiva, ainda que de forma sintetizada.
Nos autos do termo circunstanciado de ocorrência, o delegado tomará o compromisso do autuado de comparecer ao juizado especial em dia e horário designados previamente. Concluído o termo circunstanciado de ocorrência, o delegado de polícia deve remetê-lo ao MP. O controle da legalidade do TCO e a salvaguarda de direitos fundamentais caberão ao juiz das garantias, se provocado, diante do art. 3º-A, do CPP, na redação da Lei nº 13.964/2019.
Não pode a autoridade policial arquivar o termo circunstanciado de ocorrência, devendo este seguir para o MP.
Dessa maneira, recebido o TCO e verificada justificativa para arquivamento, deve o determinar o promotor de justiça. Depois de ordenado o seu arquivamento, o órgão do MP comunicará à vítima, ao investigado e à autoridade policial e encaminhará os autos para a instância de revisão ministerial para fins de homologação.
Nesse interregno, se a vítima, ou seu representante legal, não concordar com o arquivamento do inquérito policial, poderá, no prazo de trinta dias do recebimento da comunicação, submeter a matéria à revisão da instância competente do órgão ministerial, conforme dispuser a respectiva lei orgânica.</td><td>37</td></tr>
<tr><th colspan="2">AUDIÊNCIA PRELIMINAR NOS JUIZADOS ESPECIAIS CRIMINAIS</th></tr>
<tr><td>A audiência preliminar pode ter desfechos distintos a depender da iniciativa da ação penal do delito de menor potencial ofensivo. Na audiência preliminar, presentes o autuado, vítima, respectivos advogados, responsável civil e o órgão do MP, haverá oportunidade para composição dos danos civis, isto é, as partes podem se conciliar, mediante indenização ou retratação formulada pelo autor do fato. Uma vez obtida a composição, será lavrado o acordo e homologado por sentença.</td><td>38</td></tr>
</table>

CAPÍTULO XXIX – PROCEDIMENTO COMUM

Essa sentença é irrecorrível, conforme expressa a Lei nº 9.099/1995, em seu art. 74. Caso haja ilegalidade que viole a vontade das partes, deve ser admitido mandado de segurança.

Se o crime for de ação penal de iniciativa privada ou de ação penal pública condicionada à representação, a composição dos danos civis equivale à **renúncia** ao direito de queixa ou de representação, com a conseguinte extinção da punibilidade.

Se for obtida composição dos danos civis em crime de ação penal pública incondicionada, prossegue-se com os demais termos do procedimento.

O Estatuto do Idoso possibilita a aplicação do procedimento previsto na Lei nº 9.099/1995 para os crimes nele previstos, com o limite máximo de quatro anos.

Nesse diapasão, conferindo ao art. 94, Lei nº. 10.741/2003, interpretação conforme a Constituição, o STF se posicionou nos autos da ADI nº 3096 pela impossibilidade de aplicação de quaisquer medidas despenalizadoras e de interpretação benéfica ao autor do crime, quando a vítima for pessoa idosa.

Também não são aplicáveis os institutos despenalizadores da Lei nº 9.099/1995 aos casos que demandam a incidência da Lei nº 11.340/2006. Sobre o tema, o STJ editou a Súmula nº 536, deixando claro que a suspensão condicional do processo e a transação penal não se aplicam na hipótese de delitos sujeitos ao rito da Lei Maria da Penha.

Em se tratando de crime de ação penal privada, não obtida a composição dos danos civis, é prudente que o juiz suspenda a audiência, advertindo a vítima da necessidade de oferecer queixa-crime antes do decurso do prazo decadencial. Nada impede que seja ela oferecida na própria audiência, oralmente, sendo reduzida a termo. Se decorrer tal prazo sem a propositura da queixa, será exarada decisão extintiva da punibilidade 38
do agente. Tal providência evita que, ao autuado por crime de ação penal privada, seja oferecida transação penal antes de se certificar do efetivo desejo da vítima de ajuizar a ação penal privada.

Em seguida, tendo em vista ser, a transação penal, medida tendente à aplicação imediata de pena – a aplicação da pena em si é privativa do Estado –, é adequado que, uma vez verificada a propositura da queixa-crime, seja assegurada ao réu a proposta de transação penal.

Sendo o crime de ação penal pública, a não obtenção de composição prévia dos danos ou de conciliação, abre a possibilidade de oferecimento de **transação penal** pelo MP, nos termos do art. 76, da Lei nº 9.099/1995. Contudo, para que seja a transação penal proposta regularmente, é imprescindível a existência de suporte probatório mínimo, ou seja, que haja suficiente quadro lastro empírico, com indícios de autoria e de materialidade delitiva em torno do delito de menor potencial ofensivo.

O ***Parquet*** não deve oferecer transação penal, sem aferir a plausibilidade jurídica dos elementos de informação constantes do termo circunstanciado de ocorrência. Ao revés, ele poderá, alternativamente:

(1) requerer diligências complementares;

(2) promover o arquivamento do termo circunstanciado de ocorrência, por atipicidade ou mesmo por falta de condição de procedibilidade, submetendo a questão a controle revisional do Ministério Público, nos termos do art. 28, *caput*, do CPP, de acordo com a Lei nº 13.964/2019;

(3) oferecer transação penal, com proposta de aplicação imediata de pena restritiva de direitos, tal como a prestação de serviço à comunidade ou a prestação pecuniária;

CAPÍTULO XXIX - PROCEDIMENTO COMUM

(4) requerer a remessa dos autos ao juízo competente, se entender, por exemplo, que não se trata de infração de menor potencial ofensivo; ou

(5) recusar, fundamentadamente, propor transação penal, por reputar não recomendável para o autuado, em face de não estarem presentes requisitos objetivos ou subjetivos a tanto, fazendo, em decorrência, a proposta de denúncia oral, na própria audiência.

Nos crimes de ação penal privada ou de ação penal pública condicionada à representação, é indispensável a presença do ofendido na audiência. Se a vítima não comparecer, não é admissível a renovação de sua intimação, mas tão somente o aguardo do prazo decadencial.

Se houver impulso processual pelo ofendido, antes do decurso do prazo decadencial, nova audiência será designada. Caso contrário, ultrapassado o prazo de decadência, a punibilidade será extinta, com sua declaração por sentença.

O autor do fato não é obrigado a aceitar a proposta de transação penal, podendo recusá-la, ou até mesmo fazer contraproposta. **38**

Todavia, será ele informado de que a transação penal não implicará, segundo os termos da legislação, reconhecimento de culpa, reincidência, nem deixa antecedentes criminais. A única restrição para quem aceita a transação penal é a consistente em não poder aceitar outra transação penal por outro crime pelo prazo de cinco anos.

Uma vez aceita a transação penal, o juiz, verificando a regularidade de sua propositura, proferirá sentença homologatória. Dessa sentença, é cabível apelação, como reza o § 5º, do art. 76, da Lei dos Juizados Especiais.

De acordo com o verbete nº 35, da Súmula Vinculante, do STF, a homologação da transação penal prevista no artigo 76 da Lei 9.099/1995 não faz coisa julgada material e, descumpridas suas cláusulas, retoma-se a situação anterior, possibilitando-se ao Ministério Público a continuidade da persecução penal mediante oferecimento de denúncia ou requisição de inquérito policial.

Cumprida a transação penal, será proferida sentença de extinção da punibilidade. Caso contrário, poderá ser apresentada denúncia ou queixa-crime.

PROCEDIMENTO SUMARÍSSIMO

A suspensão condicional do processo foi sufragada para que o processo criminal, com denúncia recebida por crime com pena mínima não superior a um ano, fique suspenso por um período de prova de dois a quatro anos. Os termos para a proposta e aceitação da suspensão do processo são estatuídos no art. 89, da Lei nº 9.099/1995.

Nesse dispositivo, estão arroladas condições que devem ser cumpridas durante o período de prova do *sursis* processual. Não são penas, são condições! Ao juiz cabe fixar tais condições, seguindo os permissivos legais. O Ministério Público tem a legitimidade para oferecer a suspensão condicional do processo, mas não a tem para fixar condições, diante do teor do supradito art. 89, da Lei dos Juizados. **39**

A suspensão condicional do processo não ficou restrita ao âmbito dos juizados especiais.

Ela tem aplicação junto aos processos de todos os outros juízos, a exceção dos casos legais, como aqueles que tramitam na Justiça Militar, como dispõe o art. 90-A, da Lei nº 9.099/1995.

CAPÍTULO XXIX – PROCEDIMENTO COMUM	
Desse modo, mesmo em processo-crime eleitoral, sendo a pena mínima do crime imputado igual ou inferior a um ano, é cabível o oferecimento da suspensão condicional do processo, desde que preenchidos os requisitos objetivos e subjetivos legais. A petição inicial, oral ou escrita, não precisa estar acompanhada de exame de corpo de delito formal. Explicamos: ela pode estar lastreada em boletim médico ou correlato. Contudo a sua substituição pela utilização da prova testemunhal somente pode ocorrer na forma dos arts. 158, *caput*, e 167, do CPP. Ao acusado será entregue cópia da denúncia ou da queixa antes mesmo do seu recebimento formal, ficando com ela citado e ciente da designação de audiência instrução e julgamento. Não comparecendo o autor do fato à audiência preliminar, terá que ser citado pessoalmente. Não sendo encontrado, não tem cabimento citação por edital, restando a remessa dos autos ao juízo comum, nos termos do art. 66, parágrafo único, da Lei nº 9.099/1995.	**39**
AUDIÊNCIA DE INSTRUÇÃO E JULGAMENTO NO PROCEDIMENTO SUMARÍSSIMO	
Na audiência de instrução e julgamento, ao defensor do acusado será dada a palavra para apresentar resposta à acusação. Estamos diante de mais um procedimento onde se admite a defesa preliminar, seguindo-se o recebimento ou a rejeição da denúncia ou da queixa-crime. Trata-se de ato que, no âmbito dos juizados especiais criminais, é de competência do juiz da instrução e julgamento. É admissível reiteração de propostas conciliatórias e de transação penal nesta audiência, especialmente se não foram oportunizadas na audiência preliminar. Rejeitada a denúncia, caberá apelação, por petição escrita, em dez dias, julgada por órgão junto ao próprio juizado composto por três juízes, que é a turma recursal. Uma vez recebida a petição inicial, se tiver sido oferecida suspensão condicional do processo, o acusado poderá aceitá-la ou recusá-la. Se aceita a suspensão, com o estabelecimento das condições legais e extralegais, o processo ficará suspenso pelo período de prova, de dois a quatro anos, findo o qual, sem revogação, será declarada extinta a punibilidade, por sentença. Contra esta, cabível também o apelo, no âmbito dos juizados especiais. Recebida a denúncia, é possível, em tese, por força do § 4º do art. 394 do CPP, que o magistrado absolva sumariamente o réu, invocando a aplicação do art. 397, do CPP.	**40**
REJEIÇÃO DA INICIAL E ABSOLVIÇÃO SUMÁRIA NO PROCEDIMENTO SUMARÍSSIMO	
Na verdade, sendo a defesa preliminar exitosa, o magistrado estará apto a rejeitar a inicial. A depender do fundamento, a rejeição pode se basear em motivo de absolvição sumária. Afinal, as hipóteses de absolvição antecipada vêm esquadrinhadas no art. 397, do CPP, tendo lugar diante: (1) do fato evidentemente não constituir crime; (2) de excludentes de ilicitude; (3) de excludentes de culpabilidade; (4) de causas de extinção da punibilidade.	**41**
PRODUÇÃO DA PROVA ORAL E JULGAMENTO NOS JUIZADOS ESPECIAIS CRIMINAIS	
Não havendo absolvição sumária, será ouvida a vítima. Na sequência, serão ouvidas as testemunhas, a começar pelas arroladas pela acusação. A Lei nº 9.099/1995 não estabelece número máximo, sendo razoável entender o número máximo de três para o MP e para defesa. A oitiva de testemunhas obedece à disciplina normativa do CPP, não havendo diferença substancial em razão da especialidade do juízo. É admissível que os depoimentos sejam gravados por meios eletrônicos.	**42**

<table>
<tr><th colspan="2">CAPÍTULO XXIX – PROCEDIMENTO COMUM</th></tr>
<tr><td>Após a oitiva das testemunhas será o acusado interrogado. Em seguida, são iniciados os debates orais, com a sustentação do MP ou querelante e do defensor, pelo prazo que o juiz fixar. A sentença, que está dispensada de relatório, será proferida na própria audiência, podendo o juiz determinar a conclusão dos autos se, por motivo justificado, necessitar aprofundar sua cognição acerca do fato.
Da sentença, caberá apelação, em dez dias contados da ciência do Ministério Público ou da ciência do réu e do seu defensor, sendo o recorrido intimado para apresentar contrarrazões pelo mesmo prazo.
É possível a oposição de embargos de declaração, em cinco dias. Eles interrompem o prazo recursal, ex vi do art. 83, caput e § 2º, da Lei nº 9.099/1995, a fim de devolver o prazo para os demais recursos.
Não há que se falar em recurso em sentido estrito nos juizados especiais criminais.
A contagem dos prazos no processo penal é em dias corridos.
Da sessão de julgamento do apelo, as partes serão intimadas pela imprensa, ressalvados o MP e a Defensoria Pública ou defensor dativo, em face da prerrogativa de estes de intimação pessoal, na forma das leis de regência.</td><td>42</td></tr>
</table>

44. SÚMULAS DO STJ

243. O benefício da suspensão do processo não é aplicável em relação às infrações penais cometidas em concurso material, concurso formal ou continuidade delitiva, quando a pena mínima cominada, seja pelo somatório, seja pela incidência da majorante, ultrapassar o limite de um (01) ano.

330. É desnecessária a resposta preliminar de que trata o artigo 514 do Código de Processo Penal, na ação penal instruída por inquérito policial.

337. É cabível a suspensão condicional do processo na desclassificação do crime e na procedência parcial da pretensão punitiva.

347. O conhecimento de recurso de apelação do réu independe de sua prisão.

415. O período de suspensão do prazo prescricional é regulado pelo máximo da pena cominada.

455. A decisão que determina a produção antecipada de provas com base no art. 366 do CPP deve ser concretamente fundamentada, não a justificando unicamente o mero decurso do tempo.

522. A conduta de atribuir-se falsa identidade perante autoridade policial é típica, ainda que em situação de alegada autodefesa.

536. A suspensão condicional do processo e a transação penal não se aplicam na hipótese de delitos sujeitos ao rito da Lei Maria da Penha.

607: A majorante do tráfico transnacional de drogas (art. 40, I, da Lei nº. 11.343/2006) configura-se com a prova da destinação internacional das drogas, ainda que não consumada a transposição de fronteiras.

636. A folha de antecedentes criminais é documento suficiente a comprovar os maus antecedentes e a reincidência.

45. SÚMULAS DO STF

Súmula Vinculante nº 35. A homologação da transação penal prevista no artigo 76 da Lei 9.099/1995 não faz coisa julgada material e, descumpridas suas cláusulas, retoma-se a situação anterior, possibilitando-se ao Ministério Público a continuidade da persecução penal mediante oferecimento de denúncia ou requisição de inquérito policial.

423. Não transita em julgado a sentença por haver omitido o recurso "***ex officio***", que se considera interposto "ex lege".

524. Arquivado o inquérito policial, por despacho do juiz, a requerimento do promotor de justiça, não pode a ação penal ser iniciada, sem novas provas.

696. Reunidos os pressupostos legais permissivos da suspensão condicional do processo, mas se recusando o Promotor de Justiça a propô-la, o Juiz, dissentindo, remeterá a questão ao Procurador-Geral, aplicando-se por analogia o art. 28 do Código de Processo Penal.

707. Constitui nulidade a falta de intimação do denunciado para oferecer contrarrazões ao recurso interposto da rejeição da denúncia, não a suprindo a nomeação de defensor dativo.

714. É concorrente a legitimidade do ofendido, mediante queixa, e do ministério público, condicionada à representação do ofendido, para a ação penal por crime contra a honra de servidor público em razão do exercício de suas funções.

46. QUESTÕES DE CONCURSOS PÚBLICOS

01. (2016 – CESPE – TJ-AM – Juiz Substituto) Em se tratando de procedimento comum ordinário, o juiz deverá absolver sumariamente o acusado quando verificar que

(A) a punibilidade está extinta em razão da ocorrência da prescrição da pretensão punitiva em perspectiva.

(B) o fato foi cometido em situação de manifesta inexigibilidade de conduta diversa.

(C) estão ausentes indícios mínimos de autoria e materialidade do fato supostamente praticado.

(D) o acusado é portador de doença mental, atestada por laudo médico oficial, e inteiramente incapaz de entender o caráter ilícito do fato.

(E) o fato foi cometido em estrita obediência a ordem manifestamente ilegal.

02. (2015 – MPE-SP – MPE-SP – Promotor de Justiça) Assinale a alternativa correta:

(A) No procedimento ordinário, o Juiz de Direito, depois de receber a denúncia, determinará a citação do réu para o oferecimento de defesa escrita, que não é, entretanto, obrigatória.

(B) A inobservância do princípio da identidade física do juiz é causa de nulidade absoluta, mesmo em face da promoção do magistrado que tenha presidido a instrução.

(C) O advogado deverá ser intimado da data da audiência designada no juízo deprecado.

(D) A pendência de cumprimento de carta precatória impede o julgamento do feito.

(E) Todas as alternativas estão incorretas.

03. (2015 – PGR – Procurador da República – Adaptada) Julgue a afirmativa:

É integralmente correto afirmar que, nos procedimentos sumário e ordinário, o juiz pode absolver sumariamente o réu se verificar: a existência de manifesta causa que exclui a ilicitude do fato; a existência de manifesta causa que exclua a culpabilidade, salvo a inimputabilidade; que não ha provas do crime ou que o fato não constitui crime; e quando extinta a punibilidade do agente.

04. (ACAFE – Delegado de Polícia – SC/2014) Ante as disposições do Código de Processo Penal, analise as afirmações a seguir.

I. O procedimento comum será ordinário, sumário ou sumaríssimo.

II. O procedimento será ordinário quando tiver por objeto crime cuja sanção máxima cominada for igual ou superior a 3 (três) anos de pena privativa de liberdade

III. O procedimento será sumário sempre que tiver por objeto crime cuja sanção máxima cominada seja inferior a 3 (três) anos de pena privativa de liberdade.

IV. O procedimento será sumaríssimo para as infrações penais de menor potencial ofensivo, na forma da lei.

Assinale a alternativa correta.

(A) Apenas I, II e III estão corretas.

(B) Apenas II e III estão corretas.

(C) Apenas II, III e IV estão corretas.

(D) Apenas I e IV estão corretas.

(E) Todas as afirmações estão corretas.

47. GABARITO ANOTADO

01 – B

Vide:

- Art. 397 do CPP.
- Procedimento comum ordinário (artigos 394 a 405, CPP).

02 – E

Vide:

- Artigos 396, 396-A, 399, § 2º, 222, § 2º, todos do CPP.
- Súmula 273 do STJ.
- Procedimento comum ordinário (artigos 394 a 405, CPP).

03 – E

Vide:

- Art. 397 do CPP.
- Procedimento comum ordinário (artigos 394 a 405, CPP).

04 – D

Vide:

- I – Art. 394, § 1º, CPP.
- II – Art. 394, § 1º, I, CPP.
- III – Art. 394, § 1º, II, CPP.
- IV – Art. 394, § 1º, III, CPP.

48. QUESTÕES DISCURSIVAS COM COMENTÁRIOS

01. (UEG – Delegado de Polícia – GO/2009) Avalie, justificadamente, a possibilidade de julgamento antecipado da lide no processo penal brasileiro.

Resposta

Falamos sobre essa possibilidade ao estudarmos o procedimento comum ordinário. As formas processuais penais podem ser mitigadas quando a providência judicial penal for mais favorável ao acusado e maximize direitos fundamentais. É perfeitamente possível o julgamento antecipado da lide, no processo penal brasileiro. Aliás, há previsão legal expressa, como se dá, por exemplo, com o que reza o art. 397, CPP (hipóteses de absolvição sumária).

Note-se que a antecipação de julgamento da lide no sentido absolutório ou extintivo de punibilidade pode ocorrer, inclusive, sem sentença formal, mas através de decisões definitivas ou com força de definitiva, bastando exemplificar o denominado arquivamento definitivo de inquérito policial, cuja decisão faz coisa julgada material.

O que não pode acontecer é a abreviação do rito para ser imposta condenação. Para ser válido provimento condenatório é indispensável o respeito às formas processuais e que ele seja proferido no momento procedimental gizado em lei.

Capítulo XXX

Procedimentos Especiais

1. INTRODUÇÃO

Procedimento especial é o rito que se diferencia do procedimento comum, conforme disciplina legislativa. Temos vários procedimentos especiais previstos nas leis processuais penais e no próprio Código de Processo Penal.

No nosso CPP, eles estão situados no Título II, do seu Livro III, sob o rótulo "processos especiais". Para adequar essa expressão à terminologia adotada após sucessivas modificações no texto do Código, chamaremos procedimentos especiais, opondo essa classe de ritos à noção de procedimento comum.

Os procedimentos podem ser especiais, por exemplo, quando se distinguem por uma fase preliminar, que antecede o recebimento da denúncia, ou a partir do prazo concedido para as alegações finais.

A diferença, por vezes, é tênue, se comparado o rito especial ao procedimento comum. Por outro lado, a distinção no procedimento pode se referir, por exemplo, ao do inquérito policial, ao do processo penal ou ao de ambos. Vemos, então, que o nome procedimento é usado em sentido amplo, abrangendo toda a persecução penal estatal.

Em outros casos, é verificada diferença em face do processo ter de tramitar em órgão colegiado.

Aos procedimentos especiais, é admitida aplicação subsidiária do procedimento comum ordinário (art. 394, § 5º, CPP). Essa incidência supletiva deve se orientar pela Constituição.

2. PROCEDIMENTO ESPECIAL DOS CRIMES AFIANÇÁVEIS IMPUTADOS A FUNCIONÁRIO PÚBLICO

O crime cometido por funcionário público, que se referir à sua atuação como servidor público, deve ser processado e julgado conforme os artigos 513 a 518, do Código de Processo Penal. No Código Penal, encontramos o regramento para a definição dos crimes praticados por funcionários públicos contra a administração em geral, nos seus artigos 312 a 327, a exemplo do delito de peculato.

O Código não é técnico ao usar a expressão "crime de responsabilidade". Na verdade, o rito deve ser aplicado a todos as infrações penais que tenham sido realizadas em razão do cargo público, desde que não incida outra disciplina especial prevalente.

Por exemplo, se o funcionário público comete homicídio doloso contra a vida de civil no exercício de sua função de policial militar, será processado perante o júri e conforme o rito escalonado inerente ao Tribunal Popular.

Por outro lado, se o crime é o de abuso de autoridade, aplica-se, no que couber, o CPP e a Lei nº 9.099/1995, nos termos do art. 39, da Lei nº 13.869/2019, podendo, conforme a hipótese, ter lugar o rito especial aqui descrito. Vale dizer, não sendo a hipótese de infração penal de menor potencial ofensivo, deve ser aplicado o procedimento especial que ora estudamos, para delitos funcionais em sentido amplo, imputados a quem se enquadre à definição legal de funcionário público, gizada no art. 327, e parágrafos, do Código Penal.

Cumpre lembrar que se o agente detiver cargo que faça incidir a competência por prerrogativa de função, aplicaremos outro rito, dos processos que devem correr perante tribunais. A Lei nº 8.038/1990 reza sobre o processo no âmbito do Superior Tribunal de Justiça e do Supremo Tribunal Federal, sendo aplicável aos demais tribunais.

Quando o funcionário não é titular de prerrogativa inerente à função ou ao cargo que exerce, a competência para processo e julgamento é do juiz de primeiro grau. É aqui que têm incidência os enunciados normativos dos artigos 513 e seguintes do CPP.

3. OFERECIMENTO DE DENÚNCIA OU QUEIXA-CRIME NOS CRIMES AFIANÇÁVEIS ABRANGIDOS PELO PROCEDIMENTO ESPECIAL

A denúncia ou queixa-crime deve vir instruída com a documentação que confira lastro probatório mínimo à acusação, ou seja, com documentos ou justificação que façam presumir a existência do delito ou com declaração fundamentada da impossibilidade de apresentação de qualquer dessas provas.

A especialidade do rito aparecerá quando a conduta imputada a funcionário público for **crime afiançável**. Como regra, os crimes funcionais imputados a funcionário público, no exercício de suas funções, são afiançáveis. Não serão afiançáveis, todavia, os delitos com vedação constitucional ou legal, quais sejam:

(1) os crimes hediondos e assemelhados, leia-se, tráfico de drogas, tortura e terrorismo (art. 5°, XLIII, CF);

(2) racismo (art. 5°, XLII, CF); e

(3) aqueles cometidos por grupos armados, civis ou militares, contra a ordem constitucional e o Estado Democrático (art. 5°, XLIV, CF).

Por outro lado, há impedimento à concessão da fiança em alguns casos de delitos que, em tese, seriam afiançáveis. Com efeito, toda vez que o agente estiver incurso em alguma das situações do art. 324, do CPP, teremos, em concreto, inafiançabilidade, a saber:

(1) quebramento de fiança;

(2) prisão civil ou militar; e

(3) quando presentes os requisitos da prisão preventiva.

Já o § 2° do art. 310 do CPP proíbe a liberdade provisória (com ou sem fiança) nas seguintes hipóteses:

(1) reincidente;

(2) integrante de organização criminosa armada ou milícia;

(3) portador de arma de fogo de uso restrito.

Essas hipóteses não afastam a aplicação do procedimento especial.

O que há é aplicação de regra impeditiva de concessão de nova fiança em procedimento já em curso ou imposição de prisão cautelar por estarem presentes os requisitos dos artigos 311 e 312, do CPP.

De outro ângulo, prisão civil ou militar não é matéria processual penal, pelo que não cogitamos sequer de aplicação ou não do procedimento aqui estudado. Aliás, a prisão militar foi expressamente vedada aos policiais militares e bombeiros militares, pela Lei nº 13.967/2019, ao inserir o inciso VII, ao art. 18, do Decreto-Lei nº 667/1969.

4. OBRIGATORIEDADE DA DEFESA PRELIMINAR NO PROCEDIMENTO ESPECIAL DE CRIME AFIANÇÁVEL IMPUTADO A FUNCIONÁRIO PÚBLICO

Em situação de crime afiançável imputado a funcionário público, o juiz, mandando autuar a denúncia ou queixa que esteja em sua devida forma, determinará a **notificação** do funcionário acusado para responder por escrito, no **prazo de quinze dias**, à imputação que lhe é feita.

Essa defesa preliminar do agente antecede o recebimento da peça acusatória. Como se dessume do texto legal (art. 514, CPP), a apresentação da defesa preliminar é mera faculdade, sendo estratégia a ser utilizada ou não pela defesa. Contudo, entendemos que a notificação para a sua apresentação é obrigatória, sob pena de **nulidade absoluta** e decretação de **invalidação** do processo desde o momento da omissão indevida violadora do direito à ampla defesa.

Contudo, os tribunais têm entendido que se cuida de **nulidade relativa**, carecendo de demonstração de prejuízo, para que se possa invalidar o processo. O STJ, por sua vez, editou o verbete nº 330, da sua Súmula, asseverando ser desnecessária a resposta preliminar de que trata o artigo 514 do Código de Processo Penal, na ação penal instruída por inquérito policial.

Segundo esse entendimento, prevalente, se a inicial acusatória estiver lastreada em inquérito policial, a defesa preliminar pode ser suprimida, sem a necessidade de intimação do denunciado ou querelado, não havendo que se falar em prejuízo.

Somos veementemente refratários a este entendimento. Para nós, maior prejuízo não há que uma condenação sem seguir o devido processo legal.

Não se pode suprimir um ato da defesa pelo simples fato da inicial estar embasada em procedimento investigativo preliminar. A defesa preliminar deve ser vista como ato útil a levar ao magistrado elementos que o permitam realizar um juízo mais equilibrado de admissibilidade da inicial, e em alguns casos, até mesmo rejeitá-la pelos elementos que lhe são trazidos.

Admitir a supressão deste momento pelo fato da prévia realização do inquérito é violar de morte o devido procedimento, além do contraditório e da ampla defesa. Se isto ocorrer, haverá nulidade absoluta, e por se tratar de ato que tumultua arbitrariamente o procedimento, admite-se o manejo da correição parcial, ou até mesmo a impetração de habeas corpus para que se reconheça a nulidade.

5. NATUREZA JURÍDICA DA DEFESA PRÉVIA AO RECEBIMENTO DA DENÚNCIA OU DA QUEIXA CRIME

Cuida-se de uma resposta prévia, semelhante a uma contestação, onde o funcionário poderá alegar matéria preliminar e de mérito que tenham o condão de supedanear a rejeição da denúncia ou da queixa, fazendo anexar documentos e justificações. Daí que o juiz, se convencendo dos argumentos do acusado ou de seu defensor concernentes à inexistência do crime ou à improcedência do pedido condenatório, poderá rejeitar a demanda, fundamentadamente, com esteio no art. 395, do CPP.

É por demais salutar a previsão procedimental da defesa preliminar, afinal, permite-se ao denunciado que se defenda, antes de se tornar juridicamente réu, tentando convencer o magistrado, e levando elementos para tanto, de que a inicial acusatória merece ser rejeitada.

É o exercício lídimo do contraditório e da ampla defesa ainda na fase preliminar, sem o início formal da persecução judicial. Cuida-se de autêntica fase de admissibilidade, evitando tornar permeável, automática, a alteração da situação jurídica de investigado para a de réu.

6. CAPACIDADE POSTULATÓRIA PARA A DEFESA PRELIMINAR NO RITO ESPECIAL DOS CRIMES IMPUTADOS A FUNCIONÁRIO PÚBLICO

A defesa preliminar, como peça facultativa, pode ser apresentada pelo próprio denunciado ou por seu advogado. É ato que não exige capacidade postulatória. Se o funcionário público não for encontrado para ser notificado, ou estando fora da jurisdição, ser-lhe-á nomeado defensor para a prática do ato. Desta forma, não há expedição de precatória nem notificação por edital. Não sendo encontrado o funcionário para ser notificado pessoalmente, e imprimidos esforços neste sentido, será intimada o defensor público ou, na sua ausência, nomeado advogado dativo.

7. PERDA DA CONDIÇÃO DE FUNCIONÁRIO PÚBLICO

O conceito de funcionário público no art. 327, do CP, é por demais amplo, englobando inclusive aqueles que, embora transitoriamente ou sem remuneração, exerçam cargo, emprego ou função pública.

Se o funcionário perde o seu *status*, não há de se falar em defesa preliminar. Este fato deve ser constatado na fase procedimental adequada, no momento em que o magistrado determinar a notificação para o ato.

8. CONCURSO DE INFRATORES E DE INFRAÇÕES NO PROCEDIMENTO DE CRIME AFIANÇÁVEL IMPUTADO A FUNCIONÁRIO PÚBLICO

Diante da pluralidade de réus, a defesa preliminar só será oportunizada àqueles que estejam na condição de funcionário público. Em outro giro, constatado o concurso de crimes, sendo um funcional e outro não funcional, entendemos que deve haver notificação para defesa preliminar em face de ambos os delitos, e o procedimento mais amplo e especial abrangerá até mesmo o delito não funcional, ampliando-se a esfera defensiva. No mesmo sentido, Tourinho Filho[1].

A questão, contudo, não é pacífica, prevalecendo a posição contrária, de que, no caso do concurso de infrações, estará prejudicada a defesa preliminar para todas, suprimindo-se a especialidade do procedimento. Nessa linha, o STF[2] e o STJ que, seguindo o primeiro, assentou que não caberia a defesa preliminar prevista no art. 514 do Código de Processo Penal se a denúncia imputa ao agente público crime funcional e crime não-funcional[3].

1. TOURINHO FILHO, Fernando da Costa. *Código de processo penal comentado*. 5. ed. São Paulo: Saraiva, 1999. v.2. p.170.
2. STF – Primeira Turma – HC 104336 – Rel. Min. Marco Aurélio – Rel. p/ Acórdão Min. Edson Fachin – publicado em 17 out. 2016.
3. STJ – Quinta Turma – AgRg no REsp 1675663/RS – Rel. Min. Reynaldo Soares da Fonseca – DJe 12 dez. 2019.

9. EFEITOS DA REJEIÇÃO DA INICIAL NO RITO DOS CRIMES IMPUTADOS A FUNCIONÁRIO PÚBLICO

A nosso ver, a depender dos elementos trazidos na defesa preliminar, a rejeição da inicial acusatória terá o *status* de decisão definitiva, fazendo coisa julgada material. A preliminar permite ao magistrado aquilatar, previamente, os argumentos defensivos. Dessa forma, provada de forma inconteste a atipicidade da conduta ou demonstrada desde logo a extinção da punibilidade, deve o magistrado reconhecer tais circunstâncias, de sorte a definir no mérito a questão, em verdadeiro julgamento antecipado do feito.

Há posição em sentido contrário, de sorte que a rejeição teria força de mera decisão interlocutória terminativa. Com esse entendimento, Eugênio Pacelli[4].

Em razão da regra do § 5º, do art. 394, do CPP, que ordena a incidência subsidiária da disciplina do procedimento comum aos procedimentos especiais, uma vez recebida a inicial e seguido o procedimento comum ordinário, teremos, no rito especial aqui examinado, uma segunda defesa preliminar, chamada de resposta preliminar à acusação. Esta tem inconteste natureza obrigatória, apresentada no prazo de dez dias, contados da citação do réu, o que permitirá ou não a ocorrência da absolvição sumária (art. 397, CPP).

10. SEQUÊNCIA NOS CRIMES IMPUTADOS A FUNCIONÁRIO PÚBLICO

(1) remessa e distribuição ao Ministério Público (art. 28, CPP, *caput*[5], conforme Lei nº 13.964/2019);

(2) oferecimento da inicial acusatória;

(3) notificação para defesa preliminar, a ser apresentada em 15 dias;

(4) rejeição ou recebimento da inicial, seguindo-se, neste último caso, o procedimento comum ordinário.

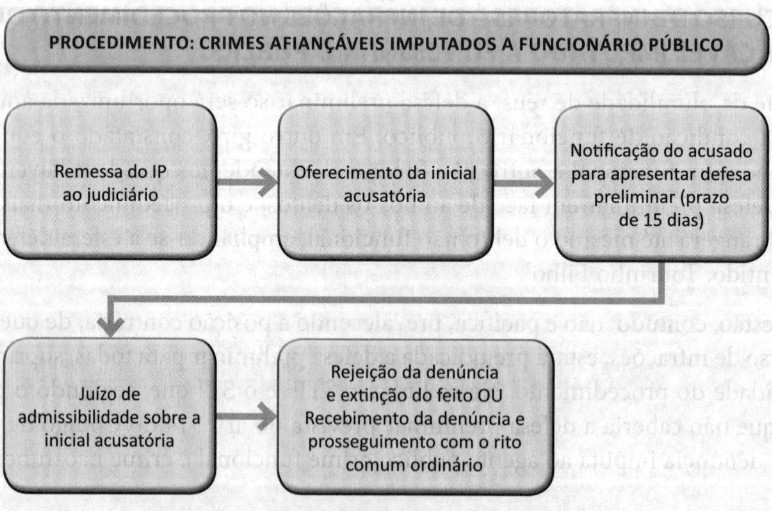

4. OLIVEIRA, Eugênio Pacelli. *Curso de processo penal*. 3. ed. Belo Horizonte: Del Rey, 2004. p. 751.
5. Dispositivo com eficácia suspensa, nos termos de decisão monocrática do Supremo Tribunal Federal (STF – ADI 6298/DF – Medida Cautelar – Rel. Min. Luiz Fux – 22 jan. 2020).

11. PROCEDIMENTO ESPECIAL DOS CRIMES CONTRA A HONRA

Do art. 519 ao 523, o Código regula o processo e o julgamento dos crimes de calúnia e injúria, de competência do juiz singular. Adequando-o às modificações legislativas ulteriores, teremos o procedimento especial dos crimes contra a honra, com a inclusão do delito de difamação, além daqueles.

Uma boa parte dos crimes contra a honra é submetida ao procedimento dos juizados especiais criminais, ou seja, ao procedimento sumaríssimo, que se orienta pela definição de delito de menor potencial ofensivo baseada, exclusivamente, no quantitativo máximo da pena em abstrato igual a dois anos.

Dessa forma, quase todos os delitos contra a honra passaram a ser processados perante o juizado especial criminal federal ou estadual, à exceção, por exemplo:

(1) dos crimes eleitorais, onde não se tem um juizado especial eleitoral e há um rito próprio das leis eleitorais;

(2) dos crimes militares, com previsão no Código de Processo Penal Militar;

(3) dos crimes contra honra perpetrados por agente com prerrogativa de função, cujo processo tem rito próprio estatuído em disciplina normativa específica;

(4) se o fato, em razão da sua complexidade, não permitir o oferecimento da inicial nos juizados; e

(5) havendo necessidade de citação por edital, por ser incompatível com o rito sumaríssimo.

O procedimento especial para os crimes contra a honra sobejou, pois, de maneira restrita, já que a regra é que tais infrações sejam processadas no seio dos juizados especiais criminais.

12. DELITOS ABRANGIDOS PELO PROCEDIMENTO ESPECIAL DOS CRIMES CONTRA A HONRA

O regramento gizado nos artigos 519 e seguintes, CPP, é para o processo e julgamento dos crimes contra a honra calúnia, injúria e difamação, que não se incluírem nos juizados especiais, na justiça eleitoral e na justiça militar.

Não há que se falar mais nos crimes de imprensa, depois de declarada sua não recepção pelo STF, nos autos da ADPF nº 130/DF.

13. TENTATIVA DE CONCILIAÇÃO PRÉVIA NO PROCEDIMENTO ESPECIAL DOS CRIMES CONTRA A HONRA

Nosso procedimento especial se particulariza, notadamente, pela previsão de tentativa conciliatória que deverá preceder o recebimento da queixa-crime, onde as partes serão ouvidas "separadamente, **sem a presença dos seus advogados**, não se lavrando termo" (art. 520, CPP). Verificando a probabilidade de conciliação, o juiz, depois de ouvi-los em separado, "promoverá entendimento entre eles, na sua presença" (art. 521, CPP).

Como se depreende, não há justificativa para privar o advogado dar assistência jurídica à parte. O art. 520, do CPP, é, portanto, **inconstitucional**, isto é, não foi recepcionado pela Constituição, que assegura ser o advogado essencial à justiça (art. 133, CF).

Se a conciliação se efetivar, a queixa será arquivada (art. 522, CPP).

Com o êxito da conciliação, acabará ocorrendo uma **hipótese** ***sui generis*** **de renúncia** ao direito de ação, ou, como identifica Frederico Marques[6], seria um meio termo entre a renúncia e o perdão, o que enseja a extinção da punibilidade.

Já se o querelante não comparece à audiência de conciliação, tem-se entendido pelo reconhecimento da perempção, como sanção processual pela ausência do ofendido a um ato da persecução penal, o que levaria à extinção da punibilidade.

Não há que se falar em audiência de conciliação se a ação é titularizada pelo MP, a exemplo do que ocorre nos crimes contra a honra do funcionário público vinculados ao exercício funcional (Súmula nº 714, STF).

Sob outra ótica, o exercício de direito de resposta, efetivado na órbita extrajudicial, não constitui impedimento à propositura ou ao seguimento da ação penal pelo delito contra honra perpetrado. O juiz poderá tomar em consideração a eventual diminuição do dano em face da resposta assegurada via imprensa. Diante dessa situação, será possível reduzir a pena ou minorar o *quantum* indenizatório (em ação civil ou em sede de fixação do valor mínimo do dano na sentença penal condenatória).

A propósito, a Lei nº 13.188/2015 ratificou a independência das esferas penal, civil, administrativa e extrajudicial quando dispôs expressamente, no § 1º, do seu art. 12, que o ajuizamento de ação cível ou penal contra o veículo de comunicação, ou seu responsável, com fundamento na divulgação, publicação ou transmissão ofensiva não prejudica o exercício administrativo ou judicial do direito de resposta ou retificação.

14. RECEBIMENTO DA INICIAL E EXCEÇÃO DA VERDADE NO PROCEDIMENTO ESPECIAL DOS CRIMES CONTRA A HONRA

Recebida a inicial acusatória, será determinada a citação do demandado. Essa pode ocorrer em audiência, se o imputado estiver presente, ou por mandado. A citação é para responder a acusação em dez dias, nos termos do art. 396, CPP.

A exceção da verdade poderá ser oferecida, observando-se as hipóteses em que é admitida.

Quando oferecida a **exceção da verdade** ou **da notoriedade do fato imputado**, será dada oportunidade para o querelante apresentar contestação em dois dias, com a possibilidade de inquirição de testemunhas arroladas na queixa ou de outras indicadas na exceção ou mesmo na contestação, em substituição às da petição acusatória.

A exceção de verdade objetiva demonstrar que os fatos atribuídos ao indivíduo são verdadeiros, ao passo que a exceção de notoriedade intenta demonstrar que as alegações são de domínio público. Acabam funcionando como uma questão prejudicial homogênea ao andamento do processo pelo delito contra a honra.

6. MARQUES, José Frederico. *Elementos de direito processual penal*. 2. ed. Campinas: Millennium, 2003. v.I. p. 398-399.

A questão prejudicial deve ser resolvida primeiro. Ela está ligada, diretamente, ao mérito da demanda. Afinal, se procedente a exceção, o fato objeto do processo passa a ser atípico, devendo o demandado ser absolvido. Se o ofendido goza de foro privilegiado, a exceção de verdade deve ser julgada perante o respectivo tribunal.

Exemplificando: se a suposta vítima do crime contra a honra é um deputado federal, caso seja apresentada a exceção, esta deverá ser julgada perante o STF, mormente se o fato diz respeito ao exercício funcional do parlamentar.

Apresentada ou não a exceção, e com esses traços distintivos, o procedimento seguirá, nos demais termos, o **rito comum sumário**, se a quantidade de pena prevista em abstrato para o crime, ou o seu somatório, for **inferior a quatro anos**.

Note-se que tais infrações, mesmo quando apreciadas fora da esfera dos juizados, dentro do procedimento especial, devem se submeter à possibilidade de composição civil e transação penal, adaptando-se o procedimento a esta possibilidade, que pode ocorrer dentro da audiência de conciliação.

15. SEQUÊNCIA

(1) remessa e distribuição do IP ou do TCO ao Ministério Público (art. 28, *caput*[7], CPP, conforme Lei nº 13.964/2019);

(2) oferecimento da inicial acusatória;

(3) audiência de conciliação (crimes de ação privada);

(4) recebimento ou rejeição da denúncia ou da queixa-crime;

(5) citação;

(6) defesa preliminar e eventual exceção de verdade;

(7) contestação: em dois dias, podendo-se alterar ou complementar o rol de testemunhas;

(8) julgamento da exceção de verdade e possibilidade de absolvição sumária;

(9) seguem-se os demais termos do procedimento comum sumário.

16. PROCEDIMENTO ESPECIAL PARA PROCESSAMENTO DOS CRIMES DE DROGAS

A Lei nº 11.343/2006 disciplina o procedimento para o processamento e julgamento dos crimes por ela mesma definidos. Só não incidirá nos casos de condutas como as do crime de porte para consumo de entorpecentes, por ser aplicável a Lei nº 9.099/1995, diante de ser delito de menor potencial ofensivo.

Nesse sentido, o § 1º, do art. 48, da Lei de Drogas estatui que o agente de qualquer das condutas previstas no seu art. 28 (uso de drogas), salvo se houver concurso com os crimes previstos nos arts. 33 a 37 desta Lei, será processado e julgado na forma dos arts. 60 e seguintes dos juizados especiais criminais.

7. Dispositivo com eficácia suspensa, nos termos de decisão monocrática do Supremo Tribunal Federal (STF – ADI 6298/DF – Medida Cautelar – Rel. Min. Luiz Fux – 22 jan. 2020).

17. PROCEDIMENTO PARA AS CONDUTAS RELATIVAS AO USO DE DROGAS

O porte para uso, como se infere, não foi descriminalizado. Houve, é certo, **despenalização**. No entanto, foi mantida sua natureza de crime[8].

Daí que, em relação às infrações penais que envolvam consumo, não será imposta prisão em flagrante ao usuário que, em tese, poderia ser encaminhado ao juízo competente ou tomado seu compromisso de a ele comparecer, com a lavratura de termo circunstanciado de ocorrência nos moldes da Lei nº 9.099/1995.

No entanto, pensamos que sequer o usuário poderá ser conduzido à delegacia, salvo se anuir expressamente. Na falta de sua concordância, caberá, tão somente, registro da ocorrência pela polícia, apreensão da substância entorpecente, e encaminhamento dos registros à autoridade policial. Deveras, se não há previsão de pena privativa de liberdade, haverá constrangimento ilegal em cercear parcialmente a liberdade do usuário, ao conduzi-lo, sem sua concordância, à delegacia de polícia.

Nos termos do § 2º, do art. 48, da Lei nº 2006/11.343, tratando-se da conduta prevista no seu art. 28, qual seja, uma das condutas relacionadas ao uso de drogas, não se imporá prisão em flagrante, devendo o autor do fato ser imediatamente encaminhado ao juízo competente ou, na falta deste, assumir o compromisso de a ele comparecer, lavrando-se termo circunstanciado e providenciando-se as requisições dos exames e perícias necessários.

Se o agente do uso de drogas se negar a assumir o compromisso de comparecer aos juizados especiais, ainda assim não ficará detido, gozando neste caso de liberdade provisória incondicionada, livrando-se solto. Contempla-se, inclusive, a realização de exame de corpo de delito, se requerido pelo autor do fato ou se a autoridade policial reputar necessário tal procedimento.

A transação penal terá lugar, na forma da Lei nº 9.099/1995, com a observação de que o Ministério Público poderá propor a aplicação imediata de pena prevista no art. 28 desta Lei, a ser especificada na proposta, a teor do § 5º, do art. 48, da Lei nº 11.343/2006. São as seguintes:

(1) advertência sobre os efeitos da droga;

(2) prestação de serviços à comunidade;

(3) medida educativa de comparecimento a programa ou curso educativo;

Para que se garanta o cumprimento das medidas, caso o infrator se negue injustificadamente a cumpri-las, caberá ao magistrado, sucessivamente, imprimir admoestação verbal ou pagamento de multa. Frustrada a transação penal, segue-se o procedimento regular dos Juizados Especiais.

18. PROCEDIMENTO DA INVESTIGAÇÃO PRELIMINAR DOS CRIMES DE TRÁFICO DE DROGAS

Quanto ao tráfico e condutas assemelhadas, a **fase de investigação**, pré-processual, pode iniciar-se com a lavratura do auto de prisão em flagrante, mormente em virtude da

8. STF – Segunda Turma – HC 148484 AgR – Rel. Min. Celso de Mello – publicado em 24 abr. 2019.

natureza material dos crimes de entorpecente. A prisão em flagrante deverá ser comunicada imediatamente, pela autoridade policial, ao juiz competente.

Segundo o art. 306, do CPP, também deve ser comunicado imediatamente da prisão em flagrante, além do juiz competente, o Ministério Público, a família do preso ou a pessoa por ela indicada.

Por sua vez, cópia do auto de prisão em flagrante será, em vinte e quatro horas, encaminhado ao juiz competente. Se o preso não tem advogado, cópia do auto, também em vinte e quatro horas, será remetida ao defensor público.

O juiz, a seu turno, dará vista do auto lavrado ao *Parquet*, em vinte e quatro horas.

Nos termos do art. 310, do CPP, com redação determinada pela Lei nº 13.964/2019, após receber o auto de prisão em flagrante, no prazo máximo de até vinte e quatro horas após a realização da prisão, o juiz deverá promover audiência de custódia com a presença do acusado, seu advogado constituído ou membro da Defensoria Pública e o membro do Ministério Público, e, nessa audiência, o magistrado deverá, fundamentadamente:

(1) relaxar a prisão, se ilegal;

(2) converter a prisão em flagrante em preventiva, se requerida pelo Ministério Público (eis que se cuida de fase pré-processual), quando presentes os requisitos constantes do art. 312 do Código Processual Penal, e se revelarem inadequadas ou insuficientes as medidas cautelares diversas da prisão; ou

(3) conceder liberdade provisória, com ou sem fiança.

Desse modo, se não for o caso de relaxar a prisão em flagrante ilegal, o juiz deverá oportunizar o contraditório (§ 3º, do art. 282, do CPP).

É de ver que os crimes de tráfico são inafiançáveis, consoante previsão constitucional (art. 5º, XLIII, CF).

É o que repisa o art. 323, inciso II, do CPP, ao vedar a concessão de fiança aos crimes de tráfico ilícito de entorpecentes e drogas afins.

Pensamos, contudo, que o Código não obsta que se conceda liberdade provisória sem fiança, com cumulação de obrigações ou de medidas cautelares não prisionais (art. 319, CPP), de acordo com o caso concreto.

A Lei de Drogas traz prazo diferenciado para a conclusão do inquérito.

Será ele encerrado em trinta dias se o indiciado estiver preso ou em noventa dias se solto.

Tais prazos poderão ser duplicados pelo juiz, ouvido o Ministério Público, mediante pedido justificado da autoridade de polícia judiciária (art. 51, parágrafo único, Lei nº 11.343/2006).

Se o indiciado estiver preso preventivamente, deve ser observado o parágrafo único, do art. 316, do Código de Processo Penal, com redação da Lei nº 13.964/2019. Vale dizer, a cada noventa dias, o juiz deve reexaminar os requisitos autorizadores do art. 312, do CPP, mediante decisão fundamentada.

Na fase investigativa, é possível, com autorização judicial e ouvido o Ministério Público, a **infiltração de agentes policiais** e a não autuação imediata de portadores de entorpecentes com o fito de identificar e responsabilizar maior número de pessoas envolvidas com o tráfico de drogas. É o flagrante postergado ou diferido, que terá cabimento se forem conhecidos os infratores envolvidos e o provável itinerário da droga (art. 53, I e II, Lei nº 11.343/2006).

Também é prevista, na Lei nº 12.850/2013, a **infiltração virtual de agentes de polícia na *internet***, para os casos de tráfico de drogas que envolvam organização criminosa, nos termos do art. 10-A, daquele diploma legal, acrescido pela Lei nº 13.964/2019. Por outro lado, também inserido por este documento normativo, o inciso IV, do § 1º, do art. 33, da Lei de Drogas, descreve figura típica de crime de tráfico de drogas que prevê a venda de substância entorpecente a **agente policial disfarçado**, quando presentes elementos probatórios razoáveis de conduta criminal preexistente.

Temos sérias reservas a essas formas de investigação, por entendermos que elas são incompatíveis com garantias fundamentais nucleares, do art. 5º, da CF. Elas ofendem o princípio da autodeterminação informativa. Cabe frisar, uma vez permitida judicialmente a infiltração por determinado período, perde-se o controle judicial acerca das ações policiais junto ao grupo investigado. No que se refere ao agente policial disfarçado, pensamos que o permissivo da Lei de Drogas esbarra na vedação do **agente provocador**.

Não é demais lembrar o teor do enunciado nº 145, da Súmula, do STF, que diz não haver crime quando a preparação do flagrante pela polícia torna impossível a sua consumação. Ora, se alguém vende drogas ao agente policial disfarçado e, este, por óbvio, compra, como justificar a existência de crime alegando que o comprador não provocou a venda?

O inquérito será encerrado com a elaboração do relatório, onde o delegado relatará sumariamente as circunstâncias do fato, justificando as razões que a levaram à classificação do delito, indicando a quantidade e natureza da substância ou do produto apreendido, o local e as condições em que se desenvolveu a ação criminosa, as circunstâncias da prisão, a conduta, a qualificação e os antecedentes do agente (art. 52, I, da Lei nº 11.343/2006).

Perceba que deve a autoridade indicar no relatório o porquê do enquadramento típico. Esse largo poder dado pelo legislador à autoridade policial para, nos crimes relacionados às drogas, formar juízo de valor sobre o fato, tem potencial para fonte de abusos. Afinal, o inquérito policial é narrativa de aspectos que passaram pelo crivo positivo do seu encarregado.

É possível que a autoridade policial represente ou o Ministério Público requeira, ao juiz das garantias, a prorrogação do prazo do inquérito policial, nos casos de indiciado preso (art. 3º-B, VIII, CPP[9], redação da Lei nº 13.964/2019).

De acordo com o § 2º, do aludido art. 3º-B, do Código, se o investigado estiver preso, o **juiz das garantias** poderá, mediante representação da autoridade policial e ouvido o Ministério Público, prorrogar, uma única vez, a duração do inquérito por até

9. Dispositivo com eficácia suspensa, nos termos de decisão monocrática do Supremo Tribunal Federal (STF – ADI 6298/DF – Medida Cautelar – Rel. Min. Luiz Fux – 22 jan. 2020).

quinze dias, após o que, se ainda assim a investigação não for concluída, a prisão será imediatamente relaxada. No entanto, para os crimes de tráfico de drogas, com indiciado preso, o prazo é especial, de **trinta dias**, podendo ser **duplicado**, fundamentadamente, pelo juiz de garantias. Estando solto o investigado, o prazo será de **noventa dias**, também **duplicável**, justificadamente.

Nada impede, encerrado o inquérito, que o delegado continue realizando diligências complementares, independente da devolução dos autos ou prorrogação prazal, desde que sejam necessárias ou úteis à plena elucidação do fato, ou à indicação dos bens, direitos e valores de que seja titular o agente, ou que figurem em seu nome.

Inovando, o legislador autoriza o delegado a continuar atuando mesmo encerrado o inquérito, no objetivo de realizar atos investigatórios aptos a melhor elucidar os fatos, ou para angariar informações acerca do patrimônio do infrator, o que serve como duro golpe na atividade criminosa. Tais diligências não possuem prazo preestabelecido de duração, devendo ser remetidas ao juízo competente até **três dias** antes da audiência de instrução e julgamento (art. 52, parágrafo único, da Lei de Drogas).

Pensamos que essas diligências complementares não podem surpreender a defesa do imputado. O acusado deve ter tempo suficiente para debater elementos que sejam acostados aos autos. A supressão da oportunidade de confrontar a prova decota, indevidamente, o princípio da ampla defesa.

Encerrado o inquérito, com o respectivo relatório, os autos serão remetidos ao Ministério Público.

Como os crimes tratados pela norma são de ação pública incondicionada, os autos serão remetidos ao MP, para que em dez dias possa:

(1) ordenar o arquivamento do inquérito policial ou de quaisquer elementos informativos da mesma natureza, caso em que o *Parquet* deve:

(a) comunicar à vítima, ao investigado e à autoridade policial; e

(b) encaminhar os autos para a instância de revisão ministerial para fins de homologação;

(2) requisitar novas diligências, imprescindíveis ao deslinde da causa, quando os autos devem voltar à Delegacia;

(3) oferecer denúncia;

(4) requerer a remessa dos autos aos Juizados Especiais, se entender que se trata de porte para uso, ao invés de tráfico.

19. PROCEDIMENTO DO PROCESSO-CRIME POR TRÁFICO DE DROGAS

A **fase processual** tem particularidades traçadas pela Lei nº 11.343/2006, em seu art. 55, e parágrafos:

(1) o prazo para o Ministério Público oferecer denúncia, como já indicado, é de dez dias do recebimento do inquérito ou das peças de informação, sem diferenciação quanto a indiciado preso ou solto;

(2) na denúncia, poderão ser arroladas até **cinco testemunhas**, bem como requeridas diligências que o promotor de justiça ou procurador da república entender necessárias à comprovação da conduta narrada;

(3) antes de receber a denúncia, **o juiz das garantias** mandará **notificar** o denunciado para que, por escrito, ofereça **defesa prévia**, em **dez dias**, no bojo da qual poderá alegar matéria preliminar e exceções, sustentar todas as razões de defesa e apresentar documentos e justificações, com a indicação das provas que pretenda produzir, inclusive testemunhas até o número de cinco. Esta defesa é verdadeira defesa preliminar, que permite ao denunciado exercer contraditório e ampla defesa antes de o magistrado receber a inicial, tentando convencê-lo de que a peça deve ser rejeitada por qualquer fundamento defensivo relevante, até mesmo pela desclassificação do tráfico para o porte para uso, quando após a rejeição deve o magistrado remeter os autos aos juizados especiais criminais; e,

(4) não apresentada resposta prévia no prazo legal, o juiz das garantias nomeará defensor para tanto e, quando apresentada, será prolatada decisão fundamentada em **cinco dias** sobre o recebimento ou rejeição da denúncia, havendo possibilidade de, antes, o magistrado determinar diligências de ofício, exames, perícias ou a própria apresentação do preso, tudo em dez dias.

20. OBRIGATORIEDADE DA DEFESA PRELIMINAR NO PROCESSO-CRIME POR TRÁFICO DE DROGAS

A apresentação da **defesa preliminar** é **obrigatória**, devendo o denunciado ser notificado pessoalmente. Não sendo encontrado, admite-se a notificação por edital, e em face da omissão da apresentação, é que será nomeado defensor. Exige-se **capacidade postulatória**, e o fato da inicial estar acompanhada por inquérito não ilide sua apresentação, como ocorre, a nosso ver indevidamente, no procedimento dos crimes funcionais, como estabelece o verbete nº 330, da Súmula, do STJ.

21. RECEBIMENTO DA DENÚNCIA DO PROCESSO-CRIME POR TRÁFICO DE DROGAS

A instrução criminal será iniciada após o recebimento da denúncia (art. 56, *caput*, da Lei de Drogas). Com o advento da Lei nº 13.964/2019, pensamos que esse é o último ato a ser praticado pelo **juiz das garantias**. Isto é, deve ele receber a denúncia e ordenar a citação do réu. Em seguida, deve remeter ao juiz da instrução e do julgamento que, seguidamente, adotará as providências para efetivar a citação de acordo com a data que designar para a audiência. Compreendemos que a menção ao art. 399, do CPP, pelo seu art. 3º-B, inciso XIV, e pelo seu art. 3º-C, *caput*, ocorreu por erro material do legislador.

Para nós, o recebimento da denúncia, no procedimento comum, é, tão somente, o do art. 396, *caput*, do Código e, no procedimento especial da Lei de Drogas, é, apenas, o do seu art. 56, *caput*.

É possível a decretação de afastamento cautelar do denunciado das suas atividades funcionais, quando servidor público. Para tanto, deve haver justificativa plausível, demonstrada empiricamente. Segundo o art. 56, *caput*, da Lei nº 11.343/2006, a medida extrema poderá ser decretada no momento do recebimento da peça acusatória, se funcionário público, como o crime for de tráfico ilícito de drogas, a teor dos artigos 33, *caput* e § 1º, 34, 35, 36 e 37, da Lei de Drogas. Entendemos que deve ser evidenciada a relação do delito com a atividade funcional do servidor público denunciado.

Além dessa medida cautelar específica, outras medidas que se mostrarem adequadas podem ser impostas, conforme rol exemplificativo do indicado novo art. 319, do CPP. O seu inciso VI, por exemplo, estatui que o juiz poderá decretar a suspensão do exercício de função pública ou de atividade de natureza econômica ou financeira quando houver justo receio de sua utilização para a prática de infrações penais. No entanto, não se deve banalizar a cautela. Ao contrário, devem ser preenchidos os requisitos de necessidade e adequação, estampados no art. 282, do CPP.

22. RESPOSTA PRELIMINAR À ACUSAÇÃO NO PROCESSO-CRIME POR TRÁFICO DE DROGAS

O art. 394, § 4º, do CPP, manda aplicar os seus artigos 395 a 397 aos procedimentos que tramitem perante o juízo de primeiro grau. Logo, após citado o réu, ele deve apresentar resposta escrita (nova defesa preliminar, chamada de resposta preliminar à acusação). Destarte, o réu deve, no prazo de **dez dias**, responder à acusação, à luz do que dispõem os artigos 396 e 396-A, do CPP. Sobre o conteúdo dessa resposta, é aplicável o que dissemos quando estudamos o procedimento comum.

23. POSSIBILIDADE DE ABSOLVIÇÃO SUMÁRIA NO PROCESSO-CRIME POR TRÁFICO DE DROGAS

Em seguida, abre-se a possibilidade da efetivação da absolvição sumária (art. 397, CPP) e, não tendo êxito o julgamento antecipado em favor do réu, as partes devem ser notificadas para comparecimento à audiência de instrução e julgamento.

É o juiz da instrução e julgamento que deliberará sobre a possibilidade de absolvição sumária. Após esse ato, verificando não ser aplicável qualquer motivo do art. 397, o magistrado designará dia e hora para a audiência de instrução e julgamento, tomará as providências para efetivar a citação pessoal do acusado, a intimação do Ministério Público, do assistente, se for o caso, e requisitará os **laudos periciais**.

24. NECESSIDADE DOS LAUDOS DE CONSTATAÇÃO DA DROGA

A Lei nº 11.343/2006 faz alusão a dois laudos de constatação. Um provisório e um definitivo. É expressa ao dizer que a participação do perito no primeiro laudo não o torna impedido de participar do segundo (art. 50, § 2º). A perícia é a documentação do testemunho oficial do *expert* sobre a materialidade do fato.

Os laudos de constatação provisório e definitivo não podem faltar. A Lei de Drogas aviva que o laudo provisório deve ser firmado por um perito oficial ou, na sua falta, por pessoa idônea. Poderíamos concluir que basta um perito, para a o exame pericial sobre a droga. No entanto, a dicção do § 2º, do art. 50, citado acima, ao sublinhar que o perito do primeiro laudo não está impedido de **participar** do segundo, definitivo, indica a exigência de dois peritos nos casos de um que já tenha subscrito o primeiro.

Por outro lado, entendemos perfeitamente aplicável as regras do CPP, modificadas em 2008, mais recentes que as da Lei nº 13.343/2006, revogando parcial e tacitamente a exigência de apenas um perito, constante no § 1º, do seu art. 50.

Logo, para o laudo de constatação da droga, seja ele provisório ou definitivo, deveremos então exigir:

(1) como regra, um perito oficial ou dois peritos *ad hoc*, a teor do art. 159, *caput* e § 1º, do CPP;

(2) nos casos de perito que subscreveu o laudo provisório, dois peritos, oficiais ou *ad hoc*, para a confecção do laudo definitivo que aquele participar.

Decisões que transigem com a ausência da perícia definitiva incorrem em vício essencial grave, classificado como **nulidade absoluta**. Igualmente, as que anuem com a licitude da condenação do réu nos casos de juntada do laudo após a apresentação das alegações finais, averbando que sua presença nos autos é prescindível[10].

A consequência correlata deve ser a **invalidação** do julgamento.

A Lei de Drogas, ademais, é cogente ao gizar, no § 3º, do seu art. 50, que uma vez recebida cópia do auto de prisão em flagrante, o juiz, no prazo de dez, certificará a regularidade formal do laudo de constatação e determinará a destruição das drogas apreendidas, guardando-se amostra necessária à realização do **laudo definitivo**.

O prejuízo ao réu, diante da falta do laudo definitivo ou da não observância dos requisitos legais ou da cadeia de custódia da prova, é presumido e evidente. Afinal, ele terá ficado privado de debater sobre os critérios científicos adotados pelo perito. Ele não terá condições de aquilatar e de reunir argumentos em torno da inconsistência das conclusões ou da quebra da **cadeia de custódia da prova**.

Aliás, sobre a cadeia de custódia da prova, *legge habemus*.

O art. 158-A, *caput* e § 1º, do CPP, acrescido pela Lei nº 13.964/2019, realça que ela compreende o conjunto de todos os procedimentos utilizados para manter e documentar a história cronológica do vestígio coletado em locais ou em vítimas de crimes, para rastrear sua posse e manuseio a partir de seu reconhecimento até o descarte.

Devemos confrontar a previsão de observância rigorosa da cadeia de custódia da prova, com outras relacionadas ao material apreendido, da nossa Lei de Drogas:

(1) a primeira, que permite a **destruição das drogas ilícitas**, pelo delegado de polícia, na presença do Ministério Público (art. 50, § 4º), no prazo de quinze dias. Esse prazo será de trinta dias se a apreensão tiver ocorrido sem a imposição de prisão em flagrante (art. 50-A, com redação dada pela Lei nº 13.840/2019);

(2) a segunda que, nos termos do seu art. 32, *caput*, estabelece a **destruição das plantações ilícitas**, imediatamente, pelo delegado de polícia na forma do art. 50-A. Cabe dizer, a destruição mencionada, sem a ocorrência de prisão em flagrante, será feita por incineração, no prazo máximo de trinta dias contados da data da apreensão, guardando-se amostra necessária à realização do laudo definitivo.

10. STJ – Quinta Turma – AgRg no HC 537.639/SP – Rel. Min. Leopoldo de Arruda Raposo (Des. Conv. do TJ/PE) – DJe 26 nov. 2019.

De todo modo, a autoridade policial deverá recolher a quantidade suficiente para exame pericial, de tudo lavrando auto de levantamento das condições encontradas, com a delimitação do local, asseguradas as medidas necessárias para a preservação da prova. É imprescindível que o delegado de polícia documente circunstanciadamente todo o procedimento de incineração. Para tanto, pode se valer de recursos tecnológicos de áudio e vídeo, com acompanhamento de testemunhas, de defensor e do Ministério Público, para garantir a higidez da cadeia de custódia da prova penal.

É indispensável prévia comunicação, ao investigado e ao seu defensor, sobre o procedimento de destruição das plantações pelo delegado de polícia. Extraímos essa cone clusão da competência expressa que tem o juiz das garantias de deferir pedido de admissão de assistente técnico para acompanhar a produção da perícia, a teor do art. 3º-B, inciso XVI, do CPP[11], com redação dada pela Lei nº 13.964/2019.

Entendemos que medida não deve ser adotada quando tiver ocorrido, no curso do processo, controvérsia sobre a natureza ou a quantidade do entorpecente apreendido ou sobre a regularidade do laudo de constatação, como antes, aliás, dispunha o revogado § 1º, do art. 58, da Lei nº 11.343/2006. Entender diversamente equivale estreitamento ao princípio da ampla defesa, resvalando em inconstitucionalidade.

O início da cadeia de custódia dá-se com a preservação do local de crime ou com procedimentos policiais ou periciais nos quais seja detectada a existência de vestígio. E o art. 158-B, do nosso Código, inserido pelo mesmo diploma legal, arremata definindo etapas importantes à higidez da perícia, tais como a coleta, o acondicionamento e o transporte do material a ser examinado.

Por fim, entendemos inconcebível a jurisprudência que, relativizando nulidade extrema, cerceadora da ampla defesa, assevera inexistir prejuízo com a juntada do laudo em grau de recurso interposto contra a sentença condenatória. Ora, repetimos, há prejuízo maior ao réu que ser condenado? De tal modo, o **laudo de constatação definitivo** deve estar incluso nos autos, ao menos **três dias antes** da realização da audiência de instrução e julgamento, para permitir contraditório e ampla defesa, considerando a aplicação, por analogia, do inciso II, do parágrafo único, do art. 52, da Lei de Drogas.

25. AUDIÊNCIA DE INSTRUÇÃO E JULGAMENTO NO PROCEDIMENTO DOS CRIMES DE TRÁFICO

A audiência de instrução e julgamento deve ser regida pela regra da concentração dos atos processuais. Ela deve ser realizada dentro dos **trinta dias** seguintes ao recebimento da peça acusatória, ressalvada a hipótese de dúvida quanto à dependência de drogas do acusado, quando será ordenada a realização de avaliação. Neste último caso, a audiência será designada no prazo de **noventa dias** contados da data do recebimento da denúncia.

Na audiência, segundo a previsão legal, será, inicialmente, interrogado o acusado, com oportunidade para esclarecimentos de fatos apontados pelas partes. Como já ressaltado, entendemos que deve haver a adequação procedimental ao rito estabelecido no CPP,

11. Dispositivo com eficácia suspensa, nos termos de decisão monocrática do Supremo Tribunal Federal (STF – ADI 6298/DF – Medida Cautelar – Rel. Min. Luiz Fux – 22 jan. 2020).

postergando-se o **interrogatório para o último momento da instrução**. A inversão do momento final do interrogatório é caso de **nulidade absoluta**, por implicar cerceamento à garantia da ampla defesa. De tal modo, a consequência a ser aplicada é o decreto de **invalidação** da instrução processual.

No entanto, os tribunais superiores têm exigido que a parte manifeste seu inconformismo no momento da violação dessa regra, relativizando a nulidade, com a incidência dos princípios da oportunidade e do prejuízo[12].

No início da audiência, serão ouvidas as testemunhas. Primeiramente, as arroladas pela acusação, depois, as indicadas pela defesa. Após a conclusão da produção probatória, na mesma audiência, será dada a palavra, sucessivamente, ao representante do Ministério Público e ao defensor do acusado, para sustentação oral, pelo tempo de vinte minutos para cada um, prorrogável por mais dez minutos, mediante decisão fundamentada do juiz.

Nada impede que os debates sejam substituídos por memoriais, concedendo-se prazo para que as partes, primeiro a acusação e depois a defesa, apresentem as alegações por escrito (art. 57, Lei nº 11.343/2006). Havendo corréus colaboradores e delatados, os que tiverem firmado colaboração premiada se manifestarão primeiro, seja por ocasião dos interrogatórios, seja na apresentação sucessiva de memoriais finais.

Encerrados os debates, o juiz prolatará sentença imediatamente ou, não sendo possível, determinará a conclusão dos autos para proferi-la em dez dias (art. 58, *caput*, Lei nº 11.343/2006).

26. RECURSOS NO PROCEDIMENTO DOS CRIMES DE TRÁFICO

Sobre esse ponto, devemos registrar duas disposições inconstitucionais, por suprimirem o poder maior do juiz de conceder a liberdade ao imputado, diante da excepcionalidade da prisão:

(1) o art. 59, da Lei nº 11.343/2006, que estabelece que nos crimes previstos nos seus artigos 33, *caput* e § 1º, e 34 a 37, o réu não poderá apelar sem recolher-se à prisão, salvo se for primário e de bons antecedentes, assim reconhecido na sentença condenatória; e

(2) em sentido similar, mas não idêntico, o § 2º, do art. 310, do CPP, incluído pela Lei nº 13.964/2019, preconizando que, nos casos de prisão em flagrante, se o juiz verificar que o agente é reincidente ou que integra organização criminosa armada ou milícia, ou que porta arma de fogo de uso restrito, deverá denegar a liberdade provisória, com ou sem medidas cautelares.

A possibilidade de liberdade ao réu não pode ser vedada, em abstrato, pelo legislador. Dessa maneira, ele substitui o Judiciário, invadindo, indevidamente, seara que não lhe é autorizada pela Constituição.

Sem embargo, a decretação de prisão cautelar no bojo da sentença condenatória pode se revelar compatível com a Constituição em hipóteses excepcionais.

12. STJ – Quinta Turma – AgRg no AREsp 1438743/MG – Rel. Min. Ribeiro Dantas – DJe 12 set. 2019.

De toda sorte, não é demais lembrar o verbete nº 347, da Súmula, do STJ, destacando que o conhecimento de recurso de apelação do réu independe de sua prisão. Essa ideia também ficou cristalizada no art. 387, § 1º, do CPP, deixando claro que o juiz deve decidir, fundamentadamente, sobre a manutenção ou, se for o caso, imposição de prisão preventiva ou de outra medida cautelar, sem prejuízo do conhecimento da apelação que vier a ser interposta.

Em suma, da sentença condenatória ou absolutória, cabível apelação. Se extintiva de punibilidade, poderá ser interposto recurso em sentido estrito. A prisão cautelar do réu não tem a ver com os critérios de recebimento do apelo. Esses, no prazo de cinco dias. Havendo omissão, obscuridade, dúvida ou contradição no julgado, cabíveis embargos de declaração, em dois dias, com interrupção dos prazos para os demais recursos.

27. SEQUÊNCIA

(1) remessa e distribuição do IP ao Ministério Público (art. 28, *caput*[13], CPP, conforme Lei nº 13.964/2019), sem prejuízo de diligências complementares da autoridade policial;

(2) o MP se manifesta em 10 dias: ordenando arquivamento e encaminhando ao seu órgão revisional (art. 28, *caput*, CPP), determinando diligências, declinando da atribuição ou denunciando;

(3) o juiz determina a notificação para defesa preliminar, a ser apresentada em 10 dias. É de natureza obrigatória;

(4) possibilidade de diligências *ex officio* pelo juiz, em 10 dias;

(5) rejeição ou recebimento da inicial (em 5 dias), marcando-se audiência de instrução e julgamento para os próximos 30 dias, com a devida citação e notificações pertinentes. Suscitado incidente de dependência, o prazo para a audiência passa para 90 dias;

(6) nova defesa escrita, em dez dias (art. 396, CPP), que antecede a possibilidade do julgamento antecipado da causa;

(7) as diligências complementares devem chegar aos autos até 3 dias antes da realização da audiência;

(8) audiência: oitiva das testemunhas; interrogatório (por aplicação do art. 400, CPP); debates orais, em 20 minutos, prorrogáveis por mais 10 (nada impede a substituição por memoriais);

(9) sentença: proferida na audiência, ou, conclusos os autos, em 10 dias.

13. Dispositivo com eficácia suspensa, nos termos de decisão monocrática do Supremo Tribunal Federal (STF – ADI 6298/DF – Medida Cautelar – Rel. Min. Luiz Fux – 22 jan. 2020).

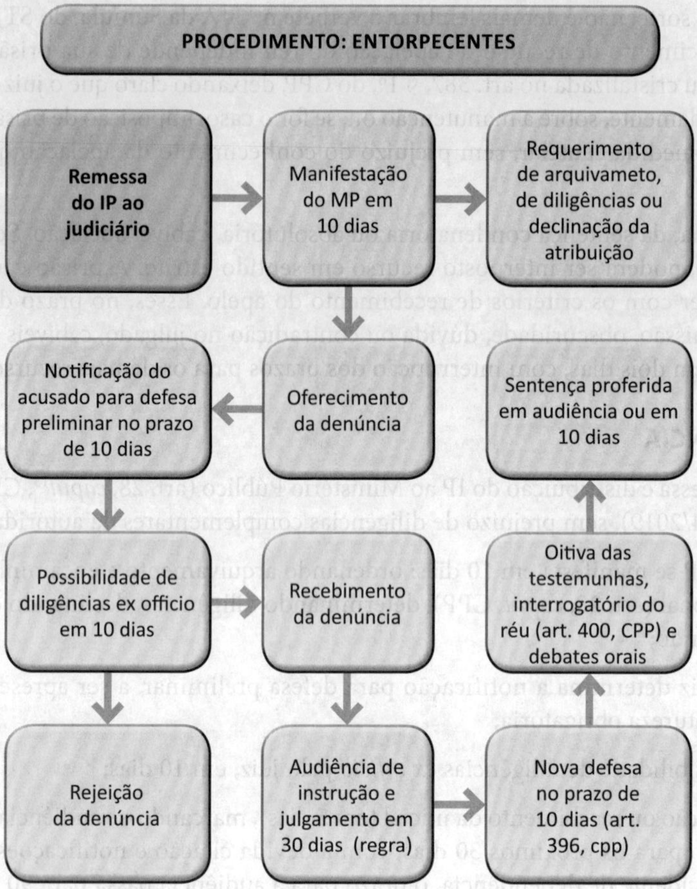

28. PROCEDIMENTO ESPECIAL PARA OS CRIMES FALIMENTARES

O processamento e o julgamento dos crimes falimentares não está totalmente regulado pelo Código de Processo Penal. Os artigos 503 a 512 deste Código foram revogados pela Lei nº 11.101/2005 que, por sua vez, dispôs sobre aspectos do procedimento para apuração dos crimes de falência na fase investigativa.

A Lei nº 11.101/2005 regula a recuperação judicial, a extrajudicial e a falência do empresário e da sociedade empresária. O procedimento especial para os crimes nela definidos está disposto nos artigos 183 a 188.

As figuras delitivas da nossa lei especial estão descritas nos artigos 168 a 178. São crimes de ação penal pública incondicionada. O seu julgamento compete ao juízo penal da jurisdição onde tenha sido decretada a falência, concedida a recuperação judicial ou homologado o plano de recuperação extrajudicial.

Há possibilidade, evidentemente, de ação penal subsidiária da pública, com prazo decadencial de seis meses, a contar da configuração de inércia do Ministério Público nos termos do art. 184, parágrafo único, da Lei de Falências. A queixa-crime subsidiária deve ser exercida por qualquer credor habilitado ou pelo administrador judicial.

O princípio da obrigatoriedade da ação penal é sufragado no art. 187, da Lei nº 11.101/2005. Nos seus termos, se o Ministério Público, ao tomar ciência da sentença que decreta a falência ou concede a recuperação judicial, verificar a ocorrência de qualquer crime nela previsto promoverá imediatamente a competente ação penal ou, entendendo necessário, requisitará a abertura de inquérito policial.

Não há inquérito judicial, investigação presidida pelo magistrado de falências, previsto na legislação revogada, o antigo Decreto-lei nº 7.661/1965. A investigação de crimes por magistrados é anacrônica, relativamente ao sistema acusatório contemplado na Constituição Federal. A propósito, o art. 3º-A, do CPP, acrescido pela Lei nº 13.964/2019[14], foi explícito ao avivar que o processo penal terá estrutura acusatória, vedadas a iniciativa do juiz na fase de investigação e a substituição da atuação probatória do órgão de acusação.

Vale frisar, a atribuição investigativa dos crimes falimentares é da polícia judiciária. Por outra banda, é possível o oferecimento da ação penal pelo Ministério Público com esteio em peças de informação ou cópia do processo falimentar, porquanto o inquérito policial não é imprescindível.

Sem embargo, havendo inquérito policial ele deve ser concluído em dez dias, se estiver preso o indiciado. Nos termos do § 2º, do art. 3º-B, do CPP, se o investigado estiver preso, o juiz das garantias poderá, mediante representação da autoridade policial e ouvido o Ministério Público, prorrogar, uma única vez, a duração do inquérito por até quinze dias, após o que, se ainda assim a investigação não for concluída, a prisão será imediatamente relaxada.

Trata-se de limite máximo a partir do qual não se admitirá prisão sem ofertada a peça acusatória. Após o elastério legal, teremos prisão ilegal, que deve ser relaxada.

A denúncia será oferecida em cinco dias, se o infrator estiver preso, ou em quinze, se solto estiver.

O Ministério Público pode aguardar a apresentação do relatório circunstanciado pelo administrador judicial, de sorte a extrair maiores elementos para embasar a inicial acusatória.

Optando por aguardar e apresentado o relatório, o *Parquet* disporá de quinze dias para denunciar, devendo ser intimado da referida apresentação (art. 187, § 1º, da Lei nº 11.101/2005).

A competência para apreciar a admissibilidade da inicial acusatória e prosseguir nos demais termos do processo criminal é do juízo penal das garantias territorialmente competente.

O art. 99, inciso VII, da Lei nº 11.101/2005, estabelece que a sentença que decretar a falência, poderá determinar a prisão preventiva do falido ou de seus administradores, quando requerida, com fundamento em provas da prática de crime nela definido.

Por mais de uma razão, tanto de ordem constitucional, quanto legal, entendemos que a prisão preventiva não pode ser decretada pelo juízo das falências. Há, no ponto, tanto

14. Dispositivo com eficácia suspensa, nos termos de decisão monocrática do Supremo Tribunal Federal (STF – ADI 6298/DF – Medida Cautelar – Rel. Min. Luiz Fux – 22 jan. 2020).

inconstitucionalidade, quanto revogação tácita pelas alterações supervenientes, operadas no CPP:

(1) em regra, a prisão preventiva só pode ser imposta para crimes com pena máxima abstrata superior a quatro anos (art. 313, I, CPP). O único crime da Lei de Falências que prevê pena maior que quatro anos é o do seu art. 172;

(2) o juízo das falências não detém competência criminal, não devendo se admitir deliberação sobre prisão cautelar em uma sentença cível;

(3) o juízo das garantias é o órgão competente para deliberar sobre prisão cautelar, nos termos do art. 3º-B, inciso V, do CPP[15], com redação dada pela Lei nº 13.964/2019. Como a prisão preventiva é medida extrema, é o juízo penal das garantias que, constatando ser adequada e necessária outra medida cautelar não cerceadora de liberdade, em compasso com o rol do art. 319, do CPP, evitará a imposição de cerceio de liberdade desnecessário ao falido.

No mais, determina o art. 185, da Lei nº 11.101/2005 que, uma vez recebida a denúncia ou, nas hipóteses de ação subsidiária, a queixa-crime, segue-se o **procedimento comum sumário**, independentemente da quantidade de pena cominada em abstrato para a infração. O recebimento da denúncia cabe ao juiz das garantias, que ordenará a citação e remeterá os autos ao juiz da instrução e julgamento.

Como se infere, optou-se por um procedimento comum mais célere. O rito especial se restringe à fase investigativa.

Se for necessário prazo mais dilatado que o do rito sumário, deve-se convertê-lo em **procedimento comum ordinário**. Caso seja seguido o procedimento comum ordinário, não há de se falar em nulidade, por ser este procedimento mais amplo.

Já a infração prevista no art. 178 da Lei de Falência, por ter pena máxima de 2 anos de detenção, enquadra-se no conceito de infração de menor potencial ofensivo, sendo da competência dos juizados especiais criminais, seguindo o **procedimento comum sumaríssimo**, colorido na Lei nº 9.099/1995.

29. PROCEDIMENTO ESPECIAL PARA OS CRIMES CONTRA A PROPRIEDADE IMATERIAL

O rito para os crimes contra a propriedade imaterial está disposto nos artigos 524 a 530-I, CPP.

Nota-se uma especial preocupação legislativa nessa esfera, mormente em face da ampliação da disciplina normativa e do agravamento das penas dos crimes de pirataria. São os crimes contra a propriedade intelectual.

O procedimento é também aplicável aos processos iniciados mediante queixa (art. 530-A, CPP).

15. Dispositivo com eficácia suspensa, nos termos de decisão monocrática do Supremo Tribunal Federal (STF – ADI 6298/DF – Medida Cautelar – Rel. Min. Luiz Fux – 22 jan. 2020).

30. APREENSÃO DO MATERIAL E LAUDO PERICIAL NOS CRIMES CONTRA A PROPRIEDADE IMATERIAL

A materialidade delitiva é indispensável para tornar possível o recebimento da denúncia ou da queixa-crime, nos delitos que deixam vestígios.

Para assegurar base empírica à futura peça acusatória, poderá ser requerida busca e apreensão dos objetos relacionados com o crime, quando não tiver sido o caso de apreensão pela autoridade policial. Para a realização dessa diligência, o juiz nomeará dois peritos com a incumbência de verificarem a existência de fundamento para a apreensão, e quer esta se realize, quer não, o laudo pericial será apresentado dentro de três dias após o encerramento da diligência (art. 527, *caput*, CPP).

É de ver que o requerente da diligência poderá impugnar o laudo contrário à apreensão, e o juiz ordenará que esta se efetue, se reconhecer a improcedência das razões aduzidas pelos peritos (parágrafo único, art. 527, CPP). Uma vez encerradas as diligências, os autos de busca e apreensão serão conclusos para fins de homologação do laudo pericial.

É de ver que, se não houver impugnação quanto à ilicitude dos objetos apreendidos ou se não for conhecida a autoria delitiva, a vítima poderá requerer a destruição da produção ou reprodução apreendida. O juiz, nesse caso, deferirá o pedido, desde que ressalvada a possibilidade de se preservar o corpo de delito (art. 530-F, CPP).

O laudo pericial dos objetos que constituam o corpo de delito deve acompanhar a denúncia ou a queixa que narra crime contra a propriedade imaterial, sempre que a infração for daquelas que deixem vestígios.

O laudo é verdadeira condição de procedibilidade, sem a qual a inicial não será recebida (art. 525, CPP).

Por outro prisma, se o crime não deixar vestígios, a exigência do laudo não terá lugar.

Havendo apreensão do material, deve-se respeitar, rigorosamente, o regramento sobre a cadeia de custódia da prova penal, consoante disposições que se iniciam a partir do art. 158-A, do CPP, incluído pela Lei nº 13.964/2019.

Nos termos do art. 530-B, do CPP, nos casos de crimes de violação de direito autoral, descritos nos parágrafos, do art. 184, do Código Penal, a autoridade policial procederá à apreensão dos bens ilicitamente produzidos ou reproduzidos, em sua totalidade, juntamente com os equipamentos, suportes e materiais que possibilitaram a sua existência, desde que estes se destinem precipuamente à prática do ilícito.

Por ocasião da apreensão pela polícia, será lavrado termo, assinado por duas ou mais testemunhas, com a descrição de todos os bens apreendidos e informações sobre suas origens, o qual deverá integrar o inquérito policial ou o processo (art. 530-C, CPP). Devem ser observadas as demais regras em torno da mencionada **cadeia de custódia da prova penal**, notadamente as etapas descritas no art. 158-A, do CPP, com redação da Lei nº 13.964/2019.

Em seguida, será realizada, por perito oficial ou, na falta deste, por pessoa tecnicamente habilitada, perícia sobre todos os bens apreendidos e elaborado o laudo que deverá integrar o inquérito policial ou o processo. Essa regra, contida no art. 530-D, do CPP, encontra-se superada pelo § 1º, do art. 159, do mesmo Código, por ser esta posterior e regular integralmente a matéria. Houve, no ponto, revogação tácita. Exigiremos, destarte, um perito oficial ou dois peritos *ad hoc*, consoante a disciplina geral das perícias.

Os bens apreendidos serão entregues ao titular do direito autoral, na condição de fiel depositário, devendo colocá-los à disposição do juiz quando da propositura da demanda art. 530-E, CPP).

Sob o ponto, o enunciado nº 574, da Súmula do STJ, orienta que, para a configuração do delito de violação de direito autoral e a comprovação de sua materialidade, é suficiente a perícia realizada por amostragem do produto apreendido, nos aspectos externos do material, e é desnecessária a identificação dos titulares dos direitos autorais violados ou daqueles que os representem.

A suficiência da amostragem para fins periciais é solução adotada em outros procedimentos criminais, a exemplo do que prevê a Lei de Drogas (Lei nº 11.343/2016), respeitada, criteriosamente, a cadeia de custódia da prova penal.

31. ESPECIALIDADE DO PRAZO DECADENCIAL NO PROCEDIMENTO PARA OS CRIMES CONTRA A PROPRIEDADE IMATERIAL

O prazo decadencial, para o início da ação penal privada, por crime contra a propriedade imaterial que deixe vestígios é peculiar:

(1) o art. 529, do CPP, estatui que não será admissível queixa-crime, com fundamento em apreensão e em perícia, depois de transcorridos **trinta dias da homologação do laudo**;

(2) a previsão desse prazo decadencial, disposta na disciplina do procedimento especial, deve ser compatibilizada com a regra geral para a propositura da ação privada, que é de **seis meses**, contados do conhecimento da autoria da infração;

(3) devemos conjugar as duas disposições, para firmar que:

(a) conhecido o infrator, é deflagrado o prazo decadencial de seis meses;

(b) ficando pronto o laudo, com a respectiva homologação, terá a vítima no máximo trinta dias para deflagrar a ação;

(c) o prazo geral de seis meses ficará limitado pelo prazo especial de trinta dias, que flui a partir da homologação do laudo.

E se o laudo fosse homologado cinco meses e vinte dias após o conhecimento da autoria?

Restaria à vítima a propositura da ação no tempo restante, qual seja, nos dez dias, para que não ocorra a decadência pelo decurso dos seis meses. Deve haver a notificação da vítima quanto à homologação do laudo, para que o prazo dos trinta dias possa ser deflagrado.

32. PROCESSAMENTO E JULGAMENTO NOS CRIMES CONTRA A PROPRIEDADE IMATERIAL

A distinção que especializa o procedimento em tela é relativa à fase pré-processual.

A seu turno, o art. 530-A, do CPP, verbera que os seus artigos 524 a 530 são aplicáveis aos processos iniciados por intermédio de queixa-crime.

Se eventualmente a vítima toma a iniciativa de requerer busca e apreensão e, ao cabo, constata-se que o crime é de ação penal pública, serão encaminhados os autos ao Ministério Público, para que tome as providências que entender adequadas.

Há previsão específica para a habilitação de assistente da acusação, no curso do processo penal iniciado por denúncia do Ministério Público.

Na qualidade de assistente do Ministério Público, poderão funcionar, em seu próprio nome, as associações de titulares de direitos de autor e daqueles que lhes são conexos. A teor do art. 530-H, haverá lugar para essa assistência, quando o caso se reportar ao delito de violação de direito autoral (art. 184, CP), notadamente quando praticado em detrimento de qualquer associado.

O art. 524, do Código de Processo Penal, determina que sejam aplicadas ao processo relativo aos crimes contra a propriedade imaterial, as disposições relativas à instrução criminal e ao processo e julgamento dos crimes de competência do juiz singular. Ajustando essa previsão às sucessivas modificações do nosso Código, depreendemos que devem ser aplicados os artigos 394 ao 405, do CPP, que se referem ao **procedimento comum**.

Portanto, nosso procedimento poderá ser **ordinário**, **sumário** ou **sumaríssimo**, conforme a quantidade de pena aplicável em abstrato para o crime contra o direito de autor e demais conexos.

Por fim, o art. 530-G, CPP, explicita que o juiz, ao proferir sentença condenatória, poderá determinar:

(1) a destruição dos bens ilicitamente produzidos ou reproduzidos;

(2) o perdimento dos equipamentos apreendidos, quando se destinem precipuamente à produção e reprodução dos bens, em favor da Fazenda Nacional. Nesse caso, a Fazenda Nacional ficará incumbida dos deveres:

(a) de destruí-los ou doá-los aos Estados, Municípios e Distrito Federal, a instituições públicas de ensino e pesquisa ou de assistência social; e

(b) de incorporá-los, por economia ou interesse público, ao patrimônio da União, que não poderão retorná-los aos canais de comércio.

33. PROCEDIMENTO PARA A RESTAURAÇÃO DE AUTOS EXTRAVIADOS

O processo de restauração de autos extraviados ou destruídos é cuidado pelos artigos 541 a 548, do Código de Processo Penal. A previsão legislativa tem aplicação tanto em primeira quanto em segunda instância. A restauração será realizada na primeira instância, ainda que os autos se tenham extraviado na segunda em grau de recurso.

Vale dizer que a restauração de autos terá seu curso perante o órgão jurisdicional competente originariamente para processar e julgar o processo criminal extraviado.

Com a implementação do processo judicial eletrônico, o procedimento em tela vem perdendo a relevância, diante da substituição dos autos físicos, pelos virtuais.

O procedimento de restauração de autos visa a reproduzir ou reunir as peças processuais de originais não localizados, seja em virtude de extravio seja em face de destruição. O procedimento pode ser abreviado se existir cópia autêntica, que valerá como original. Caso contrário, serão determinadas providências pelo juiz para a instrução dos autos de restauração que, a seu turno, será julgada por sentença ao final, passando a valer pelos originais.

Com efeito, na falta de autos suplementares, cópia autêntica ou certidão do processo tendente a substituir o feito original, o juiz ordenará de ofício, a requerimento das partes ou do assistente de acusação:

(1) a certificação do estado do processo, conforme a sua lembrança, reproduzindo o que houver a respeito em seus protocolos e registros (art. 541, § 2º, "a", CPP);

(2) a requisição de cópias do que eventualmente conste sobre o delito no Instituto Médico-Legal, no Instituto de Identificação e Estatística ou em estabelecimentos congêneres, repartições públicas, penitenciárias ou cadeias (art. 541, § 2º, "b", CPP); e,

(3) a citação pessoal das partes ou, se não forem encontradas, por edital, com o prazo de dez dias, para o processo de restauração dos autos (art. 541, §2º, "c", CPP).

Haverá **nulidade absoluta** na restauração de autos realizada sem a prévia citação das partes. Verificado o vício, o processo deve ser objeto de **invalida**ção, para que sejam renovados os atos processuais, com o seu **saneamento**. No entanto, na senda da mitigação do controle das nulidades, a jurisprudência dos tribunais tem reconhecido o vício como **nulidade relativa**, que carece de ser averbada no momento oportuno, com demonstração do prejuízo.

Determinada ou deferida a solicitação de restauração de autos, o juiz designará dia para a oitiva das partes, quando serão mencionados, em termo circunstanciado, os pontos em que estiverem de acordo e a exibição e a conferência das certidões e demais reproduções do processo apresentadas e conferidas.

O Código de Processo Penal dispõe que o magistrado determinará as diligências necessárias para a restauração, fazendo observar as seguintes disposições, gizadas no seu art. 543:

(1) caso ainda não tenha sido proferida a sentença, reinquirir-se-ão as testemunhas, podendo ser substituídas as que tiverem falecido ou se encontrarem em lugar não sabido;

(2) os exames periciais, quando possível, serão repetidos, e de preferência pelos mesmos peritos;

(3) a prova documental será reproduzida por meio de cópia autêntica ou, quando impossível, por meio de testemunhas;

(4) poderão também ser inquiridos sobre os atos do processo, que deverá ser restaurado, os serventuários, os peritos, as autoridades e demais pessoas que tenham nele funcionado; e

(5) o Ministério Público e as partes poderão oferecer testemunhas e produzir documentos, para provar o teor do processo extraviado ou destruído.

O prazo de conclusão das diligências é de vinte dias, após o que os autos serão conclusos para sentença. Não só durante o curso do processo, mas também depois da conclusão dos autos para julgamento, o juiz poderá exercer seus poderes instrutórios, assentando o parágrafo único, do art. 544, do CPP, a previsão de emissão de requisição de todos os esclarecimentos para a restauração às autoridades ou repartições.

Anote-se, contudo que, se no curso da restauração aparecerem os autos originais, nestes continuará o processo, apensos a eles os autos da restauração (art. 547, parágrafo único, CPP).

Da sentença que julgar o processo de restauração de autos caberá apelação. O apelo só pode cuidar da restauração propriamente dita (art. 593, II, CPP) e não da sentença de mérito do processo extraviado.

Outrossim, durante o processo de restauração dos autos, o poderá ser verificado indício de crime de ação penal pública imputado aos causadores de extravio. Nessa hipótese, incumbe ao Ministério Público tomar as providências necessárias à responsabilização dos agentes (art. 546, CPP). Pensamos que ao juiz é vedada iniciativa probatória substitutiva do órgão da acusação, como afinal restou explícito no art. 3º-A, do CPP[16], acrescentado pela Lei nº 13.964/2019. Revogado tacitamente, destarte, o art. 40, do CPP.

Por fim, em conformidade com a dicção do art. 548, CPP, o extravio dos autos e a tramitação do processo de sua restauração não faz cessar os efeitos da sentença condenatória em execução penal, sendo necessário que conste a respectiva guia de execução penal arquivada no presídio onde o réu estiver cumprindo a pena ou o registro que torne a sua existência inequívoca.

34. PROCEDIMENTO CRIMINAL DA AÇÃO PENAL ORIGINÁRIA NOS TRIBUNAIS

Leis especiais e os regimentos internos dos tribunais estão a cuidar da tramitação dos processos perante os órgãos colegiados, na linha da percepção de que o funcionamento de um tribunal como juízo criminal é bem particularizado em relação ao do juiz singular. Foi com base nessa verificação que se fez necessária a promulgação da Lei nº 8.038/1990.

Em face do amplo leque de competência originária e recursal em matéria penal, conferido pela Constituição do Brasil, para o Supremo Tribunal Federal e para o Superior Tribunal de Justiça, instituiu aquele diploma legal normas procedimentais para os processos que especifica, a exemplo da ação penal originária, da reclamação, do *habeas corpus* e dos recursos criminais.

Nos termos daquela lei especial, nos crimes de ação penal pública de competência dos tribunais, se o indiciado estiver **solto**, o Ministério Público terá o **prazo de quinze dias para oferecer denúncia**. Se o órgão acusador entender que o caso é de arquivamento do

16. Dispositivo com eficácia suspensa, nos termos de decisão monocrática do Supremo Tribunal Federal (STF – ADI 6298/DF – Medida Cautelar – Rel. Min. Luiz Fux – 22 jan. 2020).

inquérito ou das peças informativas, assim o ordenará, submetendo a questão ao controle revisional ministerial (art. 28, *caput*, CPP).

O Parquet pode, ademais, requisitar diligências complementares.

Todas as providências probatórias, independentemente de provocação da parte, atribuídas por essa lei ao relator, estão revogadas pelo art. 3º-B, do CPP[17], inserido pela Lei nº 13.964/2019.

Se o agente estiver **preso**, o prazo para ajuizamento da denúncia será de cinco dias (art. 1º, § 2º, "a", Lei nº 8.038/1990) e não haverá interrupção prazal por eventual requerimento de diligências complementares, salvo se o relator, ao deferi-las, determinar o relaxamento da prisão (art. 1º, § 2º, "b"). Percebe-se assim que o requerimento de diligências complementares, uma vez deferidas pelo competente relator, devolverá integralmente o prazo de quinze dias para que o MP possa deflagrar a ação.

Entendemos perfeitamente aplicável as regras do juiz das garantias aos processos de competência originária dos tribunais. Basta, para tanto, realizar rodízio entre os membros, relator e revisor, alternando as funções de juiz das garantias e juiz da instrução e do julgamento, entre um e o outro, respectivamente.

A instrução do processo penal de competência originária do STF e do STJ será realizada pelo relator, escolhido na forma regimental. Aliás, o Regimento Interno do Tribunal respectivo é aplicável a este procedimento, no que não for incompatível com a Lei nº 8.038/1990. É viável aplicar, outrossim, sistema de convocação de magistrados, para atuarem na instrução processual dos processos penais condenatórios de competência dos tribunais.

O destinatário final, direto, da prova, será o colegiado do tribunal com competência para julgar a questão criminal. Sem embargo, o relator terá as atribuições que a legislação processual conferir aos juízes singulares, *ex vi* do art. 2º, parágrafo único, da Lei nº 8.038/1990, sendo de competência sua, nos termos do seu art. 3º:

(1) decretar a extinção da punibilidade, nos casos previstos em lei; e

(2) convocar desembargadores e juízes de varas criminais, pelo período de seis meses, prorrogável por igual prazo, até o máximo de dois anos, para a realização do interrogatório e de outros atos da instrução, na sede do tribunal ou no local onde se deva produzir o ato.

Não cabe ao relator deliberar sobre o controle do arquivamento do inquérito policial ou de peças de natureza similar. Essa atribuição é do órgão revisional do Ministério Público, consoante anotamos retro (art. 28, *caput*[18], CPP, com redação da Lei nº 13.964/2019).

Lembramos que, se não for o caso de arquivamento e tendo o investigado confessado formal e circunstanciadamente a prática de infração penal sem violência ou grave ameaça e com **pena mínima inferior quatro anos**, o Ministério Público poderá propor acordo de não persecução penal, desde que necessário e suficiente para a reprovação e prevenção

17. Dispositivo com eficácia suspensa, nos termos de decisão monocrática do Supremo Tribunal Federal (STF – ADI 6298/DF – Medida Cautelar – Rel. Min. Luiz Fux – 22 jan. 2020).
18. Dispositivo com eficácia suspensa, nos termos de decisão monocrática do Supremo Tribunal Federal (STF – ADI 6298/DF – Medida Cautelar – Rel. Min. Luiz Fux – 22 jan. 2020).

do crime, nos termos do art. 28-A, do CPP. Esse assunto é estudado por nós em capítulo próprio, destinado aos procedimentos nos espaços de consenso.

A teor do art. 4º e parágrafos, da Lei nº 8.038/1990, uma vez oferecida a denúncia ou a queixa ao Tribunal, será notificado o acusado para oferecer resposta no prazo de quinze dias, sendo entregues a ele, com a notificação, cópia da peça acusatória, do despacho do relator e dos documentos por este apontados. Trata-se de controle de admissibilidade que diminui a permeabilidade entre a condição de denunciado e a de acusado.

Se não for conhecido o paradeiro do réu, ou se ele estiver dificultando o cumprimento da diligência, terá lugar a notificação editalícia, com teor resumido da acusação. Objetiva-se que o denunciado ou o querelado compareça ao Tribunal no prazo de cinco dias. Caso isso ocorra, ele terá vista dos autos para apresentar resposta no prazo de quinze dias.

É mais um procedimento que oportuniza a defesa preliminar, no intuito de convencer o tribunal que a inicial acusatória não merece acatamento.

Ato contínuo, o relator pedirá dia para que o Tribunal delibere sobre o recebimento, a rejeição da denúncia ou da queixa, ou a improcedência da acusação, se a decisão não depender de outras provas, sendo facultada sustentação oral pelo prazo de quinze minutos, primeiro à acusação, depois à defesa.

Terminados os debates, o Tribunal deliberará sobre o recebimento da denúncia ou da queixa. Caberá, portanto, ao Tribunal decidir, após eventual debate oral, se receberá ou não a inicial. Pode até mesmo, de pronto, deliberar pela improcedência da ação, em verdadeiro julgamento antecipado do mérito, o que imprime coisa julgada material.

Após o recebimento da inicial, devem ser invertidas as funções para que o revisor assuma a relatoria, enquanto o relator se torne revisor. Essa solução é sugerida para dar efetividade ao juiz das garantias, também em sede de tribunais. Assim, o relator inicial, que exercia a função de juiz das garantias, a quem competia a salvaguarda dos direitos fundamentais, estará impedido de continuar como relator do julgamento (art. 3º-A, CPP[19], com redação da Lei nº 13.964/2019). Poderá, contudo, ser revisor.

Uma vez recebida a petição inicial acusatória, o relator designará dia e hora para o interrogatório, mandando citar o acusado ou querelado e intimar o órgão do Ministério Público, bem como o querelante ou o assistente, se for o caso.

Precisamos adequar essa regra, assentada no art. 7º, da Lei nº 8.038/1990, às alterações supervenientes no nosso sistema, cotejando-as com os demais artigos que regulam o procedimento:

(1) a competência do primeiro relator, que exerceu a função de juiz das garantias, cessa com o recebimento da inicial e ordem de citação do acusado, quando deverá ser redistribuída a causa;

(2) o interrogatório deve ser o ato final da instrução. Neste particular, conforme antecipado, entendeu o Pretório Excelso que o art. 400 do CPP deveria suplantar o estatuído

19. Dispositivo com eficácia suspensa, nos termos de decisão monocrática do Supremo Tribunal Federal (STF – ADI 6298/DF – Medida Cautelar – Rel. Min. Luiz Fux – 22 jan. 2020).

no art. 7º, da Lei nº 8.038/1990, bem como nos demais procedimentos especiais, haja vista possibilitar ao réu o exercício de sua defesa de modo mais eficaz[20];

(3) a defesa prévia poderá ser oferecida em cinco dias a contar da efetivação da citação e da intimação do defensor constituído, defensoria pública ou dativo (art. 8º, Lei nº 8.038/1990);

(4) a instrução obedecerá, no que couber, ao procedimento comum do Código de Processo Penal (art. 9º, Lei nº 8.038/1990);

(5) os atos instrutórios e o interrogatório poderão ser delegados pelo relator a juiz ou membro de tribunal, mediante carta de ordem, dirigida a juízo inserido na sua órbita do tribunal ordenante. Também o relator poderá ordenar que as intimações sejam feitas por carta com aviso de recebimento, sem prejuízo, inclusive, da efetivação de intimações eletrônicas nos termos da Lei nº 11.419/2006;

(6) após a oitiva das testemunhas, serão as partes intimadas para, em cinco dias, requererem diligências (art. 10, Lei nº 8.038/1990);

(7) cumpridas as diligências ou não sendo elas requeridas nem ordenadas pelo relator, serão intimadas a acusação e a defesa para, sucessivamente, apresentarem, no prazo de quinze dias, alegações escritas;

(8) será comum o prazo do acusador e do assistente, bem como o dos corréus. Se houver réu colaborador e corréu delatado, os prazos serão sucessivos e este falará por último;

(9) na ação penal de iniciativa privada, o Ministério Público terá vista, por igual prazo, após as alegações das partes;

(10) é vedado ao membro do tribunal, diante da estrutura acusatória do processo penal, atuar em substituição à atividade probatória do órgão da acusação. Então, a regra do art. 11, e parágrafos, da Lei nº 8.038/1990, está superada pelo art. 3º-A, do CPP[21], com redação da Lei nº 13.964/2019.

Vale dizer que não há mais cabimento para enunciado que averba que, depois do oferecimento das alegações finais, o relator poderia determinar de ofício a realização de provas reputadas imprescindíveis para o julgamento da causa. Previsões legislativas como esta estão revogadas tacitamente, seja pela modificação do CPP, seja pela incompatibilidade com o texto constitucional.

Por derradeiro, terminada a instrução, o Tribunal procederá ao julgamento, na forma determinada pelo regimento interno, atentando para as disposições do art. 12, da Lei nº 8.038/1990:

(1) a acusação e a defesa terão, sucessivamente, nessa ordem, prazo de uma hora para sustentação oral, assegurado, ao assistente, um quarto do tempo da acusação. Havendo delator e delatado, este deve se pronunciar por último; e

20. STF – Primeira Turma – RHC 129772 ED – Rel. Min. Roberto Barroso – publicado em 09 ago.2017.

21. Dispositivo com eficácia suspensa, nos termos de decisão monocrática do Supremo Tribunal Federal (STF – ADI 6298/DF – Medida Cautelar – Rel. Min. Luiz Fux – 22 jan. 2020).

(2) encerrados os debates, o Tribunal passará a proferir o julgamento, podendo o Presidente limitar a presença no recinto às partes e seus advogados, ou somente a estes, se o interesse público exigir.

35. PROCEDIMENTO ESPECIAL DOS CRIMES MILITARES

Para a definição da aplicação do rito especial previsto no Código de Processo Penal Militar, é importante antes aferir se o fato imputado é **crime militar**.

Os crimes militares podem ser propriamente militares ou impropriamente militares. São **crimes propriamente militares** aqueles cuja definição típica só é encontrada no Código Penal Militar[22]. De outro lado, são **crimes militares impróprios** os que são previstos no Código Penal Militar e encontram igual contorno típico no Código Penal Comum.

A primeira ilação que se tem é que para que um crime seja considerado militar em sentido largo ele tem que restar tipificado no Código Penal Militar. Se o fato delituoso não estiver ali estatuído, estará descartado o seu enquadramento como infração penal militar e, de conseguinte, estará alijado o procedimento especial traçado no Código de Processo Penal Militar.

36. COMPETÊNCIA DA JUSTIÇA MILITAR DA UNIÃO E DOS ESTADOS

A Constituição do Brasil trata de forma diferente os crimes militares de competência da Justiça Militar da União dos crimes militares de competência da Justiça Militar dos Estados. **Crime militar federal** pode ter como sujeito ativo não só os membros das forças armadas, mas também o civil. Já o **crime militar de competência da Justiça Militar estadual** só pode ser cometido por policial militar ou bombeiro militar.

A distinção é inferida do cotejo dos artigos 124 e 125, § 4º, da Constituição de 1988. Cabe destacar:

(1) o art. 124, *caput*, reza que à Justiça Militar compete processar e julgar os crimes militares definidos em lei, não restringindo o sujeito ativo do crime ou a qualidade da pessoa sobre a qual recai sua jurisdição;

(2) o § 4º, do art. 125, preconiza que compete à Justiça Militar estadual processar e julgar os militares dos Estados, nos crimes militares definidos em lei e as ações judiciais contra atos disciplinares militares, ressalvada a competência do júri quando a vítima for civil, cabendo ao tribunal competente decidir sobre a perda do posto e da patente dos oficiais e da graduação das praças.

Note-se que só o militar estadual – policial ou bombeiro militar – está sujeito à jurisdição militar estadual. O civil não responde por crime definido na lei penal militar perante a Justiça Militar dos Estados, podendo ser responsabilizado perante o juízo criminal comum estadual se o fato definido como crime encontrar tipificação em lei diversa daquela.

Diferentemente, a Justiça Militar da União julga tanto civis quanto militares das Forças Armadas.

22. LOUREIRO NETO, Jose da Silva. *Direito penal militar*. São Paulo: Atlas, 1993. p. 35.

De outra vertente, a Constituição Federal ressalva expressamente que os crimes dolosos contra a vida de civil cometidos por militares em serviço devem ser julgados pelo tribunal popular. Mesmo entendimento do § 1º do art. 9º do Código Penal Militar (Decreto-Lei nº. 1.001/1969).

A competência será da Justiça Militar da União, todavia, se o homicídio doloso contra a vida de civil for cometido por militar das Forças Armadas, no contexto:

(1) do cumprimento de atribuições que lhes forem estabelecidas pelo Presidente da República ou pelo Ministro de Estado da Defesa;

(2) de ação que envolva a segurança de instituição militar ou de missão militar, mesmo que não beligerante; ou,

(3) de atividade de natureza militar, de operação de paz, de **garantia da lei e da ordem** ou de atribuição subsidiária, realizadas em conformidade com o disposto no art. 142, da Constituição Federal, e na forma dos seguintes diplomas legais:

(a) Lei nº 7.565/1986 – Código Brasileiro de Aeronáutica;

(b) Lei Complementar nº 97/1999;

(c) Decreto-Lei nº 1.002/1969 – Código de Processo Penal Militar; e

(d) Lei nº 4.737/1965 – Código Eleitoral.

Ainda para a definição do que seja crime militar, deve-se ter em vista os enunciados normativos dos artigos 9º e 10, do Código Penal Militar, que averbam os critérios para se compreender um fato como crime militar em tempo de paz ou como crime militar em tempo de guerra. Com esses cuidados, será possível observar o rito da lei processual penal militar sem que se resvale em **nulidade** processual, mormente levando em consideração que competência em matéria penal é de natureza **absoluta** e que o desrespeito às suas regras pode ensejar decreto de **invalidação** do processo.

37. APLICAÇÃO SUBSIDIÁRIA DO CPP AO PROCEDIMENTO DOS CRIMES MILITARES

Em regra, não cabe aplicação de legislação processual penal comum ao processo penal militar, eis que tem natureza própria, específica. Exemplo dessa ilação é o disposto no art. 90-A, da Lei nº 9.099/1995, que dispôs, diante das divergências jurisprudenciais da época de sua edição, que aquele diploma legislativo não se aplica no âmbito da Justiça Militar.

Excepcionalmente, todavia, pode haver aplicação subsidiária de qualquer outro diploma legislativo processual penal comum, em face do que dispõe o CPPM, em seu art. 3º, rezando que serão supridos os casos omissos pela legislação de processo penal comum, quando aplicável ao caso concreto e sem prejuízo da índole do processo penal militar.

O Código de Processo Penal Militar contém enunciados que disciplinam sua incidência, a polícia judiciária militar, o inquérito policial militar (fase pré-processual) e o processo penal militar (com previsão de seu sistema de nulidades e recursos).

38. PROCEDIMENTO INVESTIGATIVO DOS CRIMES MILITARES

O inquérito policial militar não é indispensável (art. 28, CPPM). É presidido por um oficial da ativa, denominado encarregado, nos termos do art. 7º, e seus parágrafos, do Código de Processo Penal Militar, que prevê a atribuição do exercício da polícia judiciária militar pelos comandantes, diretores e chefes que arrola, com possibilidade de delegação.

Nessa fase, investigativa, deve atuar o juiz das garantias, no âmbito da justiça militar. Valendo-se da analogia do art. 3º-B, inciso XIV, e do art. 3º-C, *caput*, ambos do CPP[23], inseridos pela Lei nº 13.964/2019, o juiz das garantias atuará até o recebimento da denúncia. Deve velar pela salvaguarda dos direitos fundamentais do imputado.

O inquérito policial deve ser conduzido pelo oficial encarregado que, a sua vez, deve ser de posto superior ao indiciado ou mais antigo em sendo do mesmo posto. O critério de antiguidade não prevalece se o indiciado for oficial da reserva ou reformado. Toda vez que, no curso do inquérito policial militar, o encarregado constatar indício de cometimento de crime militar por oficial superior ao seu posto ou de posto igual, porém mais antigo e do serviço ativo, deve tomar as providências para que suas atribuições sejam delegadas a outro oficial (§ 5º, art. 10, CPPM).

Consoante o art. 16-A, do CPPM, incluído pela Lei nº 13.964/2019, nos casos em que servidores das polícias militares e dos corpos de bombeiros militares figurarem como investigados em inquéritos policiais militares e demais procedimentos extrajudiciais, cujo objeto for a investigação de fatos relacionados ao **uso da força letal** praticados no exercício profissional, de forma consumada ou tentada, incluindo as situações de excludentes de ilicitude e de culpabilidade, o indiciado poderá constituir defensor, esclarecendo que:

(1) o investigado deverá ser **citado da instauração do procedimento investigatório**, podendo constituir defensor no prazo de até quarenta e oito horas a contar do recebimento da citação;

(2) esgotado esse prazo, com ausência de nomeação de defensor pelo investigado, a autoridade responsável pela investigação deverá intimar a instituição a que estava vinculado o investigado à época da ocorrência dos fatos, para que esta, no prazo de quarenta e oito horas, indique defensor para a representação do investigado. Pensamos que, antes desse proceder, deve ser respeitada a atribuição da Defensoria Pública, orientada pela condição de necessitado do indiciado. Nas localidades onde não estiver estruturada, caberá a intimação da instituição referida pelo dispositivo;

(3) iguais direitos são garantidos aos militares das forças armadas, desde que os fatos investigados digam respeito a missões para a **garantia da lei e da ordem**. Na verdade, melhor seria que o tratamento fosse igualitário, isonômico, para todo e qualquer investigado. Entendemos que há inconstitucionalidade, diante da omissão relativamente aos indiciados em geral, não contemplados.

O prazo para a conclusão do inquérito policial militar é de vinte dias, se o indiciado estiver preso, ou de quarenta dias se o indiciado estiver solto (art. 20, CPPM), podendo

23. Dispositivos com eficácia suspensa, nos termos de decisão monocrática do Supremo Tribunal Federal (STF – ADI 6298/DF – Medida Cautelar – Rel. Min. Luiz Fux – 22 jan. 2020).

este último prazo, justificadamente, ser prorrogado por mais vinte dias pela autoridade militar superior. Naturalmente, constatando o encarregado a existência de indícios de crime comum, comunicará o fato à autoridade policial competente, com extração das cópias pertinentes. De maneira semelhante, se houver indicativo de ato infracional imputado a criança ou adolescente, remeterá cópias ao juízo da infância e da juventude.

Os autos do inquérito policial militar não podem ser arquivados pelo encarregado. Não podem ser arquivados no âmbito das unidades militares. Os autos do inquérito policial militar devem ser remetidos ao Ministério Público Militar.

Desse modo, concluído o inquérito policial militar, com o relatório circunstanciado de que trata o art. 22, CPPM, e não entendendo necessárias diligências esclarecedoras, o membro do Ministério Público Militar poderá:

(1) ordenar o seu arquivamento, aplicando por analogia, o art. 28, *caput*, do CPP, com redação dada pela Lei nª 13.964/2019, submetendo a questão ao controle revisional ministerial;

(2) oferecer denúncia quando verificar prova de fato que, em tese, constitua crime e indícios de autoria, ou seja, toda vez que se deparar com suporte probatório mínimo da existência de delito militar, com viabilidade de acusação, tem incidência o princípio da obrigatoriedade e o membro do Ministério Público Militar deverá deflagrar a ação penal militar.

39. AÇÃO PENAL NO PROCEDIMENTO DOS CRIMES MILITARES

A ação penal, para todo e qualquer crime militar – mesmo aqueles que ofendam a honra de superior como a injúria do art. 216, CPM, por exemplo –, é **pública incondicionada**, iniciada, portanto, exclusivamente por denúncia.

A denúncia conterá um rol de até **seis testemunhas**, que poderá ser dispensado se bastar a prova documental para a comprovação do fato delituoso.

Não há previsão de ação penal pública condicionada à representação ou de ação penal privada no Código Penal Militar ou no Código de Processo Penal Militar. Todavia, existe previsão de **ação penal pública condicionada à requisição** pelo procurador-geral da Justiça Militar, pelo Ministério da Defesa ou pelo Comando a que o agente estiver subordinado, relativamente aos crimes previstos nos artigos 136-141, do Código Penal Militar.

Por força da garantia constitucional do inciso LIX, do art. 5º, da Constituição do Brasil, será admitida ação privada nos crimes de ação pública, se esta não for intentada no prazo legal. Vale dizer, se a ação penal pública incondicionada por crime militar não for ajuizada, o ofendido poderá ingressar com **queixa-crime subsidiária**, **supletiva**, perante o juízo militar competente.

Outrossim, para aqueles crimes que afetam mais de perto o sujeito passivo em razão da função pública militar que exerce – os crimes que atingem sua honra *propter officio* – é de se entender, não obstante a ausência de previsão legal, pela admissibilidade de oferecimento de **ação penal privada de forma concorrente** com a viabilidade de ação penal pública incondicionada, na esteira, inclusive, da jurisprudência do Supremo Tribunal Federal no tocante aos crimes comuns contra a honra (Súmula nº 714, STF).

40. JUÍZO SINGULAR E COLEGIADO NO PROCEDIMENTO DOS CRIMES MILITARES

Antes de ingressar no procedimento propriamente dito, impende deixar bem vincada a alteração constitucional que bipartiu o rito único de julgamento dos crimes militares.

Primeiramente, tal ocorreu perante o juízo militar estadual de primeiro grau.

Seguidamente, a bifurcação da competência foi estendida à Justiça Militar da União, dividindo a competência para julgar delitos em monocrática (do juiz federal militar) e colegiada (dos conselhos), tal como se depreende do art. 30, da Lei nº 8.457/2018, com redação dada pela Lei nº 13.774/2018.

Portanto, as auditorias militares podem funcionar:

(1) como órgãos singulares: quando o fato é atribuído à competência do juiz de direito do juízo militar ou do juiz federal da Justiça Militar da União; ou

(2) colegiados, que são os conselhos permanentes de justiça (que julgam as praças) e os conselhos especiais de justiça (que julgam os oficiais). A composição desses conselhos é de cinco membros:

(a) um juiz de direito do juízo militar (no âmbito estadual) ou um juiz federal da Justiça Militar da União (civil concursado para provimento desse cargo ou juiz de direito que o exerce dentro do quadro de cargos de juízes estaduais); e

(b) quatro militares, que são sempre oficiais, sorteados para o exercício de um mandato de três meses, sendo vedada recondução para o trimestre subsequente.

Os membros do conselho especial de justiça – que julga o acusado oficial – não podem ser de posto inferior do réu ou menos antigo que o oficial da ativa que está sendo processado.

O processamento e julgamento dos crimes militares estaduais não se darão incondicionalmente perante os conselhos permanentes e especiais de justiça.

Se houver vítima civil, a competência é do juiz de direito (ou juiz de direito do juízo militar no Estado onde existir o quadro), que funcionará singularmente, subscrevendo todos os atos judiciais sem a participação dos demais membros do Conselho de Justiça. Os conselhos permanente e especial de justiça, no âmbito estadual, serão presididos pelo juiz togado (civil) e não mais pelo oficial mais antigo.

Ao Conselho de Justiça competirá o processamento e o julgamento dos crimes militares que não tenham como sujeito passivo um civil. Com essas distinções, vê-se que os atos processuais ocorrerão, a depender da fixação da competência de tais órgãos da auditoria militar estadual, perante o juiz singular ou perante o Conselho de Justiça.

De maneira análoga tal também ocorre na esfera da Justiça Militar da União:

(1) ao juiz federal da Justiça Militar da União compete processar e julgar, monocraticamente:

(a) os civis incursos em crime militar, tal como definido nos incisos I e III, do art. 9º, do CPM; e

(b) os militares, quando estes forem acusados juntamente com aqueles no mesmo processo;

(2) aos Conselhos Permanente e Especial, haverá competência residual, relativamente à competência específica do juiz federal militar, de tal forma que competirá a eles, processar e julgar apenas militares (não os civis ou militares acusados juntamente com civis), nos delitos definidos na legislação penal militar.

41. PROCEDIMENTO ESPECIAL PARA PROCESSAMENTO E JULGAMENTO DOS CRIMES MILITARES

Assentadas essas premissas necessárias ao entendimento do rito, do Código de Processo Penal Militar, retoma-se a exposição do procedimento a partir do recebimento da denúncia, ato praticado singularmente pelo juiz militar das garantias, togado, independentemente de ser o processo de competência exclusiva dele ou do Conselho de Justiça.

Recebida a denúncia e ordenada a citação pelo juiz militar das garantias, os autos devem seguir ao juiz militar da instrução e do julgamento.

Note-se que são duas funções, que devem ser exercidas por dois juízes com identidade física distinta, com o objetivo de garantir a imparcialidade do julgador. Da mesma forma que o juiz militar da instrução e do julgamento, o juiz militar das garantias poderá ser juiz de direito do juízo militar ou juiz federal da Justiça Militar da União.

O juiz de direito do juízo militar ou um juiz federal da Justiça Militar da União, na função de juiz da instrução e do julgamento, providenciará o sorteio do conselho especial ou permanente e designará dia para a sua instalação, determinando a efetivação da citação do acusado para responder ao processo.

A designação de interrogatório, realizado perante o juiz de direito do juízo militar, pelo juiz federal militar ou perante o conselho competente, deve acontecer ao final do procedimento, com o objetivo de outorgar maior amplitude de defesa ao réu, mesmo nos procedimentos especiais, na esteira de decisão do Pleno do STF[24].

Não há que se falar em defesa prévia no âmbito do processo penal militar, podendo a defesa oferecer testemunhas (art. 348, CPPM), em número de seis por acusado e por cada fato delituoso. O prazo para a conclusão da instrução criminal é de cinquenta dias, se preso o acusado, e de noventa dias, se solto, consoante expressa previsão do art. 390, CPPM, com possibilidade de sua suspensão justificada.

Cabe abrir um parêntese sobre a prisão preventiva eventualmente decretada, em cotejo com o prazo de instrução. Isso porque a prisão provisória deve ter seu tempo sujeito a controle. Daí a necessidade de decisão justificando a necessidade de sua manutenção, a cada noventa dias, nos termos do parágrafo único, do art. 316, do CPP, incluído pela Lei nº

24. STF – Pleno – HC nº 127.900/AM – Rel. Min. Dias Toffoli – DJe 3/8/2016.

13.964/2019. Esse dispositivo deve ser aplicado por analogia ao processo penal militar. A sua não observância acarretará a ilegalidade da prisão, com o seu conseguinte relaxamento.

O procedimento tem sequência com a designação de audiência para inquirição das testemunhas perante o juiz ou o conselho competente, conforme o caso, sendo ouvidas, primeiro, as arroladas pela acusação e, depois, as indicadas pela defesa (art. 417, CPPM). Todos podem formular reperguntas, inclusive os membros do conselho de justiça, sendo sempre, todavia, por intermédio do juiz federal da Justiça Militar ou juiz de direito do juízo militar (art. 418, CPPM), de tudo se consignando em ata.

Como se infere, para o procedimento dos crimes militares, ainda vigora o sistema presidencialista. Não há previsão para perguntas diretamente formuladas pelas partes à testemunha.

Após a oitiva das testemunhas, o juiz federal da Justiça Militar ou juiz de direito do juízo militar determinará vista dos autos em cartório às partes pelo prazo comum de cinco dias para, querendo, requererem diligências (art. 427, CPPM).

Não havendo diligências ou sendo estas cumpridas, o juiz federal da Justiça Militar ou juiz de direito do juízo militar ordenará vista às partes pelo prazo sucessivo de oito dias, primeiro ao Ministério Público Militar, seguido pela defesa do acusado. Existindo assistente constituído nos autos até o encerramento da instrução criminal, dar-se-á a ele vista destes, se o requerer, por cinco dias, assegurando a defesa o direito de falar por último.

Esses prazos de vista serão unificados e aumentados para doze dias, correndo em cartório de forma comum, se ao processo responderem mais de cinco acusados com diferentes procuradores (art. 428, § 1º, CPPM). Entendemos não caber incidência de acordo de não persecução penal ou de colaboração premiada no âmbito da justiça militar. Caso se permita, ainda que indevidamente, deve ser observado o direito dos acusados delatados se manifestarem por último, assegurando-lhes ampla defesa. Afinal, o colaborador se assemelha, naqueles casos, ao assistente do Ministério Público, eis que estar a colaborar com a acusação.

Ao cabo, será designada sessão para julgamento e sentença, reunindo-se o Conselho de Justiça, exceto nos casos de julgamento pelo juiz de direito do juízo militar ou um juiz federal da Justiça Militar da União de forma singular.

A sessão deve ser declarada aberta pelo presidente do Conselho (que será o juiz de direito do juízo militar ou o juiz federal militar), mandando ser apresentado o acusado e ordenando que o escrivão proceda à leitura das peças do processo elencadas no art. 432, CPPM.

Após, ocorrerão os debates (art. 433, CPPM): é dada a palavra, para a sustentação oral, em primeiro lugar ao membro do Ministério Público Militar, em seguida, ao assistente (se houver) e, por derradeiro, ao defensor ou defensores, observada a mesma cautela do direito a falar por último ao defensor que estiver representando acusado delatado por corréu.

O tempo de sustentação é de até três horas cada parte, acusação e defesa, com a possibilidade de réplica pela acusação e tréplica para a defesa pelo período máximo de uma hora para cada.

Já o assistente da acusação disporá de metade do tempo dado ao Ministério Público.

Se o advogado estiver defendendo mais de um acusado, seu tempo de sustentação será acrescido de uma hora.

De outro lado, o Código prevê que se os acusados excederem a dez, cada advogado disporá de uma hora para a defesa de cada um, se não se utilizar do acréscimo de uma hora para a defesa de mais de um réu, não podendo o tempo total exceder a seis horas. Daí que o presidente do conselho poderá fixar o prazo para a melhor distribuição do tempo a ser utilizado pela defesa.

Após os debates, segue-se o julgamento com a votação aberta e motivada dos membros do conselho, votando primeiro o juiz de direito do juízo militar ou um juiz federal da Justiça Militar da União.

É possível ao conselho permanente ou especial de justiça invocar a *emendatio libelli* ou *mutatio libelli*. Esta última só terá cabimento se realizada oportunamente, com expressa descrição em sede de alegações finais escritas pelo Ministério Público.

O art. 437, alínea "b", do CPPM, prevê que o Conselho de Justiça poderá decidir pela condenação mesmo se o *Parquet* tiver se pronunciado pela absolvição, bem como reconhecer agravante objetiva, ainda que nenhuma tenha sido levantada. Trata-se de previsão similar àquela do art. 385, do CPP, que aventa o poder do juiz de proferir sentença condenatória, nos crimes de ação pública, ainda que o Ministério Público tenha opinado pela absolvição, bem como reconhecer agravantes, embora nenhuma tenha sido alegada.

Esses dispositivos são de duvidosa constitucionalidade porque findam por autorizar o juiz a substituir a acusação. Por outro lado, entendemos salutar a previsão de que o Ministério Público não pode desistir da ação penal. Importa dizer:

(1) de um lado, um pedido de absolvição do membro Ministério Público que o juiz deve acatar equivale tornar a ação penal pública disponível, contrariando o seu caráter indisponível, corolário do princípio constitucional da obrigatoriedade;

(2) de outro, a condenação do réu pelo órgão judicial sem pedido vigente do Ministério Público é semelhante a abuso de poder (Lei nº 13.869/2019), violador da estrutura acusatória constitucional, do processo penal comum e militar brasileiro (art. 3º-A, CPP, com redação da Lei nº 13.964/2019).

Portanto, pensamos que o juiz não poderá condenar sem pedido do Ministério Público formulado em sede de alegações finais. Estamos diante de uma lacuna. Se há necessidade de controle, que este seja feito no âmbito do Ministério Público, com aplicação analógica do art. 28, *caput*, do CPP, com redação da Lei nº 13.964/2019, a fim de que seu órgão de revisão dê a palavra final quando, então, o julgador estará obrigado a absolver o réu.

Ao término da votação de cada um dos juízes do Conselho de Justiça, a sentença será lavrada pelo juiz togado, com os requisitos do art. 438, inclusive com a data e as assinaturas dos juízes do Conselho de Justiça, a começar pelo presidente e por ordem de hierarquia e declaração dos respectivos postos, encerrando-as o juiz de direito do juízo militar ou um juiz federal da Justiça Militar da União.

42. QUADRO SINÓTICO

CAPÍTULO XXX – PROCEDIMENTOS ESPECIAIS	
INTRODUÇÃO	
Procedimento especial é o rito que se diferencia do procedimento comum, conforme disciplina legislativa. Temos vários procedimentos especiais previstos nas leis processuais penais e no próprio CPP. Aos procedimentos especiais, é admitida aplicação subsidiária do procedimento comum ordinário (art. 394, § 5º, CPP).	1
PROCEDIMENTO ESPECIAL DOS CRIMES AFIANÇÁVEIS IMPUTADOS A FUNCIONÁRIO PÚBLICO	
O crime cometido por funcionário público, que se referir à sua atuação como servidor público, deve ser processado e julgado conforme os artigos 513 a 518, do CPP. Vale dizer, não sendo a hipótese de infração penal de menor potencial ofensivo, deve ser aplicado o procedimento especial que ora estudamos, para delitos funcionais em sentido amplo, imputados a quem se enquadre à definição legal de funcionário público, gizada no art. 327, e parágrafos, do CP.	2
OFERECIMENTO DE DENÚNCIA OU QUEIXA-CRIME NOS CRIMES AFIANÇÁVEIS ABRANGIDOS PELO PROCEDIMENTO ESPECIAL	
A denúncia ou queixa-crime deve vir instruída com a documentação que confira lastro probatório mínimo à acusação. A especialidade do rito aparecerá quando a conduta imputada a funcionário público for **crime afiançável**. Há impedimento à concessão da fiança em alguns casos de delitos que, em tese, seriam afiançáveis. Com efeito, toda vez que o agente estiver incurso em alguma das situações do art. 324, do CPP, teremos, em concreto, inafiançabilidade. Essas hipóteses não afastam a aplicação do procedimento especial.	3
OBRIGATORIEDADE DA DEFESA PRELIMINAR NO PROCEDIMENTO ESPECIAL DE CRIME AFIANÇÁVEL IMPUTADO A FUNCIONÁRIO PÚBLICO	
Como se dessume do texto legal (art. 514, CPP), a apresentação da defesa preliminar é mera faculdade, sendo estratégia a ser utilizada ou não pela defesa. Contudo, entendemos que a notificação para a sua apresentação é obrigatória, sob pena de **nulidade absoluta** e decretação de **invalidação** do processo desde o momento da omissão indevida violadora do direito à ampla defesa.	4
NATUREZA JURÍDICA DA DEFESA PRÉVIA AO RECEBIMENTO DA DENÚNCIA OU DA QUEIXA CRIME	
Cuida-se de uma resposta prévia, semelhante a uma contestação, onde o funcionário poderá alegar matéria preliminar e de mérito que tenham o condão de supedanear a rejeição da denúncia ou da queixa, fazendo anexar documentos e justificações.	5
CAPACIDADE POSTULATÓRIA PARA A DEFESA PRELIMINAR NO RITO ESPECIAL DOS CRIMES IMPUTADOS A FUNCIONÁRIO PÚBLICO	
A defesa preliminar, como peça facultativa, pode ser apresentada pelo próprio denunciado ou por seu advogado. Se o funcionário público não for encontrado para ser notificado, ou estando fora da jurisdição, ser-lhe-á nomeado defensor para prática do ato.	6

CAPÍTULO XXX – PROCEDIMENTOS ESPECIAIS	
PERDA DA CONDIÇÃO DE FUNCIONÁRIO PÚBLICO	
Se o funcionário perde o seu ***status***, por ter sido exonerado ou estar aposentado, não mais terá direito à defesa preliminar.	**7**
CONCURSO DE INFRATORES E DE INFRAÇÕES NO PROCEDIMENTO DO CRIME AFIANÇÁVEL IMPUTADO A FUNCIONÁRIO PÚBLICO	
Havendo mais de um réu, a defesa preliminar só será oportunizada àqueles que estejam na condição de funcionário público. Por seu turno, havendo concurso de crimes, sendo um funcional e outro não funcional, entendemos que deve haver notificação para defesa preliminar em face de ambos os delitos, e o procedimento mais amplo e especial abrangeria até mesmo o delito não funcional, ampliando-se a esfera defensiva. A questão, contudo, não é pacífica, prevalecendo a posição contrária, de que, no caso do concurso de infrações, não deve haver defesa preliminar para nenhuma delas, suprimindo-se a especialidade do procedimento.	**8**
EFEITOS DA REJEIÇÃO DA INICIAL NO RITO DOS CRIMES IMPUTADOS A FUNCIONÁRIO PÚBLICO	
A nosso ver, a depender dos elementos trazidos na defesa preliminar, a rejeição da inicial acusatória terá o ***status*** de decisão definitiva, fazendo coisa julgada material. Em razão da regra do § 5º, do art. 394, do CPP, que ordena a incidência subsidiária da disciplina do procedimento comum aos procedimentos especiais, uma vez recebida a inicial e seguido o procedimento comum ordinário, teremos, no rito especial aqui examinado, uma segunda defesa preliminar, chamada de resposta preliminar à acusação.	**9**
SEQUÊNCIA NOS CRIMES IMPUTADOS A FUNCIONÁRIO PÚBLICO	
(1) remessa e distribuição ao MP (art. 28, CPP, *caput*, conforme Lei nº 13.964/2019); (2) oferecimento da inicial acusatória; (3) notificação para defesa preliminar, a ser apresentada em 15 dias; (4) rejeição ou recebimento da inicial, seguindo-se, neste último caso, o procedimento comum ordinário.	**10**
PROCEDIMENTO ESPECIAL DOS CRIMES CONTRA A HONRA	
Boa parte dos crimes contra a honra é submetida ao procedimento sumaríssimo, que se orienta pela definição de delito de menor potencial ofensivo baseada, exclusivamente, no quantitativo máximo da pena em abstrato igual a dois anos.	**11**
DELITOS ABRANGIDOS PELO PROCEDIMENTO ESPECIAL DOS CRIMES CONTRA A HONRA	
O regramento gizado nos artigos 519 e seguintes, CPP, é para o processo e julgamento dos crimes contra a honra calúnia, injúria e difamação, que não se incluírem nos juizados especiais, na justiça eleitoral e na justiça militar.	**12**
TENTATIVA DE CONCILIAÇÃO PRÉVIA NO PROCEDIMENTO ESPECIAL DOS CRIMES CONTRA A HONRA	
Esse procedimento especial se particulariza, notadamente, pela previsão de tentativa conciliatória que deverá preceder o recebimento da queixa-crime, onde as partes serão ouvidas "separadamente, **sem a presença dos seus advogados**, não se lavrando termo" (art. 520, CPP). Se a conciliação se efetivar, a queixa será arquivada (art. 522, CPP).	**13**

<table>
<tr><th colspan="2">CAPÍTULO XXX – PROCEDIMENTOS ESPECIAIS</th></tr>
<tr><th colspan="2">RECEBIMENTO DA INICIAL E EXCEÇÃO DA VERDADE NO PROCEDIMENTO ESPECIAL DOS CRIMES CONTRA A HONRA</th></tr>
<tr><td>Recebida a inicial acusatória, será determinada a citação do demandado. Essa pode ocorrer em audiência, se o imputado estiver presente, ou por mandado. A citação é para responder a acusação em dez dias, nos termos do art. 396, CPP.

A exceção da verdade poderá ser oferecida, observando-se as hipóteses em que é admitida.

Quando oferecida a exceção da verdade ou da notoriedade do fato imputado, será dada oportunidade para o querelante apresentar contestação em dois dias, com a possibilidade de inquirição de testemunhas arroladas na queixa ou de outras indicadas na exceção ou mesmo na contestação, em substituição às da petição acusatória.

A exceção de verdade objetiva demonstrar que os fatos atribuídos ao indivíduo são verdadeiros, ao passo que a exceção de notoriedade intenta demonstrar que as alegações são de domínio público.

Apresentada ou não a exceção, e com esses traços distintivos, o procedimento seguirá, nos demais termos, o rito comum sumário, se a quantidade de pena prevista em abstrato para o crime, ou o seu somatório, for inferior a quatro anos.</td><td>14</td></tr>
<tr><th colspan="2">SEQUÊNCIA</th></tr>
<tr><td>(1) remessa e distribuição do IP ou do TCO ao MP; (2) oferecimento da inicial acusatória; (3) audiência de conciliação (crimes de ação privada); (4) recebimento ou rejeição da denúncia ou da queixa-crime; (5) citação; (6) defesa preliminar e eventual exceção de verdade; (7) contestação: em dois dias, podendo-se alterar ou complementar o rol de testemunhas; (8) julgamento da exceção de verdade e possibilidade de absolvição sumária; (9) segue-se os demais termos do procedimento comum sumário.</td><td>15</td></tr>
<tr><th colspan="2">PROCEDIMENTO ESPECIAL PARA PROCESSAMENTO DOS CRIMES DE DROGAS</th></tr>
<tr><td>A Lei nº 11.343/2006 disciplina o procedimento para o processamento e julgamento dos crimes por ela mesma definidos. Só não incidirá nos casos de condutas como as do crime de porte para consumo de entorpecentes, por ser aplicável a Lei nº 9.099/1995, diante de ser delito de menor potencial ofensivo.</td><td>16</td></tr>
<tr><th colspan="2">PROCEDIMENTO PARA AS CONDUTAS RELATIVAS AO USO DE DROGAS</th></tr>
<tr><td>O porte para uso, como se infere, não foi descriminalizado. Houve, é certo, despenalização. No entanto, foi mantida sua natureza de crime.

Daí que, em relação às infrações penais que envolvam consumo, não será imposta prisão em flagrante ao usuário que, em tese, poderia ser encaminhado ao juízo competente ou tomado seu compromisso de a ele comparecer, com a lavratura de TCO nos moldes da Lei nº 9.099/1995.

A transação penal terá lugar, na forma da Lei nº 9.099/1995, com a observação de que o Ministério Público poderá propor a aplicação imediata de pena prevista no art. 28 desta Lei, a ser especificada na proposta, a teor do § 5º, do art. 48, da Lei nº 11.343/2006. São as seguintes: (1) advertência sobre os efeitos da droga; (2) prestação de serviços à comunidade; (3) medida educativa de comparecimento a programa ou curso educativo; Para que se garanta o cumprimento das medidas, caso o infrator se negue injustificadamente a cumpri-las, caberá ao magistrado, sucessivamente, imprimir admoestação verbal ou pagamento de multa. Frustrada a transação penal, segue-se o procedimento regular dos Juizados Especiais.</td><td>17</td></tr>
</table>

CAPÍTULO XXX – PROCEDIMENTOS ESPECIAIS

PROCEDIMENTO DA INVESTIGAÇÃO PRELIMINAR DOS CRIMES DE TRÁFICO DE DROGAS

Quanto ao tráfico e condutas assemelhadas, a **fase de investigação**, pré-processual, pode iniciar-se com a lavratura do auto de prisão em flagrante, mormente em virtude da natureza material dos crimes de entorpecente. A prisão em flagrante deverá ser comunicada imediatamente, pela autoridade policial, ao juiz competente.

Nos termos do art. 310, do CPP, após receber o auto de prisão em flagrante, no prazo máximo de até vinte e quatro horas após a realização da prisão, o juiz deverá promover audiência de custódia com a presença do acusado, seu advogado constituído ou membro da Defensoria Pública e o membro do Ministério Público, e, nessa audiência, o magistrado deverá, fundamentadamente:

(1) relaxar a prisão, se ilegal;

(2) converter a prisão em flagrante em preventiva, se requerida pelo Ministério Público (eis que se cuida de fase pré-processual), quando presentes os requisitos constantes do art. 312 do Código Processual Penal, e se revelarem inadequadas ou insuficientes as medidas cautelares diversas da prisão; ou

(3) conceder liberdade provisória, com ou sem fiança.

Desse modo, se não for o caso de relaxar a prisão em flagrante ilegal, o juiz deverá oportunizar o contraditório (§ 3º, do art. 282, do CPP).

É de ver que os crimes de tráfico são inafiançáveis, consoante previsão constitucional (art. 5º, XLIII, CF).

A Lei de Drogas traz prazo diferenciado para a conclusão do inquérito. Será ele encerrado em trinta dias se o indiciado estiver preso ou em noventa dias se solto.

Tais prazos poderão ser duplicados pelo juiz, ouvido o Ministério Público, mediante pedido justificado da autoridade de polícia judiciária (art. 51, parágrafo único, Lei nº 11.343/2006). **18**

Se o indiciado estiver preso preventivamente, deve ser observado o parágrafo único, do art. 316, do CPP. Vale dizer, a cada noventa dias, o juiz deve reexaminar os requisitos autorizadores do art. 312, do CPP, mediante decisão fundamentada.

Na fase investigativa, é possível, com autorização judicial e ouvido o Ministério Público, a **infiltração de agentes policiais** e a não autuação imediata de portadores de entorpecentes com o fito de identificar e responsabilizar maior número de pessoas envolvidas com o tráfico de drogas.

Também é prevista, na Lei nº 12.850/2013, a **infiltração virtual de agentes de polícia na *internet***, para os casos de tráfico de drogas que envolvam organização criminosa, nos termos do art. 10-A, daquele diploma legal.

O inquérito será encerrado com a elaboração do relatório, onde o delegado relatará sumariamente as circunstâncias do fato, justificando as razões que a levaram à classificação do delito, indicando a quantidade e natureza da substância ou do produto apreendido, o local e as condições em que se desenvolveu a ação criminosa, as circunstâncias da prisão, a conduta, a qualificação e os antecedentes do agente (art. 52, I, da Lei nº 11.346/2006).

É possível que a autoridade policial represente ou o Ministério Público requeira, ao juiz das garantias, a prorrogação do prazo do inquérito policial, nos casos de indiciado preso (art. 3º-B, VIII, CPP, redação da Lei nº 13.964/2019).

CAPÍTULO XXX – PROCEDIMENTOS ESPECIAIS	
De acordo com o § 2º, do aludido art. 3º-B, do Código, se o investigado estiver preso, o **juiz das garantias** poderá, mediante representação da autoridade policial e ouvido o Ministério Público, prorrogar, uma única vez, a duração do inquérito por até quinze dias, após o que, se ainda assim a investigação não for concluída, a prisão será imediatamente relaxada. No entanto, para os crimes de tráfico de drogas, com indiciado preso, o prazo é especial, de **trinta dias**, podendo ser **duplicado**, fundamentadamente, pelo juiz de garantias. Estando solto o investigado, o prazo será de **noventa dias**, também **duplicável**, justificadamente.	**18**
PROCEDIMENTO DO PROCESSO-CRIME POR TRÁFICO DE DROGAS	
A **fase processual** tem particularidades traçadas pela Lei nº 11.343/2006, em seu art. 55, e parágrafos: (1) o prazo para o Ministério Público oferecer denúncia, como já indicado, é de dez dias do recebimento do inquérito ou das peças de informação, sem diferenciação quanto a indiciado preso ou solto; (2) na denúncia, poderão ser arroladas até **cinco testemunhas**, bem como requeridas diligências que o promotor de justiça ou procurador da república entender necessárias à comprovação da conduta narrada; (3) antes de receber a denúncia, **o juiz das garantias** mandará **notificar** o denunciado para que, por escrito, ofereça **defesa prévia**, em **dez dias**, no bojo da qual poderá alegar matéria preliminar e exceções, sustentar todas as razões de defesa e apresentar documentos e justificações, com a indicação das provas que pretenda produzir, inclusive testemunhas até o número de cinco. Esta defesa é verdadeira defesa preliminar; e, (4) não apresentada resposta prévia no prazo legal, o juiz das garantias nomeará defensor para tanto e, quando apresentada, será prolatada decisão fundamentada em **cinco dias** sobre o recebimento ou rejeição da denúncia, havendo possibilidade de, antes, o magistrado determinar diligências de ofício, exames, perícias ou a própria apresentação do preso, tudo em dez dias.	**19**
OBRIGATORIEDADE DA DEFESA PRELIMINAR NO PROCESSO-CRIME POR TRÁFICO DE DROGAS	
A apresentação da **defesa preliminar** é **obrigatória**, devendo o denunciado ser notificado pessoalmente. Não sendo encontrado, admite-se a notificação por edital, e em face da omissão da apresentação, é que será nomeado defensor. Exige-se **capacidade postulatória**, e o fato da inicial estar acompanhada por inquérito não ilide sua apresentação, como ocorre, a nosso ver indevidamente, no procedimento dos crimes funcionais, como estabelece o verbete nº 330, da Súmula, do STJ.	**20**
RECEBIMENTO DA DENÚNCIA DO PROCESSO-CRIME POR TRÁFICO DE DROGAS	
A instrução criminal será iniciada após o recebimento da denúncia (art. 56, *caput*, da Lei de Drogas). Com o advento da Lei nº 13.964/2019, pensamos que esse é o último ato a ser praticado pelo **juiz das garantias**. Isto é, deve ele receber a denúncia e ordenar a citação do réu. Em seguida, deve remeter ao juiz da instrução e do julgamento que, seguidamente, adotará as providências para efetivar a citação de acordo com a data que designar para a audiência. Compreendemos que a menção ao art. 399, do CPP, pelo seu art. 3º-B, inciso XIV, e pelo seu art. 3º-C, *caput*, ocorreu por erro material do legislador.	**21**

CAPÍTULO XXX – PROCEDIMENTOS ESPECIAIS	
RESPOSTA PRELIMINAR À ACUSAÇÃO NO PROCESSO-CRIME POR TRÁFICO DE DROGAS	
O art. 394, § 4º, do CPP, manda aplicar os seus artigos 395 a 397 aos procedimentos que tramitem perante o juízo de primeiro grau. Sobre o conteúdo dessa resposta, é aplicável as normas do procedimento comum.	**22**
POSSIBILIDADE DE ABSOLVIÇÃO SUMÁRIA NO PROCESSO-CRIME POR TRÁFICO DE DROGAS	
Em seguida, abre-se a possibilidade da efetivação da absolvição sumária (art. 397, CPP) e, não tendo êxito o julgamento antecipado em favor do réu, as partes devem ser notificadas para comparecimento à audiência de instrução e julgamento.	**23**
NECESSIDADE DOS LAUDOS DE CONSTATAÇÃO DE DROGA	
A Lei nº 11.343/2006 faz alusão a dois laudos de constatação. Um provisório e um definitivo. É expressa ao dizer que a participação do perito no primeiro laudo não o torna impedido de participar do segundo (art. 50, § 2º). A perícia é a documentação do testemunho oficial do expert sobre a materialidade do fato. Os laudos de constatação provisório e definitivo não podem faltar. A Lei de Drogas aviva que o laudo provisório deve ser firmado por um perito oficial ou, na sua falta, por pessoa idônea. Logo, para o laudo de constatação da droga, seja ele provisório ou definitivo, deveremos então exigir: (1) como regra, um perito oficial ou dois peritos *ad hoc*, a teor do art. 159, *caput* e § 1º, do CPP; (2) nos casos de perito que subscreveu o laudo provisório, dois peritos, oficiais ou *ad hoc*, para a confecção do laudo definitivo que aquele participar. Decisões que transigem com a ausência da perícia definitiva incorrem em vício essencial grave, classificado como **nulidade absoluta**. Igualmente, as que anuem com a licitude da condenação do réu nos casos de juntada do laudo após a apresentação das alegações finais, averbando que sua presença nos autos é prescindível. A consequência correlata deve ser a **invalidação** do julgamento. A Lei de Drogas, ademais, é cogente ao gizar, no § 3º, do seu art. 50, que uma vez recebida cópia do auto de prisão em flagrante, o juiz, no prazo de dez, certificará a regularidade formal do laudo de constatação e determinará a destruição das drogas apreendidas, guardando-se amostra necessária à realização do **laudo definitivo**.	**24**
AUDIÊNCIA DE INSTRUÇÃO E JULGAMENTO NO PROCEDIMENTO DOS CRIMES DE TRÁFICO	
A audiência de instrução e julgamento deve ser regida pela regra da concentração dos atos processuais. Ela deve ser realizada dentro dos **trinta dias** seguintes ao recebimento da peça acusatória, ressalvada a hipótese de dúvida quanto à dependência de drogas do acusado, quando será ordenada a realização de avaliação. Neste último caso, a audiência será designada no prazo de **noventa dias** contados da data do recebimento da denúncia. Na audiência, segundo a previsão legal, será, inicialmente, interrogado o acusado, com oportunidade para esclarecimentos de fatos apontados pelas partes. Como já ressaltado, entendemos que deve haver a adequação procedimental ao rito estabelecido no CPP, postergando-se o **interrogatório para o último momento da instrução**.	**25**

CAPÍTULO XXX – PROCEDIMENTOS ESPECIAIS	
A inversão do momento final do interrogatório é caso de **nulidade absoluta**, por implicar cerceamento à garantia da ampla defesa. De tal modo, a consequência a ser aplicada é o decreto de **invalidação** da instrução processual. No início da audiência, serão ouvidas as testemunhas. Após a conclusão da produção probatória, na mesma audiência, será dada a palavra, sucessivamente, ao representante do Ministério Público e ao defensor do acusado, para sustentação oral. Nada impede que os debates sejam substituídos por memoriais, concedendo-se prazo para que as partes, primeiro a acusação e depois a defesa, apresentem as alegações por escrito (art. 57, Lei nº 11.343/2006). Havendo corréus colaboradores e delatados, os que tiverem firmado colaboração premiada se manifestarão primeiro, seja por ocasião dos interrogatórios, seja na apresentação sucessiva de memoriais finais. Encerrados os debates, o juiz prolatará sentença imediatamente ou, não sendo possível, determinará a conclusão dos autos para proferi-la em dez dias (art. 58, ***caput***, Lei nº 11.343/2006).	**25**
RECURSOS NO PROCEDIMENTO DOS CRIMES DE TRÁFICO	
Da sentença condenatória ou absolutória, cabível apelação. Se extintiva de punibilidade, poderá ser interposto recurso em sentido estrito. Havendo omissão, obscuridade, dúvida ou contradição no julgado, cabíveis embargos de declaração, em dois dias, com interrupção dos prazos para os demais recursos.	**26**
SEQUÊNCIA	
(1) remessa e distribuição do IP ao Ministério Público (art. 28, *caput*, CPP, conforme Lei nº 13.964/2019), sem prejuízo de diligências complementares da autoridade policial; (2) o MP se manifesta em 10 dias: ordenando arquivamento e encaminhando ao seu órgão revisional (art. 28, *caput*, CPP), determinando diligências, declinando da atribuição ou denunciando; (3) o juiz determina a notificação para defesa preliminar, a ser apresentada em 10 dias. É de natureza obrigatória; (4) possibilidade de diligências ***ex officio*** pelo juiz, em 10 dias; (5) rejeição ou recebimento da inicial (em 5 dias), marcando-se audiência de instrução e julgamento para os próximos 30 dias, com a devida citação e notificações pertinentes. Suscitado incidente de dependência, o prazo para a audiência passa para 90 dias; (6) nova defesa escrita, em dez dias (art. 396, CPP), que antecede a possibilidade do julgamento antecipado da causa; (7) as diligências complementares devem chegar aos autos até 3 dias antes da realização da audiência; (8) audiência: oitiva das testemunhas; interrogatório (por aplicação do art. 400, CPP); debates orais, em 20 minutos, prorrogáveis por mais 10 (nada impede a substituição por memoriais); (9) sentença: proferida na audiência, ou, conclusos os autos, em 10 dias.	**27**
PROCEDIMENTO ESPECIAL PARA OS CRIMES FALIMENTARES	
O processamento e o julgamento dos crimes falimentares não está totalmente regulado pelo CPP. Os artigos 503 a 512 deste Código foram revogados pela Lei nº 11.101/2005 que, por sua vez, dispôs sobre aspectos do procedimento para apuração dos crimes de falência na fase investigativa.	**28**

CAPÍTULO XXX – PROCEDIMENTOS ESPECIAIS	
A Lei nº 11.101/2005 regula a recuperação judicial, a extrajudicial e a falência do empresário e da sociedade empresária. O procedimento especial para os crimes nela definidos está disposto nos artigos 183 a 188. As figuras delitivas da nossa lei especial estão descritas nos artigos 168 a 178. São crimes de ação penal pública incondicionada. O seu julgamento compete ao juízo penal da jurisdição onde tenha sido decretada a falência, concedida a recuperação judicial ou homologado o plano de recuperação extrajudicial. Vale frisar, a atribuição investigativa dos crimes falimentares é da polícia judiciária. Por outra banda, é possível o oferecimento da ação penal pelo Ministério Público com esteio em peças de informação ou cópia do processo falimentar, porquanto o inquérito policial não é imprescindível. Sem embargo, havendo inquérito policial ele deve ser concluído em dez dias, se estiver preso o indiciado. Nos termos do § 2º, do art. 3º-B, do CPP, se o investigado estiver preso, o juiz das garantias poderá, mediante representação da autoridade policial e ouvido o Ministério Público, prorrogar, uma única vez, a duração do inquérito por até quinze dias, após o que, se ainda assim a investigação não for concluída, a prisão será imediatamente relaxada. Trata-se de limite máximo a partir do qual não se admitirá prisão sem ofertada a peça acusatória. Após o elastério legal, teremos prisão ilegal, que deve ser relaxada. A denúncia será oferecida em cinco dias, se o infrator estiver preso, ou em quinze, se solto estiver. O Ministério Público pode aguardar a apresentação do relatório circunstanciado pelo administrador judicial, de sorte a extrair maiores elementos para embasar a inicial acusatória. Optando por aguardar e apresentado o relatório, o *Parquet* disporá de quinze dias para denunciar, devendo ser intimado da referida apresentação (art. 187, § 1º, da Lei nº 11.101/2005). A competência para apreciar a admissibilidade da inicial acusatória e prosseguir nos demais termos do processo criminal é do juízo penal das garantias territorialmente competente. O art. 99, inciso VII, da Lei nº 11.101/2005, estabelece que a sentença que decretar a falência, poderá determinar a prisão preventiva do falido ou de seus administradores, quando requerida, com fundamento em provas da prática de crime nela definido. O rito especial se restringe à fase investigativa. Se for necessário prazo mais dilatado que o do rito sumário, deve-se convertê-lo em **procedimento comum ordinário**. Caso seja seguido o procedimento comum ordinário, não há de se falar em nulidade, por ser este procedimento mais amplo.	**28**
PROCEDIMENTO ESPECIAL PARA OS CRIMES CONTRA A PROPRIEDADE IMATERIAL	
O rito para os crimes contra a propriedade imaterial está disposto nos artigos 524 a 530-I, CPP. O procedimento é também aplicável aos processos iniciados mediante queixa (art. 530-A, CPP).	**29**

CAPÍTULO XXX – PROCEDIMENTOS ESPECIAIS

APREENSÃO DO MATERIAL E LAUDO PERICIAL NOS CRIMES CONTRA A PROPRIEDADE IMATERIAL

Para assegurar base empírica à futura peça acusatória, poderá ser requerida busca e apreensão dos objetos relacionados com o crime, quando não tiver sido o caso de apreensão pela autoridade policial.

É de ver que, se não houver impugnação quanto à ilicitude dos objetos apreendidos ou se não for conhecida a autoria delitiva, a vítima poderá requerer a destruição da produção ou reprodução apreendida. O juiz, nesse caso, deferirá o pedido, desde que ressalvada a possibilidade de se preservar o corpo de delito (art. 530-F, CPP).

O laudo pericial dos objetos que constituam o corpo de delito deve acompanhar a denúncia ou a queixa que narra crime contra a propriedade imaterial, sempre que a infração for daquelas que deixem vestígios. É verdadeira condição de procedibilidade, sem a qual a inicial não será recebida (art. 525, CPP).

Por outro prisma, se o crime não deixar vestígios, a exigência do laudo não terá lugar. 30

Por ocasião da apreensão pela polícia, será lavrado termo, assinado por duas ou mais testemunhas, com a descrição de todos os bens apreendidos e informações sobre suas origens, o qual deverá integrar o inquérito policial ou o processo (art. 530-C, CPP). Devem ser observadas as demais regras em torno da mencionada **cadeia de custódia da prova penal**, notadamente as etapas descritas no art. 159-A, do CPP, com redação da Lei nº 13.964/2019.

Em seguida, será realizada, por perito oficial ou, na falta deste, por pessoa tecnicamente habilitada, perícia sobre todos os bens apreendidos e elaborado o laudo que deverá integrar o inquérito policial ou o processo.

Os bens apreendidos serão entregues ao titular do direito autoral, na condição de fiel depositário, devendo colocá-los à disposição do juiz quando da propositura da demanda art. 530-E, CPP).

ESPECIALIDADE DO PRAZO DECADENCIAL NO PROCEDIMENTO PARA OS CRIMES CONTRA A PROPRIEDADE IMATERIAL

O prazo decadencial, para o início da ação penal privada, por crime contra a propriedade imaterial que deixe vestígios é peculiar:

(1) o art. 529, do CPP, estatui que não será admissível queixa-crime, com fundamento em apreensão e em perícia, depois de transcorridos trinta dias da homologação do laudo;

(2) a previsão desse prazo decadencial, disposta na disciplina do procedimento especial, deve ser compatibilizada com a regra geral para a propositura da ação privada, que é de seis meses, contados do conhecimento da autoria da infração; 31

(3) devemos conjugar as duas disposições, para firmar que:

(a) conhecido o infrator, é deflagrado o prazo decadencial de seis meses;

(b) ficando pronto o laudo, com a respectiva homologação, terá a vítima no máximo trinta dias para deflagrar a ação;

(c) o prazo geral de seis meses ficará limitado pelo prazo especial de trinta dias, que flui a partir da homologação do laudo.

CAPÍTULO XXX – PROCEDIMENTOS ESPECIAIS

PROCESSAMENTO E JULGAMENTOS NOS CRIMES CONTRA A PROPRIEDADE IMATERIAL

A distinção que especializa o procedimento em tela é relativa à fase pré-processual.

A seu turno, o art. 530-A, do CPP, verbera que os seus artigos 524 a 530 são aplicáveis aos processos iniciados por intermédio de queixa-crime.

Se eventualmente a vítima toma a iniciativa de requerer busca e apreensão e, ao cabo, constata-se que o crime é de ação penal pública, serão encaminhados os autos ao Ministério Público, para que tome as providências que entender adequadas.

Há previsão específica para a habilitação de assistente da acusação, no curso do processo penal iniciado por denúncia do Ministério Público.

Na qualidade de assistente do Ministério Público, poderão funcionar, em seu próprio nome, as associações de titulares de direitos de autor e daqueles que lhes são conexos.

O art. 524, do CPP, determina que sejam aplicadas ao processo relativo aos crimes con- **32**
tra a propriedade imaterial, as disposições relativas à instrução criminal e ao processo e julgamento dos crimes de competência do juiz singular. Ajustando essa previsão às sucessivas modificações do nosso Código, depreendemos que devem ser aplicados os artigos 394 ao 405, do CPP, que se referem ao **procedimento comum**. Portanto, nosso procedimento poderá ser **ordinário**, **sumário** ou **sumaríssimo**, conforme a quantidade de pena aplicável em abstrato para o crime contra o direito de autor e demais conexos.

Por fim, o art. 530-G, CPP, explicita que o juiz, ao proferir sentença condenatória, poderá determinar: (1) a destruição dos bens ilicitamente produzidos ou reproduzidos; (2) o perdimento dos equipamentos apreendidos, quando se destinem precipuamente à produção e reprodução dos bens, em favor da Fazenda Nacional.

PROCEDIMENTO PARA A RESTAURAÇÃO DE AUTOS EXTRAVIADOS

O processo de restauração de autos extraviados ou destruídos é cuidado pelos artigos 541 a 548, do CPP. A restauração será realizada na primeira instância, ainda que os autos se tenham extraviado na segunda em grau de recurso.

Com a implementação do processo judicial eletrônico, o procedimento em tela vem perdendo a relevância, diante da substituição dos autos físicos, pelos virtuais.

Com efeito, na falta de autos suplementares, cópia autêntica ou certidão do processo tendente a substituir o feito original, o juiz ordenará de ofício, a requerimento das partes ou do assistente de acusação:

(1) a certificação do estado do processo, conforme a sua lembrança, reproduzindo o que houver a respeito em seus protocolos e registros (art. 541, § 2º, "a", CPP); **33**

(2) a requisição de cópias do que eventualmente conste sobre o delito no Instituto Médico-Legal, no Instituto de Identificação e Estatística ou em estabelecimentos congêneres, repartições públicas, penitenciárias ou cadeias (art. 541, § 2º, "b", CPP); e,

(3) a citação pessoal das partes ou, se não forem encontradas, por edital, com o prazo de dez dias, para o processo de restauração dos autos (art. 541, §2º, "c", CPP).

Determinada ou deferida a solicitação de restauração de autos, o juiz designará dia para a oitiva das partes, quando serão mencionados, em termo circunstanciado, os pontos em que estiverem de acordo e a exibição e a conferência das certidões e demais reproduções do processo apresentadas e conferidas.

CAPÍTULO XXX – PROCEDIMENTOS ESPECIAIS	
O prazo de conclusão das diligências é de vinte dias, após o que os autos serão conclusos para sentença. Não só durante o curso do processo, mas também depois da conclusão dos autos para julgamento, o juiz poderá exercer seus poderes instrutórios, assentando o parágrafo único, do art. 544, do CPP, a previsão de emissão de requisição de todos os esclarecimentos para a restauração às autoridades ou repartições. Anote-se, contudo que, se no curso da restauração aparecerem os autos originais, nestes continuará o processo, apensos a eles os autos da restauração (art. 547, parágrafo único, CPP). Da sentença que julgar o processo de restauração de autos caberá apelação. O apelo só pode cuidar da restauração propriamente dita (art. 593, II, CPP) e não da sentença de mérito do processo extraviado.	**33**
PROCEDIMENTO CRIMINAL DA AÇÃO PENAL ORIGINÁRIA NOS TRIBUNAIS	
Leis especiais e os regimentos internos dos tribunais estão a cuidar da tramitação dos processos perante os órgãos colegiados, na linha da percepção de que o funcionamento de um tribunal como juízo criminal é bem particularizado em relação ao do juiz singular. Foi com base nessa verificação que se fez necessária a promulgação da Lei nº 8.038/1990. Nos termos daquela lei especial, nos crimes de ação penal pública de competência dos tribunais, se o indiciado estiver **solto**, o Ministério Público terá o **prazo de quinze dias para oferecer denúncia**. Se o órgão acusador entender que o caso é de arquivamento do inquérito ou das peças informativas, assim o ordenará, submetendo a questão ao controle revisional ministerial (art. 28, *caput*, CPP). O Parquet pode, ademais, requisitar diligências complementares. Se o agente estiver **preso**, o prazo para ajuizamento da denúncia será de cinco dias (art. 1º, § 2º, "a", Lei nº 8.038/1990) e não haverá interrupção prazal por eventual requerimento de diligências complementares, salvo se o relator, ao deferi-las, determinar o relaxamento da prisão (art. 1º, § 2º, "b"). Percebe-se assim que o requerimento de diligências complementares, uma vez deferidas pelo competente relator, devolverá integralmente o prazo de quinze dias para que o MP possa deflagrar a ação. A instrução do processo penal de competência originária do STF e do STJ será realizada pelo relator, escolhido na forma regimental. Aliás, o Regimento Interno do Tribunal respectivo é aplicável a este procedimento, no que não for incompatível com a Lei nº 8.038/1990. O destinatário final, direto, da prova, será o colegiado do tribunal com competência para julgar a questão criminal. Sem embargo, o relator terá as atribuições que a legislação processual conferir aos juízes singulares, *ex vi* do art. 2º, parágrafo único, da Lei nº 8.038/1990, sendo de competência sua, nos termos do seu art. 3º: (1) decretar a extinção da punibilidade, nos casos previstos em lei; e (2) convocar desembargadores e juízes de varas criminais, pelo período de seis meses, prorrogável por igual prazo, até o máximo de dois anos, para a realização do interrogatório e de outros atos da instrução, na sede do tribunal ou no local onde se deva produzir o ato. Não cabe ao relator deliberar sobre o controle do arquivamento do inquérito policial ou de peças de natureza similar. Essa atribuição é do órgão revisional do Ministério Público, consoante anotamos retro (art. 28, *caput*, CPP, com redação da Lei nº 13.964/2019).	**34**

CAPÍTULO XXX – PROCEDIMENTOS ESPECIAIS

É mais um procedimento que oportuniza a defesa preliminar, no intuito de convencer o tribunal que a inicial acusatória não merece acatamento.

Ato contínuo, o relator pedirá dia para que o Tribunal delibere sobre o recebimento, a rejeição da denúncia ou da queixa, ou a improcedência da acusação, se a decisão não depender de outras provas, sendo facultada sustentação oral pelo prazo de quinze minutos, primeiro à acusação, depois à defesa.

Terminados os debates, o Tribunal deliberará sobre o recebimento da denúncia ou da queixa. Caberá, portanto, ao Tribunal decidir, após eventual debate oral, se receberá ou não a inicial. Pode até mesmo, de pronto, deliberar pela improcedência da ação, em verdadeiro julgamento antecipado do mérito, o que imprime coisa julgada material.

Após o recebimento da inicial, devem ser invertidas as funções para que o revisor assuma a relatoria, enquanto o relator se torne revisor.

Uma vez recebida a petição inicial acusatória, o relator designará dia e hora para o interrogatório, mandando citar o acusado ou querelado e intimar o órgão do Ministério Público, bem como o querelante ou o assistente, se for o caso.

(1) a competência do primeiro relator, que exerceu a função de juiz das garantias, cessa com o recebimento da inicial e ordem de citação do acusado, quando deverá ser redistribuída a causa;

(2) o interrogatório deve ser o ato final da instrução. Neste particular, conforme antecipado, entendeu o Pretório Excelso que o art. 400 do CPP deveria suplantar o estatuído no art. 7º, da Lei nº 8.038/1990, bem como nos demais procedimentos especiais, haja vista possibilitar ao réu o exercício de sua defesa de modo mais eficaz;

(3) a defesa prévia poderá ser oferecida em cinco dias a contar da efetivação da citação e da intimação do defensor constituído, defensoria pública ou dativo (art. 8º, Lei nº 8.038/1990); 34

(4) a instrução obedecerá, no que couber, ao procedimento comum do CPP (art. 9º, Lei nº 8.038/1990);

(5) os atos instrutórios e o interrogatório poderão ser delegados pelo relator a juiz ou membro de tribunal, mediante carta de ordem, dirigida a juízo inserido na sua órbita do tribunal ordenante. Também o relator poderá ordenar que as intimações sejam feitas por carta com aviso de recebimento, sem prejuízo, inclusive, da efetivação de intimações eletrônicas nos termos da Lei nº 11.419/2006;

(6) após a oitiva das testemunhas, serão as partes intimadas para, em cinco dias, requererem diligências (art. 10, Lei nº 8.038/1990);

(7) cumpridas as diligências ou não sendo elas requeridas nem ordenadas pelo relator, serão intimadas a acusação e a defesa para, sucessivamente, apresentarem, no prazo de quinze dias, alegações escritas;

(8) será comum o prazo do acusador e do assistente, bem como o dos corréus. Se houver réu colaborador e corréu delatado, os prazos serão sucessivos e este falará por último;

(9) na ação penal de iniciativa privada, o Ministério Público terá vista, por igual prazo, após as alegações das partes;

(10) é vedado ao membro do tribunal, diante da estrutura acusatória do processo penal, atuar em substituição à atividade probatória do órgão da acusação. Então, a regra do art. 11, e parágrafos, da Lei nº 8.038/1990, está superada pelo art. 3º-A, do CPP, com redação da Lei nº 13.964/2019.

CAPÍTULO XXX – PROCEDIMENTOS ESPECIAIS	
Por derradeiro, terminada a instrução, o Tribunal procederá ao julgamento, na forma determinada pelo regimento interno, atentando para as disposições do art. 12, da Lei nº 8.038/1990: (1) a acusação e a defesa terão, sucessivamente, nessa ordem, prazo de uma hora para sustentação oral, assegurado, ao assistente, um quarto do tempo da acusação. Havendo delator e delatado, este deve se pronunciar por último; e (2) encerrados os debates, o Tribunal passará a proferir o julgamento, podendo o Presidente limitar a presença no recinto às partes e seus advogados, ou somente a estes, se o interesse público exigir.	**34**
PROCEDIMENTO ESPECIAL DOS CRIMES MILITARES	
Para a definição da aplicação do rito especial previsto no CPP, é importante antes aferir se o fato imputado é **crime militar**. Os crimes militares podem ser propriamente militares ou impropriamente militares. São **crimes propriamente militares** aqueles cuja definição típica só é encontrada no CPM. De outro lado, são **crimes militares impróprios** os que são previstos no CPM e encontram igual contorno típico no CP Comum. A primeira ilação que se tem é que para que um crime seja considerado militar em sentido largo ele tem que restar tipificado no CPM. Se o fato delituoso não estiver ali estatuído, estará descartado o seu enquadramento como infração penal militar e, de conseguinte, estará alijado o procedimento especial traçado no CPPM.	**35**
COMPETÊNCIA DA JUSTIÇA MILITAR DA UNIÃO E DOS ESTADOS	
A Constituição do Brasil trata de forma diferente os crimes militares de competência da Justiça Militar da União dos crimes militares de competência da Justiça Militar dos Estados. **Crime militar federal** pode ter como sujeito ativo não só os membros das forças armadas, mas também o civil. Já o **crime militar de competência da Justiça Militar estadual** só pode ser cometido por policial militar ou bombeiro militar. A distinção é inferida do cotejo dos artigos 124 e 125, § 4º, da Constituição de 1988. Note-se que só o militar estadual – policial ou bombeiro militar – está sujeito à jurisdição militar estadual. O civil não responde por crime definido na lei penal militar perante a Justiça Militar dos Estados, podendo ser responsabilizado perante o juízo criminal comum estadual se o fato definido como crime encontrar tipificação em lei diversa daquela. Diferentemente, a Justiça Militar da União julga tanto civis quanto militares das Forças Armadas. De outra vertente, a Constituição Federal ressalva expressamente que os crimes dolosos contra a vida de civil cometidos por militares em serviço devem ser julgados pelo tribunal popular. Mesmo entendimento do § 1º do art. 9º do CP Militar (Decreto-Lei nº. 1.001/1969). Ainda para a definição do que seja crime militar, deve-se ter em vista os enunciados normativos dos artigos 9º e 10, do CP Militar, que averbam os critérios para se compreender um fato como crime militar em tempo de paz ou como crime militar em tempo de guerra. Com esses cuidados, será possível observar o rito da lei processual penal militar sem que se resvale em **nulidade** processual, mormente levando em consideração que competência em matéria penal é de natureza **absoluta** e que o desrespeito às suas regras pode ensejar decreto de **invalidação** do processo.	**36**

CAPÍTULO XXX – PROCEDIMENTOS ESPECIAIS	
APLICAÇÃO SUBSIDIÁRIA DO CPP AO PROCEDIMENTO DOS CRIMES MILITARES	
Em regra, não cabe aplicação de legislação processual penal comum ao processo penal militar, eis que tem natureza própria, específica. Excepcionalmente, todavia, serão supridos os casos omissos pela legislação de processo penal comum, quando aplicável ao caso concreto e sem prejuízo da índole do processo penal militar.	**37**
PROCEDIMENTO INVESTIGATIVO DOS CRIMES MILITARES	
O inquérito policial militar não é indispensável (art. 28, CPPM). É presidido por um oficial da ativa, denominado encarregado, nos termos do art. 7º, e seus parágrafos, do CPPM, que prevê a atribuição do exercício da polícia judiciária militar pelos comandantes, diretores e chefes que arrola, com possibilidade de delegação. Nessa fase, investigativa, deve atuar o juiz das garantias, no âmbito da justiça militar. Valendo-se da analogia do art. 3º-B, inciso XIV, e do art. 3º-C, *caput*, ambos do CPP, inseridos pela Lei nº 13.964/2019, o juiz das garantias atuará até o recebimento da denúncia. Deve velar pela salvaguarda dos direitos fundamentais do imputado. O inquérito policial deve ser conduzido pelo oficial encarregado que, a sua vez, deve ser de posto superior ao indiciado ou mais antigo em sendo do mesmo posto. Toda vez que, no curso do inquérito policial militar, o encarregado constatar indício de cometimento de crime militar por oficial superior ao seu posto ou de posto igual, porém mais antigo e do serviço ativo, deve tomar as providências para que suas atribuições sejam delegadas a outro oficial (§ 5º, art. 10, CPPM). O prazo para a conclusão do inquérito policial militar é de vinte dias, se o indiciado estiver preso, ou de quarenta dias se o indiciado estiver solto (art. 20, CPPM), podendo este último prazo, justificadamente, ser prorrogado por mais vinte dias pela autoridade militar superior. Naturalmente, constatando o encarregado a existência de indícios de crime comum, comunicará o fato à autoridade policial competente, com extração das cópias pertinentes. De maneira semelhante, se houver indicativo de ato infracional imputado a criança ou adolescente, remeterá cópias ao juízo da infância e da juventude. Os autos do inquérito policial militar não podem ser arquivados pelo encarregado. Não podem ser arquivados no âmbito das unidades militares. Os autos do inquérito policial militar devem ser remetidos ao Ministério Público Militar. Desse modo, concluído o inquérito policial militar, com o relatório circunstanciado de que trata o art. 22, CPPM, e não entendendo necessárias diligências esclarecedoras, o membro do Ministério Público Militar poderá: (1) ordenar o seu arquivamento, aplicando por analogia, o art. 28, *caput*, do CPP, com redação dada pela Lei nª 13.964/2019, submetendo a questão ao controle revisional ministerial; (2) oferecer denúncia quando verificar prova de fato que, em tese, constitua crime e indícios de autoria, ou seja, toda vez que se deparar com suporte probatório mínimo da existência de delito militar, com viabilidade de acusação, tem incidência o princípio da obrigatoriedade e o membro do Ministério Público Militar deverá deflagrar a ação penal militar.	**38**

CAPÍTULO XXX – PROCEDIMENTOS ESPECIAIS

AÇÃO PENAL NO PROCEDIMENTO DOS CRIMES MILITARES

A ação penal, para todo e qualquer crime militar – mesmo aqueles que ofendam a honra de superior como a injúria do art. 216, CPM, por exemplo –, é **pública incondicionada**, iniciada, portanto, exclusivamente por denúncia.

A denúncia conterá um rol de até **seis testemunhas**, que poderá ser dispensado se bastar a prova documental para a comprovação do fato delituoso.

Não há previsão de ação penal pública condicionada à representação ou de ação penal privada no CP Militar ou no CPP Militar. Todavia, existe previsão de **ação penal pública condicionada à requisição** pelo procurador-geral da Justiça Militar, pelo Ministério da Defesa ou pelo Comando a que o agente estiver subordinado, relativamente aos crimes previstos nos artigos 136-141, do CP Militar. **39**

Outrossim, para aqueles crimes que afetam mais de perto o sujeito passivo em razão da função pública militar que exerce – os crimes que atingem sua honra ***propter officio*** – é de se entender, não obstante a ausência de previsão legal, pela admissibilidade de oferecimento de **ação penal privada de forma concorrente** com a viabilidade de ação penal pública incondicionada, na esteira, inclusive, da jurisprudência do Supremo Tribunal Federal no tocante aos crimes comuns contra a honra (Súmula nº 714, STF).

JUIZ SINGULAR E COLEGIADO NO PROCEDIMENTO DOS CRIMES MILITARES

Antes de ingressar no procedimento propriamente dito, impende deixar bem vincada a alteração constitucional que bipartiu o rito único de julgamento dos crimes militares.

Primeiramente, tal ocorreu perante o juízo militar estadual de primeiro grau.

Seguidamente, a bifurcação da competência foi estendida à Justiça Militar da União, dividindo a competência para julgar delitos em monocrática (do juiz federal militar) e colegiada (dos conselhos), tal como se depreende do art. 30, da Lei nº 8.457/2018, com redação dada pela Lei nº 13.774/2018.

Portanto, as auditorias militares podem funcionar:

(1) como órgãos singulares: quando o fato é atribuído à competência do juiz de direito do juízo militar ou do juiz federal da Justiça Militar da União; ou

(2) colegiados, que são os conselhos permanentes de justiça (que julgam as praças) e os conselhos especiais de justiça (que julgam os oficiais). A composição desses conselhos é de cinco membros: **40**

(a) um juiz de direito do juízo militar (no âmbito estadual) ou um juiz federal da Justiça Militar da União (civil concursado para provimento desse cargo ou juiz de direito que o exerce dentro do quadro de cargos de juízes estaduais); e

(b) quatro militares, que são sempre oficiais, sorteados para o exercício de um mandato de três meses, sendo vedada recondução para o trimestre subsequente.

O processamento e julgamento dos crimes militares estaduais não se darão incondicionalmente perante os conselhos permanentes e especiais de justiça.

Se houver vítima civil, a competência é do juiz de direito (ou juiz de direito do juízo militar no Estado onde existir o quadro), que funcionará singularmente, subscrevendo todos os atos judiciais sem a participação dos demais membros do Conselho de Justiça. Os conselhos permanente e especial de justiça, no âmbito estadual, serão presididos pelo juiz togado (civil) e não mais pelo oficial mais antigo.

CAPÍTULO XXX – PROCEDIMENTOS ESPECIAIS	
Ao Conselho de Justiça competirá o processamento e o julgamento dos crimes militares que não tenham como sujeito passivo um civil. Com essas distinções, vê-se que os atos processuais ocorrerão, a depender da fixação da competência de tais órgãos da auditoria militar estadual, perante o juiz singular ou perante o Conselho de Justiça. De maneira análoga tal também ocorre na esfera da Justiça Militar da União: (1) ao juiz federal da Justiça Militar da União compete processar e julgar, monocraticamente: (a) os civis incursos em crime militar, tal como definido nos incisos I e III, do art. 9º, do CPM; e (b) os militares, quando estes forem acusados juntamente com aqueles no mesmo processo; (2) aos Conselhos Permanente e Especial, haverá competência residual, relativamente à competência específica do juiz federal militar, de tal forma que competirá a eles, processar e julgar apenas militares (não os civis ou militares acusados juntamente com civis), nos delitos definidos na legislação penal militar.	**40**
PROCEDIMENTO ESPECIAL PARA O PROCESSAMENTO E JULGAMENTO DOS CRIMES MILITARES	
Recebida a denúncia e ordenada a citação pelo juiz militar das garantias, os autos devem seguir ao juiz militar da instrução e do julgamento. O juiz de direito do juízo militar ou um juiz federal da Justiça Militar da União, na função de juiz da instrução e do julgamento, providenciará o sorteio do conselho especial ou permanente e designará dia para a sua instalação, determinando a efetivação da citação do acusado para responder ao processo. A designação de interrogatório, realizado perante o juiz de direito do juízo militar, pelo juiz federal militar ou perante o conselho competente, deve acontecer ao final do procedimento, com o objetivo de outorgar maior amplitude de defesa ao réu, mesmo nos procedimentos especiais, na esteira de decisão do Pleno do STF. Não há que se falar em defesa prévia no âmbito do processo penal militar, podendo a defesa oferecer testemunhas (art. 348, CPPM), em número de seis por acusado e por cada fato delituoso. O prazo para a conclusão da instrução criminal é de cinquenta dias, se preso o acusado, e de noventa dias, se solto, consoante expressa previsão do art. 390, CPPM, com possibilidade de sua suspensão justificada. O procedimento tem sequência com a designação de audiência para inquirição das testemunhas perante o juiz ou o conselho competente, conforme o caso, sendo ouvidas, primeiro, as arroladas pela acusação e, depois, as indicadas pela defesa (art. 417, CPPM). Todos podem formular reperguntas, inclusive os membros do conselho de justiça, sendo sempre, todavia, por intermédio do juiz federal da Justiça Militar ou juiz de direito do juízo militar (art. 418, CPPM), de tudo se consignando em ata. Como se infere, para o procedimento dos crimes militares, ainda vigora o sistema presidencialista. Não há previsão para perguntas diretamente formuladas pelas partes à testemunha. Após a oitiva das testemunhas, o juiz federal da Justiça Militar ou juiz de direito do juízo militar determinará vista dos autos em cartório às partes pelo prazo comum de cinco dias para, querendo, requererem diligências (art. 427, CPPM).	**41**

CAPÍTULO XXX - PROCEDIMENTOS ESPECIAIS	
Não havendo diligências ou sendo estas cumpridas, o juiz federal da Justiça Militar ou juiz de direito do juízo militar ordenará vista às partes pelo prazo sucessivo de oito dias, primeiro ao Ministério Público Militar, seguido pela defesa do acusado. Existindo assistente constituído nos autos até o encerramento da instrução criminal, dar-se-á a ele vista destes, se o requerer, por cinco dias, assegurando a defesa o direito de falar por último. Esses prazos de vista serão unificados e aumentados para doze dias, correndo em cartório de forma comum, se ao processo responderem mais de cinco acusados com diferentes procuradores (art. 428, § 1º, CPPM). Ao cabo, será designada sessão para julgamento e sentença, reunindo-se o Conselho de Justiça, exceto nos casos de julgamento pelo juiz de direito do juízo militar ou um juiz federal da Justiça Militar da União de forma singular. A sessão deve ser declarada aberta pelo presidente do Conselho (que será o juiz de direito do juízo militar ou o juiz federal militar), mandando ser apresentado o acusado e ordenando que o escrivão proceda à leitura das peças do processo elencadas no art. 432, CPPM. Após, ocorrerão os debates (art. 433, CPPM): é dada a palavra, para a sustentação oral, em primeiro lugar ao membro do Ministério Público Militar, em seguida, ao assistente (se houver) e, por derradeiro, ao defensor ou defensores, observada a mesma cautela do direito a falar por último ao defensor que estiver representando acusado delatado por corréu. O tempo de sustentação é de até três horas cada parte, acusação e defesa, com a possibilidade de réplica pela acusação e tréplica para a defesa pelo período máximo de uma hora para cada. Já o assistente da acusação disporá de metade do tempo dado ao Ministério Público. Se o advogado estiver defendendo mais de um acusado, seu tempo de sustentação será acrescido de uma hora. Após os debates, segue-se o julgamento com a votação aberta e motivada dos membros do conselho, votando primeiro o juiz de direito do juízo militar ou um juiz federal da Justiça Militar da União. É possível ao conselho permanente ou especial de justiça invocar a ***emendatio libelli*** ou ***mutatio libelli***. Esta última só terá cabimento se realizada oportunamente, com expressa descrição em sede de alegações finais escritas pelo Ministério Público. Ao término da votação de cada um dos juízes do Conselho de Justiça, a sentença será lavrada pelo juiz togado, com os requisitos do art. 438, inclusive com a data e as assinaturas dos juízes do Conselho de Justiça, a começar pelo presidente e por ordem de hierarquia e declaração dos respectivos postos, encerrando-as o juiz de direito do juízo militar ou um juiz federal da Justiça Militar da União.	**41**

43. SÚMULAS DO STJ

243. O benefício da suspensão do processo não é aplicável em relação às infrações penais cometidas em concurso material, concurso formal ou continuidade delitiva, quando a pena mínima cominada, seja pelo somatório, seja pela incidência da majorante, ultrapassar o limite de um (01) ano.

330. É desnecessária a resposta preliminar de que trata o artigo 514 do Código de Processo Penal, na ação penal instruída por inquérito policial.

337. É cabível a suspensão condicional do processo na desclassificação do crime e na procedência parcial da pretensão punitiva.

347. O conhecimento de recurso de apelação do réu independe de sua prisão.

415. O período de suspensão do prazo prescricional é regulado pelo máximo da pena cominada.

455. A decisão que determina a produção antecipada de provas com base no art. 366 do CPP deve ser concretamente fundamentada, não a justificando unicamente o mero decurso do tempo.

536. A suspensão condicional do processo e a transação penal não se aplicam na hipótese de delitos sujeitos ao rito da Lei Maria da Penha.

574. Para a configuração do delito de violação de direito autoral e a comprovação de sua materialidade, é suficiente a perícia realizada por amostragem do produto apreendido, nos aspectos externos do material, e é desnecessária a identificação dos titulares dos direitos autorais violados ou daqueles que os representem.

607: A majorante do tráfico transnacional de drogas (art. 40, I, da Lei nº. 11.343/2006) configura-se com a prova da destinação internacional das drogas, ainda que não consumada a transposição de fronteiras.

636. A folha de antecedentes criminais é documento suficiente a comprovar os maus antecedentes e a reincidência.

44. SÚMULAS DO STF

Súmula Vinculante nº 35. A homologação da transação penal prevista no artigo 76 da Lei 9.099/1995 não faz coisa julgada material e, descumpridas suas cláusulas, retoma-se a situação anterior, possibilitando-se ao Ministério Público a continuidade da persecução penal mediante oferecimento de denúncia ou requisição de inquérito policial.

423. Não transita em julgado a sentença por haver omitido o recurso "***ex officio***", que se considera interposto "ex lege".

524. Arquivado o inquérito policial, por despacho do juiz, a requerimento do promotor de justiça, não pode a ação penal ser iniciada, sem novas provas.

564. A ausência de fundamentação do despacho de recebimento de denúncia por crime falimentar enseja nulidade processual, salvo se já houver sentença condenatória.

696. Reunidos os pressupostos legais permissivos da suspensão condicional do processo, mas se recusando o Promotor de Justiça a propô-la, o Juiz, dissentindo, remeterá a questão ao Procurador-Geral, aplicando-se por analogia o art. 28 do Código de Processo Penal.

707. Constitui nulidade a falta de intimação do denunciado para oferecer contrarrazões ao recurso interposto da rejeição da denúncia, não a suprindo a nomeação de defensor dativo.

714. É concorrente a legitimidade do ofendido, mediante queixa, e do ministério público, condicionada à representação do ofendido, para a ação penal por crime contra a honra de servidor público em razão do exercício de suas funções.

45. QUESTÕES DE CONCURSOS PÚBLICOS

01. (2015 – FMP – MPE-AM – Promotor de Justiça – Adaptada) Julgue o item:

Nos crimes contra a propriedade imaterial que procedem mediante ação penal privativa do ofendido, não será admitida queixa com fundamento em apreensão e em perícia, se decorrido o prazo de 30 dias, após a homologação do laudo.

02. (Cespe – Juiz de Direito – TJ-DFT/2014) Com relação ao processo e julgamento dos crimes falimentares, assinale a opção correta.

(A) Caso o MP não ofereça denúncia no prazo legal, qualquer credor, ainda que não habilitado, poderá oferecer ação penal privada subsidiária da pública, observado o prazo decadencial de seis meses.

(B) A construção da teoria da unidade do crime falimentar remonta a Hans Welzel, que sustentava que a pluralidade de atos praticados pelo devedor, anteriores à declaração da falência, seria convertida em unidade, por força da declaração da falência, única condição de punibilidade do crime.

(C) Os crimes falimentares são de ação penal pública condicionada à representação dos credores do falido ou de seus sucessores.

(D) Em regra, o princípio da unicidade é aplicável ao concurso de crimes falimentares e aos delitos elencados no CP, como, por exemplo, ao estelionato.

(E) Segundo o princípio da unicidade, havendo o concurso de diversas condutas voltadas ao cometimento de fraudes aos credores da empresa em processo de falência, considera-se a prática de apenas um único tipo penal, aplicando-se, nesse caso, ao agente a sanção do tipo penal a que se comina a pena mais gravosa.

46. GABARITO ANOTADO

01 – C

Vide:

- Art. 529 do CPP.

02 – E

- STJ, HC Nº 94.632.

47. QUESTÕES DISCURSIVAS COM COMENTÁRIOS

01. (MPE-BA – Promotor de Justiça – BA/2010) Disserte sobre a transação penal prevista no art. 76 da Lei nº 9.099/95, abordando, necessariamente, os seguintes aspectos:

1) A natureza jurídica e a constitucionalidade da transação penal.
2) A possibilidade da transação penal nos crimes de menor potencial ofensivo de ação penal de iniciativa privada.
3) A natureza jurídica da sentença que acolhe a proposta de transação penal.
4) Consequência para o descumprimento do acordo penal.
5) Aplicação da transação penal na Justiça Eleitoral, na Justiça Militar, nos casos de violência doméstica e familiar contra a mulher, nas hipóteses de prerrogativa de função e nos crimes ambientais.

Observações:

1) O candidato não deve se limitar a transcrever os dispositivos legais.
2) A capacidade de síntese do candidato será objeto de avaliação.

Discorra em até 50 (cinquenta linhas).

Resposta

Estudamos a transação penal no tópico do rito sumaríssimo deste capítulo, para onde remetemos o leitor.

1) Há controvérsia em torno da natureza jurídica desse instituto. Para nós, é uma forma de ação penal não ortodoxa, seguindo-se devido processo legal para imposição de pena restritiva de direito, sem contraditório. Para a corrente majoritária, cuida-se de acordo, com concessões recíprocas, para viabilizar o encerramento da persecução penal, sem reconhecimento formal de culpa.

2) A Lei não é expressa quanto à possibilidade de transação penal relativamente aos crimes cuja ação penal seja de iniciativa privada. Prevalece o entendimento de que é a transação penal é plenamente possível, sendo legitimado para oferecê-la o ofendido (precedentes do STJ). Note-se que há diferença quanto à suspensão condicional do processo do art. 89, da Lei nº 9.099/1995, cujo entendimento predominante é no sentido de não admiti-la à ação penal privada (precedentes do STF), regida que é pela oportunidade, conveniência e sistema preclusivo rígido).

3) A sentença que acolhe proposta de transação penal é homologatória. A tese que pretende sua natureza condenatória não é predominante. Aliás, o STF editou a Súmula Vinculante nº 35 que atesta essa posição ao dizer que "a homologação da transação penal prevista no artigo 76 da Lei 9.099/1995 não faz coisa julgada material e, descumpridas suas cláusulas, retoma-se a situação anterior, possibilitando-se ao Ministério Público a continuidade da persecução penal mediante oferecimento de denúncia ou requisição de inquérito policial.

4) A consequência do descumprimento é o retorno ao status quo ante, com o oferecimento de petição inicial acusatória ou requisição de inquérito policial. Com a Súmula referida, perdeu importância perquirir se a transação penal foi objeto de homologação, eis que o entendimento anterior só permitia o oferecimento de denúncia se o ajuste transacional penal não tivesse sido homologado.

5) A transação penal é aplicável na Justiça Eleitoral, se presentes os requisitos objetivos e subjetivos. No âmbito da Justiça Militar não é ele aplicável, sendo vedada expressamente pelo art. 90-A, da Lei dos Juizados Especiais, tal possibilidade. Também proibida tal incidência para delitos que envolvam violência doméstica contra mulher (art. 41, da Lei nº 11.340/2006). Quanto às infrações penais ambientais, deve a transação penal respeitar os ditames do art. 27, da Lei nº 9.605/1998 – com prévia composição do dano ambiental, salvo em caso de comprovada impossibilidade –, sendo, com essas cautelas, permita. De forma análoga, é cabível transação penal em favor de pessoas com prerrogativa de função, cujo procedimento criminal tenha tramitação junto a tribunal.

02. (TJ/SC – Juiz de Direito – SC/2009) Pedro Pereira, advogado militante, inscrito na OAB-SC sob o nº XXXX/SC, foi nomeado defensor dativo pelo Juízo da 1ª Vara Criminal da comarca da Capital para defender Silvano dos Santos, preso em flagrante delito por infração, em tese, ao art. 33, ***caput***, da Lei nº 11.343/06 (tráfico ilícito de drogas).

Ocorre que, intimado para a apresentação da defesa preliminar, nos termos do § 3º do art. 55 da Lei Antitóxicos, o causídico entrou em contato com a genitora do acusado, exigindo, em proveito próprio, a quantia de R$ 300,00 (trezentos reais) mensais, para, efetivamente, defendê-lo durante toda a instrução criminal da denúncia ofertada. Os valores, todavia, não foram pagos.

De acordo com a doutrina majoritária, pergunta-se: a conduta de Pedro Pereira configura fato típico? Fundamente.

Resposta

A controvérsia fica em torno da configuração do delito de concussão (art. 317, CP), em face do conceito de funcionário público (art. 327, CP). A doutrina majoritária sustenta não se enquadrar o defensor dativo – que exerce um munus publico – no conceito de funcionário público.

A recusa implica questão extrapenal, como a possibilidade de ser imposta multa (artigos 264 e 265, CPP), porém não um delito.

03. (MPF/24) Dissertação. Análise técnico-jurídica e crítica do art. 33 da Lei nº 11.343, de 23 de agosto de 2006, bem como do procedimento penal relativo aos processos por crimes definidos nesse artigo.

Resposta

O crime de tráfico disposto no art. 33, da Lei de Drogas, tem forma nuclear múltipla alternativa. Discorremos sobre o procedimento destinado a apurar tráfico de entorpecentes, destacando a existência de notificação para defesa prévia, com prazo de dez dias. O recebimento só ocorre em seguida, mediante decisão, proferida no prazo de cinco dias. Remetemos o leitor para os detalhes sobre o rito no tópico que tratamos desse procedimento.

Deve o candidato demonstrar conhecimento não apenas do rito especial estabelecido legalmente, mas também da jurisprudência correlata. Não havendo limite estabelecido, importante descrever solidamente as particularidades sobre o tema.

Um dos aspectos relevantes é a menção ao art. 44, da Lei 11.343/2006. Sobre o ponto, o STF entendeu inconstitucional o trecho que veda conversão das penas privativas de liberdade em restritivas de direito. A partir desta ilação, chegamos a outra: passou a ser incabível sustentar, em tese, a não admissibilidade de liberdade provisória só por conta do enunciado referido. Aliás, jurisprudencialmente vem sendo admitida a aplicação de medidas cautelares diversas da prisão aos indiciados e acusados por tráfico de entorpecentes.

Questões em torno da juntada posterior à sentença do laudo de constatação definitivo, como sendo causa de nulidade relativa (STF), bem como casos isolados no STJ autorizando o processamento de crime de tráfico de drogas sem apreensão e sem laudo de constatação são de relevo, para tratar o assunto criticamente perante a comissão examinadora.

Capítulo XXXI
Procedimento Especial do Júri

1. FUNDAMENTOS DO TRIBUNAL DO JÚRI

A doutrina diverge quanto à origem do tribunal do júri.

No Brasil, a Constituição de 1988 assegura que o tribunal popular julgará os crimes dolosos contra a vida, prevendo a possibilidade de ampliação de sua competência por lei.

No contexto mundial, a organização e a competência do tribunal do júri variam em conformidade com o sistema adotado em cada país.

A ideia do tribunal popular é a de que os casos importantes sejam julgados por pessoas que formam a comunidade a qual pertence o acusado, que o julgamento se dê pelos pares do réu.

A origem do tribunal do júri é visualizada tanto na Grécia como em Roma, havendo quem veja um fundamento divino para a legitimidade desse órgão. Sob essa inspiração, o julgamento de Jesus Cristo, malgrado desprovido das garantias mínimas de defesa, é lembrado como um processo com características que se assemelham ao júri.

De lado as controvérsias sobre a origem, a maior parte da doutrina indica como raiz do tribunal do júri a Magna Carta da Inglaterra, de 1215, bem como seu antecedente mais recente, a Revolução Francesa de 1789.

No Brasil, o tribunal do júri foi inicialmente instituído por Lei, em 18 de julho de 1822, com competência restrita para julgar os crimes de imprensa. Com a Constituição Imperial de 1824, o tribunal popular foi reafirmado como órgão com competência para julgar crimes que afetam determinados bens jurídicos, em especial, os crimes contra a vida, passando a ter sede constitucional. A única Constituição que não trouxe previsão do tribunal popular foi a Carta outorgada de 1937, inauguradora de um período ditatorial, instaurando-se dúvida quanto a sua subsistência até o ano de 1938[1].

Com a Constituição do Brasil de 1988, o tribunal do júri foi confirmado como direito e garantia fundamental:

(1) garantia de sujeição ao tribunal popular, nos crimes de sua competência, para atendimento ao devido processo legal e para melhor tutelar a liberdade do imputado; e

(2) direito, conferido de forma ampla, de participar da atividade do Judiciário, na condição de jurado (juízes leigos).

Segundo o magistério de Guilherme Nucci, "não deixamos de visualizar no júri, em segundo plano, mas não menos importante, um direito individual, consistente na possibilidade que o cidadão de bem possui de participar, diretamente, dos julgados do Poder Judiciário. Em síntese: o júri é uma garantia individual, precipuamente, mas também um direito individual. Constitui cláusula pétrea na Constituição Federal (CF. art. 60, § 4º, IV)"[2].

Deveras, o júri é uma **garantia individual fundamental constitucional**.

Mais do que isso, é um **direito de primeira dimensão**. Isso significa afirmar que a instituição do júri tem o propósito de proteger o cidadão contra o arbítrio de poder estatal. Por intermédio de suas regras, de seus princípios, deseja-se tutelar a liberdade do imputado contra os excessos do exercício do *jus puniendi*.

A interpretação do feixe de normas aplicáveis ao júri, portanto, consignado no art. 5º, da Constituição, somente pode ter o sentido de proteção da liberdade, de tutela do imputado e de proibição de investidas contra o devido processo legal.

Em que pese a sua posição topográfica no art. 5°, XXXVIII da Constituição Federal, dentro dos direitos e garantias fundamentais, é pacífico o entendimento de que o júri integra a estrutura do Poder Judiciário, na esfera estadual ou federal.

1. ARAÚJO, Gladston Fernandes de. *Tribunal do júri*: uma análise processual à luz da Constituição Federal. Niterói: Impetus, 2004. p.13.
2. NUCCI, Guilherme de Souza. *Manual de processo penal e execução penal*. 3. ed. São Paulo: RT, 2007. p. 667.

2. PRINCÍPIOS REITORES DO JÚRI

A Constituição, em seu art. 5º, inc. XXXVIII, assenta os princípios do tribunal popular:

(1) a plenitude de defesa;

(2) o sigilo das votações;

(3) a soberania dos veredictos; e

(4) a competência para o julgamento de crimes dolosos contra a vida.

3. PRINCÍPIO DA PLENITUDE DE DEFESA

Esse princípio revela uma dupla faceta, eis que a defesa está dividida em técnica e autodefesa.

A primeira, de natureza obrigatória, é exercida por profissional habilitado. O defensor técnico tem um leque de possibilidades para tutelar a defesa do réu: impugnações, iniciativa probatória, sustentação oral e recursos.

A última é uma faculdade do imputado, que pode efetivamente trazer a sua versão dos fatos, ou valer-se do direito ao silêncio. O acusado tem o direito de ser ouvido pessoalmente, deve lhe ser garantido o interrogatório, embora possa a ele não comparecer ou se manter em silêncio.

Prevalece no júri a possibilidade não só da utilização de argumentos técnicos, mas também metajurídicos, no intuito de convencer o corpo de jurados, que são juízes leigos. Ganha destaque a figura do laudador, que é a testemunha convocada para falar dos antecedentes do imputado, recebendo o rótulo de testemunha de beatificação.

E se o réu, no interrogatório em plenário, apresenta tese defensiva distinta do seu advogado?

As duas devem ser levadas ao conhecimento dos jurados, isto é, não apenas as teses sustentadas pela defesa técnica. O quesito genérico, na realidade, engloba todas as teses relacionadas à defesa com plenitude, porquanto, de um lado, indaga aos jurados se absolvem ao acusado e, do outro, não há como saber as razões das respostas dadas a ele.

Esse quesito aberto está disposto no inciso III, do art. 483, do CPP. Abrange tanto a tese do acusado quanto a do seu advogado. O § 2º, desse dispositivo, corrobora essa conclusão, ao impor que, mesmo que tenha o júri afirmado, nos dois primeiros quesitos, a materialidade e a autoria do fato, deve ser formulado quesito específico com a seguinte redação: "o jurado absolve o acusado?".

Como se depreende, tal questão engloba todas as teses de defesa.

4. PRINCÍPIO DO SIGILO DAS VOTAÇÕES

O sigilo das votações envolve o voto e o local do voto.

Quanto ao procedimento da votação, os jurados votam os quesitos de forma impessoal, já que o voto não é identificado. Os jurados recebem duas cédulas opacas, com os dizeres "sim" e "não". Em cada quesito, o voto é depositado na urna, e a cédula remanescente é recolhida, tudo de forma a não identificar como cada jurado votou.

Existia uma forma onde indiretamente o sigilo ela rompido. Tratava-se da votação unânime. É que na leitura da decisão o juiz anunciava o placar do veredicto, revelando que os jurados, na integralidade, foram partidários da tese acusatória ou defensiva.

Com a atual dicção dos §§ 1° e 2° do art. 483 do CPP, a votação unânime não mais acontece. Logo, com quatro votos em um determinado sentido, é o alerta de que a maioria foi obtida, de forma que os demais votos eventualmente não abertos serão descartados. Por conseguinte, para assegurar o sigilo, é adequado que o juiz se acautele para suspender a divulgação dos demais votos assim que se definir a votação de cada quesito, evitando que seja o sigilo violado por uma eventual votação unânime.[3]

Em outro giro, analisando o local do voto, para evitar intimidação dos jurados, as votações ocorrem em uma sala especial. Com efeito, o artigo 485 do CPP, dispõe que, ao final dos debates, não havendo dúvida a ser esclarecida, o juiz presidente, os jurados, o Ministério Público, o assistente, o querelante, o defensor do acusado, o escrivão e o oficial de justiça dirigir-se-ão à sala especial a fim de ser procedida a votação. Em acréscimo, o seu § 1º preconiza que, na falta de sala especial, o juiz presidente determinará que o público se retire, permanecendo somente aquelas pessoas. É evidente que não havendo sala própria, cabe ao magistrado determinar o esvaziamento do plenário, com a manutenção das pessoas indispensáveis à votação dos quesitos.

5. PRINCÍPIO DA SOBERANIA DOS VEREDICTOS

A soberania dos veredictos alcança o julgamento dos fatos. Os jurados julgam os fatos. Esse julgamento não pode ser modificado pelo juiz togado ou pelo tribunal que venha a apreciar um recurso.

Por exemplo, em hipótese de julgamento manifestamente contrário à prova dos autos, a apelação provida terá o condão de cassar o julgamento e mandar o acusado a um novo júri. Note-se que o tribunal não altera o julgamento para condenar ou absolver o acusado, ou mesmo para acrescer ou suprimir qualificadora.

Como a existência do crime e de suas circunstâncias é matéria fática, sobre ela recai o princípio da soberania dos veredictos, não podendo seu núcleo ser vilipendiado, senão por uma nova decisão do tribunal popular.

Contudo, em prol do **estado de inocência**, tal princípio cede diante da finalidade maior da garantia fundamental de primeira geração. A soberania dos veredictos visa a proteção da liberdade do imputado. Se for para conferir mais liberdade, nosso princípio arrefece, porque os direitos fundamentais do art. 5º, da CF, não são exaustivos, como o diz seu § 2º. Admite-se, destarte, que o tribunal de justiça absolva de pronto o réu

3. SANTOS JÚNIOR, Rosivaldo Toscano dos. Constituição e sigilo das votações no júri: o resultado unânime. In: *Direitos Fundamentais na Constituição de 1988*: estudos comemorativos aos seus vinte anos. Rosmar Antonni Rodrigues Cavalcanti de Alencar (org.). Porto Alegre: Núria Fabris, 2008. p.301.

condenado injustamente pelo júri em sentença transitada em julgado, no âmbito da ação de **revisão criminal**.

6. COMPETÊNCIA PARA JULGAMENTO DE CRIMES DOLOSOS CONTRA A VIDA

O tribunal do júri, com competência para processar e julgar os crimes dolosos contra a vida, tentados ou consumados, veio com seu conteúdo mínimo definido pela Constituição da República. Houve época em que outros crimes, diversos dos dolosos contra a vida, eram também julgados pelo tribunal do júri, a exemplo dos crimes de imprensa. Atualmente, não há lei ordinária alargando a competência desse tribunal popular.

Para evitar o esvaziamento do júri, o constituinte fixou sua competência mínima, em cláusula pétrea gizada no capítulo dos direitos fundamentais. Além do núcleo básico constitucional, vão também a júri as infrações comuns interligadas ao crime doloso contra a vida pelas regras de conexão ou continência. Portanto, outros crimes comuns que não os dolosos contra a vida podem ser apreciados pelos jurados, desde que exista conexão ou continência e, mesmo que a infração conexa seja de menor potencial ofensivo, será atraída ao procedimento escalonado do tribunal popular, assegurando-se, para estas últimas, a composição civil e a transação penal (arts. 74 e 76, Lei nº 9.099/1995).

Advirta-se que o genocídio, por ser crime contra a humanidade, não integra a competência do júri. No entanto, se para a execução do genocídio, comete-se homicídio doloso, estará configurada a competência do tribunal popular. Quanto ao latrocínio, que é típico crime patrimonial, temos o enunciado n.º 603 da Súmula do STF: "A competência para o processo e julgamento do latrocínio é do juiz singular e não do Tribunal do Júri".

7. CARACTERÍSTICAS

O júri é um órgão complexo, dotado das características da heterogeneidade, horizontalidade, temporariedade, cujas decisões tomadas devem respeitar o princípio majoritário. Vejamos cada uma delas de forma pormenorizada.

8. ÓRGÃO HETEROGÊNEO

Na Constituição de 1988, o júri popular é reafirmado como órgão do Poder Judiciário. Sua composição é formada por um juiz-presidente e por vinte e cinco jurados, dos quais sete irão compor o Conselho de Sentença.

O juiz-presidente aplica o direito de acordo com os fatos que são julgados pelos jurados.

Aquele, o juiz do direito, estes, o juiz dos fatos.

Sobre aquele, não vigora o princípio da soberania dos veredictos, pelo que o tribunal pode reformar sua sentença, para majorar ou minorar a pena por ele aplicada. Já quanto ao julgamento dos fatos pelos jurados, não cabe ingerência pelo órgão de segundo grau de jurisdição.

Podemos classificar as decisões judiciais quanto à composição do órgão jurisdicional, vejamos:

(1) decisões subjetivamente simples: são aquelas proferidas por órgão singular. Ex: juiz da instrução preliminar;

(2) decisões subjetivamente plúrimas: emanadas de órgão colegiado homogêneo. Ex: tribunal de justiça;

(3) decisões subjetivamente complexas: exaradas por órgão colegiado heterogêneo. Ex: júri.

9. ÓRGÃO HORIZONTAL

Não há que se falar em hierarquia entre o juiz presidente e os jurados. Têm funções diversas, e a conjugação de esforços faz a harmonia do tribunal. No júri, temos a competência funcional pelo objeto do juízo, afinal, diante da demanda submetida à apreciação, cabe aos jurados a apreciação das teses e votação dos quesitos, em análise preponderantemente fática. Já o juiz-presidente profere a decisão vinculado aos quesitos, procedendo à dosimetria da pena. Como inexiste hierarquia entre o juiz togado e os jurados, cuida-se de competência funcional horizontal.

10. ÓRGÃO TEMPORÁRIO

O tribunal funcionará durante alguns períodos do ano. Desta forma, a reunião do júri é o período do ano em que o tribunal opera, ao passo que a sessão do júri concentra a realização do julgamento. A definição dos períodos de reunião do júri é dada pela lei de organização judiciária de cada Estado-membro (art. 453, CPP). Em um mesmo dia, o Conselho de Sentença poderá apreciar mais de um processo, se as partes aceitarem, devendo ser tomado novo compromisso (art. 452, CPP).

A organização da pauta deve atender aos seguintes critérios: i) réus presos têm preferência; ii) entre réus presos, os encarcerados há mais tempo; iii) se o tempo da prisão é o mesmo, os pronunciados em primeiro lugar (art. 429, CPP).

11. DECISÕES POR MAIORIA DE VOTOS

Almejando preservar o sigilo das votações, reconhecemos que com mais de três votos em um determinado sentido, a maioria foi obtida, de forma que os demais votos não devem ser revelados, afastando-se a unanimidade (art. 483, CPP).

12. PROCEDIMENTO ESPECIAL DOS CRIMES DOLOSOS CONTRA A VIDA

Antes de ingressarmos na sequência lógica de atos de cada uma das etapas do procedimento do júri, é importante consignar que os crimes dolosos contra a vida, tentados ou consumados, usualmente deixam vestígios. Por consequência, ganha destaque a preservação dos elementos sensíveis com o respeito à cadeia de custódia da prova penal (arts. 158-A a 158-F, CPP), assim como a realização do exame de corpo de delito, conferindo à inicial acusatória justa causa.

Para melhor organização, o procedimento do júri é **escalonado**, isto é, **bifásico**, com duas etapas bem distintas. A primeira fase é o **juízo da instrução preliminar**, a ser iniciada com o recebimento da denúncia e ordem de citação do acusado, pelo **juiz das garantias** (art. 3º-C, *caput*, do CPP). É também denominada de juízo de admissibilidade, juízo da instrução preliminar, juízo da acusação ou *judicium accusationis*. Era conhecida como "sumário da culpa". Atualmente, não há sentido em chamá-la assim, eis que a culpa só se forma após o trânsito em julgado de sentença penal condenatória, não sendo mais autorizado incluir o nome do réu no rol dos culpados antes daquele momento, como acontecia, na sistemática anterior, quando da prolação da decisão de pronúncia. A primeira fase é uma autêntica fase de filtro. Somente após superada essa etapa, será possível remeter o julgamento do réu à segunda etapa. Ela deve ser conduzida, até a preclusão da decisão de pronúncia, pelo **juiz da instrução preliminar**.

A segunda fase é a de **preparação para o julgamento**. Conhecida também como *judicium causae* ou juízo de mérito, somente será deflagrada se preclusa a decisão que houver pronunciado o acusado, isto é, se acatada a acusação, com a prolação de juízo de admissibilidade positivo pelo juiz da instrução preliminar. É com essa etapa que os fatos poderão ser entregues à apreciação dos jurados, sob a presidência do **juiz-presidente do tribunal do júri**.

Vejamos cada uma separadamente.

13. PRIMEIRA FASE OU JUÍZO DA INSTRUÇÃO PRELIMINAR

Inicialmente, importante consignar que os passos iniciais da primeira fase do júri são muito parecidos ao que ocorre no procedimento comum ordinário. Ao que parece, o desejo de padronização preponderou com as Leis 11.689/2008 e 11.719/2008.

Por consequência, será ofertada a inicial acusatória, seja ela a denúncia ou a queixa--crime substitutiva, na eventualidade de uma ação privada subsidiária da pública, o que é plenamente possível, mesmo em se tratando de crime doloso contra a vida.

Os requisitos formais da inicial estão catalogados no art. 41 do CPP. É o momento oportuno, sob pena de preclusão, para arrolar as testemunhas, que podem ser até oito para cada fato criminoso imputado.

Cabe ao juiz das garantias exercer o juízo de admissibilidade da inicial (art. 3°- B, inciso XIV, CPP). Assim, exercido o juízo negativo de admissibilidade, a inicial será rejeitada, por ser inepta, por faltar condição da ação ou pressuposto processual, assim como pela ausência de justa causa (art. 395, CPP).

Em outro giro, recebida a inicial, em análise a "contrario sensu" do art. 395 do CPP, estará iniciado o processo, ordenando-se a citação do réu, podendo ser pessoal, por edital ou por hora certa, conforme o caso (arts. 351 a 369, CPP).

Recebida a inicial, devem ser remetidos os autos ao juiz da instrução preliminar, competente para conduzir o *judicium accusationis*.

14. RESPOSTA PRELIMINAR À ACUSAÇÃO RÉPLICA NO PROCEDIMENTO DO JÚRI

Ao juiz da instrução preliminar caberá determinar a efetivação da citação do acusado para responder à acusação, por escrito, no prazo de dez dias, consoante preconiza o art. 406, caput, do CPP. Esse prazo deve ser contado a partir do efetivo cumprimento do mandado, independente da data de juntada aos autos do mandado cumprido.

Nos termos do § 3º, do art. 406, CPP, na resposta, o acusado poderá arguir preliminares e alegar tudo que interesse à sua defesa, oferecer documentos e justificações, especificar as provas pretendidas e arrolar testemunhas, até o máximo de oito para cada fato, qualificando-as e requerendo sua intimação, quando necessário. As exceções serão autuadas e processadas em apartado, pois inauguram um procedimento incidental (arts. 95 a 112, do CPP).

Caso não seja apresentada a resposta preliminar escrita no prazo legal, o juiz nomeará defensor para oferecê-la, em até dez dias, abrindo-lhe vista dos autos (art. 408, CPP), já que a peça é de natureza obrigatória. Todavia, se a citação foi por edital, diante da não apresentação da resposta à acusação, cabe ao juiz suspender o processo e a prescrição, em conformidade com o art. 366 do CPP.

Depois de apresentada a defesa, o Ministério Público ou o querelante será ouvido sobre as preliminares e os documentos carreados, em cinco dias, a teor do art. 409, CPP. Cuida-se da réplica do Ministério Público à resposta à acusação do réu, exclusiva do rito do júri. Naturalmente, se não forem apresentados documentos ou invocadas preliminares na resposta à acusação, a réplica estará prejudicada.

Em seguida, cabe ao juiz no prazo dez dias deliberar sobre as diligências probatórias requeridas pelas partes na inicial acusatória e na resposta à acusação, assim como marcar a audiência de instrução, debates e julgamento da primeira fase do júri (art. 410, CPP).

Resta a seguinte indagação: é possível a absolvição sumária do réu, mesmo antes da realização da audiência de instrução, com amparo no art. 397 do CPP, que trata da matéria no procedimento comum?

Ora, como o próprio § 4° do art. 394 do CPP consigna que o art. 397 do Código, que trata da absolvição sumária antes da audiência de instrução, é aplicado a todos os procedimentos que tramitam em primeiro grau, não vemos obstáculo a que isso aconteça, desde que evidenciada a inocência. É o mesmo entendimento partilhado por Rômulo Moreira[4].

15. AUDIÊNCIA DE INSTRUÇÃO, DEBATES E JULGAMENTO

Teremos audiência una para instruir, debater e julgar a causa. Mais uma vez, o desejo de padronização procedimental prevaleceu. Assim, a sequência lógica de atos instrutórios é similar ao que ocorre no procedimento comum ordinário. Sobre o ponto, o art. 411, do CPP, reza que, na audiência de instrução, será tomada, se possível, as declarações do ofendido, bem como serão inquiridas as testemunhas arroladas pela acusação e pela defesa, nesta ordem.

As diligências e perícias deverão estar concluídas quando da realização dessa audiência. Isso porque, por força do princípio da concentração dos atos processuais, será a

4. MOREIRA, Rômulo Andrade. O procedimento do júri e a aplicação do art. 397 do Código de Processo Penal. *Empório do Direito*. Disponível em: <emporiododireito.com.br/o-procedimento-do-juri-e-a-aplicacao-do-art-397-do-codigo-do--processo-penal-por-romulo-de-andrade-moreira/>. Acesso em: 17/11/2015.

audiência de instrução o momento para esclarecimentos dos peritos (sobre a perícia e o laudo), acareações e reconhecimento de pessoas e coisas. Em seguida, será interrogado o acusado, com a realização dos debates orais ao final.

O momento preclusivo para a conclusão da instrução da primeira fase é a audiência de instrução, que deve concentrar todos os atos e diligências pendentes. É verdade que a intenção do legislador pode ser frustrada em razão de motivos que fujam ao controle do juízo, a exemplo de diligências efetivadas por carta precatória, que estejam pendentes de cumprimento em juízo territorial diverso. É possível que surja a necessidade de alguma diligência probatória complementar revelada na própria instrução. Nada impede que o juiz seja provocado para que a autorize (art. 156, II, CPP), tal qual acontece no procedimento comum ordinário (art. 402, CPP).

Superada a instrução, teremos as alegações finais orais. A distribuição temporal é a mesma do procedimento comum. Assim, concede-se a palavra, respectivamente, à acusação e à defesa, pelo prazo de vinte minutos, prorrogáveis por mais dez. Caso haja mais de um acusado, o tempo previsto para a acusação e a defesa de cada um deles será individual.

A manifestação do assistente de acusação terá lugar após a do Ministério Público, concedendo-se dez minutos. Nesse caso, será prorrogado por igual período o tempo de manifestação da defesa. Havendo corréus delator e delatado, este deve ser ouvido por último, seja por ocasião do seu interrogatório, seja quando dos debates orais, possibilitando o exercício da ampla defesa do imputado que está a suportar maior carga de acusação. Note-se que o colaborador é, sob certa ótica, auxiliar da acusação formulada contra o corréu delatado.

Mesmo no silêncio da lei, os debates orais na primeira fase do júri podem ser substituídos por memoriais, aplicando-se por analogia os artigos 403, § 3° e 404 do CPP.

O § 9º, do art. 411, do CPP, estatui que encerrados os debates, o juiz proferirá sua decisão imediatamente, ou o fará em dez dias, ordenando, para tanto, a conclusão dos autos. O procedimento do *judicium accusationis* deve ser concluído no **prazo máximo de noventa dias**, sendo indiferente se o réu está preso ou solto (art. 412, CPP). Em que pese a lacuna legal, o prazo deve ser contado do recebimento da inicial acusatória. Todavia, há quem entenda que o prazo é contado da realização da citação.

16. COGNIÇÃO JUDICIAL E DECISÕES DA PRIMEIRA FASE DO PROCEDIMENTO DO JÚRI

Depois da produção da prova e dos debates orais (ou memoriais), caberá ao juiz da instrução preliminar proferir uma decisão quanto à remessa (ou não) do réu aos jurados. Assim, deverá pronunciar, impronunciar, absolver sumariamente ou desclassificar a infração penal. Vejamos cada uma das decisões de maneira pormenorizada.

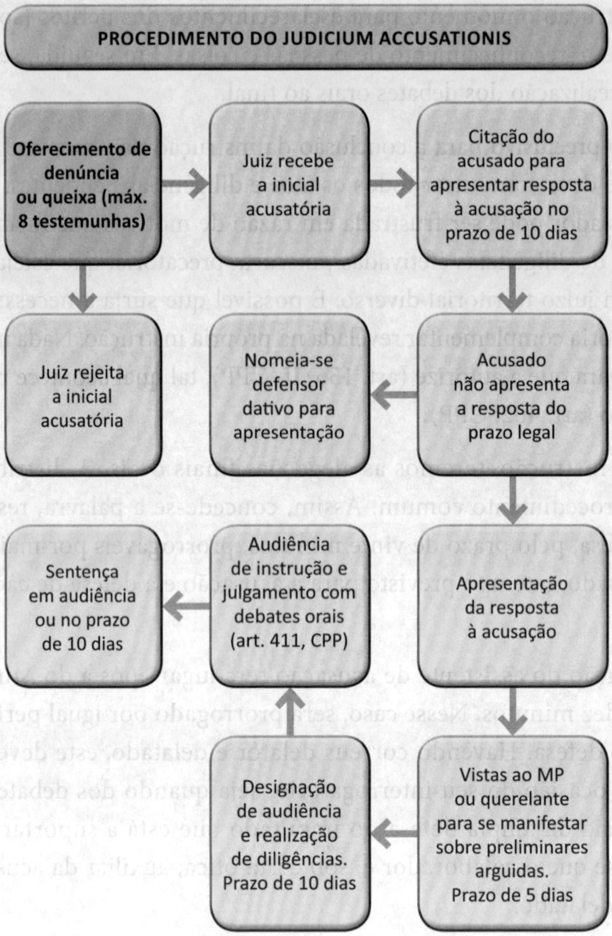

17. DECISÃO DE PRONÚNCIA

A decisão de pronúncia deve ser exarada quando o juiz estiver convencido da existência de lastro probatório necessário que justifique a remessa do réu à segunda fase do julgamento. Sua fundamentação deve se limitar à indicação da materialidade do fato e da existência de indícios suficientes de autoria ou de participação, devendo o juiz declarar o dispositivo legal em que julgar incurso o acusado e especificar as circunstâncias qualificadoras e as causas de aumento de pena.

Dado o restrito âmbito de apreciação nesta fase, fala-se em **limite** ou **teto cognitivo da pronúncia**. O juiz da instrução preliminar não tem competência para aprofundar o exame do contexto probatório ao ponto de declarar, ainda que parcialmente, juízo de certeza acerca dos fatos.

A decisão de pronúncia não põe propriamente termo ao processo, mas fixa os limites da imputação para que tenha início a segunda fase do júri, que é deflagrada com a preclusão da pronúncia, seja em razão de não ter havido recurso ou quando o recurso interposto estiver definitivamente julgado.

18. CARACTERÍSTICAS DA COGNIÇÃO JUDICIAL NA DECISÃO DE PRONÚNCIA

A cognição judicial na pronúncia é caracterizada:

(1) por ser do tipo **não exauriente** e **não vertical**, ou seja, não deve o juiz da instrução preliminar aprofundar-se no debate acerca das provas. Ao contrário, deve o magistrado se abster de tecer considerações acerca do valor da prova. Por conseguinte, não cabe ao magistrado antecipar juízo de culpa, transformando a pronúncia em uma condenação disfarçada. Do mesmo modo, não vai descredenciar peremptoriamente as teses de defesa;

(2) por ter **horizontalidade estreita**, isto é, nos casos de infrações penais conexas (art. 76, CPP) que não sejam dolosas contra a vida, a delibação do juiz da instrução preliminar, quanto àquelas, é mais limitada. Para a fixação da competência do tribunal do júri, o que é de relevo é a existência de convencimento sobre a materialidade do fato e indícios de autoria relativamente ao delito doloso contra a vida, por ser este o crime capaz de atrair a competência dos jurados. Quanto aos conexos não dolosos contra a vida, a argumentação do juiz tenderá a remetê-los também a júri, por decorrência lógica, não devendo exercer cognição mais detida sobre eles, mas tão somente prelibar o minimamente necessário para justificar a aplicação da regra de conexão. É o que nós conhecemos como eficácia objetiva da pronúncia.

19. NATUREZA JURÍDICA DA DECISÃO DE PRONÚNCIA

A decisão de pronúncia tem a natureza de decisão interlocutória mista não terminativa. É mista porque encerra uma fase do procedimento, leia-se, o *judicium accusationis*. É não terminativa por não decidir o ***meritum causae***, nem extinguir o processo sem resolução de mérito. Se julgasse o mérito, a decisão seria definitiva. Apenas há juízo de admissibilidade da acusação, sendo que o procedimento continuará em sua segunda etapa (*judicium causae*).

20. A FALÁCIA DO *IN DUBIO PRO SOCIETATE* NA DECISÃO DE PRONÚNCIA

Não há dispositivo constitucional ou legal que sufrague o princípio *in dubio pro societate* para permitir a pronúncia de um réu. Nada obstante, o seu uso tem sido reiterado, banalizado, na jurisprudência dos tribunais. Se a dúvida autoriza a pronúncia, o efeito prático será a remessa de muitos a júri, lançando-os à sorte do julgamento popular, constituído de pessoas que, geralmente, não dominam a dogmática das categorias probatórias.

A aplicação do cânone de que "na dúvida, a decisão deve ser em favor da sociedade" tem sido objeto de enfática crítica doutrinária.

Isso porque aquela expressão não deve servir para justificar a remessa de julgamentos a júri popular quando, pelo exame do contexto probatório, o juiz perceba que não teria elementos para proferir sentença condenatória. Os elementos para condenar alguém devem ser além de necessários, suficientes e a condenação deve ser sempre supletiva, relativamente à decisão absolutória.

Se o juiz da instrução preliminar verifica que absolveria por insuficiência de provas o réu, caso fosse sua atribuição julgar singularmente a questão, é porque não deve pronunciar.

Tal proceder tem o condão de evitar submeter o réu ao risco de ser condenado pelo júri leigo, sob o critério de íntima convicção. Para sujeitá-lo a esse julgamento, deve haver um conjunto de provas para a declaração, sob critério racional, de culpa do acusado por um juiz togado. Lembremos, a propósito, que o tribunal do júri é uma garantia fundamental entabulada no art. 5º, da CF, cuja vocação deve ser a de tutelar o imputado contra o arbítrio, protegendo sua liberdade.

Em poucas palavras, não deve alguém ser penalizado com o seu envio a júri sem provas aptas a uma condenação válida, baseada em critérios racionais.

Sobre o *in dubio pro societate*, Fauzi Hassan Choukr sublinha que "tal 'princípio' não existe fora do seu mero emprego retórico (e este emprego existe à saciedade) e ele nada mais é que fruto direto das manipulações ideológicas que alteraram as estruturas do Tribunal do Júri e que afastaram o juiz natural do momento de admissibilidade"[5].

A admissibilidade deve ser um funil rigoroso, a fim de controlar a permeabilidade entre a situação de inocente, cuja presunção é assegurada constitucionalmente, àquela de submetido a um julgamento perante leigos. Nesse contexto, André Garcia observa que o cunho da primeira fase do rito do júri consiste em "delimitar a justa causa" para que um réu não seja "levado à sessão do Tribunal do Júri de maneira leviana"[6], isto é, sem base probatória justificadora de validade de eventual condenação.

Nesse sentido, Paulo Thiago Dias aponta que a adoção do *in dubio pro societate* ou do "*in dubio contra reum* é antidemocrático e, portanto, autoritário", em face do que "o Judiciário se distancia do seu papel de órgão contramajoritário" e perde "a posição de guardião último dos direitos fundamentais e parte para uma atuação menos científica e liberal". Em outros termos, o autor aviva que "a decisão de pronúncia não é somente uma decisão destinada a transferir o acusado (quase que como um objeto) para ser julgado perante o Júri. A decisão de pronúncia é garantidora: do grau de civilidade da sociedade, da democraticidade, da liberdade, da dignidade, do respeito aos acusados e do devido processo penal constitucional e convencional"[7].

21. LIMITES À FUNDAMENTAÇÃO DA DECISÃO DE PRONÚNCIA

A pronúncia é uma decisão com fundamentação técnica. Não deve tecer valorações subjetivas em prol de uma parte ou de outra. As teses da acusação e da defesa não são rechaçadas na totalidade. O juiz da instrução preliminar deve fazer menção à viabilidade da imputação e à impossibilidade de se reconhecer, naquele momento, as teses que justificariam a imediata absolvição. É o júri o juiz dos fatos e a pronúncia fará um recorte deles, admitindo os que se sustentam e recusando aqueles evidentemente improcedentes.

5. CHOUKR, Fauzi Hassan. *Iniciação ao processo penal*. Florianópolis: Empório do Direito, 2017. p. 476.
6. JESUS, André Garcia de. *Do procedimento contra a apuração dos crimes dolosos contra a vida, ou, as inconstitucionalidades no procedimento relativo aos processos da competência do tribunal do júri, ou ainda, do fetiche da pronúncia*. Estudo inédito até o fechamento da 14ª edição deste Curso.
7. DIAS, Paulo Thiago Fernandes. *A decisão de pronúncia baseada no in dubio pro societate*: um estudo crítico sobre a valorização da prova no processo penal constitucional. Florianópolis: EMais, 2018. p. 198-199; 202.

O juiz togado não deverá exarar motivação tendenciosa ou que tenha o condão de influenciar os jurados ao receberem cópia da peça, em verdadeiro excesso de linguagem. Por conseguinte, não pode o julgador, ao pronunciar o réu, afastar de forma taxativa as teses sustentadas pela defesa na primeira fase. Também não pode emitir juízo de certeza quanto à culpabilidade, pois estaria se intrometendo indevidamente em matéria que será apreciada futuramente pelo corpo de jurados, sem contar que significaria uma intromissão indevida no mérito da causa, dando margem à nulidade absoluta do processo, em fenômeno conhecido como **eloquência acusatória**. Reconhecido o vício, os autos serão devolvidos para que o juiz profira uma nova decisão[8].

Também a fundamentação não pode ser aparente, isto é, devem ser observadas as regras do § 2º, do art. 315, do CPP, que considera não fundamentada qualquer decisão que:

(1) limitar-se à indicação, à reprodução ou à paráfrase de ato normativo, sem explicar sua relação com a causa ou a questão decidida;

(2) empregar conceitos jurídicos indeterminados, sem explicar o motivo concreto de sua incidência no caso;

(3) invocar motivos que se prestariam a justificar qualquer outra decisão;

(4) não enfrentar todos os argumentos deduzidos no processo capazes de, em tese, infirmar a conclusão adotada pelo julgador;

(5) limitar-se a invocar precedente ou enunciado de súmula, sem identificar seus fundamentos determinantes nem demonstrar que o caso sob julgamento se ajusta àqueles fundamentos;

(6) deixar de seguir enunciado de súmula, jurisprudência ou precedente invocado pela parte, sem demonstrar a existência de distinção no caso em julgamento ou a superação do entendimento.

A decisão de pronúncia não deve apreciar circunstâncias judiciais. A matéria de individualização da pena não faz parte da pronúncia. Acolhendo circunstâncias dessa qualidade, o juiz estaria a fundamentar a pronúncia de forma a influenciar os jurados. Acabaria por revelar um juízo absolutório ou condenatório, ainda que de maneira discreta. A pronúncia, congruente com a denúncia e com a instrução criminal realizada na primeira fase, destina-se ao exame da admissibilidade dos fatos para o fim de serem estes apreciados pelo Conselho de Sentença.

As qualificadoras são enfrentadas, pois não são circunstâncias agravantes, mas fatos que compõem a tipicidade. O tipo qualificado ou a circunstância qualificadora tem limites penais expressos e envolvem fatos distintos ou que acrescem o tipo simples fundamental. Daí ser importante sublinhar que a qualificadora deve ser admitida ou rejeitada em compasso com o que restou provado, de maneira não plena, no curso da instrução criminal. Nesse ponto, o juiz não estará descendo à matéria de individualização da pena.

A seu turno, circunstâncias ou causas de aumento específicas, previstas no próprio tipo penal, em seus parágrafos, devem ser admitidas. Também devem ser acatadas as causas

8. HC 94.165 RS. Relator: Celso de Mello. Julgado: 12/08/2008.

que permitem a aferição do tipo penal por extensão, compondo o próprio tipo base, como a tentativa, as hipóteses de omissão penalmente relevante (art. 13, § 2º, CP) e o concurso de pessoas, dada a sua imprescindibilidade para a tipicidade formal.

Diferentemente, o art. 7º, da Lei de Introdução ao CPP, é expresso ao vedar na pronúncia causa especial de diminuição de pena. Também não haverá, nesta decisão, agravantes e atenuantes, a serem discutidas em plenário de julgamento, tampouco manifestação sobre concurso de crimes (formal, material ou continuidade delitiva), critérios a serem considerados quando da dosimetria da pena, havendo condenação.

Se o acusado é pronunciado pelo crime doloso contra a vida e foi denunciado também por outro crime àquele conexo, o juiz declarará levados ao júri, por consequência, os delitos conexos, desde que exista lastro probatório em relação a todos eles. A pronúncia é relativa ao delito contra a vida, suas qualificadoras e causas de aumento. Havendo delito conexo, declarará este remetido ao júri, por decorrência.

Em suma, na pronúncia, com valoração cuidadosa, vamos identificar:

(i) indícios de autoria;

(ii) prova da materialidade;

(iii) qualificadoras;

(iv) causas de aumento de pena;

(v) omissão penalmente relevante (art. 13, § 2º, CP);

(vi) tese da tentativa (art. 14, II, CP);

(vii) concurso de pessoas (art. 29, CP).

Em outro prisma, a decisão de pronúncia não deve apreciar:

(i) circunstâncias judiciais;

(ii) atenuantes;

(iii) agravantes;

(iv) causas especiais de diminuição de pena (art. 7º da Lei de Introdução do CPP);

(v) concurso de crimes (material, formal ou continuidade delitiva).

22. *EMENDATIO LIBELLI* E *MUTATIO LIBELLI* NA DECISÃO DE PRONÚNCIA

Se ocorrer erro de tipificação dos fatos narrados na inicial acusatória, caberá ao magistrado corrigi-lo no momento da pronúncia, dando a estes o enquadramento adequado, valendo-se do instituto da *emendatio libelli*, afinal o réu defende-se dos fatos, tratando-se aqui de mero erro de tipificação (art. 418, CPP).

Já se os fatos revelados na instrução da primeira fase forem distintos dos narrados na denúncia, como a descoberta de qualificadora não contemplada na descrição da inicial, deve o magistrado, antes de proferir a pronúncia, abrir vistas ao Ministério Público para que adite a inicial, em no máximo cinco dias, podendo arrolar até três testemunhas e, na sequência, oportunizar que a defesa se manifeste, em até cinco dias, podendo também indicar até três testemunhas para combater os fatos novos, aplicando-se, portanto, o instituto da ***mutatio libelli*** (art. 384, CPP), fazendo valer, na primeira fase, o **princípio da correlação**, ou seja, o equilíbrio entre a decisão e a descrição da causa de pedir consignada no pedido formulado na exordial (§ 3º, art. 411, CPP).

23. INTIMAÇÃO DA DECISÃO DE PRONÚNCIA

Prolatada a pronúncia, devem ser dela intimados o *Parquet*, o acusado e seu defensor. Também deve ser intimado o assistente do Ministério Público se houver ou a vítima. Não é demais lembrar que a teor do art. 201, parágrafos 2º e 3º, do CPP, o ofendido será comunicado dos atos processuais relativos ao ingresso e à saída do acusado da prisão, à designação de data para audiência e à sentença e respectivos acórdãos que a mantenham ou modifiquem. As comunicações ao ofendido devem ser feitas no endereço por ele indicado, admitindo-se, de outro lado, o meio eletrônico.

Por outra vertente, *ex vi* do art. 420, do CPP, a intimação da pronúncia deve ser feita:

(1) pessoalmente ao acusado, ao defensor nomeado e ao Ministério Público. Também o defensor público deve ser intimado pessoalmente, diante de prerrogativa funcional;

(2) ao defensor constituído, ao querelante e ao assistente do Ministério Público por publicação no órgão incumbido da publicidade dos atos judiciais da comarca, incluindo, sob pena de nulidade, o nome do acusado;

(3) por edital ao acusado solto que não for encontrado.

Segundo entendimento restritivo assentado pelo STJ, com o qual não concordamos, havendo defensor constituído pelo acusado, torna-se suficiente a intimação do advogado, caso o réu não seja encontrado para ser intimado pessoalmente da pronúncia[9].

Antes da reforma de 2008, sendo o crime inafiançável, a intimação da pronúncia deveria necessariamente ser feita de forma pessoal ao réu. Se ele não fosse encontrado, o processo ficava paralisado pela pendência do ato, enquanto o prazo prescricional evoluía normalmente, em verdadeira **crise de instância**. Agora, com a nova disciplina, não sendo o réu encontrado e extravasadas as diligências para lograr efetivar sua intimação pessoal, procede-se com a emissão de edital e o processo segue até final sentença.

Resta a pergunta: a reforma inerente a intimação do réu da decisão de pronúncia, patrocinada pela Lei nº 11.689/08, que agora pode ser feita por edital, tem natureza processual?

Para o STJ, a norma construída a partir do parágrafo único, do art. 420, do CPP, é de ordem processual, devendo ter aplicação imediata (art. 2º, CPP), inclusive para os processos em curso e para os fatos que ocorreram antes do advento da Lei nº 11.689/2008. No entanto, a aludida Corte buscou uma **solução intermediária** relativamente aos fatos acontecidos em data pretérita à Lei nº 9.271/1996, alteradora da redação do art. 366, do Código Processual Penal.

9. STJ – Sexta Turma – AgRg nos EDcl no AREsp 1365782/SP – Rel. Min. Laurita Vaz – DJe 20 mai. 2019.

Explicamos: a alteração do art. 366 do CPP, no remoto ano de 1996, trouxe "novas" consequências quando o réu é citado por edital e não comparece para exercer defesa. Assim, suspende-se o processo e o prazo prescricional. Tal dispositivo, ensejando norma híbrida, leia-se, com matiz penal e processual penal, só foi aplicado aos fatos ocorridos após a sua entrada em vigor, pois inovou estabelecendo a suspensão da prescrição, o que é maléfico ao réu.

Compatibilizando os diplomas normativos, o STJ apresentou a seguinte solução para fatos ocorridos antes da Lei n.º 9.271/1996 e que agora contam com processo em curso sendo regido pela ritualística do júri trazida pela Lei n.º 11.689/08:

– réu **citado por edital** por crime ocorrido antes da Lei n.º 9.271/1996: o processo prossegue à sua revelia, com nomeação de advogado dativo. No momento da pronúncia, não sendo encontrado para ser intimado pessoalmente diante de um crime inafiançável, suspende-se o processo e a prescrição corre normalmente, em crise de instância, de forma que a alteração do art. 420 do Código, trazida pela Lei 11.689/08, é inaplicável.

– réu **citado pessoalmente** por crime ocorrido antes da Lei 9.271/1996: o processo segue o seu curso regular. Todavia, no momento da pronúncia, não sendo encontrado para ser intimado pessoalmente, intima-se por edital e o processo continua o seu curso regular, aplicando-se o parágrafo único do art. 420 do CPP, com a redação conferida pela Lei n.º 11.689/08.

Discordamos do posicionamento do STJ. A justificativa para nossa divergência é corroborada pela advertência de Rômulo Andrade Moreira. O novo texto legal importa retroatividade *in pejus*, vedada pelo Código Penal, quando aplicado aos casos pretéritos, independentemente de ser anterior ou posterior à Lei nº 9.271/1996[10].

Isso porque o parágrafo único, do art. 420 mencionado, afastou a possibilidade de crise de instância para o caso de réu não encontrado para intimação pessoal da pronúncia. Tal significa a inserção de regra que, se aplicada a casos pretéritos, resvala em maior incidência de disposições punitivas. Daí se sustentar que a disposição tem conteúdo misto (processual e material), não devendo ser aplicado a ela o art. 2º, do CPP, que consubstancia a regra *tempus regit actum*.

A mitigação do direito material do sujeito passivo do crime é constatada pela maior possibilidade de restrição de liberdade com a incidência do parágrafo único, do art. 420, do CPP. Decerto, com a sua pretensa aplicação imediata, o acusado por crimes anteriores passaria a poder sofrer pena sem que sua presença no dia do julgamento do júri, mesmo que se tratando de infração penal inafiançável.

24. EFEITOS DA DECISÃO DE PRONÚNCIA

Seguindo a lição de Mirabete, podemos avivar que, quando não for interposto recursos contra a pronúncia ou exauridas as possibilidades de impugnação, decorrerão dela

10. MOREIRA, Rômulo Andrade. Os enunciados do CONCRIM – Conselho de procuradores e promotores de justiça com atuação na área criminal. *Direitos Unifacs*, nº 180, Salvador, jun. 2015. Disponível em: <http://www.revistas.unifacs.br/index.php/redu/article/viewFile/3682/2591>. Acesso em: 11 nov. 2015.

"efeitos preclusivos de natureza processual, ante a imutabilidade de sua afirmação sobre a admissibilidade da acusação que encaminha para decisão final pelo tribunal do júri"[11].

É desse modo que o art. 421, do CPP, deixa assentado que, preclusa a decisão de pronúncia, os autos serão encaminhados ao juiz presidente do Tribunal do Júri. De mais a mais, a decisão de pronúncia e a decisão confirmatória de pronúncia proferida pelo tribunal em grau de recurso causam a interrupção da prescrição da pretensão punitiva (art. 117, II, CP). A força interruptiva da prescrição é tão contundente que, se no plenário do júri, o crime for desclassificado para um delito não doloso contra a vida, isso não descaracteriza a interrupção da prescrição operada com a pronúncia. Não é outro o entendimento do STJ ao editar o enunciado 191 de sua Súmula, consignando: "A pronúncia é causa interruptiva da prescrição, ainda que o Tribunal do Júri venha a desclassificar o crime".

Na pronúncia, deve o magistrado decidir se o réu enfrentará a segunda fase de julgamento em liberdade ou não. Só terá cabimento o encarceramento se estiverem presentes os requisitos da prisão preventiva e se não forem mais adequadas as medidas cautelares pessoais não prisionais (art. 319, CPP), já que a prisão preventiva deve ser vista como medida extrema (§ 3°, art. 413, CPP).

Como é de se esperar, a pronúncia não automatiza a prisão, afastando-se qualquer interpretação que admita a decretação da preventiva como uma forma de antecipação da pena (§ 3°, art. 313, CPP). Em acréscimo, prestigiando o sistema acusatório, qualquer pretensão de decretação prisional ou de qualquer outra medida cautelar pessoal pressupõe provocação do juiz, vedando-se a atuação de ofício. Se o crime for afiançável, o juiz arbitrará o valor da fiança para a concessão ou manutenção da liberdade provisória.

Estando o acusado preso preventivamente, um dos efeitos da pronúncia é a superação da alegação de constrangimento ilegal por excesso de prazo, a teor da Súmula nº 21 do STJ, o que deve ser tomado com reservas. Como o juiz está obrigado a revisitar o mandado prisional a cada 90 (noventa) dias, com ciclos de motivação sobre a necessidade de manutenção do cárcere, a pronúncia não é mais um marco peremptório para afastar a razoável duração da prisão cautelar.

25. CORREÇÃO DA DECISÃO DE PRONÚNCIA

Há possibilidade de **correção da pronúncia**.

Trata-se de uma nova decisão de pronúncia do acusado, exarada em decorrência de circunstância ulterior ao momento da decisão judicial. Um exemplo clássico é o do acusado pronunciado por homicídio tentado, cuja vítima morre dias depois em decorrência da conduta criminosa. É indispensável a relação de causalidade.

Constatada situação tendente à modificação da pronúncia, devem ser previamente ouvidos o Ministério Público e a defesa. Caberá ao MP aditar a denúncia, para que esta seja adequada aos novos fatos. Em seguida, mesmo sem menção expressa no Código, a defesa deve se manifestar, e então o magistrado irá proferir uma nova pronúncia, em substituição àquela superada pelas novas circunstâncias (art. 421, §§ 1° e 2°, CPP).

11. MIRABETE, Julio Fabbrini. *Processo penal*. 14. ed. São Paulo: Atlas, 2003. p.493.

26. SISTEMA RECURSAL

A decisão de pronúncia é desafiada por recurso em sentido estrito (art. 581, IV, CPP), que usualmente sobe ao Tribunal acompanhado dos autos do processo. Todavia, o recurso subirá por traslado quando, diante da pluralidade de réus, um ou alguns tenham se conformado com a decisão ou nem todos tenham sido intimados da pronúncia (art. 583, parágrafo único, CPP).

O recurso da pronúncia tem efeito suspensivo limitado, pois obsta a remessa do réu ao julgamento, mas não impede o cumprimento da prisão preventiva ou eventual medida cautelar pessoal decretada (art. 584, § 2°, CPP).

27. SENTENÇA DE IMPRONÚNCIA

É possível que ao final da primeira fase do júri inexista lastro probatório suficiente (justa causa) que viabilize a remessa do réu aos jurados, dando ensejo à decisão de impronúncia. Por conseguinte, a impronúncia é uma controversa decisão que extingue o processo sem julgamento de mérito, reconhecendo a total ineficiência da instrução promovida no *judicium accusationis* , pois o juiz não está convencido da materialidade do fato e/ou da existência de indícios suficientes de autoria ou participação no delito (art. 414, CPP).

28. NATUREZA JURÍDICA DA IMPRONÚNCIA

Percebe-se, pela redação do art. 416 do CPP, que a decisão de impronúncia tem natureza de sentença, mas sem aptidão à imutabilidade pela coisa julgada material. A sentença de impronúncia não julga o mérito da demanda, tendo, pois, conteúdo terminativo. Cuida-se, em outros termos, de **sentença terminativa**.

É autêntica sentença porque encerra o processo, embora não aprecie os fatos com profundidade, diante da deficiência probatória. A impronúncia encerra o juízo da instrução preliminar (*judicium accusationis*), sem inaugurar a segunda fase do júri.

Importante consignar o entendimento daqueles que continuam rotulando a impronúncia como decisão interlocutória. Como pontifica Renato Brasileiro, "apesar de tratada equivocadamente como sentença no art. 416 do CPP, trata-se, a impronúncia, de decisão interlocutória mista terminativa: decisão interlocutória, porque não aprecia o mérito para dizer se o acusado é culpado ou inocente; mista, porque põe fim a uma fase do procedimento; e terminativa, porquanto acarreta a extinção do processo antes do final do procedimento"[12].

29. DEFINITIVIDADE DA IMPRONÚNCIA

A impronúncia livra o réu do processo ("absolvição" de instância), mas não o isenta de ser processado novamente, desde que surjam **novas provas** antes da extinção da punibilidade pela prescrição ou por qualquer outra causa (art. 414, parágrafo único, CPP).

Em face de se cuidar de uma espécie de coisa julgada formal *secundum eventus probationis*, o aludido dispositivo estampa a possibilidade de repropositura da demanda, desde

12. Lima, Renato Brasileiro de. Manual de Processo Penal. Salvador: Juspodivm. 2.ed. p. 1280.

que surjam provas novas. A expressão coisa julgada *secundum eventus probationis* é expressão mais específica que coisa julgada *secundum eventus litis*, eis que esta se refere à improcedência em geral, permitindo, pela natureza da lide, a repropositura da demanda, enquanto a primeira alude especificamente à improcedência por insuficiência de provas, que não tem o condão de imunizar o acusado contra uma nova denúncia com novos elementos probatórios (*a simili* do enunciado nº 524, da Súmula, do STF).

A prova nova exigida pode ser **substancial** ou **formalmente** nova. A primeira é a prova inédita, que não integrou os autos do processo extinto. Já a segunda é aquela que já existia no processo antigo, mas que ganhou uma nova roupagem, como a testemunha que muda a versão do depoimento.

30. INCONSTITUCIONALIDADE DA SENTENÇA DE IMPRONÚNCIA

Há quem sustente que a previsão legal de sentença de impronúncia é inconstitucional. Primeiro, porque suprime a competência dos jurados. Em segundo lugar porque a permissão para a abertura de um novo processo, caso surja "prova nova" implicaria um duplo julgamento do réu, em violação ao princípio do *ne bis in idem*, sufragado implicitamente no texto constitucional e, explicitamente, no Pacto de São José da Costa Rica.

Deveras, reputamos inconstitucional e inconvencional a possibilidade de repropositura da ação penal condenatória de réu que tenha sido, em um primeiro processo, impronunciado.

Vicente Greco sintetiza os argumentos que tomamos para justificar nossa posição. Nas palavras do autor, aquela admissibilidade de nova demanda contra quem foi impronunciado viola "o princípio de liberdade de que ninguém pode ser processado duas vezes pelo mesmo fato. Por que nos crimes dolosos contra a vida alguém pode sofrer o constrangimento de um processo penal sem que isso extinga definitivamente a pretensão punitiva nos demais crimes não?" Há alguma distinção entre um delito de homicídio e um de latrocínio que, por exemplo, justifique a não incidência do princípio *ne bis in idem*? E continua: "neste, normalmente muito mais reprovável, considerado, aliás, crime hediondo, a absolvição por falta de provas impedirá qualquer nova ação penal sobre o mesmo fato"[13].

31. RECURSO DA SENTENÇA DE IMPRONÚNCIA

A decisão de impronúncia é desafiada pelo recurso de apelação (art. 416, CPP). Tal recurso não é dotado de efeito suspensivo. Logo, o réu preso será posto imediatamente em liberdade (art. 584, § 1°, CPP). De mais a mais, o recorrente não poderá impetrar mandado de segurança para obter efeito suspensivo que não foi conferido por lei, o que representaria uma burla do sistema legal (Súmula 604 do STJ).

Podem apelar da impronúncia o MP, o querelante e o assistente de acusação. Naturalmente, o recurso do assistente de acusação é supletivo, pois só poderá impugnar a decisão se o MP não o fizer. Entendemos que a defesa tem interesse em recorrer da impronúncia, almejando, por exemplo, a absolvição sumária, como decisão apta a inocentar o imputado.

13. GRECO FILHO, Vicente. *Manual de processo penal*. 8. ed. São Paulo: Saraiva, 2010. p. 394.

32. DESPRONÚNCIA

Despronúncia é termo cunhado pela doutrina que equivale a impronúncia de um acusado que, inicialmente, havia sido pronunciado. A despronúncia pode se dar pelo juiz de primeiro grau ou pelo tribunal. Haverá despronúncia pelo juiz que prolatou a decisão quando ele se retratar ao apreciar a admissibilidade do recurso em sentido estrito interposto (art. 589, CPP), alterando a decisão de pronúncia para impronúncia.

De outro prisma, caso o juiz não se retrate e resolva sustentar sua decisão, ainda que pelos próprios fundamentos nela lançados, encaminhará os autos ao tribunal *ad quem*, que, apreciando o mérito do recurso em sentido estrito pode reconhecer que não foi correta a pronúncia, despronunciando (ou impronunciando) o réu.

33. SENTENÇA DE ABSOLVIÇÃO SUMÁRIA

É possível que ao final da primeira fase do júri já se tenha certeza da inocência. Em tal contexto processual, dispensa-se a remessa do réu aos jurados, abreviando-se o decreto absolutório. A absolvição sumária do crime contra a vida julga o mérito da ação penal, em momento antecipado.

Aqui não reside nenhuma ofensa à competência constitucional dos jurados, afinal, cabe "ao magistrado togado aplicar o filtro que falta ao juiz leigo, remetendo ao júri apenas o que for, por dúvida intransponível, um crime doloso contra a vida"[14].

34. NATUREZA JURÍDICA

É **sentença definitiva**, que encerra a primeira fase do rito escalonado do júri, com aptidão à imutabilidade pela coisa julgada material.

35. FUNDAMENTOS DA ABSOLVIÇÃO SUMÁRIA

O art. 415, do CPP, prevê as hipóteses de absolvição sumária, quando presente **juízo de certeza**. Evita-se, destarte, a desgastante etapa de submissão ao plenário popular, diante das seguintes hipóteses:

(1) provada a inexistência do fato: lembramos que, nesse caso, a absolvição sumária será óbice à qualquer pretensão indenizatória, inviabilizando o exame do mérito de eventual ação civil *ex delicto*;

(2) provado não ser o réu o autor ou partícipe do crime: a prova da negativa de autoria ou participação, em grau de certeza, também constitui obstáculo à ação civil *ex delicto*;

(3) o fato não constituir infração penal: é possível que ao final da primeira fase, fique categoricamente demonstrado que o fato, em que pese ter ocorrido, não se enquadra na subsunção típica, como um aborto que, embora aparentemente criminoso quando da propositura da denúncia, é demonstrado como espontâneo, após laudo pericial circunstanciado;

---

14. Nucci. Guilherme de Souza. Código de Processo Penal Comentado. São Paulo: Editora Revista dos Tribunais. 2009. 9. ed. pg. 760.

(4) demonstrada causa de isenção de pena ou de exclusão do crime: são as excludentes de culpabilidade e de ilicitude, também autorizadoras de decisão absolutória antecipada.

Temos uma peculiaridade no quadro das excludentes de culpabilidade. Acontece quando fica categoricamente demonstrada uma enfermidade mental que acometeu o agente à época do fato, devidamente demonstrada no incidente de insanidade. Sendo a única tese de defesa, cabe ao juiz absolver sumariamente, impondo medida de segurança, em ato caracterizador da absolvição sumária imprópria, já que suscetível à aplicação de sanção penal (art. 415, parágrafo único, CPP).

Absolvendo sumária e impropriamente o acusado com enfermidade mental à época do fato denunciado, o juiz da instrução preliminar conferirá situação jurídica mais favorável ao réu que não tenha possibilidade de, através de seu defensor, sustentar outras teses de defesa perante o plenário.

Devemos, no ponto, atentar que o júri é uma garantia *favor libertatis*, já que disposto no art. 5º, da Constituição. Somente deve ser absolvido por inimputabilidade o réu cujo contexto probatório lhe seja certamente desfavorável ao acolhimento de outras teses defensivas. Não é simples constatar essa situação permissiva de aplicação antecipada de medida de segurança. Deve ser, portanto, excepcional, cotejada a hipótese com os argumentos consignados pela defesa.

36. REVOGAÇÃO TÁCITA DO REEXAME NECESSÁRIO DA SENTENÇA DE ABSOLVIÇÃO SUMÁRIA

A sentença que absolve o réu sumariamente é desafiada por apelação (art. 416, CPP). Podem impugnar a decisão o MP, o querelante, o assistente de acusação (recurso supletivo) e a defesa, notadamente quando o juiz impõe medida de segurança (absolvição imprópria) fora do permissivo legal (art. 415, parágrafo único, CPP).

A apelação não possui efeito suspensivo, de forma que o réu preso será imediatamente libertado (art. 596, CPP). Do mesmo modo, não se pode impetrar mandado de segurança para obter efeito suspensivo que não foi conferido por lei (Súmula 604 do STJ).

A Lei nº 11.689/2008 não reproduziu a previsão do chamado recurso de ofício contra a sentença de absolvição sumária. Passou-se a entender revogado tacitamente o reexame necessário da absolvição sumária do rito do júri, sepultando-se, como efeito rebote, o inciso II do art. 574 do CPP. É o entendimento também trilhado por Guilherme Nucci[15], Rogério Sanches e Ronaldo Batista[16].

37. DECISÃO DE DESCLASSIFICAÇÃO DA INFRAÇÃO PENAL CONTRA A VIDA

Quando ao final da primeira fase do júri o magistrado está convencido que inexiste dolo de matar (*animus necandi*), é sinal de que o crime supostamente praticado não integra

15. NUCCI, Guilherme de Souza. *Manual de processo penal e execução penal*. 5.ed. São Paulo: RT, 2008. p. 754.
16. CUNHA, Rogério Sanches; PINTO, Ronaldo Batista. *Processo Penal: doutrina e prática*. Salvador: Juspodivm, 2008. p. 154.

a competência constitucional dos jurados (art. 5º, XXXVIII, "d", CF). Por conseguinte, é oportuna a decisão de desclassificação.

Desse modo, o magistrado, apreciando os fatos, reconhecerá que o crime ali descrito é diverso de quaisquer tipificações de delitos dolosos contra a vida. Note-se bem que o juiz não deve dizer o tipo que entende enquadrada a conduta descrita. A *opinio delicti* é do Ministério Público. O juiz deve apenas afirmar que não se trata de crime contra a vida e que, por tal razão, não é o júri competente para apreciar o pedido condenatório.

38. NATUREZA JURÍDICA

A desclassificação tem natureza de decisão interlocutória mista não terminativa, pois encerra a primeira fase do procedimento (mista) com a remessa dos autos ao juízo competente, de forma que não põe fim ao processo (não terminativa).

39. CONSEQUÊNCIA E SITUAÇÃO PRISIONAL

O art. 419, e seu parágrafo único, do CPP, prevê que quando o juiz se convencer, em discordância com a acusação, da existência de crime que não se enquadre à competência do júri, e não for competente para o julgamento, remeterá os autos ao juiz que o seja, ficando à disposição deste último magistrado, o acusado preso.

A remessa dos autos deve ocorrer imediatamente, eis que nenhum juiz deve ser compelido a continuar com processo que julgue incompetente para deliberar. Por outro lado, é admissível instauração de conflito negativo de competência, pelo juiz que receber os autos.

Se o acusado estiver preso quando da emissão de decisão de desclassificação, o juiz declinante deve comunicar imediatamente essa decisão ao juízo ou setor de distribuição destinatário dos autos, com a urgência necessária, evitando que alguém permaneça preso sem a ciência da autoridade judicial competente, nos termos da Constituição (art. 5º, LXII).

40. SISTEMA RECURSAL DA DECISÃO DE DESCLASSIFICAÇÃO

Da decisão declinatória, será cabível recurso em sentido estrito (art. 581, II, CPP). O recurso deve subir ao Tribunal mediante traslado. A legislação não diz perante qual dos juízes o recurso deve ser interposto. Se interposto perante o juiz declinante, que não detiver mais os autos consigo, deve aplicar o princípio da conversão, enviando ao juízo competente ou ao setor de distribuição.

41. CRIMES INTERLIGADOS POR CONEXÃO OU CONTINÊNCIA

Questão que não pode passar à margem de apreciação é aquela que envolve a existência de crimes interligados ao crime doloso contra a vida. Vamos identificar cada situação jurídica, condizente com o tipo de decisão factível ao final da primeira fase do júri, vejamos:

i) Pronúncia: havendo pronúncia pelo crime doloso contra a vida, a decisão também abrangerá os delitos interligados (eficácia objetiva da pronúncia);

ii) Impronúncia, absolvição sumária ou desclassificação: para as demais decisões que encerram a primeira fase do júri, teremos a remessa dos crimes conexos (ou continentes) ao órgão competente (art. 81, parágrafo único, CPP).

42. SEGUNDA FASE DO JÚRI OU PREPARAÇÃO PARA O JULGAMENTO

A segunda fase do rito do júri, denominada preparação para o julgamento, juízo de mérito ou *judicium causae*, só será iniciada quando advir a preclusão da pronúncia de acusado por delito doloso contra a vida. Em outras palavras, a consumação da delimitação do *thema decidendum*, a ser apreciado pelos jurados, só ocorrerá com a preclusão da pronúncia, isto é, com a certidão de que decorreram os prazos recursais para o Ministério Público e para a defesa ou, ainda, após o julgamento definitivo dos recursos interpostos.

Note-se que se houver mais de um acusado, o prosseguimento do processo pode se tornar diferenciado em relação a eles em virtude de fatores também distintos, tais como:

(1) o juiz pode pronunciar apenas um acusado e impronunciar o outro ou os demais, quando só haverá *judicium causae* para o primeiro;

(2) dois acusados são pronunciados, mas só um deles recorre em sentido estrito, hipótese que em face do acusado contra o qual a decisão de pronúncia precluiu prosseguirá o processo, sendo, ao final, submetido a júri;

(3) dois acusados são absolvidos sumariamente e, por apelação do Ministério Público, o tribunal reforma a sentença em relação a um deles, decisão esta que, uma vez preclusa, remeterá apenas um dos réus a júri; e,

(4) dois acusados são pronunciados, ambos recorrem, porém um o faz intempestivamente, o que implica preclusão da pronúncia no tocante a ele, oferecimento de rol de testemunhas e sua submissão a júri antes do réu que apresentou recurso no prazo legal.

Essa advertência é relevante para consagrar que a regra, o ideal, é que todos os réus de um mesmo fato ou de fatos conexos participem de julgamento único: um único júri para todos. A exceção – ou o que deveria ser exceção – é a realização de um júri para cada acusado.

A preclusão da pronúncia é, portanto, pressuposto para o início da segunda fase do rito do júri, com o contorno da acusação a ser formulada perante os jurados.

43. REQUERIMENTO DE DILIGÊNCIAS E ROL DE TESTEMUNHAS

Após a preclusão da pronúncia, cabe ao juiz intimar a acusação para apresentar o requerimento de diligências probatórias visando o plenário do júri, momento em que poderá acostar documentos e indicar, sob pena de preclusão, o rol de testemunhas que irão depor em plenário. A acusação dispõe de 5 (cinco) dias, fluindo da intimação. Admite-se até 5 (cinco) testemunhas para cada crime imputado, em número mais comedido do que aquele admitido na primeira fase do júri, que é de 8 (oito) testemunhas. Entendemos que as testemunhas podem não ter sido ouvidas na primeira fase do procedimento.

Na sequência, a defesa será intimada, dispondo de 5 (cinco) dias para formulação de seu requerimento, momento em que poderá indicar diligências, acostar documentos e arrolar testemunhas (até cinco para cada crime), visando a sessão plenária que se aproxima (art. 422, CPP).

Nesse momento, a parte deve se precaver para requerer a oitiva da testemunha com caráter de **indispensabilidade**, caso queira que o julgamento somente se realize com sua presença, autorizando a suspensão do julgamento ou mesmo seu adiamento na hipótese de falta injustificada do depoente.

44. SANEAMENTO DOS AUTOS

Apresentados os requerimentos de diligência, os autos são conclusos ao juiz, que:

(1) ordenará as diligências necessárias para sanar qualquer nulidade ou esclarecer fato que interesse ao julgamento da causa; e

(2) fará relatório sucinto do processo, determinando sua inclusão em pauta da reunião do Tribunal do Júri (art. 423, CPP).

Aqui é onde fica evidente a preparação para o julgamento em plenário, deliberando o juiz sobre as provas que possam contribuir na apuração dos fatos imputados pela acusação e resistidos pela defesa.

É também o momento em que se lança nos autos o relatório do processo, contendo uma síntese do percurso já vencido, desde a oferta da inicial, juízo de admissibilidade, citação, resposta à acusação, manifestação do MP, despacho do juiz, instrução da primeira fase, debates orais ou memoriais, pronúncia, requerimento de diligências probatórias da segunda fase de julgamento. O relatório será entregue aos jurados em plenário, junto com uma cópia da pronúncia.

Fica superada a enfadonha leitura do relatório em plenário, que muitas vezes descambava para a leitura de todo o processo. Atualmente, as partes e os jurados poderão requerer a leitura de peças que se refiram exclusivamente, "às provas colhidas por carta precatória e às provas cautelares, antecipadas ou não repetíveis" (art. 473, § 3°, CPP).

Em outro giro, os critérios de predileção na organização da pauta estão assim elencados:

i) têm preferência os réus presos;

ii) entre os réus presos, os encarcerados há mais tempo;

iii) havendo identidade temporal da prisão, os pronunciados em primeiro lugar.

45. DESAFORAMENTO

Desaforamento é a modificação da competência com o deslocamento do processo de crime doloso contra a vida para uma outra comarca, preferencialmente a mais próxima, diante de riscos devidamente catalogados em lei. Essa alteração do foro do julgamento é de natureza excepcional, sendo necessária, para o seu deferimento, a incidência de um dos seus pressupostos específicos.

46. LEGITIMIDADE PARA O DESAFORAMENTO

Quanto à iniciativa, o desaforamento pode se dar por requerimento das partes, do assistente do Ministério Público ou por provocação do juiz presidente do tribunal do júri, sempre perante o tribunal de segunda instância ao qual está vinculado o juízo (TJ ou TRF).

Emblemático o enunciado n.º 712 da Súmula do STF, consignando que: "É nula a decisão que determina o desaforamento de processo da competência do júri sem audiência da defesa". A nosso ver, a nulidade é absoluta, pois o prejuízo é evidente.

Quando requerido pela parte, o juiz prestará informações, seguindo-se a decretação do desaforamento ou seu indeferimento pelo tribunal. Se a provocação para o desaforamento se der por iniciativa do juiz, mediante representação, não há que se falar em solicitação de informações ao magistrado. Bastará a decisão do tribunal decretando ou denegando o desaforamento.

47. MOMENTO PARA O DESAFORAMENTO E EFEITO SUSPENSIVO

O desaforamento somente pode ocorrer após a preclusão da pronúncia do acusado. Não deve ser admitido na pendência de recurso ou quando já efetivado o julgamento, salvo, neste último caso, quanto a fato ocorrido durante ou após a realização de julgamento anulado.

O termo final para que o processo seja desaforado é o momento anterior ao julgamento pelo tribunal do júri. Depois de realizada a sessão plenária, o pedido perde seu objeto.

O requerimento de desaforamento não suspende a evolução do processo no juízo de piso. Todavia, diante da relevância dos motivos apresentados, o relator poderá determinar a suspensão do julgamento pelo júri (art. 427, § 2°, CPP). A suspensão, obviamente, não tem cabimento quando o pedido de desaforamento está embasado na demora da realização da sessão, afinal, o que se deseja é justamente a imediata apreciação do processo.

48. HIPÓTESES DE CABIMENTO

O desaforamento pode ser decretado pelos seguintes motivos:

(1) se o interesse da ordem pública o reclamar. É verdade que essa expressão, contida no art. 427, do CPP, é inconvenientemente aberta, conferindo demasiado poder discricionário ao tribunal para deliberar;

(2) se houver dúvida sobre a imparcialidade do júri ou sobre a segurança pessoal do réu;

(3) quando o julgamento não se realizar no prazo de seis meses do trânsito em julgado da decisão de pronúncia. Nessa hipótese, o juiz não terá legitimidade para provocar o desaforamento perante o tribunal, mas será ouvido, assim como a parte contrária.

Acerca deste último fundamento, a justificativa para a impossibilidade do júri em prazo razoável é o comprovado excesso de trabalho. Não ingressa no cômputo desse período, o tempo de adiamentos, diligências ou incidentes de interesse da defesa.

Todavia, inexistindo excesso de serviço ou de processos aguardando julgamento em quantidade que ultrapasse a possibilidade de apreciação pelo Tribunal do Júri, nas reuniões periódicas previstas para o exercício, o acusado poderá requerer ao Tribunal de Justiça (ou

TRF) que determine a imediata realização da sessão plenária. Veja que tal pleito não se confunde com o instituto do desaforamento, já que o julgamento ocorrerá na comarca de origem. Essa última prerrogativa outorgada à defesa se presta à efetiva celeridade, desde que respeitado o devido processo legal, pois a perenização do processo, por si só, simboliza um estigma.

49. CRIMES CONEXOS E PLURALIDADE DE RÉUS

Determinado o desaforamento, a remessa ao novo juízo é global, abrangendo todas as infrações e imputados, mantendo-se a unidade processual.

50. SISTEMA RECURSAL

Não há recurso previsto para a admissibilidade ou não do desaforamento. Todavia, nada impede que o pedido seja renovado, notadamente pelo surgimento de motivo superveniente, alicerçado em novas provas, por analogia ao art. 110 do CPPM.

É viável, contudo, a impetração de *habeas corpus*. Em tese, também é possível o manejo de recurso especial ou recurso extraordinário, em virtude de se cuidar de deliberação tomada em última instância, por acórdão de tribunal. Entrementes, essa via pode não se revelar útil, considerando o tempo tomado pela tramitação recursal.

51. NOVA COMARCA

O desaforamento deverá acontecer para outra comarca do mesmo estado ou da mesma região, onde não se verifique o motivo suscitado, preferindo-se as mais próximas. Se os motivos do desaforamento contaminam o conjunto de comarcas daquela localidade, pode-se requerer o desaforamento, de plano, para a capital do estado.

52. REAFORAMENTO

Uma vez desaforado o julgamento, não cabe, em regra, reaforamento, em face da preclusão. Trata-se de medida excepcional. O óbice subsiste mesmo se desaparecida a razão que determinou o deslocamento da competência. Todavia, se no foro de destino sobrevierem motivos para que o processo seja reaforado e se no de origem as razões tiverem cessado, o **reaforamento**, com o correlato retorno do processo ao foro original, é possível, mas não desejado, pelo patente risco que envolve o ato.

53. PREPARATIVOS À INSTALAÇÃO DA REUNIÃO DO JÚRI

Havendo processo maduro para o julgamento pelo tribunal do júri, o juiz-presidente providenciará os preparativos para a sessão. Consideramos a sessão como o ato solene em que o processo será submetido a julgamento.

Paralelamente às providências processuais tomadas, a vara competente tem uma série de atribuições administrativas e que se destinam a viabilizar o julgamento. Em síntese:

(1) de um lado, na **seara jurisdicional**, como já visto, o juiz abriu prazo de cinco dias para apresentação de rol de testemunhas e requerimento de diligências, lançando relatório nos autos e ordenando a inclusão do processo na reunião do júri;

(2) de outro, na **esfera administrativa** da vara criminal do júri, o magistrado deve cuidar de organizar a lista geral anual de jurados, apreciar impugnações sobre inclusão ou exclusão de nome de jurado da lista, bem como sortear os jurados para reunião do júri, em audiência previamente designada.

54. ALISTAMENTO DOS JURADOS

Antes da organização da pauta, do sorteio e da convocação dos jurados para a reunião periódica ou extraordinária, será elaborada a listagem geral de jurados, com a indicação das respectivas profissões. Essa lista deve ser anualmente completada, já que alguns jurados podem falecer, não ser encontrados ou viajar.

Os jurados que efetivamente integrarem o conselho de sentença nos doze meses que antecederem a publicação dessa lista, estarão automaticamente excluídos, caindo por terra a figura do "jurado profissional", que era aquela pessoa que repetidamente atuava como jurado, em anos consecutivos. O alistamento dos jurados é procedido pelo juiz presidente, nos termos do art. 425, do CPP. Os jurados serão alistados com base em informações prestadas ao magistrado por entidades idôneas, de que reúnem as condições para o exercício da função. Devem ser cidadãos maiores de dezoito anos de notória idoneidade.

A lista será publicada até o dia dez de outubro de cada ano, provisoriamente. De forma a assegurar sua publicidade, serão afixados editais com o nome dos jurados à porta do Tribunal do Júri. Na sequência, publica-se a lista definitiva em 10 de novembro.

E para impugnar a lista geral de jurados, qual ou quais as ferramentas admitidas? O Código prevê dois instrumentos: a reclamação de qualquer do povo da lista geral provisória e o recurso em sentido estrito de índole administrativa da lista geral definitiva.

A reclamação de qualquer do povo é endereçada ao juiz presidente do tribunal do júri. Deve ser direcionada contra a aludida lista geral provisória, a partir da sua publicação, ocorrida até 10 **(dez) de outubro** de cada ano, até o momento anterior à publicação da lista geral definitiva. Após o julgamento dessa impugnação, será publicada a lista definitiva, em 10 (dez) de novembro.

Publicada a lista geral definitiva, caberá recurso em sentido estrito, de natureza administrativa, dirigido ao presidente do Tribunal de Justiça contra a inclusão ou exclusão de nome da lista geral de jurados, no prazo de 20 (vinte) dias (art. 581, XIV, c/c 586, parágrafo único, CPP).

Todavia, foi a Lei 11.689/2008 que inseriu o instituto da reclamação contra a lista provisória no § 1° do art. 426 do CPP, tornando questionável a subsistência do recurso em sentido estrito para impugnar a lista definitiva, em razão de uma possível revogação tácita. É o nosso entendimento.

Calcando-se na idoneidade do ato e na mais ampla fiscalização, os nomes e endereços dos alistados, em cartões iguais, após serem verificados na presença do Ministério Público, de advogado indicado pela Seção local da Ordem dos Advogados do Brasil e de defensor indicado pelas Defensorias Públicas competentes, permanecerão guardados em urna fechada a chave, sob a responsabilidade do juiz presidente do júri.

O número do universo dos jurados para a formação da lista geral é preconizado pelo art. 425, do CPP, que passou a estabelecer que, anualmente, serão alistados pelo presidente do tribunal do júri:

(1) de **oitocentos a um mil e quinhentos jurados**, nas comarcas de mais de **um milhão de habitantes**;

(2) de **trezentos a setecentos jurados**, nas comarcas de **mais de cem mil habitantes**; e

(3) de **oitenta a quatrocentos jurados**, nas comarcas de **menor população.**

Sem embargo, o número de jurados poderá ser ampliado nas comarcas onde houver necessidade, bem como pode ser organizada lista de suplentes, depositadas as cédulas em urna especial.

55. ORGANIZAÇÃO DA PAUTA

Como vimos, a organização da pauta do júri pressupõe que, anualmente, haja alistamento dos jurados em uma lista geral.

O art. 429, do CPP, como já visto, cria a estratégia de predileção na sequência dos julgamentos, estabelecendo que, ressalvado motivo relevante permissivo da alteração na ordem legal, terão preferência:

(1) os acusados presos;

(2) dentre os acusados presos, aqueles que estiverem há mais tempo na prisão;

(3) em igualdade de condições, os precedentemente pronunciados.

O art. 394-A, do CPP, por sua vez, prevê que os processos que apurem a prática de crime hediondo terão prioridade de tramitação em todas as instâncias. Pensamos que este critério não deve ser aplicado em detrimento do referidos no art. 429, do CPP. Isso porque a hediondez do delito para a definição da prioridade, trilha caminho incompatível com a finalidade das regras processuais de tutela da liberdade do imputado. Entendemos, portanto, além de populista, inconstitucional. Sob outro prisma, para aqueles que já amargam o cárcere cautelar enquanto aguardam o deslinde processual, nada mais justo que sejam julgados antes, com urgência.

Para viabilizar o julgamento dos processos incluídos na pauta do júri da reunião periódica, será afixada na porta do edifício do Tribunal do Júri, antes do dia designado para o primeiro julgamento da reunião periódica, a lista dos processos a serem julgados, obedecida a ordem legal (art. 429, CPP), devendo o juiz presidente reservar datas na mesma reunião periódica para a inclusão de processo que tiver o julgamento adiado. Objetiva-se, dessa maneira, evitar adiamento do julgamento para uma outra reunião do júri.

Ainda como providências para a organização da pauta, o art. 430, do CPP, averba que o assistente somente será admitido se tiver requerido sua habilitação até 5 (cinco) dias antes da data da sessão na qual pretenda atuar. De outro ângulo, quando o processo estiver em ordem, o juiz presidente mandará intimar as partes, o ofendido, se for possível, as testemunhas e os peritos (havendo requerimento da parte), para a sessão de instrução e julgamento.

56. SORTEIO E CONVOCAÇÃO DOS JURADOS

Após a organização da pauta, o juiz presidente determinará a intimação do Ministério Público, da Ordem dos Advogados do Brasil e da Defensoria Pública para acompanharem, em dia e hora designados, o sorteio dos jurados que atuarão na reunião periódica.

A ausência de intimação desses órgãos é vício classificado como **nulidade relativa**[17]. Uma vez intimados, a presença daqueles órgãos é **facultativa**. Trata-se de sessão pública, de natureza administrativa, elemento, portanto, acidental aos processos incluídos na reunião do júri.

Esse sorteio é presidido pelo juiz e será feito a portas abertas, cabendo-lhe retirar as cédulas até completar o número de **vinte e cinco jurados**, para a reunião periódica ou extraordinária. O próprio juiz é quem tem a incumbência de retirar as cédulas da urna relativa à lista geral, cujos sorteados farão parte da relação de jurados para a reunião periódica.

Ainda sobre o sorteio, importa observar que:

(1) será ele realizado entre o décimo quinto e o décimo dia útil antecedente à instalação da reunião;

(2) a audiência de sorteio não será adiada pelo não comparecimento das partes;

(3) o jurado não sorteado poderá ter o seu nome novamente incluído para as reuniões futuras;

(4) os jurados sorteados serão convocados pelo correio ou por qualquer outro meio hábil para comparecer no dia e hora designados para a reunião, sob as penas da lei, com a transcrição dos dispositivos atinentes à disciplina da função de jurado;

(5) serão afixados na porta do edifício do Tribunal do Júri a relação dos jurados convocados, os nomes do acusado e dos procuradores das partes, além do dia, hora e local das sessões de instrução e julgamento.

57. FUNÇÃO DE JURADO

O serviço do júri é obrigatório. O alistamento compreenderá os cidadãos maiores de dezoito anos de notória idoneidade, não podendo nenhum ser excluído dos trabalhos do júri ou deixar de ser alistado em razão de cor ou etnia, raça, credo, sexo, profissão, classe social ou econômica, origem ou grau de instrução.

A recusa injustificada ao serviço do júri acarretará multa no valor de um a dez salários mínimos, a critério do juiz, de acordo com a condição econômica do jurado, a teor do art. 436, e parágrafos, do CPP. Também será imposta multa ao jurado que, sem causa legítima, deixar de comparecer no dia marcado para a sessão ou retirar-se antes de ser dispensado

17. STJ – Quinta Turma – AgRg no AREsp 1260812/MG – Rel. Min. Jorge Mussi – DJe 15 jun. 2018.

pelo presidente, no valor de um a dez salários mínimos, a critério do juiz, de acordo com a sua condição econômica (art. 442, CPP).

Para que se faça valer multa em desfavor do jurado é indispensável a instauração de procedimento contraditório, formando-se autos separados, a fim de que se possa aquilatar as razões da falta. Não justificada a falta, o título sancionatório estará formado, por meio de decisão judicial, constituindo-se título executivo.

Algumas pessoas, em razão do exercício de cargo, função pública, mandato eletivo ou por situações particulares justificáveis, são **isentas** do serviço do júri, quais sejam:

(1) o Presidente da República e os Ministros de Estado;

(2) os Governadores e seus respectivos Secretários;

(3) os membros do Congresso Nacional, das Assembleias Legislativas e das Câmaras Distrital e Municipais;

(4) os Prefeitos Municipais;

(5) os magistrados e membros do Ministério Público e da Defensoria Pública;

(6) os servidores do Poder Judiciário, do Ministério Público e da Defensoria Pública;

(7) as autoridades e os servidores da polícia e da segurança pública;

(8) os militares em serviço ativo;

(9) os cidadãos maiores de setenta anos que requeiram sua **dispensa**; e,

(10) aqueles que o requererem, demonstrando justo **impedimento**.

Embora reunidos em um único dispositivo legal, o Código menciona, nesse rol, três institutos que, se adotada linguagem mais rigorosa, não se confundiriam: **isenção**, **dispensa** e **impedimento**. Diante dessa assimilação, o sentido da **isenção** prevista no *caput*, do art. 437, do CPP, deve ser assimilado tanto à dispensa, quanto ao impedimento.

Dessa maneira, são **isentos** do serviço do júri, em razão de justo impedimento que, de conseguinte, os isentam, tanto os agentes políticos e públicos, quanto os demais cidadãos elencados. Naquele dispositivo, há, inclusive, cláusula de abertura, no seu inciso X, admitindo interpretação analógica para que outras pessoas comprovem a isenção, demonstrando **justo impedimento**.

Surge, então, a indagação: a tomada de assento no Conselho de Sentença por pessoa que esteja elencada como **isenta**, de acordo com a dicção do art. 437, causa nulidade? Se positiva a afirmação, essa **nulidade** deve ser reputada **absoluta** ou **relativa**?

Entendemos que o artigo deve receber interpretação sistemática para, na hipótese, reduzir o espaço de discricionariedade do juiz-presidente. Nessa toada, queremos crer que o legislador equiparou o vocábulo "**isenção**", do *caput*, à expressão "**justo impedimento**", do seu derradeiro inciso.

O cidadão **impedido** de participar do júri deve ser **proibido** de exercer jurisdição. De tal sorte, o julgamento realizado pelo júri com a presença de jurado impedido legalmente está eivado de **nulidade absoluta**[18], existindo setor doutrinário que classifica tal vício como **inexistência jurídica**, por compreender se cuidar de hipótese de ausência de capacidade de exercer o poder jurisdicional[19].

A recusa do serviço do júri, quando fundada em convicção religiosa, filosófica ou política, importará no dever de prestar serviço alternativo, sob pena de suspensão dos direitos políticos, enquanto não se desincumbir do serviço imposto. Note-se que aqui o cidadão apresenta justificativa que afasta a aplicação da multa do § 2º, do art. 436, do CPP.

Contudo, a ele é imposta a prestação de serviço alternativo, que é o exercício de atividades de caráter administrativo, assistencial, filantrópico ou mesmo produtivo, no Poder Judiciário, na Defensoria Pública, no Ministério Público ou em entidade conveniada para esses fins, devendo ser fixado pelo juiz em compasso com os princípios da proporcionalidade e da razoabilidade.

Outrossim, o exercício efetivo da função de jurado constituirá serviço público relevante, estabelecerá presunção de idoneidade moral. Todavia, não tem o jurado direito a prisão especial, em caso de crime comum, até o julgamento definitivo, como antes previa o art. 439, CPP, eis que sua redação vigente não mais a contempla.

Embora o art. 295, inciso X, do CPP, continue prevendo prisão especial para o jurado, a intenção legislativa contida na Lei nº 12.403/2011 foi clara no sentido de suprimir a prisão especial em seu favor, sendo forçoso concluir pela **revogação tácita** do citado inciso X, do art. 295, do CPP. Continua o jurado, porém, a ter o direito de preferência, em igualdade de condições, nas licitações públicas e no provimento, mediante concurso, de cargo ou função pública, bem como nos casos de promoção funcional ou remoção voluntária (art. 440, CPP).

Por fim, anote-se que a função de jurado é regrada ainda pelas seguintes disposições:

(1) nenhum desconto será feito nos vencimentos ou salário do jurado sorteado que comparecer à sessão do júri (art. 441, CPP);

(2) somente será aceita escusa fundada em motivo relevante devidamente comprovado e apresentada, ressalvadas as hipóteses de força maior, até o momento da chamada dos jurados (art. 443, CPP);

(3) o jurado somente será dispensado por decisão motivada do juiz presidente, consignada na ata dos trabalhos (art. 444, CPP);

(4) o jurado, no exercício da função ou a pretexto de exercê-la, será responsável criminalmente nos mesmos termos em que o são os juízes togados (art. 445, CPP); e

(5) aos suplentes, quando convocados, serão aplicáveis os dispositivos referentes às dispensas, faltas e escusas e à equiparação de responsabilidade penal (art. 446, CPP).

18. TJAL – Câmara Criminal – Apelação 0001057.40-2007.8.02.0046 – Rel. Des. José Carlos Malta Marques – com voto do Juiz Convocado Maurílio da Silva Ferraz – julgado em 18 out. 2017.

19. ALENCAR, Rosmar Rodrigues. *Teoria da nulidade no processo penal*. São Paulo: Noeses, 2016. p. 581.

58. REUNIÃO E SESSÕES DO TRIBUNAL DO JÚRI

Depois de instalada a reunião do júri, ocorrerão os julgamentos dos processos pautados, nos dias de sessão do tribunal do júri. O juiz presidente, até o momento de abertura dos trabalhos da sessão, decidirá os casos de isenção e dispensa de jurados e o pedido de adiamento de julgamento, mandando consignar em ata as deliberações. Quando verificar, pela chamada feita com base na lista dos vinte e cinco jurados, que houve o comparecimento de, pelo menos, quinze deles, **a sessão será declarada aberta**. Dos jurados presentes, oportunamente, serão sorteados os 7 (sete) integrantes do Conselho de Sentença.

Nos termos do § 2º, do art. 463, do CPP, os jurados excluídos por impedimento ou suspeição serão computados para a constituição do número legal. Caso não haja o número de quinze jurados, proceder-se-á ao sorteio de tantos suplentes quantos necessários, quando então será designada nova data para a sessão do júri, de tudo consignando em ata. A complementação desse número regular mínimo por suplentes do mesmo tribunal do júri não enseja nulidade.

As partes devem estar atentas ao andamento da sessão para suscitar nulidades, sejam absolutas ou relativas, evitando eventual preclusão das últimas. É necessário o registro em ata das nulidades de qualquer espécie, para viabilizar sua fustigação em sede de apelação.

Por exemplo, a juntada de provas novas por uma das partes, sem respeito à antecedência prevista em lei, é caso de nulidade. A parte deve arguir, para que esse ponto fique registrado, considerando que o CPP determina que o documento novo trazido aos autos seja juntado com antecedência mínima de três dias úteis do início da sessão, dando-se ciência à parte contrária. A rigor, o documento sequer pode ser mencionado durante o julgamento. Se o for e não houver impugnação, a parte interessada não terá elementos para pleitear a invalidação do julgamento em eventual apelação.

Caso a nulidade seja a própria abertura da sessão com número inferior a quinze jurados, haverá igual necessidade de arguição da parte, a fim de que ela seja documentada nos autos. Na esteira do entendimento do STJ[20], tal vício configura **nulidade relativa**, sujeita aos ditames do princípio do prejuízo, estampado no art. 563, do CPP. Entendemos, todavia, que a hipótese é **nulidade absoluta**, com prejuízo presumido legalmente, pelo que o julgamento nessas condições deve ser objeto de **invalidação** (art. 564, III, "i", CPP).

O juiz deve se acautelar para que o júri não seja adiado, especialmente considerando o trabalho que se tem com sua preparação. Algumas faltas podem inviabilizar a realização do julgamento e outras podem ser sublimadas, conforme a disciplina legal e a condição do sujeito faltante.

A ausência do acusado solto que tenha sido devidamente intimado não justifica sua condução coercitiva[21], nem tampouco o adiamento do júri. Já se estiver preso, sua presença é obrigatória, ressalvado **pedido expresso de dispensa** subscrito pelo réu e por seu advogado. As solicitações de adiamento e as justificações de não comparecimento deverão ser, salvo comprovado motivo de força maior, previamente submetidas à apreciação do juiz presidente

20. STJ – Sexta Turma – HC 168.263/SP – Rel. Min. Rogerio Schietti Cruz – DJe 08 set. 2015.
21. STF – Pleno – ADPF's 395/444-DF – Rel. Min. Gilmar Mendes – julgado em 13 e 14 jun. 2019.

do Tribunal do Júri, valendo enfatizar que se o acusado preso não for conduzido, o julgamento será adiado para o primeiro dia desimpedido da mesma reunião, salvo se houver o supradito pedido de dispensa de comparecimento subscrito por ele e por seu defensor.

Caso o *Parquet* não compareça, o juiz presidente adiará o julgamento para o primeiro dia desimpedido da mesma reunião, cientificadas as partes e as testemunhas (art. 455, *caput*, CPP). Nos termos do seu parágrafo único, se a ausência não for justificada, o fato será imediatamente comunicado ao Procurador-Geral de Justiça com a data designada para a nova sessão.

De outra banda, se a falta, sem motivo legítimo, for do advogado do acusado, e se outro não for por este constituído, será comunicado o fato ao presidente da seccional da Ordem dos Advogados do Brasil, com a data designada para a nova sessão. Se não houver escusa legítima, o julgamento será adiado somente uma vez, devendo o acusado ser julgado quando chamado novamente, caso em que o juiz intimará a Defensoria Pública para o novo julgamento, que será agendado para o primeiro dia desimpedido, observado o prazo mínimo de dez dias, para que o defensor possa se preparar.

A falta do assistente do Ministério Público à sessão plenária não invalida a acusação, diante da presença do promotor de justiça. No que toca ao querelante, sua ausência enseja perempção caso se trate de ação penal de iniciativa privada. Se a ação penal privada for subsidiária da pública, deve o *Parquet* retomá-la para o fim de ser realizado o júri, sem que seja ele adiado.

Para que a falta de testemunha ao plenário seja capaz de adiar o julgamento a parte deve arrolá-la no momento adequado, com a menção de seu **caráter de imprescindibilidade**. Nessa hipótese, a ausência pode determinar sua condução coercitiva ou o adiamento da sessão, caso não seja possível encontrá-la no dia do julgamento. Em acréscimo, a sua ausência, sem justo motivo, implicará multa no valor de um a dez salários mínimos, sem prejuízo da ação penal pela desobediência. A imposição da multa não dispensa procedimento contraditório, que permita à testemunha faltosa apresentar sua justificativa. De outro lado, nenhum desconto será feito nos vencimentos ou salário da testemunha que comparece à sessão, por ter se ausentado do trabalho.

Se a testemunha não comparecer e tiver sido arrolada com a declaração de não se prescindir do seu depoimento, acompanhada de indicação da sua localização, o juiz presidente suspenderá os trabalhos e mandará conduzi-la ou adiará o julgamento para o primeiro dia desimpedido, ordenando a sua condução. De outra banda, o julgamento será realizado na hipótese de a testemunha não ser encontrada no local indicado, se assim for certificado por oficial de justiça.

59. FORMAÇÃO DO CONSELHO DE SENTENÇA

Comparecendo as partes, as testemunhas, o número mínimo de jurados e estando em ordem a sessão já instalada, será realizado o sorteio dos sete jurados que formarão o Conselho de Sentença, tendo a responsabilidade de julgar a demanda. Antes de constituído o Conselho de Sentença, as testemunhas serão recolhidas a lugar onde umas não possam ouvir os depoimentos das outras (art. 460, CPP).

Será verificada a existência de impedimentos, suspeições e incompatibilidades legais de que cuidam os artigos 448 a 449, do CPP. Desse modo, casos como tais poderão existir, em face de parentesco com o juiz, com o promotor ou com o advogado, bem como na hipótese de servir, no mesmo conselho, marido e mulher, ascendente, descendente, sogro, genro, nora, irmãos, cunhados, tio, sobrinho, padrasto, madrasta ou enteado.

O jurado que compôs o Conselho de Sentença do júri anterior do mesmo processo, cujo julgamento, por exemplo, tiver sido anulado pelo tribunal, estará impedido de participar da nova sessão, sob pena de **nulidade absoluta** (Súmula n.º 206, STF). Da mesma forma, não poderá servir o jurado que tiver manifestado prévia disposição em absolver ou condenar o acusado.

O sorteio dos sete jurados se dá nome por nome, com possibilidade de manifestação de recusa, primeiro pela defesa e, depois, da acusação. As recusas podem ser com ou sem justificativa.

A recusa motivada envolve a alegação de suspeição, impedimento ou incompatibilidade do jurado sorteado para integrar o Conselho. Nesse caso, a parte que recusar o jurado será instada pelo juiz a apresentar prova de sua alegação, podendo o magistrado aceitar as razões ou rejeitá-las. As recusas justificadas não têm número de limitação legal, já que estão vinculadas às hipóteses de suspeição e de impedimento.

Em outro giro, cada parte pode recursar, sem motivar, até 3 (três) jurados, dentro da estratégia traçada. São as recusas imotivadas ou peremptórias, que normalmente recomendam os estudo pretérito dos jurados convocados para comparecer no dia da sessão.

Se, em face das recusas apresentadas pelas partes, não restar o número de jurados para compor o Conselho de Sentença, haverá **estouro de urna**, marcando-se nova data para o julgamento, com a convocação de suplentes (art. 471, CPP). Em tal hipótese, havendo pluralidade de réus e visando minimizar o risco de novo estouro de urna, o juiz pode determinar que o processo seja desmembrando para a nova sessão. A justificativa é simples: quanto mais réus, maior o número de recusas possíveis (art. 469, § 1°, CPP).

Diante da pluralidade de réus com advogados distintos, eles podem acordar para que um só deles exerça as recursas em nome de todos os imputados. Assim procedendo, as recusas peremptórias serão somadas. De acordo com o STJ por sua Sexta Turma, "o direito às três recusas imotivadas é garantido ao acusado, e não à defesa, ou seja, cada um dos réus terá direito às suas três recusas imotivadas, sob pena de violação da plenitude de defesa"[22]. Se os advogados atuarem separadamente, a recusa exercida por qualquer deles afasta peremptoriamente o jurado do Conselho.

Eventualmente o mesmo Conselho de Sentença pode conhecer mais de um processo no mesmo dia, pressupondo aceitação das partes e que os jurados prestem novo compromisso, o que é incomum.

60. COMPROMISSO E DEVER DE INCOMUNICABILIDADE

Uma vez formado o conselho de sentença, todos os presentes devem se posicionar de pé, juntamente com o juiz, para a tomada de compromisso dos jurados, que prometerão julgar com imparcialidade e justiça a causa posta em mesa, consoante os ditames da

22. STJ – Sexta Turma – REsp 1.540.151/MT – Rel. Min. Sebastião Reis Júnior – Julgamento em 8 set. 2015.

convicção íntima (art. 472, CPP). O jurado, em seguida, receberá cópias da pronúncia ou, se for o caso, das decisões posteriores que julgaram admissível a acusação (arestos confirmatórios da pronúncia) e do relatório do processo.

Ademais, os jurados não podem conversar entre si ou com terceiros sobre os fatos que integram o julgamento, sob pena de nulidade absoluta (art. 564, III, "j", CPP). Nada impede que os jurados conversem sobre amenidades, pressupondo a devida fiscalização por serventuário da justiça.

61. ATOS INSTRUTÓRIOS

Com o Conselho de Sentença completo, terá lugar a instrução em plenário.

Será iniciada a instrução plenária com a tomada das oitivas segundo a ordem legal. De acordo com o CPP, no art. 473 e seus parágrafos, o juiz presidente, o Ministério Público, o assistente, o querelante e o defensor do acusado tomarão, sucessiva e diretamente, as declarações do ofendido, se possível, e inquirirão as testemunhas arroladas pela acusação. Para a oitiva das testemunhas arroladas pela defesa, o defensor do acusado formulará as perguntas antes do Ministério Público e do assistente, mantidos no mais a ordem e os critérios estabelecidos naquele artigo. Já os jurados só poderão formular perguntas ao ofendido e às testemunhas, por intermédio do juiz presidente.

Veja-se que, havendo testemunhas a serem ouvidas, serão tomados os respectivos depoimentos de modo que uma não ouça o depoimento das outras.

É possível a oitiva de pessoas que não tenham o dever de dizer a verdade, sendo consignada sua qualidade de informante. Sob outro prisma, os jurados podem solicitar que seja tomado por termo o depoimento de pessoa não arrolada expressamente no requerimento que inicia a segunda fase de julgamento, cujo nome tenha surgido durante a sessão. Nessa hipótese, é possível, inclusive, a suspensão do julgamento para que seja diligenciado o paradeiro do depoente e, em caso extremo, é admissível a dissolução do Conselho de Sentença se persistir a necessidade de o jurado ouvir a pessoa apontada.

De acordo com o § 3º, do art. 473, do CPP, as partes e os jurados poderão requerer acareações, reconhecimento de pessoas e coisas e esclarecimento dos peritos, bem como a leitura de peças que se refiram, exclusivamente, às provas colhidas por carta precatória e às provas cautelares, antecipadas ou não repetíveis. Não deve ser admitido requerimento de leitura de todas as peças do processo sem justificativa razoável, como estratégia da defesa ou da acusação para tornar o processo mais demorado. Caso deseje ler alguma peça processual, a parte deverá assim proceder durante sua sustentação oral. De toda sorte, os jurados recebem cópia do relatório judicial sobre o processo, além de cópia da pronúncia.

Os jurados não devem receber cópias do inquérito policial, ressalvadas as provas técnicas, irrepetíveis ou cautelares. Como frisado pelo § 3º, do art. 3º-C, do CPP[23], os autos que compõem as matérias de competência do juiz das garantias ficarão acautelados na secretaria desse juízo, à disposição do Ministério Público e da defesa, e não serão apensados aos

23. Dispositivo com eficácia suspensa, nos termos de decisão monocrática do Supremo Tribunal Federal (STF – ADI 6298/DF – Medida Cautelar – Rel. Min. Luiz Fux – 22 jan. 2020).

autos do processo enviados ao juiz da instrução e julgamento, ressalvados os documentos relativos às provas irrepetíveis, medidas de obtenção de provas ou de antecipação de provas, que deverão ser remetidos para apensamento em apartado.

Não obstante as divergências sobre a natureza do interrogatório, reafirmamos vocação de meio de defesa. Antes de ser interrogado, o acusado pode silenciar, sem que isso possa ser considerado em prejuízo de sua defesa (art. 185, CPP). Ao final do interrogatório, as partes podem fazer perguntas diretas ao acusado, como autorizado pelo § 1º, do art. 474, do Código. Deve-se permitir que sejam feitas diretamente, sem o intermédio do juiz presidente. No entanto, se este interceder, mormente para tutelar as garantias do imputado, pensamos que haverá mera irregularidade. O interrogatório será o último ato instrutório, sem prejuízo da possibilidade de reinquirição dos depoentes durante a sessão plenária. Na forma dos parágrafos 1º e 2º, do art. 474, CPP, enquanto o Ministério Público, o assistente, o querelante e o defensor, nessa ordem, podem formular, diretamente, perguntas ao acusado, os jurados somente poderão formular perguntas por intermédio do juiz presidente. Trata-se de um sistema misto, que reúne, na primeira parte, o método do exame direto com o cruzado (*cross* e *direct examination*) e, na segunda, o método presidencialista.

Havendo corréus, entendemos que o interrogatório de um não deve ser tomado sigilosamente em relação ao outro ou aos demais. O próprio termo "interrogatório" carece de releitura para ser compreendido como "diálogo com o juiz". Vale dizer, ao determinar a migração do interrogatório para o momento final do procedimento, o legislador enfatizou a necessidade de prestígio ao exercício da defesa, como dita a Constituição.

De tal forma, reputamos necessário afastar a aplicação do art. 191, do CPP, que determina a inquirição em separado de corréus, por inconstitucional[24]. De outro giro, havendo corréus delator e delatado, a este deve ser outorgado o direito de ser interrogado por último.

Por fim, o art. 475, e seu parágrafo único, do CPP, aviva que o registro dos depoimentos e do interrogatório será feito pelos meios ou recursos de gravação magnética, eletrônica, estenotipia ou técnica similar, destinada a obter maior fidelidade e celeridade na colheita da prova. A sua vez, a transcrição do registro, após feita a degravação, constará dos autos.

62. DEBATES E PODERES DO JUIZ

Depois de concluídos os atos de instrução, serão iniciadas as sustentações orais, a começar pela da acusação. O Promotor de Justiça ou o Procurador da República, que deverá dividir o tempo com o assistente de acusação, se houver, terá até uma hora e meia para produzir a acusação, sendo acrescida de uma hora se mais de um acusado estiver sendo julgado.

Na sua sustentação oral, o Ministério Público fará a acusação nos limites da decisão de pronúncia ou das decisões posteriores que julgaram admissível a acusação, abordando, se for o caso, a existência de circunstância agravante. O assistente deverá se manifestar depois do Ministério Público. Caso se trate de ação penal de iniciativa privada subsidiária

24. COSTA, Lincoln Pinheiro; ALENCAR, Rosmar Rodrigues. Presença do acusado durante o interrogatório de corréu: a (in) constitucionalidade do art. 191 do CPP. *Revista da Escola Superior da Magistratura do Estado de Alagoas*, Maceió/AL, n. 2 (eletrônica), p. 8, 2018.

da pública, falará em primeiro lugar o querelante e, em seguida, o Ministério Público, salvo se este houver retomado a titularidade da demanda.

Note-se que o *Parquet*, malgrado esteja limitado pela decisão de pronúncia, não está impedido de pedir menos do que nela contido ou de requerer a absolvição. Os jurados poderão solicitar a indicação da página dos autos ou do documento pelo orador, embora devam respeitar a regra da incomunicabilidade entre si, sob pena de exclusão do conselho, aplicação de multa de um a dez salários mínimos e nulidade do julgamento.

A incomunicabilidade do júri, no dizer de Magarinos Torres, é requisito para a pureza e a perfeição da justiça diante de um caso concreto. O Código de Processo Penal, ao estabelecer essa condição, impõe que o jurado decida por si, sem influências estranhas, para que assim seja alcançado o sentimento da sociedade em dado momento relativamente a um crime contra a vida[25].

Sem embargo, a teor do art. 478, do CPP, durante a sustentação oral, as partes não poderão fazer referências, sob pena de nulidade:

(1) à decisão de pronúncia, às decisões subsequentes que julgaram admissível a acusação ou à ordem de uso de algemas como argumento de autoridade que favoreçam ou prejudiquem o acusado; e

(2) ao silêncio do réu ou à falta de interrogatório por ausência de requerimento, em seu prejuízo.

É vedada a leitura da pronúncia ou de decisão posterior a ela com o objetivo de influenciar os jurados como se ali estivesse contido o juízo de valor para o julgamento absolutório ou condenatório: como **argumento de autoridade**.

A defesa seguirá com sua sustentação oral, pelo prazo de uma hora e meia, sendo aumentada de uma hora quando existir mais de um réu (art. 477, § 2º, CPP). Sendo vários os defensores, eles combinarão entre si a divisão do tempo. Se houver réu colaborador e réu delatado, a defesa deste deve falar por último.

De todo modo, o advogado do acusado responderá à acusação, definindo a tese de defesa.

Após sua oratória, poderá haver réplica por parte do Ministério Público, querelante e/ou assistente, pelo tempo de uma hora, elevado esse tempo ao dobro se existir mais de um réu. O tempo de réplica será dividido conforme convencionarem os oradores. Havendo réplica, a defesa poderá apresentar tréplica (resposta à réplica), pelo mesmo tempo de uma hora (se um acusado estiver sendo julgado), sendo duplicado se o julgamento for de mais de um imputado.

Naturalmente, se não houver réplica do acusador, não será oportunizada tréplica à defesa. Para tanto, quando o juiz presidente indagar se o Ministério Público deseja replicar, ele deve se limitar a dizer não. Havendo manifestação do acusador no sentido de responder à sustentação oral da defesa, ainda que de forma singela, tal comportamento será havido como réplica, dando lugar à tréplica.

---

25. TORRES, Magarinos. *Processo penal do júri no Brasil*. São Paulo: Quorum, 2008. p. 158-162.

Durante os debates, o juiz presidente e os jurados não poderão se ausentar. Caso haja necessidade, o julgamento deve ser suspenso, inclusive no tocante à marcação do tempo para a sustentação respectiva. Aos jurados e ao juiz presidente não é dado sinalizar favoravelmente a qualquer uma das teses. Havendo dúvida por parte de algum dos membros do Conselho de Sentença, aquela questão poderá ser dirigida ao orador, por intermédio do juiz.

O juiz regulará os debates, tomando as providências para que sejam os respectivos tempos registrados e para que se mantenha a ordem da sessão. O magistrado tem o poder de polícia necessário para mandar retirar as pessoas inconvenientes. O juiz também disciplinará os apartes, que são as intervenções de um orador na fala do outro. Há previsão expressa para os apartes no inciso XII, do art. 497, do CPP, quando a parte contrária estiver com a palavra, pelo prazo máximo de até três minutos para cada aparte requerido, acrescendo o tempo da parte que teve sua sustentação interrompida.

Encerrados os debates, o juiz indagará se os jurados estão aptos a julgar os fatos.

Nesse momento, o conselho de sentença pode pedir esclarecimentos. Tudo com o objetivo de que a conduta imputada e a tese de defesa tenham sido bem compreendidas. Os jurados terão conhecimento, nessa altura, dos quesitos a que deverão responder. Devem ser eles lidos em plenário, com explicação dos significados correspondentes. Os debatedores também a eles terão acesso, podendo apontar incorreções e a necessidade de ajustes consoante o desenvolvimento do que for sustentado durante a sessão.

63. FORMULAÇÃO DOS QUESITOS E VOTAÇÃO

O sistema de quesitos do nosso Código foi simplificado a partir da Lei nº 11.689/2008, mitigando o sistema francês antes adotado.

De acordo com Mario Rocha Lopes Filho, levando-se em consideração o momento do veredicto final, dois sistemas de quesitação são conhecidos:

(1) o inglês, em que os jurados, sem que lhes sejam formulados quesitos, resolvem se o réu é ou não culpado pelo crime (*guilty or not guilty*). Nesse caso, caberá ao juiz togado atribuir a qualificação do fato delituoso e graduar a pena; e

(2) o francês, quando os jurados, mediante quesitos que lhes são apresentados, decidem acerca do fato criminoso e suas circunstâncias, de forma mais pormenorizada[26].

O Código de Processo Penal brasileiro adota um modelo híbrido, isto é, a regra é a do modelo francês, com modificações inspiradas no sistema inglês. Os jurados são indagados primeiramente sobre a existência dos fatos e sua respectiva autoria e, ao final, há uma questão genérica, que quer saber se os jurados consideram ou não o réu inocente. Nos casos de mais de um acusado, há um questionário específico para cada qual. Havendo mais de um crime, para cada um deles haverá uma série de quesitos.

A elaboração dos quesitos, em caso de mais de um crime, começará pela do crime doloso contra a vida. Negada a existência de delito contra a vida, sem que haja negativa do

26. LOPES FILHO, Mario Rocha. *O tribunal do júri e algumas variáveis potenciais de influência*. Porto Alegre: Núria Fabris, 2008. p. 17.

próprio fato, teremos a desclassificação para outro delito que não se inclui na competência dos jurados. A competência migrará para o juiz presidente, que proferirá a sentença de imediato.

Daí a relevância de se saber a ordem dos quesitos. Segundo os termos do art. 483, do CPP, devem ser elaborados quesitos sobre a materialidade de fato, a autoria e se o acusado deve ser absolvido, sem pormenorizar as teses defensivas. Os quesitos serão redigidos em proposições afirmativas, simples e distintas, de modo que cada um deles possa ser respondido com suficiente clareza e necessária precisão. Na sua elaboração, o presidente observará os termos da pronúncia, das decisões posteriores que julgaram admissível a acusação, do interrogatório e das alegações das partes.

Decerto, os quesitos serão formulados segundo a ordem prevista no Código de Processo Penal. Vejamos cada um deles.

(1) Quesito sobre a **materialidade do fato**. Este quesito deve conter indagação a respeito da existência do fato, com a descrição dos elementos que constituem o tipo penal doloso contra a vida, vale dizer, conduta e resultado. Tratando-se de crime consumado, o juiz deve desdobrar esse quesito em dois (por exemplo, um sobre a conduta e outro sobre a letalidade do crime de homicídio). Respondendo o Conselho de Sentença afirmativamente a essa questão, seguirá a votação com a questão seguinte. Caso contrário, encerra-se o julgamento com a absolvição do acusado pelo júri.

(2) Quesito sobre a **autoria** ou **participação** (se o acusado executou a ação ou concorreu para o seu resultado). Em outros termos, o juiz-presidente indagará aos jurados se o réu de qualquer modo contribuiu para o cometimento do delito. Respondendo o Conselho de Sentença afirmativamente a essa questão, seguirá a votação com a pergunta seguinte. Caso contrário, encerra-se o julgamento com a absolvição do acusado pelo júri.

Respondendo o Conselho de Sentença afirmativamente a essa questão, seguirá a votação com a pergunta seguinte. Caso contrário, encerra-se o julgamento com a absolvição do acusado pelo júri.

Aqui devemos ficar atentos à resposta dos quesitos.

Duas possibilidades podem surgir a partir da resposta afirmativa a essa questão:

(a) caso não haja tese de desclassificação do delito doloso contra a vida para outro que não o seja, a pergunta seguinte (terceiro ou quarto, conforme a letalidade do resultado imponha o desdobramento da primeira questão), que deve ser inserida, será o **quesito genérico absolutório**: "o jurado absolve o acusado?";

(b) se houver alegação de **tese de desclassificação** para delito diverso do doloso contra a vida, a questão desclassificatória será dirigida aos jurados sempre antes do terceiro quesito ou quarto quesito (antes de indagar se "o jurado absolve o acusado?").

Esse o sentido que deve ser depreendido do § 4º, do art. 483, do CPP, ao destacar que uma vez sustentada a desclassificação da infração para outra de competência do juiz singular, será formulado quesito a respeito, para ser respondido após o segundo ou terceiro quesito, conforme o caso.

Mesmo raciocínio deve ser usado para hipóteses de dúvida na tipificação ou de alegação de tentativa, nos termos do § 5º, do aludido art. 483, do Código, que enfatiza que se sustentada a tese de ocorrência do crime na sua forma tentada ou havendo divergência sobre a tipificação do delito, sendo este da competência do tribunal do júri, o juiz formulará quesito acerca destas questões, para ser respondido após o segundo quesito. Isso quer dizer que se o quesito se referir à **tentativa**, necessariamente deve ser respondido após o segundo quesito, haja vista que não será a hipótese de se desdobrar o primeiro quesito em dois (conduta e letalidade), eis que ausente o resultado morte no contexto.

Sobre o ponto, necessária uma digressão em razão de entendimento jurisprudencial divergente e para maior esclarecimento do tema.

Com efeito, na hipótese de sustentação de tese de desclassificação do delito do júri para outro de competência do juiz singular, existe controvérsia séria sobre qual quesito que deve vir primeiro, quando da formulação da série de quesitação aos jurados: se o da absolvição ou se o da desclassificação.

Como afirmamos acima, pensamos que a ordem lógica é a de primeiro o júri se afirmar competente para poder, seguidamente, julgar procedente ou improcedente o pedido condenatório, absolvendo ou condenando o acusado (isto é, iniciando a condenação do réu). É pressuposto para que o órgão jurisdicional possa julgar a causa, ser antes competente. No caso do júri, indispensável que antes se reconheça competente, porquanto não é coerente, sintaticamente, primeiro dizer que não absolve o acusado para, em seguida, desclassificar a infração para outra não abrangida pelo tribunal do júri ou, inversamente, primeiro absolver sem antes examinar se é competente para tanto, diante da tese de desclassificação apresentada em plenário.

A divergência decorre do enunciado do § 4º, do art. 483, do CPP, que dispõe que uma vez sustentada a desclassificação da infração para outra de competência do juiz singular, será formulado quesito a respeito, para ser respondido após o segundo ou terceiro quesito, conforme o caso. A ordem dos quesitos, por outro lado, é estatuída pelos incisos daquele dispositivo, que prevê que os quesitos serão formulados na seguinte ordem, indagando sobre:

(a) a materialidade do fato;

(b) a autoria ou participação;

(c) se o acusado deve ser absolvido.

(3) A **tese de desclassificação**, como vimos, deve ser objeto do terceiro ou do quarto quesito, de acordo com o caso. A nosso ver, será sempre formulado antes do quesito do inciso III, referente a "se o acusado deve ser absolvido", por imperativo lógico. Não se aplica o *in dubio pro reo* para afastar regra de atribuição de competência, sob pena de **nulidade absoluta** e correlata **invalidação** do julgamento.

Deve-se, portanto, conjugar a possibilidade de formular um quesito relativo à tentativa, tal como prevê o § 5º, do art. 483, do CPP, ao ditar que, se sustentada a tese de ocorrência do crime na sua forma tentada ou havendo divergência sobre a tipificação do delito, sendo este da competência do Tribunal do Júri, o juiz formulará quesito acerca destas questões, para ser respondido após o segundo quesito.

Em outras palavras, se o fato não ostentar a forma tentada, mas houver tese desclassificatória, o quesito de desclassificação deve ser formulado após o terceiro quesito (por conta do desdobramento do quesito alusivo à materialidade do crime). Sendo o fato na modalidade tentada, o quesito da tentativa deve ser objeto de indagação após o segundo quesito. O quesito acerca da desclassificação, neste caso, estará situado em terceiro (quando a negativa de crime tentado esclarecer que o delito foi diverso do doloso contra a vida, coincidindo com o quesito acerca da tentativa) ou em quarto lugar (após o terceiro quesito, da tentativa, quando esta, depois de afirmada, se referir à infração penal sem *animus necandi*).

No STJ, tem sido aplicada a **primazia da tese mais ampla**, diante do confronto entre os quesitos de desclassificação e de absolvição. Tem-se dito, nessa esteira, que se deve quesitar, em primeiro lugar, a tese principal, seguida da subsidiária, conforme avaliação concreta na sessão de julgamento pelo júri[27].

Note-se que não é impossível existir mais de uma tese de desclassificação. Além da tentativa, que reconhecidamente deve preceder o quesito absolutório genérico, também outro quesito que vise afastar a competência do júri, como relativo ao intento de subtração de bem que modifique a tipificação para crime patrimonial deve, por imperativo lógico, anteceder o questionamento sobre a absolvição, segundo entendemos.

(4) O próximo quesito – terceiro ou quarto em conformidade com o caso – indagará **se o acusado deve ser absolvido**. Trata-se de quesito genérico, que encampa todas as teses de defesa diversas da desclassificação e que tenham o fito de afirmar a inocência do réu.

Pouco importa o motivo da absolvição: legítima defesa real ou putativa, clemência ou estado de necessidade. Mesmo diante de teses defensivas concomitantes ou incompatíveis, elas serão reunidas no quesito único: "o acusado deve ser absolvido?".

Observe-se que, na toada do pontificado por Eliete Costa Silva Jardim, essa possibilidade cuida de modelo autorizativo de "absolvição plenamente livre, fundada em quaisquer razões, fáticas ou não, jurídicas ou extrajurídicas, reafirmando o sistema da íntima convicção, a essência e a razão de existir do Tribunal do Júri". Teses supralegais, fundadas na permissibilidade de interpretação analógica ou extensiva em favor do acusado, a exemplo da denominada "clemência" ou "legítima defesa da honra", são permitidas e, **contra absolvições fundadas nelas, não devem ser admitidos recursos**[28].

O STJ, no entanto, entende possível, por uma única vez, o provimento de apelação contra decisão absolutória com base em fundamento extralegal, considerando-a manifestamente contrária a prova dos autos[29].

O STF deu indicativo de acolhimento da tese aqui apontada, em decisão monocrática do Ministro Celso de Mello, no bojo da qual ficou avivado que:

27. STJ – Sexta Turma – AgRg no AREsp 1271838/ES – Rel. Min. Antonio Saldanha Palheiro – DJe 02 out. 2019.

28. JARDIM, Eliete Costa Silva. Tribunal do Júri – absolvição fundada no quesito genérico: ausência de vinculação à prova dos autos e irrecorribilidade. In: JARDIM, Afrânio Silva; AMORIM, Pierre Souto Maior Coutinho de. *Direito processual penal*: estudos, pareceres e crônicas. 15. ed. Salvador: Juspodivm, 2018. p. 592.

29. STJ – Terceira Seção – HC 313.251/RJ – Rel. Ministro Joel Ilan Paciornik – DJe 27 mar. 2018; STJ – Sexta Turma – AgRg no AgRg no AREsp 1026920/DF – Rel. Ministro Nefi Cordeiro – DJe 30 nov. 2018.

(a) a previsão normativa do quesito genérico de absolvição no procedimento penal do júri (CPP, art. 483, III, e respectivo § 2º), formulada com o intuito de conferir preeminência à plenitude de defesa, à soberania do pronunciamento do Conselho de Sentença e ao postulado da liberdade de íntima convicção dos jurados, permite aos jurados, que não estão vinculados à legalidade estrita, absolverem o acusado segundo fundamentos subjetivos ou metajurídicos, a exemplo da clemência, da equidade, ou da humanidade; e

(b) tal equivale dizer que a apelação do Ministério Público, supedaneada no conflito da deliberação absolutória com a prova dos autos, caso admitida fosse, implicaria transgressão direta aos postulados da soberania dos veredictos, da plenitude de defesa do acusado e do critério da íntima convicção dos jurados. Estes, aliás, não estão jungidos a fundamentar seus votos, daí resultando a impossibilidade de ser conhecida a apelação ministerial[30]. No entanto, essa tese não foi acolhida por colegiado da Suprema Corte[31].

(5) O quesito seguinte se refere à existência de **causa de diminuição de pena**. Só será formulada essa questão se o acusado, a essa altura, tiver sido condenado pelos jurados. Embora o inciso I, do § 3º, do art. 483, do CPP, faça menção à causa de diminuição de pena "alegada pela defesa", o Ministério Público também poderá alegar e requerer a inclusão de causas especiais de diminuição de pena, previstas no Código Penal (parte especial ou parte geral) ou em lei extravagante, em face da natureza dessa instituição (art. 127, da Constituição do Brasil). Diferentemente, o assistente ou o querelante não tem interesse em sustentar causa de diminuição de pena.

É possível ao juiz presidente inserir esse quesito de ofício? Entendemos que sim, diante do princípio do *favor rei*. O inverso não poderia ocorrer, isto é, seria inconcebível autorizar o magistrado incluir causa de aumento de pena não contida na pronúncia ou que tenha sido decotada pelo órgão da acusação.

(6) Por derradeiro, os jurados são inquiridos sobre a existência de **circunstância qualificadora** ou **causa de aumento de pena** reconhecidas na pronúncia ou em decisões posteriores que julgaram admissível a acusação.

Não há espaço para indagações ao conselho de sentença sobre circunstâncias agravantes ou atenuantes, sendo a apreciação destas de competência do juiz-presidente. São questões preponderantemente de matéria de direito, que estão fora da apreciação dos jurados.

Encerrada a votação do crime doloso contra a vida, sem que tenha sido desclassificado para delito de competência diversa do júri, será seguida a sequência da votação dos crimes conexos. Em caso de mais de um acusado, a votação será tomada a começar pelo que teve participação de maior importância. O juiz deve cuidar para esclarecer os quesitos, de modo a evitar contradição que comprometa a validade do julgamento.

A tomada dos votos ocorrerá de quesito por quesito. O juiz mandará distribuir cédulas opacas, sete delas com a palavra "sim" e sete com a palavra "não".

30. STF – RHC 117.076/PR – Rel. Min. Celso de Mello – Decisão Monocrática – 01 ago. 2019.
31. STF – Primeira Turma – HC 146.672/DF – Rel. Min. Marco Aurélio – Red. p/ Acórdão Min. Luiz Fux – Julgado em 03 dez. 2019.

A cada quesito formulado, com a explanação necessária de seu significado, passarão duas urnas:

(1) a primeira recolherá os votos de cada um dos jurados; e, em seguida

(2) a segunda recolherá os descartes.

Antes de ser formulada a pergunta subsequente, será apurado o resultado da questão que lhe antecede. Se o delito contra a vida, responsável por fixar a competência do júri, for desclassificado, a competência dos jurados cessará, sendo o julgamento, de conseguinte, cometido ao juiz-presidente (art. 492, § 2º, CPP). Verificado que restaram prejudicados os quesitos subsequentes, o juiz assim os declarará, dando por finda a votação (art. 490, parágrafo único, CPP).

O juiz-presidente deve cuidar para que seja mantido o sigilo da votação. Importante, em complemento, consignarmos os seguintes entendimentos formulados em enunciado de Súmula pelo STF:

1) Súmula 156 do STF: "É absoluta a nulidade do julgamento, pelo júri, por falta de quesito obrigatório". Naturalmente, os quesitos espelhados no art. 483 do CPP são obrigatórios, cotejados diante da pertinência do caso. Por consequência, não cabe ao juiz, na sentença, reconhecer qualificadora ou causa de diminuição de pena que não tenha sido quesitada, sob pena de nulidade absoluta.

2) Súmula 162 do STF: "É absoluta a nulidade do julgamento pelo júri, quando os quesitos da defesa não precederem aos das circunstâncias agravantes". Como já apontado, as agravantes e as atenuantes não mais são quesitadas, cabendo ao juiz valora-las na decisão. De todo modo, invertida a ordem na quesitação, de maneira que as qualificadoras ou causas de aumento antecedam as causas de diminuição, o vícios estará verificado.

64. SENTENÇA E ATA DA SESSÃO

Todas as ocorrências da sessão deverão ser registradas em ata. A parte interessada ou que se entender prejudicada por alguma decisão do juiz-presidente, deve consignar os seus protestos de imediato, para que os reitere em eventual apelação. Caso não haja reclamação oportuna, haverá preclusão sobre o ponto, notadamente quando se cuidar de **nulidade relativa**, que depende, como maior razão, de alegação tempestiva. Mesmo a ocorrência de **nulidade absoluta** precisa ser averbada, não por lhe ser essencial a impugnação, mas porque o registro é necessário para ser comprovada em grau de recurso.

A sentença ou a decisão poderá ser:

(1) de **absolvição**, caso em que o réu deverá ser posto em liberdade de plano, estando preso, relevando notar que, se houver absolvição imprópria, ou seja, o reconhecimento da inimputabilidade, impõe-se, neste caso, medida de segurança;

(2) de **desclassificação** do crime doloso contra a vida, quando o juiz-presidente terá a competência para julgar os fatos de forma mais ou menos ampla a depender da forma do quesito cuja resposta ensejou a desclassificação. Se o juiz tiver maior liberdade para definir juridicamente os fatos, teremos **desclassificação própria**. Se o júri indicar o crime

que foi cometido, como se dá com o reconhecimento de culpa no homicídio (homicídio culposo), haverá **desclassificação imprópria**[32].

Caso a desclassificação implique no reconhecimento de infração de menor potencial ofensivo, deve ser viabilizado o manejo dos institutos despenalizadores dos juizados especiais, quais sejam, composição civil, transação penal e suspensão condicional do processo.

(3) de **condenação**, quando o juiz deverá narrar o julgamento pelos jurados e, em seguida, aplicar e dosar a pena, justificando a decretação ou a manutenção da prisão, se presentes os requisitos da prisão preventiva. Não deve haver prisão automática!

No entanto, a Lei nº 13.964/2019 alterou o art. 492, inciso I, alínea "e", e parágrafos 3º, 4º e 5º, do Código, para permitir, como regra, a imposição de prisão imediata do acusado a **pena igual ou superior a quinze anos** de reclusão. Somente diante de situação excepcional, que indique a viabilidade de futura invalidação do julgamento pelo tribunal, o juiz poderá permitir ao réu condenado a essa quantidade de pena, recorrer em liberdade ou, ainda, o relator do recurso no tribunal *ad quem* poderá, nesse caso, atribuir efeito suspensivo ao apelo do réu. Essa previsão de **prisão automática** é **inconstitucional**, por ofender o postulado do estado de inocência e por se valer de critério quantitativo da pena para permitir, de forma arbitrária, a execução provisória de pena, violando o princípio da proporcionalidade.

Concluída a sentença pelo juiz presidente, todos voltarão ao plenário, onde esta será por ele lida, saindo as partes já intimadas para a apresentação de eventual recurso, encerrando-se a sessão de julgamento (art. 493, CPP). Sem embargo, sabemos que o Ministério Público somente será considerado intimado com a carga dos autos, bem como, na hipótese, a Defensoria Pública, diante da necessidade da vista dos autos, para recorrer.

65. RECURSO E ANULAÇÃO PARCIAL DO JULGAMENTO DO JÚRI

Poderemos ter dois recursos contra a sentença proferida pelo juiz presidente, ao final do julgamento pelo júri:

(1) o recurso de apelação contra as decisões do júri está capitulado no art. 593, III, do Código de Processo Penal;

(2) os embargos de declaração.

Interposto o apelo, surge a indagação: é possível a invalidação parcial do julgamento realizado pelos jurados?

Note-se que a indagação é referente ao veredicto dos jurados, consubstanciado nas respostas aos quesitos apresentados. Daí ser necessário distinguir.

Deve ser anulado o julgamento de forma total quando houver vício da quesitação relativa ao único réu processado por um único delito doloso contra a vida (contradição, mal formulação ou ausência de quesito). Em outras palavras, não é possível a designação de novo júri para, por exemplo, apreciar unicamente quesito sobre a qualificadora ou a causa especial de aumento ou de diminuição de pena. Na hipótese, haveria um júri tolhido. Se

32. NUCCI, Guilherme de Souza. *Manual de processo penal e execução penal*. 3. ed. São Paulo: RT, 2007. p. 760-761.

houver vício de julgamento relativamente a um fato delituoso, devem ser devolvidos todos os aspectos da infração penal, sendo incabível a apreciação parcial dos fatos.

O STJ tem precedentes nesse sentido, ressalvando, todavia, ser possível a invalidação parcial de um júri, quando a prova de uma infração penal não influa na outra que lhe seja conexa[33].

Decerto, cuidando-se de um único réu contra o qual foi imputado crimes conexos, é admissível a anulação parcial do julgamento, quando a cisão não implicar limitação à cognição do fato devolvido aos jurados. De tal modo, é possível que o júri julgue, em um segundo júri, um delito que não seja doloso contra a vida.

Tal pode ocorrer quando o júri, por exemplo, absolver o réu pelo crime doloso contra a vida e o condenar pelo crime conexo. Havendo apelação do acusado com base em ter sido o julgamento do crime conexo manifestamente contrário à prova dos autos, a absolvição pelo crime doloso contra a vida deve ser mantida, eis que transitada em julgado.

O novo júri, quando provida a apelação interposta exclusivamente pelo réu, deve se restringir ao crime conexo, cujo julgamento pelo primeiro júri tenha se dado em descompasso frontal com as provas dos autos. Luís Fernando Manzano esclarece que quando o tribunal, apreciando apelação contra decisão dos jurados, dá provimento ao recurso do réu somente quanto ao delito conexo daquele outro doloso contra a vida, como por exemplo, um estupro conexo ao homicídio, depois de "nulificado parcialmente o julgamento do Júri, o acusado voltará a ser julgado pelo Tribunal Popular somente em relação ao estupro". Tal pode ocorrer "porque firmada a competência do Júri pela conexão, ela perdura até o final, ainda que, no curso processual, venha o réu a ser absolvido pela infração originária"[34].

Também é possível a anulação parcial do julgamento quando tal se reportar a um dos réus. É o caso de apelação que só acolhe a pretensão do autor intelectual de crime de homicídio, mantendo, no mais, o julgamento do corréu. Admite-se a invalidação parcial das decisões dos jurados quando existe mais de uma série de quesitos formulados aos jurados, com mais de um crime ou mais de um réu.

Por exemplo, em sendo o caso de concurso material de crimes contra a vida julgados pelo júri, a **nulidade absoluta** restrita à quesitação de apenas um daqueles delitos, autoriza a decretação de **invalidação** parcial do julgamento.

---

33. STJ – HC 321.872/RO – Quinta Turma – Rel. Rel. Ministro Leopoldo de Arruda Raposo (Desembargador Convocado do TJPE) – julgado em 20/08/2015 – DJe 01 set. 2015; STJ – Sexta Turma – AgRg no AREsp 669.446/TO – Rel. Min. Rogerio Schietti Cruz – DJe 12 dez. 2017.
34. MANZANO, Luís Fernando de Moraes. *Curso de processo penal*. 3. ed. São Paulo: Atlas, 2013. p.274.

66. QUADRO SINÓTICO

CAPÍTULO XXXI – PROCEDIMENTO ESPECIAL DO JÚRI		
Fundamentos do Tribunal do Júri	No Brasil, a Constituição de 1988 assegura que o tribunal popular julgará os crimes dolosos contra a vida, prevendo a possibilidade de ampliação de sua competência por lei. O júri é uma **garantia individual fundamental constitucional.**	**1**
Princípios reitores do júri	A Constituição, em seu art. 5º, inc. XXXVIII, assenta os princípios do tribunal popular (**tópico 2**): **Plenitude de defesa**: revela uma dupla faceta, eis que a defesa está dividida em técnica e autodefesa. A primeira, de natureza obrigatória, é exercida por profissional habilitado. A última é uma faculdade do imputado, que pode efetivamente trazer a sua versão dos fatos, ou valer-se do direito ao silêncio. **Sigilo das votações:** envolve o voto e o local do voto. Para evitar intimidação dos jurados as votações ocorrem em uma sala especial. **Soberania dos veredictos**: a soberania dos veredictos alcança o julgamento dos fatos. Esse julgamento não pode ser modificado pelo juiz togado ou pelo tribunal que venha a apreciar um recurso. **Competência para o julgamento dos crimes dolosos contra a vida tentados ou consumados:** vão também a júri as infrações comuns conexas aos crimes dolosos contra a vida.	**2 a 6**
Características	**Heterogêneo:** composto por um juiz-presidente e por vinte e cinco jurados, dos quais sete irão compor o Conselho de Sentença. **Horizontal** :não há hierarquia entre o juiz presidente e os jurados. **Temporário:** funcionará durante alguns períodos do ano. **Decisões por maioria de votos:** não é necessária a unanimidade dos votos, como ocorre em outros ordenamentos.	**7 a11**
PROCEDIMENTO ESPECIAL DOS CRIMES DOLOSOS CONTRA A VIDA		
O procedimento do júri é **escalonado**, isto é, **bifásico**, com duas etapas bem distintas. A primeira fase é o **juízo da instrução preliminar,** a ser iniciada com o recebimento da denúncia e ordem de citação do acusado, pelo juiz das garantias (art. 3º-C, caput, do CPP). É também denominada de juízo de admissibilidade, juízo da instrução preliminar, juízo da acusação ou *judicium accusationis*. A segunda fase é a de **preparação para o julgamento**. Conhecida também como ***judicium causae* ou juízo de mérito**, somente será deflagrada se preclusa a decisão que houver pronunciado o acusado, isto é, se acatada a acusação, com a prolação de juízo de admissibilidade positivo pelo juiz da instrução preliminar. É com essa etapa que os fatos poderão ser entregues à apreciação dos jurados, sob a presidência do **juiz-presidente do tribunal do júri**.		**12**

<table>
<tr><th colspan="3">CAPÍTULO XXXI – PROCEDIMENTO ESPECIAL DO JÚRI</th></tr>
<tr><th colspan="3">PRIMEIRA FASE OU JUÍZO DA INSTRUÇÃO PRELIMINAR</th></tr>
<tr><td colspan="2">A primeira fase será inaugurada com o recebimento da denúncia ou queixa subsidiária. O órgão da acusação poderá arrolar até oito testemunhas, descrevendo o fato delituoso e indicando os elementos empíricos, acompanhados de requerimento de produção probatória.

Correlatamente, a peça acusatória poderá ser rejeitada, com esteio nos motivos do art. 395, do CPP.

Tem sido admitido antecipar o julgamento do mérito do processo penal em situações evidentíssimas descritas no art. 415, do CPP, que estampa os casos de absolvição sumária do procedimento do júri.

Recebida a denúncia e ordenada a citação do réu, devem ser remetidos os autos ao juiz da instrução preliminar, competente para conduzir o judicium accusationis.</td><td>13</td></tr>
<tr><td>Resposta preliminar à acusação e réplica no procedimento do júri</td><td>Ao juiz da instrução preliminar caberá determinar a efetivação da citação do acusado para responder à acusação, por escrito, no prazo de dez dias. O rol de testemunhas de cada acusado, até o número de oito por cada fato, deve ser apresentado na sua resposta preliminar escrita. Caso não seja apresentada a resposta preliminar escrita no prazo legal, o juiz nomeará defensor para oferecê-la. Depois de apresentada a defesa, o Ministério Público ou o querelante será ouvido sobre as preliminares e os documentos carreados, em cinco dias, a teor do art. 409, CPP. Cuida-se da réplica exclusiva do rito do júri. Em seguida, o juiz designará audiência de instrução, para que sejam inquiridas testemunhas, e determinará a realização de diligências requeridas pelas partes, tendo dez dias para deliberar a respeito.</td><td>14</td></tr>
<tr><td>Audiência de instrução, debates e julgamento</td><td>Afastada a possibilidade de absolvição sumária pelo juiz nesse momento, segue-se com a realização da audiência de instrução perante o juiz da instrução preliminar. Na audiência de instrução, será tomada, se possível, as declarações do ofendido, bem como serão inquiridas as testemunhas arroladas pela acusação e pela defesa, nesta ordem. As diligências e perícias deverão estar concluídas quando da realização dessa audiência.

O desfecho do juízo da instrução preliminar acontece após as alegações orais. A manifestação do assistente de acusação terá lugar após a do Ministério Público, concedendo-se dez minutos. Nesse caso, será prorrogado por igual período o tempo de manifestação da defesa. Havendo corréus delator e delatado, este deve ser ouvido por último, seja por ocasião do seu interrogatório, seja quando dos debates orais, possibilitando o exercício da ampla defesa do imputado que está a suportar maior carga de acusação.

Encerrados os debates, o juiz proferirá sua decisão imediatamente, ou o fará em dez dias, ordenando, para tanto, a conclusão dos autos. O procedimento do judicium accusationis deve ser concluído no prazo máximo de noventa dias (art. 412, CPP).</td><td>15</td></tr>
</table>

<table>
<tr><th colspan="3">CAPÍTULO XXXI – PROCEDIMENTO ESPECIAL DO JÚRI</th></tr>
<tr><td>Cognição judicial e decisões da primeira fase do procedimento do júri</td><td>Somente depois de certificada que a acusação é fundada, viável, plausível e idônea a ser objeto de decisão dos jurados, é que deve o juiz da instrução preliminar proferir juízo de admissibilidade positivo.
De todo modo, observados os limites legais, pode, então, o magistrado adotar as seguintes posturas: (1) pronunciar o réu; (2) impronunciá-lo; (3) absolvê-lo sumariamente; ou (4) desclassificar a infração dolosa contra a vida. Deliberando por pronunciar o réu e uma vez preclusa essa decisão, terá cabimento o início da segunda fase.</td><td>16</td></tr>
<tr><td>Decisão de pronúncia</td><td>Deve ser exarada quando o juiz estiver convencido da existência de lastro probatório necessário para remessa do réu à segunda fase do julgamento. Sua fundamentação deve se limitar à indicação da materialidade do fato e da existência de indícios suficientes de autoria ou de participação, devendo o juiz declarar o dispositivo legal em que julgar incurso o acusado e especificar as circunstâncias qualificadoras e as causas de aumento de pena.
Dado o restrito âmbito de apreciação nesta fase, fala-se em limite ou teto cognitivo da pronúncia. O juiz da instrução preliminar não tem competência para aprofundar o exame do contexto probatório ao ponto de declarar, ainda que parcialmente, juízo de certeza acerca dos fatos.
A decisão de pronúncia não põe propriamente termo ao processo, mas fixa os limites da imputação para que tenha início a segunda fase a partir de sua preclusão.
Características da cognição judicial na decisão de pronúncia: a cognição judicial na pronúncia é caracterizada:
(1) por ser do tipo não exauriente e não vertical;
(2) por ter horizontalidade estreita;
(3) dessas duas características, decorre outra, que lhes segue, o juiz da instrução preliminar, ao admitir a acusação, para reconhecer a competência dos jurados para julgar os fatos, pronuncia o acusado pelo crime doloso contra a vida, remetendo os crimes conexos ao júri em face da incidência de regra de conexão (art. 76, CPP).
Embora não haja constituição de juízo de certeza do cometimento do crime, não deve ser enviado a júri casos que o juiz absolveria por insuficiência de provas.
Natureza jurídica da decisão de pronúncia: decisão interlocutória mista não terminativa. É mista porque encerra uma fase, sem pôr fim ao processo. É não terminativa por não decidir o meritum causae, nem extinguir o processo sem resolução de mérito.
A falácia do in dubio pro societate na decisão de pronúncia: não há dispositivo constitucional ou legal que sufrague o princípio in dubio pro societate para permitir a pronúncia de um réu. Nada obstante, o seu uso tem sido reiterado, banalizado, na jurisprudência dos tribunais.</td><td>17 a 25</td></tr>
</table>

CAPÍTULO XXXI – PROCEDIMENTO ESPECIAL DO JÚRI		
Decisão de pronúncia	Se o juiz da instrução preliminar verifica que absolveria por insuficiência de provas o réu, caso fosse sua atribuição julgar singularmente a questão, é porque não deve pronunciar. **Limites à fundamentação da decisão de pronúncia:** a pronúncia é uma decisão com fundamentação técnica. Não deve tecer valorações subjetivas em prol de uma parte ou de outra. As teses da acusação e da defesa não são rechaçadas na totalidade. A decisão de pronúncia não deve apreciar circunstâncias judiciais, atenuantes ou agravantes, nem tampouco de privilégio que reduza a pena. A matéria de individualização da pena não faz parte da pronúncia. Acatada a imputação do crime contra a vida, o juiz examinará, mais limitadamente, o suporte probatório dos crimes conexos, para, ao final, em sendo o caso de pronúncia, admitir a acusação quanto a eles, com fundamento na aplicação de regra de conexão (art. 76, CPP).A rigor, o réu não é pronunciado pelos crimes conexos. Se o acusado é pronunciado pelo crime contra a vida e foi denunciado também por outro crime àquele conexo, o juiz declarará levados ao júri, por consequência, os delitos conexos, desde que exista lastro probatório em relação a todos eles. ***Emendatio libelli* na decisão de pronúncia e *mutatio libelli*:** se ocorrer erro de tipificação dos fatos narrados na inicial acusatória, caberá ao magistrado corrigi-lo no momento da pronúncia, dando a estes o enquadramento adequado, valendo-se do instituto da ***emendatio libelli***, afinal o réu defende-se dos fatos, tratando-se aqui de mero erro de tipificação (art. 418, CPP). Já se os fatos revelados na instrução da primeira fase forem distintos dos narrados na denúncia, como a descoberta de qualificadora não contemplada na descrição da inicial, deve o magistrado, antes de proferir a pronúncia, abrir vistas ao Ministério Público para que adite a inicial, em no máximo cinco dias, podendo arrolar até três testemunhas e, na sequência, oportunizar que a defesa se manifeste, em até cinco dias, podendo também indicar até três testemunhas para combater os fatos novos, aplicando-se, portanto, o instituto da mutatio libelli (art. 384, CPP), fazendo valer, na primeira fase, o **princípio da correlação**, ou seja, o equilíbrio entre a decisão e a descrição da causa de pedir consignada no pedido condenatório (§ 3º, art. 411, CPP). **Intimação da decisão de pronúncia:** prolatada a pronúncia, devem ser dela intimados o ***Parquet***, o ofendido, o acusado e seu defensor. Também deve ser intimado o assistente do Ministério Público se houver ou a vítima. **Efeitos da decisão de pronúncia:** quando não for interposto ree cursos contra a pronúncia ou exauridas as possibilidades de impugnação, decorrerão dela "efeitos preclusivos de natureza processual, ante a imutabilidade de sua afirmação sobre a admissibilidade da acusação que encaminha para decisão final pelo tribunal do júri".	**17 a 25**

CAPÍTULO XXXI – PROCEDIMENTO ESPECIAL DO JÚRI		
Decisão de pronúncia	Só terá cabimento o encarceramento se estiverem presentes os requisitos da prisão preventiva. Deveras, o juiz não poderá determinar medidas restritivas de ofício, no curso do processo, mormente diante do art. 311, do Código, com redação dada por aquele diploma legal, também acrescido pela Lei nº 13.964/2019, que é explícito ao pontificar que, em qualquer fase da investigação policial **ou do processo penal**, caberá a **prisão preventiva** decretada pelo juiz, **a requerimento do Ministério Público, do querelante ou do assistente**, ou por representação da autoridade policial. Quanto à esta, compreendemos ser indispensável a anuência do *Parquet*, diante de sua posição de *dominus litis*. Estando o acusado preso preventivamente, um dos efeitos da prolação da pronúncia é a superação da alegação de constrangimento ilegal por excesso de prazo, a teor da Súmula nº 21 do STJ, o que deve ser tomado com reservas. **Correção da decisão de pronúncia:** constatada situação tendente à modificação da pronúncia, devem ser previamente ouvidos o Ministério Público e a defesa. Caberá ao MP aditar a denúncia, para que esta seja adequada aos novos fatos. Trata-se de exigência que decorre do contraditório e da ampla defesa. **Sistema recursal:** contra a decisão é cabível recurso em sentido estrito.	**17 a 26**
Sentença de Impronúncia	É autêntica sentença porque encerra o processo ou, quando mais de um acusado, põe fim ao processo quanto ao que foi impronunciado, embora não aprecie os fatos com profundidade por deficiência probatória. A impronúncia encerra o *judicium accusationis* sem inaugurar a segunda fase. Em face de se cuidar de uma espécie de coisa julgada formal ***secundum eventus probationis***, o art. 414, do CPP, estampa a possibilidade de repropositura da demanda, desde que surjam provas novas. **Natureza jurídica**: sentença terminativa. **Definitividade da impronúncia**: Em face de se cuidar de uma espécie de coisa julgada formal *secundum eventus probationis*, o aludido dispositivo estampa a possibilidade de repropositura da demanda, desde que surjam provas novas. **Inconstitucionalidade da sentença de impronúncia:** Há quem sustente que a previsão legal de sentença de impronúncia é inconstitucional. Primeiro, porque suprime a competência dos jurados. Em segundo lugar porque a permissão para a abertura de um novo processo, caso surja "prova nova" implicaria um duplo julgamento do réu, em violação ao princípio do *ne bis in idem*, sufragado implicitamente no texto constitucional e, explicitamente, no Pacto de São José da Costa Rica. Deveras, reputamos inconstitucional e inconvencional a possibilidade de repropositura da ação penal condenatória de réu que tenha sido, em um primeiro processo, impronunciado. **Recurso da sentença de impronúncia:** a teor do art. 416 do CPP, para vergastar a impronúncia será cabível apelação.	**27 a 31**

CAPÍTULO XXXI – PROCEDIMENTO ESPECIAL DO JÚRI		
Despronúncia	Despronúncia é termo cunhado pela doutrina que equivale a impronúncia de um acusado que, inicialmente, havia sido pronunciado. A despronúncia pode se dar pelo juiz de primeiro grau ou pelo tribunal.	**32**
Sentença de absolvição sumária	A absolvição sumária do crime contra a vida julga o mérito da ação penal, em momento antecipado. É sentença definitiva, que encerra a primeira fase do rito escalonado do júri, com resolução do mérito, sem dar seguimento à segunda relativamente ao réu absolvido sumariamente. Formada coisa julgada material, não poderá ser reiniciada demanda penal pelos mesmos fatos narrados na peça acusatória. O art. 415, do CPP, prevê as hipóteses de a absolvição sumária, quando presente juízo de certeza: (1) provada a inexistência do fato; (2) provado não ser o réu o autor ou partícipe do fato; (3) o fato não constituir infração penal; (4) demonstrada causa de isenção de pena ou de exclusão do crime. Dentro das excludente de culpabilidade, a absolvição sumária por inimputabilidade ou imprópria é a que reconhece ter o réu praticado o delito em situação como a de doença mental, com imposição de medida de segurança. Conquanto não seja o réu condenado, haverá uma consequência atípica, diferente da pena, mas que poderá implicar cerceio de sua liberdade. A medida de segurança, aplicada pelo juiz da instrução preliminar, amputa a competência do júri, com esteio no laudo psiquiátrico acostado aos autos. Daí que somente será possível ao julgador absolver sumariamente por este último motivo quando se tratar de **única tese da defesa.** **Sistema recursal:** é desafiada por apelação. **Revogação tácita do reexame necessário da sentença de absolvição sumária:** a Lei nº 11.689/2008, alterou a redação do art. 411, do CPP, e não reproduziu a previsão do chamado recurso de ofício contra a sentença de absolvição sumária.	**33 a 36**
Decisão de desclassificação da infração penal contra a vida	A decisão de desclassificação do final da primeira fase do procedimento do júri recai sobre o crime doloso contra a vida. Não deve ser desclassificado outros delitos conexos, que não sejam crimes dolosos contra a vida. É o crime doloso contra a vida que atrai a competência do júri. Se modificada essa classificação, haverá reconhecimento de incompetência do tribunal popular. É uma decisão declinatória, cuja natureza é de **decisão interlocutória modificadora de competência.** A remessa dos autos deve ocorrer imediatamente, eis que nenhum juiz deve ser compelido a continuar com processo que julgue incompetente para deliberar. Da decisão declinatória, será cabível recurso em sentido estrito que, por sua vez, deve subir mediante traslado.	**37 a 40**

CAPÍTULO XXXI – PROCEDIMENTO ESPECIAL DO JÚRI		
Crimes interligados por conexão ou continência	Havendo pronúncia pelo crime doloso contra a vida, a decisão também abrangerá os delitos interligados. Para as demais decisões que encerram a primeira fase do júri, teremos a remessa dos crimes conexos (ou continentes) ao órgão competente.	**41**
Segunda fase ou preparação para o julgamento	A segunda fase do rito do júri, denominada preparação para o julgamento, juízo de mérito ou ***judicium causae***, só será iniciada quando advir a preclusão da pronúncia de acusado em delito doloso contra a vida.	**42**
Requerimento de diligências e rol de testemunhas e diligências	Após a preclusão da pronúncia, cabe ao juiz intimar a acusação para apresentar o requerimento de diligências probatórias visando o plenário do júri, momento em que poderá acostar documentos e indicar, sob pena de preclusão, o rol de testemunhas que irão depor em plenário. A acusação dispõe de 5 (cinco) dias, fluindo da intimação. Admite-se até 5 (cinco) testemunhas para cada crime imputado, em número mais comedido do que aquele admitido na primeira fase do júri, que é de 8 (oito) testemunhas. Entendemos que as testemunhas podem não ter sido ouvidas na primeira fase do procedimento.	**43**
Saneamento	Apresentados os requerimentos de diligência, os autos são conclusos ao juiz, que: (1) ordenará as diligências necessárias para sanar qualquer nulidade ou esclarecer fato que interesse ao julgamento da causa; e (2) fará relatório sucinto do processo, determinando sua inclusão em pauta da reunião do Tribunal do Júri (art. 423, CPP).	**44**
Desaforamento	Desaforamento é a modificação da competência com o deslocamento do processo de crime doloso contra a vida para a comarca mais próxima. **Legitimidade**: por requerimento das partes, do assistente do Ministério Público ou por provocação do juiz presidente do tribunal do júri. **Momento e efeito**: somente pode ocorrer após a preclusão da pronúncia do acusado. O requerimento de desaforamento não suspende a evolução do processo no juízo de piso, exceto, todavia, diante da relevância dos motivos apresentados (art. 427, § 2°, CPP). **Hipóteses de cabimento**: (1) se o interesse da ordem pública o reclamar; (2) se houver dúvida sobre a imparcialidade do júri ou sobre a segurança pessoal do réu; (3) quando o julgamento não se realizar no prazo de seis meses do trânsito em julgado da decisão de pronúncia. **Crimes conexos e pluralidade de réus**: a remessa ao novo juízo é global, abrangendo todas as infrações e imputados, mantendo-se a unidade processual. **Sistema recursal**: não há recurso previsto para a admissibilidade ou não do desaforamento. É viável, contudo, a impetração de	**45 a 52**

CAPÍTULO XXXI – PROCEDIMENTO ESPECIAL DO JÚRI		
Desaforamento	*habeas corpus*. Em tese, também é possível o manejo de recurso especial ou recurso extraordinário, em virtude de se cuidar de deliberação tomada em última instância, por acórdão de tribunal. **Nova comarca**: deverá acontecer para outra comarca do mesmo estado ou da mesma região, onde não se verifique o motivo suscitado, preferindo-se as mais próximas. **Reaforamento**: uma vez desaforado o julgamento, não cabe, em regra, reaforamento, em face da preclusão.	**45 a 52**
Preparativos à instalação da reunião do júri	Paralelamente às providências processuais que devem ser tomadas em cada processo por crime doloso contra a vida, na segunda fase do rito do júri (preparação para julgamento), a vara competente para processar e julgar aqueles crimes tem uma série de atribuições : (1) na seara jurisdicional, o juiz abriu prazo de cinco dias para apresentação de rol de testemunhas e requerimento de diligências, lançando relatório nos autos e ordenando a inclusão do processo na reunião do júri; (2) na esfera administrativa da vara criminal do júri, o magistrado deve cuidar de organizar a lista geral anual de jurados, apreciar impugnações sobre inclusão ou exclusão de nome de jurado da lista, bem como sortear os jurados para reunião do júri, em audiência previamente designada. **Alistamento dos jurados:** antes da organização da pauta, do sorteio e da convocação dos jurados para a reunião periódica ou extraordinária, será elaborada a listagem geral de jurados, com a indicação das respectivas profissões. Essa lista deve ser anualmente completada, já que alguns jurados podem falecer, não ser encontrados ou viajar. **Organização da pauta:** o art. 429, do CPP, cria a estratégia de predileção na sequência dos julgamentos, estabelecendo que, ressalvado motivo relevante permissivo da alteração na ordem dos julgamentos, terão preferência: os acusados presos; dentre os acusados presos, aqueles que estiverem há mais tempo na prisão; em igualdade de condições, os precedentemente pronunciados. O art. 394-A, do CPP, por sua vez, prevê que os processos que apurem a prática de crime hediondo terão prioridade de tramitação em todas as instâncias. Ainda como providências para a organização da pauta, o art. 430, do CPP, averba que o assistente somente será admitido se tiver requerido sua habilitação até cinco dias antes da data da sessão na qual pretenda atuar. **Sorteio e convocação dos jurados:** após a organização da pauta, o juiz presidente determinará a intimação do MP, da OAB e da Defensoria Pública para acompanharem, em dia e hora designados, o sorteio dos jurados que atuarão na reunião periódica.	**53 a 57**

CAPÍTULO XXXI – PROCEDIMENTO ESPECIAL DO JÚRI		
Preparativos à instalação da reunião do júri	A ausência de intimação desses órgãos é vício classificado como **nulidade relativa**. Esse sorteio é presidido pelo juiz e será feito a portas abertas, cabendo-lhe retirar as cédulas até completar o número de **vinte e cinco jurados**, para a reunião periódica ou extraordinária. O próprio juiz é quem tem a incumbência de retirar as cédulas da urna relativa à lista geral, cujos sorteados farão parte da relação de jurados para a reunião periódica. **Função do jurado:** O serviço do júri é obrigatório. O alistamento compreenderá os cidadãos maiores de dezoito anos de notória idoneidade, não podendo nenhum ser excluído dos trabalhos do júri ou deixar de ser alistado em razão de cor ou etnia, raça, credo, sexo, profissão, classe social ou econômica, origem ou grau de instrução. A recusa injustificada ao serviço do júri acarretará multa no valor de um a dez salários mínimos, a critério do juiz, de acordo com a condição econômica do jurado, a teor do art. 436, e parágrafos, do CPP. Também será imposta multa ao jurado que, sem causa legítima, deixar de comparecer no dia marcado para a sessão ou retirar-se antes de ser dispensado pelo presidente, no valor de um a dez salários mínimos, a critério do juiz, de acordo com a sua condição econômica (art. 442, CPP). Algumas pessoas, em razão do exercício de cargo, função pública, mandato eletivo ou por situações particulares justificáveis, são **isentas** do serviço do júri (art. 437, CPP).O cidadão **impedido** de participar do júri deve ser **proibido** de exercer jurisdição. De tal sorte, o julgamento realizado pelo júri com a presença de jurado impedido legalmente está eivado de **nulidade absoluta**, existindo setor doutrinário que classifica tal vício como **inexistência jurídica**, por compreender se cuidar de hipótese de ausência de capacidade de exercer o poder jurisdicional. A recusa do serviço do júri, quando fundada em convicção religiosa, filosófica ou política, importará no dever de prestar serviço alternativo, sob pena de suspensão dos direitos políticos, enquanto não se desincumbir do serviço imposto. Outrossim, o exercício efetivo da função de jurado constituirá serviço público relevante, estabelecerá presunção de idoneidade moral. Todavia, não tem o jurado direito a prisão especial, em caso de crime comum, até o julgamento definitivo, com antes previa o art. 439, CPP, eis que sua redação vigente não mais a contempla.	**53 a 57**
Reunião e sessões do tribunal do júri	Depois de instalada a reunião do júri, ocorrerão os julgamentos dos processos pautados, nos dias de sessão do tribunal do júri. Sessão é o dia do julgamento de processos com um ou mais acusados da prática de crime doloso contra a vida, pelo tribunal do júri. A abertura da sessão de instrução e julgamento do júri acontece com a conferência, pelo juiz-presidente, das cédulas com os nomes dos vinte e cinco jurados sorteados dias antes, mandando que o oficial de justiça realize o pregão.	**58**

CAPÍTULO XXXI – PROCEDIMENTO ESPECIAL DO JÚRI		
Reunião e sessões do tribunal do júri	O juiz presidente, até o momento de abertura dos trabalhos da sessão, decidirá os casos de isenção e dispensa de jurados e o pedido de adiamento de julgamento, mandando consignar em ata as deliberações. Quando verificar, pela chamada feita com base na lista dos vinte e cinco jurados, que houve o comparecimento de, pelo menos, quinze deles, a sessão será declarada aberta. São desses vinte e cinco jurados que serão sorteados os sete que farão parte do conselho de sentença. Nos termos do § 2º, do art. 463, do CPP, os jurados excluídos por impedimento ou suspeição serão computados para a constituição do número legal. Caso não haja o número de quinze jurados, proceder-se-á ao sorteio de tantos suplentes quantos necessários, quando então será designada nova data para a sessão do júri, de tudo consignando em ata. A complementação desse número regular mínimo por suplentes do mesmo tribunal do júri não enseja nulidade. As partes devem estar atentas ao andamento da sessão para suscitar nulidades, sejam absolutas ou relativas. Se não o fizerem, haverá preclusão. É necessário o registro em ata das nulidades de qualquer espécie, para viabilizar sua fustigação em sede de apelação. A ausência do acusado solto que tenha sido devidamente intimado não justifica sua condução coercitiva[35], nem tampouco o adiamento do júri. Já se estiver preso, sua presença é obrigatória, ressalvado **pedido expresso de dispensa** subscrito pelo réu e por seu advogado. As solicitações de adiamento e as justificações de não comparecimento deverão ser, salvo comprovado motivo de força maior, previamente submetidas à apreciação do juiz presidente do Tribunal do Júri, valendo enfatizar que se o acusado preso não for conduzido, o julgamento será adiado para o primeiro dia desimpedido da mesma reunião, salvo se houver o supradito pedido de dispensa de comparecimento subscrito por ele e por seu defensor. Caso o ***Parquet*** não compareça, o juiz presidente adiará o julgamento para o primeiro dia desimpedido da mesma reunião, cientificadas as partes e as testemunhas (art. 455, *caput*, CPP). Nos termos do seu parágrafo único, se a ausência não for justificada, o fato será imediatamente comunicado ao Procurador-Geral de Justiça com a data designada para a nova sessão. De outra banda, se a falta, sem motivo legítimo, for do advogado do acusado, e se outro não for por este constituído, será comunicado o fato ao presidente da seccional da Ordem dos Advogados do Brasil, com a data designada para a nova sessão. Se não houver escusa legítima, o julgamento será adiado somente uma vez, devendo o acusado ser julgado quando chamado novamente,	**58**

35. STF – Pleno – ADPF's 395/444-DF – Rel. Min. Gilmar Mendes – julgado em 13 e 14 jun. 2019.

CAPÍTULO XXXI – PROCEDIMENTO ESPECIAL DO JÚRI		
Reunião e sessões do tribunal do júri	caso em que o juiz intimará a Defensoria Pública para o novo julgamento, que será adiado para o primeiro dia desimpedido, observado o prazo mínimo de dez dias. A falta do assistente do Ministério Público à sessão plenária não invalida a acusação, diante da presença do Ministério Público. No que toca ao querelante, sua ausência enseja perempção caso se trate de ação penal de iniciativa privada. Se a ação penal privada for subsidiária da pública, deve o ***Parquet*** retomá-la para o fim de ser realizado o júri, sem que seja ele adiado. No tocante à disciplina do comparecimento da testemunha, a sua ausência, sem justo motivo, implicará multa no valor de um a dez salários mínimos, sem prejuízo da ação penal pela desobediência.	**58**
Formação do conselho de sentença	Comparecendo as partes, as testemunhas, o número mínimo de jurados e estando em ordem a sessão já instalada, será realizado o sorteio dos sete jurados que formarão o conselho de sentença. O jurado que compôs o Conselho de Sentença do júri anterior do mesmo processo, cujo julgamento, por exemplo, tiver sido anulado pelo tribunal, estará impedido de participar da nova sessão, sob pena de nulidade absoluta (Súmula n.º 206, STF). Da mesma forma, não poderá servir o jurado que tiver manifestado prévia disposição em absolver ou condenar o acusado. O sorteio dos sete jurados se dá nome por nome, com possibilidade de manifestação de recusa, primeiro pela defesa e, depois, da acusação. As recusas podem ser com ou sem justificativa. O Código estabelece o número de até três recusas sem motivação, isto é, as chamadas recusas peremptórias. Assim, tanto a defesa quanto o Ministério Público poderão recusar a participação de jurado no conselho de sentença sem indicar qualquer justificativa, dentro da estratégia traçada. Além das recusas peremptórias, podem ocorrer recusas justificadas. Nesse caso, a parte que recusar o jurado será instada pelo juiz a apresentar prova de sua alegação, podendo o magistrado aceitar as razões ou rejeitá-las. As recusas justificadas não têm número de limitação legal, já que estão vinculadas às hipóteses de suspeição e de impedimento. Se, em face das recusas apresentadas pelas partes, não restar o número de jurados para compor o conselho de sentença, haverá **estouro de urna**, marcando-se nova data para o julgamento, com a convocação de suplentes.	**59**
Compromisso e dever de incomunicabilidade	Uma vez formado o conselho de sentença, todos os presentes devem se posicionar de pé, juntamente com o juiz, para a tomada de compromisso dos jurados, que prometerão julgar com imparcialidade e justiça a causa posta em mesa, consoante os ditames da convicção íntima. Ademais, os jurados não podem conversar entre si ou com terceiros sobre os fatos que integram o julgamento, sob pena de nulidade absoluta.	**60**

CAPÍTULO XXXI – PROCEDIMENTO ESPECIAL DO JÚRI		
Atos instrutórios	Será iniciada a instrução plenária com a tomada das oitivas segundo a ordem legal. De acordo com o CPP, no art. 473 e seus parágrafos, o juiz presidente, o Ministério Público, o assistente, o querelante e o defensor do acusado tomarão, sucessiva e diretamente, as declarações do ofendido, se possível, e inquirirão as testemunhas arroladas pela acusação. Para a oitiva das testemunhas arroladas pela defesa, o defensor do acusado formulará as perguntas antes do Ministério Público e do assistente, mantidos no mais a ordem e os critérios estabelecidos naquele artigo. Já os jurados só poderão formular perguntas ao ofendido e às testemunhas, por intermédio do juiz presidente. Havendo testemunhas a serem ouvidas, serão tomados os respectivos depoimentos de modo que uma não ouça o depoimento das outras. Primeiro as testemunhas da acusação. Depois, aquelas indicadas pela defesa. É possível a oitiva de pessoas que não tenham o dever de dizer a verdade (informante). As partes e os jurados poderão requerer acareações, reconhecimento de pessoas e coisas e esclarecimento dos peritos, bem como a leitura de peças que se refiram, exclusivamente, às provas colhidas por carta precatória e às provas cautelares, antecipadas ou não repetíveis (§ 3º, do art. 473, CPP). Os jurados não devem receber cópias do inquérito policial, ressalvadas as provas técnicas, irrepetíveis ou cautelares. O interrogatório será o último ato instrutório, sem prejuízo da possibilidade de reinquirição dos depoentes durante a sessão plenária. Na forma dos §§ 1º e 2º, do art. 474, CPP, o Ministério Público, o assistente, o querelante e o defensor, nessa ordem, poderão formular, diretamente, perguntas ao acusado, já os jurados somente poderão formular perguntas por intermédio do juiz presidente.	**61**
Debates e poderes do juiz	Depois de concluídos os atos de instrução, serão iniciadas as sustentações orais, a começar pela da acusação. O Promotor de Justiça ou o Procurador da República, que deverá dividir o tempo com o assistente de acusação, se houver, terá até uma hora e meia para produzir a acusação, sendo acrescida de uma hora se mais de um acusado estiver sendo julgado. Na sua sustentação oral, o Ministério Público fará a acusação nos limites da decisão de pronúncia ou das decisões posteriores que julgaram admissível a acusação, abordando, se for o caso, a existência de circunstância agravante. O assistente deverá se manifestar depois do Ministério Público. Caso se trate de ação penal de iniciativa privada subsidiária da pública, falará em primeiro lugar o querelante e, em seguida, o Ministério Público, salvo se este houver retomado a titularidade da demanda. Sem embargo, a teor do art. 478, do CPP, durante a sustentação oral, as partes não poderão fazer referências, sob pena de nuli-	**62**

CAPÍTULO XXXI – PROCEDIMENTO ESPECIAL DO JÚRI		
Debates e poderes do juiz	dade: (1) à decisão de pronúncia, às decisões subsequentes que julgaram admissível a acusação ou à ordem de uso de algemas como argumento de autoridade que favoreçam ou prejudiquem o acusado; e (2) ao silêncio do réu ou à falta de interrogatório por ausência de requerimento, em seu prejuízo. A defesa seguirá com sua sustentação oral, pelo prazo de uma hora e meia, sendo aumentada de uma hora quando existir mais de um réu (art. 477, § 2º, CPP). Sendo vários os defensores, eles combinarão entre si a divisão do tempo. Se houver réu colaborador e réu delatado, a defesa deste deve falar por último. De todo modo, o advogado do acusado responderá à acusação, definindo a tese de defesa. Após sua oratória, poderá haver réplica por parte do Ministério Público, querelante e/ou assistente, pelo tempo de uma hora, elevado esse tempo ao dobro se existir mais de um réu. O tempo de réplica será dividido conforme convencionarem os oradores. Havendo réplica, a defesa poderá apresentar tréplica (resposta à réplica), pelo mesmo tempo de uma hora (se um acusado estiver sendo julgado), sendo duplicado se o julgamento for de mais de um imputado. Encerrados os debates, o juiz indagará se os jurados estão aptos a julgar os fatos. Nesse momento, o conselho de sentença pode pedir esclarecimentos. Os jurados terão conhecimento, nessa altura, dos quesitos a que deverão responder.	**62**
Formulação dos quesitos e votação	A elaboração dos quesitos, em caso de mais de um crime, começará pela do crime doloso contra a vida. Negada a existência de delito contra a vida, sem que haja negativa do próprio fato, teremos a desclassificação para outro delito que não se inclui na competência dos jurados. A competência migrará para o juiz presidente, que proferirá a sentença de imediato. Segundo os termos do art. 483, do CPP, devem ser elaborados quesitos sobre a materialidade de fato, a autoria e se o acusado deve ser absolvido, sem pormenorizar as teses defensivas. Os quesitos serão redigidos em proposições afirmativas, simples e distintas, de modo que cada um deles possa ser respondido com suficiente clareza e necessária precisão. Na sua elaboração, o presidente observará os termos da pronúncia, das decisões posteriores que julgaram admissível a acusação, do interrogatório e das alegações das partes. Decerto, os quesitos serão formulados segundo a ordem prevista no Código de Processo Penal: (1) Quesito sobre a **materialidade do fato**. (2) Quesito sobre a **autoria** ou **participação** (se o acusado executou a ação ou concorreu para o seu resultado). Duas possibilidades podem surgir a partir da resposta afirmativa a essa questão: (a) caso não haja tese de desclassificação do delito doloso contra a vida para outro que não o seja, a	**63**

CAPÍTULO XXXI – PROCEDIMENTO ESPECIAL DO JÚRI		
Formulação dos quesitos e votação	pergunta seguinte (terceiro ou quarto, conforme a letalidade do resultado imponha o desdobramento da primeira questão), que deve ser inserida, será o **quesito genérico absolutório**: "o jurado absolve o acusado?"; (b) se houver alegação de **tese de desclassificação** para delito diverso do doloso contra a vida, a questão desclassificatória será dirigida aos jurados sempre antes do terceiro quesito ou quarto quesito (antes de indagar se "o jurado absolve o acusado?"). (3) A **tese de desclassificação**, como vimos, deve ser objeto do terceiro ou do quarto quesito, de acordo com o caso. (4) O próximo quesito – terceiro ou quarto em conformidade com o caso – indagará **se o acusado deve ser absolvido**. Trata-se de quesito genérico, que encampa todas as teses de defesa diversas da desclassificação e que tenham o fito de afirmar a inocência do réu. (5) O quesito seguinte se refere à existência de **causa de diminuição de pena**. (6) Por derradeiro, os jurados são inquiridos sobre a existência de **circunstância qualificadora** ou **causa de aumento de pena** reconhecidas na pronúncia ou em decisões posteriores que julgaram admissível a acusação. Não há espaço para indagações ao conselho de sentença sobre circunstâncias agravantes ou atenuantes, sendo a apreciação destas de competência do juiz-presidente. Encerrada a votação do crime doloso contra a vida, sem que tenha sido desclassificado para delito de competência diversa do júri, será seguida a sequência da votação dos crimes conexos. Em caso de mais de um acusado, a votação será tomada a começar pelo que teve participação de maior importância. O juiz deve cuidar para esclarecer os quesitos, de modo a evitar contradição que comprometa a validade do julgamento. A tomada dos votos ocorrerá de quesito por quesito. O juiz mandará distribuir cédulas opacas, sete delas com a palavra "sim" e sete com a palavra "não". A cada quesito formulado, com a explanação necessária de seu significado, passarão duas urnas: (1) a primeira recolherá os votos de cada um dos jurados; e, em seguida (2) a segunda recolherá os descartes. Antes de ser formulada a pergunta subsequente, será apurado o resultado da questão que lhe antecede. Se o delito contra a vida, responsável por fixar a competência do júri, for desclassificado, a competência dos jurados cessará, sendo o julgamento, de conseguinte, cometido ao juiz-presidente (art. 492, § 2º, CPP). Verificado que restaram prejudicados os quesitos subsequentes, o juiz assim os declarará, dando por finda a votação (art. 490, parágrafo único, CPP). O juiz-presidente deve cuidar para que seja mantido o sigilo da votação.	63

CAPÍTULO XXXI – PROCEDIMENTO ESPECIAL DO JÚRI		
Sentença e ata da sessão	Todas as ocorrências da sessão deverão ser registradas em ata. Caso não haja reclamação oportuna, haverá preclusão sobre o ponto, notadamente quando se cuidar de **nulidade relativa**, que depende, como maior razão, de alegação tempestiva. Mesmo a ocorrência de **nulidade absoluta** precisa ser averbada, não por lhe ser essencial a impugnação, mas porque o registro é necessário para ser comprovada em grau de recurso. A sentença ou a decisão poderá ser: (1) de **absolvição**; (2) de **desclassificação** do crime doloso contra a vida, quando o juiz-presidente terá a competência para julgar os fatos de forma mais ou menos ampla a depender da forma do quesito cuja resposta ensejou a desclassificação; (3) de **condenação.** A Lei nº 13.964/2019 alterou o art. 492, inciso I, alínea "e", e parágrafos 3º, 4º e 5º, do Código, para permitir, como regra, a imposição de prisão imediata do acusado a **pena igual ou superior a quinze anos.**	**64**
Recurso e anulação parcial do julgamento do Júri	Deve ser anulado o julgamento de forma total quando houver vício da quesitação relativa ao único réu processado por um único delito doloso contra a vida (contradição, mal formulação ou ausência de quesito). O novo júri, quando provida a apelação interposta exclusivamente pelo réu, deve se restringir ao crime conexo, cujo julgamento pelo primeiro júri tenha se dado em descompasso frontal com as provas dos autos. Também é possível a anulação parcial do julgamento quando tal se reportar a um dos réus. É o caso de apelação que só acolhe a pretensão do autor intelectual de crime de homicídio, mantendo, no mais, o julgamento do corréu. Admite-se a invalidação parcial das decisões dos jurados quando existe mais de uma série de quesitos formulados aos jurados, com mais de um crime ou mais de um réu.	**65**

67. SÚMULAS DO STJ

21. Pronunciado o réu, fica superada a alegação do constrangimento ilegal da prisão por excesso de prazo na instrução.

243. O benefício da suspensão do processo não é aplicável em relação às infrações penais cometidas em concurso material, concurso formal ou continuidade delitiva, quando a pena mínima cominada, seja pelo somatório, seja pela incidência da majorante, ultrapassar o limite de um (01) ano.

330. É desnecessária a resposta preliminar de que trata o artigo 514 do Código de Processo Penal, na ação penal instruída por inquérito policial.

337. É cabível a suspensão condicional do processo na desclassificação do crime e na procedência parcial da pretensão punitiva.

347. O conhecimento de recurso de apelação do réu independe de sua prisão.

415. O período de suspensão do prazo prescricional é regulado pelo máximo da pena cominada.

455. A decisão que determina a produção antecipada de provas com base no art. 366 do CPP deve ser concretamente fundamentada, não a justificando unicamente o mero decurso do tempo.

536. A suspensão condicional do processo e a transação penal não se aplicam na hipótese de delitos sujeitos ao rito da Lei Maria da Penha.

607: A majorante do tráfico transnacional de drogas (art. 40, I, da Lei nº. 11.343/2006) configura-se com a prova da destinação internacional das drogas, ainda que não consumada a transposição de fronteiras.

636. A folha de antecedentes criminais é documento suficiente a comprovar os maus antecedentes e a reincidência.

68. SÚMULAS DO STF

Súmula Vinculante nº 35. A homologação da transação penal prevista no artigo 76 da Lei 9.099/1995 não faz coisa julgada material e, descumpridas suas cláusulas, retoma-se a situação anterior, possibilitando-se ao Ministério Público a continuidade da persecução penal mediante oferecimento de denúncia ou requisição de inquérito policial.

Súmula Vinculante nº 45. A competência constitucional do Tribunal do Júri prevalece sobre o foro por prerrogativa de função estabelecido exclusivamente pela constituição estadual.

156. É absoluta a nulidade do julgamento, pelo júri, por falta de quesito obrigatório.

162. É absoluta a nulidade do julgamento pelo júri, quando os quesitos da defesa não precedem aos das circunstâncias agravantes.

206. É nulo o julgamento ulterior pelo júri com a participação de jurado que funcionou em julgamento anterior do mesmo processo.

423. Não transita em julgado a sentença por haver omitido o recurso "*ex officio*", que se considera interposto "ex lege".

524. Arquivado o inquérito policial, por despacho do juiz, a requerimento do promotor de justiça, não pode a ação penal ser iniciada, sem novas provas.

603. A competência para o processo e julgamento de latrocínio é do juiz singular e não do tribunal do júri.

696. Reunidos os pressupostos legais permissivos da suspensão condicional do processo, mas se recusando o Promotor de Justiça a propô-la, o Juiz, dissentindo, remeterá a questão ao Procurador-Geral, aplicando-se por analogia o art. 28 do Código de Processo Penal.

707. Constitui nulidade a falta de intimação do denunciado para oferecer contrarrazões ao recurso interposto da rejeição da denúncia, não a suprindo a nomeação de defensor dativo.

712. É nula a decisão que determina o desaforamento de processo da competência do júri sem audiência da defesa.

69. QUESTÕES DE CONCURSOS PÚBLICOS

01. (2017 - FCC - DPE-PR - Defensor Público) No que diz respeito ao Tribunal do Júri, é INCORRETO afirmar:

(A) Os jurados poderão formular perguntas ao ofendido e às testemunhas, por intermédio do juiz presidente.

(B) Verificando que se encontram na urna as cédulas relativas aos jurados presentes, o juiz presidente sorteará sete dentre eles para a formação do Conselho de Sentença. À medida que as cédulas forem sendo retiradas da urna, o juiz presidente as lerá, e o Ministério Público e, depois dele, a defesa poderão recusar os jurados sorteados, até três cada parte, sem motivar a recusa.

(C) O tempo destinado à acusação e à defesa será de uma hora e meia para cada, e de uma hora para a réplica e outro tanto para a tréplica.

(D) O julgamento não será adiado pelo não comparecimento do acusado solto, do assistente ou do advogado do querelante, que tiver sido regularmente intimado.

(E) O julgamento não será adiado se a testemunha deixar de comparecer, salvo se uma das partes tiver requerido a sua intimação por Mandado, na oportunidade de que trata o art. 422 do Código de Direito Penal, declarando não prescindir do depoimento e indicando a sua localização.

02. (2016 - FCC - DPE-BA - Defensor Público) Sobre o procedimento relativo ao Tribunal do júri, é correto afirmar:

(A) De acordo com o Código de Processo Penal, no julgamento pelo Tribunal do júri de dois réus soltos, um autor, outro partícipe, havendo separação de julgamentos pela recusa distinta de jurados, será julgado em primeiro lugar aquele que estiver há mais tempo pronunciado.

(B) Na sentença de pronúncia não poderá o juiz declarar o dispositivo legal em que julgar incurso o acusado, pois não é dado ao magistrado decisão aprofundada de mérito, sob pena de invasão na competência dos jurados para análise da causa.

(C) Se o juiz entender pela impronúncia do acusado, fica vedada futura persecução penal pelo mesmo fato enquanto não ocorrer a extinção da punibilidade, ainda que, eventualmente, descobertas novas provas, visto que não existe revisão criminal em desfavor do réu.

(D) Contra sentença de impronúncia cabe recurso em sentido estrito, ao passo que, contra decisão que absolve sumariamente o acusado, cabe apelação.

(E) A intimação da sentença de pronúncia do acusado solto que não for encontrado será feita por meio de edital, sendo que o julgamento ocorrerá independentemente do seu comparecimento, ainda que a pronúncia admita acusação pelo delito de aborto.

03. (2016 - UFMT - DPE-MT - Defensor Público) No que se refere à absolvição sumária, no procedimento do Tribunal do Júri, assinale a afirmativa INCORRETA

(A) É a sentença definitiva por meio da qual a pretensão punitiva é julgada improcedente.

(B) Trata-se de decisão de mérito, ao contrário do que ocorre com a impronúncia.

(C) Terá lugar quando o juiz entender provada a inexistência do fato.

(D) Será proferida quando provado não ser o acusado autor ou partícipe do fato.

(E) A Lei nº 11.689/2008 restringiu as hipóteses de absolvição sumária.

04. (2015 - MPE-BA - MPE-BA - Promotor de Justiça Substituto) Quanto ao procedimento relativo aos processos de competência do Tribunal do Júri, é CORRETO afirmar que:

(A) O procedimento do júri, por abranger crimes dolosos contra a vida, será necessariamente iniciado através de denúncia oferecida pelo Ministério Público, respeitado o princípio da obrigatoriedade da ação penal pública.

(B) O juiz, ao receber a denúncia, ordenará a citação do acusado para responder à acusação, por escrito, no prazo de 15 (quinze) dias.

(C) A fundamentação da pronúncia limitar-se-á à indicação da materialidade do fato e da existência de indícios suficientes de autoria ou de participação, devendo o juiz especificar as circunstâncias qualificadoras, as agravantes e as causas de aumento de pena.

(D) Na primeira fase do procedimento do júri, provado que o acusado não é o autor ou partícipe do fato delituoso, o juiz, fundamentadamente, impronunciará desde logo o acusado, sendo que contra a sentença de impronúncia caberá o recurso de apelação

(E) O mesmo Conselho de Sentença poderá conhecer de mais de um processo, no mesmo dia, se as partes o aceitarem, hipótese em que seus integrantes deverão prestar novo compromisso.

---

05. (CONSULPLAN – TJ-MG – Titular de Serviços de Notas e de Registros – Provimento – 2018) De acordo com a Jurisprudência sumulada do Supremo Tribunal Federal, assinale a alternativa correta.

(A) É relativa a nulidade de julgamento pelo Júri, por falta de quesito obrigatório.

(B) O efeito devolutivo da apelação contra decisões do Júri é amplo, não se restringindo aos fundamentos da sua interposição.

(C) Não se admite a suspensão condicional do processo por crime continuado, se a soma da pena mínima da infração mais grave com o aumento mínimo de um sexto for superior a um ano.

(D) A competência constitucional por prerrogativa de função estabelecida pela Constituição Estadual prevalece sobre a competência do Tribunal do Júri, tendo em vista o princípio federativo e a autonomia dos Estados.

---

06. (VUNESP – MPE-SP – Analista Jurídico do Ministério Público – 2018) Em relação ao procedimento do júri, assinale a alternativa correta.

(A) O jurado que tiver integrado o Conselho de Sentença nos 12 (doze) meses que antecederem à publicação da lista geral não será excluído em casos de comprovada necessidade.

(B) A lista geral dos jurados, com indicação das respectivas profissões, será publicada pela imprensa até o dia 10 de outubro de cada ano e divulgada em editais afixados à porta do Tribunal do Júri.

(C) Ao receber os autos, o presidente do Tribunal do Júri determinará a intimação do órgão do Ministério Público ou do querelante, no caso de queixa, e do defensor, para, no prazo de 5 (cinco) dias, apresentarem rol de testemunhas que irão depor em plenário, até o máximo de 8 (oito), oportunidade em que poderão juntar documentos e requerer diligência.

(D) Nos casos de desaforamento requerido por alguma das partes, poderá ser ouvido o juiz presidente, caso o relator assim julgue necessário.

(E) Excesso de serviço não justifica pedido de desaforamento.

70. GABARITO ANOTADO

01 – B

Vide:

- Art. 468 do CPP.
- Formação do conselho de sentença.

02 – E

Vide:

- Artigos 420 e 457, ambos do CPP.
- Decisão de pronúncia.

03 – E

Vide:

- Art. 415 do CPP.
- Sentença de absolvição sumária.

04 – E

Vide:

- Art. 452 do CPP.

05 – C

Vide:

- Súmula 156, STF.
- Súmula 713, STF.
- Súmula 723, STF.
- Súmula Vinculante 45.

06 – B

Vide:

- Art. Art. 422, CPP.
- Art. 426, CPP.
- Art. 427, §3º, CPP.
- Art. 428, CPP.

71. QUESTÕES DISCURSIVAS COM COMENTÁRIOS

---

01. (UFRJ – Delegado de Polícia – DF/2005) Terminada a instrução criminal, na qual se objetivava a admissibilidade da acusação pela prática do delito previsto no artigo 122 do Código Penal, diante das provas produzidas, o Juiz observou a ausência de dolo, absolvendo desde já o acusado. Agiu corretamente o Juiz?

A decisão que reconhece a ausência de dolo, no caso em tela, fará coisa julgada material?

Resposta

O rito a ser seguido para o crime do art. 122, do CP, é o especial para apuração de crimes dolosos contra a vida (induzimento, instigação ou auxílio a suicídio). Não há previsão de modalidade culposa.

O dispositivo que justifica a atuação do juiz é o art. 415, III, CPP, que autoriza a absolvição de logo do acusado quando o fato não constituir infração penal. Cuida-se de hipótese de absolvição sumária fundada na atipicidade, eis que ausente dolo a respeito de conduta que não admite forma culposa.

O juiz agiu corretamente e a decisão em tela produz coisa julgada material, por declarar, com esteio em juízo de certeza, a ausência de dolo.

---

02. (FADEMS – Promotor de Justiça – MS/2013) Tratando-se de processo do Tribunal do Júri, o Tribunal de Justiça, por uma de suas Câmaras Criminais, dá provimento ao recurso de apelação interposto pelo réu, anulando a decisão dos jurados que o condenou e determinando sua submissão a novo julgamento. Vindo os autos do Tribunal de Justiça para o Juiz Presidente do Tribunal do Júri, este, acolhendo pedido da defesa, permite nova manifestação na fase de preparação prevista no artigo 422, do Código de Processo Penal, com a apresentação de inédito rol de testemunhas. Foi correto o proceder do magistrado? Fundamente a resposta, considerando a jurisprudência atualizada dos Tribunais Superiores (resposta em no máximo 25 linhas).

Resposta

Não foi correto o proceder do magistrado porque fez revolver matéria já preclusa. Note-se que a anulação foi do julgamento pelo Júri, sendo aquele o marco a partir do qual devem ser considerados nulos os demais atos processuais (princípio da concatenação, da causalidade ou da consequencialidade, aplicável às nulidades). Permitindo o retorno procedimental àquele momento, além de violar regras procedimentais, ofende o princípio da paridade de armas e as regras preclusivas construídas para que haja processamento válido e regular dos fatos. Não se admite, em face de um novo julgamento por força da invalidade do primeiro, a inovação probatória a este ponto.

Capítulo XXXII

Procedimentos nos Espaços de Consenso

Sumário • 1. Introdução – 2. Instrumentos consensuais no procedimento aplicável aos crimes de menor potencial ofensivo – 3. Composição dos danos civis – 4. Transação penal – 5. Suspensão condicional do processo – 6. Acordo de não persecução penal – 7. Acordo de não persecução penal na Lei de Controle do Crime Organizado – 8. Pressupostos para a formulação de acordo de não persecução penal da Lei nº 12.850/2013 – 9. Controle de constitucionalidade do acordo de não persecução penal da Lei nº 12.850/2013 – 10. Acordo de não persecução penal do Código de Processo Penal – 11. Pressupostos para a formulação de acordo de não persecução penal do Código de Processo Penal – 12. Condições de eficácia do acordo de não persecução penal do Código de Processo Penal – 13. Causas impeditivas de acordo de não persecução penal do Código de Processo Penal – 14. Formalidades do acordo de não persecução penal do Código de Processo Penal – 15. Quadro sinótico – 16. Súmulas do STJ – 17. Súmulas do STF – 18. Questões de concursos públicos – 19. Gabarito anotado – 20. Questões discursivas com comentários

1. INTRODUÇÃO

Neste capítulo, estudaremos os procedimentos consensuais, assim entendidos como aqueles que desviam o rito comum ou especial do seu percurso normal. Nos espaços de consenso, pode haver mitigação do princípio da indisponibilidade da ação penal pública. Acreditamos que não haverá repercussão no princípio da obrigatoriedade da ação penal pública, se entendermos que não é admissível o exercício de discricionariedade quando da escolha do instrumento consensual, eis que deve ser esta norteada pelo estrito cumprimento dos requisitos legais.

Os procedimentos aqui referidos podem ser prévios, incidentes ou posteriores ao procedimento comum ou especial. São negócios jurídicos processuais.

(1) Será procedimento consensual **prévio** quando obstar o oferecimento da peça inicial acusatória, com a celebração de acordo e fixação, antecipada, de penas restritivas de direito. Por exemplo, o acordo de não persecução penal do art. 28-A, do CPP, inserido pela Lei nº 13.964/2019.

(2) Teremos procedimento consensual **incidental** ao processo penal condenatório quando for firmado encontro de vontades durante o seu trâmite, a exemplo do que se dá com a suspensão condicional do processo, do art. 89, da Lei nº 9.099/1995, com o estabelecimento de condições que, se cumpridas, determinam a extinção da punibilidade.

(3) Haverá procedimento **consensual** posterior na hipótese de se ajustar colaboração premiada em momento posterior ao trânsito em jugado, isto é, no curso da execução penal. Sobre as colaborações premiadas, estudamos sobre elas.

De tal sorte, estudaremos o procedimento da composição civil (art. 74, da Lei nº 9.099/1995), da transação penal (art. 76, da Lei nº 9.099/1995), da suspensão condicional do processo (art. 89, da Lei nº 9.099/1995), do acordo de não persecução penal (art. 28-A, do CPP, com redação da Lei nº 13.964/2019) e remetendo o leitor ao estudo que fizemos da colaboração premiada, no capítulo sobre os elementos consensuais de prova.

2. INSTRUMENTOS CONSENSUAIS NO PROCEDIMENTO APLICÁVEL AOS CRIMES DE MENOR POTENCIAL OFENSIVO

O procedimento comum sumaríssimo, dos juizados especiais criminais, é precedido por três momentos consensuais que exigem observância de regras, nessa ordem: a composição de danos cível, a transação penal e a suspensão condicional do processo. Há um rito previsto no ordenamento, a ser observado, para cada uma dessas possibilidades, um devido processo legal. Somente depois de frustradas ou exauridas as tentativas consensuais, será seguido o procedimento sumaríssimo comum, aplicável a infrações de menor potencial ofensivo, conforme estudado no capítulo sobre procedimento comum.

Rigorosamente, a Constituição do Brasil somente previu a possibilidade de transação penal nos juizados especiais criminais. Está situada fora da órbita dessa excepcionalidade autorizada pelo constituinte outras formas de consenso penal. De acordo com o art. 98, inciso I, da CF, serão criados juizados especiais:

(1) competentes para a conciliação, o julgamento e a execução de infrações penais de menor potencial ofensivo;

(2) mediante os procedimentos oral e sumaríssimo;

(3) permitidos, nas hipóteses previstas em lei, a transação e o julgamento de recursos por turmas de juízes de primeiro grau.

Como se depreende, a Carta Maior brasileira não chancelou antecipação de pena sem produção de prova ou com aceleração do rito, em prejuízo da presunção de inocência. Também não albergado por aquele enunciado os demais instrumentos consensuais que grassaram no ordenamento jurídico brasileiro, na senda de uma generalização, difusa, da *plea bargain* americana, com desprezo às garantias fundamentais nucleares processuais penais do art. 5º, da CF.

A regulamentação do citado art. 98, da CF, adveio com a promulgação da Lei nº 9.099/1995, instituindo um discurso de **despenalização** e de **descarcerização.** Na verdade, não houve despenalização com os juizados especiais criminais. Continuamos a aplicar penas. Conquanto sejam restritivas de direito, como a prestação de serviços à comunidade, são penas, não havendo que se falar em despenalização. Muito menos aconteceu descriminalização. O que houve foi redução da aplicação de penas privativas de liberdade, descarcerização.

A influência geralmente apontada é a de sistemas vinculados ao *common law*. Com os juizados especiais criminais, oficializamos a justiça negociada ou justiça penal consensual, com diferentes graus de negócios jurídicos processuais. Na prática, assistimos ao alcance de uma processo penal de massa, que diz respeito a uma criminalidade desorganizada ou de baixíssima organização[1].

Dentre as perspectivas trazidas pela Lei dos Juizados Especiais, estaria a ideia de ampliação do acesso à justiça, aproximando o cidadão da efetivação judicial dos seus direitos. No entanto, essa ideia é invertida quando percebemos à facilitação de imposição de pena para aquelas camadas sociais desassistidas. Vale dizer, aqueles que dificilmente têm acesso às garantias básicas cíveis, a exemplo do direito à alimentação, educação ou saúde, terão, *prêt-à-porter*, aplicadas penas restritivas de direito por delitos de ofensividade reduzida, isto é, serão punidos de forma célere e econômica (para o Estado).

Os princípios preconizados pela Lei nº 9.099/1995, para o rito dos processos em tramitação nos juizados são, nos termos do seu art. 62, a oralidade, a informalidade, a economia processual, a simplicidade e a celeridade. São esses os critérios que recomendam, sempre que possível, priorizar a reparação dos danos sofridos pela vítima e a aplicação de pena não privativa de liberdade.

O parâmetro para a incidência dessas normas é a quantidade da pena máxima aplicada ao crime em abstrato, que deve ser de dois anos. Não tem relevância a previsão de rito especial em lei, nem a cumulação daquela pena com multa. Apenas há restrição para aplicar os institutos que vamos estudar no âmbito da justiça militar, na forma art. 90-A, da Lei dos Juizados Especiais, apesar de pender dúvida sobre se exceção teria caído com o advento da Lei nº 13.491/2017, que ampliou o conceito de crime militar.

De toda sorte, para definição do *quantum* máximo em tese gizado como pena de figura típica penal, devemos considerar todas as regras que permitam exasperar, também em abstrato, a pena máxima passível de ser aplicada. Ingressa nessa seara as causas especiais de aumento ou de diminuição de pena, as regras de continuação delitiva e de concurso formal ou material de infrações penais.

O rito da Lei nº 9.099/1995 pode ser tripartido, se considerada a persecução penal de delitos de menor potencial ofensivo com um todo:

(1) fase preliminar, destinada a lavratura de termo circunstanciado de ocorrência, a cargo da polícia judiciária;

(2) audiência preliminar, sede para a possibilidade de composição civil e de transação penal;

(3) procedimento comum sumaríssimo, momento para a aceitação de suspensão condicional do processo que, em regra, deve ocorrer no instante imediatamente subsequente ao recebimento da denúncia ou da queixa-crime.

Neste capítulo, restringiremos nosso estudo aos três instrumentos de consenso dos juizados especiais criminais, eis que já estudamos no capítulo sobre procedimento comum, a sequência do rito como um todo, da fase preliminar, passando pela audiência preliminar, até o encerramento do procedimento comum sumaríssimo.

1. TOURINHO NETO, Fernando. O crime organizado. *Revista Jurídica da Seção Judiciária do Estado da Bahia*, Salvador, nº 7, ano 6, p. 185, mai. 2007.

3. COMPOSIÇÃO DOS DANOS CIVIS

É acordo de natureza civil, embora firmado perante a justiça penal. Em sentido amplo, é um negócio jurídico processual civil. A possibilidade de composição civil dos danos torna híbrido o sistema criminal, com elementos que encerram a discussão sobre os danos. O sistema adotado pela Lei nº 9.099/1995 é o da confusão, analisado no capítulo sobre a ação civil *ex delicto*.

A composição civil dos danos pode ocorrer livremente, independentemente da iniciativa prevista à ação penal. Seja ela pública incondicionada, condicionada ou privada, o propósito conciliador sempre permitirá compor os danos, de forma livre, consoante o desejo dos envolvidos.

Não há limitações à celebração do acordo em tela. Na dicção do art. 74, *caput*, daquela lei, a composição dos danos civis será reduzida a escrito e, homologada pelo Juiz mediante **sentença irrecorrível**, terá eficácia de **título a ser executado no juízo civil** competente. Pensamos ser possível impugnar a sentença que homologa o acordo com a ação de mandado de segurança.

Tratando-se de ação penal de iniciativa privada ou de ação penal pública condicionada à representação, o acordo homologado acarreta a renúncia ao direito de queixa ou representação. Como se infere, a composição civil pode produzir efeitos na órbita penal, mas a legislação não colocar rédeas a quem deseja ressarcir danos. Essa ideia atende ao ditame de conciliação consignado como um dos princípios dos juizados especiais criminais.

De um lado, a efetivação de composição civil pode subtrair justa causa para a ação penal pública incondicionada. Basta imaginar caso de vias de fato, contravenção penal, que os envolvidos se desculpam mutuamente. Acionar penalmente o agressor colide com a ideia do direito criminal ser a *ultima ratio* ou derradeira instância sancionadora.

O delito pode estar prescrito, mas a possibilidade de indenizar não. De igual maneira, é possível entrar em acordo pelos danos cíveis, malgrado tenha se operado a decadência para ajuizar ação penal privada. Daí que prescrição e decadência não prejudicam a homologação, por sentença, do acordo de composição civil os danos.

Trata-se de ato que tem lugar no início da audiência preliminar, perante o juiz. Embora recomendável a presença do advogado, não é ela indispensável, afinal não temos ainda processo criminal instaurado, nem há aplicação de pena, nem tampouco existe a imposição de qualquer limite para sucessivas composições civis pelo mesmo autuado. Até essa fase, é possível a postulação leiga pelos próprios pactuantes, autor do fato e vítima.

Caso não seja obtida a composição dos danos civis, será dada imediatamente ao ofena dido a oportunidade de exercer o direito de representação verbal, que será reduzida a termo. O não oferecimento da representação na audiência preliminar não implica decadência do direito, que poderá ser exercido no prazo previsto em lei.

4. TRANSAÇÃO PENAL

Exaurido o momento de composição civil dos danos sem êxito, na mesma audiência preliminar, haverá possibilidade de celebração de transação penal. Trata-se de acordo penal ou negócio jurídico processual penal que consiste na aplicação, imediata, de pena restritiva de direitos ao autor do fato, sem que isso importe, formalmente, reconhecimento de culpa. No Fórum Nacional dos Juizados Especiais ficou dito, no seu enunciado nº 116 que, na transação penal, deverão ser observados os princípios da justiça restaurativa, da proporcionalidade, da dignidade, visando a efetividade e adequação.

A transação penal não foi reconhecida, pelos tribunais, como espécie de ação penal. Caso o fosse, teríamos a vantagem de exigir prévio contraditório, ampla defesa e produção de prova. Somente se constatada prova suficiente, poderíamos admitir transação penal. Não prevaleceu essa tese. No entanto, pensamos que a transação penal deve descrever conduta típica, antijurídica e culpável, com a devida classificação do fato. Se não evidenciados esses elementos ou se faltar justa causa, deve o juiz recusar homologar a proposta.

Analiticamente, a transação penal consiste:

(1) em proposta formulada pelo Ministério Público para que o autor do fato cumpra pena restritivas de direito, com respeito à legislação aplicável, nos termos do art. 76, da Lei nº 9.099/1995;

(2) na aceitação, pelo ofendido, da proposta ofertada;

(3) na homologação, por sentença judicial, do acordado pelo autor do fato e pelo Ministério Público.

Diferentemente da composição civil, é indispensável que o autor do fato esteja acompanhado por defensor. Afinal, a transação penal, conquanto seja objeto de sentença homologatória e não faça coisa julgada material, tem efeito prático similar à condenação de pena restritiva de direitos, malgrado não produza antecedentes criminais, nem prevaleça a título de reincidência.

Aliás, as penas restritivas de direito são fungíveis entre si. Para fins de viabilizar o cumprimento da transação penal, aquelas podem ser substituídas umas pelas outras, inclusive por multa, conforme melhor se ajustar à situação pessoal do imputado.

Há, porém, um limite: se a infração penal contra a natureza, devemos observar a destinação e a pertinência da pena à questão do meio ambiente, na forma dos artigos 8º ao 13, da Lei nº 9.605/1998. Como condição prévia à transação penal ambiental, o art. 27, deste diploma legal, pontua que a proposta de aplicação imediata de pena restritiva de direitos ou multa, prevista no art. 76, da Lei nº 9.099/1995, somente poderá ser formulada desde que tenha havido a **prévia composição do dano ambiental**, de que trata o art. 74 da mesma lei, salvo em caso de comprovada impossibilidade.

Nos casos de uso de drogas, a admoestação verbal, do art. 28, I, da Lei nº 13.343/2006, pode ser realizada por profissional habilitado, em dia posterior à aceitação por um ou por vários autores do fato, de forma isolada ou conjunta. A senda de tornar o uso crime de teor simbólico permite esse proceder. De igual forma, a limitação da transação penal a apenas uma, a cada cinco anos, não tem sentido lógico nos casos de usuário de drogas.

A transação penal é cabível nos crimes de ação penal privada?

Tem-se admitido, majoritariamente, que o querelante ofereça a proposta de transação penal e, caso não o faça, deve a ação penal ter seguimento[2]. Há também entendimentos de que a proposta deva caber ao Ministério Público. Caso o autor do fato esteja residindo em outra localidade, não há óbice que seja enviada a proposta por carta precatória. Não é, esse expediente, incompatível com o rito dos juizados, especialmente se expedida por via

2. STJ – Quinta Turma – RHC 102.381/BA – Rel. Min. Felix Fischer – DJe 17 out. 2018.

eletrônica. Ademais, pode haver justificativa, proporcional, ao uso de sistema de videoconferência para este fim.

Vale lembrar que a homologação de transação penal não produz efeitos sobre o curso da prescrição do delito. Não há interrupção, nem muito pouco suspensão do prazo prescricional. Significa dizer que, se não cumprida e expirado esse lapso, deve ser declarada extinta a punibilidade. Nos termos do enunciado nº 35, da Súmula Vinculante, do STF, a homologação da transação penal prevista no art. 76, da Lei nº 9.099/1995, não produz coisa julgada material. Caso sejam desacatadas suas cláusulas, deve haver retorno ao *status quo ante*: o Ministério Púbico poderá dar continuidade à persecução penal, com o oferecimento de denúncia ou requisição de inquérito policial.

Por sua vez, o juiz de garantias não tem competência para atuar nos procedimentos que envolvam apenas infrações de menor potencial ofensivo. De conformidade com o art. 3º-C, do CPP[3], com redação da Lei nº 13.964/2019, a competência do juiz das garantias abrange todas as infrações penais, exceto as de menor potencial ofensivo, e cessa com o recebimento da denúncia ou queixa.

E se o Ministério Público negar oferecer transação penal ao autor do fato, sem justificativa amparada no ordenamento jurídico?

O art. 28, do CPP, é o parâmetro de controle relativamente às discordâncias entre os sujeitos processuais. Naquele caso, os autos devem ser encaminhados ao Procurador-Geral de Justiça ou ao órgão revisional com atribuição legal para dar a última palavra. Caso denegue a oferta de transação penal, deve o rito prosseguir com o oferecimento da inicial acusatória.

Nos termos do art. 28, *caput*, com redação dada pela Lei nº 13.964/2019, aplicado também por analogia, o juiz não deve ter a iniciativa de controle sobre a negativa arbitrária do *Parquet*. Caberá então aos envolvidos solver a controvérsia, provocando o órgão revisional ministerial indicado pela legislação específica para dirimir o imbróglio.

Tratando-se de crime contra idoso ou contra a mulher em situação de violência doméstica, não será aplicável qualquer medida descarcerizadora em favor do autor do fato. Vale lembrar, a propósito que, nos autos da ADI nº 3096, o STF deliberou pela impossibilidade de aplicação de quaisquer medidas despenalizadoras e de interpretação benéfica ao autor do crime.

Tem se entendido possível oferecer a transação penal mesmo em fases adiantadas do processo penal. Esse proceder se ajusta à ideia de informalidade, de simplicidade e de conciliação dos juizados especiais criminais. A providência tem cabimento, por exemplo, quando retificado o tipo penal para um menos grave que admita a medida.

Por último, é no próprio juizado especial criminal que veremos o cumprimento das penas restritivas fixadas na transação penal. Se o imputado residir em outra localidade, deverá ser emitida carta precatória para que lá seja cumprida a pena.

---

3. Dispositivo com eficácia suspensa, nos termos de decisão monocrática do Supremo Tribunal Federal (STF – ADI 6298/DF – Medida Cautelar – Rel. Min. Luiz Fux – 22 jan. 2020).

5. SUSPENSÃO CONDICIONAL DO PROCESSO

Outro espaço consensual procedimental é o de suspensão condicional do processo (*sursis* processual). Trata-se de medida refratária não à obrigatoriedade da ação penal, mas a sua indisponibilidade. Com o oferecimento da denúncia, o Ministério Público poderá propor suspensão condicional do processo. Nessa hipótese, a atribuição do *Parquet* é restrita à proposta desse *sursis*, com a indicação do tempo que poderá ser de dois a quatro anos. Para a fixação das condições, a competência é do juiz.

É a dicção do art. 89, da Lei nº 9.099/1995, que exige que a pena mínima abstrata seja igual ou inferior a um ano, bem como que acusado não responda a outro processo, não tenha sido condenado por **outro crime** e estejam presentes os demais requisitos que autorizariam a suspensão condicional da pena. Note-se que o imputado pode ter condenação anterior por contravenção, segundo os termos legais.

É possível ao Ministério Público recusar, ainda, a proposta de suspensão do processo quando se verificar que o acusado descumpriu, na condição de investigado, acordo de não persecução penal do art. 28-A, do CPP (ANPP).

Depois de aceita a proposta pelo acusado e pelo seu defensor, na presença do Juiz, este, recebendo a denúncia, poderá suspender o processo, submetendo o acusado a período de prova, sob as seguintes **condições**:

(1) reparação do dano, salvo impossibilidade de fazê-lo;

(2) proibição de frequentar determinados lugares;

(3) proibição de ausentar-se da comarca onde reside, sem autorização do juiz;

(4) comparecimento pessoal e obrigatório a juízo, mensalmente, para informar e justificar suas atividades.

Além dessas condições, o juiz poderá especificar outras, desde que adequadas ao fato e à situação pessoal do acusado.

Será revogada a suspensão se, no curso do prazo, o beneficiário vier a ser processado por outro **crime** ou não efetuar, sem motivo justificado, a reparação do dano. Trata-se de **revogação obrigatória**. De outro lado, a **revogação** será **facultativa** se o acusado vier a ser processado, no curso do prazo, por **contravenção**, ou descumprir qualquer outra condição imposta. Decorrido o prazo sem revogação, o juiz declarará extinta a punibilidade. Apesar da letra da lei, os tribunais superiores têm entendido que a revogação pode acontecer depois de ultrapassado o período de prova[4].

Se não aceita a suspensão condicional do processo, este prosseguirá normalmente. Por outro lado, havendo *mutatio libelli* ou *emendatio libelli* que, em razão de nova classificação dada ao fato, passe a admitir o *sursis* processual, ele deverá ser objeto de proposta pelo Ministério Público ou, nos casos de ação penal privada, pelo querelante. Pendente a suspensão do processo, o prazo prescricional não fluirá. Trata-se de instituto aplicável mesmo fora do âmbito dos juizados especiais, bastando que haja atendimento dos requisitos objetivos e subjetivos dispostos no art. 89, da Lei nº 9.099/1995.

Sobre os demais pontos do rito aplicável aos juizados especiais criminais, remetemos o leitor ao capítulo sobre o procedimento comum.

4. STJ – AgRg no REsp 1838907/MT – Quinta Turma – Rel. Min. Jorge Mussi – DJe 19 dez. 2019.

6. ACORDO DE NÃO PERSECUÇÃO PENAL

Inserido, de forma embrionária, na Lei de Controle do Crime Organizado, o acordo de não persecução penal findou por também ser sufragado no art. 28-A, do CPP, com o objetivo de ser aplicado a delitos que não estejam apenas abrangidos pelo § 4º, do art. 4º, daquela Lei nº 12.850/2013, isto é, o gênero "acordo de não persecução" não é de aplicação exclusiva às infrações penais atribuídas a organização criminosas.

Ambos os dispositivos têm, atualmente, redação atribuída pela Lei nº 13.964/2019. Iremos analisar separadamente as duas formas de negócio jurídico processual. Por ora, sublinhamos a sua semelhança ao instituto da transação penal. Nessa linha, entendemos que a Constituição não previu essa possibilidade de generalização da justiça penal consensual. Em outros termos, negociar o oferecimento da denúncia, para impor algo semelhante à transação penal, restrita às infrações de menor potencial ofensivo, é proceder incompatível com a Lei Maior.

Somos, portanto, filiados a corrente que entende que não deve haver acordo de não propositura de denúncia entre Ministério Público e acusado[5], eis que a ação penal é obrigatória. Além desse argumento, transação penal somente deve ser admitida às infrações penais de menor potencial ofensivo, nos termos excepcionais ditados pelo art. 98, inciso I, da CF.

Por tal razão, o § 4º, I e II, do art. 4º, da Lei nº 12.850/2013, bem como o art. 28-A, do CPP, com enunciados da Lei nº 13.964/2019, devem receber **interpretação conforme a Constituição**, a fim de ser exigido do ***Parquet***, ao menos, a formulação de ação penal e, nesse âmbito, que proponha perdão judicial ou promova arquivamento das peças de informação, com o necessário controle do princípio da **obrigatoriedade**[6].

Sobre o ponto, Mara Lina do Carmo adverte que a possibilidade de não persecução penal pretende instituir indevida mitigação à obrigatoriedade, bem como que a previsão de exigência de confissão formal e circunstanciada dos fatos delituosos, finda por flexibilizar "as garantias constitucionais da ampla defesa e do contraditório, bem como do devido processo legal"[7].

A partir dos tópicos seguintes, iremos analisar, separadamente, os acordos de não persecução previstos no ordenamento jurídico, o primeiro, na Lei nº 12.850/2013 (art. 4º, § 4º) e, o segundo, no CPP (art. 28-A, dado pela Lei nº 13.964/2019).

5. AMORIM, Pierre Souto Maior Coutinho do. Observações sobre a Resolução nº 181/2017 do CNMP. *Empório do direito*. Disponível em: < http://emporiododireito.com.br/backup/observacoes-sobre-a-resolucao-n-181cnmp-por-pierre-souto-maior-coutinho-de-amorim/>. Acesso em: 29 nov. 2017.
6. JARDIM, Afrânio Silva. Delação premiada: o sistema de justiça criminal sendo substituído por um contrato. *Empório do Direito*. Disponível em: <http://emporiododireito.com.br/delacao-premiada-o-sistema-de-justica-criminal-sendo-substituido-por-um-contrato-por-afranio-silva-jardim>. Acesso em: 17 jul. 2017.
7. CARMO, Mara Lina Silva do. *Ampla defesa e colaboração premiada no estado democrático de direito*. 2018. 136 f. Dissertação (Mestrado), Pontifícia Universidade Católica de São Paulo, São Paulo. p.119.

7. ACORDO DE NÃO PERSECUÇÃO PENAL NA LEI DE CONTROLE DO CRIME ORGANIZADO

Trata-se de negócio jurídico processual de natureza penal, apesar da necessidade de atender os estritos limites legais. Deve ser regido pelas regras e princípios de direito público[8]. O sistema de justiça consensual brasileiro não admite juízos de conveniência e oportunidade a cargo do promotor de justiça. Essa visão é incompatível com a função de defensor da ordem jurídica e com o princípio da obrigatoriedade da ação penal (arts. 127 e 129, I, CF).

O atuar do Ministério Público deve ser jungido à lei.

Significa dizer que seu agir deve respeitar a compartimentalização, a divisão do poder estatal. Se autorizada fosse a permissividade e a liberdade ampla ao *Parquet*, haveria um crescimento vertiginoso de seus poderes, em desequilíbrio da atuação regrada que deve observar qualquer órgão que componha a estrutura acusatória do processo penal brasileiro. Fora desse âmbito, poderemos ver configurado crime de abuso de autoridade, se tipificada estiver a conduta na Lei nº 13.869/2019.

Na verdade, o acordo de não persecução penal é uma certidão de que o Estado desistiu de trabalhar no caminho da obtenção de verdade lastreada em provas e fatos ou na aplicação de pena com base em um desenvolvimento processual regularmente comprometido com as garantias fundamentais. Fauzi Choukr enxerga, nas figuras consensuais, o que denominou de **colaborador contumaz**. Tenta-se, inclusive, modificar o modo de vida e a personalidade do delator. E o autor completa, certeiramente, dizendo ter ficado bastante claro "que o Estado deseja uma verdadeira muleta para sua incapacidade persecutória", ao adotar uma "(in) cultura emergencial, o abandono dos valores fundamentais do Estado de Direito, com o Estado agindo na defesa de si mesmo, de sua ineficiência e inoperância, sendo mínima a preocupação com o aprimoramento moral do Homem"[9].

Por outro lado, consideramos o acordo de não persecução penal, da legislação de controle do crime organizado, um **instrumento híbrido**, posto em permeio à transação penal dos juizados especiais e à colaboração premiada. Sob essa lente, o acordo de não persecução penal da Lei nº 12.850/2019 deve, ao menos, decorrer de uma delação, formulada por coautor de delito atribuído à organização criminosa. É o que decorre de sua posição tópica naquele diploma legal, bem como dos seus pressupostos.

8. PRESSUPOSTOS PARA A FORMULAÇÃO DE ACORDO DE NÃO PERSECUÇÃO PENAL DA LEI Nº 12.850/2013

A possibilidade de ser firmado o acordo em tela é demasiadamente restrita. São vários os requisitos, conforme veremos, cumulativos e alternativos. O § 4º, do art. 4º, daquela legislação, permite que o Ministério público deixe de oferecer denúncia, fazendo remissão às mesmas hipóteses do *caput* daquele artigo. Dessa maneira, o acordo de não persecução

8. JARDIM, Afrânio Silva; AMORIM, Pierre Souto Maior Coutinho de. ***Direito processual penal***: estudos, pareceres e crônicas. 15. ed. Salvador: Juspodivm, 2018.p. 753.
9. CHOUKR, Fauzi Hassan. ***Iniciação ao processo penal***. Florianópolis: Empório do Direito, 2017. p.597-598.

da Lei nº 2013/12.850, exige o atendimento dos seguintes pressupostos, comprovados por base empírica suficiente:

(1) conduta delituosa imputada à **organização criminosa**, cujos elementos de prova devem evidenciar a presença das suas características descritas em lei;

(2) existência de **proposta de acordo de colaboração premiada**, devidamente formalizada, cujo teor deve atender aos seguintes requisitos:

(a) deve se referir a infração penal de cuja existência o Ministério Público **não tenha prévio conhecimento**. Será reputado existente o conhecimento prévio do delito quando o Ministério Público ou a autoridade policial com atribuição legal tenha instaurado inquérito ou procedimento investigatório para apuração dos fatos apresentados pelo colaborador;

(b) o colaborador **não** pode ser o **líder da organização criminosa**;

(c) o delator deve ter sido o **primeiro a prestar efetiva colaboração**.

(3) obtenção de **um ou mais** dos **resultados próprios de colaboração premiada**, dos incisos I a V, do *caput*, do art. 4º, da Lei de Controle da Criminalidade Organizada, quais sejam:

(a) a identificação dos demais coautores e partícipes da organização criminosa e das infrações penais por eles praticadas;

(b) a revelação da estrutura hierárquica e da divisão de tarefas da organização criminosa;

(c) a prevenção de infrações penais decorrentes das atividades da organização criminosa;

(d) a recuperação total ou parcial do produto ou do proveito das infrações penais praticadas pela organização criminosa;

(e) a localização de eventual vítima com a sua integridade física preservada.

Na advertência lúcida de Afrânio Silva Jardim, "os investigados só podem eficazmente se comprometer a deveres ou obrigações que se insiram no seu poder de disponibilidade. Evidentemente, direitos indisponíveis não podem ser objeto de 'negociação'". Em outras palavras, haverá nulidade absoluta de cláusulas, que estarão passíveis de invalidação, a exemplo da que contiver previsão de "renúncia prévia ao duplo grau de jurisdição"[10].

O nosso acordo de não persecução penal, da Lei nº 12.850/2013, tem regras bastante estreitas. É ele posto em permeio às tratativas com o colaborador e o pedido de homologação judicial de colaboração premiada. Cabe afirmar, diante daqueles elementos, o Ministério Público ou a autoridade policial aborta a possibilidade de requerimento de homologação da proposta de colaboração formulada pelo delator imputado. Em seu lugar, deixa de oferecer denúncia. Embora o § 4º, do art. 4º, não expresse, é necessário que isso fique consignado em termo, também submetido à homologação judicial.

10. JARDIM, Afrânio Silva; AMORIM, Pierre Souto Maior Coutinho de. ***Direito processual penal***: estudos, pareceres e crônicas. 15. ed. Salvador: Juspodivm, 2018. p.754.

Esse pleito, como se depreende, deverá ter a natureza de pedido de homologação de acordo de não persecução penal. Entendemos, aliás, que pode se tratar, correlatamente, de promoção de arquivamento de inquérito policial ou de investigação preliminar, notadamente quando conduzido pelo *Parquet*. Para que seja oferecida denúncia contra o beneficiado pela não persecução penal, nos casos de descumprimento do ajuste, deverá, ainda, ser apresentada prova nova, a teor do enunciado nº 524, da Súmula, do STF.

No entanto, o referido acordo entre Ministério Público e acusado tem recebido contornos práticos que vão bem além do que previu a legislação de controle do crime organizado. Note-se que o propósito do § 4º, do art. 4º, da Lei nº 12.850/2013, foi permitir a outorga de um "prêmio" a uma "categoria especial" de colaborador, com a não oferta da denúncia.

9. CONTROLE DE CONSTITUCIONALIDADE DO ACORDO DE NÃO PERSECUÇÃO PENAL DA LEI Nº 12.850/2013

Ponto que merece atenção é o do exame, à luz da Constituição, do acordo de não persecução previsto no § 4º, do art. 4º, da Lei nº 12.850/2013. Reputamos se cuidar de instituto de duvidosa inconstitucionalidade. Isso porque dele decorre o impedimento ao exercício de garantias fundamentais, como o direito ao devido processo, ao contraditório e à prova, diante da proposta ministerial de **submissão à pena restritiva de direitos**, de forma consensual.

Geraldo Prado, aliás, pontifica que ele há, nos mecanismos consensuais, conflito "com um sistema processual que fundamenta a sentença em provas colhidas em contraditório. A transformação do agente em testemunha é repudiada dada a evidente falta de isenção do delator"[11]. Em reforço, também compreendemos o acordo de não persecução penal como incompatível com o art. 129, inciso I, da Constituição do Brasil.

Na Itália, por exemplo, Vincenzo Manzini há muito aviva que a atuação do Estado moderno, diante da notícia de um delito, é um poder e um dever, em razão do interesse eminentemente público envolvido. Daí a inadequação de se entender que a atividade estatal, nesse contexto, seria mera faculdade, derivando, "logicamente, o princípio da indisponibilidade deste poder-dever: os órgãos do Estado, por meio dos quais deve agir, não podem dispor livremente. O Estado impôs, em face do seu próprio poder, autolimitações inderrogáveis, estabelecidas mediante lei"[12].

No ponto, seguimos o magistério de Afrânio Silva Jardim, ao pontificar que "o prêmio de não oferecer a denúncia, previsto no parágrafo quarto do art. 4º da Lei 12.850/13, tem como pressuposto um acordo de cooperação firmado com inquérito já instaurado, onde serão examinados o preenchimento dos requisitos legais". Ao cabo da investigação, o requerimento de homologação judicial deve ser documentada com o requerimento de arquivamento do inquérito (art. 28, CPP) ou com a prova da ordem de arquivamento na forma do art. 28, *caput*, CPP[13], com redação conferida pela Lei nº 13.964/2019[14].

11. PRADO, Geraldo. *Transação penal*. 2. ed. Rio de Janeiro: Lumen Juris, 2006. p.223.
12. MANZINI, Vincenzo. *Trattato di diritto processuale penale italiano:* volume primo. 3. ed. Torino: Unione Tipografico, 1949. p.220 (em tradução livre).
13. Dispositivo com eficácia suspensa, nos termos de decisão monocrática do Supremo Tribunal Federal (STF – ADI 6298/DF – Medida Cautelar – Rel. Min. Luiz Fux – 22 jan. 2020).
14. JARDIM, Afrânio Silva; AMORIM, Pierre Souto Maior Coutinho de. *Direito processual penal:* estudos, pareceres e crônicas. 15. ed. Salvador: Juspodivm, 2018. p. 543-544.

Vale lembrar que o acordo de não persecução penal foi ampliado por disciplina normativa do Conselho Nacional do Ministério Público. Inovação desse jaez, evidentemente, é vedada. Seria indispensável lei em sentido formal, não bastando veículos de *status* inferior. Como sublinhou Pierre Souto Maior, a Resolução nº 181-CNMP agrediu nosso sistema, "tanto pela fragilização dos princípios da igualdade, legalidade e impessoalidade, quanto por afronta direta a texto expresso de lei, que positiva o princípio da obrigatoriedade para o exercício da ação penal pública condenatória"[15].

A questão, no entanto, não é pacífica.

Por exemplo, Rogério Sanches se filia ao entendimento de que o acordo de não persecução penal é constitucional, inclusive em defesa dos termos da apontada resolução. Quanto à crítica que foi feita por representar ofensa ao princípio da obrigatoriedade, ponderou que "a obrigatoriedade deve ser revisitada, não podendo ser encarada como uma imposição cega de fazer a mesma coisa sempre e a todo custo, inclusive contra os próprios objetivos que fundamentaram o princípio da legalidade". E acrescentou, escorado em outros autores, que "a ideia importante da obrigatoriedade é a que não pode o Ministério Público, sem justa causa, simplesmente abrir mão de dar uma resposta às investigações penais maduras e viáveis que se encontram em seu poder"[16].

Com a *venia* devida ao renomado autor, temos que a obrigatoriedade permite, realmente, uma multiplicidade de possibilidades de atuação do Ministério Público. No entanto, todas devem estar regradas, detalhadamente, por lei e esta, por seu turno, deve ser compatível com a Constituição. Da forma como vazado, o acordo de não persecução penal agiganta o *Parquet*. Ele poderá se tornar um órgão com maiores poderes que qualquer outro, eis que assume funções jurisdicionais, quando percebemos que estará definindo a aplicação de penas. O exercício do *jus puniendi* é função do Judiciário (Estado-juiz). O exercício da persecução penal em juízo, mediante legitimação autônoma para a condução do processo é função do Ministério Público (Estado-acusador). Ambos devem integrar, com respeito à divisão de funções e ao devido processo legal, a estrutura acusatória do processo penal (art. 3º-A, CPP[17]).

O estudo clássico de Afrânio Silva Jardim, sobre o princípio da obrigatoriedade da ação penal pública[18], já conferia o colorido democrático que Rogério Sanches realçou, embora tenha concluído de maneira diversa, em virtude de seus argumentos outorgarem poderes discricionários amplos, desprovidos de controle efetivo, ao órgão acusador. Na verdade, a maior característica de um Estado de Direito é a legalidade, com submissão dos agentes públicos ao princípio da legalidade. Mas não basta a aparência de legalidade, a lei não pode ser aberta ao ponto de se tornar estéril. A regulação deve ser estrita. Se há possibilidade do *Parquet*, por exemplo, ordenar o arquivamento dos autos, tal não pode correr como, quando

15. JARDIM, Afrânio Silva; AMORIM, Pierre Souto Maior Coutinho de. ***Direito processual penal***: estudos, pareceres e crônicas. 15. ed. Salvador: Juspodivm, 2018. p.908.
16. CUNHA, Rogério Sanches. *Pacote anticrime*: Lei n. 13.964/2019 – comentários às alterações no CP, CPP e LEP. Salvador: Juspodivm, 2020. p.127.
17. Dispositivo com eficácia suspensa, nos termos de decisão monocrática do Supremo Tribunal Federal (STF – ADI 6298/DF – Medida Cautelar – Rel. Min. Luiz Fux – 22 jan. 2020).
18. JARDIM, Afrânio Silva. *Ação penal pública*: princípio da obrigatoriedade. 3. ed. Rio de Janeiro: Forense, 1998. p.54 et seq.

e se ele quiser, de acordo com seu mero talante. O "deixar de oferecer a denúncia" contido no § 4º, do art. 4º, da Lei nº 12.850/2013 incorre nesse desvio de perspectiva.

Explicamos.

O nosso princípio "tem um indelével caráter democrático, por mais contraditório que isto possa parecer, em face de uma visão superficial do problema". Há necessidade de, antes mesmo de louvá-lo diretamente, "ressaltar a sua importância, dialeticamente, desmistificando o falso aspecto liberal do princípio oposto, qual seja o da oportunidade. Para nós, não há nada de liberal na autorização ao membro do Ministério Público para decidir, no caso concreto, se invoca ou não a aplicação do Direito Penal. Não faz qualquer sentido, em uma sociedade democrática, outorgar tal poder a um órgão público". Com essas palavras, Afrânio Silva Jardim continua, alertando que "a aplicação inarredável da norma penal cogente, realizado o seu suporte fático, não pode ser afastada pelo agente público à luz de critérios pessoais ou políticos"[19].

10. ACORDO DE NÃO PERSECUÇÃO PENAL DO CÓDIGO DE PROCESSO PENAL

Diferentemente do ajuste de não oferecer a denúncia previsto para os casos da Lei nº 12.850/2013, o presente acordo de não persecução penal, disciplinado no art. 28-A, e parágrafos, do CPP, tem contornos consensuais que se assemelham à transação penal da Lei nº 9.099/1995 e deve observar os pressupostos ali delineados.

11. PRESSUPOSTOS PARA A FORMULAÇÃO DE ACORDO DE NÃO PERSECUÇÃO PENAL DO CÓDIGO DE PROCESSO PENAL

De compasso com o art. 28-A, *caput*, do CPP, o acordo aqui estudado deve atender a, pelo menos, quatro requisitos.

(1) O aludido acordo de não persecução penal (ANPP) não exige qualquer delação ou relação de coautoria delitiva, se contentando com o fato do investigado ter **confessado, formal e circunstanciadamente, a prática de infração penal**. Conforme analisamos linhas atrás, a confissão deve ser livre e espontânea, coerente, consistente, sem contradições, com a descrição do fato de forma detalhada. Deve ser tomada formalmente. É necessário que seja pessoal, sendo vedada confissão por intermédio de procurador. Não há previsão legal para a realização do acordo de não persecução penal durante audiência judicial. Ademais depois de deflagrada a persecução penal, não pode o Ministério Público dela dispor, eis que a ação penal é indisponível. Desse contexto, podemos inferir que a confissão referida deve ter ocorrido antes da propositura da denúncia, em sede extrajudicial ou, se judicial, deve ter acontecido em outro processo criminal. Diversamente da colaboração premiada que pode ser conduzida pelo delegado de polícia, o ANPP somente pode ser firmado diante do Ministério Público. O acordo de não persecução não tem lugar no curso do processo penal. Nesse passo, distingue-se da transação penal que, porque instituto dos juizados especiais criminais, é regida pela informalidade e pelo objetivo conciliador.

19. JARDIM, Afrânio Silva; AMORIM, Pierre Souto Maior Coutinho de. *Direito processual penal:* estudos, pareceres e crônicas. 15. ed. Salvador: Juspodivm, 2018. p. 223-224.

(2) deve se referir à infração penal **sem violência ou grave ameaça**. Sobre o ponto, lembramos a necessidade de que os aspectos relatados na investigação estejam acompanhados de materialidade delitiva suficiente e escorreita.

(3) exige que a infração penal contenha **pena mínima** abstrata **inferior a quatro anos**. Se a pena mínima cominada ao crime for **igual** a quatro anos, já não se admite o acordo de não persecução penal. Para o cálculo daquela quantidade de pena, devem ser consideradas as regras que permitem, em tese, o cúmulo, a exasperação ou a sua redução. Nesse sentido, o § 1º, do art. 28-A, do CPP, reza que, para aferição da pena mínima cominada ao delito, serão consideradas as causas de aumento e diminuição aplicáveis ao caso concreto. De tal modo, concluímos que terão incidência as disposições sobre concurso formal e material de crimes, continuação delitiva, tentativa, causas especiais de aumento ou de diminuição e penas, sejam elas previstas na parte especial ou na parte geral.

(4) impõe que a proposta não somente **necessária**, mas também **suficiente** para a **reprovação** e para a **prevenção** do crime. O **critério da necessidade** das penas restritivas de direitos proposta tem função de **limite máximo.** Elas não devem ser impostas como castigo, sem justificativa ou para satisfação do desejo dos sujeitos da persecução penal estatal. Esse proceder pode configurar crime de abuso de autoridade (art. 1º, § 1º, Lei nº 13.869/2019). Não havendo necessidade ou exigibilidade de qualquer resposta estatal, não é impossível concluir pelo descabimento de qualquer medida. Basta imaginar um investigado paupérrimo e extremamente debilitado, pela senilidade ou por doença criminal. A imposição de pena restritiva de direitos a ele seria desproporcional. Outro limite é o **critério da suficiência**. A pena não pode servir ao deleite do agente estatal. É a cristalização da proibição do excesso. Não é lícito inserir todas as medidas ou várias delas com o propósito de ver o imputado sofrer. Os vetores que devem orientar a necessidade e suficiência das penas restritivas de direitos propostas são referentes às finalidades **repressiva** e **preventiva** do crime, ou seja, aos fins **retributivos** (**absolutos**) e de **precaução** (**relativos**), que acreditam ser inerentes à aplicação das penas.

Esses quatro elementos são os pressupostos ao acordo epigrafado. Somente depois de verificado o preenchimento empírico desses requisitos, demonstrados por elementos de prova consignados na investigação, poderá ter início o procedimento consensual entabulado no art. 28-A, e parágrafos, do CPP, cuja disciplina foi inserida pela Lei nº 13.964/2019.

12. CONDIÇÕES DE EFICÁCIA DO ACORDO DE NÃO PERSECUÇÃO PENAL DO CÓDIGO DE PROCESSO PENAL

Na proposta de acordo de não persecução penal, deve haver previsão de condições de cumprimento do acordo. Pela dicção do texto do art. 28-A, *caput*, do CPP, elas devem ser **cumulativa e alternativamente** ajustadas. As condições previstas reúnem aquela previstas para os dois institutos dos juizados especiais criminais, as da transação penal e as da suspensão condicional do processo.

O legislador previu tanto o cúmulo de condições, quanto a sua alternatividade. Embora deficiente a técnica, por ter dito "cumulativa e alternativamente", ao invés de "cumulativa ou alternativamente", reputamos ter havido um equívoco que pode ser facilmente resolvido. A proposta será cumulativa, se for possível à hipótese concreta e desde que sejam atendidos os pressupostos analisados acima. Não o caso, poderão ser estabelecidas condições alternativas ou apenas algumas delas.

Observamos que o legislador mesclou o termo condições com medidas que são penas restritivas de direitos, conforme o Código Penal. Mais uma deficiência do texto legal capaz de ocasionar problemas. Condições não podem ser assimiladas à noção de pena. Abre-se uma porta para eventual abuso: se as penas são fungíveis, é possível substituir as condições expressas por outras, tornando o rol de condições meramente exemplificativo? Pensamos que não, eis que o direito criminal deve ser regido pela legalidade estrita.

São as condições que devem ser aceitas e cumpridas para o acordo lograr eficácia, de conformidade com os incisos do art. 28-A, do CPP:

(1) reparar o dano ou restituir a coisa à vítima, exceto na impossibilidade de fazê-lo;

(2) renunciar voluntariamente a bens e direitos indicados pelo Ministério Público como instrumentos, produto ou proveito do crime;

(3) prestar serviço à comunidade ou a entidades públicas por período correspondente à pena mínima cominada ao delito diminuída de um a dois terços, em local a ser indicado pelo juízo da execução;

(4) pagar prestação pecuniária, a ser estipulada nos termos da legislação em vigor, a entidade pública ou de interesse social, a ser indicada pelo juízo da execução, que tenha, preferencialmente, como função proteger bens jurídicos iguais ou semelhantes aos aparentemente lesados pelo delito; **ou**

(5) cumprir, por prazo determinado, outra condição indicada pelo Ministério Público, desde que proporcional e compatível com a infração penal imputada.

13. CAUSAS IMPEDITIVAS DE ACORDO DE NÃO PERSECUÇÃO PENAL DO CÓDIGO DE PROCESSO PENAL

Há óbices legais à proposta de acordo de não persecução penal, além dos pressupostos acima vistos. São obstáculos mais exigentes que os demais previstos para a transação penal, do art. 76, da Lei nº 9.099/1995. Se fosse possível dizer, as impeditivas seriam **pressupostos negativos**, eis que será necessário que não estejam presentes para que o ANPP seja admitido.

As causas impeditivas narradas no § 2º, do art. 28-A, do CPP, são intransponíveis, **obrigatórias**, cogentes. Verificada a situação ditada no dispositivo legal, estará proibida a celebração do negócio jurídico processual em tela. De conformidade com aquele teor, não se aplica o acordo de não persecução penal nos casos seguintes.

(1) **Se for cabível transação penal de competência dos juizados especiais criminais, nos termos legislação específica**. Trata-se de conclusão lógica. Se possível menor gravame ao imputado, deve ser preferível este. A transação penal é instituto que carrega carga negativa menor que o acordo de não persecução penal. Por exemplo, na transação penal não se exige reconhecimento formal de culpa.

(2) **Se o investigado for reincidente ou se houver elementos probatórios que indiquem conduta criminal habitual, reiterada ou profissional, exceto se insignificantes**

as infrações penais pretéritas. Os limites aqui colocados pelo legislador dizem ao modo de vida do imputado. Não tem relação com o fato atual, mas com o passado daquele que poderia ser o destinatário do ANPP. São expressões autoritárias, de direito penal do autor. A recorrência à expressão "conduta criminal habitual" lembra o positivismo criminológico italiano, retratado por expressões grosseiras, como denunciado por Zaffaroni. O nosso legislador inseriu a previsão que chancela a ideia de que o direito penal é destinado não somente aos criminosos graves, mas igualmente aos "indesejáveis (pequenos ladrões, prostitutas, homossexuais, bêbados, vagabundos, jogadores etc.), caracterizados desde muito antes como classes perigosas e depois batizadas como má vida". Está presente o propósito de "guerra à delinquência e à má vida", contra os casos de pessoas com hábitos considerados como "enfermidade social"[20]. No dispositivo aqui comentado, constatamos que, pela primeira vez, nossa legislação fez menção ao princípio da insignificância. Mas não o fez com o objetivo de não punir, pela atipicidade material, por exemplo. Ao contrário, a previsão da exceção para as situações de insignificância de infrações penais pretéritas, servirá para justificar a aplicação de penas restritivas de direitos, mesmo para os casos de lesão mínima ao bem jurídico protegido. Por outro lado, sobre a aplicação do princípio da insignificância, os tribunais não adotam critérios uniformes para fins absolutórios ou de arquivamento de investigação preliminar.

(3) **Ter sido o agente beneficiado nos cinco anos anteriores ao cometimento da infração, em acordo de não persecução penal, transação penal ou suspensão condicional do processo**. O legislador ampliou o alcance da vedação do lustro que já era previsto para a proposta de nova transação penal, dentro do período depurador da reincidência. Se for o caso de acordo de não persecução penal, haverá óbice à proposta e, razão daquelas propostas consensuais que tenham sido firmadas pelo imputado dentro dos últimos cinco anos, independentemente de se tratarem de ANPP, transação penal ou *sursis* processual.

(4) **Nos crimes praticados no âmbito de violência doméstica ou familiar, ou praticados contra a mulher por razões da condição de sexo feminino, em favor do agressor**. Essa limitação existe para várias hipóteses de tratamento mais brando de nossa legislação. Em outras palavras, se o crime tiver sido cometido contra pessoas em situação de vulnerabilidade, a regra é a de que não possa haver ANPP. No caso em tela, crimes que tenham a mulher como vítima em situação de violência doméstica ou cometido em função de sua condição feminina estão incluídos nessa impeditiva.

14. FORMALIDADES DO ACORDO DE NÃO PERSECUÇÃO PENAL DO CÓDIGO DE PROCESSO PENAL

O acordo de não persecução penal será formalizado por escrito e será firmado pelo membro do Ministério Público, pelo investigado e por seu defensor. A menção da legislação à qualidade de investigado permite concluir que é necessária investigação preliminar formalmente instaurada, seja ela inquérito policial ou procedimento investigativo criminal. Todavia, não cabe à autoridade policial, afinal não tem ela poder para ajustar algo em torno de poder que não detém. Após subscrito o acordo, o Ministério Público o submeterá ao juiz.

20. ZAFFARONI, Eugenio Raul. *O inimigo no direito penal*. Tradução: Sérgio Lamarão. 3. ed. Rio de Janeiro: Revan, 2017. p.93-95.

Para a homologação do acordo de não persecução penal, será realizada audiência. O juiz deverá verificar a sua voluntariedade, por meio da oitiva do investigado na presença do seu defensor, e sua legalidade. Eventual coação psíquica dirigida contra o imputado contaminará aquele requisito, pois não teremos manifestação de vontade livre e isenta de pressões.

No caso de o juiz considerar inadequadas, insuficientes ou abusivas as condições dispostas no acordo de não persecução penal, devolverá os autos ao Ministério Público para que seja reformulada a proposta de acordo, com concordância do investigado e seu defensor. A nosso ver, não cabe ao juiz devolver ao *Parquet* para que este refaça seu labor. Ao magistrado cabe homologar ou negar homologação quando ausentes pressupostos legais. Não lhe cabe orientar como as partes devem agir para o ANPP seja homologado.

Recusada a homologação do acordo de não persecução penal, caberá a interposição de recurso em sentido estrito, nos exatos termos do art. 581, inciso XXV, do CPP. Sem embargo, os parágrafos 7º e 8º, do art. 28-A, do CPP, preveem a possibilidade de reapresentação do ANPP para homologação ou o a deflagração da ação penal. Decerto, de um lado, o juiz poderá recusar homologação à proposta que não atender aos requisitos legais ou quando não for realizada a adequação; e, de outro, recusada a homologação, o juiz devolverá os autos ao Ministério Público para a análise da necessidade de complementação das investigações ou o oferecimento da denúncia.

Se homologado o acordo de não persecução penal, o § 6º, do art. 28-A, do CPP, averba que o juiz devolverá os autos ao Ministério Público para que inicie sua execução perante o juízo de execução penal. Há previsão para que a vítima seja intimada. Assim, reforçando o controle por seu intermédio, o ofendido será intimado da homologação do acordo de não persecução penal e de seu descumprimento.

Contra a decisão que homologa o ANPP não há previsão de recurso, mas é possível a impetração de *habeas corpus* ou mandado de segurança, consoante o bem da vida em jogo. Por outra vertente, se, após homologada e preclusa a decisão, já estivermos diante do juízo competente para acompanhar o cumprimento das condições, pensamos que não haverá que se falar em devolução dos autos ao *Parquet*, porquanto será ali mesmo que será dado encaminhamento ao controle da execução das **condições** e das **penas restritivas de direitos** estabelecidas.

O dispositivo reconheceu, malgrado chame de condições as consequências a que deve se submeter o imputado, que as medidas dispostas nos incisos do *caput*, do art. 28-A, do CPP, tem natureza de penas, embora restritivas de direito, em nada diferindo daquelas estipuladas no Código Penal. Sem embargo, se descumpridas quaisquer das condições gizadas no acordo de não persecução penal, o Ministério Público deverá comunicar ao juízo, para fins de sua **rescisão** e posterior **oferecimento de denúncia**.

Para ser oferecida denúncia é necessário que, antes, o juiz delibere sobre a rescisão. É necessária preclusão dessa decisão? Primeiramente, temos decisão irrecorrível, embora possa ser impugnada por *habeas corpus* ou ação autônoma de impugnação. Poderíamos pensar na possibilidade de apelação, fundada no art. 593, inciso II, sustentando ser decisão com força de definitiva. Mas, para tanto, seria necessário um elastério na interpretação em torno da admissibilidade desse recurso. Daí concluímos não ser necessária a preclusão para que a denúncia seja oferecida pelo *Parquet*, embora seja indispensável a decisão decretando a rescisão do acordo, com a cessação de sua eficácia.

Sobre o descumprimento do ajuste, Rogério Sanches pontifica que, "se descumprida a condição ajustada, não pode o Ministério Público executá-la, mas oferecer denúncia e perseguir a devida condenação". O legislador teria incidido em equívoco "ao determinar que a concretização do acordo se dê no juízo das execuções penais". Em outros termos, haveria um erro crasso porque, à vara de execuções criminais, competiria executar sanção penal e, no ANPP, "não temos sanção penal imposta (e nem poderia, pois impede o devido processo legal)". Sob essa ótica, a execução do acordo deveria ficar a cargo do Ministério Público ou do juízo do conhecimento, haja vista que o ANPP "não tem como objeto sanção imposta pelo Estado, mas condições voluntariamente pactuadas pelas partes". Dessa sorte, deveria ser executado fora do juízo das execuções penais e "a recusa do juiz do conhecimento na sua rescisão desafiaria, a nosso ver, mandado de segurança, pois afrontaria direito líquido e certo de o MP exercer sua missão constitucional (oferecer ação penal)"[21].

Se cumprido integralmente o acordo de não persecução penal, o juízo competente decretará a **extinção de punibilidade**.

Se cumprido integralmente o acordo de não persecução penal, o juízo competente decretará a **extinção de punibilidade**.

Por outra banda, a legislação previu expressamente hipótese legal de impedimento do curso do lapso prescricional enquanto não cumprido ou não rescindido o acordo de não persecução penal (art. 116, IV, CP, incluído pela Lei nº 13.964/2019).

Vale dizer, a extinção de punibilidade não terá lugar na pendência do ANPP. Caso seja descumprindo, com o reconhecimento de sua ineficácia, poderá ser deflagrada ação penal.

A nosso ver, a previsão conflita com a garantia fundamental da celeridade e da razoável duração do processo, capitulada como direito fundamental individual no art. 5º, inciso LXXVIII, da CF.

À semelhança da limitação aplicável à transação penal, embora a celebração e o cumprimento do ANPP não devam constar de certidão de antecedentes criminais, tais serão considerados para os fins previstos no inciso III, do § 2º, do art. 28-A, do CPP, para o fim de obstar novo acordo de não persecução transação penal, transação penal ou suspensão condicional do processo, dentro do período de cinco anos anteriores ao cometimento da infração.

21. CUNHA, Rogério Sanches. *Pacote anticrime*: Lei n. 13.964/2019 – comentários às alterações no CP, CPP e LEP. Salvador: Juspodivm, 2020. p.132; p.138.

15. QUADRO SINÓTICO

CAPÍTULO XXXII – PROCEDIMENTOS NOS ESPAÇOS DE CONSENSO	
INTRODUÇÃO	
Nos espaços de consenso, pode haver mitigação do princípio da indisponibilidade da ação penal pública. Os procedimentos aqui referidos podem ser prévios, incidentes ou posteriores ao procedimento comum ou especial. São negócios jurídicos processuais.	**1**
INSTRUMENTOS CONSENSUAIS NO PROCEDIMENTO APLICÁVEL AOS CRIMES DE MENOR POTENCIAL OFENSIVO	
O procedimento comum sumaríssimo, dos juizados especiais criminais, é precedido por três momentos consensuais que exigem observância de regras, nessa ordem: a composição de danos cível, a transação penal e a suspensão condicional do processo. Somente depois de frustradas ou exauridas as tentativas consensuais, será seguido o procedimento sumaríssimo comum.	**2**
COMPOSIÇÃO DOS DANOS CIVIS	
É acordo de natureza civil, embora firmado perante a justiça penal. Em sentido amplo, é um negócio jurídico processual civil. A composição civil dos danos pode ocorrer livremente, independentemente da iniciativa prevista à ação penal. Não há limitações à celebração do acordo em tela. Na dicção do art. 74, caput, daquela lei, a composição dos danos civis será reduzida a escrito e, homologada pelo Juiz mediante sentença irrecorrível, terá eficácia de título a ser executado no juízo civil competente. Pensamos ser possível impugnar a sentença que homologa o acordo com a ação de mandado de segurança.	**3**
TRANSAÇÃO PENAL	
Exaurido o momento de composição civil dos danos sem êxito, na mesma audiência preliminar, haverá possibilidade de celebração de transação penal. Trata-se de acordo penal ou negócio jurídico processual penal que consiste na aplicação, imediata, de pena restritiva de direitos ao autor do fato, sem que isso importe, formalmente, reconhecimento de culpa.	**4**
SUSPENSÃO CONDICIONAL DO PROCESSO	
Outro espaço consensual procedimental é o de suspensão condicional do processo (*sursis* processual). Trata-se de medida refratária não à obrigatoriedade da ação penal, mas a sua indisponibilidade. Com o oferecimento da denúncia, o Ministério Público poderá propor suspensão condicional do processo. Nessa hipótese, a atribuição do *Parquet* é restrita à proposta desse *sursis*, com a indicação do tempo que poderá ser de dois a quatro anos. Para a fixação das condições, a competência é do juiz. É a dicção do art. 89, da Lei nº 9.099/1995, que exige que a pena mínima abstrata seja igual ou inferior a um ano, bem como que acusado não responda a outro processo, não tenha sido condenado por **outro crime** e estejam presentes os demais requisitos que autorizariam a suspensão condicional da pena. Note-se que o imputado pode ter condenação anterior por contravenção, segundo os termos legais. É possível ao Ministério Público recusar, ainda, a proposta de suspensão do processo quando se verificar que o acusado descumpriu, na condição de investigado, acordo de não persecução penal do art. 28-A, do CPP (ANPP).	**5**

CAPÍTULO XXXII – PROCEDIMENTOS NOS ESPAÇOS DE CONSENSO	
Depois de aceita a proposta pelo acusado e pelo seu defensor, na presença do Juiz, este, recebendo a denúncia, poderá suspender o processo, submetendo o acusado a período de prova. Será revogada a suspensão se, no curso do prazo, o beneficiário vier a ser processado por outro crime ou não efetuar, sem motivo justificado, a reparação do dano. Trata-se de revogação obrigatória. De outro lado, a revogação será facultativa se o acusado vier a ser processado, no curso do prazo, por contravenção, ou descumprir qualquer outra condição imposta. Decorrido o prazo sem revogação, o juiz declarará extinta a punibilidade.	**5**
ACORDO DE NÃO PERSECUÇÃO PENAL	
Inserido, de forma embrionária, na Lei de Controle do Crime Organizado, o acordo de não persecução penal findou por também ser sufragado no art. 28-A, do CPP, com o objetivo de ser aplicado a delitos que não estejam apenas abrangidos pelo § 4º, do art. 4º, daquela Lei nº 12.850/2013, isto é, o gênero "acordo de não persecução" não é de aplicação exclusiva às infrações penais atribuídas a organização criminosas.	**6**
ACORDO DE NÃO PERSECUÇÃO PENAL NA LEI DE CONTROLE DO CRIME ORGANIZADO	
Trata-se de negócio jurídico processual de natureza penal, apesar da necessidade de atender os estritos limites legais. Na verdade, o acordo de não persecução penal é uma certidão de que o Estado desistiu de trabalhar no caminho da obtenção de verdade lastreada em provas e fatos ou na aplicação de pena com base em um desenvolvimento processual regularmente comprometido com as garantias fundamentais. Por outro lado, consideramos o acordo de não persecução penal, da legislação de controle do crime organizado, um **instrumento híbrido**, posto em permeio à transação penal dos juizados especiais e à colaboração premiada.	**7**
PRESSUPOSTOS PARA A FORMULAÇÃO DE ACORDO DE NÃO PERSECUÇÃO PENAL DA LEI Nº 12.850/2013	
O acordo de não persecução da Lei nº 12.850/2013, exige o atendimento dos seguintes pressupostos, comprovados por base empírica suficiente: (1) conduta delituosa imputada à organização criminosa, cujos elementos de prova devem evidenciar a presença das suas características descritas em lei; (2) existência de **proposta de acordo de colaboração premiada**, devidamente formalizada; (3) obtenção de **um ou mais dos resultados próprios de colaboração premiada,** dos incisos I a V, do *caput*, do art. 4º, da Lei de Controle da Criminalidade Organizada; criminosa.	**8**
CONTROLE DE CONSTITUCIONALIDADE DO ACORDO DE NÃO PERSECUÇÃO PENAL DA LEI Nº 12.850/2013	
Reputamos se cuidar de instituto de duvidosa inconstitucionalidade. Isso porque dele decorre o impedimento ao exercício de garantias fundamentais, como o direito ao devido processo, ao contraditório e à prova, diante da proposta ministerial de **submissão à pena restritiva de direitos**, de forma consensual.	**9**

CAPÍTULO XXXII – PROCEDIMENTOS NOS ESPAÇOS DE CONSENSO	
Ao cabo da investigação, o requerimento de homologação judicial deve ser documentada com o requerimento de arquivamento do inquérito (art. 28, CPP) ou com a prova da ordem de arquivamento na forma do art. 28, *caput*, CPP, com redação conferida pela Lei nº 13.964/2019. A questão, no entanto, não é pacífica.	**9**
ACORDO DE NÃO PERSECUÇÃO PENAL DO CÓDIGO DE PROCESSO PENAL	
Diferentemente do ajuste de não oferecer a denúncia previsto para os casos da Lei nº 12.850/2013, o presente acordo de não persecução penal, disciplinado no art. 28-A, e parágrafos, do CPP, tem contornos consensuais que se assemelham à transação penal da Lei nº 9.099/1995 e deve observar os pressupostos ali delineados.	**10**
PRESSUPOSTOS PARA A FORMULAÇÃO DE ACORDO DE NÃO PERSECUÇÃO PENAL DO CÓDIGO DE PROCESSO PENAL	
De compasso com o art. 28-A, caput, do CPP, o acordo aqui estudado deve atender a, pelo menos, quatro requisitos. (1) O aludido acordo de não persecução penal (ANPP) não exige qualquer delação ou relação de coautoria delitiva, se contentando com o fato do investigado ter confessado, formal e circunstanciadamente, a prática de infração penal. (2) deve se referir à infração penal sem violência ou grave ameaça. (3) exige que a infração penal contenha pena mínima abstrata inferior a quatro anos. Se a pena mínima cominada ao crime for igual a quatro anos, já não se admite o acordo de não persecução penal. Para o cálculo daquela quantidade de pena, devem ser consideradas as regras que permitem, em tese, o cúmulo, a exasperação ou a sua redução. (4) impõe que a proposta não somente necessária, mas também suficiente para a reprovação e para a prevenção do crime.	**11**
CONDIÇÕES DE EFICÁCIA DO ACORDO DE NÃO PERSECUÇÃO PENAL DO CÓDIGO DE PROCESSO PENAL	
Na proposta de acordo de não persecução penal, deve haver previsão de condições de cumprimento do acordo. Pela dicção do testo do art. 28-A, *caput*, do CPP, elas devem ser cumulativa e alternativamente ajustadas. As condições previstas reúnem aquela previstas para os dois institutos dos juizados especiais criminais, as da transação penal e as da suspensão condicional do processo. São as condições que devem ser aceitas e cumpridas para o acordo lograr eficácia.	**12**
CAUSAS IMPEDITIVAS DE ACORDO DE NÃO PERSECUÇÃO PENAL DO CÓDIGO DE PROCESSO PENAL	
Há óbices legais à proposta de acordo de não persecução penal, além dos pressupostos já vistos. São obstáculos mais exigentes que os demais previstos para a transação penal, do art. 76, da Lei nº 9.099/1995. Se fosse possível dizer, as impeditivas seriam pressupostos negativos, eis que será necessário que não estejam presentes para que o ANPP seja admitido. As causas impeditivas narradas no § 2º, do art. 28-A, do CPP, são intransponíveis, obrigatórias, cogentes. Verificada a situação ditada no dispositivo legal, estará proibida a celebração do negócio jurídico processual em tela.	**13**

CAPÍTULO XXXII – PROCEDIMENTOS NOS ESPAÇOS DE CONSENSO

FORMALIDADES DO ACORDO DE NÃO PERSECUÇÃO PENAL DO CÓDIGO DE PROCESSO PENAL

O acordo de não persecução penal será formalizado por escrito e será firmado pelo membro do Ministério Público, pelo investigado e por seu defensor. Após subscrito o acordo, o Ministério Público o submeterá ao juiz.

Para a homologação do acordo de não persecução penal, será realizada audiência. O juiz deverá verificar a sua voluntariedade, por meio da oitiva do investigado na presença do seu defensor, e sua legalidade. No caso de o juiz considerar inadequadas, insuficientes ou abusivas as condições dispostas no acordo de não persecução penal, devolverá os autos ao Ministério Público para que seja reformulada a proposta de acordo, com concordância do investigado e seu defensor. A nosso ver, não cabe ao juiz devolver ao *Parquet* para que este refaça seu labor. Ao magistrado cabe homologar ou negar homologação quando ausentes pressupostos legais. Não lhe cabe orientar como as partes devem agir para o ANPP seja homologado. 14

Recusada a homologação do acordo de não persecução penal, caberá a interposição de recurso em sentido estrito, nos exatos termos do art. 581, inciso XXV, do CPP.

Se homologado o acordo de não persecução penal, o § 6º, do art. 28-A, do CPP, averba que o juiz devolverá os autos ao Ministério Público para que inicie sua execução perante o juízo de execução penal. Há previsão para que a vítima seja intimada. Assim, reforçando o controle por seu intermédio, o ofendido será intimado da homologação do acordo de não persecução penal e de seu descumprimento.

Contra a decisão que homologa o ANPP não há previsão de recurso, mas é possível a impetração de *habeas corpus* ou mandado de segurança, consoante o bem da vida em jogo.

16. SÚMULAS DO STJ

21. Pronunciado o réu, fica superada a alegação do constrangimento ilegal da prisão por excesso de prazo na instrução.

243. O benefício da suspensão do processo não é aplicável em relação às infrações penais cometidas em concurso material, concurso formal ou continuidade delitiva, quando a pena mínima cominada, seja pelo somatório, seja pela incidência da majorante, ultrapassar o limite de um (01) ano.

330. É desnecessária a resposta preliminar de que trata o artigo 514 do Código de Processo Penal, na ação penal instruída por inquérito policial.

337. É cabível a suspensão condicional do processo na desclassificação do crime e na procedência parcial da pretensão punitiva.

347. O conhecimento de recurso de apelação do réu independe de sua prisão.

415. O período de suspensão do prazo prescricional é regulado pelo máximo da pena cominada.

455. A decisão que determina a produção antecipada de provas com base no art. 366 do CPP deve ser concretamente fundamentada, não a justificando unicamente o mero decurso do tempo.

522. A conduta de atribuir-se falsa identidade perante autoridade policial é típica, ainda que em situação de alegada autodefesa.

536. A suspensão condicional do processo e a transação penal não se aplicam na hipótese de delitos sujeitos ao rito da Lei Maria da Penha.

574. Para a configuração do delito de violação de direito autoral e a comprovação de sua materialidade, é suficiente a perícia realizada por amostragem do produto apreendido, nos aspectos externos do material, e é desnecessária a identificação dos titulares dos direitos autorais violados ou daqueles que os representem.

607: A majorante do tráfico transnacional de drogas (art. 40, I, da Lei nº. 11.343/2006) configura-se com a prova da destinação internacional das drogas, ainda que não consumada a transposição de fronteiras.

636. A folha de antecedentes criminais é documento suficiente a comprovar os maus antecedentes e a reincidência.

17. SÚMULAS DO STF

Súmula Vinculante nº 35. A homologação da transação penal prevista no artigo 76 da Lei 9.099/1995 não faz coisa julgada material e, descumpridas suas cláusulas, retoma-se a situação anterior, possibilitando-se ao Ministério Público a continuidade da persecução penal mediante oferecimento de denúncia ou requisição de inquérito policial.

Súmula Vinculante nº 45. A competência constitucional do Tribunal do Júri prevalece sobre o foro por prerrogativa de função estabelecido exclusivamente pela constituição estadual.

156. É absoluta a nulidade do julgamento, pelo júri, por falta de quesito obrigatório.

162. É absoluta a nulidade do julgamento pelo júri, quando os quesitos da defesa não precedem aos das circunstâncias agravantes.

206. É nulo o julgamento ulterior pelo júri com a participação de jurado que funcionou em julgamento anterior do mesmo processo.

423. Não transita em julgado a sentença por haver omitido o recurso "*ex officio*", que se considera interposto "ex lege".

524. Arquivado o inquérito policial, por despacho do juiz, a requerimento do promotor de justiça, não pode a ação penal ser iniciada, sem novas provas.

564. A ausência de fundamentação do despacho de recebimento de denúncia por crime falimentar enseja nulidade processual, salvo se já houver sentença condenatória.

603. A competência para o processo e julgamento de latrocínio é do juiz singular e não do tribunal do júri.

696. Reunidos os pressupostos legais permissivos da suspensão condicional do processo, mas se recusando o Promotor de Justiça a propô-la, o Juiz, dissentindo, remeterá a questão ao Procurador-Geral, aplicando-se por analogia o art. 28 do Código de Processo Penal.

707. Constitui nulidade a falta de intimação do denunciado para oferecer contrarrazões ao recurso interposto da rejeição da denúncia, não a suprindo a nomeação de defensor dativo.

712. É nula a decisão que determina o desaforamento de processo da competência do júri sem audiência da defesa.

714. É concorrente a legitimidade do ofendido, mediante queixa, e do ministério público, condicionada à representação do ofendido, para a ação penal por crime contra a honra de servidor público em razão do exercício de suas funções.

18. QUESTÕES DE CONCURSOS PÚBLICOS

01. (2017 – IBADE – PC-AC – Delegado de Polícia Civil) No que concerne à legislação que dispõe sobre os Juizados Especiais Cíveis e Criminais (Lei n° 9.099/1995), pode-se afirmar que:

(A) a composição dos danos civis será reduzida a escrito e, homologada pelo Juiz mediante sentença irrecorrível, não pode ser executado no juízo civil competente.

(B) a autoridade policial que tomar conhecimento da ocorrência lavrará termo circunstanciado e o encaminhará em até 24 (vinte e quatro) horas ao Juizado, com o autor do fato e a vítima, providenciando-se as requisições dos exames periciais necessários.

(C) ao autor do fato que, após a lavratura do termo circunstanciado, for imediatamente encaminhado ao juizado ou assumir o compromisso de a ele comparecer, não se imporá prisão em flagrante, podendo-se exigir fiança a critério da autoridade policial.

(D) consideram-se infrações penais de menor potencial ofensivo, para os efeitos desta Lei, as contravenções penais e os crimes a que a lei comine pena máxima não superior a 1 (um) ano, cumulada ou não com multa.

(E) havendo representação ou tratando-se de crime de ação penal pública incondicionada, não sendo caso de arquivamento, o Ministério Público poderá propor a aplicação imediata de pena restritiva de direitos ou multas, a ser especificada na proposta.

02. (VUNESP – MPE-SP – Analista Jurídico do Ministério Público – 2018) Acerca dos Juizados Especiais Criminais, assinale a alternativa correta.

(A) Os critérios orientadores do processo perante o Juizado Especial previstos na lei são: oralidade, brevidade, discricionariedade regrada e mitigação.

(B) Uma contravenção penal cuja pena máxima ultrapasse o patamar de 2 (dois) anos será julgada no Juizado Especial Criminal.

(C) A competência do Juizado será determinada pelo lugar em que foi praticada ou consumada a infração penal.

(D) Segundo prevê a Lei n° 9.099/95, cabem embargos de declaração quando, em sentença ou acórdão, houver erro, obscuridade, contradição ou omissão.

(E) Se não há previsão na Lei n° 9.099/95 sobre o número de testemunhas que poderão ser ouvidas, deve ser aplicado, por analogia, o quanto previsto para o procedimento ordinário.

19. GABARITO ANOTADO

01 – E

Vide:

- Art. 76 da Lei 9.099/95.

02 – B

Vide:

- Art. 61, Lei nº. 9099/1995.
- Art.62, Lei nº. 9099/1995.
- Art. 63, Lei nº. 9099/1995.
- Art. 83, Lei nº. 9099/1995.

20. QUESTÕES DISCURSIVAS COM COMENTÁRIOS

01. (MPE-SC – Promotor de Justiça – SC/2012) Considerando o regramento legal para a suspensão condicional do processo (art. 89 da Lei nº 9.099/95), responda as questões abaixo, justificando a resposta: (MÁXIMO 15 LINHAS CADA ITEM)

(A) atendidos os requisitos objetivos e havendo negativa do Promotor de Justiça com fundamento em requisito subjetivo, pode o Juiz de Direito, se entender adequado o benefício, conceder a suspensão condicional do processo?

(B) o descumprimento de qualquer das condições fixadas para a suspensão condicional do processo importa na imediata revogação do benefício, com retomada da ação penal?

(C) no caso de concurso de delitos, em face da multiplicidade de condutas criminais, é cabível a aplicação da suspensão condicional do processo?

(D) vencido o prazo de prova, antes de ser extinta a punibilidade, havendo informação da existência de outra ação penal deflagrada no curso do benefício, é possível revogar a suspensão condicional do processo e retomar o andamento da ação penal original?

Resposta

(A) O juiz não tem legitimidade para conceder suspensão condicional do processo. Caso discorde do membro do MP, deve aplicar, por analogia, o art. 28, CPP, para que a divergência seja dirimida pelo órgão de cúpula da instituição (procurador-geral de justiça ou câmaras de coordenação e revisão, ou órgão revisional, nos termos do art. 28-A, caput, do CPP, com redação da Lei nº 13.964/2019).

(B) Antes de ser revogado o benefício – seja hipótese de revogação facultativa, seja caso de revogação obrigatória – o juiz deve oportunizar o contraditório, ouvindo a defesa para, querendo, apresentar justificativa. É recomendável, se necessária for, a designação de audiência admonitória para ouvir o acusado sobre as razões de não cumprimento das condições.

(C) O parâmetro para a possibilidade de proposta de suspensão condicional do processo é ter o delito pena mínima abstrata não superior a um ano. Sendo hipótese de vários delitos – concurso de crimes –, as regras de exasperação de penas devem ser observadas para aferir se, com o somatório e/ou causas especiais de aumento de pena, permanece a pena mínima abstrata global não superior a um ano. Caso extrapole, em tese, esse parâmetro mínimo, não será admissível suspensão condicional do processo. Nesse sentido, a Súmula 243, STJ.

(D) Segundo entendimento jurisprudencial francamente majoritário (STF e STJ), é possível a revogação do benefício, quando verificado o descumprimento das condições mesmo após o decurso do prazo necessário para a extinção da punibilidade. Discordamos dessa posição porque o texto da Lei nº 9.099/1995 é expresso ao preconizar a extinção de punibilidade de forma inexorável após o decurso do período de prova. Sendo dispositivo legal, sua interpretação não pode ser alargada em desfavor do acusado.

QUINTA PARTE

Controle dos Atos Processuais

Capítulo XXXIII
Teoria dos Recursos

Sumário • 1. Conceito de recurso – 2. Natureza jurídica do recurso – 3. Fundamentos e o duplo grau de jurisdição – 4. Princípios recursais – 5. Princípio da voluntariedade – 6. Princípio da taxatividade – 7. Princípio da unirrecorribilidade, da singularidade ou da unicidade – 8. Princípio da fungibilidade recursal ou do recurso indiferente, do tanto vale, da permutabilidade dos recursos ou da conversibilidade dos recursos – 9. Princípio da convolação – 10. Princípio da vedação da *reformatio in pejus* – 11. Princípio da conversão – 12. Princípio da complementariedade dos recursos – 13. Princípio da suplementariedade ou da suplementação dos recursos – 14. Princípio da variabilidade dos recursos – 15. Princípio da dialeticidade dos recursos – 16. Princípio da intranscendência ou da personalidade – 17. Princípio da colegialidade recursal – 18. Impedimentos recursais – 19. Desistência do recurso – 20. Renúncia ao direito de recorrer – 21. Deserção do recurso – 22. Pressupostos de admissibilidade recursal – 23. Juízo de admissibilidade ou de prelibação – 24. Juízo de mérito ou de delibação – 25. Pressupostos objetivos de admissibilidade recursal – 26. Previsão legal ou cabimento – 27. Observância das formalidades legais – 28. Tempestividade recursal – 29. Adequação – 30. Inexistência de fatos impeditivos – 31. Motivação – 32. Sucumbência – 33. Sucumbência única ou múltipla – 34. Sucumbência paralela ou recíproca – 35. Sucumbência direta ou reflexa – 36. Sucumbência total ou parcial – 37. Pressupostos subjetivos de admissibilidade recursal – 38. Interesse recursal – 39. Legitimidade para recorrer – 40. Legitimidade recursal geral – 41. Legitimidade recursal especial – 42. Competência recursal – 43. Procedimento recursal e terminologia – 44. Efeitos recursais – 45. Efeito devolutivo – 46. Efeito suspensivo – 47. Efeito regressivo – 48. Efeito extensivo – 49. Efeito translativo – 50. Efeito dilatório-procedimental – 51. Extinção dos recursos – 51. Quadro sinótico – 53. Súmulas do STJ – 54. Súmulas do STF – 55. Questões de concursos públicos – 56. Gabarito anotado – 57. Questões discursivas com comentários

1. CONCEITO DE RECURSO

O recurso é o meio voluntário destinado à impugnação das decisões, afigurando-se como instrumento de combate a determinado provimento, dentro da mesma relação jurídica processual, possibilitando nova análise da matéria impugnada.

Trata-se de exercício de direito potestativo, consubstanciado um ônus processual[1], que pode ser "utilizado antes da preclusão e na mesma relação processual, apto a propiciar a reforma, a invalidação, o esclarecimento ou a integração da decisão"[2].

Do conceito de recurso, já podemos estratificar os seguintes aspectos:

(1) é **providência voluntária**, razão pela qual não tem natureza recursal as hipóteses de reexame necessário de determinadas decisões pelo tribunal (art. 574, CPP). Em outros termos, tem índole potestativa[3]. Em sentido contrário, Nestor Santiago entende que "o

1. ARANHA, Adalberto José Q. T. de Camargo. *Dos recursos no processo penal*. São Paulo: Saraiva, 2010. p. 32.
2. GRINOVER, Ada Pellegrini; GOMES FILHO, Antônio Magalhães; FERNANDES, Antônio Scarance. *Recursos no processo penal*. 6. ed. São Paulo: RT, 2011. p. 27.
3. DIDIER JUNIOR, Fredie; CUNHA, Leonardo José Carneiro da. *Curso de direito processual civil:* meios de impugnação às decisões judiciais e processo nos tribunais. 5. ed. Salvador: JusPodivm, 2008. v 5. p. 20.

recurso *ex officio* tem natureza jurídica de recurso, pois o que importa para configurá-la é a oportunidade dada pela lei ao Estado-juiz de suscitar o reexame da sentença"[4];

(2) é admitido dentro da **mesma relação jurídica processual**, o que retira da condição de recurso as ações autônomas de impugnação, como o *habeas corpus*, o mandado de segurança, a revisão criminal, a correição parcial, a reclamação constitucional, o incidente de resolução de demandas repetitivas e a submissão do arquivamento do inquérito policial à revisão ministerial prevista no § 1º, do art. 28, do CPP[5], com redação da Lei nº 13.964/2019. Como acrescenta André Nicolitt, os recursos são anteriores à coisa julgada e não ensejam nova relação jurídica[6];

(3) consiste em aspecto, elemento ou **modalidade do direito de ação e de defesa**, sendo um desdobramento ou continuidade da relação iniciada em primeiro grau, revelando a sua natureza, como veremos a seguir[7]; e

(4) tem **finalidade de integrar, invalidar, esclarecer ou reformar** a decisão impugnada.

2. NATUREZA JURÍDICA DO RECURSO

Discorrer sobre a natureza de um instituto jurídico é revelar seu conteúdo, sua diferença ontológica, ou seja, relativa a sua essência. Desse modo, é possível delimitar bem o conteúdo da expressão "recurso", para dela afastar institutos que melhor se adequam à categoria das "ações autônomas de impugnação".

Com essa ideia, importa saber o sentido, a estrutura e a função do recurso, mormente sob as vertentes doutrinárias que procuram explicá-lo a partir de enfoques distintos:

(1) seja como uma decorrência do direito de ação;

(2) seja como o exercício de um novo direito de ação, incidentalmente em um mesmo processo;

(3) seja como um meio adequado para que se consiga o reexame de uma decisão judicial.

A primeira corrente doutrinária **(1)**, que tem se sagrado majoritária, entende a natureza jurídica do recurso como um **desdobramento do direito de ação ou de defesa**. O recurso seria uma continuidade da relação jurídica processual que subsiste pelo inconformismo de uma das partes, ou de ambas, com o provimento jurisdicional obtido em primeiro grau.

As críticas a essa posição são as mais amplas, ao argumento de que ela incorre em mais de um desvio de perspectiva:

4. SANTIAGO, Nestor Eduardo Araruna. *Do recurso ex officio no processo penal*. Belo Horizonte: Mandamentos, 2002. p.120.
5. Dispositivo com eficácia suspensa, nos termos de decisão monocrática do Supremo Tribunal Federal (STF – ADI 6298/DF – Medida Cautelar – Rel. Min. Luiz Fux – 22 jan. 2020).
6. NICOLITT, André. *Manual de processo penal*. 7. ed. Belo Horizonte: D'Plácido, 2018. p.968.
7. GRINOVER, Ada Pellegrini; GOMES FILHO, Antônio Magalhães; FERNANDES, Antônio Scarance. *Recursos no processo penal*. 6. ed. São Paulo: RT, 2011. p. 28.

(a) o primeiro seria o de confundir o direito de obter tutela jurisdicional com o exercício da ação penal, que, por sua vez, não seria assimilado pelo conceito de direito subjetivo[8]. Isso porque a ação penal em si não seria um direito, mas simplesmente um agir, não obstante exista o direito subjacente de obtenção de pronunciamento judicial válido;

(b) o segundo desvio de perspectiva é que esse "desdobramento do direito de ação" não é bem ajustado quando o recurso é manejado pelo acusado que restou vencido na ação penal condenatória, ainda que se utilize do artifício de que ele, ao prolongar a "reação" à ação penal, está a prosseguir com o seu "direito" de ação com sinal negativo.

Sem embargo, a trajetória do recurso perpetua no tempo e no espaço o direito que foi deflagrado com a apresentação da inicial acusatória ou, de outro lado, manifesta o exercício defensivo, em segundo grau de jurisdição, através da resistência oposta pelo sucumbente contra o conteúdo da decisão guerreada.

Já a segunda posição (2) defende ser o recurso uma **nova ação dentro do mesmo processo**, sob o argumento de que as pretensões são distintas: na ação, o direito com base na descrição do fato; no recurso, com lastro na sentença que se vergasta[9].

No entanto, afirmar que se trata de ação um ato processual que se interpõe em ação já em curso, encobre um dos aspectos pragmáticos do recurso, qual seja, o de ser desdobramento de relação preexistente, e não a deflagração de uma nova ação.

A terceira corrente (3) vê o recurso como qualquer **providência destinada à obtenção da reforma de uma decisão**. No entanto, pode haver recurso que não pretenda a reforma nem a substituição da decisão, porém, sim, a sua invalidação, com a desconstituição do processo ou da decisão de modo a exigir que seja renovado o ato na instância contra a qual se recorreu[10].

Paulo Rangel coloca outra objeção a essa posição, notadamente por reputar que "todo e qualquer meio capaz de propiciar a reforma de uma decisão é um recurso". Haveria assim o inconveniente de considerar como tal "a própria revisão criminal e o *habeas corpus*", quando estes são "ações autônomas de impugnação, pois podem ser utilizados mesmo depois de transitar em julgado a sentença penal condenatória"[11].

3. FUNDAMENTOS E O DUPLO GRAU DE JURISDIÇÃO

Os recursos têm por fundamentos a necessidade psicológica da parte sucumbente, a falibilidade do julgador e as razões históricas do direito. Os recursos têm base jurídica na Constituição, quando esta organiza o Poder Judiciário em duplo grau de jurisdição com a previsão de competência para seu processamento e julgamento. Parte-se da justificativa, exposta na lição de Mirabete, de que "o princípio do duplo grau dá maior certeza à aplicação

8. SILVA, Ovídio Araújo Baptista da. Direito subjetivo, pretensão de direito material e ação. In: *Polêmica sobre a ação: a tutela jurisdicional na perspectiva das relações entre direito e processo*. Fábio Cardoso Machado; Guilherme Rizzo Amaral (orgs.). Porto Alegre: Livraria do Advogado, 2006. p. 31.
9. RANGEL, Paulo. *Direito processual penal*. 4. ed. Rio de Janeiro: Lumen Juris, 2001. p. 491.
10. OLIVEIRA, Eugênio Pacelli de. *Curso de processo penal*. 2. ed. Belo Horizonte: Del Rey, 2003. p. 767.
11. RANGEL, Paulo. *Direito processual penal*. 4. ed. Rio de Janeiro: Lumen Juris, 2001. p. 491.

do direito, com a proteção ou restauração do direito porventura violado e é por isso que se encontra assente nas legislações"[12].

No entanto, pensamos que o duplo grau de jurisdição é um **princípio infraconstitucional**, ou seja, não é princípio sufragado na Constituição de 1988. Isso porque há processos penais onde o duplo grau em sentido estrito inexiste, tais como aqueles de competência originária do Supremo Tribunal Federal.

O devido processo legal, o contraditório e a ampla defesa não garantem a existência do duplo grau de jurisdição na nossa lei Maior. No entanto, a Constituição estabelece que "aos litigantes, em processo judicial ou administrativo, e aos acusados em geral são assegurados o contraditório e a ampla defesa, com os meios e recursos a ela inerentes" (art. 5º, LIV e LV).

Por tal razão, a afirmação desse princípio é de ser compreendida como de cunho histórico, tradicional e de política legislativa. É o reconhecimento de que uma decisão só transita em julgado quando possível o seu exame em dois juízos sucessivos, ainda que isto se dê, apenas de maneira ampla, quando o órgão competente para julgar a ação penal originariamente seja o órgão de cúpula. Por outro lado, como no Brasil temos a possibilidade de julgamento de recurso extraordinário pelo STF, bem como a apreciação de embargos infringentes de alguns julgados, pode-se entender que, na maioria das vezes, temos multiplicidade ou pluralidade de graus de jurisdição, não apenas duplicidade[13].

Parte da doutrina, contudo, entende que o duplo grau de jurisdição é **princípio constitucional implícito**, levando em consideração o sistema como um todo, a partir de sua previsão na Convenção Americana de Direitos Humanos (Pacto de San José da Costa Rica), ratificada pelo Brasil em 1992.

Nesse sentido, Grinover, Scarance e Gomes Filho, que reconhecem, no entanto, que o princípio do duplo grau, previsto explicitamente na Constituição do Império (art. 158, da Carta de 1824), não vem mais expresso na Constituição vigente. Os autores sustentam que se cuida "de regra imanente na Lei Maior, que, como as anteriores, prevê não apenas a dualidade de graus de jurisdição, mas até um sistema de pluralidade deles". Desse modo, concluem, é possível afirmar "que a garantia do duplo grau, embora só implicitamente assegurada pela Constituição brasileira, é princípio constitucional autônomo, decorrente da própria Lei Maior, que estrutura os órgãos da chamada jurisdição superior"[14].

A Constituição da República afirma textualmente que "aos litigantes, em processo judicial ou administrativo, e aos acusados em geral são assegurados o contraditório e ampla defesa, com os meios e recursos a ela inerentes" (art. 5º, LV). A partir desse texto, em uma primeira aproximação, é possível sustentar que o direito ao duplo grau é tão somente do imputado. Sob essa ótica, duplo grau de jurisdição não seria princípio, pois não deveria ser aplicado em favor do Ministério Público, mas tão somente em prol de quem é titular da garantia da "**ampla defesa**, com os meios e recursos **a ela** inerentes". Como o *Parquet* não exerce ampla defesa, mas formula a imputação e leva nos ombros o ônus da prova, não decorreria o direito a recurso.

12. MIRABETE, Julio Fabbrini. *Processo penal*. 14. ed. São Paulo: Atlas, 2003. p. 605.
13. ARANHA, Adalberto José Q. T. de Camargo. *Dos recursos no processo penal*. São Paulo: Saraiva, 2010. p. 33-34.
14. GRINOVER, Ada Pellegrini; GOMES FILHO, Antônio Magalhães; FERNANDES, Antônio Scarance. Recursos no processo penal. 6. ed. São Paulo: RT, 2011. p. 20-21.

Em uma segunda aproximação, sabemos que o fundamento dos direitos fundamentais coincide com a história da luta do ser humano contra os abusos de poder do Estado, notadamente a partir do Iluminismo. Desse modo, entendemos que o rol do art. 5º, da CF, capitula direitos fundamentais de primeira geração, dentre os quais não está o direito de recorrer do Ministério Público, mas tão somente do acusado.

Apesar desses fundamentos, temos um Código de Processo Penal que arrola inumeráveis possibilidades recursais à disposição da acusação. Basta cotejar os casos de recurso em sentido estrito que se perceberá que ao acusado foram destinadas menos hipóteses legais para que possa impugnar uma decisão. A criação de possibilidades recursais pela legislação que alterou o nosso Código parece não ter destoado dessa característica.

Nesse diapasão, a inserção do XXV, ao art. 581, pela Lei nº 13.964/2019, prevê a interposição de recurso em sentido estrito contra a decisão que recusar homologação à proposta de acordo de não persecução penal, previsto no art. 28-A, do CPP.

Com efeito, apesar de podermos imaginar a apresentação de recurso pela defesa do imputado nos casos de negativa de homologação a acordo de não persecução penal, o histórico desse instituto demonstra que aquela recusa judicial deverá ocorrer, na maior parte das vezes, em função de abusos do órgão estatal proponente. Por outro lado, considerando nosso posicionamento de que o acordo de não persecução penal é de duvidosa constitucionalidade, por ferir direitos fundamentais que não poderiam ser objeto de consenso, fica evidenciada que a hipótese criada tem como destinatário preferencial o Ministério Público, para a interposição do recurso em sentido estrito.

Tanto isso é exato que o imputado, não raras vezes, precisa fazer uso do *habeas corpus* como sucedâneo recursal. Nosso CPP foi inspirado no Código Italiano e nas ideias de Rocco, sendo conhecidamente de índole fascista por colocar o Estado (Estado-acusação e Estado-juiz) em um patamar superior ao cidadão (investigado ou acusado). Nesse permeio, os direitos fundamentais não germinam, eis que a atmosfera é carregada de autoritarismo.

Salientando que essa tese foi ventilada pela Defensoria Pública de São Paulo e que ganhou ampla repercussão por ter sido considerada teratológica, Aury Lopes Jr e Thiago Mendes esclarecem que "ao contrário do que pode parecer à primeira visão, a tese não é absurda e encontra respaldo na doutrina, jurisprudência internacional, além de ser adotada em outros ordenamentos jurídicos. Ela exige, contudo, superação de paradigmas, já que os recursos nascem e são concebidos para servirem ao sistema inquisitório". O duplo grau tem supedâneo em fundamentos como: (1) o da exigência "de dupla conformidade em matéria penal", impondo "uma segunda análise da condenação penal em razão da gravidade que lhe é inerente, como ***conditio sine qua non*** para aplicação da pena"; e (2) a tutela do estado de inocência, "que não pode ser afastada com uma única condenação, além de se reconhecer que o recurso permite a manutenção do estado de inocência até o transito em julgado". Apesar de reconhecerem a dificuldade de fazer valer o tanto que sustentado pela Defensoria Pública do Estado de São Paulo e de tornar eficaz o que disposto nos tratados de proteção a direitos humanos que o Brasil subscreveu, os juristas apontam que os alicerces do duplo grau têm, como destinatário, o acusado e, de tal modo, "permitem afirmar que não há fundamento idôneo para justificar a existência de duplo grau para a acusação"[15].

4. PRINCÍPIOS RECURSAIS

Alguns princípios dos recursos são tratados como características pela doutrina.

A divergência decorre da não unanimidade do que se entende por princípio. Para o presente tópico, princípio é vetor interpretativo das regras que disciplinam os recursos. Em outras palavras, princípios são normas que inspiram a aplicação das regras que estão ligadas a eles. Daí a existência de regras específicas que caracterizam os recursos: do conjunto de regras é possível se constatar características recursais que conformam sua base principiológica.

Esse alicerce normativo é visto como um rol de princípios ou características dos recursos, enquanto entendidos como manifestação volitiva da parte sucumbente, com o objetivo de ver reexaminada uma decisão. Vejamos um a um.

5. PRINCÍPIO DA VOLUNTARIEDADE

O recurso é um ato processual decorrente da manifestação de vontade da parte que queira ver reformada ou anulada uma decisão.

O art. 574, CPP, dispõe que "os recursos serão voluntários". Está aqui presente a característica (princípio) da voluntariedade. O recurso deve ser um ato processual volitivo. Daí ser o recurso um ônus processual: não há obrigatoriedade de recorrer, porém, se não exercida essa faculdade, a parte sucumbente pode sofrer consequências a ela desfavoráveis.

De todo modo, o ônus de recorrer encontra mitigações, em favor do acusado, acrescida da possibilidade de manejo, a qualquer tempo, de meios distintos dos recursos: ações autônomas de impugnação, tal como a revisão criminal e o *habeas corpus*[16].

Sob outra vertente, o art. 574, CPP, menciona a figura do impropriamente denominado **recurso de ofício**, também denominado de **remessa necessária, duplo grau de jurisdição obrigatório** ou **reexame necessário**. Ao invés de recurso, o reexame obrigatório é condição estabelecida legalmente para o trânsito em julgado da sentença ou decisão.

O **reexame necessário** tem cabimento nos seguintes casos:

(1) da sentença que conceder *habeas corpus*, vale dizer, da decisão do juiz singular ao acatar a ordem. Não há que se falar, portanto, de recurso de ofício contra deliberação do tribunal acerca desse remédio heroico; e,

(2) da sentença que desde logo absolver o acusado com fundamento na existência de circunstância que exclua o crime ou isente de pena o acusado, evitando sua submissão a júri popular (absolvição sumária do procedimento especial para os crimes dolosos contra

15. LOPES JR, Aury; MENDES, Tiago Bunning. É absurdo sustentar a ausência de duplo grau de jurisdição para a acusação. *Conjur*: limite jurídico. Disponível em: <https://www.conjur.com.br/2018-dez-14/limite-penal-duplo-grau-jurisdicao--nao-vale-acusacao>. Acesso em: 15 dez. 2018.
16. GRINOVER, Ada Pellegrini; GOMES FILHO, Antônio Magalhães; FERNANDES, Antônio Scarance. *Recursos no processo penal*. 6. ed. São Paulo: RT, 2011. p. 28.

a vida, a teor do art. 574, II, CPP). Todavia, para a doutrina e jurisprudência majoritárias, esta hipótese encontra-se **revogada tacitamente**, por ausência de previsão na atual redação do art. 415 do CPP. Nesse sentido, o STJ pontuou somente caber a remessa necessária das decisões proferidas até o advento da Lei nº 11.689/2008, porquanto *tempus regit actum*[17].

Sem embargo, ainda caberá reexame necessário nas seguintes hipóteses:

(3) da sentença de absolvição ou a deliberação que arquiva os autos do inquérito policial nos crimes contra a economia popular e saúde pública (art. 7º, Lei nº 1.521/1951);

(4) da decisão que concede a reabilitação criminal (art. 746, CPP);

(5) do indeferimento liminar pelo relator, no tribunal, da ação de revisão criminal, quando o pedido não estiver suficientemente instruído (art. 625, § 3º, CPP).

Note-se que todas as hipóteses previstas de reexame obrigatório foram **instituídas em desfavor do réu**, na linha da inspiração inquisitória. Não há, no nosso ordenamento jurídico, absurdamente, remessa necessária *favor rei*. Entendemos, na esteira do que anotamos no início deste capítulo, que os artigos que estatuem hipóteses de recurso de ofício não passam pelo filtro constitucional, por não se coadunarem com os princípios da ampla defesa e da isonomia processual.

Outrossim, o CPP denomina de recurso o que, em sua essência, não o é: o chamado recurso de ofício é melhor explicado como um reexame necessário ou remessa obrigatória, não sendo adequada a expressão recurso não voluntário.

De fato, o que se tem apelidado equivocadamente de recurso de ofício nada mais é do que uma condição sem a qual a decisão não transita em julgado, ou seja, o magistrado, ao proferir a decisão, tem que submetê-la obrigatoriamente a uma reapreciação do tribunal, mesmo que as partes não recorram. Se não o fizer, o julgamento fica em aberto, sem que se opere a coisa julgada, por falta do implemento da condição legal (reexame necessário).

É o que pontifica o enunciado da súmula nº 423 do STF, ao dizer que a sentença não transita em julgado quando houver omitido o reexame *ex officio*, que se entende interposto *ex lege*.

Dessa maneira, o magistrado não precisa fundamentar o ato, remetendo imediatamente a decisão ao tribunal assim que ultrapassado o prazo para os recursos voluntários. Da mesma forma, não é necessário intimar as partes para contrarrazões.

6. PRINCÍPIO DA TAXATIVIDADE

Para que seja possível a interposição de um recurso, é preciso que o ordenamento jurídico o preveja expressamente: o rol não é exemplificativo, porém *numerus clausus*. No processo penal, não se admite recurso inominado ou recurso de improviso. A previsão legal é condição necessária para que a decisão seja recorrível, e para que o recurso exista.

Como adverte Edilson Mougenot, o princípio da taxatividade recursal não é óbice à aplicação analógica nem à interpretação extensiva das normas processuais penais, na esteira do que dispõe o art. 3º, do Código Processual Penal. Daí ser admissível a interposição de

17. STJ – Quinta Turma – HC 201303257630 – Rel. Des. Conv. Leopoldo de Arruda Raposo – DJ: 30 nov.2015.

recurso em sentido estrito contra decisão que rejeita o pedido de aditamento da denúncia, malgrado a hipótese não esteja incluída expressamente no rol do art. 581, CPP, mas é depreendida a partir do enunciado que prevê o manejo desse meio recursal contra a decisão que rejeita a denúncia[18].

Também, com base em interpretação sistemática extensiva, é que se admite a interposição de embargos infringentes e de nulidade pela defesa contra decisões não unânimes proferidas por órgão colegiado de tribunal em sede de agravo em execução. Para tanto, leva-se em conta que o agravo em execução (art. 197, LEP) foi instituído em substituição a várias hipóteses de interposição de recurso em sentido estrito (art. 581, CPP), razão pela qual são cabíveis os embargos infringentes e/ou de nulidade que, conforme o texto original do CPP, só poderiam ser opostos pela defesa contra decisões não unânimes prolatadas pelo tribunal quando de julgamento de apelação ou de recurso em sentido estrito (parágrafo único, do art. 609, CPP).

7. PRINCÍPIO DA UNIRRECORRIBILIDADE, DA SINGULARIDADE OU DA UNICIDADE

Cada espécie de decisão judicial, em regra, comporta um único recurso, sendo ônus da parte escolher o recurso adequado para que haja seu reexame.

O princípio da unirrecorribilidade ou da singularidade recursal expressa que a parte não pode interpor mais de um recurso para vergastar a mesma decisão[19]. A concomitância de recurso, contudo, é possível quando a sentença apreciar, ao mesmo tempo, questões distintas[20].

Com efeito, excepcionalmente, uma mesma decisão pode comportar mais de um recurso. É o que ocorre, por exemplo, com a possibilidade do manejo simultâneo do recurso especial ao STJ e do extraordinário ao STF, quando uma mesma decisão ofenda a Constituição Federal e a legislação infraconstitucional.

É citado por Tourinho Filho, como exemplo de exceção à unirrecorribilidade, a hipótese de acórdão ser formado de uma parte unânime e de outra não unânime, permitindo a interposição simultânea de recurso extraordinário (ou especial) e de embargos infringentes (art. 609, parágrafo único, CPP)[21]. A partir da Lei nº 10.352/2001, que alterou o revogado CPC/1973, essa possibilidade de interposição simultânea daqueles recursos com os infringentes desapareceu do sistema, segundo pensamos. Decerto, prevaleceu o entendimento de que, quando o dispositivo do acórdão contiver julgamento por maioria de votos e julgamento unânime, e forem interpostos embargos infringentes, o prazo para recurso extraordinário ou recurso especial, relativamente ao julgamento unânime, deverá ficar sobrestado até a intimação da decisão nos embargos[22].

No nosso entender, a exceção ao princípio da unirrecorribilidade referida por Tourinho Filho era meramente aparente, especialmente se for considerado que cada um dos recursos

18. BONFIM, Edilson Mougenot. *Curso de processo penal*. 4. ed. São Paulo: Saraiva, 2009. p. 619.
19. TOURINHO FILHO, Fernando da Costa. *Manual de processo penal*. 5. ed. São Paulo: Saraiva, 2003. p. 712.
20. MARQUES, José Frederico. *Elementos de direito processual penal*: volume IV. 2. ed. Campinas: Millennium, 2003. p. 230.
21. TOURINHO FILHO, Fernando da Costa. *Manual de processo penal*. 5. ed. São Paulo: Saraiva, 2003. p. 713.
22. STJ – Sexta Turma – REsp 1547726/CE, Rel. Min. Maria Thereza de Assis Moura – DJe 10 dez. 2015.

simultâneos tem objeto distinto da decisão judicial, ou seja, cada recurso é interposto contra capítulo diverso da decisão judicial penal.

Cuida-se, portanto, de uma hipótese em que não há impugnação integral e simultânea da decisão, porém recursos parciais que aludem somente a um, ou a alguns capítulos do acórdão, pela conjugação de dois fatores:

(1) por vontade do recorrente; e

(2) por força de lei[23].

No mesmo sentido, Grinover, Scarance e Gomes Filho aduzem que "nesses casos, cada capítulo da sentença é objeto de recurso distinto, de modo que a hipótese não configura exceção ao princípio da unirrecorribilidade"[24].

8. PRINCÍPIO DA FUNGIBILIDADE RECURSAL OU DO RECURSO INDIFERENTE, DO TANTO VALE, DA PERMUTABILIDADE DOS RECURSOS OU DA CONVERSIBILIDADE DOS RECURSOS

Não havendo erro manifesto ou má-fé na interposição de um recurso equivocado, e atendido o prazo limite do recurso que seria cabível, a parte não será prejudicada pela interposição de um recuso por outro. Nesse caso, o juiz, tomando ciência da impropriedade de uma impugnação recursal por motivo plausível, deve mandar processá-la em conformidade com o rito do recurso que seria cabível, tal como prevê o parágrafo único, do art. 579, CPP.

Para a aplicação do princípio da fungibilidade, também denominado de teoria do recurso indiferente ou de teoria do tanto vale, é necessário que o prazo para o recurso correto não tenha sido extrapolado quando da interposição da impugnação equivocada. Deve existir dúvida objetiva plausível para que haja o acatamento de um recurso por outro, que indique a existência de boa-fé do recorrente, não se aceitando o recurso que consubstancie equívoco grosseiro.

Pensamos que devem ser exigidos simultaneamente ambos os requisitos, ficando evidenciada a má-fé com o ingresso de recurso de prazo maior no lugar de recurso com previsão de interposição em menor lapso. Essa a posição da doutrina e jurisprudência majoritária.

Em sentido contrário, Denílson Feitoza se alinha à posição de Nelson Nery Júnior, para entender que o princípio da fungibilidade seria exceção ao princípio da preclusão, que não deve incidir quando inexistente erro grosseiro ou má-fé, razão pela qual "o recurso impróprio pode ser conhecido, mesmo sendo interposto fora do prazo do recurso próprio, desde que haja dúvida objetiva quanto ao recurso correto; o contrário significaria negar a própria existência do princípio da fungibilidade"[25].

23. DINAMARCO, Cândido Rangel. *Capítulos de sentença*. 4. Ed. São Paulo: Malheiros, 2009. p. 98-99.
24. GRINOVER, Ada Pellegrini; GOMES FILHO, Antônio Magalhães; FERNANDES, Antônio Scarance. *Recursos no processo penal*. 6. ed. São Paulo: RT, 2011. p. 33.
25. FEITOZA, Denilson. *Direito processual penal*: teoria, crítica e práxis. Impetus: Niterói, 2009. p. 1047-1048.

9. PRINCÍPIO DA CONVOLAÇÃO

Consiste na possibilidade de que um recurso manejado corretamente seja convolado em outro em virtude de se revelar mais útil ao recorrente, com viabilidade de maiores vantagens.

A convolação se diferencia da fungibilidade porque, para a aplicação deste princípio, é necessário que o recurso tenha sido interposto erroneamente, enquanto a incidência da convolação pressupõe acerto na oferta da impugnação.

Norberto Avena exemplifica esse princípio com o caso em que uma revisão criminal, ajuizada corretamente contra uma decisão condenatória transitada em julgado, é recebida como *habeas corpus*, por ser este mais célere e dispensar formalidades relativamente à primeira[26].

Na verdade, o exemplo apresentado pelo autor não encontra adequação porque alude a ações autônomas impugnativas, que não se confundem com os recursos. No entanto, a argumentação do exemplo é útil se levarmos em consideração que essas demandas funcionam, em sentido amplo, como sucedâneos recursais.

10. PRINCÍPIO DA VEDAÇÃO DA *REFORMATIO IN PEJUS*

Consiste na proibição de mudança para pior da situação jurídica do recorrente, em virtude de decisão superveniente que reforme o julgado recorrido. Este princípio tem sido também conhecido por **efeito prodrômico da sentença**, expressão abordada de maneira mais detida quando estudamos as sentenças.

Se só a defesa recorre, tendo a acusação se conformado com o provimento jurisdicional, a situação do réu não poderá ser piorada. É o que se chama de **proibição da *reformatio in pejus* direta**, ou seja, na relação recursal, a situação do réu permanecerá como está, se o recurso foi exclusivo da defesa.

Decerto, não pode haver modificação para pior da situação do acusado em recurso seu, mesmo no caso de correção de simples erro material que incremente a pena[27].

No que toca a mudança de critérios para a fixação do quantitativo da pena quando da utilização do procedimento trifásico, o STF reputou, por maioria, que não há que se falar em ***reformatio in pejus***, quando ao final da fundamentação para a definição de pena-base e de aplicação de causa de diminuição de modo divergente na instância *ad quem*, a pena total aplicada tenha sido mantida inalterada[28].

O argumento usado pelo STF, tendente a manter a pena do acusado que teve, em seu favor e em grau de recurso manejado pela defesa, a exclusão de circunstância judicial, não se justifica de forma lógica. Isso porque somente seria possível não minorar a pena se, além de interposto recurso pela acusação, houvesse provimento desta impugnação contra o réu.

26. AVENA, Norberto. *Processo penal esquematizado*. Rio de Janeiro: Forense; São Paulo: Método, 2009. p. 976.
27. STJ – Sexta Turma – RHC 115.660/MG – Rel. Min. Rogerio Schietti Cruz – DJe 14 out. 2019.
28. STF – Segunda Turma – HC 171911 AgR – Rel. Min. Cármen Lúcia – publicado em 12 dez. 2019.

Em outros termos, se houve exclusão de circunstância judicial utilizada como parâmetro para fins de fixação da pena base, impositiva seria a diminuição da pena em nível recursal. Daí entendermos violado, no caso, a vedação da ***reformatio in pejus***.

Por outro lado, caso a acusação tenha recorrido, não poderá o tribunal reconhecer nulidade contra o réu que não tiver sido suscitada, salvo nas hipóteses em que haja recurso de ofício (Súmula nº 160, STF).

Se o tribunal anular a decisão anterior, em recurso promovido pela defesa, o órgão *a quo*, recebendo os autos para proferir nova decisão, não poderá piorar a situação do demandado, pois se pudesse fazê-lo, indiretamente estaria exasperando a situação do réu, quando só a defesa tivesse recorrido.

Sobre esse ponto, há uma limitação para o juiz instituída pela Lei nº 13.964/2019. De acordo com o § 5º, do art. 157, do CPP[29], o juiz que conhecer do conteúdo da prova declarada inadmissível não poderá proferir a sentença ou acórdão. Desse modo, se a anulação da sentença se reportar à inadmissibilidade de prova ilícita, forçoso será o afastamento da pessoa física do juiz que prolatou a primeira sentença, diante de ter conhecido do conteúdo da prova declarada inadmissível, com a correlata redistribuição do processo ao seu substituto legal.

De toda maneira, estará **vedada a *reformatio in pejus* indireta**.

De acordo com o art. 617, do CPP, o tribunal não poderá agravar a pena do réu quando somente ele tiver recorrido da sentença. Mesmo que por motivo de incompetência absoluta, deve prevalecer a restrição. O próprio STJ admitiu o vínculo do juiz competente ao quantitativo de pena fixado por seu antecessor e quanto ao delito objeto de absolvição pelo juízo incompetente, sem recurso do Ministério Público[30].

Já se o tribunal estiver apreciando recurso exclusivo da acusação, poderá melhorar a situação do réu, mesmo que tenha que julgar *extra petita*, admitindo-se, portanto, a ***reformatio in melius***, ou seja, a reforma para melhor, mesmo em recurso específico da acusação, pedindo justamente o oposto.

No âmbito do tribunal do júri, a vedação à ***reformatio in pejus*** indireta tem também ampla aplicação, independentemente dos jurados integrantes do segundo júri reconhecerem as mesmas circunstâncias do primeiro julgamento ou nova circunstância prejudicial ao acusado. A pena não poderá ser majorada no segundo julgado se o recurso tenha sido unicamente do réu. Preserva-se, com esse proceder, outros postulados fundantes do processo penal, desde a soberania dos vereditos ao devido processo legal, permeado pelas cláusulas do contraditório e da ampla defesa[31].

29. Dispositivo com eficácia suspensa, nos termos de decisão monocrática do Supremo Tribunal Federal (STF – ADI 6298/DF – Medida Cautelar – Rel. Min. Luiz Fux – 22 jan. 2020).
30. STJ – Sexta Turma – REsp 1602393/SP – Rel. Min. Sebastião Reis Júnior – DJe 24 ago. 2017.
31. STF – Segunda Turma – HC 165376 – Rel. Min. Cármen Lúcia – publicado em 26 jun. 2019.

VEDAÇÃO À *REFORMATIO IN PEJUS* INDIRETA E ENTENDIMENTO JURISPRUDENCIAL	
⬇	
Tribunal do júri – Primeiro julgamento	
Jurados não reconhecem qualificadoras. Crime de homicídio simples.	Pena aplicada pelo magistrado – 6 anos.
⬇	
Recurso exclusivo da defesa	
Acusação não recorre.	Tribunal anula o primeiro julgamento.
⬇	
Tribunal do júri – Segundo julgamento	
Jurados reconhecem uma qualificadora. Crime de homicídio qualificado.	Magistrado está limitado à pena de 6 anos imposta no primeiro julgamento.

11. PRINCÍPIO DA CONVERSÃO

Se a parte interpuser um recurso para órgão jurisdicional incompetente para conhecê-lo, este deverá remeter o processo ao que detenha competência recursal[32]. Converte-se o julgamento em diligência para que o recurso seja examinado pelo juízo competente.

A parte não será prejudicada pelo endereçamento errado do recurso, cabendo ao tribunal incompetente para o qual o recurso foi endereçado remeter os autos ao órgão competente para apreciá-lo.

12. PRINCÍPIO DA COMPLEMENTARIEDADE DOS RECURSOS

É possível que haja integração do recurso já interposto toda vez que a decisão recorrida for modificada supervenientemente, tanto em razão de correção de erro material, como de provimento de outro recurso, em virtude do exercício de retratação pelo juiz.

Nas hipóteses em que o juiz alterar a decisão, exercendo juízo de retratação ou retificando erro material, de forma que repercuta nos fundamentos do recurso que já tinha sido interposto, deve haver a renovação do prazo recursal para a interposição de novo recurso, adequado às modificações operadas na decisão alterada. A nova impugnação é autorizada se a matéria recorrida tiver sido objeto de modificação no julgado[33].

Imaginemos que as partes tenham sido intimadas da sentença e a defesa apresentou, de pronto, apelação, ao passo em que o MP apresentou embargos declaratórios, visando ao suprimento da omissão do julgado. Ocorrendo a alteração da sentença em face do julgamento dos embargos declaratórios, deve a defesa ser admitida a complementar o recurso que já tinha sido apresentado, adaptando-o à nova realidade, após a apreciação dos embargos.

32. RANGEL, Paulo. *Direito processual penal*. 4. ed. Rio de Janeiro: Lumen Juris, 2001. p. 499.
33. OLIVEIRA, Eugênio Pacelli de. *Curso de processo penal*. 2. ed. Belo Horizonte: Del Rey, 2003. p. 780.

13. PRINCÍPIO DA SUPLEMENTARIEDADE OU DA SUPLEMENTAÇÃO DOS RECURSOS

Existe a possibilidade de ser renovada a iniciativa recursal já manifestada, quando contra a decisão for cabível mais de um recurso.

A aplicação do princípio em tela é uma exceção, seja diante do princípio da unirrecorribilidade, seja em face do fenômeno preclusivo que se opera. Isso porque depois de ofertado recurso por uma das partes contra uma decisão desfavorável a ela, haverá a preclusão consumativa tendente a impedir o novo exercício da faculdade processual recursal validamente exercida antes.

O princípio da suplementariedade incidirá excepcionalmente "quando, para a aludida decisão, for cabível mais de uma modalidade recursal", tal como ocorria, no júri, com o cabimento de "apelação, em relação a um crime" e do revogado "protesto por novo júri", relativamente a outro delito[34].

14. PRINCÍPIO DA VARIABILIDADE DOS RECURSOS

Sustentado por corrente minoritária, consiste na possibilidade do interessado, enquanto estiver em andamento o prazo recursal, interpor mais de um recurso contra a mesma decisão. A variabilidade dos recursos tem o propósito de autorizar que o recorrente amplie os limites de seu primeiro recurso, com a interposição de outra impugnação para, por exemplo, abranger outros pontos da decisão recorrida.

Entendemos, todavia, que tal princípio não deve ser aplicado no âmbito do processo penal. Isso porque pensamos que, uma vez interposto o recurso pela parte sucumbente, especialmente quando delimitada a sua abrangência pela petição recursal, ocorrerá preclusão consumativa, constitutiva de óbice à admissibilidade de recurso ulterior daquele sujeito processual interessado.

No sentido por nós sustentado, Elmir Duclerc obtempera que a regra da variabilidade é de aplicação duvidosa na seara do nosso sistema recursal e que teria lastro, segundo alguns autores, na norma do antigo art. 809 do CPC de 1939, que, contudo, não foi reproduzida no texto atual e muito menos no CPP[35].

Em direção diversa, Grinover, Scarance e Gomes Filho explicam que o princípio da variabilidade significa que a interposição de um recurso não liga o recorrente ao fundamento da petição de impugnação.

Isso significa dizer que, segundo essa concepção, é possível a interposição sucessiva do mesmo recurso, quando respeitado o prazo legal. Nesses termos, defendem que não se aplica a regra da preclusão consumativa, ainda que o recorrente tenha avivado na petição de interposição do recurso a sua respectiva abrangência para a apresentação de razões. Como exemplo, apontam o caso de uma mesma decisão ser impugnada por mais de um fundamento, através de recurso de mesma espécie[36].

---

34. OLIVEIRA, Eugênio Pacelli de. *Curso de processo penal*. 2. ed. Belo Horizonte: Del Rey, 2003. p. 780-781.
35. DUCLERC, Elmir. *Direito processual penal*. Rio de Janeiro: Lumen Juris, 2008. p. 582.
36. GRINOVER, Ada Pellegrini; GOMES FILHO, Antônio Magalhães; FERNANDES, Antônio Scarance. *Recursos no processo penal*. 6. ed. São Paulo: RT, 2011. p. 33-34.

Veja-se que se distinguem os princípios da variabilidade (mesmo recurso, manejado pelo mesmo recorrente, contra uma mesma decisão, dentro do mesmo prazo), da complementariedade (manejo do mesmo recurso em razão da devolução do prazo recursal, diante de alteração superveniente da decisão) e da suplementariedade (possibilidade de interposição de recurso diverso contra a mesma decisão já impugnada anteriormente pelo mesmo recorrente).

Note-se, ainda, que não é hipótese de aplicação do princípio da variabilidade dos recursos quando as interposições sucessivas de um mesmo recurso ocorrem dentro do prazo recursal, embora feitas por legitimados recursais diversos, ainda que em favor do mesmo réu. A título de exemplo temos a possibilidade de interposição autônoma de apelação por um motivo pelo advogado do acusado e por outro fundamento pelo próprio acusado, nos casos de conflito de interesse recursal entre defesa técnica e autodefesa.

15. PRINCÍPIO DA DIALETICIDADE DOS RECURSOS

O recorrente deve expor os fundamentos de sua irresignação, evidenciando os motivos pelos quais pretende ver reexaminada a decisão, viabilizando o contraditório recursal (razões e contrarrazões).

A motivação dos recursos nem sempre é obrigatória no processo penal para que o recurso seja conhecido, especialmente quando a impugnação se dirige à decisão de juiz singular. Desse modo, o Código prevê, por exemplo, a subida de apelação sem as razões recursais, quando permite a sua apresentação na instância *ad quem* (tribunal), nos termos do § 4º, do art. 600, do CPP. Já no que se refere ao recurso em sentido estrito, o mesmo Código admite que ele suba com ou sem resposta, isto é, com ou sem contrarrazões (não sem razões!), a teor do *caput*, do seu art. 589.

Embora tolerada pela jurisprudência e sufragada pela legislação a apreciação de recursos sem razões, quando para tanto tenha sido intimado o recorrente, e o tribunal haja apreciado adequadamente o recurso, entendemos, com Frederico Marques, que "a motivação deve ser requisito essencial do recurso, por tratar-se de pressuposto indispensável para a sua admissibilidade"[37].

De tal maneira, apresentado o recurso de forma leiga pelo acusado, é indispensável a intimação de seu advogado constituído ou defensor para arrazoá-lo. Caso haja conflito entre autodefesa e defesa técnica, deve o magistrado oportunizar a constituição de novo advogado pelo réu, assinando prazo, após o que deve nomear defensor dativo, se não for o caso de assistência pela Defensoria Pública.[38]

37. MARQUES, José Frederico. *Elementos de direito processual penal*: volume IV. 2. ed. Campinas: Millennium, 2003. p. 232.
38. GRINOVER, Ada Pellegrini; GOMES FILHO, Antônio Magalhães; FERNANDES, Antônio Scarance. *Recursos no processo penal*. 6. ed. São Paulo: RT, 2011. p. 38.

Observação: a disponibilidade não é característica ou princípio recursal porquanto não tem aplicação em toda e qualquer hipótese, já que ao Ministério Público não é permitido desistir do recurso já interposto, como decorrência da regra da obrigatoriedade de sua atuação (art. 576, CPP). Assim, só tem aplicação a disponibilidade nos recursos manejados pelo querelante em sede de ação penal privada. No que concerne ao recurso do imputado, é possível se debater sobre ofensa à ampla defesa, se a desistência de recurso pelo defensor surpreender o acusado, deixando-o indefeso. Poderá, portanto, ser situação suficiente à **invalidação** do processo desde o momento da violação ao direito fundamental, diante da **nulidade absoluta** em razão da desistência recursal, quando o réu se opuser à conduta do defensor.

16. PRINCÍPIO DA INTRANSCENDÊNCIA OU DA PERSONALIDADE

É princípio de exclusiva aplicação ao recurso manejado pela parte acusadora.

Em certa medida, é deduzido de ideia análoga ao princípio da intranscendência da ação penal, que dita que a demanda promovida contra um réu não deve ultrapassar a sua pessoa para incidir efeitos em sujeito diverso. No recurso que estende a pretensão punitiva estatal, a parte acusadora deve especificar o que pretende e contra quem pretende a providência exasperadora.

Tratando-se de mais de um acusado, o pleito recursal deve identificar cada um deles, em relação aos quais deseja a reforma da decisão ou da sentença. Se o pedido recursal se restringir a um único agente, ainda que relativamente a fato cometido em coautoria, resta vedado ao tribunal ampliar seu objeto para fazer alcançar o pedido recursal em desfavor do réu ou recorrido contra quem a parte autor ou recorrente não se insurgiu expressamente.

O órgão ***ad quem*** só pode apreciar a matéria não impugnada nas hipóteses de reexame de ofício.

Por outro lado, é inconcebível admitir, em processo penal, resultados distintos para acusados incursos em idêntica situação de fato. Por exemplo, da decisão absolutória por furto qualificado por ter sido cometido por dois agentes, o Ministério Público apresenta apelação contra apenas a condenação de um dos réus. A incompatibilidade deve-se resolver em favor dos imputados, confirmando-se a absolvição para ambos, diante da insuficiência de fundamentação do recurso ministerial. Trata-se de faceta que decorre do efeito extensivo dos recursos, gizado no art. 580, do CPP, dispondo que no caso de concurso de agentes, a decisão do recurso interposto por um dos réus, se fundado em motivos que não sejam de caráter exclusivamente pessoal, aproveitará aos outros.

Guilherme Madeira Dezem explica a intranscendência sob a denominação de "**princípio da personalidade dos recursos**", pontuando que "recursos só podem beneficiar a parte que recorreu", bem como que ele é "complementado pelo princípio da ***non reformatio in pejus***, que impede a piora da situação do acusado se não houve recurso da acusação". De outro prisma, o jurista opõe à personalidade recursal, o "princípio do benefício comum", que, a sua vez, não é admitido pelo CPP para piorar a situação do imputado, porque finda por permitir a ***reformatio in pejus*** sob o argumento de que "o que é levado ao conhecimento do Tribunal é a matéria" e, de tal modo, "este poderá decidir contra ou a favor da parte que recorreu"[39].

17. PRINCÍPIO DA COLEGIALIDADE RECURSAL

É outorgada ao recorrente para que a matéria recorrida seja objeto de apreciação por órgão colegiado, integrado por mais de um julgador.

Esse princípio não é ofendido pela possibilidade de julgamento de um recurso de forma monocrática, por membro de tribunal, relator, haja vista que, das decisões monocráticas, pode a parte sucumbente pleitear, por simples agravo, o julgamento pelo órgão fracionário, colegiado, que competir o exame do assunto.

O afastamento da colegialidade pela possibilidade de julgamento monocrático é tão somente aparente. Tal fica mais evidente quando se vê que as matérias julgadas por um só membro do tribunal, em regra, já foram objeto de julgamento colegiado anterior. Sem embargo, esse princípio não é absoluto, pois alguns recursos não ensejam a possibilidade de exame colegiado, a exemplo do julgamento dos embargos de declaração opostos contra sentença de juiz singular.

Ademais, a colegialidade decorre do princípio do duplo grau de jurisdição, eis que possibilita a reavaliação do caso por um corpo de juízes. O Pacto de São José da Costa Rica, ratificado pelo Decreto nº 678/1992, ampara sua existência em seu art. 8, item "2", alínea "h".

Vale destacar que o princípio da colegialidade recursal não é encontrado no julgamento de primeira instância dos crimes dolosos contra a vida, de competência do tribunal do júri. O júri não examina recurso, porém julga os fatos concernentes a sua competência para apreciar os crimes dolosos contra a vida. De tal modo, a colegialidade do júri, restrita aos sete jurados que formam a composição do conselho de sentença, e que não se estende ao juiz-presidente, não se confunde com a colegialidade dos recursos.

39. DEZEM, Guilherme Madeira. *Curso de processo penal*. São Paulo: RT, 2015. p. 852-853.

18. IMPEDIMENTOS RECURSAIS

Alguns fatores podem obstar o recebimento ou a tramitação regular do recurso. São obstáculos à admissibilidade ou ao processamento, traduzindo-se em verdadeiros impedimentos. Esses impedimentos consistem em fatos alheios aos pressupostos de admissibilidade que obstam que o recurso seja processado ou conhecido, a exemplo da **desistência**, da **renúncia** e da **deserção**[40].

19. DESISTÊNCIA DO RECURSO

Ocorre quando o acusado, assistido regularmente por seu advogado ou defensor, manifesta o desejo de não persistir com seu inconformismo relativamente à decisão, requerendo que a tramitação do recurso seja interrompida.

A desistência não pode ser exercida pelo Ministério Público, a teor do art. 576, CPP, como corolário da impossibilidade de também desistir da ação penal pública ajuizada por ele (art. 42, CPP).

20. RENÚNCIA AO DIREITO DE RECORRER

É caracterizada pela manifestação da parte no sentido de que não deseja recorrer da decisão, antes mesmo de interpor a impugnação cabível.

Sob enfoque que distinga fato impeditivo de fato extintivo, a renúncia é mais propriamente um fato extintivo do direito de recorrer, só admissível depois de proferida a decisão e antes de ser ofertado o recurso. Não depende de aceitação da parte contrária, consistindo

40. NUCCI, Guilherme de Souza. *Manual de processo penal e de execução penal*. 3. ed. São Paulo: RT, 2007. p. 807.

em ato unilateral por meio do qual o legitimado manifesta o seu desejo de não interpor recurso cabível contra a decisão[41].

Embora o recurso seja lastreado pela indesistibilidade, não é proibido ao *Parquet* renunciar ao direito de recorrer. Depois de assentada a renúncia do direito de recorrer, haverá consolidação de direitos na esfera jurídica da parte contrária. A renúncia é ato de disposição da faculdade de recorrer, com efeitos preclusivos. É irretratável[42].

Para que haja renúncia, é necessário que a decisão recorrível já tenha sido exarada. Não pode haver renúncia ao direito de recorrer de decisão futura. Por outro lado, pode o Ministério Público deixar escoar o prazo sem oferecer o recurso, em face de sua independência funcional.

Importante pontuar que, havendo divergência entre o réu e seu defensor quanto ao interesse de interpor o recurso, que deve prevalecer a vontade de recorrer. Desta maneira, caso manifeste a renúncia sem assistência de advogado, o defensor constituído poderá apresentar o recurso e este deverá ser conhecido.

Aliás, na dicção do verbete nº 705, da Súmula, do STF, a renúncia do réu ao direito de apelação, manifestada sem a assistência do defensor, não impede o conhecimento da apelação por este interposta.

21. DESERÇÃO DO RECURSO

No processo penal, deserção é termo que designa situações em que:

(1) o acusado que deveria estar recolhido à prisão para recorrer empreende fuga, como antes era previsto no art. 595, CPP, revogado pela Lei nº 12.403/2011. Trata-se de hipótese não mais existente no ordenamento jurídico brasileiro[43];

(2) o recorrente deixa de pagar as custas devidas (art. 806, § 2º, parte final, CPP). Não recolhem preparo recursal em matéria penal o acusado e seu advogado, o defensor dativo, a Defensoria Pública e o Ministério Público. Somente o querelante, nas ações penais privadas exclusivas e personalíssimas, recolhe custas recursais;

(3) o recorrente não providencia o traslado de peças dos autos (art. 601, § 1º, CPP – apesar deste dispositivo prever o dever de traslado, não estabelece expressamente a sanção de deserção)[44].

22. PRESSUPOSTOS DE ADMISSIBILIDADE RECURSAL

Os pressupostos recursais de admissibilidade podem ser classificados em pressupostos objetivos e subjetivos. São também denominados de condições ou requisitos para a prelibação do recurso, que serve, de parâmetro para a formação do juízo de admissibilidade do recurso. Consistem em critérios de aferição da viabilidade ao examine do mérito recursal.

41. SOUZA, Daniel Barbosa Lima Faria Corrêa de; SOUZA, Letícia Barbosa Lima de. *Recurso extraordinário e especial*: reflexos da emenda constitucional nº 45/2004. Porto Alegre: Núria Fabris, 2008. p. 38.
42. STJ – Sexta Turma – EDcl no HC 227.658/SP – Rel. Min. Maria Thereza de Assis Moura – DJe 14 mai. 2012.
43. STJ – Sexta Turma – HC 95.186/MG – Rel. Min. Nefi Cordeiro – DJe 31 ago. 2015.
44. NUCCI, Guilherme de Souza. *Manual de processo penal e de execução penal*. 3. ed. São Paulo: RT, 2007. p. 807.

O mérito somente é enfrentado em uma etapa subsequente do julgamento do recurso, depois de verificada a presença dos pressupostos de admissibilidade.

O juízo recursal é dividido em juízo de admissibilidade e juízo de mérito. Os pressupostos de admissibilidade dizem respeito ao juízo de admissibilidade do recurso que, por sua vez, precede o juízo de mérito. Este somente poderá ser apreciado se o juízo de admissibilidade se revelar positivo.

23. JUÍZO DE ADMISSIBILIDADE OU DE PRELIBAÇÃO

Trata-se do nexo cognitivo de aferição das condições de admissibilidade da espécie de impugnação recursal apresentada pela parte recorrente contra a decisão a ela desfavorável.

Quando ausente requisito de admissibilidade, órgão judicante não recebe o recurso ou não conhece o seu mérito. Destarte, estabiliza-se a decisão recorrida (preclusão ou trânsito em julgado da decisão recorrida, conforme o caso. Nessa hipótese, afirma-se juízo de admissibilidade negativo.

Saber se o tribunal conheceu ou não conheceu do recurso é providência indispensável para se definir o juízo competente para a propositura de revisão criminal. Desse modo, deve o tribunal ser preciso na terminologia adotada, evitando a menção à "manutenção da decisão recorrida", por ser dotada de ambiguidade.

24. JUÍZO DE MÉRITO OU DE DELIBAÇÃO

É o fundamento que se alega para fins de reforma ou invalidação da decisão e que quase sempre (embora nem sempre) coincide com o mérito da ação penal[45]. O mérito do recurso só é conhecido se positivo o juízo de admissibilidade recursal, quando se diz que o órgão *ad quem* dá provimento ou nega provimento ao recurso. Nesse caso, a decisão recorrida não transita em julgado, pois a decisão proferida em grau de recurso tem o efeito de substituí-la, passando em julgado no lugar daquela.

25. PRESSUPOSTOS OBJETIVOS DE ADMISSIBILIDADE RECURSAL

Os pressupostos processuais objetivos são enumerados de forma mais ou menos extensa pelos diversos autores que abordam o tema. Para melhor detalhamento da matéria que forma o juízo de prelibação ou de admissibilidade recursal, estudaremos os aspectos objetivos a seguir, que precedem o exame do mérito dos recursos em processo penal.

26. PREVISÃO LEGAL OU CABIMENTO

O cabimento ou previsão legal é pressuposto de admissibilidade recursal de natureza objetiva, atrelado à característica dos recursos conhecida por taxatividade. É necessária a autorização pelas leis de processo para se ter como cabível algum recurso. As possibilidades de interposição de recursos são informadas pelo princípio da unirrecorribilidade das

45. WAMBIER, Luiz Rodrigues; ALMEIDA, Flávio Renato Correia de; TALAMINI, Eduardo. *Curso Avançado de processo civil: volume 1: teoria do processo e processo de conhecimento*. São Paulo: RT, 2005. p. 579-581.

decisões judiciais. Daí que "a parte necessita respeitar o recurso exato indicado na lei para cada tipo de decisão impugnada, não lhe sendo cabível eleger o recurso que bem entenda"[46].

Em outras palavras, os recursos são aqueles expressamente gizados na lei processual penal, não havendo possibilidade de criação de impugnação recursal pela parte ou pelo juiz. Isso não impede que a parte se valha do manejo de sucedâneos recursais, a exemplo das ações autônomas de impugnação de mandado de segurança e de *habeas corpus*, quando da decisão não couber recurso algum.

Tourinho Filho explica que "o 'remédio deve estar previsto em lei e, além disso, o recurso interposto deve ser o adequado". Se a parte sucumbente desejar interpor recurso contra a decisão, "cumpre-lhe, pelo princípio da correspondência, atentar para o recurso próprio, adequado". Por exemplo, contra o não recebimento da peça acusatória, no âmbito do juízo comum, é cabível o recurso em sentido estrito (art. 581, I, CPP) e não outro. No entanto, "dês que não haja má-fé, o Juiz pode receber um recurso por outro, nos termos do art. 579 do CPP"[47].

É de ver que existem atos judiciais irrecorríveis no processo penal. Tal como aponta Denílson Feitoza, as decisões não elencadas pelo art. 581 do CPP ou sem força de definitivas e os meros despachos de expediente. Daí que se a interlocutória for irrecorrível, mas for oportunamente impugnada (art. 572 do CPP), "ela poderá, eventualmente, ser reexaminada por ocasião do recurso cabível da decisão seguinte, por exemplo, na apelação cabível da sentença condenatória"[48]. De todo modo, existente constrangimento ilegal que ameace de lesão o direito de liberdade do réu, será admitido *habeas corpus* como sucedâneo recursal, que poderá ter o objetivo, inclusive, de determinar o trancamento da ação penal.

27. OBSERVÂNCIA DAS FORMALIDADES LEGAIS

É o segundo pressuposto objetivo recursal de admissibilidade, que deve ser compreendido pela regularidade formal da interposição (sem rigorismos formais excessivos, em compasso com a ideia de instrumentalidade das formas) e pela correta formulação do pedido recursal. Decerto, para que seja recebido e conhecido pela instância *ad quem*, a forma do recurso deve ser aquela prescrita em lei. A impugnação, por exemplo, que não obedece a forma de interposição exigida legalmente está sujeita a não ser recebida, a ter seu seguimento negado ou não ser conhecida.

Alguns recursos devem ser interpostos exclusivamente por petição, seguida de razões. Outros podem ser apresentados não só por petição, como também por termo nos autos (art. 578, CPP): a interposição mediante termo nos autos é admitida no recurso em sentido estrito (art. 587, CPP), na apelação (art. 600, CPP)[49] e no agravo em execução penal (art. 197, LEP). O termo ou petição pode ser assinado pelo acusado ou subscrito por duas testemunhas a rogo. As razões escritas que lhe seguem precisam ser subscritas por defensor ou advogado.

Na prática forense, a forma aceita para a interposição válida do recurso é a seguinte:

(1) para os recursos interpostos perante o juízo singular (em processo de conhecimento ou de execução), a regra é que sejam por petição ou por termo nos autos;

46. NUCCI, Guilherme de Souza. *Manual de processo penal e de execução penal*. 3. ed. São Paulo: RT, 2007. p. 806.
47. TOURINHO FILHO, Fernando da Costa. *Manual de processo penal*. 5. ed. São Paulo: Saraiva, 2003. p. 706-707.
48. FEITOZA, Denilson. *Direito processual penal*: teoria, crítica e práxis. Impetus: Niterói, 2009. p. 1047-1035.
49. TOURINHO FILHO, Fernando da Costa. *Manual de processo penal*. 5. ed. São Paulo: Saraiva, 2003. p. 708.

(2) para os recursos interpostos perante os órgãos colegiados, os recursos devem ser interpostos sempre por petição, que deve estar sempre acompanhada de razões recursais.

O entendimento que prevalece para os recursos manejados em primeiro grau de jurisdição é o de que a interposição ocorra sem apego a formalidades rígidas, ou seja, sem modo ou ritual sacramental fechado.

Daí se tem admitido como válida a interposição de recurso por cota nos autos quando inequívoca a intenção de recorrer do julgado, ainda que manifestada antes da publicação do acórdão e juntadas as razões recursais depois de escoado o prazo[50]. Entendemos também viável a interposição por meios eletrônicos (Lei nº 11.419/2006) ou pelas formas tradicionais (fax, telegrama etc.).

Sobre a terminologia a ser usada quando se vê a falta de pressuposto ou de requisito para que o recurso seja apreciado em seu mérito, impende dizer que eles são usados a depender da qualidade do órgão jurisdicional que impeça, liminarmente, o processamento da impugnação:

(1) quando é o juiz de primeiro grau que verifica a ausência de pressuposto recursal, diz-se que ele "não recebe" o recurso;

(2) quando se trata de membro de tribunal que decide, monocraticamente, sem apreciar o mérito do recurso, fala-se que ele "nega seguimento" ao recurso interposto;

(3) já quando a decisão é proferida pelo órgão colegiado (tribunal, turma, câmara etc.), o termo técnico a ser usado é o de que o órgão, por unanimidade ou por maioria, decidiu por "não conhecer" do recurso.

28. TEMPESTIVIDADE RECURSAL

A tempestividade é pressuposto de admissibilidade de natureza objetiva. É verificada com base na disposição que estabelece o prazo para a apresentação do recurso a partir da intimação da parte. A regra é que o recurso intempestivo tenha seu seguimento obstado pelo órgão recebedor da petição recursal, mediante juízo negativo de admissibilidade proferido no âmbito do juiz singular.

Porém, quando a impugnação tiver o fito de destrancar outro recurso não admitido na origem, o órgão recebedor da petição não poderá negar-lhe seguimento. É o que ocorre, por exemplo, com a interposição de carta testemunhável ou com a de recurso em sentido estrito que, pelos seus objetivos, não podem ter seguimento negado com arrimo na intempestividade, eis que extrapola a competência do juiz de primeiro grau, *a quo*, aferir juízo de admissibilidade desses recursos, cabendo, exclusivamente, ao órgão *ad quem*.

Entendemos a tempestividade como pressuposto objetivo de admissibilidade recursal, na esteira da maioria da doutrina. Diversamente, Grinover, Scarance e Gomes Filho sustentam que a tempestividade é instituto ligado à preclusão, devendo ser entendido como requisito inerente à regularidade da interposição.

De todo modo, a tempestividade é informada pelos princípios da inteireza dos prazos (que preconiza a necessidade de se conhecer de seu termo *a quo* efetivamente) e da interpretação em benefício do recorrente (visando preservar o duplo grau ou a pluralidade de

50. STJ – Sexta Turma – HC 420.204/SP, Rel. Min. Maria Thereza de Assis Moura – DJe 01 ago. 2018.

graus de jurisdição, bem como o controle das decisões), razão pela qual, na dúvida quanto à expiração do prazo recursal, deve se entender favoravelmente à admissibilidade do recurso, notadamente quando apresentado pela defesa do acusado[51].

O prazo recursal é contado a partir da data em que se considera intimada a parte interessada da decisão, sentença ou acórdão publicado (*dies a quo*). Isso significa dizer que o recurso, em regra, é interposto após a publicação do *decisum* a ser vergastado.

Até então, fundando-se em questão lógica, diante da necessidade de se conhecer as razões do acórdão para fundamentar o recurso, não se admitia a apresentação de recursos antes da publicação e conferência do respectivo acórdão. Era o acórdão que servia de base para sustentar a impugnação recursal. Nesse sentido, o entendimento sumulado do STJ, no verbete nº 418, ora cancelado, que dispunha que era inadmissível o recurso especial interposto antes da publicação do acórdão dos embargos de declaração, sem posterior ratificação.

O evolver jurisprudencial, considerando o conhecimento prévio dos argumentos que possivelmente serão consignados no acórdão e o acesso ao julgamento, inclusive pela publicidade digital (sistemas de consulta processual), inverteu tal cenário.

Deveras, foi mudada a direção dos recursos que eram considerados intempestivos por conta da interposição anterior à publicação do acórdão. Não é extemporâneo, portanto, o recurso interposto antes da publicação do acórdão, eis que está é elemento neutro, podendo a parte, ciente da decisão proferida, protocolar o recurso[52].

A interposição do recurso no curso do prazo, porém antes de sua expiração (a exemplo da parte recorrer no segundo dia de um prazo de cinco dias), implica, de regra, preclusão consumativa, isto é, a parte que já exerceu o ato não pode tornar a praticá-lo com o fito de, por exemplo, completar as razões já oferecidas (ressalvados os princípios da complementariedade e suplementariedade recursal).

Os prazos recursais são contínuos e peremptórios, correndo de maneira fatal, sem possibilidade de suspensão ou interrupção, não se interrompendo em férias, domingos ou feriados, ressalvada situação prevista no § 4º, do art. 798, do Código Processual Penal. Cabe dizer, por motivo de impedimento do juiz, força maior ou obstáculo oposto pela parte contrária, pode ser excepcionada a regra do Código. Prevalece o entendimento, notadamente em face da supressão das férias forenses para os órgãos de 1ª e 2ª instância do Poder Judiciário pela Emenda Constitucional nº 45/2004, que as férias forenses não suspendem, nem interrompem o prazo recursal em matéria criminal.

No que tange ao início do prazo para o recurso, temos como termos *a quo* os seguintes:

(1) a data da intimação;

(2) a data da audiência em que proferida decisão e presente a parte; e

(3) o dia da ciência inequívoca manifestada nos autos.

No que tange à intimação pessoal do Ministério Público, seu termo inicial é o da entrada dos autos da repartição, ocasião em que se considera intimado o membro do *Parquet*.

51. GRINOVER, Ada Pellegrini; GOMES FILHO, Antônio Magalhães; FERNANDES, Antônio Scarance. *Recursos no processo penal*. 6. ed. São Paulo: RT, 2011. p. 81-82.

52. STF – Primeira Turma – HC 113.826 – Rel. Min. Marco Aurélio – j. 10 abr. 2018.

São irrelevantes, para a intimação do promotor de justiça, a data da ciência aposta nos autos, a intimação pessoal em audiência, em cartório ou por mandado[53].

A contagem, por sua vez, é realizada com a exclusão do dia do início (*dies a quo*) e inclusão do dia final (*dies ad quem*), por se tratar de prazo de natureza processual, salvo disposição expressa, da lei processual penal, em contrário. Tratando-se, pois, de intimação por mandado ou por carta precatória, os prazos contam-se da intimação, computando-o a partir do dia útil seguinte a esta e incluindo o termo final, não tendo relevância, em matéria penal, a data da juntada aos autos, a teor do verbete sumular nº 710, do STF.

EXEMPLO DE CONTAGEM DE PRAZO PROCESSUAL PENAL APLICAÇÃO DA SÚMULA Nº 710/STF					
INTERPOSIÇÃO DE RECURSO DE APELAÇÃO – PRAZO DE 5 DIAS					
05	**06**	**07**	**08**	**09**	**10**
Quarta-feira dies a quo	**Quinta-feira**	**Sexta-feira**	**S**	**D**	**Segunda-feira dies *ad quem***
Intimação pessoal da sentença condenatória através de oficial de justiça Exclui-se o dia início	Início do cômputo	Juntada do mandado de intimação aos autos. Dia irrelevante para a contagem do prazo.	–	–	Fim do prazo Inclui-se o dia do vencimento

Quando a intimação se der pela imprensa, o critério para aferir a intimação é a da efetiva circulação do diário oficial em dia de expediente forense para ser tido como data *a quo* do prazo recursal, com arrimo no **princípio da inteireza do prazo recursal**.

O termo inicial, a partir da intimação, deve ser contado a partir do primeiro dia útil seguinte. Assim, caso seja realizada a intimação na sexta-feira, a contagem se inicia na segunda-feira (se dia útil), na forma do enunciado nº 310, da Súmula, do STF. Como se cuida de prazo processual, a regra é que se prorrogue para o primeiro dia útil seguinte ao seu termo final, quando cair em dia que não haja expediente forense.

EXEMPLO DE CONTAGEM DE PRAZO PROCESSUAL PENAL APLICAÇÃO DA SÚMULA Nº 310/STF				
INTERPOSIÇÃO DE RECURSO DE EMBARGOS DE DECLARAÇÃO – PRAZO DE 2 DIAS.				
05	**06**	**07**	**08**	**09**
Sexta-feira dies *a quo*	**Sábado**	**D**	**Segunda-feira**	**Terça-feira *dies ad quem***
Publicação oficial da sentença omissa, obscura, ambígua ou contraditória; Exclui-se o dia início.	Não se inicia o cômputo – não é dia útil.	–	Início do cômputo.	Fim do prazo; Inclui-se o dia do vencimento.

53. STJ – Sexta Turma – EDcl no AgRg no AREsp 383.959/RN – Rel. Min. Antonio Saldanha Palheiro – DJe 13 ago. 2019.

No âmbito do STJ, a seu verbete sumular nº 216 preconiza que a tempestividade de recurso interposto naquele tribunal "é aferida pelo registro no protocolo da secretaria e não pela data da entrega na agência do correio". Em outros termos, o protocolo de recurso mediante registro postal não é admitido pelo STJ[54].

Diferentemente, quanto ao protocolo descentralizado (unificado) para o fim de interposição de recurso, a tendência é de ser admitido amplamente, notadamente diante:

(1) da implementação do processo judicial eletrônico, que permitirá a transmissão de dados e de petições através de conexão de *internet*;

(2) da norma contida no parágrafo único, do art. 929, do CPC, (com aplicação analógica ao processo penal), que dispõe que, a critério do tribunal, os serviços de protocolo poderão ser descentralizados, mediante delegação a ofícios de justiça de primeiro grau"; e

(3) de se verificar, na jurisprudência do STJ[55] e do STF[56], a aceitação do protocolo unificado (descentralizado ou integrado).

Por fim, se o acusado estiver representado unicamente por advogada adotante ou que se tornar mãe, o prazo recursal deverá ser suspenso, tanto para interpor o recurso, quanto para apresentar razões e contrarrazões. A infração as essas regras, capituladas no art. 7º-A, do Estatuto da OAB, pode constituir o crime descrito no art. 7º-B, do mesmo diploma legal, com redação dada pela Lei do Abuso de Autoridade (art. 43, Lei nº 13.869/2019).

29. ADEQUAÇÃO

É pressuposto recursal objetivo de admissibilidade aferido pela constatação do acerto da via recursal escolhida pelo impugnante. A adequação repercute no requisito subjetivo denominado interesse recursal. Dentre os recursos previstos na lei processual penal, a parte deve manejar o recurso apropriado.

Todavia, a adequação não é um pressuposto ou condição inafastável, haja vista que o art. 579, do CPP, sufraga o princípio da fungibilidade recursal: o recurso interposto equivocadamente pode ser recebido e processado se não verificado erro grosseiro (que é aferido quando não existe dúvida razoável em sua escolha), bem como se tiver sido atendido o prazo do recurso correto[57].

Ao lado dos já referidos aqui, Eugênio Pacelli de Oliveira acresce como requisitos objetivos, mais dois[58].

30. INEXISTÊNCIA DE FATOS IMPEDITIVOS

É pressuposto de admissibilidade recursal objetivo que consiste em fato obstativo, a exemplo da renúncia manifestada antes da interposição do recurso e da desistência (que tem que ser expressa) manifestada após apresentação do recurso.

54. STJ – Terceira Turma – AgInt no AREsp 1152475/ES – Rel. Min. Paulo de Tarso Sanseverino – DJe 29 jun. 2018 .
55. STJ – Sexta Turma – AgRg no AREsp 964.750/DF – Rel. Min. Nefi Cordeiro – DJe 21 jun. 2017.
56. STF – Primeira Turma – ARE 1028270 AgR – Rel. Min. Rosa Weber – publicado em 03 out. 2017.
57. AVENA, Norberto. *Processo penal esquematizado*. Rio de Janeiro: Forense; São Paulo: Método, 2009. p. 973.
58. OLIVEIRA, Eugênio Pacelli de. *Curso de processo penal*. 2. ed. Belo Horizonte: Del Rey, 2003. p. 793-795.

31. MOTIVAÇÃO

A fundamentação do recurso é a regra, retratando pressuposto de admissibilidade objetivo.

É, entrementes, excepcionada pelos artigos 577 (o réu pode interpor recurso sem estar representado por defensor), 578 (possibilidade de interposição por petição ou termo nos autos apresentada pelo próprio réu) e 601 (prevê a subida de apelação sem as razões), todos do CPP.

32. SUCUMBÊNCIA

Além desses pressupostos objetivos, existe um pressuposto fundamental, híbrido, subjetivo-objetivo, de todo e qualquer recurso: a sucumbência que, nas palavras de Tourinho Filho, "traduz a existência de um prejuízo que a parte entenda ter-lhe produzido a decisão contra a qual recorre"[59].

Na tradição jurídica brasileira, sempre se admite recurso do órgão da acusação para agravar a pena do imputado, mesmo que a sentença tenha sido de procedência total do pedido condenatório. Por exemplo, se o acusado receber condenação de 29 anos de reclusão por crime de roubo qualificado pela morte, não há óbice que o Ministério Público ou o seu assistente requeira aplicação de pena máxima, por meio de apelação criminal.

O contrário não é, geralmente, admitido, sob o argumento de que não há interesse em recorrer ou não ocorreu sucumbência. Vale dizer, se o réu é absolvido integralmente, com julgamento de improcedência total do pedido condenatório, por insuficiência de provas, há dificuldades práticas em lograr modificar o motivo de sua absolvição, para negativa de autoria do delito, com o objetivo de lhe isentar de futura ação para ressarcimento de danos.

Nota-se que a cultura pátria é autoritária. Além de mais chances de recursos na lei, o Ministério Público tem maiores possibilidades de êxito na prática dos tribunais.

A sucumbência é estudada a partir de várias formas classificatórias, podendo ser das espécies seguintes.

33. SUCUMBÊNCIA ÚNICA OU MÚLTIPLA

Vale dizer, "se o gravame atinge apenas uma das partes, fala-se em sucumbência única". Já se afeta interesses diversos, a sucumbência é múltipla.

34. SUCUMBÊNCIA PARALELA OU RECÍPROCA

Quando a lesão provocada pela decisão afeta interesses idênticos, a sucumbência é paralela. Será recíproca quando atinge interesses antagônicos, opostos.

35. SUCUMBÊNCIA DIRETA OU REFLEXA

Quando fere o direito de uma das partes da relação processual, a sucumbência é dita direta. Será reflexa na hipótese de repercutir em pessoas situadas fora da relação jurídica processual.

59. TOURINHO FILHO, Fernando da Costa. *Manual de processo penal*. 5. ed. São Paulo: Saraiva, 2003. p. 706.

36. SUCUMBÊNCIA TOTAL OU PARCIAL

Se o pedido é rejeitado integralmente, a sucumbência é total. Diferentemente, será parcial se só parte do pleito não for acolhido[60].

Destacada a classificação desse pressuposto fundamental, vejamos agora o sentido e o alcance dos pressupostos recursais subjetivos.

37. PRESSUPOSTOS SUBJETIVOS DE ADMISSIBILIDADE RECURSAL

Além dos pressupostos objetivos, o exame do mérito recursal fica condicionado à presença de pressupostos de ordem subjetiva, especialmente o interesse recursal e a legitimidade para a interposição da impugnação. O parâmetro de aferição é caracterizado por se referir à esfera jurídica do sujeito processual relacionado ao direito material descrito na decisão e que suporta efeitos negativos em sua esfera jurídica.

38. INTERESSE RECURSAL

É pressuposto recursal subjetivo de admissibilidade. É inferido pela necessidade que a parte tem na modificação da decisão que lhe foi desfavorável, ainda que parcialmente.

O interesse é medido pela vantagem prática que o recorrente pode ter com o eventual provimento do recurso (interesse-utilidade, representado pela possibilidade de obtenção de situação mais vantajosa), bem como pela indispensabilidade de intervenção estatal (estado-juiz) para modificar o julgado recorrido (interesse-necessidade).

Como exemplo de falta de interesse-utilidade, tem-se o recurso movido contra a motivação da sentença, haja vista que não se admite requerer tutela jurisdicional para obtenção de declaração doutrinária, devendo a impugnação ser dirigida à parte dispositiva da decisão. Como exceção a essa regra, é aceito, por alguns tribunais, o recurso contra motivação de sentença que absolve por insuficiência de provas, porquanto não obsta que a parte interessada intente ação civil indenizatória contra o acusado[61].

Nesse sentido, Tourinho observa que, a depender da situação, o acusado pode ter interesse em recorrer de sentença que o absolveu, malgrado aqui não se apresente com nitidez o pressuposto fundamental da sucumbência. O recurso do réu contra sentença absolutória terá lugar quando ele desejar a modificação do fundamento, considerando que, às vezes, "uma sentença absolutória não impossibilita o ofendido de mover em relação ao réu ação civil para satisfação do dano"[62].

Daí o interesse recursal do acusado relativamente à sentença que o absolveu por insuficiência de provas, quando deseja que o fundamento se modifique para negativa de autoria ou inexistência do fato, eis que assim fica imunizado contra futura ação civil ***ex delicto***.

60. TOURINHO FILHO, Fernando da Costa. *Manual de processo penal*. 5. ed. São Paulo: Saraiva, 2003. p. 706.
61. GRINOVER, Ada Pellegrini; GOMES FILHO, Antônio Magalhães; FERNANDES, Antônio Scarance. *Recursos no processo penal*. 6. ed. São Paulo: RT, 2011. p. 71-72.
62. TOURINHO FILHO, Fernando da Costa. *Manual de processo penal*. 5. ed. São Paulo: Saraiva, 2003. p. 709.

Também, nos termos do enunciado nº 283, do STF, pode-se inferir que não há utilidade que caracterize o interesse recursal nos casos em que a decisão impugnada se arrima em fundamento diverso do objeto do recurso.

Exemplo de falta de interesse-necessidade é o recurso interposto contra sentença sem parte dispositiva (exemplo clássico de sentença juridicamente inexistente), haja vista que para, casos de inexistência jurídica, é suficiente simples petição[63].

O interesse recursal (equivalente ao interesse de agir, processual) pode ainda ser constatado pelo trinômio necessidade-utilidade-adequação. A adequação recursal, todavia, é pressuposto objetivo que, por sua vez, pode resvalar na falta de interesse recursal (pressuposto subjetivo).

Para que haja interesse recursal, deve existir o pressuposto fundamental (sucumbência). Se, ao contrário, a parte lograr ser "vencedora em todos os pontos sustentados, não havendo tipo de sucumbência, inexiste motivo para provocar outra instância a reavaliar a matéria"[64].

Essa regra deve ser vista com reservas no processo penal, especialmente quando se analisa a postura do Ministério Público na ação penal, que pode recorrer sem ser sucumbente, em favor do acusado. Com efeito, ele pode atuar não só como parte, mas também como fiscal da lei (ordem jurídica, art. 127, CF/1988). Daí que se entende que o *Parquet* tem interesse recursal amplo, constatando-se a vantagem que o autoriza recorrer pela sua atribuição de velar pela correta aplicação da lei (*custos legis*), sendo seu interesse a constituição de título válido, pelo que pode recorrer em favor do réu de maneira a evitar nulidade futura de sentença condenatória ou injustiça na aplicação da pena.

No entanto, caso o Ministério Público apresente recurso em favor do acusado e este também tenha recorrido contra a mesma porção da decisão (identidade de objeto recursal), deve o recurso ministerial ser julgado prejudicado, se o recurso da defesa tiver maior amplitude[65].

39. LEGITIMIDADE PARA RECORRER

É pressuposto recursal subjetivo de admissibilidade. Decorre da legitimidade *ad causam* ou *ad processum*.

A legitimidade recursal é a pertinência subjetiva que exige a sucumbência, pois "somente a parte que sofreu gravame é que poderá recorrer"[66]. É igualmente impositiva, para a verificação da legitimidade recursal, a qualidade de parte da relação processual ou o autorizativo legal para sujeito que não integre essa relação jurídica, como acontece com as previsões de interposição de recursos pelo assistente do Ministério Público.

63. GRINOVER, Ada Pellegrini; GOMES FILHO, Antônio Magalhães; FERNANDES, Antônio Scarance. *Recursos no processo penal*. 6. ed. São Paulo: RT, 2011. p. 70.
64. NUCCI, Guilherme de Souza. *Manual de processo penal e de execução penal*. 3. ed. São Paulo: RT, 2007. p. 806.
65. GRINOVER, Ada Pellegrini; GOMES FILHO, Antônio Magalhães; FERNANDES, Antônio Scarance. *Recursos no processo penal*. 6. ed. São Paulo: RT, 2011. p. 73.
66. TOURINHO FILHO, Fernando da Costa. *Manual de processo penal*. 5. ed. São Paulo: Saraiva, 2003. p. 708.

Em outras palavras, "o recurso precisa ser oferecido por quem é parte na relação processual, estando capacitado a fazê-lo, ou quando a lei expressamente autorize a interposição por terceiros"[67]. No processo penal, também têm capacidade de ser parte: as pessoas jurídicas (a exemplo de entidades de defesa do consumidor, que podem propor ação penal subsidiária da pública em defesa dos direitos do consumidor, a teor do art. 80, CDC); entidades e órgãos da administração pública direta e indireta, ainda que sem personalidade jurídica (art. 82, III, CDC); massa falida, herança vacante ou jacente e espólio (pessoas formais); a família, como assistente do MP (art. 268, CPP)[68].

Os legitimados recursais podem ser gerais ou especiais[69].

40. LEGITIMIDADE RECURSAL GERAL

São legitimados gerais:

(1) o acusado pessoalmente (em postulação leiga);

(2) o defensor ou advogado do acusado, em seu próprio nome, ainda que conflite sua vontade de recorrer com a do réu de não interpor recurso;

(3) o defensor ou advogado do acusado, representando o acusado em sua defesa; e

(4) o Ministério Público ou o querelante, a depender da natureza da ação penal.

41. LEGITIMIDADE RECURSAL ESPECIAL

São legitimados especiais:

(1) o assistente da acusação, legitimado em caso de inércia do ***Parquet*** – legitimidade subsidiária ou supletiva, de forma restrita aos casos previstos no CPP; e

(2) o assistente da defesa, conforme posição que defendemos, em razão do princípio da paridade de armas.

Quanto ao ofendido, cabe distinguir que ele tem legitimidade para recorrer:

(1) como assistente habilitado, hipótese em que já é considerado parte;

(2) como terceiro (assistente não habilitado), quando intervém só no momento de recorrer (art. 598, CPP), ou seja, quando não interveio no processo e, supervenientemente, interpõe recurso supletivo (possibilidade que se abre quando não existir recurso, inclusive contra capítulo da sentença)[70].

Os poderes do assistente vêm se ampliando legislativamente ao longo do tempo. Nesse diapasão, o art. 311, do CPP, confere ao assistente do Ministério Público o poder de requerer a prisão preventiva do acusado. Desse modo, poderá o ofendido tanto interpor, quanto

---

67. NUCCI, Guilherme de Souza. *Manual de processo penal e de execução penal*. 3. ed. São Paulo: RT, 2007. p. 806.
68. GRINOVER, Ada Pellegrini; GOMES FILHO, Antônio Magalhães; FERNANDES, Antônio Scarance. *Recursos no processo penal*. 6. ed. São Paulo: RT, 2011. p. 76-77.
69. AVENA, Norberto. *Processo penal esquematizado*. Rio de Janeiro: Forense; São Paulo: Método, 2009. p. 990.
70. GRINOVER, Ada Pellegrini; GOMES FILHO, Antônio Magalhães; FERNANDES, Antônio Scarance. *Recursos no processo penal*. 6. ed. São Paulo: RT, 2011. p. 74.

arrazoar os recursos interpostos pelo Ministério Público nos casos de absolvição, impronúncia, extinção da punibilidade, revogação de prisão preventiva, bem como contra sentença condenatória quando visar majorar a pena do réu (atuação cooperativa ou *coadjuvandum*).

Não tem legitimidade o assistente para recorrer de decisões proferidas no processo de execução penal (tal como para a revogação de benefícios penais)[71], nem contra decisões em ação de *habeas corpus*, porquanto se trata de ação autônoma de impugnação desprovida de contraditório e de efeito condenatório, sendo descabida intervenção de terceiros, em compasso com o enunciado nº 208, da Súmula, do STF).

Sobre o posicionamento, minoritário, que compreende a figura do assistente do Ministério Público incompatível com as garantias fundamentais do acusado no processo e, por isso, inconstitucional, anotamos quando estudamos os sujeitos processuais.

42. COMPETÊNCIA RECURSAL

A competência para julgar o recurso não se trata de condição de admissibilidade recursal[72], podendo, *lato sensu*, ser entendida como requisito de validade da decisão. A competência recursal pode se bifurcar, relativamente ao juízo de admissibilidade. Por outro lado, quanto ao mérito recursal, a competência é atribuída a um órgão. Em outras palavras, a competência recursal é sucessiva, quanto ao juízo de admissibilidade, porquanto, geralmente, o órgão perante o qual o recurso é interposto o realiza e, sendo positivo, não fica o órgão subsequente, julgador do mérito, impedido de formar juízo negativo daquela mesma admissibilidade.

Vale dizer, a admissibilidade ou a inadmissibilidade do recurso pelo juiz recorrido não vincula o tribunal. Deveras, "o juízo de admissibilidade do recurso, no qual se examina o preenchimento ou satisfação dos requisitos legais de seu conhecimento, é feito no e pelo próprio órgão recorrido, e, também, na e pela instância recursal"[73].

Os órgãos do Judiciário têm delimitado o poder de deliberar sobre os recursos segundo a Constituição e a legislação. A competência em torno do juízo de admissibilidade é logicamente anterior ao exame do mérito do recurso.

Os órgãos colegiados atuam de maneira bem peculiar quando da apreciação do recurso criminal:

(1) primeiramente são tomados os votos no que toca aos requisitos, condições ou pressupostos de admissibilidade (preliminares recursais);

(2) em seguida são votadas as questões alusivas ao mérito do recurso (pedido recursal).

71. GRINOVER, Ada Pellegrini; GOMES FILHO, Antônio Magalhães; FERNANDES, Antônio Scarance. *Recursos no processo penal*. 6. ed. São Paulo: RT, 2011. p. 74.

72. NUCCI, Guilherme de Souza. *Manual de processo penal e de execução penal*. 3. ed. São Paulo: RT, 2007. p. 806.

73. OLIVEIRA, Eugênio Pacelli de. *Curso de processo penal*. 2. ed. Belo Horizonte: Del Rey, 2003. p. 789.

43. PROCEDIMENTO RECURSAL E TERMINOLOGIA

Não é incomum ver casos onde o mérito do recurso é confundido com preliminar recursal. Havendo preliminar referente à admissibilidade do recurso, são imprescindíveis, pelo menos, duas rodadas de votações pelos membros do órgão colegiado.

A primeira tomada de votos é referente ao conhecimento do recurso, quando é aferida a presença dos pressupostos, dos requisitos ou das condições de admissibilidade do recurso. O tribunal, câmara ou turma decidirá, então, se deve **conhecer** ou **não conhecer** do recurso.

A segunda etapa só é iniciada se conhecido o recurso, ainda que por maioria de votos. A partir daí o tribunal passa a examinar o seu conteúdo.

A conclusão, quanto ao mérito recursal, é pelo **provimento** (integral ou parcial) ou **improvimento** do recurso, para:

(1) **invalidar**, **anular** ou **cassar,** por vício de procedimento no curso da ação penal, isto é, por *error in procedendo*); ou

(2) **reformar** a decisão recorrida (por erro de julgamento, ou seja, *error in judicando*).

As noções de provimento e de improvimento, reforma e anulação não se confundem:

(1) o **provimento** significa o reconhecimento da procedência da impugnação, com a **reforma** ou a **invalidação** do julgado recorrido;

(2) a **reforma** implica **substituição** integral da anterior decisão pela nova. No entanto, a ratificação de parte do julgado recorrido não significa substituição parcial. Vale dizer, a decisão do tribunal configura nova resolução da matéria, em substituição a outra vergastada pelo recurso; e

(3) a **invalidação** equivale à **desconstituição dos efeitos** da decisão anterior, restabelecendo-se a competência do juiz de primeiro grau para novo julgamento.

No que tange à distinção entre **preliminar** e **mérito** do recurso, tomemos um exemplo.

O cabimento ou a previsão legal do recurso para uma dada situação processual (que, em regra, é condição de admissibilidade do recurso) pode se apresentar como mérito recursal, tal como pode ocorrer no caso de interposição de recurso em sentido estrito contra decisão do juiz de primeiro grau que não recebeu apelação sob o fundamento de ter sido o apelo cabível contra uma decisão ou sentença anterior.

Nesse caso, de recurso em sentido estrito contra decisão de não recebimento do apelo por entender não ser cabível na hipótese, o mérito recursal versará sobre o cabimento da apelação que não fora recebida. Pede-se, por exemplo, o provimento do recurso para que se determine o recebimento do apelo.

Primeiramente, o tribunal irá votar pelo conhecimento ou não conhecimento do recurso em sentido estrito e, neste âmbito, pode ser suscitada a intempestividade ou mesmo o cabimento desta última impugnação. A alegação de intempestividade ou de cabimento desse recurso em sentido estrito é votada como preliminar.

Sendo conhecido o recurso em sentido estrito, por ter sido reconhecida sua tempestividade ou cabimento, passará o tribunal a votar o seu mérito, que, por sua vez, é a alegação de cabimento do recurso de apelação. Se o recurso em sentido estrito for provido, a apelação será processada, sendo submetida, no momento próprio, ao juízo de admissibilidade pelo tribunal com competência para julgá-la.

Outra questão de relevo é saber o que transita em julgado: a sentença recorrida ou o acórdão que julga o recurso e que contra ele não é interposto recurso?

Interposto recurso contra sentença, caso o seu juízo de admissibilidade seja positivo pelo órgão *ad quem*, que tem competência para o seu julgamento, a sentença recorrida nunca transitará em julgado, pois a coisa julgada se formará sobre o que decidido pelo órgão de instância superior, caso contra o acórdão por esta proferido não seja manejado novo recurso. Trata-se da **substitutividade** que se opera pelo julgamento do recurso que teve seu mérito conhecido (provido ou não provido o recurso, pelo relator ou pelo órgão colegiado do tribunal, ainda que para confirmar a sentença do juiz singular, o acórdão é que transitará em julgado, eis que substitui a sentença recorrida).

Na hipótese de não ter sido o recurso recebido (em primeira instância), de ter sido negado seguimento (pelo relator) ou de ter sido não conhecido (pelo órgão julgador colegiado), não há o efeito substitutivo referido acima, pelo que o trânsito em julgado se constrói sobre a sentença recorrida (proferida pelo juízo *a quo*) e não sobre a decisão ou o acórdão que não adentrou no mérito recursal. Em outras palavras, o juízo negativo de admissibilidade da impugnação não permite que o acórdão de seu julgamento substitua o julgamento de primeiro grau, eis que o recurso não teve força obstativa do trânsito em julgado.

44. EFEITOS RECURSAIS

Os recursos podem ser dotados de um ou mais de um efeito, a saber: devolutivo, suspensivo, regressivo (também denominado de iterativo, reiterativo, diferido ou de retratação) e extensivo.

A depender de previsão da natureza da decisão recorrida, da espécie de recurso, de decisão judicial que os indique ou de previsão legal expressa, os efeitos recursais podem decorrer, isolada ou concomitantemente, da interposição de uma impugnação.

A regra é que os recursos sejam recebidos sempre no efeito devolutivo.

O efeito suspensivo, a sua vez, ocorrerá quando a lei o indicar ou, em função da matéria penal, assim decorrer do sistema.

Nesse contexto, atento às particularidades dos efeitos recursais em matéria criminal, o juiz, ao exercer seu juízo de admissibilidade, deve indicar, em caso de recebimento do recurso, os efeitos que são a ele atribuídos, mormente se só o devolutivo ou o suspensivo.

Vejamos cada um desses efeitos.

45. EFEITO DEVOLUTIVO

Significa que o recurso "devolve" a matéria recorrida para ser novamente apreciada pelo Poder Judiciário. A entrega da matéria impugnada, para reexame, é em regra dirigida a órgão com grau de jurisdição superior. No entanto, existem recursos cujo efeito devolutivo consiste na abertura de uma segunda apreciação da parte impugnada da decisão pelo mesmo órgão prolator, tal como se dá com os embargos declaratórios ou com os embargos infringentes ou de nulidade, estudados adiante. Será **efeito iterativo** (quando a devolução cabe ao mesmo órgão que proferiu o julgado) ou **reiterativo** (quando a devolução da matéria é endereçada ao órgão ***ad quem***).

Essa distinção decorre da noção de instância, adotada por Frederico Marques, que a entende não no sentido atual, mas como equivalente a "ação" (sendo o recurso desdobramento da demanda). Na lição do autor, se "o recurso tem por objeto, através do reexame que provoca, a decisão de todo o litígio, diz-se que há reiteração da instância; e fala-se em iteração da instância, quando o recurso incide apenas sobre algum ato decisório do procedimento de primeiro grau. O recurso de instância reiterada é sempre contra sentença definitiva, ao reverso do que sucede com o de instância iterada, que só abrange o ato decisório de que se recorre, ou seja, uma decisão terminativa ou interlocutória"[74].

A partir dessas noções, exemplos de **recurso de instância reiterada** são aqueles recursos de cognição ordinária, plena, como a apelação contra sentença condenatória ao tribunal *ad quem* e o recurso ordinário ao STF interposto contra decisão do juiz federal que julga o crime político (há devolução parcial ou total da matéria decidida ao tribunal de grau superior, nos limites do ***tantum devolutum quantum appellatum***). Exemplo de **recurso de cognição iterada** são os embargos declaratórios contra decisão terminativa de primeiro grau, que são julgados pelo próprio juiz de primeiro grau de jurisdição (órgão ***a*** *quo*).

A noção de devolutividade é histórica.

A origem está no exercício do poder de julgamento dos súditos pelo rei. O rei enfeixava em suas mãos todos os poderes do Estado, o de governar, o de legislar e o de julgar.

Entrementes, a competência para julgar crimes era, por vezes, delegada a funcionários. Das decisões desses juízes-funcionários cabiam recursos ao rei.

O recurso tinha então o efeito de devolver ao rei a matéria apreciada pelo juiz por delegação daquele.

Em matéria criminal tem aplicação o princípio ***tantum devolutum quantum appellatum*** (se devolve ao órgão julgador a matéria impugnada nos limites impugnados pelo recurso), mas com algumas particularidades, em face dos princípios que norteiam a aplicação do direito processual penal, notadamente o princípio do ***favor rei***.

Como exemplo, a apelação do acusado contra o capítulo da sentença condenatória que rejeitou a alegação de prescrição de um dos delitos não impede que o tribunal reconheça, de ofício, a atipicidade de outros crimes e profira decisão absolutória. De outro giro, o recurso do Ministério Público pleiteando a majoração de pena do acusado, não obsta que o tribunal reconheça **nulidade absoluta** que favoreça a defesa e decrete a **invalidação** do ato viciado.

46. EFEITO SUSPENSIVO

É o que tem o fito de paralisar a eficácia da decisão recorrida.

74. MARQUES, José Frederico. *Elementos de direito processual penal*: volume IV. 2. ed. Campinas: Millennium, 2003. p. 240-241.

É importante sublinhar que o efeito suspensivo não recai sobre a tramitação do processo: não há suspensão do andamento do processo em face do efeito suspensivo. O que tecnicamente ocorre é a suspensão da produção dos efeitos da decisão impugnada, devendo o processo seguir seus trâmites normais. É assim que não será iniciado o processo de execução da sentença enquanto não transitada em julgado a condenação, com fundamento no princípio da presunção de inocência.

No entanto, pode ocorrer suspensão do andamento do processo se assim o determinar o juiz ou quando houver impossibilidade lógica ou previsão legal expressa no tocante a determinado ato. Destarte, no caso de recurso em sentido estrito contra a decisão de pronúncia de acusado de crime doloso contra a vida, enquanto não precluso esse julgado pelo encerramento da via recursal, o julgamento pelo tribunal do júri não poderá ocorrer.

Aliás, nos termos do § 2º, do art. 584, CPP, "o recurso da pronúncia suspenderá tão-somente o julgamento" pelo tribunal do júri. Esse dispositivo tem justificativa histórica, eis que a pronúncia, antes da Constituição de 1988, tinha o efeito de incluir o nome do réu no rol dos culpados. Além de já formar culpa, havia previsão de prisão decorrente da decisão de pronúncia: quando presentes os requisitos legais, a prisão não precisaria de justificativa cautelar, pois estava permitida, automaticamente. Então, o recurso interposto contra a decisão de pronúncia suspendia tão somente o julgamento, mas não os seus efeitos prisionais.

Em processo penal, como regra, o efeito suspensivo incidirá consoante particularidades da decisão recorrida, da seguinte forma:

(1) se a decisão for penal condenatória ou absolutória imprópria (que aplica medida de segurança), as impugnações contra ela dirigidas, ainda que se dirijam ao STJ ou ao STF mediante recursos especial e extraordinário, são recebidos no efeito suspensivo, só cabendo a imposição de prisão em razão de fundamentação expressa nesse sentido (art. 312, CPP), em face do princípio do estado de inocência;

(2) se a decisão for absolutória própria (isto é, que julga improcedente a pretensão punitiva estatal, sem a imposição de medida de segurança), os recursos não serão recebidos no efeito suspensivo, não subsistindo sequer, à absolvição, medida cautelar eventualmente imposta, já que restará suplantado o requisito cautelar *fumus commissi delicti*;

(3) se a decisão ordenar a soltura de acusado, em processo condenatório ou de execução penal, os recursos contra ela interpostos não terão efeito suspensivo;

(4) se a decisão decretar medida cautelar, cerceadora de liberdade ou não, os recursos contra aquela interpostos não terão efeito suspensivo;

(5) os embargos declaratórios não possuem, como essência, efeito suspensivo e **interrompem** o prazo recursal. Aliás, os embargos declaratórios têm um efeito obstativo específico, restrito, eis que são óbice ao curso do prazo para a interposição de outros recursos contra a decisão impugnada, com sua devolução integral às partes;

(6) caso se cuide de apelação interposta contra decisão condenatória do júri a uma pena igual ou superior a quinze anos de reclusão, que poderão decorrer do somatório das penas dos crimes conexos submetidos júri:

(a) haverá, como regra, imediata execução provisória de pena, sem prejuízo do conhecimento dos recursos interpostos. Contudo, o juiz poderá deixar de autorizá-la, excepcionalmente, caso haja questão substancial cuja resolução pelo tribunal ao qual competir o julgamento do recurso possa plausivelmente levar à revisão da condenação (art. 492, I, "e", § 3º, CPP); e

(b) correlatamente, não terá cabimento, como regra, efeito suspensivo, como preconizado pelo § 4º, do art. 492, do CPP, no texto também conferido pela Lei nº 13.964/2019. Sem embargo, poderá ser atribuído efeito suspensivo, excepcionalmente pelo tribunal, quando constatar, cumulativamente, que o apelo não tem propósito meramente protelatório e que levanta questão substancial e que pode resultar em absolvição, anulação da sentença, novo julgamento ou redução da pena para patamar inferior a quinze anos de reclusão.

Como se vê, a **inexistência de efeito suspensivo** da decisão do tribunal do júri, em função do tempo da pena aplicada, colima permitir sua **execução provisória imediata** desde a prolação do julgado de primeira instância, sem base cautelar, ou seja, sem arrimo em critério de necessidade (art. 312, CPP).

Anteriormente, o STF havia sido dito que a prisão provisória decorrente de condenação pelo Júri, à pena de reclusão em regime fechado, não seria preventiva, porém "execução da pena privativa de liberdade imposta pelo órgão competente para o julgamento dos crimes contra a vida, cujos vereditos gozam de soberania, por expressa disposição constitucional"[75].

No que pese o dito no apontado julgado da Suprema Corte, entendemos que é equivocado o liame criado entre o princípio da soberania dos veredictos e a prisão imediata do réu depois de condenado pelo júri.

Na verdade, a soberania dos veredictos é uma garantia fundamental individual arrolada no art. 5º, inciso XXXVIII, alínea "c", da CF. Sua função é própria de direito de primeira dimensão: tutela-se a liberdade do imputado contra o arbítrio do Estado. Logo, não pode ser invocado aquele direito fundamental contra o acusado, porquanto é o próprio réu o destinatário da proteção. A razão de ser do júri deve ser protetiva da liberdade e não restritiva desta. A aplicação errônea do princípio da soberania dos veredictos incorre em desvirtuamento da garantia, na dicção de Simone Schreiber[76].

A Lei nº 13.964/2019 adotou postura intermediária, embora com forte dose de discricionariedade, ao autorizar, "excepcionalmente", a imposição de efeito suspensivo de condenações a pena igual ou superior a quinze anos, nos casos que descreve nos parágrafos 3º e 5º, do art. 492, do CPP.

De um lado, esse enunciado criou hipótese de prisão automática, sem os critérios cautelares descritos no art. 283, do CPP, sob a condição de que a pena aplicada, pela sentença do júri, seja ao menos igual a quinze anos. De outro, para condenações a penas inferiores a quinze anos, aplicadas no júri, ou a qualquer outra espécie de condenação independentemente do *quantum* da sanção penal, deixou claro que a prisão provisória, antecipada, deve ser revestida pelos requisitos da prisão preventiva, isto é, pelo caráter cautelar.

75. STF – Primeira Turma – Rcl 27011 AgR – Rel. Min. Roberto Barroso – publicado em 04 mai. 2018.
76. SCHREIBER, Simone. *A publicidade opressiva de julgamentos criminais*. Rio de Janeiro: Renovar, 2008. p.410.

Tirante esses casos, prisão somente pode ocorrer depois da formação da culpa, com o trânsito em julgado da decisão penal condenatória, em homenagem ao **princípio da presunção de inocência** (art. 5º, LVII, CF).

Para nós, todavia, somente não ofende o postulado do estado de não culpabilidade a prisão provisória que atende às condições da prisão cautelar. De tal sorte, reputamos de **duvidosa constitucionalidade** as regras descritas na alínea "e", do inciso I, e nos parágrafos 3º, 4º e 5º, todos do art. 492, do CPP, na redação dada pela Lei nº 13.964/2019, na medida em que permitem prisão automática de pessoa condenada em primeira instância, **inflando o poder discricionário**:

(1) **do juiz-presidente** do tribunal do júri para permitir:

(a) que afaste o efeito suspensivo de eventual recurso diante da ampla liberdade que detém de dosar a pena, para chegar ao patamar de quinze anos de privação de liberdade. A teor da alínea "e", do inciso I, do mesmo art. 492, do Código, ao proferir sentença condenatória, o juiz mandará o acusado recolher-se ou recomendá-lo-á à prisão em que se encontra, se presentes os requisitos da prisão preventiva, ou, no caso de condenação a uma pena igual ou superior a quinze anos de reclusão, determinará a execução provisória das penas, com expedição do mandado de prisão, se for o caso, sem prejuízo do conhecimento de recursos que vierem a ser interpostos;

(b) excepcionalmente, deixar de autorizar a execução provisória das penas de que trata a alínea *e* do inciso I do **caput** deste artigo, se houver questão substancial cuja resolução pelo tribunal ao qual competir o julgamento possa plausivelmente levar à revisão da condenação.

(2) **do tribunal** *ad quem* que, excepcionalmente, também poderá atribuir efeito suspensivo à apelação criminal.

47. EFEITO REGRESSIVO

Chamado impropriamente de efeito **diferido**, **postergado**, de **retratação**, **reiterativo** ou **iterativo**. As duas últimas denominações são também referidas como espécies do efeito devolutivo, como visto.

O efeito regressivo é atribuível a recursos que a lei autoriza, ao mesmo órgão que proferiu a decisão judicial, exercer o **juízo de retratação**, modificando-a. Não sendo a hipótese de exercer a retratação, o juiz sustentará a decisão, pelo que manifestará **juízo de sustentação**.

O recurso em sentido estrito tem, naturalmente, o efeito regressivo. Desse modo, o juiz que vier a proferir uma sentença de pronúncia poderá, quando do recebimento do recurso em sentido estrito, verificar equívoco seu no que atine ao exame dos fatos e resolver impronunciar o réu.

O agravo contra despacho denegatório de recurso especial ou extraordinário, o agravo em execução e a carta testemunhável também permitem juízo de retratação. Para aqueles que entendem que a correição parcial tem natureza recursal, com rito do agravo de instrumento[77], incidiria também o efeito regressivo. Para nós, a correição parcial não é recurso, mas providência administrativo-jurisdicional, estudada com as ações impugnativas, razão pela qual não há que se falar em efeito regressivo. No entanto, é possível ao juiz, tomando conhecimento da correição parcial, rever seu ato, objeto da correição, conduta esta análoga ao juízo de retratação.

48. EFEITO EXTENSIVO

Também chamado de **efeito expansivo**, acontece em hipótese de concurso de agentes, quando decisão do recurso interposto por um dos réus, se fundado em motivos que não sejam de caráter exclusivamente pessoal, aproveitará aos outros, nos termos do art. 580, do CPP[78]. Por outro lado, se o recurso do Ministério Público não abranger todos os acusados incursos em idêntica situação de fato, forçoso será julgá-lo prejudicado. Afinal, como justificar resultados díspares entre corréus, relativamente ao mesmo delito para o qual tenham concorrido igualmente?

A ideia central do efeito extensivo é impossibilitar a existência de decisões conflitantes, evitando que mais de um acusado, sob condições idênticas relativamente a fato idêntico submetido ao crivo judicial, tenham tratamento diverso, sem justificativa plausível. Vale dizer, que o efeito extensivo incide sob circunstâncias objetivas, não sendo aplicável com base em fundamentos exclusivamente individuais, a exemplo da reincidência ou da idade que implique redução do parâmetro do prazo prescricional.

O efeito extensivo também pode ser aplicado, de maneira imprópria, às ações autônomas de impugnação, cujo julgamento pode se estender ao comparsa do impetrante ou autor da ação, quando benéfica a decisão ao corréu com base em circunstância objetiva não pessoal ou com arrimo em outra circunstância pessoal (subjetiva), desde que esta seja elementar do tipo penal (art. 30, CP).

Por exemplo, quando denúncia e pronúncia apontam **unidade de desígnios**, de objetivos, entre os participantes do fato, com ações finalisticamente direcionadas à concretização de uma infração penal, unitária, tem cabimento fazer incidir o efeito extensivo (art. 580, CPP).

Em situações como essas, referentemente a coautor do delito ainda não submetido a julgamento pelo júri, é possível a extensão de decisão benéfica do que já deliberado para o outro corréu. O julgamento daquele sequer deve ser realizado, caso o segundo tenha sido absolvido. Ainda que proferida a decisão favorável a um dos réus em sede não recursal, a garantia de equidade determina sua aplicação ao outro. Vale dizer, havendo similitude fático-processual, é de rigor a extensão dos efeitos da decisão que beneficiou corréu[79].

77. ARANHA, Adalberto José Q. T. de Camargo. *Dos recursos no processo penal*. São Paulo: Saraiva, 2010.p. 66.
78. TÁVORA, Nestor. *Questões comentadas*: processo penal para a OAB. Salvador: JusPODIVM, 2005. p. 87.
79. STJ – Sexta Turma – RHC 105.411/AL, Rel. Ministro Antonio Saldanha Palheiro – DJe 19 dez. 2019.

49. EFEITO TRANSLATIVO

Faceta do efeito devolutivo, o efeito translativo devolve ao tribunal questões não ventiladas no recurso da parte. Por força de disposições que atribuem poder de ofício ao órgão julgador *ad quem*, capítulos da decisão recorrida, não abrangidas pelo recurso, serão objeto de reexame. Há, por assim dizer, transcendência à impugnação efetivamente interposta, com outorga de maior tutela recursal.

Como exemplo desse efeito, geralmente é apontado o impropriamente chamado recurso *ex officio*. Como não se trata de recurso, mas de remessa necessária, estaríamos diante de um efeito estranho aos recursos relativamente ao reexame obrigatório.

No entanto, é possível perceber a existência desse efeito nos recursos interpostos exclusivamente pela acusação, porque não vigora para ela o princípio *tantum devolutum quantum appellatum*. É que o tribunal pode, por exemplo, reconhecer nulidades não arguidas pela acusação em seu recurso toda vez que forem benéficas ao acusado. De outro lado, em recurso exclusivo da acusação, o tribunal não poderá acolher nulidade contra o réu, ainda que absoluta, toda vez que não houver requerimento específico, consoante o enunciado de nº 160, da Súmula, do STF.

50. EFEITO DILATÓRIO-PROCEDIMENTAL

Trata-se do efeito natural de todo recurso, que consiste na sucessão de atos que decorrem da sua interposição. É efeito obstativo da coisa julgada e, como tal, do encerramento do processo penal.

Com a instauração da instância recursal, é seguido um procedimento específico que alarga, distende o rito. No magistério de Adalberto Aranha, ao ser requerido o reexame da decisão recorrida, ocorrerá a ampliação do procedimento na relação processual penal, constituindo uma nova fase: o procedimento recursal"[80].

80. ARANHA, Adalberto José Q. T. de Camargo. *Dos recursos no processo penal*. São Paulo: Saraiva, 2010. p. 51.

Efeito	Características
Efeito devolutivo	▸ O recurso devolve a matéria recorrida para ser apreciada novamente; ▸ Será iterativo (devolve ao mesmo órgão) ou reiterativo (órgão *ad quem*).
Efeito suspensivo	▸ O recurso paralisa a eficácia da decisão recorrida.
Efeito regressivo	▸ O recurso autoriza que o mesmo órgão que proferiu a decisão exerça juízo de retratação sobre ela.
Efeito extensivo	▸ O recurso interposto por um dos réus beneficia o outro, salvo se fundado em caráter exclusivamente pessoal.
Efeito translativo	▸ O recurso devolve ao órgão *ad quem* toda a matéria não atingida pela preclusão; ▸ É faceta do efeito devolutivo.
Efeito dilatório-procedimental	▸ O recurso distende o rito; ▸ Trata-se de efeito natural de todo e qualquer recurso.

51. EXTINÇÃO DOS RECURSOS

Os recursos podem ser extintos normalmente ou anormalmente.

A forma de **extinção normal** dos recursos é o seu julgamento pelo órgão competente, depois de processado regularmente. É o devido processo legal recursal. Nas palavras de Tourinho Filho, será normal a extinção quando "a impugnação interposta é admitida pelo juízo de primeiro grau, encaminhada ao tribunal com competência para julgá-la e, se conhecida for, é levada a julgamento, "podendo o órgão julgador dar-lhe ou negar-lhe provimento"[81].

81. TOURINHO FILHO, Fernando da Costa. *Manual de processo penal*. 5. ed. São Paulo: Saraiva, 2003. p. 710.

A **extinção anormal** dos recursos acontecerá quando se der antecipadamente, sem que haja sua tramitação e seu julgamento regular. A finalização precoce do processamento recursal pode ser deliberada tanto pelo juízo *a quo*, quanto pelo tribunal *ad quem*. Os recursos se extinguem anormalmente nas seguintes de **deserção** e de **desistência** do recurso, que são impedimentos recursais, estudadas acima.

52. QUADRO SINÓTICO

CAPÍTULO XXXIII – TEORIA DOS RECURSOS	
TEORIA GERAL DOS RECURSOS	
Conceito de recurso	
Recurso é o meio **voluntário** destinado à impugnação das decisões, afigurando-se como instrumento de combate a determinado provimento, dentro da **mesma relação jurídica** processual, possibilitando **nova análise** da matéria impugnada.	**1**
Natureza jurídica do recurso	
(1) Direito de ação ou de defesa (majoritária). (2) Nova ação dentro do mesmo processo. (3) Providência destinada à obtenção da reforma de uma decisão.	**2**
Fundamentos e o duplo grau de jurisdição	
Os recursos têm por fundamentos a necessidade psicológica do vencido, a falibilidade humana do julgador e as razões históricas do próprio direito. O devido processo legal, o contraditório e a ampla defesa não garantem a existência do duplo grau de jurisdição na nossa lei Maior. Parte da doutrina, contudo, entende que o duplo grau de jurisdição é princípio constitucional implícito, levando em consideração o sistema como um todo, a partir de sua previsão na Convenção Americana de Direitos Humanos, ratificada pelo Brasil.	**3**
Princípios recursais	
Voluntariedade: é a regra. Todavia, o CPP prevê alguns recursos de ofício: sentença concessiva de *habeas corpus*; sentença que absolve sumariamente o réu; dentre outros. **Taxatividade:** o rol não é exemplificativo, porém *numerus clausus*. **Unirrecorribilidade, singularidade ou unicidade:** em regra, cada espécie de decisão judicial comporta um único recurso, sendo ônus da parte escolher o recurso adequado. **Fungibilidade recursal ou recurso indiferente, tanto vale, permutabilidade dos recursos ou conversibilidade dos recursos:** não havendo erro manifesto ou má-fé na interposição de um recurso equivocado, e sendo atendido o prazo limite do recurso que seria cabível, a parte não será prejudicada pela interposição de um recurso por outro. **Convolação:** consiste na possibilidade de que um recurso manejado corretamente seja convolado em outro em virtude de ser de se revelar mais útil ao recorrente. **Vedação da *reformatio in pejus*:** consiste na proibição de mudança para pior da situação jurídica do recorrente, em virtude de decisão superveniente que reforme o julgado.	**4 a 17**

<table>
<tr><th colspan="2">CAPÍTULO XXXIII – TEORIA DOS RECURSOS</th></tr>
<tr><td>Conversão: a parte não será prejudicada pelo endereçamento errado do recurso, cabendo ao tribunal incompetente para o qual o recurso foi endereçado remeter os autos.

Complementariedade: refere-se à possibilidade de integração da impugnação já oferecida, se houver mudança na decisão judicial, ocorrendo, nessas hipóteses, a renovação do prazo recursal para a apresentação de novo recurso.

Suplementariedade ou suplementação: proferida a decisão e uma vez interposto o recurso contra a mesma, argumenta-se que teria havido preclusão consumativa das vias recursais, suficiente a acarretar a perda da faculdade processual já exercida, incidindo a regra da suplementariedade, excepcionalmente, quando, para a aludida decisão, for cabível mais de uma modalidade recursal.

Variabilidade: permite que a parte interponha mais de um recurso em momentos diferentes, contra uma mesma decisão, se no prazo. Entendemos que não é aplicável este princípio no âmbito do processo penal.

Dialeticidade: o recorrente deve expor os fundamentos de sua irresignação, evidenciando os motivos pelos quais pretende ver reexaminada a decisão, viabilizando o contraditório.

Intranscendência ou personalidade: é princípio de exclusiva aplicação ao recurso manejado pela parte acusadora. Se o pedido recursal se restringir a um único agente, ainda que relativamente a fato cometido em coautoria, resta vedado ao tribunal ampliar seu objeto para fazer alcançar o pedido recursal em desfavor do outro réu/recorrido.

Colegialidade recursal: é outorgada ao recorrente para que a matéria recorrida seja objeto de apreciação por órgão colegiado, integrado por mais de um julgador.</td><td>4 a 17</td></tr>
<tr><th colspan="2">Impedimentos recursais</th></tr>
<tr><td>Desistência: verifica-se quando o réu, acompanhado de seu defensor, não mais deseja persistir no inconformismo, solicitando que o recurso cesse seu trâmite.

Renúncia: caracterizada pela manifestação da parte no sentido de que não deseja recorrer da decisão, antes mesmo de interpor a impugnação cabível.

Deserção: ocorre quando deixa de pagar as custas devidas ou o traslado de peças dos autos.</td><td>18 a 21</td></tr>
<tr><th colspan="2">Pressupostos de admissibilidade recursal</th></tr>
<tr><td>Pressupostos de admissibilidade recursal: podem ser classificados em pressupostos objetivos e subjetivos. São também denominados de condições ou requisitos para a prelibação do recurso, que serve, de parâmetro para a formação do juízo de admissibilidade do recurso.

O juízo recursal é dividido em juízo de admissibilidade e juízo de mérito.

Juízo de admissibilidade ou de prelibação: trata-se do nexo cognitivo de aferição das condições de admissibilidade da espécie de impugnação recursal apresentada pela parte recorrente contra a decisão a ela desfavorável.

Juízo de mérito ou de delibação: é o fundamento que se alega para fins de reforma ou invalidação da decisão e que quase sempre coincide com o mérito da ação penal.</td><td>22 a 24</td></tr>
</table>

CAPÍTULO XXXIII – TEORIA DOS RECURSOS		
Pressupostos objetivos de admissibilidade recursal	**Previsão legal ou cabimento:** os recursos são aqueles expressamente gizados na lei processual penal (taxatividade). **Observância das formalidades legais:** regularidade formal da interposição e correta formulação do pedido recursal. **Tempestividade:** diz respeito ao prazo dos recursos. **Adequação:** é aferida pela constatação do acerto da via recursal escolhida pelo impugnante. **Inexistência de fatos impeditivos**; **Motivação:** é a fundamentação do recurso. É excepcionada pelos artigos 577, 578 e 601.	**25 a 31**
Sucumbência	**Sucumbência:** se traduz a existência de um prejuízo que a parte entenda ter-lhe produzido a decisão contra a qual recorre. **Sucumbência única ou múltipla:** se o gravame atinge apenas uma das partes, ou se afeta interesses diversos; **Sucumbência paralela ou recíproca:** quando a lesão provocada pela decisão afeta interesses idênticos, ou atinge interesses antagônicos; **Sucumbência direta ou reflexa:** quando fere o direito de uma das partes da relação processual, ou na hipótese de repercutir em pessoas situadas fora da relação jurídica processual; **Sucumbência total ou parcial:** se o pedido é rejeitado integralmente, ou se só parte do pleito não for acolhido.	**32 a 36**
Pressupostos subjetivos de admissibilidade recursal	**Interesse recursal:** é inferido pela necessidade que a parte tem na modificação da decisão que lhe foi desfavorável. **Legitimidade para recorrer:** precisa ser oferecido por quem é parte na relação processual, estando capacitado a fazê-lo, ou quando a lei expressamente autorize a interposição por terceiros.	**37 a 39**
Legitimidade recursal geral e legitimidade recursal especial	**Legitimidade recursal geral:** São legitimados gerais: (1) o acusado pessoalmente (em postulação leiga); (2) o defensor ou advogado do acusado, em seu próprio nome, ainda que conflite sua vontade de recorrer com a do réu de não interpor recurso;(3) o defensor ou advogado do acusado, representando o acusado em sua defesa; e (4) o Ministério Público ou o querelante, a depender da natureza da ação penal. **Legitimidade recursal especial:** São legitimados especiais: (1) o assistente da acusação, legitimado em caso de inércia do *Parquet* – legitimidade subsidiária ou supletiva, de forma restrita aos casos previstos no CPP; e (2) o assistente da defesa, conforme posição que defendemos, em razão do princípio da paridade de armas. Quanto ao ofendido, cabe distinguir que ele tem legitimidade para recorrer: (1) como assistente habilitado, hipótese em que já é considerado parte;	**40 e 41**

CAPÍTULO XXXIII – TEORIA DOS RECURSOS		
Legitimidade recursal geral e legitimidade recursal especial	(2) como terceiro (assistente não habilitado), quando intervém só no momento de recorrer (art. 598, CPP), ou seja, quando não interveio no processo e, supervenientemente, interpõe recurso supletivo (possibilidade que se abre quando não existir recurso, inclusive contra capítulo da sentença).	**40 e 41**
Competência recursal	É sucessiva, quanto ao juízo de admissibilidade, porquanto, geralmente, o órgão perante o qual o recurso é interposto o realiza e, sendo positivo, não fica o órgão subsequente, julgador do mérito, impedido de formar juízo negativo daquela mesma admissibilidade.	**42**
Procedimento recursal e terminologia	Não é incomum ver casos onde o mérito do recurso é confundido com preliminar recursal. Havendo preliminar referente à admissibilidade do recurso, são imprescindíveis, pelo menos, duas rodadas de votações pelos membros do órgão colegiado. A primeira tomada de votos é referente ao conhecimento do recurso, quando é aferida a presença dos pressupostos, dos requisitos ou das condições de admissibilidade do recurso. O tribunal, câmara ou turma decidirá, então, se deve conhecer ou não conhecer do recurso. A segunda etapa só é iniciada se conhecido o recurso, ainda que por maioria de votos. A partir daí o tribunal passa a examinar o seu conteúdo. A conclusão, quanto ao mérito recursal, é pelo provimento (integral ou parcial) ou improvimento do recurso.	**43**
Efeitos recursais		
Efeitos recursais: A regra é que os recursos sejam recebidos sempre no efeito devolutivo. Os efeitos são: **Devolutivo:** o recurso entrega ("devolve") a matéria recorrida para ser apreciada pelo órgão com grau de jurisdição superior. **Suspensivo:** o recurso suspende a produção dos efeitos da decisão impugnada, devendo o processo seguir seus trâmites normais. **Regressivo:** a lei autoriza ao mesmo órgão que proferiu a decisão judicial exercer o juízo de retratação, modificando-a. **Extensivo:** acontece em hipótese de concurso de agentes, quando a decisão do recurso interposto por um dos réus, aproveita aos outros. **Translativo:** faceta do efeito devolutivo, o efeito translativo devolve ao tribunal questões não ventiladas no recurso da parte. Há, por assim dizer, transcendência à impugnação efetivamente interposta, com outorga de maior tutela recursal. **Dilatório-procedimental:** consiste na sucessão de atos que decorrem da sua interposição.		**44 a 50**
Extinção dos recursos		
A forma de extinção normal dos recursos é o seu julgamento pelo órgão competente, depois de processado regularmente. É o devido processo legal recursal. Os recursos se extinguem anormalmente nas seguintes de **deserção** e de **desistência**.		**51**

53. SÚMULAS DO STJ

07. A pretensão de simples reexame de prova não enseja recurso especial.

83. Não se conhece do recurso especial pela divergência, quando a orientação do tribunal se firmou no mesmo sentido da decisão recorrida.

86. Cabe recurso especial contra acórdão proferido no julgamento de agravo de instrumento.

123. A decisão que admite, ou não, o recurso especial deve ser fundamentada, com o exame dos seus pressupostos gerais e constitucionais.

126. É inadmissível recurso especial, quando o acórdão recorrido assenta em fundamentos constitucional e infraconstitucional, qualquer deles suficiente, por si só, para mantê-lo, e a parte vencida não manifesta recurso extraordinário.

207. É inadmissível recurso especial quando cabíveis embargos infringentes contra o acórdão proferido no tribunal de origem.

211. Inadmissível recurso especial quanto à questão que, a despeito da oposição de embargos declaratórios, não foi apreciada pelo tribunal ***a quo***.

216. A tempestividade de recurso interposto no Superior Tribunal de Justiça é aferida pelo registro no protocolo da secretaria e não pela data da entrega na agência do correio.

316. Cabem embargos de divergência contra acórdão que, em agravo regimental, decide recurso especial.

347. O conhecimento de recurso de apelação do réu independe de sua prisão.

418. É inadmissível o recurso especial interposto antes da publicação do acórdão dos embargos de declaração, sem posterior ratificação. (Súmula incompatível com o recente entendimento do Pleno do STF no sentido de que não pode ser considerado intempestivo um recurso apresentado dentro do prazo, ainda que antes da publicação do acórdão[82]).

518. Para fins do art. 105, III, a, da Constituição Federal, não é cabível recurso especial fundado em alegada violação de enunciado de súmula.

579. Não é necessário ratificar o recurso especial interposto na pendência do julgamento dos embargos de declaração, quando inalterado o resultado anterior.

54. SÚMULAS DO STF

160. É nula a decisão do tribunal que acolhe, contra o réu, nulidade não arguida no recurso da acusação, ressalvados os casos de recurso de ofício.

208. O assistente do ministério público não pode recorrer, extraordinariamente, de decisão concessiva de "***habeas corpus***".

210. O assistente do Ministério Público pode recorrer, inclusive extraordinariamente, na ação penal, nos casos dos arts. 584, § 1º, e 598 do Código de Processo Penal.

279. Para simples reexame de prova não cabe recurso extraordinário.

280. Por ofensa a direito local não cabe recurso extraordinário.

281. É inadmissível o recurso extraordinário, quando couber na justiça de origem, recurso ordinário da decisão impugnada.

282. É inadmissível o recurso extraordinário, quando não ventilada, na decisão recorrida, a questão federal suscitada.

283. É inadmissível o recurso extraordinário, quando a decisão recorrida assenta em mais de um fundamento suficiente e o recurso não abrange todos eles.

284. É inadmissível o recurso extraordinário, quando a deficiência na sua fundamentação não permitir a exata compreensão da controvérsia.

286. Não se conhece do recurso extraordinário fundado em divergência jurisprudencial, quando a orientação do plenário do Supremo Tribunal Federal já se firmou no mesmo sentido da decisão recorrida.

287. Nega-se provimento ao agravo, quando a deficiência na sua fundamentação, ou na do recurso extraordinário, não permitir a exata compreensão da controvérsia.

288. Nega-se provimento a agravo para subida de recurso extraordinário, quando faltar no traslado o despacho agravado, a decisão recorrida, a petição de recurso extraordinário ou qualquer peça essencial à compreensão da controvérsia.

289. O provimento do agravo por uma das turmas do Supremo Tribunal Federal ainda que sem ressalva, não prejudica a questão do cabimento do recurso extraordinário.

293. São inadmissíveis embargos infringentes contra decisão em matéria constitucional submetida ao plenário dos tribunais.

299. O recurso ordinário e o extraordinário interpostos no mesmo processo de mandado de segurança, ou de "***habeas corpus***", serão julgados conjuntamente pelo Tribunal Pleno.

319. O prazo do recurso ordinário para o Supremo Tribunal Federal, em "***habeas corpus***" ou mandado de segurança, é de cinco dias.

320. A apelação despachada pelo juiz no prazo legal não fica prejudicada pela demora da juntada, por culpa do cartório.

322. Não terá seguimento pedido ou recurso dirigido ao Supremo Tribunal Federal, quando manifestamente incabível, ou apresentado fora do prazo, ou quando for evidente a incompetência do tribunal.

82. STF – Pleno – AI 703269 – Rel. Min. Luiz Fux. Disponível em: <http://www.stf.jus.br/portal/cms/verNoticiaDetalhe.asp?idConteudo=286657>. Acesso em: 10 mar. 2015.

344. Sentença de primeira instância concessiva de "***habeas corpus***", em caso de crime praticado em detrimento de bens, serviços ou interesses da união, está sujeita a recurso "***ex officio***".

356. O ponto omisso da decisão, sobre o qual não foram opostos embargos declaratórios, não pode ser objeto de recurso extraordinário, por faltar o requisito do prequestionamento.

369. Julgados do mesmo tribunal não servem para fundamentar o recurso extraordinário por divergência jurisprudencial.

399. Não cabe recurso extraordinário, por violação de lei federal, quando a ofensa alegada for a regimento de tribunal.

400. Decisão que deu razoável interpretação à lei, ainda que não seja a melhor, não autoriza recurso extraordinário pela letra "a" do art. 101, III, da Constituição Federal.

423. Não transita em julgado a sentença por haver omitido o recurso "***ex officio***", que se considera interposto "ex lege".

428. Não fica prejudicada a apelação entregue em cartório no prazo legal, embora despachada tardiamente.

448. O prazo para o assistente recorrer, supletivamente, começa a correr imediatamente após o transcurso do prazo do Ministério Público.

453. Não se aplicam à segunda instância o art. 384 e parágrafo único do código de processo penal, que possibilitam dar nova definição jurídica ao fato delituoso, em virtude de circunstância elementar não contida, explícita ou implicitamente, na denúncia ou queixa.

455. Da decisão que se seguir ao julgamento de constitucionalidade pelo Tribunal Pleno, são inadmissíveis embargos infringentes quanto à matéria constitucional.

640. É cabível recurso extraordinário contra decisão proferida por juiz de primeiro grau nas causas de alçada, ou por turma recursal de juizado especial cível e criminal.

699. O prazo para interposição de agravo, em processo penal, é de cinco dias, de acordo com a lei 8038/1990, não se aplicando o disposto a respeito nas alterações da Lei 8950/1994 ao Código de Processo Civil.

700. É de cinco dias o prazo para interposição de agravo contra decisão do juiz da execução penal.

705. A renúncia do réu ao direito de apelação, manifestada sem a assistência do defensor, não impede o conhecimento da apelação por este interposta.

707. Constitui nulidade a falta de intimação do denunciado para oferecer contrarrazões ao recurso interposto da rejeição da denúncia, não a suprindo a nomeação de defensor dativo.

708. É nulo o julgamento da apelação se, após a manifestação nos autos da renúncia do único defensor, o réu não foi previamente intimado para constituir outro.

709. Salvo quando nula a decisão de primeiro grau, o acórdão que provê o recurso contra a rejeição da denúncia vale, desde logo, pelo recebimento dela.

713. O efeito devolutivo da apelação contra decisões do júri é adstrito aos fundamentos da sua interposição.

727. Não pode o magistrado deixar de encaminhar ao Supremo Tribunal Federal o agravo de instrumento interposto da decisão que não admite recurso extraordinário, ainda que referente a causa instaurada no âmbito dos juizados especiais.

734. Não cabe reclamação quando já houver transitado em julgado o ato judicial que se alega tenha desrespeitado decisão do Supremo Tribunal Federal.

735. Não cabe recurso extraordinário contra acórdão que defere medida liminar.

55. QUESTÕES DE CONCURSOS PÚBLICOS

01. (Vunesp – Delegado de Polícia – SP/2014) Dentre os recursos a seguir, aquele em que não é possível a desistência é:

(A) apelação.

(B) em qualquer recurso interposto pelo Defensor Público.

(C) protesto por novo júri.

(D) em qualquer recurso interposto pelo Ministério Público.

(E) recurso em sentido estrito.

02. (FCC – Defensor Público – PB/2014) Em relação aos recursos no processo penal, é correto afirmar:

(A) O recurso poderá ser interposto pelo Ministério Público, ou pelo querelante, ou pelo réu, seu procurador ou seu defensor.

(B) Caberá recurso em sentido estrito da decisão que impronunciar o réu.

(C) Caberá recurso em sentido estrito da decisão que deferir pedido de prisão preventiva.

(D) Convencido pelas contrarrazões da defesa, o Ministério Público poderá desistir do recurso que haja interposto.

(E) Caberá recurso em sentido estrito da decisão que conceder, mas não da que negar fiança.

03. (Delegado de Polícia – PC/SP/2018/VUNESP) Acerca do duplo grau de jurisdição, é correto afirmar que

(A) constitui afronta ao princípio do duplo grau de jurisdição a cogitação da existência de um sistema com irrecorribilidade das decisões interlocutórias.

(B) a possibilidade de interposição de recurso especial e extraordinário não é manifestação do duplo grau de jurisdição.

(C) o exame direto da matéria pelo Tribunal em recurso de apelação constitui supressão do primeiro grau de jurisdição, mas não caracteriza violação do princípio do duplo grau de jurisdição.

(D) a garantia do duplo grau de jurisdição vale tanto para o acusado como para o acusador.

(E) a Constituição de 1988 assegurou expressamente referido princípio constitucional, dentre vários outros, assim como a Convenção Americana de Direitos Humanos, que assegura a todos os acusados, entre as garantias processuais mínimas, o direito de recorrer da sentença a juiz ou tribunal superior.

04. (Cespe – Juiz de Direito – TJ – CE/2018) Considerando a jurisprudência dos tribunais superiores acerca do processo penal, da execução penal e dos juizados especiais criminais, assinale a opção correta.

(A) O prazo para o MP recorrer de decisão judicial desfavorável aos seus interesses inicia-se a partir da entrega dos autos na repartição administrativa do próprio ministério.

(B) Não se opera a preclusão para a reclamação contra ato judicial que afronte decisão do STF.

(C) O magistrado poderá deixar de encaminhar ao STF agravo de instrumento contra decisão que não admita recurso extraordinário no âmbito dos juizados especiais criminais.

(D) É admissível a suspensão condicional do processo na continuidade delitiva independentemente da quantidade de tempo de pena cominada.

(E) A progressão de regime de cumprimento de pena só poderá ser efetivada depois do trânsito em julgado da sentença condenatória.

05. (Cespe – Juiz de Direito – TJ – CE/2018) A respeito da teoria geral dos recursos e dos recursos penais em geral, assinale a opção correta.

(A) O princípio da unirrecorribilidade, singularidade ou unicidade prevê que a cada decisão judicial caberá apenas um único recurso.

(B) No âmbito do STF, os embargos de declaração com caráter infringente opostos a decisão do relator não podem ser convertidos em agravo regimental com base no princípio da fungibilidade.

(C) O princípio do non reformatio in pejus não impede que o tribunal corrija a dosimetria da pena caso seja interposto exclusivamente recurso da defesa, sendo possível elevar a pena se constatado erro material na sua aplicação.

(D) Anulada a sentença condenatória proferida pelo tribunal do júri após apreciação do recurso cabível, o segundo julgamento não se vinculará ao primeiro, de sorte que a pena poderá ser eventualmente maior que a primeiramente fixada.

(E) Nas decisões judiciais no âmbito penal, a fundamentação exclusivamente na modalidade per relationem não é admitida, porque enseja nulidade processual.

06. (2019 - CONSULPLAN - TJ-MG - Titular de Serviços de Notas e de Registros – Remoção) Quanto à Teoria Geral dos Recursos em processo penal, assinale a alternativa correta.

A) A reformatio in pejus indireta impede o agravamento da pena no segundo julgamento quando anulado o primeiro em apelo da acusação.

B) Caso a parte interponha o recurso errado, por mero equívoco e de boa-fé, dentro do prazo para o recurso correto, o juiz o receberá e mandará processá-lo pelo rito do recurso cabível.

C) No caso de concurso de agentes, o pronunciamento relativo a recurso interposto por um dos réus, se fundado em motivos de caráter exclusivamente pessoal, aproveitará aos outros.

D) Havendo conflito de interesses entre o réu e sua defesa técnica acerca do processamento do recurso de apelação, deve prevalecer a vontade do réu, como principal interessado na ação penal, face ao princípio da voluntariedade dos recursos.

56. GABARITO ANOTADO

01 – D

Vide:

- Art. 576, CPP.
- Princípios recursais.

02 – A

Vide:

- Art. 577, CPP.
- Teoria geral dos recursos.

03 – B

- Teoria Geral dos Recursos

04 – A

Vide:

- Pressupostos objetivos de admissibilidade recursal.

05 – A

Vide:

- Art. 574, CPP
- Teoria geral dos recursos.

06 – B

Vide:

- Art. 579, CPP
- Art. 593, §4º, CPP
- Súmula nº 705 do STF.
- Teoria geral dos recursos.

57. QUESTÕES DISCURSIVAS COM COMENTÁRIOS

01. (Promotor de Justiça MPE-PR – 2014 – MPE-PR) Discorra sobre o princípio da *reformatio in pejus* abrangendo a) conceituação, b) exemplo prático; c) aplicabilidade aos casos do Júri e d) exponha como ocorre a *reformatio in pejus* indireta. (máximo de 20 linhas)

Resposta

Destaque-se, primeiramente, que no direito processual penal foi cunhada a expressão "efeito prodrômico da sentença" para designar o princípio non reformatio in pejus direta ou indireta da sentença penal condenatória. O princípio diz respeito à vedação da reforma da sentença em prejuízo do acusado, quando só este tenha recorrido.

Além de conceituar o princípio da vedação da reformatio in pejus, deveria ser lembrada, também, a Súmula 160 do STF, esclarecendo que caso a acusação tenha recorrido, não poderá o tribunal reconhecer nulidade contra o réu que não tiver sido suscitada, salvo nas hipóteses em que haja recurso de ofício.

Conforme destacado no espelho de correção, poderia ser citado como exemplo prático a seguinte situação: condenação em 10 anos de reclusão por roubo; recurso exclusivo da defesa e aumento da pena pelo Tribunal para 11 anos.

Em relação à aplicabilidade aos casos do Tribunal do Júri, atualmente, STF e STJ estão alinhados e têm decidido ser compatível o princípio da vedação à reformatio in pejus indireta e a soberania dos vereditos, preservando o "justo processo da lei (due process of law), nas cláusulas do contraditório e da ampla defesa". Assim, mesmo que seja reconhecida nova circunstância no segundo julgamento, realizado após recurso exclusivo da defesa, a pena aplicada não poderá ser superior àquela determinada no primeiro julgamento anulado.

Por fim, destaca-se que a vedação à reforma da sentença em prejuízo do acusado, quando só este tenha recorrido, pode se dar de forma direta, quando o órgão para o qual foi dirigido o recurso exclusivo da defesa do réu não pode reformar a sentença impugnada para, por exemplo, majorar a pena do acusado; ou de forma indireta: quando o órgão recursal, em recurso exclusivo do acusado, anula a sentença condenatória para determinar um novo julgamento. Nesse novo julgamento, não pode o juiz proferir sentença que implique situação mais gravosa ao réu, tomando como parâmetro aquela primeira sentença que foi invalidada em razão de recurso exclusivo da defesa.

Capítulo XXXIV

Recursos em Espécie

Sumário • 1. Recurso em sentido estrito – 2. Interposição do recurso em sentido estrito – 3. Cabimento do recurso em sentido estrito – 4. Interpretação extensiva do rol dos casos de recurso em sentido estrito contra o réu – 5. Hipóteses legais de cabimento do recurso em sentido estrito – 6. Recurso em sentido estrito contra a decisão que não receber denúncia ou queixa (art. 581, I, CPP) – 7. Recurso em sentido estrito contra decisão que concluir pela incompetência do juízo (art. 581, II, CPP) – 8. Recurso em sentido estrito contra decisão que julgar procedente as exceções, salvo a de suspeição (art. 581, III, CPP) – 9. Recurso em sentido estrito contra decisão que pronunciar o réu (art. 581, IV, CPP) – 10. Recurso em sentido estrito contra decisão que conceder, negar, arbitrar, cassar ou julgar inidônea a fiança, indeferir requerimento de prisão preventiva ou revogá-la, conceder liberdade provisória ou relaxar a prisão em flagrante (art. 581, V, CPP) – 11. Recurso em sentido estrito contra decisão que julgar quebrada a fiança ou perdido o seu valor (art. 581, VII, CPP) – 12. Recurso em sentido estrito contra decisão que reconhecer a prescrição ou julgar extinta a punibilidade (art. 581, VIII, CPP) – 13. Recurso em sentido estrito contra decisão que indeferir reconhecimento de causa extintiva de punibilidade (art. 581, IX, CPP) – 14. Recurso em sentido estrito contra decisão do juiz de primeiro grau que conceder ou negar a ordem de habeas corpus (art. 581, X, CPP) – 15. Recurso em sentido estrito contra decisão de primeiro grau de jurisdição que anular, no todo ou parcialmente, o processo, a partir da instrução criminal (art. 581, XIII, CPP) – 16. Recurso em sentido estrito contra decisão que incluir jurado na lista geral ou desta o excluir (art. 581, XIV,CPP) – 17. Recurso em sentido estrito contra decisão que não receber apelação criminal ou julgá-la deserta (art. 581, XV, CPP) – 18. Recurso em sentido estrito contra decisão que suspender o processo em face de questão prejudicial (art. 581, XVI, CPP) – 19. Recurso em sentido estrito contra decisão que julgar o incidente de falsidade documental (art. 581, XVIII, CPP) – 20. Recurso em sentido estrito contra decisão que recusar homologação à proposta de acordo de não persecução penal, previsto no art. 28-A, do Código – 21. Hipóteses de recurso em sentido estrito revogadas tacitamente pelo art. 197, da LEP – 22. Processamento e julgamento do recurso em sentido estrito – 23. Apelação criminal – 24. Funções da apelação criminal – 25. Limites à cognoscibilidade da apelação criminal nos procedimentos do júri – 26. Extensão da apelação criminal – 27. Interposição da apelação criminal – 28. Cabimento da apelação criminal – 29. Apelação contra sentenças condenatórias ou absolutórias prolatadas por juiz singular (art. 593, I, CPP) – 30. Apelação contra as decisões definitivas, ou com força de definitivas, proferidas por juiz singular, não inseridas nas hipóteses de recurso em sentido estrito (art. 593, II, CPP) – 31. Apelação contra as decisões do tribunal do júri (art. 593, III, CPP) – 32. Apelação contra sentença de impronúncia (art. 416, CPP) – 33. Apelação contra sentença de absolvição sumária (art. 416, CPP) – 34. Apelação contra decisões do juizado especial criminal (art. 82, Lei nº 9.099/1995) – 35. Processamento e julgamento da apelação criminal – 36. Carta testemunhável – 37. Interposição da carta testemunhável – 38. Cabimento da carta testemunhável – 39. Processamento e julgamento da carta testemunhável – 40. Embargos de declaração – 41. Oposição dos embargos de declaração – 42. Cabimento dos embargos de declaração – 43. Processamento e julgamento dos embargos de declaração – 44. Agravo interno, inominado ou regimental – 45. Interposição do agravo interno – 46. Cabimento do agravo interno – 47. Processamento e julgamento do agravo interno – 48. Embargos infringentes e de nulidade – 49. Interposição dos embargos infringentes e de nulidade – 50. Cabimento dos embargos infringentes e de nulidade – 51. Cabimento dos embargos infringentes no STF – 52. Processamento e julgamento dos embargos infringentes – 53. Recursos especial e extraordinário – 54. Interposição dos recursos especial e extraordinário – 55. Prazo e sua contagem nos recursos especial e extraordinário – 56. Modalidade adesiva de recursos especial e extraordinário – 57. Efeitos dos recursos especial e extraordinário – 58. Cabimento dos recursos especial e extraordinário – 59. Processamento e julgamento dos recursos especial e extraordinário – 60. Recurso ordinário constitucional – 61. Interposição do recurso ordinário constitucional – 62. Cabimento do recurso ordinário constitucional – 63. Processamento e julgamento do recurso ordinário constitucional – 64. Agravo em recurso especial e extraordinário – 65. Interposição do agravo em recurso especial e extraordinário – 66. Cabimento do agravo em recurso especial e extraordinário – 67. Processamento e julgamento do agravo em recurso especial e extraordinário – 68. Embargos de divergência – 69. Interposição dos embargos de divergência – 70. Cabimento dos embargos de divergência – 71. Processamento e julgamento dos embargos de divergência – 72. Agravo em execução – 73. Interposição do agravo em execução penal – 74. Cabimento do agravo em execução penal – 75. Processamento e julgamento do agravo em execução penal – 76. Reclamação contra a lista geral de jurados – 77. Interposição da reclamação contra a lista geral de jurados – 78. Cabimento da reclamação contra a lista geral de jurados – 79. Processamento e julgamento da reclamação contra a lista geral de jurados – 80. Quadro sinótico – 81. Súmulas do STJ – 82. Súmulas do STF – 83. Questões de concursos públicos – 84. Gabarito anotado – 85. Questões discursivas com comentários

1. RECURSO EM SENTIDO ESTRITO

Podemos definir o recurso em sentido estrito como a impugnação voluntária, manifestada pela parte interessada e prejudicada por decisão judicial criminal que se adeque a uma das situações dispostas no art. 581, do CPP, para o fim de vê-la modificada pelo juiz de primeiro grau, em juízo de retratação, ou pelo tribunal *ad quem*, mediante julgamento pelo seu órgão com competência criminal, para tanto subindo os autos principais ou mediante traslado, quando a lei assim o determinar.

Trata-se do primeiro recurso elencado no Código de Processo Penal.

O que vai delinear o recurso em sentido estrito é a previsão dos casos de cabimento no art. 581, do CPP, em rol taxativo, que não admite ampliação. Há indispensabilidade de lei expressa, autorizativa, prevendo a impugnação estrita. Caso contrário, não poderemos admitir o recurso, muito menos se desfavorável ao direito de liberdade.

Costuma-se fazer uma analogia entre o recurso em sentido estrito e o recurso de agravo de instrumento, manejado contra as decisões interlocutórias de primeiro grau, disciplinado no CPC. Enquanto a apelação criminal estaria para a apelação cível, o recurso em sentido estrito, no CPP, estaria para o agravo de instrumento do processo civil.

Essa assimilação, contudo, não é correta.

Existem diferenças importantes, notadamente a possibilidade de interposição de recurso em sentido estrito contra algumas espécies de sentenças. Ademais, não existe possibilidade de agravo de instrumento contra ato processual penal proferido por juiz singular.

2. INTERPOSIÇÃO DO RECURSO EM SENTIDO ESTRITO

A interposição do recurso em sentido estrito poderá ser realizada, por petição ou por termo nos autos (art. 578, CPP), por intermédio de advogado ou de forma leiga. É manifestação simples, que independe de técnica jurídica. Cuida-se de irresignação manifestada contra o julgado de primeiro grau que preveja essa forma de impugnação.

O prazo para a interposição de recurso em sentido estrito, regra geral, é de cinco dias.

Esse lapso, contudo, será de vinte dias quando o recurso em sentido estrito for manejado contra decisão que incluir jurado na lista geral ou desta o excluir, consoante o parágrafo único, art. 586, CPP. Esta hipótese se enquadra como recurso em sentido estrito de natureza administrativa. Vale dizer, é movido contra ato administrativo do juiz da vara do júri, que coexiste com um outro meio de impugnação que é a reclamação contra inclusão ou exclusão de jurado da lista geral. Sobre a questão, há divergências sobre a manutenção dessa hipótese de recurso em sentido estrito no sistema.

Uma vez interposto o recurso em sentido estrito, deve ser aberto prazo para a apresentação de razões escritas, quando o recorrente não as houver oferecido no mesmo ato em que recorreu. As razões e contrarrazões, diferentemente da petição recursal, são peças privativas do advogado, do defensor e do membro do Ministério Público.

O prazo para arrazoar e contra-arrazoar o recurso *stricto sensu* é de dois dias, contados da interposição do recurso, ou do dia em que o escrivão, extraído o traslado, o fizer com vista ao recorrente (art. 588, CPP).

Todavia, para evitar dúvidas quanto ao prazo, tem-se entendido que o prazo para o oferecimento das razões e das contrarrazões deverá ser contado a partir da respectiva intimação, interessando avivar que, se o recorrido for o réu, será intimado do prazo na pessoa do defensor.

3. CABIMENTO DO RECURSO EM SENTIDO ESTRITO

Os casos de cabimento de recurso em sentido estrito são fechados, nos termos do art. 581, do CPP. Não há possibilidade de ser ampliada a sua enunciação, sem que haja modificação por via legislativa.

Dessa forma, o intérprete escolherá o recurso cabível bem atento às hipóteses do art. 581, CPP, que requer sua conformação ao princípio da especialidade. A previsão desse recurso pode constar também de legislação extravagante que trace rito específico para ações criminais de rito especial.

4. INTERPRETAÇÃO EXTENSIVA DO ROL DOS CASOS DE RECURSO EM SENTIDO ESTRITO CONTRA O RÉU

Indevidamente, a nosso ver, os tribunais têm admitido a ampliação do rol do art. 581, CPP. Poderíamos imaginar até uma aplicação integrativa, para contemplar o acusado com chances idênticas à acusação, para também poder interpor recurso em sentido estrito diante das decisões que lhe são contrárias.

No entanto, não é o que encontramos na prática dos tribunais.

Além do art. 581, do CPP, assegurar mais hipóteses recursais em favor do órgão acusador, também os tribunais aplicam a interpretação extensiva contra o direito de liberdade. Naturalmente, discordamos desse proceder, eis que o direito de liberdade do indivíduo somente deveria ser objeto de mitigação com base em lei estrita, com descrição dos trilhos permissivos da supressão daquele direito fundamental.

Exemplifiquemos.

O STJ afirmou que "o art. 3º do Código de Processo Penal admite expressamente tanto a realização de interpretação extensiva quanto de aplicação analógica na seara processual penal". Em seguida, argumentou que "a jurisprudência tem entendido possível a utilização de interpretação extensiva para se admitir o manejo do Recurso em Sentido Estrito contra decisões interlocutórias de 1º grau que, apesar de não constarem literalmente no rol taxativo do art. 581 do CPP, tratam de hipótese concreta que se assemelha àquelas previstas nos incisos do artigo". Sustentou, então que, diante de "situação em que, não encontrado o réu" e havendo o Ministério Público pugnado pela oitiva das testemunhas da acusação, "ao argumento de que o decurso do tempo pode causar relevante prejuízo à lembrança que elas têm dos fatos, prejudicando o objetivo da persecução penal", seria "cabível o manejo de recurso em sentido estrito contra decisão que ordenar a suspensão do processo" e, por conseguinte "a decisão interlocutória de primeiro grau que indefere pedido de produção antecipada de provas, nos casos de sursis processual, também desafia recurso em sentido estrito"[1].

Cuida-se de nítida ampliação recursal em favor da acusação. Evidentemente inconstitucional, a nosso ver. Há agigantamento do Ministério Público, na hipótese.

5. HIPÓTESES LEGAIS DE CABIMENTO DO RECURSO EM SENTIDO ESTRITO

Os casos de cabimento do recurso em sentido estrito estão disciplinados no art. 581, *caput*, CPP. Ali está descrito caber essa impugnação contra "decisão, despacho ou sentença". Leis especiais podem prever sistemática recursal própria. Por exemplo, não há previsão de recurso em sentido estrito contra decisões proferidas no âmbito dos juizados especiais criminais. Entendemos que a referência aos despachos com ato recorrível é equivocada. Isso porque eles não possuem conteúdo decisório, sendo, portanto, irrecorríveis.

Vejamos cada uma das hipóteses legais de cabimento.

6. RECURSO EM SENTIDO ESTRITO CONTRA A DECISÃO QUE NÃO RECEBER DENÚNCIA OU QUEIXA (ART. 581, I, CPP)

O recebimento da peça acusatória é irrecorrível, mas o réu pode manejar *habeas corpus* para trancar a ação penal cujo crime comine pena privativa de liberdade ou mandado de segurança para o mesmo fim quando o crime não preveja pena de tal espécie, quando a demanda for desprovida de justa causa.

Diante do baixo acolhimento das ações de *habeas corpus*, conforme noticiado pelo STF, percebemos, no ponto, desequilíbrio de armas entre acusação e defesa. Não somente a nível de legislação – eis que sabemos que as hipóteses foram construídas para a acusação, *ex vi* da exposição de motivos do CPP de 1941 –, mas também pela postura dos nossos órgãos do Judiciário.

Deveras, de acordo com voto do Ministro Roberto Barroso, a execução provisória de pena seria justificada por conta do baixíssimo acolhimento de recursos em favor do réu.

Conforme escreveu em um de seus votos, "no mundo real, o percentual de recursos extraordinários providos em favor do réu é irrisório, inferior a 1,5%. Mais relevante ainda: de 1.01.2009 a 19.04.2016, em 25.707 decisões de mérito proferidas em recursos criminais pelo STF (REs e agravos), as decisões absolutórias não chegam a representar 0,1% do total de decisões"[2].

De fato, isso retrata, por outro enfoque, um fraco controle de decisões incorretas no Brasil.

1. STJ – Terceira Seção – EREsp 1630121/RN – Rel. Min. Reynaldo Soares da Fonseca – DJe 11 dez. 2018.
2. STF – Pleno – ADC 43 MC – Voto do Min. Roberto Barroso – 07 nov. 2019.

Realmente, não poderia ter sido invocado o provimento irrisório de recursos do acusado como argumento para justificar executar pena antes da formação da culpa.

De todo modo, sabemos que a acusação tem recurso em sentido estrito contra a rejeição da peça acusatória. A defesa não. Sobra-lhe o *habeas corpus*, com pequenas chances de êxito.

Quanto à rejeição ou não recebimento da peça acusatória, calha repisar que o verbete nº 707, da Súmula, do STF, averba que "constitui nulidade a falta de intimação do denunciado para oferecer contrarrazões ao recurso interposto da rejeição da denúncia, não a suprindo a nomeação de defensor dativo".

Trata-se de preocupação com a preservação do contraditório, para que se assegure, na respectiva etapa procedimental, o exercício da ampla defesa.

Nos juizados especiais criminais, a disciplina é diferente: a rejeição da inicial acusatória desafia o recurso de apelação (art. 82, § 1º, Lei nº 9.099/1995).

7. RECURSO EM SENTIDO ESTRITO CONTRA DECISÃO QUE CONCLUIR PELA INCOMPETÊNCIA DO JUÍZO (ART. 581, II, CPP)

As deliberações que concluem pela incompetência do juízo são as decisões comumente chamadas de declinatórias de competência. Referem-se ao ato do juiz que, sem qualquer provocação, isto é, *ex officio*, entende que não tem atribuição para atuar no caso.

Enquadra-se nessa hipótese, a decisão desclassificatória no rito do júri, quando o juiz, ao entender que o crime narrado não é da competência do tribunal popular, remeterá o processo ao juiz que o seja, a teor do art. 419, *caput*, CPP.

8. RECURSO EM SENTIDO ESTRITO CONTRA DECISÃO QUE JULGAR PROCEDENTE AS EXCEÇÕES, SALVO A DE SUSPEIÇÃO (ART. 581, III, CPP)

O dispositivo se refere às exceções de incompetência de juízo, de litispendência, de ilegitimidade de parte e de coisa julgada. Naturalmente, nosso recurso é cabível contra decisão de juiz de primeiro grau, juiz singular. O recurso em sentido estrito é admissível quando o juiz julga procedente as exceções, salvo a de suspeição.

Realmente, não faria sentido a interposição do recurso em sentido estrito contra decisão que julgar procedente a exceção de suspeição. Nada mais lógico: se o próprio juiz está afirmando que é suspeito para julgar determinado processo, por motivo de foro íntimo, não cabe à parte exigir que ainda assim ele atue no processo que ele próprio se averbou, porque lhe faltava a necessária imparcialidade.

De outro lado, são irrecorríveis as decisões que rejeitam as exceções, sejam elas de suspeição, de incompatibilidade, de impedimento, de coisa julgada, de incompetência, de ilegitimidade de parte ou de litispendência (art. 95, CPP). É que o próprio Código de Processo Penal estabelece o processamento das exceções, com processamento em autos apartados e, em regra, sem suspender o processo. Se a suspeição, o impedimento ou a incompatibilidade não forem reconhecidos pelo próprio juiz, este remeterá os autos ao tribunal para julgamento pelo pleno (§ 4º, do art. 103, CPP).

As demais exceções, se não acolhidas, têm seu processamento encerrado em primeira instância, por decisão irrecorrível. É possível, contudo, a utilização do *habeas corpus* como sucedâneo recursal ou mesmo a rediscussão da matéria, como preliminar, em sede de apelação[3].

9. RECURSO EM SENTIDO ESTRITO CONTRA DECISÃO QUE PRONUNCIAR O RÉU (ART. 581, IV, CPP)

A decisão de pronúncia encerra a primeira fase do rito escalonado do júri e dá início à segunda etapa. É uma decisão interlocutória mista não terminativa. Contra ela será cabível o recurso em sentido estrito (art. 581, IV, CPP). Como o efeito regressivo é inerente ao recurso em sentido estrito, o juiz pode, ao receber o recurso, retificar sua decisão, impronunciando o acusado consoante a hipótese. Contra esta decisão (de impronúncia), manejável será a apelação que, naturalmente, não tem efeito de retratação (regressivo).

10. RECURSO EM SENTIDO ESTRITO CONTRA DECISÃO QUE CONCEDER, NEGAR, ARBITRAR, CASSAR OU JULGAR INIDÔNEA A FIANÇA, INDEFERIR REQUERIMENTO DE PRISÃO PREVENTIVA OU REVOGÁ-LA, CONCEDER LIBERDADE PROVISÓRIA OU RELAXAR A PRISÃO EM FLAGRANTE (ART. 581, V, CPP)

As decisões que firam matéria sobre fiança são recorríveis em sentido estrito, independentemente de seu conteúdo (que conceda, negue, arbitre, casse ou julgue inidônea a fiança). Envolvendo fiança, há um gravame em torno do imputado. Geralmente, é caso de recurso do órgão da acusação. No entanto, a negativa de fiança que desafia o recurso que ora estudamos é a exarada pelo juiz. Se tiver sido negada pelo delegado de polícia, o interessado deve provocar o juiz. Em seguida, indeferida sua pretensão pelo magistrado, caberá interpor recurso em sentido estrito.

É possível que o juiz imponha medida cautelar diversa da prisão (art. 319, CPP), de forma cumulativa, com a fiança ou sem ela. Entendemos que, contra a decisão que aplica medida cautelar cumulada com a fiança ou em substituição à prisão preventiva, cabível será o recurso em sentido estrito, se manejado em favor do imputado, com base no art. 581, V, CPP, com esteio em interpretação extensiva e analógica autorizada pelo art. 3º, do Código. Dessa maneira, integrativa, não haverá violação ao princípio da taxatividade recursal.

11. RECURSO EM SENTIDO ESTRITO CONTRA DECISÃO QUE JULGAR QUEBRADA A FIANÇA OU PERDIDO O SEU VALOR (ART. 581, VII, CPP)

Uma vez arbitrada a fiança, para o fim de concessão de liberdade provisória vinculada, o investigado ou acusado se submete às condições estipuladas no ato concessivo. Aquele que desatender qualquer das condições impostas, poderá ver a fiança quebrada. Desta decisão, cabível o recurso em sentido estrito.

3. MIRABETE, Julio Fabbrini. *Processo penal*. 14. ed. São Paulo: Atlas, 2003. p. 621.

A perda do valor ocorre **na fase de execução penal**, em virtude do condenado não ter se apresentado para cumprimento da pena. Não é cabível recurso em sentido estrito para este caso, porém **agravo em execução penal** (art. 197, CPP).

12. RECURSO EM SENTIDO ESTRITO CONTRA DECISÃO QUE RECONHECER A PRESCRIÇÃO OU JULGAR EXTINTA A PUNIBILIDADE (ART. 581, VIII, CPP)

A prescrição pode advir tanto em relação a todos os crimes de um processo, quanto em face de um só dos delitos. Em uma e outra hipótese, o recurso cabível é o *stricto sensu*.

As decisões de extinção da punibilidade em processo de execução penal ou a prescrição da pretensão executória são agraváveis em execução penal (art. 197, LEP).

13. RECURSO EM SENTIDO ESTRITO CONTRA DECISÃO QUE INDEFERIR RECONHECIMENTO DE CAUSA EXTINTIVA DE PUNIBILIDADE (ART. 581, IX, CPP)

Igual disciplina do recurso em sentido estrito é aplicável à decisão que denegar pedido de reconhecimento da prescrição ou de outra causa extintiva da punibilidade. É atacável por esse recurso a decisão proferida por juiz singular, em processo penal condenatório, de conhecimento.

E no inquérito policial, o juiz das garantias deve reconhecer a prescrição, antes de instaurado processo penal? É de ver que, dentre as competências estatuídas no art. 3º-B, do CPP, inserido pela Lei nº 13.964/2019, está a possibilidade do juiz de garantias:

(1) determinar o trancamento do inquérito policial quando não houver fundamento razoável para sua instauração ou prosseguimento (inciso IX); e

(2) deliberar sobre outras matérias inerentes às atribuições de controle da legalidade da investigação criminal e de salvaguarda dos direitos individuais cuja franquia tenha sido reservada à autorização prévia do Poder Judiciário (inciso XVIII).

Quanto à primeira atribuição de mandar arquivar o inquérito policial (trancamento), pensamos que isso somente é possível se a autoridade coatora for, unicamente, o delegado de polícia, pois, se o membro do Ministério Público tiver anuído com a investigação preliminar, requisitado sua instauração ou intercedido pela prorrogação, a competência para ordenar o trancamento do inquérito policial é do tribunal respectivo.

Por outra ótica, o inquérito policial não é sede de formação de cognição judicial suficiente à declaração de extinção da punibilidade. Não há contraditório na investigação, apesar da Lei nº 13.964/2019, ter incluído essa possibilidade no art. 14-A, do CPP, restritamente aos funcionários públicos vinculados ao sistema de segurança pública.

Sendo assim, não poderia haver decisão extintiva de punibilidade em inquérito policial. No entanto, caso o juiz das garantias a declare, sem interposição tempestiva de recurso em sentido estrito pelo órgão da acusação, forçoso concluir pela cristalização da decisão, com força de coisa julgada.

Por outro lado, se a decisão de extinção da punibilidade advier no processo de execução penal, terá incidência o art. 197, da LEP, que estabelece o cabimento de agravo.

14. RECURSO EM SENTIDO ESTRITO CONTRA DECISÃO DO JUIZ DE PRIMEIRO GRAU QUE CONCEDER OU NEGAR A ORDEM DE *HABEAS CORPUS* (ART. 581, X, CPP)

É o caso da impetração que se dirige contra ato de autoridade policial, onde é competente o magistrado de primeira instância. Por exemplo, o juiz das garantias tem competência, gizada no art. 3º-B, do CPP, na redação da Lei nº 13.964/2019, para julgar o *habeas corpus* impetrado antes do oferecimento da denúncia. Sentenciada a ação de *habeas corpus* pelo juiz das garantias, cabível será recurso em sentido estrito.

Vale lembrar, todavia que, da decisão concessiva do *habeas corpus* em primeiro grau, também caberá recurso *ex officio* (art. 574, I, CPP).

15. RECURSO EM SENTIDO ESTRITO CONTRA DECISÃO DE PRIMEIRO GRAU DE JURISDIÇÃO QUE ANULAR, NO TODO OU PARCIALMENTE, O PROCESSO, A PARTIR DA INSTRUÇÃO CRIMINAL (ART. 581, XIII, CPP)

Os incisos anteriores, que não comentamos, XI e XII, do art. 581, aludem a decisões que ocorrem em sede de execução penal, agraváveis em execução, nos termos do art. 197, da LEP.

Quanto ao caso em epígrafe, cabível é o recurso em sentido estrito contra a decisão que nulificar o processo, no todo ou em parte. Pensamos caber recurso em sentido estrito, inclusive, nos casos de desentranhamento de prova ilícita do processo penal condenatório, haja vista que, para tal, deve ser reconhecida a nulidade absoluta do ato aquisitivo da prova que deveria ter sido inadmitida e não o foi[4].

16. RECURSO EM SENTIDO ESTRITO CONTRA DECISÃO QUE INCLUIR JURADO NA LISTA GERAL OU DESTA O EXCLUIR (ART. 581, XIV,CPP)

Há controvérsias sobre a vigência deste dispositivo. Parte da doutrina entende que não subsiste após a reforma processual penal de 2008.

Nada obstante, importante perceber que se cuida de caso de recurso administrativo. O ato que inclui ou exclui jurado não faz parte de um processo penal específico. Ou seja, é ato autônomo, do órgão judicial competente para conduzir o júri.

São duas as hipóteses de exclusão ou de inclusão de jurado na lista geral anual. A primeira até o dia 10 de outubro. A segunda até o dia 10 de novembro. Enquanto a primeira é provisória, a segunda é definitiva. Daí a harmonização das hipóteses:

(1) contra a lista provisória, cabível reclamação de qualquer do povo, julgada pelo juiz singular;

(2) contra a lista definitiva, cabível o recurso em sentido estrito em tela.

4. ALENCAR, Rosmar Rodrigues. *Teoria da nulidade no processo penal.* São Paulo: Noeses, 2016. p. 601.

17. RECURSO EM SENTIDO ESTRITO CONTRA DECISÃO QUE NÃO RECEBER APELAÇÃO CRIMINAL OU JULGÁ-LA DESERTA (ART. 581, XV, CPP)

No caso, o recurso terá a função de destrancamento de outro recurso. As hipóteses de deserção encontram-se revogadas, ressalvados os casos restritos de não recolhimento de preparo recursal pelo querelante nas ações de iniciativa exclusivamente privada e personalíssima.

18. RECURSO EM SENTIDO ESTRITO CONTRA DECISÃO QUE SUSPENDER O PROCESSO EM FACE DE QUESTÃO PREJUDICIAL (ART. 581, XVI, CPP)

As questões prejudiciais estão disciplinadas nos arts. 92 a 94, do CPP. Existem hipóteses de suspensão obrigatória do processo, ao lado de outras, facultativa.

A decisão deve ser fundamentada e desafia recurso *stricto sensu*.

19. RECURSO EM SENTIDO ESTRITO CONTRA DECISÃO QUE JULGAR O INCIDENTE DE FALSIDADE DOCUMENTAL (ART. 581, XVIII, CPP).

Contra a decisão que decidir sobre a unificação de penas, cabível será agravo em execução penal. Revogado tacitamente está o inciso XVII, do art. 581, do CPP, pelo art. 197, da LEP.

Sem embargo, digno de registro que a Lei nº 13.964/2019 alterou o tempo de cumprimento máximo de pena previsto no Código Penal. Como estabelece o seu art. 75, § 1º, o tempo de cumprimento das penas privativas de liberdade não pode ser superior quarenta anos. Entendemos que se cuida de um retrocesso sem precedentes. No ponto, em muitos casos, teremos eternização da pena privativa de liberdade.

Volvendo para a hipótese do inciso XVIII, do art. 581, do CPP, é cabível o recurso em sentido estrito contra decisão que resolva o incidente de falsidade. Vale dizer, nas hipóteses de dúvida a respeito da autenticidade de algum documento, deve ser instaurado o incidente. Contra essa decisão, declarando ou não a falsidade, caberá recuso em sentido estrito (art. 581, XVIII, CPP).

Por outro ângulo, as hipóteses de cabimento de recurso em sentido estrito contra incidentes que são decididos no processo de execução penal estão revogadas tacitamente pelo art. 197, Lei nº 7.210/1984. Nesse âmbito, cabível agravo em execução penal.

20. RECURSO EM SENTIDO ESTRITO CONTRA DECISÃO QUE RECUSAR HOMOLOGAÇÃO À PROPOSTA DE ACORDO DE NÃO PERSECUÇÃO PENAL, PREVISTO NO ART. 28-A, DO CÓDIGO. (ART. 581, XXV, CPP).

Entendemos que o acordo de não persecução penal é de duvidosa constitucionalidade.

Isso porque suprime ou mitiga garantias fundamentais, a exemplo do direito ao silêncio.

Sob essa ótica, o acordo de não persecução penal não seria um benefício, mas aplicação de pena sem acatamento ao devido processo legal.

Nada obstante, a Lei nº 13.964/2019, além de detalhar as regras do acordo de não persecução penal, acrescentou mais um caso que permite a interposição de recurso em sentido estrito. Será ele cabível quando houver recusa à homologação da proposta desse acordo. Apesar de, em tese, ser admitida a interposição tanto para o órgão do Ministério Público quanto para a defesa, acreditamos que os casos de recusa à homologação, na praxe forense, buscam evitar abusos contra o direito do imputado. Porém, é de ver que é possível que a recusa, eventualmente, beneficie o réu.

21. HIPÓTESES DE RECURSO EM SENTIDO ESTRITO REVOGADAS TACITAMENTE PELO ART. 197, DA LEP

Não é cabível mais recurso em sentido estrito, mas agravo em execução, em razão de revogação tácita pela LEP (Lei nº 7.210/1984), contra as decisões que:

(1) conceder, negar ou revogar a suspensão condicional da pena (art. 581, XI, CPP);

(2) conceder, negar ou revogar livramento condicional (art. 581, XII, CPP);

(3) decidir sobre a unificação das penas (art. 581, XVII, CPP);

(4) decretar medida de segurança, depois de transitar a sentença em julgado (art. 581, XIX, CPP);

(5) impor medida de segurança por transgressão de outra (art. 581, XX, CPP);

(6) manter ou substituir medida de segurança no processo de execução penal (art. 581, XXI, CPP);

(7) revogar medida de segurança (art. 581, XXII, CPP);

(8) deixar de revogar a medida de segurança, nos casos em que a lei admita a revogação (art. 581, XXIII, CPP); e

(9) converter a multa em detenção ou em prisão simples (art. 581, XXIV, CPP). Esta hipótese, em verdade, encontra-se revogada tacitamente pelo art. 51 do CP, já que a pena de multa não mais poderá ser convertida em pena privativa de liberdade. Aliás, conforme texto dado pela Lei nº 13.964/2019 àquele dispositivo, transitada em julgado a sentença condenatória, a multa será executada perante o juiz da execução penal e será considerada dívida de valor, aplicáveis as normas relativas à dívida ativa da Fazenda Pública, inclusive no que concerne às causas interruptivas e suspensivas da prescrição. Desse modo, não se cuida nem de hipótese de recurso em sentido estrito, nem de caso de agravo em execução penal.

22. PROCESSAMENTO E JULGAMENTO DO RECURSO EM SENTIDO ESTRITO

O processamento do recurso em sentido estrito encontra diferenciações na legislação processual penal, de acordo com o caso a que se refira sua interposição. A ideia que norteia a disciplina legal é a da necessidade ou não de que os autos continuem em primeiro grau de jurisdição.

Vale dizer, há situações em que o recurso não pode subir nos autos originais, notadamente quando o processo deve permanecer tramitando no juízo *a quo*. Isso se verifica com maior nitidez nas hipóteses de processos com vários acusados, quando apenas um ou alguns deles recorrem de uma decisão.

Como o processo não poderia ser suspenso em relação a todos para que fosse o recurso apreciado em segunda instância, sob pena de ocorrência de considerável retardo processual, o legislador previu especificidades de processamento do recurso em sentido estrito mediante traslado (poder-se-ia dizer "por instrumento", se comparado com o que ocorre no âmbito do direito processual civil).

Como regra geral, a petição do recurso em sentido estrito é endereçada ao juiz de primeiro grau e as suas razões (e contrarrazões) ao tribunal ou ao órgão julgador *ad quem* (em que pese apresentadas perante o juízo *a quo*). Portanto, em tais casos, as razões do recurso em sentido estrito atendem a regra geral, sendo endereçadas ao respectivo tribunal.

O Código de Processo Penal preconiza que o recurso em sentido estrito deverá subir com os autos originais quando:

(1) houver reexame necessário, como se dá com a absolvição sumária no rito do júri;

(2) for o caso de despacho, decisão ou sentença que não receber a queixa ou a denúncia, que julgar procedentes as exceções (salvo a de suspeição), que pronunciar o acusado, que decretar a prescrição ou julgar extinta a punibilidade e que negar ou conceder a ordem de *habeas corpus*; e

(3) não prejudicar o andamento do processo.

De outro lado, o recurso contra a decisão de pronúncia subirá em traslado, quando, havendo dois ou mais acusados, qualquer deles se resignar com a decisão ou se todos não tiverem sido ainda intimados da pronúncia (art. 583, parágrafo único, CPP).

Sendo necessária a subida do recurso por translado (por instrumento, a teor do art. 587, CPP) a parte recorrente indicará, no respectivo termo, ou em requerimento avulso, as peças dos autos cujas cópias devem acompanhar o recurso, sendo o traslado extraído, conferido e concertado no prazo de cinco dias, e dele constarão sempre a decisão recorrida, a certidão de sua intimação, se por outra forma não for possível verificar-se a oportunidade do recurso, e o termo de interposição. Esse prazo para que o escrivão extraia o traslado poderá ser prorrogado pelo juiz até o dobro, nos termos do art. 590, CPP.

Ao receber o recurso, o juiz apontará os efeitos atribuíveis pela lei processual penal. O recurso em sentido estrito, geralmente, é dotado só dos efeitos devolutivo e regressivo (quando o juiz decidir por se retratar da decisão), não o suspensivo, porquanto os casos de incidência de efeito suspensivo estão no texto legal ou decorrem da natureza da decisão judicial impugnada.

Assim, o art. 584, *caput*, CPP, estatui que os recursos terão efeito suspensivo nos casos de perda da fiança e o seu § 3º enfatiza que a eficácia suspensiva, no caso de quebramento da fiança, recairá tão somente sobre a metade do seu valor. Em ambos os casos (perda ou quebra da fiança), o recurso terá efeito suspensivo apenas para impedir a implementação da sanção pecuniária, qual seja, a destinação de metade do valor da fiança ou, no caso da quebra, da sua integralidade, ao fundo penitenciário, sempre depois de deduzidas as quantias correspondentes a custas e mais encargos a que o réu estiver obrigado (indenização da vítima, pagamento das custas, prestação pecuniária e multa, caso tenha sido condenado), a teor do art. 345, do CPP.

Também terá efeito suspensivo, segundo a parte final do *caput*, do art. 584, do Código, o recurso em sentido estrito contra a decisão que denegar a apelação ou julgá-la deserta (art. 581, XV, CPP). A deserção da apelação só ocorrerá em hipóteses restritas no processo penal (falta de recolhimento de preparo pelo querelante, onde existir previsão normativa local que assim determine). O acusado, seja em ação penal pública, seja em ação penal privada (querelado), nunca estará obrigado a recolher preparo, por não ser admissível a restrição ao direito de recorrer em matéria criminal.

A menção do art. 584, *caput*, do CPP, a incidentes próprios do processo de execução penal está revogada, sendo cabível agora o agravo em execução, sem efeito suspensivo (art. 197, LEP). De outra banda, o recurso contra a decisão de pronúncia suspenderá tão somente o julgamento, querendo dizer que não se suspende eventual ordem de prisão preventiva dela decorrente, decretada no corpo da decisão.

Depois de instruído o recurso em sentido estrito (com as razões e as contrarrazões), terá lugar a atribuição ou não do efeito iterativo, reiterativo, diferido ou regressivo (de retratação).

Não obstante a faculdade de arrazoar em segunda instância, previsão legal restrita ao recurso de apelação (art. § 4º, do art. 600, do CPP), as razões e contrarrazões não são obrigatórias para que o recurso em sentido estrito suba ao tribunal, em face do preconizado pelo art. 589, ***caput***, do CPP. Também as razões e contrarrazões não são imprescindíveis para que o juiz se convença de que deve se retratar. Daí a dicção desse artigo no sentido de que, com a resposta do recorrido ou sem ela, será o recurso concluso ao juiz, que, dentro de dois dias, reformará ou sustentará o seu despacho, mandando instruir o recurso com os traslados que lhe parecerem necessários.

Pode haver lugar para ser exercido o "juízo de retratação" ou, inversamente, o "juízo de sustentação" (ainda que pelos próprios fundamentos da decisão recorrida).

O juízo de retratação só pode ser realizado uma única vez relativamente à mesma decisão judicial, atentando-se que se o juiz reformar o despacho recorrido, a parte contrária, por simples petição, poderá recorrer da nova decisão, se couber recurso, não sendo mais lícito ao juiz modificá-la.

O recurso, nessa hipótese, subirá nos próprios autos ou em traslado, independentemente de novos arrazoados, relevando avivar que, em todo caso, os recursos serão apresentados ao juiz ou ao tribunal *ad quem*, dentro do prazo de cinco dias da publicação da resposta do juiz *a quo*, ou entregues ao correio dentro de idêntico lapso (art. 591, CPP).

Não cabe falar na figura do revisor em sede de recurso em sentido estrito, tal como se dá com casos restritos de apelação contra decisão em processo penal por crime apenado com reclusão, eis que não é aplicável o enunciado normativo do art. 613, CPP.

O processamento e o julgamento do recurso em sentido estrito são de competência dos tribunais de justiça, dos tribunais regionais federais, das câmaras ou das turmas que os compõem, em compasso com as leis de organização judiciária e com os respectivos regimentos internos.

Os autos do recurso em sentido estrito serão distribuídos a um relator, seguindo-se imediatamente com vista ao membro do Ministério Público com atribuição para atuar em segunda instância, pelo prazo de cinco dias, que ofertará parecer sobre a admissibilidade e mérito da impugnação.

Com o retorno do processo ao relator, este pedirá dia para julgamento, com inclusão na pauta correspondente (art. 610, *caput*, CPP). As decisões do tribunal são tomadas por maioria de votos, alusivos à matéria preliminar (de admissibilidade) e de mérito (provimento ou não provimento).

23. APELAÇÃO CRIMINAL

A noção da apelação é de ser inferida em cotejo com a do recurso em sentido estrito.

Enquanto o art. 581, do CPP, prevê hipóteses específicas de cabimento deste, em rol taxativo, a apelação está disciplinada no art. 593, CPP, em enunciados explicativos mais abertos.

Poderíamos dizer que a apelação criminal é um recurso de caráter mais ordinário que os demais, porque a fundamentação é, via de regra, livre.

Comparativamente ao recurso em sentido estrito, o apelo é subsidiário, pois, diante de uma decisão ou sentença, deve-se antes se certificar de que não caiba recurso em sentido estrito, para daí recorrer-se aos casos do art. 593, do Código.

O termo apelação teria origem no direito romano, cuja finalidade seria a de impugnar a sentença, para viabilizar o seu reexame. A *appellatio* consistiria na conduta processual de dirigir a palavra ao imperador ou a funcionário superior por ele delegado.

No sistema processual penal brasileiro, a apelação é o recurso manejável pela acusação, pelo seu assistente ou pela defesa, para fins de reforma ou invalidação de determinadas decisões, pelo órgão de jurisdição de segundo grau. Desse modo, o apelo enseja a devolução da matéria decidida ao órgão *ad quem* nos limites da impugnação e, se necessário e diante da necessidade de novas provas, pode permitir a devolução de poderes instrutórios ao órgão de segunda instância.

Nas palavras de Ovídio Baptista, a apelação é "o recurso por excelência, não só por ser o mais antigo, já existente no direito romano, como por sua universalidade, comum a todos os ordenamentos modernos que descendam do direito romano-canônico, e também por ser o recurso de efeito devolutivo mais amplo", porquanto enseja "ao juízo *ad quem*, quando ele seja interposto contra uma sentença de mérito, o reexame integral das questões suscitadas no primeiro grau de jurisdição, com exceção daquelas sobre as quais se tenha verificado preclusão"[5].

Como decorrência do **princípio da unirrecorribilidade das decisões**, o § 4º, do art. 593 do CPP estabelece que quando for cabível a apelação, não será possível o manejo do recurso em sentido estrito, ainda que apenas de parte da decisão se recorra. Por exemplo, se, na sentença, é arbitrada fiança, reconhecida extinção de punibilidade de um dos crimes

5. SILVA, Ovídio Araújo Baptista da. *Curso de processo civil*. 5. ed. São Paulo: RT, 2000. v.1. p. 424.

e, quanto a outro, imposta condenação e fixado valor mínimo para a reparação do dano, nos termos do art. 387, inciso IV, do CPP, contra essa parte da decisão não cabe recurso em sentido estrito, mas apelação[6], em virtude do **princípio** da **primazia recursal**. Evitando controvérsias, o legislador positivou o princípio recursal em tela, fazendo prevalecer, na hipótese de conflito entre possibilidades recursais, a apelação.

24. FUNÇÕES DA APELAÇÃO CRIMINAL

A apelação poderá assumir duas funções:

(1) **função rescisória**: quando haverá substituição da sentença recorrida por outra, nos casos de reforma da decisão proferida em primeiro grau de jurisdição. Por exemplo, se a apelação for manejada contra a sentença do juiz-presidente do júri, visando redução de pena, o tribunal *ad quem* se restringirá a reformar a aplicação do direito que foi dada pelo magistrado, não modificando o que decidido pelos jurados;

(2) **função rescindente**: quando a apelação, ao invés de reformar a sentença impugnada, decreta sua nulidade e decreta a invalidação do julgamento). Quando, por exemplo, for a hipótese de modificação do que o júri afirmou, o órgão de segundo grau deverá cassar a decisão do júri para mandar o acusado a novo julgamento, deixando intocada a soberania dos veredictos concernente ao mérito da demanda penal.

25. LIMITES À COGNOSCIBILIDADE DA APELAÇÃO CRIMINAL NOS PROCEDIMENTOS DO JÚRI

A apelação contra as decisões dos jurados não terá o condão de possibilitar o reexame integral das decisões protegidas pela soberania dos veredictos (Tribunal do Júri). Trata-se de apelação mais restrita, de **fundamentação relativamente vinculada** (de acordo com as hipóteses gizadas no inciso III, do art. 593, do CPP), menos ordinária (se pudéssemos dizer assim).

Na linha esposada por Mário Lopes Filho, garantir que a última palavra caiba ao júri nos crimes de sua competência, não significa óbice absoluto à revisibilidade das decisões do Conselho de Sentença no que toca ao seu mérito. Destarte, embora não seja "o caso de substituir o veredicto do tribunal popular pelo colegiado togado", o órgão de segundo grau está autorizado a, em hipóteses como a de julgamento manifestamente contrário à prova dos autos, "determinar a realização de um novo julgamento"[7].

Essa possibilidade, no entanto, encontra limites quando o julgamento tiver sido absolutório e se baseado no quesito genérico entregue aos jurados: "o acusado deve ser absolvido?", em razão da inexistência de parâmetro para controlar se a decisão dos jurados foi realmente contrária à prova dos autos.

6. GRINOVER, Ada Pellegrini; GOMES FILHO, Antônio Magalhães; FERNANDES, Antônio Scarance. *Recursos no processo penal*. 6. ed. São Paulo: RT, 2011. p. 95.

7. LOPES FILHO, Mario Rocha. *O tribunal do júri e algumas variáveis potenciais de influência*. Porto Alegre: Núria Fabris, 2008. p. 22-23.

Como afirmou Eliete Costa Silva Jardim, cuida-se de "absolvição plenamente livre, fundada em quaisquer razões, fáticas ou não, jurídicas ou extrajurídicas, reafirmando o sistema da íntima convicção, a essência e a razão de existir do Tribunal do Júri". Naquele quesito maior, podem estar incluídas teses supralegais, como absolvição fundada na "clemência" ou na "legítima defesa da honra". Em casos como esses, não devem ser admitidos recursos[8]. Os tribunais ainda têm resistência em acatar a tese, embora decisão monocrática do STF, isolada, da lavra do Ministro Celso de Mello, tenha afirmado, nesses casos, a **incognoscibilidade da apelação interposta pelo *Parquet***[9].

26. EXTENSÃO DA APELAÇÃO CRIMINAL

Calha fazer uma menção, em arremate, à classificação do recurso em tela em **apelação plena** e em **apelação limitada**, que nasceu da dicção do art. 599, do CPP, que preconiza que as apelações poderão ser interpostas quer em relação a todo o julgado, quer em relação a parte dele.

Geralmente, "a apelação devolve ao conhecimento do tribunal *ad quem* toda matéria decidida em primeira instância, falando-se então em apelação plena, ou ampla". No entanto, pode ocorrer que o próprio apelante faça a delimitação do objeto do apelo, com o pedido de reexame parcial da decisão recorrida: eis a "apelação limitada, ou parcial, ou restrita". Se a parte apelar "em termos amplos, devolve-se a cognição plena ao juízo *ad quem*, na extensão do ***tantum devolutum quantum appellatum***"[10].

A extensão do recurso de apelação é medida pelos fundamentos indicados na petição de interposição. Não fazendo a prévia delimitação, presume-se que a parte apelou de forma ampla. Por seu turno, não pode o Ministério Público limitar o apelo amplo nas suas razões recursais, por ser conduta equivalente à desistência do recurso[11]. O advogado do acusado, diferentemente, poderá delimitar sua apelação ampla quando da formulação das razões, desde que essa conduta não caracterize falta ou deficiência de defesa. Não o fazendo, o apelo será conhecido em toda sua extensão possível.

Também nas apelações contra as decisões do tribunal do júri, os fundamentos indicados na petição de apelação (art. 593, III, CPP) delimitam a extensão recursal. Inclusive o agravo regimental não pode ampliar os motivos exarados no recurso especial inadmitido pelo relator. Em suma, não se permite que as razões ampliem a abrangência do recurso formulado, quando este, previamente, indicar o respectivo motivo[12]. Nesse sentido, a súmula nº 713, do STF, estatui que o efeito devolutivo das apelações contra as decisões do tribunal popular está adstrito às razões da interposição, vale dizer, aos fundamentos indicados na petição recursal, consoante prevê o art. 593, III, do CPP.

8. JARDIM, Eliete Costa Silva. Tribunal do Júri – absolvição fundada no quesito genérico: ausência de vinculação à prova dos autos e irrecorribilidade. In: JARDIM, Afrânio Silva; AMORIM, Pierre Souto Maior Coutinho de. *Direito processual penal*: estudos, pareceres e crônicas. 15. ed. Salvador: Juspodivm, 2018. p. 592.
9. STF – RHC 117.076/PR – Rel. Min. Celso de Mello – Decisão Monocrática – 01 ago. 2019.
10. MIRABETE, Julio Fabbrini. *Processo penal*. 14. ed. São Paulo: Atlas, 2003. p. 632-633.
11. STJ – Sexta Turma – AgRg no AREsp 616.052/MS – Rel. Min. Rogerio Schietti Cruz – DJe 20 abr. 2016.
12. STJ – Sexta Turma – AgRg no REsp 1724405/RS – Rel. Min. Antonio Saldanha Palheiro – DJe 06 nov. 2018.

Sem embargo, eventual nulidade absoluta em favor do acusado é reconhecível de ofício pelo tribunal, mesmo que não seja objeto do apelo, de acordo com o verbete nº 160, da Súmula, do STF. Essa regra decorre do princípio do *favor rei*.

27. INTERPOSIÇÃO DA APELAÇÃO CRIMINAL

A apelação será interposta por petição escrita ou por termo nos autos.

A interposição por termo nos autos é bastante comum quando dirigida contra sentença proferida no plenário do tribunal do júri ou em audiência. Nessas hipóteses, o recorrente poderá apresentar as razões do recurso em um momento subsequente.

A interposição da petição do apelo, em situação como essas, tem lugar logo depois da leitura da sentença condenatória ou absolutória. Basta que o Ministério Público, o querelante, o réu ou o seu defensor requeira que seja consignado em ata que está apelando da sentença, solicitando que seja dada vista dos autos com carga para arrazoar o recurso.

A apelação por termo é aquela desprovida de rigor formal, bastando que o recorrente revele o seu inconformismo, demonstrando o desejo de recorrer. O próprio réu poderá apelar por termo, não se exigindo, portanto, capacidade postulatória para esse proceder, que será necessária, entretanto, para a apresentação das razões.

De tal maneira, na lição de Damásio de Jesus, a apelação será tida por interposta se, "tempestiva e de forma clara, a parte tenha, ainda que por intermédio de simples cota nos autos ao tomar conhecimento da decisão, demonstrado inconformismo com a sentença". Para ser recebida a apelação, basta que o defensor, ao ser intimado, aponha ao pé da sentença: "Ciente. Apelo".[13]

O conflito entre o réu e o defensor sobre o desejo de apelar deve resolver-se pela prevalência do desejo de quem queira recorrer. O juiz deve nomear defensor para oferecer as razões recursais na hipótese de discordância do procurador constituído pelo réu quanto à vontade deste recorrer. Nesse sentido é o magistério de Grinover, Scarance e Gomes Filho[14].

O prazo para o ingresso do apelo (petição recursal) é, regra geral, de **cinco dias** (art. 593, CPP).

A sua tempestividade é aferida pela data de interposição e não pela da juntada aos autos da petição recursal. Daí que não há que se falar em não recebimento da apelação em face de eventual demora de sua juntada, por culpa do cartório ou da secretaria, mormente quando despachada pelo juiz no prazo legal, como afirma o enunciado nº 320, da Súmula, do STF. No mesmo sentido, o verbete nº 428, desse repertório, reitera que "não fica prejudicada a apelação entregue em cartório no prazo legal, embora despachada tardiamente".

No que tange às razões e às contrarrazões ao apelo, o CPP estabelece, como prazo geral, o de **oito dias** (art. 600).

13. JESUS, Damásio E de. *Código de processo penal anotado*. 10. ed. São Paulo: Saraiva, 2003. p. 369.
14. GRINOVER, Ada Pellegrini; GOMES FILHO, Antônio Magalhães; FERNANDES, Antônio Scarance. *Recursos no processo penal*. 6. ed. São Paulo: RT, 2011. p. 108.

Caso o processo seja de contravenção, sem processamento nos juizados especiais, o prazo para arrazoar será de **três dias**, que também o será para o caso da existência de assistente da acusação, em qualquer hipótese. Todavia, como as contravenções, em regra, são apreciadas nos juizados especiais, lá, o prazo para o apelo é de **dez dias**. Nesse juízo, a petição deve se fazer acompanhar das razões (art. 82, § 1º, Lei nº 9.099/1995).

Quanto ao assistente do Ministério Público, o prazo para a interposição da petição recursal de apelação, se ele **não estiver habilitado** nos autos, será de **quinze dias** contados da expiração do prazo de recurso do Ministério Público (art. 598, *caput* e parágrafo único, CPP). Esse dispositivo é objeto do verbete nº 448, da Súmula, do STF, que dispõe que o prazo para o assistente recorrer, supletivamente, começa a correr imediatamente após o transcurso do prazo do Ministério Público.

Se o assistente já **estiver habilitado** nos autos, o seu prazo para apelar será de **cinco dias**. Temos que fazer a seguinte distinção: se o assistente for intimado antes ou simultaneamente ao MP, o prazo será contado após a expiração do lapso conferido legalmente ao *Parquet*. Se intimado após o decurso prazal do promotor, o prazo passa a fluir a partir da intimação.

Considerando que a apelação pode, dessa maneira, ser interposta pelo Ministério Público e, em caso de inércia, pelo assistente, classifica-se o apelo em:

(1) principal (quando interposto pelo *Parquet*); e

(2) supletiva ou subsidiária (quando apresentada pela vítima, habilitada ou não como assistente, *ex vi* do art. 598 do CPP).

28. CABIMENTO DA APELAÇÃO CRIMINAL

A verificação de cabimento de recurso, em processo penal, não deve se basear tão somente na natureza do ato processual recorrido. Vale dizer, nem sempre, em matéria criminal, de sentença caberá apelação, pois contra algumas o recurso adequado é o *stricto sensu*, estudado no início deste capítulo.

Na dicção do art. 593, do CPP, caberá apelação contra:

(1) sentenças condenatórias ou absolutórias prolatadas por juiz singular (inciso I);

(2) decisões definitivas, ou com força de definitivas, exaradas por juiz singular, quando não for cabível recurso em sentido estrito (inciso II);

(3) decisões do tribunal do júri (inciso III).

29. APELAÇÃO CONTRA SENTENÇAS CONDENATÓRIAS OU ABSOLUTÓRIAS PROLATADAS POR JUIZ SINGULAR (ART. 593, I, CPP)

Embora sob o mesmo rótulo de "apelação", as apelações criminais se diferenciam conforme o fundamento legal que disciplina seus contornos, relativos à competência, ao cabimento e ao processamento. O caso em tela refere-se à apelação contra sentença definitiva, de absolvição ou de condenação, emitida por juiz singular.

Vamos a alguns exemplos:

(1) nos juizados especiais, a apelação do rito sumaríssimo tem prazo diverso (10 dias para interpor juntamente com as razões), rito distinto (sem revisor), mais hipóteses de cabimento (comporta apelação a rejeição da petição inicial, a teor do art. 82, *caput*, da Lei nº 9.099/1999) e competência recursal distinta (julgamento deve ser realizado pela turma recursal e não pelo tribunal);

(2) também diferente é a apelação criminal dirigida contra sentenças definitivas de condenação ou de absolvição prolatadas por juiz singular, comparada ao apelo contra a absolvição sumária ou a impronúncia do rito do júri: na apelação criminal contra sentença proferida por juiz singular no rito comum, o tribunal terá possibilidade de apreciar amplamente as questões decididas (com um efeito devolutivo em maior extensão). Cuida-se, regra geral, de recurso de cognição plenária (recurso ordinário por excelência).

30. APELAÇÃO CONTRA AS DECISÕES DEFINITIVAS, OU COM FORÇA DE DEFINITIVAS, PROFERIDAS POR JUIZ SINGULAR, NÃO INSERIDAS NAS HIPÓTESES DE RECURSO EM SENTIDO ESTRITO (ART. 593, II, CPP)

Estamos diante de uma cláusula aberta, conflitante com o princípio da taxatividade recursal.

O parâmetro para a admissão da apelação é demasiado vago.

Tentemos precisar seus contornos.

(1) O que é decisão **definitiva**? Esta seria decisão com conteúdo de mérito, se contrapormos à noção oposta, de decisão terminativa. O dispositivo é ambíguo. Há escassez de exemplos para a hipótese porque se a decisão é de absolvição ou de condenação, cabível é a apelação fundada no inciso I, do art. 593, do Código. Se a hipótese é de extinção de punibilidade ou de decisão de primeiro grau em sede de *habeas corpus*, interponível é o recurso em sentido estrito (art. 581, VIII e X, CPP).

(2) O que é decisão **com força de definitiva**? Seria a decisão com conteúdo equivalente ao de mérito, ou seja, que, embora não seja propriamente uma deliberação final no processo principal, resolve questão ou processo incidente, em autos apartados, tocando porção do mérito da demanda penal atual ou futura. Por exemplo, a decisão homologatória do laudo exarado no incidente de insanidade mental tem força de definitiva, apesar de ser uma decisão interlocutória mista. Também com força de definitiva são as decisões que homologam suspensão condicional do processo e as que deliberam pela restituição de coisas apreendidas.

Os exemplos que encontramos para justificar a existência do caso de apelação do inciso II, do art. 593, do CPP, favorecem, como regra, o órgão da acusação. Trata-se de lamentável abertura que finda por permitir que o Ministério Público sempre interponha recursos, enquanto, nas mãos do imputado, sobra a ação de *habeas corpus*. Tem-se aceito apelação em epígrafe contra decisões que indeferem pedidos como o de interceptação telefônica, de busca e apreensão, de levantamento de sequestro, de apreensão de dados digitais, dentre outros. A acusação, como se infere, torna-se gigante, com amplos e demasiados poderes recursais.

Com o advento da Lei nº 13.964/2019, perdeu relevância a controvérsia que existia sobre o cabimento de apelação contra decisão de arquivamento de inquérito policial. O trâmite de encerramento dessa investigação se circunscreve ao âmbito do próprio Ministério

Público, não havendo mais que se cogitar do cabimento de qualquer recurso judicial[15]. Na dicção do § 1º, do art. 28, do CPP, se a vítima, ou seu representante legal, não concordar com o arquivamento do inquérito policial, poderá, no prazo de trinta dias do recebimento da comunicação, submeter a matéria à revisão da instância competente do órgão ministerial, conforme dispuser a respectiva lei orgânica.

31. APELAÇÃO CONTRA AS DECISÕES DO TRIBUNAL DO JÚRI (ART. 593, III, CPP)

São quatro os casos de apelação previstos contra as decisões tomadas ao final da sessão do tribunal do júri. Será interponível apelação criminal quando:

(1) advier nulidade subsequente à pronúncia;

(2) a sentença do juiz-presidente contrariar dispositivo legal expresso ou a decisão dos jurados;

(3) ocorrer equívoco ou injustiça na imposição de medida de segurança ou de pena; e

(4) a decisão dos jurados contrariar manifestamente a prova dos autos.

Os casos de apelação contra decisões do júri exigem fundamentação vinculada a esses motivos.

A **primeira hipótese** pressupõe que, até a decisão de pronúncia, as nulidades ocorridas na fase da instrução preliminar já estarão resolvidas, com a imposição de invalidação, saneamento ou convalidação. Inclusive as nulidades da pronúncia são subentendidas como preclusas. Então, cabível apelação para as nulidades da fase de mérito, desde a preparação do julgamento até a sessão plenária e correspondente sentença. Possível haver, todavia, extensibilidade dos efeitos de nulidade absoluta ou de nulidade relativa, ainda que ocorridas na primeira fase, para os casos que ferem direito fundamental do imputado, a exemplo dos casos de inépcia da denúncia e ausência de defesa.

Ao examinar a apelação lastreada nas nulidades posteriores à pronúncia, o órgão julgador de segundo grau não poderá examinar matéria de fato. Este apelo é de cognição mais restrita. Com efeito, a limitação imposta ao tribunal *ad quem*, quando do julgamento de apelação das decisões do júri, é decorrência da soberania dos veredictos, ou seja, do que foi verdadeiramente dito pelos jurados compromissados).

Por exemplo, ausente quesito obrigatório, teremos nulidade absoluta do julgamento. A apelação, se provida, deve decretar a invalidação do júri.

A **segunda hipótese** de apelação criminal contra as decisões do tribunal do júri alude à sentença do juiz-presidente que contrariar dispositivo legal expresso ou a decisão dos jurados. Nesse caso, não há vício do julgamento levado a cabo pelos jurados. O equívoco se reporta à sentença do juiz dissonante do que respondido pelo conselho de sentença. Se provida a apelação, o tribunal reformará a sentença, adequando-a à deliberação dos jurados.

Por exemplo, não se admite que o juiz-presidente reconheça qualificadoras não acatadas pelo júri. O juiz-presidente, igualmente, não poderá violar a legislação de regência, impondo regime de pena ou prisão provisória sem respeito ao ordenamento jurídico. Ainda,

15. STF – ADI 6298/DF – Medida Cautelar – Rel. Min. Luiz Fux – 22 jan. 2020.

o § 1º, do art. 593, do CPP, estatui que, se a sentença do juiz-presidente for contrária à lei expressa ou destoar das respostas dos jurados aos quesitos, o tribunal, em segunda instância, fará a devida retificação, sem que haja reforma da decisão do júri relativamente à matéria fática certificada.

A **terceira hipótese** é alusiva à ocorrência de equívoco ou de injustiça na imposição de medida de segurança ou de pena. Trata-se de *error in judicando* restrita a parte conclusiva da sentença penal proferida pelo juiz-presidente do júri. Se o tribunal *ad quem* acolher o apelo, deverá corrigir a aplicação da pena, se condenatória a decisão, ou da medida de segurança, se absolutória imprópria.

Como nos demais casos, é vedado ao tribunal ingressar em aspectos fáticos, privativos do conselho de sentença.

A **quarta hipótese** se refere à apelação criminal interposta contra decisão do júri manifestamente contrária à prova dos autos. Há uma dificuldade intrínseca, nesse caso de apelo, alusiva ao método de convicção íntima no exame da prova pelos jurados. Não há como escrutinar os reais motivos imaginados por cada membro do conselho de sentença, ao absolver ou condenar. Há como, no entanto, ter uma direção da razão do julgamento, conforme as respostas dadas aos quesitos:

(1) se os jurados negam a materialidade do fato, saberemos que resolveram absolver com base na inexistência do fato;

(2) se os jurados negam que o imputado concorreu para o fato, saberemos que deliberaram pela negativa de autoria da infração penal;

(3) se os jurados afirmam que absolvem o imputado, não saberemos o motivo da absolvição, embora possamos supor com base no que foi sustentado em plenário. Mas cada um pode ter imaginado coisa diversa, conquanto tenham chegado à idêntica conclusão absolutória.

É sobre essa última pergunta formulada aos jurados que centraremos nossa atenção. Isso porque se não tivermos como saber o real motivo da afirmação absolutória, não teremos como, logicamente, asseverar que o julgamento do conselho de sentença aconteceu de maneira manifestamente dissonante às provas dos autos. Como aduz Eliete Costa Silva Jardim, cuida-se de "absolvição plenamente livre, fundada em quaisquer razões, fáticas ou não, jurídicas ou extrajurídicas, reafirmando o sistema da íntima convicção, a essência e a razão de existir do Tribunal do Júri". No júri, podemos sustentar "clemência" ou "legítima defesa da honra". Absolvido o réu, não deve ser admitida apelação ministerial[16].

Decerto, não há como apelar de uma decisão absolutória afirmando que o julgado ocorreu de forma manifestamente contrária à prova dos autos se, de um lado, não há como se certificar disso diante do quesito aberto absolutório e, de outro, se o sistema jurídico autoriza causas supralegais absolutórias. Pensar inversamente é incorrer em raciocínio

16. JARDIM, Eliete Costa Silva. Tribunal do Júri – absolvição fundada no quesito genérico: ausência de vinculação à prova dos autos e irrecorribilidade. In: JARDIM, Afrânio Silva; AMORIM, Pierre Souto Maior Coutinho de. *Direito processual penal*: estudos, pareceres e crônicas. 15. ed. Salvador: Juspodivm, 2018. p. 592.

contraditório e suplantar o propósito garantidor da liberdade que tem o tribunal popular, chancelado no rol de direitos fundamentais do art. 5º, da CF.

No entanto, a jurisprudência não tem seguido essa orientação. A tese prevalecente, inclusive nos tribunais de cúpula, é a de que essa apelação arrimada na decisão manifestamente contrária à prova dos autos pode ser provida para submeter o acusado a novo julgamento. De outra vertente, coloca-se um limite ao direito de recorrer com esteio nesse motivo, não se admitindo segunda apelação com base nessa mesma razão, ainda que o fundamento da segunda decisão seja outro.

Por exemplo: o acusado é, no primeiro julgamento, condenado, com rejeição da tese de legítima defesa. Se em apelação da defesa, o Tribunal de Justiça anular este julgamento sob o fundamento de manifesta contrariedade à prova dos autos, não é possível nova apelação por este motivo[17].

32. APELAÇÃO CONTRA SENTENÇA DE IMPRONÚNCIA (ART. 416, CPP)

A sentença de impronúncia é decisão terminativa, que não produz coisa julgada material. Uma vez preclusa, com trânsito em julgado meramente formal, não impede nova persecução penal contra o réu, desde que surjam novas provas (enunciado nº 524, da Súmula, do STF). Sobre o ponto, debate-se sobre a suposta inconstitucionalidade da sentença de impronúncia, confrontando-a com o princípio do *ne bis in idem* (ninguém pode ser processado duas vezes pelo mesmo fato[18]), estampado no Pacto de São José da Costa Rica.

Contra a sentença de impronúncia, cabível apelação criminal.

33. APELAÇÃO CONTRA SENTENÇA DE ABSOLVIÇÃO SUMÁRIA (ART. 416, CPP)

A sentença de absolvição sumária é sentença definitiva, com julgamento antecipado do mérito, sendo capaz de fazer coisa julgada material. Temos absolvição sumária no rito do júri (art. 415, CPP) e no rito comum (art. 397, CPP). Ambas são apeláveis.

Embora catalogada como caso de absolvição sumária no inciso IV, do art. 397, do CPP, o reconhecimento de extinção de punibilidade do réu, com aquela não se confunde. Extinta a punibilidade, cabível recurso em sentido estrito e não a apelação criminal.

34. APELAÇÃO CONTRA DECISÕES DO JUIZADO ESPECIAL CRIMINAL (ART. 82, LEI Nº 9.099/1995)

Na sistemática da Lei nº 9.099/1995, será cabível a apelação contra a decisão de rejeição da denúncia ou da queixa, contra a sentença absolutória ou condenatória e contra a sentença homologatória de transação penal, não havendo que se falar em recurso em sentido estrito no âmbito dos juizados especiais criminais.

17. STJ – Terceira Seção – HC 313.251/RJ – Rel. Ministro Joel Ilan Paciornik – DJe 27/03/2018; STJ – Sexta Turma – AgRg no AgRg no AREsp 1026920/DF – Rel. Ministro Nefi Cordeiro – DJe 30 nov. 2018.
18. SABOYA, Keity Mara Ferreira de Souza e. *Ne bis in idem*: história, teoria e perspectivas. Rio de Janeiro: Lumen Juris, 2014. p.282.

35. PROCESSAMENTO E JULGAMENTO DA APELAÇÃO CRIMINAL

O processamento da apelação envolve a questão prévia relativa ao seu juízo de admissibilidade. A apelação deve se mostrar tempestiva e adequada, assim como apresentada por quem tenha legitimidade e interesse. A legitimidade recursal decorre, em regra, da condição de parte do sujeito processual. O interesse é verificado, notadamente, pela sucumbência da parte ou pela possibilidade de vantagem prática com o eventual provimento do recurso.

Nessa seara, papel peculiar tem o Ministério Público, pois poderá, em regra, apelar amplamente, inclusive em favor do acusado. Da sentença condenatória, tem ele interesse em recorrer, inclusive para majorar pena fixada em ação penal privada. Não tem ele interesse de recorrer, todavia, da sentença absolutória em ação penal privada exclusiva ou personalíssima, podendo recorrer se for sentença de absolvição exarada em ação penal privada subsidiária da pública.

Recebida a apelação – que não tem efeito regressivo, não havendo que se falar em retratação pelo juiz diante do apelo criminal –, serão atribuídos, pelo juiz de primeiro grau, os efeitos legais (art. 597, do CPP), da seguinte forma:

(1) a apelação será sempre recebida no efeito devolutivo;

(2) será também, em regra, dotada de efeito suspensivo nas hipóteses de sentença condenatória (art. 597, CPP) e de sentença absolutória imprópria (que aplica medida de segurança), com supedâneo no estado de inocência;

(3) caso se cuide de apelação interposta contra decisão condenatória do júri a uma **pena igual ou superior a quinze anos de reclusão**, inclusive decorrente data totalização das penas dos crimes conexos submetidos júri, não haverá efeito suspensivo ao apelo, porquanto, como regra, ocorrerá imediata **execução provisoríssima de pena** (em primeira instância), sem prejuízo do conhecimento dos recursos interpostos. Contudo, o juiz poderá deixar de autorizar a execução provisória, de forma excepcional, caso haja questão substancial cuja resolução pelo tribunal ao qual competir o julgamento do recurso possa plausivelmente levar à revisão da condenação (art. 492, I, "e", § 3º, CPP), atribuindo efeito suspensivo à apelação. Também pode ser formulado, ao relator, pedido de concessão de efeito suspensivo incidentalmente à apelação, a teor do § 6º, do art. 492, do CPP, com redação da Lei nº 13.964/2019;

(4) a prisão decorrente de sentença condenatória caiu, de forma que para que alguém tenha decretada sua prisão nessa fase, devem ser comprovados os requisitos da prisão preventiva, o que não deve significar execução provisória da pena, embora, no ponto, não seja à apelação dado o efeito suspensivo quanto à imposição da prisão preventiva. Sobre o assunto, foi declarada a constitucionalidade do art. 283, do CPP, pelo Supremo Tribunal Federal, no bojo das ações declaratórias de constitucionalidade de nºs 43, 44 e 54. Malgrado tenha sido aquele dispositivo alterado pela Lei nº 13.964/2019, a sua essência permaneceu a mesma, ao pontificar que ninguém poderá ser preso senão em flagrante delito ou por ordem escrita e fundamentada da autoridade judiciária competente, **em decorrência de prisão cautelar** ou em virtude de condenação criminal transitada em julgado; e

(5) em se tratando de sentença absolutória própria, o apelo nunca terá efeito suspensivo, não subsistindo qualquer espécie e medida cautelar imposta ao réu depois de declarada sua absolvição.

Outrossim, o parágrafo único, do art. 596, do CPP, que preconiza que a apelação não tem o condão de suspender a execução da medida de segurança aplicada provisoriamente encontra-se desprovido de eficácia, diante de sua revogação tácita pela reforma do Código Penal ocorrida em 1984, que modificou a redação dos seus artigos 80 e 81, normatizando as medidas de segurança a partir do art. 96, do mesmo Código.

No entanto, é possível, se presentes os requisitos legais (necessidade e adequação, como pressupostos gerais de imposição de toda medida cautelar, a teor do art. 282, do CPP), que o juiz imponha internação provisória ao acusado nas hipóteses de crimes praticados com violência ou grave ameaça, quando os peritos concluírem ser inimputável ou semi-imputável (art. 26 do Código Penal) e houver risco de reiteração, nos termos do art. 319, inciso VII, do Código de Processo Penal.

De todo modo, se for proferida sentença absolutória própria, não poderá subsistir a internação cautelar. A liberdade deve ser outorgada plenamente ao acusado absolvido. Por outro lado, se o juiz absolver o acusado impropriamente, impondo medida de segurança, pode fundamentar a necessidade de manutenção ou de imposição de internação provisória, de acordo com as peculiaridades do caso concreto. O que não pode haver, frise-se, é a execução da medida de segurança aplicada, antes do trânsito em julgado, pelo simples fato de ter sido aplicada pelo juiz na sentença absolutória imprópria.

No que toca à possibilidade de serem as razões do recurso de apelação apresentadas em segunda instância (§ 4º, art. 600, CPP), as partes, por seus advogados, devem ser notificadas através de publicação oficial (salvo o Ministério Público e a Defensoria Pública, que serão notificados pessoalmente).

Cuida-se de diferimento do processamento da apelação, em virtude de que as providências concernentes à intimação para razões e contrarrazões serão adotadas pelo membro do tribunal relator do recurso. Essa faculdade de arrazoar o recurso em segunda instância é aplicável somente à apelação, inexistindo essa possibilidade, por exemplo, no recurso em sentido estrito[19], embora preveja o Código que o recurso em sentido estrito deverá subir, com ou sem contrarrazões, para julgamento pela instância *ad quem* (art. 589, CPP).

O que normalmente acontece, porém, é que o juiz de primeiro grau, ao receber a apelação contra decisão sua:

(1) se verificar que estão desacompanhadas de razões, determina que o apelante arrazoe o apelo, no prazo de oito dias ou de três dias (este último prazo aplicável ao processo-crime por contravenção penal ou no caso de ser o apelante assistente, que arrazoará o recurso após o Ministério Público);

(2) estando a apelação acompanhada de razões, intimará o apelado para oferecer contrarrazões, no mesmo prazo de oito dias ou de três dias, conforme a hipótese;

19. JESUS, Damásio E de. *Código de processo penal anotado*. 10. ed. São Paulo: Saraiva, 2003. p. 377.

(3) se a ação penal for movida pela vítima ou querelante, o Ministério Público terá vista dos autos, pelo prazo de três dias, após as razões ofertadas pelo primeiro (art. 600, § 2º, CPP);

(4) quando forem dois ou mais os apelantes ou apelados, os prazos serão comuns (art. 600, § 3º, CPP), salvo para o Ministério Público (que a vista é obrigatoriamente mediante carga dos autos) e para a Defensoria Pública (com vista dos autos quando necessário, nos termos do inciso I, do art. 44, da Lei Complementar nº 80/1994);

(5) encerrados os prazos para oferecimento de razões, os autos serão remetidos ao tribunal *ad quem*, com ou sem as razões, no prazo de cinco dias, salvo nas jurisdições que forem sede de tribunal, onde subirão em trinta dias, em face da previsão legal da necessidade de ficarem em cartório ou secretaria autos suplementares formados a partir do traslado das peças essenciais do processo (art. 603, CPP).

Esses dispositivos devem ser relidos quando se estiver diante de processo judicial eletrônico, cujos autos estão sempre disponíveis às partes.

Apesar da previsão legal de que a apresentação de razões seria uma mera faculdade, entendemos que as razões são obrigatórias (essenciais ao princípio do contraditório), tanto para a acusação quanto para a defesa, senão vejamos.

No que concerne ao Ministério Público, a ausência de razões implicaria desistência indireta do recurso, o que não lhe é dado fazer, pois o recurso sem razão é destituído de qualquer substância, sendo verdadeiro corpo sem alma. Caberá então ao juiz, devolver os autos ao Ministério Público para que apresente suas razões.

Tratando-se de ação privada, a ausência de razões implica desistência do recurso pelo querelante.

Já em se tratando da defesa, as razões são expressão do princípio da ampla defesa, sendo a defesa técnica materializada pelas razões uma necessidade. Se o réu tem advogado constituído, deve ser notificado para contratar outro. Não o fazendo, ser-lhe-á nomeado advogado *ad hoc* para a prática do ato, assegurando-se a apresentação das razões. A falta de apresentação de contrarrazões pelo defensor constituído impõe que o juiz assegure oportunidade para o estabelecimento da dialética processual, intimando-o para que ele constitua outro advogado e, havendo inércia, nomeará defensor público ou dativo para a prática deste ato, tido por essencial ao direito de defesa.

(6) havendo mais de um réu, e não tendo sido todos julgados ou não havendo todos apelado da sentença, caberá ao apelante – que terá o ônus de arcar com as despesas correspondentes (salvo se o pedido for do Ministério Público, do réu pobre ou da Defensoria Pública) – promover extração do traslado dos autos, o qual deverá ser remetido à instância superior no prazo de trinta dias, contado da data da entrega das últimas razões de apelação, ou do vencimento do prazo para a apresentação das do apelado.

A competência para julgar a apelação é do tribunal ao qual está vinculado o juiz prolator da sentença, podendo ser os Tribunais de Justiça ou os Tribunais Regionais Federais, que são órgãos de segundo grau de jurisdição. Quando o juiz de direito estiver no exercício de judicatura federal, por força de competência delegada, a apelação será endereçada ao Tribunal Regional Federal competente.

Os autos, ao chegarem ao tribunal, serão distribuídos a um relator. Nessa altura, a apelação já estará com as razões e contrarrazões de recurso. Caso contrário, tendo havido pedido para arrazoar em segunda instância, o relator tomará as providências para o seu processamento. A apresentação intempestiva de razões e de contrarrazões de recurso, em matéria criminal, não deve implicar o seu desentranhamento, sem embargo de poder ser considerado esse fator para fins de apreciação de matéria que careceria de alegação oportuna.

Na segunda instância, o Ministério Público terá vista dos autos para exarar parecer, no prazo de cinco dias, atuando, na hipótese, como *custos legis*. O *Parquet* poderá opinar pelo conhecimento, não conhecimento, provimento ou não provimento da apelação. O parecer do Ministério Público nessa instância é apontado por Rômulo de Andrade Moreira como atividade violadora do contraditório, da isonomia, do devido processo legal e da ampla defesa, porquanto não se abre nova oportunidade para o acusado falar por derradeiro[20].

Com efeito, a falta de possibilidade de manifestação do acusado sobre o parecer eventualmente desfavorável, indica um desequilíbrio processual. Não parece infirmar essa conclusão, o argumento que sustenta que o Ministério Público aí está a atuar não "como órgão estatal em busca da pretensão punitiva, e sim, tão somente, como verdadeiro juiz, em prol de um resultado justo"[21].

Antes de ser designada data de julgamento, o relator poderá verificar que o processo precisa de diligência imprescindível para o desate do apelo, notadamente quando constatar a ausência de interrogatório do réu revel que compareceu aos autos quando o processo já havia sido remetido à segunda instância. É possível então que o julgamento seja convertido em diligência, com a baixa do processo à primeira instância, ou mesmo que aquela seja cumprida mediante carta de ordem, sem a remessa dos autos ao juízo *a quo*, quando não se mostre necessária essa providência.

É nesse sentido que dispõe o art. 616, do CPP, avivando que, no julgamento das apelações, poderá o tribunal, câmara ou turma realizar novo interrogatório do réu, reinquirir testemunhas ou determinar outras diligências. Tal providência poderá ocorrer, inclusive, no dia do julgamento, perante o órgão colegiado.

Estando pronto o processo, o relator pedirá dia para julgamento, solicitando inclusão em pauta (art. 610, *caput*, CPP). Uma vez designada a data, as partes devem ser corretamente intimadas, conforme as especificidades legais.

No dia do julgamento, o presidente do tribunal o anunciará, sendo apregoadas as partes e, com a presença delas ou à revelia, o relator fará o relatório do feito e, seguidamente, o presidente, concederá, pelo prazo de dez minutos, a palavra aos representantes das partes e ao procurador-geral, por igual prazo (parágrafo único, art. 610, CPP).

---

20. MOREIRA, Rômulo de Andrade. *Direito processual penal*. Salvador: JusPODIVM, 2007. p. 101.
21. MIRABETE, Julio Fabbrini. *Processo penal*. 14. ed. São Paulo: Atlas, 2003. p. 647.

Caso se trate de apelação contra sentenças prolatadas em processo por **delito a que a lei comine pena de reclusão**, há necessidade de um membro do tribunal como **revisor**.

No Supremo Tribunal Federal, houve debate sobre a possibilidade de substituição do desembargador revisor, afastado por motivo de férias, por outro membro, juiz de primeira instância convocado.

Na sequência do procedimento da apelação contra sentença em processo por crime apenado com reclusão, serão observadas em acréscimo ao enunciado do art. 610, CPP, as seguintes modificações:

(1) feito o relatório nos autos, passarão estes ao revisor, com igual prazo para o exame do processo, após o que pedirá designação de dia para o julgamento;

(2) os prazos serão ampliados ao dobro;

(3) o tempo para os debates será de um quarto de hora (art. 613, CPP).

Eventual inobservância dos prazos deverá ser justificada nos autos.

Após o debate, será dada a palavra ao relator, que proferirá o seu voto. O voto constará, em regra, de duas partes dispositivas: uma referente ao conhecimento ou ao não conhecimento do apelo; a outra – se conhecida a apelação – pelo provimento ou pelo não provimento do recurso.

Havendo divergência em relação ao conhecimento do recurso, o presidente deverá conduzir a tomada dos votos restritamente a este ponto. Ou seja, como o tribunal decidirá por maioria de votos (art. 615, CPP), preliminarmente, seus membros votarão sobre o conhecimento ou não conhecimento do recurso.

Se a maioria decidir pelo não conhecimento, encerra-se o julgamento do apelo. Se for a apelação conhecida, passa-se a tomada dos votos alusivamente ao provimento ou não provimento do recurso.

Se houver empate de votos no julgamento de recursos e se o presidente do tribunal, câmara ou turma, não tiver tomado parte na votação, proferirá o voto de desempate, no caso contrário, prevalecerá a decisão mais favorável ao réu (§ 1º, art. 615, CPP).

Sendo o relator vencido, outro será designado para lavrar o acórdão, recaindo, em regra, sobre o membro que abriu a divergência, devendo o acórdão ser apresentado à conferência na primeira sessão seguinte à do julgamento, ou no prazo de duas sessões, pelo juiz incumbido de lavrá-lo (§ 2º, art. 615, CPP).

Calha registrar que não é permitido aplicar a "**teoria da causa madura**" para, em grau recursal, julgar procedente pedido condenatório, com **saltos de instância**, quando a sentença ou decisão recorrida for de extinção sem resolução do mérito (indeferimento da inicial, a teor do art. 395, CPP). Em caso como esse, o tribunal deve dar provimento ao recurso para invalidar o indeferimento, a fim de que o processo tenha continuidade.

Quanto às decisões de mérito do procedimento comum e especiais, de absolvição e de condenação. Importa distinguir:

(1) as decisões condenatórias podem ser: (a) objeto de invalidação, quando padecerem de nulidade, determinando-se novo julgamento; (b) objeto de reforma, quando a hipótese for de erro de julgamento, a exemplo da discordância do tribunal quanto à avaliação da prova feita pelo juiz *a quo*, e da deficiência de aplicação de pena, caso em que o tribunal pode reformar o julgado para corrigir o equívoco, inclusive da sentença do juiz-presidente do tribunal do júri;

(2) as sentenças de absolvição (definitiva, tal como disposta no art. 386, CPP), do rito comum e especial, exceto júri: como o juiz singular aprecia, nesses casos, o mérito de forma exauriente, com produção de provas e todo percurso do rito, o tribunal está autorizado a reformar o julgado para, por exemplo, condenar o acusado por um ou mais delitos, nos limites da denúncia (não há, nessa situação, "supressão de instância);

(3) as sentenças de absolvição sumária (a teor do art. 397, CPP), no procedimento comum e especiais, inclusive júri: nesses casos temos julgamento antecipado da lide penal em favor do acusado. Vale dizer, não é, no caso, completado o rito, com a necessária produção de provas. Embora seja decisão de mérito, não é possível ao tribunal reformar, em sede de apelação, o julgado absolutório sumário, que firmou juízo de improcedência da pretensão punitiva estatal, para, de plano, condenar o acusado. Caso contrário, haverá supressão de instância (julgamento sumário condenatório contra o réu, pelo tribunal, totalmente vedado);

(4) as sentenças de extinção de punibilidade (art. 61, CPP), em qualquer procedimento, a exemplo da que reconhece a prescrição: o recurso em sentido estrito movido contra a decisão extintiva de punibilidade não autoriza sua reforma para declarar a condenação do réu (antecipação do julgamento contra o acusado, proibida pelo ordenamento jurídico). Haveria supressão de instância, tal como explicamos para o caso da sentença de absolvição sumária.

Na senda do aqui exposto, o STJ, advertindo que ninguém pode ser processado nem sentenciado senão pela autoridade competente (art. 5º, LIII, CF/1988), deixou vincado que "no julgamento de apelação interposta pelo Ministério Público contra sentença de absolvição sumária, o Tribunal não poderá analisar o mérito da ação penal para condenar o réu, podendo, entretanto, prover o recurso para determinar o retorno dos autos ao juízo de primeiro grau, a fim de viabilizar o prosseguimento do processo"[22].

36. CARTA TESTEMUNHÁVEL

A carta testemunhável é recurso que tem tal designação por razão histórica. Sua origem está na época imperial e tinha o objetivo de evitar o ocultamento de recursos. É que poderia acontecer de o juiz prolator de decisão recorrida simplesmente não processar a impugnação, sem que a remetesse para instância superior.

Esse procedimento indevido do juiz evitaria a remessa dos autos e a reforma da decisão impugnada, sem sujeição à atividade jurisdicional a controle.

Daí ter o legislador previsto recurso cujo regramento tem o condão de fazer chegar ao conhecimento do tribunal matéria recursal cujo seguimento foi obstado ilegalmente.

22. STJ – Sexta Turma – HC 260.188-AC – Rel. Min. Nefi Cordeiro – DJ: 15 mar. 2016.

É assim que a origem é indicada pela doutrina, em especial, por Fernando da Costa Tourinho Filho e Julio Fabbrini Mirabete. Este último preleciona que "ao tempo do império, para impedir que se ocultassem e não se desse seguimento aos recursos interpostos, o interessado comparecia com duas testemunhas perante o escrivão, afirmando que desejava o reexame da decisão da qual recorria". Destarte, "se o escrivão negasse tal recurso, o prejudicado levaria o fato ao conhecimento do tribunal com o apoio daquelas testemunhas", surgindo assim "a denominação carta testemunhável"[23].

A noção de carta testemunhável deve ser aferida teleologicamente e considerando sua natureza de **recurso residual**, só cabível quando inexistente outra via recursal. Ela tem a finalidade de que o órgão jurisdicional de segundo grau, ao qual o juiz ***a quo*** está vinculado, aprecie o mérito do recurso anteriormente interposto contra uma decisão.

O fito da carta testemunhável, portanto, é, primariamente, o de provocar o reexame da decisão antes objurgada por recurso não recebido ou sem seguimento regular, em virtude de procedimento ilegal do juízo de primeiro grau, e, secundariamente, determinar o **destrancamento** do recurso estancado na origem, isto é, o processamento do recurso paralisado indevidamente em primeira instância.

37. INTERPOSIÇÃO DA CARTA TESTEMUNHÁVEL

A carta testemunhável é interposta através de petição, como se depreende da parte inicial do art. 640, do CPP. É endereçada ao escrivão ou diretor de secretaria da vara. No âmbito dos tribunais, a carta testemunhável deve ser dirigida ao secretário do tribunal, cargo equivalente àquele do juízo singular. Como aduz Adalberto Aranha, "salvo a sua ligação com a origem, não há qualquer justificativa do recurso ser apresentado ao escrivão e não interposto ao juiz *a quo*, como ocorre com todos os outros"[24].

No entanto, a utilização da carta testemunhável contra decisões monocráticas de membros dos tribunais perdeu o sentido, porquanto, para tais casos, existe à disposição da parte o agravo regimental, estudado adiante.

Embora a regra legal preconize que a interposição da carta se dá por petição, não deve ser negado seu ingresso através de termo nos autos. Com efeito, se a parte comparece à vara e manifesta ao escrivão sua irresignação contra a decisão, deve ser lavrado termo equivalente à petição recursal, por não ser adequando rigorismo formal, excessivo, para o fim de não se receber recurso interposto perante o juízo singular.

O prazo para a interposição da carta testemunhável, segundo os termos do art. 640, do Código, é o de quarenta e oito horas seguintes ao despacho que denegar (não receber) o recurso.

O termo inicial do prazo terá começo a partir do minuto seguinte à efetivação da intimação (ciência efetiva do ato gravoso à parte), porquanto a contagem do prazo de quarenta e oito horas é feita, se possível, de minuto em minuto, não se aplicando, a princípio, a regra

23. MIRABETE, Julio Fabbrini. *Processo penal*. 14. ed. São Paulo: Atlas, 2003. p. 702.
24. ARANHA, Adalberto José Q. T. de Camargo. *Dos recursos no processo penal*. São Paulo: Saraiva, 2010, p. 185-186.

geral dos prazos processuais (que orienta que não será computado o dia do começo, mas será incluído, porém, o do vencimento).

Caso não seja possível a contagem de minuto a minuto (por ter sido o advogado da parte intimado pela imprensa, por exemplo), o prazo será considerado de dois dias, a teor do art. 798, § 1º, do CPP[25], tendo com termo *a quo* o dia seguinte à intimação e, por termo *ad quem*, a hora do encerramento do expediente forense do segundo dia.

Pensamos que o entendimento que sustenta que à parte interessada cabe solicitar ao funcionário que certifique a hora em que o juiz deixou de receber o recurso, para que daí seja iniciado o prazo para a interposição da carta testemunhável não encontra respaldo nos princípios da **ampla defesa**, do **contraditório** e da **inteireza dos prazos** processuais recursais. Daí a necessidade de conferir interpretação conforme a Constituição, haja vista que, embora o texto disponha que a parte deve estar atenta ao dia em que o juiz proferirá o despacho que obste o processamento do recurso na origem, é imprescindível que tenha ocorrido a efetiva intimação do interessado sucumbente para que o prazo recursal flua.

A carta testemunhável é recurso que não tem **efeito suspensivo** (art. 646, CPP), mas só devolutivo. Pensamos, contudo, que, no tribunal *ad quem*, o relator poderá, de ofício (para tutelar a liberdade do imputado) ou por provocação, atribuir efeito suspensivo ao recurso, notadamente se interposta contra negativa de seguimento de recurso em sentido estrito manejado contra o não recebimento de apelação da sentença condenatória que tinha sido apresentada em favor do réu. Essa conclusão decorre do **princípio da presunção de inocência**, vedando que a prisão do acusado decorra simplesmente do título condenatório não transitado em julgado, sendo, antes, necessária a presença dos requisitos da prisão preventiva.

A carta testemunhável é, de outra vertente, dotada de **efeito regressivo**, possibilitando juízo de retratação pelo juiz quando lhe forem conclusos os autos, especialmente quando se dirigir contra decisão que negou seguimento a impugnação que era dotada desse efeito, como é o caso do não recebimento de recurso em sentido estrito.

O efeito regressivo, diferido, iterativo ou reiterativo é depreendido da possibilidade de o juiz de primeiro grau exercer o juízo de retratação, a teor do art. 588, do CPP, tal como ocorre no âmbito do recurso em sentido estrito e do agravo em execução, e com isso, receber o recurso que tinha rejeitado ou fazer processar aquele com seguimento negado.

O juízo de retratação poderá ser exercido em maior (**juízo regressivo amplo**) ou menor extensão (**juízo regressivo restrito**), consoante os seguintes exemplos:

(1) caso a carta testemunhável seja dirigida contra não recebimento de recurso em sentido estrito interposto de decisão de pronúncia, o juízo de retratação pode ser no sentido de:

(a) simplesmente receber e processar o recurso inadmitido para viabilizar sua remessa à segunda instância para julgamento; ou

(b) de não apenas se retratar para receber o recurso trancado, mas também para exercer juízo de retratação sobre a decisão de pronúncia, impronunciando o acusado;

25. JESUS, Damásio E. de. *Código de processo penal anotado*. 10. ed. São Paulo: Saraiva, 2003. p. 423.

(2) na hipótese de carta testemunhável apresentada contra não recebimento de recurso em sentido estrito interposto da decisão que igualmente não recebeu a apelação, o juízo de retratação pelo juiz singular só pode ser restrito, porquanto não será capaz de modificar o conteúdo da sentença apelada, haja vista que a apelação não possui efeito regressivo. O juízo regressivo, se exercido aqui, será simplesmente para mandar processar o recurso em sentido estrito obstado.

38. CABIMENTO DA CARTA TESTEMUNHÁVEL

A carta testemunhável é recurso **subsidiário, residual**. O seu cabimento depende da inexistência de previsão de outro recurso.

A carta testemunhável é assim cabível:

(1) contra decisão denegatória de recurso cuja competência seja de órgão imediatamente superior ao juízo recorrido; ou

(2) contra decisão que impedir o processamento desse recurso que, embora admitido, não tenha sido remetido ao tribunal. Dessa forma, o recorrente é a parte prejudicada (testemunhante) e o recorrido é, diretamente, o juízo prolator da decisão (testemunhado)[26] e, reflexamente, a parte beneficiada com o não processamento da primeira impugnação.

Para exemplificar, tem-se que contra o não recebimento da apelação pelo juízo recorrido cabe interposição de recurso em sentido estrito (art. 581, XV, CPP). Havendo a parte prejudicada recorrido em sentido estrito contra o não recebimento do apelo, e se o juiz também não receber esse recurso, o Código de Processo Penal não prevê outra impugnação específica. Cabível é então a carta testemunhável, recurso subsidiário, para que a questão de mérito seja conhecida e examinada pelo órgão de segunda instância.

Outrossim, o objetivo da carta testemunhável não fica adstrito à desobstrução do processamento do recurso anterior, cujo processamento ao tribunal foi negado, podendo também implicar a apreciação do próprio mérito da decisão cujo recurso interposto tenha sido inadmitido na origem, desde que existente os elementos necessários e respeitados o contraditório e a ampla defesa.

Para isso, a carta testemunhável deve estar devidamente instruída para que o tribunal aprecie o mérito do recurso não recebido pelo juízo *a quo*. Todavia, a falta dos documentos imprescindíveis a este desiderato não implicará, de plano, o não conhecimento da carta testemunhável pelo órgão jurisdicional de segundo grau.

Nesse caso, o tribunal pode conferir à carta o efeito de destrancar o recurso, mandando processá-lo (art. 644, CPP). Contudo, é ônus da parte indicar as peças processuais que devam instruir o recurso – pelo menos para esse fim –, não sendo admitida a conversão em diligência pelo tribunal.

De outro giro, como o *caput*, do art. 639, do CPP, fala do cabimento da carta testemunhável contra denegação de recurso, necessário é concluir que, para ser ela admissível, é indispensável que o não recebimento pressuposto seja referente a recurso, tal como se dá

26. JESUS, Damásio E. de. *Código de processo penal anotado*. 10. ed. São Paulo: Saraiva, 2003. p. 422.

contra o não recebimento de recurso em sentido estrito, que é, por excelência, hipótese de admissibilidade da carta testemunhável.

Para se certificar acerca do cabimento do recurso em tela, importa investigar se existe previsão de algum outro recurso específico contra a denegação da primeira impugnação, bem como verificar se a natureza recursal do instrumento cujo processamento fora obstruído.

A carta testemunhável deverá ser interposta da inadmissão do recurso em sentido estrito e do agravo em execução (art. 197, Lei nº 7.210/1984), já que é de sua essência "impugnar o não-recebimento de um recurso sempre através de outro recurso e não de *habeas corpus*"[27].

Outrossim, como a correição parcial não tem, em essência, a natureza jurídica de recurso, não cabe, contra a sua denegação, carta testemunhável. Como é pressuposto da carta testemunhável a não existência de recurso específico contra a decisão denegatória, ela é incabível da rejeição da apelação, que tem como recurso adequado o em sentido estrito, e a denegação do recurso especial e extraordinário, que comporta agravo em recurso especial e agravo em recurso extraordinário, respectivamente.

Por derradeiro, observe-se que não é cabível também a carta testemunhável em razão do não recebimento de embargos de declaração, haja vista que este é dirigido e julgado pelo próprio órgão prolator da decisão embargada, pelo que faltaria o pressuposto de se tratar de obstrução de recurso que seria processado e julgado por instância diversa, de grau superior ao juízo recorrido.

39. PROCESSAMENTO E JULGAMENTO DA CARTA TESTEMUNHÁVEL

O processamento da carta testemunhável é preconizado pelo art. 643, CPP. A sua peculiaridade é alusiva à sua interposição e procedimentos necessários para a extração da carta que servirá à parte testemunhante. Com essa providência preliminar, o rito recursal da carta testemunhável, dirigida contra decisão do juiz de primeiro grau de jurisdição, é o estabelecido para o recurso em sentido estrito, nos artigos 588 a 592, do Código de Processo Penal.

O escrivão, o diretor de secretaria o secretário do tribunal dará recibo à parte da petição recursal ou certidão de que foi interposta a carta testemunhável por termo nos autos. A parte recorrente deverá indicar as peças do processo a serem trasladadas (art. 640, CPP).

A petição recursal, destaque-se, não é dirigida ao juiz, mas ao escrivão de vara estadual, diretor de secretaria de vara federal ou secretário do tribunal[28]. Essa previsão, todavia, só parece encontrar justificativa histórica por não ser razoável interpor recurso contra decisão do chefe a um funcionário a ele subordinado hierarquicamente.

Ainda que apresentadas razões e contrarrazões referentes ao recurso não recebido ou com processamento denegado, pensamos recomendável que sejam intimadas as partes para este fim, quando da interposição da carta testemunhável, pelo prazo de dois dias,

27. RANGEL, Paulo. *Direito processual penal*. 4. ed. Rio de Janeiro: Lumen Juris, 2001. p. 577.
28. TOURINHO FILHO, Fernando da Costa. *Manual de processo penal*. 5. ed. São Paulo: Saraiva, 2003. p. 754.

garantindo-se o contraditório. Não há, todavia, oportunidade em primeiro grau de jurisdição para parecer do Ministério Público, notadamente porque, em regra, ele figurará como parte, nas ações penais de iniciativa pública.

Caso haja possibilidade do exercício de juízo de retratação, por ser dotado o recurso denegado também desse efeito (eis que a carta deve seguir, *mutatis mutandis*, o procedimento do recurso em sentido estrito ou do recurso obstado), o funcionário deve fazer conclusão dos autos para que o juiz testemunhado se manifeste, sustentando sua decisão ou se retratando[29].

Após entregar recibo à parte, certificando a interposição da carta testemunhável, o escrivão, o diretor de secretaria ou o secretário do tribunal, no prazo de cinco dias, fará entrega da carta devidamente conferida e concertada, vale dizer, com as peças indicadas trasladadas e devidamente autenticadas.

O recibo e a carta instruída conferem ao interessado a condição de **testemunhante**. Com efeito, a entrega da carta, que conterá certidão circunstanciada e as peças trasladadas, tem o fito de assegurar ao interessado a possibilidade de reclamar ou representar, mediante protocolização no tribunal, na hipótese do juízo de primeiro grau persistir em negar o processamento do recurso.

O art. 642, CPP, a propósito, prevê sanção disciplinar de suspensão por trinta dias, para o escrivão, diretor de secretaria ou secretário do tribunal, que se negar a dar o recibo, ou deixar de entregar, sob qualquer pretexto, o instrumento. Como existem as leis que disciplinam o regime jurídico dos funcionários da justiça, a disposição está desprovida de eficácia, porquanto em vigor o sistema disciplinar dos servidores do Poder Judiciário.

A segunda parte do art. 642, CPP, por sua vez, preconiza que o juiz ou o presidente do tribunal de apelação, em face de representação do testemunhante, imporá a pena e mandará que seja extraído o instrumento, sob a mesma sanção, pelo substituto do escrivão ou o secretário do tribunal, podendo o testemunhante, se não atendido, reclamar ao presidente do tribunal ***ad quem***, que avocará os autos, para o efeito do julgamento do recurso e imposição da pena.

Para ilustrar, vejamos o rito de carta testemunhável interposta contra decisão de não recebimento de recurso em sentido estrito pelo juiz de primeiro grau (artigos 588-592, CPP):

(1) a carta testemunhável é requerida e direcionada pela parte interessada, testemunhante, ao escrivão, diretor de secretaria ou ao secretário do tribunal, conforme o caso;

(2) se a petição de interposição estiver desacompanhada de razões suficientes, será dada vista ao recorrente, por seu defensor, para arrazoá-la, em dois dias;

(3) se já estiver acompanhada de razões recursais ou decorrido o prazo sem apresentação, será intimada a parte contrária para contra-arrazoar também em dois dias;

(4) com resposta do recorrido ou sem ela, serão os autos conclusos ao juiz, testemunhado, nos casos em se que se admitir juízo de retratação ou de sustentação de sua decisão,

29. AVENA, Norberto. *Processo penal esquematizado*. Rio de Janeiro: Forense; São Paulo: Método, 2009. p. 1091.

com possibilidade de, em caso de reforma de sua decisão, a parte contrária recorrer, por simples petição, quando não será mais possível outro exercício de retratação;

(5) após a publicação da decisão de sustentação do juízo de primeiro grau, será extraída a carta, com documentos trasladados conferidos e autenticados. Seguidamente, ela deve ser entregue à parte interessada, testemunhante, de tudo certificando o escrivão, o diretor de secretaria ou o secretário do tribunal;

(6) é de cinco dias o prazo para apresentação dos autos recursais, pelo testemunhante, à instância *ad quem*;

(7) protocolada a carta na secretaria do tribunal, serão os autos distribuídos ao relator que, se não a denegar liminarmente, ouvirá o Ministério Público;

(8) com o retorno dos autos, não sendo o caso de julgamento monocrático, o relator pede inclusão na pauta de julgamento. Não há revisor, privativo que é do julgamento de apelação de rito ordinário.

São aplicáveis os artigos 609 a 618, do Código de Processo Penal, naquilo que houver pertinência com o recurso em sentido estrito, que também têm incidência na hipótese de agravo em execução obstado na origem.

40. EMBARGOS DE DECLARAÇÃO

O Código de Processo Penal prevê dois recursos que, em essência, são equivalentes.

O primeiro é conhecido com previsão no seu art. 382, que estatui que qualquer das partes poderá, no prazo de dois dias, pedir ao juiz que declare a sentença, sempre que nela houver obscuridade, ambiguidade, contradição ou omissão.

A doutrina chama esses embargos de declaração de **embarguinhos**. Não há na lei esse nome, que se refere àqueles opostos perante juiz de primeiro grau.

O segundo recurso, com a mesma natureza do primeiro, é oponível contra decisões dos tribunais. O Código de Processo Penal o trata literalmente como "embargos de declaração", ao dispor, em seu art. 619, que aos acórdãos proferidos pelos tribunais de apelação, câmaras ou turmas, poderão ser opostos embargos de declaração, no prazo de dois dias, contado da sua publicação, quando houver na sentença ambiguidade, obscuridade, contradição ou omissão.

Uma terceira forma do recurso em tela está prevista no art. 83, *caput*, da Lei nº 9.099/1995, prevendo cabimento de embargos de declaração, tanto da sentença quanto do acórdão, nos juizados especiais criminais.

Para o fim de seu estudo, o recurso em tela será considerado uniformemente como embargos de declaração, por serem idênticos em essência, tratando-se de uma forma de impugnação que visa integrar a decisão, a sentença ou o acórdão contra omissões, obscuridades, contradições e ambiguidades, cuja competência para exame é do próprio órgão prolator do julgado vergastado.

Trata-se de técnica de prolongamento do julgamento embargado.

41. OPOSIÇÃO DOS EMBARGOS DE DECLARAÇÃO

A oposição de embargos de declaração se dá mediante petição dirigida ao mesmo órgão que proferiu a decisão a qual se atribua ambiguidade, contradição, omissão ou obscuridade. A petição deve expor os fundamentos recursais, que devem acompanhá-la.

O prazo para o seu ingresso é de dois dias contados da ciência do julgado, pela parte prejudicada.

Nos juizados especiais criminais, o prazo é de cinco dias e devem ser opostos por escrito ou oralmente (art. 83, parágrafos, Lei nº 9.099/1995).

Os embargos de declaração **interrompem** o prazo recursal para outros recursos.

O art. 620, *caput*, do CPP, afirma que os embargos de declaração serão reduzidos em requerimento de que constem os pontos em que o acórdão é ambíguo, obscuro, contraditório ou omisso, enunciado que tem aplicação analógica aos embargos de declaração opostos contra decisão ou sentença do juiz de primeiro grau.

42. CABIMENTO DOS EMBARGOS DE DECLARAÇÃO

Os embargos de declaração são cabíveis contra ato judicial com conteúdo decisório. Não obstante o CPP, em seus artigos 382 e 620, faça alusão a sentença ou a acórdão, os embargos de declaração são admissíveis contra decisões que contenham em seu corpo os vícios apontados, de sorte a carecer de colmatação ou retificação, a exemplo das decisões interlocutórias.

Daí o cabimento dos embargos contra sentença, acórdão ou decisão interlocutória.

Impende avivar que não é necessária a oposição dos embargos de declaração para corrigir simples erro material. Os erros materiais – incorreção da grafia do nome da parte, por exemplo – são sanáveis a qualquer tempo, de ofício pelo juiz, ou por simples petição. Aliás, os erros materiais podem ser corrigidos de ofício (§ 3º, art. 83, Lei nº 9.099/1995), desde que a retificação não implique piora da situação jurídica do imputado.

43. PROCESSAMENTO E JULGAMENTO DOS EMBARGOS DE DECLARAÇÃO

Os embargos de declaração são julgados pelo próprio órgão prolator da decisão objurgada.

Não se destinam os embargos à modificação do julgado, razão pela qual não é ele dotado de efeito regressivo (diferido, iterativo, reiterativo ou de retratação).

Os embargos declaratórios são dotados de efeito devolutivo. Isso porque devolvem ao mesmo órgão prolator a matéria impugnada, embora de forma restrita aos seus fundamentos – **efeito devolutivo limitado**.

Quanto ao efeito suspensivo, os embargos têm este efeito quando se tratar de sentença condenatória, eis que só com o seu trânsito em julgado será executada, por força do princípio da presunção de inocência.

Vale lembrar que a Lei nº 13.964/2019 modificou o art. 492, inciso I, alínea "e" e § 5º, do CPP, para instituir que, como regra, será executada imediatamente a pena privativa de liberdade de condenado pelo júri a pena igual ou superior a quinze anos, suprimindo o efeito suspensivo dos recursos apresentados contra essa espécie de decisão, ressalvada excepcionalidade justificada por decisão do juiz ou do relator.

O prazo recursal para outros recursos não corre para ambas as partes enquanto pendente o processamento e julgamento dos embargos, sendo um efeito interruptivo específico. Aplicamos a regra do art. 83, *caput*, da Lei nº 9.099/1995, combinado com o art. 1.026, do CPC.

Essa interrupção do prazo recursal é para ambas as partes, independentemente de qual tenha oposto o recurso. Isso significa dizer que uma vez julgados os embargos de declaração ou os "embarguinhos", o prazo recursal recomeçará a ser contado. No entanto, esse efeito não beneficia o Ministério Público que não impugnar a decisão favorável ao imputado. Assim, se o acusado opõe embargos de declaração contra a parte condenatória da sentença e, de outro lado, o Ministério Público não se manifesta sobre a parte absolutória da mesma decisão, haverá trânsito em julgado para a acusação. Os embargos de declaração manejados pelo acusado não podem implicar piora de sua situação jurídica.

O § 4º, do art. 1.026, do CPC, que dita que não serão admitidos novos embargos de declaração se os dois anteriores houverem sido considerados protelatórios. Para tanto, o juiz deve reconhecer em cada decisão, o cunho protelatório dos embargos. Dessa maneira, os embargos de declaração opostos em terceiro lugar não terão o condão de obstar o trânsito em julgado da sentença penal, sendo indispensável a advertência prévia sobre a aplicação desse efeito.

É o próprio órgão que reexamina a decisão o competente para sanar o defeito apontado. Fala-se, contudo, em efeito modificativo ou infringente dos embargos de declaração em casos excepcionais. A regra é a de que os embargos de declaração são via inadequada para a reforma ou para o reexame do mérito.

Isso, contudo, pode ocorrer diante de equívoco cuja correção importe na alteração da substância do julgado, podendo-se exemplificar com a sentença que contenha fundamentação tendente à absolvição e dispositivo que imponha condenação ao acusado.

Nesse caso, a correção da contradição pode implicar efeito modificativo da sentença, que passará de condenatória, para absolutória, se o erro tiver recaído sobre a sua parte conclusiva.

Em primeiro grau de jurisdição, os embargos são apreciados pelo próprio juiz. Uma vez apresentado, não se abre vista para a parte contrária respondê-lo, cabendo ao órgão julgador de pronto deliberar. No entanto, caso o embargante pretenda conferir efeito infringente (ou modificativo) ao julgado, deve ser intimada a parte contrária para falar sobre seus fundamentos, em dois dias.

Em segundo grau de jurisdição, será seguida a mesma orientação quanto ao seu processamento. Se os embargos contiverem pedido de efeito infringente, é obrigatória a vista à parte embargada. A petição de embargos de declaração é incluída nos autos e será, por ocasião do julgamento, apresentada pelo relator.

O juiz de primeiro grau proferirá sentença ou decisão, acolhendo (para solucionar a omissão, a obscuridade, a contradição ou a ambiguidade) ou rejeitando os embargos, em consonância com o caso. A partir da intimação da sentença ou da decisão em embargos de declaração, o prazo para os demais recursos será integralmente devolvido, observado eventual trânsito em julgado para o Ministério Público.

Também na esfera dos tribunais, haverá possibilidade para acolhimento ou rejeição do pedido de embargos de declaração. Nos termos do § 1º, do art. 620, do CPP, o requerimento será apresentado pelo relator e julgado, independentemente de revisão, na primeira sessão.

44. AGRAVO INTERNO, INOMINADO OU REGIMENTAL

O recurso de agravo interno ou regimental, também conhecido simplesmente por agravo ou agravo inominado, é a impugnação dirigida contra decisões monocráticas proferidas por membro de tribunal, que ocasionem gravame a um dos interessados.

Esse agravo é tradicionalmente chamado de agravo regimental, por constar nos regimentos internos dos tribunais. Entrementes, já existem diplomas legais que fazem referência ao agravo, pelo que também o denominam simplesmente de agravo ou de agravo inominado.

A noção do agravo inominado ou regimental é inferida pela sua finalidade. A parte, ao interpor agravo contra decisão monocrática, pretende que a matéria ali julgada por um só julgador seja reexaminada por todos os membros do órgão colegiado com competência para apreciá-la. A finalidade, desse modo, é de que a decisão não seja respaldada por um só juiz de tribunal, mas pela composição coletiva do órgão colegiado competente para julgar o recurso obstruído pelo relator.

45. INTERPOSIÇÃO DO AGRAVO INTERNO

O agravo interno, inominado ou regimental será interposto por simples petição, no prazo de cinco dias, com o requerimento expresso de que a matéria decidida monocraticamente seja submetida a julgamento pelo plenário, órgão especial ou outro órgão fracionário competente (seção, turma ou câmara).

O prazo de sua interposição é de cinco dias e a sua contagem, quando o agravo veicular matéria penal, é em dias corridos. Não há contagem em dias úteis no processo penal, ainda que o recurso tenha disciplina lei processual civil.

Na forma do enunciado nº 699, da Súmula, do STF, o prazo para interposição de agravo, em processo penal, é de cinco dias, de acordo com o art. 39, da Lei 8.038/1990, não se aplicando o Código de Processo Civil[30].

46. CABIMENTO DO AGRAVO INTERNO

No processo penal, o cabimento do agravo, interno, inominado ou regimental pode ser verificado, de forma não exaustiva, contra:

(1) decisão monocrática do relator, no âmbito do STF ou do STJ, que cause gravame à parte;

30. STF – Primeira Turma – HC 120.275/PR – Rel. Min. Marco Aurélio – J. 15 mai. 2018.

(2) despacho do Presidente do STF ou do STJ que defira ou indefira suspensão de execução de liminar concedida ou de sentença concessiva em mandado de segurança. Não há mais limitação de cabimento do agravo regimental contra o despacho do Presidente do Tribunal que defira a suspensão da execução de liminar em mandado de segurança e não para o que a denegue, cancelados os enunciados nº 506, da Súmula do STF, e nº 217, do STJ;

(3) decisão de membro de tribunal que conceda ou indefira liminar em mandado de segurança, restando superado o enunciado sumular nº 622, do STF, pela Lei nº 12.016/2009; e

(4) indeferimento liminar, pelo relator, de revisão criminal proposta perante o tribunal competente. Tourinho Filho refere esse agravo como "recurso inominado", aduzindo que, nos casos de revisão criminal, distribuído o pedido, se o Relator o julgar insuficientemente instruído, bem como "inconveniente ao interesse da justiça que se apensem os autos originais, indeferi-lo-á *in limine*, dando recurso ao órgão competente para julgar a revisão (Plenário, Seção Criminal, Grupo de Câmaras)"[31].

E quanto ao cabimento de agravo regimental contra decisões monocráticas proferidas em *habeas corpus*? A ação de *habeas corpus* é demanda constitucional e, por estar inserida no rol dos direitos fundamentais, deve ter máxima efetividade. No entanto seu rito é estreito e a cognição é parcial. Tais características fazem da ação de *habeas corpus* uma demanda refratária a recursos.

Aliás, pela sua natureza, os recursos devem estar à disposição do paciente, pessoa com o direito de ir e vi ameaçado. No entanto, a Segunda Turma do STF entendeu que não se admite agravo regimental contra decisão do Ministro Relator que, motivadamente, defere ou indefere liminar no âmbito do *writ*[32].

47. PROCESSAMENTO E JULGAMENTO DO AGRAVO INTERNO

O processamento do agravo interno, regimental ou inominado é geralmente tratado nos regimentos internos dos tribunais. Como consiste em simples pedido de submissão da matéria apreciada monocraticamente ao órgão colegiado competente, não há oportunidade para resposta à petição do agravante, quando já estiver suficientemente instruído. É renovação do julgamento, desta vez, pelo órgão colegiado. Para tanto, o relator pedirá dia para o julgamento, seguindo-se a inclusão do processo em pauta.

48. EMBARGOS INFRINGENTES E DE NULIDADE

Os embargos infringentes e de nulidade é **recurso privativo da defesa**, estabelecido no parágrafo único, do art. 609, do CPP. Esses embargos visam ao reexame de decisões não unânimes proferidas em segunda instância e desfavoráveis ao acusado. São apreciados no âmbito do próprio tribunal julgador, embora por órgão geralmente composto de maior número de membros. Tem por fundamento a existência de pelo menos um voto vencido, indicativo de possível injustiça do julgamento prejudicial ao réu.

31. TOURINHO FILHO, Fernando da Costa. *Processo penal*: volume 4. 31.ed. São Paulo: Saraiva, 2009. p.596.
32. STF – Segunda Turma – HC 157.604/RJ – Rel. Min. Gilmar Mendes – julgado em 04 set. 2018.

É o que se depreende do sentido do supracitado dispositivo legal, ao expressar que, **quando não for unânime a decisão de segunda instância**, desfavorável ao réu, admitem-se embargos infringentes e de nulidade.

Veremos, mais adiante, que o requisito genérico "decisão não unânime", que se contenta com um único voto desfavorável ao réu, independentemente da matéria deliberada pelo tribunal, não se aplica aos **embargos infringentes** movidos no STF, cujo regimento interno e jurisprudência exigem um *plus*, conforme se cuide de recurso contra decisão de turma ou do órgão plenário.

Embora o nome pareça indicar a existência de dois recursos, os embargos infringentes e de nulidade são um único recurso, com dupla possibilidade de interposição, perante órgão do mesmo tribunal prolator da decisão.

Nessa senda, Grinover, Scarance e Gomes Filho destacam que, "apesar da aparente dualidade (embargos infringentes e de nulidade), o recurso é um só e a distinção, sem maior significação prática, é explicada pela natureza da matéria nele debatida: material ou exclusivamente processual"[33]. Daí que o recurso é chamado de **embargos infringentes** quando a não unanimidade recair sobre o mérito do julgado. De outro lado, serão denominados **embargos de nulidade** quando impugnarem a discrepância de votação no que concerne à matéria de admissibilidade recursal, ou seja, processual, objetivando nulificação do julgamento anterior.

Poderá ocorrer de os embargos serem, a um só tempo, **infringentes e de nulidade**, bem como ser constatado caso de **desacordo parcial**, quando os embargos serão **restritos** à matéria objeto de divergência. Sua noção deve assim ser fixada como "recurso privativo da defesa, voltado a garantir uma segunda análise da matéria decidida pela turma julgadora, por ter havido maioria de votos e não unanimidade, ampliando-se o *quorum* do julgamento"[34].

49. INTERPOSIÇÃO DOS EMBARGOS INFRINGENTES E DE NULIDADE

Os embargos infringentes e de nulidade serão interpostos por petição, acompanhada de razões, no prazo de dez dias, a contar da publicação do acórdão. A interposição deve ser realizada no órgão indicado para seu julgamento que, necessariamente, deve ser com maior número de membros que o que proferiu a decisão não unânime recorrida, ressalvadas as decisões proferidas pela sessão plenária do tribunal.

Como os tribunais estão, em regra, divididos em órgãos fracionários, com competência para julgar determinadas matérias, as leis de organização judiciária e os regimentos internos devem ser consultados para o fim de se atestar o órgão competente do tribunal respectivo.

O Ministério Público pode ser legitimado a interpor embargos infringentes e de nulidade desde que o faça em favor da defesa. No âmbito do processo penal militar, todavia,

33. GRINOVER, Ada Pellegrini; GOMES FILHO, Antônio Magalhães; FERNANDES, Antônio Scarance. *Recursos no processo penal*. 6. ed. São Paulo: RT, 2011. p. 163.

34. NUCCI, Guilherme de Souza. *Manual de processo penal e de execução penal*. 3. ed. São Paulo: RT, 2007. p. 857.

o recurso em tela não é privativo da defesa, podendo ser também interposto pelo *Parquet* Militar, ainda que contrário aos interesses do imputado (art. 538, CPPM).

O prazo de dez dias para a interposição dos embargos infringentes e de nulidade é contado a partir da intimação que, por sua vez, ocorre pela imprensa, salvo quando o acusado estiver representado pela Defensoria Pública, que tem a prerrogativa de ser intimada pessoalmente, com vistas dos autos quando necessário.

Os embargos infringentes e de nulidade são dotados de **efeito devolutivo**, eis que, a partir da argumentação da defesa do acusado, fundada no voto vencido que lhe favorece, a matéria é reapreciada pelo órgão colegiado competente do mesmo tribunal. Como se infere, a devolução é limitada pelo voto vencido.

Quanto ao efeito suspensivo, é preciso distinguir:

(1) caso se trate de acórdão com conteúdo condenatório, os embargos infringentes e de nulidade são dotados desse efeito, pois **não é admitida execução provisória da pena** antes do trânsito em julgado de decisão penal condenatória, a teor do art. 283, do CPP, com redação da Lei nº 13.964/2019. A ressalva é restrita aos casos de condenação pelo júri, a pena igual ou superior a quinze anos, conforme disciplina de duvidosa constitucionalidade inserida no art. 492, inciso I, alínea "e" e parágrafos 3º e 5º, do CPP, por aquele diploma legal, ao subtrair, como regra, o efeito suspensivo daqueles julgados, permitindo imediata execução provisória de pena; e

(2) caso o conteúdo não seja condenatório, a regra é que não tenha efeito suspensivo, salvo quando houver impossibilidade lógica do andamento do processo quanto ao acusado recorrente, tal como se dá com os embargos infringentes manejados contra acórdão não unânime prolatado quando do julgamento de recurso em sentido estrito interposto contra a decisão de pronúncia.

No que toca ao efeito regressivo, entendemos que é da natureza desses embargos oportunizarem juízo de retratação, haja vista que envolvem "a participação, na turma julgadora, de juízes que já havia, para aqueles, um juízo de retratação"[35].

50. CABIMENTO DOS EMBARGOS INFRINGENTES E DE NULIDADE

Caberão embargos infringentes e de nulidade de decisões proferidas em sede de apelação, de recurso em sentido estrito e de agravo em execução, quando não houver unanimidade e for o acusado sucumbente na parte objeto de divergência.

É, portanto, recurso privativo da defesa, tendo como pressupostos básicos:

(1) a apresentação de **recurso em sentido estrito**, de **agravo em execução** ou de **apelação** da decisão de primeiro grau de jurisdição; e

(2) a **sucumbência** defensiva no julgamento desses recursos.

35. GRINOVER, Ada Pellegrini; GOMES FILHO, Antônio Magalhães; FERNANDES, Antônio Scarance. *Recursos no processo penal*. 6. ed. São Paulo: RT, 2011. p. 168.

Conquanto o texto e a localização do parágrafo único, do art. 609, do CPP, indiquem que tais embargos cabem contra as decisões dos dois primeiros recursos – eis que inserido no capítulo que trata do processamento e julgamento da apelação e do recurso em sentido estrito –, uma interpretação sistemática a partir das sucessivas alterações legislativas, admite a interposição dos embargos infringentes e de nulidade também contra decisões não unânimes proferidas em sede de agravo em execução, haja vista que se trata de recurso que substituiu o recurso em sentido estrito em várias hipóteses do art. 581, do CPP.

Nessa esteira, Paulo Rangel é entende que são eles cabíveis contra a decisão tomada por maioria em agravo em execução, sob o fundamento de que "este recurso veio substituir o recurso em sentido estrito", revogando, inclusive, "alguns incisos do art. 581, CPP"[36]. É também a posição de Guilherme de Souza Nucci, avivando que o agravo em execução foi "instituído pela Lei de Execução Penal em substituição ao recurso em sentido estrito, para as mesmas situações, sendo processado de idêntica maneira"[37].

Por sua vez, o STJ no enunciado sumular nº 390, e a nosso sentir aplicável ao processo penal, consagrou que "nas decisões por maioria, em reexame necessário, não se admitem embargos infringentes".

Podemos alinhar regras que o nosso recurso deve, então, observar:

(1) o voto minoritário discrepante deve ser favorável ao acusado;

(2) a fundamentação recursal deve ficar adstrita àquela divergência parcial da votação. Correlatamente, o recurso deve ser rejeitado quando exceder a extensão do voto vencido no acórdão vergastado;

(3) a decisão deve decorrer daqueles recursos contemplados no nosso sistema. Isto é, não é cabível sua interposição "em revisão, em *habeas corpus*, em pedido de desaforamento, em embargos infringentes, em agravo regimental" e, para parte da doutrina, "em agravo em execução"[38]. Também não cabem embargos infringentes contra as decisões proferidas em sede de mandado de segurança, em compasso com o art. 25, da Lei Federal nº 12.016/2009;

(4) o acórdão deve ter sido proferido por tribunal. Não é admissível interposição de decisão de turma recursal, no âmbito dos juizados especiais criminais;

(5) se a decisão contém matéria constitucional submetida ao plenário dos Tribunais, não são admissíveis os embargos infringentes, consoante o enunciado nº 293, da Súmula, do STF;

(6) de forma similar, da decisão que se seguir ao julgamento de constitucionalidade pelo tribunal pleno, são inadmissíveis embargos infringentes quanto à matéria constitucional, na forma do verbete sumular nº 455, do STF; e

(7) no STJ, foi afirmado que é inadmissível recurso especial quando cabíveis embargos infringentes contra o acórdão proferido no tribunal de origem, de compasso com o seu enunciado sumular de nº 207.

36. RANGEL, Paulo. *Direito processual penal*. 4. ed. Rio de Janeiro: Lumen Juris, 2001. p. 583.
37. NUCCI, Guilherme de Souza. *Manual de processo penal e de execução penal*. 3. ed. São Paulo: RT, 2007. p. 856.
38. MIRABETE, Julio Fabbrini. *Processo penal*. 14. ed. São Paulo: Atlas, 2003. p. 670-671.

51. CABIMENTO DOS EMBARGOS INFRINGENTES NO STF

No STF são cabíveis embargos infringentes contra decisões condenatórias proferidas nos autos de ação penal condenatória. Na Suprema Corte, **não cabem embargos de nulidade**! A fonte é o seu regimento interno.

Na verdade, percebemos um crescente movimento restritivo, pela jurisprudência, aos recursos da defesa, o que consideramos inconcebível.

No Supremo Tribunal Federal, o requisito de cabimento desse recurso é a existência dos elementos seguintes:

(1) **votos absolutórios em sentido próprio**, logo, a Suprema Corte não admite embargos infringente interpostos com base em votos extintivos de punibilidade, haja vista que, no nosso sistema, absolvição e extinção da punibilidade são institutos distintos[39]. Também parece estar fora daquele conceito, o voto absolutório em sentido impróprio, que aplica medida de segurança. Entendemos injustificável não permitir embargos infringentes com esteio nesses últimos parâmetros;

(2) **quatro votos absolutórios** em sentido próprio, quando a decisão condenatória impugnada tiver sido proferida pelo órgão plenário, que é composto por onze ministros. Ausente um ministro, bastarão três votos absolutórios em sentido próprio. Se faltarem dois ministros, serão admissíveis os embargos se existirem dois votos absolutórios em sentido próprio. Cuida-se de interpretação *favor rei*, que conclui pelo preenchimento desse requisito em benefício do imputado, diante da composição incompleta do órgão colegiado;

(3) **dois votos absolutórios** em sentido próprio, quando a decisão condenatória vergastada tiver sido prolatada por uma das turmas, que são compostas por cinco membros. Ausente um ministro, bastará um voto absolutório em sentido próprio, convolando-se o resultado do julgamento em favor do réu recorrente;

(4) se a hipótese for de julgamento em **sessão secreta**, em razão da impossibilidade de se saber o placar de votação, serão admitidos os embargos infringentes, sendo suficiente a ciência de se cuidar de votação tomada por maioria contra o réu. Trata-se de solução equivalente aos casos de órgão com composição incompleta;

(5) **divergência relevante**, alusiva ao núcleo absolutório próprio. Trata-se de requisito de textura aberta, permitindo boa dose de subjetividade para se definir o sentido da relevância que deve recair sobre a divergência, a fim de que sejam admitidos esses embargos.

Voto em sentido próprio refere-se à deliberação que se acomoda às hipóteses de cabimento gizadas no Regimento Interno do STF (RISTF). Em compasso com o seu art. 333, são cabíveis embargos infringentes, em matéria penal, contra decisão não unânime do Plenário ou da Turma:

(1) que julgar procedente a ação penal;

(2) que julgar improcedente a revisão criminal; e

39. STF – Plenário – RvC 5480 AgR/AM – Rel. Min. Edson Fachin – julgamento em 12 set. 2019.

(3) que, em recurso criminal ordinário, for desfavorável ao acusado. Recurso ordinário é o que impõe reexame de questão fática ou probatória, além de matéria somente de direito.

A admissibilidade de embargos infringentes contra decisão condenatória majoritária, com apenas um voto absolutório em sentido próprio, ficou expressamente consignada pelo STF. A solução foi dada para os casos de *quorum* incompleto. Na hipótese concreta, "a Turma contava com quatro ministros e a exigência de dois votos conduziria, por si só, à absolvição do acusado. Além disso, a admissibilidade dos embargos deu-se em momento anterior à mencionada construção jurisprudencial".

Cabe frisar que o CPP não prevê a exigência aludida (dois ou quatro votos absolutórios em sentido próprio), construída pela Suprema Corte – inovando o ordenamento jurídico – e cristalizada no art. 333, do RISTF (cf. arts. 609 a 613)[40].

52. PROCESSAMENTO E JULGAMENTO DOS EMBARGOS INFRINGENTES

Interpostos os embargos infringentes e de nulidade (no prazo de dez dias, com petição acompanhada de razões recursais), o Ministério Público (pessoalmente) ou o querelante (via imprensa) serão intimados para oferecer contrarrazões em dez dias. Decerto, embora não haja previsão legal para tanto, o contraditório deve ser assegurado, notadamente diante da possibilidade de modificação do julgado, em homenagem à Constituição.

O parágrafo único, do art. 609, do Código, averba que o rito a ser seguido para o processamento desses embargos é o da apelação, ao fazer remissão ao seu art. 613.

De tal forma, instruído o recurso (com razões e contrarrazões recursais), deve ser, em dez dias, lançado relatório nos autos, passando estes ao revisor, que, também em dez dias, examinará o processo e, verificando sua regularidade (inexistência de pendências ou nulidades processuais), pedirá dia para julgamento (inclusão em pauta).

Em arremate, vale lembrar a possibilidade de um **voto médio**, intermediário. A propósito, Julio Fabbrini Mirabete explica que o tribunal, ao apreciar os embargos, "pode ficar com os votos vencedores ou com os vencidos (ou vencido) ou adotar uma terceira solução intermediária, entre ambas", tal como se dá quando "há um voto negando provimento ao recurso, outro dando provimento integral e um terceiro dando provimento parcial", devendo prevalecer este último "como voto médio". Se houver empate, porém, deve prevalecer, em matéria criminal, a solução mais favorável ao acusado[41].

53. RECURSOS ESPECIAL E EXTRAORDINÁRIO

Os recursos especial e extraordinário são impugnações previstas na Constituição do Brasil. O estudo desses recursos pelo direito processual penal é justificado pela matéria penal debatida através desses instrumentos de reexame de decisões judiciais.

O recurso especial é processado e julgado pelo Superior Tribunal de Justiça. O recurso extraordinário, por sua vez, é processado e julgado pelo Supremo Tribunal Federal.

40. STF – Pleno – AP 929 ED-2º julg-EI/AL – Rel. Min. Luiz Fux – julgamento em 17 out. 2018.
41. MIRABETE, Julio Fabbrini. *Processo penal*. 14. ed. São Paulo: Atlas, 2003. p. 672.

O que vai diferenciar, de maneira peculiar, esses recursos são as suas hipóteses de cabimento, haja vista que, grosso modo, o recurso especial terá lugar quando for alegada violação a direito infraconstitucional e o recurso extraordinário quando a afirmação se relacionar com afronta à Constituição. São recursos de fundamentação vinculada e o direito processual penal volverá seu interesse toda vez que tais recursos envolverem nossa matéria.

O julgamento do recurso extraordinário compete ao Supremo Tribunal Federal, nas causas decididas em instância última ou em única instância, quando versar questão que resvale em possível confronto com a Constituição do Brasil[42]. O recurso especial, com disciplina parecida com a do recurso extraordinário, "a par de servir às partes sucumbentes, tem, em última análise, como escopo tutelar o próprio direito federal caso atingido pela decisão guerreada", não sendo passível de perquirição "matéria fática", porém tão somente "as questões de direito já examinadas pelo juízo *a quo*, mesmo porque, se assim não o fosse, o recurso se prestaria a uma segunda apelação"[43].

54. INTERPOSIÇÃO DOS RECURSOS ESPECIAL E EXTRAORDINÁRIO

A interposição do recurso especial e do recurso extraordinário deve ser feita por petição, acompanhada de razões. A petição recursal deve ser dirigida ao presidente do tribunal que proferiu a decisão vergastada. As razões do recurso devem ser endereçadas ao Superior Tribunal de Justiça ou ao Supremo Tribunal Federal, consoante se trate de recurso especial ou de recurso extraordinário, respectivamente. No âmbito da Suprema Corte, compete ao Pleno julgar o recurso ordinário e o extraordinário interpostos no mesmo processo de mandado de segurança, ou de *habeas corpus, ex vi* do verbete sumular nº 299, do STF.

A protocolização desses recursos se dá perante o tribunal *a quo*.

É regra consagrada no nosso sistema a de que se o recurso se fundar em dissídio entre a interpretação da lei federal adotada pelo julgado recorrido e a que lhe haja dado outro Tribunal, o recorrente deve fazer prova da divergência mediante certidão, ou indicação do número e da página do jornal oficial, ou do repertório autorizado de jurisprudência, que o houver publicado.

Para fins de demonstração analítica no recurso especial, deve-se juntar repertório autorizado de jurisprudência, comprovada a fonte, ainda que da rede mundial de computadores[44]. O CPC disciplina o processamento do recurso extraordinário e do recurso especial. Devem ser respeitadas as peculiaridades do direito processual penal.

55. PRAZO E SUA CONTAGEM NOS RECURSOS ESPECIAL E EXTRAORDINÁRIO

O prazo para interposição desses recursos é **quinze dias**. Os prazos, em matéria penal, serão contados em **dias corridos**, sem exceção, ainda que se trate de recurso disciplinado no CPC. No âmbito eleitoral, o prazo é de três dias. A esse respeito, a Súmula nº 728, do STF, aduz ser de três dias o prazo para a interposição de recurso extraordinário contra

42. CUNHA JÚNIOR, Dirley da. *Curso de direito constitucional*. Salvador: JusPODIVM, 2008. p. 944-945.
43. MOREIRA, Rômulo de Andrade. *Direito processual penal*. Salvador: JusPODIVM, 2007. p. 407-408.
44. STJ – Terceira Seção – AgRg nos EREsp 1796730/PR – Rel. Min. Reynaldo Soares da Fonseca – DJe 04 dez. 2019.

decisão do Tribunal Superior Eleitoral, contado, quando for o caso, a partir da publicação do acórdão, na própria sessão de julgamento, nos termos do art. 12, da Lei nº 6.055/1974.

O prazo para interposição de recurso terá início da data em que os advogados, a sociedade de advogados, a Advocacia Pública e a Defensoria Pública ou o Ministério Público são intimados da decisão. Isso porque em segunda instância e nas instâncias superiores, não há capacidade postulatória do acusado, pelo que satisfaz o sistema a intimação do seu advogado ou defensor.

Em processo penal, não há espaço para a incidência de regra que mitigue o acesso à Justiça por parte do acusado. É ônus da Secretaria do Juízo certificar qualquer ocorrência que limite o direito de recorrer das partes da ação penal condenatória. A propósito, consoante o § 4º, do art. 1.003, CPC, para a aferição da tempestividade do recurso remetido pelo correio, será considerada como data da interposição a data da postagem.

56. MODALIDADE ADESIVA DE RECURSOS ESPECIAL E EXTRAORDINÁRIO

O recurso especial e extraordinário adesivo somente é possível se interposto em favor da defesa. Para a acusação, a ausência de impugnação tempestiva faz incidir, com todo rigor, a preclusão máxima, com formação de coisa julgada protetiva da liberdade do imputado.

O CPC autoriza a interposição de recurso adesivo, que fica subordinado ao recurso especial ou extraordinário independente, tendo lugar as mesmas regras cabíveis a estes. O recurso especial ou extraordinário adesivo deve ser interposto perante o mesmo órgão a que foi dirigido o recurso principal interposto.

Terá cabimento dentro do mesmo prazo que a parte tiver para o responder.

Não deve ser conhecido o recurso adesivo se a parte desistir do recurso principal (quando possível desistência em processo penal) ou quando for julgado inadmissível, na forma do § 2º, do art. 997, CPC.

A modalidade adesiva de recurso é uma analogia que, por ser vedada em desfavor do acusado, torna inadmissível o seu uso para piorar a sua situação. Em síntese, recurso adesivo esbarra no óbice da coisa julgada material penal *favor rei*.

Deveras, a interpretação extensiva e a analogia, autorizadas pelo art. 3º, do CPP, não podem chegar ao ponto de afastar a proibição de reformar a decisão contra a qual não se insurgiu o Ministério Público por meio de recurso principal, em desfavor do acusado. Nesse sentido, decidiu o STJ que, "em matéria criminal, não deve ser conhecido recurso especial adesivo interposto pelo Ministério Público veiculando pedido em desfavor do réu"[45]. Aliás, de conformidade com o art. 617, do CPP, não pode haver *reformatio in pejus* em recurso exclusivo da defesa. E o recurso adesivo ministerial, seguindo a sorte do recurso principal defensivo, não pode violar tal princípio.

45. STJ – Quinta Turma – AgRg nos EDcl no AREsp 1234136/RS – Rel. Min. Felix Fischer – DJe 17 set. 2018.

57. EFEITOS DOS RECURSOS ESPECIAL E EXTRAORDINÁRIO

A inerente ausência de efeito suspensivo dos recursos especial e extraordinário em matéria cível não deve ser estendida ao processo penal. No processo penal, contra condenação penal, vigora, como regra, o **efeito suspensivo** de todos os recursos manejados contra decisões penais condenatórias, em consonância com princípio da presunção de não culpabilidade e com a dicção do art. 283, do CPP, na redação da Lei nº 13.964/2019.

Resvalando em "publicidade opressiva de julgamentos criminais", na dicção de Simone Schreiber[46], a grande mídia repete reiteradamente a não aplicação de efeito suspensivo aos recursos extraordinário e especial, inclusive em matéria criminal. Consoante aduz a autora, "a distinção entre a verdade midiática e a verdade processual é de fundamental importância para se compreender a nocividade de determinadas manifestações jornalísticas que se arvoram em desvendar fatos criminosos e pautar a atuação da justiça a partir de sua atuação". E complementa, irretocavelmente, que "a verdade produzida pela imprensa não é mediada pelas garantias do processo, portanto, não pode ser levada em conta pelo juiz quando dita a sentença".

Sublinhamos que o efeito suspensivo somente não tem aplicação no processo penal quando aqueles recursos forem interpostos contra decisões absolutórias. A absolvição produz efeito desde logo. A condenação não. Cabe afirmar, deve ser atribuído efeito suspensivo se a hipótese é condenatória. Isso porque os dispositivos processuais penais devem ser interpretados de acordo com o princípio da presunção de inocência, cuja natureza é de vetor hermenêutico maior, estruturador, autêntico postulado.

Ademais, outros enunciados constitucionais e infraconstitucionais impõem o dever dos órgãos do Poder Judiciário de reexaminarem amplamente uma decisão condenatória, escoimando-a de qualquer equívoco, considerando a importância que a Constituição conferiu ao valor da liberdade do ser humano[47].

Reduzindo a eficácia do postulado da presunção da inocência, a Primeira Turma do STF, deliberou que "nas condenações pelo tribunal do júri não é necessário aguardar julgamento de recurso em segundo grau de jurisdição para a execução da pena". Na hipótese, "a Turma asseverou que as decisões do tribunal do júri são soberanas. Por isso, o tribunal de justiça pode, eventualmente, anulá-las, mas não pode substituí-las". No entanto, o caso apreciado se tratou de *habeas corpus* manejado contra decisão de segunda instância que confirmou condenação por homicídio tentado e, de outro lado, determinou novo júri por outro homicídio, conexo, na forma consumada[48].

A Lei nº 13.964/2019, quanto ao ponto, adotou solução intermediária que, para nós, ofende igualmente o postulado do estado de inocência. Com a modificação do CPP pelo referido diploma legal, foi prevista, como regra geral que pode ser excepcionada em casos pontuais, a ausência de efeito suspensivo dos recursos interpostos contra condenações pelo júri popular quando a pena aplicada for **igual ou superior a quinze anos**. A disciplina

46. SCHREIBER, Simone. *A publicidade opressiva de julgamentos criminais*. Rio de Janeiro: Renovar, 2008. p.410.
47. STJ – HC 458.249/TO – Decisão Monocrática – Min. Laurita Vaz – j. 02 ago. 2018.
48. STF – Primeira Turma – HC 140449/RJ, rel. orig. Min. Marco Aurélio, red. p/ o ac. Min. Roberto Barroso, julgamento em 6.11.2018.

inserida, de duvidosa constitucionalidade, está documentada no art. 492, inciso I, alínea "e" e parágrafos 3º e 5º, do CPP. Subtraiu-se o efeito suspensivo daqueles julgados, autorizando imediata execução provisória de pena, sem fundamento cautelar.

Outro ponto, não menos importante, diz respeito à extensão do **efeito devolutivo** dos recursos extraordinário e especial. Isso porque tem se dito que eles não autorizam reexame de fatos e de provas em matéria não criminal.

Entrementes, pensamos diferentemente do propalado pela grande mídia.

Os recursos criminais, ainda que de natureza extraordinária, impõem aos órgãos jurisdicionais **exame amplo de provas e de fatos**, em função do **efeito translativo** em favor do réu.

Os tribunais superiores mencionam a técnica de concessão de *habeas corpus* de ofício, ou seja, sem provocação, quando, ao apreciarem um recurso extraordinário ou especial, constatam ilicitude, antijuridicidade, mesmo no tocante à prova. Não deve ser tolerada, por exemplo, prova ilícita ou colhida sem respeito à forma gizada na Constituição, nas convenções e nas leis.

Ainda que se cuide de recurso extraordinário – cuja jurisprudência reiterada afirma que nele somente cabe exame de matéria de direito –, quando o caso confrontar a limitação de liberdade do réu, é dever do tribunal aplicar o seu efeito translativo, a fim de coibir condenações abusivas, ilícitas, inconstitucionais ou ilegítimas.

Diversos dispositivos permitem essa conclusão. Senão vejamos:

(1) o inciso LXV, do art. 5º, da Constituição, preconiza que a prisão ilegal será imediatamente relaxada pela autoridade judiciária, previsão essa que permite concluir, sistematicamente, que o tribunal deve coibir tanto a prisão ilegal quanto a sua ameaça por meio de um processo que consubstancia uma antijuridicidade;

(2) a Constituição realça, ademais, que ninguém será levado à prisão ou nela mantido, quando a lei admitir a liberdade provisória, com ou sem fiança, de modo que, em sede de recurso, pode-se extrair que a atuação fiscalizatória da liberdade do acusado é dever atribuído ao tribunal (art. 5º, LXVI, CF);

(3) em conjunto com essas disposições, o LXVIII, do art. 5º, da CF, estatui que será concedido ***habeas corpus*** sempre que alguém sofrer ou se achar ameaçado de sofrer violência ou coação em sua liberdade de locomoção, por ilegalidade ou abuso de poder; e, no plano infraconstitucional, o § 2º, do art. 654, do CPP, que estampa que os juízes e os tribunais têm competência para expedir de ofício ordem de *habeas corpus*, quando no curso de processo verificarem que alguém sofre ou está na iminência de sofrer coação ilegal.

Como se depreende, negar efeito suspensivo a recurso especial e extraordinário manejado contra condenação não encontra respaldo jurídico, seja diante do postulado da presunção de inocência, seja em razão do expresso no art. 283, do CPP, seja ainda pelos dispositivos aqui descritos.

O pedido de concessão de efeito suspensivo a recurso extraordinário ou especial, quando cabível, poderá ser formulado por requerimento dirigido ao:

(1) tribunal superior respectivo, no período compreendido entre a publicação da decisão de admissão do recurso e sua distribuição, ficando o relator designado para seu exame prevento para julgá-lo;

(2) relator, se já distribuído o recurso;

(3) ao presidente ou vice-presidente do tribunal local, ao presidente ou ao vice-presidente do tribunal recorrido, no período compreendido entre a interposição do recurso e a publicação da decisão de admissão do recurso, assim como no caso de o recurso ter sido sobrestado.

Frisamos a ressalva, conforme anotamos, sobre o confronto entre o efeito suspensivo aqui referido e o inerente efeito translativo *favor rei* dos recursos criminais.

58. CABIMENTO DOS RECURSOS ESPECIAL E EXTRAORDINÁRIO

A teor do art. 102, inciso III e alíneas "a", "b", "c" e "d", da Constituição Federal, caberá **recurso extraordinário**, para o Supremo Tribunal Federal, quando a decisão recorrida, proferida em única ou última instância:

(1) contrariar dispositivo da Constituição do Brasil;

(2) declarar a inconstitucionalidade de tratado ou de lei federal;

(3) julgar válida lei ou ato de governo local contestado em face da Constituição Federal; e

(4) julgar válida lei local contestada em face de lei federal.

É admissível o recurso extraordinário inclusive contra as decisões das turmas recursais de juizado especial criminal, eis que se trata de decisão de última instância, seguindo a trilha do enunciado nº 640, da Súmula, do STF.

Para o cabimento do **recurso extraordinário**, a Constituição, no § 3º, do seu art. 102, impõe que o recorrente demonstre a **repercussão geral** das questões constitucionais discutidas no caso, nos termos da lei, a fim de que o Tribunal examine a admissão do recurso, somente podendo recusá-lo pela manifestação de dois terços de seus membros.

Essa exigência é um autêntico requisito de admissibilidade que, contudo, deve ser regulamentada por lei para ser aplicada[49]. O CPC disciplina o conteúdo da repercussão geral no § 1º, do seu art. 1.035, referindo à existência ou não de questões relevantes do ponto de vista econômico, político, social ou jurídico que ultrapassem os interesses subjetivos do processo.

A repercussão geral estará presente sempre que o recurso:

(1) impugnar decisão contrária a súmula ou jurisprudência dominante do Supremo Tribunal Federal; ou

(2) questionar decisão que tenha reconhecido a inconstitucionalidade de tratado ou lei federal.

---

49. CUNHA JÚNIOR, Dirley da. *Curso de direito constitucional*. Salvador: JusPODIVM, 2008. p. 944-945.

Na análise da repercussão geral, o relator poderá admitir a manifestação de terceiros, subscrita por procurador habilitado, nos termos do regimento interno do Supremo Tribunal Federal. Embora não seja comum em processo penal, a situação é possível, a exemplo do que, por exemplo, ocorra no julgamento de recurso extraordinário que debata sobre a constitucionalidade da criação de banco de dados de perfis genéticos, nos termos dos artigos 5º-A e 7º-A, da Lei nº 12.037/2009, com as modificações da Lei nº 13.964/2019.

Caso seja reconhecida a repercussão geral, o relator no Supremo Tribunal Federal determinará a suspensão do processamento de todos os processos pendentes, individuais ou coletivos, que versem sobre a questão e tramitem no território nacional. Sem embargo, o interessado pode requerer, ao presidente ou vice-presidente do tribunal de origem, que exclua da decisão de sobrestamento e inadmita o recurso extraordinário que tenha sido interposto intempestivamente.

O recorrente deverá ser ouvido para, em cinco dias, manifestar-se sobre esse requerimento. Da decisão que indeferir aquele requerimento ou que aplicar entendimento firmado em regime de repercussão geral ou em julgamento de recursos repetitivos caberá agravo interno. Na hipótese de ser negada a repercussão geral, o presidente ou vice-presidente do tribunal de origem negará seguimento, por **incabíveis**, aos recursos extraordinários sobrestados na origem que versem sobre matéria idêntica, a teor do § 8º, do art. 1.035, do CPC/2015. O recurso que tiver a repercussão geral reconhecida deverá ser julgado no prazo de um ano e terá preferência sobre os demais feitos, ressalvados os que envolvam réu preso e o pedido de *habeas corpus*. A súmula da decisão sobre a repercussão geral deverá constar de ata, que será publicada no diário oficial e valerá como acórdão.

Quanto ao **recurso especial**, a competência para o seu julgamento é conferida ao Superior Tribunal de Justiça, na forma do art. 105, inciso III e alíneas "a", "b" e "c", da CF/1988, que ocorrerá, diante das causas decididas pelos Tribunais Regionais Federais ou pelos tribunais dos Estados, do Distrito Federal e Territórios, quando a decisão recorrida:

(1) contrariar tratado ou lei federal, ou negar-lhes vigência;

(2) julgar válido ato de governo local contestado em face de lei federal; e,

(3) der à lei federal interpretação divergente da que lhe haja atribuído outro tribunal[50].

Os enunciados das Súmulas dos tribunais não são parâmetros o fim de desafiar recursos especial ou extraordinário.

Esclarecendo o ponto, o STJ editou a Súmula nº 518, assentando que, para fins do art. 105, inciso III, alínea "a", da Constituição Federal, não é cabível recurso especial fundado em alegada violação de enunciado de súmula.

O recorrente, como é de acontecer em todos os recursos, deve ter interesse e legitimidade, sendo evidenciados, relativamente à defesa, pela sucumbência. O Ministério Público, diversamente, pode recorrer, especial ou extraordinariamente, mesmo que em favor do acusado, diante de sua condição de defensor da ordem jurídica, com aplicação coerente do direito.

50. CUNHA JÚNIOR, Dirley da. *Curso de direito constitucional*. Salvador: JusPODIVM, 2008. p. 953.

Também o assistente de acusação pode recorrer, inclusive extraordinariamente, na ação penal, nos casos dos arts. 584, § 1º, e 598 do Código de Processo Penal, de acordo com o verbete sumular nº 210, do STF. O advento da Lei nº 12.403/2011 conferiu ao assistente do Ministério Público a legitimidade expressa para requerer prisão preventiva (art. 311, CPP). No entanto, essa modificação deve ter exegese restrita, não sendo autorizado ao assistente do Ministério Público intervir na ação de *habeas corpus* para recorrer de suas decisões concessivas. Há questionamento doutrinário quanto à constitucionalidade do assistente do Ministério Público e dos seus poderes respectivos, conforme o que escrevemos ao estudarmos os sujeitos processuais.

Tem sido exigido o **prequestionamento**, "como verdadeiro requisito de admissibilidade" recursal[51]. Em outras palavras, "o prequestionamento se constitui em requisito-mor" ou "*conditio sine qua non* para a sua admissibilidade"[52].

O prequestionamento consiste no efetivo debate da matéria objeto do recurso especial ou extraordinário durante o processamento da causa. Eventual omissão de prestação jurisdicional sobre ponto passível de questionamento via recurso especial ou extraordinário deve ser objeto de embargos de declaração, a fim de evidenciar o prequestionamento.

Entretanto, a oposição dos embargos está condicionada à existência de vício no *decisum* (omissão, contradição, obscuridade ou ambiguidade), sendo rejeitados quando ausente hipótese de cabimento, ainda que seu objetivo seja prequestionar a matéria para interposição dos recursos especial e extraordinário.

Contrariamente ao nosso posicionamento, tem-se entendido pelo não cabimento de recurso especial ou extraordinário contra matéria de fato. Ambos os recursos "devem cuidar de questões puramente de direito, a fim de não vulgarizar a sua utilização, tornando os tribunais superiores órgãos de reavaliação da prova, como já fazem os tribunais estaduais ou regionais". Esse objetivo é corroborado pelo enunciado nº 279, da Súmula do, STF, ao dizer que "para simples reexame de prova não cabe recurso extraordinário", bem como pelo enunciado nº 7, da Súmula, do STJ, que assenta que "a pretensão de simples reexame de prova não enseja recurso especial"[53].

Nessa linha, o STJ não vem admitindo recurso especial por violação ao art. 59 do CP que, tratando das circunstâncias judiciais na dosimetria da pena, quando importe na necessidade de análise acurada dos elementos probatórios. Em outros termos, somente quando houver flagrante ilegalidade ou abuso de poder na dosimetria é que o recurso especial será cabível[54].

Com ideia análoga, a jurisprudência do STF delimitou e estreitou a admissibilidade da via extraordinária. Deveras, **é inadmissível recurso extraordinário** nas seguintes hipóteses, segundo os correspondentes verbetes da sua Súmula:

(1) por ofensa a direito local (Súmula nº 280);

51. MOREIRA, Rômulo de Andrade. *Direito processual penal*. Salvador: JusPODIVM, 2007. p. 414.

52. SOUZA, Daniel Barbosa Lima Faria Corrêa de. *O prequstionamento no recurso especial*. Porto Alegre: Núria Fabris, 2008. p. 151.

53. NUCCI, Guilherme de Souza. *Manual de processo penal e de execução penal*. 3. ed. São Paulo: RT, 2007. p. 860.

54. STJ – Quinta Turma – AgRg no REsp 1820289/PE – Rel. Min. Jorge Mussi – DJe 19 dez. 2019.

(2) quando couber na justiça de origem, recurso ordinário da decisão impugnada (Súmula nº 281);

(3) quando não ventilada, na decisão recorrida, a questão federal suscitada (Súmula nº 282);

(4) quando a decisão recorrida assenta em mais de um fundamento suficiente e o recurso não abrange todos eles (Súmula nº 283);

(5) quando a deficiência na sua fundamentação não permitir a exata compreensão da controvérsia (Súmula nº 284);

(6) se fundado em divergência jurisprudencial contrária à orientação do plenário do STF (Súmula nº 286);

(7) quando a ofensa alegada for a regimento de tribunal (Súmula nº 399);

(8) contra acórdão que defere medida liminar (Súmula nº 735); e

(9) quando a decisão que razoável interpretação à lei, ainda que não seja a melhor (Súmula nº 400).

Por sua vez, o STJ também vincou seu entendimento sobre o recurso especial, em enunciados, de sua Súmula. Decerto, **é inadmissível recurso especial**:

(1) diante de divergência, quando a orientação do tribunal se firmou no mesmo sentido da decisão recorrida (Súmula nº 83);

(2) quando o acórdão recorrido assenta em fundamentos constitucional e infraconstitucional, qualquer deles suficiente, por si só, para mantê-lo, e a parte vencida não manifesta recurso extraordinário (Súmula nº 126); e

(3) quanto à questão que, a despeito da oposição de embargos declaratórios, não foi apreciada pelo tribunal *a quo* (Súmula nº 211).

Por outro lado, não é necessário ratificar o recurso especial interposto na pendência do julgamento dos embargos de declaração quando inalterado o julgamento anterior, no modo gizado no verbete sumular nº 579, do STJ. De forma análoga, os demais tribunais, bem como o CPC.

A partir do art. 1.029, do CPC, temos a disciplina dos recursos especial e extraordinário. Na dicção do art. 638, do CPP, com texto conferido pela Lei nº 13.964/2019, o recurso extraordinário e o recurso especial serão processados e julgados no Supremo Tribunal Federal e no Superior Tribunal de Justiça na forma estabelecida por leis especiais, pela lei processual civil e pelos respectivos regimentos internos.

Seguindo essa linha, o recurso extraordinário e o recurso especial, nos casos previstos na Constituição Federal, serão interpostos perante o presidente ou o vice-presidente do tribunal recorrido, em petições distintas que conterão:

(1) a exposição do fato e do direito;

(2) a demonstração do cabimento do recurso interposto; e

(3) as razões do pedido de reforma ou de invalidação da decisão recorrida.

Quando o recurso extraordinário ou o especial fundar-se em dissídio jurisprudencial, o recorrente fará a prova da divergência, com a certidão, cópia ou citação do repositório de jurisprudência, oficial ou credenciado, inclusive em mídia eletrônica, em que houver sido publicado o acórdão divergente, ou ainda com a reprodução de julgado disponível na rede mundial de computadores, com indicação da respectiva fonte; em qualquer caso, as circunstâncias que identifiquem ou assemelhem os casos confrontados devem ser mencionadas.

O Supremo Tribunal Federal ou o Superior Tribunal de Justiça poderá desconsiderar vício formal de recurso tempestivo ou determinar sua correção, desde que não o repute grave. De outro lado, quando, por ocasião do processamento do incidente de resolução de demandas repetitivas, o presidente do Supremo Tribunal Federal ou do Superior Tribunal de Justiça receber requerimento de suspensão de processos em que se discuta questão federal constitucional ou infraconstitucional, poderá, considerando razões de segurança jurídica ou de excepcional interesse social, estender a suspensão a todo o território nacional, até ulterior decisão do recurso extraordinário ou do recurso especial a ser interposto.

59. PROCESSAMENTO E JULGAMENTO DOS RECURSOS ESPECIAL E EXTRAORDINÁRIO

Uma vez recebida a petição do recurso pela secretaria do tribunal perante o qual foi interposto o recurso, o recorrido será intimado para apresentar contrarrazões no prazo de quinze dias. O juízo de admissibilidade será realizado pelo presidente ou vice-presidente do tribunal recorrido, sem prejuízo de que novo juízo de admissibilidade seja efetivado pelo tribunal *ad quem*.

Na esteira do art. 93, IX, da Constituição do Brasil, o verbete nº 123, da Súmula, do STJ, estampa que a decisão que admite, ou não, o recurso especial deve ser fundamentada, com o exame dos seus pressupostos gerais e constitucionais. Identicamente, também a decisão que admite ou não o extraordinário deve ser suficientemente motivada.

Caso haja interposição conjunta de recurso extraordinário e recurso especial, os autos serão remetidos ao Superior Tribunal de Justiça. Depois de finalizado o julgamento do recurso especial pelo STJ, os autos serão enviados ao Supremo Tribunal Federal, para apreciação do recurso extraordinário, na hipótese deste não estar prejudicado.

Por outro lado, se o relator do recurso especial considerar prejudicial o recurso extraordinário, em decisão irrecorrível, sobrestará o julgamento e remeterá os autos ao Supremo Tribunal Federal. Entrementes, se o relator do recurso extraordinário, em decisão irrecorrível, rejeitar a prejudicialidade, devolverá os autos ao Superior Tribunal de Justiça, para o julgamento do recurso especial.

Se o relator, no Superior Tribunal de Justiça, entender que o recurso especial versa sobre questão constitucional, deverá conceder prazo de quinze dias para que o recorrente demonstre a existência de repercussão geral (requisito de admissibilidade de índole objetiva deste recurso) e se manifeste sobre a questão constitucional. Cumprida a diligência, remeterá o recurso ao Supremo Tribunal Federal, que, em juízo de admissibilidade, poderá devolvê-lo ao Superior Tribunal de Justiça.

Quando o Supremo Tribunal Federal considerar como reflexa a ofensa à Constituição afirmada no recurso extraordinário, por pressupor a revisão da interpretação da lei federal ou de tratado, ordenará a remessa dos autos ao Superior Tribunal de Justiça para julgamento como recurso especial.

Depois de admitido o recurso extraordinário ou especial, o Supremo Tribunal Federal ou Superior Tribunal de Justiça julgará a causa, aplicando o direito. Por outra vertente, tendo sido admitido o recurso extraordinário ou especial por um fundamento, devolve-se ao tribunal superior o conhecimento dos demais fundamentos para a solução do capítulo impugnado, a teor do artigo 1.034, do CPC.

O recurso extraordinário ou especial poderá ser julgado monocraticamente pelo relator (com novo exercício de juízo de admissibilidade e, se superado, de mérito) ou mediante sua submissão de plano ao órgão colegiado com competência para processar a matéria ou mesmo em virtude de agravo interno contra a decisão singular proferida pelo relator. Também no STJ e no STF, o Ministério Público lançará seu parecer. Aqui, aferirá não só o juízo de admissibilidade, mas também o mérito do recurso especial ou extraordinário.

Não sendo a hipótese de julgamento monocrático (de acordo com o regimento interno), o relator pedirá dia para julgamento perante o órgão do tribunal com competência para apreciar a matéria ventilada (pleno, órgão especial, seção ou turma).

A votação, tal como acontece nos órgãos colegiados, será tomada de maneira sistematizada: juízo de admissibilidade e juízo de mérito, vale dizer, são votadas as questões preliminares do recurso especial ou extraordinário (conhecimento ou não conhecimento do recurso) e as questões de mérito recursal (provimento ou não provimento). Nos termos do enunciado nº 456, da sua Súmula, o STF, conhecendo do recurso extraordinário, julgará a causa, aplicando o direito à espécie.

Havendo empate, a decisão a ser proclamada deve ser a que mais favorecer o imputado, aplicando-se, se o caso comportar, os efeitos extensivos previstos no art. 580, do CPP[55].

Havendo **multiplicidade de recursos** com fundamento em idêntica questão de direito, o recurso extraordinário ou o recurso especial poderá ter seu julgamento afetado ao rito dos **julgamentos repetitivos**, nos termos do regimento interno do Supremo Tribunal Federal e do Superior Tribunal de Justiça.

Nessa situação, ao presidente do tribunal de origem competirá selecionar um ou mais recursos representativos da controvérsia, os quais serão encaminhados ao Supremo Tribunal Federal ou ao Superior Tribunal de Justiça independentemente de juízo de admissibilidade, ficando suspensos os demais recursos até o pronunciamento definitivo do tribunal superior.

Não sendo adotada tal providência, o relator, no tribunal superior, ao identificar que sobre a questão de direito já existe jurisprudência dominante ou que a matéria já está afeta ao colegiado, poderá determinar a suspensão dos recursos nos quais a controvérsia esteja estabelecida. Na decisão de afetação, o relator deverá identificar com precisão a matéria

55. STF – Pleno – AP 565 ED-ED/RO – Rel. Min. Cármen Lúcia – red. p/ o ac. Min. Dias Toffoli – julgamento em 14 dez. 2017; STJ – EDcl no REsp 1790039/RS – Rel. Min. Rogerio Schietti Cruz – DJe 29 nov. 2019.

a ser levada a julgamento, ficando vedado, ao Tribunal, a extensão a outros temas não identificados na referida decisão.

Quanto aos processos em que se discute idêntica controvérsia de direito e que estiverem em primeiro grau de jurisdição, devem ficar suspensos por período não superior a doze meses, salvo decisão fundamentada do relator. Devem ficar também suspensos, no tribunal superior e nos de segundo grau de jurisdição, os recursos que versem sobre idêntica controvérsia, até a decisão do recurso representativo da controvérsia.

O relator poderá requisitar informações aos tribunais inferiores a respeito da controvérsia. Cumprida a diligência, se for o caso, intimará o Ministério Público para se manifestar. Os prazos respectivos são de quinze dias e os atos serão praticados, sempre que possível, por meio eletrônico. Outrossim, o relator, conforme dispuser o Regimento Interno, e considerando a relevância da matéria, poderá solicitar ou admitir manifestação de pessoas, órgãos ou entidades com interesse na controvérsia.

Depois de transcorrido o prazo para o Ministério Público e remetida cópia do relatório aos demais Ministros, o processo será incluído em pauta, devendo ser julgado com preferência sobre os demais feitos, ressalvados os que envolvam réu preso e os pedidos de *habeas corpus*. Decidido o recurso representativo da controvérsia, os demais órgãos fracionários ou declararão prejudicados os demais recursos versando sobre idêntica controvérsia ou os decidirão aplicando a tese.

Publicado o acórdão paradigma:

(1) os recursos sobrestados na origem não terão seguimento se o acórdão recorrido coincidir com a orientação da instância superior; ou

(2) o tribunal de origem reapreciará o recurso julgado, observando-se a tese firmada, independentemente de juízo de admissibilidade do recurso especial ou extraordinário, na hipótese de o acórdão recorrido divergir da orientação da instância superior.

Diversamente, se for mantido o acórdão divergente pelo tribunal de origem, far-se-á o exame de admissibilidade do recurso especial ou extraordinário. Reformado o acórdão divergente, se for o caso, o tribunal de origem decidirá as demais questões antes não decididas e que o enfrentamento se torne necessário em decorrência da reforma. Sobrevindo, durante a suspensão dos processos, decisão da instância superior a respeito do mérito da controvérsia, o juiz proferirá sentença e aplicará a tese firmada.

60. RECURSO ORDINÁRIO CONSTITUCIONAL

Matéria penal também pode ser debatida mediante recurso ordinário constitucional, que é assim denominado em virtude de expressa indicação da Constituição Federal em algumas hipóteses de seu cabimento, assegurando que a questão seja reexaminada pelo órgão escolhido para tanto, sem que haja vinculação de sua fundamentação. O princípio *tantum devolutum quantum appellatum* incide na disciplina do recurso ordinário constitucional em toda sua inteireza.

Um dos exemplos de recurso ordinário constitucional é o que é dirigido contra sentença de juiz federal que julga o crime político (art. 109, IV, CF/1988): não é cabível apelação neste caso, pois o recurso a ser interposto é o ordinário constitucional dirigido ao STF (art. 102, II, "b", CF/1988), com características similares à apelação criminal.

No entanto, sob um mesmo nome, vamos encontrar mais de uma espécie de recurso ordinário, que só terão em comum o fato de não ter fundamentação vinculada (ordinário, nesse sentido), pois a forma de interposição, o processamento e, de certa maneira, o julgamento diferem um do outro, como veremos.

61. INTERPOSIÇÃO DO RECURSO ORDINÁRIO CONSTITUCIONAL

O recurso ordinário constitucional, em qualquer hipótese, será interposto por petição. O prazo de interposição e o rito a ser seguido variarão consoante a espécie de cabimento.

O recurso ordinário deve ser recebido:

(1) só no efeito devolutivo, quando se tratar de sentença absolutória de crime político e quando se cuidar de denegação de mandado de segurança e de *habeas corpus*;

(2) no efeito devolutivo e suspensivo, quando for interposto contra sentença condenatória ou absolutória imprópria (que aplica medida de segurança) em processo por crime político.

O recurso ordinário constitucional, como seu próprio nome está a dizer, é a "via ordinária de impugnação" e "o seu efeito devolutivo é o mais amplo possível segundo a regra do *tantum devolutum quantum appellatum*". Daí que, por meio do recurso ordinário constitucional, é passível de conhecimento não só matéria de direito, mas também de fato[56].

Não é esse recurso dotado de efeito regressivo.

Vejamos os casos de interposição e os respectivos prazos.

(1) Tratando-se de **recurso ordinário contra decisão denegatória em mandado de segurança**, proferida em única instância por Tribunal de Justiça ou por Tribunal Regional Federal, a ser examinado pelo **STJ**, o prazo para sua interposição será de **quinze dias**, seguindo-se o rito do Código de Processo Civil para o recurso de apelação (arts. 1.003, § 5º, e 1.009), eis que o *writ of mandamus* permanece ação cível, ainda que cuide de matéria penal. Em tal caso, a petição deve vir acompanhada de razões. Importa sublinhar que o prazo de interposição do recurso ordinário para o **STF**, inclusive em mandado de segurança em matéria criminal, será sempre de **cinco dias**. Decerto, em conformidade com o verbete nº 319, da Súmula, da Suprema Corte, o prazo do recurso ordinário para o Supremo Tribunal Federal, em *habeas corpus* ou mandado de segurança, é de cinco dias.

(2) Diferentemente, cuidando-se de **recurso ordinário constitucional contra sentença de juiz federal que julgou o crime político**, endereçado ao STF, o prazo será de **cinco dias**, seguindo-se de abertura de vista para oferecimento das **razões em oito dias**, em compasso com as normas que regulam a apelação criminal (artigos 593 e seguintes, CPP), já que se cuida do recurso que garante o segundo grau de jurisdição no processamento e julgamento do delito político.

56. OLIVEIRA, Eugênio Pacelli de. *Curso de processo penal*. 2. ed. Belo Horizonte: Del Rey, 2003. p. 833-834.

(3) Outrossim, cuidando-se de **recurso ordinário contra decisão denegatória em *habeas corpus***, para o STF ou para o STJ, o prazo para interposição também é de **cinco dias**, devendo a petição recursal vir acompanhada das razões do pedido de reforma do julgado guerreado.

A falta de padronização dos prazos é algo inconveniente, especialmente quando não se vê, na legislação, uma coerência. A Lei nº 8.038/1990, em seu art. 33, estabelece o prazo de quinze dias, para os recursos interpostos para o STJ, silenciando quanto ao STF. De outro lado, uma sobreposição normativa se vê no § 5º, do art. 1.003, do CPC, que sublinha ser o prazo, para o recurso ordinário, de quinze dias.

No Regimento Interno do STF há regra expressa quanto ao prazo de 5 dias para o recurso ordinário em *habeas corpus* (art. 310), não destoando, aqui, da previsão do art. 30 da Lei nº 8.038/1990, aplicável ao STJ. Não supre, contudo, a lacuna normativa alusiva ao prazo para a interposição de recurso ordinário em mandado de segurança criminal para o STF.

Seria melhor uma padronização dos recursos criminais. Todavia, a aplicação supletiva do Código de Processo Civil ao processo criminal, de regra, só deve ser autorizada quando houver expressa menção tópica no Código de Processo Penal. Daí porque entendemos que não está superada a solução sufragada no enunciado nº 319, da Súmula do STF, acima transcrito.

62. CABIMENTO DO RECURSO ORDINÁRIO CONSTITUCIONAL

O recurso ordinário tem suas hipóteses de cabimento na Constituição Federal. Ele pode ser dirigido ao Supremo Tribunal Federal ou ao Superior Tribunal de Justiça, consoante o que preconiza a Constituição em seus artigos 102 e 105, respectivamente.

De um modo geral, caberá recurso ordinário constitucional contra:

(1) a sentença de juiz federal que julgar o crime político;

(2) as decisões denegatórias em mandado de segurança (em única instância); e

(3) em ***habeas corpus*** prolatadas originariamente por tribunal ou em última instância.

Mais especificamente, em matéria penal, caberá recurso ordinário constitucional **para o Superior Tribunal de Justiça** contra (art. 105, II, "a" e "b", CF):

(1) as **decisões em *habeas corpus***, proferidas em única ou última instância pelos Tribunais Regionais Federais ou pelos Tribunais dos Estados, do Distrito Federal e Territórios, se denegatórias. Note-se que esse alcance recursal é mais amplo, ou seja, não só permite o recurso ordinário das decisões tomadas em **única instância**, mas também daquelas tomadas em **última instância**, ou seja, em grau de recurso; e

(2) as **decisões em mandado de segurança**, julgados em **única instância** pelos Tribunais Regionais Federais ou pelos Tribunais dos Estados, do Distrito Federal e Territórios, quando denegatórias. Veja-se que aqui o alcance recursal é mais restrito, autorizando o recurso ordinário somente de decisão em mandado de segurança originário no tribunal *a quo*).

Por seu turno, o recurso ordinário constitucional **para o Supremo Tribunal Federal** será admissível contra (art. 102, II, "a" e "b", CF):

(1) as decisões prolatadas e decididas pelos Tribunais Superiores, em ***habeas corpus***, **mandado de segurança**, ***habeas data*** e mandado de injunção, em **única instância**, quando denegatórias. No ponto, tanto as decisões proferidas em mandado de segurança, como em *habeas corpus* serão impugnadas por recurso ordinário se decididas em ação originária ajuizada em tribunal superior, ou seja, em única instância; e

(2) as **sentenças do juiz federal** de primeira instância que julgarem **crime político**.

63. PROCESSAMENTO E JULGAMENTO DO RECURSO ORDINÁRIO CONSTITUCIONAL

O processamento do recurso ordinário variará conforme a hipótese que se cuide, tal como visto quanto aos casos de cabimento. A Lei nº 8.038/1990 traça o rito do recurso ordinário constitucional para o STJ, interposto em *habeas corpus* e em mandado de segurança. Nos termos do art. 30 e 33, desse diploma legal, o recurso ordinário para o Superior Tribunal de Justiça, nos casos e nos prazos legais, devem ser interpostos com as razões do pedido de reforma da decisão vergastada.

Uma vez distribuído o recurso ordinário contra decisão denegatória do *Habeas Corpus*, a Secretaria, imediatamente, fará os autos com vista ao Ministério Público, pelo prazo de dois dias e, conclusos os autos ao relator, este submeterá o feito a julgamento independentemente de pauta.

Nesse processo, serão aplicadas, quanto aos requisitos de admissibilidade e ao procedimento no Tribunal recorrido, as regras do Código de Processo Civil relativas à apelação, consoante dispõe o art. 34, Lei nº 8.038/1990. Assim que distribuído o recurso, a Secretaria, imediatamente, fará os autos com vista ao Ministério Público, pelo prazo de cinco dias e, conclusos os autos ao relator, este pedirá dia para julgamento.

Diferentemente, para o recurso ordinário constitucional contra sentença em processo criminal por crime político, de competência do STF, é integralmente aplicado o rito para o recurso de apelação criminal, disposto no Código de Processo Penal (artigos 593 e seguintes), conforme estudamos anteriormente.

Anote-se, por derradeiro, que, em decorrência do princípio do contraditório, o recorrido será intimado do recurso ordinário constitucional interposto, antes da sua subida ao STJ ou ao STF, para, querendo, contra-arrazoar o recurso no mesmo prazo destinado ao seu ingresso ou à apresentação das razões recursais, consoante a hipótese de cabimento. Destarte, o recurso seguirá ao Ministério Público para parecer quando já estiver instruído com as razões e contrarrazões.

O julgamento do recurso ordinário constitucional obedecerá, no que couber, às regras para julgamento do pedido originário de *habeas corpus* e do mandado de segurança perante o tribunal. Se for o caso de recurso ordinário contra sentença que julgou o crime político, deve ser aplicado o Regimento Interno do STF ou do STJ.

64. AGRAVO EM RECURSO ESPECIAL E EXTRAORDINÁRIO

Agravo, em sentido amplo, é recurso contra decisão interlocutória com sede normativa na legislação processual extravagante e, sobremodo, no Código de Processo Civil. Em sentido estrito, a denominação agravo pode se referir a recursos com objetivos diversos, ou seja, a mais de uma espécie de recurso.

Isso tem a ver com a origem do instituto no Brasil. Na fase colonial, havia três tipos de agravo na esfera criminal:

(1) o agravo de instrumento;

(2) o agravo de petição; e

(3) o agravo no auto do processo.

Esses agravos foram suprimidos pelo Código de Processo Criminal de 1832, que os substituiu pelo recurso em sentido estrito, impugnação esta sufragada no Código de Processo Penal de 1941 e no Código de Processo Penal Militar de 1969[57].

Com incidência na esfera processual penal, temos o agravo em recurso especial ou em recurso extraordinário, interponível contra decisão denegatória desses recursos, emitida pelos presidentes de tribunais. A sua disciplina legal está assentada no CPC (art. 1.042).

O agravo em recurso especial ou em recurso extraordinário visa o reexame de ato judicial de natureza decisória que tenha negado seguimento a recurso especial ou a recurso extraordinário. O conteúdo da decisão correspondente consiste no entendimento, exarado pelo Presidente ou pelo Vice-Presidente do Tribunal prolator do acórdão recorrido, pela falta dos requisitos de admissibilidade para a interposição daqueles recursos, descritos na Constituição do Brasil e na legislação processual de regência.

Esse agravo visa então possibilitar que a matéria seja reexaminada, primeiramente, em juízo de retratação pelo Presidente ou Vice-Presidente do Tribunal *a quo* e, posteriormente, pelo membro relator do Tribunal *ad quem*, para permitir o julgamento do mérito do extraordinário ou do especial, caso seja positivo o juízo de admissibilidade, vale dizer, a sua prelibação.

Em outras palavras, o agravo contra decisão denegatória de recurso especial ou de recurso extraordinário consiste em impugnação contra decisões exaradas pelos presidentes ou vice-presidentes dos tribunais regionais federais ou dos tribunais de justiça, quando denegatório for o juízo de admissibilidade daqueles recursos.

O art. 1.042, do CPC, expressa que cabe agravo contra decisão do presidente ou do vice-presidente do tribunal recorrido que inadmitir recurso extraordinário ou recurso especial, salvo quando fundada na aplicação de entendimento firmado em regime de repercussão geral ou em julgamento de recursos repetitivos.

Com a implementação do processo judicial eletrônico, será desnecessária, também sob essa ótica, a formação de instrumento, com juntada de peças essenciais, pois todas estarão

57. FEITOZA, Denilson. *Direito processual penal*: teoria, crítica e práxis. Impetus: Niterói, 2009. p. 1047-1088.

disponíveis no sistema, mediante acesso pela parte interessada ou pelo órgão competente para processamento e julgamento do recurso.

65. INTERPOSIÇÃO DO AGRAVO EM RECURSO ESPECIAL E EXTRAORDINÁRIO

O prazo para a interposição do agravo em recurso especial e em recurso extraordinário é de **quinze dias**, nos termos do § 5º, do artigo 1.003, CPC[58].

De tal modo, ficará superado, ao menos parcialmente, o comando da referida súmula 699, do STF. Isso porque os artigos 26 a 29, da Lei nº 8.038/1990, foram expressamente revogados pelo CPC/2015, não havendo previsão legal do prazo de 5 dias para este agravo (ressalvado o regimental, disposto no art. 39, da mesma Lei nº 8.038/1990). Daí que tanto para interpor o recurso de agravo em recurso especial e extraordinário, com suas razões, quanto para acostar contrarrazões, o prazo será o genérico de **quinze dias**, a teor do aludido § 5º, do artigo 1.003, do CPC[59].

A interposição será feita perante a presidência do Tribunal *a quo* (Presidente ou Vice-Presidente). Não será possível negar processamento a esse agravo. É na instância *a quo* que será o agravado intimado para contra-arrazoar o recurso, no mesmo prazo da interposição. Sua interposição deve ocorrer nos autos do processo (sem formação de instrumento). Pelo mesmo motivo, não haverá recolhimento de preparo recursal, pois tal providência, com porte de remessa e retorno quando exigível, já terá sido adotada previamente pelo recorrente no momento da interposição do recurso especial ou extraordinário que tiveram o seguimento negado.

Pode haver, todavia, necessidade de complementação do preparo, máxime pelo acréscimo de volumes processuais, quando houver juntada de documentos que acompanhem a petição recursal ou suas contrarrazões.

Incluso o agravo nos próprios autos onde interposto o recurso especial ou o extraordinário, não será mais necessária a juntada de documentos para acompanhar a petição recursal, porquanto todos os dados para aferir os requisitos de admissibilidade e de mérito se encontram nos autos criminais. No entanto, não é vedada a apresentação de documentos que demonstrem ser relevantes.

Diante dessa nova sistemática, entendemos que deve ser revista a redação da Súmula nº 288 do STF, que aduz dever ser negado provimento ao agravo para subida de recurso extraordinário, quando faltar no traslado o despacho agravado, a decisão recorrida, a petição de recurso extraordinário ou qualquer peça essencial à compreensão da controvérsia. O enunciado encontra-se superado porque, com a nova forma de interposição do agravo (nos próprios autos), não será preciso traslado de peças. O que poderá haver, como dito, é a juntada de peças que não estejam inclusas nos autos, para instruir a petição recursal, com vistas a tornar a controvérsia compreensível, providência diversa do mencionado traslado.

De todo modo, a petição de agravo deverá ser acompanhada de suas razões e, para cada recurso não admitido, deve-se interpor agravo distinto nos autos, notadamente

58. STJ – Quinta Turma – AgRg no AREsp 1526234/SP – Rel. Min. Ribeiro Dantas – DJe 16 dez. 2019.
59. STF – Primeira Turma – ARE 1183595 AgR – Rel. Min. Roberto Barroso – publicado em 16 dez 2019.

considerando a possibilidade de interposição concomitante de agravo ao STF e ao STJ, a depender dos fundamentos da decisão vergastada.

Nesse passo, o § 6º, do artigo 1.042, do CPC realça que, na hipótese de interposição conjunta de recurso extraordinário e recurso especial, o agravante deverá interpor um agravo para cada recurso não admitido. A petição de agravo em recurso especial e extraordinário deve ser dirigida à presidência do tribunal de origem, não carecendo de pagamento de custas e despesas postais.

Interposto o agravo nos autos e oferecida resposta, o Presidente ou Vice-Presidente do Tribunal poderá exercer **juízo de retratação**, se redimindo para admitir o recurso especial ou o extraordinário, ou sustentando sua decisão, eis que é da essência do agravo o **efeito regressivo**.

Além do efeito de retratação ou de sustentação, o agravo é dotado do **efeito devolutivo**.

O **efeito suspensivo** não é, a princípio, a ele atribuído. No entanto, tratando-se de recurso contra decisão condenatória ou que aplica medida de segurança (absolutória imprópria), deve incidir o efeito suspensivo, haja vista não se deve permitir, no nosso sistema, execução provisória da pena ou da medida de segurança, porquanto ninguém será considerado culpado senão depois de transitada em julgado a sentença condenatória.

O art. 283, do CPP, com redação dada pela Lei nº 13.964/2019, não abre campo a controvérsias semânticas. Tirante o duvidoso caso de execução provisória imediata dos condenados pelo júri a pena igual ou superior a quinze anos, sem incidência do efeito suspensivo, salvo em casos extremos (art. 492, I, "", parágrafos 3º e 5º, CPP), o ordenamento jurídico exige formação de culpa ou justificação de prisão provisória cautelar, a teor do art. 312, do CPP.

Com efeito, a CF consagrou a excepcionalidade da custódia no sistema penal brasileiro, sobretudo no tocante à supressão da liberdade anterior ao trânsito em julgado da decisão condenatória. A regra é apurar para, em virtude de título judicial condenatório precluso na via da recorribilidade, prender, em execução da pena, que não admite a forma provisória.

A exceção corre à conta de situações individualizadas nas quais se possa concluir pela aplicação do art. 312 do CPP e, portanto, pela admissibilidade da prisão preventiva.

66. CABIMENTO DO AGRAVO EM RECURSO ESPECIAL E EXTRAORDINÁRIO

É cabível o agravo em tela quando se tratar de decisão denegatória de recurso especial ou de recurso extraordinário. Em conformidade com o art. 1.042, do CPC, não admitido o recurso extraordinário ou o recurso especial, caberá agravo em recurso especial e extraordinário, para o Supremo Tribunal Federal ou para o Superior Tribunal de Justiça, de acordo com o caso.

A inadmissibilidade do recurso especial ou extraordinário causa gravame à parte que interpôs a impugnação ao STF ou ao STJ. Daí caber o agravo, uma vez evidenciados o interesse e a legitimidade do interessado, para destrancar o recurso que foi inadmitido pelo tribunal *a quo*, possibilitando o exame de sua admissibilidade e de seu mérito pelo órgão *ad quem*.

67. PROCESSAMENTO E JULGAMENTO DO AGRAVO EM RECURSO ESPECIAL E EXTRAORDINÁRIO

Necessariamente, os autos do nosso agravo devem subir ao tribunal *ad quem*.

Não pode o presidente ou o vice-presidente do tribunal de origem, por exemplo, deixar de remeter ao Supremo Tribunal Federal o agravo manejado contra decisão que não admite recurso extraordinário, ainda que referente à causa instaurada no âmbito dos juizados especiais, em compasso com o verbete nº 727, da Súmula, do STF.

Em outras palavras, mesmo que se considere o agravo intempestivo, não se pode obstar o seu processamento. Por igual fundamento, também não pode ser obstada a tramitação do agravo ao STJ quando relativo à decisão denegatória de recurso especial.

O agravo chegará ao STF ou ao STJ pronto para o julgamento do mérito do próprio recurso extraordinário ou especial, caso seja positivo seu juízo de admissibilidade. Isso porque estará incluso nos autos principais, seguido de contrarrazões do agravado, onde também interposto o recurso que se pretende desobstruir.

Havendo apenas um agravo em recurso especial ou extraordinário, ele deve ser remetido ao tribunal competente. Cuidando-se de interposição conjunta, os autos serão remetidos ao Superior Tribunal de Justiça. Uma vez concluído o julgamento do agravo em tela pelo Superior Tribunal de Justiça e, se for o caso, do recurso especial, os autos serão remetidos ao Supremo Tribunal Federal, para apreciação do agravo em recurso extraordinário a ele dirigido, salvo se estiver prejudicado.

O agravo em recurso especial ou extraordinário será distribuído a um relator que, por sua vez, poderá proferir decisão monocrática. Decerto, o julgamento desse agravo ocorrerá ou de forma monocrática, pelo relator a quem foram os autos distribuídos, ou colegiada, pelo órgão do Tribunal competente para o exame do seu mérito.

Monocraticamente, com a distribuição dos autos ao relator, este poderá:

(1) não conhecer do agravo manifestamente inadmissível ou que não tenha atacado especificamente os fundamentos da decisão agravada; ou

(2) conhecer do agravo para:

(a) negar-lhe provimento, se correta a decisão que não admitiu o recurso;

(b) negar seguimento ao recurso manifestamente inadmissível, prejudicado ou em confronto com súmula ou jurisprudência dominante no tribunal; ou

(c) dar provimento ao recurso, se o acórdão recorrido estiver em confronto com súmula ou jurisprudência dominante no tribunal.

Dentre outras hipóteses, o agravo terá seu provimento negado, quando a deficiência na sua fundamentação, ou na do recurso extraordinário, não permitir a exata compreensão da controvérsia, tal como se vê do enunciado sumular nº 287, do STF.

Se em virtude da natureza da matéria, o tema recorrido demandar decisão colegiada, o relator determinará inclusão na pauta para julgamento pelo órgão competente do tribunal correspondente.

Ao dar provimento ao agravo, o relator pode constatar a necessidade de julgamento do mérito do recurso especial ou extraordinário de forma não monocrática, devendo ordenar, desde logo, sua inclusão em pauta, observando-se, daí por diante, o rito referente àqueles recursos, permitida sustentação oral.

De acordo com o STF, a sustentação oral do representante do Ministério Público que diverge do parecer juntado ao processo, com posterior ratificação, não viola a ampla defesa[60]. Essa providência não será adotada quando o relator do recurso extraordinário verificar que na mesma causa foi interposto recurso especial que deva ser julgado primeiramente. Entretanto, entendemos que o parecer acostado na instância *ad quem*, somado à sustentação oral, além das sucessivas manifestações do Ministério Público nos autos como parte, agrega peso à acusação, desproporcionalmente às armas do réu, violando ampla defesa e contraditório.

Da decisão do relator que negar seguimento ou provimento ao agravo em recurso especial ou extraordinário caberá agravo regimental (interno ou inominado), para o órgão julgador colegiado.

68. EMBARGOS DE DIVERGÊNCIA

Os embargos de divergência são recursos admissíveis no âmbito do STF e do STJ. Eles têm a finalidade de uniformização da jurisprudência desses tribunais, notadamente quando houver divergência de interpretação de direito federal.

Em matéria penal, quando a parte sofrer sucumbência em virtude de decisão dissonante de outra que lhe sirva de paradigma, poderá manejar os embargos de divergência, solicitando a uniformização da jurisprudência no sentido que melhor lhe aprouver.

69. INTERPOSIÇÃO DOS EMBARGOS DE DIVERGÊNCIA

Os embargos de divergência deverão ser interpostos por petição, pela parte interessada, no prazo de quinze dias. Devem ser observadas as regras dos artigos 1.043 e seguintes, bem como do § 5º, do artigo 1.003, do CPC. Podem ser interpostos quando se verificar decisões destoantes entre órgãos do mesmo tribunal (pleno, órgão especial, seção, turma). A petição recursal, acompanhada das razões, será dirigida ao relator da causa.

70. CABIMENTO DOS EMBARGOS DE DIVERGÊNCIA

O cabimento dos embargos de divergência é aferido quando se tratar de decisão proferida em sede de recurso especial ou extraordinário, cujo teor seja divergente do julgamento de outra turma, da seção, do órgão especial ou do pleno. Ao lado desse requisito, é exigível legitimidade e interesse do recorrente, que são visualizados através da ideia de sucumbência.

Digno de registro é o fato de que o STJ, sumulando a matéria sobre o cabimento do recurso em tela, assentou a admissibilidade de embargos de divergência contra acórdão que, em agravo regimental, decide recurso especial, a teor do seu verbete de nº 316.

Serão cabíveis embargos de divergência do acórdão de órgão fracionário que:

60. STF – Primeira Turma – HC 140780/DF – rel. Min. Marco Aurélio – julgamento em 30 out. 2018.

(1) em recurso extraordinário ou em recurso especial, divergir do julgamento de qualquer outro órgão do mesmo tribunal, sendo os acórdãos, embargado e paradigma, de mérito;

(2) em recurso extraordinário ou em recurso especial, divergir do julgamento de qualquer outro órgão do mesmo tribunal, sendo os acórdãos, embargado e paradigma, relativos ao juízo de admissibilidade;

(3) em recurso extraordinário ou em recurso especial, divergir do julgamento de qualquer outro órgão do mesmo tribunal, sendo um acórdão de mérito e outro que não tenha conhecido do recurso, embora tenha apreciado a controvérsia;

(4) nas causas de competência originária, divergir do julgamento de qualquer outro órgão do mesmo tribunal.

É admissível a possibilidade de confrontação de teses jurídicas contidas em julgamentos de recursos e de ações de competência originária. A divergência que autoriza a interposição de embargos de divergência pode verificar-se na aplicação do direito material ou do direito processual. De outra banda, são cabíveis os embargos de divergência quando o acórdão paradigma for da mesma turma que proferiu a decisão embargada, desde que sua composição tenha sofrido alteração em mais da metade de seus membros.

71. PROCESSAMENTO E JULGAMENTO DOS EMBARGOS DE DIVERGÊNCIA

O processamento dos embargos de divergência é estabelecido pelo regimento interno do Superior Tribunal de Justiça e do Supremo Tribunal Federal. É importante que o recurso venha instruído com os elementos necessários ao entendimento da divergência jurisprudencial apontada.

Para fins de admissibilidade recursal, o recorrente deve provar a divergência com certidão, cópia ou citação de repositório oficial ou credenciado de jurisprudência, inclusive em mídia eletrônica, onde foi publicado o acórdão divergente, ou com a reprodução de julgado disponível na rede mundial de computadores, indicando a respectiva fonte, e mencionará as circunstâncias que identificam ou assemelham os casos confrontados, *ex vi* do § 4º, do art. 1.043, do CPC.

Os embargos de divergência devem estar fundamentados, isto é, suas razões devem indicar a divergência, que deverá ser comprovada nos termos do regimento interno (art. 331, RISTF; art. 266, *caput* e seus parágrafos, RISTJ).

Os embargos de divergência não possuem **efeito suspensivo**, mas apenas o devolutivo. Entretanto, em matéria penal, é preciso frisar que quando se tratar de decisão condenatória ou absolutória imprópria (com imposição de medida de segurança), deve haver incidência do efeito suspensivo porque decorrente do princípio da presunção de inocência, consoante anotamos acima e consideradas as ressalvas que fizemos em torno da Lei nº 13.964/2019.

A teor do § 1º, do art. 1.044, do CPC, a interposição de embargos de divergência no Superior Tribunal de Justiça interrompe o prazo para interposição de recurso extraordinário por qualquer das partes.

Juntados aos autos independentemente de despacho e distribuídos ao relator do órgão com competência para processá-los e julgá-los, os embargos de divergência poderão ser indeferidos liminarmente, quando intempestivos, ou quando contrariarem Súmula do Tribunal, ou não se comprovar ou não configurar a divergência jurisprudencial (art. 266, § 4º, RISTJ).

Não sendo o caso de rejeição liminar, o embargado será intimado para apresentar contrarrazões, em prazo idêntico ao da interposição (quinze dias) (art. 335, § 2º, RISTF; art. 267, RISTJ). Sendo o caso de intervenção do Ministério Público, será ele ouvido, com vista dos autos por vinte dias (art. 266-D, RISTJ).

Os regimentos internos dos tribunais detalham o procedimento legal e a forma do julgamento dos embargos de divergência, além de outros recursos no âmbito de seus órgãos julgadores.

Os órgãos do Superior Tribunal de Justiça ou do Supremo Tribunal Federal, com competência para julgá-los, encontram fundamento na importância prevalente de uniformizar a jurisprudência diante das decisões em confronto, isto é, devem ser verificados os órgãos julgadores de onde partiram os julgados discrepantes.

Desse modo, não se deve olvidar que a divergência pode ocorrer:

(1) no STJ:

(a) entre turmas, é dirimida pela Seção;

(b) entre a Seção e o Pleno, cabe a este dirimir a divergência;

(c) entre Turma e Seção", cabe ao Pleno o conhecimento do recurso; e

(2) no STF, entre as Turmas, que serão sempre da competência do Plenário.

Quando os embargos de divergência forem desprovidos ou não alterarem a conclusão do julgamento anterior, o recurso extraordinário interposto pela outra parte antes da publicação do julgamento dos embargos de divergência será processado e julgado independentemente de ratificação. Isso sem prejuízo da reabertura do prazo para interposição daquele recurso, considerando que os embargos de divergência interrompem, no âmbito do STJ, o prazo para interposição de recurso extraordinário.

72. AGRAVO EM EXECUÇÃO

O agravo em execução é o recurso cabível contra atos judiciais que decidem incidentes no processo de execução penal, tais como os de deferimento ou indeferimento de livramento condicional, de progressão de regime, de indulto, de graça, de anistia, de saída temporária de apenado e de extinção de punibilidade.

No dizer de Denílson Feitoza, "é um recurso ***pro et contra***, ou seja, deferindo ou indeferindo um pedido, na fase de execução da pena ou da medida de segurança, ou mesmo decidindo de ofício, cabe o agravo". O agravo em execução é interposto das decisões prolatadas na execução penal, significando dizer que serão decisões emitidas depois de transitada em julgado sentença condenatória ou absolutória imprópria (que aplica medida de segurança, embora julgue improcedente a pretensão punitiva estatal).

É o artigo 197, da Lei nº 7.210/1984, que traz o contorno geral desse recurso, no âmbito do processo de execução penal, dispondo que, das decisões proferidas pelo juiz das execuções penais, que causem prejuízo à acusação ou à defesa, caberá recurso de agravo.

A matéria foi uniformizada com a previsão de um recurso geral e amplo para combate das decisões do juízo das execuções, simplificando a questão recursal nesta etapa.

Dessa maneira, não é mais admissível a utilização de outros recursos diversos do agravo em execução na fase de cumprimento da pena, a exemplo do recurso em sentido estrito, cujas hipóteses de cabimento contra decisões incidentes no processo de execução penal estão revogadas tacitamente.

73. INTERPOSIÇÃO DO AGRAVO EM EXECUÇÃO PENAL

O agravo em execução penal deve ser interposto por petição ou por termo nos autos, no **prazo de cinco dias** (enunciado nº 700, da Súmula do STF; art. 197, LEP).

É recomendável que a petição ou o termo nos autos venham acompanhados das razões recursais, especialmente em virtude da divergência doutrinária relativamente à aplicação das normas do recurso em sentido estrito (art. 581, CPP) ou do agravo de instrumento do CPC/2015 (arts. 1.015 a 1.020).

Pensamos, como veremos adiante, que, quanto ao agravo em execução penal, melhor é a aplicação do rito do recurso em sentido estrito (art. 581 e seguintes, do CPP).

Desse modo, havendo interposição sem as razões recursais, o juiz deve adotar o rito do recurso em sentido estrito, intimando o agravante para oferecê-las em **dois dias** (art. 588, CPP) e, seguidamente, o agravado, em igual prazo.

É garantida assim a possibilidade da parte que tenha sofrido gravame ver reexaminada a decisão do juiz do processo de execução penal, mediante juízo de retratação ou de sustentação.

A legitimidade para a interposição é do Ministério Público ou da defesa. A vítima, segundo o entendimento dominante, não é parte no processo de execução penal, nem tem interesse em nele intervir.

Sem embargo, é reconhecida ao executado capacidade postulatória no processo de execução penal, ou seja, mesmo que sem advogado constituído ou nomeado, este poderá interpor o agravo ainda que desacompanhado de advogado, conquanto deva o juiz, de imediato, providenciar que o sentenciado escolha um profissional ou, não o fazendo, encaminhe o apenado à Defensoria Pública ou mesmo nomeie defensor dativo.

O agravo é recebido somente no **efeito devolutivo**. Não tem o poder de sustar os efeitos da decisão guerreada, por dicção expressa que dispõe sobre o seu cabimento **sem efeito suspensivo** (art. 197, LEP). No entanto, para a liberação da pessoa internada, submetida a medida de segurança, o agravo em execução será recebido **com efeito suspensivo**, como decorrência do art. 179, da LEP. A providência é cruel com as pessoas acometidas de inimputabilidade. A depender da demora no julgamento desse agravo, o elastério ofenderá demasiadamente a dignidade humana do internado.

Por outro lado, é a ele inerente a possibilidade do juiz se retratar da decisão agravada, estando assim presente o **efeito regressivo.**

Sobre a inexistência de efeito suspensivo no recurso de agravo em execução, cabe pontuar o entendimento de Sergio Demoro Hamilton, ao defender ser equivocada a opção do legislador adotada no art. 197, da Lei de Execução Penal. Para o autor, a opção errônea da lei decorre do fato de que, no caso da execução penal, o acusado "tem contra si uma sentença condenatória transitada em julgado", sustentando que, "em algumas hipóteses, o recurso do Ministério Público devesse merecer efeito suspensivo"[61].

Diferentemente, entendemos que o direito de liberdade informa o art. 197, da LEP. As deliberações para progressão de regime ou para saídas temporárias, por exemplo, seriam anuladas em seus efeitos, se o acusado tivesse de aguardar o encerramento dos recursos manejados pelo Ministério Público.

Por exemplo, se, deixando de aplicar o art. 112, inciso I, da LEP, com redação dada pela Lei nº 13.964/2019, o juiz das execuções penais indefere progressão de regime à razão de dezesseis por cento da pena, relativamente ao apenado primário, cujo crime tiver sido cometido sem violência à pessoa ou grave ameaça, não nos parece razoável fazê-lo aguardar no regime mais gravoso enquanto se processa o agravo em execução penal interposto pelo Ministério Público.

74. CABIMENTO DO AGRAVO EM EXECUÇÃO PENAL

O recurso de agravo em execução será admitido contra toda e qualquer decisão proferida pelo juiz no processo de execução penal, tais como:

(1) decisão que defere ou indefere livramento condicional;

(2) decisão que concede ou nega prisão albergue domiciliar, imposta em substituição à prisão-pena a ser cumprida em estabelecimento penitenciário (no curso da execução penal);

(3) sentença que declara extinta a punibilidade pelo cumprimento da pena ou pelo reconhecimento de prescrição da pretensão executória;

(4) decisão que defere ou indefere progressão de regime;

(5) decisão que reconhece indulto;

(6) decisão que autoriza saída temporária de apenado durante festividades natalinas, da semana santa ou da semana da pátria;

(7) decisão que converte a pena em medida de segurança;

(8) decisão que unifica as penas aplicadas em processos condenatórios distintos; e

(9) decisão que revogar medida de segurança.

75. PROCESSAMENTO E JULGAMENTO DO AGRAVO EM EXECUÇÃO PENAL

De outro giro, há divergências doutrinárias sobre o rito a ser seguido para o agravo em execução.

61. HAMILTON, Sergio Demoro. *Estudos de processo penal*: 3ª Série. Rio de Janeiro: Lumen Juris, 2007. p.173-176.

Guilherme de Souza Nucci noticia que foi utilizado, "no passado, majoritariamente, o rito do agravo do instrumento do Código de Processo Civil". No entanto, com as modificações realizadas a partir da Lei nº 9.139/1995, a prática forense "recuou no seu entendimento anterior, passando a adotar – o que predomina hoje – o rito do recurso em sentido estrito para regular o agravo em execução criminal"[62].

Decerto, o rito do recurso em sentido estrito deve ser adotado com as cautelas de não se estender ao agravo em execução penal, providências com ele incompatíveis, em razão das peculiaridades da fase executória.

Uma vez ouvido o agravado, o juiz de primeiro grau proferirá despacho sustentando sua decisão ou a reformando, vale dizer, o magistrado das execuções penais exercerá juízo de retratação ou de sustentação. Se houver retratação, a parte prejudicada pela modificação da decisão, poderá recorrer por simples petição, sem necessidade de novas razões (art. 589, parágrafo único, CPP).

No tribunal, os autos serão distribuídos a um relator. Não há a figura do revisor em agravo em execução. Deve ser observado o que foi dito para o processamento e o julgamento do recurso em sentido estrito, sendo, pois, aplicáveis ao agravo em execução as disposições que não conflitarem com sua essência.

76. RECLAMAÇÃO CONTRA A LISTA GERAL DE JURADOS

A reclamação contra a lista geral de jurados tem natureza de **recurso administrativo**.

Embora produza efeitos processuais, não repercute diretamente sobre um processo, mas em uma lista geral anual que poderá ensejar diferenças na formação do corpo de jurados que atuará em uma reunião do júri. As repercussões processuais da reclamação epigrafada são, portanto, indiretas e seu trâmite ocorre em âmbito diverso dos autos de um processo penal determinado.

77. INTERPOSIÇÃO DA RECLAMAÇÃO CONTRA A LISTA GERAL DE JURADOS

O CPP não estabelece prazo para o ingresso da reclamação, porém preconiza, como prazo limite de sua interposição, o dia 10 de novembro, data da publicação da lista geral definitiva, razão pela qual é razoável entender a possibilidade de sua impugnação até o dia anterior à data de sua publicação final.

78. CABIMENTO DA RECLAMAÇÃO CONTRA A LISTA GERAL DE JURADOS

Contra a lista geral provisória publicada em 10 de outubro de cada ano, caberá reclamação interposta por qualquer do povo e dirigida ao juiz presidente do tribunal do júri (art. 426, ***caput***, CPP).

Guilherme Nucci, dentre outros autores, sustentam que coexistem as duas ferramentas: reclamação e o recurso em sentido estrito, de natureza administrativa, fundado no inciso XIV, do art. 581, do CPP. A primeira, a reclamação de qualquer do povo contra a lista geral provisória, endereçada ao juiz do júri. O segundo, o recurso em sentido estrito, cabível

62. NUCCI, Guilherme de Souza. *Manual de processo penal e execução penal*. 3. ed. São Paulo: RT, 2007. P. 882-884.

após a apreciação da reclamação, ao Presidente do tribunal de segundo grau, contra a lista definitiva[63].

Como se depreende, a reclamação de qualquer do povo teria lugar a partir da lista provisória, enquanto o recurso em sentido estrito, de índole administrativa e interponível dentro do prazo de vinte dias, a partir da lista definitiva geral anual de jurados.

79. PROCESSAMENTO E JULGAMENTO DA RECLAMAÇÃO CONTRA A LISTA GERAL DE JURADOS

Não há um rito traçado legalmente para a reclamação contra a lista dos jurados publicada até o dia 10 de outubro de cada ano. Como se trata de impugnação administrativa com repercussões de ordem pública, recomendável a oitiva do Ministério Público, do representante da Seccional da OAB e do representante da Defensoria Pública, no prazo comum de cinco dias, seguindo-se de decisão do juiz presidente.

Caso não haja tempo hábil para a oitiva do *Parquet* e dos representantes da OAB e da Defensoria Pública (dada a proximidade da data final de publicação da lista geral), deve o juiz presidente decidir de imediato, dando-lhes ciência seguidamente. Julgada procedente a reclamação, o jurado impugnado será excluído da lista. Caso contrário, será ele mantido.

Anote-se, por fim, que a lista poderá ainda ser alterada de ofício, pelo juiz presidente, nos termos do § 1º, art. 426, CPP, havendo previsão expressa, no § 4º, deste artigo, de que o jurado que tiver integrado o Conselho de Sentença nos doze meses que antecederem a publicação da lista geral fique dela excluído. A lista geral referida pelo dispositivo apontado é a definitiva, a ser publicada até o dia 10 de novembro de cada ano.

80. QUADRO SINÓTICO

<table>
<tr><th colspan="3">CAPÍTULO XXXIV – RECURSOS EM ESPÉCIE</th></tr>
<tr><th colspan="3">RECURSOS EM ESPÉCIE</th></tr>
<tr><th colspan="3">Recurso em sentido estrito</th></tr>
<tr><td colspan="2">Impugnação voluntária, manifestada pela parte interessada e prejudicada por decisão judicial criminal que se adeque a uma das situações dispostas no art. 581, do CPP, para o fim de vê-la modificada pelo juiz de primeiro grau, em juízo de retratação, ou pelo tribunal ad quem, mediante julgamento pelo seu órgão com competência criminal.</td><td>1</td></tr>
<tr><td>Interposição</td><td>Pode ser realizada por petição ou por termo nos autos, por intermédio de advogado ou de forma leiga. O prazo, regra geral, é de cinco dias. Esse lapso, contudo, será de vinte dias quando for manejado contra decisão que incluir jurado na lista geral ou desta o excluir, consoante o parágrafo único, art. 586, CPP.</td><td>2</td></tr>
</table>

63. NUCCI, Guilherme de Souza. *Código de processo penal comentado*. 9. ed. São Paulo: RT, 2009. p. 961.

CAPÍTULO XXXIV – RECURSOS EM ESPÉCIE		
Cabimento	Os casos de cabimento são fechados (art. 581, CPP), não havendo possibilidade de ser ampliada (**tópico 3**). **Interpretação extensiva do rol dos casos de recurso em sentido estrito contra o réu:** indevidamente, a nosso ver, os tribunais têm admitido a ampliação do rol do art. 581, CPP. **Hipóteses legais de cabimento do recurso em sentido estrito:** é cabível recurso em sentido estrito: **Contra a decisão que não receber denúncia ou queixa (art. 581, I, CPP):** O recebimento da peça acusatória é irrecorrível, mas o réu pode manejar HC para trancar a ação penal cujo crime comine pena privativa de liberdade ou mandado de segurança para o mesmo fim quando o crime não preveja pena de tal espécie, quando a demanda for desprovida de justa causa. Nos juizados especiais criminais, a rejeição da inicial acusatória desafia recurso de apelação. **Contra decisão que concluir pela incompetência do juízo (art. 581, II, CPP);**. **Contra a decisão que julgar procedente as exceções, salvo a de suspeição (art. 581, III, CP):** o dispositivo se refere às exceções de incompetência de juízo, de litispendência, de ilegitimidade de parte e de coisa julgada. De outro lado, são irrecorríveis as decisões que rejeitam as exceções. **Recurso em sentido estrito contra decisão que pronunciar o réu (art. 581, IV, CPP);** **Contra decisão que conceder, negar, arbitrar, cassar ou julgar inidônea a fiança, indeferir requerimento de prisão preventiva ou revogá-la, conceder liberdade provisória ou relaxar a prisão em flagrante (art. 581, V, CPP): t**ambém caberá contra a decisão que aplica medida cautelar cumulada com a fiança ou em substituição à prisão preventiva, se manejado em favor do imputado. **Contra decisão que julgar quebrada a fiança ou perdido o seu valor (art. 581, VII, CPP);** **Contra decisão que reconhecer a prescrição ou julgar extinta a punibilidade (art. 581, VIII, CPP);** **Contra decisão que indeferir reconhecimento de causa extintiva de punibilidade (art. 581, IX, CPP):** por outro lado, se a decisão de extinção da punibilidade advier no processo de execução penal, terá incidência o art. 197, da LEP, que estabelece o cabimento de agravo. **Contra decisão do juiz de primeiro grau que conceder ou negar a ordem de *habeas corpus* (art. 581, X, CPP);** **Contra decisão de primeiro grau de jurisdição que anular, no todo ou parcialmente, o processo, a partir da instrução criminal (art. 581, XIII, CPP);**	**3 a 21**

<table>
<tr><th colspan="3">CAPÍTULO XXXIV – RECURSOS EM ESPÉCIE</th></tr>
<tr><td>Cabimento</td><td>Contra decisão que incluir jurado na lista geral ou desta o excluir (art. 581, XIV, CPP);
Contra decisão que não receber apelação criminal ou julgá-la deserta (art. 581, XV, CPP): função de destrancamento de outro recurso.
Contra decisão que suspender o processo em face de questão prejudicial (art. 581, XVI, CPP);
Contra decisão que julgar o incidente de falsidade documental (art. 581, XVIII, CPP);
Cntra decisão que recusar homologação à proposta de acordo de não persecução penal, previsto no art. 28-A, do Código. (art. 581, XXV, CPP);
Hipóteses de recurso em sentido estrito revogadas tacitamente pelo art. 197, da LEP: não é cabível mais recurso em sentido estrito, mas agravo em execução, em razão de revogação tácita pela LEP (Lei nº 7.210/1984), contra as decisões que: (1) conceder, negar ou revogar a suspensão condicional da pena (art. 581, XI, CPP); (2) conceder, negar ou revogar livramento condicional (art. 581, XII, CPP); (3) decidir sobre a unificação das penas (art. 581, XVII, CPP); (4) decretar medida de segurança, depois de transitar a sentença em julgado (art. 581, XIX, CPP); (5) impor medida de segurança por transgressão de outra (art. 581, XX, CPP); (6) manter ou substituir medida de segurança no processo de execução penal (art. 581, XXI, CPP); (7) revogar medida de segurança (art. 581, XXII, CPP); (8) deixar de revogar a medida de segurança, nos casos em que a lei admita a revogação (art. 581, XXIII, CPP); e (9) converter a multa em detenção ou em prisão simples (art. 581, XXIV, CPP).</td><td>3 a 21</td></tr>
<tr><td>Processamento e julgamento</td><td>O processamento do recurso em sentido estrito encontra diferenciações na legislação processual penal, de acordo com o caso a que se refira sua interposição.
Como regra geral, a petição é endereçada ao juiz de primeiro grau e as suas razões (e contrarrazões) ao órgão julgador ad quem.
O CPP preconiza que deverá subir com os autos originais quando: (1) houver reexame necessário; (2) for o caso de despacho, decisão ou sentença que não receber a queixa ou a denúncia, que julgar procedentes as exceções (salvo a de suspeição), que pronunciar o acusado, que decretar a prescrição ou julgar extinta a punibilidade e, que negar ou conceder a ordem de habeas corpus; e, (3) não prejudicar o andamento do processo.
De outro lado, o recurso da pronúncia subirá em traslado, quando, havendo dois ou mais réus, qualquer deles se conformar com a decisão ou todos não tiverem sido ainda intimados da pronúncia (art. 583, parágrafo único, PP).</td><td>22</td></tr>
</table>

CAPÍTULO XXXIV – RECURSOS EM ESPÉCIE		
Processamento e julgamento	Geralmente, é dotado só dos efeitos devolutivo e regressivo, não o suspensivo, porquanto os casos de incidência de efeito suspensivo estão no texto legal ou decorrem da natureza da decisão judicial impugnada. Terá efeito suspensivo, por exemplo, segundo a parte final do *caput*, do art. 584, do Código, o recurso contra a decisão que denegar a apelação ou julgá-la deserta (art. 581, XV, CPP). Não cabe falar na figura do revisor em sede de recurso em sentido estrito. O processamento e o julgamento são de competência dos tribunais de justiça, dos tribunais regionais federais, das câmaras ou das turmas que os compõem, em compasso com as leis de organização judiciária e com os respectivos regimentos internos. Os autos do recurso serão distribuídos a um relator, seguindo-se imediatamente com vista ao membro do Ministério Público com atribuição para atuar em segunda instância. Com o retorno do processo ao relator, este pedirá dia para julgamento, com inclusão na pauta correspondente (art. 610, *caput*, CPP). As decisões do tribunal são tomadas por maioria de votos, alusivos à matéria preliminar (de admissibilidade) e de mérito (provimento ou não provimento).	**22**
Apelação		
Comparativamente ao recurso em sentido estrito, o apelo é subsidiário, pois, diante de uma decisão ou sentença, deve-se antes se certificar de que não caiba recurso em sentido estrito, para daí recorrer-se aos casos do art. 593, do Código. No sistema processual penal brasileiro, a apelação é o recurso manejável pela acusação, pelo seu assistente ou pela defesa, para fins de reforma ou invalidação de determinadas decisões, pelo órgão de jurisdição de segundo grau. Desse modo, o apelo enseja a devolução da matéria decidida ao órgão ***ad quem*** nos limites da impugnação e, se necessário e diante da necessidade de novas provas, pode permitir a devolução de poderes instrutórios ao órgão de segunda instância.		**23**
Funções	**(1)** função rescisória e **(2)** função rescindente.	**24**
Limites à cognoscibilidade da apelação criminal nos procedimentos do júri	A apelação contra as decisões dos jurados não terá o condão de possibilitar o reexame integral das decisões protegidas pela soberania dos veredictos. Trata-se de apelação mais restrita, de **fundamentação relativamente vinculada** (de acordo com as hipóteses gizadas no inciso III, do art. 593, do CPP).	**25**
Extensão	Calha fazer uma menção à classificação do recurso em tela em **apelação plena** e em **apelação limitada**, que nasceu da dicção do art. 599, do CPP. Geralmente, "a apelação devolve ao conhecimento do tribunal ***ad quem*** toda matéria decidida em primeira instância, falando-se então em apelação plena, ou ampla". No entanto, pode ocorrer que o próprio apelante faça a delimitação do objeto do apelo, com o pedido de reexame parcial da decisão recorrida: eis a "apelação limitada, ou parcial, ou restrita".	**26**

CAPÍTULO XXXIV – RECURSOS EM ESPÉCIE		
Interposição	Será interposta por petição ou por termo nos autos. A apelação será tida por interposta se, "tempestiva e de forma clara, a parte tenha, ainda que por intermédio de simples cota nos autos ao tomar conhecimento da decisão, demonstrado inconformismo com a sentença". O prazo para o ingresso do apelo (petição recursal) é, regra geral, de **cinco dias** (art. 593, CPP). A sua tempestividade é aferida pela data de interposição e não pela da juntada aos autos da petição recursal. No que tange às razões e às contrarrazões ao apelo, o CPP estabelece, como prazo geral, o de **oito dias** (art. 600). Caso o processo seja de contravenção, sem processamentos nos juizados especiais, o prazo para arrazoar será de três dias, que também o será para o caso da existência de assistente da acusação, em qualquer hipótese. Todavia, como as contravenções, em regra, são apreciadas nos juizados especiais, lá, o prazo para o apelo é de **dez dias**. Nesse juízo, a petição deve se fazer acompanhar das razões (art. 82, § 1º, Lei nº 9.099/1995). O prazo para a interposição da apelação, no caso de assistente não habilitado nos autos, será de quinze dias contados da expiração do prazo de recurso do MP (art. 598, *caput* e parágrafo único, CPP). Se o assistente já **estiver habilitado** nos autos, o seu prazo para apelar será de **cinco dias**.	**27**
Cabimento	**Cabimento da apelação criminal:** na dicção dos arts. 416 e 593, do CPP, caberá apelação contra: **Sentenças condenatórias ou absolutórias prolatadas por juiz singular (art. 593, I, CPP);** **Decisões definitivas, ou com força de definitivas, proferidas por juiz singular, não inseridas nas hipóteses de recurso em sentido estrito (art. 593, II, CPP):** estamos diante de uma cláusula aberta, conflitante com o princípio da taxatividade recursal. O parâmetro para a admissão da apelação é demasiado vago. Tentemos precisar seus contornos: (1) decisão definitiva seria aquela com conteúdo de mérito, se contrapormos à noção oposta, de decisão terminativa; (2) decisão com força de definitiva seria àquela com conteúdo equivalente ao de mérito, que, embora não seja propriamente uma deliberação final no processo principal, resolve questão ou processo incidente, em autos apartados, tocando porção do mérito da demanda penal atual ou futura. Com o advento da Lei nº 13.964/2019, perdeu relevância a controvérsia que existia sobre o cabimento de apelação contra decisão de arquivamento de inquérito policial. O trâmite de encerramento dessa investigação se circunscreve ao âmbito do próprio Ministério Público, não havendo mais que se cogitar do cabimento de qualquer recurso judicial.	**28 a 34**

CAPÍTULO XXXIV – RECURSOS EM ESPÉCIE		
Cabimento	**Decisões do tribunal do júri (art. 593, III, CPP):** são quatro os casos de apelação previstos contra as decisões tomadas ao final da sessão do tribunal do júri: (1) advier nulidade subsequente à pronúncia; (2) a sentença do juiz-presidente contrariar dispositivo legal expresso ou a decisão dos jurados; (3) ocorrer equívoco ou injustiça na imposição de medida de segurança ou de pena; e (4) a decisão dos jurados contrariar manifestamente a prova dos autos. Os casos de apelação contra decisões do júri exigem fundamentação vinculada a esses motivos. **Sentença de impronúncia (art. 416, CPP);** **Sentença de absolvição sumária (art. 416, CPP):** Temos absolvição sumária no rito do júri (art. 415, CPP) e no rito comum (art. 397, CPP). Ambas são apeláveis. **Decisões do juizado especial criminal (art. 82, Lei nº 9.099/1995):** será cabível a apelação contra a decisão de rejeição da denúncia ou da queixa, contra a sentença absolutória ou condenatória e contra a sentença homologatória de transação penal, não havendo que se falar em recurso em sentido estrito no âmbito dos juizados especiais.	**28 a 34**
Processamento e julgamento	O processamento da apelação envolve a questão prévia relativa ao seu juízo de admissibilidade. Recebida a apelação, serão atribuídos, pelo juiz de primeiro grau, os efeitos legais (art. 597, do CPP), da seguinte forma: (1) a apelação será sempre recebida no efeito devolutivo; (2) será também, em regra, dotada de efeito suspensivo nas hipóteses de sentença condenatória e de sentença absolutória imprópria, com supedâneo no estado de inocência; (3) caso se cuide de apelação interposta contra decisão condenatória do júri a uma **pena igual ou superior a quinze anos de reclusão**, inclusive decorrente data totalização das penas dos crimes conexos submetidos júri, não haverá efeito suspensivo ao apelo; (4) a prisão decorrente de sentença condenatória caiu, de forma que para que alguém tenha decretada sua prisão nessa fase, devem ser comprovados os requisitos da prisão preventiva; e (5) em se tratando de sentença absolutória própria, o apelo nunca terá efeito suspensivo. No que toca à possibilidade de serem as razões do recurso de apelação apresentadas em segunda instância (§ 4º, art. 600, CPP), as partes, por seus advogados, devem ser notificadas através de publicação oficial (salvo o Ministério Público e a Defensoria Pública, que serão notificados pessoalmente). A competência para julgar a apelação é do tribunal ao qual está vinculado o juiz prolator da sentença, podendo ser os Tribunais de Justiça ou os Tribunais Regionais Federais, que são órgãos de segundo grau de jurisdição. Os autos, ao chegarem ao tribunal, serão distribuídos a um relator.	**35**

<table>
<tr><th colspan="3">CAPÍTULO XXXIV – RECURSOS EM ESPÉCIE</th></tr>
<tr><td>Processamento e julgamento</td><td>
Na segunda instância, o Ministério Público terá vista dos autos para exarar parecer, no prazo de cinco dias, atuando, na hipótese, como custos legis.
Estando pronto o processo, o relator pedirá dia para julgamento, solicitando inclusão em pauta (art. 610, caput, CPP). Uma vez designada a data, as partes devem ser corretamente intimadas, conforme as especificidades legais.
No dia do julgamento, o presidente do tribunal o anunciará, sendo apregoadas as partes e, com a presença delas ou à revelia, o relator fará o relatório do feito e, seguidamente, o presidente, concederá, pelo prazo de dez minutos, a palavra aos representantes das partes e ao procurador-geral, por igual prazo (parágrafo único, art. 610, CPP).
Caso se trate de apelação contra sentenças prolatadas em processo por delito a que a lei comine pena de reclusão, há necessidade de um membro do tribunal como revisor.
Na sequência do procedimento da apelação contra sentença em processo por crime apenado com reclusão, serão observadas em acréscimo ao enunciado do art. 610, CPP, as seguintes modificações:
(1) feito o relatório nos autos, passarão estes ao revisor, com igual prazo para o exame do processo, após o que pedirá designação de dia para o julgamento; (2) os prazos serão ampliados ao dobro; (3) o tempo para os debates será de um quarto de hora (art. 613, CPP).
Após o debate, será dada a palavra ao relator, que proferirá o seu voto. O voto constará, em regra, de duas partes dispositivas: uma referente ao conhecimento ou ao não conhecimento do apelo; a outra – se conhecida a apelação – pelo provimento ou pelo não provimento do recurso.
Havendo divergência em relação ao conhecimento do recurso, o presidente deverá conduzir a tomada dos votos restritamente a este ponto.
Se a maioria decidir pelo não conhecimento, encerra-se o julgamento do apelo. Se for a apelação conhecida, passa-se a tomada dos votos alusivamente ao provimento ou não provimento do recurso.
Se houver empate de votos no julgamento de recursos e se o presidente do tribunal, câmara ou turma, não tiver tomado parte na votação, proferirá o voto de desempate, no caso contrário, prevalecerá a decisão mais favorável ao réu (§ 1º, art. 615, CPP).
Sendo o relator vencido, outro será designado para lavrar o acórdão, recaindo, em regra, sobre o membro que abriu a divergência, devendo o acórdão ser apresentado à conferência na primeira sessão seguinte à do julgamento, ou no prazo de duas sessões, pelo juiz incumbido de lavrá-lo (§ 2º, art. 615, CPP).
</td><td>35</td></tr>
</table>

CAPÍTULO XXXIV – RECURSOS EM ESPÉCIE		
Processamento e julgamento	Calha registrar que não é permitido aplicar a "**teoria da causa madura**" para, em grau recursal, julgar procedente pedido condenatório, com **saltos de instância**, quando a sentença ou decisão recorrida for de extinção sem resolução do mérito (indeferimento da inicial, a teor do art. 395, CPP).	**35**
Carta Testemunhável		
O fito da carta testemunhável, é, primariamente, o de provocar o reexame da decisão antes objurgada por recurso não recebido ou sem seguimento regular, em virtude de procedimento ilegal do juízo de primeiro grau, e, secundariamente, determinar o **destrancamento** do recurso estancado na origem, isto é, o processamento do recurso paralisado indevidamente em primeira instância.		**36**
Interposição	A carta testemunhável é interposta através de petição, como se depreende da parte inicial do art. 640, do CPP. É endereçada ao escrivão ou diretor de secretaria da vara ou secretário do tribunal. Embora a regra legal preconize que a interposição da carta se dá por petição, não deve ser negado seu ingresso através de termo nos autos. O prazo para a interposição da carta testemunhável, segundo os termos do art. 640, do Código, é o de quarenta e oito horas seguintes ao despacho que denegar o recurso. O termo inicial do prazo terá começo a partir do minuto seguinte à efetivação da intimação, porquanto a contagem do prazo de quarenta e oito horas é feita, se possível, de minuto em minuto, não se aplicando, a princípio, a regra geral dos prazos processuais. Caso não seja possível a contagem de minuto a minuto, o prazo será considerado de dois dias, a teor do art. 798, § 1º, do CPP, tendo com termo ***a quo*** o dia seguinte à intimação e, por termo ***ad quem***, a hora do encerramento do expediente forense do segundo dia. A carta testemunhável é recurso que não tem **efeito suspensivo** (art. 646, CPP), mas só devolutivo. É, de outra vertente, dotada de **efeito regressivo**, possibilitando juízo de retratação pelo juiz.	**37**
Cabimento	O seu cabimento depende da inexistência de previsão de outro recurso. A carta testemunhável é assim cabível: (1) contra decisão denegatória de recurso cuja competência seja de órgão imediatamente superior ao juízo recorrido; ou (2) contra decisão que impedir o processamento desse recurso que, embora admitido, não tenha sido remetido ao tribunal. De outro giro, como o ***caput***, do art. 639, do CPP, fala do cabimento da carta testemunhável contra denegação de recurso, necessário é concluir que, para ser ela admissível, é indispensável que o não recebimento pressuposto seja referente a recurso, tal como se dá contra o não recebimento de recurso em sentido estrito, que é, por excelência, hipótese de admissibilidade da carta testemunhável.	**38**

<table>
<tr><th colspan="3">CAPÍTULO XXXIV - RECURSOS EM ESPÉCIE</th></tr>
<tr><td>Cabimento</td><td>Para se certificar acerca do cabimento do recurso em tela, importa investigar se existe previsão de algum outro recurso específico contra a denegação da primeira impugnação, bem como verificar se a natureza recursal do instrumento cujo processamento fora obstruído.
A carta testemunhável deverá ser interposta da inadmissão do recurso em sentido estrito e do agravo em execução (art. 197, Lei nº 7.210/1984).
Não é cabível a carta testemunhável em razão do não recebimento de embargos de declaração.</td><td>38</td></tr>
<tr><td>Processamento e julgamento</td><td>A sua peculiaridade é alusiva à sua interposição e procedimentos necessários para a extração da carta que servirá à parte testemunhante. Com essa providência preliminar, o rito recursal da carta testemunhável, dirigida contra decisão do juiz de primeiro grau de jurisdição, é o estabelecido para o recurso em sentido estrito, nos artigos 588 a 592, do Código de Processo Penal.
O escrivão, o diretor de secretaria o secretário do tribunal dará recibo à parte da petição recursal ou certidão de que foi interposta a carta testemunhável por termo nos autos. A parte recorrente deverá indicar as peças do processo a serem trasladadas (art. 640, CPP).
A petição recursal, destaque-se, não é dirigida ao juiz, mas ao escrivão de vara estadual, diretor de secretaria de vara federal ou secretário do tribunal.
Ainda que apresentadas razões e contrarrazões referentes ao recurso não recebido ou com processamento denegado, pensamos recomendável que sejam intimadas as partes para este fim, quando da interposição da carta testemunhável, pelo prazo de dois dias, garantindo-se o contraditório. Não há, todavia, oportunidade em primeiro grau de jurisdição para parecer do Ministério Público.
Caso haja possibilidade do exercício de juízo de retratação, por ser dotado o recurso denegado também desse efeito, o funcionário deve fazer conclusão dos autos para que o juiz testemunhado se manifeste, sustentando sua decisão ou se retratando.
Após entregar recibo à parte, certificando a interposição da carta testemunhável, o escrivão, o diretor de secretaria ou o secretário do tribunal, no prazo de cinco dias, fará entrega da carta devidamente conferida e concertada.
O recibo e a carta instruída conferem ao interessado a condição de testemunhante.
A segunda parte do art. 642, CPP, por sua vez, preconiza que o juiz ou o presidente do tribunal de apelação, em face de representação do testemunhante, imporá a pena e mandará que seja extraído o instrumento, sob a mesma sanção, pelo substituto do escrivão ou o secretário do tribunal, podendo o testemunhante, se não atendido, reclamar ao presidente do tribunal ad quem, que avocará os autos, para o efeito do julgamento do recurso e imposição da pena.</td><td>39</td></tr>
</table>

CAPÍTULO XXXIV – RECURSOS EM ESPÉCIE		
Processamento e julgamento	São aplicáveis os artigos 609 a 618, do Código de Processo Penal, naquilo que houver pertinência com o recurso em sentido estrito, que também têm incidência na hipótese de agravo em execução obstado na origem.	**39**
Embargos de declaração		
O CPP prevê dois recursos que, em essência, são equivalentes. O primeiro é conhecido por embarguinhos, previsto no art. 382, CPP, que estatui que "qualquer das partes poderá, no prazo de dois dias, pedir ao juiz que declare a sentença, sempre que nela houver obscuridade, ambiguidade, contradição ou omissão". O segundo recurso, com a mesma natureza do primeiro, é oponível contra decisões dos tribunais. O CPP o trata literalmente como "embargos de declaração", ao dispor, em seu art. 619, que aos acórdãos proferidos pelos tribunais de apelação, câmaras ou turmas, poderão ser opostos embargos de declaração, no prazo de dois dias, contado da sua publicação, quando houver na sentença ambiguidade, obscuridade, contradição ou omissão. Uma terceira forma do recurso em tela está prevista no art. 83, *caput*, da Lei nº 9.099/1995, prevendo cabimento de embargos de declaração, tanto da sentença quanto do acórdão, nos juizados especiais criminais.		**40**
Oposição	A oposição de embargos de declaração se dá mediante petição dirigida ao mesmo órgão que proferiu a decisão a qual se atribua ambiguidade, contradição, omissão ou obscuridade. A petição deve expor os fundamentos recursais, que devem acompanhá-la. O prazo para o seu ingresso é de dois dias contados da ciência do julgado, pela parte prejudicada. Nos juizados especiais criminais, o prazo é de cinco dias e devem ser opostos por escrito ou oralmente (art. 83, parágrafos, Lei nº 9.099/1995). Os embargos de declaração **interrompem** o prazo recursal para outros recursos.	**41**
Cabimento	Os embargos de declaração são cabíveis contra ato judicial com conteúdo decisório. São também admissíveis contra decisões que contenham em seu corpo os vícios apontados, de sorte a carecer de colmatação ou retificação, a exemplo de decisões interlocutórias.	**42**
Processamento e julgamento	Os embargos de declaração são julgados pelo próprio órgão prolator da decisão objurgada. Não é ele dotado de efeito regressivo. Os embargos de declaração são dotados de efeito devolutivo. Quanto ao efeito suspensivo, os embargos têm este efeito quando se tratar de sentença condenatória. O prazo recursal para outros recursos não corre para ambas as partes enquanto pendente o processamento e julgamento dos embargos, sendo um efeito interruptivo específico. Isso significa dizer que uma vez julgados os embargos de declaração ou os "embarguinhos", o prazo recursal recomeçará a ser contado. No entanto, esse efeito não beneficia o Ministério Público que não impugnar a decisão favorável ao imputado.	**43**

<table>
<tr><th colspan="3">CAPÍTULO XXXIV – RECURSOS EM ESPÉCIE</th></tr>
<tr><td>Processamento e julgamento</td><td>Fala-se em efeito modificativo ou infringente dos embargos de declaração em casos excepcionais.
Em primeiro grau de jurisdição, os embargos são apreciados pelo próprio juiz. Uma vez apresentado, não se abre vista para a parte contrária respondê-lo, cabendo ao órgão julgador de pronto deliberar, salvo o embargante pretenda conferir efeito infringente ao julgado.
Em segundo grau de jurisdição, será seguida a mesma orientação quanto ao seu processamento. A petição de embargos de declaração é incluída nos autos e será, por ocasião do julgamento, apresentada pelo relator.
A partir da intimação da sentença ou da decisão em embargos de declaração, o prazo para os demais recursos será integralmente devolvido, observado eventual trânsito em julgado para o Ministério Público.
Também na esfera dos tribunais, haverá possibilidade para acolhimento ou rejeição do pedido de embargos de declaração. Nos termos do § 1º, do art. 620, do CPP, o requerimento será apresentado pelo relator e julgado, independentemente de revisão, na primeira sessão.</td><td>43</td></tr>
<tr><th colspan="3">Agravo interno, inominado ou regimental</th></tr>
<tr><td colspan="2">É a impugnação dirigida contra decisões monocráticas proferidas por membro de tribunal, que ocasionem gravame a um dos interessados, pretendendo que a matéria seja reexaminada por todos os membros do órgão colegiado com competência para apreciá-la.</td><td>44</td></tr>
<tr><td>Interposição</td><td>Será interposto por simples petição, no prazo de cinco dias, com o requerimento expresso de que a matéria decidida monocraticamente seja submetida a julgamento pelo plenário, órgão especial ou outro órgão fracionário competente.
Na forma do enunciado nº 699, da Súmula, do STF, o prazo para interposição de agravo, em processo penal, é de cinco dias, de acordo com o art. 39, da Lei 8.038/1990, não se aplicando o Código de Processo Civil.</td><td>45</td></tr>
<tr><td>Cabimento</td><td>O cabimento do agravo interno, inominado ou regimental pode ser verificado, de forma não exaustiva, contra:
(1) decisão monocrática do relator, no âmbito do STF ou do STJ, que cause gravame à parte;
(2) despacho do Presidente do STF ou do STJ que defira ou indefira suspensão de execução de liminar concedida ou de sentença concessiva em mandado de segurança;
(3) decisão de membro de tribunal que conceda ou indefira liminar em mandado de segurança; e
(4) indeferimento liminar, pelo relator, de revisão criminal proposta perante o tribunal competente.</td><td>46</td></tr>
</table>

<table>
<tr><th colspan="3">CAPÍTULO XXXIV – RECURSOS EM ESPÉCIE</th></tr>
<tr><td>Cabimento</td><td>A ação de habeas corpus é demanda constitucional e, por estar inserida no rol dos direitos fundamentais, deve ter máxima efetividade. No entanto seu rito é estreito e a cognição é parcial. Tais características fazem da ação de habeas corpus uma demanda refratária a recursos.</td><td>46</td></tr>
<tr><td>Processamento e julgamento</td><td>O processamento do agravo interno, regimental ou inominado é geralmente tratado nos regimentos internos dos tribunais.</td><td>47</td></tr>
<tr><th colspan="3">Embargos Infringentes e de Nulidade</th></tr>
<tr><td colspan="2">Os embargos infringentes e de nulidade é recurso privativo da defesa, estabelecido no parágrafo único, do art. 609, do CPP. Esses embargos visam ao reexame de decisões não unânimes proferidas em segunda instância e desfavoráveis ao acusado. São apreciados no âmbito do próprio tribunal julgador. Tem por fundamento a existência de pelo menos um voto vencido, indicativo de possível injustiça do julgamento prejudicial ao réu.

Poderá ocorrer de os embargos serem, a um só tempo, infringentes e de nulidade, bem como ser constatado caso de desacordo parcial, quando os embargos serão restritos à matéria objeto de divergência.</td><td>48</td></tr>
<tr><td>Interposição</td><td>Serão interpostos por petição, acompanhada de razões, no prazo de dez dias, a contar da publicação do acórdão. A interposição deve ser realizada no órgão indicado para seu julgamento que, necessariamente, deve ser com maior número de membros que o que proferiu a decisão não unânime recorrida, ressalvadas as decisões proferidas pela sessão plenária do tribunal.
O Ministério Público pode ser legitimado a interpor embargos infringentes e de nulidade desde que o faça em favor da defesa.
Os embargos infringentes e de nulidade são dotados de efeito devolutivo.
Quanto ao efeito suspensivo, é preciso distinguir:
(1) caso se trate de acórdão com conteúdo condenatório, os embargos infringentes e de nulidade são dotados desse efeito; e
(2) caso o conteúdo não seja condenatório, a regra é que não tenha efeito suspensivo, salvo quando houver impossibilidade lógica do andamento do processo quanto ao acusado recorrente.
No que toca ao efeito regressivo, entendemos que é da natureza desses embargos oportunizarem juízo de retratação.</td><td>49</td></tr>
<tr><td>Cabimento</td><td>Caberão embargos infringentes e de nulidade de decisões proferidas em sede de apelação, de recurso em sentido estrito e de agravo em execução, quando não houver unanimidade e for o acusado sucumbente na parte objeto de divergência.
Pressupostos básicos:
(1) a apresentação de recurso em sentido estrito, de agravo em execução ou de apelação da decisão de primeiro grau de jurisdição; e
(2) a sucumbência defensiva no julgamento destes.</td><td>50</td></tr>
</table>

CAPÍTULO XXXIV – RECURSOS EM ESPÉCIE		
Cabimento	Podemos alinhar regras que o nosso recurso deve, então, observar: (1) o voto minoritário discrepante deve ser favorável ao acusado; (2) a fundamentação recursal deve ficar adstrita àquela divergência parcial da votação; (3) a decisão deve decorrer daqueles recursos contemplados no nosso sistema. Também não cabem embargos infringentes contra as decisões proferidas em sede de mandado de segurança, em compasso com o art. 25, da Lei Federal nº 12.016/2009; (4) o acórdão deve ter sido proferido por tribunal. Não é admissível interposição de decisão de turma recursal, no âmbito dos juizados especiais criminais; (5) se a decisão contém matéria constitucional submetida ao plenário dos Tribunais, não são admissíveis os embargos infringentes, consoante o enunciado nº 293, da Súmula, do STF; (6) de forma similar, da decisão que se seguir ao julgamento de constitucionalidade pelo tribunal pleno, são inadmissíveis embargos infringentes quanto à matéria constitucional, na forma do verbete sumular nº 455, do STF; e (7) no STJ, foi afirmado que é inadmissível recurso especial quando cabíveis embargos infringentes contra o acórdão proferido no tribunal de origem, de compasso com o seu enunciado sumular de nº 207.	**50**
Cabimento dos embargos infringentes no STF	No STF são cabíveis embargos infringentes contra decisões condenatórias proferidas nos autos de ação penal condenatória. Na Suprema Corte, **não cabem embargos de nulidade**! A fonte é o seu regimento interno. No STF, o requisito de cabimento desse recurso é a existência dos elementos seguintes: (1) **votos absolutórios em sentido próprio**, logo, a Suprema Corte não admite embargos infringente interpostos com base em votos extintivos de punibilidade; (2) **quatro votos absolutórios** em sentido próprio, quando a decisão condenatória impugnada tiver sido proferida pelo órgão plenário, que é composto por onze ministros; (3) **dois votos absolutórios** em sentido próprio, quando a decisão condenatória vergastada tiver sido prolatada por uma das turmas, que são compostas por cinco membros; (4) se a hipótese for de julgamento em **sessão secreta**, em razão da impossibilidade de se saber o placar de votação, serão admitidos os embargos infringentes, sendo suficiente a ciência de se cuidar de votação tomada por maioria contra o réu; (5) **divergência relevante**, alusiva ao núcleo absolutório próprio.	**51**

CAPÍTULO XXXIV – RECURSOS EM ESPÉCIE		
Cabimento dos embargos infringentes no STF	Voto em sentido próprio refere-se à deliberação que se acomoda às hipóteses de cabimento gizadas no Regimento Interno do STF (RISTF). Em compasso com o seu art. 333, são cabíveis embargos infringentes, em matéria penal, contra decisão não unânime do Plenário ou da Turma: (1) que julgar procedente a ação penal; (2) que julgar improcedente a revisão criminal; e (3) que, em recurso criminal ordinário, for desfavorável ao acusado. Recurso ordinário é o que impõe reexame de questão fática ou probatória, além de matéria somente de direito. Cabe frisar que o CPP não prevê a exigência aludida (dois ou quatro votos absolutórios em sentido próprio), construída pela Suprema Corte – inovando o ordenamento jurídico – e cristalizada no art. 333, do RISTF (cf. arts. 609 a 613).	**51**
Processamento e julgamento dos embargos infringentes	Interpostos os embargos infringentes e de nulidade (no prazo de dez dias, com petição acompanhada de razões recursais), o Ministério Público (pessoalmente) ou o querelante (via imprensa) serão intimados para oferecer contrarrazões em dez dias. Decerto, embora não haja previsão legal tanto, o contraditório deve ser assegurado, notadamente diante da possibilidade de modificação do julgado. O parágrafo único, do art. 609, do Código, averba que o rito a ser seguido para o processamento desses embargos é o da apelação, ao fazer remissão ao seu art. 613. De tal forma, instruído o recurso (com razões e contrarrazões recursais), deve ser, em dez dias, lançado relatório nos autos, passando estes ao revisor, que, também em dez dias, examinará o processo e, verificando sua regularidade (inexistência de pendências ou nulidades processuais), pedirá dia para julgamento (inclusão em pauta). Em arremate, vale lembrar a possibilidade de um **voto médio**, intermediário.	**52**
Recursos especial e extraordinário		
Os recursos especial e extraordinário são impugnações previstas na Constituição do Brasil. O recurso especial é processado e julgado pelo STJ e o recurso extraordinário pelo STF. O que vai diferenciar, de maneira peculiar, esses recursos são as suas hipóteses de cabimento. São recursos de fundamentação vinculada.		**53**
Interposição	Deve ser feita por petição, acompanhada de razões, dirigida ao presidente do tribunal que proferiu a decisão vergastada. As razões do recurso devem ser endereçadas ao STJ ou ao STF. O CPC disciplina o processamento do recurso extraordinário e do recurso especial. Devem ser respeitadas as peculiaridades do direito processual penal.	**54**

CAPÍTULO XXXIV – RECURSOS EM ESPÉCIE		
Prazo e sua contagem	O prazo para interposição desses recursos é quinze dias. Os prazos, em matéria penal, serão contados em dias corridos, sem exceção, ainda que se trate de recurso disciplinado no CPC.	**55**
Modalidade adesiva	O recurso especial e extraordinário adesivo somente é possível se interposto em favor da defesa. Deve ser interposto perante o mesmo órgão a que foi dirigido o recurso principal interposto.	**56**
Efeitos	No processo penal, contra condenação penal, vigora, como regra, o **efeito suspensivo** de todos os recursos manejados contra decisões penais condenatórias, em consonância com princípio da presunção de não culpabilidade e com a dicção do art. 283, do CPP, na redação da Lei nº 13.964/2019. Sublinhamos que o efeito suspensivo somente não tem aplicação no processo penal quando aqueles recursos forem interpostos contra decisões absolutórias.	**57**
Efeitos	Reduzindo a eficácia do postulado da presunção da inocência, a Primeira Turma do STF, deliberou que "nas condenações pelo tribunal do júri não é necessário aguardar julgamento de recurso em segundo grau de jurisdição para a execução da pena". Os recursos criminais, ainda que de natureza extraordinária, impõem aos órgãos jurisdicionais **exame amplo de provas e de fatos**, em função do **efeito translativo** em favor do réu. Os tribunais superiores mencionam a técnica de concessão de *habeas corpus* de ofício. O pedido de concessão de efeito suspensivo a recurso extraordinário ou especial, quando cabível, poderá ser formulado por requerimento dirigido ao: (1) tribunal superior respectivo, no período compreendido entre a publicação da decisão de admissão do recurso e sua distribuição, ficando o relator designado para seu exame prevento para julgá-lo; (2) relator, se já distribuído o recurso; (3) ao presidente ou vice-presidente do tribunal local, ao presidente ou ao vice-presidente do tribunal recorrido, no período compreendido entre a interposição do recurso e a publicação da decisão de admissão do recurso, assim como no caso de o recurso ter sido sobrestado.	**57**
Cabimento	Caberá **recurso extraordinário**, quando a decisão recorrida, proferida em única ou última instância: (1) contrariar dispositivo da Constituição do Brasil; (2) declarar a inconstitucionalidade de tratado ou de lei federal; (3) julgar válida lei ou ato de governo local contestado em face da Constituição Federal; e, (4) julgar válida lei local contestada em face de lei federal. O § 3º, art. 102, CF impõe que o recorrente demonstre a repercussão geral das questões constitucionais discutidas no caso a fim de que o Tribunal examine a admissão do recurso, somente podendo recusá-lo pela manifestação de dois terços de seus membros.	**58**

CAPÍTULO XXXIV – RECURSOS EM ESPÉCIE		
Cabimento	Quanto ao **recurso especial**, a competência para o seu julgamento é conferida ao STJ, que ocorrerá, diante das causas decididas pelos TRFs ou pelos tribunais dos Estados, do Distrito Federal e Territórios, quando a decisão recorrida: (1) contrariar tratado ou lei federal, ou negar-lhes vigência; (2) julgar válido ato de governo local contestado em face de lei federal; e, (3) der à lei federal interpretação divergente da que lhe haja atribuído outro tribunal. Os enunciados das Súmulas dos tribunais não são parâmetros o fim de desafiar recursos especial ou extraordinário. Tem sido exigido o **prequestionamento**, "como verdadeiro requisito de admissibilidade" recursal. Consiste no efetivo debate da matéria objeto do recurso especial ou extraordinário durante o processamento da causa. Com ideia análoga, a jurisprudência do STF delimitou e estreitou a admissibilidade da via extraordinária. Deveras, **é inadmissível recurso extraordinário** nas seguintes hipóteses, segundo os correspondentes verbetes da sua Súmula: (1) por ofensa a direito local (Súmula nº 280); (2) quando couber na justiça de origem, recurso ordinário da decisão impugnada (Súmula nº 281); (3) quando não ventilada, na decisão recorrida, a questão federal suscitada (Súmula nº 282); (4) quando a decisão recorrida assenta em mais de um fundamento suficiente e o recurso não abrange todos eles (Súmula nº 283); (5) quando a deficiência na sua fundamentação não permitir a exata compreensão da controvérsia (Súmula nº 284); (6) se fundado em divergência jurisprudencial contrária à orientação do plenário do STF (Súmula nº 286); (7) quando a ofensa alegada for a regimento de tribunal (Súmula nº 399); (8) contra acórdão que defere medida liminar (Súmula nº 735); e (9) quando a decisão que razoável interpretação à lei, ainda que não seja a melhor (Súmula nº 400). Por sua vez, o STJ também vincou seu entendimento sobre o recurso especial, em enunciados, de sua Súmula. Decerto, **é inadmissível recurso especial**: (1) diante de divergência, quando a orientação do tribunal se firmou no mesmo sentido da decisão recorrida (Súmula nº 83); (2) quando o acórdão recorrido assenta em fundamentos constitucional e infraconstitucional, qualquer deles suficiente, por si só, para mantê-lo, e a parte vencida não manifesta recurso extraordinário (Súmula nº 126); e	58

CAPÍTULO XXXIV – RECURSOS EM ESPÉCIE		
Cabimento	(3) quanto à questão que, a despeito da oposição de embargos declaratórios, não foi apreciada pelo tribunal *a quo* (Súmula nº 211). O recurso extraordinário e o recurso especial, nos casos previstos na Constituição Federal, serão interpostos perante o presidente ou o vice-presidente do tribunal recorrido, em petições distintas que conterão: (1) a exposição do fato e do direito; (2) a demonstração do cabimento do recurso interposto; e (3) as razões do pedido de reforma ou de invalidação da decisão recorrida. Quando o recurso extraordinário ou o especial fundar-se em dissídio jurisprudencial, o recorrente fará a prova da divergência.	**58**
Processamento e julgamento	Uma vez recebida a petição, o recorrido será intimado para apresentar contrarrazões no prazo de quinze dias. O juízo de admissibilidade será realizado pelo presidente ou vice-presidente do tribunal recorrido, sem prejuízo de que novo juízo de admissibilidade seja efetivado pelo tribunal *ad quem*. Caso haja interposição conjunta de recurso extraordinário e recurso especial, os autos serão remetidos ao STJ. Depois de finalizado o julgamento do recurso especial, na hipótese deste não estar prejudicado. Por outro lado, se o relator do recurso especial considerar prejudicial o recurso extraordinário, em decisão irrecorrível, sobrestará o julgamento e remeterá os autos ao STF. Entrementes, se o relator do recurso extraordinário, em decisão irrecorrível, rejeitar a prejudicialidade, devolverá os autos ao STJ, para o julgamento do recurso especial. Depois de admitido o recurso extraordinário ou especial, devolve-se ao tribunal superior o conhecimento dos demais fundamentos para a solução do capítulo impugnado, a teor do artigo 1.034, do CPC. Se o relator, no STJ, entender que o recurso especial versa sobre questão constitucional, deverá conceder prazo de quinze dias para que o recorrente demonstre a existência de repercussão geral e se manifeste sobre a questão constitucional. Cumprida a diligência, remeterá o recurso ao STF, que, em juízo de admissibilidade, poderá devolvê-lo ao STJ. Quando o STF considerar como reflexa a ofensa à Constituição afirmada no recurso extraordinário, ordenará a remessa dos autos ao STJ para julgamento como recurso especial. O recurso extraordinário ou especial poderá ser julgado monocraticamente pelo relator ou mediante sua submissão de plano ao órgão colegiado com competência para processar a matéria ou mesmo em virtude de agravo interno contra a decisão singu-	**59**

<table>
<tr><th colspan="3">CAPÍTULO XXXIV – RECURSOS EM ESPÉCIE</th></tr>
<tr><td>Processamento e julgamento</td><td>lar proferida pelo relator. Não sendo a hipótese de julgamento monocrático, o relator pedirá dia para julgamento perante o órgão do tribunal com competência para apreciar a matéria ventilada.
Havendo empate, a decisão a ser proclamada deve ser a que mais favorecer o imputado, aplicando-se, se o caso comportar, os efeitos extensivos previstos no art. 580, do CPP.</td><td>59</td></tr>
<tr><td>Processamento e julgamento dos recursos especial e extraordinário</td><td>Havendo multiplicidade de recursos com fundamento em idêntica questão de direito, o recurso extraordinário ou o recurso especial poderá ter seu julgamento afetado ao rito dos julgamentos repetitivos, nos termos do regimento interno do STF e STJ.
Nessa situação, ao presidente do tribunal de origem competirá selecionar um ou mais recursos representativos da controvérsia, os quais serão encaminhados ao STF ou ao STJ independentemente de juízo de admissibilidade, ficando suspensos os demais recursos até o pronunciamento definitivo do tribunal superior.
Depois de transcorrido o prazo para o Ministério Público e remetida cópia do relatório aos demais Ministros, o processo será incluído em pauta, devendo ser julgado com preferência sobre os demais feitos, ressalvados os que envolvam réu preso e os pedidos de habeas corpus. Decidido o recurso representativo da controvérsia, os demais órgãos fracionários ou declararão prejudicados os demais recursos versando sobre idêntica controvérsia ou os decidirão aplicando a tese.</td><td>59</td></tr>
<tr><th colspan="3">Recurso ordinário constitucional</th></tr>
<tr><td colspan="2">O princípio tantum devolutum quantum appellatum incide na disciplina do recurso ordinário constitucional em toda sua inteireza. Um dos exemplos de recurso ordinário constitucional é o que é dirigido contra sentença de juiz federal que julga o crime político (art. 109, IV, CF/1988).
Sob um mesmo nome, vamos encontrar mais de uma espécie de recurso ordinário, que só terão em comum o fato de não ter fundamentação vinculada (ordinário, nesse sentido), pois a forma de interposição, o processamento e, de certa maneira, o julgamento diferem um do outro.</td><td>60</td></tr>
<tr><td>Interposição</td><td>Interposto por petição. O prazo de interposição e o rito a ser seguido variarão consoante a espécie de cabimento.
O recurso ordinário deve ser recebido:
(1) só no efeito devolutivo, quando se tratar de sentença absolutória de crime político e quando se cuidar de denegação de mandado de segurança e de habeas corpus;
(2) no efeito devolutivo e suspensivo, quando for interposto contra sentença condenatória ou absolutória imprópria (que aplica medida de segurança) em processo por crime político.
Não é dotado de efeito regressivo.</td><td>61</td></tr>
</table>

CAPÍTULO XXXIV – RECURSOS EM ESPÉCIE		
Interposição	O recurso ordinário constitucional, como seu próprio nome está a dizer, é a "via ordinária de impugnação" e "o seu efeito devolutivo é o mais amplo possível segundo a regra do *tantum devolutum quantum appellatum*". Daí que, por meio do recurso ordinário constitucional, é passível de conhecimento não só matéria de direito, mas também de fato. Vejamos os casos de interposição e os respectivos prazos: (1) **Contra decisão denegatória em mandado de segurança**, o prazo para sua interposição será de **quinze dias**. (2) **Contra sentença de juiz federal que julgou o crime político**, endereçado ao STF, o prazo será de **cinco dias**, seguindo-se de abertura de vista para oferecimento das **razões em oito dias**. (3) **Contra decisão denegatória em *habeas corpus***, para o STF ou para o STJ, o prazo para interposição também é de **cinco dias**..	**61**
Cabimento	O recurso ordinário tem suas hipóteses de cabimento na Constituição Federal. Ele pode ser dirigido ao STF ou ao STJ, consoante o que preconiza a Constituição em seus artigos 102 e 105, respectivamente. De um modo geral, caberá recurso ordinário constitucional contra: (1) a sentença de juiz federal que julgar o crime político; (2) as decisões denegatórias em mandado de segurança (em única instância); e (3) em ***habeas corpus*** prolatadas originariamente por tribunal ou em última instância. Em matéria penal, caberá recurso ordinário constitucional **para o STJ** contra (art. 105, II, "a" e "b", CF): (1) as decisões em *habeas corpus*, proferidas em única ou última instância pelos TRF ou pelos Tribunais dos Estados, do Distrito Federal e Territórios, se denegatórias; e, (2) as decisões em mandado de segurança, julgados em única instância pelos Tribunais Regionais Federais ou pelos Tribunais dos Estados, do Distrito Federal e Territórios, quando denegatórias. Por seu turno, o recurso ordinário constitucional **para o STF** será admissível contra (art. 102, II, "a" e "b", CF): (1) as decisões prolatadas e decididas pelos Tribunais Superiores em *habeas corpus*, mandado de segurança, habeas data e mandado de injunção, em única instância, quando denegatórias; e (2) as sentenças do juiz federal de primeira instância que julgarem crime político. O processamento do recurso ordinário variará conforme a hipótese que se cuide, tal como visto quanto aos casos de cabimento. A Lei nº 8.038/1990 traça o rito do ROC para o STJ, interposto em HC e em MS.	**62**

CAPÍTULO XXXIV – RECURSOS EM ESPÉCIE		
Processamento e julgamento	Uma vez distribuído o recurso ordinário contra decisão denegatória do *Habeas Corpus*, a Secretaria, imediatamente, fará os autos com vista ao MP, pelo prazo de dois dias e, conclusos os autos ao relator, este submeterá o feito a julgamento independentemente de pauta. Nesse processo, serão aplicadas, quanto aos requisitos de admissibilidade e ao procedimento no Tribunal recorrido, as regras do CPC relativas à apelação (art. 34, Lei nº 8.038/1990). Assim que distribuído o recurso, a Secretaria, imediatamente, fará os autos com vista ao Ministério Público, pelo prazo de cinco dias e, conclusos os autos ao relator, este pedirá dia para julgamento. Para o recurso ordinário constitucional contra sentença em processo criminal por crime político, de competência do STF, é integralmente aplicado o rito para o recurso de apelação criminal, disposto no CPP (artigos 593 e seguintes). Anote-se, por derradeiro, que, em decorrência do princípio do contraditório, o recorrido será intimado do recurso ordinário constitucional interposto, antes da sua subida ao STJ ou ao STF, para, querendo, contra-arrazoar o recurso no mesmo prazo destinado ao seu ingresso ou à apresentação das razões recursais, consoante a hipótese de cabimento. Destarte, o recurso seguirá ao Ministério Público para parecer quando já estiver instruído com as razões e contrarrazões. O julgamento do recurso ordinário constitucional obedecerá, no que couber, às regras para julgamento do pedido originário de *habeas corpus* e do mandado de segurança perante o tribunal. Se for o caso de recurso ordinário contra sentença que julgou o crime político, deve ser aplicado o Regimento Interno do STF ou do STJ.	**63**
Agravo em recurso especial e extraordinário		
Com incidência na esfera processual penal, temos o agravo em REsp ou em RE, interponível contra decisão denegatória desses recursos, emitida pelos presidentes de tribunais. A sua disciplina legal está assentada no CPC (art. 1.042). O agravo em REsp ou em RE visa o reexame de ato judicial de natureza decisória que tenha negado seguimento a recurso especial ou a recurso extraordinário. Esse agravo visa então possibilitar que a matéria seja reexaminada, primeiramente, em juízo de retratação pelo Presidente ou Vice-Presidente do Tribunal *a quo* e, posteriormente, pelo membro relator do Tribunal *ad quem*, para permitir o julgamento do mérito do extraordinário ou do especial.		**64**
Interposição	O prazo para a interposição do "agravo em recurso especial e extraordinário" é de quinze dias, nos termos do § 5º, do artigo 1.003, CPC, isso porque os artigos 26 a 29, da Lei nº 8.038/1990, foram expressamente revogados pelo CPC/2015. A interposição será feita perante a presidência do Tribunal ***a quo*** (Presidente ou Vice-Presidente). Não será possível negar processamento ao agravo. É na instância ***a quo*** que será o agravado intimado para contra-arrazoar o recurso, no mesmo prazo da interposição. Sua interposição deve ocorrer nos autos do processo.	**65**

CAPÍTULO XXXIV – RECURSOS EM ESPÉCIE		
Interposição	De todo modo, a petição de agravo deverá ser acompanhada de suas razões e, para cada recurso não admitido, deve-se interpor agravo distinto nos autos, notadamente considerando a possibilidade de interposição concomitante de agravo ao STF e ao STJ, a depender dos fundamentos da decisão vergastada. Interposto o agravo nos autos e oferecida resposta, o Presidente ou Vice-Presidente do Tribunal poderá exercer **juízo de retratação**, se redimindo para admitir o recurso especial ou o extraordinário, ou sustentando sua decisão, eis que é da essência do agravo o **efeito regressivo**. Além do efeito de retratação ou de sustentação, o agravo é dotado do **efeito devolutivo**. O **efeito suspensivo** não é, a princípio, a ele atribuído. No entanto, tratando-se de recurso contra decisão condenatória ou que aplica medida de segurança, deve incidir o efeito, haja vista não se deve permitir execução provisória da pena ou da medida de segurança.	**65**
Cabimento	É cabível o agravo em tela quando se tratar de decisão denegatória de recurso especial ou de recurso extraordinário.	**66**
Processamento e julgamento	Necessariamente, os autos do agravo devem subir ao tribunal *ad quem*. O agravo chegará ao STF ou ao STJ pronto para o julgamento do mérito do próprio recurso extraordinário ou especial, caso seja positivo seu juízo de admissibilidade. Havendo apenas um agravo em recurso especial ou extraordinário, ele deve ser remetido ao tribunal competente. Cuidando-se de interposição conjunta, os autos serão remetidos ao STJ. Uma vez concluído o julgamento do agravo em tela pelo STJ e, se for o caso, do recurso especial, os autos serão remetidos ao STF, para apreciação do agravo em recurso extraordinário a ele dirigido, salvo se estiver prejudicado. O agravo em recurso especial ou extraordinário será distribuído a um relator que, por sua vez, poderá proferir decisão monocrática. Monocraticamente, com a distribuição dos autos ao relator, este poderá: (1) não conhecer do agravo manifestamente inadmissível; ou (2) conhecer do agravo para: (a) negar-lhe provimento, se correta a decisão que não admitiu o recurso; (b) negar seguimento ao recurso manifestamente inadmissível, prejudicado ou em confronto com súmula ou jurisprudência dominante no tribunal; ou (c) dar provimento ao recurso, se o acórdão recorrido estiver em confronto com súmula ou jurisprudência dominante no tribunal. Se em virtude da natureza da matéria, o tema recorrido demandar decisão colegiada, o relator determinará inclusão na pauta para julgamento pelo órgão competente do tribunal correspondente.	**67**

CAPÍTULO XXXIV – RECURSOS EM ESPÉCIE		
Processamento e julgamento	Da decisão do relator que negar seguimento ou provimento ao agravo em recurso especial ou extraordinário caberá agravo regimental (interno ou inominado), para o órgão julgador colegiado.	**67**
Embargos de divergência		
São recursos admissíveis no âmbito do STF e do STJ que têm a finalidade de uniformização da jurisprudência desses tribunais, notadamente quando houver divergência de interpretação de direito federal.		**68**
Interposição	Os embargos de divergência deverão ser interpostos por petição, pela parte interessada, no prazo de quinze dias. A petição recursal, acompanhada das razões, será dirigida ao relator da causa.	**69**
Cabimento	O cabimento dos embargos de divergência é aferido quando se tratar de decisão proferida em sede de recurso especial ou extraordinário, cujo teor seja divergente do julgamento de outra turma, da seção, do órgão especial ou do pleno. Serão cabíveis embargos de divergência do acórdão de órgão fracionário que: (1) em RE ou em REsp, divergir do julgamento de qualquer outro órgão do mesmo tribunal, sendo os acórdãos, embargado e paradigma, de mérito ou relativos ao juízo de admissibilidade; (2) em RE ou em REsp, divergir do julgamento de qualquer outro órgão do mesmo tribunal, sendo um acórdão de mérito e outro que não tenha conhecido do recurso, embora tenha apreciado a controvérsia; (3) nas causas de competência originária, divergir do julgamento de qualquer outro órgão do mesmo tribunal. É admissível a possibilidade de confrontação de teses jurídicas contidas em julgamentos de recursos e de ações de competência originária.	**70**
Processamento e julgamento	Estabelecido pelo regimento interno do STJ e do STF. Para fins de admissibilidade recursal, o recorrente deve provar a divergência com certidão, cópia ou citação de repositório oficial ou credenciado de jurisprudência, inclusive em mídia eletrônica, onde foi publicado o acórdão divergente, ou com a reprodução de julgado disponível na rede mundial de computadores, indicando a respectiva fonte, e mencionará as circunstâncias que identificam ou assemelham os casos confrontados. Não possuem efeito suspensivo, mas apenas o devolutivo. Entretanto, em matéria penal, é preciso frisar que quando se tratar de decisão condenatória ou absolutória imprópria, deve haver incidência do efeito suspensivo porque decorrente do princípio da presunção de inocência. A teor do § 1º, do art. 1.044, do CPC, a interposição de embargos de divergência no STJ interrompe o prazo para interposição de RE por qualquer das partes. Poderão ser indeferidos liminarmente, quando intempestivos, ou quando contrariarem Súmula do Tribunal, ou não se comprovar ou não configurar a divergência jurisprudencial (art. 266, §4º, RISTJ).	**71**

CAPÍTULO XXXIV – RECURSOS EM ESPÉCIE		
Processamento e julgamento	Não sendo o caso de rejeição liminar, o embargado será intimado para apresentar contrarrazões, em prazo idêntico ao da interposição (quinze dias) (art. 335, § 2º, RISTF; art. 267, RISTJ). Sendo o caso de intervenção do Ministério Público, será ele ouvido, com vista dos autos por vinte dias (art. 266-D, RISTJ). Os regimentos internos dos tribunais detalham o procedimento legal e a forma do julgamento dos embargos de divergência. Os órgãos do STJ ou do STF com competência para julgá-los encontram fundamento na importância prevalente para uniformizar a jurisprudência diante das decisões em confronto, isto é, devem ser verificados os órgãos julgadores de onde partiram os julgados discrepantes.	**71**
Agravo em execução		
O agravo em execução é o recurso cabível contra atos judiciais que decidem incidentes no processo de execução penal. A matéria foi uniformizada com a previsão de um recurso geral e amplo para combate das decisões do juízo das execuções, simplificando a questão recursal nesta etapa. Dessa maneira, não é mais admissível a utilização de outros recursos diversos do agravo em execução na fase de cumprimento da pena.		**72**
Interposição	O agravo em execução penal deve ser interposto por petição ou por termo nos autos, no prazo de cinco dias (súmula 700, STF; art. 197, LEP). É recomendável que a petição ou o termo nos autos venham acompanhados das razões recursais. Havendo interposição sem as razões recursais, o juiz deve adotar o rito do recurso em sentido estrito, intimando o agravante para oferecê-las em dois dias (art. 588, CPP) e, seguidamente, o agravado, em igual prazo. A legitimidade para a interposição é do Ministério Público ou da defesa. É reconhecida ao executado capacidade postulatória no processo de execução penal, ou seja, mesmo que sem advogado constituído ou nomeado. O agravo é recebido somente no **efeito devolutivo**. Não tem o poder de sustar os efeitos da decisão guerreada, por dicção expressa que dispõe sobre o seu cabimento **sem efeito suspensivo** (art. 197, LEP). Por outro lado, é a ele inerente a possibilidade do juiz se retratar da decisão agravada, estando assim presente o **efeito regressivo**.	**73**
Cabimento	O recurso de agravo em execução será admitido contra toda e qualquer decisão proferida pelo juiz no processo de execução penal.	**74**
Processamento e julgamento	Uma vez ouvido o agravado, o juiz de primeiro grau proferirá despacho sustentando sua decisão ou a reformando. Se houver retratação, a parte prejudicada pela modificação da decisão, poderá recorrer por simples petição, sem necessidade de novas razões (art. 589, parágrafo único, CPP).	**75**

<table>
<tr><th colspan="3">CAPÍTULO XXXIV – RECURSOS EM ESPÉCIE</th></tr>
<tr><td>Processamento e julgamento</td><td>No tribunal, os autos serão distribuídos a um relator. Não há a figura do revisor em agravo em execução. Deve ser observado o que foi dito para o processamento e o julgamento do recurso em sentido estrito, sendo, pois, aplicáveis ao agravo em execução as disposições que não conflitarem com sua essência.</td><td>75</td></tr>
<tr><td colspan="3">Reclamação contra a lista geral de jurados</td></tr>
<tr><td colspan="2">A reclamação contra a lista geral de jurados tem natureza de recurso administrativo. Embora produza efeitos processuais, não repercute diretamente sobre um processo, mas em uma lista que poderá ensejar diferença na formação do corpo de jurados que atuará em uma pauta do júri.</td><td>76</td></tr>
<tr><td>Interposição</td><td>O CPP não estabelece prazo para o ingresso da reclamação, porém preconiza, como prazo limite de sua interposição, o dia 10 de novembro, data da publicação definitiva da lista geral, razão pela qual é razoável entender a possibilidade de sua impugnação até o dia anterior à data de sua publicação final.</td><td>77</td></tr>
<tr><td>Cabimento</td><td>Contra a lista geral publicada em 10 de outubro de cada ano, caberá reclamação interposta por qualquer do povo e dirigida ao juiz presidente do tribunal do júri (art. 426, caput, CPP).
Guilherme Nucci, dentre outros autores, sustentam que coexistem as duas ferramentas: reclamação e recurso em sentido estrito, de natureza administrativa, fundado no inciso XIV, do art. 581, do CPP. A primeira, endereçada ao juiz do júri. O segundo, cabível após a apreciação da reclamação, ao Presidente do tribunal de segundo grau, contra a lista definitiva.
Como se depreende, a reclamação de qualquer do povo teria lugar a partir da lista provisória, enquanto o recurso em sentido estrito, de índole administrativa e interponível dentro do prazo de vinte dias, a partir da lista definitiva geral anual de jurados.</td><td>78</td></tr>
<tr><td>Processamento e julgamento</td><td>Não há um rito traçado legalmente para a reclamação contra a lista dos jurados publicada até o dia 10 de outubro de cada ano. Como se trata de impugnação administrativa com repercussões de ordem pública, recomendável a oitiva do Ministério Público, do representante da Seccional da OAB e do representante da Defensoria Pública, no prazo comum de cinco dias, seguindo-se de decisão do juiz presidente.
Caso não haja tempo hábil para a oitiva do Parquet e dos representantes da OAB e da Defensoria Pública (dada a proximidade da data final de publicação da lista geral), deve o juiz presidente decidir de imediato, dando-lhes ciência seguidamente. Julgada procedente a reclamação, o jurado impugnado será excluído da lista. Caso contrário, será ele mantido.
Anote-se, por fim, que a lista poderá ainda ser alterada de ofício, pelo juiz presidente, nos termos do § 1º, art. 426, CPP, havendo previsão expressa, no § 4º, deste artigo, de que o jurado que tiver integrado o Conselho de Sentença nos doze meses que antecederem a publicação da lista geral fique dela excluído.</td><td>79</td></tr>
</table>

81. SÚMULAS DO STJ

07. A pretensão de simples reexame de prova não enseja recurso especial.

83. Não se conhece do recurso especial pela divergência, quando a orientação do tribunal se firmou no mesmo sentido da decisão recorrida.

86. Cabe recurso especial contra acórdão proferido no julgamento de agravo de instrumento.

123. A decisão que admite, ou não, o recurso especial deve ser fundamentada, com o exame dos seus pressupostos gerais e constitucionais.

126. É inadmissível recurso especial, quando o acórdão recorrido assenta em fundamentos constitucional e infraconstitucional, qualquer deles suficiente, por si só, para mantê-lo, e a parte vencida não manifesta recurso extraordinário.

207. É inadmissível recurso especial quando cabíveis embargos infringentes contra o acórdão proferido no tribunal de origem.

211. Inadmissível recurso especial quanto à questão que, a despeito da oposição de embargos declaratórios, não foi apreciada pelo tribunal ***a quo***.

216. A tempestividade de recurso interposto no Superior Tribunal de Justiça é aferida pelo registro no protocolo da secretaria e não pela data da entrega na agência do correio.

316. Cabem embargos de divergência contra acórdão que, em agravo regimental, decide recurso especial.

347. O conhecimento de recurso de apelação do réu independe de sua prisão.

418. É inadmissível o recurso especial interposto antes da publicação do acórdão dos embargos de declaração, sem posterior ratificação. (Súmula incompatível com o recente entendimento do Pleno do STF no sentido de que não pode ser considerado intempestivo um recurso apresentado dentro do prazo, ainda que antes da publicação do acórdão[64]).

518. Para fins do art. 105, III, a, da Constituição Federal, não é cabível recurso especial fundado em alegada violação de enunciado de súmula.

579. Não é necessário ratificar o recurso especial interposto na pendência do julgamento dos embargos de declaração, quando inalterado o resultado anterior.

82. SÚMULAS DO STF

160. É nula a decisão do tribunal que acolhe, contra o réu, nulidade não arguida no recurso da acusação, ressalvados os casos de recurso de ofício.

208. O assistente do ministério público não pode recorrer, extraordinariamente, de decisão concessiva de "***habeas corpus***".

210. O assistente do Ministério Público pode recorrer, inclusive extraordinariamente, na ação penal, nos casos dos arts. 584, § 1º, e 598 do Código de Processo Penal.

279. Para simples reexame de prova não cabe recurso extraordinário.

280. Por ofensa a direito local não cabe recurso extraordinário.

281. É inadmissível o recurso extraordinário, quando couber na justiça de origem, recurso ordinário da decisão impugnada.

282. É inadmissível o recurso extraordinário, quando não ventilada, na decisão recorrida, a questão federal suscitada.

283. É inadmissível o recurso extraordinário, quando a decisão recorrida assenta em mais de um fundamento suficiente e o recurso não abrange todos eles.

284. É inadmissível o recurso extraordinário, quando a deficiência na sua fundamentação não permitir a exata compreensão da controvérsia.

286. Não se conhece do recurso extraordinário fundado em divergência jurisprudencial, quando a orientação do plenário do Supremo Tribunal Federal já se firmou no mesmo sentido da decisão recorrida.

287. Nega-se provimento ao agravo, quando a deficiência na sua fundamentação, ou na do recurso extraordinário, não permitir a exata compreensão da controvérsia.

288. Nega-se provimento a agravo para subida de recurso extraordinário, quando faltar no traslado o despacho agravado, a decisão recorrida, a petição de recurso extraordinário ou qualquer peça essencial à compreensão da controvérsia.

289. O provimento do agravo por uma das turmas do Supremo Tribunal Federal ainda que sem ressalva, não prejudica a questão do cabimento do recurso extraordinário.

293. São inadmissíveis embargos infringentes contra decisão em matéria constitucional submetida ao plenário dos tribunais.

299. O recurso ordinário e o extraordinário interpostos no mesmo processo de mandado de segurança, ou de "***habeas corpus***", serão julgados conjuntamente pelo Tribunal Pleno.

319. O prazo do recurso ordinário para o Supremo Tribunal Federal, em "***habeas corpus***" ou mandado de segurança, é de cinco dias.

320. A apelação despachada pelo juiz no prazo legal não fica prejudicada pela demora da juntada, por culpa do cartório.

322. Não terá seguimento pedido ou recurso dirigido ao Supremo Tribunal Federal, quando manifestamente incabível, ou apresentado fora do prazo, ou quando for evidente a incompetência do tribunal.

344. Sentença de primeira instância concessiva de "***habeas corpus***", em caso de crime praticado em detrimento de bens, serviços ou interesses da união, está sujeita a recurso "***ex officio***".

64. STF – Pleno – AI 703269 – Rel. Min. Luiz Fux. Disponível em: <http://www.stf.jus.br/portal/cms/verNoticiaDetalhe.asp?idConteudo=286657>. Acesso em: 10 mar. 2015.

356. O ponto omisso da decisão, sobre o qual não foram opostos embargos declaratórios, não pode ser objeto de recurso extraordinário, por faltar o requisito do prequestionamento.

369. Julgados do mesmo tribunal não servem para fundamentar o recurso extraordinário por divergência jurisprudencial.

399. Não cabe recurso extraordinário, por violação de lei federal, quando a ofensa alegada for a regimento de tribunal.

400. Decisão que deu razoável interpretação à lei, ainda que não seja a melhor, não autoriza recurso extraordinário pela letra "a" do art. 101, III, da Constituição Federal.

423. Não transita em julgado a sentença por haver omitido o recurso "*ex officio*", que se considera interposto "ex lege".

428. Não fica prejudicada a apelação entregue em cartório no prazo legal, embora despachada tardiamente.

448. O prazo para o assistente recorrer, supletivamente, começa a correr imediatamente após o transcurso do prazo do Ministério Público.

453. Não se aplicam à segunda instância o art. 384 e parágrafo único do código de processo penal, que possibilitam dar nova definição jurídica ao fato delituoso, em virtude de circunstância elementar não contida, explícita ou implicitamente, na denúncia ou queixa.

455. Da decisão que se seguir ao julgamento de constitucionalidade pelo Tribunal Pleno, são inadmissíveis embargos infringentes quanto à matéria constitucional.

640. É cabível recurso extraordinário contra decisão proferida por juiz de primeiro grau nas causas de alçada, ou por turma recursal de juizado especial cível e criminal.

699. O prazo para interposição de agravo, em processo penal, é de cinco dias, de acordo com a lei 8038/1990, não se aplicando o disposto a respeito nas alterações da Lei 8950/1994 ao Código de Processo Civil.

700. É de cinco dias o prazo para interposição de agravo contra decisão do juiz da execução penal.

705. A renúncia do réu ao direito de apelação, manifestada sem a assistência do defensor, não impede o conhecimento da apelação por este interposta.

707. Constitui nulidade a falta de intimação do denunciado para oferecer contrarrazões ao recurso interposto da rejeição da denúncia, não a suprindo a nomeação de defensor dativo.

708. É nulo o julgamento da apelação se, após a manifestação nos autos da renúncia do único defensor, o réu não foi previamente intimado para constituir outro.

709. Salvo quando nula a decisão de primeiro grau, o acórdão que provê o recurso contra a rejeição da denúncia vale, desde logo, pelo recebimento dela.

713. O efeito devolutivo da apelação contra decisões do júri é adstrito aos fundamentos da sua interposição.

727. Não pode o magistrado deixar de encaminhar ao Supremo Tribunal Federal o agravo de instrumento interposto da decisão que não admite recurso extraordinário, ainda que referente a causa instaurada no âmbito dos juizados especiais.

734. Não cabe reclamação quando já houver transitado em julgado o ato judicial que se alega tenha desrespeitado decisão do Supremo Tribunal Federal.

735. Não cabe recurso extraordinário contra acórdão que defere medida liminar.

83. QUESTÕES DE CONCURSOS PÚBLICOS

01. (2017 – FCC – TRE-SP – Analista Judiciário – Área Judiciária) Sobre o recurso de apelação à luz do Código de Processo Penal,

(A) a apelação de sentença condenatória, em regra, não terá efeito suspensivo.
(B) é vedado ao apelante arrazoar o recurso de apelação na superior instância.
(C) havendo assistente de acusação este arrazoará o recurso de apelação, no prazo de cinco dias após o Ministério Público.
(D) quando cabível a apelação, se a parte pretender recorrer somente de parte da decisão, poderá usar o recurso em sentido estrito.
(E) a renúncia do réu ao direito de apelação, manifestada sem a assistência do defensor, não impede o conhecimento da apelação por este interposta.

02. (2017 – CESPE – MPE-RR – Promotor de Justiça Substituto) Com relação às sentenças e aos recursos em geral, assinale a opção correta de acordo com o entendimento do STJ.

(A) Cabe apelação da decisão que determinar medida assecuratória com o objetivo de reparar dano decorrente da infração penal, a fim de liberar parcialmente os bens constritos.
(B) Interposto recurso de apelação pelo MP contra sentença de absolvição sumária, pode o tribunal de justiça analisar o mérito e condenar o acusado, em razão do efeito devolutivo do recurso.
(C) Em recurso exclusivo da defesa, pode o tribunal agravar a pena quando reconhecer equívoco aritmético ocorrido no somatório das penas aplicadas, por se tratar de erro material.
(D) O juiz criminal só pode estipular a reparação de danos materiais sofridos pela vítima, não podendo determinar a compensação de danos morais, que deverão ser estipulados em procedimento próprio na vara cível.

03. (2017 – MPE-PR – MPE-PR – Promotor Substituto) O Ministério Público foi cientificado de acórdão exarado pela 4ª Câmara Criminal do Tribunal de Justiça do Paraná, que não acolheu pronunciamento da Procuradoria de Justiça e deu provimento a recurso de apelação da Defesa do réu, por maioria de votos. Na análise da fundamentação judicial, verifica-se que a solução dada pela Corte Paranaense beneficiou o réu e contrariou lei federal, estando a matéria já prequestionada no acórdão. Discordando do que foi decidido, o recurso correto a ser interposto pelo Ministério Público é o:

(A) Recurso ordinário dirigido ao Superior Tribunal de Justiça.
(B) Recurso extraordinário dirigido ao Superior Tribunal de Justiça.
(C) Recurso especial dirigido ao Supremo Tribunal Federal.
(D) Recurso especial dirigido ao Superior Tribunal de Justiça.

(E) Embargos infringentes, já que a decisão da segunda instância não foi unânime.

04. (2017 - FCC - DPE-PR - Defensor Público) Da decisão que indeferir prisão preventiva caberá

(A) correição parcial.
(B) carta testemunhável.
(C) agravo em execução.
(D) habeas corpus.
(E) recurso em sentido estrito.

05. (Delegado de Polícia - PC/SP/2018/VUNESP) Tício foi absolvido da acusação de prática do crime de homicídio qualificado. Inconformado com a decisão, o Ministério Público interpõe recurso de apelação por entender ser a decisão manifestamente contrária à prova dos autos. Dado provimento ao recurso e submetido a novo julgamento pelo Tribunal do Júri, Tício é agora condenado pela prática do crime de homicídio qualificado à pena de 12 anos de reclusão. Com base em tais informações, afirma-se corretamente:

(A) o efeito devolutivo da apelação contra decisões do Júri não é adstrito aos fundamentos da sua interposição.
(B) não se cogita a possibilidade de interposição de recurso de apelação quando houver injustiça no tocante à aplicação da pena.
(C) no caso das sentenças do júri, a apelação é recurso vinculado e não de fundamentação livre.
(D) com base no princípio da ampla defesa, é possível que a defesa interponha recurso de apelação contra a sentença condenatória pelo mesmo fundamento (decisão contrária à prova dos autos).
(E) não era dado ao Tribunal de Justiça prover o recurso interposto pelo Ministério Público, violando assim o direito fundamental da soberania dos vereditos do Tribunal do Júri.

06. (Cespe - Juiz de Direito - TJ - CE/2018) A interposição de recurso em sentido estrito é cabível

(A) contra decisão que receber a denúncia ou a queixa ou afirmar a incompetência do juízo.
(B) contra decisão do tribunal do júri quando ocorrer nulidade posterior à pronúncia.
(C) apenas nas hipóteses taxativamente enunciadas na lei processual penal e, excepcionalmente, em leis especiais.
(D) nas hipóteses de absolvição sumária do réu.
(E) contra decisão que julgar procedentes as exceções, salvo a de litispendência.

84. GABARITO ANOTADO

01 - E

Vide:

- Súmula 705 do STF.
- Apelação.

02 - A

Vide:

- Art. 593, II, do CPP.
- Apelação.

03 - D

Vide:

- Art. 102 da CF.
- Recursos especial e extraordinário.

04 - E

Vide:

- Art. 581, V, do CPP.
- Recurso em sentido estrito.

05 - C

Vide:

- Art. 593, CPP.

06 - C

Vide:

- Art. 591, CPP.
- Recurso em sentido estrito.

85. QUESTÕES DISCURSIVAS COM COMENTÁRIOS

01. (TJ/RS - Juiz de Direito - RS/2012) Proferida sentença condenando o réu como incurso nas sanções do artigo 121, § 2º, II e IV, combinado com os artigos 14, inciso II e 61, inciso I, todos do Código Penal, ante suposto erro material havido na aplicação da pena imposta ao réu quanto à análise dos vetores do artigo 59 do mesmo Diploma Legal, indaga-se:

(A) Em tese, qual o remédio jurídico para nulificar dito julgado?
(B) Cabe *Habeas Corpus* nesse sentido? Justifique ambas as respostas.

Resposta

(A) Meros erros materiais são corrigíveis de ofício ou por intermédio de simples petição. No entanto, tratando-se de obscuridade, ambiguidade, omissão ou contradição, recomendável a oposição de "embarguinhos" perante o próprio juiz de primeiro grau (art. 382, CPP), a fim de que corrija a aplicação dos vetores circunstanciais do art. 59, CP. Após esse proceder – e não sendo sanado o problema – interponível apelação criminal (art. 593, III, "c", CPP).

(B) Cogita-se de cabimento de habeas corpus em casos como este quando se requer urgência relativamente ao constrangimento à liberdade de locomoção. Se o acusado está com prisão preventiva decretada, cuja fundamentação se baseou nas circunstâncias apreciadas erroneamente, recomendável é o uso desse remédio heroico, em virtude da demora que pode levar o processamento da apelação. O habeas corpus pode ser admitido como sucedâneo recursal, especialmente se tiver o acusado e seu defensor deixado de apelar no tempo próprio.

Capítulo XXXV

Ações Autônomas de Impugnação

1. INTRODUÇÃO ÀS AÇÕES AUTÔNOMAS IMPUGNATIVAS

Ações autônomas de impugnação são formas previstas no ordenamento jurídico para interferir em prestação jurisdicional emanada de demanda processual penal distinta ou para atacar situação fática que afete ou possa afetar a liberdade de locomoção garantida constitucionalmente ou outros direitos atinentes à matéria criminal.

As ações de impugnação podem ter o objetivo de rever decisão criminal condenatória transitada em julgado ou de servir de sucedâneo recursal nas hipóteses onde for inexistente recurso específico, para o reexame de decisão judicial que cause gravame a uma das partes do processo penal ou para tomada de outras medidas de controle.

O *habeas corpus*, o mandado de segurança e a revisão criminal são as ações autônomas de impugnação geralmente estudadas pela doutrina neste tópico. Elas têm fundamento constitucional, ao lado de regramento descrito na legislação. Inserimos neste capítulo, o estudo de outras providências de natureza não recursal, notadamente a correição parcial – cuja natureza é disciplinar –, a reclamação constitucional – supedaneada na Constituição – e do incidente de resolução de demandas repetitivas – fundado no CPC.

Deixamos o capítulo anterior para o estudo de providências unicamente recursais, enquanto este dedicado a providências que não se confundem com os recursos. A distinção tem a importância de afastar, por exemplo, a aplicação de princípios recursais a institutos que não se acomodem à noção de recurso. Além dessa relevância, algumas demandas penais podem ter prioridade de julgamento relativamente a outros recursos, como acontece com a ação de *habeas corpus*.

É verdade, porém, que há previsão de prioridade para ações penais condenatórias por crimes hediondos, na forma do art. 394-A, do CPP, o que poderia levar à conclusão de que os recursos interpostos durante o seu curso também teriam prioridade de julgamento. No entanto, as ações que efetivam com maior eficácia o direito de liberdade devem ter maior prioridade diante daquelas.

De todo modo, compreendemos as regras de direito processual penal como destinadas à proteção ao direito de liberdade. Cuida-se de direito de primeira geração, que colima conter o abuso do poder estatal. A prioridade, sob esse ponto de vista, ainda que referente à demanda condenatória, não pode significar atropelo do devido processo legal para à satisfação punitiva.

Veremos que as ações autônomas de impugnação têm espaço quando inexistente recurso específico. No Código de Processo Penal, as possibilidades recursais são deferidas, em maior número, à acusação. Sob essa lente, o Ministério Público se agiganta, com ampla possibilidade, por exemplo, de interpor recurso em sentido estrito (art. 581, do CPP). Ao réu, são deferidas as ações impugnativas, notadamente o *habeas corpus*, ao lado de menores chances de manejar aquele recurso.

Como lembra Alexandre Morais da Rosa, essa característica retrata que "o CPP é de inspiração autoritária e a inexistência expressa de recursos em favor da defesa demanda interpretação a partir da convencionalidade, abrindo espaço para a interposição de ações autônomas na via integrativa. Entretanto, a posição majoritária é pela taxatividade, exigindo que os jogadores tentem o uso do mandado de segurança do habeas corpus como mecanismos de ataque de provimentos jurisdicionais"[1].

1. ROSA, Alexandre Morais da. *Guia do processo penal conforme a teoria dos jogos*. 5. ed. Florianópolis: EMais, 2019. p.839.

2. AÇÃO DE *HABEAS CORPUS*

O *habeas corpus* é uma ação autônoma de impugnação, de índole constitucional.

Desde sua gênese, a ação de *habeas corpus* tem sido "o meio de garantir a liberdade ambulatória, direito individual básico de que goza a pessoa". O direito à liberdade é pressuposto para o exercício de vários outros direitos. Caso não seja assegurado, "torna-se ilusório o exercício dos demais". Com essas palavras, Júlio Maier acrescenta que essa garantia é "uma síntese que contém virtualmente toda a afirmação da personalidade humana frente aos possíveis avanços do arbítrio do poder público"[2].

De outro prisma, José Henrique Pierangelli noticia que o *habeas corpus* é, tradicionalmente, "pretensão, ação e remédio", pois "como pretensão, ele surge no Código Criminal do Império; como ação e remédio, aparece com o Código do Processo Criminal de Primeira Instância, de 1832"[3].

Dirley da Cunha Júnior lembra que o *habeas corpus* é "uma ação constitucional de natureza penal destinada especificamente à proteção da liberdade de locomoção quando ameaçada ou violada por ilegalidade ou abuso do poder". Sua origem no Brasil está no Código de Processo Criminal de 1832, vindo a ter assento constitucional com a Constituição de 1891, que o previa "em termos amplos, circunstância que originou a famosa e sempre lembrada doutrina brasileira do *habeas corpus* liderada por Ruy Barbosa, que o entendia como ação destinada a proteger qualquer direito"[4].

Conquanto outras origens da ação de *habeas corpus* sejam verificadas em outros ordenamentos jurídicos, a mais lembrada é a do "Capítulo XXIV da Magna Carta, que, por pressão dos barões, foi outorgada pelo Rei João sem Terra em 19 de junho de 1215 nos campos de Runnymed". Este é o antecedente remoto mais identificado com o atual *habeas corpus*. No entanto, há quem indique outras fontes, em especial no Direito Romano, que autorizava ao cidadão "reclamar a exibição do homem livre detido ilegalmente por meio de

2. MAIER, Júlio. *Cuestiones fundamentales sobre la libertad del imputado y su situación en el proceso penal*: análisis doctrinario y jurisprudencial. Buenos Aires: Lerner, 1981. p. 169.
3. PIERANGELLI, José Henrique. *Processo penal*: evolução histórica e fontes legislativas. Bauru: Jalovi, 1983. p. 207.
4. CUNHA JÚNIOR, Dirley. *Curso de direito constitucional*. Salvador: JusPODIVM, 2008. p. 749-750.

uma ação privilegiada que se chamava *interdictum libero homine exhibendo*", assim como na Espanha, em 1679, durante o império de Carlos II[5].

A Constituição do Brasil de 1988 prevê o *habeas corpus* como garantia fundamental, afirmando que será ele concedido sempre que alguém sofrer ou se achar ameaçado de sofrer violência ou coação em sua liberdade de locomoção, por ilegalidade ou abuso de poder (art. 5º, LXVIII). Aliás, constatado abuso de autoridade é possível, se presentes tipicidade e elementos empíricos do fato, a deflagração de persecução penal, nos termos da Lei nº 13.869/2019.

A garantia do *habeas corpus* está, portanto, ligada a uma outra garantia, que é a de liberdade de locomoção.

É a Constituição Federal que dispõe que é livre a locomoção no território nacional em tempo de paz, podendo qualquer pessoa, nos termos da lei, nele entrar, permanecer ou dele sair com seus bens (art. 5º, XV, CF). No plano infraconstitucional, o Código de Processo Penal preconiza, em seu art. 647, que o *habeas corpus* será dado "sempre que alguém sofrer ou se achar na iminência de sofrer violência ou coação ilegal na sua liberdade de ir e vir, salvo nos casos de punição disciplinar".

A noção literal de *habeas corpus* indica a sua essência, significando "corpo livre, corpo solto, corpo aberto"[6], ou ainda "'tome o corpo', isto é, tome a pessoa presa e a apresente ao juiz, para julgamento do caso", sendo "entendida a expressão também como a própria 'ordem de libertação'"[7]. Em compasso com a finalidade do remédio heroico, permeiam sua interpretação os princípios da **celeridade**, da **gratuidade** e da **informalidade**. Não é necessário que o impetrante seja advogado. Qualquer pessoa, física ou jurídica, pode ajuizá-lo sem que precise seguir uma forma definida de recolher custas processuais.

3. NATUREZA JURÍDICA DA AÇÃO DE *HABEAS CORPUS*

O *habeas corpus* é uma ação penal não condenatória. Sua eficácia pode ser mandamental, constitutiva ou declaratória.

Segundo Denilson Feitoza, o *habeas corpus* é uma demanda de conhecimento que pode visar a um provimento meramente declaratório – "reconhecimento da extinção da punibilidade (art. 648, VII, CPP)" –, constitutivo – "anulação da sentença ou do processo após o trânsito em julgado da sentença (art. 648, VI, CPP)" –, ou condenatório, hipótese em que, além da declaração da existência do direito à liberdade, também se condena nas custas a autoridade que, por má-fé ou evidente abuso de poder, determinou a coação (art. 653, CPP)[8].

Além de sua natureza de demanda protetiva da liberdade de locomoção, a praxe forense tem admitido o seu uso como sucedâneo recursal, ou seja, como uma forma de impugnar

5. MIRABETE, Julio Fabbrini. *Processo penal*. 14. ed. São Paulo: Atlas, 2003. p. 708.
6. RANGEL, Paulo. *Direito processual penal*. 4. ed. Rio de Janeiro: Lumen Juris, 2001. p. 590.
7. MIRABETE, Julio Fabbrini. *Processo penal*. 14. ed. São Paulo: Atlas, 2003. p. 709.
8. FEITOZA, Denilson. *Direito processual penal:* teoria, crítica e práxis. 7. ed. Niterói: Impetus, 2010. p. 1170.

decisões que causam gravame à parte durante o trâmite de um outro processo, condenatório, cuja pena do delito prevista em abstrato seja privativa de liberdade. Se o delito não contiver previsão de pena privativa de liberdade, mas apenas de multa ou restritiva de direitos, a via manejável é o mandado de segurança. Da mesma forma, não será cabível o *habeas corpus* quando firmada, em sede de juizados especiais criminais, transação penal, alijando a possibilidade de aplicação de pena privativa de liberdade[9].

Vale dizer, o uso do *habeas corpus* pode se apresentar como:

(1) ação sem relação com ato processual específico, mas para, estritamente, alijar a prisão ou a sua ameaça; ou

(2) sucedâneo recursal que se subdivide, a seu turno, em:

(a) substitutivo recursal, em função da maior utilidade do ***writ*** comparativamente a um recurso cabível; e

(b) na lição de Fábio Roque e Klaus Negri Costa, "via alternativa de ataque aos atos judiciais" (*collateral attack*), quando impetrado com o fito de "obstar o curso de um inquérito policial (trancamento)" - arquivamento –, de "impedir que a ação seja iniciada" ou de "impugnar algum meio de prova"[10].

Como sucedâneo recursal, a decisão proferida nos autos da ação *habeas corpus* produzirá efeito em processo condenatório. A regra é a de que ele tenha esse condão quando o processo penal condenatório não tenha se encerrado. Caso haja sentença condenatória, com trânsito em julgado, a via adequada é a revisão criminal. No entanto, em hipótese de *error in judicando* ou *in procedendo* comprovado de plano por prova pré-constituída, o *habeas corpus* pode ser admitido e acolhido no mérito, máxime por ser dotado de rito mais célere que a revisão criminal, tendente a fazer cessar constrangimento ilegal.

Por fim, calha observar que o resultado da ação de *habeas corpus* é, preponderantemente, o de uma ordem judicial. Expede-se um alvará de soltura (quando se dirige contra a prisão ilegal de alguém) ou um salvo-conduto (quando é o caso de ameaça à liberdade de ir, vir ou ficar). Em tais casos, o remédio heroico e sua sentença têm natureza mandamental.

4. CABIMENTO DO *HABEAS CORPUS*

Toda ação, civil ou penal, tem uma causa de pedir (*causa petendi*). A ação de *habeas corpus* não foge à regra. Há uma causa de pedir próxima e uma causa de pedir remota, na esteira da **teoria da substanciação**, "centralizando o objeto do processo não sobre o direito ou sobre a relação jurídica, mas sobre o fato apresentado como seu fundamento (sobre o direito delimitado pelo fato deduzido)"[11].

9. STJ – Sexta Turma – HC 495.148-DF – Rel. Min. Antonio Saldanha Palheiro - DJe 03 out. 2019.

10. ARAÚJO, Fábio Roque; COSTA, Klaus Negri. *Processo penal didático*. Salvador: Juspodivm, 2018. p.1276; no mesmo sentido: LOPES JR, Aury. A moda é dar *habeas corpus*, mas só quando eu quiser. *Conjur*: limite penal. São Paulo, 22 ago. 2014. Disponível em: < https://www.conjur.com.br/2014-ago-22/moda-dar-habeas-corpus-oficio-quando-eu--quiser>. Acesso em: 9 dez. 2018.

11. JARDIM, Augusto Tanger. *A causa de pedir no direito processual civil*. Porto Alegre: Livraria do Advogado, 2008. p. 74.

As garantias fundamentais devem ser compreendidas de maneira ampla. Havendo dúvida sobre o cabimento da *ação de habeas corpus*, deve ela ser admitida e apreciada. A lesão à liberdade de locomoção deve ser entendida como concretizada não só quando efetiva, mas também quando haja fundado receio de que ela venha a ocorrer.

A liberdade de locomoção deve ser assegurada até mesmo em perspectiva ou em tese, ou seja, a impetração do *habeas corpus* é admitida quando o inquérito ou o processo penal vise à apuração de delito que tenha cominação em abstrato, dentre suas penas previstas, de privação de liberdade. O *habeas corpus* pode se dirigir contra prisão ilegal, contra ameaça de prisão e contra inquérito, procedimento criminal ou processo penal cuja conclusão possa resultar em pena privativa de liberdade.

A violação à liberdade de ir e vir deve, tanto, ser constatada de forma extensiva.

É nesse sentido que o Código de Processo Penal, em seu art. 648, explicita que a coação considerar-se-á ilegal, delineando casuisticamente os casos de cabimento do *habeas corpus*.

5. *HABEAS CORPUS* POR FALTA DE JUSTA CAUSA

Cabível a impetração em tela por falta de **justa causa** para a prisão ou para a persecução penal. Logo, esse conceito pode ser subdividido em:

(a) justa causa para a ordem proferida, da qual decorreu a coação contra alguém; e

(b) justa causa para a instauração de processo ou de investigação contra alguém[12].

Na hipótese de **falta de justa causa para a ordem prisional** proferida, há relação direta com o art. 5º, LXI, CF/1988, que dispõe sobre a necessidade de ordem fundamentada para a realização da prisão, salvo em caso de flagrante delito. Deste modo, não haverá justa causa quando a coação exercida sobre a liberdade do indivíduo estiver desamparada legalmente ou sem motivação. O § 2º, do art. 315, do CPP, com a redação dada pela Lei nº 13.964/2019, elenca os casos em que se considera a decisão sem fundamentação, a exemplo daquela que se limita à indicação, à reprodução ou à paráfrase de ato normativo, sem explicar sua relação com a causa ou a questão decidida, bem como a que invoca motivos que se prestariam a justificar qualquer outra decisão.

Quanto ao cabimento do *habeas corpus* por **falta de justa causa para a existência do processo ou investigação**, deve-se ressaltar que é ela o fundamento para o arquivamento prematuro de inquéritos e ações penais. Permite-se o trancamento da investigação preliminar quando o fato não constitui infração penal, quando não há indícios suficientes de autoria ou quando extinta a punibilidade do agente[13]. Da mesma forma, quando não subsista lastro probatório mínimo de sustentabilidade procedimental.

6. *HABEAS CORPUS* POR EXCESSO DE PRAZO

Cabível o ajuizamento da ação de *habeas corpus* quando alguém estiver preso por mais tempo do que determina a lei. Verifica quando se escoa o prazo legal previsto para

12. NUCCI, Guilherme de Souza. *Manual de processo penal e execução penal.* 7. ed. São Paulo: RT, 2010. p. 948.
13. STF – Segunda Turma – HC 165781 AgR – Rel. Min. Gilmar Mendes – publicado em 28 fev. 2019.

a prisão imposta, seja ela provisória, como a prisão temporária, seja ela definitiva, como a prisão pena.

Também é admissível quando os prazos para a conclusão do procedimento são descumpridos.

A ausência de prazo para prisão preventiva sempre foi um problema grave. Há notícia de pessoas presas anos a fio, sem a formação de culpa. A razoável duração do processo, capitulada dentre os direitos fundamentais (art. 5º, LXXVIII, CF), seguiu sendo letra morta ou, pontualmente, foi invocada para processar o acusado com urgência, com a supressão de direito ao devido processo legal.

O desvirtuamento às garantias fundamentais se tornou rotineiro sob esse aspecto. Na verdade, a garantia individual fundamental ao processo sem dilações é do imputado. É o acusado que tem direito a ser julgado no tempo devido. Como pontifica Aury Lopes Jr., a demora na prestação da jurisdição "constitui um dos mais antigos problemas da administração da justiça", ao lado do "imensurável custo de uma prisão cautelar indevida ou excessivamente larga". Contribui para esse cenário, a adoção da "doutrina do não prazo", fazendo com que exista uma indefinição de critérios e conceitos"[14].

Aliás, os Tribunais têm relativizado a construção doutrinária segundo a qual o prazo a ser observado para o encerramento da instrução deveria corresponder à exata soma dos prazos previstos para cada etapa procedimental. Admite-se, assim, o alargamento da instrução, desde que respeitados o princípio da razoável duração do processo (art. 5º, LXXVIII, CF/1988) e a dignidade da pessoa humana (art. 1º, III, CF/1988), como nos casos em que há complexidade[15].

No entanto, com a edição da Lei nº 13.964/2019, *legem habemus*. Como dita o parágrafo único, do art. 316, do CPP, decretada a prisão preventiva, deverá o órgão emissor da decisão revisar a necessidade de sua manutenção a cada **noventa dias**, mediante decisão fundamentada, de ofício, sob pena de tornar a prisão ilegal. Como se depreende, na história do direito brasileiro, é um avanço significativo. Cuida-se de **controle obrigatório do prazo da prisão preventiva** que deve ter seus requisitos novamente aferidos a cada vez que se verificar o seu termo. Melhor seria estipular um prazo máximo, intransponível, embora tenhamos um texto progressista, se comparado no curso do tempo.

Art. 316. O juiz poderá, de ofício ou a pedido das partes, revogar a prisão preventiva se, no correr da investigação ou do processo, verificar a falta de motivo para que ela subsista, bem como novamente decretá-la, se sobrevierem razões que a justifiquem.

Parágrafo único. Decretada a prisão preventiva, deverá o órgão emissor da decisão revisar a necessidade de sua manutenção a cada 90 (noventa) dias, mediante decisão fundamentada, de ofício, sob pena de tornar a prisão ilegal." (NR)

14. LOPES JR, Aury. *Direito processual penal*. 16. ed. São Paulo: Saraiva, 2019. p.1127.
15. STJ – Quinta Turma – HC 520.896/SP, Rel. Ministro Joel Ilan Paciornik – DJe 19/12/2019.

7. *HABEAS CORPUS* POR INCOMPETÊNCIA DO ÓRGÃO COATOR

A regra de competência é basilar para a validade dos atos emanados de um órgão. Tem repercussão penal, na medida que sua violação pode dar espaço à aplicação da Lei nº 13.869/2019 que, dos seus artigos 9º ao 38, prevê crimes de **abuso de autoridade**.

Caberá *habeas corpus* se quem ordenar a coação não tiver competência para fazê-lo. Essa exigência fundamental visa a impedir situações teratológicas, como a expedição de ordem de prisão por juiz cível em decorrência de processo em trâmite perante vara criminal.

Por outro lado, é indispensável que também seja competente o órgão que irá apreciar a impetração.

O **juiz das garantias** tem, por exemplo, competência para julgar o *habeas corpus* impetrado antes do oferecimento da denúncia, no modo descrito no inciso XII, do art. 3º-B, do CPP[16], com redação da Lei nº 13.964/2019. Essa competência incide até o momento em que a autoridade coatora não detenha prerrogativa de função para ser julgada criminalmente perante um tribunal. Caso o impetrado seja o promotor de justiça, no exercício de sua função, competente para apreciar o *habeas corpus* é o órgão de segunda instância.

8. *HABEAS CORPUS* DIANTE DA CESSAÇÃO DOS MOTIVOS DA COAÇÃO

Se cessado o motivo que autorizou a coação, também é cabível o *habeas corpus*. É a situação em que a decretação da prisão não caracterizava coação ilegal. Deixa de existir o fundamento autorizativo, a prisão legal se convola em ilegal. É o que acontece quando a prisão preventiva é decretada, por exemplo, por conveniência da instrução e esta se encerra.

9. *HABEAS CORPUS* POR NEGATIVA INJUSTIFICADA DE FIANÇA

Será admitido o *writ* quando não for alguém admitido a prestar fiança, nos casos em que a lei permite. A Constituição, aliás, é expressa, no seu art. 5º, inciso LXVI, ao dizer que ninguém será levado à prisão ou nela mantido, quando a lei admitir a liberdade provisória, com ou sem fiança. Nesses casos, embora o objetivo mediato da impetração seja a liberdade do indivíduo, o objetivo imediato é o arbitramento da fiança, conforme § 3º do art. 660, CPP, que dispõe que se a ilegalidade decorrer do fato de não ter sido o paciente admitido a prestar fiança, o juiz arbitrará o valor desta, que poderá ser prestada perante ele, remetendo, neste caso, à autoridade os respectivos autos, para serem anexados aos do inquérito policial ou aos do processo judicial.

10. *HABEAS CORPUS* EM FACE DE PROCESSO MANIFESTAMENTE NULO

O inciso VI, do art. 648, do CPP, fala no cabimento do *habeas corpus* quando o "processo for manifestamente nulo". Como estudamos, a nulidade necessita ser reconhecida, por juiz ou tribunal. Até esse momento, há vício processual. Reconhecida a nulidade, deverá

16. Dispositivo com eficácia suspensa, nos termos de decisão monocrática do Supremo Tribunal Federal (STF – ADI 6298/DF – Medida Cautelar – Rel. Min. Luiz Fux – 22 jan. 2020).

seguir a invalidação do ato. No caso do processo penal viciado, fala-se em trancamento, que significa extinção sem resolução do mérito.

A força da decisão proferida nos autos do *habeas corpus* é constitutiva negativa, nulificadora, diante do processo manifestamente viciado. Nessa hipótese, o *writ* não tem como pedido imediato a liberdade do paciente, mas a anulação, a **invalidação** do processo. Desde que a nulidade seja flagrante, absoluta, a impetração pode ser feita até mesmo para desconstituir sentença condenatória transitada em julgado, funcionando como sucedâneo da revisão criminal. Rigorosamente falando, ocorrerá **rescindibilidade**.

No ponto, importante lembrar que o art. 652, do CPP, reza que se o *habeas corpus* for concedido em virtude de nulidade do processo, este será **renovado**. Porém, a admissibilidade de reabertura da persecução penal, depois de findo um primeiro processo contra o acusado, importa violação ao **princípio *ne bis in idem***[17], vedado pelo ordenamento jurídico.

11. *HABEAS CORPUS* POR EXTINÇÃO DA PUNIBILIDADE

Está extinta a punibilidade quando o direito de punir do Estado não mais subsiste. Aliás, nos termos do verbete nº 695, da súmula do STF, "não cabe *habeas corpus* quando já extinta a pena privativa de liberdade", que é uma das formas pela qual se manifesta a extinção da punibilidade do agente, máxime diante do cumprimento integral da pena.

Apesar do enunciado sumular, deve-se pontuar, como faz Guilherme de Souza Nucci, que a simples extinção da pena privativa de liberdade não afasta completamente a possibilidade de interposição de *habeas corpus*, o que poderia ocorrer, por exemplo, se embora com a punibilidade extinta, o indivíduo não tivesse sido efetivamente solto pela autoridade pública[18].

Além das hipóteses legais que conferem maior amplitude a essa ação constitucional, é também cabível *habeas corpus* para impugnar medidas cautelares diversas da prisão (art. 319, CPP), segundo declarou o Supremo Tribunal Federal[19], quando ameaçada de lesão, em tese, a liberdade de locomoção.

17. SABOYA, Keity Mara Ferreira de Souza e. *Ne bis in idem*: história, teoria e perspectivas. Rio de Janeiro: Lumen Juris, 2014. p. 282.
18. NUCCI, Guilherme de Souza. *Manual de processo penal e execução penal*. 7. ed. São Paulo: RT, 2007. p. 950.
19. STF – Segunda Turma – HC 147.426/AP; HC 147.303/AP – Rel. Min. Gilmar Mendes – julgados em 18 dez. 2017.

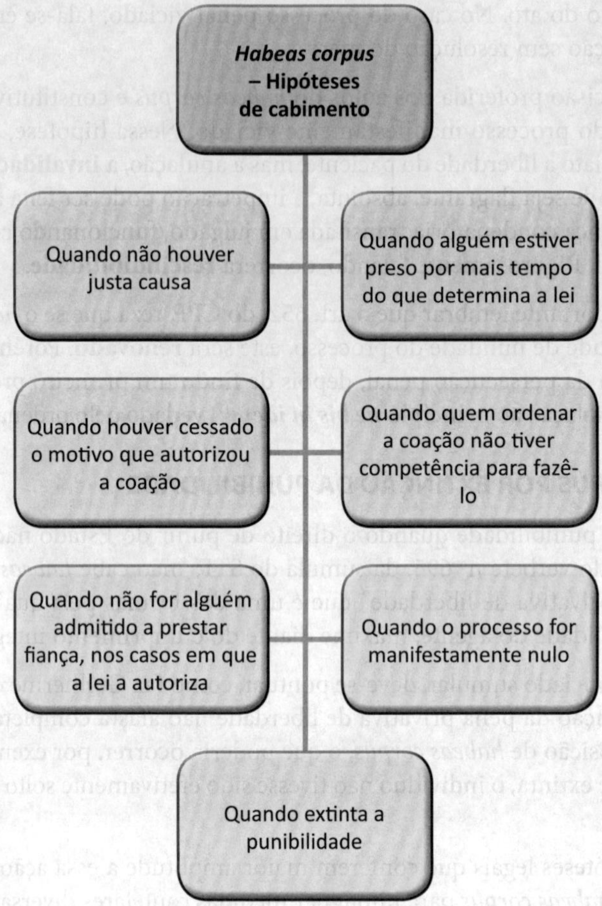

12. OUTRAS HIPÓTESES DE CABIMENTO DE *HABEAS CORPUS*

Releva ainda sublinhar que não cabe *habeas corpus* contra a imposição da pena de exclusão de militar ou de perda de patente ou de função pública, eis que não se cuida de sanção privativa da liberdade do acusado, consoante enunciado nº 694, da Súmula, do STF. Faltaria ao impetrante o necessário interesse de agir, em virtude da inadequação da via eleita para o fim desejado de nulificar o ato administrativo de exclusão ou de perda da patente.

Restringindo o alcance da ação heroica, impetrada em defesa de pretensão cível, a Quarta Turma do STJ declarou o seu cabimento para impugnar decisão que determinou retenção de passaporte", porém negou seu manejo contra a suspensão da Carteira Nacional de Habilitação[20].

De outro ponto, retrata ausência de carência de agir a previsão hipotética consignada no verbete nº 692, da Súmula, do STF, ao estabelecer que não se conhece de *habeas corpus*

20. Noticiado no Informativo 631, de 14.9.2018, do STJ (Quarta Turma – RHC 97.876-SP, Rel. Min. Luis Felipe Salomão, por unanimidade, julgado em 05/06/2018, DJe 09/08/2018).

contra omissão de relator de extradição, se fundado em fato ou direito estrangeiro cuja prova não constava dos autos, nem foi provocado a respeito.

Como se infere, esse enunciado indica que o cabimento do *habeas corpus* está atrelado à necessidade de prova pré-constituída, cuja apresentação é ônus do impetrante perante o relator do processo de extradição. Na senda restritiva, para a caracterização do interesse de agir enquanto condição da ação do *writ*, há quem entenda pela necessidade de que a pretensão nesta demanda deduzida tenha sido antes levada ao conhecimento do relator do processo que se esteja questionando, com o fito de obtenção de sua extinção sem resolução do mérito, isto é, seu trancamento.

O Plenário do STF entendeu que a superveniência de sentença condenatória que mantém a prisão preventiva, prejudica a análise do *habeas corpus* que havia sido impetrado contra o título originário da custódia[21]. Entretanto, é de ver que o tribunal tem o poder de conceder *habeas corpus* de ofício em hipótese como essa, mormente quando é possível orientar a interpretação de forma a dar maior eficácia ao direito fundamental. Naturalmente, para a concessão do *writ ex officio*, a teor do § 2º, do art. 654, do CPP, será exigível a presença de elementos que possibilitem o conhecimento da ilicitude da prisão[22].

13. CAUSA DE PEDIR E COISA JULGADA EM *HABEAS CORPUS*

A causa de pedir delimita a resposta jurisdicional requestada pela parte. A **causa de pedir remota** é o detalhamento do ato que viola ou ameaça a liberdade de locomoção, espelhada na narração fática da petição inicial, que deu origem à pretensão[23]. A **causa de pedir próxima** é a norma jurídica construída em face da compreensão da relação jurídica de direito material do caso concreto, mormente a partir do enunciado do art. 5º, XV e LXVIII, da Constituição do Brasil, retratada nos fundamentos jurídicos do pedido de cessação de ameaça ou lesão à liberdade de locomoção.

Em poucas palavras, a causa de pedir do *habeas corpus* é a descrição da violação ou da ameaça de lesão à liberdade de ir e vir do indivíduo tutelada pelo ordenamento jurídico. O impetrante deve narrar não só os fundamentos jurídicos (o cerne que fere a liberdade de locomoção do paciente e que encontra respaldo no dispositivo da Constituição: a **causa de pedir próxima**), mas também os elementos fáticos que o circundam (fundamentos de fato: a **causa de pedir remota**).

Esse aspecto tem importância para a definição dos **limites da coisa julgada da ação heroica**. Se houver não coincidência integral tanto em relação aos fundamentos fáticos, quanto aos jurídicos, será sempre possível a renovação do *habeas corpus* perante a mesma instância, eis que os efeitos da coisa julgada não se estenderiam aqui ao ponto de obstar essa possibilidade[24]. Se as ações se identificarem e se decorrido prazo para o recurso, a solução é a propositura de *writ* substitutivo na instância superior (como sucedâneo recursal).

21. STF – Plenário – HC 143333/PR – Rel. Min. Edson Fachin – julgado em 11 e 12/4/2018.
22. STF – Rcl 24.506/SP – Rel. Min. Dias Toffoli – Informativo nº 913, Transcrições, de 27-31.8.2018.
23. DANTAS, Francisco Wildo Lacerda. *Jurisdição, ação (defesa) e processo*. Recife: Nossa Livraria, 2004. v.2. p. 39-40.
24. JARDIM, Augusto Tanger. *A causa de pedir no direito processual civil*. Porto Alegre: Livraria do Advogado, 2008. p. 74.

Em outros termos, modificado os aspectos que circundam o núcleo da demanda, com modificação dos fundamentos de fato, a ação de *habeas corpus* pode ser renovada na instância originária. A coisa julgada fraca dessa ação constitucional permite que seja novamente impetrada, com a incidência da **teoria da substanciação** da causa de pedir. Não se aplica ao *writ* a **teoria da individualização**, segundo a qual a ação deve ser formada pela *causa petendi* próxima, isto é, só pelos fundamentos de direito, tornando irrelevantes a diferença de fatos para afastar a coisa julgada material.

Como se pode inferir, a extensão a força da coisa julgada é menor se adotada a **teoria da substanciação**: alterados aspectos circunstanciais, haverá possibilidade de nova demanda sem incidência de coisa julgada. A **teoria da individualização** é incompatível com o *habeas corpus* porque nela incide o princípio da eventualidade, que atribui à parte o ônus de alegar tudo o que for possível sob pena de se reputar deduzido em juízo todos os fatos. Segundo a teoria da individualização, a formação da coisa julgada recai sobre o direito, pouco interessando os aspectos fáticos circundantes à relação jurídica material concernente à liberdade. Nela, a coisa julgada ganha âmbito muito vasto e forte, o que conferiria interpretação demasiadamente restrita ao direito individual de liberdade.[25]

14. *HABEAS CORPUS* PREVENTIVO

Os limites amplos de conformação do *habeas corpus* ensejam mais de uma possibilidade de propositura. A impetração pode, por exemplo, acontecer preventivamente, para fazer cessar a ameaça de lesão à liberdade. Denominamos esse caso de ***habeas corpus* preventivo**, que enseja a emissão de **salvo-conduto**, como dispõe o § 4º do art. 660, CPP.

Contudo, o ajuizamento preventivo pode se deparar, no curso da demanda, com a efetivação da lesão que, antes, era apenas ameaça à liberdade de locomoção. Em tal caso, o *habeas corpus* preventivo se transmuda em liberatório, mercê do **princípio da fungibilidade** que permeia a compreensão da demanda. Não se faz necessário, portanto, que o autor, diante da concretização da lesão, desista do primeiro *habeas corpus* preventivo para mover outro, liberatório.

O cabimento do *habeas corpus* preventivo está vinculado ao fundado receio de que o paciente possa vir a sofrer a coação ilegal ao seu direito de ir, vir e ficar, ou seja, a ameaça combatida deve ser iminente, estando desautorizado o *writ* por mero receio infundado de coação tida como ilegal.

15. *HABEAS CORPUS* REPRESSIVO OU LIBERATÓRIO

O ***habeas corpus* repressivo** é o conhecido como liberatório. Visa à soltura de quem se encontra preso de forma ilegal. No caso de concessão da ordem, nos termos do § 1º do art. 660, CPP, será expedido **alvará de soltura**, salvo se por outro motivo dever ser o paciente mantido na prisão.

25. JARDIM, Augusto Tanger. *A causa de pedir no direito processual civil*. Porto Alegre: Livraria do Advogado, 2008. p. 77.

16. *HABEAS CORPUS* SUSPENSIVO

Ainda se fala em ***habeas corpus* suspensivo**, que "ocorre quando já existe constrangimento ilegal, mas o sujeito ainda não foi preso". Nesse caso, emite-se **contramandado de prisão**, haja vista que se cuida de uma ameaça efetiva à liberdade, mas o sujeito não está preso[26].

17. *HABEAS CORPUS* PROFILÁTICO OU TRANCATIVO

É possível fazer menção a uma quarta espécie, denominada de ***habeas corpus* profilático**. Colima suspender atos processuais ou impugnar medidas que possam implicar prisão futura. O processo combatido tem aparência de legalidade, porém nele dormita, em estado de latência, uma antijuridicidade. Trata-se de espécie híbrida, com caracteres preventivos.

Neste caso, a impugnação não visa, diretamente, ao constrangimento ilegal já consumado ou à ameaça iminente de que ocorra esse constrangimento, mas sim à potencialidade da lesão que dele ainda possa advir e se agravar[27].

O *habeas corpus* para o trancamento do processo penal, com sua extinção sem resolução do mérito, enquadra-se nesta categoria.

ESPÉCIE DE *HABEAS CORPUS*	OBJETIVO
Repressivo ou liberatório	Expedição de alvará de soltura
Preventivo	Emissão de salvo-conduto
Suspensivo	Expedição de contramandado de prisão
Profilático	Impugnação de ato ou medida que importem em constrangimento futuro.
Ex: HC trancativo do IP ou da ação penal	

18. *HABEAS CORPUS* E PENA PRIVATIVA DE LIBERDADE

Importa destacar um aspecto que pode ser considerado uma condição de admissibilidade da ordem de *habeas corpus*. Em virtude de ser ação que objetiva combater lesão ou ameaça de lesão à liberdade de locomoção, a infração penal veiculada no inquérito, procedimento ou ação penal deve prever, abstratamente, pena privativa de liberdade.

Quando o processo se referir a delito que imponha pena restritiva de direitos, tal como ocorre com os crimes imputados à pessoa jurídica, ou naqueles que tenham só a pena de multa como possível, não cabe a demanda de *habeas corpus*. Sobre o assunto, enuncia o verbete nº 693, da Súmula, do STF, que "não cabe *habeas corpus* contra decisão condenatória a pena de multa, ou relativo a processo em curso por infração penal a que a pena pecuniária seja a única cominada".

26. GOMES, Luiz Flávio. *Direito processual penal*. São Paulo: RT, 2005. p. 397.
27. AVENA, Norberto. *Processo penal esquematizado*. 3. ed. São Paulo: Método, 2011. p. 1225.

19. PEDIDO GENÉRICO EM *HABEAS CORPUS*

O STF admitiu ***habeas corpus***, com pedido genérico. A demanda ficou conhecida como coletiva.

No entanto, o pedido foi formulado, pela Defensoria Pública, em uma única demanda, em favor de várias presas gestantes e mães com filhos de até doze anos de idade incompletos, razão pela qual a melhor designação seria a de *habeas corpus* **genérico**. Reconhecendo situação degradante das mulheres presas, a Corte traçou requisitos e limites para substituição de prisão preventiva por prisão cautelar domiciliar, sem prejuízo da aplicação de medidas diversas da prisão[28].

20. *HABEAS CORPUS* E TRANSGRESSÃO DISCIPLINAR

Transgressão disciplinar é o nome dado às infrações administrativas previstas nos regulamentos disciplinares militares. As transgressões disciplinares preveem, a depender da gravidade da conduta, sanções de advertência, detenção ou prisão. São penas administrativas que podem se consubstanciar em privação da liberdade.

A prisão disciplinar, todavia, foi expressamente proibida para os militares estaduais. De acordo com o art. 18, inciso VI, do Decreto-Lei nº 667/1969, na redação dada pela Lei nº 13.967/2019, estão vedadas tanto as medidas privativas de liberdade, quanto às restritivas a esse direito, em sede disciplinar, aos policiais e bombeiros militares.

Permanece, todavia, a possibilidade aplicação de prisão disciplinar aos militares das forças armadas. Não obstante, pensamos que a não incidência da vedação a esses últimos não se justifica diante da identidade do regime militar. Afinal, como justificar que apenas alguns militares se submetam à prisão disciplinar e outros não? Até entendemos que todas as formas de prisão carecem de fundamento racional, no entanto, no ponto, o legislador conferiu tratamento não isonômico a pessoas submetidas ao mesmo regime.

Sem embargo, o Código de Processo Penal, em seu art. 647, estabelece o cabimento do *habeas corpus* toda vez que alguém sofrer ou se achar na iminência de sofrer violência ou coação ilegal na sua liberdade de locomoção, afastando a impetração na hipótese de punição disciplinar. O entendimento ortodoxo, assim, era o de que contra a prisão ou detenção fundada em regulamento militar não teria lugar o ajuizamento de *habeas corpus*, sendo, todavia, admitido mandado de segurança, se presentes seus pressupostos.

Com ideia análoga ao art. 647, CPP, o § 2º, do art. 142, da Constituição Federal preconiza o não cabimento de *habeas corpus* relativamente a punições disciplinares militares. Embora pareça ter reafirmado a posição tradicional, esses dispositivos devem ser interpretados sistematicamente para assegurar que o remédio heroico tenha eficácia de garantia individual fundamental. A sua interpretação deve ser extensiva.

Os enunciados normativos do art. 647, do CPP, e do § 2º, do art. 142, da Constituição do Brasil, que vedam o manejo do *habeas corpus* contra punição disciplinar são adequados para os casos em que se pretenda invadir o mérito do ato administrativo punitivo, pondo-se

28. STF – Segunda Turma – HC 143.641/SP – Rel. Min. Ricardo Lewandowski – j. 20/2/2018.

em risco a própria hierarquia militar. Em outras palavras, se a punição disciplinar é aplicada dentro dos limites legais e regulamentares, será descabida a propositura do *habeas corpus.*

No entanto, no caso de punições disciplinares que extrapolem os parâmetros do permitido à autoridade competente, com cerceio indevido à liberdade de locomoção, deve ser ele admitido. Não há plausibilidade em sustentar limitação a essa garantia fundamental. Em análise distinta, o enunciado n.º 694 da Súmula do STF indica que não cabe *habeas corpus* contra imposição da pena de exclusão de militar ou de perda de patente ou de função pública, por se tratar de sanções administrativas, não estando em discussão violação ou ameaça à liberdade de locomoção.

Por outro lado, o *habeas corpus* impetrado em favor de militar dos estados – agora restrito para casos de infração penal – tem seu processamento e julgamento afeto à Justiça Militar estadual, nos termos do § 4º, do art. 125, da Constituição do Brasil, eis que afirma a sua competência para processar e julgar as ações judiciais contra atos disciplinares militares.

21. COMPETÊNCIA PARA O PROCESSAMENTO E O JULGAMENTO DO *HABEAS CORPUS*

A competência para o julgamento da ação de *habeas corpus* é definida em conformidade com a qualidade da pessoa que seja responsável pelo ato coator ou com a qualidade da pessoa que esteja sofrendo a lesão ou ameaça de lesão à sua liberdade de locomoção.

A disciplina procedimental do *habeas corpus* ganhou edição de enunciados, da Súmula do STF.

Foi assim que o enunciado nº 690, da Súmula, do STF, esclareceu, quando de sua edição, que competia originariamente ao Supremo Tribunal Federal o julgamento de *habeas corpus* contra decisão de turma recursal de juizados especiais criminais. De outro giro, o verbete de nº 691, da mesma Súmula, regula que "não compete ao Supremo Tribunal Federal conhecer de *habeas corpus* impetrado contra decisão do Relator que, em *habeas corpus* requerido a tribunal superior, indefere a liminar".

Todavia, impende deixar bem vincada a superação do verbete nº 690, da Súmula, do STF.

Deveras, a partir do julgamento do HC nº 86.834/SP, o Supremo Tribunal Federal passou a estatuir a competência do Tribunal de Justiça do Estado ou do Distrito Federal ou do Tribunal Regional Federal respectivo, para processar e julgar o *habeas corpus* impetrado contra ato emanado de turma recursal de juizados especiais criminais. Por sua vez, se o coator é o juiz singular dos juizados especiais, o *habeas corpus* será apreciado pela própria turma recursal.

Sem embargo, ao Supremo Tribunal Federal compete processar e julgar, originariamente, o *habeas corpus*, quando:

(1) o paciente se tratar de Presidente da República, Vice-Presidente, membros do Congresso Nacional, Ministros do próprio STF, Procurador-Geral da República, Ministros de Estados, Comandantes da Marinha, do Exército e da Aeronáutica, membros dos Tribunais

Superiores, membros do Tribunal de Contas da União e chefes de missão diplomática de caráter permanente (art. 102, I, "d", CF/1988); ou

(2) quando o coator for Tribunal Superior ou quando o coator ou o paciente for autoridade ou funcionário cujos atos estejam sujeitos diretamente à jurisdição do Supremo Tribunal Federal, ou se trate de crime sujeito à mesma jurisdição em uma única instância (art. 102, I, "i", CF/1988). Ainda compete ao STF julgar, em grau de recurso ordinário, o *habeas corpus* decidido em única instância pelos tribunais superiores, quando denegatória a decisão (art. 102, II, "a", CF/1988).

Por seu turno, ao Superior Tribunal de Justiça compete processar e julgar, originariamente, o *habeas corpus*, quando:

(1) o coator ou paciente for Governador de Estado ou do Distrito Federal, desembargador de Tribunal de Justiça, de Tribunal Regional Federal ou de Tribunal Regional do Trabalho, membro de Tribunal de Contas do Estado ou do Distrito Federal, membro de Tribunal Regional Eleitoral, membro do Conselho ou Tribunal de Contas dos Municípios e membro do Ministério Público da União que oficie perante tribunal; ou

(2) quando o coator for tribunal sujeito à sua jurisdição, Ministro de Estado ou Comandante da Marinha, do Exército ou da Aeronáutica, ressalvada a competência da Justiça Eleitoral (art. 105, I, "c", CF/1988) Ainda ao STJ compete julgar, em recurso ordinário, "os *habeas corpus* decididos em única ou última instância pelos Tribunais Regionais Federais ou pelos Tribunais dos Estados, do Distrito Federal e Territórios, quando a decisão for denegatória" (art. 105, II, "a", CF/1988).

No âmbito da Justiça Federal, os Tribunais Regionais Federais têm competência para processar e julgar, originariamente, "os *habeas corpus* quando a autoridade coatora for juiz federal", bem como o recurso contra decisão de *habeas corpus* julgado por juiz federal (art. 108, I, "d", e II, CF/1988). É da competência de juiz federal processar e julgar "os *habeas corpus*, em matéria criminal de sua competência ou quando o constrangimento provier de autoridade cujos atos não estejam diretamente sujeitos a outra jurisdição" (art. 109, VII, CF/1988).

A Justiça Militar, a Justiça Eleitoral e a Justiça dos Estados têm competência para processar e julgar *habeas corpus*, em compasso com as respectivas legislações. Aliás, a Justiça dos Estados detém a competência residual em matéria criminal, ou seja, tudo o que não estiver afeto especificamente à Justiça Federal e às justiças especializadas é remetido à Justiça Estadual. Sob enfoque diverso, a competência do juiz para o exame do *writ* cessará sempre que a violência ou coação provier de autoridade judiciária de jurisdição igual ou superior.

Quanto à Justiça do Trabalho, anote-se que, com a EC nº 45/2004, foi-lhe conferida competência para processar e julgar *habeas corpus*, limitada aos casos em que o ato questionado envolver matéria sujeita à sua jurisdição (art. 114, IV, CF/1988).

Por derradeiro, impende que se sublinhe que as competências do STF, do STJ e da Justiça Federal são *numerus clausus* (número fechado ou rol taxativo). Todavia, lapsos involuntários do legislador constituinte não são impossíveis. A competência para o julgamento do *habeas corpus* dos Tribunais Regionais Federais é expressa na Constituição do Brasil "quando a autoridade coatora for juiz federal". Não há menção quando a autoridade coatora seja procurador da república.

Daí a polêmica sobre se o *habeas corpus* contra ato de promotor de justiça ou de procurador da república seria de competência do tribunal ou do juiz de primeiro grau, prevalecendo a posição no sentido de que, sendo a autoridade coatora promotor de justiça, "a competência é originária do Tribunal de Justiça", bem como que, sendo o coator procurador da república, a competência para processar e julgar o *habeas corpus* é do Tribunal Regional Federal[29]. Excepcionalmente, será da Turma Recursal a competência para o julgamento, caso o ato ministerial tenha sido proferido por promotor ou procurador vinculado a Juizado Especial Criminal, estadual ou federal.

<table>
<tr><th colspan="4">COMPETÊNCIA PARA PROCESSAMENTO E JULGAMENTO DO HABEAS CORPUS</th></tr>
<tr><th>Competência</th><th colspan="2">Hipóteses</th><th>Fundamento constitucional</th></tr>
<tr><td rowspan="5">STF</td><td>Quando for paciente:</td><td>▸ o Presidente da República;
▸ o Vice-Presidente;
▸ os Membros do Congresso Nacional, os Ministros de Estado, o Procurador-Geral da República, os comandantes da Marinha, do Exército e da Aeronáutica;
▸ os membros dos Tribunais Superiores, do Tribunal de Contas da União e os chefes de missão diplomática de caráter permanente.</td><td>Art. 102, I, "d"</td></tr>
<tr><td>Quando for coator:</td><td>▸ Tribunal Superior.</td><td>Art. 102, I, "i"</td></tr>
<tr><td>Quando forem coatores ou pacientes:</td><td>▸ autoridade ou funcionário cujos atos estejam sujeitos diretamente à jurisdição do Supremo Tribunal Federal.</td><td>Art. 102, I, "i"</td></tr>
<tr><td rowspan="2">Quando se tratar de:</td><td>▸ crime sujeito à jurisdição do Supremo Tribunal Federal, em única instância.</td><td>Art. 102, I, "i"</td></tr>
<tr><td>▸ habeas corpus decidido em única instância pelos tribunais superiores, quando denegatória a decisão, em grau de recurso ordinário.</td><td>Art. 102, II, "a"</td></tr>
<tr><td>STJ</td><td>Quando forem coatores ou pacientes:</td><td>▸ Governadores dos Estados e do Distrito Federal;
▸ Desembargadores dos Tribunais de Justiça dos Estados e do Distrito Federal;
▸ membros dos Tribunais de Contas dos Estados e do Distrito Federal;
▸ membros dos Tribunais Regionais Federais, dos Tribunais Regionais Eleitorais e do Trabalho;
▸ membros dos Conselhos ou Tribunais de Contas dos Municípios e os do Ministério Público da União que oficiarem perante Tribunais.</td><td>Art. 105, I, "c"</td></tr>
</table>

29. NUCCI, Guilherme de Souza. *Manual de processo penal e execução penal*. 3. ed. São Paulo: RT, 2007. p. 900.

COMPETÊNCIA PARA PROCESSAMENTO E JULGAMENTO DO *HABEAS CORPUS*			
Competência	**Hipóteses**		**Fundamento constitucional**
STJ	**Quando for coator**	▸ tribunal sujeito à jurisdição do Superior Tribunal de Justiça; ▸ Ministro de Estado ou Comandante da Marinha, do Exército ou da Aeronáutica, ressalvada a competência da Justiça Eleitoral.	Art. 105, I, "c"
	Quando se tratar de:	▸ *habeas corpus* decidido em única ou última instância pelos Tribunais Regionais Federais ou pelos Tribunais dos Estados, do Distrito Federal e Territórios, quando a decisão for denegatória, em grau de recurso ordinário.	Art. 105, II, "a"
TRF	**Quando for coator:**	▸ Juiz Federal.	Art. 108, I, "d"
	Quando se tratar de:	▸ recurso contra decisão de *habeas corpus* julgado por juiz federal.	Art. 108, II
Juízes Federais	**Quando o constrangimento provier de autoridade cujos atos não estejam diretamente sujeitos a outra jurisdição.**		Art. 109, VII
Justiça Militar, Justiça Eleitoral e Justiça dos Estados	–		Vide respectivas legislações
Justiça do Trabalho	**Quando o ato questionado envolver matéria sujeita à sua jurisdição.**		Art. 114, IV

22. LEGITIMIDADE ATIVA NO *HABEAS CORPUS*

No processo de *habeas corpus*, podem ser visualizados três sujeitos processuais: o impetrante, o paciente e o impetrado. O impetrante ou autor é a pessoa que intenta a ação processual. O paciente é a pessoa em favor de quem o *habeas corpus* é ajuizado. O impetrado, parte passiva ou demandado é a pessoa – autoridade ou não – responsável pelo ato apontado como lesivo à liberdade de locomoção.

O impetrante e o paciente podem coincidir na mesma pessoa.

Não é exigível ao impetrante a capacidade postulatória, vale dizer, não é obrigatório que quem proponha a demanda seja advogado. Entrementes, deve ficar sublinhado que a pessoa jurídica não pode ser paciente, porquanto não está sujeita, por óbvio, à pena privativa de liberdade. Quando de violação a direito de pessoa jurídica em matéria penal, será admissível o mandado de segurança sempre que inexistir recurso específico para combater a ilegalidade.

A legitimidade ativa do *habeas corpus* é ampla. Qualquer pessoa, física ou jurídica, ciente da violação à liberdade de locomoção de alguém, pode mover essa ação. Pode o impetrante ser bacharel em direito, com inscrição na OAB, pessoa jurídica representada ou não por advogado ou, simplesmente, ser pessoa leiga, sem capacidade postulatória e sem se fazer representar por advogado.

Neste sentido, o Estatuto da Advocacia, Lei nº 8.906/1994, no seu art. 1º, § 1º, dispõe que "não se inclui na atividade privativa de advocacia a impetração de *habeas corpus* em qualquer instância ou tribunal". Também regulando a legitimidade ativa, o art. 654, *caput*, CPP, explicita que "o *habeas corpus* poderá ser impetrado por qualquer pessoa, em seu favor ou de outrem, bem como pelo Ministério Público".

Quanto ao órgão ministerial, é necessária a referência à Lei Orgânica Nacional do Ministério Público (Lei nº 8.625/1993), segundo a qual "compete aos promotores de justiça, dentro das suas esferas de atribuições: I – impetrar *habeas corpus* e mandado de segurança e requerer correição parcial, inclusive perante os Tribunais locais competentes" (art. 32, I).

Deve-se afastar a possibilidade de impetração de *habeas corpus* por parte do delegado e do juiz de direito, salvo se, despidos da sua investidura, impetrarem o *writ* como cidadãos comuns. Como afirma Guilherme de Souza Nucci, "não há sentido algum em se permitir ao delegado, quando estiver atuando como condutor de investigação criminal, impetrar *habeas corpus* em favor da pessoa que ele mesmo indiciou ou mesmo em favor do réu, cujo inquérito por ele presidido deu margem à instauração da ação penal", bem como seria esdrúxula a opção de conferir a legitimidade ativa ao magistrado que fiscaliza o inquérito ou preside a instrução, "uma vez que ele tem o poder para fazer cessar qualquer tipo de constrangimento contra o indivíduo, processado ou investigado"[30].

Ao juiz ou ao tribunal, caberá julgar o *writ*, como previsto no rol das atribuições do juiz das garantias[31], acrescentado pela Lei nº 13.964/2019, ao Código de Processo Penal. Como responsável pelo controle das investigações e pela salvaguarda dos direitos fundamentais, compete ao juiz das garantias julgar o *habeas corpus* impetrado antes do oferecimento da denúncia. Não é sua atribuição impetrar a demanda.

O *habeas corpus* pode ter lugar *ex officio*, isto é, o juiz ou o tribunal pode concedê-lo sem que haja necessidade de propositura prévia, de provocação. É uma exceção ao princípio de que ao juiz não é permitido agir de ofício. Na prática, o juiz ou o tribunal, ao tomar ciência de prisão ou de ato ameaçador da liberdade de locomoção, mediante contado com inquérito policial, ação penal ou recurso criminal, declara a ilegalidade e concede a ordem de *habeas corpus*, a tutela equivalente a resposta à uma ação que poderia ter sido ajuizada.

É o que reza o § 2º, do art. 654, CPP, ao afirmar que os juízes e os tribunais têm competência para expedir de ofício ordem de *habeas corpus*, quando no curso de processo verificarem que alguém sofre ou está na iminência de sofrer coação ilegal.

23. LEGITIMIDADE PASSIVA NO *HABEAS CORPUS*

A legitimidade passiva do *habeas corpus* recai sobre a pessoa responsável pela lesão ou ameaça de lesão à liberdade de ir e vir da pessoa física. Não é necessário que o sujeito

30. NUCCI, Guilherme de Souza. *Manual de processo penal e execução penal*. 7. ed. São Paulo: RT, 2010. p. 956.
31. Dispositivos sobre o juiz das garantias com eficácia suspensa, nos termos de decisão monocrática do Supremo Tribunal Federal (STF – ADI 6298/DF – Medida Cautelar – Rel. Min. Luiz Fux – 22 jan. 2020).

passivo seja autoridade pública ou pessoa com atribuições do poder público. Essa exigência é restrita ao mandado de segurança. O cerceio indevido à liberdade de locomoção pode ser imputável à autoridade policial, autoridade judiciária ou mesmo a particular.

O *habeas corpus* tem essência de ação criminal, mas pode ser dirigido contra ato de juiz com competência cível, quando a prisão decorre, por exemplo, de inadimplência de prestação alimentícia, já que a prisão do depositário infiel não tem mais cabimento no ordenamento jurídico brasileiro.

De todo modo, importa notar que toda vez que o ato ilegal cometido por uma pessoa for ratificado pela autoridade com competência para apreciar a lesão, esta passará a ser a parte legítima passiva, para fins de ajuizamento de outro *habeas corpus*, substitutivo, perante o órgão judiciário de grau de jurisdição superior. Tem sido, porém, rejeitada pelos tribunais a possibilidade de *writ* substitutivo de recurso próprio[32].

24. FORMA DE PROPOSITURA DO *HABEAS CORPUS*

A forma de propositura do *habeas corpus* é livre, informal. Como o remédio heroico pode até ser deferido de ofício, as disposições que enunciam os requisitos da petição inicial não exigem formalidades intransponíveis.

É assim que o CPP, no § 1º, do seu art. 654, estatui que a petição de ***habeas corpus*** conterá:

(1) o nome da pessoa que sofre ou está ameaçada de sofrer violência ou coação e o de quem exercer a violência, coação ou ameaça;

(2) a declaração da espécie de constrangimento ou, em caso de simples ameaça de coação, as razões em que funda seu temor; e

(3) a assinatura do impetrante, ou de alguém a seu rogo, quando não souber ou não puder escrever, e a designação das respectivas residências.

Deve permear a interpretação de sua propositura, o fato se ser, a ação de *habeas corpus*, de rito abreviado e de cognição sumária.

A petição deve ser acompanhada de prova pré-constituída, haja vista que não é via própria para ser realizada instrução probatória pormenorizada. Como aponta Guilherme Nucci, não há espaço para qualquer colheita de prova testemunhal ou pericial, mormente quando a questão demande "urgência, como ocorre no *habeas corpus* liberatório"[33].

Havendo obstáculo à obtenção de documentos, oposto pela autoridade coatora ou por órgão público, é viável o ajuizamento da demanda desacompanhado de elementos empíricos. No entanto, o impetrante deve pleitear que o Judiciário tome as providências para que a base material do pedido seja trazida aos autos.

32. STJ – Quinta Turma – HC 537.355/SP – Rel. Min. Joel Ilan Paciornik – DJe 19 dez. 2019.
33. NUCCI, Guilherme de Souza. *Manual de processo penal e execução penal*. 7. ed. São Paulo: RT, 2010. p. 963.

Admite-se "que o requerimento seja feito por telegrama, radiograma ou telex", "por telefone e reduzido a termo pela Secretaria"[34], sendo plausível até sua impetração por via eletrônica (e-mail).

Conquanto seja a ação de *habeas corpus* demanda de cognição restrita ao exame do que foi produzido de antemão, não sendo viável digressão do rito para constituição de outras provas, é possível a requisição de documentos pelo órgão judicial quando se verificar que não foi possível ao impetrante aparelhar a petição inicial adequadamente. Em caso concreto, o STF deliberou nesse sentido ao determinar emissão de ofício ao Conselho Nacional de Justiça para verificar a adequação legal de complexo prisional[35]. Trata-se de direito fundamental constitucional, cuja exegese deve ser ampliativa, a fim de conferir maior eficácia à demanda.

25. PROCEDIMENTO DO *HABEAS CORPUS*

O rito da ação de *habeas corpus* é o disposto no Código de Processo Penal, independentemente de ser o órgão jurisdicional competente juiz ou tribunal. De outra vertente, a Lei nº 8.038/1990, que disciplina o procedimento dos processos de competência do Supremo Tribunal Federal e do Superior Tribunal de Justiça, quando trata do *habeas corpus*, faz remissão ao rito previsto no CPP.

Uma vez impetrado o *writ*, deve ser observado o regramento do Código para o seu processamento, com as adequações à instância onde estiver tramitando. O juiz competente, ao receber a petição inicial e se julgar necessário, e estiver preso o paciente, mandará que este lhe seja imediatamente apresentado em dia e hora que designar (art. 656, *caput*, CPP).

Com o objetivo de assegurar o andamento regular do *habeas corpus* e do cumprimento das ordens nele expedidas, o CPP verbera que, em caso de desobediência, será expedido mandado de prisão contra o detentor, que será processado na forma da lei, e o juiz providenciará para que o paciente seja tirado da prisão e apresentado em juízo (parágrafo único, art. 656, CPP). Eventualmente, terá incidência a Lei nº 13.869/2019, que disciplina o abuso de autoridade. De todo modo, caso se cuide de infração de menor potencial ofensivo, a liberdade deve ser concedida ao agente, mediante compromisso de comparecer a todos os atos do processo, como preconiza a Lei nº 9.099/1995.

Outrossim, o carcereiro ou o diretor da prisão, o escrivão, o oficial de justiça ou a autoridade judiciária ou policial que embaraçar ou procrastinar a expedição de ordem de *habeas corpus*, as informações sobre a causa da prisão, a condução e apresentação do paciente, ou a sua soltura, será multado", "sem prejuízo das penas em que incorrer" (art. 655, CPP), se típica a conduta na Lei nº 13.869/2019.

A aplicação da multa está comprometida diante da desatualização do valor indicado no dispositivo. Contudo, a fixação de *astreinte* pode ser considerada viável, mediante decisão judicial fundamentada e com esteio na disciplina legal do CPC (art. 77 e parágrafos), ao lado da possibilidade de aplicação de sanção prevista disciplinarmente, de acordo com procedimento administrativo para este fim.

---

34. MIRABETE, Julio Fabbrini. *Processo penal*. 14. ed. São Paulo: Atlas, 2003. p. 726.
35. STF – Segunda Turma –RHC 146317/SC, Rel. Min. Dias Toffoli – julgamento em 22.8.2017.

Ao ser determinada a apresentação do preso ao juiz, não será possível alegação de motivo para não o fazer exceto em caso de grave enfermidade do paciente ou de não estar ele sob a guarda da pessoa a quem se atribui a detenção. Entretanto, o juiz poderá ir ao local em que o paciente se encontrar, se este não puder ser apresentado por motivo de doença (art. 657, parágrafo único, CPP). De todo modo, a teor do art. 658, CPP, o detentor deve declarar à ordem de quem o paciente estiver preso.

O pedido de *habeas corpus* pode ser julgado **prejudicado**. Tal acontece quando o juiz ou o tribunal tomar conhecimento de que cessou a coação ou ameaça à liberdade de locomoção vergastada (art. 659, CPP). Porém, não sendo essa a hipótese, o juiz ou o tribunal, dentro dos limites de sua jurisdição, fará passar imediatamente a ordem impetrada, nos casos em que tenha cabimento, seja qual for a autoridade coatora (art. 649, CPP).

Ademais, deve-se salientar, de um lado, que a concessão do *habeas corpus* não obstará, nem porá termo ao processo, desde que este não esteja em conflito com os fundamentos daquela e, de outro, que, se o *habeas corpus* for concedido em virtude de nulidade do processo, este será renovado (art. 652, CPP), salvo se, evidentemente, estiver extinta a punibilidade, tal como ocorre com a prescrição da pretensão punitiva estatal. O art. 652, CPP, no entanto, não resiste ao exame de sua convencionalidade (Pacto de São José de Costa Rica), diante do princípio de que ninguém deve ser processado duas vezes pelo mesmo fato (***ne bis in idem***)[36].

Nos termos do art. 661, do CPP, quando o exame do *habeas corpus* competir originariamente a tribunal, a petição inicial será apresentada ao secretário, que a enviará imediatamente ao presidente do tribunal, ou da câmara criminal, ou da turma, que estiver reunida, ou que primeiro tiver de reunir-se. O enunciado indica que a demanda deve ter tramitação célere, eis que envolve o direito de liberdade.

A autoridade judiciária competente poderá conceder liminar em *habeas corpus*, com ou sem a oitiva prévia do impetrado. Segundo Guilherme Nucci, "a apresentação imediata do paciente ao juiz, embora possível, é inviável e está em desuso", pois, "quando a coação ilegal for evidente, basta ao magistrado, de qualquer grau de jurisdição, conceder medida liminar para a cessação do constrangimento". Sendo incabível a liminar, são requisitadas as informações[37].

No nosso entender, não sendo o caso de liberação imediata do paciente, não deve ser negado o direito do imputado de ser apresentado imediatamente ao Judiciário, ainda que em segunda instância. Reforça essa conclusão a previsão legal de audiência, inclusive para os casos de prisão com mandado. Parece não restar dúvida da necessidade de apresentação da pessoa presa, ainda que depois de impetrado *habeas corpus*.

Basta imaginar, como exemplo, a impetração contra prisão em flagrante cujo procedimento aplicado negou ao imputado o direito à audiência de custódia no prazo de vinte e quatro horas. O *writ* terá o condão de garantir aquela apresentação, sem maiores dilações, ainda que à presença do seu relator no tribunal. O art. 287, do CPP, com redação dada

36. SABOYA, Keity Mara Ferreira de Souza e. *Ne bis in idem*: história, teoria e perspectivas. Rio de Janeiro: Lumen Juris, 2014. p. 282.

37. NUCCI, Guilherme de Souza. *Manual de processo penal e execução penal*. 7. ed. São Paulo: RT, 2010. p. 963.

pela Lei nº 13.964/2019, preconiza que, se a infração for inafiançável, a falta de exibição do mandado não obstará a prisão, e o preso, em tal caso, será imediatamente apresentado ao juiz que tiver expedido o mandado, para a realização de audiência de custódia.

Sob outro ponto de vista, a petição de *habeas corpus* poderá ser rejeitada liminarmente pelo juiz quando não preenchidos os requisitos extrínsecos, formais, previstos pelo artigo 654, do CPP, assim como se houver carência de ação. Tal rejeição liminar, contudo, "deve ser cercada de máxima cautela, já que em jogo a liberdade física do paciente, podendo lançar mão o juiz do recurso de conceder prazo para que sejam preenchidas as formalidades legais e regularizado o pedido"[38]. Em outros termos, havendo o mínimo de dúvida, deve ser deferido o andamento regular dessa ação constitucional.

De acordo com o artigo do 662, do CPP, se a petição contiver os requisitos do art. 654, § 1º, do mesmo Código, serão requisitadas da autoridade indicada como coatora, as informações por escrito. Faltando, contudo, quaisquer as exigências, deve ser ordenada a emenda da inicial. Observe-se, todavia, que tais diligências não serão ordenadas, caso se entenda que o *habeas corpus* deva ser indeferido liminarmente.

O rito da ação de *habeas corpus* é especial, porém sumário, abreviado.

As informações da autoridade coatora poderão ser requisitadas ou não. Havendo urgência, preferível deferir a liberdade ao paciente, sem postergação. De mais a mais, o remédio heroico tem prioridade de julgamento em relação às outras contendas. É assim que o art. 664, CPP, estatui que recebidas as informações, ou dispensadas, o *habeas corpus* será julgado na primeira sessão, podendo, entretanto, adiar-se o julgamento para a sessão seguinte.

Sobre a possibilidade de apresentação de parecer do Ministério Público em *habeas corpus*. É preciso distinguir se o *writ* é de competência de tribunal ou de juiz de primeira instância:

(1) **perante os tribunais**: há oportunidade para manifestação, consoante Decreto-Lei nº 552/1969, que dispõe especificamente sobre a concessão de vista ao Ministério Público nos processos de *habeas corpus*, pelo prazo de dois dias, após o qual, segundo o § 1º, do art. 1º, com ou sem parecer, os autos serão conclusos. Apesar da previsão, melhor seria que o relator, não concedendo liminar, designasse julgamento, com a intimação do Ministério Público, que já se faz presente na sessão, sem mais uma fase do procedimento. Essa conduta seria mais coerente com a razoável duração do processo;

(2) **perante o juiz de 1º grau**: não há previsão legal de abertura de prazo para parecer do *Parquet*. Ele apenas é intimado da decisão tomada em sede de cognição sumária, podendo recorrer, consoante art. 581, inciso X, do CPP.

Entendemos que não há que se oportunizar pronunciamento do Ministério Público em *habeas corpus* com tramitação em primeira instância. Isso decorre da própria finalidade do instituto: urgência em face da alegada ameaça ou constrição em prejuízo da liberdade

38. MIRABETE, Julio Fabbrini. *Processo penal*. 14. ed. São Paulo: Atlas, 2003. p. 727.

de locomoção (ilegalidade que requer urgente relaxamento). Desse modo, a intimação do Ministério Público deve ser efetivada em razão da decisão judicial liminar ou da sentença.

No entanto, existe posição no sentido de que se deve ouvir o Ministério Público sobre o *habeas corpus*, mesmo perante o primeiro grau de jurisdição. Na praxe forense, há situações onde o Promotor de Justiça ou Procurador da República oferece parecer em *habeas corpus* em primeiro grau de jurisdição, sem qualquer alegação de invalidade nesse proceder. É possível que isso ocorra, não havendo, depois de encerrado o *writ*, que se declarar nulidade por tal motivo.

Porém, como o fato de possibilitar que o *Parquet* ofereça parecer importa demora maior na solução do *habeas corpus*, isso poderia ser usado como argumento para reforçar a alegação de constrangimento ilegal e, desse modo, autorizar a propositura de *habeas corpus* substitutivo no Tribunal, desta feita tendo o juiz como autoridade coatora, haja vista que, em caso como tal, não se seguiu o rito preconizado legalmente e agravou o constrangimento do indiciado.

26. JULGAMENTO

Depois de efetuadas as diligências e interrogado o paciente, o juiz decidirá, motivadamente, no prazo de vinte e quatro horas. Nos termos do art. 600 e parágrafos, o órgão julgador deve tomar as providências ali descritas, conforme o caso.

(1) Caso seja decisão favorável ao paciente, será ele logo posto em liberdade, salvo se por outro motivo deva permanecer preso.

(2) Se os documentos que instruírem a petição inicial demonstrarem a ilegalidade da coação, o juiz ou o tribunal determinará que cesse imediatamente o constrangimento.

(3) Na hipótese da ilegalidade decorrer do fato de não ter sido permitida ao paciente a prestação de fiança, o juiz arbitrará o valor para esta, a qual poderá ser prestada perante ele, enviando, neste caso, à autoridade policial os autos respectivos para serem acostados aos do inquérito policial ou ordenando sua inclusão no processo judicial. É possível, ademais, que o juiz imponha ou cumule medida cautelar diversa ou dispense a fiança, sem imposição de qualquer restrição, caso verifique sua desnecessidade.

(4) Se o *habeas corpus* for concedido para evitar ameaça de violência ou coação ilegal, dar-se-á ao paciente salvo-conduto assinado pelo magistrado.

(5) Será imediatamente enviada cópia da decisão à autoridade que tiver determinado a prisão ou tiver o paciente à sua disposição, para que seja juntada aos autos do processo.

(6) Se o paciente estiver preso em lugar diverso da sede do juízo ou do tribunal que concedera a *writ*, o alvará de soltura será emitido pelo telégrafo, por via postal, por fax ou por via eletrônica. Como o texto do Código é bastante antigo, precisamos fazer interpretação atualizadora, progressiva, para nele acomodar outros meios de comunicação processual, desde que tendentes a conferir maior eficácia ao direito de liberdade.

O *habeas corpus* pode ser julgado por juiz singular ou por tribunal. O processamento e julgamento por juiz de primeiro grau de jurisdição ocorrerão sempre que incidir a regra de competência correspondente. Nesse caso, o processo de *habeas corpus* será encerrado por sentença que, sendo concessiva, ensejará a expedição de ordem, consubstanciada em alvará de soltura ou salvo-conduto.

A decisão em *habeas corpus*, proferida por órgão colegiado, será tomada por maioria de votos. Se houver empate e se o presidente não tiver tomado parte na votação, ele proferirá voto de desempate. Mas, no caso de ter aquele participado da votação, prevalecerá a decisão mais favorável ao paciente. Afinal, aplica-se o princípio do *favor rei*.

Pode ocorrer julgamento antecipado do mérito em *habeas corpus*. As formas processuais rígidas são existem em função da tutela da liberdade do imputado. Logo, elas devem ceder toda vez que o objetivo for maximizar a liberdade, em cumprimento à Constituição.

O § 2º, do art. 660, do CPP, prevê que, se os documentos que instruírem a petição evidenciarem a ilegalidade da coação, o juiz ou o tribunal ordenará que cesse imediatamente o constrangimento. A previsão legal também se legítima para autorizar concessão de liminar. Mirabete, a propósito, vivifica que "se tem entendido que nada impede seja concedida liminar no processo de *habeas corpus*, preventivo ou liberatório, quando houver extrema urgência", com a ilação de que "a concessão de liminar em *habeas corpus*, construída pretorianamente, tem o mesmo caráter de medida cautelar atribuída à liminar em mandado de segurança"[39].

Importa anotar que, muito embora se exija que a petição inicial esteja acompanhada de provas pré-constituídas que comprovem a ameaça ou coação ilegal, não há previsão de vedação absoluta ao exame de outras provas por ocasião do julgamento. Na realidade, tratando-se de garantia fundamental, sua interpretação deveria ser norteada pelo princípio da eficácia máxima. No entanto, nos tribunais, verificamos que a admissibilidade do *habeas corpus* tem se arrimado em exegese restritiva, tanto rejeitando a possibilidade do seu uso como substitutivo recursal, quanto proibindo o exame amplo das provas por se tratar de **via estreita**[40].

Em arremate, é de se notar que com o intuito de que as decisões em *habeas corpus* sejam efetivas, o art. 653, e parágrafo único, do CPP, enuncia que, uma vez ordenada a soltura do paciente, será condenada nas custas a autoridade que, por má-fé ou evidente abuso de poder, tiver determinado a coação. Nos termos da Lei nº 13.869/2019, o coator poderá se sujeitar às sanções por **crime de abuso de autoridade**, razão pela qual devem ser remetidas cópias das peças necessárias ao Ministério Público para que seja promovida a sua responsabilidade.

O *writ* deve ser gratuito, sem condenação em custas, salvo comprovada má-fé. Esse direito é garantido constitucionalmente (art. 5º, LXXIV e LXXVII, CF).

27. TRANCAMENTO DO INQUÉRITO, DO PROCESSO OU DO TERMO CIRCUNSTANCIADO DE OCORRÊNCIA

O pedido em *habeas corpus* pode se referir à causa diversa do cerceio da liberdade ou da iminência de sofrer violação à liberdade de locomoção. A regra é que a ameaça à liberdade

39. MIRABETE, Julio Fabbrini. *Processo penal*. 14. ed. São Paulo: Atlas, 2003. p. 726.
40. STJ – Quinta Turma – HC 536.895/SP – Rel. Min. Reynaldo Soares da Fonseca – DJe 19 dez. 2019.

de locomoção seja iminente. Contudo, a ausência de previsão de recurso específico contra certo ato exarado em procedimento criminal pode ensejar a admissão do *habeas corpus* com natureza jurídica de sucedâneo recursal.

Em casos como esse, exige-se que se verifique que o processo atual ou futuro, a que aludir o ato guerreado, seja apto a aplicar, ao final, pena privativa de liberdade. Em outras palavras, o exame deve ser relativo ao delito que tenha em sua previsão abstrata pena privativa de liberdade.

Para que seja cabível o *habeas corpus*, é necessária então a presença do que se entende por constrangimento ilegal, com possibilidade de um desfecho cerceador da liberdade de ir e vir. É preciso, ademais, que não haja previsão de recurso específico eficaz contra o ato violador ou ameaçador da liberdade de locomoção.

Atendidas essas peculiaridades, pode ser ajuizada ação de *habeas corpus* para ver trancado inquérito policial, processo penal, termo circunstanciado de ocorrência ou outro procedimento criminal. O que importa é que a causa de pedir seja alusiva à falta de justa causa em razão de ameaça à liberdade de locomoção.

Nesse diapasão, o *habeas corpus* terá o condão de encerrar o processo, o procedimento ou o inquérito. Trancar significará arquivar o inquérito policial ou a investigação preliminar. Referindo-se a um processo penal, trancar consistirá em extingui-lo sem resolução do mérito. Paulo Rangel, a propósito, afirma que "não se tranca ação penal ou inquérito policial", porém se arquiva o inquérito ou se extingue o processo com ou sem resolução do mérito, já que a ação penal "tem seu pedido julgado procedente ou improcedente, mas jamais trancado"[41]. Entretanto, a linguagem forense consagrou, à margem da legislação, o termo **trancamento**, que, por seu turno, ganhou reconhecimento doutrinário.

O trancamento de um processo penal pode ser decorrente da nulidade da peça acusatória, como se dá com os casos de inépcia, por narrar fato atípico. Se a descrição do fato for delituosa, a concessão do *habeas corpus* em virtude da nulidade do processo, não impedirá que este seja renovado, consoante o art. 652, CPP, desde que a sentença anterior não tenha transitado em julgado (*habeas corpus* como sucedâneo de recurso e não de revisão criminal).

Sobre esse dispositivo, colocamos a ressalva de que a renovação não pode violar a regra de que ninguém seja processado duas vezes pelo mesmo fato ou *ne bis in idem*[42]. Se o encerramento da demanda acontece por decisão de mérito, inclusive na fase de absolvição sumária, entendemos que o réu não poderá ser processado novamente, ainda que conste, na decisão trancamento, a extinção, sem resolução de mérito, do processo condenatório rescindendo.

No âmbito dos juizados especiais criminais, a lavratura de termo circunstanciado de ocorrência (TCO), sem que o fato constitua infração penal, autoriza o deferimento do *writ*. O TCO tem natureza de investigação preliminar simplificada, representando ameaça à liberdade quando o delito contém, em tese, pena privativa de liberdade.

41. RANGEL, Paulo. *Direito processual penal*. 4. ed. Rio de Janeiro: Lumen Juris, 2001. p.608.
42. SABOYA, Keity Mara Ferreira de Souza e. *Ne bis in idem*: história, teoria e perspectivas. Rio de Janeiro: Lumen Juris, 2014. p.282.

28. *HABEAS CORPUS EX OFFICIO*, LIBERDADE PROVISÓRIA E RELAXAMENTO DE PRISÃO

O § 2º, do art. 654, CPP, preconiza que os juízes e os tribunais têm competência para expedir de ofício ordem de *habeas corpus*, quando no curso de processo verificarem que alguém sofre ou está na iminência de sofrer coação ilegal. Tal enunciado legal consubstancia a técnica chamada *habeas corpus* de ofício, que é uma medida para o relaxamento da prisão, porquanto este tem lugar toda vez que alguém estiver preso ilegalmente ou, ainda, ameaçado de sofrer lesão a sua liberdade.

Enquanto o *habeas corpus* de ofício é mais abrangente, recaindo tanto sobre o ato que efetive coação ilegal quanto sobre o ato que ameace a realização desse constrangimento, o relaxamento da prisão é providência a ser tomada pelo juiz, de ofício ou a pedido, contra a efetivação de prisão ilegal ou a manutenção dessa prisão a partir de quando tenha se tornado indevida. Como aviva Eugênio Pacelli de Oliveira, "a expressão **relaxamento** quer significar unicamente uma via de controle da legalidade da prisão, independentemente da modalidade, não se restringindo à hipótese de flagrante delito", haja vista que o relaxamento da prisão ocorrerá "em todos os casos de ilegalidade, dirigindo-se contra todas as modalidades de prisão previstas no CPP, desde que tenham sido determinadas sem a observância das previsões legais"[43]. Dessa forma, o relaxamento da prisão tem ampla admissibilidade, servindo como instituto de controle para fazer cessar a ilegalidade, tendo cabimento, inclusive, quando da concessão de ofício de *habeas corpus*.

A liberdade provisória, diferentemente, pressupõe prisão legal. A liberdade provisória vincula o acusado a um dado processo, em razão de a lei admitir essa possibilidade. Pela sistemática do Código de Processo Penal, não havendo obstáculo legal, o juiz concederá ao agente liberdade provisória, com ou sem fiança, podendo, inclusive, aplicar, em substituição à prisão, medida cautelar diversa da prisão, consagrando-se o entendimento que o cárcere cautelar é exceção.

29. RECURSOS EM *HABEAS CORPUS* E *HABEAS CORPUS* SUBSTITUTIVO

Da sentença do juiz singular que conceder ou negar a ordem de *habeas corpus*, caberá recurso em sentido estrito, a ser interposto pelas partes do processo penal condenatório, pelo paciente ou pelo Ministério Público, nos termos do art. 581, X, do CPP. É de ver, ainda, que da decisão concessiva de *habeas corpus*, pelo juiz singular em primeiro grau de jurisdição, o Código de Processo Penal prevê hipótese de reexame necessário, consoante o seu art. 574, I.

A previsão do art. 311, do CPP, no sentido de legitimar o assistente do Ministério Público para requerer prisão preventiva e recorrer, deve ser entendida como restrita aos processos penais condenatórios. O assistente do Ministério Público não tem legitimidade, portanto, para recorrer contra as decisões proferidas em *habeas corpus* que sejam favoráveis ao acusado. O *habeas corpus* tem caráter de garantia fundamental. É demanda autônoma impugnativa desprovida de contraditório e de efeito condenatório. Inadmissível, portanto, intervenção de terceiros que estenda os lindes seus subjetivos e objetivos. Do contrário,

43. OLIVEIRA, Eugênio Pacelli. *Curso de processo penal*. 2. ed. Belo Horizonte: Del Rey, 2003. p. 525-526.

por via reflexa, sua eficácia seria diminuída, o que é vedado, notadamente, por meio de analogia. Nesse sentido, posicionam-se o STF, nos termos do enunciado nº 208, de sua Súmula, e o STJ, avivando que a legitimidade do assistente se circunscreve às hipóteses do art. 271, do Código[44].

Se tornou comum a utilização do *writ* como substitutivo de recurso ordinário ou de outros recursos, tanto para o STF, como para o STJ. Vale dizer, ao invés de impugnar a decisão denegatória pela via recursal prevista constitucionalmente, a parte manejava o *habeas corpus*, pretendendo o seu reexame pelas cortes de cúpula. Eis a função do *habeas corpus* como **sucedâneo recursal**, advindo daí a expressão *habeas corpus* substitutivo. A nosso ver, a solução forense de impetração do *writ* como substitutivo não ofende a Constituição, mas antes lhe dá maior eficácia, por se tratar de mecanismo de processamento mais célere, viável, mormente quando se queria combater o cerceamento de liberdade de forma urgente. É que o recurso ordinário pode ter processamento mais demorado, não sendo tão eficaz quanto o *habeas corpus* para tal desiderato.

A mesma utilização do *habeas corpus* era feita em relação a outros recursos.

A título de exemplo, de decisões proferidas em sede de execução penal, embora desafiem agravo em execução, podem ser fustigadas pelo *writ*, diante da celeridade que deve nortear a apreciação dessa demanda pelo Judiciário.

Entrementes, o posicionamento jurisprudencial seguiu a tendência de entender inadmissível, como regra, o *habeas corpus* substitutivo da via recursal adequada (recurso ordinário, agravo regimental de tribunal a quo ou, ainda, da ação de revisão criminal), ressalvando-se a possibilidade de concessão do *writ* de ofício quando demonstrada:

(1) ilegalidade flagrante;

(2) abuso de poder; ou

(3) teratologia jurídica.

Com efeito, assim tem se manifestado, geralmente, o STF, embora com algumas decisões discrepantes[45], entendimento que tem sido seguido por ambas as turmas especializadas em direito penal do STJ[46]. Nessa senda, afirma-se ser inadmissível o uso do *habeas corpus* que tenha por objetivo substituir o recurso ordinário constitucional, sem obstar que se analise questões de ofício nas hipóteses de flagrante ilegalidade, abuso de poder ou teratologia[47].

30. JURISPRUDÊNCIA DEFENSIVA

A tendência refratária ao conhecimento do *habeas corpus* como sucedâneo recursal substitutivo de recurso ordinário constitucional é uma das formas da denominada de **jurisprudência defensiva**, entendida como o conjunto de técnicas consistente na estruturação de requisitos de admissibilidade racionais para filtrar o cabimento de ações e recursos

44. STJ – Quinta Turma – HC 430.317/ES – Rel. Min. Felix Fischer – DJe 14 ago. 2018.
45. STF – Primeira Turma – Rel. Min. Marco Aurélio – publicado em 06 dez. 2019.
46. STJ – Quinta Turma – HC 539.130/SP, Rel. Min. Ribeiro Dantas – DJe 18 nov. 2019.
47. STF – Segunda Turma – HC 166226 AgR – Rel. Min. Cármen Lúcia – publicado em 19 dez. 2019.

perante os tribunais, com o fito de conferir funcionalidade ao tribunal que, ao final, garanta acessibilidade à justiça.

Note-se que o acesso à justiça, com lastro na "jurisprudência defensiva", é garantido com base em critérios de necessidade e de possibilidade. Vale dizer, como a quantidade excessiva de processos significa risco à prestação jurisdicional pela demora, a solução pragmática dessa técnica se apega ao que é possível e indispensável ao bom funcionamento do tribunal, evitando o julgamento de matéria que não seria prioritária ou mesmo desnecessária.

Podemos estabelecer um paralelo com a cláusula da **reserva do possível em matéria criminal**, noção geralmente aplicável na esfera do direito constitucional-administrativo, como justificativa à seleção de necessidades que devem ser satisfeitas em função da disponibilidade de recursos financeiros. Ocorre que o uso da noção da reserva do possível em matéria penal é uma falácia porque significa, em certa medida, autêntica negativa de direitos basilares, fundamentais, prioritários. Em outras palavras, se o Estado não está dotado da estrutura necessária para dar efetividade aos direitos fundamentais, como o de liberdade, é porque está carente de legitimidade para conduzir processos criminais, máxime quando desaguar em punição do imputado.

Nesse contexto, o STF, impelido pela necessidade de gerir elevado número de processos, estabeleceu condições, como filtro para o exame do mérito do habeas corpus, também utilizado para peneirar o conhecimento de recursos. Em certa medida, o entendimento "defensivo" acaba por ampliar a razão da Súmula nº 691, do STF, que giza que "não compete ao Supremo Tribunal Federal conhecer de *habeas corpus* impetrado contra decisão do relator que, em *habeas corpus* requerido a Tribunal Superior, indefere a liminar".

A jurisprudência defensiva da Suprema Corte criou inclusive limites para o *habeas corpus* ser impetrado como sucedâneo recursal da revisão criminal[48]. Permanece, em boa medida a técnica da jurisprudência defensiva, inclusive no âmbito do STJ, que entende viável, contudo, a possibilidade de concessão do *writ* quando existente eventual coação ilegal[49].

31. AÇÃO DE MANDADO DE SEGURANÇA EM MATÉRIA PENAL

O mandado de segurança tem suas raízes na ação de ***habeas corpus***[50]. Conquanto encontre, no direito estrangeiro, institutos com características análogas – "aproximando-se, em particular, do **juicio de amparo** mexicano" –, o mandado de segurança é em verdade "uma invenção brasileira", inserida no ordenamento jurídico pátrio "pela Constituição de 1934, desprezada pela Carta autoritária de 1937, mas restabelecida pela Constituição democrática de 1946 (art. 141, § 24) e mantida pela de 1967 (art. 150, § 21), inclusive por sua Emenda nº 01/69 (art. 153, § 21), e pela atual"[51].

A Constituição do Brasil reconhece o *writ of mandamus* individual no seu art. 5º, LXIX, aventando que ele será concedido "para proteger direito líquido e certo, não amparado por

48. STF – Primeira Turma – Rel. Min. Marco Aurélio – publicado em 06 dez. 2019.

49. STJ – Quinta Turma – HC 539.130/SP, Rel. Min. Ribeiro Dantas – DJe 18 nov. 2019.

50. DANTAS, Francisco Wildo Lacerda. *Jurisdição, ação (defesa) e processo*. Recife: Nossa Livraria, 2004. v.2. p. 325.

51. CUNHA JÚNIOR, Dirley. *Curso de direito constitucional*. Salvador: JusPODIVM, 2008. p. 751.

habeas corpus ou *habeas data*, quando o responsável pela ilegalidade ou abuso de poder for autoridade pública ou agente de pessoa jurídica no exercício de atribuições do Poder Público". Como se infere, diversamente do *habeas corpus* – que admite sua propositura contra ato de particular, bastando que haja ameaça ou cerceio à liberdade de ir e vir –, o *mandamus* pressupõe ato de autoridade pública ou de pessoa no exercício de função pública.

O mandado de segurança, sob outra vertente, é ação subsidiária em relação ao *habeas corpus* e ao *habeas data*, isto é, terá cabimento quando contra o ato não forem admitias aquelas ações. O *habeas corpus* se dirige contra violação à liberdade de locomoção. O *habeas data* se destina à obtenção de informações de caráter pessoal ou à retificação dessas informações em bancos de dados.

O mandado de segurança atualmente tem sua disciplina traçada pela Lei Federal nº 12.016/2009. Não se trata de ação penal, mas ação de natureza cível, com procedimento abreviado. Em matéria penal, o *writ of mandamus* poderá ser um sucedâneo recursal. Vale dizer, nas hipóteses em que não houver recurso específico e que não seja possível o *habeas corpus* – especialmente quando a lei não preveja em abstrato pena privativa de liberdade para o crime apurado –, terá vez a impetração de mandado de segurança. Rege-se, desse modo, pelo **princípio da subsidiariedade** (ou **residualidade**).

O mandado de segurança é ação de cognição sumária. Na senda de Francisco Wildo Lacerda Dantas, "a cognição desenvolvida no mandado de segurança é, no plano horizontal, sumária, por limitada à apreciação da existência de direito líquido e certo e de situações de lesão ou ameaça a esse direito por ato ilegal ou arbitrário de autoridade". Já no plano vertical, a cognição do *mandamus* é "parcial porque o magistrado somente examina as provas documentais produzidas no processo", pelo que "também se chama o processo do mandado de segurança de processo documental"[52].

Sublinhe-se, ademais, que o mandado de segurança não é recurso, mas ação autônoma de impugnação, que pode ser impetrada repressiva ou preventivamente. O *writ* em tela "tem caráter mandamental e índole constitucional; é uma ação de conhecimento que pode ter efeito meramente declaratório ou constitutivo", haja vista que uma ação penal que objetiva punir delito não apenado com privação de liberdade, pode ser encerrada por mandado de segurança[53], notadamente quando não for o caso de incidência do verbete nº 267, da Súmula do STF, que pontifica não caber "mandado de segurança contra ato judicial passível de recurso ou correição".

32. CABIMENTO DO MANDADO DE SEGURANÇA

Em matéria penal, o cabimento do *mandamus* é aferido por exclusão: será ajuizado quando não for possível o uso útil de outro instrumento. O Ministério Público pode mover mandado de segurança para assegurar a aplicação da lei processual penal, quando a providência não favorecer o réu ou, quando o beneficiar, o crime não estabeleça, em abstrato, pena privativa de liberdade.

52. DANTAS, Francisco Wildo Lacerda. *Jurisdição, ação (defesa) e processo*. Recife: Nossa Livraria, 2004. v.2. p. 326.
53. MOREIRA, Rômulo de Andrade. *Direito processual penal*. Salvador: JusPODIVM, 2007. p.368.

Consideramos, na trilha dos ensinamentos de Afrânio Silva Jardim, que o Ministério Público de deve desempenhar a função de parte no processo penal, porém também atua exercendo uma "função, ainda mais nobre: pugna pela correta aplicação das leis ao caso concreto. Ao Estado não interessa executar uma sentença penal injusta". Em suma, o *Parquet* "busca um resultado justo"[54].

Para que seja admissível o mandado de segurança, é preciso que estejam presentes seus requisitos específicos, dispostos no art. 1º da Lei nº 12.016/2009:

(1) o ato impugnado tem que ser de autoridade ou de pessoa no exercício de atribuição do poder público. No caso do mandado de segurança em matéria criminal, será ele dirigido contra ato judicial contra o qual não caiba recurso específico;

(2) o impetrante deve evidenciar a existência de direito líquido e certo, não amparado por *habeas corpus* ou por *habeas data*, quando, diante de ilegalidade ou de abuso de poder, vier a sofrer violação ou tiver o receio de sofrê-la injustamente.

A menção a **direito líquido e certo** tem íntima relação com a cognição e o rito estreitos do mandado de segurança. É que o autor deve, no ato de interposição, demonstrar, por prova documental pré-constituída, a lesão ou a ameaça de lesão a direito seu. Se existir necessidade de instrução, o *writ* não será a via adequada. Essa é a noção de direito líquido e certo, entendida corretamente: o impetrante comprova de imediato o fato que alega na petição em seu favor.

Francisco Wildo Lacerda Dantas, com visão distinta, porém não incompatível com o aqui defendido, explica que "a existência de direito líquido e certo não constitui requisito para que se exerça a ação de mandado de segurança", representado, em verdade, "o próprio mérito da segurança", porque nessa sede "o juiz já está antecipadamente limitado a apreciar, por se tratar de uma técnica de sumarização da demanda, o alegado direito líquido e certo"[55].

Caso a prova documental não evidencie o direito do impetrante, a denegação do *writ*, conquanto faça coisa julgada material relativamente à porção conhecida naquela demanda, não o impedirá de ajuizar ação de cognição mais ampla, eis que aquela coisa julgada não exauriu todo o âmbito do direito deduzido em juízo, em virtude da técnica de sumarização da ação de segurança.

É considerando essa nuance que o § 6º, do art. 6º, da Lei nº 12.016/2009, possibilita que o pedido de mandado de segurança seja renovado se a decisão denegatória não tiver apreciado o seu mérito, como também o seu art. 19 aviva que a decisão do mandado de segurança não obstará que o impetrante, por ação própria, requeira os seus direitos e correspondentes efeitos patrimoniais.

Outrossim, a impugnação "pela via do *mandamus* abrange qualquer conduta positiva ou omissiva lesiva a direito, de tal modo que esse remédio constitucional revela-se como um poderoso mecanismo de controle incidental das ações e omissões do poder público", nos

54. JARDIM, Afrânio Silva; AMORIM, Pierre Souto Maior Coutinho de. *Direito processual penal*: estudos, pareceres e crônicas. 15. ed. Salvador: Juspodivm, 2018. p.360-361.
55. DANTAS, Francisco Wildo Lacerda. *Jurisdição, ação (defesa) e processo*. Recife: Nossa Livraria, 2004. v.2. p.332.

casos "de violação a direito líquido e certo, decorrente de ato ou omissão total ou parcial, normativa ou não normativa, do poder público"[56].

A Lei nº 12.016/2009 delineia, de forma **negativa**, o cabimento do mandado de segurança. O seu art. 5º, desse modo, dispõe que **não se concederá** mandado de segurança quando se tratar, por exemplo:

(1) de decisão judicial da qual caiba recurso com efeito suspensivo, diante de sua índole subsidiária; e

(2) de decisão judicial transitada em julgado, que consagrou o enunciado nº 268, da Súmula, do STF, que assenta não caber mandado de segurança contra decisão transitada em julgado.

Não obstante seja ação, a exemplo do *habeas corpus*, "o mandado de segurança pode ser utilizado como recurso para provocar o reexame de uma decisão ou ato judicial"[57].

Trata-se, nas palavras de Francisco Cavalcanti, de uma admissibilidade excepcional, "em situações que a jurisprudência vem rotulando de teratológicas, e só nessas, é que se deve admitir a utilização da via mandamental", muito embora seja princípio básico que o mandado de segurança não deva ser substituto de recurso, nem instrumento para, como regra, atribuir-se efeito suspensivo a recurso para o qual o sistema processual não previu aquele efeito[58].

Por exemplo, o *writ* não deve ser usado pelo órgão acusador como uma ferramenta para a procrastinação de processos penais condenatórios, em desrespeito a garantias fundamentais do imputado. Todavia, como o *mandamus* inaugura uma nova relação processual, ele pode ser caracterizado, em casos de reexame de alguma decisão judicial, como sucedâneo recursal: funciona como um recurso, mas de recurso essencialmente não se trata.

Outrossim, para que seja cabível o mandado de segurança, é exigida a produção de efeitos concretos, não sendo admitido contra lei em tese (verbete nº 266, da Súmula, do STF).

Na prática forense, o mandado de segurança em matéria criminal tem sido utilizado nos seguintes casos, noticiados por Guilherme de Souza Nucci:

(1) para obstar a injustificada quebra do sigilo fiscal, bancário ou de outros dados (impetração contra o juiz que deu a ordem). Sobre o ponto, o STF considerou legítimo o compartilhamento da integralidade de dados bancários e fiscais, obtidos pela Receita Federal e pelo COAF – órgão vinculado ao Banco Central na forma da Lei nº 13.974/2020, com o Ministério Público, independentemente de prévia ordem judicial[59];

(2) para autorizar o acesso do advogado aos autos, ainda que o inquérito ou processo corra em segredo de justiça;

56. CUNHA JÚNIOR, Dirley. *Curso de direito constitucional*. Salvador: JusPODIVM, 2008. p. 751-752.
57. MIRABETE, Julio Fabbrini. *Processo penal*. 14. ed. São Paulo: Atlas, 2003. p. 733.
58. CAVALCANTI, Francisco. *O novo regime jurídico do mandado de segurança*: comentários à Lei nº 12.016, de 07 de agosto de 2009. São Paulo: MP Ed., 2009. p. 73.
59. STF – Pleno – RE 1.055.941/SP – Rel. Min. Dias Toffoli – julgado em 28 nov. 2019.

(3) para assegurar a presença do advogado ou do defensor durante a produção de alguma prova na fase inquisitorial, em face de se debater sobre prerrogativa sua. Além das prerrogativas do advogado destacadas no art. 7º, do Estatuto da OAB, deve ser assegurado prontamente, pelo juiz de garantias, consoante o inciso XV, do art. 3º-B, inserido pela Lei nº 13.964/2019, quando se fizer necessário, o direito outorgado ao investigado e ao seu defensor de acesso a todos os elementos informativos e provas produzidos no âmbito da investigação criminal, salvo no que concerne, estritamente, às diligências em andamento;

(4) pelo ofendido, quando o assistente do Ministério Público for impedido de se habilitar nos autos pelo juiz, sem justificação plausível; e

(5) pela acusação, quando o julgador ordena a soltura de um acusado, agindo contra expressa disposição de lei, já que inviável o *habeas corpus* quando o *Parquet* estiver agindo *pro societate*[60].

De mais a mais, interessa registrar que, apesar de não caber mandado de segurança contra ato judicial passível de recurso ou correição, na forma do enunciado nº 267, da Súmula do STF, tem-se admitido o mandado de segurança em matéria criminal:

(1) quando o recurso cabível é desprovido de efeito suspensivo;

(2) quando se quer dar efeito suspensivo ao recurso apresentado. Todavia, em compasso com o enunciado nº 604, da Súmula, do STJ, o mandado de segurança não se presta para atribuir efeito suspensivo a recurso criminal interposto pelo Ministério Público. A *contrario sensu*, podemos concluir que o *writ of mandamus* continua a ter o efeito de atribuir suspensividade a recurso, desde que impetrado em favor do imputado;

(3) quando do ato vergastado advenha dano irreparável demonstrado prontamente;

(4) contra apreensão excessiva de material para fundamentar ação penal por crime contra a propriedade industrial;

(5) para que o advogado obtenha vista dos autos da ação penal ou do inquérito policial;

(6) para que o advogado ou defensor se comunique pessoal e reservadamente com seu constituinte ou assistido, direito este garantido expressamente, inclusive aos incluídos em regime disciplinar diferenciado (RDD), pelo inciso V, do art. 52, da Lei de Execução Penal, no texto conferido pela Lei nº 13.964/2019, ao realçar que as entrevistas daqueles detentos serão sempre monitoradas, **exceto aquelas com seu defensor**, em instalações equipadas para impedir o contato físico e a passagem de objetos, salvo expressa autorização judicial em contrário;

(7) visando evitar desentranhamento de documentos;

(8) para apresentar quesitos em perícia;

(9) contra a ordem de fechamento de estabelecimento de diversões públicas;

(10) objetivando a entrega de aeronave apreendida;

(11) contra providência de sequestro; e

60. NUCCI, Guilherme de Souza. *Manual de processo penal e execução penal*. 7. ed. São Paulo: RT, 2010. p. 968-969.

(12) para a restituição de coisas apreendidas[61].

Destaque-se ainda, como já visto, o cabimento do mandado de segurança para trancamento do inquérito ou do processo tendo como indiciada ou ré a pessoa jurídica. É também cabível o *mandamus*, e não o *habeas corpus*, para trancar inquérito ou processo por iniciativa da vítima, notadamente nas infrações privadas ou públicas condicionadas à representação, quando esta não tenha autorizado o início da persecução penal, afinal a sua aquiescência é verdadeira condição de procedibilidade para a ação penal que lhe diga respeito enquanto ofendido.

33. COMPETÊNCIA PARA PROCESSAMENTO E JULGAMENTO DO MANDADO DE SEGURANÇA

A distinção da competência dos tribunais para processar e julgar o mandado de segurança em relação ao *habeas corpus* recai sobre a competência para julgar ato imputado a membro de órgão colegiado ou a tribunal: em tal caso a competência para processar e julgar o mandado de segurança é do próprio tribunal, enquanto para examinar o *habeas corpus*, a competência, de regra, é a do órgão de grau de jurisdição mais elevado.

Assim, nos termos do art. 102, inciso I, alínea "d", da CF, ao Supremo Tribunal Federal, compete processar e julgar originariamente o mandado de segurança contra atos do Presidente da República, das Mesas da Câmara dos Deputados e do Senado Federal, do Tribunal de Contas da União, do Procurador-Geral da República e do próprio Supremo Tribunal Federal.

Já ao Superior Tribunal de Justiça compete o processamento e julgamento originário do *mandamus* contra ato de Ministro de Estado, dos Comandantes da Marinha, do Exército e da Aeronáutica ou do próprio Tribunal (art. 105, I, "b", CF/1988).

Outrossim, na esfera da Justiça Federal, compete aos Tribunais Regionais Federais processar e julgar, originariamente, os mandados de segurança contra ato do próprio Tribunal ou de juiz federal (art. 108, I, "c", CF/1988) e, aos juízes federais, compete processar e julgar os mandados de segurança "contra ato de autoridade federal, excetuados os casos de competência dos tribunais federais (art. 109, VIII, CF/1988).

Por fim, tratando-se de ato dos juízes dos Juizados Especiais Criminais, o julgamento compete às Turmas Recursais, o que, aliás, está sedimentado no enunciado nº 376, da Súmula, do STJ. Caso a autoridade coatora seja a própria Turma Recursal, o ***mandamus*** deverá ser impetrado perante o Tribunal de Justiça respectivo ou no TRF, se no âmbito federal.

Note-se que o mesmo raciocínio aplicado ao *habeas corpus* contra ato de promotor de justiça ou procurador federal deve ser adotado para fins do mandado de segurança. Assim, é Tribunal ao qual está vinculado a autoridade a competência para processar e julgar a ação de impugnação.

Em arremate a este tópico, importa consignar que, pelo princípio da simetria, a mesma regra alusiva ao mandado de segurança em senda criminal, é aplicada no âmbito da Justiça

61. MIRABETE, Julio Fabbrini. *Processo penal*. 14. ed. São Paulo: Atlas, 2003. p. 735.

Eleitoral, da Justiça Militar e da Justiça dos Estados, salientada, quanto a esta, a natureza residual de sua competência em matéria criminal.

34. LEGITIMIDADE ATIVA NO MANDADO DE SEGURANÇA

A legitimidade ativa para propor mandado de segurança em matéria criminal é constatada através das noções de interesse e de sucumbência. Pode ser impetrante o acusado, o querelante, o Ministério Público (conforme art. 32, I, da Lei nº 8.625/1993), o defensor (para defender prerrogativas da advocacia) ou o ofendido, através do assistente da acusação.

Em outras palavras, o impetrante ou sujeito ativo, "é a pessoa que sofre o constrangimento ilegal, não referente à liberdade de locomoção, podendo ser física ou jurídica", devendo "estar representada por advogado, diversamente do que ocorre com o *habeas corpus*"[62].

Quando se estiver diante de processo criminal com vários acusados com procuradores diversos e advier uma decisão que prejudique todos e que contra ela não caiba recurso específico, não há impedimento para que só um dos réus ajuíze o mandado de segurança individual com esteio no § 3º, do art. 1º, da Lei nº 12.016/2009. Nessa hipótese, pensamos que é perfeitamente aplicável, por analogia, o efeito extensivo aos demais réus que não ajuizaram a demanda, previsto para os recursos no art. 580, do CPP, quando a situação de fato não é exclusivamente de caráter pessoal.

35. LEGITIMIDADE PASSIVA NO MANDADO DE SEGURANÇA

O sujeito passivo em mandado de segurança é ponto controvertido na doutrina.

O entendimento ajustado às características da demanda é o de que não há propriamente uma legitimidade passiva, até porque é uma medida sumária, que não enseja contestação por parte da autoridade coatora, mas simples informações sobre os motivos da prática do ato. Tanto isso é exato que a autoridade coatora não se confunde com a pessoa que ocupa o cargo ou função em razão do qual foi editado o ato vergastado.

Por exemplo, havendo substituição da pessoa do juiz criminal, a autoridade coatora em mandado de segurança não segue o substituído, pelo que as informações serão prestadas pelo juiz que passou a exercer o cargo ocupado pelo primeiro. Essa posição não é infirmada em razão do autorizativo do Estado intervir na demanda de segurança antes da sentença ou na fase recursal.

Henrique Mouta esclarece que a posição do magistrado é a de autoridade coatora, porém as informações por ele prestadas não têm natureza de defesa. Desse modo, a autoridade coatora não chega a ser sujeito passivo do *writ*, figurando como representante. Portanto, deve ser instada a pessoa jurídica a atuar no processo, ainda que diretamente o ato não se relacione com o serviço ou com a atividade pública[63].

Francisco Wildo Lacerda Dantas identifica três posturas relativas à legitimidade passiva:

(1) aquela que a identifica na autoridade impetrada;

---

62. NUCCI, Guilherme de Souza. *Manual de processo penal e execução penal*. 3. ed. São Paulo: RT, 2007. p. 914.

63. MOUTA, José Henrique. *Mandado de segurança*: atualizado com a Lei 12.016/09 que disciplina o mandado de segurança individual e coletivo. 2. ed. Salvador: JusPODIVM, 2010. p. 209.

(2) a que entende ser a pessoa do órgão representado (ou presentado); e

(3) uma postura eclética, que define a parte passiva entre esses dois sujeitos: a autoridade coatora e, ao mesmo tempo, o ente administrativo[64].

Desse modo, sujeito passivo no mandado de segurança será:

(1) sob o aspecto formal, a autoridade coatora que, na linguagem ponteana, "presenta o órgão da administração pública, contra quem de fato, se dirige a pretensão mandamental";

(2) sob o aspecto material, "o órgão da administração que, de acordo com o conceito de Chiovenda, irá suportar os efeitos da sentença"[65].

A nova Lei do Mandado de Segurança seguiu essa orientação no seu art. 7º, alinhando, em seus incisos I e II, a necessidade de comunicação da impetração a ambos: autoridade coatora e ente público que a representa.

Não se deve olvidar que, nos exatos termos do § 1º, do art. 1º, da Lei nº 12.016/2009, equiparam-se às autoridades os representantes ou órgãos de partidos políticos, bem como os dirigentes de pessoas jurídicas ou as pessoas naturais no exercício de atribuições do poder público, somente no que disser respeito a essas atribuições. A previsão legal se coaduna com o entendimento do STF, expresso no seu verbete sumular de nº 510, de acordo com o qual praticado o ato por autoridade, no exercício de competência delegada, contra ela cabe o mandado de segurança ou a medida judicial.

Por fim, importa sublinhar o teor do enunciado nº 701, da Súmula, do STF, verberando que, "no mandado de segurança impetrado pelo Ministério Público contra decisão proferida em processo penal, é obrigatória a citação do réu como litisconsorte passivo". Como a decisão do *writ* tem a possibilidade de afetar a esfera jurídica do acusado, nessa hipótese, a citação dele é condição de eficácia da sentença.

Desse modo, não obstante as inconsistências de ordem técnica, quando se tratar de mandado de segurança em matéria criminal, serão visualizados, a depender da hipótese e do impetrante, três sujeitos passivos, em litisconsórcio necessário:

(1) a autoridade coatora, que se identifica com o ocupante do cargo ou da função pública, especialmente diante de seu dever de prestar informações;

(2) o acusado, quando o mandado de segurança for ajuizado pelo Ministério Público ou pelo querelante; e

(3) a pessoa jurídica de direito público interessada, que será o Estado, nas causas estaduais, ou a União, nas causas perante os órgãos judiciários da União, seja por força dos artigos 2º e 7º, II, da Lei Federal nº 12.016/2009, seja mesmo diante das possibilidades recursais em mandado de segurança, cujas atribuições são das procuradorias públicas.

64. DANTAS, Francisco Wildo Lacerda. *Jurisdição, ação (defesa) e processo*. Recife: Nossa Livraria, 2004. v.2. p. 329.
65. DANTAS, Francisco Wildo Lacerda. *Jurisdição, ação (defesa) e processo*. Recife: Nossa Livraria, 2004. v.2. p. 330.

36. PROCEDIMENTO DO MANDADO DE SEGURANÇA

O rito do mandado de segurança é traçado pela Lei nº 12.016/2009. O procedimento sofrerá adaptações em conformidade com o órgão competente, se um juiz singular ou se um tribunal.

A petição inicial do mandado de segurança, além de conter os requisitos dos artigos 319 e 320, do CPC, será apresentada em duas vias com os documentos que instruírem a primeira reproduzidos na segunda e indicará, além da autoridade coatora, a pessoa jurídica que esta integra, à qual se acha vinculada ou da qual exerce atribuições.

É ônus do impetrante instruir documentalmente o mandado de segurança quando de seu manejo, inclusive como forma de provar a existência de direito líquido e certo. Não é possível juntada posterior de documentos ou dilação probatória não comportável nessa via. Contudo, se o documento necessário à prova do alegado se encontrar em poder do impetrado ou de órgão que recuse seu fornecimento, é possível que o juiz ou o tribunal ordene diligências para serem cumpridas em dez dias.

O art. 7º, da Lei nº 12.016/2009, preconiza que o juiz, ao despachar a petição inicial, ordenará:

(1) a notificação do coator a respeito do conteúdo do *writ*, mediante o envio da segunda via da petição inicial com cópias dos documentos, para prestar informações em dez dias;

(2) que seja dada ciência do processo ao órgão de representação judicial da pessoa jurídica interessada, remetendo-lhe cópia da peça inicial desacompanhada de documentos, para que, querendo, ingresse no processo; e

(3) a suspensão do ato que motivou o pedido, quando o fundamento for relevante e do ato objurgado puder haver a ineficácia da medida, caso deferida ao final. Para tanto, o juiz tem a faculdade de exigir do impetrante que preste caução, fiança ou realize depósito, com o fito de garantir o ressarcimento da pessoa jurídica. Essa exigência, em matéria penal, deve ser dispensada quando o impetrante foi pessoa jurídica de direito público, defensor público, defensor dativo ou imputado pobre.

Em acréscimo, nos termos do verbete nº 701, da Súmula, do STF, o juiz determinará a citação do acusado, caso tenha sido o *mandamus* proposto pelo *Parquet*.

A liminar de suspensão do ato impugnado pode ser deferida com ou sem a oitiva prévia da autoridade impetrada e, para tanto, deve ser requerida pelo autor, ressalvado o poder cautelar de sustar decisões teratológicas ofensivas a direito fundamental do imputado.

A sentença concessiva da segurança tem o condão, em regra, de confirmar a liminar que eventualmente tenha sido concedida. Contra a decisão que conceda ou denegue a liminar, é cabível o agravo de instrumento nos termos do Código de Processo Civil de 2015 (art. 7º, § 1º, Lei nº 12.016/2009), eis que o mandado de segurança é ação cível, embora aqui veicule pretensão criminal.

Sem embargo, denegado o mandado de segurança pela sentença, ou no julgamento do agravo, dela interposto, fica sem efeito a liminar concedida, retroagindo os efeitos da decisão contrária, de acordo com o verbete nº 405, da Súmula, do STF.

Se a petição inicial não evidenciar ser o caso de mandado de segurança, ou lhe faltar algum requisito que não seja sanável ou sanado, ou, ainda, quando decorrido o prazo legal de cento e vinte dias da ciência do ato pelo interessado, o magistrado poderá indeferi-la de plano. Deve-se pontuar que o prazo de cento e vinte dias tem natureza decadencial, não se interrompendo, prorrogando ou suspendendo.

Tratando-se de mandado de segurança indeferido por juiz de primeira instância, será cabível recurso de apelação cível, no prazo de quinze dias, contados de forma corrida. Não se aplica a regra de contagem do prazo em dias úteis em questões penais. A matéria é criminal, embora a ação mandamental seja cível. Por outro lado, em caso concessivo, a sentença estará sujeita obrigatoriamente ao duplo grau de jurisdição.

Findo o prazo para a apresentação das informações, será o Ministério Público ouvido no prazo improrrogável de dez dias, quando poderá exarar parecer, como *custos legis*, nas hipóteses em que não figurar como parte do mandado de segurança.

Guilherme Nucci apresenta distinção acerca das diversas formas que assume a intervenção do Ministério Público:

(1) se o acusado impetrar mandado de segurança contra ato do delegado, por exemplo, caberá o julgamento ao juiz e será ouvido, como litisconsorte necessário, o *Parquet*;

(2) sendo a acusação patrocinada pelo Ministério Público, não tem sentido ser ele ouvido, novamente, como *custos legis*;

(3) se a acusação for promovida pelo ofendido, no entanto, ouve-se este, como litisconsorte necessário, e o Ministério Público, como *custos legis*;

(4) quando o acusado impetrar mandado de segurança no Tribunal, contra ato do juiz, será ouvida a Procuradoria-Geral de Justiça ou a Procuradoria-Geral da República, se na área federal, que intervirá como *custos legis*, não havendo necessidade de ser litisconsorte o *Parquet* de primeiro grau; e

(5) se o impetrante do mandado de segurança for o promotor ou procurador da república, contra ato do magistrado, será ouvida a Procuradoria de Justiça (órgão do Ministério Público no segundo grau de jurisdição), como *custos legis*[66].

Em seguida, nos termos do parágrafo único, do art. 12, da Lei nº 12.016/2009, com ou sem o parecer do Ministério Público, os autos serão conclusos ao magistrado, para sentença, que deverá ser obrigatoriamente prolatada no prazo de trinta dias.

Acerca da aplicação do referido art. 12, da Lei do Mandado de Segurança, que determina abertura de vista ao *Parquet*, a Segunda Turma do STF reputou desnecessária sua aplicação quando a solução da controvérsia estiver cristalizada na jurisprudência. Esse julgamento não foi unânime. O posicionamento vencido reputou impositiva a prévia oitiva do Ministério Público quando não foi ele o impetrante[67].

Quanto ao rito nos órgãos colegiados, cumpre anotar que:

66. NUCCI, Guilherme de Souza. *Manual de processo penal e execução penal*. 7. ed. São Paulo: RT, 2010. p. 973.
67. STF – Segunda Turma – RMS 32.482/DF – rel. orig. Min. Teori Zavaski – red. p/ o ac. Min. Edson Fachin – j. 21.8.2018.

(1) nos casos de competência originária dos tribunais, compete ao relator a instrução do processo, sendo garantida a defesa oral na sessão do julgamento do mérito ou do pedido liminar (art. 16, ***caput***, Lei nº 12.016/2009, com redação dada pela Lei nº. 13.676/2018); e

(2) da decisão do relator que denegue ou que conceda liminar é impugnável mediante agravo (regimental) ao órgão competente do tribunal do qual faça parte.

37. MANDADO DE SEGURANÇA COLETIVO

Foi a Constituição de 1988 que inovou o ordenamento jurídico brasileiro ao estatuir o cabimento do mandado de segurança coletivo, cuja virtude consistiu em ser "mecanismo de substituição processual visando racionalizar a prestação jurisdicional"[68].

O art. 21, da Lei nº 12.016/2009, delineia o perfil do mandado de segurança coletivo que já era adotado jurisprudencialmente, afirmando que ele pode ser impetrado por partido político com representação no Congresso Nacional, na defesa de seus interesses legítimos relativos a seus integrantes ou à finalidade partidária, ou por organização sindical, entidade de classe ou associação legalmente constituída e em funcionamento há, pelo menos, um ano, em defesa de direitos líquidos e certos da totalidade, ou de parte, dos seus membros ou associados, na forma dos seus estatutos e desde que pertinentes às suas finalidades, dispensada, para tanto, autorização especial.

O mandado de segurança coletivo, a princípio, não guarda pertinência com a matéria criminal, no sentido de ser viável sua utilização. Poderíamos imaginar, no entanto, o seu uso em sede de execução penal para, com uma só demanda movida por órgão de tutela dos direitos dos imputados, defender direitos coletivos ou individuais homogêneos dos apenados. Mas, essa possibilidade reclamará solução diversa a depender da finalidade da demanda.

Como exemplo do uso do mandado de segurança coletivo, teríamos a impetração por órgão representativo dos direitos das pessoas presas, para o atendimento das regras dispostas na Lei de Execução Penal sobre as condições de higiene dos estabelecimentos prisionais. Nesse caso, o *writ* coletivo seria menos adequado que o ajuizamento de ação civil pública.

O procedimento do mandado de segurança coletivo é o mesmo do ***writ of mandamus*** individual visto acima, distinguindo-se pelas seguintes particularidades:

(1) a legitimidade ativa é restrita a partido político com representação no Congresso Nacional, na defesa de seus interesses legítimos relativos a seus integrantes ou à finalidade partidária, ou por organização sindical, entidade de classe ou associação legalmente constituída e em funcionamento há, pelo menos, um ano, em defesa de direitos líquidos e certos, e em favor da totalidade, ou de parte, dos seus membros ou associados, na forma de seus estatutos e desde que pertinente às suas finalidades, evidenciada, na última hipótese, a pertinência temática;

(2) não é necessária autorização especial dos eventuais beneficiados pela sua decisão;

68. CAVALCANTI, Francisco. *O novo regime jurídico do mandado de segurança*: comentários à Lei nº 12.016, de 07 de agosto de 2009. São Paulo: MP Ed., 2009. p. 155.

(3) a sentença fará coisa julgada limitadamente aos membros do grupo ou categoria substituídos pelo impetrante;

(4) sua interposição não implica litispendência para as ações individuais, porém os efeitos da coisa julgada não beneficiarão o impetrante de mandado de segurança individual caso ele não requeira a desistência desta demanda no lapso de trinta dias contados da ciência comprovada do ajuizamento do mandado de segurança coletivo; e

(5) a liminar só poderá ser concedida depois da oitiva do representante judicial da pessoa jurídica de direito público, que deverá se manifestar em setenta e duas horas (§ 2º do art. 22 da Lei nº. 12.016/2009).

38. AÇÃO DE REVISÃO CRIMINAL

A demanda revisional tem o objetivo de reexaminar sentença condenatória ou a decisão condenatória proferida por tribunal, que tenha transitado em julgado. Tal demanda tem o condão de excepcionar a coisa julgada em matéria criminal, pelo que só se permite seu ajuizamento quando em favor do sentenciado.

Não há, assim, revisão criminal *pro societate*, mas tão somente quando seu uso é permeado pelos princípios do *favor rei* e da verdade formada de acordo com as disposições procedimentais, caracterizando-se como demanda para o resgate do *status dignitatis* do acusado[69].

Além de se dirigir, naturalmente, contra sentenças condenatórias, admite-se revisão criminal contra **sentenças absolutórias impróprias**, especialmente porque a medida de segurança aplicada pode ter o condão de limitar a liberdade do sentenciado "absolvido"[70]. Existe, no caso, nítido interesse de agir. Persiste, sem embargo, a restrição quanto ao manejo da revisional para o fim de se modificar o fundamento absolutório, quando se cuidar apenas de sentença **absolutória própria**.

A revisão criminal é análoga à ação rescisória do processo civil. Ambas visam rever a coisa julgada material em determinadas hipóteses estritas. A revisão criminal tem natureza preponderante de ação constitutiva negativa. Seu ajuizamento se dá, por exemplo, contra sentença condenatória eivada de vício de procedimento ou de julgamento.

A ação de revisão criminal envolve "a rescisão da sentença (rescindir = abrir), para proferir um novo julgamento em substituição ao anterior", distinguindo-se "juízo ***rescindens***" e "juízo ***rescisorium***"[71]. O primeiro tem o fito de nulificar o processo e o segundo o de julgá-lo pelo mérito.

A demanda revisional, julgada procedente, poderá implicar a alteração da classificação da infração, a absolvição do réu, a modificação da pena ou a anulação do processo, sem prejuízo de novo julgamento perante o juiz competente (art. 626, parágrafo único, CPP).

O ***judicium rescindens*** pode se dar isoladamente ou cumulativamente com o ***judicium rescisorium***: aquele nulifica o processo e manda o acusado a novo julgamento (não podendo

69. RANGEL, Paulo. *Direito processual penal*. 4. ed. Rio de Janeiro: Lumen Juris, 2001. p. 620.
70. GOMES, Luiz Flávio. *Da revisão criminal*. Disponível em: <http://www.lfg.com.br/public_html/article.php?story=2004100913440611p>. Acesso em: 20/01/2010.
71. DANTAS, Francisco Wildo Lacerda. *Jurisdição, ação (defesa) e processo*. Recife: Nossa Livraria, 2004. v.2. p. 293.

este ser mais gravoso ao réu do que o que foi anulado), enquanto o último autoriza o tribunal a, de plano, exarar a decisão absolutória ou condenatória mais benéfica ao acusado, em substituição da rescindida.

Entretanto, a possibilidade de renovação de persecução penal, em razão de procedência de ação rescisória que anule o julgamento (***judicium rescidens***), esbarra na proibição convencional de que ninguém pode ser processado duas vezes pelo mesmo fato. Ainda que se cogite de pena menor em um segundo julgamento, haverá um novo processo depois de findo o primeiro, cuja sentença tenha sido rescindida.

Entendemos, portanto, que a anulação do processo cuja sentença tenha sido certificada com o trânsito em julgado, por meio de ação rescisória e, inclusive, ***habeas corpus***, não deve autorizar reabertura de novo processo ou julgamento. O Estado deve assumir o risco de processar incorretamente um ser humano, não devendo submeter este a reiteração de persecução penal. Pensar inversamente é admitir a baixa eficácia do ***ne bis in idem***, com "indevida duplicidade de (re) ação – ***sobrerreacción*** ou ***overreaction*** – do poder punitivo estatal"[72].

39. CABIMENTO DA AÇÃO DE REVISÃO CRIMINAL

Nos termos do art. 621, CPP, a revisão criminal se refere a processos findos, ou seja, àqueles que tenha sentença penal desfavorável ao réu transitada em julgado, com o exaurimento dos meios recursais. No entanto, também será admissível quando negada ao acusado a possibilidade de esgotar os seus recursos, bem como quando suprimida uma instância, eis que são formas ilícitas de antecipar o trânsito em julgado, afinal meramente aparente. Terá cabimento nesses casos mesmo que não violado, pela sentença, um dispositivo legal[73].

A revisão criminal será, portanto, admitida quando a decisão ou a sentença condenatória ou absolutória imprópria, transitada em julgado:

(1) for contrária ao texto expresso da lei penal ou à evidência dos autos;

(2) se fundar em depoimentos, exames ou documentos comprovadamente falsos; e

(3) destoar da realidade por se descobrirem, ulteriormente, novas provas de inocência do imputado ou de circunstância que determine ou autorize diminuição da pena.

Como aponta Paulo Rangel, negar revisão criminal a quem foi submetido à medida de segurança por meio de sentença absolutória imprópria, apesar de novos elementos que apontem sua inocência, seria negar a existência de um Estado de Direito[74].

Outrossim, não é admitida revisão criminal tendente a reexaminar decisão absolutória ou que reconhece a prescrição, com vistas, por exemplo, a ver reconhecido motivo de absolvição mais benéfico ao acusado. O rol das hipóteses de revisão criminal previsto no art. 621, CPP, é, portanto, taxativo, muito embora seja recomendável que seja ampliado o leque das possibilidades de revisão criminal, para autorizar a revisão dos fundamentos, já

72. SABOYA, Keity Mara Ferreira de Souza e. *Ne bis in idem*: história, teoria e perspectivas. Rio de Janeiro: Lumen Juris, 2014. p. 282.
73. STJ – Terceira Seção – RvCr 4.944-MG - Rel. Min. Reynaldo Soares da Fonseca – DJe 20/09/2019.
74. RANGEL, Paulo. *A coisa julgada no processo penal brasileiro como instrumento de garantia*. São Paulo: Atlas, 2012. p. 281.

que estes, se mais favoráveis ao condenado, produzem efeitos relevantes nas esferas cível e administrativa.

Em arremate, impende destacar que a revisão criminal é cabível contra toda e qualquer decisão condenatória, mesmo aquelas proferidas pelo tribunal do júri. A soberania dos veredictos (art. 5º, XXXVIII, "c", CF/1988) não é invocável para vedar a revisão criminal contra os seus julgados. A revisão criminal amplia o alcance da liberdade e as garantias fundamentais são instituídas para tutelar o imputado em sua liberdade.

Daí que a interpretação da soberania dos veredictos não pode justificar solução refratária à garantia da liberdade do seu destinatário, que é o acusado. Como pontua Eugênio Pacelli, "o princípio da soberania dos veredictos e mesmo a garantia do próprio tribunal do júri para o julgamento dos crimes dolosos contra a vida foram instituídos em favor dos interesses da defesa"[75].

Ademais, a própria Constituição Federal conferiu *status* constitucional à ação de revisão criminal, atribuindo-a aos tribunais, em favor da garantia constitucional da ampla defesa. A definição da competência deve aludir à decisão que impõe ou que chancela o julgamento do mérito condenatório, independentemente de ulteriores decisões em torno da inadmissibilidade de outras impugnações[76].

40. INEXISTÊNCIA DE PRAZO PARA PROPOSITURA DA AÇÃO REVISIONAL

Não há prazo estipulado para a propositura de revisão criminal.

O art. 622, e parágrafo único, do CPP, assevera que "a revisão poderá ser requerida em qualquer tempo, antes da extinção da pena ou após", não sendo "admissível a reiteração do pedido, salvo se fundado em novas provas". A revisão criminal pode ser pleiteada em momento posterior a extinção da pena pelo seu cumprimento e, inclusive, depois da morte do réu.

41. COMPETÊNCIA PARA A AÇÃO DE REVISÃO CRIMINAL

A Constituição do Brasil estatui a competência para o julgamento de revisões criminais em três disposições específicas: art. 102, I, "j", art. 105, I, "e" e art. 108, I, "b". Teremos assim divididas as competências constitucionais para o julgamento da demanda revisional penal:

(1) o Supremo Tribunal Federal tem competência para processar e julgar originariamente as revisões criminais contra seus julgados;

(2) o Superior Tribunal de Justiça tem competência originária para processar e julgar as revisões criminais contra seus julgados; e

(3) os Tribunais Regionais Federais têm competência para processar e julgar não só as revisões criminais contra julgados seus, mas também contra as sentenças dos juízes federais que tenham passado em julgado.

Com base no **princípio da simetria** e em conformidade com as constituições estaduais e com as leis de organização judiciária (art. 125, § 1º, CF/1988), no âmbito estadual,

75. OLIVEIRA, Eugênio Pacelli. *Curso de processo penal*. 2. ed. Belo Horizonte: Del Rey, 2003. p. 846.
76. STF – Pleno – RvC 5480 AgR/AM - Rel. Min. Edson Fachin – julgado em 12 set. 2019.

compete aos Tribunais de Justiça processar e julgar originariamente as revisões criminais contra seus julgados e os dos juízes de direito.

O mesmo raciocínio é aplicável à Justiça Militar e à Justiça Eleitoral, isto é, a competência para o processamento da ação de revisão criminal é do tribunal prolator da decisão final que tenha apreciado o mérito da demanda condenatória ou do recurso respectivo ou ainda do tribunal ao qual esteja vinculado diretamente o juiz que proferiu a sentença passada em julgado.

Quanto às decisões proferidas pelos Juizados Especiais Criminais, embora não haja previsão legal, infere-se ser da Turma Recursal respectiva a competência para o julgamento.

Registre-se, por fim, que as disposições sobre competência para o julgamento das revisões criminais, gizadas no art. 624, CPP, devem ser relidas à luz da Constituição de 1988, sendo verificável a compatibilidade de suas regras nos seguintes termos:

(1) as revisões criminais serão processadas e julgadas pelo Supremo Tribunal Federal, quanto às condenações por ele proferidas e serão de competência dos tribunais nas demais hipóteses;

(2) no Supremo Tribunal Federal e no Superior Tribunal de Justiça, o processo e julgamento das revisões criminais atenderão ao que for estipulado no correspondente regimento interno;

(3) nos Tribunais Regionais Federais e nos Tribunais de Justiça, o julgamento será realizado pelas câmaras ou turmas criminais, reunidas em sessão conjunta, quando existir mais de uma, e, no caso contrário, pelo pleno ou órgão especial; e

(4) nos tribunais onde houver quatro ou mais câmaras ou turmas criminais, poderão ser formados dois ou mais grupos de câmaras ou turmas para o julgamento da revisão, atendido o que for estabelecido no regimento interno correspondente.

42. LEGITIMIDADE ATIVA NA REVISÃO CRIMINAL

Dispõe o art. 623, CPP, que a revisão poderá ser pedida pelo próprio réu ou por procurador legalmente habilitado ou, no caso de morte do réu, pelo cônjuge, ascendente, descendente ou irmão, quando temos a impropriamente denominada "**reabilitação da memória**".

Diferentemente da ação de reabilitação (art. 743, CPP), que tem o propósito de reintegrar o sentenciado e que só pode ser movida pelo réu, exclusivamente, não sendo admitida sua propositura depois da morte, na reabilitação da memória (art. 623, CPP), os referidos legitimados têm interesse na revisão criminal, não só pelos efeitos patrimoniais decorrentes de sua acolhida, mas também diante do apreço familiar relativamente ao condenado falecido.

Embora o Código não faça referência, entendemos que a Constituição autoriza que o Ministério Público proponha ação de revisão criminal, desde que o faça em favor do acusado. Decorre da dicção do seu art. 127. No mesmo sentido, Paulo Rangel pontifica que o *Parquet* tem legitimidade ativa *ad causam* "para requerer a revisão criminal em favor do restabelecimento da ordem jurídica violada com um erro judiciário, pois a legitimidade não é em favor do condenado, mas, sim, a favor da reintegração do ordenamento jurídico agredido com o erro judiciário"[77].

Também Sergio Demoro Hamilton vê como acertada a posição da doutrina que defende o cabimento do provimento revisional mediante iniciativa do *Parquet*, entendimento que decorre não só da Constituição do Brasil, mas também de interpretação sistemática do CPP, mormente no ponto que autoriza que o Ministério Público ajuíze *habeas corpus* em favor do sentenciado[78].

A posição aqui esboçada, contudo, está longe de ser pacífica, havendo forte entendimento de que ao MP não assiste legitimidade, por ausência de previsão legal. Neste sentido, adverte Guilherme de Souza Nucci que, "finda a relação processual, transitada em julgado a sentença, não há mais cabimento em se admitir ação proposta por representante do Ministério Público. Perdeu o interesse, visto inexistir direito de punir do Estado nessa ação"[79].

43. LEGITIMIDADE PASSIVA NA REVISÃO CRIMINAL

A legitimidade passiva é do Estado ou da União consoante se cuide de decisão proferida na esfera estadual ou federal.

O Ministério Público não é citado para contestar a demanda, atuando, em verdade, como fiscal da lei, prevendo o CPP a abertura de vista dos autos para que seja exarado parecer. Daí que como a revisão criminal pode ensejar pedido de indenização pelo seu autor contra o Estado ou a União, forçoso é reconhecer a legitimidade passiva de um desses entes, de acordo com a hipótese.

44. PROPOSITURA DA REVISÃO CRIMINAL

A revisão deve ser ajuizada, por petição, perante o tribunal competente.

O pleito deve ser instruído com a certidão de haver passado em julgado a sentença condenatória e com as peças necessárias à comprovação dos fatos arguidos. Se não forem atendidos tais requisitos, o relator deve oportunizar que a parte possa sanar a irregularidade, só indeferindo a petição quando a parte permanecer inerte com o decurso do prazo assinado.

Há quem entenda ser possível a postulação leiga para a ação revisional. Dessa maneira, não seria necessário que o apenado se faça representar por advogado para que sua revisão seja processada, a semelhança do que ocorre no *habeas corpus*, razão pela qual poderia ele, pessoalmente, propor revisão criminal.

No entanto, verificando o relator que o apenado que pede a revisão está desassistido juridicamente, deve lhe oportunizar constituir advogado e, caso não o faça, deve intimar a defensoria pública ou nomear defensor dativo. Sergio Demoro Hamilton, coerente com esse ponto de vista, adverte que a revisão criminal é uma ação penal constitutiva que carece de um processo cognitivo limitado que observe requisitos técnicos, não sendo razoável admitir

77. RANGEL, Paulo. *Direito processual penal*. 4. ed. Rio de Janeiro: Lumen Juris, 2001. p. 623.
78. HAMILTON, Sergio Demoro. *Estudos de processo penal*: 3ª Série. Rio de Janeiro: Lumen Juris, 2007. p. 61.
79. NUCCI, Guilherme de Souza. *Código de processo penal comentado*. 3. ed. São Paulo: RT, 2004. p. 930.

a postulação leiga. Daí sugere, no caso da petição revisional ser apresentada pessoalmente pelo condenado, que o relator remeta à Defensoria Pública com atribuições no órgão colegiado, a fim de que, em sendo possível, dê forma jurídica ao pedido, sem prejuízo de que o apenado, caso assim deseje, escolha advogado de sua confiança no futuro[80].

Nos termos do enunciado, da Súmula nº 393, do STF, para requerer revisão criminal, o condenado não é obrigado a recolher-se à prisão. Não há relação impeditiva do direito à ação revisional com a possibilidade de sua prisão.

Uma vez proposta a revisão criminal, poderá o relator determinar que se apensem os autos originais, se daí não advier dificuldade à execução da sentença, embora possa, se julgar insuficientemente instruído o pedido e inconveniente ao interesse da justiça, indeferir a revisão criminal *in limine*, conferindo possibilidade de recurso para as câmaras reunidas ou para o tribunal, conforme o caso.

Em face dos requisitos específicos para a admissibilidade da revisão criminal, é preciso deixar bem vincada que tal via não é tão ampla, não se tratando "de uma nova ação penal invertida, isto é, promovida pelo acusado", razão pela qual se fala que, para a propositura dessa demanda, é necessário que ela tenha, em sua petição inicial, uma "fundamentação vinculada", alusiva "às hipóteses de cabimento da ação"[81].

45. PROCEDIMENTO DA AÇÃO DE REVISÃO CRIMINAL

A petição inicial da demanda revisional deve ser distribuída a um relator e a um revisor, devendo funcionar como relator um desembargador que não tenha pronunciado decisão em qualquer fase do processo.

A pessoa jurídica de direito público deve ser citada para, querendo, responder o pedido, apresentando contestação, de acordo com as regras do CPC, aplicáveis no que couber, quando ausentes disposições específicas no Código de Processo Penal (art. 3º, CPP). O Ministério Público deve ser intimado para se manifestar como fiscal da ordem jurídica, nos casos de ações revisionais que não figure como parte.

Depois de angularizada a relação processual e ultimados os procedimentos instrutórios, com inclusão em pauta, o relator apresentará o processo em mesa para o julgamento e o relatará, sem tomar parte na discussão, conforme o estatuído no § 4º, do art. 625, do CPP. A revisão criminal não tem efeito suspensivo relativamente ao cumprimento da pena do condenado, não impedindo a execução da sentença condenatória passada em julgado[82].

Nos termos do § 5º, do art. 625, CPP, se o requerimento não for indeferido *in limine*, abrir-se-á vista dos autos ao procurador-geral, que dará parecer no prazo de 10 (dez) dias, seguindo-se do exame dos autos, sucessivamente, em igual prazo, pelo relator e revisor, para que seja julgado o pedido na sessão que o presidente designar, em conformidade com a pauta do tribunal.

---

80. HAMILTON, Sergio Demoro. *Estudos de processo penal*: 3ª Série. Rio de Janeiro: Lumen Juris, 2007. p. 66.
81. OLIVEIRA, Eugênio Pacelli. *Curso de processo penal*. 2. ed. Belo Horizonte: Del Rey, 2003. p. 846.
82. STJ – Sexta Turma – AgRg no HC 476.773/PI – Rel. Min. Rogério Schietti Cruz – DJe 07 dez. 2018.

Apesar de não haver disciplina expressa do tema, o Superior Tribunal de Justiça admitiu a aplicação analógica das regras previstas no art. 615, § 1º e art. 664, ambos do CPP, para favorecer o réu em caso de empate no julgamento da revisão criminal. Sem dúvidas, este entendimento privilegia o princípio do *favor rei*, devendo prevalecer aquele voto que beneficia o revisionando, em caso de entendimento dividido na turma ou câmara do tribunal.

Embora não caiba dilação probatória em sede de revisão criminal, quando provas novas dependerem de produção judicial, como oitiva de testemunhas, ofendidos, peritos, etc., pode o acusado requerer ao juízo de 1º grau a realização de audiência de justificação prévia, que consiste em espécie de ação cautelar de natureza preparatória, para que sejam realizadas tais provas, lastreando esse pedido na circunstância de que deseja propor ação de revisão criminal, aplicando, por analogia, os arts. 381 e 382 do CPC[83]. Segue-se o rito da produção antecipada de provas. Objetiva-se coletar provas para acompanhar revisão criminal, haja vista que é procedimento desprovido de maior espaço para produção de provas.

Se, no curso da ação revisional, falecer a pessoa, cuja condenação tiver de ser revista, o presidente do tribunal nomeará curador para a defesa (art. 631, CPP). Como se infere, o Código de Processo Penal não impõe a suspensão do processo para que os herdeiros se habilitem. A revisão criminal deve ter curso normal com a simples nomeação de curador, sem prejuízo de que qualquer dos legitimados ingresse na demanda como autor, sucedendo o demandante originário.

Por fim, calha frisar que as normas complementares para o processo e julgamento das revisões criminais estão dispostas nos regimentos internos e leis de organização judiciária (art. 628, CPP), sendo admissível, a sustentação oral pelas partes durante o julgamento, consoante permite o respectivo regimento interno[84].

46. JULGAMENTO DA REVISÃO CRIMINAL E INDENIZAÇÃO

O julgamento da revisão criminal dar-se-á nos limites do que foi requerido. O requerimento delimita se será o caso de ***judicium rescindens***, de ***judicium rescisorium*** ou de cumulação de ambos.

Vale dizer, o julgamento da ação de revisão pode ensejar:

(1) nulidade do julgamento por ***error in procedendo***, quando o processo poderá ser reiniciado contra o acusado (***judicium rescindens***). Sobre esse ponto, ressalvamos que não pode haver um segundo processo contra o mesmo fato, diante do princípio do *ne bis in idem*[85].

(2) reforma do julgado, por ***error in judicando***, sem reconhecimento de nulidade do processo, mas com diminuição da pena aplicada (***judicium rescisorium***); e,

(3) nulidade da decisão anterior e realização do julgamento pelo tribunal com decreto absolutório (***judicium rescindens*** e ***judicium rescisorium***).

83. AVENA, Norberto. *Processo penal esquematizado*. 3. ed. São Paulo: Método, 2011. p.1253.
84. MIRABETE, Julio Fabbrini. *Processo penal*. 14. ed. São Paulo: Atlas, 2003. p.684.
85. SABOYA, Keity Mara Ferreira de Souza e. *Ne bis in idem*: história, teoria e perspectivas. Rio de Janeiro: Lumen Juris, 2014. p. 282.

Essas possibilidades são extraídas do art. 626, do CPP, ao preconizar que julgando procedente a revisão, o tribunal poderá alterar a classificação da infração, absolver o réu, modificar a pena ou anular o processo. O seu parágrafo único, inclusive, afirma que, de qualquer maneira, não poderá ser agravada a pena imposta pela decisão, reconhecendo expressamente a vedação da *reformatio in pejus*, seja ela direta ou indireta.

O desdobramento das possibilidades de interpretação desse enunciado retratará o exercício do ***judicium rescindens*** ou do ***judicium rescisorium***, conforme o tribunal avance para definir o mérito da demanda penal condenatória.

Concluído o julgamento da revisão criminal pelo tribunal, o acórdão deve ser lavrado pelo relator que, nos termos do citado art. 625, *caput*, CPP, não deve ter proferido decisão em qualquer fase do processo rescindendo.

Caso o relator fique vencido, é designado para lavrar o acórdão o membro do órgão colegiado que tiver aberto a divergência, salvo quando já houver pronunciado decisão no processo objeto da revisão criminal, hipótese em que será designado o revisor para lavrar o acórdão. No entanto, vencidos relator e revisor, deve ser considerada válida a lavratura do acórdão pelo membro que conduziu o voto vencedor, ainda que tenha tomado parte no julgamento da apelação do processo rescindendo, funcionando como revisor[86]. Tratando-se de relator vencido somente quanto ao não conhecimento da revisão criminal ou do agravo regimental interposto, a sua substituição pelo revisor não é ampla para o atingir quanto a sua continuidade na relatoria do julgamento do mérito, mas tão somente para a lavratura do acórdão[87].

Questão específica diz respeito à revisão criminal relativamente às decisões do Júri Popular, em face da posição majoritária no sentido de ser possível a rescisória sem limites (***judicium rescindens*** e ***judicium rescisorium***) nos casos da decisão emanada desse Tribunal. Naturalmente, havendo visível equívoco na condenação pelo júri popular, o tribunal, ao apreciar a ação revisional, poderá subverter o mérito do veredicto.

Entrementes, sublinha Sergio Demoro Hamilton, em posição minoritária, que não é correto o exercício da revisão sobre o mérito (***judicium rescisorium***) do julgamento pelo Júri em sede de ação revisional, pois o tribunal, ao desconstituir o julgado, "restaura a competência do Júri, único juiz dotado de jurisdição, reafirme-se, para, quanto ao mérito, julgar o réu nos crimes dolosos contra a vida" (grifo do original)[88].

Em que pese os argumentos do renomado jurista, entendemos que as formas devem ceder em função da liberdade do imputado. O júri é uma garantia fundamental, instituído em função dos direitos do indivíduo acusado. A revisão criminal e a soberania dos veredictos também são garantias individuais fundamentais. Não podem ser interpretadas em desfavor do imputado, mas somente para maximizar o direito à liberdade. Afinal, são direitos de primeira dimensão, destinados a conter o arbítrio de poder estatal.

Sob outro enfoque, se a procedência da revisão consistir em absolvição, o julgamento importará no restabelecimento de todos os direitos perdidos em virtude da condenação,

86. STJ – Quinta Turma – HC 306.536/PE – Rel. Min. Jorge Mussi – DJe 24 mai. 2017.
87. STF – Pleno – ADPF 328 AgR-ED – Rel. Min. Roberto Barroso – publicado em 11 set. 2018.
88. HAMILTON, Sergio Demoro. *Estudos de processo penal*: 3ª Série. Rio de Janeiro: Lumen Juris, 2007. p. 67.

devendo o tribunal, se for o caso, impor a medida de segurança cabível, a teor do art. 627, do CPP. Para tanto, o juiz da execução penal deve ser comunicado e, à vista da certidão do acórdão que cassar a sentença condenatória, ordenará sua juntada imediata aos autos, para inteiro cumprimento.

Além desse efeito, final, cogita-se de outro, durante o trâmite processual, que é a possibilidade de libertação provisória do réu enquanto se aguarda o julgamento da revisão criminal. Decisão favorável à liberdade do acusado durante o curso da revisão criminal, deve ser excepcional, tal como pode ocorrer em casos teratológicos de erros judiciários. Normalmente, porém, não deve ser suspensa a execução penal, já que "há uma decisão condenatória com trânsito em julgado, cuja presunção é guarnecida pelo manto da coisa julgada"[89].

Nesse sentido também se posiciona Sergio Demoro Hamilton, entendendo que o autor, na ação revisional, tem o ônus da prova de suas alegações. É que na ação de revisão criminal compete ao revisionado evidenciar "o ***error in judicando*** ou o ***error in procedendo*** da sentença condenatória favorecida pela coisa julgada formal"[90]. Conquanto se esteja diante de uma ação penal, as disposições probatórias em torno da ação constitutiva negativa de revisão penal são bem distintas das que permeiam a ação penal condenatória. A demanda revisional esbarra na formação de culpa inferida do transito em julgado da sentença penal condenatória.

Outrossim, a ação de revisão criminal pode conter a cumulação de **pedido indenizatório** pelo erro judiciário alegado e reconhecido pelo tribunal. É assim que o art. 630, *caput*, CPP, reza que se o interessado requerer, poderá o tribunal reconhecer o direito a uma justa indenização pelos prejuízos sofridos. Tal reparação, a ser liquidada no juízo cível, será de responsabilidade da União, se a condenação tiver sido proferida pela justiça federal, do Distrito Federal ou do Estado, se prolatada pela justiça estadual respectiva. Essa previsão legal é permissiva da ampliação do objeto da demanda e de sua cognição horizontal. Especialmente por essa razão, exige-se a citação do ente público legitimado para contestar a ação de revisão criminal[91].

Observe-se, por fim, que, a duvidosa dicção do § 2º, do art. 630, do CPP, determina que a indenização não seja devida "se o erro ou a injustiça da condenação proceder de ato ou falta imputável ao próprio impetrante, como a confissão ou a ocultação de prova em seu poder", bem como "se a acusação houver sido meramente privada".

No que concerne a esta última restrição, forçoso é convir com Eugênio Pacelli de Oliveira, no ponto que aduz que ela "não sustenta uma análise mínima de seu conteúdo", haja vista que "na ação penal privada, embora a iniciativa seja reservada ao particular, a condenação nem por isso deixará de partir de órgãos do poder público", acrescendo que "o erro, apto e suficiente a justificar a indenização, teria sido praticado pelo Estado, por meio do Poder Judiciário"[92]. Sem embargo, é possível ao Poder Público, ajuizar ação regressiva

---

89. NUCCI, Guilherme de Souza. *Manual de processo penal e execução penal*. 3. ed. São Paulo: RT, 2007. p. 886.
90. HAMILTON, Sergio Demoro. *Estudos de processo penal*: 3ª Série. Rio de Janeiro: Lumen Juris, 2007. p. 55-58.
91. HAMILTON, Sergio Demoro. *Estudos de processo penal*: 3ª Série. Rio de Janeiro: Lumen Juris, 2007. p. 63.
92. OLIVEIRA, Eugênio Pacelli. *Curso de processo penal*. 2. ed. Belo Horizonte: Del Rey, 2003. p. 852.

contra o particular que deu ensejo ao erro judiciário, para se ver ressarcido da indenização fixada na ação rescisória.

47. CORREIÇÃO PARCIAL

A correição parcial é instrumento de natureza administrativa, com efeitos jurisdicionais, decorrente do direito de petição, que tem por consequência, o desfazimento de ato que cause inversão tumultuária em processo penal, a aplicação de sanção ou providência disciplinar, bem como, reflexamente, o refazimento dos atos processuais viciados de acordo com a forma instituída em lei.

Trata-se de instituto sem natureza recursal, de cunho preponderantemente administrativo, malgrado possa produzir, indiretamente, efeitos processuais. É ação disciplinar autônoma, embora com feição impugnativa. Não é recurso.

Em outras palavras, é uma forma de solicitar a um órgão do Poder Judiciário, designado legal ou regimentalmente, a tomada de providências necessárias para impedir ou corrigir atos judiciais abusivos, que causem prejuízo a uma ou a ambas as partes.

Vê-se, portanto, que a correição parcial não conterá a nota de substitutividade própria dos recursos. Na realidade, é uma espécie de ação de reclamação contra ***error in procedendo***, sendo mais assimilada a uma medida administrativa, disciplinar, examinada por um órgão jurisdicional (câmara ou turma do tribunal), podendo ser, inclusive, a corregedoria de justiça, bastando, para tanto, previsão normativa válida.

A denominação correição parcial indica uma síntese da providência administrativa e judiciária que ela representa: corrige o processo naquela parte que consubstancie erro grave de procedimento e contra o qual não caiba qualquer recurso. Para evitar prejuízo às partes, as leis de organização judiciária e os regimentos possibilitam que as partes ingressem com essa reclamação, para ver sanada a inversão do procedimento.

Como anota Frederico Marques, a correição parcial consiste em "sucedâneo recursal que a praxe acabou legitimando, mas que atenta flagrantemente contra os princípios que regem as fontes normativas do Direito Processual Penal". Essa figura estranha surgiu "em leis locais de organização judiciária, sob a forma de providência administrativo-disciplinar destinada a corrigir erros que tumultuam o processo. Ela se estende, igualmente, ao processo penal, embora em forma menos intensa e mais rara que no processo civil"[93].

Sem embargo, a natureza da correição parcial é controvertida na doutrina.

São basicamente duas as posições que se opõem, conquanto a doutrina acresça outras naturezas apontadas, tais como a de ser a correição parcial um recurso anômalo, uma medida ou um recurso administrativo censório-disciplinar que, a rigor, não se diferenciam das seguintes:

93. MARQUES, José Frederico. *Elementos de direito processual penal*: volume IV. 2. ed. Campinas: Millennium, 2003. p. 371-372.

(1) a que vê a correição parcial como autêntico recurso residual, "interposto exclusivamente contra ato do juiz, praticado com ***error in procedendo***, isto é, erro de procedimento"[94]; e

(2) a que a concebe como "espécie de providência administrativo-judiciária prevista normalmente pelos regimentos internos dos tribunais inferiores, por vezes com o nome de reclamação", que, por sua vez, não se confunde com a reclamação manejada no âmbito do STF e do STJ com o intuito de garantir a preservação de suas respectivas competências[95]. Esta a nossa posição.

48. LEGITIMIDADE ATIVA NA CORREIÇÃO PARCIAL

Os legitimados para sua propositura são o Ministério Público, o querelante, o acusado e o seu defensor e o assistente da acusação. Consideramos inadequada a legitimidade do assistente de acusação para propor revisão criminal. Nada obstante, a tendência é a de ser cada vez mais afirmada sua legitimidade impugnativa. A legitimação é aferida pela ideia de sucumbência, porquanto as partes e os intervenientes no processo penal podem vir a ser prejudicados pelo ato judicial que cause inversão tumultuária do processo.

49. LEGITIMIDADE PASSIVA NA CORREIÇÃO PARCIAL

É o juiz reclamado, correicionado ou corrigendo.

Indiretamente, a parte eventualmente prejudicada pelos eventuais efeitos do acolhimento da correição parcial também poderá ter interesse em se manifestar e, desse modo, se situar no lado passivo da providência, viabilizando-se o contraditório.

50. PROPOSITURA DA CORREIÇÃO PARCIAL

A correição parcial deve ser proposta por petição diretamente no órgão com competência para examiná-la. Embora não haja previsão legal para interposição por termo nos autos, a correição parcial pode ser apresentada perante os órgãos que tenham estrutura para receber reclamações por meios diversos da petição, de forma presencial e com o seu registro feito oralmente, mormente quando existir permissivo normativo.

A competência para seu processamento e julgamento é da câmara, da turma do tribunal, da corregedoria de justiça ou de outro órgão, consoante o regramento aplicável.

Na esfera da Justiça Federal de primeira instância, há previsão legal de que o órgão competente para receber e apreciar a correição parcial contra ato de juiz federal deva ser o Conselho da Justiça Federal (art. 6º, I, da Lei nº 5.010/1966). No entanto, entendemos que tal dispositivo se encontra revogado tacitamente em razão de lei mais nova ter arrolado as competências daquele órgão sem inclusão da previsão para julgar correição parcial (art. 5º, da Lei nº 11.798/2008). De tal modo, passa à corregedoria regional, ou ao órgão indicado pelo respectivo tribunal regional federal, a competência para apreciar correição parcial contra ato de juiz federal.

94. OLIVEIRA, Eugênio Pacelli de. *Curso de processo penal*. 2. ed. Belo Horizonte: Del Rey, 2003. p. 832.
95. MIRABETE, Julio Fabbrini. *Processo penal*. 14. ed. São Paulo: Atlas, 2003. p. 705.

51. PRAZO PARA APRESENTAÇÃO DA CORREIÇÃO PARCIAL

Embora se tenha como prazo para sua apresentação o de cinco dias a contar do dia seguinte à ciência ou à intimação do ato causador da inversão, o entendimento mais razoável é o de que não há um prazo específico para sua apresentação, mormente diante de matéria de ordem pública, que não é sanada pela preclusão. Todavia, o limite máximo para seu ingresso é o da data da prolação da sentença.

52. CABIMENTO DA CORREIÇÃO PARCIAL

A correição parcial será cabível quando não exista previsão de recurso específico para a hipótese e quando se trate de ato judicial exarado na persecução penal. Não é ela admissível contra ato administrativo. Como a correição parcial não tem a natureza recursal, não tem aqui incidência o princípio da fungibilidade, próprio da sistemática dos recursos.

Vale dizer, necessária a ausência de previsão legal para ser admitida a correição parcial.

De acordo com a Lei do Mandado de Segurança, foi ampliada a possibilidade de impetração do *writ* contra decisão judicial (admissível, com restrições[96], como, aliás, já entendia a jurisprudência). De conseguinte, ficou mais improvável a hipótese de utilização de correição parcial contra decisão judicial que admita o manejo do **mandado de segurança**.

Assim é que, *a contrario sensu* do art. 5º, II e III, da Lei Federal nº 12.016/2009, cabe mandado de segurança contra decisão judicial, de forma excepcional, quando não haja recurso previsto para ela e desde que a sentença não tenha transitado em julgado.

Em decorrência disso, o manejo da correição parcial, que é mais **residual** do que a carta testemunhável, ficou ainda mais restrito.

No âmbito estadual, a correição parcial terá o procedimento para sua interposição conferido pela legislação estadual posta pelo estado-membro no exercício de competência concorrente para legislar sobre procedimento, daí não haver inconstitucionalidade na sua utilização[97].

53. PROCESSAMENTO E JULGAMENTO DA CORREIÇÃO PARCIAL

O processamento da correição deve ser o disciplinado por cada legislação ou pelo regimento do tribunal correspondente.

A doutrina debate sobre a adoção:

(1) do rito do agravo de instrumento dos arts. 1.015 a 1.020, do CPC/2015, em compasso com os termos do Regimento Interno do respectivo tribunal. É a posição de Adalberto Aranha, que vê na correição parcial um autêntico recurso judicial, com competência de julgamento perante o tribunal[98]; ou,

---

96. CAVALCANTI, Francisco. *O novo regime jurídico do mandado de segurança*: comentários à Lei nº 12.016, de 07 de agosto de 2009. São Paulo: MP Ed., 2009. p. 34.
97. NUCCI, Guilherme de Souza. *Manual de processo penal e de execução penal*. 3. ed. São Paulo: RT, 2007. p. 823.
98. ARANHA, Adalberto José Q. T. de Camargo. *Dos recursos no processo penal*. São Paulo: Saraiva, 2010. p. 192.

(2) sobre a incidência do rito do recurso em sentido estrito que, por seu turno, tem prevalecido[99].

A adoção de rito que preveja a apresentação da correição parcial perante o mesmo órgão causador da inversão tumultuária do processo não encontra respaldo lógico, considerando que se trata de providência de controle adotada como *ultima ratio*.

A ideia que deve nortear a correição parcial é a de que seja formado um instrumento que propicie diretamente a outro órgão com competência para examiná-la, com cognição ampla dos abusos imputados ao juízo *a quo*. De toda forma, deve a impugnação seguir o preconizado pela legislação local.

Partindo do pressuposto de que a correição parcial não tem natureza recursal, não há que se falar em efeitos devolutivo, suspensivo ou regressivo, não obstante possa o julgador, uma vez tomando ciência do ingresso da correição parcial, sanar de ofício a inversão tumultuária do processo. Todavia, o efeito suspensivo "pode ser obtido mediante mandado de segurança", quando "demonstrada a existência de *periculum in mora* ou dano irreparável"[100].

Para quem entende ter a correição parcial natureza recursal, ela seria dotada:

(1) de efeito devolutivo limitado, pois apenas é possível o reexame dentro do limite da correção ou reclamação;

(2) de efeito extensivo, pois pode abarcar benefício a corréu em situação jurídica equivalente;

(3) de efeito suspensivo, em face da possibilidade do relator conferi-lo; e

(4) de efeito regressivo, eis que o juiz corrigendo pode se retratar ao receber a petição do corrigente comunicando a interposição do recurso em tela[101].

A correição parcial pode desaguar em imposição de sanção disciplinar, notadamente quando julgada por órgão de corregedoria. Poderá, remotamente, produzir efeitos processuais, não por força direita da decisão proferida em seu bojo, mas reflexamente, quando o próprio juiz correicionado – ciente da correição parcial – decide decretar a invalidação de atos prejudiciais ao direito da parte, mediante o reconhecimento de nulidade absoluta.

54. RECLAMAÇÃO CONSTITUCIONAL

A reclamação constitucional é ação judicial que tem a função de preservar a competência do Tribunal ou garantir a autoridade das suas decisões. Em outros termos, trata-se de demanda que visa a assegurar que decisões dos tribunais sejam acatadas, leia-se, que seus fundamentos sejam considerados pelos órgãos de grau de jurisdição inferior.

O CPC disciplina a reclamação constitucional em seus artigos 988 a 993. Essas disposições são aplicáveis ao direito processual penal.

Como inferiu Marcelo Navarro Ribeiro Dantas, em estudo pioneiro, a reclamação não tem natureza recursal, sendo, "fundamentalmente, uma ação de conhecimento, pois a

99. NUCCI, Guilherme de Souza. *Manual de processo penal e de execução penal*. 3. ed. São Paulo: RT, 2007. p. 824.
100. MIRABETE, Julio Fabbrini. *Processo penal*. 14. ed. São Paulo: Atlas, 2003. p. 708.
101. ARANHA, Adalberto José Q. T. de Camargo. *Dos recursos no processo penal*. São Paulo: Saraiva, 2010. p. 192-3.

espécie de tutela que se busca nela é cognitiva, isto é, uma sentença (*rectius*, um acórdão, já que se trata de ação de competência originária de tribunais)"[102].

Contudo, o efeito da procedência de uma reclamação pode se irradiar para o âmbito de outro processo, de forma semelhante a um recurso, conquanto com este não se confunda. Daí que a sua essência, sob este aspecto, pode ser vista como híbrida, com um aspecto misto de ação com efeitos análogos aos de um recurso, cujo fundamento de validade encontra enlace na Constituição do Brasil[103].

É a Constituição Federal de 1988 que prevê a reclamação no rol de competências do STJ e do STF. De um lado, compete ao Superior Tribunal de Justiça processar e julgar, originariamente, a reclamação para a preservação de sua competência e garantia da autoridade de suas decisões (art. 105, I, "f"). De outro, é de competência do Supremo Tribunal Federal processar e julgar, também originariamente, a reclamação para a preservação de sua competência e garantia da autoridade de suas decisões (art. 102, I, "l").

Não há óbice, antes até se recomenda, que os regimentos internos prevejam reclamação análoga a aqui estudada com o objetivo de assegurar a competência e a autoridade das decisões dos respectivos tribunais de segunda instância, com base em simetria a partir da disciplina da reclamação dirigida ao STF e ao STJ.

55. AJUIZAMENTO DA RECLAMAÇÃO CONSTITUCIONAL

A reclamação constitucional não tem prazo específico para ingresso. Ela é de ser proposta, por petição, perante o Supremo Tribunal Federal ou perante o Superior Tribunal de Justiça, consoante a alegação de desrespeito se refira a julgado deste ou daquele tribunal. A reclamação será dirigida ao Presidente do Tribunal, instruída com prova documental, autuada e distribuída ao relator da causa principal, sempre que possível.

56. CABIMENTO DA RECLAMAÇÃO CONSTITUCIONAL

O cabimento da reclamação decorre da estrutura escalonada do Poder Judiciário. As decisões do Supremo Tribunal Federal e do Superior Tribunal de Justiça contêm um comando que guarda uma objetividade que merece ser respeitada. O critério básico de seu cabimento é a utilidade, vale dizer, a maior efetividade da reclamação constitucional quando comparada a outros recursos ou a outras ações autônomas de impugnação.

Nos termos da legislação de regência (art. 988, CPC), caberá reclamação constitucional da parte interessada ou do Ministério Público para:

(1) preservar a competência do Tribunal;

(2) garantir a autoridade das decisões do Tribunal;

(3) garantir a observância de enunciado de súmula vinculante e de decisão do Supremo Tribunal Federal em controle concentrado de constitucionalidade;

---

102. DANTAS, Marcelo Navarro Ribeiro. *Reclamação constitucional no direito brasileiro*. Porto Alegre: Sergio Antonio Fabris, 2000. p. 463.

103. IVO, Gabriel. *Constituição estadual*: competência para elaboração da Constituição do estado-membro. São Paulo: Max Limonad, 1997. p. 29-30.

(4) garantir a observância de acórdão proferido em julgamento de incidente de resolução de demandas repetitivas ou de incidente de assunção de competência.

A reclamação deve instruída com prova documental suficiente.

Sob outro quadrante, o enunciado nº 734, da Súmula, do STF, esclarece que não cabe reclamação quando já houver transitado em julgado o ato judicial que se alega tenha desrespeitado decisão do Supremo Tribunal Federal. Com efeito, a imutabilidade da decisão judicial em razão da formação da coisa julgada da decisão do órgão de instância inferior é óbice à propositura desse instrumento, não podendo ser ela um sucedâneo da revisão criminal.

Marcelo Navarro Ribeiro Dantas destaca, inclusive, que, "há decisões sem conta do Supremo e do STJ nas quais se diz que a reclamação não é sucedânea do recurso ou da ação próprias", bem como muitas outras que aduzem não se conhecer da reclamação constitucional, "quando a decisão, que se diz haver descumprido acórdão, se acha submetida a recurso regularmente interposto"; variadas também existem nas quais "se afirma a recorribilidade da decisão de origem não impede a reclamação, uma vez presente os seus pressupostos"[104].

É o art. 103-A, da Constituição, que consagra, no direito brasileiro, a súmula vinculante que, por sua vez, é parâmetro para o cabimento da reclamação. Da decisão judicial em matéria penal, "que contrariar a súmula aplicável ou que indevidamente a aplicar, caberá reclamação ao Supremo Tribunal Federal que, julgando-a procedente, anulará o ato administrativo ou cassará a decisão judicial reclamada, e determinará que outra seja proferida com ou sem a aplicação da súmula, conforme o caso"[105].

Nos termos do § 5º, do art. 988, do CPC, não se admite reclamação proposta:

(1) após o trânsito em julgado da decisão reclamada; ou

(2) proposta para garantir a observância de acórdão de recurso extraordinário com repercussão geral reconhecida ou de acórdão proferido em julgamento de recursos extraordinário ou especial repetitivos, quando não esgotadas as instâncias ordinárias.

O STF, sob outro ângulo, assentou que a reclamação não é a via adequada para, sob pena de usurpação de competência, veicular insurgência contra a cisão das investigações pelo próprio STF[106].

57. PROCESSAMENTO E JULGAMENTO DA RECLAMAÇÃO CONSTITUCIONAL

De acordo com o rito estabelecido no CPC, a petição inicial da reclamação será autuada e distribuída ao relator da causa principal, sempre que possível.

A reclamação constitucional tem natureza jurídica de ação, razão pela qual, em essência, não é dotada de qualquer efeito recursal (devolutivo, suspensivo ou regressivo). No entanto, de certa forma a matéria objeto da reclamação é devolvida, ainda que estritamente, ao conhecimento do tribunal cuja autoridade ou competência tenha sido usurpada, sendo possível ainda:

104. DANTAS, Marcelo Navarro Ribeiro. *Reclamação constitucional no direito brasileiro*. Porto Alegre: Sergio Antonio Fabris, 2000. p. 485.

105. CUNHA JÚNIOR, Dirley da. *Curso de direito constitucional*. Salvador: JusPODIVM, 2008. p. 953.

106. STF – Reclamação 24.506/SP – Rel. Min. Dias Toffoli – julgado em 31 ago. 2018.

(1) que o relator ordene a suspensão do processo ou do ato impugnado; e

(2) que o juiz da causa, tomando conhecimento do seu teor, reexamine sua decisão, se esta comportar retratação.

Deve-se garantir o contraditório no âmbito da reclamação. Verificando a possibilidade da parte contrária sofrer os efeitos da cassação do ato reclamado, deverá ser oportunizado a bilateralidade da audiência, na linha do destacado por Adalberto Aranha, em respeito ao preceito constitucional da contrariedade e da ampla defesa[107].

Uma vez recebendo a reclamação, o relator, ao despachá-la:

(1) requisitará informações da autoridade a quem for imputada a prática do ato impugnado, que as prestará no prazo de dez dias; e

(2) ordenará, se necessário, para evitar dano irreparável, a suspensão do processo ou do ato impugnado.

Ademais, nos termos do artigo 990, do CPC, qualquer interessado poderá impugnar o pedido do reclamante. Nas reclamações que não houver formulado, o Ministério Público deverá ter vista do processo, por cinco dias, após o decurso do prazo para informações. Os prazos, em matéria penal, devem ser contados de maneira corrida, a teor do art. 798, do CPP[108].

Concluída a instrução da reclamação, o relator pedirá inclusão em pauta de julgamento que, no STF, é de competência do Pleno.

Se julgar procedente a reclamação, o Tribunal cassará a decisão exorbitante de seu julgado ou determinará medida adequada à preservação de sua competência. Ao cabo, o presidente determinará o imediato cumprimento da decisão, lavrando-se o acórdão posteriormente.

58. INCIDENTE DE RESOLUÇÃO DE DEMANDAS REPETITIVAS

O incidente de resolução de demandas repetitivas não é um recurso, mas uma técnica aplicável com o fito de minimizar os efeitos decorrentes do ajuizamento de demandas com mesmo fundamento e pedido, bem como com o objetivo de reduzir o número de recursos e de decisões discrepantes relativamente a uma mesma matéria.

Esse instrumento tem natureza de ação incidental, dependente da principal, voluntária ou *ex officio*. Ele é apto a eleger um caso denominado "piloto", para que a decisão nele proferida seja apta a resolver outros casos idênticos, com aplicação especial aos conflitos de massa. De logo, deve ficar registrado que é possível a instauração de incidente de resolução de demandas repetitivas em matéria penal, seguindo-se as regras traçadas nos artigos 976 a 987, do CPC.

A competência para instauração e processamento do incidente é do tribunal local, de segunda instância (tribunais de justiça e tribunais regionais federais). Em grau de recurso, o tema repetitivo pode ser examinado pelo STJ[109].

107. ARANHA, Adalberto José Q. T. de Camargo. *Dos recursos no processo penal*. São Paulo: Saraiva, 2010. p. 387.

108. STF – Segunda Turma – ARE 1204092 ED-AgR – Rel. Min. Celso de Mello – publicado em 12 dez. 2019.

109. STJ – Quinta Turma – AgRg no AREsp 1508273/SC – Rel. Min. Reynaldo Soares da Fonseca – DJe 12/09/2019.

59. LEGITIMIDADE NO INCIDENTE DE RESOLUÇÃO DE DEMANDAS REPETITIVAS

A instauração do incidente de resolução de demandas repetitivas tem início com pedido de sua instauração dirigido ao Presidente do Tribunal:

(1) pelo juiz ou relator, por ofício;

(2) pelas partes, pelo Ministério Público ou pela Defensoria Pública, por petição.

É de ver que o ofício ou a petição correspondente será instruído com os documentos necessários à demonstração da necessidade de instauração do incidente. De outro lado, se não for o requerente, o Ministério Público intervirá obrigatoriamente no incidente e poderá assumir sua titularidade em caso de desistência ou de abandono.

60. CABIMENTO DO INCIDENTE DE RESOLUÇÃO DE DEMANDAS REPETITIVAS

Para que tenha lugar o incidente, não é necessário que haja coincidência total de conteúdo entre as demandas, podendo haver repetitividade de porção da lide. Verificando a reprodução da tese sobre determinada questão em várias demandas, teremos o risco de resultados diversos sobre matéria idêntica. O incidente surge, nesse contexto, com o fito de conferir maior celeridade, coerência e efetivo acesso à justiça. A celeridade, reprisamos, não pode significar atropelo de direitos fundamentais sufragados na cláusula do devido processo legal.

Em matéria penal, podemos vislumbrar o seu cabimento, por exemplo:

(1) nas causas que envolvam debate sobre a constitucionalidade da forma de progressão de regime de pena, seja na sua fixação na sentença, seja na fase de execução penal;

(2) nas questões relativas ao deferimento de benefícios na fase de execução penal;

(3) nas lides que tenham por objeto a persecução penal de delito de duvidosa constitucionalidade; e

(4) nos casos de medidas assecuratórias, considerando o momento do levantamento da constrição quando julgada improcedente a pretensão punitiva estatal.

Desse modo, torna-se admissível o incidente de demandas repetitivas, também em matéria criminal, sempre que identificada controvérsia com potencial de gerar relevante multiplicação de processos fundada em idêntica questão de direito e de causar grave insegurança jurídica, decorrente do risco de coexistência de decisões conflitantes.

Há debate sobre a constitucionalidade do instituto, eis que se trata de pleito para que, antes de ser julgada definitivamente a demanda, o tribunal de maior grau fixe tese jurídica sobre o ponto controvertido capaz de gerar demandas repetitivas. O argumento principal seria a função atípica "legislativa" exercida pelo Judiciário. São argumentos conhecidos se comparados às críticas tecidas à súmula vinculante, pelo que a tendência é que sejam rejeitados para que se reconheça a constitucionalidade das novas disposições sobre a matéria. Observe-se que outro instituto que tem fito semelhante e permanece aplicável em nosso sistema é o incidente de repercussão geral, de competência do STF.

61. PROCESSAMENTO DO INCIDENTE DE RESOLUÇÃO DE DEMANDAS REPETITIVAS

O CPC/2015 estatui rito minucioso para o incidente. Após sua instauração, deve ser seguido o procedimento estatuído nos seus artigos 979 e seguintes, daquele diploma legal.

Consoante as disposições ali gizadas, teremos a sequência do rito assim alinhadas:

(1) a instauração e o julgamento do incidente serão sucedidos da mais ampla e específica divulgação e publicidade, por meio de registro eletrônico no Conselho Nacional de Justiça;

(2) após a distribuição, o relator poderá requisitar informações ao órgão em cujo juízo tem curso o processo originário, que as prestará em quinze dias;

(3) findo esse prazo improrrogável, será solicitada data para admissão do incidente, intimando-se o Ministério Público;

(4) o juízo de admissibilidade e o julgamento do incidente competirão ao plenário do tribunal ou, onde houver, ao órgão especial; e

(5) na admissibilidade, o tribunal considerará a presença dos requisitos legais e a conveniência de se adotar decisão paradigmática.

62. JULGAMENTO DO INCIDENTE DE RESOLUÇÃO DE DEMANDAS REPETITIVAS

O julgamento do incidente passará por duas fases bem distintas:

(1) juízo de prelibação ou de admissibilidade;

(2) juízo de delibação ou de mérito.

Quanto ao **juízo de prelibação**, o CPC preconiza a forma da documentação da deliberação do tribunal, bem como as providências que devem ser tomadas pelos demais juízes sujeitos ao comando consignado no acórdão, como procedimento prévio ao exercício do juízo de mérito do julgamento do incidente:

(1) uma vez rejeitado o incidente, o curso dos processos será retomado;

(2) por outro lado, admitido o incidente, o tribunal julgará a questão de direito, lavrando-se o acórdão, cujo teor será observado pelos demais juízes e órgãos fracionários situados no âmbito de sua competência;

(3) admitido o incidente, o Presidente do Tribunal determinará, na própria sessão, a suspensão dos processos pendentes, em primeiro e segundo graus de jurisdição;

(4) durante a suspensão, poderão ser concedidas medidas de urgência no juízo de origem;

(5) as partes, os interessados, o Ministério Público e a Defensoria Pública, visando à garantia da segurança jurídica, poderão requerer ao tribunal competente para conhecer de eventual recurso extraordinário ou especial, a suspensão de todos os processos em curso no território nacional que versem sobre a questão objeto do incidente;

(6) aquele que for parte em processo em curso no qual se discuta a mesma questão jurídica que deu causa ao incidente é legitimado, independentemente dos limites da competência territorial, para requerer tal providência;

(7) o Relator ouvirá as partes e os demais interessados, inclusive pessoas, órgãos e entidades com interesse na controvérsia, que, no prazo comum de quinze dias, poderão requerer a juntada de documentos, bem como as diligências necessárias para a elucidação da questão de direito controvertida; em seguida, no mesmo prazo, manifestar-se-á o Ministério Público;

(8) concluídas as diligências, o relator pedirá dia para o julgamento do incidente.

No que concerne ao **juízo de delibação** do incidente, o CPC/2015 estatui que:

(1) feita a exposição do incidente pelo relator, o presidente dará a palavra, sucessivamente, ao autor e ao réu do processo originário, e ao Ministério Público, pelo prazo de trinta minutos, para sustentar suas razões;

(2) em seguida, os demais interessados poderão se manifestar no prazo de trinta minutos, divididos entre todos, sendo exigida inscrição com quarenta e oito horas de antecedência;

(3) as partes, os interessados, o Ministério Público e a Defensoria Pública, visando à garantia da segurança jurídica, poderão requerer ao tribunal competente para conhecer de eventual recurso extraordinário ou especial a suspensão de todos os processos em curso no território nacional que versem sobre a questão objeto do incidente;

(4) aquele que for parte em processo em curso no qual se discuta a mesma questão jurídica que deu causa ao incidente é legitimado, independentemente dos limites da competência territorial, para requerer essa providência;

(5) julgado o incidente, a tese jurídica será aplicada a todos os processos que versem idêntica questão de direito e que tramitem na área de jurisdição do respectivo tribunal;

(6) se houver recurso e a matéria for apreciada, em seu mérito, pelo plenário do Supremo Tribunal Federal ou pela corte especial do Superior Tribunal de Justiça, que, respectivamente, terão competência para decidir recurso extraordinário ou especial originário do incidente, a tese jurídica firmada será aplicada a todos os processos que versem idêntica questão de direito e que tramitem em todo o território nacional;

(7) o incidente será julgado no prazo de seis meses e terá preferência sobre os demais feitos, ressalvados os que envolvam réu preso e os pedidos de *habeas corpus*;

(8) superado tal prazo previsto, cessa a eficácia suspensiva do incidente, salvo decisão fundamentada do relator em sentido contrário;

(9) o recurso especial ou extraordinário interposto por qualquer das partes, pelo Ministério Público ou por terceiro interessado será dotado de efeito suspensivo, presumindo-se a repercussão geral de questão constitucional eventualmente discutida;

(10) nessa hipótese, interpostos os recursos, os autos serão remetidos ao tribunal competente, independentemente da realização de juízo de admissibilidade na origem;

(11) não observada a tese adotada pela decisão proferida no incidente, caberá reclamação para o tribunal competente;

(12) os tribunais promoverão a formação e atualização de banco eletrônico de dados específicos sobre questões de direito submetidas ao incidente, comunicando, imediatamente, ao Conselho Nacional de Justiça, para inclusão no cadastro.

63. QUADRO SINÓTICO

<table>
<tr><th colspan="3">CAPÍTULO XXXV – AÇÕES AUTÔNOMAS DE IMPUGNAÇÃO</th></tr>
<tr><th colspan="3">INTRODUÇÃO ÀS AÇÕES AUTÔNOMAS IMPUGNATIVAS</th></tr>
<tr><td colspan="2">As ações de impugnação podem ter o objetivo de rever decisão criminal condenatória transitada em julgado ou de servir de sucedâneo recursal nas hipóteses onde for inexistente recurso específico para o reexame de decisão judicial que cause gravame a uma das partes do processo penal ou para tomada de outras medidas de controle.</td><td>1</td></tr>
<tr><th colspan="3">AÇÃO DE HABEAS CORPUS</th></tr>
<tr><td colspan="2">O habeas corpus é uma ação autônoma de impugnação, de índole constitucional. A Constituição do Brasil de 1988 prevê o habeas corpus como garantia fundamental, afirmando que será ele concedido sempre que alguém sofrer ou se achar ameaçado de sofrer violência ou coação em sua liberdade de locomoção, por ilegalidade ou abuso de poder (art. 5º, LXVIII). Está, portanto, ligada a uma outra garantia, que é a de liberdade de locomoção. No plano infraconstitucional, o CPP preconiza, em seu art. 647, que o habeas corpus será dado "sempre que alguém sofrer ou se achar na iminência de sofrer violência ou coação ilegal na sua liberdade de ir e vir, salvo nos casos de punição disciplinar".</td><td>2</td></tr>
<tr><td>Natureza jurídica da ação de habeas corpus</td><td>O habeas corpus é uma ação penal não condenatória. Sua eficácia pode ser mandamental, constitutiva ou declaratória. O seu uso pode se apresentar como: (1) ação sem relação com ato processual específico, mas para, estritamente, alijar a prisão ou a sua ameaça; ou (2) s.ucedâneo recursal que se subdivide, a seu turno, em: (a) substitutivo recursal, em função da maior utilidade do writ comparativamente a um recurso cabível; e (b) "via alternativa de ataque aos atos judiciais" (collateral attack), quando impetrado com o fito de "obstar o curso de um inquérito policial (trancamento)" – arquivamento –, de "impedir que a ação seja iniciada" ou de "impugnar algum meio de prova".</td><td>3</td></tr>
<tr><th colspan="3">Cabimento do habeas corpus</th></tr>
<tr><td colspan="2">As garantias fundamentais devem ser compreendidas de maneira ampla. Havendo dúvida sobre o cabimento da ação de habeas corpus, deve ela ser admitida e apreciada. A lesão à liberdade de locomoção deve ser entendida como concretizada não só quando efetiva, mas também quando haja fundado receio de que ela venha a ocorrer. Deve ser assegurada até mesmo em perspectiva ou em tese, ou seja, a impetração do habeas corpus é admitida quando o inquérito ou o processo penal vise à apuração de delito que tenha cominação em abstrato, dentre suas penas previstas, de privação de liberdade.</td><td>4</td></tr>
<tr><td>Habeas corpus por falta de justa causa</td><td>(a) justa causa para a ordem proferida, da qual decorreu a coação contra alguém; e
(b) justa causa para a instauração de processo ou de investigação contra alguém.
Não haverá justa causa quando a coação exercida sobre a liberdade do indivíduo estiver desamparada legalmente ou sem motivação.</td><td>5</td></tr>
</table>

CAPÍTULO XXXV – AÇÕES AUTÔNOMAS DE IMPUGNAÇÃO		
Habeas corpus **por falta de justa causa**	Quanto ao cabimento do *habeas corpus* por **falta de justa causa para a existência do processo ou investigação**, deve-se ressaltar que é ela o fundamento para o arquivamento prematuro de inquéritos e ações penais.	**5**
Habeas corpus **por excesso de prazo**	Verifica quando se escoa o prazo legal previsto para a prisão imposta, seja ela provisória, como a prisão temporária, seja ela definitiva, como a prisão pena. Também é admissível quando os prazos para a conclusão do procedimento são descumpridos.	**6**
Habeas corpus **por incompetência do órgão coator**	Caberá *habeas corpus* se quem ordenar a coação não tiver competência para fazê-lo. Essa exigência fundamental visa a impedir situações teratológicas, como a expedição de ordem de prisão por juiz cível em decorrência de processo em trâmite perante vara criminal.	**7**
Habeas corpus **diante da cessação dos motivos da coação**	É a situação em que a decretação da prisão não caracterizava coação ilegal. Deixa de existir o fundamento autorizativo, a prisão legal se convola em ilegal. É o que acontece quando a prisão preventiva é decretada, por exemplo, por conveniência da instrução e esta se encerra.	**8**
Habeas corpus **por negativa injustificada de fiança**	Será admitido o *writ* quando não for alguém admitido a prestar fiança, nos casos em que a lei permite. Nesses casos, embora o objetivo mediato da impetração seja a liberdade do indivíduo, o objetivo imediato é o arbitramento da fiança, conforme § 3º do art. 660, CPP	**9**
Habeas corpus **em face de processo manifestamente nulo**	A nulidade necessita ser reconhecida, por juiz ou tribunal, antes há vício processual. Reconhecida a nulidade, deverá seguir a invalidação do ato. Fala-se em trancamento, que significa extinção sem resolução do mérito. A força da decisão proferida nos autos do *habeas corpus* é constitutiva negativa, nulificadora. Nessa hipótese, o *writ* não tem como pedido imediato a liberdade do paciente, mas a anulação, a **invalidação** do processo.	**10**
Habeas corpus **por extinção da punibilidade**	Está extinta a punibilidade quando o direito de punir do Estado não mais subsiste.	**11**
Outras hipóteses de cabimento de *habeas corpus*	Não cabe ***habeas corpus*** contra a imposição da pena de exclusão de militar ou de perda de patente ou de função pública, consoante enunciado nº 694, da Súmula, do STF. De outro ponto, não se conhece de ***habeas corpus*** contra omissão de relator de extradição, se fundado em fato ou direito estrangeiro cuja prova não constava dos autos, nem foi provocado a respeito. A superveniência de sentença condenatória que mantém a prisão preventiva, prejudica a análise do ***habeas corpus*** que havia sido impetrado contra o título originário da custódia. Entretanto, é de ver que o tribunal tem o poder de conceder ***habeas corpus*** de ofício em hipótese como essa, mormente quando é possível orientar a interpretação de forma a dar maior eficácia ao direito fundamental. Naturalmente, para a concessão do ***writ ex officio***, a teor do § 2º, do art. 654, do CPP, será exigível a presença de elementos que possibilitem o conhecimento da ilicitude da prisão.	**12**

CAPÍTULO XXXV – AÇÕES AUTÔNOMAS DE IMPUGNAÇÃO		
Causa de pedir e coisa julgada em *habeas corpus*	A **causa de pedir remota** é o detalhamento do ato que viola ou ameaça à liberdade de locomoção, espelhada na narração fática da petição inicial. A **causa de pedir próxima** é a norma jurídica construída em face da compreensão da relação jurídica de direito material do caso concreto, retratada nos fundamentos jurídicos do pedido.	**13**
***Habeas corpus* preventivo**	O cabimento do ***habeas corpus* preventivo (salvo conduto)** está vinculado ao fundado receio de que o paciente possa vir a sofrer a coação ilegal ao seu direito de ir, vir e ficar, ou seja, a ameaça combatida deve ser iminente, estando desautorizado o *writ* por mero receio infundado de coação tida como ilegal.	**14**
***Habeas corpus* repressivo e liberatório**	O ***habeas corpus* repressivo** é o conhecido como liberatório. Visa à soltura de quem se encontra preso de forma ilegal. No caso de concessão da ordem, será expedido **alvará de soltura**, salvo se por outro motivo dever ser o paciente mantido na prisão.	**15**
***Habeas corpus* suspensivo**	Ainda se fala em ***habeas corpus* suspensivo**, que "ocorre quando já existe constrangimento ilegal, mas o sujeito ainda não foi preso". Nesse caso, emite-se **contramandado de prisão**, haja vista que se cuida de uma ameaça efetiva à liberdade, mas o sujeito não está preso.	**16**
***Habeas corpus* profilático ou trancativo**	Colima suspender atos processuais ou impugnar medidas que possam implicar prisão futura. O processo combatido tem aparência de legalidade, porém nele dormita, em estado de latência, uma antijuridicidade. Trata-se de espécie híbrida, com caracteres preventivos.	**17**
***Habeas corpus* e pena privativa de liberdade**	Em virtude de ser ação que objetiva combater lesão ou ameaça de lesão à liberdade de locomoção, a infração penal veiculada no inquérito, procedimento ou ação penal deve prever, abstratamente, pena privativa de liberdade.	**18**
Pedido genérico em *habeas corpus*	O STF admitiu ***habeas corpus***, com pedido genérico. A demanda ficou conhecida como coletiva. No entanto, o pedido foi formulado, pela Defensoria Pública, em uma única demanda, em favor de várias presas gestantes e mães com filhos de até doze anos de idade, razão pela qual a melhor designação seria a de ***habeas corpus* genérico.**	**19**
***Habeas corpus* e transgressão disciplinar**	Os enunciados normativos do art. 647, do CPP, e do § 2º, do art. 142, da Constituição do Brasil, que vedam o manejo do ***habeas corpus*** contra punição disciplinar são adequados para os casos em que se pretenda invadir o mérito do ato administrativo punitivo, pondo-se em risco a própria hierarquia militar. No entanto, no caso de punições disciplinares que extrapolem os parâmetros do permitido à autoridade competente, com cerceio indevido à liberdade de locomoção, deve ser ele admitido.	**20**

CAPÍTULO XXXV – AÇÕES AUTÔNOMAS DE IMPUGNAÇÃO		
Competência para o processamento e o julgamento do *habeas corpus*	A competência para o julgamento da ação de ***habeas corpus*** é definida em conformidade com a qualidade da pessoa que seja responsável pelo ato coator ou com a qualidade da pessoa que esteja sofrendo a lesão ou ameaça de lesão à sua liberdade de locomoção. **STF** – compete processar e julgar, originariamente, o *habeas corpus*, quando o paciente se tratar de Presidente da República, Vice-Presidente, membros do Congresso Nacional, Ministros do próprio STF, PGR, Ministros de Estados, Comandantes da Marinha, do Exército e da Aeronáutica, membros dos Tribunais Superiores, membros do TCU e chefes de missão diplomática de caráter permanente (art. 102, I, "d", CF/1988) e quando o coator for Tribunal Superior ou quando o coator ou o paciente for autoridade ou funcionário cujos atos estejam sujeitos diretamente à jurisdição do STF, ou se trate de crime sujeito à mesma jurisdição em uma única instância (art. 102, I, "i", CF/1988). Ainda compete ao STF julgar, em grau de recurso ordinário, o *habeas corpus* decidido em única instância, quando denegatória a decisão (art. 102, II, "a", CF/1988). **STJ** – compete processar e julgar, originariamente, o *habeas corpus*, quando o coator ou paciente for Governador de Estado ou do Distrito Federal, desembargador de TJ, de TRF ou de Tribunal Regional do Trabalho, membro de Tribunal de Contas do Estado ou do Distrito Federal, membro de TRE, membro do Conselho ou Tribunal de Constas dos Municípios e membro do MPU que oficie perante tribunal ou quando o coator for tribunal sujeito à sua jurisdição Ministro de Estado ou Comandante da Marinha, do Exército ou da Aeronáutica, ressalvada a competência da Justiça Eleitoral (art. 105, I, "c", CF/1988). Ainda ao STJ compete julgar, em recurso ordinário, "os *habeas corpus* decididos em única ou última instância pelos TRFs ou pelos Tribunais dos Estados, do Distrito Federal e Territórios, quando a decisão for denegatória" (art. 105, II, "a", CF/1988). **Tribunais Regionais Federais** – têm competência para processar e julgar, originariamente, "os *habeas corpus* quando a autoridade coatora for juiz federal", bem como o recurso contra decisão de *habeas corpus* julgado por juiz federal (art. 108, I, "d", e II, CF/1988) Federais ou pelos Tribunais dos Estados, do Distrito Federal e Territórios, quando a decisão for denegatória" (art. 105, II, "a", CF/1988). **Juízes Federais** –processar e julgar "os *habeas corpus*, em matéria criminal de sua competência ou quando o constrangimento provier de autoridade cujos atos não estejam diretamente sujeitos a outra jurisdição" (art. 109, VII, CF/1988). Quanto à Justiça do Trabalho, anote-se que, com a EC nº 45/2004, foi-lhe conferida competência para processar e julgar ***habeas corpus***, limitada aos casos em que o ato questionado envolver matéria sujeita à sua jurisdição (art. 114, IV, CF/1988).	**21**

CAPÍTULO XXXV – AÇÕES AUTÔNOMAS DE IMPUGNAÇÃO		
Competência para o processamento e o julgamento do *habeas corpus*	As competências do STF, do STJ e da Justiça Federal são *numerus clausus* (número fechado ou rol taxativo). **Justiça Militar, Justiça Eleitoral e Justiça dos Estados** – têm competência para processar e julgar *habeas corpus*, em compasso com as respectivas legislações. A Justiça dos Estados detém a competência residual em matéria criminal, ou seja, tudo o que não estiver afeto especificamente à Justiça Federal e às justiças especializadas é remetido à Justiça Estadual. A competência do juiz cessará sempre que a violência ou coação provier de autoridade judiciária de igual ou superior jurisdição. No caso de *habeas corpus* contra ato de promotor de justiça ou de procurador da república, prevalece o entendimento que a competência é originária do Tribunal de Justiça ou Tribunal Regional Federal, respectivamente. Excepcionalmente, será da Turma Recursal a competência para o julgamento, caso o ato ministerial tenha sido proferido por promotor ou procurador vinculado a Juizado Especial Criminal – estadual ou federal.	**21**
Legitimidade ativa no *habeas corpus*	Não é exigível ao impetrante a capacidade postulatória. Regulando a legitimidade ativa, o art. 654, ***caput***, CPP, explicita que "o ***habeas corpus*** poderá ser impetrado por qualquer pessoa, em seu favor ou de outrem, bem como pelo Ministério Público". Deve-se afastar a possibilidade de impetração de ***habeas corpus*** por parte do delegado e do juiz de direito, salvo se, despidos da sua investidura, impetrarem o ***writ*** como cidadãos comuns. O ***habeas corpus*** pode ter lugar ***ex officio***.	**22**
Legitimidade passiva no *habeas corpus*	A legitimidade passiva do ***habeas corpus*** recai sobre a pessoa responsável pela lesão ou ameaça de lesão à liberdade de ir e vir da pessoa física. O cerceio indevido à liberdade de locomoção pode ser imputável à autoridade policial, autoridade judiciária ou mesmo a particular. Tem sido, porém, rejeitada pelos tribunais a possibilidade de *writ* substitutivo de recurso próprio.	**23**
Forma de propositura do *habeas corpus*	A forma de propositura do ***habeas corpus*** é livre, informal. Como o remédio heroico pode até ser deferido de ofício, as disposições que enunciam os requisitos da petição inicial não exigem formalidades intransponíveis. É assim que o CPP, no § 1º, do seu art. 654, estatui que a petição de ***habeas corpus*** conterá: (1) o nome da pessoa que sofre ou está ameaçada de sofrer violência ou coação e o de quem exercer a violência, coação ou ameaça; (2) a declaração da espécie de constrangimento ou, em caso de simples ameaça de coação, as razões em que funda seu temor; e, (3) a assinatura do impetrante, ou de alguém a seu rogo, quando não souber ou não puder escrever, e a designação das respectivas residências. A petição deve ser acompanhada de prova pré-constituída. Havendo obstáculo à obtenção de documentos, oposto pela autoridade coatora ou por órgão público, é viável o ajuizamento da demanda desacompanhado de elementos empíricos.	**24**

CAPÍTULO XXXV – AÇÕES AUTÔNOMAS DE IMPUGNAÇÃO		
	Procedimento e Julgamento	
Procedimento do *habeas corpus*	O rito da ação de ***habeas corpus*** é o disposto no CPP, independentemente de ser o órgão jurisdicional competente juiz ou tribunal. De outra vertente, a Lei nº 8.038/1990, que disciplina o procedimento dos processos de competência do STF e do STJ, quando trata do ***habeas corpus***, faz remissão ao rito previsto no CPP. O juiz competente, ao receber a petição inicial e se julgar necessário, e estiver preso o paciente, mandará que este lhe seja imediatamente apresentado em dia e hora que designar (art. 656, *caput*, CPP). Em caso de desobediência, será expedido mandado de prisão contra o detentor, que será processado na forma da lei, e o juiz providenciará para que o paciente seja tirado da prisão e apresentado em juízo (parágrafo único, art. 656, CPP). Caso se cuide de infração de menor potencial ofensivo, a liberdade deve ser concedida ao agente, mediante compromisso de comparecer a todos os atos do processo, como preconiza a Lei nº 9.099/1995. Outrossim, o carcereiro ou o diretor da prisão, o escrivão, o oficial de justiça ou a autoridade judiciária ou policial que embaraçar ou procrastinar a expedição de ordem de *habeas corpus*, as informações sobre a causa da prisão, a condução e apresentação do paciente, ou a sua soltura, será multado", "sem prejuízo das penas em que incorrer (art. 655, CPP), se típica a conduta na Lei nº 13.869/2019. A aplicação da multa está comprometida diante da desatualização do valor indicado no dispositivo. Contudo, a fixação de ***astreinte*** pode ser considerada viável, mediante decisão judicial fundamentada e com esteio na disciplina legal do CPC (art. 77 e parágrafos). Ademais, deve-se salientar, de um lado, que a concessão do ***habeas corpus*** não obstará, nem porá termo ao processo, desde que este não esteja em conflito com os fundamentos daquela e, de outro, que, se o ***habeas corpus*** concedido em virtude de nulidade do processo, este será renovado (art. 652, CPP), salvo se, evidentemente, estiver extinta a punibilidade. A autoridade judiciária competente poderá conceder liminar em ***habeas corpus***, com ou sem a oitiva prévia do impetrado. Sob outro ponto de vista, a petição de ***habeas corpus*** poderá ser rejeitada liminarmente pelo juiz quando não preenchidos os requisitos extrínsecos, formais, previstos pelo artigo 654, do CPP, assim como se houver carência de ação. O remédio heroico tem prioridade de julgamento em relação às outras contendas.	25

CAPÍTULO XXXV – AÇÕES AUTÔNOMAS DE IMPUGNAÇÃO		
Procedimento do *habeas corpus*	Sobre a possibilidade de apresentação de parecer do Ministério Público em ***habeas corpus***. É preciso distinguir se o ***writ*** é de competência de tribunal ou de juiz de primeira instância: (1) **perante os tribunais**: há oportunidade para manifestação, consoante Decreto-Lei nº 552/1969, que dispõe especificamente sobre a concessão de vista ao Ministério Público nos processos de ***habeas corpus*** (com ou sem parecer, os autos serão conclusos); e, (2) **perante o juiz de 1º grau**: não há previsão legal de abertura de prazo para parecer do ***Parquet***. Ele apenas é intimado da decisão tomada em sede de cognição sumária, podendo recorrer, consoante art. 581, inciso X, do CPP. Entendemos que não há que se oportunizar pronunciamento do Ministério Público em ***habeas corpus*** com tramitação em primeira instância.	25
Julgamento	Depois de efetuadas as diligências e interrogado o paciente, o juiz decidirá, motivadamente, no prazo de vinte e quatro horas. Nos termos do art. 600, e parágrafos, o órgão julgador deve tomar as providências ali descritas, conforme o caso. (1) Caso seja a decisão for favorável ao paciente, será logo posto em liberdade, salvo se por outro motivo deva permanecer preso; (2) Se os documentos que instruírem a petição evidenciarem a ilegalidade da coação, o juiz ou o tribunal ordenará que cesse imediatamente o constrangimento; (3) Na hipótese da ilegalidade decorrer do fato de não ter sido o paciente admitido a prestar fiança, o juiz arbitrará o valor desta, que poderá ser prestada perante ele, remetendo, neste caso, à autoridade os respectivos autos para serem anexados aos do inquérito policial ou aos autos do processo judicial; (4) Se a ordem de *habeas corpus* for concedida para evitar ameaça de violência ou coação ilegal, dar-se-á ao paciente salvo-conduto assinado pelo juiz; (5) Será *incontinenti* enviada cópia da decisão à autoridade que tiver ordenado a prisão ou tiver o paciente à sua disposição, a fim de juntar-se aos autos do processo; e, (6) Se o paciente estiver preso em lugar que não seja o da sede do juízo ou do tribunal que concedera a ordem, o alvará de soltura emitido pelo telégrafo, por via postal, por fax ou por via eletrônica. O ***habeas corpus*** pode ser julgado por juiz singular ou por tribunal. O processamento e julgamento por juiz de primeiro grau de jurisdição ocorrerão sempre que incidir a regra de competência correspondente. Nesse caso, o processo de ***habeas corpus*** será encerrado por sentença que, sendo concessiva, ensejará a expedição de ordem, consubstanciada em alvará de soltura ou salvo-conduto. Pode ocorrer julgamento antecipado do mérito em ***habeas corpus***.	26

CAPÍTULO XXXV – AÇÕES AUTÔNOMAS DE IMPUGNAÇÃO		
Trancamento do inquérito, do processo ou do termo circunstanciado de ocorrência	O pedido em *habeas corpus* pode se referir à causa diversa do cerceio **direto** da liberdade ou da iminência de sofrer violação à liberdade de locomoção. A ausência de previsão de recurso específico contra certo ato exarado em procedimento criminal pode ensejar a admissão do *habeas corpus* com natureza jurídica de sucedâneo recursal. A apuração deve ser relativa ao delito que tenha em sua previsão abstrata pena privativa de liberdade. Para que seja cabível é necessária a presença do que se entende por constrangimento ilegal, com possibilidade de um desfecho cerceador da liberdade de ir e vir. É preciso que não haja previsão de recurso específico eficaz contra o ato violador ou ameaçador da liberdade de locomoção. Atendidas essas peculiaridades, pode ser ajuizada ação de *habeas corpus* para ver trancado inquérito policial, processo penal, termo circunstanciado de ocorrência ou outro procedimento criminal. O que importa é que a causa de pedir seja alusiva à falta de justa causa em razão de ameaça à liberdade de locomoção. O *habeas corpus* terá o condão de encerrar o processo, o procedimento ou o inquérito. O trancamento de um processo penal pode ser decorrente da nulidade da peça acusatória. No âmbito dos juizados especiais criminais, a lavratura de termo circunstanciado de ocorrência (TCO), sem que o fato constitua infração penal, autoriza o deferimento do ***writ***.	**27**
***Habeas corpus ex officio*, liberdade provisória e relaxamento de prisão**	O § 2º, do art. 654, CPP, preconiza que os juízes e os tribunais têm competência para expedir de ofício ordem de ***habeas corpus***, quando no curso de processo verificarem que alguém sofre ou está na iminência de sofrer coação ilegal. Tal enunciado legal consubstancia a técnica chamada ***habeas corpus*** de ofício, que é uma medida para o relaxamento da prisão, porquanto este tem lugar toda vez que alguém estiver preso ilegalmente ou, ainda, ameaçado de sofrer lesão a sua liberdade. O *habeas corpus* pode ser concedido de ofício pelos juízes e tribunais, sempre que tiverem conhecimento que a ilegalidade que põe em risco a liberdade já ocorreu ou está prestes a acontecer. O HC também pode servir de veículo para a obtenção da liberdade provisória e do relaxamento prisional.	**28**
Recursos em *habeas corpus* e *habeas corpus* substitutivo	Da sentença do juiz singular que conceder ou negar a ordem de *habeas corpus*, caberá recurso em sentido estrito, a ser interposto pelas partes do processo penal condenatório, pelo paciente ou pelo Ministério Público, nos termos do art. 581, X, CPP. Da decisão concessiva de *habeas corpus*, pelo juiz singular em primeiro grau de jurisdição, o CPP prevê hipótese de reexame necessário, consoante o seu art. 574, I.	**29**

CAPÍTULO XXXV – AÇÕES AUTÔNOMAS DE IMPUGNAÇÃO		
Recursos em *habeas corpus* e *habeas corpus* substitutivo	Se tornou comum a utilização do *writ* como substitutivo de recurso ordinário ou de outros recursos. Eis a função do *habeas corpus* como **sucedâneo recursal**, advindo daí a expressão ***habeas corpus*** substitutivo. O posicionamento jurisprudencial seguiu a tendência de entender inadmissível, como regra, o ***habeas corpus*** substitutivo da via recursal adequada, ressalvando-se a possibilidade de concessão do ***writ*** de ofício quando demonstrada: (1) ilegalidade flagrante; (2) abuso de poder; ou (3) teratologia jurídica.	29
Jurisprudência defensiva	A tendência refratária ao conhecimento do ***habeas corpus*** como sucedâneo recursal substitutivo de recurso ordinário constitucional é uma das formas da denominada de **jurisprudência defensiva**, entendida como o conjunto de técnicas consistente na estruturação de requisitos de admissibilidade racionais para filtrar o cabimento de ações e recursos perante os tribunais, com o fito de conferir funcionalidade ao tribunal que, ao final, garanta acessibilidade à justiça. Nesse contexto, o STF, impelido pela necessidade de gerir elevado número de processos, estabeleceu condições, como filtro para o exame do mérito do *habeas corpus*, também utilizado para peneirar o conhecimento de recursos.	30
AÇÃO DE MANDADO DE SEGURANÇA EM MATÉRIA PENAL		
Será concedido "para proteger direito líquido e certo, não amparado por habeas corpus ou habeas data, quando o responsável pela ilegalidade ou abuso de poder for autoridade pública ou agente de pessoa jurídica no exercício de atribuições do Poder Público". Não se trata de ação penal, mas ação de natureza cível, com procedimento abreviado. Em matéria penal, o ***writ of mandamus*** poderá ser um sucedâneo recursal, nas hipóteses em que não houver recurso específico e que não seja possível o ***habeas corpus*** – especialmente quando a lei não preveja em abstrato pena privativa de liberdade para o crime apurado. Rege-se, desse modo, pelo **princípio da subsidiariedade** (ou **residualidade**).		31
Cabimento	Em matéria penal, o cabimento do *mandamus* é aferido por exclusão das demais possibilidades de impugnação. O Ministério Público pode mover mandado de segurança para assegurar a aplicação da lei processual penal, quando a providência não favorecer o réu ou, quando o beneficiar, o crime não estabeleça, em abstrato, pena privativa de liberdade. Para que seja admissível, é preciso que estejam presentes seus requisitos específicos (art. 1º da Lei nº 12.016/2009): (1) o ato impugnado tem que ser de autoridade ou de pessoa no exercício de atribuição do poder público. No caso do mandado de segurança em matéria criminal, será ele dirigido contra ato judicial contra o qual não caiba recurso específico; (2) o impetrante deve evidenciar a existência de direito líquido e certo, não amparado por *habeas corpus* ou por *habeas data*, quando, diante de ilegalidade ou de abuso de poder, vier a sofrer violação ou tiver o receio de sofrê-la injustamente.	32

CAPÍTULO XXXV – AÇÕES AUTÔNOMAS DE IMPUGNAÇÃO		
Cabimento do mandado de segurança	Caso a prova documental não evidencie o direito do impetrante, a denegação do *writ*, conquanto faça coisa julgada material relativamente à porção conhecida naquela demanda, não o impedirá de ajuizar ação de cognição mais ampla. A Lei nº 12.016/2009 delineia, de forma **negativa**, o cabimento do mandado de segurança. O seu art. 5º, desse modo, dispõe que **não se concederá** mandado de segurança quando se tratar, por exemplo: (1) de decisão judicial da qual caiba recurso com efeito suspensivo, diante de sua índole subsidiária; e, **(2)** de decisão judicial transitada em julgado, que consagrou o enunciado nº 268, da Súmula, do STF, que assenta não caber mandado de segurança contra decisão transitada em julgado. "O mandado de segurança pode ser utilizado como ferramenta para provocar o reexame de uma decisão ou ato judicial". Para que seja cabível o mandado de segurança, é exigida a produção de efeitos concretos, não sendo admitido contra lei em tese (verbete nº 266, da Súmula, do STF). Apesar de não caber mandado de segurança contra ato judicial passível de recurso ou correição, na forma do enunciado nº 267, da Súmula do STF, tem-se admitido o mandado de segurança em matéria criminal: (1) quando o recurso cabível é desprovido de efeito suspensivo; (2) quando se quer dar efeito suspensivo ao recurso apresentado. Todavia, em compasso com o enunciado nº 604, da Súmula, do STJ, o mandado de segurança não se presta para atribuir efeito suspensivo a recurso criminal interposto pelo Ministério Público. A ***contrario sensu,*** podemos concluir que o ***writ of mandamus*** continua a ter o efeito de atribuir suspensividade a recurso, desde que impetrado em favor do imputado; (3) quando do ato vergastado advenha dano irreparável demonstrado prontamente; (4) contra apreensão excessiva de material para fundamentar ação penal por crime contra a propriedade industrial; *(5) para que o advogado obtenha vista dos autos da ação penal ou do inquérito policial; (6) para que o* advogado ou defensor se comunique pessoal e reservadamente com seu constituinte ou assistido, direito este garantido expressamente, inclusive aos incluídos em regime disciplinar diferenciado (RDD), pelo inciso V, do art. 52, da Lei de Execução Penal, no texto conferido pela Lei nº 13.964/2019, ao realçar que as entrevistas daqueles detentos serão sempre monitoradas, **exceto aquelas com seu defensor**, em instalações equipadas para impedir o contato físico e a passagem de objetos, salvo expressa autorização judicial em contrário; (7) visando evitar desentranhamento de documentos; (8) para apresentar quesitos em perícia; (9) contra a ordem de fechamento de estabelecimento de diversões públicas; (10) objetivando a entrega de aeronave apreendida; (11) contra providência de sequestro; e (12) para a restituição de coisas apreendidas.	**32**

CAPÍTULO XXXV – AÇÕES AUTÔNOMAS DE IMPUGNAÇÃO		
Cabimento do mandado de segurança	Cabe mandado de segurança para trancamento do inquérito ou do processo tendo como indiciada ou ré a pessoa jurídica. É cabível *mandamus*, e não o HC, para trancar inquérito ou processo por iniciativa da vítima, notadamente nas infrações privadas ou públicas condicionadas à representação, quando esta não tenha autorizado o início da persecução penal.	**32**
Competência para processamento e julgamento do mandado de segurança		
	A distinção da competência dos tribunais para processar e julgar o mandado de segurança em relação ao ***habeas corpus*** recai sobre a competência para julgar ato imputado a membro de órgão colegiado ou a tribunal: em tal caso a competência para processar e julgar o mandado de segurança é do próprio tribunal, enquanto para examinar o ***habeas corpus***, a competência, de regra, é a do órgão de grau de jurisdição mais elevado. **STF** – compete processar e julgar originariamente o mandado de segurança "contra atos do Presidente da República, das Mesas da Câmara dos Deputados e do Senado Federal, do Tribunal de Contas da União, do Procurador-Geral da República e do próprio Supremo Tribunal Federal" (art. 102, I, "d", CF/1988). **STJ** - compete o processamento e julgamento originário do *mandamus* "contra ato de Ministro de Estado, dos Comandantes da Marinha, do Exército e da Aeronáutica ou do próprio Tribunal" (art. 105, I, "b", CF/1988). **Tribunais Regionais Federais** – processar e julgar, originariamente, os mandados de segurança "contra ato do próprio Tribunal ou de juiz federal" (art. 108, I, "c", CF/1988). Tratando-se de ato dos juízes dos Juizados Especiais Criminais, o julgamento do mandado de segurança compete às Turmas Recursais (súmula nº 376 do STJ). Caso a autoridade coatora seja a Turma Recursal, o *mandamus* deverá ser impetrado perante o Tribunal de Justiça respectivo ou no TRF, no âmbito federal. A impugnação de ato de promotor de justiça ou procurador federal será processada e julgada pelo Tribunal respectivo. **Juízes federais** – processar e julgar os mandados de segurança "contra ato de autoridade federal, excetuados os casos de competência dos Tribunais federais". Pelo princípio da simetria, a mesma regra alusiva ao mandado de segurança em senda criminal, é aplicada no âmbito da **Justiça Eleitoral**, da **Justiça Militar** e da **Justiça dos Estados**, salientada, quanto a esta, a natureza residual de sua competência em matéria criminal.	**33**
Legitimidade ativa	Pode ser impetrante o acusado, o querelante, o Ministério Público (art. 32, I, da Lei nº 8.625/1993), o defensor (para defender prerrogativas da advocacia) e ou o ofendido, através do assistente da acusação. Diversamente do HC, é obrigatória a representação por advogado.	**34**
Legitimidade passiva	O sujeito passivo em mandado de segurança é ponto controvertido na doutrina. O entendimento ajustado às características da demanda é o de que não há propriamente uma legitimidade passiva, até porque	**35**

CAPÍTULO XXXV – AÇÕES AUTÔNOMAS DE IMPUGNAÇÃO		
Legitimidade passiva	é uma medida sumária, que não enseja contestação por parte da autoridade coatora, mas simples informações sobre os motivos da prática do ato. Importa sublinhar o teor do enunciado nº 701, da Súmula, do STF, verberando que, "no mandado de segurança impetrado pelo Ministério Público contra decisão proferida em processo penal, é obrigatória a citação do réu como litisconsorte passivo". Desse modo, quando se tratar de mandado de segurança em matéria criminal, serão visualizados, a depender da hipótese e do impetrante, três sujeitos passivos, em litisconsórcio necessário: (1) a autoridade coatora; (2) o acusado, quando o mandado de segurança for ajuizado pelo Ministério Público ou pelo querelante; e (3) a pessoa jurídica de direito público interessada, que será o Estado, nas causas estaduais, ou a União, nas causas perante os órgãos judiciários da União.	**35**
Procedimento	A petição inicial do mandado de segurança, além de conter os requisitos dos artigos 319 e 320, do CPC, indicará, além da autoridade coatora, a pessoa jurídica que esta integra, à qual se acha vinculada ou da qual exerce atribuições. O art. 7º, da Lei nº 12.016/2009, preconiza que o juiz, ao despachar a petição inicial, ordenará: (1) a notificação do coator a respeito do conteúdo do *writ*, para prestar informações em dez dias; (2) que seja dada ciência do processo ao órgão de representação judicial da pessoa jurídica interessada, para que querendo, ingresse no processo; e (3) a suspensão do ato que motivou o pedido, quando o fundamento for relevante e do ato objurgado puder haver a ineficácia da medida, caso deferida ao final. Nos termos do verbete nº 701, da súmula do STF, o juiz determinará a citação do acusado, caso tenha sido o *mandamus* proposto pelo *Parquet*. A liminar de suspensão do ato impugnado pode ser deferida com ou sem a oitiva prévia da autoridade impetrada e, para tanto, deve ser requerida pelo autor, ressalvado o poder cautelar de sustar decisões teratológicas ofensivas a direito fundamental do imputado. A sentença concessiva da segurança tem o condão, em regra, de confirmar a liminar que eventualmente tenha sido concedida. Contra a decisão que conceda ou denegue a liminar, é cabível o agravo de instrumento nos termos do Código de Processo Civil (art. 7º, § 1º, Lei nº 12.016/2009, eis que o mandado de segurança é ação cível, embora aqui veicule pretensão criminal. Findo o prazo para a apresentação das informações, será o Ministério Público ouvido no prazo improrrogável de dez dias, quando poderá exarar parecer, como *custos legis*, nas hipóteses em que não figurar como parte do mandado de segurança. Em seguida, nos termos do parágrafo único, do art. 12, da Lei nº 12.016/2009, com ou sem o parecer do Ministério Público, os autos serão conclusos ao magistrado, para sentença, que deverá ser obrigatoriamente prolatada no prazo de trinta dias.	**36**

CAPÍTULO XXXV – AÇÕES AUTÔNOMAS DE IMPUGNAÇÃO		
Mandado de segurança coletivo	O mandado de segurança coletivo, a princípio, não guarda pertinência com a matéria criminal, no sentido de ser viável sua utilização. Poderíamos imaginar, no entanto, o seu uso em sede de execução penal para, com uma só demanda, movida por órgão de tutela dos direitos dos imputados, defender direitos coletivos ou individuais homogêneos dos apenados.	**37**
AÇÃO DE REVISÃO CRIMINAL		
A demanda revisional tem o objetivo de reexaminar sentença condenatória ou decisão condenatória proferida por tribunal, ou ainda sentenças absolutórias impróprios, que tenha transitado em julgado. Tal demanda tem o condão de excepcionar a coisa julgada em matéria criminal, pelo que só se permite seu ajuizamento quando em favor do sentenciado. Não há, assim, revisão criminal ***pro societate***, mas tão somente quando seu uso é permeado pelos princípios do ***favor rei*** e da verdade formada de acordo com as disposições procedimentais, caracterizando-se como demanda para o resgate do ***status dignitatis*** do acusado.		**38**
Cabimento	Nos termos do art. 621, CPP, a revisão criminal se refere a processos findos, ou seja, àqueles que tenha sentença penal desfavorável ao réu transitada em julgado, com o exaurimento dos meios recursais. No entanto, também será admissível quando negada ao acusado a possibilidade de esgotar os seus recursos, bem como quando suprimida uma instância, eis que são formas ilícitas de antecipar o trânsito em julgado, afinal meramente aparente. A revisão criminal será, portanto, admitida quando a decisão ou a sentença condenatória ou absolutória imprópria, transitada em julgado (1) for contrária ao texto expresso da lei penal ou à evidência dos autos; (2) se fundar em depoimentos, exames ou documentos comprovadamente falsos; e, (3) destoar da realidade por se descobrirem, ulteriormente, novas provas de inocência do imputado ou de circunstância que determine ou autorize diminuição da pena. Em arremate, impende destacar que a revisão criminal é cabível contra toda e qualquer decisão condenatória, mesmo aquelas proferidas pelo tribunal do júri.	**39**
Inexistência de prazo para propositura I	Não há prazo estipulado para a propositura de revisão criminal. A revisão criminal pode ser pleiteada em momento posterior a extinção da pena pelo seu cumprimento e, inclusive, depois da morte do réu.	**40**
Competência	Está prevista em três disposições específicas na Constituição do Brasil: art. 102, I, "j", art. 105, I, "e" e art. 108, I, "b". Destarte: (1) o STF tem competência para processar e julgar originariamente as revisões criminais contra seus julgados,	**41**

CAPÍTULO XXXV – AÇÕES AUTÔNOMAS DE IMPUGNAÇÃO		
Competência	(2) o STJ tem competência originária para processar e julgar as revisões criminais contra seus julgados e (3) os TRFs têm competência para processar e julgar não só as revisões criminais contra julgados seus, mas também contra as sentenças dos juízes federais que tenham passado em julgado. No âmbito estadual, compete aos Tribunais de Justiça processar e julgar originariamente as revisões criminais contra seus julgados e os dos juízes de direito (princípio da simetria). O mesmo raciocínio é aplicável à Justiça Militar e à Justiça Eleitoral, isto é, a competência para o processamento da ação de revisão criminal é do tribunal prolator da decisão final que tenha apreciado o mérito da demanda condenatória ou do recurso respectivo ou ainda do tribunal ao qual esteja vinculado diretamente o juiz que proferiu a sentença passada em julgado. Quanto às decisões proferidas pelos Juizados Especiais Criminais, embora não haja previsão legal, infere-se ser da Turma Recursal respectiva a competência.	**41**
Legitimidade ativa	Dispõe o art. 623, CPP, que "a revisão poderá ser pedida pelo próprio réu ou por procurador legalmente habilitado ou, no caso de morte do réu, pelo cônjuge, ascendente, descendente ou irmão", quando temos a impropriamente denominada "**reabilitação da memória**". Embora o Código não faça referência, entende-se que a Constituição autoriza que o Ministério Público proponha a ação de revisão criminal, desde que o faça em favor do acusado.	**42**
Legitimidade passiva	A legitimidade passiva é do Estado ou da União consoante se cuide de decisão proferida na esfera estadual ou federal. O Ministério Público atua como fiscal da lei.	**43**
Propositura	A revisão deve ser ajuizada, por petição, perante o tribunal competente. O pleito deve ser instruído com a certidão de haver passado em julgado a sentença condenatória e com as peças necessárias à comprovação dos fatos arguidos. Nos termos da súmula nº 393, do STF, para requerer revisão criminal, o condenado não é obrigado a recolher-se à prisão.	**44**
Procedimento	A petição inicial da demanda revisional deve ser distribuída a um relator e a um revisor, devendo funcionar como relator um desembargador que não tenha pronunciado decisão em qualquer fase do processo. A pessoa jurídica de direito público deve ser citada para, querendo, responder o pedido, apresentando contestação, de acordo com as regras do CPC, aplicáveis no que couber, quando ausentes disposições específicas no Código de Processo Penal (art. 3º, CPP). O Ministério Público deve ser intimado para se manifestar como fiscal da ordem jurídica, nos casos de ações revisionais que não figure como parte.	**45**

CAPÍTULO XXXV – AÇÕES AUTÔNOMAS DE IMPUGNAÇÃO		
Procedimento	Sendo movida a ação "por petição e independentemente de termo, o relator apresentará o processo em mesa para o julgamento e o relatará, sem tomar parte na discussão" (§ 4º, art. 625, CPP). Nos termos do § 5º, do art. 625, CPP, se o requerimento não for indeferido *in limine*, abrir-se-á vista dos autos ao procurador-geral, que dará parecer no prazo de 10 (dez) dias, seguindo-se do exame dos autos, sucessivamente, em igual prazo, pelo relator e revisor, para que seja julgado o pedido na sessão que o presidente designar. Se, no curso da ação revisional, falecer a pessoa, cuja condenação tiver de ser revista, o presidente do tribunal nomeará curador para a defesa (art. 631, CPP). Embora não caiba dilação probatória em sede de revisão criminal, quando provas novas dependerem de produção judicial, como oitiva de testemunhas, ofendidos, peritos, etc., pode o acusado requerer ao juízo de 1º grau a realização de audiência de justificação prévia, que consiste em espécie de ação cautelar de natureza preparatória, para que sejam realizadas tais provas, lastreando esse pedido na circunstância de que deseja propor ação de revisão criminal, aplicando, por analogia, os arts. 381 e 382 do CPC. Segue-se o rito da produção antecipada de provas.	**45**
Julgamento da revisão criminal e indenização	O julgamento da revisão criminal pode ensejar: (1) nulidade do julgamento por *error in procedendo*, quando o processo poderá ser reiniciado contra o acusado (*judicium rescindens*); (2) reforma do julgado, por *error in judicando*, sem reconhecimento de nulidade do processo, mas com diminuição da pena aplicada (*judicium rescisorium*); e, (3) nulidade da decisão anterior e realização do julgamento pelo tribunal com decreto absolutório (*judicium rescindens* e *judicium rescisorium*). Além desse efeito, final, cogita-se de outro, durante o trâmite processual, que é a possibilidade de libertação provisória do réu enquanto se aguarda o julgamento da revisão criminal". Normalmente, porém, não deve ser suspensa a execução penal, já que "há uma decisão condenatória com trânsito em julgado, cuja presunção é guarnecida pelo manto da coisa julgada". A ação de revisão criminal pode conter a cumulação de **pedido indenizatório** pelo erro judiciário alegado e reconhecido pelo tribunal. Observe-se, por fim, que, a duvidosa dicção do § 2º, do art. 630, do CPP, determina que a indenização não seja devida "se o erro ou a injustiça da condenação proceder de ato ou falta imputável ao próprio impetrante, como a confissão ou a ocultação de prova em seu poder", bem como "se a acusação houver sido meramente privada".	**46**

CAPÍTULO XXXV – AÇÕES AUTÔNOMAS DE IMPUGNAÇÃO

CORREIÇÃO PARCIAL

A correição parcial é instrumento de natureza administrativa, com efeitos jurisdicionais, decorrente do direito de petição, que tem por consequência, o desfazimento de ato que cause inversão tumultuária em processo penal, a aplicação de sanção ou providência disciplinar, bem como, reflexamente, o refazimento dos atos processuais viciados de acordo com a forma instituída em lei.		**47**
Legitimidade ativa	Os legitimados para sua propositura são o Ministério Público, o querelante, o acusado e o seu defensor e o assistente da acusação.	**48**
Legitimidade passiva	É o juiz reclamado, correicionado ou corrigendo.	**49**
Propositura	A correição parcial deve ser proposta por petição diretamente no órgão com competência para examiná-la. A correição parcial pode ser apresentada perante os órgãos que tenham estrutura para receber reclamações por meios diversos da petição, de forma presencial e com o seu registro feito oralmente, mormente quando existir permissivo normativo. A competência para seu processamento e julgamento é da câmara, da turma do tribunal, da corregedoria de justiça ou de outro órgão, consoante o regramento aplicável. Na esfera da Justiça Federal de primeira instância, há previsão legal de que o órgão competente para receber e apreciar a correição parcial contra ato de juiz federal deva ser o Conselho da Justiça Federal (art. 6º, I, da Lei nº 5.010/1966).	**50**
Prazo para apresentação al	Embora se tenha como prazo para sua apresentação o de cinco dias a contar do dia seguinte à ciência ou à intimação do ato causador da inversão, o entendimento mais razoável é o de que não há um prazo específico para sua apresentação, mormente diante de matéria de ordem pública, que não é sanada pela preclusão. Todavia, o limite máximo para seu ingresso é o da data da prolação da sentença.	**51**
Cabimento	A correição parcial será cabível quando não exista previsão de recurso específico para a hipótese e quando se trate de ato judicial exarado na persecução penal. Não é ela admissível contra ato administrativo. Vale dizer, necessária a ausência de previsão legal para ser admitida a correição parcial. No âmbito estadual, a correição parcial terá o procedimento para sua interposição conferido pela legislação estadual posta pelo estado-membro no exercício de competência concorrente para legislar sobre procedimento, daí não haver inconstitucionalidade na sua utilização.	**52**
Processamento e julgamento	O processamento da correição deve ser o disciplinado por cada legislação ou pelo regimento do tribunal correspondente. A ideia que deve nortear a correição parcial é a de que seja formado um instrumento que propicie diretamente a outro órgão com competência para examiná-la, com cognição ampla dos	**53**

<table>
<tr><th colspan="3">CAPÍTULO XXXV – AÇÕES AUTÔNOMAS DE IMPUGNAÇÃO</th></tr>
<tr><td>Processamento e julgamento</td><td>abusos imputados ao juízo a quo. De toda forma, deve a impugnação seguir o preconizado pela legislação local. A correição parcial pode desaguar em imposição de sanção disciplinar, notadamente quando julgada por órgão de corregedoria. Poderá, remotamente, produzir efeitos processuais.</td><td>53</td></tr>
<tr><th colspan="3">RECLAMAÇÃO CONSTITUCIONAL</th></tr>
<tr><td colspan="2">A reclamação constitucional é ação judicial que tem a função de preservar a competência do Tribunal ou garantir a autoridade das suas decisões. É a CF/1988 que prevê a reclamação no rol de competências do STJ e do STF. De um lado, compete ao STJ processar e julgar, originariamente, a reclamação para a preservação de sua competência e garantia da autoridade de suas decisões (art. 105, I, "f"). De outro, é de competência do STF processar e julgar, também originariamente, a reclamação para a preservação de sua competência e garantia da autoridade de suas decisões (art. 102, I, "l").</td><td>54</td></tr>
<tr><td>Ajuizamento</td><td>A reclamação constitucional não tem prazo específico para ingresso. Ela é de ser proposta, por petição, perante o STF ou perante o STJ, consoante a alegação de desrespeito se refira a julgado deste ou daquele tribunal. A reclamação será dirigida ao Presidente do Tribunal, instruída com prova documental, autuada e distribuída ao relator da causa principal, sempre que possível.</td><td>55</td></tr>
<tr><td>Cabimento</td><td>O cabimento da reclamação decorre da estrutura escalonada do Poder Judiciário. As decisões do Supremo Tribunal Federal e do Superior Tribunal de Justiça contêm um comando que guarda uma objetividade que merece ser respeitada. O critério básico de seu cabimento é a utilidade, vale dizer, a maior efetividade da reclamação constitucional quando comparada a outros recursos ou a outras ações autônomas de impugnação.

Nos termos da legislação de regência (art. 988, CPC), caberá reclamação constitucional da parte interessada ou do Ministério Público para:
(1) preservar a competência do Tribunal;
(2) garantir a autoridade das decisões do Tribunal;
(3) garantir a observância de enunciado de súmula vinculante e de decisão do Supremo Tribunal Federal em controle concentrado de constitucionalidade;
(4) garantir a observância de acórdão proferido em julgamento de incidente de resolução de demandas repetitivas ou de incidente de assunção de competência.

A reclamação deve instruída com prova documental suficiente.

É o art. 103-A, da Constituição, que consagra, no direito brasileiro, a súmula vinculante que, por sua vez, é parâmetro para o cabimento da reclamação. Da decisão judicial em matéria penal, "que contrariar a súmula aplicável ou que indevidamente a aplicar, caberá reclamação ao Supremo Tribunal Federal que, julgando-a procedente, anulará o ato administrativo ou cassará a decisão judicial reclamada, e determinará que outra seja proferida com ou sem a aplicação da súmula, conforme o caso.</td><td>56</td></tr>
</table>

CAPÍTULO XXXV – AÇÕES AUTÔNOMAS DE IMPUGNAÇÃO		
Cabimento	Nos termos do § 5º, do art. 988, do CPC, não se admite reclamação proposta: (1) após o trânsito em julgado da decisão reclamada; ou (2) proposta para garantir a observância de acórdão de recurso extraordinário com repercussão geral reconhecida ou de acórdão proferido em julgamento de recursos extraordinário ou especial repetitivos, quando não esgotadas as instâncias ordinárias.	**56**
Processamento e julgamento	De acordo com o rito estabelecido no CPC, a petição inicial da reclamação será autuada e distribuída ao relator da causa principal, sempre que possível. A reclamação constitucional tem natureza jurídica de ação, razão pela qual, em essência, não é dotada de qualquer efeito recursal. No entanto, de certa forma a matéria objeto da reclamação é devolvida, ainda que estritamente, ao conhecimento do tribunal cuja autoridade ou competência tenha sido usurpada. Deve-se garantir o contraditório no âmbito da reclamação. Verificando a possibilidade de a parte contrária sofrer os efeitos da cassação do ato reclamado, deverá ser oportunizado a bilateralidade da audiência, em respeito ao preceito constitucional da contrariedade e da ampla defesa. Uma vez recebendo a reclamação, o relator, ao despachá-la: (1) requisitará informações da autoridade a quem for imputada a prática do ato impugnado, que as prestará no prazo de dez dias; e (2) ordenará, se necessário, para evitar dano irreparável, a suspensão do processo ou do ato impugnado.	**57**
INCIDENTE DE RESOLUÇÃO DE DEMANDAS REPETITIVAS		
O incidente de resolução de demandas repetitivas não é um recurso, mas uma técnica aplicável com o fito de minimizar os efeitos decorrentes do ajuizamento de demandas com mesmo fundamento e pedido, bem como com o objetivo de reduzir o número de recursos e de decisões discrepantes relativamente a uma mesma matéria. Esse instrumento tem natureza de ação incidental, dependente da principal, voluntária ou *ex officio*. A competência para instauração e processamento do incidente é do tribunal local, de segunda instância (tribunais de justiça e tribunais regionais federais). Em grau de recurso, o tema repetitivo pode ser examinado pelo STJ.		**58**
Legitimidade	Tem início com pedido de sua instauração dirigido ao Presidente do Tribunal: (1) pelo juiz ou relator, por ofício; (2) pelas partes, pelo Ministério Público ou pela Defensoria Pública, por petição. Se não for o requerente, o Ministério Público intervirá obrigatoriamente e poderá assumir sua titularidade em caso de desistência ou de abandono.	**59**

CAPÍTULO XXXV – AÇÕES AUTÔNOMAS DE IMPUGNAÇÃO		
Cabimento	Para que tenha lugar o incidente, não é necessário que haja coincidência total de conteúdo entre as demandas, podendo haver repetitividade de porção da lide. Verificando a reprodução da tese sobre determinada questão em várias demandas, teremos o risco de resultados diversos sobre matéria idêntica. Em matéria penal, podemos vislumbrar o seu cabimento, por exemplo: (1) nas causas que envolvam debate sobre a constitucionalidade da forma de progressão de regime de pena, seja na sua fixação na sentença, seja na fase de execução penal; (2) nas questões relativas ao deferimento de benefícios na fase de execução penal; (3) nas lides que tenham por objeto a persecução penal de delito de duvidosa constitucionalidade; e, (4) nos casos de medidas assecuratórias, considerando o momento do levantamento da constrição quando julgada improcedente a pretensão punitiva estatal.	60
Processamento	O CPC/2015 estatui rito minucioso para o incidente. Após sua instauração, deve ser seguido o procedimento estatuído nos seus artigos 979 e seguintes, daquele diploma legal.	61
Julgamento	O julgamento do incidente passará por duas fases bem distintas: (1) juízo de prelibação ou de admissibilidade; (2) juízo de delibação ou de mérito.	62

64. SÚMULAS DO STJ

21. Pronunciado o réu, fica superada a alegação do constrangimento ilegal da prisão por excesso de prazo na instrução.

52. Encerrada a instrução criminal, fica superada a alegação de constrangimento por excesso de prazo.

64. Não constitui constrangimento ilegal o excesso de prazo na instrução, provocado pela defesa.

105. Na ação de mandado de segurança não se admite condenação em honorários advocatícios.

169. São inadmissíveis embargos infringentes no processo de mandado de segurança.

376. Compete a turma recursal processar e julgar o mandado de segurança contra ato de juizado especial.

599. O princípio da insignificância é inaplicável aos crimes contra a administração pública.

604. O mandado de segurança não se presta para atribuir efeito suspensivo a recurso criminal interposto pelo Ministério Público.

606. Não se aplica o princípio da insignificância aos casos de transmissão clandestina de sinal de internet via radiofrequência que caracterizam o fato típico previsto no artigo 183 da lei 9.472/97.

65. SÚMULAS DO STF

266. Não cabe mandado de segurança contra lei em tese.

267. Não cabe mandado de segurança contra ato judicial passível de recurso ou correição.

268. Não cabe mandado de segurança contra decisão judicial com trânsito em julgado.

343. Não cabe ação rescisória por ofensa a literal dispositivo de lei, quando a decisão rescindenda se tiver baseado em texto legal de interpretação controvertida nos tribunais.

393. Para requerer revisão criminal o condenado não é obrigado a recolher-se à prisão.

395. Não se conhece do recurso de ***habeas corpus*** cujo objeto seja resolver sobre o ônus das custas, por não estar mais em causa a liberdade de locomoção.

405. Denegado o mandado de segurança pela sentença, ou no julgamento do agravo, dela interposto, fica sem efeito a liminar concedida, retroagindo os efeitos da decisão contrária.

510. Praticado o ato por autoridade, no exercício de competência delegada, contra ela cabe o mandado de segurança ou a medida judicial.

606. Não cabe ***habeas corpus*** originário para o tribunal pleno de decisão de turma, ou do plenário, proferida em ***habeas corpus*** ou no respectivo recurso.

690. Compete originariamente ao Supremo Tribunal Federal o julgamento de "***habeas corpus***" contra decisão de Turma Recursal de Juizados Especiais Criminais. *

Súmula sem aplicabilidade em razão dos HCs 86834, 89378 e 90905 – 691. Não compete ao Supremo Tribunal Federal conhecer de "***habeas corpus***" impetrado contra decisão do relator que, em "***habeas corpus***" requerido a tribunal superior, indefere a liminar.

692. Não se conhece de "***habeas corpus***" contra omissão de relator de extradição, se fundado em fato ou direito estrangeiro cuja prova não constava dos autos, nem foi ele provocado a respeito.

693. Não cabe "***habeas corpus***" contra decisão condenatória a pena de multa, ou relativo a processo em curso por infração penal a que a pena pecuniária seja a única cominada.

694. Não cabe "***habeas corpus***" contra a imposição da pena de exclusão de militar ou de perda de patente ou de função pública.

695. Não cabe "***habeas corpus***" quando já extinta a pena privativa de liberdade.

701. No mandado de segurança impetrado pelo ministério público contra decisão proferida em processo penal, é obrigatória a citação do réu como litisconsorte passivo.

66. QUESTÕES DE CONCURSOS PÚBLICOS

01. (2019 - MPE-GO - Promotor de Justiça Substituto) Sobre os recursos e as ações autônomas de impugnação, assinale a alternativa incorreta:

A) Na hipótese de demasiada demora no julgamento de um feito (p. ex., um recurso de apelação ou mesmo um recurso especial), tem o STF admitido a impetração de habeas corpus visando a concessão de ordem para determinar o imediato julgamento do caso, ao argumento de que haveria negativa de prestação jurisdicional e flagrante constrangimento ilegal.

B) Segundo entendimento sumulado do STF, o efeito devolutivo da apelação contra decisões do Júri é adstrito aos fundamentos de sua interposição. Assim, se o réu, condenado pelo Júri, interpõe recurso com fundamento no erro na dosimetria da pena, não pode, ao apresentar as razões recursais, ampliar o âmbito da devolução do recurso, alegando, por exemplo, que a decisão dos jurados foi manifestamente contrária à prova dos autos.

C) Suponha a seguinte situação: o réu foi condenado pelo Júri pela prática do crime de homicídio duplamente qualificado (motivo fútil e recurso que dificultou a defesa da vítima). Irresignado, interpõe recurso de apelação sustentando que o motivo fútil não existiu, de modo que a decisão dos jurados, neste ponto, foi manifestamente contrária à prova dos autos. O Tribunal, dando razão à tese da defesa, deve dar provimento ao recurso de apelação e excluir a qualificadora do motivo fútil, sem que haja violação à soberania dos veredictos, afinal, houve apenas uma readequação da pena.

D) Consoante jurisprudência dominante do STJ, no âmbito do processo penal é incabível a fixação de multa por litigância de má-fé à defesa que abusa do direito de recorrer, interpondo, por exemplo, inúmeros recursos vazios e infundados de natureza evidentemente protelatória, tão somente com o intuito de procrastinar o trânsito em julgado da condenação.

02. (2019 - FCC - TJ-AL Juiz Substituto) Cabível habeas corpus quando

A) o processo for manifestamente nulo, mas não para o reconhecimento de extinção da punibilidade do paciente.

B) não houver justa causa para o inquérito policial, mas não quando já extinta a pena privativa de liberdade.

C) relativo a processo em curso por infração penal a que a pena pecuniária seja a única cominada, mas não quando já proferida decisão condenatória exclusivamente a pena de multa.

D) imposta pena de exclusão de militar ou de perda de patente ou de função pública.

E) não for admitida a prestação de fiança e quando seu objeto consistir em resolução sobre o ônus das custas.

03. (Cespe – Técnico Judiciário – Área Administrativa – STJ/2018) No que se refere aos tipos de prisão e aos meios processuais para assegurar a liberdade, julgue os seguintes itens. Membro do Ministério Público não tem legitimidade ativa para impetrar habeas corpus, mesmo que constate alguma das hipóteses de ilegalidade na prisão do autor do delito.

04. (Cespe – Analista Judiciário – Área Judiciária – STJ/2018) A respeito da prisão, dos processos de competência originária e da revisão criminal, julgue os itens subsecutivos. A revisão criminal é o instrumento processual adequado para se obter a anulação ou a revisão tanto das sentenças penais absolutórias próprias quanto das condenatórias transitadas em julgado.

05. (Cespe – Juiz de Direito – TJ – CE/2018) O habeas corpus

(A) abrange, na atualidade, qualquer ato constritivo à liberdade, direta ou indiretamente, mesmo que não envolva a decretação da prisão.

(B) não pode ser concedido contra decisão do tribunal do júri transitada em julgado.

(C) não pode analisar questões extremamente complexas, especialmente porque seu procedimento é sumário e de cognição limitada.

(D) não é cabível nas hipóteses de punição disciplinar aplicada a militar, de acordo com os tribunais superiores.

(E) é cabível contra qualquer sentença penal condenatória, inclusive aquelas que fixem somente a pena de multa.

06. (Cespe – Analista do MPU – Direito – MPU/2018) Em cada um dos itens a seguir é apresentada uma situação hipotética seguida de uma assertiva a ser julgada em consonância com a doutrina majoritária e com o entendimento dos tribunais superiores acerca de provas no processo penal, prisão e liberdade provisória e habeas corpus.Um cidadão foi indiciado por supostamente ter praticado crime contra a administração pública. O próprio indiciado, que não possui formação universitária, impetrou habeas corpus por meio de carta manuscrita. Nessa situação, é incabível o habeas corpus, devido à falta de capacidade postulatória do impetrante.

67. GABARITO ANOTADO

01 - C

Vide:

- Habeas Corpus.

02 - B

Vide:

- Habeas Corpus.

03 - Errado

Vide:

- Art. 654 CPP

04 - Errado

Vide:

- Art. 621 CPP
- Revisão criminal.

05 - A

Vide:

- *Habeas* Corpus.

06 - ERRADO

Vide:

- *Habeas* Corpus.

68. QUESTÕES DISCURSIVAS COM COMENTÁRIOS

01. (Defensor Público Estadual - DPE-MS - 2014 - VUNESP) Sobre a revisão criminal, responda: a) conceito; b) natureza processual; c) requisitos; d) limites e efeitos.

Resposta

A revisão criminal tem natureza preponderante de ação constitutiva negativa. Trata-se do meio processual adequado para que uma decisão condenatória com trânsito em julgado seja revista, admitindo-se o seu manejo a qualquer tempo se presente uma das hipóteses descritas no art. 621 e incisos do CPP, com o objetivo o acusado se ver absolvido ou beneficiado de alguma outra forma.

Frise-se que embora tenha sido arrolada pelo legislador como recurso, a revisão criminal tem natureza de ação penal de natureza constitutiva, sendo uma ação autônoma de impugnação, destinada ao desfazimento dos efeitos produzidos por uma sentença condenatória com trânsito em julgado. Assemelha-se à ação rescisória do processo civil.

Destaque-se o crescente entendimento no sentido de admitir a revisão criminal também contra sentenças absolutórias impróprias, tendo em vista que a medida de segurança aplicada apresenta-se como uma sanção ao sentenciado "absolvido" (impropriamente).

Os requisitos destacados pelo espelho de correção são aqueles previstos no art. 621 do CPP, ou seja, é necessário que a decisão final condenatória tenha transitado em julgado e esteja presente uma das hipóteses previstas nos incisos I, II e III do citado artigo e Código. Frise-se que não há necessidade de o condenado recolher-se à prisão.

Quanto aos limites e efeitos, importante ressaltar que a revisão criminal não permite ser reiterada, exceto se verificadas novas provas, nos termos do art. 622, parágrafo único, do CPP. Poderá ter como efeito a alteração da classificação penal, a absolvição do réu, a modificação da pena e a anulação do processo. Ademais, a revisão não poderá agravar a situação do acusado, conforme preceitua o art. 626, parágrafo único, do CPP. Por fim, destaque-se que se a decisão da revisão não for exclusiva às condições pessoais do acusado, ela terá o efeito extensivo ao corréu, por aplicação analógica do art. 580 do CPP.

Capítulo XXXVI

Teoria da Nulidade

Sumário • 1. Introdução – 2. Nulidade com defeito e sanção – 3. Entendendo o tema – 4. Noções de prejuízo – 5. Nulidade e rescindibilidade – 6. Sistemas de nulidade: rol exemplificativo – 7. Fundamento constitucional – 8. Tipicidade e atipicidade do ato processual – 9. Elementos e formalidades do ato processual penal – 10. Relativização das nulidades processuais – 11. Princípios informativos das nulidades – 12. Princípio do pas de nullité sans grief, do prejuízo ou da transcendência – 13. Princípio da conservação dos atos processuais ou aproveitamento – 14. Princípio do interesse na alegação ou da proteção – 15. Princípio da instrumentalidade das formas ou da finalidade – 16. Princípio da verdade substancial ou da verdade real – 17. Princípio da economia processual – 18. Princípio da duração razoável do processo – 19. Princípio da convalidação dos atos processuais – 20. Princípio da oportunidade ou da preclusão – 21. Princípio da anuência das partes – 22. Princípio do contraditório – 23. Princípio da causalidade, concatenação, da consequencialidade ou da interdependência dos atos processuais – 24. Princípio da generalidade ou do rol aberto – 25. Princípio da eficácia do ato viciado – 26. Princípio da boa-fé objetiva e o duty to mitigate the loss na esfera criminal – 27. Efeitos – 28. Quadro sinótico – 29. Súmulas do STJ – 30 Súmulas do. STF – 31. Questões de concursos públicos – 32. Gabarito anotado – 33. Questões discursivas com comentários

1. INTRODUÇÃO

Nulidade é termo com variados sentidos, polissêmico. É dotado de ambiguidade (comporta mais de um sentido), de porosidade (seu significado se altera no tempo) e vaguidade (permite inserir nele vários fenômenos, diante da imprecisão de seus contornos). Por isso vamos convencionar o seu uso, de acordo com o que há de comum, na doutrina e na jurisprudência.

A nulidade se refere aos dois aspectos que compõem o ato processual que nulifica um outro viciado. É instituto de controle de atos processuais defeituosos. Teremos então a nulidade-fato e a nulidade-consequência. **Nulidade-fato** é o defeito de um ato processual. **Nulidade-consequência** é a sanção que aplicamos ao ato viciado submetido a controle pelo juiz. Ambos constituem a nulidade *lato sensu*.

Daí explicamos a grande controvérsia doutrinária e jurisprudencial em torno do instituto. Alguns afirmam ser a nulidade um **defeito**. Outros, dizem que se cuida de uma **sanção**. No nosso ordenamento jurídico, encontramos o termo com ambos os sentidos. O título das nulidades não contribui para a sistematização da matéria. No entanto, esses dois aspectos compõem a norma jurídica de controle de atos defeituosos, documentada em um ato processual exarado nos autos, pelo juiz.

<table>
<tr><th colspan="3">NULIDADE
(conceito)</th></tr>
<tr><td rowspan="4">NULIDADE
(em sentido amplo)</td><td colspan="2">NULIDADE
(em sentido estrito)</td></tr>
<tr><td>Nulidade-fato
(defeito)</td><td>Antecedente</td></tr>
<tr><td>↓</td><td>Deve-ser</td></tr>
<tr><td>Nulidade-consequência
(sanção)</td><td>Consequente</td></tr>
</table>

Vamos detalhar esta estrutura normativa, da nulidade, nos tópicos seguintes.

2. NULIDADE COMO DEFEITO E SANÇÃO

Vamos então sistematizar, em termos normativos, eis que a norma jurídica deve se compor de uma estrutura dúplice, que relaciona o antecedente ao consequente.[1]

(1) **Antecedente**. A primeira providência a ser tomada é reconhecer que há um vício processual. Esta pode ser uma omissão ou um ato processual indevido. Quem tem o poder de reconhecer é o juiz. Teremos aqui a providência antecedente. **Nulidade-fato** ou, simplesmente, nulidade. Nós classificamos essa nulidade, conforme a gravidade do defeito, em quatro subcategorias:

(a) **inexistência jurídica**;

(b) **nulidade absoluta**;

(c) **nulidade relativa**; e

(d) **irregularidade**.

Adotamos a **teoria unitária da nulidade** enquanto vício, dividindo-os conforme o grau de sua gravidade, na parte antecedente da norma jurídica.

Alberto Binder, diferentemente, entende ser irrelevante utilizar categorias comuns como esta apresentada por nós. Para o renomado autor, são "artifícios arriscados, porque o pensamento jurídico incorre com demasiada facilidade na falácia idealista, que confunde as próprias classificações com fatos da realidade ou com o próprio fenômeno normativo"[2]. No ponto, Binder é seguido por autores nacionais com relevantíssima contribuição ao processo penal brasileiro, como Aury Lopes Jr[3], Ricardo Jacobsen Gloeckner[4] e Geraldo Prado[5].

1. GAMA, Tácio Lacerda. *Competência tributária*: fundamentos para uma teoria da nulidade. 2. ed. São Paulo: Noeses, 2011. p.15.
2. BINDER, Alberto M. *O descumprimento das formas processuais*: elementos para uma crítica da teoria unitária das nulidades no processo penal. Tradução: Ângela Nogueira Pessôa. Rio de janeiro: Lumen Juris, 2003. p.40.
3. LOPES JR, Aury. *Direito processual penal*. 16. ed. São Paulo: Saraiva, 2019. p.945-946.
4. GLOECKNER, Ricardo Jacobsen. Una nuova teoria della nullità: costruzione di un nuovo sistema di principi alla luce della strumentalità costituzionale della procedura penale. *Diritto e Giustizia Minorile* [rivista giuridica trimestrale], São Paulo, anno 3, n.1, p.62, gennaio-marzo 2015; GLOECKNER, Ricardo Jacobsen. *Nulidades no processo penal*: introdução principiológica à teoria do ato processual irregular. Salvador: Juspodivm, 2013. p.25.
5. PRADO, Geraldo. *A cadeia de custódia da prova no processo penal*. São Paulo: Marcial Pons, 2019.

Pensamos que há uma utilidade central em classificar os defeitos porque, com esse proceder, é possível maior controle das decisões judiciais sobre as nulidades. Isto é, o juiz tem um grande espaço de liberdade, porém, não deve ficar absolutamente livre para anular ou não um ato, a depender da fundamentação.

(2) **Consequente**. A segunda etapa consiste em atrelar ao vício a sanção nulificadora. Teremos a sanção ou nulidade-consequência, que dividimos em quatro possibilidades:

(a) **invalidação** (nulificação, anulação, tornar sem efeito ou cassação);

(b) **saneamento** (invalidação e refazimento);

(c) **convalidação** (confirmação da validade do ato).

Dessa maneira, saberemos que a nulidade-consequência é a **sanção** aplicada pelo juiz em razão da verificação de um ato processual defeituoso. Nesse caso, afirmamos que o juiz torna sem efeito o ato viciado. Para tanto, porém, a imposição da sanção somente terá lugar quando houver desatendimento de norma processual penal: nulidade-fato ou **defeito**.

Pensamos que o reconhecimento da "nulidade-vício" deve implicar a "nulidade-sanção", em uma estrutura normativa de antecedente a consequente. Dado o fato (vício-nulidade), deve ser a consequência (sanção-invalidade), inserida essa estrutura dúplice no termo "nulidade" (em sentido amplo)[6].

<table>
<tr><th colspan="4">NULIDADE</th></tr>
<tr><td rowspan="4">NULIDADE
(em sentido amplo)</td><td colspan="3">NULIDADE
(em sentido estrito)</td></tr>
<tr><td>Antecedente</td><td>Inexistência jurídica
Nulidade absoluta
Nulidade relativa
Irregularidade</td><td>São os vícios, conforme a gravidade. A classificação do defeito delimita a providência seguinte.</td></tr>
<tr><td>⇩</td><td>Deve-ser</td><td>Implicação necessária, limitando a discricionariedade e o abuso de poder.</td></tr>
<tr><td>Consequente</td><td>Invalidação
Saneamento
Convalidação</td><td>São as providências de controle da nulidade, que o juiz deve declarar quando se deparar com atos processuais viciados.</td></tr>
</table>

3. ENTENDENDO O TEMA

É comum se dizer que somente há nulidade se houver prejuízo. Também é hábito ser atribuído à parte o dever de comprovar o prejuízo. Porém, o art. 563, do CPP, afirma,

6. Em estudo específico (ALENCAR, Rosmar Rodrigues. *Teoria da nulidade no processo penal*. São Paulo: Noeses, 2016), para o qual remetemos o leitor, anotamos que "a norma jurídica é o instrumento central para a identificação dos vícios dos atos e classificação de seus elementos". Com o reconhecimento de nulidade-fato (defeito), teremos "o ato jurídico viciado, fruto de incidência imperfeita e objeto de controle", que "servirá de suporte fático à construção de outra norma jurídica", decorrendo o dever de "produzir nulidade-consequência" (invalidação).

literalmente, que "nenhum ato será declarado nulo, **se da nulidade não resultar prejuízo** para a acusação ou para a defesa".

Isso significa dizer que não há, na legislação, previsão de dever para que a parte comprove o prejuízo. Afinal, ninguém deve fazer ou deixar de fazer algo senão em virtude de lei, disposição prevista logo no início do art. 5º, da Constituição Federal (inciso II).

Decerto, resultar prejuízo da nulidade não significa previsão de dever de que o réu comprove o prejuízo. Algo dificílimo para quem, por exemplo, tenha sido condenado. Aliás, não há prejuízo maior que ser condenado.

O texto do Código apresenta algumas contradições. Se, de um lado, afirma a necessidade de prejuízo para que um ato seja declarado nulo (art. 563, CPP), de outro elenca um rol de vícios, no seu art. 564, com redação cogente, ao dizer que "a nulidade ocorrerá nos seguintes casos".

Veja-se que a lei não poderia ordenar e vedar, genericamente, ao mesmo tempo.

4. NOÇÃO DE PREJUÍZO

O prejuízo informado pela lei deve ser entendido como aquele capaz de diminuir o alcance de direito fundamental tutelado normativamente. A depender da natureza do direito protegido, poderemos ter:

(1) prejuízo a ser demonstrado ou refutado pelo juiz. Não é dever do réu demonstrar o prejuízo para que o ato viciado seja submetido a controle. Diferentemente, é o juiz que tem o dever de evidenciar que o ato, realizado de outra forma, não causou diminuição à efetividade do direito tutelado pela norma;

(2) prejuízo presumido. A presunção de prejuízo pode acontecer por ter o ato processual violado à Constituição ou porque não observou comando legal que, por sua vez, é vinculado à determinação expressa de nulidade (**nulidade cominada**). Para esses casos, não há espaço aberto para não se nulificar o ato viciado. É da essência do processo penal o cumprimento das formas.

O órgão de controle dos atos viciados é o juiz ou o tribunal. A nulidade processual, em sentido amplo, "só ocorrerá após um ato judicial que decrete que o ato processual inquinado não pode gerar os efeitos a que se destinava"[7]. Em certo sentido, a nulidade processual penal do ato defeituoso é congênita (vício), mas que pode ser concebida como "efeito ou consequência da falta de cumprimento das disposições legais" (sanção)[8].

Na verdade, a nulidade, no processo penal, não é automática, porquanto é preciso que o juiz se manifeste expressamente para que cessem os efeitos do ato processual viciado (salvo impossibilidade natural ou lógica de produção de seus efeitos normais).

7. LOUREIRO, Antônio Tovo. O descumprimento das formas processuais penais como maximização do poder de punir: por uma nova teoria das nulidades. *Revista da Faculdade de Direito da Universidade Federal do Rio Grande do Sul*, Porto Alegre, nº 26, p. 14, dez. 2006.
8. FERNANDES, Paulo Sérgio Leite; FERNANDES, Geórgia Bajer. *Nulidades no processo penal*. 5. ed. São Paulo: Malheiros, 2002. p. 41.

Os tribunais têm exigido que a parte que argui o vício apresente prova do prejuízo. Caso contrário, rejeitam o controle do ato desconforme com a Constituição ou com a lei. Aquela exigência, a nosso ver, é similar a uma "prova diabólica", muitas das vezes impossível de demonstrar.

Basta indagar, diante da reiterada jurisprudência do STF que destaca "a falta de laudo pericial não possui o condão de afastar, de modo inarredável, a ocorrência de crime"[9]. Como deve o réu demonstrar o prejuízo nos casos em que o laudo de constatação da droga não tenha sido juntado ou o tenha somente após a sua condenação? Há prejuízo mais grave do que ter sido impedido de debater sobre os critérios científicos adotados pelo perito antes do seu julgamento? Tal proceder, inclusive, impede que haja ampla defesa em torno da cadeia de custódia da prova penal, cuja definição está consignada no art. 158-A, Código de Processo Penal, conforme inserido pela Lei nº 13.964/2019.

Naquele dispositivo, está expresso que se considera cadeia de custódia, "o conjunto de todos os procedimentos utilizados para manter e documentar a história cronológica do vestígio coletado em locais ou em vítimas de crimes, para rastrear sua posse e manuseio a partir de seu reconhecimento até o descarte". Sem juntada do laudo sobre a droga apreendida, com respeito ao procedimento previsto na Lei nº 11.343/2006, o contraditório em torno do laudo não é efetivamente exercido. Se juntado em grau de recurso, mesmo contatada a natureza da substância entorpecente, teremos supressão de instância.

No STF, tem se afirmado reiteradamente que "o princípio do *pas de nullité sans grief* exige, em regra, a demonstração de prejuízo concreto à parte que suscita o vício, podendo ser ela tanto a nulidade absoluta quanto a relativa, pois não se decreta nulidade processual por mera presunção"[10]. Esse posicionamento dificulta a sistematização das nulidades e reduz o controle dos atos viciados, em franco prejuízo aos direitos tutelados por meio do processo.

PREJUÍZO (*PAS DE NULLITTÉ SANS GRIEF* OU NÃO HÁ NULIDADE SEM PREJUÍZO)	
Dispositivo do Código de Processo penal	Art. 563. Nenhum ato será declarado nulo, **se da nulidade não resultar prejuízo** para a acusação ou para a defesa.
Sentido atribuído pela jurisprudência	Nenhum ato será declarado nulo, **se a parte interessada não comprovar prejuízo.** A exigência tem sido imposta pelos tribunais inclusive nos casos de nulidade absoluta, cujo prejuízo é presumido pelo ordenamento jurídico.
Conformidade com a CF/1988	**É do juiz o dever de fundamentar** que o ato processual, embora praticado de forma diversa da prevista na CF ou na lei, não reduziu a eficácia de direito fundamental do imputado.

9. STF – HC 147356 AgR – Primeira Turma – Rel. Min. Luiz Fux – publicado em 17 nov. 2017.
10. STF – Primeira Turma – RHC 167851 AgR – Rel. Min. Roberto Barroso – publicado em 15/05/2019.

5. NULIDADE E RESCINDIBILIDADE

Nulidade não se confunde com outra categoria, a rescindibilidade, que tem lugar na ação de revisão criminal. A nulidade ocorre enquanto houver processo penal de conhecimento. O Código de Processo Penal previu o instituto com o objetivo de controlar atos processuais. Há controvérsias sobre sua incidência na fase de investigação preliminar. Também se fala em aplicação na execução penal, embora com menos ênfase.

No entanto, relativamente ao processo de conhecimento condenatório, depois do trânsito em julgado da sentença penal, não falamos mais em nulidade. Aroldo Plínio Gonçalves, distinguindo, vivifica que "a nulidade é sanção normativamente prevista para o ato praticado em desconformidade com seu modelo normativo. A rescindibilidade é a rescisão potencialmente considerada, é a possiblidade lógica da desconstituição da sentença de mérito"[11].

6. SISTEMAS DE NULIDADES: ROL EXEMPLIFICATIVO

Os sistemas de nulidades existentes comportam classificação em duas linhas principais, conforme expõem Paulo Sérgio Leite Fernandes e Geórgia Bajer Fernandes:

(1) sistemas rígidos, especificando rigorosamente as nulidades; e

(2) sistemas genéricos, amplos, dando fórmulas abertas e deixando ao intérprete a adequação aos casos concretos.

Além dessa classificação, podem ser elencados as seguintes classificações ou sistemas de nulidades processuais penais:

(1) **sistema privatista:** caracterizado por deixar a critério das partes reclamar a invalidade que só será decretada quando do ato resultar prejuízo e a parte apontá-la. Desse modo, a nulidade dependerá da vontade do interessado. No caso de inércia da parte, o órgão judicial não poderá decretá-la;

(2) **sistema legalista:** consiste na adstrição do juiz à dicção da lei. É a legislação processual penal que traça os elementos essenciais do ato processual cuja observância é obrigatória; e

(3) **sistema judicial** (também denominado como **instrumental**): é o que autoriza que o juiz valore a essencialidade do requisito não observado do ato processual, apesar de, em alguns casos, imponha a necessidade de provocação das partes[12].

Paulo Rangel descreve classificação semelhante, embora com distinções. Para ele, os três sistemas das nulidades processuais são:

(1) o sistema da certeza legal, que "é aquele em que o legislador, desconfiado do juiz, diz, expressamente, em quais casos haverá a aplicação da sanção de nulidade, não dando" a ele "discricionariedade para que possa perquirir se realmente o ato deva ser invalidado";

(2) o sistema da instrumentalidade das formas, com base no qual "o juiz tem liberdade de decidir se o ato imperfeito deve, realmente, ser declarado inválido", ou seja, "mesmo

---

11. GONÇALVES, Aroldo Plínio. *Nulidades no processo*. 2. ed. Belo Horizonte: Del Rey, 2014. p.66.
12. FERNANDES, Paulo Sérgio Leite; FERNANDES, Geórgia Bajer. *Nulidades no processo penal*. 5. ed. São Paulo: Malheiros, 2002. p. 18.

não estando previsto no art. 564, o juiz deve investigar se o ato é atípico e se merece ser invalidado"; e

(3) o sistema misto, tido, pela maior parte da doutrina, como o adotado pelo Código de Processo Penal brasileiro, consistente na mescla dos sistemas da certeza legal e da instrumentalidade das formas, de molde a autorizar "o juiz a perquirir a lei (se ela diz que o ato é inválido) e, ao mesmo tempo, investigar se o ato influenciou na verdade substancial ou na decisão da causa, bem como se do ato imperfeito resultou prejuízo para as partes"[13].

O artigo 564 do CPP enumera vários casos de atos processuais defeituosos que poderão acarretar a sanção de invalidação. Existe divergência doutrinária sobre se esse rol de nulidades é taxativo (***numerus clausus*** ou rol fechado) ou exemplificativo (***numerus apertus*** ou rol aberto).

Quando o sistema processual só reconhece nulidade nas hipóteses previstas em lei, temos a taxatividade do rol, decorrente da incidência do **princípio da especificidade**, seguindo a regra ***pas de nulitté sans texte*** (não há nulidade sem texto), inspirada no direito francês, excluindo a possibilidade de decretação de nulidades implícitas"[14].

Heráclito Antônio Mossin entende que o rol do nosso Código de Processo Penal é ***numerus clausus***. De acordo com esse entendimento, apesar da forma confusa com que o instituto das nulidades foi disposto no CPP, deve ser garantida a "estabilidade da relação jurídico-processual, da coisa julgada e a questão relacionada com a economia processual", não sendo apropriado considerar nulo o fato que não tiver previsão explícita. De tal maneira, evita-se um número infindável de casos de nulificação processual, pois "quando a lei não cominar a nulidade o ato ilegal somente será tido como irregular"[15].

Para nós, as hipóteses passíveis de nulidade não representam rol taxativo, mas exemplificativo. O CPP brasileiro adotou um **sistema eclético** (com características dos sistemas legal e judicial ou instrumental). Temos muitas possibilidades de vícios, inclusive bastante graves, violadores da Constituição e que não estão elencados no limitado rol de vícios do art. 564.

Com idêntico entendimento, Lúcio Santoro de Constantino aviva que o sistema de nulidades do Código de Processo Penal é caracterizado "por uma eclética formação, condimentada **pelo sistema legalista e pelo instrumental**". Existe assim "um elenco de determinadas nulidades, além da admissão de outras, não arroladas legalmente, cujo foco recai na questão do prejuízo e instrumentalidade"[16].

Vale registrar a opinião divergente de Paulo Rangel, no sentido de que "o sistema hodierno é o da instrumentalidade das formas", ressalvando, porém, que "há no Código resquícios do sistema da certeza legal"[17].

---

13. RANGEL, Paulo. *Direito processual penal*. 4. ed. Rio de Janeiro: Lumen Juris, 2001. p. 477.
14. SILVA, Ricardo Perlingeiro Mendes da. *Teoria da inexistência no direito processual civil*. Porto Alegre: Sergio Antonio Fabris, 1998. p. 31.
15. MOSSIN, Heráclito Antônio. *Nulidades no direito processual penal*. 3. Ed. Barueri: Manole, 2005. p. 74-77.
16. CONSTANTINO, Lúcio Santoro. *Nulidades no processo penal*. 3. ed. Porto Alegre: Verbo Jurídico, 2008. p. 36.
17. RANGEL, Paulo. *Direito processual penal*. 4. ed. Rio de Janeiro: Lumen Juris, 2001. p. 477.

As possibilidades de defeitos dos atos processuais penais são amplas, não se resumindo nos casos previstos no art. 564 do Código. Tanto isso é exato que o seu inciso IV atesta a natureza aberta do sistema ao dizer que também ocorrerá nulidade "por omissão de formalidade que constitua elemento essencial do ato".

7. FUNDAMENTO CONSTITUCIONAL

O direito processual penal brasileiro tem suas linhas fundamentais estabelecidas na Constituição de 1988, que sufraga o sistema acusatório caracterizado pela nítida separação das funções de acusar, de defender e de julgar, entregues a personagens distintos.

Assim, apesar da letra do Código de Processo Penal se acomodar em muitos aspectos ao sistema inquisitório, os seus dispositivos devem ser interpretados à luz da Constituição do Brasil, para que a aplicação do CPP se dê em compasso com o princípio acusatório.

A disciplina legal das nulidades processuais penais (disposta no Título I, do Livro III, do CPP), por sua vez, apresenta imprecisões que precisam ser harmonizadas pelo intérprete. A incoerência no plano legal tem como reflexo as amplas divergências no plano doutrinário e jurisprudencial sobre o assunto.

As contradições do texto podem ser atribuídas ao trabalho legislativo influenciado por correntes distintas, quais sejam:

(1) a inspiração fascista advinda dos parâmetros do Código *Rocco* (Itália) confere ao nosso Código um perfil inquisitivo, concentrando amplos poderes nas mãos do juiz, a exemplo do poder discricionário (subjetivo) para firmar seu convencimento sobre se um ato deveria ser nulificado ou não; e

(2) a raiz legalista (iluminista) da previsão tipificada dos casos atos processuais defeituosos (nulidade-fato) que implicariam a sanção de invalidação do ato processual penal (nulidade-consequência), cujo objetivo era proteger o cidadão (acusado) contra arbitrariedades do Estado no âmbito do processo, em obediência às formalidades atinentes ao devido processo legal e às demais garantias processuais penais.

Para compreender o tema, é preciso estabelecer uma premissa hermenêutica baseada em seu fundamento constitucional: as nulidades processuais devem ser encaradas como um composto normativo sanções estabelecidas legalmente para o fim de assegurar as garantias fundamentais processuais penais dispostas na Constituição Federal. Isso quer dizer que toda tipificação de ato defeituoso no Código de Processo Penal (especialmente os previstos no art. 564) é baseada em uma garantia fundamental de uma das partes.

Por exemplo:

(1) a hipótese de nulidade do processo por incompetência do juízo (art. 564, I, CPP) visa assegurar o princípio do juiz natural (ninguém será processado ou julgado senão pela autoridade judicial competente – art. 5º, LIII, CF); e

(2) o caso de falta de citação do acusado (art. 564, III, "e", CPP) tem o objetivo de assegurar o direito constitucional ao contraditório e à ampla defesa (art. 5º, LV, CF).

Nesse contexto, devemos sublinhar, com apoio em Alberto Binder, que, embora a **função das formas processuais** não se reduza "a garantir os princípios de proteção do imputado" que, sem dúvida, "é a função principal", deve ficar claro que o **sistema de garantias** "só protege o imputado (e só ele) da violação dos princípios para salvaguardar sua pessôa do uso abusivo do poder penal". De compasso com tal sistema, "as formas processuais são mecanismos de proteção"[18].

Com base nessa visão, é chamada a atenção para a relevância ou não do defeito do ato processual para fins de sua invalidação.

Existe a tendência atual de se procurar evitar a decretação de nulidade processual, sob o argumento de que a nulificação não condiz com os objetivos de celeridade e de precaução contra dilações processuais indevidas. Daí que são relativizadas inclusive as nulidades denominadas de absolutas.

Contra essa ideia se insurgem Paulo Sérgio Leite Fernandes e Geórgia Bajer Fernandes, enfatizando que mais grave do que os inconvenientes da decretação de nulidade processual "será a condenação de um acusado com proscrição das garantias fundamentais do contraditório, da ampla defesa, da liberdade plena de produção de prova"[19].

As nulidades processuais penais típicas (previstas expressamente no Código de Processo Penal) e atípicas (implícitas no sistema acusatório) têm a natureza de garantia constitucional. Existem nulidades que encontram duplo assento, constitucional e legal. É a hipótese de falta de fundamentação das decisões judiciais: (1) todas as decisões do Poder Judiciário serão fundamentadas, sob pena de nulidade (art. 93, IX, CF); e (2) a nulidade ocorrerá em decorrência de decisão carente de fundamentação (art. 564, V, CPP, inserido pela Lei nº 13.964/2019).

A função dessa sistematização é completar o regramento do processo com atenção para sua finalidade de fazer valer o *jus puniendi*, sem descurar da necessidade de também limitar o poder punitivo estatal.

Daí que a tipicidade do processo penal é uma formalidade que assegura o exercício de direito fundamental (processo penal acusatório justo), mediante o "mecanismo da coerção, das condutas contra eles direcionadas, a permanecerem nos limites da ordem jurídica, com a finalidade de proteger os seus titulares contra violações de qualquer natureza". Nesse sentido, o sistema processual penal que sanciona os atos processuais penais defeituosos (nulidade) com a pecha de invalidação se insere no que se denomina garantia constitucional em sentido estrito (proteção processual), na linha esposada por Guilherme Peña de Moraes[20].

8. TIPICIDADE E ATIPICIDADE DO ATO PROCESSUAL

O tratamento da nulidade no processo penal depende de uma terminologia. Como falamos no início deste capítulo, iremos propor um padrão comum para os termos adotados.

Tipicidade do ato processual é a qualidade consistente em sua prática em compasso com todas as disposições constitucionais e legais que o regem.

18. BINDER, Alberto M. *O descumprimento das formas processuais*: elementos para uma crítica da teoria unitária das nulidades no processo penal. Tradução: Ângela Nogueira Pessôa. Rio de janeiro: Lumen Juris, 2003. p. 36; 101.
19. FERNANDES, Paulo Sérgio Leite; FERNANDES, Geórgia Bajer. *Nulidades no processo penal*. 5. ed. São Paulo: Malheiros, 2002. p. 41.
20. MORAES, Guilherme Peña de. *Curso de direito constitucional*. 2. ed. Niterói: Impetus, 2008. p. 501.

Atipicidade do ato processual penal ocorre quando, ao revés, o ato é realizado sem a observância das exigências legais ou constitucionais.

A nulidade-consequência (sanção ou invalidação) recairá sobre o ato processual atípico (vício ou nulidade-fato), isto é, teremos a sanção aplicada pelo juiz quando o ato processual for praticado em desconformidade com as leis processuais penais ou com a Constituição Federal.

Como sabemos, o Código de Processo Penal reza que "nenhum ato será declarado nulo, se da nulidade não resultar prejuízo para a acusação e para a defesa". Isso quer dizer que a atipicidade do ato não implica automaticamente sua invalidação. Depende de um atuar humano, levado adiante pelo juiz.

Calmon de Passos enfatiza esse aspecto: o "ato processual típico é o que se ajusta, com perfeição, ao modelo legal. A atipicidade é a imperfeição do ato. O ato imperfeito é eficaz (ato irregular) e somente perde a eficácia que lhe é própria quando judicialmente sancionado com a nulidade" (invalidação). Mais especificamente, "atipicidade e ineficácia são conceitos que se não implicam necessariamente, como por igual tipicidade e eficácia. Atípico e eficaz é o ato irregular. Atípico e ineficaz é o ato nulo" (sancionado com a invalidação, tornado sem efeito pelo juiz)[21].

9. ELEMENTOS E FORMALIDADES DO ATO PROCESSUAL PENAL

O ato processual penal, tal como os atos jurídicos em geral, é constituído de elementos de duas naturezas:

(1) elementos internos: o conteúdo do ato e a "manifestação volitivo-intelectual de quem atua"; e

(2) elementos externos ou formais: a conformação objetiva do ato às disposições abstratas que o regram com o fito de garantir o "cidadão contra o arbítrio judicial"[22].

É assim que Grinover, Scarance e Gomes Filho, embora combatendo o excessivo formalismo, afirmam que "o processo exige uma atividade típica, composta de atos cujos traços essenciais são definidos pelo legislador". Os sujeitos processuais "devem pautar seu comportamento segundo o modelo legal". O devido processo legal é, desse modo, "a garantia de uma efetiva participação na série de atos necessários à formação do convencimento judicial e, para o próprio juiz, instrumento útil para alcançar a verdade sobre os fatos que deve decidir[23]".

No que toca aos elementos formais, tripartimos os atos processuais em estruturais, essenciais e acidentais. Ambos têm a ver com a regularidade do ato processual, porém as formalidades estruturais e essenciais independem de demonstração de prejuízo para a acusação ou para a defesa. Falamos de prejuízo presumido, legal ou constitucionalmente.

21. PASSOS, José Joaquim Calmon de. *Esboço de uma teoria das nulidades aplicada às nulidades processuais*. Rio de Janeiro: Forense, 2005. p. 146.
22. FERNANDES, Paulo Sérgio Leite; FERNANDES, Geórgia Bajer. *Nulidades no processo penal*. 5. ed. São Paulo: Malheiros, 2002. p. 23-24.
23. GRINOVER, Ada Pellegrini; FERNANDES, Antônio Scarance; GOMES FILHO, Antônio Magalhães. *As nulidades no processo penal*. 7. ed. São Paulo: RT, 2001. p. 19.

Os atos processuais estruturais são dotados de elementos estruturais, essenciais e acidentais.

Os atos processuais essenciais são constituídos de elementos essenciais e acidentais.

Os atos processuais acidentais são compostos por elementos apenas acidentais.

A gravidade do vício depende da importância do ato ou do elemento afetado.

Os atos processuais estruturais configuram o processo, assim como os elementos estruturais caracterizam o ato processual como tal. Sem eles o processo ou o ato processual não é compreendido pelo sistema. Haverá **inexistência jurídica** do processo ou do ato processual quando o ato ou o elemento afetado for estrutural. Estão sujeitos à providência consequente de **invalidação**.

Os atos processuais essenciais ou os elementos essenciais que geram **nulidade absoluta**, com prejuízo presumido em lei, são aqueles que estão regidos diretamente pela Constituição, ainda que complementado pela legislação, ou, quando somente previsto em lei, estão protegidos pela cominação de nulidade. Neste último caso, a lei, a par de identificar o vício, também embute a ordem de nulificar o ato viciado (**invalidação**), como acontece com as hipóteses dos artigos 101 e 564, do CPP.

Os atos processuais essenciais ou os elementos essenciais que geram **nulidade relativa** são aqueles que não estão gizados na Constituição, porém somente previstos na legislação, sem previsão expressa de nulidade (ausência de cominação). Para esses, é possível que a nulidade-consequência desague em **invalidação** ou **convalidação**, cabendo a incidência dos princípios informativos das nulidades.

Os atos processuais acidentais ou os elementos acidentais são os que geram simples nulidade relativa ou irregularidade. Em ambos os casos, estão dispostos apenas na legislação e são elementos periféricos do processo ou do ato processual. No entanto, no primeiro caso teremos a possibilidade de, em tese, haver prejuízo para o direito da parte, enquanto, na segunda hipótese, o vício é tão simples que sequer é capaz de causar qualquer prejuízo à parte.

A nulidade-fato (vício) e a nulidade-consequência (sanção) decorrem sempre de uma decisão de natureza preponderantemente constitutiva. Embora o ato processual de controle do vício também declare o descumprimento de formas processuais consideradas estruturais, essenciais ou acidentais, podemos avivar que só passa a existir o ato inexistente juridicamente ou nulo depois de reconhecido o vício judicialmente (resposta dada pelo juiz ao ato considerado atípico).

ELEMENTOS DOS ATOS PROCESSUAIS (RELAÇÃO ENTRE A GRAVIDADE DO DEFEITO E AS ESPÉCIES DE ELEMENTOS AFETADOS)			
CLASSE DE NULIDADE	**Elementos afetados**	**Critério para a definição dos elementos**	**Consequências atreladas ao vício**
Inexistência jurídica	Estrutural	É **estrutural** o elemento necessário ao reconhecimento do ato processual pelo sistema.	**Invalidação** (tornar sem efeito) **Saneamento** (refazimento do ato)

ELEMENTOS DOS ATOS PROCESSUAIS (RELAÇÃO ENTRE A GRAVIDADE DO DEFEITO E AS ESPÉCIES DE ELEMENTOS AFETADOS)			
CLASSE DE NULIDADE	**Elementos afetados**	**Critério para a definição dos elementos**	**Consequências atreladas ao vício**
Nulidade absoluta	Essencial	Para as nulidades absolutas, essencial é o elemento de ato processual fundamentado na CF ou quando a lei comine nulidade.	**Invalidação** (tornar sem efeito) **Saneamento** (refazimento do ato)
Nulidade relativa	Essencial e acidental	Para as nulidades relativas, **essencial** é elemento central do ato processual que, no entanto, não tem lastro na CF e não há previsão de decretação de nulidade em lei. **Acidental** é o elemento periférico do ato processual. No entanto, sob a ótica das nulidades relativas, o vício sobre esse elemento é capaz, em tese, de causar prejuízo a direito da parte.	Invalidação (tornar sem efeito) **Saneamento** (refazimento do ato) **Convalidação** (confirmação da validade)
Irregularidade	Acidental	É elemento periférico do ato processual que, sequer em tese, é capaz de causar prejuízo a direito da parte. Seria possível chamar de elemento **muito acidental.**	**Convalidação** (confirmação a validade)

10. RELATIVIZAÇÃO DAS NULIDADES PROCESSUAIS

Calmon de Passos destacou bem a necessidade de atuação do juiz para que os efeitos de um ato possam ser extirpados do processo. Para ele, "nada, ontologicamente, é lícito ou ilícito, proibido, devido ou permitido. Para que o seja, é indispensável um dizer do homem a esse respeito".[24].

24. PASSOS, José Joaquim Calmon de. *Esboço de uma teoria das nulidades aplicada às nulidades processuais*. Rio de Janeiro: Forense, 2005. p. 143-146.

Essa conclusão pode ser arrematada com Gabriel Ivo, ao constatar que é o homem que dá sentido à incidência da norma – não sendo diferente com a norma jurídica sancionadora da invalidade –, porquanto "se a incidência ocorresse sem a intermediação humana, não haveria a transformação do sentido", haja vista que, embora o texto seja o mesmo, a norma construída é diversa, isto é, "a incidência de ontem não é a mesma de hoje"[25].

Apesar do acerto dessas ideias, elas permitiram a abertura de espaço para o fenômeno da relativização das nulidades processuais, que prestigia a discricionariedade e o subjetivismo do juiz, em detrimento do sistema acusatório, o que é por demais perigoso. Isso porque a Constituição e a legislação se tornam parâmetros fracos para o controle dos atos processuais viciados.

Na jurisprudência do STF e do STJ, é constatada essa tendência em vários julgados, a exemplo da que, no âmbito do Superior Tribunal, avivou que a tramitação indevida de processo penal em segredo de justiça, com violação ao princípio da publicidade, não implica nulidade se não decorrer prejuízo advindo do sigilo[26], embora aí se esteja diante de desatendimento de ditame constitucional (art. 93, IX, CF/1988).

Na verdade, cuida-se de postura que prestigia a ampliação dos poderes do juiz.

A nulidade depende do reconhecimento do juiz, entrementes, como aponta Alexandre Morais da Rosa, as regras do jogo "não podem ser desconsideradas em nome do resultado". Caso contrário, "qual o sentido delas? Nenhum"[27].

Pensamos que tornar todas as nulidades dependentes de demonstração de prejuízo pelo réu é um equívoco. Perde-se a própria funcionalidade do sistema e da legislação de conferir previsibilidade e controle à prática de atos processuais. Entendemos que o prejuízo não há que ser demonstrado nos casos em que ele é **presumido** (inexistência jurídica e nulidade absoluta). Não deve haver espaço para transigir diante de vícios graves, notadamente se prejudicam a parte mais fraca na relação processual (imputado).

Sob outro giro, para as hipóteses de nulidade relativa e irregularidade, podemos falar na aplicação do princípio de que não há nulidade sem prejuízo. Todavia, o ônus de mostrar, fundamentadamente, a inexistência de prejuízo não deve ser do imputado, mas do juiz ou do órgão da acusação. Em outros termos, é o magistrado que deve evidenciar que a prática do ato de maneira atípica processualmente foi incapaz de causar prejuízo para direito da parte ou que, dessa forma, lhe conferiu maior eficácia.

11. PRINCÍPIOS INFORMATIVOS DAS NULIDADES

A doutrina menciona princípios processuais penais que informam o sistema de nulidades no Código de Processo Penal. A depender do enfoque de estudo, será indicado um rol mais ou menos extenso. A importância do estudo desses princípios é especialmente

25. IVO, Gabriel. *Norma jurídica*: produção e controle. São Paulo: Noeses, 2006. p. 53.
26. STJ – Sexta Turma – HC 148.723 – Rel. Min. Maria T. A. Moura – j. 7.12.2010; negando violação aos princípios da publicidade e do sigilo, bem como mencionando a falta de demonstração de prejuízo em caso que poderia ser classificado como de nulidade absoluta:STJ – Sexta Turma – AgRg nos EDcl no REsp 1574810/RS – Rel. Min. Maria Thereza de Assis Moura – DJe 27/04/2018.
27. ROSA, Alexandre Morais da. *Guia do processo penal conforme a teoria dos jogos*. 5. ed. Florianópolis: EMais, 2019. p.586.

didática, para ampliar a compreensão do conjunto da disciplina legal das nulidades processuais e facilitar a interpretação/aplicação do direito diante do caso concreto.

A incidência dos princípios, tendente a convalidar atos processuais defeituosos, deve ser restrita, como regra, às nulidades relativas e às irregularidades. Isso porque quando essas categorias afetam direito da parte o fazem de maneira menos grave.

Princípio aqui é entendido como norma jurídica que, por sua vez, se distingue do texto de lei. Os princípios que informam o regramento das nulidades processuais penais são construídos pelo intérprete a partir do enunciado constitucional ou legal. O intérprete (juiz) é o responsável pela produção normativa.

É nesse sentido que Gabriel Ivo explica que "o enunciado é o ponto inicial para a sindicância da produção, bem como para a construção das normas jurídicas"[28].

12. PRINCÍPIO DO *PAS DE NULLITÉ SANS GRIEF*, DO PREJUÍZO OU DA TRANSCENDÊNCIA

Apontamos, acima, a necessidade de interpretação conforme a Constituição relativamente ao art. 563, do CPP, para exigir que caiba ao magistrado o dever de fundamentar a inexistência de prejuízo, caso decida por superar uma nulidade. Ademais, a incidência dele deve ficar adstrita aos vícios menos graves, vale dizer, nulidade relativa e irregularidade.

Ao deixar explicitado que "nenhum ato será declarado nulo se da nulidade não resultar prejuízo para a acusação ou para a defesa", aquele enunciado estampa o vetusto princípio *pas de nullité sans grief*. O conteúdo transcenderia à forma, daí ser também conhecido como princípio da transcendência, haja vista afirmar que não há nulidade sem prejuízo. É princípio que se relaciona intimamente com outro, estudado mais adiante, que é o princípio da instrumentalidade das formas.

Vale lembrar o atual posicionamento do STF e STJ sobre o tema.

Os tribunais têm exigido a necessidade de demonstração de prejuízo para casos de vícios graves, como nas hipóteses de nulidade absoluta. Nesse sentido, afirmou-se que, "à luz da norma inscrita no art. 563 do CPP e da Súmula 523/STF, a jurisprudência desta Corte firmou o entendimento de que, para o reconhecimento de nulidade dos atos processuais, relativa ou absoluta, exige-se a demonstração do efetivo prejuízo causado à parte (*pas de nulitté sans grief*)"[29]

Contudo, necessário ponderar, de acordo com os argumentos de Afrânio Silva Jardim. Em estudo específico, o renomado processualista tocou no aspecto central, enfatizando que a previsão contida no § 1º, do art. 65, da Lei nº 9.099/1995, de que "não se pronunciará qualquer nulidade sem que tenha havido prejuízo", deve ser restrita às nulidades relativas, pois "se a nulidade for absoluta, evidentemente, independente de prejuízo, tem de ser reconhecida de ofício pelo juiz". Em outras palavras, "não se precisa nem presumir

28. IVO, Gabriel. *Norma jurídica*: produção e controle. São Paulo: Noeses, 2006. p. 1.
29. STF – Segunda Turma – HC 406648 – Rel. Min. Teori Zavascki – DJe 26/11/2013. No mesmo sentido o entendimento do STJ (Quinta Turma – RMS 35180 – Rel. Min Laurita Vaz – DJe 05/11/2013.

o prejuízo, porque, quando você o presume, está vendo prejuízo ao interesse das partes. Aqui é o prejuízo para a função jurisdicional do Estado, para o devido processo legal"[30].

13. PRINCÍPIO DA CONSERVAÇÃO DOS ATOS PROCESSUAIS OU APROVEITAMENTO

Decorre da regra da demonstração do prejuízo a direito um outro princípio: o princípio da conservação dos atos processuais, que significa dizer que, "no terreno do processo, tudo se emenda ou, melhor, tudo deve emendar-se"[31]. Todavia, esse princípio está embutido na regra do art. 567, CPP, que dita que "a incompetência do juízo anula somente os atos decisórios, devendo o processo, quando for declarada a nulidade, ser remetido ao juiz competente".

Afinal, a Constituição Federal assegura que ninguém será processado nem sentenciado senão por autoridade competente (art. 5º, LIII). Ser processado envolve atos instrutórios. Ser sentenciado decorre de um ato decisório. Ambos os atos se situam na regra de competência. Daí a coerência de se compreender com eivado de nulidade absoluta dos os atos de um processo conduzido por juiz incompetente, independentemente do qualificativo da competência ser absoluta ou relativa.

Alguns autores sustentam que a nulidade por incompetência da autoridade judiciária em processo criminal, por se cuidar de violação à Constituição, na esfera de proteção às garantias fundamentais, deveria ser absoluta. Não deveria ser aproveitando qualquer ato processual, decisório ou não. Grinover, Scarance e Gomes Filho, por exemplo, salientam a mitigação, no processo penal, da "diferença entre competência absoluta e relativa: mesmo esta pode ser examinada de ofício pelo juiz (CPP, art. 109), o que não acontece no cível"[32].

Outros, concordando com o enunciado do art. 567, CPP, sustentam que ele "permite a ratificação de atos não decisórios, ainda que praticados posteriormente ao ato nulo, isto é, autoriza a ratificação dos atos instrutórios, mesmo com a nulidade do ato de recebimento da denúncia", quando se cuidar "exclusivamente de nulidade decorrente de incompetência do juízo"[33]. Essa é posição prevalente, inclusive no âmbito jurisprudencial.

14. PRINCÍPIO DO INTERESSE NA ALEGAÇÃO OU DA PROTEÇÃO

O art. 565 do CPP consagra o princípio de que não é dado a alguém se beneficiar da própria torpeza. Em termos processuais penais, falamos do princípio de que a parte deve ter interesse na declaração da nulidade.

Esse dispositivo estatui que nenhuma das partes poderá arguir nulidade a que tenha dado causa, ou para que tenha concorrido, ou referente a formalidade cuja observância só à parte contrária interesse. Teresa Wambier explica que se cuida do **princípio da proteção**, que veda que "a própria parte que praticou o ato viciado" levante "seu vício, pois ninguém

30. JARDIM, Afrânio Silva; AMORIM, Pierre Souto Maior Coutinho do. *Direito processual penal*: estudos, pareceres e crônicas. 15. ed. Salvador: Juspodivm, 2019. p.514.
31. WAMBIER, Teresa Arruda Alvim. *Nulidades do processo e da sentença*. 6. ed. São Paulo: RT, 2007. p. 167-177.
32. GRINOVER, Ada Pellegrini; FERNANDES, Antônio Scarance; GOMES FILHO, Antônio Magalhães. *As nulidades no processo penal*. 7. ed. São Paulo: RT, 2001.p. 46.
33. OLIVEIRA, Eugênio Pacelli de. *Curso de processo penal*. 2. ed. Belo Horizonte: Del Rey, 2003. p. 752.

pode se beneficiar da própria torpeza"[34]. Decorre, outrossim, da ideia da vedação do *venire contra factum proprium* (proibição de comportamentos contraditórios), no processo.

Como estamos diante de disciplina que afeta o direito de liberdade, a aplicação do princípio que veda o benefício decorrente de torpeza própria encontra alguns óbices quando provocado o vício pelo acusado. Existe toda uma estrutura para velar pela regularidade dos atos processuais. Não somente o juiz tem esse dever, colorido pelo art. 251, do CPP. Funcionários da justiça, membros do Ministério Público, advogados atuando como assistentes do *Parquet*, todos podem identificar vícios e suscitar nos autos.

Exigir do acusado que colabore para sua própria condenação ou que deixe de fazer uso de estratégias defensivas dilatórias (que adiam atos processuais, para melhor exercer ampla defesa) é postura que conflita com os seus direitos mais fundamentais.

Assim, quando se cuide de direito indisponível (por exemplo, a falta de citação, ainda que causada voluntariamente pelo acusado), não será autorizada a incidência do artigo 565, CPP (vedação de benefício pela própria torpeza), seja porque fere o direito constitucional de defesa ampla, seja porque é causa de nulidade de natureza absoluta (ressalvada a possibilidade de suprimento pelo comparecimento do réu antes da sentença, fato processual cujos efeitos substituem o da citação viciada ou ausente).

15. PRINCÍPIO DA INSTRUMENTALIDADE DAS FORMAS OU DA FINALIDADE

A nulidade de ato processual não será declarada quando "não houver influído na apuração da verdade substancial ou na decisão da causa" (art. 566, CPP). O **princípio da instrumentalidade das formas** é depreendido desse artigo em combinação com o art. 572, inciso II, do nosso Código. Nesse último, afirma-se que a nulidade será considerada sanada se, praticado de outra forma, o ato tiver atingido seu fim, sendo chamado, também, de **princípio da finalidade.**

Mas o *caput*, desse dispositivo, restringe sua aplicação para os casos do art. 564, inciso III, alíneas "d" e "e" (segunda parte) e "g" e "h". Embora assim o faça, a ideia de instrumentalidade se espraiou na jurisprudência brasileira, sendo comum invocá-lo para a maioria das hipóteses de vícios processuais penais. A instrumentalidade das formas significa que o mais importante, para o processo criminal, é o conteúdo. O processo não deve, sob essa ótica, privilegiar a forma somente pelo amor à forma.

A propósito, Teresa Wambier observa é processo é forma e que o o afastamento do conjunto de formas processuais "dá causa às nulidades" (falta formalidade essencial: nulidade absoluta; ausência de formalidade acidental, nulidade relativa. Porém – complementa –, "as formas têm caráter instrumental", sendo meios para a consecução de fins que, isoladamente, "se atingidos, não fazem com que a ausência de atenção à forma gere nulidade". Na sua lição, as "nulidades instituídas precipuamente no interesse da parte são sanáveis", enquanto as "nulidades instituídas precipuamente no interesse público são sempre insanáveis"[35].

34. WAMBIER, Teresa Arruda Alvim. *Nulidades do processo e da sentença*. 6. ed. São Paulo: RT, 2007. p. 167-177.
35. WAMBIER, Teresa Arruda Alvim. *Nulidades do processo e da sentença*. 6. ed. São Paulo: RT, 2007. p. 167-177.

Entretanto, a nosso ver, a instrumentalidade das formas necessita ser revista, para que se confira mais prestígio à Constituição.

Em processo penal, forma é essência. Temos uma série de dispositivos constitucionais que regulam o processo penal. As linhas mestras do sistema criminal são constitucionais. Então, modificando o ponto de vista, invertemos: em processo penal, a instrumentalidade é do direito material. A forma é a própria essência.

Por isso pensamos que os artigos 566 e 572, do CPP, não podem ser aplicados sem que sejam submetidos ao filtro de constitucionalidade ou a seu controle difuso. A forma que constitui elementos estruturais e essenciais de atos processuais não pode ser objeto de tergiversação. Como anotamos com Alexandre Morais da Rosa, "a instrumentalidade não é do processo. É o direito material que é o instrumento, eis que é a estrutura do processo penal, contemplada na Constituição do Brasil, que tem a aptidão de conferir operatividade às normas de direito penal e demais disposições de direito material"[36].

16. PRINCÍPIO DA VERDADE SUBSTANCIAL OU DA VERDADE REAL

O aludido art. 566, do CPP, é expresso ao dizer que "não será declarada a nulidade de ato processual que não houver influído na apuração da verdade substancial ou na decisão da causa". Ele encampa o princípio da verdade real ou substancial. Embora ainda muito invocado por setor isolado da doutrina e, com maior adesão, na jurisprudência, a verdade tão almejada pelo ser humano é porta aberta para violações graves a direitos fundamentais.

Se levada às últimas consequências, o disposto no art. 566, do Código, autorizaria torturas psicológicas, ameaças, dentre outras práticas nefastas toda vez que fosse atendido o objetivo ali descrito, vale dizer, o alcance da "verdade substancial" ou quando não tivesse influído "na decisão da causa". Em termos mais simples, o permissivo aqui estudado retrata uma estrutura inquisitiva do processo penal brasileiro.

Por essa razão, cuida-se de enunciado inconstitucional. A verdade processual penal deve ser muito **mais que formal**. Isso porque são muitos os princípios e as regras que preconizam que o juiz não pode condenar com base em presunções ou, isoladamente, em confissão, em elementos investigativos, em inquérito policial ou em colaboração premiada. Se o réu silencia, o juiz não pode considerar verdadeiros os fatos narrados na inicial, evidentemente, diante do direito constitucional ao silêncio.

17. PRINCÍPIO DA ECONOMIA PROCESSUAL

Máximo de obtenção de fins com menor dispêndio de recursos ou no dever de "obter o máximo de rendimento com o mínimo de atividade jurisdicional"[37]. Esse princípio tem lastro pragmático e econômico. Pensamos que fundamentos de economia processual não podem implicar diminuição do alcance de direitos fundamentais.

36. ROSA, Alexandre Morais da; ALENCAR, Rosmar Rodrigues. No processo penal, a instrumentalidade é do direito material. *Conjur*: limite penal. Disponível em: <https://www.conjur.com.br/2019-ago-23/nulidade-prejuizo-processo-penal-instrumentalidade-direito-material>. Acesso em: 31 dez. 2019.

37. WAMBIER, Teresa Arruda Alvim. *Nulidades do processo e da sentença*. 6. ed. São Paulo: RT, 2007. p. 167-177.

Na jurisprudência, por exemplo, verificamos a generalização do uso da videoconferência para além das hipóteses legais dispostas no § 2º, do art. 185 e no art. 217, do Código de Processo Penal. A dicção dos dispositivos no sentido da excepcionalidade da medida, tornou-se regra.

Com a Lei nº 13.964/2019, previu-se, para as pessoas incluídas no sistema prisional, o uso da videoconferência como regra. Destarte, no art. 52, da Lei de Execução penal, foi inserido, por aquela legislação, o inciso VII, dispondo ser garantido ao preso a participação em audiências judiciais preferencialmente por videoconferência, assegurando-se a participação do defensor no mesmo ambiente do preso.

Pensa-se, sob essa ótica, que o processo desprende tempo e custo, subordinando a nulidade à ideia de necessidade.

Todavia, a economia não pode implicar menosprezo de direitos caros ao imputado. Na realidade forense, o sistema de videoconferência é muito deficiente. Há, por meio deles, ruídos de comunicação o que, a nosso ver, fere gravemente a ampla defesa e o contraditório. De outro lado, o prestígio da economia em relação ao direito finda por suprimir o pouco que poderíamos esperar de humano do processo penal.

18. PRINCÍPIO DA DURAÇÃO RAZOÁVEL DO PROCESSO OU DA CELERIDADE

A inserção desse princípio na Constituição Federal teve objetivo de assegurar direitos da pessoa processada. É direito de primeira geração, cuja interpretação exige que seu sentido se dirija contra o arbítrio do estado. Afinal, os direitos de primeira dimensão são direitos de liberdade, do indivíduo, contra o abuso do poder. A celeridade é princípio para proteger o imputado contra persecuções sem fim.

Nos termos do inciso LXXVIII, do art. 5º, da Constituição Federal, "a todos, no âmbito judicial e administrativo, são assegurados a razoável duração do processo e os meios que garantam a celeridade de sua tramitação". Note-se que essa garantia visa evitar que o imputado se sujeite eternamente a uma ameaça de condenação.

Não se quer a Espada de Dâmocles direcionada a cabeça do réu, na expectativa, sem fim, de ser absolvido ou condenado. A regra da duração razoável do processo nasceu contra esse grande poder estatal de surpreender o réu, arbitrariamente, com uma condenação diferida no tempo.

No entanto, não raras vezes vemos a garantia fundamental ser usada contra o imputado, para abreviar um processo, escolhido entre vários de maneira arbitrária, desvirtuando a finalidade do direito de primeira dimensão.

Desse modo, não podemos suprimir formas, antecipar julgamentos condenatórios, quando tal proceder não maximizar a liberdade do imputado.

19. PRINCÍPIO DA CONVALIDAÇÃO DOS ATOS PROCESSUAIS

O princípio da convalidação dos atos processuais aparece em mais de um dispositivo legal do CPP. Ele tem relação com os princípios acima estudados, quais sejam, os da economia processual, da razoável duração do processo e da conservação dos atos processuais.

Nessa esteira, o art. 568, CPP, assegura que "a nulidade por ilegitimidade do representante da parte poderá ser a todo tempo sanada, mediante ratificação dos atos processuais" e o art. 569, CPP, averba que as omissões da denúncia, da queixa ou da representação são supríveis a todo tempo, antes da sentença final. A aplicação desse artigo, contudo, não pode descurar das garantias processuais do acusado relativas à ciência da imputação formulada claramente. Em outros termos, toda vez que um princípio sufragado na legislação confrontar a Constituição, precisaremos usar a técnica da interpretação conforme ao texto desta.

Também o art. 570 do CPP consagra, sob certo ponto de vista, o princípio em tela, da convalidação dos atos processuais, ao dizer que a ausência ou a nulidade da citação, da intimação ou da notificação estará suprida, "desde que o interessado compareça, antes de o ato consumar-se, embora declare que o faz para o único fim de argui-la", cabendo ao juiz, todavia, ordenar "a suspensão ou o adiamento do ato, quando reconhecer que a irregularidade poderá prejudicar direito da parte".

Esse enunciado é paradigmático ao evidenciar que o vício da citação - que pode resvalar na nulidade absoluta do ato ou, segundo parte da doutrina, em inexistência processual - pode se apresentar de variadas formas a ensejar, até mesmo, sua regularização, mediante reconhecimento judicial expresso e fundamentado acerca de situação fática que o autorize (o comparecimento do acusado).

Todavia, por outro ponto de vista, o comparecimento do acusado que não foi citado regularmente é, na verdade, um fato processual distinto que não sana a nulidade. Não haveria **convalidação** sob essa ótica, mas **substituição** do ato viciado ou omisso por um fato processual distinto: o comparecimento pessoal do réu.

20. PRINCÍPIO DA OPORTUNIDADE OU DA PRECLUSÃO

Semelhantemente aos demais princípios, o princípio de que a nulidade deve ser alegada no momento oportuno deve ser referir, como regra às nulidades de natureza relativa. Esse direito decorre a necessidade da parte de ser comunicada dos atos processuais, para que possa falar sobre o vício apontado.

Devemos frisar que, nem sempre, o ônus de alegar no primeiro momento para falar nos autos pode recair sobre nulidades absolutas, notadamente quando for necessário tal proceder para registrar a ocorrência do vício, como acontece com as nulidades ocorridas na sessão de julgamento do júri. Por exemplo, se os jurados se comunicam sobre o processo, durante o julgamento, teremos nulidade gravíssima, absoluta. Mas é necessário que isso fique registrado. Caso contrário, não haverá como alegar a nulidade absoluta caso haja apelação.

Outra advertência que precisamos vivificar é a de que o art. 571, do CPP, refere a momentos processuais já defasados em face de reformas processuais que recaíram sobre os procedimentos disciplinados no Código.

Precisamos então fazer uma releitura de seu texto para entender que as **nulidades relativas** e irregularidades devem ser arguidas **logo que acontecerem** e, as nulidades absolutas devem ser suscitadas até a sentença, quando **necessário o seu registro** para que fique documentada a ocorrência do vício grave.

Devemos sublinhar que, se o reconhecimento da **nulidade absoluta favorecer o imputado**, esta poderá ser reconhecida **até o trânsito em julgado da sentença**.

Relendo, então, o art. 571, CPP, poderemos dizer, em sentido largo, que as nulidades que precisam ser registradas, devem ser alegadas, consoante as seguintes regras:

(1) as nulidades do juízo da instrução preliminar do rito do júri: até o encerramento da instrução, nas alegações finais, anteriormente à decisão de pronúncia, impronúncia, desclassificação ou absolvição sumária;

(2) as nulidades da instrução criminal dos processos de competência do juiz singular e demais processos, inclusive nos tribunais, no encerramento da instrução, quando das alegações finais, imediatamente antes à sentença;

(3) as nulidades ocorridas após a pronúncia, logo depois de anunciado o julgamento e apregoadas as partes para a sessão de julgamento pelo júri;

(4) verificadas após a decisão de primeira instância, nas razões de recurso ou logo depois de anunciado o seu julgamento e apregoadas as partes; e

(5) do julgamento em plenário, em audiência ou em sessão do tribunal, logo depois que ocorrerem.

Note-se que, quanto às nulidades relativas e irregularidades, se não houver arguição tempestiva, a regra é a de se operar a preclusão sobre o ato viciado, que será considerado convalidado. É por esta razão que se entende que, no júri, eventuais protestos devem ser consignados na ata de julgamento, sob pena de preclusão. Não são presumidos, segundo o STF, os protestos das partes, que devem se manifestar no momento oportuno acerca dos vícios constatados durante o julgamento[38].

O princípio da oportunidade decorre também do inciso I, do art. 572, do CPP, que preconiza que as nulidades serão sanadas quando não arguidas em tempo oportuno. Após o lapso adotado pelo nosso sistema, podemos dizer que haverá preclusão temporal. Naturalmente, tal princípio tem predileção para incidir nos casos de nulidade relativa e irregularidade ou, nas hipóteses em que o reconhecimento da nulidade favorecer apenas o órgão da acusação.

21. PRINCÍPIO DA ANUÊNCIA DAS PARTES

A anuência das partes em relação a um ato viciado pode ser compreendida como faculdade inserida nos espaços de consenso do processo penal. A concordância em relação a prática de um ato sem observância da forma legal ou constitucional deve ser vista com reservas. Isso porque queremos crer que garantias constitucionais, de tutela dos direitos basilares do imputado, não devem ser objeto de transação.

No inciso III, do art. 572, do CPP, está dito que as nulidades serão consideradas sanadas, "se a parte, ainda que tacitamente, tiver aceito os seus efeitos". A anuência se relaciona

38. STF – Tribunal Pleno – HC 100598 – Rel. Min. Ayres Britto – Dje 04/10/2011.

com o princípio da **preclusão lógica**, segundo o qual a parte não pode tomar atitude incompatível com conduta anterior.

Esse princípio não se aplica às nulidades absolutas, especialmente quando a anuência prejudicar o direito de liberdade do acusado, ressalvadas as possibilidades de composição civil, acordo de não persecução penal – na forma da Lei nº 13.964/2019 –, colaboração premiada e transação penal. Mesmo assim, a aplicação destes institutos deve se sujeitar a controle de constitucionalidade, pois as leis do país devem se subordinar à Lei Maior.

22. PRINCÍPIO DO CONTRADITÓRIO

Não raras vezes, ocorrem conflitos em torno da intepretação de uma norma jurídica ou de um vício processual. É absolutamente normal divergirmos sobre teses em direito. Essa nuance é justificativa para que se ouça a parte contrária, toda vez que haja arguição de uma nulidade ou que o juiz vislumbre a possibilidade de anular o processo, no todo ou em parte. O contraditório deve recair sobre os fatos e sobre a aplicação do direito.

23. PRINCÍPIO DA CAUSALIDADE, CONCATENAÇÃO, DA CONSEQUENCIALIDADE OU DA INTERDEPENDÊNCIA DOS ATOS PROCESSUAIS

Na senda de Teresa Wambier, esse princípio decorre de ser o processo "um conjunto de atos concatenados e interdependentes", pelo que "a anulação ou a decretação de nulidade de um ato afeta todo o segmento processual posterior"[39]. Tem previsão expressa nos parágrafos 1º e 2º, do art. 573, do CPP.

Nos sus termos, uma vez decretada a nulidade de um ato, ela deve causar também a dos atos que dele diretamente dependam ou sejam consequência, cabendo ao magistrado a cautela de, ao "pronunciar a nulidade", declinar os atos a que ela se estende.

24. PRINCÍPIO DA GENERALIDADE OU DO ROL ABERTO

Como apontamos acima, o princípio da especificidade ou do rol taxativo admite muitas ressalvas, pois as nulidades não são somente aquelas expressas na lei. Ao contrário, nosso rol de nulidades permite abertura, no inciso IV, do art. 564 e, ademais, devemos conferir maior efetividade ao texto constitucional. Então, poderíamos afirmar que o princípio vigente é o da generalidade.

25. PRINCÍPIO DA EFICÁCIA DO ATO VICIADO

O princípio epigrafado que determina a permanência de um ato viciado depois de operada a preclusão[40]. Sem embargo, temos também que o ato processual, como regra, produz efeitos. O ato processual viciado ingressa, por assim dizer, válido, dotado de plena operatividade de efeitos. É o ato posterior do juiz, de controle, que torna sem efeito o ato depois de percebido o vício. Enquanto isso não acontece, verificamos produção de efeitos plenos, mesmo de atos processuais gravemente viciados.

39. WAMBIER, Teresa Arruda Alvim. *Nulidades do processo e da sentença*. 6. ed. São Paulo: RT, 2007. p. 167-177.
40. WAMBIER, Teresa Arruda Alvim. *Nulidades do processo e da sentença*. 6. ed. São Paulo: RT, 2007. p. 167-177.

É a declaração de nulidade, acompanhada de invalidação que apõe um sinal negativo que faz cessar a produção de efeitos do ato viciado. Se operada a preclusão, essa qualidade pode se tornar permanente. Por outro lado, se o vício for menos grave, como uma irregularidade ou uma nulidade relativa, a decisão do juiz que fundamentar a ausência de prejuízo à eficácia do direito fundamental da parte, confirmará a validade do ato inserido com defeito. Daí falarmos em convalidação ou confirmação da validade. De todo modo, ato como este terá permanecido eficaz desde sua edição, apesar da atipicidade original.

26. PRINCÍPIO DA BOA BOA-FÉ OBJETIVA E O *DUTY TO MITIGATE THE LOSS* NA ESFERA CRIMINAL

Na tendência de aproximar as nulidades absolutas e as nulidades relativas, o STJ já fixou a aplicação do ***duty to mitigate the loss***, que significa o dever de mitigar o próprio prejuízo.

Cuida-se de instituto que tem maior incidência na esfera cível contratual, que impõe à parte o dever de tomar todas as providências para que um dano não seja agravado. A noção tem supedâneo no dever de cooperação e lealdade que deve inspirar as relações jurídicas, pelo que não deve a parte prejudicada permanecer inerte, deliberadamente, diante do aumento significativo da situação danosa.

No processo penal, sabemos que as nulidades absolutas se classificam pela gravidade maior que afeta um elemento essencial constitutivo do ato processual defeituoso. Nesses casos, o prejuízo é presumido pelo ordenamento jurídico, isto é, prescinde-se de demonstração de prejuízo para a eficácia do direito fundamental e de alegação oportuna.

Não obstante, mesmo nulidades absolutas têm sido objeto da necessidade de fustigação urgente pelas partes, sob pena de preclusão, na linha da relativização da distinção tradicional das nulidades, reconhecida pela doutrina e pelos precedentes mais antigos.

É de ver que, embora possa não se concordar com a tendência – de relativização –, o Código de Processo Penal não distingue nulidades absolutas e nulidades relativas.

Com efeito, o CPP fala tão somente em "nulidades", sendo expresso no seu art. 563 que nenhuma nulidade será reconhecida se não houver demonstração de prejuízo para a acusação ou para a defesa. Considerando essa nuança, poderíamos justificar a incidência do dever da parte não postergar dolosamente a alegação de nulidade classificada como absoluta que lhe prejudica para momento bem posterior, com o fito de obter o reconhecimento de nulidade de maior número de atos processuais.

Fazendo incidir o dever de reduzir os efeitos do ato processual viciado (atípico), o STJ, mais de uma vez, destacou a compatibilidade da boa-fé e do *duty to mitigate the loss* na esfera criminal. Para a Corte Superior, por exemplo, não tem lugar o reconhecimento de nulidade, decorrente da realização de audiência acompanhada por defensor dativo, quando o próprio defensor constituído (defesa técnica) requereu a providência, sob a justificativa da impossibilidade financeira do paciente custear o transporte dos advogados constituídos até a Comarca onde corria o processo. Nesse julgado e em outros, o STJ assentou que a relação processual é pautada pelo princípio da boa-fé objetiva, da qual deriva o subprincípio da vedação do *venire contra factum proprium* (proibição de comportamentos contraditórios).

De tal sorte, diante de uma conduta dita por "sinuosa" (tendente a alcançar vantagem incompatível com a boa-fé), não é adequada a declaração de nulidade. Segundo a Corte Superior, o princípio da boa-fé objetiva se espraia por todo o ordenamento jurídico, não se limitando ao campo do direito civil. O subprincípio de realce nesse campo é o *duty to mitigate the loss*. Daí que a insurgência, apenas depois da realização de vários atos processuais (interrogatório, alegações finais e sentença), demonstra a consolidação da situação processual com a eiva da atipicidade, sendo plausível concluir que houve a aceitação tácita da ausência de oitiva da testemunha[41].

Embora sem mencionar expressamente o dever de mitigar o prejuízo, o STF também adota a ideia de que a nulidade só há de ser declarada se evidenciado o prejuízo. Em julgado que declarou não admitir postergação da causa com a impetração de *habeas corpus* substitutivo de recurso ordinário, o STF fez menção ao precedente paradigma do STJ sobre o *duty to mitigate the loss*[42].

Na linha que já sustentamos supra, o princípio da boa-fé objetiva, do mesmo modo que o da cooperação processual e do dever de mitigar o prejuízo encontra óbice de aplicação nos fundamentos de um princípio maior, que é o da ampla defesa. Defesa ampla requer possibilidades defensivas peremptórias, tendentes a refutar o núcleo da imputação, e dilatórias, direcionadas à postergação do desfecho do processo para melhor alinhar estratégias refratárias à condenação. Exigir que o réu contribua ou auxilie os funcionários remunerados pelo Estado convergentemente à sua própria condenação, a nosso ver, é ferir de morte as garantias fundamentais decorrentes da ampla defesa e do devido processo legal.

27. EFEITOS

Além dos efeitos processuais penais, o reconhecimento de nulidade implica efeitos penais.

A declaração de nulidade que importe, por força do princípio da causalidade, a nulificação da pronúncia do réu, pode ser suficiente à consumação da prescrição, porquanto a causa interruptiva que antes produzia o efeito de servir de marco a novo curso do prazo prescricional da pretensão punitiva, uma vez nulificada, pode ensejar extinção da punibilidade do agente.

A invalidação de ato processual pode produzir o especial efeito de que os atos sejam renovados ou mesmo retificados. O juiz deve declarar precisamente a extensão dos efeitos de seu decreto de nulidade. Os parágrafos 1º e 2º, do artigo 573, CPP, preconizam esse dever judicial. Daí que o princípio da causalidade, examinado supra, não é automático.

Isso porque é possível, em dada hipótese, que não haja necessidade de decretação de nulidade de todos os atos subsequentes, em especial daqueles que não dependam do ato viciado. Sem embargo, fundamentação consistente na decisão judicial é imprescindível, a teor do § 2º, do art. 315, do CPP, com redação da Lei nº 13.964/2019, mormente para não mitigar as garantias processuais das partes.

41. STJ – Sexta Turma – HC 201000826844 – Rel. Min. Maria Thereza de Assis Moura – DJE – DATA: 16 abr. 2013.
42. STF – Primeira Turma – RHC 119815 – Rel. Min. Rosa Weber – Rel. p/ o acórdão Min. Roberto Barroso – 19 dez. 2014; STF – Primeira Turma – HC 106906 – Rel. Min. Marco Aurélio – publicado em 27 nov. 2017.

É de ver, de mais a mais, que em conformidade com a nulidade processual declarada, o processo poderá retomar seu curso com o aproveitamento de atos processuais já praticados ou mesmo poderá ser encerrado, com o arquivamento dos autos. Por exemplo:

(1) o art. 567, CPP, "permite a ratificação de atos não decisórios, ainda que praticados posteriormente ao ato nulo, isto é, autoriza a ratificação dos atos instrutórios, mesmo com a nulidade do ato de recebimento da denúncia", quando se cuidar "exclusivamente de nulidade decorrente de incompetência do juízo"[43]; e

(2) a nulidade do ato de recebimento de denúncia, por incompetência do juízo, implicará novo exame pelo órgão do *Parquet* com atribuição perante o juízo competente (que poderá retificar, ratificar a peça acusatória ou requerer o arquivamento dos autos) e nova apreciação pelo juiz (que poderá receber a denúncia ou rejeitar a denúncia.

- **Observação**: não deve ser mais atribuição do Judiciário, o controle do arquivamento do inquérito policial e demais investigações preliminares. Tudo deve ocorrer agora no âmbito do próprio Ministério Público, expurgando essa função atípica até então exercida pelos juízes e tribunais. Nos termos do *caput*, do art. 28, do CPP[44], uma vez ordenado o arquivamento do inquérito policial ou de quaisquer elementos informativos da mesma natureza, o órgão do Ministério Público comunicará à vítima, ao investigado e à autoridade policial e encaminhará os autos para a instância de revisão ministerial para fins de homologação, na forma da lei.

28. QUADRO SINÓTICO

CAPÍTULO XXXVI – TEORIA DA NULIDADE		
TEORIA DA NULIDADE		
Introdução	Nulidade é termo plurívoco, com variadas possibilidades de definição. É instituto de controle de atos processuais defeituosos.. **Nulidade-fato** é o defeito de um ato processual. **Nulidade-consequência** é a sanção que aplicamos ao ato viciado submetido a controle pelo juiz. Ambos constituem a nulidade ***lato sensu***.	**1**
Nulidade como defeito e sanção	A norma jurídica deve se compor de uma estrutura dúplice, que relaciona o antecedente ao consequente. (1) Antecedente.: a primeira providência a ser tomada é reconhecer que há um vício processual. Esta pode ser uma omissão ou um ato processual indevido. Quem tem o poder de reconhecer é o juiz. Adotamos a **teoria unitária da nulidade** enquanto vício, dividindo-os conforme o grau de sua gravidade, na parte antecedente da norma jurídica.	**2**

43. OLIVEIRA, Eugênio Pacelli de. *Curso de processo penal*. 2. ed. Belo Horizonte: Del Rey, 2003. p. 752.
44. Dispositivo com eficácia suspensa, nos termos de decisão monocrática do Supremo Tribunal Federal (STF – ADI 6298/DF – Medida Cautelar – Rel. Min. Luiz Fux – 22 jan. 2020).

CAPÍTULO XXXVI – TEORIA DA NULIDADE		
Nulidade como defeito e sanção	(2) Consequente. A segunda etapa consiste em atrelar ao vício a sanção nulificadora. Dessa maneira, saberemos que a nulidade-consequência é a **sanção** aplicada pelo juiz em razão da verificação de um ato processual defeituoso. Nesse caso, afirmamos que o juiz torna sem efeito o ato viciado. Pensamos que o reconhecimento da "nulidade-vício" deve implicar a "nulidade-sanção", em uma estrutura normativa de antecedente a consequente.	**2**
Entendendo o tema	É comum se dizer que somente há nulidade se houver prejuízo comprovando pela parte. Porém, o art. 563, do CPP, afirma, literalmente, que "nenhum ato será declarado nulo, **se da nulidade não resultar prejuízo** para a acusação ou para a defesa". Isso significa dizer que não há, na legislação, previsão de dever para que a parte comprove o prejuízo.	**3**
Noção de prejuízo	O prejuízo informado pela lei deve ser entendido como aquele capaz de diminuir o alcance de direito fundamental tutelado normativamente. A depender da natureza do direito protegido, poderemos ter: (1) prejuízo a ser demonstrado ou refutado pelo juiz. (2) prejuízo presumido.	**4**
Nulidade e rescindibilidade	A nulidade ocorre enquanto houver processo penal de conhecimento. Depois do trânsito em julgado da sentença penal, não falamos mais em nulidade. Aroldo Plínio Gonçalves, distinguindo, vivifica que "a nulidade é sanção normativamente prevista para o ato praticado em desconformidade com seu modelo normativo. A rescindibilidade é a rescisão potencialmente considerada, é a possiblidade lógica da desconstituição da sentença de mérito".	**5**
Sistemas de nulidades: rol exemplificativo	O artigo 564 do CPP enumera vários casos de atos processuais defeituosos que poderão acarretar a sanção de invalidação. Existe divergência doutrinária sobre se esse rol de nulidades é taxativo (***numerus clausus*** ou rol fechado) ou exemplificativo (***numerus apertus*** ou rol aberto). Para nós, o rol é exemplificativo. O CPP brasileiro adotou um **sistema eclético** (com características dos sistemas legal e judicial ou instrumental).	**6**
Fundamento constitucional	As nulidades processuais penais típicas e atípicas têm a natureza de garantia constitucional. A tipicidade do processo penal é uma formalidade que assegura o exercício de direito fundamental (processo penal acusatório justo), com a finalidade de fazer valer o *jus puniendi* sem descurar da necessidade de também limitar o poder punitivo estatal.	**7**
Tipicidade e atipicidade do ato processual	Tipicidade do ato processual é a qualidade consistente em sua prática em compasso com todas as disposições constitucionais e legais que o regem. Atipicidade do ato processual penal ocorre quando, ao revés, o ato é realizado sem essa observância.	**8**

CAPÍTULO XXXVI – TEORIA DA NULIDADE		
Elementos e formalidades do ato processual penal	Os elementos do ato processual penal podem ser: (1) internos (o conteúdo do ato e a manifestação volitivo-intelectual); e (2) externos ou formais (a conformação objetiva do ato às disposições abstratas que o regram). Os elementos externos ou formais são classificados em (1) estruturais; (2) elementos essenciais e (3) elementos acidentais. As formalidades estruturais e essenciais independem de demonstração de prejuízo para a acusação ou para a defesa. Falamos de prejuízo presumido, legal ou constitucionalmente. Os atos processuais estruturais são dotados de elementos estruturais, essenciais e acidentais. Os atos processuais essenciais são constituídos de elementos essenciais e acidentais. Os atos processuais acidentais são compostos por elementos apenas acidentais. A gravidade do vício depende da importância do ato ou do elemento afetado. Os atos processuais estruturais configuram o processo, assim como os elementos estruturais caracterizam o ato processual como tal. Os atos processuais essenciais ou os elementos essenciais podem gerar nulidade absoluta ou relativa.	**9**
Relativização das nulidades processuais	Pensamos que tornar todas as nulidades dependentes de demonstração de prejuízo pelo réu é um equívoco. Perde-se a própria funcionalidade do sistema e da legislação de conferir previsibilidade e controle à prática de atos processuais. Entendemos que o prejuízo não há que ser demonstrado nos casos em que ele é **presumido** (inexistência jurídica e nulidade absoluta). Não deve haver espaço para transigir diante de vícios graves, notadamente se prejudicam a parte mais fraca na relação processual (imputado). Sob outro giro, para as hipóteses de nulidade relativa e irregularidade, podemos falar na aplicação do princípio de que não há nulidade sem prejuízo. Todavia, o ônus de mostrar, fundamentadamente, a inexistência de prejuízo não deve ser do imputado, mas do juiz ou do órgão da acusação.	**10**
Princípios informativos das nulidades		
Incidência dos princípios, tendente a convalidar atos processuais defeituosos, deve ser restrita, como regra, às nulidades relativas e às irregularidades. São eles: **Princípio do *pas de nullité sans grief*, do prejuízo ou da transcendência:** exige que cabe ao magistrado o dever de fundamentar a inexistência de prejuízo, caso decida por superar uma nulidade. Ademais, a incidência dele deve ficar adstrita aos vícios menos graves, vale dizer, nulidade relativa e irregularidade.		**11 a 26**

CAPÍTULO XXXVI – TEORIA DA NULIDADE	
Princípio da conservação dos atos processuais ou aproveitamento: este princípio está embutido na regra do art. 567, CPP que prevê que a incompetência do juízo somente anula os atos decisórios, devendo o processo, quando for declarada a nulidade, ser remetido ao juízo competente; **Princípio do interesse na alegação ou da proteção:** a parte deve ter interesse na declaração da nulidade. Esse dispositivo estatui que nenhuma das partes poderá arguir nulidade a que tenha dado causa, ou para que tenha concorrido, ou referente a formalidade cuja observância só à parte contrária interesse; **Princípio da instrumentalidade das formas ou da finalidade:** a nulidade de ato processual não será declarada quando "não houver influído na apuração da verdade substancial ou na decisão da causa" (art. 566, CPP). O **princípio da instrumentalidade das formas** é depreendido desse artigo em combinação com o art. 572, inciso II, do nosso Código. Nesse último, afirma-se que a nulidade será considerada sanada se, praticado de outra forma, o ato tiver atingido seu fim, sendo chamado, também, de **princípio da finalidade**; **Princípio da verdade substancial ou da verdade real:** "não será declarada a nulidade de ato processual que não houver influído na apuração da verdade substancial ou na decisão da causa" (art. 566, CPP); **Princípio da economia processual:** máximo de obtenção de fins com menor dispêndio de recursos ou no dever de "obter o máximo de rendimento com o mínimo de atividade jurisdicional" (WAMBIER); **Princípio da duração razoável do processo ou da celeridade:** objetiva resguardar direitos da pessoa processada. Note-se que essa garantia visa evitar que o imputado se sujeite eternamente a uma ameaça de condenação; **Princípio da convalidação dos atos processuais:** possibilita que o ato viciado seja sanado, mediante sua ratificação ou suprimento do defeito, em razão de ter o ato atingido sua finalidade (princípio da finalidade), de não ter sido arguido o vício oportunamente (princípio da oportunidade ou preclusão temporal) ou de ter a parte interessada anuído com seus efeitos (princípio da preclusão lógica); **Princípio da oportunidade ou da preclusão:** de acordo com esse princípio, a nulidade deve ser alegada no momento oportuno, isto é, que as **nulidades relativas** e irregularidades devem ser arguidas **logo que acontecerem**, sob pena de preclusão, e, as nulidades absolutas devem ser suscitadas até a sentença, quando **necessário o seu registro** para que fique documentada a ocorrência do vício grave; **Princípio da anuência das partes:** a anuência das partes em relação a um ato viciado pode ser compreendida como faculdade inserida nos espaços de consenso do processo penal. As nulidades serão sanadas quando não arguidas em tempo oportuno. Após o lapso adotado pelo nosso sistema, podemos dizer que haverá preclusão temporal; **Princípio do contraditório:** significa que todo acusado terá o direito de resposta contra a acusação que lhe foi feita, utilizando, para tanto, todos os meios de defesa admitidos em direito. O contraditório deve recair sobre os fatos e sobre a aplicação do direito; **Princípio da causalidade, concatenação, da consequencialidade ou da interdependência dos atos processuais:** uma vez decretada a nulidade de um ato, ela deve causar também a dos atos que dele diretamente dependam ou sejam consequência, cabendo ao magistrado a cautela de, ao "pronunciar a nulidade", declinar os atos a que ela se estende;	**11 a 26**

<table>
<tr><th colspan="3">CAPÍTULO XXXVI – TEORIA DA NULIDADE</th></tr>
<tr><td colspan="2">Princípio da generalidade do rol aberto: as nulidades não são somente aquelas expressas na lei. Ao contrário, nosso rol de nulidades permite abertura;
Princípio da eficácia do ato viciado: mencionado princípio determina a permanência de um ato viciado depois de operada a preclusão;
Princípio da boa-fé objetiva e o duty to mitigate the loss na esfera criminal: significa o dever de mitigar o próprio prejuízo, ou seja, diante de uma conduta dita por "sinuosa" (tendente a alcançar vantagem incompatível com a boa-fé), não é adequada a declaração de nulidade. Cuida-se de instituto que tem maior incidência na esfera cível contratual.
Fazendo incidir o dever de reduzir os efeitos do ato processual viciado (atípico), o STJ, mais de uma vez, destacou a compatibilidade da boa-fé e do duty to mitigate the loss na esfera criminal. Embora sem mencionar expressamente o dever de mitigar o prejuízo, o STF também adota a ideia de que a nulidade só há de ser declarada se evidenciado o prejuízo.</td><td>11 a 26</td></tr>
<tr><th colspan="3">EFEITOS</th></tr>
<tr><td>Efeitos</td><td>Além dos efeitos processuais penais, o reconhecimento de nulidade implica efeitos penais. A invalidação de ato processual pode produzir o especial efeito de que os atos sejam renovados ou mesmo retificados. O juiz deve declarar precisamente a extensão dos efeitos de seu decreto de nulidade. É possível que, em dada hipótese, não haja necessidade de decretação de nulidade de todos os atos subsequentes, em especial daqueles que não dependam do ato viciado. A depender da nulidade processual declarada, o processo poderá retomar seu curso com o aproveitamento de atos processuais já praticados ou mesmo poderá ser encerrado, com o arquivamento dos autos.</td><td>27</td></tr>
</table>

29. SÚMULAS DO STJ

117. A inobservância do prazo de 48 horas, entre a publicação de pauta e o julgamento sem a presença das partes, acarreta nulidade.

225. Compete ao Tribunal Regional do Trabalho apreciar recurso contra sentença proferida por órgão de primeiro grau da Justiça Trabalhista, ainda que para declarar-lhe a nulidade em virtude de incompetência.

592. O excesso de prazo para a conclusão do processo administrativo disciplinar só causa nulidade se houver demonstração de prejuízo à defesa.

30. SÚMULAS DO STF

155. É relativa a nulidade do processo criminal por falta de intimação da expedição de precatória para inquirição de testemunha.

156. É absoluta a nulidade do julgamento, pelo júri, por falta de quesito obrigatório.

160. É nula a decisão do tribunal que acolhe, contra o réu, nulidade não arguida no recurso da acusação, ressalvados os casos de recurso de ofício.

162. É absoluta a nulidade do julgamento pelo júri, quando os quesitos da defesa não precedem aos das circunstâncias agravantes.

206. É nulo o julgamento ulterior pelo júri com a participação de jurado que funcionou em julgamento anterior do mesmo processo.

351. É nula a citação por edital de réu preso na mesma unidade da federação em que o juiz exerce a sua jurisdição.

352. Não é nulo o processo penal por falta de nomeação de curador ao réu menor que teve a assistência de defensor dativo.

366. Não é nula a citação por edital que indica o dispositivo da lei penal, embora não transcreva a denúncia ou queixa, ou não resuma os fatos em que se baseia.

431. É nulo o julgamento de recurso criminal, na segunda instância, sem prévia intimação, ou publicação da pauta, salvo em "***habeas corpus***".

523. No processo penal, a falta da defesa constitui nulidade absoluta, mas a sua deficiência só o anulará se houver prova de prejuízo para o réu.

706. É relativa a nulidade decorrente da inobservância da competência penal por prevenção.

707. Constitui nulidade a falta de intimação do denunciado para oferecer contrarrazões ao recurso interposto da rejeição da denúncia, não a suprindo a nomeação de defensor dativo.

708. É nulo o julgamento da apelação se, após a manifestação nos autos da renúncia do único defensor, o réu não foi previamente intimado para constituir outro.

709. Salvo quando nula a decisão de primeiro grau, o acórdão que provê o recurso contra a rejeição da denúncia vale, desde logo, pelo recebimento dela.

712. É nula a decisão que determina o desaforamento de processo da competência do júri sem audiência da defesa.

31. QUESTÕES DE CONCURSOS PÚBLICOS

01. (2017 – MPE-RS – MPE-RS – Promotor de Justiça – Reaplicação – Adaptada) Julgue o item que segue.

No processo penal, a falta da defesa constitui nulidade absoluta, mas a sua deficiência só o anulará se houver prova de prejuízo para o réu.

02. (2017 – MPE-PR – MPE-PR – Promotor Substituto – Adaptada) Sobre nulidade, julgue o item seguinte:

Nenhuma das partes poderá arguir nulidade a que haja dado causa, ou para que tenha concorrido.

03. (2016 – VUNESP – TJ-RJ – Juiz Substituto) Acerca das nulidades processuais e dos vícios procedimentais, assinale a alternativa correta.

(A) As nulidades processuais penais sofrem influência da instrumentalidade do processo, não se declarando qualquer tipo de nulidade se não verificado o prejuízo.

(B) Segundo a jurisprudência do Superior Tribunal de Justiça, a inversão da ordem das perguntas (art. 212, CPP) não gera nulidade, não implicando afronta ao princípio do contraditório.

(C) As nulidades são divididas conforme a gravidade dos vícios, em relativas e absolutas, sendo a nulidade de ordem absoluta reconhecida ainda que não haja prejuízo.

(D) A inépcia da acusação só pode ser apreciada na fase do artigo 396, do Código de Processo Penal, não podendo tal análise ser refeita na fase do artigo 397, do Código de Processo Penal, após a resposta à acusação.

(A) A coisa julgada sana todas as hipóteses de nulidades processuais penais.

04. (2015 – CESPE – DPE-PE – Defensor Público) Com relação a habeas corpus e nulidades, julgue o item a seguir.

Nulidade ocorrida após a pronúncia deverá ser arguida na fase de especificação das provas que serão produzidas em plenário, sob pena de preclusão.

05. (Vunesp – Delegado de Polícia – SP/2014) Segundo o princípio da pas de nullité sans grief,

(A) não há diferença entre nulidades absolutas e relativas.

(B) no processo penal há prevalência do interesse do réu.

(C) nenhum ato será declarado nulo, se da nulidade não resultar prejuízo.

(D) o réu tem direito de ser julgado por um juiz previamente determinado por lei.

(E) é garantida publicidade aos atos processuais, sob pena de nulidade.

06. (VUNESP – MPE-SP – Analista Jurídico do Ministério Público – 2018) Escolha a afirmação a seguir que representa o entendimento correto sobre nulidades.

(A) A nulidade do ato não será pronunciada quando o julgamento de mérito for favorável à parte beneficiada pelo seu reconhecimento.

(B) O princípio da causalidade significa que não se anula o ato se, embora praticado em desacordo com a forma prevista em lei, atingiu o seu fim.

(C) Com o trânsito em julgado, as nulidades absolutas que possam ser reconhecidas em prejuízo do acusado podem ser sanadas via habeas corpus ou revisão criminal.

(D) A nulidade absoluta é a que decorre da violação de uma determinada forma do ato, que visava à proteção de interesse processual das partes.

(E) A falta de intervenção do Ministério Público nos atos do processo não impede a efetividade do contraditório quando atua como custos legis.

32. GABARITO ANOTADO

01 – C

Vide:

- Súmula 523 do STF.

02 – C

Vide:

- Art. 565 do CPP.

03 – A

Vide:

- Art. 563 do CPP.

04 – E

Vide:

- Art. 571, V, do CPP.

05 – C

Vide

- Art. 563, CPP.

06 – A

Vide:

- Art. 565, CPP.
- Art. 564, III, CPP.

33. QUESTÕES DISCURSIVAS COM COMENTÁRIOS

01. (Vunesp – Promotor de Justiça – ES/2013) No sistema processual penal brasileiro, a violação do princípio da correlação entre o fato imputado pela acusação e o fato constante na sentença não se encontra entre as hipóteses expressamente elencadas como causa de nulidade processual. Considerando a assertiva acima, responda justificadamente:

(A) No que consiste esse princípio?

(B) É viável a alteração dos fatos imputados na denúncia no curso da instrução processual? Explique.

(C) É viável defender a tese de que a violação da regra constitui nulidade absoluta? Explique.

Resposta

a) O princípio da correlação consiste na necessidade que a sentença aprecie os fatos dentro dos limites da imputação descrita na petição inicial.

b) Pode ocorrer alteração dos fatos imputados na denúncia no curso da instrução processual, mediante aditamento, seja em virtude de elementar ou seja em razão de circunstância não contida na petição inicial, conforme o procedimento que consagra a mutatio libelli (art. 384, CPP).

c) É viável, eis que o ferimento da regra da correlação prejudica inexoravelmente o direito à ampla defesa e ao contraditório. Para que haja defesa efetiva, o acusado precisa conhecer os fatos a ele imputados de forma completa. Sendo surpreendido com condenação com inclusão de fato não contido na petição inicial ou em aditamento, teremos violação da Constituição e do art. 564, III, "a" e "e", CPP, cujo prejuízo ao réu é presumido legislativamente.

Capítulo XXXVII

Nulidades em Espécie

1. INTRODUÇÃO

Neste capítulo, analisaremos o rol legal dos defeitos em espécie, bem como outras atipicidades que, embora não tipificada na legislação, têm igual importância na temática do controle dos atos viciados. Cada tópico refere um vício que atinge um elemento do ato processual e que compõe o aspecto **antecedente** da estrutura normativa dúplice da nulidade. É o que chamamos de **nulidade-fato** ou **defeito**.

Com o exame dos casos particulares, será possível verificar que as nulidades são classificadas, quanto aos vícios sobre os elementos dos atos processuais, conforme os graus de gravidade dos atos defeituosos, em: inexistência jurídica, nulidade absoluta, nulidade relativa e irregularidade.

Adstrita à espécie de nulidade, aplicaremos uma providência **consequente** ou mais de uma, no aspecto secundário daquela estrutura normativa dúplice nulificadora: o que denominamos de **nulidade-consequência** ou **sanção**. Cada espécie de providência consequência terá lugar conforme a classe do vício e consoante seja o caso de **invalidação** (tornar sem efeito ou subtrair a validade), **convalidação** (confirmar a validade) ou **saneamento** (tornar sem efeito e refazer).

Nulidade em sentido amplo

[Estrutura normativa dúplice]

Nulidade-fato, antecedente ou vício

[inexistência jurídica, nulidade absoluta, nulidade relativa ou irregularidade]

↓ **deve ser**

Nulidade-consequência, consequente, resposta ou sanção

[invalidação, convalidação ou saneamento]

Nosso enfoque buscará aplicar a teoria da nulidade aos casos concretos, apontando o confronto com a jurisprudência do Supremo Tribunal Federal e do Superior Tribunal de Justiça, sem perder de vista o aspecto crítico doutrinário. Levaremos assim em conta, a chamada relativização das nulidades tradicionalmente classificadas como absolutas.

Para tanto, estaremos acompanhados por juristas consagrados, como Amilton Bueno de Carvalho e Salo de Carvalho, que enfatizam o papel do Poder Judiciário como "garantidor da regularidade dos procedimentos (devido processo legal) e dos direitos do imputado". A título de exemplo, os autores citam a "relativização do direito ao sigilo das comunicações telefônicas", regulada no texto constitucional que cuida sobre sigilo dos dados (art. 5º, inciso XII, CF). E são certeiros no ponto: "não seria razoável que o legislador, ao elaborar a Lei nº 9.296/96, facultasse aos agentes de investigação (autoridade policial, p. ex.) e/ou ao Ministério Público, a possibilidade de decretar a quebra do sigilo telefônico", ato submetido à reserva jurisdicional. Afinal, a Constituição estabeleceu "um determinado horizonte de atuação cujo desrespeito macularia a validade do ato do legislador ordinário"[1]. Do mesmo modo, viciado estaria o autorizativo do juiz que desacatasse a forma cristalizada no imperativo constitucional.

2. FALTA OU DEFICIÊNCIA DE DEFESA

Não é admissível, no processo penal, a **falta de defesa**, vício gravíssimo que afeta elemento essencial do processo, porque garantida pela Constituição a ampla defesa, com os meios e recursos a ela inerentes. Trata-se de **nulidade absoluta**.

Ao acusado que não tiver condições ou que não quiser constituir advogado, deve ser dado um defensor. Nesse sentido, o Código de Processo Penal é expresso ao prevê, no § 2º do seu art. 396-A, que se o acusado, uma vez citado, não apresentar resposta preliminar nem constituir defensor, o juiz deverá nomear defensor para oferecê-la em dez dias, com vista dos autos.

O defensor poderá então ser nomeado pelo juiz, quando será chamado de dativo. Com a Constituição de 1988, a instituição da Defensoria Pública passou a ser obrigação

1. CARVALHO, Amilton Bueno; CARVALHO, Salo de. *Reformas penais em debate*. Rio de Janeiro: Lumen Juris, 2005. p.158.

da União e dos Estados, incumbindo-lhes "a orientação jurídica e a defesa, em todos os graus, dos necessitados".

Com a institucionalização das Defensorias Públicas, também não é mais justificável admitir, no processo penal, a **deficiência de defesa**, embora essa tenha sido comumente tolerada pela jurisprudência, para considerá-la **nulidade relativa**.

A garantia constitucional do art. 5º, LXXIV, que preconiza que "o Estado prestará assistência jurídica integral e gratuita aos que comprovarem insuficiência de recursos", corrobora a ideia que, mesmo no caso de deficiência, estamos diante de uma nulidade absoluta.

Caso o advogado constituído pelo réu renuncie ao mandato que lhe foi outorgado, o magistrado deverá dar preferência à intimação do réu para constituir novo advogado, não sendo suficiente a assistência da Defensoria sem a adoção dessa cautela preliminar. Nesse sentido o entendimento do STF, expresso através da súmula nº 708, que enfatiza ser nulo o julgamento da apelação se, após a manifestação nos autos da renúncia do único defensor, o réu não foi previamente intimado para constituir outro.

Voltando ao problema da deficiência de defesa, o antigo enunciado nº 523, da Súmula do STF, verbera que "no processo penal, a falta de defesa constitui nulidade absoluta, mas a deficiência só o anulará se houver prejuízo para o réu". Aqui temos dois óbices ao teor dessa Súmula. O primeiro diz respeito ao fato da Constituição ter elevado a garantia de ampla defesa a um patamar incompatível com a aceitação de uma defesa insuficiente. O outro aponta para a dificuldade, comentada no capítulo anterior, que tem o acusado de demonstrar prejuízo em virtude de deficiência de sua defesa.

Com a previsão de Defensoria Pública estruturada, o Estado deverá prover os seus quadros com profissionais qualificados e remunerados pelos cofres públicos, não sendo razoável a aceitação de conduta processual postulatória deficiente.

Ainda sobre o enunciado nº 523, da súmula do STF, Antônio Tovo Loureiro observa que há "conivência do Judiciário com as violações ao escudo protetivo do réu". Com isso, o acusado será prejudicado duplamente: (1) "pela deficiência de defesa"; e (2) pelo ônus de produzir prova de que "realmente sofreu prejuízo". O autor critica a excessiva discricionariedade para a definição do limite entre as nulidades absolutas e relativas, criando um ambiente próprio para um "formalismo inquisitivo" que autoriza que o juiz considere nulidade relativa hipótese que subjetivamente não queira sancionar com a invalidade (sabendo "que é praticamente impossível comprovar dito prejuízo")[2].

A apresentação de defesa preliminar disposta no art. 396-A, do CPP, deve enfrentar matéria processual e de mérito que conduza à absolvição sumária. A ausência de oportunidade para tanto ou o seu não oferecimento pelo advogado constituído pelo acusado caracteriza nulidade absoluta, diante de ser uma peça essencial.

Da mesma forma, a omissão na apresentação de razões finais orais ou de memoriais pela defesa implica nulidade absoluta.

---

2. LOUREIRO, Antônio Tovo. O descumprimento das formas processuais penais como maximização do poder de punir: por uma nova teoria das nulidades. *Revista da Faculdade de Direito da Universidade Federal do Rio Grande do Sul*, Porto Alegre, nº 26, p. 26, dez. 2006.

No processo penal, contudo, temos sempre um aspecto variável, **pragmático**, que incide quando a decisão final for **favorável ao réu**. Se, ao final, a sentença for favorável ao acusado (absolutória, por exemplo) e só depois o vício tiver sido verificado, não há que se decretar a sanção de nulidade. Isso porque as formas processuais são direitos de primeira geração instituídas em função da proteção da liberdade do imputado.

Daí não ser possível abreviar formas com o intuito condenatório. Mas o inverso é possível, vale dizer, há como se abrir mão da forma quando o resultado final otimiza a liberdade do imputado.

Como já dito, na atual jurisprudência do Supremo Tribunal Federal, existe a tendência de relativizar as nulidades absolutas, não sendo raro que se requeira, para sua declaração, o prejuízo para o réu[3]. Entendemos que esse prejuízo só não estará presente se a sentença for absolutória, pois caso contrário, o que haverá é a consagração do sistema inquisitório.

O reconhecimento judicial de nulidade por falta ou deficiência de defesa deverá ser esposado suficientemente pelo magistrado. É dever do juiz fundamentar toda e qualquer decisão (art. 93, IX, CF; § 2º, art. 315, CPP, com redação da Lei nº 13.964/2019).

Outro indicativo de que a deficiência de defesa não deve ser considerada nulidade relativa, é a grande possibilidade de se ter, no lado passivo da demanda penal, um réu pobre. O processo penal é seletivo, servindo, não raras vezes, à gestão de pessoas indesejáveis[4]. Mas, ao réu necessitado, é garantido, pela Constituição, o patrocínio por advogado concursado, integrante dos quadros da Defensoria Pública.

A falta de defesa para esses casos, por sua vez, é ainda mais inconcebível.

Vale frisar as duas situações cujo exame é de relevo, com Grinover, Scarance e Gomes Filho:

(1) **colidência entre defesas de corréus:** ocorre quando há a nomeação ou constituição de um só defensor ou advogado para acusados que apresentam versões conflitantes. Em caso dessa natureza, as "versões antagônicas para os fatos apontados como delituosos sacrifica irremediavelmente o direito de defesa". Diante do prejuízo evidente, a sanção a ser aplicada é a de **nulidade absoluta** a partir da nomeação ou constituição do defensor ou advogado, com a consequente **invalidação** dos atos afetados; e

(2) **colidência entre a defesa técnica e a autodefesa:** acontece quando a defesa técnica e a autodefesa seguem linhas diversas e que não são nem alternativas nem cumuláveis, mas incompatíveis. Nesse caso, o que se deve evitar é, por exemplo, que a divergência entre as defesas possibilite a apresentação de quesitos contraditórios aos jurados (eis que aqui haverá nulidade absoluta). Haverá colidência também quando defesa técnica e acusado divergem sobre a interposição de recurso, quando deve prevalecer, a manifestação de quem queira recorrer. Desse modo, se o recurso interposto pelo réu pessoalmente deixar de ser recebido porque o advogado desejava não recorrer, haverá **nulidade absoluta**.

3. STF – Primeira Turma – HC 143337 – Rel. Min. Marco Aurélio – Rel. p/ o acórdão Min. Roberto Barroso – publicado em 26 fev. 2019.
4. CASARA, Rubens. *Sociedade sem lei*: pós-democracia, personalidade autoritária, idiotização e barbárie. Rio de Janeiro, 2018. p.15.

Em outro passo, deve o juiz nomear **defensor para oferecer as razões recursais** na hipótese de discordância do procurador constituído pelo réu quanto à vontade deste recorrer. Esse o entendimento que se consolidou na jurisprudência:

(a) o STJ assentou que, havendo conflito entre o desejo de recorrer do próprio acusado e o de não recorrer da defesa técnica, ou vice-versa, deverá ser ele resolvido no sentido do desejo daquele que quer recorrer[5].

(b) o STF editou a o enunciado nº 705, de sua Súmula, assentando que "a renúncia do réu ao direito de apelação, manifestada sem a assistência do defensor, não impede o conhecimento da apelação por este interposta". Por outro lado, também no STF tem se reconhecido que é necessária a intimação do réu para constituir novo defensor e, em seguida, que se dê a ele defensor para apresentar razões recursais[6].

Em outro giro, podemos anuir que deve ser assegurada a defesa ampla, com os meios e recursos a ela inerentes. Mesmo na investigação preliminar, sede sem angularização de relação processual, deve ser viabilizado tudo o que for indispensável ao exercício da ampla defesa no processo futuro.

É nessa linha, que o art. 3º-B, do CPP[7], acrescido pela Lei nº 13.964/2019, aduz que compete ao juiz das garantias assegurar prontamente, quando se fizer necessário, o direito outorgado ao investigado e ao seu defensor de acesso a todos os elementos informativos e provas produzidos no âmbito da investigação criminal, salvo no que concerne, estritamente, às diligências em andamento. Ademais, nos termos do *caput* daquele dispositivo, o juiz das garantias é responsável pelo controle da legalidade da investigação criminal e pela **salvaguarda dos direitos individuais** cuja franquia tenha sido reservada à autorização prévia do Poder Judiciário.

O direito à assistência do defensor passou a ser assegurado expressamente em favor da pessoa investigada que for servidora vinculada às instituições que compõem o sistema de segurança pública (art. 144, CF). Essas disposições também se aplicam aos servidores vinculados às Forças Armadas (art. 142, CF) quando os fatos investigados digam respeito a missões para a Garantia da Lei e da Ordem.

Nessa esteira, o art. 14-A, do CPP, inserido pela Lei nº 13.964/2019, dita que, quando o servidor vinculado à instituição de segurança pública e figurar como investigado em inquéritos policiais, inquéritos policiais militares e demais procedimentos extrajudiciais, cujo objeto for a investigação de fatos relacionados ao uso da força letal praticados no exercício profissional, de forma consumada ou tentada, incluindo as situações de excludentes de ilicitude:

(1) o investigado poderá constituir defensor;

---

5. STJ – Quinta Turma – RHC 33.756/RR – Rel. Min. Marco Aurélio Bellizze – Dje 29 mai. 2013.
6. STF – Segunda Turma – HC 114089 – Rel. Min. Ricardo Lewandowski – DJe 26 mar. 2013; STF – Primeira Turma – RHC 167851 AgR – Rel. Min. Roberto Barroso – publicado em 15 mai. 2019.
7. Dispositivo com eficácia suspensa, nos termos de decisão monocrática do Supremo Tribunal Federal (STF – ADI 6298/DF – Medida Cautelar – Rel. Min. Luiz Fux – 22 jan. 2020).

(2) o investigado deverá ser citado da instauração do procedimento investigatório, podendo constituir defensor no prazo de até 48 (quarenta e oito) horas a contar do recebimento da citação; e

(3) esgotado esse prazo, com ausência de nomeação de defensor pelo investigado, a autoridade responsável pela investigação deverá intimar a instituição a que estava vinculado o investigado à época da ocorrência dos fatos, para que essa, no prazo de quarenta e oito horas, indique defensor para a representação do investigado.

Como se depreende, a previsão é de um autêntico procedimento contraditório em sede de investigação preliminar. Dispositivo com teor similar foi inserido no Código de Processo Penal Militar (art. 16-A), pela mesma Lei nº 13.964/2019.

A obrigatoriedade da intervenção do defensor, contudo, foi prevista com incidência restrita às pessoas vinculadas à atividade de segurança pública estatal, na trilha dos fundamentos de um movimento da lei e da ordem.

A nosso ver, essa limitação é de constitucionalidade duvidosa porque estabelece distinção entre investigados considerando o fato de um deles ser agente de segurança pública, colocando o Estado ou o agente estatal em degrau superior ao cidadão comum. Para conferir interpretação conforme a Constituição, pensamos que a regra deveria ser uniforme e, se for a hipótese, que se permita o exercício dessas faculdades a qualquer imputado que figurar como investigado em procedimentos extrajudiciais que apurem autoria e materialidade de infração penal.

3. ILEGITIMIDADE DA PARTE

O Código de Processo Penal estabelece hipótese de nulidade quando a parte for ilegítima para figurar em um dos polos da relação processual (art. 564, II, CPP), afirmando que haverá nulidade quando ocorrer "**ilegitimidade de parte**". O uso desse termo amplo impõe a necessidade de nos reportarmos ao tema pressupostos processuais e condições da ação. Cuida-se de **nulidade absoluta**, por serem esses elementos essenciais ao processo.

Os pressupostos processuais são os requisitos prévios para a constituição válida e regular da relação processual.

Clássico estudo do jurista alemão Oskar Von Bülow, enumera, como pressupostos processuais:

(1) a competência, a capacidade e a insuspeitabilidade do tribunal;

(2) a capacidade processual das partes, isto é, que seja pessoa legítima para estar em juízo;

(3) a legitimação do representante da parte;

(4) as qualidades próprias e imprescindíveis de uma matéria litigiosa;

(5) a comunicação/notificação/citação da demanda; e

(6) a ordem entre vários processos (tal como não existir coisa julgada ou litispendência) [8].

Seguindo esquema proposto por Francisco Wildo Lacerda Dantas, os **pressupostos processuais** podem ser:

(1) **de existência:**

(a) pedido (pretensão);

(b) jurisdição;

(c) existência de partes (citação);

(d) capacidade postulatória;

(2) **de validade:**

(a) requisitos subjetivos:

(I) quanto ao juiz: jurisdição, competência e compatibilidade;

(II) quanto às partes: capacidade para ser parte, capacidade de estar em juízo (processual) e capacidade de postular em juízo;

(b) requisitos objetivos:

(I) inexistência de fatos impeditivos: litispendência, coisa julgada e perempção;

(II) subordinação do procedimento à lei: petição inicial com os requisitos legais (arts. 41 e 395, CPP), citação e procuração específica para a propositura de ação penal privada[9].

Pressupostos processuais não se confundem com condições da ação.

Afrânio Silva Jardim elucida que, enquanto os **pressupostos processuais** são os requisitos para a constituição do processo de forma válida e regular, as **condições da ação** são os requisitos para que o titular da ação a promova eficazmente, quais sejam: legitimidade para a causa (ativa e passiva), interesse de agir (interesse processual) e justa causa para a ação penal[10]. Diferentemente do processo civil, o direito processual penal continua com a categoria denominada **condições para o exercício da ação penal** (art. 395, II, CPP).

O Código de Processo Penal, ao se referir à "ilegitimidade de parte" encampou em um rótulo genérico tanto a ilegitimidade de parte ***ad causam*** (condição da ação), quanto a ilegitimidade de parte ***ad processum*** (pressuposto processual que inclui a capacidade para ser parte, para estar em juízo, capacidade processual e capacidade postulatória).

Em outras palavras, a "legitimidade de parte" pode figurar como condição da ação (legitimidade ***ad causam***) ou como pressuposto processual (legitimidade ***ad processum***).

---

8. BÜLOW, Oskar Von. *Teoria das exceções e dos pressupostos processuais*. Tradução: Ricardo Rodrigues Gama. 2. ed. Campinas: 2005. p. 9.
9. DANTAS, Francisco Wildo Lacerda. *Teoria geral do processo*: jurisdição, ação (defesa), processo. 2. ed. São Paulo: Método, 2007. p. 436.
10. JARDIM, Afrânio Silva. *Direito processual penal*. 11. ed. Rio de Janeiro: Forense, 2002. p. 54.

Legitimidade para a causa (legitimidade *ad causam*) é **condição para o exercício da ação penal** que deve ser compreendida a partir da relação jurídica de direito material que no processo penal condenatório é o fato criminoso. Os protagonistas do delito são o sujeito ativo (agente) e o sujeito passivo (ofendido ou vítima).

Quando se está diante de uma ação penal privada, a relação jurídica de direito material esclarece a legitimação processual:

(1) o legitimado ativo (ou querelante), titular da ação, será a vítima maior de 18 anos ou o seu representante legal;

(2) o legitimado passivo (ou querelado) será o agente do crime maior de 18 anos (independente da higidez mental).

No caso de ação penal pública, a relação jurídica de direito material indicará o legitimado passivo: o agente do crime (sujeito ativo da conduta delituosa).

O legitimado ativo é o Ministério Público, não em razão da noção de relação jurídica de direito material, mas por força do regramento constitucional do art. 129, I, CF.

Daí que haverá ilegitimidade ***ad causam***, ensejadora de reconhecimento de nulidade processual, consoante exemplificam Grinover, Scarance e Gomes Filho:

(1) no que concerne à legitimação ativa, quando o autor da ação penal não é o seu titular, como se dá "quando o Ministério Público propõe a ação em crimes em que ela é de iniciativa exclusiva do ofendido";

(2) no que toca à legitimação passiva, quando a denúncia for apresentada, erroneamente, contra a vítima ou testemunha, que, evidentemente, não concorreu para infração penal ("a legitimação passiva, no processo penal condenatório, significa que o réu deve ser o titular da relação jurídico-litigiosa de direito material")[11].

Nessas hipóteses, a **nulidade** a ser reconhecida é de natureza **absoluta** e, a consequência a ela atrelada, deve ser a **invalidação** ou o **saneamento** (quando a invalidação puder ser acompanhada de refazimento do ato viciado).

Não há possibilidade de convalidação de ato processual quando a parte que vier a responder ao processo não seja a mesma que faça parte da relação jurídica material criminosa. Um exemplo passível de ocorrer é a de indivíduos homônimos. Comprovada a ilegitimidade do réu (***ad causam***), o reconhecimento da nulidade é de rigor, de forma absoluta. Da mesma forma, caso o Ministério Público proponha ação em crime de ação privada ou vice-versa. A nulidade será insanável, por ilegitimidade para a causa. A consequência deverá ser a invalidação (o juiz deve anular ou **tornar sem efeito**).

Legitimidade *ad processum* é **pressuposto processual** que se divide em três aspectos:

(1) a capacidade para ser parte: ser pessoa física ou jurídica (para os crimes em que esta pode ser sujeito ativo);

(2) a capacidade processual para estar em juízo: no caso de pessoa física, ser maior de 18 anos ou seu representante legal devidamente autorizado legalmente; e

11. GRINOVER, Ada Pellegrini; FERNANDES, Antônio Scarance; GOMES FILHO, Antônio Magalhães. *As nulidades no processo penal*. 7. ed. São Paulo: RT, 2001. p. 19.

(3) capacidade postulatória (ser membro do Ministério Público nas ações públicas ou ser advogado com procuração com poderes especiais nas ações penais privadas).

Os atos processuais praticados por representante não constituído pela parte podem ser convalidados mediante manifestação expressa ou tácita do procurador legítimo. Nesse sentido, o art. 568, CPP, dispõe que "a nulidade por ilegitimidade do representante da parte poderá ser a todo tempo sanada, mediante ratificação dos atos processuais". É hipótese de ilegitimidade ***ad processum*** (pressuposto processual), que admite **convalidação**, em virtude de regra que excepciona a consequência que seria normal à espécie, qual seja, a **invalidação**.

Outro exemplo de ilegitimidade ***ad processum*** por deficiência de representação (pressuposto processual) que pode ser sanada é a prática de atos por promotor que originariamente não deveria atuar no caso (sem atribuições).

Nesse caso, é possível a retificação ou a ratificação pelo promotor com atribuições dos atos praticados anteriormente pelo outro órgão do Ministério Público, com esteio nos princípios da unidade e da indivisibilidade da instituição.

Todavia, não é dispensável manifestação expressa e fundamentada do membro do *Parquet*, bem como decisão judicial também motivada do juiz competente. Como o ato de recebimento da denúncia é causa interruptiva da prescrição, forçoso é o reconhecimento de que a decisão de recebimento perante o órgão judicial competente é que terá o condão de produzir esse efeito.

Por último, temos como exemplo de ilegitimidade de parte ***ad processum*** o caso de ação penal movida equivocadamente contra adolescente. Aí o procedimento adequado não é o criminal, mas aquele destinado à aplicação de medida socioeducativa ou específica de proteção previsto no Estatuto da Criança e do Adolescente.

Para Grinover, Scarance e Gomes Filho, esse exemplo ("fatos típicos praticados por menores de dezoito anos"), não parece "consubstanciar falta de legitimidade passiva"[12]. No entanto, os autores abordam a questão da ilegitimidade de parte sob o único aspecto "condição da ação" (***legitimatio ad causam***), quando aqui se está diante de pressuposto processual para o desenvolvimento válido e regular do processo penal. Essa divergência doutrinária decorre, como se depreende, de um diferente ponto de vista.

4. INCOMPETÊNCIA DO JUÍZO

A nulidade também poderá ocorrer por incompetência da autoridade judiciária (art. 564, I, CPP). A competência em matéria penal é definida, em boa medida, constitucionalmente, sendo, ademais, especificada pela legislação ordinária.

É a Constituição do Brasil que garante que ninguém será processado ou julgado senão pelo juiz competente (art. 5º, LIII). A letra do artigo aponta para o sentido de que nenhum ato deveria ser aproveitado se reconhecida a incompetência do juiz processante.

12. GRINOVER, Ada Pellegrini; FERNANDES, Antônio Scarance; GOMES FILHO, Antônio Magalhães. *As nulidades no processo penal*. 7. ed. São Paulo: RT, 2001. p. 66.

Na prática, todavia, os tribunais e parte da doutrina têm entendido ser essencial a indicação de qual a incompetência que recai sobre o magistrado.

Para uma primeira corrente, se for o caso de **incompetência absoluta**, nenhum deveria ser aproveitado, nem os decisórios, nem os instrutórios, pois todos terão que ser refeitos perante o juízo competente. Já se a nulidade é decorrente de **incompetência relativa**, seria admitido o aproveitamento dos atos de prova, sendo nulos os de caráter decisório.

Esse é o entendimento defendido por Julio Fabbrini Mirabete. De acordo com o autor, "a incompetência *ratione personae* **e** *ratione materiae* são de caráter absoluto, e pode ser alegada a qualquer momento, devendo o processo ser anulado *ab initio*", pelo que "o chamado princípio do aproveitamento dos atos processuais só pode ser aceito na hipótese de incompetência *ratione loci*, causa de nulidade relativa que deve ser alegada oportunamente"[13].

O art. 567, CPP, dispõe que "a incompetência do juízo anula somente os atos decisórios". A redação do enunciado é deficiente. Quem irá declarar a nulidade e a invalidação de algum ato é o juiz. A incompetência torna o ato viciado, mas este precisará, para ser reconhecido como nulo, de um pronunciamento judicial.

Essa posição, contudo, não é a que tem prevalecido na jurisprudência dos tribunais.

O Supremo Tribunal Federal seguia com jurisprudência no sentido de que a **nulidade** sobre ato processual, em face de **incompetência absoluta**, importaria **invalidação** dos atos decisórios, máxime porque estaríamos diante de prejuízo presumido pelo ordenamento jurídico. Na hipótese de **incompetência relativa**, não haveria nulidade de qualquer ato já praticado, quando inexistente prejuízo para a parte ou não alegada oportunamente. Em outros termos, uma vez reconhecida a **incompetência relativa** que, todavia, não tivesse sido averbada em momento oportuno e sem a demonstração de prejuízo à parte –, haveria **nulidade relativa**: o único efeito que deveria ser aplicado seria a **convalidação**, com o deslocamento do processo ao juízo competente, com o aproveitamento de todos os atos já realizados.

Como estudamos no capítulo anterior sobre a teoria da nulidade, a Suprema Corte passou a exigir que se comprove prejuízo em todas as hipóteses de nulidades, cobrando, inclusive, que a arguição do vício tenha se dado oportunamente. A generalização do *pas de nullité sans grief* acabou por descontruir com alguma nitidez a distinção entre as nulidades, tornando maior a discricionariedade judicial para invalidar ou convalidar um ato inquinado de nulidade. Como exemplo, a Súmula 706, do STF, aviva que "é relativa a nulidade decorrente da inobservância da competência penal por prevenção". Por conseguinte, criou-se a indispensabilidade da demonstração do efetivo prejuízo causado à defesa pelo ato processual, para que seja reconhecida a nulidade aludida e invalidado o ato.

Essa linha de jurisprudência do STF influenciou o STJ e demais tribunais, que passaram a vincar que "não se mostra consentânea com o direto processual moderno a anulação do processo desde o oferecimento da denúncia", nos casos de atos praticados por juízo incompetente. De acordo com aquela Corte Superior, são ratificáveis no juízo competente

13. MIRABETE, Julio Fabbrini. *Processo penal*. 14. ed. São Paulo: Atlas, 2003. p. 594.

inclusive os atos decisórios[14]. Nessa sequência, o STJ reiterou que a jurisprudência segue "uníssona ao exigir a comprovação de efetivo prejuízo para a anulação de atos processuais, tanto nas hipóteses de incompetência relativa quanto nas de absoluta"[15].

No entanto, é de ver que o recebimento da inicial acusatória só deveria ter seus efeitos jurídicos convalidados se realizado por magistrado competente (tal como o efeito de interromper a prescrição), especialmente quando a nulidade decorre de incompetência absoluta[16]. O recebimento da denúncia ou da queixa é ato decisório com graves efeitos que, por si só, afeta o *status dignitatis* do réu.

Contudo, tem prevalecido o entendimento de que pode haver ratificação perante o juízo competente, mesmo que o ato de recebimento tenha sido realizado por órgão absolutamente incompetente. Nessa esteira, conforme o que falamos até aqui, o STF e o STJ firmaram posição que admite a ratificação dos atos decisórios praticados por órgão jurisdicional absolutamente incompetente.

Pensamos que é equivocado o posicionamento jurisprudencial que supera o texto da própria Constituição. É verdade que a CF/1988 não distingue competência absoluta e competência relativa. Também o CPP não diferencia essas categorias. Porém, temos disposições constitucionais e legais que ordenam a nulificação de atos processuais praticados por juiz incompetente, notadamente quando decisórios. Como compatibilizar a jurisprudência dos tribunais com o ordenamento jurídico que prevê solução diversa da adotada pelos tribunais?

Nossa Constituição, aliás, é peremptória ao garantir, no seu art. 5º, inciso LIII, que "ninguém será processado nem sentenciado senão pela autoridade competente".

Trata-se de dupla garantia: não é admitido ser processado, nem julgado.

Vale dizer, segundo o texto da Lei Maior brasileira, nada poderia ser aproveitado no processo, independentemente da classe de competência. Ademais, em processo penal, temos que anuir que, não raras vezes, a competência territorial é muito importante, nuclear. Afinal, para o processamento de uma infração penal, o local de sua prática é elemento central, essencial, bastando imaginar que o processamento de um crime de homicídio ocorrido em Salvador, na cidade de Maceió, teria nele embutido um prejuízo grave a direitos fundamentais envolvidos.

5. INCOMPATIBILIDADE, IMPEDIMENTO, SUSPEIÇÃO OU SUBORNO DO JUIZ

Para entender a previsão do CPP, no inciso I, do seu art. 564, é preciso distinguir bem as noções de incompatibilidade, suspeição, impedimento e suborno.

A noção de incompatibilidade é genérica relativamente à de suspeição e à de impedimento. Na origem do termo, incompatibilidade é gênero do qual suspeição e impedimento são espécies. Nessa senda, afirma Heráclito Mossin que "haverá incompatibilidade para o

14. STJ – Quinta Turma – HC n. 507.134/MT – Rel. Min. Ribeiro Dantas – DJe 13 ago. 2019.
15. STJ – Quinta Turma – HC 539.002/SP – Rel. Min. Leopoldo de Arruda Raposo (Des. Conv. TJPE) – DJe 28 nov. 2019.
16. STJ – Sexta Turma – AgRg no HC 396.797/PE – Rel. Min. Sebastião Reis Júnior – DJe 27 out. 2017.

juiz funcionar em uma causa quando ele for suspeito (*iudex suspectus*) ou impedido (*iudex inhabilis*)".[17]

Porém, o legislador do Código de Processo Penal trata tais termos como distintos.

O art. 112, CPP, refere a incompatibilidades e a impedimentos dos órgãos que atuam na jurisdição criminal, destacando que, se não for averbada espontaneamente a abstenção pelo juiz, pelo Ministério Público ou pelos demais agentes, "a incompatibilidade ou impedimento poderá ser arguido pelas partes, seguindo-se o processo para a exceção de suspeição".

Entretanto, os motivos para o reconhecimento de incompatibilidade, de impedimento e de suspeição estão regrados de forma não muito clara nos artigos 252, 253 e 254, do CPP. Nestes artigos, a lei fala de suspeição em sentido genérico, daí a necessidade de distingui-los. De toda maneira, compreendemos como necessário que não exista qualquer dúvida sobre a imprescindível imparcialidade do juiz.

Decorre do postulado maior, da presunção de inocência e de todos os demais princípios e regras que tutelam a liberdade do imputado, que se houver dúvida, quanto à suspeição do juiz, este deve ser afastado do processo. É indeclinável que, além do juiz não poder ter interesse no desfecho do processo, ele tem que parecer um desinteressado, um ignorante em relação aos fatos, destinatário do conhecimento dos fatos. Daí que a norma a ser aplicada, em torno da imparcialidade do magistrado, deve ser *in dubio pro iudice suspicionis*.

O termo **incompatibilidade** deve ser reservado às relações de parentesco do juiz com os demais juízes nos órgãos colegiados, como estatui o art. 253, CPP: "nos juízos coletivos, não poderão servir no mesmo processo os juízes que forem entre si parentes, consanguíneos ou afins, em linha reta ou colateral até o 3º grau, inclusive". Da mesma forma, nas hipóteses em que a imparcialidade está comprometida, pouco importa se o magistrado integra ou não tribunal.

Os casos de **impedimento** estão dispostos no art. 252, do Código. Com a Lei nº 13.964/2019, o CPP passou a prever mais dois casos de impedimentos esparsos, nos artigos 3º-D e 157, § 5º. Os casos de impedimento são aqueles em que "o juiz não poderá exercer jurisdição". Impedimento traduz proibição para o exercício da jurisdição[18]. A noção de impedimento se coaduna com a ideia de objetividade da imparcialidade do juiz.

O juiz estará **impedido** de exercer jurisdição, quando:

(1) o seu cônjuge, companheiro ou parente até o 3º grau, na linha colateral ou na linha reta, já tiver atuado antes no processo. Nessa esteira, o STF entendeu haver **nulidade absoluta**, por impedimento do magistrado, quando seu genitor tiver atuado anteriormente, julgando um recurso, aplicando o art. 252, I, do CPP[19];

(2) já tiver servido como testemunha;

(3) tenha funcionado como juiz de outra instância;

17. MOSSIN, Heráclito Antônio. *Nulidades no direito processual penal*. 3. Ed. Barueri: Manole, 2005. p. 119.
18. CONSTANTINO, Lúcio Santoro. *Nulidades no processo penal*. 3. ed. Porto Alegre: Verbo Jurídico, 2008. p. 88.
19. STF – Segunda Turma – HC 136015/MG – Rel. Min. Ricardo Lewandowski – Julgado em 14 mai. 2019.

(4) o próprio julgador ou o seu cônjuge, companheiro ou parente, em linha reta ou na colateral até o 3º grau, for parte ou diretamente interessado no feito;

(5) atuando como juiz das garantias na fase de investigação, praticar qualquer ato incluído nas suas competências, hipótese em que o impedimento recairá sobre sua atuação na fase processual (art. 3º-D, CPP[20], incluído pela Lei nº 13.964/2019);

(6) conhecer do conteúdo da prova declarada inadmissível, razão pela qual o juiz não poderá proferir a sentença ou acórdão. É a previsão do § 5º, do art. 157, do CPP, incluído pela Lei nº 13.964/2019. Conhecer a prova significa formar juízo sobre ela, relacionando os seus elementos empíricos, com seus correlativos teóricos e, desse modo formando um nexo. Pensamos que o contato com prova ilícita interfere na formação de cognição do juiz e, por isso, deve afastá-lo do processo. Embora a lei restrinja à prolação de sentença ou de acórdão, o impedimento deve incidir de imediato. Não há sentido em autorizar que o juiz que tenha conhecido de prova declarada inadmissível permaneça conduzindo a instrução para, somente quando do julgamento, ser compelido a se afastar. Reconhecida a ilicitude, pelo próprio juiz ou pelo tribunal, estará constituído o impedimento. Se praticar atos processuais, haverá **inexistência jurídica**, por lhe faltar poder jurisdicional, devendo ser aplicada a sanção de **invalidação** desde o instante do impedimento.

A proibição de exercer jurisdição por impedimento do juiz exclui **elemento estrutural** do exercício da jurisdição penal. Rigorosamente, o juiz estará acometido de incapacidade para deliberar sobre qualquer ato processual. Por esse motivo, a nulidade em sentido amplo daí decorrente pode ser classificada como **inexistência jurídica**. Independentemente da classe de nulidade considerada – se inexistência jurídica ou nulidade absoluta, como alguns entendem ser a hipótese –, a consequência correlata deverá ser a **invalidação** de todos os atos processuais.

O CPC arrola casos de impedimento do juiz em seu artigo 144. O rol de impedimentos é sempre taxativo. Os casos de impedimento do CPC que não são contemplados pelo CPP, podem afastar o juiz penal como hipóteses de suspeição, no processo criminal. Isso porque os casos de suspeição são elencados em rol exemplificativo.

A **suspeição** tem a ver com situações mais subjetivas, gizadas no art. 254 do CPP e aludem a algumas situações que são mais difíceis de comprovação pela parte. Esse rol, frisamos, é aberto:

(1) amizade ou inimizade capital do juiz com qualquer das partes;

(2) quando ele, cônjuge ou companheiro, ascendente ou descendente estiver respondendo a processo por fato análogo com controvérsia sobre sua natureza delituosa;

(3) se o juiz, cônjuge, companheiro ou parente, consanguíneo ou afim, tiver de ser julgado por qualquer das partes;

(4) se tiver aconselhado qualquer das partes;

(5) se ele for credor ou devedor, tutor ou curador de qualquer das partes; e

20. Dispositivo com eficácia suspensa, nos termos de decisão monocrática do Supremo Tribunal Federal (STF – ADI 6298/DF – Medida Cautelar – Rel. Min. Luiz Fux – 22 jan. 2020).

(6) se for sócio, acionista ou administrador de sociedade interessada no feito criminal.

A sua vez, o **suborno** é corrupção pelo recebimento ou promessa de recebimento de vantagem pecuniária ou não pecuniária por parte do juiz. Heráclito Mossin, partilhando da mesma ideia, entende o suborno de maneira ampla, mediante interpretação extensiva. Desse modo aduz que "suborno é sinônimo de peita. Suborno significa desonestidade funcional. É a prostituição da judicatura"[21].

Decerto, os casos de parcialidade do juiz devem ser suficientes para alijar o magistrado, mediante interpretação aberta relativamente à suspeição e ao suborno. Não o impedimento e a incompatibilidade, por carecerem de previsão fechada. O afastamento do juiz parcial é garantia à tutela da liberdade do imputado. Daí ser inadmissível a manutenção de juiz na condução do processo penal, quando sobre ele paire dúvida sobre sua imparcialidade e honestidade. Cuida-se do direito fundamental a um juiz imparcial, isto é, que não penda, parcialmente, para um ou outro lado da relação processual.

Note-se que o Código de Processo Penal prevê nulidade para o caso de "suspeição ou suborno do juiz" (art. 564, I, CPP). As hipóteses de incompatibilidade e de impedimento, embora não mencionadas nesse inciso, estão nele subentendidas.

Em direito processual penal, a suspeição do magistrado é causa de **nulidade absoluta**. A primeira parte, do seu art. 101, deixa estampado que, uma vez julgada procedente a suspeição, ficarão nulos os atos do processo principal. Todos os atos, sem exceção, devem ser objeto de **invalidação**.

Também as situações de impedimento, de incompatibilidade e de suborno subsistem durante todo o trâmite processual. Não desaparecem com o decurso do tempo. Reconhecida a **inexistência** jurídica em face do impedimento ou a **nulidade absoluta** diante dos demais casos, o juiz ou o tribunal deverá aplicar a correlata consequência, qual seja, a **invalidação** dos atos processuais praticados pelo juiz impedido, incompatível, suspeito ou subornado, com o seu respectivo afastamento, e remessa dos autos ao substituto legal.

Tal nulidade só encontra óbice na sentença absolutória transitada em julgado. Não reputamos, pois, adequada ao sistema processual penal pátrio a posição de Lúcio Santoro de Constantino que sustenta que se o "acusado for absolvido por um juiz sem jurisdição, o decisório não terá eficácia jurídica por ser ato inexistente"[22].

O réu, em processo penal, não pode ser prejudicado com a instauração de mais de um processo, ainda que inexistente juridicamente, por culpa do Estado por ter sido o primeiro processo conduzido por juiz impedido ou suspeito, sobretudo quando se considera que o acusado já suportou efeitos negativos em seu *status dignitatis*. Ademais, a admissão de um segundo processo viola o princípio de que ninguém pode ser processado duas vezes pelo mesmo fato (*ne bis in idem*).

21. MOSSIN, Heráclito Antônio. *Nulidades no direito processual penal*. 3. Ed. Barueri: Manole, 2005. p. 128.
22. CONSTANTINO, Lúcio Santoro. *Nulidades no processo penal*. 3. ed. Porto Alegre: Verbo Jurídico, 2008. p. 88.

6. INEXISTÊNCIA OU DEFEITO DE PEÇA ACUSATÓRIA OU DE REPRESENTAÇÃO

Também haverá nulidade por falta de peça acusatória (hipótese de difícil configuração na prática, ressalvada possibilidade de equívocos no âmbito dos juizados especiais criminais, eis que neste juízo é comum o oferecimento de denúncia oral com transcrição de seus termos na ata da audiência preliminar).

A falta de denúncia, de queixa, de representação do ofendido ou de requisição do Ministro da Justiça é motivo de nulidade absoluta (art. 564, III, "a", CPP) - ou de inexistência (para os que admitem essa classificação).

A **nulidade** por defeito na queixa, na denúncia ou na representação, por outro lado, nem sempre levam à decretação de **invalidação** da petição inicial ou do processo, dependendo se o caso é de ausência de formalidade essencial ou acidental, para configurar caso de nulidade absoluta, de nulidade relativa ou de mera irregularidade. Atrelado a esses elementos, há posicionamentos que impõem a demonstração de prejuízo à parte e a alegação oportuna da nulidade *lato sensu*.

A peça acusatória deve conter a exposição do fato criminoso, com todas as suas circunstâncias, a qualificação do acusado ou esclarecimentos pelos quais se possa identificá-lo, a classificação do crime e, quando necessário, o rol das testemunhas (art. 41, CPP). Trata-se de ato estrutural ao processo penal, dotado de vários elementos essenciais vinculados à Constituição. O fundamento da previsão dessa nulidade consiste no fato de que a denúncia ou a queixa deve conter os requisitos legais para que possibilite ao acusado individualizado o exercício do contraditório e da defesa ampla.

Deveras, a petição inicial é indispensável ao exercício efetivo da defesa ampla. A prova produzida deve se circunscrever à causa de pedir descrita como objeto a se provar, na denúncia ou na queixa. Vícios na petição inicial devem conduzir a sua rejeição. Caso recebida indevidamente, ocasionará a nulidade dos atos que dela dependam. Reconhecida a nulidade, de natureza absoluta, deve se seguir à sanção de invalidação.

Os vícios da inicial, assim entendidos, poderão ser arguidos a prolação da sentença. Proferida decisão, os vícios existentes passam a ser da sentença, eis que se embasou em denúncia ou queixa-crime inepta, recaindo, sobre aquela, eventual reconhecimento de nulidade processual penal. Reconhecida a nulidade da sentença que encampou os vícios da inicial, os efeitos da invalidação serão retro operantes, isto é, retroagirão e alcançarão a peça acusatória defeituosa.

Exemplo de inépcia da acusatória é a descrição ambígua do fato supostamente criminoso. Também o caso de denúncia fragmentada, com a narrativa difusa dos fatos, a semelhança do relatório do inquérito policial. A narrativa da denúncia ou da queixa deve ser clara, contornando o tipo penal preenchido por elementos empíricos contidos na investigação.

Não é apropriado, por exemplo, usar, na denúncia, o verbo "arrebatar" para descrever o crime de roubo.

Isso porque, naquele verbo, não está implícita a violência física ou psíquica para a caracterização do crime do art. 157, CP. É necessário, portanto, que o Ministério Público afirme que o acusado subtraiu coisa alheia móvel mediante determinada violência, não bastando dizer que o réu "arrebatou" uma carteira, por exemplo, sob pena de incidir em ambiguidade vedada pelo sistema.

A inépcia é caso de rejeição da peça acusatória. Também quando a demanda se apresenta carente de algum pressuposto processual ou condição para o exercício regular da ação penal ou mesmo quando faltar justa causa para o seu exercício (art. 395, CPP).

O processo penal iniciado por denúncia inepta pode ser nulificado.

Também a mesma solução é dada para a ação penal que não evidenciar justa causa que, na lição de Afrânio Silva Jardim, é "um suporte probatório mínimo em que se deve lastrear a acusação, tendo em vista que a simples instauração do processo penal já atinge o chamado *status dignitatis* do imputado. Tal lastro probatório nos é fornecido pelo inquérito policial ou pelas peças de informação, que devem acompanhar a acusação penal"[23].

De outro giro, a representação, entendida como manifestação da vontade do ofendido para os crimes de ação penal pública condicionada, é condição de procedibilidade indispensável para a sua regularidade. Também o é a requisição do Ministro da Justiça nas situações exigidas pela lei penal.

A nosso ver, é preciso estabelecer uma distinção para fins de reconhecimento de nulidade absoluta ou relativa entre:

(1) a inexistência ou falta da representação; e

(2) o vício, defeito ou omissão na representação.

A **inexistência** ou **falta da representação**, para os processos de ação penal pública condicionada, é causa de rejeição da denúncia. Trata-se de ausência de uma condição de procedibilidade essencial para deflagração da persecução penal. O processo assim instaurado padece de vício ensejador de nulidade absoluta.

Nesse caso, a ausência da representação leva à nulidade insanável, não admitindo que a vítima supra a omissão, oferecendo representação no curso do processo. A regra vale ainda que não decorrido o prazo decadencial, isto é, o processo iniciado indevidamente deve ser extinto sem resolução de mérito, por ausência de condição de procedibilidade para a ação penal, sem possibilidade de convalidação do vício.

Diversa é a hipótese de **vício, defeito** ou **omissão na representação**. Aqui a representação existe, mas lhe falta uma formalidade que, não obstante essencial, pode ser corrigida antes de decorrido o prazo decadencial. É o caso da representação (que é regrada pela informalidade) ser apresentada por vítima menor de 18 anos sem a anuência de seu representante legal.

A omissão da anuência pode ser suprida se o representante, antes do decurso do prazo decadencial, comparecer ao processo e ratificar o desejo do ofendido menor de ver processado o acusado pelo crime de ação penal pública condicionada.

23. JARDIM, Afrânio Silva. *Direito processual penal*. 11. ed. Rio de Janeiro: Forense, 2002. p.54.

7. AUSÊNCIA DE INTERVENÇÃO DO MINISTÉRIO PÚBLICO

É caso de nulidade a falta de intervenção do Ministério Público em todos os termos da ação por ele intentada e nos da intentada pela parte ofendida, quando se tratar de crime de ação pública, consoante o preconizado pelo art. 564, III, "d", do CPP.

Desta forma, podemos fazer a seguinte distinção:

(1) havendo ausência de intervenção do MP nas ações penais públicas (incondicionadas ou condicionadas), a **nulidade** será **absoluta**, decorrendo dela a **invalidação** dos atos processuais.

(2) Já se a omissão é na ação privada subsidiária da pública, essa **nulidade** será **relativa**, podendo ser objeto de invalidação. Será, entrementes, objeto de **convalidação**, nos termos do art. 572, CPP, quando:

(a) não for arguida no tempo oportuno (princípio da preclusão temporal ou da oportunidade);

(b) o ato processual tiver atingido sua finalidade (princípio da finalidade); ou

(c) houver anuência do *Parquet* e da defesa (quando esta tiver interesse).

A aplicação dessas hipóteses deve considerar o filtro constitucional, ou seja, se a convalidação da ação penal importar violação a direito fundamental, é porque essa providência soará inadequada. Nessa situação, o juiz deve afastar a aplicação do art. 572, do CPP, exercendo o controle difuso de constitucionalidade, aplicando a sanção (nulidade-consequência) de invalidação dos atos processuais.

A participação do Ministério Público deve ter sublinhada sua importância em virtude de sua atribuição de defensor da ordem jurídica, ainda que seja parte no processo (art. 127, CF/1988).

Contudo, a simples ausência do *Parquet* não equivale e nem se confunde com a dispensa de comunicação processual. Não pode faltar a sua intimação pessoal com carga dos autos. Depois de intimado, é essencial sua efetiva intervenção.

Como aduz Eugênio Pacelli de Oliveira, a falta de comunicação de um ato processual provoca "nulidade absoluta, na medida em que impede a participação de uma das partes no processo"[24]. Com efeito, a falta de intimação do Ministério Público obsta sua ciência necessária para que participe, por exemplo, de uma audiência.

8. AUSÊNCIA OU DEFEITO DE CITAÇÃO E DO INTERROGATÓRIO DO RÉU

A citação é ato essencial à formação do processo penal. A citação do acusado propicia a angularização da relação processual. A citação é a comunicação da imputação ao réu. Ela é a base necessária para se garantir o contraditório e a ampla defesa.

24. OLIVEIRA, Eugênio Pacelli de. *Curso de processo penal*. 2. ed. Belo Horizonte: Del Rey, 2003. p. 763.

Em face de sua importância, autores entendem que sem citação inexiste juridicamente processo. Outros consideram nulidade absoluta. E alguns, ainda, veem a falta ou defeito de citação como de natureza relativa, já que o comparecimento da parte é capaz de supri-la.

O CPP, em seu art. 363, *caput*, dispõe que "o processo terá completada a sua formação quando realizada a citação do acusado". De outro lado, reza que a falta ou o defeito de "citação do réu para ver-se processar" e do "seu interrogatório, quando presente" é caso de nulidade (art. 564, III, "e", CPP).

A hipótese de falta ou de defeito de citação é caso de **nulidade absoluta**. Não há nulidade relativa quando o defeito recai sobre esse importante ato de comunicação processual. Quando ocorre o comparecimento do acusado, ainda que o fazendo só para alegar o vício, o que acontece propriamente não é a ratificação da citação viciada. O comparecimento do acusado é fato processual diverso. Com ele, ocorre **substituição** do ato de citação viciado por um fato que o legislador considerou equivalente à comunicação formal da imputação.

Então, queremos crer que é um equívoco considerar a nulidade de citação relativa, mesmo diante da previsão do art. 570, do CPP, que verbera estar **sanada** a falta ou a nulidade da citação, da intimação ou notificação, quando o interessado compareça, antes de o ato consumar-se, embora declare que o faz para o único fim de argui-la. Nesse caso, a citação persistirá **inexistente juridicamente** (falta) ou com **nulidade absoluta** (defeito), mas a lei valora como equivalente o comparecimento do interessado, operando a **substituição** de efeitos. Nessa hipótese, o magistrado ordenará a suspensão ou o adiamento do ato, quando reconhecer que a irregularidade poderá prejudicar direito da parte.

Outrossim, o réu deve ser necessariamente interrogado. O interrogatório será realizado ao final da instrução. Trata-se de autêntico meio de defesa. Daí que se o réu for localizado antes do trânsito em julgado da sentença penal condenatória, deve ser oportunizado o seu interrogatório, ainda que em grau de recurso, sob pena de nulidade absoluta.

Pensamos que o interrogatório deve ser verdadeiro ato de diálogo com o juiz, vedada sua realização sob sigilo relativamente a corréu. Afastamos, desse modo, o art. 191, do CPP por inconstitucional. O ambiente processual do interrogatório não deve ser de qualquer forma hostil ao imputado. Considerar o interrogatório ato de defesa do imputado implica proibir a formulação de perguntas que visem colocar o acusado em contradição. A Sexta Turma do STJ, entretanto, não reconheceu nulidade em razão da "condução do interrogatório do réu de forma firme durante o Júri", ponderando que isso "não importa, necessariamente, em quebra da imparcialidade do magistrado e em influência negativa nos jurados"[25].

Se, de um lado, cabe ao juiz oportunizar a realização do interrogatório do réu presente, sob pena de nulidade absoluta, por outro, se o acusado devidamente convocado, voluntariamente não comparecer, a ausência deve ser considerada como expressão do direito de defesa, não ocasionando qualquer nulidade. Entendemos, inclusive, que não deve haver condução coercitiva do acusado para seu interrogatório, conforme já consolidado.

25. STJ – Sexta Turma – HC 410.161-PR – Rel. Min. Maria Thereza de Assis Moura, por unanimidade, julgado em 17/04/2018, DJe 27/04/2018.

O comparecimento do advogado ou a designação prévia de defensor para assistir o réu, com entrevista prévia, é indispensável, sob pena de nulidade absoluta, não suprida por estagiário autorizado.

A gravidade do vício importa que, na hipótese, seja o prejuízo presumido para que outro interrogatório seja designado, ainda que o defeito seja alegado em grau de recurso.

Só não será o caso de nulidade se a sentença final tiver sido favorável ao acusado.

A previsão de interrogatório por videoconferência, inserida no ordenamento jurídico pela Lei nº 11.900/2009, suscitou debates sobre sua constitucionalidade.

A perda de dados sensíveis desse ato processual realizado por via eletrônica é um fator que pode prejudicar a defesa do acusado, especialmente para os que não têm aptidão para se defender por este meio. Por outro lado, o uso de videoconferência põe em déficit o elemento humano que deve permear o processo penal.

Na legislação, a videoconferência tem seu uso vinculado à ideia de excepcionalidade (§ 2º, do art. 185, do CPP). Na prática, porém, assiste-se à generalização desenfreada do uso do recurso tecnológico, ainda que cientes que o meio ainda é bastante precário, considerando o nível de qualidade de imagens e sons transmitidos. Em sede de execução penal, o apenado incluído em **regime disciplinar diferenciado** se sujeita, nos termos do art. 52, inciso VII, da LEP, acrescentado pela Lei nº 13.964/2019, à participação em audiências judiciais preferencialmente por videoconferência, garantindo-se a participação do defensor no mesmo ambiente do preso.

Pensamos que, fora das hipóteses estritamente autorizadas por lei, o uso da videoconferência para a tomada do interrogatório do réu é vício categorizado como **nulidade absoluta**. Como consequência, uma vez reconhecido deve compelir o juiz ou o tribunal à **invalidação** do ato processual.

9. VÍCIOS NA DECISÃO DE PRONÚNCIA E ROL DE TESTEMUNHAS

O art. 564, III, "f", CPP, preconiza que haverá nulidade na desconformidade do ato processual com as fórmulas ou termos da decisão de pronúncia e do rol de testemunhas nos processos perante o Tribunal do Júri.

A menção ao libelo-crime acusatório e à respectiva cópia estão revogadas tacitamente.

O exercício da ampla defesa depende do contorno adequado da pronúncia. A pronúncia delimita o âmbito da imputação. A produção probatória preparativa e contemporânea à sessão plenária do julgamento pelo júri está subordinada ao decote dos fatos, feito pelo juiz da instrução preliminar, na pronúncia.

Por outro lado, também interessa à ampla defesa e ao contraditório, a descrição correta das testemunhas arroladas. Assim é possível garantir que se saiba, de antemão, a identidade daqueles que irão depor, a fim de viabilizar o confronto da prova, essencial à sua produção.

Estudamos a decisão de pronúncia ao cuidarmos do procedimento especial do tribunal do júri. Consiste em decisão técnica, cuja fundamentação deve se basear em critério de neutralidade. A pronúncia é base para a acusação produzida perante os jurados, na segunda fase do rito escalonado do júri. Ela suplanta o que foi descrito na petição inicial, que serve de parâmetro para a primeira fase, de admissibilidade da acusação.

Como se trata de decisão com função similar à petição inicial da segunda fase, a ser submetidas a um corpo de leigos que compõe o conselho de sentença, devem ser respeitados limites para a prolação da **decisão de pronúncia**. Destarte, ela não pode conter:

(1) argumentação que favoreça uma das partes, para não influenciar o ânimo dos jurados;

(2) juízo de mérito, indicando condenação ou absolvição do acusado;

(3) menção a agravantes ou atenuantes;

(4) ordem para inserção do nome do réu no rol dos culpados;

(5) aplicação de regras de individualização da pena, tal como as de concurso de crimes, de situação de privilégio ou de continuação delitiva; e,

(6) causas especiais de diminuição de pena.

A sentença de pronúncia deve se limitar a admitir a acusação, pronunciando o réu pelo crime contra a vida, na forma simples ou qualificada e, levando, se for o caso, os demais crimes conexos a júri. Note-se que a pronúncia é do acusado pelo crime doloso contra a vida. As infrações penais que não forem capituladas como dolosas contra a vida poderão também ir a júri, porém por decorrência, por força de regra de conexão ou de continência (arts. 76 e 77, CPP).

Daí que a fundamentação da pronúncia deve se restringir à indicação do convencimento do juiz sobre:

(1) a materialidade do fato; e

(2) a existência de indícios suficientes de autoria ou de participação.

O magistrado deve declarar o dispositivo legal em que julgar incurso o acusado e especificar as circunstâncias qualificadoras e as causas de aumento de pena.

Pela importância da pronúncia, o desatendimento de suas normas essenciais determina o reconhecimento – total ou parcial conforme o caso – de sua **nulidade absoluta**. Seguidamente, o juiz deve **tornar sem efeito**, total ou parcialmente, a pronúncia eivada de nulidade absoluta, cabe dizer, deve ser objeto de **invalidação**.

O vício da pronúncia pode comprometer a isenção do julgamento pelos jurados. Se a fundamentação da pronúncia aponta culpa do acusado, teremos prejuízo ao devido processo legal e à ampla defesa, na segunda fase do rito do júri.

A pronúncia que não contém fundamentação supedaneada na **neutralidade** é capaz de invalidar todos os atos que lhe são subsequentes (princípio da causalidade, concatenação, interdependência ou da consequencialidade), mormente agora que serve ela de único parâmetro para a formulação da acusação em sede de sessão plenária de julgamento.

10. NÃO INTIMAÇÃO DO RÉU DA DATA DE JULGAMENTO PELO JÚRI

Os princípios da ampla defesa e do contraditório estão atrelados ao princípio da comunicação dos atos processuais[26]. É imprescindível que tenha sido o réu intimado da data designada para seu julgamento. É condição de aperfeiçoamento da validez do julgamento.

Haverá nulidade quando viciados os termos ou as formas concernentes à intimação do réu para a sessão do julgamento pelo tribunal do júri, a teor da alínea "g", inciso III, do art. 564, do CPP.

A parte final, desse dispositivo, faz uma ressalva à nulidade para casos em que a lei permita o julgamento à revelia. O texto tem redação pouco clara.

Falta de intimação e revelia são institutos distintos.

A intimação do réu da data marcada para seu julgamento não poderá faltar, independentemente do comparecimento ulterior do réu para assistir seu julgamento. A intimação deve se dar pessoalmente ou por edital. Nos casos de ser constatada a ocultação do acusado para ser intimado, é possível a comunicação da data do julgamento com hora certa.

De outro ângulo, revelia é a rebeldia, a contumácia do réu que não atende ao chamado da justiça. Ela pode acontecer, originariamente, por ocasião da citação ou, supervenientemente, quando deixa de atender uma intimação. A revelia inicial não dispensa a intimação do acusado acerca da data designada para seu julgamento.

A revelia se bifurca em fato e em sanção. A situação de fato da revelia é o não acatamento ao chamado da justiça. Os efeitos da revelia seriam as consequências jurídicas que poderiam ser aplicadas ao acusado. Contudo, no direito processual penal, não incidem os efeitos da revelia do réu. Por isso que não podemos penalizar o imputado que não desejou comparecer para se defender. Muito menos pode haver suspensão do direito à comunicação dos atos processuais que permitam a ele o exercício da ampla defesa e do contraditório, com os meios e recursos a ela inerentes.

Situação diversa é a de ausência, apesar de regularmente intimado o acusado. Devemos distinguir:

(1) se solto o réu, é seu direito optar por assistir seu julgamento ou a ele não comparecer. A falta do acusado solto, regularmente intimado, não é óbice à realização válida do julgamento, desde que ele tenha sido regularmente intimado da data marcada;

(2) se o acusado estiver preso, poderá solicitar dispensa de comparecimento ao plenário em petição subscrita por ele e por seu defensor (art. 457, parágrafos 1 e 2º, CPP).

Caso o julgamento se dê em violação a tais regras, haverá **nulidade absoluta**[27], com a sua consequente **invalidação**.

Na hipótese de somente se verificar **nulidade absoluta** que só ao réu interesse para os casos mencionados neste tópico, é importante distinguir: se o resultado da decisão dos julgados for de absolvição, não deve ser decretada a **invalidação**, diante da maior eficácia

26. WAMBIER, Teresa Arruda Alvim. *Nulidades do processo e da sentença*. 6. ed. São Paulo: RT, 2007. p. 178.
27. NUCCI, Guilherme de Souza. *Manual de processo penal e de execução penal*. 3. ed. São Paulo: RT, 2007. p. 784.

ao direito fundamental de liberdade do imputado. O **comparecimento** do réu não intimado à sessão de julgamento tem **efeito substitutivo** relativamente à comunicação processual viciada. Nesses casos, deve ser oportunizado o tempo necessário para que o réu possa exercer ampla defesa, inclusive designando nova data para a sessão.

11. PRESENÇA DE PELO MENOS QUINZE JURADOS PARA O JÚRI

Nos termos do art. 447 do CPP, o Tribunal do Júri é formado por um juiz-presidente togado e por vinte e cinco jurados, sorteados dentre os alistados. Desses vinte e cinco juízes leigos, sete constituirão o Conselho de Sentença em cada sessão de julgamento.

Dos vinte e cinco jurados sorteados, a presença de pelo menos quinze para a abertura da sessão plenária é indispensável, seguindo-se ao sorteio dos sete jurados que comporão o conselho de sentença. Os jurados que tomam assentam no conselho de sentença são pessoas juramentadas, com competência para julgar os fatos.

Havendo número inferior a quinze jurados ou se, em razão de impedimento, suspeição, incompatibilidade, dispensa ou recusa, não for completado o número para a formação do Conselho, o julgamento será adiado para o primeiro dia desimpedido, após sorteados os suplentes (art. 464, CPP).

O sorteio realizado para a formação do conselho de sentença, quando não estiverem no plenário ao menos quinze dos vinte e cinco jurados é vício grave, **nulidade absoluta**. Realizado o julgamento em desatendimento a essa regra, estará sujeito à **invalidação**, por meio de recurso.

O prejuízo é presumido pelo ordenamento jurídico, peremptoriamente.

Entendemos que não há justificativa nem se deve admitir que sejam emprestados jurados de improviso de uma vara à outra, para integrar o número mínimo legal. A nulidade aí deve ser absoluta, por descurar de formalidade essencial. De mais a mais, a relação dos jurados para a reunião de um júri específico é garantia para que se tome ciência de quem poderá julgar a causa, a fim de que se possa opor causas de impedimento, suspeição ou incompatibilidade.

Todavia, a posição jurisprudencial dominante não tem decretado a invalidação do júri, se o quórum legal para a instalação da sessão tiver sido completado por juiz de fato de outro plenário[28]. O Superior Tribunal de Justiça, seguindo essa linha, decidiu que não enseja nulidade a complementação do número regulamentar mínimo de 15 jurados, tomando por empréstimo de outro plenário outros jurados, sem que tenha havido insurgência das partes"[29].

12. CONCESSÃO DE PRAZOS PROCESSUAIS

Ocorrerá **nulidade absoluta** por falta ou vício sobre termos ou fórmulas relativas à concessão de prazos processuais (art. 564, III, "e", *in fine*, CPP). Essa ilação decorre da

28. MOSSIN, Heráclito Antônio. *Nulidades no direito processual penal*. 3. Ed. Barueri: Manole, 2005. p. 208.
29. STJ – Sexta Turma – HC 168.263/SP – Rel. Min. Rogerio Schietti Cruz – DJe 08 set. 2015; STJ – Sexta Turma EDcl no AgRg no AgRg no AREsp 903.051/SP – Rel. Min. Sebastião Reis Júnior – DJe 08 nov. 2016.

constatação de que a abertura de prazo para falar nos autos é elemento essencial à ampla defesa e ao contraditório.

No entanto, o Código de Processo Penal prevê que se excepcione regras sobre prazos processuais, diante de preclusão temporal, da finalidade do ato ou do mútuo consenso. Deveras, no seu art. 572 e incisos, o CPP prevê que a desconformidade legal quanto à concessão de prazos à defesa ou à acusação será considerada sanada:

(1) se não for arguida no tempo oportuno;

(2) se o ato processual tiver atingido sua finalidade; ou

(3) se houver anuência do *Parquet* e da defesa.

O referido art. 572, do Código, somente deve ter incidência se não incorrer em inconstitucionalidade. Em outros termos, se a convalidação de nulidade por falta de concessão do prazo impuser mitigação ou supressão do princípio da defesa ampla, haverá aplicação do dispositivo incompatível com a Constituição Federal.

Dessa maneira, por exemplo, não será possível considerar sanada nulidade sobre certidão de trânsito em julgado, se não tiver sido concedido prazo recursal para a defesa recorrer da sentença condenatória. Também o alcance da finalidade do reconhecimento de um acusado em audiência não afastará a necessidade de se torná-lo sem efeito quando for realizado de improviso, sem que se tenha concedido prazo para se manifestar sobre a admissibilidade dessa prova.

Decerto, quando o ato processual a ser praticado é essencial ao direito de defesa, a falta de concessão importa nulidade absoluta e, por consequência, deve ser decretada a sua invalidação.

É, por exemplo, o caso de faltar à defesa concessão de prazo para:

(1) oferecer resposta preliminar à acusação, em dez dias, nos termos do art. 396-A, CPP (rito comum);

(2) oferecer defesa prévia, em dez dias, depois de notificado da denúncia o acusado por crime de tráfico de drogas (art. 55, *caput*, Lei nº 11.343/2006); e

(3) apresentar alegações finais;

(4) apresentar contrarrazões ao recurso do Ministério Público[30].

No âmbito do STF, há jurisprudência sumulada no enunciado nº 707 vincando que "constitui nulidade a falta de intimação do denunciado para oferecer contrarrazões ao recurso interposto da rejeição da denúncia, não a suprindo a nomeação de defensor dativo". Mesmo não angularizada a relação processual penal pela citação, a Suprema Corte compreendeu como direito fundamental do imputado pleitear a manutenção da decisão de não recebimento da peça acusatória.

No magistério de Eugênio Pacelli, "a falta de intimação ou ainda a supressão de prazos para as partes serão também causa de nulidade absoluta do processo, sobretudo em relação

30. STJ – Quinta Turma – 476.949/SC, Rel. Ministro Reynaldo Soares da Fonseca – DJe 08 abr. 2019.

à defesa, em face do princípio da ampla defesa". De ver que, na hipótese de trânsito em julgado de sentença absolutória, a impossibilidade de revisão criminal em favor da sociedade é óbice a sua **rescindibilidade**[31].

De todo modo, devemos lembrar que os tribunais têm adotado postura no sentido de relativizar nulidades, inclusive as classificadas como absolutas. No entanto, é de ver que há, no ponto, desvio de perspectiva, especialmente quando consideramos que as formalidades atinentes à concessão de prazos para o exercício do contraditório e da ampla defesa são essenciais. Sua falta deve importar **nulidade absoluta**, insanável, com a correlata **invalidação** do ato processual ou do processo afetado pelo vício.

Em arremate a este tópico, trazemos à baila lição clássica de Ada Grinover, Scarance e Gomes Filho. Os autores frisam que "a apresentação de recurso, pela defesa, é ato essencial, que não pode ser dispensado, sob pena de infringência à plenitude da defesa. E mesmo sua inépcia há de ser reconduzida à figura do réu indefeso". De outro modo, "a falta de vista e de intimação para contrarrazões acarreta nulidade. É também imprescindível que o defensor ofereça contrarrazões ao recurso do MP, sem o que ocorre falta de defesa, levando à nulidade do processo a partir da ausência de tal ato"[32].

13. FALTA DE INTIMAÇÃO DE TESTEMUNHAS

As testemunhas arroladas pelas partes devem ser intimadas para comparecerem em audiência. Caso a testemunha regularmente intimada não compareça, poderá ser determinada a sua condução coercitiva. Trata-se de corolário do direito da parte à prova.

A ausência de intimação da testemunha, por seu turno, impõe a renovação do ato processual. Se não for oportunizada às partes a produção de prova testemunhal, haverá **nulidade absoluta**[33], com a conseguinte **invalidação** da audiência que tenha sido realizada em cerceio a esse direito. Por exemplo, quando o juiz que veda a intimação das testemunhas arroladas na denúncia, queixa ou na defesa preliminar do acusado, quando este tiver requerido expressamente, conforme o art. 396-A, do CPP.

De outro prisma, se a testemunha regularmente intimada faltar à audiência, haverá possibilidade de invalidação processual se não for determinada a sua condição coercitiva quando as partes não anuírem com a dispensa da oitiva correlata, diante da possibilidade de violação ao contraditório e à defesa ampla.

Outrossim, é possível que o juiz entenda por indeferir o pedido de condução coercitiva do depoente faltoso, por verificar a desnecessidade de sua oitiva. Em tal hipótese para o reconhecimento do vício, o interessado deve comprovar o prejuízo, alegando-o oportunamente nos autos. Seria hipótese de **nulidade relativa**. No entanto, é plausível formular uma objeção. Como o juiz poderá afirmar a desnecessidade de oitiva de uma testemunha sem tê-la ouvido? Pensamos que o indeferimento prematuro do depoimento testemunhal acaba por cercear o direito à prova da parte interessada. Se assim se verificar, o vício deve

31. OLIVEIRA, Eugênio Pacelli de. *Curso de processo penal*. 2. ed. Belo Horizonte: Del Rey, 2003. p. 763-764.
32. GRINOVER, Ada Pellegrini; FERNANDES, Antônio Scarance; GOMES FILHO, Antônio Magalhães. *As nulidades no processo penal*. 7. ed. São Paulo: RT, 2001. p.189.
33. CONSTANTINO, Lúcio Santoro. *Nulidades no processo penal*. 3. ed. Porto Alegre: Verbo Jurídico, 2008. p. 143.

ser catalogado como de **nulidade absoluta**, cuja consequência deve ser a invalidação do processo conduzido com limitação à ampla defesa e ao contraditório.

Outra questão específica é a referente ao retorno de carta precatória ou rogatória emitida com a finalidade de se tomar o depoimento de testemunha residente em jurisdição de outro juízo. Nem sempre o cumprimento ocorre em prazo razoável. O processo não deve se encerrar, com a realização do interrogatório do acusado, quando pendente um depoimento testemunhal, sob pena de violação ao devido processo legal.

No entanto, segundo o *caput*, do art. 222, do CPP, a carta precatória deve ser expedida com prazo razoável para o seu cumprimento. De todo modo, a instrução não se suspende enquanto se aguarda a devolução da precatória, desde que não seja subvertido o procedimento legal. Uma vez exaurido o lapso, é possível ser realizado o julgamento, notadamente se houver anuência da parte. Porém, se a carta for devolvida cumprida, será acostada aos autos a qualquer tempo, e poderá se revestir de suporte fático para a nulificação do processo.

Embora haja divergências, há entendimentos na jurisprudência no sentido de autorizar o julgamento da ação penal uma vez esgotado o prazo para cumprimento da carta precatória. A ausência de juntada aos autos de carta precatória expedida para inquirição de testemunha não teria o efeito de obstar o encerramento da ação penal.

No entanto, repetimos, isso não pode implicar mitigação à eficácia de normas que tutela a liberdade do imputado. Se há acusado preso, por exemplo, o juízo deve priorizar o processo correspondente. No STF, todavia, tem se afirmado que a aferição de eventual demora injustificada na tramitação da ação penal depende das condições objetivas da causa, como a complexidade da causa, número de acusados e a necessidade de expedição de cartas precatórias[34]. Se é preciso produzir provas para julgar o delito, certo também deve ser que sobre os ombros do acusado não recaia todo o peso de suportar a eternização do litígio com a supressão de sua liberdade, à míngua de uma adequada estruturação do Poder Judiciário.

De acordo com o enunciado nº 155, da Súmula, do STF, haverá **nulidade relativa** do processo penal "por falta de intimação da expedição de precatória para inquirição de testemunha". Cuida-se de texto bastante antigo que conflita com a garantia da ampla defesa e do contraditório. O maio prejudicado pela falta de intimação da emissão da carta precatória é o acusado, vez que o Ministério Público, caracterizado pela unidade, estará presente no juízo de destino. Exigir demonstração do prejuízo pelo réu para o fim de **invalidar** a produção da prova por carta precatória nos parece inadequado. Entendemos que aquela falta se acomoda a caso de **nulidade absoluta.**

Em sentido análogo, o enunciado nº 273, da Súmula, do STJ, que aviva ser desnecessária a intimação da data da audiência no fórum de destino, quando intimada a defesa da emissão da carta precatória. Nessa toada, a parte só deveria ser intimada da emissão da carta precatória para a oitiva testemunha pelo juízo deprecante. Esta falta seria motivo de nulidade de natureza relativa. Não haveria necessidade de intimá-la da designação da audiência no juízo deprecado. Seria, portanto, ônus da parte, depois de sua intimação da expedição da precatória, o acompanhamento de sua tramitação na vara criminal de destino.

34. STF – Primeira Turma – RHC 174776 AgR – Rel. Min. Roberto Barroso – publicado em 25 out. 2019.

As regras tecidas até aqui neste tópico são de ordem geral, aplicáveis à instrução perante o juiz singular e, no que couber, aos processos que tramitam originariamente nos tribunais.

No que toca ao dispositivo específico da alínea "h", do inciso III, do art. 564, CPP, temos uma regra especial, pertinente à segunda fase do rito escalonado do tribunal do júri. Cuida-se de previsão de nulidade pela falta ou defeito da intimação das testemunhas arroladas para a oitiva no plenário da sessão do júri popular, nos termos da lei.

A regra é a de que o julgamento pelo júri não seja adiado pela ausência da testemunha intimada, salvo se a parte tiver afirmado o caráter de imprescindibilidade de sua oitiva. A testemunha faltosa está, inclusive, sujeita à ação penal por desobediência e à multa do § 2º do art. 436, CPP.

Ademais, sendo imprescindível o caráter de seu depoimento, o juiz deve suspender os trabalhos e determinar a condução coercitiva da testemunha ou, sendo impossível, ordenará o adiamento da sessão de julgamento para o primeiro dia desimpedido, determinando as providências para conduzi-la.

Se o julgamento se realizar e o juiz dispensar indevidamente a testemunha cuja oitiva foi afirmada imprescindível pela parte interessada, haverá vício insuperável, **nulidade absoluta**, com a respectiva sanção de **invalidação** do julgamento.

Para Heráclito Mossin, é possível que a parte que arrolou a testemunha pleiteie a desistência de sua oitiva. Entretanto, o magistrado somente deve deferir o requerimento caso haja concordância da parte contrária e dos jurados, que também devem ser consultados. Logo, não havendo a concordância da parte contrária e mesmo assim o juiz acolher o pedido de desistência, haverá nulidade.[35] Cuida-se de incidência do princípio da aquisição ou da comunhão da prova. Uma vez admitida, a prova se comunica a todas as partes, não pertencendo apenas àquela que a tenha postulado.

De outra vertente, sem a parte acentuar a imprescindibilidade da oitiva das testemunhas arroladas ou não residindo a testemunha no local do juízo (Comarca ou Seção Judiciária), o julgamento prosseguirá e não haverá, em razão desse fato, nulidade processual.

Em outras palavras, no caso de testemunha que reside em outra jurisdição, o júri não é suspenso em razão da sua ausência ao plenário, ainda que requerida sua intimação com caráter de imprescindibilidade.

Para viabilizar sua oitiva, a parte interessada deve se acautelar para que ela compareça à sessão. É possível também a inquirição prévia mediante a emissão de carta precatória, requerida, todavia, na fase de diligência, para que seja juntada aos autos antes do julgamento pelo júri.

A carta terá prazo para cumprimento e o julgamento não pode ser postergado em razão de não ser atendida tempestivamente. A regra é que o processo prossiga, sem interrupções, respeitadas as garantias fundamentais nucleares, constitucionais (art. 5º, CF).

Imaginemos se a defesa requer a oitiva de alguém que reside em local muito distante, alegando sua imprescindibilidade. O júri, em tal caso, não poderá ser adiado, nem é viável

35. MOSSIN, Heráclito Antônio. *Comentários ao código de processo penal*. São Paulo: Manole, 2005. p. 207.

condução coercitiva, razão pela qual não há que nulidade insanável na falta da oitiva, mormente porque efetivada a intimação da testemunha.

A oitiva de testemunhas por videoconferência deve obedecer às regras estritas descritas no CPP. Será aplicada de forma inconstitucional se a finalidade se restringir a ideias genéricas de segurança e celeridade, descurando das garantias fundamentais relativamente ao direito de produção probatória. A videoconferência para a oitiva de testemunhas será, no entanto, justificável em hipóteses extremas, devidamente motivadas, como para sanar a impossibilidade de tomada de depoimento durante a sessão do julgamento do júri, por residir o depoente em outra jurisdição que não permita sua condução coercitiva.

14. FALTA DE EXAME DE CORPO DE DELITO NOS CRIMES QUE DEIXAM VESTÍGIOS

O exame de corpo de delito é indispensável nos crimes que deixam vestígios, ressalvada justificativa plausível da impossibilidade de sua realização, quando deverá ser suprido por prova testemunhal. É a dicção do art. 564, III, "b", CPP, que prevê hipótese de nulidade quando faltar "o exame do corpo de delito nos crimes que deixam vestígios, ressalvado o disposto no art. 167".

Corpo de delito não é apenas o objeto material do crime, sobre o qual recaiu a conduta delitiva. Fazem parte desse conceito, além do objeto que sofreu a ação naturalística da conduta do imputado, os vestígios, os instrumentos do crime inseridos no local do crime e a cadeia de custódia da prova, que é elemento de coesão dos elementos probatórios. A teor do § 3º, do art. 158-A, do CPP, vestígio é todo objeto ou material bruto, visível ou latente, constatado ou recolhido, que se relaciona à infração penal.

Note-se que o exame pericial, referido pelo dispositivo legal, é apenas o realizado sobre o corpo de delito. Existem outros exames periciais importantes, que não são sobre o corpo de delito, a exemplo do exame de sanidade mental do imputado, também passível de controle de nulidade, de acordo com a cláusula de abertura, do inciso IV, do art. 564, do CPP.

Depois do advento da Lei nº 13.964/2019, temos, no Código, estampado o conceito de cadeia de custódia da prova penal. O art. 158-A, do Código, estatui que se considera cadeia de custódia o conjunto de todos os procedimentos utilizados para manter e documentar a história cronológica do vestígio coletado em locais ou em vítimas de crimes, para rastrear sua posse e manuseio a partir de seu reconhecimento até o descarte.

A presunção de inocência é postulado que deve informar a interpretação em torno da prova criminal. *In dubio pro reo*. Não sem razão, o art. 158-C, *caput*, do CPP, preconiza que a coleta dos vestígios deverá ser realizada preferencialmente por perito oficial, que dará o encaminhamento necessário para a central de custódia, mesmo quando for necessária a realização de exames complementares. A custódia deve ser detalhada, descrita, pelo órgão central de perícia criminal responsável. O armazenamento dos elementos probatórios também é relevante enquanto não formada a culpa, sendo proibida a entrada em locais isolados bem como a remoção de quaisquer vestígios de locais de crime antes da liberação por parte do perito responsável, sendo tipificada como fraude processual a sua realização, segundo o § 2º, daquele artigo acrescido pela Lei nº 13.964/2019.

Decerto, o que é objeto da perícia sobre o corpo de delito deve ser demonstrado pelo Estado, de forma encadeada, enlaçada, sem ocultação de vestígios ou de métodos[36]. Nos termos do § 1º, daquele enunciado, o início da cadeia de custódia dá-se com a preservação do local de crime ou com procedimentos policiais ou periciais nos quais seja detectada a existência de vestígio. Deve haver preservação pelo agente que reconhecer o potencial interesse do elemento para as investigações, tanto para garantir a correção do trabalho dos peritos, quanto para permitir seu controle.

A realização do exame de corpo de delito, sem observância dessas regras, é atipicidade que leva à **nulidade absoluta**, radical, por afetar **elemento essencial** do ato probatório. Como consequência do descumprimento de suas fórmulas e termos, deverá ser decretada a **invalidação** do ato aquisitivo, que ordenou a inclusão do laudo pericial. Em termos mais simples, a admissibilidade da prova deve ser tornada **sem efeito**.

Heráclito Mossin averba que "se houver a omissão ou a ausência material ou física do exame de corpo de delito direto ou indireto a nulidade será absoluta, insanável". O autor complementa explicando que, "como a declaração de nulidade absoluta seria totalmente inócua, uma vez que não haveria como realizar-se o exame de corpo de delito pelo desaparecimento dos vestígios do crime, a solução processual mais racional é a absolvição do acusado por falta de prova"[37].

O exame de corpo de delito é necessário nos casos de crime material, delito não transeunte, que deixa vestígio, a exemplo do homicídio e do crime de moeda falsa. É caso de prova taxada pelo legislador, prova legal, tarifada. No entanto, o CPP admite hipóteses supletivas, quando não tenha sido realizado exame de corpo de delito na época própria, pela prova indireta, por culpa não atribuível ao Estado.

Vale dizer, não sendo possível o exame de corpo de delito direto, poderá ser ele suprido pelo indireto ou por prova testemunhal, retratando, desse modo, situação de **prova legal relativa**, tipificada no *caput*, do art. 158, do CPP. Não pode haver substituição do exame de corpo de delito pela confissão do acusado. Se ausente o exame de corpo de delito ou se realizado sem a observância estrita desse procedimento, haverá **nulidade absoluta** do ato aquisitivo da prova viciada ou do próprio processo.

Quando a falta de fórmula legal do exame de corpo de delito aludir à não participação de dois peritos *ad hoc*, portadores de diploma de curso superior, que são nomeados na falta de perito oficial, haverá nulidade. Há entendimentos que sugerem ser esta hipótese de **nulidade relativa**, que necessita de comprovação do prejuízo e alegação oportuna[38].

No entanto, cremos que melhor posição é compreender como essencial a participação de dois peritos não oficiais, afinal, são necessários dois *experts* não oficiais ou um oficial, segundo a regra do § 1º, do art. 159, do CPP. Para os delitos de tráfico de drogas, a Lei nº 11.343/2006 impõe a realização de dois laudos, um de constatação provisória e outro de constatação definitiva. Para o primeiro laudo, a lei se contenta com sua realização por

36. Sobre cadeia de custódia de provas, ver, por todos, o livro de Geraldo Prado: *A cadeia de custódia da prova no processo penal*. São Paulo: Marcial Pons, 2019.
37. MOSSIN, Heráclito Antônio. *Nulidades no direito processual penal*. 3. Ed. Barueri: Manole, 2005. p. 140-141.
38. NUCCI, Guilherme de Souza. *Manual de processo penal e de execução penal*. 3. ed. São Paulo: RT, 2007. p. 781.

apenas um perito, inclusive ad hoc (art. 50, § 1º). Para a confecção do segundo laudo por crime de tráfico, não há impedimento do perito que tenha participado do primeiro, em compasso com o § 2º, do art. 50, da Lei de Drogas.

Não se aplica a esse caso, nem aos demais que tenham sido realizados por um perito oficial, o enunciado nº 361, da Súmula, do STF, que vivifica que, "no processo penal, é nulo o exame realizado por um só perito, considerando-se impedido o que tiver funcionado, anteriormente, na diligência de apreensão".

Descumprida a regra do número legal de *experts*, ocorrerá **nulidade absoluta**, com prejuízo presumido legal e constitucionalmente. Nessa toada, o STJ apreciou hipótese em que o laudo pericial teria sido confeccionado por apenas um médico, não oficial, em desrespeito ao art. 159 do CPP. Concluindo pela nulidade processual, a Corte Superior destacou que, se não comprovada a materialidade delitiva, diante da ausência de exame de corpo de delito escorreito, impõe-se a absolvição do réu pelo crime de lesão corporal qualificada[39].

O perito oficial, investido regularmente em cargo público, não presta compromisso, diferentemente dos peritos *ad hoc*, cujo compromisso é formalidade essencial. No entanto, a falta do termo de compromisso é defeito que recai sobre **elemento acidental** que só é objeto de **invalidação** se alegado tempestivamente e comprovado que o quebramento da forma reduziu a eficácia de direito da parte. Para Grinover, Scarance e Gomes Filho, a falta de compromisso do perito não oficial é hipótese de nulidade relativa[40]. Para Heráclito Mossin, arrimado na jurisprudência dominante[41], cuida-se de mera irregularidade, consagrando-se como posição majoritária[42].

15. IRREGULARIDADE NO SORTEIO E INCOMUNICABILIDADE DOS JURADOS

A lisura no sorteio dos jurados é indispensável. Havendo defeito que comprometa a imparcialidade do conselho de sentença, impõe-se que seja reconhecida **nulidade absoluta**, com a consequente **invalidação** do sorteio ou, se realizada a sessão, do julgamento.

Com o mesmo intuito, o Código de Processo Penal veda que os jurados se comuniquem entre si ou com outras pessoas durante o julgamento. Isso não é óbice, contudo, para que seja autorizada comunicação de algum assunto importante, que não diga respeito ao processo submetido a julgamento.

Entrementes, gestos que acarretem influência de um jurado sobre os demais podem importar nulidade absoluta do julgamento, a exemplo da insistência do jurado em censurar com a cabeça a tese de uma das partes. Note-se que essa ocorrência deve ser imediatamente registrada. A parte, na sessão do júri, deve objetar nulidades assim que ocorrerem. A antecipação preclusiva da nulidade durante o julgamento do júri não lhe modifica a natureza. A justificativa de ter de se alegar a nulidade imediatamente é documental, ou seja, se não

39. STJ – Sexta Turma – REsp 1798906/ES, Rel. Min. Nefi Cordeiro – DJe 04/09/2019.
40. GRINOVER, Ada Pellegrini; FERNANDES, Antônio Scarance; GOMES FILHO, Antônio Magalhães. *As nulidades no processo penal*. 7. ed. São Paulo: RT, 2001. p. 148.
41. STF – Primeira Turma – HC 66559 – Rel. Min. Sydney Sanches – DJ de 27/10/1988.
42. MOSSIN, Heráclito Antônio. *Nulidades no direito processual penal*. 3. Ed. Barueri: Manole, 2005. p. 144.

averbar a ocorrência da nulidade em ata, não haverá como controlá-la por meio de recurso de apelação, diante do procedimento oral.

Se o juiz reconhecer que o vício prejudicou a imparcialidade do conselho de sentença, deverá dissolvê-lo para que nova sessão do júri seja designada. Caso o juiz-presidente não dissolva o conselho de sentença e cancele a sessão do júri, a nulidade absoluta deve estar consignada em ata, para que se tenha êxito no pleito de invalidação do julgamento, por meio de recurso ao tribunal *ad quem*.

Situações particulares podem ocorrer, como é o caso da pergunta do jurado dirigida diretamente ao promotor de justiça ou ao defensor. Se não indicar formação de juízo valorativo sobre o fato, a pergunta de um dos jurados será mera irregularidade se, de imediato, o juiz-presidente interfere, orientando que as dúvidas sejam sanadas por seu intermédio. Não havendo exposição da opinião ou da convicção do jurado, a regra da incomunicabilidade não terá sido violada[43].

Desatendidas as formalidades legais para o sorteio dos jurados do conselho de sentença em número legal e sua incomunicabilidade, a nulidade absoluta estará configurada, a teor do art. 564, III, "j", do CPP.

16. DEFEITO OU CONTRADIÇÃO NA QUESITAÇÃO E NAS RESPECTIVAS RESPOSTAS NO JÚRI

A quesitação do júri deve guardar técnica que garanta a higidez do exame dos fatos pelos jurados. Os juízes leigos devem compreender bem o caso penal. Não apreciam matéria estritamente jurídica, mas fática.

Os princípios da simplicidade e da objetividade orientam a redação dos quesitos, para permitir que os jurados respondam monossilabicamente "sim" ou "não". O quesito não pode permitir perplexidade, confusão ou incompreensão[44].

Os quesitos devem atender as regras dos artigos 482 e 483, CPP, que salientam a ordem das perguntas a depender das teses postas em debate pelas partes no plenário, em cotejo com a pronúncia e com o interrogatório. Não é sem razão que os dois primeiros quesitos versarão sobre a materialidade e sobre a autoria ou participação e que a votação deve ser suspensa toda vez que for definido o julgamento absolutório.

Cabe ao juiz zelar para que não haja contradição não só nas perguntas, mas também nas respostas. Não o fazendo, haverá a nulidade absoluta descrita no art. 564, III, "k", CPP. Se estas se opuserem, deve ser aplicada a sanção de **invalidação** do julgamento, obrigando-se à realização de novo júri.

Outrossim, a ausência de quesito obrigatório é causa de nulidade absoluta nos termos do enunciado nº 156, da súmula do STF.

---

43. STJ – Quinta Turma – RHC 46.783/MT – Rel. Min. Ribeiro Dantas – DJe 09/11/2016.
44. CONSTANTINO, Lúcio Santoro. *Nulidades no processo penal*. 3. ed. Porto Alegre: Verbo Jurídico, 2008. p. 148.

O questionário, composto por quesitos, deve conter os parâmetros para o julgamento das teses da acusação e da defesa[45]. Se a parte entender que a explicação do juiz sobre o sentido do quesito não ficou clara, deve protestar imediatamente durante o júri, solicitando consignação de sua reclamação em ata. Embora deva arguir de logo o vício, os quesitos obscuros poderão ser examinados em grau recursal, ainda que não averbada a nulidade oportunamente. Isso porque se cuida de nulidade absoluta que estará documentada nos autos, com a descrição dos quesitos pelo juiz.

17. IRREGULARIDADES SURGIDAS NOS DEBATES PERANTE O TRIBUNAL POPULAR

A falta ou **irregularidade** na defesa ou na acusação sustentada oralmente em plenário enseja nulidade. A depender do elemento afetado, se estrutural, essencial ou acidental, poderá haver inexistência jurídica, nulidade absoluta ou nulidade relativa. Aliás, não deve existir juridicamente processo, sem acusação ou sem defesa[46].

As partes devem ter igual oportunidade para sustentar verbalmente suas teses, com possibilidade de réplica para a acusação e de tréplica para a defesa. Os prazos para os debates devem ser necessariamente oferecidos durante a sessão plenária.

A falta de defesa é motivo para reconhecimento de **nulidade absoluta** do julgamento. A deficiência de defesa - que, para nós, deveria implicar nulidade absoluta - abre oportunidade para **invalidação** do julgamento se demonstrado o prejuízo e alegado em momento oportuno. É o sentido do já criticado enunciado nº 523, da Súmula do STF, que preconiza que "no processo penal, a falta de defesa constitui nulidade absoluta, mas a deficiência só o anulará se houver prejuízo para o réu".

A defesa em plenário do Júri deve ser lastreada em bases consistentes. No entanto, no âmbito da Sexta Turma, do STJ, foi dito que a sustentação oral defensiva realizada em lapso reduzido, no Tribunal do Júri, não caracteriza, necessariamente, deficiência de defesa técnica, embora tenha durado apenas 7 minutos, descontados os cumprimentos iniciais[47]. Discordamos dessa conclusão da Corte Superior porque reputamos esse tempo muito exíguo para uma defesa eficiente, máxime quando se vê que o resultado do Júri foi condenatório.

De outro giro, a falta de acusação é motivo para **invalidação**, se o *Parquet* for impedido, de algum modo, de exercer sua sustentação oral, caracterizando **nulidade absoluta**. A sustentação oral do Ministério Público é indispensável à perfeição do julgamento, ainda que conclua pela absolvição do réu. A leitura do dispositivo ora estudado não pode autorizar que o juiz presidente declare indefesa a sociedade, quando discordar da sustentação oral do membro do Ministério Público, pois, com o advento da Constituição do Brasil, não paira mais dúvida acerca do princípio da independência funcional que norteia a atividade ministerial.

45. GRINOVER, Ada Pellegrini; FERNANDES, Antônio Scarance; GOMES FILHO, Antônio Magalhães. *As nulidades no processo penal*. 7. ed. São Paulo: RT, 2001. p. 271-272.

46. FERRAJOLI. Luigi. *Direito e razão*: teoria do garantismo penal. 2. ed. São Paulo: RT, 2006. p.236 *et seq*.

47. STJ - Sexta Turma - HC 365.008-PB, Rel. Min. Sebastião Reis Júnior, Rel. Acd. Min. Rogerio Schietti Cruz, por maioria, DJe 21 mai. 2018.

Em compasso com o artigo 478, CPP, poderão ensejar nulidade, a ser reconhecida pelo juiz, as referências durante os debates:

(1) à decisão de pronúncia, às decisões posteriores que julgaram admissível a acusação ou à determinação do uso de algemas como argumento de autoridade que beneficiem ou prejudiquem o acusado. Haverá, por exemplo, nulidade absoluta de sessão do tribunal do júri quando o réu, acusado de homicídio, permanecer algemado durante todo o julgamento, notadamente quando estiver em liberdade ou recorrer em liberdade[48]; e

(2) ao silêncio do acusado ou à ausência de interrogatório por falta de requerimento, em seu prejuízo.

Importa frisar que nessas hipóteses é indispensável, para nulificação do julgamento em segunda instância, que a parte prejudicada proteste oportunamente e solicite a consignação na ata do júri da ocorrência do vício, eis que são defeitos que reclamam documentação.

18. DECISÃO CARENTE DE FUNDAMENTAÇÃO E DEMAIS VÍCIOS NA SENTENÇA OU DECISÃO

A sentença em matéria penal pode ocorrer de maneira mais singela, como é o caso da que reconhece prescrição ou declara extinta a punibilidade, ou pode se dar mediante labor mais aprofundado, tal como é o caso da sentença penal condenatória, que além de apreciar os fatos debatidos nos autos, deve pormenorizar a individualização da pena.

A Lei nº 13.964/2019 inseriu mais uma hipótese de nulidade cominada, expressamente tipificada, dando ao art. 564, do CPP, o inciso V. Na realidade, a previsão nova não modifica a essência do já tínhamos no ordenamento jurídico. É dever do Poder Judiciário fundamentar suas decisões. Está previsto na Constituição (art. 93, IX, CF). Em reforço, o aludido inciso estabeleceu que ocorrerá nulidade em decorrência de decisão carente de fundamentação. É caso de **nulidade absoluta**. As decisões consideradas não fundamentadas, por outro lado, são aquelas que se enquadrarem em uma das situações do § 2º, do art. 315, do CPP, com redação determinada por aquele diploma legal citado.

De tal sorte, não se considera devidamente motivada, decisão, sentença ou acórdão que:

(1) limitar-se à indicação, à reprodução ou à paráfrase de ato normativo, sem explicar sua relação com a causa ou a questão decidida;

(2) empregar conceitos jurídicos indeterminados, sem explicar o motivo concreto de sua incidência no caso;

(3) invocar motivos que se prestariam a justificar qualquer outra decisão;

(4) não enfrentar todos os argumentos deduzidos no processo capazes de, em tese, infirmar a conclusão adotada pelo julgador;

(5) limitar-se a invocar precedente ou enunciado de súmula, sem identificar seus fundamentos determinantes nem demonstrar que o caso sob julgamento se ajusta àqueles fundamentos;

48. STJ – Sexta Turma – AREsp 1053049/SP – Rel. Min. Sebastião Reis Júnior – j. 17 ago. 2017.

(6) deixar de seguir enunciado de súmula, jurisprudência ou precedente invocado pela parte, sem demonstrar a existência de distinção no caso em julgamento ou a superação do entendimento.

As formalidades da sentença penal estão dispostas no art. 381 do CPP, tais como nome das partes (ou elementos indicativos de quem seja o réu), exposição sucinta da acusação e da defesa, fundamentos fáticos e jurídicos da decisão, indicação dos artigos de lei aplicados, parte dispositiva, data e assinatura.

Esses requisitos, em geral, são essenciais (a sentença, vista isoladamente, é ato essencial do processo[49]), ensejando **nulidade absoluta**, que dispensa demonstração de prejuízo, eis que a lei já o pressupõe.

No entanto, não raras vezes os casos passíveis de nulidade são **relativizados** na jurisprudência (malgrado nulidade absoluta o vício, o tribunal não sanciona com invalidação o ato processual). Outros vícios são capitulados como **nulidade relativa** ou simples **irregularidade**, levando em consideração o contexto e o atendimento da finalidade da sentença defeituosa prolatada.

Os defeitos na sentença penal podem ter origem nela própria ou no trâmite do processo, ou seja, podem ser:

(1) vícios intrínsecos: quando as sentenças são defeituosas em si mesmas; ou

(2) extrínsecos: que decorrem de vício no curso do processo que acabou sendo chancelado pela sentença.

Essa divisão nos conduz à classificação dos vícios da sentença proposta por Teresa Arruda Alvim Wambier:

(1) sentenças nulas em si mesmas, que são as que contêm vícios intrínsecos e decorrem:

(a) de não observância do princípio da congruência, originando as sentenças ***citra petita*** (decisão aquém do pedido), ***ultra petita*** (decisão além do que foi pedido) e ***extra petita*** (decisão fora do que foi pleiteado); e

(b) de defeito ou de falta de requisitos essenciais (relatório, fundamentação e dispositivo);

(2) sentenças nulas por decorrência (os vícios são extrínsecos à sentença), provenientes de nulidades cometidas no curso da instrução;

(3) casos *sui generis* (outros casos): tais como os passíveis de revisão criminal, que não se acomodam bem na classificação bipartida em nulidades por vícios intrínsecos e extrínsecos. Nesses casos, o instituto aplicável à decisão viciada passada em julgado é a **rescindibilidade**; e

49. GRINOVER, Ada Pellegrini; FERNANDES, Antônio Scarance; GOMES FILHO, Antônio Magalhães. *As nulidades no processo penal*. 7. ed. São Paulo: RT, 2001. p. 208.

(4) **sentenças inexistentes**: em virtude de vícios mais graves, intrínsecos (como se dá com a falta da parte dispositiva) ou extrínsecos (como ocorre com a sentença proferida em processo juridicamente inexistente[50].

Caso o defeito macule essencialmente o ato processual sentencial, haverá nulidade absoluta (art. 564, III, "m", CPP), tal como ocorre com a sentença com motivação deficiente (vício intrínseco), agora também prevista no mencionado inciso V, do mesmo enunciado, consoante dicção da Lei nº 13.964/2019. É que a sentença (ato judicial por excelência) deve enfrentar suficientemente as teses expendidas nos autos, com fundamentação judicial consistente (art. 93, IX, CF).

A fundamentação possibilita se constatar se a decisão do juiz se baseou em prova lícita (formada regularmente). A **ausência de motivação** da sentença é entendida pela maioria da doutrina como caso de **inexistência jurídica** de sentença, por ser a fundamentação "a vida da sentença como ato processual"[51]. Nessa linha, a fundamentação seria entendida como **elemento estrutural** do ato processual decisório. De toda forma, a sanção é similar aos casos de nulidade absoluta, qual seja, a **invalidação**.

Caso a prova seja ilícita, e mesmo assim o julgador tenha se reportado a ela para fundamentar a sentença, haverá **nulidade absoluta** da sentença, não porque a motivação foi deficiente ou inexistente, porém porque a sentença não extirpou uma nulidade em matéria probatória (vício extrínseco, em face de vício na instrução)[52].

Não são poucos os defeitos possíveis em sentença penal. Na doutrina e na jurisprudência, são encontrados vícios que, a depender da gravidade e do caso concreto, ensejam **nulidades absolutas** (afeta elemento essencial constitucional ou a lei comina nulidade), **relativas** (afeta elemento essencial legislativo e sem cominação de nulidade ou elemento acidental capaz de causar dano a direito da parte) ou **simples irregularidades** (afeta elemento acidental sem, em tese, ter o potencial de causar lesão a direito da parte):

(1) a omissão ou dúvida quanto ao nome do réu, quando inviabiliza irremediavelmente a sua identificação em um processo com vários acusados, implica **nulidade absoluta** e, de conseguinte, invalidação com supressão de seus efeitos. Por outro lado, "se houver omissão no relatório, mas na motivação e no decisório for ele referido, não há por que ser declarada a nulidade, cuidando-se de mera irregularidade"[53];

(2) a ausência do relatório, nos juizados especiais, não é sequer irregularidade, em face de autorizativo expresso que dispensa sua elaboração (art. 81, § 3º, Lei nº 9.099/1995);

(3) a falta do relatório nos demais ritos importa nulidade absoluta (nulidade-fato), ocasionando, como nulidade-consequência, a sanção de invalidação;

(4) a deficiência do relatório (em juízo diverso dos juizados especiais), por sua vez, é **nulidade relativa**, eis que pode ser suprida se a fundamentação enfrenta suficientemente

50. WAMBIER, Teresa Arruda Alvim. *Nulidades do processo e da sentença*. 6. ed. São Paulo: RT, 2007. p. 288.
51. MOSSIN, Heráclito Antônio. Comentários ao código de processo penal. São Paulo: Manole, 2005. p. 230.
52. GRINOVER, Ada Pellegrini; FERNANDES, Antônio Scarance; GOMES FILHO, Antônio Magalhães. *As nulidades no processo penal*. 7. ed. São Paulo: RT, 2001. p. 215.
53. GRINOVER, Ada Pellegrini; FERNANDES, Antônio Scarance; GOMES FILHO, Antônio Magalhães. *As nulidades no processo penal*. 7. ed. São Paulo: RT, 2001. p. 209.

as teses da defesa e da acusação. Nesse caso, há possibilidade de incidência dos princípios informativos da nulidade, para o fim de ser **convalidado** o ato viciado;

(5) a motivação deficiente, sem valoração suficiente da prova produzida, é causa de nulidade absoluta (não é nulidade, no entanto, a fundamentação sucinta, porém suficiente)[54];

(6) a omissão dos artigos que devem ser referidos no dispositivo implica **nulidade relativa**, sanável via embargos de declaração, caso enseje dúvida a respeito da decisão ou sentença[55]; e

(7) a falta de data é simples irregularidade, sendo suprida pela certidão de juntada ou de publicação da sentença. Já a falta de assinatura do juiz é caso de inexistência jurídica[56], dispensando-se, inclusive instrumento recursal específico e momento apropriado. A inexistência jurídica não se sujeita à preclusão, bastando que se declare sem efeito o ato viciado. Se for reproduzida a sentença e assinada, teremos saneamento do ato (invalidação do anterior, com supressão de seus efeitos, e seu refazimento).

É de ver que se não houver dúvida quanto à autenticidade da sentença com falha de assinatura, o vício poderá ser declarado convalidado, tal como se dá quando anteceder a sentença despacho do juiz afirmando que "segue sentença, em quatro laudas", por exemplo.

Merece atenção, ainda, o vício quanto ao nome do réu.

Ele pode decorrer de lapso do juiz ou pode ter sido provocado pelo próprio réu. Em ambos os casos, se o erro quanto à identidade física do réu importar prejuízo quanto à aplicação da pena (individualização da sanção penal) ou quanto ao exame da conduta, forçosa será a nulificação do julgado para que outra sentença seja prolatada[57]. A nulidade, em casos como esse, é **absoluta**.

Todavia, deve se ter cautela quanto à provocação da nulidade pelo acusado para que os efeitos eventualmente benéficos a ele (como seria o afastamento de causa interruptiva da prescrição) não lhe seja aproveitado pela decretação de nulidade, com base no princípio de que a ninguém é dado se locupletar da própria torpeza. É certo que temos reservas a esse entendimento, mas é a tendência que se verifica na prática forense.

A sentença criminal condenatória pode ser nulificada integral ou parcialmente, especialmente quando se tem em vista a individualização da pena, como garantia constitucional. A nulidade será total quando, por exemplo, a motivação da sentença é deficiente, quando a fundamentação é remissiva às razões de outra sentença ou às razões contidas nas alegações finais de uma só das partes, tudo em desrespeito à necessidade de fundamentação individualizada[58]. Haverá nulidade parcial no caso da sentença conter relatório e fundamentação consistentes, mas apresentar parte dispositiva condenatória com dosimetria

54. RÖHNELT, Ladislau Fernando. Vícios da sentença penal. *Fascículos de ciências penais*, Porto Alegre (safE), a.6, nº 4, p. 33, out./dez. 1993.

55. FRANCO, Danúbio Edon. Algumas considerações de ordem prática sobre a sentença criminal. *Fascículos de ciências penais*, Porto Alegre (safE), a.6, nº 4, p. 4-7, out./dez. 1993.

56. FRANCO, Danúbio Edon. Algumas considerações de ordem prática sobre a sentença criminal. *Fascículos de ciências penais*, Porto Alegre (safE), a.6, nº 4, p. 9, out./dez. 1993.

57. RÖHNELT, Ladislau Fernando. Vícios da sentença penal. *Fascículos de ciências penais*, Porto Alegre (safE), a.6, nº 4, p. 31, out./dez. 1993.

58. CONSTANTINO, Lúcio Santoro. *Nulidades no processo penal*. 3. ed. Porto Alegre: Verbo Jurídico, 2008. p. 160-161.

da pena inadequada, sem observância, por exemplo, do critério trifásico estabelecido no artigo 68, do Código Penal.

Em tal hipótese, a decretação de **invalidação** da sentença recairá tão somente sobre a parte relativa à dosimetria da pena do acusado, para que outra seja realizada em seu lugar com atenção para as etapas do critério trifásico estabelecido pelo legislador penal.

No que se refere à incidência do princípio da correlação ou da congruência, a sentença será absolutamente nula toda vez que impor condenação por fato não narrado na denúncia, no aditamento ou na queixa.

Como enfatizam Grinover, Scarance e Gomes Filho, "não pode o juiz condenar por fato não articulado na denúncia e que venha a ficar evidenciado durante o fluir do processo, ou abranger na sentença corréu não incluído na denúncia, cuja participação venha a ficar evidenciada durante a instrução". Em casos como tais, "impõe-se nova acusação, por aditamento ou denúncia separada. Se houver aditamento, o réu deve ser citado, realizando-se nova instrução, sob pena de nulidade"[59].

Por fim, pode haver **nulidade absoluta** por duplicidade de sentenças, em face do mesmo fato. Entendemos que haverá nulidade da sentença que não transitou em julgado, afinal contra a outra, aplicável será a **rescindibilidade**, por meio de revisão criminal. Em outros termos, a sentença que tiver transitado em julgado primeiro se imuniza contra a sua invalidação. Se houver vício, a sentença transitada em julgado será revisível criminalmente, não sendo aplicada a sistemática da nulidade[60].

Porém, o que fazer se ambas tiverem operado coisa julgada acerca do mesmo fato? O STJ, apreciando questão similar, assentou que "diante do trânsito em julgado de duas sentenças condenatórias por fatos idênticos, deve prevalecer a condenação mais favorável ao réu"[61]. Decerto, no processo penal, a presunção de inocência é preceito interpretativo maior que, diante do confronto com a forma, esta cede em favor do acusado.

A nulidade pode recair também sobre a sentença homologatória em geral. Homologação pode recair sobre composição civil dos danos, transação penal, colaboração premiada ou acordo de não persecução penal. Existem limites legais rígidos para a formalização de consensos no direito processual penal. Não se permite criar cláusulas que não tenham regras legais expressamente sufragadas no ordenamento jurídico. Daí que, se o juiz, ao decidir pela homologação desses ajustes, não controlar a constitucionalidade, legalidade, voluntariedade e regularidade, haverá, na sentença respectiva, **nulidade absoluta**. A sentença encampa para si todos os vícios do acordo. O acordo viciado será fulminado, no todo ou em parte, se **invalidada** a sentença.

Nessa toada, a colaboração premiada que envolva organização criminosa deve estar adequada à previsão legal dos benefícios pactuados, na forma da Lei nº 12.850/2013, sendo **nulas** as cláusulas que violem o critério de definição do regime inicial de cumprimento

59. GRINOVER, Ada Pellegrini; FERNANDES, Antônio Scarance; GOMES FILHO, Antônio Magalhães. *As nulidades no processo penal*. 7. ed. São Paulo: RT, 2001. p. 215.
60. ALENCAR, Rosmar Rodrigues. *Teoria da nulidade no processo penal*. São Paulo: Noeses, 2016. p.584.
61. STJ – Sexta Turma – HC 281.101-SP, Rel. Min. Sebastião Reis Júnior, por unanimidade, julgado em 03/10/2017, DJe 24/11/2017 – Informativo nº 616, de 17 de janeiro de 2018.

de pena do art. 33, do Código Penal, as regras de cada um dos regimes nele previstos e na Lei de Execução Penal, assim como os requisitos de progressão de regime, conforme destacado no inciso II, do § 7º, do art. 4º, da Lei de Controle da Criminalidade Organizada, em compasso com a redação dada pela Lei nº 13.965/2019.

Por seu turno, as cláusulas do acordo eivadas de nulidade, se homologadas, causarão a nulidade absoluta da sentença homologatória, total ou parcialmente, conforme o caso, por afetar-lhe elemento essencial, decorrente da Constituição (devido processo legal constitucional). Por consequência, deverá recair, sobre a parte viciada da sentença homologatória, a sanção de invalidação, cujo efeito constitutivo negativo se estenderá à cláusula defeituosa.

19. DESCUMPRIMENTO DE DISPOSIÇÃO QUE PRECONIZA REEXAME NECESSÁRIO

Algumas decisões judiciais em matéria penal se sujeitam ao chamado, impropriamente, recurso de ofício ou recurso obrigatório, que impõem que a matéria decidida em primeira instância seja reexaminada no órgão *ad quem*. O reexame necessário, duplo grau de jurisdição obrigatório ou remessa necessária é providência imprescindível para que a decisão ou sentença seja chancelada pelo trânsito em julgado.

O CPP somente prevê reexame necessário de algumas decisões favoráveis ao imputado. Como se depreende, acaba que o sistema torna a acusação mais forte que a defesa, desequilibrando as armas processuais que deveriam ser distribuídas igualmente. Sob esse prisma, a remessa ou reexame necessário é providência inadequada, sob o ângulo isonômico.

Sem embargo, não transita em julgado a sentença que a lei submete ao reexame necessário e que tal comando não é obedecido pelo juiz. Nesse sentido dispõe o enunciado nº 423, da Súmula, do Supremo Tribunal Federal. Em tal situação, as providências subsequentes à decisão não transitada em julgado serão passíveis de **nulidade absoluta**.

O art. 564, III, "n", CPP, prevê expressamente tal caso de nulidade, assentando a imprescindibilidade do recurso de ofício, nos casos em que a lei o tenha estabelecido.

As hipóteses de reexame necessário em matéria penal são:

(1) da sentença de absolvição sumária no rito do júri, pelo juiz da instrução preliminar, nos termos do art. 574, II, CPP. Segundo setor majoritário, esse caso de reexame necessário está revogado tacitamente, como, inclusive, reconheceu o STJ[62];

(2) da sentença que concede *habeas corpus* (art. 574, I, CPP);

(3) da decisão que concede reabilitação criminal (art. 746, CPP);

(4) da absolvição ou o arquivamento dos autos do inquérito policial nos crimes contra a saúde pública e contra a economia popular (art. 7º, Lei nº 1.521/1951);

(5) do indeferimento liminar pelo relator, no tribunal, da ação de revisão criminal, quando o pedido não estiver suficientemente instruído (art. 625, § 3º, CPP); e

(6) da sentença concessiva de mandado de segurança que veicule matéria criminal, nos termos do § 1º do art. 14 da Lei nº 12.016/2009.

62. STJ – Quinta Turma – HC 201303257630 – Rel. Des. Conv. Leopoldo de Arruda Raposo – DJ: 30/11/2015.

Faltando o recurso de ofício, poderá a parte interessada requerer, por exemplo, o reconhecimento judicial de **nulidade absoluta** da certidão de trânsito em julgado, a teor do art. 564, III, "n", CPP, seguida do decreto de **invalidação**.

Lúcio Constantino sublinha que o caso não seria propriamente de nulidade, mas falta de condição de eficácia da decisão que não está revestida pelo manto da coisa julgada[63]. A invalidação não se dirige à decisão propriamente dita, mas sobre a omissão do reexame necessário e eventuais providências decorrentes dela.

20. FALTA OU IRREGULARIDADE NA INTIMAÇÃO DE ATOS PROCESSUAIS

A nulidade por vício de comunicação processual decorre dos princípios da ampla defesa e do contraditório. A intimação é o pressuposto necessário para o decurso válido do prazo para as partes. O art. 564, III, alínea "o", CPP, preconiza nulidade pela falta ou vício da "intimação, nas condições estabelecidas pela lei, para ciência de sentenças e despachos de que caiba recurso".

Por exemplo, caso seja necessária a intimação de defensor público, o inciso I, do art. 44, da Lei Complementar nº 80/1994, preconiza que a sua intimação deve ser pessoal e, quando necessário, mediante entrega dos autos com vista, em todo processo e grau de jurisdição com a contagem em dobro de todos os prazos.

A ausência ou defeito na intimação da sentença é óbice à preclusão temporal ou ao trânsito em julgado para a parte não intimada, desaguando em **nulidade absoluta**, especialmente se a comunicação se reportar a ato essencial ao processo. Se a falta ou o vício da comunicação processual se relacionar à ato acidental ou que não interfira negativamente em direito fundamental do imputado, haverá nulidade relativa.

Por exemplo, a falta de intimação do acusado de uma sentença condenatória ensejará **nulidade absoluta** e decreto de **invalidação** dos atos posteriores. Na publicação, de outra parte, deve constar obrigatoriamente o nome do acusado. Isso significa dizer que a falta do nome de um deles na intimação publicada acarretará **nulidade absoluta**, somente sanável pelo comparecimento espontâneo na forma do art. 570 do CPP[64]. Se for o caso de sentença absolutória, com decurso do prazo recursal para a acusação, a ausência de intimação do acusado não é vício sobre elemento acidental, que caracteriza **nulidade relativa**. Nesta situação, a invalidação acontecerá quando verificado prejuízo a direito do imputado.

A falta de intimação do acusado para constituir novo defensor antes de ser julgada sua apelação importa prejuízo a direito da defesa. O julgamento deverá ser **invalidado**, por se cuidar de **nulidade absoluta**. O direito à defesa ampla deve ser garantido. Também haverá nulidade absoluta do julgamento por falta de intimação do defensor sobre a data designada para o exame da apelação.

Tratando-se de ação de *habeas corpus*, a ausência de intimação da data de seu julgamento também é nulidade absoluta, porém pode ser dispensada quando o interesse da defesa

63. CONSTANTINO, Lúcio Santoro. *Nulidades no processo penal*. 3. ed. Porto Alegre: Verbo Jurídico, 2008. p. 166.

64. GRINOVER, Ada Pellegrini; FERNANDES, Antônio Scarance; GOMES FILHO, Antônio Magalhães. *As nulidades no processo penal*. 7. ed. São Paulo: RT, 2001. p. 118.

for preponderante, notadamente quando concedida a ordem. Não pode ser convalidado julgamento do *writ* quando não assegurada a participação da defesa, mediante comunicação da data da pauta e denegada a ordem. Entretanto, na jurisprudência tem se exigido pedido expresso da parte para fazer sustentação oral em sede de *habeas corpus*, como pressuposto para o reconhecimento da nulidade[65].

21. DESCUMPRIMENTO DO *QUORUM* LEGAL DE JULGAMENTO NOS TRIBUNAIS

A legislação e os regimentos internos disciplinam o ***quorum*** de julgamento nos tribunais, considerando inclusive os órgãos fracionários que os compõem. A alínea "p", do inciso III, do art. 564 do CPP refere que ocorrerá nulidade em face da falta de *quorum* nos tribunais. O desatendimento da regra compromete a legitimidade do julgamento, por mitigar o debate em torno da matéria submetida a julgamento. É caso de **nulidade absoluta**.

A lei presume o comprometimento essencial do resultado do julgamento. Na doutrina, Lúcio Constantino anota que o número mínimo de membros do órgão colegiado deve ser observado, tratando-se da regra de quem deve julgar. O prejuízo é evidente. Se um dos juízes é suspeito e, considerado o seu afastamento, não se tem o *quorum* mínimo, a nulidade é insanável[66]. Nos tribunais, assistimos à relativização de nulidades absolutas, inclusive desta. Assim, o STJ deixou de invalidar julgamento, apesar de inobservado o quorum após o reconhecimento ulterior de dois membros impedidos do colegiado, aduzindo a inexistência de prejuízo e a falta de alegação oportuna[67].

22. OMISSÃO DE FORMALIDADE ESSENCIAL DE ATO PROCESSUAL

O Código de Processo Penal, ao prever como nulidade processual a "omissão de formalidade que constitua elemento essencial do ato", no inciso IV, do art. 564, deixou sublinhado o caráter **exemplificativo** do rol de nulidades.

Mitigou assim, expressamente, o princípio da especificidade das nulidades processuais, evidenciando a importância da atividade interpretativa do jurista, a partir da sistemática traçada.

A nulidade, vista essa previsão legal isoladamente, seria absoluta, por se referir a **elemento essencial** do ato processual, não se reportando aos elementos acidentais que requerem a comprovação de prejuízo e a alegação em tempo oportuno. No entanto, existem elementos essenciais que não decorrem do texto constitucional e que sobre os quais não há, na lei cominação de nulidade.

O artigo 572, do CPP, estatui, expressamente, a possibilidade de convalidação dos vícios inclusos no inciso IV, do art. 564, mediante a aplicação dos princípios da oportunidade, da finalidade e da anuência. A sede desse dispositivo legal é das **nulidades relativas**. Possibilita-se que a nulidade seja "sanada" quando não levantada em momento hábil, tiver o ato atípico atingido sua finalidade ou se a parte tiver aceitado os seus efeitos.

65. STJ – Sexta Turma – RHC 103.343/SC, Rel. Min. Laurita Vaz – DJe 02 dez. 2019.
66. CONSTANTINO, Lúcio Santoro. *Nulidades no processo penal*. 3. ed. Porto Alegre: Verbo Jurídico, 2008. p. 171-172.
67. STF – HC 464.962/BA – Sexta Turma – Rel. Min. Sebastião Reis Júnior – DJe 07 mar. 2019.

É diante desse contexto, por exemplo, que a apresentação de contrarrazões intempestivas não acarreta nulidade absoluta, nem desentranhamento da peça processual dos autos, caracterizando mera **irregularidade** (a formalidade "prazo para apresentação de contrarrazões" não é essencial, mas acidental. Por outro lado, as razões e as contrarrazões são atos essenciais, decorrentes do contraditório e da ampla defesa.

Cabe distinguir:

(1) contrarrazões intempestivas: **irregularidade**;

(2) não apresentação de contrarrazões de parte regularmente intimada com advogado constituído: **nulidade relativa**;

(3) não apresentação de contrarrazões por defensor dativo (nomeado) ou por defensor público: **nulidade absoluta**; e

(4) falta de intimação para apresentação de contrarrazões: **nulidade absoluta**, por ausência de concessão de prazo para prática de ato essencial e impostergável à defesa ampla[68].

23. VÍCIOS NA INVESTIGAÇÃO PRELIMINAR

A possibilidade de existência de nulidades no inquérito e nas demais investigações preliminares não é tema pacífico.

Duas vertentes se formam.

(1) A primeira, no sentido de ser possível se falar em nulidades no inquérito policial ou, mais precisamente, durante a fase de investigação preliminar. Isso porque, atos procedimentais defeituosos podem ser editados no curso do inquérito policial, abrindo a possibilidade para a aplicação de reconhecimento de nulidades e decretação de invalidação. Basta imaginar a juntada de laudo pericial nos autos do inquérito sem que seja subscrito por pessoa que atenda os requisitos legais ou, ainda, as declarações do indiciado que, para tanto, foi submetido à tortura. O auto de prisão em flagrante, peça inaugural do inquérito policial, também pode ser averbado de nulo (**nulidade absoluta**) e tornado sem efeito (**invalidação**).

(2) Para a segunda posição, como o inquérito policial não é procedimento jurisdicionalizado, com natureza de elementos de informação para subsidiar futura ação penal, não há que se reconhecer nulidades no inquérito policial, mas tão somente irregularidades, incapazes de contaminar a ação penal. Nesse sentido, o entendimento de Ada Grinover, Scarance e Gomes Filho, destacando que "o reconhecimento da nulidade do auto de prisão em flagrante atinge unicamente o seu valor como instrumento da coação cautelar, não tendo repercussão no processo crime"[69].

Na Jurisprudência, podemos apontar um entendimento tradicional e um mais recente, acerca da possibilidade de se falar ou não em nulidades no inquérito policial.

---

68. STJ – Quinta Turma – HC 61.440/SP – Rel. Min. Laurita Vaz – Rel. p/ Acórdão Min. Arnaldo Esteves Lima – DJ de 24/11/2008.
69. GRINOVER, Ada Pellegrini; GOMES FILHO, Antonio Magalhães; FERNANDES, Antônio Scarance. *As nulidades no processo penal*. 12. ed. São Paulo: RT, 2011. p. 268.

(1) Predomina o entendimento jurisprudencial que reiteradamente afirma que as nulidades no inquérito policial não contaminam a ação penal dele decorrente. Isso porque o inquérito policial, ou qualquer outro procedimento investigatório, constitui peça meramente informativa, sem valor probatório. Nessa linha, os autos de investigação preliminar apenas servem de suporte para a propositura da ação penal. Daí que eventual vício ocorrido nessa fase não transmite a eiva da nulidade à ação penal, pois a plena defesa e o contraditório são reservados para o processo, quando há acusação formalizada por meio da denúncia. O STJ tem, nesse sentido, jurisprudência remansosa, que considera que eventual vício na prisão em flagrante ou no inquérito policial não tem o liame de contaminar a ação penal, dada a natureza meramente informativa das peças processuais e sua dispensabilidade na formação da *opinio delicti*. Para a Corte Superior, o recebimento da denúncia torna, em princípio, prejudicado o escrutínio de nulidades ocorridas no inquérito policial. Como as provas serão renovadas, o STJ entende que eventuais irregularidades havidas na fase investigatória não contaminam, indeclinavelmente, o processo penal[70]. Também a jurisprudência do STF é firme nesse mesmo sentido[71].

(2) O STJ já teve oportunidade de trancar ação penal que só se funda em prova ilícita. Vale dizer, embora não destoe da ideia de que as nulidades do inquérito não contaminam o processo criminal, a Corte Superior já fez cessar constrangimentos ilegais decorrentes de processos cujas bases informativas eram constituídas, somente, por provas ilícitas[72]. Naturalmente, é possível a instauração de novo inquérito policial, diante de novas provas. Só haveria óbice a tanto caso a prova ilícita fosse de natureza não repetível.

24. QUADRO SINÓTICO

CAPÍTULO XXXVII – NULIDADES EM ESPÉCIE		
Introdução	Cada tópico refere um vício que atinge um elemento do ato processual e que compõe o aspecto **antecedente** da estrutura normativa dúplice da nulidade. É o que chamamos de **nulidade-fato** ou **defeito**. Adstrita à espécie de nulidade, aplicaremos uma providência **consequente** ou mais de uma, no aspecto secundário daquela estrutura normativa dúplice nulificadora: o que denominamos de **nulidade-consequência** ou **sanção**. Cada espécie de providência consequência terá lugar conforme a classe do vício e consoante seja o caso de **invalidação** (tornar sem efeito ou subtrair a validade), **convalidação** (confirmar a validade) ou **saneamento** (tornar sem efeito e refazer).	1
NULIDADES EM ESPÉCIE		
Falta ou deficiência de defesa	Vício gravíssimo que afeta elemento essencial do processo, porque garantida pela Constituição a ampla defesa, com os meios e recursos a ela inerentes. Trata-se de **nulidade absoluta**.	2

70. STJ – Sexta Turma – AgRg no HC 495.749/RJ – Rel. Min. Antonio Saldanha Palheiro – DJe 23 out. 2019.
71. STF – Primeira Turma – Inq 3621 ED-segundos – Rel. Min. Rosa Weber – publicado em 22 out. 2019.
72. STJ – Sexta Turma – RHC 101.797/SP, Rel. Min. Nefi Cordeiro – DJe 25 abr. 2019.

CAPÍTULO XXXVII – NULIDADES EM ESPÉCIE		
Falta ou deficiência de defesa	Nos termos do enunciado nº 523, da Súmula do STF, a falta de defesa, no processo penal, constitui nulidade absoluta, porém a sua deficiência só o anulará se houver prejuízo para o acusado (nulidade relativa). Aqui temos dois óbices ao teor dessa Súmula. O primeiro diz respeito ao fato da Constituição ter elevado a garantia de ampla defesa a um patamar incompatível com a aceitação de uma defesa insuficiente. O outro aponta para a dificuldade que tem o acusado de demonstrar prejuízo em virtude de deficiência de sua defesa. O reconhecimento judicial de nulidade por falta ou deficiência de defesa deverá ser esposado suficientemente pelo magistrado. É dever do juiz fundamentar toda e qualquer decisão (art. 93, IX, CF; § 2º, art. 315, CPP, com redação da Lei nº 13.964/2019).	**2**
Ilegitimidade da parte	O Código de Processo Penal estabelece hipótese de nulidade quando a parte for ilegítima para figurar em um dos polos da relação processual (art. 564, II, CPP), afirmando que haverá nulidade quando ocorrer "ilegitimidade de parte". Cuida-se de **nulidade absoluta**, por serem esses elementos essenciais ao processo. O Código de Processo Penal, ao se referir à "ilegitimidade de parte" encampou em um rótulo genérico tanto a ilegitimidade de parte *ad causam* (condição da ação), quanto a ilegitimidaa de de parte ***ad processum*** (pressuposto processual que inclui a capacidade para ser parte, para estar em juízo/capacidade processual e capacidade postulatória). Legitimidade para a causa (legitimidade *ad causam*) é condição da ação penal que deve ser compreendida a partir da relação jurídica de direito material que no processo penal condenatório é o fato criminoso. Os protagonistas do delito são o sujeito ativo (agente) e o sujeito passivo (ofendido ou vítima). Haverá ilegitimidade de parte *ad causam*, quando: 1) o autor da ação penal não é o seu titular legítimo; e 2) quando a denúncia for apresentada contra pessoa que não concorreu para a infração penal. Nessas hipóteses, a nulidade a ser reconhecida é de natureza absoluta. Legitimidade ***ad processum*** é pressuposto processual que se divide em três aspectos: 1) a capacidade para ser parte: ser pessoa física ou jurídica; 2) a capacidade processual para estar em juízo: no caso de pessoa física, ser maior de 18 anos ou ser representante legal devidamente autorizado legalmente; e 3) capacidade postulatória. Só na hipótese de falta ou de vício do pressuposto processual capacidade postulatória é que se admite convalidação.	**3**

CAPÍTULO XXXVII – NULIDADES EM ESPÉCIE		
Incompetência do juízo	A nulidade também poderá ocorrer por incompetência da autoridade judiciária (art. 564, I, CPP). É a Constituição do Brasil que garante que ninguém será processado ou julgado senão pelo juiz competente (art. 5º, LIII). O STF passou a exigir que se comprove prejuízo em todas as hipóteses de nulidades, cobrando, inclusive, que a arguição do vício tenha se dado oportunamente. A generalização do *pas de nullité sans grief* acabou por descontruir com alguma nitidez a distinção entre as nulidades, tornando maior a discricionariedade judicial para invalidar ou convalidar um ato inquinado de nulidade. Essa linha de jurisprudência do STF influenciou o STJ e demais tribunais, que passaram a vincar que "não se mostra consentânea com o direto processual moderno a anulação do processo desde o oferecimento da denúncia", nos casos de atos praticados por juízo incompetente. De acordo com aquela Corte Superior, são ratificáveis no juízo competente inclusive os atos decisórios. Nessa sequência, o STJ reiterou que a jurisprudência segue "uníssona ao exigir a comprovação de efetivo prejuízo para a anulação de atos processuais, tanto nas hipóteses de incompetência relativa quanto nas de absoluta".	**4**
Incompatibilidade, impedimento, suspeição ou suborno do juiz	A noção de incompatibilidade é genérica relativamente à de suspeição e à de impedimento. Na origem do termo, incompatibilidade é gênero do qual suspeição e impedimento são espécies. Porém, o legislador do Código de Processo Penal trata tais termos como distintos. O termo **incompatibilidade** deve ser reservado às relações de parentesco do juiz com os demais juízes nos órgãos colegiados (art. 253, CPP). Os casos de impedimento estão dispostos no art. 252, do Código. São aqueles em que "o juiz não poderá exercer jurisdição". Impedimento traduz proibição para o exercício da jurisdição. A noção de impedimento se coaduna com a ideia de objetividade da imparcialidade do juiz. A **suspeição** tem a ver com situações mais subjetivas, estão gizadas no art. 254 do CPP (rol aberto) e aludem a algumas situações que são mais difíceis de comprovação pela parte. O **suborno** é corrupção pelo recebimento ou promessa de recebimento de vantagem pecuniária ou não pecuniária por parte do juiz. Decerto, os casos de parcialidade do juiz devem ser suficientes para alijar o magistrado, mediante interpretação aberta relativamente à suspeição e ao suborno. Não o impedimento e a incompatibilidade, por carecerem de previsão fechada. O afastamento do juiz parcial é garantia à tutela da liberdade do imputado.	**5**

CAPÍTULO XXXVII – NULIDADES EM ESPÉCIE		
Incompatibilidade, impedimento, suspeição ou suborno do juiz	O Código de Processo Penal prevê nulidade para o caso de "suspeição ou suborno do juiz" (art. 564, I, CPP). As hipóteses de incompatibilidade e de impedimento, embora não mencionadas nesse inciso, estão nele subentendidas. Em direito processual penal, a suspeição do magistrado é causa de **nulidade absoluta**. A primeira parte, do seu art. 101, deixa estampado que, uma vez julgada procedente a suspeição, ficarão nulos os atos do processo principal. Todos os atos, sem exceção, devem ser objeto de **invalidação**.	**5**
Inexistência ou defeito de peça acusatória ou de representação	A falta de denúncia, de queixa, de representação do ofendido ou de requisição do Ministro da Justiça é motivo de nulidade absoluta ou de inexistência (para os que admitem essa classificação). A **nulidade** por defeito na queixa, na denúncia ou na representação, por outro lado, nem sempre levam à decretação de **invalidação** da petição inicial ou do processo, dependendo se o caso é de ausência de formalidade essencial ou acidental, para configurar caso de nulidade absoluta, de nulidade relativa ou de mera irregularidade. De outro giro, distinguem-se a inexistência/falta da representação do vício/defeito/omissão na representação. A inexistência da representação é causa de ausência de uma condição de procedibilidade que implica na ilegitimidade de parte *ad processum* do Ministério Público (pressuposto processual). O processo assim instaurado padece de vício ensejador de nulidade absoluta, insanável. O vício/defeito/omissão na representação é a hipótese em que a representação existe, mas lhe falta uma formalidade que, não obstante essencial, pode ser corrigida antes de decorrido o prazo decadencial. É o caso da representação ser apresentada por vítima menor de 18 anos sem a anuência de seu representante legal. Cuida-se de nulidade relativa que pode ser suprida se o representante, antes do decurso do prazo decadencial para ele, comparecer ao processo e ratificar o desejo do ofendido menor de ver processado o acusado pelo crime de ação penal pública condicionada.	**6**
Ausência de intervenção do Ministério Público	(1) Havendo ausência de intervenção do MP nas ações penais públicas, a nulidade será absoluta, decorrendo dela a **invalidação** dos atos processuais. (2) Já se a omissão é na ação privada subsidiária da pública, essa nulidade será relativa, podendo ser objeto de **invalidação.** Será, entrementes, objeto de **convalidação**, nos termos do art. 572, CPP, quando: (a) não for arguida no tempo oportuno; (b) o ato processual tiver atingido sua finalidade; ou (c) houver anuência do ***Parquet*** e da defesa.	**7**

CAPÍTULO XXXVII – NULIDADES EM ESPÉCIE		
Ausência ou defeito de citação e do interrogatório do réu	Em face de sua importância, autores entendem que sem citação inexiste processo. Outros consideram nulidade absoluta. E alguns, ainda, veem a falta ou defeito de citação como de natureza relativa, já que o comparecimento da parte é capaz de supri-la. No entanto, entendemos que a hipótese de falta ou de defeito de citação é caso de nulidade absoluta. Estará sanada, contudo, pelo comparecimento do acusado, ainda que o faça só para alegar o vício. Outrossim, o réu deve ser necessariamente interrogado. O interrogatório será realizado ao final da instrução. Trata-se de autêntico meio de defesa. Daí que se o réu for localizado antes do trânsito em julgado da sentença penal condenatória, deve ser oportunizado o seu interrogatório, ainda que em grau de recurso, sob pena de nulidade absoluta.	**8**
Vícios na decisão de pronúncia e rol de testemunhas	O exercício da ampla defesa depende do contorno adequado da pronúncia. A pronúncia delimita o âmbito da imputação. A produção probatória preparativa e contemporânea à sessão plenária do julgamento pelo júri está subordinada ao decote dos fatos, feito pelo juiz da instrução preliminar, na pronúncia. A sentença de pronúncia não pode conter: (1) argumentação que favoreça uma das partes, para não influenciar o ânimo dos jurados; (2) juízo de mérito, indicando condenação ou absolvição do acusado; (3) menção a agravantes ou atenuantes; (4) ordem para inserção do nome do réu no rol dos culpados; (5) aplicação de regras de individualização da pena, tal como as de concurso de crimes, de situação de privilégio ou de continuação delitiva; e, (6) causas especiais de diminuição de pena. Pela importância da pronúncia, o desatendimento de suas normas essenciais determina o reconhecimento – total ou parcial conforme o caso - de sua nulidade absoluta. Seguidamente, o juiz deve **tornar sem efeito**, total ou parcialmente, a pronúncia eivada de nulidade absoluta, cabe dizer, deve ser objeto de **invalidação**.	**9**
Não intimação do réu da data de julgamento pelo júri	É condição de aperfeiçoamento da validez do julgamento. Haverá nulidade quando viciados os termos ou as formas concernentes à intimação do réu para a sessão do julgamento pelo tribunal do júri, a teor da alínea "g", inciso III, do art. 564, do CPP. A parte final, desse dispositivo, faz uma ressalva à nulidade para casos em que a lei permita o julgamento à revelia.	**10**

CAPÍTULO XXXVII – NULIDADES EM ESPÉCIE		
Não intimação do réu da data de julgamento pelo júri	Situação diversa é a de ausência, apesar de regularmente intimado o acusado. Devemos distinguir: (1) se solto o réu, é seu direito optar por assistir seu julgamento ou a ele não comparecer; (2) se o acusado estiver preso, poderá solicitar dispensa de comparecimento ao plenário em petição subscrita por ele e por seu defensor (art. 457, parágrafos 1 e 2º, CPP). Caso o julgamento se dê em violação a tais regras, haverá nulidade absoluta , com a sua consequente invalidação. Na hipótese de somente se verificar **nulidade absoluta** que só ao réu interesse para os casos mencionados neste tópico, é importante distinguir: se o resultado da decisão dos julgados for de absolvição, não deve ser decretada a invalidação, diante da maior eficácia ao direito fundamental de liberdade do imputado.	**10**
Presença de pelo menos quinze jurados para o júri	Nos termos do art. 447 do CPP, o Tribunal do Júri é formado por um juiz-presidente togado e por vinte e cinco jurados, sorteados dentre os alistados. Dos vinte e cinco jurados sorteados, a presença de pelo menos quinze para a abertura da sessão plenária é indispensável, seguindo-se ao sorteio dos sete jurados que comporão o conselho de sentença. O sorteio realizado para a formação do conselho de sentença, quando não estiverem no plenário ao menos quinze dos vinte e cinco jurados é vício grave, **nulidade absoluta**. Realizado o julgamento em desatendimento a essa regra, estará sujeito à **invalidação**, por meio de recurso.	**11**
Concessão de prazos processuais	Ocorrerá **nulidade absoluta** por falta ou vício sobre termos ou fórmulas relativas à concessão de prazos processuais (art. 564, III, "e", in fine, CPP). Essa ilação decorre da constatação de que a abertura de prazo para falar nos autos é elemento essencial à ampla defesa e ao contraditório. No entanto, o Código de Processo Penal prevê que se excepcione regras sobre prazos processuais, diante de preclusão temporal, da finalidade do ato ou do mútuo consenso. O art. 572, do Código, somente deve ter incidência se não incorrer em inconstitucionalidade. Em outros termos, se a convalidação de nulidade por falta de concessão do prazo impuser mitigação ou supressão do princípio da defesa ampla, haverá aplicação do dispositivo incompatível com a Constituição Federal.	**12**
Falta de intimação de testemunhas	Se não for oportunizada às partes a produção de prova testemunhal, haverá **nulidade absoluta**, com a conseguinte **invalidação** da audiência que tenha sido realizada em cerceio a esse direito. Se a testemunha regularmente intimada faltar à audiência, haverá possibilidade de invalidação processual se não for determinada a sua condução coercitiva quando as partes não anuírem com a sua dispensa.	**13**

<table>
<tr><th colspan="3">CAPÍTULO XXXVII – NULIDADES EM ESPÉCIE</th></tr>
<tr><td>Falta de intimação de testemunhas</td><td>Segundo o caput, do art. 222, do CPP, a carta precatória emitida com a finalidade de oitiva de testemunha deve ser expedida com prazo razoável para o seu cumprimento. De todo modo, a instrução não se suspende enquanto se aguarda a devolução da precatória, desde que não seja subvertido o procedimento legal. Uma vez exaurido o lapso, é possível ser realizado o julgamento, notadamente se houver anuência da parte. Porém, se a carta for devolvida cumprida, será acostada aos autos a qualquer tempo, e poderá se revestir de suporte fático para a nulificação do processo.

De acordo com o enunciado nº 155 da Súmula do STF, haverá nulidade relativa do processo penal "por falta de intimação da expedição de precatória para inquirição de testemunha".

No que toca ao dispositivo específico da alínea "h", do inciso III, do art. 564, CPP, temos uma regra especial, pertinente à segunda fase do rito escalonado do tribunal do júri. Cuida-se de previsão de nulidade pela falta (ou vício) da intimação das testemunhas arroladas para a oitiva no plenário da sessão do júri popular, nos termos da lei.

A regra é a de que o julgamento pelo júri não seja adiado pela ausência da testemunha intimada, salvo se a parte tiver afirmado o caráter de imprescindibilidade de sua oitiva. A testemunha faltosa está, inclusive, sujeita à ação penal por desobediência e à multa do § 2º do art. 436, CPP.

Sendo imprescindível o caráter de seu depoimento, o juiz deve suspender os trabalhos e determinar a condução coercitiva da testemunha ou, sendo impossível, ordenará o adiamento da sessão de julgamento para o primeiro dia desimpedido, determinando as providências para conduzi-la.

Se o julgamento se realizar e o juiz dispensar indevidamente a testemunha cuja oitiva foi afirmada imprescindível pela parte interessada, haverá vício insuperável, nulidade absoluta, com a respectiva sanção de invalidação do julgamento.

De outra vertente, sem a parte acentuar a imprescindibilidade da oitiva das testemunhas arroladas ou não residindo a testemunha no local do juízo (Comarca ou Seção Judiciária), o julgamento prosseguirá e não haverá, em razão desse fato, nulidade processual.

Em outras palavras, no caso de testemunha que reside em outra jurisdição, o júri não é suspenso em razão da sua ausência ao plenário, ainda que requerida sua intimação com caráter de imprescindibilidade.

Para viabilizar sua oitiva, a parte interessada deve se acautelar para que ela compareça à sessão.</td><td>13</td></tr>
</table>

CAPÍTULO XXXVII – NULIDADES EM ESPÉCIE		
Falta de exame de corpo de delito nos crimes que deixam vestígios	O exame de corpo de delito é indispensável nos crimes que deixam vestígios, ressalvada justificativa plausível da impossibilidade de sua realização, quando deverá ser suprido por prova testemunhal. É a dicção do art. 564, III, "b", CPP, que prevê hipótese de nulidade quando faltar "o exame de corpo de delito nos crimes que deixam vestígios, ressalvado o disposto no art. 167". Não pode haver substituição do exame de corpo de delito pela confissão do acusado. Se ausente o exame de corpo de delito ou se realizado sem a observância estrita desse procedimento, haverá **nulidade absoluta** do ato aquisitivo da prova viciada ou do próprio processo. Quando a falta de fórmula legal do exame de corpo de delito aludir à não participação de dois peritos ad hoc, portadores de diploma de curso superior, que são nomeados na falta de perito oficial, haverá nulidade. Descumprida a regra do número legal de *experts*, ocorrerá **nulidade absoluta**, com prejuízo presumido legal e constitucionalmente.	**14**
Irregularidade no sorteio e incomunicabilidade dos jurados	Havendo defeito que comprometa a imparcialidade do conselho de sentença, impõe-se que seja reconhecida **nulidade absoluta**, com a consequente **invalidação** do sorteio ou, se realizada a sessão, do julgamento. Com o mesmo intuito, o Código de Processo Penal veda que os jurados se comuniquem entre si ou com outras pessoas durante o julgamento. Isso não é óbice, contudo, para que seja autorizada comunicação de algum assunto importante, que não diga respeito ao processo submetido a julgamento.	**15**
Defeito ou contradição na quesitação e nas respectivas respostas no júri	Os princípios da simplicidade e da objetividade orientam a redação dos quesitos, para permitir que os jurados respondam monossilabicamente "sim" ou "não". O quesito não pode permitir perplexidade, confusão ou incompreensão, sob pena de nulidade absoluta. Os quesitos devem atender as regras dos artigos 482 e 483, CPP, que salientam a ordem das perguntas a depender das teses postas em debate pelas partes no plenário, em cotejo com a pronúncia e com o interrogatório. Cabe ao juiz zelar para que não haja contradição não só nas perguntas, mas também nas respostas (art. 564, III, "k", CPP). Se estas se opuserem, a nulidade é insanável, obrigando-se à realização de novo júri. Também será decretada a nulidade absoluta quando se verificar a ausência de quesito obrigatório (enunciado nº 156, da Súmula do STF).	**16**

CAPÍTULO XXXVII – NULIDADES EM ESPÉCIE		
Irregularidades surgidas nos debates perante o tribunal popular	A falta ou irregularidade na defesa ou na acusação sustentada oralmente em plenário enseja nulidade. A depender do elemento afetado, se estrutural, essencial ou acidental, poderá haver inexistência jurídica, nulidade absoluta ou nulidade relativa. A falta de defesa é motivo para reconhecimento de **nulidade absoluta** do julgamento. A deficiência de defesa – que, para nós, deveria implicar nulidade absoluta – abre oportunidade para **invalidação** do julgamento se demonstrado o prejuízo e alegado em momento oportuno. De outro lado, a falta de acusação é motivo para **invalidação**, se o *Parquet* for impedido, de algum modo, de exercer sua sustentação oral, caracterizando **nulidade absoluta**. A sustentação oral do Ministério Público é indispensável à perfeição do julgamento, ainda que conclua pela absolvição do réu.	**17**
Decisão carente de fundamentação e demais vícios na sentença ou decisão	É dever do Poder Judiciário fundamentar suas decisões. Está previsto na Constituição (art. 93, IX, CF). Em reforço, o aludido inciso estabeleceu que ocorrerá nulidade em decorrência de decisão carente de fundamentação. É caso de **nulidade absoluta**. As decisões consideradas não fundamentadas, por outro lado, são aquelas que se enquadrarem em uma das situações do § 2º, do art. 315, do CPP. De tal sorte, não se considera devidamente motivada, decisão, sentença ou acórdão que: (1) limitar-se à indicação, à reprodução ou à paráfrase de ato normativo, sem explicar sua relação com a causa ou a questão decidida; (2) empregar conceitos jurídicos indeterminados, sem explicar o motivo concreto de sua incidência no caso; (3) invocar motivos que se prestariam a justificar qualquer outra decisão; (4) não enfrentar todos os argumentos deduzidos no processo capazes de, em tese, infirmar a conclusão adotada pelo julgador; (5) limitar-se a invocar precedente ou enunciado de súmula, sem identificar seus fundamentos determinantes nem demonstrar que o caso sob julgamento se ajusta àqueles fundamentos; (6) deixar de seguir enunciado de súmula, jurisprudência ou precedente invocado pela parte, sem demonstrar a existência de distinção no caso em julgamento ou a superação do entendimento. As formalidades da sentença penal estão dispostas no art. 381 do CPP. Esses requisitos, em geral, são essenciais, ensejando nulidade absoluta, que dispensa demonstração de prejuízo, eis que a lei já o pressupõe. Os defeitos na sentença penal podem ter origem nela própria (intrínsecos) ou no trâmite do processo (extrínsecos).	**18**

CAPÍTULO XXXVII – NULIDADES EM ESPÉCIE		
Decisão carente de fundamentação e demais vícios na sentença ou decisão	Caso o defeito macule essencialmente o ato processual sentencial, haverá nulidade absoluta (art. 564, III, "m", CPP), tal como ocorre com a sentença com motivação deficiente (vício intrínseco), agora também prevista no mencionado inciso V, do mesmo enunciado. É que a sentença deve enfrentar suficientemente as teses expendidas nos autos, com fundamentação judicial consistente (art. 93, IX, CF). Caso a prova seja ilícita, e mesmo assim o julgador tenha se reportado a ela para fundamentar a sentença, haverá **nulidade absoluta** da sentença. Não são poucos os defeitos possíveis em sentença penal. Na doutrina e na jurisprudência, são encontrados vícios que, a depender da gravidade e do caso concreto, ensejam **nulidades absolutas**, **relativas** ou **simples irregularidades.** No que se refere à incidência do princípio da correlação ou da congruência, a sentença será absolutamente nula toda vez que impor condenação por fato não narrado na denúncia, no aditamento ou na queixa. Por fim, pode haver **nulidade absoluta** por duplicidade de sentenças, em face do mesmo fato.	**18**
Descumprimento de disposição que preconiza reexame necessário	O reexame necessário, duplo grau de jurisdição obrigatório ou remessa necessária é providência imprescindível para que algumas decisões judiciais sejam chanceladas pelo trânsito em julgado. Em tal situação, as providências subsequentes à decisão não transitada em julgado serão passíveis de **nulidade absoluta**. O art. 564, III, "n", CPP, prevê expressamente tal caso de nulidade, assentando a imprescindibilidade do recurso de ofício, nos casos em que a lei o tenha estabelecido.	**19**
Falta ou irregularidade na intimação de atos processuais	A nulidade por vício de comunicação decorre dos princípios da ampla defesa e do contraditório. A intimação é o pressuposto necessário para o decurso válido do prazo para as partes. O art. 564, III, "o", CPP, preconiza nulidade pela falta ou vício da "intimação, nas condições estabelecidas pela lei, para ciência de sentenças e despachos de que caiba recurso". A ausência ou defeito na intimação é óbice à preclusão temporal ou ao trânsito em julgado para a parte não intimada, desaguando em **nulidade absoluta**, especialmente se a comunicação se reportar a ato essencial ao processo. Se a falta ou o vício da comunicação processual se relacionar à ato acidental ou que não interfira negativamente em direito fundamental do imputado, haverá **nulidade relativa.**	**20**

CAPÍTULO XXXVII – NULIDADES EM ESPÉCIE		
Descumprimento do quorum legal de julgamento nos tribunais	O desatendimento da regra compromete a legitimidade do julgamento, por mitigar o debate em torno da matéria submetida a julgamento. É caso de **nulidade absoluta**. A lei presume o comprometimento essencial do resultado do julgamento.	**21**
Omissão de formalidade essencial de ato processual	O CPP deixou sublinhado o caráter **exemplificativo** do rol de nulidades. Mitigou assim, expressamente, o princípio da especificidade das nulidades processuais. A nulidade, vista essa previsão legal isoladamente, seria absoluta, por se referir a **elemento essencial** do ato processual, não se reportando aos elementos acidentais que requerem a comprovação de prejuízo e a alegação em tempo oportuno. O artigo 572, do CPP, estatui, expressamente, a possibilidade de convalidação dos vícios inclusos no inciso IV do art. 564, mediante a aplicação dos princípios da oportunidade, da finalidade e da anuência.	**22**
Omissão de formalidade essencial de ato processual	A sede desse dispositivo legal é das **nulidades relativas**. Possibilita-se que a nulidade seja "sanada" quando não levantada em momento hábil, tiver o ato atípico atingido sua finalidade ou se a parte tiver aceitado os seus efeitos. Cabe distinguir: (1) contrarrazões intempestivas: **irregularidade**; (2) não apresentação de contrarrazões de parte regularmente intimada com advogado constituído: **nulidade relativa**; (3) não apresentação de contrarrazões por defensor dativo (nomeado) ou por defensor público: **nulidade absoluta**; e (4) falta de intimação para apresentação de contrarrazões: **nulidade absoluta**, por ausência de concessão de prazo para prática de ato essencial e impostergável à defesa ampla.	**22**
Vícios na investigação preliminar	Duas vertentes se formam. (1) A primeira, no sentido de ser possível se falar em nulidades no inquérito policial ou, mais precisamente, durante a fase de investigação preliminar. (2) Para a segunda posição, como o inquérito policial não é procedimento jurisdicionalizado, com natureza de elementos de informação para subsidiar futura ação penal, não há que se reconhecer nulidades no inquérito policial, mas tão somente irregularidades, incapazes de contaminar a ação penal (predominante).	**23**

25. SÚMULAS DO STJ

117. A inobservância do prazo de 48 horas, entre a publicação de pauta e o julgamento sem a presença das partes, acarreta nulidade.

225. Compete ao Tribunal Regional do Trabalho apreciar recurso contra sentença proferida por órgão de primeiro grau da Justiça Trabalhista, ainda que para declarar-lhe a nulidade em virtude de incompetência.

592. O excesso de prazo para a conclusão do processo administrativo disciplinar só causa nulidade se houver demonstração de prejuízo à defesa.

26. SÚMULAS DO STF

155. É relativa a nulidade do processo criminal por falta de intimação da expedição de precatória para inquirição de testemunha.

156. É absoluta a nulidade do julgamento, pelo júri, por falta de quesito obrigatório.

160. É nula a decisão do tribunal que acolhe, contra o réu, nulidade não arguida no recurso da acusação, ressalvados os casos de recurso de ofício.

162. É absoluta a nulidade do julgamento pelo júri, quando os quesitos da defesa não precedem aos das circunstâncias agravantes.

206. É nulo o julgamento ulterior pelo júri com a participação de jurado que funcionou em julgamento anterior do mesmo processo.

351. É nula a citação por edital de réu preso na mesma unidade da federação em que o juiz exerce a sua jurisdição.

352. Não é nulo o processo penal por falta de nomeação de curador ao réu menor que teve a assistência de defensor dativo.

366. Não é nula a citação por edital que indica o dispositivo da lei penal, embora não transcreva a denúncia ou queixa, ou não resuma os fatos em que se baseia.

431. É nulo o julgamento de recurso criminal, na segunda instância, sem prévia intimação, ou publicação da pauta, salvo em "***habeas corpus***".

523. No processo penal, a falta da defesa constitui nulidade absoluta, mas a sua deficiência só o anulará se houver prova de prejuízo para o réu.

706. É relativa a nulidade decorrente da inobservância da competência penal por prevenção.

707. Constitui nulidade a falta de intimação do denunciado para oferecer contrarrazões ao recurso interposto da rejeição da denúncia, não a suprindo a nomeação de defensor dativo.

708. É nulo o julgamento da apelação se, após a manifestação nos autos da renúncia do único defensor, o réu não foi previamente intimado para constituir outro.

709. Salvo quando nula a decisão de primeiro grau, o acórdão que provê o recurso contra a rejeição da denúncia vale, desde logo, pelo recebimento dela.

712. É nula a decisão que determina o desaforamento de processo da competência do júri sem audiência da defesa.

27. QUESTÕES DE CONCURSOS PÚBLICOS

01. (2016 – MPE-GO – MPE-GO – Promotor de Justiça Substituto) "Fenício" foi denunciado pela prática de furto simples e o Juiz rejeitou de plano a peça inaugural da persecutio criminis, entendendo, in casu, que se aplica o princípio da insignificância. Houve interposição de recurso pelo Ministério Público. O Juiz de primeiro grau nomeou defensor dativo ao recorrido para contrarrazoar o recurso. O réu não foi citado da ação penal interposta, devido ao fato de ter sido a Denúncia rejeitada. Diante do texto e do que dispõe o entendimento sumulado pelo STF:

(A) Mesmo não tendo sido o réu intimado pessoalmente para oferecer Contrarrazões, havendo nomeação de advogado dativo que ofereça a peça apropriada, refutando os termos do recurso do Ministério Publico, não há prejuízo ao recorrido e, portanto, não há nulidade absoluta ou relativa.

(B) A nulidade existe, mas é relativa, somente se configurando se houver desídia do defensor dativo, se mostrando ineficiente na defesa do recorrido.

(C) Constitui nulidade a falta de intimação do Denunciado para oferecer contrarrazões ao recurso interposto da rejeição da Denúncia, não a suprindo a nomeação de defensor dativo.

(D) Constitui nulidade a falta de citação do Denunciado para apresentar defesa à Denúncia ofertada. Restará suprida tal nulidade com a nomeação de defensor dativo se a atuação do causídico no feito for sem desídia. Caso contrário, havendo desídia do defensor, a nulidade será absoluta e não relativa.

02. (2015 – FCC – TJ-GO – Juiz Substituto) Conforme a orientação deste Superior Tribunal de Justiça, a inquirição das testemunhas pelo juiz antes que seja oportunizada a formulação das perguntas às partes, com a inversão da ordem prevista no art. 212 do Código de Processo Penal, constitui nulidade relativa (STJ, HC nº 237.782, Rel. Min. Laurita Vaz, DJe de 21/08/2014).

Diante deste entendimento do Superior Tribunal de Justiça, a nulidade, neste caso,

(A) será declarada mesmo que não tenha influído na decisão da causa.

(B) deve ser reconhecida de ofício.

(C) independe de comprovação do prejuízo.

(D) deve ser arguida pela parte interessada em tempo oportuno.

(E) não se sujeita à preclusão.

03. (Cespe – Juiz de Direito – TJ – CE/2018) Acerca das questões probatórias e das nulidades processuais penais, assinale a opção correta, à luz da doutrina e da jurisprudência dos tribunais superiores.

(A) Na coleta de prova testemunhal, a inquirição das testemunhas pelo juiz antes da diligência das perguntas formuladas pelas partes acarreta nulidade processual absoluta.

(B) A prova pericial, pelo seu conteúdo técnico-científico, prevalece sobre as demais provas apresentadas no âmbito da ação penal.

(C) O exame do corpo de delito incide sobre os elementos constitutivos da materialidade do crime, de forma que deve ser afastada majorante de uso de arma de fogo em crime de roubo se o artefato não tiver sido apreendido e periciado.

(D) No âmbito do tribunal do júri, a alegação de nulidade na quesitação deve ocorrer logo em seguida à leitura dos quesitos e à explicação dos critérios pelo juiz presidente do órgão, sob pena de preclusão.

(E) A falta de advertência ao réu sobre o direito de permanecer em silêncio durante o interrogatório policial é causa de nulidade processual absoluta.

04. (IBFC – TRF – 2ª REGIÃO – Juiz Federal Substituto – 2018) Considere as seguintes assertivas e assinale a alternativa correta:

I – Em recurso ministerial, exclusivamente interposto para o agravamento da pena, não poderá o tribunal diminui-la por erro na sua dosimetria.

II – Tratando-se de denúncia recebida por juiz absolutamente incompetente, o reconhecimento da nulidade da decisão impedirá a interrupção do prazo prescricional.

III – salvo quando nula a decisão de primeiro grau, o acórdão que provê o recurso contra a rejeição da denúncia vale, desde logo, pelo recebimento dela.

(A) Somente a assertiva III está correta.

(B) Todas as assertivas estão erradas.

(C) Estão corretas as assertivas II e III.

(D) Estão corretas as assertivas I e II.

(E) Todas as assertivas estão corretas.

05. (CONSULPLAN – TJ-MG – Juiz de Direito Substituto – 2018) Considerando as disposições do Código de Processo Penal, analise as afirmativas a seguir.

I. Nos crimes de competência do Tribunal do Júri, ou do Juiz singular, se da sentença não for interposta apelação pelo Ministério Público no prazo legal, o ofendido, ainda que não se tenha habilitado como assistente, poderá interpor apelação.

II. Da decisão que denegar a apelação ou julgá-la deserta é cabível carta testemunhável, que será requerida ao diretor de secretaria ou ao secretário do tribunal, conforme o caso, nas 48 (quarenta e oito) horas seguintes, devendo o requerente indicar as peças do processo que deverão ser trasladadas.

III. O Código de Processo Penal não prevê expressamente a legitimidade do Ministério Público para impetração de habeas corpus, sendo esta decorrente de sua atuação como custos legis.

IV. A falta ou a nulidade da citação fica sanada quando o réu comparece antes de o ato consumar-se, mesmo que o faça, expressamente, para o único fim de arguir a falta ou a nulidade.

A partir da análise, conclui-se que está(ão) correta(s) a(s) afirmativa(s)

(A) I, II, III e IV.

(B) I, apenas.

(C) III, apenas.

(D) I e IV, apenas.

06. (2019 - FCC - TJ-AL - Juiz Substituto) Em tema de nulidades, correto afirmar que

A) a deficiência da defesa, no processo penal, constitui nulidade absoluta, independentemente de prova de prejuízo para o réu.

B) não é nula a citação por edital que indica o dispositivo da lei penal, embora não transcreva a denúncia ou queixa, ou não resuma os fatos em que se baseia.

C) não é nula a decisão que determina o desaforamento de processo da competência do júri sem audiência da defesa.

D) é absoluta a nulidade do processo criminal por falta de intimação da expedição de precatória para inquirição de testemunha.

E) não é nulo o julgamento ulterior pelo júri com a participação de jurado que funcionou em julgamento anterior do mesmo processo.

28. GABARITO ANOTADO

01 – C

Vide:

- Súmula 707, STF.
- Súmulas aplicáveis.

02 – D

Vide:

- Arguição de nulidade.

03 – D

Vide:

- Art. 571, VIII, CPP.

04 – C

Vide:

- Súmula 709, STF.
- Info 846, STF.

05 – D

Vide:

- Art. 571, CPP.

06 – D

Vide:

- Art. 598, CPP.
- Art. 581, XV, CPP.
- Art. 654, CPP.
- Art. 577, CPP.
- Art. 570, CPP.

29. QUESTÕES DISCURSIVAS COM COMENTÁRIOS

01. (MPE-MG – Promotor de Justiça – MG/2007) *As nulidades ocorridas no auto de prisão em flagrante delito atingem o processo penal e nele podem exercer alguma influência? Justifique sua resposta (máximo de 20 linhas).*

Resposta

A doutrina, tecnicamente, fala em nulidade relativamente a atos processuais (art. 564, CPP). A rigor, não se usa o termo nulidade para os vícios ocorridos em procedimento de investigação preliminar (inquérito policial, auto de prisão em flagrante etc.).

No entanto, pode algum ato produzido no inquérito policial ou mesmo o auto de prisão em flagrante padecer de vício que exija invalidação.

Nesses termos, podemos denominar "nulidade" (defeito) o vício ocorrido por ocasião da lavratura do auto de prisão em flagrante.

A jurisprudência dominante – STF e STJ – manifesta-se no sentido de que as invalidades do inquérito policial (inclusive do auto de prisão em flagrante) não contaminam a ação penal correspondente. Essa é regra. Muito excepcionalmente, porém, diante da ação penal se basear unicamente na prova viciada produzida no auto de prisão em flagrante (como aquela produzida mediante tortura ou coação), é que há possibilidade de se vislumbrar influência nulificadora da ação penal.

SEXTA PARTE

Processo de Execução

Capítulo XXXVIII

Execução Penal

1. O CONSENSO E O CONFLITO NA EXECUÇÃO PENAL

Execução penal é procedimento destinado à aplicação de pena ou de medida de segurança fixada por sentença. Em regra, a execução penal não prossegue como fase subsequente ao processo penal condenatório, mas como processo autônomo. Isso equivale a dizer que os autos são reproduzidos por cópia e, desse modo, formado novo volume com as peças imprescindíveis ao acompanhamento do cumprimento da pena e da concessão de benefícios, notadamente com a guia de execução penal inclusa.

Diferentemente do processo de conhecimento (condenatório), onde pode ser encontrada situação de litisconsórcio passivo (com vários acusados com narrativa de imputação em coautoria ou participação em uma mesma denúncia ou queixa), é constituído um processo de execução para cada acusado, para que assim seja atendido adequadamente o princípio da individualização da pena. Em outras palavras, será formado um caderno processual para o desenvolvimento do procedimento executório da pena para cada apenado, com tantos processos de execução para quantos apenados existirem no polo passivo do único processo de conhecimento.

A promessa de integração social do condenado, por meio da pena, e do internado, por intermédio da medida de segurança, é constatada como expectativa frustrada. É fato notório a raridade de êxitos na reintegração de pessoa submetida a controle criminal. A Criminologia, notadamente a de **viés crítico,** coloca luz nesse problema, evidenciando que, para além da culpabilidade afirmada judicialmente, no bojo processo condenatório, há uma coculpabilidade social e estatal.

Ao lado do **discurso tradicional** (**consensual**), permeamos alguns elementos do discurso crítico (conflitual), notadamente neste capítulo, em razão da dogmática não ter logrado efetividade na seara dos direitos e das garantias fundamentais também assegurados às pessoas submetidas à incidência da lei de execução penal.

Por **discurso crítico** ou do **conflito**, devemos entender aquele relacionado ao pensamento transformador, alternativo, que consiste na "tentativa de buscar outra direção ou outro referencial epistemológico que atenda à modernidade presente, pois os paradigmas de fundamentação (tanto ao nível das ciências humanas quanto da Teoria Geral do Direito) não acompanham as profundas transformações sociais e econômicas por que passam as modernas sociedades políticas industriais e pós-industriais"[1].

Nesse contexto, podemos entender, com Sérgio Salomão Shecaira, que a pena privativa de liberdade, cumprida sob as regras do processo de execução penal, "é forma mais extremada de controle penal"[2]. Do ponto de vista histórico, a "prisão" é criação Europeia, Ocidental, espraiada pela América. Seguindo as pegadas de Michel Foucault, pode-se afirmar que "a reclusão do Século XIX é uma combinação de controle moral e social nascido na Inglaterra e a instituição propriamente francesa e estatal da reclusão é um local, um edifício, uma instituição, em um espaço fechado"[3].

Além das funções da pena (preventivas e retributivas), tradicionalmente explicadas pela doutrina, nota-se, ainda com Shecaira que, no plano da realidade, há pretensão de "utilizar a pena como meio de ordenar condutas dos cidadãos, além do mínimo essencial" e que "irremediavelmente levará à arbitrariedade e ao autoritarismo do regime"[4].

1. WOLKMER, Antonio Carlos. *Introdução ao pensamento jurídico crítico*. 6. ed. São Paulo: Saraiva, 2008. p.87.
2. SHECAIRA, Sérgio Salomão. *Criminologia*. São Paulo: RT, 2004. p. 23.
3. FOUCAULT, Michel. *La verdad e las formas jurídicas*. Tradução: Enrique Lynch. México: Gedisa, 1978. p.126 (tradução livre).
4. SHECAIRA, Sérgio Salomão. *Criminologia*. São Paulo: RT, 2004. p.59.

Constatamos essa tendência com a edição da Lei nº 13.964/2019. Ela é o fruto da campanha que envidou esforços para aprovar o conjunto de projetos conhecido por pacote anticrime. Na verdade, em sede de execução penal e de direito penal, houve recrudescimento punitivo. Em outras palavras, várias regras que pregam o endurecimento no cumprimento das penas foram inseridas no nosso sistema, a exemplo da que amplia de trinta para **quarenta anos** o **tempo de cumprimento** máximo das penas privativas de liberdade, a teor do art. 75, § 1º, do Código Penal, com redação determinada por aquela legislação.

2. NATUREZA JURÍDICA DA EXECUÇÃO PENAL

Existe debate em torno da natureza jurídica do processo de execução penal.

A sua essência seria jurisdicional ou administrativa?

Embora o juiz da execução penal pratique atos eminentemente administrativos, a exemplo da expedição de guia de execução penal e da emissão de ordens à direção do estabelecimento prisional, com o controle e a fiscalização do cumprimento da pena, também exerce jurisdição, consistente na prolação de atos jurisdicionais com cunho decisório, tais como decisões sobre progressão de regime, livramento condicional, saídas temporárias, regressão de regime, indulto, anistia e extinção de punibilidade.

Diante da natureza jurídica híbrida da execução penal, pensamos que o processo executivo criminal tem natureza preponderantemente jurisdicional e, secundariamente, administrativa, em face do desenvolvimento de atividade não decisória em seu âmbito. Cabe anotar que a ideia tradicional de ser o processo executivo penal de índole administrativa, deve-se ao entendimento consistente em considerar autêntico julgamento somente aquele decorrente da sentença de mérito (processo cognitivo condenatório), eis que nas demais decisões se entendia que o juiz não estava julgando.

Esse posicionamento encontra-se ultrapassado, prevalecendo o entendimento de que o processo de execução penal tem **natureza jurídica jurisdicional preponderante**, conquanto tenha índole administrativa de forma residual.

Nosso entendimento encontra ressonância na doutrina majoritária, guardadas tênues diferenças:

(1) Nucci averba que a natureza jurídica da execução penal "é, primordialmente, um processo de natureza jurisdicional, cuja finalidade é tornar efetiva a pretensão punitiva do Estado, envolvendo, ainda, atividade administrativa"[5];

(2) Ishida pontifica que a natureza do processo de execução é eclética, porquanto, "simultaneamente, o juiz das execuções, representando a soberania do Poder Judiciário, é acompanhado do Estado-Administração"[6];

(3) Gomes Lima e Peralles afirmam que "a natureza jurídica da execução penal é complexa, isto é, jurisdicional e administrativa"[7];

5. NUCCI, Guilherme de Souza. *Manual de processo penal e execução penal*. 6. ed. São Paulo: RT, 2010. p. 988.
6. ISHIDA, Válter Kenji. *Processo penal*. 2. ed. São Paulo: Atlas, 2010. p. 357.
7. LIMA, Roberto Gomes; PERALLES, Ubiracyr. *Teoria e prática da execução penal*. Rio de Janeiro: Lúmen Júris, 2010. p. 2.

(4) Geder Gomes enfatiza que o processo de execução penal é "integralmente jurisdicionalizado", considerando que "a execução penal evoluiu da feição administrativa para a jurisdicional em conexão com a própria história da evolução da pena, dando lugar a uma mudança de postura, bem como a importantes consequências dela decorrentes"[8]; e

(5) Renato Marcão entende que "a execução penal é de natureza jurisdicional, não obstante a intensa atividade administrativa que a envolve"[9].

3. AUTONOMIA DO PROCESSO EXECUTIVO PENAL

A autonomia da execução penal, referida pela doutrina, é predominantemente a didática.

Essa conclusão é constatada na ilação de que "um ramo do Direito é autônomo quando ele possui legislação específica e autônoma disciplinando a matéria, quando ele é constitucionalizado e, finalmente, quando é disciplina regular nas Faculdades de Direito"[10].

Esse o sentido pontificado na Exposição de Motivos à Lei de Execução Penal, ao asseverar que a autonomia científica da disciplina, embora sem designação definitiva. Dentre as denominações, encontramos Direito Penitenciário, "à semelhança dos penalistas franceses, embora se restrinja essa expressão à problemática do cárcere" e Direito Penal Executivo, com sentido mais abrangente, expressão sugerida por Roberto Lyra. Além dessas, nossa disciplina poderia ser chamada de Direito de Execução Penal, para encampar o "conjunto das normas jurídicas relativas à execução das penas e das medidas de segurança".

4. REQUISITOS DA EXECUÇÃO PENAL

Constitui requisito indispensável da execução penal – também denominado de pressuposto pela doutrina especializada[11] – a existência de título executivo judicial consistente em sentença criminal condenatória (que aplica pena privativa de liberdade ou restritiva de direitos) ou sentença absolutória imprópria (que impõe medida de segurança de tratamento ambulatorial ou de internação em hospital de custódia e tratamento psiquiátrico).

É de ver que também se sujeitam à execução, a sentença que homologa transação penal nos termos da Lei nº 9.099/1995, na senda do nosso entendimento de que se cuida de sentença com natureza jurídica predominantemente condenatória, não obstante entendimento majoritário em sentido contrário afirmando sua natureza eminentemente declaratória.

Ishida aviva que, em certos casos, é exigida a capacidade do sujeito passivo (apenado), pelo que, na aplicação da pena, deve o executado ser imputável. Se advir doença mental superveniente, isto é, inimputabilidade no curso da execução (depois de prestada a jurisdição em sede de processo de conhecimento), será cabível converter a pena em medida de segurança. De outro ponto, a pena pecuniária passou a seguir "os mesmos parâmetros do processo civil, dependendo da solvibilidade do executado", sem possibilidade de conversão

---

8. GOMES, Geder Luiz Rocha. O processo de execução penal e a questão recorrente acerca da sua natureza jurídica. In: *Leituras complementares de processo penal*. Rômulo Moreira (org.). Salvador: JusPODIVM, 2008. p. 247-248.
9. MARCÃO, Renato. *Curso de execução penal*. 8. ed. São Paulo: Saraiva, 2010. p. 32.
10. NUNES, Adeildo. *Da execução penal*. Rio de janeiro: Forense, 2009. p. 12.
11. MARCÃO, Renato. *Curso de execução penal*. 8. ed. São Paulo: Saraiva, 2010. p. 31.

em pena privativa de liberdade pelos dias equivalentes, razão pela qual se insolvente o condenado, o processo ficará suspenso[12].

5. OBJETIVOS DA EXECUÇÃO PENAL

O objetivo geral da execução penal é o de efetivar as disposições da sentença ou decisão criminal.

Ao lado desse objetivo maior, somam-se os escopos específicos de proporcionar condições para a harmônica integração social do condenado e do internado, vale dizer, a reintegração do apenado ou do submetido à medida de segurança. Em acréscimo, "a natureza retributiva da pena não busca apenas a prevenção, mas também a humanização". Na senda da teoria eclética ou mista, a execução penal também visa "punir e humanizar"[13].

Como se infere, os objetivos da execução penal coincidem, em parte, com os objetivos da pena e da medida de segurança. É levando em conta essa nuance que Nucci assevera que "a pena tem caráter multifacetado, envolvendo, necessariamente, os aspectos retributivo e preventivo, este último nos prismas positivo geral e individual, bem como negativo geral e individual". De outro lado, a medida de segurança tem o fito de "prevenir o cometimento de novos delitos e garantir a cura do autor do fato havido como infração penal, quando constatada a sua inimputabilidade ou semi-imputabilidade"[14].

Infelizmente, constatamos que os objetivos prometidos ou identificados pela doutrina tradicional estão muito distantes da realidade. A segregação do ser humano tem produzido efeitos nefastos, opostos ao propósito ressocializador. Aliás, limitar a liberdade de alguém é providência refratária a qualquer intento socializador. Por outro lado, as condições para o cumprimento da pena afastam ainda mais o apenado de sua prometida integração à sociedade. Na prisão, o ser humano tem todas as condições de não se adequar socialmente.

6. JUÍZO COMPETENTE

Compete ao juiz indicado na lei de organização judiciária conduzir a execução penal, relativamente aos presos definitivos e provisórios. Na falta de previsão específica, tal competência será do juiz da sentença. Essa a dicção do art. 65, da Lei de Execução Penal, que estabelece como regra a competência do juiz indicado na respectiva lei de organização judiciária para prosseguir com o processo executivo, tal como pode ocorrer nas comarcas ou seções judiciárias de maior porte, com a especialização de varas de execução penal. Para as sedes menores, é comum a cumulação de competências em um único juiz, vale dizer, a competência para a execução penal será do juiz da sentença.

Pairam divergências sobre a competência do juízo para a execução das penas privativas de liberdade, com duas correntes principais, conforme noticia Renato Marcão:

(1) a primeira que compreende que o juízo competente para a execução penal é aquele do local da condenação, mesmo que o executado esteja cumprindo pena em estabelecimento prisional situado em outra localidade, sob jurisdição diversa;

12. ISHIDA, Válter Kenji. *Processo penal*. 2. ed. São Paulo: Atlas, 2010. p. 357.
13. MARCÃO, Renato. *Curso de execução penal*. 8. ed. São Paulo: Saraiva, 2010. p. 31-32.
14. NUCCI, Guilherme de Souza. *Manual de processo penal e execução penal*. 6. ed. São Paulo: RT, 2010. p. 990-991.

(2) a segunda que defende "o critério do local do recolhimento do preso. Para esta, juízo competente para a execução é aquele do local em que se encontra o estabelecimento prisional"[15]. Esta é a corrente majoritária, que seguimos e que é a tendência contemporânea, inclusive em face da instalação de presídios federais.

Essa questão, de relevo, é tratada pelo enunciado nº 192, da súmula do STJ, que pontifica que compete à Justiça Estadual a execução de pena imposta a sentenciados pela Justiça Federal, quando recolhidos em estabelecimentos sujeitos a administração estadual.

O STJ realçou caber à justiça estadual, nos casos de deferimento de prisão domiciliar ao apenado, prosseguir na execução da pena, inclusive para acompanhar o cumprimento das condições fixadas, embora a hipótese se refira à condenação da Justiça Federal, diante da ausência de estabelecimento prisional adequado[16].

De outro giro, a competência do juízo de execução penal para fiscalizar os presídios não é exclusiva. Antes, o Ministério Público e a Defensoria Pública também têm o dever de visitar as penitenciárias e as cadeias públicas.

Por exemplo:

(1) a competência originária para apreciar o pedido de retroatividade da lei penal mais benéfica é do juiz das execuções, especialmente quando o novo diploma legal entra em vigor depois de já imposta e transitada em julgado a condenação, como, aliás, decorre do enunciado nº 611 da súmula do STF;

(2) compete ao juiz das execuções penais decidir acerca da pretensão de que seja aplicada a causa de diminuição de pena, depois de transitada em julgado a sentença penal e considerando lei nova mais benéfica.

A jurisdição em sede de execução penal será exercida pelos juízes ou tribunais com competência criminal ordinária em todo o Território Nacional, nos termos da Lei de Execução Penal e do Código de Processo Penal, cabendo destacar que a Lei de Execução Penal tem aplicação no âmbito da Justiça Eleitoral ou Militar, quando recolhido o preso a estabelecimento sujeito à jurisdição ordinária.

O art. 62, do Código Penal Militar, a propósito, dispõe que o civil deve cumprir a pena aplicada pela Justiça Militar, em estabelecimento prisional civil, ficando ele sujeito ao regime conforme a legislação penal comum, de cujos benefícios e concessões, também, poderá gozar. O civil pode ser o militar licenciado das forças armadas ou ex-militar estadual ou o civil (processado apenas na Justiça Militar da União), condenado por crime militar ou submetido à medida de segurança.

A Terceira Seção do STJ – examinando execução de medida de segurança imposta a marinheiro que veio a ser licenciado do serviço ativo (excluído dos quadros das forças armadas), com a cessação do liame com a Justiça Militar – entendeu que a medida de segurança deveria ser executada pela Justiça Estadual. Consoante o julgado, a execução da medida imposta deve ocorrer "em estabelecimento estadual, ante a inexistência de estabelecimentos penais federais próprios para essa finalidade". Como previsto no enunciado,

15. MARCÃO, Renato. *Curso de execução penal*. 8. ed. São Paulo: Saraiva, 2010. p. 91-92.
16. STJ – Sexta Turma – HC 273.695/ES, Rel. Ministra Maria Thereza de Assis Moura – DJe 17 nov. 2016.

da Súmula 192, dessa Corte Superior, compete ao Juízo das Execuções Penais do Estado a execução das penas impostas a sentenciados pela Justiça Federal, Militar ou Eleitoral, quando recolhidos a estabelecimentos sujeitos a administração estadual[17].

Ao juiz da execução compete:

(1) aplicar aos casos julgados lei posterior que de qualquer modo favorecer o condenado;

(2) declarar extinta a punibilidade;

(3) decidir sobre: (a) soma ou unificação de penas; (b) progressão ou regressão nos regimes; (c) detração e remição da pena; (d) suspensão condicional da pena; (e) livramento condicional; (f) incidentes da execução; (g) autorizar saídas temporárias; (h) determinar a forma de cumprimento da pena restritiva de direitos e fiscalizar sua execução; (i) ordenar a conversão da pena restritiva de direitos e de multa em privativa de liberdade; (j) converter a pena privativa de liberdade em restritiva de direitos; (k) aplicar a medida de segurança, bem como a substituição da pena por medida de segurança; (l) decidir sobre a revogação de medida de segurança; (m) deliberar sobre desinternação e restabelecimento da situação anterior; (n) ordenar o cumprimento de pena ou medida de segurança em outra comarca; e (o) determinar a remoção do condenado.

(4) zelar pelo correto cumprimento da pena e da medida de segurança;

(5) inspecionar, mensalmente, os estabelecimentos penais, tomando providências para o adequado funcionamento e promovendo, quando for o caso, a apuração de responsabilidade;

(6) interditar, no todo ou em parte, estabelecimento penal que estiver funcionando em condições inadequadas ou com infringência aos dispositivos desta Lei;

(7) compor e instalar o Conselho da Comunidade; e

(8) emitir anualmente atestado de pena a cumprir.

7. COMPETÊNCIA DO JUÍZO FEDERAL DA EXECUÇÃO PENAL PARA JULGAR AÇÃO PENAL DE CONHECIMENTO

Ampliando a competência do juízo federal de execução penal, para albergar ações de conhecimento, inclusive de natureza condenatória, foi acrescentado o parágrafo único, ao art. 2º, da Lei nº 11.671/2008, pela Lei nº 13.964/2019, avivando que aquele será competente para as ações de natureza penal que tenham por objeto fatos ou incidentes relacionados à execução da pena ou infrações penais ocorridas no estabelecimento penal federal.

Entendemos que a alteração extravasa os limites estruturais do juízo da execução penal. Como justificar que o juiz federal das execuções penais julgue o crime que tenha ocorrido no âmbito do presídio sob sua jurisdição? A nosso ver, essa situação elegida por aquele diploma legal mais se aproxima de causa de **impedimento** do magistrado, para preservar o **princípio da imparcialidade do juiz**.

17. STJ – Terceira Seção – CC 149.442-RJ, Rel. Min. Joel Ilan Paciornik, por unanimidade, julgado em 09/05/2018, DJe 17/05/2018 – Informativo nº 626, de 15 de junho de 2018.

8. PRINCÍPIO DO DEVIDO PROCESSO LEGAL

O processo de execução penal é permeado pela cláusula do devido processo legal. Os instrumentos executivos na esfera criminal, que atingem mais proximamente o estado de liberdade do apenado, são delineados pela lei.

Não há incidência de liberdade no uso dos meios da execução penal. Ao contrário, tem lugar a legalidade, da qual decorre procedimento rígido, que deve retratar o devido processo legal, para a validade da imposição da sanção penal estabelecida na sentença.

O *due process of law* que incide no processo de execução penal decorre do enunciado do inciso LIV, do art. 5º, da Constituição, que explicita que ninguém será privado da liberdade ou de seus bens sem o devido processo legal, máxime em face da constatação de que a execução penal é procedimento de natureza "eminentemente jurisdicional (relativamente aos processos executivos ou incidentes da execução)"[18].

9. PRINCÍPIO DA INDIVIDUALIZAÇÃO DA PENA

O princípio da individualização da pena é concretizado em três etapas, segundo a atividade seja:

(1) legislativa que estabelece abstratamente os limites máximos e mínimos das penas cominadas aos crimes;

(2) de aplicação da pena na sentença do juiz; e

(3) executiva, que é o derradeiro momento de sua atuação, estágio este em que, no dizer de Xavier de Souza, "as consequências do delito materializam-se, ou seja, a advertência abstrata no comando secundário da norma penal se torna real, podendo ser sentida pelo condenado, que em regra deverá cumprir a pena (ou medida de segurança) fixada pelo juiz ou Tribunal na sentença penal condenatória definitiva"[19].

Para orientar a individualização da execução penal, os condenados são classificados, segundo os seus antecedentes e personalidade, classificação esta que é realizada por Comissão Técnica de Classificação, existente em cada estabelecimento e que tem o dever de elaborar o programa individualizador da pena privativa de liberdade adequada ao condenado ou preso provisório.

Tal Comissão é presidida pelo diretor e composta, no mínimo, por dois chefes de serviço, um psiquiatra, um psicólogo e um assistente social, quando se tratar de condenado à pena privativa de liberdade e, nos demais casos, atuará junto ao juízo da execução e é integrada por fiscais do serviço social.

Do princípio da individualização da pena decorre que a sanção penal deve ser individualizada no que toca a seu modo de cumprimento, levando em conta o caráter retributivo da pena e o seu objetivo ressocializador. Daí que, seguidamente à emissão de

18. LIMA, Roberto Gomes; PERALLES, Ubiracyr. *Teoria e prática da execução penal*. Rio de Janeiro: Lúmen Júris, 2010. p. 45.
19. SOUZA, Paulo S. Xavier de. *Individualização da pena: no estado democrático de direito*. Porto Alegre: Sergio Antonio Fabris, 2006. p. 249.

guia de execução penal, é realizado exame relacionado tanto aos **antecedentes** quanto à **personalidade** do apenado.

A avaliação de aspectos restritos à personalidade do preso deve ser atribuída a profissional habilitado, ligado à medicina psiquiátrica. No entanto, temos sérias reservas em torno desse elemento que insere, no sistema, características de direito penal do autor, para além do que deveria responder, com esteio em direito penal do fato.

A Lei nº 13.964/2019 modificou os critérios de progressão de regime de pena, ao alterar o art. 112, da Lei de Execução Penal. Foi incluída uma combinação de aspectos a serem examinados não somente para o fim de progressão de regime, mas também para o deferimento de livramento condicional, indulto e comutação de penas.

Esses parâmetros serão considerados, para se conceder ou negar um benefício penal, bem como formatarão a individualização da pena, conforme estudaremos mais adiante. São os seguintes, a teor dos incisos I a VIII, e parágrafos, do aludido art. 112, da LEP:

(1) primariedade;

(2) presença ou ausência de violência à pessoa ou grave ameaça quando do cometimento do crime;

(3) reincidência;

(4) crime hediondo ou equiparado, não se inserindo nesta última classe o tráfico de drogas privilegiado (delito com a redução de pena do § 4º, do art. 33, da Lei de Drogas);

(5) resultado morte em razão da prática do crime;

(6) exercício o comando, individual ou coletivo, de organização criminosa estruturada;

(7) crime de constituição de milícia privada;

(8) boa conduta carcerária.

10. PRINCÍPIO DA PERSONALIZAÇÃO DA PENA

O princípio da personalização da pena ou da **intranscendência**[20] é norteado pela noção de que a pena não pode passar da pessoa do apenado, pelo que a obrigação de reparar o dano e a decretação do perdimento de bens podem ser, nos termos da lei, estendidas aos sucessores e contra eles executadas, até o limite do valor do patrimônio transferido, a teor do art. 5º, XLV, da Constituição.

Sob outro prisma, a personalização da pena pode ser entendida em conjunto com o princípio da individualização da pena, especialmente quando a Lei de Execução Penal se refere à personalidade do agente (arts. 5º e 6º, LEP)[21], afirmando ser obrigatório **exame criminológico** para o condenado a pena privativa de liberdade em **regime fechado**, com o objetivo de se obter elementos necessários a uma **adequada classificação** e com vistas à

20. MARCÃO, Renato. *Curso de execução penal*. 8. ed. São Paulo: Saraiva, 2010. p.35.

21. ISHIDA, Válter Kenji. *Processo penal*. 2. ed. São Paulo: Atlas, 2010. p.359.

individualização da execução, enquanto, para o apenado em regime aberto, é facultativa sua submissão a esse exame (art. 8º, LEP).

É de ver que, da mesma forma que o apenado em regime aberto, é facultada a realização do exame criminológico também ao apenado em regime semiaberto, para aquela finalidade de individualização da pena.

Para a obtenção de dados reveladores da personalidade, observando a ética profissional e tendo sempre presentes peças ou informações do processo, a Comissão Técnica de Classificação poderá:

(1) entrevistar pessoas;

(2) requisitar, de repartições ou estabelecimentos privados, dados e informações a respeito do condenado; e

(3) realizar outras diligências e exames necessários.

11. PRINCÍPIO DA LEGALIDADE

O princípio da legalidade é garantia constitucional cujas raízes mais próximas se encontram nos fundamentos liberais do Iluminismo. Não só decorre do devido processo legal comentado acima, mas tem fonte autônoma no inciso II, do art. 5º, da Constituição, que reza que ninguém será obrigado a fazer ou deixar de fazer alguma coisa senão em virtude de lei. Essa lei referida pela Constituição é lei em sentido formal, a Lei nº 7.210/1984, que dispõe sobre a execução penal.

Como a execução penal é atividade que restringe garantia fundamental – o *status libertatis* –, ela é regulada de forma exauriente pelo legislador, não se admitindo, nessa esfera, meios executivos que não estejam expressamente previstos naquele diploma legal. Trata-se de característica do necessário **garantismo penal** que deve inspirar o sistema de aplicação de penas no direito brasileiro. Em outras palavras, não é permitida a liberdade dos meios de execução, mas que a execução penal se dê na forma legalmente estabelecida.

12. PRINCÍPIO DA IRRETROATIVIDADE DA LEI

Decorre do princípio da legalidade a ideia de irretroatividade da lei. Para conferir efetividade à garantia da legalidade dos meios executivos, o sistema acresce a garantia da garantia, sufragando o entendimento que não há pena – em sentido amplo – (inclusive individualizada em sede de execução penal) sem lei anterior que a defina, ou seja, não há pena sem procedimento judicial previsto de forma estrita pela lei (*nulla poena sine judicio*).

Haverá incidência do princípio da irretroatividade da lei em processo de execução penal, quando a lei nova impõe prazos maiores e novos requisitos para progressão de regime de pena de crimes hediondos. Nesse exemplo, teremos material mais severa. É o caso do inciso VIII, do art. 112, da LEP, com redação da Lei nº 13.964/2019, que exige, para fins de progressão de pena para regime menos rigoroso, que o apenado tenha cumprido setenta por cento da pena, se for reincidente em crime hediondo ou equiparado com resultado morte, vedado o livramento condicional.

Também considerando o advento de lei mais gravosa, irretroativa, o STJ editou o verbete sumular de nº 471, que verbera que os condenados por crimes hediondos ou assemelhados cometidos antes da vigência da Lei nº 11.464/2007 sujeitam-se ao disposto no art. 112 da Lei nº 7.210/1984 (Lei de Execução Penal) para a progressão de regime prisional.

13. PRINCÍPIOS DO CONTRADITÓRIO E AMPLA DEFESA

Como é ínsito a todo processo, especialmente aos processos judiciais, a execução penal é procedimento que garante o contraditório e a ampla defesa. A Constituição do Brasil estatui expressamente que aos litigantes, em processo judicial ou administrativo, serão assegurados o contraditório e a ampla defesa com os meios e recursos a ela inerentes (art. 5º, LV).

A ampla defesa é garantida ao apenado mediante a necessidade de defesa técnica. Isso não significa dizer que o juízo da execução penal desconsidere as manifestações do apenado sem a assistência de advogado, haja vista que o contato direto entre apenado, juiz e Ministério Público é bastante elucidativo para o esclarecimento de dúvidas no processo de execução penal, a exemplo de esclarecimentos sobre cumprimento de parte ainda não computada. Desse modo, o juiz da execução deve manter nos autos, petições ou cartas subscritas pelo condenado, admitindo sua postulação leiga toda vez que signifique otimização do direito ao contraditório e à ampla defesa.

Todavia, quando se tratar de possibilidade de restrição de direito do apenado, tal como pode ocorrer com a instauração de procedimento administrativo para aplicação de sanção em virtude de cometimento de falta grave ou diante da possibilidade de suspensão de algum benefício ou de regressão de regime, a defesa técnica se impõe sob pena de nulidade. Se prevista a manifestação do defensor para fins de progressão de regime (art. 112, § 1º, LEP), com muito mais razão se impõe a existência de defesa técnica quando iniciado procedimento que limite direito do condenado ou do submetido à medida de segurança.

A defesa técnica é assegurada pela presença de defensor constituído, pela nomeação de defensor dativo ou pela existência de atuação de assessor jurídico de presídio em procedimento administrativo, em que pese o enunciado nº 5, da Súmula Vinculante, do STF, que preconiza que "a falta de defesa técnica por advogado no processo administrativo disciplinar não ofende a constituição". O próprio STF afastou a incidência desse verbete na execução penal, como lembrou o Superior Tribunal de Justiça. Com efeito, em sede de execução penal, é indispensável a defesa técnica quando possível a adoção de medida que agrave a situação do apenado ou quando possível se denegar algo que lhe favoreça, mesmo em se tratando de procedimento para apuração de falta disciplinar[22].

Nesse sentido, o STJ editou a Súmula 533, consolidando o entendimento de que, "para o reconhecimento da prática de falta disciplinar no âmbito da execução penal, é imprescindível a instauração de procedimento administrativo pelo diretor do estabelecimento prisional, assegurado o direito de defesa, a ser realizado por advogado constituído ou defensor público nomeado". Note-se, portanto, que não basta a autodefesa, devendo ser garantida a defesa técnica, realizada por profissional habilitado.

22. STJ – Quinta Turma – HC 517.663/MG – Rel. Min. Leopoldo de Arruda Raposo (Des. Conv. do TJ/PE) – DJe 11 out. 2019.

14. PRINCÍPIOS INFORMATIVOS DA PROVA PENAL

Os princípios gerais de direito probatório têm incidência integral no processo de execução penal, a exemplo da vedação de provas admitidas por meios ilícitos e do direito da parte de produzir prova, notadamente quando o condenado necessitar demonstrar o atendimento de requisitos objetivos e subjetivos para o deferimento de benefício por ele pleiteado.

15. PRINCÍPIO DA ISONOMIA

Isonomia é vetor interpretativo geral do direito.

Na execução penal tem aplicação com o fito de conferir tratamento igualitário aos apenados e aos submetidos à medida de segurança que estejam em idêntica condição. Ao impor a necessidade de individualização e de personalização da pena, o sistema assegura a isonomia, cuidando de aplicar distintamente a lei quando se verificar situações dessemelhantes, garantindo isonomia não somente formal, porém substancial.

O princípio isonômico é encontrado na Constituição da República, que estabelece, em seu art. 5º, inciso I, a igualdade de todos perante a lei, sem distinções. Aliás, já no seu art. 3º, inciso IV, a Lei Maior traça o objetivo fundamental de promover o bem de todos, sem preconceitos de origem, raça, sexo, cor, idade e quaisquer formas de discriminação.

Na Lei de Execução Penal, o parágrafo único, do seu art. 3º, preconiza que não haverá entre os condenados e os internados qualquer distinção de natureza racial, social, religiosa ou política. No *caput* desse dispositivo, é afirmada a garantia de todos os direitos que não sofram limitação pela lei ou pela sentença.

16. PRINCÍPIO DA NÃO-AUTOINCRIMINAÇÃO

Elencado por Nucci como uma das garantias processuais penais mínimas do processo executivo, que leva em consideração que, ao condenado e ao internado, são asseguradas, na execução penal, todos os direitos que têm durante o processo de conhecimento[23].

O direito a não autoincriminação, corolário do direito ao silêncio sediado na Constituição do Brasil (art. 5º, LXIII), guarda pontos de contato com institutos que podem ser manejados quando já em curso a execução penal, tal como a revisão criminal (onde há dilação probatória e não é impossível a oitiva do condenado na sua instrução) e o procedimento administrativo para apuração de falta disciplinar (no âmbito do qual o apenado tem o direito de não narrar fato que o desfavoreça).

É a partir dessas premissas que devem ser lidas as alterações feitas na Lei de Execução Penal pela Lei nº 12.654/2012. Alcunhado de "Lei do Perfil Genético", este diploma acresceu à LEP o art. 9º-A, estabelecendo a possibilidade de identificação **compulsória mediante a extração de DNA** do condenado a crime doloso cometido com violência ou grave ameaça ou a qualquer crime hediondo. Ainda que a lei preveja técnica adequada e indolor para a

23. NUCCI, Guilherme de Souza. *Manual de processo penal e execução penal*. 6. ed. São Paulo: RT, 2010. p. 991.

extração do ácido desoxirribonucleico, somos completamente refratários à obrigatoriedade deste procedimento.

No entanto, a Lei nº 13.964/2019 trouxe, em reforço a manutenção da base de dados genéticos, a previsão do uso das melhores práticas para fins de proteção, inserindo parágrafos ao art. 9º-A, da Lei de Execução Penal. Segundo preconiza o seu § 3º, deve ser viabilizado ao titular de dados genéticos o acesso aos seus dados constantes nos bancos de perfis genéticos, bem como a todos os documentos da **cadeia de custódia** que gerou esse dado, de maneira que possa ser contraditado pela defesa. E o seu § 4º complementa, sublinhando que o condenado pelos crimes previstos naquele artigo que não tiver sido submetido à identificação do perfil genético por ocasião do ingresso no estabelecimento prisional, deverá ser submetido ao procedimento durante o cumprimento da pena.

17. PRINCÍPIO REEDUCATIVO

A lei de execução penal tem ideologia reeducativa. Sendo o processo de execução penal destinado, precipuamente, à aplicação de pena, os objetivos da sanção penal são concretizados com o seu desenvolvimento. De outro lado, se destinado à imposição de medida de segurança, teremos objetivo preventivo.

Essa observação é anotada por Adeildo Nunes, quando leva em consideração a discrepância entre o plano teórico e o pragmático, vale dizer, quando cotejados os dispositivos da Lei de Execução Penal com a prática do cumprimento da pena e com os efeitos do cárcere. Será preciso discernir a finalidade da pena e os objetivos da execução penal. Enquanto a pena tem o objetivo de "prevenir, reprimir e reintegrar socialmente o condenado, a execução da pena tem a finalidade de efetivar o cumprimento da sentença penal condenatória e, também, de realizar a recuperação do condenado". De outro lado, se estamos diante de execução de medida de segurança, seu fito será "o tratamento médico psiquiátrico do interno, mas, há necessidade de também se efetivar a sentença absolutória imprópria que estabeleceu a medida"[24].

A função reeducativa da execução penal pode ser depreendida não só pela feição preventiva da pena (ao lado de seu fito retributivo, punitivo), mas também pela previsão de direito do preso e do submetido à medida de segurança à assistência educacional, social e religiosa, consoante prevê o art. 41, inciso VII, da Lei de Execução Penal.

18. PRINCÍPIO DO DUPLO GRAU DE JURISDIÇÃO

É garantido o duplo grau de jurisdição no processo de execução, não por se tratar de princípio constitucional – haja vista que na verdade não o é –, mas porque a execução penal se desenvolve perante o juiz de primeiro grau ao qual cabe a administração do estabelecimento penal, cujos incidentes são por ele resolvidos por decisão fundamentada sujeita a agravo em execução, cabendo o seu julgamento ao órgão *ad quem* (Tribunal).

24. NUNES, Adeildo. *Da execução penal*. Rio de janeiro: Forense, 2009. p. 12.

19. PRINCÍPIO DA HUMANIZAÇÃO

A Lei de Execução Penal tem seus dispositivos inspirados pelo postulado em epígrafe, encontrando respaldo na Constituição da República de 1988, que tem como um de seus fundamentos a dignidade da pessoa humana. A preocupação do sistema brasileiro é o de prever penas que não violem esse fundamento.

Tanto isso é exato que veda integralmente penas cruéis, de caráter perpétuo, de banimento e de trabalhos forçados, só admitindo a pena de morte nos casos previstos em lei e em situação de guerra declarada (art. 5º, XLVII). Decorre do princípio da humanização da pena a sujeição legal do condenado a "direitos e deveres, que devem ser respeitados, sem que haja excesso de regalias, o que tornaria a punição desprovida da sua finalidade"[25].

20. PRINCÍPIO DA COOPERAÇÃO COMUNITÁRIA

É dever do Estado recorrer à cooperação da comunidade nas atividades de execução da pena e da medida de segurança. A Lei de Execução Penal é fundada em ideologia que tem a pretensão de obter a "integração da comunidade, através de organismos representativos, no acompanhamento das penas", acreditando que com isso se torna "maior a probabilidade de recuperação do condenado, até porque, quando findar a pena, possivelmente já terá apoio garantido para a sua reinserção social, mormente no mercado de trabalho"[26]. Daí a previsão de vários órgãos atuando em conjunto na execução penal.

21. PRINCÍPIO DA OFICIALIDADE

A execução penal é conduzida por órgão estatal, pelo juiz das execuções, não sendo admissível que o particular presida seu procedimento. Quando pena alternativa é cumprida em entidade particular (pessoa jurídica com fins beneficentes, por exemplo), esse fato não implica abdicação da atividade jurisdicional executiva penal, mas tão somente de ato de cooperação previsto na própria legislação.

22. PRINCÍPIO DA PUBLICIDADE

O processo de execução penal, como determina a Constituição Federal, em seu art. 93, inciso IX, é público. Não há, em regra, motivo para determinar o sigilo dos atos praticados no processo executivo penal, ressalvada situação que envolva vítima de crimes contra a dignidade sexual ou contra direito de crianças e de adolescentes. Daí que se pode concluir que a publicidade só será restringida em hipóteses excepcionais.

23. PRINCÍPIO DA MOTIVAÇÃO DAS DECISÕES

Princípio constitucional estampado no art. 93, inciso IX, da Constituição, concluindo que os atos judiciais com conteúdo decisório no processo de execução penal devem ser fundamentados. Decerto, é dever do Poder Judiciário fundamentar todas as suas decisões, sob pena de nulidade, cânone este que também incide no feito executivo da Lei nº 7.210/1984.

---

25. MARCÃO, Renato. *Curso de execução penal*. 8. ed. São Paulo: Saraiva, 2010. p. 34.
26. NUCCI, Guilherme de Souza. *Manual de processo penal e execução penal*. 6. ed. São Paulo: RT, 2010. p. 997.

24. PRINCÍPIO *NUMERUS CLAUSUS*

O princípio em tela faz parte da tessitura que estrutura e concretiza a imposição de que a execução penal se adeque ao fundamento da dignidade humana. O princípio ***numerus clausus***, em sede de execução penal, norteia a interpretação de que a política criminal deve traçar metas tendentes a limitar a superpopulação carcerária.

Na doutrina de Rodrigo Roig, o princípio dos "números fechados" consiste em metas de **redução de danos** aos apenados, no curso do cumprimento de penas privativas de liberdade. Significa afirmar que, para cada entrada de um preso no sistema penitenciário, corresponda, pelo menos, a saída de um outro detento[27].

25. APLICAÇÃO AO PRESO PROVISÓRIO

A Lei de Execução Penal se aplica:

(1) ao preso definitivo, assim entendido aquele que foi condenado por sentença transitada em julgado, seja impondo pena restritiva de liberdade, seja infligindo pena restritiva de direito;

(2) ao submetido à medida de segurança, isto é, ao acusado em processo penal que é encerrado por sentença absolutória imprópria (ocasionando internação ou tratamento ambulatorial); e

(3) no que couber, ao preso provisório, que é o acusado com a liberdade cerceada de forma cautelar e cuja eventual sentença ainda não transitou em julgado.

Isso significa dizer que, ao preso provisório, são assegurados os mesmos direitos do preso definitivo, só não tendo aplicação os dispositivos que se dirigem exclusivamente ao preso definitivo ou ao submetido à medida de segurança. É a dicção do parágrafo único, do art. 2º, da Lei de Execução Penal, que expressamente assevera que ela se aplica, igualmente, ao preso provisório e ao condenado pela Justiça Eleitoral ou Militar, quando recolhido a estabelecimento sujeito à jurisdição ordinária.

26. ÓRGÃOS DA EXECUÇÃO PENAL

Os órgãos da execução penal são o Conselho Nacional de Política Criminal e Penitenciária, o Juízo da Execução, o Ministério Público, o Conselho Penitenciário, os Departamentos Penitenciários, o Patronato, o Conselho da Comunidade e a Defensoria Pública.

27. CONSELHO NACIONAL DE POLÍTICA CRIMINAL E PENITENCIÁRIA

Com sede na Capital da República, é subordinado ao Ministério da Justiça e é constituído por treze membros designados através de ato do Ministério da Justiça, dentre professores e profissionais da área do Direito Penal, Processual Penal, Penitenciário e ciências correlatas, bem como por representantes da comunidade e dos Ministérios da área social, com mandato de dois anos, renovado um terço em cada ano, com uma serie de atribuições

27. ROIG, Rodrigo Duque Estrada. *Execução penal*: teoria crítica. São Paulo: Saraiva, 2014. p. 89-91.

como a de propor diretrizes da política criminal quanto à prevenção do delito, administração da Justiça Criminal e execução das penas e das medidas de segurança.

28. CONSELHO PENITENCIÁRIO

É órgão consultivo e fiscalizador da execução da pena e é integrado por membros nomeados pelo Governador do Estado, do Distrito Federal e dos Territórios, dentre professores e profissionais da área do Direito Penal, Processual Penal, Penitenciário e ciências correlatas, bem como por representantes da comunidade, com mandato de quatro anos, cabendo-lhe, por exemplo, emitir parecer sobre indulto e comutação de pena, excetuada a hipótese de pedido de indulto com base no estado de saúde do preso.

29. DEPARTAMENTO PENITENCIÁRIO LOCAL

Trata-se de órgão que poderá ser criado pela legislação local, com as atribuições por ela estatuídas, nos termos do art. 73, da Lei de Execução Penal, e tem por finalidade supervisionar e coordenar os estabelecimentos penais da Unidade da Federação a que pertencer. Caberá, ainda, aos órgãos similares, realizar o acompanhamento da execução da pena das mulheres beneficiadas pela progressão especial de que trata o § 3º do art. 112 da LEP, monitorando sua integração social e a ocorrência de reincidência, específica ou não, mediante a realização de avaliações periódicas e de estatísticas criminais, e encaminharão ao Departamento Penitenciário Nacional os resultados obtidos.

30. DIREÇÃO DO ESTABELECIMENTO PENAL

É constituída pelo cargo de diretor que deverá residir no estabelecimento, ou nas suas proximidades, com dedicação de tempo integral à sua função, devendo atender aos requisitos legais para investidura, como o de ser portador de diploma de nível superior de Direito, ou Psicologia, ou Ciências Sociais, ou Pedagogia, ou Serviços Sociais, possuir experiência administrativa na área, com idoneidade moral e reconhecida aptidão para o desempenho da função.

31. QUADRO DO PESSOAL PENITENCIÁRIO

Deve ser organizado em diferentes categorias funcionais, segundo as necessidades do serviço, com especificação de atribuições relativas às funções de direção, chefia e assessoramento do estabelecimento e às demais funções. A escolha do pessoal administrativo, especializado, de instrução técnica e de vigilância atenderá a vocação, preparação profissional e antecedentes pessoais do candidato. Serão exigidos cursos específicos de formação, com reciclagem periódica dos servidores em exercício, tanto para o ingresso do pessoal penitenciário, quanto para a progressão ou a ascensão funcional. Caso se trate de estabelecimento para mulheres, apenas será permitido o trabalho de pessoal do sexo feminino, salvo quando se tratar de pessoal técnico especializado.

32. PATRONATO PÚBLICO OU PARTICULAR

Destina-se a prestar assistência aos albergados e aos egressos, incumbindo-lhe orientar os condenados à pena restritiva de direitos, fiscalizar o cumprimento das penas de prestação de serviço à comunidade e de limitação de fim de semana, como também colaborar na fiscalização do cumprimento das condições da suspensão e do livramento condicional.

33. CONSELHO DA COMUNIDADE

Haverá um Conselho da Comunidade em cada comarca ou localidade prisional. Será composto, no mínimo, por um representante de associação comercial ou industrial, um advogado indicado pela Seção da Ordem dos Advogados do Brasil, um Defensor Público indicado pelo Defensor Público Geral e um assistente social escolhido pela Delegacia Seccional do Conselho Nacional de Assistentes Sociais. Caso falte membro para completar essa representação, ficará a critério do Juiz da execução a escolha dos integrantes do Conselho. Dentre as suas atribuições, está de a visitar, pelo menos mensalmente, os estabelecimentos penais existentes na comarca.

34. DEFENSORIA PÚBLICA

Deve velar pela regular execução da pena e da medida de segurança, oficiando, no processo executivo e nos incidentes da execução, para a defesa dos necessitados em todos os graus e instâncias, de forma individual e coletiva, incumbindo-lhe ainda, por exemplo, requerer todas as providências necessárias ao desenvolvimento do processo executivo, bem como solicitar a aplicação aos casos julgados de lei posterior que de qualquer modo favorecer o condenado, a declaração de extinção da punibilidade, a unificação de penas e a detração e remição da pena. Também é dever do órgão da Defensoria Pública visitar periodicamente os estabelecimentos penais, registrando a sua presença em livro próprio.

35. ESTABELECIMENTOS PARA CUMPRIMENTO DE PENA

Os estabelecimentos penais destinam-se ao condenado, ao submetido à medida de segurança, ao preso provisório e ao egresso, devendo ser respeitada a condição pessoal da mulher e do maior de sessenta anos, pelo que serão separados e recolhidos a estabelecimento próprio e adequado, sem prejuízo do mesmo conjunto arquitetônico poder abrigar estabelecimentos de destinação diversa desde que devidamente isolados.

O estabelecimento penal, conforme a sua natureza, deverá contar em suas dependências com áreas e serviços destinados a dar assistência, educação, trabalho, recreação e prática esportiva, com instalação destinada a estágio de estudantes universitários. Serão instaladas salas de aulas destinadas a cursos do ensino básico e profissionalizante e haverá instalação destinada à Defensoria Pública.

Quando se cuidar de estabelecimento penal destinado a mulheres, será ele dotado de berçário, onde as condenadas possam cuidar de seus filhos, inclusive amamentá-los, no mínimo, até seis meses de idade. Estabelecimentos dessa espécie deverão possuir, exclusivamente, agentes do sexo feminino na segurança de suas dependências internas. Para tanto, devem ser aplicados recursos do Fundo Penitenciário Nacional, conforme prevê o art. 3º, XV, da Lei complementar 79/1994.

O preso provisório ficará separado do preso definitivo. Por sua vez, o preso primário cumprirá pena em seção distinta daquela reservada para os reincidentes, enquanto que o preso que, ao tempo do fato, era funcionário da Administração da Justiça Criminal ficará em dependência separada. Por outro lado, com o objetivo de conferir segurança ao colaborador que estiver cumprindo pena, a Lei nº 12.850/2013 estatui que ele deve ser isolado dos demais corréus ou condenados. O inciso VI, do seu art. 5º, com redação da Lei nº 13.964/2019, a esse propósito, reza que é direito do colaborador cumprir pena ou prisão cautelar em estabelecimento penal diverso dos demais corréus ou condenados.

O estabelecimento penal deverá ter lotação compatível com a sua estrutura e finalidade e o limite máximo de sua capacidade será definida pelo Conselho Nacional de Política Criminal e Penitenciária, atendendo a sua natureza e peculiaridades. O estabelecimento penal (penitenciária ou cadeia pública) poderá, excepcionalmente, ser utilizado para a limitação da liberdade de preso civil, notadamente quando faltar estabelecimento adequado, a teor do art. 201, da Lei nº 7.210/1984. Não deve o preso civil ser recolhido na mesma cela do preso penal.

36. LOCALIDADE DE CUMPRIMENTO DE PENA

A regra é a de que a pena privativa de liberdade seja executada pelo mesmo juízo que aplicou a sanção por sentença condenatória transitada em julgado. No entanto, as penas privativas de liberdade aplicadas pela Justiça de uma Unidade Federativa podem ser executadas em outra unidade, em estabelecimento local ou da União.

Essa ideia vem reforçada pela possibilidade que tem a União Federal de construir estabelecimento penal em local distante da condenação para recolher os condenados, quando a medida se justifique no interesse da segurança pública ou do próprio condenado. No entanto, embora a penitenciária destinada ao cumprimento de pena de homens deva ser construída em local afastado do centro urbano, tal distância não deve restringir a visitação.

A transferência do apenado de uma unidade prisional a outra não pode ser arbitrária. A Segunda Turma do STF, verificando manifesta ilegalidade na transferência de detento para outra unidade federativa, concedeu, por maioria, *habeas corpus* para determinar o retorno de preso preventivo a estabelecimento penal no juízo de origem, diante da manifesta ilegalidade de sua transferência para presídio em outra unidade da federação.

Apenas razões excepcionalíssimas e devidamente fundamentadas poderiam legitimar essa medida. Em casos assim, pode ser invocada a aplicação do enunciado nº 639, da Súmula, do STJ, que vivifica não ferir o contraditório e o devido processo decisão que, sem ouvida prévia da defesa, determine transferência ou permanência de custodiado em estabelecimento penitenciário federal.

Em situação similar, o STF decidiu que, no contexto extradicional, cabe ao Estado brasileiro deliberar pela transferência de súdito estrangeiro a estabelecimento prisional federal de segurança máxima, especialmente quando requerido pelos legitimados previstos no art. 5º, *caput*, da Lei nº 11.671/2008, quais sejam, a autoridade administrativa (Interpol, inclusive), o Ministério Público ou o próprio preso[28].

28. STF – Segunda Turma – PPE 822 AgR – Rel. Min. Celso de Mello – publicado em 10 dez. 2019.

Vale frisar que o art. 5º, inciso LXIII, da Constituição Federal, assegura o direito do preso à assistência da família, bem como o art. 103, da Lei de Execução Penal, prevê que o recolhimento deve ocorrer "em local próximo ao seu meio social e familiar"[29].

Consoante a natureza do estabelecimento, nele poderão trabalhar os liberados ou egressos que se dediquem a obras públicas ou ao aproveitamento de terras ociosas, cabendo ao juiz competente, a requerimento da autoridade administrativa definir o estabelecimento prisional adequado para abrigar o preso provisório ou condenado, em atenção ao regime e aos requisitos estabelecidos.

37. PENITENCIÁRIA

É estabelecimento penal destinado ao condenado à pena de reclusão, em regime fechado. O **presídio** ou **penitenciária** tem por finalidade acomodar o apenado (preso definitivo, via de regra) para fins de cumprimento de pena privativa de liberdade.

Diante da previsão do regime disciplinar diferenciado, no art. 52, da LEP, com redação dada pela Lei nº 13.964/2019, poderão ser construídas penitenciárias destinadas, exclusivamente, aos presos provisórios e condenados que estejam em regime fechado, sujeitos àquela disciplina especial.

Nos termos da Lei de Execução Penal, o condenado deverá ser alojado em cela individual que conterá dormitório, aparelho sanitário e lavatório, com requisitos básicos da unidade celular, quais sejam:

(1) salubridade do ambiente pela concorrência dos fatores de aeração, insolação e condicionamento térmico adequado à existência humana; e

(2) área mínima de seis metros quadrados.

Quando se tratar de penitenciária de mulheres, além desses requisitos, será ela dotada de seção para gestante e parturiente e de creche para abrigar crianças maiores de seis meses e menores de sete anos, com a finalidade de assistir a criança desamparada cuja responsável estiver presa. Por sua vez, a seção e a creche terão os seguintes requisitos básicos:

(1) atendimento por pessoal qualificado, de acordo com as diretrizes adotadas pela legislação educacional e em unidades autônomas; e

(2) horário de funcionamento que garanta a melhor assistência à criança e à sua responsável.

38. COLÔNIA AGRÍCOLA, INDUSTRIAL OU SIMILAR

Destina-se ao cumprimento da pena em regime semiaberto, hipótese em que o condenado poderá ser alojado em compartimento coletivo, observado o requisito básico previsto para o condenado recolhido em penitenciária consistente na salubridade do ambiente pela concorrência dos fatores de aeração, insolação e condicionamento térmico adequado à existência humana, bem como os seguintes alusivos às dependências coletivas:

(1) a seleção adequada dos presos; e

29. STF – Segunda Turma – HC 152.720/DF – Rel. Min. Gilmar Mendes - a julgamento em 10 abr. 2018.

(2) o limite de capacidade máxima que atenda os objetivos de individualização da pena.

Cabe lembrar que a Lei nº 6.001/1973, que dispõe sobre o Estatuto do índio prevê, no parágrafo único do seu art. 56, que as penas de reclusão e de detenção deverão ser cumpridas, se possível, em regime especial de semiliberdade, no local de funcionamento do órgão federal de assistência aos índios mais próximos da habitação do condenado. O dispositivo tem inserido, lamentavelmente, em seu corpo a cláusula se possível.

A propósito, Edson Damas anunciou pesquisa empírica a esse respeito, com entrevistas às autoridades do Estado de Roraima, com competência para fiscalizar a "efetividade dos direitos humanos fundamentais dentro do cárcere, principalmente aqueles que dizem respeito ao direito do indígena brasileiro cumprir pena em regime especial de semiliberdade, na forma descrita no supradito Estatuto"[30].

39. CASA DO ALBERGADO

Destina-se ao cumprimento de pena privativa de liberdade, em regime aberto, e da pena de limitação de fim de semana. Neste caso, o prédio respectivo deverá situar-se em centro urbano, separado dos demais estabelecimentos, e caracterizar-se pela ausência de obstáculos físicos contra a fuga.

O art. 95, da Lei de Execução Penal, reza que, em cada região, haverá, pelo menos, uma Casa do Albergado, a qual deverá conter, além dos aposentos para acomodar os presos, local adequado para cursos e palestras, devendo o estabelecimento conter instalações para os serviços de fiscalização e orientação dos condenados.

Entretanto, o que se vê, na prática, é a omissão do Estado no cumprimento desse mister, verificando-se que, em muitas regiões do país, inexiste a referida Casa do Albergado. Em face dessa realidade, pondera Renato Marcão que é necessário considerar que "a pena em regime aberto, ou de limitação de fim de semana, podem ser cumpridas em ala distinta de prédio destinado ao cumprimento de pena em regime fechado ou semiaberto", vedado o contato entre os presos destes regimes e aqueles submetidos ao aberto ou à restrição de fim de semana[31].

Inexistindo Casa de Albergado, bem como a referida ala distinta em estabelecimento apropriado, deve ser deferida a prisão albergue domiciliar fora das hipóteses do art. 117, da Lei de Execução Penal, sob pena de constrangimento ilegal, eis que é vedado o recolhimento de apenado em regime mais gravoso que o estabelecido na sentença.

Enfrentando a questão, a Terceira Seção, da Corte Superior, considerando o teor do enunciado nª 56, da Súmula Vinculante, do STF, afirmou ser imprescindível o exaurimento das possibilidades estabelecidas no julgamento do RE 641.320/RS, quais sejam:

(1) a saída antecipada de outro sentenciado no regime com falta de vagas, abrindo-se, assim, vagas para os reeducandos que acabaram de progredir;

30. SILVEIRA, Edson Damas. Direitos humanos, jusdiversidade indígena e a prova no processo penal brasileiro. In: *Prova penal*: estado democrático de direito. Florianópolis: Empório do Direito, 2015. p.100.

31. MARCÃO, Renato. *Curso de execução penal*. 8. ed. São Paulo: Saraiva, 2010. p. 141.

(2) a liberdade eletronicamente monitorada ao sentenciado que sai antecipadamente ou é posto em prisão domiciliar por falta de vagas; e

(3) o cumprimento de penas restritivas de direitos ou estudo aos sentenciados em regime aberto[32].

O STF tem entendido que, diante da falta de estabelecimento para o cumprimento do regime fixado na sentença, seja deferido ao apenado regime menos gravoso, como assentado no aludido verbete nº 56, de sua Súmula Vinculante.

40. CENTRO DE OBSERVAÇÃO

É o local destinado à realização dos exames gerais e do criminológico, cujos resultados serão encaminhados à Comissão Técnica de Classificação. Nesse Centro poderão, ainda, ser realizadas pesquisas criminológicas, sendo instalado em unidade autônoma ou em anexo a estabelecimento penal. Na falta do Centro de Observação, os exames poderão ser realizados pela Comissão Técnica de Classificação.

41. HOSPITAL DE CUSTÓDIA E TRATAMENTO PSIQUIÁTRICO

Consiste no estabelecimento penal destinado aos inimputáveis e semi-imputáveis, aplicando-se a ele, no que couber, as disposições referentes aos requisitos básicos necessários a assegurar o cumprimento da medida de segurança de maneira a garantir a efetividade do princípio da dignidade humana.

Para os internados, são obrigatórios o exame psiquiátrico e outros que sejam necessários, valendo sublinhar que o tratamento ambulatorial será realizado no Hospital de Custódia e Tratamento Psiquiátrico ou em outro local com dependência médica adequada.

42. CADEIA PÚBLICA

É o estabelecimento destinado ao recolhimento de presos provisórios. No seu art. 103, a Lei de Execução Penal enfatiza que cada comarca terá, pelo menos, uma cadeia pública a fim de resguardar o interesse da Administração da Justiça Criminal e a permanência do preso em local próximo ao seu meio social e familiar. Deve ser instalada próxima de centro urbano, observando-se, na construção, as exigências mínimas referidas à penitenciária. Também esse ditame da Lei encontra-se, em boa medida, desatendido pelo Estado.

43. CRITÉRIOS PARA SEPARAÇÃO DE PRESOS PROVISÓRIOS E APENADOS

Os parágrafos do art. 84, da Lei de Execução Penal, sofreram modificação pela Lei nº 13.167/2015, estabelecendo critérios mais específicos para a separação de presos, não se limitando a distinguir o local de cumprimento consoante a reincidência ou a primariedade do apenado, nem apenas porque o preso se inclui na classe do funcionário da justiça criminal.

32. STJ – Terceira Seção – REsp 1.710.674-MG, Rel. Min. Reynaldo Soares da Fonseca, por maioria, julgado em 22/08/2018, DJe 03/09/2018 – Tema 993.

De acordo com o § 1º, daquele enunciado, os **presos provisórios** devem ficar separados, consoante sejam:

(1) acusados pela prática de crimes hediondos ou equiparados;

(2) acusados pela prática de crimes cometidos com violência ou grave ameaça à pessoa; e

(3) acusados pela prática de outros crimes ou contravenções diversos dos dois primeiros.

Quanto aos "presos condenados", pensamos que os casos insertos no § 3º exigem o trânsito em julgado, porquanto a ausência dessa qualidade à condenação inclui o preso na categoria de detento provisório.

Com essa advertência, os critérios para a separação de **presos condenados definitivamente** devem ser os de:

(1) condenados pela prática de crimes hediondos ou equiparados;

(2) reincidentes condenados pela prática de crimes cometidos com violência ou grave ameaça à pessoa;

(3) primários condenados pela prática de crimes cometidos com violência ou grave ameaça à pessoa; e

(4) demais condenados pela prática de outros crimes ou contravenções em situação diversa das três primeiras.

Ademais, o § 4º, do citado art. 84, da LEP, reza que o preso que tiver sua integridade física, moral ou psicológica ameaçada pela convivência com os demais presos ficará segregado em local próprio. Tal enunciado visa fazer cessar a situação alarmante de violência perpetrada não só pelo Estado contra os apenados (pela falta ou deficiência de condições mínimas para outorgar às pessoas presas o direito à dignidade humana), mas também a violência cometida pelos apenados entre si.

44. EXECUÇÃO INDIRETA DE ATIVIDADES ACESSÓRIAS (PRIVATIZAÇÃO OU TERCEIRIZAÇÃO NO SISTEMA PRISIONAL)

A partir do advento da Lei nº 13.190/2015, passou-se a admitir a terceirização de serviços não tipicamente públicos no âmbito do sistema prisional. O art. 83-A, *caput*, da LEP, usa a expressão **execução indireta**, mencionando a possibilidade de outorga de atividades materiais acessórias, instrumentais ou complementares desenvolvidas em estabelecimentos penais.

Realçando o caráter exemplificativo dos serviços passíveis de delegação, o dispositivo aviva que podem ser objeto de terceirização, notadamente:

(1) serviços de conservação, limpeza, informática, copeiragem, portaria, recepção, reprografia, telecomunicações, lavanderia e manutenção de prédios, instalações e equipamentos internos e externos; e

(2) serviços relacionados à execução de trabalho pelo preso.

Entendemos ser preocupante a terceirização de serviços na área de estabelecimentos penais, mormente quando se vê que o legislador arrolou, em *numerus apertus* (rol exemplificativo), as hipóteses de "execução indireta de serviços". A alteração legislativa se apresenta como conivente com o estado de coisas inconstitucional que grassa no interior dos nossos presídios.

Ademais, os serviços ali desenvolvidos, embora possam ser classificados como privados quando visualizados fora da penitenciária, não devem ostentar essa classificação quando prestados no interior de um sistema tão sensível quanto o prisional. Ao invés de se investir no respeito às condições mínimas dos presídios, com estruturação dos serviços envolvidos, de forma pública, opta-se por permitir diminuição da estrutura material e pessoal pública, em favor da inserção de pessoas privadas na seara da prestação de serviços. A nosso ver, o princípio da dignidade da pessoa humana foi e continua sendo ofendido com a permissão desse nível de terceirização, aberto e com possibilidade de prejudicar atividades essenciais relacionadas às prisões.

De forma contrária ao art. 83-A, no art. 83-B, da LEP, o legislador vedou a delegação a terceiros dos serviços que inseriu no núcleo mínimo a ser prestado exclusivamente pelo Estado no espaço do sistema penitenciário. Também aqui arrolou, de forma exemplificativa, os serviços que não podem ser objeto de delegação (execução indireta ou terceirização).

45. DEVERES DO PRESO DURANTE A EXECUÇÃO DA PENA

São deveres do condenado – e, também, no que couber, do preso provisório –, além das obrigações legais inerentes ao seu estado, submeter-se às normas de execução da pena, especialmente:

(1) comportamento disciplinado e cumprimento fiel da sentença;

(2) obediência ao servidor e respeito a qualquer pessoa com quem deva relacionar-se;

(3) urbanidade e respeito no trato com os demais condenados;

(4) conduta oposta aos movimentos individuais ou coletivos de fuga ou de subversão à ordem ou à disciplina;

(5) execução do trabalho, das tarefas e das ordens recebidas;

(6) submissão à sanção disciplinar imposta;

(7) indenização à vítima ou aos seus sucessores;

(8) indenização ao Estado, quando possível, das despesas realizadas com a sua manutenção, mediante desconto proporcional da remuneração do trabalho;

(9) higiene pessoal e asseio da cela ou alojamento; e

(10) conservação dos objetos de uso pessoal.

46. DIREITOS DO PRESO DURANTE A EXECUÇÃO DA PENA

Todos os direitos não atingidos pela sentença ou pela lei são garantidos ao condenado e ao internado, sendo vedada qualquer distinção de natureza racial, social, religiosa ou política. Daí que as autoridades devem assegurar o respeito à integridade física e moral dos condenados, dos presos provisórios e dos submetidos à medida de segurança, constituindo direitos da pessoa com a liberdade cerceada:

(1) alimentação suficiente e vestuário;

(2) atribuição de trabalho e sua remuneração;

(3) Previdência Social;

(4) constituição de pecúlio;

(5) proporcionalidade na distribuição do tempo para o trabalho, o descanso e a recreação;

(6) exercício das atividades profissionais, intelectuais, artísticas e desportivas anteriores, desde que compatíveis com a execução da pena;

(7) assistência material, à saúde, jurídica, educacional, social e religiosa;

(8) proteção contra qualquer forma de sensacionalismo, sendo vedado ao integrante dos órgãos da execução penal, e ao servidor, a divulgação de ocorrência que perturbe a segurança e a disciplina dos estabelecimentos, bem como exponha o preso à inconveniente notoriedade, durante o cumprimento da pena, devendo o emprego de algemas obedecer ao critério da necessidade.

Constitui **abuso de autoridade**, tipificado como crime no art. 28, da Lei nº 13.869/2019, divulgar gravação ou trecho de gravação sem relação com a prova que se pretenda produzir, expondo a intimidade ou a vida privada ou ferindo a honra ou a imagem do investigado ou acusado.

De outro lado, a Lei nº 13.434/2017, acrescentou o parágrafo único ao art. 292, do Código de Processo Penal, conferindo garantia humanitária à mulher grávida durante atos médico-hospitalares preparatórios para a realização do parto e durante o trabalho de parto, assim como durante o período de puerpério imediato. Nessas situações, restará vedada a aposição de algemas. Atualmente existe o Decreto nº 8.558/2016, regulamentando o uso de algemas.

(9) entrevista pessoal e reservada com o advogado;

(10) visita do cônjuge, da companheira, de parentes e amigos em dias determinados;

(11) chamamento nominal;

(12) igualdade de tratamento salvo quanto às exigências da individualização da pena;

(13) audiência especial com o diretor do estabelecimento;

(14) representação e petição a qualquer autoridade, em defesa de direito;

(15) contato com o mundo exterior por meio de correspondência escrita, da leitura e de outros meios de informação que não comprometam a moral e os bons costumes;

(16) atestado de pena a cumprir, emitido anualmente, sob pena da responsabilidade da autoridade judiciária competente.

Os direitos de proporcionalidade na distribuição do tempo para o trabalho, o descanso e a recreação; de visita do cônjuge, da companheira, de parentes e amigos em dias determinados; e de contato com o mundo exterior por meio de correspondência escrita, da leitura e de outros meios de informação que não comprometam a moral e os bons costumes poderão ser suspensos ou restringidos mediante ato motivado do diretor do estabelecimento.

A Lei de Execução Penal, em seu art. 43, garante ainda a liberdade de contratar médico de confiança pessoal do internado ou do submetido a tratamento ambulatorial, por seus familiares ou dependentes, a fim de orientar e acompanhar o tratamento. Em caso de divergências entre o médico oficial e o particular, o Juiz da execução resolverá por decisão fundamentada.

47. DIREITOS POLÍTICOS

Em compasso com o que determina o art. 15, inciso III, da Constituição de 1988, os direitos políticos não serão cassados. Todavia, na hipótese de condenação criminal transitada em julgado, os direitos políticos ficarão suspensos enquanto persistirem os efeitos da condenação, ainda que se cuide de aplicação de pena restritivas, em compasso com o que decidiu o STF[33].

Destarte, tem-se entendido que o preso definitivo, condenado por sentença transitada em julgado, não pode exercer os direitos de cidadania no sentido estrito, vale dizer, votar e ser votado. É o que se vê nas providências finais das sentenças condenatórias, com a ordem do juiz para oficiar à Justiça Eleitoral, comunicando a suspensão dos direitos políticos em virtude da pena imposta.

No entanto, deve-se ponderar que a aplicação do art. 15, inciso III, da CF, **não seja automática**, nem sem justificativa plausível. Em outras palavras, a suspensão dos direitos políticos do apenado, especialmente o direito a votar, não pode ser suspenso à míngua de legislação complementar que delimite as hipóteses permissivas e que sejam proporcionais e relacionadas à infração objeto de condenação com trânsito em julgado.

Trata-se de corolário da aplicação do axioma *nulla poena sine judicio*, afinal a suspensão dos direitos políticos deve ser objeto de debate, com contraditório judicial, no âmbito do processo penal condenatório. Note-se que a perda de mandato eletivo depende de fundamentação expressa na sentença, em compasso com o art. 92, inciso I, e parágrafo único, do Código Penal.

Nesse sentido, Luís Carlos Valois pontua duas conclusões:

(1) a primeira que considera que, "se um direito político muito mais importante, de mais influência na sociedade, que confere ao titular poder de maior amplitude, como o poder de exercer mandato eletivo, só é efeito da sentença se declarado, o direito político de todos, o direito que confere cidadania, o direito de voto, não pode ser vedado de forma genérica, sem fundamentação suficiente";

(2) a outra, a de que "os direitos políticos abrangem diversos direitos e a Constituição não poderia pretender se substituir ao Código Penal, criando uma pena que prescindisse de

33. STF – Plenário – Tema 370 RG – RE 601182/MG – Rel. Min. Marco Aurélio – red. p/ ac. Min. Alexandre de Moraes – Julgamento em 05 mai. 2019.

debate no devido processo legal e que não estivesse claramente estipulada em lei, cessando todos os direitos políticos sem especificá-los"[34].

No que toca aos presos provisórios e aos submetidos à medida de segurança, com maior razão, sequer deve se cogitar de suspensão dos seus direitos políticos. Embora os direitos políticos não fiquem suspensos, na prática há dificuldades para que os exerçam, notadamente pelo óbice ao exercício do sufrágio, consistente na "inviabilidade de instalação de sessões eleitorais no interior dos presídios", conforme o entendimento majoritário da Justiça Eleitoral[35].

48. VISITA

É direito do preso receber visita do cônjuge, da companheira, de parentes e amigos em dias determinados.

Caso esteja em **Regime Disciplinar Diferenciado**, as visitas serão **quinzenais**. A Lei nº 13.964/2019 ampliou o tempo de uma visita a outra para os apenados inseridos nesse regime. As visitas serão de duas pessoas por vez, a serem realizadas em instalações equipadas para impedir o contato físico e a passagem de objetos, por pessoa da família ou, no caso de terceiro, autorizado judicialmente, com duração de duas horas. Elas serão gravadas, em sistema de áudio ou de áudio e vídeo, e, com autorização judicial, fiscalizada por agente penitenciário, como se infere do art. 52, § 1º, inciso III, e § 3º, da LEP.

Não devem ser computadas, no número legal de duas pessoas para essa visita, as crianças, considerada interpretação sistemática do Estatuto da Criança e do Adolescente, com o autorizativo contido na legislação que regula a disciplina nos presídios federais (art. 3º, § 1º, II, da Lei nº 11.671/2008). Trata-se de direito garantido aos filhos do apenado: o § 4º, do art. 19, da Lei nº 8.069/1990, assegura a convivência da criança e do adolescente com a mãe ou o pai privado de liberdade, por meio de visitas periódicas promovidas pelo responsável ou, nas hipóteses de acolhimento institucional, pela entidade responsável, independentemente de autorização judicial.

O Estado evidencia o amplo controle que exerce sobre o corpo do apenado, privando-lhe, inclusive, de suas relações afetivas mais importantes, até mesmo da liberdade do preso de se relacionar sexualmente com pessoas que estejam fora do estabelecimento. A privação sexual é, nesse sentido, parcial[36].

O direito à visitação não poderá ser obstado, razão pela qual, embora a penitenciária de homens deva ser construída em local afastado do centro urbano, essa distância não pode restringir, em absoluto, o acesso. No entanto, o direito de visitas poderá ser suspenso ou limitado mediante ato motivado do diretor do estabelecimento, que explicite justificativa plausível, o que não pode equivaler à imposição de **incomunicabilidade**, pois esta é incompatível com a Constituição Federal.

---

34. VALOIS, Luís Carlos. *Execução penal e ressocialização*. São Paulo: Estúdio, 2015. p.87.
35. NUCCI, Guilherme de Souza. *Manual de processo penal e execução penal*. 6. ed. São Paulo: RT, 2010. p. 997.
36. FOUCAULT, Michel. *Vigiar e punir*. Tradução: Raquel Ramalhete. Petrópolis: Vozes, 2013. p.20.

49. COMUNICAÇÃO

O apenado tem o direito a se comunicar com seu advogado e com as pessoas da família. Esse direito sofre restrições, porém. Embora decorra do direito de visita, a possibilidade e o direito do preso de se comunicar, existem limitações quanto ao uso de aparelhos telefônicos, máxime telefones celulares – cujo uso é proibido no interior do estabelecimento, constituindo falta disciplinar.

Admite-se, inclusive, em situações excepcionais, o monitoramento de comunicações, tal como se dá com as correspondências destinadas ou emitidas pelos presos, em favor da segurança pública e do estabelecimento. Nesse sentido, o art. 52, da Lei de Execução Penal, com redação da Lei nº 13.964/2019, prevê, em seus incisos V e VI, que o apenado incluído em **regime disciplinar diferenciado** se sujeita a:

(1) entrevistas sempre monitoradas, exceto aquelas com seu defensor, em instalações equipadas para impedir o contato físico e a passagem de objetos, salvo expressa autorização judicial em contrário; e

(2) fiscalização do conteúdo da correspondência.

Além dessas restrições, são aplicáveis outras, a exemplo do controle dos telefonemas, para o preso incluído nesse regime que não receber visitas nos primeiros seis meses. Nesse caso, o § 7º, do art. 52, da LEP, aduz que ele poderá, após prévio agendamento, ter contato telefônico, que será gravado, com uma pessoa da família, duas vezes por mês e por dez minutos.

Outrossim, a inclusão nos **presídios federais de segurança máxima**, implicará o monitoramento de todas os meios de comunicação, inclusive de correspondência escrita (art. 3º, § 1º, IV, da Lei nº 11.671/2008, com redação da Lei nº 13.964/2019).

Tem sido reconhecida a constitucionalidade, pelo STF, dessa espécie de **controle contínuo das comunicações** dos presos inseridos no sistema prisional, sob o argumento de que o sigilo das correspondências não é absoluto[37].

No entanto, entendemos que há incompatibilidade desse proceder com o teor literal do inciso XII, do art. 5º, da Constituição, que estampa ser inviolável o sigilo da correspondência e das comunicações telegráficas, de dados e das comunicações telefônicas, salvo, no último caso, por ordem judicial, nas hipóteses e na forma que a lei estabelecer para fins de investigação criminal ou instrução processual penal.

50. ASSISTÊNCIA MATERIAL

Ao preso e ao internado é assegurado o direito à assistência. O dever de prestá-la é do Estado, com o fito de prevenir o crime e orientar o retorno à convivência em sociedade, sendo extensiva ao egresso.

Uma das espécies de assistência é a material, que consistirá no fornecimento de alimentação, vestuário e instalações higiênicas, devendo o estabelecimento dispor de instalações

37. STF – Segunda Turma – RHC 132115 – Rel. Min. Dias Toffoli – publicado em 19 out. 2018.

e serviços que atendam às necessidades pessoais de seus destinatários, bem como de locais para a venda de produtos e objetos permitidos e não fornecidos pela administração.

51. ASSISTÊNCIA À SAÚDE

Compreenderá atendimento médico, farmacêutico e odontológico, pelo que toda vez que o estabelecimento penal não estiver dotado de recursos para prover a assistência médica necessária, esta será prestada em outro local, mediante permissão da direção do estabelecimento. À mulher é garantido acompanhamento médico, notadamente no pré-natal e no pós-parto, extensivo ao recém-nascido, conforme § 3º, do art. 14, da LEP.

52. ASSISTÊNCIA JURÍDICA

É devida aos presos e aos internados sem recursos financeiros para constituir advogado, pelo que as Unidades da Federação deverão ter serviços de assistência jurídica, integral e gratuita, pela Defensoria Pública, dentro e fora dos estabelecimentos penais, consoante o art. 16, *caput*, da LEP.

Para fazer valer a previsão legal, as Unidades da Federação têm o dever de prestar auxílio estrutural, pessoal e material à Defensoria Pública, no exercício de suas funções, dentro e fora dos estabelecimentos penais.

Deve existir em todos os estabelecimentos penais, local apropriado destinado ao atendimento pelo Defensor Público, bem como devem ser implementados núcleos especializados da Defensoria Pública fora dos estabelecimentos penais, para a prestação de assistência jurídica integral e gratuita aos réus, sentenciados em liberdade, egressos e seus familiares, sem recursos financeiros para constituir advogado.

53. ASSISTÊNCIA EDUCACIONAL

Compreenderá a instrução escolar e a formação profissional do preso e do internado. O ensino de 1º grau (fundamental) será obrigatório, com sua integração ao sistema escolar da Unidade Federativa. O ensino profissional será ministrado em nível de iniciação ou de aperfeiçoamento técnico.

Para tanto, poderão ser celebrados convênios com entidades públicas ou particulares, que instalem escolas ou ofereçam cursos especializados, bem como cada estabelecimento penal será dotado de biblioteca para uso de todas as categorias de reclusos, provida de livros instrutivos, recreativos e didáticos.

Deve haver ensino médio nas penitenciárias, a fim de conferir maior abrangência à assistência educacional dos apenados. Decerto, nos termos do art. 18-A, da LEP, o ensino médio, regular ou supletivo, com formação geral ou educação profissional de nível médio, será implantado nos presídios, em obediência ao preceito constitucional de sua universalização.

Para concretizar a esse direito, o § 1º, daquele dispositivo, estatui que o ensino médio, ministrado às pessoas presas, será integrado ao sistema estadual e municipal de ensino. A sua manutenção, administrativa e financeira, deve contar com o apoio da União, com recursos destinados à educação e com os do sistema estadual de justiça ou de administração penitenciária.

De outra vertente, devem ser ofertados cursos supletivos de educação de jovens e adultos aos apenados, atribuição que deve ser levada a efeito pelos sistemas de ensino. Aliás, a União, os Estados, os Municípios e o Distrito Federal devem incluir o atendimento aos apenados em seus programas de educação à distância e de uso de novas tecnologias de ensino (art. 18-A, parágrafos, LEP).

O art. 21-A, da LEP, dispõe sobre o censo penitenciário, a fim de se ter um diagnóstico do nível educacional atual dos apenados. Tal providência tem o fito de otimizar os resultados com a implementação de programas de educação adequados às condições pessoais dos presos e presas. Daí que deve aquele censo apurar, relativamente aos apenados:

(1) o nível de escolaridade;

(2) a existência de cursos nos níveis fundamental e médio e o número de presos e presas atendidos;

(3) a implementação de cursos profissionais em nível de iniciação ou aperfeiçoamento técnico e o número de detentos atendidos;

(4) a existência de bibliotecas e as condições de seu acervo; e

(5) outros dados relevantes para o aprimoramento educacional de presos e presas.

54. ASSISTÊNCIA SOCIAL

Tem por objetivo amparar o preso e o internado e prepará-los para o retorno à liberdade, com a incumbência de levar ao conhecimento da direção do estabelecimento os problemas e as dificuldades enfrentadas pelo assistido, promovendo sua orientação para obtenção de direitos previdenciários e de seguro por acidente de trabalho ao preso ou ao internado e à sua família, bem como na fase final do cumprimento da pena, para fins de retorno ao convívio social.

55. ASSISTÊNCIA RELIGIOSA

É garantida aos presos e aos internados, com liberdade de culto, pelo que é permitida a participação nos serviços organizados no estabelecimento penal, bem como a posse de livros de instrução religiosa, devendo existir no estabelecimento local apropriado para os cultos religiosos. No entanto, nenhum preso ou internado poderá ser obrigado a participar de atividade religiosa.

56. ASSISTÊNCIA AO EGRESSO

Consiste na orientação e no apoio para reintegrar a pessoa egressa, liberada definitivamente, pelo prazo de um ano contado da saída do estabelecimento ou em liberdade condicional, durante o período de prova. Se necessário, deve ser concedido alojamento e alimentação, em estabelecimento adequado, pelo prazo de dois meses, lapso este que poderá ser prorrogado uma única vez, comprovado, por declaração do assistente social, o empenho na obtenção de emprego, devendo, outrossim, colaborar para a obtenção de trabalho.

57. TRABALHO

O trabalho, na Lei de Execução Penal, tem natureza híbrida.

É **direito do preso**, eis que é instrumento que assegura sua dignidade humana, com finalidades educativa e produtiva, e, também, sob este último enfoque, é um **dever social** quando consideradas às precauções referentes à segurança e à higiene, conquanto não esteja sujeito ao regime da Consolidação das Leis do Trabalho.

Nos termos do art. 31, *caput* e parágrafo único, da LEP, o **condenado** à pena privativa de liberdade está obrigado ao **trabalho interno**, na medida de suas aptidões e capacidade. De outra parte, para o **preso provisório**, o trabalho não é obrigatório e só poderá ser executado no interior do estabelecimento. Quando se cuidar de **preso político**, não haverá obrigação de trabalhar, a teor do art. 200, daquela legislação.

É devida remuneração em razão do trabalho prestado pelo condenado, sendo-lhe garantido os benefícios da previdência social, consoante preconiza o art. 39, do Código Penal. Não estão incluídas no conceito de trabalho para fins remuneratórios, as tarefas executadas como prestação de serviço à comunidade.

Para o trabalho prestado pelo preso que não seja pena restritiva de direito (prestação de serviço à comunidade), será devida remuneração não inferior a 3/4 (três quartos) do salário mínimo.

O produto dessa remuneração deverá atender:

(1) à indenização dos danos causados pelo crime, desde que determinados judicialmente e não reparados por outros meios;

(2) à assistência à família;

(3) a pequenas despesas pessoais; e

(4) ao ressarcimento ao Estado das despesas realizadas com a manutenção do condenado, em proporção a ser fixada e sem prejuízo da destinação prevista nas letras anteriores.

Com essas ressalvas e observadas outras aplicações legais, a quantia eventualmente remanescente será destinada à constituição de pecúlio, mediante depósito em Caderneta de Poupança, que será entregue ao condenado quando posto em liberdade.

O trabalho do condenado poderá ser **interno** ou **externo**.

A Lei de Execução Penal estabelece que o condenado à pena privativa de liberdade tem o dever de trabalhar na medida de suas aptidões e capacidade, ressalvando que o trabalho não é obrigatório para o preso provisório e, quando prestado por este, só poderá ser executado **no interior do estabelecimento**. De outro lado, o preso maior de sessenta anos poderá solicitar ocupação adequada à sua idade, enquanto as pessoas com doenças ou com deficiência física só poderão exercer atividades apropriadas ao seu estado.

No que concerne à **pessoa apenada com deficiência**, é necessária a observância do seu direito à **prioridade** de tramitação processual, nos termos do art. 9º, inciso VII, do Estatuto da Pessoa com Deficiência (Lei nº 13.146/2015). Tal diploma legal, aliás, trouxe regras específicas para assegurar o acesso à justiça também ao indivíduo com deficiência submetido à medida restritiva de liberdade, esclarecendo que é considerada deficiência a que seja de longo prazo, de natureza física, mental, intelectual ou sensorial.

Por sua vez, o § 2º, do art. 79, daquela legislação, estampou que, ao detento com deficiência, serão assegurados todos os direitos e garantias a que fazem *jus* os apenados sem deficiência, garantida a acessibilidade. Em complemento, o art. 81, da mesma Lei Brasileira de Inclusão da Pessoa com Deficiência, é enfático ao gizar que os direitos da pessoa com deficiência serão garantidos por ocasião da aplicação de sanções penais.

Nessa linha, enfatiza o artigo 32, da LEP, que, na atribuição do trabalho ao preso, deverão ser levadas em conta a habilitação, a condição pessoal e as suas necessidades futuras, assim como as oportunidades oferecidas pelo mercado. O trabalho é regrado pela limitação, tanto quanto possível, de artesanato sem expressão econômica, salvo nas regiões de turismo.

No tocante à jornada normal de trabalho, esta não será inferior a seis nem superior a oito horas, com descanso nos domingos e feriados, podendo ser atribuído horário especial de trabalho aos presos designados para os serviços de conservação e manutenção do estabelecimento penal. O trabalho do preso poderá ser gerenciado por fundação, ou empresa pública, com autonomia administrativa, com o fito de formação profissional do condenado. A entidade gerenciadora tem a incumbência de promover e supervisionar a produção, com critérios e métodos empresariais, encarregando-se de sua comercialização, bem como suportando despesas, inclusive pagamento de remuneração adequada.

Para viabilizar o trabalho dos presos, os governos federal, estadual e municipal poderão celebrar convênio com a iniciativa privada, para implantação de oficinas de trabalho referentes a setores de apoio dos presídios. Também os órgãos da Administração Direta ou Indireta da União, Estados, Territórios, Distrito Federal e dos Municípios adquirirão, com dispensa de concorrência pública, os bens ou produtos do trabalho prisional, sempre que não for possível ou recomendável realizar-se a venda a particulares. As importâncias arrecadadas com as vendas reverterão em favor da fundação ou empresa pública gerenciadora ou, na sua falta, do estabelecimento prisional.

De outra vertente, o trabalho externo será admissível para os presos condenados em regime fechado, desde que se trate de serviço ou obras públicas realizadas por órgãos da administração direta ou indireta, ou entidades privadas, sendo necessária a tomada das cautelas contra a fuga e em favor da disciplina. Para o trabalho externo prestado nessas condições, devem ser observadas as seguintes condições:

(1) o limite máximo do número de presos será de 10% (dez por cento) do total de empregados na obra;

(2) o órgão da administração, a entidade ou a empresa empreiteira tem o dever de remunerar esse trabalho; e

(3) a prestação de trabalho à entidade privada depende do consentimento expresso do preso.

Por derradeiro, a prestação de trabalho externo, a ser autorizada pela direção do estabelecimento, dependerá de aptidão, disciplina e responsabilidade, além do cumprimento mínimo de 1/6 (um sexto) da pena, devendo ser revogada tal autorização, se o preso praticar fato definido como crime, for punido por falta grave, ou tiver comportamento contrário aos requisitos legais. Ademais, o bom desempenho no trabalho que atribuído ao apenado e a demonstração de aptidão para prover a sua subsistência mediante trabalho honesto são requisitos, dentre outros do art. 83, do Código Penal, para a concessão de livramento condicional, conforme inseridos pela Lei nº 13.964/2019.

58. FALTAS DISCIPLINARES

O preso tem o dever de colaborar com a ordem, obedecendo às determinações das autoridades e de seus agentes, desempenhando o trabalho que lhe for outorgado. Em outras palavras, o condenado à pena privativa de liberdade ou restritiva de direitos e o preso provisório estão sujeitos à disciplina carcerária, sendo cientificados, no início da execução da pena ou da prisão, das normas disciplinares vigentes.

Na hipótese de violação de deveres disciplinares, poderá ser imposta sanção ao preso, desde que haja previsão expressa e anterior, legal ou regulamentar, da respectiva falta (transgressão). As sanções não poderão colocar em perigo a integridade física e moral do condenado, sendo vedados o emprego de cela escura e as sanções coletivas.

Durante a execução da pena privativa de liberdade, o poder disciplinar será exercido pela autoridade administrativa conforme as disposições regulamentares, enquanto na execução das penas restritivas de direitos, o poder disciplinar será exercido pela autoridade administrativa a que estiver sujeito o condenado.

Tratando-se de faltas graves, a autoridade representará ao juiz da execução para os fins de abertura de procedimento para regressão de regime, revogação de autorização de saída temporária, perda de dias remidos. A revogação da remição terá o efeito de incidir sobre **até 1/3 do tempo remido**, recomeçando a contagem a partir da data da infração disciplinar, nos termos do art. 127, da LEP, ou da conversão de pena restritiva de direitos em privativa de liberdade.

O cometimento de falta grave, todavia, não interrompe o prazo para obtenção de livramento condicional, a teor do enunciado nº 441, da Súmula, do STJ. Também não há interrupção de prazo, quando do cometimento de falta grave, para a concessão de comutação de pena. No entanto, para ser concedido o livramento condicional, o art. 83, inciso III, alínea "b", do Código Penal, inserido pela Lei nº 13.964/2019, exige comprovação de **não cometimento de falta grave** nos últimos **doze meses**.

O STJ editou enunciado de Súmula de nº 535, destacando que a prática de falta grave não interrompe o prazo para fim de comutação de pena ou indulto. Aliás, o mesmo Tribunal, por sua Sexta Turma, fixou o entendimento de que a recusa injustificada ao trabalho interno, feita pelo apenado, constitui falta disciplinar de natura grave[38].

38. STJ – Quinta Turma – HC 429.176/RJ, Rel. Min. Felix Fischer – DJe 14 mar. 2018.

Já no que toca à concessão dos demais benefícios referentes à execução da pena, inclusive a progressão de regime, o entendimento do STJ é no sentido de que o cometimento de falta grave pelo apenado importa o reinício da contagem do prazo da pena remanescente, vale dizer, implica interrupção do prazo. Segue-se a linha daquela jurisprudência, reiterada, de que a prática de falta grave acarreta a interrupção do prazo para a obtenção de benefícios em sede de execução criminal, salvo no que tange ao livramento condicional e à comutação de pena. Também não é alterada, pelo cometimento da aludida transgressão, a data-base para o deferimento do trabalho externo e da saída temporária, cujos requisitos objetivos e subjetivos são outros[39].

A Súmula nº 534, dessa Corte Superior, especifica a questão no tocante à progressão de regime, ao vincar que "a prática de falta grave interrompe a contagem do prazo para a progressão de regime de cumprimento de pena, o qual se reinicia a partir do cometimento dessa infração".

A prática de falta grave acarreta ainda a perda de dias remidos.

Sobre a previsão da perda de dias remidos – ora autorizada até 1/3 daquele tempo de remição –, há corrente doutrinária e jurisprudencial crítica que entende que a previsão do art. 127, da LEP, incorre em inconstitucionalidade. Para Amilton Bueno de Carvalho, a perda dos dias remidos pelo cometimento de falta grave "se traduz em mais uma irracionalidade e perversão do ordenamento jurídico" – desumanizante e violador do direito adquirido conforme o art. 126, da mesma lei –, máxime quando levada em conta a realidade calamitosa do sistema prisional, chocando-se com "os princípios da proporcionalidade e da individualização da pena", consistentes em balizas materiais que orientam "a aplicação e execução da sanção penal"[40].

O enunciado nº 9 da Súmula Vinculante do STF ratifica que o disposto no art. 127, da Lei nº 7.210/1984, foi recebido pela ordem constitucional vigente. De acordo com este dispositivo, em caso de falta grave, o juiz poderá revogar até 1/3 (um terço) do tempo remido. A contagem deve recomeçar a partir da data da infração disciplinar. Para tanto, o juiz deve observar a natureza, os motivos, as circunstâncias e as consequências do fato, bem como a pessoa do faltoso e seu tempo de prisão. Não tem aplicação o limite de prazo previsto no art. 58, da LEP, de abrangência mais restrita, cujo teor assenta que o isolamento, a suspensão e a restrição de direitos não poderão exceder a trinta dias, ressalvada a hipótese do regime disciplinar diferenciado.

De toda maneira, todo ato jurisdicional do qual decorra restrição de direitos às partes (em especial, limitação de direitos do apenado) deve ser precedido de contraditório, assegurando o direito de defesa ao condenado antes da decisão do juiz, não havendo que se falar em aplicação automática dessas sanções.

Nesse sentido, a Súmula 533 do STJ, explicita que, para o reconhecimento da prática de falta disciplinar no âmbito da execução penal, é imprescindível a instauração de procedimento administrativo pelo diretor do estabelecimento prisional, assegurado o direito de defesa, a ser realizado por advogado constituído ou defensor público nomeado. Como se

39. STJ – Sexta Turma – AgRg no REsp 1755715/RS – Rel. Ministra Laurita Vaz – DJe 25 out. 2019.
40. CARVALHO, Amilton Bueno de. *Garantismo penal aplicado*. Rio de Janeiro: Lumen Juris, 2003. p.214-215.

depreende, não basta a autodefesa, devendo ser garantida a defesa técnica, realizada por profissional habilitado.

59. CLASSIFICAÇÃO DAS FALTAS DISCIPLINARES

As faltas disciplinares são classificadas em leves, médias e graves, devendo a legislação local especificar as leves e médias, com as respectivas sanções. As sanções previstas para as faltas consumadas são utilizadas para punição da tentativa.

As faltas graves e suas sanções encontram tipificação na própria Lei de Execução Penal, que preconiza que comete falta grave o condenado à pena privativa de liberdade e o preso provisório, no que couber, que:

(1) incitar ou participar de movimento para subverter a ordem ou a disciplina;

(2) fugir;

(3) possuir, indevidamente, instrumento capaz de ofender a integridade física de outrem;

(4) provocar acidente de trabalho;

(5) descumprir, no regime aberto, as condições impostas;

(6) inobservar o dever de obedecer ao servidor e respeitar qualquer pessoa com quem deva relacionar-se, bem como o dever de execução do trabalho, das tarefas e das ordens recebidas;

(7) tiver em sua posse, utilizar ou fornecer aparelho telefônico, de rádio ou similar, que permita a comunicação com outros presos ou com o ambiente externo; e

(8) recusar submeter-se ao procedimento de **identificação do perfil genético**.

Essa última hipótese foi inserida pela Lei nº 13.964/2019. Cuida-se de medida de controle, de cunho obrigatório, cuja aplicação é prevista aos condenados por crime praticado, dolosamente, com violência de natureza grave contra pessoa, ou por qualquer dos crimes previstos na Lei dos Crimes Hediondos (art. 9º-A, *caput*, LEP). Aquele diploma legal inseriu o § 1º, ao citado art. 9º-A, da LEP, para pontuar que o condenado por esses crimes, que não tiver sido submetido à identificação do perfil genético por ocasião do ingresso no estabelecimento prisional, deverá ser submetido ao procedimento durante o cumprimento da pena.

No que toca ao condenado à pena restritiva de direitos, dispõe a Lei de Execução Penal que comete falta grave aquele que:

(1) descumprir, injustificadamente, a restrição imposta;

(2) retardar, injustificadamente, o cumprimento da obrigação imposta;

(3) inobservar o dever de obedecer ao servidor e respeitar qualquer pessoa com quem deva relacionar-se, bem como o dever de execução do trabalho, das tarefas e das ordens recebidas.

60. PROCEDIMENTO PARA A APLICAÇÃO DE SANÇÃO POR FALTA DISCIPLINAR

A aplicação de sanção decorrente do cometimento de falta disciplinar requer um procedimento específico, gizado na Lei de Execução Penal. Daí que estabelece o seu art. 59 que, uma vez praticada a falta disciplinar, deverá ser instaurado o procedimento para sua apuração, consoante regulamento, assegurado o direito de defesa.

A defesa aqui referida pela lei é a defesa técnica, isto é, representado o preso por advogado constituído ou defensor nomeado no início do procedimento, para assegurar a garantia do contraditório e da ampla defesa, nos termos do art. 5º, inciso LV, da Constituição. Nesse sentido se manifestam o STF[41] e o STJ[42], cominando nulidade em caso de inobservância do preceito.

O contraditório e a ampla defesa devem ser exercidos nos autos do procedimento administrativo para apuração da falta grave. É prescindível nova oitiva do apenado perante o juiz se, antes da homologação da falta grave, foi dada oportunidade a ele de se manifestar no âmbito do procedimento administrativo instaurado para apurar a prática de infração disciplinar, acompanhado de defesa técnica[43].

A decisão será motivada, podendo a autoridade administrativa decretar o isolamento preventivo do faltoso pelo prazo de até dez dias, *ex vi* do art. 60, da LEP. De outro lado, a inclusão do preso no regime disciplinar diferenciado, no interesse da disciplina e da averiguação do fato, dependerá de decisão fundamentada do juiz competente. Conquanto aquele dispositivo legal aluda a "despacho do juiz competente", a gravidade e o teor decisório do ato exige motivação devidamente descrita. Em todo caso, o tempo de isolamento ou inclusão preventiva no regime disciplinar diferenciado será computado no período de cumprimento da sanção disciplinar.

As sanções possíveis são advertência verbal, repreensão, suspensão ou restrição de direitos e isolamento na própria cela, ou em local adequado, nos estabelecimentos que possuam alojamento coletivo, observados os requisitos mínimos da carceragem. Serão aplicadas por ato motivado do diretor do estabelecimento.

Para a aplicação das sanções, deverão ser levadas em consideração a natureza, os motivos, as circunstâncias e as consequências do fato, bem como a pessoa do faltoso e seu tempo de prisão, respeitados os seguintes parâmetros:

(1) para as faltas graves, serão impostas as sanções de suspensão ou restrição de direitos, isolamento na própria cela, ou em local adequado, nos estabelecimentos que possuam alojamento coletivo, e inclusão no regime disciplinar diferenciado;

(2) o isolamento, a suspensão e a restrição de direitos não poderão exceder a trinta dias, ressalvada a hipótese do regime disciplinar diferenciado;

(3) o isolamento será sempre comunicado ao Juiz da execução.

61. REGIME DISCIPLINAR DIFERENCIADO

É uma forma de cumprimento de pena fixada em regime fechado. Como aduz Nucci, consiste em "uma subdivisão do regime fechado, mais rigoroso e exigente, caracterizando

41. STF – Segunda Turma – HC 129936 – Rel. Min. Dias Toffoli – publicado em 15 jun. 2016 .
42. STJ – Quinta Turma – AgRg no HC 444.930/SP – Rel. Min. Felix Fischer – DJe 28 jun. 2018.
43. STJ – Sexta Turma – AgInt no HC 532.846/SC – Rel. Min. Nefi Cordeiro – DJe 09 dez. 2019.

verdadeira **sanção disciplinar**. Não se trata, pois de um quarto regime de cumprimento de pena. Continuamos a ter somente três: fechado, semiaberto e aberto"[44].

Nesse sentido entendemos que o regime disciplinar diferenciado é incompatível com a ideia de progressão de regime. Caso o apenado tenha direito à progressão (presentes os requisitos objetivos e subjetivos), deve ser retirado do regime disciplinar diferenciado.

Com entendimento diverso, Renato Marcão, ao defender que "não há vedação expressa à progressão de regime prisional durante o tempo de cumprimento da sanção disciplinar denominada Regime Disciplinar Diferenciado (RDD)". Consoante aduz o autor, mesmo recebendo a progressão, por exemplo, para o regime semiaberto, o preso deverá cumprir a sanção disciplinar integralmente, antes de ir, de fato, para o novo regime. Vale dizer: deverá cumprir todo o tempo restante de regime disciplinar diferenciado antes de ver efetivada sua transferência para o novo regime[45].

62. REQUISITOS PARA INCLUSÃO NO REGIME DISCIPLINAR DIFERENCIADO

Fonte de controvérsias doutrinárias sobre sua constitucionalidade, o art. 52, da LEP, com redação da Lei nº 13.964/2019, dispõe que a prática de fato previsto como crime doloso constitui falta grave e, quando ocasionar subversão da ordem ou disciplina internas, sujeitará o preso provisório, ou condenado, nacional ou estrangeiro, sem prejuízo da sanção penal, ao regime disciplinar diferenciado.

Terá incidência, igualmente, aos presos que apresentem alto risco para a ordem e a segurança do estabelecimento penal ou da sociedade, bem como para aqueles sob os quais recaiam fundadas suspeitas de envolvimento ou participação, a qualquer título, em organização criminosa, associação criminosa ou milícia privada, independentemente da prática de falta grave.

63. CONDIÇÕES PARA CUMPRIMENTO DO REGIME DISCIPLINAR DIFERENCIADO EM PRESÍDIO FEDERAL

Em caso de existência de indícios de que o preso exerce liderança em organização criminosa, associação criminosa ou milícia privada, ou que tenha atuação criminosa em dois ou mais Estados da Federação, o regime disciplinar diferenciado será obrigatoriamente cumprido em **estabelecimento prisional federal**. Nessa senda, conquanto se reportando a outra espécie de presídio similar, o § 8º, do art. 2º, da Lei nº 12.850/2013, incluído pela Lei nº 13.964/2019, preconiza que "as lideranças de organizações criminosas armadas ou que tenham armas à disposição deverão iniciar o cumprimento da pena em **estabelecimentos penais de segurança máxima**".

64. PRORROGAÇÃO DO REGIME DISCIPLINAR DIFERENCIADO

Nas hipóteses graves de alto risco, como também de envolvimento com organizações criminosas, associações criminosas e milícias privadas, o regime disciplinar diferenciado

44. NUCCI, Guilherme de Souza. Leis penais e processuais penais comentadas. 5. ed. RT: São Paulo, 2010. p. 449.
45. MARCÃO, Renato. *Curso de execução penal*. 8. ed. São Paulo: Saraiva, 2010. p. 190-191.

poderá ser **prorrogado sucessivamente**, por períodos de **um ano**. Para tanto, são necessários indícios de que o preso:

(1) continua apresentando alto risco para a ordem e a segurança do estabelecimento penal de origem ou da sociedade;

(2) mantém os vínculos com organização criminosa, associação criminosa ou milícia privada, considerados também o perfil criminal e a função desempenhada por ele no grupo criminoso, a operação duradoura do grupo, a superveniência de novos processos criminais e os resultados do tratamento penitenciário. No ponto, o regime deverá ser dotado de alta segurança interna e externa, principalmente no que diz respeito à necessidade de se evitar contato do preso com membros de sua organização criminosa, associação criminosa ou milícia privada, ou de grupos rivais.

65. CARACTERÍSTICAS DO REGIME DISCIPLINAR DIFERENCIADO

O regime disciplinar diferenciado determina maior rigor para o cumprimento de pena, sujeitando o preso nele incluído – provisório ou definitivo, nacional ou estrangeiro –, às seguintes características:

(1) duração máxima de até 2 (dois) anos, sem prejuízo de repetição da sanção por nova falta grave de mesma espécie;

(2) recolhimento em cela individual;

(3) visitas quinzenais, de duas pessoas por vez, a serem realizadas em instalações equipadas para impedir o contato físico e a passagem de objetos, por pessoa da família ou, no caso de terceiro, autorizado judicialmente, com duração de duas horas. Pensamos que não deve entrar nesse cômputo a visita de crianças, consoante comentamos acima. Essa visita será gravada em sistema de áudio ou de áudio e vídeo e, com autorização judicial, fiscalizada por agente penitenciário. Na dicção do § 7º, do art. 52, se decorridos os primeiros seis meses, o preso que não receber essa visita, ele poderá, após prévio agendamento, ter contato telefônico, que será gravado, com uma pessoa da família, duas vezes por mês e por dez minutos.;

(4) direito do preso à saída da cela por duas horas diárias para banho de sol, em grupos de até quatro presos, desde que não haja contato com presos do mesmo grupo criminoso;

(5) entrevistas sempre monitoradas, exceto aquelas com seu defensor, em instalações equipadas para impedir o contato físico e a passagem de objetos, salvo expressa autorização judicial em contrário;

(6) fiscalização do conteúdo da correspondência;

(7) participação em audiências judiciais preferencialmente por videoconferência, garantindo-se a participação do defensor no mesmo ambiente do preso. É mitigada a possibilidade de contato pessoal com o juiz, o que finda por limitar a ampla defesa, diante da qualidade inferior do interrogatório tomado por aquele meio tecnológico.

Consideramos essas regras monstruosas, **inconstitucionais**, por ofensivas à dignidade humana. A promessa de recuperação de um ser humano é incompatível com tantas restrições que, a nosso ver, tendem a ampliar a revolta do apenado e a tensão.

66. RECOMPENSAS

Têm em vista o bom comportamento reconhecido em favor do condenado, de sua colaboração com a disciplina e de sua dedicação ao trabalho, podendo consistir em elogio e concessão de regalias, devendo a legislação local e regulamentos estabelecerem a natureza e a forma de concessão.

67.INTERVENÇÃO DO MINISTÉRIO PÚBLICO NA EXECUÇÃO PENAL

O Ministério Público é elencado como um dos órgãos da execução penal. Pela importância de sua intervenção, entendemos que seu estudo deve ser apartado, eis que lhe cabe fiscalizar a execução da pena e da medida de segurança, oficiando no processo executivo e nos incidentes da execução, especialmente para:

(1) fiscalizar a regularidade formal das guias de recolhimento e de internamento;

(2) requerer:

(a) todas as providências necessárias ao desenvolvimento do processo executivo;

(b) a instauração dos incidentes de excesso ou desvio de execução;

(c) a aplicação de medida de segurança, bem como a substituição da pena por medida de segurança;

(d) a revogação da medida de segurança;

(e) a conversão de penas, a progressão ou regressão nos regimes e a revogação da suspensão condicional da pena e do livramento condicional;

(f) a internação, a desinternação e o restabelecimento da situação anterior;

(3) interpor recursos de decisões proferidas pela autoridade judiciária, durante a execução.

A Lei de Execução Penal preconiza ainda que o órgão do Ministério Público visitará mensalmente os estabelecimentos penais, registrando a sua presença em livro próprio. É uma atribuição relevante que possibilita o controle da regularidade do cumprimento da pena, notadamente no tocante aos prazos para concessão de benefícios em conformidade com a guia de execução penal.

O Ministério Público, durante a visita, dará oportunidade aos presos de serem entrevistados, colhendo informações sobre direitos que eventualmente aleguem ter e peticionando nos autos. Na prática, o preso contará com visitação mensal do juízo, da Defensoria Pública e do Ministério Público, garantindo a adequada execução da pena, minimizando, inclusive, o risco de rebeliões.

68. PENAS PRIVATIVAS DE LIBERDADE

As penas privativas de liberdade, segundo o art. 33, Código Penal, são a de reclusão e a de detenção. A principal diferença de uma para a outra é quanto aos limites deferidos ao juiz para a fixação do regime de cumprimento de pena. Daí que a pena de reclusão deve ser cumprida em regime fechado, semiaberto ou aberto, enquanto que a de detenção, em regime semiaberto, ou aberto, salvo necessidade de transferência a regime fechado.

A Lei de Contravenções Penais prevê, em acréscimo, a prisão simples. Ela deve ser cumprida, sem rigor penitenciário, em estabelecimento especial ou seção especial de prisão comum, em regime semiaberto ou aberto. O trabalho é facultativo para o condenado à pena que não exceda quinze dias de prisão simples. Deve ficar separado dos presos punidos com reclusão ou detenção.

Para o cumprimento de pena privativa de liberdade, é imprescindível a emissão de guia de execução penal. Ninguém será recolhido, para cumprimento de pena privativa de liberdade, sem a guia expedida pela autoridade judiciária (art. 107, LEP). Uma vez remetida à autoridade administrativa incumbida da execução, esta passará recibo da guia de recolhimento, para juntá-la aos autos do processo de execução penal, e dará ciência dos seus termos ao condenado. Depois de cumprida ou extinta a pena, o condenado será posto em liberdade, mediante alvará do Juiz, se por outro motivo não estiver preso.

Exige-se sentença transitada em julgado, ou seja, a regra é a de tenhamos execução penal de pena fixada definitivamente. Tal decorre da compreensão do art. 283, do CPP, com redação dada pela Lei nº 13.964/2019. **É vedada execução provisória**. O que pode ocorrer é a outorga de benefícios da LEP ao preso provisório, diante da fixação de pena por sentença sujeita a recurso, quando estiverem presentes os requisitos da preventiva. No entanto, em tese, é possível um anacronismo, inconstitucional, que podemos chamar de **execução provisoríssima de pena**, para os condenados a pena igual ou superior a quinze anos pelo tribunal do júri, com esteio no art. 492, inciso I, alínea "e", parágrafos 3º ao 5º, do CPP, também com texto conferido por aquele diploma legal.

No entanto, entendemos injustificável, inconstitucional, a permissão para o cumprimento provisório e imediato de pena baseado na quantidade aplicada pelo juiz presidente do júri. A previsão abre leque à discricionariedade e ao arbítrio.

69. PENAS RESTRITIVAS DE DIREITO

No art. 43, do Código Penal, estão dispostas as penas restritivas de direitos. É possível a aplicação de outras penas restritivas de direito além daquelas descritas, desde que previstas em outros microssistemas penais, disciplinados em leis especiais, como os diplomas legais que descrevem tipos delitivos referentes ao ambiente, ao trânsito e aos entorpecentes.

O regramento de aplicação das penas restritivas de direito tem por pressuposto a autonomia, substituindo as penas privativas de liberdade quando presentes os seguintes requisitos:

(1) aplicada pena privativa de liberdade não superior a quatro anos e o crime não for cometido com violência ou grave ameaça à pessoa ou, qualquer que seja a pena aplicada, se o crime for culposo;

(2) o réu não for reincidente em crime doloso; e

(3) a culpabilidade, os antecedentes, a conduta social e a personalidade do condenado, bem como os motivos e as circunstâncias indicarem que essa substituição seja suficiente.

Essas condições devem ser interpretadas em cotejo com as disposições dos parágrafos 2º a 5º, do art. 44, do Código Penal, pelo que:

(1) na condenação igual ou inferior a um ano, a substituição pode ser realizada por multa ou por uma pena restritiva de direitos; se superior a um ano, a pena privativa de liberdade pode ser substituída por uma pena restritiva de direitos e multa ou por duas restritivas de direitos;

(2) se reincidente o condenado, o magistrado poderá aplicar a substituição, desde que, em face de condenação anterior, a medida seja socialmente recomendável e a reincidência não se tenha operado em virtude da prática do mesmo crime (**reincidência específica**);

(3) haverá conversão da pena restritiva de direitos em privativa de liberdade quando houver o descumprimento injustificado da restrição imposta. Nessa hipótese, será deduzido, no cálculo da pena privativa de liberdade a executar, o tempo cumprido da pena restritiva de direitos, respeitado o saldo mínimo de trinta dias de detenção ou reclusão;

(4) advindo condenação a pena privativa de liberdade, por outro crime, o juiz da execução penal decidirá sobre a conversão, podendo deixar de aplicá-la se for possível ao condenado cumprir a pena substitutiva anterior.

É de ver que a regra é que se cumpra primeiro as penas mais gravosas para depois as de menor interferência no *jus libertatis* (art. 69, *caput*, e art. 76, CP). No entanto, cuidando-se de cumulação com pena restritiva de direito, o legislador outorgou ao magistrado o poder de aferir a possibilidade de cumprimento da pena substitutiva anterior, com esteio em critério de conveniência.

A execução da pena restritiva de direito é ordenada pelo juiz da execução, de ofício ou a requerimento do Ministério Público. O juiz promoverá a execução depois de transitada em julgado a sentença que aplicou a pena restritiva de direitos, podendo, para tanto, requisitar, quando necessário, a colaboração de entidades públicas ou solicitá-la a particulares.

A regra é que a execução da pena, seja ela restritiva de direito ou privativa de liberdade, só venha a ser implementada depois do trânsito em julgado, embora existam entendimentos conflitantes no Supremo Tribunal Federal sobre a impossibilidade de execução provisória de pena restritiva de direitos[46].

Durante o curso da execução penal, a forma de cumprimento das penas de prestação de serviços à comunidade e de limitação de fim de semana pode ser modificada pelo juiz, por decisão motivada, com o fito de adequá-la às condições pessoais do condenado e às características do estabelecimento, da entidade ou do programa comunitário ou estatal.

No que concerne à pena restritiva de direitos de **prestação de serviços à comunidade**, compete ao juiz da execução penal:

(1) designar a entidade ou o programa comunitário ou estatal, devidamente credenciado ou convencionado, junto ao qual o condenado deverá trabalhar gratuitamente, de acordo com as suas aptidões;

46. STF – Segunda Turma – RE 1200219 AgR – Rel. Min. Gilmar Mendes – publicado em 02 dez. 2019; STF – Primeira Turma – HC 175673 AgR – Rel. Min. Roberto Barroso – publicado em 02 dez. 2019.

(2) determinar a intimação do condenado, cientificando-o da entidade, dias e horário em que deverá cumprir a pena; e

(3) alterar a forma de execução, a fim de ajustá-la às modificações ocorridas na jornada de trabalho.

A prestação de serviços consistirá em trabalho com duração de oito horas semanais, nos horários estabelecidos pelo Juiz. Como se infere, são oito horas por semana, podendo o juiz autorizar que o apenado ajuste com o diretor da entidade os dias e a jornada diária. O importante é o perfazimento do período semanal, ainda que variável o número de horas por dia de serviço. O trabalho pode ser realizado aos sábados, domingos e feriados, ou em dias úteis, de modo a não prejudicar a jornada normal de trabalho do imputado. A execução, por sua vez, terá início a partir da data do primeiro comparecimento.

É dever da entidade beneficiada com a prestação de serviços encaminhar, mensalmente, ao Juiz da execução, relatório circunstanciado das atividades do condenado, bem como, a qualquer tempo, comunicação sobre ausência ou falta disciplinar. Na hipótese de não cumprimento da pena de prestação de serviço à comunidade, a conversão em pena privativa de liberdade não ocorre de maneira automática ou sem contraditório. Daí que o juiz deve oportunizar ao apenado e à sua defesa que explicitem suas razões para valorá-las e, só depois, decidir fundamentadamente se a pena deve ser convertida em privativa de liberdade.

A **limitação de fim de semana** é pena restritiva de direito que é executada a partir da determinação do juiz da execução penal para intimar o apenado, cientificando-o do local, dias e horário em que deverá cumprir a pena. O início da execução da limitação de fim de semana se dá a partir da data do primeiro comparecimento ao local indicado. Durante o tempo de permanência, ao apenado poderão ser ministrados cursos e palestras, ou atribuídas atividades educativas.

Nas hipóteses específicas de violência doméstica, constituirá **forma de limitação de fim de semana** o comparecimento obrigatório do agressor a **programas de recuperação e reeducação**, em compasso com o parágrafo único, do art. 152, da LEP, inserido pela Lei Maria da Penha. De todo modo, é dever do estabelecimento designado encaminhar, mensalmente, ao Juiz da execução, relatório, bem assim comunicará, a qualquer tempo, a ausência ou falta disciplinar do condenado, só podendo ser convertida a restrição de direito em privação de liberdade após procedimento contraditório, assegurada a defesa técnica.

Outra pena restritiva é a **interdição temporária de direitos**. Neste caso, cabe ao juiz da execução comunicar à autoridade competente a pena aplicada, determinada a intimação do condenado. A interdição de direito pode consistir em:

(1) proibição do exercício de cargo, função ou atividade pública, bem como de mandato eletivo;

(2) proibição do exercício de profissão, atividade ou ofício que dependam de habilitação especial, de licença ou autorização do poder público;

(3) suspensão de autorização ou de habilitação para dirigir veículo;

(4) proibição de frequentar determinados lugares; e

(5) proibição de inscrever-se em concurso, avaliação ou exame públicos.

Na hipótese de proibição do exercício de cargo, função ou atividade pública, bem como de mandato eletivo, a autoridade deve, em vinte e quatro horas, contadas do recebimento do ofício, baixar ato, a partir do qual a execução tem seu início. Nos casos de proibição do exercício de profissão, atividade ou ofício que dependam de habilitação especial, de licença ou autorização do poder público e de suspensão de autorização ou de habilitação para dirigir veículo, o juízo da execução determinará a apreensão dos documentos, que autorizam o exercício do direito interditado. Já em se tratando de proibição de frequentar determinados lugares, a praxe tem sido a de enviar ofício às autoridades policiais da jurisdição da residência do condenado, para fins de fiscalização.

Verificado o descumprimento da pena, a autoridade deverá comunicar imediatamente ao juiz da execução, sem prejuízo de que ela se realize por meio de qualquer prejudicado.

70. PENA DE MULTA

A execução da pena de multa deve ser promovida pelo Ministério Público, perante o juiz da execução penal. Decerto, consoante o art. 51, do Código Penal, com redação conferida pela Lei nº 13.964/2019, uma vez transitada em julgado a sentença condenatória, a multa será executada perante o juiz da execução penal e será considerada dívida de valor, aplicáveis as normas relativas à dívida ativa da Fazenda Pública, inclusive no que concerne às causas interruptivas e suspensivas da prescrição.

Nos termos do art. 164, da LEP, depois de extraída certidão da sentença condenatória com trânsito em julgado, que é título executivo judicial, ao Ministério Público cabe requerer, em autos apartados, a citação do condenado para, no prazo de dez dias, pagar o valor da multa ou nomear bens à penhora. Se expirado o prazo sem o pagamento respectivo, ou o depósito da importância, terá lugar a penhora de tantos bens quantos bastassem para garantir a execução, com a observância, a partir daí, das disposições da lei processual civil.

A multa é dívida de valor, mas é, nesses termos, dotada de natureza jurídica penal. Em julgamento em torno da constitucionalidade da redação anterior do art. 51, do Código Penal, o STF vincou que, caso o *Parquet*, no prazo de noventa dias, não cobre a multa, o juízo da vara criminal deverá comunicar ao órgão da Fazenda Pública para, querendo, tomar as providências de execução do *quantum debeatur*[47].

A partir daquele julgado e, agora, com o texto em vigor do art. 51, do Código Penal, superado ficou o enunciado nº 521, da Súmula, do STJ, que dispunha que a legitimidade para a execução fiscal de multa pendente de pagamento imposta em sentença condenatória era exclusiva da Procuradoria da Fazenda Pública.

Não obstante os argumentos exarados nesse julgado, pensamos que a promoção da execução de dívidas, ainda que de valores decorrentes de sanção criminal, não se acomoda a qualquer das funções institucionais do Ministério Público, instituição com o dever de promover e defender interesses primários, sejam eles difusos, coletivos e individuais indisponíveis (art. 127, CF/1988). Como o valor da multa é carreado à União, o órgão que

47. STF – Pleno – ADI 3150 – Rel. Min. Roberto Barroso – julgado em 13 dez. 2018.

detém essa atribuição é, segundo as divisões de tarefas instituídas na legislação brasileira, o da Fazenda Pública.

A pena de multa aplicada isoladamente, no âmbito dos juizados especiais criminais, deve ser executada perante ele próprio, mediante a aplicação das regras que decorrem do atual texto do art. 51, do Código Penal, e da Lei nº 9.099/1995. Caso o apenado não cumpra espontaneamente a sentença depois de intimado para depositar o valor da multa, e diante da inércia do Ministério Público, pensamos que deve o juiz comunicar à Fazenda Pública competente para, querendo, promover a execução.

Vale lembrar que, na hipótese de previsão em abstrato de pena privativa de liberdade cumulativamente com prestação pecuniária, é defeso ao juiz aplicar substituição da pena de prisão por multa, consoante os termos do verbete nº 171, da Súmula, do STJ.

A Lei de execução penal determina que a execução da pena de multa será suspensa quando sobrevier ao condenado doença mental. Ciente o juízo do caráter penal da multa e da superveniência de doença mental, deve suspender o curso da execução, não havendo solução de continuidade no lapso prescricional por falta de previsão legal.

Nos termos do art. 168, da Lei de Execução Penal, o Juiz poderá determinar que a cobrança da multa se efetue mediante desconto no vencimento ou salário do condenado, nas hipóteses do artigo 50, § 1º, do Código Penal. Vale dizer, quando a multa for aplicada isoladamente, cumulativamente com pena restritiva de direitos ou quando concedida a suspensão condicional da pena. Para a incidência desse dispositivo, devem ser observados os seguintes requisitos:

(1) o limite máximo do desconto mensal será o da quarta parte da remuneração e o mínimo o de um décimo, o desconto será feito mediante ordem do Juiz a quem de direito;

(2) o responsável pelo desconto será intimado a recolher mensalmente, até o dia fixado pelo Juiz, a importância determinada.

Conquanto haja entendimento no sentido da aplicabilidade integral do dispositivo em tela[48], somos partidários de que o referido desconto em folha só pode ser efetivado com a anuência do condenado, para dar aos artigos 168, da LEP, e 50, § 1º, do Código Penal, interpretação que se coadune com o sistema. Isso porque o salário é impenhorável nos termos do art. 833, IV, CPC/2015, ressalvados créditos de pensão alimentícia. No final das contas, a penhora do salário é capaz de penalizar a família do imputado, que sofrerá com a redução mensal de seus vencimentos.

Sem embargo, até o prazo de pagamento espontâneo da dívida, o apenado poderá requerer ao juiz o pagamento da multa em prestações mensais, iguais e sucessivas. De todo modo, o juiz, antes de decidir, poderá determinar diligências para verificar a real situação econômica do condenado e, ouvido o Ministério Público, fixará o número de prestações. Trata-se de benefício que não é incompatível com as disposições da Lei de Execução Fiscal (Lei nº 6.830/1980). Daí que se o condenado for impontual ou se melhorar de situação

48. Cf. NUCCI, Guilherme de Souza. *Leis penais e processuais penais comentadas*. 5. ed. RT: São Paulo, 2010. p.603.

econômica, o juiz, a requerimento do Ministério Público, revogará o benefício, com a execução da multa nos termos da lei ou prosseguindo-se na execução já iniciada.

Por derradeiro, quando a pena de multa for aplicada cumulativamente com pena privativa da liberdade, enquanto esta estiver sendo executada, poderá aquela ser cobrada civilmente, nos termos do art. 170, *caput*, da Lei de Execução Penal, mediante desconto na remuneração do condenado, na forma do artigo 168, dessa legislação.

71. MEDIDA DE SEGURANÇA

A execução de medida de segurança terá lugar depois de transitada em julgado a sentença que aplicá-la, ordenada a expedição de guia para a execução. A sentença que aplica medida de segurança decorre do reconhecimento de semi-imputabilidade (sentença condenatória) ou de inimputabilidade do agente (sentença absolutória imprópria).

Daí o enunciado nº 422, da Súmula do STF, averbar que a absolvição criminal não prejudica a medida de segurança, quando couber, ainda que importe privação da liberdade. Com efeito, a absolvição aludida pelo texto desse verbete é a imprópria, não tendo lugar medida de segurança para casos de autêntica absolvição, em sentido próprio, como quando acolhidas excludentes de ilicitude, insuficiência de provas, inexistência de crime ou negativa de autoria.

É imprescindível a guia expedida pela autoridade judiciária para ser possível a internação ou o início do tratamento ambulatorial do submetido à medida de segurança.

Tal guia de internamento ou de tratamento ambulatorial, extraída pelo escrivão ou pelo diretor de secretaria, que a rubricará em todas as folhas e a subscreverá com o juiz, deve ser remetida à autoridade administrativa incumbida da execução, com o seguinte conteúdo:

(1) a qualificação do agente e o número do registro geral do órgão oficial de identificação;

(2) o inteiro teor da denúncia e da sentença que tiver aplicado a medida de segurança, bem como a certidão do trânsito em julgado;

(3) a data em que terminará o prazo mínimo de internação, ou do tratamento ambulatorial;

(4) outras peças do processo reputadas indispensáveis ao adequado tratamento ou internamento.

Sobre a guia de recolhimento e da sujeição a tratamento, terá ciência o Ministério Público, bem como será cientificado das supervenientes modificações quanto ao prazo de execução, eis que ocorrerá retificação da guia sempre que sobrevier situação fática que a altere o seu lapso de cumprimento. Essa possibilidade decorre especialmente da aplicação dos artigos 8º e 9º, da Lei de Execução Penal, que prevê o exame criminológico com vistas à individualização da execução, a teor do art. 174, desse diploma legal.

A medida de segurança de internação ou de tratamento ambulatorial não tem prazo determinado, perdurando enquanto não for verificada, por perícia médica, a cessação de periculosidade. No entanto, o prazo mínimo da medida de segurança encontra seus limites definidos no art. 97, § 1º, do Código Penal, variando de um a três anos. Como se depreende, o critério para a limitação máxima da medida de segurança é a cessação da **periculosidade**. **Temibilidade**, na criminologia positivista de Raffaele Garofalo[49].

A medida não deve exceder o limite do art. 75 do CP, razão pela qual nenhuma medida de segurança deve subsistir por prazo superior a **quarenta anos**, independente da cessação da periculosidade do internado, conforme limite recrudescido pela Lei nº 13.964/2019. Nesse sentido, jurisprudência[50] e doutrina especializada pacificaram-se, salientando que se trata da hermenêutica dos artigos 75 e 97, do CP, bem como do art. 183 da LEP, cuja aplicação tem lugar mesmo persistindo a enfermidade, devendo o submetido à medida ser encaminhado a "hospital psiquiátrico comum, ou seja, não prisional"[51].

De outro lado, o limite da pena abstrata de cada delito também deve ser observado. Estabelecendo um patamar máximo a fim de evitar que a medida de segurança perdure *ad eternum*, o STJ assentou, no verbete nº 527, de sua Súmula, que o tempo de duração da medida de segurança não deve ultrapassar o limite máximo da pena abstratamente cominada ao delito praticado.

O parâmetro para se obstar a continuação da medida de segurança de forma ilimitada passou a ser, portanto, aquele máximo da pena abstrata cominada para o delito objeto da sua imposição. Rodrigo Ferro, a propósito, questiona sobre "a obrigatoriedade da medida de segurança e a imposição de um prazo mínimo". Segundo o autor, isso demonstra, mais uma vez, que o sistema pátrio confere tratamento efetivo de pena à medida de segurança, "utilizando-se da gravidade do delito para justificar a internação compulsória, bem como a imposição de um prazo mínimo de internação", explicitando o descompasso da legislação relativamente aos regramentos alusivos à saúde mental[52].

A cessação da periculosidade será averiguada ao cabo do prazo mínimo fixado de duração da medida de segurança (art. 175, da Lei de Execução Penal). Como se depreende, para se requerer o exame, não se exige cumprimento de mais da metade da medida imposta, conforme dispõe a súmula nº 520, do STF, se referindo ao art. 777, do CPP, hoje suplantado pelo aludido art. 175, da LEP. O requerimento do exame de cessação de periculosidade pode acontecer anteriormente à expiração do prazo mínimo, especialmente para prevenir que o submetido à medida de segurança permaneça com a liberdade cerceada por mais tempo que fixado minimamente.

O exame será realizado pela aferição das condições pessoais do agente, com a observância das seguintes regras:

(1) a autoridade administrativa, até um mês antes de expirar o prazo de duração mínima da medida, remeterá ao juiz minucioso relatório que o habilite a resolver sobre a revogação ou permanência da medida;

49. SHECAIRA, Sérgio Salomão. *Criminologia*. São Paulo: RT, 2004. p.45.
50. STJ - Sexta Turma - HC 269.377/AL - Rel. Min. Rogerio Schietti Cruz - DJe 13 out. 2014.
51. LIMA, Roberto Gomes; PERALLES, Ubiracyr. *Teoria e prática da execução penal*. Rio de Janeiro: Lumen Juris, 2010. p. 271-272.
52. FERRO, Rodrigo Cavalcante. Medida de segurança: considerações críticas acerca da internação sob o pretexto de perigosidade. In: *Temas atuais do direito*. Carla Priscilla Barbosa Santos Cordeiro; Rodrigo Cavalcante Ferro (coords.). Recife: Nossa Livraria, 2016. p. 148.

(2) o relatório será instruído com o laudo psiquiátrico;

(3) juntado aos autos o relatório ou realizadas as diligências, serão ouvidos, sucessivamente, o Ministério Público e o curador ou defensor, no prazo de três dias para cada um;

(4) o juiz nomeará curador ou defensor para o agente que não o tiver;

(5) o juiz, de ofício ou a requerimento de qualquer das partes, poderá determinar novas diligências, ainda que expirado o prazo de duração mínima da medida de segurança;

(6) ouvidas as partes ou realizadas as diligências a que se refere o inciso anterior, será proferida decisão pelo magistrado, no prazo de cinco dias.

O exame para verificação de cessação da periculosidade poderá ser determinado a qualquer tempo, mesmo que no decorrer do prazo mínimo de duração da medida (art. 176, LEP), desde que provocado o juiz da execução por requerimento fundamentado do Ministério Público ou do interessado, seu procurador ou defensor, seguindo as regras citadas acima. Também nos exames sucessivos, será observado idêntico procedimento.

Nos casos de desinternação ou de liberação, o beneficiário se sujeitará, no que for pertinente, às condições equivalentes ao livramento condicional (arts. 132, 133, LEP). A sentença de desinternação ou de liberação do submetido a medida de segurança se sujeita a agravo em execução, **com efeito suspensivo** (art. 179, LEP). Daí que a efetiva liberdade do beneficiado só tem lugar após o trânsito em julgado da decisão, isto é, o juiz só determinará a efetiva desinternação ou liberação depois de transcorrido o prazo legal *in albis*.

72. PRISÃO ALBERGUE DOMICILIAR

A prisão domiciliar é excepcional, somente se admitindo o recolhimento do beneficiário de regime aberto em residência particular quando se tratar de:

(1) condenado maior de setenta anos;

(2) condenado acometido de doença grave;

(3) condenada com filho menor ou deficiente físico ou mental; e

(4) condenada gestante.

Entendemos que, na falta de casa do albergado, destinada ao cumprimento de pena em regime aberto e de pena de limitação de fim de semana, é possível o deferimento de prisão albergue domiciliar, não sendo admissível restringir direito do apenado em virtude de omissão do Estado.

Somente nesses casos será admissível o deferimento de prisão albergue domiciliar fora do permissivo do art. 117, da LEP. Ela não se confunde com a prisão domiciliar cautelar, aplicada ao preso provisório, em **substituição** à prisão preventiva, com cumprimento em estabelecimento prisional adequado, qual seja, cadeia pública, com requisitos diversos, descritos nos artigos 317 e 318, do CPP.

Ambas são cumpridas no domicílio do réu ou do apenado, mas por força de títulos distintos: aquela em face do decreto de prisão preventiva e a última em virtude de sentença penal condenatória transitada em julgado.

73. PROCEDIMENTO DA EXECUÇÃO PENAL

O procedimento para a execução penal se desenvolve judicialmente, perante o juízo da execução, ou seja, perante o juiz criminal com competência prevista nas leis de organização judiciária.

A legitimidade para o impulso da execução penal é ampla. O rito pode ser assim iniciado de ofício, a requerimento do Ministério Público, do interessado, de quem o represente, de seu cônjuge, parente ou descendente, mediante proposta do Conselho Penitenciário, ou, ainda, da autoridade administrativa.

Tratando-se de ação criminal de competência dos juizados especiais criminais, a execução penal é desenvolvida perante ele próprio, porquanto nos termos do art. 3º, § 1º, I, da Lei nº 9.099/1995, compete aos juizados promover a execução de seus julgados.

74. GUIA DE EXECUÇÃO PENAL

Ao transitar em julgado a sentença que aplicar pena privativa de liberdade e se o réu estiver ou vier a ser preso, o juiz ordenará a expedição de guia de recolhimento para a execução (guia de execução penal).

Nada impede que a emissão de guia de recolhimento seja também ordenada para o acusado preso preventivamente e condenado por sentença recorrível, porquanto é na guia de recolhimento que constam os dados necessários para a segregação do agente, possibilitando a concessão de benefícios que só seriam auferíveis se transitada em julgado a sentença, a exemplo da progressão de regime e livramento condicional.

O acompanhamento eletrônico de medidas limitativas de liberdade de indiciados, apenados e custodiados submetidos à medida de segurança depende da manutenção e da atualização de dados. A Lei nº 12.714/2012 instituiu um sistema informatizado que, por sua vez, deve ser, preferencialmente, de tipo aberto, permitindo melhor controle das penas descritas na guia de recolhimento do detento.

A guia de recolhimento é extraída pelo escrivão, com sua rubrica em todas as folhas, bem como com a assinatura do juiz, dando-se ciência ao Ministério Público de sua emissão. Uma vez concluída, a guia de execução penal será remetida à autoridade administrativa incumbida da execução, com o seguinte conteúdo:

(1) o nome do condenado;

(2) a sua qualificação civil e o número do registro geral no órgão oficial de identificação;

(3) o inteiro teor da denúncia e da sentença condenatória, bem como certidão do trânsito em julgado;

(4) a informação sobre os antecedentes e o grau de instrução;

(5) a data da terminação da pena;

(6) outras peças do processo reputadas indispensáveis ao adequado tratamento penitenciário.

Depois de emitida, podem ser verificados equívocos na guia de recolhimento, bem como pode sobrevir alterações na quantidade ou na qualidade da sanção penal, a exemplo de eventual unificação das penas, pelo que a guia de execução criminal será retificada sempre que sobrevier modificação quanto ao início da execução ou ao tempo de duração da pena.

Caso o condenado, ao tempo do fato, pertença aos quadros da administração da justiça criminal, far-se-á, na guia, menção dessa circunstância, para que seja recolhido em dependência separada.

As guias de execução penal devem ser registradas em livro especial, conforme a ordem cronológica do recebimento, e anexadas ao prontuário do apenado, aditando-se, no curso da execução, o cálculo das remições e de outras retificações ulteriores.

75. PROCESSAMENTO DA EXECUÇÃO PENAL

Consoante seja a iniciativa do juízo da execução penal ou de outro legitimado, a portaria ou petição será autuada ouvindo-se, em três dias, o condenado e o Ministério Público, quando não figurem como requerentes da medida. Os autos de execução penal são formados de cópias das peças essenciais da ação penal, tais como denúncia, sentença e acórdãos, não sendo necessária produção de prova, pelo que o juiz proferirá decisão de plano, em igual prazo, determinando a emissão de guia de execução penal.

No entanto, o juiz pode verificar a necessidade de realização de prova pericial, reputando sua indispensabilidade, devendo, em tal caso, ordenar sua produção ou realização de audiência e, após, proferir decisão. Pode acontecer situação que indique que o apenado já cumpriu parte da pena (detração) ou faz *jus* à remição, sendo necessário dirimir a dúvida antes da emissão da guia de execução penal ou, se já expedida esta, retificá-la para o adequado cumprimento da pena.

76. EXECUÇÃO PROVISÓRIA DA PENA

A execução provisória da pena se fundamenta na ideia de que depois de prolatada a sentença condenatória, já preclusa ao MP, se impõe a prisão decorrente da condenação.

Sobre o tema, Afrânio Silva Jardim, em estudo já clássico, ponderava que "a prisão em decorrência de sentença penal condenatória recorrível não apresenta características essenciais às medidas cautelares", sendo, na realidade, "efeito da sentença condenatória que aprecia o mérito da pretensão punitiva", com "indisfarçável natureza de tutela satisfativa, ainda que submetida a condição resolutiva". Com essa conclusão, o autor realçava que "o reconhecimento da natureza de execução provisória à prisão em decorrência de sentença condenatória recorrível permite ao réu se beneficiar dos direitos outorgados pela Lei de Execução Penal, mesmo antes da apreciação do seu recurso"[53].

O STF e demais tribunais vêm oscilando de entendimento sobre a matéria. No entanto, no julgamento das ADC's 43, 44 e 54, foi dito que a execução antecipada de pena, em razão

53. JARDIM, Afrânio Silva. *Direito processual penal*. 11. ed. Rio de Janeiro: Forense, 2002. p. 277.

de confirmação de condenação em segunda instância, antes do trânsito em julgado, viola a **presunção de inocência**[54].

Com a edição da Lei nº 13.964/2019, fixamos os seguintes pontos:

(1) somente após o trânsito em julgado da condenação, será possível a execução da pena fixada na sentença (art. 283, CPP);

(2) antes do trânsito em julgado da sentença penal condenatória somente é possível prisão cautelar, com a concessão de benefícios da LEP ao preso, se presentes os seus requisitos (art. 312, CPP). Nesse caso, frise-se, somente serão outorgados benefícios aplicáveis ao apenado, previstos na LEP, vedada a execução provisória de pena;

(3) havendo condenação a pena de quinze anos ou mais, imposta pelo tribunal do júri, conforme previsto no art. 492, inciso I, alínea "e" e parágrafos 3º ao 5º, do CPP, teremos **execução provisoríssima de pena**. Este permissivo é de duvidosa constitucionalidade, haja vista que preconiza prisão automática de decisão de primeira instância, sem se basear em critério de necessidade, porém apenas quantitativo.

77. REGIME DE CUMPRIMENTO DA PENA

É na sentença que o juiz define o regime no qual o condenado deve iniciar o cumprimento da pena privativa de liberdade, nos termos do art. 33, do Código Penal. Não pode ser determinado regime mais gravoso que o previsto legalmente, com base apenas na gravidade em tese do crime, sem fundamentação suficiente.

Os parâmetros estabelecidos pela Lei de Execução Penal devem ser acatados com rigor. Caso seja necessária a imposição do regime de cumprimento mais severo do que a pena aplicada permitir segundo o Código Penal, é exigida motivação idônea, de compasso com o verbete nº 719, da Súmula, do STF.

Sob essa ótica, o enunciado nº 440, da Súmula, do Superior Tribunal de Justiça, averba que, que uma vez fixada a pena-base no mínimo legal, é vedado o estabelecimento de regime prisional mais gravoso do que o cabível em razão da sanção imposta, com base apenas na gravidade abstrata do delito. De outro lado, consoante o STF, no verbete nº 718, de sua Súmula, a opinião do julgador sobre a gravidade em abstrato do crime não constitui motivação idônea para a imposição de regime mais severo do que o permitido segundo a pena aplicada.

Caso haja condenação por mais de um crime, no mesmo processo ou em processos distintos, a determinação do regime de cumprimento será feita pelo resultado da soma ou unificação das penas, observada, quando for o caso, a detração ou remição (art. 111, LEP). De maneira análoga, sobrevindo condenação no curso da execução, será somada a pena ao restante da que está sendo cumprida, para determinação do regime, em decisão judicial fundamentada.

54. STF – Segunda Turma – HC 152919 AgR, Rel. Min. Ricardo Lewandowski – publicado em 18 dez. 2019.

78. REGRESSÃO DE REGIME

Durante a execução da pena privativa de liberdade, pode haver regressão de regime de pena. A forma regressiva terá lugar, com a transferência para qualquer dos regimes mais rigorosos, quando o apenado incorrer em uma das situações que veremos a seguir, previstas na legislação.

(1) **Praticar fato definido como crime doloso ou falta grave.**

Vale frisar que há independência da apuração administrativa da falta grave consistente em crime doloso na seara da execução penal, de um lado, e seu processamento na justiça, de outro. Com efeito, de acordo com o verbete nº 526, da Súmula, do STJ, o reconhecimento de falta grave decorrente do cometimento de fato definido como crime doloso no cumprimento da pena prescinde do trânsito em julgado de sentença penal condenatória no processo penal instaurado para apuração do fato.

(2) **Sofrer condenação, por crime anterior, cuja pena, somada ao restante da pena em execução, torne incabível o regime.**

Tal ocorre quando se tem necessidade de se unificar as penas, notadamente quando houver condenação por mais de um crime, em processos distintos.

Como se depreende, a **unificação das penas** em razão do advento de nova condenação por delito anterior ao trânsito em julgado daquele da execução já em curso, tem o efeito de tornar mais intenso o cumprimento de pena, isto é, há um recrudescimento da execução penal em tramitação. No entanto, o teto de **quarenta anos** estabelecido no art. 75, do CP, na redação da Lei nº 13.964/2019, é um limite a uma maior intensidade penal.

Daí não se pode permitir a alteração do parâmetro temporal inicial (data-base, termo *a quo*), quando da unificação das penas, para a concessão de benefícios subsequentes, à míngua de previsão legal e desconsiderando o tempo anterior. Se tal fosse permitido, a cada unificação, ficaria sobremodo difícil ao apenado lograr completar o tempo previsto em lei para o deferimento de progressão de regime ou de livramento condicional. Daí ter o STJ fixado a tese, em tema repetitivo, de que a unificação de penas não enseja a alteração da data-base para concessão de novos benefícios executórios[55].

Além dessas hipóteses, o apenado será transferido do regime aberto se frustrar os fins da execução ou não pagar, podendo, a multa cumulativamente imposta. De todo modo, tanto no caso de prática de fato definido como crime doloso ou falta grave, como no de frustração dos fins da execução penal ou do pagamento da multa, a decisão regressiva será precedida de oitiva prévia do condenado, que deve estar assistido por defesa técnica.

79. REGRESSÃO CAUTELAR

A regressão ou suspensão cautelar de regime pode ser aplicada pelo juiz, em decisão fundamentada. Decorre de situação que o juiz das execuções deve ordenar o retorno do apenado ao regime anterior (regime fechado, por exemplo), caso verifique fato dotado de *fumus commissi delicti* e que recomende decisão que afaste *periculum libertatis* que deflui do regime menos rigoroso.

55. STJ – Terceira Seção - ProAfR no REsp 1.753.509-PR – Tema 1.006 – Rel. Min. Rogerio Schietti Cruz – DJe 11 mar. 2019.

Como averba Guilherme Nucci, "dependendo do caso concreto, pode o juiz da execução penal suspender cautelarmente o regime mais benéfico (aberto ou semiaberto), inserindo o condenado em regime fechado". De acordo com o crime atribuído ao apenado, com a possibilidade de prisão em flagrante, "a gravidade da situação impõe medida urgente, de modo a evitar qualquer frustração no cumprimento da pena"[56].

Renato Marcão pontifica que o juiz da execução penal tem "o poder-dever, diante do caso concreto, de determinar medidas emergenciais visando assegurar os fins e a efetividade do processo executivo, inibindo qualquer ato atentatório aos destinos da execução"[57].

80. PROGRESSÃO DE REGIME

Em respeito ao princípio da individualização da pena, a sanção privativa de liberdade será executada em forma progressiva com a transferência para regime menos rigoroso, a ser determinado pelo juiz, quando o preso tiver cumprido as condições estipuladas no art. 112, *caput*, da LEP. Este dispositivo sofreu sucessivas modificações, passando a exigir, a cada lei alteradora, requisitos mais exigentes.

Como sabemos a lei penal mais gravosa é **irretroativa**.

Isso significa dizer que as normas de execução penal que recrudescem o cumprimento de pena somente devem ser aplicadas a **fatos ocorridos após a sua vigência**. É vedada a aplicação de *novatio legis in pejus*, quando os dispositivos implicarem agravamento das condições de cumprimento da pena do condenado. Assim o foi a Lei nº 11.464/2007, que estabeleceu lapsos temporais mais gravosos, aos condenados pela prática de crimes hediondos, para obtenção da progressão de regime prisional[58].

81. DISCIPLINA LEGAL ANTERIOR DO REQUISITO TEMPORAL NECESSÁRIO À PROGRESSÃO DE REGIME

A disciplina legal anterior deve ser aplicada ao processo de execução penal de fato ocorrido durante a sua vigência. Em outros termos, podemos nos deparar com a **ultratividade da lei penal**, ou seja, com a aplicação das leis revogadas aos fatos acontecidos ao tempo em que estavam em vigor. Trata-se de questão de direito intertemporal.

Tivemos três disciplinas sobre progressão de regime de pena, de acordo com os sucessivos textos do art. 112, da LEP, antes da vigência da redação conferida pela Lei nº 13.964/2019:

(1) o primeiro, que impunha cumprimento de 1/6 (um sexto) da pena e mérito do preso favorável à progressão, exigindo-se parecer da Comissão Técnica de Avaliação e exame criminológico, como requisitos obrigatórios;

(2) o segundo que, sem modificar o requisito temporal de 1/6 (um sexto) de cumprimento da pena, não mais impunha parecer da Comissão Técnica de Avaliação e exame criminológico, pelo que estes se tornaram faculdade, baseada em critério discricionário

56. NUCCI, Guilherme de Souza. *Leis penais e processuais penais comentadas*. 5. ed. RT: São Paulo, 2010. p. 562.
57. MARCÃO, Renato. *Curso de execução penal*. 8. ed. São Paulo: Saraiva, 2010. p. 199.
58. STJ – Sexta Turma – HC 373.503/SP – Rel. Min. Maria Thereza de Assis Moura – DJe 15/02/2017.

do juiz. Todavia, passou a ser exigido bom comportamento carcerário, comprovado pelo diretor do estabelecimento;

(3) o terceiro que, mantendo a disciplina anterior como regra geral, estabeleceu requisitos temporais diferenciados para os casos de crimes hediondos ou equiparados, sendo de 2/5 (dois quintos), se primário o agente, e 3/5 (três quintos), se reincidente (art. 2º, § 2º, Lei nº 8.072/1990, redações das Leis nº 11.464/2007 e nº 13.769/2018).

Em todo caso, devem ser respeitadas às demais normas que, de acordo com a lei da época dos fatos, vedavam, ou continuam a vedar, a progressão.

Diante das divergências sobre a possibilidade de se realizar exame criminológico, diante da alteração legislativa, o STJ editou o enunciado sumular nº 439, que temperou a solução, para afirmar a sua admissibilidade sempre que as peculiaridades do caso recomendar, desde que em decisão suficientemente fundamentada. Assim, mesmo não previsto expressamente o exame criminológico pelo art. 112, da Lei de Execução Penal, ele pode ser determinado para complementar os demais requisitos para concessão de benefícios que tornem menos gravoso o regime de pena do condenado.

Trata-se de providência facultativa, conforme cristalizado pelo STF, no verbete nº 26, da sua Súmula Vinculante, que aviva que, para efeito de progressão de regime no cumprimento de pena por crime hediondo, ou equiparado, o juízo da execução observará a inconstitucionalidade do art. 2º, da Lei n. 8.072/1990, sem prejuízo de avaliar se o condenado preenche, ou não, os requisitos objetivos e subjetivos do benefício, podendo determinar, para tal fim, de modo fundamentado, a realização de exame criminológico[59].

82. PROGRESSÃO DE REGIME DA MULHER GESTANTE, MÃE DE CRIANÇA OU COM DEPENDENTE

A Lei nº 13.964/2019 não revogou a progressão diferenciada para a mulher enquadrada na hipótese do § 3º, do art. 112, da LEP, consoante redação da Lei nº 13.769/2018.

Nos seus termos, a mulher que seja gestante, mãe de crianças ou responsável por pessoa com deficiência, deverá progredir de regime se cumprido 1/8 (um oitavo) da pena, desde que seja primária, tenha bom comportamento carcerário, não integre organização criminosa e não tenha cometido crime com violência ou grave ameaça à pessoa ou, ainda, contra seu filho ou dependente.

83. REQUISITO TEMPORAL DIFERENCIADO PARA A PROGRESSÃO DE REGIME

Podemos dizer que a Lei nº 13.964/2019 trouxe limites de tempo diversificados à progressão de regime durante o cumprimento da pena privativa de liberdade. Findou por adotar uma combinação de critérios para estabelecer a exigência de cumprimento de um percentual de tempo maior ou menor. Em todos os casos que veremos, continua sendo exigido do apenado, para fins de obtenção do direito à progressão de regime, ostentar boa conduta carcerária, comprovada pelo diretor do estabelecimento, respeitadas as normas que vedam a progressão, em compasso com o que dita o § 1º, do art. 112, da LEP.

59. STF – Segunda Turma – Rcl 27616 AgR/SP – Relator Min. Ricardo Lewandowski – julgado em 9 out. 2018.

De um modo geral, a lei endureceu o tratamento aplicável à pessoa que cumpre pena. Ou seja, temos lex gravior ou *novatio legis in pejus*.

Falamos de um modo geral porque o tempo menor para progressão de regime era estabelecido por meio da fração 1/6 (um sexto). Com a Lei nº 13.964/2019, o menor lapso passou a ser exprimido por porcentagem. Será ela, doravante, de 16% (dezesseis por cento). Se fôssemos dividir aquela fração, teríamos o percentual infinito de 16,66%. O legislador, como se depreende, desprezou a particularidade decimal, separada por vírgula, e estabeleceu menor espaço de tempo para a progressão nos casos mais benéficos ao apenado.

No ponto, temos *novatio legis in mellius* porque cumprir 16% representa tempo menor que 1/6 (um sexto) da pena. Mas, reprisamos, a Lei nº 13.964/2019 é, no seu aspecto global, diploma legal que implica piora para a situação do apenado e, por isso, **irretroativa**, como regra.

De todo modo, a decisão do juiz das execuções que ordenar a progressão de regime dever ser sempre motivada, precedida de manifestação do Ministério Público e do defensor. Esse procedimento é um padrão que deve ser adotado antes das deliberações sobre outros benefícios como livramento condicional, comutação de pena e indulto, respeitando-se os prazos vigentes.

O art. 112, da LEP, com o texto conferido pelo diploma legal aludido, estatui que a pena privativa de liberdade será executada em forma progressiva com a transferência para regime menos rigoroso, a ser determinada pelo juiz, quando o preso tiver cumprido ao menos:

(1) **16%** (dezesseis por cento) da pena, se:

(a) o apenado for **primário**. Deve-se considerar o conceito jurídico de primariedade, incluindo-se a pessoa tecnicamente primária, aplicado o período depurador de cinco anos; e

(b) o crime tiver sido cometido **sem violência** à pessoa ou grave ameaça;

(2) **20%** (vinte por cento) da pena, se o apenado for **reincidente** em crime cometido **sem violência** à pessoa ou grave ameaça. Como se depreende, exige-se uma espécie de **reincidência específica**;

(3) **25%** (vinte e cinco por cento) da pena, se:

(a) o apenado for **primário**; e

(b) o crime tiver sido cometido **com violência** à pessoa ou grave ameaça;

(4) **30%** (trinta por cento) da pena, se o apenado for **reincidente** em crime cometido **com violência** à pessoa ou grave ameaça. Trata-se de **reincidência específica**;

(5) **40%** (quarenta por cento) da pena, se o apenado for:

(a) condenado pela prática de **crime hediondo** ou **equiparado**. Não se insere no conceito de hediondez o tráfico de drogas privilegiado, com a redução de pena prevista no § 4º, do art. 33, da Lei nº 11.343/2006; e

(b) **primário**;

(6) **50%** (cinquenta por cento) da pena, se o apenado for condenado:

(a) pela prática de crime **hediondo** ou **equiparado**, com resultado **morte**, se for **primário**, vedado o livramento condicional;

(b) por exercer o **comando**, individual ou coletivo, de **organização criminosa** estruturada para a prática de **crime hediondo** ou **equiparado**; ou

(c) pela prática do crime de constituição de **milícia privada**;

(7) **60%** (sessenta por cento) da pena, se o apenado for **reincidente** na prática de crime hediondo ou equiparado. Cuida-se de **reincidência específica**;

(8) **70%** (setenta por cento) da pena, se o apenado for **reincidente** em crime **hediondo** ou **equiparado** com resultado **morte**, vedado o livramento condicional. Mais um caso em que se impõe **reincidência específica**.

Devem ser observadas as regras esparsas que vedam a progressão de regime, de forma permanente ou transitória. Em acréscimo a essas situações, a Lei nº 13.964/2019, inseriu à Lei nº 12.850/2013, o § 9º, do seu art. 2º, hipótese que veda não apenas o livramento condicional, mas a própria progressão de regime e outros benefícios penais, quando existirem **elementos probatórios** indicativos da **manutenção** do vínculo associativo do condenado expressamente em sentença por integrar **organização criminosa** ou por crime praticado por meio de organização criminosa.

Como se depreende, o legislador não adotou técnica legislativa facilitadora da aplicação da progressão de regime. Aliás, incluiu no art. 112, da LEP, bem como em lei extravagante, regras que devem ser aplicadas para também vedar o deferimento de **livramento condicional**. Vale dizer, em um só dispositivo foi inserida disciplina normativa de institutos diversos, embora igualmente incidentes no processo de execução penal.

Para filtrarmos o livramento condicional, destacamos, de antemão, que ele não será cabível nas hipóteses de **hediondez** delitiva com **resultado morte**, previstas nos dispositivos modificados pela Lei nº 13.964/2019. Note-se que a expressão "resultado morte" é aberta e ambígua. Poderá haver responsabilização pela morte culposa, decorrente de crime doloso, com resultado morte não pretendido (delito preterdoloso)?

Entendemos que qualquer restrição legal ou responsabilidade não deve ser incidir quando não houver dolo relativo ao resultado morte, ressalvada a hipótese de culpa prevista no ordenamento jurídico. De acordo com a letra da lei, poderemos ter, inconstitucionalmente, até responsabilidade penal objetiva em sentido amplo, considerando que poderá ser aplicada regra mais gravosa quanto à progressão de regime e vedação ao livramento condicional, se verificado o apontado **resultado morte genérico**.

Sob outro prisma, em conformidade com enunciado sumular nº 717, do STF, o fato de o réu se encontrar em prisão especial não impede a progressão de regime de execução da pena, fixada em sentença não transitada em julgado.

84. PROGRESSÃO POR SALTO

Pensamos ser possível que o apenado seja beneficiado pela progressão por salto. Isso pode ocorrer quando se verificar, em execução penal iniciada com o trânsito em julgado da sentença condenatória, que o condenado já cumpriu tempo de prisão provisória suficiente para fazer incidir a progressão de regime *per salto* – sem a necessidade de cumprir a pena pelo prazo previsto para a progressão no regime imediatamente anterior –, notadamente se a sentença fixou o regime inicial fechado e o condenado já havia permanecido preso por prazo que seria suficiente para progressão não só para o regime semiaberto, mas também para o regime aberto.

Não se entendendo dessa forma, o apenado será prejudicado duplamente, apesar da ineficiência estatal. Deveras, ao lado de não gozar indevidamente dos benefícios da Lei de Execução Penal durante o período que ficou preso provisoriamente, mormente por não ter sido a ele assegurada à progressão pretendida, ainda terá, nesse caso, de amargar a permanência no regime mais gravoso por mais tempo para, somente depois, ser colocado no regime que lhe seria devido se tivessem sido atendidos os ditames da legislação de forma integral.

Deve ser admitida a designação de audiência admonitória para fins de colocação do apenado em livramento condicional, caso ele já tenha cumprido o tempo mínimo de pena, consoante os prazos estipulados no art. 83, do Código Penal, por força de prisão cautelar decretada na fase de instrução do processo de conhecimento criminal.

No entanto, não é essa a posição que prevalece sobre o tema. Renato Marcão aviva que "o condenado que cumpre pena no regime fechado não pode progredir diretamente para o regime aberto. Para obter a progressão, deverá, antes, cumprir um sexto de sua pena no regime semiaberto, e demonstrar a satisfação de seu mérito, preenchendo assim os requisitos objetivos e subjetivos"[60].

É o entendimento dos tribunais, notadamente do STJ, que, recentemente, editou o verbete sumular nº 491, cujo conteúdo é claro e peremptório, ao asseverar ser inadmissível a chamada progressão *per saltum* de regime prisional.

85. LIVRAMENTO CONDICIONAL

O livramento condicional é benefício que pode ser conferido ao condenado a pena privativa de liberdade igual ou superior a dois anos, com o deferimento de sua liberdade sob determinadas condições que devem ser cumpridas sob pena de revogação do instituto.

Para a concessão do benefício, o art. 83, do Código Penal prevê requisitos objetivos e subjetivos, a saber:

(1) cumprimento de **mais de um terço** da pena se o condenado não for reincidente em crime doloso e tiver **bons antecedentes**;

(2) cumprimento de **mais da metade** da pena se o condenado for reincidente em crime doloso. Cuida-se de **reincidência específica**;

(3) comprovação de **comportamento satisfatório** durante a execução da pena, bom desempenho no **trabalho** que lhe foi atribuído e aptidão para prover à própria **subsistência** mediante trabalho honesto;

60. MARCÃO, Renato. *Curso de execução penal*. 8. ed. São Paulo: Saraiva, 2010. p. 167.

(4) efetiva reparação do dano causado pela infração, salvo efetiva impossibilidade de fazê-lo;

(5) cumprimento de **mais de dois terços** da pena, nos casos de condenação por crime hediondo, prática de tortura, tráfico ilícito de entorpecentes e drogas afins, tráfico de pessoas e terrorismo, se o apenado **não for reincidente específico** em crimes dessa natureza.

Para o condenado por crime doloso, cometido com violência ou grave ameaça à pessoa, a concessão do livramento é também subordinada à constatação de condições pessoais que façam presumir que o liberado não voltará a delinquir.

Em acréscimo, pontuamos que, de acordo com as regras acrescidas pela Lei nº 13.964/2019, estará **vedado o livramento condicional**:

(1) pela prática de crime **hediondo** ou **equiparado**, com resultado **morte**, se for **primário** (art. 112, VI, "a", LEP);

(2) se o apenado for **reincidente** em crime **hediondo** ou **equiparado** com resultado **morte** (art. 112, VIII, LEP);

(3) se for o agente condenado expressamente em sentença por integrar **organização criminosa** ou por crime praticado por meio de organização criminosa, se presentes elementos probatórios que indiquem a **manutenção do vínculo associativo** (art. 2º, § 9º, Lei nº 12.850/2013).

A pena que deve ser tida como parâmetro para a concessão do benefício, conforme jurisprudência majoritária e entendimento sumulado do STF, é a **efetivamente aplicada** e não aquela resultante de eventual unificação. Com efeito, na forma do verbete nº 715, de sua Súmula, adaptada à atual redação do art. 75, do Código Penal, com redação imprimida pela Lei nº 13.964/2019, a pena unificada para atender ao limite de **quarenta anos** de cumprimento, não é considerada para a concessão de outros benefícios, como o livramento condicional ou regime mais favorável de execução.

Essa regra, na prática, permite a incongruência de se vedar, em absoluto, todos os benefícios a acusados que foram condenados a penas altíssimas. Por exemplo, se o somatório das penas efetivamente aplicadas chegar a cento e oitenta anos de reclusão, será improvável a incidência de cálculo que permita a concessão de benefícios penais ao imputado, ainda que unificadas em quarenta anos.

Para a concessão do livramento condicional, o juiz da execução deve aferir tais requisitos, bem como ouvir o Ministério Público e o Conselho Penitenciário (art. 131, LEP). Deve-se ainda observar o disposto no § 2º, do art. 112, da LEP, com teor determinado pela Lei nº 13.964/2019, que pontifica que a decisão do juiz que determinar o livramento condicional deverá ser sempre motivada e precedida de manifestação do *Parquet* e do defensor, respeitados os prazos previstos nas normas vigentes.

Harmonizando esses dispositivos, devem ser ouvidos, nessa ordem, antes da deliberação fundamentada do juiz das execuções penais, o **Ministério Público**, o **Conselho Penitenciário** e o **defensor**. Se a decisão for denegatória e vier a ser reformada em instância superior por força de julgamento de agravo em execução, os autos baixarão ao juízo de primeiro grau para as providências cabíveis.

Uma vez deferido o pedido, o juiz especificará as condições a que fica subordinado o livramento, sendo **impositivas** ao liberado condicional sempre as seguintes obrigações:

(1) obter ocupação lícita, dentro de prazo razoável se for apto para o trabalho;

(2) comunicar periodicamente ao juiz sua ocupação;

(3) não mudar do território da comarca do juízo da execução, sem prévia autorização deste.

Além desses deveres, é **possível** imposição ao liberado condicional outras obrigações, tais como:

(1) não mudar de residência sem comunicação ao Juiz e à autoridade incumbida da observação cautelar e de proteção;

(2) recolher-se à habitação em hora fixada;

(3) não frequentar determinados lugares.

No caso de ser autorizado ao liberado residir fora da jurisdição do juízo da execução, será remetida, por carta precatória, cópia da sentença do livramento ao juízo do lugar para onde ele houver se transferido e à autoridade incumbida da observação cautelar e de proteção, devendo o liberado ser advertido do dever de se apresentar imediatamente às referidas autoridades.

Assim que concedido o benefício, é de ser emitida carta de livramento com a cópia integral da sentença em duas vias, com a remessa de uma via à autoridade administrativa incumbida da execução e de outra ao Conselho Penitenciário.

A seu turno, a cerimônia do livramento condicional deve ser realizada solenemente no dia marcado pelo Presidente do Conselho Penitenciário, no estabelecimento de cumprimento da pena, com o seguinte procedimento:

(1) a sentença será lida ao liberando, na presença dos demais condenados, pelo Presidente do Conselho Penitenciário ou membro por ele designado, ou, na falta, pelo juiz;

(2) a autoridade administrativa chamará a atenção do liberando para as condições impostas na sentença de livramento;

(3) o liberando declarará se aceita as condições, sendo tudo registrado em livro próprio, com a lavratura de termo subscrito por quem presidir a cerimônia e pelo liberando, ou alguém a seu rogo, se não souber ou não puder escrever, devendo ser remetida cópia desse termo ao juiz da execução penal.

O liberado, ao sair do estabelecimento penal, receberá, além do saldo de seu pecúlio e do que lhe pertencer, uma caderneta, que exibirá à autoridade judiciária ou administrativa, sempre que lhe for exigida, com o seguinte conteúdo:

(1) a identificação do liberado;

(2) o texto impresso do capítulo da Lei de Execução Penal que dispõe sobre o livramento condicional. É conveniente que também contenha texto com as disposições referentes ao assunto do Código Penal, malgrado a omissão da Lei de Execução Penal nesse sentido;

(3) as condições impostas para o livramento condicional.

Na ausência de caderneta, será entregue ao liberado condicional um **salvo-conduto** contendo as condições do livramento. A Lei de Execução Penal autoriza ainda a substituição da ficha de identificação do liberado ou de seu retrato pela descrição dos sinais que possam identificá-lo. Ademais, na caderneta e no salvo-conduto deverá haver espaço para consignar-se o cumprimento das condições estabelecidas quando da concessão do benefício.

Durante o cumprimento do livramento condicional, haverá observação cautelar e proteção realizadas por serviço social penitenciário, Patronato ou Conselho da Comunidade, com a finalidade de:

(1) fazer observar o cumprimento das condições especificadas na sentença concessiva do benefício; e

(2) proteger o beneficiário, orientando-o na execução de suas obrigações e auxiliando-o na obtenção de atividade laborativa.

É dever da entidade encarregada da observação cautelar e da proteção do liberado apresentar relatório ao Conselho Penitenciário, para efeito de eventual representação para revogação do benefício ou para modificação de suas condições.

O benefício poderá ser revogado obrigatoriamente ou facultativamente.

A **revogação** do livramento condicional será **obrigatória** se o liberado vem a ser condenado a pena privativa de liberdade, em **sentença irrecorrível**, por crime cometido durante a vigência do benefício, ou por crime anterior, depois de somadas as penas em decisão que as unifique.

De outro lado, haverá **revogação facultativa**, caso o liberado deixe de cumprir qualquer das obrigações constantes da sentença, ou for irrecorrivelmente condenado, por crime ou contravenção, a pena que não seja privativa de liberdade.

Mantido o livramento condicional, na hipótese da revogação facultativa, o juiz deverá advertir o liberado ou agravar as condições, especialmente em audiência designada para essa finalidade. De todo modo, antes de decidir, o magistrado ouvirá o apenado, possibilitando o contraditório que será exercido por defesa técnica e pessoalmente, caso se verifique a necessidade de sua oitiva.

O procedimento oral deve ser observado, apesar da execução penal pouco respeitar o princípio da oralidade, diante da cultura autoritária arraigada e da indevida indefinição de sua natureza jurisdicional. A audiência deve ser realizada presencialmente. Não obstante, o inciso VII, do art. 52, da LEP, incluído pela Lei nº 13.964/2019, estatui, para os apenados inseridos em regime disciplinar diferenciado, a participação em audiências judiciais preferencialmente por videoconferência, garantindo-se a participação do defensor no mesmo ambiente do preso.

Entendemos que a limitação do direito à presença do apenado na audiência judicial é de duvidosa constitucionalidade. Essa possibilidade não deve ser a regra, mas a exceção. Percebe-se o **discurso autoritário** e refratário às garantias fundamentais constitucionais, que permeia a legislação e aplicação do direito processual penal, de maneira peculiar, durante a execução penal, é dotado dos atributos da **emergencialidade, simbolismo** e **eficientismo**, referidos por Hugo Leonardo Rodrigues Santos[61].

Nessa toada, Geraldo Prado lembra que uso de tecnologias deve merecer cuidados especiais, considerando que "um dos pressupostos elementares do processo oral está em permitir o contato direto entre o juiz e a parte, contato que não deve ser mediado por sofisticados recursos de transmissão de voz e imagem, distanciando fisicamente os protagonistas do processo e deixando um deles isolado em ambiente que lhe possa ser hostil, justamente aquele sujeito mais necessitado de segurança que o contato direto proporciona[62].

O **cômputo do período de prova** na pena do apenado que teve revogado o livramento condicional dependerá do momento da ocorrência da causa da revogação, isto é:

(1) se a revogação for motivada por **infração penal anterior à vigência do livramento**, computar-se-á como tempo de cumprimento da pena o período de prova, sendo permitida, para a concessão de novo livramento, a soma do tempo das duas penas;

(2) já se for o caso de revogação por **outro motivo**, não se computará na pena o tempo em que esteve solto o liberado, e tampouco se concederá, em relação à mesma pena, novo livramento.

A revogação será ordenada a requerimento do Ministério Público, mediante representação do Conselho Penitenciário, ou, de ofício, pelo Juiz, ouvido o liberado (art. 143, LEP). Ao invés de revogar o benefício, o juiz, de ofício, a requerimento do Ministério Público, da Defensoria Pública ou mediante representação do Conselho Penitenciário, e sempre depois de ouvido o liberado, poderá modificar as condições especificadas na sentença, devendo o respectivo ato decisório ser lido ao liberado pelo presidente do Conselho Penitenciário ou membro por ele designado, ou, na falta, pelo juiz, chamando a atenção do liberado e tomando por termo sua declaração de anuência.

Quando praticada pelo liberado outra infração penal, o juiz poderá decretar a **suspensão cautelar do curso do livramento condicional**, ordenando, por conseguinte a sua prisão, ouvidos o Conselho Penitenciário e o Ministério Público. Entrementes, a revogação do livramento condicional ficará dependendo de decisão final, com respeito ao contraditório e a defesa ampla.

Se expirar o prazo do livramento condicional sem revogação ou prorrogação do seu prazo, vale dizer, sem notícia tempestiva de descumprimento das condições impostas e sem a sua suspensão antes do decurso temporal, o juiz da execução penal, de ofício, a requerimento do interessado, do Ministério Público ou mediante representação do Conselho Penitenciário, julgará extinta a pena privativa de liberdade.

61. SANTOS, Hugo Leonardo Rodrigues. *Estudos críticos de criminologia e direito penal*. Rio de Janeiro: Lumen Juris, 2015. p. 79.

62. PRADO, Geraldo. *Sistema acusatório*: a conformidade constitucional das leis processuais penais. 4. ed. Rio de Janeiro: Lumen Juris, 2006. p.236.

Nesse sentido, o STJ tem entendido que a revogação ou suspensão do benefício do livramento condicional, após o período de prova, caracteriza coação ilegal[63]. Em outras palavras, caso se verifique, após o decurso do prazo do livramento, que o apenado desatendeu as condições impostas, não é lícita a sua revogação posterior, eis que automaticamente extinta a punibilidade, nos termos, inclusive, do enunciado de nº 617, da Súmula do STJ, cuja dicção afirma que a ausência de suspensão ou de revogação do livramento condicional antes do término do período de prova enseja a extinção da punibilidade pelo integral cumprimento da pena.

86. CONDIÇÕES PARA CUMPRIMENTO DE REGIME DE PENA

O ingresso do apenado em regime aberto supõe a aceitação de seu programa e das condições impostas pelo juiz, somente podendo ingressar nesse regime o apenado que:

(1) estiver trabalhando ou comprovar a possibilidade de fazê-lo imediatamente; e

(2) apresentar, pelos seus antecedentes ou pelo resultado dos exames a que foi submetido, fundados indícios de que irá ajustar-se, com autodisciplina e senso de responsabilidade, ao novo regime.

Atento às condições individuais dos apenados, o legislador autorizou dispensa do trabalho da pessoa condenada:

(1) maior de setenta anos;

(2) acometida de doença grave;

(3) com filho menor ou deficiente físico ou mental; e

(4) gestante.

São condições gerais e obrigatórias para a concessão do regime aberto:

(1) permanecer o condenado no local que for designado, durante o repouso e nos dias de folga;

(2) sair para o trabalho e retornar, nos horários fixados;

(3) não se ausentar da cidade onde reside, sem autorização judicial; e

(4) comparecer a Juízo, para informar e justificar as suas atividades, quando for determinado.

Além das condições acima, o juiz poderá estabelecer condições especiais, como autoriza o art. 115, da Lei de Execução Penal. Entretanto, nos termos do verbete sumular nº 493, do STJ, é inadmissível a fixação de pena substitutiva como condição especial ao regime aberto. É, pois, vedado ao magistrado obrigar o apenado, por exemplo, a prestar serviços à comunidade para poder progredir ao regime aberto. Como a prestação de serviços é pena autônoma e substitutiva, esta prática configura claro *bis in idem*.

63. STJ – Quinta Turma – AgRg no HC 444.239/SP – Rel. Min. Jorge Mussi – DJe 26 set. 2018.

É possível a modificação das condições estabelecidas inicialmente para o ingresso no regime aberto, podendo o juiz determiná-la motivadamente, de ofício, a requerimento do *Parquet*, da autoridade administrativa ou do condenado, desde que as circunstâncias assim o recomendem. A par das disposições da Lei de Execução Penal, a legislação local (lei de organização judiciária) poderá estabelecer normas complementares para o cumprimento da pena privativa de liberdade em regime aberto.

Em acréscimo ao citado art. 112, da Lei de Execução Penal, a Lei nº 13.769/2018 estampou, no § 4º, daquele dispositivo que o cometimento de novo crime doloso ou falta grave implicará a revogação do benefício.

Apesar da dicção cogente dessa previsão, é indispensável a instauração de procedimento **contraditório**, ainda que nos autos da execução penal, com designação de **audiência** para a oitiva da mulher apenada, a fim de ser avaliada a proporcionalidade da medida, diante da necessidade de dar efetividade ao princípio da **prioridade absoluta** que deve ter a criança, bem como à necessária tutela das pessoas em situação de vulnerabilidade.

87. INCIDENTES E CONVERSÕES

A disciplina da **substituição** da pena privativa de liberdade em penas restritivas de direitos encontra-se, especialmente, disposta no Código Penal, a partir de seu art. 44, com redação dada pela Lei nº 9.714/1998. Tal substituição é aplicada por ocasião da prolação da sentença condenatória e depende da presença dos requisitos ali estampados.

Diferente é a **conversão** da pena privativa de liberdade cujo cumprimento se encontra em curso em pena restritiva de direitos. Nesta hipótese, o que se requer, primeiramente, é que não tenha sido aplicado o artigo 44, do Código Penal, ou, mais precisamente, que o apenado esteja cumprindo pena em regime aberto. Além dessa condição, para a conversão é preciso que o condenado tenha cumprido pelo menos **um quarto** da pena, bem como que seus antecedentes e personalidade indicarem ser recomendável a providência.

De outro lado, a **conversão** da pena restritiva de direitos em privativa de liberdade ocorrerá na hipótese de descumprimento injustificado da restrição imposta. Para a conversão, no cálculo da pena privativa de liberdade a se executar será deduzido o tempo cumprido da pena restritiva de direitos, respeitado o saldo mínimo de trinta dias de detenção ou reclusão, a teor do § 4º, do art. 44, do Código Penal.

Caso sobrevenha condenação à pena privativa de liberdade, por outro crime, o juiz da execução penal decidirá sobre a conversão, podendo deixar de aplicá-la se for possível ao condenado cumprir a pena substitutiva anterior. Como se infere, tem-se aí um espaço dentro do qual o magistrado levará em conta a viabilidade da continuidade de cumprimento da pena restritiva de direito. Se impossível o cumprimento simultâneo, na decisão unificadora das penas, o juiz da execução converterá aquela em pena privativa de liberdade, somando-a com a condenação superveniente.

Estabelece a Lei das Execuções Penais que a pena de prestação de serviços à comunidade será convertida em pena privativa de liberdade quando o condenado:

(1) não for encontrado por estar em lugar incerto e não sabido, ou desatender a intimação por edital;

(2) não comparecer, injustificadamente, à entidade ou programa em que deva prestar serviço;

(3) recusar-se, injustificadamente, a prestar o serviço que lhe foi imposto;

(4) praticar falta grave; e

(5) sofrer condenação por outro crime à pena privativa de liberdade, cuja execução não tenha sido suspensa.

Já a pena de limitação de fim de semana será convertida em privação de liberdade quando o condenado:

(1) não comparecer ao estabelecimento designado para o cumprimento da pena;

(2) recusar-se a exercer a atividade determinada pelo Juiz;

(3) não for encontrado por estar em lugar incerto e não sabido ou se desatender a intimação por edital;

(4) praticar falta grave; ou

(5) sofrer condenação por outro crime à pena privativa de liberdade, cuja execução não tenha sido suspensa.

Por último, a pena de interdição temporária de direitos será convertida quando o condenado:

(1) exercer, injustificadamente, o direito interditado;

(2) não comparecer ao estabelecimento designado para o cumprimento da pena; ou

(3) sofrer condenação por outro crime à pena privativa de liberdade, cuja execução não tenha sido suspensa.

88. DOENÇA MENTAL SUPERVENIENTE

O artigo 183, da LEP, preconiza que se no decorrer da execução da pena privativa de liberdade, advier doença mental ou perturbação da saúde mental, o juiz das execuções, de ofício, a requerimento do Ministério Público, da Defensoria Pública ou da autoridade administrativa, poderá determinar a substituição da pena por medida de segurança.

Em tal caso, de superveniência de doença mental, o apenado deve ser recolhido a hospital de custódia e tratamento psiquiátrico ou, à falta, a outro estabelecimento adequado. De outra vertente, o tratamento ambulatorial poderá ser convertido em internação se o agente revelar incompatibilidade com a medida, hipótese em que o prazo mínimo de internação será de um ano.

Para fazer valer a regra do art. 183, da LEP, é plenamente possível o manejo de incidente de insanidade mental, durante o curso do processo de execução penal. Com o acometimento da enfermidade, o apenado perde a capacidade de compreender a reprimenda criminal, pelo que se faz necessária a substituição da pena por medida de segurança.

Quanto à doença mental superveniente, deve-se ainda fazer uma distinção.

Tratando-se de doença mental persistente, **duradoura** ou **permanente**, a solução é, de fato, a conversão da pena em medida de segurança, para que esta seja cumprida conforme suas regras, pelo tempo restante da pena fixada na sentença transitada em julgado[64], sem que haja possibilidade de retorno à situação anterior (execução penal, com cumprimento de pena em estabelecimento prisional).

De outro lado, caso se cuide de doença **transitória** ou de transtorno psiquiátrico episódico, deve o apenado seguir para estabelecimento hospitalar penitenciário adequado até recobrar sua higidez mental, sem necessidade de substituição da pena por medida de segurança.

89. DESVIO E EXCESSO DE EXECUÇÃO

Desvio ou excesso de execução se configurará toda vez que algum ato for praticado além dos limites fixados na sentença, em normas legais ou regulamentares. Nessa situação fática, é possível suscitar o incidente de excesso ou desvio de execução, nos termos do art. 186, da LEP, cujos legitimados são o Ministério Público, o Conselho Penitenciário, o sentenciado, a defensoria pública e qualquer dos demais órgãos da execução penal.

90. ANISTIA E INDULTO

A anistia e o indulto são benefícios concedidos como decorrência da soberania estatal (indulgência soberana ou *indulgentia principis*), a primeira de competência do Congresso Nacional e o segundo por decreto do Presidente da República, a exemplo do indulto natalino concedido com efeitos a partir de 25 de dezembro de cada ano.

Não se deve confundir o indulto natalino com as saídas temporárias concedidas por ocasião do período natalino, que estudaremos adiante. O **indulto** é causa extintiva da punibilidade, enquanto a **saída temporária** é benefício da execução penal concedido aos presos em regime semiaberto que, após o período pré-fixado pelo juízo, deverão retornar para o cumprimento do restante da pena.

A **anistia** é instituto de abrangência preponderantemente coletiva, dependente de lei em sentido estrito, que deve referir crimes determinados que serão objeto de extinção da punibilidade.

O **indulto**, como ato de clemência do Poder Executivo, pode ser **individual** ou **coletivo**, extinguindo a punibilidade de crimes cometidos pelos apenados contemplados, de acordo com os requisitos que impuser, seja relativamente à época do delito, seja no tocante ao tempo de cumprimento da pena.

De conformidade com o enunciado nº 631, da Súmula, do STJ, o indulto extingue os efeitos primários da condenação (pretensão executória), mas não atinge os efeitos secundários, penais ou extrapenais. Desse modo, podemos concluir que o indulto não alcança a pena de multa, nem a interdição temporária do exercício de função pública[65].

64. STJ – Sexta Turma – HC 219.014/RJ – Rel. Min. Og Fernandes – DJe 28 mai. 2013.
65. STF – Pleno – EP 21 AgR-segundo – Rel. Min. Roberto Barroso – publicado em 11 nov. 2019.

O **indulto individual** é também denominado de **graça** na Constituição do Brasil e em outros diplomas legislativos, consistindo em benefício que "pode ser total (pleno, irrestrito ou ilimitado), hipótese em que alcança todas as sanções impostas ao condenado, ou parcial (restrito ou limitado), hipótese em que ocorrerá o instituto da **comutação**, que implicará tão somente a redução ou substituição da sanção aplicada"[66].

Nesse diapasão foi que no julgamento da ADI 2.795, o STF assentou o entendimento de que a expressão "graça", empregada no art. 5º, inciso XLIII da Constituição, corresponde ao indulto individual. A dúvida surgira por força da previsão do art. 2º, inciso I, da Lei nº 8.072/90 (Lei de Crimes Hediondos), que veda a concessão de anistia, **graça e indulto** nos crimes desta natureza, o que levaria à distinção entre os dois termos. Embora haja doutrina minoritária entendendo que a CF/88 não vedou o indulto (apenas teria vedado a graça), prevalece a corrente aqui adotada.

Enquanto o **indulto coletivo** é concedido espontaneamente, independentemente de provocação, pelo Presidente da República, a diversas pessoas que se estiverem em determinadas condições ou situações estabelecidas em decreto, o **indulto individual** ou **graça** "é pleiteado pelo interessado ou por quem o represente ou pelo próprio Ministério Público ou pelo Conselho Penitenciário ou por qualquer autoridade administrativa, por petição, encaminhada ao Conselho Penitenciário, para este órgão emitir o competente parecer e encaminhá-lo ao Ministério da Justiça"[67].

Admite-se a concessão do indulto a condenado por tráfico de drogas privilegiado, descrito no art. 33, § 4º, da Lei de Drogas, diante do seu reduzido grau de reprovabilidade[68]. Por outro lado, vigora o entendimento de que o ato presidencial do indulto é, além de manifestação de clemência, caracterizado por razões de conveniência e oportunidade do Presidente da República. O indulto, nesses termos, é ato concessivo discricionário que não pode ser revisto, nem elastecido pelo Poder Judiciário[69].

Enfatiza Renato Marcão que a **anistia** não se confunde com a *abolitio criminis*. A anistia consiste num ato político que tem supedâneo constitucional, inserindo-se no elenco de competências exclusivas da União, *ex vi* do art. 21, inciso XVII, da Constituição do Brasil. A atribuição para concessão da anistia é do Congresso Nacional, a teor do seu art. 48, inciso VIII, da CF. A anistia refere-se, "como regra, a crimes políticos, militares ou eleitorais, embora nada impeça sua aplicação a outros tipos de ilícitos penais, consistindo em medida de interesse geral, coletivo, inspirada por razões políticos"[70].

Como leciona Renato Marcão, a anistia, "dirige-se a fatos e não a pessoas", extinguindo, "com efeito *ex tunc*, todas as consequências penais", mas não os efeitos extrapenais da conduta perpetrada. Persiste, com ela, "a obrigação de reparar o dano e a perda de bens, instrumentos e produtos do crime". Vale dizer, atinge "o *jus puniendi* do Estado, e pode ser concedida antes ou depois da instauração do processo. Dada sua natureza jurídica, ela

66. MARCÃO, Renato. *Curso de execução penal*. 8. ed. São Paulo: Saraiva, 2010. p. 344.
67. LIMA, Roberto Gomes; PERALLES, Ubiracyr. *Teoria e prática da execução penal*. Rio de Janeiro: Lúmen Júris, 2010. p. 174.
68. STJ – Quinta Turma – HC 522.037/SP – Rel. Min. Joel Ilan Paciornik – DJe 26 ago. 2019.
69. STF – Primeira Turma – AP 863 AgR – Rel. Min. Edson Fachin – publicado em 04 set. 2019.
70. MARCÃO, Renato. *Curso de execução penal*. 8. ed. São Paulo: Saraiva, 2010. p. 341.

produz o esquecimento total do fato, fazendo desaparecer as consequências penais, consistindo, por isso mesmo, em notável medida de política criminal"[71].

Uma vez concedida a anistia, o juiz, de ofício, a requerimento do interessado ou do Ministério Público, por proposta da autoridade administrativa ou do Conselho Penitenciário, declarará extinta a punibilidade. Já o indulto individual poderá ser provocado por petição do condenado, por iniciativa do Ministério Público, do Conselho Penitenciário, ou da autoridade administrativa. A petição do indulto, acompanhada dos documentos que a instruírem, deverá ser entregue ao Conselho Penitenciário, para a elaboração de parecer e posterior encaminhamento ao Ministério da Justiça.

Como se depreende, papel relevante desempenha o Conselho Penitenciário. Assim é que à vista dos autos do processo e do prontuário, ele promoverá as diligências que entender necessárias e fará, em relatório, a narração do ilícito penal e dos fundamentos da sentença condenatória, a exposição dos antecedentes do condenado e lançará seu parecer sobre o mérito do pedido, esclarecendo qualquer formalidade ou circunstâncias omitidas na petição.

A petição será processada no Ministério da Justiça com documentos e o relatório do Conselho Penitenciário, com sua submissão ao Presidente da República para despacho, a quem serão remetidos os autos do processo ou a certidão de qualquer de suas peças, se ele o determinar.

Depois de concedido o indulto e anexada aos autos cópia do decreto, o juiz declarará extinta a pena ou ajustará a execução aos termos do decreto, no caso de comutação. Caso o sentenciado seja beneficiado por indulto coletivo, o juiz, de ofício, a requerimento do interessado, do Ministério Público, ou por iniciativa do Conselho Penitenciário ou da autoridade administrativa, também decretará a extinção da punibilidade ou adequará a execução penal aos termos do decreto quando for a hipótese de comutação de penas.

91. REMIÇÃO PELO ESTUDO E PELO TRABALHO

A remição consiste no direito do condenado que cumpre pena em regime fechado ou semiaberto abater, pelo trabalho ou pelo estudo, parte do tempo de execução da pena, cuja contagem será feita à razão de:

(1) um dia de pena **a cada doze horas de frequência escolar** divididas, no mínimo, em **três dias**. A atividade de estudo do apenado, objeto do reconhecimento do direito à remição da pena, deverá ser de ensino fundamental, médio, inclusive profissionalizante, ou superior, ou ainda de requalificação profissional;

(2) um dia de pena **por três de trabalho**. As hipóteses de remição de pena constituem rol aberto, não taxativo. O STJ, nesse sentido, verberou, por exemplo, que o reeducando tem direito à remição de sua pena pela atividade musical realizada em coral, com fundamento em interpretação extensiva, em favor do apenado[72].

71. MARCÃO, Renato. *Curso de execução penal*. 8. ed. São Paulo: Saraiva, 2010. p. 341.

72. STJ – Sexta Turma – REsp 1.666.637/ES – Rel. Min. Sebastião Reis Júnior – DJe 09 out. 2017.

(3) quatro dias de pena para **cada obra lida**, seja ela literária, clássica, científica ou filosófica, possibilitando, limitando-se a até doze obras lidas e avaliadas e, de conseguinte, tornando possível remir até quarenta e oito dias, no prazo de doze meses, de acordo com a capacidade gerencial da Unidade, a teor do art. 4º, da Portaria Conjunta nº 276/2012, do Departamento Penitenciário Nacional. Através deste instrumento normativo, de maneira salutar, permitiu-se ao preso, no regime fechado ou semiaberto, remir o tempo de pena por cada obra lida, desde que o tenha feito dentro do prazo estabelecido de vinte e um a trinta dias, apresentando, ao final, uma resenha sobre o assunto.

Embora o art. 126, *caput*, da LEP, faça menção à aplicação da remição ao apenado que cumpre pena em regime fechado ou semiaberto, o seu § 6º, prevê também esse direito não só de parte do tempo de execução da pena, como também, alternativamente, **do período de prova**, ao condenado que cumpre pena em **regime aberto** ou **semiaberto** e ao que usufrui **liberdade condicional**, à razão de um dia de pena a **cada doze horas de frequência escolar** divididas, no mínimo, em **três dias**, em virtude de frequência a curso de ensino regular ou de educação profissional.

O preso provisório, por sua vez, pode ser beneficiado pela remição, devendo ser registrada sua frequência ao trabalho ou ao curso regular na forma do art. 126, da LEP, para fins de declaração judicial após sobrevir a aplicação da pena. É o que se depreende do estampado no seu § 7º, que destaca que sua aplicação às hipóteses de prisão cautelar.

De acordo com a concepção ampla que deve ser entendido o trabalho do apenado para fins de remição, o STJ emitiu o enunciado nº 562, de sua Súmula, para vincar ser possível a remição de parte do tempo de execução da pena quando o condenado, em regime fechado ou semiaberto, desempenha atividade laborativa, ainda que extramuros. Também se admite a remição pelo trabalho prestado antes do início da execução da pena, porém posterior à prática do delito[73].

A interpretação das regras de remição deve ser realizada da maneira mais favorável ao apenado. É com essa perspectiva que o § 2º, do art. 126, dispõe que as atividades de estudo poderão ser desenvolvidas de forma presencial ou por metodologia de ensino a distância e deverão ser certificadas pelas autoridades educacionais competentes dos cursos frequentados. O sistema fomenta o estudo pelo apenado, coerente com os princípios que visam dar ênfase ao aspecto regenerativo da pena.

O tempo a ser remido em função das horas de estudo será incrementado com um acréscimo de um terço na hipótese do apenado concluir com aproveitamento o ensino fundamental, médio ou superior durante o cumprimento da pena. Como condição para a aplicação dessa remição bonificada, a lei exige que a conclusão do ensino aludido seja certificada pelo órgão competente do sistema de educação.

Em todo caso, se o preso estiver impossibilitado de prosseguir no trabalho ou nos estudos, por acidente, ele continuará a beneficiar-se com a remição (art. 126, § 4º, LEP). Cuida-se de **impedimento justificado** do apenado de prosseguir em sua atividade laborativa

73. STF – Primeira Turma – HC 124520/RO – rel. Min. Marco Aurélio, red. p/ ac. Min. Roberto Barroso, julgado em 29 mai. 2018; STJ – Quinta Turma – AgRg no REsp 1685033/SC – Rel. Min. Jorge Mussi – DJe 30 mai. 2018.

ou escolar, razão pela qual não seria razoável a suspensão da contagem do tempo de remição em face de evento imprevisível que o atingiu, a exemplo de um acidente.

O preso poderá remir a pena de forma concomitante: pelas horas de trabalho e pelas horas de estudo. Para tanto, as horas devem ser definidas de forma a se compatibilizarem, para que as de uma atividade não se sobreponham as da outra: 4 horas diárias de estudo ou 8 horas de trabalho, ou seja, 1 hora de estudo equivale a 2 horas de trabalho. É a dicção do § 3º, do art. 126, da LEP, que estabelece que para fins de cumulação dos casos de remição, as horas diárias de trabalho e de estudo serão definidas de forma a se compatibilizarem.

A jurisprudência anterior à Lei nº 12.433/2011 alinhava que não era possível a contagem em dobro do tempo de trabalho em razão de atividades concomitantes (trabalho e estudo) em razão da limitação do tempo de trabalho a 8 horas por dia.

Não é possível reconhecer duas vezes a remição da pena em decorrência de trabalho e de estudo realizados no mesmo período, porque a remição deve guardar correlação com a jornada de trabalho prevista no art. 33, da LEP. Porém, nada impede que condenado estude e trabalhe no mesmo dia, quando as horas dedicadas a tais atividades somente podem ser somadas, para fins de remição da reprimenda, até o limite máximo de oito horas diárias[74].

De fato, a jornada diária de estudo deve ser apurada separadamente da jornada de trabalho, mas pode ser cumulada se houver compatibilidade: a primeira considerando o limite de doze horas divididas em três dias (isto é, quatro horas diárias) e a segunda, o de oito horas diárias, significando dizer que uma hora de estudo equivale a duas horas de trabalho.

De toda forma, a remição será decretada pelo juiz da execução, ouvidos o Ministério Público e a defesa, nesta ordem.

Caso o apenado seja punido por falta grave, o juiz poderá revogar até **um terço** do tempo remido, levando em conta a natureza, os motivos, as circunstâncias e as consequências do fato, bem como a pessoa do faltoso e seu tempo de prisão, recomeçando a contagem a partir da data da infração disciplinar.

O tempo remido será computado como pena cumprida, para todos os efeitos, isto é, não só para a concessão de livramento condicional ou indulto, mas para qualquer outro benefício. A declaração ou atestado falso de prestação de serviços para fim de instruir pedido de remição constitui crime de falsidade ideológica (art. 299, Código Penal), nos termos do art. 130, da Lei de Execução Penal.

A autoridade administrativa encaminhará, mensalmente, ao Juízo da execução cópia do registro de todos os condenados que estejam trabalhando ou estudando, com informação dos dias de trabalho ou das horas de frequência escolar ou de atividades de ensino de cada um deles.

Com relação a disciplina de controle e de fiscalização da remição, o parágrafo 1º, do art. 129, da LEP, estatui que o condenado autorizado a estudar fora do estabelecimento penal deverá comprovar mensalmente, por meio de declaração da respectiva unidade de

74. STJ – Quinta Turma – AgRg no HC 425.660/SP – Rel. Ministro Reynaldo Soares da Fonseca – DJe 27 jun. 2019.

ensino, a frequência e o aproveitamento escolar. Por sua vez, o § 2º do mesmo dispositivo arremata que deve ser entregue ao apenado a relação de seus dias remidos.

92. REMIÇÃO FICTA E DEGRADANTE

O legislador já avançou para admitir a remição pelo estudo. Contudo, falta contemplar outras situações de fato que justificariam a remição, mas que não é admitida a sua aplicação por falta de previsão legal. Fala-se, portanto, em remição ficta e em remição degradante. Ambas, por ora, não são aceitas pelo sistema jurídico penal pátrio.

Nessa linha de raciocínio, a **remição ficta** teria lugar na hipótese de não ser proporcionada, pelo Estado, atividade laboral ou educacional aos internos do sistema penitenciário. No entanto, o STF negou reconhecimento a essa espécie de remição, prevalecendo o entendimento de que seria necessária a prática da atividade laboral ou educacional. E arrematou aduzindo que, "embora o Estado tenha o dever de prover trabalho aos internos que desejem laborar, reconhecer esse direito faria com que todas as pessoas do sistema prisional obtivessem remição, fato que causaria substancial mudança na política pública do sistema carcerário, além de invadir a esfera do Poder Executivo"[75].

Por outro lado, objeto de proposição legislativa consignada no PL 9.054/2017 que sugere acrescer o art. 126-A à Lei de Execução Penal, a **remição degradante** consistiria no direito do apenado ou do preso provisório remir a pena à razão de um dia de pena a cada sete dias de encarceramento em condições degradantes.

93. DETRAÇÃO PENAL

Detração penal consiste no cômputo, na pena privativa de liberdade e na medida de segurança, do tempo de prisão provisória, no Brasil ou no estrangeiro, o de prisão administrativa e o de internação em estabelecimento prisional, consoante prevê o art. 42, do Código Penal. Nada mais natural que se aplique o abatimento, na pena definitiva ou na medida de segurança, do tempo de cárcere cautelar, em verdadeiro sistema de compensação. Segundo parâmetros jurisprudenciais, esta compensação pode ser feita com o tempo da prisão ocorrida em outro processo, mas não poderá se dar em relação aos crimes cometidos posteriormente à custódia cautelar[76].

Ressalte-se que, no modo preconizado pelo art. 387, § 2º, do Código de Processo Penal, a operação da detração deverá ser feita pelo juízo sentenciante, esvaziando-se, portanto, o instituto no âmbito da execução penal. Com efeito, o tempo de prisão provisória, de prisão administrativa ou de internação, no Brasil ou no estrangeiro, será computado para fins de determinação do regime inicial de pena privativa de liberdade.

75. STF – Primeira Turma – HC 124520/RO – Rel. Min. Marco Aurélio – red. p/ ac. Min. Roberto Barroso – julgamento em 29 mai. 2018.
76. STJ – Quinta Turma – AgRg no RHC 99.269/SP – Rel. Min. Reynaldo Soares da Fonseca – DJe 10 mai. 2019.

94. AUTORIZAÇÕES DE SAÍDA

As autorizações de saída são subdividas em permissão de saída e em saída temporária (autorização de saída em sentido estrito ou propriamente dita). Autorização de saída é gênero da qual permissão de saída e saída temporária são espécies.

95. PERMISSÃO DE SAÍDA

É aquela **concedida pelo diretor do estabelecimento** onde se encontra o preso.

É deferida aos condenados que cumprem pena em **regime fechado** ou **semiaberto** e aos presos provisórios, mediante escolta, quando poderão obter permissão para sair do estabelecimento ocorrendo um dos seguintes fatos:

(1) falecimento ou doença grave do cônjuge, companheira, ascendente, descendente ou irmão; e

(2) necessidade de tratamento médico. Daí que a permanência do preso fora do estabelecimento terá a duração necessária à finalidade da saída.

96. SAÍDA TEMPORÁRIA

Consiste na **autorização de saída em sentido estrito**, concedida por ato judicial.

Essa concessão para sair temporariamente do estabelecimento é destinada aos condenados que cumprem pena em **regime semiaberto**, sem vigilância direta, nos seguintes casos:

(1) visita à família;

(2) frequência a curso supletivo profissionalizante, bem como de instrução do segundo grau ou superior, na Comarca do Juízo da Execução; e

(3) participação em atividades que concorram para o retorno ao convívio social.

Embora prevista a ausência de vigilância direta, não há óbice à utilização de equipamento de monitoração eletrônica pelo condenado, quando assim ordenar o juiz da execução e desde que justificada a **necessidade** do controle[77].

Conquanto exista controvérsia sobre tal providência, ela é aceita, com fundamento em critério de **proporcionalidade**, notadamente quando se leva em conta que a monitoração eletrônica pode ser feita sem interferência excessiva no direito à intimidade do apenado, na justa medida da necessidade de ser concedido o benefício sem risco ao processo de execução.

A **saída temporária** deve concedida por **ato motivado do juiz da execução**, ouvidos o Ministério Público e a administração penitenciária e dependerá do preenchimento dos seguintes requisitos:

(1) comportamento adequado;

(2) cumprimento mínimo de um sexto da pena, se o condenado for primário, e um quarto, se reincidente; e

77. STJ - Sexta Turma - HC 351.273/CE - Rel. Min. Nefi Cordeiro - DJe 09 fev. 2017.

(3) compatibilidade do benefício com os objetivos da pena.

O condenado que cumpre pena por praticar **crime hediondo** com **resultado morte** não terá direito à saída temporária, segundo o teor do § 2º, do art. 122, da LEP, na redação imprimida pela Lei nº 13.964/2019. Trata-se de recrudescimento do sistema criminal brasileiro que finda por tornar ainda mais distante a possibilidade de ressocialização de quem se encontra encarcerado.

O ato judicial de **saída temporária** é indelegável, a teor da Súmula 520, do STJ, que elucida que o benefício de saída temporária no âmbito da execução penal é ato jurisdicional insuscetível de delegação à autoridade administrativa do estabelecimento prisional.

É cediço que, ao juiz da execução penal, cabe deliberar pelo exame dos requisitos para saída temporária do apenado, em datas especiais, tais como na "Semana da Pátria" e no "Natal", sendo proibido delegar esse poder ao diretor do presídio. Como regra, quando da proximidade de cada época de saída temporária (que não se confundo com o instituto "permissão de saída", mais estreito e de atribuição do diretor do estabelecimento prisional), os processos de execução penal seguem ao juiz para dar início ao procedimento que culminará na autorização judicial de saída temporária, precedida de parecer do Ministério Público.

No entanto, no âmbito do STJ, entendeu-se possível uma espécie do que poderíamos chamar **decisão condicional**, em sede de execução penal. Trata-se de autorização judicial de saída temporária com viés de **automaticidade**, sem exame prévio individualizado de cada processo. A vantagem do **procedimento automatizado-condicional** é o de se alijar atrasos injustificados às concessões de saída temporária, em virtude do acúmulo de serviço do juízo das execuções penais e do *Parquet*. Se o ideal seria examinar caso a caso, esse ideal não deve se sobrepor aos direitos individuais dos apenados[78].

De igual forma, o STF reputou correta a **saída temporária automatizada**, com fixação de seu calendário anual para que o preso possa visitar a família, sublinhando que a saída temporária, autorizada em perspectiva, repercutiria sobre outras saídas, desde que não houvesse cometimento de falta grave pelo custodiado[79].

O prazo de duração da autorização de saída não excederá sete dias, podendo ser renovado por mais quatro vezes durante o ano. No ato de concessão da saída, o juiz imporá ao beneficiário as seguintes condições, entre outras que entender compatíveis com as circunstâncias do caso e a situação pessoal do condenado:

(1) fornecimento do endereço onde reside a família a ser visitada ou onde poderá ser encontrado durante o gozo do benefício;

(2) recolhimento à residência visitada, no período noturno. É possível, contudo, autorizar o preso a se sair da residência, durante o período de saída temporária, no período noturno para, por exemplo participar de culto religioso[80]; e

(3) proibição de frequentar bares, casas noturnas e estabelecimentos congêneres.

78. STJ – Quinta Turma – AgRg no REsp 1484704/RJ – Rel. Min. Ribeiro Dantas – DJe 31 out. 2017.
79. STF – Primeira Turma – HC 130502/RJ – Rel. Min. Marco Aurélio – 21 jun. 2016.
80. STJ – Sexta Turma – REsp 1.788.562-TO – Rel. Min. Nefi Cordeiro – Sexta Turma – DJe 23 set. 2019.

De outra vertente, quando se cuidar de frequência a curso profissionalizante, de instrução de ensino médio ou superior, o tempo de saída temporária será o necessário para o cumprimento das atividades discentes. Nas outras hipóteses, as autorizações de saída temporária somente poderão ser concedidas com prazo mínimo de quarenta e cinco dias de intervalo entre uma e outra.

A saída temporária será automaticamente revogada quando o condenado praticar fato definido como crime doloso, for punido por falta grave, desatender as condições impostas na autorização ou revelar baixo grau de aproveitamento do curso. Ocorrendo essa situação, a recuperação do direito dependerá da absolvição no processo penal, do cancelamento da punição disciplinar ou da demonstração do merecimento do condenado.

97. MONITORAÇÃO ELETRÔNICA

O uso de tecnologia para minimizar a aplicação e os efeitos deletérios do cárcere e otimizar a segurança tem sido propugnado por parte da doutrina, que considera se tratar de providência menos onerosa em cotejo com os encargos do funcionamento do sistema prisional[81]. A evolução tecnológica, nessa senda, poderia "evitar violações ao princípio fundamental da liberdade e à presunção de inocência", bem como que "o sistema de vigilância eletrônica demonstra ser uma solução mais adequada, pois não encontra o efeito criminógeno da prisão e permite ao acusado, dependendo do local e forma de monitoramento, a preservação dos laços familiares, sociais e profissionais"[82].

Conforme reza o art. 146-B, da Lei de Execução Penal, o juiz poderá definir a fiscalização por meio da monitoração eletrônica nos seguintes casos:

(1) quando autorizar a saída temporária no regime semiaberto; e

(2) quando determinar a prisão domiciliar.

Como salientamos acima, a aplicação do controle eletrônico deve ser motivada no **subprincípio da necessidade**, que compõe o princípio maior da **proporcionalidade**. A monitoração eletrônica não deve ser consequência automática dos casos indicados pelo aludido art. 146-B, da LEP.

Uma vez definida a monitoração eletrônica pelo juiz da execução, o apenado será instruído sobre os cuidados que deve adotar com o equipamento eletrônico, bem como sobre os seguintes deveres:

(1) receber visitas do servidor responsável pela monitoração eletrônica, responder aos seus contatos e cumprir suas orientações; e

(2) abster-se de remover, de violar, de modificar, de danificar de qualquer forma o dispositivo de monitoração eletrônica ou de permitir que outrem o faça;

81. BUJES, Janaína de Souza; HAUCK, João Ricardo. A pena de prisão (re)pensada por seus significados: o monitoramento eletrônico e o cumprimento progressivo objetivando a redução da barbárie. In: *Processo penal contemporâneo*. Nereu José Giacomolli; André Machado Maya (orgs.). Porto Alegre: Nuria Fabris, 2010. p. 222.

82. ALMEIDA, Marcius Alexandros Antunes de. Monitoramento eletrônico como alternativa ao cárcere na prisão preventiva. In: *Processo penal contemporâneo*. Nereu José Giacomolli; André Machado Maya (orgs.). Porto Alegre: Nuria Fabris, 2010. p. 197.

A Lei estabelece as seguintes sanções para a violação comprovada dos deveres previstos para o apenado usuário do monitoramento eletrônico, que serão aplicadas a critério do juiz da execução, ouvidos o Ministério Público e a defesa:

(1) a regressão do regime;

(2) a revogação da autorização de saída temporária;

(3) a revogação da prisão domiciliar; e

(4) advertência, por escrito, para todos os casos em que o juiz da execução decida não aplicar alguma dessas medidas.

Por derradeiro, a monitoração eletrônica poderá ser revogada:

(1) quando se tornar desnecessária ou inadequada; e

(2) se o acusado ou condenado violar os deveres a que estiver sujeito durante a sua vigência ou cometer falta grave.

98. SUSPENSÃO CONDICIONAL DA PENA

O juiz poderá suspender, pelo período de dois a quatro anos, a execução da pena privativa de liberdade, não superior a dois anos, na forma prevista nos artigos 77 a 82, do Código Penal, e no art. 156, da LEP. Nos termos do § 2º, do art. 77, do CP, a execução da pena privativa de liberdade, não superior a quatro anos, poderá ainda ser suspensa, por quatro a seis anos, desde que o condenado seja maior de setenta anos de idade, ou razões de saúde justifiquem a suspensão.

A possibilidade de suspensão condicional da pena se tornou mais remota depois da reforma penal que possibilitou com maior facilidade a substituição da pena privativa de liberdade por pena restritiva de direitos. Assim, a suspensão condicional da pena só terá lugar quando impossível a substituição das penas e presentes os requisitos para a sua concessão, não sendo óbice a tanto o fato de ter sido o apenado condenado anteriormente à pena de multa, consoante vincado no enunciado nº 499 da Súmula do Supremo Tribunal Federal.

De todo modo, o juiz ou tribunal, na sentença que aplicar pena privativa de liberdade, deverá pronunciar-se, motivadamente, sobre a suspensão condicional, quer a conceda, quer a denegue, quando surgir a possibilidade, em tese, de seu deferimento.

Uma vez concedida a suspensão, o juiz especificará as condições que o condenado deve se submeter, pelo prazo fixado, começando este a correr da audiência. As condições, a seu turno, serão adequadas ao fato e à situação pessoal do apenado, devendo ser incluída entre as mesmas a de prestar serviços à comunidade, ou limitação de fim de semana, salvo na hipótese de ter o acusado reparado o dano ou ter sido impossível fazê-lo, quando o juiz aplicará cumulativamente as seguintes condições:

(1) proibição de frequentar determinados lugares;

(2) proibição de ausentar-se da comarca onde reside, sem autorização do juiz; e

(3) comparecimento mensal e obrigatório a juízo, mensalmente, para informar e justificar suas atividades.

As condições e regras estabelecidas na sentença, afirmadas em audiência admonitória para a suspensão condicional da pena, poderão ser modificadas a qualquer tempo, de ofício, a requerimento do Ministério Público ou mediante proposta do Conselho Penitenciário, ouvido o condenado. Apesar da omissão da Lei, também a defesa do condenado poderá solicitar modificação das condições, ouvido o Ministério Público, justificando a necessidade das alterações pretendidas.

É atribuição do serviço social penitenciário, patronato, conselho da comunidade ou instituição beneficiada com a prestação de serviços, inspecionados pelo Conselho Penitenciário, pelo Ministério Público, ou ambos, a fiscalização do cumprimento das condições, reguladas nos Estados, Territórios e Distrito Federal por normas supletivas, devendo o juiz da execução suprir, por ato normativo seu, a falta das regras supletivas.

Durante a suspensão condicional da pena, o beneficiário, ao comparecer periodicamente à entidade fiscalizadora, para comprovar a observância das condições a que está sujeito, comunicará, também, a sua ocupação e os salários ou proventos de que vive. Por sua vez, a entidade fiscalizadora deverá comunicar imediatamente ao órgão de inspeção, para os fins legais, qualquer fato capaz de acarretar a revogação do benefício, a prorrogação do prazo ou a modificação das condições. Caso seja permitido ao beneficiário mudar-se, será feita comunicação ao juiz e à entidade fiscalizadora do local da nova residência, aos quais o primeiro deverá apresentar-se imediatamente.

Tratando-se de suspensão condicional da pena concedida por tribunal, a este competirá estabelecer as condições do benefício. Também competirá ao tribunal definir tais condições quando, em razão de recurso, modificar as condições estabelecidas na sentença recorrida. Sem embargo, ao conceder a suspensão condicional da pena, o tribunal poderá atribuir ao juízo da execução a incumbência de estabelecer as condições do benefício, e, em qualquer caso, a de realizar a audiência admonitória.

Na audiência admonitória, designada depois de transitada em julgado a sentença condenatória, o juiz fará sua leitura ao condenado, advertindo-o sobre as consequências de nova infração penal e sobre eventual descumprimento das condições impostas. É de ver que se o condenado, embora intimado pessoalmente ou por edital com prazo de vinte dias, não comparecer, injustificadamente, à audiência admonitória, a suspensão ficará sem efeito e será executada imediatamente a pena.

A **revogação** da suspensão condicional da pena poderá ser obrigatória ou facultativa (art. 81, CP). Com efeito, a revogação será **obrigatória** se o apenado:

(1) é condenado, em sentença irrecorrível, por crime doloso;

(2) frustra, embora solvente, a execução de pena de multa ou não efetua, sem motivo justificado, a reparação do dano; ou

(3) descumpre a condição de no primeiro ano do prazo prestar serviço à comunidade ou de submeter-se à limitação de fim de semana.

A seu turno, a **revogação** será **facultativa** quando o condenado descumpre qualquer outra condição imposta ou é irrecorrivelmente condenado, por crime culposo ou por contravenção, a pena privativa de liberdade ou restritiva de direitos.

Haverá, diferentemente, **prorrogação do prazo** de suspensão até julgamento definitivo, se o beneficiário estiver sendo processado por outro crime ou contravenção. É de ver que quando facultativa a revogação, o juiz pode, ao invés de decretá-la, prorrogar o período de prova até o máximo, se este não foi o fixado.

A sentença condenatória será registrada, com a nota de suspensão em livro especial do juízo a que couber a execução da pena (art. 163, LEP). A providência tem a finalidade de viabilizar o controle e a fiscalização do benefício. Daí que se revogada a suspensão ou extinta a pena, será o fato averbado à margem do registro. Tanto o registro quanto a averbação são sigilosos, salvo para efeito de informações requisitadas por órgão judiciário ou pelo Ministério Público, com o fito de instruir processo criminal.

99. MEIOS DE IMPUGNAÇÃO

Das decisões proferidas pelo juiz das execuções caberá recurso de agravo, via de regra, sem efeito suspensivo. Na dicção do verbete nº 700, da Súmula, do STF, é de cinco dias o prazo para interposição de agravo contra decisão do juiz da execução penal.

Quando se tratar de sentença que determina a **liberação** ou **desinternação** de pessoa submetida à medida de segurança de internação, o agravo em execução **terá efeito suspensivo**[83].

Trata-se de hipótese única de atribuição desse efeito em sede de execução penal, diante do disposto no art. 179, da Lei de Execução Penal, que estabelece que uma vez transitada em julgado a sentença, o Juiz expedirá ordem para a desinternação ou a liberação[84].

Toda vez que houver óbice ao processamento de agravo em execução, surge para o apenado a possibilidade de ajuizar, como sucedâneos recursais, as ações de *habeas corpus* (quando em jogo a liberdade de locomoção) e de mandado de segurança (quando não haja risco à liberdade de locomoção, a exemplo da aplicação isolada de pena de multa).

Não somente o apenado, mas, também, o recolhido por força de submissão a medida de segurança têm em favor deles as ações autônomas de impugnação, inclusive visando suprimir o efeito suspensivo do agravo, para de plano ser posto em liberdade.

Nessa trilha, o STF reconheceu o cabimento de ***habeas corpus*** em favor de pessoa submetida a medida de segurança, que permanecida em hospital de custódia e tratamento psiquiátrico, mesmo depois de decretada a prescrição da pretensão punitiva e de decretada a nulidade do processo pelo tribunal *a quo*. Com a concessão da ordem, o paciente foi encaminhado para centro de atenção psicossocial ou a unidade de saúde similar, com o fito de verificar a necessidade de tratamento médico. Isso porque aquele outro estabelecimento "é destinado àqueles que cumprem medida de segurança, resposta penal oferecida às pessoas que apresentam diagnóstico psiquiátrico e tenham praticado crime"[85].

É de ver que durante o curso da execução penal, o condenado pode propor revisão criminal ou *habeas corpus*, se munido de prova documental e se ameaçada sua liberdade

83. STJ – Sexta Turma – AgRg no HC 451.503/DF – Rel. Min. Sebastião Reis Júnior – DJe 22 jun. 2018.
84. NUCCI, Guilherme de Souza. *Manual de processo penal e execução penal*. 6. ed. São Paulo: RT, 2010. p. 1040.
85. STF – Segunda Turma – HC 151523/SP, rel. Min. Edson Fachin, julgamento em 27 nov. 2018.

de locomoção, com vistas a rescindir o julgado condenatório penal. Essa demanda, embora não incidente no processo executivo, se procedente, terá o condão de produzir efeitos, seja reduzindo a pena, seja lhe pondo fim.

100. EXTINÇÃO DE PUNIBILIDADE PELO CUMPRIMENTO DA PENA

O processo de execução penal se encerra com decisão do juiz das execuções que declara extinta a punibilidade em virtude do integral cumprimento da pena. Uma vez cumprida ou extinta a pena, não constarão da folha corrida, atestados ou certidões fornecidas por autoridade policial ou por auxiliares da Justiça, qualquer notícia ou referência à condenação, salvo para instruir processo pela prática de nova infração penal ou outros casos expressos em lei.

Isso significa dizer que se o apenado solicitar certidão de antecedentes criminais na Justiça ou na polícia, deverá obter "nada consta". Apesar de preconizar que, cumprida ou extinta a pena, o condenado será posto em liberdade, mediante alvará do juiz, se por outro motivo não estiver preso, o que deve acontecer é a imediata colocação em liberdade pelo responsável administrativo pela segregação do apenado, independentemente de alvará, pois já constam os prazos predeterminados na própria de guia de execução penal. Esse dever decorre, inclusive, da ameaça de sanção consignada na Lei nº. 13.869/2019, que dispõe sobre os crimes de abuso de autoridade.

101. QUADRO SINÓTICO

CAPÍTULO XXXIII– EXECUÇÃO PENAL		
O consenso e o conflito na execução penal	Execução penal é procedimento destinado à aplicação de pena ou de medida de segurança fixada por sentença. Em regra, a execução penal não prossegue como fase subsequente ao processo penal condenatório, mas como processo autônomo. Isso equivale a dizer que os autos são reproduzidos por cópia e, desse modo, formado novo volume com as peças imprescindíveis ao acompanhamento do cumprimento da pena e da concessão de benefícios, notadamente com a guia de execução penal inclusa, constituindo um processo para cada acusado.	1
Natureza jurídica	Prevalece o entendimento de que o processo de execução penal tem **natureza jurídica jurisdicional preponderante**, conquanto tenha índole administrativa de forma residual.	2
Autonomia	A autonomia da execução penal referida pela doutrina é predominantemente a didática.	3
REQUISITOS DA EXECUÇÃO PENAL		
Título executivo judicial consistente em sentença criminal condenatória ou absolutória imprópria.		4
OBJETIVOS DA EXECUÇÃO PENAL		
Efetivar as disposições da sentença ou decisão criminal. Visa proporcionar condições para a harmônica integração social do condenado e do internado, prevenir crimes, humanizar e punir.		5

<table>
<tr><th colspan="3">CAPÍTULO XXXIII– EXECUÇÃO PENAL</th></tr>
<tr><th colspan="3">JUÍZO COMPETENTE</th></tr>
<tr><td colspan="2">Compete ao juiz indicado na lei de organização judiciária conduzir a execução penal, relativamente aos presos definitivos e provisórios. Na falta de previsão específica, tal competência será do juiz da sentença.
A competência do juízo de execução penal para fiscalizar os presídios não é exclusiva. Antes, o Ministério Público e a Defensoria Pública também têm o dever de visitar as penitenciárias e as cadeias públicas.</td><td>6</td></tr>
<tr><th colspan="3">COMPETÊNCIA DO JUÍZO FEDERAL DA EXECUÇÃO PENAL
PARA JULGAR AÇÃO PENAL DE CONHECIMENTO</th></tr>
<tr><td colspan="2">Ampliando a competência do juízo federal de execução penal, para albergar ações de conhecimento, inclusive de natureza condenatória, foi acrescentado o parágrafo único, ao art. 2º, da Lei nº 11.671/2008, pela Lei nº 13.964/2019, avivando que aquele será competente para as ações de natureza penal que tenham por objeto fatos ou incidentes relacionados à execução da pena ou infrações penais ocorridas no estabelecimento penal federal.</td><td>7</td></tr>
<tr><th colspan="3">PRINCÍPIOS E GARANTIAS DA EXECUÇÃO PENAL</th></tr>
<tr><td>Princípio do devido processo legal</td><td>O processo de execução penal é permeado pela cláusula do devido processo legal. Os instrumentos executivos na esfera criminal, que atingem mais proximamente o estado de liberdade do apenado, são delineados pela lei.</td><td>8</td></tr>
<tr><td>Princípio da individualização da pena</td><td>Decorre que a sanção penal deve ser individualizada no que toca a seu modo de cumprimento, levando em conta o caráter retributivo da pena e o seu objetivo ressocializador.</td><td>9</td></tr>
<tr><td>Princípio da personalização da pena</td><td>É norteado pela noção de que a pena não pode passar da pessoa do apenado, pelo que a obrigação de reparar o dano e a decretação do perdimento de bens podem ser, nos termos da lei, estendidas aos sucessores e contra eles executadas, até o limite do valor do patrimônio transferido (art. 5º, XLV, CF).</td><td>10</td></tr>
<tr><td>Princípio da legalidade</td><td>Reza que ninguém será obrigado a fazer ou deixar de fazer alguma coisa senão em virtude de lei. Essa lei referida pela Constituição é lei em sentido formal, a Lei nº 7.210/1984, que dispõe sobre a execução penal.</td><td>11</td></tr>
<tr><td>Princípio da irretroatividade da lei</td><td>Haverá incidência do princípio da irretroatividade da lei em processo de execução penal, quando a lei nova impõe prazos maiores e novos requisitos para progressão de regime de pena de crimes hediondos.</td><td>12</td></tr>
<tr><td>Princípios do contraditório e ampla defesa</td><td>A ampla defesa e o contraditório são garantidos ao apenado, mormente em virtude da necessidade de defesa técnica quando se referir a fato que possa causar restrição a direito do apenado.</td><td>13</td></tr>
<tr><td>Princípios informativos da prova penal</td><td>Os princípios gerais de direito probatório têm incidência integral no processo de execução penal, tal como a vedação de provas admitidas por meios ilícitos e do direito da parte de produzir prova.</td><td>14</td></tr>
</table>

CAPÍTULO XXXIII- EXECUÇÃO PENAL		
Princípio da isonomia	Na execução penal tem aplicação com o fito de conferir tratamento igualitário aos apenados e aos submetidos à medida de segurança que estejam em idêntica condição.	**15**
Princípio da não autoincriminação	O direito a não autoincriminação, corolário do direito ao silêncio sediado na CF (art. 5º, LXIII), guarda pontos de contato com institutos que podem ser manejados quando já em curso a execução penal, tal como a revisão criminal e o procedimento administrativo para apuração de falta disciplinar.	**16**
Princípio reeducativo	A função reeducativa da execução penal pode ser depreendida não só pela feição preventiva da pena (ao lado de seu fito retributivo, punitivo), mas também pela previsão de direito do preso e do submetido à medida de segurança à assistência educacional, social e religiosa, consoante prevê o art. 41, VII, da LEP.	**17**
Princípio do duplo grau de jurisdição	A execução penal se desenvolve perante o juiz de primeiro grau ao qual cabe a administração do estabelecimento penal, cujos incidentes são por ele resolvidos por decisão fundamentada sujeita a agravo em execução, cabendo o seu julgamento ao órgão *ad quem* (Tribunal).	**18**
Princípio da humanização	O princípio da humanização inspira a LEP e encontra respaldo na CF, que tem como um de seus fundamentos a dignidade da pessoa humana. A preocupação do sistema brasileiro é o de prever penas que não violem esse fundamento.	**19**
Princípio da cooperação comunitária	É dever do Estado recorrer à cooperação da comunidade nas atividades de execução da pena e da medida de segurança, através de organismos representativos, no acompanhamento das penas.	**20**
Princípio da oficialidade	A execução penal é conduzida por órgão estatal, pelo juiz das execuções, não sendo admissível que o particular presida seu procedimento.	**21**
Princípio da publicidade	O processo de execução penal, como determina a CF, em seu art. 93, IX, é público, só cabendo restrição em hipóteses excepcionais.	**22**
Princípio da motivação das decisões	É dever do Poder Judiciário fundamentar todas as suas decisões, sob pena de nulidade, cânone este que também incide no feito executivo da Lei nº 7.210/1984.	**23**
Princípio *numerus clausus*	Significa afirmar que, para cada entrada de um preso no sistema penitenciário, corresponda, pelo menos, a saída de um outro detento.	**24**
APLICAÇÃO AO PRESO PROVISÓRIO		
A Lei de Execução Penal se aplica: (1) ao preso definitivo; (2) ao submetido à medida de segurança; e (3) no que couber, ao preso provisório, que é o acusado com a liberdade cerceada de forma cautelar e cuja eventual sentença ainda não transitou em julgado.		**25**

CAPÍTULO XXXIII– EXECUÇÃO PENAL		
ÓRGÃOS DA EXECUÇÃO PENAL		
Os órgãos da execução penal são: (1) o Conselho Nacional de Política Criminal e Penitenciária; (2) o Juízo da Execução; (3) o Ministério Público; (4) o Conselho Penitenciário; (5) os Departamentos Penitenciários; (6) o Patronato; (7) o Conselho da Comunidade; e, (8) a Defensoria Pública.		**26**
Conselho Nacional de Política Criminal e Penitenciária	Com sede na Capital da República, é subordinado ao Ministério da Justiça e é constituído por treze membros designados através de ato do Ministério da Justiça, com uma serie de atribuições como a de propor diretrizes da política criminal quanto à prevenção do delito, administração da Justiça Criminal e execução das penas e das medidas de segurança.	**27**
Conselho Penitenciário	É órgão consultivo e fiscalizador da execução da pena e é integrado por membros nomeados pelo Governador do Estado, do Distrito Federal e dos Territórios, cabendo-lhe, por exemplo, emitir parecer sobre indulto e comutação de pena, excetuada a hipótese de pedido de indulto com base no estado de saúde do preso.	**28**
Departamento Penitenciário Local	Trata-se de órgão que poderá ser criado pela legislação local, com as atribuições por ela estatuídas, nos termos do art. 73, da Lei de Execução Penal, e tem por finalidade supervisionar e coordenar os estabelecimentos penais da Unidade da Federação a que pertencer.	**29**
Direção do Estabelecimento Penal	É constituída pelo cargo de diretor que deverá residir no estabelecimento, ou nas suas proximidades, com dedicação de tempo integral à sua função, devendo atender aos requisitos legais para investidura, como o de ser portador de diploma de nível superior de Direito, ou Psicologia, ou Ciências Sociais, ou Pedagogia, ou Serviços Sociais, possuir experiência administrativa na área, com idoneidade moral e reconhecida aptidão para o desempenho da função.	**30**
Quadro do Pessoal Penitenciário	Deve ser organizado em diferentes categorias funcionais, segundo as necessidades do serviço, com especificação de atribuições relativas às funções de direção, chefia e assessoramento do estabelecimento e às demais funções. Caso se trate de estabelecimento para mulheres, apenas será permitido o trabalho de pessoal do sexo feminino, salvo quando se tratar de pessoal técnico especializado.	**31**
Patronato Público ou Particular	Destina-se a prestar assistência aos albergados e aos egressos, incumbindo-lhe orientar os condenados à pena restritiva de direitos, fiscalizar o cumprimento das penas de prestação de serviço à comunidade e de limitação de fim de semana, como também colaborar na fiscalização do cumprimento das condições da suspensão e do livramento condicional.	**32**

<table>
<tr><th colspan="3">CAPÍTULO XXXIII– EXECUÇÃO PENAL</th></tr>
<tr><td>Conselho da Comunidade</td><td>Haverá um Conselho da Comunidade em cada comarca ou localidade prisional. Dentre as suas atribuições, está de a visitar, pelo menos mensalmente, os estabelecimentos penais existentes na comarca.</td><td>33</td></tr>
<tr><td>Defensoria Pública</td><td>Deve velar pela regular execução da pena e da medida de segurança, oficiando, no processo executivo e nos incidentes da execução, para a defesa dos necessitados em todos os graus e instâncias, de forma individual e coletiva. Também é dever do órgão da Defensoria Pública visitar periodicamente os estabelecimentos penais.</td><td>34</td></tr>
<tr><th colspan="3">ESTABELECIMENTOS PARA CUMPRIMENTO DE PENA</th></tr>
<tr><td colspan="2">Os estabelecimentos penais destinam-se ao condenado, ao submetido à medida de segurança, ao preso provisório e ao egresso, devendo ser respeitada a condição pessoal da mulher e do maior de sessenta anos, pelo que serão separados e recolhidos a estabelecimento próprio e adequado, sem prejuízo do mesmo conjunto arquitetônico poder abrigar estabelecimentos de destinação diversa desde que devidamente isolados.
Quando se cuidar de estabelecimento penal destinado a mulheres, será ele dotado de berçário, onde as condenadas possam cuidar de seus filhos, inclusive amamentá-los, no mínimo, até seis meses de idade.
O preso provisório ficará separado do preso definitivo. Por sua vez, o preso primário cumprirá pena em seção distinta daquela reservada para os reincidentes, enquanto que o preso que, ao tempo do fato, era funcionário da Administração da Justiça Criminal ficará em dependência separada.</td><td>35</td></tr>
<tr><td>Localidade de cumprimento de pena</td><td>A regra é a de que a pena privativa de liberdade seja executada pelo mesmo juízo que aplicou a sanção por sentença condenatória transitada em julgado. No entanto, as penas privativas de liberdade aplicadas pela Justiça de uma Unidade Federativa podem ser executadas em outra unidade, em estabelecimento local ou da União.</td><td>36</td></tr>
<tr><td>Penitenciária</td><td>È estabelecimento penal destinado ao condenado à pena de reclusão, em regime fechado. É também chamado presídio ou penitenciária.</td><td>37</td></tr>
<tr><td>Colônia agrícola, industrial ou similar</td><td>Destina-se ao cumprimento da pena em regime semiaberto, hipótese em que o condenado poderá ser alojado em compartimento coletivo, observado o requisito básico previsto para o condenado recolhido em penitenciária, consistente na salubridade do ambiente pela concorrência dos fatores de aeração, insolação e condicionamento térmico adequado à existência humana, bem como os seguintes alusivos às dependências coletivas.</td><td>38</td></tr>
<tr><td>Casa do Albergado</td><td>Destina-se ao cumprimento de pena privativa de liberdade, em regime aberto, e da pena de limitação de fim de semana. Neste caso, o prédio respectivo deverá situar-se em centro urbano, separado dos demais estabelecimentos, e caracterizar-se pela ausência de obstáculos físicos contra a fuga.</td><td>39</td></tr>
</table>

CAPÍTULO XXXIII– EXECUÇÃO PENAL		
Centro de Observação	É o local destinado à realização dos exames gerais e do criminológico, cujos resultados serão encaminhados à Comissão Técnica de Classificação.	**40**
Hospital de Custódia e Tratamento Psiquiátrico	Consiste no estabelecimento penal destinado aos inimputáveis e semi-imputáveis, aplicando-se a ele, no que couber, as disposições referentes aos requisitos básicos necessários a assegurar o cumprimento da medida de segurança de maneira a garantir a efetividade do princípio da dignidade humana.	**41**
Cadeia pública	É o estabelecimento destinado ao recolhimento de presos provisórios, sendo dever do Estado manter em cada comarca pelo menos 1 (uma) cadeia pública a fim de resguardar o interesse da Administração da Justiça Criminal e a permanência do preso em local próximo ao seu meio social e familiar.	**42**
Critérios para separação de presos provisórios e apenados	De acordo com o art. 84, § 1º, os presos provisórios devem ficar separados, consoante sejam: (1) acusados pela prática de crimes hediondos ou equiparados; (2) acusados pela prática de crimes cometidos com violência ou grave ameaça à pessoa; e (3) acusados pela prática de outros crimes ou contravenções diversos dos dois primeiros. Os critérios para a separação dos condenados devem ser os de: (1) condenados pela prática de crimes hediondos ou equiparados; (2) reincidentes condenados pela prática de crimes cometidos com violência ou grave ameaça à pessoa; (3) primários condenados pela prática de crimes cometidos com violência ou grave ameaça à pessoa; e (4) demais condenados pela prática de outros crimes ou contravenções em situação diversa das três primeiras.	**43**
Execução indireta de atividades acessórias (privatização ou terceirização no sistema prisional)	A partir do advento da Lei nº 13.190/2015, passou-se a admitir a terceirização de serviços não tipicamente públicos no âmbito do sistema prisional. O art. 83-A, *caput*, da LEP, usa a expressão execução indireta. De forma contrária, no art. 83-B, da LEP, o legislador vedou a delegação a terceiros dos serviços que inseriu no núcleo mínimo a ser prestado exclusivamente pelo Estado no espaço do sistema penitenciário. Também aqui arrolou, de forma exemplificativa, os serviços que não podem ser objeto de delegação (execução indireta ou terceirização).	**44**
DEVERES		
São deveres do condenado – e, também, no que couber, do preso provisório –, além das obrigações legais inerentes ao seu estado, submeter-se às normas de execução da pena, especialmente: (1) comportamento disciplinado e cumprimento fiel da sentença;		**45**

CAPÍTULO XXXIII– EXECUÇÃO PENAL	
(2) obediência ao servidor e respeito a qualquer pessoa com quem deva relacionar-se; (3) urbanidade e respeito no trato com os demais condenados; (4) conduta oposta aos movimentos individuais ou coletivos de fuga ou de subversão à ordem ou à disciplina; (5) execução do trabalho, das tarefas e das ordens recebidas; (6) submissão à sanção disciplinar imposta; (7) indenização à vítima ou aos seus sucessores; (8) indenização ao Estado, quando possível, das despesas realizadas com a sua manutenção, mediante desconto proporcional da remuneração do trabalho; (9) higiene pessoal e asseio da cela ou alojamento; e (10) conservação dos objetos de uso pessoal.	**45**
DIREITOS	
Todos os direitos não atingidos pela sentença ou pela lei são garantidos ao condenado e ao internado, sendo vedada qualquer distinção de natureza racial, social, religiosa ou política. Daí que as autoridades devem assegurar o respeito à integridade física e moral dos condenados, dos presos provisórios e dos submetidos à medida de segurança, constituindo direitos da pessoa com a liberdade cerceada: (1) alimentação suficiente e vestuário; (2) atribuição de trabalho e sua remuneração; (3) Previdência Social; (4) constituição de pecúlio; (5) proporcionalidade na distribuição do tempo para o trabalho, o descanso e a recreação; (6) exercício das atividades profissionais, intelectuais, artísticas e desportivas anteriores, desde que compatíveis com a execução da pena; (7) assistência material, à saúde, jurídica, educacional, social e religiosa; (8) proteção contra qualquer forma de sensacionalismo, sendo vedado ao integrante dos órgãos da execução penal, e ao servidor, a divulgação de ocorrência que perturbe a segurança e a disciplina dos estabelecimentos, bem como exponha o preso à inconveniente notoriedade, durante o cumprimento da pena, devendo o emprego de algemas obedecer ao critério da necessidade; (9) entrevista pessoal e reservada com o advogado; (10) visita do cônjuge, da companheira, de parentes e amigos em dias determinados; (11) chamamento nominal; (12) igualdade de tratamento salvo quanto às exigências da individualização da pena; (13) audiência especial com o diretor do estabelecimento; (14) representação e petição a qualquer autoridade, em defesa de direito; (15) contato com o mundo exterior por meio de correspondência escrita, da leitura e de outros meios de informação que não comprometam a moral e os bons costumes; (16) atestado de pena a cumprir, emitido anualmente, sob pena da responsabilidade da autoridade judiciária competente.	**46**

CAPÍTULO XXXIII– EXECUÇÃO PENAL	
DIREITOS POLÍTICOS	
Em compasso com o que determina o art. 15, inciso III, da Constituição de 1988, os direitos políticos não serão cassados. Todavia, na hipótese de condenação criminal transitada em julgado, os direitos políticos ficarão suspensos enquanto persistirem os efeitos da condenação, ainda que se cuide de aplicação de pena restritivas, em compasso com o que decidiu o STF.	**47**
VISITA	
É direito do preso receber visita do cônjuge, da companheira, de parentes e amigos em dias determinados. Caso esteja em Regime Disciplinar Diferenciado, as visitas serão quinzenais. A Lei nº 13.964/2019 ampliou o tempo de uma visita a outra para os apenados inseridos nesse regime. As visitas serão de duas pessoas por vez, a serem realizadas em instalações equipadas para impedir o contato físico e a passagem de objetos, por pessoa da família ou, no caso de terceiro, autorizado judicialmente, com duração de duas horas. Elas serão gravadas, em sistema de áudio ou de áudio e vídeo, e, com autorização judicial, fiscalizada por agente penitenciário, como se infere do art. 52, § 1º, inciso III, e § 3º, da LEP. Não devem ser computadas, no número legal de duas pessoas para essa visita, as crianças, considerada interpretação sistemática do Estatuto da Criança e do Adolescente, com o autorizativo contido na legislação que regula a disciplina nos presídios federais (art. 3º, § 1º, II, da Lei nº 11.671/2008).	**48**
COMUNICAÇÃO	
O apenado tem o direito a se comunicar com seu advogado e com as pessoas da família. Esse direito sofre restrições, porém, quanto ao uso de aparelhos telefônicos, máxime telefones celulares – cujo uso é proibido no interior do estabelecimento, constituindo falta disciplinar. Admite-se, inclusive, em situações excepcionais, o monitoramento de comunicações, tal como se dá com as correspondências destinadas ou emitidas pelos presos, em favor da segurança pública e do estabelecimento.	**49**
ASSISTÊNCIA MATERIAL	
O dever de prestá-la é do Estado, com o fito de prevenir o crime e orientar o retorno à convivência em sociedade, sendo extensiva ao egresso. Uma das espécies de assistência é a material, que consistirá no fornecimento de alimentação, vestuário e instalações higiênicas, devendo o estabelecimento dispor de instalações e serviços que atendam às necessidades pessoais de seus destinatários, bem como de locais para a venda de produtos e objetos permitidos e não fornecidos pela administração.	**50**
ASSISTÊNCIA À SAÚDE	
Compreenderá atendimento médico, farmacêutico e odontológico, pelo que toda vez que o estabelecimento penal não estiver dotado de recursos para prover a assistência médica necessária, esta será prestada em outro local, mediante permissão da direção do estabelecimento. À mulher é garantido acompanhamento médico, notadamente no pré-natal e no pós-parto, extensivo ao recém-nascido, conforme § 3º, do art. 14, da LEP.	**51**

CAPÍTULO XXXIII– EXECUÇÃO PENAL	
ASSISTÊNCIA JURÍDICA	
É devida aos presos e aos internados sem recursos financeiros para constituir advogado, pelo que as Unidades da Federação deverão ter serviços de assistência jurídica, integral e gratuita, pela Defensoria Pública, dentro e fora dos estabelecimentos penais, consoante o art. 16, ***caput***, da LEP.	**52**
ASSISTÊNCIA EDUCACIONAL	
Compreenderá a instrução escolar e a formação profissional do preso e do internado.	**53**
ASSISTÊNCIA SOCIAL	
Tem por objetivo amparar o preso e o internado e prepará-los para o retorno à liberdade, com a incumbência de levar ao conhecimento da direção do estabelecimento os problemas e as dificuldades enfrentadas pelo assistido, promovendo sua orientação para obtenção de direitos previdenciários e de seguro por acidente de trabalho ao preso ou ao internado e à sua família, bem como na fase final do cumprimento da pena, para fins de retorno ao convívio social.	**54**
ASSISTÊNCIA RELIGIOSA	
É garantida aos presos e aos internados, com liberdade de culto, pelo que é permitida a participação nos serviços organizados no estabelecimento penal, bem como a posse de livros de instrução religiosa, devendo existir no estabelecimento local apropriado para os cultos religiosos.	**55**
ASSISTÊNCIA AO EGRESSO	
Consiste na orientação e no apoio para reintegrar a pessoa egressa, liberada definitivamente, pelo prazo de um ano contado da saída do estabelecimento ou em liberdade condicional, durante o período de prova.	**56**
TRABALHO	
O trabalho, na Lei de Execução Penal, tem natureza híbrida. É **direito do preso** e, também, sob este último enfoque, é um **dever social**.	**57**
FALTAS DISCIPLINARES	
O condenado à pena privativa de liberdade ou restritiva de direitos e o preso provisório estão sujeitos à disciplina carcerária, sendo cientificados, no início da execução da pena ou da prisão, das normas disciplinares vigentes. Na hipótese de violação de deveres disciplinares, poderá ser imposta sanção ao preso, desde que haja previsão expressa e anterior, legal ou regulamentar, da respectiva falta. O cometimento de falta grave não interrompe o prazo para obtenção de livramento condicional, a teor da súmula nº 441 do STJ. Também não há interrupção de prazo, quando do cometimento de falta grave, para a concessão de comutação de pena ou indulto (Súmula 535, STJ). Já no que toca à concessão dos demais benefícios referentes à execução da pena, inclusive a progressão de regime, o entendimento do STJ é no sentido de que o cometimento de falta grave pelo apenado importa o reinício da contagem do prazo da pena remanescente, vale dizer, implica interrupção do prazo.	**58**

<table>
<tr><th colspan="3">CAPÍTULO XXXIII– EXECUÇÃO PENAL</th></tr>
<tr><td colspan="2">A Súmula nº 534, dessa Corte Superior, especifica a questão no tocante à progressão de regime, ao vincar que "a prática de falta grave interrompe a contagem do prazo para a progressão de regime de cumprimento de pena, o qual se reinicia a partir do cometimento dessa infração".
A prática de falta grave acarreta ainda a perda dos dias remidos
Sobre a previsão da perda de dias remidos – ora autorizada até 1/3 daquele tempo de remição –, há corrente doutrinária e jurisprudencial crítica que entende que a previsão do art. 127, da LEP, incorre em inconstitucionalidade.
De toda maneira, todo ato jurisdicional do qual decorra restrição de direitos às partes (em especial, limitação de direitos do apenado) deve ser precedido de contraditório, assegurando o direito de defesa ao condenado antes da decisão do juiz, não havendo que se falar em aplicação automática dessas sanções (nesse sentido, a súmula 533 do STJ).</td><td>58</td></tr>
<tr><td>Classificação das faltas disciplinares</td><td>As faltas disciplinares são classificadas em leves, médias e graves, devendo a legislação local especificar as leves e médias, com as respectivas sanções. As sanções previstas para as faltas consumadas são utilizadas para punição da tentativa.
As faltas graves e suas sanções encontram tipificação na própria LEP.
No que toca ao condenado à pena restritiva de direitos, dispõe a Lei de Execução Penal que comete falta grave aquele que:
(1) descumprir, injustificadamente, a restrição imposta;
(2) retardar, injustificadamente, o cumprimento da obrigação imposta;
(3) inobservar o dever de obedecer ao servidor e respeitar qualquer pessoa com quem deva relacionar-se, bem como o dever de execução do trabalho, das tarefas e das ordens recebidas.</td><td>59</td></tr>
<tr><td>Procedimento para a aplicação de sanção por falta disciplinar</td><td>A aplicação de sanção decorrente do cometimento de falta disciplinar requer um procedimento específico, gizado na LEP. Daí que estabelece o seu art. 59 que, uma vez praticada a falta disciplinar, deverá ser instaurado o procedimento para sua apuração, consoante regulamento, assegurado o direito de defesa.
A defesa aqui referida pela Lei é a defesa técnica, isto é, representado o preso por advogado constituído ou defensor nomeado no início do procedimento, para assegurar a garantia do contraditório e da ampla defesa.
A decisão será motivada, podendo a autoridade administrativa decretar o isolamento preventivo do faltoso pelo prazo de até dez dias, ex vi do art. 60, da LEP. De outro lado, a inclusão do preso no regime disciplinar diferenciado, no interesse da disciplina e da averiguação do fato, dependerá de decisão fundamentada do juiz competente.
As sanções possíveis são advertência verbal, repreensão, suspensão ou restrição de direitos e isolamento na própria cela, ou em local adequado, nos estabelecimentos que possuam alojamento coletivo, observados os requisitos mínimos da carceragem. Serão aplicadas por ato motivado do diretor do estabelecimento.</td><td>60</td></tr>
</table>

<table>
<tr><th colspan="3">CAPÍTULO XXXIII– EXECUÇÃO PENAL</th></tr>
<tr><th colspan="3">REGIME DISCIPLINAR DIFERENCIADO</th></tr>
<tr><td colspan="2">É uma forma de cumprimento de pena fixada em regime fechado, vale dizer, "uma sub-divisão do regime fechado, mais rigoroso e exigente, caracterizando verdadeira sanção disciplinar.
Nesse sentido entendemos que o regime disciplinar diferenciado é incompatível com a ideia de progressão de regime. Caso o apenado tenha direito à progressão (presentes os requisitos objetivos e subjetivos), deve ser retirado do regime disciplinar diferenciado.</td><td>61</td></tr>
<tr><td>Requisitos para inclusão no Regime Disciplinar Diferenciado</td><td>A prática de fato previsto como crime doloso constitui falta grave e, quando ocasionar subversão da ordem ou disciplina internas, sujeitará o preso provisório, ou condenado, nacional ou estrangeiro, sem prejuízo da sanção penal, ao regime disciplinar diferenciado.</td><td>62</td></tr>
<tr><td>Condições para cumprimento do Regime Disciplinar Diferenciado em presídio federal</td><td>Em caso de existência de indícios de que o preso exerce liderança em organização criminosa, associação criminosa ou milícia privada, ou que tenha atuação criminosa em dois ou mais Estados da Federação, o regime disciplinar diferenciado será obrigatoriamente cumprido em estabelecimento prisional federal.</td><td>63</td></tr>
<tr><td>Prorrogação do Regime Disciplinar Diferenciado</td><td>Nas hipóteses graves de alto risco, como também de envolvimento com organizações criminosas, associações criminosas e milícias privadas, o regime disciplinar diferenciado poderá ser prorrogado sucessivamente, por períodos de um ano. Para tanto, são necessários indícios de que o preso:
(1) continua apresentando alto risco para a ordem e a segurança do estabelecimento penal de origem ou da sociedade;
(2) mantém os vínculos com organização criminosa, associação criminosa ou milícia privada, considerados também o perfil criminal e a função desempenhada por ele no grupo criminoso, a operação duradoura do grupo, a superveniência de novos processos criminais e os resultados do tratamento penitenciário.</td><td>64</td></tr>
<tr><td>Característica do Regime Disciplinar Diferenciado</td><td>O regime disciplinar diferenciado determina maior rigor para o cumprimento de pena, sujeitando o preso nele incluído – provisório ou definitivo, nacional ou estrangeiro –, às seguintes características:
(1) duração máxima de até 2 (dois) anos, sem prejuízo de repetição da sanção por nova falta grave de mesma espécie;
(2) recolhimento em cela individual;
(3) visitas quinzenais, de duas pessoas por vez, a serem realizadas em instalações equipadas para impedir o contato físico e a passagem de objetos, por pessoa da família ou, no caso de terceiro, autorizado judicialmente, com duração de duas horas.
(4) direito do preso à saída da cela por duas horas diárias para banho de sol, em grupos de até quatro presos, desde que não haja contato com presos do mesmo grupo criminoso;</td><td>65</td></tr>
</table>

<table>
<tr><th colspan="3">CAPÍTULO XXXIII– EXECUÇÃO PENAL</th></tr>
<tr><td>Característica do Regime Disciplinar Diferenciado</td><td>(5) entrevistas sempre monitoradas, exceto aquelas com seu defensor, em instalações equipadas para impedir o contato físico e a passagem de objetos, salvo expressa autorização judicial em contrário;
(6) fiscalização do conteúdo da correspondência;
(7) participação em audiências judiciais preferencialmente por videoconferência, garantindo-se a participação do defensor no mesmo ambiente do preso.</td><td>65</td></tr>
<tr><th colspan="2">RECOMPENSAS</th><td></td></tr>
<tr><td colspan="2">Têm em vista o bom comportamento reconhecido em favor do condenado, de sua colaboração com a disciplina e de sua dedicação ao trabalho, podendo consistir em elogio e concessão de regalias, devendo a legislação local e regulamentos estabelecerem a natureza e a forma de concessão.</td><td>66</td></tr>
<tr><th colspan="2">INTERVENÇÃO DO MINISTÉRIO PÚBLICO NA EXECUÇÃO PENAL</th><td></td></tr>
<tr><td colspan="2">O Ministério Público é elencado como um dos órgãos da execução penal. Pela importância de sua intervenção, entendemos que seu estudo deve ser apartado, eis que lhe cabe fiscalizar a execução da pena e da medida de segurança, oficiando no processo executivo e nos incidentes da execução, especialmente para:
(1) fiscalizar a regularidade formal das guias de recolhimento e de internamento;
(2) requerer:
(a) todas as providências necessárias ao desenvolvimento do processo executivo;
(b) a instauração dos incidentes de excesso ou desvio de execução;
(c) a aplicação de medida de segurança, bem como a substituição da pena por medida de segurança;
(d) a revogação da medida de segurança;
(e) a conversão de penas, a progressão ou regressão nos regimes e a revogação da suspensão condicional da pena e do livramento condicional;
(f) a internação, a desinternação e o restabelecimento da situação anterior;
(3) interpor recursos de decisões proferidas pela autoridade judiciária, durante a execução.
A Lei de Execução Penal preconiza ainda que o órgão do Ministério Público visitará mensalmente os estabelecimentos penais, registrando a sua presença em livro próprio. É uma atribuição relevante que possibilita o controle da regularidade do cumprimento da pena, notadamente no tocante aos prazos para concessão de benefícios em conformidade com a guia de execução penal.</td><td>67</td></tr>
<tr><th colspan="2">PENAS PRIVATIVAS DE LIBERDADE</th><td></td></tr>
<tr><td colspan="2">As penas privativas de liberdade, segundo o art. 33, Código Penal, são a de reclusão e a de detenção. A principal diferença de uma para a outra é quanto aos limites deferidos ao juiz para a fixação do regime de cumprimento de pena. Daí que a pena de reclusão deve ser cumprida em regime fechado, semiaberto ou aberto, enquanto que a de detenção, em regime semiaberto, ou aberto, salvo necessidade de transferência a regime fechado.</td><td>68</td></tr>
</table>

CAPÍTULO XXXIII– EXECUÇÃO PENAL	
A Lei de Contravenções Penais prevê, em acréscimo, a prisão simples. Ela deve ser cumprida, sem rigor penitenciário, em estabelecimento especial ou seção especial de prisão comum, em regime semiaberto ou aberto. O trabalho é facultativo para o condenado à pena que não exceda quinze dias de prisão simples. Deve ficar separado dos presos punidos com reclusão ou detenção. Para o cumprimento de pena privativa de liberdade, é imprescindível a emissão de guia de execução penal (art. 107, LEP).	**68**
PENAS RESTRITIVAS DE DIREITO	
No art. 143, do CP, estão dispostas as penas privativas de direitos. É possível a aplicação de outras penas restritivas de direito além daquelas descritas, desde que previstas em outros microssistemas penais, disciplinados em leis especiais, como os diplomas legais que descrevem tipos delitivos referentes ao ambiente, ao trânsito e aos entorpecentes. O regramento de aplicação das penas restritivas de direito tem por pressuposto a autonomia, substituindo as penas privativas de liberdade quando presentes os seguintes requisitos: (1) aplicada pena privativa de liberdade não superior a quatro anos e o crime não for cometido com violência ou grave ameaça à pessoa ou, qualquer que seja a pena aplicada, se o crime for culposo; (2) o réu não for reincidente em crime doloso; e (3) a culpabilidade, os antecedentes, a conduta social e a personalidade do condenado, bem como os motivos e as circunstâncias indicarem que essa substituição seja suficiente. Essas condições devem ser interpretadas em cotejo com as disposições dos parágrafos 2º a 5º, do art. 44, do Código Penal, pelo que: (1) na condenação igual ou inferior a um ano, a substituição pode ser realizada por multa ou por uma pena restritiva de direitos; se superior a um ano, a pena privativa de liberdade pode ser substituída por uma pena restritiva de direitos e multa ou por duas restritivas de direitos; (2) se reincidente o condenado, o magistrado poderá aplicar a substituição, desde que, em face de condenação anterior, a medida seja socialmente recomendável e a reincidência não se tenha operado em virtude da prática do mesmo crime (**reincidência específica**); (3) haverá conversão da pena restritiva de direitos em privativa de liberdade quando houver o descumprimento injustificado da restrição imposta. Nessa hipótese, será deduzido, no cálculo da pena privativa de liberdade a executar, o tempo cumprido da pena restritiva de direitos, respeitado o saldo mínimo de trinta dias de detenção ou reclusão; (4) advindo condenação a pena privativa de liberdade, por outro crime, o juiz da execução penal decidirá sobre a conversão, podendo deixar de aplicá-la se for possível ao condenado cumprir a pena substitutiva anterior. A execução da pena restritiva de direito é ordenada pelo juiz da execução, de ofício ou a requerimento do Ministério Público.	**69**

CAPÍTULO XXXIII– EXECUÇÃO PENAL

PENA DE MULTA

A execução da pena de multa deve ser promovida pelo Ministério Público, perante o juiz da execução penal. Decerto, consoante o art. 51, do Código Penal, com redação conferida pela Lei nº 13.964/2019, uma vez transitada em julgado a sentença condenatória, a multa será executada perante o juiz da execução penal e será considerada dívida de valor, aplicáveis as normas relativas à dívida ativa da Fazenda Pública, inclusive no que concerne às causas interruptivas e suspensivas da prescrição.

Nos termos do art. 164, da LEP, depois de extraída certidão da sentença condenatória com trânsito em julgado, que é título executivo judicial, ao Ministério Público cabe requerer, em autos apartados, a citação do condenado para, no prazo de dez **70** dias, pagar o valor da multa ou nomear bens à penhora. Se expirado o prazo sem o pagamento respectivo, ou o depósito da importância, terá lugar a penhora de tantos bens quantos bastassem para garantir a execução, com a observância, a partir daí, das disposições da lei processual civil.

A multa é dívida de valor, mas é, nesses termos, dotada de natureza jurídica penal.

A pena de multa aplicada isoladamente, no âmbito dos juizados especiais criminais, deve ser executada perante ele próprio, mediante a aplicação das regras que decorrem do atual texto do art. 51, do Código Penal, e da Lei nº 9.099/1995.

MEDIDA DE SEGURANÇA

A execução de medida de segurança terá lugar depois de transitada em julgado a sentença que aplicá-la, ordenada a expedição de guia para a execução. A sentença que aplica medida de segurança decorre do reconhecimento de semi-imputabilidade (sentença condenatória) ou de inimputabilidade do agente (sentença absolutória imprópria).

Daí o enunciado nº 422, da Súmula do STF, averbar que a absolvição criminal não prejudica a medida de segurança, quando couber, ainda que importe privação da liberdade.

A medida de segurança de internação ou de tratamento ambulatorial não tem prazo determinado, perdurando enquanto não for verificada, por perícia médica, a cessação de periculosidade.

No entanto, o prazo mínimo da medida de segurança encontra seus limites definidos **71** no art. 97, § 1º, do Código Penal, variando de um a três anos. Como se depreende, o critério para a limitação máxima da medida de segurança é a cessação da periculosidade. A medida não deve exceder o limite do art. 75 do CP, razão pela qual nenhuma medida de segurança deve subsistir por prazo superior a **quarenta anos**, independente da cessação da periculosidade do internado.

Estabelecendo um patamar máximo a fim de evitar que a medida de segurança perdure *ad eternum*, o STJ, por sua vez, assentou, em sua Súmula 527, que "o tempo de duração da medida de segurança não deve ultrapassar o limite máximo da pena abstratamente cominada ao delito praticado"

PRISÃO ALBERGUE DOMICILIAR

A prisão domiciliar é excepcional, somente se admitindo o recolhimento do beneficiário de regime aberto em residência particular quando se tratar de:

(1) condenado maior de 70 (setenta) anos; (2) condenado acometido de doença grave; (3) condenada com filho menor ou deficiente físico ou mental; e (4) condenada gestante. **72**

Entendemos que, na falta de casa do albergado, destinada ao cumprimento de pena em regime aberto e de pena de limitação de fim de semana, é possível o deferimento de prisão albergue domiciliar, não sendo admissível restringir direito do apenado em virtude de omissão do Estado.

<table>
<tr><th colspan="3">CAPÍTULO XXXIII– EXECUÇÃO PENAL</th></tr>
<tr><th colspan="3">PROCEDIMENTO DA EXECUÇÃO PENAL</th></tr>
<tr><td colspan="2">O procedimento para a execução penal se desenvolve judicialmente, perante o juízo da execução, ou seja, perante o juiz criminal com competência prevista nas leis de organização judiciária.
A legitimidade para o impulso da execução penal é ampla. O rito pode ser assim iniciado de ofício, a requerimento do Ministério Público, do interessado, de quem o represente, de seu cônjuge, parente ou descendente, mediante proposta do Conselho Penitenciário, ou, ainda, da autoridade administrativa.</td><td>73</td></tr>
<tr><td>Guia de execução penal</td><td>Ao transitar em julgado a sentença que aplicar pena privativa de liberdade e se o réu estiver ou vier a ser preso, o juiz ordenará a expedição de guia de recolhimento para a execução (guia de execução penal).
Nada impede que a emissão de guia de recolhimento seja também possível ordenada para o acusado preso preventivamente e condenado por sentença recorrível, porquanto é na guia de recolhimento que constam os dados necessários para a segregação do agente, possibilitando a concessão de benefícios que só seriam auferíveis se transitada em julgado a sentença, a exemplo da progressão de regime e livramento condicional.</td><td>74</td></tr>
<tr><th colspan="3">PROCESSAMENTO DA EXECUÇÃO PENAL</th></tr>
<tr><td colspan="2">Consoante seja a iniciativa do juízo da execução penal ou de outro legitimado, a portaria ou petição será autuada ouvindo-se, em três dias, o condenado e o Ministério Público, quando não figurem como requerentes da medida. Os autos de execução penal são formados de cópias das peças essenciais da ação penal, tais como denúncia, sentença e acórdãos, não sendo necessária produção de prova, pelo que o juiz proferirá decisão de plano, em igual prazo, determinando a emissão de guia de execução penal.</td><td>75</td></tr>
<tr><th colspan="3">EXECUÇÃO PROVISÓRIA DA PENA</th></tr>
<tr><td colspan="2">A execução provisória da pena se fundamenta na ideia de que depois de prolatada a sentença condenatória, já preclusa ao MP, se impõe a prisão decorrente da condenação.
O STF e demais tribunais vêm oscilando de entendimento sobre a matéria. No entanto, no julgamento das ADC's 43, 44 e 54, foi dito que a execução antecipada de pena, em razão de confirmação de condenação em segunda instância, antes do trânsito em julgado, viola a presunção de inocência.</td><td>76</td></tr>
<tr><th colspan="3">REGIME DE CUMPRIMENTO DA PENA</th></tr>
<tr><td colspan="2">É na sentença que o juiz define o regime no qual o condenado deve iniciar o cumprimento da pena privativa de liberdade, nos termos do art. 33, do Código Penal. Não pode ser determinado regime mais gravoso que o previsto legalmente, com base apenas na gravidade em tese do crime, sem fundamentação suficiente.</td><td>77</td></tr>
<tr><th colspan="3">REGRESSÃO DE REGIME</th></tr>
<tr><td colspan="2">Durante a execução da pena privativa de liberdade, pode haver regressão de regime de pena. A forma regressiva terá lugar, com a transferência para qualquer dos regimes mais rigorosos, quando o apenado incorrer em uma das situações previstas na legislação:
(1) Praticar fato definido como crime doloso ou falta grave.</td><td>78</td></tr>
</table>

<table>
<tr><th colspan="3">CAPÍTULO XXXIII– EXECUÇÃO PENAL</th></tr>
<tr><td colspan="2">(2) Sofrer condenação, por crime anterior, cuja pena, somada ao restante da pena em execução, torne incabível o regime.
Como se depreende, a unificação das penas em razão do advento de nova condenação por delito anterior ao trânsito em julgado daquele da execução já em curso, tem o efeito de tornar mais intenso o cumprimento de pena, isto é, há um recrudescimento da execução penal em tramitação. No entanto, o teto de quarenta anos estabelecido no art. 75, do CP, na redação da Lei nº 13.964/2019, é um limite a uma maior intensidade penal.
Daí não se pode permitir a alteração do parâmetro temporal inicial (data-base, termo a quo), quando da unificação das penas, para a concessão de benefícios subsequentes, à míngua de previsão legal e desconsiderando o tempo anterior. Se tal fosse permitido, a cada unificação, ficaria sobremodo difícil ao apenado lograr completar o tempo previsto em lei para o deferimento de progressão de regime ou de livramento condicional.
Além dessas hipóteses, o apenado será transferido do regime aberto se frustrar os fins da execução ou não pagar, podendo, a multa cumulativamente imposta.</td><td>78</td></tr>
<tr><td>Regressão cautelar</td><td>A regressão ou suspensão cautelar de regime pode ser aplicada pelo juiz, em decisão fundamentada. Decorre de situação que o juiz das execuções deve ordenar o retorno do apenado ao regime anterior (regime fechado, por exemplo), caso verifique fato dotado de fumus commissi delicti e que recomende decisão que afaste periculum libertatis que deflui do regime menos rigoroso.</td><td>79</td></tr>
<tr><th colspan="3">PROGRESSÃO DE REGIME</th></tr>
<tr><td colspan="2">Em respeito ao princípio da individualização da pena, a sanção privativa de liberdade será executada em forma progressiva com a transferência para regime menos rigoroso, a ser determinado pelo juiz, quando o preso tiver cumprido as condições estipuladas no art. 112, caput, da LEP.</td><td>80</td></tr>
<tr><td>Disciplina legal anterior do requisito temporal necessário à progressão de regime</td><td>A disciplina legal anterior deve ser aplicada ao processo de execução penal de fato ocorrido durante a sua vigência. Em outros termos, podemos nos deparar com a ultratividade da lei penal, ou seja, com a aplicação das leis revogadas aos fatos acontecidos ao tempo em que estavam em vigor. Trata-se de questão de direito intertemporal.</td><td>81</td></tr>
<tr><td>Progressão de regime da mulher gestante, mãe de crianças ou com dependente</td><td>A Lei nº 13.964/2019 não revogou a progressão diferenciada para a mulher enquadrada na hipótese do § 3º, do art. 112, da LEP, consoante redação da Lei nº 13.769/2018.
Nos seus termos, a mulher que seja gestante, mãe de crianças ou responsável por pessoa com deficiência, deverá progredir de regime se cumprido 1/8 (um oitavo) da pena, desde que seja primária, tenha bom comportamento carcerário, não integre organização criminosa e não tenha cometido crime com violência ou grave ameaça à pessoa ou, ainda, contra seu filho ou dependente.</td><td>82</td></tr>
</table>

CAPÍTULO XXXIII– EXECUÇÃO PENAL		
Requisito temporal diferenciado para a progressão do regime	Podemos dizer que a Lei nº 13.964/2019 trouxe limites de tempo diversificados à progressão de regime durante o cumprimento da pena privativa de liberdade. Findou por adotar uma combinação de critérios para estabelecer a exigência de cumprimento de um percentual de tempo maior ou menor. Em todos os casos continua sendo exigido do apenado, para fins de obtenção do direito à progressão de regime, ostentar boa conduta carcerária, comprovada pelo diretor do estabelecimento, respeitadas as normas que vedam a progressão, em compasso com o que dita o § 1º, do art. 112, da LEP. Falamos de um modo geral porque o tempo menor para progressão de regime era estabelecido por meio da fração 1/6 (um sexto). Com a Lei nº 13.964/2019, o menor lapso passou a ser exprimido por porcentagem. Será ela, doravante, de 16% (dezesseis por cento). O art. 112, da LEP, com o texto conferido pelo diploma legal aludido, estatui que a pena privativa de liberdade será executada em forma progressiva com a transferência para regime menos rigoroso, a ser determinada pelo juiz. Devem ser observadas as regras esparsas que vedam a progressão de regime, de forma permanente ou transitória.	**83**
Progressão por salto	Pensamos ser possível que o apenado seja beneficiado pela progressão por salto. É o entendimento dos tribunais, notadamente do STJ, que, recentemente, editou o verbete sumular nº 491, cujo conteúdo é claro e peremptório, ao asseverar ser inadmissível a chamada progressão ***per saltum*** de regime prisional.	**84**
LIVRAMENTO CONDICIONAL		
O livramento condicional é benefício que pode ser conferido ao condenado a pena privativa de liberdade igual ou superior a dois anos, com o deferimento de sua liberdade sob determinadas condições que devem ser cumpridas sob pena de revogação do instituto. Para a concessão do benefício, o art. 83, do Código Penal prevê requisitos objetivos e subjetivos, a saber: (1) cumprimento de **mais de um terço** da pena se o condenado não for reincidente em crime doloso e tiver **bons antecedentes**; (2) cumprimento de **mais da metade** da pena se o condenado for reincidente em crime doloso. Cuida-se de **reincidência específica**; (3) comprovação de **comportamento satisfatório** durante a execução da pena, bom desempenho no **trabalho** que lhe foi atribuído e aptidão para prover à própria **subsistência** mediante trabalho honesto; (4) efetiva reparação do dano causado pela infração, salvo efetiva impossibilidade de fazê-lo; (5) cumprimento de **mais de dois terços** da pena, nos casos de condenação por crime hediondo, prática de tortura, tráfico ilícito de entorpecentes e drogas afins, tráfico de pessoas e terrorismo, se o apenado **não for reincidente específico** em crimes dessa natureza.		**85**

CAPÍTULO XXXIII– EXECUÇÃO PENAL	
Para o condenado por crime doloso, cometido com violência ou grave ameaça à pessoa, a concessão do livramento é também subordinada à constatação de condições pessoais que façam presumir que o liberado não voltará a delinquir. Em acréscimo, pontuamos que, de acordo com as regras acrescidas pela Lei nº 13.964/2019, estará **vedado o livramento condicional**: (1) pela prática de crime **hediondo** ou **equiparado**, com resultado **morte**, se for **primário** (art. 112, VI, "a", LEP); (2) se o apenado for **reincidente** em crime **hediondo** ou **equiparado** com resultado **morte** (art. 112, VIII, LEP); (3) se for o agente condenado expressamente em sentença por integrar **organização criminosa** ou por crime praticado por meio de organização criminosa, se presentes elementos probatórios que indiquem a **manutenção do vínculo associativo** (art. 2º, § 9º, Lei nº 12.850/2013). Harmonizando esses dispositivos, devem ser ouvidos, nessa ordem, antes da deliberação fundamentada do juiz das execuções penais, o **Ministério Público**, o **Conselho Penitenciário** e o **defensor**. Se a decisão for denegatória e vier a ser reformada em instância superior por força de julgamento de agravo em execução, os autos baixarão ao juízo de primeiro grau para as providências cabíveis. Assim que concedido o benefício, é de ser emitida carta de livramento com a cópia integral da sentença em duas vias, com a remessa de uma via à autoridade administrativa incumbida da execução e de outra ao Conselho Penitenciário. O benefício poderá ser revogado obrigatoriamente ou facultativamente. A **revogação** do livramento condicional será **obrigatória** se o liberado vem a ser condenado a pena privativa de liberdade, em **sentença irrecorrível**, por crime cometido durante a vigência do benefício, ou por crime anterior, depois de somadas as penas em decisão que as unifique. De outro lado, haverá **revogação facultativa**, caso o liberado deixe de cumprir qualquer das obrigações constantes da sentença, ou for irrecorrivelmente condenado, por crime ou contravenção, a pena que não seja privativa de liberdade.	**85**
CONDIÇÕES PARA CUMPRIMENTO DE REGIME DE PENA	
O ingresso do apenado em regime aberto supõe a aceitação de seu programa e das condições impostas pelo juiz, somente podendo ingressar nesse regime o apenado que: (1) estiver trabalhando ou comprovar a possibilidade de fazê-lo imediatamente; e (2) apresentar, pelos seus antecedentes ou pelo resultado dos exames a que foi submetido, fundados indícios de que irá ajustar-se, com autodisciplina e senso de responsabilidade, ao novo regime. Atento às condições individuais dos apenados, o legislador autorizou dispensa do trabalho da pessoa condenada: (1) maior de setenta anos; (2) acometida de doença grave; (3) com filho menor ou deficiente físico ou mental; e (4) gestante. São condições gerais e obrigatórias para a concessão do regime aberto: (1) permanecer o condenado no local que for designado, durante o repouso e nos dias de folga; (2) sair para o trabalho e retornar, nos horários fixados; (3) não se ausentar da cidade onde reside, sem autorização judicial; e (4) comparecer a Juízo, para informar e justificar as suas atividades, quando for determinado.	**86**

<table>
<tr><th colspan="3">CAPÍTULO XXXIII- EXECUÇÃO PENAL</th></tr>
<tr><td colspan="2">Além das condições acima, o juiz poderá estabelecer condições especiais, como autoriza o art. 115, da Lei de Execução Penal. Entretanto, nos termos do verbete sumular nº 493, do STJ, é inadmissível a fixação de pena substitutiva como condição especial ao regime aberto.</td><td>86</td></tr>
<tr><th colspan="3">INCIDENTES E CONVERSÕES</th></tr>
<tr><td colspan="2">A disciplina da substituição da pena privativa de liberdade em penas restritivas de direitos encontra-se, especialmente, disposta no Código Penal, a partir de seu art. 44, com redação dada pela Lei nº 9.714/1998. Tal substituição é aplicada por ocasião da prolação da sentença condenatória e depende da presença dos requisitos ali estampados.

Diferente é a conversão da pena privativa de liberdade cujo cumprimento se encontra em curso em pena restritiva de direitos. Nesta hipótese, o que se requer, primeiramente, é que não tenha sido aplicado o artigo 44, do Código Penal, ou, mais precisamente, que o apenado esteja cumprindo pena em regime aberto. Além dessa condição, para a conversão é preciso que o condenado tenha cumprido pelo menos um quarto da pena, bem como que seus antecedentes e personalidade indicarem ser recomendável a providência.

De outro lado, a conversão da pena restritiva de direitos em privativa de liberdade ocorrerá na hipótese de descumprimento injustificado da restrição imposta. Para a conversão, no cálculo da pena privativa de liberdade a se executar será deduzido o tempo cumprido da pena restritiva de direitos, respeitado o saldo mínimo de trinta dias de detenção ou reclusão, a teor do § 4º, do art. 44, do Código Penal.</td><td>87</td></tr>
<tr><td>Doença mental superveniente</td><td>O art. 183, da LEP, preconiza que, nesse caso, o juiz das execuções, de ofício, a requerimento do Ministério Público, da Defensoria Pública ou da autoridade administrativa, poderá determinar a substituição da pena por medida de segurança.

Em tal caso, de superveniência de doença mental, o apenado deve ser recolhido a hospital de custódia e tratamento psiquiátrico ou, à falta, a outro estabelecimento adequado. De outra vertente, o tratamento ambulatorial poderá ser convertido em internação se o agente revelar incompatibilidade com a medida, hipótese em que o prazo mínimo de internação será de um ano.</td><td>88</td></tr>
<tr><td>Desvio e excesso de execução</td><td>Desvio ou excesso de execução se configurará toda vez que algum ato for praticado além dos limites fixados na sentença, em normas legais ou regulamentares. Nessa situação fática, é possível a um dos legitimados suscitar o incidente de excesso ou desvio de execução.</td><td>89</td></tr>
<tr><td>Anistia e indulto</td><td>A anistia e o indulto são benefícios concedidos como decorrência da soberania estatal, a primeira de competência do Congresso Nacional e o segundo por decreto do Presidente da República.

A anistia é instituto de abrangência preponderantemente coletiva, dependente de lei em sentido estrito, que deve referir crimes determinados que serão objeto de extinção da punibilidade.</td><td>90</td></tr>
</table>

<table>
<tr><th colspan="3">CAPÍTULO XXXIII– EXECUÇÃO PENAL</th></tr>
<tr><td>Anistia e indulto</td><td>O indulto, como ato de clemência do Poder Executivo, pode ser individual ou coletivo, extinguindo a punibilidade de crimes cometidos pelos apenados contemplados, de acordo com os requisitos que impuser, seja relativamente à época do delito, seja no tocante ao tempo de cumprimento da pena.

O indulto individual é também denominado de graça na Constituição do Brasil e em outros diplomas legislativos, consistindo em benefício que "pode ser total, hipótese em que alcança todas as sanções impostas ao condenado, ou parcial, hipótese em que ocorrerá o instituto da comutação, que implicará tão somente a redução ou substituição da sanção aplicada".

Enquanto o indulto coletivo é concedido espontaneamente, independentemente de provocação, pelo Presidente da República, a diversas pessoas que se estiverem em determinadas condições ou situações estabelecidas em decreto, o indulto individual ou graça "é pleiteado pelo interessado ou por quem o represente ou pelo próprio Ministério Público ou pelo Conselho Penitenciário ou por qualquer autoridade administrativa, por petição, encaminhada ao Conselho Penitenciário, para este órgão emitir o competente parecer e encaminhá-lo ao Ministério da Justiça".</td><td>90</td></tr>
<tr><th colspan="3">REMIÇÃO PELO ESTUDO E PELO TRABALHO</th></tr>
<tr><td colspan="2">A remição consiste no direito do condenado que cumpre pena em regime fechado ou semiaberto abater, pelo trabalho ou pelo estudo, parte do tempo de execução da pena, cuja contagem será feita à razão de:

(1) um dia de pena a cada doze horas de frequência escolar (presencial ou à distância) divididas, no mínimo, em três dias.

(2) um dia de pena por três de trabalho. As hipóteses de remição de pena constituem rol aberto, não taxativo.

(3) quatro dias de pena para cada obra lida, seja ela literária, clássica, científica ou filosófica, possibilitando, limitando-se a até doze obras lidas e avaliadas e, de conseguinte, tornando possível remir até quarenta e oito dias, no prazo de doze meses, de acordo com a capacidade gerencial da Unidade, a teor do art. 4º, da Portaria Conjunta nº 276/2012, do Departamento Penitenciário Nacional.

O preso provisório, por sua vez, pode ser beneficiado pela remição, devendo ser registrada sua frequência ao trabalho ou ao curso regular na forma do art. 126, da LEP, para fins de declaração judicial após sobrevir a aplicação da pena.

O preso poderá remir a pena de forma concomitante: pelas horas de trabalho e pelas horas de estudo. Para tanto, as horas devem ser definidas de forma a se compatibilizarem, para que as de uma atividade não se sobreponham as da outra: 4 horas diárias de estudo ou 8 horas de trabalho, ou seja, 1 hora de estudo equivale a 2 horas de trabalho. É a dicção do § 3º, do art. 126, da LEP, que estabelece que para fins de cumulação dos casos de remição, as horas diárias de trabalho e de estudo serão definidas de forma a se compatibilizarem.</td><td>91</td></tr>
</table>

CAPÍTULO XXXIII- EXECUÇÃO PENAL	
Não é possível reconhecer duas vezes a remição da pena em decorrência de trabalho e de estudo realizados no mesmo período, porque a remição deve guardar correlação com a jornada de trabalho prevista no art. 33, da LEP. Porém, nada impede que condenado estude e trabalhe no mesmo dia, quando as horas dedicadas a tais atividades somente podem ser somadas, para fins de remição da reprimenda, até o limite máximo de oito horas diárias.	**91**
REMIÇÃO FICTA E DEGRADANTE	
O legislador já avançou para admitir a remição pelo estudo. Contudo, falta contemplar outras situações de fato que justificariam a remição, mas que não é admitida a sua aplicação por falta de previsão legal. Fala-se, portanto, em remição ficta e em remição degradante. Ambas, por ora, não são aceitas pelo sistema jurídico penal pátrio.	**92**
DETRAÇÃO PENAL	
Detração penal consiste no cômputo, na pena privativa de liberdade e na medida de segurança, do tempo de prisão provisória, no Brasil ou no estrangeiro, o de prisão administrativa e o de internação em estabelecimento prisional, com o abatimento na pena definitiva, ou na medida de segurança, do tempo de cárcere cautelar, em verdadeiro sistema de compensação.	**93**
AUTORIZAÇÕES DE SAÍDA	
As autorizações de saída são subdividas em permissão de saída e em saída temporária (autorização de saída em sentido estrito ou propriamente dita). Autorização de saída é gênero da qual permissão de saída e saída temporária são espécies. **Permissão de saída:** é aquela concedida pelo diretor do estabelecimento, onde se encontra o preso. É deferida aos condenados que cumprem pena em **regime fechado** ou **semiaberto** e aos presos provisórios, mediante escolta, quando poderão obter permissão para sair do estabelecimento ocorrendo um dos seguintes fatos: (1) falecimento ou doença grave do cônjuge, companheira, ascendente, descendente ou irmão; e (2) necessidade de tratamento médico. Daí que a permanência do preso fora do estabelecimento terá a duração necessária à finalidade da saída. **Saída temporária:** consiste na **autorização de saída em sentido estrito**, concedida por ato judicial. Essa concessão para sair temporariamente do estabelecimento é destinada aos condenados que cumprem pena em **regime semiaberto**, sem vigilância direta, nos seguintes casos: (1) visita à família; (2) frequência a curso supletivo profissionalizante, bem como de instrução do segundo grau ou superior, na Comarca do Juízo da Execução; e (3) participação em atividades que concorram para o retorno ao convívio social. A **saída temporária** deve concedida por **ato motivado do juiz da execução**, ouvidos o Ministério Público e a administração penitenciária e dependerá do preenchimento dos seguintes requisitos: (1) comportamento adequado; (2) cumprimento mínimo de um sexto da pena, se o condenado for primário, e um quarto, se reincidente; e (3) compatibilidade do benefício com os objetivos da pena.	**94 a 96**

CAPÍTULO XXXIII– EXECUÇÃO PENAL	
O condenado que cumpre pena por praticar **crime hediondo** com **resultado morte** não terá direito à saída temporária, segundo o teor do § 2º, do art. 122, da LEP, na redação imprimida pela Lei nº 13.964/2019. O ato judicial de **saída temporária** é indelegável, a teor da Súmula 520, do STJ, que elucida que o benefício de saída temporária no âmbito da execução penal é ato jurisdicional insuscetível de delegação à autoridade administrativa do estabelecimento prisional. O prazo de duração da autorização de saída não excederá sete dias, podendo ser renovado por mais quatro vezes durante o ano.	**94 a 96**
MONITORAÇÃO ELETRÔNICA	
Conforme reza o art. 146-B, da Lei de Execução Penal, o juiz poderá definir a fiscalização por meio da monitoração eletrônica nos seguintes casos: (1) quando autorizar a saída temporária no regime semiaberto; e (2) quando determinar a prisão domiciliar. Uma vez definida a monitoração eletrônica pelo juiz da execução, o apenado será instruído sobre os cuidados que deve adotar com o equipamento eletrônico, bem como sobre os seguintes deveres: (1) receber visitas do servidor responsável pela monitoração eletrônica, responder aos seus contatos e cumprir suas orientações; e (2) abster-se de remover, de violar, de modificar, de danificar de qualquer forma o dispositivo de monitoração eletrônica ou de permitir que outrem o faça;	**97**
SUSPENSÃO CONDICIONAL DA PENA	
O juiz poderá suspender, pelo período de dois a quatro anos, a execução da pena privativa de liberdade, não superior a dois anos, na forma prevista nos artigos 77 a 82, do Código Penal, e no art. 156, da LEP. Nos termos do § 2º, do art. 77, do CP, a execução da pena privativa de liberdade, não superior a quatro anos, poderá ainda ser suspensa, por quatro a seis anos, desde que o condenado seja maior de setenta anos de idade, ou razões de saúde justifiquem a suspensão. O juiz ou tribunal, na sentença que aplicar pena privativa de liberdade, deverá pronunciar-se, motivadamente, sobre a suspensão condicional, quer a conceda, quer a denegue, quando surgir a possibilidade, em tese, de seu deferimento. Uma vez concedida a suspensão, o juiz especificará as condições que o condenado deve se submeter, pelo prazo fixado, começando este a correr da audiência. As condições, a seu turno, serão adequadas ao fato e à situação pessoal do apenado, devendo ser incluída entre as mesmas a de prestar serviços à comunidade, ou limitação de fim de semana, salvo na hipótese de ter o acusado reparado o dano ou ter sido impossível fazê-lo, quando o juiz aplicará cumulativamente as seguintes condições: **(1)** proibição de frequentar determinados lugares; **(2)** proibição de ausentar-se da comarca onde reside, sem autorização do juiz; e **(3)** comparecimento mensal e obrigatório a juízo, mensalmente, para informar e justificar suas atividades.	**98**

CAPÍTULO XXXIII– EXECUÇÃO PENAL	
As condições e regras estabelecidas na sentença, afirmadas em audiência admonitória para a suspensão condicional da pena, poderão ser modificadas a qualquer tempo, de ofício, a requerimento do Ministério Público ou mediante proposta do Conselho Penitenciário, ouvido o condenado. Apesar da omissão da Lei, também a defesa do condenado poderá solicitar modificação das condições, ouvido o Ministério Público, justificando a necessidade das alterações pretendidas.	98
A **revogação** da suspensão condicional da pena poderá ser obrigatória ou facultativa (art. 81, CP). Haverá, diferentemente, **prorrogação do prazo** de suspensão até julgamento definitivo, se o beneficiário estiver sendo processado por outro crime ou contravenção. É de ver que quando facultativa a revogação, o juiz pode, ao invés de decretá-la, prorrogar o período de prova até o máximo, se este não foi o fixado.	98
MEIOS DE IMPUGNAÇÃO	
Das decisões proferidas pelo juiz das execuções caberá recurso de agravo, via de regra, sem efeito suspensivo. Quando se tratar de sentença que determina a **liberação** ou **desinternação** de pessoa submetida à medida de segurança de internação, o agravo em execução **terá efeito suspensivo.**	99
EXTINÇÃO DE PUNIBILIDADE PELO CUMPRIMENTO DA PENA	
O processo de execução penal se encerra com decisão do juiz das execuções que declara extinta a punibilidade em virtude do integral cumprimento da pena.	100

102. SÚMULAS DO STJ

171. Cominadas cumulativamente, em lei especial, penas privativa de liberdade e pecuniária, é defeso a substituição da prisão por multa.

192. Compete ao juízo das execuções penais do Estado a execução das penas impostas a sentenciados pela Justiça Federal, Militar ou Eleitoral, quando recolhidos a estabelecimentos sujeitos à administração estadual.

341. A frequência a curso de ensino formal é causa de remição de parte do tempo de execução de pena sob regime fechado ou semiaberto.

439. Admite-se o exame criminológico pelas peculiaridades do caso, desde que em decisão motivada.

440. Fixada a pena-base no mínimo legal, é vedado o estabelecimento de regime prisional mais gravoso do que o cabível em razão da sanção imposta, com base apenas na gravidade abstrata do delito.

441. A falta grave não interrompe o prazo para obtenção de livramento condicional.

471. Os condenados por crimes hediondos ou assemelhados cometidos antes da vigência da Lei nº 11.464/2007 sujeitam-se ao disposto no art. 112 da Lei nº 7.210/1984 (Lei de Execução Penal) para a progressão de regime prisional.

491. É inadmissível a chamada progressão per saltum de regime prisional.

493. É inadmissível a fixação de pena substitutiva (art. 44 do CP) como condição especial ao regime aberto.

520. O benefício de saída temporária no âmbito da execução penal é ato jurisdicional insuscetível de delegação à autoridade administrativa do estabelecimento prisional.

521. A legitimidade para a execução fiscal de multa pendente de pagamento imposta em sentença condenatória é exclusiva da Procuradoria da Fazenda Pública.

526. O reconhecimento de falta grave decorrente do cometimento de fato definido como crime doloso no cumprimento da pena prescinde do trânsito em julgado de sentença penal condenatória no processo penal instaurado para apuração do fato.

527. O tempo de duração da medida de segurança não deve ultrapassar o limite máximo da pena abstratamente cominada ao delito praticado.

533. Para o reconhecimento da prática de falta disciplinar no âmbito da execução penal, é imprescindível a instauração de procedimento administrativo pelo diretor do estabelecimento prisional, assegurado o direito de defesa, a ser realizado por advogado constituído ou defensor público nomeado.

534. A prática de falta grave interrompe a contagem do prazo para a progressão de regime de cumprimento de pena, o qual se reinicia a partir do cometimento dessa infração.

535. A prática de falta grave não interrompe o prazo para fim de comutação de pena ou indulto.

562. É possível a remição de parte do tempo de execução da pena quando o condenado, em regime fechado ou semiaberto, desempenha atividade laborativa, ainda que extramuros.

631. O indulto extingue os efeitos primários da condenação (pretensão executória), mas não atinge os efeitos secundários, penais ou extrapenais.

636. A folha de antecedentes criminais é documento suficiente a comprovar os maus antecedentes e a reincidência.

639. Não fere o contraditório e o devido processo decisão que, sem ouvida prévia da defesa, determine transferência ou permanência de custodiado em estabelecimento penitenciário federal.

103. SÚMULAS DO STF

442. A absolvição criminal não prejudica a medida de segurança, quando couber, ainda que importe privação da liberdade.

499. Não obsta à concessão do "sursis" condenação anterior à pena de multa.

520. Não exige a lei que, para requerer o exame a que se refere o art. 777 do Código de Processo Penal, tenha o sentenciado cumprido mais de metade do prazo da medida de segurança imposta.

604. A prescrição pela pena em concreto é somente da pretensão executória da pena privativa de liberdade.

611. Transitada em julgado a sentença condenatória, compete ao juízo das execuções a aplicação de lei mais benigna.

700. É de cinco dias o prazo para interposição de agravo contra decisão do juiz da execução penal.

715. A pena unificada para atender ao limite de trinta anos de cumprimento, determinado pelo art. 75 do Código Penal, não é considerada para a concessão de outros benefícios, como o livramento condicional ou regime mais favorável de execução.

716. Admite-se a progressão de regime de cumprimento da pena ou a aplicação imediata de regime menos severo nela determinada, antes do trânsito em julgado da sentença condenatória.

717. Não impede a progressão de regime de execução da pena, fixada em sentença não transitada em julgado, o fato de o réu se encontrar em prisão especial.

718. A opinião do julgador sobre a gravidade em abstrato do crime não constitui motivação idônea para a imposição de regime mais severo do que o permitido segundo a pena aplicada.

719. A imposição do regime de cumprimento mais severo do que a pena aplicada permitir exige motivação idônea.

Súmula Vinculante nº 5. A falta de defesa técnica por advogado no processo administrativo disciplinar não ofende a Constituição.

Súmula Vinculante nº 9. O disposto no artigo 127 da Lei nº 7.210/1984 (Lei de Execução Penal) foi recebido pela ordem constitucional vigente, e não se lhe aplica o limite temporal previsto no ***caput*** do artigo 58.

Súmula Vinculante nº 26. Para efeito de progressão de regime no cumprimento de pena por crime hediondo, ou equiparado, o juízo da execução observará a inconstitucionalidade do art. 2º da Lei nº 8.072, de 25 de julho de 1990, sem prejuízo de avaliar se o condenado preenche, ou não, os requisitos objetivos e subjetivos do benefício, podendo determinar, para tal fim, de modo fundamentado, a realização de exame criminológico.

Súmula Vinculante nº 56. A falta de estabelecimento penal adequado não autoriza a manutenção do condenado em regime prisional mais gravoso, devendo-se observar, nessa hipótese, os parâmetros fixados no RE 641.320/RS.

104. QUESTÕES DE CONCURSOS PÚBLICOS

01. (2017 – CESPE – MPE-RR – Promotor de Justiça Substituto) Acerca do processo de execução, assinale a opção correta de acordo com o entendimento dos tribunais superiores.

(A) Em razão da vedação constitucional de imposição de pena de trabalhos forçados, a recusa injustificada de apenado a trabalho interno não constitui falta grave.

(B) O apenado que deva cumprir pena em regime aberto não poderá fazê-lo em prisão domiciliar, mesmo que não haja casa de albergado na localidade.

(C) Segundo o princípio da não culpabilidade, reconhecida falta grave decorrente do cometimento de crime doloso, o cumprimento da pena só se dará com o trânsito em julgado de sentença penal condenatória.

(D) O condenado terá direito a remir o tempo efetivamente trabalhado em domingos e feriados, mesmo que ainda não tenha a efetiva autorização do juízo ou da direção do estabelecimento prisional para esse labor.

02. (2017 – FCC – DPE-PR – Defensor Público) Elvira foi condenada pelo Juízo da 7ª Vara Criminal de Curitiba/PR, em 21/01/2016, à pena de três anos de reclusão, em regime inicial aberto, pelo crime de porte de arma de uso restrito ocorrido em 18/04/2015. Em 01/12/2015, Elvira foi presa em flagrante pelo crime de roubo majorado. Ela ficou custodiada por ordem do juízo da 1ª Vara Criminal de Curitiba/PR até 10/02/2016, data em que foi absolvida pelo roubo.

Considerando o caso concreto, em relação ao direito à detração penal, Elvira

(A) tem direito à detração porque o crime pelo qual foi condenada ocorreu antes da sua prisão provisória.

(B) não tem direito à detração porque o crime por qual foi condenada ocorreu antes da sua prisão provisória.

(C) não tem direito à detração porque a condenação ocorreu depois de sua prisão em flagrante.

(D) não tem direito à detração porque se trata de processos distintos, não podendo ser computado o período de prisão provisória do segundo feito no cumprimento da pena.

(E) tem direito à detração porque a condenação ocorreu depois de sua prisão em flagrante.

---

03. (2017 – FCC – DPE-PR – Defensor Público) Taís foi condenada à pena de cinco anos e quatro meses de reclusão, em regime inicial semiaberto, pela prática de roubo majorado, tendo progredido ao regime aberto. No curso da execução, porém, foi novamente presa em flagrante pela prática, em tese, do crime de furto simples. Em razão disso, foi regredida ao regime fechado, sendo determinada, ainda, a alteração da data-base para o reconhecimento do direito à progressão de regime e do direito ao livramento condicional.

Considerando o caso concreto e o entendimento jurisprudencial predominante, é

(A) lícito o julgamento procedente do incidente disciplinar de falta grave sem prévia oitiva do sentenciado se a falta grave consistir na suspeita da prática de novo crime, já com denúncia recebida pelo juízo criminal.

(B) lícita a alteração da data-base para o cálculo do livramento condicional e da progressão de regime se julgado procedente o incidente disciplinar de falta grave.

(C) ilícita a alteração da data-base para o cálculo do livramento condicional, mesmo que reconhecida a prática de falta grave.

(D) ilícita a alteração da data-base para o cálculo da progressão de regime quando a falta grave corresponde à suspeita da prática de novo crime.

(E) ilícita a regressão cautelar de regime sem a realização de audiência de justificativa.

---

04. (2017 – CESPE TJ-PR – Juiz Substituto) João, maior de setenta anos de idade ao tempo do fato, foi condenado pelo crime de estelionato à pena privativa de liberdade de quatro anos e três meses de reclusão em regime inicial semiaberto e, ainda, ao pagamento de cinquenta dias-multa, fixado o valor de um vinte avos do salário mínimo vigente.

Nessa situação hipotética, conforme o CPP,

(A) caso o presidente da República conceda a João graça parcial, o benefício não poderá ser recusado.

(B) o juiz poderá, a requerimento do réu, demonstradas as circunstâncias que o justifiquem, permitir que o pagamento da pena de multa se faça em parcelas mensais.

(C) João terá direito ao livramento condicional, preenchidos os requisitos, e somente este ou o seu advogado poderá requerê-lo ao juízo da execução penal, tendo em vista a natureza personalíssima da pena.

(D) o requisito temporal do livramento condicional será reduzido pela metade, em razão de João contar com mais de setenta anos de idade na data do fato.

---

05. (2016 – FCC – DPE-ES – Defensor Público) Sobre a remição, é correto afirmar:

(A) Para o cômputo da remição, os dias remidos devem ser considerados como pena cumprida pelo sentenciado.

(B) A remição por estudo é concedida na mesma proporção da remição pelo trabalho, ou seja, a cada dezoito horas de estudo, deve ser remido um dia de pena.

(C) É vedada a cumulação de remição por trabalho e por estudo dada a incompatibilidade resultante da quantidade de horas diárias necessárias para remir por cada atividade.

(D) A remição por estudo é cabível nos três regimes de cumprimento de pena, sendo vedado apenas no livramento condicional.

(E) Em caso de falta grave, o juiz deverá revogar um terço do tempo remido, sendo vedada nova concessão de remição durante o período de cumprimento da sanção.

---

06. (Delegado de Polícia Federal – Cespe – 2018) Em cada item a seguir, é apresentada uma situação hipotética, seguida de uma assertiva a ser julgada com base na legislação de regência e na jurisprudência dos tribunais superiores a respeito de execução penal, lei penal no tempo, concurso de crimes, crime impossível e arrependimento posterior. Diogo, condenado a sete anos e seis meses de reclusão pela prática de determinado crime, deve iniciar o cumprimento da pena no regime semiaberto. Todavia, na cidade onde se encontra, só há estabelecimento prisional adequado para a execução da pena em regime fechado. Nessa situação, o juiz poderá determinar que Diogo inicie o cumprimento da pena no regime fechado. ( ) Certo ( ) Errado

105. GABARITO ANOTADO

01 – D

Vide:

- STJ, 5ª Turma. HC 346.948-RS, Rel. Min. Reynaldo Soares da Fonseca, julgado em 21/6/2016: "A remição da pena pelo trabalho, nos termos do art. 33, c/c 126, § 1º, da LEP, é realizada à razão de um dia de pena a cada três dias de trabalho, cuja jornada diária não seja inferior a 6 nem superior a 8 horas, o que impõe, para fins de cálculo, a consideração dos dias efetivamente trabalhados, incluídos os domingos e feriados."
- Remição.

02 – A

Vide:

- STJ, 5ª Turma, HC 178.894-RS, Rel. Min. Laurita Vaz, julgado em 13/11/2012 (Info 509): "É cabível a aplicação do benefício da detração penal previsto no art. 42 do CP em processos distintos, desde que o delito pelo qual o sentenciado cumpre pena tenha sido cometido antes da segregação cautelar, evitando a criação de um crédito de pena."
- Detração penal.

03 – C

Vide:

- Súmula 441 do STJ.
- Faltas disciplinares.

04 – B

Vide:

- Art. 169, LEP e art. 50 CP.
- Pena de multa.

05 – A

Vide:

- Art. 128 da LEP.
- Remição.

06– ERRADO

Vide:

- Súmula vinculante nº. 56.
- Art. 86 da Lei nº. 7.210/1984.
- Art. 33, §2º do CP.

106. QUESTÕES DISCURSIVAS COM COMENTÁRIOS

01. (Analista – MPE-RS – 2014 – MPE-RS) Disserte sobre as diversas implicações decorrentes da fuga de detento do regime semiaberto, levando em conta os procedimentos e consequências atuais e futuros na vida do detento.

Resposta

Primeiramente, para o "reconhecimento da prática de falta disciplinar no âmbito da execução penal, é imprescindível a instauração de procedimento administrativo pelo diretor do estabelecimento prisional, assegurado o direito de defesa, a ser realizado por advogado constituído ou defensor público nomeado", a teor da súmula 533 do STJ. Assim, uma vez praticada a falta disciplinar, deverá ser instaurado o procedimento para sua apuração, nos termos do art. 59 da LEP.

Note-se que, configurada a falta grave, a autoridade representará ao juiz da execução, para a aplicação das penalidades dela decorrentes, ou seja, deve ser feita através de pronunciamento judicial (reserva de jurisdição). As consequências decorrentes da fuga serão a regressão de regime, acarretando a modificação da data-base e o início de nova contagem do lapso necessário para o preenchimento do requisito objetivo, devendo ser considerado como novo termo a quo do período aquisitivo a data da recaptura do apenado, por se tratar de infração disciplinar de natureza permanente; perda de até 1/3 dos dias remidos; interferência na concessão de benefícios (mudança de regime; indulto/comutação de pena; saídas temporárias).

Frise-se que será preservada a contagem temporal para obtenção do benefício do livramento condicional (súmula 441 do STJ), bem como não haverá interrupção do prazo para fim de comutação de pena ou indulto (súmula 535 do STJ).

Para atacar a decisão do juiz da execução penal, será cabível o agravo em execução, nos termos do art. 197 da LEP.

Bibliografia

ADEODATO, João Maurício. ***Uma teoria retórica da norma jurídica e do direito subjetivo***. São Paulo: Noeses, 2011.

ALENCAR, Rosmar Rodrigues. ***Teoria da nulidade no processo penal***. São Paulo: Noeses, 2016.

Brasileira Ciências Criminais

_______. ***Efeito vinculante e concretização do direito***. Porto Alegre: Sergio Antonio Fabris, 2009.

_______. "Causa petendi" e coisa julgada em matéria criminal. In: ***Tributo a Afrânio Silva Jardim: escritos e estudos***. Marcelo Lessa Bastos; Pierre Souto Maior Coutinho de Amorim (orgs.).Rio de Janeiro: Lumen Juris, 2011. p. 523-540.

_______. Indiciamento e persecução penal das organizações criminosas: limites conceituais à incidência das normas. In: Paulo de Barros Carvalho; Robson Maia Lins (Orgs.). ***Ensaios sobre jurisdição federal***. São Paulo: Noeses, 2014. p. 933-975.

ALEXY, Robert. ***Teoria dos direitos fundamentais.*** São Paulo: Malheiros, 2008.

ALMEIDA, Marcius Alexandros Antunes de. Monitoramento eletrônico como alternativa ao cárcere na prisão preventiva. In: ***Processo penal contemporâneo***. Nereu José Giacomolli; André Machado Maya (orgs.). Porto Alegre: Nuria Fabris, 2010. p. 187-200.

ALVIM, Arruda. ***Manual de direito processual civil***: volume 1: parte geral. 8. ed. São Paulo: RT, 2003.

ALVIM, José Eduardo Carreira. ***Teoria geral do processo***. 8. ed. Rio de Janeiro: Forense, 2002.

AMBOS, Kai. ***Lavagem de dinheiro e direito penal***. Tradução: Pablo Rodrigo Alflen da Silva. Porto Alegre: Sergio Antonio Fabris, 2007.

AMORIM, Pierre Souto Maior Coutinho do. Fragmentos jurisprudenciais de um processo inquisitivo. ***Empório do direito***. Disponível em: <http://emporiododireito.com.br/backup/fragmentos-jurisprudenciais-de-um-processo-inquisitivo-por-pierre-souto-maior-coutinho-de-amorim/>. Acesso em: 28 nov. 2017.

______, Observações sobre a Resolução nº 181/2017 do CNMP. ***Empório do direito***. Disponível em: < http://emporiododireito.com.br/backup/observacoes-sobre-a-resolucao-n-181cnmp-por-pierre-souto-maior-coutinho-de-amorim/>. Acesso em: 29 nov. 2017.

ARANHA, Adalberto José Q. T. de Camargo. ***Dos recursos no processo penal***. São Paulo: Saraiva, 2010.

ARAS, Vladimir. A difusão vermelha no Brasil. Disponível em: <http://blogdovladimir.wordpress.com/2010/02/ 21/a-difusao-vermelha/>Acesso em: 16 Dez 2013.

ARAÚJO, Fábio Roque; COSTA, Klaus Negri. ***Processo penal didático***. Salvador: Juspodivm, 2018.

ARAÚJO, Gladston Fernandes de. ***Tribunal do júri***: uma análise processual à luz da Constituição Federal. Niterói: Impetus, 2004.

AROCENA, Gustavo Alberto; BALACARCE, Fabián Ignacio; CESANO, José Daniel. ***Prueba en materia penal***. Buenos Aires; Bogotá: Astrea, 2014.

ARRUDA, Bianor. ***O que define um julgamento e quais são os limites do juiz***? Valores hermenêutica e argumentação: elementos para a construção de uma teoria da decisão judicial. São Paulo: Noeses, 2018.

ASSIS, Araken de. ***Eficácia civil da sentença penal***. 2. ed. São Paulo: RT, 2000.

AVENA, Norberto. ***Processo penal esquematizado***. Rio de Janeiro: Forense; São Paulo: Método, 2009.

ÁVILA, Humberto. ***Teoria dos princípios.*** 7. ed. São Paulo: Malheiros, 2007.

ÁVILA, Thiago André Pierobom de. ***Provas ilícitas e proporcionalidade***. Rio de Janeiro: Lumen Juris, 2007.

AVOLIO, Luiz Francisco Torquato. ***Provas ilícitas***: interceptações telefônicas, ambientais e gravações clandestinas. 4. ed. São Paulo: RT, 2010.

AZEVÊDO, Bernardo Montalvão Varjão de. Ministério Público: por uma verdadeira autonomia funcional. ***Jus Navigandi***, Teresina, ano 7, nº 63, mar. 2003. Disponível em: <http://jus2.uol.com.br/doutrina/texto.asp?id=3893>. Acesso em: 09 jan. 2008.

______. ***A importância dos atos de comunicação processual para o processo penal:*** o esboço de uma teoria geral e uma análise descritiva. Rio de Janeiro: Lumen Juris, 2008.

BADARÓ, Gustavo Henrique Righi. ***Ônus da prova no processo penal***. São Paulo: RT, 2003.

______. ***Juiz natural no processo penal***. São Paulo: RT, 2014.

BADARÓ, Gustavo Henrique; BOTTINI, Pierpaolo Cruz. ***Lavagem de dinheiro***: aspectos penais e processuais penais: comentários à Lei 9.613/1998, com as alterações da Lei 12.683/2012. 2. ed. São Paulo: RT, 2013.

BAHIA, Saulo José Casali. O Tribunal Penal Internacional e a Constituição brasileira. ***Revista dos Mestrandos em Direito Econômico da UFBA,*** Salvador, nº 9, 2002.

BALTAZAR JÚNIOR, José Paulo. ***Standards probatórios no processo penal***. Disponível em: <http://bdjur.stj.jus.br/jspui/bitstream/2011/18424/Standards_Probat%C3%B3rios_no_Processo_Penal.pdf>. Acesso em: 08 fev. 2020.

BAPTISTA, Francisco das Neves. ***O mito da verdade real na dogmática do processo penal***. Rio de Janeiro: Renovar, 2001.

BARBOSA, Marcelo Fortes. ***Garantias constitucionais de direito penal e de processo penal na Constituição de 1988***. São Paulo: Malheiros, 1993.

BARBOSA, Ruchester Marreiros. O que é a justa causa visível. Canal ciências criminais. Disponível em: <http://canalcienciascriminais.com.br/artigo/o-que-e-a-justa-causa-visivel/>. Acesso em: 18 nov. 2015.

BARCELOS, Andréa Beatriz Rodrigues de. Recuperação de ativos provenientes de lavagem de capitais. ***Boletim Científico da Escola Superior do Ministério Público da União***, Brasília, ano 5, nº 18-19, p. 139, jan.-jun 2006.

BARROS, Flaviane de Magalhães. ***(Re)forma do processo penal***: comentários críticos dos artigos modificados pelas Leis nº 11.690/08 e nº 11.719/08. Belo Horizonte: Del Rey, 2008.

BELLO, Ney. ***Sistema constitucional aberto***. Belo Horizonte: Del Rey, 2003.

______. Juiz das garantias: avanço necessário. ***Consultor jurídico***. Disponível em: <http://www.conjur.com.br/2016-jan-14/advogado-importante-inquerito-policial-nao-obrigatorio>. Acesso em: 17 jan. 2020.

BEUTLER JÚNIOR, Breno; CEZAR, José Antônio Daltoé. ***Depoimento sem dano***. Porto Alegre: TJRGS, 2009.

BIFFE JÚNIOR, João; LEITÃO JÚNIOR, Joaquim. O acesso pela polícia a conversas gravadas no Whatsapp e as gerações probatórias decorrentes das limitações à atuação estatal. ***Genjurídico***. Disponível em: <http://genjuridico.com.br/2016/08/12/o-acesso-pela-policia-a-conversas--gravadas-no-whatsapp-e-as-geracoes-probatorias-decorrentes-das-limitacoes-a-atuacao--estatal/>. Acesso em: 23/03/2017.

BINDER, Alberto M. ***O descumprimento das formas processuais***: elementos para uma crítica da teoria unitária das nulidades no processo penal. Tradução: Ângela Nogueira Pessôa. Rio de janeiro: Lumen Juris, 2003.

________. ***Introdução ao direito penal***. Tradução: Fernando Zini. Rio de Janeiro: Lumen Juris, 2003.

BITENCOURT, Cézar Roberto. ***Tratado de direito penal:*** parte geral. 9. ed. São Paulo: Saraiva, 2004. v.1.

BOURDON, William; DUVERGER, Emmanuelle. ***La Cour pénale internationale***: le statut de Rome. Paris: Éditions du Seuil, 2000.

BRAGA, Fernando. Porque a hora é de pensar sobre como implementar o juízo das garantias. *Migalhas*. Disponível em: <https://www.migalhas.com.br/depeso/317677/porque-a-hora--e-de-pensar-sobre-como-implementar-o-juizo-das-garantias>. Acesso em: 17 fev. 2020.

BRITO, Alexis Couto de; FABRETTI, Humberto Barrionuevo; LIMA, Marco Antônio Ferreira. ***Processo penal brasileiro***. 2. ed. São Paulo: Atlas, 2014.

BRITO, Edvaldo. ***Limites da revisão constitucional***. Porto Alegre: Sergio Antonio Fabris, 1993.

BOBBIO. Norberto. ***Teoria do ordenamento jurídico***. Tradução: Maria Celeste Cordeiro Leite dos Santos. 10. ed. Brasília: UnB, 1997.

________. ***O positivismo jurídico***: lições de filosofia do direito. Tradução: Márcio Pugliesi; Edson Bini; Carlos E. Rodrigues. São Paulo: Ícone, 2006. p. 215.

BOMFIM, Thiago. ***Os princípios constitucionais e sua força normativa***: análise da prática jurisprudencial. Salvador: JusPodivm, 2008.

BONFIM, Edilson Mougenot. ***Curso de processo penal***. 4. ed. São Paulo: Saraiva, 2009.

BOSCHI, José Antonio Paganella. ***Ação penal***: denúncia, queixa e aditamento. 3. ed. Rio de Janeiro: AIDE, 2002.

BUJES, Janaína de Souza; HAUCK, João Ricardo. A pena de prisão (re)pensada por seus significados: o monitoramento eletrônico e o cumprimento progressivo objetivando a redução da barbárie. In: ***Processo penal contemporâneo***. Nereu José Giacomolli; André Machado Maya (orgs.). Porto Alegre: Nuria Fabris, 2010. p. 201-224.

BÜLOW, Oskar Von. ***Teoria das exceções e dos pressupostos processuais***. Tradução: Ricardo Rodrigues Gama. 2. ed. Campinas: 2005.

BUZAID, Alfredo. ***Agravo de petição no sistema do Código de Processo Civil***. 2.ed. São Paulo: Saraiva, 1956.

CÂMARA, Alexandre Freitas. ***Lições de direito processual civil***. 7. ed. Rio de Janeiro: Lumen Juris, 2002. v. I.

CANTARELLI, Margarida de Oliveira. O Tratado de Roma e o sistema da justiça penal internacional. In: ***Ciências criminais no século XXI***: estudos em homenagem aos 180 anos da Faculdade de Direito do Recife. Ivan Luiz da Silva, Teodomiro Noronha Cardoso, Gamil Föpelo (orgs.). Recife: UFPE, 2007. p. 419-437.

CAPPELLARI, Álisson dos Santos. ***Controle penal das movimentações financeiras***: dever de informar ***versus*** direito à privacidade. Porto Alegre, Sergio Antonio Fabris, 2013.

CAPEZ, Fernando. ***Curso de processo penal***. 6. ed. São Paulo: Saraiva, 2001.

_______. ***Curso de processo penal***. 12. ed. São Paulo: Saraiva, 2005.

CARDOZO, Teodomiro Noronha. ***Direito internacional penal***: a redefinição do conceito de culpabilidade: análise da obediência hierárquica no direito internacional penal e no ordenamento jurídico-penal brasileiro. Rio de Janeiro: Lumen Juris, 2012.

_______. O Tribunal Penal Internacional e o princípio da legalidade. ***Revista Científica***, v.2, nº 1, p. 2, jan.-jun. 2007. Disponível em: <http://www.culturasjuridicas.com.br/pdf/vol2num1/tpi_principiolegalidade.pdf>. Acesso em: 20/12/2013.

CARMO, Mara Lina Silva do. ***Ampla defesa e colaboração premiada no estado democrático de direito***. 2018. 136 f. Dissertação (Mestrado), Pontifícia Universidade Católica de São Paulo, São Paulo.

CARVALHO, Amilton Bueno. ***Direito penal a marteladas***: algo sobre Nietzsche e o direito. Rio de Janeiro: Lumen Juris, 2016.

_______. ***Garantismo penal aplicado***. Rio de Janeiro: Lumen Juris, 2003.

_______. ***Teoria e prática do direito alternativo***. Porto Alegre: Síntese, 1998.

CARVALHO, Amilton Bueno; CARVALHO, Salo de. ***Reformas penais em debate***. Rio de Janeiro: Lumen Juris, 2005.

CARVALHO, Aurora Tomazini de. ***Curso de teoria geral do direito***: o construtivismo lógico-semântico. 3. ed. São Paulo: Noeses, 2013.

CARVALHO, Luís Gustavo Grandinetti Castanho de. Constituição, medidas cautelares e ordem pública. In: ***Acesso à justiça e efetividade do processo***. Geraldo Prado (coord). Rio de Janeiro: Lumen Juris, 2005. p.221-258.

_______. ***O processo penal em face da Constituição***. Rio de Janeiro: Forense, 1992.

CARVALHO, Paulo de Barros. ***Direito tributário***: fundamentos jurídicos da incidência. 9. ed. São Paulo: Saraiva, 2012.

_______. ***Direito tributário***: linguagem e método. 5. ed. São Paulo: Noeses, 2013.

CARVALHO, Vladimir Souza. ***Competência da Justiça Federal***. 6. ed. Curitiba: Juruá, 2006.

CASARA, Rubens R. R. ***Estado pós-democrático:*** neo-obscurantismo e gestão dos indesejáveis. Rio de Janeiro: Civilização Brasileira, 2017.

_______. ***Sociedade sem lei***: pós-democracia, personalidade autoritária, idiotização e barbárie. Rio de Janeiro, 2018.

_______. ***Prisão e liberdade***. São Paulo: Estúdio, 2014.

_______. ***Interpretação retrospectiva***: sociedade brasileira e processo penal. Rio de janeiro: Lumen Juris, 2004.

CASTRO, Henrique Hoffmann Monteiro de; COSTA, Adriano Sousa. Advogado é importante no inquérito, mas não obrigatório. ***Consultor jurídico***. Disponível em: <http://www.conjur.com.br/2016-jan-14/advogado-importante-inquerito-policial-nao-obrigatorio>. Acesso em: 15 jan. 2020.

CAVALCANTI, Danielle Souza de Andrade e Silva. ***A investigação preliminar nos delitos de competência originária de tribunais***. Niterói: Lumen Juris, 2011.

CAVALCANTI, Francisco. ***O novo regime jurídico do mandado de segurança***: comentários à Lei nº 12.016, de 07 de agosto de 2009. São Paulo: MP Ed., 2009.

CHOUKR, Fauzi Hassan. ***Iniciação ao processo penal***. Florianópolis: Empório do Direito, 2017.

CONSTANTINO, Lúcio Santoro. ***Nulidades no processo penal***. 3. ed. Porto Alegre: Verbo Jurídico, 2008.

CORDERO, Franco. ***Procedura penal***. Roma: Giufrè, 1983.

CORDEIRO, Paulo Machado. ***A responsabilidade social dos juízes e a aplicação dos direitos fundamentais***. Salvador: JusPodivm, 2007.

COSSIO, Carlos. ***La teoria egologica del derecho***: y el concepto juridico de liberdad. Buenos Aires: Abeledo-Perrot, 1964.

COSTA, Adriano Soares da. ***Instituições de direito eleitoral:*** teoria da inelegibilidade; direito processual eleitoral. Belo Horizonte: Fórum, 2016.

COSTA, Lincoln Pinheiro; ALENCAR, Rosmar Rodrigues. Presença do acusado durante o interrogatório de corréu: a (in) constitucionalidade do art. 191 do CPP. ***Revista da Escola Superior da Magistratura do Estado de Alagoas***, Maceió/AL, n.2 (eletrônica), p.1-14, 2018.

COSTA, Pedro Jorge. ***Dolo penal e sua prova***. São Paulo: Atlas, 2015.

COUTINHO, Jacinto Nelson de Miranda. Apresentação. In: BARROS, Flaviane de Magalhães. ***(Re) forma do processo penal***: comentários críticos dos artigos modificados pelas Leis nº 11.690/08 e nº 11.719/08. Belo Horizonte: Del Rey, 2008. p.XXIX-XLIII.

COWEN, Zelman; CARTER, P. B. ***Essays on the law of evidence***. London: Oxford University Press, 1956.

CUNHA, Rogério Sanches. ***Pacote anticrime***: Lei n. 13.964/2019 – comentários às alterações no CP, CPP e LEP. Salvador: Juspodivm, 2020.

CUNHA, Rogério Sanches; LORENZATO, Gustavo Muller; FERRAZ, Maurício Lins; PINTO, Ronaldo Batista. ***Processo penal prático:*** fundamentos teóricos e módulos de peças de acusação e defesa. Salvador: JusPodivm, 2006.

CUNHA JÚNIOR, Dirley. ***Curso de direito constitucional***. Salvador: JusPodivm, 2008.

________. ***Curso de direito administrativo***. 5. ed. Salvador: JusPodivm, 2007.

CUNHA JÚNIOR, Dirley; RATIS, Carlos. ***Emenda Constitucional 45/2004***: comentários à reforma do Poder Judiciário. Salvador: JusPodivm, 2005.

DAMASKA, Mirjan. ***Evidence law adrift***. New Haven US: Yale University, 1997.

DANTAS, Francisco Wildo Lacerda. ***Teoria geral do processo***: jurisdição, ação (defesa), processo. 2. ed. São Paulo: Método, 2007.

________. ***Jurisdição, ação (defesa) e processo***. Recife: Nossa Livraria, 2004. v.2.

DANTAS, Marcelo Navarro Ribeiro. ***Reclamação constitucional no direito brasileiro***. Porto Alegre: Sergio Antonio Fabris, 2000.

DEMO, Roberto Luis Luchi. ***Competência penal originária***: uma perspectiva jurisprudencial crítica. São Paulo: Malheiros, 2005. p. 59.

DEMERCIAN, Pedro Henrique; MALULY, Jorge Assaf. ***Curso de processo penal***. 9. ed. Rio de Janeiro: Forense, 2014.

DEZEM, Guilherme Madeira. ***Curso de processo penal***. São Paulo: RT, 2015.

_______. ***Da prova penal***: tipo processual, provas típicas e atípicas. Campinas: Millennium, 2008.

DIAS, Paulo Thiago Fernandes. ***A decisão de pronúncia baseada no in dubio pro societate***: um estudo crítico sobre a valorização da prova no processo penal constitucional. Florianópolis: EMais, 2018.

DIDIER JÚNIOR, Fredie. ***Curso de direito processual civil***: teoria geral do processo e processo de conhecimento. 6. ed. Salvador: JusPodivm, 2006. v.I.

_______. Da exceção: o direito de defesa e as defesas. In: ***Estudos de direito processual civil***: homenagem ao Professor Egas Dirceu Moniz de Aragão. Luiz Guilherme Marinoni (org.). São Paulo: RT, 2005. p. 577-578.

DINAMARCO, Cândido Rangel. ***A reforma da reforma.*** 5. ed. São Paulo: Malheiros, 2003.

_______. ***Capítulos de sentença***. 4. Ed. São Paulo: Malheiros, 2009.

DIVAN, Gabriel Antinolfi. ***Processo penal e política criminal***: uma reconfiguração da justa causa para a ação penal. Porto Alegre: Elegantia, 2015.

DUCLERC, Elmir. ***Curso básico de direito processual penal***. Rio de Janeiro: Lumen Juris, 2006. v.II.

_______. ***Direito processual penal***. Rio de Janeiro: Lumen Juris, 2008.

_______. ***Por uma teoria do processo penal***. Florianópolis: Empório do Direito, 2015.

D'URSO, Flavia. ***Princípio constitucional da proporcionalidade no processo penal.*** São Paulo: Atlas, 2007.

ESPÍNOLA FILHO, Eduardo. ***Código de processo penal brasileiro anotado***. Edição Histórica. Rio de Janeiro: Rio, 1976. Vol.2.

FAYET JÚNIOR, Ney. ***Do crime continuado.*** Porto Alegre: Livraria do Advogado, 2001.

FAYET JÚNIOR, Ney; FAYET, Marcela; BRACK, Karina. ***Prescrição penal: temas atuais e controvertidos:*** doutrina e jurisprudência. Porto Alegre: Livraria do Advogado, 2007.

FEITOZA, Denilson. ***Direito processual penal***: teoria, crítica e práxis. Impetus: Niterói, 2009.

FERNANDES, Antonio Scarance. ***Processo penal constitucional***. 2. ed. São Paulo: RT, 2000.

FERNANDES, Paulo Sérgio Leite; FERNANDES, Geórgia Bajer. ***Nulidades no processo penal***. 5. ed. São Paulo: Malheiros, 2002. p. 41.

FERRO, Rodrigo Cavalcante. Medida de segurança: considerações críticas acerca da internação sob o pretexto de perigosidade. In: ***Temas atuais do direito***. Carla Priscilla Barbosa Santos Cordeiro; Rodrigo Cavalcante Ferro (coords.). Recife: Nossa Livraria, 2016.148.

FERRAJOLI. Luigi. ***Direito e razão***: teoria do garantismo penal. 2. ed. São Paulo: RT, 2006.

FIUZA, César. ***Direito civil***: curso completo. 5. ed. Del Rey: Belo Horizonte, 2002.

FOUCAULT, Michel. ***La verdad e las formas jurídicas***. Tradução: Enrique Lynch. México: Gedisa, 1978.

_______. ***Vigiar e punir***. Tradução: Raquel Ramalhete. Petrópolis: Vozes, 2013.

FRANCO, Alberto Silva et al. ***Código penal e sua interpretação jurisprudencial***. 5. ed. São Paulo: RT, 1995.

_______. ***Código de processo penal e sua interpretação jurisprudencial***. 2. ed. São Paulo: RT, 1995. v.1.

FRANCO, Danúbio Edon. Algumas Considerações de ordem prática sobre a sentença criminal. ***Fascículos de ciências penais***, Porto Alegre (safE), p. 3-9, out.-dez. 1993.

FREIRE, Rodrigo da Cunha Lima. Preliminares, prejudiciais e mérito da causa. ***Jus Navigandi***, Teresina, ano 8, nº 66, 1 jun. 2003. Disponível em: <http://jus.com.br/artigos/4145>. Acesso em: 10 nov. 2014.

GAMA, Tácio Lacerda. ***Competência tributária***: fundamentos para uma teoria da nulidade. 2. ed. São Paulo: Noeses.

GEISER, Hansjörg. O Tribunal Penal Internacional e os aspectos do novo Código Penal Internacional Alemão. In: ***Tribunal Penal Internacional***: aspectos fundamentais e o novo Código Penal Internacional alemão. Pablo R. Alflen da Silva (org.). Porto Alegre: Sergio Antonio Fabris, 2004. p. 61-87.

GESU, Cristina di. ***Prova penal e falsas memórias***. 2. ed. Porto Alegre: Livraria do Advogado, 2014.

GIACOMOLLI, Nereu José. ***Reformas (?) do processo penal***: considerações críticas: provas, ritos processuais, júri, sentenças. Rio de Janeiro: Lumen Juris, 2008.

_______. Valoração da prova no âmbito da cooperação jurídica internacional. In: ***Prova penal***: estado democrático de direito. Florianópolis: Empório do Direito, 2015. p.39-79.

GLOECKNER, Ricardo Jacobsen. ***Nulidades no processo penal***: introdução principiológica à teoria do ato processual irregular. Salvador: Juspodivm, 2013.

_______. Una nuova teoria della nullità: costruzione di un nuovo sistema di principi alla luce della strumentalità costituzionale della procedura penale. ***Diritto e Giustizia Minorile*** [rivista giuridica trimestrale], São Paulo, anno 3, n.1, p.59-71, gennaio-marzo 2015.

GOLDSCHMIDT, James. ***Principios generales del proceso:*** teoria general del proceso. 2. ed. Buenos Aires: EJEA, 1961.GOLDSTEIN, Brooke; MEYER, Aaron Eitan. Lawfare: the war against free speech. EUA: Createspace Pub, 2011.

GOMES, Décio Alonso. ***Prova e imediação no processo penal***. Salvador: Juspodivm, 2016.

_______. ***Desaceleração processual penal***: abordagens sobre dromologia na busca de tempo razoável do processo penal. Rio de Janeiro, 2007.

GOMES, Geder Luiz Rocha. O processo de execução penal e a questão recorrente acerca da sua natureza jurídica. In: ***Leituras complementares de processo penal***. Rômulo Moreira (org.). Salvador: JusPodivm, 2008. p. 225-251.

GOMES, Luiz Flávio. ***Direito processual penal***. São Paulo: RT, 2005.

_______. Identificação criminal. ***Revista Consulex***, Brasília, nº 99, p. 42-45, fev.2001.

_______. ***Natureza jurídica da serendipidade nas interceptações telefônicas***. Disponível em http://www.lfg.com.br. 18 mar. 2009.

GOMES, Luiz Flávio; BIANCHINI, Alice; CUNHA, Rogério Sanches; OLIVEIRA, William Terra de. ***Nova lei de drogas comentada***. São Paulo: RT, 2006.

GOMES, Luiz Flávio; CUNHA, Rogério Sanches; PINTO, Ronaldo Batista Pinto. ***Comentários às reformas do Código de Processo Penal e da Lei de Trânsito.*** São Paulo: RT, 2008.

GOMES, Luiz Flávio; BIANCHINI, Alice. Efeitos da preclusão ***pro judicato*** no processo penal. In: ***Ensaios penais em homenagem ao Professor Alberto Rufino Rodrigues de Sousa***. Ney Fayet Júnior (org.). Porto Alegre: Ricardo Lenz, 2003. p. 503-517.

GOMES, Luiz Flávio; MACIEL, Sílvio. ***Interceptação telefônica***: comentários à Lei 9.296, de 24.07.1996. São Paulo: RT, 2013.

_______. ***Crimes ambientais e Termo de Compromisso Ambiental ou TAC: reflexos penais.*** Disponível em <http://www.lfg.com.br>. Acesso em: 06 dez. 2014.

GOMES, Luiz Flávio. SOUSA, Áurea Maria Ferraz de. ***"Reformatio in pejus" indireta: efeito prodrômico da sentença.*** Disponível em <http://www.lfg.com.br>. Acesso em: 15 dez. 2013.

_______. ***Em que consiste o sistema bipolar cautelar?*** Disponível em:<http://atualidadesdodireito.com.br/lfg/2011/10/21/em-que-consiste-o-sistema-bipolar-cautelar/>. Acesso em: 16 dez. 2013.

GONÇALVES, Aroldo Plínio. ***Nulidades no processo***. 2. ed. Belo Horizonte: Del Rey, 2014.

GRAU, Eros Roberto. ***A ordem econômica na Constituição de 1988***: interpretação e crítica. 11. ed. São Paulo: Malheiros, 2006.

GRECO, Rogério. ***Curso de direito penal***: parte geral. 2. ed. Rio de Janeiro: Impetus, 2003.

GRECO FILHO, Vicente. ***Manual de processo penal***. 8. ed. São Paulo: Saraiva, 2010.

GRINOVER, Ada Pellegrini. ***Provas ilícitas, interceptações e escutas***. Brasília: Gazeta Jurídica, 2013.

_______. ***As garantias constitucionais do direito de ação***. São Paulo: RT, 1973.

GRINOVER, Ada Pellegrini; FERNANDES, Antônio Scarance; GOMES FILHO, Antônio Magalhães. ***As nulidades no processo penal***. 7. ed. São Paulo: RT, 2001.

_______. ***As nulidades no processo penal***. 12. ed. São Paulo: RT, 2011.

_______. ***Recursos no processo penal***. 6. ed. São Paulo: RT, 2011.

GUASP, Jaime. ***Derecho procesal civil***: tomo primeiro [introduccion y parte general]. Madrid: IEP, 1968.

GUTIER, Murillo Sapia. ***Questões prévias no processo civil***. Disponível em: <http://murillogutier.com.br/wp-content/uploads/2011/10/QUEST%C3%95ES-PR%C3%89VIAS-NO-PROCESSO-CIVIL-MURILLO-SAPIA-GUTIER.pdf>. Acesso em: 10 nov. 2014.

HAACK, Susan. ***Filosofia das lógicas***. Tradução: Cezar Augusto Mortari; Luiz Henrique de Araújo Dutra. São Paulo: UNESP, 2002.

HAMILTON, Sergio Demoro. ***Estudos de processo penal***: 3ª Série. Rio de Janeiro: Lumen Juris, 2007.

HORA, Nilo César Martins Pompílio da. ***Ação penal***: retrospectiva e perspectiva. Rio de Janeiro Lumen Juris, 2001.

ISHIDA, Válter Kenji. ***Processo penal***. 2. ed. São Paulo: Atlas, 2010.

IVO, Gabriel. ***Constituição estadual***: competência para elaboração da Constituição do estado-membro. São Paulo: Max Limonad, 1997.

_______. ***Norma jurídica***: produção e controle. São Paulo: Noeses, 2006.

JAKOBS, Gunther; MELIÁ, Manuel Cancio. ***Direito penal do inimigo***: noções e críticas. Porto Alegre: Livraria do Advogado, 2005.

JARDIM, Afrânio Silva. ***Direito processual penal***. 11. ed. Rio de Janeiro: Forense, 2002.

_______. Ônus da prova na ação penal condenatória. *Conjur*. Disponível em <emporiododireito.com.br/leitura/o-onus-da-prova-na-acao-penal-condenatoria>. Acesso em: 06 fev. 2020.

_______. Primeiras impressões sobre a lei que regulamenta o "juiz de garantias". *Justificando*, jan. 2020. Disponível em: <http://www.justificando.com/2020/01/22/primeiras-impressoes-sobre-a-lei-que-regulamenta-o-juiz-de-garantias/>. Acesso em: 17 fev. 2020.

_______. Réu delator atua como espécie de assistente de acusação trazida pelo MP. *Conjur*. Disponível em <https://www.conjur.com.br/2019-set-02/afranio-silva-jardim-reu-delator-atua-assistente-acusacao>. Acesso em: 10 jan. 2019.

_______. ***Ação penal pública***: princípio da obrigatoriedade. 3. ed. Rio de Janeiro: Forense, 1998.

_______. ***A originalidade como condição para o regular exercício do direito de ação*** (texto inédito: Novíssimo trabalho sobre as condições de ação). Disponível em: <https://www.youtube.com/watch?v=hPK00ihVFyc>. Acesso em: 10/2/2015.

_______. Sobre a prisão de senador no exercício do mandato: dois questionamentos. ***Empório do Direito***. Disponível em: <http://emporiododireito.com.br/sobre-a-prisao-de-senador-no-exercicio-do-mandato-dois-questionamentos-por-afranio-silva-jardim/>. Acesso em: 29 nov. 2015.

_______. Algumas reflexões sobre as investigações de condutas delituosas e a atuação dos advogados. ***Empório do Direito***. Disponível em: <http://emporiododireito.com.br/algumas-reflexoes/>. Acesso em: 18 jan. 2016.

_______. Garantismo no processo penal: breve e parcial reflexão. ***Revista Eletrônica de Direito Processual – REDP***, Rio de janeiro (UERJ), a.8, n.14, p.10, jul.-dez. 2014. Disponível em: <http://www.e-publicacoes.uerj.br/index.php/redp/issue/view/936>. Acesso em: 22 abr. 2015.

_______. Delatando (sem prêmio) as delações premiadas. ***Empório do Direito***. Disponível em: <http://emporiododireito.com.br/delatando-sem-premio-as-delacoes-premiadas-por-afranio-silva-jardim>. Acesso em: 17 jul. 2017.

_______. Poder judiciário não deve ser refém de acordos de delação premiada do MP. ***Conjur***. Disponível em: <http://www.conjur.com.br/2015-out-18/afranio-jardim-judiciario-nao-refem-acordos-delacao-premiada>. Acesso em: 18 jul. 2017.

_______. Delação premiada: o sistema de justiça criminal sendo substituído por um contrato. ***Empório do Direito***. Disponível em: <http://emporiododireito.com.br/delacao-premiada-o-sistema-de-justica-criminal-sendo-substituido-por-um-contrato-por-afranio-silva-jardim>. Acesso em: 17 jul. 2017

JARDIM, Afrânio Silva; AMORIM, Pierre Souto Maior Coutinho de. ***Direito processual penal***: estudos, pareceres e crônicas. 15. ed. Salvador: Juspodivm, 2018.

_______. Primeiras impressões sobre a Lei n. 13.964/19, aspectos processuais. *Empório do Direito*. Disponível em: <https://emporiododireito.com.br/leitura/primeiras-impressoes-sobre-a-lei-n-13-964-19-aspectos-processuais>. Acesso em: 14 jan. 2020.

_______. ***Direito processual penal***: *estudos e pareceres*. 13. ed. Rio de Janeiro: Lumen Juris, 2014.

_______. ***Direito processual penal***: estudos e pareceres. 14. ed. Salvador: Juspodivm, 2016.

JARDIM, Augusto Tanger. ***A causa de pedir no direito processual civil***. Porto Alegre: Livraria do Advogado, 2008.

JARDIM, Eliete Costa Silva. Tribunal do Júri – absolvição fundada no quesito genérico: ausência de vinculação à prova dos autos e irrecorribilidade. In: JARDIM, Afrânio Silva; AMORIM, Pierre Souto Maior Coutinho de. ***Direito processual penal***: estudos, pareceres e crônicas. 15. ed. Salvador: Juspodivm, 2018. p.577-592.

JESUS, André Garcia de. ***Do procedimento contra a apuração dos crimes dolosos contra a vida, ou, as inconstitucionalidades no procedimento relativo aos processos da competência do tribunal do júri, ou ainda, do fetiche da pronúncia***. Estudo inédito até o fechamento da 14ª edição deste Curso.

JESUS, Damásio E. de. ***Lei dos juizados especiais criminais anotada***: atualizada de acordo com a Lei nº 10.259/2001. São Paulo: Saraiva, 2002.

_______. ***Direito penal***: parte geral. 18. ed. ***São Paulo***: Saraiva, 1994. v.1.

_______. Só os pobres vão sujar os dedos. São Paulo: Complexo Jurídico Damásio de Jesus, dez. 2000. Disponível em: <www.damasio.com.br>. Acesso em: 16/ 02/2008.

_______. ***Código de processo penal anotado***. 10. ed. São Paulo: Saraiva, 2003.

KARAM, Maria Lúcia. ***Juizados especiais criminais***: a concreção antecipada do poder de punir. São Paulo: RT, 2004.

KREβ, Claus. O Tribunal Penal Internacional e os Estados Unidos: reflexões sobre a Resolução 1422 do Conselho de Segurança das Nações Unidas. In: ***Tribunal Penal Internacional***: aspectos fundamentais e o novo Código Penal Internacional alemão. Pablo R. Alflen da Silva (org.). Porto Alegre: Sergio Antonio Fabris, 2004. p. 47-60.

KNIJNIK, Danilo. A trilogia Olmstead-Katz-Kyllo: o art. 5º da Constituição Federal do Século XXI. In: ***Temas de direito penal, criminologia e processo penal***. Ângelo Roberto Ilha da Silva (org.). Porto Alegre: Livraria do Advogado, 2014.

KNIJNIK, Danilo. Ceticismo fático e fundamentação teórica de um direito probatório. In: ***Prova judiciária:*** estudos sobre o novo direito probatório. Danilo Knijnik (org,). Porto Alegre: Livraria do Advogado, 2007.

LACERDA, Galeno. ***Teoria geral do processo***. Rio de Janeiro: Forense, 2008.

LEAL, Rosemiro Pereira. ***Teoria geral do processo***: primeiros estudos. 8. ed. Rio de Janeiro: Forense, 2009.

LIEBMAN, Enrico Tullio. ***Manual de direito processual civil***. 2. ed. Rio de Janeiro: Forense, 1986. v.1.

LIMA, Marcellus Polastri. ***Curso de processo penal***. Rio de Janeiro: Lumen Juris, 2002. v.1-2.

_______. ***A tutela cautelar no processo penal***. Rio de Janeiro: Lumen Juris, 2005.

_______. ***A prova penal***: de acordo com a reforma processual penal. 3. ed. Rio de Janeiro: Lumen Juris, 2009.

LIMA, Paulo Roberto de Oliveira. ***Contribuição à teoria da coisa julgada***. São Paulo: RT, 1997.

LIMA, Renato Brasileiro de. ***Competência criminal***. Salvador: JusPodivm, 2010.

_______. ***Curso de Processo Penal***. Niterói: Impetus, 2013.

_______. ***Nova prisão cautelar***. Impetus: 2011.

LIMA, Roberto Gomes; PERALLES, Ubiracyr. ***Teoria e prática da execução penal***. Rio de Janeiro: Lúmen Júris, 2010.

LINS, Robson Maia. ***Curso de direito tributário brasileiro***. São Paulo: Noeses, 2019.

LOPES FILHO, Mario Rocha. ***O tribunal do júri e algumas variáveis potenciais de influência.*** Porto Alegre: Núria Fabris, 2008.

LOPES JR. Aury. ***Direito processual penal***. 16. ed. São Paulo: Saraiva, 2019.

_______***Direito processual e sua conformidade constitucional***: volume I. Rio de Janeiro: Lumen Juris, 2007.

_______. ***Sistemas de investigação preliminar no processo penal***. Rio de Janeiro: Lumen Juris, 2001.

_______. (Re) descobrindo as teorias acerca da natureza jurídica do processo (penal). ***Revista Brasileira de Ciências Criminais***, São Paulo, nº 75, p. 101-129, dez. 2008.

_______. Limite penal: testemunho "hearsay" não é prova ilícita, mas deve ser evitada. ***Conjur***. Disponível em: <http://www.conjur.com.br/2015-out-30/limite-penal-testemunho-hearsay--nao-prova-ilicita-evitada2>. Acesso em: 21 mar. 2017.

_______. A moda é dar ***habeas corpus***, mas só quando eu quiser. ***Conjur***: limite penal. São Paulo, 22 ago. 2014. Disponível em: < https://www.conjur.com.br/2014-ago-22/moda-dar-habeas--corpus-oficio-quando-eu-quiser>. Acesso em: 9 dez. 2018.

LOPES JR, Aury; MENDES, Tiago Bunning. É absurdo sustentar a ausência de duplo grau de jurisdição para a acusação. ***Conjur***: limite jurídico. Disponível em: <https://www.conjur.com.br/2018--dez-14/limite-penal-duplo-grau-jurisdicao-nao-vale-acusacao>. Acesso em: 15 dez. 2018.

LOPES JÚNIOR, Aury; PAIVA, Caio. Audiência de custódia e imediata apresentação do preso ao juiz: rumo à evolução civilizatória do processo penal. ***Revista Liberdades*** [IBCCrim], São Paulo, p. 1-9, 2015. Disponível em: <http://www.revistaliberdades.org.br/site/outrasEdicoes/outrasEdicoesExibir.php?rcon_id=209>. Acesso em 07 nov. 2015.

LOPES JR., Aury; RITTER, Ruiz. A imprescindibilidade do juiz das garantias para uma jurisdição penal imparcial: reflexões a partir da teoria da dissonância cognitiva. ***Revista Duc In Altum Cadernos de Direito***, vol. 8, nº16, p. 55-91, set.-dez. 2016.

LOUREIRO, Antônio Tovo. O descumprimento das formas processuais penais como maximização do poder de punir: por uma nova teoria das nulidades. ***Revista da Faculdade de Direito da Universidade Federal do Rio Grande do Sul***, Porto Alegre, nº 26, p. 7-29, dez. 2006.

LOUREIRO NETO, Jose da Silva. ***Direito penal militar***. São Paulo: Atlas, 1993.

MACEDO, Igor Teles Fonseca de. ***Prescrição virtual***. Salvador: JusPodivm, 2007.

MACHADO, Antônio Alberto. ***Curso de processo penal***. 6. ed. São Paulo: Atlas, 2014.

MAIA, Rodolfo Tigre. ***Dos crimes contra o Sistema Financeiro Nacional***. São Paulo: Malheiros, 1996.

MAIER, Júlio. MAIER, Júlio. ***Derecho procesal penal argentino***: tomo 1 [vol. a]. Buenos Aires: Hammurabi, 1989.

_______. ***Derecho procesal penal argentino***: tomo 1 [vol. b]. Buenos Aires: Hammurabi, 1989.

_______. ***Cuestiones fundamentales sobre la libertad del imputado y su situación en el proceso penal***: análisis doctrinario y jurisprudencial. Buenos Aires: Lerner, 1981.

MALATESTA, Nicola Framarino Dei. ***A lógica das provas em matéria criminal***. 3. ed. Campinas: BOOKSELLER, 2004.

MANZANO, Luís Fernando de Moraes. ***Curso de processo penal***. 3. ed. São Paulo: Atlas, 2013.

MANZINI, Vincenzo. ***Tratado de derecho procesal penal***. Tradução: Santiago Sentís Melendo e Marino Ayerra Redín. Buenos Aires: El Foro, 1996, v. I.

_______. ***Trattato di diritto processuale penale italiano***: volume primo. 3. ed. Torino: Unione Tipografico, 1949.

MARCÃO, Renato. ***Curso de execução penal***. 8. ed. São Paulo: Saraiva, 2010.

MARMELSTEIN, George. ***Curso de direitos fundamentais***. São Paulo: Atlas, 2008.

MARQUES, José Frederico. ***Elementos de direito processual penal***: volume I. 2. ed. Campinas: Millennium, 2003.

_______. ***Elementos de direito processual penal***: volume II. 2. ed. Campinas: Millennium, 2003.

_______. ***Elementos de direito processual penal***: volume IV. 2. ed. Campinas: Millennium, 2003.

_______. ***Da competência em material penal***. Campinas: Millennium, 2000.

MARTINS, Jomar. Gravação em presídio: OAB defende sigilo de conversa entre advogado e preso. ***Conjur***. Disponível em: <http://www.conjur.com.br/2013-abr-30/oab-atuar-hc-stf-gravacao--conversas-entre-advogado-preso>. Acesso em: 23 out 2014.

MATIDA, Janaína Roland. ***O problema da verdade no processo***: *a relação entre fato e prova*. 2009. 112 f. Dissertação (Mestrado), Pontifícia Universidade Católica do Rio de Janeiro, Rio de Janeiro.

_______. O que deve significar o especial valor probatorio da palavra da vítima nos crimes de gênero, ***Boletim do Instituto Baiano de Direito Processual Penal***, Salvador, a.2, n.3, p.7-9, jun. 2019.

MAZZILLI, Hugo Nigro. ***A defesa dos interesses difusos em juízo***. 20. ed. São Paulo: Saraiva, 2007.

MEDEIROS, Antônio Paulo Cachapuz de. A diplomacia brasileira em face do Tribunal Penal Internacional. In: ***Os rumos do direito internacional dos direitos humanos***: ensaios em homenagem ao Professor Antônio Augusto Cançado Trindade: tomo IV. Renato Zerbini Ribeiro Leão (org.). Porto Alegre: Sergio Antonio Fabris, 2005. p. 599-608.

MEIRA, José Boanerges. ***Inquérito policial***. Belo Horizonte: Mandamentos, 2009.

MENDONÇA, Andrey Borges de. ***Nova reforma do Código de Processo Penal***: comentada artigo por artigo. São Paulo: Método, 2008.

MENDONÇA, Tabata Cassenote; ROCHA, Álvaro Filipe Oxley da. A deturpação do princípio da publicidade pela mídia durante a investigação policial: perspectivas críticas. Mídias e direitos da sociedade em rede. Santa Maria (RS), 29 mai. 2015. Disponível em: <http://coral.ufsm.br/congressodireito/anais/2015/2-15.pdf>. Acesso em: 25 dez. 2016.

MENDRONI, Marcelo Batlouni. ***Inversão do ônus da prova***. Disponível em: <http://www.buscalegis.ufsc.br/revistas/files/anexos/12033-12033-1-PB.htm>. Acesso em: 04 dez 2013.

_______. ***Comentários à lei de combate ao crime organizado***: Lei nº 12.850/13. São Paulo: Atlas, 2014.

METZKER, David. *Lei anticrime. (Lei 13.964/2019)*: comentários às modificações aos artigos do código penal, código de processo penal, lei de execução penalno CP, CPP, LEP, lei de drogas e estatuto do desarmamento. VitóriaTimburi: ECia do e-bBook, 2020.

MICHELI, Gian Antonio. ***La carga de la prueba***. Traducion: Santiago Sentis Melendo. Buenos Aires: Europa-América, 1961.

MIRABETE, Julio Fabbrini. ***Processo penal***. 14. ed. São Paulo: Atlas, 2003.

_______. ***Processo penal***. 15. ed. São Paulo: Atlas, 2004.

_______. ***Processo penal***. 18 ed. São Paulo: Atlas, 2007.

_______. ***Código de processo penal interpretado***. 11. ed. São Paulo: Atlas, 2003.

MITTERMAIER, C. J. A. ***Tratado de la prueba en matéria criminal***: o exposición comparada de los principios en materia criminal y sus diversas aplicaciones en Alemania, Francia, Inglaterra, etc. Madrid: Reus, 1979.

MORAES, Guilherme Peña de. ***Curso de direito constitucional***. 2. ed. Niterói: Impetus, 2008.

MOREIRA, João Batista Gomes. ***Direito administrativo***: da rigidez autoritária à flexibilidade democrática. Belo Horizonte: Fórum, 2005.

MOREIRA, José Carlos Barbosa. ***O novo processo civil brasileiro: exposição sistemática do procedimento.*** 24. ed. Rio de Janeiro: Forense, 2006.

MOREIRA, Rômulo de Andrade. ***Direito processual penal***. Salvador: JusPodivm, 2007.

_______. Este monstro chamado RDD. ***Migalhas***, 17 ago. 2008. Disponível em: <https://www.migalhas.com.br/depeso/28831/este-monstro-chamado-rdd>. Acesso em: 16 fev. 2020.

_______. ***A Lei Maria da Penha e suas inconstitucionalidades***. Disponível em: <http://www.juspodivm.com.br/artigos/artigos_1748.html>. Acesso em: 2 fev. 2008.

_______. O fim do protesto por novo júri e a questão do direito intertemporal. ***Jus Navigandi***, Teresina, ano 12, nº 1808, 13 jun. 2008. Disponível em: <http://jus2.uol.com.br/doutrina/texto.asp?id=11385>. Acesso em: 23 jun. 2008.

_______. Polícia Legislativa pode realizar investigação criminal?. Revista ***Jus Navigandi***, Teresina, ano 20, nº 4467, 24 set. 2015. Disponível em: <http://jus.com.br/artigos/42640>. Acesso em: 3 nov. 2015.

_______. Os enunciados do CONCRIM – Conselho de procuradores e promotores de justiça com atuação na área criminal. ***Direitos Unifacs***, nº 180, Salvador, jun. 2015. Disponível em: <http://www.revistas.unifacs.br/index.php/redu/article/viewFile/3682/2591>. Acesso em: 11 nov. 2015.

_______. O procedimento do júri e a aplicação do art. 397 do Código de Processo Penal. ***Empório do Direito***. Disponível em: <emporiododireito.com.br/o-procedimento-do-juri-e-a-aplicacao-do-art-397-do-codigo-do-processo-penal-por-romulo-de-andrade-moreira/>. Acesso em: 15 fev. 2020.

_______. O novo enunciado da Súmula do Superior Tribunal de Justiça – a Lei Maria da Penha, a transação penal e a suspensão condicional do processo. ***Empório do Direito***. Disponível em: <emporiododireito.com.br/o-novo-enunciado-da-sumula-do-superior-tribunal-de-justiça-a-lei-maria-da-penha-a-transacao-penal-e-a-suspensao-condicional-do-processo/>. Acesso em: 17/11/2015.

MOREIRA, Rômulo Andrade; ROSA, Alexandre Morais da. ***Empório do Direito***. Para (não) entender a prisão de um senador pelo STF. Disponível em: <http://emporiododireito.com.br/para-nao-entender-a-prisao-de-um-senador-pelo-stf-por-romulo-de-andrade-moreira-e-alexandre-morais-da-rosa/>. Acesso em: 30 nov. 2015.

MOREIRA, Rômulo de Andrade; ROSA, Alexandre Morais da. Lei nova 13.245/2016: saiba quando, onde e como o advogado deve ter vista da investigação preliminar. ***Empório do Direito***. Disponível em: <http://emporiododireito.com.br/lei-nova-13-24516-saiba-quando-onde-e-como-o-advogado-deve-ter-vista-da-investigacao-preliminar-por-romulo-de-andrade-moreira-e-alexandre-morais-da-rosa/>. Acesso em 18 jan. 2016.

MOSSIN, Heráclito Antônio. ***Comentários ao código de processo penal***. São Paulo: Manole, 2005.

_______. ***Nulidades no direito processual penal***. 3. ed. São Paulo: Manole, 2005.

MOTA, Luig Almeida. ***Quebra dos sigilos fiscal, bancário e financeiro***. Disponível em; <http://jus.com.br/artigos/24547/quebra-dos-sigilos-fiscal-bancario-e-financeiro#ixzz2yQNPPrjH>. Acesso em: 12 fev. 2020.

MOURA, Maria Thereza Rocha de Assis. ***Justa causa para a ação penal***: doutrina e jurisprudência. São Paulo: RT, 2001.

MOUSSALLEM, Tárek Moysés. ***Revogação em matéria tributária***. São Paulo: Noeses, 2005.

MOUTA, José Henrique. ***Mandado de segurança***: atualizado com a Lei 12.016/09 que disciplina o mandado de segurança individual e coletivo. 2. ed. Salvador: JusPodivm, 2010.

NANCE, Dale A. ***The best evidence principle***. Geneva: Faculty Publications,1988.

NERY JUNIOR, Nelson. ***Princípios do processo civil na Constituição Federal***. 6. ed. São Paulo: RT, 2000.

NEWSTIN. ***Câmara aprova permissão para depoimentos por videoconferência***. Disponível em: <http://www.newstin.com.br/rel/br/pt-010-000667275>. Acesso em: 9/1/2009.

NICOLITT, André. ***Manual de processo penal***. 7. ed. Belo Horizonte: D'Plácido, 2018.

_______. ***Manual de processo penal***. 5. ed. São Paulo: RT, 2014.

_______. ***Intervenções corporais no processo penal e a nova identificação criminal***: Lei nº 12.654/2012.

_______. ***Lei nº 12.403/2011: o novo processo penal cautelar***: a prisão e as demais medidas cautelares. Rio de Janeiro: Elsevier, 2011.

NORONHA, E. Magalhães. ***Curso de direito processual penal***. 28. ed. São Paulo: Saraiva, 2002.

NUCCI, Guilherme de Souza. ***Manual de processo penal e execução penal***. 3. ed. São Paulo: RT, 2007.

_______. ***Manual de processo penal e execução penal***. 6. ed. São Paulo: RT, 2010.

_______. ***Código de processo penal comentado***. 3. ed. São Paulo: RT, 2004.

_______. ***Código de processo penal comentado***. 9. ed. São Paulo: Editora RT. 2009.

_______. ***Código penal comentado***. 6. ed. São Paulo: RT, 2006.

_______. ***Individualização da pena***. 3. ed. São Paulo: RT, 2009.

_______. ***Leis penais e processuais penais comentadas***. 5. ed. RT: São Paulo, 2010.

NUNES, Adeildo. ***Da execução penal***. Rio de janeiro: Forense, 2009.

OLIVEIRA, Eugênio Pacelli. ***Curso de processo penal***. 18. ed. São Paulo: Atlas, 2014.

_______. ***Curso de processo penal***. 3. ed. Belo Horizonte: Del Rey, 2004.

_______. ***Curso de processo penal***. 2. ed. Belo Horizonte: Del Rey, 2003.

OLIVEIRA JÚNIOR, Eudes Quintino de. A imunidade diplomática e seus efeitos. ***JusBrasil***. Disponível em: <eudesquintino.jusbrasil.com.br/artigos/121823149/a-imunidade-diplomatica-e--seus-efeitos>. Acesso em: 17 nov. 2015.

PACHECO, Denilson Feitoza. ***Direito processual penal***: teoria, crítica e práxis. 4. ed. Niterói: Impetus, 2006.

PASSOS, José Joaquim Calmon de. ***Esboço de uma teoria das nulidades aplicada às nulidades processuais***. Rio de Janeiro: Forense, 2005.

PAUPÉRIO NETO, Arthur Machado. Da cognição no juízo de admissibilidade para o tribunal do júri. In: ***Contributos em homenagem ao Professor Sergio Demoro Hamilton***. Alexander Araujo de Souza; Décio Alonso Gomes (coords.). Rio de Janeiro: Lumen Juris, 2010.p.93-137.

PEDROSO, Fernando de Almeida. Competência penal: princípio do esboço do resultado e crimes qualificados pelo evento. ***Justitia***, São Paulo, v. 54, nº 158, p. 17-19, abr./jun. 1992. Disponível em: <http://www.justitia.com.br/revistas/5c48a8.pdf>. Acesso em: 13 nov. 2013.

PENTEADO, Jaques de Camargo. ***Manual de processo penal***. São Paulo: RT, 2013.

PEREIRA, Cláudio José Langroiva; RUIZ, Fábio Nascimento. A exceção no processo penal e o resgate de antigos riscos às garantias fundamentais. ***Prisma Jur.***, São Paulo, v. 14, n. 1, p.143; p.115-151, jan./jun. 2015.

PEREIRA, Diogo Abineder Ferreira Nolasco. ***Justiça penal negociada***: uma análise do princípio da obrigatoriedade da ação penal pública. Rio de Janeiro: Lumen Juris, 2019.

PIERANGELLI, José Henrique. ***Processo penal***: evolução histórica e fontes legislativas. Bauru: Jalovi, 1983.

PIMENTEL, Mariana Barsaglia. 'Backlash' às decisões do Supremo Tribunal Federal sobre união homoafetiva. ***Revista de Informação Legislativa***. Brasília, a.54, n.214, p.189-202, abr./jun. 2017.

PITOMBO, Cleonice Bastos. ***Da busca e da apreensão no processo penal***. 2. ed. São Paulo: RT, 2005.

POLASTRI, Marcellus. ***A tutela cautelar no processo penal***. 3. ed. São Paulo: Atlas, 2014.

PONTES, Manuel Sabino. Investigação criminal pelo Ministério Público: uma crítica aos argumentos pela sua inadmissibilidade. ***Jus Navigandi***, Teresina, ano 10, nº 1013, 10 abr. 2006. Disponível em: <jus.com.br/artigos/8221/investigacao-criminal-pelo-ministerio-publico>. Acesso em: 14 jan. 2020.

PONTES DE MIRANDA, Francisco Cavalcanti. ***Tratado das ações***: 1. ed. Campinas: Bookseller, 1998. tomo 1.

PRADO, Geraldo. ***Sistema acusatório***: a conformidade constitucional das leis processuais penais. 4. ed. Rio de Janeiro: Lumen Juris, 2006.

_______. ***A cadeia de custódia da prova no processo penal***. São Paulo: Marcial Pons, 2019.

_______. ***Limite às interceptações telefônicas e a jurisprudência do Superior Tribunal de Justiça***. 2. ed. Rio de Janeiro: Lumen Juris, 2006.

_______. ***Prova penal e sistemas de controles epistêmicos:*** a quebra de cadeia de custódia das provas obtidas por métodos ocultos. São Paulo: Marcial Pons, 2014.

_______. Justificando. Uma vez homologada a delação, pode a justiça voltar atrás e rever o acordo? ***Carta Capital***. Disponível em: <http://justificando.cartacapital.com.br/2017/06/28/colaboracao-premiada-acordo-atuacao-do-ministerio-publico-e-homologacao-judicial/>. Acesso em: 17 jul. 2017.

_______. ***Estudos jurídicos***. São Paulo: Contracorrente, 2018.

_______. A quebra da cadeia de custódia das provas no processo penal brasileiro. In: ***Prova penal***: estado democrático de direito. Florianópolis: Empório do Direito, 2015. p.13-37.

_______.. Limite às interceptações telefônicas e a jurisprudência do Superior Tribunal de Justiça. In: ***Acesso à justiça e efetividade do processo***. Geraldo Prado (coord.). Rio de Janeiro: Lumen Juris, 2005. p.49-104.

_______. ***Transação penal***. 2. ed. Rio de Janeiro: Lumen Juris, 2006.

QUEIJO, Maria Elizabeth. ***Estudos em processo penal***. São Paulo: Siciliano Jurídico, 2004.

RABENHORST, Eduardo. ***Dignidade humana e moralidade democrática***. Brasília: Brasília Jurídica, 2001.

RANGEL, Paulo. ***Direito processual penal***. 21. ed. Rio de Janeiro: Lumen Juris, 2013.

_______. ***Direito processual penal***. 7. ed. Rio de Janeiro: Lumen Juris, 2003.

_______. ***Direito processual penal***. 4. ed. Rio de Janeiro: Lumen Juris, 2001.

_______. ***A coisa julgada no processo penal brasileiro como instrumento de garantia***. São Paulo: Atlas, 2012.

RECONDO, Felipe. STF indica mudança no entendimento e inquéritos em curso poderão ser considerados maus antecedentes. ***Jota***. Disponível em: <http://jota.info/stf-muda-e-decide-que-inqueritos-em-curso-podem-ser-considerados-maus-antecedentes>. Acesso em: 29 out. 2015.

REIS, Alexandre Cebrian Araújo; GONÇALVES, Victor Eduardo Rios. ***Direito processual penal esquematizado***. 4. ed. São Paulo: Saraiva, 2015.

ROBERTO, Welton. ***Paridade de armas no processo penal***. Belo Horizonte: Fórum, 2011.

RÖHNELT, Ladislau Fernando. Vícios da sentença penal. ***Fascículos de ciências penais***, Porto Alegre (safE), p. 31-35, out.-dez. 1993.

ROIG, Rodrigo Duque Estrada. ***Execução penal: teoria crítica***. São Paulo: Saraiva, 2014.

ROSA, Alexandre Morais da. ***Guia do processo penal conforme a teoria dos jogos***. 5. ed. Florianópolis: EMais, 2019.

_______. ***Guia compacto do processo penal conforme a teoria dos jogos***. 3. ed. Florianópolis: Empório do Direito, 2016.

_______. Entender a perda alargada trazida pelo pacote "anticrime". *Conjur*: limite penal. Disponível em: <http://www.conjur.com.br/2020-fev-07/limite-penal-entender-perda-alargada-trazida-pacote-anticrime>. Acesso em: 07 fev. 2020.

ROSA, Alexandre Morais da; ALENCAR, Rosmar Rodrigues. No processo penal, a instrumentalidade é do direito material. *Conjur*: limite penal. Disponível em: <https://www.conjur.com.br/2019-ago-23/nulidade-prejuizo-processo-penal-instrumentalidade-direito-material>. Acesso em: 31 dez. 2019.

ROSA; Alexandre Morais da; KHALED JR., Salah. ***In dubio pro hell I:*** profanando o sistema penal. 2. ed. Florianópolis: Empório do Direito, 2015.

ROXIN, Claus. ***Derecho procesal penal***. Buenos Aires: Del Puerto, 2003.

SÁ, Priscilla Placha. Sobre escutas telefônicas e sobre como Jack Bauer descobre os seus segredos. In: ***O novo processo penal à luz da Constituição***: análise crítica de Projeto de Lei nº 156/2009, do Senado Federal. Jacinto Nelson de Miranda Coutinho; Luis Gustavo Grandinetti Castanho de Carvalho (orgs.). Rio de Janeiro: Lumen Juris, 2011. p. 85-91.

SAAD, Marta. ***O direito de defesa no inquérito policial***. São Paulo: RT, 2004.

SABOYA, Keity Mara Ferreira de Souza e. ***Ne bis in idem***: história, teoria e perspectivas. Rio de Janeiro: Lumen Juris, 2014.

_______. ***Ne bis in idem***: limites jurídico-constitucionais à persecução penal. 2006. 237 f. Dissertação (Mestrado), Universidade Federal do Rio Grande do Norte, Natal.

SAMPAIO, Alex; TÁVORA, Nestor. Princípio da presunção de inocência. In: ***Princípios penais constitucionais***. Ricardo Augusto Schmitt (org.). Salvador: JusPodivm, 2007. p. 171-190.

SAMPAIO JÚNIOR, José Herval. ***Processo constitucional***: nova concepção de jurisdição. São Paulo: Método, 2008.

SAMPAIO JÚNIOR, José Herval; CALDAS NETO, Pedro Rodrigues. ***Manual de prisão e soltura sob a ótica constitucional***: doutrina e jurisprudência. 2. ed. Rio de Janeiro: Forense; São Paulo: Método, 2009.

SANTIAGO, Nestor Eduardo Araruna. O princípio do defensor natural no processo penal brasileiro. In: ***A Renovação Processual Penal após a Constituição de 1988***: estudos em homenagem ao Professor José Barcelos de Souza. Nestor Eduardo Araruna Santiago; Marcellus Polastri Lima (orgs.). Rio de Janeiro: Lumen Juris, 2009. p. 227-243.

_______. ***Do recurso ex officio no processo penal***. Belo Horizonte: Mandamentos, 2002.

SANTIAGO, Nestor Eduardo Araruna; COSTA, Daniela Karine de Araújo. O sigilo das comunicações e o encontro fortuito de provas: uma análise principiológico-constitucional. ***Proibições probatórias no processo penal:*** análise do direito brasileiro, do direito estrangeiro e do direito internacional. Nestor Eduardo Araruna Santiago (org.). Brasília: Gazeta Jurídica, 2013. p.139-170.

SANTOS, Hugo Leonardo Rodrigues. ***Estudos críticos de criminologia e direito penal***. Rio de Janeiro: Lumen Juris, 2015.

SANTOS, Juarez Cirino. ***Direito penal***: parte geral. 7. ed. Florianópolis: Empório do Direito, 2017.

SANTOS, Marcos P. D. Colaboração unilateral premiada como consectário lógico das balizas constitucionais do devido processo legal brasileiro. ***Revista Brasileira de Direito Processual Penal***, Porto Alegre, vol. 3, n. 1, p. 152-155, jan./abr. 2017.

SANTOS, Moacir Amaral. ***Primeiras linhas de direito processual civil***: 21. ed. São Paulo: Saraiva, 2008. v. 1.

SANTOS JÚNIOR, Rosivaldo Toscano dos. Constituição e sigilo das votações no júri: o resultado unânime. In: ***Direitos fundamentais na Constituição de 1988***: estudos comemorativos aos seus vinte anos. Rosmar Antonni Rodrigues Cavalcanti de Alencar (org.). Porto Alegre: Núria Fabris, 2008. p. 283-304.

_______. ***A guerra ao crime e os crimes da guerra:*** uma crítica descolonial às políticas beligerantes no sistema de justiça criminal brasileiro. Florianópolis: Empório do Direito, 2016.

_______. ***Controle remoto e decisão judicial:*** quando se decide em decidir. Niterói: Lumen Juris, 2014.

SARLET, Ingo Wolfgang. Decisão do STF indica posição prudencial. Consultor Jurídico. Disponível em: <http://www.conjur.com.br/2015-nov-13/direitos-fundamentais-decisao-stf-violacao-domicilio-indica-posicao-prudencial#author>. Acesso em: 18 nov. 2015.

SARMENTO, George. A presunção de inocência no sistema constitucional brasileiro. In: ***Direitos fundamentais na Constituição de 1988***: estudos comemorativos aos seus vinte anos. Rosmar Antonni Rodrigues Cavalcanti de Alencar (org.). Porto Alegre: Núria Fabris, 2008. p. 217-243.

SCHMITT, Ricardo Augusto. ***Sentença penal condenatória***: aspectos práticos e teóricos à elaboração. Salvador: JusPodivm, 2006.

SCHREIBER, Simone. ***A publicidade opressiva de julgamentos criminais***. Rio de Janeiro: Renovar, 2008.

_______. O princípio da presunção de inocência. ***Revista Jus Navegandi***. Teresina, ano 10, nº 790. 1 set. 2005. Disponível em: <https://jus.com.br/artigos/7198>. Acesso em: 9 dez. 2016.

SCHREIBER, Simone; AMARAL, Thiago Bottino. ***Direito processual penal 1***. 3. ed. São Paulo: Saraiva, 2010.

SHECAIRA, Sérgio Salomão. ***Criminologia***. São Paulo: RT, 2004.

SEMER, Marcelo. ***Princípios penais no estado democrático***. São Paulo: Estúdio, 2014.

SICA, Leonardo. ***Direito penal de emergência e alternativas à prisão.*** São Paulo: RT, 2002.

SIFFERMAN, Thiago; BRAGA, Rilmo. Flagrante cataléptico. ***Empório do direito***. Disponível em: <http://emporiododireito.com.br/leitura/flagrante-cataleptico-por-thiago-siffermann-e--rilmo-braga>. Acesso em: 27 nov. 2017.

SILVA, Beclaute Oliveira. ***A garantia fundamental à motivação da decisão judicial***. Salvador: JusPodivm, 2007.

SILVA, Danielle Souza de Andrade e. ***A atuação do juiz no processo penal acusatório***: incongruências no sistema brasileiro em decorrência do modelo constitucional de 1988. Porto Alegre: Sergio Antonio Fabris, 2005.

SILVA, Luciano Nascimento. ***Teoria do direito penal econômico e fundamentos constitucionais da ciência criminal secundária.*** Curitiba: Juruá, 2010.

SILVA, Ovídio Araújo Baptista da. ***Da sentença liminar à nulidade da sentença***. Rio de Janeiro: Forense, 2001.

________. ***Curso de processo civil***. 5. ed. São Paulo: RT, 2000. v.1.

________. Direito subjetivo, pretensão de direito material e ação. In: ***Polêmica sobre a ação: a tutela jurisdicional na perspectiva das relações entre direito e processo.*** Fábio Cardoso Machado; Guilherme Rizzo Amaral (orgs.). Porto Alegre: Livraria do Advogado, 2006. p. 265-281.

________. ***Jurisdição, direito material e processo***. Rio de Janeiro: Forense, 2008.

SILVA, Pablo Rodrigo Alfen da. O Tribunal Penal Internacional: antecedentes históricos e o novo Código Penal Internacional alemão. In: ***Tribunal Penal Internacional***: aspectos fundamentais e o novo Código Penal Internacional alemão. Pablo R. Alflen da Silva (org.). Porto Alegre: Sergio Antonio Fabris, 2004. p. 15-45.

SILVA, Pedro Francisco. ***Validade e eficácia dos meios operacionais para prevenção e repressão de ações praticadas por organizações criminosas no Brasil***. 2007. 114 f. Dissertação (Mestrado), Universidade Federal de Santa Catarina, Florianópolis.

SILVA, Ricardo Perlingeiro Mendes da. ***Teoria da inexistência no direito processual civil***. Porto Alegre: Sergio Antonio Fabris, 1998.

SILVA JÚNIOR, Walter Nunes da. ***Curso de direito processual penal***: teoria (constitucional) do processo penal. Rio de Janeiro: Renovar, 2008.

________. ***Reforma tópica do processo penal***: inovações aos procedimentos ordinários e sumário, com o novo regime de provas e principais modificações do júri. Rio de Janeiro: Renovar, 2009.

SILVEIRA, Edson Damas. Direitos humanos, judsdiversidade indígena e a prova no processo penal brasileiro. In: ***Prova penal***: estado democrático de direito. Florianópolis: Empório do Direito, 2015. p.81-124.

SILVEIRA FILHO, Sylvio Lourenço da. ***Introdução ao direito processual penal***. 2. ed. Florianópolis: Empório do Direito, 2015.

SOUZA, Daniel Barbosa Lima Faria Corrêa de. ***O prequestionamento no recurso especial***. Porto Alegre: Núria Fabris, 2008.

SOUZA, Daniel Barbosa Lima Faria Corrêa de; SOUZA, Letícia Barbosa Lima de. ***Recurso extraordinário e especial***: reflexos da emenda constitucional nº 45/2004. Porto Alegre: Núria Fabris, 2008.

SOUZA, Paulo S. Xavier de. ***Individualização da pena***: no estado democrático de direito. Porto Alegre: Sergio Antonio Fabris, 2006.

SOUZA, Wilson Alves de. ***Sentença civil imotivada***: caracterização da sentença civil imotivada no direito brasileiro. Salvador: JusPodivm, 2008.

STRECK, Lenio Luiz. ***Jurisdição constitucional e hermenêutica***: uma nova crítica do direito. 2. ed. Rio de Janeiro: Forense, 2004.

_______. Prefácio: (mais) uma (re)forma solipsista. In: BARROS, Flaviane de Magalhães. ***(Re)forma do processo penal***: comentários críticos dos artigos modificados pelas Leis nº 11.690/08 e nº 11.719/08. Belo Horizonte: Del Rey, 2008. p. XIX-XXVIII.

SUMARIVA, Paulo Henrique. Inquérito policial deixa de ser inquisitivo: Lei 13.245/2016 altera as regras da investigação criminal. JusBrasil. Disponível em: <http://paulosumariva.jusbrasil.com.br /artigos/296224010/ inquerito-policial-deixa-de-ser-inquisitivo – lei-13245-2016-altera-as--regras-da-investigacao-criminal>. Acesso em: 19 jan. 2016.

TARUFFO, Michele. ***La prueba de los hechos***. 3. ed. Tradução: Jordi Ferrer Beltrán. Madrid: Trotta, 2009.

TÁVORA, Nestor. ***Princípio da adequação e resolução antecipada do mérito do processo penal.*** Salvador: JusPodivm, 2009.

_______. ***Questões comentadas***: processo penal para OAB. Salvador: JusPodivm, 2005.

TORNAGHI, Hélio. ***Curso de processo penal***. 8. ed. São Paulo: Saraiva, 1991. v.1.

_______. ***Curso de processo penal***. 7. ed. São Paulo: Saraiva, 1990. v.2.

_______. ***Compêndio de processo penal***: tomos I a IV. Rio de Janeiro: José Konfino Ed., 1967.

TORRES, Magarinos. ***Processo penal do júri no Brasil***. São Paulo: Quorum, 2008.

TOURINHO FILHO, Fernando da Costa. ***Manual de processo penal***. 5. ed. São Paulo: Saraiva, 2003.

_______. ***Comentários à lei dos juizados especiais criminais***. 2. ed. São Paulo: Saraiva, 2002.

_______. ***Processo penal***. São Paulo: Saraiva, 2003. v.1-4.

_______. ***Processo penal***: volume 4. 31.ed. São Paulo: Saraiva, 2009.

_______. ***Processo penal***: volume 2. 19.ed. São Paulo: Saraiva, 1997.

_______. ***Código de processo penal comentado***. 5. ed. São Paulo: Saraiva, 1999. v.1-2.

TOURINHO NETO, Fernando. O crime organizado. ***Revista Jurídica da Seção Judiciária do Estado da Bahia***, Salvador, nº 7, ano 6, p. 176-201, mai.2007.

TOVO, Paulo Cláudio. Revisão crítica da intimação da sentença penal condenatória ao sucumbente. ***Fascículos de ciências penais***, Porto Alegre: safE, p. 59-67, out.-dez. 1993.

TOVO, Paulo Cláudio; TOVO, João Baptista. ***Primeiras linhas sobre o processo penal em face da nova Constituição***. Porto Alegre: safE, 1989.

TRISTÃO, Adalto Dias. ***Sentença criminal***: prática de aplicação de pena e medida de segurança. 7. ed. Belo Horizonte: Del Rey, 2008.

TUCCI, Rogério Lauria. ***Direitos e garantias individuais no processo penal brasileiro***. 2. ed. São Paulo: RT, 2004.

VALENTE, Rubens. Poder. Delação de Marcos Valério exacerba diferenças entre PGR e PF. ***Folha de S. Paulo***. Disponível em: <http://www1.folha.uol.com.br/poder/2017/07/1903023-delacao--de-marcos-valerio-exacerba-diferencas-entre-pgr-e-pf.shtml>. Acesso em: 21 jul. 2017.

VALLEJO, Manuel Jaén. ***Los princípios de la prueba em el processo penal***. Bogotá: Universidade del Externado de Colombia, 2000.

VALOIS, Luís Carlos. ***Execução penal e ressocialização***. São Paulo: Estúdio, 2015.

VELASQUES, Renato Vinhas. Quebra de sigilo bancário. ***Revista do Ministério Público do Rio Grande do Sul***, Porto Alegre, nº 48, 2002.

WAMBIER, Luiz Rodrigues; ALMEIDA, Flávio Renato Correia de; TALAMINI, Eduardo. ***Curso Avançado de processo civil***: volume 1: teoria do processo e processo de conhecimento. São Paulo: RT, 2005.

WAMBIER, Teresa Arruda Alvim. ***Nulidades do processo e da sentença***. 6. ed. São Paulo: RT, 2007.

WARAT, Luis Alberto. ***Introdução geral ao direito***: interpretação da lei: temas para uma reformulação. Porto Alegre: Sergio Antonio Fabris, 1994.

WOLKMER, Antonio Carlos. ***Introdução ao pensamento jurídico crítico***. 6. ed. São Paulo: Saraiva, 2008.

ZAFFARONI, Eugênio Raúl. ***O inimigo no direito penal***. Tradução: Sérgio Lamarão. Rio de Janeiro: Revan, 2007.

ZAFFARONI, Eugenio Raúl; PIERANGELI, José Henrique. ***Manual de direito penal brasileiro***: parte geral. 4. ed. São Paulo: RT, 2002.

EDITORA
JusPODIVM
www.editorajuspodivm.com.br
Impressão e acabamento: BMF Gráfica e Editora

EDITORA
*Jus*PODIVM
www.editorajuspodivm.com.br
Impressão e acabamento: BMF Gráfica e Editora